F. Obliegenheiten des Versicherungsnehmers in der Kraftfahrzeughaftpflichtversicherung

Gliederung:

Schrifttum F 1

I. Zur Entwicklung des Obliegenheitsrechts in der Kraftfahrzeughaftpflichtv F 2

II. Obliegenheiten bei Vertragsabschluß F 3

III. Obliegenheiten vor Eintritt des Versicherungsfalles F 4–81
1. Verwendungsklausel F 4–29 (weitere Untergliederung vor F 4)
2. Verbot von Schwarzfahrten F 30
3. Führerscheinklausel F 31–51 (weitere Untergliederung vor F 31)
4. Ungenehmigte Rennen F 52–53 (weitere Untergliederung vor F 52)
5. Gefahrerhöhung F 54–75 (weitere Untergliederung vor F 54)
6. Anzeige einer Fahrzeugveräußerung F 76
7. Obliegenheit zur eingeschränkten Verwendung nicht zugelassener Fahrzeuge F 77–81 (weitere Untergliederung vor F 77)

IV. Obliegenheiten nach Eintritt des Vsfalles F 82–154
1. Anzeigeobliegenheiten nach § 153 F 82–101 (weitere Untergliederung vor F 82)
2. Auskunfts- und Aufklärungsobliegenheit F 102–122 (weitere Untergliederung vor F 102)
3. Rettungsobliegenheit F 123–137 (weitere Untergliederung vor F 123)
4. Obliegenheit nach § 10 IX AKB F 138
5. Anerkenntnis- und Befriedigungsverbot F 139–154 (weitere Untergliederung vor F 139)

[F 1] Schrifttum:

Arndt NJW 1965 S. 27–28, Bauer VersR 1972 S. 15–23, Baumgärtel VersR 1968 S. 818–820, Bukow Kraftfahrt- und Verkehrsrecht 1971 S. 53–58, Fischer VersR 1965 S. 201–202, Haidinger „Ausblick und Rückblick" Festschrift für Prölss, München 1967, S. 197–204, E. von Hippel NJW 1969 S. 1694–1696, Hofmann VersR 1971 S. 285–288, derselbe Kraftfahrt- und Verkehrsrecht 1971 S. 58–67, Köhnken Kraftfahrt- und Verkehrsrecht 1971 S. 68–75, Kramer NJW 1972 S. 1974–1980, Raiser „Ausblick und Rückblick" Festschrift für Prölss, München 1967, S. 265–275, Roesch VersR 1971 S. 1097–1103, Schmidt, Reimer, Die Obliegenheiten — Studien auf dem Gebiet des Rechtszwanges im Zivilrecht unter besonderer Berücksichtigung des Privatversicherungsrechts, Karlsruhe 1953 (zit. Reimer Schmidt Obliegenheiten), Sievers VersR 1974 S. 715–726, Zuther VersR 1973 S. 630–632.

[F 2] I. Zur Entwicklung des Obliegenheitsrechts in der Kraftfahrzeughaftpflichtversicherung

Für die Kfz-Haftpflichtv ist gegenüber anderen Vssparten auf dem Gebiet des Obliegenheitsrechts eine bemerkenswerte **Sonderentwicklung** zu verzeichnen. Diese ist durch eine Einschränkung der Leistungsfreiheit des Vers als Folge von Obliegenheitsverletzungen gekennzeichnet. Am Beginn dieser Sonderentwicklung stand die zum 1.X.1965 geschaffene Bestimmung des § 158 i a. F. Diese für alle Pflichthaftpflichtven geltende Vorschrift versagte dem wegen einer Obliegenheitsverletzung leistungsfreien Ver freilich nur den Regreß gegen den am Obliegenheitsverstoß schuldlosen Vten (vgl. dazu Anm. H 35–42). Fraglos hat diese Regelung aber dazu beigetragen, das Empfinden für die **Rigorosität** des Obliegenheitsrechts

Anm. F 2 F. Obliegenheiten des Vmers in der Kraftfahrzeughaftpflichtv

in der überkommenen Gestaltung zu schärfen. Dabei spielte eine wesentliche Rolle, daß in einer Jedermannv mit Vspflicht, wie sie die Kfz-Haftpflichtv darstellt, auch der Vmer vor zu harten Vertragsregelungen geschützt werden muß. In Sonderheit wurde erkannt, daß der Verlust des Vsschutzes wegen vorsätzlicher Verletzung von nach Eintritt des Vsfalles zu erfüllenden Obliegenheiten, die auf den Umfang der Leistung des Vers keinen Einfluß haben, dem System des Zivilrechts ansonsten fremd ist. Die Fülle der im Kfz-Haftpflichtvsrecht geführten Vsschutzprozesse gerade wegen solcher für den Umfang der Leistungen des Vers unerheblicher Obliegenheitsverletzungen verdeutlichte überdies sowohl den Revisions- wie den Tatrichtern das Unverständnis des rechtsuchenden Publikums für eine solche rigorose Regelung. Getragen von der Überlegung, daß mit Rücksicht auf kritische Stimmen aus dem Schrifttum (vgl. nur Arndt NJW 1965 S. 27–28, Bauer VersR 1972 S. 15–23, Bukow Kraftfahrt und Versicherungsrecht 1971 S. 56–58, Fischer VersR 1965 S. 201–202, Haidinger „Ausblick und Rückblick" Festschrift für Prölss, München 1967, S. 197–204, E. von Hippel NJW 1969 S. 1694–1696, Kramer NJW 1972 S. 1974–1980; ferner für die Gegenposition Baumgärtel VersR 1968 S. 818–820, Hofmann VersR 1971 S. 285–288, derselbe Kraftfahrt- und Verkehrsrecht 1971 S. 58–60, Köhnken Kraftfahrt- und Verkehrsrecht 1971 S. 68–75, Raiser Festschrift für Prölss a. a. O. S. 265–275, Roesch VersR 1973 S. 630–632, Zuther VersR 1973 S. 630–632; für Beibehaltung des Grundsatzes der vollen Verwirkung auch noch Reimer Schmidt Obliegenheiten S. 276–277) die Freizeichnungsregelung überhaupt in Frage gestellt werden könnte, gaben die Ver ihr Einverständnis zu einer Änderung des Kfz-Haftpflichtvsvertragsrechts in der Form einer 1973 veröffentlichten geschäftsplanmäßigen Erklärung (VA 1973 S. 103). Diese befaßte sich aber nicht nur mit den doch eigentlich den Stein des Anstoßes bildenden Verletzungen von Obliegenheiten, die nach Eintritt des Vsfalles zu erfüllen sind, sondern unterschiedslos mit Obliegenheiten aller Art. Sie legte fest, daß die Ver zwar das Prinzip der Leistungsfreiheit im gesetzlich durch § 6 eingeräumten Rahmen beibehalten, daß aber der Regreß des Vers gegen den Vmer und den Vten — abgesehen von denjenigen Fällen, in denen der Fahrer das Fahrzeug durch eine strafbare Handlung erlangt hat, auf je DM 5000,— pro Regreßschuldner begrenzt werde (vgl. dafür, daß in dieser geschäftsplanmäßigen Erklärung zugleich ein Regreßverzicht gegen den Vten wegen einer Leistungsfreiheit des Vers aus einem Zahlungsverzug des Vmers ausgesprochen wurde, Anm. H 38; zur abweichenden Rechtslage durch die zum 1.I.1991 in Kraft getretene Neufassung des § 158 i vgl. Anm. H 28–34). Erkennbares Vorbild dieser am Freizeichnungsprinzip festhaltenden Konstruktion war, wie schon erwähnt, die in § 158 i a. F. zugunsten des Vten vorgesehenen Regelung. Insbesondere war es das Bestreben der Ver, sich die Vorteile der Eintrittsverpflichtung anderer Ver im Sinne des § 158 c IV zu erhalten (vgl. dazu Anm. B 52–59; zu beachten ist, daß nach der zum 1.VII.1988 in Kraft getretenen Neufassung des § 3 Ziff. 6 PflichtvsG eine solche Verweisungsbefugnis in denjenigen Fällen nicht mehr besteht, in denen die Leistungsfreiheit des Vers darauf beruht, daß das Fahrzeug den Bau- und Betriebsvorschriften der StVZO nicht entsprach oder von einem unberechtigten Fahrer oder von einem Fahrer ohne die vorgeschriebene Fahrerlaubnis geführt wurde). Das hatte und hat für den Vmer den Nachteil, daß er gegenüber dem Regreßanspruch des anderen eintrittspflichtigen Vers im Sinne des § 158 c IV, insbesondere eines Sozialvsträgers, ungeschützt bleibt (vgl. dazu Anm. F 27–29; zur Verbesserung der Rechtstellung des Vten durch die zum 1.I.1991 in Kraft getretene Neufassung des § 158 i, nach der der Ver sich gegenüber dem Vten grundsätzlich nicht auf eine auf Handlungen oder Unterlassungen des Vmers beruhende Leistungsfreiheit berufen kann, vgl. Anm. H 28–34). Wenig später, nämlich zum 1.I.1975 (VA 1975

I. Zur Entwicklung des Obliegenheitsrechts **Anm. F 2**

S. 72 – 73), wurde für nach Eintritt des Vsfalls zu erfüllende Obliegenheiten diese Konstruktion aufgegeben und für die Masse der Fälle durch eine summenmäßig begrenzte Leistungsfreiheit des Vers ersetzt. Damit wurde auch für vorsätzlich nach Eintritt des Vsfalls begangene Obliegenheitsverletzungen das „Alles- oder Nichts-Prinzip" des Obliegenheitsrechts durchbrochen. Seitdem ist in § 7 V Nr. 2 AKB eine summenmäßig begrenzte Leistungsfreiheit des Vers auf nur DM 1000,– und für besonders schwerwiegende vorsätzliche Verstöße auf DM 5000,– festgelegt (vgl. dazu Anm. F 96, 114 – 115). Ausgenommen sind allerdings nach § 7 V Nr. 3 AKB die Fälle eines betrügerischen Zusammenwirkens zwischen dem Vmer und dem Dritten hinsichtlich des erlangten rechtswidrigen Vermögensvorteils und solche Fälle, in denen sich durch das vorsätzliche oder grob fahrlässige Verhalten des Vmers (oder des Vten) der gerichtlich festgestellte Umfang des Schadens gegenüber dem nach der wirklichen Rechtslage bestehenden Schaden effektiv vergrößert hat (vgl. dazu Anm. F 116, 134).

Die dargestellte Entwicklung des Obliegenheitsrechts hat die Rechtsposition des Vmers Zug um Zug verbessert. Es fragt sich, ob die gefundenen Ergebnisse angemessen sind und ob sie ausstrahlende Bedeutung für andere Vszweige haben können. Dazu ist zu sagen, daß die gefundene Regelung für die nach Eintritt des Vsfalls begangenen Obliegenheitsverletzungen angemessen ist, sofern diese sich weder auf den Grund noch auf die Höhe des Schadens auswirken konnten. Hier bedarf es nicht in allen Fällen der Sanktion in der Form des vollen Verlustes des Vsschutzes. Eine abgestufte Leistungsfreiheit kann durchaus akzeptabel sein. Allerdings ist zu bedenken, daß bei einem nachgewiesenen Betrugsversuch über einen summenmäßig erheblichen Betrag rechtsethisch im Regelfall gegen eine vertraglich vereinbarte volle Leistungsfreiheit des Vers nichts einzuwenden ist. Daran ändert auch die zur Feuerv ergangene Entscheidung des BGH 28.XI.1963 BGHZ Bd 40 S. 387 – 391 nichts; denn sie betrifft einen Ausnahmefall einer Teilverwirkung trotz arglistiger Täuschung, weil eine Existenzvernichtung des in bäuerlichen Verhältnissen lebenden Vmers, dessen Hof abgebrannt war, bevorstand. Dort war bei einem Mobiliarschaden über DM 79 750,– eine falsche Angabe über den Einkauf eines Dreschflegels gemacht worden (DM 2000,– anstelle gezahlter DM 800,–) und der Wert der Essensvorräte vorsätzlich um DM 200,– zu hoch angegeben worden. Das Gericht hielt hier eine gänzliche Verwirkung für zu hoch, zumal da der Vmer auch der Meinung war, daß der Dreschflegel zur Zeit des Kaufes tatsächlich einen Wert von DM 2000,– gehabt habe. Das Gericht bemerkte, daß hier ähnlich wie bei der richterlichen Herabsetzung einer Vertragsstrafe eine angemessene Lösung gesucht werden müsse, die den Unredlichen empfindlich treffe, aber übertriebene Härte vermeide. Das Landgericht habe mit seinem Vergleichsvorschlag auf Zahlung von DM 22 000,– bei entsprechender Teilung der Kosten bereits eine Lösung dieser Art angestrebt (vgl. dazu auch Raiser Festschrift für Prölss, München 1967, S. 265 – 275). Im Vergleich zu diesen Abgrenzungsüberlegungen ist die in § 7 V Nr. 2, 3 AKB für Betrugsversuche getroffene Regelung (Leistungsfreiheit nur bis zu DM 5000,–, vgl. Anm. F 115 – 116) nicht abschreckend genug. Es wäre besser gewesen, wenn im Regelfall bei einem Betrugsversuch über einen im Verhältnis zum wirklich entstandenen Schaden erheblichen Betrag der Vsschutz gänzlich verlorengehen würde. Das würde es unter Umständen verhindern, daß Vmer durch falsche Darstellungen zur Durchsetzung unbegründeter Ansprüche ungehemmt beizutragen versuchen (zur Kritik an § 7 V Nr. 2, 3 AKB vgl. auch Anm. F 147 m. w. N.).

Für die Regreßverzichtsregelung für die Verletzungen von Obliegenheiten, die vor Eintritt des Vsfalls zu erfüllen sind, fehlt es überhaupt an einem inneren Rechtfertigungsgrund. Vielmehr ist die vorgesehene Leistungsfreiheit des Vers für die Verletzung dieser Obliegenheiten im Prinzip nicht zu beanstanden. Speziell halten auch die Regelungen in § 2 II AKB einer Inhaltskontrolle stand. Ein Mißstand ist nicht zu erkennen. Zum Beispiel ist im Regelfall ein Vmer nicht schutzwürdig, der ein Kraftfahrzeug führt, obwohl die gesetzlich vorgeschriebene Fahrerlaubnis fehlt. Hingegen gilt ein gleiches nicht für diejenigen Obliegenheiten, die nicht die Gefahrenlage selbst betreffen. Zum Beispiel ist nicht einzusehen, warum der Ver in denjenigen Fällen leistungsfrei wird, in denen lediglich eine Veräußerungsanzeige unterblieben ist (vgl. dazu BGH 11.II.1987 VersR 1987 S. 477–479 [zur Feuerv] und Anm. F 76). Zu überlegen wäre, ob nicht bezüglich eines Teils der vor Eintritt des Vsfalls zu erfüllenden Obliegenheiten auf die ungeschmälerte Leistungsfreiheit des Vers zurückgegangen werden sollte. Dagegen spricht nur, daß es sehr schwer ist, derartige Zugeständnisse wieder zurückzunehmen. Wenn man sich aber überlegt, daß es bezüglich gravierender Verstöße gegen die Vertragslasten, die vor Eintritt des Vsfalls zu erfüllen sind, keine innere Berechtigung für eine Leistungspflicht des Vers im Verhältnis zum Vmer gibt, dann ist nicht einzusehen, warum diesem Vmer durch einen Regreßverzicht geholfen wird. Das Gesagte gilt um so mehr, als der durchschnittliche Vmer die komplizierte Regelung in der geschäftsplanmäßigen Erklärung ohnedies kaum versteht. Darüber hinaus kommt es zu Zufallsergebnissen, wenn ein anderer Ver im Sinne des § 158 c IV im Risiko ist und Regreß nimmt; denn dieser Regreß läßt sich aus Rechtsgründen nicht unterbinden, keineswegs strahlt etwa die unvollständige Regreßverzichtsregelung durch den Kfz-Haftpflichtver auf andere Ver, insbesondere auch nicht auf den Sozialsträger, aus (vgl. dazu Anm. F 28). Bei einer Rücknahme dieses Regreßverzichts für vor Eintritt des Vsfalles zu erfüllende Obliegenheiten wäre allerdings zu überlegen, ob nicht für einen Teil dieser Obliegenheiten eine gestufte Regelung nach Maßgabe der Bestimmung in § 7 V Nr. 2 und 3 AKB gefunden werden könnte. Abzustellen ist dabei auf die **zentrale Bedeutung der einzelnen Obliegenheiten für die Verwirklichung der vten Gefahr**. Als solche Obliegenheiten von zentraler Bedeutung sind z. B. das **Fahren ohne vorgeschriebene Fahrerlaubnis und die Regelung, daß nicht mit einem verkehrsunsicheren Fahrzeug gefahren werden dürfe**, anzusehen. Es wäre daher zu erwägen, für die durch § 2 II c und e AKB erfaßten Fälle auf die frühere Regelung zurückzugehen, daß nämlich eine Leistungsfreiheit ohne teilweise Abminderung durch einen Regreßverzicht festgelegt wird. Hingegen wäre zu überlegen, eine nur summenmäßig begrenzte Leistungsfreiheit für die Fälle des § 2 II a AKB zu verankern. Das folgt daraus, daß diese Obliegenheit letzten Endes nur sicherstellen will, daß der Ver für das übernommene Risiko eine angemessene Prämie erhält (vgl. dazu Anm. F 5). Erwägenswert wäre es ferner, eine entsprechende Regelung für diejenigen Fälle zu schaffen, in denen der Vte fahrlässig seine Berechtigung zum Führen eines fremden Fahrzeugs angenommen hat (vgl. dazu Anm. H 16–27).

Des weiteren wäre zu überlegen, eine neue Obliegenheit einzuführen, nach der der Vsschutz auch durch das **Fahren im volltrunkenen Zustand** teilweise verlorengeht. Aus rechtsethischer Sicht müßte in solchen Fällen der Vsschutz eigentlich vollen Umfangs versagt werden. Da aber jetzt seit Jahrzehnten der Vsschutz in derartigen Fällen gewährt wird, weil regelmäßig die Voraussetzungen für das Vorliegen einer Gefahrerhöhung verneint werden (vgl. dazu Anm. F 65), sollte man jedenfalls nach ausländischem Vorbild (vgl. dazu die Nachweise bei Sievers VersR 1974 S. 715–726) eine gestufte Leistungsfreiheit des Vers herbeiführen (so der Vorschlag des 29. Verkehrsgerichtstages 1991 — VersR 1991 S. 395 — mit Hinweisen auf frühere Empfehlungen des 9. und 25. Verkehrsgerichtstages). Bei dieser Reformüberlegung wäre ferner zum Ausdruck zu bringen, daß wegen einer unterlassenen Veräußerungsanzeige auch kein Vsschutzverlust eintritt (vgl. dazu Anm. F 76).

II. Obliegenheiten bei Vertragsabschluß

Auch ist es als Nachteil der Regelung in der geschäftsplanmäßigen Erklärung VA 1973 S. 103 und der in § 7 V Nr. 2 AKB anzusehen, daß dort feste Grenzen von DM 1000,— bzw. DM 5000,— gewählt worden sind. Die Geldentwertung ist seit Einführung dieser festen Grenzen — wenn man von den Jahren 1986—1987 absieht — stetig fortgeschritten. Dadurch hat sich die effektive Belastung des Vmers als Folge solcher Obliegenheitsverletzungen erheblich verringert. Es müßte demgemäß eine Erhöhung der Leistungsfreiheitsgrenzen erfolgen und dafür Sorge getragen werden, daß das in Zukunft und mit einem gewissen Automatismus erfolgt.

Im übrigen könnte die Regelung in der geschäftsplanmäßigen Erklärung VA 1973 S. 103 (letzte Fassung VA 1975 S. 157) allenfalls ein Vorbild für andere Haftpflichtven darstellen, in denen der Ver überobligationsmäßig ebenfalls gegenüber einem Dritten im Risiko ist. Ansonsten kann sie die Regelung anderer Vszweige nicht beeinflussen; denn sie beruht auf der Überlegung, daß der Ver im Verhältnis zum Dritten aus sozialen Gründen eintrittspflichtig ist. Letzten Endes ist die geschäftsplanmäßige Erklärung auch darauf zurückzuführen, daß die Praxis der Ver in den Regreßfällen ergeben hat, daß durchweg diese Regreßansprüche gegen den eigenen Vmer ohnedies nicht durchgesetzt werden konnten. Aus diesen Überlegungen heraus ist es dann leichter gefallen, doch auf die in der Masse der Fälle ohnedies nicht realisierbaren Regreßansprüche zu verzichten.

[F 3] II. Obliegenheiten bei Vertragsabschluß

Nach § 16 I 1 hat der Vmer bei der Schließung des Vertrages alle ihm bekannten Umstände, die für die Übernahme der Gefahr erheblich sind, dem Ver anzuzeigen. Erheblich sind dabei nach § 16 I 2 die Gefahrumstände, die geeignet sind, auf den Entschluß des Vers, den Vertrag überhaupt oder zu dem vereinbarten Inhalt abzuschließen, einen Einfluß auszuüben. Ein Umstand, nach dem der Ver ausdrücklich und schriftlich gefragt hat, gilt im Zweifel als erheblich (§ 16 I 3). Diese für viele Vszweige sehr bedeutsamen Regelungen der vorvertraglichen Anzeigelast sind für die Kfz-Haftpflichtv nahezu bedeutungslos. Das ergibt sich aus zwei Gründen. Der erste Grund ist der, daß in diesem Massengeschäft kaum noch auf die individuellen Umstände des Falles abgestellte Fragen an den Vmer gerichtet werden. Der weitaus wichtigere Grund ist aber der, daß die Ver nach § 5 II PflichtvsG grundsätzlich verpflichtet sind, den nach § 1 PflichtvsG vspflichtigen Personen nach den gesetzlichen Vorschriften V gegen Haftpflicht zu gewähren. Aus dieser gesetzlichen Regelung folgt, daß Ablehnungen eines Vsantrages aus derartigen individuellen Gefahrumständen vom Ver grundsätzlich nicht erklärt werden dürfen (vgl. dazu näher Anm. C 6—11). Das bedeutet zugleich, daß Fragen des Vers rechtlich unbeachtlich sind, die darauf abzielen, daß entgegen der gesetzlichen Regelung der Antrag auf Gewährung von Vsschutz abgelehnt werden soll. Aus der unrichtigen Beantwortung derartiger Fragen kann der Ver insoweit auch keine vertraglichen Rechte herleiten.

Das Gesagte ist allerdings dahin einzuschränken, daß Fragen des Vers im Umfang der gesetzlich in § 5 IV PflichtvsG vorgesehenen Ablehnungsgründe nicht zu beanstanden sind. Vgl. zu Erläuterung dieser Ausnahmefälle Anm. C 7—11. Davon geht auch § 5 IV Ziff. 3 b PflichtvsG aus. Denn dort wird ausdrücklich als berechtigter Ablehnungsgrund ein Rücktritt des Vers von einem früheren Vsvertrag wegen Verletzung der vorvertraglichen Anzeigelast aufgeführt.

Die für die Kfz-Haftpflichtv besondere rechtliche Situation, die durch den erwähnten Annahmezwang charakterisiert ist, kommt in der Vspraxis auch in dem üblichen Formular eines Antrages auf Abschluß eines Vsvertrages zum Ausdruck.

Anm. F 3 F. Obliegenheiten des Vmers in der Kraftfahrzeughaftpflichtv

Dieses Formular ist von den Vern in Abstimmung mit dem BAV entwickelt worden. Die Ver haben sich in ihren Geschäftsplänen verpflichtet, dieses Formular zu verwenden (vgl. Anm. A 5, dort I.1). Allerdings werden dort nicht einmal sämtliche nach § 5 IV PflichtvsG zulässigen Fragen gestellt. Es wird aber immerhin nach dem Bestehen einer **früheren Kraftfahrtv** gefragt.

Fragen außerhalb des Katalogs des § 5 IV PflichtvsG sind in dem genannten Formular insoweit enthalten, als der **Verwendungszweck** des Fahrzeugs anzukreuzen ist. Das ist eine — ungeachtet des erwähnten Annahmezwangs — durchaus zulässige Frage, da sie der Einordnung des Fahrzeugs in die zutreffende Tarifposition dient. Theoretisch läßt sich diese Frage durchaus in den Bereich der Verletzung der vorvertraglichen Anzeigelast einordnen. Es ist allerdings zu bedenken, daß es im Grunde genommen nicht um den gegenwärtigen Gebrauch des Fahrzeugs geht, sondern um eine Erklärung, wie der Vmer das **Fahrzeug in Zukunft verwenden wolle**. Deshalb ist eine solche Verwendungsänderung von den Bedingungsverfassern auch durchaus zu Recht in der Weise berücksichtigt worden, daß in § 2 II a AKB eine besondere Obliegenheit gebildet worden ist, vgl. dazu Anm. F 4—29. Damit steht allerdings noch nicht zwingend fest, daß ein solches Abweichen von den Erklärungen über eine Gebrauchsart im Antrag auf Abschluß des Kfz-Haftpflichtvsvertrages nicht auch dem Bereich der Verletzung der vorvertraglichen Anzeigelast zugeordnet werden kann. Es ist durchaus eine Bewertung des Vorgangs in der Weise denkbar, daß eine Leistungsfreiheit des Vers sowohl aus dem Gesichtspunkt der vorvertraglichen Anzeigelast als auch aus dem des Verstoßes gegen § 2 II a AKB besteht. Voraussetzung wäre dabei aber im Grunde genommen, daß der Vmer schon bei Antragstellung künftig eine andere Nutzungsart als die angegebene durchzuführen gedenkt. In diesem Sinne ist es vom BGH 1.III.1972 NJW 1972 S. 822—824 = VersR 1972 S. 530—532 auch nicht beanstandet worden, daß der Berufungsrichter die Leistungsfreiheit des Vers im konkreten Fall nach beiden genannten Vorschriften beurteilt hatte (ebenso BGH 7.III.1984 VersR 1984 S. 528—529). Mit Rücksicht darauf, daß das nur in den seltenen Fällen gelten könnte, in denen der Ver nachweist, daß der Vmer schon bei der Stellung des Vsantrages die Absicht hatte, das Fahrzeug anders als in dem Antrag angegeben zu verwenden, liegt es aber doch näher, eine abschließende Regelung des Problemkreises durch § 2 II a AKB anzunehmen (streitig, vgl. Anm. F 5). Das gilt um so mehr, als vor Einführung der Verwendungsklausel die Einordnung unrichtiger Angaben des Vmers über die künftige Verwendung des Fahrzeugs unter die Vorschriften über die vorvertragliche Anzeigelast große Schwierigkeiten bereitet hat (vgl. Anm. F 5 m. w. N., ferner Bd IV Anm. F 7). Demgemäß ist es konsequent, die Verletzung der vorvertraglichen Anzeigelast hinsichtlich einer anderen Verwendungsart als der im Vsantrag angegebenen als durch § 2 II a AKB abschließend behandelt anzusehen. Dem entspricht es, daß einhellig angenommen wird, daß § 2 II a AKB die Bestimmungen über die Gefahrerhöhung verdränge (Anm. F 5 m. w. N.).

Üblicherweise wird im standardisierten Teil des Vsantrages auch nach dem **Führerschein** des Vmers gefragt. Wird hier eine unrichtige Angabe gemacht, so spielt das für den Abschluß des Vsvertrages keine Rolle; denn der Halter ist auch dann verpflichtet, eine Kfz-Haftpflichtv abzuschließen, wenn er selbst keinen Führerschein besitzt. Dabei ist zu berücksichtigen, daß es nicht darauf ankommt, ob der Halter oder der Vmer einen solchen Führerschein hat, sondern darauf, ob das bei dem berechtigten Fahrer der Fall ist oder nicht. Das Gesagte bedeutet, daß das Fahren ohne die vorgeschriebene Fahrerlaubnis allein dem Anwendungsbereich des § 2 II c AKB zugewiesen ist (vgl. dazu auch Anm. F 32).

II. Obliegenheiten bei Vertragsabschluß
Anm. F 3

Weiter wird nach dem Bestehen einer Vorv gefragt. Mit deren Verschweigen befaßt sich Nr. 20 II TB−KH (Anm. A 10). Für diesen Fall sind die Rechte des Vers nach §§ 16−22 ausdrücklich ausgeschlossen. Es ist als Ausgleich in Nr. 20 II TB−KH vorgesehen, daß dann, wenn die Auskunft des Vorvers ergibt, daß der Vmer in eine Schadenklasse einzustufen ist, der Beitrag für das erste Vsjahr das Doppelte des Beitrages beträgt, der bei richtiger Einstufung hätte erhoben werden müssen. Diese Vertragsstrafenregelung ist indessen wegen Verstoßes gegen die nach § 34a zugunsten des Vmers zwingenden Bestimmungen der §§ 16−22 unwirksam (vgl. Anm. E 7). Doch berührt diese Erkenntnis den Verzicht auf die Rechte aus §§ 16−22 nicht. Die ausdrückliche Verweisung auf § 22 bedeutet, daß wegen falscher Angaben zur Vorv auch auf die Rechte auf Anfechtung wegen arglistiger Täuschung verzichtet wird (vgl. auch Anm. D 21). Daran muß sich der Ver gebunden halten, auch wenn er eine unwirksame Vertragsstrafenregelung vereinbart hat. Er ist demgemäß auf den Anspruch auf Zahlung der nach dem Tarif bei ordnungsgemäßer Auskunft geschuldeten Prämie beschränkt (für das entsprechende Problem bei unrichtigen Angaben für Zweitwagen, Nr. 16 TB−KH, Fahrzeugwechsel, Nr. 26 TB−KH, und bezüglich der Schadenfreiheit aus Verträgen Dritter, Nr. 28 TB−KH, vgl. ebenfalls Anm. E 7).

Zu beachten ist, daß im übrigen unrichtige vorvertragliche Angaben zugleich den Tatbestand einer arglistigen Täuschung im Sinne des § 123 BGB erfüllen können. Das Anfechtungsrecht steht dem Ver ungeachtet des Annahmezwanges zu (dazu Anm. D 21). Vgl. z. B. BGH 25.II.1970 VersR 1970 S. 412−413. Dort ging es um die Frage, ob das Verschweigen des Umstandes, daß das betreffende Fahrrad mit Hilfsmotor auf eine Geschwindigkeit von 78 km/h umgerüstet worden war, zur Anfechtung wegen arglistiger Täuschung berechtigt (was aus den besonderen Umständen des Falles verneint wurde). − BGH 19.I.1977 VersR 1977 S. 341 hält es in einer obiter dictum gemachten Bemerkung für möglich, daß bei entsprechender Frage des Vers in der Nichtangabe des Umstandes, daß ein Fahrzeug nicht zugelassen sei, eine Verletzung der vorvertraglichen Anzeigelast liegen könnte. Mit Rücksicht darauf, daß die Mehrzahl derjenigen Fahrzeuge, für deren Gebrauch Haftpflichtvsschutz begehrt wird, noch nicht zugelassen sind, da eine solche Zulassung erst aufgrund des Nachweises eines entsprechenden Vsschutzes erfolgen darf, kann dieser Ansicht aber bei der heutigen Annahmepraxis der Ver für den Regelfall nicht gefolgt werden (vgl. Anm. F 66 und G 45).

Angesichts des Massencharakters der Kfz-Haftpflichtv wird in der Praxis − insbesondere in dem Antragsformular auf Abschluß eines Vsvertrages − auch keine Frage nach dem Zustand des Fahrzeugs gestellt. Das hängt damit zusammen, daß auch die ältesten Fahrzeuge noch unter die Vspflicht nach § 1 PflichtvsG fallen. Den Vmer trifft daher grundsätzlich auch keine vorvertragliche Anzeigelast bezüglich eines verkehrswidrigen Zustandes des Fahrzeugs (BGH 22.VI.1967 VersR 1967 S. 746−747). − Gibt der Vmer ein unrichtiges Baujahr an, so ist das für die Kfz-Haftpflichtv auch unerheblich (anders − für die Zeit vor der Neuregelung aus dem Jahre 1939 − OLG Kiel 20.XII.1929 JRPV 1930 S. 188−189 m. abl. Anm. von Köhker JRPV 1930 S. 367−368 [es ist allerdings den Entscheidungsgründen nicht zu entnehmen, ob es sich um einen Spruch zur Haftpflicht- oder zur Fahrzeugv handelte]). −

Von dem Vmer wird man im übrigen − ungeachtet des Umstandes, daß bei der Schließung des Vsvertrages nicht nach dem Zustand des Fahrzeugs gefragt wird − einen Hinweis darauf erwarten dürfen, daß das Fahrzeug so verändert ist, daß es − wie in dem vom BGH 25.II.1970 a. a. O. entschiedenen Fall − nicht mehr dem Typ entspricht, für den Kfz-Haftpflichtvsschutz in concreto begehrt wird. Eine

Leistungsfreiheit des Vers kann hier demgemäß auch aus einer Verletzung der vorvertraglichen Anzeigelast hergeleitet werden, wobei aber für die Leistungsfreiheit die Rücktrittsfrist nach § 20 beachtet werden muß.

Schließlich ist davon auszugehen, daß regelmäßig mangels besonderer Fragen des Vers von dem Vmer für die Zeit zwischen Antragstellung und Annahmeerklärung durch den Ver keine ergänzende Anzeige über eine etwa inzwischen eingetretene Gefahrerhöhung (z. B. defekte Bremsen oder abgefahrene Reifen) zu erwarten ist. Das bedeutet, daß für die Kfz-Haftpflichtv die Bestimmung des § 29a so gut wie ohne Bedeutung ist. Der Ver ist aber dadurch nicht schutzlos. Vielmehr stellt jedes (erneute) Benutzen eines Fahrzeugs in Kenntnis seines verkehrsunsicheren Zustands regelmäßig die Vornahme einer Gefahrerhöhung im Sinne des § 23 dar und führt somit nach dieser Bestimmung zur Leistungsfreiheit, und zwar auch dann, wenn der ordnungswidrige Zustand schon bei Vertragsabschluß vorhanden war (vgl. nur BGH 22.VI.1967 a. a. O. m. w. N., 25.II.1970 a. a. O. S. 413 m. w. N.; ferner Anm. F 55 m. w. N.). Als Ergebnis dieser Überlegungen ist festzuhalten, daß die Verletzung der vorvertraglichen Anzeigelast in der Kfz-Haftpflichtv nur eine untergeordnete Rolle spielt und daß die Bestimmung über die zwischen Antragstellung und Antragsannahme gegebene Verpflichtung des Vmers zur Anzeige einer Gefahrerhöhung praktisch bedeutungslos ist. Für die verbleibenden Fälle bedarf es demgemäß aus der Sicht der Kfz-Haftpflichtv keiner speziellen Darlegungen. Vielmehr ist insoweit auf die Erläuterungen in Bruck—Möller Bd I zu §§ 16—21 zu verweisen.

Dafür, daß der Ver für das Vorliegen der sein Rücktrittsrecht wegen Verletzung der vorvertraglichen Anzeigelast begründenden tatsächlichen Voraussetzungen beweispflichtig ist, vgl. BGH 7.III.1984 a. a. O. Jener Fall war durch die Besonderheit gekennzeichnet, daß der Vmer in erster Instanz ein Vertragsmuster vorgelegt hatte, dem der Text der mit den Benutzern der 32 vten Fahrzeuge abgeschlossenen Verträge zu entnehmen war. Der Ver hatte sich diesen Text im schriftsätzlichen Vortrag zueigen gemacht. Das Gericht erster Instanz hatte aus diesem Text geschlossen, daß die Fahrzeuge zum Einsatz für gewerbliche Zwecke der betreffenden Benutzer und nicht zur Eigenverwendung durch den Vmer bestimmt gewesen seien. In zweiter Instanz hatte der Vmer ein anderes Formular vorgelegt; dieses wurde vom Berufungsgericht seiner Entscheidung zugrundegelegt. Indessen hatte das Gericht die Bestimmungen der §§ 288, 290 ZPO nicht beachtet. Es lag ein vorweggenommenes Geständnis des Vmers vor, von dem er sich nach § 290 ZPO nur durch den Beweis hätte lösen können, daß es der Wahrheit nicht entspreche und durch einen Irrtum veranlaßt worden sei.

Sofern — trotz der sich aus der Besonderheit der Kfz-Haftpflichtv ergebenden restriktiven Anwendung der §§ 16—21 — eine Leistungsfreiheit wegen Verletzung der vorvertraglichen Anzeigelast eintritt, ist zu beachten, daß auch insoweit die zuerst in VA 1973 S. 103 veröffentlichte geschäftsplanmäßige Erklärung der Ver über eine Regreßbeschränkung gegen den Vmer (und die Vten) eingreift. Vgl. zur Erläuterung dieser Regelung Anm. F 27—29. Als Besonderheit ist hier allerdings zu bedenken, daß sich in der heute seit VA 1975 S. 157 geltenden Fassung (letzte zusammenstellende Fassung VA 1987 S. 169—173, dort Nr. II,3, vgl. Anm. A 5) diese geschäftsplanmäßige Erklärung nur auf die Obliegenheiten bezieht, die vor Eintritt des Vsfalls zu erfüllen sind. Das ist der speziell in § 6 I gebrauchte Ausdruck, dem die bei Vertragsabschluß zu erfüllenden Obliegenheiten begrifflich eigentlich nicht zugeordnet werden. Dennoch greift die geschäftsplanmäßige Erklärung auch insoweit ein. Das ergibt sich daraus, daß in der ursprünglichen Erklärung gemäß VA 1973 S. 103 schlechthin von Obliegenheiten die Rede gewesen

III. 1. Verwendungsklausel   Anm. F 4

ist. Die Neufassung erfolgte allein, um die Verbesserung der Rechtsstellung des Vmers durch § 7 V AKB zum 1.1.1975 redaktionell zu verarbeiten. Es war nicht daran gedacht, in diesem Punkt die Rechtsstellung des Vmers zu verschlechtern. Es ist lediglich nicht die unterschiedliche Terminologie bezüglich dieser beiden Obliegenheitsarten bedacht worden. Das mag auch daran gelegen haben, daß diese vor Vsbeginn zu erfüllenden Obliegenheiten in der Kfz-Haftpflichtv nahezu bedeutungslos sind. — Den Anwendungsbereich der geschäftsplanmäßigen Erklärungen würde man aber gewiß überdehnen, wenn man ihn auf diejenigen Fälle ausdehnt, in denen der Ver den Vsvertrag wegen arglistiger Täuschung anficht und die Tatsachen, die solche Anfechtung als berechtigt erscheinen lassen, zugleich (im Sinne einer „Doppelwirkung im Recht") eine Leistungsfreiheit des Vers aus dem Gesichtspunkt der Verletzung der vorvertraglichen Anzeigelast begründen könnten. —

Für Einzelheiten zur Auslegung der geschäftsplanmäßigen Erklärung vgl. Anm. F 27–29.

III. Obliegenheiten vor Eintritt des Versicherungsfalles
1. Verwendungsklausel

Gliederung:

a) Schrifttum F 4
b) Zielsetzung und rechtliche Einordnung F 5
c) Abgrenzungsgrundsätze F 6–9
  aa) Ermittlung des Antragsinhalts F 6
  bb) Erfordernis einer höheren Prämie F 7
  cc) Nutzung im geänderten Verwendungszweck nach Anzeigeerstattung F 8
  dd) Verstoßintensität F 9
d) Einzelheiten F 10–19
  aa) Übliche Antragsfragen F 10
  bb) Beispielsfälle F 11–19
    aaa) Güterfernverkehr statt Werkverkehr F 11
    bbb) Güterfern- statt Güternahverkehr F 12
    ccc) Verwendung eines Abschleppwagens zum Güternah- oder Güterfernverkehr F 13
    ddd) Gewerbsmäßige Vermietung an Selbstfahrer F 14
    eee) Unerlaubte Verwendung eines Pkw als Kraftdroschke oder als Mietfahrzeug F 15
    fff) Mißbräuchliche Verwendung landwirtschaftlicher Fahrzeuge F 16
    ggg) Beförderung von mehr als acht Personen, Überladung F 17
    hhh) Verwendung gewerblicher Fahrzeuge zu privaten Zwecken und privater Fahrzeuge für Geschäftszwecke F 18
    iii) Mißbrauch roter Kennzeichen F 19
e) Verletzungsfolgen F 20–24
  aa) Vorbemerkung F 20
  bb) Geltendmachungserfordernis F 21
  cc) Verschulden F 22
  dd) Kausalität F 23
  ee) Kündigungserfordernis F 24
f) Beweislast F 25
g) Verzicht auf den Einwand der Obliegenheitsverletzung F 26
h) Regreßverzicht gemäß geschäftsplanmäßiger Erklärung F 27–29
  aa) Rechtspolitische Abgrenzung F 27
  bb) Rechtliche Konstruktion F 28
  cc) Einzelheiten F 29

[F 4] a) Schrifttum:

Arzt, Die vorbeugenden Obliegenheiten, ungedr. Diss. Hamburg 1951, Brenzel VersR 1960 S. 579–580, derselbe VersR 1961 S. 494, Höfer VW 1959 S. 125, Hohenester VersR 1961 S. 200–201, Mittelmeier VersR 1971 S. 692–697, derselbe VersR 1975 S. 12–16, Rohde, Die Verwendungsklausel in der Kraftverkehrsv, Karlsruhe 1968 (zit. Rohde Verwendungsklausel), Schermin VersPrax 1960 S. 186–188, Spielberger VersR 1962 S. 927–930, Stelzer VW 1962 S. 282.

[F 5] b) Zielsetzung und rechtliche Einordnung

Nach § 2 II a AKB ist der Ver von der Verpflichtung zur Leistung frei, wenn das Fahrzeug zu einem a n d e r e n als dem im V s a n t r a g angegebenen Z w e c k verwendet wird. Die Bestimmung des § 2 II a AKB hat ihren Grund darin, daß die unterschiedliche Verwendung des Fahrzeugs für die Höhe des von dem Ver übernommenen Risikos von wesentlicher Bedeutung ist (so treffend BGH 28.I.1958 VersR 1958 S. 160). Damit stimmt es überein, daß nach den Kfz-Vstarifen für die verschiedenen Nutzungsmöglichkeiten eines Kraftwagens Prämien mit erheblichen Unterschieden genommen werden. Das Bestreben der Ver ist es, für die sogenannten „s c h w e r e n R i s i k e n" angemessen hohe Prämien zu erhalten. Dabei wird von der statistisch zu belegenden Erfahrungstatsache ausgegangen, daß durch Taxiwagen, Mietwagen und Fahrzeuge, die im gewerblichen Nah- und Fernverkehr eingesetzt werden, Haftpflichtschäden angerichtet werden, die hinsichtlich der Anzahl und der Höhe weit über dem Durchschnitt der von der Gesamtheit der Vmer verursachten Schäden liegen. Geht man von dieser Einsicht aus, so ist es konsequent, § 2 II a AKB nur dann anzuwenden, wenn die Z w e c k ä n d e r u n g eine h ö h e r e P r ä m i e nach dem Tarif des Vers auslöst (so: BGH 21.III.1963 VersR 1963 S. 528, OLG Oldenburg 15.XII.1958 VersR 1959 S. 144, LG Hanau 10.IX.1985 r + s 1985 S. 261–262; ferner Fleischmann–Deiters in Thees–Hagemann[2] Anm. 3a zu § 2 AKB, S. 300, Fromm S. 318, Prölss–Martin–Knappmann[25] Anm. II 1c zu § 2 AKB, S. 1407, Rohde Verwendungsklausel S. 45–48, Stiefel–Hofmann[15] Anm. 148 zu § 2 AKB, S. 135; vgl. ergänzend Anm. F 7 m. w. N.).

Die Verwendungsklausel in der heutigen Fassung ist 1940 mit den damals neuen Allgemeinen Bedingungen für die Kraftv (AKB) und denen für die Kraftfahrthaftpflichtv (AKHB) geschaffen worden (RAnz 1940 Nr. 187 S. 4). Bis dahin wurden die unterschiedlichsten Klauseln für die Fälle einer Verwendungsänderung benutzt. So hatte z. B. RG 31.I.1941 JRPV 1941 S. 59–60 folgende Vertragsbestimmung zu beurteilen: „Im Falle der Verneinung der Frage (Soll sich der Vsschutz auch auf Fahrten erstrecken, bei denen Personen befördert werden?) ruht der Vsschutz bei Fahrten, auf denen Personen befördert werden, nicht nur gegenüber den Insassen, sondern auch für Haftpflichtfälle jeder Art". Diese Klausel wurde vom RG als eine g e g e n s t ä n d l i c h e G e f a h r b e s c h r ä n k u n g im Sinne einer Ausschlußklausel angesehen (so auch für eine ähnlich lautende Klausel: OLG Kassel 4.XI.1937 JW 1938 S. 384–385 = DAR 1938 Sp. 70–71, KG 27.XI.1940 JRPV 1941 S. 25). § 2 II a AKB ist dagegen rechtstechnisch mit Bedacht – ebenso wie die F ü h r e r s c h e i n k l a u s e l nach § 2 II c AKB – als O b l i e g e n h e i t ausgestaltet worden und wird jetzt auch einhellig so bewertet (ständige Rechtsprechung, vgl. nur BGH 14.II.1951 BGHZ Bd 1 S. 165–169, 31.I.1952 BGHZ Bd 4 S. 371, 2.IV.1952 VersR 1952 S. 175, 8.X.1952 VersR 1952 S. 367 [insoweit in BGHZ Bd 7 S. 244–252 nicht mit abgedruckt], 28.I.1958 VersR 1958 S. 218, 8.V.1961 BGHZ Bd 35 S. 162, 19.III.1986 VersR 1986 S. 541; ferner Bruck–Möller Bd I Anm. 44–45 zu § 32, Reimer Schmidt Obliegenheiten S. 243 und die Nachweise in Anm. F 11–19, für umfassende Nachweise aus dem Schrifttum und aus der Rechtsprechung des BGH und der Instanzgerichte wird ergänzend auf Rohde Verwendungsklausel S. 3–6 verwiesen). Das kommt seit dem 1.I.1971 auch in der Überschrift zu § 2 II AKB zum Ausdruck (VA 1971 S. 5). Demgemäß sind heute die dem Obliegenheitsrecht nach § 6 eigentümlichen Rechtsprinzipien des V e r s c h u l d e n s - und K a u s a l i t ä t s e r f o r d e r n i s s e s wie auch des K ü n d i g u n g s e r f o r d e r n i s s e s anzuwenden (vgl. dazu Anm. F 22–24). Die Verwendungsklausel wird dabei durchweg als O b l i e g e n h e i t z u r V e r h ü t u n g e i n e r G e f a h r e r h ö h u n g im Sinne des § 32 qualifiziert (BGH 14.II.1951 BGHZ Bd 1

III. 1. Verwendungsklausel
Anm. F 5

S. 168, 12.XII.1963 VersR 1964 S. 157, 24.XI.1966 NJW 1967 S. 779 = VersR 1967 S. 50–51, 1.III.1972 NJW 1972 S. 823 = VA 1972 S. 204 Nr. 625; Möller a. a. O. Anm. 44 zu § 32, Reimer Schmidt Obliegenheiten S. 243, Stiefel–Hofmann[15] Anm. 146 zu § 2 AKB, S. 134). Das ist rechtstechnisch gesehen durchaus zutreffend, wenngleich das Motiv für die Schaffung dieser Obliegenheit genau betrachtet nicht dieses ist, den Vsschutz für eine „erhöhte Gefahrenlage" zu versagen, sondern zu gewährleisten, daß durch eine entsprechende Anzeige der Gefahränderung der Ver eine dem erhöhten Risiko angemessene Prämien erhält, die der Höhe nach im Tarif genau bestimmt ist. Zugleich regelt § 2 II a AKB aber auch die Erfüllung der vorvertraglichen Anzeigelast im Sinne der §§ 16–21 in bezug auf die Frage, zu welchem Zweck das Fahrzeug verwendet werden soll. Vor Einführung der Regelung des § 2 II a AKB in das Bedingungswerk der Kfz-V gab es erbitterte Rechtsstreitigkeiten über die Frage der Gewährung von Haftpflichtvsschutz in den Fällen einer Verwendung des Fahrzeugs in einer anderen als im Vsantrag angegebenen Art und Weise. Hatte der Vmer dabei schon im Vsantrag unrichtige Angaben gemacht — wurde das Fahrzeug also in einer ganz anderen Art und Weise als gegenüber dem Ver angegeben genutzt oder war eine andere Verwendung als die im Antrag aufgeführte geplant —, so kam eine Leistungsfreiheit des Vers auch aus dem Gesichtspunkt der Verletzung der vorvertraglichen Anzeigelast in Betracht (vgl. dazu z. B. KG 13.VII.1932 JRPV 1933 S. 9–10, OLG Köln 1.III.1934 VA 1934 S. 39–40 Nr. 2690, OLG Düsseldorf 19.VI.1933 JRPV 1934 S. 108–109, OLG Düsseldorf 22.X.1934 JRPV 1935 Zus. Heft S. 19–20, OLG Braunschweig 14.XII.1934 JRPV 1935 Zus. Heft S. 21–22).

Heute liegt es nahe anzunehmen, daß durch die spezielle Regelung in § 2 II a AKB die Anwendung der Vorschriften über die Verletzung der vorvertraglichen Anzeigelast im Bereich der Kfz-V ausgeschlossen ist, soweit es sich um die Verwendung des vten Fahrzeugs handelt (a. M. Stiefel–Hofmann[15] Anm. 147, 150 zu § 2 AKB, S. 135, 136, vor allem auch BGH 1.III.1972 NJW 1972 S. 822–824 = VersR 1972 S. 530–532, wo zwar die Fallentscheidung allein in § 2 II a AKB gesucht worden ist, daneben aber auch § 16 genannt wurde; im Sinne der Gegenmeinung auch BGH 7.III.1984 VersR 1984 S. 528–529; vgl. weiter Anm. F 3). Eine solche Interpretation des Bedingungswerks erscheint insbesondere deshalb als sinnvoll, weil andernfalls der Vorrang der rechtsspezifischen Lösung des Problemkreises durch Ausformung einer speziellen Obliegenheitsklausel nicht hinreichend beachtet wird. Stiefel–Hofmann[15] Anm. 150 zu § 2 AKB, S. 136 ist allerdings darin beizupflichten, daß durch die Verwendungsklausel das Recht des Vers zur Anfechtung wegen arglistiger Täuschung nach § 123 BGB nicht ausgeschlossen wird (vgl. dazu auch BGH 25.II.1970 VersR 1970 S. 412–413, 7.III.1984 a. a. O. und Anm. D 21). Steht daher z. B. beweiskräftig fest, daß der Vmer bereits bei Abgabe des Vsantrages beabsichtigte, den für Eigenverwendung im Formular ausgewiesenen Pkw ständig als Taxi zu nutzen, so kann ein rückwirkender Entzug des Vsschutzes auch durch eine Anfechtung wegen arglistiger Täuschung herbeigeführt werden. Das mag mit Rücksicht auf die vom Ver im Falle des § 2 II a AKB gemäß § 6 I 2, 3 einzuhaltende Kündigungsfrist von einem Monat im Einzelfall bedeutsam sein, da die Anfechtung wegen arglistiger Täuschung noch zu einem späteren Zeitpunkt erfolgen kann, nämlich nach § 124 I BGB binnen Jahresfrist.

Die spezielle Ausformung der Verwendungsklausel verdrängt vor allem aber für diesen Bereich das Rechtsinstitut der Gefahrerhöhung. Es bedarf mit Rücksicht darauf nicht der Prüfung im Einzelfall, ob und inwieweit antragswidrige Fahrten Gefahrerhöhungen darstellen oder nicht (vgl. z. B. RG 16.VI.1933 RGZ Bd 141 S. 192–194, 3.I.1936 RGZ Bd 150 S. 50, KG 26.IX.1936 JRPV 1937 S. 62). Allerdings ist es theoretisch denkbar, daß Obliegenheiten, die zum Zwecke der Verminderung der Gefahr oder zum Zwecke der Verhütung einer Gefahrerhöhung übernommen worden sind, in „Obliegenheitskonkurrenz" zu den Bestimmungen über die Gefahrerhöhung gemäß §§ 23–30 stehen (so z. B. [zur Einbruchdiebstahlv] BGH 6.VII.1987 VersR 1987 S. 921–923 m. w. N., vgl. ferner in diesem Sinne Bruck–Möller Bd I Anm. 10 zu § 32, Prölss–Martin[25] Anm. 1 zu § 32, S. 259, Raiser, Kommentar zu den Allgemeinen Feuervsbedingungen, 2. Aufl., Berlin 1937, Anm. 9 zu § 7 AFB, S. 210–211, Reimer Schmidt Obliegenheiten S. 215; a. M. Bruck 7. Aufl. Anm. 2 zu § 32). Sinn und Zweck der Regelung in § 2 II a AKB ergeben aber, daß — ebenso wie bei der Führerscheinklausel nach § 2 II c AKB, vgl. dazu Anm. F 43 — der Lebenssachverhalt einer vom Tarif des Vers erfaßten Verwendungsänderung des Fahrzeugs, für dessen Betrieb Haftpflichtvsschutz genommen worden ist, abschließend geregelt worden ist. Insoweit ist daneben für die Anwendung der Bestimmungen über eine Gefahrerhöhung gemäß §§ 23–29 kein Raum. So die ständige Rechtsprechung des BGH sowohl zur Verwendungsklausel wie zu § 2 II c AKB, vgl. nur BGH 14.II.1951 BGHZ Bd 1 S. 161, 31.I.1952 BGHZ Bd 4 S. 377 (zur Führerscheinklausel nach § 2 II c AKB), 30.III.1967 VersR 1967 S. 548–550, 14.V.1986 VersR 1986 S. 693–695 m. w. N. (ebenfalls zu § 2 II c AKB), 8.VII.1987 VersR 1987 S. 923 (zur Einbruchdiebstahlv), w. N. in Anm. F 43; vgl. ferner OLG Schleswig 29.V.1951 VersR 1951 S. 206, OLG Schleswig 24.I.1967 VersR 1968 S. 489, OLG Köln 1.III.1990 r + s 1990 S. 111–112; zustimmend: Fleischmann–Deiters in Thees–Hagemann[2] Anm. 2 b zu § 2 AKB, S. 299, Fromm S. 318, Hohenester VersR 1961 S. 200, Pienitz–Flöter[4] Anm. D I. zu § 2 AKB, S. 16 b, Prölss–Martin–Knappmann[25] Anm. II zu § 2 AKB, S. 1405, Rohde Verwendungsklausel S. 9–12, Stiefel–Hofmann[15] Anm. 147 zu § 2 AKB, S. 135; a. M.: Arzt, Die vorbeugenden Obliegenheiten, ungedr. Diss. Hamburg 1951, S. 159–161, Brenzel VersR 1960 S. 580, Möller in Bruck–Möller Bd I Anm. 10 zu § 32, Reimer Schmidt Obliegenheiten S. 243. Von einer gleichzeitigen Geltung der Bestimmungen des § 2 II a AKB und der Vorschriften über die Gefahrerhöhung ging dagegen noch KG 1.III.1960 VersR 1960 S. 890, 24.VI.1961 VA 1961 S. 277 Nr. 307 = VersR 1962 S. 270 aus, ohne allerdings das Verhältnis dieser Bestimmungen zueinander näher zu analysieren; wie wenig fallbezogen im Grunde genommen die in beiden Entscheidungen gleichlautende aufzählende Erwähnung der Vorschriften über die vorvertragliche Anzeigepflicht und der über die Gefahrerhöhung neben der Bestimmung des § 2 II a AKB ist, ergibt sich daraus, daß vom Gericht in beiden Urteilen als erheblich auf die Frage abgestellt wurde, ob eine Kündigung nach § 6 I 2, 3 ausgesprochen worden sei oder nicht, obwohl sich doch die Überlegung hätte aufdrängen müssen, daß zur Leistungsfreiheit aus dem Gesichtspunkt der Gefahrerhöhung keine Kündigung erforderlich gewesen wäre (vgl. dazu Anm. F 68). — OLG Oldenburg 15.XII.1958 VersR 1959 S. 144 nimmt entgegen der Auffassung von Rohde Verwendungsklausel S. 11 nicht in dem Sinne das Vorliegen einer Obliegenheitskonkurrenz an, daß es ein und denselben Vorgang sowohl der Verwendungsklausel als auch der Gefahrerhöhung zuordnet. Vielmehr verneint das Gericht das Vorliegen einer Zweckveränderung nach § 2 II a AKB für den Fall einer Überladung eines Motorrollers, weil im Tarif die Mitnahme von mehr als einer Person auf einem solchen Gefährt gar nicht vorgesehen sei (vgl. auch Anm. F 17 a. E.). Daß von diesem Standpunkt aus, weil nämlich der Lebensvorgang der Verwendungsklausel überhaupt nicht zuzurechnen sei, die Anwendung der Bestimmungen über die Gefahrerhöhung geprüft wurde, erscheint als konsequent. Im konkreten Fall wurde im übrigen wegen nur kurzfristiger Veränderung der Gefahrenlage das Vorliegen einer Gefahrerhöhung verneint. In diesem Zusammenhang sei erwähnt, daß — anders als

III. 1. Verwendungsklausel   Anm. F 6

bei der Gefahrerhöhung, bei der ein Dauerzustand verlangt wird (vgl. Anm. F 57) — unter dem Geltungsbereich der Verwendungsklausel schon eine **einmalige Änderung** des Verwendungszwecks in aller Regel die Leistungsfreiheit des Vers auslöst, vgl. Anm. F 9 m. w. N.

[F 6] c) Abgrenzungsgrundsätze

   aa) Ermittlung des Antragsinhalts

Nach § 2 II a AKB ist der im Vsantrag angegebene Zweck maßgebend. Für die Prüfung des Anwendungsbereichs dieser Vorschrift ist demgemäß auf den **konkret** im Einzelfall verwendeten Antrag abzustellen. Die Bestimmung geht dabei davon aus, daß ein formelles Antragsmuster gängiger Art benutzt worden ist. Nicht selten kommt es in der Praxis bei der Benutzung eines solchen Formulars vor, daß Fragen nicht beantwortet werden. Ist das der Fall, so könnte man sich auf den Standpunkt stellen, daß ein Ver, der die Nichtbeantwortung von Fragen hinnehme, diese auch nicht für erheblich halte (in diesem Sinne OLG Köln 1.III.1934 VA 1934 S. 39 – 40 Nr. 2690, zustimmend Stiefel – Hofmann[15] Anm. 147 zu § 2 AKB, S. 135). Denkbar wäre aber auch eine Auslegung des Inhalts, daß der Vmer durch die Nichtbeantwortung einer Frage eine Verneinung erklären wolle. Um diese Auslegungsschwierigkeiten zu beseitigen, befand sich früher auf den gebräuchlichen Antragsformularen der Aufdruck, daß die **Nichtbeantwortung von Antragsfragen, Striche oder sonstige Zeichen als Verneinung gelten**. Gegen eine solche Klausel bestehen aber Bedenken nach § 10 Nr. 5 AGBG. Danach sind Erklärungsfiktionen in allgemeinen Geschäftsbedingungen grundsätzlich unwirksam. Etwas anderes gilt nur dann, wenn dem Vertragspartner eine angemessene Frist zur Abgabe einer ausdrücklichen Erklärung eingeräumt ist und der Verwender sich verpflichtet, den Vertragspartner bei Beginn der Frist auf die vorgesehene Bedeutung seines Verhaltens hinzuweisen. Das alles erscheint im Rahmen eines Antragsformulars als wenig praktikabel. Es sollte daher eine solche Fiktionsregelung besser gar nicht verwendet werden. Es ist vielmehr die Erklärung des Vmers auszulegen und bei Unklarheiten nachzufassen. Es bestehen in Einzelfällen aber gewiß keine Bedenken dagegen, Striche als Verneinungen anzusehen, ebenso wie den Zusatz „entfällt". Dagegen läßt sich aus der Nichtbeantwortung einer Frage im allgemeinen kein sicherer Schluß auf eine bestimmte Angabe des Vmers ziehen. Bedenklich ist es aus heutiger Sicht, wenn BGH 14.II.1951 BGHZ Bd 1 S. 160 – 162 in einem Fall, in dem die Frage danach, ob die Benutzung eines Lkw zur Beförderung von mehr als acht Personen beabsichtigt sei, nicht beantwortet wurde, stillschweigend von einer Verneinung ausgeht. Vgl. in diesem Zusammenhang auch RG 31.I.1941 JRPV 1941 S. 59, das ausdrücklich bemerkte, daß die Bedeutung der Durchstreichung zumal im Hinblick auf die Bestimmung des Antragsvordrucks, wonach Streichung als Verneinung (von Fragen) gelte, nicht anders als eine Verneinung habe gewürdigt werden können. Zu solchen Auslegungsfragen vgl. ergänzend OLG Köln 10.III.1950 VersR 1950 S. 68 (Vorinstanz zu BGH 14.II.1951 BGHZ Bd 1 S. 160 – 162), LG Berlin 7.V.1953 VersR 1953 S. 238 – 239, KG 29.IX.1958 VersR 1958 S. 880, LG Münster 9.XI.1960 VersR 1961 S. 1013.

Wird ausnahmsweise das in der Kraftfahrzeughaftpflichtv übliche Antragsmuster nicht benutzt, sondern formlos von dem Vmer gegenüber dem Ver ein Antrag auf Abschluß eines Vsvertrages gestellt, so sind die dabei gemachten Angaben ebenso maßgebend. Weichen die Angaben im Vsantrag und die Dokumentation im Vsschein voneinander ab, so ist im Prinzip ebenfalls vom Vsantrag auszugehen. Daß es im Rahmen der Verwendungszweckfragen des Antragsformulars zu einer Anwendung der Grundsätze des § 5 („Billigungsklausel") kommen könnte, ist kaum denkbar. Ein Vmer, der Vsschutz gegen die Haftpflichtgefahren aus dem Betrieb eines Taxiwagens begehrt, läßt sich gewiß nicht vom Ver die Verwendung dieses Fahrzeugs als Mietwagen vorschreiben. Bei einer ungewollten und demgemäß bei der Übersendung des Vsscheins nicht erwähnten Abweichung vom Antrag ist aber nach § 5 III ohnedies nicht der Inhalt des Vsscheins, sondern der des Antrags maßgebend. Hat der Vmer bei der Antragstellung überhaupt keine Angaben über die Verwendungsart des Fahrzeugs gemacht, so entspricht es sachgemäßer Auslegungstechnik, grundsätzlich auf den Inhalt des Vsscheins abzustellen. Nicht zu billigen wäre hier eine formelhafte Auslegung des Inhalts, daß in solchen Fällen die Verwendungsklausel überhaupt nicht eingreife. Wenn daher — bei fehlenden Angaben über den Verwendungszweck im Vsantrag — ein nach dem Inhalt des Vsscheins zur „Eigenverwendung ohne Vermietung" vter Wagen als „Selbstfahrervermietfahrzeug" gebraucht wird, so ist dieser Sachverhalt unter § 2 II a AKB zu subsumieren. Insbesondere ist bei einem solchen Schweigen des Vsantrags über den Verwendungszweck dem Vmer zuzumuten, in angemessener Frist der Dokumentation im Vsschein im Sinne einer Richtigstellung zu widersprechen. Zumindest muß das binnen eines Monats geschehen. § 5 II kann insoweit zur einheitlichen Fristbeurteilung solcher Fälle entsprechend angewendet werden.

Einen Sonderfall betrifft OLG Köln 1.III.1990 r + s 1990 S. 111–112. Es war ein einem Schrotthändler gehörender Lkw mit darauf befindlichem Ladekran im Werkverkehr vert und dabei folgende Klausel dokumentiert worden: „Die Haftpflichtv erstreckt sich auf Fremdschäden, die beim Be- und Entladen eigener Fahrzeuge entstehen. Sofern auch fremde Fahrzeuge be- und entladen sowie Erdarbeiten (Aushub) verrichtet werden, besteht Vsschutz nur, wenn derselbe vorher ausdrücklich beantragt und vom Ver bestätigt worden ist." Der Vmer wurde in Anspruch genommen wegen eines Körperschadens, den ein Dritter erlitten hatte, als ein Schrottfahrzeug, das von dem Kran angehoben wurde, herunterstürzte. Nach dem Vortrag des Vers war das Schrottfahrzeug hochgehoben worden, um dem Dritten eine Demontage eines Fahrzeugteils zu ermöglichen. Diesen Lebensvorgang subsumierte das Gericht unter die Verwendungsklausel, bejahte den Vsschutz aber, weil vom Ver nicht gekündigt worden war. Indessen stellt das Hochheben eines Schrottfahrzeugs zu dem genannten Zweck kein Be- oder Entladen dar, so daß die Klausel ohnedies nicht eingreifen konnte. Vsschutz bestand nach der Grundbestimmung des § 10 I AKB, die erwägenswerte Ausschlußklausel nach § 11 Nr. 3 AKB bezieht sich nicht auf den durch den Transport einer Sache zurückzuführenden Körperschaden. Vgl. im übrigen auch BGH 29.III.1988 MDR 1988 S. 767–768 = r + s 1989 S. 194, der in einem Kranfall mit Sachschaden eine allerdings im Wortlaut und Inhalt wesentlich abweichende Klausel nicht als Obliegenheit bewertet, sondern als Ausschlußtatbestand einordnet (dazu Anm. G 49 a. E.).

[F 7] bbb) **Erfordernis einer höheren Prämie**

Eine Verwendungsänderung ist nur dann erheblich im Sinne des § 2 II a AKB, wenn sie sich für den Vmer in der Weise auswirkt, daß er eine höhere Prämie zahlen muß (BGH 21.III.1963 VersR 1963 S. 528, OLG Oldenburg 15.XII.1958 VersR 1959 S. 144, LG Dortmund 27.V.1970 VersR 1971 S. 1008, Fleischmann–Deiters in Thees–Hagemann[2] Anm. 3 a zu § 2 AKB, S. 300, Fromm S. 318, Prölss–Martin–Knappmann[25] Anm. II, 1 c zu § 2 AKB, S. 1407, Reimer Schmidt Obliegenheiten S. 243, Stiefel–Hofmann[15] Anm. 148 zu § 2 AKB, S. 135). Verwendungsänderungen, die nach dem Tarif des Vers nur eine gleich hohe Prämie

III. 1. Verwendungsklausel   Anm. F 7

auslösen oder gar eine geringere, sind für den Anwendungsbereich des § 2 II a AKB ohne Bedeutung. Eine höhere Prämie im Sinne des § 2 II a AKB ist auch dann gegeben, wenn sich der Anspruch des Vers bei entsprechender Deklaration der Verwendungsänderung aus Nr. 12 TB – KH (vgl. Anm. A 10) in der Form eines Zuschlags für Sonderwagnisse ergeben würde (Stiefel – Hofmann[15] Anm. 148 zu § 2 AKB, S. 135).

Maßgebend für den objektiven Anwendungsbereich des § 2 II a AKB sind allein die Antragsangaben über den Verwendungszweck des Fahrzeugs. Ändert sich die Verwendungsart des Wagens und löst das nach dem im Zeitpunkt dieser Änderung gültigen Tarif des Vers eine höhere Prämie aus, so liegt der objektive Tatbestand einer Obliegenheitsverletzung auch dann vor, wenn für diese neue Verwendungsart zum Zeitpunkt der Abgabe des Vsantrages ein geringerer oder gleich hoher Vsbeitrag hätte erbracht werden müssen. Ein Irrtum des Vmers über die Erheblichkeit einer solchen Verwendungsänderung ist im Bereich des Verschuldens zu prüfen. Ungeachtet dessen, daß grundsätzlich schon leichte Fahrlässigkeit schadet (vgl. dazu Anm. F 22), ist in einem solchen gedachten Ausnahmefall eine mildere Betrachtungsweise geboten. Dem Vmer könnte auch über eine ergänzende Belehrungspflicht des Vers hinsichtlich einer solchen Systemänderung geholfen werden.

Führt der Ver in seinem neuen Tarif Tarifgruppen ein, nach denen bei Abgabe der Antragserklärungen überhaupt nicht gefragt worden ist, so greift § 2 II a AKB nicht ein, sofern die Nutzungsart des Fahrzeugs sich im Bereich der ursprünglich weniger differenzierenden Antragsfragen hält. Von dem Vmer kann nicht erwartet werden, daß er die Entwicklung der Kfz-Tarife in ihren Einzelheiten verfolgt und die Antragsfragen gewissermaßen nachträglich ergänzt. Allerdings könnte eine solche Prämienerhöhung auch für neu geschaffene Tarifgruppen obliegenheitsbewehrt durchgesetzt werden, sofern zugleich § 2 II a AKB gemäß § 9 a I AKB abgeändert wird. Das steht aber nicht der hier vertretenen Auslegung des § 2 II a AKB entgegen, die sich bemüht, dem Zweck dieser Obliegenheit im Rahmen des zum Bezugspunkt gewählten Begriffs des Vsantrages gerecht zu werden.

Wird ein Fahrzeug für mehrere Verwendungsmöglichkeiten im Vsschein ausgewiesen, so ist gemäß Nr. 6 a TB – KH die Vsprämie nach dem höher eingestuften Wagnis zu berechnen (vgl. auch Anm. E 10). Für den Vmer hat eine solche Dokumentation den Vorteil, daß er dadurch sicher ist, in diesem Bereich keinen Verstoß gegen die Verwendungsklausel zu begehen. Der Nachteil liegt aber darin, daß der Vmer die höhere Prämie auch in der Zeit des nach dem Tarif niedriger zu bewertenden Fahrzeuggebrauchs zu entrichten hat.

Konkrete Bedeutung hat das Erfordernis einer höheren Prämie als Voraussetzung für eine Leistungsfreiheit des Vers speziell im gewerblichen Sektor gewonnen. Die Ver haben nämlich der zum 1.I.1973 durch das Zweite Gesetz zur Änderung des Güterkraftverkehrsgesetzes vom 24.XII.1971 (BGBl. I S. 2149 – 2155) eingetretenen Rechtsänderung Rechnung getragen. Während früher die Genehmigung nach dem GüKG auf ein bestimmtes Fahrzeug bezogen war, wird die Genehmigung nunmehr nach der Änderung dem Unternehmer für seine Person erteilt. Das hat zur Folge, daß der Unternehmer nicht immer ein bestimmtes Fahrzeug im Fernverkehr (oder in den sonstigen genehmigten Sparten) einsetzen muß, vielmehr kann er für eine Fernverkehrsfahrt durchaus unter mehreren Fahrzeugen eines aussuchen. Es muß nur sichergestellt sein, daß nicht gleichzeitig mehrere Fahrzeuge unter einer Genehmigung auf Fernverkehrsfahrten gehen. Das Gesetz nimmt eine Sicherstellung dieses Grundsatzes in der Weise vor, daß mit dem die Fernverkehrsfahrt durchführenden Fahrzeug nach § 12 I Ziff. 3 GüKG die Genehmigungsurkunde und das Fahrtenbuch auf der ganzen Strecke mitzuführen sind. Diesen Besonderheiten tragen die Ver in

Johannsen   427 der Weise Rechnung, daß durchweg in den Tarifen (entsprechend einem Hinweis in Nr. 6 a II TB – KH) bestimmt wird, daß der Vmer, der mehrere Güterfahrzeuge teils im Güternahverkehr und teils im Güterfernverkehr vert hat, vorübergehend einen Lkw, der lediglich für den Nahverkehr vert ist, im gewerblichen Güterfernverkehr einsetzen darf. Stiefel – Hofmann[15] Anm. 149 zu § 2 AKB, S. 136 schreiben dazu, daß ein Verstoß gegen die Verwendungsklausel nach der Anzeige an den Ver nicht vorliege; von den Vern werde diese anderweitige Verwendung toleriert, sofern der Vmer je vorhandener Fernverkehrskonzession einen Lkw für die Verwendung im gewerblichen Güterfernverkehr vert habe. Das trifft zu. Indessen bedarf es einer speziellen Anzeige an den Ver nicht, da durchweg im Tarif schon vermerkt ist, daß die gelegentliche Verwendung des Fahrzeugs im gewerblichen Güterfernverkehr grundsätzlich bereits bei Antragstellung dem Ver mitgeteilt sei (vgl. Asmus Kraftfahrtv[5] S. 105). Dafür, daß dagegen nach der besonderen Bedingung zu § 2 II a AKB eine Anzeige vorgesehen ist, vgl. Anm. F 9.

Vom LG Mönchengladbach 20.II.1985 ZfS 1985 S. 179 – 180 ist für die Fahrzeugv der Umbau eines als „Lkw im Nahverkehr" vten Fahrzeugs zu einem Wohnmobil als Verstoß gegen die Verwendungsklausel qualifiziert worden. Den Urteilsgründen ist zu entnehmen, daß die Prämie in beiden Fällen gleich hoch ausgewiesen war; demgemäß hätte die Leistungsfreiheit nicht aus § 2 II a AKB abgeleitet werden dürfen, es kam aber eine solche aus dem Gesichtspunkt der Verletzung der **vorvertraglichen Anzeigelast** in Betracht; diese beiden Rechtsinstitute werden in der Entscheidung nicht gesondert betrachtet (zur umstrittenen Abgrenzung vgl. Anm. F 3 und 5).

[F 8] cc) Nutzung im geänderten Verwendungszweck nach Anzeigeerstattung

Die in Anm. F 7 a. E. geschilderte Entwicklung im **Güterfernverkehrsrecht** hat dazu geführt, daß weitgehend folgende besondere Bedingung zu § 2 II a AKB (VA 1990 S. 176 – 177) vereinbart wird:

„Der Versicherungsnehmer darf vorübergehend
— im Güternahverkehr versicherte Fahrzeuge auch im Güterfernverkehr,
— im Werknahverkehr versicherte Fahrzeuge auch im Werkfernverkehr,
— im Werkfernverkehr versicherte Fahrzeuge auch im Güternahverkehr,
— im Schul- oder Werkverkehr versicherte Omnibusse auch im Gelegenheits- oder Linienverkehr,
— zur Eigenverwendung versicherte Personenkraftwagen auch als Mietwagen oder Droschken,
— als Mietwagen versicherte Personenkraftwagen auch als Droschken
einsetzen, wenn er dem Versicherer den Beginn des anderweitigen Einsatzes vor Antritt der ersten Fahrt und dessen Beendigung unverzüglich anzeigt. Unterläßt der Versicherungsnehmer die Anzeige, ist der Versicherer von der Verpflichtung zur Leistung frei, es sei denn, dem Versicherungsnehmer fallen weder Vorsatz noch grobe Fahrlässigkeit zur Last. Der Versicherungsbeitrag wird anteilig nach der Dauer der jeweiligen Verwendung und Verkehrsart berechnet. § 6 Abs. 1 Satz 3 VVG bleibt unberührt."

Anders als bei der in Anm. F 7 a. E. erwähnten Tarifregelung, die die Anzeige als zu Beginn des Vsverhältnisses erstattet fingiert, muß der Ver im vorliegenden Fall bei Vereinbarung dieser besonderen Bedingung die **geänderte Verwendungsart** anzeigen. Unterläßt er diese Anzeige, so steht er besser als ansonsten ein Vmer bei der Verletzung von Obliegenheiten, die vor Eintritt des Vsfalles zu erfüllen sind.

III. 1. Verwendungsklausel   Anm. F 8

Denn im Rahmen des § 6 I schadet schon jede Fahrlässigkeit (vgl. dazu Anm. F 22), hier aber nur grobe Fahrlässigkeit und Vorsatz. — Der Unterschied zur Tarifregelung wird von Stiefel–Hofmann[15] Anm. 149 zu § 2 AKB, S. 136 zu Recht darin gesehen, daß diese den Fall mehrerer Fahrzeuge betrifft, die verschieden vt sind. Die besondere Bedingung hingegen regelt den Fall, daß der Vmer Fahrzeuge ausschließlich für eine betimmte Verwendungsart vt hat, jedoch einen abweichenden Gebrauch vornehmen will.

Die Regelung in der zitierten besonderen Bedingung steht in Übereinstimmung mit dem Zweck der Verwendungsklausel. Es fragt sich, ob diese Grundsätze nicht auch außerhalb einer solchen besonderen Bedingung gelten. Dabei ist insbesondere zu beachten, daß der schlicht denkende Vmer, der von dem Verbot der Verwendungsänderung und dem damit verfolgten Zweck, dem Ver die risikogerechte Prämie zukommen zu lassen, Kenntnis hat, eine Änderung des Verwendungszwecks nicht vornehmen wird, ohne den Ver darüber zu unterrichten. Es ist daher zu prüfen, ob der Vmer das Einverständnis des Vers mit der angezeigten Verwendungsänderung abzuwarten hat. Dabei ist zu bedenken, daß der Ver nach § 5 II PflichtvsG zur Annahme eines Antrages auf Abschluß eines Kfz-Haftpflichtvsvertrages verpflichtet ist. Dieser Kontrahierungszwang entfällt nur in den in § 5 IV Ziff. 1–3 PflichtvsG aufgeführten Ausnahmefällen (vgl. dazu Anm. C 7–10). Da bei einem bereits bestehenden Vsverhältnis zumeist die Voraussetzungen für eine Angebotsablehnung durch den Ver wegen früherer Verfehlungen des Vmers im Sinne des § 5 IV Ziff. 3 PflichtvsG nicht gegeben sind (vgl. Anm. C 10), beschränkt sich die Möglichkeit einer berechtigten Ablehnung durch den Ver auf die Fälle des § 5 IV Ziff. 2 und 3 PflichtvsG, wenn nämlich entweder sachliche oder örtliche Beschränkungen im Geschäftsplan des Vers dem Abschluß des Vertrages entgegenstehen oder nach dem für das Vsunternehmen geltenden Beitragstarif für die V ein Beitragszuschlag verlangt werden kann und der Vmer sich nicht zur Zahlung dieses Beitragszuschlags bereiterklärt. Was die zuletzt genannte Alternative anbetrifft, so dürfte sie selten zum Zuge kommen, da von einem Vmer, der eine Verwendungsänderung zum Zwecke einer höheren Prämienbemessung anzeigt, regelmäßig nicht die Erklärung zu erwarten ist, daß er diesen erhöhten Beitrag nicht zahlen wolle. Sieht man von diesen Sonderfällen des § 5 IV Ziff. 2 und 3 PflichtvsG ab, so läßt sich in der großen Mehrzahl der Fälle ein einleuchtender Grund für ein Abwarten des Vmers auf die Antwort des Vers kaum finden. Dabei ist weiter zu bedenken, daß nach § 5 III PflichtvsG ein Antrag auf Abschluß eines Haftpflichtvsvertrages als angenommen gilt, wenn der Ver ihn nicht innerhalb einer Frist von zwei Wochen schriftlich ablehnt (vgl. dazu Anm. C 14–19).

Jedenfalls nach Ablauf dieser Zweiwochenfrist müßte bei einem Schweigen des Vers die Berechtigung des Vmers zur Benutzung des Fahrzeugs mit geändertem Verwendungszweck angenommen werden. Näher liegt aber die Annahme, daß der Vmer — abgesehen von den Fällen des § 5 IV Ziff. 2 und 3 PflichtvsG — bereits mit dem Zugang seiner Anzeige bei dem Ver zum Fahren in neuer Verwendungsart berechtigt ist. Diese Auslegung entspricht der Tendenz des modernen Haftpflichtvsvertragsrechts, Erhöhungen und Erweiterungen bestehender Risiken bereits vom Beginn mit in den Vsschutz einzubeziehen (vgl. § 1 II AHB) und selbst für neue Risiken Vorsorgeschutz zu gewähren (vgl. § 2 AHB). Dafür spricht auch die am Beginn dieser Anm. erwähnte Sonderbedingung zu § 2 II a AKB (und die in Anm. F 7 a. E. aufgeführte Tarifbestimmung bezüglich des vorübergehenden Einsatzes von im Nahverkehr vten Fahrzeugen im Fernverkehrsbereich). Vor allem stimmt diese Auffassung überein mit dem Bestreben des Gesetzgebers nach einem möglichst lückenlosen Vsschutz im Bereich der Kfz-Haftpflichtv, wie es auch in den

Bestimmungen über den Kontrahierungszwang des Vers zum Ausdruck kommt. Sie stimmt auch überein mit dem allein von § 2 II a AKB verfolgten Zweck, dem Ver eine höhere Prämie zuzubilligen. Gegen diese Auslegung ließe sich allerdings anführen, daß damit der Ver schon das Risiko trage, ohne daß er bereits den **Prämienerhöhungsbetrag** erhalten habe, obwohl doch in § 5 V 2 PflichtvsG für den Ver die Möglichkeit geschaffen sei, die **Aushändigung der Vsbestätigung**, die in der Kfz-Haftpflichtv gemäß § 1 II AKB stets als vorläufige Deckungszusage gelte, **von der Zahlung der Erstprämie abhängig** zu machen. Indessen ist zu bedenken, daß eine Zusatzprämie nach einer **Änderungsvereinbarung** im Regelfall als **Folge- und nicht als Erstprämie** einzuordnen ist (vgl. dazu Bruck—Möller Bd I Anm. 128 zu § 1 m. w. N., Prölss—Martin—Knappmann[25] Anm. 1 c zu § 38, S. 289—240 m. w. N.). Untersucht man im übrigen die Rechtspraxis in den Fällen, in denen es sich um Erstprämien handelt, so ergibt sich, daß in der **Kfz-Haftpflichtv die vorläufige Deckungszusage in der Form der Vsbestätigung den Regelfall** darstellt, so daß entgegen der gesetzlichen Regelung in § 38 die Leistungspflicht des Vers meist schon vor der Zahlung der Erstprämie beginnt (vgl. Anm. C 34). Von dieser tatsächlichen Handhabung geht als Betonung eines ausnahmsweise abweichenden Verhaltens ersichtlich auch § 5 V 2 PflichtvsG aus, indem dort entgegen allgemeiner Übung der Kfz-Haftpflichtver deren Recht betont wird, die Vsbestätigung erst nach Erhalt der Erstprämie auszuhändigen. Solche Ausnahmefälle können aber die grundsätzliche Betrachtungsweise nicht beeinflussen. Das gilt um so mehr, als es für die Fälle der hier erörterten Art auch nur um den — unter Umständen allerdings erheblichen — Erhöhungsbetrag geht. Davon, daß der Vmer schon nach einer Anzeige der Verwendungsänderung zur geänderten Nutzung berechtigt sei, geht — obiter dictum — wohl auch KG 24.VI.1961 VersR 1962 S. 270 mit den Bemerkungen aus, der Vmer habe gemäß § 16 schon bei Vertragsschluß alle ihm bekannten Umstände, die für die Übernahme der Gefahr erheblich seien, dem Ver anzuzeigen; ergebe sich später eine Gefahrerhöhung, wie sie bei der Benutzung eines Pkw als Mietwagen zweifellos vorliege, so müsse der Vmer gemäß § 23 von diesem Umstand dem Ver unverzüglich Anzeige machen. Diese Obliegenheit, deren Wesen darin bestehe, daß sie dem Vmer bestimmte Verhaltensweisen zur Erhaltung seines Vsanspruchs vorschreibe, ihm also Handlungs- oder Unterlassungspflichten auferlege, die er beachten müsse, wenn er sich seinen Vsanspruch erhalten wolle, habe der Vmer verletzt. — Die von dem Gericht vorgenommene Verknüpfung dreier Rechtsfiguren des Vsrechts, nämlich der vorvertraglichen Anzeigelast, der Gefahrerhöhung und der gefahrverhütenden Obliegenheit, ist nicht in allen gedanklichen Verästelungen überzeugend. Es ist den Überlegungen jedoch darin beizupflichten, daß es nicht der Zweck des § 2 II a AKB ist, eine Verwendungsänderung zu verhindern, sondern den Vmer dazu anzuhalten, eine solche Änderung anzuzeigen. Von dem hier vertretenen Standpunkt gehen ferner OLG Hamburg 2.IV.1963 NJW 1963 S. 1407 und AG Hannover 11.IV.1967 VersR 1967 S. 869 aus.

[F 9] dd) Verstoßintensität

Eine nur **vorübergehende Erhöhung der Gefahr** ist im Bereich der Bestimmungen über die Gefahrerhöhung unbeachtlich; Voraussetzung für die Leistungsfreiheit des Vers ist dort, daß ein **Dauerzustand** die Gefahrenlage auf einem erhöhten Niveau stabilisiert (vgl. Anm. F 57). Anders ist die Situation bei der Anwendung des § 2 II a AKB, vorausgesetzt, daß nicht die in Anm. F 8 erwähnte „Besondere Bedingung zur vorübergehend anderen Verwendung des Fahrzeugs" zum Zuge kommt. Nach Wortlaut und Zweck dieser Bestimmung führt schon ein

III. 1. Verwendungsklausel | Anm. F 10

einmaliger Verstoß des Vmers gegen diese Verwendungsklausel bezüglich der während dieses Verstoßes eintretenden Haftpflichtschäden grundsätzlich zur Leistungsfreiheit des Vers (vgl. nur BGH 21.XII.1961 VA 1962 S. 159–161 Nr. 331 = VersR 1962 S. 153–154, 21.III.1963 NJW 1963 S. 1250 = VersR 1963 S. 528, 27.II.1964 VersR 1964 S. 476, wo — wie in vielen anderen Entscheidungen — als selbstverständlich von diesem Grundsatz ausgegangen wird; ausdrücklich z. B. LG Dortmund 27.V.1970 VersR 1971 S. 1007–1008, Prölss–Martin–Knappmann[25] Anm. II 1 b zu § 2 AKB, S. 1406). Das gilt nur dann nicht, wenn sich aus den einzelnen Antragsfragen ergibt, daß nur ein gewisser Dauerzustand als erhebliche Verwendungsänderung anzusehen ist, wie z. B. bei einer gewerbsmäßigen Vermietung, wenngleich auch dort schwierige Grenzfälle denkbar sind (vgl. dazu Anm. F 14).

Im übrigen ist zu beachten, daß trotz intensiver antragswidriger Benutzung des Fahrzeugs der objektive Tatbestand des § 2 II a AKB nur dann erfüllt ist, wenn der Vmer (oder der ihm gleichzusetzende Repräsentant) das Fahrzeug antragswidrig verwendet; geschieht das durch eine der mitvten Personen (z. B. durch den nach § 10 II c AKB vten Fahrer), so ist im Verhältnis zwischen Ver und Vmer der Tatbestand der Obliegenheitsverletzung nur dann gegeben, wenn dieses Tun dem Fahrer durch den Vmer (oder dessen Repräsentanten) gestattet worden war (BGH 24.XI.1966 VersR 1967 S. 51 = NJW 1967 S. 779 [gek.]; vgl. ergänzend Anm. F 22). Zu beachten ist allerdings, daß dem Vten im Rahmen der zu seinem Schutz bestehenden V für fremde Rechnung die Beachtung der Verwendungsklausel ebenfalls obliegt, so daß er bei einem solchen Tun den eigenen Vsschutz verlieren kann (vgl. dazu Anm. H 14–15).

[F 10] d) Einzelheiten

aa) Übliche Abgrenzungsfragen

Die Verwendungsarten werden in dem üblichen Fragebogen der Kfz-Haftpflichtver wie folgt aufgegliedert:

Pkw, Kombi, Kraftrad:
Eigenverwendung ohne Vermietung
Mietwagen
Droschke
Selbstfahrervermietfahrzeug
Omnibusse:
Linien- oder Gelegenheitsverkehr
Sattelzugmaschine bei Verwendung mit Auflieger zur Personenbeförderung
Oberleitungsomnibus
Hotelomnibus
Werkomnibus
Lehromnibus
Sonstige Fahrzeuge:
Werkverkehr
gewerblicher Güternahverkehr
gewerblicher Güterfernverkehr
Möbelfernverkehr
Selbstfahrervermietfahrzeug
Zusatzfragen:
Erfolgt Beförderung oder Verwendung gefährlicher Stoffe?
Treibstoff / Heizöl …

Säuren / Sauerstoff ...
Sprengstoff ...
sonstige gefährliche Stoffe ...
Beförderung von mehr als 8 Personen ...
Landwirtschaftliche Zugmaschinen oder deren Anhänger
landwirtschaftliche Sonderfahrzeuge
Arbeitsmaschinen ...
Selbstfahrende Arbeitsmaschinen in der Landwirtschaft bei Verwendung nur im eigenen Land- oder forstwirtschaftlichen Betrieb ...
zur Lohnarbeit oder in einem gewerblichen Nebenbetrieb ...
im landwirtschaftlichen Lohnmaschinenbetrieb und landwirtschaftlicher Maschinengenossenschaft ...

[F 11] bb) Beispielfälle

aaa) Güterfern- oder Güternahverkehr statt Werkverkehr

Vgl. dazu nur BGH 1.III.1972 NJW 1972 S. 822−823 = VA 1972 S. 203−205 Nr. 625, LG Dortmund 27.V.1970 VersR 1971 S. 1008, OLG Saarbrücken 24.II.1978 VersR 1979 S. 997−998. Unter Werkverkehr ist dabei die Beförderung von Gütern des Vmers für eigene Zwecke zu verstehen. Ein solcher Verkehr wird als weniger unfallträchtig als der Transport von Gütern im Nah- oder Fernverkehr angesehen; demgemäß ist die Prämie für den Werkverkehr erheblich geringer.

[F 12] bbb) Güterfernverkehr statt Güternahverkehr

Die Prämien für den Güterfernverkehr sind wiederum (erheblich) höher als die für den Nahverkehr. Fernfahrten eines Wagens, für den im Vsantrag als Verwendungszweck der Güternahverkehr angegeben worden ist, stellen daher Verstöße gegen die Obliegenheit nach § 2 II a AKB dar. Die Abgrenzung zwischen diesen beiden Verkehrsarten erfolgt, soweit im Vsantrag keine abweichenden Begriffsbestimmungen enthalten sind, nach dem im Güterkraftverkehrsgesetz verwendeten Sprachgebrauch (BGH 27.II.1976 VersR 1976 S. 534−535 = DAR 1976 S. 192−193). Hat die Behörde dem Vmer zum Betriebe des Nahverkehrs eine Standortbescheinigung nach § 6 GüKG erteilt, so ist dieser Standort auch für die vsrechtliche Abgrenzung maßgebend (BGH 27.II.1976 a. a. O.). Verstöße gegen die Verwendungsklausel sind relativ leicht anhand der Schadenanzeige zu erkennen, wenn dort nach dem Standort des Unternehmens und dem Unfallort gefragt wird (vgl. z. B. BGH 21.XII.1961 VA 1962 S. 159−161 Nr. 331 = VersR 1962 S. 153−154). Zu beachten ist dabei, daß es für den Beginn der Kündigungsfrist im Sinne des § 6 I 2 auf die Kenntnis des Vers vom objektiven Sachverhalt ankommt und nicht darauf, daß daraus die zutreffenden Schlüsse gezogen werden (BGH 21.XII.1961 VA 1962 S. 160−161 Nr. 331 = VersR 1962 S. 154; vgl. ferner Anm. F 24). Diese Kenntnis ist auch gegeben, wenn der Vmer die Frage nach dem Zweck einer Fahrt nach einem Ort außerhalb der Nahverkehrszone mit „Leerfahrt" beantwortet. Den Vortrag des Vers, daß von seinem Sachbearbeiter diese Antwort so verstanden worden sei (oder besser: hätte verstanden werden können), daß die Fahrt einen Werkverkehr gemäß § 48 GüKG dargestellt habe (ein an sich erhebliches Vorbringen, da der Werkverkehr prämienmäßig niedriger eingestuft ist als der Güternahverkehr), hatte das Berufungsgericht bei einem Vsvertrag für ein Fuhrtransportunternehmen als unbeachtlich angesehen und der BGH 21.XII.1961 a. a. O. hat die gegen diese Auffassung gerichteten Angriffe als unbegründet zurückgewiesen. Wird ein als Fernverkehrsfahrt geplanter Transport infolge eines

III. 1. Verwendungsklausel   Anm. F 14

Schadenereignisses vorzeitig, und zwar noch in der Nahverkehrszone, abgebrochen, so liegt nach der Rechtsprechung (BGH 21.III.1963 NJW 1963 S. 1250 = VersR 1963 S. 528, 27.II.1964 VersR 1964 S. 476) dennoch ein zur Leistungsfreiheit des Vers führender Verstoß gegen die Verwendungsklausel vor. Gegen die auf § 3 GüKG abstellende Einordnung eines solchen Transports als Fernverkehrsfahrt bestehen keine Bedenken. Zu überlegen ist aber, ob nicht eine sachgerechte Anwendung des Kausalitätsprinzips gemäß § 6 II zu einem für den Vmer günstigen Ergebnis kommen müßte (vgl. dazu Anm. F 23).

[F 13] ccc) **Verwendung eines Abschleppwagens zum Güternah- oder Güterfernverkehr**

BGH 17.XI.1955 BGHZ Bd 19 S. 32–42 behandelt einen Fall, in dem eine Haftpflichtv für einen Lkw als Abschleppwagen abgeschlossen worden war. Die Prämie für einen Abschleppwagen lag tariflich erheblich unter der für einen Lkw im Güternah- oder Güterfernverkehr. Der Streit ging darum, ob der Transport von zwei auf einer Auktion von dem Auftraggeber des Vmers erworbenen, nicht fahrfähigen Wagen auf zwei Tiefladeanhängern von A nach B als ein Abschleppen angesehen werden könne. Das wurde verneint mit der Begründung, daß von einem Abschleppen nur gesprochen werden könne, wenn ein fahrunfähig gewordenes Fahrzeug auf der Strecke liegengeblieben sei und aus dem Verkehr gezogen werden müsse oder zu einer Reparaturwerkstatt gebracht werden solle. Offen ließ der BGH a. a. O. dabei die Frage, ob eine Rollfähigkeit gegeben sein müsse, da das Fahrzeug andernfalls nach dem Wortsinn nicht „in Schlepp" genommen werden könne. Stellt man auf den Sprachgebrauch ab, so ergibt sich, daß der Abtransport eines nicht mehr rollfähigen Wagens auf der Ladefläche eines Abschleppwagens oder seines Anhängers dem Begriff des Abschleppens dann noch zugeordnet wird, wenn es sich um ein wegen Fahrunfähigkeit auf der Strecke liegengebliebenes Fahrzeug handelt.

[F 14] ddd) **Gewerbsmäßige Vermietung an Selbstfahrer**

Das Haftpflichtrisiko aus der Wagenbenutzung durch Mieter als Selbstfahrer ist hoch. Die Prämien für solchen Fahrzeuggebrauch liegen daher wesentlich höher als bei den sogenannten „einfachen Risiken". Zu beachten ist, daß nur die gewerbsmäßige Vermietung zum Selbstfahren von der Verwendungsklausel erfaßt wird. Unter Gewerbsmäßigkeit ist eine nicht nur vorübergehende, sondern auf Dauer berechnete, der Schaffung und Erhaltung der Lebensgrundlage, jedenfalls aber Erwerbszwecken dienende Tätigkeit zu verstehen. So BVerwG 24.II.1956 VRS Bd 10 S. 477–480 (zum PersBefG) und BGH 14.VII.1960 VersR 1960 S. 727 (zu § 2 IIa AKB). Erforderlich sind daher grundsätzlich ein Dauerzustand und eine Wiederholungsabsicht. BGH 28.I.1958 BGHZ Bd 26 S. 286–287 behandelt in diesem Zusammenhang einen Grenzfall, bei dem es darum ging, daß der Vmer seinen Privatwagen einem gewerbsmäßigen Autovermieter zur Verfügung stellte, damit dieser ihn im Rahmen seines Betriebes vermiete. Geschieht das mehrfach oder in Wiederholungsabsicht, so ist der Lebenssachverhalt unschwer der Ausschlußklausel als Verwendungsänderung im Sinne einer gewerbsmäßigen Vermietung zuzuordnen. Vom BGH a. a. O. wird aber darüber hinaus der Standpunkt vertreten, daß die Klausel auch dann eingreife, wenn nicht in Wiederholungsabsicht gehandelt werde. Maßgebend sei allein, daß derjenige, dem der Vmer den Wagen — unentgeltlich oder entgeltlich — für eine einmalige Fahrt zur Verfügung stelle, eine gewerbliche Vermietung betreibe. Dem ist OLG Hamm 15.I.1963 VersR 1963 S. 714 unter Hinweis darauf entgegengetreten, daß ein einmaliges Zurverfügungstellen für einen Vermietbetrieb nicht anders bewertet werden könne als das einmalige unmittelbare Vermieten des Wagens durch den Vmer an einen Dritten. Der typisierenden Auffassung des BGH ist jedoch der Vorzug zu geben. Auch einem wenig geschäftsgewandten Vmer wird bei einer Durchsicht des Vsantrages und des Vsscheins klar werden, daß er den Wagen nicht ohne Unterrichtung des Vers dem höheren gewerblichen Risiko aussetzen darf. Wer sich über solche einleuchtenden Bedenken hinwegsetzt, muß selbst die Folgen tragen. Das gilt um so mehr, als in der Klausel nicht darauf abgestellt wird, ob der Vmer, ein Vter oder ein sonstiger Dritter den Wagen gewerbsmäßig vermietet. Diese Überlegungen dürfen aber nicht in dem Sinn mißverstanden werden, daß eine ein- oder auch mehrmalige Überlassung eines Fahrzeugs durch einen Vmer, der einen Vsvertrag über die Eigenverwendung seines Wagens abgeschlossen hat, an einen Dritten gegen Entgelt eine gewerbsmäßige Autovermietung darstelle. Vielmehr gehört zur **Gewerbsmäßigkeit die beabsichtigte Wiederholung dieses Vorgangs zur planmäßigen Gewinnerzielung.**

Wenn der Wagen nur **gelegentlich** — sei es auch gegen Entgelt — einem anderen überlassen wird, so ist damit der Tatbestand der Gewerbsmäßigkeit nicht erfüllt. So treffend BGH 14.VII.1960 VersR 1960 S. 727 in einem Fall, in dem der Vmer, ein gelernter Autoschlosser, einem Kollegen für dessen Hilfe bei Reparaturarbeiten seinen Wagen mehrfach zur Benutzung zur Verfügung gestellt hatte. Bemerkenswert ist dabei, daß dieser Kollege seinerseits das Kfz dazu benutzte, um auf der Schadensfahrt eine Frau S. gegen Zahlung von DM 45,— „über Land zu fahren". Augenscheinlich hat es sich dabei auch nur um einen Einzelfall gehandelt. Wäre allerdings von dem Kollegen des Vmers ein gewerbliches Mietwagenunternehmen betrieben worden, so wäre eine Parallele zu den vom BGH 28.I.1958 BGHZ Bd 26 S. 286—287 entwickelten Grundsätzen über das Überlassen eines Kfz an einen gewerblichen Autovermieter zu ziehen gewesen.

Vgl. auch OLG Hamburg 9.V.1990 VersR 1991 S. 655—656, das den Vsschutz in einem Teilkaskoschadenfall verneinte, weil das vte Wohnmobil mehrfach einem Händler zu Vorführzwecken zur Verfügung gestellt worden war, wofür der Vmer als Entgelt Sonderzubehör für dieses Fahrzeug erhielt. Zutreffend hat OLG Hamm 11.III.1988 ZfS 1988 S. 215—216 = VersR 1989 S. 139 (nur L. S.) Gewerbsmäßigkeit in einem Fall verneint, in dem ein Camping-Lkw ohne feststellbare Wiederholungsabsicht im Bekanntenkreis zum Tagespreis von DM 65,— vermietet worden war. Bedenken bestehen gegen AG Nürnberg 31.VII.1984 r + s 1984 S. 229—230, wenn es annimmt, daß eine Vermietung auch dann vorliege, wenn kein Mietzinsentgelt gefordert werde, sondern die zeitweise „Vermietung" (Überlassung) den Mieter zum Kauf des Fahrzeugs bewegen solle. Die Entscheidung ist aber im Ergebnis richtig, wenn der Sachverhalt so lag, daß ein rechtlich begründeter Anspruch auf Zahlung des Mietzinses gegeben war, der in denjenigen Fällen erlassen wurde, in denen es zum Kauf des Fahrzeugs kam.

Das Haftpflichtrisiko aus der gelegentlichen Überlassung eines Pkw gegen Entgelt ist im übrigen vom OLG Hamm 16.V.1938 HansRGZ 1938 A Sp. 377—378 schon als mitvert angesehen worden, als in den Antrags- bzw. Vsbestimmungen noch der Hinweis darauf fehlte, daß eine gewerbliche Vermietung nicht von dem Vsschutz erfaßt werde; zu diesem Ergebnis gelangte das Gericht durch eine sinnvolle Interpretation der betreffenden Vertragsunterlagen (ähnlich KG 26.IX.1936 JRPV 1937 S. 61 für die gelegentliche Vermietung einer Kraftdroschke; das ist allerdings ein Fall, der heute ohnedies der Verwendungsklausel nicht zuzurechnen wäre mit Rücksicht darauf, daß die Verwendung als Taxi die höchsten Prämien auslöst; so auch LG Tübingen 17.VII.1956 VersR 1956 S. 724—725). Auch wenn ein Vmer, der seinen Wagen sonst stets nur privat nutzt, diesen einem Bekannten für **mehrere Tage**

III. 1. Verwendungsklausel   Anm. F 15

oder gar eine Urlaubsreise vermietet, so liegt darin keine gewerbsmäßige Autovermietung im Sinne des § 2 II a AKB; der Fall ist nicht anders zu beurteilen, als wenn A dem B den Wagen unentgeltlich zur Verfügung gestellt hätte. Eine vernünftige Abgrenzung anhand der Umstände des Einzelfalles ist bei solchen Vermietungen „von privat an privat" geboten. Derjenige, der als ungefälliger Mensch seinen Wagen im privaten Bereich nie „verleiht", also nicht unentgeltlich überläßt, sondern lieber als ungefälliger oder merkwürdiger Kauz gilt, weil er auf Bezahlung eines Entgelts besteht, wird dadurch nicht zu einem gewerbsmäßigen Autovermieter. Aus der Sicht des Vers darf im Einzelfall sogar auf ein geringeres Risiko geschlossen werden, wenn man bedenkt, daß ein solches unhöfliches Verhalten Dritte davon abhalten könnte, sich den Wagen des Vmers „auszuborgen". Beispielsfälle für unschwer der Verwendungsklausel zuzuordnende Verstöße bei eindeutiger gewerblicher Vermietung: LG Berlin 7.V.1953 VersR 1953 S. 238–239 (bedenklich aber wegen der Abweichung von heute ständiger höchstrichterlicher Rechtsprechung zum Kündigungserfordernis gemäß § 6 I 3, vgl. dazu Anm. F 24 m. w. N.), KG 24.VI.1961 VersR 1962 S. 270, OLG Köln 14.I.1969 VersR 1970 S. 513–514 (der Vsschutz wurde allerdings trotz des Verstoßes gegen die dort speziell zu Grunde liegende Verwendungsklausel eines Vsvertrages für Kraftfahrzeug-Handel und Handwerk bejaht, weil der Vsagent dem Vmer die unrichtige Auskunft erteilt hatte, daß die Vermietung an Reparaturkunden nicht als Ausübung eines Vermietergewerbes im Sinne jener Klausel anzusehen sei, vgl. zu dieser speziellen Vertrauenshaftung des Vers Möller in Bruck–Möller Anm. 54–71 zu § 44 und Anm. F 22, G 42).

LG Bielefeld 17.XI.1970 VersR 1972 S. 86–88 betrifft den Sonderfall einer Vermietung eines Radladers. Im Vsschein war in Übereinstimmung mit dem Vsantrag die Verwendungsart als „Schaufellader im Werkverkehr" bezeichnet worden. Das Gericht bejahte dennoch den Vsschutz mit der Begründung, daß eine Einschränkung des Vsschutzes auf einen Gebrauch im Werkverkehr in der Tarifverordnung nicht vorgesehen sei, eine solche Verschlechterung stelle eine Abweichung von zwingenden Tarifbestimmungen dar ... Die Folge dieses Verstoßes sei jedoch nicht die Unwirksamkeit des ganzen Vertrages, sondern lediglich der unzulässigen Abweichung. Inhalt des Vertrages sei demnach die V des Schaufelladers als Arbeitsmaschine. Dieser Auffassung ist beizupflichten (anders aber Prölss–Martin–Knappmann[25] Anm. II 1 b zu § 2 AKB, S. 1407). – Vgl. zur Problematik einer solchen Abweichung von den AKB oder von der TarifVO ergänzend Anm. A 14 und E 4–8. – Zutreffend weist das Gericht darauf hin, daß das Haftpflichtrisiko gleich groß sei, einerlei, ob der Vmer oder ein Mieter mit der Maschine arbeite. Zur Frage, ob die Verwendung eines solchen Radladers zur bestimmungswidrigen Beförderung von Personen oder Sachen unter Umständen eine Verwendungsänderung im Sinne des § 2 II a AKB darstellen kann, vgl. auch Anm. F 18. – Nach OLG Hamm 14.VI.1991 VersR 1991 S. 656 (nur L. S.) soll § 2 II a AKB eingreifen, wenn der Vmer als Verwendungsart „Pkw ohne Vermietung" angegeben hat, dieses Fahrzeug aber verleast wird. Die Entscheidung erweckt Bedenken, weil im Normalfall der Leasingnehmer den Vsvertrag abschließt und der Ver dabei in Kenntnis dessen, daß es sich um ein Leasingfahrzeug handelt, üblicherweise die Tarifgruppe für Pkw ohne Vermietung wählt. Daran ändert sich im Grunde genommen nichts dadurch, daß die Vsnahme hier ausnahmsweise durch den Leasinggeber erfolgt.

[F 15] eee) Unerlaubte Verwendung eines Pkw als Kraftdroschke (Taxi) oder als Mietfahrzeug

Als höchstes Risiko im Rahmen der Benutzung eines Pkw werden in den Tarifen der Ver Taxifahrten angesehen. Das wird verständlich, wenn man bedenkt, daß die Jahresfahrkilometerleistung eines durchschnittlichen Taxifahrers in etwa der Wagennutzung eines privaten Autofahrers für 4−5 Jahre entspricht. Dazu kommt, daß bei Schadenereignissen, in denen Kraftdroschken verwickelt sind, in sehr vielen Fällen auch Insassen betroffen werden, während bei einem großen Teil des privaten Autoverkehrs eine Nutzung des Wagens durch nur eine Person erfolgt. Beispielsfälle: BGH 2.IV.1952 VersR 1952 S. 175 (Taxifahrt statt privater Nutzung), AG Hannover 11.IV.1967 VersR 1967 S. 869 (Taxifahrt statt Mietwagenbenutzung).

Unter einem Mietwagen ist ein Kfz zu verstehen, das für bestimmte Fahrten von dem Interessenten mit einem Fahrer gemietet wird. Der Unterschied zur Taxifahrt ist im Grunde genommen nur der, daß Mietwagen meist für relativ längere Strecken oder längere Zeiten benutzt werden und daß Mietwagen anders als Kraftdroschken nicht am Straßenrand an bestimmten Plätzen für den Sofortverkehr angeboten werden. Es gibt bei dieser Abgrenzung aber sicher eine ganze Reihe von Fällen, in denen Mietwagenfahrten den nur anders benannten Taxifahrten genau entsprechen. Für den Anwendungsbereich des § 2 II a AKB maßgebend ist, ob ein gewerbsmäßiger und daher genehmigungspflichtiger Gelegenheitsverkehr (Gegensatz: Linienverkehr) im Sinne des § 49 PersBefG vorliegt oder nicht. Für die Auslegung des Begriffs der Gewerbsmäßigkeit gelten die gleichen Grundsätze wie für den Selbstfahrervermietwagenverkehr. Es muß sich demgemäß um eine **nicht nur vorübergehende, sondern auf die Dauer berechnete, der Schaffung und Erhaltung der Lebensgrundlage, jedenfalls aber Erwerbszwecken dienende Tätigkeit** handeln.

Nicht unter die Vorschrift des genehmigungspflichtigen Personenverkehrs fallen nach § 1 II PersBefG Beförderungen mit einem Pkw, wenn das Gesamtentgelt die Betriebskosten der Fahrt nicht übersteigt. Daraus ist im Sinne einer einheitlichen Abgrenzung zu folgern, daß ein solches Tun auch nicht § 2 II a AKB zugeordnet werden darf. Vgl. dazu BGH 14.V.1981 BGHZ Bd 80 S. 305. Es ging in dieser haftpflichtrechtlichen Entscheidung darum, daß eine Volleyball-Damenmannschaft zu Auswärtsspielen mit 2−3 Privatwagen fuhr. Für die Halter dieser Wagen zahlte der Verein unabhängig von den Betriebskosten pro Kilometer einen Betrag von DM 0,20. Vom BGH wurde eine entgeltliche Beförderung im Sinne des § 8a StVG (Gefährdungshaftung gegenüber entgeltlich beförderten Insassen) unter Hinweis auf § 1 II PersBefG verneint und ergänzend betont, daß eine entgegengesetzte Entscheidung die Gefahr einer Anwendung des § 2 II a AKB zum Nachteil des Vmers heraufbeschwören könne. Darin, daß ein solcher Vorgang nicht unter § 2 II a AKB fällt, ist dem BGH beizupflichten. Hingegen ist die Verknüpfung zwischen § 8a StVG und § 2 II a AKB nicht zwingend, so daß auch de lege lata durchaus die Nichtanwendung des § 2 II a AKB bei gleichzeitiger Bejahung einer Entgeltlichkeit im Sinne des § 8a StVG diskutabel ist (so OLG Köln 1.X.1978 NJW 1978 S. 2556−2557, das im Falle einer Fahrgemeinschaft ohne Erörterung vsrechtlicher Gesichtspunkte allein darauf abstellte, daß es in § 8a StVG an einer § 1 II PersBefG entsprechenden Einschränkung gerade fehle). Früher fand sich in § 1 II PersBefG noch der Zusatz „und Fahrer und Mitfahrer weder durch öffentliche Vermittlung noch durch Werbung zusammengeführt worden sind." Dieser gegen die Mitfahrerzentralen gerichtete Passus ist vom BVerfG 7.IV.1964 NJW 1964 S. 1219−1221 für nichtig erklärt worden. Auf die Art des Zustandekommens des Mitfahrervertrages kommt es demgemäß nicht an. Übersteigt das Gesamtentgelt einer solchen Fahrt die genannten Betriebskosten, zu denen nach sinnentsprechender Auslegung nicht nur die Kosten für Treibstoff, Wartung und V gehören, sondern auch Kfz-Steuer, anteilige Amortisation und im Grunde genommen auch eine angemessene Rücklage für künftige Reparaturen, so ist damit noch nichts bezüglich einer Gewerbsmäßigkeit festgestellt. Vielmehr sind wieder die oben erwähnten Grundsätze über Dauer und Intensität des Erwerbsstrebens zu beachten (vgl. dazu Höfer VW 1959 S. 125, Hohenester VersR 1961 S. 200–201, Schermin VersPrax 1960 S. 186–188, Stelzer VW 1962 S. 282 einerseits und Brenzel VersR 1960 S. 579–580, derselbe VersR 1961 S. 494 andererseits; der Hauptteil dieser Kontroverse ist allerdings durch § 1 II PersBefG überholt). Gelegentlicher Zuverdienst durch solche Fahrten ist daher im Sinne des § 2 II a AKB unbeachtlich. Dem rechtspolitischen Ziel des PersBefG oder des § 2 II a AKB würde es widersprechen, wenn z. B. auf eine etwa die Kostendeckung überschreitende **regelmäßige Mitnahme von Arbeitskollegen**, bei der per saldo alle Beteiligten Geld und Zeit sparen, die Bestimmungen über den genehmigungspflichtigen Personenverkehr angewandt werden würden. Die Rechtsprechung hat, soweit ersichtlich, solche Fälle der Mitnahme von Arbeitskollegen überhaupt nicht dem Bereich des § 2 II a AKB zugeordnet. Aber auch bei der gelegentlichen Mitnahme fremder Personen gegen Entgelt auf Überlandfahrten, vermittelt durch die erwähnten Mitfahrerzentralen, ist von den Gerichten die gebotene Zurückhaltung gewahrt worden mit der Tendenz, eine Gewerbsmäßigkeit nur bei eindeutig anhaltendem Gewinnstreben zu bejahen.

OLG Schleswig 24.I.1967 VersR 1968 S. 487–489 behandelt einen Fall, in dem im Vsvertrag die Risikobeschreibung auf „Eigenverwendung ohne Vermietung" lautete; der Pkw wurde von dem Bruder des Vmers als Mietwagen verwendet. Die Verteidigung des Vmers, daß es sich um einen Einzelfall gehandelt habe, bei dem der Bruder gegenüber einem langjährigen Kunden nur einen „Selbstkostenpreis" (in übrigens unbekannter Höhe) genommen habe, ließ das Gericht nicht gelten. Ausschlaggebend sei vielmehr, daß von Fahrgästen überhaupt ein Entgelt verlangt und gezahlt worden sei (bzw. bei regulärem Ende der Fahrt zu zahlen gewesen wäre), nicht dagegen die Höhe des Preises. Da der (in wirtschaftliche Schwierigkeiten geratene) Bruder des Vmers ein **Fuhrunternehmen** betrieb, in dessen Rahmen auch ein **Mietwagen** geführt wurde, ist der Wertung des Gerichts zu folgen. Mit Rücksicht darauf, daß der Vmer es seinem Bruder **nicht gestattet** hatte, das Kfz als Mietwagen zu benutzen, blieb die Leistungspflicht des Vers im Verhältnis zum Vmer trotz des Verstoßes gegen die Verwendungsklausel bestehen. Dafür, daß es entgegen der Annahme des OLG Schleswig 24.I.1967 a. a. O. nach der Rechtsprechung des BGH 24.XI.1966 NJW 1967 S. 779 (gek.) = VersR 1967 S. 51 **nicht darauf ankommt, ob die Unkenntnis des Vmers von dieser Verwendungsart auf Fahrlässigkeit beruht**, vgl. Anm. F 22.

OLG Hamm 19.VI.1974 VersR 1975 S. 223–225 betraf das Haftpflichtrisiko aus der Verwendung eines Kfz als Mietwagen (mit Fahrer). Der Vmer hatte den Pkw an einen Dritten verpachtet, der ihn seinerseits als Mietwagen benutzte. Der Ver sah in dieser Verpachtung an einen Dritten eine Verwendung als Selbstfahrermietwagen. Das Gericht ließ diese Frage offen, weil der Schaden nicht während einer Fahrt mit einem Dritten entstanden war, sondern auf einer Fahrt zu einer Werkstatt (vgl. zur Kausalitätsabgrenzung ergänzend Anm. F 23). Der Sache nach war der Vorgang aber ohnedies dahin zu entscheiden, daß keine erhebliche Verwendungsänderung im Sinne des § 2 II a AKB vorlag, da es — ungeachtet der Zwischenschaltung einer Verpachtung — risikotechnisch einerlei ist, ob der Vmer oder der Pächter das Kfz als Mietwagen verwenden.

[F 16] fff) Mißbräuchliche Verwendung landwirtschaftlicher Fahrzeuge

Für die Abgrenzung des Risikos aus der **Verwendung landwirtschaftlicher Nutzfahrzeuge** ist auf die **Üblichkeit** abzustellen. Die Teilnahme an genehmigten Demonstrationen für Forderungen, die die Landwirtschaft betreffen, wird dabei zur ordnungsgemäßen Verwendung gerechnet (Stiefel—Hofmann[15] Anm. 156 zu § 2 AKB, S. 141). Diese Aussage darf auch auf ungenehmigte Demonstrationen erstreckt werden, jedenfalls für diejenigen Fälle, bei denen auf entsprechenden Antrag die Erlaubnis hätte erteilt werden müssen. Sicher fällt auch die Teilnahme an bäuerlichen Geschicklichkeitsübungen (z. B. Preispflügen) darunter (so obiter dictum OLG Karlsruhe 30.IV.1986 VersR 1986 S. 1180—1184). Zur üblichen Tätigkeit gehört auch die Nachbarschaftshilfe. Überschreitet sie ein gewisses Maß, so ist ein Entgelt dafür üblich. Daraus sollte aber nicht mit Stiefel—Hofmann a. a. O. unter Bezugnahme auf BVerwG 23.II.1979 VerkMitt 1979 S. 89—90 Nr. 907 geschlossen werden, daß jede Lohnarbeit für einen Nachbarn nicht mehr unter den Vsschutz falle. Zu bedenken ist, daß es sachlich keinen Unterschied macht, ob der Bauer das Gerät auf dem eigenen Acker oder dem des Nachbarn einsetzt. Ohne besondere Hinweise braucht ein Vmer nicht davon auszugehen, daß dafür eine unterschiedliche Prämie in Betracht kommen könnte. OLG Karlsruhe 30.IV.1986 a. a. O. verneint den Vsschutz für einen Fall, in dem ein landwirtschaftliches Fahrzeug für einen Fastnachtzug eingesetzt worden war (Grenzfall, der nach dem Sinn der Regelung ungeachtet der Kenntnis des Senats über landwirtschaftliche Bräuche besser gegenteilig entschieden worden wäre).

[F 17] ggg) Beförderung von mehr als acht Personen; Überladung

BGH 14.II.1951 BGHZ Bd 1 S. 160—170 behandelt einen Fall, in dem der Vmer die Frage, ob sich die V auf die Verwendung des Lkw zur Personenbeförderung von mehr als acht Personen beziehen solle, unbeantwortet gelassen hatte. Auf dem Vsantrag hatte sich der damals übliche Hinweis befunden, daß das Nichtbeantworten einer Frage als Verneinung gelte. Ohne nähere Fallerörterung ging der BGH daher von einer solchen Verneinung aus (ebenso als Vorinstanz OLG Köln 10.III.1950 VersR 1950 S. 68; vgl. aber dafür, daß heute eine solche Erklärungs- oder Auslegungsfiktion gegen § 10 Nr. 5 AGBG verstoßen kann, Anm. F 6). Außer dem Fahrer — ein Beifahrer fehlte — fuhren mit dem mit 30—40 Stangen Holz beladenen Lkw 12 Holzarbeiter. Als zur „Behandlung" des Gutes (in dem damals benutzten Formular hieß es „Betreuung, Beaufsichtigung oder Abladung") in enger Beziehung stehend (in jenem Formular wurde der Ausdruck „innere" Beziehung gebraucht), schied das Gericht davon zwei Holzarbeiter mit den Bemerkungen aus, daß es darauf ankomme, aus welchem Beweggrund die Arbeiter auf der Fahrt mitgenommen worden seien. Soweit dies geschehen sei, um die Fracht abladen zu können, könne von einer Beförderung als Selbstzweck und damit auch von einer Personenbeförderung nicht gesprochen werden. Soweit der bestimmende Beweggrund für ihre Mitnahme dagegen der gewesen sei, sie zu ihrem Wohnort zurückzubringen, liege Personenbeförderung vor, und zwar auch dann, wenn von vornherein nicht zweifelhaft gewesen sei, daß sie anläßlich dieser Beförderung dann am Bestimmungsort ihren Kameraden beim Abladen helfen würden. Da unstreitig zum Abladen nicht mehr als 2 Männer erforderlich gewesen seien und in der Zeit, als die Hin- und Rückbeförderung der Waldarbeiter von ihrem Wohnort zur Arbeitsstätte nicht durch den Kläger durchgeführt wurde, immer nur 2 Arbeiter zum Abladen eingeteilt worden seien, sei die Feststellung des Berufungsgerichts, daß die darüber hinausgehende Zahl von 10 Arbeitern nicht in einer inneren Beziehung zur Ladung gestanden habe, nicht zu beanstanden; denn bei dieser Sachlage sei es offensichtlich und auch dem Kläger ohne weiteres erkennbar gewesen, daß diese 10 weiteren Arbeiter nicht zum Zweck des Abladens, sondern nur deshalb mitgenommen worden seien, um sie

III. 1. Verwendungsklausel   Anm. F 18

zu ihrem Wohnort zurückzubringen. Die Mitnahme dieser 10 weiteren Arbeiter sei also als Personenbeförderung im Sinne des Vsantrages anzusehen. — Für das Gericht blieb danach zu prüfen, ob der Verstoß gegen die Verwendungsklausel für das Schadenereignis kausal war, was mit Rücksicht darauf, daß 2 der Holzarbeiter während der Fahrt abgesprungen waren, näher aufgeklärt werden mußte (vgl. Anm. F 23).

Einen weiteren Fall einer unzulässigen Beförderung von mehr als 8 Personen behandelt BGH 12.XII.1963 VersR 1964 S. 156–159: Der Vmer hatte für den betreffenden Lkw im Vsantrag als Verwendungsart „Güterfahrzeug" angegeben. Er beförderte aber 10 bei der Besatzungsmacht beschäftigte Bäcker von der Arbeitsstätte zum Wohnort. Es galt auch hier die Bestimmung des Vsantrages als die Verwendungsklausel konkretisierender Vertragsbestandteil, daß bei einer Beförderung von Personen, die in keiner inneren Beziehung zur Ladung stehen, Deckung aus der Haftpflichtv nur gegeben sei, wenn es sich um nicht mehr als 8 Personen handle. Der Einwand des Vmers, daß die Verwendungsklausel deshalb nicht eingreife, weil keine gewichtsmäßige Überladung gegeben sei und auch kein Verstoß gegen die Vorschriften des Straßenverkehrsrechts über die Personenbeförderung vorliege, wurde vom BGH als im Rahmen des Vsvertrages unbeachtlich zurückgewiesen. Auch wurde eine Anwendung der Kausalitätsbestimmung des § 6 II in der Weise, daß für die Haftpflichtansprüche von 8 Bäckern Haftpflichtvsschutz bestehe, für 2 aber nicht, als verfehlt angesehen (dazu Anm. F 23). — Vgl. weiter OLG Schleswig 29.V.1951 VersR 1951 S. 206; der Vmer hatte auf einem Lkw 40 Personen befördert. Nach den Feststellungen des Gerichts war im Vsvertrag nur Haftpflichtvsschutz für die Beförderung von insgesamt 30 Personen vorgesehen. Demgemäß wurde nach § 2 II a AKB der Vsschutz versagt.

Bei der V der Haftpflichtgefahren aus dem Betrieb eines Pkw wird dagegen für die Bemessung der Prämie nicht nach der Zahl der zu befördernden Personen gefragt; ebensowenig bei Motorrädern. Erfolgt hier eine Überladung, so liegt kein Fall des § 2 II a AKB vor, ungeachtet dessen, daß der Vmer bei Krafträdern durch sein Tun gegen § 21 I Nr. 1 StVO verstößt. In diesem Sinn für Vsschutz bei einer Fahrt von 3 Personen auf einem Motorroller: OLG Oldenburg 15.XII.1958 VersR 1959 S. 143–144 (anders als Vorinstanz LG Osnabrück 17.VII.1958 VersR 1958 S. 780). Unter dem Gesichtspunkt der Gefahrerhöhung kann ein solches Tun nur erheblich sein, wenn es sich um einen Dauerzustand handelt (OLG Oldenburg 15.XII.1958 a. a. O. S. 144; vgl. weiter Anm. F 57). Entsprechendes gilt für eine übermäßige Beladung eines Fahrzeugs — sei es Pkw oder Lkw — durch Sachen.

[F 18] hhh) Nutzung gewerblicher Fahrzeuge zu privaten Zwecken und privater Fahrzeuge zu Geschäftszwecken

OLG Hamburg 1.VI.1950 VersR 1950 S. 132–134 sieht einen Verstoß gegen die Verwendungsklausel in einem Fall als gegeben an, in dem ein Abschleppwagen für eine Trunkenheitsfahrt des Eigentümers und Halters (zusammen mit seinem Kraftfahrer) von Gaststätte zu Gaststätte benutzt wurde; diese private Nutzung des Abschleppwagens werde vom Vsschutz nicht erfaßt. Der Entscheidung kann für die Gegenwart nicht mehr beigepflichtet werden (zustimmend aber Prölss–Martin–Knappmann[25] Anm. II, 1 d zu § 2 AKB, S. 1408). Die private Nutzung eines an sich zu gewerblichen Zwecken bestimmten Fahrzeugs stellt gegenüber der gewerblichen Nutzung das weitaus geringere Risiko dar. In den Antragsformularen werden besondere Fragen bezüglich einer solchen privaten Nutzung nicht gestellt. Geht man davon aus, daß eine gelegentliche private Nutzung gewerblicher Fahrzeuge eine

Johannsen   439 nicht selten zu beobachtende Gepflogenheit ist, so drängt sich der Schluß auf, daß dieses geringere Risiko vom Vsschutz erfaßt werden sollte. Dafür spricht auch die Tendenz in der Kfz-Haftpflichtv zum möglichst **lückenlosen** Vsschutz. Der Blick auf diese Zusammenhänge darf durch das **Mißfallen**, das eine **Trunkenheitsfahrt** erregt, nicht verloren gehen. — Dafür, daß eine einmalige Trunkenheitsfahrt auch unter dem Gesichtspunkt der **Gefahrerhöhung** den Vsschutz in der Kfz-Haftpflichtv nicht beeinträchtigt, vgl. Anm. F 65. — Soweit sich daher neben dem Fahrer nicht mehr als 8 Personen auf einem Lkw oder einem sonstigen Nutzfahrzeug befinden, geht der Vsschutz durch eine private Benutzung nicht verloren.

Aus der **Anordnung der Antragsfragen** ergibt sich auch, daß es für den Vsschutz im Grundsatz unerheblich ist, ob ein Pkw **geschäftlich oder privat** verwendet wird. Denn im Formular wird üblicherweise nur gefragt, ob der Wagen zur Eigenverwendung oder Vermietung, zur Selbstfahrvermietung, als Mietwagen oder als Droschke (Taxi) benutzt werden solle. Daraus folgt, daß im Prinzip jede Benutzungsart eines Pkw unter den Begriff „Eigenverwendung des Fahrzeugs" fällt, die nicht in einer Selbstfahrervermietung oder einer Verwendung als Mietwagen oder Droschke besteht, insbesondere auch der Gebrauch des Fahrzeugs für private oder geschäftliche Zwecke (OLG Schleswig 24.I.1967 VersR 1968 S. 488).

[F 19] iii) Mißbrauch roter Kennzeichen

Nach § 28 I StVZO dürfen **Prüfungs-, Probe- und Überführungsfahrten** auch ohne Betriebserlaubnis vorgenommen werden; auf solchen Fahrten müssen **rote Kennzeichen** an dem Wagen geführt werden. Solche Kennzeichen können von der Zulassungsstelle gemäß § 28 III StVZO an **zuverlässige Hersteller, Händler oder Handwerker** auch ohne vorherige Bezeichnung eines bestimmten Wagens ausgegeben werden. **Voraussetzung** für die Ausgabe derartiger Kennzeichen ist der Nachweis, daß eine dem **Pflichtvsgesetz** entsprechende **Kraftfahrzeughaftpflichtv** besteht oder daß der Halter der Vspflicht nicht unterliegt. Werden Kraftwagen mit derartigen roten Kennzeichen zu **anderen Zwecken** als **Prüfungs-, Probe- oder Überführungsfahrten** benutzt, so stellt das in der Regel einen **Mißbrauch** dar, der in vsrechtlicher Hinsicht als Obliegenheitsverletzung im Sinne des § 2 II a AKB zu qualifizieren ist (BGH 8.V.1961 BGHZ Bd 35 S. 161–162, 17.XII. 1964 VersR 1965 S. 149, 30.III.1967 VersR 1967 S. 549, 29.V.1974 VersR 1974 S. 793–794 [zur Fahrzeugv], OLG Hamm 31.V.1978 VersR 1978 S. 1110, ÖOGH 5.IV.1984 VersR 1985 S. 580, OLG Köln 20.II.1986 VersR 1987 S. 1004 [nur L. S.] = ZfS 1987 S. 373 [nur L. S.], LG Kassel 16.XI.1990 VersR 1991 S. 656–657 [beide zur Fahrzeugv]; vgl. ergänzend Mittelmeier VersR 1971 S. 692–697, derselbe VersR 1975 S. 12–16).

[F 20] e) Verletzungsfolgen

aa) Vorbemerkung

Nach § 2 II a AKB verliert der Vmer bei einer **schuldhaften** Verletzung der Verwendungsklausel den Vsschutz **gänzlich**. Das ist aus der Sicht allgemeiner zivilrechtlicher Grundsätze nicht unbillig und hält demgemäß einer Inhaltskontrolle stand. Dabei ist zu bedenken, daß es grundsätzlich überkommenem Rechtsempfinden entspricht, daß ein Vertragspartner seine Eintrittspflicht auf ein bestimmt bezeichnetes Risiko begrenzen kann. Insofern stellt es aus allgemein zivilrechtlicher Betrachtung sogar eine Besserstellung des Vmers dar, daß eine derartige Risikobegrenzung in die Form einer Obliegenheit gekleidet worden ist, so daß bei nicht schuldhafter Änderung der Verwendungsart der Ver für einen dabei angerichteten Haftpflichtscha-

III. 1. Verwendungsklausel   Anm. F 22

den nach Maßgabe des § 10 I AKB einzutreten hat. In Anm. F 2 ist dennoch für die künftige Gestaltung der Verwendungsklausel die rechtspolitische Anregung gegeben worden, eine nur teilweise Leistungsfreiheit einzuführen. Dieser Vorschlag beruht auf der Überlegung, daß der Ver zur Gewährung von Vsschutz auf Grund des bestehenden Kontrahierungszwanges bei ordnungsgemäßer Anzeige der Verwendungsänderung verpflichtet ist (vgl. auch Anm. F 8). Diese rechtspolitischen Überlegungen ändern aber nichts daran, daß der Freizeichnung in der jetzigen Fassung grundsätzlich rechtliche Wirksamkeit beizumessen ist (unbeschadet dessen, daß die Vsschutzverweigerung in extrem gelagerten Einzelfällen rechtsmißbräuchlich sein kann). Zu beachten ist daneben aber, daß die Ver sich zu einer teilweisen Abänderung des „Alles-oder-nichts-Prinzips" bereit gefunden haben. Das ist durch geschäftsplanmäßige Erklärungen (VA 1973 S. 103, VA 1975 S. 157) erfolgt. Es bleibt danach zwar bei dem Verlust des Vsschutzes. Der Ver, der gemäß § 3 Ziff. 4, 5 PflichtvsG überobligationsmäßig im Verhältnis zum geschädigten Dritten zur Leistung verpflichtet ist, kann aber nur in dem in den genannten Erklärungen aufgeführten Umfang bei dem Vmer Regreß nehmen. Dieser zusätzliche „faktische Vsschutz" ist daher bei der Würdigung der Verletzungsfolgen der Verwendungsklausel (wie auch bei der aller anderen vor Eintritt des Vsfalles zu erfüllenden Obliegenheiten) immer mit in Betracht zu ziehen (vgl. dazu ergänzend Anm. F 26–28). Für den zusätzlichen Schutz des Vten durch § 158i in der ab 1.I.1991 geltenden Fassung und für die Zeit davor vgl. ferner Anm. H 28–42.

[F 21] bb) Geltendmachungserfordernis

Die Leistungsfreiheit als Folge einer Obliegenheitsverletzung tritt nicht kraft Gesetzes ein, sondern nur dann, wenn sie vom Ver durch entsprechende Erklärung gegenüber dem Vmer geltend gemacht wird (streitig, so aber BGH 24.IV.1974 NJW 1974 S. 1241–1242 = VersR 1974 S. 689–690 m. w. N.; ebenso Hüffer VersR 1974 S. 619 m. w. N. in Anm. 39, Sieg VersR 1963 S. 1092–1093, Stiefel–Hofmann[15] Anm. 37 zu § 2 AKB, S. 93; a. M. Prölss–Martin[25] Anm. 9 A c zu § 6, S. 113 m. w. N., Reimer Schmidt Obliegenheiten S. 265, 271; vgl. auch Möller Bd I Anm. 20 und 44 zu § 6 m. w. N., der zwar davon ausgeht, daß der Rechtsverlust kraft Gesetzes eintritt, für den Prozeß aber verlangt, daß der Ver sich auf diese Leistungsfreiheit berufe; anders aber wohl in Festschrift für Klingmüller, Karlsruhe 1974, S. 311). Aus dem Gesagten folgt, daß das Gericht eine Obliegenheitsverletzung nur dann zum Nachteil des Vmers berücksichtigen darf, wenn sich der Ver im Prozeß ausdrücklich darauf beruft. Dieses Geltendmachungserfordernis im Sinne der Erhebung einer solchen rechtsvernichtenden Einwendung wird für die vor Eintritt des Vsfalls zu erfüllenden Obliegenheiten mit besonderer Deutlichkeit durch das im Gesetz verankerte Kündigungserfordernis als Voraussetzung für die Leistungsfreiheit des Vers verdeutlicht. Dieses besagt, daß der Ver sich gemäß § 6 I 2, 3 auf eine Obliegenheitsverletzung grundsätzlich nicht berufen darf, sofern er den Vsvertrag nicht mit sofortiger Wirkung (in Monatsfrist ab Kenntnis) gekündigt hat (vgl. dazu Anm. F 24). Es liegt nahe, in gleicher Frist in denjenigen Fällen, in denen ausnahmsweise eine Kündigung nicht erforderlich ist, z. B. wegen Wegfalls des vten Risikos, eine ausdrückliche Erklärung des Vers gegenüber dem Vmer zu verlangen, daß er mit Rücksicht auf eine Obliegenheitsverletzung für sich Leistungsfreiheit beanspruche (zum Geltendmachungserfordernis bei nach Eintritt des Vsfalls zu erfüllenden Obliegenheiten vgl. Anm. F 96, 113).

[F 22] cc) Verschulden

Nach § 6 I in Verbindung mit § 15a darf die Verletzung einer vor Eintritt des Vsfalls zu erfüllenden Obliegenheit dem Vmer dann nicht nachteilig zugerechnet werden, wenn es sich um einen **unverschuldeten Verstoß** gehandelt hat. § 2 II a AKB setzt die Kenntnis dieses zwingend geltenden Verschuldensprinzips voraus und vermeidet eine überflüssige Wiederholung der gesetzlichen Regelung. Dem Vmer schadet nach § 6 I jedes eigene Verschulden, insbesondere auch schon **leichte Fahrlässigkeit** (anders bei Vereinbarung der in Anm. F 8 wiedergegebenen „Besonderen" Bedingung; vgl. dazu die Ausführungen am Schluß dieser Anm.). Die Anforderungen sind dabei zwar streng zu halten, dürfen jedoch nicht übertrieben werden. Das Maß der Sorgfaltspflicht hat sich vielmehr zu orientieren an dem Verhalten eines gewissenhaften Durchschnittvmers.

Als Auslegungsgrundsatz ist zu beachten, daß eine **Unkenntnis des Vmers über den Vertragsinhalt** ihm in aller Regel als **fahrlässiges Verhalten** zuzurechnen ist. Stets sind aber die besonderen Umstände des Einzelfalls zu beachten. Ein Vmer, der den Vsantrag unausgefüllt und mit einer **Blankounterschrift** dem Vsvertreter zur Erledigung übergibt, handelt fahrlässig, wenn er später nicht **kontrolliert**, ob der Vsschein den gewünschten Risikobereich ausweist (BGH 1.III.1972 NJW 1972 S. 823 = VA 1972 S. 204 Nr. 625). Wird der Wagen daher dann, wie es gemäß den Angaben des Vmers gegenüber dem Vsvertreter beantragt werden sollte, im **Güternahverkehr** und nicht entsprechend der auf den Fehler des Agenten zurückgehenden Dokumentation im Vsschein im **Werkverkehr** benutzt, so liegt eine schuldhafte Obliegenheitsverletzung vor (BGH 1.III.1972 a. a. O.). Ein Einstehen des Vers für einen solchen Fehler des Vsvertreters nach den Grundsätzen über die spezielle **Vertrauenshaftung des Vers** (vgl. dazu Bruck—Möller Bd I Anm. 54—71 zu § 44) entfällt mit Rücksicht auf das **erhebliche Eigenverschulden** des Vmers (BGH 1.III.1972 NJW 1972 S. 824—825 = VA 1972 S. 205 Nr. 625). Es ist allerdings zu prüfen, ob der Ver nicht **teilweise** im Wege des Schadenersatzes Vsschutz aus dem Gesichtspunkt der **culpa in contrahendo** wegen des Versagens des Vsvertreters, für das der Ver nach § 278 BGB einzustehen hat, gewähren muß (vgl. BGH 1.III.1972 a. a. O. und weiter Anm. G 42). OLG Köln 14.I.1969 VersR 1970 S. 513—514 nimmt eine spezielle **Vertrauenshaftung des Vers** für einen Fehler des betreffenden Vsvertreters an. Dieser Vsagent hatte einem Vmer, mit dem ein Vsvertrag für Kraftfahrzeughandel und -handwerk abgeschlossen war, die **unrichtige Auskunft** erteilt, daß die Vermietung von Fahrzeugen an Reparaturkunden nicht unter die dort vereinbarte Klausel falle „der Ver ist in der Haftpflichtv von der Verpflichtung zur Leistung frei, wenn und so lange der Vmer ein Fahrzeug mit und ohne Stellung eines Fahrers in Ausübung eines Vermietergewerbes vermietet." Ein **erhebliches eigenes Verschulden** des Vmers wurde verneint. Leicht fahrlässig hatte der betreffende Vmer sicher gehandelt, so daß § 2 II a AKB mit der Folge der Leistungsfreiheit des Vers hätte angewandt werden müssen, wenn das Gericht nicht über die besondere Vertrauenshaftung des Vers eine **Umgestaltung** des Vsvertrages vorgenommen hätte.

Benutzt der Vmer selbst das Kfz zu einem anderen als dem im Vsvertrag vorgesehenen Zweck, so ist die Anwendung der Verwendungsklausel zumeist unproblematisch. Das gleiche gilt, wenn ein **Repräsentant** des Vmers den Wagen geführt hat. Fahren aber sonstige dritte Personen, so ist zu prüfen, ob der Vmer oder sein **Repräsentant** eine dabei vorgenommene **Zweckänderung gestattet** hatte. Ist das nicht der Fall (oder kann der Ver das nicht beweisen), so liegt nach der Rechtsprechung des BGH der objektive Tatbestand der Obliegenheitsverletzung nicht vor, insoweit **schadet** auch eine auf **Fahrlässigkeit zurückzuführende Unkenntnis des Vmers** von der Zweckänderung **nicht** (vgl. BGH 24.XI.1966 NJW 1967 S. 779 [gek.] = VersR 1967 S. 51; anders insoweit noch OLG Schleswig 24.I.1967 VersR 1968 S. 487—489).

III. 1. Verwendungsklausel Anm. F 22

Im übrigen ist zu beachten, daß der Vmer nur für eigenes Verschulden oder das seiner Repräsentanten einzustehen hat. Die Grundsätze über die Erfüllungsgehilfenhaftung nach § 278 BGB finden keine Anwendung. Zu dem für das gesamte Vsrecht bedeutsamen Begriff des Repräsentanten vgl. aus der neueren Rechtsprechung BGH 26.IV.1989 BGHZ Bd 107 S. 229–236 (zur Feuerv), 7.VI.1989 NJW 1989 S. 2474–2475 = VersR 1989 S. 909–910 (zur Feuerv), 28.III.1990 VersR 1990 S. 620 = r + s 1990 S. 191 (zur Fahrzeugv), ferner die speziell die Kraftfahrzeughaftpflichtv betreffende BGH-Entscheidung 27.II.1964 VersR 1964 S. 475 sowie die eingehende Darstellung durch Möller Bd I Anm. 91–108 zu § 6 m. w. N., Bd II Anm. 70–77 zu § 61 m. w. N. Danach handelt es sich um einen Repräsentanten nur dann, wenn jemand ganz allgemein in dem Geschäftsbereich, zu dem das vte Risiko gehört, aufgrund eines Vertretungs- oder ähnlichen Verhältnisses an die Stelle des Vmers getreten ist. Dazu reicht die bloße Überlassung der Obhut über die vte Sache nicht aus. Repräsentant ist nur, wer selbständig in einem gewissen, nicht nur unbedeutenden Umfang zu einem Handeln für den Vmer befugt ist, das die Berechtigung zur selbständigen Wahrnehmung von dessen vsspezifischen Rechten und Pflichten umfaßt. Nach diesen Grundsätzen ist vom BGH 28.III.1990 a. a. O. die Annahme des Berufungsgerichts als unzutreffend eingeordnet worden, daß Repräsentant bereits derjenige sei, dem das vte Fahrzeug weitgehend und auf seine Rechnung überlassen worden sei. Vgl. auch BGH 19.III.1986 VA 1986 S. 389 Nr. 822 = VersR 1986 S. 541–542 dafür, daß aus dem Umstand allein, daß der Ehemann der Vmerin die Verhandlungen über den Abschluß der V geführt und das Fahrzeug gefahren habe, nicht auf Repräsentanteneigenschaft geschlossen werden dürfe. – Anhand dieser Grundsätze ist vom BGH 27.II.1964 a. a. O. die Repräsentanteneigenschaft für den 21 Jahre alten Sohn des Vmers verneint worden, der als Volontär im väterlichen Fuhrgeschäft arbeitete. Das Berufungsgericht hat festgestellt, daß der Vmer sich die eigene Entscheidung für alle wichtigen Fragen vorbehalten hatte. Wenn der Sohn ausnahmsweise in dringenden Notfällen den Vater vertreten habe, so sei er dadurch nicht zum Repräsentanten geworden (vgl. ergänzend auch Anm. F 46, 56 und J 87).

Als gesicherter Abgrenzungsgrundsatz ist zu beachten, daß ein mit der Führung eines Kfz betrauter Arbeitnehmer in der Regel nicht als Repräsentant anzusehen ist (BGH 8.IV.1970 VersR 1970 S. 563 m. w. N., OLG Karlsruhe 2.IV.1987 r + s 1987 S. 153–154; Möller a. a. O. Anm. 77 zu § 61; vgl. ferner Anm. J 87 m. w. N.). Das gleiche gilt von demjenigen, dem der Vmer ein Fahrzeug kurzfristig geliehen oder vermietet hat. Beispiel: OLG Schleswig 24.I.1967 VersR 1968 S. 488–489 bejaht den Vsschutz trotz Benutzung des Kfz als Mietwagen. Der Vmer hatte den Wagen seinem Bruder geliehen, der ihn ohne Benachrichtigung des Vmers als Mietwagen einsetzte. Da der Bruder als Entleiher nicht Repräsentant des Vmers war, schadete der Verstoß gegen die Verwendungsklausel nicht dem Vmer im Rahmen des Vsschutzes für eigene Rechnung, wohl aber ging der Vsschutz für den Bruder als gemäß § 10 II c AKB mitvtem Fahrer bezüglich der V für fremde Rechnung verloren (vgl. Anm. H 14–15).

Eine Besonderheit ergibt sich bei Vereinbarung der in Anm. F 8 erwähnten „Besonderen" Bedingung zu § 2 II a AKB. Danach ist dem Vmer ausdrücklich in dem dort aufgeführten Umfang eine vorübergehende Verwendungsänderung gestattet. Ihm ist aber eine Anzeigelast auferlegt, für die die Besonderheit gilt, daß deren Verletzung dem Vmer nur bei Vorsatz und grober Fahrlässigkeit schadet. Wenn der Vmer daher diese Anzeige aus leichter Fahrlässigkeit unterläßt, berührt das den Vsschutz nicht. Das ist eine bemerkenswerte Abänderung der ansonsten in der Kfz-Haftpflichtv (wie auch in den anderen Vssparten) bestehenden

Übung, die Bedingungen so auszugestalten, daß bezüglich der vor Eintritt des Vsfalles zu erfüllenden Obliegenheiten schon leichte Fahrlässigkeit schadet. Die Regelung ist dabei im übrigen so zu verstehen, daß das in § 2 II a AKB vereinbarte Grundverbot zum Tragen kommt, wenn die Anzeige unterlassen wird. Den milderen Maßstab dürfte man gewählt haben, weil der Vmer, der von seiner Berechtigung zur vorübergehend geänderten Verwendungsart weiß, sich hinsichtlich der damit verbundenen Anzeigelast leicht irren kann, zumal da nach der in Anm. F 7 a. E. erwähnten Tarifregelung in gewissen Fällen eine abweichende Verwendung ohne spezielle Anzeige gestattet ist.

[F 23] dd) Kausalität

Nach § 6 II kann sich der Ver auf die vereinbarte Leistungsfreiheit nicht berufen, wenn die Verletzung **keinen Einfluß auf den Eintritt des Vsfalls oder den Umfang der ihm obliegenden Leistung** gehabt hat. Diese Kausalitätseingrenzung des Anwendungsbereichs gilt unabdingbar (vgl. § 15 a), also auch für die Verwendungsklausel nach § 2 II a AKB. In Anm. F 7 ist dargelegt worden, daß die Obliegenheit nach § 2 II a AKB nach ihrem Sinngehalt nur dann verletzt ist, wenn die geänderte Verwendungsart einen **höheren Vsbeitrag** nach dem Tarif des betreffenden Vers auslöst. Der Anwendungsbereich der Obliegenheit wird damit schon nach seinem objektiven Tatbestand erheblich eingeschränkt. Wollte man dieser Auslegung, daß nämlich in solchen Fällen schon der objektive Tatbestand einer Obliegenheitsverletzung nicht gegeben sei, nicht folgen, wäre eine solche rechtlich nicht relevante Verwendungsänderung dem Kausalitätsprinzip des § 6 II zuzuordnen.

Es ist zu prüfen, ob darüber hinaus ein Vmer einwenden kann, daß die Verwendungsänderung sich — ungeachtet der dadurch typischerweise erhöhten Gefahrenlage — in concreto nicht ausgewirkt habe, da der Unfall sich in gleicher Weise bei der ursprünglich angegebenen Verwendungsart hätte zugetragen haben können. Gedanklich ist die Abgrenzung des Kausalitätsbereichs in der Form denkbar, daß **jedes Fahren mit verändertem Verwendungszweck** als rechtlich relevant angesehen wird oder nur ein solches, das von dem **Rechtswidrigkeitszusammenhang** des Obliegenheitsverbots erfaßt wird. Vom BGH 1.III.1972 NJW 1972 S. 823 = VA 1972 S. 204 Nr. 625 ist auf die **Parallele zur Abgrenzung des Anwendungsbereichs der Führerscheinklausel** hingewiesen worden (vgl. dazu Anm. F 47–48). Auf die Verwendungsklausel übertragen, bedeutet diese Rechtsprechung, daß zwar das **Fahren im veränderten Verwendungszweck allein nicht** schon als genügende Kausalität angesehen wird, daß das aber immer dann zu gelten hat, wenn es sich bei dem Schadenereignis für den Fahrer des betreffenden Wagens nicht um ein sogenanntes **unabwendbares Ereignis** im Sinne des § 7 II StVG gehandelt hat (vgl. auch Spielberger VersR 1962 S. 929–930, der — anders als bei der Führerscheinklausel nach § 2 II c AKB — den Kausalitätsgegenbeweis nur dann zulassen will, wenn es sich um einen Schaden infolge des Einflusses von Naturgewalten gehandelt oder das Fahrzeug des Vmers sich im Ruhezustand befunden hat). Auch bei einer Verletzung der Verwendungsklausel kann der Ver also gehalten sein, in solchen Fällen Vsschutz zu gewähren, überwiegend allerdings nur durch Abwehr unbegründeter Ansprüche. Darüber hinaus wird vom BGH a. a. O. der Nachweis, daß die antragswidrige Verwendung des Kfz keine **effektive Gefahrerhöhung** gebracht habe, nicht zugelassen. Bei der Beurteilung dieser Frage muß man sich vor Augen halten, daß § 2 II a AKB nur im Zusammenhang mit dem Tarifwerk des Vers verstanden werden kann, das auf statistischen Erfahrungen beruht, aus denen sich ergibt, daß bestimmte Verwendungsarten **generell** von einer größeren Schadenanfälligkeit betroffen werden.

III. 1. Verwendungsklausel   Anm. F 23

Diese Konstruktion des § 2 II a AKB, der danach auf einer generell ermittelten Schadenhäufigkeit basiert, verbietet es, bei der Frage der Kausalität konkret weiter zu fragen, worauf denn innerhalb der einzelnen Tarifgruppen die erhöhte Gefahr zurückzuführen ist, etwa eine besondere Eile im Güterfernverkehr und ob sich diese tatsächlich im Einzelfall ausgewirkt habe oder nicht. Eine solche Auslegung wäre gänzlich unpraktikabel und würde dem Massencharakter des Kraftfahrzeughaftpflichtvsgeschäfts nicht gerecht werden. Vom BGH 1.III.1972 NJW 1972 S. 823 = VA 1972 S. 204 Nr. 625 wird dazu — gemünzt auf den konkreten Fall, aber doch von genereller Bedeutung — u. a. ausgeführt, daß die höhere Einstufung im Tarif berechtigt sei, weil nach der vom Berufungsgericht eingeholten Auskunft des BAV, die sich auf eine 10jährige Schadenstatistik stütze, die Schadenhäufigkeit und der Schadenbedarf im Güternahverkehr weitaus größer als im Werkverkehr seien. Die unterschiedliche Risikoqualität von Güternahverkehr und Werkverkehr sei aber nicht konkret meßbar, sondern trete nur statistisch in Erscheinung und komme in einer entsprechend höheren Tarifeinstufung zum Ausdruck. Das schließe den Nachweis aus, daß die antragswidrige Verwendung des vten Fahrzeugs eine Gefahrerhöhung nicht mit sich gebracht habe ... Der dem Vmer nach § 6 II offenstehende Nachweis fehlender Kausalität könne nur dahin gehen, daß die auf antragswidriger Verwendung beruhende Gefahrerhöhung für das eingetretene Schadenereignis ohne jede Bedeutung gewesen sei ... Hiernach sei nicht darauf abzustellen, ob der Vsfall nicht eingetreten wäre, wenn der Tankzug des Klägers am Unfalltage nicht antragswidrig verwendet worden wäre. Der Nachweis mangelnden Einflusses der Verletzung der Verwendungsklausel sei vielmehr als geführt anzusehen, wenn feststehe, daß Eintritt und Umfang des Vsfalls nichts mit der in § 2 II a AKB vorausgesetzten typischen Risikoerhöhung zu tun hätten. Das sei anzunehmen, wenn der Unfall erwiesenermaßen durch ein Ereignis verursacht worden sei, das für den Fahrer unabwendbar im Sinne des § 7 II StVG gewesen sei.

Diesen Ausführungen ist im Prinzip zuzustimmen. So sinngemäß auch OLG Saarbrücken 24.II.1978 VersR 1979 S. 997–998, wenngleich die Formulierung zu weit geht, daß „unwiderleglich vermutet werde", daß eine Verwendungsänderung eine Gefahrerhöhung bewirke; denn für die Fälle unabwendbarer Ereignisse wird eine Widerlegung der Vermutung gerade zugelassen. Zu prüfen ist sogar, ob es nicht Situationen gibt, die aus dem Gesichtspunkt des Zurechenbarkeitszusammenhangs dem vom BGH a. a. O. hervorgehobenen unabwendbaren Ereignissen gleichgesetzt werden können. Folgender Beispielsfall: Der Vmer läßt sein Fahrzeug im Güternahverkehr verwenden, obwohl im Vsantrag und im Vsschein als Risiko der Werkverkehr aufgeführt ist. Es kommt zu einem Zusammenstoß, weil der Fahrer des Vmers, der bisher zu Beanstandungen keinen Anlaß gegeben hat, aus Liebeskummer auf einer Fahrt unvermutet eine Flasche Aquavit trinkt. Der Fall ist dabei so gedacht, daß der Fahrer niemals vorher Alkohol getrunken hat und bestens von dem Vmer überwacht wurde. Es leuchtet ein, daß diese Situation sowohl im Werk- wie auch im Güterfernverkehr hätte eintreten können. Dennoch ist auch hier § 2 II a AKB anzuwenden. Zwar ist eine der entscheidenden Ursachen für das Schadenereignis allein in diesem Alkoholgenuß zu sehen, der, um das Bild zu veranschaulichen, zu einer qualifizierten Vorfahrtsverletzung geführt haben möge. Es ist aber nicht zu verkennen, daß es auch von Bedeutung ist, daß sich das Schadenereignis außerhalb der Nahverkehrszone zugetragen hat. Dabei ist auch zu bedenken, daß schließlich und endlich in mehr oder weniger starkem Ausmaß in den meisten Verkehrsunfällen irgendein menschliches Verschulden oder Versagen auswirkt. Nach BGH 21.III.1963 NJW 1963 S. 1250 = VersR 1963 S. 528, 27.II.1964 VersR 1964 S. 476 bleibt der Ver auch dann von der Verpflichtung zur Leistung frei, wenn ein antragswidrig statt im Nah- im Fernverkehr verwendeter Lkw zu Beginn des vorgesehenen Transports, und zwar noch innerhalb der Nahverkehrszone, infolge eines Schadenereignisses liegenbleibt, so daß es nicht zur Durchführung der vorgesehenen Fernverkehrsfahrt im geplanten Umfang kommt (ebenso Spielberger VersR 1962 S. 929, zustimmend Stiefel–Hofmann[15] Anm. 168 zu § 2 AKB, S. 145; anders aber Prölss–Martin–Knappmann[25] Anm. II 1 b zu § 2 AKB, S. 1407, die den Verstoß nur dann als erheblich ansehen, wenn das Schadenereignis außerhalb des Nahbereichs eintritt). Es ist in der Tat mit Prölss–Martin–Knappmann a. a. O. zu überlegen, ob der Einwand mangelnder Kausalität im Sinne des § 6 II für derartige Sonderfälle zu Recht zurückgewiesen worden ist. Bei erster Überlegung scheint sich eine Parallele zur antragswidrigen Verwendung eines Lkw im Fern- statt im Werkverkehr aufzudrängen. Die Besonderheit liegt aber darin, daß ein Transport von Sachen für fremde Auftraggeber — darum handelt es sich bei dem Güterfern- oder dem Güternahverkehr — bei einem für den Werkverkehr bestimmten Lkw stets den objektiven Tatbestand der Verwendungsklausel erfüllt. Im Unterschied dazu ist es gerade Aufgabe des Unternehmers eines für den Güternahverkehr bestimmten und so im Vsantrag ausgewiesenen Lkw, stets fremde Güter zu transportieren. Ein faßbarer Unterschied im Wagnisbild besteht weder in bezug auf die Güterarten, noch hinsichtlich der Fahrweise, so lange sich ein solches Fahrzeug im Nahverkehrsbereich bewegt. Ungeachtet dessen, daß die formale Einordnung eines solchen abgebrochenen Transports als Fernverkehrsfahrt gemäß § 3 GüKG durchaus zutreffend ist, darf eine rechtliche Relevanz eines solchen Verstoßes aus der Sicht einer auf den Zurechenbarkeitszusammenhang abstellenden Kausalitätsbegrenzung mangels meßbarer Gefahrveränderung nicht angenommen werden. Andernfalls wird nur eine gedachte Veränderung der Gefahrenlage, ein nur der Absicht des Vmers entnehmbarer Umstand, die im Bereich des Güternahverkehrs durchaus zulässige Beförderung fremder Güter gegen Entgelt auch in der Fernverkehrszone fortzusetzen, zum Maßstab der Entscheidung gemacht. Es erscheint aber als nicht überzeugend, einen solchen Vorgang aus dem Bereich der Willensbildung, mag er auch anhand der Ladungspapiere einwandfrei nachgewiesen werden können, als rechtlich relevanten Verstoß gegen die doch gedanklich eine effektive Veränderung der generellen Gefahrenlage voraussetzende Verwendungsklausel zu bewerten.

Dagegen leuchtet es ein, daß ein auch aus der Sicht des Kausalitätsprinzips erheblicher Verstoß vorliegt, wenn ein in Hamburg stationierter Lkw, der für den Nahverkehr ausgewiesen ist, auf der Rückfahrt von München kurz vor Hamburg, aber schon im Bereich der Nahverkehrszone, einen Schadenfall erleidet. Als Rechtfertigung dient hier die Überlegung, daß sich der Grund für die höhere Tarifeinstufung, nämlich die größere Schadenmöglichkeit aufgrund der längeren Verkehrsstrecken, ausgewirkt haben könnte. Zu beachten ist, daß ein Verstoß gegen die Verwendungsklausel nur für den Zeitraum, in dem die Obliegenheitsverletzung begangen wird, rechtlich relevant im Sinne der Kausalitätsabgrenzung ist. Kehrt der Vmer zu der im Antrag vorgesehenen Verwendung zurück, so besteht Vsschutz. Ein Vmer, der ständig seinen Wagen als Selbstfahrervermietfahrzeug zur Verfügung stellt, hat danach für eine private Fahrt zwischen zwei Vermietungen Vsschutz (ebenso Prölss–Martin–Knappmann[25] Anm. II, 1 c zu § 2 AKB, S. 1408).

Ein unabwendbares Ereignis ist nach § 7 I 1 StVG auch dann zu verneinen, wenn die Zufügung eines Schadens auf einem **Fehler in der Beschaffenheit des Fahrzeugs oder auf einem Versagen seiner Verrichtungen** beruht. Spielberger VersR 1962 S. 929–930 läßt für diese Fälle den Kausalitätsgegenbeweis zwar bei Verletzung der Führerscheinklausel gemäß § 2 IIc AKB zu (vgl. dazu Anm. F 48); er versagt dem Vmer aber einen solchen Nachweis für die Verwendungsklausel.

III. 1. Verwendungsklausel   Anm. F 24

Dazu führt er a. a. O. S. 929 u. a. aus, daß bei der Verwendungsklausel die Abgrenzung schwieriger sei, weil die Auswirkungen der abstrakt zu bewertenden Vergrößerung des Wagnisses als Folge eines vertragswidrigen Fahrzeuggebrauchs nicht so einfach zu bestimmen seien. So werde für einen Unfall, der auf Abnutzungserscheinungen an Teilen des Kraftfahrzeugs zurückzuführen sei, die Kausalität grundsätzlich nicht ausgeschlossen werden können, wenn — was praktisch stets der Fall sein dürfte — die Art der vertragswidrigen Verwendung verschleißfördernd sei (Vermietung, Droschkenbetrieb). — Indessen ist hier zu differenzieren. Als Beispiel sei daran gedacht, daß ein für den Nahverkehrsbereich vtes Fahrzeug stets ordnungsgemäß eingesetzt worden ist. Es möge zur Reparatur gewesen sein und danach erstmals vertragswidrig für eine Fernfahrt eingesetzt werden, an deren Beginn — aber schon in der Fernverkehrszone — möge sich ein in der Werkstatt schlecht befestigtes Rad lösen. Für einen solchen Fall ist ebenfalls der Kausalitätsgegenbeweis im Sinne einer wertenden Betrachtung zuzulassen. Das Beispiel zeigt, daß der Ursache solcher Verschleißerscheinungen eines Fahrzeuges durchaus nachgegangen werden muß.

Befördert der Vmer mit einem Lkw antragswidrig mehr als acht Personen, die nicht in einer engen (inneren) Beziehung zur Ladung stehen (vgl. Anm. F 17), also z. B. zehn, und springen zwei davon während der Fahrt ab, ohne daß ein Schadenereignis eingetreten war, so greift für die Zeit nach dem Absprung die Verwendungsklausel nicht ein, anders ist aber dann zu entscheiden, wenn die beiden Mitfahrer abspringen, weil der Wagen beim Fahren ins Rutschen oder Schwanken mit darauf folgendem Unglücksfall kommt (BGH 14.II.1951 BGHZ Bd 1 S. 169–170). Verfehlt wäre es, das Kausalitätsprinzip bei der Beförderung von mehr als acht Personen, die nicht in einer inneren Beziehung zu der Ladung stehen, in der Weise anzuwenden, daß gegen die Haftpflichtansprüche von acht dieser Personen Vsschutz bestehe, nicht aber gegen die der überzähligen Personen. Die Verwendungsklausel ergibt vielmehr, daß hier im ganzen kein Vsschutz zu gewähren ist (BGH 12.XII.1963 VersR 1964 S. 158). Für diese Abgrenzung spricht der Zweck des § 2 II a AKB, gefahrerhöhende Verwendungen nur gegen zusätzliche Prämien zuzulassen. Darüber hinaus ist zu bedenken, daß es auch keine praktikable Abgrenzungsmöglichkeit gibt, wie nämlich bestimmt werden sollte, für welche der Haftpflichtansprüche dieser zehn Insassen Vsschutz zu gewähren wäre. Sieht man von dieser nur für die Insassen gegebenen Abgrenzungsschwierigkeiten ab, so bleibt anhand des Wortlauts und des Zwecks der Verwendungsklausel darüber hinaus festzuhalten, daß von dem Wegfall des Vsschutzes auch die Ansprüche solcher Drittgeschädigter erfaßt werden, die sich nicht in dem „vten" Fahrzeug befanden, also z. B. Entgegenkommer. Das ist schon deshalb gerechtfertigt, weil ein Einfluß der größeren Verantwortung des Fahrers, die sich aus dem Transport einer großen Anzahl von Personen ergibt, auf die zum Schadenfall führende Fahrweise nicht ausgeschlossen werden kann. Aus diesem Grunde erscheint auch die vom BGH 13.XII.1972 NJW 1973 S. 286–287 = VersR 1973 S. 173–174 für die Führerscheinklausel vertretene Auffassung als angreifbar, daß bei Fehlen der zusätzlichen Fahrerlaubnis gemäß § 15 d StVZO für die Personenbeförderung in Omnibussen für die Haftpflichtansprüche der Fahrgäste kein Vsschutz bestehe, wohl aber für die sonst geschädigter Dritter (vgl. dazu Anm. F 47–48).

[F 24] ee) Kündigungserfordernis

Nach § 6 I 3 wird der Ver bei Verletzung einer vor Eintritt des Vsfalles zu erfüllenden Obliegenheit nur dann von der Verpflichtung zur Leistung frei, wenn der Vsvertrag binnen eines Monats nach Kenntnis des Vers von dieser Verletzung

Anm. F 24   F. Obliegenheiten des Vmers in der Kraftfahrzeughaftpflichtv

ohne Einhaltung einer Kündigungsfrist gekündigt wird. Über Einzelheiten zu diesem **Klarstellungserfordernis** vgl. Bruck—Möller Bd I Anm. 40—43 zu § 6. In Ergänzung dieser Erläuterungen ist zu beachten, daß sich die von Möller a. a. O. Anm. 43 zu § 6 m. w. N. abgelehnte Auffassung des BGH, daß eine **Kündigung auch dann erforderlich** sei, wenn der Ver erst **nach Eintritt des Vsfalls** von der Verletzung erfahren habe (BGH 31.I.1952 BGHZ Bd 4 S. 374—379), zu einer gefestigten Rechtsprechung entwickelt hat (vgl. nur BGH 17.XI.1955 BGHZ Bd 19 S. 31—39, 31.III.1960 VersR 1960 S. 589—591, 14.XI.1960 BGHZ Bd 33 S. 283, 8.V.1961 BGHZ Bd 35 S. 162, 18.XII.1980 VersR 1981 S. 186—187 [zur Schmuckv], 27.V.1981 DAR 1981 S. 262—263 = VersR 1981 S. 921—922, 23.IX.1981 VersR 1982 S. 33—34 [zur Einbruchdiebstahlv], 14.III.1984 DAR 1984 S. 290 = VersR 1984 S. 550—551, 24.IV.1985 VersR 1985 S. 775—776 = r + s 1985 S. 159—160; anders die Rechtsprechung in Österreich, vgl. ÖOGH 17.X.1973 VersR 1974 S. 871—872; w. N. aus dieser ständigen Rechtsprechung bei Heiss—Lorenz VVG 1958, Eisenstadt 1991, Anm. II, 2 zu § 6).

Die Frist des § 6 I 3 beginnt mit der **Kenntnis des Vers von der Obliegenheitsverletzung**. Möller a. a. O. Anm. 41 zu § 6 fordert, daß der Ver nicht nur Kenntnis vom **objektiven Sachverhalt**, sondern auch vom **Verschulden des Vmers** haben müsse. Die Rechtsprechung ist dem nicht gefolgt. Schon BGH 31.I.1952 BGHZ Bd 4 S. 377 führt dazu obiter dictum aus, daß Hagemann NeumZ 1942 S. 29 Schwierigkeiten insbesondere darin sehe, daß der Ver innerhalb der Kündigungsfrist wegen der meist noch ungeklärten Verschuldens- und Kausalitätsfrage regelmäßig noch gar nicht übersehen könne, ob der Vsschutz nun auch tatsächlich mit Aussicht auf Erfolg versagt werden könne, so daß er Gefahr laufe, eine im Interesse der Bestandserhaltung bedenkliche Kündigung unnötig auszusprechen. Diese Schwierigkeiten bestünden aber nicht nur in der Kraftfahrtv, sondern allgemein und treten in den Fällen, in denen sich noch gar kein Vsfall ereignet habe, sogar in verstärktem Maße auf. BGH 14.XI.1960 BGHZ Bd 33 S. 283—285 bekennt sich dann ausdrücklich zu dieser Auffassung mit dem Bemerken, daß das Berufungsgericht auch darin Recht habe, daß die Monatsfrist, innerhalb der der Ver den Vsvertrag nach § 6 I kündigen müsse, um seine Leistungsfreiheit zu erhalten, schon in dem Zeitpunkt beginne, in dem dem Ver der objektive Tatbestand der Obliegenheitsverletzung bekannt geworden sei, auch dann, wenn dem Ver zu diesem Zeitpunkt noch nicht bekannt sei, ob den Vmer an der Obliegenheitsverletzung ein Verschulden treffe ... Der hiervon abweichenden Ansicht von Möller in Bruck—Möller Anm. 41 zu § 6 könne nicht gefolgt werden. Er meine, erforderlich sei eine positive Kenntnis des Verschuldens des Vmers. Wäre das richtig, so müsse der Ver bei Verletzung von Sicherheitsvorschriften (§ 6 II) vor Beginn der Monatsfrist auch erst Kenntnis davon haben, ob die Verletzung Einfluß auf den Eintritt des Vsfalles oder den Umfang der Vsleistung habe. Das halte aber auch Möller nicht für erforderlich. Tatsächlich setze § 6 I 3 nicht voraus, daß der Ver vor Beginn der Monatsfrist auch schon Klarheit darüber erlangt habe, ob er wegen der Obliegenheitsverletzung das Recht habe, die Leistung zu verweigern ... § 6 I unterscheide klar zwischen der (objektiven) Obliegenheitsverletzung selbst, dem Verschulden des Vmers und der sich aus der Obliegenheitsverletzung ergebenden Leistungsfreiheit des Vers. Den Beginn der Monatsfrist knüpfe er ... allein an die Kenntnis der (objektiven) Obliegenheitsverletzung. Dies entspreche auch dem Sinn und Zweck der Vorschrift. Durch sie solle der Ver im Interesse des Vmers gezwungen werden, alsbald, nämlich innerhalb der Monatsfrist, Klarheit darüber zu schaffen, ob er aus der ihm bekannt gewordenen Obliegenheitsverletzung Rechte herleiten wolle oder nicht ... Wie das Berufungsgericht mit Recht ausführe, erfordere dies eine klare

III. 1. Verwendungsklausel   Anm. F 24

Abgrenzung der Voraussetzungen der Kündigung. Die Erreichung des genannten Zwecks würde ... beeinträchtigt werden, wenn der Beginn der Monatsfrist solange hinausgeschoben werde, bis der Ver auch Kenntnis von den Tatsachen erhalten habe, die ihm eine Beurteilung ermöglichen, ob der Vmer den ihm obliegenden Exkulpationsbeweis führen könne oder nicht. Da diese Tatsachen in aller Regel im Bereich des Vmers liegen, und der Ver in den meisten Fällen gar nicht zu übersehen vermöge, welche Tatsachen der Vmer zu seiner Entschuldigung anführen könne und werde, würde der Beginn der Monatsfrist dann häufig bis zur Beendigung der Tatsacheninstanzen des Deckungsprozesses hinausgeschoben und dadurch der mit dem Kündigungserfordernis verfolgte Zweck einer raschen Klärung im weiten Umfang hinfällig werden. Die in § 6 I getroffene Regelung habe allerdings zur Folge, daß der Ver in den Fällen, in denen die Verschuldens- und Kausalitätsfrage noch nicht geklärt sei, bei Ausspruch der Kündigung noch keine Gewißheit darüber habe, ob die Kündigung auch tatsächlich berechtigt sei und ob er den Vsschutz wegen der Obliegenheitsverletzung rechtswirksam versagen könne. Diese Schwierigkeiten habe aber das Gesetz in Kauf genommen, um im Interesse des Vmers alsbald Klarheit darüber zu schaffen, ob der Ver aus der Obliegenheitsverletzung Rechte herleiten wolle. Dieser allein auf die Kenntnis des objektiven Tatbestandes der Obliegenheitsverletzung abstellenden Rechtsprechung entspricht es, daß auch die Frage der Kenntnisnahme selbst tunlichst nach objektiven Kriterien entschieden wird. So weist BGH 17.XI.1955 BGHZ Bd 19 S. 38 den Einwand des Vers als unbeachtlich zurück, daß eine Strafakte, die er zur Einsicht erhalten hatte, vom Sachbearbeiter erst zu einem späteren Zeitpunkt sorgsam studiert habe werden können (vgl. auch OLG Celle 9.XI.1952 VersR 1953 S. 492–493 [Vorinstanz zu BGH 17.XI.1955 a. a. O.], OLG Hamm 14.XI.1958 VersR 1959 S. 293, LG Aachen 10.XII.1982 ZfS 1983 S. 86; w. N. bei BGH 14.XI.1960 a. a. O. S. 283). In diesem Sinne hat auch OLG Hamburg 2.IV.1963 NJW 1963 S. 1407–1408 unter Hinweis auf Möller a. a. O. Anm. 37 zu § 16 bemerkt, daß dem Ver alles Aktenkundige bekannt sei. Soweit der Ver – wie üblich – Schäden dezentralisiert durch Bezirksdirektionen (oder Schadenregulierungsdienste) bearbeiten läßt, genügt der Eingang der Mitteilung oder des Strafaktenauszuges bei einer solchen Bezirksdirektion (oder bei einem solchen Schadenregulierungsdienst); so: OLG Hamburg 2.IV.1963 a. a. O., OLG Schleswig 24.I.1967 VersR 1968 S. 488. BGH 21.XII.1961 VA 1962 S. 160 Nr. 331 = VersR 1962 S. 154 betont, daß es allein auf die Kenntnis des als Obliegenheitsverletzung in Betracht kommenden objektiven Sachverhalts und nicht darauf ankomme, wie der Ver diesen Sachverhalt gewertet und gewürdigt habe; der Lauf der Kündigungsfrist setze daher weder voraus, daß der Ver diesen Sachverhalt in seiner Bedeutung als Obliegenheitsverletzung erkannt habe, noch erfordere er, daß dem Ver das ihm daraus erwachsende Leistungsverweigerungsrecht bewußt geworden sei (ebenso BGH 29.V.1970 VersR 1970 S. 660–662).

Eine Kündigung als Voraussetzung für die Leistungsfreiheit des Vers ist dann nicht erforderlich, wenn das vte Risiko nach Eintritt des Vsfalles weggefallen ist (ständige Rechtsprechung, vgl. nur BGH 17.XI.1955 BGHZ Bd 19 S. 35, 14.XI.1960 VersR 1960 S. 1108, 12.XII.1963 VersR 1964 S. 158, 1.III.1972 NJW 1972 S. 823 = VA 1972 S. 204–205 Nr. 625, 24.IV.1985 VersR 1985 S. 775–776 = r + s 1985 S. 159–160 m. w. N., OLG Celle 14.VI.1954 VersR 1954 S. 454, OLG Frankfurt 2.X.1969 VersR 1971 S. 71–72, OLG Hamburg 25.VI.1971 VersR 1971 S. 926, OLG Hamm 21.V.1975 VersR 1976 S. 581–582, OLG Celle 4.X.1989 r + s 1990 S. 261–262 = ZfS 1990 S. 203, OLG Hamm 20.X.1989 r + s 1990 S. 39–40, OLG Hamm 24.XI.1989 r + s 1990 S. 147–148 = ZfS 1990 S. 165). Ein solcher Risikowegfall (in der Gerichtspraxis wird auch vielfach von „Interessenwegfall" gesprochen) ist in der Haftpflichtv nicht schon mit der Feststellung gegeben, daß das Fahrzeug aus technischen Gründen nicht mehr reparaturwürdig sei. Vielmehr muß das Fahrzeug, auf das sich die V bezieht, als solches untergehen. BGH 14.XI.1960 VersR 1960 S. 1108 führt dazu sehr deutlich aus, daß das vte Interesse deshalb erst dann dauernd und vollständig wegfalle, wenn das Fahrzeug vollständig zerstört werde, also als Fahrzeug untergehe und deshalb dann durch seinen Gebrauch kein Haftpflichtschaden mehr entstehen könne. Dies sei hier erst mit der am 26.III.1956 erfolgten Verschrottung geschehen. — Daß ein wirtschaftlicher Totalschaden für die Annahme des Risikowegfalls in der Fahrzeugv nicht ausreicht, betont OLG Hamm 31.V.1978 VersR 1978 S. 110. OLG Celle 14.VI.1954 a. a. O. begnügt sich demgegenüber mit der Feststellung, daß der betreffende Lkw vollständig zerstört und nur als Schrott verwertet worden sei (ebenso OLG Hamm 21.V.1975 VersR 1976 S. 581—582). BGH 14.XI.1960 a. a. O. weist aber zu Recht darauf hin, daß auch von einem abgestellten Fahrzeug noch eine Haftpflichtgefahr ausgehen könne, z. B. beim Abstellen auf einer abschüssigen Straße, so daß von einem Interessewegfall erst vom Zeitpunkt der Verschrottung ausgegangen werden können. OLG Hamburg 25.VI.1971 VersR 1971 S. 926 steht in diesem Punkt ebenfalls im Widerspruch zu BGH 14.XI.1960 a. a. O.; die Bemerkung, daß das schwer beschädigte Fahrzeug nicht mehr benutzt oder bewegt werden konnte, verkennt, daß auch von einem abgestellten Fahrzeugwrack dieser Art eine Haftpflichtgefahr ausgehen kann. Es hätte daher geklärt werden müssen, ob das Fahrzeug vor oder nach Ablauf der Monatsfrist verschrottet worden war oder ob das Fahrzeugwrack jedenfalls so sicher abgestellt war, daß mit einer auch nur theoretisch denkbaren Haftpflichtgefahr, sei es auch in der Form der Erhebung unbegründeter Haftpflichtansprüche, nicht mehr gerechnet werden könne. Zu bedenken ist im übrigen weiter, daß von einem derart beschädigten Wagen auch noch während eines Abschleppvorgangs eine Haftpflichtgefahr ausgehen kann. — Ein Totalschaden mit der Folge des Wegfalls des Kündigungserfordernisses wird aber auch vom BGH 1.III.1972 NJW 1972 S. 823 = VA 1972 S. 204—205 Nr. 625 ohne nähere Begründung in einem Fall angenommen, in dem ein Tanklastzug auf den Anhänger eines beladenen Lastzuges aufgefahren war und anschließend ausbrannte. Vgl. ferner OLG Koblenz 16.II.1956 VersR 1956 S. 302 in einem Fall, in dem ein Lkw von der Böschung abgekommen, 6 m tief gestürzt war und später als Schrott verkauft wurde.

Bei Durchsicht dieser Entscheidungen gewinnt man im übrigen den Eindruck, daß es sich im Grunde genommen weniger um Differenzen in bezug auf die Auslegung des Begriffs des Wegfalls des Risikoobjektes Kraftfahrzeug handelt, sondern daß für den Einzelfall der sachorientierte Vortrag der Parteien für die Aufklärung des Sachverhalts von entscheidender Bedeutung ist. In den Fällen, in denen die Verschrottung oder jedenfalls der Abtransport zum Schrottplatz innerhalb der Monatsfrist erfolgt, ist keine Kündigung erforderlich. Wenn die Parteien sich dazu nicht näher äußern, so kann und darf das Gericht mit der Lebenserfahrung davon ausgehen, daß das Abschleppen des unstreitig im technischen Sinne total zerstörten Fahrzeugs dann auch innerhalb eines Monats erfolgt ist. Vgl. z. B. BGH 12.XII.1963 VersR 1964 S. 158, wo kein Wort darüber verloren wird, wann die Reste des beim Zusammenstoß mit einem Zug total zerstörten Lkw abtransportiert worden sind. Wird durch einen Kfz-Haftpflichtvsvertrag für das Risiko aus dem Gebrauch mehrerer Kraftwagen Vsschutz gewährt, wie z. B. in einer Händlerv, die nicht ein bestimmtes einzelnes Fahrzeug zum Gegenstand hat, so entfällt die Kündigungslast auch dann nicht, wenn einer dieser Wagen vollständig zerstört worden ist (BGH 8.V.1961 BGHZ Bd 35 S. 163).

III. 1. VerwendungsklauselAnm. F 24

Die Abmeldung eines Fahrzeugs genügt zur Annahme eines Risikowegfalls allein nicht (vgl. BGH 27.V.1981 DAR 1981 S. 262–263 = VersR 1981 S. 921–922). BGH 27.V.1981 a. a. O. weist zu Recht in diesem Zusammenhang darauf hin, daß es sich um eine vorübergehende Maßnahme handeln könne, wodurch der Bestand des Vsvertrages gemäß § 5 I 1 AKB nicht berührt werde (dazu Anm. D 39–43 m. w. N.).

Keine Kündigung zur Erhaltung der Leistungsfreiheit ist erforderlich, wenn der Vsvertrag ohnedies innerhalb der Monatsfrist aus Rechtsgründen beendet wird, z. B. durch eine schon vor oder nach dem Unfall ausgesprochene ordentliche Kündigung oder durch eine zwischen dem Ver und dem Vmer vereinbarte Aufhebung des Vsvertrages (KG 24.VI.1961 VersR 1962 S. 270, OLG Hamm 19.VI.1974 VersR 1975 S. 224–225) oder durch Ablauf eines ohne Verlängerungsklausel abgeschlossenen Vertrages (vgl. dazu Anm. D 16).

Hat der Ver fristlos gekündigt, dann aber aufgrund einer Vereinbarung mit dem Vmer das Vsverhältnis neu begründet, so kann er sich nach BGH 22.VI.1988 VersR 1988 S. 1013–1014 auf die Leistungsfreiheit nach § 6 I im Regelfall nicht berufen (Grenzfall; dagegen Johannsen, Fragen des Vsrechts aus anwaltlicher Sicht, Karlsruhe 1991, S. 7–9 [Münsteraner Reihe, Heft 8]). – Nach BGH 14.III.1984 DAR 1984 S. 290 = VersR 1984 S. 550–551 ist eine fristlose Kündigung auch dann erforderlich, wenn der Vmer zu dem Zeitpunkt, zu dem der Ver von der Obliegenheitsverletzung Kenntnis erlangt hat, das Fahrzeug schon an einen Vierten veräußert hat; auch in diesem Falle habe der Vmer ein Interesse daran, daß geklärt werde, ob der Ver sich auf die Leistungsfreiheit berufe oder nicht (anders LG Tübingen 17.VII.1956 VersR 1956 S. 724–725, allerdings mit der unzutreffenden Begründung, daß ein Risikowegfall vorliege). Indessen würde diesem Gesichtspunkt hinreichend Rechnung getragen, wenn dem früheren Vmer innerhalb der Monatsfrist des § 6 I 2, 3 die Deckungsablehnung mitgeteilt werden würde. Eine solche Analogie erscheint als mit dem Pflichtvsgedanken besser vereinbar als die fristlose Kündigung gegenüber dem neuen Vmer, gegen dessen haftpflichtvsrechtliches Verhalten der Ver gar nichts einzuwenden hat und der auf diese Art und Weise in die unangenehme Situation versetzt wird, sich an Ort und Stelle sogleich neuen Vsschutz zu besorgen. Das Gesagte gilt um so mehr, als bei der vom BGH gewählten Lösung einer Kündigung gegenüber dem neuen Vmer nicht sichergestellt ist, daß der frühere Vmer davon innerhalb der Monatsfrist überhaupt etwas erfährt (dafür, daß gegen das Kündigungsrecht des Vers aus § 70 I 1 im Regelfall Bedenken bestehen, vgl. Anm. D 50).

Zu beachten ist bei der Prüfung des Kündigungserfordernisses, daß die Kfz-Haftpflichtv aus einer Kombination einer V für eigene Rechnung des Vmers und mehreren Ven für frem Rechnungen besteht. Obliegenheitsverletzungen eines Vten berühren grundsätzlich nicht das eigene Haftpflichtvsrisiko des Vmers, sondern allein den Vsschutz aus der V für fremde Rechnung (BGH 13.VI.1957 BGHZ Bd 24 S. 384, 28.I.1958 BGHZ Bd 26 S. 288, 14.XI.1960 VersR 1960 S. 1107, 8.V.1961 BGHZ Bd 35 S. 163, 17.XII.1964 VersR 1965 S. 149–150). Etwas anderes gilt nur dann, wenn der Vte zugleich Repräsentant des Vmers ist; dann geht sowohl der Vsschutz für die V für fremde Rechnung als auch der für das eigene Haftpflichtrisiko des Vmers verloren (BGH 14.XI.1960 a. a. O.). Da das Kündigungsrecht im Rahmen der kombinierten Haftpflichtv nur einheitlich ausgeübt werden kann, eine isolierte Kündigung der V für fremde Rechnung also nicht möglich ist, scheidet eine solche Kündigung als Voraussetzung für die Leistungsfreiheit des Vers dann aus, wenn nur ein Vter, der nicht Repräsentant ist, eine Obliegenheitsverletzung begangen hat (BGH 14.XI.1960 a. a. O., 8.V.1961 a. a. O., 17.XII.1964 a. a. O., OLG

Frankfurt a. M. 2.X.1969 VersR 1971 S. 71–73, OLG Karlsruhe 16.IV.1971 VersR 1971 S. 708 m. Anm. von Bauer VersR 1972 S. 189 und Hofmann VersR 1972 S. 191, OLG Hamm 24.XI.1989 r + s 1990 S. 147–148 = ZfS 1990 S. 165). Zum Begriff des Repräsentanten vgl. die Nachweise aus der neueren Rechtsprechung des BGH in Anm. F 22, ferner Möller Bd I Anm. 91–108 zu § 6 und Bd II Anm. 70–77 zu § 61 m. w. N., siehe auch Anm. F 46, 56 und J 87 m. w. N. — Wie hart die österreichische Rechtsprechung ausfallen kann, obwohl Drittverschulden im Vsrecht überhaupt nicht angerechnet wird, insbesondere nicht das von Repräsentanten, zeigt ÖOGH 5.IV.1974 VersR 1975 S. 580 in besonderer Betonung des Selbstverschuldensprinzips. — Kündigt der Ver, der von einer Obliegenheitsverletzung des Vten erfahren hat, deshalb nicht in der Monatsfrist, weil er verkennt, daß den Vmer (oder dessen Repräsentanten) eine Mitverantwortung trifft, so geht diese Nichtausübung des Kündigungsrechts zu Lasten des Vers (OLG Frankfurt a. M. 2.X.1969 a. a. O.).

Haben Eheleute gemeinsam ein Fahrzeug gegen Haftpflicht vert und verletzt einer von ihnen eine vor Eintritt des Vsfalls zu erfüllende Obliegenheit, ohne Repräsentant des anderen zu sein, so nimmt OLG Düsseldorf 28.II.1984 VersR 1984 S. 1060–1061 = ZfS 1984 S. 113–114 an, daß Voraussetzung für die Leistungsfreiheit gegenüber dem Verletzer die Kündigung des diesen betreffenden Vertragsteils sei. Indessen ist eine solche isolierte Kündigungsmöglichkeit vertraglich nicht vorgesehen, so daß auch in solchen Ausnahmefällen von einer Leistungsfreiheit ohne Kündigung auszugehen ist.

Trotz einer Nichteinhaltung der Kündigungsfrist kann sich im übrigen mittelbar eine Leistungsfreiheit des Vers wegen einer Verwendungsänderung im Sinne des § 2 II a AKB ergeben, wenn nämlich eine Verletzung der Aufklärungspflicht in der Weise vorliegt, daß der Vmer den Ver durch grob fahrlässig unrichtige Angaben in der Schadenanzeige über die Verwendung des Fahrzeugs von einer rechtzeitigen Kündigung abgehalten hat (so BGH 17.XI.1955 BGHZ Bd 19 S. 40–42).

[F 25] f) Beweislast

Der Ver muß den objektiven Tatbestand der Obliegenheitsverletzung beweisen. Von diesem allgemein für das Obliegenheitsrecht geltenden Grundsatz geht auch BGH 7.III.1984 VersR 1984 S. 528–529 aus. Es handelte sich um einen Fall, in dem streitig war, ob die vten 32 Fahrzeuge vermietet worden waren oder in einem arbeitsähnlichen Verhältnis den betreffenden Fahrern zum Transport von Sachen für den Vmer überlassen worden waren. Die Klägerin hatte in erster Instanz ein Formular überreicht, aus dem sich ergab, daß eine Vermietung vorlag. In zweiter Instanz wurde von der Vmerin behauptet, daß sie aus Versehen ein unrichtiges Formular eingereicht habe. Das Berufungsgericht glaubte ihr, wurde aber aufgehoben, weil es die Bindungswirkung der Klägerin an ihr antizipiertes Geständnis nicht an § 290 ZPO gemessen hatte. — Ist streitig, ob das aufgrund einer vorläufigen Deckungszusage vte Fahrzeug, das im Fernverkehr eingesetzt worden war, nur im Nahverkehr vert worden ist, so muß auch das der Ver beweisen (BGH 19.III.1986 VA 1986 S. 389 Nr. 822 = VersR 1986 S. 541–542). Führt der Vmer den Wagen selbst, so fällt der Nachweis des objektiven Tatbestands der Verwendungsänderung nicht schwer. Das gleiche gilt, wenn ein Repräsentant des Vmers den Wagen fährt. Dessen Verhalten muß der Vmer vollen Umfangs sich zurechnen lassen. Erfolgt aber die antragswidrige Nutzung durch einen Dritten, der nicht Repräsentant des Vmers ist, so soll nach BGH 24.XI.1966 NJW 1967 S. 779 (gek.) = VersR 1967 S. 51 der Ver als zum objektiven Tatbestand der Obliegenheitsverletzung gehörend beweisen

III. 1. Verwendungsklausel   Anm. F 25

müssen, daß der Vmer die Verletzung durch einen Dritten gestattet hat (zustimmend Stiefel–Hofmann[15] Anm. 146 zu § 2 AKB, S. 134). Es handelte sich dabei um einen Fall, in dem ein an sich stillgelegtes Fahrzeug des Vmers, eines Fuhrunternehmers, das vor seiner Stillegung im Nahverkehr gefahren worden war, auf Veranlassung des Sohnes des Vmers für eine Fernverkehrsfahrt eingesetzt wurde, weil ein anderer Lastzug des Vmers infolge eines Auffahrunfalls mit der Ladung liegengeblieben war (zur Erläuterung sei dazu bemerkt, daß das Urteil einen Vorfall aus dem Jahre 1956 betraf, so daß die Frage einer Obliegenheitskonkurrenz zu der erst am 1.I.1962 in Kraft getretenen Bestimmung des § 5 II 2, 3 AKB − vgl. VA 1962 S. 27 − nicht erörtert zu werden brauchte; zu § 5 II 2, 3 AKB vgl. Anm. F 77−81). Das Berufungsgericht hatte die Deckungsschutzklage des Vmers mit der Begründung abgewiesen, daß der Vmer nicht bewiesen habe, daß sein Sohn ohne sein Wissen das Fahrzeug eingesetzt habe. Der BGH 24.XI.1966 a. a. O. führte dazu aus, daß der Umfang der vom Ver zu beweisenden Verletzung der Verwendungsklausel sich nach dem Wesen und Inhalt dieser Obliegenheit bestimme.

Der Sache nach bedeutet diese Abgrenzung, daß der nach dem Wortlaut des § 2 II a AKB als Obliegenheitsverletzung denkbare Fall einer fahrlässigen Unkenntnis des Vmers von einer Zweckänderung durch einen Dritten aus dem Geltungsbereich der Verwendungsklausel ausgeschieden wird. Durch eine restriktive Auslegung der Obliegenheit wird die Schärfe der Beweislastregel in § 6 I für den Sonderfall eines Verstoßes durch einen Dritten, der nicht Repräsentant ist, korrigiert. Der BGH geht damit auf den der Nichtanwendung des § 278 BGB im Obliegenheitsrecht zu Grunde liegenden Schutzgedanken zurück. Das Ergebnis ist billigenswert. Anders noch OLG Schleswig 24.I.1967 VersR 1968 S. 488−489, das zu einem für den Vmer günstigen Ergebnis nur durch die tatsächliche Feststellung kam, daß der Vmer sich auf die Zuverlässigkeit des betreffenden Zeugen (des Bruders des Vmers) habe verlassen dürfen, so daß keine Veranlassung für irgendeine vorbeugende Maßnahme bestanden habe. Die vom BGH gewählte Lösung hat gegenüber solchen auf den Einzelfall abstellenden Würdigungen den Vorzug, daß es auf die wahrlich schwer zu beurteilende Frage einer fahrlässigen Unkenntnis des Vmers von einer solchen Verwendungsänderung durch einen Dritten überhaupt nicht ankommt. Es scheidet damit vor allem auch die in der Rechtswirklichkeit ohnedies kaum durchführbare Überwachung und Überprüfung eines Entleihers aus. Die berechtigten Interessen des Vers bleiben im übrigen dadurch gewahrt, daß der Dritte, der den Verstoß gegen die Verwendungsklausel begeht, den eigenen Vsschutz verliert, soweit er nämlich zu dem Kreis der Vten im Sinne des § 10 II AKB gehört. Insoweit wird daher dem Bedürfnis nach einer Ahndung des Verstoßes durchaus Rechnung getragen. Ordnet allerdings ein Dritter, der nicht Repräsentant des Vmers ist und der den betreffenden Wagen auch nicht selbst fährt, dessen mit dem Vsvertrag nicht vereinbarte Verwendung an, so wird sich dann im Regelfall die Konsequenz ergeben, daß eine Leistungsfreiheit des Vers überhaupt nicht eintritt, wenn nämlich − wie zu erwarten − kein Verschulden des vten Fahrers vorliegt.

Die Zuordnung subjektiver Merkmale zum objektiven Tatbestand der Obliegenheitsverletzung ist Ausdruck der Tendenz der Rechtsprechung, die häufig als unbillig erscheinende Folge des totalen Vsschutzverlustes zu vermeiden. Daran ist festzuhalten. Dabei ist zu bedenken, daß die Grundüberlegung für die vom BGH vorgenommene Abgrenzung des Anwendungsbereichs der Verwendungsklausel nicht das Anzweifeln des „Alles-oder-Nichts"-Prinzips ist, sondern die Korrektur des Tatbestands nach Maßgabe des eingeschränkten Drittverantwortungsgrundsatzes des Vsrechts, der sinnfälligen Ausdruck in der eigenständig entwickelten Figur des Repräsentanten gefunden hat.

Anm. F 26   F. Obliegenheiten des Vmers in der Kraftfahrzeughaftpflichtv

    Eine Parallele zu der hier vorgenommenen Abgrenzung ergibt sich aus der Rechtsprechung zur **Last des Vmers, den Vsfall anzuzeigen**; dazu wird im Anschluß an Bruck—Möller Bd I Anm. 9 zu §33 zur Erfüllung des objektiven Tatbestandes der Obliegenheitsverletzung **die Kenntnis des Vmers von dem Eintritt des Vsfalls** verlangt (vgl. BGH 3.XI.1966 NJW 1967 S. 778 = VA 1967 S. 81—82 Nr. 445 und die weiteren Nachweise in Anm. F 91). Demgemäß trifft den Ver auch für diese Kenntnis die Beweislast (BGH 3.XI.1966 a. a. O. und Anm. F 101 m. w. N.).

    Steht nach den dargestellten Grundsätzen der objektive Tatbestand der Obliegenheitsverletzung beweiskräftig fest, so ist es **Sache des Vmers** zu beweisen, **daß er nicht schuldhaft gehandelt hat** (BGH 24.XI.1966 NJW 1967 S. 779 [gek.] = VersR 1967 S. 51) oder daß einer der seltenen Fälle gegeben ist, in denen es an einer Kausalität des Verstoßes im Rechtssinne fehlte (vgl. dazu Anm. F 23).

    Hinsichtlich der im Regelfall zur Leistungsfreiheit erforderlichen **Kündigung** des Vers gemäß § 6 I 2, 3 wird angenommen, daß der **Vmer die Kenntnis des Vers von der Obliegenheitsverletzung** und der **Ver die Rechtzeitigkeit der Kündigung** nachweisen müsse (so Bruck—Möller Bd I Anm. 52 zu § 6, Prölss—Martin[25] Anm. 10 zu § 6, S. 126, Stiefel—Hofmann[15] Anm. 73—74 zu § 2 AKB, S. 107—108, OLG Köln 29.IV.1960 VersR 1960 S. 649—650, LG Regensburg 6.XII.1974 VersR 1975 S. 850—851; ebenso BGH 29.V.1980 VersR 1980 S. 762—763 für das sachlich gleichliegende Problem bezüglich des Rücktritts des Vers in denjenigen Fällen, in denen es um die Verletzung der vorvertraglichen Anzeigelast geht).

[F 26] g) Verzicht auf den Einwand der Obliegenheitsverletzung

    Bestätigt der Ver das Bestehen des Vsschutzes für einen konkreten Schadenfall in Kenntnis einer Obliegenheitsverletzung, so liegt darin in aller Regel ein rechtswirksamer Verzicht auf den ihm an sich zustehenden Einwand der Leistungsfreiheit. Für ausdrückliche Erklärungen des Vers bedarf es keiner näheren Erläuterung. Schwierigkeiten ergeben sich jedoch, wenn ein **Stillschweigen** des Vers als Verzicht auf den Einwand der Obliegenheitsverletzung gewertet werden soll. Berücksichtigt man, daß der Ver durch § 6 I 2, 3 für den Ausspruch der für die Leistungsfreiheit erforderlichen fristlosen Kündigung einen Überlegungszeitraum von einem Monat zugebilligt erhalten hat, so liegt der Schluß nahe, daß ein Schweigen des Vers innerhalb eines mehr oder weniger kurzen Teilbereichs dieser Frist mit daran doch noch anschließender Kündigung grundsätzlich nicht als Indiz für einen Verzicht gewertet werden kann. Vielmehr ist auf der Basis dieser gesetzlichen Grundentscheidung zu sagen, daß innerhalb dieser relativ kurzen Frist von einem Monat ein Stillschweigen des Vers in aller Regel noch nicht als Verzicht auf den Einwand des mangelnden Vsschutzes angesehen werden kann. Der Vmer darf dabei nicht außer acht lassen, daß es keineswegs der Lebenserfahrung widerspricht, daß Obliegenheitsverletzungen trotz einwandfreier Hinweise in der Schadenanzeige oder entsprechender Feststellungen in der Strafakte, die dem Ver nach den für die Berechnung der Frist des § 6 I 2, 3 maßgebenden objektiven Kenntniskriterien als bekannt zuzurechnen sind (vgl. Anm. F 24), subjektiv tatsächlich von dem einzelnen Sachbearbeiter des Vers als Überlastung, Versehen oder Unaufmerksamkeit nicht erkannt werden. Dem Ver steht in diesem Sinn die Monatsfrist des § 6 I 2, 3 ungeschmälert zur Verfügung. Er darf die gesetzliche Frist voll zur Überlegung der Frage ausnutzen, ob er die unter Umständen die Geschäftsbeziehungen zum Vmer schwer belastende Konsequenz einer Deckungsverweigerung mit der damit verbundenen Vertragsauflösung durch eine fristlose Kündigung ziehen will oder nicht. Wenn der Ver allerdings trotz eindeutiger Angabe in der Haftpflicht- und Kaskoschadenanzeige darüber, daß das Fahrzeug im Güterfernverkehr und nicht im Güternahverkehr

III. 1. Verwendungsklausel

eingesetzt worden ist, innerhalb der Monatsfrist den Kaskoschaden ohne Beanstandung reguliert, so ist ein gewisses Indiz für die Annahme gegeben, daß vom Ver auch im Bereich der Haftpflichtv Vsschutz gewährt werden soll (so OLG Schleswig 24.I.1967 VersR 1968 S. 487–489), wenngleich hier sicher auch ein Versehen des betreffenden Kaskoschadensachbearbeiters vorgelegen haben könnte. Zu beachten ist im übrigen im Rahmen der Kfz-Haftpflichtv, daß aus einer Regulierung des Schadens oder aus Regulierungsverhandlungen kein Indiz für einen Verzicht des Vers auf den Einwand der Obliegenheitsverletzung gewonnen werden kann, soweit es sich bei den Anspruchstellern um Personen handelt, die in den Schutzbereich der zugunsten der Verkehrsopfer geschaffenen Bestimmungen des § 3 Ziff. 4–5 PflichtvsG fallen. Denn der Ver soll gegenüber diesen Personen auch bei Fehlen des Vsschutzes so handeln, als wäre Deckung im gesetzlich vorgeschriebenen Umfang vorhanden.

[F 27] h) Regreßverzicht gemäß geschäftsplanmäßiger Erklärung

aa) Rechtspolitische Abgrenzung

In der Kfz-Haftpflichtv haben die Ver seit 1973 durch **geschäftsplanmäßige Erklärungen** (VA 1973 S. 103, VA 1975 S. 157, VA 1988 S. 313–318 unter II.3, vgl. Anm. A 5) auf einen **Regreß** gegen den Vmer und die mitvten Personen aus Anlaß einer Leistungsfreiheit wegen der Verletzung von **vor Eintritt des Vsfalls zu erfüllenden Obliegenheiten teilweise verzichtet**. Die diesbezüglichen geschäftsplanmäßigen Erklärungen sind als vertragliche Erklärungen zu qualifizieren, aus denen dem Vmer und den Vten Rechtsansprüche gegen den Ver erwachsen (so BGH 13.VII.1988 BGHZ Bd 105 S. 140–153 [150–153], 5.II.1992 NJW 1992 S. 1507–1509 = VersR 1992 S. 485–487, vgl. ferner Anm. A 17 und J 15 m. w. N.). Es wäre daher gut, wenn diese Regelung entsprechend dem in § 15 II AKB verankerten Regreßverzicht gegenüber dem berechtigten Fahrer in der Fahrzeugv ebenfalls in die AKB eingefügt werden würde. Ursprünglich bezog sich dieser Regreßverzicht auch auf die nach Eintritt des Vsfalls zu erfüllenden Obliegenheiten. Doch gilt für diese seit dem 1.I.1975 eine günstigere Regelung. Es ist nämlich in § 7 V Nr. 2 AKB für die Mehrzahl derartiger Fälle nur ein teilweiser Verlust des Vsschutzes vorgesehen (gestuft in Höhe von DM 1000,– oder DM 5000,–, vgl. dazu Anm. F 96 und 114–117). Auf vor Eintritt des Vsfalls zu erfüllende Obliegenheiten darf § 7 V Nr. 2 AKB angesichts seiner bewußten Beschränkung auf nach Eintritt des Vsfalls zu erfüllende Lasten nicht entsprechend angewendet werden (BGH 27.V.1981 BGHZ Bd 80 S. 336–340, 1.XII.1982 VA 1983 S. 54–55 Nr. 760 = VersR 1983 S. 233–234, OLG München 9.II.1979 VersR 1980 S. 618–619, OLG Karlsruhe 15.II.1979 VersR 1980 S. 227, OLG Koblenz 20.XI.1981 VersR 1982 S. 260–262 = r + s 1981 S. 69–71, LG Aachen 20.IX.1990 r + s 1990 S. 361–362). Der Regreßverzicht darf auch nicht in dem Sinne mißverstanden werden, daß oberhalb des in der geschäftsplanmäßigen Erklärung aufgeführten Betrages von DM 5000,– durch die Ver Vsschutz gewährt werde. Vielmehr ergibt die Regelung, daß die Ver gerade an dem Grundsatz der Leistungsfreiheit bei Verstößen des Vmers festhalten wollten, die vor Eintritt des Vsfalls zu erfüllende Lasten betreffen (BGH 27.V.1981 a. a. O. S. 335–336, 1.XII.1982 VA 1983 S. 54 Nr. 760 = VersR 1983 S. 233–234, OLG München 10.XI.1988 ZfS 1991 S. 57–58). Die Ver haben sich dabei an die gesetzliche Konstruktion angelehnt, die dem geschädigten Dritten einen eigenen Anspruch beschert. Im Umfang der im Verhältnis zum Dritten gegebenen überobligationsmäßigen Haftung gemäß § 3 Ziff. 4, 5 PflichtvsG wirkt danach der Regreßverzicht zugunsten des Vmers (und auch der Vten, soweit diese eigene

Obliegenheitsverstöße begangen haben). Der Vorteil der Ver bleibt bei dieser Regelung, daß von ihnen keine Leistung zu erbringen ist, soweit ein anderer Ver im Sinne des § 158 c IV im Risiko ist, insbesondere ein Sozialver. Die von den Vern gewählte eigenartige Konstruktion führt aber auch dazu, daß der Vmer und der Vte gegenüber dem Regreßanspruch eines solchen anderen Schadenvers oder eines Sozialvsträgers keine Unterstützung durch den nicht im Risiko befindlichen Ver haben (zum zusätzlichen Schutz der Vten durch § 158 i alter und neuer Fassung, vgl. Anm. H 28–42). BGH 27.V.1981 BGHZ Bd 80 S. 332–345 hatte diese eigenartige Konstruktion dahin gedeutet, daß sie auf das Regreßrecht eines Sozialvers ausstrahle und dessen Anspruch oberhalb eines Betrages von DM 5000,– ausschließe. Für eine solche Abgrenzung gibt es jedoch keine dogmatisch einleuchtende Begründung im Schuldrechtssystem (vgl. Anm. B 148 m. w. N. für und gegen diese Auffassung). Zu Recht ist daher vom BGH 5.X.1983 BGHZ Bd 88 S. 296–301 diese Auffassung aufgegeben und der Vmer auf die Regelung in § 76 II SGB [II] verwiesen worden. Nach dieser Vorschrift sind die Sozialver unter Umständen nach Billigkeitsgesichtspunkten gehalten, ganz oder teilweise auf existenzvernichtende Regresse zu verzichten. Unschön an der jetzt geltenden Regelung ist die Ungleichbehandlung der Vmer in bezug auf die tatsächliche Auswirkung der Vsschutzversagung. Es kann diese Differenzierung aber aus vertragsrechtlicher Sicht nicht als eine willkürliche Regelung angesehen werden, der allein aus diesem Grunde die Anerkennung versagt werden könnte. Freilich läßt sich nicht leugnen, daß sich der Regreßverzicht oberhalb des aufgeführten Betrages von DM 5000,– pro Regreßschuldner im Ergebnis als eine faktische Vsschutzgewährung charakterisieren läßt (ähnlich der in § 15 II AKB zugunsten des Fahrers getroffenen Regelung). Die Konstruktion über den Verzicht auf den Regreßanspruch stellt aber eine rechtstechnisch einwandfreie Lösung dar. Einem Ver, der ohnedies an den geschädigten Dritten leisten muß, kann man es schlecht verwehren, auf einen Teil seines begründeten Regreßanspruchs zu verzichten. Daß ein solcher Verzicht nichts bewirkt, wenn der Ver nach § 158 c IV auch nicht überobligationsmäßig im Risiko ist, geht zu Lasten desjenigen Vmers, der schuldhaft gegen eine Obliegenheit verstoßen und deshalb den Vsschutz verwirkt hat.

Ungeachtet aller dieser formalen Unterschiede bleibt es aber doch rechtspolitisch unbefriedigend, daß die im Ergebnis unterschiedliche Behandlung der Vmer von dem zufälligen Umstand abhängt, ob der geschädigte Dritte anderweitigen Vsschutz hat oder nicht. Ganz besonders deutlich wird diese Problematik, wenn es sich gar nicht einmal um einen anderen Ver des geschädigten Dritten, sondern um einen weiteren Haftpflichtver eines Mitschädigers handelt. Gedacht sei an den Fall, daß zwei Fahrzeuge zusammenstoßen, von denen der Ver des einen im Risiko ist und der des anderen nur überobligationsmäßig haftet. In einem solchen Fall ist nur der Ver desjenigen Fahrzeugs, für das der Vsschutz in Ordnung ist, eintrittspflichtig, während die überobligationsmäßige Haftung des anderen nach § 158 c IV nicht zum Zuge kommt (vgl. Anm. B 55 m. w. N.). Das bedeutet, daß der aus dem ungestörten Vsverhältnis leistende Kfz-Haftpflichtver gegen den Vmer des gestörten Vsverhältnisses nach § 67 Regreß nehmen kann. Ungeachtet der Beschränkung der geschäftsplanmäßigen Erklärung auf den Regreß gegen den jeweiligen eigenen Vmer wäre hier allerdings eine entsprechende Ergänzung des Regreßverzichts denkbar. Diese müßte dahin gehen, daß über die individuelle Zusage gegenüber dem eigenen Vmer hinaus, diesen nicht in Regreß zu nehmen, sich die Ver nach der Art des Regreßverzichtsabkommens in der Feuerv (vgl. dazu VA 1961 S. 235) auch verpflichten, in derartigen Sonderfällen nicht gegen den Vmer des gestörten Vsverhältnisses oberhalb der Regreßgrenze von DM 5000,– vorzugehen. Im Wege der entsprechenden Anwendung des Inhalts der geschäftsplanmäßigen Erklärung in der jetzt vorliegenden

Fassung läßt sich das aber nicht erreichen; denn es ist bei der Formulierung der geschäftsplanmäßigen Erklärung bewußt und bedacht der Regreß anderer Ver (also nicht nur der Sozialver) nicht in den Schutzbereich einbezogen werden. Letzten Endes liegt begrifflich auch kein anderer Fall vor, als wenn z. B. ein Krankenhauskostenver eines Insassen der beiden miteinander in Kollision gekommenen Fahrzeuge in dieser Konstellation Rückgriff nimmt. Immerhin ist nicht zu verkennen, daß die Vmer gegenüber dem Regreß eines Privatvers nach § 67 ungünstiger stehen als gegenüber dem eines Sozialvers; denn im Privatvsrecht fehlt es einer § 76 SGB [II] entsprechenden Vorschrift.

Will man es nicht bei der bisherigen Lösung belassen, so wäre zu überlegen, den in Anm. F 2 vorgeschlagenen Weg einer Umgestaltung des Rechts auch der Obliegenheiten vor Eintritt des Vsfalls zu wählen. Dort ist entwickelt worden, daß für Fälle schwerwiegender Obliegenheitsverstöße der volle Verlust des Vsschutzes durchaus angebracht und angemessen ist. Kommt man aber zu dem Ergebnis, daß eine solche Regelung angemessen ist, dann bedurfte es auch nicht des Regreßverzichts. Dieser Regreßverzicht ist nur geboren worden aus der Erkenntnis, daß der gänzliche Anspruchsverlust in den Fällen der Verletzung von nach Eintritt des Vsfalls zu erfüllenden Obliegenheiten in sehr vielen Fällen zu hart ist. Es erscheint aber weiterhin als sachgerecht, für die schlimmsten Obliegenheitsverletzungen, die vor Eintritt des Vsfalles begangen werden, eine ungeschmälerte Leistungsfreiheit eintreten zu lassen. Insoweit besteht rechtspolitisch betrachtet auch kein Bedürfnis nach einem Regreßverzicht. Dagegen sollte für solche Obliegenheiten, die letzten Endes nur für die Frage der Prämienbemessung von Bedeutung sind, eine abgestufte Regelung nach Maßgabe des § 7 V AKB vorgenommen werden. Das sei an dieser Stelle wiederholt unter gleichzeitiger Bezugnahme darauf, daß (abgesehen von extrem gelegenen Ausnahmesituationen) gegen die Regelung eines Verlustes des Vsschutzes unter dem Gesichtspunkt der Verwendungsänderung nach Treu und Glauben (Inhaltskontrolle) grundsätzlich nichts gesagt werden kann.

[F 28] bb) Rechtliche Konstruktion

Die rechtliche Konstruktion des Regreßverzichts ist bezüglich des Vmers dahin zu bewerten, daß zwischen dem Ver und dem Vmer ein **antizipierter Erlaßvertrag** abgeschlossen wird. Dieser Erlaßvertrag wird wirksam in dem Augenblick, in dem der Ver gegenüber dem geschädigten Dritten geleistet hat. In diesem Zeitpunkt geht die Forderung des geschädigten Dritten nach § 3 Ziff. 9 PflichtvsG in Verbindung mit § 426 II 1 BGB auf den Ver über. Erlassen wird unmittelbar mit dem Übergang derjenige Teil der Forderung, der DM 5000,– übersteigt. Zu beachten ist allerdings, daß es neben dem übergegangenen Anspruch nach § 426 II 1 BGB den Freihalteanspruch nach § 426 I 1 in Verbindung mit § 3 Ziff. 9 PflichtvsG gibt. Es kann der Ver theoretisch nach dieser Bestimmung schon vor einer Leistung an den geschädigten Dritten von dem Vmer, dem gegenüber er nicht im Risiko ist, Freihaltung verlangen, mag das in der Praxis auch selten geschehen (vgl. BGH 18.XII.1974 VersR 1975 S. 230 und Anm. B 64). Nach dem Wortlaut des Regreßverzichts gemäß der geschäftsplanmäßigen Erklärung wäre der Ver an einem solchen Vorgehen nicht gehindert. Doch **verstößt** eine solche gerichtliche Geltendmachung des Freihalteanspruchs durch den Ver gegen den Vmer (oder Vten) gegen den **Sinn** des publizierten Regreßverzichts. Würde ein Ver in dieser Weise vorgehen, so müßte die Klage, soweit es um einen Betrag von mehr als DM 5000,– geht, nach Treu und Glauben abgewiesen werden. Die obige Bemerkung darüber, daß der übergegangene Anspruch mit dem Zeitpunkt des Übergangs erlassen werde, ist dahin zu ergänzen, daß das auch für den Freihalteanspruch gilt. Für die Übergangszeit bis zur Leistung durch den Ver ist bezüglich dieses Freihalteanspruchs eine aus dem Sinn der geschäftsplanmäßigen Erklärung folgende teilweise Stundung zu konstatieren. Es wäre aber verfehlt anzunehmen, daß der Freihalteanspruch bereits zu einem früheren Zeitpunkt untergegangen sei. Wäre kein Freihalteanspruch gegeben, so wäre begrifflich auch die Grundlage für den Forderungsübergang nach § 426 I 1 BGB entfallen. Das würde bedeuten, daß dann im Innenverhältnis der Ver auch im Risiko wäre. Zu beachten ist, daß in denjenigen Fällen, in denen ausnahmsweise der geschädigte Dritte sich nicht an der Ver, sondern an den Vmer (oder Vten) selbst hält und von diesem Ersatz erlangt, ein **vertraglicher Ausgleichsanspruch** des Vmers gegen den Ver zuzubilligen ist, soweit der Vmer mehr als DM 5000,— geleistet hat. Das ergibt sich daraus, daß andernfalls die von dem Regreßverzicht erstrebte Regelungslösung durch ein atypisches Verhalten des Dritten in ihr Gegenteil verkehrt werden würde.

Hinsichtlich des Vten ist zu bedenken, daß es einen **Erlaßvertrag zugunsten eines Dritten** begrifflich nicht gibt. (vgl. Anm. J 177 m. w. N.). Es ist wie bei § 15 II AKB von einem Vertrag zugunsten Dritter im Sinne eines „**pactum de non petendo**" auszugehen (so Bruck–Möller–Sieg Bd II Anm. 46 zu § 67 für die Fälle des § 15 II AKB; w. N. in Anm. J 178).

[F 29] cc) Einzelheiten

Zu beachten ist, daß die Regelung in der geschäftsplanmäßigen Erklärung dahin zu verstehen ist, daß im Falle eines Verstoßes gegen die betreffende Obliegenheit sowohl durch den Vmer als auch durch den Vten oder durch mehrere Vmer jeder dieser schuldhaft Handelnden auf Zahlung eines Betrages von DM 5000,— in Anspruch genommen werden kann (LG Braunschweig 19.XII.1979 VersR 1980 S. 837–838 [zu § 2 II c AKB], LG Frankenthal 1.VII.1980 ZfS 1981 S. 18, Stiefel–Hofmann[15] Anm. 41 zu § 2 AKB, S. 95). Es ist also nicht so, daß bei einem durch mehrere Personen begangenen Verstoß der Betrag von DM 5000,— durch die Kopfzahl der am Verstoß beteiligten Personen geteilt werden würde. Setzen sich also z. B. zwei Vmer (die zugleich Halter des betreffenden Fahrzeugs sind) über die Verwendungsklausel nach § 2 II a AKB hinweg, indem sie nach gemeinsam gefaßtem Plan das als Privatwagen vte Fahrzeug als Taxi benutzen, so muß jeder von ihnen bei einem angerichteten Schaden von DM 10 000,— einen Betrag von DM 5000,— im Regreßwege entrichten.

Angesichts des Regreßverzichts des Vers sieht es BGH 5.II.1992 NJW 1992 S. 1507–1509 = VersR 1992 S. 485–487 als **rechtsmißbräuchlich** an, wenn der Ver Regreß gegen einen Dritten nach § 67 ausübt, der im Umfang seiner Inanspruchnahme einen Rückgriffsanspruch gegen einen Vten hat, der unter den Schutz der geschäftsplanmäßigen Erklärung des Vers fällt. Es handelte sich um einen außerordentlich komplizierten Fall, in dem ein führerscheinloser Arbeitnehmer eines Tankstellenbetreibers auf öffentlichem Grund einen Verkehrsunfall verursacht hatte; der Arbeitgeber wußte von dem Fehlen einer öffentlich-rechtlichen Fahrerlaubnis, bestritten war aber, ob er dem Arbeitnehmer untersagt hatte, auf öffentlichem Grund zu fahren. Der Fall wurde zwecks Aufklärung der Frage, in welchem Umfang der Arbeitgeber gemäß § 840 I BGB in Verbindung mit § 426 I BGB wegen Eigenverantwortlichkeit ohnedies gegen den Arbeitnehmer keinen Regreß nehmen könne, zurückverwiesen (vgl. dazu auch Anm. H 44 a. E.).

Der Regreßverzicht greift dann nicht ein, wenn der Haftpflichtanspruch gegen einen Fahrer gerichtet ist, der das Fahrzeug durch eine **strafbare Handlung**

III. 3. Führerscheinklausel   Anm. F 31

erlangt hat. Als Beispiel sei an den Diebstahl eines Kraftfahrzeugs gedacht. Der Hauptanwendungsfall dieser berechtigten Einschränkung ist demgemäß im Bereich des § 2 II b AKB zu finden (Gebrauch des Fahrzeugs durch einen unberechtigten Fahrer). Die Abgrenzung zwischen einem Fahrer, der das Fahrzeug durch eine strafbare Handlung im Sinne der geschäftsplanmäßigen Erklärung erlangt hat und einem solchen, der lediglich ein unberechtigter Fahrer ist, wird daher bei der Erörterung dieser Obliegenheit nach § 2 II b AKB in Anm. H 27 vorgenommen.

[F 30] 2. Verbot von Schwarzfahrten

In § 2 II b S. 1 AKB heißt es, daß der Ver von der Verpflichtung zur Leistung frei ist, wenn ein **unberechtigter Fahrer** den Vsfall herbeigeführt hat. Es wird dann aber in S. 2 klargestellt, daß in diesen Fällen die Verpflichtung zur Leistung gegenüber dem Vmer (Halter oder Eigentümer) bestehen bleibt. Das bedeutet, daß der Tatbestand des § 2 II b AKB **nicht von dem Vmer, sondern nur von dem unberechtigten Fahrer** erfüllt werden kann. Demgemäß ist es sachgerecht, diese nur einen Vten treffende Obliegenheit nicht in einem Abschnitt zu erörtern, der die Rechtslasten des Vmers betrifft. § 2 II b AKB wird daher als spezielle Obliegenheit eines Vten im Abschnitt „Beteiligung Dritter am Vsvertrag" in Anm. H 16—27 kommentiert. Es sei hier lediglich betont, daß nach ständiger höchstrichterlicher Rechtsprechung eine **fahrlässige Ermöglichung einer Schwarzfahrt** durch den Vmer dessen Vsschutz nicht beeinträchtigt (dazu Anm. H 16 m. w. N.) und daß das auch dann gilt, wenn der **Schwarzfahrer ohne Führerschein** gefahren ist (Anm. F 43 m. w. N.).

3. Führerscheinklausel

Gliederung:

Schrifttum F 31
a) Rechtspolitische Motivation F 32
b) Einzelheiten zum Begriff der Fahrerlaubnis F 33—40
   aa) Inländische Regelfälle F 33
   bb) Befristete Fahrerlaubnis F 34
   cc) Führerschein mit Auflagen F 35
   dd) Fahrunterricht F 36
   ee) Entziehung der Fahrerlaubnis, Fahrverbot F 37
   ff) Führerscheine der DDR F 38
   gg) Ausländische Führerscheine F 39
   hh) Sonderregelung gemäß dem Zusatzabkommen zum NATO-Truppenstatut F 40
c) Abgrenzung zwischen öffentlichem und nicht öffentlichem Verkehr F 41
d) Fahrten im Ausland F 42
e) Unanwendbarkeit der Führerscheinklausel bei Schwarzfahrten F 43
f) Verletzungsfolgen F 44—50
   aa) Verschulden bei eigenen Fahrten des Vmers, Halters oder Eigentümers ohne Fahrerlaubnis F 44
   bb) Verschulden bei einer Überlassung des Fahrzeugs an einen Fahrer ohne gültige Fahrerlaubnis F 45
   cc) Einstehen für das Verschulden Dritter F 46
   dd) Kausalität F 47—48
      aaa) Darstellung der Rechtsprechung F 47
      bbb) Zusammenfassende Stellungnahme F 48
   ee) Kündigungserfordernis F 49
   ff) Beweislast F 50
g) Regreßverzicht gemäß geschäftsplanmäßiger Erklärung F 51

[F 31] Schrifttum:

Asmus VersR 1963 S. 707—709, Böhme VersR 1957 S. 141—143, Bukow Kraftfahrt- und Verkehrsrecht 1971 S. 53—58, Hellberg DB 1962 S. 1103—1104, Köhnken Kraftfahrt- und

Verkehrsrecht 1971 S. 71–72, Lange VersR 1970 S. 299–308, Möller JRPV 1934 S. 49–52, derselbe HansRGZ 1937 A Sp. 241–260, Scheler VersR 1967 S. 838–840, Schweizer VersR 1968 S. 924–926, Taube VersR 1953 S. 352–353, Wussow DB 1962 S. 89–90.

[F 32] a) Rechtspolitische Motivation

Nach § 2 II c AKB ist der Ver von der Verpflichtung zur Leistung frei, wenn der Fahrer des Fahrzeugs bei Eintritt des Vsfalles nicht die **vorgeschriebene Fahrerlaubnis** hatte. Die Verpflichtung zur Leistung bleibt jedoch gegenüber dem Vmer, dem Halter oder dem Eigentümer bestehen, wenn dieser das Vorliegen der Fahrerlaubnis bei dem berechtigten Fahrer **ohne Verschulden** annehmen durfte oder wenn ein **unberechtigter Fahrer** das Fahrzeug geführt hat.

§ 2 II c AKB knüpft für das Leistungsverweigerungsrecht des Vers an die gesetzliche Regelung im **Straßenverkehrsrecht** an. Der Ausdruck Fahrerlaubnis bezieht sich auf einen in § 2 StVG und §§ 4–12a, 14–15 StVZO genau festgelegten Rechtsbegriff und bedeutet die auf Grund des Straßenverkehrsgesetzes erteilte behördliche Ermächtigung zum Führen eines Kraftwagens der in Frage kommenden Art (ständige Rechtsprechung, vgl. dafür nur BGH 27.VI.1951 BGHZ Bd 2 S. 361, 18.X.1952 BGHZ Bd 7 S. 313, 7.IV.1966 NJW 1966 S. 1216 = VersR 1966 S. 558, 20.IX.1962 NJW 1962 S. 2104 = VA 1963 S. 48 Nr. 355, 9.IV.1969 NJW 1969 S. 1213 = VersR 1969 S. 604, OLG Bamberg 23.IV.1967 VersR 1968 S. 242–243).

Die Bedingungsbestimmung dient damit der Verwirklichung der rechtspolitisch zu begrüßenden und für jedermann nachvollziehbaren Überlegung, daß ein so gefährliches Kraftinstrument wie ein Automobil nicht ohne behördlichen Nachweis der Beherrschungsfähigkeit geführt werden darf. Der Sachverhalt, an den die Bestimmung des § 2 II c AKB knüpft, ist dabei so elementar im Bewußtsein der Rechtsbürger verwurzelt, daß die bei anderen Obliegenheiten doch gelegentlich anzutreffende Fallgestaltung, daß dem Vmer das Vorhandensein einer derartigen Verhaltensnorm nicht bekannt gewesen sei, grundsätzlich auszuscheiden hat. Selbst wenn es aber einmal als glaubhaft erscheinen könnte, daß der Vmer als z. B. unlängst in Europa eingetroffener Angehöriger eines Staates, in dem das Fahren eines Kraftfahrzeugs nicht von dem Vorliegen einer behördlichen Erlaubnis abhängig gemacht wird, keine Kenntnis von diesem Rechtsgrundsatz hatte, ist dieses Nichtwissen regelmäßig als **fahrlässige Unkenntnis** mit der Folge der Leistungsfreiheit des Vers zu qualifizieren (vgl. Anm. F 44).

Aus rechtsgeschichtlicher Sicht ist ergänzend zu bemerken, daß es für die vor Inkrafttreten des Pflichtvsgesetzes geltenden **Fassungen der Führerscheinklauseln** umstritten war, ob es sich um Obliegenheiten handelte oder um objektive Risikobeschränkungen (für eine Einordnung als objektive Risikobegrenzung noch RG 25.X.1938 RGZ Bd 158 S. 284–291; vgl. dazu ergänzend die Nachweise bei Möller JRPV 1934 S. 49–52, HansRGZ 1937 A Sp. 241–260).

Die geltenden Fassungen sowohl der Führerschein- als auch der Verwendungsklausel werden heute in der Rechtsprechung (und im Schrifttum) ausnahmslos als **vsrechtliche Obliegenheiten** qualifiziert (vgl. aus der ständigen Rechtsprechung BGH 14.II.1951 BGHZ Bd 1 S. 165–169, 31.I.1952 BGHZ Bd 4 S. 371–372, 2.IV.1952 VersR 1952 S. 175, 17.II.1955 BGHZ Bd 16 S. 296, 17.XI.1955 BGHZ Bd 19 S. 31–39, 28.I.1958 BGHZ Bd 26 S. 285, 1.VI.1959 NJW 1959 S. 1540–1541 = VA 1960 S. 35–36 Nr. 249 [besonders instruktive Entscheidung zur Rechtsschutzv], 14.XI.1960 BGHZ Bd 33 S. 282–283, 8.V.1961 BGHZ Bd 35 S. 162, 10.III.1966 NJW 1966 S. 929 = VersR 1966 S. 433, 7.IV.1966 VersR 1966 S. 558, 22.XI.1968 NJW 1969 S. 372 = VersR 1969 S. 147, 5.VII.1974 NJW 1974 S. 2179 = VersR 1974 S. 1072). Seit dem 1.I.1971 kommt das zudem in der

III. 3. Führerscheinklausel   Anm. F 33

Überschrift zu § 2 II AKB mit aller Deutlichkeit zum Ausdruck (VA 1971 S. 5). Es handelt sich bei der Führerscheinklausel des § 2 II c AKB um eine gefahrmindernde, vor Eintritt des Vsfalls zu erfüllende Obliegenheit (vgl. nur BGH 31.I.1952 BGHZ Bd 4 S. 371, 14.XI.1960 BGHZ Bd 33 S. 283, 5.VII.1974 a. a. O., 27.V.1981 DAR 1981 S. 263).

Die Gefahrstandspflicht des Vmers bezüglich des Erfordernisses eines Führerscheins hat durch § 2 II c AKB eine **abschließende Regelung** gefunden, die als **spezielle Bestimmung** die Anwendung der **allgemeinen Vorschriften über die Gefahrerhöhung** gemäß §§ 23—29a **ausschließt** (vgl. BGH 20.IV.1961 BGHZ Bd 35 S. 41, 10.VI.1963 VersR 1963 S. 770, 28.X.1981 NJW 1982 S. 182 = VersR 1982 S. 85, 14.V.1986 VersR 1986 S. 693—695 = r + s 1986 S. 197—199 sowie Bukow Kraftfahrt- und Verkehrsrecht 1971 S. 54 und die Nachweise in Anm. F 43). Etwas anderes gilt, soweit die Gefahrerhöhung nicht in dem Führen eines Fahrzeugs ohne Fahrerlaubnis zu sehen ist, sondern darin, daß ein im Sinne der Gefahrerhöhungsvorschriften verändertes Fahrzeug ohne die erforderliche Fahrerlaubnis gefahren wird; in einem solchen Fall kann unter Umständen aus beiden Gesichtspunkten der Vsschutz versagt werden (so für das österreichische Recht ÖOGH 24.III.1983 VersR 1985 S. 200 m. w. N.).

Die Ausgliederung des Fahrens ohne Führerschein aus dem Bereich der Gefahrerhöhung in den einer speziellen Obliegenheit zur Verhütung einer Gefahrerhöhung darf nicht dahin gedeutet werden, daß stets auch die Voraussetzungen für eine Leistungsfreiheit nach Gefahrerhöhungsgrundsätzen gegeben sein müssen. Wäre das so, so wäre die Festlegung einer solchen speziellen Obliegenheit nutzlos. Das Gesagte bedeutet, daß z. B. der für die Gefahrerhöhung verlangte Zustand von relativer Dauer (vgl. dazu Anm. F 57) nicht vorzuliegen braucht. Auch eine kurzfristige Fahrt ohne behördliche Fahrerlaubnis erfüllt den Tatbestand des § 2 II c AKB; es kommt demgemäß nicht darauf an, daß eine Überlassung des Fahrzeugs an einen **betrunkenen Vten** nicht zur Leistungsfreiheit aus dem Gesichtspunkt der Gefahrerhöhung führt (BGH 27.V.1981 a. a. O.).

[F 33] b) Einzelheiten zum Begriff der Fahrerlaubnis

aa) Inländische Regelfälle

Abzustellen ist für das **Bundesgebiet** für den Normalfall zunächst auf die Regelung in der StVZO. Maßgebend ist § 4 StVZO. Durch diese Vorschrift wird bestimmt, daß ein Kfz auf **öffentlichen Straßen** nur mit **Erlaubnis der Verwaltungsbehörde (Fahrerlaubnis)** geführt werden darf, wenn die Bauart des Fahrzeugs eine höhere Geschwindigkeit als 6 km/h ausweist. § 2 II c AKB knüpft an diese Regelung an. Sie stellt den inländischen Normalfall dar. **Unerheblich** ist dabei, ob der Vmer während der Fahrt den **Führerschein bei sich führt** oder nicht (so schon RG 16.X.1932 JW 1933 S. 765—766 = VA 1933 S. 96—97 Nr. 2537, 4.V.1939 RGZ Bd 160 S. 223, vgl. ferner BGH 8.VI.1964 NJW 1964 S. 1506 = VersR 1964 S. 742, 28.X.1981 NJW 1982 S. 182 = VersR 1982 S. 85; ebenso für das österreichische Recht ÖOHG 31.I.1980 VersR 1981 S. 145). Es kommt lediglich darauf an, ob der Vmer nach öffentlichem Recht eine Fahrerlaubnis im Sinne des § 4 StVZO hat oder nicht. Besonderheiten gelten allerdings für die Entziehung des Führerscheins, namentlich auch im Hinblick auf § 21 II StVG (vgl. dazu Anm. F 37). An der nach öffentlichem Recht vorgeschriebenen Fahrerlaubnis fehlt es auch dann noch, wenn der Vmer bereits die Fahrprüfung bestanden hat und ihm vom Verkehrsamt bereits mitgeteilt worden ist, daß er den Führerschein dort abholen könne; vor Aushändigung des Führerscheins durchgeführte Fahrten verstoßen dem-

Anm. F 33 F. Obliegenheiten des Vmers in der Kraftfahrzeughaftpflichtv

gemäß gegen § 2 II c AKB (BGH 7.IV.1966 NJW 1966 S. 1216 = VersR 1966 S. 558). Ein Irrtum des Vmers über seine Fahrberechtigung kann aber entschuldbar sein (BGH 7.IV.1966 a. a. O.; vgl. ferner Anm. F 44). Vor allem ist aber in einem solchen Ausnahmefall auch bei einer verschuldeten Unkenntnis des Vmers von seiner fehlenden Fahrerlaubnis regelmäßig davon auszugehen, daß keine im Rechtssinne erhebliche Kausalität durch das Fehlen des Führerscheins für das eingetretene Schadenereignis gegeben ist (so obiter dictum BGH 27.II.1976 VersR 1976 S. 533 [in MDR 1976 S. 743–744 insoweit nicht mit abgedruckt], 17.III.1982 VersR 1982 S. 590 [wo aber im konkreten Fall doch eine Kausalität mit Rücksicht darauf bejaht wurde, daß es sich um eine nach italienischem Recht abgelegte Prüfung gehandelt hatte und daß vom Vmer nicht die zusätzlich gemäß § 15 II StVZO a. F. gestellten Erfordernisse erfüllt worden waren], ÖOGH 17.II.1983 VersR 1985 S. 198–199, vgl. auch Anm. F 47–48).

Zu beachten ist, daß gemäß § 14 I StVZO auch die Dienststellen der **Bundeswehr**, der **Deutschen Bundesbahn**, der **Deutschen Bundespost**, des **Bundesgrenzschutzes** und der **Polizei** zur Ausstellung von Fahrerlaubnissen berechtigt sind. Derartige Erlaubnisse erstrecken sich **nicht nur auf die Dienstfahrzeuge** dieser Behörden, sondern berechtigen zum **Führen aller Fahrzeuge** der betreffenden Betriebsart und Klasse, gleichgültig, ob es sich um Dienstfahrzeuge handelt oder nicht. Diese Erlaubnis gilt aber nach § 14 I 3 StVZO nur für die **Dauer des Dienstverhältnisses**. Bei Beendigung des Dienstverhältnisses oder der Verwendung als Kraftfahrzeugführer ist der Führerschein gemäß § 14 II StVZO einzuziehen, dem Inhaber aber zu bescheinigen, für welche Betriebsart und Klasse von Kraftfahrzeugen ihm die Erlaubnis erteilt war. **Während der Geltung eines solchen Dienstführerscheins** erteilt die Verwaltungsbehörde grundsäzlich nach § 14 III 1 StVZO auf Antrag eine allgemeine Fahrerlaubnis für die entsprechende Betriebsart und Klasse von Kraftfahrzeugen ohne eine erneute Prüfung nach § 11 StVZO. Diese gesetzliche Regelung ist konsequent, da der betreffende Angehörige des öffentlichen Dienstes ohnedies durch seinen Dienstführerschein zum Führen von Privatfahrzeugen befugt ist. Darüber hinaus wird aber, sofern keine Tatsachen vorliegen, die den Bewerber als ungeeignet zum Führen von Kraftfahrzeugen erscheinen lassen, dem früheren Inhaber einer solchen Fahrerlaubnis nach § 14 III 2 StVZO ohne eine nochmalige Prüfung nach § 11 StVZO eine allgemeine Fahrerlaubnis erteilt. Es muß ein solcher **Antrag** allerdings **innerhalb** von 2 Jahren nach dem Ausscheiden unter Vorlage der in § 14 II 2 StVZO aufgeführten Bescheinigung gestellt werden. Es bedarf demgemäß zur Erlangung der Fahrerlaubnis lediglich eines formellen Antrages. In diesem zeitlichen Rahmen ist daher ein erweiterter Kausalitätsgegenbeweis gemäß § 6 II zuzulassen (vgl. dazu Anm. F 48).

Zum Begriff der Fahrerlaubnis im Sinne des § 2 II c AKB zählt auch die **spezielle Erlaubnis zur Fahrgastbeförderung** gemäß § 15d I StVZO (BGH 13.XII.1972 NJW 1973 S. 286–287 = VersR 1973 S. 173–174, 27.II.1976 MDR 1976 S. 743–744 = VersR 1976 S. 531–533, 4.X.1978 VA 1979 S. 83–84 Nr. 712 = VersR 1978 S. 1129–1139). Zu beachten ist aber, daß sich hier für den Vmer unter Umständen weitergehende Möglichkeiten als sonst hinsichtlich der Führung des **Kausalitätsgegenbeweises** ergeben können (vgl. dazu Anm. F 47–48).

Für das Führen eines **Fahrrades mit Hilfsmotor** im Sinne des § 4 I Nr. 1 StVZO (Höchstgeschwindigkeit nicht über 25 km/h) gibt es in der zum 1.IV.1980 in Kraft getretenen Bestimmung des § 4a StVZO (BGBl. I 1979 S. 1794) eine besondere Regelung. Danach muß derjenige, der auf öffentlichen Straßen ein solches Fahrzeug führt, durch eine Bescheinigung einer von der zuständigen obersten Landesbehörde bestimmten Stelle nachweisen, daß er ausreichende Kenntnisse der für den Führer

III. 3. Führerscheinklausel   Anm. F 33

eines Kraftfahrzeugs maßgebenden gesetzlichen Vorschriften hat und mit den Gefahren des Straßenverkehrs und den zu ihrer Abwehr erforderlichen Verhaltensweisen vertraut ist. Ungeachtet dessen, daß hier eine teilweise Übereinstimmung mit den Führerscheinerfordernissen gemäß §§ 8 – 11 a StVZO gegeben ist, stellt diese Prüfungsbescheinigung keine Fahrerlaubnis im rechtstechnischen Sinne dar. Stiefel – Hofmann[15] Anm. 243 zu § 2 AKB, S. 173 folgern daraus zutreffend, daß der Gebrauch eines solchen Fahrrades mit Hilfsmotor durch einen Vmer (oder Vten), der keine solche Prüfung abgelegt hat, keinen Verstoß gegen § 2 II c AKB darstelle. Dem entspricht es, daß der Gesetzgeber ein solches Verhalten nach § 69 a I Nr. 4 a StVZO auch nur als Ordnungswidrigkeit ahndet. Entscheidend ist aber vor allen Dingen, daß durch den Ausnahmekatalog in § 4 I Nr. 1 StVZO mit aller Deutlichkeit klargestellt ist, daß für Fahrräder mit Hilfsmotor, die keine höhere Geschwindigkeit als 25 km/h erreichen können, eine Fahrerlaubnis im rechtstechnischen Sinne nicht erforderlich ist (so Stiefel – Hofmann a. a. O.). An diese vorgeschriebene Fahrerlaubnis knüpft aber § 2 II c AKB allein die Verwirkung des Vsschutzes. – Hingegen wird allgemein angenommen, daß das Führen eines Fahrrades mit Hilfsmotor im Sinne des § 4 I Nr. 1 StVZO durch einen noch nicht 15 Jahre alten Vmer (Verstoß gegen § 7 I Nr. 5 StVZO) oder durch einen noch nicht 16 Jahre alten Vmer im Falle des § 7 I a StVZO (Mitnahme eines Kindes unter 7 Jahren auf einem solchen Fahrrad mit Hilfsmotor) einen Verstoß gegen § 2 II c AKB darstelle (OLG Oldenburg 6.X.1955 VersR 1956 S. 285, OLG Hamm 21.III.1975 VersR 1976 S. 141, Pienitz – Flöter[4] Anm. F II.1 zu § 2 AKB, S. 22, Prölss – Martin – Knappmann[25] Anm. 3 B b zu § 2 AKB, S. 1413, Schöttler VersR 1955 S. 333 [Anm. zu LG Osnabrück 6.IV.1955 a. a. O., Vorinstanz zu OLG Oldenburg 6.X.1955 a. a. O.], Stiefel – Hofmann[15] Anm. 247 zu § 2 AKB, S. 173; ebenso für das österreichische Recht ÖOGH 28.XI.1973 VersRdsch 1974 S. 131 [m. Anm. von Baumann a. a. O. S. 132] = VersR 1974 S. 1041 [nur L. S.]). Vom OLG Hamm 21.III.1975 a. a. O. S. 141 ist zur Begründung dieser, soweit ersichtlich, ohne Gegenstimme vertretenen Auffassung ausgeführt worden, daß es sich bei dem Mofa zwar um ein führerscheinfreies Fahrzeug (§ 4 I Nr. 1 StVZO) gehandelt, der 14 Jahre alte Bekl dieses Mofa aber gemäß § 7 I Nr. 5 StVZO vor Vollendung des 15. Lebensjahres nicht habe führen dürfen, es sei denn, ihm wäre eine Ausnahmegenehmigung nach §§ 7 II, 68, 70 StVZO erteilt worden. – Dazu ist zu bemerken, daß die Auffassung, daß mit der Vollendung des 15. Lebensjahres eine Fahrerlaubnis kraft Gesetzes erteilt wird, nicht ganz zutreffend ist. Vielmehr entfällt zu dem genannten Zeitpunkt lediglich ein bis dahin bestehendes gesetzliches Verbot mit der Folge, daß die allgemeine Handlungsfreiheit des Bürgers zum Tragen kommt. Das ist aber nur eine Bemerkung zur begrifflichen Abgrenzung. Der Sache nach ist der h. M. durchaus beizupflichten. Die Erlaubnis gemäß § 7 II StVZO befreit von dem andernfalls gemäß § 7 I Nr. 5 StVZO ausnahmsweise aus Altersgründen bestehenden Verbot, ein an sich nach § 4 I Nr. 1 StVZO führerscheinfreies Fahrzeug im öffentlichen Verkehr zu führen. Diese Erlaubnis ist daher nach der § 2 II c AKB zugrundeliegenden Interessenlage der Fahrerlaubnis gemäß § 4 I StVZO durchaus gleichzusetzen. Daß zu § 4 a I StVZO die Auffassung vertreten wird, daß die dort erwähnte Prüfungsbescheinigung den Vsschutz nicht beeinträchtige, erscheint nur im ersten Augenblick als widersprüchlich. Die nachträglich eingefügte Ordnungsvorschrift des § 4 a StVZO ändert nichts an der generell ohne besonderen Verwaltungsakt gegebenen Fahrberechtigung. Demgemäß darf eine Verletzung jener Bestimmung durchaus so behandelt werden wie die im Regelfall die materielle Fahrerlaubnis nicht berührende Mißachtung der dem Fahrer behördlich gemachten Auflagen (vgl. dazu Anm. F 35). An der härteren Bewertung der Verstöße gegen § 7 I Nr. 5 und § 7 I a StVZO ändert auch der

Anm. F 33   F. Obliegenheiten des Vmers in der Kraftfahrzeughaftpflichtv

Umstand nichts, daß diese Verstöße nach § 69 a I Nr. 4 b und c StVZO (ebenso wie der Verstoß gegen § 4 a StVZO) nur als Ordnungswidrigkeit geahndet werden. Denn dadurch soll nur verhindert werden, daß aus jugendlichem Leichtsinn geborenes Tun kriminalisiert wird. Das ändert aber nichts an der gesetzlichen Verbotsentscheidung.

Bei einer Verletzung der Bestimmung des § 7 I a StVZO ist im übrigen zu erwägen, ob nicht in Übereinstimmung mit der Rechtsprechung zu §§ 15 d und e StVZO der **Rechtswidrigkeitszusammenhang** hinsichtlich der Haftpflichtansprüche anderer Personen als der des transportierten Kindes zu verneinen ist (vgl. dazu Anm. F 48).

Wird ein solches Motorfahrrad, das nicht mehr als 25 km/h erreichen kann, derart umgebaut, daß damit höhere Geschwindigkeiten als 25 km/h erzielt werden können, so ist für das Führen eines solchen Fahrzeugs der Führerschein der Klasse 5 erforderlich; wird daher ein solches Fahrzeug ohne Führerschein gefahren, so liegt ein Verstoß gegen § 2 II c AKB vor (LG Hechingen 20.VI.1978 VersR 1978 S. 1108 [für einen Fall, bei dem durch Einbau eines kleineren Kettenrades eine Geschwindigkeit von 45 km/h erzielt worden war], LG Hanau 10.XI.1985 r + s 1985 S. 261 – 262 = ZfS 1986 S. 115 – 116, LG Köln 30.IV. 1986 r + s 1987 S. 35 – 36 = ZfS 1987 S. 115 – 116, AG Königstein 29.VII.1987 ZfS 1988 S. 215, AG Heidenheim 7.VIII.1987 r + s 1988 S. 217 – 218 = ZfS 1988 S. 287, OLG Köln 15.IX.1988 r + s 1988 S. 355 – 356; ebenso ÖOGH 14.V.1981 VersR 1982 S. 763 – 764; dafür, daß mit dem Benutzen eines umgebauten Fahrzeugs auch der Tatbestand der Gefahrerhöhung erfüllt sein kann, vgl. Anm. F 61 m. w. N.). Pienietz – Flöter[4] Anm. F II.1 zu § 2 AKB, S. 22 weisen unter Bezugnahme auf OLG Hamm 13.VIII.1977 VRS Bd 54 S. 226 – 228 = r + s 1978 S. 119 (strafrechtliche Entscheidung) darauf hin, daß eine solche Führerscheinpflicht auch dann bestehe, wenn mit einem unverändert gebliebenen Motorfahrrad eine höhere Geschwindigkeit als 25 km/h erzielt werden könne (ebenso LG Augsburg 22.X.1982 VersR 1983 S. 787 – 788 = ZfS 1983 S. 310). Das ist richtig; jedoch wird hier anders als bei einem Vmer, der den Umbau zwecks Erzielung einer höheren Geschwindigkeit vorgenommen hat, unter Umständen von einem unverschuldeten Wissen darüber ausgegangen werden können, daß es sich um ein Fahrzeug handelt, das nur mit einem Führerschein gefahren werden darf (vgl. Anm. F 44).

Dafür, daß kein Verstoß gegen die Führerscheinklausel vorliegt, wenn ein solches Fahrzeug nicht mit Motorkraft bewegt wird, sondern durch Gebrauch der Pedale, vgl. OLG Köln 16.II.1966 VersR 1966 S. 1027 (nur L. S.). Vom BayObLG 9.VIII.1984 VRS Bd 67 S. 373 – 374 = ZfS 1985 S. 22 – 23 m. w. N. wird dagegen ein Straftatbestand bejaht, wenn ein umgebautes Moped (mit der Möglichkeit, eine höhere Geschwindigkeit als 25 km/h zu erzielen) unter Ausnutzung des Gefälles der Fahrbahn fortbewegt wird. Einschränkend wird dazu allerdings gesagt, daß in solchen Fällen die innere Tatseite im Hinblick auf einen möglichen Tatsachen- oder Verbotsirrtum des Täters eingehender Prüfung bedürfe. Vsrechtlich ist gemäß dem Sinn und Zweck des § 2 II c AKB schon das Vorliegen des objektiven Tatbestands zu verneinen. Zur besonderen Kausalitätsproblematik in solchen Umbaufällen vgl. ergänzend Anm. F 48 a. E.

In § 5 II 2 StVZO heißt es, daß bei dem **Abschleppen** eines Fahrzeugs die Fahrerlaubnis für die Klasse des abschleppenden Fahrzeugs genügt. Der Fahrer des abzuschleppenden Fahrzeugs bedarf einer Fahrerlaubnis nach § 33 II Nr. 1 S. 2 StVZO nur dann, wenn **keine starre Verbindung** zwischen den beiden Fahrzeugen besteht. Fehlt die danach erforderliche Fahrerlaubnis, so erfüllt der hinter dem Steuer des abzuschleppenden Fahrzeugs sitzende Fahrer dennoch nicht den Tatbestand eines Fahrens ohne Fahrerlaubnis, da die Bedienung der Lenkung und

III. 3. Führerscheinklausel   Anm. F 34

der Bremse des abzuschleppenden Fahrzeugs nicht als Führen eines Kraftfahrzeugs anzusehen ist (BayObLG 16.IX.1983 NJW 1984 S. 878–879 m. w. N., strafrechtliche Entscheidung). Demgemäß ist hier die Anwendung des § 2 IIc AKB zu verneinen. Vgl. auch BGH 19.I.1977 VersR 1977 S. 341; der Ver hatte dort u. a. den Vsschutz wegen Verstoßes gegen die Führerscheinklausel verneint, weil hinter dem abgeschleppten Bagger kein Fahrer am Steuer saß. Vom BGH wurde indessen die Auffassung des Berufungsgerichts bestätigt, daß der dort abgeschleppte Bagger den Vorschriften über Bau- und Sonderausrüstungen von Anhängern entsprach, so daß es eines zweiten Fahrers für den abzuschleppenden Bagger nicht bedurfte.

Wenn ein Fahrzeug **angeschoben wird** und nach dem **Anspringen** von dem **Fahrer zum Stillstand** gebracht werden soll, ist der Vorgang des Startens durch das Anschieben bereits dem eigenverantwortlichen Fahrvorgang zuzurechnen (OLG Karlsruhe 9.VIII.1983 DAR 1983 S. 365–366 [strafrechtliche Entscheidung]). Dagegen ist das Führen eines Kraftfahrzeugs mit der Konsequenz eines dafür erforderlichen Führerscheins zu verneinen, wenn der Vmer das – noch nicht selbst rollende Fahrzeug – zunächst zu einem anderen Platz mit dem Plan schiebt, es von dort aus durch das Gefälle der Fahrbahn in Eigenbewegung zu setzen oder den Motor aufgrund des Abrollens oder weiteren Schiebens in Gang zu setzen (OLG Karlsruhe 9.VIII.1983 a. a. O.). – Greift ein Beifahrer in das Steuer und geschieht das nicht in einer Notsituation, sondern um seinen Willen in bezug auf eine bestimmte Fahrtrichtung durchzusetzen (zur nächsten Wirtschaft), so kann für diesen eigenartigen Steuervorgang das Führen eines Kraftfahrzeuges mit entsprechender Führerscheinpflicht zu bejahen sein (vgl. dazu OLG Köln 1.IX.1981 DAR 1982 S. 30 = ZfS 1982 S. 86 [strafrechtliche Entscheidung]).

[F 34] bb) Befristete Fahrerlaubnis

Dem deutschen Recht ist bis zur Einfügung des § 12a StVZO (VO zur Änderung der Straßenverkehrs-Zulassungs-Ordnung vom 21.VII.1969, BGBl. I S. 846) die Institution einer **befristeten Fahrerlaubnis** fremd gewesen. Nunmehr bestimmt § 12a I StVZO, daß einem Bewerber um eine Fahrerlaubnis der Klasse 2, der nur die Befähigung zur „Ersten Hilfe" im Sinne des § 8b StVZO nicht nachgewiesen habe, zur Vermeidung von Härten die Fahrerlaubnis für eine Dauer von nicht mehr als drei Monaten erteilt werden könne. Diese Befristung wird auf dem Führerschein vermerkt. Nach Ablauf der Befristung fährt ein solcher Verkehrsteilnehmer ohne gültige Fahrerlaubnis im Sinne des Straßenverkehrsrechts und damit des § 2 IIc AKB. Das gilt auch dann, wenn der betreffende Vmer in der Zwischenzeit den Nachweis über die Ausbildung in „Erster Hilfe" gemäß § 8b III StVZO durch Vorlage einer innerhalb der Fahrerlaubnis gesetzten Frist erhaltenen Bescheinigung des Arbeiter-Samariter-Bundes Deutschland, des Deutschen Roten Kreuzes, der Johanniter Unfallhilfe oder des Malteser-Hilfsdienstes hätte führen können, das aber saumselig nicht getan hat. Indessen ist in solchen Fällen im erweiterten Rahmen der Kausalitätsgegenbeweis zuzulassen (vgl. Anm. F 48).

Eine weitere Fristenregelung ist in § 15f I StVZO vorgesehen. Nach dieser Vorschrift wird die **Fahrerlaubnis zur Fahrgastbeförderung** für eine Dauer von nicht mehr als drei Jahren erteilt. Verabsäumt es der Vmer, rechtzeitig einen neuen Antrag zu stellen, so handelt es sich bei der entgegen § 15d StVZO erfolgenden Fahrgastbeförderung um einen Verstoß gegen § 2 IIc AKB. Auch hier ist es aber denkbar, daß der Kausalitätsgegenbeweis in dem Sinne geführt wird, daß die zusätzliche Erlaubnis gemäß ständiger Behördenpraxis erteilt worden wäre (vgl. für einen solchen Ausnahmefall, bei dem es sogar um die erstmalige Erteilung der Erlaubnis zur Fahrgastbeförderung ging, BGH 4.X.1978 VA 1979 S. 83—84 Nr. 712 = VersR 1978 S. 1128—1130 und ergänzend zur generellen Gegenbeweisproblematik in Führerscheinfällen Anm. F 47—48).

[F 35] cc) Führerscheine mit Auflagen

Eine Besonderheit stellen diejenigen Fälle dar, in denen dem Vmer zwar ein inländischer Führerschein erteilt ist, jedoch mit einer **Auflage**, zum Beispiel der, stets beim Führen eines Kraftfahrzeugs **eine Brille zu tragen**. Ursprünglich war in § 12 II StVZO in der ab 1.V.1956 geltenden Fassung (BGBl. I S. 275) die Ausdrucksweise gewählt worden, daß die Verwaltungsbehörde die Fahrerlaubnis unter den erforderlichen **Bedingungen** erteilen könne, wenn der Antragsteller zum Führen von Kraftfahrzeugen nur **bedingt geeignet** sei. Die gesetzliche Überschrift zu dieser Bestimmung lautet dabei — wie auch heute noch — „Bedingte Erteilung der Fahrerlaubnis". Später wurde im Text des § 12 II StVZO das Wort „Bedingungen" durch den Ausdruck „Auflagen" ersetzt (VO zur Änderung von Vorschriften des Straßenverkehrsrechts vom 7.VII.1960, BGBl. I S. 491). In der Rechtsprechung wird eine solche **Auflage** rechtstechnisch in dem Sinne verstanden, daß der betreffende Kraftfahrer bei einer Zuwiderhandlung nicht gegen § 21 StVG verstoße, sondern nur eine Ordnungswidrigkeit im Sinne von § 24 StVG begehe. So zum Straßenverkehrsrecht: BGH 10.II.1960 VerkMitt 1960 S. 71, 13.VII.1978 NJW 1978 S. 2517—2518 = DAR 1979 S. 76—77, 30.VIII.1983 MDR 1983 S. 1042 = ZfS 1984 S. 51—52, OLG Stuttgart 6.IV.1962 NJW 1962 S. 1929 = DAR 1963 S. 26, KG 17.X.1963 VRS Bd 26 S. 213—215 = JR 1964 S. 108—109 mit abl. Anm. von Hartung JR 1964 S. 109—110, OLG Schleswig 7.VII.1965 VerkMitt 1965 S. 76—77. Aus dem Schrifttum zustimmend Jagusch—Hentschel Straßenverkehrsrecht[31], München 1991, Anm. 10 zu § 12 StVZO, S. 539—540 m. w. N., Rüth—Berr—Berz Straßenverkehrsrecht[2], Berlin—New York 1988, Anm. 15 zu § 12 StVZO, ablehnend noch Rüth in Müller Straßenverkehrsrecht[22], Berlin 1969, Bd I, Anm. 10 zu § 12 StVZO; weitere Schrifttumsnachweise in BGH 9.IV.1969 NJW 1969 S. 1213—1214 = VersR 1969 S. 603—604.

Auf der Grundlage der Überlegung, daß die in § 2 II c AKB vom Vmer oder Vten verlangte Fahrerlaubnis **identisch** ist mit der nach den Vorschriften des Straßenverkehrsrechts geforderten **behördlichen Fahrerlaubnis**, ist von der Rechtsprechung zum Vsrecht ein Verstoß gegen eine derartige Auflage nach § 12 II StVZO **nicht** als Verletzung der Führerscheinklausel angesehen worden. So: BGH 9.IV.1969 NJW 1969 S. 1213—1214 = VersR 1969 S. 603—604, OLG Bamberg 23.VI.1967 VersR 1968 S. 242—243, OLG Schleswig 13.X.1969 VersR 1971 S. 119, OLG Koblenz 18.V.1972 VersR 1972 S. 921; anders, soweit ersichtlich, nur LG Nürnberg—Fürth 30.I.1967 VersR 1968 S. 545. Abweichend auch für das **österreichische Recht**: ÖOHG 14.III.1962 VersR 1963 S. 173—174 m. abl. Anm. von Wahle a. a. O. S. 174—175, 14.XI.1963 VersR 1966 S. 502 m. abl. Anm. von Wahle, die bemerkenswerte rechtsvergleichende Hinweise zum deutschen, Schweizer, italienischen und englischen Recht enthält (w. N. zum österreichischen Recht bei Prölss—Martin[25] Anm. 3 B b zu § 2 AKB, S. 1413). Im Schrifttum wird die Abgrenzung zwischen Auflage und Bedingung zum Teil als zu formal angesehen und ein Verstoß gegen derartige persönliche Verhaltensmaßregeln der Führerscheinklausel zugeordnet (so: Lange VersR 1970 S. 299—308, Prölss—Martin[23] Anm. 4 B zu § 2 AKB, S. 1019—1020; zustimmend dagegen Bukow Kraftfahrt- und Verkehrsrecht 1971 S. 54, Pienitz—Flöter[4] Anm. F II 1 zu § 2 AKB, S. 21 [anders Pienietz[3] S. 114], Prölss—Martin—Knappmann[25] Anm. 3 B b zu § 2 AKB, S. 1413, Stiefel—Hofmann[15] Anm. 237 zu § 2 AKB, S. 165—166).

III. 3. Führerscheinklausel   Anm. F 35

Der die Einheitlichkeit des Führerscheinbegriffs des öffentlichen Rechts mit dem des Vsrechts betonenden Auffassung ist der Vorzug zu geben. Eine sachgemäße Auslegung darf in einer solchen der Beurteilung durch jeden verständigen Durchschnittvmer zugänglichen Frage nicht zu einer Aufspaltung des Begriffs der Fahrerlaubnis kommen. Dem berechtigten Verlangen des Vers nach einer vsrechtlichen Ahndung eines im Prinzip zu mißbilligenden Verhaltens des Vmers wird überdies dadurch Rechnung getragen, daß ständige (also nicht nur vorübergehende) Verstöße gegen eine solche Brillenauflage unter Umständen als Gefahrerhöhung mit der Folge der Leistungsfreiheit des Vers gemäß §§ 23 I, 25 I eingeordnet werden können (vgl. dazu BGH 9.IV.1969 NJW 1969 S. 1214 = VersR 1969 S. 604; OLG Bamberg 23.VI.1967 VersR 1968 S. 243, OLG Schleswig 13.X.1969 VersR 1971 S. 119, OLG Koblenz 18.V.1972 VersR 1972 S. 921; ferner Bukow Kraftfahrt- und Verkehrsrecht 1971 S. 54; weitere Nachweise in Anm. F 65). Ein solches ständiges Nichttragen einer Brille durch einen kurzsichtigen Führer eines Kraftfahrzeugs kann im übrigen auch ohne behördliche Auflage eine Gefahrerhöhung im Sinne des § 23 darstellen, vgl. dazu BGH 6.V.1965 VersR 1965 S. 655 = VRS Bd 29 S. 253–254.

Zu unterscheiden von dem Fall, daß dem Vmer eine bestimmte persönliche Auflage im Sinne des § 12 II StVZO gemacht wird, ist eine Beschränkung des Führerscheins auf bestimmte Fahrzeugarten. Wird dem Vmer im Führerschein nur gestattet, Fahrzeuge bis zu einem Gesamtgewicht von 2,5 t zu fahren, so hat er nicht die vorgeschriebene Fahrerlaubnis, wenn er einen Lkw mit einem Gesamtgewicht von 3,8 fährt (so: OLG Celle 21.III.1963 VersR 1963 S. 743–744). Entsprechendes gilt, wenn im Führerschein gemäß § 12 II StVZO vermerkt ist, daß der Vmer z. B. wegen einer Bein- oder Armamputation nur ein Fahrzeug mit besonderen Einrichtungen fahren darf. Hier wird überwiegend die Anwendung der Führerscheinklausel bejaht. So für den Fall eines Beinamputierten, dem die Fahrerlaubnis mit der Beschränkung erteilt worden war, daß er nur Fahrzeuge zu führen berechtigt sei, die Sondereinrichtungen wie Handgas, Fußschaltung, Hupenring und Blinkerbetätigung an der Lenksäule aufweisen, OLG Celle 19.IX.1955 VersR 1955 S. 676–677 (für einen ähnlich gelagerten Fall vgl. LG Duisburg 30.XI.1988 ZfS 1989 S. 384–385 mit gelungenem Kausalitätsgegenbeweis [dazu Anm. F 48 a. E.]). In diesem Sinne ferner Jagusch–Hentschel Straßenverkehrsrecht[31] Anm. 13 zu § 12 StVZO, S. 865, Prölss–Martin–Knappmann[25] Anm. 3 B b zu § 2 AKB, S. 1413, Scheler VersR 1967 S. 840, Stiefel–Hofmann[15] Anm. 229 zu § 2 AKB, S. 166, Wahle VersR 1963 S. 175 und S. 939–940 (in dieser Anm. zu ÖOGH 19.XII.1961 VersR 1963 S. 938–939 beachtet Wahle allerdings nicht, daß es bei dem dort zu beurteilenden Kaskoregreß nicht um den Vsschutz ging, sondern um die Schadenersatzpflicht eines Dritten). Während BGH 9.IV.1969 NJW 1969 S. 1214 = VersR 1969 S. 604 noch Zweifel hatte, ob überhaupt zwischen persönlichen und sachlichen Auflagen in diesem Bereich differenziert werden könne, verdeutlicht die strafrechtliche Erkenntnis BGH 13.VII.1978 NJW 1978 S. 2517–2518 = DAR 1979 S. 76–77, daß es durchaus eine öffentlich-rechtliche Möglichkeit der Beschränkung der Fahrerlaubnis auf bestimmte Fahrzeuge mit besonderen Einrichtungen gibt. Das Vorliegen einer solchen besonderen Einrichtung wurde für die Eintragung im Führerschein verneint, daß der Vmer nur ein Kfz mit zweitem Außenspiegel an der rechten Fahrzeugseite führen dürfe. Der BGH führt unter anderem aus, daß Beschränkungen, die eine (gültige) Fahrerlaubnis einengen, nur in dem durch § 5 I 2 StVZO und § 12 II 2 StVZO aufgrund des § 2 I 2 StVG festgelegten Rahmen zulässig seien. Diese Bestimmungen kannten nur die Beschränkungen „auf einzelne Fahrzeugarten" bzw.

„auf eine bestimmte Fahrzeugart" oder auf „ein bestimmtes Fahrzeug mit besonderen, im Führerschein genau zu bezeichnenden Einrichtungen". Daraus folge, daß eine Anordnung der Verwaltungsbehörde nach § 12 II StVZO, die sich nicht auf die Fahrzeugart beziehe oder nicht ein „bestimmtes Fahrzeug mit besonderen Einrichtungen" betreffe, jedenfalls nicht in Form einer Beschränkung der Fahrerlaubnis nach Satz 2 dieser Bestimmung getroffen werden dürfe. Das ergebe sich aus der Rechtsnatur der Fahrerlaubnis als Dauererlaubnis. Sie verlange eine eindeutige Aussage über ihre Wirksamkeit und ihren Fortbestand. Diese dürften nicht von einem ungewissen künftigen Verhalten des Beschuldigten dergestalt abhängen, daß die Fahrerlaubnis bei vorschriftswidrigem Verhalten erlösche, aber sofort wieder auflebe, sobald der Betroffene sich vorschriftsmäßig verhalte. Dem Wortlaut der Vorschrift könne gewiß nicht entnommen werden, was unter dem Begriff „Fahrzeug mit besonderen Einrichtungen" zu verstehen sei. Der Ausnahmecharakter der Beschränkung der Fahrerlaubnis gebiete jedoch eine enge Auslegung. Das entspreche auch dem das Verwaltungsrecht beherrschenden allgemeinen Grundsatz der Verhältnismäßigkeit von Zweck und Mittel. Was durch eine Auflage geregelt werden könne, dürfe nicht durch die weitergehende Maßnahme einer Beschränkung der Fahrerlaubnis angeordnet werden. Wenn der zusätzliche rechte Außenspiegel als eine Einrichtung (auch) im Sinne des § 12 II StVZO angesprochen werden müsse, so fehle ihm doch das Merkmal der Besonderheit. Er sei weithin gebräuchlich, die technische Veränderung, die das Fahrzeug durch die Anbringung eines zweiten Außenspiegels erfahre, sei nicht wesentlich, nichts „Besonderes". Im Vergleich beispielsweise zu einem automatischen Getriebe sei diese Veränderung, gemessen am Fahrzeug im übrigen, nur von untergeordneter Bedeutung. Eine solche verhältnismäßig geringfügige zusätzliche Ausrüstung habe der Gesetzgeber als besondere Einrichtung in § 12 II 2 StVZO nicht gemeint. Eine unter Verletzung dieser Grundsätze von der Verwaltungsbehörde ausgesprochene Beschränkung der Fahrerlaubnis sei für den Strafrichter unbeachtlich.

Stiefel—Hofmann[15] Anm. 229 zu § 2 AKB, S. 166 führen dazu aus, daß es für die Führerscheinklausel im Gegensatz zur strafrechtlichen Beurteilung nicht darauf ankomme, ob die Verwaltungsbehörde bei Anordnung einer fahrzeugtechnischen Beschränkung der Fahrerlaubnis die Grenzen pflichtgemäßen Ermessens eingehalten oder überschritten habe. Wenn der Fahrer der Beschränkung zuwiderhandle, die expressis verbis als solche bezeichnet worden sei, so liege eine Obliegenheitsverletzung auch dann vor, wenn die Behörde richtigerweise sich mit der Erteilung einer Auflage hätte begnügen sollen. Ob ein Fahrer im Besitz der Fahrerlaubnis sei, entscheide sich im Rahmen der Führerscheinklausel allein nach dem Inhalt des Verwaltungsaktes. — Dieser Auffassung kann indessen nicht beigepflichtet werden, vielmehr ist zu beachten, daß der objektive Tatbestand des § 2 IIc AKB hinsichtlich des Führens eines Fahrzeugs im Prinzip identisch ist mit der strafrechtlichen Verbotsbestimmung des § 21 Nr. 1 StGB. Wer aber als Inhaber einer behördlichen Fahrerlaubnis strafrechtlich wegen eines Auflagenverstoßes nur eine Ordnungswidrigkeit im Sinne der §§ 12 II 1, 15 b I a StVZO i. V. m. § 69 a I Nr. 6, 9 a StVZO begeht, darf zivilrechtlich nicht wegen eines fehlerhaften Verwaltungshandelns bei der Ausstellung eines Führerscheines so behandelt werden, als liege der Tatbestand des Fahrens ohne behördliche Fahrerlaubnis im Sinne des § 21 I Nr. 1 StVG vor. Vielmehr ist eine rechtlich einheitliche Betrachtungsweise geboten (der wesentliche Unterschied zu dem in Anm. F 33 a. E. abgehandelten Fall des Führens eines Motorfahrrades durch einen noch nicht 15 Jahre alten Fahrer liegt gerade darin, daß jenem eine solche behördliche Fahrerlaubnis fehlt).

III. 3. Führerscheinklausel   Anm. F 36

Denkbar ist auch, daß in dem Führerschein gemäß § 12 II StVZO eingetragen wird, daß der Vmer ein Fahrzeug nur in bestimmten Zeiten oder zu bestimmten Fahrten benutzen dürfe. OLG Zweibrücken 9.XI.1967 VRS Bd 34 S. 444–445 = DB 1968 S. 1812 (nur L. S.) hat die Verurteilung eines Verkehrsteilnehmers wegen eines Vergehens des Fahrens ohne Führerschein (im Sinne des § 21 I Nr. 1 StVG, dem § 24 StVG a. F. entspricht) bestätigt, in dessen Führerschein eingetragen war, daß er ein Fahrzeug nur werktags von 5.00–20.00 Uhr führen dürfe. LG Bayreuth 13.XI.1968 DAR 1969 S. 52 sieht dagegen in der Eintragung in dem Führerschein, daß bis zur Vollendung des 18. Lebensjahres die Fahrerlaubnis auf den Weg zwischen Wohnung und Schule beschränkt sei, keine inhaltliche Begrenzung der Fahrerlaubnis, sondern wiederum nur eine Auflage im Sinne des § 12 II StVZO mit der Folge, daß bei einer Verletzung lediglich eine Übertretung (heute Ordnungswidrigkeit) gegeben sei, nicht aber das Vergehen des Fahrens ohne Führerschein. Zu Recht wird in den Urteilsgründen hervorgehoben, daß § 12 II StVZO die Verwaltungsbehörde insoweit nur zu Auflagen legitimiere; die Auffassung des OLG Zweibrücken 9.XI.1967 a. a. O., daß eine solche Beschränkung zwar möglicherweise unzulässig, aber bis zu ihrer Aufhebung zu beachten sei, ist im übrigen mit den in BGH 13.VII.1978 a. a. O. eindringlich dargelegten rechtsstaatlichen Überlegungen nicht zu vereinbaren. Ein fehlerhaftes Verhalten einer Behörde darf nicht zum ungeschriebenen Tatbestand einer Strafnorm umgestaltet werden. Eine gesetzeskonforme Auslegung muß daher derartige Auflagen – auch wenn sie im Sinne der juristischen Terminologie erkennbar von der Behörde als Bedingungen im Rechtssinne gemeint sind – entsprechend dem materiellen Gehalt der zu Grunde liegenden Ermächtigungsnorm interpretieren. Für die Führerscheinklausel bedeuten diese Überlegungen, daß derart gegen zeitliche Beschränkungen verstoßende Vmer dennoch Inhaber einer behördlichen Fahrerlaubnis im Sinne des § 2 II c AKB sind.

Soweit nach dem Gesagten keine Auflagen gegeben sind, sondern eine Beschränkung auf ein Fahrzeug mit besonderen Einrichtungen wirksam angeordnet wurde, ist jeweils besonders zu prüfen, ob im Sinne des Kausalitätsgegenbeweises ein Rechtswidrigkeitszusammenhang zwischen Obliegenheitsverletzung und Schadenereignis besteht (vgl. dazu Anm. F 48 a. E.).

[F 36] dd) Fahrunterricht

Die zum Fahren eines Kraftfahrzeuges erforderliche Fahrerlaubnis muß derjenige haben, der das Fahrzeug selbst führt. In der Regel ist das derjenige, der hinter dem Steuer sitzt. Eine Besonderheit gilt jedoch für den Fahrunterricht. Hier bestimmt § 3 II StVG, daß bei den Übungs- und Prüfungsfahrten gemäß § 3 I StVG der durch die zuständige Behörde zur Ausbildung von Führern ermächtigte Begleiter als Führer des Kraftfahrzeugs gilt. Es kommt in diesen Fällen darauf an, daß der Fahrlehrer im Besitz einer Fahrerlaubnis im Sinne des § 4 StVZO ist. – Für einen speziell gelagerten Fall eines solchen Fahrunterrichts vgl. BGH 15.III.1972 NJW 1972 S. 869–870 = VA 1972 S. 205–207 Nr. 626. Der Fahrlehrer war ausgestiegen und gab dem Schüler durch das Seitenfenster Anweisungen zum Wenden des Fahrzeugs; dabei kam es zu einem Zusammenstoß mit einem rasch herannahenden anderen Fahrzeug, das ein Handzeichen des Fahrlehrers nicht beachtete. Vom BGH 15.III.1972 a. a. O. wurde der Vsschutz u. a. mit folgender Begründung bejaht: Zwar liege die Annahme nahe, daß sich der Fahrlehrer in der Art der Beaufsichtigung vergriffen habe. Es könne aber nicht gesagt werden, daß der Vmer seiner Aufsichtspflicht als Fahrlehrer allgemein nicht genügt habe. Nur dann, wenn der Fahrlehrer den Fahrschüler nahezu oder ganz sich selbst überlasse, liege es ebenso wie auch sonst in den Fällen, in denen der Halter das Kraftfahrzeug von einem Fahrer ohne Führerschein lenken lasse, d. h., die Führerscheinklausel greife bei einem solchen Verhalten ein.

Im vsrechtlichen Sinne sind sowohl der **Fahrschüler** als auch der **Fahrlehrer** als **Fahrer** im Sinne des § 10 II c AKB anzusehen, so daß Haftpflichtansprüche gegen beide vom Vsschutz erfaßt werden (BGH 15.III.1972 a. a. O. m. w. N.). Vgl. ergänzend Anm. H 7. RG 8.III.1932 VA 1932 S. 267–268 Nr. 2458 = JRPV 1932 S. 101–102 hatte demgegenüber in einem solchen Fahrlehrerfall den Vsschutz verneint; allerdings lautete die betreffende Klausel anders als jetzt § 2 II c AKB. Wörtlich hieß es: „Vsschutz wird nur dann gewährt, wenn das Fahrzeug von einem für die betreffende Wagenklasse polizeilich zugelassenen Lenker geführt wird." — Immerhin hätte es auch damals schon nach dem Sinngehalt des § 3 II KfzG (die Vorschrift entsprach dem heute geltenden § 3 II StVG) näher gelegen, den Vsschutz sowohl für den Lehrer als auch für den Schüler zu bejahen. Vgl. dazu den den Wandel in der Auslegung einleitenden Aufsatz von Taube VersR 1953 S. 352–353, ferner Hellberg DB 1962 S. 1103–1104 gegen Wussow DB 1962 S. 90. Lesenswert ferner OLG Hamm 16.XII.1970 VersR 1971 S. 409–410, das als Vorinstanz zu BGH 15.III.1972 a. a. O. auch schon diesen Standpunkt vertreten hatte. Der vom BGH 15.III.1972 a. a. O. vertretenen Auffassung ist für § 2 II c AKB vollen Umfangs beizupflichten. Unklar ist nur, was die Bemerkung bedeutet, daß der Vsschutz dann entfalle, wenn der Fahrlehrer seiner Aufsichtspflicht **allgemein** nicht genüge. Gemeint dürfte aber die Unterlassung jeder Aufsicht durch den Fahrlehrer sein; gedacht sei z. B. an den kaum vorstellbaren Fall, daß die „Aufsicht" von der Terrasse eines Restaurants unter Genuß sogenannter geistiger Getränke ausgeübt wird. — Im übrigen ist bei der Abgrenzung der Fahrlehrertätigkeit ohnedies zu beachten, daß zwar bei einem Fahrunterricht für den Gebrauch eines vierrädrigen Gefährts die körperliche Lösung des Fahrlehrers von diesem Fahrzeug die Ausnahme ist, daß aber der Unterricht für das Führen von Motorrädern üblicherweise weitgehend ohne ein Mitfahren des Fahrlehrers erfolgt.

[F 37] ee) Entziehung der Fahrerlaubnis, Fahrverbot

Wird die Fahrerlaubnis durch Urteil eines Strafgerichts entzogen, so ist zu bedenken, daß die Entziehung erst mit der **Rechtskraft** des Strafurteils bindend wird. In der Praxis wird allerdings regelmäßig, insbesondere in Trunkenheitsfällen, eine **vorläufige Entziehung** des Führerscheins nach § 111 a StPO durch Beschluß ausgesprochen. Die dagegen nach § 304 StPO zulässige Beschwerde hat gemäß § 307 I StPO keinen Suspensiveffekt. Wirksam wird die Entscheidung über die vorläufige Entziehung der Fahrerlaubnis gemäß § 111 a StPO erst durch **Zustellung** an den Beschuldigten oder durch Verkündung in dessen Anwesenheit oder durch formlose Mitteilung (Bekanntmachung, vgl. § 35 II StPO). Für die Auslegung des § 2 II c AKB kommt es demgemäß nicht auf das Datum des Beschlusses über die vorläufige Entziehung der Fahrerlaubnis an, sondern auf die Zustellung, Verkündung (in Anwesenheit des Beschuldigten) oder formlose Mitteilung. Dabei ist auch der Ausdruck Verkündung gewählt worden, weil es denkbar ist, daß in einer Strafverhandlung nicht nur am Schluß der Sitzung die Fahrerlaubnis durch ein zu diesem Zeitpunkt noch nicht rechtskräftiges Urteil eingezogen wird, sondern auch zugleich ein bis dahin nicht für erforderlich gehaltener Beschluß über eine vorläufige Einziehung nach § 111 a StPO ergeht. Fand die Hauptverhandlung allerdings in Abwesenheit des Beschuldigten statt, so ersetzt die Verkündung die Zustellung oder formlose Mitteilung nicht.

III. 3. Führerscheinklausel Anm. F 37

Vom BGH ist früher angenommen worden, daß ein Vmer, dem von der Polizei gemäß § 94 StPO bereits am Unfallort in Erwartung einer vorläufigen Beschlagnahme der Führerschein abgenommen worden war, weiterhin zum Führen eines Kraftfahrzeugs berechtigt sei, und zwar auch dann, wenn ihm die Polizei ausdrücklich oder stillschweigend ein weiteres Fahren untersagt habe (BGH 20.IX.1962 NJW 1962 S. 2104 = VA 1963 S. 48 Nr. 355, 24.IX.1962 NJW 1962 S. 2105–2106 = VA 1963 S. 28–29 Nr. 254). Diese Rechtsprechung ist aber 1981 mit Rücksicht auf die inzwischen durch eine Gesetzesänderung eingetretene strafrechtliche Bewertung eines solchen Verhaltens als Vergehen aufgegeben worden (BGH 28.X.1981 NJW 1982 S. 182–183 = VersR 1982 S. 84–85). Es leuchtet ein, daß das durch § 21 II Nr. 2 StVO gesetzlich verankerte Verbot, ein Kraftfahrzeug zu führen, obwohl der vorgeschriebene Führerschein nach § 94 StPO in Verwahrung genommen, sichergestellt oder beschlagnahmt ist, zugleich das Erlöschen einer Fahrerlaubnis im Sinne des § 2 IIc AKB darstellt.

Dafür, daß das nicht für das österreichische Recht gilt, vgl. ÖOHG 31.I.1980 VersR 1981 S. 145; dort kommt es also weiterhin auf den Zeitpunkt des „Entzugs der Lenkerberechtigung" und nicht auf die vorläufige Abnahme des Führerscheins an. Für das deutsche Recht gilt das gleiche in denjenigen Fällen, in denen es nicht vorab zu einer Handlung der Polizei gemäß § 94 StPO gekommen war. Ob das im Fall LG Mosbach 25.XI.1980 VersR 1981 S. 872 so gewesen ist, läßt sich dem veröffentlichten Entscheidungstext nicht entnehmen. Es bestehen aber Bedenken gegen die Annahme des Gerichts, daß ein Vmer, der von der durch Niederlegung bei der Post erfolgten Zustellung eines Entziehungsbeschlusses keine Kenntnis erlangt hat, eine verschuldete Obliegenheitsverletzung begeht (vgl. auch Anm. F 44).

Ist eine vom Gericht gemäß § 69a StGB verhängte Sperrfrist für die Erteilung einer neuen Fahrerlaubnis abgelaufen, so bedeutet dieses – anders als bei Ablauf eines Fahrverbots gemäß § 44 StGB oder § 25 StVG – nicht, daß die gemäß § 69 StGB entzogene Fahrerlaubnis wiederauflebt. Vielmehr bedarf es gemäß § 15c StVZO eines neuen Antrages bei der Verwaltungsbehörde. Bis zur positiven Entscheidung über diesen Antrag und der Aushändigung einer Fahrerlaubnis verstößt der Vmer, wenn er ein Fahrzeug führt, demgemäß gegen § 2 IIc AKB (OLG Hamm 21.V.1975 VersR 1976 S. 571). Dafür, daß in derartigen Fällen keine Erweiterung des Kausalitätsgegenbeweises in Betracht kommt, vgl. Anm. F 48.

Verhängt ein Gericht eine Sperrfrist nach § 69a StGB, vergißt es aber dabei, die Fahrerlaubnis zu entziehen, so bleibt diese bestehen. Führt ein solcher Vmer ein Fahrzeug, verstößt er daher nicht gegen § 2 IIc AKB (OLG Hamm 15.III.1977 VersR 1978 S. 812–813).

Die Entziehung einer Fahrerlaubnis durch eine Verwaltungsbehörde wirkt ebenfalls erst mit der Bekanntgabe dieses Verwaltungsaktes. Widerspruch und Anfechtungsklage haben nach § 80 I VwGO aufschiebende Wirkung. Hat allerdings die Behörde die sofortige Vollziehung des Verwaltungsaktes angeordnet, so ist der Vmer trotz seines Widerspruchs nicht zum Fahren berechtigt. Die Situation ändert sich erst dann, wenn auf entsprechenden Antrag des Vmers von der Widerspruchsbehörde die Vollziehung nach § 80 IV VwGO ausgesetzt oder wenn vom Verwaltungsgericht die aufschiebende Wirkung gemäß § 80 V VwGO wiederhergestellt wird.

Ist gegen den Vmer ein Fahrverbot nach § 44 StGB oder § 25 StVG verhängt worden, so liegt in dem Führen eines Fahrzeugs innerhalb der Wirksamkeit dieses Fahrverbots kein Verstoß gegen § 2 IIc AKB (BGH 11.II.1987 NJW 1987 S. 1827–1828 = DAR 1987 S. 223, OLG Köln 25.IV.1985 r + s 1985 S. 235–236, zustimmend Prölss-Martin-Knappmann[25] Anm. 3 B c zu § 2 AKB, S. 1414 [anders die Voraufl.], a. M. LG Göttingen 9.V.1980 VersR 1981 S. 27, LG Nürnberg–Fürth 24.X.1984 r + s 1985 S. 3 = ZfS 1984 S. 372–373). Diese BGH-Rechtsprechung verwundert deshalb, weil ein solcher Fall krasser liegt als der vom BGH 28.X.1981 a. a. O. zu Lasten des Vmers entschiedene Fall des Verstoßes gegen § 21 II Nr. 2 StVG (Führen eines Fahrzeugs trotz gemäß § 94 StPO abgenommenen Führerscheins). Denn in jenen Fällen, in denen der Führerschein durch die Polizei abgenommen wird, erlebt man es nicht selten, daß die Tatumstände für eine richterliche Entziehung nicht ausreichen (auch nicht für eine vorläufige, wenn z. B. der Blutalkoholwert unter 0,8‰ liegt). Ein offener Gesetzesverstoß gegen ein rechtskräftig verhängtes Fahrverbot wiegt doch im Grunde genommen schwerer als eine Mißachtung einer polizeilichen Anordnung, die der Bestätigung durch den gesetzlichen Richter bedarf. Eine Änderung der Rechtsprechung zum Fahrverbot erscheint daher als erwägenswert. In diesem Zusammenhang ist auch auf BGH 26.X.1983 VRS Bd 66 S. 82–86 = ZfS 1984 S. 115–116 zu verweisen. Der BGH hat in dieser Entscheidung einen Mieter, der trotz eines solchen behördlichen oder richterlichen Fahrverbots mit einem angemieteten Fahrzeug gefahren ist, im Sinne der Mietbedingungen als unberechtigten Fahrer angesehen, weil er nicht im Besitz eines gültigen Führerscheins sei. Von der Interessenlage liegt es nahe, beide Fragenkreise im einheitlichen Sinne zu entscheiden.

[F 38] ff) Führerscheine der DDR

Nach der staatsrechtlichen Vereinigung der Bundesrepublik Deutschland mit der DDR per 3.X.1990 sind die Sonderregelungen nur noch für die Altfälle aus der Zeit vor der Herstellung der Staatseinheit von Bedeutung. Es sei dazu kurz in die Erinnerung gerufen, daß Führerscheine aus dem Hoheitsgebiet der DDR in der Bundesrepublik Deutschland früher als „innerdeutsche" zeitlich unbefristet anerkannt wurden (vgl. Amtsblatt des Bundesministers für Verkehr 1949 S. 127, Runderlaß vom 14.IX.1949). Die Behördenpraxis ging ferner dahin, daß auf Antrag ohne weiteres ein Führerschein aus dem Bereich der Bundesrepublik Deutschland ausgestellt wurde (vgl. Amtsblatt des Bundesministers für Verkehr 1958 S. 352). Eine davon abweichende normierte Regelung dieser besonderen Rechtsbeziehung zwischen der Bundesrepublik Deutschland und der DDR stellte der 1974 neu geschaffene § 14 a StVZO dar (Verordnung vom 30.VII.1974, BGBl. I S. 1629). Nach § 14 a I StVZO war dem Inhaber einer nach den Rechtsvorschriften der DDR erteilten Fahrerlaubnis die Fahrerlaubnis der entsprechenden Klasse zu erteilen, wenn keine Bedenken gegen seine Eignung bestehen und er seinen Wohnsitz in der Bundesrepublik Deutschland oder Westberlin hat. Daneben legte § 14 a II StVZO fest, daß der DDR-Führerschein bis zur Erteilung der Fahrerlaubnis nach Abs. I auch im Gebiet der Bundesrepublik Deutschland und Westberlin zum Führen des Fahrzeugs der entsprechenden Klasse berechtige, längstens jedoch ein Jahr vom Tage des Grenzübertritts an. Führte ein früherer DDR-Bürger nach Ablauf dieser Jahresfrist im Inland ein Fahrzeug, so verstieß er damit gegen § 21 I Ziff. 1 StVG. Vsrechtlich war aber in diesen Sonderfällen im erweiterten Umfang der Kausalitätsgegenbeweis zuzulassen (vgl. dazu Anm. F 47–48).

[F 39] gg) Ausländische Führerscheine

Maßgebend ist § 4 der Verordnung über internationalen Kraftfahrzeugverkehr vom 12.XI.1934 (RGBl. I S. 1137–1139; nachstehend IntVO genannt) in der Fassung der am 1.I.1983 in Kraft getretenen Dritten Verordnung zur Änderung straßenverkehrsrechtlicher Vorschriften vom 23.XI.1982 (BGBl. I S. 1536–1537). Diese Vorschrift hat folgenden Wortlaut:

III. 3. Führerscheinklausel   Anm. F 39

§ 4
(1) Außerdeutsche Fahrzeugführer, die
a) einen von zuständiger Stelle ausgestellten gültigen Internationalen Führerschein (Artikel 7 und Anlage E des Internationalen Abkommens über Kraftfahrzeugverkehr vom 24. April 1926 – RGBl. 1930 II S. 1234 – oder Artikel 41 und Anhang 7 des Übereinkommens über den Straßenverkehr vom 8. November 1968 – BGBl. 1977 II S. 809 –) oder
b) einen gültigen Führerschein nach dem Modell der Europäischen Gemeinschaften (Artikel 1 und Anhang I der Ersten Richtlinie des Rates vom 4. Dezember 1980 zur Einführung eines EG-Führerscheins – ABl. EG Nr. L 375 S. 1 –) oder einen anderen gültigen Führerschein eines der Mitgliedstaaten der Europäischen Gemeinschaften oder
c) eine andere gültige ausländische Erlaubnis zum Führen von Kraftfahrzeugen (Fahrausweis)
nachweisen, dürfen im Umfang der dadurch nachgewiesenen Berechtigung Kraftfahrzeuge auch im Geltungsbereich dieser Verordnung führen, wenn sie dort keinen ständigen Aufenthalt haben oder wenn seit der Begründung eines ständigen Aufenthalts im Geltungsbereich dieser Verordnung nicht mehr als 12 Monate verstrichen sind. Satz 1 gilt nicht für Lernführerscheine oder andere vorläufig ausgestellte Führerscheine oder Fahrausweise. Für ausländische Fahrausweise nach Satz 1 Buchstabe c, die nicht dem Anhang 6 des Übereinkommens über den Straßenverkehr vom 8. November 1968 entsprechen oder die nicht in deutscher Sprache abgefaßt sind, gilt § 1 Abs. 3 sinngemäß.
(2) Die Berechtigung nach Absatz 1 gilt nicht für Inhaber ausländischer Führerscheine oder Fahrausweise,
a) wenn sie zum Zeitpunkt der Erteilung der ausländischen Erlaubnis zum Führen von Kraftfahrzeugen ihren ständigen Aufenthalt im Geltungsbereich dieser Verordnung hatten oder
b) solange ihnen im Geltungsbereich dieser Verordnung die Fahrerlaubnis vorläufig entzogen worden ist oder ihnen auf Grund einer rechtskräftigen gerichtlichen Entscheidung keine Fahrerlaubnis erteilt werden darf.

Die Berechtigung zum Führen eines Fahrzeugs im Inland auf Grund einer ausländischen Fahrerlaubnis erlischt danach nicht etwa, wenn der Verkehrsteilnehmer im Inland einen festen Wohnsitz begründet hat. Vielmehr gibt es danach einen Berechtigungszeitraum von einem Jahr, innerhalb dessen ohne zeitlichen Druck eine inländische Fahrerlaubnis erworben werden kann (nach der früheren Gesetzesfassung durfte ein außerdeutscher Kraftfahrer, der sich im Gebiet der Bundesrepublik Deutschland ständig niederließ, nur ein Jahr lang seit dem Grenzübertritt ein Fahrzeug aufgrund eines ausländischen Fahrausweises führen, vgl. BGH 8.VI.1964 NJW 1964 S. 1506 = VersR 1964 S. 742). § 4 IntVO führt damit für denjenigen ausländischen Bürger, der sich im Inland ständig aufhält, das dem deutschen Recht im Regelfall unbekannte Rechtsinstitut der Fahrerlaubnis auf Zeit ein (vgl. aber für die auch im deutschen Recht geltenden Fristregelungen §§ 12 a und 15 f I StVZO und dazu Anm. F 34).

Als bedeutsam ist zu beachten, daß § 15 StVZO in seinen wechselnden Fassungen (vgl. dazu die Änderungsgesetze vom 6.XII.1960, BGBl. I S. 906, vom 19.XII.1968, BGBl. I S. 1363, vom 6.XI.1979, BGBl. I S. 1795 und vom 23.XI.1982, BGBl. I S. 1535–1536) dem Inhaber einer gültigen ausländischen Fahrerlaubnis im unterschiedlichen Maß den Erwerb einer inländischen Fahrerlaubnis erleichterte. Nachdem nunmehr gemäß § 15 I, II StVZO feste Fristen für den erleichterten Erwerb einer inländischen Fahrerlaubnis in Abstimmung mit einer verlängerten inländischen Gültigkeit ausländischer Fahrerlaubnisse gesetzlich gemäß § 4 I IntVO geschaffen worden sind, ist für die Fristüberschreitungsfälle grundsätzlich keine Erweiterung des Kausalitätsgegenbeweises mehr zuzulassen (vgl. ergänzend die Nachweise in Anm. F 47—48 zur unterschiedlichen Rechtsprechung zu diesem Fragenkreis bei abweichender gesetzlicher Ausgangsregelung). Für die Bemerkung in BGH 5.VII.1974 NJW 1974 S. 2180 = VersR 1974 S. 1073, daß die ausländische Fahrerlaubnis einer innerdeutschen praktisch gleichstehe, war ein anderer Rechtszustand als der heute geltende maßgebend. Damals erlosch nämlich die inländische Wirkung des ausländischen Führerscheins nach Ablauf der Frist des § 5 I b IntVO a. F.; dem Ausländer gestand § 15 StVZO a. F. aber gleichwohl einen erleichterten Erwerb der inländischen Fahrerlaubnis zu. Seit dem 1.I.1983 ist das mit dem Inkrafttreten der Dritten Verordnung zur Änderung straßenverkehrsrechtlicher Vorschriften vom 23.XI.1982 (BGBl. I S. 1536—1537) regelmäßig nicht mehr der Fall, da nunmehr in den Hauptfällen nach § 15 I StVZO eine Frist von 12 Monaten zur Verfügung steht. Für Angehörige von nicht zur EG gehörenden Staaten wird für die erleichterte Führerscheinerteilung ergänzend durch § 15 II StVZO verlangt, daß sie seit Begründung des ständigen Aufenthalts im Inland dort mindestens 6 Monate ein Kraftfahrzeug der entsprechenden Fahrklasse geführt haben.

Zu beachten ist besonders, daß ein im Ausland erworbener Führerschein dann nicht zur Führung eines Fahrzeugs im Inland berechtigt, wenn der Inhaber bei der Erteilung der ausländischen Fahrerlaubnis bereits seinen ständigen Aufenthalt im Geltungsbereich der StVZO hatte. Für einen solchen Fall vgl. LG Wiesbaden 12.XI.1990 ZfS 1991 S. 96. Der Vmer (ein US-Bürger) hatte 1984 seinen Wohnsitz in die Bundesrepublik Deutschland verlegt und 1987 eine kalifornische Fahrerlaubnis erworben; für einen Schadenfall aus dem Jahr 1988 wurde der Vsschutz versagt. Dafür, daß diese Regelung nicht gegen den Gleichheitssatz verstößt, vgl. BVerwG 7.XII.1983 VerkMitt 1984 S. 81 Nr. 90. Es versteht sich im übrigen, daß der ausländische Führerschein dann im Inland nicht zur Führung eines Kraftfahrzeugs berechtigt, wenn dort eine „isolierte" Sperre für die Erteilung einer Fahrerlaubnis verhängt worden ist (OLG Hamm 25.VII.1984 VRS Bd 67 S. 457—459).

Es wäre wünschenswert, daß Fahrerlaubnisse aus dem EG-Bereich entgegen § 4 IntVO zeitlich unbefristet in allen EG-Ländern gelten. Leider ist das noch nicht der Fall, so daß auch bei einem EG-Bürger nach einjährigem Daueraufenthalt in der Bundesrepublik Deutschland keine Fahrberechtigung mehr besteht (so OLG Stuttgart 3.VII.1989 NZV 1989 S. 402 m. abl. Anm. von Wasmuth a. a. O. S. 402—404). Zur schon bestehenden Sonderregelung für EG-Bürger, die mit ständigem Aufenthalt im Gebiet der Bundesrepublik Deutschland dort eine Universität oder Schule besuchen, vgl. die Erste VO über Ausnahmen von den Vorschriften der IntVO vom 13.V.1992, BGBl. I S. 988.

Die Regelungen in § 15 I, II StVZO und in § 4 IntVO setzen als wesentlich voraus, daß der ausländische Führerschein sich auch und gerade auf das vom Vmer geführte Fahrzeug nach dessen spezieller Beschaffenheit erstreckt (BGH 5.VII.1974 a. a. O. verneint eine solche Gleichsetzung, weil dort der ausländische Vte einen Lastzug gefahren hatte, dessen Motorwagen ein Gesamtgewicht von 16 t und dessen Anhänger ein solches von 22 t hatte, während der jugoslawische Führerschein zwar Warentransporte mit einem zulässigen Gesamtgewicht von über 3,5 t gestattete, aber für den Anhänger eine Beschränkung auf 750 kg enthielt; vgl. dazu auch Anm. F 48). Von den Fällen, in denen der Vmer (oder Vte) im Besitz einer gültigen ausländischen Fahrerlaubnis ist, er die Frist des § 4 I IntVO aber nicht beachtet hat, zu unterschei-

III. 3. Führerscheinklausel
Anm. F 40

den ist der Ablauf eines auf Zeit erteilten Führerscheins. Erlischt die ausländische Fahrerlaubnis während der Jahresfrist der genannten Bestimmung, so entfällt sofort mit dem Erlöschen die Voraussetzung für ein erlaubtes Führen eines Kfz im Inland (so im Fall BGH 13.V.1970 VA 1970 S. 204 Nr. 563 = VersR 1970 S. 614). Der wesentliche Unterschied zu den Fällen einer Überschreitung der in § 5 der genannten VO erwähnten Jahresfrist liegt darin, daß einem Vmer, der weder einen gültigen deutschen noch einen rechtswirksamen ausländischen Führerschein besitzt, regelmäßig nur in einem sehr eingeschränkten Maße der Kausalitätsgegenbeweis nach § 6 II möglich ist (dazu Anm. F 47–48). — Daß eine in Italien erteilte Bescheinigung, im Beisein eines Fahrlehrers an dem Straßenverkehr als Fahrer teilnehmen zu dürfen, keine allgemeine ausländische Fahrerlaubnis darstellt (BGH 17.III.1982 MDR 1982 S. 736–737 = VersR 1982 S. 589–591), leuchtet ein. Dabei muß man sich vergegenwärtigen, daß nach deutschem Recht ein vom Fahrlehrer überwachter Fahrschüler ohnedies auch ohne eine solche Bescheinigung ein Fahrzeug führen darf (vgl. auch Anm. F 36). Im übrigen wird nunmehr in § 4 I 2 IntVO ausdrücklich hervorgehoben, daß die in § 4 I 1 gewährte Fahrerlaubnis im Inland nicht für vorläufige Führerscheine oder sogenannte Lernführerscheine gilt.

Die in § 4 I a. E. IntVO erwähnte Übersetzung der ausländischen Fahrerlaubnisse ist nicht materielle Voraussetzung für die Fahrerlaubnis nach deutschem Recht; bei einem Verstoß gegen diese Ordnungsvorschrift liegt daher keine Obliegenheitsverletzung im Sinne des § 2 II c AKB vor (BGH 8.VI.1964 NJW 1964 S. 1506 = VersR 1964 S. 742; w. N. in Anm. F 33).

Zum österreichischen Recht vgl. ÖOGH 20.XII.1979 VersR 1981 S. 1064. Der Vte hatte dort eine gültige kanadische Fahrerlaubnis und einen abgelaufenen internationalen Führerschein. Der Vsschutz wurde nach Feststellung eines Verschuldens des Vmers ohne Erörterung der Kausalitätsfrage verneint.

[F 40] hh) Sonderregelung gemäß dem Zusatzabkommen zum NATO-Truppenstatut

Neben der VO über internationalen Kfz-Verkehr ist noch als Sondervorschrift für die in der Bundesrepublik stationierten fremden Truppen Art. 9 des Zusatzabkommens vom 3.VIII.1959 (BGBl. II 1961 S. 1218–1311) zum NATO-Truppenstatut vom 19.VI.1951 (BGBl. II 1961 S. 1190–1214) zu beachten. Diese Vorschrift hat in den hier bedeutsamen ersten drei Absätzen folgenden Wortlaut:

(1) Führerscheine oder andere Erlaubnisscheine, die Mitgliedern einer Truppe oder eines zivilen Gefolges von einer Behörde eines Entsendestaates zum Führen dienstlicher Land-, Wasser- oder Luftfahrzeuge erteilt worden sind, berechtigen zum Führen solcher Fahrzeuge im Bundesgebiet.

(2) In einem Entsendestaat erteilte Führerscheine, die zum Führen privater Kraftfahrzeuge in diesem Staat ermächtigen, berechtigen Mitglieder einer Truppe oder eines zivilen Gefolges und Angehörige zum Führen solcher Fahrzeuge im Bundesgebiet. Die deutschen Vorschriften über die Gültigkeitsdauer solcher Führerscheine im Bundesgebiet und über ihre Außerkraftsetzung durch eine deutsche Verwaltungsbehörde werden nicht angewendet, wenn der Inhaber eine Bescheinigung einer Behörde der Truppe darüber besitzt, daß er Mitglied der Truppe, des zivilen Gefolges oder dessen Angehöriger ist und über eine ausreichende Kenntnis der deutschen Verkehrsvorschriften verfügt. Eine solche Bescheinigung muß mit einer deutschen Übersetzung verbunden sein.

(3) Die Behörden einer Truppe können Mitgliedern der Truppe, des zivilen Gefolges und deren Angehörigen mit einer deutschen Übersetzung verbundene

Führerscheine für private Kraftfahrzeuge erteilen, wenn von ihnen außer der Eignung zum Führen von Kraftfahrzeugen eine ausreichende Kenntnis der deutschen Verkehrsvorschriften nachgewiesen worden ist. Sie stellen sicher, daß Fahrschüler von einer Person unterwiesen und bei Fahrten auf öffentlichen Straßen jederzeit begleitet werden, die die in Satz 1 erwähnten Bedingungen erfüllt und im Besitz eines gültigen Führerscheines ist. Diese Person ist für die Führung des Fahrzeugs verantwortlich und muß eine von den Behörden ausgestellte und mit einer deutschen Übersetzung verbundene Bescheinigung mit sich führen, die sie zur Ausbildung des Fahrschülers ermächtigt.

Zu unterscheiden sind danach **drei Fallgruppen**. Zunächst ist das **Führen dienstlicher Fahrzeuge** auf Grund entsprechender Bescheinigungen der Behörde der Truppe gestattet. Eine solche Bescheinigung berechtigt aber nicht zum Führen eines **privaten** Fahrzeugs. Diese Regelung steht im Gegensatz zu der Bestimmung des § 14 I 1 StVZO, nach der ein von der Bundeswehr, der deutschen Bundesbahn, der Deutschen Bundespost, dem Bundesgrenzschutz und der Polizei ausgestellter Führerschein stets auch zum Führen ziviler Fahrzeuge berechtigt. Es ist daher zu überlegen, ob einem solchen Vmer, der immerhin zum Führen dienstlicher Fahrzeuge im Gebiet der Bundesrepublik Deutschland berechtigt ist, nicht für einen Schadenfall aus dem Führen eines zivilen Fahrzeugs im erweiterten Maße die Rechtswohltat des Kausalitätsgegenbeweises gemäß § 6 II einzuräumen ist (vgl. dazu Anm. F 48).

Weiter ist in Art. 9 II des Zusatzabkommens die von der Jahresfrist der IntVO unabhängige **dauernde Gültigkeit ausländischer Führerscheine** für das Gebiet der Bundesrepublik Deutschland festgelegt. Dem Übersetzungszwang nach Art. 9 II kommt dabei wie bei § 4 I IntVO nur Ordnungscharakter zu; ein Fehlen der vorgeschriebenen Übersetzung läßt die Wirksamkeit der Fahrerlaubnis unberührt, stellt demgemäß auch keinen Verstoß gegen § 2 II c AKB dar (vgl. BGH 8.VI.1964 NJW 1964 S. 1506 = VersR 1964 S. 742; w. N. in Anm. F 33). Es versteht sich, daß Art. 9 II des Zusatzabkommens nicht eingreift, wenn eine nach ausländischem Recht nur befristet erteilte Fahrerlaubnis unwirksam geworden ist. Vgl. für einen solchen Fall einer abgelaufenen ausländischen Fahrerlaubnis BGH 13.V.1970 VA 1970 S. 204 Nr. 563 = VersR 1970 S. 614. Schließlich haben die Truppenbehörden nach Art. 9 III des Zusatzabkommens auch das Recht, für die Bundesrepublik Deutschland **Zivilführerscheine** auszustellen. Sie nehmen in diesem Bereich im Grunde genommen die gleiche Funktion wahr wie die deutschen Behörden nach § 4 StVZO.

[F 41] c) Abgrenzung zwischen öffentlichem und nicht öffentlichem Verkehr

Zu beachten ist bei der Auslegung des § 4 StVZO, daß nach öffentlichem Recht **kein Führerschein erforderlich ist, wenn ein Kfz nicht auf öffentlichen Straßen benutzt wird**. In der bis zum 31.XII.1970 geltenden Fassung der AKB (vgl. VA 1965 S. 205) hieß es in § 2 II c AKB, daß der Ver von der Verpflichtung zur Leistung frei sei, wenn der Fahrer des Fahrzeugs bei Eintritt des Vsfalls nicht die **vorgeschriebene Fahrerlaubnis** habe. Es fehlte der seit dem 1.I.1971 (VA 1971 S. 4) eingefügte Zusatz „**auf öffentlichen Wegen oder Plätzen**". Daraus wurde zur alten Fassung des § 2 II c AKB zum Teil der Schluß gezogen, daß sie auch dann eingreife, wenn der Vmer ein Fahrzeug auf nicht öffentlichen Wegen oder Plätzen führe; die Bestimmung wurde also dahin ausgelegt, daß eine Fahrerlaubnis zur Erhaltung des Vsschutzes auch dann vorhanden sein müsse, wenn sie nach öffentlichem Recht nicht erforderlich sei (so z. B. Böhme VersR 1962 S. 304–306, Hellberg DB 1962 S. 1103, Prölss–Martin[18] Anm. 4 zu § 2 AKB, S. 770, Rüth in Müller

III. 3. Führerscheinklausel   Anm. F 41

Straßenverkehrsrecht[22] II Anm. 6 zu § 2 AKB, S. 262, Schlupp VersR 1960
S. 778—779, RAA VA 1931 S. 109; KG 6.VI.1931 JRPV 1931 S. 303—304, OLG
Braunschweig 17.XI.1960 VersR 1961 S. 499—500, AG Köln 14.VII.1966 VersR
1967 S. 272, LG Frankfurt 12.IV.1967 VersR 1967 S. 773—774, a. M.: Rohde VersR
1960 S. 486—487 m. w. N., Stiefel—Wussow[6] Anm. 59 zu § 2 AKB, S. 117 m. w. N.;
LG Duisburg 7.XI.1967 VersR 1968 S. 341).

Durch die Neufassung aus dem Jahre 1971 ist diese Zweifelsfrage zugunsten des
Vmers gelöst (anders aber ÖOGH 17.X.1973 VersR 1974 S. 871—872 [zur Fahrzeugv], 24.IV.1986 VersR 1988 S. 70—71 m. w. N.). Das ist zu begrüßen. Die auf
schwankender Grundlage stehende Wortinterpretation des § 2 II c AKB a. F., die zu
einer im Gegensatz zum Straßenverkehrsrecht stehenden vsrechtlichen Verschärfung
der Anforderungen gegenüber dem Vmer führte, war rechtspolitisch kaum zu begründen. Allerdings hatte die zum Teil zu § 2 II c AKB im Schrifttum und in der
Rechtsprechung vertretene Auffassung, daß aus vsrechtlicher Sicht eine Fahrerlaubnis immer vonnöten sei, den praktischen Vorteil, daß es nicht der Prüfung bedurfte,
ob es sich um einen „öffentlichen Verkehr" gehandelt habe oder nicht. Indessen
stellen sich keine unüberwindbaren Schwierigkeiten, wenn die überkommenen
Grundsätze des Straßenverkehrsrechts beachtet werden. Ausgangspunkt ist § 1
StVZO. Danach ist zum Verkehr auf öffentlichen Straßen jedermann zugelassen,
soweit nicht für die Zulassung zu einzelnen Verkehrsarten eine Erlaubnis vorgeschrieben ist. Nach § 1[2] StVZO gelten als Straßen alle für den Straßenverkehr oder
für einzelne Arten des Straßenverkehrs bestimmten Flächen. Diese Gesetzesbestimmung wird sinnfällig ergänzt durch Abs. II der Allgemeinen Verwaltungsvorschrift zur Straßenverkehrs-Ordnung (Vwv-StVO) vom 16.XI.1970 (VerkBl. 1970
S. 758; abgedruckt auch bei Jagusch—Hentschel Straßenverkehrsrecht[31], München
1991, vor Anm. 1 zu § 1 StVO); dort heißt es:

„Öffentlicher Verkehr findet auch auf nicht gewidmeten Straßen statt, wenn
diese mit Zustimmung oder unter Duldung des Verfügungsberechtigten tatsächlich allgemein benutzt werden. Dagegen ist der Verkehr auf öffentlichen
Straßen nicht öffentlich, solange diese, zum Beispiel wegen Bauarbeiten, durch
Absperrschranken oder ähnlich wirksame Mittel für alle Verkehrsarten gesperrt sind."

Maßgebend ist danach der Grundsatz, daß dem öffentlichen Straßenverkehr alle entsprechend hergerichteten Flächen gewidmet sind, die der Allgemeinheit zu Verkehrszwecken offenstehen (BGH 5.I.1962 VersR 1962 S. 284
= VRS Bd 22 S. 185 [gek.]; vgl. weiter die Nachweise bei Jagusch—Hentschel[31]
a. a. O. Anm. 13 zu § 1 StVO). Treffend wird vom BGH 5.I.1962 a. a. O. dieser
Grundsatz dahin näher erläutert, daß ein Weg — ohne Rücksicht auf die Eigentumsverhältnisse oder eine verwaltungsrechtliche Widmung im Sinne des öffentlichen
Wegerechts — öffentlich im Sinne des Verkehrsrechts sei, wenn er entweder ausdrücklich oder mit stillschweigender Duldung des Verfügungsberechtigten für jedermann
zur Benutzung zugelassen sei und auch so benutzt werde. Es genüge der tatsächliche
Zugang für die Allgemeinheit allein nicht als Voraussetzung für die Bewertung eines
Weges als eines öffentlichen. Hinzukommen müsse die Zweckbestimmung zum
öffentlichen Weg durch den Verfügungsberechtigten, die auch in einer stillschweigenden Duldung einer tatsächlich erfolgenden Benutzung durch die Allgemeinheit
erblickt werden könne. — Vgl. in diesem Zusammenhang auch BGH 30.IV.1953
BGHSt Bd 4 S. 189; danach ist stets Voraussetzung, daß es sich um eine dem
öffentlichen Verkehr gewidmete Straße handelt, also um eine Straße, die, sei es
ausdrücklich oder mit stillschweigender Duldung des Verfügungsberechtigten, für

jedermann zur Benutzung zugelassen sei ... Private Feldwege, kurze oder auch längere Ausfahrten aus bebauten und nicht bebauten Grundstücken fielen darunter ebensowenig wie Wege, die nur den Anliegern, nicht aber dem allgemeinen Verkehr zu dienen bestimmt seien. Für weitere Nachweise aus der höchstrichterlichen Rechtsprechung vgl. RG 18.III.1937 RGSt Bd 71 S. 121, BGH 6.XI.1956 VersR 1957 S. 42, 2.IV.1957 VersR 1957 S. 342.

Prüft man die Rechtsprechung anhand dieser Grundsätze im einzelnen nach, so ist festzustellen, daß das Risiko, das den Vern durch die zum 1.I.1971 (VA 1971 S. 4) erfolgte Bedingungsänderung zusätzlich überbürdet worden ist, gering ist. Ein öffentlicher Verkehr wird in allen typischen Fahrbereichen bejaht. So wird angenommen, daß ein Tankstellengelände, insbesondere der Bereich um die Zapfstellen und die Ein- und Ausfahrten, regelmäßig dem öffentlichen Verkehr diene (BGH 28.VII.1966 VRS Bd 31 S. 291−293, BayObLG 24.X.1962 VRS Bd 24 S. 69−70, OLG Hamm 14.X.1963 VRS Bd 26 S. 458, 25.XI.1965 VRS Bd 30 S. 453−454; vgl. auch Stiefel−Hofmann[15] Anm. 219 zu § 2 AKB, S. 162, LG Frankfurt a. M. 12.IV.1967 VersR 1967 S. 773−774 zu § 2 II c AKB a. F., OLG Düsseldorf 17.VIII.1988 NZV 1988 S. 231−232). Zu verneinen ist das allerdings, wenn es sich um ein Verkehrsgeschehen auf einem Tankstellengelände während der nächtlichen Betriebsruhe handelt (so OLG Hamm 13.X.1966 NJW 1967 S. 119−120, OLG Hamburg 11.III.1969 VRS Bd 37 S. 278−280; letzteres hält aber bei einer im übrigen geschlossenen Tankstelle, auf der sich eine Münztanksäule befindet, für die Zufahrten zu dieser Tanksäule zu Recht den Begriff des „öffentlichen Verkehrs" für erfüllt).

Ein für jedermann in der Innenstadt zum Parken freigegebener Platz ist ebenfalls als öffentlicher im Sinne des Straßenverkehrsrechts (so OLG Frankfurt 25.V.1966 NJW 1966 S. 2178) und damit des Vsrechts anzusehen. Vgl. auch BGH 9.III.1961 BGHSt Bd 16 S. 7−12; danach ist ein Platz, den ein Gastwirt seinen Gästen zum Parken bereitstellt, ein öffentlicher Platz im Sinne des Verkehrsrechts, selbst wenn ausdrücklich durch ein Schild darauf hingewiesen wird, daß nur Gäste ihn benutzen dürfen. Auf S. 10−11 dieser für die Rechtsprechung der Instanzgerichte richtungsweisenden Entscheidung heißt es, daß der infolge seines Eigentums oder aus einem anderen Rechtsgrund zur Verfügung über seinen Grund und Boden befugte Rechtsträger diesen häufig nur einem beschränkten Kreis von Personen zu Verkehrszwecken überlasse. Selbst wenn er dabei ausdrücklich oder aus den Umständen erkennbar kundgebe, er wolle dadurch nicht einen im Sinne des Verkehrsrechts öffentlichen Raum schaffen, so könne er diese Wirkung doch nur erzielen, wenn der nach seinem Willen zur Benutzung berechtigte Personenkreis so eng gezogen sei, daß die Öffentlichkeit des Verkehrsraums mit Recht als ausgeschlossen erachtet werden dürfe. Die Nichtöffentlichkeit des Raums möge fortbestehen, wenn der Verfügungsberechtigte ausdrücklich oder erkennbar nur solchen Personen Zutritt dorthin gestatten wolle, die in engen persönlichen Beziehungen zu ihm entweder schon vor dem Gebrauch des Platzes stehen oder gerade anläßlich dieses Gebrauchs in solche Beziehungen zu ihm treten. Dies könne beispielsweise auf einen Parkplatz zutreffen, den der Leiter einer Behörde oder eines privaten Unternehmens nur seinen Bediensteten bereit halte. Sie seien ihm bereits auf Grund des mit jedem von ihnen abgeschlossenen Anstellungsvertrag ihrer Persönlichkeit nach bekannt. Der Kreis dieser Personen sei so eng und genau umschrieben, daß er deutlich aus einer unbestimmten Vielheit möglicher Benutzer ausgesondert sei. Solange derjenige, der über den zu Parkzwecken unter solchen Umständen bereitgestellten Grund und Boden verfügen dürfe, es nicht dulde, daß sein Beschränkungswille durch eine entgegengesetzte länger dauernde Übung mißachtet und der Kreis der tatsächlichen Benutzer größer werde, als er seinem ursprünglichen Plan entspreche, werde die Nichtöffentlichkeit

III. 3. Führerscheinklausel

des Raumes gewahrt bleiben, selbst wenn gelegentlich ein Unbefugter den Platz benützte ... Der Gasthausbesitzer kenne diejenigen, die seine Gäste sein sollen und werden, nicht von vornherein. Er habe vielmehr ein Interesse daran, daß im Rahmen seiner räumlichen Möglichkeiten ihn zahlreiche Gäste besuchen. Der Kreis derer, die nach seinem Willen den zur Verfügung gestellten Parkplatz benutzen dürfen, sei zu unbestimmt und wechselnd, als daß sich die Nichtöffentlichkeit des Platzes rechtlich vertreten ließe. Dieses Ergebnis werde auch am besten dem Bedürfnis der Sicherung des Verkehrs gerecht, das auch auf einem solchen Parkplatz mit unübersehbarer wechselnden Benutzung bejaht werden müsse.

Nach diesen Ausführungen ist sorgsam auf die Gegebenheiten des Einzelfalles abzustellen. Der Hof eines Miethauses z. B., der ausschließlich als Garagenhof und Entladeplatz für Anlieger dient, ist nicht für den öffentlichen Verkehr bestimmt (so zutreffend Jagusch – Hentschel Straßenverkehrsrecht[31] Anm. 13 zu § 1 StVO unter Bezugnahme auf BGH 17.III.1967 MDR 1967 S. 601–602 = NJW 1967 S. 1238–1239). Rüth – Berr – Berz Straßenverkehrsrecht[2] Anm. 22 zu § 1 StVG m. w. N. vertreten die Auffassung, daß der Hof eines Miethauses, einschließlich der Einfahrt, eine öffentliche Straße sei, wenn Lieferanten, Kunden, Besucher und sonstige dem Verfügungsberechtigten oder einem Mieter bis dahin unbekannte Personen hineingehen oder gar hineinfahren können. Das ist indessen nach BGH 17.III.1967 a. a. O. nur dann zu bejahen, wenn der Grundstückseigentümer die Benutzung des Hofes durch jedermann, etwa das allgemeine Aufstellen von Kraftfahrzeugen, längere Zeit geduldet hatte. In diesem Sinne ist OLG Düsseldorf 13.XI.1987 NJW 1988 S. 922 beizupflichten, daß es ganz auf die Umstände des Einzelfalls ankommt, ob eine Grundstücksausfahrt als dem öffentlichen Verkehr zugeordnet anzusehen ist oder nicht. Vgl. auch BayObLG 24.V.1982 ZfS 1982 S. 315–316, das dahin erkennt, daß abgesperrte oder absperrbare Parkbuchten, die an die Hausbewohner vermietet sind, in der Regel als nicht zum öffentlichen Verkehr gehörig angesehen werden müssen.

Weitere Beispiele aus der Rechtsprechung: BGH 10.VI.1969 VersR 1969 S. 832–833 bejahte die Öffentlichkeit für eine Privatstraße, die mit einem Schild „Privatstraße. Einfahrt mit Kraftfahrzeugen, Lastfuhrwerken oder Lieferwagen ohne Zulassungsbescheinigung der Siedlungsverwaltung A ist untersagt" versehen war. Maßgebend war, daß die tatsächliche Übung entgegen diesem Schild dahin ging, daß seit Jahren keine Zulassungsbescheinigungen ausgegeben worden waren. Auch war die Einhaltung des Verbots nicht überwacht worden. – BGH 29.III.1966 VersR 1966 S. 691: Die Öffentlichkeit eines Holzabfuhrweges, der als Privatweg von der Staatsforstverwaltung den Holzkäufern zur Abfuhr des gekauften Holzes freigegeben worden war, wurde unter Hinweis darauf bejaht, daß die wechselnden Käufer des Holzes keinen festumrissenen Personenkreis bildeten, der sich von der Allgemeinheit in abgrenzbarer Bestimmung abgehoben hätte. Ebenso schon BGH 26.II.1963 VersR 1963 S. 627–628 für einen nur für bestimmte Zeiten zur Holzabfuhr freigegebenen Weg.

Dagegen wurde die Öffentlichkeit des Geländes verneint von BGH 9.X.1962 NJW 1963 S. 152 = VRS Bd 24 S. 18–19 für ein Großmarktgelände, das nur mit Berechtigungsausweis benutzt werden durfte. Zur Abgrenzung gegenüber ähnlichen Fällen führt der BGH 9.X.1962 a. a. O. u. a. aus, daß die Öffentlichkeit des Verkehrs auf einem Wege oder Gelände nicht schon immer zu verneinen sei, wenn die Teilnehmer Beschränkungen unterliegen. So sei sie bejaht worden für Straßen, die nur dem Anliegerverkehr zu dienen bestimmt seien, für Ladestraßen auf Güterbahnhöfen oder für große Fabrikhöfe, auf denen sich der Verkehr mit dem Industriewerk abspiele. Auch Straßen, für deren Benutzung eine Gebühr erhoben werde, seien hierunter zu zählen. Gemeinsam sei allen diesen Fällen, daß der zum Verkehr zugelassene Personenkreis ungeachtet der Beschränkung nicht bestimmbar und durch keine sachliche Beziehung zusammengefaßt erscheine. Jedermann könne in die Lage kommen, den Anlieger einer im übrigen gesperrten Straße aufzusuchen, Güter an der Abfertigung der Eisenbahn abzuholen oder Geschäfte in einem Industriewerk abzuwickeln, und sei dann ohne weiteres zu dem beschränkt-öffentlichen Verkehr zugelassen. Im Gegensatz hierzu sei auf dem in Rede stehenden Marktgelände die durch einen Ausweis dokumentierte Zugehörigkeit zu einem fest umrissenen Personenkreis, den Großmarkttreibenden, unerläßliche Voraussetzung für den Zutritt.

Verneint wurde die Öffentlichkeit des Verkehrs auch für Fahrten auf abgeschirmten Kasernenbereichen (BGH 14.I.1964 VersR 1964 S. 271 = VRS Bd 26 S. 257, 23.I.1964 VRS Bd 26 S. 336). Vgl. aber auch OLG Düsseldorf 27.II.1956 NJW 1956 S. 1651, das ein (Polizei-)Kasernengelände für beschränkt-öffentlich hielt, auf dem sich auch Privatwohnungen befanden und allen Besuchern der Polizei und dieser Privatwohnungen gestattet war, das Gelände zu befahren.

Für weitere Beispiele aus der Rechtsprechung vgl. Rüth – Berr – Berz Straßenverkehrsrecht[2] Anm. 16 – 23 zu § 1 StVG und Jagusch-Hentschel Straßenverkehrsrecht[31] Anm. 13 – 16 zu § 1 StVO.

[F 42] d) Fahrten im Ausland

Die Kfz-V erstreckt sich nach § 2 I AKB auf ganz Europa (vgl. Anm. G 42 – 43). Wird im Ausland ein Kraftwagen geführt, so ist die Fahrberechtigung nach den öffentlich-rechtlichen Vorschriften desjenigen Staates zu untersuchen, dessen Hoheitsgebiet durchfahren wird (BGH 13.XII.1972 NJW 1973 S. 286 = VersR 1973 S. 172 – 173). Im Regelfall gilt im EG-Bereich aber auch im sonstigen europäischen Ausland eine § 4 IntVO entsprechende Regelung.

[F 43] e) Teilweise Unabwendbarkeit der Führerscheinklausel bei Schwarzfahrten

In § 2 II c S. 2 AKB heißt es, daß die Verpflichtung zur Leistung gegenüber dem Vmer, dem Halter oder Eigentümer bestehen bleibe, wenn ein unberechtigter Fahrer das Fahrzeug geführt habe. Bei einer Schwarzfahrt kommt es somit nach dieser ausdrücklichen und eindeutigen Regelung nicht darauf an, ob der Vmer gewußt hat oder hätte wissen müssen, daß der unberechtigte Fahrer keine Fahrerlaubnis habe. So: BGH 17.II.1955 BGHZ Bd 16 S. 295, 20.IV.1961 BGHZ Bd 35 S. 40 – 41, 10.VI.1963 VersR 1963 S. 771, 19.III.1964 NJW 1964 S. 1371 – 1372 = VA 1964 S. 168 – 169 Nr. 392, 20.XII.1965 VersR 1966 S. 155, 22.X.1969 VA 1970 S. 34 Nr. 552 = VersR 1969 S. 1107, 13.VI.1984 DAR 1984 S. 316 – 317 = VersR 1984 S. 834 – 835, 14.V.1986 VersR 1986 S. 693 – 695 = r + s 1986 S. 197 – 199, 8.VII.1987 VersR 1987 S. 923 (zur Einbruchdiebstahlv); vgl. ferner die ebenfalls in diesem Sinne ergangenen Entscheidungen: RG 11.XII.1931 VA 1932 S. 24 – 26 Nr. 2384 = JRPV 1932 S. 6 – 7 (ebenso als Voristanz OLG Hamm 20.X.1930 VA 1930 S. 258 – 259 Nr. 2214), 20.XI.1936 HansRGZ 1937 A Sp. 263 – 264, 23.IV.1937 RGZ Bd 154 S. 342 – 343 (dazu als Vorinstanz im gleichen Sinne OLG Hamburg 20.X.1936 HansRGZ 1936 B Sp. 547 – 549), OLG Köln 3.VIII.1938 HansRGZ 1939 A Sp. 159 – 161, LG Berlin 11.II.1963 VersR 1964 S. 232, OLG Hamm 4.VIII.1978 VersR 1978 S. 1107, 25.I.1984 VersR 1984 S. 835, ebenso Stiefel – Hofmann[15] Anm. 258 zu § 2 AKB, S. 177 – 178; a. M., soweit ersichtlich, nur Böhme VersR 1957 S. 141 – 143 und Schweizer VersR 1968 S. 924 – 926 (zweifelnd Prölss – Martin – Knappmann[25] Anm. II E zu § 2 AKB, S. 1419). Auch die

III. 3. Führerscheinklausel

österreichische Judikatur stimmt in diesem Punkt mit der deutschen Rechtsprechung überein; vgl. nur ÖOGH 28.VI.1967 VsRdsch 1968 S. 362, 14.V.1969 VersR 1970 S. 95 = VsRdsch 1969 S. 365.

Wenn man sich die heutige Fassung des § 2 II c AKB ansieht, so drängt sich bei unbefangener Betrachtung die Frage auf, warum es angesichts der doch wirklich verhältnismäßig eindeutigen Bedingungsbestimmung so viele Rechtsstreitigkeiten über diese zutreffende Auslegung gegeben hat. Das hatte verschiedene Gründe: Zunächst ist für die ältere Rechtsprechung zu bedenken, daß damals, wie z. B. im Falle RG 23.IV.1937 a. a. O., ein sehr viel auslegungsbedürftigerer Wortlaut zugrundelag. So war in dem genannten Fall folgender Klauseltext zu beurteilen:

„Der Vsschutz wird nur dann gewährt, wenn der berechtigte Führer des Kraftfahrzeugs bei Eintritt des Schadens den zur Führung des Fahrzeugs vorgeschriebenen Führerschein hat oder der Vmer dies entschuldbarerweise annehmen konnte."

Es fehlte damals die heute eindeutige Klarstellung, daß die Führerscheinklausel überhaupt nicht zur Anwendung kommt, wenn ein unberechtigter Fahrer am Steuer sitzt. Außerdem ist zu berücksichtigen, daß es ein Kernproblem sehr vieler jener Prozesse war, ob es sich um einen berechtigten oder unberechtigten Fahrer gehandelt hat. Das ist gewiß eine Frage, über die im Einzelfall sehr gestritten werden kann (vgl. dazu Anm. H 16–27). Kam das Gericht zu der Auffassung, daß ein unberechtigter Fahrer den Wagen geführt hat, so folgte zumeist nur noch ein Hinweis darauf, daß in diesen Fällen die Führerscheinklausel nicht zur Anwendung komme.

Schließlich darf nicht außer acht gelassen werden, daß die geschilderte Regelung im gewissen Umfang rechtspolitisch unbefriedigend ist. Das gilt für die Fälle, in denen der Vmer wußte oder hätte wissen müssen, daß der Fahrer keine Fahrerlaubnis hatte. Gestattet der Vmer ihm dennoch das Fahren, so besteht nach § 2 II c AKB kein Vsschutz. Es verblüfft angesichts dieses Ausgangspunktes, daß bei einer unerlaubten Ausdehnung einer gestatteten Fahrt, für die kein Vsschutz bestand, der Vmer für gegen ihn gerichtete Haftpflichtansprüche aus dieser Schwarzfahrt Vsschutz genießt. Andererseits spricht für diese Regelung die Überlegung, daß dem Vmer gedanklich eine Überprüfungspflicht hinsichtlich der Fahrerlaubnis für einen Schwarzfahrer eigentlich kaum auferlegt werden kann. Darüber hinaus ist zu bedenken, daß im Bedingungswerk keine Obliegenheit des Vmers verankert ist, die ihm auferlegt, weder fahrlässig noch grob fahrlässig eine Schwarzfahrt zu ermöglichen (vgl. dazu Anm. H 16). Als schutzwürdig auch in rechtspolitischer Sicht erscheint der Vmer sicher im Fall BGH 10.VI.1963 VersR 1963 S. 770–771. Der Vmer, ein Mietwagenunternehmer, hatte übersehen, daß der Fahrer K ihm den Führerschein seiner Mutter vorgelegt hatte. Für Fahrten des K bestand somit kein Vsschutz. K überließ unberechtigt das Fahrzeug dem E, von dem der Vmer wußte, daß er keine Fahrerlaubnis hatte, und dem er deshalb den Wagen niemals anvertraut hätte. Insoweit wurde für den Vmer zu Recht der Vsschutz bejaht.

Dagegen tritt der erwähnte rechtspolitische Konflikt offen im Fall BGH 19.III.1964 NJW 1964 S. 1371–1372 (gek.) = VersR 1964 S. 645 zutage: Dort hatte sich D den Wagen des Vmers für eine ca. 2,5 km lange Strecke zur Fahrt zu seiner Wohnung entliehen. Der Vmer wußte dabei, daß D keine gültige Fahrerlaubnis mehr hatte. D verschwieg ihm, daß er eine Fahrt nach auswärts zu einer Zechtour von Gastwirtschaft zu Gastwirtschaft machen wollte. Dafür hätte ihm der Vmer niemals den Wagen gegeben. Wenn man es abgewogen betrachtet, so erscheint eine Lösung des Falles, die dem Vmer den Vsschutz auch für die unberechtigte Fortsetzung der Fahrt versagt, als rechtspolitisch erwägenswert. Indessen sind das Überlegungen, die von dem Wortlaut der Bedingungsbestimmung abweichen und die im Grunde genommen nur für eine durchaus diskutable Änderung der AKB bedeutsam sind. Vgl. dazu die deutliche Stellungnahme durch BGH 13.VI.1984 DAR 1984 S. 316 = VersR 1984 S. 834. Das Gericht führt aus, daß § 2 II c S. 2 2. Alt. AKB auch für Fälle gelte, in denen ein Fahrer ohne Fahrerlaubnis dadurch zum „Schwarzfahrer" werde, daß er von Weisungen des Verfügungsberechtigten abweiche. Das sei durch die Urteile des BGH vom 10.VI.1963 VersR 1963 S. 771 und vom 19.III.1964 VersR 1964 S. 645 für die frühere Fassung des § 2 II b AKB und durch Urteil vom 22.X.1969 VersR 1969 S. 1107 für § 2 II c AKB entschieden worden. Da die Ver in Kenntnis dieser höchstrichterlichen Rechtsprechung anläßlich der am 1.I.1982 auch mit Wirkung für laufende Verträge in Kraft getretenen Änderung der AKB insoweit keine Änderung vorgenommen hätten, müßte davon ausgegangen werden, daß sie dieses Risiko tragen wollten. Es bestehe daher kein Anlaß, von den genannten Entscheidungen abzuweichen.

Diese Bemerkungen sind im übrigen nicht nur bedeutsam, weil sie jene Rechtsprechung zur Auslegung des § 2 II b S. 2 AKB bekräftigen. Vielmehr vermitteln sie auch die zutreffende Erkenntnis darüber, daß die Ver einen eminent starken Einfluß auf den Inhalt der behördlich genehmigten AKB ausüben. Um so wichtiger ist es, die Qualifikation dieser Bedingungen als Vertragsrecht beizubehalten und jede „überhöhte" Wertung im Sinne einer Qualifikation als dem Gesetz gleichrangig zu unterlassen (vgl. dazu Anm. A 12—16).

Rechtspolitisch wäre nach dem Gesagten eine differenzierende Ausgestaltung der Führerscheinklausel für unberechtigte Fahrten im Anschluß an einen anfänglich erlaubten Gebrauch durchaus denkbar. Der Vmer, der fahrlässig nicht gewußt hat, daß der Vte keine Fahrerlaubnis hatte (so z. B. in den Fällen BGH 22.X.1969 VA 1970 S. 34 Nr. 552 = VersR 1969 S. 1100, 13.VI.1984 a. a. O.), kann für eine anschließende Schwarzfahrt durchaus als schutzwürdig angesehen werden. Hingegen gilt das nicht für diejenigen Fälle, in denen der Vmer in Kenntnis der fehlenden Fahrerlaubnis dem Vten vor der unmittelbar anschließenden Schwarzfahrt einen Fahrzeuggebrauch für eine weite Strecke eingeräumt hatte. § 2 II c AKB stellt im übrigen — im Zusammenhang mit § 2 II b AKB — zugleich eine **abschließende Regelung des Problems der Schwarzfahrten und des Fahrens ohne Führerschein** dar. Der Ver kann sich daher **nicht** daneben auf die theoretisch durchaus in Betracht kommenden Vorschriften über die Herbeiführung einer **Gefahrerhöhung** in dem Sinne berufen, daß der Vmer einen **längere Zeit andauernden Zustand** geschaffen habe, der die Benutzung des vten Kraftfahrzeugs zu **Schwarzfahrten ermöglicht habe** (BGH 20.IV.1961 BGHZ Bd 35 S. 39—44, 14.V. 1986 VersR 1986 S. 693—695 = ZfS 1986 S. 277, OLG Hamm 27.VI.1980 VersR 1980 S. 1018—1019; vgl. auch Anm. F 32 a. E. m. w. N.). Dafür, daß durch § 5 II 2, 3 AKB eine Obliegenheit zur Verhinderung von Schwarzfahrten mit nicht zugelassenen Fahrzeugen statuiert worden ist, vgl. Anm. F 80 m. w. N.

[F 44] f) Verletzungsfolgen

aa) Verschulden bei eigenen Fahrten des Vmers, Halters oder Eigentümers ohne Fahrerlaubnis

Nach § 6 I tritt Leistungsfreiheit des Vers bei Verletzung einer Obliegenheit dann nicht ein, wenn die Verletzung als unverschuldete anzusehen ist. Diese Regelung gilt als nach § 15 a zugunsten des Vmers zwingendes Recht auch für die Führerscheinklausel. § 2 II c AKB berücksichtigt dieses Verschuldenserfordernis in S. 2, wenn es dort heißt, daß die Verpflichtung zur Leistung gegenüber dem Vmer, dem Halter oder

III. 3. Führerscheinklausel
Anm. F 44

Eigentümer bestehen bleibe, wenn er das Vorliegen einer Fahrerlaubnis bei dem berechtigten Fahrer **ohne Verschulden** annehmen durfte (vgl. dazu Anm. F 45). Nicht ausdrücklich erwähnt ist in dieser Bestimmung, daß Vmer, Halter oder Eigentümer, wenn sie das vte Fahrzeug ohne gültige Fahrerlaubnis fahren, Vsschutz genießen, sofern sie die Führerscheinklausel unverschuldet verletzen. Der Grund dafür, daß diese gesetzliche Regelung in § 2 II c S. 2 AKB insoweit nicht wiederholt worden ist, ist der, daß es kaum vorstellbar ist, daß ein solches Verhalten unverschuldet erfolgt. Die Bedingungsverfasser sind zu Recht von dem Normalfall ausgegangen, daß der Durchschnittsbürger wisse, ob er eine gültige Fahrerlaubnis besitze oder nicht. Auch ein ausländischer Vmer ist grundsätzlich als unentschuldigt anzusehen, wenn er darauf vertraut, daß seine ausländische Fahrerlaubnis ohne zeitliche Begrenzung im Bundesgebiet gelte (Bukow Kraftfahrt- und Verkehrsrecht 1971 S. 55).

Immerhin sind Ausnahmen denkbar. Vgl. für einen solchen Sonderfall BGH 7.IV.1966 NJW 1966 S. 1216–1217 = VersR 1966 S. 557–559: Dort besaß der Vte nur den Führerschein der Klasse 4, er hatte auch die Fahrprüfung für die Klasse 3 bestanden, aber den Führerschein noch nicht erhalten, weil jene Erweiterung noch einzutragen war. Dem Vten war dabei gesagt worden, daß er den geänderten Führerschein nach einer Woche abholen könne. Der Vortrag des Vmers ging dahin, daß der Vte dann nach Ablauf von zehn Tagen bei der Behörde angerufen habe und ihm gesagt worden sei, daß der Führerschein zum Abholen bereit liege. Entgegen der Auffassung des Berufungsgerichts wertete der BGH einen solchen Fall als einen unverschuldeten Obliegenheitsverstoß (vgl. ergänzend dafür, daß in solchen eigenartig gelagerten Fällen auch kein Rechtswidrigkeitszusammenhang im Sinne des Kausalitätserfordernisses vorliegt, BGH 27.II.1976 VersR 1976 S. 533 und Anm. F 48). Ebenso hatte das Berufungsgericht in dem vom BGH 25.II.1970 NJW 1970 S. 995–997 = VA 1970 S. 199–201 Nr. 560 entschiedenen Fall den Irrtum eines spanischen Vmers als entschuldigt angesehen, der angenommen hatte, daß sein internationaler Führerschein im Bereich der Bundesrepublik Gültigkeit habe (vom BGH 25.II.1970 a. a. O. wurde die Verschuldensfrage entgegengesetzt beurteilt, der Vsschutz aber wegen Fehlens eines rechtlich relevanten Kausalitätszusammenhangs bejaht, vgl. Anm. F 47). Vgl. dazu auch RG 19.VI.1934 VA 1934 S. 225 Nr. 2723, wo ebenfalls der Irrtum über die Gültigkeit eines solchen internationalen Führerscheins, der ohne Einschränkung für die Dauer eines Jahres ausgestellt war, als entschuldigt angesehen worden ist, allerdings in einem Fall, in dem es nicht um die Gültigkeit des Führerscheins des Vmers, sondern um die des von ihm mit der Fahrzeugführung beauftragten Dritten ging. Vgl. ferner BGH 22.XI.1968 NJW 1969 S. 372 = VersR 1969 S. 147: Das Gericht bildete a. a. O. den Beispielsfall, daß dem Vmer von der Straßenverkehrsbehörde in Deutschland entgegen der Rechtslage gesagt worden sei, daß sein österreichischer Führerschein in Deutschland zeitlich unbeschränkt gelte; für diesen Fall könne ein Irrtum des Vmers als entschuldigt angesehen werden. Den konkreten Sachverhalt (der also mit dem gedachten Beispielsfall nicht identisch ist) bewertete der BGH a. a. O. aber dahin, daß ein Verschulden vorliege. Das wurde daraus hergeleitet, daß derjenige, der nicht wisse, daß sein ausländischer Führerschein nach Ablauf der in § 5 IntVO a. F. genannten Jahresfrist nicht mehr zum Fahren im Gebiet der Bundesrepublik Deutschland berechtige, in aller Regel einem als fahrlässig zu qualifizierenden Rechtsirrtum unterliege; es sei Pflicht des Vmers oder Vten, sich nach der Geltungsdauer einer solchen Fahrerlaubnis rechtzeitig zu erkundigen.

Denkbar sind schließlich seltene Ausnahmefälle, in denen ein Vmer ohne Verschulden nicht weiß, daß er keine gültige Fahrerlaubnis besitzt. Gedacht sei daran, daß ein Vmer als Folge eines Unfalls einen schweren Schock mit der Folge eines

Gedächtnisverlustes erlitten hat, durch den er eine vorangegangene Entziehung des Führerscheins für einen bestimmten Zeitraum vergessen hat. Ob allerdings dieser nur theoretisch gebildete Beispielsfall je beweiskräftig festgestellt werden könnte, erscheint als zweifelhaft. Entscheidungen oder Mitteilungen über eine derartige Ausnahmesituation fehlen. Weiß der Vmer nichts davon, daß ihm der Führerschein entzogen worden ist, z. B. mittels Niederlegung durch einen bei der Post zugestellten Beschluß, so fehlt es im Regelfall an einem verschuldeten Verstoß (anders LG Mosbach 25.XI.1980 VersR 1981 S. 872, vgl. auch Anm. F 37). Als weiterer möglicher unverschuldeter Verstoß gegen die Führerscheinklausel sei der Fall erwähnt, daß ein Motorfahrrad im Sinne des § 4 I Nr. 1 StVZO, ohne daß irgendwelche Umbauten vorgenommen worden sind, bestimmungswidrig eine höhere Geschwindigkeit als 25 km/h erreicht. Das gleiche gilt, wenn ein solches Fahrzeug zwar umgebaut ist, der Vte oder Vmer das aber nicht merkt. Zwar genügt an sich leichte Fahrlässigkeit als Verschuldensform; doch ist eine einschränkende Interpretation am Platze, daß die Kenntnis des Umbaus und der daraus folgenden Führerscheinpflichtigkeit in einem solchen besonderen Falle zum objektiven Tatbestand der Obliegenheitsverletzung zu rechnen ist (anders LG Hanau 10.IX.1985 r + s 1985 S. 261−262 = ZfS 1986 S. 115−116, LG Köln 30.IV.1986 r + s 1987 S. 35 = ZfS 1987 S. 115, zutreffend AG Heidenheim, das zwar auch zur Versagung des Vsschutzes kommt, aber das damit begründet, daß der Vmer nach den tatsächlichen Feststellungen von dem Umbau Kenntnis hatte).

Schließlich gibt es auch Fälle, in denen jemand in Kenntnis des Umstandes, daß er keine gültige Fahrerlaubnis hat, rechtmäßig ein Fahrzeug im öffentlichen Verkehr führt. Gedacht sei an den sogenannten rechtfertigenden Notstand im Sinne des § 34 StGB. Hier fehlt es allerdings schon am äußeren Tatbestand der Obliegenheitsverletzung, so daß es auf ein Verschulden des Vmers nicht ankommt. − Beispiel: Ein Arzt erkennt an einem Unfallort, daß ein Schwerverletzter sofort in ein Krankenhaus kommen muß, da jede Minute Verspätung den Tod herbeiführen kann. Der Arzt entschließt sich, weil keine Person mit einer Fahrerlaubnis zur Hand ist, ungeachtet dessen, daß ihm der Führerschein wegen Trunkenheit am Steuer vor Jahresfrist entzogen war, den Verletzten sofort in ein Krankenhaus zu fahren. Ein solcher Vmer handelt rechtmäßig im Sinne des Strafrechts. Es leuchtet ein, daß ein im Sinne einer rechtseinheitlichen Betrachtungsweise rechtmäßiges Verhalten nicht zugleich vsrechtlich als Obliegenheitsverletzung gewertet werden darf. − Weiteres Beispiel: Ein Vmer wird von einem Angreifer verfolgt, der ihm nach Leib und Leben trachtet. Er entschließt sich, um dem Angriff zu entgehen, trotz Fehlens einer Fahrerlaubnis, mit seinem Wagen zu fliehen.

Vsschutz zu bejahen ist auch für ebenso schwer zu konstruierende Fälle des Fahrens ohne behördliche Fahrerlaubnis bei Vorliegen einer Notwehrsituation (gemäß § 32 StGB) oder eines entschuldigten Notstandes (im Sinne des § 35 StGB). Alle angeführten Beispiele zeigen aber, daß nur in extremen Ausnahmesituationen ein Vmer bezüglich des eigenen Fahrens ohne Führerschein als gerechtfertigt oder entschuldigt angesehen werden kann.

[F 45] bb) Verschulden bei der Überlassung des Fahrzeugs an einen Fahrer ohne gültige Fahrerlaubnis

Nach § 2 II c AKB bleibt die Verpflichtung zur Leistung gegenüber dem Vmer, Halter oder Eigentümer bestehen, wenn er das Vorliegen der Fahrerlaubnis bei dem berechtigten Fahrer ohne Verschulden annehmen durfte. Als Grundsatz ist davon auszugehen, daß ein sorgsamer Vmer, Halter oder Eigentümer bei Überlas-

III. 3. Führerscheinklausel   Anm. F 45

sung des „vten" Fahrzeugs an einen Dritten sich den Führerschein vorlegen läßt. So: BGH 29.X.1959 VersR 1959 S. 1015, 16.V.1966 VersR 1966 S. 626 = VRS Bd 31 S. 22–23, 19.II.1968 VersR 1968 S. 443, 22.XI.1968 VersR 1969 S. 124, 13.VI.1984 DAR 1984 S. 316 = VersR 1984 S. 834, 6.VII.1988 VersR 1988 S. 1017 = r + s 1988 S. 251–253. Kann der Vmer nicht lesen (so im Fall OLG Celle 14.II.1986 ZfS 1986 S. 148–149), so muß er eine vertrauenswürdige Person damit beauftragen, die vorgelegte Urkunde zu überprüfen. Wäre der Vmer in dem vom OLG Celle entschiedenen Fall so verfahren und er dabei von seiner eigenen Schwester getäuscht worden, so hätte man ihn als entschuldigt ansehen dürfen. Im übrigen müssen Vmer, Halter oder Eigentümer den Erfahrungssatz berücksichtigen, daß jüngere Leute besonders leicht dem Anreiz unterliegen, ohne Führerschein zu fahren (BGH 16.V.1966 a. a. O.). Eine Prüfung des Führerscheins ist entbehrlich, wenn der Vmer verständigerweise auch ohne Vorlage eines solchen Führerscheins annehmen durfte, daß der betreffende Fahrer eine behördliche Fahrerlaubnis besitze. In diesem Sinne hat BGH 16.V.1966 a. a. O. angenommen, daß zu einem Mißtrauen zum Beispiel dann keine Veranlassung bestehe, wenn der Halter wisse, daß der ihm gut bekannte Fahrer seit längerer Zeit ein eigenes Fahrzeug derselben Klasse ständig benutze. Dagegen genügt keineswegs das Wissen davon, daß jemand vor einiger Zeit Fahrunterricht genommen hat; denn nach der Lebenserfahrung muß mit der Möglichkeit eines Nichtbestehens der Prüfung gerechnet werden (OLG Koblenz 5.II.1982 ZfS 1982 S. 133, vgl. auch AG Saarburg 29.IX.1981 ZfS 1983 S. 86–87). Etwas anderes ist es aber dann, wenn der Vmer beobachtet hat, daß der Fahrer nach einem solchen Fahrunterricht das Fahrzeug zuverlässiger Leute fahren durfte (OLG Stuttgart 3.IX.1984 ZfS 1985 S. 54).

    Bemerkenswert auch BGH 16.VI.1971 VersR 1971 S. 808–809 für einen Fall, in dem der Führerschein durch Richterspruch entzogen worden war. Der BGH führte dazu a. a. O. S. 809 aus, daß ein Vmer, der positiv wisse, daß jemand, den er ein Kfz seines Arbeitgebers lenken sehe, den hierfür erforderlichen Führerschein erworben habe, ohne besonderen Grund nicht auf den Gedanken kommen werde, der andere könne den Wagen gleichwohl ohne Fahrerlaubnis führen. Wenn er ihm daher kurz darauf das eigene Fahrzeug überlasse, könne er im Sinne von § 2 IIc S. 2 AKB entschuldigt sein. Das verbotswidrige Verhalten des U, durch das der Kläger getäuscht worden sei, sei ungewöhnlich und auch bei der gebotenen Sorgfalt nicht in Rechnung zu stellen gewesen. Würde auch in solchen Fällen der Vsschutz schlechthin von der Einsicht in den Führerschein abhängig gemacht, so entfiele für die Bestimmung, die ausnahmsweise die entschuldbare Gutgläubigkeit des Vmers genügen lasse, nahezu jede Anwendungsmöglichkeit. Im gleichen Sinne ÖOGH 20.III.1968 VersR 1969 S. 361–362 für einen Fall, in dem ein Arbeitnehmer darauf vertraute, daß der gemeinsame Arbeitgeber bei dem für diesen fahrenden Arbeitskollegen die Fahrerlaubnis überprüft habe. Dagegen nimmt ÖOGH 21.I.1970 VersR 1970 S. 967 zu Recht an, daß Fahrlässigkeit vorliege, wenn das Fahrzeug einem Dritten anvertraut werde, den man lediglich zwei- oder dreimal am Steuer eines Fahrzeugs gesehen habe. Überhaupt darf grundsätzlich auf Angaben nur flüchtig bekannter Personen, daß diese eine behördliche Fahrerlaubnis besitzen, nicht vertraut werden (LG Koblenz 2.VI.1975 VersR 1976 S. 333–334). Mißtrauen ist geboten, wenn der Fahrer, dem man gutgläubig das Steuer anvertraut hatte, gegenüber der kontrollierenden Polizei einen Führerschein nicht vorlegen kann; in dieser Situation darauf zu vertrauen, daß die Polizei das Weiterfahren deshalb nicht unterbrochen habe, weil sie elektronisch das Vorliegen einer solchen Fahrerlaubnis ermittelt habe, ist vom BGH 6.VII.1988 a. a. O. zu Recht als fahrlässig eingeordnet worden. Hat die als Fahrer in Aussicht genommene Person kein eigenes Fahrzeug, so ist im Regelfall die Vorlage eines Führerscheins unerläßlich (OLG Frankfurt a. M. 22.II.1984 ZfS 1984 S. 336). Kann der Fahrer den Führerschein nicht vorlegen, so handelt der das Fahrzeug aufgrund einer Ausrede aushändigende Vmer in der Regel fahrlässig (AG Essen 13.IV.1989 ZfS 1989 S. 241). Vgl. dagegen OLG Celle 12.XI.1969 VersR 1970 S. 148, das einen Barbesitzer für entschuldigt hielt, der seinen Pkw dem bei ihm angestellten Büffetier zum Fahren überlassen hatte. Dieser Büffetier hatte ein Jahr lang einen eigenen Wagen gefahren, so daß der Vmer, der den Vten als zuverlässigen Arbeitnehmer kannte, wie alle anderen Freunde und Bekannte auch als selbstverständlich von dem Vorliegen einer amtlichen Fahrerlaubnis ausging.

Die üblichen Gepflogenheiten der Höflichkeit und die gesellschaftlichen Umgangsformen sind zu beachten. Von einem Nachbarn, Freund, Verwandten, Angestellten derselben Firma oder einem Sportkameraden kann der Vmer, wenn er weiß, daß der Betreffende ständig selbst einen solchen Wagen fährt, nicht (ohne als unhöflich oder als seltsamer Kauz zu erscheinen) die Vorlage des Führerscheins verlangen (vgl. BGH 16.V.1966 a. a. O., ferner OLG Stuttgart 3.IX.1984 ZfS 1985 S. 54, OLG Karlsruhe 2.IV.1987 r + s 1987 S. 153). Besonders bemerkenswert der vom OLG Karlsruhe 2.IV.1987 a. a. O. entschiedene Fall, in dem der frühere Ehemann der Vmerin innerhalb von 20 Jahren 10 verschiedene Autos gefahren hatte, ohne im Besitz eines Führerscheins zu sein; bei Kontrollen legte er in dieser Zeit unbeanstandet einen entwendeten Führerschein eines Arbeitskollegen vor. Das Gesagte über einen gewissen „Vertrauensschutz" gilt erst recht, wenn sich der Vmer gegenüber einer solchen Person doch zu einer solchen Frage nach der amtlichen Fahrerlaubnis durchringt und darauf der Vte sogleich ein wie ein gültiger Führerschein aussehendes Dokument vorlegt. Hier braucht es dem Vmer unter diesen besonderen Umständen nicht als Verschulden angelastet zu werden, daß er sich deshalb diesen Führerschein nicht genau angesehen hatte, weil er nicht mit einer Unverfrorenheit des Inhalts rechnete, daß ein listiges Täuschungsmanöver vorgenommen werde (so zutreffend OLG Stuttgart 27.II.1974 VersR 1974 S. 690–691). Hätte der Vmer allerdings gewußt, daß der Vte ein ehemaliger Fürsorgezögling war, so hätte er das ihm entgegengestreckte „amtliche" Papier näher prüfen müssen. In einer Entscheidung zu § 21 II Nr. 1 StVG ist vom KG 7.I.1971 VRS Bd 40 S. 284–285 angenommen worden, daß auch der Vmer fahrlässig handle, der sich von dem als Verkaufsfahrer tätigen Verlobten der Tochter den Führerschein nicht zeigen lasse. In dem Urteil heißt es, daß der Vmer sich nicht darauf verlassen dürfe, daß der Arbeitgeber des Verlobten mehr Sorgfalt als der Halter selber walten lasse. Hier wird indessen der Bogen überspannt und den komplexen Beziehungen zwischen dem Verlobten der Tochter und dem künftigen Schwiegervater nicht in einer der Lebenswirklichkeit entsprechenden Art und Weise Rechnung getragen. Dagegen hat OLG Schleswig 24.III.1966 DAR 1967 S. 52–53 (strafrechtliche Entscheidung) eine Verlobte als entschuldigt angesehen, die den Angaben ihres Verlobten vertraute und sich von ihm den Führerschein nicht vorlegen ließ. Das entspricht einer lebensnahen Betrachtung. Für einen Grenzfall zum österreichischen Recht vgl. ÖOGH 20.XII.1979 VersR 1981 S. 1064. Eine Mutter hatte dort ihrem Sohn ihr Fahrzeug überlassen. Der Vte hatte eine gültige kanadische Fahrerlaubnis und einen abgelaufenen internationalen Führerschein. Die Mutter hatte sich die Fahrerlaubnis nicht vorlegen lassen; ein Verschulden wurde bejaht, weil die Mutter sich überhaupt nicht nach der Lenkberechtigung ihres Sohnes erkundigt hatte. Man darf die Entscheidung daher wohl nicht so verstehen, daß eine Mutter sich stets die Fahrerlaubnis des Sohnes nach der Meinung des ÖOGH vorlegen lassen müsse. Vielmehr kann in einem engen Vertrauensverhältnis durchaus den Angaben eines nahen Verwandten

III. 3. Führerscheinklausel   Anm. F 45

geglaubt werden, es sei denn, daß sein Verhalten in der Vergangenheit Zweifel an seiner Zuverlässigkeit als berechtigt erscheinen lassen.

Weiß der Vmer, daß der Entleiher schon einmal mit dem Gesetz in Konflikt geraten ist oder sich sonst als unzuverlässig erwiesen hat, so ist von einem strengen Maßstab auszugehen. Ein Vmer (Halter oder Eigentümer) handelt in diesem Sinne schon dann fahrlässig, wenn er weiß, daß der Entleiher schon mehrfach im angetrunkenen Zustand mit dem eigenen Wagen gefahren ist; denn dann liegt die Annahme nicht so fern, daß aus einem solchen Anlaß der Führerschein entzogen sein könnte (OLG Hamm 24.XI.1989 r + s 1990 S. 147–148). Vgl. auch BGH 19.II.1968 VersR 1968 S. 443–444; das Gericht bejahte Fahrlässigkeit für den Fall einer Überlassung des Fahrzeugs an einen unzuverlässigen Menschen, der keinen festen Wohnsitz hatte und der zeitweise sogar als Zuhälter tätig gewesen war. Die Besonderheit des Falles lag darin, daß dieser Vte schon seit 1955 keine Fahrerlaubnis mehr hatte, in der Zwischenzeit aber mehrfach in Gegenwart der Vmerin bei behördlichen Kontrollen unbeanstandet gefälschte Führerscheine vorgelegt hatte. Das Gericht begnügte sich insoweit mit der Bemerkung, daß kein Anhaltspunkt dafür gegeben sei, daß dem Vten bei einem entsprechenden Verlangen nach Vorlage eines Führerscheins wiederum ein gefälschtes Dokument zur Verfügung gestanden hätte. – Aus dem Gesagten folgt, daß erst recht ein Vmer fahrlässig handelt, der ohne Überprüfung den Angaben eines Vten Glauben schenkt, daß ihm die ursprünglich entzogene Fahrerlaubnis wieder erteilt worden sei (OLG Hamm 30.XI.1976 VersR 1977 S. 757–758, OLG Köln 28.II.1991 r + s 1991 S. 153–154).

Wer sein Fahrzeug auf einem öffentlichen Parkplatz neben den vorgeschriebenen Parkbuchten abstellt, darf grundsätzlich nicht darauf vertrauen, daß der Parkwächter, der sich zu dem wegen Überfüllung des Platzes erforderlichen Umsetzen des Fahrzeugs erbietet, die vorgeschriebene Fahrerlaubnis besitzt (BGH 22.XI.1968 VersR 1969 S. 124–125). Anders ist jedoch dann zu entscheiden, wenn der Parkplatz so organisiert ist, daß der Vmer davon ausgehen durfte, daß der Unternehmer nur Arbeitnehmer mit gültigen Fahrerlaubnissen beschäftigen werde; sei es, daß die Benutzer des Parkplatzes wegen ständig erforderlichen Umrangierens die Fahrzeugschlüssel stecken lassen müssen, sei es, daß ihnen sogar vor dem Parkplatz die Wagen zum Fahren durch Arbeitnehmer des Parkplatzunternehmers abgenommen werden (vom BGH 22.XI.1968 a. a. O. gebildetes Beispiel). Ebenso darf erwartet werden, daß eine zuverlässige Reparaturwerkstatt, der das Fahrzeug zur Inspektion oder zum Ausbessern anvertraut wird, nur Arbeitnehmer mit dem Fahren des Wagens des Kunden beauftragt, die Inhaber eines gültigen Führerscheins sind; demgemäß wäre es eine Überspitzung der Sorgfaltspflicht, vom Vmer zu verlangen, daß er sich von dem Monteur einer solchen Werkstatt, der das Fahrzeug zur Reparatur abholen will, die behördliche Fahrerlaubnis vorlegen läßt (BGH 22.XI.1968 a. a. O., so auch schon OLG Hamm 11.V.1931 JRPV 1932 S. 95). Ebenso darf derjenige, der sein Fahrzeug in einer Werkstatt zur Inspektion oder Reparatur abgibt, darauf vertrauen, daß nur solche Monteure das Fahrzeug auf den erforderlichen Probefahrten führen, die eine gültige Fahrerlaubnis haben (OLG Düsseldorf 1.X.1957 VersR 1958 S. 283–284). Dagegen verlangt OLG Frankfurt 29.V.1973 VersR 1974 S. 560–562, daß sich der Vmer dann die Fahrerlaubnis des Monteurs vorlegen lassen müsse, wenn er weiß, daß dieser in mehrere Verkehrsunfälle verwikkelt war. In diesem Fall war aber sicher auch nicht ohne Bedeutung, daß diesem Monteur das Fahrzeug zur Durchführung einer Schwarzarbeit übergeben worden war. Denn das zeigt auch einen gewissen Grad von Unzuverlässigkeit auf.

Anm. F 45   F. Obliegenheiten des Vmers in der Kraftfahrzeughaftpflichtv

Wer einen Kraftfahrer einstellt oder einen Arbeitnehmer, zu dessen Aufgabenbereich es gehört, Fahrzeuge des Betriebs zu führen, muß sich stets den Führerschein vorlegen lassen (BGH 29.X.1959 VersR 1959 S. 1015, OLG Hamm 23.IV.1982 VersR 1983 S. 234—235, 22.II.1984 VersR 1985 S. 751 [nur L. S.]). Das gilt nach BGH 29.X.1959 a. a. O. auch dann, wenn der Vmer bei dem Arbeitsamt einen Kohlenarbeiter mit Führerschein angefordert hatte und ihm ein Arbeitnehmer mit einer Zuweisungskarte mit dem Vermerk „Kohlenarbeiter m. Fü." zugesandt wurde. Die Kenntnis, daß der neu anzustellende Arbeitnehmer bei seinem früheren Arbeitgeber einen Geschäftswagen gefahren hat, entbindet ebenfalls nicht von der Verpflichtung, den Führerschein sich vorlegen zu lassen.

Von einem Mietwagenunternehmen ist zu erwarten, daß es sich bei der Vermietung eines Fahrzeugs den Führerschein vorlegen läßt. Das gilt auch dann, wenn ein Interessent kurzfristig hintereinander mehrere Fahrzeuge anmietet. Ist dieser Interessent allerdings ein guter Freund oder Bekannter des Vermieters, von dem er weiß, daß er ständig einen Wagen der gleichen Fahrzeugklasse fährt, so braucht, wenn beim ersten Mal der Führerschein vorgelegt worden war, in einer kurze Zeit später erfolgenden erneuten Vermietung eines Fahrzeugs ohne Vorlage der behördlichen Fahrerlaubnis keine Fahrlässigkeit gesehen zu werden. Etwas anderes gilt allerdings dann, wenn der Vermieter erfährt, daß der Grund für das Anmieten des Wagens ein Verkehrsunfall mit dem Wagen des Mieters gewesen ist. Die Überlegung, daß aus Anlaß eines solchen Verkehrsunfalls der Führerschein entzogen sein könnte, liegt nicht so fern, daß nicht ein sorgsamer Vmer den sicheren Weg wählen müßte, die Vorlage der Fahrerlaubnis erneut zu verlangen.

Ist der vorgelegte Führerschein unleserlich, so darf auf Erläuterungen des Fahrers oder dritter Personen nicht vertraut werden. Es muß vielmehr auf Vorlage einer leserlichen Ausfertigung des Führerscheins bestanden werden. Wird dem Vmer ein gefälschter Führerschein vorgelegt, so dürfen freilich an die Sorgfaltspflicht keine zu hohen Anforderungen gestellt werden (OLG Karlsruhe 16.VII.1986 r + s 1987 S. 302—303 = ZfS 1988 S. 17). Zu bedenken ist vielmehr, daß mit solchen Unrechtshandlungen im allgemeinen nicht gerechnet wird. Wird einem Dritten für einen längeren Zeitraum ein Kraftwagen anvertraut, so besteht stets die Möglichkeit, daß dieser berechtigte Fahrer seinen Führerschein durch eine gerichtliche Erkenntnis oder einen Akt der Verwaltungsbehörde verliert. Vom Vmer kann aber nicht eine ständige Nachkontrolle gefordert oder eine Überprüfung in regelmäßigen Abständen verlangt werden. Fahrlässig handelt aber der Vmer, der eine Nachkontrolle unterläßt, obwohl ihm Indizien darüber bekanntgeworden sind, daß der betreffende Fahrer einen Verstoß gegen grundlegende Verkehrsvorschriften begangen hat, der gemeinhin mit dem Entzug der Fahrerlaubnis oder einem Fahrverbot geahndet wird, z. B. Fahren im trunkenen Zustand oder Fahrerflucht nach einem Verkehrsunfall. — Gewiß handelt auch derjenige Vmer fahrlässig, der bei einem Arbeitnehmer, der nur eine zeitlich befristete Fahrerlaubnis hat (vgl. dazu Anm. F 34 und 39), keine Nachkontrolle durchführt.

§ 2 II c AKB behandelt nicht ausdrücklich den Fall, daß bei einer Mehrheit von Vmern ein Vmer nichts dagegen unternimmt, daß der andere, von dem er weiß, daß er keine Fahrerlaubnis hat, das Fahrzeug im öffentlichen Verkehr führt. ÖOGH 13.III.1980 VersR 1981 S. 1167—1168 hat auch das als einen Verstoß gegen § 2 II c AKB angesehen. Der Begründung, daß jeder Vmer nach seinen Kräften dazu mitwirken müsse, daß ein anderer Vmer das Fahrzeug nicht ohne Lenkerberechtigung benutze, ist beizupflichten. Sie entspricht der besonderen Verantwortung jedenfalls desjenigen Vmers, der als Mithalter zu einem Unterbinden solchen Tuns auch strafrechtlich nach § 21 I Nr. 2 StVG verpflichtet ist (vgl. dazu BayObLG 6.V.1983

III. 3. Führerscheinklausel   Anm. F 46

VerkMitt 1984 S. 11–12 Nr. 13). Eine andere Frage ist es, welche Maßnahmen im einzelnen ergriffen werden müssen. So ist es z. B. als nicht zumutbar anzusehen, einen nahen Verwandten zur Unterbindung solchen Tuns bei der Staatsanwaltschaft anzuzeigen. Dafür, daß ein Vmer sich im übrigen den Verstoß des anderen Vmers gegen die Führerscheinklausel nach § 2 II c AKB nicht anrechnen zu lassen braucht, sofern dieser andere Vmer nicht ausnahmsweise als Repräsentant anzusehen ist (vgl. auch Anm. F 46).

Ist ein Fahrer nach den Umständen des Falls als berechtigt anzusehen, das Steuer einem Vierten anzuvertrauen, so ist § 2 II c AKB entsprechend zu Lasten dieses Fahrers anzuwenden, so daß er für durch den Vierten angerichtete Schäden nur dann Vsschutz hat, wenn er schuldlos von dem Vorliegen einer Fahrerlaubnis ausgehen durfte (dafür, daß diese Überlegungen voraussetzen, daß ein solcher Fall überhaupt entgegen BGH 15.X.1962 VA 1963 S. 27–28 Nr. 353 = MDR 1963 S. 29–30 unter den primären Vsschutz für den Fahrer fällt, vgl. Anm. G 41 und H 7 m. w. N.).

[F 46] cc) Einstehen für das Verschulden Dritter

Der Vmer verliert den Vsschutz nur dann, wenn er selbst die Führerscheinklausel verletzt hat oder wenn das durch einen seiner Repräsentanten geschehen ist. Die Person des Repräsentanten ist dabei nicht immer einfach zu bestimmen. Das gilt um so mehr, als dem unterschiedlichen Zweck der einzelnen als Obliegenheiten eingeordneten Verhaltensnormen maßgebende Bedeutung zukommt. Für die Anzeige- und Auskunftsobliegenheit nimmt die Rechtsprechung eine erweiterte Zurechnung des Verhaltens Dritter über den Begriff des Repräsentanten hinaus an. Es handelt sich dabei um Personen, derer sich der Vmer als Wissens- oder Wissenserklärungsvertreter bedient. Vgl. dazu die eingehenden Nachweise bei Möller in Bruck–Möller Bd I Anm. 78–90 zu § 6, ferner Anm. F 99, 120 m. w. N. BGH 13.V.1970 VA 1970 S. 204 Nr. 563 = VersR 1970 S. 614 hat diese Grundsätze auch auf die Obliegenheit nach § 2 II c AKB übertragen. Das Gericht hat dazu bemerkt, das Berufungsgericht habe geprüft, ob die Kl. sich das Verschulden ihres Angestellten W. anrechnen lassen müsse. Dazu sei ausgeführt worden, daß dann, wenn der Leiter den Innenbetrieb seines geschäftlichen Unternehmens in der Weise organisiere, daß Tatsachen, deren Kenntnis von Rechtserheblichkeit sei, nicht von ihm selbst, sondern von einem bestimmten Angestellten zur Kenntnis genommen werden, er sich die Kenntnis des Angestellten wie seine eigene anrechnen lassen müsse (sog. Wissensvertreter). Im Gegensatz zum Repräsentanten brauche ein Wissensvertreter nicht in einem Geschäftsbereich von einiger Bedeutung eingesetzt zu sein, sondern könne überall im Betrieb des Vmers tätig werden. Es komme deshalb nicht darauf an, ob W. ständig mit der Ausgabe der Mietwagen betraut gewesen sei und ob er diese Aufgabe allein wahrzunehmen gehabt habe. Es genüge, daß W. im vorliegenden Falle der ordnungsgemäße Abschluß des Mietvertrages oblegen habe. Hieraus habe sich für ihn die Notwendigkeit ergeben, die Fahrerlaubnis des Mieters zu prüfen und auf dabei ersichtliche Mängel zu achten. Diesen Ausführungen wurde vom BGH ohne weitere Begründung zugestimmt. Dieser Entscheidung ist im Ergebnis durchaus beizupflichten. Ein Mietwagenunternehmen muß in der Weise organisiert sein, daß die Überprüfung der wichtigen Frage, ob der Mieter eine Fahrerlaubnis hat, von dem Vmer oder seinem Repräsentanten vorgenommen wird. Geschieht das nicht, so liegt in aller Regel ein Organisationsverschulden des Vmers vor, das zur Annahme einer Fahrlässigkeit im Sinne des § 6 I genügt, weil nicht hingenommen werden kann, daß sich der Vmer „der notwendigen laufenden

Betreuung völlig entschlägt" (Möller in Bruck – Möller Bd I Anm. 101 zu § 6). Diese im Kern zutreffende Überlegung darf aber nicht dazu führen, die für die Anzeige- und Auskunftsobliegenheit entwickelten Grundsätze über Wissens- oder Wissenserklärungsvertreter auf andere Obliegenheiten zu übertragen. Die in der Entscheidung aufgeführte Fundstelle Bruck – Möller Bd I Anm. 82 zu § 6 bezieht sich im übrigen auch nur auf Anzeige- und Aufklärungsobliegenheiten, wie die Überschrift zu Anm. 78 zeigt. Die ebenfalls erwähnte Entscheidung RG 8.III.1921 RGZ Bd 101 S. 402–403 deckt diese Modifikation des Repräsentantenbegriffs auch nicht. Sie befaßt sich mit der Zurechnung des Wissens eines Arbeitnehmers des Vmers im Rahmen einer Ausschlußklausel der allgemeinen Haftpflichtv, die allerdings eine Modifikation des Vorsatzbegriffes darstellte. Nach allem ist anzunehmen, daß hier vom BGH eher eine unbewußte Abweichung von den überkommenen Abgrenzungen vorgenommen worden ist.

Bei der Abwägung der Frage, ob eine Repräsentanteneigenschaft im Sinne des § 2 II c AKB anzunehmen ist oder nicht, ist zunächst zwischen dem beruflichen und dem privaten Bereich zu unterscheiden. Wer einen Berufsfahrer anstellt oder einen Arbeitnehmer, zu dessen Aufgabenbereich es gehört, Fahrzeuge des Vmers zu führen, muß entweder selbst überprüfen, ob dieser Fahrer eine gültige Fahrerlaubnis besitzt, oder muß das durch einen Repräsentanten tun lassen. Unterläßt es der Vmer, im geschäftlichen Bereich für die Prüfung einer solchen wesentlichen Frage einen Repräsentanten zu bestellen, so ist ihm das als eigenes Verschulden im Sinne einer Fehlorganisation anzurechnen. Die Annahme einer solchen verstärkten Sorgfaltspflicht erscheint angesichts der Bedeutung der Fahrerlaubnis als unerläßlich.

Einen Grenzfall behandelt RG 21.X.1932 VA 1932 S. 329–331 Nr. 2506. In jenem Fall war der Firmeninhaber von seinem Prokuristen telefonisch davon unterrichtet worden, daß der Chauffeur eines Lastkraftwagens völlig betrunken sei. Der Vmer wies daraufhin den Prokuristen an, den Fahrer sofort zu entlassen und den Fahrer S. zu nehmen, der sich kurze Zeit vorher mit anderen Bewerbern vorgestellt hatte und der sich infolge Arbeitslosigkeit in einer großen Notlage befand. Da S. damals nicht in Betracht gekommen war, hatte sich der Vmer den Führerschein nicht vorlegen lassen. Davon unterrichtete er in dem Telefongespräch den Prokuristen nicht. Weshalb der Prokurist sich den Führerschein nicht hatte zeigen lassen, wird im Sachverhalt nicht mitgeteilt, doch dürfte die Annahme nahe liegen, daß jener Arbeitnehmer des Vmers aufgrund der Anweisung des Firmeninhabers im Telefongespräch annahm, daß diese Prüfung bereits erfolgt sei. Dafür spricht, daß die Revision sich nach dem mitgeteilten Sachverhalt erst in der mündlichen Verhandlung vor dem RG darum bemühte, die Haftung des Vmers für ein etwaiges Verschulden des Prokuristen aus dem Gesichtspunkt der Repräsentantenhaftung zu begründen. Die Repräsentanteneigenschaft jenes Prokuristen wird verneint unter Hinweis darauf, daß für die Stellung des Repräsentanten die Befugnis zu selbständigem rechtsgeschäftlichen Handeln für den Vmer innerhalb des in Frage kommenden Geschäftskreises erforderlich sei; davon könne aber keine Rede sein, wenn der Prokurist lediglich durch den Fernsprecher von dem auf der Reise befindlichen Prinzipal angewiesen werde, einen von ihm vorgeschlagenen Chauffeur zu engagieren und in eine bestimmte Arbeit einzuweisen. – Gegen die damit betonte Annahme eines Bedürfnisses nach Repräsentanz vgl. die Ausführungen von Möller Bd I Anm. 95 zu § 6. Der Sache nach läßt sich darüber streiten, ob die Versagung des Vsschutzes in jenem Ausnahmefall sachlich gerechtfertigt war oder nicht. Von dem Vmer hätte man erwarten dürfen, daß er dem Prokuristen mitteilte, daß er sich den Führerschein noch nicht habe vorlegen lassen und von dem Prokuristen, daß er vorsorglich dieses Papier noch einmal verlangt. Die richtige Entscheidung wäre wohl doch die gewesen,

III. 3. Führerscheinklausel   Anm. F 46

die Repräsentanteneigenschaft des Prokuristen auch in diesem Ausnahmefall zu bejahen. Denn wenn der Geschäftsherr selbst die Prüfung nicht durchgeführt hatte, so liegt die Annahme nach objektiven Grundsätzen nahe, daß er in dem Telefongespräch die Führerscheinüberprüfung dem Prokuristen anvertrauen wollte. Es ist demgemäß an dem eingangs erwähnten Grundsatz festzuhalten, daß bei der Einstellung eines Berufskraftfahrers oder eines Arbeitnehmers, der berufsmäßig Fahrzeuge des Vmers zu führen hat, stets ein Repräsentant zur Prüfung der Fahrerlaubnis des Betreffenden bestellt werden muß, wenn der Vmer diese Prüfung nicht selbst durchführt.

Als Repräsentant im geschäftlichen Bereich kann z. B. derjenige angesehen werden, der im Rahmen eines Betriebes für den Einsatz der Kraftfahrzeuge verantwortlich ist (vgl. OLG Frankfurt a. M. 29.V.1973 VersR 1977 S. 561). Vgl. ferner OLG Frankfurt a. M. 2.X.1969 VersR 1971 S. 72, das Repräsentanteneigenschaft für einen Betriebsleiter eines Vmers bejahte, dessen Unternehmen zwei Kiesgruben und einen Steinbruch umfaßte. Dieser Betriebsleiter war ständig damit betraut, die für die laufende Überholung des Geräteparks erforderlichen Anordnungen zu treffen und den Vmer bei dessen Verhinderung in allen Betriebsangelegenheiten zu vertreten.

Bei einer Mehrheit von Vmern ist in der Haftpflichtv der Grundsatz zu beachten, daß den einzelnen Vmern selbständige Haftpflichtvsansprüche zustehen (vgl. Anm. G 12). Daraus folgt, daß eine Obliegenheitsverletzung durch einen der Vmer dem anderen nur schadet, wenn es sich insoweit um seinen Repräsentanten gehandelt hat; die bloße Eigenschaft als Vmer reicht nicht aus. Zu beachten ist aber, daß ein eigenes Verschulden des Vmers vorliegen kann, wenn er es duldet, daß sein Mitvmer, von dem er weiß, daß er keine Fahrerlaubnis hat, das gemeinsame Fahrzeug weiter benutzt (vgl. dazu Anm. F 45 a. E.).

Im übrigen ist von dem Grundsatz auszugehen, daß in der Regel ein Fahrer, dem der Vmer sein Fahrzeug anvertraut hat, nicht Repräsentant dieses Vmers ist (vgl. ergänzend Anm. F 22, 56 und J 87 m. w. N.). Wenn ein Vater allerdings einen Pkw seinem Sohn zur weitaus überwiegenden Nutzung überläßt und dieser auch Steuern und Vsprämien bezahlt sowie den größten Teil der Betriebskosten, so kann Repräsentanteneigenschaft gegeben sein (AG Mayen 24.VI.1988 r + s 1989 S. 140). Unterläßt es ein berechtigter Fahrer, der nach den Umständen des Falles zu Recht angenommen hatte, daß er das Fahrzeug einem Dritten übergeben dürfe, sich über dessen Führerschein zu vergewissern, so darf dieses Versagen in aller Regel dem Vmer nicht zugerechnet werden. Für diesen Fahrer kann sich hier allerdings die mißliche Situation ergeben, daß er nicht wegen des Führens des Fahrzeugs, sondern wegen dessen Übergabe an einen Fahrer ohne Führerschein haftpflichtig gemacht wird (vgl. dazu BGH 19.IX.1984 VersR 1984 S. 1152–1153 [haftpflichtrechtliche Entscheidung mit unzutreffendem Leitsatz, da es nicht die Halterin war, sondern der berechtigte Fahrer, der das Fahrzeug einem führerscheinlosen Vierten überlassen hatte]). Dafür, daß es bestritten ist, ob ein derartiger Haftpflichtanspruch, sei er begründet oder nicht, mit vom primären Deckungsumfang des Haftpflichtvsvertrages umfaßt werde, vgl. Anm. G 41 und H 7 m. w. N. Folgt man der Auffassung, daß insoweit Haftpflichtvsschutz bestehe, so ist für den schuldlos handelnden berechtigten Fahrer, der das Fahrzeug an einen führerscheinlosen Vierten übergibt, der Vsschutz in entsprechender Anwendung der für den Vmer, Halter und Eigentümer geltenden Bestimmung des § 2 II c AKB zu bejahen, für den schuldhaft Handelnden dagegen zu verneinen. Ist der betreffende Fahrer nicht zur Weitergabe des Fahrzeugs an einen Dritten befugt, so findet die Bestimmung des § 2 II b AKB Anwendung (dazu Anm. H 16–27; dafür, daß die Führerscheinklausel auf eine Schwarzfahrt keine Anwendung findet, vgl. Anm. F 43 a. E.).

Anm. F 47   F. Obliegenheiten des Vmers in der Kraftfahrzeughaftpflichtv

Für das österreichische Recht wird von Rechtsprechung und Wissenschaft im Gegensatz zum deutschen Recht eine Übernahme der Grundsätze zur **Repräsentantenhaftung** überhaupt **abgelehnt;** so speziell zur Führerscheinklausel **ÖOGH** 7.VI.1979 VersR 1980 S. 368 m. w. N., 13.III.1980 VersR 1981 S. 1168, 17.IX.1981 VersR 1984 S. 499 (vgl. weiter Anm. F 25 und 69). Bemerkenswert ist dabei, daß nicht etwa an die Stelle des Repräsentanten eine weitergehende Erfüllungsgehilfenhaftung tritt, sondern daß das Verhalten eines Dritten dem Vmer im Bereich des vstypischen Obliegenheitsrechts überhaupt nicht zugerechnet wird. Das wird daraus hergeleitet, daß § 1313 a ABGB eine Haftung für Erfüllungsgehilfen allein für das Recht des Schadenersatzes und der Genugtuung statuiert, nicht aber für das zur Erhaltung der Voraussetzungen für die Nichtverwirkung eines Vsanspruchs gebotene Tun oder Unterlassen eines Vmers.

[F 47] dd) Kausalität

aaa) Darstellung der Rechtsprechung

Nach § 6 II kann sich der Ver bei Verletzung einer Obliegenheit, die der Vmer zum Zwecke der Verminderung der Gefahr zu erfüllen hat, auf die vereinbarte Leistungsfreiheit nicht berufen, wenn die Verletzung **keinen Einfluß auf den Eintritt des Vsfalls oder den Umfang** der ihm obliegenden Leistungen gehabt hat. Vom Standpunkt der Äquivalenztheorie hat das „Fahren ohne Führerschein" **stets Einfluß** auf den Eintritt eines dabei entstehenden Schadenfalles gehabt, da es ohne dieses verbotene Fahren gedanklich nicht zu dem betreffenden Schadenereignis hätte kommen können. In diesem Sinne zunächst BGH 26.IX.1957 VersR 1957 S. 679; ferner OLG Celle 4.V.1961 VersR 1961 S. 915–916, OLG Stuttgart 18.I.1962 VersR 1962 S. 947 (allerdings mit der Einschränkung, daß das dann möglicherweise nicht gelte, wenn es völlig sicher sei, daß ein Führerschein lediglich auf Antrag ausgestellt würde, so daß der Erwerb eines solchen wirklich nicht mehr als eine Formsache wäre; überall dort aber, wo die Führerscheinbehörde die Möglichkeit habe, Einwände zu erheben, kommt es darauf an, daß auch der letzte Hinderungsgrund für die Ausstellung des Führerscheins beseitigt sei), OLG Düsseldorf 9.XI.1965 VersR 1966 S. 1025, LG Stuttgart 11.V.1966 VersR 1966 S. 1177.

Vom **BGH** 22.XI.1968 NJW 1969 S. 371–373 = VersR 1969 S. 147–148 ist diese Auffassung später jedoch nicht mehr aufrechterhalten, sondern (im Anschluß an **Asmus** VersR 1963 S. 707–709 und BGH 22.XI.1962 NJW 1963 S. 489 = VersR 1963 S. 133 [unfallsrechtliche Erkenntnis]) differenziert auf die **rechtliche Erheblichkeit des Ursachenzusammenhangs** (Rechtswidrigkeitszusammenhang) abgestellt worden. Dabei wird damit argumentiert, daß § 2 IIc AKB den Ver vor dem erhöhten Risiko schützen wolle, das im allgemeinen bestehe, wenn ein Fahrzeug von Personen ohne amtliche Kontrolle der erforderlichen Fahrkenntnisse geführt werde. Der Nachweis mangelnden Einflusses der Obliegenheitsverletzung müsse daher nach dem Zweck der Führerscheinklausel als geführt angesehen werden, wenn feststehe, daß Eintritt und Umfang des Vsfalls nichts mit der in § 2 IIc AKB vorausgesetzten typischen Risikoerhöhung zu tun gehabt habe. So sei es, wenn der Unfall erwiesenermaßen durch ein Ereignis verursacht worden sei, das für den Fahrer unabwendbar im Sinne des § 7 II StVG gewesen sei (ebenso BGH 30.X.1970 VersR 1971 S. 117–118). Weiter wird vom BGH 22.XI.1968 a. a. O. bemerkt, daß dann, wenn der Unfall — wenn auch nur möglicherweise — auf einen Fahrfehler des Vmers zurückzuführen sei, man mit vollem Recht den Kausalitätsgegenbeweis des Vmers einschränke, der sich nicht der amtlichen Prüfung seiner Fahrkenntnisse unterzogen habe. Die Möglichkeit, daß sich bei einer vorher abgelegten Fahrprüfung

III. 3. Führerscheinklausel
Anm. F 47

solche Mängel gezeigt hätten, werde selbst dann kaum einzuräumen sein, wenn der Fahrer später die Fahrprüfung bestanden habe. Denn damit sei noch nicht seine Fahrtüchtigkeit zur Zeit des Vsfalls bewiesen. Dagegen lägen bei einem Vmer, dessen Fahrkunde durch eine ausländische Fahrerlaubnis dargetan sei und dem auf Grund dieser Fahrerlaubnis für längere Zeit die Führung eines Kraftfahrzeugs in Deutschland gestattet gewesen sei, die Voraussetzungen für einen Kausalitätsgegenbeweis wesentlich anders und günstiger. Denn bei ihm stehe die erforderliche Fahrkunde, die sonst nur durch eine praktische Fahrprüfung nachgewiesen werden könne, in der Regel außer Frage, woran nichts ändere, daß die ausländische Fahrerlaubnis nach Ablauf der in der VO vom 12.XI.1934 festgesetzten Zeit nicht mehr anerkannt werde.

Auf der Basis dieser Überlegungen zur Bedeutung des Vorliegens einer ausländischen Fahrerlaubnis ist vom BGH 22.XI.1968 a. a. O. trotz eines Fahrfehlers des Vmers der Kausalitätsgegenbeweis bei einem Österreicher, der in einem Zeitraum von acht Jahren 150 000 km in der Bundesrepublik unfallfrei gefahren war und früher einen deutschen Führerschein besessen hatte, als geführt angesehen worden. Dazu ist erläuternd zu sagen, daß jener Vmer einen gültigen österreichischen Führerschein besaß und ursprünglich gemäß § 4 I IntVO a. F. für ein Jahr zum Führen eines Kraftfahrzeugs in der Bundesrepublik berechtigt gewesen war. Warum der Vmer danach nicht den Antrag auf Erteilung einer deutschen Fahrerlaubnis gestellt hatte, ist den veröffentlichten Entscheidungsgründen nur andeutungsweise zu entnehmen; der Vmer rechnete möglicherweise damit, daß aufgrund seiner wiederholten Besuche in Österreich die deutschen Behörden bei jeder Rückkehr von einem neuen Fristbeginn im Sinne der zitierten Gesetzesbestimmung ausgehen würden. Sechs Wochen nach dem Unfall wurde dem Kläger auch nach § 15 StVZO eine deutsche Fahrerlaubnis für die Klassen 1, 2 und 3 erteilt. — BGH 25.II.1970 VA 1970 S. 199—201 Nr. 560 = NJW 1970 S. 995—997 (Entscheidung zur Kaskov) bejahte den Vsschutz für einen im Januar 1966 von einem spanischen Gastarbeiter verursachten Schadenfall. Der Vmer, der seit März 1964 im Gebiet der Bundesrepublik Deutschland lebte, hatte seit 1962 einen gültigen spanischen Führerschein. Seit 1962 hatte sich der Vmer jedes Jahr zusätzlich einen internationalen Führerschein nach dem internationalen Abkommen über den Straßenverkehr vom 19.XI.1949 ausstellen lassen. Der Vmer war der irrigen Meinung, daß dieser Führerschein ihn im Gebiet der Bundesrepublik Deutschland auch nach Ablauf der Jahresfrist gemäß § 4 I IntVO a. F. zum Fahren berechtige. Der Unfall hatte sich in der Weise ereignet, daß der Vmer mit dem Wagen von der Straße abgekommen war und gegen einen Baum prallte. Das Berufungsgericht hatte den Vmer als entschuldigt angesehen. Der BGH ließ diese Frage offen und bejahte den Vsschutz unter Hinweis auf die in der Entscheidung vom 22.XI.1968 a. a. O. zum rechtlich erheblichen Kausalitätszusammenhang entwickelten Grundsätze (ebenso in einem gleichgelagerten Fall LG Köln 11.IV.1979 VersR 1979 S. 926—927). Bemerkenswert ist, daß es am Schluß dieser Entscheidung heißt, daß die Berufung der Beklagten auf ihre Leistungsfreiheit nach allem eine gegen Treu und Glauben verstoßende und durch den Schutzzweck des § 2 IIc AKB nicht gedeckte Rechtsausübung durch den Ver darstelle. Denn es handelt sich — systematisch betrachtet — nicht um einen ausnahmsweise gegebenen Fall unzulässiger Rechtsausübung, sondern um die Bestimmung des Kausalitätsbegriffs im Sinne eines verständig abzugrenzenden Rechtswidrigkeitszusammenhangs. — BGH 5.VII.1974 NJW 1974 S. 2179—2180 = VersR 1974 S. 1072—1073 weist ergänzend darauf hin, daß es nach der zum 1.I.1969 in Kraft getretenen Neufassung des § 15 StVZO in der Regel nicht einmal mehr der nachzuweisenden Kenntnis der deutschen Verkehrsvorschriften bedürfe, um eine deutsche Fahrerlaubnis zu erhalten. Der Nachweis einer fehlenden Kausalität wurde allerdings deshalb als nicht geführt angesehen, weil jener jugoslawische Führerschein des Vten lediglich zum Führen eines Fahrzeugs „für den Warentransport mit einem zulässigen Gesamtgewicht von über 3500 kg und eines leichten Anhängers bis zu 750 kg" berechtigte. Tatsächlich hatte der Vte aber einen 16 t-Motorwagen mit einem 22 t-Anhänger geführt. Der BGH ging deshalb davon aus, daß ein solcher Führerschein einem inländischen Führerschein der Klasse 2 nicht gleichwertig sei. Ungeachtet dessen, daß die Verwaltungsbehörde aufgrund einer großzügigen Praxis ohne jede weitere Prüfung 6 Wochen nach dem Unfall dem Vten eine deutsche Fahrerlaubnis zum Führen von Fahrzeugen der Klassen 1, 2 erteilt hatte, wurde der Einwand fehlender Kausalität vom BGH a. a. O. nur ganz eingeschränkt mit den Bemerkungen zugelassen, daß zur fehlenden Kausalität der Obliegenheitsverletzung für den Eintritt und Umfang des Vsfalls die Klägerin hätte beweisen müssen, daß der Unfall ein unabwendbares Ereignis gewesen sei oder ausschließlich auf einem vom Fahrer nicht erkennbaren Fehler in der Beschaffenheit des Fahrzeugs beruht habe. Zu dem Unfall sei es wesentlich dadurch gekommen, daß die Bremsanlage des Lastzugs nur unvollständig angesprochen habe. Nach dem Gutachten des im Strafverfahren gehörten Sachverständigen sei die Bremsanlage seit längerer Zeit in einem so schlechten Zustand gewesen, daß dies der Fahrer unbedingt hätte merken müssen. Auch wenn man berücksichtige, daß B am Unfalltage, seinem ersten Arbeitstag, den ihm anvertrauten Lastzug zum ersten Male gefahren habe, hätte er bei ausreichender Fahrkunde die schweren Mängel der Bremsanlage erkennen müssen, zumal er vor der Unfallfahrt nach St. und zurück gefahren sei. Für einen erfahrenen Fahrer habe es nicht zu einem unvorhergesehenen Versagen der Bremsanlagen kommen können.

Einen weiteren Führerscheinfall mit „ausländischer Fahrerlaubnis" betraf BGH 17.III.1982 MDR 1982 S. 736–737 = VersR 1982 S. 589–591. Es handelte sich um einen Verkehrsunfall vom 25.IX.1977. Der Vte hatte keine inländische Fahrerlaubnis. Der BGH ging aber für das Revisionsverfahren davon aus, daß der Vortrag des Vten zutreffend sei, daß dieser am 27.VIII.1977 in Italien die Führerscheinprüfung erfolgreich abgelegt habe. Diese Prüfungsleistung bewertete das Gericht so, als wenn die ausländische Fahrerlaubnis schon erteilt worden wäre (vgl. auch Anm. F 33). Der Vte lebte seit 1971 in der Bundesrepublik Deutschland, so daß sich ein Recht zum Führen eines Fahrzeugs nicht aus § 4 I IntVO a. F. herleiten ließ. Maßgebend war vielmehr § 15 II StVZO i. d. F. vom 19.XII.1968 (BGBl. I S. 1363). Das bedeutete, daß dem Vten eine inländische Fahrerlaubnis nur zu erteilen war, wenn er ausreichende Kenntnisse der deutschen Verkehrsvorschriften in einer Prüfung nachweisen konnte. Demgemäß forderte der BGH für diesen Fall einen Kausalitätsbeweis des Inhalts, daß der Unfall nicht auf einer Unkenntnis der deutschen Straßenverkehrsvorschriften beruhe. Das wurde vom BGH 17.III.1982 a. a. O. als nicht gegeben angesehen. Er führt dazu aus, daß dem angefochtenen Urteil zu entnehmen sei, daß das Berufungsgericht eine Überschreitung der in der deutschen StVO vorgeschriebenen Höchstgeschwindigkeit von 100 km/h habe feststellen wollen. Wenn das aber so sei, dann sei dem Kl der Kausalitätsgegenbeweis nicht gelungen. Der Revision sei zwar zuzugeben, daß die bloße Kenntnis des § 3 III StVO noch keine Gewähr dafür biete, daß sich ein Kraftfahrer auch an die vorgeschriebene Höchstgeschwindigkeit halte. Diese Vorschrift werde erfahrungsgemäß auch von deutschen Kraftfahrern häufig übertreten. Auf der anderen Seite lasse sich jedoch nicht ausschließen, daß der Kl die deutschen Verkehrsvorschriften beachtet hätte, wenn er sie gekannt hätte. Dann wäre die Unkenntnis der deutschen Verkehrsvorschriften für den Unfall ursächlich gewesen. Da diese Möglichkeit nicht ausgeräumt sei, sei der Kausalitätsgegenbeweis nicht geführt. Mit der Behauptung, er habe die

III. 3. Führerscheinklausel Anm. F 47

deutschen Straßenverkehrsvorschriften gekannt, könne der Kl nicht gehört werden. Daß ein Kraftfahrer die für die Erteilung einer Fahrerlaubnis erforderlichen Kenntnisse besitze, könne nur durch das Bestehen der Fahrprüfung selbst nachgewiesen werden; wer ein Kraftfahrzeug ohne die erforderliche Fahrerlaubnis geführt habe, könne daher den Kausalitätsgegenbeweis nicht dadurch führen, daß er Beweis dafür antrete, die Kenntnisse, die er im Unfallzeitpunkt gehabt habe, hätten ausgereicht, um die Fahrprüfung zu bestehen. – Vgl. auch OLG Karlsruhe 10.XII.1975 VersR 1976 S. 181–182; der Fall war auch noch durch die Besonderheit ausgezeichnet, daß der seit längerer Zeit in der Bundesrepublik Deutschland lebende Vte siebenmal vergeblich versucht hatte, die Mindestkenntnisse der deutschen Sprache für die Erlangung einer inländischen Fahrerlaubnis nachzuweisen, bevor er eine ausländische Fahrerlaubnis erwarb. Entsprechend lag der Sachverhalt im Falle OLG Nürnberg 29.V.1980 VersR 1980 S. 1139–1140.

Bedeutsam für die Bewertung ausländischer Fahrerlaubnisse ist insbesondere auch der Fall BGH 13.V.1970 VA 1970 S. 203–204 Nr. 563 (gek.) = VersR 1970 S. 613–614. Dabei ging es um die Bewertung einer befristeten ausländischen Fahrerlaubnis, die abgelaufen war. Es handelte sich um die private Fahrt eines Angehörigen der amerikanischen Streitkräfte mit einem von einer deutschen Vermieterfirma gemieteten Wagen. Der Vte hatte ursprünglich einen befristeten Führerschein eines Staates der USA besessen, der zum Führen eines Kraftfahrzeugs in der Bundesrepublik berechtigt (vgl. Anm. F 40). Dieser Führerschein war aber nicht verlängert worden. Der nach Ablauf der Gültigkeitsfrist eingetretene Unfall beruhte auf einem Fahrfehler des unter Alkoholeinfluß stehenden amerikanischen Soldaten. Vom BGH wird in diesem Zusammenhang ausgeführt, daß der Haftpflichtver ein berechtigtes Interesse daran habe, daß der Vmer die Führung des vten Fahrzeugs nur Personen überlasse, die eine gültige Fahrerlaubnis besitzen. Personen ohne gültige Fahrerlaubnis dürfe der Vmer hingegen das vte Kfz nicht überlassen, weil keine Gewähr dafür bestehe, daß eine durch Fristablauf ungültige Fahrerlaubnis auch tatsächlich verlängert worden wäre. In einem solchen Fall sei vielmehr damit zu rechnen, daß die Fahrerlaubnis – z. B. wegen eines zwischenzeitlich verursachten Unfalls oder aus anderen Gründen, insbesondere wegen mangelnder Eignung – nicht verlängert worden wäre.

Ein Rechtswidrigkeitszusammenhang wird vom BGH 13.XII.1972 NJW 1973 S. 286–287 = VersR 1973 S. 173–174 im eingeschränkten Umfang ferner dann verneint, wenn ein Omnibusfahrer zwar eine Fahrerlaubnis der Klasse 2, nicht aber die zusätzlich für die Personenbeförderung erforderliche Erlaubnis nach § 15d StVZO besitzt (ebenso als Vorinstanz OLG Hamm 22.IX.1971 VersR 1972 S. 734). Das Gericht führt dazu aus, daß § 15d StVZO lediglich den Schutz der beförderten Passagiere bezwecke. Soweit Schäden dieser Insassen entstünden, greife in einem solchen Fall die Führerscheinklausel ein, nicht dagegen hinsichtlich der Schäden der Unfallgegner (im konkreten Fall waren sieben andere Fahrzeuge und deren Insassen beschädigt worden, während den vom Bus beförderten Personen nichts geschehen war). Diese differenzierte Betrachtungsweise führt der BGH so weit, daß er im Rahmen der Kaskov den Schaden am Omnibus für gedeckt hält mit Rücksicht auf den alleinigen Zweck des § 15d StVZO, die Fahrgäste zu schützen.

Mit einem Fall des Fehlens der nach § 15d I Nr. 2 StVZO vorgeschriebenen Fahrerlaubnis zur Fahrgastbeförderung in einem Mietwagen befassen sich BGH 27.II.1976 MDR 1976 S. 743–744 = VersR 1976 S. 531–533, 4.X.1978 VA 1979 S. 83–84 Nr. 712 = VersR 1978 S. 1129–1130. Der betreffende Fahrer hatte zwar den Führerschein der Klasse 3, ihm fehlte jedoch die zusätzlich erforderliche Fahrerlaubnis nach § 15d I Nr. 2 StVZO. Der Unfall beruhte auf einem Fahrfehler des Vten. Im ersten Revisionsurteil vom 27.II.1976 führte der BGH aus, daß in

Fällen, in denen dem Fahrer die allgemeine Fahrerlaubnis fehle und der Unfall nicht auf einem unabwendbaren Ereignis beruhe, der Kausalitätsgegenbeweis des Vmers praktisch erheblich eingeschränkt sei. Die Möglichkeit, daß sich bei der zuvor abgehaltenen — hier unerläßlichen — Prüfung wesentliche Mängel gezeigt hätten, werde selbst dann kaum auszuräumen sein, wenn der Fahrer später die Prüfung bestanden habe, denn damit sei noch nicht die Fahrfertigkeit zur Zeit des Vsfalls bewiesen. Dagegen komme der Beweis nach § 6 II hier etwa dann in Betracht, wenn im Zeitpunkt des Vsfalls der Fahrer die Prüfung bereits erfolgreich bestanden und sich die Erteilung der Fahrerlaubnis nicht aus sachlichen, sondern lediglich aus verfahrensrechtlichen Gründen verzögert habe. In Fällen, in denen der Fahrer die allgemeine, nicht aber eine vorgeschriebene zusätzliche Fahrerlaubnis besitze, sei der Beweis, daß deren Fehlen auf den Eintritt oder den Umfang des Vsfalls keinen Einfluß gehabt habe, zwar erleichtert. Denn hier stehe die Fahrkunde des Fahrers, die für das Führen eines Kfz der betreffenden Klasse vorausgesetzt werde, aufgrund der erworbenen allgemeinen Fahrerlaubnis in der Regel außer Frage. Es komme dann entscheidend darauf an, ob mit Sicherheit gesagt werden könne, es habe sich auf den Eintritt des Vsfalls oder den Umfang der Vsleistung in keiner Weise ausgewirkt, daß eine amtliche Überprüfung der sonstigen, für die zusätzliche Fahrerlaubnis aufgestellten Erfordernisse unterblieben sei. Dies könne nachträglich jedoch nicht mehr uneingeschränkt geschehen. Der nachträgliche Nachweis sei möglich und unbedenklich, soweit es sich bei der zusätzlichen Fahrerlaubnis um einen mehr oder weniger formalen behördlichen Akt handle, dessen Zustandekommen nicht oder nur in verhältnismäßig geringem Maß von typischerweise zeit- und situationsbedingten Einzelerwägungen, von der Ausübung differenzierter Verwaltungsverantwortung abhänge. So sei es etwa in dem Fall, daß der Inhaber einer entsprechenden ausländischen Fahrerlaubnis im Inland ohne die vorgeschriebene inländische Fahrerlaubnis ein Kfz führe ... Dem könnten jedoch die Fälle, in denen die Erlaubnis zur Fahrgastbeförderung nach § 15 d I StVZO fehle, nicht grundsätzlich gleichgestellt werden ... An die Eignung und die persönliche Zuverlässigkeit des Fahrers würden im Fall der §§ 15 d, 15 e StVZO höhere Anforderungen gestellt als bei der Bewerbung um eine allgemeine Fahrerlaubnis. Der Kausalitätsgegenbeweis nach § 6 II möge auch bei Fehlen der Erlaubnis zur Fahrgastbeförderung nachträglich zu führen sein, wenn keinerlei Anhaltspunkte dafür vorliegen, daß bei einem entsprechenden Antrag des Fahrers vor Eintritt des Vsfalls die Überprüfung der Voraussetzungen wesentliche Mängel ergeben hätte ... Der Nachweis, daß der Eintritt und der Umfang des Vsfalls nichts mit der in § 2 II c AKB vorausgesetzten Konfliktlage zu tun habe, sei grundsätzlich jedenfalls dann nicht nachträglich zu führen, wenn aufgrund bestimmter Tatsachen praktisch bedeutsame Zweifel bestehen können, ob dem Fahrer seinerzeit die Erlaubnis zur Fahrgastbeförderung erteilt worden wäre. Wie die Behörde damals entschieden hätte, lasse sich ... bei dem unberechenbaren Einfluß, den Erwägungen verschiedener Art hätten ausüben können, kaum je mit Sicherheit feststellen. Eine Gewähr für eine zuverlässige Hypothese bestehe zumindest dann nicht, wenn die gedachte Entscheidung Jahre nach dem Vsfall „rekonstruiert" werden solle. Es könne nicht darüber hinweggesehen werden, daß die Situation für die Behörde wesentlich verschieden sei, je nachdem, ob sie jetzt eine Auskunft hierüber erteilen solle oder ob sie damals unter Ausübung und Übernahme von Verantwortung für einen maßgeblich von ihr zu gestaltenden konkreten Einzelfall tatsächlich zu entscheiden gehabt hatte. Diese der Behörde obliegende Verantwortung könne in einem solchen Fall auch nicht etwa nachträglich auf das erkennende Gericht übertragen werden.

III. 3. Führerscheinklausel   Anm. F 47

Der BGH kam aufgrund dieser Überlegungen zu dem Schluß, daß die im Sinne des Vten positiv ausgefallene Auskunft des zuständigen Ordnungsamtes nicht ausreiche, um den Kausalitätsgegenbeweis als geführt anzusehen. Die Sache wurde daher lediglich zurückverwiesen, damit die vom Berufungsrichter offengelassene Frage geklärt werde, ob der Vmer ohne Verschulden im Sinne des § 2 II c S. 2 AKB annehmen durfte, daß der Vte eine Fahrerlaubnis zur Fahrgastbeförderung in Mietwagen besitze. Indessen ging das Berufungsgericht — aufgrund entsprechender Anträge des Vmers — einen ganz anderen Weg. Es vernahm nämlich den zuständigen Sachbearbeiter des Ordnungsamtes darüber, ob dem Vten mit Sicherheit die erforderliche Erlaubnis nach § 15 d I Nr. 2 StVZO erteilt worden wäre. Dazu wird vom BGH 4.X.1978 VA 1979 S. 84 Nr. 712 (gek.) = VersR 1978 S. 1130 bemerkt, daß das Berufungsgericht sich nicht in Widerspruch gesetzt habe zu der rechtlichen Beurteilung im ersten Revisionsurteil des Senats, die der Aufhebung des 1. Berufungsurteils zugrundeliege und an die das Berufungsgericht — ebenso wie der Senat selbst — in dieser Sache gebunden sei (§ 565 II ZPO) ... Der Senat habe nicht schlechthin ausgeschlossen, daß auch in diesen Fällen der Nachweis, daß die Erlaubnis auf entsprechenden Antrag seinerzeit erteilt worden wäre, ... unter ganz besonderen Umständen ausnahmsweise geführt werden könne. Solche Umstände habe der Berufungsrichter hier im zweiten Rechtsgang festgestellt. Der vernommene Zeuge T. sei seit 1950 Sachgebietsleiter der Führerscheinabteilung bei dem Ordnungsamt K. Er sei seitdem ununterbrochen mit der Bearbeitung entsprechender Anträge befaßt. Dazu gehörten auch Anträge auf Erteilung von Taxen- und Mietwagenscheinen. Der Beamte habe die Praxis seines Amtes aufgrund seiner langjährigen, bis heute durchgehend ausgeübten Tätigkeit als Sachbearbeiter im einzelnen geschildert. Er habe insbesondere auch unter Darlegung von Vergleichsfällen detailliert bekundet, welche Vorstrafen dabei im Zusammenhang mit der Prüfung der persönlichen Zuverlässigkeit des Bewerbers vorwiegend von Bedeutung seien. Hierbei habe er mit Bestimmtheit ausgesagt, daß dem Fahrer R. die Erlaubnis zur Fahrgastbeförderung trotz der Vorstrafen erteilt worden wäre, vorausgesetzt, der polizeiliche Leumundsbericht wäre günstig, jedenfalls nicht ungünstig ausgefallen.

Vom BGH wurde dazu betont, daß es sich um einen Ausnahmefall handle, der sein besonderes Gepräge dadurch erhalten habe, daß der Zeuge T. als seit 1950 zuständiger Sachbearbeiter über eine jahrzehntelange ununterbrochene Beziehung zu dem Sachgebiet und eine außergewöhnlich einschlägige Verwaltungspraxis verfüge. Ergänzend ist dazu festzuhalten, daß im zweiten Berufungsverfahren auch noch eine Auskunft der Polizei eingeholt worden war, die nach den Bekundungen des Zeugen T. einer Erlaubniserteilung nicht entgegengestanden hätte.

Zu beachten ist, daß die Rechtsprechung des BGH hinsichtlich eines erweiterten Kausalitätsgegenbeweises grundsätzlich nicht für inländische Verkehrsteilnehmer ohne Fahrerlaubnis gilt. Vielmehr gilt hier das Prinzip, daß bei Fahrfehlern des Vmers von einer rechtlich erheblichen Kausalität des Verstoßes gegen die Führerscheinklausel auszugehen ist. Ist ein Fahrfehler des führerscheinlosen Vmers darauf zurückzuführen, daß er infolge Alkoholgenusses von der Straße abgekommen ist, so liegt im Sinne dieser Rechtsprechung gewiß kein Sachverhalt vor, der den Rechtswidrigkeitszusammenhang zwischen verbotenem Fahren und Eintritt des Schadenereignisses aufhebt (OLG Hamburg 11.II.1975 VersR 1975 S. 848–849).

Dafür, daß auch nach österreichischer Rechtsprechung bei Vorliegen eines Fahrfehlers des Vmers der Kausalitätsgegenbeweis regelmäßig nicht geführt werden kann, vgl. ÖOGH 25.IV.1974 VersR 1975 S. 554 m. w. N., 13.III.1980 VersR 1981 S. 147 m. w. N., 24.VI.1982 ZVR 1983 S. 315 = VersR 1984 S. 671 (nur L. S.). Bemerkenswert ist auch ÖOGH 20.XII.1979 VersR 1981 S. 1064, der abweichend von der dargestellten differenzierenden BGH-Rechtsprechung einer gültigen kanadischen Fahrerlaubnis überhaupt keine Bedeutung beimißt und demgemäß lediglich die Verschuldensproblematik erörtert.

[F 48] bbb) Zusammenfassende Stellungnahme

Die Obliegenheit des § 2 II c AKB knüpft die vsrechtliche Sanktion der Leistungsfreiheit im Regelfall an ein strafbewehrtes Verhalten des Vmers, dem nach § 21 I Nr. 1 StVG untersagt ist, ein Kraftfahrzeug im öffentlichen Straßenverkehr ohne behördliche Legitimation aufgrund entsprechender Fahrprüfung zu führen. Der Grund für dieses strafrechtliche Verbot ist nicht etwa in einem besonderen behördlichen Ordnungsstreben zu sehen, sondern in dem Versuch der Abwehr einer hohen Gefahr für Leib und Leben Dritter. Wenn daher § 2 II c AKB den Verlust des Vsschutzes grundsätzlich an das strafrechtlich verbotene Führen eines Kraftfahrzeugs ohne Führerschein knüpft, so steht es damit im Einklang mit einer verständigen gesetzlichen Regelung. Eine Norm wie § 2 II c AKB stellt demgemäß im Prinzip eine für jedermann einsichtige Regelung zu Lasten des Vmers dar. Sie hält — wie die Strafvorschrift des § 21 I Nr. 1 StVG — unter diesen Umständen den verständigen Teil der Rechtsbürger davon ab, ein Kraftfahrzeug ohne die entsprechend durch eine Prüfung nachgewiesenen tatsächlichen Kenntnisse und Fähigkeiten zu führen. Wer diesen strafrechtlichen und vsrechtlichen Bestimmungen zuwider ein Fahrzeug ohne gesetzliche Fahrerlaubnis führt, darf sich nicht beklagen, daß er wegen eines solchen verbotenen Tuns den Vsschutz verliert. Der redliche Rechtsbürger rechnet ohnedies nicht damit, daß er bei einer Fahrt ohne gesetzliche Erlaubnis einen solchen Vsschutz hat. Der Schutz des Dritten ist überdies durch die Sonderbestimmung des § 3 Ziff. 4, 5 PflichtvsG gegeben. Demgemäß erscheint es als sachgerecht, daß der Vmer im Grundsatz der Regelung gemäß § 2 II c AKB nicht entgegensetzen darf, daß deshalb keine rechtlich erhebliche Kausalität im Sinne des § 6 II gegeben sei, weil er einen Fahrfehler begangen habe, den ein Vmer mit amtlicher Fahrerlaubnis genau so hätte begehen können. Wollte man nämlich diese Gedankengänge als rechtlich erheblich werten, so würde die generell präventive Wirkung, die der Vorschrift des § 2 II c AKB zugrundeliegt, verlorengehen. Diese Bestimmung beruht aber wie § 21 I StVG auf der verständigen Überlegung, daß die Teilnehmer am öffentlichen Verkehr durch das Verbot des Fahrens ohne Führerschein geschützt werden. Insbesondere wird durch das staatliche Prüfungssystem die große Masse derjenigen, die die geistigen und körperlichen Voraussetzungen für das Führen von Kraftfahrzeugen nicht erfüllen, vom öffentlichen Verkehr ferngehalten. Es wäre rechtspolitisch nicht zu verantworten, § 2 II c AKB, der auf diesem verständigen System beruht, aufgrund einer vermeintlichen Unbilligkeit im Einzelfall zu durchbrechen. Aus dem Gesagten folgt, daß im Regelfall (in Übereinstimmung mit der in Anm. F 47 dargestellten Rechtsprechung) der Kausalitätsgegenbeweis bei Fahrfehlern des führerscheinlosen Vmers (oder Vten) nicht statthaft ist. — Nach dem Sinn der Regelung kann ein Rechtswidrigkeitszusammenhang auch für das verkehrswidrige Abstellen eines Fahrzeugs durch den Vten im Anschluß an eine gegen § 2 II c AKB verstoßende Fahrt bejaht werden (OLG Hamm 30.X.1974 VersR 1975 S. 751 – 752; wäre das Fahrzeug dort allerdings nicht bei Einbruch der Dämmerung, sondern tagsüber auf Weisung des Vmers abgestellt worden und mußte der Vte demgemäß davon ausgehen, daß der Vmer für Abtransport oder Beleuchtung sorgen würde, so wäre eine Erheblichkeit zu verneinen gewesen). — Eine rechtliche Unerheblichkeit im Sinne des Fehlens des Rechtswidrigkeitszusammenhangs kann nur in einem eng eingegrenzten Rahmen angenommen

III. 3. Führerscheinklausel   Anm. F 48

werden. Er ist von der Rechtsprechung des BGH zu Recht für diejenigen Fälle, in denen es an einer gültigen Fahrerlaubnis überhaupt fehlt, darauf beschränkt worden, daß es sich entweder um ein **unabwendbares Ereignis** gehandelt oder aber ein **Versagen der Einrichtungen des Fahrzeugs** vorgelegen habe, das nicht vorausgesehen werden konnte (vgl. nur BGH 5.VII.1974 NJW 1974 S. 2180 = VersR 1974 S. 1073, 27.II.1976 MDR 1976 S. 743–744 = VersR 1976 S. 531–532, ebenso LG Hanau 10.IX.1985 r + s 1985 S. 261–262). Diese Abgrenzung ist dahin zu ergänzen, daß dem vom BGH erwähnten Begriff des unabwendbaren Ereignisses diejenigen Fälle gleichzusetzen sind, in denen die Schadenabwägung nach § 254 I BGB (§ 17 StVG) zu einer Haftungsverteilung von 100% zugunsten des Vmers führt. Das kann z. B. bei einem unvermuteten Spurwechsel angenommen werden (OLG Köln 6.XII.1976 VersR 1977 S. 537–538, das allerdings in concreto den Vsschutz deshalb verneinte, weil ein Fahrfehler des alkoholisierten Vten [1,43‰] nicht ausgeschlossen werden konnte). Gleichzusetzen ist ferner der seltene Fall einer auf plötzlicher Bewußtlosigkeit beruhenden Unfähigkeit des Fahrzeugführers, das Fahrzeug weiter zu steuern, der vom BGH 15.I.1957 BGHZ Bd 23 S. 91–97 nicht als unabwendbares Ereignis angesehen worden ist.

Führt der Vmer, dem die Fahrerlaubnis durch Richterspruch entzogen worden ist, nach Ablauf der gemäß § 69a StVG verhängten Sperrfrist ein Fahrzeug, ohne daß seinem Antrag auf Neuerteilung einer Fahrerlaubnis gemäß § 15c StVZO schon entsprochen worden ist, so verstößt er gegen § 2 II c AKB. Eine Erweiterung des Kausalitätsgegenbeweises ist für solche Fälle abzulehnen (OLG Hamm 21.V.1975 VersR 1976 S. 571–572). Es ist nicht einzusehen, warum ein Vmer, der seine Unzuverlässigkeit schon einmal unter Beweis gestellt hat, besser gestellt werden soll als derjenige, über dessen ersten Antrag auf Erteilung einer Fahrerlaubnis noch nicht entschieden worden ist. Demgemäß greifen die den Kausalitätsgegenbeweis strikt einengenden Überlegungen auch dann ein, wenn einem solchen Vmer wenige Zeit nach dem Schadenereignis ohne weitere Prüfung eine neue Fahrerlaubnis erteilt wird (OLG Hamburg 11.II.1975 VersR 1975 S. 848–849).

Nachzuvollziehen ist auch die Rechtsprechung, die eine gültige ausländische Fahrerlaubnis einer inländischen Fahrerlaubnis nahezu gleichsetzt (so besonders deutlich BGH 5.VII.1974 a. a. O.). Zu beachten ist aber, daß diese BGH-Entscheidung zu einer früheren Fassung des § 15 StVZO ergangen ist. Liegen die erleichterten Voraussetzungen, die § 15 I, II StVZO in der Zwischenzeit für die Erlangung einer inländischen Fahrerlaubnis geschaffen hat, nicht vor, so greifen die gleichen Grundsätze ein, die auch für inländische Verkehrsteilnehmer gelten. Es ist also bei der Bewertung der Rechtsprechung des BGH zu § 15 StVZO zu beachten, daß in den verschiedenen Zeiträumen unterschiedliche gesetzliche Regelungen für den Erwerb einer inländischen Fahrerlaubnis durch einen ausländischen Verkehrsteilnehmer gegolten haben. § 15 StVZO hat es immerhin in 22 Jahren auf vier verschiedene Fassungen gebracht (VO vom 6.XII.1960, BGBl. I S. 898, VO vom 19.XII.1968, BGBl. I S. 1361, VO vom 6.XI.1979 BGBl. I S. 1794 und VO vom 23.IV.1982 BGBl. I S. 1553). Nur aus der Kenntnis dieser verschiedenen Regelungen erschließt sich die BGH-Rechtsprechung dem Betrachter zum vollen Verständnis. Es ist auf der Basis der heute geltenden Fassung des § 15 StVZO zu beachten, daß ausschließlich im Rahmen der vereinfachten Anerkennung ausländischer Führerscheine eine Erweiterung des Kausalitätsgegenbeweises zulässig ist. Sind diese Voraussetzungen nicht erfüllt, wird der ausländische Führerscheininhaber im Prinzip wie ein Inländer ohne Fahrerlaubnis behandelt (vgl. die in diesem Sinne zu Lasten des Vmers entschiedenen Beispielsfälle BGH 17.III.1982 MDR 1982 S. 736–737 = VersR 1982 S. 589–591, OLG Karlsruhe 10.XII.1975 VersR 1976 S. 181–182, OLG Nürnberg 29.V.1980

VersR 1980 S. 1139—1140). Einen Grenzfall, der durchaus unterschiedlicher Beurteilung zugänglich ist, behandelte BGH 5.VII.1974 NJW 1974 S. 2179—2180 = VersR 1974 S. 1072—1073; der Vte hatte dort zwar einen jugoslawischen Führerschein für das Fahren von Lastkraftwagen, jedoch mit einer dem deutschen Recht unbekannten Beschränkung auf bestimmte Gewichtsklassen. Da dem Vten 40 Tage nach dem Unfall aufgrund dieser ausländischen Fahrerlaubnis gemäß einer großzügigen Verwaltungspraxis ohne weitere Prüfung eine deutsche Fahrerlaubnis erteilt wurde, lag es entgegen BGH a. a. O. näher, den Vsschutz zu bejahen. Die Überlegung, daß die Behörde auch anders hätte entscheiden können, ist angesichts des tatsächlichen Geschehensablaufs für diesen Sonderfall zu formal. — Zu beachten ist, daß nach § 15 StVZO die Befähigungsprüfung nur innerhalb der dort gesetzten Frist entfällt. Hier können sich demgemäß durchaus Fälle ergeben, in denen Inhaber eines ausländischen Führerscheins genauso behandelt werden wie inländische Vmer ohne Führerschein, vgl. z. B. OLG Karlsruhe 10.XII.1975 VersR 1976 S. 181—182, OLG Nürnberg 29.V.1980 VersR 1980 S. 1139—1140. Diese Fälle sind dadurch gekennzeichnet, daß die vor dem Vsfall eingeleiteten Bemühungen der Vmer um Erlangung deutscher Fahrerlaubnisse an den behördlichen Anforderungen gescheitert waren. Vgl. ferner OLG Karlsruhe 16.IV.1971 VersR 1971 S. 706—709. In jenem Fall hatte der Vmer seit 1962 eine gültige jugoslawische Fahrerlaubnis. Sein internationaler Führerschein war ungültig geworden. Die theoretische deutsche Prüfung hatte der Vmer eine Woche vor dem Unfall bestanden, die praktische sollte eine Woche nach dem Unfall erfolgen, wurde aber dann mit Rücksicht auf den behördlich bekannt gewordenen Vsfall um ein halbes Jahr verschoben. Das Gericht bejahte die Kausalität unter Hinweis auf die an der „moralischen Eignung" des Vten bestehenden Zweifel (kritisch dazu Bauer VersR 1972 S. 189).

Erwägenswert ist es dagegen, den Kausalitätsgegenbeweis weitergehend in denjenigen Fällen zuzulassen, in denen der Vmer Inhaber eines Behörden- oder Militärführerscheins gewesen ist, es aber nach dem Ausscheiden aus der Behörde oder dem Militärdienst versäumt hat, einen Antrag auf Erteilung eines zivilen Führerscheins zu stellen. Das gilt aber grundsätzlich nur während des Laufs der Zweijahresfrist nach § 14 III 2 StVZO, innerhalb derer ohne weiteres ein solcher Führerschein ohne besondere Prüfung erteilt worden wäre (vgl. auch Anm. F 33).

Nachzuvollziehen ist auch die Überlegung in BGH 27.II.1976 VersR 1976 S. 533 (in MDR 1976 S. 743—744 insoweit nicht mitabgedruckt), daß es am Rechtswidrigkeitszusammenhang fehle, wenn der Vmer die Fahrprüfung schon bestanden und sich die Erteilung des Führerscheins lediglich aus technisch formellen Gründen, die mit den persönlichen Umständen des Vmers nichts zu tun haben, verzögert habe (ebenso ÖOGH 17.II.1983 VersR 1985 S. 198—199). Entsprechendes gilt für diejenigen Fälle, in denen ein befristeter Führerschein gemäß § 12a StVZO erteilt worden ist (vgl. Anm. F 34) und der Vmer den Befähigungsnachweis bezüglich der „Ersten Hilfe" erworben, es aber versäumt hat, die Behörde rechtzeitig davon zu unterrichten.

Hingegen wird man bei abgelaufenen ausländischen Führerscheinen von einem grundsätzlich eingeschränkten Kausalitätsgegenbeweis auszugehen haben. Beschränkt sich das ausländische Recht allerdings bei einer Verlängerung der Gültigkeitsdauer der Fahrerlaubnis auf eine Überprüfung des Gesundheitszustandes des Vmers und wird die Fahrerlaubnis nach entsprechender Untersuchung in unmittelbarem Anschluß an den Eintritt des Schadenfalls wieder erteilt, so ist ein erweiterter Kausalitätsgegenbeweis zuzulassen. Das gilt erst recht, wenn die Verlängerung etwa auf Antrag des Vmers ohne weitere Prüfung anstandslos gewährt wird. Dabei darf nicht außer acht gelassen werden, daß in ausländischen Rechtskreisen zum Teil, wie

III. 3. Führerscheinklausel
Anm. F 48

z. B. in den Niederlanden, der Verlängerungsantrag als lästige Formalie angesehen wird; das Fahren trotz Nichteinhaltung der Frist wird dabei innerhalb einer angemessenen „Kulanzzeit" strafrechtlich nicht verfolgt. Dem entspricht auch die Praxis der deutschen Strafverfolgungsbehörden, soweit sie dieses Sonderproblem aus dem täglichen Grenzverkehr kennen.

In diese Überlegungen paßt der erweiterte Kausalitätsgegenbeweis, wie er vom BGH 4.X.1978 VA 1979 S. 83–84 Nr. 712 = VersR 1978 S. 1129–1130 in den Fällen des § 15 d I Nr. 2 StVZO zugelassen wird. Hier kommt es entscheidend darauf an, ob bei rechtzeitigem Antrag anstandslos zum Zeitpunkt des Eintritts des Vsfalls bereits eine besondere Fahrerlaubnis erteilt worden wäre. Ist dagegen der Nachweis nicht zu führen, daß die fehlende Erlaubnis gemäß § 15 d I StVZO auf entsprechenden Antrag ohne weiteres erteilt worden wäre, so ist weiter zur Frage des Rechtswidrigkeitszusammenhangs die bedeutsame Entscheidung BGH 13.XII.1972 NJW 1973 S. 286–287 = VersR 1973 S. 173–174 zu beachten. Vom BGH war die Anwendung des § 2 II c AKB bezüglich der nicht den Insassen des Omnibusses entstandenen Schäden mit der Begründung verneint worden, daß § 15 d I StVZO lediglich den Schutz der Passagiere bezwecke. Für diese Überlegung spricht, daß es einer zusätzlichen Erlaubnis nach § 15 d I StVZO nur bedarf, wenn Personen befördert werden. Ein leerer Omnibus darf daher auch ohne die besondere Erlaubnis nach § 15 d I StVZO von einem Inhaber eines Führerscheins der Klasse 2 gefahren werden. Von wesentlicher Bedeutung ist aber, daß zwar das Führen eines Omnibus mit Fahrgästen im allgemeinen keine größere Geschicklichkeit erfordert als das eines solchen ohne Passagiere, daß aber das Wissen des Fahrers darum, daß er etwas Verbotswidriges tut, seine Fahrkunst nicht selten beeinträchtigen wird. Die Versagung des Vsschutzes wäre daher — sofern der Nachweis, daß die Fahrerlaubnis nach § 15 d I StVZO anstandslos erteilt worden wäre, nicht geführt werden konnte — doch wohl die vorzuziehende Lösung des Interessenkonflikts gewesen. Aus dem Gesagten folgt, daß eine noch weitergehende Differenzierung zugunsten des Vmers in dem Sinne, daß Ansprüche wegen der Körperschäden der beförderten Passagiere von der Verwirkungsfolge der Obliegenheitsverletzung ausgeschlossen seien, nicht dagegen die Ersatzansprüche wegen der den Insassen entstandenen Sachschäden, als unangemessen anzusehen wäre. — Folgt man aber der Rechtsprechung des BGH zu § 15 d I StVZO dahin, daß ein erheblicher Verstoß im Sinne des Rechtswidrigkeitszusammenhangs nur in bezug auf die Schadenersatzansprüche der Insassen gegeben sei, so liegt es nahe, diese Grundsätze auf einen Verstoß gegen § 7 I a StVZO zu übertragen. Das bedeutet, daß bei einem Transport eines Kindes auf einem Motorfahrrad im Sinne des § 4 I Nr. 1 StVZO durch einen noch nicht 16 Jahre alten Vmer nur der Vsschutz bezüglich der Haftpflichtansprüche des beförderten Kindes verlorengeht, nicht aber hinsichtlich der Haftpflichtansprüche weiterer Unfallbeteiligter, also z. B. eines entgegenkommenden Autofahrers.

In den Fällen, in denen ausnahmsweise eine Fahrerlaubnis auf Fahrzeuge mit besonderen Einrichtungen beschränkt worden ist, also nicht nur eine lediglich ordnungsrechtlich bedeutsame Auflage vorliegt (vgl. dazu Anm. F 35), stellt das Führen eines nicht mit solchen Sondereinrichtungen versehenen Fahrzeugs eine strafbare Handlung im Sinne des § 21 I Nr. 1 StVG und vsrechtlich einen Verstoß gegen § 2 II c AKB dar. Soweit hier ein Schadenereignis auf einen Fahrfehler des Vmers zurückzuführen ist, muß dem Einwand des Vmers sorgsam nachgegangen werden, daß sich das Fehlen dieser Sondereinrichtung nicht ausgewirkt habe. Beispiel: Übersehen des Rotlichts einer Ampel, die mit unverminderter Geschwindigkeit überfahren wird, ohne daß durch die fehlende automatische Schaltung eine im Rechtssinne erhebliche Ursache gesetzt worden wäre. Vgl. ferner LG Duisburg

30.XI.1988 ZfS 1989 S. 384–385, das überzeugend ausführt, daß sich der fehlende Schalensitz und das verkleinerte Lenkrad nicht unfallursächlich ausgewirkt haben.

Schließlich ist des Sonderfalls zu gedenken, daß das Führen eines als Motorfahrrad im Sinne des § 4 I Nr. 1 StVO gebauten Fahrzeugs deshalb einen Führerschein erfordert, weil damit eine höhere Geschwindigkeit als 25 km/h erreicht werden kann. Wird ein solches Fahrzeug in Kenntnis dieser Eigenschaft mit Motorkraft genutzt, so stellt auch ein Fahren unterhalb der genannten Geschwindigkeitsgrenze von 25 km/h einen verschuldeten Verstoß im Sinne des § 2 II c AKB dar (vgl. auch Anm. F 44). Es ist aber angesichts der besonderen Umstände eines solchen Falles eine einschränkende Interpretation zu befürworten, daß trotz eines Fahrfehlers des Vmers der Rechtswidrigkeitszusammenhang ganz zu verneinen ist, wenn das Motorfahrrad während des zum Schadenereignis führenden Zeitraums nicht mit einer über 25 km/h liegenden Geschwindigkeit gefahren worden ist, so daß sich die Möglichkeit einer Geschwindigkeitsüberschreitung nicht konkret ausgewirkt hat (OLG Köln 15.IX.1988 r + s 1988 S. 355–356 [ebenso für einen solchen Fall nach Gefahrerhöhungsgrundsätzen BGH 25.II.1970 VersR 1970 S. 412–413], a. M. LG Hanau 10.IX.1985 r + s 1985 S. 261–262 = ZfS 1986 S. 115–116, LG Köln 30.IV.1986 r + s 1987 S. 35 = ZfS 1987 S. 115–116, AG Heidenheim 7.VIII.1987 r + s 1988 S. 217–218 = ZfS 1988 S. 287).

[F 49] ee) Kündigungserfordernis

Zum Kündigungserfordernis nach § 6 I 3 vgl. Anm. F 24. Als Besonderheit der Führerscheinklausel ist zu beachten, daß bei einem Fahren des Vten ohne erforderliche behördliche Fahrerlaubnis sehr häufig auch eine Obliegenheitsverletzung des Vmers gegeben ist. Das gilt freilich dann nicht, wenn die Überlassung des Fahrzeugs an den führerscheinlosen Vten ohne Verschulden des Vmers erfolgt ist. Dann entfällt für den Ver die Kündigungslast (vgl. BGH 28.X.1981 NJW 1982 S. 183 = VersR 1982 S. 85 m. w. N.). Das gleiche gilt, wenn sich im privaten Bereich Fälle ereignen, in denen ein Vter zur Überlassung des Fahrzeugs an einen Dritten als berechtigt erscheint, ohne daß dieser Vte zugleich Repräsentant des Vmers ist (vgl. Anm. F 46).

Bezüglich des Beginns der Kündigungsfrist gemäß § 6 I 2 sei im übrigen daran erinnert, daß es nach der Rechtsprechung des BGH (vgl. BGH 14.XI.1960 BGHZ Bd 33 S. 283–285 und die weiteren Nachweise in Anm. F 24) entgegen der Auffassung von Bruck–Möller Bd I Anm. 41 zu § 6 allein auf die Kenntnis des objektiven Sachverhalts und nicht auf das Wissen des Vers ankommt, ob den Vmer auch ein Verschulden an dieser Obliegenheitsverletzung treffe. BGH 14.XI.1960 BGHZ Bd 33 S. 285 führt in diesem Zusammenhang zur Führerscheinklausel u. a. folgendes aus: Dem Berufungsgericht sei auch darin beizutreten, daß sich der objektive Tatbestand der hier in Rede stehenden Verletzung der Obliegenheit darin erschöpfe, daß der Kl den Lkw von einem Fahrer habe fahren lassen, der nicht den hierfür vorgeschriebenen Führerschein gehabt habe. Die Frage, ob der Kl an der Obliegenheitsverletzung ein Verschulden treffe oder ob er ohne Verschulden annehmen durfte, daß der berechtigte Fahrer K die erforderliche Fahrerlaubnis habe, berühre nur die subjektive Seite der Obliegenheitsverletzung, nicht aber deren objektiven Tatbestand. Deshalb sei es für die Rechtzeitigkeit der Kündigung unerheblich, wann die Bkl von den diesen Fragenkreis betreffenden Tatsachen Kenntnis erhalten habe. Ebenso OLG Frankfurt a. M. 2.X.1969 VersR 1971 S. 72. – Für den Sonderfall einer Mehrheit von Vmern läßt OLG Düsseldorf 28.II.1984 VersR 1984 S. 1060–1061 = ZfS 1984 S. 113–114 die Kündigung gegenüber demjenigen genügen, der die Führerscheinklausel verletzt hat (bedenklich, vgl. Anm. F 24 a. E.).

III. 3. Führerscheinklausel   Anm. F 50

[F 50] ff) Beweislast

Wie bei allen anderen Obliegenheiten auch (vgl. die umfassenden Nachweise bei Bruck—Möller Bd I Anm. 5 zu § 6) ist es Sache des Vers, den objektiven Tatbestand der Obliegenheitsverletzungen zu beweisen. Dazu gehört der Nachweis, daß der Vmer (oder der Vte) nicht im Besitz einer gültigen behördlichen Fahrerlaubnis gewesen ist und daß sich das Schadenereignis auf zum öffentlichen Verkehr zugelassenen Grund zugetragen hat. Gelingt es dem Vser nicht, diesen Beweis zu führen, so muß das Gericht der Vsschutzklage des Vmers entsprechen. Ob der Vmer im Besitz einer Fahrerlaubnis gewesen ist oder nicht, wird sich im Regelfall leicht feststellen lassen. Etwaige Zweifel kann der Vmer durch Vorlage der entsprechenden amtlichen Urkunde zumeist unschwer beseitigen. Man kann sich daher kaum vorstellen, daß es streitig bleibt, ob eine Fahrerlaubnis bestand oder nicht. Immerhin sind Ausnahmefälle denkbar, in denen Streit darüber besteht, ob ein Dritter, dem der Vmer den Gebrauch des Fahrzeugs erlaubt hatte, im Besitz einer gültigen Fahrerlaubnis war oder nicht. Ein solcher seltener Ausnahmefall lag z. B. BGH 20.XII.1974 VersR 1975 S. 366—367 zugrunde; der Vte hatte dort vor dem Unfall unter falschem Namen gelebt; nach dem Schadenereignis ließ sich nicht mehr ermitteln, ob der Vte neben dem gestohlenen Führerschein eines Dritten auch noch eine eigene Fahrerlaubnis besessen hatte oder nicht. Unaufgeklärt blieb die Frage einer Führerscheinerteilung auch im Falle OLG Hamm 23.V.1990 r + s 1990 S. 326—327, in dem der Vte wegen eines unfallbedingten Erinnerungsverlustes nichts zur Aufklärung beitragen konnte. Vgl. ferner OLG Köln 28.IV.1988 r + s 1988 S. 354—355 für einen Fall, in dem der Vmer behauptete, daß er seinen 1942 erworbenen Führerschein 1962 verloren habe; da der Vmer aufgrund dieser Einlassung im Strafverfahren freigesprochen worden war, ist die Entscheidung im Interesse einer einheitlichen Würdigung ein und desselben Sachverhalts in zivil- und strafrechtlicher Beziehung zu begrüßen. Die Ablehnung des Vsschutzes war aber gewiß nicht zu tadeln, da gegen den Vmer sprach, daß er in der Vergangenheit mehrfach Verurteilungen nach § 21 I Nr. 1 StVG hingenommen hatte.

Ist der Name eines Vten unbekannt und ist er nach dem Schadenereignis geflüchtet, so reichen starke Verdachtgründe, daß eine solche Flucht wegen Fehlens einer behördlichen Fahrerlaubnis erfolgt sei, nicht aus, um eine Überzeugung des Gerichts dahin zu begründen, daß eine solche Fahrerlaubnis nicht gegeben gewesen sei. Es entspricht allerdings gewiß nicht dem Idealbild eines sorgsamen Hausvaters, daß der Vmer z. B. das Fahrzeug einem ihm dem Namen nach unbekannten Zechkumpanen zur kurzfristigen Benutzung überlassen hat. Das ändert aber nichts daran, daß der Ver das Nichtvorhandensein einer amtlichen Fahrerlaubnis beweisen muß. Da der Vsfall im Zeitpunkt der Überlassung des Fahrzeugs an den Vten noch nicht eingetreten war, liegt in dem Nichtnotieren der Personalien des Vten auch keine Handlung des Vmers, die für sich allein nach prozessualen Grundsätzen zu einer Umkehr der Beweislast führen könnte. Das gilt um so mehr, als ein solcher laxer Umgang mit dem eigenen Fahrzeug zugleich auch mit einer positiven Einstellung gegenüber den Mitmenschen und einem damit verbundenen Vertrauensvorschuß zusammentreffen kann. Etwas anderes kann aber dann gelten, wenn der Vmer erklärt, daß er den ihm bekannten Namen des Vten nicht nennen wolle. Denn in einem solchen Fall erschwert der Vmer dem Ver die nach Treu und Glauben gebotene Mitwirkung bei der Überprüfung des Vorliegens einer amtlichen Fahrerlaubnis. Ein solches Verhalten kann — unter Berücksichtigung aller Umstände des Einzelfalles — durchaus von Bedeutung sein. Es stellt im übrigen auch eine Verletzung der Aufklärungslast nach § 7 I Nr. 2 S. 3 AKB dar, vgl. dazu Anm. F 108 und 115. Ob neben dieser Verletzung der Aufklärungsobliegenheit auch ein Verstoß gegen die Führerscheinklausel gegeben ist, ist wegen der unterschiedlichen Rechtsfolgen der Verletzung von vor und nach Eintritt des Vsfalls zu erfüllenden Obliegenheiten bedeutsam.

In Fällen der zuletzt erörterten Art ist nicht selten streitig, ob der (führerscheinlose) Vmer oder ein unbekannt gebliebener Dritter das Fahrzeug geführt hat. Vgl. in diesem Zusammenhang auch OLG Hamburg 8.V.1973 VersR 1974 S. 25 – 26. In jenem Fall war die Polizei zwar erst wenige Minuten nach dem Unfall eingetroffen. Das Gericht folgerte aber einleuchtend aus den Gesamtumständen des Falles, einschließlich bewiesener unrichtiger Angaben des Vmers über ein der Fahrt vorangegangenes Gespräch mit jenem unbekannt gebliebenen angeblichen Fahrer, daß der Vmer selbst das Steuer geführt habe.

Fälle, in denen ungeklärt geblieben ist, ob sich ein Schadenereignis im öffentlichen Verkehr zugetragen hat oder nicht, sind den bisher veröffentlichten Entscheidungen nicht zu entnehmen. Es ist aber gewiß ohne weiteres denkbar, daß in der Beweisaufnahme ungeklärt bleibt, ob sich ein Schadenereignis diesseits oder jenseits der Grenze zwischen öffentlichem und nicht öffentlichem Verkehrsraum zugetragen hat. Diese Zweifel gehen zu Lasten des beweispflichtigen Vers.

Hingegen ist es Sache des Vmers, darzutun und zu beweisen, daß die Obliegenheitsverletzung unverschuldet erfolgt ist (BGH 28.X.1981 VersR 1982 S. 85 [in NJW 1982 S. 183 insoweit nicht mit abgedruckt]) oder sich nicht im Sinne des Rechtswidrigkeitszusammenhangs kausal auf das Unfallgeschehen ausgewirkt hat (vgl. dazu nur BGH 26.IX.1957 VersR 1957 S. 679, 5.VII.1974 NJW 1974 S. 2180 = VersR 1974 S. 1073, 27.II.1976 VersR 1976 S. 532 – 533 = MDR 1976 S. 743 – 744 und Anm. F 47 – 48). Für einen Sonderfall aus dem Verschuldensbereich vgl. LG Augsburg 29.IV.1974 VersR 1975 S. 445. In jenem Fall hatte der geschiedene Ehemann, der mit der Vmerin weiterhin in häuslicher Gemeinschaft lebte, bekundet, daß er die Führerscheinentziehung verschwiegen habe. Das Gericht glaubte dem Zeugen jedoch nicht und kam dadurch zu einem verschuldeten Verstoß. Das liegt im Bereich der dem Tatrichter gebührenden freien Beweiswürdigung. Am Schluß der Entscheidung heißt es aber weiter, daß zumindest nicht als bewiesen angesehen werden könne, daß die Kl ohne auch nur leichte Fahrlässigkeit annehmen durfte, daß der Vte im Besitz der erforderlichen Fahrerlaubnis sei. Ob die Umstände des Falles auf eine solche Fahrlässigkeit hinwiesen, läßt sich mangels näherer Angaben nicht nachprüfen. Hervorzuheben ist jedenfalls der Grundsatz, daß der Vmer von einer Vertrauensperson erwarten kann, daß sie einen Führerscheinentzug offenbart und daß der darauf bauende Vmer nicht fahrlässig handelt, soweit nicht besondere Vorkommnisse auf die Möglichkeit eines solchen Führerscheinentzugs hinweisen (vgl. Anm. F 45). Einen Beweislastfall zum Verschuldensbereich behandelt auch LG Regensburg 6.XII.1974 VersR 1975 S. 850 – 851. Der Vmer hatte dort behauptet, daß ihm ein Führerschein von dem Vten vorgelegt worden sei; wenn dieser tatsächlich eine amtliche Fahrerlaubnis nicht gehabt habe, so müsse eine Fälschung präsentiert worden sein. Der Vte hatte die Vorlage eines Führerscheins im Strafverfahren in Abrede gestellt. Das Gericht konnte diese Behauptung des Vmers mangels entsprechenden Beweisantritts nicht der Entscheidung zugunsten des Vmers zugrundelegen.

Überwiegend wird aus dem Wortlaut des § 2 II c S. 2 AKB gefolgert, daß der Vmer auch beweisen müsse, daß es sich bei dem ohne amtliche Fahrerlaubnis fahrenden Vten um einen unberechtigten Fahrer im Sinne des § 2 II b AKB gehandelt habe (BGH 26.I.1983 VersR 1983 S. 360, 17.XI.1987 VA 1988 S. 127 – 128 Nr. 847 = VersR 1988 S. 50 – 51, OLG Hamm 21.III.1958 VersR 1958 S. 510, OLG

III. 3. Führerscheinklausel   Anm. F 50

München 7.XI.1961 VersR 1962 S. 465, OLG Hamm 22.IX.1965 VersR 1965 S. 996, 22.IX.1971 VersR 1972 S. 733, 27.VI.1980 VersR 1980 S. 1019, LG Gießen 23.I.1981 VersR 1982 S. 133–134 = ZfS 1982 S. 117–118, OLG München 27.XI.1981 ZfS 1983 S. 51–52, OLG Hamm 25.I.1984 VersR 1984 S. 835, OLG Frankfurt a. M. 22.II.1984 ZfS 1984 S. 336, OLG München 10.XI.1988 ZfS 1991 S. 57–58, OLG Hamm 20.X.1989 r + s 1990 S. 39–40; a. M. OLG Düsseldorf 30.XI.1982 VersR 1983 S. 627 = MDR 1983 S. 408, 18.II.1986 VersR 1986 S. 377–378 = ZfS 1986 S. 116–117 [aufgehoben durch BGH 17.XI.1987 a. a. O.]; differenzierend OLG Koblenz 16.III.1979 ZfS 1983 S. 51, vgl. auch die bei OLG Köln 12.II.1987 r + s 1987 S. 212–213 = ZfS 1987 S. 309 anklingenden Zweifel). Daß der Vmer mit diesem Beweis belastet wird, ist nicht unbillig. Er wird, wie vom BGH 17.XI.1987 a. a. O. zutreffend hervorgehoben, über Erwarten dadurch begünstigt, daß er nach der Bedingungsgestaltung Vsschutz auch dann genießt, wenn er die Schwarzfahrt eines Dritten, sei es mit oder ohne Führerschein, schuldhaft ermöglicht hat (für die abeweichende Regelung bei nicht zugelassenen Fahrzeugen gemäß § 5 II 3 AKB, nach der eine grobfahrlässig ermöglichte Schwarzfahrt nicht unter den Vsschutz fällt, vgl. Anm. F 80). Maßgebend ist eine sachbezogene Einordnung aller Umstände des Einzelfalls. Wenn sich z. B. als Folge eines übermäßigen Getränkegenusses später nicht mehr ermitteln läßt, ob der betreffende Vte berechtigter oder unberechtigter Fahrer war, so ist es nicht unbillig, daß der Vmer den Vsschutz verliert, wenn feststeht, daß der Vte ohne behördliche Fahrerlaubnis gefahren ist.

Als unbillig erscheinende Entscheidungen sind nicht bekannt geworden. Ein gutes Beispiel für eine berechtigte Versagung des Vsschutzes ergibt sich aus dem Fall OLG München 7.XI.1961 a. a. O. Dort war es so gewesen, daß der Kl mit anderen Bauarbeitern und dem Kranfahrer S. gezecht hatte. Das Firmenfahrzeug, ein Lkw, hatte der Kl vorher nach der Beladung abgestellt, ohne den Zündschlüssel abzuziehen. In den tatsächlichen Feststellungen heißt es u. a., daß sich an der länger dauernden Zecherei auch der ebenfalls bei der Firma beschäftigte S. beteiligt habe. Dieser habe in bereits angetrunkenem Zustand den Lkw auf der Baustelle gewendet und ihn auf die Straße hinausgefahren, wo er den Motor abgestellt und das Führerhaus verlassen habe. Der in diesem Zeitpunkt leicht angetrunkene Kl sei dann aus der Baustelle auf die Straße gegangen, habe sich ans Steuer seines Wagens gesetzt und den Motor angelassen, um den Wagen wieder an die Baustelle zurückzufahren. S., der den Wagen nun selbst habe fahren wollen, habe den Kl vom Fahrer- auf den Beifahrersitz gedrängt und sei in die Richtung zum Lagerplatz davongefahren. Der Kl sei auf dem Beifahrersitz mitgefahren, ohne dem für ihn erkennbar betrunkenen S. entschiedenen Widerstand entgegenzusetzen. S. sei nach einer Fahrstrecke von etwa 400 m mit zu hoher Geschwindigkeit in eine Linkskurve gefahren. Sein Wagen sei ins Schleudern geraten und mit einer Radfahrerin zusammengestoßen.

Ähnlich lag es im Fall OLG Hamm 22.IX.1964 VersR 1965 S. 996. Dort war ein Siebzehnjähriger ohne Führerschein gebeten worden, sich bei einem Anschiebevorgang an das Steuer zu setzen. Nach dem Anspringen wußte er in seiner Verwirrung nicht, wie er das Fahrzeug zum Halten bringen könne. Das Gericht führte dazu aus, daß es bei dieser Sachlage nicht angehe, den Zeugen A. als unberechtigten Fahrer anzusprechen. Zwar habe er den Teil seiner Fahrt, der nach dem Anspringen des Motors liege, gegen den Willen des Halters ausgeführt. Er sei insoweit jedoch auch gegen seinen eigenen Willen gefahren. Unberechtigter Fahrer könne jedoch nur sein, wer sich entweder von vornherein gegen den Willen des Halters an das Steuer setze oder wer mißbräuchlich eine erteilte Fahrzeuggenehmigung überschreite. Der Fall sei nicht anders zu beurteilen, als wenn in sonstiger Weise ein Fahrer die Gewalt über sein Fahrzeug verliere und beispielsweise auf abschüssiger Straße bei versagenden Bremsen seine Fahrt gegen seinen Willen fortsetze.

[F 51] g) Regreßverzicht gemäß geschäftsplanmäßiger Erklärung

Wie für alle anderen vor Eintritt des Vsfalls im Bereich der Kraftfahrzeughaftpflichtv zu erfüllenden Obliegenheiten wird auch für die Führerscheinklausel die Härte des Vsschutzverlustes durch die geschäftsplanmäßige Erklärung der Ver zum teilweisen Regreßverzicht gemildert (vgl. dazu Anm. F 27–29).

4. Ungenehmigte Rennen

Gliederung:

a) Grundsätzliches F 52   b) Einzelheiten F 53

[F 52] a) Grundsätzliches

Nach § 2 II d AKB ist der Ver von der Verpflichtung zur Leistung frei, wenn das Fahrzeug zu behördlich nicht genehmigten Fahrtveranstaltungen, bei denen es auf die Erzielung einer Höchstgeschwindigkeit ankommt, oder bei den dazugehörigen Übungsfahrten verwendet wird. Die Stellung der zum 1.X.1965 in das Bedingungswerk eingefügten Bestimmung unter der Überschrift „Obliegenheiten vor Eintritt des Vsfalls" und die gewählte Ausdrucksweise „von der Verpflichtung zur Leistung frei" ergeben, daß eine solche Teilnahme an nicht genehmigten Rennen dem Obliegenheitsrecht unterstellt worden ist. Hingegen sind Haftpflichtansprüche aus genehmigten Rennveranstaltungen durch die Risikoausschlußklausel des § 2 III b AKB vom Vsschutz ausgenommen (für die Fahrzeugv und die Kraftfahrzeugunfallv gilt dieser Ausschluß ohne Unterscheidung zwischen genehmigten und ungenehmigten Rennveranstaltungen). Der Grund für diese Sonderregelung für die Kraftfahrzeughaftpflichtv ist darin zu sehen, daß der geschädigte Dritte damit in den Genuß der überobligationsmäßigen Haftung des Vers gemäß § 3 Ziff. 4, 5 PflichtvsG kommt. Über die Zusammenhänge zwischen dieser Regelung und dem Europäischen Übereinkommen über die obligatorische Haftpflichtv vom 20.IV.1959 (BGBl. II 1965 S. 282) vgl. Anm. G 93. Dabei wird für genehmigte Rennen und Übungsfahrten der Abschluß spezieller Haftpflichtven als Voraussetzung für die Genehmigung erwartet.

Der Zweck der Neuregelung in § 2 II d AKB war es danach, den Dritten für den Fall zu schützen, daß es sich ausnahmsweise um eine ungenehmigte Rennveranstaltung handelt. Zu überlegen ist daher, ob eine entsprechende Anwendung dann möglich ist, wenn zwar eine behördliche Genehmigung vorliegt, diese jedoch aufgrund einer gefälschten Vsbestätigung erteilt worden ist. Der Sachverhalt möge dabei so gestaltet sein, daß diese Vsbestätigung dem betreffenden Ver auch nicht nach Rechtsscheingrundsätzen zugerechnet werden kann und auch kein Verschulden der Behördenbediensteten vorliegt. In diesem engen Rahmen erscheint eine erweiternde Auslegung als sachgerecht, entspricht jedenfalls dem Schutzzweck der Regelung.

[F 53] b) Einzelheiten

Die Obliegenheitsregelung kann sich auch für den Vmer günstig auswirken. Er kommt dadurch in den Genuß der Schutzbestimmungen des Obliegenheitsrechts. Zur Erläuterung der Begriffe Fahrtveranstaltungen, bei denen es auf die Erzielung einer Höchstgeschwindigkeit ankommt, und der dazugehörigen Übungsfahrten wird auf Anm. G 93 und J 81 m. w. N. verwiesen.

III. 5. Gefahrerhöhung Anm. F 55

§ 2 II d AKB stellt sich der Sache nach als Regelung eines Sonderfalls einer aus der Sicht der Vers unerwünschten Verwendungsänderung dar. Es besteht daher eine große Ähnlichkeit mit der zur Verwendungsklausel gemäß § 2 II a AKB erörterten Problematik. Als wesentlicher Unterschied ist hervorzuheben, daß der Vmer — anders als bei einer Verwendungsänderung im normalen Tarifrahmen — nicht damit rechnen kann, daß der Ver für ungenehmigte Rennen und dazugehörige Übungsfahrten Haftpflichtvsschutz gewährt. Demgemäß gilt das in Anm. F 8 Gesagte darüber, daß der Vmer mit der Anzeige der Verwendungsänderung Vsschutz genieße, nicht für die von § 2 II d AKB erfaßten Rennen nebst Übungsfahrten. Ansonsten erscheint es aber durchaus sachgerecht, bezüglich der speziellen Obliegenheitsproblematik auf die Ausführungen zur Verwendungsklausel zu verweisen. Das gilt insbesondere für das Verschulden (Anm. F 22), die Kausalität (Anm. F 23), das Kündigungserfordernis (Anm. F 24) und die die Rechtsposition des Vmers unter Umständen so wesentlich verbessernde **geschäftsplanmäßige Erklärung** des Vers über den erheblich eingeschränkten Regreß gegen den Vmer oder Vten (vgl. dazu Anm. F 27–29).

5. Gefahrerhöhung

Gliederung:

a) Schrifttum F 54
b) Grundsätzliches F 55
c) Kenntnis der die Gefahrerhöhung begründenden Umstände F 56
d) Dauerzustand F 57
e) Einzelfälle F 58–67
  aa) Verkehrsunsicherer Zustand des Fahrzeugs F 58–65
    aaa) Beleuchtung und Blinkanlage F 58
    bbb) Bremsen F 59
    ccc) Fahrgestellmängel und defekte Anhängerverbindung F 60
    ddd) Geschwindigkeitserhöhung durch Fahrzeugumbau und sonstige Geschwindigkeitsüberschreitungen F 61
    eee) Lenkanlage, Spurunsicherheit und defekte Motorhauben F 62
    fff) Reifen F 63
    ggg) Überladung F 64
  bb) Persönliche Mängel F 65
  cc) Restfälle F 66
f) Anzeigelast F 67
g) Verletzungsfolgen F 68–75
  aa) Vorbemerkung F 68
  bb) Leistungsfreiheit F 69–74
    aaa) Verschulden F 69
    bbb) Kausalität F 70–71
      α) Allgemeine Grundsätze F 70
      β) Einzelfälle F 71
    ccc) Auswirkung einer Anzeige gemäß §§ 23 II, 27 II F 72
    ddd) Beweislast F 73
    eee) Regreßverzicht gemäß geschäftsplanmäßiger Erklärung F 74
  bb) Kündigungsmöglichkeit F 75

[F 54] a) Schrifttum:

Möller in Bruck–Möller Anm. zu §§ 23–32 m. w. N. in Anm. 2 zu § 23, E. v. Hippel NJW 1966 S. 129–134 m. w. N., Hofmann NJW 1975 S. 2181–2184, Kuntz VersR 1978 S. 503–504, Sievers VersR 1974 S. 715–726, Theda VersR 1983 S. 1097–1104, Werber VersR 1969 S. 387–392, Hj. Wussow VersR 1969 S. 196–199

[F 55] b) Grundsätzliches

Die Bestimmungen über die Gefahrerhöhung in §§ 23–30 befinden sich im VVG im ersten Abschnitt unter der Überschrift „Vorschriften für alle Vszweige". Sie gelten demgemäß auch für die Kfz-Haftpflichtv (RG 3.I.1936 RGZ Bd 150 S. 48–51 und die ständige Rechtsprechung des BGH, vgl. nur BGH 28.VI.1965 VersR 1965 S. 847

Anm. F 55 F. Obliegenheiten des Vmers in der Kraftfahrzeughaftpflichtv

m. w. N., 25.IX.1968 BGHZ Bd 50 S. 386–387 m. w. N., ferner Bruck–Möller Bd I Anm. 15 zu § 23 sowie die zahlreichen Nachweise aus dieser BGH-Rechtsprechung in Anm. F 55–73; abweichend lediglich LG München 20.XI.1967 VersR 1968 S. 886–888). Es handelt sich um gesetzliche Obliegenheiten, deren Verletzungsfolgen im Gesetz vollständig geregelt sind (Bruck–Möller Bd I Anm. 19 zu § 23). Das Gesetz unterscheidet zwischen der vom Vmer vorgenommenen oder gestatteten Gefahrerhöhung (§§ 23–26) und einer solchen, die unabhängig vom Willen des Vmers eintritt (§§ 27–28). Erstere bezeichnet Möller in Bruck–Möller Anm. 3 zu § 23 als subjektive, letztere als objektive Gefahrerhöhung. Praktisch bedeutsam ist für die Kfz-Haftpflichtv lediglich die erstgenannte Gefahrerhöhungsvariante. Das beruht auf der Eigenart der Kfz-Haftpflichtv, bei der es um die Sicherung des Vmers gegen Haftpflichtgefahren aus dem Gebrauch eines bestimmten Fahrzeugs geht. Gerät nämlich ein solches Fahrzeug durch **Abnutzung** und Alterung des Materials in einen **verkehrswidrigen Zustand**, so stellt dieser letztlich gegen den Wunsch des Vmers eingetretene Zustand nur dann aus der Sicht der Parteien des Vsvertrages eine Gefahrerhöhung dar, wenn dieses Fahrzeug in diesem Zustand weitergebraucht wird (so die ständige Rechtsprechung des BGH, vgl. nur BGH 24.I.1957 BGHZ Bd 23 S. 142, 22.VI.1967 VersR 1967 S. 746 m. w. N., 25.II.1970 VersR 1970 S. 413, 14.VI.1971 VersR 1971 S. 539, 26.V.1982 BB 1982 S. 1387 = VersR 1982 S. 794 m. w. N.; ebenso ÖOGH 3.IV.1963 VersR 1965 S. 100, 23.X.1968 VersR 1970 S. 45, 2.II.1972 VersR 1973 S. 48 m. w. N., 22.V.1975 VersR 1976 S. 868. Eine Durchsicht der veröffentlichten Entscheidungen ergibt, daß in der Kfz-Haftpflichtv das Schwergewicht bei den Fällen liegt, in denen ein Fahrzeug gebraucht wird, obwohl es sich in einem **verkehrswidrigen Zustand mit wesentlicher Beeinträchtigung der Betriebssicherheit** des Fahrzeugs befindet. – Dafür, daß diese Definition um den Begriff einer gewissen „**Dauer**" zu ergänzen ist und zu dessen Abgrenzung vgl. Anm. F 57. – Als solche Gefahrerhöhungsfaktoren sind insbesondere **abgefahrene Reifen** und **defekte Bremsen** anzusehen. Das sind die Hauptfälle, die die Gerichte immer wieder beschäftigt haben. Denkbar sind aber auch andere erhebliche Fahrzeugmängel, z. B. solche an der Lenkanlage oder an den Achsaufhängern. Daneben treten die in der Person des Fahrers begründeten Gefahrerhöhungsumstände, z. B. Übermüdung, an Bedeutung zurück (vgl. dazu Anm. F 65).

Nach § 23 I darf der Vmer eine Erhöhung der Gefahr nicht **ohne Einwilligung des Vers vornehmen** oder deren **Vornahme durch einen Dritten gestatten**. Diese Bestimmung ist, soweit sie sich auf eine Gestattung durch den Ver bezieht, für die Kfz-Haftpflichtv im Regelfall praktisch nicht anwendbar. Das ergibt sich daraus, daß der Vmer weder mit einer Zustimmung des Vers zum Gebrauch eines in einem verkehrswidrigen Zustand befindlichen Fahrzeugs noch mit einem Einverständnis zum Fahrzeuggebrauch durch einen dauernd in der Fahrzeugführung beeinträchtigten Vmer (oder Vten) rechnen kann. Ein verantwortungsbewußter Ver wird vielmehr die Vorschriften des Straßenverkehrs- und des Strafrechts respektieren, die die Verkehrsteilnehmer vor durch einen solchen unerlaubten Fahrzeuggebrauch entstehende Schäden schützen sollen.

Einen **Grenzfall** zum Gefahrerhöhungsbereich in der **Feuerv** behandelt BGH 11.XII.1980 NJW 1981 S. 926–927 = VersR 1981 S. 245–247. Es ging darum, daß die Tür eines Gebäudes nicht repariert worden war, nachdem sie von dritter Seite aufgebrochen worden war. Diese unverschlossene Tür des Gebäudes, in dem früher eine Diskothek betrieben worden war, sah der BGH deshalb nicht als erheblich im Sinne des § 23 I an, weil derjenige, der es unterlasse, eine von dritter Seite gegen seinen Willen herbeigeführte Gefahrerhöhung zu beseitigen, keine Gefahrerhöhung vornehme. Es ist zu betonen, daß diese **Grundsätze auf die Kfz-Haftpflichtv**

III. 5. Gefahrerhöhung   Anm. F 56

nicht übertragen werden können. Das folgt aus der hervorgehobenen besonderen Verknüpfung des vten Risikos in der Kfz-V mit dem Gebrauch eines Fahrzeugs, das die Mindestanforderungen des Straßenverkehrsrechts bezüglich der Verkehrssicherheit erfüllt. Das Gesagte gilt also auch dann, wenn der verkehrswidrige Zustand des Fahrzeugs nicht – wie es dem Normalfall entspricht – durch eine allmähliche Abnutzung eintritt, sondern z. B. durch eine mutwillige Beschädigung des Reifens durch einen Dritten. Ein Vmer, der ein Fahrzeug weiter gebraucht, obwohl er weiß, daß es durch einen Dritten mutwillig in einen verkehrswidrigen Zustand versetzt worden ist, nimmt demgemäß ebenso eine Gefahrerhöhung vor wie derjenige, der ein aus anderem Grund verkehrsunsicher gewordenes Fahrzeug in Kenntnis dieses Umstands weiter benutzt.

Aus dieser speziellen Sicht der Kfz-Haftpflichtv wird auch verständlich, daß eine Gefahrerhöhung nicht deshalb ausscheidet, weil sich das **Fahrzeug schon bei Beginn der V in einem verkehrswidrigen Zustand** befunden hat (so treffend BGH 22.VI.1967 NJW 1967 S. 1758–1759 = VersR 1967 S. 746–747 mit abl. Anm. v. Hohenester NJW 1967 S. 2207–2208, 25.II.1970 VersR 1970 S. 413, 18.X.1989 VersR 1990 S. 80–81; ÖOGH 3.IV.1963 VersR 1965 S. 100, 15.I.1964 VersR 1965 S. 1162, 8.III.1984 VersR 1985 S. 51–52 = r + s 1985 S. 53 [gek.], Pienitz-Flöter[4] Anm. C,I zu § 2 AKB, S. 10 b, Stiefel–Hofmann[15] Anm. 99 zu § 2 AKB, S. 117; **anderer Meinung** BGH 8.III.1962 VersR 1962 S. 368–369, ÖOGH 21.I.1962 VersR 1964 S. 1187–1188, Bruck–Möller Bd I Anm. 7 zu § 23 m. w. N., Prölss–Martin[25] Anm. 2 C e zu § 23, S. 235, Werber VersR 1969 S. 388–389). Diese Überlegungen sind entsprechend auf diejenigen Fälle zu übertragen, in denen sich die Gefahrerhöhung aus persönlichen Eigenschaften des Vmers (oder Vten) ergibt (vgl. dazu Anm. F 65). Als Beispiel sei auf BGH 28.VI.1965 VersR 1965 S. 846–848 verwiesen. Dort war erstmals in der Revisionsinstanz die Behauptung aufgestellt worden, daß die Fahrer des Vmers schon bei Abschluß des Vsvertrages ständig überbeansprucht gewesen seien, so daß allenfalls eine Verletzung der Anzeigelast nach § 16 in Betracht komme. Der BGH wies dieses Vorbringen a. a. O. S. 847 nach § 561 ZPO zurück. Wäre aber schon in den Tatsacheninstanzen ein Vortrag des Inhalts erfolgt, daß sich die Fahrer des Vmers schon bei Vertragsabschluß in einem dauernden Übermüdungszustand befunden hätten, so wäre er als unerheblich anzusehen. Entscheidend ist in diesem Sinne nicht der bei Vertragsabschluß bestehende dauernde Übermüdungszustand, sondern der in der Vertragszeit betätigte Wille zum Gebrauch des Fahrzeugs in diesem Zustand.

Umgekehrt ergeben diese Überlegungen aber auch, daß das **Wegfallen einer bei Beginn des Haftpflichtvsschutzes vorhandenen zusätzlichen Sicherheitseinrichtung, die nach der StVZO nicht vorgeschrieben ist, in der Kfz-Haftpflichtv keine Gefahrerhöhung darstellt** (so BGH 5.XI.1964 VersR 1964 S. 1289).

[F 56] c) Kenntnis der die Gefahrerhöhung begründenden Umstände

Von besonderer Bedeutung für die Kfz-Haftpflichtv ist der in § 23 I verwendete Begriff der „Vornahme". Aus diesem Ausdruck und aus dem ebenfalls in § 23 I gebrauchten Begriff einer Gestattung der Vornahme einer Gefahrerhöhung durch einen Dritten hat die neuere Rechtsprechung im Anschluß an Bruck–Möller Bd I Anm. 18 zu § 23 geschlossen, daß ein **willentliches Handeln** des Vmers gegeben sein müsse, d. h. ein solches mit natürlichem Handlungswillen (BGH 25.IX.1968 BGHZ Bd 50 S. 388 m. w. N.). Das bedeutet, daß der Tatbestand einer Gefahrerhöhung in der Kfz-Haftpflichtv nur dann erfüllt ist, wenn der Vmer sich in **Kenntnis der die Gefahrerhöhung ausmachenden Umstände zum Gebrauch des**

Fahrzeugs entschließt (so seit BGH 25.IX.1968 BGHZ Bd 50 S. 385–391, 25.IX.1968 BGHZ Bd 50 S. 392–397 die ständige höchstrichterliche Rechtsprechung, vgl. nur BGH 26.II.1969 VersR 1969 S. 416, 28.V.1969 VersR 1969 S. 727–728, 11.VII.1969 VersR 1969 S. 920, 17.IX.1969 VersR 1969 S. 987, 1.X.1969 VersR 1969 S. 1035, 25.II.1970 VersR 1970 S. 413 m. w. N., 8.IV.1970 VersR 1970 S. 563, 22.I.1971 VersR 1971 S. 408 m. w. N., 14.IV.1971 VersR 1971 S. 539, 22.XII.1971 VersR 1972 S. 267, 12.III.1975 NJW 1975 S. 979 = VersR 1975 S. 461, 26.V.1982 BB 1982 S. 1387 = VersR 1982 S. 794; zustimmend Prölss–Martin[25] Anm. 4a zu § 23, S. 239–240, Stiefel–Hofmann[15] Anm. 107–113 zu § 2 AKB, S. 120–124; kritisch Hj. Wussow VersR 1969 S. 196–199; anders die überwiegende österreichische Judikatur, vgl. dazu die Nachweise am Schluß dieser Anm.). Die dem entgegengesetzte frühere Rechtsprechung (vgl. nur BGH 21.I.1963 NJW 1963 S. 1053–1054 = VA 1963 S. 97 Nr. 362, 23.XI.1964 VA 1965 S. 126 Nr. 406 = VersR 1965 S. 53–54, 9.XI.1967 VersR 1968 S. 33), nach der dem Vmer schon die fahrlässige Unkenntnis dieser Tatumstände schadete, ist damit gänzlich aufgegeben worden. Sie war auch unbillig. Sie überforderte den Vmer nicht nur in technischer Beziehung, sondern erlegte ihm auch noch die Beweislast dafür auf, daß er nicht infolge leichter Fahrlässigkeit die die Gefahrerhöhung ausmachenden Umstände verkannt habe (vgl. auch den instruktiven Lösungsversuch durch E. v. Hippel NJW 1966 S. 129–134, mit dem die von ihm klar herausgearbeitete Unbilligkeit der früheren Rechtsprechung durch ein abgestuftes Leistungsfreiheitssystem ersetzt werden sollte). Nunmehr ist es Sache des Vers, sowohl das Vorliegen der eine Gefahrerhöhung ausmachenden Umstände als auch die Kenntnis des Vmers davon nachzuweisen (vgl. dazu Anm. F 73).

Von der Kenntnis der tatsächlichen Umstände, die rechtlich als Gefahrerhöhung zu qualifizieren sind, ist die Kenntnis des Vmers von dieser rechtlichen Einordnung zu unterscheiden. BGH 25.IX.1968 BGHZ Bd 50 S. 387–388 bemerkt dazu u. a., daß § 23 I nach seinem Wortlaut davon ausgehe, daß der Vmer durch aktives Tun die Umstände ändere, die die Gefahrenlage bestimmten. Der Vmer müsse eine Erhöhung der Gefahr „vornehmen" oder deren Vornahme durch einen Dritten „gestatten". Bei einem solchen Handeln sei eine subjektive (finale) Beziehung zwischen dem Verhalten und dem Erfolg schon dadurch gegeben, daß sich die Handlung auf eine Änderung der Gefahrenlage beziehen müsse. Der Vmer brauche zwar, wie § 23 II beweise, die gefahrerhöhende Eigenschaft der vorgenommenen oder gestatteten Gefahränderung nicht zu kennen (RG VA 1931 Nr. 2351; JR 1937, 9; BGH VersR 1962, 368; Kisch, Die Lehre von der Vsgefahr, 486/87; Bruck, Das Privatvsrecht, 308). Er müsse die Gefahrenänderung aber willentlich, d. h. mit natürlichem Handlungswillen, vornehmen oder gestatten (Bruck–Möller a. a. O. § 23 Anm. 18). Der Tatbestand des § 23 I der „subjektiven", „gewollten" oder „gewillkürten" Gefahrerhöhung sei nur erfüllt, wenn der Vmer die Gefahrenlage durch ein gewolltes Eingreifen ändere. Ebenso BGH 25.IX.1968 BGHZ Bd 50 S. 397, ähnlich auch BGH 26.V.1982 BB 1982 S. 1387 = VersR 1982 S. 794. – Möller a. a. O. Anm. 34 zu § 23 m. w. N. hatte dagegen für die Anzeigelast nach § 23 II einen gegenteiligen Standpunkt bezogen. Er führte aus, daß eine Kenntnis als Voraussetzung für die Anzeigelast dann nicht gegeben sei, wenn der Vmer zwar das Ergebnis kenne, aber seinen Charakter als Gefahrerhöhung nicht erfasse.

Gegenüber beiden Standpunkten sind Eingrenzungen vorzunehmen. Die Auffassungen können aber in Einklang gebracht werden, wenn man zur Vorstellungswelt des Vmers zwar nicht die rechtliche Qualifikation rechnet, wohl aber das Wissen um die veränderte Gefahrensituation, wobei es zu Lasten des Vmers geht, wenn er die Veränderung der Gefahrenlage für rechtlich nicht erheblich hält. So ist es

III. 5. Gefahrerhöhung   Anm. F 56

einleuchtend, daß der BGH 25.IX.1968 BGHZ Bd 50 S. 397 die Frage, ob der Vmer den ihm bekannten Bruch des Haltehebels der Motorhaube als Gefahrerhöhung bewertete, allein unter dem Gesichtspunkt des Verschuldens für rechtlich erheblich hielt (Fahrlässigkeit). Hingegen stößt BGH 19.I.1977 VersR 1977 S. 341–343 auf Verständnis, wenn es dort a. a. O. S. 342–343 heißt, daß der Kläger eine Gefahrerhöhung durch Überschreiten der zulässigen Höhe aber auch deshalb nicht vorgenommen habe, weil er nicht gewußt habe, daß der Auslegearm des Baggers mehr als 4 m hoch gewesen sei und er sich dieser Kenntnis auch nicht arglistig verschlossen habe.

Damit steht es im Einklang, daß OLG Düsseldorf 6.III.1979 VersR 1979 S. 662 die Kenntnis des Vmers (als zum Begriff der Vornahme einer Gefahrerhöhung gehörend) davon verlangt, daß das benutzte Fahrzeug lediglich eine Anhängerlast von 1200 kg und nicht eine solche von 800 kg ziehen dürfe. Dagegen zeigt die ganze Schwierigkeit der Abgrenzungssituation wiederum BGH 19.I.1977 a. a. O. S. 343, wenn es dort nach der Feststellung, daß kein Dauerzustand gegeben sei, bezüglich der ebenfalls vorliegenden Geschwindigkeitsüberschreitung heißt, es könne sonach dahinstehen, ob die Vornahme einer Gefahrerhöhung in subjektiver Hinsicht auch die Kenntnis des Klägers von der Geschwindigkeitsbegrenzung im Anhängerbetrieb voraussetze, oder ob es insoweit genügt hätte, daß er die tatsächlich eingehaltene Geschwindigkeit von über 30 km/h gekannt habe.

Einer solchen vorsichtig auf den Einzelfall abstellenden Wertung entspricht es auch, daß Möller a. a. O. Anm. 18 zu § 23 ein Handeln des Vmers mit natürlichem Handlungswillen genügen läßt. Das bedeutet, daß ein Subsumtionsirrtum den Vmer dann nicht entlastet, wenn er z. B. die regelwidrige Beschaffenheit eines Fahrzeugs kennt. Das Gesagte ist jedoch dahin einzugrenzen, daß als Teil des Vorstellungsbildes des Vmers zwar nicht die rechtliche Subsumtion zu verlangen ist, wohl aber die Kenntnis der gesteigerten Gefährlichkeit der gegenüber dem Normalfall veränderten tatsächlichen Situation (anders Werber VersR 1969 S. 392, der das Bewußtsein von der gefahrintensiven Wirkung bekannter tatsächlicher Umstände nicht dem Vornahmebegriff zuordnet, sondern diese Frage nur im Rahmen des Verschuldens betrachtet). Soweit es sich dabei um einen eklatant verkehrswidrigen Zustand des Fahrzeugs handelt, darf im übrigen im Regelfall gewiß indiziell von der Kenntnis des Vmers von dem verkehrswidrigen Zustand auf das Wissen um eine erhöhte Gefährlichkeit geschlossen werden. Anders liegen die Dinge aber vor allem, wenn z. B. die erhöhte Gefährlichkeit aus von der Norm abweichenden körperlichen Eigenschaften des Vmers folgt. Hier ist es durchaus denkbar, daß der Vmer zwar seine Krankheit kennt, aber nicht weiß, daß sie ihm nach objektiven Maßstäben verbietet, weiterhin ein Fahrzeug zu führen. Unter solchen Umständen fehlt es an der Kenntnis des Vmers von der gesteigerten Gefährlichkeit, die sich aus einem solchen schlechten Gesundheitszustand für die Umwelt bei dem Führen eines Fahrzeugs ergeben kann. Einen Fall, bei dem der Vmer keine Kenntnis davon hatte, daß seine körperliche Konstitution das Führen eines Fahrzeugs verbot, behandelt LG Oldenburg 4.I.1984 VersR 1985 S. 353. Es hatte dort selbst der behandelnde Arzt des Vmers, der diesen seit Jahren wegen einer Zuckerkrankheit behandelte, angenommen, daß keine erhöhte Gefährdung des Straßenverkehrs gegeben sei (vgl. auch Anm. F 65). Vgl. ferner OLG Koblenz 3.IV.1968 VersR 1969 S. 244–245, das für einen Fall einer Augenkrankheit des Vmers in dem hier vertretenen Sinn nicht hinreichend zwischen der Kenntnis des Vmers von seiner Krankheit und der Bewertung als besondere Gefahrensituation unterschieden hat. Dem Vmer war trotz einer von Anfang an gegebenen Sehschwäche ein Führerschein erteilt worden; es lag daher nahe, daß er nur infolge von Fahrlässigkeit diese subjektive Fahrunfähigkeit nicht erkannt hatte, so daß es an der Kenntnis der fehlenden Fahrbefähigung infolge eigener körperlicher Schwächen fehlte. Beruht die körperliche Unfähigkeit zu einem normalen Gebrauch eines Fahrzeugs aber darauf, daß systematisch im Sinne der in Anm. F 65 niedergelegten Grundsätze die Vorschriften über die Höchstarbeitszeiten überschritten werden, so genügt wiederum das damit regelmäßig verbundene allgemeine Bewußtsein von der Gefährlichkeit eines solchen Tuns.

Kennt der Vmer den verkehrswidrigen Zustand der Reifen oder der Bremsen seines Fahrzeugs oder sonstiger Einrichtungen des Fahrzeugs und beschließt er, das Fahrzeug bis zur Auswechselung dieser Reifen oder der Ausbesserung der Bremsen nicht zu fahren, so nimmt er keine Gefahrerhöhung im Sinne des § 23 I vor, wenn das Fahrzeug gegen oder ohne seinen Willen von einem Dritten gefahren wird (so BGH 30.V.1963 VersR 1963 S. 742–743, 18.X.1989 VersR 1990 S. 80–81 = r + s 1990 S. 8). In denjenigen Fällen, in denen ein derartiges Fahrzeug nicht von dem Vmer sondern von einem Dritten gebraucht worden ist, muß demgemäß festgestellt werden, daß der Vmer diese Benutzung durch den Vten gewollt oder billigend in Kauf genommen hat (BGH 17.IX.1975 VersR 1975 S. 1017–1018, 18.X.1989 a. a. O.). Dabei darf die Begriffsbestimmung „billigend in Kauf genommen" nicht in dem Sinne interpretiert werden, daß eine bewußte Fahrlässigkeit genügen könnte. Vielmehr wird damit der „bedingte" Vorsatz umschrieben. In diesem Sinne hatte sich auch ein Vmer im Fall OLG Nürnberg 4.V.1971 VersR 1972 S. 924–925 dahin eingelassen, daß er darauf vertraut habe, daß seine Tochter sein in der Garage befindliches verkehrsunsicheres Fahrzeug nicht ohne seine ausdrückliche Erlaubnis benutzen werde, da sie das bisher grundsätzlich nicht getan habe. Das Gericht ist dieser Argumentation deshalb nicht gefolgt, weil der Vmer nicht genügend Vorsorge gegen eine ungewollte Inbetriebnahme getroffen habe. Indessen wird mit dieser Abgrenzung letzten Endes eine Fahrlässigkeit des Vmers der erforderlichen Kenntnis vom Gebrauch des Fahrzeugs gleichgestellt. Das sollte vermieden werden, auch wenn der Vortrag des Vmers als unklar und ergänzungsbedürftig erschien. Es fragt sich, ob etwas anderes dann gilt, wenn der Vmer in Kenntnis des verkehrswidrigen Zustandes seines Fahrzeugs (z. B. der mangelhaften Bremsen) dieses weiterbenutzt und es ihm nach einer solchen Benutzung entwendet wird, weil es von ihm im Anschluß an eine solche verbotswidrige Fahrt ungesichert auf der Straße abgestellt worden ist. Das ist zu verneinen. Zwar läßt sich das als Auswirkung der vorgenommenen Gefahrerhöhung einordnen, die Benutzung durch einen Dritten kann aber dem Vmer nur bei seinem Einverständnis gemäß BGH 30.V.1963 a. a. O., 18.X.1989 a. a. O. konkret als Vornahme zugerechnet werden. Eine grobe Fahrlässigkeit ersetzt diese Kriterien nicht (anders LG Bielefeld 26.VI.1979 VersR 1980 S. 34 und AG Köln 6.VII.1988 ZfS 1989 S. 384 [für einen Schlüsseldiebstahl in einer Gastwirtschaft]; vgl. auch Anm. F 65 a. E.).

Der Kenntnis des Vmers steht es gleich, wenn sein Repräsentant über die tatsächlichen Umstände, die den Gebrauch des Fahrzeugs zu einer wesentlichen Erhöhung der vten Gefahr werden lassen, Bescheid weiß. Zum Repräsentantenbegriff vgl. die Nachweise bei Bruck – Möller Bd II Anm. 65–77 zu § 61; w. N. in Anm. F 22, J 87. Hervorzuheben ist auch hier, daß der Kraftfahrer als solcher im Regelfall nicht als Repräsentant angesehen wird. Vgl. nur BGH 8.IV.1970 VersR 1970 S. 563 m. w. N. für einen Fall, in dem der Bruder des Vmers bei diesem als Fahrer angestellt war; das Gericht ging davon aus, daß der Bruder hinsichtlich der Wartung des von ihm gefahrenen Lkw nicht an die Stelle des Vmers getreten sei, daß dieser vielmehr wie die anderen Fahrer unter der Aufsicht des Vmers und nach dessen Weisungen das Fahrzeug zu pflegen und zu warten hatte. Instruktiv im Sinne einer Verneinung der Repräsentanteneigenschaft ferner OLG Frankfurt a. M.

III. 5. Gefahrerhöhung   Anm. F 56

14.II.1969 VersR 1970 S. 73 für einen Fall, in dem in einem Betrieb zwei nicht besonders hervorgehobene Arbeitnehmer gegenüber dem Vmer für einen ordnungsgemäßen Zustand des Fahrzeugs verantwortlich waren.
    Als Gegenbeispiel sei auf BGH 14.IV.1971 VersR 1971 S. 538–540 verwiesen. Dort führte der BGH a. a. O. S. 539–540, nachdem zunächst wieder der Grundsatz hervorgehoben wurde, daß der Fahrer als solcher nicht als Repräsentant anzusehen sei, u. a. aus, daß dagegen der Angestellte W. Repräsentant des Inhabers der Kl gewesen sein könne, auch wenn W. selbst keine kraftfahrttechnischen Kenntnisse gehabt habe. Die Kl habe vorgetragen, die Fahrer ihrer Kraftfahrzeuge seien instruiert worden, jeden an einem Kfz auftretenden Mangel dem W. zu melden, der durch Überführung des Kfz an eine Werkstatt dafür zu sorgen gehabt habe, daß der aufgetretene Mangel abgestellt werde. W. habe danach nicht selbst für die Verkehrssicherheit der Kfz der Kl zu sorgen gehabt, und er habe auch nicht die Fahrer daraufhin zu überwachen, ob sie selbst ihm alle auftretenden Mängel meldeten. Doch habe er nach Maßgabe dessen, was die Fahrer an vorhandenen Mängeln mitteilten, dafür zu sorgen gehabt, daß die Kraftwagen der Klägerin im einwandfreien Zustand am Straßenverkehr teilnahmen. Schon damit sei ihm für den Fuhrpark der Kl, der aus sieben Kfz und drei Anhängern bestanden habe, in nicht unerheblichem Umfang die Wahrnehmung einer an sich dem Inhaber selbst obliegenden Verantwortung übertragen worden, die es rechtfertige, ihn als Repräsentanten, oder, was die Kenntnis der Mängel des Kfz betreffe, Wissensvertreter der Kl anzusehen. Habe W., der für die Abstellung der ihm gemeldeten, die Verkehrssicherheit beeinträchtigenden Mängel des Kfz verantwortlich war, es wissentlich geduldet, daß ein mit solchem Mangel behaftetes Kfz weiterhin am Straßenverkehr teilnehme, so müsse die Kl dafür einstehen. – Vgl. ferner für die Einsetzung eines Kolonnenführers zum Repräsentanten BGH 1.X.1969 VersR 1969 S. 1086–1088. Verwiesen sei weiter auf OLG Düsseldorf 1.VII.1969 VersR 1970 S. 803, das den Sicherungsgeber als vsrechtlichen Repräsentanten des Sicherungseigentümers (Finanzierungsinstitut) einordnet. Instruktiv ferner OLG Koblenz 17.IX.1982 VersR 1983 S. 870 = ZfS 1983 S. 339–340 m. w. N. Dort hatte die Vmerin, die keinen eigenen Führerschein hatte und auch keinerlei technische Kenntnisse besaß, den ausschließlichen Gebrauch und die Verantwortung dem Fahrer F überlassen, der auch etwa erforderliche Reparaturen veranlaßte. Das Gericht wertete das als vollständige Übertragung der vsvertraglichen Risikoverwaltung. – Gestattet ein Vmer während seines drei Monate währenden Krankenhausaufenthalts seiner Ehefrau die Benutzung seines Fahrzeugs, so wird daraus allein im Regelfall nicht die Begründung einer Repräsentantenstellung hergeleitet werden können (so OLG Köln 29.III.1990 VersR 1990 S. 1226–1227 = NZV 1991 S. 70–71). Wenn dagegen der Eigentümer des Fahrzeuges dieses ständig allein benutzt, so spricht das für eine Repräsentanz (so LG Oldenburg 16.V.1988 VersR 1989 S. 35 [nur L. S.]). Dabei ist zu bedenken, daß es in vielen Familien so liegt, daß derjenige als Vmer ausgewählt wird, der nach den betreffenden Tarifbestimmungen des Vers die niedrigste Prämie erreichen kann, während ein anderes Mitglied der Familie als Eigentümer des Fahrzugs derjenige ist, für den die V eigentlich bestimmt ist („wirtschaftlich" Vter; vgl. auch den Fall AG Köln 6.VII.1988 ZfS 1989 S. 384, in dem der Vmer das Fahrzeug seinem Sohn zu Weihnachten geschenkt hatte). Dazu ferner OLG Hamm 8.II.1989 r + s 1989 S. 207–208, das Repräsentanteneigenschaft für einen Fall bejaht, in dem der Vmer sein Fahrzeug dem Freund seiner Tochter zur ständigen selbständigen Benutzung überlassen hatte, wobei dieser auch die Unkosten des Wagens zu tragen hatte. Die entscheidende Frage war allerdings dabei die, ob sich der Vmer damit jeder eigenen Überprüfung der Verkehrstüchtigkeit des Fahrzeuges entschlagen wollte. Ob nach

diesen Grundsätzen AG Frankfurt 3.I.1985 r + s 1988 S. 66—67 zutreffend abgrenzt, ist zu bezweifeln.

Nicht zu verkennen ist, daß es dem Ver zumeist nicht leicht fällt, das Wissen des Vmers um die die Gefahrerhöhung ausmachenden Umstände zu beweisen (vgl. dazu Anm. F 73). Daher kann es bedeutsam sein, daß gar zu frivole Rechtsverteidigungen des Vmers in entsprechender Anwendung des in § 16 II 2 zum Ausdruck gekommenen Grundsatzes gelöst werden können. **Entzieht sich der Vmer danach arglistig der Kenntnis von gefahrerheblichen Umständen**, so wird er so behandelt, als habe er diese Kenntnis gehabt (BGH 25.IX.1968 a. a. O. S. 390, 25.IX.1968 BGHZ Bd 50 S. 396, 11.VI.1969 VersR 1969 S. 747). Ein solches arglistiges Handeln des Vmers, das darauf gerichtet ist, keine Kenntnis von gefahrerheblichen Umständen zu erlangen, wird allerdings nur ausnahmsweise gegeben sein. Bezeichnend ist, daß vom BGH in der bisherigen Rechtsprechung in keinem Fall der Vsschutz wegen einer solchen arglistigen Verhaltensweise, die auf eine Unkenntnis des Vmers gerichtet ist, versagt worden ist. Vgl. dazu z. B. BGH 22.I.1971 VersR 1971 S. 407—409 (m. abl. Anm. von Hofmann a. a. O. S. 661—662). Dort hatte das Berufungsgericht angenommen, daß sich der Vmer arglistig der Kenntnis bezüglich des verkehrswidrigen Zustandes der Bereifung entzogen habe. Der BGH hielt die dazu getroffenen Feststellungen aber nicht für ausreichend und führte a. a. O. S. 408 u. a. aus, daß die Annahme fragwürdig sei, auch ein Laie wisse, daß bei einer Vollbremsung unter extremen Bedingungen ein erheblicher Teil des Reifenprofils abgerieben werde. Arglistig habe sich der Kl der Kenntnis der Mangelhaftigkeit der Reifen nur dann verschlossen, wenn er bewußt mit der Möglichkeit gerechnet habe, der eine oder der andere Reifen habe durch die Vollbremsung so viel an Profil verloren, daß er nunmehr an manchen Stellen weniger als 1 mm Profiltiefe aufweise. Ein leichtfertiges Handeln, bei dem der Kl sich selbstverständlichen Einsichten verschlossen habe, reiche nur aus, wenn damit gesagt sein solle, daß die Möglichkeit einer Mangelhaftigkeit der Reifen in das Bewußtsein des Kl getreten gewesen sei und er dessenungeachtet das Fahrzeug weiterverwendete.

BGH 12.III.1975 NJW 1975 S. 978—980 = VersR 1975 S. 461—462 hat diesen **Ausnahmecharakter** besonders deutlich hervorgehoben, indem er betont, daß der Ver auch dann nicht leistungsfrei werde, wenn eine **grobfahrlässige Unkenntnis** des Vmers auf einer mangelhaften Organisation seines Betriebes beruhe. In diesem Zusammenhang ist vom BGH a. a. O. ergänzend darauf hingewiesen worden, daß aus der neuen Rechtsprechung zum Begriff „Vornahme" auch die **Aufgabe** der zuletzt noch unter dem 10.IV.1968 VersR 1968 S. 590—591 vertretenen Auffassung folge, daß ein Vmer im vsrechtlichen Sinne zur Vermeidung einer Gefahrerhöhung verpflichtet sei, die Verkehrssicherheit eines Fahrzeugs ständig zu überwachen und eine laufende Überprüfung in seinem Betrieb sicherzustellen. Wegen **mangelnder Überwachung** des Fahrzeugzustandes und der daraus herrührenden Unkenntnis des Vmers vom Eintritt gefahrerhöhender Umstände könne der Haftpflichtver deshalb **keine Leistungsfreiheit** beanspruchen. Hierzu bedürfe es, wie schon vom BGH 25.IX.1968 BGHZ Bd 50 S. 390 ausgesprochen, einer Ergänzung der AKB durch Statuierung einer gefahrmindernden Obliegenheit im Sinne des § 32.

In aller Schärfe kommen diese Grundsätze auch in BGH 26.V.1982 BB 1982 S. 1387 = VersR 1982 S. 794 mit den Bemerkungen zum Ausdruck, daß von einer arglistigen Nichtkenntnisnahme nur dann gesprochen werden könne, wenn der Vmer mit dem Vorhandensein eines Mangels rechne und eine Nachprüfung unterlasse, um sich die Rechtsvorteile zu sichern, die ihm infolge seiner Nichtkenntnis entstünden. Selbst bodenloser Leichtsinn erfülle noch nicht den Begriff der Arglist. Der IV. Zivilsenat habe den Begriff der arglistigen Entziehung ersichtlich aus § 16 II 2 entnom-

III. 5. Gefahrerhöhung   Anm. F 56

men; der Ausdruck sei daher ebenso zu verstehen wie in dieser Gesetzesvorschrift. Bruck–Möller bemerken in Anm. 33 zu § 16 mit Recht, daß Arglist eine besonders qualifizierte Form des Vorsatzes sei. Der Vmer wisse, daß er etwas über gefahrerhebliche Umstände erfahren könne, aber sein Wille sei darauf gerichtet, die Kenntnis nicht zu erlangen; dieser Wille dürfe nicht auf bloßer Gleichgültigkeit beruhen, sondern müsse von dem Bewußtsein getragen sein, sonst müsse möglicherweise die vorvertragliche Anzeigepflicht so erfüllt werden, daß Vertragsabschluß oder -bedingungen gefährdet werden. Als Beispiel für den Tatbestand des § 16 II 2 werde bereits in der Begründung zum Entwurf des VVG (S. 31) der Fall erwähnt, daß ein Interessent kurz vor der Stellung des Antrages auf Abschluß eines Vsvertrages den Brief seines Arztes erhalte; er öffne ihn nicht, weil er befürchte, daß er die Mitteilung über eine Krankheit enthalte, die er gemäß § 16 I dem Ver anzuzeigen hätte und bei deren Kenntnis dieser den Vsvertrag überhaupt nicht oder nur unter erschwerten Bedingungen abschließen würde. Der Vorwurf, der Vmer habe sich arglistig der Kenntnis entzogen, setze demnach dreierlei voraus. Der Vmer müsse mit der Möglichkeit rechnen, daß das Fahrzeug Mängel aufweise, die seine Verkehrssicherheit beeinträchtigen. Er müsse damit rechnen, daß es für den Vsschutz auf seine Kenntnis von diesen Mängeln ankomme. Er müsse schließlich, um seinen Vsschutz nicht zu gefährden, von einer Überprüfung des Kraftfahrzeugs Abstand genommen haben.

Die Rechtsprechung der Instanzgerichte wird diesen Anforderungen nicht stets gerecht. So überzeugt z. B. OLG Koblenz 20.XI.1981 VersR 1982 S. 260–262 = r + s 1982 S. 69–71 nicht, wenn dort ausgeführt wird, daß der Vmer die vom Sachverständigen festgestellten Mängel gekannt oder nur deshalb nicht bemerkt habe, weil er bewußt vor ihnen die Augen verschlossen habe. Tatsächlich hatte das Fahrzeug eine defekte Handbremse und einen nicht einwandfrei funktionierenden Rückwärtsgang. Hinsichtlich der Handbremse durfte nicht allein aus der Möglichkeit, den Hebel weiter als normal stellen zu können, auf die Kenntnis des Vmers von der Wirkungslosigkeit der Bremse geschlossen werden. Denn dem Vmer war nicht zu widerlegen, daß er diesen Defekt nicht erkannt habe. Hingegen war der weitere Defekt dem Vmer bekannt. Er war rückwärts gefahren und hatte demgemäß den Schalthebel dabei festhalten müssen. Daß er nicht den Schluß zog, daß dieser Rückwärtsgang auch im Ruhestand bei leichter Erschütterung aus der Arretierung springen könne, ändert an der Kenntnis vom ordnungswidrigen Zustand der Rückwärtsgangschaltung nichts. Von einem unverschuldeten Subsumtionsirrtum im Sinne der oben zitierten BGH-Rechtsprechung kann gewiß nicht die Rede sein. Dafür, daß die Mitursächlichkeit des Versagens der Gangarretierung genügt, vgl. Anm. F 70 m. w. N. Bedenklich nach den Maßstäben dieser stark einschränkenden BGH-Rechtsprechung auch LG Karlsruhe 2.V.1980 VersR 1981 S. 1169–1170 = ZfS 1982 S. 50–51.

Liegt die Gefahrerhöhung in einer durch einen Umbau ermöglichten Geschwindigkeitserhöhung eines Mofa, hat der Vmer aber von diesem Umbau nichts bemerkt, so steht die mangelnde Kenntnis des Vmers, die die Anwendung der Gefahrerhöhungsregeln ausschließt, einer Beurteilung des Sachverhalts unter dem Gesichtspunkt einer fahrlässigen Verletzung der Führerscheinklausel nicht entgegen (so LG Köln 30.IV.1986 r + s 1987 S. 35; vgl. auch Anm. F 33 a. E.).

Von dieser Rechtsprechung zur Gefahrerhöhung in der Kfz-Haftpflichtv macht der BGH eine Ausnahme für die V des Kraftfahrzeug-Handels und -Handwerks (BGH 18.XII.1974 NJW 1975 S. 447–449 = VersR 1975 S. 229–231, 12.III.1975 NJW 1975 S. 979 = VersR 1975 S. 462). Das Gericht nimmt hier eine vsrechtliche Last des Halters oder seines Repräsentanten an, die Verkehrssicherheit eines Kraftwagens zu überprüfen, bevor eine Überführungsfahrt unter Verwendung eines „roten Kennzeichens" vorgenommen werde. Diese **Kontrollpflicht** hat das Gericht aus der dem Vmer eingeräumten und entsprechend sorgsam zu gebrauchenden Befugnis hergeleitet, das Kraftfahrzeug durch Anbringen des **roten Kennzeichens zum Verkehr zuzulassen** und zugleich unter Vsschutz zu bringen. Zutreffend hat Hofmann NJW 1975 S. 2181—2183 dieser (von ihm im Ergebnis allerdings gebilligten) Rechtsprechung entgegengehalten, daß sie auf die stillschweigende Vereinbarung einer Obliegenheit hinauslaufe (zustimmend auch Stiefel—Hofmann[15] Anm. 100 zu § 2 AKB, S. 118). Dagegen wird von Bruck—Möller Bd I Anm. 10 zu § 16 bemerkt, daß ungeachtet der Bejahung der theoretischen Möglichkeit, daß Obliegenheiten stillschweigend vereinbart werden können, angesichts des ausgeklügelten Systems des Gesetzes und der AVB sich kaum jemals Lücken ergeben, die durch eine aus Treu und Glauben abzuleitende ergänzende Obliegenheit zu schließen seien. Auf der Basis dieser Überlegungen erscheint es als zweifelhaft, ob es richtig ist, diese Rechtsprechung aufrechtzuerhalten. Ihre Erklärung kann sie eigentlich nur in der früheren Rechtsprechung finden, die die Kenntnis des Vmers von den gefahrerheblichen Umständen nicht als erheblich für den Begriff der Gefahrerhöhung ansah. Es ist nicht einzusehen, warum für den Bereich der V des Kraftfahrzeug-Handels und -Handwerks diese Grundsätze mittels einer atypischen Rechtsfigur wie der einer stillschweigend vereinbarten Obliegenheit beibehalten wird. Wenn die Ver auf eine Sanktion eines fahrlässigen Verhaltens in diesem Bereich Wert legen, so ist die Verankerung einer ausdrücklichen Obliegenheit geboten. Der Hinweis darauf, daß diese Vmer die Zulassung der Fahrzeuge durch die Verwendung roter Kennzeichen selbst betreiben, ändert nichts daran, daß es mit dem Charakter einer Massenvssparte wie der Kfz-Haftpflichtv nicht vereinbar ist, daß der Vmer eine weder im VVG noch in den AKB oder den „Sonderbedingungen" für die V des Kraftfahrzeug-Handels und -Handwerks (VA 1981 S. 235) festgelegte Obliegenheit beachten soll. Das Gebot der Klarheit des Vertragsumfanges geht vielmehr dahin, daß stillschweigend vereinbarte Obliegenheiten mit der so bedeutsamen Sanktion der Leistungsfreiheit des Vers auf diejenigen Fälle zu beschränken sind, in denen sich aus dem Gang der zum Abschluß des Vsvertrages führenden Verhandlungen nachvollziehbar ergibt, daß beide Parteien des Vsvertrages die Vereinbarung einer solchen Last wollten, so daß deren Dokumentation letzten Endes versehentlich unterblieben ist. Das Gesagte gilt für die „Sonderbedingungen" für die V des Kraftfahrzeug-Handels und -Handwerks um so mehr, als auch jeder andere Vmer nach einer Stillegung des Fahrzeugs gemäß § 5 IV 2 AKB für Fahrten im Zusammenhang mit der Abstempelung des Kennzeichens Vsschutz durch schlichte Inbetriebnahme des Fahrzeugs herbeiführt, ohne daß für diese Fälle eine Sonderregelung befürwortet wird (vgl. zum Anwendungsbereich des § 5 IV AKB Anm. F 77—81).

Zum **österreichischen Recht** ist zu berichten, daß es dort nach der **früheren Rechtsprechung** des ÖOGH ebenfalls **erforderlich war, daß der Vmer die die Gefahrerhöhung darstellenden Tatumstände kannte** (vgl. ÖOGH 30.V.1962 VersR 1962 S. 1018—1019 m. Anm. von Wahle a. a. O. S. 1019—1020, 15.I.1964 VersR 1965 S. 1162—1163 m. Anm. von Wahle a. a. O. S. 1163—1164). Durch die **neuere Rechtsprechung** wird aber überwiegend **dem Wissen um die Gefahrerhöhung das verschuldete Nichtwissen gleichgestellt** (vgl. nur ÖOGH 29.XI.1967 VersR 1968 S. 1100, 23.X.1968 VersR 1970 S. 45, 18.II.1970 VersR 1970 S. 1120 m. w. N., 10.XI.1971 VersR 1972 S. 677, 2.II.1972 VersR 1973 S. 47—48 m. w. N., 12.VII.1972 VersR 1973 S. 142, 20.VI.1973 VersR 1974 S. 454—455 m. w. N., 22.V.1975 VersR 1976 S. 868, 21.VI.1979 VersR 1980 S. 368—370, 31.I.1980 VersR 1981 S. 47—48). Abgestellt wird darauf, ob das Wissenmüssen so schwer ins Gewicht falle, daß es der positiven Kenntnis gleichkomme; zu prüfen ist danach, ob

III. 5. Gefahrerhöhung

die Gefahrerhöhung für den Vmer unter Berücksichtigung der bei ihm füglich zu erwartenden Aufmerksamkeit, seiner Kenntnisse und Fähigkeiten durchaus sinnfällig sei und er sie dennoch unbeachtet gelassen habe (so z. B. die Formulierungen in ÖOGH 18.II.1970 a. a. O., 31.I.1980 a. a. O.). Ob sich diese österreichische Rechtsprechung wieder im Sinne der früheren Judikatur wandelt, läßt sich gewiß nicht voraussagen. Als bemerkenswert erscheint es jedenfalls, daß ÖOGH 6.XII.1979 VersR 1980 S. 1067 (ohne Erwähnung der oben zitierten abweichenden Rechtsprechung) dahin argumentiert, daß dann, wenn das Fahrzeug den Zulassungsbestimmungen nicht entsprochen haben sollte, eine Gefahrerhöhung vorliege, wenn das objektiv verkehrswidrige Fahrzeug vom Vmer benutzt wurde. Nicht in der Unterlassung der Reparatur oder der Nichtherstellung eines der Zulassung entsprechenden Zustandes, sondern in der Tatsache der Weiterbenutzung trotz der Kenntnis dieses Zustandes liege die Erhöhung der Gefahr.

Zum Verschuldenserfordernis nach österreichischem Recht vgl. Anm. F 69 a. E.

[F 57] d) Dauerzustand

Die ständige BGH-Rechtsprechung geht dahin, daß es zum Begriff der Gefahrerhöhung gehöre, daß es sich bei der erhöhten Gefahrenlage um einen Zustand mit einem gewissen Dauercharakter handle (so BGH 18.X.1952 BGHZ Bd 7 S. 311−323 m. w. N. und die im nachfolgenden Text zitierten höchstrichterlichen Entscheidungen; ebenso Bruck−Möller Bd I Anm. 9 zu § 23 m. w. N.; jetzt auch Prölss−Martin[25] Anm. 2 A c zu § 23, S. 228−229 m. w. N. [anders bis zur 23. Aufl.]; für die Rechtsprechung des RG vgl. nur RG 3.I.1936 RGZ Bd 150 S. 48−51, 24.II.1942 RGZ Bd 168 S. 372−384). Die Rechtsprechung verlangt dabei nicht, daß tatsächlich ein Dauerzustand vorgelegen habe, sondern stellt darauf ab, ob es sich um den Beginn eines möglichen Dauerzustandes handelte oder nicht. BGH 18.X.1952 a. a. O. verneint das für eine konkret zu beurteilende Trunkenheitsfahrt. Dazu wird a. a. O. S. 322 u. a. ausgeführt, daß entscheidend allein sei, ob der durch das Fahren im Zustand der Trunkenheit gesteigerte Gefahrenzustand seiner Natur nach geeignet gewesen sei, von so langer Dauer zu sein, daß er die Grundlage eines neuen natürlichen Gefahrenverlaufs habe bilden und damit den Eintritt des Vsfalls generell fördern können. Hiervon könne bei einer einmaligen Trunkenheitsfahrt keine Rede sein. Bei ihr handle es sich vielmehr um einen klaren Fall einer einmaligen Gefährdungshandlung, die ihrer Natur nach nicht geeignet sei, eine länger fortdauernde Wirkung und damit einen neuen Gefahrenzustand hervorzurufen. Es habe bei ihr von vornherein festgestanden, daß sie die Gefahr nur für die von vornherein absehbare kurze Dauer der Trunkenheit steigern könne und daß die Gefahr schon nach wenigen Stunden mit der Ernüchterung des Fahrers wieder auf einen normalen Stand zurückfalle, wenn nicht vorher ein Unfall eintrete. Die Dauer der Gefahrensteigerung könne hiernach nur so kurz sein, daß schon aus zeitlichen Gründen ihre Anzeige an den Ver zur Ermöglichung einer Kündigung des Vsverhältnisses sinnlos gewesen wäre. Die Rechtsprechung habe es deshalb bisher auch regelmäßig abgelehnt, eine einmalige, unter gefahrerhöhenden Umständen vorgenommene Fahrt, wie eine Fahrt mit einem überladenen oder nicht betriebsicheren Fahrzeug oder mit einem nicht vorgesehenen Anhänger oder unter Mitnahme betriebsfremder Personen oder in einem vorübergehenden Zustand der Unsicherheit des Fahrers als Gefahrerhöhung zu werten. Hiervon könne auch für Trunkenheitsfahrten keine Ausnahme gemacht werden. − Zu betonen ist zu diesen im Kern durchaus billigenswerten Überlegungen, daß sie nur für die einzelne Trunkenheitsfahrt gelten, nicht aber für den Fall, daß ein Vmer zum Trinker wird und im fahruntüchtigen Zustand fortgesetzt sein Fahrzeug führt. In einem derartigen Fall liegt vielmehr eine Gefahrerhöhung vor (vgl. Bruck—Möller Bd I Anm. 12 zu § 23 m. w. N.). Indessen darf entgegen OLG Düsseldorf 21.V.1963 VersR 1964 S. 179—181 = DAR 1963 S. 383—385 nicht ohne weiteres aus zwei im Abstand von 2 Monaten begangenen Alkoholdelikten auf einen Dauerzustand geschlossen werden (vgl. ergänzend Anm. F 65).

Benutzt ein Vmer trotz Kenntnis des verkehrswidrigen Zustandes eines Fahrzeuges dieses weiter, so sieht die Rechtsprechung das nur in engen Grenzen als eine unerhebliche kurzfristige Gefahrsteigerung an. BGH 8.III.1962 VersR 1962 S. 368—370 verneint eine Gefahrerhöhung für den Fall, daß der Vmer mit einem verkehrsunsicheren Anhänger nur nach Hause und zwei Tage später zur Reparaturwerkstatt gefahren ist. BGH 7.IV.1966 NJW 1966 S. 1217—1219 = VersR 1966 S. 559—561 führt dazu für den Gebrauch eines in einem verkehrswidrigen Zustand befindlichen Anhängers aus, daß dann, wenn ein nicht betriebssicheres Fahrzeug z. B. nur noch nach Hause oder zur Reparatur in die Werkstatt gefahren werde, wegen der von vornherein begrenzten Wirkung nur eine einmalige Gefahrensteigerung vorliege. Entschließe sich der Vmer hingegen, ein schadhaftes Fahrzeug vor der erforderlichen Reparatur noch zu weiteren Fahrten im Verkehr zu verwenden, so werde dadurch für eine Vielzahl von Fahrten die Möglichkeit eines Haftpflichtfalles erheblich gesteigert und damit ein Zustand erhöhter Gefahr geschaffen, der nach seiner mutmaßlichen Dauer die Grundlage eines neuen natürlichen Gefahrenverlaufs bilden könne. Mit dieser Begründung wurde für die über 100 km lange Fahrt des unterwegs verkehrsuntüchtig gewordenen Fahrzeugs zur heimischen Werkstatt der Vsschutz bejaht.

Vgl. auch BGH 3.VII.1968 NJW 1968 S. 2142—2143 = VersR 1968 S. 1033—1034. In jenem Fall hatte ein Taxifahrer kurz vor dem Unfall wegen einer Reifenpanne ein Reserverad aufmontiert, das auf der Lauffläche kein Profil mehr aufwies. Der Unfall ereignete sich auf der Rückfahrt zur Zentrale. Es war daher vom Standpunkt der Ausgangsentscheidung BGH 18.X.1952 a. a. O. eigentlich unabweisbar, nur eine Gefahrsteigerung und nicht eine Gefahrerhöhung im Sinne eines Dauerzustandes anzunehmen (ebenso OLG Hamm 12.II.1988 r + s 1988 S. 156—157 = ZfS 1988 S. 252; vgl. aber auch Werber VersR 1969 S. 389—391, der von einem weitaus engeren Begriff des Dauerzustandes ausgeht und deshalb das Einsetzen des verkehrsunsicheren Reifens stets schon als Gefahrerhöhung ansieht). Zur Anrufung des BGH kam es daher auch nur, weil der Ver die vom BGH nicht akzeptierte Auffassung vertrat, daß das dauernde Mitführen eines profillosen Reserverreifens bereits als Gefahrerhöhung anzusehen sei (vgl. dazu auch Anm. F 63). Vom BGH 3.VII.1968 wird a. a O. ausgeführt, daß dann, wenn der Vmer den abgefahrenen Reifen zu anderen Fahrten als zu der einmaligen Überführung des Fahrzeugs an den Ort seiner Reparatur verwende und er insbesondere die Behebung des Schadens hinausschiebe, in der Weiterbenutzung des nicht mehr verkehrssicheren Wagens eine Gefahrerhöhung liege. Der Ver werde dann nach § 25 I von der Verpflichtung zur Leistung frei, selbst wenn zwischen der Vornahme der Gefahrerhöhung, also dem Beginn der unstatthaften Weiterbenutzung und dem Eintritt des Vsfalls nur kurze Zeit oder eine geringe Fahrstrecke liege. Daß der Vmer eine Gefahrerhöhung vorgenommen habe, sei von dem Ver zu beweisen. Dieser Nachweis ergebe sich aus den objektiven Umständen, wenn der Vsfall auf einer anderen Fahrt als während der einmaligen Überführung des Fahrzeugs an den Ort seiner Reparatur eintrete. Komme es dagegen schon auf dieser Strecke zum Unfall, so hänge die Entscheidung von den subjektiven Absichten des Vmers ab. Wolle er die Verkehrsunsicherheit am Zielpunkt der Fahrt nicht sogleich beheben lassen,

III. 5. Gefahrerhöhung   Anm. F 57

sondern den Wagen zunächst ohne Auswechselung des Reifens weiterbenutzen, so müsse eine Gefahrerhöhung schon von dem Augenblick an bejaht werden, als das Reserverad mit dem abgefahrenen Profil aufmontiert wurde. Denn eine Weiterbenutzung des verkehrsunsicheren Fahrzeugs überschreite dann insgesamt den Rahmen einer lediglich vorübergehenden, in das vte Risiko noch eingeschlossenen Steigerung der Gefahr.

Dieser Differenzierung ist indessen zu widersprechen, da sie die subjektive Seite des Geschehensablaufs überbetont. Für die erlaubte Heimfahrt ist auch dann das Vorliegen einer Gefahrerhöhung zu verneinen, wenn der Vmer geäußert hat, noch nicht am nächsten Tag zur Werkstatt fahren zu wollen. Die Gefahrerhöhung darf nicht auf subjektive Umstände bezüglich eines erst in der Zukunft liegenden Verhaltens gegründet werden, wenn nach objektiven Maßstäben nur eine kurzfristige Gefahrsteigerung gegeben ist. Andernfalls würde ein Lippenbekenntnis in Grenzfällen zum entscheidenden Maßstab werden. Das Gesagte gilt um so mehr, als die Erfahrung lehrt, daß nicht selten derjenige, der verkündet, er werde am nächsten Tag bestimmt zur Werkstatt fahren, das tatsächlich erst drei Wochen später in die Tat umsetzt, während derjenige, der prahlend erklärt, er werde noch drei Monate lang mit dem beanstandeten Reifen fahren, in Wirklichkeit am nächsten Tag ohne Säumen einen Reifenwechsel vornehmen läßt. – Vgl. auch OLG Nürnberg 18.XII.1980 VersR 1982 S. 460, das einen Fall der Fortsetzung einer geplanten Fahrt trotz eingetretenen Defekts an der Lenkung damit löst, daß keine Verletzung der unverzüglich zu erbringenden Anzeigelast im Sinne des § 27 II vorgelegen habe. Das Gericht läßt bei seiner Argumentation außer acht, daß in der Kraftfahrzeughaftpflichtv die Gefahrerhöhung im Regelfall in der Weiterbenutzung eines verkehrswidrigen Fahrzeugs liegt. Demgemäß tritt bei einem auf Dauer angelegten Verhalten ohne weiteres Leistungsfreiheit nach § 25 I ein. Der Fall hätte daher über das Moment der fehlenden Dauerwirkung gelöst werden müssen. Dafür, daß gewiß kein Dauerzustand gegeben ist, wenn wegen Ausfallens der Beleuchtung eines Krades während der Fahrt daran hantiert wird, vgl. OLG Nürnberg 10.V.1988 DAR 1989 S. 296–297 = r + s 1989 S. 274–275. Ebenso ist zu Recht das einmalige Nachhausefahren ohne Bremslicht in der Absicht, dieses am Zielort zu montieren, als ein Akt ohne Dauerwirkung im Sinne der Gefahrerhöhung eingeordnet worden (LG Karlsruhe 8.XI.1985 r + s 1986 S. 170–171 = ZfS 1986 S. 306–307).

Auf das In-die-Tat-Umsetzen des Entschlusses, das Fahrzeug trotz der bekannten Verkehrsunsicherheit in erheblichem Umfang weiterzubenutzen, stellt auch BGH 24.I.1957 BGHZ Bd 23 S. 142–149 ab. Dazu wird a. a. O. ausgeführt, daß die Kl das Fahrzeug nicht aus dem Verkehr gezogen, sondern nur beschlossen hätten, es am 23.XI.1951 zur Reparatur zu bringen. Auch dann, als die Instandsetzung an diesem Tag noch nicht möglich war, sondern um drei Tage verschoben werden mußte, hätte sie den Lastzug weiterbenutzt. Daraus ergebe sich, daß sie das Fahrzeug auch nach dem Auftreten der erheblichen Mängel so lange weiter für ihren Fuhrbetrieb laufen lassen wollten, bis eine Reparatur durchführbar war, mochte dies auch erst nach mehreren Tagen möglich sein. Wie der tatsächliche Geschehensablauf zeige, hätten sie diesen Plan dann auch in die Wirklichkeit umgesetzt. – Allerdings heißt es am Schluß dieser Entscheidung auch, daß, nachdem die Kl den Entschluß gefaßt hätten, das Fahrzeug trotz der aufgeführten erheblichen Verkehrsunsicherheit bis zu einer durchführbaren Reparatur weiter in ihrem laufenden Fuhrbetrieb fahren zu lassen, eine Gefahrerhöhung auch dann vorliegen würde, wenn der Vsfall schon bei der ersten daraufhin durchgeführten Fahrt eingetreten wäre. Indessen ist es durchaus ein Unterschied, ob eine nach Gefahrerhöhungsgrundsätzen gestattete Heimfahrt nach Erkenntnis des Mangels vorliegt (wenn auch verbunden mit einer beabsichtigten Wiederholung) oder ob im Anschluß daran durch eine erneute Fahrt eine derartige Absicht verwirklicht wird.

Wie eng der Spielraum eines Vmers ist, der eine Verkehrsunsicherheit erkannt hat, zeigt BGH 22.I.1971 VersR 1971 S. 407–409, wenn dort auf S. 408 u. a. ausgeführt wird, handle es sich darum, ob die Benutzung eines in verkehrswidrigem Zustand befindlichen Kfz eine Gefahrerhöhung darstelle, so komme es darauf an, wie der Vmer es zu verwenden beabsichtige. Solle das Kfz, nachdem sich der Mangel gezeigt habe, nur zu dessen Behebung in die Reparaturwerkstatt oder an den Heimatort gefahren werden, ohne daß eine weitere Verwendung des mangelhaften Fahrzeugs vorgesehen sei, so liege keine Gefahrerhöhung vor. Werde jedoch das Fahrzeug trotz des Mangels zu anderen Fahrten eingesetzt, so sei mit derartigen Fahrten eine erhebliche Gefahrerhöhung verbunden, und zwar selbst dann, wenn der Vsfall bereits bei der ersten daraufhin durchgeführten Fahrt eintrete. Mit dieser Begründung bezeichnete der BGH eine Gefahrerhöhung für einen gegen 20.25 Uhr eingetretenen Schadenfall als möglicherweise gegeben, obwohl der verkehrswidrige Zustand erst am Morgen dieses Tages als Folge einer Vollbremsung eingetreten sein soll. Als Kriterium dafür wurde genannt, ob der Vmer nach dieser Vollbremsung bemerkt habe, daß sich ein verkehrswidriger Zustand eines Reifens ergeben habe, und ob er das Fahrzeug dann, ohne sogleich nach Hause oder zur Werkstatt zu fahren, weiterbenutzt habe (vgl. auch BGH 2.X.1968 VersR 1968 S. 1041–1042, der eine einmalige Fahrt mit verkehrsunsicheren Reifen als dauernd angesehen hat, weil sie weder zum Heimatort noch zur Werkstatt führte; ebenso BGH 4.IV.1963 VersR 1963 S. 530). Daß die ohne vorangegangene Weiterbenutzung erfolgte Fahrt des verkehrsunsicheren Fahrzeugs zur Reparaturwerkstatt nicht unter den Begriff der Gefahrerhöhung fällt, ist nach dem Gesagten unangefochten (vgl. dafür auch OLG Frankfurt a. M. 2.X.1969 VersR 1971 S. 71–73). Überlegenswert ist aber, ob das auch dann gilt, wenn der Vmer vier Wochen lang in Kenntnis dieses verkehrswidrigen Zustandes ohne Schadenfall fährt, dann aber in sich geht und (nach vorheriger Anmeldung) zur Reparaturwerkstatt fährt, aber unterwegs einen Schaden verursacht. Folgt man der oben abgelehnten, sehr auf die subjektive Einstellung des Vmers abstellenden Abgrenzung des BGH, so wäre es hier konsequent, den Vsschutz zu versagen. Ein solcher Vmer hätte also weder eine Heimfahrt, noch eine Fahrt zur Reparaturwerkstatt gut, sondern müßte sich abschleppen lassen. Das leuchtet auch von dem hier vertretenen Standpunkt aus ein, da es sich um die Fortwirkung eines unrechtmäßigen Dauerzustandes handelt.

Vom BGH 16.III.1988 r + s 1988 S. 193 ist treffend ein Dauerzustand für einen Fall verneint worden, in dem der Vmer darauf vertraut hatte, daß sich die Mängel der Bremsen nach einer Auskunft des Mechanikers nach einer Fahrstrecke von 20–25 km geben sollten. Vgl. auch LG Bonn 14.II.1973 VersR 1974 S. 50–51. In jenem Fall hatte die Werkstatt den Kunden nach durchgeführter Reparatur darauf aufmerksam gemacht, daß das Profil des rechten hinteren Reifens nicht mehr ausreiche. Wegen des dem Vmer zu hoch erscheinenden Preises dieser Werkstatt für neue Reifen hatte er erklärt, daß er sich diese anderwärts besorge. Der Vmer bat darum, daß das Fahrzeug zu ihm nach Hause gefahren werde. In dieser kurzen Fahrt hat das Gericht zu Recht noch keinen Dauerzustand im Sinne des wohlverstandenen Begriffs der Gefahrerhöhung gesehen. Dagegen war es in dem vom LG Hamburg 18.IV.1968 VersR 1970 S. 634–635 entschiedenen Fall so gewesen, daß der Vmer 2 Tage vor dem Unfall auf den verkehrswidrigen Zustand des Fahrzeugs aufmerksam gemacht worden war. In dieser Weiterbenutzung, die bis zur 4 Tage später geplanten Ersatzlieferung erfolgen sollte, ist gewiß ein Dauerzustand im Sinne der dargestellten Rechtsprechung zu sehen. Ein Dauerzustand ist dagegen zu Recht bei dem einmaligen

III. 5. Gefahrerhöhung   Anm. F 58

Abschleppen eines Baggers verneint worden, dessen überlanger Auslegearm entgegen den behördlichen Auflagen nicht auf die vorgeschriebene Höhe von 4 m gesenkt worden war (BGH 19.I.1977 VersR 1977 S. 341–343). Dafür, daß bei Überladungen zumeist eine auf Dauer gerichtete Benutzungsabsicht nicht festgestellt werden kann, vgl. Anm. F 64 m. w. N.

Auch die österreichische Rechtsprechung bejaht eine Gefahrerhöhung nur, wenn es sich bei dem Gefahrenzustand um einen solchen „von gewisser Dauer" handelt; eine einmalige unter gefahrdrohenden Umständen unternommene Fahrt stelle daher in der Regel noch nicht eine Gefahrerhöhung dar (so ÖOGH 30.V.1962 VersR 1962 S. 1018–1019, 22.X.1969 VersR 1970 S. 728 m. w. N., 18.IV.1974 VersR 1975 S. 554 m. w. N., 21.VI.1979 VersR 1980 S. 369–370, 5.VII.1979 VersR 1981 S. 768 m. w. N., vgl. ferner Heiss–Lorenz VVG 1958, Eisenstadt 1991, Anm. IV, 3 b zu § 23 m. w. N.). Die vom ÖOGH entwickelten Grundsätze stimmen im wesentlichen mit denen der dargestellten Rechtsprechung des BGH überein. Sinnfällig wird vom ÖOGH a. a. O. zum Begriff des Dauerzustandes anhand eines Falles, in dem ein (nicht zugelassener) Anhänger ohne Beleuchtungseinrichtung für einen Holztransport verwendet worden ist, u. a. ausgeführt, daß nach der ständigen Rechtsprechung des ÖOGH eine willkürliche Gefahrerhöhung Zustandscharakter haben müsse. Dies erfordere die Herbeiführung eines Gefahrenzustandes von gewisser Dauer, aus dem sich die Möglichkeit des Beginns eines neuen Gefahrenverlaufs ergebe. Eine bloß einmalige unter gefahrdrohenden Umständen vorgenommene Fahrt – insbesondere die Fortsetzung der Unfallfahrt oder die Fahrt in eine Reparaturwerkstätte – stelle daher in der Regel eine Gefahrerhöhung noch nicht dar. Ob hier allein schon durch die Verwendung des Anhängers zu dem Langholztransport der erforderliche Dauerzustand geschaffen worden sei, könne unerörtert bleiben. Nach den Feststellungen habe nämlich der Erstbekl. den Anhänger auch für Fahrten auf öffentlichen Straßen verwendet und auf diesen Entfernungen von ca. 1 km zurückgelegt. Damit sei aber der für eine Gefahrerhöhung im Sinne des § 23 erforderliche Dauerzustand geschaffen worden. – Vgl. auch ÖOGH 21.VI.1979 VersR 1980 S. 369–370, der bezüglich des Dauerbegriffs bemerkt, daß wohl hierfür eine allgemeine Anhebung der Gefahrenlage mit möglicher Dauer gefordert werde, so daß eine einmalige Fahrt unter besonders gefährlichen Verhältnissen in der Regel noch nicht ausreiche. Diese Ausnahme habe aber nur den bloßen Abschluß einer nach Eintritt der erhöhten Gefahrenlage begonnenen Fahrt und eine unvermeidliche Fahrt zur Reparatur im Auge. Sie komme beim Neuantritt einer längeren Fahrt mit der generellen Absicht der Weiterbenutzung im Zustand erhöhter Gefahr nicht mehr zur Anwendung.

Dafür, daß die österreichische Rechtsprechung früher das Kriterium der Dauer überhaupt nicht verlangt hat, vgl. die Nachweise bei Wahle VersR 1962 S. 1019–1020 (Anm. zu ÖOGH 30.V.1962 VersR 1962 S. 1018–1019), VersR 1965 S. 1163–1164 (Anm. zu ÖOGH 15.I.1964 VersR 1965 S. 1162–1163) mit instruktiven rechtsvergleichenden Hinweisen auch auf das französische, italienische und schweizerische Recht.

[F 58] e) Einzelfälle

aa) Verkehrsunsicherer Zustand des Fahrzeugs

aaa) Beleuchtung und Blinkanlage

Eine ordnungsgemäße Beleuchtung eines Fahrzeugs stellt in der Dunkelheit ein wesentlich die Zusammenstoßgefahr minderndes Moment dar. Der Gebrauch eines Fahrzeugs trotz Fehlens ordnungsgemäßer Beleuchtung ist daher, sofern die erforderliche Dauerwirkung gegeben ist (vgl. Anm. F 57), in der Regel dem Bereich der Gefahrerhöhung zuzuordnen. Vgl. als Beispielsfälle ÖOGH 30.V.1962 VersR 1962 S. 1018–1019, 18.IV.1974 VersR 1975 S. 553–554, 5.VII.1979 VersR 1981 S. 768, 31.I.1980 VersR 1981 S. 47–48, OLG Saarbrücken 17.III.1989 r + s 1990 S. 292–293. Es leuchtet ein, daß der Gebrauch eines Fahrzeugs trotz defekter Blinkanlage wegen der dadurch bei einem Abbiegevorgang erhöhten Unfallgefahr ebenfalls gemäß § 23 I für den Vmer nachteilige Folgen auslösen kann. Entsprechendes gilt, wenn bei einem Fahrzeug die Bremsleuchten fehlen (LG Karlsruhe 8.XI.1985 r + s 1986 S. 170–171 = ZfS 1986 S. 306–307).

[F 59] bbb) Bremsen

Für die Verkehrssicherheit eines Fahrzeugs ist das Vorhandensein **einwandfreier Bremsen** von ausschlaggebender Bedeutung. Daraus folgt, daß der Gebrauch eines Fahrzeugs mit unwirksamen Bremsen, aber auch mit solchen, die eine wesentlich herabgesetzte Bremsleistung aufweisen, eine Gefahrerhöhung darstellt (BGH 15.I.1986 VersR 1986 S. 255–256 = ZfS 1986 S. 149–150; ständige Rechtsprechung). Vgl. als Beispiel BGH 8.IV.1970 VersR 1970 S. 563 für einen Fall, der durch die Besonderheit ausgezeichnet war, daß es erforderlich war, in die Luftbremsanlage des Lkw Frostschutzmittel in ausreichender Menge einzufüllen. Ein verkehrswidriger Zustand kann z. B. auch dann gegeben sein, wenn die Bremsen eines Anhängers eine erheblich unterschiedliche Wirkung aufweisen (so im Fall BGH 7.IV.1966 NJW 1966 S. 1217–1219 = VersR 1966 S. 559–561). Die meisten Gefahrerhöhungsfälle wegen unwirksamer Bremsen betreffen einen **verkehrswidrigen Zustand der Fußbremsen** (vgl. als weitere Beispiele ÖOGH 26.IV.1972 VersR 1973 S. 142, LG München 30.X.1974 VersR 1975 S. 997–998, OLG Schleswig 21.VI.1977 VersR 1978 S. 1011 [unzutreffend in der Annahme, daß den Vten keine Gefahrstandspflicht treffe, ein verkehrsunsicheres Fahrzeug nicht zu gebrauchen, dazu Anm. H 15], OLG Koblenz 17.IX.1982 VersR 1983 S. 870 = ZfS 1983 S. 339–340, OLG Düsseldorf 9.V.1989 r + s 1989 S. 311–312). Eine Gefahrerhöhung ist aber auch dann gegeben, wenn ein Fahrzeug mit **nicht betriebsfähiger Handbremse** in Gebrauch genommen wird (BGH 5.VII.1972 VersR 1972 S. 872). Zumeist wird sich allerdings ein solcher Mangel bei intakter Fußbremse nicht auswirken. In dem vom BGH 5.VII.1972 a. a. O. entschiedenen Fall war es aber so, daß die Fußbremse auch nicht funktionsfähig gewesen war, die Behauptung des Vmers aber dahin ging, daß diese Bremse vor dem Unfall noch einwandfrei gewesen sei. Zu Recht wurde aber vom BGH auf die gerade für einen solchen Fall besonders bedeutsame Vorschrift des § 41 I StVZO verwiesen, nach der Fahrzeuge zwei voneinander unabhängige Bremsanlagen oder eine Bremsanlage mit zwei voneinander unabhängigen Bedienungseinrichtungen haben müssen, von denen jede auch dann wirken muß, wenn die andere versagt (dafür, daß der Vmer sich im konkreten Fall auch nicht erfolgreich auf eine mangelnde Kausalität im Sinne des § 25 III berufen konnte, vgl. Anm. F 71). Für einen weiteren Beispielsfall des Versagens sowohl der Fuß- als auch der Handbremse vgl. BGH 24.I.1957 BGHZ Bd 23 S. 142–149. Ein gutes Beispiel für die Auswirkung einer funktionslosen Handbremse (in Kombination mit einem defekten Rückwärtsgang) liefert auch OLG Koblenz 20.XI.1981 VersR 1982 S. 260–262. Dort geriet ein auf abschüssiger Straße abgestellter Lkw in Bewegung und stieß gegen ein Haus (es erscheint allerdings als zweifelhaft, ob beide Defekte in das Bewußtsein des Vmers gedrungen waren, vgl. dazu Anm. F 56). Für einen Fall, in dem sowohl die Bremse der Schaustellerzugmaschine wie die des ersten Anhängers defekt waren, vgl. OLG Hamm 24.VI.1988 r + s 1989 S. 2–3.

III. 5. Gefahrerhöhung   Anm. F 61

Im Falle BGH 20.XII.1974 VersR 1975 S. 367–368 hatte der Technische Überwachungsverein bei einer Untersuchung festgestellt, daß die Bremsleitungen verrostet waren, daß die Betriebsbremse vorn einseitig wirkte und der Wagen nach links zog. Die Erteilung einer neuen Prüfungsplakette war deswegen versagt worden. Der BGH ließ dahingestellt sein, ob hier ein verkehrswidriger Zustand nach Gefahrerhöhungsgrundsätzen gegeben war und verneinte ein Verschulden des Vmers (Vten) mit Rücksicht darauf, daß vom TÜV weder die Benutzung des Fahrzeugs untersagt, noch eine Frist zur Beseitigung der Mängel gesetzt worden war (vgl. dazu Anm. F 69). Dem ist beizupflichten. Angesichts der Schwere der Mängel ist aber nach objektiven Gesichtspunkten eine Verkehrsunsicherheit (in Übereinstimmung mit dem Berufungsgericht) zu bejahen. – BGH 5.XI.1964 VersR 1964 S. 1289 betont die generalisierende Betrachtungsweise hinsichtlich der Gefahrerhöhung in der Kfz-Haftpflichtv für einen Fall des Versagens einer Fallbremse eines Anhängers. Da diese gesetzlich nicht vorgeschrieben war, kam es nach Auffassung des Gerichts nicht darauf an, ob sie bei Beginn des Vsschutzes vorhanden war und später defekt wurde. – Für weitere Beispielsfälle aus der Rechtsprechung zu mangelhaften Bremsen vgl. E. v. Hippel NJW 1966 S. 130.

[F 60] ccc) **Fahrgestellmängel und defekte Anhängerverbindung**

Bei einem Schadenereignis aus dem Jahre 1965 lagen nach BGH 14.IV.1971 VersR 1971 S. 538–540 so erhebliche Mängel am Fahrgestell eines Anhängers (Baujahr 1940) vor, daß – unabhängig davon, daß die Bremsen auch noch völlig wirkungslos waren – ein labiles Fahrverhalten gegeben war. Ob sich diese Mängel allerdings bei dem Schleudern des Anhängers auf die Gegenfahrbahn kausal ausgewirkt hatten, ist der Entscheidung nicht zu entnehmen. Für einen weiteren Fall eines verkehrswidrigen Zustandes eines Anhängers vgl. BGH 8.III.1962 VersR 1962 S. 368–380; es fehlte dort bei einem zum Holztransport bestimmten Langholzanhänger, der aus zwei selbständigen Teilen bestand, ein Vierkant-Arretierungsbolzen, der unerwünschte Querbewegungen dieses Anhängers zu verhindern hatte. Ein weiteres Beispiel ist OLG Frankfurt a. M. 25.IV.1969 VersR 1970 S. 266–267 zu entnehmen. Dort ging es um die Mängel einer Ladeklappe, die auf das Durchrosten der Scharniere zurückzuführen war; eine Kenntnis dieses Mangels konnte dem Vten allerdings nicht nachgewiesen werden.

[F 61] ddd) **Geschwindigkeitserhöhung durch Fahrzeugumbau und sonstige Geschwindigkeitsüberschreitungen**

Ist ein Fahrzeug durch technische Maßnahmen in der Weise verändert worden, daß die erzielbare Höchstgeschwindigkeit erheblich die durch die Bauart bestimmte überschreiten kann, so liegt in dem Gebrauch des Fahrzeugs mit einer solchen wesentlich höheren als durch die Bauart bestimmten Geschwindigkeit eine Gefahrerhöhung (so BGH 25.II.1970 VersR 1970 S. 413, 18.X.1989 VersR 1989 S. 80–81 = r + s 1990 S. 8, OLG Bremen 24.V.1982 VRS Bd 63 S. 395–397 = ZfS 1983 S. 20 [strafrechtliche Entscheidung], OLG Saarbrücken 17.III.1989 VersR 1990 S. 779–780 = r + s 1990 S. 292–293; ebenso zum österreichischen Recht ÖOGH 6.XII.1979 ZVR 1980 S. 303–304 = VersR 1981 S. 144 [nur L. S.]). Weiß der Vmer von diesen Umbauten nichts, so fehlt es an der zur Gefahrerhöhung erforderlichen Kenntnis (dazu Anm. F 56). Es kann dann aber ein Verstoß gegen die Führerscheinklausel gegeben sein (so LG Köln 30.IV.1986 r + s 1986 S. 35–36 für ein umgebautes Mofa, vgl. auch Anm. F 33 a. E.). Von solchen Fällen, bei denen es um öffentlich-rechtlich unzulässige Umbauten geht, zu unterscheiden sind behördlich angemeldete und gestattete Veränderungen. Diese sind nur dann für den Ver von Bedeutung, wenn für das veränderte Fahrzeug nach dem Tarif des Vers eine höhere Prämie zu entrichten ist (so zutreffend Theda VersR 1983 S. 1098). In diesem Ausnahmefall besteht auch in der Kfz-Haftpflichtv eine Anzeigelast des Vmers (vgl. dazu Anm. F 67). LG Aschaffenburg 21.V.1969 VersR 1970 S. 339–340 behandelt einen solchen Fall, in dem Hubraum und PS-Leistung zulässig vergrößert worden waren, damit eine höhere Geschwindigkeit erzielt werden könne (dem Urteil ist allerdings nicht zu entnehmen, ob im Tarif des Vers für den konkreten Fall tatsächlich eine höhere Prämie vorgesehen war oder nicht). Einen Sonderfall stellt es dar, wenn ein Mofa zwar in der Weise verändert worden ist, daß es die gesetzliche Geschwindigkeit um 100% überschreiten kann, tatsächlich aber nur im zulässigen Bereich gefahren wird. Dann liegt in der Benutzung zur gesetzlich zulässigen Geschwindigkeit eigentlich keine Gefahrerhöhung (anders aber BGH 25.II.1970 VersR 1970 S. 412–413 [wohl auch BGH 18.X.1989 VersR 1990 S. 80–81], OLG Saarbrücken 17.III.1989 VersR 1990 S. 779–780 = r + s 1990 S. 292–293, ferner ÖOGH 17.IX.1981 VersR 1984 S. 771 = ZfS 1984 S. 307 [gek.], 24.III.1983 VersR 1985 S. 200; vgl. Anm. F 73).

Wird eine Geschwindigkeitsüberschreitung unter Ausnutzung der normalen Beschaffenheit eines Fahrzeuges vorgenommen, so ist diese regelmäßig nicht dem Bereich der Gefahrerhöhung zuzurechnen. Vielmehr handelt es sich dabei um ein Risiko, das — sofern überhaupt einmal eine dauernde Veränderung der Gefahrenlage im Sinne der Anm. F 57 nachgewiesen werden könnte — typischerweise von der Kfz-Haftpflichtv umfaßt wird. Etwas anderes kann sich aber ergeben, wenn aus in der besonderen Bauart des Fahrzeugs liegenden Gründen für dieses nur eine bestimmte Geschwindigkeit zugelassen ist (so im Falle BGH 19.I.1977 VersR 1977 S. 341–343, wo es sich um einen Bagger mit überlangem Auslegearm handelte, der mit keiner höheren Geschwindigkeit als 20 km/h bewegt werden durfte).

ÖOGH 6.XII.1979 VersR 1981 S. 1066–1067 = ZfS 1982 S. 19 (gek.) ordnet einen Fall, in dem ein Fahrzeug ohne Veränderung seiner Bauart eine höhere als die für seinen Typ zugelassene Geschwindigkeit erreicht, dem Gefahrerhöhungsbereich zu (wobei es bemerkenswert ist, daß abweichend von der sonstigen Rechtsprechung des ÖOGH [vgl. dazu Anm. F 56 a. E.] als Voraussetzung für das Vorliegen einer Gefahrerhöhung die Kenntnis dieses regelwidrigen Zustands verlangt wird). Ein Teil dieser Fälle zeichnet sich nach deutschem Recht durch die Besonderheit aus, daß bei Erreichen dieser erhöhten Geschwindigkeit eine Führerscheinpflichtigkeit entsteht. Das gilt insbesondere für Motorfahrräder, die eine höhere Geschwindigkeit als 25 km/h erreichen. Diese Fälle werden demgemäß von der Führerscheinklausel nach § 2 II c AKB erfaßt (vgl. dazu Anm. F 33 a. E.). Für die verbleibenden Fälle ist die Anwendung der Vorschriften über die Gefahrerhöhung ebenso wie für eine normale Geschwindigkeitsüberschreitung zu verneinen (OLG Nürnberg 10.V.1988 DAR 1988 S. 296–297 = r + s 1989 S. 274–275).

[F 62] eee) **Lenkanlage, Spurunsicherheit und defekte Motorhauben**

Ein ordnungsgemäßer Zustand der Lenkeinrichtung des Fahrzeugs ist für dessen Verkehrssicherheit von wesentlicher Bedeutung. Demgemäß kann die Benutzung eines Fahrzeugs in Kenntnis einer unzulänglichen Lenkanlage (sog. „toter Gang" am Lenkrad) den Tatbestand einer Gefahrerhöhung im Sinne des § 23 I erfüllen. Vgl. dazu BGH 22.XII.1971 VersR 1972 S. 267. Bemerkenswert ist, daß nach dem in jenem Verfahren eingeholten Gutachten alle gebrauchten Fahrzeuge ein mehr oder minder großes Lenkradspiel aufweisen, so daß Fahrzeuge mit

III. 5. Gefahrerhöhung   Anm. F 63

einem solchen Spiel bis zu 5 cm als beschränkt fahrtüchtig gelten und von den
Behörden noch nicht aus dem Verkehr gezogen werden. Als Beispielsfall für einen
Lenkraddefekt vgl. ferner OLG Nürnberg 18.XII.1980 VersR 1982 S. 460 (das zu
Unrecht § 27 I und damit § 25 II zugunsten des Vmers zur Anwendung brachte;
dazu Anm. F 57 und 72), LG Offenburg 16.V.1988 NZV 1989 S. 76 = ZfS 1989
S. 131. Eine Gefahrerhöhung kann auch in der Behinderung der Fahrzeugbedienung
durch ein **herunterhängendes Gaspedal** liegen (BGH 21.X.1970 VersR 1971
S. 70−71).

Einen Fall von **Spurunsicherheit**, bei dem die Radlager so defekt waren, daß
das Fahrzeug nach links und rechts auswanderte, behandelte OLG Köln 1.VII.1974
VersR 1975 S. 999−1000 (an dieser [im Ergebnis wohl zutreffenden Entscheidung]
ist lediglich zu beanstanden, daß bezüglich der vom Ver zu beweisenden Kenntnis
des Vmers von einer „Umkehr" der Beweislast gesprochen wird; vgl. dazu Anm.
F 73). Einen ähnlich gelagerten Fall behandelt OLG München 25.XI.1977 VersR
1978 S. 611−612. Einen seltenen Fall von Verkehrsunsicherheit betraf BGH
25.IX.1968 BGHZ Bd 50 S. 392−397. Dort fuhr der Vmer 14 Tage lang einen Pkw,
von dem er wußte, daß der Haltehebel der **Motorhaube** gebrochen war. Diese
Motorhaube wurde nur noch von dem Sicherungshaken gehalten, der sich während
der Unglücksfahrt löste. Das Berufungsgericht hatte die Frage, ob bei dem betreffenden Fahrzeugtyp der Bruch eines solchen Haltehebels einen wesentlichen technischen
Mangel im Sinne des § 31 StVZO darstellte, offengelassen, weswegen der Rechtsstreit
zur Sachaufklärung zurückverwiesen werden mußte.

[F 63] fff) Reifen

Nach § 36 II 1 StVZO müssen die Räder der Kraftfahrzeuge und Anhänger
grundsätzlich mit Luftreifen versehen sein, auf denen sich gemäß § 36 II 3 im ganzen
Umfang und auf der ganzen Breite der Lauffläche **Profilrillen** oder **Einschnitte**
befinden müssen. Diese Profilrillen oder Einschnitte müssen nach der zum 1.I.1992
in Kraft getretenen Neufassung des § 36 II 4 StVZO (gemäß der 10. VO zur Änderung
straßenverkehrsrechtlicher Vorschriften vom 23.VII.1990, BGBl. I S. 1489) **an jeder
Stelle der Lauffläche mindestens 1,6 mm tief** sein (in der bis zum 1.I.1992
geltenden Fassung des § 36 II 4 StVZO war eine Profiltiefe von mindestens 1 mm
vorgeschrieben). Entsprechen die Reifen eines Fahrzeugs nicht diesen Bestimmungen,
so liegt in dem Gebrauch des Fahrzeugs (in Kenntnis dieses verkehrswidrigen
Zustandes, vgl. Anm. F 56) eine Gefahrerhöhung im Sinne des § 23 I (ständige
Rechtsprechung, vgl. nur BGH 4.IV.1963 VersR 1963 S. 529−530 und die nachfolgend zitierten Entscheidungen). Das gilt auch dann, wenn nur einer von vier Reifen
eines Fahrzeugs eine abgefahrene Lauffläche aufweist. BGH 25.II.1965 VersR 1965
S. 430 bemerkt dazu, daß gerade die Verwendung von Reifen mit sehr unterschiedlicher Haftfähigkeit, wie sie bei einem Reifen mit abgefahrenem Profil und drei
Reifen mit hinreichender Profiltiefe gegeben sind, erfahrungsgemäß bei ungünstigen
Witterungs- und Straßenverhältnissen leicht zu einem Ausbrechen oder Schleudern
des Fahrzeugs führe (ebenso BGH 26.VI.1968 VersR 1968 S. 785−786). Vgl. weiter
BGH 8.I.1969 VersR 1969 S. 247 für einen Fall, in dem von acht Reifen eines Lkw
vier nicht mehr auf der gesamten Lauffläche Profilrillen von mindestens 1 mm
aufgewiesen haben. Fälle, in denen die Reifen der beiden Hinterräder eines Pkw
nicht den gesetzlichen Profiltiefen entsprachen, betrafen z. B. BGH 20.IV.1967 VersR
1967 S. 572−573, 4.VI.1969 VersR 1969 S. 748−749, 23.XI.1977 NJW 1978
S. 1919−1920 = VersR 1978 S. 146−148. Eine Gefahrerhöhung ist auch darin zu
sehen, daß bei einem von einem Lkw gezogenen Anhänger einer der Reifen völlig

abgefahren ist (BGH 2.VII.1964 VersR 1964 S. 841–842). Dagegen ist vom BGH 3.VII.1968 NJW 1968 S. 2142–2143 = VersR 1968 S. 1033–1034 m. w. N. zu Recht das Mitführen eines profillosen Ersatzreifens noch nicht als Beginn eines Gefahrerhöhungszustandes angesehen worden (ebenso OLG Hamm 5.V.1964 VersR 1964 S. 1142–1143, 12.II.1988 r + s 1988 S. 156–157 = ZfS 1988 S. 252, a. M. OLG Köln 11.II.1963 VersR 1963 S. 1217 [nur L. S.], OLG Nürnberg 11.VII.1967 VersR 1969 S. 272–273, Werber VersR 1969 S. 390–391).

Auch ist ein für eine Gefahrerhöhung erheblicher Umstand nicht darin gesehen worden, daß die Reifen eines Fahrzeugs mit unterschiedlichen Profiltiefen ausgestattet waren; maßgebend ist nur, ob die Profiltiefe von 1,6 mm (damals 1 mm) unterschritten wird oder nicht (BGH 11.VII.1969 VersR 1969 S. 911–920, OLG Nürnberg 15.I.1987 ZfS 1987 S. 180). Dafür, daß in der Benutzung von **Winterreifen** (M & S-Reifen) im Sommer keine Gefahrerhöhung liegt, vgl. BGH 26.II.1969 VersR 1969 S. 365. Dagegen ist das Fahren mit Spikesreifen unerlaubt (vgl. dazu Jagusch–Hentschel Straßenverkehrsrecht[31], München 1991, Anm. 3 zu § 36 StVZO). Da diese Spikes nicht nur die Fahrbahn beschädigen, sondern auch bei normaler Straßenbeschaffenheit zu ungünstigerem Fahrverhalten führen (Jagusch–Hentschel a. a. O.), kann ihre unerlaubte Benutzung vsrechtlich den Tatbestand der Gefahrerhöhung erfüllen. Dafür, daß aber wegen besserer Fahreigenschaften bei Glatteis regelmäßig keine Kausalität gegeben ist, vgl. Anm. F 71. Eine Gefahrerhöhung kann (trotz einwandfreier Profiltiefe) vorliegen, wenn Reifen mit unterschiedlicher Breite benutzt werden (OLG Nürnberg 15.I.1987 a. a. O., ebenso schon AG Lichtenfels 4.IV.1984 ZfS 1985 S. 239–240, allerdings in einem Fall, in dem die Reifen ohnedies die vorgeschriebene Profiltiefe nicht erreichten). – Für weitere Beispielsfälle aus der Rechtsprechung vgl. die Nachweise bei E. v. Hippel NJW 1966 S. 130.

Zum **österreichischen Recht** vgl. z. B. ÖOGH 2.II.1972 VersR 1973 S. 47–48, 12.V.1972 VersR 1973 S. 142–143, 20.VI.1973 VersR 1974 S. 454–455. Den beiden zuerst genannten Entscheidungen ist im übrigen zu entnehmen, daß damals schon eine Profiltiefe von nur 1 mm in Österreich als verkehrswidrig bewertet wurde, während nach § 36 II 4 StVZO bis zum 1.I.1992 eine solche Beschaffenheit noch den Mindestanforderungen des Rechts der Bundesrepublik Deutschland entsprach.

[F 64] ggg) Überladung

Wird ein Fahrzeug über die **Grenzen seiner erlaubten Traglast** beladen, so kann darin eine Gefahrerhöhung liegen. Zu beachten ist aber, daß nicht etwa aus jeder Überschreitung des nach § 34 StVZO zugelassenen Gesamtgewichts eine Beeinträchtigung der Verkehrssicherheit folgt. Die Regelung in § 34 StVZO dient nicht nur der Sicherheit des Straßenverkehrs, sondern will auch erreichen, daß die Straßen geschont werden (BGH 27.II.1964 VersR 1964 S. 476). Demgemäß ist in einer Überladung nur dann ein im Sinne der Gefahrerhöhung erheblicher Umstand zu sehen, wenn eine **wesentlich verminderte Verkehrssicherheit** vorliegt. Eine solche durch Überladung verursachte Verkehrsunsicherheit kann z. B. auch dann gegeben sein, wenn von einem Motorrad 3 (statt der erlaubten 2) Personen befördert werden (OLG Oldenburg 15.XII.1958 VersR 1959 S. 143–144). Da eine Gefahrerhöhung im Rechtssinne nur dann erheblich ist, wenn es sich um einen gewissen **Dauerzustand** handelt, ist es – ebenso wie bei Trunkenheitsfahrten (vgl. Anm. F 65) – zu so gut wie keinen veröffentlichten Entscheidungen gekommen, in denen wegen einer Überlastung des Fahrzeugs aus dem Gesichtspunkt der Gefahrerhöhung der Vsschutz verneint worden ist. Bemerkenswert ist, daß der BGH

III. 5. Gefahrerhöhung   Anm. F 65

20.III.1967 VersR 1967 S. 493–494 voraussetzt, daß der Vmer gemäß einer Gewohnheit sein Fahrzeug überbelade. Das wird sich meist nicht ermitteln lassen. So ist z. B. vom OLG Hamm 29.XI.1989 r + s 1990 S. 148–150 für einen Zusammenbruch eines mit Papier und Pappe überladenen Fahrzeugs der Vsschutz bejaht worden, weil nicht festgestellt werden konnte, daß der Lkw wiederholt und regelmäßig im überladenen Zustand benutzt wurde (anders ÖOGH 29.XI.1967 VersR 1968 S. 1100, von der von der deutschen Judikatur abweichenden österreichischen Rechtsauffassung ausgehend, daß dem Wissen um die Gefahrerhöhung die verschuldete Unkenntnis gleichzusetzen sei, vgl. Anm. F 56 a. E.).

Vgl. in diesem Zusammenhang auch schon RG 16.VI.1933 RGZ Bd 141 S. 192–194, das eine gelegentliche Mitnahme eines Elektromotors von 120 kg auf dem Rücksitz eines Personenwagens gemäß § 29^2 als vert wertete und die Annahme einer Gefahrerhöhung nur dann für diskutabel hielt, wenn der Vmer dazu übergegangen wäre, häufig und gewerbsmäßig schwere Lasten mit dem Wagen zu befördern. OLG Oldenburg 15.XII.1958 a. a. O. bejaht z. B. den Vsschutz für eine Trunkenheitsfahrt von drei Personen auf einem Motorrad, weil es sich um Zustände von kurzer Dauer handle, und BGH 27.II.1964 a. a. O. (zur Fahrzeugv) erörtert – ersichtlich aus diesem Grund – die Frage, ob eine Gefahrerhöhung in der dort behaupteten Überbelastung des Fahrzeugs durch Sachgüter erblickt werden könne, überhaupt nicht. Eine nach der Beschaffenheit des Fahrzeugs unerlaubte Personenbeförderung kann im übrigen u. U. einen Verstoß gegen die Verwendungsklausel gemäß § II a AKB darstellen. Durch diese spezielle Regelung ist eine Verwendungsänderung grundsätzlich aus dem Bereich der Gefahrerhöhung herausgenommen, wenn die geänderte Verwendungsart tarifmäßig erfaßt ist und der Vmer darauf vertrauen darf, daß die Nichterwähnung der von ihm vorgenommenen Nutzung im Tarif für eine ohne weiteres gestattete Verwendungsänderung spreche (vgl. auch Anm. F 5 a. E.). OLG Düsseldorf 6.III.1979 VersR 1979 S. 662 behandelt einen Fall, bei dem ein Pkw, der nur eine zulässige Anhängelast von 1200 kg hatte, einen Wohnwagen von 1800 kg Gesamtgewicht zog. Der Vsschutz wurde mit Rücksicht darauf bejaht, daß der Ver nicht die Kenntnis des Vmers von diesen nach Auffassung des Gerichts gefahrerhöhenden Umständen beweisen konnte (vgl. dazu Anm. F 73).

Einen Sonderfall stellt es dar, wenn ein Traktor verkehrswidrig von einem Vmer neben dem Kotflügel mit einem Holzsitz ausgerüstet wird, um darauf immer wieder den fünfjährigen Enkel des Vmers transportieren zu können; in einem solchen Fall ist auch der für eine Gefahrerhöhung geforderte Zustand von gewisser Dauer gegeben (so ÖOGH 8.III.1984 VersR 1985 S. 51–52). Vgl. auch OLG Saarbrücken 17.III.1989 r + s 1990 S. 292–293 für einen Fall, in dem ein Moped in der Weise umgebaut worden war, daß es mit einer Zwei-Personen-Sitzbank ausgestattet wurde.

[F 65] bb) Persönliche Mängel des Fahrers

Fahrer, die unter **Alkoholeinfluß** stehen oder gar **Rauschgift** zu sich genommen haben, können eine große Gefahr für Verkehrsteilnehmer aller Art darstellen. Das gleiche gilt für **übermüdete Fahrer**. Bei der Beurteilung solcher persönlicher Mängel ist aber zu bedenken, daß nur Zustände von möglicher Dauer unter den Begriff der Gefahrerhöhung fallen (vgl. dazu Anm. F 57). Das ist vom BGH 8.X.1952 BGHZ Bd 7 S. 311–323 exemplarisch für das Fahren im trunkenen Zustand herausgearbeitet worden. Liest man die Entscheidungsgründe sorgsam nach, so stellt man allerdings fest, daß der Gefahrerhöhungscharakter im Anschluß an den von Bruck-Möller Bd I Anm. 9 zu § 23 m. w. N. verlangten **Zustand von möglicher Dauer** nur für die **einmalige Trunkenheitsfahrt** verneint worden ist. Da ein Vmer sich aber gewiß nicht selbst der ständigen Trunkenheitsfahrten (oder deren Duldung) zeihen wird, läßt sich ein solcher Dauerzustand zumeist nicht nachweisen. Entsprechendes gilt für die einmalige Überlassung des Fahrzeugs an einen Dritten für eine Trunkenheitsfahrt (BGH 16.VI.1971 VersR 1971 S. 808). Jene Entscheidung hat daher in der Praxis seit 1952 dazu geführt, daß durchweg keine Leistungsfreiheit des Vers wegen einer Trunkenheitsfahrt des Vmers angenommen worden ist (vgl. nur BGH 23.XI.1971 BGHZ Bd 57 S. 277, OLG Köln 27.VII.1953 VersR 1954 S. 57, OLG Hamm 28.VI.1954 VersR 1954 S. 458–459, 28.IX.1965 VersR 1967 S. 748, OLG Stuttgart 20.VII.1954 MDR 1955 S. 236, OLG Celle 2.X.1958 VersR 1958 S. 801, OLG Oldenburg 15.XII.1958 VersR 1959 S. 144, OLG Schleswig 31.V.1958 VersR 1960 S. 593, OLG Nürnberg 16.XI.1964 VersR 1965 S. 76).

Eine Ausnahme bildet OLG Düsseldorf 21.V.1963 VersR 1964 S. 179–181 = DAR 1963 S. 383–385; es verneinte den Vsschutz sowohl aus dem Gesichtspunkt der Verletzung der Aufklärungslast als auch aus dem der Gefahrerhöhung. Zu dem letztgenannten Rechtsinstitut wird a. a. O. VersR 1964 S. 180 (gek.) = DAR 1963 S. 385 ausgeführt, daß bei Anwendung vernünftiger und einem redlichen Geschäftsverkehr (§ 242 BGB) entsprechender Grundsätze angenommen werden müsse, daß bei einer Neigung zu Trunkenheitsfahrten oder auch zu einem anderen ungewöhnlich leichtfertigen Verhalten im Verkehr für den Ver eine wesentliche Veränderung der Gefahrumstände gegeben sei. Es handle sich nicht um die Herbeiführung eines vereinzelten Vsfalls, sondern um die generelle Erhöhung der Gefahr mit der dauernd vorhandenen Möglichkeit, Unfälle zu begünstigen. Diese erhöhte generelle Gefahrengeneigtheit habe hinsichtlich des Vsvertrages des Klägers zur Zeit des Unfalls vorgelegen. Der damals 24 Jahre alte Kläger sei schon wegen Delikten, die mit dem Kraftfahrzeugverkehr zusammenhängen, vorbestraft gewesen ... So sei der Kl 1958 wegen Geschwindigkeitsüberschreitungen verurteilt worden, 1959 wegen fahrlässiger Körperverletzung, 1960 wegen Führens eines nicht zugelassenen, nicht vten und nicht versteuerten Kraftfahrzeugs und endlich am 16.IX.1960 wegen Trunkenheit am Steuer, Geschwindigkeitsüberschreitung und Straßenverkehrsgefährdung zu 3 Wochen Haft bei Entziehung des Führerscheins auf 6 Monate. Der Kl habe also mehrfach zu erkennen gegeben, daß er nicht gewillt sei, sich beim Führen eines Kraftfahrzeugs die erforderliche Disziplin aufzuerlegen. Diese Umstände seien zwar schon bei Abschluß des Vsvertrages vorhanden gewesen. Dadurch aber, daß der Kläger trotz aller Vorwarnung wiederum seinen Kraftwagen durch einen Betrunkenen habe fahren lassen, habe er gezeigt, daß er sich auf die fernere Dauer nicht in Zucht habe halten können und daher die Gefahrenlage noch erheblich erhöht. — Diesen Ausführungen darf nicht beigepflichtet werden. Die vor Abschluß des Vsvertrages liegenden Verstöße müssen außer Betracht bleiben, abgesehen davon, daß es sich um Verstöße handelt, die auch ansonsten sorgsamen Verkehrsteilnehmern unterlaufen, wenn sie ausnahmsweise einmal sorglos fahren oder es besonders eilig haben. Das angegebene Führen eines nicht vten Fahrzeugs bedeutet aus dem Blickwinkel einer Gefahrerhöhung gar nichts, da es schon begrifflich nicht unter § 23 fallen kann. Wollte man anders entscheiden, würde jeder konkrete Bezug zum vten Risiko gelöst werden. Was bleibt, ist allein, daß der Vmer am 16.IX.1960 wegen Trunkenheit am Steuer verurteilt worden war und daß er am 27.XI.1960 einem betrunkenen Freund das Fahrzeug zum Gebrauch überlassen hatte. Wann der am 16.IX.1960 abgeurteilte Verstoß begangen worden ist, wird nicht mitgeteilt. Entscheidend ist jedenfalls, daß es an geeigneten Feststellungen darüber fehlt, daß zwischen dem 1. und dem 2. Trunkenheitsfall ständig Fahrten im trunkenen Zustand vorgenommen oder gestattet worden sind. Demgemäß stehen lediglich zwei kurzfri-

III. 5. Gefahrerhöhung Anm. F 65

stige Trunkenheitsfahrten fest, so daß von einer dauernden Erhöhung des vten Risikos nicht gesprochen werden kann. Vom BGH 5.VII.1965 VersR 1965 S. 949–950 wird daher das den Vsschutz versagende Urteil auf die Verletzung der Aufklärungslast gestützt und der Gesichtspunkt der Gefahrerhöhung überhaupt nicht erwähnt.

Die dargestellte Auffassung des BGH bezüglich der Bewertung der einmaligen Trunkenheitsfahrt wird von Prölss–Martin[25] Anm. 2 C e zu § 23, S. 235 abgelehnt (vgl. auch E. Prölss VersR 1951 S. 137). Zur Begründung wird auf die strafrechtliche Bewertung gemäß § 315 c I Nr. 1 a StGB hingewiesen. Es ist aber nicht recht einzusehen, wieso strafrechtliche Normen den Begriff der nach zivilrechtlichen Grundsätzen zu bestimmenden Gefahrerhöhung prägen sollten. Dieser Rechtsprechung wird im übrigen auch überwiegend zugestimmt (vgl. nur Bauer Kraftverkehrsv[2] S. 47, Anm. 200–201, Pienitz–Flöter[4] Anm. C III zu § 2 AKB, S. 14 b, Stiefel–Hofmann[15] Anm. 135 zu § 2 AKB, S. 131. Verkannt wird der zivilrechtliche Begriff des Dauerzustandes von Kuntz VersR 1978 S. 503–504, der die Auffassung vertritt, daß eine Gefahrerhöhung bei jedem Wiederholungstäter gegeben sei, vgl. ergänzend Anm. F 57. Bei einer Reform der AKB wäre allerdings die Einführung einer Obliegenheit, ein Fahrzeug nicht im alkoholisierten Zustand zu führen, mit der Folge einer teilweisen Leistungsfreiheit des Vers, rechtspolitisch wünschenswert (vgl. Anm. F 2). Eine solche teilweise Leistungsfreiheit sieht z. B. das österreichische Recht in Art. 6 der österreichischen AKHB vor; Voraussetzung für einen solchen auf 30 000 ÖS limitierten Rückgriff ist, daß die Alkoholisierung durch ein Strafurteil oder durch den Bescheid einer Verwaltungsbehörde unanfechtbar festgestellt worden ist (vgl. dazu ÖOGH 29.IX.1988 VersR 1989 S. 978–979; weitere Nachweise aus der ÖOGH-Rechtsprechung bei Fenyves, vsrechtliche Entscheidungssammlung, Bd I, Wien 1989, Nr. 495, 536, 612, 688, 744, 759, 769, 817, 841, 843, 862, 881, 1144). Zur unterschiedlichen Ausgestaltung der vsrechtlichen Folgen der Trunkenheit am Steuer in den europäischen Ländern vgl. Sievers VersR 1974 S. 715–726.

Im Rauschgiftzustand verursachte Schadenfälle haben die Gerichte in den veröffentlichten Fällen bisher unter dem Gesichtspunkt der Gefahrerhöhung nicht beschäftigt. Die Nachweismöglichkeiten für einen Dauerzustand dürften hier noch sehr viel geringer als bei den Trunkheitsfällen sein. Dagegen sind auf Übermüdung beruhende Schäden mehrfach Gegenstand gerichtlicher Verfahren gewesen. Im Falle BGH 10.II.1971 VersR 1971 S. 433 war der Vsschutz vom Ver mit der Begründung abgelehnt worden, daß der Fahrer ständig die vorgeschriebene Arbeits-, Arbeitsschicht- und Lenkzeiten überschritten und die vorgeschriebenen Ruhezeiten nicht eingehalten habe. Dem Fahrer wurde darüber hinaus vorgeworfen, daß er nach Beendigung der Fahrten noch in der Landwirtschaft seiner Mutter gearbeitet habe. Das Berufungsgericht hatte dazu festgestellt, daß der Vte in der Tat in den beiden Wochen vor dem Unfall die genannten Zeiten regelmäßig überschritten habe, und zwar die Arbeits- und Arbeitsschichtzeit im Durchschnitt um etwa 1 3/4 Stunden täglich. Hinsichtlich der Lenkzeiten war § 15 a StVZO zu beachten. Danach durften diese höchstens 9 Stunden, bei 2 Arbeitsschichten wöchentlich aus besonderem Anlaß höchstens 10 Stunden betragen. Die Lenkzeiten des Vten lagen jedoch immer oberhalb dieser Zeiten, nämlich zwischen 10 Stunden und 10 Minuten und 10 Stunden und 51 Minuten. Die Ruhezeit, die nach dem Tarifvertrag zu beachten gewesen war, betrug zwischen zwei Arbeitsschichten mindestens 10 Stunden. Sie war innerhalb der maßgeblichen Zeit nur zweimal geringfügig um rund 10 Minuten unterschritten worden. Das Berufungsgericht sah deshalb keine erhebliche Gefahrerhöhung als gegeben an. Vom BGH 10.II.1971 a. a. O. wurde das gebilligt und dazu sinngemäß ausgeführt, daß dann, wenn die Überschreitung der täglichen

Lenk- und Arbeitszeiten so erheblich sei, daß eine Erholung des Fahrers selbst bei Einhaltung der vorgeschriebenen Mindestruhezeiten ausgeschlossen oder zumindest sehr fragwürdig erscheine, eine Erhöhung der Gefahr vorliege. Würden die täglichen Lenk- und Arbeitszeiten hingegen nicht über das festgestellte Maß überschritten, dann sei zu berücksichtigen, ob der Fahrer wenigstens die vorgeschriebenen Mindestruhezeiten eingehalten habe. Das treffe hier zu. In einem solchen Fall sei der Überschreitung der täglichen Lenk- und Arbeitszeiten ein geringeres Gewicht beizumessen; die Fahrtüchtigkeit des Fahrers sei dann nicht so stark und fortdauernd beeinträchtigt, daß eine **erhebliche ständige** Überbeanspruchung des Fahrers und damit eine Erhöhung der Gefahr im Sinne des § 23 I vorliegen müsse (die behauptete ständige zusätzliche Arbeit im landwirtschaftlichen Betrieb der Mutter hatte das Berufungsgericht nicht als erwiesen angesehen, der BGH wies in diesem Zusammenhang darauf hin, daß der Beweis einer einmaligen Übermüdung nicht genüge, da nur eine ständige Übermüdung eine Gefahrerhöhung darstelle (vgl. auch Anm. F 57).

Für einen Fall einer **unerheblichen, weil nur einmaligen Mißachtung der Fahr- und Ruhezeiten**, vgl. ferner OLG Hamm 22.IX.1971 VersR 1972 S. 733 (Vorinstanz zu BGH 13.XII.1972 NJW 1973 S. 286–287 = VersR 1973 S. 173–174, von dem zu diesem Problemkreis nichts mehr angemerkt wird). Eine Leistungsfreiheit wegen erheblicher Gefahrerhöhung aus dem Gesichtspunkt der **Übermüdung** hat dagegen BGH 28.VI.1965 VersR 1965 S. 846–848 angenommen. Es handelte sich um einen besonders krassen Fall. Das Berufungsgericht hatte festgestellt, daß der von der Fahrbahn abgekommene Fahrer während der letzten 5 Wochen vor dem Unfall in der regelmäßig vom Sonntagabend bis Samstags währenden Arbeitswoche keine ununterbrochene Ruhezeit von 10 Stunden gehabt hatte (bei Arbeitsleistungen pro Woche von 106, 141, 115, 127 und 102 Stunden). Für einen weiteren krassen Übermüdungsfall vgl. BGH 15.XI.1965 VersR 1966 S. 131–132. Der Fall war durch die Besonderheit gekennzeichnet, daß dem betreffenden Fahrer nach einer längeren Überbeanspruchungsperiode einmal 2 Tage vor dem Unfall eine ausreichende Ruhezeit zugebilligt worden war. Der Sachverständige hielt das aber für nicht ausreichend, um die Auswirkungen einer wochenlang ungenügenden Ruhezeit ausgleichen zu können (soweit das Gericht zu Lasten des Vmers auch solche Umstände verwertete, von denen sein Repräsentant fahrlässig nichts wußte, beruhte das noch auf der seit BGH 25.IX.1968 BGHZ Bd 50 S. 385–391 aufgegebenen Rechtsprechung, daß zur Vornahme einer Gefahrerhöhung nicht die Kenntnis der diese Gefahrerhöhung prägenden Tatsachen gehöre; vgl. dazu Anm. F 56). Weiterer Beispielsfall: OLG Stuttgart 17.XI.1966 VersR 1968 S. 935–936 m. Anm. v. Hartmann a.a.O. S. 936–937 m. w. N.

Fährt ein Vmer ohne Führerschein oder gestattet er es, daß ein Vter ohne eine solche nach dem Gesetz erforderliche öffentliche Fahrerlaubnis das Fahrzeug gebraucht, so könnte ein solcher Vorgang unschwer als persönlicher Mangel dem Gefahrerhöhungsbereich zugeordnet werden. Indessen liegt hier in der Führerscheinklausel gemäß § 2 II c AKB eine Sonderregelung vor, die eine Anwendung der §§ 23–31 ausschließt (vgl. dazu die Nachweise in Anm. F 32 a. E.; ferner Anm. F 43).

Denkbar ist es auch, daß **körperliche Leiden oder Gebrechen**, die es einem Vmer bei abgewogener Betrachtung mit Rücksicht auf andere Verkehrsteilnehmer verbieten, ein Kraftfahrzeug zu gebrauchen, dem Rechtskreis der Gefahrerhöhung zuzurechnen sind. Wenn jemand z. B. weiß, daß es infolge seiner körperlichen Konstitution in unregelmäßiger Reihenfolge und ohne vorherige Warnsignale zu Ohnmachtsanfällen kommen kann, so muß er verständigerweise seinen Führerschein

III. 5. Gefahrerhöhung   Anm. F 66

zurückgeben und darf kein Fahrzeug mehr im öffentlichen Verkehr führen. Führt er in Kenntnis der aus seiner körperlichen Konstitution drohenden Gefahr für andere Verkehrsteilnehmer weiterhin ein Fahrzeug, so wird damit der Begriff der Gefahrerhöhung erfüllt. Als Beispielsfall sei auf OLG Oldenburg 12.X.1984 VRS Bd 67 S. 403–404 = ZfS 1985 S. 55 verwiesen. Dort hatte der Vmer infolge seiner Zuckerkrankheit einen Schwächeanfall erlitten. Das Vorliegen einer Gefahrerhöhung wurde aber mit Rücksicht darauf verneint, daß der Arzt des Vmers, der diesen jahrelang betreut hatte, keine erhöhte Gefährdung des Straßenverkehrs durch den Vmer angenommen hatte (zu streng in der Beurteilung der Zuckerkrankheiten Kuntz VersR 1978 S. 504). Demgemäß fehlte es schon an der Kenntnis des Vmers von der eingetretenen Gefahrerhöhung, so daß sich die Frage der Schuld gar nicht erst stellte (vgl. auch Anm. F 56). Dagegen wurde einem an Epilepsie erkrankten Vmer, dem der Arzt wegen der Anfallgefahr striktes Fahrverbot erteilt hatte, der Vsschutz versagt (LG Weiden 19.XII.1984 ZfS 1985 S. 241–242; vgl. für einen ähnlich gelagerten Fall LG München 15.IX.1988 ZfS 1988 S. 366–367; dazu auch Kuntz VersR 1978 S. 504). Dafür, daß eine einmalige Fahrt während eines psychotischen Schubs nicht als Gefahrerhöhung zu bewerten ist, vgl. OLG Hamm 17.X.1984 VersR 1985 S. 751–752 = ZfS 1985 S. 308.

Wichtig ist es, daß das Augenlicht eines Kraftfahrers den Anforderungen des Straßenverkehrs gerecht wird. Die Straßenverkehrsbehörden achten darauf auch besonders und erteilen einem Kraftfahrer u. U. im Führerschein entsprechende Auflagen (vgl. dazu, daß die Nichtbefolgung dieser Auflagen keinen Verstoß gegen die Führerscheinklausel nach § 2 II c AKB darstellt, die Nachweise in Anm. F 35). Vom BGH 6.V.1965 VersR 1965 S. 654–655 = VRS Bd 29 S. 253–254 ist dazu herausgearbeitet worden, daß ein Fahrer, der wegen mangelnder Sehschärfe zum Fahren immer eine Brille tragen müsse, das aber ständig beim Autofahren unterlasse, eine Gefahrerhöhung begehe, nicht dagegen derjenige, der nur gelegentlich ohne Brille gefahren sei. Für einen Fall, in dem einem trotz Brillenbenutzung stark sehbehinderten Vmer der Vsschutz aus dem Gesichtspunkt der Gefahrerhöhung versagt worden ist, vgl. OLG Koblenz 3.IV.1968 VersR 1969 S. 244–245 (es kann allerdings bezweifelt werden, ob das Urteil hinsichtlich des Wissens des Vmers um seine persönliche Fahrbeeinträchtigung überzeugt, vgl. dazu Anm. F 56).

Stiefel–Hofmann[15] Anm. 101 zu § 2 AKB, S. 118 vertreten den Standpunkt, daß die ständige Beschäftigung eines ungeeigneten Fahrers einen Verstoß gegen die Gefahrstandspflicht darstelle; das könne auch ein vorbestrafter Fahrer sein, der sich ganz allgemein nicht zur Teilnahme am Verkehr eigne. Zur Begründung wird auf OLG Hamm 18.II.1966 VersR 1966 S. 561 verwiesen. Indessen hat das genannte Gericht a. a. O. den entsprechenden Einwand des Vers im konkreten Fall gerade mit dem Bemerken zurückgewiesen, daß daraus, daß keine Fragen über verkehrsrechtliche Strafen gestellt worden seien, nichts zugunsten des Vers hergeleitet werden könne. Eine Beschäftigung eines unzuverlässigen Fahrers kann daher grundsätzlich nur im Rahmen der in diesem Abschnitt erörterten konkreten Kriterien von Bedeutung sein (vgl. auch Anm. 66 a. E.). Etwas anderes gilt aber dann, wenn das vte Fahrzeug mit Kenntnis des Vmers dauernd im Sinne der Ausführungen in Anm. F 57 für die Durchführung von Verbrechen oder Vergehen gebraucht werden würde. Daraus folgt, daß z. B. eine einmalige Benutzung eines Fahrzeugs als Fluchtwagen nach einem Raubüberfall regelmäßig nicht den Tatbestand der Gefahrerhöhung erfüllt.

[F 66] cc) Restfälle

Als denkbare Art der Gefahrerhöhung ist es auch anzusehen, wenn ein Fahrzeug zu einem anderen Zweck als dem im Vsantrag angegebenen verwendet wird.

Indessen liegt hier eine spezielle Regelung in § 2 II a AKB vor, die — genauso wie bei der Führerscheinklausel gemäß § 2 II c AKB (vgl. dazu Anm. F 32) — die Anwendung der §§ 23—30 verdrängt (vgl. die Nachweise in Anm. F 5).

Denkbar ist es ferner, daß eine Gefahrerhöhung darin gesehen wird, daß ein Fahrzeug dauernd in einer besonders feuergefährlichen Umgebung geparkt wird. Dabei handelt es sich aber um ein mehr theoretisches Denkmodell. In der Gerichtspraxis sind derartige Fälle in der Zeit seit 1945 nicht aufgetreten (vgl. für einen solchen Fall aus der Fahrzeugv KG 12.VI.1929 JRPV 1929 S. 333—334). Für einen Fahrzeugvsfall hat BGH 20.I.1964 VersR 1964 S. 234 das ständige Befahren einer für den Verkehr noch nicht freigegebenen Autobahn als unbeachtlich angesehen. Nach den tatsächlichen Feststellungen des Berufungsgerichts war nach dem Zustand dieses Autobahnteils das Fahren nicht besonders gefährlich und wurde allgemein geübt. Eine andere Beurteilung hätte aber wohl Platz zu greifen, wenn ein solches ständiges Mißachten der Ordnungsvorschriften trotz anhaltender Kennzeichnung und unter erkannter Gefährdung der Mitglieder der dort beschäftigten Baukolonnen erfolgt wäre.

Hj. Wussow VersR 1969 S. 196 Anm. 4 vertritt unter Bezugnahme auf BGH 27.VI.1951 BGHZ Bd 2 S. 360—365 den Standpunkt, daß das Führen eines nicht zugelassenen Fahrzeugs ein unter den Tatbestand der Gefahrerhöhung fallendes Ereignis darstellen könne. Dem ist indessen mit BGH 19.I.1977 VersR 1977 S. 341 zu widersprechen. Wenn sich ein nicht zugelassenes Fahrzeug in einem nicht verkehrswidrigen Zustand befindet, ist das Risiko gegenüber einem im gleichen Zustand befindlichen Fahrzeug, das zugelassen ist, nach objektiven Grundsätzen nicht als erhöht anzusehen (vgl. dazu auch die Sonderregelung in § 5 I, II, IV AKB und dazu Anm. F 77—81 und G 45). Vom BGH 27.VI.1951 a. a. O. ist kein gegenteiliger Standpunkt vertreten worden; vielmehr hat sich das Gericht mit der Feststellung begnügt, daß es bei der in Frage stehenden Probefahrt jedenfalls an dem Zustand einer möglichen Dauer gefehlt habe (vgl. dazu Anm. F 57). Allerdings hat das Gericht a. a. O. S. 364 auch bemerkt, daß die Annahme des Berufungsgerichts nicht unzweifelhaft sei, daß die Benutzung eines noch nicht zum Verkehr zugelassenen Kraftfahrzeugs den Fahrer nicht unsicher mache und dadurch das Risiko erhöhe. Indessen sollten solche letzten Endes unwägbaren subjektiven Empfindungen nicht zum Maßstab für die Abgrenzung des Tatbestandes der Gefahrerhöhung gewählt werden. Demgemäß ist mit BGH 19.I.1977 a. a. O. daran festzuhalten, daß der Gebrauch eines nicht zugelassenen Fahrzeugs grundsätzlich nicht dem Gefahrerhöhungsbereich zuzuordnen ist (für den BGH 19.I.1977 a. a. O. bestand im übrigen keine Veranlassung, auf die Sonderregelung nach § 5 I, II und IV AKB einzugehen, da Vsschutz im Rahmen der Police für das zugelassene ziehende Fahrzeug begehrt wurde [vgl. dazu auch Anm. G 53 m. w. N.] und nur der Anhänger einer solchen Zulassung ermangelte).

OLG Hamm 24.II.1982 VersR 1982 S. 969 hat in der Weiterbenutzung eines Fahrzeugs, dessen Schlüssel verloren gegangen war, eine Gefahrerhöhung gesehen. Indessen befindet sich das Fahrzeug in einem solchen Fall in einem durchaus verkehrsgerechten Zustand. Es geht vielmehr darum, daß der Vmer durch sein Nichttun u. U. schuldhaft eine Fahrt eines unberechtigten Fahrers ermöglicht hat. Dafür gibt es eine Sonderregelung in § 2 II b AKB. In dieser ist ausdrücklich verankert, daß der Vsschutz des Vmers bei der Fahrt eines unberechtigten Dritten nicht beeinträchtigt wird. Daraus ist vom BGH durchaus zu Recht geschlossen worden, daß mit Rücksicht auf diese abschließende Regelung der Ver sich nicht daneben auf die Vorschriften über die Gefahrerhöhung mit der Begründung berufen könne, daß der Eigentümer einen längere Zeit andauernden Zustand geschaffen

III. 5. Gefahrerhöhung   Anm. F 67

habe, der die Benutzung eines vten Fahrzeugs zu Schwarzfahrten ermöglicht habe (BGH 20.IV.1961 BGHZ Bd 35 S. 41–44, 20.XII.1965 VersR 1966 S. 156; vgl. auch Anm. H 16 a. E.). Anders zu beurteilen ist auch nicht der Fall, daß der Vmer in Kenntnis des verkehrswidrigen Zustandes eines Fahrzeugs (z. B. mangelhafte Bremsen) dieses weiterbenutzt. Wird es ihm dann entwendet, weil es ungesichert abgestellt worden ist, so ist das zwar adäquat kausal auf die durch die Weiterbenutzung vorgenommene Gefahrerhöhung zurückzuführen, doch braucht sich der Vmer als eigene Gefahrerhöhung das Tun eines Dritten, der nicht sein Repräsentant ist, nur zurechnen zu lassen, wenn die Fahrzeugbenutzung mit seinem Wissen und Willen erfolgt (vgl. BGH 18.X.1989 VersR 1990 S. 80–81 = r + s 1990 S. 8 und Anm. F 56 m. w. N., anders LG Bielefeld 26.VI.1979 VersR 1980 S. 34, AG Köln 6.VII.1988 ZfS 1989 S. 384).

[F 67] f) **Anzeigelast**

Nach § 23 II ist dem Ver von dem Vmer unverzüglich Anzeige zu erstatten, wenn er Kenntnis davon erlangt, daß durch eine von ihm ohne Einwilligung des Vers vorgenommene oder gestattete Änderung die Gefahr erhöht worden ist. Eine weitere Anzeigelast ist in § 27 II verankert. Sie bezieht sich auf solche Gefahrerhöhungen, die unabhängig von dem Willen des Vmers eingetreten sind. Eine Durchsicht der in der Zeit seit 1945 ergangenen Entscheidungen zur Gefahrerhöhung in der Kfz-Haftpflichtv ergibt indessen, daß in keinem dieser Fälle von einem Vmer vor Eintritt eines Schadenfalles eine Gefahrerhöhung angezeigt worden war. Der Grund dafür dürfte der sein, daß ein redlich denkender Vmer nicht damit rechnen wird, daß sein Ver für ein gesetzwidriges und strafbares Handeln gegen Zahlung einer Zuschlagprämie Vsschutz gewähren würde. Dabei spielt es eine besondere Rolle, daß der Gefahrerhöhungsbegriff in der Kfz-Haftpflichtv im Vergleich zu anderen Vssparten wesentlich eingeschränkt ist. Denn unter einer Gefahrerhöhung ist in der Kfz-Haftpflichtv grundsätzlich nur der Gebrauch eines Fahrzeugs in Kenntnis eines verkehrsunsicheren Zustands dieses Fahrzeugs zu verstehen oder ein Gebrauch in Kenntnis der körperlichen Mängel des Führers eines Fahrzeugs, die diesen nach öffentlichem Recht zur Führung eines Fahrzeugs disqualifizieren (vgl. im einzelnen Anm. F 55–56). Vom BGH 22.VI.1967 VersR 1967 S. 747 ist zu dem entsprechenden Problemkreis einer vorvertraglichen Anzeigelast in der Kfz-Haftpflichtv u. a. folgendes ausgeführt worden: Der bei Strafe verbotene Gebrauch eines Kfz, dessen Verkehrssicherheit wesentlich beeinträchtigt sei, sei nicht vert und werde nicht vert, auch zu keiner höheren Prämie. Schon daraus folge die Unanwendbarkeit des § 16, denn für eine Anzeige gefahrerheblicher Umstände, deren Kenntnis dem Ver die zuverlässige Beurteilung des zu übernehmenden Risikos ermöglichen solle, sei kein Raum, wenn ein solches Risiko nicht vert werde. Da jede Partei wisse, daß die Inbetriebnahme eines Kfz verboten sei, das nicht den Anforderungen der StVZO entspreche, werde nur das Haftpflichtrisiko vert, das aus dem Gebrauch eines typmäßig bestimmten Fahrzeugs in verkehrssicherem Zustand drohe.

Speziell zur Anzeigelast nach § 27 II, die sich auf ungewollte Gefahrerhöhungen bezieht, ist zu bedenken, daß solche ungewollten Gefahrerhöhungen in der Kfz-Haftpflichtv kaum denkbar sind. Das ergibt sich daraus, daß – um nur den Hauptfall der Gefahrerhöhung aufzuführen – nicht der verkehrswidrige Zustand eines Fahrzeugs den Begriff der Gefahrerhöhung ausmacht, sondern der Gebrauch trotz Kenntnis dieses Zustandes. Verbietet aber z. B. ein Vater (Vmer) seinem Sohn die Benutzung des väterlichen Wagens bis zur Auswechslung der verkehrsunsicheren Reifen und fährt der Sohn gegen den Willen des Vaters, so wird es sich hierbei in aller Regel um eine Schwarzfahrt nach § 2 II b AKB handeln. Eine auf § 27 II gestützte Anzeigelast des Vmers, dessen Vsschutz bei einer solchen Schwarzfahrt unberührt bleibt und auch nicht damit begründet werden kann, daß der Vmer einen längere Zeit andauernden Zustand geschaffen habe, der die Benutzung des vten Fahrzeugs zu Schwarzfahrten ermöglicht habe (BGH 20.IV.1961 BGHZ Bd 35 S. 41—44, 20.XII.1965 VersR 1966 S. 156, ferner die Ausführungen in Anm. H 16), ist zu verneinen. Der Ver kann hier aber gegenüber dem Vten sowohl nach § 2 II b AKB als auch nach § 23 I leistungsfrei werden. Benutzt dagegen bei einer Mehrheit von Vmern einer von diesen Vmern das verkehrsunsichere Fahrzeug in Kenntnis dieses Zustands gegen den Widerspruch des anderen Vmer, so läßt sich eine Schwarzfahrt im Sinne des § 2 II b AKB nicht konstruieren (vgl. dazu Anm. H 17). In einem solchen Fall liegt dann aber eine aus der Sicht des gegen die Benutzung des Fahrzeugs protestierenden vertragsgetreuen Vmers eine ungewollte Gefahrerhöhung im Sinne des § 27 I vor, die nach § 27 II auch eine Anzeigelast auslöst.

Ansonsten ist eine isolierte Anzeigelast kaum denkbar, so daß als Regelfall neben einer Leistungsfreiheit des Vers aus § 23 I wegen Vornahme einer Gefahrerhöhung immer auch eine Leistungsfreiheit aus § 23 II wegen Unterlassung einer Anzeige dieses zu beanstandenden Tuns steht. Allerdings ließe sich — gestützt auf die eben wiedergegebene Auffassung des BGH 22.VI.1967 a. a. O. zur vorvertraglichen Anzeigelast — auch die Auffassung vertreten, daß die Konstruktion einer solchen Anzeige in der Kfz-Haftpflichtv deshalb sinnentleert sei, weil in keinem Fall mit einem Einverständnis des Vers zu einem solchen verbotenen Tun des Vmers gerechnet werden könne. Das ist bezüglich des nicht zu erwartenden Einverständnisses des Vers zu einem solchen gesetzwidrigen Verhalten des Vmers sicher auch richtig (vgl. dazu auch Anm. F 72). An der gesetzlichen Anzeigelast des Vmers ist aber schon um deswillen festzuhalten, damit der Ver die Möglichkeit hat, sich von einem derartigen unzuverlässigen Vmer zu trennen.

Ausnahmsweise könnte eine Anzeigelast dann gegeben sein, wenn ein behördlich genehmigter Umbau eines Fahrzeugs erfolgt und nach dem Tarif des Vers daraus eine erhöhte Prämienzahlungspflicht folgt (vgl. dazu LG Aschaffenburg 21.V.1969 VersR 1970 S. 339—340, dem eine derartige Tarifgestaltung aber nicht zu entnehmen ist). Ein solcher Fall ist dann nach § 2 II a AKB zu behandeln (vgl. Anm. F 5).

[F 68] g) Verletzungsfolgen

aa) Vorbemerkung

Nimmt ein Vmer eine Gefahrerhöhung in dem in Anm. F 55—65 dargestellten Sinne vor, so hat das nach § 25 I die **Leistungsfreiheit** des Vers zur Folge (eine Leistungsfreiheit sehen auch §§ 23 II, 27 II für die Verletzung der dort aufgeführten Anzeigelast vor; vgl. dazu auch Anm. F 65). Gemildert wird diese Sanktion dadurch, daß gemäß § 25 I ein unverschuldeter Verstoß dem Vmer nicht schadet (vgl. Anm. F 69—70) und daß vor allen Dingen nach § 25 II eine im Sinne des **Rechtswidrigkeitszusammenhangs** erhebliche **Kausalität** zwischen der Gefahrerhöhung und dem Eintritt des Schadenereignisses gegeben sein muß (dazu Anm. F 70—71). Als sehr günstig wirkt sich für den Vmer darüber hinaus in sehr vielen Fällen der für alle vor Eintritt des Vsfalls zu erfüllenden Obliegenheiten geltende teilweise **Regreßverzicht** gemäß der veröffentlichten geschäftsplanmäßigen Erklärung der Ver aus (vgl. Anm. F 27—29).

Zu beachten ist, daß durch die Bestimmungen über die Gefahrerhöhung in §§ 23—30 eine **eigenständige Behandlung** dieser kraft Gesetzes geltenden Obliegenheit geschaffen worden ist. Daraus folgt, daß diese in sich verästelte Regelungslö-

III. 5. Gefahrerhöhung   Anm. F 69

sung grundsätzlich nicht durch eine entsprechende Anwendung der für vertraglich vereinbarte Obliegenheiten geltenden Bestimmung in § 6 I, II ergänzt werden darf. Insbesondere ist (anders als gemäß § 6 I 2, 3) nicht Voraussetzung für die Leistungsfreiheit des Vers, daß dieser den Vsvertrag fristlos aufgekündigt hat (BGH 31.I.1952 BGHZ Bd 4 S. 376–377, 8.III.1962 VersR 1962 S. 370, 2.VII.1964 VersR 1964 S. 842 m. w. N., 28.VI.1965 VersR 1965 S. 848, OLG Nürnberg 9.XI.1964 VersR 1965 S. 150–152, OLG Köln 8.VII.1968 VersR 1970 S. 341–343). Vielmehr hat der Ver hier ein eigenständiges Kündigungsrecht, für das die Regelungen in §§ 24 I, II, 25 II, III gelten und das für die Kraftfahrzeughaftpflichtv praktisch bedeutungslos ist (vgl. dazu Anm. F 75).

[F 69] bb) Leistungsfreiheit

   aaa) Verschulden

Nach § 25 II bleibt die Leistungsverpflichtung des Vers bestehen, wenn die Verletzung der Vorschrift des § 23 I nicht auf einem Verschulden des Vmers beruht. Seit der Änderung der BGH-Rechtsprechung dahin, daß es zum objektiven Tatbestand einer Gefahrerhöhung gehöre, daß der Vmer von den die Gefahrerhöhungen darstellenden Tatumständen Kenntnis habe (so seit BGH 25.IX.1968 BGHZ Bd 50 S. 385–397 ständige Rechtsprechung; vgl. Anm. F 56 m. w. N.), wird über die Verschuldensfrage in der Kfz-Haftpflichtv kaum noch gestritten. Das beruht darauf, daß einen Vmer, der – um den Hauptfall der Gefahrerhöhung in der Kfz-Haftpflichtv aufzuführen – ein Fahrzeug in Kenntnis seines verkehrswidrigen Zustandes gebraucht, regelmäßig mindestens der Vorwurf der Fahrlässigkeit trifft. Theoretisch ist es freilich denkbar, daß ein Vmer wohl von den tatsächlichen Umständen, die eine Verkehrsunsicherheit des Fahrzeugs zur Folge haben, Kenntnis hat, aber der irrigen Meinung ist, daß es sich dabei im Rechtssinne nicht um eine Gefahrerhöhung handle (vgl. BGH 25.IX.1968 BGHZ Bd 50 S. 397, wo dem Berufungsgericht aufgegeben wurde, zu prüfen, ob ein etwaiger Irrtum des Vmers über die Verkehrsunsicherheit eines Fahrzeugs, von dem er wußte, daß der Haltehebel für die Motorhaube gebrochen war, auf Fahrlässigkeit beruhte oder nicht). Ein solcher Irrtum wird aber in aller Regel als fahrlässig zu bewerten sein. Für einen Ausnahmefall eines unverschuldeten Irrtums über die gesetzlich vorgeschriebene Beleuchtung eines Fahrzeuganhängers vgl. ÖOGH 31.X.1980 VersR 1981 S. 47–48. Ein Verschulden ist vom BGH 20.XII.1974 VersR 1975 S. 367–368 auch in einem Fall verneint worden, in dem der Technische Überwachungsverein wegen festgestellter Mängel zwar keine erneute Prüfplakette erteilt, aber weder die weitere Benutzung des Kraftfahrzeugs untersagt, noch eine Frist zur Beseitigung der Mängel gesetzt hatte. Die Entscheidung erweckt indessen Bedenken. Die Feststellungen des Sachverständigen lauteten: „Bremsleitungen sind verrostet. Betriebsbremse zieht vorn einseitig. Wagen zieht nach einer Seite." Die beiden zuletzt genannten Mängel sind erheblich und können sich in einer schwierigen Verkehrssituation unheilvoll auswirken. Ein ordentlicher Verkehrsteilnehmer wird daher für eine Behebung dieser Mängel ohne schuldhaftes Zögern sorgen. Da die Untersuchung durch den TÜV am 30.VII.1970 erfolgte und das Unfallgeschehen am 23.VIII.1970 eingetreten ist, kann die Weiterbenutzung auch nicht als „kurzfristig" angesehen werden. Beizupflichten ist dem BGH a. a. O. allerdings darin, daß angesichts der mangelnden Fristsetzung durch den TÜV die zeitlich engen Grenzen zur Vermeidung eines „Dauerzustandes" (vgl. dazu Anm. F 57) nicht eingehalten zu werden brauchten. Bei weiterem Gebrauch des Fahrzeugs hätte es aber doch spätestens binnen 2 Wochen zur Reparatur abgegeben werden müssen. Dabei ist auch zu bedenken, daß

Anm. F 69   F. Obliegenheiten des Vmers in der Kraftfahrzeughaftpflichtv

ein solcher verkehrswidriger Zustand sich erfahrungsgemäß fortlaufend verschlechtert.

Zu beachten ist, daß der Vmer für ein Verschulden Dritter nur einzustehen hat, wenn es sich um seinen **Repräsentanten** handelt. Zum von der Rechtsprechung geschaffenen Repräsentantenbegriff vgl. Bruck – Möller Anm. 54 – 109 zu § 6 und Anm. 57 – 58 zu § 61 m. w. N.; vgl. auch Anm. F 22, 46, 56 und J 85 – 88 m. w. N.

Ganz anders stellt sich im übrigen (bei gleichem Gesetzeswortlaut) die Rechtspraxis in **Österreich** dar. Das beruht darauf, daß der ÖOGH die Kenntnis der die Gefahrerhöhung ausmachenden Tatumstände nicht als für den Rechtsbegriff der Gefahrerhöhung essentiell ansieht (vgl. die Nachweise in Anm. F 56 a. E.). Vielmehr wird nach der österreichischen Rechtsprechung das Wissenmüssen regelmäßig der positiven Kenntnis gleichgestellt. Geprüft wird, ob die Gefahrerhöhung für den Vmer unter Berücksichtigung der bei ihm füglich zu erwartenden Aufmerksamkeit, seiner Kenntnisse und Fähigkeiten durchaus sinnfällig sei und er sie dennoch unbeachtet gelassen habe (so z. B. ÖOGH 18.II.1970 VersR 1970 S. 1120, 31.I.1980 VersR 1981 S. 47 – 48). Damit wird aber nicht etwa der Vsschutz für den Vmer bei einer nur leichtfahrlässigen Handeln bejaht. Vielmehr ergibt eine Durchsicht der Entscheidungen nur, daß der Tatrichter nicht die allerstrengsten Maßstäbe für die Verneinung leichter Fahrlässigkeit anlegen möge. So hat der ÖOGH 18.II.1970 a. a. O. zwar ausgeführt, daß eine solche Sinnfälligkeit regelmäßig schon dann zu verneinen sei, wenn zur Klärung der Frage, ob eine Gefahrerhöhung vorliege, „besonders weitwendige" Erhebungen durch einen Sachverständigen angestellt werden müßten. Die Besonderheit des Falles lag aber vor allem darin, daß auch den aufmerksamen Gendarm trotz seines durch einschlägige Erfahrungen geschulten Blickes der Auffassung gewesen war, daß es sich um gute Reifen handle (ebenso im Fall ÖOGH 12.VII.1972 VersR 1973 S. 143). Vgl. dagegen ÖOGH 2.II.1972 VersR 1973 S. 48 mit der für die Schuldfeststellung schlichten Bemerkung, daß die mangelhafte Bereifung des rechten Hinterrades des Pkw und dessen Gefährlichkeit so augenscheinlich gewesen sei, daß sie jedem Laien hätte auffallen müssen. Bemerkenswert auch ÖOGH 22.V.1975 VersR 1976 S. 868, der ein Verschulden mit der Begründung bejahte, daß der Vmer bei einer regelmäßigen Inspektion von der mangelnden Betriebstauglichkeit der Bremsanlagen Kenntnis hätte erlangen können und müssen (für einen Fall mangelnder Bremsen vgl. auch ÖOGH 26.IV.1972 VersR 1973 S. 142).

Im übrigen ist ÖOGH 24.III.1983 VersR 1985 S. 200 zu entnehmen, daß für einen wichtigen Bereich des Gefahrerhöhungssektors im österreichischen Recht eine grobe Fahrlässigkeit des Vmers gefordert wird. Das Gericht führt aus, daß nach Art. 7 AKB 1967 Umstände, deretwegen das Fahrzeug dem KFG 1967 oder den aufgrund dieses Gesetzes erlassenen Verordnungen nicht entspreche und deretwegen eine Weiterverwendung des Fahrzeugs die Verkehrssicherheit gefährde, sofern das Fortbestehen dieser Umstände auf grobe Fahrlässigkeit zurückzuführen sei, als Gefahrerhöhung im Sinne des VVG gelten. Wenn es also auch bei der in Anm. F 56 a. E. dargestellten überwiegenden Rechtsprechung des ÖOGH verbleiben sollte, daß die Kenntnis der die Gefahrerhöhung begründenden Umstände entgegen der Rechtsprechung des BGH nicht verlangt wird, so wird durch diese Bedingungsänderung ein Korrektiv insofern geschaffen, als nur Fälle grober Fahrlässigkeit dem Vmer entgegen der eingangs wiedergegebenen Rechtsprechung des ÖOGH zum Verschuldenserfordernis schaden. Zum österreichischen Recht ist speziell des weiteren zu beachten, daß es dem Vmer nur ein eigenes Verschulden anlastet, also nicht das von Repräsentanten oder Erfüllungsgehilfen (vgl. dazu ÖOGH 23.X.1968 VersR 1970 S. 45 m. w. N. und Anm. F 46 m. w. N.).

III. 5. Gefahrerhöhung Anm. F 70

Bedeutsam ist in diesem Zusammenhang auch die nach österreichischem Recht gegebene Bindungswirkung des Zivilrichters an die Erkenntnisse des Strafrichters, die sich auch auf die Verschuldensfrage erstreckt (vgl. z. B. ÖOGH 20.IV.1966 VersR 1967 S. 95, 24.XI.1971 VersR 1972 S. 678; ferner die Nachweise in Anm. F 70 a. E.).

[F 70] bbb) **Kausalität**

α) **Allgemeine Grundsätze**

Steht fest, daß ein Fahrzeug unter den eine Gefahrerhöhung begründenden Umständen gefahren worden ist, so ist ergänzend § 25 III zu beachten. Nach dieser Vorschrift kann sich der Ver auf eine solche Gefahrerhöhung dann nicht berufen, wenn sie sich auf den Eintritt des Vsfalls oder den Umfang der Leistung des Vers nicht ausgewirkt hat. Abzustellen ist dabei nicht allein auf die früher als maßgebend angesehenen Grundsätze über die adäquate Kausalität eines bestimmten Geschehens. Maßgebend ist vielmehr im Sinne wertender Betrachtung der am Normzweck zu ermittelnde Zurechenbarkeitszusammenhang. Ungenügend ist nach dieser Abgrenzung ein Einfluß auf ein Eintritt des Vsfalls, der allein auf der Tatsache des Gebrauchs des Fahrzeugs beruht, bei dem sich aber dessen regelwidrige Beschaffenheit nicht konkret ausgewirkt hat. Es ist zwar richtig, daß ein fahrunsicheres Fahrzeug überhaupt nicht benutzt werden darf. Im vsrechtlichen Sinne ist aber eine solche Gefahrerhöhung nur dann bedeutsam, wenn sie den Schadeneintritt konkret mitverursacht hat. Ein rein zeitlicher Zusammenhang genügt nicht.

Für den Verlust des Vsschutzes reicht es aber aus, daß für den Eintritt des Vsfalls oder den Umfang der Leistung des Vers eine mitwirkende Kausalität der die Gefahrerhöhung ausmachenden Umstände gegeben ist (BGH 2.VII.1964 VersR 1964 S. 842, 15.XI.1965 VersR 1965 S. 132, 26.VI.1968 VersR 1968 S. 786, 8.I.1969 VersR 1969 S. 247; ÖOGH 2.II.1972 VersR 1973 S. 48, 26.IV.1972 VersR 1973 S. 142, 20.VI.1973 VersR 1974 S. 455, LG Kleve 17.XII.1985 r + s 1987 S. 303–304). Platzt z. B. ein abgefahrener Reifen, so kann sich der Vmer nicht erfolgreich damit verteidigen, daß der Fahrzeugführer im Schrecken darüber fehlerhaft reagiert habe, worauf das Abstürzen des Fahrzeugs zurückzuführen sei (so im Fall BGH 14.III.1963 VersR 1963 S. 430).

Davon gedanklich abzugrenzen sind die Fälle, in denen sich der die Gefahrerhöhung ausmachende Umstand nur auf einen Teil des Schadens ausgewirkt hat. Solche Sachverhaltsgestaltungen sind allerdings veröffentlichten Entscheidungen zur Kfz-Haftpflichtv, soweit ersichtlich, nicht zu entnehmen, aber immerhin doch vorstellbar. Gedacht sei an einen Sachverhalt, bei dem ein erster Zusammenstoß auf einen Gefahrerhöhungsfaktor (z. B. mangelhafte Bremsen) zurückzuführen ist, dem das Auffahren eines anderen Fahrzeugs folgt. Findet dieses Auffahren nicht im unmittelbaren Anschluß an den ersten Zusammenstoß statt, sondern zeitlich wesentlich später und hat sich das Ereignis nicht auf einer Schnellstraße zugetragen und war überdies eine einwandfreie Kennzeichnung der Unfallstelle gegeben, so könnte ein derartiger Fall gegeben sein. Dem wäre entgegenzuhalten, daß der Vmer dann doch auch wohl nicht hafte. Eine solche Argumentation ließe aber die Verpflichtung des Vers zur Abwehr unbegründeter Ansprüche außer Betracht.

Nach deutschem Recht binden die strafrechtlichen Erkenntnisse den Zivilrichter, der über den nämlichen Sachverhalt zu befinden hat, grundsätzlich nicht. Vielmehr sind durch § 14 II Ziff. 1 EGZPO die bis dahin in Teilen des damaligen Reichsgebiets geltenden Vorschriften über die bindende Kraft des strafgerichtlichen Urteils ausdrücklich außer Kraft gesetzt worden. Das kann z. B. dazu führen, daß im Strafverfahren ein Vmer wegen Totschlags verurteilt wird, der Zivilrichter aber im anschließenden Vsschutzprozeß denselben Sachverhalt dahin bewertet, daß Putativnotwehr vorgelegen habe, so daß keine vorsätzliche Schadenzufügung im Sinne des § 152 anzunehmen sei (so im Fall BGH 28.IV.1958 VersR 1958 S. 361–362 [zur allgemeinen Haftpflichtv]). Anders aber das österreichische Recht: Dort wird nach § 268 der österreichischen ZPO eine Bindungswirkung des Zivilrichters an strafrechtliche Erkenntnisse bejaht, und zwar auch an die strafrichterlichen Tatsachenfeststellungen, soweit diese den der Verurteilung zugrundeliegenden Tatbestand betreffen (vgl. ÖOGH 20.IV.1966 VersR 1967 S. 95, 10.II.1971 VersR 1972 S. 1132–1133 m. w. N., 10.XI.1971 VersR 1972 S. 677 m. w. N., 24.XI.1971 VersR 1972 S. 678, 18.IV.1974 VersR 1975 S. 553–554 m. w. N.). Es ergeben sich dabei allerdings auch nach der österreichischen Rechtskonstruktion für den Vsschutz erhebliche Zweifelsfragen. So war z. B. im Fall ÖOGH 10.II.1971 a. a. O. der Berufungsrichter im Gegensatz zum ÖOGH der Meinung gewesen, daß vom Strafrichter der Defekt der Vorderreifen nur als Illustrationsfaktum aufgeführt worden sei (vgl. auch ÖOGH 24.III.1971 VersR 1972 S. 1133–34).

[F 71] β) Einzelfälle

An einer konkreten Auswirkung der Gefahrerhöhung im Sinne einer wertenden Einordnung kann es bei allen Gefahrumständen fehlen. Den nachstehenden Beispielfällen kommt demgemäß nicht die Bedeutung einer abschließenden Aufzählung zu. Vielmehr ist stets auf die konkreten Umstände des Einzelfalles abzustellen.

Defekte Bremsen. Der Gebrauch eines Fahrzeugs ohne wirksames Bremssystem eröffnet besonders große Unfallgefahren. Das entbindet aber nicht von der auf die Umstände des Einzelfalls abstellenden sorgsamen Prüfung, ob sich ein derartiger grober Mangel des Bremssystems auf das konkrete Unfallgeschehen kausal ausgewirkt hat. Läuft z. B. ein Fußgänger unvermutet in kurzer Entfernung vor einem mit Stadtgeschwindigkeit fahrenden Pkw, so fehlt es an einer Kausalität im Sinne des § 25 III, wenn die Entfernung zwischen Fußgänger und Fahrzeug so kurz war, daß vor dem Zusammenstoß noch nicht einmal die normale Reaktionszeit des Fahrers abgelaufen war. Vgl. für einen solchen Fall fehlender Kausalität LG München 30.X.1974 VersR 1975 S. 997–998. Dem mit 40 km/h fahrenden Vmer war dort ein siebenjähriger Radfahrer entgegengekommen, der 5 m entfernt vor das Fahrzeug des Vmers abbog.

An einer Kausalität fehlt es auch dann, wenn der Vmer infolge Unaufmerksamkeit überhaupt nicht gebremst hat. Das gilt aber dann nicht, wenn deshalb nicht gebremst wurde, weil der Fahrer um die Unzulänglichkeit der Bremsanlage wußte und sich deshalb mit einem Zurseitelenken bei gleichzeitigem Gaswegnehmen begnügte (für einen solchen beweismäßig nicht abschließend geklärten Fall vgl. BGH 15.I.1986 VersR 1986 S. 255–256). An der erforderlichen Kausalität fehlt es dann, wenn erst so spät gebremst worden ist, daß sich das Schadenereignis nahezu unverändert zugetragen hätte, wenn die Fahrzeugbremsen einwandfrei beschaffen gewesen wären (vgl. für einen derartigen Fall, bei dem neben dem Defekt der Fußbremse auch ein Reifen profillos war, OLG Köln 16.VI.1964 VersR 1964 S. 1142–1142).

Eine defekte Handbremse wird sich zumeist auf ein Unfallgeschehen nicht auswirken, solange nämlich das Fußbremssystem intakt ist. Wie wichtig ein doppeltes Bremssicherungssystem ist, zeigt sich aber dann, wenn unvermutet neben der defekten Handbremse auch die Fußbremse ausfällt. Vgl. für einen solchen Fall BGH 5.VII.1972 VersR 1972 S. 872. Der Vmer hatte angegeben, daß er mit einer

III. 5. Gefahrerhöhung Anm. F 71

Geschwindigkeit von 20 km/h gefahren sei. Der BGH billigte die Überlegungen des Berufungsgerichts, daß vom Vmer nicht substantiiert dargetan worden sei, wieso bei einer solchen geringen Geschwindigkeit der Zusammenstoß nicht durch Betätigung einer funktionsfähigen Handbremse hätte vermieden werden können. Im übrigen kann sich die Weiterbenutzung eines Fahrzeugs mit defekter Handbremse aber auch bei einem einwandfreien Fußbremssystem auswirken. Gedacht sei an den Fall, daß ein in Kenntnis der Verkehrsunsicherheit weiterbenutztes Fahrzeug am Straßenrand abgestellt wird und sich wegen der leichten Schräge der Fahrbahn selbständig in Bewegung setzt. Anders wäre der Fall dann zu beurteilen, wenn der Vmer — unter im übrigen gleichen Bedingungen — sofort, nachdem er das Nichtfunktionieren der Handbremse bemerkt hat, das Fahrzeug am Fahrbahnrand abstellt, um es durch seine Werkstatt zur Reparatur abschleppen zu lassen. Dann würde es an dem für den Begriff der Gefahrerhöhung erforderlichen Dauerzustand fehlen (vgl. dazu Anm. F 57).

Abgefahrene Reifen. Hier fehlt es an einer im Rechtssinne erheblichen Kausalität z. B. dann, wenn der Vmer einen bevorrechtigten anderen Verkehrsteilnehmer übersieht und mit diesem ohne jeden Bremsversuch zusammenstößt (so im Falle ÖOGH 17.XII.1969 VersR 1970 S. 1044). Das gleiche gilt, wenn der Vte — z. B. infolge Trunkenheit — eine Rechtskurve übersieht und mit dem Fahrzeug ohne Bremsversuch von der Straße abkommt (OLG Nürnberg 16.XI.1964 VersR 1965 S. 175 – 176; vgl. auch E. v. Hippel NJW 1966 S. 134, der eine derartige Rechtsverteidigung aus rechtsethischen Gründen als unerheblich ansieht). Auch ist eine solche Kausalität dann nicht gegeben, wenn infolge von Unaufmerksamkeit erst im letzten Augenblick vor einem Zusammenstoß gebremst wurde (BGH 25.II.1965 VersR 1965 S. 431; vgl. auch OLG Köln 2.II.1970 VersR 1970 S. 998 – 1000). Ähnliches gilt, wenn ein Fahrzeug durch ein Schlagloch eine Richtungsänderung erfährt, ohne daß sich dabei die mangelhaften Reifen oder die Fehler der Bremsanlage ausgewirkt haben (dazu ÖOGH 7.V.1981 VersR 1984 S. 339). Vgl. auch BGH 20.IV.1967 VersR 1967 S. 572 – 573; das Berufungsgericht hatte unterstellt, daß das Fahrzeug ungebremst und ohne vorangegangenes Schleudern infolge eines Fahrfehlers gegen den Kantstein gekommen sei; es führte aber dazu aus, daß nach seiner Auffassung nicht ausgeschlossen werden könne, daß sich im Anschluß an dieses Geschehen bei dem Zusammenstoß mit einem Entgegenkommer die beiden abgefahrenen Hinterreifen ausgewirkt haben könnten. Vom BGH wurde dazu ausgeführt, daß diese Feststellung in der Regel nicht ohne Einschaltung eines Sachverständigen zu Lasten des Vmers getroffen werden dürfe. Hingegen ist der Rechtswidrigkeitszusammenhang zu bejahen, wenn der Fahrer zwar auf regennasser Straße in einer Kurve zu schnell gefahren ist, der mangelhaft bereifte Anhänger aber mit ordnungsgemäßen Reifen nicht so weit ausgebrochen und auf die Gegenfahrbahn gekommen wäre (vgl. für einen solchen Fall BGH 2.VII.1964 VersR 1964 S. 841 – 842). Der typische Fall, daß sich die auf dem nicht einwandfreien Zustand der Reifen beruhende Gefahrerhöhung als nicht erheblich im Sinne des § 25 III ausgewirkt hat, ist aber der, daß auf trockener, rauher Fahrbahnoberfläche gebremst worden ist. Das beruht darauf, daß bei einem solchen Straßenzustand profillose Reifen mindestens ebensogut haften wie Reifen, die der vorgeschriebenen Profile aufweisen (vgl. dazu BGH 26.VI.1968 VersR 1968 S. 785 – 786 m. w. N., 4.VI.1969 VersR 1969 S. 749, 25.II.1970 VersR 1970 S. 413, OLG Nürnberg 11.VII.1967 VersR 1967 S. 272 – 273, OLG Köln 17.III.1970 VersR 1970 S. 735 – 736, OLG Karlsruhe 1.III.1984 VersR 1986 S. 882 [nur L. S.], LG Aschaffenburg 19.VII.1988 ZfS 1989 S. 92; für technische Einzelheiten über die unterschiedliche Griffigkeit verschiedener Reifenarten vgl. Kuhlig DAR 1969 S. 291 – 294). BGH 26.II.1969 VersR 1969 S. 365 ist zu entnehmen, daß das auch dann gilt, wenn abgefahrene Winterreifen nach längerer Trockenheit bei einem gerade einsetzenden Regen benutzt werden. Vgl. auch OLG Bamberg 9.VII.1965 VersR 1965 S. 971 dafür, daß ein abgefahrener Reifen bei sauberer Nässe einer Bahn die gleichen Eigenschaften wie ein noch erlaubter Reifen aufzeigen kann.

Aber auch bei **sehr nasser Fahrbahn** kann es an der erforderlichen Kausalität fehlen. Vgl. dafür BGH 11.VII.1969 VersR 1969 S. 919—920. Dort hatte der Sachverständige berechnet, daß ein Wasserfilm auf der Straße von nur 0,2 mm Höhe ausgereicht hätte, um bei der gefahrenen Geschwindigkeit von rd. 100 km/h auch einen Reifen mit 1 mm Profiltiefe aufschwimmen zu lassen. Einen weiteren Fall eines Unglücks auf regennasser Straße behandelt BGH 11.VII.1969 VA 1969 S. 350—351 Nr. 549 = VersR 1969 S. 886—887. Als wesentlich für den Vergleichsmaßstab ist vom BGH herausgearbeitet worden, daß nur abgestellt werden dürfe auf die Wirkung solcher Reifen, die **gerade noch den gesetzlichen Mindestvorschriften entsprochen hätten** (vgl. BGH 11.VII.1969 a. a. O., 17.IX.1969 VersR 1969 S. 987—989, 17.IX.1969 VersR 1969 S. 983—984, ferner OLG Schleswig 14.IV.1970 VersR 1970 S. 658—659). Dafür, daß ein mangelhafter Reifenzustand um so weniger in Erscheinung tritt, desto höher die Geschwindigkeit und der Wasserstand sind, vgl. ferner BGH 23.XI.1977 NJW 1978 S. 1919—1920 = VersR 1978 S. 146—148, OLG Schleswig 14.IV.1970 VersR 1970 S. 658—659.

Bemerkenswert ist weiter, daß **Reifen mit 1 mm und auch mit 1,6 mm Profiltiefe bei Hartschnee und Glatteis** abgefahrenen oder teilweise glatten Reifen bei Minustemperaturen nicht überlegen, sondern diesen nur gleichwertig sind (vgl. z. B. BGH 26.VI.1968 VersR 1968 S. 834—835) und daß abgefahrene Reifen unter den genannten Umständen sogar die bessere Bremswirkung zeigen können (vgl. ÖOGH 24.III.1971 VersR 1972 S. 1133—1134 m. w. N., 19.I.1972 VersR 1972 S. 701—702). ÖOGH 19.I.1972 a. a. O. ist ferner die Auffassung des dort angehörten Sachverständigen zu entnehmen, daß die Möglichkeit, aus einer durch Umwandlung des Schnees gebildeten Fahrrinne herauszukommen, bei abgefahrenen und bei profilierten Reifen ziemlich gleich groß sei.

[F 72] ccc) Auswirkungen einer Anzeige gemäß §§ 23 II, 27 II VVG

Nach der gesetzlichen Regelung ist der Vmer dazu verpflichtet, dem Ver Gefahrerhöhungen anzuzeigen (vgl. §§ 23 II, 27 II). Ungeachtet dessen, daß es sich bei der Kfz-Haftpflichtv um eine Massenvssparte handelt, ist an dieser theoretischen Benachrichtigungslast des Vmers festzuhalten, wenngleich die Hauptobliegenheit des Vmers die ist, eine Gefahrerhöhung nicht vorzunehmen. Nach § 25 III wird der Ver dann nicht leistungsfrei, wenn zur Zeit des Eintritts des Vsfalls die Frist für die Kündigung gemäß § 24 I (§ 27 I) abgelaufen und eine solche Kündigung nicht erfolgt war. Da das bewußte und gewollte Weiterbenutzen eines gebrauchsunfähigen Fahrzeugs in der Kraftfahrzeugv als Vornahme einer Gefahrerhöhung gemäß § 23 I einzuordnen ist (dazu Anm. F 55—56), entfällt in diesem Bereich der Gebrauchsunfähigkeit des Fahrzeugs im Regelfall eine Anzeigelast gemäß § 27 I (vgl. Anm. F 67). Demgemäß darf hier entgegen OLG Nürnberg 18.XII.1980 VersR 1982 S. 460 auch nicht nach § 27 II eine Leistungspflicht des Vers abgeleitet werden (die Lösung des Falles hätte demgemäß über den zur Gefahrerhöhung gehörenden Begriff der Dauer gefunden werden müssen, dazu Anm. F 57).

Die für die individuellen Vsverträge recht einleuchtenden Bestimmungen passen deshalb auf die Kfz-Haftpflichtv als Massenvssparte grundsätzlich nicht, weil kein Vmer auf die Idee kommt, sein gesetzwidriges Verhalten dem Ver zur Billigung zu unterbreiten. Mit einer solchen Billigung kann der Vmer gerechterweise nicht rechnen

III. 5. Gefahrerhöhung   Anm. F 73

(vgl. dazu auch ÖOGH 30.V.1962 VersR 1962 S. 1019). Es sind daher in der Nachkriegszeit auch keine Fälle bekanntgeworden, in denen dem Ver ein gesetzwidriges Tun des Vmers als Gefahrerhöhung angezeigt worden wäre in der Annahme, daß der Ver nicht kündigen würde, wodurch dann der Vsschutz nach den genannten Vorschriften erhalten bleiben sollte. Wenn aber doch noch einmal ein Vmer eine solche frivole Anzeige machen sollte, so müßte der Ver von dem Recht auf sofortige Auflösung des Vertrages Gebrauch machen, um nicht über § 25 III weiter Vsschutz gewähren zu müssen.

[F 73] dd) Beweislast

Aufgabe des Vers ist es, das Vorliegen einer Gefahrerhöhung nachzuweisen (ständige Rechtsprechung, vgl. nur RG 24.II.1942 RGZ Bd 168 S. 384, BGH 8.III.1962 VersR 1962 S. 369–370, 3.VII.1968 NJW 1968 S. 2143 = VersR 1968 S. 1034, ÖOGH 18.IV.1974 VersR 1975 S. 554 m. w. N., 17.IX.1981 VersR 1984 S. 499, OLG Frankfurt a. M. 10.I.1985 ZfS 1985 S. 179, OLG Hamm 12.II.1988 r + s 1988 S. 156–157 = ZfS 1988 S. 252, OLG Nürnberg 10.V.1988 DAR 1989 S. 296–297 = r + s 1989 S. 274–275, OLG Hamm 24.VI.1988 r + s 1989 S. 2–3, OLG Düsseldorf 9.V.1989 r + s 1989 S. 311–312; ferner Bruck–Möller Bd I Anm. 16 zu § 23 m. w. N., Hj. Wussow VersR 1969 S. 199). Dazu gehören sowohl die Umstände, aus denen in sachlicher oder personeller Hinsicht die Qualifikation des Gebrauchs jenes Fahrzeugs als erhebliche Gefahrveränderung folgt wie auch die Dauerkomponente (BGH 8.III.1962 a. a. O.; a. M. bezüglich des letzteren Werber VersR 1969 S. 391). Zur Darlegungs- und Beweislast gehört danach auch die Kenntnis des Vmers von der Gefahrerhöhung. Zu beachten ist dabei, daß es nicht zum Begriff der Vornahme einer Gefahrerhöhung gehört, daß der Vmer die ihm bekannten Tatsachen gedanklich dem Institut der Gefahrerhöhung zuordnet; es genügt vielmehr die Kenntnis der tatsächlichen Umstände, die den Begriff der Gefahrerhöhung erfüllen (BGH 25.IX.1968 BGHZ Bd 50 S. 391, 18.XII.1968 VersR 1969 S. 178 [zur Fahrzeugv], 26.V.1982 BB 1982 S. 1387 = VersR 1982 S. 794; anders aber Möller a. a. O. Anm. 34 zu § 23, ferner Werber VersR 1969 S. 392; vgl. ergänzend Anm. F 56). Diese Aussage ist dahin einzuschränken, daß der Vmer zwar nicht die Subsumtion unter den Begriff der Gefahrerhöhung vorzunehmen braucht, daß aber zur Kenntnis im Sinne des Vornahmebegriffs auch das Wissen um die Gefährlichkeit des bekannten Lebenssachverhalts gehört (streitig, vgl. Anm. F 56 m. w. N.).

Soweit es um das Verhalten von Berufskraftfahrern geht, kann deren ersten Angaben nach einem Vsfall oft eine ungemein aufhellende Bedeutung zukommen. Räumt ein solcher Fahrer ein, daß er den schlechten Zustand der Bereifung schon vor dem Eintritt des Schadenfalls gekannt habe und daß der Vmer von ihm auch davon unterrichtet worden sei, so gibt eine solche Aussage unter Umständen ein wesentliches Indiz für eine Kenntnis des Vmers. Vgl. für eine solche typische Konstellation z. B. BGH 8.I.1969 VersR 1969 S. 247. Als Gegenbeispiel dafür, daß vom Tatrichter den ersten Angaben bei der Polizei nicht geglaubt worden ist, weil sie zur Ablenkung vom Zusammenhang zwischen der Fahruntüchtigkeit wegen Alkoholgenusses und dem eingetretenen Verkehrsunfall aufgestellt worden waren, vgl. BGH 21.X.1970 VersR 1971 S. 70–71.

Hat der Vmer das Fahrzeug selbst geführt und wies dieses auch für einen technisch nicht besonders versierten Fahrer im Grunde genommen unübersehbare Mängel auf, so kann aus einer solchen eklatant offenbaren Mängelsituation häufig indiziell auf eine Kenntnis des Vmers geschlossen werden. BGH 25.IX.1968

a. a. O. S. 391 bemerkt in diesem Sinne, daß nicht selten auch der Zustand des nicht verkehrssicheren Fahrzeugs, insbesondere Art, Umfang und Erkennbarkeit des Mangels ein wichtiges Indiz dafür sein werde, daß die Gefahränderung auch dem Vmer nicht verborgen geblieben sei. Sei eine Gefahränderung so bedeutend und offensichtlich, daß sie auch von einem krafttechnisch unerfahrenen Fahrer nicht übersehen werden könne, so werde man dem Vmer nicht ohne weiteres glauben, daß er allein den Mangel nicht erkannt habe.

Diese Überlegungen gilt es zu beherzigen. In diesem Sinne ist vom BGH 11.VI.1969 VersR 1969 S. 747 ein Berufungsurteil aufgehoben worden, weil von dem Tatrichter nicht beachtet worden war, daß der Vmer sich nach seinem eigenen Vorbringen die Reifen vor der Fahrt angesehen habe und ein Sachverständiger ausgeführt hatte, daß die mangelnde Verkehrssicherheit der Hinterreifen ohne Schwierigkeiten erkennbar war und man sich darüber nicht täuschen konnte. Vgl. ferner BGH 22.XII.1971 VersR 1972 S. 267. Dort hatte das Berufungsgericht eine solche Kenntnis aus dem einem Fahrer im allgemeinen auffallenden auf 10 cm geschätzten Lenkradspiel geschlossen. Zur Aufhebung des Urteils kam es nicht wegen dieses durchaus einleuchtenden Schlusses, sondern deshalb, weil das Berufungsgericht (im Gegensatz zum LG) der Aussage des von ihm selbst nicht angehörten Werkstattinhabers, daß das Fahrzeug vor dem Unfall ein solches Spiel nicht gehabt habe, nicht gefolgt war (vgl. dafür, daß eine solche Verfahrensweise eines Berufungsgerichts stets zu beanstanden ist, nur BGH 3.IV.1984 VersR 1984 S. 582 m. w. N. [nicht vsrechtliche Entscheidung]). Vgl. auch OLG Koblenz 17.IX.1982 VersR 1983 S. 870 = ZfS 1983 S. 339–340, das die Kenntnis des Repräsentanten von dem verkehrswidrigen Zustand der Bremsanlage daraus herleitete, daß diesem als ständigem Benutzer des Fahrzeugs aufgefallen sein müsse, daß die Bremsanlage erst bei mehrmaligem Betätigen des Pedals funktioniere (die Ausdrucksweise „muß" oder „müsse" sollte allerdings wegen der Gefahr einer Verwechselung mit Fahrlässigkeitsfaktoren tunlichst vermieden werden). Ebenso OLG Köln 2.II.1970 VersR 1970 S. 909 für einen entsprechend gelagerten Fall, bei dem auch nur durch ein pumpweises Betätigen der Bremse eine normale Bremswirkung erreicht werden konnte (für einen nicht gelungenen Beweis der Kenntnis von mangelhaften Bremsen vgl. dagegen OLG Schleswig 21.VI.1977 VersR 1978 S. 1011).

Als Gegenbeispiel sei auf BGH 15.I.1986 VersR 1986 S. 255–256 = ZfS 1986 S. 149–150 verwiesen. Dort hatten ein Sachverständiger und ein sachverständiger Zeuge ausgesagt, daß dem Vmer der lange Bremsweg hätte auffallen müssen. Der Sachverständige hatte aber auch bemerkt, daß bei normaler und vorsichtiger Fahrweise im Stadtverkehr der Mangel an der Bremsanlage nicht hätte auffallen müssen. Da der Vmer das Fahrzeug erst 5 Tage vor dem Unfall erworben hatte, hielt der BGH unter diesen Umständen den vom Berufungsgericht gezogenen Schluß auf eine Kenntnis des Vmers für nicht überzeugend begründet. Ähnliches kann gelten, wenn sich Mängel an der Bremsanlage nur bei starken Bremsungen bemerkbar machen, aber nicht festgestellt werden kann, daß der Vte zuvor derart stark gebremst hatte (OLG Hamm 8.II.1989 r + s 1989 S. 207–208). Hat jemand anders als der Vmer das von diesem gebrauchte Kleinkraftrad gekauft und er dieses vor einer Stillegung im Winter nur rund 1000 km gefahren, so kann es durchaus zutreffen, daß dem Vmer der verkehrswidrige Zustand der Hinterbereifung nicht aufgefallen ist (LG Saarbrücken 14.VII.1982 ZfS 1983 S. 18).

BGH 35.IX.1968 BGHZ Bd 50 S. 391 wird mißverstanden, wenn bei offenkundigen Mängeln von einer **Umkehr der Beweislast** gesprochen wird (so OLG Köln 1.VII.1974 VersR 1975 S. 999–1000) oder von einer **tatsächlichen Vermutung** für eine Kenntnis (so LG Hagen 3.VI.1982 VersR 1983 S. 629 = ZfS 1982

S. 276—277, OLG Nürnberg 15.I.1987 ZfS 1987 S. 180). Vielmehr handelt es sich um die Verwertung indiziell bedeutsamer Tatsachen. Wie bei der Feststellung vorsätzlichen oder grob fahrlässigen Verhaltens kommt für die Ermittlung der Kenntnis von der Gefahrerhöhung der prima-facie-Beweis nicht zur Anwendung (streitig, vgl. dazu Bruck—Möller—Sieg Bd II Anm. 50 zu § 61 m. w. N., ferner die Nachweise in Bd IV Anm. G 224 und in diesem Band in Anm. J 89). Überzeugend ist z. B. die indizielle Beweisführung durch OLG München 25.XI.1977 VersR 1978 S. 611—612 für ein Fahrzeug, mit dem nicht mehr ruhig gefahren und Kurven nicht mehr rund, sondern nur noch eckig genommen werden konnten; einleuchtend auch die vom OLG Frankfurt a. M. 1.VII.1986 VersR 1987 S. 1142—1143 = ZfS 1988 S. 16 angestellte Überlegung, daß ein Vmer, der ein Fahrzeug ständig benutze, sehr viel leichter eine unzureichende Profiltiefe übersehen könne als Mängel der Bremsanlage. Entsprechendes gilt für ein zu großes Lenkungsspiel (so LG Offenburg 16.V.1988 VersR 1989 S. 35 [nur L. S.]). Eine zutreffende Beweiswürdigung ist auch vom OLG Saarbrücken 17.III.1989 r + s 1990 S. 291—292 vorgenommen worden, wenn es aus der Gesamtheit aller Tatumstände folgert, daß in concreto kein (vernünftiger) Zweifel daran bestehe, daß der Kläger die vielen vorgenommenen Änderungen am Mofa bemerkt habe, insbesondere die Möglichkeit, das Fahrzeug weit über die erlaubte Höchstgeschwindigkeit fahren zu können. Der der Entscheidung vorangestellte Leitsatz, daß bei in das Auge fallenden Veränderungen am Fahrzeug kein Zweifel daran bestehe, daß der Vmer sie gekannt habe, andernfalls müsse er sich der Kenntnis arglistig entzogen haben, wird aber in dieser apodiktischen Aussage den differenzierenden Urteilsgründen nicht gerecht.

Verwertet ein Gericht zur Feststellung der Kenntnis des Vmers ein von einem Sachverständigen im **Strafverfahren erstattetes Gutachten**, so hat es nach BGH 26.V.1982 BB 1982 S. 1387—1388 = VersR 1982 S. 785 zu bedenken, daß es im Strafverfahren regelmäßig um die Feststellung einer Fahrlässigkeit geht, nämlich darum, ob die vorhandenen Mängel für den Vmer erkennbar waren, während die Beweisaufnahme im Zivilverfahren der Klärung der Frage dient, ob die Mängel des Fahrzeugs so offenkundig waren, daß sie dem Vmer nicht verborgen bleiben konnten. Im übrigen weist BGH 26.V.1982 a. a. O. zu Recht darauf hin, daß vor Verwertung eines solchen im Strafverfahren erstatteten Gutachtens regelmäßig eine zusätzliche (schriftliche oder mündliche) Begutachtung anzuordnen sei, wenn nämlich eine Partei zu erkennen gebe, daß sie vom Sachverständigen die Beantwortung bestimmter das Beweisthema betreffender Fragen erwarte. — Mißglückt ist die dem Ver obliegende Beweisführung dann, wenn das Gericht **nicht ausschließen kann, daß die Verkehrsunsicherheit des Fahrzeugs** (oder des sonst die Gefahrerhöhung ausmachenden Tatumstandes) **dem Vmer** — sei es auch infolge Fahrlässigkeit — **unbekannt geblieben ist** (BGH 26.V.1982 a. a. O.; dabei sei daran erinnert, daß das auch für ein grobfahrlässiges Nichterkennen durch den Vmer gilt, vgl. BGH 12.III.1975 NJW 1975 S. 978—980 = VersR 1975 S. 461—462 und Anm. F 56 m. w. N.).

Gibt der Vmer an den Fahrer die Anweisung, einen schadhaften Hinterreifen vor einem weiteren Gebrauch des Fahrzeugs durch den einwandfreien Ersatzreifen auszuwechseln, so ist daraus regelmäßig zu schließen, daß er, der **Vmer**, mit einer **Benutzung des Fahrzeugs ohne eine solche Auswechslung nicht einverstanden ist** (BGH 17.IX.1975 VersR 1975 S. 1017—1018). Das bedeutet, daß ungeachtet des Wissens des Vmers von dem verkehrswidrigen Zustand des Reifens keine Kenntnis hinsichtlich des vsrechtlich unerlaubten Gebrauchs des Fahrzeugs gegeben zu sein braucht. Die vom BGH 17.IX.1975 a. a. O. als Ausnahmefall erörterte Möglichkeit, daß der Vmer in Betracht gezogen haben könnte, daß entgegen seiner Anordnung das Fahrzeug ohne die angeordnete Auswechslung gebraucht werden könne und daß er auch ein solches Tun im Sinne eines Eventualvorsatzes billige, dürfte vom Ver kaum jemals bewiesen werden können. Der vom BGH 17.IX.1975 a. a. O. entschiedene Fall zeichnete sich im übrigen noch durch die Besonderheit aus, daß tatsächlich beide Hinterreifen nicht auf der ganzen Lauffläche die erforderliche Profiltiefe von 1 mm hatten. Das Berufungsgericht glaubte dem Vmer aber, daß er nur von dem verkehrswidrigen Zustand des linken Reifens Kenntnis gehabt habe. Vom BGH wurde diese Beweiswürdigung mit Rücksicht darauf, daß der verkehrswidrige Zustand des rechten Reifens (Profiltiefe zwischen 0,6 bis 2,8 mm) weitaus schwerer zu erkennen war als der des linken (Profiltiefe von 0 bis 1,7 mm), nicht beanstandet. Daß der Vmer sich wenige Tage vor dem Unfall um den Kauf zweier neuer Reifen für die Hinterräder bemüht hatte, wurde mit Rücksicht auf die Üblichkeit, die Reifenpaare zur gleichen Zeit auszuwechseln, nicht als ausschlaggebendes Indiz für eine Gesamtkenntnis des Vmers angesehen.

Dem Nachweis der Kenntnis von diesen tatsächlichen Umständen steht es gleich, wenn von dem Ver bewiesen wird, daß sich der Vmer der Kenntnis dieser Tatumstände arglistig entzogen hat (BGH 25.IX.1968 a. a. O. S. 390, 26.II.1969 VersR 1969 S. 416, 26.V.1982 BB 1982 S. 1387 = VersR 1982 S. 785; vgl. weiter Anm. F 56). Arglist stellt eine besonders qualifizierte Form des Vorsatzes dar (Möller a. a. O. Anm. 33 zu § 16). Ein solcher Nachweis ist sehr schwer zu führen. BGH 26.V.1982 a. a. O. hebt unmißverständlich hervor, daß dafür drei Tatbestandsmerkmale konkret festgestellt werden müßten. Der Vmer müsse mit der Möglichkeit rechnen, daß das Fahrzeug Mängel aufweise, die seine Verkehrssicherheit beeinträchtigen. Er müsse ferner damit rechnen, daß es für den Vsschutz auf seine Kenntnis von diesen Mängeln ankomme. Er müsse schließlich, um seinen Vsschutz nicht zu gefährden, von einer Überprüfung des Kraftfahrzeugs Abstand genommen haben. Angesichts der Schwierigkeiten für eine solche Beweisführung verwundert es nicht, daß bis jetzt in keinem Fall vom BGH der Nachweis eines solchen arglistigen Verhaltens als geführt angesehen worden ist. LG Karlsruhe 2.V.1980 VersR 1981 S. 1169—1170 nimmt eine solche Arglist zwar als erwiesen an, wird aber in der Begründung den hohen Anforderungen des BGH nicht gerecht. Das gilt auch für OLG Köln 11.XI.1971 VersR 1973 S. 520 und LG Heidelberg 13.I.1978 VersR 1979 S. 806—807.

Hingegen läßt sich der verkehrswidrige Zustand eines Fahrzeugs zumeist unschwer feststellen. Das gilt jedenfalls dann, wenn der Zustand des Fahrzeugs unmittelbar nach dem Eintritt des Schadenereignisses ermittelt worden ist. Wertvolle Hinweise geben hier die Feststellungen der wie üblich nach einem Unfall hinzugezogenen Polizisten. Bemerken diese Polizisten, daß die Reifen an den glatten Stellen überhaupt kein meßbares Profil mehr haben, so mindert es den Wert dieser Zeugenaussagen nicht, daß eine sog. „Profillehre" zum Messen der Profilhöhe nicht verwendet worden ist (BGH 8.I.1969 VersR 1969 S. 247). Besondere Bedeutung kommt auch den Ermittlungen der von der Polizei oder dem Ver eingeschalteten Sachverständigen zu, sofern die Besichtigung alsbald nach Eintritt des Schadenereignisses erfolgt. Vgl. dazu aber auch BGH 9.XI.1967 VersR 1968 S. 33—34. Dort hatte ein Sachverständiger zwar die Reifen nach dem Unfall untersucht. Das Berufungsgericht war ihm aber mit Zustimmung des BGH nicht gefolgt, da der Sachverständige nicht gemessen, sondern nur nach Augenmaß geschätzt hatte. Überdies erfolgten seine Angaben in Prozenten (und nicht in Millimetern) und stimmten mit dem Bericht des Polizeibeamten nicht überein (die Entscheidung ging im übrigen noch von der später aufgegebenen Rechtsprechung aus, daß dem Vmer eine fahrlässige Unkenntnis der Verkehrswidrigkeit des Fahrzeugs schade, vgl. dazu Anm. F 56).

III. 5. Gefahrerhöhung   Anm. F 73

Zu beachten ist, daß sich der Zustand eines Fahrzeugs wesentlich gerade durch das Schadenereignis verändert haben kann. Es muß stets geklärt werden, ob der verkehrswidrige Zustand nicht erst durch den Vsfall entstanden ist. In den meisten Fällen, aber nicht immer, läßt sich allerdings bei sofortiger Untersuchung nach dem Vsfall ermitteln, ob es sich um einen Zustand handelt, der durch das Schadenereignis eingetreten ist oder schon vorher bestand. Ausnahmen sind aber gewiß denkbar. Vgl. z. B. den vom BGH 22.XII.1971 VersR 1972 S. 267 entschiedenen Fall, in dem das Gericht die von den Vorinstanzen vorgenommene Beweiswürdigung, die zur Feststellung führte, daß das Fahrzeug schon vor dem Unfall ein unzulässig weites Gangspiel an der Lenkung gehabt habe, mit Rücksicht auf die entgegengesetzte Zeugenaussage des Werkstattinhabers als unzureichend angesehen hat. Für einen weiteren instruktiven Beweislastfall vgl. OLG Köln 25.II.1969 VersR 1969 S. 823–824. Es waren dort die Reifen unregelmäßig abgefahren; das Gericht glaubte aber, daß das bei dem wenige Tage vor dem Schadenereignis vorgenommenen Reifenwechsel übersehen worden sei. Dabei wurde auch berücksichtigt, daß der verkehrswidrige Zustand auf eine kurz vor dem Schadeneintritt erfolgte heftige Blockierbremsung zurückzuführen sein konnte.

OLG Saarbrücken 17.III.1989 r + s 1990 S. 292–293 legt dem Vmer den Nachweis der fehlenden Kausalität in einem Fall auf, in dem ein Mofa so umgebaut war, daß es schneller als 25 km/h fahren konnte. Das stimmt mit der Rechtsprechung des BGH überein (vgl. BGH 25.II.1970 VersR 1970 S. 412–413). Indessen stellt genau genommen nur die Benutzung unter höherer Geschwindigkeit eine Gefahrerhöhung dar (vgl. Anm. F 61). Das bedeutet, daß nach diesen Überlegungen der Ver die höhere Geschwindigkeit hätte beweisen müssen, da erst durch diese der objektive Tatbestand der Gefahrerhöhung erfüllt wird. Der BGH hat die Revision gegen dieses Urteil in Übereinstimmung mit seiner bisherigen Rechtsprechung nicht angenommen. Das erübrigte sich auch vom Standpunkt der hier vertretenen Auffassung, da neben anderen Ablehnungsgründen auch der Umbau des Mofa zu einem Zwei-Personen-Fahrzeug zur Beurteilung stand, durch die der objektive Tatbestand der Gefahrerhöhung erfüllt war, da es um den Schaden ging, den der Mitfahrer erlitten hatte.

Speziell mit der Beweislastproblematik in den sog. Übermüdungsfällen infolge Nichteinhaltung der Arbeitszeitvorschriften (vgl. dazu Anm. F 65) befaßt sich BGH 27.II.1964 VersR 1964 S. 476. Er bemerkt, daß eine nicht ordnungsgemäße Führung des Schichtenbuches noch nicht beweise – auch nicht auf erste Sicht –, daß ein Kraftfahrer bei Eintritt des Vsfalls tatsächlich übermüdet gewesen sei. Hierüber sei ein Urteil erst möglich, nachdem alle dafür in Betracht kommenden Umstände, die Art und Umfang der Inanspruchnahme und die von Alter, Gesundheit und Erfahrung abhängige Leistungsfähigkeit des Fahrers gewürdigt worden sei. Auch für eine Umkehrung der Beweislast bestehe kein Grund. Eine Beweisnot der Bekl. sei nicht ersichtlich. Denn die Bekl. habe nach Kenntnis der polizeilichen Ermittlungen den Kl. bitten können, seine Schadenmeldung hinsichtlich der Arbeits- und Ruhezeiten des Fahrers zu ergänzen.

Instruktiv zur Beweislast bezüglich des Zustands möglicher Dauer BGH 8.III.1962 VersR 1962 S. 369. Es heißt dort, daß die Bekl. als Ver das Vorliegen einer Gefahrerhöhung und damit auch deren subjektive Voraussetzungen nachzuweisen habe. Hierzu gehöre der Wille des Kl., den Anhänger vor einer Erneuerung des Vierkantbolzens zu weiteren Fahrten im Verkehr zu benutzen. Da die Bekl. einen solchen Entschluß des Kl. aus ihrer Behauptung herzuleiten gesucht habe, die Fahrt habe nicht der Überführung des Anhängers in eine Reparaturwerkstatt zwecks Ersetzung eines Bolzens, sondern allein einem gewerblichen Langholz-Transport gedient, sei es ihre Sache, die Richtigkeit dieses Vorbringens zu beweisen. — Da das Berufungsgericht den Umstand in der Beweiswürdigung außer acht gelassen hatte, daß der Vmer in seiner ersten Vernehmung vor der Polizei nichts davon gesagt hatte, daß er auf der Fahrt zur Reparaturwerkstatt gewesen sei, wurde der Rechtsstreit zur ergänzenden Beweisaufnahme zurückverwiesen.

Dem Vmer obliegt es, den Gegenbeweis zu führen, daß ihn an der Vornahme der Gefahrerhöhung kein Verschulden treffe oder daß es an einer Kausalität im Sinne des § 25 III fehle (ständige Rechtsprechung und allgemeine Meinung; vgl. Möller a. a. O. Anm. 6 u. 9 zu § 23 m. w. N.; ferner aus der Rechtsprechung speziell zur Gefahrerhöhung in der Kfz-Haftpflichtv z. B. BGH 14.III.1963 VersR 1963 S. 430, 9.XI.1967 VersR 1968 S. 33, 11.VII.1969 VersR 1969 S. 919—920, 11.VII.1969 VA 1969 S. 350—351 Nr. 549 = VersR 1969 S. 886—887 und die im nachfolgenden Text zitierten Entscheidungen). Dem Verschuldensgegenbeweis kommt dabei angesichts des Umstandes, daß die Kenntnis des Vmers von dem Eintritt der gefahrerhöhenden Umstände zum „objektiven" Tatbestand des § 23 I gerechnet wird (vgl. die Nachweise in Anm. F 56), nur geringe Bedeutung zu. Immerhin sind solche Ausnahmefälle schuldlosen Handelns denkbar (vgl. Anm. F 69). Dagegen entbrennt über die kausale Auswirkung der Gefahrerhöhung nicht selten heftiger Streit. Vom BGH 25.II.1965 VersR 1965 S. 431 ist in diesem Zusammenhang hervorgehoben worden, daß die Beurteilung der Kausalität keine fachwissenschaftlich-technische Gutachterfrage sei, sondern eine Rechtsfrage, die vom Gericht nach der für das Zivilrecht geltenden Kausallehre von der adäquaten Verursachung zu beantworten sei. Das Gericht könne sich dabei der Unterstützung eines Sachverständigen bedienen, wenn die Beurteilung bestimmter Vorgänge eine besondere Sachkunde erfordere, es könne aber niemals die ihm obliegende rechtliche Würdigung dem Sachverständigen überlassen. Allein das Gericht bestimme auch den Maßstab für seine Überzeugungsbildung. Ebensowenig wie es sich dafür mit einer bloßen Wahrscheinlichkeit begnügen dürfe, könne es eine mathematische, jeden Zweifel und jede Möglichkeit des Gegenteils ausschließende Gewißheit verlangen. Der Richter dürfe und müsse sich immer mit einem für das praktische Leben brauchbaren Grade von Gewißheit begnügen, der dem Zweifel Schweigen gebiete, ohne ihn völlig auszuschließen. Diese Abgrenzungsgrundsätze finden sich in einer Fülle von Entscheidungen; vgl. nur BGH 8.I.1969 VersR 1969 S. 247, 17.IX.1969 VersR 1969 S. 984, 23.XI.1977 NJW 1978 S. 1920 = VersR 1978 S. 147.

Anlaß für diese Bemerkungen in BGH 15.II.1965 a. a. O. war ein Fall, in dem ein Sachverständiger schriftlich und mündlich die Auffassung vertreten hatte, daß der abgefahrene Reifen für den Unfall keine Rolle gespielt habe und daß der Unfallverlauf bei einwandfreier Bereifung „fast gleich" gewesen wäre. Die Vorinstanzen hatten dennoch den Kausalitätsgegenbeweis als nicht geführt angesehen. Die Beweiswürdigung entgegen den sehr exakten Angaben im Sachverständigengutachten hielt der BGH für verfehlt. Er hob hervor, daß auch bei einem Negativbeweis nach den Regeln rechtlicher Beweiswürdigung zu verfahren sei. In der Sache gehe es nur darum, ob der abgefahrene Reifen den Unfall des Vmers mitverursacht habe oder nicht. Könnten die dafür festgestellten Tatsachen das Gericht nicht überzeugen, einen Kausalzusammenhang anzunehmen, wenn dieser positiv zu beweisen wäre, so könne das Ergebnis nicht anders sein, wenn nach der einschlägigen Beweislastregelung von einer bestehenden Kausalität auszugehen sei, für deren Fehlen ein Entlastungsbeweis zugelassen sei. — Der Entscheidung ist für den konkreten Fall durchaus zuzustimmen. Auch ist dem Ausgangspunkt dieser Abgrenzung des Negativbeweises darin beizupflichten, daß keine „übertriebenen" Anforderungen gestellt werden dürfen. Nur überzeugt das gewählte Beispiel nicht, da es von einem nahtlosen

III. 5. Gefahrerhöhung   Anm. F 73

Anschluß der Tatsachenfeststellungen ausgeht. Demgegenüber ist festzuhalten, daß es sehr viele Fälle auf allen Rechtsgebieten gibt, in denen über den Ausgang eines Rechtsstreits die Beweislast entscheidet und in denen einheitliche Feststellungen im Sinne des vom BGH gewählten Beispiels nicht möglich sind. Das gilt für alle Fälle, in denen es nach dem Ergebnis der Beweisaufnahme möglich bleibt, daß der Richter weder davon noch vom Gegenteil überzeugt ist. – Für einen weiteren instruktiven Fall vgl. BGH 11.VII.1969 VA 1969 S. 350–351 Nr. 549 = VersR 1969 S. 886–887. Der Sachverständige hatte dort ausgeführt, daß Reifen mit der noch erlaubten Profiltiefe von 1 mm auf der betreffenden regennassen Straße sich schlechter verhalten hätten als die tatsächlich vorhandenen Reifen. Das Berufungsgericht war dem jedoch mit der Begründung nicht gefolgt, daß der Sachverständige nicht von Reifen mit einer Profiltiefe von überall 1 mm hätte ausgehen dürfen, sondern von den tatsächlich vorhandenen, sehr viel besseren Reifen, die er sich an den regelwidrig unter 1 mm abgefahrenen Stellen entsprechend erhöht vorzustellen habe. Diese Überlegung wies der BGH mit der Begründung zurück, daß der Ver bei einer solchen hypothetischen Abgrenzung nicht besser gestellt werden dürfe, als nach dem Gesetz für den Vmer noch gerade erlaubt sei (ebenso BGH 17.XI.1969 VersR 1969 S. 984; vgl. auch OLG Schleswig 14.IV.1970 VersR 1970 S. 658–659). – Häufig läßt sich die für die Beurteilung der Auswirkung eines abgefahrenen Reifens so wesentliche genaue Geschwindigkeit des Unfallfahrzeugs nicht näher ermitteln. Das geht dann zu Lasten des Vmers, da die Möglichkeit einer fehlenden Auswirkung nicht ausreicht. Vgl. für einen solchen Fall, in dem sich weder die genaue Geschwindigkeit noch die Höhe des Wasserfilms auf der regennassen Straße feststellen ließ, OLG Nürnberg 4.V.1971 VersR 1972 S. 924–925. Ist es möglich, daß entweder eine hohe Trunkenheit des Fahrers ursächlich für einen Schadenfall oder die abgefahrenen Reifen bei einem Abbremsen auf nasser Fahrbahn oder die Kombination beider Möglichkeiten, so geht das zu Lasten des Vmers, da eine Mitursächlichkeit ausreicht (LG Kleve 17.XII.1985 r + s 1987 S. 303–304, vgl. auch Anm. F 70 m. w. N.).

Einen Fall eines gescheiterten Entlastungsbeweises behandelt BGH 8.I.1969 VersR 1969 S. 247–248. Dort hatte der Sachverständige zunächst schriftlich bekundet, daß ein Einfluß des Reifenzustandes auf das Unfallgeschehen zwar wenig wahrscheinlich, aber nicht ausschließbar sei. Mündlich war das dahin präzisiert worden, daß er, der Sachverständige, nach dem derzeitigen Stand der wissenschaftlichen Erkenntnisse nicht mit einer an Sicherheit grenzenden Wahrscheinlichkeit die Mitursächlichkeit der abgefahrenen Reifen ausschließen könne. Es ging darum, daß ein Maschinenwagen eines abgebremsten Lastzuges durch die Schubkraft des Anhängers auf die linke Fahrbahn der nassen und schmierigen Straße gedrückt worden war. Ursache dafür konnte die Leerlauf-Einstellung der Anhängerbremse, ebensogut auch die herabgesetzte Haftfähigkeit der abgefahrenen Anhängerreifen gewesen sein. – Wendet der Vmer ein, daß sich die abgefahrenen Reifen auf den Zusammenstoß deshalb nicht ausgewirkt hätten, weil er nicht gebremst habe, so ist diese Verteidigung erfolglos, wenn der Ver das Nichtbremsen bestreitet und der Vmer seine diesbezügliche Behauptung nicht beweisen kann (LG Aachen 20.IX.1990 r + s 1990 S. 361–362). Für einen Fall eines gelungenen Kausalitätsgegenbeweises bei wesentlich herabgesetzter Bremsleistung vgl. OLG Köln 2.II.1970 VersR 1970 S. 998–1000; für einen mißlungenen Kausalitätsgegenbeweis bei schadhaften Bremsen AG Recklinghausen 20.V.1986 r + s 1987 S. 272–273 = ZfS 1987 S. 372.

Vor einer unzulässigen vorweggenommenen Beweiswürdigung warnt BGH 2.X.1968 VersR 1968 S. 1081–1082. Das Gericht führt dazu aus, daß gewiß jedem erfahrenen Kraftfahrer geläufig sei, daß sich mit einem abgefahrenen Hinterreifen auf feuchter Fahrbahn schlechter bremsen und ausweichen lasse. Aus diesem im allgemeinen zutreffenden Erfahrungssatz lasse sich jedoch nicht mit der erforderlichen Sicherheit herleiten, daß sich der Mangel auch unter den tatsächlichen Umständen des vorliegenden Falles in Richtung auf den Unfall auswirken mußte. Ob der Kl den Nachweis der fehlenden Ursächlichkeit erbringen könne, hänge vom Zusammenwirken so vieler technischer Faktoren ab, so daß sich hierüber ohne sachverständige Beratung nichts Verläßliches sagen lasse.

[F 74] eee) Regreßverzicht gemäß geschäftsplanmäßiger Entwicklung

Für alle vor Eintritt des Vsfalles zu erfüllenden Obliegenheiten gilt in der Kfz-Haftpflichtv die in Anm. F 27–29 näher erläuterte **geschäftsplanmäßige Erklärung der Ver über ihren summenmäßig auf DM 5000,– begrenzten Regreß**. Da die Problematik für alle Obliegenheiten, die vor Eintritt des Vsfalls zu erfüllen sind, gleichgelagert ist, darf auch hier auf die Erläuterungen in Anm. F 27–29 zu dieser in VA 1973 S. 103 erstmals abgedruckten geschäftsplanmäßigen Erklärung verwiesen werden (vgl. auch VA 1975 S. 157).

[F 75] bb) Kündigungsmöglichkeit

Dem Ver steht nach der gesetzlichen Regelung sowohl nach § 24 I als auch nach § 27 I ein Kündigungsrecht zu, wenn er von Gefahrerhöhungen durch Anzeige durch den Vmer oder ohne eine solche Anzeige von dritter Seite Kenntnis erlangt. Für die Kfz-Haftpflichtv ist praktisch nur die vom Vmer **vorgenommene Gefahrerhöhung** bedeutsam (vgl. dazu Anm. F 55). An der Berechtigung des Vers, in diesen Fällen von Gefahrerhöhung zu kündigen, kann nicht gezweifelt werden. Es sind aber, soweit ersichtlich, in der Kfz-Haftpflichtv Streitfragen aus diesem Gebiet den Gerichten nicht zur Entscheidung vorgelegt worden. Das dürfte daran liegen, daß es an einer individuellen Überprüfung des Risikos in der Kfz-Haftpflichtv fehlt. Es handelt sich um das typische Massenvsgeschäft, für das die Grundsätze über die Gefahrerhöhung durch die in Anm. F 55 dargestellte Rechtsprechung des BGH ohnedies umgestaltet werden mußten. Es kommt kaum ein Vmer auf die Idee, sein gesetzwidriges Verhalten dem Ver zur Kenntnisnahme im Sinne der Gefahrerhöhungsvorschriften zu unterbreiten. Angesichts dieser Umstände erscheint es als sachgerecht, im ganzen auf die Erläuterungen zur Kündigungsproblematik und ihre Auswirkung auf die Leistungsfreiheit des Vers bei Bruck–Möller Bd I Anm. 10 zu § 25 zu verweisen.

[F 76] 6. Anzeige einer Fahrzeugveräußerung

In § 158 h ist bestimmt, daß die Vorschriften über die **Veräußerung der vten Sache** für die Pflichthaftpflichtven sinngemäß gelten. Der Zweck dieser Vorschrift ist, den Fortbestand des Pflichthaftpflichtvsverhältnisses für die Haftpflicht aus dem Gebrauch eines veräußerten Fahrzeugs sicherzustellen. Maßgebend ist dabei nach der gesetzlichen Regelung der **Eigentumswechsel** und nicht der Wechsel in der Haltereigenschaft (h. M.; vgl. die Nachweise zu dieser Streitfrage in Anm. D 46). Bemerkenswert ist in diesem Zusammenhang, daß nach § 10 II b AKB der jeweilige **Eigentümer zum Kreis der mitvten Personen** zählt (vgl. dazu Anm. H 6). Prölss–Martin[23] Anm. 1 zu § 158 h, S. 916, Anm. 1 zu § 6 AKB, S. 1036 hatten daraus gefolgert, daß § 158 h auf die Kraftfahrzeughaftpflichtv nicht mehr angewendet werden könne. Dem ist aber vom BGH 7.III.1984 VersR 1984 S. 455–456 zu Recht entgegengehalten worden, daß § 10 II b AKB nur diejenigen **Sonderfälle**

III. 6. Anzeige einer Fahrzeugveräußerung   Anm. F 76

betreffe, in denen der Vmer und der Eigentümer des betreffenden Kfz nicht identisch seien (zustimmend Prölss – Martin – Knappmann[25] Anm. 1 zu § 158 h, S. 781).

Zu den Bestimmungen über die Veräußerung der vten Sache, deren sinngemäße Geltung § 158 h anordnet, zählt auch § 71. Nach § 71 I 1 ist dem Ver eine Veräußerung unverzüglich anzuzeigen. Wird eine solche Anzeige weder von dem Erwerber noch von dem Veräußerer unverzüglich erstattet, so ist der Ver nach § 71 I 2 von der Verpflichtung zur Leistung frei, wenn der Vsfall später als einen Monat nach dem Zeitpunkt eintritt, in welchem die Anzeige dem Ver hätte zugehen müssen. Das gilt nach § 71 II 1 nicht, wenn dem Ver die Veräußerung zu dem Zeitpunkt bereits bekannt war, in welchem ihm die Anzeige hätte zugehen müssen. Vgl. auch § 71 II 2 dafür, daß ein gleiches gilt, wenn der Ver die Kündigungsfrist nach § 70 I ungenützt hat verstreichen lassen.

Von der h. M. wurde ursprünglich angenommen, daß der Ver in der Kraftfahrzeughaftpflichtv bei einer Nichtanzeige des Eigentumübergangs grundsätzlich gemäß § 71 I 2 leistungsfrei werde (so BGH 22.VI.1967 VersR 1967 S. 746, OLG Saarbrücken 17.VII.1968 VersR 1968 S. 1133 – 1134 [mit der damals systematisch unzutreffenden Einschränkung, daß die Verletzung einer vor Eintritt des Vsfalls zu erfüllenden Obliegenheit durch den Vmer nicht zu Lasten des Vten gehe; das ist erst seit der Neufassung des § 158 i zum 1.I.1991 der Fall, vgl. dazu Anm. H 28 – 34], LG Stade 27.VIII.1990 ZfS 1991 S. 132 – 133, Pienitz – Flöter[4] Anm. B II zu § 6 AKB, S. 5, Stiefel – Hofmann[15] Anm. 45 zu § 6 AKB, S. 266, Fleischmann – Deiters in Thees – Hagemann[2] Anm. a, b zu § 71, S. 293 – 294). Von dieser Regelung geht auch Nr. II, 7 der geschäftsplanmäßigen Erklärungen der Ver (vgl. Anm. A 5) aus, wenn dort für den Sonderfall der Veräußerung eines Mopeds auf die Rechte aus § 71 „verzichtet" wird (zur zivilrechtlichen Verbindlichkeit solcher geschäftsplanmäßigen Erklärungen, vgl. BGH 13.VII.1988 BGHZ Bd 105 S. 140 – 153 [150 – 153] und Anm. A 17 und J 15 m. w. N.). Die gegenteilige Auffassung wird nunmehr vom OLG Köln 5.XI.1987 ZfS 1987 S. 370 – 371 unter besonderem Hinweis auf den Kontrahierungszwang des Vers gemäß § 5 II PflichtvsG und die neuere Rechtsprechung des BGH zur für alle Schadenvssparten zu beachtenden partiellen Einschränkung des Leistungsverweigerungsrechts des Vers bei einem Verstoß gegen die Obliegenheit zur Anzeige der Veräußerung (BGH 11.II.1987 VersR 1987 S. 477 – 479 = ZfS 1987 S. 220 [gek.], 20.V.1987 VersR 1987 S. 705 – 706) vertreten. Ihr ist beizupflichten (abweichend Stiefel – Hofmann[15] Anm. 45 zu § 6 AKB, S. 266). Das ergibt sich aus dem das Kfz-Haftpflichtvsrecht beherrschenden Pflichtvsgedanken, der komplementär abgesichert ist durch die in § 5 II PflichtvsG festgelegte Annahmepflicht des Vers. Diese Annahmepflicht entfällt nur, wenn einer der in § 5 IV PflichtvsG aufgeführten Ausnahmefälle gegeben ist. Schon Fleischmann – Deiters in Thees – Hagemann[2] Anm. a zu § 70, S. 291 hatten sich über die gesetzliche Regelung gemäß § 158 h in Verbindung mit § 70 gewundert, daß der Ver nämlich kündigen dürfe, obwohl der Erwerber den Antrag auf Abschluß einer neuen V bei demselben Ver stellen könne, der anzunehmen sei. Aus dieser eigenartigen gesetzlichen Konstellation ist die Konsequenz zu ziehen, daß dem Ver in den Veräußerungsfällen in der Kraftfahrzeughaftpflichtv im Umfang des Annahmezwangs eine Kündigung grundsätzlich untersagt ist. Dem entspricht es, daß dem Ver mit Rücksicht auf den Annahmezwang auch kein ordentliches Kündigungsrecht zum Ende einer Vsperiode zusteht (BGH 20.IX.1981 VersR 1982 S. 259 – 260, dazu Anm. D 15). Die Leistungsfreiheit des Vers wegen Verletzung der Anzeigelast nach § 71 darf mit Rücksicht auf den nach § 5 II PflichtvsG bestehenden Annahmezwang nur in denjenigen Fällen zugebilligt werden, in denen der Ver ein Recht gehabt hätte, den auf die Kündigung folgenden Neuantrag des Erwerbers nach § 5 IV PflichtvsG abzulehnen (so sinngemäß auch die vertragliche Rechtswirkungen entfaltende Nr. II, 6 der geschäftsplanmäßigen Erklärungen, vgl. Anm. A 5, 17 und D 50). Der gegenteilige Standpunkt verkennt, daß §§ 70, 71 dem Ver die Freiheit in der Wahl des Vmers im Rahmen der Sachv garantieren soll. Wenn der Ver aber wie in der Kfz-Haftpflichtv nach einer Kündigung zur Annahme des Antrages desselben Vmers verpflichtet ist, so erscheint das Berufen des Vers auf die formell nicht ordnungsgemäße Handhabung der Anzeigelast in dem dargestellten Rahmen als Verstoß gegen Treu und Glauben. Denn die unterlassene Anzeige stellt sich so betrachtet nicht als schwerwiegender Verstoß gegen eine vsrechtliche Last dar, sondern lediglich als eine Lässigkeit, deren Ahndung mit Leistungsfreiheit eine Übermaßreaktion bedeuten würde.

Das Gesagte ist allerdings dahin einzuschränken, daß es sich nur auf den Umfang der Kfz-Haftpflichtv im gesetzlich vorgeschriebenen Rahmen bezieht. Hatte der Veräußerer höhere als die gesetzlichen Mindestvssummen gewählt, so geht das Vsverhältnis nach §§ 158 h und k zwar auch vollen Umfangs auf den Erwerber über (vgl. Anm. D 48). Bei einer Kündigung und anschließendem Antrag auf Abschluß eines neuen Vsvertrages wäre der Ver aber nach § 5 II PflichtvsG nur zur Annahme des Antrages in Höhe der Mindestvssummen verpflichtet. Daß der Ver sich darauf beruft, kann nur ausnahmsweise als Verstoß gegen Treu und Glauben angesehen werden.

Soweit eine Leistungsfreiheit gemäß § 71 I 2 in Betracht kommt, ist zu beachten, daß dafür — anders als nach § 6 I — eine Kündigung durch den Ver nicht Voraussetzung ist (BGH 20.V.1987 VersR 1987 S. 705–706, Bruck–Möller–Sieg Bd II Anm. 21 zu § 71), wenn man von der Sonderregelung gemäß § 71 II 2 absieht. Es ist bei dieser gesetzlichen Obliegenheit genau so wie bei der Gefahrerhöhung eine spezielle Regelung im Verhältnis zu § 6 gegeben (vgl. dafür, daß auch bei den Gefahrerhöhungsfällen grundsätzlich eine Kündigung für die Leistungsfreiheit des Vers nicht erforderlich ist, Anm. F 66 m. w. N.). Für Einzelheiten des nach dem Gesagten in der Kraftfahrzeughaftpflichtv stark eingeschränkten Anwendungsbereichs des § 71 wird ergänzend auf Bruck–Möller–Sieg a. a. O. Anm. 1–29 zu § 71 m. w. N. verwiesen. Zu beachten bleibt, daß die geschäftsplanmäßige Erklärung über den Regreßverzicht der Ver auch für eine Leistungsfreiheit gemäß § 71 I 2 zur Anwendung kommt (dazu Anm. F 27–29).

Die vorstehenden Bemerkungen über die eingeschränkte Anwendbarkeit des § 71 I, II im Bereich der Kraftfahrzeughaftpflichtv basieren wesentlich auf dem in § 5 II PflichtvsG festgelegten Annahmezwang. Kommt dieser zum 1.VII.1994 in Fortfall, wie das zur Zeit im Hinblick auf die geplante Liberalisierung des Vsmarkts im EG-Bereich vorgesehen ist (vgl. Anm. A 22 a. E.), so ist auch für die Kraftfahrzeughaftpflichtv von der uneingeschränkten Geltung der gesetzlichen Obliegenheit zur unverzüglichen Anzeige nebst den gesetzlich vorgesehenen Konsequenzen für die Mißachtung dieses Gebots auszugehen (sofern nicht Nr. II, 6 der geschäftsplanmäßigen Erklärungen als vertragliche Regelung beibehalten wird). Bedeutsam können dann auch die vom BGH 11.II.1987 VersR 1987 S. 477–479 = ZfS 1987 S. 220 (gek.) zur Feuerv entwickelten Überlegungen werden. Danach führt ein Verstoß des Vmers nur dann zur Leistungsfreiheit des Vers, wenn diese Rechtsfolge nicht außer Verhältnis zur Schwere des Verstoßes steht; dabei ist auf seiten des Vers abzuwägen, wieweit seine Interessen in ernster Weise beeinträchtigt sind, auf seiten des Vmers, in welchem Umfang ihn ein Verschulden trifft und welches Gewicht die Entziehung der Vsleistung hat (ebenso BGH 20.V.1987 VersR 1987 S. 705–706).

7. Obliegenheit zur eingeschränkten Verwendung nicht zugelassener Fahrzeuge

Gliederung:

Schriftum F 77
a) Rechtliche Qualifikation F 78
b) Anwendungsbereich F 79

c) Verletzungsfolgen F 80—81
   aa) Verschulden F 80
   bb) Ergänzende Verweisung F 81

[F 77] Schrifttum:

Brugger VersR 1962 S. 2—7, Hoegen, Festschrift für Hauß, Karlsruhe 1978, S. 103—120, Rohde VersR 1960 S. 108—109.

[F 78] Rechtliche Qualifikation

Allein dadurch, daß ein Kfz vom öffentlichen Verkehr abgemeldet wird, entfällt nicht das vte Risiko im Sinne des § 68. Denn ein solches Fahrzeug kann auch ohne amtliche Zulassung in Betrieb genommen werden und die Inanspruchnahme des Vmers mit begründeten oder unbegründeten Ansprüchen Dritter auslösen (vgl. Anm. D 39—40 m. w. N.). In Erkenntnis dieser Überlegung fehlt es im Bedingungswerk an einer Bestimmung, nach der ein Haftpflichtvsvertrag seine Wirksamkeit verliert, wenn das betreffende Fahrzeug behördlich abgemeldet wird. Andererseits ist einleuchtend, daß faktisch ein stark gemindertes Risiko bei einem behördlich nicht zugelassenen Fahrzeug gegeben ist. Das folgt daraus, daß ein gesetzestreuer Vmer im Regelfall ein nicht zugelassenes Fahrzeug nicht auf öffentlichem Grund gebrauchen wird. Mit der speziellen Situation solcher stillgelegter Fahrzeuge befaßt sich § 5 AKB. Die Regelung betrifft die sogenannte vorübergehende Stillegung. Nach § 5 I 2 AKB hat ein solcher Vmer das Recht, eine Unterbrechung des Vsschutzes zu verlangen, wenn er eine Abmeldebescheinigung der Zulassungsstelle vorlegt und die Stillegung mindestens zwei Wochen beträgt. Die rechtliche Besonderheit ist dabei diese, daß der Haftpflichvsvertrag nicht etwa zum Erlöschen kommt, sondern nach § 5 II a AKB im eingeschränkten Umfang und unter Umständen zeitlich befristet (vgl. dazu § 5 VI AKB) weiter gilt, ohne daß der Ver für die Zeit seiner eingeschränkten Deckungsverpflichtung eine Prämie erhält (dazu Anm. E 23). Weiter ist zu beachten, daß in denjenigen Fällen, in denen der Vmer keine Unterbrechung des Vsschutzes verlangt hat, der Ver in vollem Umfang für den Gebrauch des Fahrzeugs einzustehen hat (ungeachtet dessen, daß der Vmer durch das Benutzen eines nicht zugelassenen Fahrzeugs im öffentlichen Verkehr gesetzeswidrig handelt, vgl. Anm. G 45 a. E.).

Die Einschränkung des Vsschutzes drückt § 5 II 2 AKB (in der seit dem 1.1.1962 geltenden Fassung, vgl. VA 1962 S. 27) dahin aus, daß das Fahrzeug **außerhalb des Einstellraumes oder des umfriedeten Abstellplatzes nicht gebraucht oder nicht nur vorübergehend abgestellt** werden darf. Ergänzt wird diese Regelung in § 5 IV 1 AKB dahin, daß der Vsschutz wieder auflebt, wenn das Fahrzeug zum Verkehr wieder angemeldet wird. Besonders bedeutsam ist dabei, daß das nach § 5 IV 2 AKB bereits für **Fahrten im Zusammenhang mit der Abstempelung des Kennzeichens** gilt (vgl. dazu Anm. F 79 a. E.). In § 5 II 3 AKB heißt es dazu, daß der Ver bei Verletzung dieser Obliegenheit, d. h. des durch § 5 II 2 AKB und § 5 IV 2 AKB eingeschränkten Gebrauchrahmens des Kfz, leistungsfrei wird, es sei denn, daß die Verletzung **ohne Wissen und Wollen des Vmers** erfolgte und von ihm **nicht grob fahrlässig** ermöglicht worden war (dazu Anm. F 80).

Bemerkenswert ist an dieser Bestimmung die **rechtliche Qualifikation** des Gebrauchs oder des Abstellens des vorübergehend stillgelegten Fahrzeugs außerhalb des Einstellraums oder eines umfriedeten Abstellplatzes als Obliegenheitsverletzung (BGH 20.XII.1965 VersR 1966 S. 155–156 [156], 16.II.1977 VA 1977 S. 159–160 [160] Nr. 699 = VersR 1977 S. 470, 24.IV.1985 VersR 1985 S. 775–776 = r + s 1985 S. 159–160). Hier wäre auch eine Konstruktion des Inhalts möglich gewesen, daß schon in der primären Risikobeschreibung (z. B. in § 10 I AKB) bestimmt wird, daß bei vorübergehend aus dem Verkehr gezogenen Fahrzeugen Vsschutz nur für einen Gebrauch innerhalb des Einstellraums oder des umfriedeten Abstellplatzes gewährt werde. Eine solche Konstruktion als primär gegenständliche Risikoumschreibung des Vsschutzes wäre nicht als eine Umgehung der zwingenden Vorschriften des Obliegenheitsrechts zu bewerten, so daß sie auch nicht über § 15a korrigiert werden könnte. Es handelt sich nicht um ein Verhalten des Vmers, das typischerweise dem Obliegenheitsbereich zuzuordnen ist. Vielmehr fehlt es an überlieferten Grundsätzen des Obliegenheitsrechts, für Fahrten mit nicht zugelassenen Fahrzeugen, für die eine Unterbrechung des Vsschutzes wegen vorübergehender Stillegung vereinbart worden ist, nur nach Maßgabe der Schutzbestimmungen des § 6 den Vsschutz zu versagen. Die Bedingungsverfasser haben sich dennoch für die Konstruktion einer solchen Obliegenheit entschlossen, um dem Vmer bei einem objektiven Verstoß gegen die in § 5 II 2 AKB normierten Verhaltensregeln die Rechtswohltaten der Obliegenheitsgrundsätze zukommen zu lassen. Eine solche Verbesserung des Vsschutzes zugunsten des Vmers ist begrüßenswert. Zugleich wird durch diese Regelung der geschädigte Dritte geschützt. Wird nämlich der Ver wegen Verletzung der genannten Obliegenheit von der Verpflichtung zur Leistung frei, so greift zugunsten des geschädigten Dritten § 3 Ziff. 4 PflichtvsG ein (vgl. Anm. B 43), während bei einer abweichenden Konstruktion gemäß § 158c III i. V. m. § 3 Ziff. 6 PflichtvsG das Verkehrsopfer ungeschützt sein würde (vgl. auch Anm. B 51).

[F 79] **b) Anwendungsbereich**

Der Ausdruck „Gebrauch" des Fahrzeugs ist in § 5 II 2 AKB genauso wie zu § 10 AKB aufzufassen. Die dazu entwickelten Auslegungsregeln (vgl. Anm. G 48–50) finden auch hier Anwendung. Es fällt allerdings auf, daß in § 5 II 2 AKB als Alternativen in der Verwendungsmöglichkeit der Gebrauch und das Abstellen eines Fahrzeugs nebeneinander aufgeführt werden, während im Sinne des § 10 AKB das Abstellen eines Fahrzeugs nur einen Unterfall des Gebrauchs darstellt. Es ergeben sich daraus aber keine abweichenden Deckungsinhalte.

Bei der Auslegung des § 5 II 2 AKB ist der Zweck der Regelung zu beachten. Dieser Zweck ist darin zu sehen, daß im eingeschränkten Umfang auch für ein nicht zum Verkehr zugelassenes Fahrzeug im Rahmen des Rechtsverhaltens eines pflichtbewußten Vmers Vsschutz gewährt werden soll. Brugger VersR 1962 S. 2 führt dazu aus, daß mit der Neufassung des § 5 II AKB (vorher gab es Sonderbedingungen für eine sogenannte Ruhev, vgl. VA 1950 S. 131) zum Ausdruck kommen sollte, daß eine Benutzung des Fahrzeugs im öffentlichen Verkehr eine Leistungsfreiheit des Vers zur Folge habe. Hingegen solle dem Halter nicht verwehrt werden, das Fahrzeug kurzfristig aus dem Einstellraum zu verbringen, auch mit eigener motorischer Kraft, um es beispielsweise einer Reinigung zu unterziehen. Zu dem ersten Punkt dieser Überlegungen ist klarstellend daran zu erinnern, daß nach § 5 I 1 AKB voller Vsschutz für ein nicht zugelassenes Fahrzeug besteht, wenn der Vmer nicht nach § 5 I 2 AKB eine Unterbrechung des Vsschutzes verlangt hat (vgl. auch Anm. G 45). Die Bemerkungen von Brugger a. a. O. beziehen sich also nur auf den für die Praxis allerdings wesentlichen Fall, daß der Vmer nach § 5 I 2 AKB vorgegangen ist. Brugger a. a. O. weist in diesem Zusammenhang zutreffend auf den Zweck des § 5

III. 7. Obliegenheit zur eingeschränkten Verwendung Anm. F 79

II AKB hin, für einen Gebrauch des stillgelegten Fahrzeugs im öffentlichen Verkehr grundsätzlich keinen Vsschutz zu gewähren. Das bedeutet aber nicht, daß lediglich eine Benutzung des Fahrzeugs im öffentlichen Verkehr eine Leistungsfreiheit des Vers zur Folge haben könne. Etwas Derartiges ist von Brugger a. a. O. (entgegen der Auffassung von Stiefel–Hofmann[15] Anm. 17 zu § 5 AKB, S. 253) nicht zum Ausdruck gebracht worden. Er hat nur ausgeführt, daß eine kurze, aus der Sache gebotene Fahrt, die sich nicht im öffentlichen Verkehr abspielt, also z. B. aus dem Einstellraum heraus auf einen davor befindlichen Vorplatz oder auf einen umfriedeten Abstellplatz, gemäß dem Wortlaut und dem Sinn der Bestimmung vom Vsschutz erfaßt werde.

Denkbar wäre es, daß ein Vmer ein relativ großes Gebiet, z. B. ein Werkgelände, mit einem hohen Zaun versieht und dort mit „stillgelegten" Fahrzeugen einen nicht öffentlichen, seinem Wirtschaftsunternehmen dienenden Gebrauch des Fahrzeugs vornimmt oder vornehmen läßt. Nach dem Wortlaut und dem Sinnzusammenhang der Bestimmung des § 5 II 2 AKB ist für einen solchen Fall der Vsschutz zu verneinen.

Stiefel–Hofmann[15] Anm. 18 zu § 5 AKB, S. 253 vertreten die Auffassung, daß bei einer im Zuge einer von der Unterbrechung des Vsschutzes unabhängigen Disposition des Vmers über das Fahrzeug, die zu dessen Entfernung aus dem bisherigen Einstellraum führe, z. B. wegen Umzugs des Vmers, Vsschutz gegeben sei. Diese Ausführungen sind insofern mehrdeutig, als nicht klar ist, ob nur der Abtransport des nicht zugelassenen Fahrzeugs von einem Abstellplatz nach einem anderen Ort mittels eines Abschleppwagens oder eines sonstigen Transportmittels gemeint ist oder auch das Fahren mit eigener Motorkraft. Für die erstgenannte Alternative ist es sachgemäß, den Vsschutz zu bejahen. Der Abschleppwagen (oder das sonstige Transportmittel) stellt in diesem Fall den Einstellraum oder den umfriedeten Abstellplatz im Sinne des § 5 II AKB dar (Vsschutz dürfte in diesem Fall überwiegend ohnedies nur in der Form der Abwehr unbegründeter Ansprüche zu gewähren sein). Auch für das Bewegen des Fahrzeugs mit eigener Motorkraft aus dem umfriedeten Abstellraum bis zum am Straßenrand geparkten Transporter ist im Anschluß an die Bemerkungen von Brugger a. a. O. über eine verständige Abgrenzung des Anwendungsbereichs der Klausel der Vsschutz zu bejahen, selbst wenn dabei der öffentliche Verkehrsraum kurz überquert wird. Hingegen ist mit dem Wortlaut und Sinn der Bestimmung des § 5 II 2 AKB der Vsschutz zu verneinen, wenn der Vmer das Fahrzeug aus Anlaß eines Umzugs mit eigener Motorkraft von seiner alten Wohnung zur neuen Wohnung zu dem dort in Aussicht genommenen Abstellplatz fährt.

Unter einem **Einstellraum** ist nach dem Sprachgebrauch in erster Linie eine Garage zu verstehen. Ein Unterschied zwischen einer Einzelgarage oder einem Sammelgaragenraum ist dabei nicht zu machen. Zu beachten ist aber, daß der Ausdruck „Einstellraum" weiter geht als der Begriff „Garage". Rohde VersR 1960 S. 108 hat zu dem Ausdruck „Heimateinstellraum" aus den damals geltenden Sonderbedingungen für die Ruhev ausgeführt, daß dieser Begriff **weit auszulegen** und ein **kleinlicher Maßstab** bei der Beurteilung der Frage, ob das betreffende Fahrzeug im Heimateinstellraum gestanden habe, **nicht angebracht** sei. Das gilt auch heute noch. Unter einem Einstellraum ist z. B. auch eine Scheune oder eine Fabrikhalle zu verstehen oder auch der Laderaum eines Schiffes oder eines Kraftwagens, überhaupt ein mit Seitenwänden und einem Dach versehener Raum. Nach der Verkehrsauffassung wird als Einstellraum aber auch noch ein Bauwerk angesehen, das nur zwei oder drei Seitenwände hat und mit einem Dach versehen ist (selbst wenn es also im übrigen offen ist).

Schwieriger ist die Frage zu beurteilen, was ein **umfriedeter Abstellplatz** ist. Es handelt sich um einen im Strafrecht verwendeten Begriff. So spricht z. B. § 123

I StGB von einem widerrechtlichen Eindringen in das befriedete Besitztum eines anderen. Eingefriedet ist ein Grundstück im Sinne des Strafrechts, wenn es der berechtigte Inhaber in äußerlich erkennbarer Weise mittels zusammenhängender Schutzwehren gegen das beliebige Betreten durch andere gesichert hat, z. B. durch Mauern, Zäune, Hecken (so Schäfer im Leipziger Komm., 10. Aufl., Berlin – New York 1988, Anm. 15 zu § 123 StGB m. umfangr. N.). Auch niedrige Umwallungen oder Gräben (selbst Rinnen) können genügen (Schäfer a. a. O.).

Diese Grundsätze können im Prinzip auf die Auslegung des § 5 II AKB übertragen werden. Als umfriedeten Abstellplatz wird man danach in der Regel einen durch eine Mauer, eine Hecke, einen Zaun oder auch einen Graben abgegrenzten Teil der Erdoberfläche ansehen können. Auch ein Hofplatz kann diese Eigenschaft erfüllen. Daß eine offene Einfahrt vorhanden ist, steht der Annahme eines umfriedeten Abstellplatzes nicht entgegen, wenn nur erkennbar ist, daß es sich um einen Ort handelt, der nicht von jedermann benutzt werden darf. Kein umfriedeter Abstellplatz ist anzunehmen, wenn die betreffende Örtlichkeit – etwa als Parkplatz – dem öffentlichen Verkehr zur Verfügung steht. Etwas anderes gilt für bewachte Parkplätze, die nur gegen Entgelt benutzt werden dürfen. Am Straßenrand oder auf dem Bürgersteig abgestellte Fahrzeuge befinden sich auch dann nicht auf einem „umfriedeten" Parkplatz, wenn sie direkt vor der Haustür des Vmers stehen; daß ein anderes Fahrzeug davor geparkt wird, genügt als Umfriedung nicht (OLG Celle 4.X.1989 r + s 1990 S. 261–262 = ZfS 1990 S. 203). Befinden sich aber neben einer Siedlung gesonderte Abstellplätze, die für bestimmte Mieter oder Eigentümer reserviert sind, so stellt ein solcher nicht öffentlicher Parkplatz, wenn er erkennbar abgegrenzt ist, sei es auch nur durch Büsche, eine umfriedete Abstellgelegenheit im Sinne des § 5 II AKB dar. Das gilt ganz besonders in denjenigen Fällen, in denen auch noch ein zusätzlicher Balken aufgerichtet werden kann, um anderen Personen das Befahren dieses abgegrenzten Parkplatzes unmöglich zu machen.

In § 5 II 2 AKB heißt es, daß das Fahrzeug nicht nur vorübergehend außerhalb des Einstellraums oder des umfriedeten Abstellraums abgestellt werden dürfe. Wenn man diese Aussage wörtlich nehmen würde, so würde das bedeuten, daß für ein kurzfristiges Abstellen des Fahrzeugs außerhalb der genannten Örtlichkeiten kein Vsschutz bestehe, wohl aber für ein Abstellen über einen längeren Zeitraum. Ein einleuchtender Grund dafür ist nicht ersichtlich. Nach der Interessenlage ist nur die gegenteilige Regelung sinnvoll. Mit Rücksicht darauf, daß in § 5 II 2 AKB auf die Begriffe des Einstellraums und des umfriedeten Abstellraums Bezug genommen und dabei gleichzeitig geboten wird, das Fahrzeug außerhalb dieser Örtlichkeiten nicht zu gebrauchen, ist eine Auslegung der Bestimmung geboten, die den verunglückten Wortlaut verständig korrigiert. Die zweite Alternative des § 5 II 2 AKB ist demgemäß so auszulegen, daß für ein abgemeldetes Fahrzeug, das außerhalb eines Einstellraumes oder eines umfriedeten Abstellraumes abgestellt worden ist, nur dann Vsschutz besteht, wenn es sich um ein nur vorübergehendes Geschehen handelt (vorausgesetzt wird dabei immer, daß vom Vmer gemäß § 5 I 2 AKB eine Unterbrechung des Vsschutzes beantragt worden ist). Der Ausdruck „Abstellen" ist im Sinne der Umgangssprache mehrdeutig. Es ist darunter in erster Linie der Zustand des Abgestelltseins zu verstehen. Doch wird auch der Bewegungsvorgang, der zum Rangieren eines Fahrzeugs von einem Platz auf einen anderen erforderlich ist, als „Abstellen" bezeichnet. Im Sinne des § 5 II 2 AKB sind beide Auslegungsmöglichkeiten gemeint, also sowohl das Herausfahren des Wagens aus der Garage auf einen daneben gelegenen Platz als auch der Ruhestand (Parken) des Wagens auf dieser Örtlichkeit (sofern es sich dort um einen nur vorübergehenden Aufenthalt handelt).

III. 7. Obliegenheit zur eingeschränkten Verwendung　　　　　　　　Anm. F 79

Was unter „vorübergehend" zu verstehen ist, muß nach den Umständen des einzelnen Falles bestimmt werden. Die Grundtendenz der Bestimmung des § 5 II 2 AKB, dem Vmer im Rahmen eines von der Verkehrsanschauung als pflichtgemäß angesehenen Verhaltens Deckung zu gewähren, ist zu beachten; demgemäß ist ein kleinlicher Maßstab zu vermeiden. Es ist schwer, für den Ausdruck „vorübergehend" einen festen Zeitraum anzugeben. Doch wird man wohl, wenn nicht besondere Umstände vorliegen, einen Zeitraum von mehr als drei bis vier Tagen, jedenfalls von mehr als einer Woche, dem Zeitbegriff „vorübergehend" regelmäßig nicht mehr zuordnen können.

Bei einem nach § 5 II 2 AKB verbotenen Gebrauch eines nicht zugelassenen Fahrzeugs zu einer Fahrt im öffentlichen Verkehrsbereich besteht nach dem Gesagten grundsätzlich kein Vsschutz. Stellt der Vmer dann aber das Fahrzeug kurzfristig ab, um etwa einen Einkauf zu besorgen, so fällt ein solcher Vorgang, allerdings nur der Ruhezustand, nicht das zum Abstellen erforderliche Rangieren, unter den Vsschutz. Eine weitere Korrektur der im Wortlaut ein wenig mißglückten Klausel dahin, daß wegen der Ausnahmeregelung der Bestimmung ein solches kurzfristiges Abstellen im Anschluß an eine verbotene Fahrt vom Vsschutz nicht erfaßt werde, wäre an sich erwägenswert. Zu bedenken ist aber, daß eine solche einschränkende Auslegung im Grunde genommen deshalb nicht erforderlich ist, weil es das vernünftige Ziel der Bestimmung gerade ist, Fahrten mit nicht zugelassenen Wagen, die von der V abgemeldet sind, zu unterbinden, so daß in dem Augenblick, in dem das Fahrzeug ruht, dieses Ziel erreicht ist, so daß für eine vorübergehende Zeit der Vsschutz durchaus eingreifen darf. Dabei ist auch zu bedenken, daß von abgestellten Fahrzeugen in der Regel keine erhebliche Haftpflichtgefahr ausgeht, wenngleich nicht verkannt werden darf, daß ein unsachgemäßes Parken durchaus Haftpflichtansprüche auslösen kann. Abgesehen davon gehört es ohnedies zur Doppelfunktion der Haftpflichtv, begründete Ansprüche zu erfüllen und unbegründete abzuwehren. Bedeutsam ist der in diesen Fällen bestehende Vsschutz im übrigen wohl vor allem in der Teilkaskov (vgl. dafür, daß sich bei einem Verlangen des Vmers nach Unterbrechung des Vsschutzes für ein vorübergehend aus dem Verkehr gezogenes Fahrzeug die Fahrzeugvollv in eine Fahrzeugteilv umwandelt, § 5 II 1 AKB). Da das Abstellen eines Fahrzeugs zu vorübergehenden Zwecken am Straßenrand gang und gäbe ist, liegt hier im übrigen auch kein vom Normalfall abweichendes Risiko vor.

Unter einem Abstellen des Fahrzeugs wird man im übrigen regelmäßig nur ein Halten oder Parken am Straßenrand oder daneben gelegenen Plätzen oder Örtlichkeiten verstehen, nicht dagegen das Stehenlassen des Fahrzeugs auf der Mitte der Fahrbahn oder gar auf der Autobahn. Man denke sich folgenden Beispielfall: Der achtzehnjährige Sohn des Vmers beschließt, mit seinen Freunden im Anschluß an eine Feier, bei der Alkohol genossen worden ist, von Hamburg an die Ostsee zu fahren, um ein Bad am frühen Morgen im Meer zu nehmen. Benutzt wird das sorgsam in der Garage abgestellte, nicht zugelassene Fahrzeug des Vaters. Dieses bleibt auf der Autobahn stecken, weil die jugendliche Gesellschaft nicht bedacht hatte, daß sich nur noch sehr wenig Benzin in dem alten Wagen befunden hatte. Fährt jemand auf den Wagen auf, während sich die Jugendlichen noch darum bemühen, das Fahrzeug an den Rand zu schieben, so greift die Obliegenheitsklausel des § 5 II 2 AKB ein (vorbehaltlich der für den Vmer und Vten gesondert vorzunehmenden Verschuldensprüfung, vgl. dazu Anm. F 80; dafür, daß sich der Ver je nach den Umständen des Falles gegenüber dem Vten auch auf § 2 II b AKB wegen Schwarzfahrens stützen kann, vgl. Anm. H 16–27). Das gleiche gilt, wenn die jugendliche Gesellschaft sich etwa gar nicht um den Wagen kümmert, sondern ihn in Bestürzung und Schrecken über diese Komplikation auf der Autobahn stehen läßt und flüchtet oder am Rande der Fahrbahn darüber diskutiert, was denn wohl zu tun sei. Wird das Fahrzeug aber ordnungsgemäß auf den nicht zum Fahren bestimmten Seitenstreifen der Autobahn, der für Pannenfälle gedacht ist, geschoben und kommt es erst später infolge der Unaufmerksamkeit eines Dritten zu einem Auffahren eines von der Fahrbahn abgekommenen Wagens, so besteht für die Abwehr der (nach Lage der Dinge wohl nur als unbegründet zu bezeichnenden) Ansprüche dieses geschädigten Dritten Vsschutz. Erachtet ein Gericht eine Teilhaftung des Vmers oder des Vten als gegeben, weil das Abstellen auf dem Seitenstreifen nicht ordnungsgemäß gewesen sei, so besteht im Rahmen der Doppelfunktion der Haftpflichtv aber gewiß auch für die Befriedigung dieses Anspruchs Vsschutz.

Bezüglich des nach § 5 II 2 AKB nur eingeschränkt vten Gebrauchs ist die in § 5 IV 2 AKB verankerte Ausnahmeregelung besonders bedeutsam. Danach lebt der Vsschutz bereits für **Fahrten im Zusammenhang mit der Abstempelung des Kennzeichens** wieder auf. Der Ver gewährt den Vsschutz nicht nur für die **Fahrt zur Zulassungsstelle**, sondern auch für die vorher erforderliche **Fahrt zu einer Reparaturwerkstatt**. Das ergibt sich aus dem eine weite Auslegung zulassenden Ausdruck „im Zusammenhang mit der Abstempelung". Vgl. dazu insbesondere BGH 21.I.1976 VA 1976 S. 417–419 Nr. 687 = VersR 1976 S. 331–333. In jener Entscheidung hatte der Vmer sein Fahrzeug von einem Abstellplatz bei einer Gaststätte nach Hause fahren wollen, um es dort am Sonntag für eine Wiederzulassung am nächsten Werktag herzurichten. Für diese Heimfahrt nahm der BGH Vsschutz an, obwohl der Vmer vorher in einer Gaststätte gezecht hatte und obwohl die Arbeiten auch an jenem Abstellplatz in der Nähe der Gaststätte hätten ausgeführt werden können. Der Vmer machte sogar noch einen Umweg, um eine weitere Gaststätte aufzusuchen. Wäre das Schadenereignis auf diesem Umweg eingetreten, so hätte nach der genannten Entscheidung der Vsschutz verneint werden müssen. Der Unfall trug sich aber nach Beendigung des Umweges auf einer der normalen Heimfahrtrouten zu, so daß aus diesem Grunde der Vsschutz bejaht wurde. Für die Frage des Umweges ist dabei von Bedeutung, daß der BGH im Großstadtbereich von der Gleichwertigkeit mehrerer nur gering der Länge nach unterschiedlicher Fahrwege ausgegangen ist.

[F 80] c) Verletzungsfolgen

aa) Verschulden

In § 5 II 3 AKB heißt es, daß bei Verletzung der in § 5 II 2 AKB statuierten Obliegenheit der Ver von der Verpflichtung zur Leistung frei werde, es sei denn, daß die Verletzung **ohne Wissen und Willen des Vmers erfolgt und von ihm nicht grob fahrlässig ermöglicht worden sei**. Diese Bestimmung ist nicht ohne weiteres aus sich heraus verständlich. BGH 20.XII.1965 VersR 1966 S. 155–156 hat dazu für einen Fall, in dem noch die frühere „Sonderbedingung für das Einstellrisiko" (VA 1960 S. 80) zu beurteilen war, obiter dictum bemerkt, daß dadurch § 5 II 3 AKB die frühere Regelung insofern eine wesentliche Änderung erfahren habe, als die Deckungspflicht des Vers für Schwarzfahrten jetzt nicht mehr in den Vsschutz eingeschlossen, sondern an die Obliegenheit des Vmers geknüpft sei, die Benutzung des Fahrzeugs zu einer Schwarzfahrt zu verhindern (ebenso Pienitz[4] Anm. E zu § 5 AKB, S. 6, Prölss–Martin–Knappmann[25] Anm. 3 zu § 5 AKB, S. 1428, Stiefel–Hofmann[15] Anm. 19 zu § 5 AKB, S. 253). Zu beanstanden ist an der Bedingungsfassung, daß nicht ausdrücklich gekennzeichnet wird, daß damit § 2 II b AKB abgeändert wird. Denn durch diese Bestimmung gewinnt der Vmer den Eindruck, daß er bei einer Schwarzfahrt auf jeden Fall vert sei. Es hätte außerdem

III. 7. Obliegenheit zur eingeschränkten Verwendung　　　　　　　　　　Anm. F 81

erwartet werden dürfen, daß auch in § 2 II b AKB ein Hinweis auf dessen Einschränkung durch § 5 II 3 AKB gegeben wird. Ferner wäre es besser gewesen, wenn in § 5 II 3 AKB der Ausdruck „unberechtigter Fahrer" verwendet worden wäre. Die nur den Juristen geläufige Umschreibung durch den Ausdruck „Verletzung ohne Wissen und Willen des Vmers" gibt Anlaß zu Verständnisschwierigkeiten. Zu beanstanden ist außerdem, daß der Vmer bei flüchtigem Hinsehen den Eindruck gewinnen könnte, daß ihm in allen Fällen des § 5 II (also nicht nur bei der Ermöglichung einer Schwarzfahrt) nur grobe Fahrlässigkeit schadet. Das Verständnis für die Regelung wird überdies auch aus der Interessenlage heraus dadurch erschwert, daß nicht recht einzusehen ist, warum Schwarzfahrten mit zugelassenen Fahrzeugen anders behandelt werden als solche mit nicht zugelassenen. Im Regelfall dürfte das Haftungsrisiko gleich hoch sein. Diese Überlegungen ändern aber nichts daran, daß der Sinn und Zweck der Regelung noch durch eine gezielte Interpretation ermittelt werden kann, so daß die Bestimmung weder als überraschend (§ 3 AGBG) noch als unklar (§ 5 AGBG) zu qualifizieren ist.

Aus dem Gesagten folgt, daß für eigene Verstöße des Vmers gegen die Obliegenheiten gemäß § 5 II 2, IV AKB schon leichte Fahrlässigkeit schadet, während bei einer Schwarzfahrt mit einem nicht zugelassenen Fahrzeug der Vmer den Vsschutz nur verliert, wenn ihn grobe Fahrlässigkeit trifft.

[F 81] bb) Ergänzende Verweisung

Auch für die Obliegenheit nach § 5 II 2 AKB gelten die Ausführungen über die allgemeinen Grundsätze des Obliegenheitsrechts entsprechend. Es wird deshalb für die Frage der Kausalität auf Anm. F 23, bezüglich des Kündigungserfordernisses nach § 6 I 3 auf Anm. F 24 und hinsichtlich des partiellen Regreßverzichts gemäß der geschäftsplanmäßigen Erklärung der Ver auf Anm. F 27-29 verwiesen.

Bezüglich der Beweislast bei Obliegenheitsverletzungen darf im Prinzip ebenfalls auf die Ausführungen zur Verwendungsklausel in Anm. F 25 Bezug genommen werden. Eine Besonderheit ergibt sich aus der eigenartigen Gestaltung des Bedingungsrechts in § 5 IV 2 AKB. Danach gilt der Vsschutz bereits für Fahrten im Zusammenhang mit der Abstempelung des Kennzeichens (vgl. dazu Anm. F 79 a. E.). Prölss-Martin-Knappmann[25] Anm. 4 zu § 5 AKB, S. 1428 vertreten den Standpunkt, daß die Beweislast dafür, daß es sich um eine derartige Fahrt gehandelt habe, den Vmer treffe. Da es sich um einen Vorgang handelt, der im Geschehensbereich des Vmers abläuft, erscheint das zunächst als einleuchtend. Der Auffassung wäre auch beizupflichten, wenn die durchaus zulässige Form einer objektiven Risikoabgrenzung im Bedingungswerk gewählt worden wäre. Das ist aber nicht geschehen. Vielmehr ist bewußt die Obliegenheitskonstruktion gewählt worden. Es gehört aber zu den überkommenen Grundsätzen des Obliegenheitsrechts, daß der Ver für den objektiven Tatbestand der Obliegenheitsverletzung beweispflichtig ist. Auf der Basis dieser Überlegungen hat der BGH den Ver im Bereich der besonders ausgestalteten Obliegenheiten des Gefahrerhöhungsrechts als beweispflichtig dafür angesehen, daß der Vmer sich nicht auf einer Fahrt zu einer Reparaturwerkstatt mit dem nicht mehr betriebssicheren Fahrzeug befunden habe (BGH 8.III.1962 VersR 1962 S. 369). Die Parallele zum vorliegenden Fall ist einleuchtend. In den ganz seltenen Fällen, in denen nach abgewogener Betrachtung daher weder die eine noch die andere Alternative bewiesen ist, geht das entgegen der dargestellten Auffassung von Prölss-Martin-Knappmann a. a. O. zu Lasten des Vers.

Für den Ausnahmefall einer Schwarzfahrt trifft den Vmer die Beweislast (dazu Anm. F 50).

IV. Obliegenheiten nach Eintritt des Versicherungsfalles
1. Anzeigeobliegenheiten nach § 153 VVG

Gliederung:

Schrifttum F 82
a) Vorbemerkung F 83
b) Unabdingbarkeit F 84
c) Anzeigepflichtige Umstände F 85—90
   aa) Tatsachen im Sinne des § 153 I (§ 7 I Nr. 2 S. 1 AKB) F 85—87
      aaa) Begriffsbestimmung F 85
      bbb) Inhalt der Anzeige F 86
      ccc) Sonderregelung für geringfügige Sachschäden F 87
   bb) Anspruchserhebung F 88
   cc) Gerichtliche Geltendmachung F 89
   dd) Ermittlungsverfahren F 90
d) Kenntnis des Vmers F 91
e) Anderweitig erlangte Kenntnis des Vers F 92
f) Form F 93
g) Fristen F 94
h) Erklärungsaddressat F 95
i) Verletzungsfolgen gemäß § 7 V Nr. 1—3 AKB F 96—101
   aa) Leistungsfreiheit bis zu DM 1000,— F 96
   bb) Vorsätzlicher Verstoß F 97
   cc) Grobe Fahrlässigkeit F 98
   dd) Verschulden Dritter F 99
   ee) Kausalität F 100
   ff) Beweislast F 101

[F 82] Schrifttum:

Bruck—Möller Bd I Anm. 1—29 zu § 33 m. w. N. in Anm. 2, ferner Bd IV Anm. F 28—51; zur Neuordnung des Obliegenheitsrechts auf dem Gebiet der Kfz-Haftpflichtv vgl. die Nachweise in Anm. F 102.

[F 83] a) Vorbemerkung

In § 153 sind die im Zusammenhang mit dem Eintritt eines Vsfalls den Vmer treffenden Anzeigelasten zusammengefaßt. Eine Sonderregelung im Verhältnis zu der in § 33 für alls Vszweige festgelegten Obliegenheit, dem Ver den Eintritt eines Vsfalles anzuzeigen, erschien für die Haftpflichtv aus mehreren Gründen als geboten. Der erste Grund ist darin zu sehen, daß in der Haftpflichtv mehrere Zeitpunkte in Betracht kommen, an die im Rahmen eines sogenannten „gedehnten Vsfalls" angeknüpft werden kann. Der Gesetzgeber hat daher in § 153 I, anders als in § 33 I, nicht vom Eintritt des Vsfalls gesprochen, sondern von den Tatsachen, die eine Verantwortlichkeit des Vmers gegenüber einem Dritten zur Folge haben könnten (vgl. zur Auslegung dieses Begriffs Anm. F 85). Der zweite Grund liegt darin, daß für die Bewertung des Lebensvorganges neben den in § 153 I genannten Tatsachen auch bedeutsam ist, ob der Dritte einen Ersatzanspruch erhebt (153 II), ferner, ob es zu einer gerichtlichen Auseinandersetzung kommt (§ 153 IV 1) oder ob wegen des den „Anspruch begründenden" Ereignisses ein Ermittlungsverfahren eingeleitet worden ist (§ 153 IV 2).

Im Rahmen dieses Kommentars ist diese subtile gesetzliche Regelung bereits zur allgemeinen Haftpflichtv in Bd IV Anm. F 28—51 erörtert worden. Was in jenen Anmerkungen für das Recht der allgemeinen Haftpflichtv dargestellt worden ist, gilt im Kern gleichermaßen für die Kfz-Haftpflichtv. Demgemäß geht die Darstellung der Anzeigelasten in der Kfz-Haftpflichtv weitgehend von den Bemerkungen in Bd IV in Anm. F 28—51 aus. In den folgenden Anmerkungen werden daher nur die neuere Entwicklung auf diesem Rechtsgebiet und die Besonderheiten der Kfz-Haftpflichtv berücksichtigt. Als wichtige Abweichung von der allgemeinen Haftpflichtv und von der Regelung auch in allen anderen Vszweigen ist dabei für die Anzeigelast zu konstatieren, daß gemäß § 7 V Nr. 2 AKB im Regelfall nur eine Leistungsfreiheit des Vers bis zu höchstens DM 1000,— eintritt (vgl. dazu Anm. F 96).

IV. 1. Anzeigeobliegenheiten nach § 153 VVG   Anm. F 84

[F 84] b) Unabdingbarkeit

§ 153 ist eine Bestimmung, von der nach § 158 a **nicht zum Nachteil** des Vmers abgewichen werden darf. Jede mit dem Wortlaut des § 153 I nicht übereinstimmende Bedingungsfassung ist demgemäß darauf zu überprüfen, ob sie den Vmer schlechter als die gesetzliche Regelung stellt oder nicht. Eine solche Verschlechterung würde z. B. eine Verkürzung der in § 153 I, II festgelegten Frist zur Anzeigeerstattung binnen einer Woche darstellen. Vor allen Dingen bedeutet die gesetzliche Regelung aber auch, daß dem Vmer keine Anzeigelasten bezüglich solcher Tatumstände auferlegt werden dürfen, die in § 153 nicht aufgeführt worden sind. Gegen diese Auslegung könnte BGH 3.XI.1966 NJW 1967 S. 778 = VersR 1967 S. 58 sprechen, wenn es dort heißt, daß in den Vsbedingungen zusätzlich anzuzeigende Tatsachen aufgeführt würden. Diese obiter dictum gemachte Bemerkung braucht aber nicht so verstanden zu werden, daß damit über § 153 hinausgehende Anzeigelasten begründet werden dürfen. Vielmehr ging es dem BGH a. a. O. letzten Endes nur um das Verhältnis zwischen § 33 und § 153. Wollte man § 153 in Verbindung mit § 158 a anders auslegen, so wäre nicht mehr zu verstehen, was eigentlich der zwingende Gehalt des § 153 sein sollte. Es ist demgemäß an der schon in Bd IV Anm. F 29 vertretenen Auffassung festzuhalten, daß vertraglich keine zusätzlichen Anzeigelasten begründet werden können. Eine Überprüfung der Regelung in den AKB ergibt im übrigen, daß dort auch nicht der Versuch unternommen worden ist, solche zusätzlichen Anzeigelasten festzulegen (vgl. insbesondere Anm. F 89). Zu beachten ist in diesem Zusammenhang allerdings auch, daß durchaus ein achtenswertes **Informationsbedürfnis** des Vers daran bestehen kann, über andere Fakten als die in § 153 aufgeführten Tatumstände unterrichtet zu werden. Der Weg, das zu erreichen, führt aber nicht über § 153 abweichende Konstruktion der Anzeigelasten. Gangbar ist vielmehr nur eine Lösung über die in § 7 I Nr. 2 S. 3 AKB aufgeführte **Aufklärungslast**. Der Unterschied zwischen diesen beiden in der Rechtsprechung nicht immer scharf gedanklich voneinander getrennten Obliegenheiten ist darin zu sehen, daß die Anzeigen des § 153 vom Vmer **spontan** zu erfüllen sind, während **der verbale Teil der Aufklärungslast nur auf Verlangen** des Vers als „verhaltene Obliegenheit" erfüllt zu werden braucht (so Bruck—Möller Bd I Anm. 7 zu § 34; vgl. auch ÖOGH 26.VI.1986 VersR 1987 S. 1255—1256 m. w. N., ferner Anm. F 108 und Bd IV Anm. F 29).

Im Gegensatz zu dieser Auffassung statuiert § 8 I Nr. 1 der österreichischen AKHB für **Personenverletzungen** (und erst recht für Todesfälle, vgl. ÖOGH 28.VI.1979 VersR 1980 S. 446—448) eine **zusätzliche Anzeigelast**, die sofort nach dem Eintritt des Schadenereignisses gegenüber der nächsten Gendarmerie- oder Polizeidienststelle zu erfüllen ist. Diese Regelung wird vom ÖOGH in ständiger Rechtsprechung als **rechtsbeständig** behandelt (vgl. nur ÖOGH 28.IV.1977 VersR 1978 S. 264, 1.II.1979 VersR 1979 S. 729—730, 28.VI.1979 a. a. O., 9.IV.1981 VersR 1982 S. 564, 9.IV.1981 VersR 1984 S. 399, 25.VI.1981 VersR 1984 S. 399—400, 11.II.1982 VersR 1983 S. 304, 11.II.1982 VersR 1983 S. 355—356; sämtlich m. w. N., ferner ÖOGH 9.VII.1987 VersR 1987 S. 948 [nur L. S.] = ZVR 1988 S. 180—181). Zweifel, die sich aus den auch in Österreich geltenden Bestimmungen der §§ 153, 158 a ergeben könnten, werden nicht erwähnt. Das dürfte seinen Grund darin haben, daß § 4 II der österreichischen StVO eine solche Anzeige vorschreibt. Demgemäß haben die Ver keine eigenständige vsrechtliche Anzeigelast geschaffen. Sie knüpfen vielmehr mit § 8 I Nr. 1 der österreichischen AKHB an eine bestehende öffentlich-rechtliche Anzeigepflicht an. Bemerkenswert ist dabei, daß in Österreich von einem **allgemeinen Bewußtsein der Verkehrsteilnehmer** ausgegangen wird, daß in derartigen Fällen sofort die nächste Polizei- oder Gendarmeriestelle zu verständigen sei (vgl. z. B. ÖOGH 28.VI.1979 a. a. O., 25.IV.1981 a. a. O., 11.II.1982 a. a. O. S. 356). Nach der Zielsetzung des § 4 II der österreichischen StVO liegt es im übrigen nahe, diese Anzeigepflicht vsrechtlich ebenso wie das Verbot der Fahrerflucht dem Bereich der Aufklärungslast zuzuordnen (so ÖOGH 14.XII.1978 VersR 1979 S. 731−732 in einem Kaskovsfall, in dem bei einem Sachschaden keine Anzeige nach § 4 V der österreichischen StVO erstattet worden war). Zum entsprechenden Problem der unterlassenen Mitteilung gemäß § 142 III StGB in der Fassung des Dreizehnten Strafrechtsänderungsgesetzes vom 13.VI.1975 (BGBl. I 1975 S. 1349) vgl. Anm. F 105 a. E.

Bemerkenswert ist, daß § 33 I als Grundnorm für die Anzeige des Vsfalls im Gegensatz zu § 153 nicht in den Kreis der zugunsten des Vmers halbzwingenden Vorschriften aufgenommen worden ist (vgl. § 34 a und Bruck−Möller Bd I Anm. 29 zu § 33). Das ist deshalb bedeutsam, weil in § 153 anders als in § 33 die Kenntnis des Vmers von den anzeigepflichtigen Umständen nicht als Voraussetzung für den Tatbestand der Obliegenheit aufgeführt wird. Einigkeit besteht freilich darin, daß § 153 insoweit als um durch die Grundregelung ergänzt zu interpretieren ist (vgl. Anm. F 91). Die Frage ist nur die, ob diese Ergänzung des § 153 mit vom halbzwingenden Charakter jener Vorschrift nach § 158 a erfaßt wird oder nicht. Das hätte zur Folge, daß eine Bestimmung, nach der den Vmer eine Anzeigeobliegenheit auch dann trifft, wenn er grob fahrlässig von dem anzeigepflichtigen Tatumstand keine Kenntnis hat, schlechthin unwirksam ist. Die entgegengesetzte Auslegungsmöglichkeit ist die, daß zwar im Rahmen des § 153 die Kenntnis wie in der Grundnorm des § 33 abdingbar ist, daß aber gemäß § 9 AGBG zu prüfen ist, ob eine solche Vereinbarung als unangemessen anzusehen ist. Es sei betont, daß für die Kfz-Haftpflichtv kein aktueller Anlaß für eine abschließende Entscheidung dieser Frage gegeben ist, weil § 7 V AKB ebenso wie § 153 als um die Grundnorm des § 33 ergänzt anzusehen ist (vgl. Anm. F 91). Die sachgerechte Lösung ist im übrigen die, daß nur die in § 153 ausdrücklich aufgeführten Tatumstände zum nach § 158 a zwingenden Bereich zu rechnen sind. Anhaltspunkte dafür, daß der Gesetzgeber mit § 153 auch andere als dort genannte Tatbestandsmerkmale unter zwingenden Schutz stellen wollte, sind nicht ersichtlich. Ein Grund für eine Besserstellung der Vmer in der Haftpflichtv im Verhältnis zu denen anderer Vszweige ist nicht gegeben.

Dafür, daß den Vmer entgegen § 9 AKB keine Obliegenheit zur schriftlichen Anzeigeerstattung trifft, vgl. Anm. F 93.

[F 85] c) Anzeigepflichtige Umstände

aa) Tatsachen im Sinne des § 153 I VVG (§ 7 I Nr. 2 S. 1 AKB)

aaa) Begriffsbestimmung

In § 153 I ist als Obliegenheit des Vmers festgelegt, daß diejenigen Tatsachen dem Ver binnen einer Woche anzuzeigen sind, die seine Verantwortlichkeit gegenüber einem Dritten zur Folge haben könnten. Gemeint ist in § 153 I der vom Vmer begangene Verstoß; abgestellt wird demgemäß in § 153 I auf das Kausalereignis (vgl. zur Abgrenzung der Kausalereignis- und Folgeereignistheorie in der Haftpflichtv grundlegend BGH 4.XII.1980 BGHZ Bd 79 S. 76−89 m. w. N. und dazu Anm. G 41 m. w. N.; speziell zur Begriffsbestimmung in § 153 I Bd IV Anm. G 34). § 7 I Nr. 2 S. 1 AKB wiederholt nicht diesen gesetzlichen Wortlaut der Anzeigeobliegenheit, sondern legt fest, daß dem Ver jeder Vsfall vom Vmer innerhalb einer Woche schriftlich anzuzeigen ist. Was unter dem Begriff „Vsfall" zu verstehen ist, ergibt für die Kfz-Haftpflichtv § 7 I Nr. 1 AKB. Dort ist der Vsfall für die Kfz-

IV. 1. Anzeigeobliegenheiten nach § 153 VVG　　　　　　　　　　　　　Anm. F 85

Haftpflichtv dahin definiert worden, daß es sich um das Ereignis handle, das Ansprüche zur Folge haben könnte. In Bd IV Anm. F 34 ist diese Regelung ebenso wie die in § 5 Nr. 5 AHB dahin verstanden worden, daß es sich dabei um das Schadenfolgeereignis handle. Zur zeitlichen Abgrenzung der Eintrittspflicht des Vers ist vom BGH 4.XII.1980 a. a. O. für den AHB-Bereich dagegen die Auffassung vertreten worden, daß der Ausdruck „Ereignis, das Ansprüche gegen den Vmer zur Folge haben könnte", auf die Schadenursache hinweise und nicht das Schadenfolgeereignis als maßgebend verankere (streitig, vgl. Anm. G 41). Es ist im Rahmen des gedehnten Vsfalls in der Kraftfahrzeughaftpflichtv aber nicht geboten, eine gleiche Interpretation auch für die Anzeige des Vsfalls vorzunehmen. Gerade weil Ursache und Schadenfolgeereignis im Regelfall in dieser Vssparte zusammenfallen, erscheint es als sachgerecht, hier die Bedingungsregelung für alle nach Eintritt des Vsfalles zu erfüllenden Obliegenheiten dahin zu interpretieren, daß als maßgebend auf den Eintritt des äußeren Verletzungszustandes im Sinne des Schadenfolgeereignisses abgestellt wird. Maßgebend ist demnach nicht der Zeitpunkt des Eintritts der die Schadenursache ausmachenden Tatsachen, sondern die des Schadenfolgeereignisses. Allerdings spielt, wie in Anm. G 41 dargelegt, für die Kfz-Haftpflichtv der für die allgemeine Haftpflichtv häufig so bedeutsame Unterschied zwischen dem Zeitpunkt des Eintritts des Kausalereignisses und des Folgeereignisses nur in sehr wenigen Fällen eine entscheidende Rolle. Das ergibt sich daraus, daß kaum Fälle denkbar sind, in denen diese beiden Zeitpunkte in einem rechtlich erheblichen Rahmen bei auf den Gebrauch eines Kfz zurückzuführende Schäden auseinanderklaffen. Das Ereignis, das Ansprüche zur Folge haben könnte, ist daher regelmäßig nahezu zeitgleich mit dem alsbald eintretenden Verletzungszustand einer Person oder der Beschädigung einer Sache. Für den Vmer bedeutet demgemäß die Anzeige des Vsfalls in der täglichen Schadenpraxis ohnedies, daß ihn die Last trifft, den Ver über ein äußerlich in Erscheinung getretenes Schadenereignis und dessen Ursache zu unterrichten. In aller Regel wird es sich um Kollisionen handeln, in deren Verlauf Personen- und Sachschäden eingetreten sind. Dazu sind aber auch andere Tatsachen zu rechnen, die nicht selten durch einen einer Kollision ähnlichen äußeren Tatsachenablauf gekennzeichnet sind, z. B. Schäden infolge Gewaltbremsungen ohne Kollision, die auf das verkehrswidrige Verhalten des Vmers zurückzuführen sind. Bei den nach § 10 I c AKB miteingeschlossenen sogenannten reinen Vermögensschäden kann es sich dagegen z. B. um die Anzeige einer die Fortbewegung des Dritten hinderlichen Abstellweise des Kfz handeln. Als seltener Ausnahmefall, bei dem auf einen Unterschied zwischen dem Kausalereignis und dem Schadenfolgeereignis abzustellen ist, sei der Fall erwähnt, daß dem Vmer das Fahrzeug gestohlen worden ist. Hier kann sich eine Haftung des Vmers für einen vom Dritten erst Monate später angerichteten Schaden allein daraus ergeben, daß der Vmer schuldhaft die Entwendung ermöglicht hat (vgl. § 7 III 1 [2. Alt.] StVG).

Als weiteren Sonderfall des Auseinanderklaffens zwischen Kausalitätsereignis und Schadenfolgeereignis vgl. den vom BGH 15.X.1962 MDR 1963 S. 29−30 = VA 1963 S. 27−28 Nr. 353 behandelten Sonderfall. Dort hatte der Fahrer A einem Dritten B, der keine gültige Fahrerlaubnis besaß, das Steuer des Wagens zum Fahren übergeben; für die gegen A gerichteten Schadenersatzansprüche wurde vom BGH unter Hinweis darauf, daß dieser zum Zeitpunkt des Eintritts des Schadenereignisses nicht Fahrer gewesen sei, der Vsschutz verneint. Wie in Anm. G 41 dargetan (vgl. auch Anm. H 7), läßt sich diese Auffassung angesichts der Maßgeblichkeit des Kausalereignisses nicht mehr halten (vgl. aber auch Anm. F 46 dafür, daß der so handelnde Fahrer ebenfalls einen Verstoß gegen § 2 II c AKB begeht, so daß er in der Regel den eigenen Vsschutz nach Obliegenheitsgrundsätzen verliert). Im Rahmen der Anzeigelast spielt diese Erkenntnis nur dann eine Rolle, wenn ein zeitlich erhebliches Auseinanderklaffen zwischen der Überlassung des Fahrzeugs an den ohne Führerschein fahrenden Dritten und dem auf dieser Fahrt eintretenden Schadenereignis gegeben ist.

Zu beachten ist, daß die Anzeigelast nach § 153 I nicht voraussetzt, daß der Vmer haftpflichtig ist. Es genügt vielmehr die Möglichkeit, daß sich aus den dem Vmer bekannten Tatsachen gegen diesen Ansprüche herleiten lassen. Hält der Vmer das allerdings nicht für möglich, so handelt er in bezug auf die Obliegenheitsverletzung nicht vorsätzlich. Ein guter Beispielsfall ist OLG Köln 6.IV.1970 VersR 1970 S. 1022–1024 zu entnehmen. Dort war der (zuvor von zwei anderen Fahrzeugen angefahrene) Dritte als Folge des Zusammenpralls mit dem unmittelbar vor dem Vmer fahrenden Pkw vor dessen Fahrzeug geworfen worden; der Ver erfuhr davon erst 2 Jahre später (vgl. ferner Anm. F 97). – Einleuchtend ist ferner, daß der Vmer zunächst von der Anzeigelast entbunden ist, wenn der Dritte am Unfallort erklärt, daß er keine Ansprüche erhebe (so AG Köln 5.VI.1984 ZfS 1984 S. 240–241).

[F 86] bbb) Inhalt der Anzeige

An den Inhalt der Anzeige der Tatsachen im Sinne des § 153 I sind nur geringe Anforderungen zu stellen. Es genügt eine kurze Nachricht ohne Angabe näherer Einzelheiten (BGH 23.XI.1967 VersR 1968 S. 59). Das wird z. B. durch eine Mitteilung erfüllt, daß es zu einem bestimmten Zeitpunkt an einem bestimmten Ort zu einem Zusammenstoß mit einem anderen Verkehrsteilnehmer gekommen sei. Sache des Vers ist es dann, wenn ihm die Angaben des Vmers für eine Regulierung nicht genügen, Nachfrage zu halten. Das geschieht in der Praxis zumeist dadurch, daß der Ver den Vmer bittet, ein Schadenformular auszufüllen. Dieser Vorgang ist dann aber nicht mehr dem Bereich der Anzeigelast sondern dem der Auskunftsobliegenheit nach § 34 (§ 7 I Nr. 2 S. 3 AKB) zuzuordnen (BGH 23.XI.1967 a. a. O.). Vgl. dazu ergänzend Bd IV Anm. F 35.

Ist der Vmer bei demselben Ver sowohl gegen Haftpflicht- als auch gegen eigene Fahrzeugschäden vert, so genügt grundsätzlich eine Meldung des Schadens (BGH 24.I.1963 VA 1963 S. 199–200 Nr. 369 = VersR 1963 S. 228–229 m. w. N., a. M. OLG Hamburg 14.X.1931 JRPV 1932 S. 107–108 = RdK 1933 S. 240–241, Stiefel–Hofmann[15] Anm. 16 zu § 7 AKB, S. 289; differenzierend Prölss–Martin–Knappmann[25] Anm. 2 A zu § 7 AKB, S. 1434; vgl. auch Bruck–Möller Bd I Anm. 37 zu § 16 m. w. N. und Bd IV Anm. F 45). Das gilt auch für weitere Ven in der Kfz-Sparte. Eine andere Auslegung würde außer acht lassen, daß dem Vmer in der Regel nur eine einheitliche Police ausgehändigt wird, so daß er von einer einheitlichen Bearbeitung des Vorgangs durch den Ver ausgehen darf. Der Ver muß deshalb seinen Betrieb so organisieren, daß dem Vmer keine doppelte Schreibarbeit aufgelastet wird. Trennt der Ver aus organisatorischen Gründen die Haftpflicht- von der Kaskoregulierung, so muß er dafür Sorge tragen, daß die eine Abteilung von den Meldungen an die andere Kenntnis erlangt. Das gilt auch dann, wenn der Vmer im Betreff oder Text nur eine der Vssparten erwähnt; denn aus Anlaß der ohnedies vorzunehmenden Deckungsprüfung kann der Ver unschwer den Gesamtumfang des Vsschutzes in allen Kraftfahrzeugvssparten ermitteln. – Das Gesagte gilt allerdings dann nicht, wenn wie in dem von Prölss–Martin-Knappmann[25] Anm. 2 A zu § 7 AKB, S. 1434 erwähnten Beispielsfall der Kaskoschadenanzeige ausnahmsweise keinerlei Hinweis darauf zu entnehmen ist, daß ein Dritter geschädigt sei (vgl. dazu OLG

IV. 1. Anzeigeobliegenheiten nach § 153 VVG Anm. F 87

Celle 24.V.1967 VersR 1967 S. 994—995 [dem aber in der Beweislast hinsichtlich der Kenntnis des Vmers von einem anzeigepflichtigen Tatumstand nicht zu folgen ist, vgl. dazu Anm. F 101] und Bd IV Anm. F 45).

[F 87] ccc) Sonderregelung für geringfügige Sachschäden

Die Anzeigelast nach § 153 I wird durch § 7 I Nr. 2 S. 2 AKB eingeschränkt. Danach bedarf es keiner Anzeige, wenn der Vmer einen Schadenfall gemäß der Sonderbedingung für kleine Sachschäden selbst regelt. Diese Sonderbedingung für Bagatellschäden (letzte Fassung VA 1990 S. 177, vorher VA 1979 S. 176) hat folgenden Wortlaut:

1. Bei verspäteter Anzeige eines Vsfalles, bei dem lediglich ein Sachschaden eingetreten ist, wird sich der Ver auf die Leistungsfreiheit nach § 7 Abs. V AKB nicht berufen, wenn der Vmer den Schaden geregelt hat oder regeln wollte, um dadurch eine Einstufung seines Vertrages in eine ungünstigere Schadenfreiheits- oder Schadenklasse zu vermeiden. Diese Vereinbarung gilt jedoch in der Kfz-Haftpflichtv nur für solche Sachschäden, die Entschädigungsleistungen von voraussichtlich nicht mehr als 500 DM erfordern, und in der Fahrzeugvollv für Schäden, in denen die vertragliche Leistung des Vers voraussichtlich 500 DM nicht übersteigt.

2. Gelingt es dem Vmer nicht, den Schaden im Rahmen der Ziff. 1 selbst zu regulieren oder ist dem Ver hinsichtlich des vten Fahrzeugs bzw. Ersatzfahrzeugs (Nr. 26 der Tarifbestimmungen) im gleichen Kalenderjahr ein weiterer Schaden zur Regulierung gemeldet worden, so kann der Vmer bis zum Ende des Kalenderjahres den nach Ziff. 1 nicht gemeldeten Schaden dem Ver nachträglich anzeigen. Schäden, die sich im Dezember ereignen, können bis 31. Januar des folgenden Jahres nachgemeldet werden.

3. In der Kfz-Haftpflichtv hat der Vmer jeden Sachschaden, abweichend von Ziff. 1, unverzüglich dem Ver anzuzeigen, wenn der Anspruch gerichtlich geltend gemacht, Prozeßkostenhilfe beantragt oder dem Vmer gerichtlich der Streit verkündet wird. Das gleiche gilt im Falle eines Arrestes, einer einstweiligen Verfügung oder eines Beweissicherungsverfahrens.

Durch diese Sonderregelung wird erreicht, daß der Ver in sehr vielen Fällen die Regulierungsarbeit nicht zu leisten braucht. Der Vmer hat den Vorteil, daß sein Vertrag nicht schadenbelastet wird (allerdings hat er auch die Möglichkeit, sich seinen Schadenfreiheitsstatus zu erhalten, wenn der Ver die Regulierungsarbeit macht und er ihm dann die Ersatzleistungen an den Dritten erstattet; vgl. dazu Nr. 16 V TB—KH und Anm. E 16).

Der Wegfall der Anzeigelast leuchtet für den Fall einer abschließenden Zahlung an den Dritten ohne weiteres ein. Ein Informationsinteresse des Vers bezüglich solcher Schadenfälle, die nicht zu seinen finanziellen Lasten gehen, ist in der Kfz-Haftpflichtv nicht ersichtlich. Es bedurfte aber einer Sonderregelung für solche Fälle, in denen das Bestreben des Vmers zur Regulierung eines solchen Schadens mißlingt. Auch mußte dem Vmer das Recht zur Nachmeldung in denjenigen Fällen zugestanden werden, in denen später im selben Kalenderjahr ein weiterer Haftpflichtschaden eintritt.

Bedeutsam ist, daß die Anzeigelast dann wieder auflebt, wenn dem Vmer eine der in § 153 IV aufgeführten Tatsachen bekannt wird.

Zur Verschuldensfrage in den Fällen dieser versuchten Eigenregulierung durch den Vmer vgl. ergänzend Anm. F 97.

Anm. F 88   F. Obliegenheiten des Vmers in der Kraftfahrzeughaftpflichtv

Aus dem Sinn der Sonderklausel ergibt sich, daß der Vmer bei dem Vorliegen der dort genannten Voraussetzungen auch seine Inanspruchnahme durch den Dritten im Sinne des § 153 II nicht anzuzeigen braucht und daß ihn insoweit das Anerkenntnis- und Befriedigungsverbot nach § 7 II Nr. 1 AKB nicht trifft (vgl. dazu Anm. F 140 und 145).

[F 88] bb) Anspruchserhebung

Nach § 153 II, mit dem § 7 II Nr. 2 AKB wörtlich übereinstimmt, ist ferner die **Inanspruchnahme** des Vmers (oder des Vten) durch den Dritten dem Ver anzuzeigen. In der bis 1939 geltenden Fassung des § 153 (zur Entstehungsgeschichte vgl. Bd IV Anm. F 28) war die Anzeige dieser Inanspruchnahme von wesentlicher Bedeutung. Das folgte daraus, daß in § 153 I a. F. festgelegt war, daß die Wochenfrist zur Anzeige des Vsfalles erst mit dem Zeitpunkt begann, in welchem der Dritte seinen Anspruch gegenüber dem Vmer geltend machte. Aus dieser gesetzlichen Regelung hatte das **Reichsgericht** gefolgert, daß nach dem Gesetz in der Haftpflichtv der maßgebende Zeitpunkt für den Vsfall die **Inanspruchnahme** des Vmers durch den Dritten sei (vgl. dazu die Nachweise bei Bruck 7. Aufl. Anm. 5 zu § 153 und in Bd IV Anm. B 11). Nachdem jetzt aber in § 153 I festgelegt worden ist, daß schon die Tatsachen anzeigepflichtig sind, die die Verantwortlichkeit des Vmers gegenüber einem Dritten zur Folge haben könnten, kommt der Anzeigelast nach § 153 II nur noch ergänzende Funktion zu. Hat der Vmer dem Ver schon die Tatsachen im Sinne des § 153 I angezeigt, so wird, sofern sich die Möglichkeit einer Haftung des Vmers abzeichnet, sich ein gewissenhafter Ver regelmäßig ohnedies unmittelbar mit dem Dritten in Verbindung setzen, um den Umfang etwaiger Ansprüche zu ermitteln und den Vmer von dem unmittelbaren Kontakt mit dem geschädigten Dritten zu entlasten. Dabei spielt es auch eine wesentliche Rolle, daß die Erfahrung lehrt, daß in sehr vielen Fällen durch eine schnelle Regulierung der Schadenumfang gesenkt wird, ohne daß das zu bedeuten braucht, daß berechtigte Ansprüche des Dritten verkürzt werden. Der wichtigste Fall des § 153 II ist somit der, daß der Vmer keine Anzeige nach § 153 I erstattet hat, weil er sich z. B. an einem Schadengeschehen unschuldig fühlte und meinte, daß er demgemäß nicht auf Schadenersatz hafte. Im Bereich des Straßenverkehrsrechts ist immer wieder zu beobachten, daß die Vmer nicht darüber unterrichtet sind, daß sie nach § 7 StVG auch ohne ein Verschulden haften können. Regelmäßig wird ein Vmer, der dem Ver aus diesem Grunde Tatsachen im Sinne des § 153 I nicht angezeigt hat, das nachholen, wenn ihm gegenüber dann entgegen seinen Erwartungen doch eine Inanspruchnahme durch den Dritten erfolgt. Insofern kommt § 153 II nach der gesetzlichen Konzeption eine Warnfunktion zu. Allerdings müßte einem Vmer, der bis dahin den Schaden nicht angezeigt hat, auch ohne spezielle Festlegung einer solchen Anzeigelast klar sein, daß er den Ver über eine ernsthafte Inanspruchnahme unterrichten müsse. Von Bedeutung ist § 153 II aber auch in den Fällen, in denen der Ver nach Erhalt der ersten Anzeige des Vmers den Eindruck gewonnen hat, daß der Vmer wahrscheinlich aus dem geschilderten Ereignis nicht hafte. In solchen Fällen ist es durchaus sachgerecht, wenn der Ver sich mit dem Dritten nicht selbst in Verbindung setzt, da dadurch bei diesem unter Umständen erst der Gedanke geweckt werden könne, daß er doch einen Schadenersatzanspruch erheben könne. Aber auch dann, wenn dem Vmer von dem Ver nicht mitgeteilt worden ist, daß er sich mit dem Dritten aus diesem Grunde nicht in Verbindung setzen wolle, ist für jeden Vmer eigentlich einleuchtend, daß er über eine Inanspruchnahme durch den Dritten den Ver zusätzlich unterrichten sollte. Eine solche Unterrichtung liegt auch im eigenen Interesse des Vmers, da damit die

IV. 1. Anzeigeobliegenheiten nach § 153 VVG   Anm. F 89

Unerquicklichkeit der persönlichen Konfrontation mit dem Anspruchsbegehren des Dritten für die Zukunft weitgehend ausgeschaltet werden kann.

Eine geringere Bedeutung kommt der Anzeige der Inanspruchnahme im Verhältnis zur Mitteilung der Tatsachen im Sinne des § 149 auch deshalb zu, weil in sehr vielen Fällen nach dem Eintritt des Schadens schon an Ort und Stelle Schadenersatzansprüche dem Grunde nach erhoben werden. Teilt der Vmer das dem Ver schon mit der Schadenanzeige mit, so ist er nicht verpflichtet, eine erneute Inanspruchnahme, soweit es sich nicht um eine gerichtliche Geltendmachung des Haftpflichtanspruchs handelt, dem Ver im Sinne des § 153 II mitzuteilen, wenngleich das vom praktisch kaufmännischen Standpunkt aus sicherlich sachgerecht ist.

Unter einer Inanspruchnahme ist nach Sinn und Zweck des § 153 II eine Erklärung des Dritten gegenüber dem Vmer zu verstehen, mit der er ernsthaft eine Ersatzleistung fordert (vgl. dazu BGH 20.I.1966 VersR 1966 S. 230 m. w. N., 3.XI.1966 NJW 1967 S. 777 = VersR 1967 S. 57, 3.X.1979 VersR 1979 S. 1117–1119, Anm. G 5 und Bd IV Anm. F 37 m. w. N.). Verlangt der Dritte vom Vmer lediglich einen Verzicht auf die Einrede der Verjährung, so braucht darin nach BGH 3.X.1979 a. a. O. noch keine Anspruchserhebung zu liegen (Grenzfall). Der Vmer wird allerdings gut daran tun, eine positive Entscheidung über dieses Begehren im Regelfall nur nach Abstimmung mit dem Ver zu treffen, da der Verzicht auf die Einrede der Verjährung dann einen Verstoß gegen die Schadenminderungslast darstellt, wenn er sich auf bereits verjährte Forderungen bezieht. Darüber hinaus muß der Vmer beachten, daß er einen derartigen Verzicht so formuliert, daß daraus kein Anerkenntnis des Schadenersatzanspruchs abgeleitet werden kann (Verstoß gegen § 7 II Nr. 1 S. 1 AKB, dazu Anm. F 139–154).

Zu beachten ist, daß der Vmer in den der Sonderregelung für geringfügige Sachschäden unterliegenden Fällen (vgl. dazu Anm. F 87) auch von der Anzeige nach § 153 II befreit ist.

[F 89] cc) Gerichtliche Geltendmachung

Nach § 153 IV 1 hat der Vmer, gegen den ein Anspruch gerichtlich geltend gemacht wird, gegen den das Armenrecht (heute Prozeßkostenhilfe genannt) nachgesucht oder dem gerichtlich der Streit verkündet wird, dem Ver unverzüglich Anzeige zu erstatten. Diese Regelung wird mit drei Abweichungen in § 7 II Nr. 3 S. 1, 2 AKB wiederholt. Da nach § 158a von § 153 nicht zum Nachteil des Vmers abgewichen werden darf, ist zu prüfen, ob durch diese Abweichungen dem Vmer nach dem Gesetz nicht gegebene Anzeigelasten auferlegt worden sind (vgl. dazu auch Anm. F 84). Daß das nicht der Fall ist, leuchtet hinsichtlich der ersten festzustellenden Abweichung, daß nämlich in § 7 II Nr. 3 S. 1 AKB hinter dem Ausdruck „gerichtliche Geltendmachung" in Klammern die Begriffe „Klage" und „Mahnbescheid" gesetzt worden sind, ohne weiteres ein. Dabei handelt es sich nur um eine entbehrliche Teilerläuterung des Begriffs der gerichtlichen Geltendmachung. Die zweite Änderung besteht darin, daß eine ausdrückliche Anzeigelast auch für Arreste und einstweilige Verfügungen verankert worden ist. Beide Verfahrensarten sind aber ebenfalls der in § 153 IV 1 aufgeführten gerichtlichen Geltendmachung zuzurechnen. Sie mußten im Bedingungswerk letzten Endes nur deshalb besonders aufgeführt werden, weil andernfalls der Klauseltext hinter dem Begriff der gerichtlichen Geltendmachung irrig als erschöpfende Aufzählung verstanden werden könnte. Des weiteren wird in § 7 II Nr. 3 S. 2 AKB als anzeigepflichtig auch ein Beweissicherungsverfahren aufgeführt (ebenso § 5 Nr. 2 Abs. 4 AHB). Soweit eine solche Beweissicherung im Rahmen eines laufenden Rechtsstreits beantragt wird, wird keine zusätzliche Anzeigelast begründet. Vielmehr ist der Vmer in einem solchen Fall seiner Anzeigelast durch die Unterrichtung des Vers über den eingeleiteten Prozeß nachgekommen. Die Verantwortung für das weitere Prozeßgeschehen tragen dann der Ver, dem der Vmer nach § 7 V AKB die Führung des Rechtsstreits zu überlassen hat, und der vom Ver beauftragte Rechtsanwalt (vgl. auch Anm. F 125). Gemeint ist vielmehr in § 7 II Nr. 3 S. 2 AKB ein selbständiges Beweissicherungsverfahren, wie es nicht selten von sorgsam die Prozeßchancen abwägenden Parteien vor Beginn des Hauptprozesses in Gang gebracht wird (allerdings kaum in Schadenersatzfällen, die mit dem Gebrauch eines Kfz zusammenhängen). Ein solches Verfahren stellt nach strikter Wortinterpretation keine gerichtliche Geltendmachung dar. Es liegt aber ein prozessuales Geschehen von wesentlicher Bedeutung vor, da nicht selten in einem solchen Verfahren entscheidende Weichenstellungen erfolgen können. Demgemäß erscheint es als sachgerecht, auch ohne solche ausdrückliche Bedingungsbestimmung § 153 IV auf ein derartiges Beweissicherungsverfahren entsprechend anzuwenden (vgl. Bd IV Anm. F 38 m. w. N.).

Dafür, daß die Aufrechnung durch den Dritten im Rechtsstreit zwar keine gerichtliche Geltendmachung darstellt (streitig), dem Ver aber als eine Anspruchserhebung im Sinne des § 153 II anzuzeigen ist, vgl. Bd IV Anm. F 38 m. w. N. Dieser Hinweis auf § 153 II verfängt allerdings dann nicht, wenn der Vmer eine vorangegangene Anspruchserhebung schon mitgeteilt hat. Denn § 153 II gebietet dem Vmer nicht, dem Ver jede erneute Anspruchserhebung mitzuteilen (vgl. Anm. F 88). Einzuräumen ist allerdings, daß es für den Ver sehr bedeutsam sein kann, von einem solchen Aktivprozeß des Vmers zu erfahren, in dem der Dritte mit einem (vom Ver zu erfüllenden oder abzuwehrenden) Schadenersatzanspruch aufrechnet. Angesichts dessen, daß § 153 IV aber erkennbar von der gerichtlichen Geltendmachung im Sinne eines gegen den Vmer gerichteten Antrags des Dritten ausgeht, heißt es doch, den Vmer zu überfordern, wenn man von ihm eine Interpretation der genannten Bestimmung verlangt, die auch derart komplizierte Fälle einbezieht. Der Ver kann dem Vmer im übrigen nach Eintritt des Vsfalls durchaus im Rahmen der Aufklärungslast nach § 7 I Nr. 2 S. 3 AKB gezielt auferlegen, ihn über derartige Entwicklungen zu unterrichten. Eine Unterrichtung des Vers über eine solche Aufrechnungskomplikation liegt im Regelfall ohnedies im wohlverstandenen Eigeninteresse des Vmers. Denn er hat einen Rechtsanspruch darauf, daß der Ver in solchen Fällen die Führung eines Aktivprozesses des Vmers im Rahmen des Vsvertrages ergänzend unterstützt, und zwar unter Übernahme des auf die Aufrechnung zurückzuführenden Kostenbelastungsfaktors (vgl. dazu Bd IV Anm. G 5). In den Fällen, in denen der Ver nicht unterrichtet worden ist, kann ihm gegen den Vmer eine zusätzliche vsrechtliche Einrede der Leistungsfreiheit wegen Obliegenheitsverletzung erwachsen, wenn nämlich z. B. ein unterlassener Widerspruch gegen eine Aufrechnung als Verstoß gegen das Anerkenntnis- und Befriedigungsverbot nach § 7 II Nr. 1 AKB zu bewerten ist (vgl. dazu den Fall BGH 30.X.1984 VersR 1985 S. 83–85, der allerdings durch die Besonderheit gekennzeichnet war, daß der Vmer ausdrücklich das Einverständnis mit einer solchen Aufrechnung erklärt hatte).

Für einen der seltenen Ausnahmefälle, in denen zwar der Schadenfall angezeigt worden war, nicht aber der anschließende Prozeß, vgl. BGH 18.XII.1968 VersR 1969 S. 220–221 (zur allgemeinen Haftpflichtv). In diesem Rechtsstreit war es zu einem rechtskräftigen Versäumnisurteil gegen den Vmer gekommen, so daß auch ein Verstoß gegen die in § 7 II Nr. 5 AKB (§ 4 Nr. 4 S. 2 AHB) verankerte Spezialobliegenheit des Haftpflichtvsrechts gegeben war, dem Ver die Führung eines Haftpflichtstreits zu überlassen (vgl. dazu Anm. F 125).

IV. 1. Anzeigeobliegenheiten nach § 153 VVG   Anm. F 91

[F 90] dd) Ermittlungsverfahren

§ 153 IV nennt als vierte Tatsache, die dem Ver anzuzeigen ist, die Einleitung eines Ermittlungsverfahrens gegen den Vmer wegen des den Anspruch begründenden Ereignisses. Dagegen heißt es in § 7 I Nr. 2 S. 5 AKB, daß dem Ver unverzüglich Anzeige zu erstatten sei, wenn ein Ermittlungsverfahren eingeleitet oder ein Strafbefehl oder ein Bußgeldbescheid erlassen sei, und zwar auch dann, wenn der Vmer den Vsfall selbst bereits angezeigt habe. Es fragt sich, ob mit dieser von § 153 IV abweichenden Wortwahl eine sachliche Änderung dieser Vorschrift bezweckt sein könnte. Dabei ist wiederum zu beachten, daß der Regelung in § 153 im ganzen insofern zwingender Charakter zukommt, als sie nach § 158 a nicht zu Lasten des Vmers abgeändert werden darf. Dazu zählen auch Anzeigelasten, die nicht in § 153 vorgesehen sind (vgl. Anm. F 84).

Um diese Frage beantworten zu können, ist zunächst zu klären, was unter dem § 7 I Nr. 2 S. 5 AKB weggelassenen Ausdruck „wegen des den Anspruch begründenden Ereignisses" zu verstehen ist. Eine schlichte Wortinterpretation könnte zu dem Ergebnis führen, daß eine Anzeigelast des Vmers nur dann bestehe, wenn der Haftpflichtanspruch des Dritten begründet sei. Das würde aber den ansonsten geltenden Prinzipien des Haftpflichtvsrechts widerstreiten, nach denen es auch eine Hauptaufgabe des Vers darstellt, unbegründete Ansprüche des Dritten abzuwehren und den Vmer von der Bedrohung mit diesen Ansprüchen zu befreien (vgl. Anm. G 2 und 16). Prölss – Martin – Voit[25] Anm. 5 b zu § 153, S. 735 vertreten die Auffassung, daß § 153 IV so zu lesen sei, als wenn dort – wie in § 153 I – stünde, daß es sich um ein Ermittlungsverfahren wegen einer Tatsache handle, die die Verantwortlichkeit des Vmers gegenüber einem Dritten zur Folge haben könne. Indessen läßt diese Auslegung außer acht, daß § 153 IV erheblich auf den Anspruch des Dritten abstellt. Da damit nach der Ausgestaltung des Haftpflichtvsrechts nicht ein bereits als begründet ermittelter Anspruch gemeint sein sollte, liegt es am nächsten, in Annäherung an den Wortlaut des Gesetzes auf eine vorausgegangene Anspruchserhebung des Dritten als eigentlich Gemeintem abzustellen. Das bedeutet, daß die Einleitung eines Ermittlungsverfahrens nur dann anzeigepflichtig ist, wenn der Vmer von dem Dritten zuvor in Anspruch genommen worden ist (vgl. ergänzend Bd IV Anm. F 39).

Zum Begriff des Ermittlungsverfahrens wird auf Bd IV Anm. F 40 verwiesen. Danach fällt auch ein Bußgeldverfahren unter den Begriff des Ermittlungsverfahrens im Sinne des § 153 IV. Insofern stellt § 7 I Nr. 2 S. 5 AKB nur eine Klarstellung dar. Anzeigepflichtig ist auch ein Ermittlungsverfahren vor den staatlich sanktionierten Disziplinargerichten (streitig, a. M. Prölss – Martin – Voit[25] Anm. 5 b zu § 153, S. 735; vgl. auch Bd IV Anm. F 40 m. w. N.). Festzuhalten ist an der in Bd IV Anm. F 41 vertretenen Auffassung, daß vom Vmer nur ein gegen ihn (oder gegen den Vten) laufendes Ermittlungsverfahren anzuzeigen ist und nicht ein solches gegen sonstige Personen (ebenso OLG Köln 6. IV. 1970 VersR 1970 S. 1022 – 1023; noch weiter einschränkend Prölss – Martin – Voit[25] Anm. 5 c zu § 153, S. 736, der annimmt, daß der Vmer auch ein gegen den Vten eingeleitetes Verfahren nicht anzuzeigen habe; a. M. Prölss – Martin – Knappmann[25] Anm. 2 zu § 7 AKB, S. 1434).

[F 91] d) Kenntnis des Versicherungsnehmers

Nach § 33 I hat der Vmer, sobald er von dem Eintritt des Vsfalls Kenntnis erlangt, dem Ver unverzüglich Anzeige zu erstatten. Daß eine solche Kenntnis vorhanden sein muß, gilt auch für die Anzeigelast nach § 153. Zwar ist in § 153 die Kenntnis des Vmers von den in Anm. F 85 – 90 erörterten anzeigepflichtigen

Tatumständen nicht ausdrücklich als Voraussetzung für die Anzeigelast erwähnt. Das ist aber damit zu erklären, daß § 153 insoweit nur eine Ergänzung des § 33 I darstellt. Das bedeutet, daß eine Anzeigelast erst mit dieser Kenntnis des Vmers entsteht (BGH 3. XI.1966 NJW 1967 S. 778 = VersR 1967 S. 58 m. w. N., 10.VI.1970 VersR 1970 S. 1045–1046, 20.XI.1970 VersR 1971 S. 213–214; vgl. ferner Bruck–Möller Bd I Anm. 2 zu § 33 m. w. N.). Demgemäß schadet dem Vmer eine schuldhafte Unkenntnis anzeigepflichtiger Umstände nichts; das gilt auch dann, wenn die Unkenntnis des Vmers auf grober Fahrlässigkeit beruht (BGH 3.XI.1966 a. a. O., 10.VI.1970 a. a. O.). Im gleichen Sinne wie § 153 sind auch die in § 7 I, II AKB (und § 5 II AHB) verankerten Anzeigeobliegenheiten als um den Tatbestand der Kenntnis des Vmers ergänzt zu betrachten (BGH 3.XI.1966 a. a. O.).

Unabhängig von dieser auf den Sinn der Anzeigelasten abstellenden Interpretation des § 7 I, II AKB stellt sich die Frage, ob eine Klausel, in der unmißverständlich zum Ausdruck gebracht werden würde, daß dem Vmer eine Anzeigelast auch von ihm nicht bekannten Tatumständen auferlegt werden solle, in der Haftpflichtv überhaupt als rechtswirksam anzusehen wäre. Sie würde bedeuten, daß ein Vmer, der grob fahrlässig keine Kenntnis von anzeigepflichtigen Umständen erlangt, den Vsschutz verlieren könnte. In diesem Zusammenhang ist zu beachten, daß § 33 I nicht zu dem Kreis der zugunsten des Vmers halbzwingenden Vorschriften zählt, so daß aus dieser Sicht eine vertraglich abweichende Regelung vereinbart werden könnte (Möller a. a. O. Anm. 29 zu § 33). Ein gleiches wird man trotz der Vorschrift des § 158 a aus sachlogischen Gründen auch für die durch § 33 I um das Tatbestandsmerkmal der Kenntnis ergänzten Bestimmung des § 153 anzunehmen haben. Prölss–Martin[25] Anm. 1 zu § 33, S. 261 halten demgegenüber unter Bezugnahme auf BGH 3.XI.1966 a. a. O., aber wohl für alle Vszweige das Erfordernis der Kenntnis des Vmers überhaupt nicht für abdingbar. Soweit ist der BGH 3.XI.1966 a. a. O. freilich nicht gegangen; er hat vielmehr eine auf Sinn und Zweck der Regelung in § 33 abstellende Interpretation des § 153 vorgenommen und diese auf die Bedingungsbestimmungen übertragen. Im Ergebnis ist den genannten Autoren aber mit Rücksicht auf § 9 AGBG für nicht individuell ausgehandelte Vertragsabweichungen durchaus beizupflichten. Das Erfordernis der Kenntnis stellt für die Entstehung von Anzeigeobliegenheiten einen wesentlichen Grundgedanken der gesetzlichen Regelung im Sinne des § 9 II Nr. 2 AGBG dar; davon abzuweichen bedeutet, den Vmer unbillig zu benachteiligen (vgl. auch Anm. F 84).

Die Möglichkeit der Kenntnisnahme ist der Kenntnis des Vmers im Sinne des § 153 und des § 7 I, II AKB nicht gleichzusetzen. Das bedeutet, daß auch ein gemäß § 130 BGB anzunehmender Zugang einer Willenserklärung, z. B. einer Inanspruchnahme im Sinne des § 7 II Nr. 2 AKB, für die Kenntnis des Vmers nicht genügt (BGH 3.XI.1966 a. a. O.). Der Kenntnis des Vmers steht wie auch sonst die seines Repräsentanten gleich (Möller a. a. O. Anm. 9 zu § 33). Darüber hinaus greift auch eine Wissenszurechnung Platz, und zwar dann, wenn der Vmer seinen Innenbetrieb in der Weise regelt, daß Tatsachen, deren Kenntnis von Rechtserheblichkeit ist, nicht von ihm selbst, sondern von einem bestimmten Angestellten zur Kenntnis genommen werden (so Möller a. a. O. unter Bezugnahme auf RG 8.III.1921 RGZ Bd 101 S. 403; vgl. auch BGH 3.XI.1966 a. a. O., der unter diesen Umständen die Kenntnis der Ehefrau des dort in Anspruch genommenen Helfers für Steuersachen nicht für ausreichend hielt). Vgl. ergänzend Anm. F 99.

Wie auch sonst bei den Anzeigelasten ist gemäß dem Grundgedanken des § 16 II, 1 ein Vmer, der sich arglistig der Kenntnis eines anzeigepflichtigen Umstandes entzogen hat, so zu behandeln, als kenne er diesen Umstand. Diese theoretische Ausnahme spielt in der Rechtswirklichkeit allerdings kaum einmal eine entscheidende

IV. 1. Anzeigeobliegenheiten nach § 153 VVG   **Anm. F 93**

Rolle (vgl. dazu die Nachweise für das gleichgelagerte Problem hinsichtlich der Kenntnis gefahrerhöhender Umstände im Sinne des § 23 in Anm. F 56 und 73).

Dafür, daß der Ver hinsichtlich der Kenntnis des Vmers von den anzeigepflichtigen Umständen beweispflichtig ist, vgl. Anm. F 101.

[F 92] e) Anderweitig erlangte Kenntnis des Versicherers

Die Anzeigelast gemäß § 153 I entfällt, sofern der Ver rechtzeitig von dem Eintritt der Tatsachen, die eine Verantwortlichkeit des Vmers gegenüber dem Dritten zur Folge haben könnten, in anderer Weise erfährt. Das ist in § 33 II für alle Vszweige bezüglich der Anzeige des Vsfalls zwingend zugunsten des Vmers vorgeschrieben. Auf diese Bestimmung wird zudem in § 153 I 2 ausdrücklich verwiesen. Nach dem Sinn dieser Regelung gilt diese Vorschrift aber auch für die Anzeigelasten nach § 153 II und IV (LG Saarbrücken 12.V.1972 VersR 1973 S. 514, OLG Hamm 18.V.1988 r + s 1989 S. 72–73, Prölss–Martin–Voit[25] Anm. 7 zu § 153, S. 737; vgl. ferner Bd IV Anm. F 30).

Die Bedeutung der Schadenanzeige durch den Vmer ist durch den zum 1.X.1965 geschaffenen Direktanspruch des Dritten und die sich mehr und mehr durch alle Volksschichten verbreitende Kenntnis der Geschädigten von der Eigenhaftung des gegnerischen Haftpflichtvers sehr zurückgegangen. In sehr vielen Fällen erfolgt daher heute die erste Unterrichtung des Vers durch den Dritten. Das stimmt überein mit der dem Dritten in § 3 Ziff. 7 PflichtvsG auferlegten Anzeigelast (vgl. dazu Anm. B 27). Eine solche Anzeige bewirkt, daß der Ver von den nach § 153 I anzuzeigenden Tatsachen im Sinne des § 33 II Kenntnis erlangt (BGH 4.XII.1980 BGHZ Bd 79 S. 89, OLG Schleswig 20.III.1969 VersR 1970 S. 415, LG Saarbrücken 12.V.1972 a. a. O.; Prölss–Martin–Knappmann[25] Anm. 2 zu § 7 AKB, S. 1434). Die Anzeige ist dem Dritten in aller Regel selbst dann möglich, wenn der Vmer den Namen des Vers nicht preisgeben will. Denn diese Kenntnis kann sich der Dritte, sofern ihm das amtliche Kennzeichen des betreffenden Fahrzeugs bekannt ist, über die Zulassungsstelle oder den Notruf der Autover besorgen. Ist der Ver rechtzeitig von dem behaupteten Vsfall durch den Dritten unterrichtet worden, so wird er in aller Regel dem Vmer zwecks Überprüfung der Angaben des Dritten ein sog. Schadenformular übermitteln. Sendet der Vmer das Formular nicht oder nicht ausgefüllt zurück (er kann die Fragen allerdings gewiß auch in freier Form beantworten), so verletzt er damit nicht die Obliegenheit zur Anzeige nach § 153 I, sondern seine Auskunftslast gemäß § 34 (§ 7 I Nr. 2 S. 3 AKB). Darauf, daß der Ver nicht weiß, ob die Angaben des Dritten zutreffen, kommt es hinsichtlich der Anzeigelasten nach § 153 I (und auch bezüglich der Anzeigen nach § 153 II und IV) nicht an. Abgesehen davon, daß der Ver häufig auch berechtigt an der Richtigkeit der ersten Angaben des Vmers hinsichtlich des Unfallgeschehens zweifeln muß (und zwar mit Rücksicht auf die vielen Verkehrsteilnehmern fehlende kritische Distanz zu einem Geschehen, an dem sie selbst beteiligt waren), wird diesem Aufklärungsbedürfnis des Vers durch § 34 Genüge getan. Auf diese Bestimmung kann § 33 II aber nur in Ausnahmefällen entsprechend angewendet werden (vgl. dazu Bd IV Anm. F 54). Teilt der Dritte die Einreichung einer Klage gegen den Vmer (oder Vten) dem Ver mit, so darf er nicht in Untätigkeit verfallen; vielmehr muß er sich nach dem Aktenzeichen des Verfahrens erkundigen und mit dem Vmer (oder Vten) Kontakt aufnehmen (so sinngemäß OLG Hamm 18.V.1988 a. a. O.).

[F 93] f) Form

§ 153 schreibt keine bestimmte Form für die dort aufgeführten Anzeigelasten vor. Das stimmt überein mit der in § 33 getroffenen Regelung (Bruck–Möller Bd I

Anm. 16 zu § 33), die aber ergänzt wird durch die Bestimmung in § 34 a², nach der für die Anzeigen des Vmers die Schriftform vereinbart werden kann. An einer derartigen Vorschrift fehlt es im Haftpflichtvsrecht. Im Unterschied zu § 33 ist § 153 nach § 158 a zwingend zugunsten des Vmers ausgestaltet. Ein unabweisbares Bedürfnis für eine entsprechende Anwendung des § 34 a² ist nicht ersichtlich. Daraus folgt, daß die in § 9 AKB vorgesehene Schriftform bezüglich der Anzeigelasten gemäß § 158 a nicht rechtsverbindlich ist (streitig, a. M. Prölss—Martin—Voit[25] Anm. 6 zu § 153, S. 737, Stiefel—Hofmann[15] Anm. 1 zu § 9 AKB, S. 431, LG Mannheim 19.I.1990 ZfS 1990 S. 380—381; w. N. in Bd IV Anm. F 31). Der Ver handelt demgemäß vertragswidrig, wenn er mündliche Schadenanzeigen zurückweist. § 153 III gibt kein durchschlagendes Gegenargument. Die Bestimmung erklärt die Absendung einer Anzeige als ausreichend zur Wahrung der Fristen (vgl. Anm. F 94). Damit geht sie gewiß von einer verkörperten Form der Schadenanzeige aus. Das ist auch sachgerecht, da die Schadenmeldungen in der Mehrzahl der Fälle schriftlich erfolgen. Eine solche auf die Rechtspraxis abstellende Vorschrift ändert aber nichts daran, daß § 153 eine bestimmte Form für die Erfüllung der Anzeigelasten nicht vorgeschrieben hat.

Allerdings ist es unzweckmäßig, eine Schadenanzeige nur mündlich zu erstatten. Denn der Vmer kann dadurch in Beweisschwierigkeiten hinsichtlich der Erfüllung der Obliegenheiten geraten, wie OLG Hamburg 30.III.1982 VersR 1982 S. 1161—1162 (zur allgemeinen Haftpflichtv) deutlich zeigt. Das Gericht kommt im übrigen (ohne auf den hier vertretenen Standpunkt, daß eine schriftliche Schadenanzeige nicht vorgeschrieben werden könne, abzustellen) im Prinzip zu dem gleichen Ergebnis, indem es eine mündliche Anzeige als anderweitige Kenntnis im Sinne des § 33 II behandelt (ebenso BGH 9.XII.1965 VersR 1966 S. 154 m. w. N.; vgl. ferner die Nachweise bei Möller a. a. O. Anm. 10 zu § 33 und Prölss—Martin[25] Anm. 8 zu § 33, S. 264).

[F 94] g) Fristen

Die Anzeigen nach § 153 I, II sind binnen einer Frist von einer Woche, die nach § 153 IV sind unverzüglich zu erstatten. Unter dem Ausdruck „unverzüglich" ist nach § 121 I 1 BGB ein Handeln ohne schuldhaftes Zögern zu verstehen. Ein wesentlicher Unterschied zwischen den Fristen der beiden Fallgruppen läßt sich nicht feststellen. Zwar gibt der gesetzgeberische Hinweis in § 153 IV 1 zu denken, daß die Unverzüglichkeit auch dann gewahrt werden müsse, wenn die Wochenfristen gemäß § 153 I, II noch nicht abgelaufen seien. Danach würde eine innerhalb einer Frist von einer Woche erstattete Anzeige unter Umständen als nicht unverzüglich angesehen werden. Indessen sieht der durchschnittliche Rechtsbürger das anders. Ihm erscheint die Erstattung einer Anzeige binnen Wochenfrist als eine schnelle Erledigung. Das ist bei der Abgrenzung des Begriffs der Unverzüglichkeit als Verkehrsanschauung zu berücksichtigen. Zu beachten ist ferner, daß alle Fristen erst mit der Kenntnis des Vmers von den anzeigepflichtigen Umständen zu laufen beginnen (vgl. dazu Anm. F 91). — Sehr sinnvoll ist es angesichts der häufig gegebenen Verzögerung bei der Postbeförderung, daß schon die Absendung der Anzeigen nach § 153 III die aufgeführten Fristen wahrt. Das gilt entgegen dem Aufbau des § 153 auch für die Anzeigen nach § 153 IV.

Die in § 153 genannten Fristen werden in der Praxis nicht selten überschritten. Soweit sich dadurch der Schaden vergrößert, ist (Vorsatz oder grobe Fahrlässigkeit des Vmers unterstellt) gegen eine Leistungsfreiheit des Vers im Umfang des Mehrschadens gewiß nichts einzuwenden. Indessen ist bei vorsätzlicher Verletzung der

IV. 1. Anzeigeobliegenheiten nach § 153 VVG   Anm. F 95

Anzeigelasten eine Leistungsfreiheit des Vers auch für in bezug auf für die Schadenhöhe folgenlos gebliebene Verstöße vorgesehen. Diese Leistungsfreiheit ist allerdings nach § 7 V Nr. 2 AKB grundsätzlich auf einen Betrag bis zu DM 1000,- beschränkt. Doch ist zu beachten, daß geringfügige Fristüberschreitungen eine Leistungsfreiheit des Vers selbst in diesem im Prinzip maßvollen Rahmen nicht auslösen. Das ergibt sich daraus, daß nach der sog. „Relevanz"-Rechtsprechung des BGH stets bei vorsätzlichen, aber folgelos gebliebenen Obliegenheitsverletzungen zusätzlich zu prüfen ist, ob der Vmer mit schwerer Schuld gehandelt hat und ob der Verstoß von so erheblicher Intensität war, daß er geeignet war, die Interessen des Vers ernsthaft zu gefährden (vgl. dazu die Rechtsprechungsnachweise in Anm. F 112 und J 15 und ergänzend BGH 8.I.1981 VA 1981 S. 167 Nr. 735 = VersR 1981 S. 322 [zur allgemeinen Haftpflichtv], 23.IX.1985 VersR 1985 S. 1177). Diese Grundsätze gelten eingeschränkt, soweit es nämlich um die Feststellung eines erheblichen Verstoßes mit ernsthafter Gefährdung der Rechtsposition des Vers geht, trotz der in § 7 V Nr. 2 AKB vorgesehenen summenmäßigen Beschränkung der Leistungsfreiheit des Vers weiterhin auch für die Kfz-Haftpflichtv (vgl. zu dieser Streitfrage und dazu, daß das nicht für die Differenzierung des Vorsatzbegriffs in einen normalen Vorsatz und einen von schwerer Schuld geprägten gilt, Anm. F 112).

Im Falle BGH 25.IX.1985 a. a. O. ist die Verzögerungszeit nicht genannt worden. Das Gericht bemerkt lediglich, daß bei einer wissentlichen, aber nur kurzfristigen Verzögerung der Anzeige der Verstoß nicht geeignet sei, berechtigte Interessen des Vers ernsthaft zu gefährden, zumal da ein anderer Ver unterrichtet worden sei (dem abgedruckten Entscheidunginhalt ist im übrigen nicht zu entnehmen, ob es sich um einen Prozeß aus dem Bereich der Kfz-Haftpflichtv handelt; dagegen spricht, daß § 7 V Nr. 2 AKB nicht erwähnt wird). Ein Beispiel für eine geringfügige Fristüberschreitung ist ferner BGH 8.I.1981 a. a. O. zu entnehmen. In dieser Entscheidung (zur allgemeinen Haftpflichtv) hatte der Vmer den Ver mit Schreiben vom 5.VIII.1976 von einer am 20.VII.1976 zugestellten Klage unterrichtet. Da der BGH die Annahme des Berufungsgerichts billigte, daß der Vmer die Obliegenheit lediglich grob fahrlässig verletzt hatte, bedurfte es keiner Anwendung der erwähnten Relevanz-Grundsätze. Zum besseren Verständnis sei bemerkt, daß der Ver, der von dem Schadenfall erst durch jenes Schreiben vom 5.VIII.1976 Kenntnis erlangt hatte, den Vsschutz in erster Linie wegen der vorangegangenen Nichtanzeige einer außergerichtlichen Inanspruchnahme durch Schreiben des Dritten vom 16.V.1975 verweigert hatte. Bezüglich dieses Verstoßes gegen § 153 I verneinte das Berufungsgericht aber mit Zustimmung des BGH Vorsatz und auch grobe Fahrlässigkeit des Vmers, weil dessen Verhalten auf eine unrichtige Beratung durch einen vom Vmer beauftragten Rechtsanwalt zurückzuführen war (vgl. dazu Anm. F 99). Wäre die ursprüngliche Inanspruchnahme seinerzeit in angemessener Frist angezeigt worden, so ist kaum anzunehmen, daß jener Ver wegen der leicht verspäteten Anzeige einer Klagerhebung den Vsschutz versagt hätte; denn solche Verspätungen gehören zur täglichen Praxis nahezu aller Schadenabteilungen sowohl in der Kfz-Vssparte wie auch in der allgemeinen Haftpflichtv. — Für einen Fall einer als erheblich angesehenen Fristüberschreitung vgl. dagegen BGH 20.XI.1970 VersR 1971 S. 213-214 (zur allgemeinen Haftpflichtv). Der Vmer hatte die Schadenanzeige mit einer Verzögerung von immerhin 5 Monaten erstattet. Vgl. ergänzend Bd IV Anm. F 32.

[F 95] h) Erklärungsadressat

Erklärungsempfänger der Anzeigen des Vmers ist der Ver. Das ist in § 153 nicht erwähnt, in der Grundvorschrift des § 33 aber ausdrücklich verankert. § 9

AKB schreibt dazu, daß die Anzeigen an die im Vsschein als zuständig bezeichnete Stelle gerichtet werden sollen. Ferner heißt es, daß andere als die im Vsschein bezeichneten Vermittler zur Entgegennahme der Anzeigen und Erklärungen nicht bevollmächtigt sind. § 9 AKB a. F. bestimmte dagegen, daß Anzeigen und Erklärungen des Vmers an den Vorstand des Vers oder an die im Vsschein als zuständig bezeichnete Stelle zu richten waren. Diese Regelung wurde durch den Zusatz ergänzt, daß sonstige Vermittler zur Entgegennahme nicht bevollmächtigt waren. Die zum 1.I.1982 erfolgte Änderung besteht danach im wesentlich darin, daß nicht mehr verlangt wird, daß die Anzeige gegenüber dem Vorstand abgegeben wird. Es steht aber außer Frage, daß entgegen dem Wortlaut des § 9 AKB eine Anzeige an den Vorstand des Vers stets ordnungsgemäß ist. Schon zu § 9 AKB a. F. hatte der BGH im übrigen entschieden, daß der Vmer darauf vertrauen dürfe, daß die Bezirksdirektion, bei der er den Vsvertrag abgeschlossen hatte, auch zur Entgegennahme einer Schadenanzeige befugt sei und sie vollständig an die Hauptverwaltung weiterleite (BGH 29.V.1970 VersR 1970 S. 660–662). Erfolgt heute die Anzeige an eine andere Niederlassung, Geschäftsstelle oder Bezirksdirektion als die im Vsvertrag bezeichnete Stelle oder andere als die im Vsschein bezeichneten Vermittler, so gilt das gleiche. Das bedeutet, daß der Ver sich so behandeln lassen muß, als wenn die Anzeige im ordnungsgemäßen Geschäftsgang an die zuständige Stelle weitergeleitet worden sei. Zu beachten ist ferner § 43 Nr. 2, wonach ein Vsagent, auch wenn er nur mit der Vermittlung von Vsgeschäften betraut ist, als bevollmächtigt gilt, in dem Vszweig, für den er bestellt ist, die Anzeigen, welche während der V zu machen sind, sowie Kündigungs- und Rücktrittserklärungen oder sonstige das Vsverhältnis betreffende Erklärungen des Vmers entgegenzunehmen. Eine Beschränkung dieser Vollmacht ist nach § 47 nur dann wirksam, wenn der Vmer davon Kenntnis hatte oder seine Unkenntnis auf grober Fahrlässigkeit beruhte. Soweit im Vsschein eine andere Person als ein solcher Vsagent als zuständig aufgeführt ist und damit die dispositive Bestimmung des § 43 in dem nach § 47 zulässigen Rahmen abbedungen werden soll, bestehen dagegen nach § 9 AGBG Bedenken. Denn es wird damit von einer wesentlichen Bestimmung des dispositiven Rechts ohne einleuchtenden Grund abgewichen. Außerdem läßt die Bedingungsregelung bei dem Vmer den Eindruck entstehen, daß die Anzeige entgegen § 47 in keinem Fall wirksam bei dem Vermittlungsagenten erstattet werden könne.

[F 96] i) Verletzungsfolgen gemäß § 7 V Nr. 1–3 AKB
aa) Leistungsfreiheit bis zu DM 1000,—

Gesetzlich ist in § 153 wie in § 33 keine für den Vmer nachteilige Rechtsfolge bei einer Verletzung der Anzeigelasten vorgesehen. Es entspricht allerdings der überkommenen Gestaltung der Vsbedingungen, daß an grob fahrlässige oder vorsätzliche Verletzungen der nach Eintritt des Vsfalls zu erfüllenden Anzeigelasten eine Leistungsfreiheit des Vers geknüpft wird. Demgemäß ist in § 7 V Nr. 1, 2 auch verankert, daß der Ver bei vorsätzlich oder grob fahrlässigen Verstößen gegen die Anzeigelasten bis zu einem Betrag von DM 1000,— leistungsfrei wird, in den Fällen grober Fahrlässigkeit des Vmers allerdings nur insoweit, als sich dadurch der Vsschaden vergrößert hat (vgl. dazu Anm. F 100). Diese Regelung ist angesichts des gemäß § 158a zwingend zugunsten des Vmers ausgestalteten Charakters des § 153 bemerkenswert. Es stellt sich dadurch die Frage, ob es dem Ver in der Haftpflichtv überhaupt gestattet ist, für den Fall der Verletzung der Anzeigelasten Leistungsfreiheit zu vereinbaren. Gegen ein solches Verbot einer vertraglichen Leistungsfreiheit spricht indessen das einleuchtende Argument, daß in § 153 I 2 die sinngemäße

IV. 1. Anzeigeobliegenheiten nach § 153 VVG   Anm. F 96

Geltung des § 6 III angeordnet worden ist. Das zeigt, daß der Gesetzgeber dem Ver die Vereinbarung von Sanktionen gerade nicht untersagen wollte.

Die Regelung in § 7 V Nr. 1—2 AKB verstößt auch nicht gegen § 9 AGBG. Zwar weicht § 7 V Nr. 1—2 AKB vom dispositiven Recht ab. Es liegt jedoch keine gegen Treu und Glauben verstoßende Benachteiligung im Sinne des § 9 I AGBG vor. Das ist für diejenigen Fälle, in denen durch die Obliegenheitsverletzung eine Vergrößerung des Schadens entstanden ist und bei denen sich die Leistungsfreiheit des Vers auf die Vergrößerung des Schadens beschränkt, ohne weiteres einleuchtend. In den Vorsatzfällen aber, in denen das Kausalitätskorrektiv nach der vertraglichen Regelung nicht zum Tragen kommen soll (vgl. dazu Anm. F 97), liegen die Dinge komplexer. Hier ist vom BGH 22.XII.1976 NJW 1977 S. 533—535 = VersR 1977 S. 272—275 die nach § 7 V AKB a. F. gegebene gänzliche Leistungsfreiheit im Falle eines Verstoßes gegen die Aufklärungslast für unwirksam gehalten worden. Das geschah aber erst, als für die Neufälle schon die heutige moderate Form des § 7 V AKB zum 1.I.1975 (VA 1975 S. 72—73) in Kraft getreten war. Daraus ergibt sich zugleich, daß die Neuregelung mit ihrer limitierten Leistungsfreiheit vom BGH zu diesem Zeitpunkt als gerecht und praktikabel akzeptiert worden ist (vgl. auch Anm. F 114—115 m. w. N. dafür, daß das auch für die sehr viel höhere Leistungsfreiheit bis zu DM 5000,— in den Fällen schwerwiegender Verletzung der Aufklärungs- und Schadenminderungslast gilt). Das Bedenken, das sich dagegen ergibt, daß bei einem Schaden bis zu DM 1000,— der Vmer den Vsschutz vollen Umfangs verliert, also nicht nur teilweise, kann nicht als durchschlagend angesehen werden, da eine solche Sanktion als noch maßvoll erscheint. Im übrigen ist auch nahezu jede Summen- und Grenzregelung genereller Art unvermeidlich mit gewissen Härten verbunden, die aber im Interesse der Rechtssicherheit akzeptiert werden müssen. Das Gesagte über die Angemessenheit der Regelung gilt um so mehr, als dem Vmer durch die Sonderregelung für geringfügige Sachschäden ohnedies bei einem Sachschadenbetrag bis zu DM 500,— eine Regulierungsbefugnis und ein Recht zur Nachmeldung eingeräumt worden ist (vgl. Anm. F 87). Verschätzt sich der Vmer hier hinsichtlich der Schadenhöhe, so liegt keine vorsätzliche Nichterfüllung der Anzeigeobliegenheit vor (vgl. dazu Anm. F 97). — Im übrigen sind Verweigerungen des Vsschutzes allein wegen verspäteter oder gänzlich unterlassener Anzeige die Ausnahme. Zumeist treten daneben, wie schon in Bd IV Anm. F 43 hervorgehoben, weitaus gravierende andere Obliegenheitsverletzungen, insbesondere Verletzungen der Aufklärungslast.

Zu beachten ist bei der Interpretation des § 7 V AKB weiter, daß für die Verletzung der Anzeigelasten die Erhöhung der Leistungsfreiheit auf DM 5000,— nach § 7 V Nr. 2 AKB für besonders schwerwiegende Verstöße nicht gilt; denn es werden nur Verletzungen der Aufklärungs- und Schadenminderungslasten erwähnt. Es ist aber in § 7 V Nr. 3 AKB eine summenmäßig unbegrenzte Leistungsfreiheit des Vers festgelegt. Diese betrifft in S. 1 denjenigen Teil der Leistung des Vers, der durch Betrug erlangt ist. Daß insoweit keine Leistungspflicht des Vers besteht, bedurfte sicher keiner besonderen Erwähnung (vgl. Anm. F 116). Es folgt dann aber in § 7 V Nr. 3 S. 2 AKB eine komplizierte Aussage über eine summenmäßig unbegrenzte Leistungsfreiheit des Vers bei allen vorsätzlichen und grob fahrlässigen Verletzungen der in § 7 II AKB aufgeführten Obliegenheiten. Diese Leistungsfreiheit ist ebenfalls begrenzt auf den durch die Obliegenheitsverletzung erlangten Mehrbetrag. Sie setzt als wesentlichen Faktor voraus, daß die Mehrbelastung auf einer rechtskräftigen Entscheidung beruht, die offenbar über den Umfang der nach der Sach- und Rechtslage geschuldeten Leistung erheblich hinausgeht. Da zu den Obliegenheiten nach § 7 II AKB zwar nicht die Anzeige von Tatsachen im Sinne des

§ 153 I zählt, wohl aber dazu die Anzeigen nach § 153 II und IV gehören, greift diese schwer zu interpretierende Bestimmung nach dem Wortlaut auch für einen Teil der Anzeigelasten ein. Indessen dürfte das Schwergewicht des Anwendungsbereichs bei den sonstigen Obliegenheiten des § 7 II AKB liegen. Deshalb wird diese zusätzliche Bestimmung, die rechtspolitisch mit Rücksicht auf die strikte Einhaltung des Kausalitätsprinzips unbedenklich ist, im Rahmen der Verletzung der Rettungslast erörtert (vgl. dazu Anm. F 135).

Die vertraglich vereinbarte Folge der Leistungsfreiheit tritt im übrigen nicht ipso iure ein, sondern nur dann, wenn der Ver sich darauf beruft (streitig, so aber BGH 24.IV.1974 NJW 1974 S. 1241–1242 = VersR 1974 S. 689–690 m. w. N.; a. M. Reimer Schmidt Obliegenheiten S. 265, 271 m. w. N.; für eine differenzierende Mittelmeinung vgl. Bruck–Möller Bd I Anm. 44–51 zu § 6 m. w. N.; vgl. ferner Anm. F 113 m. w. N.). Dieses sogenannte Geltungsmachungserfordernis bedeutet auch, daß ein Gericht sein Urteil nur auf solche Obliegenheitsverletzungen des Vmers stützen darf, die vom Ver als Grund für seine Leistungsfreiheit angegeben werden. Aus der Überlegung heraus, daß der Ver darüber disponieren kann, ob er sich auf einen Verstoß des Vmers berufen will oder nicht, folgt, daß in der Aufforderung zur Erfüllung bestimmter Obliegenheiten binnen einer bestimmten Frist zugleich ein Verzicht auf die Folgen bisher schon bekannter Obliegenheitsverstöße liegt (BGH 16.I.1970 BGHZ Bd 53 S. 162–163; diese Zusammenhänge werden gelegentlich in der Rechtsprechung verkannt; vgl. z. B. OLG Hamburg 30.III.1982 VersR 1982 S. 1161–1162 [zur allgemeinen Haftpflichtv]). BGH 16.I.1970 a. a. O. bemerkt zutreffend, daß dann, wenn der Ver in Kenntnis bereits vorgefallener Obliegenheitsverletzungen dem Vmer mitteile, bei künftigen Verstößen laufe er Gefahr, den Vsschutz zu verlieren, diese Erklärung zugleich bedeute, daß die Deckung wegen der bereits begangenen Verstöße nicht versagt werde. Er könne dem Vmer die durch bewußte Nachsicht einmal eingeräumte günstigere Rechtsstellung nicht mit Rücksicht auf sein späteres Verhalten wieder entziehen.

Schließlich ist zu bedenken, daß nach allerdings nicht unbestrittener Auffassung — ungeachtet dessen, daß die Neuregelung des § 7 V AKB von der völligen Leistungsfreiheit des Vers abgegangen ist — weiterhin der Ver bei geringfügigen Obliegenheitsverletzungen nach dem von der Rechtsprechung des BGH entwickelten Relevanz-Prinzip nicht leistungsfrei wird (vgl. dazu Anm. F 94 und 112 m. w. N.).

Wird der Ver nur in Höhe von DM 1000,— leistungsfrei, so bedeutet das, daß er im übrigen bis zur vollen Höhe der vereinbarten Vssumme eintrittspflichtig ist. Das gilt auch dann, wenn höhere als die gesetzlichen Mindestvssummen vereinbart worden sind (so BGH 15.III.1983 BGHZ Bd 87 S. 121–132: Leistungspflicht des Vers in Höhe von DM 1 999 000,— bei vereinbarter Vssumme von DM 2 000 000,—).

[F 97] bb) Vorsätzlicher Verstoß

Zum Begriff der vorsätzlichen Verletzung der Anzeigeobliegenheiten wird in erster Linie auf die Ausführungen in Bd IV Anm. F 43 m. w. N. verwiesen. Besonders hervorzuheben ist, daß zum Vorsatz die Kenntnis der Obliegenheit gehört (BGH 30.III.1967 VA 1968 S. 70 Nr. 477 = VersR 1967 S. 548, 22.X.1969 VA 1970 S. 35 Nr. 552 = VersR 1969 S. 1108, 3.X.1979 VersR 1979 S. 1117–1119 [1119]). Auch ein Irrtum darüber, wann im konkreten Fall eine Anzeige zu erstatten sei, schließt den Vorsatz aus. So ging im Falle BGH 30.III.1967 a. a. O. der Vmer von der irrigen Annahme aus, daß entsprechend der ursprünglichen Fassung des § 153 I erst die Inanspruchnahme durch den Dritten anzuzeigen sei. Als beachtlich war

IV. 1. Anzeigeobliegenheiten nach § 153 VVG   Anm. F 97

es ferner im Falle BGH 22.X.1969 a. a. O. angesehen worden, daß der schwerfällige Vmer den Schaden deshalb nicht gemeldet hatte, weil er der Auffassung war, daß mit der polizeilichen Aufnahme alles seinen Gang nehmen werde. Ebenso OLG Schleswig 20.III.1969 VersR 1970 S. 414 für einen Fall, in dem dem Vmer, der nach dem Unfall drei Tage im Krankenhaus gewesen war, von der Polizei erklärt worden war, daß seine V festgestellt worden sei. Ähnlich lag es im Fall OLG Koblenz 19.XII.1974 VersR 1975 S. 859; dort glaubte das Gericht dem türkischen Vmer, daß er davon überzeugt gewesen sei, daß es genüge, wenn er dem Gegner den Namen seiner V, deren Anschrift und seine Vsnummer nenne. Vgl. auch OLG München 17.XII.1974 VersR 1976 S. 237–238 dafür, daß bei einem Ausländer, der die deutsche Sprache nur eingeschränkt beherrscht, leichter als bei einem Deutschen angenommen werden dürfe, daß er die Obliegenheit nicht gekannt habe. Unzutreffend nach diesen Überlegungen OLG Saarbrücken 19.XI.1974 VersR 1976 S. 157–159, wenn es einen Irrtum bei „klaren Bedingungen" für unerheblich hält. Die Entscheidung kann aber im Ergebnis zutreffend sein, wenn nämlich zum Ausdruck gebracht werden sollte, daß angesichts des klaren Wortlauts der Einlassung des Vmers über den Irrtum nicht gefolgt werde. Diese Zusammenhänge werden im übrigen auch vom OLG Hamburg 30.III.1982 VersR 1982 S. 1161–1162 verkannt (zur allgemeinen Haftpflichtv).

Nach diesen Überlegungen ist ein vorsätzliches Handeln des Vmers auch dann zu verneinen, wenn er fehlerhaft davon ausging, daß er einen Schaden deshalb nicht anzuzeigen brauche, weil er den Schadeneintritt nicht verschuldet habe (so im Fall OLG Köln 6.IV.1970 VersR 1970 S. 1022–1024, anders AG München 31.V.1983 ZfS 1985 S. 305, das zu Unrecht mit dem Begriff des Motivirrtums argumentiert, anstatt vom zivilrechtlichen Vorsatzbegriff auszugehen). Eine solche Einlassung des Vmers wird im Regelfall auch als einleuchtend zu akzeptieren sein, da diese Auffassung weit verbreitet ist. Das kann in der täglichen Praxis immer wieder in Unterredungen mit rechtlich nicht vorgebildeten Vmern, die bisher noch nicht mit der Regulierung eines Haftpflichtschadens aus dem Kfz-Bereich zu tun hatten, festgestellt werden. Ein den Vorsatz ausschließendes Verhalten des Vmers ist auch dann gegeben, wenn er den Schadenfall im Sinne der Klausel für geringfügige Sachschäden selbst regulieren wollte und sich hinsichtlich der Höhe des Sachschadens verschätzt hat. Ist ein Vmer der irrigen Auffassung, daß er im Rahmen der genannten Sonderklausel auch geringfügige Personenschäden regulieren dürfe und zeigt er den Schadenfall deshalb nicht an, so schließt ein solcher Irrtum ebenfalls den Vorsatz aus. Dieser Irrtum des Vmers über den Inhalt der ihm schließlich zum Lesen zur Verfügung stehenden AKB ist allerdings im Regelfall als grob fahrlässig zu qualifizieren (vgl. ergänzend Bruck–Möller Bd I Anm. 33 zu § 6 m. w. N.). Unvorsätzlich handelt bei einer Verletzung der Anzeigelast auch ein Vmer, der der irrigen Meinung ist, daß er für ein bestimmtes Schadenereignis keinen Vsschutz genieße (so im Fall OLG Köln 17.III.1970 VersR 1970 S. 736).

Zu beachten ist, daß verspätete oder unterlassene Schadenmeldungen als isolierte Obliegenheitsverletzungen, die also nicht mit Verstößen gegen die Aufklärungslast konkurrieren, sehr häufig nicht auf Vorsatz, sondern nur auf grobe Fahrlässigkeit des Vmers zurückzuführen sind (vgl. auch Bd IV Anm. F 43). – Einen Ausnahmefall einer erfolgreichen Deckungsverweigerung allein wegen vorsätzlicher Nichtanzeige im Sinne des § 153 I behandelt BGH 20.XI.1970 VersR 1971 S. 213–214; in dieser (zur allgemeinen Haftpflichtv) ergangenen Entscheidung hatte der Vmer seine Schadenzeige 5 Monate zu spät erstattet. Das Berufungsgericht hatte aus zahlreichen früheren Vsfällen geschlossen, daß der Vmer sich über den Zeitpunkt, in dem der Eintritt des Vsfalls anzuzeigen sei, nicht geirrt habe. Ein beeindruckendes Gegenbeispiel ist BGH 3.X.1979 VersR 1979 S. 1119 zu entnehmen, der bemerkt, daß es nicht zu beanstanden sei, daß das Berufungsgericht von dem **Erfahrungssatz** ausgegangen sei, daß sich kein **vernünftiger Vmer durch vorsätzliche Nichterfüllung einer Anzeigeobliegenheit** Rechtsnachteile in seinem Deckungsverhältnis zum Ver zuziehen wolle (vgl. Anm. F 101 m. w. N.).

Die Seltenheit der Verweigerung des Vsschutzes allein wegen einer vorsätzlichen Verletzung der Anzeigelasten hat ihren Grund im übrigen auch darin, daß nach § 33 II die Anzeige des Dritten die des Vmers ersetzt (vgl. Anm. F 92). Zeigt der Vmer allerdings einen Prozeß deshalb nicht an, weil er der Meinung ist, daß er gewinnen werde, so wird im Regelfall sein Verhalten als vorsätzliche Obliegenheitsverletzung zu qualifizieren sein. So OLG Düsseldorf 27.IX.1988 VersR 1990 S. 411–413 m. Anm. von Späth a. a. O. S. 412–413 (AHB-Fall; wegen des Direktanspruchs wird eine solche Situation in der Kraftfahrzeughaftpflichtv nur selten auftreten). Zur vorsätzlichen Verletzung der Anzeigelast bezüglich der Einleitung eines Beweissicherungsverfahrens und eines Prozesses wiederum in einem AHB-Fall vgl. auch OLG Saarbrücken 22.VIII.1990 VersR 1991 S. 872–873. Zu betonen ist, daß bei einer Verletzung der Anzeigelast **keine Belehrungspflicht** des Vers über die Folgen einer derartigen Obliegenheitsverletzung gegeben ist (OLG Düsseldorf 27.IX.1988 a. a. O., OLG Saarbrücken 22.VIII.1990 a. a. O.).

[F 98] cc) Grobe Fahrlässigkeit

Zum Begriff der groben Fahrlässigkeit vgl. Bruck–Möller Bd I Anm. 31 zu § 6 und vor allem Bd II Anm. 46–47 zu § 61 m. w. N., ferner speziell zur Anzeigelast in der Haftpflichtv Bd IV Anm. F 44–45 m. w. N. Neuere grundsätzliche Erkenntnisse sind nicht zu konstatieren. Die Vielfalt der in den ersten drei Jahrzenten des VVG im Obliegenheitsbereich zur Abgrenzung zwischen leichter und grober Fahrlässigkeit ergangenen Entscheidungen ist auch nur daraus zu erklären, daß den Vern nach § 6 II a. F. eine Freizeichnung auch hinsichtlich folgenlos gebliebener grob fahrlässiger Obliegenheitsverletzungen erlaubt war. Da sich der Ver nach § 6 III nur im Rahmen der durch die grobe Fahrlässigkeit herbeigeführten Vergrößerung des Schadens freizeichnen darf (vgl. zur Entstehung der Neufassung des § 6 Bruck–Möller Bd I Anm. 1 zu § 6), ist damit im Regelfall eine mit dem natürlichen Rechtsempfinden übereinstimmende Lösung der Rechtsfolgen grober Fahrlässigkeit gegeben (vgl. auch Anm. F 100). Demgemäß bestehen auch keine Bedenken dagegen, einen Schlendrian des Vmers als das einzuordnen, was er bei unbefangener Betrachtung meist ist, nämlich grob fahrlässig. Auch sind die Rechtsunkenntnis des Vmers und der Irrtum über das Bestehen einer Anzeigelast regelmäßig, wie schon in Anm. F 97 hervorgehoben, dem Bereich der groben Fahrlässigkeit zuzuordnen (vgl. auch LG Köln 5.II.1986 VersR 1986 S. 859 zur allgemeinen Haftpflichtv [nur L. S.]).

Verletzt der Vmer eine nach Eintritt des Vsfalls zu erfüllende Obliegenheit mit nur leichter Fahrlässigkeit oder gar schuldlos, so tritt keine Leistungsfreiheit des Vers ein (vgl. als Beispielsfälle zur nach österreichischem Recht gemäß § 8 I Nr. 1 AKHB gegebenen Anzeigelast bei der zuständigen Gendarmeriestelle ÖOGH 1.II.1979 VersR 1979 S. 729–730, ÖOGH 11.II.1982 VersR 1983 S. 355–356). Umstritten ist allerdings, ob das auch bedeutet, daß der Ver in der Haftpflichtv an eine mit einem solchen Verstoß verbundene Feststellung der Haftpflichtforderung des Dritten gebunden ist (vgl. zu dieser Streitfrage Anm. F 149–154 m. w. N.).

[F 99] dd) Verschulden Dritter

Zur gesetzlichen Stellvertretung natürlicher Personen und dafür, daß bei Anzeigen und Auskünften Geschäftsfähigkeit zu fordern ist, vgl. Bruck–Möller Bd I Anm. 69 zu § 6 m. w. N.

IV. 1. Anzeigeobliegenheiten nach § 153 VVG   Anm. F 100

Als Beispielsfall aus der Kfz-Haftpflichtv sei auf AG Wiesbaden 7.I.1985 VersR 1986 S. 80 verwiesen. Die Entscheidung geht von der an sich zutreffenden Erkenntnis aus, daß Erklärungen des Vers ebenfalls gegenüber den gesetzlichen Vertretern abzugeben seien und daß aus der Zustimmung dieser gesetzlichen Vertreter zum Abschluß des Vsvertrages nicht gefolgert werden könne, daß Erklärungen des Vers während des Laufs des Vsverhältnisses an den Minderjährigen zu richten seien. Es ging darum, daß der Ver den Minderjährigen bei Vermeidung des Verlustes des Vsschutzes dazu aufgefordert hatte, endlich eine Schadenanzeige zu erstatten. In den Urteilsgründen heißt es, daß die zufällige Kenntnis der gesetzlichen Vertreter von einem an den Minderjährigen gerichteten Schreiben nicht genüge. Wenn diese Bemerkung fallbezogen war, kann der Entscheidung nicht gefolgt werden. Denn es ist zu bedenken, daß die Anzeigelast auch ohne Aufforderung des Vers spontan zu erfüllen ist. Wenn die gesetzlichen Vertreter daher durch einen derartigen Brief des Vers auch nur zufällig von der Aufforderung zur Schadenanzeige Kenntnis erhalten, so hätten sie tätig werden müssen.

Das Verschulden Dritter braucht sich der Vmer bei der Verletzung von Obliegenheiten im übrigen grundsätzlich nur anrechnen zu lassen, wenn es sich um seine **Repräsentanten** handelt. Als Repräsentant ist nach der höchstrichterlichen Rechtsprechung anzusehen, wer in dem **Geschäftsbereich**, zu dem das vte Risiko gehört, aufgrund eines **Vertretungs- oder eines ähnlichen Verhältnisses** an die Stelle des Vmers getreten ist (vgl. aus der Vielzahl der dazu ergangenen Entscheidungen nur BGH 20.V.1969 VA 1970 S. 78–79 Nr. 554 = VersR 1969 S. 695–696 m. w. N., 8.I.1981 VA 1981 S. 165–167 Nr. 735 = VersR 1981 S. 321–322 m. w. N., ferner Bruck–Möller Bd I Anm. 54–106 zu § 6 und Bruck–Möller–Sieg Bd II Anm. 57–77 zu § 61 m. w. N.; vgl. ferner die Nachweise aus der neueren Rechtsprechung in Anm. F 22, 46, 56 und J 87). Speziell für die Anzeige- und Auskunftlasten kommt darüber hinaus in Betracht, daß dem Vmer auch das Verschulden sog. **Wissensvertreter** zugerechnet wird (vgl. dazu Bruck–Möller Bd I Anm. 78–90 zu § 6 m. w. N., ferner [zur Aufklärungsobliegenheit] Anm. F 120 m. w. N.). Erkundigt sich der Vmer bei seinem Anwalt, ob er einen bestimmten Tatumstand anzeigen müsse, und gibt dieser Anwalt eine unrichtige Auskunft, so ist er weder als Repräsentant noch als Wissensvertreter des Vmers anzusehen (BGH 8.I.1981 a. a. O.). Dann ist es zwar der Vmer, der im Verhältnis zum Ver handelt. Diesen Vmer trifft aber angesichts dessen, daß er sich bei einem Angehörigen eines zur Rechtsberatung qualifizierten Berufsstandes nach der Rechtslage erkundigt hat, regelmäßig überhaupt kein Verschulden an der zu spät erstatteten Anzeige (BGH 8.I.1981 a. a. O.). Zum österreichischen Vsrecht ist zu beachten, daß nicht nur eine **Repräsentantenhaftung, sondern überhaupt jedes Einstehen für das Verschulden eines Dritten abgelehnt** wird (vgl. dazu Anm. F 25, 46, 69 m. w. N.).

[F 100] ee) Kausalität

Der **vorsätzliche** Verstoß gegen die Anzeigeobliegenheit führt nach § 7 V Nr. 2 S. 1 AKB **ohne Rücksicht darauf, ob eine Vergrößerung des Schadens eingetreten ist oder nicht**, zu einer Leistungsfreiheit des Vers bis zu DM 1000,–. Diese an die Kausalitätsregelung nicht gebundene Leistungsfreiheit des Vers hinsichtlich folgenlos gebliebener Verstöße ist nach den Grundsätzen von Treu und Glauben akzeptabel, da sie angemessen limitiert ist (vgl. Anm. F 96).

Das Gesagte gilt um so mehr, als – ungeachtet dessen, daß die Leistungsfreiheit des Vers in einem mit DM 1000,– maßvollen Rahmen steht – weiterhin teilweise die Grundsätze der sog. Relevanzrechtsprechung des BGH zur Anwendung kommen (streitig), allerdings nicht insoweit, als vom BGH innerhalb des Vorsatzes im Sinne einer zusätzlichen schweren Schuld differenziert wird (vgl. dazu Anm. F 96 und 112 m. w. N.).

Zu beachten ist im übrigen, daß nach § 7 V Nr. 3 S. 2 AKB eine erweiterte Leistungsfreiheit des Vers gegeben sein kann. Es handelt sich um die Fälle, in denen durch eine Obliegenheitsverletzung eine Entscheidung rechtskräftig geworden ist, die einen offenbar erheblich über den Umfang der Haftpflichtforderung hinausgehenden Betrag zugesprochen hat (vgl. dazu Anm. F 135). Bemerkenswert ist an dieser Regelung, daß sie auch für vorsätzliche Obliegenheitsverletzungen die Leistungsfreiheit des Vers an die vom Vmer bewirkte Vergrößerung des Schadens bindet.

Bei grob fahrlässiger Verletzung der Anzeigeobliegenheiten liegt im Prinzip ebenfalls eine summenmäßige Begrenzung der Leistungsfreiheit des Vers auf DM 1000,– vor (wenn man von dem Sonderfall des § 7 V Nr. 3 S. 2 AKB absieht, vgl. dazu Anm. F 135). Vor allem gilt aber nach der zwingenden Regelung in § 6 III das Kausalitätskorrektiv immer. Der Vsschutz bleibt insoweit bestehen, als die Verletzung weder Einfluß auf die Feststellung des Vsfalls noch auf die Feststellung oder den Umfang der dem Ver obliegenden Leistung gehabt hat. Damit ist ein vermögensrechtlicher Einfluß gemeint, also nicht ein irgendwie sonst gearteter Einfluß der Obliegenheitsverletzung auf den Gang des Verfahrens (BGH 4.V.1964 BGHZ Bd 41 S. 337 m. w. N., OLG Schleswig 20.III.1969 VersR 1970 S. 413–415, OLG Köln 6.IV.1970 VersR 1970 S. 1023–1024). Daß durch die verspätete Meldung die Feststellung des Vsfalls wesentlich erschwert wird, genügt nicht (BGH 8.IV.1970 VersR 1970 S. 611). Der Umstand allein, daß der Ver ohne Stellungnahme des Vmers über die Ansprüche des Dritten entscheiden mußte, stellt keinen vermögensrechtlich erheblichen Einfluß im Sinne des § 6 III dar (OLG Schleswig 20.III.1969 a. a. O.). Zu den vom Ver nicht zu ersetzenden Mehrkosten zählen aber zusätzliche Schadenermittlungskosten, die ohne den Verstoß nicht angefallen wären. Dagegen ist eine Erhöhung der allgemeinen Verwaltungskosten des Vers, z. B. bedingt durch eine zusätzliche Arbeitsleistung bei der Regulierung, nicht zu ersetzen (vgl. dazu auch OLG Hamm 3.XII.1963 VersR 1964 S. 1133–1135). Zu einer Erhöhung des Schadens kann es insbesondere durch Prozeßkosten kommen, die bei einer sofortigen Meldung und einer darauf sogleich erfolgenden sachgerechten Regulierung hätten vermieden werden können. Als rechtsmißbräuchlich wäre ein Vortrag des Vers zurückzuweisen, daß er bei rechtzeitiger Meldung des Schadens den Anspruch des Dritten entgegen der Rechtslage aufgrund der damals noch bestehenden Rechtsunkenntnis des Dritten nur zur Hälfte gegen Verzicht auf die an sich ebenfalls berechtigte andere Schadenhälfte hätte erfüllen müssen. Dagegen wäre ein Vorbringen des Vers erheblich, daß ein solcher Vergleich zu einem früheren Zeitpunkt mit dem anwaltlich beratenen Dritten aufgrund damals allseits bestehender Zweifel über den Ausgang des Haftpflichtprozesses hätte geschlossen werden können. Um einen ebenso zu bewertenden Grenzfall handelt es sich, wenn der Regulierungsbedarf für den Anspruch des Dritten sich dadurch erheblich erhöht hat, daß sich die höchstrichterliche Rechtsprechung in der Zwischenzeit zugunsten des Dritten gewandelt hat. Muß der Ver infolge der unterlassenen (oder verspäteten) Meldung Verzugszinsen zahlen, so stellt das gewiß eine Vergrößerung des Schadens dar. Der Ver muß sich aber anrechnen lassen, was er in der betreffenden Zeit für seine Vermögensanlagen durchschnittlich als Zinsen erzielt hat.

In der Praxis der Instanzgerichte ist immer wieder festzustellen, daß nicht hinreichend beachtet wird, daß bei grober Fahrlässigkeit nur im Umfang einer konkret abzugrenzenden Schadenvergrößerung der Vsschutz verlorengeht. So gibt LG Lüneburg 12.XII.1974 VersR 1975 S. 270–271 dem Ver in einem Fall grob fahrlässiger

IV. 1. Anzeigeobliegenheiten nach § 153 VVG   Anm. F 101

Verletzung der Anzeige- und Auskunftslast einen — abgesehen vom merkantilen Minderwert — ungeschmälerten Regreßanspruch. Es handelt sich um einen Sachverhalt, bei dem der Vmer beim Herausfahren von einem Parkplatz gegen ein am Fahrbahnrand parkendes Fahrzeug gestoßen war. Das Urteil verkennt, daß nach den Grundsätzen der Schadenverquotung auch bei bestmöglicher Schilderung des Sachverhalts durch den Vmer doch allenfalls eine Mithaftungsquote von 50% hätte durchgesetzt werden können. Zu bedenken war auch, daß in geeigneten Fällen der durch die Obliegenheitsverletzung entstehende Mehrleistungsbetrag entsprechend § 287 ZPO abgeschätzt werden darf und muß (vgl. auch Bd IV Anm. F 48). Eine Möglichkeit der Schadenvergrößerung mit der Folge voller Leistungsfreiheit des Vers nehmen z. B. auch LG Köln 10.VII.1968 VersR 1969 S. 795 und OLG München 5.VIII.1981 VersR 1982 S. 1089 (beide zur allgemeinen Haftpflichtv) an, ohne daß den veröffentlichten Urteilsgründen hinreichend konkret entnommen werden kann, ob die Voraussetzungen des § 6 III erfüllt sind oder nicht. Ganz präzise und am Fall haftend zur Frage des durch die grob fahrlässige Obliegenheitsverletzung entstandenen Nachteils dagegen BGH 18.XII.1968 VersR 1968 S. 220—221. Das Gericht bemerkt, daß sich solche Nachteile nicht ohne weiteres aus dem unstreitigen Sachverhalt ergeben. Es sei daher unerläßlich, daß die Beklagte hierzu nähere Angaben mache. Sie werde sich insbesondere dazu äußern müssen, ob nach ihrer Vorstellung die Möglichkeit einer vergleichsweisen Regelung des Schadenfalles im Armenrechts-Prüfungsverfahren bestanden hätte und welche Abfindungssumme in Betracht gekommen wäre. Eventuell könne sie auch dartun, daß bei ihrer rechtzeitigen Einschaltung der Rechtsstreit zu einem für sie günstigeren Ergebnis geführt hätte. Sache der Kl. sei es dann, die gegen sie sprechende Vermutung der Ursächlichkeit der Obliegenheitsverletzung zu widerlegen. Es liege nahe, daß eine Prüfung dieser Frage nur möglich sei, wenn sich das Gericht ein Bild von dem Unfallhergang und den Unfallwirkungen verschaffe.

Einleuchtend zur Frage der Kausalität im Sinne des § 6 III OLG Hamburg 30.III.1982 VersR 1982 S. 1161—1162 in einem Fall zur allgemeinen Haftpflichtv. Dort konnte infolge der Verzögerung nicht mehr geklärt werden, ob § 4 I Ziff. 6 b AHB zur Anwendung komme oder nicht (dafür, daß das Gericht verkannt hat, daß der Ver durch die Fristsetzung auf die Geltendmachung der ihm bis dahin bekannten Obliegenheitsverletzungen verzichtet hat, vgl. Anm. F 96).

Hat der Ver die amtliche Ermittlungsakte eingesehen und anhand der dort getroffenen Feststellungen reguliert, so wird es im allgemeinen an einer durch die unterlassene Schadenanzeige entstehenden Erhöhung des Schadens fehlen (so LG Frankfurt a. M. 2.VI.1981 VersR 1982 S. 233 = ZfS 1982 S. 150).

[F 101] ff) Beweislast

Wie auch sonst im Obliegenheitsrecht ist es Sache des Vers, den objektiven Tatbestand der Obliegenheitsverletzung nachzuweisen. Dazu zählt auch die Kenntnis des Vmers von dem anzeigepflichtigen Tatumstand (BGH 9.XI.1966 VA 1967 S. 81—82 Nr. 445 = VersR 1967 S. 778, Bruck—Möller Bd I Anm. 9 zu § 33; vgl. ferner Anm. F 91 — diese Beweislastregelung wird z. B. vom OLG Celle 25.V.1967 VersR 1967 S. 995 bezüglich der dort bestrittenen Kenntnis des Vmers von der Anspruchserhebung übersehen). Ferner gehört dazu, daß die Obliegenheitsverletzung durch den Vmer oder durch eine Person begangen worden ist, deren Verschulden sich der Vmer zurechnen lassen muß (vgl. Anm. F 99). Von besonderer Bedeutung ist, daß nach der zum 1.I.1975 in kraft getretenen Neufassung des § 7 V Nr. 1 S. 1 AKB der Ver auch beweisen muß, daß der Vmer vorsätzlich oder grob fahrlässig gehandelt hat (BGH 3.VI.1977 VersR 1977 S. 734 [zur Aufklärungslast], OLG Stuttgart 1.V.1979 VersR 1980 S. 158, LG Frankfurt a. M. 2.VI.1981 VersR 1982 S. 233; Hoegen Festschrift Hauß S. 106, Pienitz–Flöter[4] Anm. C.I.8 zu § 7 AKB, S. 11, Prölss–Martin–Knappmann[25] Anm. 6 D zu § 7 AKB, S. 1447, Stiefel–Hofmann[15] Anm. 245, 250 zu § 7 AKB, S. 373, 375). Das ergibt sich aus der von § 6 III abweichenden Fassung des § 7 V Nr. 1 S. 1 AKB, in der das Verschulden ausdrücklich mit als Voraussetzung für die Leistungsfreiheit des Vers aufgeführt wird. Der Grund für diese für den Vmer günstige Beweislastregelung des Bedingungsrechts dürfte darin zu sehen sein, daß nach der eingangs zitierten Rechtsprechung ohnedies die Kenntnis des Vmers vom Eintritt des „Vsfalls" bewiesen werden muß und daß nur in Ausnahmefällen bei nachgewiesener Kenntnis des Vmers von den anzeigepflichtigen Umständen in dem objektiv vorliegenden Verstoß gegen die Anzeigelast (oder sonstige Obliegenheiten) kein Verschulden im Sinne vorsätzlichen oder grob fahrlässigen Verhaltens gegeben sein dürfte. Zu beachten ist, daß diese für den Vmer günstige Beweislastregelung nicht auf die anderen Kfz-Vssparten übertragen worden ist, wie § 7 V Nr. 4 AKB zeigt (dazu Anm. F 122 m. w. N.).

Vom BGH ist zur früheren Fassung des § 7 V AKB dem Vmer allerdings auch schon mit Beweiserleichterungen geholfen worden (BGH 30.III.1967 VA 1968 S. 70 Nr. 477 = VersR 1967 S. 548). Er hat dabei betont, daß an den Negativbeweis keine übertriebenen Anforderungen gestellt werden dürften. Die Grundtendenz dieser Entscheidung, daß nach der Lebenserfahrung davon ausgegangen werden könne, daß kein vernünftiger Vmer den Vsschutz durch vorsätzliche Nichterfüllung einer Anzeigelast verlieren wolle (vgl. dazu BGH 3.X.1979 VersR 1979 S. 1119, 8.I.1981 VA 1981 S. 166–167 Nr. 735 = VersR 1981 S. 322 [Entscheidungen zur allgemeinen Haftpflichtv]; dazu auch OLG Koblenz 19.XII.1974 VersR 1975 S. 895; sinngemäß ebenso Stiefel–Hofmann[15] Anm. 246 zu § 7 AKB, S. 374), darf bei der Würdigung der Gesamtumstände auch im Rahmen der nunmehr gegebenen Beweislast des Vers angemessen mit berücksichtigt werden (vgl. in diesem Sinne OLG Stuttgart 11.V.1979 VersR 1980 S. 157–158, LG Frankfurt a. M. 2.VI.1981 VersR 1982 S. 233). Das gilt aber nicht bei eklatanten Verspätungen; so z. B. bei Erstattung einer Schadenanzeige erst 5 Monate nach dem Verkehrsunfall im Falle BGH 20.XI.1970 VersR 1971 S. 213–214, während OLG München 5.VIII.1981 VersR 1982 S. 1089 m. abl. Anm. von Klimke VersR 1983 S. 233 selbst bei einer erst 15 Monate nach Eintritt des Schadenereignisses erstatteten Anzeige noch zur Annahme grober Fahrlässigkeit kommt. Sehr viel härter LG Hannover 15.XII.1986 r + s 1988 S. 67, das bei einer nach 1 1/2 Monaten erfolgten Anzeige mit Rücksicht auf eine Mahnung des Vers Vorsatz angenommen hatte. Die in Überforderungssituationen häufig eintretende Vergeßlichkeit und der dadurch entstehende Schlendrian sind zu beachten, wenn sie konkret vom Vmer vorgetragen werden (für Vorsatz nach entsprechender Mahnung und Belehrung durch den Ver AG München 31.V.1983 ZfS 1985 S. 305 mit unzutreffender Behandlung der Irrtumsfrage, vgl. Anm. F 97).

Zur Problematik der Fälle, in denen nach Beweislastgrundsätzen offengeblieben ist, ob der Vmer bei der Verletzung der Obliegenheit im Zustand zivilrechtlicher Verantwortlichkeit gehandelt hat, vgl. Anm. F 122 m. w. N.

Dem Vmer obliegt dagegen der für den Fall grober Fahrlässigkeit erhebliche Beweis dafür, daß sich der Schaden im Sinne des § 6 III nicht vergrößert habe (vgl. dazu Anm. F 100). Das ergibt sich aus der mit § 6 III übereinstimmenden Fassung des § 7 V Nr. 1 S. 2 AKB. Doch dürfen nach Billigkeitsgesichtspunkten an den danach zu erbringenden Negativbeweis keine zu hohen Anforderungen gestellt

IV. 2. Auskunfts- und Aufklärungsobliegenheit   Anm. F 102

werden (dafür, daß bei einer solchen Auslegung die Beweislastregelung auch einer Inhaltskontrolle im Sinne des § 9 AGBG standhält, vgl. Anm. F 122). Zu beachten ist zudem, daß der Ver Herr des Regulierungsgeschehens ist. Er hat im Regelfall die größere Sachkenntnis. Der Vmer braucht daher zunächst nur die sich aus dem ihm bekannten Sachverhalt ergebenden Möglichkeiten einer Schadenvergrößerung zu widerlegen. Er kann im übrigen abwarten, welche konkreten Behauptungen der Ver aufstellt. Diese muß er dann allerdings ebenfalls widerlegen. Vgl. dazu BGH 30.III.1967 a. a. O., 18.XII.1968 VersR 1969 S. 221 (zur allgemeinen Haftpflichtv) und Anm. F 122 m. w. N., ferner Bd IV Anm. F 48 m. w. N. Zu beachten ist, daß der Ver eine in den Tatsacheninstanzen unterlassene Erklärung über eine Schadenvergrößerung im Sinne des § 6 III in der Revisionsinstanz nicht nachholen kann (BGH 30.III.1967 a. a. O.).

2. Auskunfts- und Aufklärungsobliegenheit

Gliederung:

Schrifttum F 102
a) Vorbemerkung F 103–104
    aa) Doppelcharakter des Obliegenheitsgebots F 103
    bb) Teilweise Übereinstimmung mit der in der allgemeinen Haftpflichtv geltenden Regelung F 104
b) Aufklärungsverhalten am Unfallort F 105–106
    aa) Fahrerflucht F 105
    bb) Veränderung oder Vernichtung von Unfallspuren sowie Nachtrunkfälle F 106
c) Auskünfte F 107–109
    aa) Einleitung F 107
    bb) Inhaltliche Abgrenzung der Aufklärungslast F 108
d) Verletzungsfolgen gemäß § 7 V AKB F 109–122
    aa) Zur Rechtswirksamkeit der Neuregelung F 109
    bb) Bedeutung der Regelung in § 7 V Nr. 2 AKB für andere zum Schutz des Vmers entwickelte Rechtsinstitute F 110–113
        aaa) Belehrungspflicht F 110–111
            α) Grundlagen F 110
            β) Bejahung einer Weitergeltung F 111
        bbb) Abgrenzung zur Relevanzrechtsprechung F 112
        ccc) Geltendmachungserfordernis F 113
    cc) Summenmäßige Begrenzung der Leistungsfreiheit F 114–115
        aaa) Vorbemerkung F 114
        bbb) Abgrenzung zwischen den einfachen und den besonders schwerwiegenden vorsätzlichen Verstößen F 115
    dd) Summenmäßig unbegrenzte Leistungsfreiheit F 116–117
        aaa) Betrugsfälle F 116
        bbb) Fehlurteile im Sinne des § 7 V Nr. 3 S. 2 AKB F 117
    ee) Vorsatz F 118
    ff) Grobe Fahrlässigkeit F 119
    gg) Verschulden Dritter F 120
    hh) Kausalität F 121
    ii) Beweislast F 122

[F 102] Schrifttum:

Bach VersR 1992 S. 302–303, Bauer VersR 1976 S. 805–806, Baumgärtel VersR 1992 S. 601, Bukow in: 25 Jahre Bundesgerichtshof, München 1975, S. 65–77 (zitiert Bukow 25 Jahre BGH), Fischer VersR 1965 S. 197–202, Fleckenstein VersR 1978 S. 13, Geppert DAR 1981 S. 301–307, Hauß, Festschrift für Klingmüller, Karlsruhe 1974, S. 145–158 (zitiert Hauß Festschrift Klingmüller), Hoegen, Festschrift für Hauß, Karlsruhe 1978, S. 103–120 (zitiert Hoegen Festschrift Hauß), Hofmann VersR 1976 S. 308–314, Hüffer VersR 1974 S. 617–624, Pilger, Unfallflucht und fehlende Information in der Kraftfahrzeug-Haftpflichtversicherung, Karlsruhe 1976 (zitiert: Pilger Unfallflucht), Plaumann VersR 1976 S. 1020–1024.

[F 103] a) Vorbemerkung
aa) Doppelcharakter des Obliegenheitsgebots

In § 7 I Nr. 2 S. 3 AKB heißt es in der ersten Alternative, daß der Vmer verpflichtet ist, alles zu tun, was zur **Aufklärung des Tatbestandes** dienlich sein kann. An einer inhaltsgleichen gesetzlichen Obliegenheit dieser Art fehlt es. Berührungspunkte ergeben sich aber mit der in § 34 verankerten **Auskunftspflicht**. Nach dieser für sämtliche Vszweige geltenden Bestimmung **kann der Ver nach dem Eintritt des Vsfalls verlangen, daß der Vmer jede Auskunft** erteilt, die zur Feststellung des Vsfalls oder des Umfangs der Leistungspflicht des Vers erforderlich ist. Es leuchtet ein, daß ein solches Auskunftsgebot in gleicher Weise wie die Aufklärungslast nach § 7 I Nr. 2 S. 3 AKB der Aufklärung des Lebenssachverhalts dienen soll. Es ist daher sachgerecht, der in § 7 I Nr. 2 S. 3 AKB benutzten allgemeinen Aufklärungsformel eine Doppelbedeutung beizumessen. Danach belastet sie den Vmer zunächst mit dem Gebot, sich am **Tatort** so zu verhalten, daß dem Ver eine Regulierung des Haftpflichtschadens nach **objektiven Maßstäben** ermöglicht, jedenfalls aber nicht erschwert wird. In diesem Sinne kommen als Verstöße gegen die Aufklärungslast insbesondere die **Fahrerflucht, die Veränderung von Unfallspuren** und **die Verhinderung der Feststellung des Blutalkoholgehalts** in Betracht (vgl. zu diesen Fällen Anm. F 104—105). Darüber hinaus ist § 7 I Nr. 2 S. 3 AKB aber auch so zu interpretieren, daß durch diese Bestimmung § 34 I in verkürzter Form wiederholt wird. Zwar gilt § 34 ohnedies für alle Vszweige, so daß er bei einem Schweigen des Bedingungswerks zur Auskunftslast auch für die Kfz-Haftpflichtv (und die anderen Kfz-Vssparten) anzuwenden wäre. Angesichts der Bedeutung dieser Obliegenheit für die Ermittlung der Leistungspflicht des Vers könnte nicht davon ausgegangen werden, daß diese durchaus sachgerechte Norm stillschweigend abbedungen sein sollte. Wenn man aber als sedes materiae der Auskunftslast in der Kfz-Haftpflichtv nur § 34 und nicht die in ihrer Kürze kaum zu überbietende Bestimmung des § 7 I Nr. 2 S. 3 AKB (in der zugleich auch die Rettungslast nach § 62 aufgeführt ist, vgl. dazu Anm. F 123—137) ansehen würde, so hätte das zur Folge, daß es dann in Übereinstimmung mit der gesetzlichen Regelung in § 34 an einer Verwirkungssanktion fehlen würde. Der insoweit einhelligen Auffassung im Schrifttum und in der Rechtsprechung, daß § 7 I Nr. 2 S. 3 (1. Alt.) AKB auch die Auskunftslast umfasse (vgl. die Nachweise in Anm. F 107—108), ist zuzustimmen. Insbesondere wird einem verständigen Vmer ohne weiteres einleuchten, daß es zu seiner Aufklärungslast nach § 7 I Nr. 2 S. 3 AKB auch gehört, daß dem Ver entsprechende Auskünfte erteilt werden, die zur Feststellung des Vsfalls und des Umfangs der Leistungspflicht des Vers erforderlich sind. Diese Einordnung ist dahin einzugrenzen, daß durch die verkürzte Wiedergabe des § 34 — abgesehen von der damit verbundenen Vereinbarung einer Verletzungssanktion (vgl. dazu F 110—122) — keine substantielle Veränderung des Auskunftsgebots zum Nachteil des Vmers vorgenommen worden ist. Das bedeutet insbesondere auch, daß der verbale Teil der Aufklärungslast in Übereinstimmung mit der in § 34 verankerten gesetzlichen Regelung erst aufgrund eines vom **Ver nach Eintritt des Vsfalls gestellten Verlangens** zu erfüllen ist. Eine entgegengesetzte Auslegung, die dahin gehen würde, daß durch § 7 I Nr. 2 S. 3 AKB stillschweigend jene Regelung in § 34 abbedungen sei, würde ohnedies im Sinne des § 9 AGBG zu beanstanden sein. Denn insoweit kommt in der dispositiven Regelung des § 34 I ein wesentlicher Grundgedanke des Obliegenheitsrechts zum Ausdruck, von dem nicht ohne sachlich gerechtfertigten Grund in AVB abgewichen werden darf (vgl. auch Anm. F 108). Zu beachten ist, daß das Gesagte nur für den verbalen Teil der Aufklärungslast im Umfang des § 34 gilt, während die zusätzlich durch § 7

IV. 2. Auskunfts- und Aufklärungsobliegenheit Anm. F 105

I Nr. 2 S. 3 AKB auferlegte Last, am Unfallort an der Aufklärung des Sachverhalts mitzuwirken, nach dem wohlverstandenen Sinn der Regelung spontan zu erfüllen ist, d. h. ohne vorangegangene Aufforderung durch den Ver (vgl. Anm. F 105–106).

[F 104] b) Teilweise Übereinstimmung mit der in der allgemeinen Haftpflichtversicherung geltenden Regelung

Die zur Aufklärungslast geltenden Grundsätze sind bereits für die allgemeine Haftpflichtv dargestellt worden (vgl. Bd IV Anm. F 52–74). Zu diesem Zeitpunkt bestand der Sache nach Bedingungseinheit zwischen der für die allgemeine Haftpflichtv und der für die Kfz-Haftpflichtv geltenden Regelung. In der Zwischenzeit hat das Obliegenheitsrecht in der Kfz-Haftpflichtv eine Sonderentwicklung genommen, die für die Aufklärungslast wie für die anderen nach Eintritt des Vsfalls zu erfüllenden Obliegenheiten in § 7 V Nr. 1–3 AKB n. F. verankert worden ist. Diese Entwicklung ist dadurch gekennzeichnet, daß im Regelfall nur eine auf DM 1000,– oder DM 5000,– begrenzte Leistungsfreiheit eintritt. Um die Abgrenzung dieser Leistungsfreiheitsstufen geht heute hauptsächlich der Streit in der Kfz-Haftpflichtv, soweit Obliegenheiten zu beurteilen sind, die nach Eintritt des Vsfalls zu erfüllen sind (vgl. dazu Anm. F 115). Hingegen haben sich kaum neue Streitpunkte hinsichtlich der Zuordnung bestimmter Verhaltensweisen des Vmers unter die Aufklärungslast ergeben. Demgemäß erscheint es als sachgerecht, weitgehend auf die Darstellung in Bd IV in Anm. F 52–74 zu verweisen.

Hinsichtlich der allgemeinen Grundsätze, die für die nach Eintritt des Vsfalls zu erfüllenden Obliegenheiten gelten, ist hervorzuheben, daß nur für die Anzeigelast unangefochten anerkannt ist, daß diese begrifflich erst mit der Kenntnis des Vmers vom Eintritt des Vsfalls entsteht (vgl. dazu Anm. F 91). Hingegen ist umstritten, ob ein gleiches für die Aufklärungslast und die anderen nach Eintritt des Vsfalls zu erfüllenden Obliegenheiten gilt (vgl. dazu Anm. F 127 m. w. N.). Zu beachten ist, daß für die Kfz-Haftpflichtv diese Streitfrage dadurch weitgehend bedeutungslos geworden ist, daß die Neufassung des § 7 V AKB dem Ver den Nachweis für ein schuldhaftes Verhalten des Vmers auferlegt hat (vgl. dazu Anm. F 101 und 122).

[F 105] b) Aufklärungsverhalten am Unfallort

aa) Fahrerflucht

Es entspricht ständiger höchstrichterlicher Rechtsprechung, daß der Tatbestand der Fahrerflucht in der Haftpflichtv im Regelfall zugleich eine Verletzung der Aufklärungsobliegenheit darstellt. Die Zahl der in diesem Sinne ergangenen BGH-Entscheidungen läßt sich nur noch mit Mühe ermitteln. Es wird daher im Sinne einer gestrafften Darstellung davon Abstand genommen, diese weitgehend schon in Bd IV aufgeführten Fundstellen samt und sonders zu wiederholen. Vielmehr sei hier nur eine Auswahl dieser Urteile als Beispiele für die Fortführung dieser Rechtsprechung aufgeführt: BGH 20.V.1969 VA 1970 S. 78–79 Nr. 554 = VersR 1969 S. 695–696, 18.II.1970 NJW 1970 S. 861–862 = VersR 1970 S. 410–412, 18.II.1970 NJW 1970 S. 1082–1083 = VersR 1970 S. 458–459, 9.II.1972 VA 1972 S. 145–148 Nr. 620 = VersR 1972 S. 363–365 (zugleich Verstoß gegen die Rettungslast), 24.IV.1974 NJW 1974 S. 1241–1242 = VersR 1974 S. 689–690, 21.IV.1982 BGHZ Bd 84 S. 84–89, 19.I.1983 VA 1983 S. 123–124 Nr. 762 = VersR 1983 S. 333; w. N. bei Pilger Unfallflucht S. 2–5; vgl. ferner Bd IV Anm. F 62–63 und 73 m. w. N.

An dieser Rechtsprechung ist festzuhalten. Insbesondere darf aus rechtsethischen Gründen der Einwand nicht zugelassen werden, daß eine solche Fahrerflucht doch häufig im Ergebnis das Aufklärungsinteresse des Vers gar nicht beeinträchtige. Vielmehr genügt die bei einer solchen Fahrerflucht regelmäßig gegebene Möglichkeit einer solchen Beeinträchtigung. Auch kann die in vielen Prozessen in immer anderen Variationen vorgetragene Argumentation nicht hingenommen werden, daß eine solche Flucht sogar im Interesse des Vers liegen könne; denn wenn sie gelinge, brauche er doch überhaupt keine Leistung an den Dritten zu erbringen. Diese Überlegungen gehen von einem rechtsethisch verzerrten Bild des Verhältnisses zwischen Ver und Verkehrsopfer aus. Die Pflichthaftpflichtv für Kfz-Halter ist in erster Linie zum Schutz des Verkehrsopfers eingeführt worden. Den Vern ist die gesellschaftspolitisch wichtige Aufgabe übertragen worden, die aus dem modernen Massenverkehr resultierenden begründeten Ansprüche des Verkehrsopfers zu erfüllen. Diese als Akt gesetzgeberischer Lebensvorsorge geschaffene Institution wird verkannt, wenn vom Bild eines Kampfverhältnisses zwischen Ver und Verkehrsopfer ausgegangen wird. Ein Ver, der für ihn erkennbar begründete Ansprüche nicht erfüllen würde, weil er z. B. auf die Abnutzungsstrategie eines langwährenden Prozesses setzen möchte, würde diesen gesetzgeberischen Intentionen eklatant zuwiderhandeln. Das gilt bezüglich des begründeten Teils der Ansprüche des Dritten selbst dann, wenn der Dritte darüber hinaus wesentlich überhöhte Forderungen stellt, was im übrigen genauso zu mißbilligen ist. Abzustellen ist demgemäß auf das Aufklärungsinteresse eines Vers, der im Bewußtsein seiner gesellschaftspolitischen Verantwortung bestrebt ist, alle begründeten Ansprüche des geschädigten Dritten zu erfüllen. Es leuchtet ein, daß aus dieser Sicht der Dinge kaum eine schwerwiegendere Beeinträchtigung des Aufklärungsinteresses des Vers denkbar ist als die unberechtigte Entfernung vom Unfallort.

Nicht zu leugnen ist allerdings, daß der Ver nach der früheren Fassung des § 7 V AKB durch eine Obliegenheitsverletzung des Vmers unter Umständen einen großen Vermögensvorteil erlangen konnte. Gedacht sei als Beispiel an den Fall, daß sich der Vmer bei einwandfreier voller Haftung für das Unfallgeschehen in einer Kurzschlußreaktion unerlaubt vom Unfallort entfernte. Das hatte zur Folge, daß der Vmer dem Ver sämtliche Aufwendungen aufgrund der durch die Fahrerflucht eingetretenen Leistungsfreiheit zu ersetzen hatte. Diesem Einwand der Übermaßreaktion des Vertragswerkes hinsichtlich einer solchen Obliegenheitsverletzung des Vmers ist jedoch durch die abgestufte Regelung in § 7 V AKB n. F. der wesentliche Kritikpunkt genommen worden (vgl. dazu auch Anm. F 110–122). Aus der rechtsethisch fundierten Aufgabe des Vers, die berechtigten Ansprüche des Dritten zu erfüllen, folgt sein achtenswertes Interesse, von dem Vmer bei der objektiven Aufklärung des Sachgeschehens unterstützt zu werden. Eine solche Unterstützung ist dem Vmer um so mehr zuzumuten, als die Leistung für den Schaden bei ausreichenden Vssummen allein aus dem Vermögen des Vers zu erbringen ist, so daß der Vmer nicht befürchten muß, durch eine hohe Schadenersatzleistung seine eigene Existenzgrundlage zu gefährden. Aus diesen Überlegungen heraus kann auch nicht der früher von Prölss–Martin[23] Anm. 6 A b zu § 7 AKB, S. 1048–1049 vertretenen Auffassung (die aufgegeben worden ist, vgl. Prölss–Martin–Knappmann[25] Anm. 6 A zu § 7 AKB, S. 1445) gefolgt werden, daß eine Verletzung einer nach Eintritt des Vsfalls zu erfüllenden Obliegenheit nur dann zum Verlust des Vsschutzes führe, wenn der Verstoß gegen das Vermögensinteresse des Vers gerichtet sei und auf eine höhere Entschädigungsleistung im Sinne eines zumindest bedingt gewollten Nachteils abziele. Denn bei dieser Argumentation wird das dargestellte schützenswerte Aufklärungsinteresse des Vers außer acht gelassen.

Besonderer Betrachtung sind diejenigen Fälle wert, in denen der Vmer eine Fahrerflucht nach einer kurzen Fahr- oder Laufstrecke abbricht, um sogleich an

IV. 2. Auskunfts- und Aufklärungsobliegenheit **Anm. F 105**

den Unfallort zurückzukehren und sich zu seinem Tun zu bekennen. Ein solches Verhalten ist vom Augenblick des in der Tat umgesetzten Rückkehrentschlusses an rechtsethisch positiv zu bewerten. Erfolgt die Umkehr in naher Sichtweite des Unfallorts und ist dieses Verhalten nach den Umständen des Falles ohne jede Relevanz für das Aufklärungsinteresse des Vers, so darf auch heute noch von der zu § 7 V AKB a. F. entwickelten Rechtsprechung des BGH 5.V.1969 NJW 1969 S. 1385–1387 = VersR 1969 S. 651–652 ausgegangen werden, daß der Vsschutz nicht verloren gehe (streitig; vgl. Anm. F 112 m. w. N.). Im Falle BGH 5.V.1969 a. a. O. erfolgte eine solche Umkehr nach 100 Metern. Viel weiter als bis zu 500 Metern wird man in dieser Ausnahmeüberlegung nicht gehen können. Demgemäß kann der vom OLG Düsseldorf 25.III.1969 NJW 1969 S. 1390–1392 = VersR 1969 S. 654–656 vertretenen Auffassung, daß eine Flucht bis zu 1000 Metern als „versuchte" Obliegenheitsverletzung als bedeutungslos anzusehen sei, nicht gefolgt werden (abgesehen davon, daß dieser strafrechtliche Begriff des Versuchs zu Unrecht auf eine im Rechtssinne gewiß vollendete Verletzung der Aufklärungslast übertragen worden ist). Fehlende Relevanz in diesem Sinne ist eine seltene Ausnahme. Sie ist schon dann nicht gegeben, wenn durch das Verhalten des Vmers die Endstellung der Fahrzeuge nach dem Unfall nicht mehr rekonstruiert werden kann, sofern diese Stellung nach den Umständen des Falles entscheidungserheblich sein könnte. Das ist entgegen der Auffassung von Pilger Unfallflucht S. 4 allerdings nicht immer so, z. B. dann nicht, wenn der Vmer eine Vorfahrtverletzung begangen hat und angesichts einer feststehenden einwandfreien Fahrweise des Dritten einleuchtende Gründe für eine Mithaftung auch unter Beachtung der von seinem Fahrzeug ausgehenden Betriebsgefahr zu verneinen sind. Zweifel gehen dabei allerdings zu Lasten des Vmers, der durch die bei einer nicht besonders schwerwiegenden Verletzung der Aufklärungslast gemäß § 7 V Nr. 2 S. 1 AKB nur mit DM 1000,– eintretenden Leistungsfreiheit des Vers im Regelfall nicht übermäßig belastet wird (vgl. Anm. F 114–115).

Der objektive Tatbestand der Unfallflucht und damit der Verletzung der Aufklärungslast nach § 7 I Nr. 2 S. 3 AKB ist auch dann erfüllt, wenn der Vmer zwar berechtigt den Unfallort verläßt, um den verletzten Dritten in ein Krankenhaus zu bringen, es aber anschließend entgegen § 142 II Nr. 2 StGB unterläßt, die Feststellungen nach § 142 I StGB unverzüglich nachträglich zu ermöglichen. Einen Grenzfall betrifft KG 7.XI.1972 VersR 1974 S. 74–77. Der Vmer hatte dort in einem die freie Willensbestimmung ausschließenden Schockzustand die Unfallstelle verlassen. Er hatte einen Schlüsselbeinbruch, eine Nierenquetschung und Milzrisse erlitten sowie eine Kopfprellung. Es bestand somit ein dringendes Erfordernis für eine ärztliche Behandlung. Daß der Vmer sich nach Abklingen des Unfallschocks nicht sogleich zur Polizei oder in ein Krankenhaus begab, sondern sich ca. 2 Stunden lang verbarg, wurde als Verletzung der Aufklärungslast bewertet. Bedenkt man aber, daß der die schwierige Situation auslösende Verstoß im Zustand der Unzurechnungsfähigkeit begangen worden war, so leuchtet ein, daß hier eine mildere Betrachtung am Platze gewesen wäre. Es mag aber sein, daß dabei unbewußt mitberücksichtigt worden ist, daß es sich bei dem Vmer um eine Person aus dem Berliner Nachtleben handelte.

Dagegen hatte BGH 18.II.1970 NJW 1970 S. 861–863 = VersR 1970 S. 410–412 in einem Fall, in dem vom Vmer vor seiner Entfernung vom Unfallort (unter Zurücklassung des Fahrzeugs nebst der Fahrzeugpapiere) 1 1/2 Stunden vergeblich am Unfallort auf die Polizei gewartet worden war, angenommen, daß der Ver nicht leistungsfrei geworden sei. Die Entscheidung stellte aber darauf ab, daß es trotz des vorsätzlichen Handelns des Vmers an einer „schweren Schuld" fehle. Es handelte sich dabei um einen Sachverhalt aus der Zeit, als § 7 V AKB a. F. undifferenziert für jeden Fall vorsätzlichen Verstoßes gegen die Aufklärungslast eine gänzliche Leistungsfreiheit des Vers vorsah. Der Gesichtspunkt der fehlenden schweren Schuld innerhalb eines vorsätzlichen Tuns darf aber heute angesichts der abgestuften Regelung der Rechtsfolgen der vorsätzlichen Verletzung der Aufklärungslast in § 7 V AKB nicht mehr zur Verneinung der Leistungspflicht des Vers im Bereich der Kfz-Haftpflichtv verwendet werden. Die Leistungsfreiheit in Höhe von DM 1000,— ist vielmehr eine akzeptable Sanktion, die allenfalls als zu milde eingeordnet werden könnte (zur Abgrenzung zwischen den Normalfällen der Verletzung der Aufklärungslast und denen der besonders schwerwiegenden Verstöße vgl. Anm. F 115 m. w. N.). Im gleichen Sinne sind überhaupt grundsätzlich alle diejenigen Fälle zu behandeln, in denen der Vmer es (nach Ablauf der Wartefrist oder nach berechtigter oder entschuldigter Entfernung vom Unfallort) entgegen § 142 II, III StGB unterläßt, die am Unfallort erforderlichen Feststellungen unverzüglich nachträglich zu ermöglichen. Der Begriff der Unverzüglichkeit in der genannten Bestimmung wird hier im übrigen von den Zivilgerichten durchaus unterschiedlich interpretiert. So hat OLG Karlsruhe 30.VI.1983 VersR 1984 S. 835—838 (allerdings in einem Fahrzeugvsfall) bei einem nachts an der Leitplanke entstandenen Sachschaden, bei dem es an zur Feststellung bereiten Personen am Unfallort fehlte, eine Rückkehr nach fünf Stunden noch als unverzüglich angesehen. Hingegen bejahte LG München 27.VI.1985 VersR 1986 S. 671 = ZfS 1986 S. 277 in einem sachlich gleichgelagerten Fall das Vorliegen einer objektiven Verletzung der Aufklärungslast, verneinte aber das Vorliegen eines im Rechtssinne relevanten Verstoßes (vgl. dazu auch Anm. F 112 a. E.).

Erklärt der geschädigte Dritte nach einem Unfall, daß die Polizei nicht hinzugezogen zu werden brauche, so darf der Vmer sich vom Unfallort entfernen. Er begeht dann keine Fahrerflucht. Eine darüber hinausgehende Aufklärungsobliegenheit in dem Sinne, daß der Vmer dennoch die Ankunft der Polizei abzuwarten habe, ist § 7 I Nr. 2 S. 3 AKB nicht zu entnehmen (vgl. dazu LG Stuttgart 28.I.1965 VersR 1965 S. 971—972 und Bd IV Anm. F 62; anders AG Betzdorf 21.IX.1988 r + s 1989 S. 273—274).

Bei Bagatellschäden — insbesondere bei dem Anfahren eines ordnungsgemäß geparkten Fahrzeugs — entspricht es einer weit verbreiteten Übung, daß dann, wenn der Unfallgegner binnen einer Frist von 30—60 Minuten nicht erscheint, der schuldige Teil den Unfallgegner durch ein entsprechendes Schreiben über das Geschehen unterrichtet. Räumt der Vmer dabei das Anfahren gegen das ordnungsgemäß abgestellte Fahrzeug ein und gibt er seinen Namen nebst Anschrift und das Fahrzeugkennzeichen ordnungsgemäß an, so entgeht er einem strafrechtlichen Vorwurf nur dann, wenn er auch die nächste Polizeidienststelle unterrichtet. Das ändert aber nichts daran, daß große Teile der Bevölkerung das Verhalten des Vmers als anständig ansehen und sich als Geschädigte über ein solches Tun sogar als vorbildlich freuen. Stellt der Vmer aber auf einer solchen Mitteilung in Abrede, daß der Schaden an dem gegnerischen Fahrzeug durch das Anfahren entstanden ist, so entwertet er seine Darstellung und macht deutlich, daß das tatsächliche Geschehen durch sein Verweilen am Unfallort noch hätte aufgeklärt werden müssen. Dann ist es sachgerecht, von einer Verletzung der Aufklärungslast auszugehen (so AG Berlin-Charlottenburg 21.VII.1989 VersR 1990 S. 194).

Der Vmer muß grundsätzlich auch dann am Unfallort verweilen, wenn er das Fahrzeug nicht selbst geführt hat (BGH 9.II.1972 NJW 1972 S. 681—684 [682] = VersR 1972 S. 342—344 [342], OLG Hamm 20.V.1986 VersR 1987 S. 1083—1085). Flieht der vte Fahrer mit dem Unfallwagen vom Unfallort und ist der Vmer sein Beifahrer, so sollte der Vmer den Vten von dieser Verletzung der Aufklärungslast tunlichst abhalten. Eine eigene Verletzung der Aufklärungslast des Vmers wird sich

IV. 2. Auskunfts- und Aufklärungsobliegenheit **Anm. F 106**

in dieser Situation häufig nicht feststellen lassen. Ein Eingriff in das Steuer ist dem Vmer wegen der damit verbundenen Gefahr regelmäßig nicht zuzumuten. Sobald es ihm aber möglich ist, muß er nach dieser unfreiwilligen Entfernung vom Unfallort zu diesem zurückkehren (BGH 9.II.1972 a. a. O.). Will der Vmer dann dort nicht den Namen des mit ihm verwandten Fahrers preisgeben, so muß er das aber auf jeden Fall unverzüglich gegenüber seinem Ver tun (vgl. Anm. F 115 a. E. und Bd IV Anm. F 62).

In Österreich gilt die Besonderheit, daß nach § 8 I Nr. 1 AKHB der Vmer bei Personenschäden die nächste Polizei- oder Gendarmeriestation zu verständigen hat (vgl. dazu die Nachweise in Anm. F 84). Eine zur Leistungsfreiheit führende Verletzung dieser Anzeigelast wird selbst dann angenommen, wenn dem Vmer erst nach der Entfernung vom Unfallort bewußt wird, daß er einen Zusammenstoß mit der Folge des Eintritts eines Personenschadens verursacht habe. Vgl. dazu ÖOGH 28.IV.1977 VersR 1978 S. 264; das Gericht ging davon aus, daß dem Vmer spätestens morgens bei dem Studium der Zeitung bewußt geworden sei, daß er der Fahrer jenes unerkannt gebliebenen Fahrzeugs gewesen sei, das den ein Motorrad schiebenden Dritten angefahren habe. Für einen Fall, in dem der Vmer einen den Vorsatz ausschließenden Unfallschock erlitten hatte, ist vom ÖOGH 9.IV.1981 VersR 1982 S. 564 eine 3 Stunden nach der Beendigung des Dämmerzustandes erfolgende telefonische Meldung bei der Polizei zu Recht noch als sofort im Sinne des § 8 I Nr. 1 österr. AKHB angesehen worden.

[F 106] bb) Veränderung oder Vernichtung von Unfallspuren sowie Nachtrunkfälle

Das Verändern oder Vernichten von Unfallspuren durch den Vmer (oder den Vten) kann das Aufklärungsinteresse des Vers wesentlich beeinträchtigen. Es stellt demgemäß im Regelfall eine Verletzung der Aufklärungslast dar (BGH 18.II.1970 NJW 1970 S. 1080–1081 = VersR 1970 S. 457–458). Es gilt allerdings, dabei eine Abgrenzung der Aufklärungslast zu finden, die den tatsächlichen Gegebenheiten des Straßenverkehrs angemessen Rechnung trägt. Vom Standpunkt einer verkehrswissenschaftlichen Rekonstruktion eines Unfallgeschehens ist es z. B. außerordentlich wünschenswert, daß zwei Fahrzeuge, die zusammengestoßen sind, am Unfallort unverändert stehenbleiben. Denn häufig ist nur dadurch eine genaue Vermessung aller für die Zeit-Weg-Berechnung maßgebenden Spuren möglich, wobei unter Umständen auch noch eine zusätzliche photographische Aufnahme dieser Unfallgegebenheiten wünschenswert wäre. In der täglichen Unfallpraxis zeigt sich dagegen immer wieder ein dahin gerichtetes Drängen aller Verkehrsteilnehmer, daß die Straße im Interesse eines zügigen Verkehrsflusses zu räumen sei. Aus dieser Sicht der Dinge erscheint das Verhalten eines Vmers als sachgerecht, der nach einem Unfall sein Fahrzeug neben dem Unfallort am Straßenrand abstellt. Ein derartig als normal zu charakterisierendes Verhalten erfüllt daher im Regelfall nicht den Tatbestand einer Verletzung der Aufklärungslast. Unter einer im vsrechtlichen Sinne zu beanstandenden Veränderung oder Vernichtung von Unfallspuren ist vielmehr nur ein von den üblichen Verkehrsgewohnheiten eklatant abweichendes Verhalten zu verstehen, das zweckgerichtet auf eine Verschleierung des Geschehens zielt. Dazu gehört z. B. ein Vertauschen der Positionen der Fahrzeuge, das in der Absicht geschieht, bei später hinzukommenden Personen den Eindruck zu erwecken, daß nicht der Vmer, sondern der geschädigte Dritte die Vorfahrt verletzt habe. Entsprechend zu beurteilen ist es, wenn der Vmer Glassplitter, Wrackteile oder auch nur Unfallschmutz, die für die genaue Anstoßstelle von Bedeutung sein können, zweckgerichtet verändert. Noch schlimmer ist es, wenn der Vmer gar noch die Lage des

Verletzten oder Getöteten verändert, indem er etwa den toten oder bewußtlosen Beifahrer hinter das Steuer setzt, um dadurch den Anschein zu erwecken, daß dieser das Fahrzeug geführt habe.

Derartige Täuschungshandlungen, die samt und sonders das Interesse des Vers an einer objektiven Aufklärung des Sachverhalts ernsthaft gefährden, haben die Gerichte in weitaus geringerem Umfang beschäftigt als die leider immer wieder vorkommenden Fahrerfluchten. Das liegt wahrscheinlich daran, daß das mit einem auf eine Veränderung der Spuren gerichtete Verweilen am Unfallort eine sehr viel größere Kaltblütigkeit voraussetzt als die schlichte Unfallflucht, die zwar tadelnswert, aber menschlich verständlich ist, weil sie einer frühkindlichen Verhaltensweise entspricht. Beachtlich als Verletzung der Aufklärungslast kann im übrigen eine Veränderung der Stellung des Fahrzeugs dann sein, wenn der Vmer entgegen den Bitten des Unfallkontrahenten oder gar der Polizei, die Stellung des Fahrzeugs nicht zu verändern, zur Seite fährt, um eine genaue Rekonstruktion des Unfallgeschehens dadurch zu verhindern oder zu erschweren.

Die Ermittlung des Unfallgeschehens kann der Vmer auch durch einen sog. Nachtrunk vereiteln oder erschweren. Ein solches Verhalten ist daher im Prinzip ebenfalls der Verletzung der Aufklärungslast zuzuordnen (vgl. BGH 19.X.1967 VersR 1967 S. 1088—1089, 12.XI.1975 NJW 1976 S. 371—372 = VersR 1976 S. 84—85 m. w. N. [mit Einschränkungen für den Kaskovsbereich], ferner OLG Zweibrücken 14.II.1972 VersR 1972 S. 632—633, OLG Schleswig 14.XI.1979 VersR 1980 S. 667, OLG Bamberg 2.VII.1982 VersR 1983 S. 1021—1022; w. N. in Bd IV Anm. F 60). An dieser Auffassung ist auch festzuhalten. Es sind aber stets alle Besonderheiten des Einzelfalles zu beachten. War mit dem Erscheinen der Polizei nicht zu rechnen, weil der Unfallgegner nicht auf deren Hinzuziehung bestand, so ist aus vsrechtlicher Sicht gegen einen auf eine solche Erklärung des Dritten folgenden Nachtrunk nichts einzuwenden. Daß die Polizei sich von selbst noch an Ort und Stelle einfinden oder daß der Unfallgegner später anderen Sinnes werden würde, braucht der Vmer nicht in Betracht zu ziehen. Es liegt angesichts dessen, daß der Unfallgegner an weiteren Feststellungen an Ort und Stelle kein Interesse mehr bekundete, schon nicht mehr der objektive Tatbestand der Aufklärungslastverletzung vor, so daß es keines Eingehens auf die Frage des auch fehlenden Verschuldens bedarf. Diese Betrachtungsweise setzt allerdings die Erkenntnis voraus, daß im Rahmen einer interessengemäßen Abgrenzung der Aufklärungslast keineswegs eine vsrechtliche Obliegenheit des Vmers besteht, schlechthin auf eine Blutentnahme zur Feststellung seiner Blutalkoholkonzentration hinzuwirken. Insbesondere ist der Vmer auch nicht verpflichtet, die Polizei über seinen Alkoholgenuß zu unterrichten und etwa gar um eine Blutprobeentnahme zu bitten (vgl. Bd IV Anm. F 60 m. w. N.). Das zu verlangen, würde den Interessenkonflikt verkennen, in dem der Vmer steht. Dieser hat den aus seiner Sicht der Dinge verständlichen Wunsch, nicht wegen eines Trunkenheitsdelikts bestraft zu werden. Das Recht setzt mit § 142 StGB schon hohe Maßstäbe an denjenigen, der einen Verkehrsunfall verursacht hat, indem es ihm gebietet, am Ort seiner Tat zu verweilen und eine von der Polizei angeordnete Blutprobe zu dulden (vgl. dafür, daß auch nach österreichischem Recht die Verweigerung der Blutentnahme eine Verletzung der Aufklärungslast darstellen kann, ÖOGH 11.XI.1970 VersR 1971 S. 1134—1135, 22.III.1984 VersR 1985 S. 579—580, 18.XI.1988 VersR 1989 S. 829). Es muß aber beachtet werden, daß der Vmer nicht darüber hinaus verpflichtet ist, auf seine Verurteilung hinzuwirken. Der Vmer ist daher auch grundsätzlich nicht daran gehindert, falsche Angaben gegenüber den Strafverfolgungsbehörden zu machen, z. B. die Behauptung, daß er vor dem Unfall überhaupt keinen Alkohol zu

IV. 2. Auskunfts- und Aufklärungsobliegenheit **Anm. F 108**

sich genommen habe. Diese falschen Angaben sind keineswegs mit den vsrechtlich verbotenen falschen Angaben gegenüber dem Ver gleichzusetzen (streitig, vgl. Anm. F 108 m. w. N.).

[F 107] c) Auskünfte

aa) Einleitung

Die dem Vmer in der Kfz-Haftpflichtv nach § 7 I Nr. 2 S. 3 AKB als Teil der Aufklärungslast treffende **Auskunftsobliegenheit** hat ihr gesetzgeberisches Vorbild in § 34. Nach dieser Vorschrift kann der Ver nach dem Eintritt des Vsfalls von dem Vmer jede Auskunft verlangen, die zur Feststellung des Vsfalls oder des Umfangs der Leistungspflicht des Vers erforderlich ist. Mit Rücksicht darauf, daß diese Auskunftslast bereits von Bruck-Möller Bd I Anm. 1–60 zu § 34 für alle Vszweige erörtert worden ist, erfolgt nachstehend eine gestraffte Darstellung (vgl. dazu auch Bd IV Anm. F 55–61 und 66–68).

[F 108] bb) Inhaltliche Abgrenzung der Auskunftslast

Zu beachten ist, daß die **Auskunftslast** vom Vmer — anders als die Anzeigelast — **nicht spontan zu erfüllen ist, sondern nur auf entsprechendes Verlangen des Vers** (dazu Bd IV Anm. F 53 m. w. N.). Es ist demgemäß Sache des Vers, entsprechende Fragen zu stellen. Genügen ihm die Angaben in der Schadenanzeige des Vmers nicht, so muß er gezielt nachfragen. Erhält er einen nur **teilweise ausgefüllten Fragebogen**, so muß er dem Vmer mitteilen, welche Fragen zusätzlich zu beantworten sind (vgl. nur BGH 21.XII.1961 VA 1962 S. 161 Nr. 331 = VersR 1962 S. 155, ferner Möller a. a. O. Anm. 53 zu § 16 m. w. N. und Bd IV Anm. F 61 m. w. N.).

Der **Zweck** der Auskunftsobliegenheit ist es, dem Ver eine **objektive Beurteilung** der Ansprüche des Dritten und damit eine **sachgemäße Entscheidung** zu ermöglichen (vgl. nur BGH 16.II.1967 BGHZ Bd 47 S. 105 m. w. N., 20.XI.1970 VA 1971 S. 50–51 Nr. 586 = NJW 1971 S. 192–194; weitere Fundstellen in Bd IV Anm. F 55).

Zu beachten ist, daß die Auskunftspflicht gegenüber dem Ver zu erfüllen ist. **Unrichtige Angaben im Strafverfahren** stellen grundsätzlich keine Verletzung der Auskunftsobliegenheit dar (BGH 18.IV.1963 NJW 1963 S. 1404–1405 = VA 1963 S. 233–234 Nr. 376). Im Falle BGH 18.IV.1963 a. a. O. hatte der Vmer unrichtige Angaben darüber gemacht, warum er eine Kurve geschnitten hatte. Der BGH verneinte eine Verletzung der Aufklärungspflicht mit dem Bemerken, daß § 7 I Nr. 2 S. 3 AKB nicht den Zwecken der Strafrechtspflege diene, sondern ausschließlich den Sinn habe, dem Ver sachgemäße Entschließungen hinsichtlich der Behandlung des Vsfalles zu ermöglichen. In einer unwahren Einlassung des Vmers in einem Strafverfahren vor einem ordentlichen Gericht könne daher ein Verstoß gegen diese Obliegenheit grundsätzlich nicht erblickt werden. § 7 I Nr. 2 AKB nötige den Vmer nicht, auch im Strafverfahren vor Gericht nur die Wahrheit zu sagen. Die Beklagte habe zudem jederzeit die Möglichkeit, den Vmer selbst darüber zu befragen, weshalb er sein Moped in der S-Kurve auf die linke Straßenseite gesteuert habe. Sie sei deshalb auf die Angaben, die er hierzu im Strafverfahren gemacht habe, nicht angewiesen gewesen.

Eine Verletzung der Aufklärungspflicht ist vom BGH 15.XII.1982 VersR 1983 S. 258–260 = VA 1983 S. 121–123 Nr. 761 im Ergebnis damit übereinstimmend in einem Fall verneint worden, in dem ein Vmer der Wahrheit zuwider gegenüber der Polizei angegeben hatte, daß er gefahren sei, während er gegenüber dem Ver ordnungsgemäß berichtet hatte, daß ein gewisser K. gefahren sei. Dazu wird vom BGH ausgeführt, daß in einem Fall, in dem der Vmer von Anfang an richtige Angaben gegenüber dem Ver, unrichtige Angaben aber gegenüber der Polizei gemacht habe, weitgehend unbekannt sei, daß ein solches Verhalten eine Verletzung der vsrechtlichen Aufklärungslast darstelle. Das Berufungsgericht habe daher zutreffend angenommen, daß es hinsichtlich des Vorsatzes des Klägers darauf ankomme, ob nachgewiesen sei, daß dem Vmer bewußt gewesen sei, durch seine unrichtigen Angaben gegenüber der Polizei eine vsrechtliche Obliegenheit zu verletzen. Das habe das Berufungsgericht in revisionsrechtlich unangreifbarer Weise verneint. Seine Ansicht, bei der gegebenen Sachlage könne davon ausgegangen werden, daß der Vmer an seine vsrechtlichen Pflichten „einfach gar nicht gedacht habe", widerspreche weder der Lebenserfahrung noch sonstigen Grundsätzen der Beweiswürdigung.

Damit wird von den in BGH 18.IV.1963 a. a. O. niedergelegten Grundsätzen abgewichen. Da diese darauf beruhen, daß dem Vmer ein aktives Mitwirken an seiner eigenen strafrechtlichen Verurteilung (im konkreten Fall deshalb, weil er einem betrunkenen Fahrer die Führung des Fahrzeuges gestattet hatte) vsrechtlich nicht zugemutet werden kann, erscheint es als besser, im Sinne der älteren BGH-Entscheidung das Vorliegen des objektiven Tatbestandes der Verletzung der Aufklärungslast zu verneinen. Andernfalls wird die Möglichkeit, sich im Strafverfahren nach den gesetzlichen Bestimmungen zu verteidigen, für diejenigen Personen eingeschränkt, die Kenntnis über die rechtlichen Zusammenhänge haben. Ihnen deshalb aber eine Schlechterstellung im Strafverfahren zuzumuten oder andernfalls vsrechtliche Nachteile hinzunehmen, erscheint als nicht sachgerecht. Auch diesem Personenkreis sollte der Rechtsgedanke zugute kommen, daß niemand auf seine eigene Verurteilung im strafrechtlichen Sinne hinzuarbeiten habe. Es genügt in diesem Sinne eine Anknüpfung der Rechtsprechung an das ethische Minimum, indem die strafrechtlich verfolgte Fahrerflucht als Verletzung der Aufklärungslast angesehen wird und ebenso der Nachtrunk in denjenigen Fällen, in denen mit der Hinzuziehung der Polizei zu rechnen ist. Vgl. zu diesem Problemkreis auch Fischer VersR 1965 S. 201 und Bd IV F 60.

OLG Köln 14.VII.1988 r + s 1989 S. 139—140 behandelt einen Fall geringfügiger Abweichung zwischen der Unfallschilderung gegenüber der Polizei und dem Ver und löst den Fall mit der Feststellung, daß kein Vorsatz vorgelegen habe. Nach der hier vertretenen Auffassung liegt aber der objektive Tatbestand einer Obliegenheitsverletzung nur vor, wenn die gegenüber dem Ver abgegebene Unfallschilderung den Sachverhalt unrichtig wiedergibt.

Schildert der Vmer den Lebenssachverhalt unrichtig gegenüber der Polizei, zutreffend aber gegenüber dem Ver, so entsteht für ihn allerdings die Gefahr, daß die Akten des Vers für die Zwecke des Strafverfahrens beschlagnahmt werden (zur Zulässigkeit eines solchen Vorgehens der Straforgane vgl. BVerfG 10.II.1981 ZfS 1982 S. 13; zur Grundsatzproblematik Geppert DAR 1981 S. 301—307 m. w. N.) oder daß der Sachbearbeiter des Vers als Zeuge gehört wird (dazu OLG Celle 19.IX.1982 NJW 1985 S. 640—641 m. w. N.). Entschließt sich der Vmer — mit Rücksicht auf diese Gefahr — den Ver auch unrichtig zu unterrichten, so muß er die Folgen dieses Verhaltens selbst tragen. Zu beanstanden wäre es, wenn der Ver, dem der Vmer den Interessenkonflikt offen dargelegt hat, seine Kenntnisse unaufgefordert und ohne sachlich zwingenden Grund der Staatsanwaltschaft mitteilt. Im Rahmen der Verteidigung gegenüber den Haftpflichtansprüchen ist der Ver aber berechtigt, den wirklichen Geschehensablauf zu offenbaren, auch wenn der Vmer nicht damit einverstanden ist. Zu diesem sachgemäßen Zweck ist schließlich die

IV. 2. Auskunfts- und Aufklärungsobliegenheit **Anm. F 108**

Obliegenheit im Bedingungswerk verankert worden (vgl. auch Bd IV Anm. F 68 und G 281).

Es versteht sich, daß der Vmer nur wesentliche Fragen des Vers zu beantworten hat. Fragen, die mit dem eigentlichen Unfallgeschehen oder der Höhe des Schadens nichts zu tun haben, brauchen nicht beantwortet zu werden. Stellt der Ver dem Vmer ungewöhnliche Fragen, die nicht ohne weiteres aus dem Sinnzusammenhang verständlich sind, so stellt ein Nichtantworten des Vmers darauf keinen Obliegenheitsverstoß dar. Wenn der Ver dagegen einen einleuchtenden Grund für die Fragen dartun kann, die die Berechtigung aus der Sicht einer ordnungsgemäßen Regulierung erhellen, muß der Vmer auch ungewöhnliche Fragen beantworten, soweit nicht besondere Umstände des Einzelfalles diesem Fragerecht des Vers nach Treu und Glauben Grenzen setzen.

Als wesentlich sind stets Fragen nach dem Unfallhergang anzusehen. Vgl. als Beispielsfall für eine bewußt unrichtige Unfallschilderung BGH 20.XI.1972 VersR 1973 S. 174–175. – LG Augsburg 14.X.1987 ZfS 1987 S. 371 nimmt im Prinzip zu Recht an, daß es eine Verletzung der Aufklärungspflicht darstellt, wenn der Vmer gegenüber dem Ver angibt, daß er bei „grün" die Kreuzung überquert habe, während das in Wirklichkeit bei „rot" geschehen ist. Solche Fälle werden allerdings selten als Obliegenheitsverletzung dem Gericht zur Entscheidung unterbreitet, weil die Ver es aus langer Regulierungspraxis wissen, daß über diese tatsächlichen Fragen in sehr vielen Haftungsprozessen gestritten wird, in denen nicht selten zwei Zeugengruppen genau entgegengesetzte Darstellungen geben, ohne daß an der subjektiven Überzeugung der Zeugen bezüglich der Richtigkeit ihrer Darstellung gezweifelt werden kann. Da das LG Augsburg 14.X.1987 a. a. O. zu dem Ergebnis kam, daß der Vmer nur grob fahrlässig gehandelt hat und eine Vergrößerung des Vsschadens nicht zu erkennen war, durfte eine Leistungsfreiheit in Höhe von DM 1000,– nicht angenommen werden (vgl. Anm. F 121).

Für weitere Einzelbeispiele aus der Rechtsprechung wird auf Bd IV Anm. F 58 verwiesen. Wesentlich ist z. B. die Frage, ob der Vmer vor dem Zusammenstoß Alkohol zu sich genommen hat. Fehlt es an Angaben darüber, wird aber auf das Ergebnis der Blutprobe verwiesen, so liegt darin keine Verletzung der Auskunftslast (BGH 18.II.1970 NJW 1970 S. 863 = VersR 1970 S. 412).

Fragt der Ver den Vmer, ob und in welchem Umfang er vor Fahrtantritt berauschende Getränke zu sich genommen habe, so kann dessen an sich zutreffende Angabe, daß er nur im geringen Umfang (0,3‰) Alkohol genossen habe, einen Verstoß gegen die Auskunftslast darstellen, wenn von ihm gleichzeitig verschwiegen wird, daß er außerdem 50 Schlaftabletten in Selbstmordabsicht zu sich genommen hatte (so OLG Hamm 6.VII.1984 VersR 1985 S. 1078–1079 [zur Fahrzeugv]). Das ergibt sich daraus, daß die Frage des Vers erkennbar auf die Fahrfähigkeit des Vmers abzielte, so daß dieser einen dafür so wesentlichen Umstand wie den der Einnahme von 50 Schlaftabletten – ungeachtet dessen, daß danach nicht ausdrücklich gefragt worden war – nicht verschweigen durfte.

Als wichtige Frage ist auch die anzusehen, ob es dem Vmer möglich ist, für seine Darstellung des Unfallgeschehens Zeugen zu benennen (so OLG Hamm 8.I.1986 VersR 1986 S. 882 zur Fahrzeugv [nur L. S.]). Einleuchtend ist auch, daß es den Ver zumeist interessiert, ob ein Verkehrsunfall polizeilich aufgenommen worden ist oder nicht.

Wesentlich ist gewiß auch die Frage, ob der Vmer oder ein Dritter das Steuer des Fahrzeugs geführt hat. Gibt der Vmer daher gegenüber dem Ver wahrheitswidrig an, daß nicht er, sondern jemand anders am Steuer gesessen habe, so liegt darin eine Verletzung der Auskunftslast (BGH 23.VI.1971 VersR 1971 S. 830, 12.IX.1976

VersR 1976 S. 383—384, OLG Hamm 26.V.1982 VersR 1983 S. 870—871 [zur Fahrzeugv]). Eine Obliegenheitsverletzung kann nach LG Hanau 16.IV.1985 VersR 1986 S. 1093—1094 = ZfS 1987 S. 19—20 unter Umständen auch darin liegen, daß der Vmer wahrheitsgemäß angibt, daß er nicht wisse, wer gefahren sei, zugleich aber den sich nach den Tatumständen aufdrängenden Verdacht verschweigt, daß alles dafür spricht, daß sein Bruder der betreffende Fahrer gewesen ist (Grenzfall, in solchen Konfliktsfällen ist dem Ver im Regelfall ein Nachfassen durch gezielte Fragen zuzumuten). Nicht selten kommt es vor, daß der Vmer jede Auskunft darüber verweigert, wer am Steuer gesessen hat. Dann wird in der Regel eine schwerwiegende Verletzung der Auskunftslast mit einer Leistungsfreiheit bis zu DM 5000,— anzunehmen sein (vgl. dazu die Rechtsprechungsnachweise in Anm. F 115).

Bedeutsam ist ferner, daß der Vmer auch Fragen des Vers beantworten muß, die auf die Feststellung abzielen, ob Vsschutz zu gewähren ist oder nicht. Dem Vmer steht insoweit weder ein Recht zum Schweigen noch gar das Recht zur Lüge zur Seite. Er muß nach Treu und Glauben wahrheitsgemäß auch solche Fragen beantworten, die sich für ihn nachteilig in bezug auf den Vsschutz auswirken können. In der Kfz-Haftpflichtv gilt das z. B. für die Frage, ob eine Fahrt mit Wissen oder Wollen des Vmers ausgeführt wurde oder nicht (vgl. BGH 9.VII.1956 VersR 1956 S. 485—486). Entsprechendes ist für die Frage anzunehmen, ob der Fahrer einen Führerschein hatte (BGH 10.III.1966 VersR 1966 S. 433—434), und die nach der Verwendungsart des Fahrzeugs im Sinne des § 2 II a AKB (vgl. dazu BGH 3.XII.1962 NJW 1963 S. 487—489 = VA 1963 S. 65—66 Nr. 358, OLG Köln 21.IX.1989 VersR 1990 S. 1225—1226 = r + s 1990 S. 43—44 [zur Fahrzeugv]). Ergänzend wird auf Bd IV Anm. F 59 verwiesen. — Für die teilweise abweichende Beurteilung, die diese Frage im österreichischen Recht findet, vgl. ÖOGH 11.XI.1970 VersR 1971 S. 1134—1135. Es ging dort allerdings nicht um den verbalen Teil der Aufklärungslast, sondern um die Verweigerung der Blutprobenentnahme durch den Vmer. Da den Überlegungen des Gerichts aber weiterführende Bedeutung bei der Beurteilung von Grenzfällen im Sinne einer Einschränkung der oben angeführten Grundsätze zukommen könnte, seien sie nachstehend wiedergegeben. Danach erstrecke sich die Aufklärungspflicht ihrem Inhalt nach auf die Aufklärung des Tatbestandes des Schadenereignisses. Für die Beurteilung der Aufklärungspflicht sei es ohne Bedeutung, ob ihre Unterlassung von Einfluß für die Feststellung oder den Umfang der dem Ver obliegenden Leistung sei. Häufig würden Tatsachen, die der Aufklärung dieses Tatbestandes dienten, gleichzeitig die Deckungsfrage betreffen. In diesem Umfang müsse der Vmer auch gegen das eigene Interesse zugunsten des Vers tätig sein. Nur soweit es sich um Tatsachen handle, die ausschließlich die Deckungsfrage, nicht dagegen den Tatbestand des Schadenereignisses betreffen, bestehe eine Aufklärungslast des Vmers nicht.

Kann der Vmer, der dem Ver eine Unfallschilderung zugeschickt hat, das Schadenformular nicht ergänzend ausfüllen, weil er die Namen der beteiligten Zeugen nicht kennt, so ist nach KG 6.III.1982 VersR 1982 S. 485 dennoch eine Verletzung der Auskunftsobliegenheit möglich. Das Gericht nimmt an, daß den Vmer die Last treffe, über einen Anwalt Akteneinsicht zu nehmen, um die Fragen beantworten zu können. Indessen entspricht es der Üblichkeit, daß der Ver in solchen Fällen selbst durch einen Akteneinsichtsantrag tätig wird. Dem Gericht ist allerdings darin zuzustimmen, daß dem Vmer weitergehende Auskünfte nach der Zustellung der Anklageschrift zuzumuten waren.

Ist die Antwort des Vmers doppeldeutig, so muß der Ver nachfragen. Er kann nicht einfach die für den Vsschutz ungünstige Fassung als die gegebene Auskunft ansehen. Für weitere Grenzfälle vgl. Bd IV Anm. F 61.

IV. 2. Auskunfts- und Aufklärungsobliegenheit

Nach endgültiger Verweigerung der Vsschutzleistung hat der Vmer grundsätzlich gegenüber dem Ver keine Obliegenheit mehr zu erfüllen (streitig, so aber BGH 17.XII.1969 VA 1970 S. 160–161 Nr. 557 = VersR 1970 S. 169–170, 18.XII.1980 VersR 1981 S. 329, 7.VI.1989 BGHZ Bd 107 S. 368–376, OLG Hamm 12.VI.1991 VersR 1992 S. 301–302 m. w. N.; im Ergebnis ebenso ÖOGH 14.V.1981 VersR 1982 S. 788; vgl. auch Bruck–Möller Bd I Anm. 36 zu § 6 m. w. N. und für eine differenzierende Gegenposition Stiefel–Hofmann[15] Anm. 271–278 zu § 7 AKB, S. 384–388, ferner Bach VersR 1992 S. 302–303, Baumgärtel VersR 1992 S. 601; w. N. in Anm. G 10, F 143 und Bd IV Anm. B 66, F 46, 81 und 101). Das bedeutet auch, daß ein unrichtiger Vortrag im Deckungsprozeß keine Obliegenheitsverletzung darstellt (so BGH 17.XII.1969 a. a. O. für einen Fall, in dem nach vorangegangener unberechtigter Ablehnung des Vsschutzes im Deckungsprozeß ein unzutreffender Vortrag dazu erfolgte, ob der Vte berechtigter oder unberechtigter Fahrer war). Vom BGH 17.XII.1969 a. a. O. wird allerdings betont, daß diese Überlegungen dann nicht eingreifen, wenn der Ver ernsthaft — also nicht nur etwa aus prozeßtaktischen Gründen — zu erkennen gibt, daß er seine ablehnende Haltung überprüfen wolle. Bittet der Ver in diesem Zusammenhang um eine ganz genaue Schilderung der Tatumstände, so darf er bei einer darin enthaltenen Verletzung der Wahrheitspflicht seine Ablehnung auch darauf stützen.

Schildert der Vmer dem Vsagenten den Sachverhalt zutreffend, erklärt dieser dann aber, daß die Angabe gewisser Tatumstände nicht erforderlich sei, so geht nach der Rechtsprechung des BGH ein derartiges Verhalten des Vsagenten grundsätzlich zu Lasten des Vers, der sich die Kenntnis des Agenten als eigene zurechnen lassen muß (BGH 4.IV.1963 VersR 1963 S. 523–524 und zu dem gleichliegenden Problem bei richtigen Angaben des Vmers, aber fehlerhaft lückenhaften Weitergaben durch den das Formular ausfüllenden Agenten im Bereich der vorvertraglichen Anzeigelast BGH 11.XI.1987 BGHZ Bd 102 S. 194–199, 25.I.1989 VA 1989 S. 168–169 Nr. 862 = VersR 1989 S. 398–399, 23.V.1989 VersR 1989 S. 833–834, 18.XII.1991 VersR 1992 S. 217–218; vgl. dazu Büsken VersR 1992 S. 272–278, Glauber VersR 1992 S. 937–940 m. w. N., Bruck–Möller–Wriede Krankenv Anm. F 24 m. w. N.; ferner Bd IV Anm. F 67). Es versteht sich, daß diese Grundsätze bei einem arglistigen Zusammenwirken zwischen dem Vsagenten und dem Vmer nicht zum Tragen kommen.

[F 109] d) Verletzungsfolgen gemäß § 7 V AKB

aa) Zur Rechtswirksamkeit der Neuregelung

In § 7 V AKB ist ein abgestuftes System der Leistungsfreiheit des Vers für die Verletzung der Aufklärungslast und der anderen nach Eintritt des Vsfalls zu erfüllenden Obliegenheiten vorgesehen. Diese Regelung ist rechtsbeständig vereinbart. Zwar sieht das Gesetz in § 34, in dem für alle Vszweige die Auskunftslast des Vmers normiert ist, keine nachteiligen Rechtsfolgen für den Fall der Verletzung dieser Obliegenheit vor. Das bedeutet aber nicht, daß nachteilige Folgen für nach Eintritt des Vsfalls begangene Obliegenheitsverletzungen nicht vereinbart werden dürfen. Vielmehr setzt das Gesetz in § 6 III die Üblichkeit solcher Vereinbarungen geradezu voraus, indem zwingende Eingrenzungen vorgenommen werden. Allerdings ist aus heutiger Sicht ergänzend § 9 AGBG zu beachten. Diese Bestimmung darf aber nicht in dem Sinne verstanden werden, daß sämtliche dispositiven Vorschriften des VVG nicht abgeändert werden dürfen. Vielmehr ist stets zu prüfen, ob es sich um wesentliche Regelungen handelt und ob eine unbillige Benachteiligung des Vmers vorliegt oder nicht. Von besonderer Bedeutung ist danach, daß die Vereinbarung der Leistungsfreiheit im Obliegenheitsrecht zur traditionellen Ausgestaltung des Vsvertrages gehört. Wichtig ist ferner, daß nach dem zwingenden Inhalt des § 6 III ohnedies nachteilige Rechtsfolgen nur für die Fälle grober Fahrlässigkeit und des Vorsatzes vereinbart werden dürfen. Ganz unbedenklich ist dabei die mit dem Rechtsempfinden und § 6 III übereinstimmende Regelung, daß der Ver im Falle grober Fahrlässigkeit des Vmers im Umfang des durch die Obliegenheitsverletzung entstandenen Mehrschadens leistungsfrei wird (vgl. dazu Anm. F 121). Die Kritik hat sich daher bezüglich der Kfz-Haftpflichtv allein an den Fällen vorsätzlicher Obliegenheitsverletzungen entzündet, in denen sich durch dieses Tun des Vmers der Vsschaden in keiner Weise vergrößert hatte (vgl. dazu nur Bukow 25 Jahre BGH S. 73–74 m. w. N., Fischer VersR 1965 S. 202). § 7 V Nr. 1–3 AKB n. F. hat dieser Kritik, die gewiß nicht für alle denkbaren Fallgestaltungen gerechtfertigt war, für die Kfz-Haftpflichtv (also nicht für die anderen Vsarten der Kraftfahrtv, vgl. § 7 V Nr. 4 AKB) in einem überraschend weiten Maße durch Einführung einer für die Regelfälle teils auf nur DM 1000,–, teils auf DM 5000,– beschränkten Leistungsfreiheit Rechnung getragen (vgl. dazu Anm. F 114–115). Ausnahmsweise ist eine darüber hinausgehende summenmäßig unbegrenzte Leistungsfreiheit des Vers hinsichtlich des durch die Obliegenheitsverletzung entstandenen Mehrschadens in § 7 V Nr. 3 AKB vorgesehen. Diese bezieht sich nach § 7 V Nr. 3 S. 1 AKB auf die durch Betrugshandlungen erlangten rechtswidrigen Vermögensvorteile (vgl. Anm. F 116). Ferner ist in § 7 V Nr. 3 S. 2 AKB in denjenigen Fällen eine erweiterte Leistungsfreiheit vorgesehen, in denen als Folge der vorsätzlichen (oder grob fahrlässigen) Obliegenheitsverletzung eine rechtskräftige gerichtliche Entscheidung so ausfällt, daß sie offenbar erheblich über der nach Sach- und Rechtslage geschuldeten Haftpflichtentschädigung liegt (vgl. dazu Anm. F 134).

Die in § 7 V AKB getroffene Regelung stellt den Vmer der Kfz-Haftpflichtv weitaus besser als den anderer Vszweige. Es bleibt abzuwarten, ob es sich insoweit lediglich um eine Sonderentwicklung für den Kfz-Haftpflichtsektor handelt oder ob diese Regelung zum Vorbild für andere Vszweige wird. Eine gewisse Härte kann freilich auch jetzt noch aus der durch § 7 V Nr. 2 AKB festgelegten schematischen Summenbegrenzung folgen. Das ergibt sich daraus, daß § 7 V Nr. 2 AKB andere Leistungsfreigrenzen als die von DM 1000,– oder DM 5000,– nicht kennt. Es fehlt an einer Proportionalität zwischen den zur Befriedigung oder Abwehr des Haftpflichtanspruchs vom Ver zu erbringenden Aufwendungen und den Leistungsfreiheitsbeträgen gemäß § 7 V Nr. 2 AKB. Das führt bei gleich schwerwiegenden Verstößen gegen die Aufklärungslast (z. B. Fahrerflucht) zu nicht unter allen Umständen der Billigkeit entsprechenden Ergebnissen. Beträgt der Schaden in einem solchen Fall DM 5000,–, so verliert der Vmer A den Vsschutz zu 100%, während der Vmer B, der einen Haftpflichtschaden von DM 1 000 000,– angerichtet hat, nur mit einer Eigenbeteiligung von 0,5% belastet wird. Solche Ungereimtheiten ändern aber angesichts des unverkennbaren Bestrebens der Bedingungsverfasser nach einer gerechten Regelung nichts an der nach den Maßstäben des § 9 AGBG gegebenen Rechtsbeständigkeit des § 7 V Nr. 2 AKB.

[F 110] bb) Bedeutung der Regelung in § 7 V Nr. 2 AKB für andere zum Schutz des Versicherungsnehmers entwickelte Rechtsinstitute

aaa) Belehrungspflicht

α) Grundlagen

Speziell für die Verletzung der Aufklärungslast des Vmers durch unrichtige Angaben gegenüber dem Ver ist vom BGH rechtsschöpferisch eine besondere

IV. 2. Auskunfts- und Aufklärungsobliegenheit **Anm. F 110**

Schutzregelung durch eine Belehrungslast des Vers geschaffen worden. Diese geht dahin, daß vom Ver eine Belehrung gegenüber dem Vmer verlangt wird, mit der dieser im Schadenfall mit aller Deutlichkeit darauf hingewiesen wird, daß vorsätzlich unrichtige und unvollständige Angaben auch dann zum Verlust des Vsschutzes führen, wenn sie sich in keiner Weise auf den Schadengrund oder die Schadenhöhe auswirken (ständige Rechtsprechung, vgl. nur BGH 16.II.1967 BGHZ Bd 47 S. 101–109, 8.V.1967 BGHZ Bd 48 S. 7–11, 12.X.1967 VersR 1967 S. 1088, 16.X.1968 VersR 1968 S. 1156, 20.XII.1968 NJW 1969 S. 608 = VersR 1969 S. 215, 8.I.1969 VersR 1969 S. 268, 29.X.1969 VersR 1970 S. 26–27, 18.IX.1970 VersR 1970 S. 1046–1048, 10.II.1971 VersR 1971 S. 405–406, 23.VI.1971 VersR 1971 S. 830, 20.XII.1972 MDR 1973 S. 301–302 = VersR 1973 S. 174–176, 12.III.1976 VersR 1976 S. 383–384, 30.XI.1977 VersR 1978 S. 121–123 [zur Einbruchdiebstahlv], vgl. auch Bd IV Anm. F 66 m. w. N.). Ungeachtet der kritischen Vorbehalte, die im Schrifttum gegen diese außerhalb des geschriebenen Rechts entwickelte „Obliegenheit" des Vers erhoben worden sind (vgl. z. B. Möller, Festschrift für Klingmüller, Karlsruhe 1974, S. 301–314 und J. Prölss a. a. O. S. 355–374), ist die Grundidee dieser Belehrungslast durchaus zu begrüßen. Denn es ist aus zivilrechtlicher Sicht ungewöhnlich, daß als Folge der Verletzung einer vertraglichen Nebenpflicht der Hauptanspruch des Verletzers verloren geht, obwohl dem anderen Vertragspartner aus der unrichtigen Erklärung des Kontrahenten keinerlei Schäden entstehen. Das Gesagte gilt um so mehr, wenn der Vmer – wie es der Regelfall ist – seine Hauptverpflichtung, nämlich die Prämienzahlung, erfüllt hat. Diese Abweichung von den allgemeinen Grundsätzen der Folgen von Vertragsverletzungen ist durchaus als unbekannt anzusehen und bedarf der ausdrücklichen Klarstellung im Sinne von Treu und Glauben. In diesem Zusammenhang ist es auch zu begrüßen, daß die Belehrungslast Eingang in Nr. II.8 der geschäftsplanmäßigen Erklärungen gefunden hat (vgl. Anm. A 5). Im Sinne einer Transparenz der das Vsrecht beherrschenden Grundsätze wäre es allerdings besser, wenn diese Regelung in die AKB eingefügt werden würde. Dafür, daß nach heute herrschender Auffassung aus geschäftsplanmäßigen Erklärungen dem Vmer und dem Vten vertragliche Rechtsansprüche gegenüber dem Ver erwachsen, vgl. Anm. A 17 m. w. N.

Zu beachten ist, daß die Belehrung mit aller Deutlichkeit erfolgen muß (vgl. BGH 8.V.1967 BGHZ Bd 48 S. 7–11 und Bd IV F 66 m. w. N.). Dem entspricht Nr. II.8 der geschäftsplanmäßigen Erklärungen, wenn dort entweder ein Vordruck auf dem Schadenanzeigeformular mit hervorgehobenem Druck oder ein besonderes Schreiben verlangt wird. Ein Hinweis am Schluß eines Formulars, der kleiner gedruckt ist als die vorangegangenen Rubriken und kleiner als der Hinweis, daß der Ver über den Verbleib des Fahrzeugs oder die Ermittlung des Täters unterrichtet werden will, genügt diesem Erfordernis nicht (OLG Hamburg 9.III.1990 r + s 1990 S. 362–363 [zur Fahrzeugv]).

Wichtig ist, daß die Belehrungspflicht des Vers dann entfällt, wenn der Vmer arglistig seine Aufklärungslast verletzt hat. Das wird vom BGH 20.XI.1970 VA 1971 S. 50–51 Nr. 586 = NJW 1971 S. 192–194 mit dem Bemerken hervorgehoben, daß es die unterlassene Belehrung dem Vmer nicht ermögliche, den Ver ohne das Risiko der Verwirkung arglistig, womöglich in Betrugsabsicht, irrezuführen. Ähnlich BGH 20.XII.1972 a. a. O. S. 175–176 (zur Fahrzeugv), 30.XI.1977 VersR 1978 S. 121–123 (zur Einbruchdiebstahlv), OLG Stuttgart 24.IV.1975 VersR 1979 S. 366 (zur Unfallv), OLG Hamm 26.V.1982 VersR 1983 S. 670–671 (zur Fahrzeugv), OLG Hamburg 9.III.1990 r + s 1990 S. 362–363 (zur Fahrzeugv). Zu beachten ist allerdings, daß eine Arglist im Sinne dieser Ausnahme von der Belehrungspflicht nur in ganz seltenen Fällen angenommen werden darf. Keineswegs spricht eine unrichtige Angabe allein schon indiziell für eine Arglist. Eine solche Argumentation würde dieses Rechtsinstitut gänzlich entwerten. Es ist ohnedies zu überlegen, ob nicht ein besserer Weg als der eine formularmäßigen Belehrung auf der Schadenanzeige, die häufig das Verständnis des Vmers nicht erreicht, gesucht werden sollte. — Arglist hat OLG Köln 23.II.1981 r + s 1982 S. 223—224 angenommen für einen Fall, in dem ein Vmer Fahrerflucht begangen, außerdem eine unzutreffende Darstellung des Unfallgeschehens gegeben und Alkoholgenuß geleugnet hatte. Indessen ist ein solches Verhalten eher als töricht zu qualifizieren.

Das Gesagte ist dahin zu ergänzen, daß eine Belehrungspflicht auch dann entfällt, wenn ein Vmer trotz wiederholter Bedenken des Vers hartnäckig die Verletzung der Aufklärungslast fortsetzt (vgl. dazu BGH 12.III.1976 a. a. O. und Hoegen Festschrift Hauß S. 111—112 m. w. N.). Das ist insbesondere in dem Fall BGH 12.III.1976 a. a. O. nachvollziehbar, in dem der Vmer hartnäckig über Jahre geleugnet hatte, daß er das Fahrzeug geführt habe. Hier ließ das Gericht seinen Einwand nicht durchgreifen, daß die Belehrung deshalb mangelhaft sei, weil der Zusatz gefehlt hatte, daß der Verlust des Vsschutzes auch bei einer ansonsten für die Höhe des Vsschadens folgenlosen Verletzung der Aufklärungslast eintrete.

Zu beachten ist, daß die Belehrungspflicht nur für den verbalen Teil der Aufklärungslast gilt und sich nicht bezieht auf diejenigen Handlungen, die an Ort und Stelle zugunsten der Sicherung der Beweise oder zur Verbesserung der Situation des Geschädigten vorgenommen werden müssen. Vgl. dazu BGH 8.V.1967 BGHZ Bd 48 S. 11 m. Anm. von E. Prölss VersR 1967 S. 650—651; w. N. in Bd IV Anm. F 66 a. E. Dafür, daß die Belehrungslast des Vers sich auch nicht auf die Anzeigelasten gemäß § 153 erstreckt, vgl. Anm. F 97 a. E.

[F 111] β) Bejahung einer Weitergeltung

Es fragt sich, ob die zum 1.I.1975 in kraft getretene Regelung (VA 1975 S. 72—73) so optimal ist, daß der Vmer des zusätzlichen Schutzes des von der Rechtsprechung gemäß der Darstellung in Anm. F 110 entwickelten Institutes der Belehrungspflicht nicht mehr bedarf. Das ist umstritten. Für eine Weitergeltung dieser Grundsätze auch unter der Geltung des § 7 V Nr. 2 AKB haben sich ausgesprochen: OLG Hamm 21.VI.1978 VersR 1979 S. 76, Bauer VersR 1976 S. 806, Prölss—Martin—Knappmann[25] Anm. 6 A zu § 7 AKB, S. 1445, dagegen: LG Bonn 4.VII.1980 ZfS 1980 S. 338—339, Hofmann VersR 1976 S. 311—312 (zweifelnd Hoegen Festschrift Hauß S. 109—112). Der erstgenannten Auffassung ist beizupflichten. Ein einleuchtender Grund, weshalb dieses Rechtsinstitut der Belehrungspflicht des Vers, das dogmatisch als Obliegenheit des Vers einzuordnen ist, nicht weiterhin auch für die Kfz-Haftpflichtv gelten solle, ist nicht ersichtlich. Es haben sich im übrigen auch alle Kfz-Haftpflichtver darauf eingestellt, daß sie diese Belehrungslast erfüllen müssen. Es erfolgt zumeist ein entsprechender Hinweis auf den dem Vmer nach Meldung der Tatsachen im Sinne des § 153 I übermittelten Schadenformularen. Zu einer solchen Belehrung haben sich die Ver überdies in Nr. II.8 der geschäftsplanmäßigen Erklärungen zur Kfz-Haftpflichtv (Anm. A 5) verpflichtet. Bei der Aufnahme der Belehrungslast in die geschäftsplanmäßigen Erklärungen handelt es sich um eine im Interesse der Vmer vom BAV getroffene Maßnahme, mit der sichergestellt werden soll, daß diese höchstrichterlichen Grundsätze allseits beachtet werden. Demgemäß ist § 7 I Nr. 2 AKB sogar als um diese Belehrungslast des Vers vertraglich ergänzt zu denken (vgl. dafür, daß derartige veröffentlichte geschäftsplanmäßigen Erklärungen entgegen älterer Lehre einen den Vsvertrag ergänzenden Rechtscharakter haben können, Anm. A 17 m. w. N.).

IV. 2. Auskunfts- und Aufklärungsobliegenheit   Anm. F 112

[F 112] bbb) Abgrenzung zur Relevanzrechtsprechung

Die zweite Einschränkung, die von der Rechtsprechung zu § 7 V AKB a. F. vorgenommen worden ist, ist die, daß nur solche nach Eintritt des Vsfalls begangenen vorsätzlichen Obliegenheitsverletzungen zur Leistungsfreiheit des Vers führen, die mit schwerer Schuld des Vmers begangen worden sind und die generell geeignet sind, die Interessen des Vers ernsthaft zu gefährden (vgl. BGH 5.V.1969 NJW 1969 S. 1385–1386 = VersR 1969 S. 651–652, 16.I.1970 BGHZ Bd 53 S. 164–166, 18.II.1970 NJW 1970 S. 861–863 = VersR 1970 S. 410–412, 9.II.1972 VA 1972 S. 145–148 Nr. 620 = VersR 1972 S. 363–365 m. w. N., 24.VI.1981 VersR 1982 S. 183 m. w. N., 25.IX.1985 VersR 1985 S. 1177; w. N. in Anm. J 15). Ergänzend ist bei dieser Rechtsprechung im übrigen immer zu bedenken, daß der Ver auch bei Vorliegen dieser Voraussetzungen insoweit nicht leistungspflichtig ist, als sich der Schaden im Sinne des § 6 III vergrößert hat; in diesem Umfang wird vielmehr in Konsequenz der für grob fahrlässige Verstöße geltenden Regelung der Vsschutz verneint (vgl. nur BGH 16.I.1970 a. a. O. S. 166, 16.I.1970 VersR 1970 S. 339, 9.II.1972 VersR 1972 S. 343 [allerdings kam dieser Grundsatz in diesen Urteilen nicht fallentscheidend zur Anwendung, so daß es sich letzten Endes um obiter dictum gemachte Bemerkungen gehandelt hat]). Diese ursprünglich für die Kfz-Haftpflichtv entwickelten Rechtsgrundsätze sind von der Rechtsprechung Schritt für Schritt auf andere Vszweige übertragen worden (vgl. z. B. BGH 23.V.1975 VersR 1975 S. 752–753 [zur Fahrzeugv], 19.V.1976 VersR 1976 S. 849–850 [zur Fahrzeugv], 13.VII.1977 VersR 1977 S. 1021–1022 [zur Hausratv], 8.I.1981 VA 1981 S. 167 Nr. 735 = VersR 1981 S. 322 [zur allgemeinen Haftpflichtv], 24.VI.1981 a. a. O. [zur Unfallv], 7.XII.1983 VersR 1984 S. 228–229 m. w. N. [zur Fahrzeugv]). Von ihr wird allerdings nur zurückhaltend Gebrauch gemacht.
— Eine Relevanzrechtsprechung der dargestellten Art gibt es in der österreichischen Rechtsprechung nicht. Doch sind der Sache nach Ansatzpunkte für eine übereinstimmende Beurteilung in den Fällen gegeben, in denen die Rechtsfolge der Leistungsfreiheit für Bagatellverstöße verneint wird. Vgl. dazu ÖOGH 14.XII.1978 VersR 1979 S. 731–732 m. w. N. (zur Fahrzeugv); das Gericht hatte über eine Verletzung der Aufklärungslast zu befinden, die darin bestand, daß in einem Schadenfall die gemäß § 4 österr. StVO erforderliche Anzeige bei der nächsten Polizeidienststelle nicht rechtzeitig erstattet worden war. Das Gericht führte in diesem Zusammenhang u. a. aus, daß es bereits wiederholt ausgesprochen habe, daß der zur Unfallmeldung i. S. des § 4 StVO verpflichtete Vmer seine Aufklärungspflicht nur dann verletze, wenn im konkreten Fall etwas versäumt worden sei, das zur Aufklärung des Sachverhalts dienlich gewesen wäre ... Die Übertretung der Bestimmung des § 4 Abs. 5 StVO durch den Vmer sei daher für sich allein nicht schon einer Verletzung seiner Aufklärungspflicht gleichzuhalten. Es sei vielmehr erforderlich, daß ein konkreter Verdacht in bestimmter Richtung durch objektives Unbenützbarwerden (objektive Beseitigung) eines Beweismittels infolge Außerachtlassung der Anzeige im nachhinein nicht mehr mit Sicherheit ausgeschlossen werden könne. Der konkrete Verdacht und die ... Unbenützbarkeit des Beweismittels infolge Unterlassung (Verspätung) der Anzeige müßten vom Ver behauptet und bewiesen werden. Entscheidend sei daher, daß der Vmer durch die nicht (oder nicht ohne unnötigen Aufschub) erstattete Unfallmeldung die Aufklärung des Sachverhalts in einer bestimmten Richtung dadurch vereitelt habe, daß ein Beweismittel aus diesem Grund nicht mehr benutzt werden könne. Die bloße Behauptung, der Kläger habe seine Aufklärungspflicht deshalb verletzt, weil er offenbar im Unfallzeitpunkt infolge Übermüdung oder Alkoholisierung fahruntüchtig gewesen sei, vermöge ein Prozeß-

vorbringen über einen in dieser Richtung bestehenden konkreten Verdacht nicht zu ersetzen. —
Es ist zu prüfen, inwieweit die skizzierte Relevanz-Rechtsprechung des BGH in der Kfz-Haftpflichtv neben § 7 V Nr. 2 AKB gilt oder ob sie insgesamt durch die Neuregelung obsolet geworden ist. Dabei sind drei Fragenkreise zu unterscheiden. Die erste Frage ist dabei die, ob die Fälle schwerer Schuld im Sinne jener Rechtsprechung mit den besonders schwerwiegenden Verstößen im Sinne des § 7 V Nr. 2 S. 2 AKB gleichzusetzen sind. Das ist mit BGH 21.IV.1982 BGHZ Bd 84 S. 88—89 zu verneinen (ebenso Bauer VersR 1976 S. 805—806; a. M. Hoegen Festschrift Hauß S. 115—117, Hofmann VersR 1976 S. 311, Plaumann VersR 1976 S. 122). Insoweit stellt § 7 V Nr. 2 AKB eine wesentliche Verbesserung der Rechtsstellung des Vmers dar. Denn bei einem mit schwerer Schuld begangenen Verstoß verlor er nach der zitierten BGH-Rechtsprechung den Vsschutz vollen Umfangs. Jetzt verliert er ihn — je nachdem, ob dieser mit schwerer Schuld begangene Verstoß als „Normalfall" oder als ein besonders schwerwiegender anzusehen ist — nur in Höhe von DM 1000,— oder DM 5000,— (vgl. ergänzend Anm. F 116).

Als zweites ist zu prüfen, ob für die Kfz-Haftpflichtv die Rechtsprechung aufrechtzuerhalten ist, nach der ein vorsätzlicher Verstoß gegen die Aufklärungsobliegenheit, der an sich geeignet war, das Aufklärungsinteresse des Vers zu gefährden, der aber nicht mit schwerer Schuld begangen worden ist, für den Vmer folgenlos bleibt. Das ist zu verneinen. Denn bei einer Leistungsfreiheit von nur DM 1000,— liegt in der Vertragsgestaltung keine Übermaßreaktion mehr vor (vgl. ergänzend Anm. F 110). In diesem Teilbereich hat sich demgemäß die Rechtsstellung des Vmers durch die Neufassung des Bedingungsrechts zum 1.I.1975 verschlechtert. Dabei ist aber zu bedenken, daß dem BGH gerade jene unterschiedslose Härte der gänzlichen Leistungsfreiheit des Vers bei für den Vsschaden folgenlosen Obliegenheitsverletzungen der Antrieb für seine Eingrenzungen gewesen ist. Demgemäß liegt hier eine dem Gerechtigkeitsgedanken verpflichtete Anpassung des Bedingungsrechts vor. Der im Bemühen um Fallgerechtigkeit geborenen Konstruktion der den Vorsatz verstärkenden schweren Schuld bedarf es daher auf dem Gebiet der Kfz-Haftpflichtv nicht mehr.

Es fragt sich drittens, ob durch § 7 V Nr. 2 AKB auch eine Verschlechterung der Rechtsposition des Vmers hinsichtlich der sog. nicht relevanten Verstöße eingetreten ist. Das würde bedeuten, daß der Ver jetzt in denjenigen Fällen, in denen sich die Obliegenheitsverletzung weder theoretisch noch praktisch zu seinem Nachteil auswirken konnte, also in keiner Weise als relevant anzusehen war, immer bis zur Höhe von DM 1000,— leistungsfrei werde. Die Meinungen dazu sind geteilt. Für die zuletzt genannte Auffassung: LG Berlin 10.V.1978 VersR 1979 S. 416—417, LG Wiesbaden 19.VI.1978 VersR 1979 S. 127, OLG Hamburg 27.III.1981 VersR 1981 S. 823—826, OLG Schleswig 18.III.1981 VersR 1981 S. 922—923, AG Gießen 26.III.1982 r + s 1982 S. 138—139, OLG Bamberg 2.VII.1982 VersR 1983 S. 1021—1022 = ZfS 1982 S. 276—277, AG Sulzbach/Saar 26.XI.1982 r + s 1983 S. 117, LG Wiesbaden 10.I.1983 r + s 1983 S. 50, LG Aachen 2.VIII.1984 ZfS 1984 S. 373—374, LG Freiburg 19.IX.1985 VersR 1987 S. 399—400 = ZfS 1987 S. 181 (nur L. S.), AG München 24.X.1985 ZfS 1985 S. 51, AG Augsburg 30.X.1985 ZfS 1986 S. 83, OLG München 20.III.1986 ZfS 1986 S. 277 (mit dem zutreffenden Hinweis, daß nach der BGH-Rechtsprechung ohnedies bei einem endgültigen unerlaubten Entfernen vom Unfallort nahezu ausnahmslos eine erhebliche Gefährdung des Aufklärungsinteresses bejaht worden sei), LG Verden 3.VI.1988 ZfS 1988 S. 288—289 (nicht entscheidungserheblich, da im Sinne der BGH-Rechtsprechung Relevanz zu bejahen war), AG Korbach 29.VI.1989 ZfS 1989 S. 348, LG Darmstadt

IV. 2. Auskunfts- und Aufklärungsobliegenheit **Anm. F 112**

27.VI.1990 ZfS 1990 S. 312-313, AG Augsburg 31.I.1991 ZfS 1991 S. 165-166, Hofmann VersR 1976 S. 311, Plaumann VersR 1976 S. 1020-1022, Prölss-Martin-Knappmann[25] Anm. 6 A zu § 7 AKB, S. 1445 (anders in der 23. Auflage Anm. 6 A c zu § 7 AKB, S. 1048), Stiefel-Hofmann[15] Anm. 95 zu § 7 AKB, S. 319; der Tendenz nach auch Hoegen Festschrift für Hauß S. 112-115 (wenngleich ohne abschließende Stellungnahme). Dagegen: LG Regensburg 26.IV.1978 r + s 1978 S. 231-232, OLG Hamm 21.VI.1978 VersR 1979 S. 76 (nur obiter dictum), AG Marburg/L. 21.IX.1984 ZfS 1984 S. 374, OLG Oldenburg 12.X.1984 NJW 1985 S. 637-638 = ZfS 1985 S. 55, LG München 27.VI.1985 VersR 1986 S. 671 (Grenzfall), OLG Köln 9.I.1986 ZfS 1986 S. 213, AG Augsburg 5.VI.1986 ZfS 1986 S. 308, LG Itzehoe 15.X.1987 MDR 1988 S. 499. - Vielfach wird auch BGH 21.IV.1982 BGHZ Bd 84 S. 84-89 als Beleg dafür in Anspruch genommen, daß die Relevanzgrundsätze bei einer Leistungsfreiheit bis zu DM 1000,- nicht mehr zum Tragen kommen. Indessen befaßt sich das Gericht entscheidungserheblich nur mit der Frage, ob es sich dort um einen besonders schwerwiegenden Fall mit Leistungsfreiheit bis zu DM 5000,- handle, weist allerdings auch darauf hin, daß im Bereich zwischen DM 1000,- und DM 5000,- die Relevanzgrundsätze weiter gelten, und zwar mit geschärften Anforderungen.

Der zuletzt genannten Auffassung ist beizupflichten. Es ist unabweisbar, daß § 7 V Nr. 2 AKB auf Verstöße keine Anwendung findet, die Bagatellcharakter haben. Dabei ist allerdings an dem Grundsatz festzuhalten, daß es auf die generelle Eignung des vorsätzlichen Verstoßes zur ernsthaften Gefährdung des Aufklärungsinteresses des Vers ankommt und nicht auf die konkrete Auswirkung im Einzelfall (vgl. BGH 12.III.1976 VersR 1976 S. 383-384 m. w. N., 21.IV.1982 BGHZ Bd 84 S. 88 m. w. N.). Zu derartigen Bagatellverstößen gehört z. B. im Bereich der Anzeigelast eine um eine geringe Zeit (z. B. eine Woche) verspätete Mitteilung von Tatsachen im Sinne des § 153 I (vgl. dazu BGH 25.IX.1985 VersR 1985 S. 1177 [der Kurzfassung des Beschlusses ist nicht zu entnehmen, ob es sich um einen Fall aus dem Bereich der Kfz-Haftpflichtv handelt]). Derartige Bagatellfälle sind aber auch bei der Aufklärungslast ohne weiteres denkbar. Gedacht sei z. B. an eine Fahrerflucht über 70-100 m, die der Vmer aus eigenem Antrieb beendet, indem er sogleich zum Unfallort zurückkehrt, um dort zu seinem Fehlverhalten insgesamt zu stehen. Es ist nicht einzusehen, warum in einem solchen für Grund und Höhe des Anspruchs des Dritten folgenlosen Fall, in dem auch gedanklich keine Gefährdungsmöglichkeit hinsichtlich des Aufklärungsinteresses des Vers gegeben ist, der Vsschutz in Höhe von DM 1000,- versagt werden sollte. Beizupflichten ist auch OLG Oldenburg 12.X.1984 NJW 1985 S. 637-638 = ZfS 1985 S. 85. Das Gericht nimmt volle Leistungspflicht des Vers für einen Fall an, in dem die Fahrerflucht zwar auch nach 100 Metern abgebrochen worden ist, bei der das aber auf dem Eingreifen eines Zeugen, der alles beobachtet hatte, beruhte. Wenn der Vmer auf das Haltegebot des Zeugen sofort reagiert, so entspricht das äußere Erscheinungsbild letzten Endes dem zuvor gebildeten Beispiel. Es sollte daher eine moralisierende Differenzierung, ob die Rückkehr zum rechtmäßigen Verhalten auf den Hinweis eines Dritten oder aufgrund eigenen Entschlusses des Vmers erfolgt ist, nicht vorgenommen werden. Vorbildlich auch heute noch BGH 5.V.1969 NJW 1969 S. 1385-1386 = VersR 1969 S. 651-652, von dem bei gleichgelagertem Sachverhalt (vor Inkrafttreten der Neufassung des § 7 V AKB) der Standpunkt vertreten worden ist, daß ein solcher Vorgang für das Aufklärungsinteresse des Vers ohne Relevanz sei.

Die differenzierende Lösung in § 7 V AKB, durch die nicht mehr unterschiedslos in allen Fällen eines vorsätzlichen Verstoßes gegen die Aufklärungslast der Vsschutz verlorengeht, kann gelegentlich auch zu einer strengeren Betrachtung der Relevanzproblematik führen. So hatte OLG München 7.IX.1973 VersR 1974 S. 846—847 fehlende Relevanz in einem Fall angenommen, in dem der Vmer gegen drei Gebäude gefahren war, anschließend die Polizei telefonisch benachrichtigt, aber sich alsdann unter Zurücklassen seines Fahrzeugs unerlaubt vom Unfallort entfernt hatte (im Ergebnis ebenso bei ähnlichen Sachverhalten OLG Frankfurt a. M. 2.VII.1970 VersR 1971 S. 73—74 m. Anm. v. Kaulbach a. a. O. S. 69—70, OLG Hamm 23.IX.1970 VersR 1971 S. 214—215, LG Köln 1.III.1978 VersR 1978 S. 707). Dem kann für die heutige Zeit nicht mehr gefolgt werden. Vielmehr liegt es näher, hier ein relevantes Geschehen zu bejahen, aber von einem nicht besonders schwerwiegenden Verstoß mit einer Leistungsfreiheit bis zu DM 1000,— auszugehen. Erst recht gilt das für OLG Köln 18.III.1976 VersR 1976 S. 1149—1150, das unter Berufung auf den Relevanzgedanken zugunsten des Vmers entschieden hatte, obwohl der Vmer nicht einmal sein Fahrzeug an Ort und Stelle gelassen hatte.

Dagegen kann eine nicht relevante Verletzung der Aufklärungslast auch heute noch bejaht werden, wenn sich ein Vmer nachts berechtigt vom Unfallort entfernt und sich nicht sogleich, sondern erst am nächsten Morgen, also unter Umständen nicht mehr unverzüglich im Sinne des § 142 II Nr. 1 StGB, bei der Polizei meldet. So in einem Grenzfall LG München 27.VI.1985 VersR 1986 S. 671 = ZfS 1986 S. 277; da zwischen dem Unfallzeitpunkt und dem ersten Meldeversuch bei einer Straßenmeisterei 4 1/2 Stunden lagen, hätte hier eigentlich zu Lasten des Vmers entschieden werden müssen, zumal da nicht erklärt wird, warum die Polizei nicht sogleich benachrichtigt wurde (ebenso aber AG Marburg/L. 21.X.1984 ZfS 1984 S. 374). Im Ergebnis ähnlich ferner auch OLG Karlsruhe 30.VI.1983 VersR 1984 S. 836—838 (zur Fahrzeugv); es ging ebenfalls um einen nachts herbeigeführten Sachschaden, bei dem es an zur Feststellung bereiten Personen fehlte; das Gericht verneinte bei der erst 5 Stunden nach der Tat erfolgten Rückkehr zum Unfallort sogar das Vorliegen des objektiven Tatbestandes der Obliegenheitsverletzung.

Eine kritische Würdigung der Entscheidungen, die sich dafür ausgesprochen haben, daß es in der Kraftfahrzeughaftpflichtv auf die Relevanz des Verstoßes im Sinne der BGH-Rechtsprechung bei einer Leistungsfreiheit bis zu DM 1000,— nicht mehr ankomme, ergibt im übrigen, daß es sich durchweg um obiter-dictum-Bemerkungen handelt. In der Mehrzahl der Fälle ist das Ergebnis zutreffend. Dabei ist zu beachten, daß nach wie vor für das Eingreifen des Verwirkungstatbestandes nach Obliegenheitsverletzungen aufgrund vorsätzlichen Handelns keine konkrete Gefährdung des Aufklärungsinteresses des Vmers erforderlich ist, daß es vielmehr nach fester höchstrichterlicher Rechtsprechung genügt, daß die generelle Eignung der Obliegenheitsverletzung zur ernsthaften Gefährdung der berechtigten Interessen des Vers gegeben ist (vgl. dazu nur BGH 12.III.1976 VersR 1976 S. 383—384, 21.IV.1982 BGHZ Bd 84 S. 88, beide m. w. N.).

AG Augsburg 5.VI.1986 ZfS 1986 S. 308 hat Relevanz in einem Fall verneint, in dem ein Vmer mit 2,73‰ Blutalkoholgehalt ein Verkehrsschild beschädigte und anschließend Verkehrsunfallflucht beging. Angesichts des verkürzt wiedergegebenen Sachverhalts läßt sich nicht ohne weiteres sagen, ob diese Entscheidung im Ergebnis noch gebilligt werden könnte. Bedenklich LG Itzehoe 15.X.1987 MDR 1988 S. 499, das es für eine gänzliche Leistungspflicht des Vers genügen läßt, daß das Fahrzeug an Ort und Stelle verblieb. Die Wertung des Geschehens dahin, daß ein nicht besonders schwerwiegender Verstoß mit Leistungsfreiheit bis zu DM 1000,— vorliege, hätte näher gelegen (vgl. dazu Anm. F 115 m. w. N.). Die Schwierigkeit für das Gericht lag darin, daß es bei zutreffender Bejahung der Relevanz den Vsschutz im Rahmen der Fahrzeugv nach der Rechtsprechung des BGH ganz hätte verneinen

IV. 2. Auskunfts- und Aufklärungsobliegenheit **Anm. F 113**

müssen (BGH 15.IV.1987 VersR 1987 S. 657–658, anders Anm. J 18, jedoch ist die dort vertretene Auffassung vom BGH ausdrücklich abgelehnt worden; vgl. auch LG Stuttgart 7.IV.1988 ZfS 1988 S. 251).

[F 113] ccc) Geltendmachungserfordernis

Zu beachten ist, daß die Leistungsfreiheit des Vers nicht ipso iure eintritt. Vielmehr muß der Ver sich auf diese Leistungsfreiheit durch Erklärung gegenüber dem Vmer berufen (streitig, so aber BGH 24.IV.1974 NJW 1974 S. 1241–1242 = VersR 1974 S. 689–690 m. w. N.; ebenso Sieg VersR 1963 S. 1092–1093 m. w. N.; a. M. Reimer Schmidt Obliegenheiten S. 265, 271 m. w. N.; vgl. auch Bruck–Möller Bd I Anm. 20 und 44 zu § 6 m. w. N., wo eine Mittelmeinung vertreten wird). Eine Erklärung gegenüber dem geschädigten Dritten oder dessen Rechtsnachfolger (z. B. gegenüber einem Sozialver) genügt nicht (BGH 24.IV.1974 a. a. O.). Anlaß für diese Erkenntnis des BGH war ein Fall, bei dem der Ver es unterlassen hatte, dem Vmer gegenüber wegen der von diesem begangenen Fahrerflucht den Vsschutz zu versagen. Dieses ungewöhnliche Verhalten des Vers erklärt sich daraus, daß es sich um einen Fall mit Auslandsbezug handelte. Der Vmer war Belgier. Weder der nach § 2 I b AuslPflichtvsG regulierende HUK-Verband noch der ausländische Ver hatten den Vsschutz versagt. Der BGH stellte hier zu Recht darauf ab, daß es in der Dispositionsfreiheit des Vers liege, ob er sich auf eine Leistungsfreiheit wegen Obliegenheitsverletzung berufen wolle oder nicht. Der gleiche Gedankengang liegt der Rechtsprechung zugrunde, nach der der Ver, der dem Vmer eine Frist zur Erfüllung bestimmter Obliegenheiten setzt, damit zugleich auf die Geltendmachung der Leistungsfreiheit aus den ihm bis dahin bekannten Obliegenheitsverstößen verzichte (vgl. BGH 16.I.1970 BGHZ Bd 53 S. 162–163 und Anm. F 95 m. w. N.).

Die Erklärung, daß sich der Ver auf die sich aus den Obliegenheitsverletzungen folgende Leistungsfreiheit berufe, muß bis zur Leistung an den Dritten erfolgen. Danach ist sie grundsätzlich nicht mehr nachholbar. Erfährt der Ver allerdings ausnahmsweise erst nach der Leistung an den Dritten von der durch den Vmer begangenen Obliegenheitsverletzung, so darf ihm nicht versagt werden, sich nachträglich auf sein Leistungsverweigerungsrecht nach § 7 V AKB zu berufen. Er kann dann das Geleistete von dem Vmer gemäß § 3 Nr. 9 PflichtvsG zurückfordern (vgl. Anm. B 67). Die dargestellten Überlegungen zum Geltendmachungserfordernis sind auch für die Frage von Bedeutung, in welche Leistungsfreiheitskategorie der Ver das Verhalten des Vmers einordnet. Erklärt der Ver z. B., daß er das Verhalten des Vmers als einen nicht besonders schwerwiegenden Verstoß im Sinne des § 7 V Nr. 2 S. 2 AKB bewerte, so daß der Vsschutz nur in Höhe von DM 1000,– versagt werde, so ist er daran gebunden. Demgemäß kann er nicht später DM 5000,– mit der Begründung verlangen, daß seine ursprüngliche Bewertung des Verhaltens des Vmers unzutreffend gewesen sei. Das gilt auch dann, wenn nach Abgabe der Stellungnahme des Vers höchstrichterliche Entscheidungen ergehen, in denen ein gleichartiges Verhalten anderer Vmer als besonders schwerwiegend qualifiziert wird. Zu beachten ist aber, daß ein solcher Verzicht des Vers auf die Geltendmachung der Leistungsfreiheit nur die dem Ver zum Zeitpunkt der Abgabe der entsprechenden Erklärung bekannten obliegenheitsrechtlichen Versagungsgründe erfaßt. Erhält der Ver daher später von weiteren Tatsachen Kenntnis, die für sich allein oder im Zusammenhang mit den bereits bekannten Obliegenheitsverletzungen den Verstoß als besonders schwerwiegend qualifizieren, so darf er sich darauf gegenüber dem Vmer berufen.

Versagt der Ver gegenüber dem Vmer den Vsschutz, ohne dabei ausdrücklich zu erklären, ob die Versagung in Höhe von DM 5000,– oder in Höhe von DM 1000,–

Anm. F 114   F. Obliegenheiten des Vmers in der Kraftfahrzeughaftpflichtv

erfolgt, so muß diese Frage richterlich im Deckungs- oder Regreßprozeß überprüft werden, auch wenn die Klagausschlußfrist nach § 12 III (§ 8 I AKB) vom Vmer nicht gewahrt worden ist. Etwas anderes gilt dann, wenn der Ver unmißverständlich zu erkennen gegeben hat, daß er für sich gänzliche Leistungsfreiheit gemäß § 7 V Nr. 3 AKB in Anspruch nehme (vgl. ergänzend Anm. G 6 m. w. N.).

KG 2.IV.1981 VersR 1982 S. 690–692 äußert Zweifel, ob nach § 8 I AKB überhaupt wirksam eine Klagausschlußfrist mit Bindung auf einen bestimmten Betrag gesetzt werden könne. Zur Begründung verweist das Gericht auf den Wortlaut des § 8 I AKB, in dem nur vom Grund des Anspruchs die Rede ist. Indessen ist zu bedenken, daß diese Bedingungsformulierung aus einer Zeit stammt, in der es diese Rechtswohltat der auf DM 1000,– oder DM 5000,– begrenzten Leistungsfreiheit noch nicht gab. Wenn es dem Ver aber gestattet ist, dem Vmer nach dem Bedingungswortlaut durch Setzung einer Klagausschlußfrist gänzlich den Vsschutz zu versagen, so darf er erst recht die Wirkung des Fristablaufs auf einen geringeren Betrag begrenzen. Voraussetzung dafür, daß sich der Ver auf die fruchtlos erfolgte Fristsetzung berufen darf, ist allerdings eine unmißverständliche Belehrung über die Rechtsfolgen des Fristablaufs. Diese Anforderungen sah das Gericht zu Recht deshalb als nicht erfüllt an, weil der Ver einen eigenen Regreß in Höhe von DM 5000,– angekündigt hatte, während er sich in Wirklichkeit in dieser Höhe wegen seiner vermeintlichen Leistungsfreiheit geweigert hatte, einen Regreß eines Sozialvers zu erfüllen.

[F 114] cc) Summenmäßige Begrenzung der Leistungsfreiheit

aaa) Vorbemerkung

Nach § 7 V Nr. 2 AKB wird der Ver im Regelfall nur zur Höhe von DM 1000,– oder DM 5000,– von der Verpflichtung zur Leistung frei. Die Leistungsfreiheit von nur DM 1000,– gilt für die Fälle der Verletzung der Anzeigelasten gemäß § 153 I, II und IV und für die Verstöße gegen das Anerkenntnis- und Befriedigungsverbot nach § 7 II Nr. 1 AKB. Das ergibt sich aus der Wortfassung des § 7 V Nr. 2 S. 2 AKB. Dort ist davon die Rede, daß bei vorsätzlich begangener Verletzung der Aufklärungs- oder Schadenminderungspflicht (z. B. bei unerlaubtem Entfernen vom Unfallort, unterlassener Hilfeleistung, Abgabe wahrheitswidriger Angaben gegenüber dem Ver), wenn diese besonders schwerwiegend seien, sich die Leistungsfreiheit des Vers auf einen Betrag von DM 5000,– erweitere. Demgemäß fallen nur die ausdrücklich erwähnten beiden Obliegenheiten, also die Aufklärungs- und die Schadenminderungslast, unter die auf DM 5000,– erweiterte Leistungsfreiheitsmöglichkeit. Dazu ist allerdings auch die in § 7 V Nr. 2 S. 2 AKB nicht ausdrücklich erwähnte Obliegenheit nach § 7 II Nr. 5 AKB zu rechnen, dem Ver die Prozeßführung zu überlassen (vgl. Anm. F 125). Denn das Gebot der Überlassung der Prozeßführung an den Ver stellt einen typisierten Unterfall der Schadenminderungslast dar (vgl. auch Bd IV Anm. F 80).

Eine Obliegenheitsverletzung im Sinne des § 7 V Nr. 2 AKB kann ausnahmsweise im Zusammenwirken mehrerer Vmer ein und desselben Vsvertrages (oder auch eines Vmers und eines Vten) begangen werden. Als Beispiel sei an einen Fall gedacht, in dem beide Vmer (die auch zugleich Halter des betreffenden Fahrzeugs sind) sich auf einer gemeinsamen Fahrt befinden. Der eine von diesen beiden Vmern möge einen Unfall herbeiführen, bei dem ein Fußgänger schwer verletzt wird. Auf Anraten des anderen Vmers setzt der erstere die Fahrt fort. Der Dritte wird auf einsamer Landstraße in hilfloser Lage zurückgelassen. Es fragt sich, ob es in einem solchen Fall bei der Leistungsfreiheit des Vers in Höhe von DM 5000,– (dafür, daß es sich

IV. 2. Auskunfts- und Aufklärungsobliegenheit   **Anm. F 114**

um einen besonders schwerwiegenden Fall im Sinne des § 7 V Nr. 2 S. 2 AKB handelt, vgl. Anm. F 119) verbleibt oder ob sich dieser Betrag verdoppelt, weil es sich um die V gesonderter Haftpflichtrisiken handelt (vgl. Anm. G 12). An und für sich wäre es durchaus sachgerecht, jeden der Vmer in einem solchen Fall mit DM 5000,— zu belasten. Der Text des § 7 V Nr. 2 S. 2 (und S. 1) AKB besagt das indessen nicht eindeutig. Es spricht der Wortlaut eher für eine Begrenzung der Leistungsfreiheit auf insgesamt DM 5000,—. Jedenfalls ist ein solches Ergebnis aber unter der Anwendung der Unklarheitenregelung gemäß § 5 AGBG vorgegeben. Das Gesagte gilt um so mehr, als die Ver in der geschäftsplanmäßigen Erklärung zu den vor Eintritt des Vsfalls zu erfüllenden Obliegenheiten eine sehr viel deutlichere Wortwahl gefunden haben. Daß zu jenem Regreßverzicht die Möglichkeit der Verdopplung des Regreßbetrages bei zwei Regreßschuldnern auf DM 10 000,— bejaht worden ist (vgl. Anm. F 29), stellt daher kein Argument für eine entsprechende Interpretation des § 7 V Nr. 2 S. 1, 2 AKB dar.

Ebenso verbleibt es bei der Leistungsfreiheit des Vers in Höhe von nur DM 5000,—, wenn durch ein und dasselbe Schadenereignis die Ansprüche mehrerer Dritter ausgelöst werden. Das gilt sowohl für den Fall, daß durch einen Verkehrsunfall mehrere Personen verletzt werden, als auch dann, wenn der Ver sich mit den Ansprüchen des durch das Ereignis körperlich geschädigten Dritten und dessen nach § 116 SGB (X) auf den Sozialver übergegangenen Forderungen zu befassen hat (so KG 2.IV.1981 VersR 1982 S. 691, Fleckenstein VersR 1978 S. 13).

Nicht geregelt ist in § 7 V Nr. 2 AKB, auf welchen Teil des Leistungsversprechens des Vers sich die Leistungsfreiheit in Höhe von DM 5000,— (oder von nur DM 1000,—) bezieht. Steht dem Ver nur ein Dritter als Anspruchsteller gegenüber, so entspricht es natürlicher Auffassung, daß die ersten erbrachten DM 5000,— als überobligationsmäßige Leistung im Sinne des § 3 Ziff. 4 PflichtvsG zu bewerten sind. Das gilt freilich nicht in denjenigen Fällen, in denen der Ver erst zu einem späteren Zeitpunkt wegen Nichteinhaltung der Klagausschlußfrist gemäß § 12 III (§ 8 I AKB) leistungsfrei geworden ist. Denn eine solcherart entstehende Leistungsfreiheit berührt nach fester höchstrichterlicher Rechtsprechung nicht den vor Fristablauf erfüllten Teil des Leistungsversprechens des Vers (vgl. dazu Anm. B 68 und G 6 m. w. N.). In diesen Sonderfällen bezieht sich daher die im Verhältnis zum Vmer gegebene Leistungsfreiheit in Höhe von DM 5000,—, deretwegen gemäß § 3 Ziff. 9, 10 PflichtvsG gegen den Vmer Regreß genommen werden kann, auf die Zahlungen (oder sonstigen Erfüllungshandlungen) nach Ablauf der Klagausschlußfrist.

Bedeutsam ist die Frage, auf welchen Teil des Leistungsversprechens des Vers sich die mit DM 5000,— limitierte Leistungsfreiheit des Vers bezieht, vor allem dann, wenn dem Ver mehrere Dritte gegenüberstehen. Ein Wahlrecht des Vers ist hier nicht zu akzeptieren. Die Regelung ist vielmehr nach objektiven Kriterien zu interpretieren. Die Ergebnisse müssen dabei für beide Vertragsteile kalkulierbar sein. Es bietet sich daher an, die Bestimmung des § 156 III entsprechend anzuwenden. Das bedeutet, daß die (im Regelfall nur im Innenverhältnis zum Vmer bedeutsame) Leistungsfreiheit des Vers in Höhe von DM 5000,— auf die Ansprüche des Dritten im Wege der Verhältnisrechnung aufzuteilen ist (erheblich z. B. für die Frage der Verjährung). Bestehen demgemäß berechtigte Ansprüche des A gegen den Vmer (und damit auch gegen den Ver) in Höhe von DM 100 000,— und solche des B in Höhe von DM 200 000,—, so gehören die ersten DM 1666,67 der Zahlung des Vers an A und die ersten DM 3333,33 der an B im Innenverhältnis zum Vmer zu dem nach § 7 V Nr. 2 AKB geschaffenen Leistungsfreiheitsbereich. Das Gesagte ist allerdings im Hinblick auf § 3 Ziff. 6 PflichtvsG dahin einzuschränken, daß bei Beteiligung eines Sozialvers oder eines anderen Schadenvers im Sinne des § 158 c IV sowie eines gemäß § 2 I Ziff. 1–5 PflichtvsG von der Vspflicht befreiten Halters die Leistungsfreiheit des Vers sich in erster Linie auf den Personenkreis bezieht, demgegenüber die Schutzregelung des § 3 Ziff. 4, 5 PflichtvsG nicht eingreift (vgl. dazu Anm. B 52–59 und zur Neufassung des § 3 Ziff. 6 PflichtvsG durch das Gesetz vom 22.III.1988, BGBl. I S. 358, Anm. A 22). Soweit hier mehrere nach § 3 Ziff. 6 PflichtvsG als nicht schutzwürdig angesehene Dritte gegeben sind, ist unter ihnen im Verhältnis zum Ver wiederum § 156 III entsprechend anzuwenden.

Im Falle OLG Oldenburg 22.X.1987 r + s 1987 S. 122–123 = ZfS 1987 S. 215 (gek.) nahm der Ver, der an den Verletzten DM 10 196,– geleistet hatte, Leistungsfreiheit in Höhe von DM 5000,– wegen einer nach seiner Auffassung gegebenen schwerwiegenden Verletzung der Aufklärungspflicht in Anspruch. Der Ver kündigte deshalb einen Regreß in Höhe des genannten Betrages an, obwohl er von dem Regreßanspruch der Betriebskrankenkasse in Höhe von DM 10 466,– bereits DM 5000,– abgezogen hatte, weswegen auch eine Regreßforderung von dieser Kasse gegenüber dem Vmer erhoben worden war. Der Vmer klagte auf Feststellung, daß dem Ver keine Regreßforderung in Höhe von DM 5000,– zustehe und daß ihm gegenüber dem Anspruch der Betriebskrankenkasse Vsschutz zu gewähren sei. Das Gericht wies die Klage insgesamt ab. Das wird in der Anm. der Schriftleitung in ZfS 1987 S. 215 zu Recht beanstandet; denn das würde bedeuten, daß der Ver insgesamt um DM 10 000,– freiwerde. Vom Gericht ist die unterschiedliche Regelung bezüglich der vor und der nach Eintritt des Vsfalles zu erfüllenden Obliegenheiten verkannt worden.

Dafür, daß auch nach österreichischen Recht eine begrenzte Leistungsfreiheit (30 000,– öS) eingeführt worden ist, vgl. ÖOGH 22.III.1984 VersR 1985 S. 579–580.

[F 115] bbb) Abgrenzung zwischen den einfachen und den besonders schwerwiegenden vorsätzlichen Verstößen

Eine wesentliche Frage bei der Interpretation des § 7 V Nr. 2 S. 1, 2 AKB ist, welches die als Normalverstöße zu bewertenden Obliegenheitsverletzungen sind und welches solche, die als besonders schwerwiegend angesehen werden, so daß sie über DM 1000,– hinaus mit dem Vsschutzverlust bis zur Höhe von DM 5000,– geahndet werden. Richtungsweisend führt dazu BGH 21.IV.1982 BGHZ Bd 84 S. 84–89 m. w. N. (auf S. 88–89) aus, daß eine tatsächliche Beeinträchtigung der Interessen des Vers, die Verursachung eines konkreten Nachteils bei der Feststellung des Vsfalls oder der Feststellung oder dem Umfang der Vsleistung nicht Voraussetzung der Leistungsfreiheit sei. Ein solches Erfordernis sei dem Wortlaut der Vorschrift nicht zu entnehmen. Auch aufgrund der Entstehungsgeschichte und des wirtschaftlichen Zwecks der Vorschrift, den Vmer zur Erfüllung seiner Aufklärungspflicht anzuhalten, könne nicht davon ausgegangen werden, daß die Ver bei der Beschränkung ihrer Leistungsfreiheit über das von der Relevanzrechtsprechung geforderte Merkmal der generellen Eignung der Obliegenheitsverletzung zu ernsthafter Gefährdung ihrer berechtigten Interessen hinausgehen wollten und daher der von ihnen zu erbringende Nachweis einer konkreten Beeinträchtigung ihrer Interessen für ihre Leistungsfreiheit erforderlich sei. Hinsichtlich des Maßes des Verschuldens des Vmers stelle jedoch § 7 V Nr. 2 S. 2 AKB nach seinem Wortlaut Anforderungen, die über den von der Relevanzrechtsprechung aufgestellten Maßstab hinausgingen. Diese Rechtsprechung habe lediglich auf das Vorliegen eines erheblichen Verschuldens des Vmers abgestellt. Da die Ver in Kenntnis dieser Rechtsprechung § 7 V Nr. 2 S. 2 AKB dahin geändert hätten,

IV. 2. Auskunfts- und Aufklärungsobliegenheit **Anm. F 115**

daß ein besonders schwerwiegender Verstoß vorliegen müsse, finde die bisherige Relevanzrechtsprechung bei der Frage der Leistungsfreiheit des Vers in Höhe von DM 5000,— mit der Maßgabe Anwendung, daß es auf ein nach den gesamten Umständen des Falles besonders schwerwiegendes Verschulden des Vmers ankomme. Sein Verhalten müsse sich von dem „Normalfall" einer vorsätzlichen Obliegenheitsverletzung deutlich abheben. Das bedeute in den Fällen der Unfallflucht, daß eine bloße Entfernung des Vmers und seines Fahrzeugs von der Unfallstelle nicht genüge, sondern noch weitere Umstände hinzukommen müßten. Das sei hier nicht der Fall, weil das Gesamtverhalten des Beklagten nicht über die bei Unfallflucht üblichen Pflichtverstöße hinausgegangen sei. Die alleinige Verursachung des Unfalles durch den Beklagten sei offensichtlich gewesen. Eine Mitverursachung durch Unfallgeschädigte sei nicht in Betracht gekommen. Durch das Verlassen der Unfallstelle seien Unfallspuren nicht verwischt worden. Die starke Alkoholbeeinflussung sei von dem Beklagten am nächsten Morgen sofort zugegeben worden. Unterlassene Hilfeleistung gegenüber Unfallgeschädigten sei nicht in Betracht gekommen, da kein Personenschaden entstanden sei. Das Verhalten des Beklagten sei also nicht aus dem Rahmen der bei Unfallflucht üblichen Pflichtverletzungen gefallen. Es könne daher nicht als besonders schwerwiegend im Sinne von § 7 V Nr. 2 S. 2 AKB angesehen werden. — Im Ergebnis ebenso OLG Schleswig 14.XI.1979 VersR 1980 S. 667, LG Koblenz 22.X.1979 VersR 1980 S. 58—59, OLG Nürnberg 26.VI.1980 NJW 1981 S. 689—690 = VersR 1980 S. 1162, AG Köln 30.I.1981 ZfS 1983 S. 179, AG Hanau 15.XII.1981 ZfS 1983 S. 179, LG Koblenz 2.III.1982 ZfS 1983 S. 178—179, ferner LG Freiburg 19.IX.1985 VersR 1987 S. 339—340 (dazu auch Anm. F 112) = ZfS 1987 S. 181 (nur L. S.), LG Hanau 11.XI.1986 ZfS 1987 S. 81, LG Trier 24.III.1987 r + s 1987 S. 332—333, LG Koblenz 22.IX.1987 r + s 1988 S. 157—159; anders LG Berlin 2.IV.1981 ZfS 1983 S. 178, LG Köln 5.I.1983 ZfS 1983 S. 178, OLG Koblenz 16.IX.1983 ZfS 1984 S. 114, AG Frankfurt a. M. 3.X.1983 ZfS 1984 S. 115, AG Augsburg 18.X.1983 ZfS 1984 S. 115.

Bemerkenswert OLG Köln 17.III.1983 VersR 1984 S. 50 = ZfS 1984 S. 84 für einen Fall, bei dem der Vmer sein Fahrzeug an Ort und Stelle hatte stehen lassen. Der Ver hatte hier hervorgehoben, daß durch die fehlende Blutentnahme der Einwand des Mitverschuldens gegenüber den Insassen (Teilnahme an einer Trunkenheitsfahrt) nicht habe durchgesetzt werden können. Angesichts dessen, daß der Ver diese Alkoholisierung des Vmers nicht näher darlegen konnte, hielt das Gericht nur eine Leistungsfreiheit von DM 1000,— für gegeben (im gleichen Sinne auch schon OLG Nürnberg 26.VI.1980 a. a. O., ferner LG Traunstein 18.IV.1983 ZfS 1984 S. 115). Weitere Entscheidungen dafür, daß im Regelfall der Fahrerflucht eine Leistungsfreiheit nur in Höhe von DM 1000,— eintritt: LG Stuttgart 7.IV.1988 r + s 1988 S. 193—194 = ZfS 1988 S. 251, OLG Köln 28.IV.1988 r + s 1988 S. 354—355, AG Korbach 29.VI.1989 ZfS 1989 S. 348, LG Hamburg 27.X.1989 ZfS 1989 S. 416.

Darin, daß der Vmer sein Fahrzeug ungesichert und unbeleuchtet auf der Autobahn nach einer Kollision mit einer Leitplanke hatte stehen lassen, hat das AG Kassel 27.III.1987 MDR 1987 S. 850 = ZfS 1987 S. 373 eine besonders schwerwiegende Obliegenheitsverletzung gesehen. Dem ist nicht beizupflichten, soweit es sich um den durch das Anfahren der Leitplanke entstandenen Schaden handelt. Soweit es sich um den Schaden eines weiteren Dritten handelt, der auf dieses unbeleuchtet zurückgelassene Fahrzeug auffährt, nachdem der Vmer bereits die Unfallstätte verlassen hatte, liegt überdies kein Verstoß gegen die Aufklärungslast vor. Vielmehr war nur zu überlegen, ob insoweit ein Verstoß gegen die Rettungsobliegenheit gegeben sein könnte (dagegen Anm. F 126).

LG Traunstein 7.X.1976 VersR 1977 S. 78 nimmt einen „Normalfall" mit Leistungsfreiheit von nur DM 1000,— auch für einen Fahrerfluchtfall an, bei dem eine Fußgängerin angefahren war. Das Gericht betrachtet den Fall nur unter dem Gesichtspunkt, ob der Vmer, wenn er an Ort und Stelle geblieben wäre, etwas über den Standort der Verletzten vor der Schadeneintritt hätte sagen können, was nach den Umständen des Falles verneint wurde. Indessen war nach den vom BGH 21.IV.1982 a. a. O. (also später) gesetzten Kriterien auch in Betracht zu ziehen, ob nicht ein schwerwiegender Verstoß gegen die Rettungslast in Betracht kam. Das ist im Regelfall zu bejahen, wenn eine angefahrene Person in hilfloser Lage zurückgelassen wird und der Vmer nicht weiß, daß andere Personen gewiß helfen werden. Vgl. LG Wiesbaden 23.IV.1987 ZfS 1987 S. 244—245 für einen Fall, in dem der Vmer auch noch versucht hatte, durch eine Reparatur die Anstoßstelle zu vertuschen. Ähnlich LG Saarbrücken 27.IV.1989 r + s 1989 S. 245; der Vmer hatte nicht nur Fahrerflucht begangen, obwohl er einen Menschen schwer verletzt hatte, sondern auch noch Spuren und Hinweise auf seine Täterschaft planvoll verwischt. Vgl. ferner LG Bremen 11.I.1990 r + s 1990 S. 260 (mehrere Verletzte, falsche Angaben zum Unfallhergang, durch Fahrerflucht Vereitelung einer Blutprobenentnahme). OLG Oldenburg 22.X.1986 r + s 1987 S. 122—123 = ZfS 1987 S. 215 (gek.) nimmt ebenfalls einen besonders schwerwiegenden Fall in einer Situation an, in der der Vmer bis zum Eintreffen des Notarztes an Ort und Stelle verblieben, dann aber fortgefahren war. Angesichts dessen, daß die verletzte Fußgängerin später verstorben ist, erscheint das als verständlich (dafür, daß das Gericht im Ergebnis zu Unrecht eine Leistungsfreiheit in Höhe von 2 × DM 5000,— angenommen hat, vgl. Anm. F 114 a. E.). Als besonders schwerwiegend ist vom AG Darmstadt 25.VI.1986 r + s 1987 S. 273 = ZfS 1987 S. 81—82 die Flucht eines Vmers in Verbindung mit der Täuschung des Beifahrers angesehen worden, dem gegenüber der Vmer den Eindruck erweckte, daß er telefonieren wollte, um Hilfe für den Verletzten zu holen.

Einen noch „normalen" Obliegenheitsverstoß nimmt OLG Hamm 21.VI.1978 VersR 1979 S. 75—77 in einem Fall der Kombination zweier Erscheinungsformen der Aufklärungslast an. Der Vmer hatte nach dem Unfall den verletzten Insassen zum Krankenhaus gebracht. Dieser Verletzte kannte ihn. Der Tatbestand der Fahrerflucht war aber insoweit in für die Aufklärungslast relevanter Weise erfüllt, als die Gemeinde oder die Polizei nicht über die Beschädigung des Brückengeländers unterrichtet worden war. Außerdem hatte der Vmer gegenüber dem Ver vorsätzlich unrichtige Angaben über den Unfallhergang gemacht und seine Alkoholisierung geleugnet. Er hatte behauptet, daß ein Ast in das Fahrzeug „geflogen" sei, anstatt zu berichten, daß eine Zaunlatte des Brückengeländers infolge der Kollision mit diesem Geländer die Verletzungen des Insassen bewirkt habe. Später hatte der Vmer vor Einleitung eines Haftpflichtprozesses seine Darstellung berichtigt. — Einen solchen Kombinationsfall behandelt auch LG Hannover 27.VI.1979 VersR 1980 S. 373—374. Ein besonders schwerwiegender Fall wurde verneint, weil der über 70 Jahre alte Vmer in Kenntnis dessen, daß andere Personen dem Verkehrsopfer zur Hilfe eilten, die Unfallflucht (wohl) in erster Linie aus Furcht vor dem Verlust des Führerscheins begangen habe. Angesichts dessen, daß der Vmer noch bis zum Erlaß des Urteils in 2. Instanz im Vsschutzprozeß unrichtige Angaben gemacht hatte und daß ihm die Unfallflucht erst in der vor der Kammer durchgeführten Beweisaufnahme nachgewiesen worden war, erscheint ein derart hartnäckiges Leugnen in Verbindung mit einer Fahrerflucht aber als zu gering bewertet (vgl. dagegen OLG Köln 23.II.1981 VersR 1982 S. 223—224, das eine Kombination von Fahrerflucht, unzutreffender Unfalldarstellung und unrichtiger Auskunft über den Alkoholgenuß vor dem Schadeneintritt als schwerwiegend qualifiziert; dafür, daß das Gericht im

IV. 2. Auskunfts- und Aufklärungsobliegenheit **Anm. F 115**

Sinne der Belehrungspflicht zu Unrecht von Arglist ausgegangen ist, vgl. Anm. F 110).
LG Wiesbaden 19.VI.1978 VersR 1978 S. 127 hat für eine nach 50 m beendete Fahrerflucht eines stark alkoholisierten Vmers einen leichten Fall im Sinne des § 7 V Nr. 2 S. 1 AKB angenommen, ging dabei aber von der in Anm. F 112 abgelehnten Auffassung aus, daß auch in keiner Weise für das Aufklärungsinteresse erhebliche Verstöße zu einer teilweisen Leistungsfreiheit des Vers führen müssen.
BGH 18.II.1970 NJW 1970 S. 861–863 = VersR 1970 S. 410–412 hatte volle Leistungspflicht des Vers aus dem Gesichtspunkt fehlender schwerer Schuld in einem Fall angenommen, in dem der Vmer sich nach einem Warten von 1 1/2 Stunden auf die Polizei vom Unfallort entfernt hatte. Sein Fahrzeug war dort mit den Fahrzeugpapieren verblieben. Die Relevanz dieses Tuns war angesichts der dadurch fehlenden Möglichkeit der Polizei, den Blutalkoholgehalt feststellen zu lassen, bejaht worden. Nach der Neuregelung ist für einen solchen Fall keine volle Leistungspflicht des Vers mehr gegeben. Vielmehr ist der Ver in Höhe von DM 1000,– leistungsfrei. Das stellt gewiß keine Übermaßregelung dar (vgl. ergänzend Anm. F 110).

Als besonders schwerwiegend ist vom BGH 19.I.1983 VA 1983 S. 123–124 Nr. 762 = VersR 1983 S. 333 bei einem Sachschaden das Verhalten eines Vmers angesehen worden, der mit seinem Fahrzeug nachts in eine Schaufensterscheibe eines Textilhauses geriet. Er setzte seine Fahrt fort und versteckte das Fahrzeug in einem Waldgebiet. Gegenüber der Polizei behauptete er später, daß ihm das Fahrzeug gestohlen worden sei. Im gleichen Sinne hatte in einem Parallelfall auch schon LG Saarbrücken 24.VI.1975 VersR 1976 S. 182 entschieden. – Zum besonders schwerwiegenden Verstoß vgl. auch OLG Karlsruhe 4.III.1982 VersR 1983 S. 429 = ZfS 1983 S. 213 (gek.). Dort hatten Unbeteiligte den Unfall (Anfahren eines Fußgängers bei dadurch zersplitterter Windschutzscheibe) bemerkt. Sie waren dem Vmer nachgefahren und stellten ihn nach 500 m unter Hinweis auf den Unfall. Der Vmer setzte dessenungeachtet seine Fahrt fort und stellte sich der Polizei erst am folgenden Tag. Der Vsschutz wurde in Höhe von DM 5000,– unter Hinweis auf die krasse Verletzung allgemeiner Sozialpflichten verneint. Indessen vermag diese Begründung angesichts dessen, daß andere Personen an Ort und Stelle waren, nicht ohne weiteres zu überzeugen. Für die Annahme eines besonders schwerwiegenden Verstoßes genügte aber angesichts der Behauptung des Vmers, daß der verletzte Jugendliche plötzlich und unerwartet auf die Fahrbahn gelaufen sei, die vom Gericht ebenfalls angestellte Überlegung, daß zur Klärung des eigentlichen Unfallhergangs die Anwesenheit des Vmers an Ort und Stelle dringend erforderlich gewesen wäre (im gleichen Sinne auch OLG München 1.IV.1977 VersR 1977 S. 633 [bezüglich der Auffassung, daß ein besonders schwerwiegender Verstoß schon immer dann gegeben sei, wenn eine schwere Schuld im Sinne der früheren Relevanzrechtsprechung vorliegt, überholt durch BGH 21.IV.1982 BGHZ Bd 84 S. 84–89], OLG Bamberg 7.V.1980 VersR 1981 S. 65–66). – Eine nicht besonders schwerwiegende vorsätzliche Verletzung der Aufklärungslast hat KG 2.IV.1981 VersR 1982 S. 690–692 in einem Fall angenommen, in dem der Vmer nachts bei Rotlicht in eine Fußgängergruppe hineingefahren war. Dabei war eine Passantin schwer verletzt worden. Der Fall war aber auch durch die Besonderheit gekennzeichnet, daß das Gericht als erwiesen ansah, daß der Vmer die Unfallflucht unter Schockeinwirkung begangen hatte. Ein solcher Schock braucht zwar den Vorsatz nicht auszuschließen, kann aber dennoch als bedeutsam für die Schwere des Verschuldens angesehen werden (vgl. dazu Anm. F 114; zur Beweislast bezüglich des Vorliegens eines Schocks vgl. Anm. F 122).

Kommt zu einer **Fahrerflucht** ein **Nachtrunk** des Vmers, so kann auch diese **Verletzungskombination** als besonders schwerwiegend angesehen werden. Das gilt allerdings dann nicht, wenn es sich um einen relativ geringen Nachtrunk gehandelt hat und der Ver nicht dartun kann, wieso sein Aufklärungsinteresse dadurch nach den konkreten Umständen des Falles beeinträchtigt sein könnte (so OLG Schleswig 14.XI.1979 VersR 1980 S. 667, OLG Köln 9.I.1986 ZfS 1986 S. 213 [zur Darlegungs- und Beweislast bezüglich eines besonders schwerwiegenden Verstoßes vgl. ergänzend Anm. F 112]). Erst recht gilt das, wenn unstreitig ist, daß ein solcher Nachtrunk für die Regulierung des konkreten Schadenfalles ohne Bedeutung war (so im Fall OLG Bamberg 2.VII.1982 VersR 1983 S. 1021 – 1022 = ZfS 1984 S. 20, dem aber in der Annahme nicht gefolgt werden kann, daß es mit Rücksicht auf die abgestufte Regelung in § 7 V AKB n. F. auf die Relevanz der Obliegenheitsverstöße überhaupt nicht mehr ankomme (dazu Anm. F 112). Für einen zur alten Fassung des § 7 V AKB behandelten Fall einer solchen Kombinationsverletzung, bei dem die Annahme eines besonders schwerwiegenden Verstoßes nach heutigen Grundsätzen naheliegt, vgl. OLG Zweibrücken 14.II.1972 VersR 1972 S. 632 – 633.

Falsche Auskünfte des Vmers gegenüber dem Ver fallen in der Regel nicht unter die Rubrik der besonders schwerwiegenden Obliegenheitsverletzungen. Demgemäß tritt hier zumeist nur eine Leistungsfreiheit bis zu DM 1000,— ein. Das kann auch bei beharrlichen Weigerungen gelten, ergänzende Angaben zu einer schon vorgenommenen Unfallschilderung zu machen (vgl. dazu KG 6.III.1991 VersR 1992 S. 485 und Anm. F 108). Ausnahmen sind aber durchaus denkbar. So wird in der Rechtsprechung das Verhalten eines Vmers als besonders schwerwiegender Verstoß bewertet, der vorsätzlich den **Namen des Fahrzeugführers nicht angibt** (LG Berlin 10.III.1980 VersR 1980 S. 837, LG Augsburg 30.III.1983 ZfS 1983 S. 276, OLG Hamm 18.VII.1983 VersR 1984 S. 176 = ZfS 1984 S. 74, LG Frankfurt a. M. 18.II.1986 ZfS 1986 S. 149, OLG Köln 20.II.1986 ZfS 1986 S. 181 – 182, OLG Frankfurt a. M. 12.III.1986 ZfS 1986 S. 149, AG Hamburg 25.V.1987 ZfS 1988 S. 50 – 51, AG Essen 20.I.1988 ZfS 1988 S. 321, AG Augsburg 19.IV.1988 ZfS 1988 S. 251 – 252, LG Aachen 25.I.1989 r + s 1989 S. 107 – 108 = ZfS 1989 S. 204 [nur L. S.]; entgegen der Annahme der Schriftleitung a. a. O. vertritt LG Paderborn 12.I.1989 ZfS 1989 S. 130 – 131 nicht die Auffassung, daß nur eine Leistungsfreiheit in Höhe von DM 1000,— eintrete; vielmehr hatte der Ver nur diesen Betrag eingeklagt). Ein derartiges Verhalten des Vmers kann dazu führen, daß die genauen Tatumstände eines Schadenfalles nicht mehr aufgeklärt werden können. Auch kann der Ver dann nicht prüfen, ob es sich um einen berechtigten oder unberechtigten Fahrer gehandelt hat und ob dieser im Besitz einer behördlichen Fahrerlaubnis gewesen ist oder nicht. In den Fällen, in denen der Richter daher davon überzeugt ist, daß der Vmer den Namen des Fahrers kennt, ihn aber nicht preisgeben will, ist dieser Auslegung beizupflichten. Es kommt ganz auf die Umstände des Einzelfalls an. Der vorsätzlichen Regreßvereitelung gegen einen nicht berechtigten Fahrer ist es nicht ohne weiteres gleichzusetzen, wenn der Vmer, der Fahrerflucht begangen hat, zunächst gegenüber dem Ver leugnet, überhaupt gefahren zu sein (vgl. für solche Fälle LG Köln 15.VI.1983 ZfS 1983 S. 244, AG St. Ingbert 11.XI.1985 VersR 1986 S. 177 = ZfS 1986 S. 20; anders AG Regensburg 1.II.1991 ZfS 1991 S. 165; welcher Betrag im Falle OLG Hamm 15.VI.1988 r + s 1989 S. 39 bei entsprechender tatsächlicher Situation zugesprochen worden ist, ist den veröffentlichten Urteilsgründen nicht zu entnehmen).

OLG Frankfurt a. M. 5.V.1976 VersR 1977 S. 513 – 514 hat in einem Fall unrichtiger Angaben über den **Alkoholgenuß** des Vmers vor Eintritt des Schadenereignisses dem Ver einen Erstattungsbetrag von DM 5000,— zugesprochen. Zu beachten

IV. 2. Auskunfts- und Aufklärungsobliegenheit **Anm. F 116**

ist dabei aber, daß es sich nicht um eine Entscheidung zu § 7 V AKB n. F. gehandelt hat. Vielmehr ergab sich jene Regreßbegrenzung aus der zum 1.I.1973 in Kraft getretenen geschäftsplanmäßigen Erklärung VA 1973 S. 103, die in etwas abgewandelter Form für vor Eintritt des Vsfalls zu erfüllende Obliegenheiten noch heute gilt (vgl. dazu Anm. F 27–29). Nach der abgestuften Regelung gemäß § 7 V Nr. 2 S. 1, 2 AKB ergibt sich nur eine Leistungsfreiheit des Vers in Höhe von DM 1000,–.

Das Verhalten eines Vmers, der falsche Angaben zur Unfallzeit gemacht, das Vorhandensein von Unfallzeugen verschwiegen und eine Besichtigung seines Fahrzeugs verhindert hatte, ist vom LG Frankfurt a. M. 14.III.1990 VersR 1990 S. 780–781 ebenfalls als besonders schwerwiegend angesehen worden. Das entspricht eigentlich nicht ganz den skizzierten Abgrenzungskriterien, wird aber verständlich, wenn man bedenkt, daß sich das Geschehen im Verdachtsdunstkreis der gestellten Unfälle bewegte. Durch die vereitelte Besichtigung sollte überprüft werden, ob die Schäden zueinander passen konnten. Für weitere Grenzfälle vgl. Anm. F 112 a. E.

Einen Sonderfall stellt es dar, wenn unrichtige Angaben in betrügerischer Absicht gemacht werden. Hier läßt § 7 V Nr. 2 S. 3 AKB den Ver hinsichtlich des rechtswidrig erlangten Vermögensvorteils gänzlich freiwerden (vgl. dazu Anm. F 116). Entdeckt der Ver rechtzeitig den Betrugsversuch, so daß er gar nicht erst leistet, so greift § 7 V Nr. 2 S. 3 AKB schon begrifflich nicht ein (OLG Stuttgart 7.XII.1977 VersR 1978 S. 362). Es kann der Sachverhalt aber auch durchaus so gelagert sein, daß neben den mit Hilfe des Vmers vorgetäuschten Ansprüchen solche stehen, die nach der materiellen Rechtslage begründet sind. Ein derartiges betrügerisches Verhalten des Vmers ist regelmäßig als besonders schwerwiegend im Sinne des § 7 V Nr. 2 S. 2 AKB zu bewerten, so daß der Ver hinsichtlich des nicht „fingierten" Teils des Schadens in Höhe von DM 5000,– nicht zur Leistung verpflichtet ist (vgl. auch OLG Stuttgart 7.XII.1977 a. a. O. S. 361–362 [dafür, daß entgegen der Annahme des Gerichts ein Verstoß gegen das Anerkenntnis- und Befriedigungsverbot nicht unter § 7 V Nr. 2 S. 2 AKB einzuordnen ist, vgl. Anm. F 146]).

In gleicher Weise sind diejenigen Fälle zu behandeln, in denen der Ver aufgrund der betrügerischen Angaben des Vmers an den Dritten schon geleistet hat. Das bedeutet, daß auch dort neben der bezüglich der ertrogenen Zahlung vollen Umfangs bestehenden Leistungsfreiheit eine auf DM 5000,– begrenzte nach § 7 V Nr. 2 S. 2 AKB (bezüglich des an sich begründeten Teils des Anspruchs) gegeben ist (vgl. auch Anm. F 116). Dafür, daß eine Bedingungsregelung besser wäre, nach der bei nachgewiesenem Betrugsversuch die Leistungspflicht des Vers gänzlich entfällt, vgl. Anm. F 147 a. E.

[F 116] dd) Summenmäßig unbegrenzte Leistungsfreiheit
       aaa) Betrugsfälle

In § 7 V Nr. 3 S. 1 AKB ist bestimmt, daß der Ver hinsichtlich des durch den Vmer (oder einen Dritten) erlangten rechtswidrigen Vermögensvorteils unbeschränkt leistungsfrei ist, wenn der Vmer in der Absicht gehandelt hat, sich oder einem Dritten einen solchen Vermögensvorteil zu verschaffen. Bemerkenswert ist dabei, daß für einen vorsätzlichen Verstoß hinsichtlich des über DM 5000,– hinausgehenden Betrages das Kausalitätsprinzip festgelegt worden ist. Die summenmäßig unbegrenzte Leistungsfreiheit tritt nämlich nach dem ausdrücklichen Wortlaut des Bedingungstextes nur hinsichtlich des erlangten rechtswidrigen Vermögensvorteils ein. Daß ein derart im Zusammenwirken mit dem Dritten ertrogener

Vermögensvorteil dem Ver vom Vmer zu ersetzen ist, ergibt sich ohnedies aus § 823 II i. V. m. § 263 StGB, § 826 BGB (soweit die Leistungen des Vers wegen angeblicher Befriedigung des Dritten direkt an den Vmer erbracht worden sind, auch aus § 812 BGB), ferner auch nach den Grundsätzen des Schadenersatzes aus schuldhafter Vertragsverletzung. Zwar folgt aus der Verletzung von Obliegenheiten nach h. A. kein Schadenersatzanspruch (vgl. dazu Bruck – Möller Bd I Anm. 7 zu § 6 m. w. N.); das gilt aber nicht für ein Verhalten des Vmers, bei dem durch die Obliegenheitsverletzung zugleich in eklatanter Weise gegen die anerkannte allgemeine vertragliche Nebenpflicht verstoßen wird, den Vertragspartner nicht zu schädigen. Insoweit hätte es daher einer ausdrücklichen vertraglichen Festlegung nicht bedurft. An wen der Ver aufgrund der betrügerischen Angaben des Vmers den Mehrbetrag geleistet hat (ob an den Vmer, den Dritten oder einen sonstigen Zahlungsempfänger), ist für diesen Ersatzanspruch des Vers gegen den Vmer aus unerlaubter Handlung und den damit in Anspruchskonkurrenz stehenden Schadenersatzanspruch aus Verletzung der vertraglichen Nebenpflichten ohne Belang. Bemerkenswert aus vsrechtlicher Sicht ist die Begrenzung der Leistungsfreiheit des Vers auf den erlangten rechtswidrigen Vermögensvorteil (zuzüglich eines Betrages bis zu DM 5000,–, wenn neben dem betrügerisch erlangten Betrag auch berechtigte Ansprüche des Dritten stehen, vgl. dazu Anm. F 115 a. E.). Denn die volle Leistungsfreiheit des Vers bei betrügerischem Verhalten des Vmers hält regelmäßig einer Inhaltskontrolle stand (vgl. für einen Ausnahmefall zur Feuerv, in dem es um die drohende Existenzvernichtung eines Vmers ging, BGH 28.XI.1963 BGHZ Bd 40 S. 387–391). Es hätte daher nahegelegen, bei solchen Betrügereien eine volle Leistungsfreiheit des Vers im Vertragswerk zu verankern (vgl. auch Anm. F 147).

Die von dem Ver aufgewendeten Ermittlungskosten haben weder der Vmer noch der Dritte in Gestalt eines rechtswidrigen Vermögensvorteils erlangt. Da § 7 V Nr. 3 S. 1 AKB auf das Erlangte abstellt, könnte daraus geschlossen werden, daß sie in diesen Betrugsfällen nicht zu ersetzen sind. Indessen ist die Nichterwähnung dieser Schadenfaktoren lediglich darauf zurückzuführen, daß solche Fallgestaltungen bei der Formulierung des § 7 V Nr. 3 S. 1 AKB übersehen worden sind. Es gibt nach der Interessenlage keinen einleuchtenden Grund dafür, warum ein diesbezüglicher Schadenersatzanspruch des Vers hätte eingeschränkt werden sollen (ebenso Hofmann VersR 1976 S. 313, Prölss – Martin – Knappmann[25] Anm. 6 C a zu § 7 AKB, S. 1447). Soweit daher diese Kosten nicht ohnedies durch den berechtigten Teil des Haftpflicht- und Haftpflichtvsanspruchs entstanden sind, ist der Vmer dem Ver schadenersatzpflichtig. Erst recht ist so zu entscheiden, wenn es bei einem derartigen betrügerischen Komplott auch darum geht, daß der im Bunde mit dem Vmer und dem Dritten stehende Sachverständige nach der Rechtslage ungerechtfertigte Honorare erhält.

Aus der Beschränkung der Leistungsfreiheit auf den rechtswidrig erlangten Vermögensvorteil ergibt sich die Konsequenz, daß die Fälle des versuchten Betrugs, bei denen es also nicht zu zusätzlichen Leistungen des Vers an den Dritten (oder eine sonstige Person) gekommen ist, nur der Leistungsfreiheit des Vers bis zu DM 5000,– nach § 7 V Nr. 2 S. 2 AKB unterworfen sind (ebenso OLG Nürnberg 30.VI.1988 VersR 1989 S. 34–35 = ZfS 1989 S. 92, Prölss – Martin – Knappmann[25] Anm. 6 C a zu § 7 AKB, S. 1447, Stiefel – Hofmann[15] Anm. 242 zu § 7 AKB, S. 372; a. M. Staab Betrug S. 43–49 m. w. N.; vgl. ferner Anm. F 115 a. E. und F 147 a. E.).

[F 117] bbb) Fehlurteile im Sinne des § 7 V Nr. 3 S. 2 AKB

Eine von den Summen des § 7 V Nr. 2 S. 1, 2 AKB nach oben unabhängige Leistungsfreiheit des Vers sieht ferner § 7 V Nr. 3 S. 2 AKB vor. Es geht um

IV. 2. Auskunfts- und Aufklärungsobliegenheit **Anm. F 118**

denjenigen Teil eines vom Dritten im Prozeß durch eine rechtskräftige Entscheidung erstrittenen Betrages, der offenbar über den Umfang der nach der Sach- und Rechtslage geschuldeten Haftpflichtentschädigung erheblich hinausgeht. Voraussetzung für diese Leistungsfreiheit des Vers ist es, daß der Vmer vorsätzlich oder grob fahrlässig eine der in § 7 II AKB aufgeführten Obliegenheiten verletzt hat und darauf dieser durch eine rechtskräftige Entscheidung zuviel zuerkannte Teil des Schadens zurückzuführen ist. § 7 V Nr. 3 S. 2 AKB betrifft danach nicht in erster Linie die in § 7 I Nr. 2 S. 3 AKB verankerte Aufklärungsobliegenheit. Es wird dieser Sonderfall für alle Obliegenheiten nach § 7 II AKB im Rahmen der nach § 7 II Nr. 5 bestehenden Last des Vmers, dem Ver die Führung des Haftpflichtprozesses zu überlassen, in Anm. F 134 erörtert (vgl. dazu auch Anm. F 147).

[F 118] ee) Vorsatz

Zum Begriff des Vorsatzes vgl. Anm. F 97 sowie Bd IV Anm. F 69–71 m. w. N. Aus der Sicht der Kfz-Haftpflichtv ergibt sich hier im Verhältnis zu anderen Vssparten die Besonderheit, daß die Vmer nach einem Verkehrsunfall zwar häufig vorsätzlich gegen das strafrechtliche Verbot der Fahrerflucht verstoßen, aber später geltend machen, daß ihnen dieser Vorsatz in bezug auf die Aufklärungslast gegenüber dem Ver gefehlt habe. Die Argumentation geht dabei dahin, daß der betreffende Vmer lediglich aus Angst vor Strafe oder vor einem Führerscheinentzug geflohen sei, aber überhaupt nicht an die dem Fahrerfluchtverbot entsprechende vsrechtliche Aufklärungsobliegenheit gedacht habe. Dieser Einwand ist in der Rechtsprechung des BGH fast ausnahmslos mit der Begründung zurückgewiesen worden, daß in der heutigen Zeit das Bewußtsein, daß der Vmer die Schadenfeststellung nicht erschweren dürfe, sondern den Ver bereits an der Unfallstelle bei der Aufklärung des Sachverhalts unterstützen müsse, allgemeines Wissensgut aller am Kraftverkehr beteiligten Personen sei (so sinngemäß BGH 18.II.1970 VersR 1970 S. 457–458, 9.II.1972 VersR 1972 S. 339–340, 15.XII.1982 VersR 1983 S. 258–259 = r + s 1983 S. 31–33, OLG Köln 3.II.1972 VersR 1972 S. 752–753, OLG Zweibrücken 14.II.1972 VersR 1972 S. 632–633, KG 7.XI.1972 VersR 1974 S. 76–77; vgl. ferner Bd IV Anm. F 71, S. 231 m. w. N.; a. M. noch OLG Düsseldorf 25.III.1969 NJW 1969 S. 1390–1392 = VersR 1969 S. 652–654). – Ähnlich läuft die Rechtsprechung in Österreich, vgl. ÖOGH 11.XI.1970 VersR 1971 S. 1134–1135. Das Gericht bemerkt, daß der dem Vten bei einer Obliegenheitsverletzung obliegende Entlastungsbeweis, daß er nicht vorsätzlich gehandelt habe, auch nicht schon mit dem Nachweis, daß ihm die einzelnen Bestimmungen der Vsbedingungen nicht bekannt gewesen seien, als geführt angesehen werden könne. Für den Vorsatz genüge vielmehr das allgemeine Bewußtsein, daß ein Haftpflichtvter bei der Aufklärung des Sachverhalts nach besten Kräften aktiv mitwirken müsse. Dieses Bewußtsein sei heute bei einem Vten in der Regel vorauszusetzen, es sei denn, daß sich aus ganz besonderen, vom Vmer zu beweisenden Umständen etwas anderes ergebe (im gleichen Sinne wird in der Regel das allgemeine Bewußtsein nach § 4 II österr. StVG, bei einem Personenschaden zu sofortiger Verständigung der nächsten Sicherheitsdienststelle verpflichtet zu sein, der Kenntnis der damit übereinstimmenden Anzeigelast nach § 8 I Nr. 1 österr. AKHB gleichgesetzt; vgl. dazu ÖOGH 25.XI.1970 VersR 1971 S. 1135–1136, 1.II.1979 VersR 1979 S. 729–730 m. w. N., 28.VI.1979 VersR 1980 S. 447 m. w. N. und Anm. F 84). –

Mit der genannten Begründung wurde regelmäßig der Einwand zurückgewiesen, daß dem Vmer die Existenz dieser zivilrechtlichen Obliegenheit gänzlich unbekannt

Anm. F 118 F. Obliegenheiten des Vmers in der Kraftfahrzeughaftpflichtv

gewesen sei. Bei dieser Rechtsprechung ist indessen der besonderen Situation des Vmers, der sich zu einem so unglücklichen Entschluß wie dem zur Durchführung einer Fahrerflucht hat verleiten lassen, durchweg nicht hinreichend Rechnung getragen worden. Vorsatz ist in bezug auf die vsrechtliche Obliegenheit zur Aufklärung aller erheblichen Tatumstände nur gegeben, wenn der Vmer in Kenntnis dieser Obliegenheit gegen diese handelt. Dieser als theoretische Aussage allgemein anerkannte Satz (vgl. nur BGH 24.X.1960 NJW 1961 S. 268–269 = VersR 1960 S. 1033–1034, w. N. in Anm. F 97) wird verkannt, wenn man ihn dahin interpretiert, daß eine solche Kenntnis auch dann gegeben sei, wenn der Vmer sie zwar im Zeitpunkt des Unfallgeschehens nicht gehabt habe, weil er sie nicht bedacht habe, daß er aber sicherlich bei ruhiger Überlegung auf sie gestoßen wäre. Es sei allerdings zur Vermeidung von Mißverständnissen hervorgehoben, daß solcherart die Argumentation der Entscheidungen nicht verläuft. Es wird vielmehr schlicht eine Gleichsetzung zwischen der Kenntnis des strafrechtlichen Verbots und der Kenntnis der vsrechtlichen Aufklärungslast vorgenommen. Das Verbot der Fahrerflucht hat sich allerdings fest in dem Bewußtsein der Verkehrsteilnehmer verankert. Das gleiche kann aber nicht von dem vsrechtlichen Gebot der Aufklärungslast gesagt werden (so zutreffend OLG Düsseldorf 25.III.1969 NJW 1969 S. 1391–1392 = VersR 1969 S. 653–654). Es ist sicher in der Mehrheit der Fälle so, daß der Vmer von diesem Gebot Kenntnis hatte. Auch das Gegenteil ist aber durchaus denkbar. Entscheidend ist in diesem Zusammenhang, daß die Kenntnis des strafrechtlichen Unrechtsgehalts einer Tat nicht mit der eines vsrechtlichen Gebots gleichgesetzt werden sollte. Demgemäß wäre es auch heute noch besser, wenn solchen Einwendungen in der konkreten Fallgestaltung durch eine Einzelfallaufklärung nachgegangen und nicht mit dem letzten Endes eine Fiktion darstellenden allgemeinen Erkenntnisstand aller Verkehrsteilnehmer begegnet werden würde. Zwar sind heute die Rechtsfolgen der Verletzung der Aufklärungslast durch die summenmäßige Begrenzung der Leistungspflicht des Vers gemäß § 7 V AKB abgemildert worden. Es sollten aber dessen ungeachtet die Vorbehalte, die aus der Beurteilung einer Fahrerflucht als einem charakterlich zu beanstandenden Verhalten erwachsen, nicht in die zivilrechtliche Beurteilung einfließen. Vielmehr muß jeder Fall gesondert und individuell anhand konkreter Tatumstände beurteilt werden. Ergänzend ist insoweit auf Bd IV Anm. F 71 zu verweisen. Nur in denjenigen Fällen, in denen der Vmer erkannte, daß dem Dritten Hilfe geleistet werden müsse, ist sein dann als rechtsfeindlich zu qualifizierender Einwand zurückzuweisen, daß ihm die sachlich gleichbedeutende vsrechtliche Facette dieses Sachverhalts ungeläufig oder unbekannt gewesen sei. Das betrifft denjenigen Teil der Aufklärungslast, der ohnedies weitgehend mit der gesondert behandelten Rettungsobliegenheit identisch ist (vgl. dazu Anm. F 123–136). Im übrigen sollte davon Abstand genommen werden, in einer Vielzahl von Fällen, in denen es nur um die Beurteilung von Sachschäden geht, unterschiedslos aus der Bejahung der vorsätzlichen Unfallflucht auch immer den Schluß auf eine vorsätzliche Verletzung der Aufklärungslast zu ziehen. Eine Besinnung darauf, daß das zivilrechtliche Vorsatzbild des Vmers durchaus gesondert zu ermitteln ist, ist heute um so mehr geboten, als nach der Neufassung des § 7 V AKB nicht mehr der Vmer beweisen muß, daß er nicht vorsätzlich gehandelt habe, sondern dem Ver der Nachweis für ein solches vorsätzliches Verhalten auferlegt worden ist (vgl. Anm. F 122). Bemerkenswert ist, daß vom KG 7.XI.1972 VersR 1974 S. 74–77 ein solches allgemeines Bewußtsein im konkreten Fall zwar für die in einem Unfallschock begangene Fahrerflucht und das anschließende nicht mehr im Zustand der Unzurechnungsfähigkeit vorgenommene Verstecken bejaht worden ist, nicht aber bezüglich des Nachtrunks; insoweit erschien es dem Gericht als einleuchtend, daß der schwer-

IV. 2. Auskunfts- und Aufklärungsobliegenheit   **Anm. F 118**

verletzte Vmer die Magenbitter in der Hoffnung getrunken hatte, daß es ihm dadurch gesundheitlich besser gehen werde. Wie brüchig die Annahme einer generellen Gleichsetzung des strafrechtlich Verbotenen mit der Kenntnis des Umfangs der vsrechtlichen Aufklärungslast ist, zeigt deutlich der Hinweis des Gerichts darauf, daß nach den Darlegungen von Haidinger in der Festschrift für Prölss, Karlsruhe 1967, S. 199 die meisten Kraftfahrer sich auch beim Führen eines Kraftfahrzeugs nach Alkoholgenuß bewußt seien, gegen die Verpflichtungen aus dem Haftpflichtvsvertrag zu verstoßen, obwohl doch eine solche Verpflichtung nicht bestehe.

BGH 18.II.1970 NJW 1970 S. 1081 = VersR 1970 S. 458 m. w. N. hat im Zusammenhang mit der Vorsatzfeststellung ausgeführt, daß der normale Unfallschock nur selten eine Stärke erreiche, daß eine die Willensfreiheit ausschließende Bewußtseinsstörung eintrete; eine lediglich verminderte Zurechnungsfähigkeit lasse das Zivilrecht unberücksichtigt. Deshalb könne eine Bewußtseinsstörung nur unter außergewöhnlichen äußeren und inneren Bedingungen bei Vorliegen entsprechender Anzeichen vorgenommen werden (vgl. für solche Ausnahmefälle z. B. KG 7.XI.1972 a. a. O., ÖOGH 9.IV.1981 VersR 1982 S. 564, ferner ergänzend Bd IV Anm. F 71, S. 232 m. w. N.). Das ist sicher richtig. Nur muß stets auch feststehen, daß dem Vmer die vsrechtliche Obliegenheit bei seinem strafrechtlich verbotenen Tun überhaupt, wenn auch nur als Randüberlegung, in das Bewußtsein getreten war. Zu beachten ist im übrigen, daß das Vorliegen eines Unfallschocks heute im Rahmen der Abgrenzung zwischen den „normalen" Verstößen gegen die Aufklärungslast und den besonders schwerwiegenden Fällen im Sinne des § 7 V Nr. 2 S. 2 AKB bedeutsam sein kann. Das folgt daraus, daß ein den Vorsatz nicht ausschließender Schock zu einer milderen Beurteilung des Schuldvorwurfs führen kann (BGH 18.II.1970 a. a. O.). Ist das aber so, so liegt es nahe, in derartigen Fällen die Tat des Vmers im Sinne des § 7 V Nr. 2 S. 2 AKB als nicht besonders schwerwiegend zu qualifizieren (vgl. KG 2.IV.1981 VersR 1982 S. 690–692 und Anm. F 115 sowie zur Beweislast in dieser speziellen Situation Anm. F 122).

Unvorsätzlich handelt der Vmer, der wegen eines vorangegangenen erheblichen Alkoholgenusses eine Obliegenheitsverletzung im Zustand der Unzurechnungsfähigkeit begangen hat. Dafür, daß eine solche Behauptung des Vmers zumeist nach medizinischen Erkenntnissen durch Sachverständige widerlegt werden kann, vgl. Anm. F 122. Wird auf dieser Basis aber doch eine den Vorsatz ausschließende Unzurechnungsfähigkeit festgestellt, so kommt es darauf an, ob die dann häufig in grober Fahrlässigkeit begangene Obliegenheitsverletzung zu einer Vergrößerung des Vsschadens geführt hat oder nicht (vgl. dazu Anm. F 117).

Zur Feststellung eines vorsätzlichen Verstoßes des Vmers bezüglich des verbalen Teils der Aufklärungslast vgl. Anm. F 97 m. w. N. und Bd IV Anm. F 70. Erklärt dem Vmer der von ihm beauftragte Anwalt, daß er die Sache in die Hand nehme und der Vmer sich demgemäß um nichts zu kümmern brauche, so kann im Einzelfall durchaus der Schluß geboten sein, daß der auf unmittelbare Anfragen des Vers nicht antwortende Vmer unvorsätzlich gehandelt hat, auch wenn er seinen Anwalt von diesen Briefen nicht unterrichtet hat (vgl. OLG Schleswig 20.III.1969 VersR 1970 S. 414).

Einen Sonderfall zum österreichischen Recht behandelt ÖOGH 1.II.1979 VersR 1979 S. 729–730. Der schwerverletzte Dritte und der leichtverletzte Vmer waren vom Unfallort durch einen zufällig vorbeikommenden Rettungswagen in das nächste Krankenhaus gebracht worden. Bei der Entlassung wurde dem Vmer im Krankenhaus gesagt, daß von dort eine Pflichtanzeige an die zuständige Gendarmeriedienststelle erstattet werden würde und er daher von der Polizei eine Nachricht erhalten werde. Der Vmer nahm daher an, daß er zur Anzeige nach § 4 II österr. StVO (Art. 8

Anm. F 119   F. Obliegenheiten des Vmers in der Kraftfahrzeughaftpflichtv

I Nr. 1 österr. AKHB) nicht mehr verpflichtet sei. Diesen Irrtum bewertete der ÖOGH als nur leicht fahrlässig. Dabei wurde berücksichtigt, daß der Vmer bei der Rückfahrt aus dem Krankenhaus feststellte, daß sein Fahrzeug bereits vom Unfallort abgeschleppt worden war, was er irrig auf eine entsprechende Initiative der Polizei zurückführte.

[F 119] ff) Grobe Fahrlässigkeit

Zum Begriff der groben Fahrlässigkeit vgl. Anm. F 98 m. w. N. Fälle, die unter die dort gegebene Definition der groben Fahrlässigkeit fallen, sind im Bereich der Aufklärungslast in der Rechtspraxis selten zu konstatieren. Das hat seinen Grund darin, daß bezüglich des Verhaltens am Unfallort in der Rechtsprechung davon ausgegangen wird, daß ein allgemeines Bewußtsein aller Kraftfahrer gegeben sei, nach dem jeder Kraftfahrer wisse, daß er nach einem Unfall auch im Interesse des Vers tatkräftig zur Aufklärung der Unfallursachen mitzuwirken habe und die objektive Ermittlung des Sachgeschehens in keiner Weise erschweren dürfe (vgl. Anm. F 118 m. w. N.). Grobe Fahrlässigkeit kann allerdings in den Fällen gegeben sein, in denen es dem Ver deshalb nicht gelingt, den Vorsatz des Vmers nachzuweisen, weil dessen Einlassung nicht beweiskräftig widerlegt werden kann, daß er das Schadenereignis nicht bemerkt habe (vgl. zur Beweislastregelung Anm. F 122). Hier sind Fallkonstellationen denkbar, in denen zwar alles für eine Kenntnis des Vmers vom Schadenereignis spricht, aber letzte Zweifel nicht auszuschließen sind, daß der Vmer grob fahrlässig das tatsächliche Geschehen verkannt haben möge. Ferner wird regelmäßig in einer **so starken Alkoholisierung** des Vmers, daß er den objektiven Tatbestand einer Obliegenheitsverletzung im unzurechnungsfähigen Zustand verwirklicht hat, eine grobe Fahrlässigkeit liegen. Etwas anderes gilt aber dann, wenn dem Vmer — kaum denkbar — ohne eigenes Wissen Alkohol eingeflößt worden ist.

Für einen Fall, in dem bei Verletzung der nach östererreichischem Recht bestehenden Pflicht zur Verständigung der nächsten Sicherheitsdienststelle, nur leichte Fahrlässigkeit angenommen worden ist, vgl. ÖOGH 11.II.1982 VersR 1983 S. 355–356. Der Fall war durch die Besonderheit gekennzeichnet, daß der Vmer nur als Fußgänger an dem Unfall beteiligt war und — nachdem er die Verletzte ordnungsgemäß ins Krankenhaus gebracht hatte — davon ausging, daß in der Zwischenzeit von dem Fahrer seines Wagens eine Verständigung der Gendarmerie vorgenommen worden sei. Ähnliche Besonderheiten waren im Falle ÖOGH 1.II.1979 VersR 1979 S. 729–730 gegeben. Zur Bewertung der Anzeigelast nach Art. 8 I Nr. 1 österr. AKHB vgl. ergänzend Anm. F 84 m. w. N.

Hinsichtlich der Verletzung des verbalen Teils der Aufklärungslast (Auskunftslast im engeren Sinne des § 34) ist die in Anm. F 110 erwähnte **Belehrungslast** des Vers von großer Bedeutung. Durch die Belehrung über die Rechtsfolgen vorsätzlicher, aber ansonsten für Grund und Höhe des Vsschadens bedeutungsloser Verstöße wird zugleich dem Vmer die Obliegenheit nachhaltig vor Augen geführt. Wenn er so nachweisbar Kenntnis vom dem Auskunftsverlangen des Vers erhalten hat, diese Auskunft aber dennoch falsch erteilt oder gar nicht antwortet, so wird das sehr häufig als ein vorsätzliches Verhalten zu bewerten sein, auch wenn der Vmer nur saumselig war. Denn wenn er weiß, daß er Auskünfte zu beantworten hat und daß der Ver ihm geschrieben hat, um bestimmte Auskünfte zu erhalten, und auch noch an die Antworten erinnert, so läßt sich kaum anders argumentieren, als daß hier derjenige, der in Kenntnis aller dieser Umstände nichts tut, letzten Endes aus einer gewissen Trägheit vorsätzlich die Obliegenheit verletzt. Dabei ist zu bedenken, daß

IV. 2. Auskunfts- und Aufklärungsobliegenheit **Anm. F 120**

ein solches Verhalten anders zu werten ist, als eine verzögerliche Erstattung einer Schadenanzeige oder eine nur verzögerliche Beantwortung von Auskunftsersuchen. Ansonsten sind bei der Ermittlung der groben Fahrlässigkeit bezüglich der Verletzung der Aufklärungslast keine rechtstechnischen Besonderheiten zu konstatieren.

[F 120] gg) Verschulden Dritter

Hinsichtlich desjenigen Teils der Aufklärungslast, der sich auf das Verhalten am Unfallort bezieht und der demgemäß die Sicherstellung der Regulierungsgrundlage oder die Hilfe für den Verletzten betrifft, braucht sich der Vmer die Fehlhandlungen eines Dritten nur dann anrechnen zu lassen, wenn es sich um seinen Repräsentanten gehandelt hat. Für diesen von der Rechtsprechung des RG entwickelten allgemeinen Grundsatz des deutschen Vsrechts vgl. Möller Bd II Anm. 55–83 zu § 6 und Anm. 57–77 zu § 61 m. w. N. Repräsentant ist dabei nach dieser höchstrichterlichen Rechtsprechung nur derjenige, der in dem Geschäftsbereich, zu dem das vte Risiko gehört, aufgrund eines Vertretungs- oder eines ähnlichen Verhältnisses an die Stelle des Vmers getreten ist, der sich damit einer eigenen Verantwortung entschlagen hat (vgl. dazu nur BGH 20.V.1969 VA 1970 S. 78–79 Nr. 554 = VersR 1969 S. 695–696 m. w. N. und Anm. F 22, 46, 56, 99 sowie J 85–88 m. w. N.). Einhelligkeit besteht dabei darüber, daß das Führen oder sonstige Gebrauchen eines Fahrzeugs nicht dazu ausreicht, um eine Repräsentanteneigenschaft zu begründen (vgl. BGH 20.V.1969 a. a. O., ferner Möller a. a. O. Anm. 77 zu § 61 m. w. N. sowie Anm. J 87). Begeht daher ein Fahrer, der nicht Repräsentant ist, Fahrerflucht, so beeinträchtigt das nur den Vsschutz des Vten aus der V für fremde Rechnung (vgl. Anm. H 7 und 14–15), der des Vmers bleibt unberührt (BGH 20.V.1969 a. a. O.).

Zu beachten ist dagegen, daß im Bereich der Auskunftslast im engeren Sinne des § 34 – ebenso wie bei der Erfüllung der sogenannten Anzeigelast – eine über den Repräsentantenbegriff hinausgehende Zurechnung der Handlungen der sogenannten **Wissensvertreter** gegeben sein kann (vgl. dazu BGH 19.I.1967 VersR 1967 S. 344 m. w. N., 20.V.1969 a. a. O., 30.IV.1981 NJW 1981 S. 1953 = VersR 1981 S. 950 m. w. N., OLG Köln 21.IX.1989 VersR 1990 S. 1225–1226 = r + s 1990 S. 43–44, ferner Anm. F 99 m. w. N.). Dafür ist es erforderlich, daß der für den Vmer handelnde Dritte von diesem beauftragt worden ist, für ihn derartige Erklärungen abgeben zu dürfen. Im Einzelfall ist genau zu untersuchen, welchen Auftrag die für den Vmer handelnde Person von diesem erhalten hatte. Ist ein Anwalt vom Vmer berechtigterweise zu seiner eigenen Vertretung im Haftpflichtprozeß bestellt worden (der Ver hatte für sich und den Vmer denselben Anwalt bestellt, der zuvor den Vmer für den Ver im Deckungsprozeß bekämpft hatte, vgl. dazu Anm. F 125), so bedeutet das nicht, daß der Vmer ihn auch dazu ermächtigt, für sich Erklärungen über den Prozeßstand abzugeben, so daß eine unzutreffende Auskunft des Anwalts darüber, daß rechtzeitig Berufung eingelegt worden sei, dem Vmer nicht nach § 166 BGB zuzurechnen ist (vgl. BGH 30.IV.1981 a. a. O. und auch dazu, daß dem Vmer das Verschulden des Anwalts hinsichtlich der Versäumung der Berufungsfrist nicht schadet, weil dieser nicht als sein Repräsentant anzusehen ist). Weigert sich der Vmer aufgrund eines unzutreffenden Rates seines Anwalts, eine bestimmte Auskunft zu erteilen, so braucht der Ver sich das Verschulden dieses Anwalts ebenfalls nicht anrechnen zu lassen (OLG Hamm 15.VI.1988 r + s 1989 S. 39 = VersR 1989 S. 37 [nur L. S.]).

Füllt der vte Fahrer ein Auskunftsformular des Vers (in der Praxis Schadenanzeige genannt) in bezug auf den von ihm vor Fahrtantritt genossenen Alkohol unzutreffend aus, so ist mangels besonderer Anhaltspunkte ohnedies davon auszugehen, daß diese Auskunftserteilung nicht im Namen des Vmers, sondern zur Erfüllung der eigenen Obligenheit des Vten erfolgt (BGH 20.V.1969 a. a. O.). Das bedeutet, daß durch ein solches Tun begrifflich nur der die V für fremde Rechnung betreffende Teil dieses Vsvertrages verletzt werden kann.

[F 121] hh) Kausalität

Die vorsätzliche Verletzung der Aufklärungsobliegenheit führt in den Grenzen des § 7 V Nr. 2 AKB zum Verlust des Vsschutzes ohne Rücksicht darauf, ob sich durch den Verstoß des Vmers der Vsschaden vergrößert hat oder nicht. Verletzt der Vmer dagegen diese Obliegenheit nicht vorsätzlich, sondern grob fahrlässig, so verliert er den Vsschutz nur insoweit, als sich durch diesen Verstoß der Umfang der Vsleistung vergrößert hat. Das schreibt § 6 III 2 zugunsten des Vmers zwingend vor (§ 15a; unzutreffend LG Augsburg 14.X.1987 ZfS 1987 S. 371, wenn es bei grob fahrlässig falschen Auskünften ohne Prüfung der Kausalitätsfrage eine Leistungsfreiheit in Höhe von DM 1000,— annimmt). Diese Bestimmung bedient sich dabei allerdings eines sehr umständlichen Wortlauts, der zu Mißverständnissen führen könnte. Es heißt nämlich, daß der Ver zur Leistung insoweit verpflichtet sei, als die Verletzung Einfluß weder auf die Feststellung des Vsfalls noch auf die Feststellung oder den Umfang der dem Ver obliegenden Leistung gehabt habe (ebenso § 7 V Nr. 1 S. 2 AKB). Das könnte dahin mißverstanden werden, daß eine unter wesentlicher Mehrarbeit des Vers erfolgende Feststellung des Vsschadens auch dann zum Verlust des Vsschutzes führe, wenn sich der Fehler des Vmers — abgesehen von dieser Mehrarbeit — auf die Höhe der Vsleistung nicht ausgewirkt hat. Demgegenüber ist aber nach dem Sinn der Regelung zu betonen, daß nur eine **Mehrleistung des Vers** in der Form einer **zusätzlichen Zahlung** an den Dritten oder in der Form von **zusätzlichen Kostenzahlungen** an Vierte (z. B. an Anwälte, Sachverständige oder Gerichte) im Sinne von § 6 III erheblich ist. Eine solche Mehrbelastung kann sich z. B. ergeben, wenn der Vmer erst verspätet Zeugen für seine Darstellung des Unfallgeschehens benennt (so zur Fahrzeugv OLG Hamm 8.I.1986 VersR 1986 S. 882 [nur L. S.]). Ergänzend wird auf Anm. F 100 m. w. N. verwiesen.

Zur Erstreckung des Kausalitätsprinzips auf die Betrugsfälle im Sinne des § 7 V Nr. 3 S. 1 AKB vgl. Anm. F 116 und 147.

[F 122] ii) Beweislast

Nach der Neufassung des § 7 V Nr. 1 und 2 AKB besteht Einigkeit darüber, daß der Ver **nicht nur den objektiven Tatbestand** der Verletzung einer nach Eintritt des Vsfalls zu erfüllenden Obliegenheit darzutun und zu beweisen hat, **sondern auch die Vorsätzlichkeit** dieses Verstoßes, oder, soweit das von Bedeutung ist, ein **Handeln mit grober Fahrlässigkeit** (BGH 3.VI.1977 VersR 1977 S. 734; w. N. in Anm. F 101).

— Dafür, daß dagegen nach österreichischem Recht der V mer (weiterhin) für das Fehlen von **Vorsatz und grober Fahrlässigkeit** beweispflichtig ist, vgl. aus einer Vielzahl von Entscheidungen nur ÖOGH 22.X.1969 VersR 1971 S. 751–752, 11.XI.1970 VersR 1971 S. 1134–1135, 28.IV.1977 VersR 1978 S. 264 m. w. N., 1.II.1979 VersR 1979 S. 730, 28.VI.1979 VersR 1980 S. 447, 9.IV.1981 VersR 1982 S. 564, 11.II.1982 VersR 1983 S. 304, 11.II.1982 VersR 1983 S. 356 m. w. N. Bemerkenswert ist in diesem Zusammenhang, daß die österreichische Rechtsprechung zugunsten des Vmers annimmt, daß es mit zum vom Ver zu beweisenden objektiven Tatbestand der Verletzung der Aufklärungslast gehört, daß ein konkreter Verdacht in bestimmter Richtung in bezug auf ein objektives Unbenützbarwerden

IV. 2. Auskunfts- und Aufklärungsobliegenheit Anm. F 122

(objektive Beseitigung) eines Beweismittels im nachhinein nicht mehr mit Sicherheit ausgeschlossen werden könne (vgl. ÖOGH 14.XII.1978 VersR 1979 S. 731–732 m. w. N. [zur Fahrzeugv]). —

Dadurch, daß dem Ver die Beweislast auch bezüglich des subjektiven Tatbestandes auferlegt worden ist, kommt für den Bereich der Kfz-Haftpflichtv der Streitfrage kaum noch Bedeutung zu, ob alle nach Eintritt des Vsfalls zu erfüllenden Obliegenheiten, wie für die Anzeigelast anerkannt (vgl. Anm. F 91), begrifflich erst mit der Kenntnis des Vmers vom Eintritt des Vsfalls entstehen oder nicht (vgl. dazu Anm. F 127). Gelingt dem Ver nicht der Nachweis der Vorsätzlichkeit oder der groben Fahrlässigkeit, so bleibt ein Verstoß des Vmers ohne Rechtsfolgen. Diese Regelung verbessert die Rechtsstellung des Vmers im Verhältnis zu den Vsbedingungen anderer Vszweige ganz wesentlich. Für die Fahrzeugv und für die Kraftfahrt-Unfallv gilt weiterhin, daß gemäß § 7 V Nr. 4 AKB der Vmer beweisen muß, daß er unvorsätzlich oder ohne grobe Fahrlässigkeit gehandelt hat (so Prölss–Martin–Knappmann[25] Anm. 7a zu § 7 AKB, S. 1153, anders OLG Frankfurt 1.II.1978 ZfS 1980 S. 377). Die Bezugnahme auf § 6 III ergibt, daß in diesem Bereich die traditionelle Beweisführung für das Fehlen einer Schuld im Sinne des § 6 III den Vmer trifft.

Die Verletzung von nach Eintritt des Vsfalls zu erfüllenden Obliegenheiten wird damit in der Kfz-Haftpflichtv in bezug auf die Beweislast genauso behandelt wie der subjektive Ausschlußtatbestand des § 152. Das erscheint als eine angemessene Regelung. Obliegt es nämlich dem Ver, das Vorliegen eines Ausschlußtatbestandes nicht nur im Umfang des äußeren Geschehensbeitrages des Vmers, sondern im Falle des § 152 auch bezüglich des subjektiven Tatbestandes darzutun und zu beweisen, dann ist nicht recht einzusehen, warum bei Obliegenheitsverletzungen der hier erörterten Art etwas anderes gelten soll. Der maßgebende Beurteilungsfaktor ist in diesem Zusammenhang doch der, daß der Vsfall eingetreten ist, so daß damit grundsätzlich die Leistungspflicht des Vers gegeben ist. Daß nachträglich diese Eintrittspflicht des Vers entfällt, weil der Vmer, der seine Hauptpflicht in der Form der Entrichtung der Vsprämie erfüllt hat, eine Nebenpflicht in Gestalt einer vsrechtlichen Obliegenheit verletzt hat, stellt, soweit sich diese Verletzung weder auf Grund noch Höhe der Hauptleistung des Vers auswirkt, aus der Sicht des allgemeinen und besonderen Schuldrechts eine Systemanomalie dar. Es ist somit durchaus sachgerecht, daß in denjenigen Fällen, in denen dem Vmer Vorsatz nicht nachgewiesen werden kann, die Obliegenheitsverletzung zu keinen Rechtsnachteilen für den Vmer führt (sofern nicht grobe Fahrlässigkeit gegeben ist und sich durch diese der Vsschaden im Sinne des § 6 III vergrößert hat).

Hat der Vmer selbst am Steuer gesessen, so fällt der Nachweis seiner Kenntnis von einem Zusammenstoß meist nicht schwer. Es darf vielmehr indiziell mit der Lebenserfahrung davon ausgegangen werden, daß der Fahrer eines Fahrzeuges einen von ihm verursachten Zusammenstoß in den Fällen bemerkt, in denen es zu einer Berührung zwischen diesem Fahrzeug und einer weiteren Sache oder einer Person kommt. Es ist deshalb nicht nur zu erwarten, daß der Vmer die Behauptung aufstellt, daß er von dieser Kollision nichts bemerkt habe (vgl. ÖOGH 22.X.1969 VersR 1971 S. 751–752, allerdings von der nach österr. Recht ohnedies bestehenden Beweislast des Vmers ausgehend), sondern daß er auch noch weitere Umstände aus seiner Sphäre darlegt und unter Beweis stellt. Das könnte z. B. eine Schwerhörigkeit sein, möglicherweise aber auch eine starke seelische Anspannung infolge einer schweren Krankheit eines nahen Angehörigen. Es genügt der Ver jedenfalls in der Regel seiner Beweisführungslast, daß ein Sachverhalt dargetan und unter Beweis gestellt wird, bei dem es geradezu undenkbar ist, daß der Vmer einen Unfall nicht bemerkt haben sollte (vgl. als Beispielsfall LG Berlin 10.V.1978 VersR 1979 S. 413–414 [dem allerdings in der — im konkreten Fall nicht entscheidungserheblichen — Auffassung nicht gefolgt werden kann, daß die sogenannte Relevanzrechtsprechung mit Rücksicht auf die Neufassung des § 7 V AKB nicht mehr zur Anwendung kommen könne, vgl. dazu Anm. F 112]).

Gelegentlich bleibt streitig, ob der Vmer selbst das Steuer geführt hat oder nicht. Verweigert dann die dazu im Prozeß als Zeugin benannte Ehefrau des Vmers die Aussage, so kann das bei Verwertung weiterer Indizien zu dem Schluß berechtigen, daß der Vmer der Wahrheit zuwider angegeben hat, daß er nicht selbst der Fahrzeugführer gewesen sei (so OLG Hamm 26.V.1982 VersR 1983 S. 870–871 [zur Fahrzeugv]). Eine solche Bewertung muß allerdings auf Ausnahmefälle beschränkt bleiben; grundsätzlich dürfen aus der Ausübung des Aussageverweigerungsrechts keine negativen Schlüsse gezogen werden, da diese zum Schutz der Angehörigen geschaffene Rechtsinstitution ansonsten entwertet werden würde (vgl. dazu BGH 5.III.1958 BGHZ Bd 26 S. 400 [nicht vsrechtliche Entscheidung zur generellen Bewertung einer Zeugnisverweigerung im gesetzlichen Rahmen]).

OLG Karlsruhe 30.VI.1983 VersR 1984 S. 836–838 (zur Fahrzeugv) betrifft dagegen einen Fall, in dem die Vmerin im Strafverfahren in 2. Instanz vom Vorwurf der Unfallflucht freigesprochen worden war, weil angeblich nicht sie, sondern ihr Ehemann gefahren war. Das Zivilgericht sah trotz schwerer Bedenken als nicht erwiesen an, daß die gegenüber dem Ver konsequent gegebene Darstellung, daß die Vmerin doch Fahrerin gewesen sei, unrichtig war (dafür, daß die unrichtigen Angaben im Strafverfahren keine Verletzung der Aufklärungslast darstellen, vgl. Anm. F 108). Hier wäre sicher auch eine entgegengesetzte Bewertung vertretbar gewesen (dafür, daß das Gericht im übrigen auch das Vorliegen einer Fahrerflucht trotz einer Entfernung vom Unfallort für rund 5 Stunden als nicht gegeben ansah, vgl. Anm. F 105 a. E. und 112 a. E.).

Schwierig ist es, den Nachweis der Kenntnis des Vmers vom Eintritt des Vsfalls in denjenigen Fällen zu führen, in denen das Fahrzeug des Vmers nicht in körperliche Berührung mit dem Fahrzeug des Dritten gekommen ist. Es geht dabei z. B. um den Vorwurf an den Vmer, daß er die Kollision anderer Fahrzeuge durch eine verkehrswidrige Fahrweise herbeigeführt habe. Als Beispiel sei auf OLG Schleswig 14.X.1969 VersR 1970 S. 362–363 verwiesen. Das Gericht hat richtig erkannt, daß daraus allein, daß der Vmer hinter sich Bremsgeräusche gehört habe, nicht auf seine Kenntnis vom Eintritt des Vsfalls geschlossen werden dürfe (dafür, daß Bedenken gegen die unterschiedslose Überwälzung des Beweises mangelnder Kausalität auf den Vmer bestehen, vgl. die Ausführungen am Schluß dieser Anm.; folgt man im übrigen der in Anm. F 127 vertretenen Meinung, daß nicht nur für die Anzeigelasten, sondern für alle nach Eintritt des Vsfalls zu erfüllenden Obliegenheiten gilt, daß sie begrifflich erst mit der Kenntnis des Vmers [oder Vten] vom Eintritt dieses Vsfalls entstehen, so kommt man in denjenigen Fällen, in denen der Vmer grob fahrlässig das Vorliegen eines Vsfalls nicht erkannt hat, dazu, daß diesem eine daraus resultierende Vermehrung des Schadens nicht angelastet werden darf).

Behauptet der Vmer, daß er bei der Verwirklichung des objektiven Tatbestandes der Obliegenheitsverletzung **schuldunfähig** gewesen sei, so ist er dafür **beweispflichtig**. Ein solcher Ausnahmefall wird von dem Zweck der Bedingungsänderung nicht erfaßt. Vielmehr sind die für § 827 BGB geltenden Beweislastgrundsätze anzuwenden (so für die entsprechende Problematik bei § 61 BGH 23.I.1985 NJW 1985 S. 2648–2649 = VersR 1985 S. 440–441, 22.II.1989 NJW 1989 S. 1612–1613 = VersR 1989 S. 469–470 und für § 152 BGH 20.VI.1990 BGHZ Bd 111 S. 372–375, ferner Bruck-Möller-Sieg Bd II Anm. 41 zu § 61 m. w. N., ebenso für § 7 V AKB

IV. 2. Auskunfts- und Aufklärungsobliegenheit **Anm. F 122**

a. F. BGH 9.II.1972 NJW 1972 S. 681−684 = VersR 1972 S. 342−344; speziell zu
§ 7 V Nr. 1 AKB in diesem Sinne LG Koblenz 22.X.1979 VersR 1980 S. 58−59,
KG 2.IV.1981 VersR 1982 S. 692 = ZfS 1982 S 277−278 [obiter dictum], AG
Darmstadt 25.VI.1986 r + s 1987 S. 273 = ZfS 1987 S. 81, AG Korbach 29.VI.1989
ZfS 1989 S. 348, Prölss−Martin−Knappmann[25] Anm. 6 D zu § 7 AKB, S. 1447,
Stiefel−Hofmann Anm. 80 zu § 7 AKB, S. 311; a. M. LG Heilbronn 1.XII.1978
DAR 1979 S. 104−105, LG Oldenburg 4.I.1984 VersR 1985 S. 353−354).

Es ist ohnedies eine gewisse Skepsis gegenüber der Einlassung des Vmers am
Platze, daß er im Anschluß an den Eintritt des Schadenereignisses unter der Einwirkung eines die Zurechnungsfähigkeit ausschließenden **Unfallschocks** gestanden habe. Der Tatrichter darf und muß die medizinisch gesicherte Erfahrungstatsache berücksichtigen, daß ein solcher Unfallschock nur in ganz seltenen Fällen zum Ausschluß des Vorsatzes führt (BGH 18.II.1970 NJW 1970 S. 1081 = VersR 1970
S. 458, ÖOGH 28.VI.1979 VersR 1980 S. 447 und ergänzend Bd IV Anm. F 71
m. w. N.). Daraus folgt, daß der Richter der Frage, ob ein Unfallschock mit die
Zurechnungsfähigkeit ausschließender Wirkung vorgelegen habe, nur dann nachzugehen braucht, wenn vom Vmer ein Mindestmaß an dafür sprechenden Tatsachen vorgetragen worden ist.

Liegt **ausnahmsweise ein Unfallschock mit vollem Schuldausschluß**
vor, so ist der **zeitlichen Dauer** dieses Zustandes besondere Aufmerksamkeit zu
widmen. Ein solcher Schock klingt unter Umständen sehr schnell ab. Eine danach
erfolgende Fortsetzung des die Aufklärung des Unfallgeschehens behindernden Verhaltens des Vmers kann demgemäß von rechtlicher Bedeutung sein (vgl. als Beispielsfall KG 7.XI.1972 VersR 1974 S. 74−77 und dazu Anm. F 105).

Entsprechend sind diejenigen Fälle zu behandeln, in denen der Vmer behauptet,
wegen seines der Obliegenheitsverletzung vorangegangenen **hohen Alkoholgenusses unzurechnungsfähig** im Sinne des § 827 BGB gewesen zu sein. Diese
aus vielen verkehrsrechtlichen Strafverfahren bekannte Argumentationsweise wird
im übrigen erstaunlich oft durch medizinische Sachverständige als nach den konkreten Tatumständen ausgeschlossen zurückgewiesen. Vgl. z. B. OLG Köln 14.VI.1968
VersR 1970 S. 1098−1099 dafür, daß für einen trinkgewohnten Vmer bei einem
Blutalkoholgehalt von 2,5‰ nicht ohne weiteres Unzurechnungsfähigkeit angenommen werden darf (zum Einfluß des Alkoholgenusses auf eine im Rechtssinne erhebliche Willensbildung vgl. ergänzend Anm. H 17 m. w. N.).

Der Ver ist auch beweispflichtig dafür, daß der Verstoß des Vmers (oder des
Vten) ein **besonders schwerwiegender** im Sinne des § 7 V Nr. 2 S. 2 AKB
gewesen ist (OLG Nürnberg 26.VI.1980 NJW 1981 S. 689−690 = VersR 1980
S. 1162, OLG Köln 17.III.1983 VersR 1984 S. 50, Prölss−Martin−Knappmann[25]
Anm. 6 D zu § 7 AKB, S. 1447, Stiefel−Hofmann[15] Anm. 90 zu § 7 AKB, S. 315).
Davon weicht KG 2.IV.1981 VersR 1982 S. 691 für den Fall ab, daß der Vmer das
Vorliegen eines Unfallschocks behauptet, der zwar den Vorsatz nicht ausschließe,
seine Tat aber in einem milderen Licht erscheinen lasse. Dem ist nicht zu folgen.
Die Beweislastregelung des § 827 BGB darf für einen solchen Sonderfall nicht
herangezogen werden (ebenso Prölss−Martin−Knappmann a. a. O.).

Dem Ver obliegt es weiter, die Erfüllung der **Belehrungslast** über die Folgen
vorsätzlicher, aber ansonsten folgenloser Verletzungen der Aufklärungslast darzutun und zu beweisen (vgl. Anm.
F 109). Unterläßt der Ver einen Vortrag über die Erfüllung dieser Belehrungslast,
so muß er damit rechnen, daß vom Gericht unterstellt wird, daß keine Belehrung
stattgefunden habe. Es versteht sich, daß etwas anderes dann gilt, wenn sich zwar
aus dem schriftsätzlichen Vortrag des Vers im engeren Sinne keine solche Behauptung

ergibt, wohl aber aus den mit eingereichten Anlagen, z. B. dem Schadenanzeigeformular mit dem entsprechenden Aufdruck. Im übrigen erscheint es als sachgerecht, wenn das Gericht im Rahmen des § 139 ZPO in solchen Fällen ausdrücklich fragt, ob die Belehrungspflicht erfüllt ist oder nicht.

Steht fest, daß keine Belehrung erfolgt ist, behauptet der Ver aber, daß der Vmer arglistig gehandelt habe, so trifft die Beweislast dafür den Ver; der Vmer muß aber nach allgemeinen Grundsätzen die Umstände dartun und einer Überprüfung zugänglich machen, die sich in seiner Sphäre abgespielt haben (BGH 20.XI.1970 NJW 1971 S. 194 = VersR 1971 S. 144).

Nach der Stellung des § 7 V Nr. 1 S. 2 AKB im Bedingungswerk ist es Sache des Vmers, den eine nur grob fahrlässige Verletzung der Aufklärungslast trifft, den Nachweis zu führen, daß diese Verletzung weder Einfluß auf die Feststellung des Vsfalles noch auf die Feststellung des Umfanges der dem Ver obliegenden Leistung gehabt hat. Diese Regelung stimmt mit § 6 III überein und ist auch nach den Kriterien des AGBG im Grundsatz nicht zu beanstanden. Die Rechtsprechung schützt den Vmer dadurch, daß sie von dem Grundsatz ausgeht, daß an den Negativbeweis keine zu hohen Anforderungen gestellt werden dürfen (vgl. dazu Anm. F 101 a. E. m. w. N. und Bd IV Anm. F 48 m. w. N.). Soweit die zu beweisenden Umstände allerdings in der Sphäre des Vers liegen, ist ohnedies kein einleuchtender Grund dafür gegeben, warum den Vmer die Darlegungs- und Beweislast treffen soll. Demgemäß ist hier ein präziser Vortrag des Vers über den Schadenmehrbetrag zu erwarten nebst entsprechenden Beweisantritten. Eine solche Handhabung fällt um so leichter, als die Beweislastverteilung nicht expressis verbis getroffen worden ist, sondern sich gedanklich nur aus dem Aufbau des Bedingungswerkes ergibt, so daß genügend Spielraum für eine sachgerechte Abgrenzung der Sphären der einen oder anderen Seite gegeben ist. Es versteht sich im übrigen, daß hinsichtlich solcher Umstände, die in der Sphäre des Vmers liegen, von diesem eine ebenso präzise Darlegung der tatsächlichen Einzelheiten mit entsprechenden Beweisantritten zu verlangen ist. — Bedeutsam kann in Grenzfällen sein, daß bei der wesensverwandten Vorschrift des § 254 BGB zur Auswirkung eines Mitverschuldens der Höhe nach die Schätzungsvorschrift des § 287 ZPO zur Anwendung kommen kann (vgl. nur BGH 7.II.1968 NJW 1968 S. 985–986). Genauso ist im Rahmen des § 7 V Nr. 1 S. 2 AKB vorzugehen, wenn entsprechende tatsächliche Anhaltspunkte für eine solche Schätzung gegeben sind (vgl. dazu Bd IV Anm. F 48, 72, 84 und 102 a. E.).

Eine ergänzende Beweislastregelung ist § 7 V Nr. 3 AKB ist zu entnehmen. Zunächst sind dort die Betrugsfälle aufgeführt. Hier ist der Ver vollen Umfangs beweispflichtig, insbesondere auch dafür, daß die Obliegenheitsverletzung in der Absicht begangen worden ist, sich oder einem Dritten dadurch einen rechtswidrigen Vermögensvorteil zu verschaffen. Aus der Formulierung, daß die Leistungsfreiheit hinsichtlich des erlangten rechtswidrigen Vermögensvorteils abweichend von § 7 V Nr. 2 AKB unbeschränkt ist, ergibt sich aber vor allem, daß dem Ver auch der Nachweis für die Kausalität des Obliegenheitsverstoßes auferlegt worden ist. Gleichermaßen obliegt dem Ver der Kausalitätsnachweis in den Fällen des „Fehlurteils" gemäß § 7 V Nr. 3 AKB (vgl. dazu Anm. F 135). Bemerkenswert ist, daß bei Nachweis einer Fehlentscheidung nach § 7 V Nr. 3 S. 2 AKB (2. H. S.) vermutet wird, daß die Obliegenheitsverletzung mindestens auf grober Fahrlässigkeit beruht. Das Gesagte bedeutet, daß der Vmer dann beweisen muß, daß er nicht grob fahrlässig gehandelt habe. Angesichts dessen, daß für diese Beweislastvermutung feststehen muß, daß der objektive Tatbestand der Aufklärungslast (oder einer anderen Obliegenheit) verletzt worden ist und daß sich diese Verletzung zu einem Mehrschaden ausgewirkt hat, erscheint es als nicht unbillig, daß der Vmer diesen Nachweis

IV. 3. Rettungsobliegenheit Anm. F 125

führen muß. Denn die das Verschulden betreffenden Tatsachen liegen schließlich typischerweise in seiner Sphäre (vgl. auch Anm. F 135).

Nachzutragen ist, daß der Vmer dafür beweispflichtig ist, daß sich ein vom Ver nachgewiesener vorsätzlicher Verstoß gegen die Aufklärungslast ausnahmsweise als ein **nicht relevanter** im Sinne der BGH-Rechtsprechung darstellt (zur Streitfrage, inwieweit diese Relevanzgrundsätze unter der Verbesserung des Bedingungswerkes zugunsten des Vmers in § 7 V AKB weiter gelten, vgl. Anm. F 112).

3. Rettungsobliegenheit

Gliederung:

Schrifttum F 123
a) Vorbemerkung F 124
b) Umfang der Rettungslast F 125
c) Beginn der Rettungslast F 126
d) Kenntnis vom Eintritt des Versicherungsfalls F 127
e) Verletzungsfolgen F 128 – 135
    aa) Grundsätzliches F 128
    bb) Vorsatz F 129
    cc) Grobe Fahrlässigkeit und Haftung für Drittverschulden F 130
    dd) Kausalität F 131
    ee) Summenmäßige Begrenzung der Leistungsfreiheit auf DM 1000,– oder DM 5000,– F 132
    ff) Betrugsfälle F 133
    gg) Schadenvergrößerung durch rechtskräftige Fehlentscheidungen F 134
    hh) Beweislast F 135
f) Rettungskostenersatz F 136
g) Exkurs: Zur Ersatzpflicht des Dritten für die Kosten einer zusätzlichen Anwaltsbestellung F 137

[F 123] Schrifttum:

Möller Bd II Anm. 1–42 zu § 62, Anm. 1–30 zu § 63 (m. w. N. in Anm. 1 zu § 62 und Anm. 1 zu § 63) vgl. ferner die Schrifttumsnachweise in Bd IV Anm. F 75.

[F 124] a) Vorbemerkung

Die Rettungspflicht ist eine dem Vsgedanken nahezu untrennbar verbundene Institution. Sie wird im deutschen Recht nach h. A. dogmatisch dem **Obliegenheitsbereich** zugeordnet (vgl. dazu Möller a. a. O. Anm. 4–6 zu § 62). Sie ist 1979 in diesem Kommentar umfassend von Möller in Anm. 1–42 zu § 62 und in Anm. 1–30 zu § 63 dargestellt worden. Gegenüber dieser Darstellung haben sich grundlegend neue Erkenntnisse nicht ergeben. Es wird daher auf jene Darstellung verwiesen, ferner speziell zur allgemeinen Haftpflichtv auf Bd IV Anm. F 75–F 85. Die nachstehenden Ausführungen sind daher nur im Zusammenhang mit den von Möller umfassend dargestellten Prinzipien dieses Rechtsinstituts zu verstehen.

[F 125] b) Umfang der Rettungslast

Zu unterscheiden ist zwischen den am Unfallort zu treffenden Maßnahmen und solchen, die später zu erfüllen sind. Diejenigen Maßnahmen, die am Unfallort getroffen werden, sind von besonderer Wichtigkeit, wenn es um eine **Hilfeleistung im engeren Sinne** für den **verletzten Dritten** geht. Es obliegt dem Vmer, dafür zu sorgen, daß einem verletzten Verkehrsopfer die notwendige ärztliche Hilfe zuteil wird. Wer ein Verkehrsopfer in hilfloser Lage am Unfallort zurückläßt, verstößt nicht nur eklatant gegen überkommene Grundsätze zivilisierten Verhaltens, sondern mißachtet aus der Sicht der Haftpflichtv auch die ihm obliegende Last, den eingetretenen Körperschaden durch Hilfe für den Verletzten tunlichst zu mindern. Es liegt daher in einem solchen unerlaubten Verlassen der Unfallstelle nach einem Verkehrsunfall mit einer Körperverletzung eines Dritten nicht nur eine Verletzung der Aufklärungslast (vgl. dazu Anm. F 105) vor, sondern auch in Tateinheit eine solche der Rettungslast nach § 62 I (vgl. als Beispielsfall BGH 9.II.1972 VA 1972 S. 145–148 Nr. 620 = VersR 1972 S. 363–365). — Hingegen liegt nur eine Verletzung der Aufklärungs- und nicht der Rettungslast vor, wenn der Dritte zum Zeitpunkt der Unfallflucht des Vmers bereits verstorben war (so ÖOGH 28.VI.1978 VersR 1980 S. 447). — Die an Ort und Stelle gebotene Mindestmaßnahme kann z. B. die sein, daß die Polizei verständigt wird, damit diese die Entsendung eines Rettungswagens veranlassen kann. Zu eigenen medizinischen Rettungshandlungen ist der Vmer nur verpflichtet, wenn er über spezielle Kenntnisse medizinisch dringend gebotener Sofortmaßnahmen verfügt.

BGH 12.VII.1972 VersR 1972 S. 1039–1040 = MDR 1973 S. 38–39 (gek.) behandelt einen AHB-Fall, in dem der Vmer den Ausbruch eines Brandes durch vorsätzliche Brandstiftung bewirkt hatte. Die Vorinstanzen hatten für den aufgetretenen Personanschaden Vsschutz bejaht, weil sie der Einlassung des Vmers glaubten, daß er eine Personenverletzung nicht vorausgesehen und auf keinen Fall gewollt habe (vgl. zum Vorstellungsbild des vorsätzlich handelnden Täters Anm. G 83 m. w. N.). Der BGH brachte zum Ausdruck, daß den Vmer die Obliegenheit zum Löschen des Brandes oder zur Warnung der später verletzten Personen getroffen habe. Dabei erstrecke sich der vom Ver zu erbringende Beweis einer objektiven Verletzung der Rettungspflicht nicht darauf, daß die vom Vmer pflichtwidrig unterlassenen Maßnahmen Erfolg gehabt hätten. — Zu beachten ist dabei, daß den Vmer eine Rettung unter eigener Lebensgefahr nicht zugemutet werden darf. Das ist bei Rettungsmaßnahmen gegenüber Insassen eines Kraftfahrzeugs zu bedenken mit Rücksicht auf die besondere Gefährdung durch den Treibstoff.

In bezug auf Sachschäden kommt in der Kfz-Haftpflichtv eine Tätigkeit des Vmers im Sinne einer Rettungslast kaum in Betracht. Zumeist läßt sich an Ort und Stelle der Umfang eines bereits eingetretenen Sachschadens nicht mehr verringern. Hier sind nur ganz seltene Ausnahmefälle denkbar. Gedacht sei z. B. an das schnelle Bergen der Ladung eines verunglückten Fahrzeugs vor einem heraufkommenden Unwetter. Weitere Beispiele: Der Fahrer des gegnerischen Lastkraftwagens wird nach dem Unfall bewußtlos und der Vmer bemerkt, daß sich unbekannte Dritte als Diebe der Ladung jenes Wagens bemächtigen wollen. Dann muß der Vmer in zumutbarem Rahmen eingreifen, indem er jene Personen auf das Unrechtmäßige ihres Verhaltens aufmerksam macht. Es wird ihm allerdings im Einzelfall zugebilligt werden müssen, daß er abschätzt, ob er mit einem rechtswidrigen Angriff bei einem derartigen Vorgehen rechnen muß oder nicht. Einer solchen körperlichen Gefahr braucht sich der Vmer nicht auszusetzen. Bemerkenswert ist es aber, daß es praktische Beispielsfälle aus der Rechtsprechung zur Kfz-Haftpflichtv in bezug auf solche Sachschäden aus der Zeit seit 1945 nicht gibt.

Gegenüber dieser im Haftpflichtvsbereich letzten Endes auf dem Prinzip der gegenseitigen Hilfeleistung beruhenden Rettungslast im engeren Sinne treten die aus rechtstechnischen Gründen dem Vmer auferlegten Spezialobliegenheiten besonderer Art, die nur zum Teil im Rettungsgedanken verwurzelt sind, an moralischem Gewicht zurück. Es handelt sich um die in § 7 II Nr. 4 AKB verankerten Obliegenheiten des Vmers, gegen Mahnbescheid, Arrest und einstweilige Verfügung zur Wahrung der Fristen die erforderlichen Rechtsbehelfe zu ergreifen, wenn eine Weisung des Vers nicht bis spätestens 2 Tage vor Fristablauf vorliegt. Des weiteren ist § 7 II Nr. 5 AKB dem Gedankenkreis der Rettungsobliegenheit im weiteren Sinne zuzuordnen. Dort heißt es, daß der Vmer die Führung des Rechtsstreits dem Ver zu überlassen habe und daß er auch dem vom Ver bestellten Anwalt

IV. 3. Rettungsobliegenheit

Vollmacht und jede verlangte Aufklärung zu geben habe. Bei der zuletzt genannten Aufklärungslast handelt es sich allerdings um die Wiederholung der Aufklärungslast nach § 7 I Nr. 2 S. 3 AKB mit der Besonderheit, daß der Anwalt hier als Vertreter des Vers fungiert und für diesen entsprechende Fragen nach den Umständen des Falles stellen kann, die vom Vmer aus der Sicht des Obliegenheitsrechts beantwortet werden müssen. Die aufgeführten Spezialobliegenheiten gemäß § 7 II Nr. 4 und 5 AKB sind in Bd IV Anm. F 78 noch ohne nähere Begründung als Spezialfälle der Rettungslast angesehen worden (so auch Möller a. a. O. Anm. 17 zu § 62). Indessen ist zu bedenken, daß jene Prozeßobliegenheiten vom Vmer auch dann beachtet werden sollen, wenn dadurch der Schaden gerade nicht gemindert wird. Das kann z. B. der Fall sein, wenn der vom Vmer in Aussicht genommene Rechtsanwalt aufgrund besonderer Befähigung besser zur Prozeßführung geeignet wäre, als der dem Vmer vom Ver präsentierte Prozeßvertreter. Auch erwartet der Ver, daß der Vmer selbst dann die in § 7 II Nr. 4 AKB erwähnten Rechtsbehelfe ergreift, wenn der Anspruch des Dritten bei objektiver Betrachtung der Sach- und Rechtslage als begründet zu bewerten ist, so daß das Verhalten des Vmers durch Befolgung dieser Prozeßobliegenheiten letzten Endes zu einer Vergrößerung des Vsschadens führen kann.

BGH 30.X.1984 VersR 1985 S. 83–85 bemerkt obiter dictum, daß der Vmer nach § 7 II Nr. 5 AKB verpflichtet sei, dem Ver auch die Führung eines Aktivprozesses des Vmers zu überlassen, in dem der Dritte mit vermeintlichen Gegenansprüchen mit haftpflichtrechtlichem Gepräge aufrechnet. Dem ist indessen nicht uneingeschränkt zu folgen. Die Prozeßführungsbefugnis steht dem Ver vielmehr grundsätzlich nur in von dem Dritten oder seinen Rechtsnachfolgern angestrengten Verfahren zu. Der Vmer muß dem Ver aber in dieser Situation ein angemessenes Mitwirkungsrecht in bezug auf den haftpflichtrechtlichen Teil des Rechtsstreits einräumen. Jedoch würde es zu weit gehen, § 7 II Nr. 5 AKB dahin zu interpretieren, daß der Ver einen Anwaltswechsel mit für den Vmer verbindlicher Wirkung verlangen dürfe (vgl. dazu auch Bd IV Anm. F 80). Rechnet der Dritte nicht auf, sondern erhebt er Widerklage, so steht dem Ver die Prozeßführungsbefugnis nur in bezug auf diese Widerklage zu. In diesem Zusammenhang ist festzuhalten, daß der Ver nach dem Gesetz und den AKB nicht befugt ist, mit Gegenansprüchen des Vmers ohne dessen Einverständnis aufzurechnen (vgl. Anm. G 15 und 20, str.). Den Vmer trifft auch keine Obliegenheit, dem Ver eine Aufrechnung mit Gegenansprüchen des Vmers zu ermöglichen. Vielmehr ist es Sache des Vers, aus eigenen Mitteln und eigener Kraft den Vmer von begründeten und unbegründeten Ansprüchen des Dritten zu befreien (dafür, daß aber der Ver unter Umständen nach Treu und Glauben verpflichtet ist, auf Wunsch des Vmers mit dessen Gegenforderungen aufzurechnen, vgl. Anm. G 15 und Bd IV Anm. G 278).

Zu beachten ist, daß der Umfang der Rettungslast im Einzelfall nach Treu und Glauben abzugrenzen ist. Dem Vmer darf nichts Unbilliges angesonnen werden. Das gilt auch für die häufig den gleichen Schutzbereich abdeckenden Prozeßobliegenheiten. Daß das Weisungsrecht des Vers derart eingeschränkt ist, ist in § 5 Nr. 3 S. 1 AHB ausdrücklich verankert. Ein solcher Hinweis fehlt zwar in § 7 I Nr. 2 AKB. Das ändert aber nichts an der allgemeinen Geltung dieses Grundsatzes für alle Vsarten, in denen solche Obliegenheiten vereinbart worden sind (vgl. dazu Möller Bd II Anm. 23 zu § 62 m. w. N.). Diesen Grundsatz hat der BGH 30.IV.1981 NJW 1981 S. 1952–1953 = VersR 1981 S. 948–950 in einem Fall zur Anwendung gebracht, in dem der Vmer neben dem Anwalt, den der Ver für die gemeinsame Vertretung von Vmer und Ver im Haftpflichtprozeß beauftragt hatte, einen eigenen Anwalt zu seiner zusätzlichen Vertretung beauftragt hatte. Der Fall war dabei durch die Besonderheit gekennzeichnet, daß dem Haftpflichtprozeß ein Deckungsprozeß vorangegangen war, in dem jener vom Ver beauftragte Anwalt diesen gegen den Vmer vertreten hatte. Das Gericht meinte, daß die Bestellung eines eigenen Anwalts unter diesen Umständen jedenfalls keine grob fahrlässige Obliegenheitsverletzung dargestellt habe. Dem Standpunkt des Vmers wurde damit zwar im angemessenen Rahmen entsprochen, es erscheint aber als sachgerecht, in einem derartigen Konfliktfall bereits den objektiven Tatbestand einer Obliegenheitsverletzung zu verneinen (für weitere Billigkeitseinschränkungen vgl. ergänzend Bd IV Anm. F 81).

Offengelassen worden ist vom BGH 30.IV.1981 a. a. O., ob eine solche zusätzliche Beauftragung eines Anwalts überhaupt einen Verstoß gegen § 7 II Nr. 5 AKB darstellt. Nach dem Wortlaut dieser Bestimmung hat der Vmer dem Ver die Führung des Rechtsstreits zu überlassen und dem vom Ver bestellten Anwalt Vollmacht zu erteilen. Bestellt der Vmer neben dem vom Ver beauftragten Anwalt einen eigenen Prozeßvertreter, ohne dem Vertrauensanwalt des Vers die Vertretung zu untersagen, so ist in der Tat der zweite Teil der Bedingungsbestimmung dem Wortlaut nach erfüllt. Es fragt sich nur, ob bei einer solchen Doppelbeauftragung noch die von § 7 II Nr. 5 AKB gemeinte Überlassung der Prozeßführung vorliegt. Das wird man zu verneinen haben; denn es entsteht letzten Endes durch eine solche Doppelvertretung eine zusätzliche Arbeit für alle Beteiligten, die im Regelfall nicht gerechtfertigt ist. Auch ist zu bedenken, daß der vom Ver beauftragte Anwalt in eine unschöne Situation gerät, wenn er neben der Vertretung des Vers die des Vmers beibehält, obwohl dieser ihm gegenüber durch die Beauftragung eines eigenen Anwalts ein Mißtrauen zum Ausdruck bringt. Wenn daher nicht besondere Billigkeitsgesichtspunkte vorliegen, wird man auch den hier erörterten Fall als Verletzung der Prozeßobliegenheit zu bewerten haben (zur Verletzungsfolge vgl. Anm. F 132 a. E.).

Einen Fall, in dem der Ver sich mit dem Anwalt des Dritten bereits über eine Abschlußzahlung und die Nichtführung des Rechtsstreits geeinigt hatte, behandelt LG Nürnberg-Fürth 30.VIII.1971 VersR 1973 S. 511–513. Da der Ver den Vmer ausdrücklich gebeten hatte, ihn bei einer etwaigen Terminanberaumung zu unterrichten, da eine außergerichtliche Erledigung beabsichtigt sei, ist zutreffend eine Leistungsfreiheit des Vers bezüglich der zusätzlich entstandenen Kosten angenommen worden.

Wie für alle anderen Obliegenheiten gilt auch für die, dem Ver die Prozeßführung zu überlassen, daß der Vmer dazu dann nicht verpflichtet ist, wenn der Ver dem Vmer den Vsschutz verweigert hat (vgl. dazu die Nachweise aus der BGH-Rechtsprechung in Anm. F 108). Das wird man allerdings dann nicht anzunehmen haben, wenn die Verweigerung des Vsschutzes sich auf einen im Verhältnis zur Haftpflichtforderung geringen Betrag von DM 1000,– (oder DM 5000,–) bezieht und wesentliche Interessen des Vmers durch die Prozeßführung des Vers nicht gefährdet werden können. Anders ist die Lage dann, wenn der Zentralpunkt der Haftung des Vmers gegenüber dem Dritten identisch ist mit der Frage der Berechtigung der teilweisen Vsschutzverweigerung (vgl. für einen solchen Fall ÖOGH 14.V.1981 VersR 1982 S. 788).

OLG Hamburg 16.IV.1985 r + s 1985 S. 103–104 hebt hervor, daß in § 7 II Nr. 4 AKB festgelegt ist, daß der Vmer gegen Mahnbescheide, Arreste und einstweilige Verfügungen die erforderlichen Rechtsbehelfe zu ergreifen hat, wenn eine Weisung des Vers nicht spätestens zwei Tage vor Fristablauf vorliegt, daß aber in dieser Bestimmung nichts darüber gesagt wird, daß gegen ein Versäumnisurteil Einspruch einzulegen ist. Das ist richtig. Ist jedoch vom Vmer verabsäumt worden, den Ver von der Einleitung eines Rechtsstreits zu unterrichten, so muß ihm Gelegenheit gegeben werden, Einspruch einzulegen und den Prozeß zu betreiben.

IV. 3. Rettungsobliegenheit **Anm. F 126**

Im vorliegenden Fall lag es aber so, daß der Ver dem Vten den Vsschutz verweigert hatte. Er durfte daher, sofern der Umfang der Ansprüche des Dritten dadurch nicht in „leichtfertiger" Weise festgelegt wurde, ein Versäumnisurteil gegen sich ergehen lassen (vgl. dazu Anm. F 147 und 154 m. w. N.).

Hinsichtlich eines Widerspruchs gegen einen Mahnbescheid ist zu bedenken, daß es dafür keinen Anwalts- und keinen Begründungszwang gibt. Beauftragt der Vmer von sich aus dennoch einen Anwalt damit, Widerspruch zu erheben, so braucht der Ver die dadurch entstehenden Kosten im Regelfall nicht zu tragen (vgl. AG Frankfurt a. M. 3.II.1972 VersR 1973 S. 516 und Anm. G 24).

In § 62 I 1, 2 ist auch des Falls gedacht, daß der Ver Weisungen zur Minderung des Schadens erteilt. In der Kfz-Haftpflichtv kommt es aber außerhalb der Prozeßobliegenheiten kaum vor, daß solche Weisungen erfolgen. Es wird zum generellen Umfang solcher Weisungen auf Möller Bd II Anm. 23–24 zu § 62 verwiesen; ferner auf Bd IV Anm. F 81.

[F 126] c) Beginn der Rettungslast

In § 62 I heißt es, daß der Vmer verpflichtet ist, bei dem Eintritt des Vsfalls nach Möglichkeit für die Abwendung und Minderung des Schadens zu sorgen und dabei die Weisungen des Vers zu befolgen. In § 7 I Nr. 2 S. 3 AKB steht dagegen nur, daß der Vmer verpflichtet ist, alles zu tun, was zur Minderung des Schadens dienlich sein könne, er habe hierbei die etwaigen Weisungen des Vers zu befolgen. Unwesentlich ist für diese Beurteilung des von § 62 I abweichenden Wortlauts, daß der Eintritt des Vsfalls in § 7 I Nr. 2 S. 3 AKB nicht erwähnt ist. Denn der Zusammenhang mit diesem Eintritt des Vsfalls ergibt sich aus § 7 I Nr. 2 S. 1, 2 AKB, wo von der Anzeige des Vsfalls die Rede ist. Bemerkenswert ist aber, daß die Abwendungsalternative des § 62 I nicht aufgeführt wird. Das mag damit zu erklären sein, daß die Bedingungsverfasser aus ihrer in der Alltagsarbeit gewonnenen Erfahrung erkannt hatten, daß die Abwendungsalternative in der Kfz-Haftpflichtv eigentlich kaum zum Tragen kommen könne. Damit stimmt die vom BGH 18.I.1965 BGHZ Bd 43 S. 91–94 (zur allgemeinen Haftpflichtv) vertretene These überein, daß bei der Haftpflichtv anders als bei der Aktivenv die Rettungslast nicht schon dann beginne, wenn der Eintritt des Vsfalls unmittelbar bevorstehe, sondern erst mit dem Eintritt des Vsfalls (vgl. zu diesem sehr streitigen Komplex Möller a. a. O. Anm. 27–32 zu § 62). Zur Begründung ist vom BGH insbesondere darauf abgestellt worden, daß bei einer Verletzung der Rettungsobliegenheit grobe Fahrlässigkeit zum Verlust des Vsschutzes führen könne, während doch § 152 zu entnehmen sei, daß der Vmer bei einer grobfahrlässigen Herbeiführung des Vsfalls Vsschutz genieße. Es handelte sich um einen Fall zur allgemeinen Haftpflichtv, in dem sich in einem den Vmern gehörenden Haus, das sie vermietet hatten, im Januar, Februar, Juni und Oktober 1958 Teile des Deckenputzes gelöst hatten. Für später im Juli, September und Dezember 1959, sowie im Januar und Februar 1960 eintretende Deckenabstürze verweigerte der betreffende Haftpflichtver den Vsschutz mit der Begründung, daß er nach den ersten Deckenabstürzen die Vmer schriftlich auf deren Verpflichtung hingewiesen habe, sich gegen weitere Schäden zu sichern. Eine gleichliegende Problematik ist für die Kfz-Haftpflichtv nur in Ausnahmefällen denkbar. Für solche Ausnahmefälle stellt sich die Frage, ob für den Beginn der Rettungslast in Übereinstimmung mit der zur Abgrenzung der zeitlichen Eintrittspflicht des Vers ergangenen Entscheidung BGH 4.XII.1980 BGHZ Bd 79 S. 76–89 (vgl. dazu Anm. G 41) nicht an den Eintritt des „realen Verletzungszustandes" (Schadenfolgeereignis), sondern vielmehr an den vom Vmer gesetzten oder von ihm zu vertretenden Haftungsgrund (Kausalereignis) anzu-

Anm. F 126 F. Obliegenheiten des Vmers in der Kraftfahrzeughaftpflichtv

knüpfen ist. Als gedanklicher Ausgangspunkt ist dabei zu beachten, daß es die für die Haftpflichtv geltende Besonderheit des „gedehnten"' Vsfalls ermöglicht, jeweils nach Sinn und Zweck jeder in Betracht kommenden Norm zu untersuchen, welche der denkbaren Anknüpfungspunkte (Kausalereignis, Schadenfolgeereignis, Anspruchserhebung oder gerichtliche Geltendmachung) für das jeweilige Haftpflichtvswerk maßgebend sind (vgl. dazu Bd IV Anm. B 9–31 m. w. N.). Dabei ist der Überlegung des BGH 18.I.1965 a. a. O., daß der Vsschutz in der Haftpflichtv, der sich nach § 152 auch auf grob fahrlässig herbeigeführte Schäden erstreckt, durch eine Vorverlegung der Rettungslast auf den Zeitpunkt des Kausalereignisses wesentlich eingeschränkt werden würde, als überzeugendem Argument zu folgen. Demgemäß ist in der Kraftfahrzeughaftpflichtv für den Beginn der Rettungslast, wie auch für den der anderen nach Eintritt des Vsfalls zu erfüllenden Obliegenheiten, auf den Eintritt des Schadenfolgeereignisses abzustellen. Es ist daher von jenen Grundsätzen des BGH 18.I.1965 a. a. O. auszugehen. Für einen Ausnahmefall, bei dem ebenfalls ein deutlicher Unterschied zwischen dem vom Vmer gesetzten Haftungsgrund und dem realen Verletzungszustand gesehen werden kann, vgl. LG Mönchengladbach 23.V.1967 VersR 1968 S. 389. In jenem Fall war ein Lkw auf einer Bundesstraße verunglückt. Die Ladung des Lkw, die aus Flaschen bestand, stürzte auf die Straße. Der Vmer ließ die Scherben von der Straße wegräumen und verlangte den Ersatz der dadurch entstandenen Kosten gemäß §§ 62, 63 vom Ver. Das LG Mönchengladbach a. a. O. verneinte eine Anspruchsgrundlage aus §§ 62, 63. Möller Bd II Anm. 32 zu § 62 läßt offen, ob er einen solchen Fall dem Rettungskostenbereich zuordnet oder nicht. Indessen bedarf es im Grunde genommen nicht der Betrachtung des Vorgangs im Hinblick auf weitere Schadenfälle, die durch diesen regelwidrigen Zustand der Straße entstehen können. Vielmehr ist bereits der durch den „Glasbelag" geschaffene regelwidrige Zustand der Straße als ein Sachschaden anzusehen (vgl. Bd IV Anm. G 72), ebenso wie die Verseuchung der Landstraße durch aus dem Fahrzeug auslaufende gewässerschädliche Flüssigkeiten (vgl. Anm. G 50–51; dazu auch insbesondere OLG Oldenburg 8.XI.1989 MDR 1990 S. 446 = VersR 1990 S. 516, das allerdings den Ersatz für Sondermülldeponiekosten bezüglich gefährlicher Chemikalien, die nach einem Brand eines Lkw auf die Straßen gelaufen sind, dem Rettungskostenbereich zuordnet).

Nur eine Verletzung der Aufklärungslast, nicht aber auch eine der Rettungslast, ist gegeben, wenn der Vmer flieht, der Dritte aber schon tot ist, so daß ihm keine Hilfe mehr zuteil werden konnte (OLG Düsseldorf 8.X.1974 MDR 1975 S. 494 = VersR 1975 S. 462–463). Daß Dritte durch den am Boden liegenden Verletzten zu Schaden kommen können, stellt aus dieser Sicht der Dinge nur die Möglichkeit der grob fahrlässigen Herbeiführung eines weiteren Vsfalles dar (so OLG Düsseldorf 8.X.1974 a. a. O.). Erleidet ein Dritter dann durch das Überfahren der Leiche Schaden, so liegt bezüglich dieses neuen Schadenfalles weder eine Verletzung der Rettungslast noch eine solche der Aufklärungsobliegenheit vor (anders AG Kassel 27.III.1987 MDR 1987 S. 850 = ZfS 1987 S. 373 für einen Fall, in dem der Vmer geflohen war und ein Vierter gegen das unbeleuchtet auf der Fahrbahn zurückgelassene Fahrzeug gefahren war, dazu Anm. F 115). Anders ist der Fall zu beurteilen, daß der Vmer den Brand des Fahrzeuges des Dritten durch einen Zusammenstoß verschuldet hat. Hier liegt bezüglich der eingeschlossenen Insassen bereits der Vsfall im Sinne des § 62 vor, so daß der Vmer retten muß, soweit ihm das zumutbar ist (vgl. dazu für einen AHB-Fall BGH 12.VII.1972 VersR 1972 S. 1039–1040 = MDR 1973 S. 38 [gek.] und Anm. G 125).

Bedeutsam kann das Problem des Beginns der Rettungspflicht in der Haftpflichtv insbesondere in den seltenen Fällen sogenannter „Selbstaufopferung" des Kraftfah-

IV. 3. Rettungsobliegenheit   Anm. F 127

rers sein. Darauf weist Möller a. a. O. in Anm. 31 zu § 62 hin. Helm VersR 1968 S. 320–321 will einem Kraftfahrer, der zur Seite fährt, um einen dritten Verkehrsteilnehmer nicht zu überfahren und dabei selbst Schaden erleidet, einen Anspruch aus §§ 62, 63 gegen den eigenen Haftpflichtv zubilligen. Dem kann jedoch nicht beigepflichtet werden. Bis zum Eintritt des Schadenereignisses im Sinne eines realen Verletzungszustandes besteht in der Kfz-Haftpflichtv keine Rettungslast des Vmers. Ihm steht daher entgegen Helm a. a. O. auch kein Anspruch auf Rettungskostenersatz zu, wenn er vor Eintritt dieses Zeitpunkts eine Aufopferungshandlung unternommen hat. Eine andere Frage ist es, ob der Vmer einen Schadenersatzanspruch gegen den geretteten Dritten haben könnte (vgl. dazu Helm a. a. O. und die Nachweise in BGH 30.X.1984 BGHZ Bd 92 S. 357–363 [S. 362]) und ob dessen Haftpflichtv dafür einzutreten hätte (dazu Anm. G 46 m. w. N.).

Zu überlegen ist allerdings, ob die Verneinung eines Rettungskostenersatzanspruchs auch dann zutreffend ist, wenn der Vmer sein Fahrzeug zur Seite reißt, weil er mit unbrauchbaren Bremsen gefahren ist. Dann klafft im Sinne von BGH 4.XII.1980 a. a. O. zwischen dem vorgegebenen Verantwortungsgrund und dem realen Schadenseintritt unter Umständen eine durchaus beachtliche Zeitdifferenz. Dessenungeachtet wird man aber in solchen Fällen wie auch in denen, in denen der Vmer ein Fahrzeug führt, obwohl er weiß, daß er alkoholbedingt fahrunfähig ist, von einem einheitlichen Beginn der Rettungslast in der Kfz-Haftpflichtv mit dem Eintritt des realen Verletzungszustandes auszugehen haben.

[F 127] d) Kenntnis vom Eintritt des Versicherungsfalls

Nach h. M. begeht der Vmer auch dann eine Verletzung der Aufklärungs- und Rettungslast, wenn er in Unkenntnis vom Eintritt des Vsfalls die gebotenen Rettungsmaßnahmen unterläßt (BGH 6.VI.1966 VersR 1966 S. 746, 30.IV.1969 BGHZ Bd 52 S. 88–89; ebenso Bauer Kraftfahrtv[2] S. 92, Anm. 384, Pilger Unfallflucht S. 8, Prölss–Martin–Knappmann[25] Anm. 2 C zu § 7 AKB, S. 1441–1442 m. w. N., Sieg Allgemeines Vsvertragsrecht, Wiesbaden 1984, S. 138; a. M. OLG Düsseldorf 1.VIII.1967 NJW 1968 S. 252–254 = VersR 1967 S. 1038 mit ablehnender Anm. v. Hj. Wussow VersR 1968 S. 83, OLG Nürnberg 25.VIII.1967 VersR 1968 S. 339–340, OLG Düsseldorf 9.I.1968 NJW 1968 S. 1433–1434 = VersR 1968 S. 565–566, Dinslage NJW 1968 S. 1756–1759; vgl. für diese Auffassung auch Bd IV Anm. F 64 [dort ist die vom BGH 30.IV.1969 a. a. O. vorgenommene Überwälzung der Beweislast für die Kenntnis des Vmers auf den Ver irrig der Auffassung gleichgesetzt worden, daß die Aufklärungs- und Rettungslast auch nach dieser Entscheidung erst mit der Kenntnis des Vmers begrifflich entstehe]). Möller Bd II Anm. 35 zu § 62 bemerkt, daß die Erfüllung der Rettungsobliegenheit nur angängig sei, wenn der Vmer um den Eintritt des Vsfalls wisse. Das könnte so zu verstehen sein, daß auch nach Möller der Vmer nur dann den Tatbestand einer Obliegenheitsverletzung begeht, wenn er von dem Eintritt des Vsfalls Kenntnis hat. Gegen diese Überlegung spricht aber, daß in den darauf folgenden Ausführungen von Möller a. a. O. die davon abweichende Auffassung des BGH a. a. O. ohne entsprechenden Vorbehalt dargestellt wird. Für diese Auffassung des BGH spricht, daß die Kenntnis des Vmers vom Eintritt des Vsfalles nicht ausdrücklich als Voraussetzung für die Einhaltung der Bestimmungen über die Rettungsobliegenheit in § 62 genannt wird. Demgemäß sind nach einer Wortinterpretation der genannten Bestimmung beide Auffassungen möglich. Der Wortlaut des Gesetzes spricht sogar eher für die vom BGH a. a. O. vertretene Auffassung. Der Unterschied zwischen den beiden Auffassungen kann zu gravierenden beweisrechtlichen Unterschieden

Anm. F 128 F. Obliegenheiten des Vmers in der Kraftfahrzeughaftpflichtv

führen. Folgt man nämlich der vom BGH vertretenen Auffassung, so muß bei der üblichen Ausgestaltung der Beweislastregelung im Vsrecht der Vmer, nachdem der Ver den objektiven Tatbestand der Obliegenheitsverletzung bewiesen hat, nachweisen, daß er nicht vorsätzlich gehandelt habe. Er muß also auch nachweisen, daß er keine Kenntnis vom Eintritt des Vsfalles gehabt habe. Gelingt ihm dieser Nachweis nicht, so kann er bei einer solchen Ausgestaltung der Beweislast den Vsschutz aufgrund einer nur vermuteten vorsätzlichen Schädigung verlieren. Das hielt der BGH 30.IV.1969 a. a. O. für untragbar und hat deshalb jene Beweislastregelung in § 7 V AKB a. F. in einem Fall der gleichzeitigen Verletzung der Aufklärungs- und Rettungslast für unwirksam erklärt. Er hat verlangt, daß der Haftpflichtver beweisen müsse, daß der Vmer Kenntnis von dem eingetretenen Vsfall habe. Seinen Ausführungen ist aber dabei zugrunde gelegt worden, daß an sich die Kenntnis vom Eintritt des Vsfalls nicht mit zum Tatbestand der Rettungsobliegenheit gehöre. Die Ver haben aus dieser Entscheidung des BGH die Konsequenzen insofern gezogen, als sie nunmehr in § 7 V Nr. 1 AKB eine Fassung gewählt haben, nach der der Ver den Vorsatz des Vmers (oder dessen grobe Fahrlässigkeit) zu beweisen habe (vgl. Anm. F 101). Der Unterschied zu der Auffassung, daß die Obliegenheit erst mit Kenntnis des Vsfalles ausgelöst wird, liegt darin, daß bei Fehlen der Kenntnis des Vmers vom Eintritt des Vsfalls überhaupt der Tatbestand der Obliegenheitsverletzung nicht gegeben ist, während nach der vom BGH a. a. O. vertretenen Auffassung für den Fall, daß eine Kenntnis nicht bewiesen ist, grobe Fahrlässigkeit in der Verschuldensvariante gegeben sein könnte mit der Folge, daß der Ver im Umfang der Vergrößerung des Schadens leistungsfrei wird (vgl. dazu Anm. F 130). Durch die im Anschluß an die zitierte BGH-Entscheidung für die Kfz-Haftpflichtv geänderte Beweislastregelung ist dieses Problem gewiß nicht mehr so bedeutsam. Für die seltenen Fälle, in denen der Auffassungsunterschied doch noch entscheidungserheblich werden könnte, ist darauf hinzuweisen, daß der Vmer nach § 33 zur Anzeige des Vsfalls nur verpflichtet ist, wenn er von dem Eintritt dieses Vsfalls Kenntnis erlangt hat. Ein Vmer, der grob fahrlässig keine Kenntnis erlangt hat, verletzt die Anzeigelast nicht (vgl. die Nachweise in Anm. F 91). Das ist von der Rechtsprechung des BGH anerkannt (vgl. BGH 3.XI.1966 VA 1967 S. 81–82 Nr. 445 = VersR 1967 S. 776–779). Wenn man aber die Anzeigelast nicht ohne Kenntnis des Vmers vom Eintritt des Vsfalls als gegeben ansieht, so ist es konsequent, die ihrer Entstehung nach in den gleichen Zeitraum fallenden Aufklärungs- und Rettungsobliegenheiten damit übereinstimmend zu behandeln. Es bietet sich demgemäß eine Interpretation an, daß die gleichen Voraussetzungen gegeben sein müssen wie auch bei der Anzeigeobliegenheit, d. h., daß auch insoweit eine Kenntnis des Vmers Voraussetzung für die Verletzung des Tatbestandes der Rettungsobliegenheit in objektiver Beziehung gegeben sein muß.

Dabei ist es nicht erforderlich, daß der Vmer von dem eingetretenen Schaden in Einzelheiten Kenntnis hat. Es genügt vielmehr sein Wissen darum, daß es zu einem Verkehrsunfall gekommen ist. Entzieht sich der Vmer dieser Kenntnis, indem er vom Unfallort fortfährt, so kann er sich darauf dann nicht berufen, wenn er trotz deutlich vernommenen Anstoßes mit einem Fremdkörper gar nicht erst den Versuch macht, irgendwelche Kenntnis zu erlangen (vgl. dazu BGH 6.VI.1966 VersR 1966 S. 746 und Bd IV Anm. F 64 m. w. N.).

[F 128] e) Verletzungsfolgen

    aa) Grundsätzliches

In § 62 II 1 ist bestimmt, daß der Ver bei einer vorsätzlichen oder grob fahrlässigen Verletzung der Rettungsobliegenheit leistungsfrei wird. Bei grob fahrlässigem Han-

IV. 3. Rettungsobliegenheit   Anm. F 129

deln bleibt der Ver jedoch gemäß § 62 II 2 insoweit zur Leistung verpflichtet, als der
Umfang des Schadens auch bei gehöriger Erfüllung der Obliegenheit nicht geringer
gewesen wäre. § 62 II stellt damit den Ausnahmefall dar, daß eine nach Eintritt des
Vsfalls zu erfüllende Obliegenheit mit einer gesetzlichen Sanktion verknüpft ist.
Das findet man sonst nur bei gesetzlich vorgeschriebenen Obliegenheiten, die vor
Eintritt des Vsfalls zu erfüllen sind (vgl. z. B. §§ 16–22, 23–29 a). Diese Aussage
ist allerdings insofern zu relativieren, als nach wohl herrschender Meinung die
Formulierung in § 62 I, daß der Vmer bei dem Eintritt des Vsfalls nach Möglichkeit
für die Abwendung und Minderung des Schadens zu sorgen habe, bedeutet, daß diese
Rettungslast schon beginne, wenn der Eintritt des Vsfalls unmittelbar bevorstehe (vgl.
dazu Möller Bd II Anm. 29–30 zu § 62 m. w. N.). Insofern stellt § 62 I den seltenen
Ausnahmefall einer Obliegenheit dar, die den Vmer sowohl vor als auch nach Eintritt
des Vsfalls trifft. Das gilt aber nach allerdings auch nicht unbestrittener Auffassung
nicht für die Haftpflichtv (streitig, vgl. dazu Möller a. a. O. Anm. 31–32 zu § 62
m. w. N. und Anm. F 126). Angesichts der gesetzlich für die Rettungsobliegenheit
zu Lasten des Vmers vorgesehenen Sanktion der Leistungsfreiheit des Vers für
vorsätzliche und — im Rahmen des Kausalitätsprinzips — auch für grob fahrlässige
Verstöße läßt sich eine Regelung im Vsvertrag, die lediglich den Gesetzeswortlaut
wiederholt, gewiß nicht als anstößig im Sinne der AGB-Prinzipien einordnen. Denn
dessen Ziel ist es im Prinzip doch gerade, dem dispositiven Gesetzesrecht Geltung
zu verschaffen. Von diesem methodischen Ausgangspunkt aus bestand gewiß keine
Veranlassung, den Vmer günstiger als in § 62 II zu stellen. Daß die Ver das durch
die in § 7 V Nr. 2 AKB vorgesehene Regelung der gestuften Leistungsfreiheit dennoch, wie für alle nach Eintritt des Vsfalls zu erfüllenden Obliegenheiten, auch für
die Rettungslast getan haben, ist aus dieser Sicht der Dinge nicht zu verstehen,
wenngleich es den Vern natürlich freisteht, den Vmer besser als nach der gesetzlichen
Regelung zu stellen. Der Grund dürfte letzten Endes der gewesen sein, daß vor der
Änderung des § 7 V AKB die Leistungsfreiheit des Vers wegen Verletzung einer nach
Eintritt des Vsfalls zu erfüllenden Obliegenheit durchweg Fälle der Aufklärungs-
und nicht der Rettungslast betraf.

[F 129] bb) Vorsatz

Zum Begriff des Vorsatzes auch hier Möller Bd II Anm. 36 zu § 62, ferner Anm.
F 27 und 118 sowie Bd IV Anm. F 82 m. w. N. Wie in Anm. F 127 erwähnt, rechnet
der BGH 30.IV.1969 BGHZ Bd 52 S. 89 und mit ihm die wohl h. A. (vgl. die
Nachweise bei Möller Bd II Anm. 35 zu § 62) das Wissen des Vmers um den Eintritt
des Vsfalls zur Schuldseite. Demgegenüber wird in Anm. F 127 die Auffassung
vertreten, daß für das Auslösen der Rettungslast positive Kenntnis des Vmers vom
Eintritt des Vsfalls erforderlich sei; fehle sie, so liege schon der „objektive" Tatbestand
einer Obliegenheitsverletzung nicht vor. Folgt man dieser von der h. M. abweichenden Auffassung nicht, so ist das Vorhandensein der Kenntnis vom Eintritt des Vsfalls
ein wesentlich prägendes Merkmal des vorsätzlichen Schuldvorwurfs. Der vom BGH
30.IV.1969 a. a. O. empfundenen Unbilligkeit der Regelung ist dadurch Rechnung
getragen worden, daß die Ver nach der Neuregelung des Bedingungsrechts gemäß
§ 7 V Nr. 1 AKB als Voraussetzung für ihre Leistungsfreiheit vorsätzliches oder grob
fahrlässiges Handeln des Vmers beweisen müssen (vgl. dazu Anm. F 101 und 122).
Das solchergestalt zu fordernde Wissen des Vmers vom Eintritt eines Vsfalls ist aber
keineswegs in dem Sinne zu verstehen, daß er alle Einzelheiten des sich aus einem
Zusammenstoß ergebenden Geschehens kennen müsse. Vielmehr genügt es im Regelfall, daß er den Zusammenstoß bemerkt hat. Wenn er dann davonfährt, um sich

Anm. F 131 F. Obliegenheiten des Vmers in der Kraftfahrzeughaftpflichtv

der Kenntnis der Einzelheiten zu entziehen, so ist im Sinne des Obliegenheitsrechts regelmäßig von einem vorsätzlichen Handeln des Vmers auszugehen (vgl. dazu BGH 6.VI.1966 VersR 1966 S. 746 und Möller Bd II Anm. 35 zu § 62; ferner Bd IV Anm. F 69–71 und F 83 m. w. N.).

[F 130] cc) Grobe Fahrlässigkeit und Haftung für Drittverschulden

Vgl. zum Rechtsbegriff der groben Fahrlässigkeit Möller Bd II Anm. 37 zu § 62 m. w. N., ferner Anm. F 98 und 119 sowie Bd IV Anm. F 84. Fälle grob fahrlässiger Verletzung der Rettungslast sind sehr selten. Weiß der Vmer nichts vom Eintritt des Vsfalls, so ergibt sich aus der Zuordnung dieser Kenntnisfrage zum Verschulden gemäß BGH 30.IV.1969 BGHZ Bd 52 S. 88–89 unter Umständen dennoch eine Leistungsfreiheit des Vers. Diese tritt nach dieser Betrachtungsweise nämlich dann ein, wenn jene Unkenntnis des Vmers auf grobe Fahrlässigkeit zurückzuführen ist (Möller Bd II Anm. 35 zu § 62). Anders wäre der Fall nur dann zu beurteilen, wenn der in Anm. F 127 vertretenen Meinung gefolgt werden würde, daß entgegen BGH 30.IV.1969 a. a. O. eine Rettungslast des Vmers nur bei Kenntnis vom Eintritt des Vsfalles entstehe.

Weiß der Dritte nicht, daß es ihm obliegt, den Rechtsstreit durch einen vom Ver beauftragten Rechtsanwalt führen zu lassen, so ist diese Unkenntnis des Bedingungsrechts regelmäßig als grob fahrlässig zu bewerten (LG Köln 5.II.1986 VersR 1986 S. 859 [nur L. S.]; vgl. ferner Möller Bd I Anm. 33 zu § 6 m. w. N.). Das gilt allerdings dann nicht, wenn er von seinem Anwalt dahin beraten worden ist, daß er einem entsprechenden Verlangen des Vers nicht Folge zu leisten brauche. Dann berät ihn zwar der Anwalt fehlerhaft; da dieser aber regelmäßig nicht als Repräsentant des Vmers tätig wird, braucht der auf den Rat des Anwalts vertrauende Vmer das Verschulden dieses Anwalts nicht anrechnen zu lassen (vgl. BGH 8.I.1981 VA 1981 S. 165–167 Nr. 735 = VersR 1981 S. 321–322 m. w. N. und Anm. F 99). Versäumt ein vom Vmer ohne grobe Fahrlässigkeit beauftragter Anwalt die Berufungsfrist, so ist er ebenfalls nicht als Repräsentant des Vmers anzusehen, so daß dieser sich dieses Verschulden nicht anrechnen zu lassen braucht (so BGH 30.IV.1981 NJW 1981 S. 1952–1953 = VersR 1981 S. 948–950 für einen Fall, in dem der Vmer wegen vorangegangener unberechtigter Deckungsablehnung durch den Ver nach Treu und Glauben zur Bestellung eines eigenen Anwalts als berechtigt angesehen wurde; vgl. dazu Anm. F 125).

[F 131] dd) Kausalität

Während bei vorsätzlicher Verletzung der Rettungslast nach § 62 II Leistungsfreiheit ohne Rücksicht darauf eintritt, ob sich das Verhalten des Vmers kausal auf Grund und Höhe des Schadens ausgewirkt hat, wird der Ver bei grob fahrlässigem Verhalten des Vmers nach der genannten Gesetzesbestimmung nur im Umfang des durch das Verhalten des Vmers entstandenen Mehrschadens leistungsfrei. Zu beachten ist, daß diese in § 7 V Nr. 1 S. 2 AKB wiederholte Regelung der Leistungsfreiheit im Umfang des grob fahrlässig entstandenen Mehrschadens in § 7 V Nr. 3 S. 1 und 2 AKB auch auf die dort aufgeführten Vorsatzfälle erstreckt worden ist.

Dafür, wie der Mehrschaden im Sinne des § 62 II abzugrenzen ist, wird auf Anm. F 100 m. w. N. verwiesen.

Zu beachten ist, daß es Aufgabe des Vmers ist, den Beweis zu führen, daß die pflichtwidrig unterlassenen Maßnahmen zur Abwendung und Minderung des Schadens keinen Erfolg gehabt hätten (BGH 12.VII.1972 VersR 1972 S. 1039–1040 = MDR 1973 S. 38 [gek.]). Zur Beweislast vgl. im übrigen Anm. F 122 und 135.

IV. 3. Rettungsobliegenheit   Anm. F 132

[F 132] ee) **Summenmäßige Begrenzung der Leistungsfreiheit auf DM 1000,— oder DM 5000,—**

Nach § 7 V Nr. 2 S. 1 AKB wird der Ver grundsätzlich im Falle einer nach Eintritt des Vsfalls zu erfüllenden Obliegenheit nur in Höhe von DM 1000,— leistungsfrei. Doch erweitert sich diese Leistungsfreiheit nach § 7 V Nr. 2 S. 2 AKB auf DM 5000,—, sofern eine vorsätzlich begangene Verletzung der Aufklärungs- oder Schadenminderungspflicht (z. B. bei unerlaubtem Entfernen vom Unfallort, unterlassener Hilfeleistung, Abgabe wahrheitswidriger Angaben gegenüber dem Ver) **besonders schwerwiegend** ist. Zur Abgrenzung dieser einfachen vorsätzlichen Obliegenheitsverletzungen von den besonders schwerwiegenden sei generell auf die Erörterungen zur Aufklärungslast in Anm. F 115 verwiesen. Aus der speziellen Sicht der Rettungslast ist regelmäßig ein besonders schwerwiegender Verstoß anzunehmen, wenn der Vmer sich nach einem Unglücksfall nicht um eine bei einem Unfall verletzte Person kümmert, sondern davonfährt und den Verletzten in hilfsloser Lage zurückläßt (vom BGH 21.IV.1982 BGHZ Bd 84 S. 88—89 gebildeter Beispielsfall). Hatte der Dritte nur eine Bagatellverletzung erlitten, so kann nicht davon gesprochen werden, daß im Sinne der Abgrenzung nach § 7 V Nr. 2 S. 2 AKB etwas besonders Schwerwiegendes zu beurteilen sei. Es verbleibt dann bei der Leistungsfreiheit in Höhe von DM 1000,—. Das gilt auch dann, wenn der Vmer sich eine schwerere Verletzung des Dritten vorgestellt und dennoch ohne die nach seiner subjektiven Vorstellung erforderliche Hilfeleistung davongefahren war. Im übrigen liegt in den Fällen unterlassener Hilfeleistung, in denen der Vmer den Unfallort verläßt, zumeist sowohl eine Verletzung der Rettungs- wie auch der Aufklärungslast vor. Denkbar ist es, daß ein Vmer zwar an Ort und Stelle bleibt, aber dem Verletzten nicht hilft, obwohl ihm, dem Vmer, das nach seinen Fähigkeiten ohne weiteres möglich wäre. Dabei handelt es sich aber nur um einen theoretisch gebildeten Fall. Nach den veröffentlichten Entscheidungen war bisher ein solches Verhalten eines Vmers noch nicht Gegenstand eines Deckungsprozesses.

Unter dem Oberbegriff der Rettungslast sind in Anm. F 125 auch die sogenannten Prozeßobliegenheiten aufgeführt worden. Das ist deshalb erfolgt, weil sie der Rettungslast gedanklich sehr verwandt sind und insofern als spezielle Ausformungen des in § 62 I zum Ausdruck kommenden Grundgedankens angesehen werden können. Zu beachten ist aber, daß dieser Schluß nicht zwingend ist. Denn eine Haftpflichtv ist gedanklich ohne weiteres auch in der Gestalt denkbar, daß nicht der Ver, sondern der Vmer Herr des Haftpflichtprozesses ist. Außerdem besteht die Obliegenheit, dem Ver die Prozeßführung zu überlassen, auch dann, wenn die Ansprüche des Dritten begründet sind. Abgesehen davon, darf aber daraus, daß speziell nur die Schadenminderungslast erwähnt wird, nicht aber die sog. Prozeßobliegenheiten, nicht geschlossen werden, daß in jenen Fällen eines Verstoßes gegen § 7 II Nr. 4 und vor allem Nr. 5 AKB grundsätzlich nur die auf DM 1000,— beschränkte Leistungsfreiheit nach § 7 V Nr. 2 S. 1 AKB eintreten kann. Vielmehr ergeben Sinn und Zweck der Regelung unter besonderer Berücksichtigung des Umstandes, daß die genannten Prozeßobliegenheiten traditionell als Unterformen der Rettungslast eingeordnet werden, daß auch ein Verstoß gegen die sich aus § 7 II Nr. 4 und 5 AKB ergebenden Lasten als ein besonders schwerwiegender im Sinne des § 7 V Nr. 2 S. 2 AKB eingeordnet werden kann (ebenso OLG Karlsruhe 4.III.1982 VersR 1983 S. 649—650 = ZfS 1983 S. 277; in jenem Fall ging es aber im Grunde genommen nicht um die Verletzung der Schadenminderungslast, sondern um einen Verstoß gegen das Anerkenntnis- und Befriedigungsverbot; dafür, daß nach bestrittener Auffassung für jene Obliegenheit die Erhöhungsmöglichkeit auf DM 5000,— nicht gegeben ist, vgl. Anm. F 146 m. w. N.).

Einen Fall besonderer Art behandelt OLG Düsseldorf 25.XI.1958 VersR 1959 S. 381–382 = MDR 1959 S. 219 (gek.). In jenem AHB-Fall waren Vmer und Vter auf Schadenersatz verklagt worden. Der Ver erhob für beide die Einrede der Verjährung, der Vte erklärte darauf im Haftpflichtprozeß, daß er damit nicht einverstanden sei. Er wurde verurteilt, die Klage gegen den Vmer wegen Verjährung abgewiesen. Der Vte unterlag im Vsschutzprozeß, da er vorsätzlich gegen die Obliegenheit verstoßen hatte, dem Ver die Prozeßführung zu überlassen (dazu Bd IV Anm. F 81, S. 245). Zu beachten ist, daß die nämliche Situation außerprozessual entstehen kann. **Verzichtet der Vmer** hier ohne Anerkennung der Haftpflichtforderung auf die **Einrede der Verjährung**, so ist sein Verhalten, sofern die Verjährung noch nicht eingetreten war, im Sinne des Obliegenheitsrechts regelmäßig **ohne Bedeutung**. War dagegen die **Verjährung schon eingetreten**, so ist das Verhalten des Vmers als **Verstoß** gegen die **Rettungslast** einzuordnen.

In der Praxis häufen sich die Fälle, in denen **die Vmer den Vern nicht mehr die Prozeßführung überlassen**. Es kommt dann häufig zu der Situation, daß der Ver von einem Anwalt seines Vertrauens vertreten wird und der Vmer von einem solchen, den er ausgewählt hat. Nicht selten beruht das darauf, daß der Vmer diese Zusammenhänge nicht durchschaut und von seinem Anwalt über die Folgen einer solchen Obliegenheitsverletzung nicht aufgeklärt wird. Handelt der Vmer hier grob fahrlässig (vgl. dazu Anm. F 130), so hat dieses Verhalten nach § 7 V Nr. 2 S. 1 AKB jedenfalls zur Folge, daß die dem Vmer entstehenden Anwaltskosten in Höhe von DM 1000,– vom Ver nicht zu übernehmen sind. – Für einen Sonderfall, in dem der Ver dem Dritten zugesagt hatte, daß seine Forderung nebst Anwaltskosten befriedigt werde und die Klage deshalb bedenkenlos zurückgenommen werden könne, vgl. AG Bremen 15.V.1990 ZfS 1991 S. 242; der vom Vmer selbständig beauftragte Anwalt stellte den Antrag, dem Dritten die Kosten des Rechtsstreits aufzuerlegen; diese Entscheidung erging und die Kosten des Anwalts des Vmers wurden zwangsweise beigetrieben, der Ver ersetzte diese Kosten insgesamt dem Dritten und verlangte sie erfolgreich von dem Vmer mit Rücksicht auf die von diesem begangene Obliegenheitsverletzung zurück (dafür, daß bei entsprechendem Hinweis auf die Zusage des Vers, keinen Kostengegenantrag zu stellen, kein Kostentragungsbeschluß hätte ergehen dürfen, vgl. Anm. G 20 m. w. N.). –

Es fragt sich, ob der Obliegenheitsregelung abschließende Bedeutung in dem Sinne zu entnehmen ist, daß aus ihr folgt, daß dem Vmer in jedem Fall die über DM 1000,– hinausgehenden Kosten (oder bei besonders schwerwiegenden Verstößen die über DM 5000,–) zu ersetzen sind. Das ist zu **verneinen**. Diese zusätzlichen Kosten können erheblich sein. Man denke an einen Prozeß mit einem angenommenen Streitwert von DM 3 000 000,–, in dem in drei Instanzen unschwer zusätzliche Kosten in Höhe von DM 100 000,– entstehen können. Eine abwägende Betrachtung darf nicht außer acht lassen, daß zusätzlich zur Obliegenheitsregelung der **Grundsatz** gilt, daß die gerichtlichen und außergerichtlichen Kosten, die durch die Verteidigung gegen den von einem Dritten geltend gemachten Anspruch entstehen, nur insoweit vom Haftpflichtver zu ersetzen sind, als die **Aufwendung der Kosten den Umständen nach geboten war**. Dazu gehören aber nicht die Kosten, die durch eine Doppelvertretung von Ver und Vmer im Prozeß entstehen. Etwas anderes gilt nur dann, wenn sich unterschiedliche Interessenlagen zwischen dem Ver und dem Vmer ergeben, die es nach objektiven Kriterien für den Vmer als unzumutbar erscheinen lassen, sich von demselben Anwalt wie der Ver vertreten zu lassen. Gedacht sei z. B. daran, daß der Ver zu Unrecht den Vsschutz wegen angeblich vorsätzlicher Herbeiführung des Schadenfalls durch den Vmer verweigert und im Prozeß bei seiner Inanspruchnahme entsprechend vorträgt. In einem solchen Fall,

IV. 3. Rettungsobliegenheit Anm. F 134

in dem der Vmer sich gegen einen aus seiner Sicht der Dinge unberechtigten Vorwurf verteidigen will, muß er einen eigenen Anwalt einschalten.

Aus dem Gesagten ergibt sich, daß in den gewöhnlichen Doppelvertretungsfällen, in denen kein Interessenwiderstreit zwischen dem Ver und dem Vmer gegeben ist, der den Vmer ausnahmsweise dazu berechtigt, für einen eigenen Anwalt zu sorgen, nicht nur die Grenze von DM 1000,− (oder von DM 5000,−) zu beachten ist, sondern auch die Grundvorschrift des § 150 I, nach der der Ver nur hinsichtlich solcher Kosten im Risiko ist, die den Umständen nach geboten waren. Sofern der Vmer den Ver überhaupt nicht über den Prozeß unterrichtet und dieser Rechtsstreit sich nur gegen den Vmer richtet, greift dieses Argument gewiß nicht ein, es sei denn, daß der Ver darlegt, daß er den Prozeß überhaupt nicht geführt hätte. Kommt diese Ausnahme nicht zum Tragen, hätte also auch der Ver den Prozeß geführt, wenn auch mit einem Anwalt seines Vertrauens, dann wird der Anspruch auf Ersatz der Anwaltskosten nur um den aufgeführten Betrag von DM 1000,− (oder in besonders schwerwiegenden Verstoßfällen bis zu DM 5000,−) gekürzt. Etwas anderes gilt nur dann, wenn eine fehlerhafte Gerichtsentscheidung durch diese eigenmächtige Handlung des Vmers im Sinne des § 7 V Nr. 3 S. 2 AKB herbeigeführt wird.

Zum Kostenersatz vgl. ergänzend Anm. G 24.

[F 133] ff) Betrugsfälle

Zur Auslegung der Bestimmung in § 7 V Nr. 3 S. 1 AKB vgl. Anm. F 116.

[F 134] gg) Schadenvergrößerung durch rechtskräftige Fehlentscheidungen

Eine zusätzliche Erweiterung der Leistungsfreiheit des Vers findet sich in § 7 V Nr. 3 S. 2 AKB. Diese Bestimmung besagt, daß der Ver abweichend von § 7 V Nr. 2 AKB unbeschränkt hinsichtlich eines erlangten Mehrbetrages leistungsfrei ist, wenn eine der in § 7 II AKB aufgeführten Obliegenheiten vorsätzlich oder grob fahrlässig verletzt worden ist und dadurch eine gerichtliche Entscheidung rechtskräftig geworden ist, die offenbar über den Umfang der nach Sach- und Rechtslage geschuldeten Haftpflichtentschädigung erheblich hinausgeht. Hinter dieser nicht einfach zu interpretierenden Formulierung, deren Auslegung dadurch erschwert wird, daß die Regelung in § 7 V Nr. 3 S. 1 AKB bezüglich der sogenannten Betrugsfälle zum Anknüpfungspunkt genommen wird (vgl. dazu Anm. F 116), verbergen sich drei unterschiedliche Tatbestände von Obliegenheitsverletzungen. Zunächst kommt in Betracht die Verletzung des Anerkenntnisverbots nach § 7 II Nr. 1 AKB. Für die sich in diesem Zusammenhang ergebenden Probleme vgl. Anm. F 147. Aus der Sicht der Rettungsobliegenheiten im weiteren Sinne sind in diesem Zusammenhang bedeutsam die Verletzung der Obliegenheit nach § 7 II Nr. 4 und die nach § 7 II Nr. 5 AKB. In beiden Fällen wird konkurrierend auch zumeist eine Verletzung einer der in § 7 II Nr. 2 u. 3 AKB aufgeführten Anzeigelasten gegeben sein. Die Verletzung dieser Anzeigelasten führt aber für sich allein noch nicht zu Fehlentscheidungen, durch die rechtskräftig zu hohe Ansprüche zugesprochen werden. Vielmehr muß dazukommen, daß der Vmer es z. B. unterläßt, gegen einen Mahnbescheid Widerspruch einzulegen und vor allem auch noch gegen den darauf ergehenden Vollstreckungsbescheid keinen Einspruch erhebt (merkwürdigerweise wird dieser Einspruch in § 7 II Nr. 4 AKB nicht gesondert aufgeführt). Die gleiche Situation kann sich ergeben, wenn gegen den saumseligen Vmer, der den Ver über den Prozeß nicht unterrichtet hat, ein Versäumungsurteil ergeht und er dieses rechtskräftig werden läßt. Es kann aber auch der Fall gegeben sein, daß der Vmer einen Anwalt bestellt hat, der ihn im Prozeß vertritt, der aber nicht über die gleiche

Prozeßführungserfahrung und entsprechendes Spezialwissen verfügt wie der über diesen Prozeß gar nicht unterrichtete Ver. Durch diese fehlende Erfahrung und das fehlende Spezialwissen kann es demgemäß zu einem von der materiellen Rechtslage abweichenden Ergebnis kommen.

Klarzustellen ist, daß es für die Anwendung des § 7 V Nr. 3 S. 2 AKB nicht erforderlich ist, daß ein irgendwie gearteter betrügerischer Vorsatz auf seiten des Dritten oder des Vmers oder ein entsprechendes Einvernehmen zwischen beiden im Prozeß gegeben sein muß. Insoweit könnte die Anknüpfung an den Betrugstatbestand in § 7 V Nr. 3 S. 1 AKB durch Hervorhebung des erlangten Mehrbetrages zu Mißverständnissen führen. Eine auf den erkennbaren Sinn der Regelung abstellende Auslegung ergibt vielmehr, daß § 7 V Nr. 3 S. 2 AKB von diesem Sonderfall des Betruges gänzlich losgelöst betrachtet werden muß. Alleiniger Anknüpfungspunkt an die Betrugsregelung ist, daß in beiden Fällen zu hohe Ansprüche geltend gemacht werden, in dem einen Fall betrügerisch, in dem anderen nicht. Dabei befaßt sich § 7 V Nr. 3 S. 2 AKB mit dem schwierigen Problem der Beurteilung nach der materiellen Rechtslage unzutreffender rechtskräftiger Entscheidungen, bei denen es sich aber keineswegs um solche handeln muß, die „erschlichen" worden sind. Als Beispiel mag gelten, daß es unterlassen wird, im Prozeß solche Umstände vorzutragen, die für ein Mitverschulden des Dritten sprechen. Gedacht sei daran, daß der Vmer nicht durch seinen Anwalt vortragen läßt, daß der Dritte beweisbar nicht angeschnallt gewesen sei, so daß aus dem Gesichtspunkt des Mitverschuldens der aus der erlittenen Augenverletzung entstandene Schaden nicht vollen Umfangs zu ersetzen sei. Als weiteres denkbares Beispiel sei der Fall gebildet, daß der ohne Hilfe des Vers den Prozeß führende Vmer nicht darauf hinweist, daß den vorfahrtsberechtigten Dritten deshalb eine Mitschuld am Unfallgeschehen treffe, weil er des Nachts ohne Licht gefahren sei. Ähnliche Fälle sind denkbar. Sie können sich z. B. auch auf die Höhe des geltend gemachten Verdienstausfalls beziehen. Gedacht sei daran, daß der Vmer ein Versäumnisurteil gegen sich ergehen läßt, das rechtskräftig wird, weil er den Anspruch für insgesamt begründet hält. Deshalb möge er eine spezielle Unterrichtung des Vers für überflüssig gehalten haben. Hingegen hatte der Ver in der Zwischenzeit nach Meldung des Schadens ermittelt, daß der Dritte den vorprozessual zurückgewiesenen Verdienstausfall gar nicht gehabt haben könne, weil er nämlich schon seit Jahr und Tag wegen einer unfallunabhängigen Krankheit nicht erwerbstätig gewesen war. Zu beachten ist, daß den Ver die volle Beweislast für die Voraussetzungen der Ausnahmevorschrift des § 7 V Nr. 3 S. 2 AKB trifft (vgl. ergänzend Anm. F 135).

[F 135] hh) Beweislast

Zur Beweislastregelung vgl. die Ausführungen zur Aufklärungslast in Anm. F 122.

Als Besonderheit ist die Regelung in § 7 V Nr. 3 S. 2 a. E. AKB hervorzuheben; dort heißt es, daß vermutet wird, daß die Obliegenheitsverletzung mindestens auf grober Fahrlässigkeit beruht. Es geht dabei um die in Anm. F 134 erörterten Fälle einer rechtskräftigen gerichtlichen Entscheidung, in der aufgrund einer Verletzung einer der in § 7 II AKB aufgeführten Obliegenheiten Schadenersatz zugesprochen worden ist, der offenbar über den Umfang der nach Sach- und Rechtslage geschuldeten Haftpflichtentschädigung erheblich hinausgeht. Mit diesem vertraglich geschaffenen Vermutungstatbestand wird von der in § 7 V Nr. 1 S. 1 AKB getroffenen Beweislastregelung abgewichen. Diese Vermutung ist aber auf den Tatbestand der groben Fahrlässigkeit beschränkt, so daß für die Fälle der behaupteten vorsätzlichen Verletzung der Obliegenheit der Ver weiterhin

IV. 3. Rettungsobliegenheit Anm. F 137

beweispflichtig ist. Gelingt dem Ver dieser Beweis nicht, so ist es nach dieser Fassung der Bedingungsbestimmung Sache des Vmers zu beweisen, daß er nicht grob fahrlässig gehandelt habe. Das ist für die Sonderfälle der genannten Bedingungsbestimmung im Regelfall gewiß nicht unbillig. Es entspricht vor allem auch der gesetzlichen Regelung in § 62 II. Im übrigen ist eine Verletzung der Obliegenheit nach § 62 I in den hier zu betrachtenden Sonderfällen des § 7 V Nr. 3 S. 2 AKB, in denen sie z. B. wegen einer Bedingungsunkenntnis des Vmers nicht als vorsätzlich zu qualifizieren ist, zumeist ohnedies als ein grob fahrlässiges Verhalten des Vmers zu bewerten (vgl. Bruck–Möller Bd I Anm. 33 zu § 6 m. w. N. und Bd IV Anm. F 84 m. w. N.). Gegen diese Beweislastumkehr sind insbesondere auch deshalb keine Bedenken zu erheben, weil der Ver nach § 7 V Nr. 3 S. 2 AKB vollen Umfangs für die Behauptung beweispflichtig ist, daß eine gerichtliche Entscheidung vorliegt, die offenbar über den Umfang der nach der Sach- und Rechtslage geschuldeten Haftpflichtentschädigung erheblich hinausgeht. Hier liegt zugunsten des Vmers (abweichend von § 7 V Nr. 1 S. 2 AKB) eine Abänderung des im Gesetz (§ 62 II 2) verankerten Grundsatzes vor, daß der Vmer die mangelnde Kausalität der von ihm begangenen Obliegenheitsverletzung zu beweisen hat.

[F 136] **f) Rettungskostenersatz**

Fälle, in denen der Haftpflichtver dem Vmer Aufwendungen aus Anlaß von Rettungsleistungen zu erstatten hat, sind recht selten. Es darf daher auf die erschöpfende Darstellung von Möller Bd II Anm. 1–30 zu § 63 verwiesen werden (vgl. auch Bd IV Anm. F 85). Zu beachten ist, daß der gedanklich ohne weiteres diesem Rettungskostenersatz zuzuordnende Aufwand des Vers für Prozeßkosten im Rahmen der Rechtsschutzfunktion der Haftpflichtv als Hauptleistung anzusehen ist und deshalb nicht unter § 63 fällt (vgl. Möller a. a. O. Anm. 3 zu § 63).

[F 137] **g) Exkurs: Zur Ersatzpflicht des Dritten für die Kosten einer zusätzlichen Anwaltsbestellung**

Umstritten ist, ob der Dritte, der im Kraftfahrzeughaftpflichtprozeß unterliegt, die Kosten mehrerer Anwälte zu ersetzen hat, wenn sich nämlich der Ver und der Vmer (und evtl. auch noch eine der mitvten Personen) je einen Anwalt nehmen. Dafür OLG Düsseldorf 7.XI.1962 MDR 1963 S. 510, 8.XII.1967 NJW 1968 S. 1237–1238 = VersR 1969 S. 222–223, 10.IV.1974 MDR 1974 S. 853 = VersR 1974 S. 1033–1034, 30.VIII.1984 MDR 1985 S. 148 m. w. N., OLG München 21.VII.1972 MDR 1972 S. 1042 = VersR 1973 S. 659, 16.VII.1974 MDR 1974 S. 1022 = VersR 1974 S. 1013, LG Frankfurt a. M. 20.IX.1977 AnwBl 1978 S. 102–103, LG Itzehoe 11.V.1988 AnwBl 1988 S. 496 = ZfS 1988 S. 362, OLG Oldenburg 23.VII.1990 NZV 1991 S. 72–73 m. w. N.; dagegen: OLG Stuttgart 15.VI.1973 VersR 1974 S. 259, OLG Köln 14.II.1977 VersR 1977 S. 951, OLG Karlsruhe 16.II.1979 VersR 1979 S. 944–945, LG Köln 13.IV.1984 VersR 1985 S. 1057, OLG Bamberg 6.IX.1985 VersR 1986 S. 395–396, OLG Hamm 30.XI.1989 MDR 1990 S. 1019 (weitere Nachweise für und gegen diese Auffassung bei Baumbach–Lauterbach–Albers–Hartmann[50] Anm. 21 zu § 91 ZPO unter dem Stichwort „Häufung von Prozeßbevollmächtigten"). Eine Mittelmeinung geht dahin, daß die Kosten eines weiteren Anwalts in denjenigen Fällen nicht zu ersetzen sind, in denen zunächst alle Streitgenossen einen gemeinsamen Anwalt für sich bestellt hatten und später ohne triftigen Grund einen Anwaltswechsel vornehmen (so OLG Hamburg 30.VII.1971 JurBüro 1972 Sp. 58–59 m. w. N., 21.I.1974 JurBüro 1975 Sp. 384–385 [nicht speziell für den Kraftfahrzeughaftpflichtprozeß], KG 18.II.1977

Anm. F 137 F. Obliegenheiten des Vmers in der Kraftfahrzeughaftpflichtv

VersR 1977 S. 770—771; in diesem Sinne auch LG Kiel 6.X.1978 VersR 1979 S. 241, allerdings für den Fall, daß zunächst ein gemeinsamer Anwalt tätig war und dann der Vmer einen eigenen bestellte, vgl. ferner die differenzierenden Überlegungen durch OLG Bremen 25.II.1988 VersR 1988 S. 1304).

Der erstgenannten Auffassung ist der Vorzug zu geben. Auf die Obliegenheit des Vmers, dem Ver gemäß § 7 II Nr. 5 AKB die Führung des Rechtsstreits durch einen vom Ver beauftragten Anwalt zu überlassen, kann sich der Dritte nicht berufen, da es sich dabei um eine nur das Vsverhältnis betreffende Regelung handelt. Wer zu Unrecht mehrere Personen verklagt, muß wie auch sonst das Risiko tragen, daß sich diese Beklagten je einen eigenen Anwalt zur Rechtsverteidigung nehmen. Daraus, daß der Vmer mit der Bestellung eines eigenen Anwalts u. U. eine Obliegenheitsverletzung begeht, kann der Dritte als am Vsvertrag nicht beteiligte Person keine Rechte herleiten. Einigkeit besteht im übrigen darin, daß auch nach der Gegenmeinung in denjenigen Fällen die Kosten mehrerer Anwälte zu ersetzen sind, in denen es dem Vmer nach Treu und Glauben nicht zugemutet werden kann, einen vom Vmer beauftragten Anwalt zu akzeptieren, weshalb er sogar berechtigt ist, die gemäß § 10 V AKB erteilte Vollmacht zu widerrufen (vgl. dazu Anm. G 20 a. E.). Das Problem tritt im übrigen im gestörten Vsverhältnis nicht mehr auf, da die Vollmacht nach § 10 V AKB nach der neueren Rechtsprechung des BGH dort den Ver nicht mehr zum Handeln für den Vmer legitimiert (BGH 3.VI.1987 BGHZ Bd 101 S. 285).

Der vom OLG Hamburg 30.VII.1971, 21.X.1974 a. a. O. und vom KG 18.II.1977 a. a. O. vertretenen Mittelmeinung kann nicht gefolgt werden. Für den Normalfall einer Streitgenossenschaft ist eine solche Differenzierung danach, ob anfänglich ein gemeinsamer Anwalt bestellt worden ist und ob ein einleuchtender Grund für einen Anwaltswechsel vorgetragen wird, durchaus nachvollziehbar. Die zu diesem allgemeinen Problem entwickelten Überlegungen für und wider eine solche Auffassung können aber auf den Kraftfahrzeughaftpflichtprozeß nicht übertragen werden. Denn hier liegt in aller Regel das Kriterium einer selbständigen anfänglichen Beauftragung durch die Streitgenossen auf seiten der Beklagten nicht vor. Der Sachverhalt ist vielmehr durch die Besonderheit gekennzeichnet, daß in einer AVB-Regelung das Recht des Vers zur Vollmachtserteilung institutionell verankert ist, ohne daß eine Einflußmöglichkeit des Vmers im engeren Sinne gegeben ist. Kommt es hier zunächst zu einer Bestellung eines Anwalts für den Vmer durch den Ver, so würde die Auffassung der Mittelmeinung im Bereich der Kraftfahrzeughaftpflichtv darauf hinauslaufen, daß es darauf ankommt, wer am schnellsten den Anwalt bestellt. Das ist aber keine sinnvolle Abgrenzung für Fälle der vorliegenden Art. Vielmehr muß dem Vmer aus der Sicht der zivilprozessualen Grundsätze die Bestellung eines Anwalts auch dann zugestanden werden, wenn sein Ver etwas schneller als er gehandelt hat. Daß der Vmer dabei eine Obliegenheitsverletzung begehen kann, darf im Rahmen des § 91 ZPO nicht berücksichtigt werden.

Soweit sich durch die Mehrfachbeauftragung zusätzliche Kosten ergeben, die nicht darauf zurückzuführen sind, daß Ver und Vmer von Anfang an je einen eigenen Anwalt für sich beauftragen, sondern der Ver zunächst einen für sich und den Vmer (Erhöhung der Prozeßgebühr um 3/10 gemäß § 6 BRAGO) und der Vmer später einen eigenen für sich, sind diese zusätzlichen Kosten vom Dritten nicht gemäß § 91 ZPO zu erstatten. Zwar ist es auch im Bereich des Kraftfahrzeughaftpflichtschadens als sachgerecht anzusehen, daß sich jeder Streitgenosse gemäß § 61 ZPO selbständig durch einen eigenen Anwalt verteidigt. Es ist aber ungewöhnlich, daß sich der eine von zwei Streitgenossen auch noch durch den Anwalt des anderen vertreten läßt (anders OLG Düsseldorf 30.VIII.1984 MDR S. 148, dabei mag aber eine Rolle gespielt haben, daß sich Fahrer und Halter eines gemeinsamen Anwalts neben dem für diese beiden und den Ver auftretenden Prozeßbevollmächtigten bedient haben, wodurch eine Belastung des Geschädigten mit den Kosten eines dritten Anwalts vermieden wurde; demgegenüber wog die Erhöhungsgebühr um 6/10 bei dem Anwalt des Vers gering; anders auch OLG Oldenburg 23.VII.1990 NZV 1991 S. 72 – 73).

In diesem Zusammenhang sei erwähnt, daß es allerdings auch strittig ist, ob bei einer Vertretung des Vers und des Vmers eine Zusatzgebühr nach § 6 BRAGebO entsteht und erstattungsfähig ist; dafür OLG Nürnberg 13.VIII.1981 JurBüro 1981 S. 1674, OLG Düsseldorf 30.VIII.1984 AnwBl 1984 S. 622 – 623 und Baumbach – Lauterbach – Albers – Hartmann[50] Anm. 9 D d zu § 91 ZPO, dagegen LG Osnabrück 12.IX.1991 AnwBl 1992 S. 92 – 93; für eine Mittelmeinung, nach der es darauf ankommen soll, ob der Anwalt auch Kontakt zum Vmer oder Vten hat, vgl. Stiefel – Hofmann[15] Anm. 200 zu § 7 AKB, S. 357). Der erstgenannten Auffassung ist nach der gesetzlichen Regelung der Vorzug zu geben; eine andere Frage ist es, ob eine solche Erhöhung als gesetzliche Konfliktlösung sinnvoll ist.

[F 138] 4. Obliegenheit nach § 10 IX AKB

In § 10 IX AKB ist vorgesehen, daß der Vmer den Mehrschaden an Hauptsache, Zinsen und Kosten zu tragen hat, der sich daraus ergibt, daß zu einem gewissen Zeitpunkt die Ansprüche des geschädigten Dritten wegen einer Weigerung des Vmers nicht befriedigt worden sind. Wörtlich ist davon die Rede, daß eine von dem Ver verlangte Erledigung eines Haftpflichtanspruchs durch Anerkenntnis, Befriedigung oder Vergleich an dem Verhalten des Vmers scheitere. Eingeschränkt wird diese Bestimmung noch durch den Zusatz, daß der Ver den Vmer zuvor auf die Folgen einer solchen Weigerung hingewiesen haben müsse. Die Bestimmung geht danach von dem Bild eines gemeinsamen Abwehrkampfes des Vers und des Vmers gegen die Ansprüche des geschädigten Dritten aus, bei dem sich aber der Ver einem Veto des Vmers gegen eine Befriedigung des Dritten beugt, wofür ihm als Ausgleich nicht der dadurch entstehende Mehraufwand aufgebürdet werden soll. Eine gleichlautende Bestimmung zur allgemeinen Haftpflichtv ist in Bd IV Anm. F 86 m. w. N. als Obliegenheit eingeordnet worden. Schon dort ist aber auf die relative Bedeutungslosigkeit dieser Vorschrift hingewiesen worden, die sich aus der im Vsvertrag verankerten Berechtigung des Vers zur sachgerechten Regulierung des Anspruchs des geschädigten Dritten ergibt (vgl. §§ 10 V AKB, 5 VII AHB und Anm. G 14). Durch die Einführung des Drittanspruchs § 10 IX AKB, ebenso wie die Bestimmung des § 10 VI 5 AKB über das Abandonrecht (vgl. dazu Anm. G 17), gegenstandslos geworden. Das ergibt sich daraus, daß der Ver eine eigene Schuld zu erfüllen hat, die ihm aus sozialen Gründen auferlegt worden ist. Der Ver darf sich dieser Verantwortung, die ihm gerade deshalb auferlegt worden ist, damit dem geschädigten Dritten ein stets solventer Schuldner gegenübersteht, nicht unter Hinweis auf eine abweichende Meinung seines Vmers entziehen. Vielmehr hat der Ver die Last der Regulierungsverantwortung zu tragen. Er darf nur den nach der materiellen Rechtslage berechtigten Einwänden des Vmers nachgeben. Folgt er einem Ablehnungswunsch des Vmers, weil er diesen für richtig hält, so trägt er selbst die Verantwortung für dieses Tun. Hält er aber den Standpunkt des Vmers für unrichtig, so muß er gemäß seiner besseren Erkenntnis regulieren. Die Bestimmung des § 10 IX AKB hat demgemäß nicht nur keine große praktische Bedeutung (so Stiefel – Hofmann[15] Anm. 181 zu § 10 AKB, S. 516, Prölss – Martin – Knappmann[25] Anm. 9 zu § 10 AKB, S. 1460), sondern ist im ganzen durch die mit der Zubilligung des Drittanspruchs bezweckte Verbesserung der Rechtsposition des Dritten überholt.

Anm. F 140   F. Obliegenheiten des Vmers in der Kraftfahrzeughaftpflichtv

Eine Vertragsbestimmung wie die des § 10 IX AKB hat im Rahmen einer verantwortungsbewußten Abgrenzung der Pflichten des Vers zur Regulierung des Drittschadens keinen Raum. Sie widerspricht dem Sinn des Regulierungsauftrags, der dem Ver kraft Gesetzes obliegt, wenn sie davon ausgeht, daß der Ver einem grundlosen Widerspruch des Vmers folgen dürfe. Unter diesen Umständen ist zu empfehlen, daß bei einer Neufassung der AKB diese Bestimmung ebenso wie die des § 10 VI 5 AKB über das Abandonrecht gestrichen wird.

5. Anerkenntnis- und Befriedigungsverbot

Gliederung:

Schrifttum F 139
a) Vorbemerkung F 140
b) Anwendungsgrundsätze F 141 – 144
  aa) Anerkenntnis F 141
  bb) Befriedigung F 142
  cc) Ablehnung des Vsschutzes F 143
  dd) Einschränkung des Verbots durch § 154 II F 144
c) Verletzungsfolgen F 145 – 147
  aa) Vorsatz, grobe Fahrlässigkeit und Kausalität F 145
  bb) Summenmäßige Begrenzung der Leistungsfreiheit F 146
  cc) Erweiterung der Leistungsfreiheit des Vers im Falle des § 7 V Nr. 3 AKB F 147

d) Beweislast F 148
e) Exkurs: Bindungswirkung in den Fällen einer Regulierung durch den Vmer F 149 – 154
  aa) Übersicht über die denkbaren Regulierungsfälle F 149
  bb) Differenzierende Lösung F 150 – 154
    aaa) Vorbemerkung F 150
    bbb) Regulierung nach unberechtigter Deckungsablehnung F 151
    ccc) Sonstige Regulierungsfälle F 152 – 154
      α) Rechtsprechung des BGH F 152
      β) Kritik durch das Schrifttum F 153
      γ) Stellungnahme F 154

[F 139] Schrifttum:

Vgl. dazu Anm. Bd IV Anm. F 90–110 m. w. N., ferner Bauer VersR 1989 S. 734–735, Bergmann MDR 1974 S. 989–990, Hofmann VersR 1976 S. 313, Lichtblau ZfS 1984 S. 75–76, Freyberger VersR 1991 S. 842–846, Peters, Die Bindungswirkung von Haftpflichtfeststellungen im Deckungsverhältnis, insbesondere die Bindung des Haftpflichtvers an die Verurteilung des Vmers im Haftpflichtprozeß, Karlsruhe 1985 (zitiert Peters Bindungswirkung), Reiff VersR 1990 S. 113–124, Schlegelmilch VersR 1989 S. 357–358, Sieg VersR 1984 S. 501–502, Staab, Betrug in der Kfz-Haftpflichtv, Karlsruhe 1991 (zitiert Staab Betrug).

[F 140] a) Vorbemerkung

Nach § 7 II Nr. 1 S.1 AKB ist der Vmer bei Haftpflichtschäden nicht berechtigt, **ohne vorherige Zustimmung des Vers** einen Anspruch ganz oder zum Teil **anzuerkennen oder zu befriedigen**. In Übereinstimmung mit § 154 II heißt es in § 7 II Nr. 1 S. 2 AKB, daß das dann nicht gilt, falls der Vmer nach den Umständen die Anerkennung oder die Befriedigung **nicht ohne offenbare Unbilligkeit** verweigern konnte. Die in § 7 II Nr. 1 S. 1 AKB festgelegte Obliegenheit will erkennbar die **Entscheidungsfreiheit** des Vers in bezug auf die Beurteilung der geltend gemachten Ansprüche des Dritten als begründet oder nicht begründet schützen. Es soll so insbesondere eine Verständigung zwischen dem Vmer und dem Dritten zum Nachteil des Vers verhindert werden (RG 26.VII.1935 VA 1935 S. 270 Nr. 2836 = JRPV 1935 S. 262–264). Eine nach der Rechtslage nicht gebotene Freigiebigkeit des Vmers zu Lasten des Vers verfehlt den Sinn des Haftpflichtvsgedankens. Eine inhaltsgleiche Regelung wie in § 7 II Nr. 1 S. 1 AKB findet sich auch in

IV. 5. Anerkenntnis- und Befriedigungsverbot

§ 5 Nr. 5 AHB. Sie ist in Bd IV in Anm. F 90–110 erörtert worden. Wesentliche neue Erkenntnisse haben sich in der Zwischenzeit nicht ergeben, so daß es als sachgerecht erscheint, auf jene Ausführungen im ganzen zu verweisen. Nachstehend werden lediglich die maßgebenden Grundsätze wiederholt, um dann anschließend die sich aus § 7 V Nr. 2 und 3 AKB ergebenden Besonderheiten zu erörtern.

Als eine solche Besonderheit ist zusätzlich vorab die Selbstregulierungsbefugnis des Vmers im Rahmen der Sonderbedingung für kleine Sachschäden zu nennen (vgl. dazu Anm. F 87). Nach dem Wortlaut dieser Bestimmung ist der Vmer nur zur Regulierung bis zu einem Betrag von voraussichtlich DM 500,– berechtigt. Es versteht sich aber aus der im gewissen Umfang immer gegebenen Ungewißheit über die Höhe eines Schadens, daß unter die Bestimmung auch Fälle zu subsumieren sind, bei denen der Regulierungsaufwand den genannten Betrag unerheblich überschreitet. Eine Grenze mag dabei bei einem Mehraufwand von rund 50% gezogen werden. Denn bis zu dieser Höhe kann es für einen Vmer unter Umständen rechnerisch noch günstiger sein, den Schaden selbst zu regulieren. Da die Bedingung in erster Linie bezweckt, den Ver von der Regulierungsarbeit für Bagatellschäden zu entlasten, fallen nach dem Sinn dieser Regelung solche Fälle noch in das dem Vmer mit der Klausel eingeräumte Regulierungsermessen.

Von der Befreiung von dem Anerkenntnisverbot ist in der „Sonderbedingung" nichts gesagt. Doch versteht es sich, daß die im Rahmen der Selbstregulierungsbefugnis abgegebenen Anerkenntnisse des Vmers ebenfalls keinen Obliegenheitsverstoß darstellen.

Dafür, daß die irrige Annahme des Vmers, daß ein Schaden unter die nach der Sonderbedingung gegebene Selbstregulierungsbefugnis falle, den Vorsatz in bezug auf eine Obliegenheitsverletzung ausschließt, vgl. Anm. F 145.

[F 141] b) Anwendungsgrundsätze

aa) Anerkenntnis

Zum Begriff des verbotenen Anerkenntnisses vgl. zunächst die Darstellung in Bd IV Anm. F 93–98 m. w. N. Maßgebend ist aus vsrechtlicher Sicht, ob von dem Vmer gegenüber dem Dritten unmißverständlich zum Ausdruck gebracht wird, daß diesem aus dem Tatgeschehen gegen den Vmer ein Anspruch zustehe (vgl. dazu BGH 10.I.1984 VersR 1984 S. 383–384 m. w. N. [haftungsrechtliche Entscheidung], OLG Stuttgart 21.XII.1972 VersR 1973 S. 833, OLG Hamburg 23.X.1973 VersR 1974 S. 845–846, OLG Stuttgart 7.XII.1977 VersR 1978 S. 361, OLG Karlsruhe 4.III.1982 VersR 1983 S. 650 sowie Bd IV Anm. F 93 m. w. N.; zur haftungsrechtlichen Abgrenzung vgl. ferner Bergmann MDR 1974 S. 989–990 m. w. N.). Es muß präzise ermittelt werden, welcher verständige Sinn den Erklärungen des Vmers zugrundeliegt. Von besonderer Bedeutung ist dabei, daß das Anerkenntnisverbot nicht dahin verstanden werden darf, daß der Vmer sich nicht wahrheitsgemäß zum Sachgeschehen äußern dürfe. Vielmehr steht ihm dieses Recht uneingeschränkt zu. Verboten ist ihm durch § 7 II Nr. 1 S. 1 AKB lediglich die rechtlich verbindliche Bewertung des tatsächlichen Geschehens durch ein deklaratorisches (oder gar durch ein in der Praxis so gut wie nicht vorkommendes konstitutives) Anerkenntnis. Zur Abgrenzung ist auf alle Umstände des Einzelfalles abzustellen.

Das Vorliegen eines deklaratorischen Anerkenntnisses ist vom BGH 10.I.1984 a. a. O. für eine an Ort und Stelle abgegebene Erklärung: „Ich erkläre mich hiermit zum alleinigen Schuldigen" verneint worden. In diesem Zusammenhang wird vom BGH ausgeführt, daß unter einem deklaratorischen (bestätigenden) Schuldanerkenntnis ein Vertrag verstanden werde, der im Unterschied zum sogenannten konstitutiven Schuldanerkenntnis den in Frage stehenden Anspruch nicht auf eine neue Anspruchsgrundlage hebe, sondern diesen Anspruch unter Beibehaltung des Anspruchsgrundes dadurch verstärke, daß er ihn Einwendungen des Anspruchsgegners gegen den Grund des Anspruchs entziehe. Entzogen werden dem Anspruchsgegner Einwendungen und Einreden, die bei Abgabe der Erklärung bestanden und ihm bekannt waren oder mit denen er zumindest rechnete. Zweck eines solchen Vertrages sei es, das Schuldverhältnis insgesamt oder zumindest in bestimmten Beziehungen dem Streit oder der Ungewißheit zu entziehen und es (insoweit) endgültig festzulegen. Der BGH habe aber stets betont, daß ein Vertrag, dem eine so weitgehende Rechtswirkung zukomme, nur unter bestimmten Voraussetzungen angenommen werden könne. Der erklärte Wille der Beteiligten müsse die mit einem deklaratorischen Schuldanerkenntnis verbundenen Rechtsfolgen tragen. Die Annahme, daß dies der Fall sei, setze insbesondere voraus, daß diese Rechtsfolgen der Interessenlage der Beteiligten, dem mit der Erklärung erkennbar verfolgten Zweck und der allgemeinen Verkehrsauffassung über die Bedeutung eines solchen Anerkenntnisses entsprechen. Eine generelle Vermutung dafür, daß die Parteien einen bestätigenden Schuldanerkenntnisvertrag abschließen wollten, gebe es nicht; die Annahme eines solchen Vertrages sei vielmehr nur dann gerechtfertigt, wenn die Beteiligten unter den konkreten Umständen einen besonderen Anlaß für seinen Abschluß hätten. Ein solcher Anlaß bestehe nur dann, wenn zuvor Streit oder zumindestens eine (subjektive) Ungewißheit über das Bestehen der Schuld oder über einzelne rechtlich erhebliche Punkte geherrscht habe. Die Rechtsnatur des Schuldbestätigungsvertrages weise damit dem Vergleich ähnliche Züge auf. Danach könne die schriftliche Erklärung des Klägers nicht als deklaratorisches Schuldanerkenntnis gewürdigt werden. Das Berufungsgericht übersehe, daß in aller Regel einer solchen Erklärung der rechtsgeschäftliche Charakter fehle, sie sich vielmehr als eine Äußerung darstelle, mit der der Erklärende unter Verwendung eines (einfachen) Rechtsbegriffes zusammenfassend zum Unfallhergang Stellung nehme. Nur unter den genannten weiteren Voraussetzungen, an die – nicht zuletzt im Hinblick auf § 7 II AKB, nach dem der Vmer in seinem Verhältnis zum Ver grundsätzlich nicht berechtigt sei, einen Anspruch ganz oder zum Teil anzuerkennen – besondere Anforderungen zu stellen seien, ließe sich die Erklärung des Klägers als deklaratorisches Schuldanerkenntnis werten. Eine solche Wertung wäre etwa dann möglich, wenn festgestellt wäre, daß der Erklärung ein Gespräch der Beteiligten über Haftpflichtansprüche vorausgegangen sei. Solche Feststellungen habe das Berufungsgericht aber nicht getroffen. Es habe entscheidend darauf abgestellt, daß von den Beteiligten von einer polizeilichen Aufnahme des Unfalls abgesehen worden sei. Daraus lasse sich indessen auch unter Berücksichtigung der Interessenlage des Erstbeklagten noch kein tragfähiger Schluß auf ein deklaratorisches Schuldanerkenntnis ableiten. Vielmehr konnte dem Interesse des Erstbeklagten, sonst befürchtete Beweisschwierigkeiten zu vermeiden, schon eine zu Beweiszwecken verwendbare schriftliche Erklärung des Klägers zum Unfallhergang genügen.

Anschließend heißt es, daß die Erklärung sich zwar nicht als deklaratorisches Schuldanerkenntnis bewerten lasse, daß ihr aber als Schuldbekenntnis im Schadenersatzprozeß eine erhebliche Bedeutung zukomme. In der Rechtsprechung des BGH sei anerkannt, daß auch bloße Bekenntnisse der Schuld, die keinen besonderen rechtsgeschäftlichen Verpflichtungswillen des Erklärenden verkörpern, die Beweislage des Erklärungsempfängers verbessern (vgl. BGHZ 24.III.1976 66, 250 [254 f] = VersR 1977, 471 [472]; BGH 13.III.1974 WM 74, 410 [411]; 14.VII.1981 VersR 1981, 1158 [1160]). Dies sei ein Äquivalent dafür, daß der Erklärungsempfänger von der Wahrnehmung seiner Aufklärungsmöglichkeiten absehe. Es könne auf sich beruhen,

IV. 5. Anerkenntnis- und Befriedigungsverbot Anm. F 141

ob diese Wirkung als Umkehr der Beweislast (so z. B. BGH 13.III.1974 a. a. O.) zu umschreiben oder ob in der Erklärung des seine Schuld Bekennenden nur „ein Zeugnis gegen sich selbst" mit entsprechender Indizwirkung zu sehen sei. Entscheidend sei, daß der Erklärungsempfänger als Folge der Erklärung der Beweisanforderungen, denen er ohne die Erklärung zur Erreichung seines Prozeßzieles genügen müßte, zunächst enthoben sei; die Notwendigkeit, die sein Prozeßbegehren tragenden Behauptungen zu beweisen, treffe ihn erst dann, wenn dem Erklärenden der Nachweis der Unrichtigkeit des Anerkannten gelinge.

Aus vsrechtlicher Sicht besonders hervorzuheben ist, daß ein solches Schuldbekenntnis des Vmers kein im Sinne des § 7 II Nr. 1 AKB verbotenes Anerkenntnis darstellt (ebenso OLG Bamberg 13.V.1986 VersR 1987 S. 1246, ferner OLG Düsseldorf 23.II.1988 VersR 1989 S. 393–394 [instruktives Schuldbekenntnis in einem AHB-Fall]; a. M. OLG Hamm 24.III.1964 MDR 1964 S. 602). Mit derartigen Beweiserschwernissen muß ein Haftpflichtver leben. Sie sind weder unter § 7 II Nr. 1 AKB noch unter den gemäß § 3 Ziff. 7 S. 3 PflichtvsG für den Direktanspruch geltenden § 158e II zu subsumieren (vgl. ergänzend Anm. B 10). Auch stellt ein derartiges Verhalten des Vmers nicht etwa einen Verstoß gegen die Aufklärungs- oder Rettungslast dar (vgl. dazu Bd IV Anm. F 79). Ebensowenig ist es dem Vmer versagt, im Strafverfahren seine Schuld einzuräumen (vgl. dazu Bd IV Anm. F 96) oder in Bagatellfällen eine gebührenpflichtige Verwarnung zu akzeptieren (so zutreffend OLG Frankfurt a. M. 11.XI.1964 NJW 1965 S. 588). – Lediglich zur Verdeutlichung der Einzelfallproblematik seien nachstehend weitere Erklärungen der betreffenden Vmer wiedergegeben, bei denen die Bewertung als Schuldanerkenntnis oder Schuldbekenntnis umstritten war: BGH 14.VII.1981 VersR 1981 S. 1158–1160 (haftungsrechtliche Entscheidung) verneinte ein deklaratorisches Anerkenntnis bei folgender Erklärung des Vmers: „Ich bestätige, den Unfall des Fahrzeugs durch Vorfahrtsverletzung verursacht zu haben" (ebenso bei gleicher Sachlage OLG Bamberg 13.V.1986 a. a. O.). KG 15.III.1971 NJW 1971 S. 1219–1221 = VersR 1971 S. 939–941 (haftungsrechtliche Entscheidung) bejahte dagegen ein solches Anerkenntnis bei Abgabe folgender Erklärung eines Vmers (der von Beruf Rechtsanwalt war und dessen Kontrahent dem gleichen Berufsstand angehörte): „Ich verpflichte mich, den Unfallschaden am 16.VII.1969 Herrn Rechtsanwalt X zu erstatten".

OLG Stuttgart 21.XII.1972 VersR 1973 S. 833–834 bejahte ein deklaratorisches Schuldanerkenntnis im Sinne des § 7 II Nr. 1 AKB bei folgender Erklärung: „Ich bestätige hiermit Frl. S., daß ich für den entstandenen Schaden an ihrem Pkw in voller Höhe aufkomme."

OLG Hamburg 23.X.1973 VersR 1974 S. 845–846 (haftungsrechtliche Entscheidung) hatte folgende Erklärung zu beurteilen: „Unterzeichnete erklärt sich hiermit bereit, den Schaden am Anhänger durch ihre V zu begleichen". Auch hier wurde ein deklaratorisches Anerkenntnis bejaht (so auch AG Hamburg-Harburg 29.X.1979 VersR 1979 S. 1068). OLG Stuttgart 7.XII.1977 VersR 1978 S. 361–362 hatte eine Erklärung zu bewerten, in der der Vmer nicht nur seine Alleinschuld eingeräumt, sondern darüber hinaus auch die Erklärung abgegeben hatte, für den Schaden voll zu haften. Hätte er nur von seiner Alleinschuld gesprochen, so wäre nach den oben erörterten Grundsätzen im Regelfall nur von einem Schuldbekenntnis, das von beweisrechtlicher Bedeutung ist, auszugehen gewesen. So war aber die Annahme eines deklaratorischen Anerkenntnisses unabweisbar (im Ergebnis ebenso OLG Hamm 21.VI.1989 VersR 1990 S. 81–82).

Als Anerkenntnisse im Sinne des § 7 II Nr. 1 AKB sind auch Vergleiche zu bewerten, in denen der Vmer sich verpflichtet, eine dem Grunde und der Höhe nach umstrittene Forderung zu bezahlen. Zu Recht ist vom BGH 10.I.1984 a. a. O. S. 384

die Ähnlichkeit zwischen einem Schuldbestätigungsvertrag und einem Vergleich hervorgehoben worden. Den Fall eines solchen verbotenen Teilanerkenntnisses durch Vergleich behandelt z. B. OLG Karlsruhe 4.III.1982 VersR 1983 S. 649–650; in jenem Fall hatte sich der Vmer ausdrücklich (wenn auch nicht schriftlich) verpflichtet, einen bestimmten Betrag aus einer der Höhe nach sehr zweifelhaften Schadenersatzforderung des Dritten zu begleichen (dem Sinne nach auch BGH 14.X.1987 VersR 1987 S. 1182–1184 in einem KVO-Haftpflichtvsfall, in dem der BGH das kollusive Zusammenspiel des Vmers mit dem Dritten als so rechtsmißbräuchlich ansah, daß Leistungsfreiheit angenommen wurde, obwohl eine solche Rechtsfolge für einen Verstoß gegen das Anerkenntnisverbot in den betreffenden Vsbedingungen nicht vorgesehen war). Einen Vergleich, der sich nach den besonderen Umständen des Falles allerdings nur auf die Kostenlast eines Prozesses bezog, behandelt auch ÖOGH 13.X.1983 VersR 1985 S. 49–50 (AHB-Fall). Das Gericht nimmt einen Verstoß gegen das Anerkenntnis- und Befriedigungsverbot auch dann an, wenn der gerichtliche Vergleich dahin geht, daß der Dritte auf seine vermeintlichen Schadenersatzansprüche verzichtet und dafür der Vmer einen Teil der ihm entstandenen Prozeßkosten selbst übernimmt. Indessen liegt in einem solchen Verhalten weder das Anerkenntnis einer Haftpflichtforderung noch deren Befriedigung. Eine Leistungsfreiheit des Vers nach Obliegenheitsrecht könnte sich daher in einem solchen Fall nur aus der Verletzung der Obliegenheit, dem Ver die Führung des Rechtsstreits durch einen von ihm zu bestellenden Rechtsanwalt zu überlassen, ergeben (vgl. dazu Anm. F 125) oder aus einer entsprechenden Anwendung des § 67 I 3 (Aufgabe eines Ersatzanspruchs gegen einen Dritten; vgl. dazu Bruck–Möller–Sieg Bd II Anm. 82 zu § 67 m. w. N., ferner Tribess, Die Leistungsfreiheit des Vers aus § 67 I 3 VVG im Falle des Vorausverzichts, Hamb. Diss., Frankfurt a. M.–Bern–New York 1991).

Es kommt vor, daß ein Vmer sich moralisch zur vollen Schadenersatzleistung verpflichtet fühlt, obwohl ihn nach der Rechtslage nur eine Verpflichtung zum teilweisen Schadenausgleich trifft. Dann bleibt es ihm unbenommen, den Schadenrest auszugleichen. Gedacht sei an den Fall, daß ein sehr vermögender Vmer einem unbemittelten Dritten schwere Körperschäden zugefügt hat. Will er den Dritten in seiner körperlichen und seelischen Not beruhigen, so darf er ihm auch versprechen, ihm später denjenigen Teil des Schadens zu ersetzen, der von seinem Ver nicht zu erbringen ist. Darin liegt kein Verstoß gegen das Anerkenntnisverbot (streitig, anders ÖOGH 12.III.1969 VersR 1969 S. 842, vgl. für den hier vertretenen Standpunkt RG 22.II.1935 JRPV 1935 S. 121–122 und Bd IV Anm. F 97 m. w. N.). Dem Vmer steht dann aber hinsichtlich der ohne haftungsrechtliche Grundlage erbrachten Leistung, die allein auf seinem Zusatzversprechen beruht, kein Erstattungsanspruch gegen den Ver zu. – Für weitere Beispielsfälle verbotener Anerkenntnisse und erlaubter Erklärungen zur Sach- und Rechtslage vgl. Bd IV Anm. F 93–97.

[F 142] bb) Befriedigung

Zum Begriff der **verbotenen Befriedigung** des geschädigten Dritten durch den Vmer vgl. Bd IV Anm. F 100. Der Hauptfall ist dabei die **Zahlung an den Dritten**. Es erfüllt den Tatbestand der Befriedigung aber auch die **Erklärung des Einverständnisses mit einer Aufrechnung**, die von der Gegenseite gegenüber einer unstreitigen Honorarforderung des Vmers erklärt wird (vgl. BGH 30.X.1984 VersR 1985 S. 83–85; ebenso ÖOGH 26.VI.1986 VersR 1987 S. 1255–1256 [dem BGH 30.X.1984 a. a. O. ist allerdings in der Annahme nicht zu folgen, daß der Vmer nach § 7 II Nr. 5 AKB verpflichtet sei, dem Ver auch die Führung eines Aktivprozesses zu überlassen, in dem der Gegner mit vermeintlichen Gegenansprüchen aufrech-

IV. 5. Anerkenntnis- und Befriedigungsverbot **Anm. F 144**

net; vgl. dazu Anm. F 125]). Ebenso kann eine eigene Aufrechnungserklärung des Vmers gegenüber der Haftpflichtforderung eine solche verbotene Befriedigung des Dritten darstellen. Das gilt jedoch nicht, wenn die Erklärung ausdrücklich als Hilfsaufrechnung bezeichnet worden ist oder sich das aus den Umständen des Falles ergibt. Ist die Aufrechnung dagegen ohne Vorbehalt bezüglich der Berechtigung des Haftpflichtanspruchs abgegeben worden, so kann ein verbotenes Anerkenntnis des Vmers gegeben sein.

Zu beachten ist, daß die Zahlung des Vmers an den Dritten nach verbindlicher Feststellung der Haftpflichtforderung im Sinne des § 154 I die Obliegenheit nach § 7 II Nr. 1 S. 1 AKB nicht verletzt (OLG Hamm 15.III.1937 VA 1937 S. 193–195 Nr. 3000 = HansRGZ 1937 A Sp. 457–460). Das ergibt sich daraus, daß das Anerkenntnis- und Befriedigungsverbot gerade dazu dienen soll, eine solche sachgerechte Feststellung im Sinne des § 154 I zu ermöglichen, so daß es nach dieser Feststellung der Haftpflichtforderung seines Sinnes entkleidet ist. Bemerkenswert ist in diesem Zusammenhang der Streit darum, ob eine Obliegenheitsverletzung gegeben ist, wenn eine Zahlung im Anschluß an eine Feststellung der Haftpflichtforderung in einem Schiedsgerichtsverfahren erfolgt. Das ist aus den in Bd IV Anm. F 99 dargestellten Gründen zu verneinen (ebenso Sieg VersR 1984 S. 501–502 m. w. N., Peters Bindungswirkung S. 67; wohl auch Lichtblau ZfV 1984 S. 75–76). Das bedarf hier keiner näheren Darlegung, weil es sich um ein für Kfz-Haftpflichtschäden atypisches Geschehen handelt. Zur Problematik der Bindungswirkung in solchen Fällen, in denen der Ver an der Führung eines Schiedsgerichtsverfahrens nicht beteiligt war, vgl. Sieg a. a. O., Peters a. a. O. S. 66–67 und Bd IV Anm. F 99 m. w. N.).

Eine erlaubte Befriedigung des Dritten ist dann gegeben, wenn der Vmer einen Schaden im Rahmen der Sonderbedingung für geringfügige Sachschäden reguliert (vgl. Anm. F 87).

[F 143] cc) Ablehnung des Versicherungsschutzes

Erklärt der Ver gegenüber dem Vmer, daß er diesem keinen Vsschutz gewähre, so entbindet das den Vmer regelmäßig von der Beachtung der ihm vertraglich auferlegten Obliegenheiten. Eine derartige Erklärung ist als Verzicht des Vers auf die Erfüllung von Obliegenheiten anzusehen (streitig, so aber BGH 17.XII.1969 VersR 1970 S. 168–170, 18.XII.1980 VersR 1981 S. 329, 7.VI.1989 BGHZ Bd 107 S. 368–376, vgl. weiter die Nachweise in Anm. F 108 a. E. und Bd IV Anm. F 101). Das Gesagte gilt aber dann nicht, wenn die Ablehnung des Vsschutzes sich nur auf einen Teil des geltend gemachten Haftpflichtanspruchs bezieht. Das wird in der Kfz-Haftpflichtv häufiger als in anderen Vssparten der Fall sein, weil eine Obliegenheitsverletzung, die nach Eintritt des Vsfalls begangen wird, gemäß § 7 V Nr. 2 AKB im Regelfall nur eine Leistungsfreiheit zwischen DM 1000,– und DM 5000,– nach sich zieht. Der Vmer muß daher auch in dieser Situation die Obliegenheit nach § 7 II Nr. 1 AKB beachten. Verweigert der Ver dagegen gänzlich die Deckung, so kann er von dem Vmer die Einhaltung von Obliegenheiten nicht mehr verlangen, auch nicht mit Rücksicht auf die auch nach seiner Meinung jedenfalls gegebene Haftung nach § 3 Ziff. 4, 5 PflichtvsG. Zur Bindungswirkung in solchen Fällen vgl. Anm. F 149–154.

[F 144] dd) Einschränkung des Verbots durch § 154 II VVG

Nach § 154 II ist eine Vereinbarung der in § 7 II Nr. 1 S. 1 AKB genannten Art unwirksam, falls nach den Umständen der Vmer die Befriedigung oder die

Anerkennung nicht ohne offenbare Unbilligkeit verweigern konnte. Bei dieser Vorschrift handelt es sich um eine absolut zwingende Vorschrift (so BGH 1.II.1968 NJW 1968 S. 836 = VA 1968 S. 223 Nr. 490, Bruck—Möller Bd I Einl. Anm. 46, Begr. II S. 1773; a. M. Prölss—Martin—Voit[25] Anm. 6 zu § 154, S. 743, die die Vorschrift nur für halbzwingend halten [auf OLG Düsseldorf 18.X.1960 VersR 1961 S. 114—115 dürfte man sich aber insoweit eigentlich nicht berufen, da es in jenem KVO-Haftpflichtvsfall an der Vereinbarung eines Anerkenntnis- und Befriedigungsverbots im Vsvertrag fehlte]; vgl. ergänzend auch Bd IV Anm. F 102).

Die Anforderungen, die an diese Billigkeitsausnahme gestellt werden, sind sehr hoch. In der amtlichen Begründung (I S. 141) wird als wesentlicher Gesichtspunkt für die Anwendung der Bestimmung des § 154 II die offensichtliche Begründetheit des Anspruchs des Dritten hervorgehoben. Das genügt aber für sich allein im Regelfall nicht (BGH 9.XII.1965 NJW 1966 S. 657 = VersR 1966 S. 153, 1.II.1968 a. a. O., 30.X.1984 VersR 1985 S. 84, OLG Stuttgart 7.XII.1977 VersR 1978 S. 361—362, OLG Karlsruhe 4.III.1982 VersR 1983 S. 650 = ZfS 1983 S. 277; weitere Nachweise in Bd IV Anm. F 105). Vielmehr ist eine solche offenbare Unbilligkeit grundsätzlich nur dann gegeben, wenn der Ver dem Vmer mit der Bindung an das Anerkenntnis- und Leistungsverbot ein Verhalten zumutet, das nach allgemeiner Anschauung dem Anstand und den guten Sitten nicht entspricht (BGH 1.II.1968 a. a. O.). So hat BGH 9.XII.1965 a. a. O. ein Anerkenntnis zum Grunde eines Schmerzengeldanspruchs in einem Fall für gerechtfertigt gehalten, in dem die Verletzte bei vollem Bewußtsein starke Schmerzen erlitt und in dem außerdem ihr lebensgefährlicher Zustand eine schnelle Sicherung des Schmerzengeldanspruchs erforderte (ein Aspekt, der sich nach der Neufassung des § 847 BGB für ab 1.VII.1990 eintretende Schadenfälle nicht mehr stellt).

Ein gutes Beispiel für einen Anwendungsfall des § 154 II bietet BGH 12.III.1969 VersR 1969 S. 405—406. Dort war der Vmer mit seinem Pkw im trunkenen Zustand vor einer Rechtskurve gegen einen links der Straße stehenden Baum geraten. Dabei wurden er und sein Beifahrer, ein Studienkollege seines Sohnes, schwer verletzt. In der Folgezeit leistete der Vmer laufend Zahlungen auf Arzt- und Klinikrechnungen und bezahlte die Fahrkosten für einen Besuch des Vaters sowie den Verdienstausfall des Geschädigten. Das Gericht führte dazu aus, daß die in § 154 II genannten besonderen Umstände so sein müßten, daß die Verweigerung der Zahlung für jeden anständigen Menschen auf den ersten Blick einen Verstoß gegen die guten Sitten bedeuten würde. Das sei insbesondere der Fall, wenn die personellen und sozialen Verhältnisse der Beteiligten eine sofortige Befriedigung erforderten. Eine offenbare Unbilligkeit liege danach vor, wenn der Ver dem Vmer mit der Bindung an das durch die Leistungsfreiheit sanktionierte Befriedigungsverbot ein Verhalten zumute, das nach allgemeinen Anschauungen dem Anstand und den guten Sitten nicht entspreche. Zu den besonderen Umständen, die zu berücksichtigen seien, gehörten auch die Beziehungen, die zwischen dem Vten und dem Geschädigten bestünden, die Schwere des den Vten treffenden Verschuldens und die Lage, in die der Geschädigte durch das Schadenereignis gekommen sei. Der Geschädigte sei ein junger österreichischer Student, der sich als Freund des Sohnes des Klägers in dessen Haus als Gast befunden habe. Der Kläger habe ihn veranlaßt, mit ihm zusammen im Pkw nach Hause zu fahren, obwohl er, der Kläger, reichlich Alkohol zu sich genommen habe. Wenn der wohlhabende Kläger sich dann nach dem Unfall in die Privatstation der Universitätsklinik aufnehmen und dort von dem Chefarzt behandeln lasse, wäre es im höchsten Maße zu mißbilligen gewesen, wenn er dem Gast und Freund des Hauses, der durch sein Verschulden einen schweren Unfall erlitten habe, nicht die gleiche ärztliche Betreuung zuteil werden ließe. Das aber habe vorausgesetzt, daß er

IV. 5. Anerkenntnis- und Befriedigungsverbot   Anm. F 145

die Krankenhauskosten vorschoß; denn der junge Mann habe nicht die Mittel gehabt, um diese bezahlen zu können. Ebenso sei es ein Gebot des Anstandes, daß der Kläger dem Vater des Geschädigten die Reisekosten ersetzt habe, damit dieser seinen schwerverletzten Sohn habe besuchen können, und daß er diesem weitere Beträge zuwandte, die ihm ermöglichten, sich einige Erleichterungen zu verschaffen. Die Beklagte habe dem Kläger auch nicht zumuten können, Arztrechnungen, die der junge Mann erhalten habe, unbeglichen zu lassen. Auch wenn der Kläger von dem Schadenbearbeiter der Beklagten am 28.X.1984 belehrt worden sei, daß die eigenmächtigen Zahlungen die Beklagte berechtigten, ihm den Vsschutz zu entziehen, sei er aus den angeführten Gründen dennoch berechtigt gewesen, die danach noch erbrachten Leistungen, DM 268,90 Reiseauslagen und DM 1000,— Ersatz für Verdienstausfall, dem Geschädigten zu erbringen. Hierbei sei zu berücksichtigen gewesen, daß der Geschädigte sich in einer wirtschaftlich schlechten Lage befand. Er habe infolge des Unfalls seine Absicht, sich Geld für ein weiteres Studium zu verdienen, nicht durchführen können und habe jetzt das Studium wieder aufnehmen müssen. Außerdem habe die Beklagte, obwohl der Vsfall schon vor gut 3 Monaten eingetreten gewesen sei, noch nichts geleistet gehabt. Unter diesen besonderen Umständen habe das Berufungsgericht auch nicht für jede einzelne Zahlung zu prüfen gehabt, ob für sie die Voraussetzungen des § 154 II vorgelegen hätten, sondern es habe sich ergeben, daß die Zahlungen insgesamt berechtigt gewesen seien.

Ergibt sich für den Vmer die Ausnahmesituation, daß er die Möglichkeit hat, durch sofortigen Abschluß eines Vergleichs eine für den Ver und ihn gleichermaßen günstige Regelung zu treffen, so liegt ein rasches Ergreifen einer solchen Chance im wohlverstandenen Interesse des Vers. Wenn dieser dann den ihn nach der Rechtslage objektiv begünstigenden Vergleich als Verstoß gegen das Anerkenntnisverbot bewertet, so könnte das als grob unbillig eingeordnet werden. Das ist aber nur eine theoretische Überlegung, da mit einem solchen Verhalten eines regulierungserfahrenen Vers ohnedies nicht zu rechnen ist. Gewiß liegt eine solche Unbilligkeit aber im Regelfall dann nicht vor, wenn der Dritte bereit ist, einen solchen Vergleich vorbehaltlos abzuschließen, dem Vmer jedoch ein Rücktrittsrecht zubilligt, worauf dieser indessen keinen Wert legt, so daß es zu einem beiderseits unbedingten Vergleichsabschluß kommt (ÖOGH 13.X.1983 VersR 1985 S. 49–50, vgl. dazu auch Anm. F 141 a. E.).

Ergänzend wird auf die Darstellung in Bd IV Anm. F 105–107 verwiesen.

Zur Bindungswirkung einer ausnahmsweise zulässigen Eigenregulierung des Vmers in bezug auf eine dabei erfolgende Feststellung der Haftpflichtforderung im Sinne des § 154 I vgl. Anm. F 149–154.

[F 145] c) Verletzungsfolgen

aa) Vorsatz, grobe Fahrlässigkeit und Kausalität

Nach der mit § 6 III übereinstimmenden Regelung in § 7 V Nr. 1 S. 1 AKB schadet dem Vmer nur eine vorsätzliche oder grob fahrlässige Verletzung des Anerkenntnis- und Befriedigungsverbots.

Zum Begriff des Vorsatzes vgl. Anm. F 97, zum Begriff der groben Fahrlässigkeit die Nachweise in Anm. F 98. Zu beachten ist, daß mit der Abgabe eines Anerkenntnisses oder mit einer Befriedigung des Dritten zwar regelmäßig ein **vorsätzliches Handeln** des Vmers gegeben ist, daß damit aber noch nicht geklärt ist, ob der Vmer **auch vorsätzlich gegen die vsrechtliche Obliegenheit** verstoßen hat. Ein Irrtum über den Umfang der Obliegenheit oder gar der Ausnahmefall einer gänzlichen Unkenntnis dieses Obliegenheitsgebots, schließt den Vorsatz im Sinne

Anm. F 146   F. Obliegenheiten des Vmers in der Kraftfahrzeughaftpflichtv

des § 7 V Nr. 1 S. 1 AKB aus (vgl. LG Bielefeld 25.III.1969 VersR 1971 S. 120 m. Anm. von Jochheim VersR 1971 S. 241 – 242, ferner Bd IV Anm. F 109 m. w. N.). Zu beachten ist in diesem Zusammenhang aber, daß eine Belehrungspflicht, wie sie gegenüber dem Vmer für den verbalen Teil der Aufklärungslast von der Rechtsprechung entwickelt worden ist (vgl. dazu Anm. F 110), für das Anerkenntnis- und Befriedigungsverbot nicht gegeben ist (so zutreffend LG Frankfurt a. M. 15.V.1984 VersR 1985 S. 153 – 154). Das ist deshalb von Bedeutung, weil es nach dem Bedingungstext in Übereinstimmung mit der nach § 6 III gegebenen Freizeichnungsmöglichkeit bei einem vorsätzlichen Obliegenheitsverstoß nicht darauf ankommt, ob sich dadurch der Vsschaden vergrößert hat. In denjenigen Fällen könnte das als hart erscheinen, in denen die Leistung des Vmers exakt dem nach objektiven Grundsätzen ermittelten Umfang des Haftpflichtanspruchs des Dritten entspricht. Indessen ist von den Bedingungsverfassern dadurch ein Regulativ gefunden worden, daß der Ver nur bis zu einem Betrage von DM 1000,— nach § 7 V Nr. 2 S. 1 AKB leistungsfrei wird (vgl. dazu Anm. F 146). Damit hält die Regelung einer Inhaltskontrolle stand. Denn es handelt sich immerhin um einen mit Wissen und Wollen — also in voller Kenntnis des Obliegenheitsverbots — begangenen Verstoß. Im Rahmen der Selbstregulierungsbefugnis des Vmers für geringfügige Sachschäden (vgl. Anm. F 87) kommt es nicht selten vor, daß sich der Vmer über die Höhe des Schadens irrt. Liegt ein solcher Schätzfehler vor, so ist damit der Vorsatz ausgeschlossen. Es kommt dann darauf an, ob dieser Irrtum auf grober Fahrlässigkeit beruht oder nicht.

Bei grob fahrlässigen Verstößen ist nach der ebenfalls mit § 6 III übereinstimmenden Regelung in § 7 V Nr. 1 S. 2 AKB zusätzlich zu beachten, daß der Ver nur im Umfang des durch den Vmer verursachten Mehrschadens leistungsfrei wird (vgl. dazu näher Anm. F 100). Dabei darf man nicht von der irrigen Annahme ausgehen, daß ein solcher Mehrschaden deshalb nicht entstehen könne, weil sich doch der Dritte nach § 158e II gegenüber dem Ver nicht auf ein Anerkenntnis oder eine vergleichsweise Feststellung durch den Vmer berufen könne, wenn diese ohne Zustimmung des Vers erfolgt sei. Diese Regelung hindert zwar die direkte Inanspruchnahme des Vers durch den Dritten aufgrund eines solchen Anerkenntnisses des Vmers (vgl. dazu als Beispielsfälle LG Nürnberg-Fürth 6.VI.1973 VersR 1974 S. 560, OLG Hamburg 23.X.1973 VersR 1974 S. 845 – 846). Wenn der Ver sich aber im Verhältnis zum Vmer nicht für eine derart erfolgende Vergrößerung des Haftpflichtanspruchs freizeichnen würde, so könnte er aufgrund der zur Bindungswirkung der Feststellungen im Haftpflichtverhältnis entwickelten vsrechtlichen Grundsätze unter Umständen doch zur Zahlung des zusätzlich entstandenen Schadens gezwungen werden (vgl. dazu Anm. F 149 – 154 m. w. N.).

Verletzt der Vmer die Obliegenheit nach § 7 II Nr. 1 AKB — kaum denkbar — nur infolge leichter Fahrlässigkeit, so tritt für ihn keine nachteilige Rechtsfolge ein. Streitig ist allerdings, ob der Ver dann auch die über den Umfang des Haftpflichtanspruchs hinaus erbrachten Leistungen des Vmers an den Dritten zu ersetzen hat oder nicht (dazu Anm. F 149 – 154 m. w. N.).

[F 146] bb) Summenmäßige Begrenzung der Leistungsfreiheit

Von besonderer Bedeutung ist, daß der Ver nach § 7 V Nr. 2 S. 1 AKB im Falle einer vorsätzlichen oder grob fahrlässigen Verletzung der Obliegenheit grundsätzlich nur bis zu einem Betrage von DM 1000,— leistungsfrei wird. Es ist zu prüfen, ob die in § 7 V Nr. 2 S. 2 AKB vorgesehene Erweiterung dieser Leistungsfreiheit auf DM 5000,— bei besonders schwerwiegenden vorsätzlichen Verstößen auch auf

IV. 5. Anerkenntnis- und Befriedigungsverbot   Anm. F 147

das Anerkenntnis- und Befriedigungsverbot Anwendung findet (dafür OLG Stuttgart 7.XII.1977 VersR 1978 S. 362, OLG Karlsruhe 4.III.1982 VersR 1983 S. 650 = ZfS 1983 S. 277; dagegen OLG Hamm 21.IV.1989 VersR 1990 S. 81–82 = ZfS 1990 S. 81, Prölss–Martin–Knappmann[25] Anm. 6 B a zu § 7 AKB, S. 1445, Stiefel–Hofmann[15] Anm. 242 zu § 7 AKB, S. 371). Die Anwendung der Bestimmung des § 7 V Nr. 2 S. 2 AKB wird vom OLG Stuttgart 7.XII.1977 a. a. O. damit begründet, daß die Abgabe des dort zu beurteilenden Anerkenntnisses eine Verletzung der Schadenminderungspflicht darstelle. Das Anerkenntnis- und Befriedigungsverbot wird dabei stillschweigend der Rettungslast gänzlich gleichgestellt. Vom OLG Karlsruhe 4.III.1982 a. a. O. ist dagegen in Betracht gezogen worden, daß es sich um eine gesondert geregelte Obliegenheit handle. Es hat § 7 V Nr. 2 S. 2 AKB aber dennoch mit der Begründung angewendet, daß das Anerkenntnis- und Befriedigungsverbot als Unterfall der Schadenminderungslast anzusehen sei. Das ist – systematisch betrachtet – auch für eine Vielzahl der vom Anerkenntnis- und Befriedigungsverbot erfaßten Fälle richtig, wenngleich durchaus Sachverhaltsgestaltungen auftreten, in denen keine Kongruenz zwischen § 62 und § 7 II Nr. 1 S. 1 AKB gegeben ist. Denn das Anerkenntnis und Befriedigungsverbot soll der Vmer auch dann respektieren, wenn die Ansprüche des Dritten begründet sind. Auch soweit aber eine solche Kongruenz gegeben ist, muß beachtet werden, daß die Bedingungsverfasser für die beiden Obliegenheiten gesonderte Bestimmungen geschaffen haben und daß bei den Verletzungsfolgen der Verstoß gegen das Anerkenntnis- und Befriedigungsverbot nicht in die Reihe derjenigen Fälle aufgenommen worden ist, für die die erhöhte Leistungsfreiheit bis zu DM 5000,– gilt. Daraus folgt, daß eine Sonderregelung in der Form einer Erhöhung auf DM 5000,– für das Anerkenntnis- und Befriedigungsverbot nicht für erforderlich gehalten worden ist. Der Grund mag darin liegen, daß der Ver zunächst durch § 158 e II (der gemäß § 3 Ziff. 7 PflichtvsG auch für den Direktanspruch gilt) geschützt ist. Darüber hinaus ist aber ohnedies eine Sonderregelung in § 7 V Nr. 3 AKB für diejenigen Fälle gegeben, in denen aufgrund eines nach § 7 II Nr. 1 S. 1 AKB verbotenen Verhaltens des Vmers durch ein rechtskräftiges Urteil Beträge zugesprochen worden sind, die offenbar erheblich über den Umfang des nach der materiellen Rechtslage Geschuldeten hinausgehen (vgl. dazu Anm. F 147). Demgemäß ist § 7 V Nr. 2 S. 2 AKB dahin zu interpretieren, daß nur die dort ausdrücklich aufgeführten Obliegenheiten unter die erweiterte Leistungsfreiheit des Vers fallen. Daß rechtspolitisch eine andere Bedingungsgestaltung als sinnvoller anzusehen wäre, ist allerdings nicht zu leugnen (vgl. dafür, daß auch § 7 V Nr. 3 AKB teilweise nicht in allen Konsequenzen durchdacht worden war, Anm. F 147).

[F 147] cc) Erweiterung der Leistungsfreiheit des Versicherers im Falle des § 7 V Nr. 3 AKB

Eine Ausnahme von dieser nach § 7 V Nr. 2 S. 1 AKB auf DM 1000,– summenmäßig begrenzten Leistungsfreiheit des Vers sieht § 7 V Nr. 3 AKB – wie für alle anderen in § 7 II AKB aufgeführten Obliegenheiten – auch für das Anerkenntnis- und Befriedigungsverbot vor. Es handelt sich dabei um diejenigen Fälle, in denen durch die Verletzung der in § 7 II Nr. 1 AKB aufgeführten Obliegenheiten eine **gerichtliche Entscheidung rechtskräftig getroffen worden ist, die offenbar über den Umfang der nach der Sach- und Rechtslage geschuldeten Haftpflichtentschädigung erheblich hinausgeht.** Als Beispiel sei an den Fall gedacht, daß der Vmer die Forderung des Dritten dem Grunde nach vollen Umfangs anerkannt hat, obwohl nach der materiellen Rechtslage wegen der mitwirkenden

Betriebsgefahr des vom Dritten geführten Fahrzeugs eine Mithaftung in Höhe von 3/10 hätte bejaht werden müssen. Die Ausdrucksweise, daß eine gerichtliche Entscheidung rechtskräftig wird, die offenbar über den Umfang der nach der Sach- und Rechtslage geschuldeten Haftpflichtentschädigung erheblich hinausgeht, knüpft an die gesetzliche Formulierung in § 64 I an. Es soll dadurch erreicht werden, daß nicht jede geringe Abweichung von der materiellen Rechtslage, die durch ein Anerkenntnis des Vmers verursacht wird, zur Anwendung der speziellen Sanktion nach § 7 V Nr. 3 S. 2 AKB führt (Hofmann VersR 1976 S. 313). Die von der Rechtsprechung zu § 64 entwickelten Grundsätze sind bei der Interpretation zu beachten (vgl. dazu Bruck – Möller – Sieg Bd II Anm. 56 – 58 zu § 64 m. w. N.). Das bedeutet, daß z. B. im Fall OLG Karlsruhe 4.III.1982 VersR 1983 S. 649 – 650, in dem nach den Ausführungen in Anm. F 146 § 7 V Nr. 2 S. 2 AKB nicht hätte angewendet werden dürfen, vom Gericht auf entsprechenden Vortrag hätte überprüft werden müssen, inwieweit die anerkannte Forderung von DM 3160,– über dem effektiven Schaden lag. Nur wenn hier die Vergleichszahlen ermittelt worden wären, ließe sich sagen, ob jenem Urteil im Ergebnis beigepflichtet werden kann oder ob es nach dem Bedingungswerk bei einer Leistungsfreiheit von DM 1000,– gemäß § 7 V Nr. 2 S. 1 AKB hätte verbleiben müssen. Stellt sich z. B. heraus, daß der effektive Schaden bei DM 2800,– lag, so wäre nach den Grundsätzen über die offenbar erhebliche Abweichung von der materiellen Rechtslage der Vsschutz nur in Höhe des genannten Betrages von DM 1000,– verwirkt.

Ein in einem Rechtsstreit abgeschlossener Vergleich steht einem rechtskräftigen Urteil nach dem Wortlaut des § 7 V Nr. 3 S. 2 AKB nicht gleich (OLG Hamm 21.VI.1989 VersR 1990 S. 81 – 82), erst recht nicht ein außergerichtlich abgeschlossener. Es ist allerdings nicht einzusehen, warum die Ver in den Fällen vorsätzlicher oder grob fahrlässiger (leichtfertiger) Schadenregulierung hinsichtlich der durch das verbotene Tun des Vmers entstehenden Vergrößerung des Schadens ihre Leistungsfreiheit nur für den Fall eines Betruges oder einer rechtskräftigen „falschen" Entscheidung über DM 1000,– hinaus aufrechterhalten. Eine Bedingungsgestaltung des Inhalts, daß der Ver bei einer vorsätzlichen oder grob fahrlässigen Verletzung der nach Eintritt des Vsfalles zu erfüllenden Obliegenheit im Umfang der durch das verbotene Tun des Vmers entstandenen Schadenvergrößerung summenmäßig unbegrenzt frei wird, wäre für jeden verständigen Vmer nachvollziehbar.

Die Regelung in § 7 V Nr. 3 AKB darüber, daß der Ver bei grob fahrlässig durch den Vmer herbeigeführten gerichtlichen Fehlentscheidungen im Umfang des Mehrbetrages nicht im Risiko ist, steht nicht im Widerspruch zu den überkommenen Bindungsprinzipien des Haftpflichtvsrechts. Zwar gibt die Rechtsprechung dem Vmer, dem gegenüber der Vsschutz zu Unrecht versagt worden ist, für die Regulierung „freie Hand". Er darf daher, wenn er den Anspruch für berechtigt hält, auch ein Versäumnisurteil gegen sich ergehen lassen. Es ist aber anerkannt, daß eine Bindungswirkung insoweit nicht gegeben ist, als der Vmer den Umfang des Haftpflichtanspruchs leichtfertig zu hoch bestimmt (BGH 11.X.1956 NJW 1956 S. 1796 – 1798 = VersR 1956 S. 707 – 708, 16.V.1966 VersR 1966 S. 625 – 626, 1.II.1968 VersR 1968 S. 289 – 291; weitere Nachweise in Anm. F 151 und G 10). Es ist bemerkenswert, daß ein solcher Fall einer leichtfertigen Herbeiführung eines Mehrschadens durch ein der materiellen Rechtslage nicht entsprechendes Urteil von der Rechtsprechung bisher in keinem Fall angenommen worden ist, obwohl solche Überlegungen im Dunstkreis des Verdachts bezüglich gestellter Unfälle gelegentlich sehr nahegelegen hätten. Das mag aber zum Teil auch daran gelegen haben, daß die vsrechtlichen Komplikationen bei der Gestaltung des Bedingungsrechts nicht hinreichend bedacht worden sind. Lehnt der Ver z. B. den Vsschutz wegen vorsätz-

IV. 5. Anerkenntnis- und Befriedigungsverbot

licher Herbeiführung des Vsfalls ab, kann er aber nicht beweisen, daß die Voraussetzungen des § 152 gegeben sind, so ist er an die durch den Vmer getroffene Regulierung des Vsschadens gebunden. Der Vmer begeht keine Obliegenheitsverletzung, wenn er den Umfang des Vsschadens durch Vereinbarung bestimmt oder gegen sich ein Versäumnisurteil ergehen läßt. Im Umfang des durch die **Eigenregulierung leichtfertig herbeigeführten Mehrschadens** ist der Ver aber nach allgemeinen haftpflichtvsrechtlichen Grundsätzen ohnedies nicht eintrittspflichtig (vgl. dazu Anm. F 149–154). Die Regelung in § 7 V Nr. 3 AKB darf nicht in dem Sinn mißverstanden werden, daß damit für solche Fälle, in denen **keine Verletzung des Anerkenntnis- und Regulierungsverbots** gegeben ist, dieser Grundsatz aufgegeben worden ist (dafür, daß eine eindeutigere Bedingungsgestaltung wünschenswert gewesen wäre. vgl. Anm. F 154).

§ 7 V Nr. 3 AKB behandelt als weiteren Ausnahmetatbestand die Fälle, in denen eine **Obliegenheitsverletzung in der Absicht** begangen worden ist, sich oder einem Dritten dadurch einen **rechtswidrigen Vermögensvorteil** zu verschaffen. Dazu heißt es, daß hinsichtlich des erlangten rechtswidrigen Vermögensvorteils die Leistungsfreiheit des Vers abweichend von Nr. 2 unbeschränkt ist. Auch diese Formulierung ist zu beanstanden. Bei wortgetreuer Interpretation bedeutet sie, daß nur der **vollendete Betrug** zu einer über § 7 V Nr. 2 AKB hinausgehenden Leistungsfreiheit des Vers führt (so OLG Nürnberg 30.VI.1988 VersR 1989 S. 34–35 = ZfS 1989 S. 92, Prölss–Martin–Knappmann[25] Anm. 6 C a zu § 7 AKB, S. 1447, Stiefel–Hofmann[15] Anm. 242 zu § 7 AKB, S. 372; anders Staab Betrug S. 43–49 m. w. N.). Bei derart schwerwiegenden Obliegenheitsverletzungen betrügerischer Art sollte im Regelfall aber als durchaus angemessene Sanktion festgelegt werden, daß der Vsschutz gänzlich entfällt. In diesem Zusammenhang sei auf BGH 14.X.1987 VersR 1987 S. 1182–1184 (zur CMR-Haftpflichtv) verwiesen. Danach darf selbst dann, wenn in einem Haftpflichtvsvertrag für einen vorsätzlichen Verstoß gegen das Anerkenntnis- und Befriedigungsverbot des Vers keine Leistungsfreiheit des Vers vorgesehen ist, bei groben Verstößen eine Leistungsfreiheit angenommen werden. Es fällt schwer, diese Grundsätze auf das Recht des Kraftfahrzeughaftpflichtvsvertrages zu übertragen, wenn die Ver sich solcher Formulierungen bedienen, wie sie in § 7 V Nr. 3 AKB zu finden sind. Denn diesen ist zu entnehmen, daß der Ver den versuchten Betrug als nicht so schlimm ansieht, daß deshalb eine gänzliche Verwirkung des Vsschutzes geboten wäre. Bei Licht betrachtet, erweckt die Bedingungsbestimmung den Eindruck, als wenn den Verfassern die Bindungswirkungsgrundsätze und die Beweislast in denjenigen Fällen nicht gegenwärtig war, in denen der Dritte im Anschluß an den isolierten Haftpflichtprozeß gegen den wahrscheinlich ungetreuen Vmer nach Pfändung und Überweisung des Haftpflichtanspruchs gegen den Ver vorgeht. Einer der Gründe für diese verfehlte Bedingungsgestaltung mag darin gelegen haben, daß eigentlich nur der folgenlose und nicht auf Betrug gerichtete Verstoß gegen die Aufklärungslast im Mittelpunkt der Reformdiskussion stand. Auch hatte gewiß keiner mit der später überschwappenden Kriminalitätswoge auf dem Gebiet der Kraftfahrzeughaftpflichtschäden gerechnet. Vgl. ergänzend zur Darlegungs- und Beweislast des Vers bezüglich der vorsätzlichen Herbeiführung des Vsfalles und dem häufig damit einhergehenden „gestellten" Verkehrsunfall Anm. G 89 m. w. N.

[F 148] d) Beweislast

Der Ver ist zunächst für den **objektiven Tatbestand der Obliegenheitsverletzung** beweispflichtig. Nimmt der Richter des Haftpflichtprozesses im Urteil an, daß der Vmer ein Anerkenntnis abgegeben habe, so steht damit für den Vsschutzprozeß nicht bindend fest, daß das tatsächlich auch so gewesen ist (so BGH 12.II.1969 NJW 1969 S. 928 = VA 1969 S. 214–217 Nr. 534; zur Bindungswirkung vgl. ferner Anm. G 10–11 und speziell zu einer solchen zu einer Regulierung durch den Vmer Anm. F 149–154 m. w. N. und Bd IV Anm. B 63). Nach der Neufassung des § 7 V Nr. 1 S. 1 AKB ist der Ver — wie bei allen anderen nach Eintritt des Vsfalles in der Kfz-Haftpflichtv zu erfüllenden Obliegenheiten — auch dafür beweispflichtig, daß der Vmer vorsätzlich oder grob fahrlässig gehandelt hat (dazu Anm. F 101). Das ist eine wesentliche Verbesserung der Rechtsposition des Vmers im Verhältnis zur Regelung, wie sie sonst im Obliegenheitsrecht üblich ist (vgl. z. B. § 6 AHB). Zu beachten ist aber, daß diese Beweislastregelung nach § 7 V Nr. 3 S. 2 AKB in denjenigen Fällen nicht eingreift, in denen durch ein Verschulden des Vmers eine gerichtliche Entscheidung rechtskräftig wurde, die offenbar über den Umfang der nach der Sach- und Rechtslage geschuldeten Haftpflichtentschädigung erheblich hinausgeht (vgl. dazu Anm. F 147 und die Ausführungen am Schluß dieser Anm.).

Was die Vorsatzfeststellung anbetrifft, so ist zusätzlich zu beachten, daß das Anerkenntnis- und Befriedigungsverbot nicht in dem Umfang bekannt ist wie die Obliegenheit nach § 7 I Nr. 2 S. 2 AKB, sich nicht unerlaubt vom Unfallort zu entfernen (Fahrerflucht). Die zur Fahrerflucht entwickelten Rechtsgrundsätze dürfen daher auf das Anerkenntnis- und Befriedigungsverbot nicht übertragen werden (streitig, a. M. z. B. OLG Stuttgart 21.XII.1972 VersR 1973 S. 834, OLG Stuttgart 7.XII.1977 VersR 1978 S. 361, OLG Karlsruhe 4.III.1982 VersR 1983 S. 648, OLG Hamm 21.IV.1989 VersR 1990 S. 81, Prölss–Martin–Voit[25] Anm. 4 b zu § 154, S. 742; w. N. zu dieser Streitfrage in Bd IV Anm. F 109). Demgemäß kann einem Vorbringen des Vmers durchaus geglaubt werden, daß er von diesem Verbot keine Kenntnis gehabt oder daß er sich über den Umfang der ihm nach der Sonderbedingung für die Anzeige von Sachschäden zustehenden Regulierungsbefugnis (vgl. dazu Anm. F 87) geirrt habe. Ein gleiches gilt, wenn der Vmer irrig die Voraussetzungen der Billigkeitsausnahmen nach § 154 II für gegeben erachtet hatte (vgl. dazu Anm. F 144). Bemerkenswert ist in diesem Zusammenhang, daß zwar vom OLG Hamm 21.IV.1989 a. a. O. von einer allgemeinen Kenntnis des Anerkenntnisverbots ausgegangen wird, daß es damit aber nicht den Vorsatznachweis als geführt ansieht. Das Gericht bemerkt dazu, daß es eher unwahrscheinlich sei, daß ein Vmer in Kenntnis dieser Obliegenheit unter der Gefahr, den Vsschutz zu verlieren, anerkenne; näherliege die Annahme, daß der Vmer in diesem Augenblick an das Verbot nicht gedacht oder sein Vorgehen für erlaubt gehalten habe. Das schließe den Vorsatz aus, nicht aber grobe Fahrlässigkeit.

Gelingt dem Ver der Nachweis, daß der Vmer das Anerkenntnis- und Befriedigungsverbot vorsätzlich verletzt hat, so kommt es im Rahmen des § 7 V Nr. 2 S. 1 AKB nicht darauf an, ob sich der Schaden dadurch vergrößert hat oder nicht. Hingegen kann der Vmer in den Fällen grober Fahrlässigkeit der Leistungsfreiheit entgehen, wenn er dartut und beweist, daß sich der Schaden nicht vergrößert hat. Darlegungs- und beweispflichtig ist der Vmer auch dafür, daß die Voraussetzungen des § 154 II vorgelegen haben, nach denen ihm ausnahmsweise ein Anerkenntnis oder eine Befriedigung der Haftpflichtforderung des Dritten erlaubt war (OLG Stuttgart 7.XII.1977 a. a. O.).

Abweichend ist die Darlegungs- und Beweislast in § 7 V Nr. 3 S. 2 AKB ausgestaltet worden. Hier muß der Ver dartun und beweisen, daß aufgrund des Obliegenheitsverstoßes eine gerichtliche Entscheidung rechtskräftig wurde, die offenbar über den Umfang der nach der Sach- und Rechtslage geschuldeten Haftpflicht-

IV. 5. Anerkenntnis- und Befriedigungsverbot   Anm. F 150

entschädigung erheblich hinausgeht (vgl. dazu Anm. F 147). Gelingt dem Ver ein solcher Nachweis, so wird von dem ansonsten nach § 7 V Nr. 1 AKB geltenden Grundsatz abgewichen, daß der Ver Vorsatz und grobe Fahrlässigkeit beweisen müsse. Es heißt nämlich in § 7 V Nr. 3 S. 2 AKB im letzten Satzteil, daß vermutet werde, daß die Obliegenheitsverletzung mindestens auf grober Fahrlässigkeit beruhe. Das bedeutet, daß zwar die Beweislastregelung bezüglich des Vorsatzes nicht geändert worden ist, daß aber dann, wenn dem Ver der Nachweis des Vorsatzes nicht gelingt, es Sache des Vmers ist, den Beweis zu erbringen, daß er nicht grob fahrlässig gehandelt hat.

[F 149] e) Exkurs: Bindungswirkung in den Fällen einer Regulierung durch den Versicherungsnehmer

aa) Übersicht über die denkbaren Regulierungsfälle

Das Anerkenntnis- und Befriedigungsverbot gemäß § 7 II Nr. 1 AKB bewirkt zwar (im Verein mit den Prozeßobliegenheiten nach § 7 II Nr. 5 AKB), daß die Regulierung des Haftpflichtanspruchs in der Mehrzahl der Fälle durch den Ver erfolgt. Es gibt aber eine Reihe von Ausnahmen, in denen der Vmer den Anspruch des geschädigten Dritten befriedigt hat, ohne daß der Ver den Vsschutz wegen eines Verstoßes gegen das Anerkenntnis- und Befriedigungsverbot versagen darf. Als Beispiele seien aufgeführt:

Der Vmer reguliert den Schaden nach voragegangener unberechtigter Deckungsablehnung durch den Ver (vgl. dazu Anm. F 151).
Der Vmer reguliert den Schaden nach Maßgabe der Sonderbedingung für geringfügige Schäden (vgl. dazu Anm. F 87).
Die Regulierung durch den Vmer erfolgt unter der Billigkeitsausnahme nach § 154 II (Anm. F 144).
Schließlich sei auch des Falles gedacht, daß der Vmer zwar zur Regulierung nicht befugt war, aber nur leicht fahrlässig (oder gar schuldlos) das Anerkenntnis- und Befriedigungsverbot verletzt hat.

[F 150] bb) Differenzierende Lösung

aaa) Vorbemerkung

Das theoretische Grundmodell sieht bei einer Befriedigung des Dritten durch den Vmer so aus, daß sich gemäß § 154 I der auf Befreiung gerichtete Haftpflichtvsanspruch des Vmers in einen Zahlungsanspruch verwandelt (dazu Bd IV Anm. B 39—40 m. w. N.). Dabei ist aber zu bedenken, daß der Dritte häufig nicht nur begründete, sondern auch — meist in einer Gemengelage — unbegründete Haftpflichtansprüche erhebt. Dieser Lebensrealität trägt der Vsvertrag in § 10 I AKB mit der Ausdrucksweise Rechnung, daß die V die Befriedigung begründeter und die Abwehr unbegründeter Schadenersatzansprüche umfasse. Die Besonderheit in diesem einheitlichen Anspruch auf Gewährung von Haftpflichtvsschutz, der der Sache nach auf Befreiung von begründeten und unbegründeten Haftpflichtansprüchen gerichtet ist (vgl. zur Konstruktion nur Beisler VersArch 1957 S. 292—294, ferner Anm. G 2 und die Rechtsprechungsnachweise in Bd IV Anm. B 36), ist darin zu sehen, daß bei der Führung der Regulierungsverhandlungen durch den Ver das Risiko einer unrichtigen Beurteilung des vom Dritten erhobenen Anspruchs zu Lasten des Vers geht. Ebenso geht es zu Lasten des Vers, wenn ein nach der materiellen Lage an sich unbegründeter Haftpflichtanspruch durch einen Richterspruch dennoch dem Dritten zuerkannt wird. Dann muß der Ver die Folgen dieser

Anm. F 152   F. Obliegenheiten des Vmers in der Kraftfahrzeughaftpflichtv

Fehlentscheidung durch Freihaltung des Vmers genauso tragen, als wäre der Anspruch in Übereinstimmung mit dem materiellen Recht zuerkannt worden (vgl. dazu BGH 20.II.1956 NJW 1956 S. 827 = VA 1956 S. 89 Nr. 137 und Bd IV Anm. B 38 m. w. N.). Es ist zu untersuchen, ob und inwieweit ein gleiches in den hier erörterten Fällen gilt, in denen nicht der Ver, sondern der Vmer die Regulierung durchgeführt hat.

[F 151] bbb) Regulierung nach unberechtigter Deckungsablehnung

Eine unberechtigte Vsschutzablehnung stellt eine **Vertragsverletzung** dar. Erfolgt sie schuldhaft, so ist der Ver zum Ersatz des dem Vmer daraus entstehenden Schadens verpflichtet. Der Vmer braucht in dieser Situation die vsrechtlichen Obliegenheiten grundsätzlich nicht mehr zu beachten (streitig, vgl. Anm. F 143). Dem Vmer wird damit in der Abwicklung des Haftpflichtschadens „**freie Hand**" gelassen. Er ist dabei so zu stellen, daß ihn aus dieser Vertragsverletzung des Vers tunlichst kein Schaden trifft. Aus dieser Überlegung hat die Rechtsprechung die Konsequenz gezogen, daß der **Ver an die Regulierung durch den Vmer grundsätzlich gebunden ist** (vgl. dazu nur BGH 11.X.1956 NJW 1956 S. 1796—1798 = VersR 1956 S. 707—708, 16.V.1966 VersR 1966 S. 625—626, 1.II.1968 VersR 1968 S. 289—291, sowie aus neuerer Zeit z. B. LG Saarbrücken 12.V.1972 VersR 1973 S. 513—516, OLG Hamburg 3.III.1981 VersR 1982 S. 458—459, OLG Karlsruhe 4.X.1984 VersR 1986 S. 858—859, OLG Hamm 2.XI.1990 VersR 1991 S. 652—653 m. w. N., ferner die umfangreichen Nachweise in Bd IV Anm. B 66).

Eine Ausnahme wird nur für den Fall gemacht, daß der Vmer **leichtfertig** den Schaden reguliert hat. Dieser leichtfertig übernommene Teil des geltend gemachten Anspruchs des Dritten geht nicht zu Lasten des Vers. Das Wort „leichtfertig" ist dabei in dem Sinne zu interpretieren, daß darunter ein grob fahrlässiges Verkennen der Sach- und Rechtslage durch den Vmer zu verstehen ist (und erst recht ein vorsätzliches Handeln gegen die für den betreffenden Schadenfall geltenden Rechtsgrundsätze). Diese Rechtsprechung hat durchweg Billigung gefunden (vgl. nur Peters Bindungswirkung S. 21—23, 56—58, 68—69 m. w. N., Prölss—Martin—Voit[25] Anm. 3 e zu § 154, S. 741, ferner Bd IV Anm. B 66).

Zu beachten ist aber, daß die Ver im Kraftfahrzeughaftpflichtvsbereich durch § 7 V Nr. 2 und 3 AKB eine abweichende Regelung getroffen haben (vgl. dazu Anm. F 154 a. E.), so daß die nachfolgenden Anm. F 152—153 der theoretischen Grundlagenbestimmung für die Auslegung der genannten Bedingungsbestimmung mit dem in Anm. F 154 gefundenen Ergebnis dienen.

[F 152] ccc) Sonstige Regulierungsfälle

α) Rechtsprechung des BGH

Von besonderem Interesse ist **BGH 15.XII.1976 VersR 1977 S. 174—176**. Es handelt sich um einen KVO-Haftpflichtvsfall, bei dem es an einer Obliegenheit der in § 7 II Nr. 1 AKB niedergelegten Art fehlte. Der **Vmer** hatte sich mit einer **Verrechnung einer Schadenersatzforderung des Dritten** gegenüber unstreitigen Frachtrechnungen des Vmers **einverstanden erklärt**. Der BGH führte u. a. aus, daß aus § 154 I mit Recht entnommen werde, daß der Ver nicht nur an eine rechtskräftige gerichtliche Feststellung der Haftpflicht im Haftpflichtprozeß, sondern auch an eine Feststellung durch Anerkenntnis oder Vergleich grundsätzlich ohne Rücksicht darauf gebunden sei, ob er daran beteiligt gewesen sei. Es liege in der Natur der Sache, daß durch ein derartiges Rechtsgeschäft auch umstrittene Haftpflichtansprüche in Fällen erfaßt werden könnten, in denen eine Haftpflicht

IV. 5. Anerkenntnis- und Befriedigungsverbot

des Vmers objektiv nicht bestanden habe. Das sei gerade der Grund, warum ihm in den Vsbedingungen die Anerkennung und Befriedigung des Haftpflichtanspruchs ohne Zustimmung des Vers regelmäßig untersagt und an die Zuwiderhandlung gegen dieses Verbot die Leistungsfreiheit des Vers geknüpft werde. Die Bindungswirkung des Anerkenntnisses oder Vergleichs gegenüber dem Ver komme aber — über § 154 II hinaus — auch unter diesen Bedingungen zum Tragen, soweit der Vmer nicht oder nur leicht fahrlässig gehandelt habe (§ 6 III, 15 a). Der Ver sei dann aufgrund des Vsvertrages verpflichtet, dem Vmer hinsichtlich solcher Haftpflichtansprüche, die im Sinne von § 154 I festgestellt seien, Freistellung durch Zahlung an den Gläubiger (vgl. § 156 II) oder, soweit der Vmer diesen bereits befriedigt habe, Ersatz durch Zahlung an ihn selbst zu gewährleisten. In diesem Sinne sei der Ver entgegen der Ansicht der Revision „eintrittspflichtig". Dem könne er sich nicht durch Bestreiten der Haftpflicht des Vmers entziehen. Die Haftpflichtfrage werde grundsätzlich nicht im Deckungsverhältnis zwischen Ver und Vmer, sondern im Haftpflichtverhältnis zwischen Gläubiger und Vmer entschieden oder sonst festgestellt. Dieses Trennungsprinzip, das in der Rechtsprechung des BGH anerkannt sei, leite sich aus dem Inhalt der Vertragspflicht des Vers ab. Es sei jedenfalls insoweit, als die Bindung des Vers an die Feststellung der Haftpflicht mit der Folge seiner Zahlungspflicht in Betracht komme, den §§ 154 I, 156 II selbst zu entnehmen, auch wenn es darin nicht ausdrücklich ausgesprochen sei. Die Rechtslage, wie sie sich hiernach selbst bei Bestehen eines Anerkenntnis- und Befriedigungsverbots darstelle, könne für den Vmer nicht ungünstiger sein, wenn ein solches Verbot — wie hier — gar nicht bestanden habe. Der Vmer könne dann weder insoweit, als es sich um die Anwendung des Trennungsprinzips handle, noch bezüglich des Verschuldensmaßstabs schlechter stehen. Auch in diesen Fällen sei der Ver vielmehr an das Anerkenntnis des Vmers, einen Vergleich und an eine etwaige Befriedigung des Haftpflichtgläubigers gebunden, unbeschadet der Pflicht des Vmers, den Haftpflichtanspruch nicht leichtfertig anzuerkennen und zu erfüllen. Der Ver könne die Zahlung an den Gläubiger oder an den Vmer auch hier nicht davon abhängig machen, daß der Vmer seine Haftpflicht im Deckungsprozeß nachweise. Es sei weder angemessen noch zulässig, zu Lasten des Vmers bei dessen Anerkenntnis oder bei Befriedigung des Haftpflichtgläubigers einen strengeren Verschuldensmaßstab als den der groben Fahrlässigkeit (Leichtfertigkeit) anzulegen, wie er nach § 6 III bei Bestehen eines vertraglichen Anerkenntnis- und Befriedigungsverbots für den Zuwiderhandlungsfall und auch in § 62 II für den Verstoß gegen die Rettungspflicht aufgestellt sei. Ein strengerer Maßstab wäre selbst im Falle einer entsprechenden vertraglichen Sanktionsvereinbarung schwerlich noch mit den Bestimmungen der §§ 154 I, 156 II zu vereinbaren. Aus dem Gesetz sei er jedenfalls nicht herzuleiten. Die von der Revision erwähnte „allgemeine Schadenderungspflicht", deren nur leicht schuldhafte Verletzung durch den Vmer bei Anerkennung und Befriedigung des Haftpflichtanspruchs dem Zahlungsanspruch gegen den Ver entgegenstehen und den Nachweis der Haftpflicht im Deckungsprozeß notwendig machen solle, könne zumindest in diesem Zusammenhang nicht anerkannt werden.

Im gleichen Sinne äußert sich BGH 14.VII.1981 NJW 1982 S. 996–998 = VersR 1981 S. 1158–1160 m. zust. Anm. von Gitter JR 1982 S. 242–244 in einer Entscheidung zum Umfang der Bindungswirkung nach § 3 Ziff. 8 PflichtvsG. Das Gericht bemerkt dazu a. a. O. NJW 1982 S. 998 = VersR 1982 S. 1159 u. a., daß freilich ein solches ohne Einwilligung des Haftpflichtvers gegebenes Anerkenntnis für diesen nicht ohne Bedeutung sei; insoweit sei die Ansicht des Berufungsgerichts, es sei für den Haftpflichtver „unverbindlich", zumindest mißverständlich. In aller Regel werde es, sofern nicht — wie hier — die Redlichkeit des Vertragsbeteiligten infrage stehe, beweisrechtlich ein starkes Indiz für das Bestehen einer Haftungslage sein. Materiellrechtlich sei im vsrechtlichen Deckungsverhältnis der Haftpflichtver auch an ein von dem Vmer gegen das ihm durch § 7 I AKB auferlegte Verbot erklärtes Anerkenntnis grundsätzlich gebunden (BGH 15.XII.1976 a. a. O.), jedenfalls sofern das Anerkenntnis nicht zum Zweck des Vsbetrugs gegeben worden sei, den das Berufungsgericht im Streitfall nicht mit letzter Sicherheit festzustellen vermöge. Die Obliegenheitsverletzung des Vmers lasse die Eintrittspflicht des Vers ganz unberührt, wenn der Vmer weder vorsätzlich noch grob fahrlässig gehandelt habe (§§ 6 III, 15 a, 7 V Ziff. 1 AKB); auch bei Vorsatz oder grober Fahrlässigkeit werde der Haftpflichtver nur in den regelmäßig sehr engen Grenzen in § 7 V Nr. 2 und 3 AKB diesem gegenüber leistungsfrei.

Dagegen wird vom BGH 12.III.1969 VersR 1969 S. 405–406 in einem Fall, in dem der Vmer nach Maßgabe der Billigkeitsausnahme gemäß § 154 II reguliert hatte, über den Umfang der Erstattungspflicht des Vers auf S. 406 u. a. ausgeführt, daß die Bekl weiterhin verpflichtet sei, dem Kl Vsschutz zu gewähren. Das bedeute allerdings nicht, daß sie ihm ohne weitere Prüfung alle Beträge zu erstatten habe, die er dem Geschädigten geleistet habe. Einen Erstattungsanspruch habe er gegen die Bekl nur insoweit, als er tatsächlich auf den Unfall beruhende Schadenersatzansprüche des Geschädigten befriedigt habe. Leistungen, die er darüber hinaus erbracht habe, könne er der Bekl nicht in Rechnung stellen.

[F 153] β) Kritik durch das Schrifttum

Während die Rechtsprechung zur Bindungswirkung in den Fällen, in denen der Ver dem Vmer unberechtigt den Vsschutz verweigert hat, ungeteilten Beifall gefunden hat (vgl. Anm. F 151 m. w. N.), ist BGH 15.XII.1976 VersR 1977 S. 176–177 insbesondere bei Peters Bindungswirkung S. 22–70 auf Ablehnung gestoßen. Er bewertet die Beziehung zwischen Ver und Vmer dogmatisch allein auf der Basis des bürgerlichen Rechts. Leiste der Vmer auf einen nicht begründeten Haftpflichtanspruch, so werde dadurch keine Leistungspflicht des Vers ausgelöst. Vielmehr könne in Übereinstimmung mit BGH 12.III.1969 VersR 1969 S. 405–406 nur durch Leistung auf begründete Haftpflichtansprüche des Dritten eine Umwandlung des Befreiungs- in einen Zahlungsanspruch erfolgen. Vsrechtliche Grundsätze entgegengesetzter Art gebe es nicht. Sie seien insbesondere §§ 6 III, 154 und 156 nicht zu entnehmen. Auch sei keine dem Vsvertrag zugrundeliegende Vereinbarung einer bindenden Schadenfeststellung als Bindungsgrund zu ermitteln. — Bedenken wurden früher auch von Prölss–Martin[23] Anm. 5 zu § 154, S. 880 erhoben; sie haben sich aber nunmehr zu der BGH-Rechtsprechung bekannt (vgl. Prölss–Martin–Voit[25] Anm. 5 zu § 154, S. 743 m. w. N.).

[F 154] γ) Stellungnahme

Der vom BGH 15.XII.1976 VersR 1977 S. 176–177 vertretenen Auffassung ist beizupflichten. Die Annahme von Peters Deckungsumfang S. 22–70, daß es keine haftpflichtvsrechtlichen Besonderheiten gebe, die die vom BGH herausgearbeiteten Entscheidungsgrundsätze rechtfertigen könnten, geht fehl. Eine wesentliche Stütze findet die vom BGH vertretene Auffassung in § 158 e II. In dieser nur für die Pflichthaftpflichtven geltenden Bestimmung ist niedergelegt, daß der Ver im Verhältnis zum geschädigten Dritten an ein Anerkenntnis des Vmers nicht gebunden ist, es sei denn, daß die Voraussetzungen der Ausnahmesituation des § 154 II vorgelegen haben. § 158 e II betrifft zwar nicht das Verhältnis zwischen Ver und Vmer, sondern das zwischen Ver und geschädigtem Dritten. Dieser Bestimmung, die nach § 3 Ziff. 7

IV. 5. Anerkenntnis- und Befriedigungsverbot

PflichtvsG auch für den Direktanspruch gilt, ist aber die Auffassung des Gesetzgebers zu entnehmen, daß es zur Vermeidung einer Bindungswirkung im Verhältnis zwischen dem Ver und dem Dritten einer ausdrücklichen Norm bedürfe. Das wird dadurch besonders verdeutlicht, daß eine solche Bindungswirkung für den Fall eines Anerkenntnisses nach der Ausnahmesituation des § 154 II als gegeben angesehen wird. Gilt das aber im Verhältnis zwischen Ver und geschädigtem Dritten, so finden diese Überlegungen erst recht im Verhältnis zwischen Ver und Vmer Anwendung. So betrachtet ist es durchaus angemessen, in § 154 I nicht nur eine Fälligkeitsregelung, sondern darüber hinaus auch eine das Haftpflichtvsverhältnis entscheidend im Sinne einer bindenden Feststellung der Haftpflichtforderung beeinflussende Norm zu sehen.

Es besteht auch kein Widerspruch zwischen BGH 15.XII.1976 a. a. O. und den Bemerkungen in BGH 12.III.1969 VersR 1969 S. 405–406. Denn in dem Fall BGH 12.III.1969 a. a. O. ging es nicht um ein Anerkenntnis oder um die vergleichsweise Festlegung der Haftpflichtforderung. Vielmehr handelte es sich um Zahlungen, die ohne solche zusätzlichen rechtsgeschäftlichen Erklärungen erbracht worden waren. Das ist ein wesentlicher Unterschied. Keineswegs kann mit Peters Bindungswirkung S. 27 davon ausgegangen werden, daß in einer Zahlung in der Regel auch ein Anerkenntnis einer Schuld liege. Vielmehr kommt es insoweit ganz auf die Umstände des Einzelfalles an.

Ergänzend wird zur Bindungswirkung bei einer Eigenregulierung durch den Vmer auf Bd IV Anm. B 64–66 m. w. N. verwiesen. In Abänderung der dort angestellten Überlegungen ist aber in allen Fällen, also nicht nur bei der unberechtigten Deckungsverweigerung, eine Bindungswirkung insoweit zu verneinen, als der Vmer **leichtfertig** (d. h. grob fahrlässig) den Umfang der Haftpflichtforderung verkannt hat.

Das Gesagte bedeutet, daß nach den **allgemeinen haftpflichtvsrechtlichen Prinzipien** der Ver dem Vmer zwar den durch eine **leicht fahrlässige Handlungsweise** entstandenen **Schadenmehrbetrag** zu ersetzen hat, aber nicht den Teil des Schadens, der durch eine **grobe Fahrlässigkeit** entstanden ist. Von dieser gesetzlichen Regelung wird in der Kraftfahrzeughaftpflichtv durch eine **spezielle vertragliche Regelung** abgewichen. § 7 V Nr. 2 AKB bestimmt, daß bei einem vorsätzlichen oder grob fahrlässigen Verstoß gegen das Anerkenntnis- und Befriedigungsverbot grundsätzlich nur eine Leistungsfreiheit bis zur Höhe von DM 1000,– besteht. Diese Regelung ist **rechtspolitisch verfehlt**, da nicht einzusehen ist, warum dem Vmer ein derart schuldhaft entstandener Mehrbedarf ersetzt werden soll (vgl. Anm. F 147 a. E.). Das ist für die Fälle des **Betruges und der grob fahrlässigen Verursachung von Fehlentscheidungen** von den Bedingungsverfassern erkannt worden. Es ist unverständlich, warum nur für diese beiden Fallgruppen die Leistungsfreiheitsgrenze von DM 1000,– aufgehoben worden ist. Denn eine gänzliche Leistungsfreiheit des Vers hinsichtlich des durch Vorsatz oder grobe Fahrlässigkeit entstandenen Mehrbedarfs ist rechtsethisch begründet. Angesichts der vertraglichen Besserstellung des Vmers — mag sie auch ungerechtfertigt erscheinen — ist eine entsprechende Änderung der in § 7 V Nr. 3 AKB aufgeführten Regelung auf Fälle der hier erörterten Art abzulehnen. Eine Bedingungsänderung wäre allerdings nach dem Gesagten empfehlenswert.

Es ergibt sich ohnedies eine kaum verständliche Diskrepanz dadurch, daß nach der dargestellten Rechtsprechung bei einer **ohne Obliegenheitsverletzung** vorgenommenen Selbstregulierung durch den Vmer der Ver insoweit an die Feststellung der Haftpflichtforderung nicht gebunden ist, als die dabei gegenüber der materiellen Rechtslage erfolgten Vergrößerung des Haftpflichtschadens auf einem leichtfertigen (grob fahrlässigen) Verhalten des Vmers beruht. Diese Ungereimtheit könnte zugunsten des Vmers dadurch behoben werden, daß die Obliegenheitsregelung (§ 7 V Nr. 2 AKB) auf solche Fälle entsprechend angewendet wird. Da die Lösung in den genannten Bestimmungen aber rechtspolitisch insoweit verfehlt ist, als für grob fahrlässig begangene Obliegenheitsverletzungen teilweise auch im Umfang des durch diese Obliegenheitsverletzungen entstandenen Mehrschadens eine Eintrittspflicht des Vers begründet worden ist, muß dem entgegengetreten werden. Zur Vermeidung einer Fehlentwicklung ist es um so wichtiger, daß im Bedingungswerk unmißverständlich zum Ausdruck kommt, daß in allen Fällen **grob fahrlässiger Vermehrung** des Vsschadens durch den Vmer im Umfang der Vermehrung **kein Vsschutz** besteht.

Die dargestellten Grundsätze hätten vom OLG Köln 29.X. 1990 VersR 1991 S. 654–655 = r + s 1990 S. 402–404 erörtert werden müssen. Der Fall war durch die Besonderheit gekennzeichnet, daß zunächst gegen den Vmer, dem vom Ver der Vsschutz versagt worden war, ein **Versäumnisurteil** ergangen war. Die Direktklage gegen den Ver war später mangels Nachweises eines Schadenereignisses abgewiesen worden. Das löste keine Bindungswirkung zugunsten des Vmers gemäß § 3 Ziff. 8 PflichtvsG aus, da die gegen ihn ergangene Entscheidung vorher rechtskräftig geworden war (zu § 3 Ziff. 8 PflichtvsG vgl. Anm. B 37–38 m. w. N.). Das Gericht hätte sich im zweiten Prozeß des Dritten gegen den Ver (nach Pfändung und Überweisung des Haftpflichtvsanspruchs) nicht mit dem hervorgehobenen Umstand begnügen dürfen, daß der Ver die Möglichkeit gehabt habe, den Rechtsstreit zu führen. Vielmehr mußte es prüfen, ob der Ver — unabhängig vom Eingreifen des eine Obliegenheitsverletzung voraussetzenden § 7 V Nr. 3 AKB — deshalb nicht im Risiko war, weil die Schadenfeststellung durch den Vmer in **leichtfertiger Weise** erfolgt war. Diese Zusammenhänge werden auch vom OLG Nürnberg 30.VI.1988 VersR 1989 S. 34–35 = r + s 1988 S. 332–333 verkannt (kritisch dazu Schlegelmilch VersR 1989 S. 357–358, Reiff VersR 1990 S. 113–124, zustimmend Bauer VersR 1989 S. 734–735; vgl. auch Anm. G 11 m. w. N.). Es ist den Urteilsgründen aber auch nicht zu entnehmen, daß vom Ver die fehlende Bindungswirkung nach allgemeinen Grundsätzen in den Fällen leichtfertiger Schadenfeststellung durch den Vmer substantiiert vorgetragen und unter Beweis gestellt worden wäre (ebenso in den Fällen OLG Hamburg 16.IV.1985 r + s 1985 S. 183–184, OLG Hamm 18.V.1989 r + s 1989 S. 72–73 = ZfS 1988 S. 394). Gebilligt werden kann es demgemäß auch nicht, daß vom OLG Hamm 14.V.1985 VersR 1986 S. 1179–1180 lediglich die treuwidrige Herbeiführung der Verurteilung für maßgebend gehalten wurde.

Dafür, daß es dem Ver anzuraten ist, auch in den Fällen, in denen er eine Deckungsablehnung ausspricht, das Heft nicht ganz aus der Hand zu geben, indem er im Rechtsstreit des Dritten gegen den Vmer dem letzteren als **Streithelfer beitritt**, vgl. Reiff VersR 1990 S. 113–124, Freyberger VersR 1991 S. 842–846 und Staab Betrug S. 132–136. Im übrigen hätte der Ver entgegen OLG Köln 29.X.1990 a. a. O. nicht die rechtliche Möglichkeit gehabt, nach ausgesprochener Vsschutzverweigerung gemäß § 10 V AKB als Vertreter des Vmers zu handeln (vgl. dazu BGH 3.VI.1987 BGHZ Bd 101 S. 283–285 und Anm. G 19).

Bemerkenswert OLG Frankfurt a. M. 25.V.1990 VersR 1992 S. 717–718, das zu der Überzeugung gekommen war, daß eine Klage gegen den Ver unbegründet sei und daraus herleitete, daß auch die Klage gegen den nicht anwaltlichen vertretenen Vmer unschlüssig sei und sie deshalb durch ein unechtes Versäumnisurteil abwies. Ob das im Sinne der materiellen Gerechtigkeit zu begrüßende Urteil den gängigen Maßstäben über die Schlüssigkeitsprüfung im Versäumnisverfahren entspricht, ist

IV. 5. Anerkenntnis- und Befriedigungsverbot **Anm. F 154**

zu bezweifeln (unterstellt, daß das die Klage gegen den Ver abweisende Urteil in der Beschwer unter der Revisionssumme lag, so hätte eine entsprechende Anwendung des § 3 Ziff. 8 PflichtvsG näher gelegen; dazu OLG Köln 6.XI.1981 VersR 1982 S. 860–861 und Anm. B 38; eine darüber hinausgehende entsprechende Anwendung befürwortet Staab Betrug S. 120–128). Ein Ver kann demgemäß in dieser Situation nicht darauf vertrauen, daß andere Gerichte die Schlüssigkeitsfrage ebenso sehen oder aber den Konflikt in der Weise lösen, daß sie im Streben nach materieller Gerechtigkeit den Rechtsstreit gegen den Vmer bis zur Entscheidung über den Prozeß gegen den Ver aussetzen (vgl. dazu OLG Celle 16.VI.1988 VersR 1988 S. 1286–1287, kritisch Reiff a. a. O. S. 116–117 m. w. N.).

G. Rechtspflichten des Kraftfahrzeughaftpflichtversicherers

Gliederung:

I. Hauptpflichten des Kraftfahrzeughaftpflichtversicherers G 1–94
　1. Systematische Eigenheiten des auf Befreiung von begründeten und unbegründeten Haftpflichtansprüchen gerichteten Haftpflichtvsanspruchs (weitere Untergliederung vor G 1) G 1–12
　2. Konkretisierung der Befreiungsverpflichtung G 13–20 (weitere Untergliederung vor G 13)
　3. Kostenleistungen des Vers G 21–24 (weitere Untergliederung vor G 21)
　4. Sicherheitsleistung G 25
　5. Summenmäßige Begrenzung der Leistungspflicht des Vers G 26–40 (weitere Untergliederung vor G 26)
　6. Zeitliche Abgrenzung des Vsschutzes G 41
　7. Örtliche Begrenzung der Leistungspflicht des Vers G 42–43 (weitere Untergliederung vor G 42)
　8. Zum primären Umfang des Vsschutzes gemäß §§ 10 I, II und 10a AKB G 44–59 (weitere Untergliederung vor G 44)
　9. Ausschlußtatbestände G 60–94
II. Nebenpflichten des Kraftfahrzeughaftpflichtversicherers G 95–100

I. Hauptpflichten des Kraftfahrzeughaftpflichtversicherers

1. Systematische Eigenheiten des auf Befreiung von begründeten und unbegründeten Haftpflichtansprüchen gerichteten Haftpflichtversicherungsanspruchs

Gliederung:

Schrifttum G 1
a) Grundsätzliches G 2
b) Umwandlung des Befreiungsanspruchs in einen Zahlungsanspruch G 3
c) Abtretung, Verpfändung und Pfändung G 4
d) Entstehung und Fälligkeit des Haftpflichtvsanspruchs G 5
e) Fristsetzung nach § 12 III VVG G 6
f) Rechtsschutzbedürfnis für Vsschutzklage G 7
g) Exkurs: Streitwert der Haftpflichtvsschutzklage G 8
h) Verjährung G 9
i) Bindungswirkung G 10–11
　aa) Feststellung der Schadenersatzverpflichtung G 10
　bb) Vsrechtliche Komponenten G 11
j) Besonderheiten des Haftpflichtvsschutzes für mehrere Vmer G 12

[G 1] Schrifttum:

Vgl. Anm. B 1 mit umfangreichen Nachweisen, ferner Bauer VersR 1989 S. 734–735, Fenyves VersR 1985 S. 797–806, Freyberger VersR 1991 S. 842–846, Geyer VersR 1989 S. 882–888, Kääb NZV 1991 S. 169–171, Klingmüller, Festschrift für Sieg, Karlsruhe 1976, S. 275–281, Peters, Die Bindungswirkung von Haftpflichtfeststellungen im Deckungsverhältnis, insbesondere die Bindung des Haftpflichtvers an die Verurteilung des Vmers im Haftpflichtprozeß, Karlsruhe 1985 (zit. Peters Bindungswirkung), Prölss NJW 1965 S. 1737–1743, Reiff VersR 1990 S. 113–124, Schlegelmilch VersR 1989 S. 358–359, Späth VersR 1988 S. 234, ders. VersR 1989 S. 354–355, Staab, Betrug in der Kfz-Haftpflichtv, Karlsruhe 1991 (zit. Staab Betrug), Schirmer VersR 1986 S. 825–833, v. Stebut VersR 1982 S. 105–112, Voit VersR 1988 S. 901–902.

I. 1. Eigenheiten des auf Befreiung gerichteten Haftpflichtvsanspruchs **Anm. G 2**

[G 2] a) Grundsätzliches

Nach einhelliger Auffassung in Rechtsprechung und Schrifttum ist der Anspruch des Vmers aus dem Kraftfahrzeughaftpflichtvsvertrag auf **Befreiung** und nicht auf **Zahlung** gerichtet (vgl. dazu und zu älteren abweichenden Meinungen Bd IV Anm. B 33 m. w. N.). Der Ver schuldet die Befreiung des Vmers (oder des Vten) von den durch den Dritten gegen ihn erhobenen Haftpflichtansprüchen aus dem Gebrauch des „vten" Kraftfahrzeugs. Nach § 10 I AKB schuldet der Ver dem Vmer aber nicht nur die Befriedigung **begründeter** Schadenersatzansprüche des Dritten. Vielmehr umfaßt die Leistungspflicht des Vers auch die Abwehr **unbegründeter** Schadenersatzansprüche, die von dem Dritten gegenüber dem Vmer erhoben werden. Diese beiden Funktionen der Haftpflichtv sind als **einheitliche Leistungsverpflichtung** des Vers in dem Sinne aufzufassen, daß er die **Befreiung** des Vmers von **begründeten** und **unbegründeten Schadenersatzansprüchen** des geschädigten Dritten schuldet (vgl. dazu Bd IV Anm. B 36 m. w. N.). Dabei ist die Abwehr der unbegründeten Ansprüche, auch **Rechtsschutzfunktion** der Haftpflichtv genannt, nicht etwa als **Nebenleistung**, sondern als die der Befreiung von begründeten Ansprüchen gleichwertige Hauptleistung zu qualifizieren (vgl. Bd IV Anm. B 35 m. w. N.).

Die Entscheidung darüber, von welcher dieser theoretisch gleichwertigen Alternativen des Haftpflichtvsschutzes der Ver Gebrauch macht, steht dabei grundsätzlich in seinem **pflichtgemäßen Regulierungsermessen** (vgl. dazu Anm. G 14). Insbesondere ist es in das Ermessen des Vers gestellt, ob er sich auf einen Rechtsstreit über die Begründetheit des Haftpflichtanspruchs einläßt oder nicht (BGH 4.XII.1980 BGHZ Bd 79 S. 78). Diese Besonderheit des haftvsrechtlichen Befreiungsanspruchs ist auch im **Deckungsstreit** zu beachten. Dort kann der Vmer vor einer Feststellung der Haftpflichtforderung im Sinne des § 154 I grundsätzlich nicht auf Zahlung an den geschädigten Dritten klagen. Sein Klagantrag darf aber auch nicht auf Befreiung von den erhobenen Ansprüchen lauten. Denn damit würde nur ein verkappter Zahlungsanspruch geltend gemacht werden. Demgemäß bleibt in der Regel nur der Weg, einen Antrag auf **Feststellung** der Verpflichtung des Vers auf Gewährung von Haftpflichtvsschutz zu stellen (vgl. BGH 4.XII.1980 a. a. O. S. 78 m. w. N. und Bd IV Anm. B 46 m. w. N.).

Erhebt der Vmer entgegen diesen Überlegungen eine Zahlungsklage, so müßte diese als materiell-rechtlich unbegründet abgewiesen werden. Es kann sich aber aus der Klagbegründung ergeben, daß es dem Vmer gar nicht auf die Durchsetzung bestimmter Zahlungen ankommt, sondern auf die Feststellung, daß ihm für einen bestimmten Schadenfall Haftpflichtvsschutz zu gewähren ist. Dann kommt eine **Umdeutung** des Zahlungsantrags in einen solchen auf Feststellung in Betracht (vgl. BGH 27.V.1981 NJW 1981 S. 1952–1953 = VersR 1981 S. 948–950). Vom BGH 27.V.1981 a. a. O. wird allerdings zu Recht darauf hingewiesen, daß nach § 139 ZPO vom Gericht auf eine zutreffende Antragsfassung hätte hingewirkt werden müssen (vgl. auch BGH 4.XII.1980 a. a. O.).

Klagt der Vmer auf Feststellung, daß die von dem Ver genannten Ablehnungsgründe nicht vorliegen, so stellt das eine **unzulässige Antragsfassung** dar. Nach § 256 ZPO ist nur die Klage auf Feststellung des Bestehens oder Nichtbestehens eines Rechtsverhältnisses im ganzen, nicht aber auf Feststellung einzelner Elemente eines Rechtsverhältnisses zulässig (BGH 3.X.1979 VersR 1979 S. 1117–1119 m. w. N.).

Werden die Haftpflichtforderungen während des Laufes des Vsschutzprozesses im Haftpflichtstreit verbindlich im Sinne des § 154 I festgestellt, so kann der Vmer von der Feststellungs- auf die Leistungsklage übergehen. Je nachdem, ob der Vmer den Dritten befriedigt hat oder nicht, ist diese Leistungsklage auf Zahlung an den Vmer oder den Dritten zu richten (OLG Köln 29.X.1990 VersR 1991 S. 654–655 = r + s 1990 S. 402–404). Nach OLG Hamm 2.X.1985 VersR 1987 S. 88–89 wird eine Feststellungsklage in dieser Situation aber durch das Unterlassen einer solchen Umstellung nicht unzulässig. Die Entscheidung wird allerdings zusätzlich von der Begründung getragen, daß von einem Ver erwartet werden könne, daß er einem Feststellungsurteil genauso nachkomme, als wenn er zur Zahlung verurteilt worden wäre (ebenso OLG Hamm 5.X.1977 VersR 1980 S. 1061 m. w. N.).

Verteidigt sich der Ver im Vsschutzprozeß damit, daß er deshalb keine Deckung zu gewähren brauche, weil der Anspruch des geschädigten Dritten unbegründet sei, so ist das angesichts der Verpflichtung des Vers, den Vmer nach § 10 I AKB auch gegen unbegründete Haftpflichtansprüche zu schützen, unschlüssig (BGH 4.XII.1980 a. a. O. S. 89). Es kann eine solche Verteidigung nur in den Ausnahmefällen bedeutsam sein, in denen der Vmer nach einer unberechtigten Deckungsablehnung durch den Ver selbst reguliert und sich dann bei der Durchsetzung seines Erstattungsanspruchs mit dem Argument auseinander setzen muß, daß er bei der Regulierung die Sach- und Rechtslage „leichtfertig" verkannt habe (vgl. dazu Anm. F 151).

[G 3] b) Umwandlung des Befreiungsanspruchs in einen Zahlungsanspruch

Befriedigt der Vmer den geschädigten Dritten, so wandelt sich der Befreiungsanspruch in einen Zahlungsanspruch um (vgl. dazu Bd IV Anm. B 39 m. w. N.). Diesen Anspruch kann der Vmer gegen den Ver allerdings nur dann durchsetzen, wenn diese Erfüllung des Haftpflichtanspruchs ohne Verstoß gegen das Anerkenntnis- und Befriedigungsverbot erfolgt ist (vgl. dazu Anm. F 139–154). – Zur Befriedigung des geschädigten Dritten aus dem Vermögen des Vmers ohne Erfüllungshandlungen des Vmers vgl. Bd IV Anm. B 40. Eine solche Umwandlung erfolgt auch im Fall der Konfusion (z. B. durch Erbfolge, vgl. Bd IV B 41 m. w. N.). –

Schließlich ist erwähnenswert, daß sich der Befreiungsanspruch in der Hand des geschädigten Dritten nach einer Abtretung durch den Vmer, soweit diese zulässig ist (vgl. § 3 IV AKB sowie Anm. B 22 und G 4), oder nach einer entsprechenden Pfändung und Überweisung in einen Zahlungsanspruch umwandelt (dazu Bd IV Anm. B 42). Dieser konventionelle Weg der Einzelrechtsnachfolge des geschädigten Dritten hat indessen für die Kfz-Haftpflichtv mit Rücksicht auf den durch § 3 Ziff. 1 PflichtvsG geschaffenen **Direktanspruch** praktisch keine Bedeutung mehr. Doch ist rechtstheoretisch ein derartiges Vorgehen des Dritten durchaus möglich (vgl. dazu Anm. B 72–73). Deshalb sei erwähnt, daß eine solche Umwandlung auch dann anzunehmen ist, wenn der geschädigte Dritte aufgrund eines nur **vorläufig vollstreckbaren** Titels die Haftpflichtvsforderung pfändet und sich überweisen läßt und alsdann gegen den Ver vorgeht (Sieg Ausstrahlungen S. 203–204; anders OLG Stuttgart 29.VIII.1969 VersR 1970 S. 170–171, das in einem derartigen Falle den Anspruch als „zur Zeit unbegründet" abweist; das Gericht verkennt dabei, daß es sich bei dem Haftpflichtvsanspruch um ein einheitliches Ganzes handelt, das wesentlich von der § 154 I abändernden Verpflichtung des Vers geprägt wird, einen Zugriff auf das Vermögen des Vmers zu verhindern).

[G 4] c) Abtretung, Verpfändung und Pfändung des Haftpflichtversicherungsanspruchs

In § 3 IV AKB heißt es, daß die Vsansprüche vor ihrer endgültigen **Feststellung** ohne ausdrückliche Genehmigung des Vers weder **abgetreten** noch **verpfändet** werden können. Gegen die Rechtswirksamkeit solcher in AGB-Bestimmungen verankerter Abtretungs- und Verpfändungsverbote bestehen regelmäßig keine Bedenken (vgl. nur BGH 1.II.1978 BGHZ Bd 70 S. 299–304, 3.XII.1987 BGHZ Bd 102 S. 293–301, 29.VI.1989 NJW 1990 S. 109–111 = BB 1989 S. 1584–1585 m. w. N. [nicht vsrechtliche Entscheidungen]). Zur Tragweite eines solchen vertraglichen Verfügungsverbots ist zu bedenken, daß nach § 156 I eine Verfügung über die Entschädigungsforderung aus dem Haftpflichtvsverhältnis dem Dritten gegenüber ohnedies unwirksam ist (vgl. dazu Bd IV Anm. B 87–93). Daneben gilt der schon vor Einfügung des § 156 I von Rechtsprechung und Wissenschaft entwickelte Grundsatz, daß mit Rücksicht auf den Befreiungscharakter des Haftpflichtvsanspruchs eine Abtretung oder Verpfändung an jemand anders als den geschädigten Dritten oder eine Pfändung aufgrund eines einem Vierten gegen den Vmer zustehenden Titels keine Rechtswirkungen zeitigt (vgl. Bd IV Anm. B 51–53 m. w. N.).

Der Adressat des Abtretungs- und Verpfändungsverbots gemäß § 3 IV AKB kann für die Haftpflichtv danach nur der geschädigte Dritte sein. Diesem steht im Bereich der Kraftfahrzeughaftpflichtv aber ohnedies gemäß dem durch § 3 Ziff. 1 PflichtvsG geschaffenen Schuldbeitritt das Recht zur unmittelbaren Inanspruchnahme des Vers zu. Daraus ist zu schließen, daß § 3 IV AKB für die Kraftfahrzeughaftpflichtv als eine obsolete Bestimmung einzuordnen ist (vgl. ergänzend Anm. B 22). Allerdings kann der geschädigte Dritte auch heute noch auf dem traditionellen Weg vorgehen, indem er nur den Vmer verklagt und alsdann den Vsanspruch pfänden und sich überweisen läßt. Der Dritte kann in der gleichen Situation sich auch anstelle einer solchen Pfändung und Überweisung den Anspruch des Vmers gegen den Ver abtreten lassen. Es wäre verfehlt und mit dem Zweck des § 3 Ziff. 1 PflichtvsG nicht zu vereinbaren, einem solchen zusätzlich auf dem Abtretungsweg vorgehenden Dritten § 3 IV AKB als Hindernis entgegenzustellen. Vielmehr ist § 3 Ziff. 1 PflichtvsG zu entnehmen, daß die direkte Inanspruchnahme des Vers nicht ausgeschlossen werden darf (zum Mißbrauch einer Berufung auf das Abtretungsverbot in der allgemeinen Haftpflichtv vgl. für einen Sonderfall OLG Düsseldorf 28.X.1982 VersR 1983 S. 625–627). Zu den Komplikationen, die sich für den solcherart auf dem traditionellen Weg vorgehenden Dritten ohnedies ergeben können, vgl. Anm. B 72–73.

Für die Fahrzeug- und Kraftfahrtunfallv ist dagegen weiterhin von einer Wirksamkeit des § 3 IV AKB auszugehen. Hier kann es sich bei einer Konkurrenz mehrerer Forderungsprätendenten als bedeutsam erweisen, daß nach BGH 3.XII.1987 a. a. O., 29.VI.1989 a. a. O. die Genehmigung einer solchen Abtretung durch den Vertragspartner keine rückwirkende Kraft entfaltet.

[G 5] d) Entstehung und Fälligkeit des Haftpflichtversicherungsanspruchs

Vom RG und vom BGH ist in ständiger Rechtsprechung angenommen worden, daß der einheitliche, auf Befreiung von begründeten und unbegründeten Haftpflichtansprüchen gerichtete Vsschutzanspruch in der Haftpflichtv bereits in dem Augenblick fällig ist, in dem der Vmer von dem Dritten auf Schadenersatz in Anspruch genommen wird (RG 25.II.1913 VA 1913 Anh. S. 81–83 Nr. 749, 31.I.1936 RGZ Bd 150 S. 183–184, 7.II.1936 RGZ Bd 150 S. 227–231, 29.IX.1936 JW 1936 S. 3531 = VA 1936 S. 230 Nr. 2908; BGH 20.II.1956 NJW 1956 S. 826–828 = VA 1956 S. 88–90 Nr. 137, 13.VII.1959 VersR 1959 S. 702 = VRS Bd 17 S. 242, 26.XI.1959 VA 1960 S. 554–555, 5.X.1961 NJW 1961 S. 2304–2305 = VA 1962 S. 93–94 Nr. 319, 20.I.1966 VersR 1966, S. 229–230, 20.I.1971 VersR 1971 S. 333, 3.X.1979 VersR 1979 S. 1117–1119).

Unter einer Anspruchserhebung durch den geschädigten Dritten ist dabei jedes ernsthafte Verlangen nach Schadenersatz zu verstehen (RG 23.X.1936

Anm. G 5   G. Rechtspflichten des Kraftfahrzeughaftpflichtvers

RGZ Bd 152 S. 240–242, 14.I.1938 RGZ Bd 156 S. 383–384, BGH 20.II.1956 NJW 1956 S. 827 = VA 1956 S. 89 Nr. 137, 20.I.1966 VersR 1966 S. 230; vgl. ergänzend Bd IV Anm. F 37). Unerheblich für diese Fälligkeit ist es, ob die Ansprüche des geschädigten Dritten begründet sind oder nicht. Das ergibt sich daraus, daß es Aufgabe des Vers ist, den Vmer auch vor unbegründeten Ansprüchen zu schützen.

Mit einem Grenzfall, in dem der Vmer auf die Einrede der Verjährung verzichtet hatte, befaßt sich BGH 3.X.1979 a. a. O. (zur Architektenhaftpflichtv). Das Gericht führt dazu aus, daß eine Erfüllung des Haftpflichtanspruchs frühestens in dem Zeitpunkt möglich ist, in dem der Gläubiger seinen Anspruch beziffert habe. Von einer Abwehr des geltend gemachten Haftpflichtanspruchs könne frühestens in dem Zeitpunkt gesprochen werden, in dem der Gläubiger mit dem Angriff begonnen habe. Es genüge die außergerichtliche Aufforderung zur Zahlung von Schadenersatz oder zur Anerkennung der Schadenersatzforderung, ja selbst das Verlangen nach Abgabe eines auf den Grund des Anspruchs beschränkten Anerkenntnisses der Schadenersatzpflicht. Keineswegs könne es aber genügen, daß der Gläubiger den Vmer lediglich zum Verzicht auf die Einrede der Verjährung auffordere. Eine solche, vom Gesetzgeber an sich für unwirksam gehaltene (vgl. § 225 BGB), in der Praxis jedoch recht häufige und innerhalb gewisser Grenzen auch von der Rechtsprechung als gültig anerkannte Erklärung werde vor allem dann verlangt und abgegeben, wenn der Geschädigte sich noch nicht darüber schlüssig sei, ob er seinen Verhandlungspartner in Anspruch nehmen solle, sondern dies noch von ungewissen Umständen, z. B. dem Ausgang eines Strafverfahrens oder eines Zivilprozesses gegen einen anderen Haftpflichtigen abhängig machen wolle. Das gelte ganz besonders im vorliegenden Fall, in dem der Anwalt des Dritten dem Vmer ausdrücklich erklärt habe, er habe von seinem Mandanten keinen Auftrag, gegen den Vmer Haftpflichtansprüche zu erheben und auch keine Anhaltsansprüche für das Bestehen eines solchen Anspruchs.

Vom BGH 3.X.1979 a. a. O. wird offen gelassen, ob dagegen eine Streitverkündung als eine solche Anspruchserhebung anzusehen ist. Das ist nach der Interessenlage im Regelfall zu bejahen, so daß damit bereits die Abwehrpflicht des Vers einsetzt. Zu dessen Aufgabe gehört dann die Entscheidung, ob er sich für den Vmer an einem solchen Vorprozeß durch Beitritt auf der Seite des Klägers oder des Beklagten beteiligt und die entsprechenden Kostenbeträge dafür aufwendet. Demgemäß ist in § 153 IV 1 auch eine Gleichsetzung zwischen der gerichtlichen Geltendmachung und einer Streitverkündung sowie der Beantragung von Prozeßkostenhilfe vorgenommen worden (dazu Anm. F 89).

In Bd IV Anm. B 43 wird die Auffassung vertreten, daß als haftpflichtvsrechtliche Besonderheit zu konstatieren sei, daß Entstehung und Fälligkeit des Haftpflichtvsanspruchs regelmäßig zeitlich zusammenfallen. Das ist im Prinzip richtig, wenn man darauf abstellt, daß der Vmer ein Tätigwerden des Vers erst verlangen kann, wenn die Anspruchserhebung durch den geschädigten Dritten erfolgt ist. Das ändert aber nichts daran, daß ein Tatbestandsmerkmal des Haftpflichtvsanspruchs schon gegeben ist, wenn das Schadenereignis eingetreten ist und noch keine Ansprüche erhoben worden sind. Lehnt der Ver den Haftpflichtvsschutz für einen bestimmten Schadenfall ab, obwohl der geschädigte Dritte noch keine Ansprüche erhoben hat, so ist im Einzelfall zu entscheiden, ob ein Rechtsschutzinteresse des Vmers besteht, hier im Wege einer Feststellungsklage dieser Ablehnung zu begegnen. Zwar kann der Ver nicht rechtswirksam vor einer Fälligkeit des Haftpflichtvsanspruchs eine Frist nach § 12 III setzen (str., vgl. dazu Anm. G 6 m. w. N.), auch läuft die Verjährungsfrist des § 12 I nicht vor einer solchen Anspruchserhebung (vgl. Bd IV

I. 1. Eigenheiten des auf Befreiung gerichteten Haftpflichtvsanspruchs **Anm. G 6**

Anm. B 49 m. w. N.). Es kann aber entgegen der in Bd IV Anm. B 43 vertretenen Auffassung auch schon ein Rechtsschutzbedürfnis für eine Vsschutzklage bestehen (vgl. BGH 20.II.1956 NJW 1956 S. 827 = VA 1956 S. 89 Nr. 137 und Anm. G 7).

[G 6] e) Fristsetzung nach § 12 III VVG

Eng verknüpft mit dem Problem der Entstehung des Haftpflichtvsanspruchs ist die Frage, ab wann dem Vmer von dem Ver eine Klagfrist nach § 12 III gesetzt werden kann. Dabei ist zu fragen, ob eine gemäß § 12 III nach Eintritt eines **Schadenereignisses**, aber vor einer **Anspruchserhebung** durch den geschädigten Dritten erfolgte Deckungsablehnung Rechtswirkungen zeitigt. Das ist zu verneinen. Vielmehr ist für die Haftpflichtv zusätzlich zu verlangen, daß **der geschädigte Dritte einen Anspruch erhoben hat** (str., so aber RG 25.II.1913 VA 1913 Anh. S. 81–83 Nr. 749, 31.I.1936 RGZ Bd 150 S. 183–184, 7.II.1936 RGZ Bd 150 S. 230; vgl. auch Bd IV Anm. B 44). Dagegen wird aus einer sich auf sämtliche Vszweige erstreckenden Betrachtung von der heute h. M. angenommen, daß es für die **wirksame Fristsetzung gemäß § 12 III nicht erforderlich sei, daß bezüglich der abgelehnten Vsleistung bereits Fälligkeit eingetreten sei** (so BGH 25.I.1978 VersR 1978 S. 313–315 [zur Berufsfähigkeitszusatzv], Bruck–Möller Bd I Anm. 29 zu § 12, Prölss–Martin[25] Anm. 5 C zu § 12, S. 165, beide m. w. N.; a. M. Bruck 7. Aufl. S. 60). In der generellen Linie, daß nämlich die für alle Vszweige gedachte Bestimmung des § 12 III lediglich die Inanspruchnahme des Vers durch den Vmer voraussetzt und nicht auch, daß die Vsleistung bereits fällig ist, ist der h. A. durchaus beizupflichten. Gewiß darf § 12 III auch nicht für die Haftpflichtv dahin interpretiert werden, daß dort die Inanspruchnahme sowohl des Vers durch den Vmer wie die des Vmers durch den Dritten gemeint ist. Es ist aber eine im Ergebnis darauf hinauslaufende Auslegung vorzunehmen, nach der der Vsanspruch **bereits entstanden** sein muß. Dabei ist zu bedenken, daß in der Haftpflichtv im Rahmen des „gedehnten Vsfalls" in dem Dreigestirn „Schadenursache", „Schadenfolgeereignis" und „Anspruchserhebung" der Anspruch des Vmers auf Leistung des Vers im Regelfall erst vollständig mit der Inanspruchnahme des Vmers durch den Dritten entsteht. Hier zeigt sich, daß die Anspruchserhebung ein wesentlicher Anknüpfungspunkt im Rahmen des „gedehnten Vsfalls" ungeachtet dessen geblieben ist, daß in § 7 I Nr. 1 AKB das Schadenereignis zum Zentralbegriff für den Vsfall in der Kfz-Haftpflichtv erklärt worden ist (vgl. dafür, daß auch für die zeitliche Abgrenzung der Eintrittspflicht des Vers nicht auf das Schaden-, sondern auf das Kausalereignis abzustellen ist, Anm. G 41 m. w. N., str.).

Daneben ist allerdings ergänzend zu beachten, daß der Ver die Ausschlußfrist nach § 12 III erst dann rechtwirksam setzen kann, wenn er vom Vmer auf Leistung aus dem Vsvertrag in Anspruch genommen worden ist (BGH 18.XII.1974 VersR 1975 S. 229–230, OLG Koblenz 19.XII.1974 VersR 1975 S. 893–985, 27.II.1975 VersR 1975 S. 442–444, OLG Hamm 24.II.1984 VersR 1985 S. 535 = ZfS 1985 S. 242).

Darüber hinaus wird vom BGH § 12 III in ständiger Rechtsprechung restriktiv in denjenigen Fällen ausgelegt, in denen der Ver an den Dritten vor Ablauf der Frist geleistet hat; da dann die Vsforderung erfüllt worden ist, darf der Ver bezüglich desjenigen Teils seiner Leistungen, den er vor Ablauf der Klagausschlußfrist erbracht hat, nur dann Regreß nehmen, wenn seine Deckungsablehnung im übrigen sachlich gerechtfertigt war (vgl. dazu als Ausgangsentscheidung BGH 26.III.1956 BGHZ Bd 20 S. 237, ferner BGH 18.XII.1974 VersR 1975 S. 229–230 und Anm. B 68 m. w. N., unzutreffend LG Köln 29.VI.1983 VersR 1984 S. 227–228

= ZfS 1984 S. 148, 15.VII.1987 r + s 1988 S. 33, das annimmt, daß diese Grundsätze dann nicht gelten, wenn die Deckungsablehnung vor der Zahlung an den Dritten ausgesprochen wird; denn der tragende Grund der festen BGH-Rechtsprechung ist die mit der Leistung eintretende Erfüllung des Vsanspruchs; richtig LG Köln 6.VI.1984 r + s 1985 S. 158–159, OLG Düsseldorf 13.X.1987 ZfS 1988 S. 361–362 [allerdings läßt sich bezweifeln, daß hinsichtlich der nicht innerhalb der Frist von 6 Monaten erbrachten Leistung eine unklare Belehrung im Sinne des § 12 III gegeben war], LG Mannheim 19.I.1990 ZfS 1990 S. 380–381, LG Köln 10.X.1990 r + s 1991 S. 78).

In diesem Zusammenhang ist daran zu erinnern, daß der Ver sich in der Kraftfahrzeughaftpflichtv nach der ständigen Rechtsprechung des BGH nicht nur gegenüber dem Sozialvsträger, sondern auch gegenüber jedem anderen geschädigten Dritten nicht auf eine Leistungsfreiheit berufen kann, die allein auf dem Ablauf der Klagfrist nach § 12 III beruht (vgl. BGH 4.XII.1974 BGHZ Bd 65 S. 1–9, 18.XII.1980 NJW 1981 S. 925–926 = VersR 1981 S. 323–325, 16.XII.1981 NJW 1982 S. 1042 = VersR 1982 S. 282–283 m. Anm. v. Prölss VersR 1983 S. 922 und Anm. B 16, 17 und 68 m. w. N.). Aus dieser besonderen „Aufspaltungssituation" ist vom BGH 16.XII.1981 a. a. O. die Konsequenz gezogen worden, daß der Ver nicht berechtigt sei, die an den Sozialver erbrachten Leistungen vom Vmer – trotz der an sich diesem gegenüber gemäß § 12 III gegebenen Leistungsfreiheit – im Wege des Regresses zurückzuverlangen (vgl. dazu ergänzend Anm. B 16, 41 und 68 m. w. N.).

Für eine weitere restriktive Auslegung des § 12 III, die für alle Vszweige gilt, ist ergänzend auf BGH 26.I.1983 VersR 1983 S. 360–361 zu verweisen. Im konkreten Fall hatte der Ver zunächst wegen Verstoßes gegen die Führerscheinklausel gemäß § 2 II c AKB und dann in einem weiteren Schreiben wegen Verletzung der Aufklärungslast gemäß § 7 I Nr. 2 S. 3 AKB den Vsschutz versagt. In beiden Briefen war von dem Ver auf die Klagausschlußfrist gemäß § 12 III Bezug genommen worden. Eine solche unterschiedliche Fristsetzung wurde vom BGH mißbilligt und demgemäß dem Ablauf der Frist aus dem ersten Ablehnungsschreiben keine Wirkung beigemessen. Vgl. auch OLG Hamm 29.XI.1989 r + s 1990 S. 148–150; im ersten Schreiben war mit entsprechender Belehrung der Vsschutz in Höhe von DM 5000,– versagt worden, im zweiten wurde eine völlige Ablehnung erklärt, ohne daß eine neue Belehrung gemäß § 12 III erfolgte; dem Ver wurde die Berufung auf § 12 III nach Treu und Glauben versagt.

Schließlich ist der für alle Vssparten geltende Grundsatz zu beachten, daß dem Vmer, der die Frist nach § 12 III hat unverschuldet verstreichen lassen, dieser Fristablauf nicht entgegen gehalten werden darf (ständige Rechtsprechung, vgl. nur BGH 8.II.1965 BGHZ Bd 43 S. 235–238, 19.XII.1966 VersR 1967 S. 149–151 [150], 9.II.1977 VersR 1977 S. 442–444). Stellt der Ver zunächst eine unrichtige Prämienrechnung aus, setzt er dann wegen Nichtzahlung dieser Prämie eine Frist nach § 12 III, berichtigt dann aber nach den Angaben des Vmers seine Berechnung, worauf der Vmer fristgemäß zahlt, so kann vom durchschnittlichen Vmer angesichts dieses Geschehens ein klagweises Vorgehen nicht erwartet werden; er handelt schuldlos, da er nach Treu und Glauben darauf vertrauen durfte, daß der Ver in dieser Situation einen besonderen Hinweis geben werde, wenn er aus der vorangegangenen Fristsetzung Rechte ableiten wolle (so OLG Köln 25.IV.1985 r + s 1985 S. 235–236).

Der uneingeschränkten Geltung des § 12 III sind im übrigen für die Kraftfahrzeughaftpflichtv wegen der eigenartigen Ausgestaltung des Obliegenheitsrechts spezielle Grenzen zu setzen. Liegt eine Obliegenheitsverletzung vor, die

I. 1. Eigenheiten des auf Befreiung gerichteten Haftpflichtvsanspruchs **Anm. G 7**

gemäß § 7 V Nr. 2 AKB nur zu einer limitierten Leistungsfreiheit des Vers führt, lehnt der Ver aber summenmäßig unbegrenzt ab und erhebt der Vmer aufgrund seiner Unkenntnis des Bedingungsrechts wegen des DM 1000,— oder DM 5000,— übersteigenden Betrages des Schadens keine Deckungsklage, so würde ein Berufen des Vers auf den Ablauf der Klagausschlußfrist als rechtsmißbräuchlich anzusehen sein. Anders wäre der Fall zu bewerten, wenn der Ver in seinem Ablehnungsschreiben substantiiert und unter ausdrücklichem Hinweis auf § 7 V Nr. 3 AKB gänzliche Leistungsfreiheit in Anspruch genommen hätte (zur Auslegung des § 7 V Nr. 3 AKB vgl. ergänzend Anm. F 115, 116, 117 und 147).

Ob allerdings eine Bestimmung wie § 12 III bei einer Überarbeitung des VVG generell beibehalten werden würde, erscheint als zweifelhaft; denn es fehlt an einer einleuchtenden Begründung für dieses Privileg des Vers (kritisch daher aus rechtspolitischer Sicht von Stebut VersR 1982 S. 105—112). Jedenfalls gilt das für die Kraftfahrzeughaftpflichtv (und alle anderen Pflichthaftpflichtven) mit Rücksicht auf den dargestellten eingeschränkten Anwendungsbereich der Ausschlußfrist im Verhältnis zum Dritten und zum Vmer. Vgl. dazu auch Schirmer VersR 1986 S. 826—828, der § 12 III im Bereich der Kraftfahrzeughaftpflichtv schon heute für obsolet hält (ferner Prölss VersR 1983 S. 922). Diese Auffassung hat aber, wenn man von den in Anm. B 68 dargestellten Ausnahmen absieht, in der Rechtsprechung bisher keine Gefolgschaft gefunden (dafür, daß dem Dritten eine solche Frist nicht gesetzt werden kann, vgl. Anm. B 16 m. w. N.). Ungeachtet der aus Gerechtigkeitsgründen erfolgten Systemdurchbrechungen ist weiterhin die gesetzliche Grundregelung zu respektieren. Davon geht die Rechtsprechung auch aus (vgl. nur OLG Düsseldorf 13.X.1987 ZfS 1988 S. 361—362, LG Köln 14.III.1990 r + s 1991 S. 39—41, OLG Hamm 30.I.1991 r + s 1991 S. 183—185).

Ergänzend ist zu bemerken, daß der Ver auch gegenüber einem ausländischen Vmer grundsätzlich nicht verpflichtet ist, bei einem im Inland abgeschlossenen Vertrag die Erklärungen im Sinne des § 12 III (wie auch sonstige rechtserhebliche Erklärungen) in einer anderen als in der deutschen Sprache abzugeben (streitig, vgl. dazu und zu den Ausnahmen von diesem Prinzip Bruck—Möller—Winter Lebensv Anm. C 184—185 m. w. N., ferner Fenyves VersR 1985 S. 801 und Klingmüller, Festschrift für Sieg, Karlsruhe 1976, S. 275—281 m. w. N., sowie die Zusammenstellung der Entscheidungen in ZfS 1988 S. 113).

Dafür, daß auch nach österreichischem Recht im Bereich der Kraftfahrzeughaftpflichtv dem Vmer noch rechtswirksam eine Ausschlußfrist gemäß § 12 III gesetzt werden kann, vgl. ÖOGH 27.I.1983 VersR 1984 S. 1183 m. w. N. — Zu den Besonderheiten, die sich in der Haftpflichtv bei einer Fristsetzung gegenüber einer **Mehrheit von Vmern ergeben**, vgl. Anm. G 12. Dafür, daß es in der Kraftfahrzeughaftpflichtv erforderlich ist, für eine wirksame **Fristsetzung** bezüglich der V **für fremde Rechnung die entsprechende Erklärung gegenüber dem Vten abzugeben**, vgl. H 12 m. w. N.

[G 7] Rechtsschutzbedürfnis für Versicherungsschutzklage

Die Anspruchserhebung ist weiter von Bedeutung für die Klage des Vmers gegen den Ver auf Gewährung von Vsschutz. Ein Rechtsschutzinteresse ist für eine solche Klage von der Rechtsprechung immer dann bejaht worden, wenn der geschädigte Dritte Schadenersatzansprüche gegen den Vmer erhoben hat (so RG 15.III.1932 RGZ Bd 135 S. 368—370, 16.VI.1933 RGZ Bd 141 S. 192, BGH 12.I.1961 VersR 1961 S. 121—122, KG 5.VIII.1936 VA 1936 S. 231—232 Nr. 2910, OLG Bamberg 21.V.1952 VersR 1952 S. 316). Anders BGH 20.II.1956 NJW

1956 S. 827 = VA 1956 S. 89 Nr. 137; danach ist bei einer allein aufgrund der Schadenanzeige erklärten Deckungsablehnung ein Rechtsschutzbedürfnis für eine Vsschutzklage auch schon dann gegeben, wenn mit einer gewissen **Wahrscheinlichkeit** mit der Geltendmachung von Ansprüchen zu rechnen ist. Dem ist entgegen den in Bd IV Anm. B 45 m. w. N. geäußerten Bedenken beizupflichten; andernfalls müßte der Vmer bis zum Ende der haftungsrechtlichen Verjährungsfrist aus der Sorge heraus, daß der Ver mit seiner Ablehnung Recht haben könnte, in seinen Vermögensdispositionen Rücksicht auf die evtl. später auf ihn zukommenden Ersatzansprüche des Dritten nehmen (vgl. auch Anm. G 5 a. E.).

Zu beachten ist, daß ein **Rechtsschutzbedürfnis** für eine solche Deckungsklage auch dann gegeben ist, wenn die Ansprüche des geschädigten Dritten **offensichtlich unbegründet** sind (RG 15.III.1932 a. a. O.). Das ergibt sich nicht nur aus dem allgemeinen haftpflichtvsrechtlichen **Trennungsprinzip** (vgl. dazu Bd IV Anm. B 57—61 m. w. N.). Vielmehr entspricht es vor allem der recht verstandenen **Rechtsschutzfunktion** der Haftpflichtv, durch die als **komplementäre Hauptpflicht** des Vers die Befreiung von unbegründeten Ansprüchen geschuldet wird. Bemerkenswert ist, daß nach BGH 26.IX.1959 VA 1960 S. 146 Nr. 258 = VersR 1960 S. 74 für eine Klage auf Gewährung von Vsschutz auch dann ein **Rechtsschutzinteresse** bestehen soll, wenn der Ver seine **Leistungsverpflichtung gar nicht geleugnet** hat. Das zunächst unbillig erscheinende Ergebnis wurde vom BGH unter Hinweis auf § 93 ZPO damit begründet, daß der Ver es in der Hand habe, durch ein **sofortiges Anerkenntnis** unter Protest gegen die Kostenlast dem Vmer die Kosten auferlegen zu lassen. Hingegen weist BGH 30.IV.1981 NJW 1981 S. 1952—1953 = VersR 1981 S. 948—950 eine Deckungsklage bei ähnlich gelagerten Situationen als unzulässig wegen fehlenden Rechtsschutzinteresse ab (vgl. auch OLG Hamm 18.VI.1984 VersR 1985 S. 77). Im Falle BGH 30.IV.1981 a. a. O. hatte der Ver zunächst — aus der Sicht des Vmers — den Vsschutz umfassend verweigert, in der Berufungsinstanz aber klargestellt, daß von ihm Leistungsfreiheit nur im Umfang der Mehrkosten, die durch eine von dem Ver unterstellte Obliegenheitsverletzung entstanden waren, in Anspruch genommen werde (vgl. dafür, daß der Vmer in jenem Fall durch die Bestellung eines eigenen Anwalts im Haftpflichtprozeß mit Rücksicht auf eine vorangegangene unberechtigte Deckungsablehnung wegen Gefahrerhöhung keine Obliegenheitsverletzung begangen hatte, BGH 30.IV.1981 a. a. O. und Anm. F 125).

Erhebt der Vmer **Feststellungsklage** bezüglich des Vsschutzes, so ist es nicht selten zu beobachten, daß vom Ver Widerklage auf Zahlung des Regreßbetrages erhoben wird. Hat der Ver den Schadenfall abschließend reguliert, so daß sich der Regreßbetrag nicht mehr erhöhen kann, so entfällt mit der streitigen Verhandlung über die Widerklage das Rechtsschutzbedürfnis für die Feststellungsklage. Wird sie dennoch weiterverfolgt, so ist sie als unzulässig abzuweisen (OLG Frankfurt a. M. 2.VII.1970 VersR 1971 S. 73—74).

Für Einzelheiten zum **Rechtsschutzbedürfnis** und zu den **Rechtswirkungen** der Vsschutzklage vgl. Bd IV Anm. B 45—46 und zur **Antragsfassung** Anm. G 2 a. E. sowie Bd IV Anm. B 46 m. w. N.

[G 8] g) Exkurs: Streitwert der Haftpflichtversicherungsschutzklage

Zum **Streitwert** der Haftpflichtvsklage wird auf Bd IV Anm. B 47 verwiesen. Danach kommt es auf den Umfang der erhobenen und/oder auf den der noch zu erwartenden Haftpflichtansprüche an. Von dem dergestalt geschätzten Betrag sind dann gemäß der bei Feststellungsklagen üblichen Verfahrensweise 20% abzuziehen

I. 1. Eigenheiten des auf Befreiung gerichteten Haftpflichtvsanspruchs **Anm. G 9**

(vgl. BGH 27.XI.1958 VersR 1959 S. 23, 23.IX.1965 VersR 1966 S. 36–37, 11.XI.1981 VersR 1982 S. 133). Begehrt der Dritte die Zahlung einer Rente, so kommt in dem vom Vmer angestrengten Deckungsprozeß die den Gebührenstreitwert auf den fünffachen Jahresbeitrag begrenzende Bestimmung des § 17 II 1 GKG nicht zur Anwendung. Vielmehr ist unter Berücksichtigung des erwähnten Abschlags von 20% gemäß § 9 ZPO der volle Streitwert anzusetzen (BGH 12.VII.1974 VersR 1974 S. 122, 11.XI.1981 a. a. O.). Ursprünglich hatte der BGH das auch für den mit vsrechtlichen Einwendungen bekämpften **Direktanspruch** angenommen, diese Auffassung jedoch nach der vom Ver erhobenen Gegenvorstellung mit Rücksicht auf den **überwiegend deliktischen Charakter** des Direktanspruchs aufgegeben, was im konkreten Fall zu einer Reduzierung des Streitwerts von DM 600 000,– auf DM 100 000,– führte (vgl. BGH 11.XI.1981 a. a. O.). Es versteht sich, daß dann, wenn der Ver sich gemäß § 7 V Nr. 2 AKB einer Leistungsfreiheit nur in Höhe von DM 1000,– oder DM 5000,– wegen Verletzung einer nach Eintritt des Vsfalls zu erfüllenden Obliegenheit berühmt, diese Beträge in derartigen Deckungsstreitigkeiten die Obergrenze darstellen. Verkennt der Vmer allerdings, daß nur eine eingeschränkte Deckungsverweigerung vorliegt, und klagt er deshalb auf Feststellung der vollen Leistungspflicht des Vers (so im Falle BGH 30.IV.1981 a. a. O.), so ist wiederum der Umfang der insgesamt erhobenen (oder noch zu erwartenden) Haftpflichtansprüche maßgebend (abzüglich 20%).

Von der gemäß § 7 V Nr. 2 AKB auf DM 1000,– oder DM 5000,– beschränkten Leistungsfreiheit zu unterscheiden ist der Regreßverzicht des Vers nach Nr. II, 3 der geschäftsplanmäßigen Erklärungen (Anm. A 5). Er berührt den Regreß des Sozialvers nicht (BGH 5.X.1983 NJW 1984 S. 240–241 = VersR 1983 S. 1132–1134 unter Aufgabe des zuvor vertretenen gegenteiligen Standpunktes [BGH 27.V.1981 BGHZ Bd 80 S. 332–345; vgl. dazu Anm. B 148 m. w. N.]). Demgemäß ist entgegen BGH 25.XI.1981 VersR 1982 S. 269–270 für den Streitwert nicht von dem Betrag von DM 5000,– auszugehen, sondern von den von den Sozialvern erhobenen oder angekündigten Regreßansprüchen.

Bestehen gegenüber dem von einem Sozialvsträger erhobenen Regreßanspruch dem Grunde und der Höhe nach keine Zweifel, so kann für den Haftpflichtvsanspruch unter Umständen der Streitwert durch eine Addition der erhobenen Ansprüche ohne Abzüge ermittelt werden (OLG Schleswig 8.VIII.1975 VersR 1976 S. 333). Etwas anderes gilt aber dann, wenn die Übergangsfähigkeit oder die Unfallbedingtheit bestimmter Aufwendungen ernsthaft in Zweifel gezogen werden kann. Dann müßte der übliche Abschlag von 20% für Feststellungsklagen gemacht werden.

[G 9] h) Verjährung

Der **einheitliche Haftpflichtvsanspruch auf Rechtsschutz und Befreiung** (genauer: auf Befreiung von unbegründeten und begründeten Schadenersatzansprüchen) wird dann fällig, wenn der Vmer von dem geschädigten Dritten **auf Schadenersatz in Anspruch genommen** wird (vgl. Anm. G 5). Mit der **Fälligkeit** des Haftpflichtvsanspruchs ist die in § 12 I genannte Voraussetzung eingetreten, daß die Leistung des Vers, nämlich sein befreiendes Tun, verlangt werden kann. Demgemäß beginnt am Schluß des Jahres der Inanspruchnahme durch den geschädigten Dritten einheitlich die zwei Jahre betragende **Verjährungsfrist** des § 12 I für alle vom Ver nach § 10 I AKB geschuldeten Leistungen (so die **ständige höchstrichterliche Rechtsprechung**, vgl. RG 7.II.1936 RGZ Bd 150 S. 227–231, 29.IX.1936 JW 1936 S. 3531 = VA 1936 S. 230 Nr. 2908, 19.I.1937 VA 1937 S. 147 Nr. 2967 = ÖffrV 1937 S. 133, BGH 12.V.1960 NJW 1960 S. 1346–1348 = VersR 1960

S. 554—555, 5.X.1961 BGHZ Bd 36 S. 28—29, 20.I.1966 VersR 1966 S. 229—230). Diese Auffassung hat sich im Anschluß an Beisler VersArch 1957 S. 257—300 auch im Schrifttum durchgesetzt (vgl. die Nachweise in Bd IV Anm. B 48; abweichend allerdings noch Bruck—Möller Bd I Anm. 13 zu § 12 und zuletzt Müller—Stüler S. 15—16, der die Lehre von der Selbständigkeit des Rechtsschutz- und des Befreiungsanspruchs wieder aufgreift und demgemäß zu getrennten Verjährungsfristen kommt).

Über die verbleibende Bedeutung des § 154 I im System der **Ausstrahlungen** des **einheitlichen** Haftpflichtvsanspruchs vgl. RG 7.II.1936 a. a. O. und BGH 12.V.1960 a. a. O.; danach wird nur dann durch den in § 154 I bezeichneten Zeitpunkt der Feststellung der Haftpflichtforderung eine neue zwei Jahre betragende Verjährungsfrist in Lauf gesetzt, wenn zu diesem Zeitpunkt nicht bereits eine Verjährung des einheitlichen Haftpflichtvsanspruchs eingetreten ist. Für Einzelheiten zum Beginn der Verjährungsfrist und zur Unterbrechung vgl. Bd IV Anm. B 49.

Zu beachten ist insbesondere, daß die Verjährungsfrist nach § 12 I auch dann zu laufen beginnt, wenn der Vmer dem Ver den Schaden nicht angezeigt hat; maßgebend ist insoweit allein, ob der Vmer vom Dritten in Anspruch genommen worden ist (BGH 12.V.1960 NJW 1960 S. 1346—1348 = VersR 1960 S. 554—555, 20.I.1971 VersR 1971 S. 333).

Bedeutsam ist, daß der Anspruch auf Schadenersatz wegen Verzuges mit der Erfüllung des Haftpflichtvsanspruchs oder wegen anderer Leistungsstörungen, für den ebenfalls die Verjährungsfrist von zwei Jahren gilt, von dem Vsschutzanspruch zu unterscheiden ist. Diese Ansprüche verjähren selbständig. Demgemäß wird durch eine Klage auf Gewährung von Haftpflichtvsschutz nicht die Verjährungsfrist für die aus der Nichterfüllung dieser Vertragspflicht entstehenden Schadenersatzansprüche gewahrt (BGH 13.VII.1959 VersR 1959 S. 702 = VRS Bd 17 S. 242, 10.V.1983 VersR 1983 S. 673—674 [zur Feuerv], Bruck—Möller Bd I Anm. 14 zu § 12; vgl. ferner ergänzend Bd IV Anm. B 50). Dabei können für die einzelnen Verzugsschäden unterschiedliche Verjährungsfristen laufen (BGH 10.V.1983 a. a. O.).

[G 10] i) Bindungswirkung
aa) Feststellung der Schadenersatzverpflichtung

Die Kraftfahrzeughaftpflichtv ist seit 1965 durch die Einführung des **Direktanspruchs** geprägt. Seitdem gibt es in § 3 Ziff. 8 PflichtvsG eine Regelung über die **Bindungswirkung** eines den Haftpflichtanspruch **verneinenden Urteils** aus dem Rechtsstreit zwischen dem Dritten und dem Ver oder aus dem zwischen dem Dritten und dem Vmer. Diese gesetzliche Sonderregelung war erforderlich, um langjährige Kontroversen über dieses aus dem Bereich der allgemeinen Haftpflichtv nicht vorgegebene Problem zu vermeiden (vgl. dazu Möller ZVersWiss 1963 S. 460). Für Einzelheiten bezüglich dieser der Kraftfahrzeughaftpflichtv eigenen Bindungswirkung wird auf Anm. B 37—38 m. w. N. verwiesen.

Zu beachten ist aber, daß es neben dieser speziellen Bindungswirkung des Kraftfahrzeughaftpflichtvsrechts bezüglich einer Negation des Haftpflichtanspruchs durch Richterspruch auch noch die für alle Bereiche der Haftpflichtv geltenden Bindungswirkungsgrundsätze gibt. Sie können für die Kraftfahrzeughaftpflichtv auch nach der Einführung des Direktanspruchs weiterhin zum Tragen kommen. Dabei handelt es sich durchweg um eine **positive Bindungswirkung** hinsichtlich der **Feststellung der Haftpflichtforderung**. Diese Bindungswirkung betrifft insbesondere den Fall, daß der Vmer im Haftpflichtprozeß unterlegen ist. Dann kann nach ständiger höchstrichterlicher Rechtsprechung das Ergebnis des Haftpflicht-

I. 1. Eigenheiten des auf Befreiung gerichteten Haftpflichtvsanspruchs **Anm. G 10**

prozesses vom Ver im nachfolgenden Deckungsstreit grundsätzlich nicht mehr in Frage gestellt werden (vgl. für diese ständige höchstrichterliche Rechtsprechung nur BGH 20.IX.1978 VersR 1978 S. 1105—1106 [zur allgemeinen Haftpflichtv], OLG Köln 30.XI.1989 r + s 1990 S. 9—10; ferner Anm. B 39 und G 11 sowie Bd IV Anm. B 61—66 m. w. N.; zum österreichischen Recht vgl. ÖOGH 27.X.1983 VersR 1985 S. 51 m. w. N.; das Gericht erstreckt diese Bindungswirkung sogar auf den Regreßprozeß des Vers gegen den Vmer, gegenüber dem der Ver leistungsfrei ist; eine solche Erstreckung ist dagegen — abgesehen von den üblichen Rechtskraftgrundsätzen — zu verneinen; vgl. zur Darlegungs- und Beweislast im Regreßprozeß gemäß § 3 Ziff. 9 S. 2 PflichtvsG Anm. B 68). Bestritten ist allerdings, ob diese Bindungswirkung in der Kraftfahrzeughaftpflichtv auch dann eingreift, wenn nicht der Vmer sich im Deckungsprozeß darauf beruft, sondern der Dritte, der im Anschluß an den isoliert gegen den Vmer geführten Haftpflichtprozeß gegen den Ver vorgeht. Verklagt der Dritte dabei den Ver nach vorangegangener Pfändung und Überweisung des Haftpflichtvsanspruchs, so wird von der h. M. eine Bindungswirkung bejaht, dagegen soll sie nicht gegeben sein, wenn der Dritte den Ver ohne einen solchen Pfändungsakt aufgrund des Direktanspruchs verklagt (vgl. dafür, daß einer solchen Unterscheidung grundsätzlich nicht zu folgen ist, Anm. B 39 m. w. N.).

Diese überkommene Bindungswirkung hat ihren Ursprung nicht in den Rechtskraftgrundsätzen der ZPO. Vielmehr ist sie von der höchstrichterlichen Rechtsprechung rechtsschöpferisch dem Wesen des Haftpflichtvsvertrages entnommen worden (für Einzelheiten vgl Bd IV Anm. B 61—66). Von einer erneuten umfassenden Darstellung dieser Rechtsgrundsätze und ihrer Fortentwicklung wird mit Rücksicht darauf Abstand genommen, daß es in der Kraftfahrzeughaftpflichtv nur noch in Ausnahmefällen vorkommt, daß allein der Vmer verklagt wird. Für einen Teil derartiger Sonderfälle vgl. ergänzend Anm. B 39—41. Bedeutsam bleiben diese Grundsätze auch für eine Selbstregulierung durch den Vmer nach vorangegangener unberechtigter Ablehnung des Vsschutzes durch den Ver. Hierzu wird ergänzend in Anm. F 149—154 im Anschluß an die Erörterung des Anerkenntnis- und Befriedigungsverbots Stellung genommen (vgl. dazu auch Peters, Die Bindungswirkung von Haftpflichtfeststellungen im Deckungsverhältnis, insbesondere die Bindung des Haftpflichtvers an die Verurteilung des Vmers im Haftpflichtprozeß, Karlsruhe 1985, S. 22—70). Zu beachten ist, daß diese überkommene Bindungswirkung an die Entscheidung im Haftpflichtprozeß zu Lasten des Vmers auch dann eingreifen kann, wenn der Vmer, demgegenüber eine unberechtigte Deckungsablehnung erklärt worden ist, gegen sich ein Versäumnisurteil hat ergehen lassen (BGH 21.II.1963 VersR 1963 S. 421—423, 20.IX.1978 a. a. O., OLG Hamburg 16.IV.1985 r + s 1985 S. 183—184 [noch von der später vom BGH 3.VI.1987 BGHZ Bd 101 S. 276—285 aufgegebenen Auffassung ausgehend, daß der Ver berechtigt sei, auch solche Vmer oder Vte zu vertreten, denen gegenüber er den Vsschutz verweigert hat, vgl. dazu Anm. G 19 m. w. N.], OLG Hamm 18.V.1988 r + s 1989 S. 72—73 = ZfS 1988 S. 394, OLG Nürnberg 30.VI.1988 VersR 1989 S. 34—35 = r + s 1988 S. 332—333 [kritisch dazu in bezug auf die Abgrenzung der Bindungswirkung Schlegelmilch VersR 1989 S. 358—359, Reiff VersR 1990 S. 113—124, zustimmend Bauer VersR 1989 S. 734—735; vgl. dazu Anm. F 151—154 und Anm. G 11 m. w. N.), OLG Köln 29.X.1990 VersR 1991 S. 654—655 = r + s 1990 S. 402—404). Etwas anderes gilt dann, wenn und soweit durch dieses Verhalten des Vmers in leichtfertiger Weise der Umfang der Ansprüche des Dritten zu hoch festgelegt worden ist (vgl. BGH 20.IX.1978 a. a. O.; ferner Anm. F 149—154; w. N. in Bd IV Anm. B 66; zu den besonderen Problemen der beschränkten Leistungsfreiheit des Vers gemäß § 7 V Nr. 2, 3 AKB vgl. Anm. F 146—147).

Bestritten ist, ob eine solche Bindungswirkung auch dann eintritt, wenn der Ver deshalb keine Gelegenheit hatte, auf den Prozeß Einfluß zu nehmen, weil er über den Vorgang überhaupt nicht unterrichtet worden ist. In Bd IV Anm. B 66 m. w. N. ist das für die allgemeine Haftpflichtv aus systematischen Gründen bejaht worden. Der Ver ist dort auf den Schutz durch das Obliegenheitsrecht verwiesen worden (anders Späth VersR 1988 S. 234, VersR 1989 S. 354–355; zustimmend Voit VersR 1988 S. 901–902 [LG München 4.III.1987 VersR 1988 S. 233 hat im Sinne von Späth entschieden, ohne sich dabei aber mit der in Rechtsprechung und Schrifttum vertretenen Gegenmeinung auseinanderzusetzen]). An dieser Auffassung ist festzuhalten. Nachteile drohen dem Ver nur, wenn der Vmer weder vorsätzlich noch grobfahrlässig im Sinne des § 6 III gehandelt hat. Das dürfte aber bei einem solchen eklatanten Verstoß nur ganz selten der Fall sein. — Zur Verletzung der dem Dritten gemäß § 3 Ziff. 7 PflichtvsG obliegenden Anzeige- und Auskunftsobliegenheit und deren Folgen vgl. ergänzend Anm. B 27–29.

[G 11] b) Versicherungsrechtliche Komponenten

Zur schwierigen Abgrenzung der Bindungswirkung über den Umfang der Feststellung der Haftpflichtforderung hinaus auf die im Haftpflichtprozeß festgestellten (oder verneinten) Tatsachen, die für die Beurteilung des Vsschutzes von Bedeutung sind, vgl. Bd IV Anm. B 61–63 m. w. N. Für den Bereich der Kraftfahrzeughaftpflichtv ist insbesondere auf RG 22.VII.1941 RGZ Bd 167 S. 248–249 zu verweisen. Der Vmer war dort als Halter eines Pkw zum Schadenersatz verurteilt worden. Die Rechtsverteidigung des Vers im Vsschutzprozeß, daß der Vmer entgegen diesen Feststellungen nicht Halter des betreffenden Fahrzeugs gewesen sei, wurde als rechtsmißbräuchlich zurückgewiesen (ebenso BGH 22.IX.1958 BGHZ Bd 28 S. 139).

Maßgebliches Kriterium für die Abgrenzung der Bindungswirkung ist, ob es sich bei der Feststellung bestimmter Tatsachen im Haftpflichtprozeß hinsichtlich der Haftung und des Vsschutzes um identitätsgleiche Probleme handelt. Das ist nicht nur bezüglich der Frage von Bedeutung, ob der Vmer aus einer im Haftpflichtprozeß umstrittenen Eigenschaft haftet (z. B. als Halter, Fahrer oder Miteigentümer). Vielmehr greifen diese Grundsätze unter Umständen auch bezüglich des Vorliegens eines Ausschlußtatbestandes ein. BGH 28.VI.1962 BGHZ Bd 38 S. 83 hat dazu entschieden, daß dann, wenn der Vmer im Haftpflichtprozeß wegen vorsätzlicher Schädigung verurteilt worden ist, er im Vsschutzprozeß nicht mehr zum Beweis eines unvorsätzlichen Handelns im Sinne des § 152 zugelassen werden könne. Läßt der Richter des Haftpflichtstreits dagegen diese Frage offen, da zur Verurteilung die Feststellung eines fahrlässigen Verhaltens genügt, so bleibt dem Ver der Nachweis eines solchen vorsätzlichen Verhaltens gewiß unbenommen (vgl. OLG Nürnberg 27.IV.1989 VersR 1990 S. 375–376 = r + s 1989 S. 275–276, ferner ÖOGH 20.XII.1980 S. 833 und Bd IV Anm. B 63 m. w. N.).

Keine Bindungswirkung ist anzunehmen, wenn der Vmer — wie im Fall OLG Celle 7.I.1970 VersR 1970 S. 314–315 — zwar eine vorsätzliche Körperverletzung begehen wollte, jedoch den daraus resultierenden Tod des Dritten nicht vorausgesehen hatte. Dann haftet er zwar zivilrechtlich für diese Folgen seines vorsätzlichen Tuns nach § 823 BGB. Für das Eingreifen des Ausschlußtatbestandes gemäß § 152 ist es aber davon abweichend erforderlich, daß sich der Vorsatz auch auf die Schadenfolgen (hier den Tod) bezieht (vgl. dazu Anm. G 83 m. w. N. und Bd IV Anm. G 222). Umstritten ist dagegen, ob die Erstreckung der Bindungswirkung dann angenommen werden darf, wenn im Haftpflichtprozeß eine vorsätzliche Schadenzufügung ausdrücklich verneint worden ist (dagegen OLG Nürn-

I. 1. Eigenheiten des auf Befreiung gerichteten Haftpflichtvsanspruchs   Anm. G 11

berg 27.IV.1989 a. a. O., dafür Reiff VersR 1990 S. 120−121 und Bd IV Anm. B 63 m. w. N.). Sofern es sich nicht um bloße obiter-dictum-Äußerungen handelt, ist im Interesse einer einheitlichen Beurteilung des Gesamtgeschehens an der in Bd IV a. a. O. vertretenen Auffassung festzuhalten. Das wird besonders deutlich für den Fall, daß vom Dritten im Haftpflichtprozeß die Verurteilung des Vmers zur Zahlung eines wegen vorsätzlicher Körperverletzung wesentlich erhöhten Schmerzensgeldes verlangt wird. Hat dann das Gericht nach Durchführung einer Beweisaufnahme im Urteil ein vorsätzliches Handeln verneint und den Vmer lediglich zum normalen Satz des Schmerzensgeldes bei fahrlässiger Tat verurteilt, so ist es grundsätzlich nicht zuzulassen, daß der Ver im Deckungsstreit auf dieses Argument des geschädigten Dritten zurückgreift. Vielmehr müssen die Parteien des Vsvertrages in bezug auf die Bindungswirkung gleichbehandelt werden.

Keine Bindungswirkung tritt in denjenigen Fällen ein, in denen dem Ver (oder dem Vmer) nicht die ihm im Haftpflichtstreit nach Treu und Glauben zustehenden Einflußmöglichkeiten auf den Prozeßvortrag eingeräumt worden sind. Insbesondere darf der Ver einwenden, daß er deshalb nicht an das Ergebnis des Haftpflichtprozesses gebunden sei, weil es durch eine schuldhafte Obliegenheitsverletzung zu einem die Forderung des Dritten feststellenden Urteil gekommen ist (vgl. dazu RG 22.VII.1941 RGZ Bd 167 S. 246−249, BGH 20.IX.1978 VersR 1978 S. 1105−1106, ferner Schack JW 1939 S. 453). Auch steht es dem Ver offen, den Nachweis zu führen, daß der Vmer im Haftpflichtprozeß über den Vsfall bewußt unwahre Angaben gemacht oder daß der Unfall gar nicht stattgefunden habe oder verabredet gewesen sei (vgl. dazu BGH 20.IX.1978 a. a. O., OLG Hamm 5.X.1977 VersR 1980 S. 1061−1062, 2.X.1985 VersR 1987 S. 88−89, 30.I.1990 VersR 1991 S. 219−220).

Wird die Haftpflichtklage gegen den Vmer und den Ver abgewiesen, weil das Gericht zu dem Ergebnis kommt, daß es sich um einen „gestellten Unfall" gehandelt hat, so folgt daraus bindend für den Deckungsprozeß, daß dem am kriminellen Komplott beteiligten Vmer auch kein Ersatz der Kosten für die Abwehr der unbegründeten Ansprüche zusteht (OLG Köln 10.XI.1988 r + s 1989 S. 74). War das Komplott dagegen nur zwischen dem vten Fahrer und dem Dritten geschmiedet worden, wird aber auch der Vmer in seiner Eigenschaft als Halter in Anspruch genommen, so kommt diesem die Abwehrvariante der Haftpflichtv voll zugute (vgl. auch Anm. G 85).

Trotz der Regelung in § 3 Ziff. 8 PflichtvsG kann es dazu kommen, daß der Klage gegen den Vmer stattgegeben und die gegen den Ver abgewiesen wird. Das ist z. B. möglich, wenn zunächst gegen den Vmer, dem der Ver den Vsschutz verweigert hatte, ein Versäumnisurteil ergeht und danach die Klage gegen den Ver abgewiesen wird, weil das Gericht im Haftpflichtprozeß zu der Überzeugung gekommen ist, daß es sich um einen sog. gestellten Unfall gehandelt hat. Für eine solche Situation gibt es mangels eines Direktanspruchs kein Vorbild in der allgemeinen Haftpflichtv. Auch kommt § 3 Ziff. 8 PflichtvsG nicht zum Zuge. Diese Bestimmung setzt vielmehr voraus, daß das den Haftpflichtanspruch negierende Urteil rechtskräftig ist, wenn alsdann über den Anspruch gegen den Ver (oder den Vmer) entschieden werden muß. Sie ist zu Recht auf die Fälle ausgedehnt worden, in denen die Urteile zeitgleich erlassen worden sind, aber eines der klagabweisenden Urteile nicht angefochten worden ist (vgl. Anm. B 37−38 m. w. N.). Eine Ausdehnung auf diejenigen Fälle, in denen das Berufungsgericht nach durchgeführter Beweisaufnahme die Klage gegen den Ver abweist und deshalb gleichzeitig den Erlaß eines Versäumnisurteils gegen den Vmer verweigert, ist ebenfalls sachgerecht, sofern das Berufungsurteil nicht mehr mit der Revision angefochten werden kann (OLG Karlsruhe 11.III.1988 r + s 1988 S. 125–126). Darüber hinaus ist aber eine besondere Bindungswirkung etwa in dem Sinne, daß dem zeitlich später zugunsten des Vers ergangenen Urteil Vorrang zukomme, zu verneinen (ob LG Köln 14.III.1990 VersR 1990 S. 1385 [nur L. S.] diese Zusammenhänge richtig beurteilt, läßt sich allein anhand des Leitsatzes nicht beurteilen; wenn sich nicht eine besondere Variante im Sachverhalt findet, kann dem Lösungsweg über die Verneinung des Rechtsschutzbedürfnisses nicht gefolgt werden; es mußte vielmehr über die Vsschutzfrage materiell entschieden werden). Das bedeutet, daß der Ver, wenn er vom Vmer auf Gewährung von Vsschutz in Anspruch genommen wird (oder vom Dritten nach Pfändung und Überweisung des Haftpflichtvsanspruchs auf Zahlung) nach den üblichen Prinzipien des Deckungsprozesses zu behandeln ist. Für einen Sonderfall, in dem im Deckungsvergleich nicht berücksichtigt worden war, daß aufgrund des Zugeständnisses von tatsächlichen Umständen der Klage gegen den Vmer entsprochen, während gleichzeitig die gegen den Ver abgewiesen werden könnte, vgl. OLG Hamm 14.V.1985 VersR 1986 S. 1179–1180. Das Gericht bewilligte Prozeßkostenhilfe für den nunmehr unumgänglichen Deckungsstreit darüber, ob der Vmer die **Verurteilung treuwidrig** herbeigeführt habe.

OLG Nürnberg 30.VI.1988 VersR 1989 S. 34–35 = r + s 1988 S. 322–323 (kritisch dazu Reiff VersR 1990 S. 113–124, Schlegelmilch VersR 1989 S. 358–359, Staab Betrug S. 6–8, 110–114; zustimmend Bauer VersR 1989 S. 734–735) hat dagegen entschieden, daß der Ver, dessen Vmer rechtskräftig durch Versäumnisurteil im Haftpflichtstreit unterlegen war, sich nicht darauf berufen dürfe, daß es sich um einen fingierten (oder gestellten) Unfall gehandelt habe könne (ähnliche Bedenken klingen, wenn auch nicht fallentscheidend bei OLG Köln 30.XI.1989 r + s 1990 S. 9–10, 29.X.1990 VersR 1991 S. 654–655 = r + s 1990 S. 402–404 an). Dieser Auffassung ist nicht zu folgen. Die Behauptung, daß es sich um einen gestellten Unfall gehandelt habe und daß demgemäß das Urteil im Haftpflichtprozeß zu Lasten des Vers erschlichen worden sei, ist als **vsrechtliche Einwendung** nicht nur nach § 152 erheblich, sondern folgt auch aus dem im Rahmen des Rechtsgedankens des § 826 BGB stets zu beachtenden **Arglisteinwand**. Darüber hinaus ist in der Rechtsprechung anerkannt, daß selbst der Vmer, dem der Vsschutz zu Unrecht versagt worden ist, nicht zur **leichtfertigen Schadenregulierung** berechtigt ist (BGH 20.IX.1978 a. a. O.; vgl. ergänzend Anm. F 149–154). Diese vsrechtlichen Einwendungen dürfen dem Ver nicht abgeschnitten werden. Insoweit ist keine Bindungswirkung gegeben. Den Ver trifft insoweit aber gewiß die **Darlegungs- und Beweislast**. Der Hinweis des Gerichts, daß der Ver den Haftpflichtprozeß für den Vmer schließlich hätte führen können, verfängt nichts. Denn dem Ver ist das dann nicht zuzumuten, wenn er davon überzeugt ist, daß es sich um einen gestellten Unfall handelt. Darüber hinaus entfällt die Vertretungsbefugnis in denjenigen Fällen, in denen der Ver den Vsschutz ausdrücklich versagt (so BGH 3.VI.1987 BGHZ Bd 101 S. 283–285 unter Aufgabe der früher entgegengesetzten Rechtsprechung, vgl. Anm. G 19 m. w. N.). Der Ver kann aber auch dann noch versuchen, auf den Haftpflichtprozeß Einfluß zu nehmen, indem er nämlich dem Rechtsstreit als Streithelfer des Vmers beitritt (dazu Freyberger VersR 1991 S. 842–846, Staab Betrug S. 132–136). Dadurch kann er z. B. den Erlaß eines Versäumnisurteils gegen den Vmer verhindern (vgl. OLG Köln 17.V.1991 r + s 1991 S. 220). Gemäß § 67 ZPO ist er überhaupt berechtigt, Angriffs- und Verteidigungsmittel geltend zu machen und alle Prozeßhandlungen wirksam vorzunehmen, insoweit nicht seine Erklärungen und Handlungen zu solchen des Vmers in Widerspruch stehen. Demgemäß kann der Ver nicht das Zugeständnis bestimmter Tatsachen aus dem Vortrag des Dritten durch den

I. 1. Eigenheiten des auf Befreiung gerichteten Haftpflichtvsanspruchs Anm. G 11

Vmer verhindern und auch nicht ein Anerkenntnis der Forderung des Dritten mit der Folge, daß dieser ein Anerkenntnisurteil erwirken kann. Um so wichtiger ist es, daß dem Ver für den Deckungsstreit die erwähnten vsrechtlichen Einwendungen erhalten bleiben. – LG Köln 20.II.1991 r + s 1991 S. 219–220 = ZfS 1991 S. 275 hat den Antrag des Dritten auf Erlaß eines Versäumnisurteils auch ohne Beitritt des Vers mit der Begründung abgelehnt, daß gleichzeitig die Klage gegen den Ver nach durchgeführter Beweisaufnahme abgewiesen werde. Diese auf § 3 Ziff. 8 PflichtvsG gestützte Entscheidung ist aber nur dann zu billigen, wenn das die Klage abweisende Urteil keinem Rechtsmittel mehr unterliegt (so OLG Köln 6.XII.1981 VersR 1982 S. 860–861, OLG Karlsruhe 11.III.1988 r + s 1988 S. 125–126, 22.VI.1989 MDR 1990 S. 729–730; unzutreffend demgemäß LG Bielefeld 25.VIII.1988 ZfS 1988 S. 378 [kritisch dazu Reiff VersR 1990 S. 116–117, zustimmend aber Staab Betrug S. 120–128]; vgl. auch Anm. B 38).

Dafür, daß bei parallelen Rechtsstreitigkeiten zwischen dem Dritten und dem Vmer einerseits und zwischen dem Dritten und dem Ver unter Umständen auch eine Aussetzung des Verfahrens in entsprechender Anwendung des § 148 ZPO in Betracht kommen könnte, vgl. OLG Celle 16.VI.1988 VersR 1988 S. 1286–1287 (zustimmend dazu Staab Betrug S. 129–131, kritisch Reiff VersR 1990 S. 116–117, der auch für den Fall, daß tatsächlich zwei Prozesse geführt werden, Bedenken hat; für eine Aussetzung aber auch Prölss NJW 1965 S. 1741, ferner Prölss–Martin–Knappmann[25] Anm. 1 zu § 3 Ziff. 8 PflichtvsG, S. 1376; das dafür zitierte Urteil des OLG Düsseldorf 30.V.1974 VersR 1974 S. 965 betraf aber den nicht vergleichbaren Sonderfall, daß in erster Instanz die Klage gegen den niederländischen Ver mit der unzutreffenden Begründung durch ein Teilurteil abgewiesen worden war, daß ein niederländischer Ver einer solchen Direktklage nicht unterliege [vgl. dazu Anm. B 76 m. w. N.]).

Eine bindende Wirkung der tatsächlichen Feststellungen aus dem Haftpflichturteil in bezug auf Obliegenheitsverletzungen des Vmers ist dagegen zu verneinen. Auch wenn der Richter des Haftpflichtstreits dem Urteil ein bestimmtes Verhalten des Vmers als tatsächlich festgelegt zugrunde legt, entbindet das den Ver nicht davon, die Obliegenheitsverletzung darzutun und zu beweisen (BGH 12.II.1969 NJW 1969 S. 928 = VersR 1969 S. 413–415 [zum Verstoß gegen das Anerkenntnisverbot gemäß § 7 II Nr. 1 S. 1 AKB], ÖOGH 27.X.1983 VersR 1985 S. 51 [zur Aufklärungslast gemäß § 7 I Nr. 2 S. 3 AKB]; vgl. ferner OLG Hamm 5.X.1977 a. a. O. und 2.X.1985 a. a. O.). Prölss–Martin–Voit[25] Anm. 5 C b)cc) zu § 149, S. 715–716 führen dagegen aus, daß die im Haftpflichtprozeß festgestellten Tatsachen, aus denen sich eine Obliegenheitsverletzung ergebe, bindend seien, das gelte jedoch nicht für die vsrechtliche Würdigung dieser Tatsachen und für ihre Zuordnung zu Rechtsbegriffen. Indessen erscheint eine solche Differenzierung als nicht erforderlich. Vielmehr ist auch eine solche Erstreckung auf einzelne Tatsachenfeststellungen abzulehnen.

Stellt der Vmer dagegen, wie es der Regelfall sein dürfte, die tatsächlichen Feststellungen aus dem Haftpflichtprozeß im Vsschutzrechtsstreit unstreitig, so bedarf es gewiß zusätzlich noch der vsrechtlichen Würdigung und Zuordnung. Auch bleibt dem Vmer die Möglichkeit offen, fehlendes Verschulden im Sinne des § 6 III 1 darzutun. Vor allem aber darf der Vmer den Kausalitätsgegenbeweis gemäß §§ 6 III 2, 25 III führen. Eine entgegengesetzte Auslegung würde dem Sinn des Haftpflichtvsvertrages und der auf den Schutz des Vmers ausgerichteten Bestimmungen des Obliegenheitsrechts nicht gerecht werden. Zutreffend OLG Köln 2.II.1970 VersR 1970 S. 998–1000. In jenem Fall war der Vmer mit einem Fahrzeug gefahren, das defekte Bremsen hatte. Im Haftpflichtprozeß war vom Gericht festgestellt worden, daß diese verkehrsunsichere Bremsanlage für den Eintritt des Haftpflichtschadens mitursächlich gewesen sei. Im Deckungsprozeß wurde eine Bindung an diese Feststellung verneint und dem Vmer damit die Möglichkeit eröffnet, das Fehlen einer solchen Kausalität nachzuweisen.

[G 12] j) Besonderheiten des Hafpflichtversicherungsschutzes für mehrere Versicherungsnehmer

An der Hand von Fällen aus dem Bereich der Kraftfahrzeughaftpflichtv ist vom BGH der Grundsatz entwickelt worden, daß bei der V mehrerer Personen gegen Haftpflichtgefahren eine Mehrheit von selbständigen Haftpflichtvsansprüchen der einzelnen Vmer gegeben ist (so BGH 13.VI.1957 BGHZ Bd 24 S. 378–386 [für eine Gesellschaft bürgerlichen Rechts], 28.I.1958 NJW 1958 S. 549 = VersR 1958 S. 160, 15.VI.1961 VersR 1961 S. 651–653 = VRS Bd 21 S. 104–108 [für schlichtes Miteigentum], 21.IX.1967 VersR 1967 S. 990–991; ebenso: OLG Düsseldorf 11.XI.1958 VersR 1959 S. 101–102 [Vorinstanz zu BGH 15.VI.1961 a. a. O.], OLG Düsseldorf 9.XI.1965 VersR 1966 S. 1024–1025; weitere Nachweise in Bd IV Anm. B 55; abweichend nur OLG Düsseldorf 3.IV.1962 VersR 1962 S. 1170–1172).

Für die Kfz-Haftpflichtv ist danach – anders als bei der Sachv (vgl. dazu Bruck–Möller Bd I Anm. 63–66 zu § 6) – bei der V einer Personenmehrheit nicht zwischen Gesamthands- und Bruchteilsgemeinschaft zu unterscheiden. Von mehreren selbständigen Vsansprüchen wird man allerdings dann nicht sprechen können, „wenn eine Handelsgesellschaft als solche Halterin eines ausschließlich für Geschäftszwecke verwendeten Kraftwagens ist und in dieser Eigenschaft für einen Unfallschaden verantwortlich gemacht wird, so daß der dadurch ausgelöste Vsanspruch ungeteilt zum Gesellschaftsvermögen gehört" (offen gelassen worden ist diese Frage von BGH 13.VI.1957 a. a. O. S. 381; anders wohl Bruck–Möller–Sieg Bd II Anm. 40 zu § 67). Doch ist zu überlegen, ob das auch dann gilt, wenn der betreffende Wagen von einem der persönlich haftenden Gesellschafter gefahren wird und dieser wegen einer fehlerhaften Fahrweise verantwortlich gemacht wird. Es liegt nahe, insoweit wieder zur Annahme selbständiger Vsansprüche zu kommen.

Die regelmäßig bei der V einer Personenmehrheit gegebene Mehrheit selbständiger Vsansprüche bedeutet, daß die Obliegenheitsverletzung eines Vmers nicht zum Verlust des Vsschutzes für den anderen Vmer führt (BGH 13.VI.1957 a. a. O.). Etwas anderes gilt nur dann, wenn der die Obliegenheit verletzende Vmer zugleich Repräsentant des anderen Vmers ist (BGH 21.XI.1967 a. a. O.). Auch eine Gefahrerhöhung kann dem zweiten Vmer nur nach diesen Grundsätzen zugerechnet werden (anders OLG Düsseldorf 3.IV.1962 a. a. O. für eine Erbengemeinschaft; vgl. dagegen aber BGH 13.VI.1957 a. a. O. S. 381). Eine Fristsetzung nach § 12 III (§ 8 I AKB) wirkt in Konsequenz dieser Erkenntnis grundsätzlich ebenfalls nur gegenüber demjenigen Vmer, der unter den Voraussetzungen des § 12 III auf die Folgen des fruchtlosen Verstreichenlassens der Klagausschlußfrist hingewiesen worden ist (BGH 15.VI.1961 a. a. O.).

Mit Rücksicht auf diese rechtliche Selbständigkeit der Haftpflichtvsansprüche der einzelnen Vmer erscheint es auch als sachgerecht, daß bei einer Schadenregulierung ein Ausgleichsanspruch des vertragstreuen Vmers gegen den anderen Vmer, der keinen Vsschutz genießt, auf den Ver nach § 67 I 1 übergeht (so BGH 13.VI.1957 a. a. O.; vgl. weiter Bruck–Möller–Sieg Bd II Anm. 40 zu § 67). Zur Abgrenzung zu dem Regreßanspruch nach § 3 Ziff. 9 S. 2 PflichtvsG vgl. Anm. B 65.

Von dem Ausnahmefall des Vsschutzes für mehrere Vmer in einem Vsvertrag zu unterscheiden ist die gemäß § 10 II AKB in der Kraftfahrzeughaftpflichtv institutionell stets gegebene V für fremde Rechnung. Für die dort bestehenden Besonderheiten vgl. Anm. H 1–47.

I. 2. Konkretisierung der Befreiungsverpflichtung   Anm. G 14

2. Konkretisierung der Befreiungsverpflichtung

Gliederung:

Schrifttum G 13

a) Regulierungsermessen G 14
b) Befreiung von begründeten Ansprüchen G 15
c) Abwehr unbegründeter Ansprüche G 16

d) Verneinung eines Abandonrechts G 17
e) Auftreten des Vers gegenüber dem geschädigten Dritten G 18—20
   aa) Vorbemerkung G 18
   bb) Vertretungsmacht G 19—20
      aaa) Vertragliche Grundlage G 19
      bbb) Umfang der Regulierungsvollmacht G 20

[G 13] Schrifttum:

Vgl. Anm. G 1 m. w. N.

[G 14] a) Regulierungsermessen

Die Doppelnatur des Befreiungsanspruchs in der Haftpflichtv stellt an den Ver hohe Anforderungen. Als Herr des Regulierungsverfahrens muß er im Rahmen des ihm vertraglich zustehenden **Regulierungsermessens** beurteilen, inwieweit die von dem Dritten erhobenen Ansprüche dem Grund und der Höhe nach berechtigt sind (vgl. nur BGH 20.XI.1980 VersR 1981 S. 181, 4.XII.1980 BGHZ Bd 79 S. 78 m. w. N. und zu den Grenzen dieses Ermessens Anm. G 96—97, ferner Bd IV Anm. B 37—38, G 3 und F 107 m. w. N.). Beurteilt der Ver die Rechtslage unzutreffend und wird deshalb der Haftpflichtprozeß verloren, so wirkt sich das wirtschaftlich grundsätzlich allein zu Lasten des Vers aus. Er muß im Rahmen seiner umfassenden Befreiungspflicht den entstehenden **Mehrbedarf** tragen. Dabei geht es nicht nur um zusätzlich entstehende **Zinsen und Kosten**. Vielmehr kann sich auch die **Hauptforderung** erhöhen. Das ist z. B. der Fall, wenn ein Gericht eine **Schmerzensgeldforderung** mit Rücksicht auf eine verzögerliche Regulierung erhöht oder wenn sich der **materielle Schaden** des Dritten infolge eines **Verzugs** des Vers vergrößert. Diese aus der fehlerhaften Anwendung des dem Ver zustehenden Beurteilungsermessens folgende zusätzliche Leistungsverpflichtung kann sich zu Lasten des Vers auch **über die vertraglich vereinbarten Vssummen hinaus** ergeben. Das ist ausdrücklich in § 150 II für den bestehenden Mehrbedarf an **Zinsen und Kosten** vorgesehen, und zwar mit der Besonderheit, daß diese Zusatzverpflichtung des Vers ohne Rücksicht darauf besteht, ob die Verzögerung auf sein Verschulden zurückzuführen ist oder nicht (vgl. dazu Anm. G 39). Führt ein schuldhaft begangener Regulierungsfehler des Vers zu einer Erhöhung der berechtigten Schadenersatzforderung des Dritten, so ergibt sich schon aus der vertraglichen Haftung des Vers für **positive Vertragsverletzungen**, daß er dem Vmer über die Vssumme hinaus auf Befreiung haftet, ohne daß dabei die in § 150 II vorgesehene Beschränkung auf Zinsen und Kosten eingreift (vgl. dazu BGH 13.VII.1959 VA 1960 S. 65—67 Nr. 251 = VersR 1959 S. 701—703 und Bd IV Anm. G 51 und dafür, daß der Vmer im gestörten Vsverhältnis eine auf einem Regulierungsfehler des Vers beruhende Mehrforderung des Dritten dem Ver nicht gemäß § 3 Ziff. 9 S. 2 PflichtvsG zu erstatten hat, Anm. B 67).

Dem Regulierungs- und Beurteilungsermessen des Vers sind Grenzen in denjenigen Fällen gesetzt, in denen eine **offenbare Unbilligkeit** im Sinne des § 154 II gegeben ist. Doch wird von dieser Bestimmung durch die Rechtsprechung nur sehr zurückhaltend Gebrauch gemacht (vgl. dazu Anm. F 144 und Bd IV Anm. F 105—107). Geht es später darum, daß der Ver über die Vssumme hinaus wegen verzögerlicher Regulierung dem Vmer auf Schadenersatz haftet, so kann sich der Ver nicht erfolgreich damit verteidigen, daß dem Vmer deshalb ein Mitverschulden anzulasten sei, weil er trotz der von ihm erkannten offenbaren Unbilligkeit nicht aus eigener Initiative die Regulierung übernommen habe. Die gegenteilige Meinung würde auf eine Überwachungspflicht durch den Vmer hinauslaufen. Zwar hat der Vmer nach § 154 II das Recht zu einem solchen Regulierungshandeln. Es darf ihm aber im Verhältnis zum Ver nicht als Verschulden angelastet werden, daß er einen solchen Konflikt mit dem Ver scheut.

Tritt der Vmer für eine Erfüllung der Ansprüche des geschädigten Dritten ein, so erfolgt das nicht selten aus ethisch achtenswerten Gründen. Das ist als ein Bemühen um einen billigen Schadenausgleich unter Umständen selbst dann zu respektieren, wenn der Vmer dabei die Sach- und Rechtslage nach den Kriterien des bürgerlichen Rechts nicht zutreffend beurteilt. Wirtschaftlich darf das dann aber nicht zu Lasten des Vers gehen. Vielmehr muß der Vmer, der seinen entgegengesetzten Standpunkt aufrechterhalten will, aus haftpflichtvsrechtlicher Sicht so vorgehen, daß er z. B. ohne Anerkennung einer Rechtspflicht und ohne Präjudiz für das Haftpflichtverhältnis in Höhe eines Teils des Schadens dem Dritten ein Darlehen gewährt. Das stellt gewiß keinen Verstoß gegen das das Regulierungsermessen des Vers gemäß § 7 II Ziff. 1 AKB schützende Anerkenntnis- und Befriedigungsverbot dar (vgl. für Grenzfälle dieser Art Anm. F 141 a. E. und Bd IV Anm. F 97 m. w. N.).

Menschlich nicht so anrührend sind die vielen Fälle, in denen sich der Vmer gegen eine Zahlung durch den Ver allein deswegen sperrt, weil er nicht in eine ungünstigere Prämienstufe eingeordnet werden will. In diesem Zusammenhang ist zu betonen, daß der Vmer im Rechtssinne nicht berechtigt ist, ein sogenanntes **Zahlungsverbot** gegenüber dem Ver zu verhängen (vgl. Anm. G 96–97 m. w. N.). Vielmehr steht dem Ver nach der Ausgestaltung des Vsvertrages grundsätzlich allein die Entscheidung darüber zu, ob er an den Dritten zahlt oder es auf einen Prozeß ankommen läßt. Daß diese Ausgestaltung des Bedingungsrechts dem Schutzwerk der Pflichtvsregelung entspricht, wird durch den gegen den Ver gemäß § 3 Ziff. 1 PflichtvsG gewährten **Direktanspruch** eindringlich verdeutlicht; denn durch diese **gesetzlich begründete Eigenhaftung** wird sinnvoll klargestellt, daß der Ver bei der Regulierung des Schadens auch in eigener Verantwortung handelt und nicht etwa allein aufgrund der ihm von dem Vmer im Regelfall gemäß § 10 V AKB erteilten Vollmacht (zum Anwendungsbereich des § 10 V AKB vgl. Anm. G 19–20). Vertraglich hat sich der Ver dieses Rechts allerdings teilweise, nämlich im Bereich der **Sonderbedingung** für die Regulierung geringer Sachschäden (vgl. dazu Anm. F 87), begeben. Hier darf der Ver die außergerichtliche Regulierungsarbeit des Vmers grundsätzlich nicht durchkreuzen. Es ist allerdings nach III dieser Sonderbedingungen eine gerichtliche Inanspruchnahme des Vmers dem Ver anzuzeigen. Daraus darf aber nicht geschlossen werden, daß der Ver in jedem solchen Prozeßfall den Abwehrversuch des Vmers durchkreuzen dürfe. Vielmehr wird das nur in denjenigen Fällen anzunehmen sein, in denen das Verhalten des Vmers als rechtsmißbräuchlich und mit dem Schutzgedanken der Pflichtvsregelung nicht mehr vereinbar anzusehen ist. Kommt es aber zu einem Prozeß gegen den Ver, so ist dieser nicht verpflichtet, diesen Rechtsstreit durchzuführen, wenn nach seiner Auffassung der Anspruch des Dritten begründet ist. Der Ver kann demgemäß, ohne sich allein wegen der Durchkreuzung der Abwehrbemühungen des Vmers schadenersatzpflichtig zu machen, begründete Ansprüche des Dritten auch in einem solchen Bagatellfall erfüllen (ebenso Prölss–Martin–Knappmann[25] Anm. 6 zu § 10 AKB, S. 1458; vgl. auch Anm. G 97 m w. N.).

[G 15] b) Befreiung von begründeten Ansprüchen

Der Befreiungsverpflichtung aus dem Haftpflichtvsvertrag wird der Ver in der Mehrzahl der Fälle in der Weise gerecht, daß er die begründeten Ansprüche des

I. 2. Konkretisierung der Befreiungsverpflichtung

Anm. G 15

geschädigten Dritten erfüllt. Diese Erfüllung erfolgt dabei durch Zahlung, Überweisung oder durch Übermittlung eines Verrechnungsschecks. Für andere Erfüllungshandlungen vgl. Bd IV Anm. G 3 a. E. An der dort vertretenen Auffassung, daß der Ver nicht ohne Einverständnis des Vmers befugt ist, mit Gegenansprüchen des Vmers aufzurechnen, wird festgehalten. Ebenso Ruhkopf VersR 1961 S. 99–100, Stiefel–Hofmann[15] Anm. 128 zu § 10 AKB, S. 494, ÖOGH 18.III.1965 VersR 1965 S. 1064 m. w. N., LG München 29.IV.1971 VersR 1971 S. 615 (obiter dictum), a. M. E. Prölss VersR 1954 S. 2, Prölss–Martin–Voit[25] Anm. 5 d zu § 5 AHB, S. 1137 (beschränkt auf Gegenforderungen, die aus demselben Ereignis herrühren), Schirmer Vertretungsmacht S. 66–70. Hingegen kann OLG Frankfurt a. M. 7.IV.1972 VersR 1973 S. 968–969 entgegen der Annahme von Stiefel–Hofmann a. a. O. nicht für die Gegenmeinung in Anspruch genommen werden; denn dort erfolgte die Aufrechnung gerade auf Wunsch des Vmers, der bei der Feststellung seines Haftpflichtanspruchs durch einen Vergleich mit dem gegnerischen Haftpflichtver darum gebeten hatte, einen Teil dieser Forderung nicht auszukehren, da er damit gegen den Haftpflichtanspruch des Unfallkonkurrenten aus demselben Schadenfall aufrechnen wollte (die Konsequenz dieser Aufrechnung in dieser Konstellation ist im übrigen, daß sich die haftpflichtvsrechtlichen Befreiungsansprüche beider Vmer in Zahlungsansprüche gegen den eigenen Vmer umwandeln; vgl. dazu Bd IV Anm. B 39–40). Ergänzend ist zur Aufrechnungsproblematik zu bemerken, daß der Vmer auch nicht nach Schadenminderungsgrundsätzen gehalten ist, seine Gegenforderung an den Ver zum Zwecke der Abtretung zur Verfügung zu stellen. Weigert sich der Vmer daher, dem Ver eine Aufrechnung mit einer solchen Gegenforderung (sei es aus demselben Ergebnis, auf dem der Anspruch des Dritten beruht, sei es aus einem davon getrennten Rechtsverhältnis) zu gestatten, so begeht der Vmer keine Obliegenheitsverletzung (vgl. auch Anm. G 20 und Bd IV Anm. F 80). Daß der Ver bei einer solchen Disposition über die Gegenforderung des Vmers in der Form einer Hilfsaufrechnung eventuell ein günstigeres Kostenergebnis im Prozeß erzielen könnte, ändert an diesem Ergebnis nichts. Es entspricht nicht dem Sinn des Haftpflichtvsverhältnisses, daß der Ver sich den Konsequenzen einer Fehlbeurteilung der Ansprüche des Dritten durch eine Disposition über die Gegenforderungen des Vmers entzieht. Vielmehr geht das Fehlbeurteilungsrisiko bei der Bewertung der Ansprüche des Dritten als begründet oder unbegründet allein zu Lasten des Vers.

Die Interessenlage wird im übrigen zumeist in der Weise gestaltet sein, daß es nicht der Ver ist, der eine solche Aufrechnung wünscht, sondern der Vmer, der sich davon eine vereinfachte Durchsetzung eigener Ansprüche verspricht. Es stellt sich daher umgekehrt sehr viel häufiger die Frage, ob der Ver verpflichtet ist, einem derartigen Verlangen des Vmers zu entsprechen. An einer ausdrücklich normierten Verpflichtung des Vers dazu fehlt es. Man wird ihm aber in ergänzender Vertragsauslegung eine solche Rücksicht auf den Wunsch des Vmers grundsätzlich ungeachtet dessen zumuten können, daß dadurch die Übersichtlichkeit des Regulierungsvorganges beeinträchtigt wird (vgl. dazu Anm. G 99 und Bd IV Anm. G 279). Das gilt nicht nur, wenn die Gegenforderung des Vmers andernfalls nicht realisiert werden könnte, weil der Dritte z. B. vermögenslos ist und auch keine Eintrittspflicht eines gegnerischen Haftpflichtvers besteht. Dann gebieten es Treu und Glauben allerdings in besonderem Maße, daß der Ver auf die Interessen des Vmers Rücksicht nimmt. Eine solche Entscheidung wird dem Ver um so leichter fallen, wenn die Gegenforderung des Vmers unbestritten ist oder nur mit nicht schlüssigen Einwendungen durch den Dritten bekämpft wird. Nur in denjenigen Fällen, in denen das Begehren des Vmers nach einer solchen Hilfsaufrechnung nach den Maßstäben der sozialen

Zielsetzung der Pflichtvsgesetzgebung als rechtsmißbräuchlich erscheint, kann der Ver sich einem solchen Tun verweigern. Das ist aber ganz gewiß dann nicht so, wenn sich für den zur Aufrechnung gestellten Anspruch des Vmers die gleichen Abgrenzungs- und Beweisschwierigkeiten wie für den Haftpflichtanspruch des Dritten ergeben. Das wird namentlich bei einem einheitlichen Lebensvorgang, aus dem Anspruch und Gegenanspruch abgeleitet werden, häufig der Fall sein.

Im übrigen kann der Vmer zumeist den Ver dazu zwingen, sich mit einer derartigen Aufrechnungssituation auch in anderen als den eben aufgeführten Billigkeitsfällen zu befassen. Es hat der Vmer es nämlich in der Hand, auch ohne Einverständnis des Vers eine Aufrechnungserklärung abzugeben. Er muß dabei allerdings beachten, daß er nicht gegen das Anerkenntnis- oder Befriedigungsverbot nach § 7 II Nr. 1 AKB verstoßen darf. Dessen Sinn und Zweck geht dahin, dem Ver die Entscheidungsfreiheit darüber zu belassen, ob er einen Anspruch als begründet oder als unbegründet bewertet. In diese Rechtsposition greift der Vmer nicht ein, wenn er unter ausdrücklicher Betonung dessen, daß er einen Anspruch des Dritten nicht anerkenne, vielmehr bestreite, nur für den Fall, daß doch ein Ersatzanspruch bestehe, eine Hilfsaufrechnung mit seiner Gegenforderung erklärt (vgl. auch Anm. F 141).

Dem Vmer, der Inhaber solcher aufrechenbarer Gegenforderungen ist, ist dringend anzuraten, den Ver ungesäumt darauf hinzuweisen, daß er eine solche Aufrechnung wünsche. Tut er das nicht, so läuft er Gefahr, daß der Ver nach Feststellung der Haftpflichtforderung an den geschädigten Dritten zahlt. Zwar sieht § 156 II vor, daß der Ver erst nach vorheriger Benachrichtigung des Vmers berechtigt ist, die durch Vergleich, Anerkenntnis oder Urteil festgestellte Forderung durch Leistung an den Dritten zu erfüllen. Aus dieser gesetzlichen Normierung einer Benachrichtigungspflicht des Vers ist auch für die allgemeine Haftpflichtv zu schließen, daß der Ver dem Vmer den diesem ausnahmsweise aus einer solchen unterlassenen Benachrichtigung entstehenden Schaden zu ersetzen hat (vgl. Bd IV Anm. G 279–280). Zu beachten ist dabei allerdings, daß § 767 II ZPO dahin interpretiert wird, daß gegenüber einer rechtskräftig festgestellten Forderung nicht rechtswirksam nachträglich mit einer solchen Gegenforderung aufgerechnet werden kann, die zum Zeitpunkt der letzten mündlichen Verhandlung schon bestanden hat (vgl. BGH 25.II.1985 BGHZ Bd 94 S. 34 m. w. N. und Bd IV Anm. G 278). Demgemäß scheitert ein Schadenersatzanspruch des Vmers wegen einer Unterlassung dieser Benachrichtigungspflicht regelmäßig daran, daß es an einer Kausalität zwischen der Unterlassung und dem dem Vmer angeblich entstandenen Schaden fehlt. Darüber hinaus ist zu bedenken, daß der Ver in der Kraftfahrzeughaftpflichtv dem Direktanspruch des Dritten ausgesetzt ist. Angesichts dieser grundlegend geänderten Sachlage erscheint es als geboten, § 156 II für diesen Bereich als nicht mehr anwendbar anzusehen (vgl. dazu Anm. G 98).

Die Erfüllung der begründeten Ansprüche des Dritten kann der Ver auch in der Weise bewirken, daß er mit eigenen Ansprüchen gegen den Dritten aufrechnet. § 158 g steht dem nicht entgegen. Denn durch diese Vorschrift wird lediglich sichergestellt, daß der Ver im Bereich der Pflichthaftpflichtv nicht gemäß § 35 b mit ihm gegen den Vmer zustehenden Prämienforderungen oder sonstigen Ansprüchen aus dem Vsvertrag gegenüber dem geschädigten Dritten aufrechnen kann. — Stehen aufrechenbare Ansprüche des Vmers und des Vers gegen den Dritten in einer Aufrechnungskonkurrenz nebeneinander, so muß der Ver, sofern er von einem solchen Aufrechnungswunsch des Vmers rechtzeitig unterrichtet worden ist (vgl. Anm. G 98–99), mit der Realisierung eigener Ansprüche zurücktreten. Das ist immerhin als noch verbleibender Sinn der ansonsten für den Bereich der Kraftfahrzeughaftpflichtv obsoleten Bestimmung des § 156 II zu entnehmen.

I. 2. Konkretisierung der Befreiungsverpflichtung   Anm. G 16

[G 16] c) Abwehr unbegründeter Ansprüche

Im Regelfall darf der Ver die nach seiner Auffassung unbegründeten Ansprüche in der Weise abwehren, daß er gegenüber dem geschädigten Dritten die Bezahlung verweigert. Alsdann bleibt abzuwarten, ob dieser sich zu einem Rechtsstreit entschließt. Tut er das nicht, so tritt eine endgültige Klärung im Sinne des vom Ver vertretenen Standpunktes mit dem Ablauf der Verjährungsfrist ein (zur Hemmung dieser Verjährung gemäß § 3 Ziff. 3 S. 3 PflichtvsG, vgl. Anm. B 33 m. w. N.). Nur ausnahmsweise wird der Vmer in dieser Situation von dem Ver ein Handeln in der Weise verlangen können, daß dieser für ihn eine negative Feststellungsklage erhebt (vgl. dazu Bd IV Anm. G 5, S. 274).

Von dieser Standardsituation sind diejenigen Fälle zu unterscheiden, in denen der Dritte den Klageweg nicht beschreitet, sondern die Erfüllung der behaupteten Ansprüche durch einen unmittelbaren Zugriff auf das Vermögen des Vmers zu erreichen sucht. Das kann z. B. in der Weise erfolgen, daß der Dritte mit seiner Haftpflichtforderung gegen eine unstreitige Gegenforderung des Vmers aufrechnet. Hier ist eine gesteigerte Aktivität des Vers zu erwarten. Er muß das Vermögen des Vmers freikämpfen. Die Erfüllung der Abwehrverpflichtung erfordert den vollen Einsatz des Vers. Das gilt ferner dann, wenn der Dritte Sachen des Vmers berechtigt oder unberechtigt zurückhält (oder gar verwertet), wenn die erhobenen Haftpflichtansprüche nicht erfüllt werden. Gelingt es dem Ver nicht, den Angriff gegen das Vermögen des Vmers abzuwehren, so muß er notfalls auch unbegründete Ansprüche erfüllen. Tut der Ver das nicht, so macht er sich gegenüber dem Vmer schadenersatzpflichtig. Für Einzelheiten wird auf BGH 21.II.1956 NJW 1956 S. 826—828 = VersR 1956 S. 186—187, 13.VII.1959 VersR 1959 S. 701—703 = VRS Bd 17 S. 241—242 verwiesen. Danach trägt der Ver das volle Risiko für das Fehlschlagen seines Abwehrversuchs oder für die Folgen seiner Untätigkeit. Das kann auch dann zum Tragen kommen, wenn der Vmer wegen eines bei einem Verkehrsunfall verursachten Schadens in Haft genommen und seine Freilassung davon abhängig gemacht wird, daß wegen der zivilrechtlichen Ansprüche Sicherheit geleistet wird. Wenn der Ver diese Sicherheitsleistung nicht ohne Säumen stellt, nachdem er von dieser Komplikation Kenntnis erhalten hat, so muß er — nach Treu und Glauben unter Umständen auch ohne Mahnung durch den inhaftierten Vmer — für alle diesem aus der Untätigkeit entstehenden Schäden eintreten. Für Einzelheiten wird auf Bd IV Anm. G 5 m. w. N. verwiesen. An den dort dargestellten Gründen ist festzuhalten.

Gelingt es dem Dritten, einen vorläufig vollstreckbaren Titel gegen den Vmer zu erwirken, so gehört es zu den Pflichten des Vers, jeden Zwangsvollstreckungszugriff gegen den Vmer abzuwehren. Ist ihm das aus rechtstechnischen Gründen — sei es auch infolge einer fehlerhaften Sachbehandlung durch das Vollstreckungsgericht — nicht möglich, so muß er notfalls auch einen unbegründeten Anspruch erfüllen (vgl. dazu wiederum die Grundsatzentscheidung BGH 13.VII.1959 a. a. O. sowie Bd IV Anm. B 40 und G 5). Das gilt selbst dann, wenn der Ver gute Aussichten hat, in der Berufungsinstanz zu gewinnen. Wehrt der Ver nicht dergestalt den gegnerischen Zugriff auf das Vermögen des Vers ab, so muß er jeden dem Vmer daraus entstehenden Schaden ersetzen. In der Regel wird der Ver allerdings einen solchen Zwangszugriff des Dritten in das Vermögen des Vmers durch eine Sicherheitsleistung abwenden können (vgl. dazu Anm. G 25). Ist das aber nicht der Fall, so muß der Ver zur Befreiung des Vmers von Vermögensnachteilen leisten (tunlichst wird das unter Vorbehalt der Rückforderung für den Fall des späteren Obsiegens geschehen). Läßt der Ver den Vmer in einer solchen Situation schutzlos, so läuft er unter Umständen Gefahr, selbst für außergewöhnliche Pfändungsfolgen auf Schadenersatz zu haften. Diese können z. B. darin liegen, daß ein Gläubiger des Vmers wegen der ihm bekannt gewordenen Pfändungen Kredite aufkündigt mit der Folge, daß der Vmer in einen völligen Vermögensverfall gerät.

Derartige Konfliktfälle dürften im übrigen in der Kraftfahrzeughaftpflichtv in Zukunft seltener als in anderen Haftpflichtvsarten auftreten. Das beruht darauf, daß der Ver aufgrund des gegen ihn gegebenen Direktanspruchs selbst mit den Unannehmlichkeiten solcher Zwangsvollstreckungsmaßnahmen in das eigene Vermögen konfrontiert werden kann.

Denkbar ist es, daß der geschädigte Dritte dadurch zu einem vorläufig vollstreckbaren Titel gekommen ist, daß der Vmer die Zustellung der Klagschrift dem Ver nicht angezeigt hat. Auch in einem solchen Falle muß der Ver den Angriff des Dritten abwehren. Doch ist vom Ver nach § 150 I nur der nach den Umständen gebotene Kostenaufwand zu ersetzen. Das bedeutet, daß diese Zusatzkosten zu Lasten des Vmers gehen (vgl. dazu Anm. F 132 und G 24).

Für die **Eintrittspflicht** des Vers genügt es, daß der Dritte das Vorliegen eines **Schadenereignisses** behauptet und daraus **Ansprüche ableitet**. Daß dieses Schadenereignis tatsächlich vorliegt, ist nicht erforderlich. Dem Vmer kommt hier die **Rechtswohltat der Abwehrvariante** der Haftpflichtv zugute (ständige Rechtsprechung, vgl. dazu die Nachweise in Anm. H 10). Das gilt sowohl in denjenigen Fällen, in denen der Dritte sich versehentlich ein falsches Kennzeichen gemerkt hat, er also gutgläubig ist, wie in denjenigen, in denen er böswillig eine alte Beule einem ohne Folgen gebliebenen leichten Berühren der Stoßstangen zuordnet. Daß der mit dem Dritten im **Komplott stehende** Vmer (oder Vte) bei einem „gestellten Schadenereignis" keinen Vsschutz genießt, darf mit diesen Abgrenzungsüberlegungen nicht in Frage gestellt werden. Steht aber z. B. nur der Vte mit dem angeblich geschädigten Dritten im Bunde, nicht aber auch der Vmer, so gebührt diesem voller Haftpflichtvsschutz. Das erfundene Schadenereignis löst hier für den unschuldigen Vmer (typisches Beispiel: Autovermieter) die Eintrittspflicht des Vers aus (vgl. dazu Anm. G 85).

[G 17] d) Verneinung eines Abandonrechts

Nach dem Wortlaut des § 10 VI 5 AKB ist dem Ver ein **Abandonrecht** für den Fall eingeräumt, daß die Haftpflichtansprüche die Vssumme übersteigen. Ausgeübt werden muß dieses Abandonrecht durch eine Hinterlegung der Vssumme und der bis dahin zu Lasten des Vers angefallenen Kosten. Durch die Neuordnung des Rechts der Kfz-Haftpflichtv zum 1.X.1965, durch die dem geschädigten Dritten das Recht auf unmittelbare Inanspruchnahme des Vers eingeräumt worden ist, ist diese Bestimmung der AKB **gänzlich gegenstandslos** geworden (ebenso Asmus Kraftfahrtv[5] S. 86, a. M. Stiefel–Hofmann[15] Anm. 172–174 zu § 10 AKB, S. 512–513 m. w. N., allerdings auch nur mit starken Einschränkungen). Der Ver kann sich indessen dem Zugriff aus dem Direktanspruch nicht durch eine Hinterlegung entziehen. Er muß vielmehr im Rahmen der Regulierung der Drittansprüche auch seine Verteilungsverpflichtung gemäß § 156 III erfüllen (vgl. dazu ergänzend Anm. B 13 und Anm. G 40). Will er diese gelegentlich allerdings überaus schwierige Beurteilung aller Ansprüche aus einem Schadenereignis nicht selbst vornehmen, so muß er den Einwand, daß die Deckungssumme nicht ausreiche, substantiiert im Haftpflichtprozeß vortragen. In diesem Verfahren wird bei einer solchen Fallgestaltung zugleich mit dem geltend gemachten Haftpflichtanspruch incidenter über den Umfang der weiteren Ansprüche sonstiger Drittbeteiligter entschieden. Damit dem Gericht eine solche Entscheidung überhaupt möglich wird, muß der Ver den Umfang

I. 2. Konkretisierung der Befreiungsverpflichtung   Anm. G 17

der Parallelansprüche vortragen; erst durch einen solchen spezifizierten Vortrag wird überhaupt eine Berechnung des auf den einzelnen Berechtigten entfallenden Anteils an der Vssumme möglich. Unterläßt der Ver einen entsprechend präzisen Vortrag, so muß er mit einer ungschmälerten Verurteilung rechnen. Zu beachten ist im übrigen, daß eine solche Entscheidung im Verhältnis zu weiteren geschädigten Dritten keine Rechtsverbindlichkeit schafft, so daß nicht auszuschließen ist, daß ein anderes Gericht (oder auch das gleiche) in einem Prozeß eines der anderen geschädigten Dritten dessen Anteil an der Vssumme im Sinne des § 156 III höher ermittelt, als in dem vorangegangenem Urteil angenommen. Solche divergierenden Entscheidungen kann der Ver nur dadurch vermeiden, daß er allen Beteiligten den Streit verkündet. Dann ist § 68 ZPO (entsprechend) anzuwenden; die weiteren Beteiligten werden im Verhältnis zum Ver in einem nachfolgenden Rechtsstreit mit der Behauptung nicht gehört, daß der Rechtsstreit, wie er dem Richter vorgelegen habe, unrichtig entschieden worden sei. Auch hat diese Streitverkündung zur Folge, daß der Einwand, der Ver habe den Rechtsstreit mangelhaft geführt, nur in dem sehr eingeschränkten Rahmen des § 68 ZPO beachtlich ist.

Die sich aus der gesetzlichen Einführung eines Drittanspruchs ergebende Konsequenz, daß das Abandonrecht des Vers gemäß § 10 VI 5 AKB obsolet geworden ist, bedeutet, daß diese Vorschrift im ganzen keine Wirksamkeit mehr entfaltet. Keineswegs darf eine Auslegung in der Weise vorgenommen werden, daß der Ver zwar nicht abandonnieren dürfe, daß man ihm aber eine Rechtsstellung des Inhalts zubillige, als wenn er eine nach der früheren Rechtslage zulässige Abandonerklärung rechtswirksam abgegeben hätte. Ein solches fiktives Abandonrecht könnte sich zwar auf den Grundsatz stützen, daß üblicherweise die Wirkungen eines zulässigen Abandons bereits mit der rechtsgestaltenden Erklärung des Vers eintreten, also nicht erst mit der Zahlung (oder Hinterlegung) der Vssumme (vgl. Sieg Ausstrahlungen S. 147–148, Schirmer Vertretungsmacht S. 123 m. w. N.; ferner auch Bd IV Anm. G 6). Im Rahmen der Kfz-Haftpflichtv ist eine solche Umdeutung der durch die Einführung des Drittanspruchs gänzlich obsolet gewordenen Vorschrift wie § 10 VI 5 AKB als mit dem sozialen Zweck des Haftpflichtvsschutzes nicht vereinbar abzulehnen. Ein berechtigtes Interesse des Vers, seine Kostentragungspflicht bei einer Überschreitung der Vssumme durch ein Abandonrecht von einem bestimmten Zeitpunkt an ganz entfallen zu lassen, ist nicht zu erkennen. Der Ver muß vielmehr wie alle anderen Rechtsbürger auch das Risiko einer unzutreffenden Beurteilung des Umfangs seiner Schuld tragen. Es ist nicht einzusehen, warum der doch im Normalfall hinsichtlich der Beurteilung von Haftpflichtforderungen sehr viel sachkundigere Ver das Risiko einer Fehleinschätzung auf den Vmer sollte abwälzen dürfen. Das Gesagte gilt um so mehr, als unserem Prozeßrecht eine Wirkung eines solchen Abandonrechts gegenüber dem Gläubiger gänzlich unbekannt ist. Die Kostenverteilung im Prozeß richtet sich gemäß §§ 91, 92 ZPO grundsätzlich allein nach dem Umfang des Obsiegens oder Unterliegens. Das bedeutet, daß der Ver im Verhältnis zum geschädigten Dritten stets eine zusätzliche Kostenleistung im Rahmen seines vom Gericht festgesetzten Kostenanteils zu erbringen hat. Eine Rückrechnung dieser Kosten im Verhältnis zum Vmer zwecks Anrechnung auf die Vssumme wäre insbesondere deshalb unbillig, weil der Ver und nicht der Vmer die Haftpflichtschuld reguliert, so daß es sachgerecht ist, dem Ver auch den aus der Führung eines oder mehrerer Prozesse zusätzlich entstehenden Kostenanteil zu überlasten. Andernfalls würde man das Verhalten desjenigen Vers prämieren, der sich bei der Beurteilung schwieriger Rechtsfragen nicht zu entscheiden vermag. Gerade weil der Ver es in der Hand hat, durch Zahlungen in Höhe der Vssumme an die geschädigten Dritten sich von weiteren Prozeßkosten bei richtiger Ermittlung der einzelnen Ansprüche völlig zu befreien, ist es nicht einzusehen, warum ein entschlußloser Ver oder einer, der vorprozessual entgegen der materiellen Rechtslage reguliert hat, kostenmäßig entlastet werden soll.

Aus dem Gesagten folgt, daß § 10 VI 5 AKB ersatzlos gestrichen werden sollte, wie das auch schon mit § 3 III Ziff. 1 S. 2 AHB a. F. geschehen ist (vgl. VA 1986 S. 217).

[G 18] e) Auftreten des Versicherers gegenüber dem geschädigten Dritten
aa) Vorbemerkung

In Bd IV Anm. G 17 ist für den Bereich der allgemeinen Haftpflichtv als Grundsatz herausgestellt worden, daß der Ver bei seinen Regulierungserklärungen und -handlungen gegenüber dem Dritten nicht im eigenen Namen tätig werde sondern im Namen und in Vollmacht des Vmers. Von diesem Grundsatz darf für die Kraftfahrzeughaftpflichtv nicht ausgegangen werden. Denn in dieser Vsart ist dem Dritten durch § 3 Ziff. 1 PflichtvsG ein Recht auf eine unmittelbare Inanspruchnahme des Vers eingeräumt worden. Dadurch ist die Stellung des geschädigten Dritten verstärkt worden. Aufgrund dieser gesetzlich begründeten Mitschuldnerschaft des Vers (zur Konstruktion vgl. Anm. B 6–9) ist davon auszugehen, daß der Ver im Bereich der Kraftfahrzeughaftpflichtv im Regelfall seine sämtlichen Regulierungserklärungen nicht nur im Namen des Vmers, sondern auch im eigenen Namen abgibt. Das gleiche gilt für seine Regulierungshandlungen. Nur wenn der Ver ausdrücklich und unmißverständlich erklärt, daß er nur in der einen oder anderen Eigenschaft tätig werde, ist von diesem Auslegungsgrundsatz abzuweichen. Das Gesagte ist dahin zu ergänzen, daß in denjenigen Fällen, in denen neben dem Vmer auch mitvte Personen im Sinne des § 10 II AKB in Anspruch genommen werden, das Handeln des Vers sich auch auf diese bezieht. Das bedeutet, daß seine Erklärungen und Handlungen auch in deren Namen erfolgen.

Von den Regulierungsverhandlungen des Vers gegenüber dem Dritten sind Handlungen des Vers gegenüber sonstigen am Regulierungsgang beteiligten Personen zu unterscheiden. In Übereinstimmung mit den Bemerkungen in Bd IV Anm. 19 m. w. N. ist weiterhin davon auszugehen, daß der Ver sich diesen Personen gegenüber bei Erteilung von Aufträgen allein verpflichten will. Das bedeutet, daß im Regelfall allein der Ver für die Honorare der von ihm eingeschalteten Rechtsanwälte, Sachverständigen und Detektiv haftet (ebenso Stiefel – Hofmann[15] Anm. 200 zu § 7 AKB, S. 357, OLG Köln 7.IX.1977 NJW 1978 S. 896–898 = AnwBl 1978 S. 65–67 m. abl. Anm. von Schmidt). Will der Ver das nicht, weil er sich z. B. die dem Vmer gegebene Möglichkeit des Umsatzsteuervorabzugs zunutze machen möchte (vgl. dafür, daß der Ver diese Möglichkeit selbst wegen der Befreiung von dieser Steuerpflicht gemäß § 4 Nr. 10 a, b UStG nicht hat), so bedarf es einer eindeutigen Erklärung des Vers des Inhalts, daß er nach außen allein in Vollmacht für den Vmer auftrete und demgemäß für das den genannten Personen geschuldete Honorar im Außenverhältnis nicht selbst haften wolle. In der Praxis der Haftpflichtv sind solche Erklärungen nur ganz selten zu beobachten. Das dürfte darauf zurückzuführen sein, daß ein solches Vorgehen des Vers dem durchschnittlichen Verständnis seiner Kontrahenten widerstreitet und in diesen die Befürchtung aufkommen lassen könnte, daß die Zahlung seines Honorars unter diesen Umständen nicht gesichert sei. Gegen eine solche Überlegung spricht allerdings, daß es in der Sachvsregulierung feste Praxis ist, daß tunlichst alle Aufträge vom Vmer erteilt werden.

I. 2. Konkretisierung der Befreiungsverpflichtung Anm. G 19

Für einen Sonderfall, in dem der Ver gegenüber einem Anwalt eindeutig zu erkennen gegeben hatte, daß er für dessen Kosten mit Rücksicht auf die bevorstehende Erschöpfung der Vssummen nur in deren Rahmen eintreten wolle, im übrigen aber in Vollmacht des Vmers den Auftrag erteile, vgl. OLG Frankfurt a. M. 17.IX.1980 VersR 1982 S. 58 (dafür, daß die Vollmacht des Vers gemäß § 10 V AKB auch insoweit eingreift, als die geltend gemachten Haftpflichtansprüche die Vssummen übersteigen, vgl. Anm. G 20 m. w. N.).

[G 19] **bb) Vertretungsmacht**

aaa) Vertragliche Grundlage

Im Innenverhältnis findet das Handeln des Vers im Namen des Vmers und des Vten seine Rechtsgrundlage in seiner diesen Personen gegenüber bestehenden Verpflichtung aus dem Haftpflichtvsvertrag. Er ist nach § 10 I AKB verpflichtet, diesen Personenkreis von begründeten und unbegründeten Schadenersatzansprüchen des Dritten freizuhalten. Um auch im Außenverhältnis im Namen des Vmers und des Vten rechtswirksam tätig werden zu können, bedarf der Ver einer Vollmacht der genannten Personen. Vertraglich ist in § 10 V AKB vorgesehen, daß der Ver als bevollmächtigt gilt, alle ihm zur Befriedigung oder Abwehr der Ansprüche zweckmäßig erscheinenden Erklärungen im Namen der vten Personen abzugeben. Nach den Grundsätzen des Vertragsrechts kann diese Bestimmung Rechtswirkungen eigentlich nur für den Vmer entfalten. Eine Bevollmächtigung durch den Vten, der im Regelfall am Vertragsabschluß nicht beteiligt ist, könnte über diese Bestimmung nach den überkommenen Grundsätzen des Vertragsrechts nur erfolgen, wenn dieser Vte seinerseits den Vmer zur Abgabe einer solchen Erklärung ermächtigt gehabt hätte (so BGH 3.V.1987 BGHZ Bd 101 S. 285 [dazu ergänzend die zur allgemeinen Haftpflichtv ergangenen Urteile BGH 9.XII.1989 VersR 1990 S. 497–498, 4.XII.1990 DAR 1991 S. 172–173 = NJW-RR 1991 S. 472–473; vgl. auch Bd IV Anm. G 16 und H 19]). Vom BGH 3.VI.1987 a. a. O. S. 283–285 ist aber dessenungeachtet in Bestätigung einer ständigen Rechtsprechung (vgl. dazu nur BGH 23.X.1958 BGHZ Bd 28 S. 244–251 und 13.XII.1977 VersR 1978 S. 280 m. w. N.) dahin erkannt worden, daß § 10 V AKB den Ver auch im Namen des Vten dazu bevollmächtige, alle ihm zur Befriedigung oder Abwehr der Ansprüche zweckmäßig erscheinenden Erklärungen abzugeben. Zur Begründung hat das Gericht ausgeführt, daß für die Kraftfahrzeughaftpflichtv andere Grundsätze (als für die allgemeine Haftpflichtv) gelten müßten. Der BGH habe aus der ursprünglichen Fassung des PflichtvsG hergeleitet, daß der Kraftfahrzeughaftpflichtver aufgrund Gesetzes auch zur Vertretung der mitvten Personen berechtigt sei (23.X.1958 a. a. O.). In diesem Punkt habe sich durch die Einführung der Direktklage nichts geändert. Zwar bestehe kein Bedürfnis mehr dafür, daß der Ver die mitvten Personen auch dann gegenüber dem Haftpflichtgläubiger rechtsgeschäftlich vertrete, wenn er gegenüber diesen Personen leistungsfrei sei. Nach wie vor entspreche es aber dem erkennbaren Willen des Gesetzgebers, daß der Ver in den Fällen, in denen er leistungspflichtig sei, nicht nur seine eigene Schadenersatzverpflichtung und die des Vmers, sondern auch die der mitvten Personen reguliere.

Begrüßenswert ist an dieser Entscheidung vom 3.VI.1987, daß die frühere Rechtsprechung (BGH 27.V.1957 BGHZ Bd 24 S- 317–323, 23.X.1958 a. a. O.) ausdrücklich aufgegeben wird, daß der Ver auch in denjenigen Fällen zur Vertretung des Vmers und des Vten gemäß § 10 V AKB bevollmächtigt ist, in denen er gegenüber diesem Personenkreis leistungsfrei ist (bei OLG Köln 26.I.1989 r + s 1989 S. 38–39 dürfte es sich nicht um eine bewußte Abweichung von dieser neuen Rechtsentwicklung handeln; die Überprüfung des Urteils ergibt im übrigen, daß es für die Entscheidung des Falles auf das Vorliegen einer solchen Vollmacht gedanklich auch nicht ankam; überholt durch BGH 16.VI.1987 a. a. O. z. B. auch OLG Hamburg 16.IV.1985 r + s 1985 S. 183−184). Denn für eine solche Rechtsprechung bieten die AKB aus ihrer Bewertung als **Vertragsbedingungen** keine Handhabe. Beizupflichten ist dem BGH 3.VI.1987 a. a. O. ferner darin, daß die Vollmacht des Vers nicht allein deshalb entfällt, weil nach Eintritt des Vsfalls das Vsverhältnis durch Kündigung oder aus einem sonstigen Grund beendet worden ist.

Außer Frage steht, daß die vom BGH 3.VI.1987 a. a. O. weiterhin vertretene Auffassung, daß im **ungestörten Vsverhältnis** eine solche Bevollmächtigung durch den Vten als **Rechtsfigur eigener Art aus den Gesamtzusammenhängen der Gesetzesmaterie** zu entwickeln sei, keinerlei **verfassungsrechtlichen Bedenken** unterliegt. Es entspricht vielmehr unserem traditionellen Rechtsverständnis, daß vom BGH als höchstem Zivilgericht derart rechtsschöpferisch vorgegangen wird, wenn dadurch unbillige Ergebnisse vermieden werden. Es konnte daher nicht überraschen, daß vom BVerfG 29.XI.1989 NJW 1990 S. 1104 gegen diese Rechtsprechung aus verfassungsrechtlicher Sicht keine Einwendungen erhoben worden sind. Dazu hat das Gericht ausgeführt, daß die herrschende Rechtsauffassung den Ver letztlich aufgrund Gesetzes als befugt ansehe, nicht nur seinen Vmer, sondern auch die mitvten Personen bei der Schadenregulierung nach Maßgabe von § 10 V AKB zu vertreten und im Haftpflichtprozeß für ihn Prozeßvollmacht zu erteilen. Diese Auffassung sei nachvollziehbar entwickelt worden und könne sich auf eine hinreichende gesetzliche Grundlage stützen.

Dieser **ständigen Rechtsprechung des BGH** (vgl. dazu auch BGH 8.XI.1962 VersR 1963 S. 33−35, 23.IX.1964 VersR 1964 S. 1199−1200) ist nunmehr **nahezu der Charakter eines Gewohnheitsrechts** beizumessen, zumal da ihr auch die Instanzgerichte ausnahmslos gefolgt sind (vgl. nur OLG Frankfurt a. M. 27.II.1974 VersR 1974 S. 585−586 [mit der nur zunächst verblüffenden Rechtsauffassung, daß ein vom flüchtigen Vmer nicht instruierter Ver das Vorbringen des Geschädigten zum Unfallgeschehen auch bezüglich des Direktanspruchs nicht mit Nichtwissen bestreiten dürfe; kritisch dazu Staab Betrug S. 64; siehe auch Anm. B 106 zur Beweisnot des Dritten im Verhältnis zum Entschädigungsfonds in den Fällen des nicht identifizierten Schädigers]). Sie ist daher zu respektieren, auch wenn man der Ausgangsüberlegung nicht folgt, daß dem Ver ohne eine derartige Vollmacht eine Regulierung der Ansprüche des Dritten nicht möglich sei (vgl. dazu Bd IV Anm. G 9). Jedoch ist zu beachten, daß es für den Bereich der **allgemeinen Haftpflichtv** bei den **überkommenen Grundsätzen des Vertragsrechts** verbleibt, nach denen der **Ver zur Vertretung des Vten** nur dann befugt ist, wenn ihm eine solche Befugnis vom Vten (oder dessen Vertreter) **rechtswirksam übertragen worden ist** (BGH 3.VI.1987 a. a. O., 19.XII.1989 MDR 1990 S. 612−613 = VersR 1990 S. 497−498, vgl. auch Bd IV Anm. G 16; a. M. OLG Hamm 10.XI.1981 VersR 1982 S. 1068, das aber die Unterschiede zwischen der Kraftfahrzeughaftpflichtv mit der dazu gegebenen speziellen Schutzgesetzgebung und der nur dem Vertragsrecht unterworfenen freiwilligen Hafptflichtv nicht hinreichend beachtet).

Es kommt gelegentlich vor, daß der Ver den **Verdacht hegt**, daß ein gestellter **Unfall** vorliegt und den gegen ihn und den Vmer (oder Vten) geführten Prozeß im Sinne einer solchen Argumentation betreibt, ohne gleichzeitig gegenüber dem verdächtigen Vmer oder Vten den Vsschutz zu versagen. Hier können sich **bedenkliche Grauzonen** für eine gemeinsame anwaltliche Vertretung ergeben, da das auf Abwehr des Drittanspruchs gerichtete Bestreben gleichzeitig darauf angelegt ist, den

I. 2. Konkretisierung der Befreiungsverpflichtung Anm. G 20

eigenen Mandanten (Vmer oder Vten) als Mittäter oder Beihelfer zu einem versuchten Betrug zu entlarven. Demgemäß bestehen straf- und berufsrechtliche Bedenken gegen eine solche Doppelvertretung (so Freyberger VersR 1991 S. 842 – 846 m. w. N., ferner Kääb NZV 1991 S. 171, Reiff VersR 1990 S. 113 – 117, Staab Betrug S. 142 – 153 m. w. N.; a. M. Geyer VersR 1989 S. 882 – 888). Das gilt erst recht, wenn der Ver eine uneingeschränkte Vsschutzablehnung ausspricht, aber gleichzeitig für sich in Anspruch nimmt, auch den Vmer (oder Vten) mitvertreten zu dürfen. Dagegen spricht nunmehr im übrigen eindeutig BGH 3.VI.1987 a. a. O.

[G 20] bbb) Umfang der Regulierungsvollmacht

Sinn des Haftpflichtvsschutzes ist es, daß der Ver den Vmer von der Belastung mit den begründeten und unbegründeten Schadenersatzansprüchen des Dritten befreit. Das darauf gerichtete Handeln des Vers erfolgte dabei bis zur Einführung des Direktanspruchs üblicherweise im Namen des Vmers, wenngleich theoretisch andere Fallgestaltungen möglich waren (vgl. dazu Bd IV Anm. G 9). Mit Rücksicht darauf, daß der Ver als **gesetzlicher Mitschuldner** (vgl. zur Konstruktion Anm. B 6 – 9 m. w. N.) stets auch daran arbeitet, eigene Verbindlichkeiten zu erfüllen und gegen ihn selbst erhobene unbegründete Ansprüche abzuwehren, könnte in der Kraftfahrzeughaftpflichtv eine außergerichtliche Regulierung auch ohne Handeln des Vers im Namen des Vmers (und/oder des Vten) erfolgen. In der Praxis verfahren die **Ver** aber in der Weise, daß sie im **Regelfall sowohl im eigenen Namen als auch im Namen des Vmers (und des Vten) auftreten** (vgl. auch Anm. G 17). Es ist demgemäß konsequent, auf die langjährig entwickelten Grundsätze zum Umfang der Regulierungsvollmacht des Haftpflichtvers, wie sie in Bd IV Anm. G 10 m. w. N. dargestellt sind, zu verweisen. An diesen bewährten Grundsätzen ist festzuhalten; wesentliche neue Erkenntnisse sind nicht zu konstatieren. Als Auslegungsprinzip ist danach von einem **umfassenden Charakter der Regulierungsvollmacht des Vers** auszugehen. Dazu gehörten auch **deklaratorische oder konstitutive Anerkenntnisse** hinsichtlich der geltend gemachten Haftpflichtansprüche (BGH 8.XI.1962 VersR 1963 S. 34). Einer der Hauptfälle in der Regulierungspraxis ist dabei der, daß der Ver vertraglich durch den Abschluß eines Vergleichs mit dem Dritten dessen Ansprüche nach Grund und Höhe festlegt (BGH 11.IV.1978 a. a. O.). Dabei kann auch mit Wirkung für den Vmer vereinbart werden, daß der Dritte seine **Klage zurücknimmt und vom Ver für sich und den Vmer kein Kostengegenantrag** gestellt wird. An eine solche Vereinbarung ist der Vmer gebunden. Sie hat prozessual die Wirkung, daß § 271 III ZPO keine Anwendung findet, so daß das Gericht dem Dritten nicht die Kosten des Rechtsstreits auferlegen darf (OLG Frankfurt a. M. 28.IV.1970 VersR 1970 S. 1135 – 1136 [durch BGH 3.VI.1987 BGHZ Bd 101 S. 283 – 285 überholt bezüglich der Auffassung, daß der Ver auch im gestörten Vsverhältnis zur Vertretung des Vmers und des Vten befugt sei; vgl. dazu Anm. G 19], KG 7.II.1974 VersR 1974 S. 979 – 980, OLG München 23.VI.1975 VersR 1976 S. 395, LG Marburg 2.II.1976 VersR 1976 S. 895, LG Mosbach 25.VIII.1978 VersR 1979 S. 241, LG Kaiserlautern 27.VI.1979 VersR 1980 S. 657, AG Moers 23.VIII.1982 r + s 1983 S. 66; a. M. AG Arnsberg 10.V.1978 MDR 1978 S. 938 – 939 in Verkennung dessen, daß die dem Ver gemäß § 10 V AKB erteilte Vollmacht grundsätzlich unwiderruflich ist [vgl. dazu die Ausführungen am Schluß dieser Anm.] und daß die Frage, ob der Ver wegen einer nicht der Rechtslage entsprechenden Regulierung dem Vmer zum Schadenersatz verpflichtet ist [vgl. Anm. G 9] nur im Rechtsstreit zwischen Ver und Vmer geklärt werden kann).

Dagegen hat der Ver nicht die Rechtsmacht, über den Umfang von Gegenansprüchen des Vmers zu bestimmen, und zwar auch dann nicht, wenn sie auf dem nämlichen Schadengeschehen beruhen. Da das dem Dritten nicht immer klar ist, wird in der Praxis bei dem Abschluß von Vergleichen vielfach hervorgehoben, daß die Vereinbarung ohne Präjudiz für die Gegenansprüche des Vmers getroffen werde. Ein solcher Zusatz ist im Regelfall im Rechtssinne nicht erforderlich, kann aber zur Vermeidung von Mißverständnissen in Ausnahmesituationen geboten sein. Wie in Anm. G 15 ausgeführt, steht dem Ver nicht das Recht zu, über die berechtigten oder unberechtigten Gegenansprüche des Vmers im Wege der **Aufrechnung** zu verfügen. Dazu bedarf es vielmehr einer speziellen Einverständniserklärung durch den Vmer, bei deren Verweigerung dem Vmer vsrechtliche Nachteile nicht drohen. Hat der Vmer aber mit derartigen Ansprüchen aufgerechnet, so ist bei einem Vergleichsabschluß eine Klarstellung, inwieweit die Gegenforderung vom Vergleich erfaßt wird, unerläßlich. Der Dritte wird im Regelfall davon ausgehen, daß der Ver bei derartigen Aufrechnungserklärungen aufgrund spezieller Vollmacht des Vmers handelt. Stellt sich später heraus, daß der Vmer tatsächlich insoweit durch die Erklärungen des Vers gar nicht gebunden ist, weil keine Vollmacht erteilt worden ist (und auch die Grundsätze zur Duldungs- und Anscheinsvollmacht nicht zum Tragen kommen), so haftet der Ver dem Dritten als **Vertreter ohne Vertretungsmacht** gemäß § 179 BGB.

Eine **atypische Situation** ist gegeben, wenn die an einem Verkehrsunfall beteiligten Kontrahenten bei demselben Ver vert sind. In der Praxis handelt die Mehrzahl der Ver so, daß es den Vmern anheimgegeben wird, sich eigene Anwälte auch für die Abwehr der gegen sie erhobenen Ansprüche zu suchen. Für einen Fall, in dem der Ver dieses Recht selbst wahrgenommen hatte, ist vom BGH 23.X.1990 NJW 1991 S. 1176–1178 = MDR 1991 S. 234–235 entschieden worden, daß die von diesem Ver zur Abwehr einer Widerklage erteilte Prozeßvollmacht sich wegen möglicher Interessenkollision entgegen §§ 81, 83 I ZPO nicht auch auf die von dem Geschädigten erhobene Klage erstrecke.

Zum umfassenden Charakter der Vertretungsbefugnis des Vers gehört es auch, daß er zum **Anerkenntnis des noch ungewissen Zukunftsschadens** und zum im Umfang von Treu und Glauben wirksamen **Verzicht auf die Einrede der Verjährung** befugt ist (vgl. nur BGH 8.XI.1962 VersR 1963 S. 34). Wirksam ist nach diesen Grundsätzen ein **Verzicht auf die Einrede der Verjährung** selbst dann, wenn diese **Verjährung bereits eingetreten** war (OLG Düsseldorf 28.X.1982 VersR 1983 S. 625–627 [zur allgemeinen Haftpflichtv]). Erleidet der Vmer dadurch allerdings Rechtsnachteile, weil er z. B. wegen Überschreitung der Vssumme einen Teil des Schadens selbst tragen müßte, so ist der Ver dem Vmer zum Schadenersatz verpflichtet (vgl. auch Anm. G 96). Da der in dem Verzicht auf die Einrede der Verjährung bei bereits eingetretenem Fristablauf liegende Regulierungsfehler in der Sphäre des Vers begangen worden ist, müßte der Ver dartun und unter Beweis stellen, daß ihn ausnahmsweise kein Verschulden trifft (vgl. zur Beweislast für einen verschuldeten Regulierungsfehler in den Fällen eines Regresses des Vers im gestörten Vsverhältnisses Anm. B 67). Motiv für einen solchen Verjährungsverzicht bei bereits eingetretenem Fristablauf könnte z. B. eine Unklarheit darüber sein, ob der Ver sich nach Treu und Glauben auf den Eintritt der Verjährung nicht hätte berufen dürfen. Solche Zweifel darf der Ver aber nicht zu Lasten des Vmers entscheiden; vielmehr ist ihm anzusinnen, exakt nach der Rechtslage zu regulieren, soweit er die materiellen Folgen seiner Handlungsweise vermögensrechtlich nicht allein zu tragen hat. Das gilt um so mehr, als es ohnedies üblich ist, in Zweifelsfällen nur mit der Maßgabe auf die Einrede der Verjährung zu verzichten, daß sich dieser Verzicht nicht auf eine

I. 2. Konkretisierung der Befreiungsverpflichtung
Anm. G 20

zum Zeitpunkt des Zugangs der Verzichtserklärung bereits eingetretene Verjährung bezieht.

Daß der Ver im ungestörten Haftpflichtvsverhältnis Herr auch über den temporären Verzicht auf die Einrede der **Verjährung** sein soll, ergibt sich ergänzend auch aus dem Gesetz. Denn nach § 3 Ziff. 3 S. 3 PflichtvsG bewirkt eine Anmeldung des Haftpflichtanspruchs eine Hemmung der Verjährung bis zum Eingang der schriftlichen Entscheidung des Vers (vgl. dazu Anm. B 33 m. w. N.). Der Ver hat es danach in der Hand, ab wann er die Verjährungsfrist wieder in Lauf setzen will. Dann entspricht es aber auch einer sinnvollen Interpretation des § 10 V AKB, daß dem Ver vertraglich die Disposition über die Erhebung der Einrede der Verjährung zusteht. Ergänzend ist darauf hinzuweisen, daß ohnedies nach § 3 Ziff. 3 S. 4 PflichtvsG die Hemmung oder Unterbrechung der Verjährung des Anspruchs gegen den Ver auch die Hemmung oder Unterbrechung der Verjährung des Anspruchs gegen den ersatzpflichtigen Vmer herbeiführt. Dabei ist es nach der gesetzlichen Regelung sogar unerheblich, ob der Ver sich dessen bewußt ist und ob er von der Vertretungsmacht nach § 10 V AKB Gebrauch macht (BGH 2.III.1982 NJW 1982 S. 1763 = VersR 1982 S. 548; vgl. zu der verstärkten Wechselwirkung zwischen Haftpflicht- und Direktanspruch ergänzend Anm. B 34 m. w. N.).

Nach überwiegend vertretener Auffassung gilt die Vollmacht des Vers auch insoweit, als die geltend gemachten **Haftpflichtansprüche die Vssummen des Haftpflichtvsvertrages übersteigen** (str., so aber schon RG 4.XII.1923 VA 1923 S. 132–133 Nr. 1416; vgl. ferner BGH 27.V.1957 BGHZ Bd 25 S. 319–320, 25.IX.1964 VersR 1964 S. 1200, 17.III.1970 VersR 1970 S. 549–550, 25.I.1972 VersR 1972 S. 398–399, 13.XII.1977 VersR 1978 S. 278–281, 11.IV.1978 VersR 1978 S. 533–535, 22.XI.1988 VersR 1989 S. 138–139 = r + s 1989 S. 78–79, OLG Frankfurt a. M. 17.IX.1980 VersR 1982 S. 58, w. N. in Bd IV Anm. G 10, S. 281). Dieser Auffassung ist aus Praktikabilitätsgründen beizupflichten. Der Ver muß sich aber hüten, hier von seinem Beurteilungsermessen zu großzügig Gebrauch zu machen, indem er durch ein Anerkenntnis oder einen Vergleich nach der materiellen Rechtslage unbegründete Ansprüche in begründete verwandelt. Es ist vielmehr zu bedenken, daß sich der Ver dann gegenüber dem Vmer wegen der fahrlässig herbeigeführten Vergrößerung des Schadens nach den Grundsätzen über die positive Vertragsverletzung ersatzpflichtig machen kann (vgl. Anm. G 96).

Zu beachten ist, daß aus dieser umfassenden Vollmacht folgt, daß der Vmer sich auch dann hinsichtlich des vom Vsschutz nicht erfaßten Teils des Schadens nicht auf die Einrede der Verjährung berufen darf, wenn der Ver sich zwar nicht rechtsgeschäftlich verbindlich erklärt hat, aber durch eine Abschlagszahlung ein die Verjährung gemäß § 208 BGB unterbrechendes Anerkenntnis abgegeben hat (BGH 17.III.1970 a. a. O., 25.I.1972 a. a. O.). Ein solches Anerkenntnis kann selbst dann vorliegen, wenn die Zahlungen ausdrücklich ohne Anerkennung einer Rechtspflicht erfolgt sind; denn daraus braucht nicht auf ein mangelndes Bewußtsein vom Bestehen eines Anspruchs geschlossen zu werden (BGH 28.II.1969 VersR 1969 S. 567–568, 25.I.1972 a. a. O.). Entsprechendes gilt, wenn der Ver bei den Verhandlungen über den Gesamtschaden Umstände tatsächlicher Art gesetzt hat, die ihm nach **Treu und Glauben die Erhebung der Verjährungseinrede verbieten** (BGH 11.IV.1978 a. a. O., 22.XI.1988 a. a. O.).

Vgl. ferner BGH 13.XII.1977 a. a. O. m. w. N. dafür, daß in einem zwischen einem Haftpflichtver und einem Sozialver abgeschlossenen **Teilungsabkommen** (limitiert oder unlimitiert) gemäß § 328 BGB ein pactum de non petendo zugunsten des Vmers (und der Vten) zu sehen ist; bedeutsam ist die vom BGH 13.XII.1977 a. a. O. gezogene Konsequenz, daß sich daraus zugunsten des Geschädigten eine

Hemmungswirkung gemäß § 202 I BGB ergibt, die sich auch auf den die Vssumme übersteigenden Teil des Schadens erstreckt.

Wegen der bei einem Tätigwerden bezüglich des über die Vssummen hinausgehenden Teils des Schadens für den Ver gegebenen Haftungsgefahr ist es in der Regulierungspraxis nicht selten zu bemerken, daß ein Ver ausdrücklich darauf hinweist, daß alle seine **Handlungen und Erklärungen** nur im Rahmen der von ihm **summenmäßig übernommenen Eintrittsverpflichtung Rechtswirkungen** entfalten sollen. Ein solcher Hinweis muß dann aber mit aller Deutlichkeit gegeben werden (BGH 11.IV.1978 a. a. O., 22.XI.1988 a. a. O.). Dabei ist zwischen rechtsgeschäftlich verbindlichen **Erklärungen** über Grund und Höhe des Schadens und **Regulierungsverhandlungen zu unterscheiden**. In den beiden BGH-Fällen (11.IV.1978, 22.XI.1988 a. a. O.) war von dem Ver darauf hingewiesen worden, daß er für den über den Vsschutz hinausgehenden Teil des Schadens keine rechtsgeschäftlich verbindlichen Erklärungen abgeben wolle. Das hinderte den BGH aber nicht daran, dem **Vmer** die in seiner Kenntnis bezüglich des Gesamtschadens geführten **Verhandlungen** in dem Sinne **zuzurechnen**, daß er sich nach **Treu und Glauben** nicht auf die **Einrede der Verjährung** berufen dürfe.

Ist eine solche eindeutige Abgrenzung der Erklärungen und Handlungen des Vers ausnahmsweise abgegeben worden, so hat das zur Konsequenz, daß der Dritte sich bezüglich des darüber hinausgehenden Teils des Schadens nicht auf die umfassende Vollmacht des Vers nach § 10 V AKB berufen kann. Konstruktiv läßt sich im übrigen eine Bevollmächtigung des Vers über den Rahmen seiner summenmäßigen Haftung hinaus auch nach den Grundsätzen über die Anscheins- oder Duldungsvollmacht begründen. Zu bedenken ist dabei, daß ohne einen gegenteiligen Hinweis des Vers der Dritte im Regelfall davon ausgehen wird, daß ein als Regulierungsbefugter auftretender Ver über eine entsprechende umfassende Vollmacht verfügt. Der Dritte wird ferner im Regelfall unterstellen können, daß der Vmer vom Ver ordnungsgemäß über den Verlauf des Regulierungsgeschehen unterrichtet wird. Er darf damit davon ausgehen, daß das Regulierungsverhalten des Vers sich gemäß § 10 V AKB auch auf den Teil des Schadens bezieht, der außerhalb der durch die Vssumme begrenzten Haftung des Vers liegt (dafür, daß auch eine stillschweigende Bevollmächtigung durch Duldung der Handlungen des Vers oder des von ihm beauftragten Anwalts in Betracht kommt, vgl. die Überlegungen in BVerfG 29.XI.1989 NJW 1990 S. 1104).

In Bd IV Anm. G 11 m. w. N. ist für den Bereich der AHB und der AHBVerm die im Schrifttum überwiegend vertretene Auffassung gebilligt worden, daß die dem Vmer erteilte Vollmacht grundsätzlich **unwiderruflich** sei. Zur Begründung ist auf die darin für den Ver liegende Arbeitsvereinfachung verwiesen worden. Daran darf im Prinzip auch für die Kraftfahrzeughaftpflichtv festgehalten werden, wenngleich dort die Gestaltungsfreiheit des Vers durch seine Eigenschuldnerschaft größer ist als im sonstigen Haftpflichtvsbereich. Indessen ist zu betonen, daß sowohl die vom Vmer (oder Vten) erteilte Regulierungsvollmacht wie auch die Prozeßvollmacht aus **wichtigem Grund widerrufen** werden dürfen. Für Einzelfälle wird auf Bd IV Anm. G 12–15 verwiesen. Bedeutsam ist eine solche **Widerrufsbefugnis** insbesondere für den Fall einer **Überschreitung der Deckungssummen** (Bd IV Anm. G 15). Dafür, daß bei einer Deckungsverweigerung die Vollmacht des Vers gemäß § 10 V AKB ohnedies nicht eingreift, vgl. BGH 3.VI.1987 BGHZ Bd 101 S. 285. Dem BGH 3.VI.1987 a. a. O. ist auch darin beizupflichten, daß die nicht von einer Deckungsablehnung begleitete Vertragsbeendigung nicht zum Erlöschen der gemäß § 10 V AKB erteilten Vollmacht führt.

Zur eingeschränkten Kostenübernahmepflicht des Vers bei Tätigwerden mehrerer Rechtsanwälte im Rechtsstreit vgl. Anm. F 133 und G 24 a. E.

3. Kostenleistungen des Versicherers

Gliederung:

Schrifttum G 21

a) Kritik an der Bedingungsausgestaltung G 22

b) Umfang der Kostentragungspflicht G 23—24
  aa) Vorbemerkung G 23
  bb) Einzelheiten G 24

[G 21] Schrifttum:

Vgl. Anm. B 1 und G 1, ferner Bd IV Anm. G 21—23 m. w. N.

[G 22] a) Kritik an der Bedingungsausgestaltung

Die Kostentragungspflicht des Vers ist in den AKB nur fragmentarisch geregelt. Insbesondere werden die Rechtsgrundsätze des § 150 I nicht aufgeführt. Sie werden vielmehr als selbstverständliche Grundlage der in § 10 I AKB verankerten Befreiungspflicht vorausgesetzt, die sich auf die Befriedigung begründeter und die Abwehr unbegründeter Schadenersatzansprüche bezieht. Bemerkenswert ist an der fragmentarischen Regelung in den AKB, daß sie sich durchweg dadurch auszeichnet, daß es sich um Bestimmungen handelt, gegen deren Wirksamkeit nach heutigem Rechtsverständnis Bedenken bestehen. Das gilt allerdings nicht für § 10 VI 2 AKB. Denn die Frage, ob Kostenleistungen des Vers auf die Vssumme anzurechnen sind, ist im VVG mit Ausnahme des in § 150 II 1 erwähnten Prozeßfalls nicht geregelt. Demgemäß ist es als begrüßenswert anzusehen, daß in § 10 VI 2 AKB verankert ist, daß Aufwendungen des Vers für Kosten grundsätzlich nicht auf die Vssumme angerechnet werden. Die Ausnahmeregelung in § 10 VI 4 AKB, in der eine **Verhältnisrechnung** für den Fall vorgesehen ist, daß die im Prozeß geltend gemachten **Haftpflichtansprüche die Vssummen übersteigen**, stimmt dagegen mit § 150 II 1 nicht überein. Denn dort ist festgelegt, daß **Kosten in einem auf Veranlassung des Vers geführten Rechtsstreit (und Verteidigungskosten im Sinne des § 150 I 3) auch insoweit zu ersetzen sind, als sie zusammen mit der übrigen Entschädigung die Vssumme übersteigen**. Demgemäß ist hier eine einschränkende Auslegung des Inhalts geboten, daß diese Verhältnisrechnung nur dann eingreift, wenn die begründeten Haftpflichtansprüche (ohne Kosten) die Vssumme übersteigen (vgl. Anm. G 38).

Unwirksam ist die Regelung in § 10 VI 5 AKB, nach der sich der Ver von weiteren Kostenleistungen durch eine Hinterlegung der Vssumme und des hierauf entfallenden Anteils an den entstandenen Kosten eines Rechtsstreits befreien kann. Denn dem Ver steht ein solches Abandonrecht in der Kraftfahrzeughaftpflichtv nach dem Sinn und Zweck der Pflichtvsgesetzgebung nicht zu (vgl. dazu Anm. G 17). Entsprechende Bedenken bestehen an der Rechtswirksamkeit der Regelung in § 10 IX AKB, nach der der Ver für einen Mehrschaden an Zinsen und Kosten nicht einzustehen hat, wenn die Erledigung eines Haftpflichtanspruchs durch Anerkenntnis, Befriedigung oder Vergleich an dem Verhalten des Vmers scheitert. Diese Bestimmung hat zwar ein gewisses gesetzliches Vorbild in § 150 III 3. Es ist aber der Ver nach dem Sinn der Pflichtvsregelung und des ihm gegenüber bestehenden Direktanspruchs an Weisungen des Vmers grundsätzlich nicht gebunden. Vielmehr hat er die Regulierung auch in Verantwortung gegenüber dem Dritten auszuüben. Dieser Verantwortung darf er sich nicht durch Rücksichtnahme auf den Vmer in denjenigen Fällen entziehen, in denen die Ansprüche des Dritten begründet sind (vgl. dazu Anm. F 138).

Aus dem Gesagten ergibt sich, daß es besser wäre, bei einer Neugestaltung der AKB jene beanstandeten Bedingungsbestimmungen entfallen zu lassen. Denn sie verstellen den Beteiligten den Blick auf die Rechtslage. Erwägenswert wäre es dagegen, die Regelung aus § 150 in einer für den Vmer verständlichen Fassung einzufügen. Das gilt insbesondere für den in § 150 I 2 verankerten Grundsatz, daß der Ver die Kosten auch dann zu tragen hat, wenn sich der Anspruch des Dritten als unbegründet erweist. Allerdings ist einzuräumen, daß der Vmer die Geltung dieses Prinzips auch aus der in § 10 I AKB verankerten Abwehrpflicht folgern könnte.

Zu bedenken ist bei solchen Überlegungen allerdings, daß es nicht immer zweckmäßig ist, ohnedies geltende Gesetzesbestimmungen im Bedingungstext zu wiederholen. Da die Kostentragungspflicht den Leistungsumfang des Vers aber wesentlich mitprägt, spricht in diesem Fall mehr für eine umfassende Darstellung der primären Leistungspflicht des Vers im Bedingungstext als dagegen.

[G 23] b) Umfang der Kostentragungspflicht des Versicherers

aa) Vorbemerkung

In Bd IV ist in Anm. G 22—29 m. w. N. die Kostentragungspflicht des Vers im einzelnen für die allgemeine Haftpflichtv dargestellt worden. Abweichende Grundsätze ergeben sich für die Kraftfahrzeughaftpflichtv nicht. Auch sind in der Zwischenzeit in diesem Bereich keine wesentlichen neueren Erkenntnisse gewonnen worden. Es erscheint deshalb als sachgerecht, diese Darstellung nicht im einzelnen zu wiederholen, sondern auf sie zu verweisen. Bei den im nachfolgenden Abschnitt enthaltenen Bemerkungen zum Umfang der Kostentragungspflicht des Vers ist dieser Zusammenhang der Darstellungen zu beachten.

[G 24] bb) Einzelheiten

Nach § 150 I 1 umfaßt die Haftpflichtv die gerichtlichen und außergerichtlichen Kosten, die durch die Verteidigung gegen den von einem Dritten geltend gemachten Anspruch entstehen, soweit die Aufwendung der Kosten den Umständen nach geboten ist. Der Einschränkung im Nachsatz kommt dabei nur dann Bedeutung zu, wenn ausnahmsweise der Ver nicht von Anfang an entgegen § 10 I, V AKB die Regulierungsarbeit übernommen hat. Das kann z. B. dann der Fall sein, wenn sich der Vmer im Rahmen der Sonderbedingung für die Anzeige von Sachschäden bis zu einer Höhe von DM 500,— (vgl. dazu Anm. F 87) um eine Eigenregulierung bemüht. Holt der Vmer hier bei einem geltend gemachten Anspruch von nur DM 350,— ein Sachverständigengutachten ein, um vorsorglich eine Reparaturkostenrechnung überprüfen zu lassen, so kann der dadurch entstehende Regulierungsaufwand zwischen DM 250,— bis DM 300,— unangemessen sein. Anders würde es allerdings dann sein, wenn es sich nicht um eine vorsorgliche Überprüfung handelt, sondern durch ein solches Gutachten der Verdacht des Vmers erhärtet wird, daß Vorschäden als ersatzpflichtig reklamiert werden, die mit dem in Frage stehenden Schadenfall nichts zu tun haben. Eine praktische Bedeutung kann sich in diesem Bereich im übrigen für diesen Fragenkreis nur dann ergeben, wenn dem Vmer die Eigenregulierung mißlingt oder wenn weitere Schäden eintreten, die einen Ausgleich des ersten Schadens durch den Vmer zwecks Erhaltung des Schadenfreiheitsrabatts als nicht mehr sinnvoll erscheinen lassen (vgl. dazu auch Anm. E 16—19).

Als seltenen Ausnahmefalles sei in diesem Zusammenhang auch der unberechtigten Deckungsablehnung durch den Ver gedacht. Die Konsequenz einer solchen Deckungsablehnung ist nach fester Rechtsprechung die, daß der Ver damit dem Vmer „freie Hand" gibt und deshalb grundsätzlich an die Regulierungsentscheidung des „im Stich gelassenen" Vmers gebunden ist; das gilt allerdings nicht

I. 3. Kostenleistungen des Vers   Anm. G 24

für eine Schadenvergrößerung, die auf einem „leichtfertigen" Verkennen der Rechtslage beruht (vgl. dazu Anm. G 10, F 149–154 sowie Bd IV Anm. B 66 m. w. N.). In diesen Fällen muß der Ver demgemäß, sofern die Ausnahme der Leichtfertigkeit nicht eingreift, auch solche Kosten ersetzen, die er selbst nicht für erforderlich gehalten hätte. Das sind z. B. die Kosten eines Rechtsanwalts, der für den Vmer die außergerichtlichen Verhandlungen zur einvernehmlichen Schadenregulierung mit dem Rechtsvertreter des Dritten führt. Eine Eigenregulierung durch den Vmer wird bei einer ungerechtfertigten Deckungsablehnung in der Kraftfahrzeughaftpflichtv im übrigen seltener als in der allgemeinen Haftpflichtv erfolgen. Das hängt damit zusammen, daß der Ver gemäß § 3 Ziff. 4 und 5 PflichtvsG bei einer Leistungsfreiheit gegenüber dem Vmer im Verhältnis zum Dritten häufig überobligationsmäßig haftet (vgl. dazu Anm. B 42–63 und zu den Änderungen gemäß dem Ersten Gesetz zur Änderung des PflichtvsG vom 22.III.1988 [BGBl. I S. 358] Anm. A 22). Denn das hat zur Konsequenz, daß der Dritte sich in vielen Fällen ungeachtet der Deckungsablehnung — sei sie berechtigt oder nicht — direkt an den zahlungskräftigen Ver halten kann.

Soweit der Ver von Anfang an die Regulierungsfäden in der Hand hält, verbietet sich für ihn der Einwand, daß bestimmte Kosten nicht notwendig gewesen seien und ihm deshalb vom Vmer zu ersetzen seien. Dagegen spricht vielmehr die einleuchtende Überlegung, daß der Ver die Folgen eines eigenverantwortlichen Verhaltens selbst zu tragen hat. Etwas anderes ist es, wenn der Vmer durch falsche Auskünfte unter Verletzung der Aufklärungslast den Ver veranlaßt hat, objektiv überflüssige Kosten aufzuwenden. — Zur Kostenübernahmepflicht des Vers in denjenigen Fällen, in denen die geltend gemachten Haftpflichtansprüche die Vssummen übersteigen, vgl. Anm. G 38.

Ergänzend ist zum Umfang der Kostentragungspflicht auf Bd IV Anm. G 22–27 m. w. N. hinzuweisen. An den dort dargestellten Grundsätzen ist festzuhalten. Hinsichtlich der Strafverteidigungskosten bedarf es danach in Übereinstimmung mit § 150 I 3 zur Begründung einer Eintrittspflicht des Vers einer besonderen Weisung des Vers. Fehlt es daran, so braucht der Ver derartige Kosten nicht zu ersetzen (so auch nach österreichischem Recht ÖOGH 10.XII.1981 VersR 1983 S. 303). Zu einer Weisung des Vers im Sinne des § 150 I 3 kommt es in der Praxis nur in ganz seltenen Fällen. Dann wird zwischen dem kundigen Verteidiger und dem Ver als erstes die Höhe des vom Ver zu übernehmenden Honorars geklärt. Das dürfte der Grund dafür sein, daß es an veröffentlichten Streitfällen zu diesem Bereich fast ganz fehlt. § 150 I 3 (eingefügt durch Gesetz vom 7.XI.1939, RGBl. I S. 2223) kommt im übrigen in der Rechtswirklichkeit der Kfz-Haftpflichtv auch deshalb nur geringe Bedeutung zu, weil dieser Kostenbereich vielfach durch Rechtsschutzven erfaßt wird.

Als Grenzfall seien ferner die Nebenklagekosten erwähnt. An der in Bd IV Anm. G 25–26 vertretenen Auffassung, daß diese von der Ersatzpflicht des Haftpflichtvers grundsätzlich nicht erfaßt werden, ist nach Sinn und Zweck des in erster Linie für den zivilrechtlichen Bereich gedachten Deckungsbereichs festzuhalten. Bemerkenswert ist, daß nach BGH 23.I.1958 BGHZ Bd 26 S. 261–268 die Nebenklagekosten auch dann nicht vom Ver zu übernehmen sind, wenn die Verteidigungskosten in einem Strafverfahren ausnahmsweise nach § 150 I 3 zu Lasten des Vmers gehen (ebenso BGH 16.II.1959 VA 1959 S. 278–279 Nr. 241 = VersR 1959 S. 361–362 [zur allgemeinen Haftpflichtv]). Für Ausnahmen von diesem Grundsatz vgl. Bd IV Anm. G 26. Hingegen sind die auf der Seite des Dritten entstehenden Nebenklagekosten für den Fall eines Adhäsionsverfahrens vom Ver zu tragen (BGH 23.I.1958 a. a. O.). Vgl. dazu Bd IV Anm. G 24 a. E. m. w. N.

Der in § 7 II Nr. 5 AKB verankerten Obliegenheit, die Führung des Haftpflichtprozesses dem Ver zu überlassen, wird in der Praxis gelegentlich nicht entsprochen. Das hängt zum Teil damit zusammen, daß dem Vmer die Prozeßführungsbefugnis des Vers unbekannt ist. Zum Teil hat ein solcher Verstoß zusätzlich seinen Grund darin, daß der darüber unterrichtete Anwalt den Vmer über die Zusammenhänge deshalb nicht aufklärt, weil er hofft, auf diese Weise vom Ver den Auftrag zu erhalten, sowohl den Vmer als auch den Ver zu vertreten. Besteht der Ver demgegenüber auf seinem Prozeßführungsrecht, so kann das Beharren auf eigener Anwaltsbestellung für den Vmer die nachteilige Folge haben, daß der Ver im Rahmen des § 7 V Nr. 2 AKB bei einem vorsätzlichen oder grob fahrlässigen Verstoß bis zu DM 1000,— oder bis zu DM 5000,— leistungsfrei wird (vgl. dazu Anm. F 132). Bei einem hohen Streitwert kann der durch die zusätzliche Beauftragung eines eigenen Anwalts entstehende Kostenaufwand die aufgeführten Beträge von DM 1000,— bis zu DM 5000,— weit übersteigen. Doch darf sich der Vmer nicht in dem Glauben wiegen, daß § 7 V Nr. 2 AKB eine abschließende Regelung bezüglich der Kostenerstattungspflicht des Vers in derartigen Fällen darstellt. Vielmehr gilt daneben die Grundbestimmung des § 150 I 1, nach der nur der nach den Umständen des Falles gebotene Kostenaufwand zu ersetzen ist. Diese Regelung sollte durch § 7 V Nr. 2 AKB nicht abgeändert werden. Vielmehr ging es in § 7 V Nr. 2 AKB darum, die Härten abzumildern, die sich bei vorsätzlichen Verstößen gegen die nach Eintritt des Vsfalls zu erfüllende Obliegenheiten ergaben, bei denen sich durch diesen Verstoß die Höhe des Vsschadens nicht geändert hatte (vgl. dazu Anm. F 2 und 132). Es wäre verfehlt, den Sinn jener Regelung darin zu sehen, dem Ver eine Erstattungspflicht bezüglich solcher überflüssiger Kosten aufzuerlegen.

Ist die Beauftragung eines zusätzlichen eigenen Anwalts aus der Sicht des Vmers aber deshalb geboten, weil der Ver gegenüber dem Vmer den Vsschutz zu Unrecht abgelehnt hat, so hat der Ver in Konsequenz seines vertragswidrigen Verhaltens diese Zusatzkosten nach § 150 I 1 zu tragen (vgl. Anm. F 132). Ähnliche Konfliktsituationen sind denkbar. Der Ver ist daher gut beraten, wenn er den Bedenken des Vmers gegen eine bestimmte Anwaltswahl nachgeht, um zu ermitteln, ob er nicht besser daran tut, sich mit dem Vmer hinsichtlich der Anwaltswahl abzustimmen. Ist der Ver Haftpflichtver beider Unfallkontrahenten, so sollte er auf jeden Fall den Interessenkonflikt mit den beiden Vmern offen erörtern und von einer eigenen Anwaltsbestellung für diese Vmer Abstand nehmen. Die übliche Praxis ist es, in diesen Fällen den Vmer um Vorschläge für die Anwaltsbestellung zu bitten.

Für einen Ausnahmefall, in dem der Ver zur Zahlung der Kosten des vom Vmer selbst beauftragten Anwalts verurteilt worden ist, vgl. AG Stuttgart 20.III.1970 VersR 1970 S. 659—660. Dem Vmer war hier eine Klage mit einer Erklärungsfrist von 5 Tagen zugestellt worden. Dazwischen lag ein Wochenende. Im Telefongespräch mit dem Sachbearbeiter erklärte der Vmer, daß er einen Anwalt bestellen werde. Das geschah. Es wurde die von diesem vom Gericht erbetene Fristverlängerung gewährt. Der Ver beauftragte später einen anderen Anwalt. Die Klage des Dritten wurde rechtskräftig abgewiesen. Im Vsschutzprozeß sah das Gericht es als entscheidend an, daß der Sachbearbeiter des Vers nicht darauf hingewiesen hatte, daß eine solche eigene Anwaltsbestellung eine Obliegenheitsverletzung darstellen könne (dafür, daß in vielen anderen OLG-Bezirken als dem des OLG Stuttgart der Dritte gemäß § 91 ZPO die Kosten des vom Vmer selbst beauftragten Anwalts hätte tragen müssen, vgl. Anm. F 137). Eine besondere Hinweispflicht des Vers hat ferner LG München 22.VII.1981 VersR 1982 S. 541 = ZfS 1982 S. 246 für diejenigen Fälle angenommen, in denen der Vmer mit einer Widerklage konfrontiert wird. Wenn der Ver hier bezüglich dieser Widerklage einen eigenen Anwalt beauftrage, müsse er den

I. 4. Sicherheitsleistung   Anm. G 25

Vmer darüber belehren, daß dessen Anwalt nicht daneben für den die Widerklage betreffenden Teil des Prozesses tätig sein sollte, da der Ver diese zusätzlichen Kosten nicht tragen wolle. Da der Ver diese Belehrung unterließ, wurde er vom Gericht zur Zahlung dieses aus der Doppelbeauftragung entstandenen Kostenmehrbetrages verurteilt. Daß der Anwalt des Vmers diese Hinweise auch hätte geben müssen, hielt das Gericht für unbeachtlich. Das dürfte im Verhältnis zwischen Ver und Vmer auch zutreffend sein, zumal da der Ver aus der fortlaufenden Doppelvertretung den Schluß ziehen konnte, daß der Vmer von seinem Anwalt über diese Zusammenhänge nicht aufgeklärt worden war.

In § 7 II Nr. 4 AKB heißt es, daß der Vmer gegen Mahnbescheide, Arreste und einstweilige Verfügungen die erforderlichen Rechtsbehelfe zu ergreifen hat, wenn eine Weisung des Vers nicht spätestens zwei Tage vor Fristablauf vorliegt. An dieser Bedingungsfassung ist zu beanstanden, daß auch bezüglich eines Arrestes oder einer einstweiligen Verfügung auf eine vom Vmer zu wahrende Frist abgestellt wird. Denn für den Widerspruch gegen diese Gerichtsentscheide fehlt es an einer entsprechenden gesetzlichen Frist. Der Vmer kann hier darauf vertrauen, daß der Ver, dem er den Arrestbefehl oder den Beschluß betreffend den Erlaß einer einstweiligen Verfügung übermittelt, auch die notwendigen gerichtlichen Schritte unternimmt. Die Bestimmung des § 7 II Nr. 4 AKB, der nach dem Gesagten nur für den Mahnbescheid Bedeutung zukommt, hebt die Regelung in § 7 II Nr. 5 AKB nicht auf, daß der Vmer einem vom Ver zu bestellenden Anwalt Vollmacht zu erteilen und daß dem Ver die Prozeßführung zu überlassen ist (vgl. dazu Anm. F 125). Will der Vmer daher durch einen von ihm ausgewählten Anwalt Widerspruch einlegen, so hat der Ver die dadurch entstehenden Kosten nur dann zu ersetzen, wenn er sich mit dem Vorgehen des Vmers einverstanden erklärt hat (vgl. AG Frankfurt a. M. 3.II.1972 VersR 1973 S. 516, das zu Recht darauf hinweist, daß es für die Erhebung des Widerspruchs gegen einen Mahnbescheid keinen Anwaltszwang gibt und der Widerspruch keiner Begründung bedarf).

Zu den vom Ver zu tragenden Kosten gehören auch diejenigen, die durch eine gegen den Vmer zur Durchsetzung der Haftpflichtforderung durchgeführte Zwangsvollstreckung erwachsen (vgl. Sieg VersR 1960 S. 673–676). Beruht der Zwangsvollstreckungszugriff gegen den Vmer allerdings darauf, daß er gegen einen Mahnbescheid nicht rechtzeitig Widerspruch eingelegt hat, so muß der Ver die darauf zurückzuführenden Zwangsvollstreckungskosten ebensowenig tragen wie die durch den Erlaß des Vollstreckungsbescheides entstehenden Anwaltskosten. Denn diese Kosten können nicht als notwendig im Sinne des § 150 I 1 qualifiziert werden.

In § 150 I 4 ist davon die Rede, daß der Ver bezüglich der Kosten auf Verlangen des Vmers vorschußpflichtig ist. Dem kommt in der Rechtswirklichkeit kaum noch Bedeutung zu, da der Ver im allgemeinen die Regulierung und die Prozeßführung im Griff hat und deshalb für den Vmer keine Veranlassung besteht, z. B. für Anwalts- oder Gerichtskosten Vorschüsse anzufordern. Ausnahmen könnten sich nur dann ergeben, wenn vom Ver eine unberechtigte Deckungsablehnung ausgesprochen wird. Vgl. für solche Sonderfälle Bd IV Anm. G 27.

[G 25] 4. Sicherheitsleistung

Das Gesetz sieht in § 155 II vor, daß dann, wenn der Vmer für die von ihm geschuldete Schadenersatzrente dem Dritten kraft Gesetzes Sicherheit zu leisten hat, sich die Verpflichtung des Vers auch auf diese Leistung der Sicherheit erstreckt. Das wird in den AKB nicht ausdrücklich wiederholt. Es ergibt sich das aber aus der in § 10 I AKB verankerten umfassenden Befreiungsverpflichtung des

Vers, nach der er den Vmer von begründeten und unbegründeten Haftpflichtansprüchen des Dritten freizuhalten hat. § 155 II bezieht sich dabei nicht auf die Gestellung einer prozessualen Sicherheit zur Abwendung der Zwangsvollstreckung. Vielmehr geht es um eine Sicherheitsleistung nach materiellem Recht. Der Bestimmung kommt indessen keine praktische Bedeutung mehr zu. Zwar heißt es in § 843 II 1 BGB, daß es sich nach den Umständen des Falles bestimmt, welcher Art und für welchen Betrag der Ersatzpflichtige Sicherheit zu leisten hat (vgl. auch § 8 II, III HPflG). Es ist aber zu beachten, daß ein solches Sicherheitsbedürfnis von der Rechtsprechung in denjenigen Fällen verneint wird, in denen Haftpflichtvsschutz gegeben ist; dann darf davon ausgegangen werden, daß der Ver gesetzestreu seiner Verpflichtung zur Befreiung des Vmers von der Rentenzahlung nachkommt und dazu finanziell auch in der Lage ist (so sinngemäß RG 7.V.1938 RGZ Bd 158 S. 348—353). Das Gesagte gilt um so mehr für die Kraftfahrzeughaftpflichtv, in der durch § 3 Ziff. 1 PflichtvsG ein gesetzlicher Schuldbeitritt des Haftpflichtvers geschaffen worden ist; denn damit ist nach dem dem Pflichtvssystem zugrundeliegenden Rechtsgedanken für einen stets solventen Schuldner des geschädigten Dritten gesorgt worden (zum Ausnahmefall, daß ein in Deutschland das Haftpflichtvsgeschäft betreibender Kraftfahrzeugver zahlungsschwach werden könnte, vgl. die in Anm. B 97—145 abgehandelte Eintrittspflicht des Solidarhilfevereins). Unter diesen Umständen kann von einer näheren Interpretation des § 155 II Abstand genommen und auf Bd IV Anm. G 34 verwiesen werden.

Nicht behandelt wird in § 155 II die prozessuale Sicherheitsverpflichtung des Vers. Diese ergibt sich z. B. dann, wenn die Gegenseite ein vorläufig vollstreckbares Urteil erwirkt hat, dem Vmer aber gestattet worden ist, durch Sicherheitsleistung die Zwangsvollstreckung abzuwenden. Die Gesamtverpflichtung des Vers zur Erfüllung begründeter und Abwehr unbegründeter Ansprüche gemäß § 10 I AKB greift auch hier ein. Der Ver muß diese Sicherheitsleistung für den Vmer erbringen, wenn er den Anspruch des Dritten nicht erfüllen will. Gelingt es ihm durch die Gestellung der Sicherheitsleistung nicht, den Vollstreckungszugriff des Dritten abzuwehren, weil dieser z. B. seinerseits Sicherheit leistet, so muß der Ver auch ihm als unbegründet erscheinende Ansprüche erfüllen. Er kann sich nicht darauf berufen, daß die Forderung des Dritten in bezug auf das Vsverhältnis noch nicht bindend festgestellt worden ist. Vielmehr trägt der Ver das volle Risiko für eine mißlungene Abwehr. Wenn aufgrund eines solchen vorläufig vollstreckbaren Titels die Vsforderung gepfändet wird, kann der Ver auch nicht dem Dritten einen Rechtsgrundsatz des Inhalts entgegenhalten, daß eine Umwandlung in einen Befreiungsanspruch noch nicht eingetreten sei, weil es an einer verbindlichen Feststellung der Forderung des Dritten im Haftpflichtvsverhältnis im Sinne des § 156 II fehle. Vielmehr geht diese Einwendung fehl, weil die Gesamtverpflichtung des Vers auf Erfüllung begründeter und Abwehr unbegründeter Forderungen gerichtet ist. Bei einem Mißlingen dieser Abwehr muß der Ver selbst unbegründete Ansprüche erfüllen. Das gilt auch für vorläufig titulierte Forderungen, denen gegenüber der Ver den Zwangszugriff nicht abwehren kann (vgl. Sieg Ausstrahlungen S. 203—204; unzutreffend OLG Stuttgart 29.VIII.1969 VersR 1970 S. 170—171). Mit einem derartigen Ausnahmefall aus dem Bereich der allgemeinen Haftpflichtv befaßt sich BGH 3.VII.1974 NJW 1975 S. 128—129 = VersR 1984 S. 943—945. Der Dritte hatte Sicherheit geleistet. Der Ver zahlte daher, um den Zwangszugriff in das Vermögen des Vmers abzuwehren. Später wurde die Klage des Dritten rechtskräftig abgewiesen. Der BGH kam zu dem Ergebnis, daß dem Vmer gegen den Dritten kein Anspruch aus § 717 II ZPO auf Ersatz des dem Ver entstandenen Zinsschadens zusteht. Im Rahmen der Kraftfahrzeughaftpflichtv wird sich ein solches Problem mit Rücksicht auf den

I. 5. Summenmäßige Begrenzung der Leistungspflicht des Vers   Anm. G 27

Direktanspruch nur noch dann stellen, wenn ausnahmsweise der Ver nicht mitverklagt worden ist. Dennoch sei bemerkt, daß es nach der Interessenlage durchaus hätte verantwortet werden können, den Kreis der durch die Rechtsfigur der Schadenliquidation im Drittinteresse geschützten Personen um eine Fallgruppe zu erweitern. Es ist nicht recht einzusehen, warum der Dritte, der einen unberechtigten Anspruch „vorläufig" durchsetzt, davon profitieren darf, daß der Vmer sich gegen eine solche sich später als unberechtigt erweisende Inanspruchnahme durch einen Vsvertrag geschützt hat.

Zur umfassenden Freihaltepflicht des Vers wird ergänzend auf Anm. G 3 a. E. und G 16 sowie auf Bd IV Anm. G 34–35 verwiesen.

5. Summenmäßige Begrenzung der Leistungspflicht des Versicherers

Gliederung:

Schrifttum G 26

a) Überlegungen zu einer summenmäßig unbeschränkten Haftung des Vers G 27
b) Mindestvssummen G 28–31
   aa) Gesetzliche Grundlage G 28
   bb) Einzelheiten G 29–30
      aaa) Personenmehrheit im Vsverhältnis G 29
      bbb) Mehrheit von Anspruchstellern in Personenschadenfällen G 30
   cc) Nachträgliche Erhöhung der Mindestvssummen durch geschäftsplanmäßige Erklärungen G 31
c) Mehrheit von Schadenfällen aus derselben Ursache G 32–34

   aa) Grundsätzliches G 32
   bb) Beispielfälle G 33
   cc) Beweislast G 34
d) Rentenzahlungen G 35–37
   aa) Berechnungsgrundsätze gemäß § 10 VII AKB und die dazu abgegebenen geschäftsplanmäßigen Erklärungen G 35
   bb) Einzelheiten G 36
   cc) Abänderungen der in § 10 VII 3 AKB erwähnten geschäftsplanmäßigen Erklärungen G 37
e) Überschreitung der Vssumme durch Kostenzahlungen G 38
f) Zinsen und Vssumme G 39
g) Verteilungsverfahren gemäß § 156 III G 40

[G 26] Schrifttum:

Braeß–Farny ZVersWiss 1972 S. 137–217, Deichl–Küppersbusch–Schneider, Kürzungs- und Verteilungsverfahren nach §§ 155 I und 156 III in der Kfz-Haftpflichtv, Karlsruhe 1985 (zit. Deichl–Küppersbusch–Schneider), Denck VersR 1987 S. 629–633, Fenyves, Die rechtliche Behandlung von Serienschäden in der Haftpflichtv, Hamburg 1988, Huber VersR 1986 S. 851–853, Johannsen ZVersWiss 1991 S. 97–104, Jung, Der Serienschaden in der Allgemeinen Haftpflichtv, Diss. Köln 1969, Kaulbach VersR 1982 S. 526–527, Möller ZVersWiss 1972 S. 219–270, H. Plagemann NZV 1991 S. 49–55, Sieg VersR 1978 S. 193–194, Sprung VersR 1992 S. 657–662, Wenke VersR 1983 S. 900–905; weitere Nachweise in Anm. B 1.

[G 27] a) Überlegungen zu einer summenmäßig unbeschränkten Haftung des Versicherers

In der Anfangszeit der Haftpflichtv in Deutschland wurde Vsschutz grundsätzlich nur bei Vereinbarung fester Höchsthaftungssummen des Vers gewährt. Es folgte dann aber im Zuge verschärfter Konkurrenz eine Vertragsgestaltung in der Weise, daß Vsschutz gegen Schadenersatzansprüche **ohne summenmäßige Beschränkung** geboten wurde. Dagegen hat sich sehr früh das RAA gewandt (vgl. Sieg Ausstrahlungen S. 54 m. w. N. und Bd IV Anm. G 36). Das führte dazu, daß in Deutschland von 1910–1978 im Regelfall keine summenmäßig unbegrenzten Haftpflichtven angeboten wurden (ausnahmsweise aber doch, wenn der deutsche Ver nämlich nach § 10 VIII AKB bei einem Auslandsaufenthalt seines Vmers im gleichen Umfang wie ein summenmäßig unbeschränkt haftender ausländischer Ver eintrittspflichtig wurde; so Möller ZVersWiss 1972 S. 232; vgl. auch Schmitt, System der grünen Karte, Basel 1968, S. 109–110 und Anm. G 43). Das RAA hatte sich gegen solche summenmäßig unbegrenzten Haftpflichtven aus der im ersten Augenblick einleuchtenden Besorgnis ausgesprochen, daß es sich um ein unübersehbares Risiko handele und demgemäß die **dauernde Erfüllbarkeit** der Vsverträge gefährdet sein könne. An dieser Auffassung hat zunächst auch das BAV festgehalten. Sie wurde jedoch dadurch aufgegeben, daß mit Wirkung vom 1.I.1962 einem VVaG genehmigt worden war, in der Kraftfahrzeughaftpflichtv einen summenmäßig unbegrenzten Vsschutz (sog. Illimitédeckung) anzubieten. Diese Änderung in der Haltung des BAV blieb zunächst am Vsmarkt so gut wie unbemerkt. Sie wurde aber offenbar, als in der 12. VO zur Änderung der TarifVO vom 8.XII.1978 (Bundesanzeiger Nr. 237 vom 19.XII.1978) erstmals Beiträge „für die Gewährung eines der Höhe nach nicht begrenzten Vsschutzes" aufgeführt wurden (§ 8 II 2 TarifVO a. F., VA 1979 S. 54). In Konsequenz dieser Ausgestaltung der TarifVO wurde einem weiteren Ver eine Genehmigung zum geschäftsplanmäßigen Abschluß derartiger Ven erteilt und dieser trat sogleich mit dieser Produktgestaltung als besonderem Werbemittel an die Öffentlichkeit. Als Folge dieser Genehmigung waren gleichlautende Anträge der Mehrzahl der anderen in der Bundesrepublik Deutschland zum Betrieb der Kraftfahrzeughaftpflichtv zugelassenen Ver entsprechend beschieden worden. Dabei blieb es aber nicht. Es folgte eine Einschränkung des Illimité-Grundsatzes durch die 13. VO zur Änderung der TarifVO vom 10.XII.1979 (Bundesanzeiger Nr. 234 vom 14.XII.1979). Es wurde nämlich in § 8 II TarifVO a. F. als Satz 3 folgende Bestimmung aufgenommen: „Ferner können Beiträge für die Gewährung eines der Höhe nach begrenzten Vsschutzes genehmigt werden, wobei die Deckungssumme 7 500 000,— DM je geschädigte Person nicht übersteigen darf." Während diese Vssummen von der Mehrzahl der Ver in ihrer Geschäftspolitik akzeptiert wurden, bestand der bisher mit unbegrenzter Vssumme operierende VVaG darauf, daß er weiterhin in dieser Art und Weise verfahren dürfe. Seiner Klage wurde vom BVerwG 27.III.1984 VA 1984 S. 305–309 Nr. 783 = VersR 1984 S. 877–879 mit der Begründung entsprochen, daß es an einer gesetzlichen Grundlage für jene Bestimmung des § 8 II TarifVO im PflichtvsG fehle (ebenso Kaulbach VersR 1982 S. 526–527; vgl. dazu auch schon Braeß–Farny ZVersWiss 1972 S. 149 und Möller ZVersWiss 1972 S. 239–240). Zu einer Auseinandersetzung mit der vom BAV (und vorher schon vom RAA) vertretenen Auffassung, daß eine unbegrenzte Haftung die dauernde Erfüllbarkeit der Verträge gefährden könne, kam es in jenem Verfahren nicht, weil das BAV seine Auffassung allein auf § 8 II TarifVO a. F. gegründet hatte (vgl. die Beschlußkammerentscheidung vom 1.VII.1981 VA 1982 S. 62–64).

Es ist zu bezweifeln, daß ein derartiges Risiko tatsächlich als nicht verbar angesehen werden kann. Dagegen sprechen nicht nur mathematische Überlegungen, sondern vor allen Dingen auch der Umstand, daß es solche **summenmäßig unbegrenzten Deckungen** seit langem in **Frankreich, Großbritannien** und in der **Schweiz** gibt, ohne daß es bisher dort wegen dieser Illimitédeckungen zu Schwierigkeiten gekommen wäre. Es ist freilich richtig, daß in einem Teil dieser Staaten die besondere Problematik von Rentenschadenfällen nicht auftritt, weil in der Regel Gesamtentschädigungen zugesprochen werden. Das ändert aber nichts daran, daß es keineswegs so ist, daß unser Entschädigungssystem zu höheren Leistungen führt als in den aufgeführten anderen Staaten. Vielmehr darf von einer Gleichwertigkeit der Entschädigungssysteme ausgegangen werden, wobei zu bedenken ist, daß das Zusprechen eines Einmalgeldbetrages letzten Endes auch auf eine vorweggenommene Abzinsung von Rentenansprüchen hinausläuft. Auch der Umstand, daß zum Teil in den anderen Ländern keine Regresse von Sozialvern

I. 5. Summenmäßige Begrenzung der Leistungspflicht des Vers **Anm. G 28**

durchgeführt werden, ändert an der grundsätzlichen Einschätzbarkeit eines solchen Risikos nichts. Von dem Extremfall eines gänzlichen Währungsverfalls abgesehen, der immer besondere staatliche Eingriffsregelungen zur Wiederherstellung geordneter Normalverhältnisse erfordern wird und demgemäß letzten Endes außer Betracht bleiben darf, erscheint das Risiko einer summenmäßig unbegrenzten Haftung durchaus als kalkulierbar.

Wenn jetzt dennoch in der Aufsichtsgenehmigungspraxis auf eine Einschränkung in der Weise eingewirkt wird, daß zwar Illimitédeckungen angeboten werden dürfen, jedoch für den Schaden, der aus der Verletzung oder Tötung einer Person entsteht, insgesamt nicht mehr als DM 7 500 000,–, so ist das eigentlich auch nur eine leicht verschleierte Entscheidung für eine Illimitéhaftung. Denn aus der bisherigen Regulierungspraxis sind keine Fälle bekannt geworden, in denen höhere Schadenersatzansprüche aus der Verletzung einer Person begründet gewesen wären.

Solche Illimitédeckungen stellen leider aber keinesfalls die Mehrheit am deutschen Vsmarkt dar, sondern bilden zum gegenwärtigen Zeitpunkt noch die Ausnahme. Denn die meisten Vmer begnügen sich mit den gesetzlich vorgeschriebenen Mindestvssummen. Es ist daher erforderlich, im Rahmen dieses Kommentars weiterhin auf die Problematik begrenzter Vssummen einzugehen. Dabei kann allerdings auf die zum gleichen Problemkreis zur allgemeinen Haftpflichtv geleistete Vorarbeit (vgl. dazu Bd IV Anm. B 94–102, G 28–29 und G 36–51) verwiesen werden. Doch sind einige Bemerkungen zu Besonderheiten der Kfz-Haftpflichtv vonnöten.

Es ist zu erwarten, daß die für das BAV bei der Zulassung fast unlimitierter Vsverträge wohl maßgebende Überlegung zutreffend ist, daß statistisch Schäden oberhalb der heute ohnedies gemäß der Anlage zu § 4 II PflichtvsG für Personenschäden vorgesehenen Mindestvssumme von DM 1 000 000,– zahlenmäßig so bedeutungslos sind, daß sie im Rahmen eines geordneten Rückvssystems ohne weiteres abgedeckt werden können. Erweist die künftige Schadenentwicklung und Regulierungspraxis die Richtigkeit dieser These, so dürfte sich die vom BAV vertretene Auffassung (VA 1979 S. 4), daß für die allgemeine Haftpflichtv unbegrenzte Vssummen nicht geduldet werden können, nicht mehr halten lassen. Das gilt um so mehr, als von dem VVaG, der Kläger im Verfahren vor dem BVerwG 27.III.1984 a. a. O. war, dargetan worden ist, daß er seinen Kunden nicht klarmachen könne, warum er in der allgemeinen Haftpflichtv unbeschränkte Vssummen anbieten dürfe, nicht aber mehr in der Kfz-Haftpflichtv. Denn daraus ist zu entnehmen, daß diesem Ver eine solche geschäftsplanmäßige Tätigkeit im Bereich der allgemeinen Haftpflichtv gestattet worden war. Diesen Überlegungen entspricht es, daß vom BAV nunmehr in der Privathaftpflichtv eine Quasi-Illimité-Regelung nach dem Muster der Kraftfahrzeughaftpflichtv zugelassen wird (VA 1990 S. 478–479).

[G 28] b) Mindestversicherungssummen

aa) Gesetzliche Grundlage

Anders als für die allgemeine Haftpflichtv gibt es für die Kfz-Haftpflichtv eine gesetzliche Regelung, daß gewisse Mindestvssummen nicht unterschritten werden dürfen. Das wird verständlich aus der Überlegung heraus, daß es sich bei der Kfz-Haftpflichtv um eine Pflichtv handelt, die – sofern der Gesetzgeber nicht das in Anm. G 27 erwähnte System der Illimitédeckung wählt – durch Mindestvssummen für einen genügenden Schutz des geschädigten Dritten sorgen muß. Denn eine gesetzliche Verpflichtung zum Abschluß einer Haftpflichtv wäre gedanklich unvollkommen, wenn nicht gleichzeitig die Schutzhöhe auch zahlenmäßig festgelegt werden würde.

Eine Unterschreitung der nach § 4 II PflichtvsG vorgeschriebenen Mindestvssummen — sei es aus Versehen, sei es mit Bedacht — entfaltet keine rechtlichen Wirkungen. Insbesondere wird der Vertrag dadurch nicht unwirksam. Vielmehr ist ein solcher Vorgang nach dem Sinn der Pflichtvsgesetzgebung so zu behandeln, als wenn die Vertragspartner von Anfang an die gesetzlichen Mindestvssummen gewählt hätten (streitig, vgl. Anm. B 13 m. w. N.). — Dafür, daß im gestörten Vsverhältnis der Ver, der mit dem Vmer höhere als die gesetzlichen Mindestvssummen vereinbart hat, im Verhältnis zum Dritten gemäß § 158c III nur in Höhe der Mindestvssummen einzutreten hat, vgl. Anm. B 47—50.

Die Höhe der Mindestvssummen ergibt sich aus der Anlage zu § 4 II PflichtvsG. Diese hat in der Fassung der VO vom 22.IV.1981 (BGBl. I S. 394) mit Wirkung vom 1.VII.1981 folgenden Wortlaut:

1. Die Mindesthöhe der Versicherungssumme beträgt bei Kraftfahrzeugen einschließlich der Anhänger eine Million DM für Personenschäden, 400 000 DM für Sachschäden und 40 000 DM für die weder mittelbar noch unmittelbar mit einem Personen- oder Sachschaden zusammenhängenden Vermögensschäden (reine Vermögensschäden). Für den Fall der Tötung oder Verletzung mehrerer Personen beträgt die Mindesthöhe der Versicherungssumme für Personenschäden eineinhalb Millionen DM.
2. Bei Kraftfahrzeugen, die der Beförderung von Personen dienen und mehr als neun Plätze (ohne den Fahrersitz) aufweisen, erhöhen sich diese Beträge für das Kraftfahrzeug unter Ausschluß der Anhänger
   a) für den 10. und jeden weiteren Platz bis zum 80. Platz
   um 15 000 DM für Personenschäden,
   1 000 DM für Sachschäden und
   200 DM für reine Vermögensschäden,
   b) vom 81. Platz ab für jeden weiteren Platz
   um 8 000 DM für Personenschäden,
   1 000 DM für Sachschäden und
   200 DM für reine Vermögensschäden.
   Dies gilt nicht für Kraftomnibusse, die ausschließlich zu Lehr- und Prüfungszwecken verwendet werden.
3. Bei Anhängern entspricht die Mindesthöhe der Versicherungssumme für Schäden, die nicht mit dem Betrieb des Kraftfahrzeugs im Sinne des § 7 des Straßenverkehrsgesetzes im Zusammenhang stehen, und für die den Insassen des Anhängers zugefügten Schäden den in Nummer 1, bei Personenanhängern mit mehr als neun Plätzen den in Nummern 1 und 2 genannten Beträgen.
4. Zu welcher dieser Gruppen das Fahrzeug gehört, richtet sich nach der Eintragung im Kraftfahrzeug- oder Anhängerbrief.

Vor dem 1.VII.1981 galt eine Anlage, die in den Nrn. 2—4 mit der heute geltenden Fassung identisch war, in der aber in Nr. 1 niedrigere Vssummen als heute festgelegt waren. Diese ab 1.VIII.1971 geltende Fassung der Nr. 1 (VO vom 23.VII.1971, BGBl. I S. 1109) lautete:

„I. Die Mindesthöhe der Versicherungssumme beträgt bei Kraftfahrzeugen einschließlich der Anhänger 500 000 DM für Personenschäden, 100 000 DM für Sachschäden und 20 000 DM für die weder mittelbar noch unmittelbar mit einem Personen- oder Sachschaden zusammenhängenden Vermögensschäden (reine Vermögensschäden). Für den Fall der Verletzung mehrerer Personen beträgt die Mindesthöhe der Versicherungssumme für Personenschäden 750 000 DM."

Vor dem 1.VIII.1971 betrug die Mindestvssumme für Körperschäden nur DM 250 000,—. Eine Erhöhung der Vssumme für den Fall, daß mehrere Personen bei demselben Schadenfall verletzt oder getötet werden, ist in Nr. 1 der Anlage zu § 4 II PflichtvsG erst seit dem 1.VIII.1971 vorgesehen. Damals wurde nur der Fall der Verletzung mehrerer Personen erwähnt. Heute wird daneben auch des Todesfalls gedacht. Eine auf den Sinn der Regelung abstellende Interpretation mußte aber auch schon für die ab 1.VIII.1971 geltende Fassung zu dem Ergebnis kommen, daß auch solche Tötungsfälle von der Erhöhungsregelung bei einer Mehrheit von Geschädigten miterfaßt werden sollten.

Um den sich wandelnden Zeitumständen in dem Sinne gerecht zu werden, daß stets ausreichende Mindestvssummen zur Verfügung stehen, ist in § 4 II PflichtvsG vorgesehen, daß die die Mindestvssummen betreffende Anlage zu dem genannten Gesetz im Verordnungswege geändert werden darf. Voraussetzung für eine solche Verordnung ist nach § 4 II PflichtvsG, daß ein Eingreifen des Verordnungsgebers erforderlich ist, um bei einer Änderung der wirtschaftlichen Verhältnisse oder der verkehrstechnischen Umstände einen hinreichenden Schutz der Geschädigten sicherzustellen. Daß ein Bedürfnis nach einer solchen kontinuierlichen Anpassung der Mindestvssummen besteht, hat die Entwicklung seit 1940 mit Deutlichkeit gezeigt.

Damals wurde verbindlich eine Mindestsumme für Personenschäden in Höhe von RM 100 000,— festgelegt (vgl. § 7 der VO zur Durchführung und Ergänzung des Gesetzes über die Einführung der Pflichtv für Kraftfahrzeughalter und zur Änderung des Gesetzes über den Verkehr mit Kraftfahrzeugen sowie des Gesetzes über den Vsvertrag vom 6.IV.1940, RGBl. I S. 61). Setzt man Reichsmark = Deutsche Mark, so ist immerhin bis 1981 für Personenschäden eine Erhöhung von 900% erfolgt. Weitere Anpassungen sind zu erwarten, es sei denn, daß sich der Gesetzgeber aufgrund der Erfahrungen mit der gestuft praktizierten Illimitédeckung (vgl. Anm. G 27) zu einer Reform des Pflichtvssystems für Kraftfahrzeughalter in der Weise entschließt, daß eine Deckung mit unbegrenzter Vssumme verbindlich vorgeschrieben wird.

Solange eine solche Illimité-Deckung noch nicht in das gesetzliche Schutzsystem übernommen worden ist, wäre zu überlegen, Nr. 2 der Anlage zu § 4 II PflichtvsG zu ändern. Die dort ausgewiesenen Erhöhungsbeträge erscheinen für das Risiko aus der Personenbeförderung durch Busse als viel zu niedrig. In der Praxis wählen verantwortungsbewußte Halter solcher Personenbeförderungsmittel durchweg weitaus höhere Vssummen. Denn ohne einen solchen Vsschutz könnten existenzgefährdende Ansprüche auf sie zukommen. Es wäre sinnvoll, hier nicht auf die Privatinitiative zu vertrauen, sondern dem erhöhten Risiko durch höhere Mindestvssummen Rechnung zu tragen.

In Nr. 4 der Anlage heißt es, daß für die Einordnung der Fahrzeuge in die unterschiedlichen Gruppen die Eintragung im Fahrzeug- oder Anhängerbrief maßgebend sei. Das ist eine Regelung, wie sie sich nach den Maßstäben der gesunden Vernunft ergibt. Doch bedeutet diese Bestimmung nicht, daß diese Zuordnung auch dann gilt, wenn eine offensichtliche Fehleintragung gegeben ist. Für diese Fälle ist vielmehr die rechtlich objektiv zutreffende Einordnung maßgebend. Es ist zu bezweifeln, daß zu einer von dieser Überlegung abweichenden Regelung die Ermächtigungsnorm gemäß § 4 II PflichtvsG eine hinreichend tragfähige Grundlage abgeben würde.

[G 29] bb) Einzelheiten

Die in Anm. G 28 im Wortlaut wiedergegebene Regelung über die gesetzlichen Mindestvssummen erweckt im ersten Augenblick den Eindruck einer geradezu perfektionistisch präzisen Klarheit, so daß eine nähere Erläuterung als kaum vonnöten erscheint. In zwei Punkten ist aber doch eine Klarstellung geboten.

aaa) Personenmehrheit im Versicherungsverhältnis

Es fällt auf, daß bei der Bemessung der Vssummen nicht besonders des Umstands gedacht worden ist, daß in der Kfz-Haftpflichtv neben der V für eigene Rechnung des Vmers durch die personelle Erweiterung des Vsschutzes gemäß § 10 II AKB mehrere Ven für fremde Rechnung stehen. Es fragt sich, ob die gesetzliche Regelung so zu verstehen ist, daß die gesetzlichen Mindestvssummen nur einmal für alle Ansprüche des Geschädigten (oder mehrerer Geschädigter) aus ein und demselben Schadenereignis zur Verfügung steht oder ob die Vssumme im Rahmen der im einheitlichen Vertrag zusammengefaßten Vsverhältnisse mehrfach in Anspruch genommen werden kann, nämlich für jedes einzelne von den Ansprüchen des geschädigten Dritten berührte Vsverhältnis. Im Rahmen der allgemeinen Haftpflichtv findet sich dazu eine ausdrückliche Regelung. Es heißt nämlich in § 3 II Nr. 2 S. 2 AHB, daß die Vssumme auch dann die Grenze der Leistungspflicht des Vers bildet, wenn sich der Vsschutz auf mehrere entschädigungspflichtige Personen erstreckt (ebenso § 3 II Nr. 2a AHBVerm). In Bd IV Anm. G 41 ist dazu die Auffassung vertreten worden, daß die zitierten Bestimmungen keineswegs etwas Selbstverständliches besagten, daß vielmehr ohne sie unter Berücksichtigung dessen, daß jeder Vmer und Vte ein eigenes Interesse in der Haftpflichtv habe, durchaus die Auffassung vertreten werden könne, daß die Vssumme für jeden Vmer oder Vten gesondert gestellt werde. Ungeachtet dessen, daß es für die Kfz-Haftpflichtv an einer diesen Vertragsbestimmungen entsprechenden ausdrücklichen gesetzlichen oder vertraglichen Regelung fehlt, ist aber hier eine solche Auslegung nicht zu wählen. Dabei spielt es eine besondere Rolle, daß es sich — anders als bei der allgemeinen Haftpflichtv — nicht um die V einer Vielfalt von Gefahren handelt, sondern darum, daß für die allein aus dem Gebrauch eines bestimmten Fahrzeugs resultierende Haftpflichtgefahr pro Schadenfall eine bestimmte einheitliche Vssumme zugunsten des geschädigten Dritten zur Verfügung gestellt wird. Durch den Einschluß des Fahrers und der anderen mitvten Personen gemäß § 10 II AKB soll — abgesehen von der sozialen Zielsetzung auch zugunsten dieses Personenkreises, vgl. dazu Anm. H 2 — aus der Sicht des geschädigten Dritten lediglich zusätzlich sichergestellt werden, daß immer dann, wenn durch den Gebrauch des Fahrzeugs durch den Vmer oder eine mitvte Person ein Schadenfall eintritt, insgesamt die Pflichtvssumme zur Verfügung steht. Der zufällige Umstand, daß der Vmer nicht auch Fahrer des vten Fahrzeugs ist, stellt aber keinen Grund für eine Verdoppelung der Vssumme dar. Die entgegengesetzte Auslegung würde zu einer nach dem sozialen Schutzzweck der Pflichtvsregelung systematisch unverständlichen Besserstellung derjenigen Verkehrsopfer führen, die durch den Gebrauch eines Fahrzeugs geschädigt werden, das von einem mit dem Halter nicht identischen Fahrer gelenkt wurde. Völlig unverständlich wäre es auch, wenn nur deshalb, weil eine Personenmehrheit Halter ist, sich die Pflichtvssummen vervielfachen würden. Es ist demgemäß an der bisher in Schrifttum und Rechtsprechung auch nicht in Zweifel gezogenen Auslegung festzuhalten, daß pro Schadenereignis die Haftpflichtvssumme jeweils nur einmal kraft Gesetzes zur Verfügung gestellt wird (vgl. auch Anm. B 13).

[G 30] bbb) Mehrheit von Anspruchstellern in Personenschadenfällen

Gemäß Nr. 1 S. 2 der Anlage zu § 4 II PflichtvsG erhöht sich für den Fall der **Tötung oder Verletzung mehrerer Personen** die Mindesthöhe der Vssummen für Personenschäden auf **eineinhalb Millionen Deutsche Mark** (dafür, daß in der vorangegangenen Fassung gemäß der VO vom 23.VII.1971, BGBl. I S. 1009, nur von der Verletzung mehrerer Personen die Rede war, dessenungeachtet davon aber ebenfalls die Tötung mehrerer Personen erfaßt wurde, vgl. Anm. G 28). Wird nur eine Person getötet und ergeben sich daraus mehrere Schadenersatzansprüche Dritter nach § 844 II BGB, so wird ein solcher Personenmehrheitsfall von Nr. 1 S. 2 der Anlage zu § 4 II PflichtvsG nicht erfaßt. Die Bestimmung setzt vielmehr eine Mehrheit von bei einem Schadenereignis Getöteten (oder Verletzten) voraus, nicht eine Vielzahl von Anspruchstellern aus der Verletzung oder Tötung einer Person. Diese Auslegung ergibt sich deutlich aus der Wortwahl in Nr. 1 S. 2 der Anlage zu § 4 II PflichtvsG. Es sei dazu der Vollständigkeit halber angemerkt, daß BGH 20.V.1969 VersR 1969 S. 699–700 bei nicht so eindeutigem Wortlaut § 11 der damals geltenden DVO zum PflichtvsG vom 6.IV.1940 (RGBl. I S. 617) im gleichen Sinne interpretiert hat. Vgl. auch RG 21.X.1942 JRPV 1942 S. 155–156 = DR 1942 S. 1802, das eine Klausel in einer Haftpflichtvspolice nach österreichischem Recht ebenfalls so ausgelegt hat. BGH 20.V.1969 a. a. O. weist im übrigen ergänzend darauf hin, daß eine solche Interpretation mit der Rechtsprechung zu § 12 Nr. 1 und 2 StVG a. F. mit den damals gestuften Haftungssummen übereinstimme.

Dagegen greift die Erhöhungsregelung dann ein, wenn nur **ein Anspruchsteller** vorhanden ist, sofern er seine Schadenersatzansprüche auf die **Tötung (oder Verletzung) mehrerer Personen** stützen kann. Gedacht sei z. B. des Falles, daß bei einem Unfall die sehr gut verdienenden Eltern eines wegen Krankheit lebenslänglich auf Unterhaltsleistungen angewiesenen Kindes getötet werden. In diesem seltenen Ausnahmefall ist demgemäß für die Errechnung des Kapitalwertes der Rente im Sinne des § 155 I von einer Personenschadenssumme von DM 1 500 000,– auszugehen (zu § 155 I vgl. Anm. G 35–37). Diese per 1.VII.1981 in Kraft getretene Erhöhung der Vssumme ist aus sozialen Gründen im Interesse einer möglichst umfassenden Absicherung der geschädigten Dritten zu begrüßen. Erleidet bei einem einheitlichen Schadenereignis der Dritte A einen Personenschaden in Höhe von DM 100 000,– und der Dritte B einen solchen von DM 1 400 000,–, so ergibt sich allerdings aus der Neuregelung die eigenartige Konsequenz, daß begründete Ansprüche des Dritten B über die ansonsten geltende Mindestvssumme von DM 1 000 000,– hinaus zu erfüllen sind. Eine solche Besserstellung des Dritten im Verhältnis zu allen anderen Geschädigten ist eigentlich nicht recht verständlich. Sie wäre vermieden worden, wenn in der Anlage zu § 4 II PflichtvsG ausdrücklich verankert worden wäre, daß auch bei der Erhöhung der Vssumme auf DM 1 500 000,– für den einzelnen Geschädigten für Personenschäden insgesamt nicht mehr als der Betrag von DM 1 000 000,– zur Verfügung gestellt werde. Damit wäre die Gleichbehandlung aller Anspruchsteller verwirklicht worden und der einzelne geschädigte Dritte würde so stehen, als ob es sich um einen Einzelschadenfall gehandelt hätte. Es leuchtet aber ein, daß ungeachtet dieser am Gerechtigkeitsgedanken orientierten Überlegung die gesetzliche Vorschrift nicht nachträglich im Wege einer dem Wortlaut ganz konträren Auslegung mit einer solchen stillschweigenden Einschränkung versehen werden darf. Auch wenn die vom Gesetzgeber gewählte Lösung eines solchen Ordnungskonflikts als nicht optimal erscheint, ist sie doch zu respektieren.

Das Gesagte gilt um so mehr, als für das entsprechende Problem der Erhöhung der Mindestvssummenhaftung im Falle eines Bustransportes der Pflichtgesetzgeber von dieser Lösung ausgegangen ist. Denn er reduziert gemäß § 4 II 3 PflichtvsG eine im konkreten Fall hier ebenfalls mögliche Überschreitung der bei der Schädigung einer Person geltenden Mindestvssummenhaftung nur für die Haftung des Vers im gestörten Vsverhältnis.

Verständig ist an der gesetzlichen Regelung der Mindestvssummen, daß bei einer Vielzahl von Verletzten oder Getöteten nicht etwa die Mindestvssumme von dann DM 1 500 000,— auf die einzelnen Anspruchsteller mit festen kleineren Summen pro Person aufgeteilt wird, sondern daß der Gesamtbetrag von DM 1 500 000,— für alle Personenschäden zur Verfügung steht, so daß eine verhältnismäßige Befriedigung aller Anspruchsteller im Sinne des § 156 III erst zur Debatte steht, wenn durch die begründeten Ansprüche die Gesamtmindestvssumme überschritten wird.

An einer entsprechenden Ausgleichsmöglichkeit fehlt es im Augenblick im übrigen noch zwischen den drei verschiedenen Schadenarten, für die in der gesetzlichen Regelung über die Mindestvssummen gesonderte Beträge vorgesehen sind. Ein Ausgleich durch die Personenschadensumme hinsichtlich der Sachschäden, bei denen eine Überschreitung vorliegen mag, oder hinsichtlich der reinen Vermögensschäden oder umgekehrt, sei es auch in welcher Richtung, ist also nicht möglich. Eine Überschreitung wird demgemäß stets isoliert behandelt, ohne daß eine Ausgleichsmöglichkeit aus den nicht ausgeschöpften Vssummen für andere Schadenarten gegeben ist.

[G 31] cc) Nachträgliche Erhöhung der Mindestversicherungssummen durch geschäftsplanmäßige Erklärungen

Bemerkenswert ist, daß die Ver geschäftsplanmäßige Erklärungen abgegeben haben, nach denen sie in Rentenfällen die ab 1.X.1965 geltende Mindestvssumme von DM 250 000,— für Personenschäden bei der Regulierung noch nicht abgewickelter Altschäden aus der davor liegenden Zeit, als für Personenschäden nur bis zu DM 100 000,— gehaftet wurde, zugrundelegen werden (VA 1976 S. 350—351). Durch solche geschäftsplanmäßigen Erklärungenn können durchsetzbare Rechtsansprüche des Vmers aus dem Gesichtspunkt der Erklärung an die Öffentlichkeit geschaffen werden (vgl. dazu BGH 13.VII.1988 BGHZ Bd 105 S. 140—153 [150—153] und Anm. A 17 m. w. N.). Voraussetzung dafür ist, daß der Inhalt einer solchen geschäftsplanmäßigen Erklärung erkennbar dahin zielt, die Rechtsposition des Vmers zu verändern. Dagegen könnte der Text der hier verwendeten geschäftsplanmäßigen Erklärung sprechen (vgl. den Abdruck in Anm. A 5, dort II, 11 in der Zusammenfassung aller geschäftsplanmäßigen Erklärungen zur Kraftfahrtv), denn es wird nur erklärt, daß „in Ansehung des Verkehrsopfers" für bestimmte Altschäden die ab 1965 erhöhten Vssummen zugrundegelegt werden. Das könnte bedeuten, daß allein zugunsten des Dritten eine Rechtspflicht des Vers aus einer solchen Erklärung an die Öffentlichkeit begründet werden sollte. Dagegen spricht allerdings, daß es sich um Schadenfälle handelt, die aus der Zeit vor Einführung des gesetzlichen Direktanspruchs herrühren. Dieser Eindruck, daß nämlich kein Rechtsanspruch zugunsten des Vmers begründet werden sollte, wird noch verstärkt durch den sonstigen Inhalt der geschäftsplanmäßigen Erklärung, in der abgestellt wird auf die wirtschaftlichen Verhältnisse des geschädigten Dritten und auf die Frage, ob eine zusätzliche Leistung des Vers zur Vermeidung einer unbilligen Härte erforderlich erscheint. Indessen ist zu bedenken, daß diese Terminologie mit der haftpflichtrechtlichen Regelung zusammenhängt, nach der nur unter diesen Voraussetzungen der Dritte den Vmer über die früher geltenden Höchstsummen nach dem StVG in Anspruch nehmen konnte (vgl. das Gesetz zur Änderung der Haftungshöchstbeträge

I. 5. Summenmäßige Begrenzung der Leistungspflicht des Vers **Anm. G 32**

nach dem StVG vom 15.IX.1965, BGBl. I S. 1362, Art. 2 II, dem rückwirkende Geltung verliehen worden war; dazu BGH 24.XI.1959 VersR 1960 S. 151–152 = DAR 1960 S. 74–75 [haftungsrechtliche Entscheidung]). Wenn man diese Zusammenhänge sieht, dann ergibt sich, daß tatsächlich in Anknüpfung an die rückwirkend herbeigeführte höhere Haftung des Vmers dessen Vsschutz auf Fälle dieser Art erweitert werden sollte. Demgemäß ist auch kein Fall bekannt geworden, in dem ein Ver sich im Verhältnis zum Vmer geweigert hätte, für diese Erhöhung gemäß der geschäftsplanmäßigen Erklärung aufzukommen.

Nach einem Zeitraum von mehr als 25 Jahren dürfte der geschäftsplanmäßigen Erklärung in bezug auf diese Vssummenerhöhung kaum noch praktische Bedeutung zukommen. Die Zusammenhänge sind aber unter Umständen für künftige ähnlich gelagerte Änderungen von Bedeutung.

[G 32] c) Mehrheit von Schadenfällen aus derselben Ursache

aa) Grundsätzliches

In § 10 VI 3 AKB heißt es, daß mehrere zeitlich zusammenhängende Schäden aus derselben Ursache als ein Schadenereignis gelten. Das bedeutet, daß für solche Zusammenhangsschäden die Mindestvssummen gemäß der Anlage zu § 4 II PflichtvsG (oder gemäß den vertraglich vereinbarten höheren Vssummen) nur einmal zur Verfügung gestellt werden. Für § 10 VI 3 AKB gibt es zwar kein gesetzliches, wohl aber ein vertragliches Vorbild in § 3 II Nr. 2 S. 3 AHB. Dort ist ebenfalls festgelegt, daß mehrere zeitlich zusammenhängende Schäden aus derselben Ursache als ein Schadenereignis gelten. Während aber jene Bestimmung des § 3 II Nr. 2 S. 3 AHB, die darüber hinaus das gleiche für mehrere Schäden aus Lieferungen der gleichen mangelhaften Waren statuiert, nach ihrem Wortsinn als eine gravierende Eingrenzung der Leistungsverpflichtung des Vers in den sog. Serienschäden ausgelegt werden darf, (vgl. Bd IV Anm. G 42–43 m. w. N. und für eine ähnliche Klausel aus dem Bereich der Architektenhaftpflichtv Sieg VersR 1978 S. 193–194 m. w. N., ferner Fenyves, Die rechtliche Behandlung von Serienschäden in der Haftpflichtv, Hamburg 1988, und Jung, Der Serienschaden in der Allgemeinen Haftpflichtv, Diss. Köln 1969, m.w. N.), ist für die Kfz-Haftpflichtv das mit der Einführung der Pflichthaftpflichtv verfolgte Ziel eines möglichst lückenlosen Schutzes des Verkehrsopfers zu beachten. Das bedeutet, daß grundsätzlich nur bei ganz eng örtlich und zeitlich zusammenhängenden Geschehnissen ein einheitliches Schadenereignis im Sinne des § 10 VI 3 AKB angenommen werden darf (ebenso Stiefel–Hofmann[15] Anm. 141 zu § 10 AKB, S. 499). Zwar fehlt in den Bestimmungen des PflichtvsG eine ausdrückliche Abgrenzung des Inhalts, daß die Vssumme pro Schadenereignis zur Verfügung zu stellen ist. Eine solche Beurteilung ergibt sich aber aus dem wohlverstandenen Sinn des Systems der Pflichthaftpflichtv, durch das die Geschädigten eines speziellen Schadenfalls im Rahmen der sozialen Zielsetzung so gestellt werden sollen, daß für alle Beteiligten eines einheitlichen Ereignisses die Mindestvssummen nach Maßgabe der Bestimmungen in der Anlage zu § 4 II PflichtvsG zur Verfügung stehen. Einer Verteilung dieser Vssummen auf eine Vielzahl von nach natürlicher Auffassung nicht mehr eine Einheit bildenden Schadenereignissen muß daher eine verantwortungsbewußte Auslegung entgegentreten. Ausgangspunkt ist dabei die Überlegung, daß anders als in der allgemeinen Haftpflichtv in der Kfz-Haftpflichtv nicht mit Serienschäden schier unübersehbaren Ausmaßes zu rechnen ist, die auf derselben Ursache beruhen und miteinander im zeitlichen Zusammenhang stehen. Das Haftpflichtrisiko aus dem Gebrauch eines Fahrzeugs ist sehr viel überschaubarer als z. B. das aus der Produktion eines Medikaments, das infolge seiner schädlichen Zusammensetzung zu massenhaften Körperschäden schwerer Art führen kann. Ein Schutzbedürfnis des Vers für eine Zusammenfassung zeitlich nicht unmittelbar zusammenhängender Schadenfälle aus derselben Ursache ist daher wegen Fehlens einer solchen Serienschadengefahr nicht anzuerkennen. Ungeachtet des in dem hier entscheidenden Passus gleichlautenden Wortlauts des § 10 VI 3 AKB mit § 3 II Nr. 2 S. 3 AHB ist demgemäß der Begriff „zeitlicher Zusammenhang" restriktiv anzulegen. Wenn daher vom BGH 18.I.1965 BGHZ Bd 43 S. 94 für die allgemeine Haftpflichtv ein zeitlicher Zusammenhang für einen Zeitraum von 4 1/2 Monaten bejaht worden ist, so kann das nicht auf die Kfz-Haftpflichtv übertragen werden. Hier darf vielmehr ein solcher zeitlicher Zusammenhang im Prinzip immer nur dann angenommen werden, wenn sich die Verwirklichung der Haftpflichtgefahr aus dem Gebrauch eines Fahrzeugs im konkreten Fall nach natürlicher Auffassung noch als ein einheitliches Fahrereignis werten läßt. Indessen sei zur Vermeidung von Mißverständnissen klargestellt, daß im Regelfall verschiedene äußere Ereignisse, die sich als Folge oder im Verlauf einer einheitlichen Fahrt zutragen, schon deshalb nicht der Bestimmung des § 10 VI 2 AKB zugeordnet werden dürfen, weil das in der Klausel weiter enthaltene Begriffsmerkmal „derselben Ursache" stark restriktiv wirkt. Fehlerhaftes Fahrverhalten auf einer einheitlichen Fahrt, das zu mehreren Zusammenstößen führt, ist immer dann, wenn das vte Fahrzeug zuvor zum Halten gekommen war und der weitere Kollisionsfall auf einem erneuten Anfahren mit entsprechend vorangegangenem Willensentschluß des Fahrers beruht, nicht mehr derselben Ursache im Sinne des § 10 VI 3 AKB zuzurechnen. Zu einer Zusammenfassung mehrerer Schadenfälle zu einem einheitlichen Ereignis führt demgemäß § 10 VI 3 AKB im Grunde genommen nur in solchen besonderen Fällen, in denen die Ursache der Haftpflichtschäden nicht ein solches Führen eines Fahrzeugs mit diversen Fahrfehlern bei dessen Bedienung ist, sondern eine Mehrzahl von Schäden in der **regelwidrigen Beschaffenheit** eines Fahrzeugs ihre Ursache hat und zu dieser einheitlichen sächlichen Ursache auch ein einheitlicher und ununterbrochener Gebrauchswille des Vmers oder der mitvten Personen tritt.

[G 33] bb) Beispielfälle

Zum Verständnis der Abgrenzungen in Anm. G 32 seien nachfolgend eine Reihe typischer und atypischer **Beispielfälle** gebildet, deren Einordnung die Problematik verdeutlichen möge:

aaa) Der Vmer A beachtet nicht die Vorfahrt des Verkehrsteilnehmers B. Infolge der dadurch entstehenden Kollision wird das Fahrzeug des A gegen ein ordnungsgemäß abgestelltes Fahrzeug des C geschleudert. Die Schäden aus diesem Vorgang stellen sich nach lebensgerechter Beurteilung als ein Schadenereignis im Sinne des § 10 VI 3 AKB dar. Für sie stehen die Vssummen des Kfz-Haftpflichtvsvertrages nur einmal zur Verfügung.

bbb) Der Fall sei identisch mit dem unter aaa) gebildeten Beispiel, jedoch mit der Variante, daß der Vmer nach kurzem Halt in Bestürzung und Schrecken über das angerichtete Unheil vom Unfallort mit seinem noch immer fahrbereiten Fahrzeug flieht. Auf dieser Flucht mißachtet der Vmer A erneut die Vorfahrt eines Dritten. Es kommt zur Wiederholung des Ausgangsfalles mit hohen Personen- und Sachschäden. Hier liegen unterschiedliche Ursachen vor, so daß trotz des zeitlichen Zusammenhangs die Vssummen des Haftpflichtvsvertrages zweimal, nämlich für jeden der beiden Schadenkreise, zur Verfügung stehen.

ccc) Variiert man den unter bbb) gebildeten Beispielfall in der Weise, daß im Anschluß an den zweiten Vorfahrtsverletzungsfall eine zweite Fahrerflucht aufgrund eines erneut gefaßten Fluchtentschlusses stattfindet, so stehen für auf dieser weiteren

I. 5. Summenmäßige Begrenzung der Leistungspflicht des Vers Anm. G 33

Fahrt entstehende Schäden Dritter die Vssummen des Vertrages nach diesen Grundsätzen ein drittes Mal zur Verfügung. Spielt sich die Entfernung vom 2. Unfallort allerdings in der Weise ab, daß es überhaupt nicht zu einem Aufenthalt oder Halt des von dem Vmer A geführten Fahrzeugs am Unfallort kommt, so ist aus der vsrechtlichen Sicht des § 10 VI 3 AKB das gesamte Fluchtgeschehen nach der ersten Kollision als einheitliches Ereignis aus derselben Ursache zu werten, so daß für die zweite Kollision und die auf der fortgesetzten Flucht verursachten Schäden die Vssummen nur einmal zur Verfügung stehen.

ddd) Stellt sich der Sachverhalt so dar, daß der auf einer Fahrerfluchtfahrt eintretende Schaden lediglich den schon bei dem Ausgangsereignis entstandenen Schaden vergrößert, so liegt ebenfalls wieder ein einheitliches Schadenereignis im Sinne des § 10 VI 3 AKB vor. Vgl. z. B. den der Entscheidung BGH 6.VI.1966 VersR 1966 S. 745–748 zugrundeliegenden Sachverhalt, in dem der Vmer den bei der Kollision zwischen Stoßstange und Kotflügel eingeklemmten Dritten etwa 14 km weit mitschleppte (in dem Urteil ist zum Problem der Vssummenberechnung selbst nicht Stellung genommen worden).

eee) Der betrunkene Vmer A verliert in einer engen Straße die Gewalt über seinen Lkw. Er fährt nacheinander 11 ordnungsgemäß abgestellte Fahrzeuge an, ehe die Fahrt an einem mit Wucht gerammten und darob einstürzenden Gebäude endet. Für diese 12 Einzelschäden aus dem nach natürlicher Auffassung einheitlichen Schadenereignis steht die Vssumme nur einmal zur Verfügung.

fff) Der Vmer benutzt ein Fahrzeug, dessen Bremsen nicht ordnungsgemäß funktionieren. Er richtet mit diesem Fahrzeug aufgrund der mangelhaften Bremsleistung an zwei aufeinander folgenden Tagen zwei schwere Verkehrsunfälle an. Ungeachtet dessen, daß hier der Schaden in beiden Fällen auf jene defekten Bremsen zurückzuführen ist, ist zu bedenken, daß insgesamt nicht dieselbe Ursache vorliegt, weil neben das einheitliche sächliche Moment in der Gesamtkausalität ein als wesentlich zu qualifizierendes Willenselement hinsichtlich des Gebrauchs des Fahrzeugs tritt. Dieses Willenselement besteht in dem Entschluß des Vmers, trotz des schweren vorangegangenen Unfalls das nicht den Vorschriften der Verkehrssicherheit entsprechende Fahrzeug weiter zu benutzen. Dieser neue und durchaus ungewöhnliche Willensentschluß stellt zugleich eine neue Teilursache im Sinne der genannten Bedingungsbestimmung dar, so daß der Schluß geboten ist, daß für das neue Geschehen die Vssummen erneut zur Verfügung stehen. — Das ist trotz der für den Ver aus dieser Gefahrerhöhung resultierenden Leistungsfreiheit wegen der im Verhältnis zum Dritten gemäß § 3 Ziff. 4 PflichtvsG bestehenden Haftung von Bedeutung. — Anders wäre allerdings der Fall zu beurteilen, in dem ein Vmer von Anfang an den Entschluß faßt, sein Fahrzeug trotz defekter Bremsen und trotz darauf zurückzuführender Unfälle weiter zu benutzen. Eine solche innere Einstellung dürfte aber eine seltene Ausnahme sein und wird sich kaum je feststellen lassen.

ggg) Legt ein Tankwagen infolge eines Lecks im Tank, vom Fahrer unbemerkt, eine Ölspur von 4 km Länge, auf der es vor ihrer Beseitigung durch die Feuerwehr zu diversen Unfällen kommt, so ist hier aus der Sicht des vten Fahrzeugs ein und dieselbe Ursache im Sinne des § 10 VI 3 AKB gegeben (vgl. dafür, daß solche durch die Ladung verursachten Schäden dem Gebrauch des Fahrzeugs im Sinne des § 10 I AKB zuzurechnen sind, Anm. G 50 m. w. N.). Bemerkt der Fahrer dann aber nach einem Halt das Mißgeschick und begeht er darauf Fahrerflucht, so ist zwar für die auf dieser Fluchtfahrt entstehenden Kollisionsschäden, die nicht auf den Ölverlust zurückzuführen sind, eine von dem neuen Gebrauchsentschluß getragene wesentliche Ursache gegeben mit der Folge, daß insoweit die Vssummen des Vertrages nach § 10 VI 3 AKB erneut zur Verfügung stehen. Hinsichtlich der Unfälle weiterer Fahrzeuge, die auf das Rutschen auf der sich erneut bildenden Ölspur zurückzuführen sind, muß aber von einer Einheitlichkeit im Sinne des Bedingungsrechts ausgegangen werden. Insoweit stehen die Vssummen daher nur einmal zur Verfügung.

hhh) Stiefel−Hofmann[15] Anm. 141 zu § 10 AKB, S. 499 bemerken, daß dann, wenn ein Verletzter mit einem Krankenwagen in ein Krankenhaus gebracht werde und sich auf dieser Fahrt ein zweiter Zusammenstoß ereigne, eine neue Schadenursache vorliege, es sei denn, daß durch die bei dem ersten Unfall eingetretenen Schäden zwangsläufig das zweite Schadenereignis verursacht worden sei. Im ersten Augenblick ist nicht ganz klar, welche Fallgruppen durch diese Bemerkung erfaßt werden sollen (wenn man bei dem Leser nicht unterstellt, daß er die zum Haftpflichtrecht ergangene BGH-Entscheidung 15.XII.1970 BGHZ Bd 55 S. 86−96 kennt). Gemeint sein könnte ein Sachverhalt derart, daß der von dem Vmer A bei dem ersten Unfall verletzte Dritte D auf dem anschließenden Transport im Krankenwagen erneut von A angefahren wird. Hier liegen zwei Schadenereignisse vor, so daß die Vssummen zweimal zur Verfügung stehen. Das gilt auch dann, wenn der zweite Unfall sich am Ort der ersten Kollision bei gleichzeitigem Anfahren des Krankenwagens und des Fahrzeugs des Vmers zuträgt und auf die durch den ersten Unfall entstandene Verwirrung des Vmers zurückzuführen ist. Erfolgt die Kollision auf dieser Fahrt zum Krankenhaus mit einem Drittfahrzeug und wird der am ersten Unfall beteiligte Vmer dafür mit der Begründung verantwortlich gehalten, daß der zweite Unfall die zurechenbare Folge des ersten sei (so BGH 15.XII.1970 a. a. O.), so liegt allerdings aus der Sicht des Haftpflichtvsvertrages des Vmers A ein Schadenereignis vor. In diesem Sinne mag hier der Ausdruck „zwangsläufig" modifiziert verstanden werden. Er paßt im Grunde genommen nur in dem zweiten von Stiefel−Hofmann[15] a. a. O. gebildeten Beispiel, daß bei dem ersten Ereignis ein Vergaser eines Wagens beschädigt wird, der dann auf einer Weiterfahrt explodiert und zu weiteren Schäden führt. Hier ist aus der Sicht des Vmers A, der bei dem ersten Unfall diesen Vergaser beschädigt hat, ebenfalls ein einheitliches Schadenereignis gegeben.

In den vorangegangenen Ausführungen ist die von § 3 II Nr. 2 S. 3 AHB abweichende Auslegung des § 10 VI 3 AKB wesentlich damit begründet worden, daß nach dem Sinn der Pflichtv für jedes Schadenereignis die Mindestvssummen zur Verfügung stehen sollen. Es ist daher zu überlegen, ob diese Interpretation in den Fällen nicht zum Zuge kommt, in denen vom Vmer höhere Vssummen als die gesetzlich vorgeschriebenen gewählt worden sind. Eine solche Auslegung ist abzulehnen. Abgesehen davon, daß eine solche Aufspaltung zu einem dem Vmer und dem geschädigten Dritten kaum noch verständlichen Wirrwarr führen würde, bleibt die Grunderkenntnis maßgebend, daß, anders als in der allgemeinen Haftpflichtv, Serienschäden aus dem Gebrauch eines einzelnen vten Fahrzeugs nicht zu erwarten sind. Eine einheitlich verständige Interpretation des § 10 VI 3 AKB ist demgemäß auch in Fällen einer Vsnahme über die Mindestvssummen der Anlage zu § 4 II PflichtvsG hinaus geboten.

[G 34] cc) Beweislast

Wird im Sinne der in Anm. G 33 erörterten Beispielsfälle kein einheitlicher Gebrauchswille des Vmers (oder des Vten) festgestellt, aber auch nicht das Gegenteil, so ist nach **Beweislastgrundsätzen** zu entscheiden. Dabei darf § 10 VI 3 AKB als eine Regelung angesehen werden, die im Ansatz versucht, mehrere Schadenereignisse in der Weise zusammenzufassen, daß abweichend von der Grundkonzeption der Bestimmungen über die Pflichthaftpflichtv für Kfz-Halter die Vssummen des Vertrages nur einmal zur Verfügung gestellt werden. Wenn in dieser Charakterisierung der Ausdruck „Versuch" gebraucht wird, so geschah das deswegen, weil nach

I. 5. Summenmäßige Begrenzung der Leistungspflicht des Vers Anm. G 35

der sozialen Zielsetzung des Pflichtvsschutzes der Anwendungsbereich dieser Vorschrift einschränkend dahin interpretiert worden ist, daß es sich um im natürlichen Sinne einheitliche Schadenereignisse handeln müsse. Ungeachtet dieser restriktiven Interpretation ist aber § 10 VI 3 AKB als eine vom Regelfall abweichende Besonderheit anzusehen, für deren Eingreifen der Ver darlegungs- und beweispflichtig ist.

[G 35] d) **Rentenzahlungen**

  aa) **Berechnungsgrundsätze gemäß § 10 VII AKB und die dazu abgegebenen geschäftsplanmäßigen Erklärungen**

In § 155 I ist bestimmt, daß der Vmer nur einen verhältnismäßigen Teil einer dem geschädigten Dritten geschuldeten Rente verlangen kann, wenn die Vssumme den Kapitalwert der Rente nicht erreicht. Nach heutigem Verständnis vom Wesen der Haftpflichtv müßte es eigentlich präzise heißen, daß der Vmer nur Befreiung von einem verhältnismäßigen Teil einer geschuldeten Rente verlangen könne (vgl. Anm. G 2 m. w. N.). Der Gesetzgeber ging aber bei der Schaffung des VVG ersichtlich noch von einem Zahlungsanspruch des Vmers im Haftpflichtvsverhältnis aus. Dieser Eindruck wird durch folgende Bemerkungen in der Begr. I S. 142 über den Sinn der gesetzlichen Regelung unterstützt:

„Eine einfache Lösung scheint hier der Weg zu bieten, daß der Ver anfangs die volle Rente erstattet, mit der Erschöpfung der Vssumme aber von allen weiteren Leistungen frei wird. Das Interesse der Beteiligten bleibt jedoch besser gewahrt, wenn von vornherein eine entsprechende Kürzung eintritt, so daß der Vmer nur einen verhältnismäßigen Teil der Rente, diesen aber für die ganze Dauer seiner eigenen Verbindlichkeit verlangen kann. Der erste Weg würde allerdings in dem Falle, daß der Dritte vor der Erschöpfung der Vssumme stirbt, für den Vmer vorteilhafter sein, da es ihm hier völlig erspart bliebe, eine Aufwendung aus dem eigenen Vermögen zu machen; dies kann aber gegenüber der bedenklichen Folge, daß andererseits, wenn der Dritte länger lebt, der Vmer von dem fraglichen Zeitpunkt an gar nichts mehr zur Bestreitung der Rentenzahlungen erhält, nicht ausschlaggebend sein."

Die nicht zwingende Regelung in § 155 I (vgl. § 158 a) wird in der Kfz-Haftpflichtv durch § 10 VII AKB ergänzt. Als erstes wird in § 10 VII 1 AKB in Übereinstimmung mit § 3 III Nr. 2 S. 1 AHB bestimmt, daß bei einem Zusammentreffen von Rentenansprüchen mit anderen Forderungen zunächst die letzteren von der Vssumme abzuziehen sind. Erst von dem verbleibenden Restbetrag der Vssumme ist die Verhältnisrechnung zum Rentenkapitalwert vorzunehmen. Gegen diese der Vereinfachung dienende Regelung ist nichts einzuwenden, soweit es sich um die Ansprüche eines geschädigten Dritten handelt. Wie in Bd IV Anm. G 40 aber dargetan worden ist, muß ein solches Ordnungsprinzip für diejenigen Fälle zurücktreten, in denen dem Ver mehrere Anspruchsberechtigte in einem Verteilungsverfahren nach § 156 III gegenüberstehen (vgl. dazu ergänzend Anm. B 13, S. 21 m. w. N.).

Weiter heißt es in § 10 VII 2 AKB, daß bei der Berechnung des Verhältniswertes der Kapitalwert der Rente und die Höhe der Deckung nach der hierzu gegenüber der zuständigen Aufsichtsbehörde abgegebenen geschäftsplanmäßigen Erklärung bestimmt werden. Es liegt demgemäß der seltene Fall vor, daß eine geschäftsplanmäßige Erklärung im Bedingungswerk selbst erwähnt und als verbindlich bezeichnet wird. Die Geltung dieser geschäftsplanmäßigen Erklärung ist bei dieser Verfahrensweise unmittelbar den Grundsätzen des Vertragsrechts zu entnehmen. Für die Annahme der Rechtsverbindlichkeit einer solchen veröffentlichten geschäftsplanmäßigen Erklärung in dem Sinne, daß Rechtsansprüche des Vmers entstehen, bedarf es daher nicht wie sonst eines zusätzlichen Hinweises auf die sich aus Treu und Glauben ergebende Haftung des Vers aus dem Gesichtspunkt der Erklärung an die Öffentlichkeit (vgl. dazu BGH 10.VII.1988 BGHZ Bd 105 S. 150–153 und Anm. A 17 m. w. N.).

Der Text dieser im Geschäftsbericht des BAV 1970 S. 83 veröffentlichten geschäftsplanmäßigen Erklärung lautet wie folgt (vgl. auch Anm. A 5, Nr. II,13):

„Wir werden den nach § 10 Abs 7 AKB für Rentenverpflichtungen zu ermittelnden Rentenbarwert in der Kraftfahrzeughaftpflichtversicherung für Versicherungsfälle, die nach dem 1.I.1969 eingetreten sind, aufgrund der allgemeinen Sterbetafeln für die Bundesrepublik Deutschland 1949–51 ... und eines Zinsfußes von jährlich 3,5% berechnen. Nachträgliche Erhöhungen ... der Rente werden wir zum Zeitpunkt des ursprünglichen Rentenbeginns mit dem Barwert einer aufgeschobenen Rente nach der vorher genannten Rechnungsgrundlage berücksichtigen ...

Bei der Berechnung von Geschädigtenrenten werden wir bei unselbständig Tätigen das vollendete 65. Lebensjahr, bei selbständig Tätigen das vollendete 68. Lebensjahr als Endalter festlegen, sofern nicht durch Urteil, Vergleich etc. etwas anderes bestimmt wird oder sich die der Festlegung zugrunde gelegten Umstände ändern.

Bei der Prüfung der Frage, ob der Kapitalwert der Rente die Versicherungssumme bzw. die nach Abzug sonstiger Leistungen verbleibende Restversicherungssumme übersteigt ... werden wir eine um 25 v. H. erhöhte Versicherungssumme zugrunde legen. Die sonstigen Leistungen werden wir bei dieser Berechnung mit ihrem vollen Betrag von der Versicherungssumme absetzen."

Als besonders bemerkenswert an dieser Regelung erscheint, daß neben der Abzinsung um 3,5% eine Erhöhung der Vssumme um 25% gewählt worden ist. Durch diese Erhöhung der Vssumme wird dem Umstand Rechnung getragen, daß von den Vern bei normaler Geschäftspolitik ein weitaus höherer Ertrag aus den Vermögensanlagen erzielt werden kann als ein solcher von 3,5%. Es leuchtet ein, daß bei einer solchen generellen Lösung dieses Abzinsungsproblems kein Raum für eine Berücksichtigung einer atypischen Situation gegeben ist, daß nämlich ein Ver infolge schlechter Geschäftsführung unterdurchschnittliche Ertragswerte erzielt. Ebenso kann der Vmer nicht erfolgreich einwenden, daß der Ver weitaus höhere Gewinne aus den Vermögensanlagen erziele. Anstelle einer doppelten Berechnung des Abzinsungsfaktors in der Weise, daß ein Abzinsungssatz von 3,5% und eine Erhöhung der Vssumme um 25% gewählt worden ist, hätte es aus mathematischen Gründen eigentlich näher gelegen, nur von einem höheren Abzinsungsfaktor auszugehen. Der Vorteil der getroffenen kombinierten Regelung liegt aber darin, daß dem über die Grundsatzproblematik des § 155 I zumeist nicht unterrichteten Vmer durch die vorgesehene Erhöhung der Vssumme um 25% zu Recht der Eindruck einer im Regelfall angemessenen Regelung vermittelt wird.

Für vor dem 1.I.1969 eingetretene Schadenereignisse hat die zitierte geschäftsplanmäßige Erklärung über die Berechnung des Verhältniswertes keine Gültigkeit. Es war allerdings von dem BAV die Empfehlung ausgesprochen worden, in derartigen Fällen in gleicher Weise zu verfahren (Geschäftsbericht des BAV 1972 S. 70). Eine solche Empfehlung äußert aber im Gegensatz zu veröffentlichten geschäftsplanmäßigen Erklärungen keine Rechtswirkungen im Verhältnis zwischen Ver und Vmer. Deshalb ist vom BGH 28.XI.1979 DAR 1980 S. 115–117 = VersR 1980

I. 5. Summenmäßige Begrenzung der Leistungspflicht des Vers **Anm. G 36**

S. 132–135 (279) für einen solchen Altfall, in dem sich der Ver geweigert hatte, jener Empfehlung zu folgen, zu Recht auf allgemeine mathematische und finanzpolitische Erwägungen abgestellt worden. Das Gericht wies dabei darauf hin, daß bei der Ermittlung eines Rentenkapitalwertes üblicherweise in Anlehnung an § 13 BewG und § 6a EStG von einem Zinsfuß von 5,5% ausgegangen werde. Diesen Zinsfuß von 5,5% legte das Gericht bei der Verhältnisrechnung im Sinne des § 155 I zugrunde. In einer Hilfsbegründung wurde dann zur Kontrolle die an sich für den entschiedenen Fall nicht geltende Regelung aus der für Schadenereignisse ab 1.I.1969 einschlägigen geschäftsplanmäßigen Erklärung herangezogen und ermittelt, daß nach beiden Methoden der Ver vollen Umfangs eintrittspflichtig sei. Als vsrechtlich unerheblich bezeichnete das Gericht den Umstand, ob das in § 12 I Nr. 1, 2 StVG für die Haftungsgrenzen niedergelegte Verhältnis zwischen Kapital- und Rentenhöchstbeträgen erreicht werde oder nicht. Bemerkenswert ist die dem Urteil zu entnehmende Tendenz, die sich aus dem Hinweis auf den in § 3 III Nr. 2 AHB festgelegten Satz von 4% ergibt, daß **nicht marktgerechte Abzinsungsregelungen** in Vsbedingungen unter Umständen „als nicht mehr realistisch" im Sinne einer gerechten Fallentscheidung im Einzelfall korrigiert werden würden (BGH a. a. O. S. 134). Für die AKB stellt sich dieses Problem durch die jetzige, den heutigen Zeitumständen nach sachgerechte Regelung nicht mehr; die Tendenz darf aber bei einer **wesentlichen Änderung der Gewinnmöglichkeiten** aus Vermögensanlagen nicht außer acht gelassen werden. Soweit daher die Zinsverhältnisse sich derart entwickeln, daß eine Berechnung nach Maßgabe der geschäftsplanmäßigen Erklärung den Vmer schlechter stellen würde als eine Bewertung nach den § 155 I zugrunde liegenden Prinzipien, ist das nicht hinzunehmen (anders aber wohl Wenke VersR 1983 S. 904). Vielmehr ist zu bedenken, daß durch die Regelung in § 155 ein gerechter Interessenausgleich gefunden werden sollte. Allein das ist der Sinn der geschäftsplanmäßigen Erklärung. Unterbleibt eine **angemessene Anpassung an die Marktsituation**, so ist diese Diskrepanz im Rahmen der **richterlichen Inhaltskontrolle** auszugleichen. Maßgebend ist bei dieser Abwägung vor allem, welcher realistische Zinsfuß zugrundezulegen ist, d. h. ein Zinsfuß, der der Effektivverzinsung entspricht, die auf dem Kapitalmarkt für Rentenwerte von vergleichbarer Laufzeit erzielt wird (so BGH 12.VI.1980 VersR 1980 S. 817–819 für einen allein nach § 155 I zu entscheidenden Fall, bei dem demgemäß eine Korrektur der in der geschäftsplanmäßigen Erklärung enthaltenen Regelung nicht zur Debatte stand). BGH 22.I.1986 BGHZ Bd 97 S. 52–58 weist darauf hin, daß der **durchschnittliche Rentenzins in der Nachkriegszeit bei 8%** gelegen hat. Soweit eine darauf basierende Vergleichsrechnung mit dem Ergebnis nach der Berechnungsmethode gemäß der geschäftsplanmäßigen Erklärung nicht übereinstimmt, sondern **wesentlich davon zu Lasten des Vmers abweicht, ist das nach dem Sinn dieser Entscheidung bei einer richterlichen Inhaltskontrolle zugunsten des Vmers zu korrigieren** (vgl. auch BGH 28.XI.1990 MDR 1991 S. 512–513 = VersR 1991 S. 172–175, ferner Johannsen ZVersWiss 1991 S. 97–104 m. w. N.).

[G 36] bb) Einzelheiten

Die **Erhöhung der Vssumme um 25%** gemäß der in Anm. G 35 aufgeführten geschäftsplanmäßigen Erklärung gilt nur für den **Rentenfall**. Soweit sonstige Leistungen im Sinne des § 10 VII 1 AKB auf den Körperschaden zu erbringen sind, erhöht sich die Vssumme nicht. Das hat zur Konsequenz, daß der Erhöhungssatz von 25% nur in bezug auf den dann noch verbleibenden Betrag der Restvssumme zu berechnen ist. Nicht etwa ist bei der Berechnung so zu verfahren, daß zunächst die Vssumme von DM 1 000 000,— auf DM 1 250 000,— zu erhöhen ist und davon die sonstigen Leistungen zur Höhe von z. B. DM 200 000,— für einen langwierigen stationären Aufenthalt abgesetzt werden könnten. Vielmehr ist die Erhöhung dann nur auf DM 800 000,— zu rechnen, so daß für die Rentenberechnung in diesem Fall weitere DM 200 000,—, insgesamt als DM 1 000 000,—, zur Verfügung stehen, während bei einer anfänglichen Erhöhung der Vssumme noch von DM 1 050 000,— ausgegangen werden könnte. Daß eine derartige Erhöhung auf die Restvssumme sachgerecht ist, ergibt sich aus der bei Rentenzahlungen verzögerten Leistungspflicht des Vers, die ihn in die Lage versetzt, aus den für die Schadenregulierung zurückgestellten Beträgen entsprechende Erträge zu erzielen. Das gilt aber für die bereits erbrachten Leistungen nicht. Hinsichtlich **künftig zu erwartender Behandlungskosten** ist zu bedenken, daß diese im Rahmen der Vorhersehbarkeit ebenfalls dem **Rentenanspruch wegen erhöhter Bedürfnisse** zuzurechnen sind (BGH 28.XI.1990 MDR 1991 S. 512—513 = VersR 1991 S. 172—173). Unabhängig davon, ob der Dritte seinen Ersatzanspruch dergestalt berechnet, ist § 155 zu beachten.

Ist eine Rente im Sinne des § 155 dem Dritten unter Erschöpfung der Vssumme verbindlich zugesagt, so kann er nicht daneben den Ausgleich später entstehender Behandlungskosten vom Ver verlangen (OLG Düsseldorf 26.I.1987 ZfS 1987 S. 116; mit Rücksicht auf diese Erschöpfung der Vssumme brauchte das Gericht nicht zu untersuchen, ob nicht jene Zusatzforderung materiellrechtlich unbegründet war, weil diese Behandlungskosten haftungsrechtlich mit unter die zugesagte Rente zu subsumieren waren).

Der Wortlaut der geschäftsplanmäßigen Erklärung ist insoweit in Abs. III nicht ganz eindeutig, weil dort nur von der um 25% erhöhten Vssumme die Rede ist und der im vorangegangenen Satzteil erwähnte Ausdruck „Restvssumme" nicht wiederholt wird. Ersichtlich war diese Berechnungsmethode aber den Verfassern dieser „Bedingung" so selbstverständlich, daß sie eine nochmalige Wiederholung des Ausdrucks „Restvssumme" nicht für erforderlich hielten. Der zum Ausdruck gebrachte Wille, daß nur bezüglich der Rentenzahlungsverpflichtung die Restvssumme erhöht werden soll, ist aber dem Gesamtzusammenhang zu entnehmen (ebenso Deichl—Küppersbusch—Schneider S. 5, Wenke VersR 1983 S. 902).

Bei der konkreten Ermittlung des Kapitalwertes ist von den vsmathematischen Vorgaben der geschäftsplanmäßigen Erklärung auszugehen. Nur in Ausnahmefällen, wenn nämlich eine **erhebliche Abweichung** zwischen dem tatsächlichen Marktzins und den Eckdaten aus der geschäftsplanmäßigen Erklärung zu Lasten des Vmers besteht, ist eine **Korrektur nach den Grundsätzen von Treu und Glauben** vorzunehmen (vgl. Anm. G 35 a. E.). Der weitere wesentliche Berechnungsfaktor betrifft die **Dauer der Rentenzahlungsverpflichtung**. Diese ist, soweit sie nicht ausnahmsweise von vornherein feststeht, gemäß einer im **Zeitpunkt ihres Beginns** aufzustellenden Prognose zu ermitteln, die die **konkreten Fallumstände** und die sich aus **anerkannten statistischen Unterlagen** ergebenden Durchschnittswerte berücksichtigt (BGH 28.XI.1979 DAR 1980 S. 115—117 = VersR 1980 S. 132—135 [279] m. w. N., 12.VI.1980 VersR 1980 S. 817—819). Dabei darf bei Verdienstausfallrenten in Übereinstimmung mit Abs. I 2 der geschäftsplanmäßigen Erklärungen auch die **künftige Erhöhung der Rente wegen Verdienstausfalls** berücksichtigt werden, die infolge Geldentwertung und steigenden Lohnniveaus jährlich eintritt, und zwar als sog. **aufgeschobene Rente** (BGH 28.XI.1979 a. a. O.). Nach BGH 28.XI.1979 a. a. O. soll dabei durch einen vsmathematischen Abschlag dem Umstand Rechnung getragen werden, daß eine gewisse Wahrscheinlichkeit besteht, daß der Dritte in der Zeit vom ursprünglichen Rentenbeginn bis zum Zeitpunkt der Erhöhung stirbt. Das ist eine Korrektur der statistischen

I. 5. Summenmäßige Begrenzung der Leistungspflicht des Vers Anm. G 36

Wahrscheinlichkeit zugunsten des Vmers, die in der geschäftsplanmäßigen Erklärung selbst nicht ausdrücklich enthalten ist, sich aber aus den mathematischen Berechnungsgrundsätzen für eine aufgeschobene Rente ergibt. Führt die bei einer später erfolgenden Erhöhung der Rentenleistung vorgenommene Neuberechnung des Kapitalwertes zur Feststellung, daß die Vssumme überschritten ist, so wirkt das jeweils nur für die Zukunft (BGH 28.XI.1979 a. a. O.).

Für die Berechnung des Rentenbeginns im Sinne des § 155 ist der Unfallzeitpunkt zugrundezulegen, wenn der Schaden, der durch die Rente ausgeglichen werden soll, bereits im Unfallzeitpunkt eingetreten ist, nicht etwa ist auf den Zeitpunkt der Fälligkeit der ersten Rate abzustellen (BGH 28.XI.1979 a. a. O., 22.I.1986 BGHZ Bd 97 S. 52–58, Sprung VersR 1992 S. 660; a. M. Deichl–Küppersbusch–Schneider S. 9, Anm. 64).

Daß der Ver gemäß dem nach vsmathematischen Grundsätzen ermittelten Kapitalwert in der nach § 155 vorzunehmenden Verhältnisrechnung nur einen Teil der Rente zu erbringen hat, wird **nicht dadurch berührt**, daß der Dritte entgegen der statistischen Erwartung **früher verstirbt**. Vielmehr erhöht sich dadurch die Leistung des Vers nachträglich nicht mehr. Etwas anderes gilt dann, wenn **mehrere Dritte Ansprüche erheben und einer von ihnen verstirbt**. Dann muß von diesem Zeitpunkt an eine Neuberechnung vorgenommen werden. Für die Zukunft ist dann von geringeren Gesamtansprüchen auszugehen und mit einer neuen Verhältnisrechnung zu ermitteln, ob noch eine Kürzung der Leistungen des Vers auf die Gesamtrentenforderungen angebracht ist. Was der Vmer aber in der Vergangenheit an die Dritten selbst geleistet hat, braucht ihm der Ver nicht zu ersetzen.

In der Praxis wird ein **Verdienstausfallschaden** häufig nicht in der Weise reguliert, daß eine feste Rente vereinbart wird. Vielmehr wird von Jahr zu Jahr unter Berücksichtigung der zwischenzeitlich eingetretenen Tariferhöhungen in dem Beruf, dem der Verletzte angehörte, abgerechnet. Diese Art der Abrechnung hat für den Ver den Vorteil, daß er sich bestätigen lassen kann, daß in dieser Zeit kein Verdienst erzielt worden ist und daß bei wahrheitsgemäßer Angabe solcher Einnahmen unter Umständen eine Reduzierung des Verdienstausfallanspruchs vorgenommen werden kann. Der Sache nach ändert sich aber nichts daran, daß diese von Jahr zu Jahr neu errechneten Zahlungen nur eine einverständliche Umformung eines Rentenanspruchs darstellen. Eine solche modifizierte Rechnung mit dem Nachteil für Dritte, daß dieser die addierten Rentenbeträge unverzinst nachschüssig erhält, ist aus vsvertraglicher Sicht einer **Rentenzahlung im Sinne des § 843 BGB gleichzustellen**. Der Ver muß sich dabei so behandeln lassen, als wäre die Rente nach Maßgabe der gesetzlichen Bestimmungen erbracht worden. In ähnlicher Weise sind diejenigen Fälle zu behandeln, in denen auf diese Art und Weise nachschüssig die pauschalen **erhöhten Bedürfnisse** berechnet werden (vgl. dazu auch BGH 28.XI.1990 a. a. O. für entsprechende Zahlungsanforderungen durch einen Sozialvsträger).

Es kann sich ergeben, daß ein Ver nicht rechtzeitig eine Verhältnisrechnung im Sinne des § 155 vornimmt und deshalb, bis er seinen Irrtum erkennt, die Rentenzahlungen an den Dritten voll erbringt, obwohl er nur anteilig zu leisten gehabt hätte. Dann darf er nicht etwa deshalb, weil seine Gesamtleistungen rechnerisch die Vssumme übersteigen, die weiteren Rentenzahlungen einstellen. Vielmehr trägt der Ver das Risiko für dieses von § 155 abweichende Vorgehen. Er darf sich insoweit **nicht auf eine Erschöpfung der Vssumme berufen** (BGH 12.VI.1980 a. a. O., 28.XI.1990 a. a. O.). Damit leistet der Ver mehr, als er vertraglich schuldet. Von dem Dritten kann der Ver eine solche Leistung nicht gemäß § 812 BGB zurückverlangen, da er auf eine bestehende Haftpflichtschuld geleistet hat. Es fragt sich aber, ob der Vmer einem Bereicherungsanspruch des Vers ausgesetzt ist. Konstruktiv läßt sich das ohne weiteres über § 812 I BGB begründen. Daß der Ver in Kenntnis der Regelung des § 155 und der sich daraus ergebenden Konsequenzen bewußt ein Risiko eingegangen ist, so daß § 814 BGB der Rückforderung entgegenstehen könnte, weil der Ver in Kenntnis einer Nichtschuld geleistet hatte, dürfte nur ausnahmsweise nachweisbar sein. Dennoch bleibt ein gewisses Unbehagen bei der Zubilligung eines solchen Bereicherungsanspruchs (vgl. BGH 12.VI.1980 a. a. O., wo davon die Rede ist, daß „allenfalls" aus ungerechtfertigter Bereicherung vorgegangen werden könne). Es läßt sich aber nicht leugnen, daß auch der enttäuschte Vmer nur ein gewöhnlicher Bereicherungsschuldner ist, dem keine größeren Rechte als sonstigen ungerechtfertigt bereicherten Personen zustehen. Ihm wird genügend durch die Wahrung des aus § 155 sich ergebenden Grundsatzes geholfen, daß ein Haftpflichtver nicht berechtigt ist, seine Leistungen einzustellen, wenn die Summe der von ihm auf einen Rentenanspruch bewirkten Zahlungen die Vssumme erreicht (BGH 12.VI.1980 a. a. O., 28.XI.1990 a. a. O.). Dieses vom BGH herausgearbeitete Ergebnis beruht konstruktiv zum einen auf der Überlegung, daß der Ver mangels Gleichartigkeit nicht mit einem Zahlungsanspruch gegen den auf Befreiung gerichteten Haftpflichtvsanspruch aufrechnen kann, zum anderen darauf, daß die Schutzzweckbindung der Haftpflichtvsforderung zugunsten des Dritten (vgl. § 156 I 1), die in der Kraftfahrzeughaftpflichtv durch die Zubilligung des Direktanspruchs ihren Kulminationspunkt gefunden hat, nach Treu und Glauben auch der Geltendmachung eines Zurückbehaltungsanspruchs entgegensteht.

Bezüglich des dem Ver in der konkreten Situation zustehenden Bereicherungsanspruchs gegen den Vmer wäre im übrigen zu überlegen, ob der Vmer nicht dadurch geschützt werden könnte, daß für den Bereich der Kraftfahrzeughaftpflichtv von einer zweijährigen Verjährung solcher Rückforderungsansprüche aus ungerechtfertigter Bereicherung ausgegangen wird. Vom BGH ist allerdings entschieden worden, daß der Anspruch aus ungerechtfertigter Bereicherung grundsätzlich nicht der kurzen Verjährungsfrist nach § 12 I 1 unterliegt (BGH 14.I.1960 BGHZ Bd 32 S. 13–17, ebenso Bruck–Möller Bd I Anm. 9 zu § 12, a. M. Prölss–Martin[25] Anm. 2 zu § 12 m. w. N., S. 160). Will man von dieser Rechtsprechung nicht abgehen, so ist zu überlegen, ob nicht § 3 Ziff. 11 PflichtvsG analog angewendet werden könnte. Nach dieser Vorschrift steht dem Vmer, dem gegenüber der Ver nicht im Risiko ist, hinsichtlich des Regreßanspruchs gemäß § 3 Ziff. 9 und 10 PflichtvsG schon nach zwei Jahren, gerechnet vom Ende des Jahres, in dem erfüllt worden ist, die Einrede der Verjährung zu. Die Interessenlage ist für den hier erörterten Fall gleichgelagert. Demgemäß erscheint es als sachgerecht, diese Bestimmung in diesem Ausnahmefall analog anzuwenden. Dem Ver ist anzusinnen, sich alle zwei Jahre über solche größeren Schäden Gedanken zu machen. Zudem ist nicht einzusehen, warum der vertragsuntreue Vmer besser behandelt wird als der vertragsgetreue. Bemerkenswert ist im übrigen, daß es an veröffentlichten Entscheidungen über eine derartige Rückforderung aus dem Bereich der ungerechtfertigten Bereicherung in Rentenvsfällen fehlt. Das läßt darauf schließen, daß solche Rückforderungsansprüche in der Praxis selten erhoben werden.

Ergänzend wird für die Rentenberechnung auf Bd IV Anm. G 38–40 verwiesen; zum Verteilungsverfahren gemäß § 156 III vgl. Anm. B 13 und G 40 (sowie Bd IV Anm. B 94–98 m. w. N.).

[G 37] cc) Abänderungen der in § 10 VII 3 AKB erwähnten geschäftsplanmäßigen Erklärung

In § 10 VII 3 AKB wird ergänzend bestimmt, daß die in Anm. G 35 wiedergegebene geschäftsplanmäßige Erklärung nach Genehmigung der Aufsichts-

I. 5. Summenmäßige Begrenzung der Leistungspflicht des Vers Anm. G 37

behörde auch mit Wirkung für bestehende Vsverhältnisse geändert werden könne. Diese Formulierung läßt stutzen; denn es wird hier dem Ver hinsichtlich seiner Leistungspflicht ein Abänderungsrecht eingeräumt, das allerdings für seine Wirksamkeit des Einverständnisses der Aufsichtsbehörde bedarf. Materiellrechtlich sind die zu § 10 VII 3 AKB abgegebenen geschäftsplanmäßigen Erklärungen **vertragliche Bestandteile** des Vsverhältnisses (vgl. Anm. G 35). Es widerstrebt unseren auf den Einzelvertrag abgestellten Beurteilungskriterien, daß einer der Vertragspartner diese Vertragsklauseln durch einseitige Erklärungen ändern darf. Es sind daher zu § 10 VII 3 AKB die nämlichen Bedenken zu erheben, die hinsichtlich einer **Vertragsänderung nach § 9 a I AKB** bestehen (vgl. dazu Anm. C 34 m. w. N.). Nur mit Rücksicht auf die behördliche Überprüfung und die zur Zeit noch gesetzlich angestrebte Einheitlichkeit des Bedingungswerks gemäß § 4 I 1 PflichtvsG können derart unspezifizierte Änderungsvorbehalte akzeptiert werden. Es ist dabei eine einschränkende Auslegung des Inhalts geboten, daß § 10 VII 3 AKB dahin zu verstehen ist, daß eine solche Leistungsänderung nur dann verbindlich ist, wenn die Interessen des Vmers zumutbar berücksichtigt sind, die Änderung aber dennoch aus nachprüfbar sachbezogenen Gründen, die in der veränderten wirtschaftlichen Gesamtsituation liegen, unabweisbar ist. Mit dieser Einschränkung ist von der grundsätzlichen Wirksamkeit des § 10 VII 3 AKB auszugehen. Dabei spielt eine besondere Rolle, daß durch das Erfordernis einer vorherigen Zustimmung durch das BAV schon von vornherein ein zusätzlicher Schutzfaktor für den Vmer gegeben ist. Wirkungen kann eine diesen Grundsätzen entsprechende Änderung gegenüber dem einzelnen Vmer frühestens mit dem **Zugang einer solchen Erklärung** bei ihm entfalten (vgl. dazu Anm. C 36).

Materiell ist § 10 VII 3 AKB weiter dahin eingrenzend zu interpretieren, daß sich die dem Ver eingeräumte Abänderungsbefugnis nicht auf **bereits eingetretene Schadenereignisse** bezieht, soweit es sich um eine Abänderung zu Lasten des Vmers handelt. Eine **rückwirkende Vertragsänderungsbefugnis zu Lasten des Vmers kann aus rechtsstaatlicher Sicht in keinem Fall akzeptiert** werden. Als unproblematisch ist dagegen der Fall anzusehen, daß die Leistungspflicht des Vers im Rahmen der Verhältnisrechnung des § 155 I erhöht wird; denn gegen eine Verbesserung der vertragsrechtlichen Situation des Vmers durch einseitige Erklärung des Vers bestehen keine Bedenken aus der Sicht des im Prinzip zu erhaltenden Gleichgewichts der Änderungs- und Kündigungsmöglichkeiten durch die beiden Partner des Vsvertrages.

Im übrigen ist auf die Erklärung des Vers nach § 10 VII 3 AKB neben §§ 9, 10 Nr. 4 AGBG auch § 315 I BGB entsprechend anzuwenden (so [allerdings unter Hinweis auf § 315 III BGB] obiter dictum BGH 28.XI.1990 MDR 1991 S. 513 = VersR 1991 S. 173). Als unbillig im Sinne dieser Vorschrift wäre stets eine Änderung der Rechtsposition des Vmers anzunehmen, die seine Lage gegenüber der gesetzlichen Regelung in § 155 I verschlechtert. Die jetzige präzise mathematische Festlegung der Berechnungsweise darf demgemäß nicht den Blick dafür verstellen, daß die Rentenleistungen des Vers auch bei geänderten wirtschaftlichen Zeitläuften seiner Gesamtsummenleistungsverpflichtung angemessen entsprechen müssen. Ein Musterbeispiel für eine solche an den wirtschaftlichen Verhältnissen orientierte Berechnungsweise bildet dabei die erwähnte Entscheidung BGH 28.XI.1979 a. a. O. Das Gesagte bedeutet, daß dem Ver eine Abänderung zu Lasten des Vmers nach Billigkeitsgrundsätzen nur dann gestattet werden kann, wenn er nachweist, daß die geltende Verhältnisrechnung mit den realen Anlagemöglichkeiten auf Dauer nicht in Einklang zu bringen ist.

[G 38] e) Überschreitung der Versicherungssumme durch Kostenzahlungen

Nach § 150 I umfaßt der Vsschutz in der Haftpflichtv auch die gerichtlichen und außergerichtlichen Kosten, die durch die Verteidigung gegen den von einem Dritten geltend gemachten Anspruch entstehen (vgl. dazu Anm. G 21—24). Der Ver ist auch ersatzpflichtig für die Kosten der Verteidigung in einem Strafverfahren, das wegen einer Tat eingeleitet wurde, welche die Verantwortlichkeit des Vmers einem Dritten gegenüber zur Folge haben könnte, sofern diese Kosten auf Weisung des Vers aufgewendet wurden. Dazu bestimmt § 150 II 1, daß der Ver Kosten, die in einem auf seine Veranlassung geführten Rechtsstreit entstehen oder auf Weisung des Vers in einem Strafverfahren zur Verteidigung aufgewendet werden, auch insoweit zu ersetzen hat, als sie zusammen mit der übrigen Entschädigung die Vssumme übersteigen. Den Rechtsgedanken dieser nicht zwingenden Vorschrift greifen die Bedingungen auf. Es heißt in § 10 VI 2 AKB, daß Aufwendungen des Vers für Kosten unbeschadet der Regelung in S. 4 nicht als Leistungen auf die Vssumme angerechnet werden. § 10 VI 4 AKB wiederum bestimmt für den Fall, daß die Haftpflichtansprüche die Vssummen übersteigen, daß der Ver die Kosten eines Rechtsstreits nur im Verhältnis der Vssummen zur Gesamthöhe der Ansprüche zu tragen hat. Ergänzend findet sich dann in § 10 VI 5 AKB die obsolete Regelung, daß der Ver berechtigt ist, sich durch Hinterlegung der Vssummen und des hierauf entfallenden Anteils an den entstehenden Kosten eines Rechtsstreits von weiteren Leistungen zu befreien. Diese Bestimmung ist indessen als unwirksam zu qualifizieren. Denn nach der sozialen Zielsetzung der Kraftfahrzeughaftpflichtv steht dem Ver diese Möglichkeit nicht mehr offen, so daß eine derartige Erklärung keinerlei Rechtswirkungen entfaltet, vgl. dazu Anm. G 17.

Diese vertraglichen Bestimmungen entsprechen im Prinzip denen in § 3 II Ziff. 4, III Ziff. 1 AHB. Für die Erläuterung dieser Regelungen wird daher in erster Linie auf Bd IV Anm. G 28 und 29 m. w. N. verwiesen. Es sei aber nochmals betont, daß entgegen Bd IV Anm. G 6, 7 von der Unwirksamkeit einer Abandonerklärung im Bereich der Kraftfahrzeughaftpflichtv auch im Verhältnis zum Vmer auszugehen ist (§ 3 III Ziff. 1 S. 2 AHB ist im übrigen 1986 aus dem Bedingungswerk entfernt worden, vgl. VA 1986 S. 217). Ein Unterschied zwischen der Wortfassung des § 10 VI 4 AKB und der des § 3 III Ziff. 1 AHB liegt darin, daß es in der letztgenannten Bestimmung heißt, daß die dort aufgeführte Verhältnisrechnung auch dann zum Tragen kommt, wenn es sich um mehrere aus einem Schadenereignis entstehende Prozesse handelt. Indessen wird man diesem Zusatz nur klarstellende Bedeutung einzuräumen haben, so daß § 10 VI 4 AKB im gleichen Sinne zu interpretieren ist.

In § 10 VI 4 AKB ist (ebenso wie in § 3 III Ziff. 1 AHB) nur von Haftpflichtansprüchen die Rede. Es wird aber nicht gesagt, ob damit die begründeten Haftpflichtansprüche gemeint sind oder ob es auf die Höhe der eingeklagten Ansprüche ankommt, einerlei, ob sie begründet sind oder nicht. Für die erstgenannte Auffassung haben sich im Anschluß an RG 19.VI.1934 RGZ Bd 145 S. 21—26 u. a. OLG Düsseldorf 28.XI.1989 VersR 1991 S. 94, Prölss—Martin—Voit[25] Anm. 4 B a zu § 150, S. 724, Stiefel—Hofmann[15] Anm. 165—166 zu § 10 AKB, S. 509 ausgesprochen (w. N. in Bd IV Anm. G 29). Für den letztgenannten Standpunkt, der von Blaesner JRPV 1935 S. 281 vertreten worden ist (w. N. in Bd IV Anm. G 29) und der auch heute noch nicht selten in den Abrechnungen der Vspraxis beobachtet werden kann, spricht, daß sich die Höhe der Kosten nicht nach den begründeten Ansprüchen richtet, sondern nach der Höhe der eingeklagten Beträge. Dabei ist allerdings nicht zu verkennen, daß bei unbegründeten Haftpflichtansprüchen die Gesamtkostenlast für den Ver geringer ist, da insoweit keine Erstat-

I. 5. Summenmäßige Begrenzung der Leistungspflicht des Vers **Anm. G 38**

tungspflicht gegenüber dem Anspruchsteller gegeben ist. Mit Rücksicht auf die dann ohnedies nur anteilig gegebene Kostenlast ist an der in Bd IV Anm. G 29 zu § 3 III Ziff. 1 AHB vertretenen Auffassung festzuhalten, daß die Verhältnisrechnung erst eingreift, wenn und soweit die Summe der Leistungen des Vers auf begründete Haftpflichtansprüche (ohne Zurechnung der Kostenleistungen) die vereinbarte Vssumme übersteigt. Zwar ist vom RG 19.VI.1934 a. a. O. zu sehr auf das Abandonrecht des Vers abgestellt worden, das durch die Entwicklung in der Kraftfahrzeughaftpflichtv gänzlich obsolet geworden ist (vgl. Anm. G 17). Es wird aber in einer Hilfsbegründung treffend zwischen einer Erschöpfung der Vssumme durch begründete Haftpflichtansprüche und durch Kostenforderungen unterschieden. Wörtlich heißt es nämlich in jener Entscheidung a. a. O. S. 24—26:

„Hier greift nun die Bestimmung ein, die vorsieht, daß der Ver Kosten über die Vssumme hinaus nur im Verhältnis der Vssumme zur Gesamthöhe der Ansprüche zu tragen hat. Diese Regelung enthält demnach allerdings eine Einschränkung des § 150 II 1 VVG insofern, als die Leistungspflicht des Vers, wenn und soweit die Kosten die Vssumme übersteigen, durch die Bestimmung herabgesetzt wird, daß der Ver Kosten über die Vssumme hinaus nur von einem Streitwert in deren Höhe zu tragen hat. Nach Ansicht der Kl. soll das zur Folge haben, daß bei unbegründeten Ansprüchen, also in Fällen, in denen ein gegen den Vmer erhobener Haftpflichtanspruch rechtskräftig abgewiesen worden ist, die V Kosten eines von ihr geführten Rechtsstreits nur von einem Streitwert in Höhe der Vssumme zu tragen haben. Das würde zu § 150 VVG und den mitgeteilten Sätzen der Vsbedingungen in Widerspruch stehen. Im § 3 III 1 AVB ist solches jedenfalls nicht zum Ausdruck gekommen. Diese Bestimmung läßt zunächst durchaus die Deutung zu, die Vsgesellschaft habe ihre Verpflichtung zur Zahlung der anteiligen Prozeßkosten auf den Fall beschränken wollen, daß sie die bedungene Vssumme zahlen müsse. Wenn darin gesagt wird:

„Übersteigen die Haftpflichtansprüche die Vssumme, so ist die Gesellschaft berechtigt, durch Zahlung der Vssumme und ihres der Vssumme entsprechenden Anteils an den bis dahin erwachsenen Kosten sich von weiteren Leistungen zu befreien,"

so konnte der Vmer nach Treu und Glauben daraus sehr wohl entnehmen, daß die Berechtigung der Kl, nur die anteiligen Kosten zu zahlen, ihre Verpflichtung zur Zahlung der Vssumme, also einen begründeten Haftpflichtanspruch zur Voraussetzung habe. Aber auch wenn man der Kl darin folgt, daß sich die Bestimmung des § 3 III 1 AVB auch auf die Fälle beziehe, in denen eine Vssumme bestimmt ist und ein unbegründeter Anspruch erhoben wurde, so würde sich daraus nicht notwendig ergeben, daß die Kl von den entstandenen Kosten solche nur in Höhe des Werts der Vssumme zu tragen habe. Nach dem Zweck des § 3 III 1 AVB würde dann vielmehr die Annahme zuzulassen sein, daß die Kl auch bei unbegründeten Haftpflichtansprüchen Kosten bis zur Höhe der Vssumme unbeschränkt, darüber hinaus aber nur von einem Streitwert in deren Höhe zu tragen habe. Danach ergeben sich bei der Auslegung des § 3 III 1 AVB Unklarheiten, die jedenfalls zu Gunsten der Kl nicht zu beheben sind. Deshalb muß die für den Vmer günstigere Auslegung entscheidend sein, daß die Kl, wenn sie eine Vertragsbedingung mit dem von ihr behaupteten Inhalt aufstellen wollte, dafür hätte sorgen müssen, daß diese eindeutig nur so verstanden werden konnte. Die Kosten des von der Kl für den Bekl geführten Prozesses muß sie sonach in vollem Umfange tragen, weil ihr Gesamtbetrag weit hinter der Vssumme von 50 000,— RM zurückbleibt."

Zum besseren Verständnis dieser Entscheidung sei bemerkt, daß gegen den Vmer eine Schadenersatzforderung von RM 171 500,— erhoben worden war bei einer vereinbarten Vssumme von RM 50 000,—. Die Klage war rechtskräftig abgewiesen worden. Trotz dieses Obsiegens waren — wohl wegen der Vermögenslosigkeit des Dritten — vom Ver Prozeßkosten erbracht worden, die er in Höhe eines Anteils von RM 6957,11 vom Vmer zurückverlangte. Das wurde vom Reichsgericht a. a. O. zu Recht abgelehnt. Des Hinweises auf die heute gemäß § 5 AGBG wieder zu aktueller Bedeutung gelangte Unklarheitenregel hätte es dafür allerdings zusätzlich nicht bedurft. Nach dem Sinn der Gesamtbestimmungen über die summenmäßige Begrenzung der Leistungsverpflichtung des Vers ist vielmehr eine Interpretation des § 10 VI 4 AKB dahin geboten, daß in allen Fällen, in denen der endgültig zuerkannte Haftpflichtanspruch (ohne den auf den Ver oder den Vmer entfallenden Anteil an den Prozeßkosten) die Vssumme nicht überschreitet, für eine Kürzung der Leistungen des Vers nach Maßgabe der Verhältnisrechnung kein Raum ist. Wenn daher gegen den Vmer bei einer Vssumme für Personenschäden von DM 1 000 000,— eine Forderung von 2 Millionen geltend gemacht wird und nur DM 900 000,— zugesprochen werden, aber 1 100 000,— DM aberkannt, so muß der Ver neben der Hauptleistung in Höhe von DM 900 000,— ohne eine Kürzungsmöglichkeit nach § 10 VI 4 AKB die Prozeßkosten vollen Umfangs tragen, also nicht nur beschränkt auf DM 100 000,—. Nur wenn die Entschädigung auf die Hauptforderung ohne die Prozeßkosten die Vssumme von DM 1 000 000,— übersteigt, ist bezüglich der Kosten die in § 10 VI 4 AKB vorgesehene Verhältnisrechnung vorzunehmen.

Wenn demgemäß DM 1 500 000,— als Hauptforderung zugesprochen worden wären, so würde das bedeuten, daß von den den Vmer treffenden Kosten 2/3 der Ver und 1/3 der Vmer zu tragen haben. Zu überlegen ist, ob das Gesagte mit einer Einschränkung zu versehen ist, die dahin geht, daß eine Begrenzung auf die Vssumme dann anzunehmen ist, wenn die Haftpflichtansprüche gänzlich unbegründet sind und allein schon durch die Kostenlast die für die Hauptleistung vereinbarte Vssumme überschritten wird. Das ist indessen ein solcher Ausnahmefall, daß er außer Betracht bleiben kann. Mit Prölss—Martin—Voit a. a. O. ist demgemäß davon auszugehen, daß für die Kosten eine solche Begrenzung nicht anzunehmen ist.

In Konsequenz der vom OLG Düsseldorf 28.XI.1989 VersR 1991 S. 94 angestellten Überlegungen ist im übrigen die in Bd IV Anm. G 29 vertretene Auffassung, daß die dargestellte Berechnungsweise nicht für die Auslegung des § 3 II Nr. 7a AHBVerm gelte, aufzugeben. Denn der dort zur Begründung gegebene Hinweis auf die fehlende Abandonregelung in den AHBVerm überzeugt im Hinblick auf die Weiterentwicklung des Haftpflichtvsrechts in der Tat nicht mehr.

[G 39] f) Zinsen und Versicherungssumme

Nach § 150 II 2 sind Zinsen, die der Vmer infolge einer vom Ver veranlaßten Verzögerung der Befriedigung des Dritten diesem zu entrichten hat, auch insoweit zu ersetzen, als sie zusammen mit der übrigen Entschädigung die Vssumme übersteigen. Die Bestimmung setzt ein Verschulden des Vers nicht voraus. Es kommt also insbesondere nicht darauf an, ob ein Verzug des Vers vorliegt oder nicht. Wirtschaftlicher Hintergrund für die Einfügung dieser Bestimmung in das VVG war dabei die Überlegung, daß dem Ver andernfalls ein Verzinsungsvorteil zugute kommt, der sich aus der verspäteten Regulierung ergibt. Das trifft auch zu. Stellt man sich vor, daß die Mindestvssummen vereinbart sind und ein Sachschaden von DM 400 000,— erst nach sechsjährigem Prozeß ausgezahlt wird, so würde dem Ver ohne die Regelung in § 150 II 2 der Zinsvorteil für diese sechs Jahre zufließen. Erzielt der Ver für seine Vermögensanlagen eine durchschnittliche Verzinsung von 8% p. a., so

I. 5. Summenmäßige Begrenzung der Leistungspflicht des Vers **Anm. G 40**

kommt er auf einen Ertrag von 48%, zu dem noch der Zinseszins tritt. Allerdings trägt der Ver das Kostenrisiko. Allein der Zinsertrag kann nach dem geschilderten Beispiel so hoch sein, daß es dem Gesetzgeber zu Recht als unbillig erschien, wenn eine auf einer Verzinsung der Haftpflichtforderung beruhende Überschreitung der Vssumme zu Lasten des Vmers gehen würde.

Weder die AKB noch die AHB äußern sich dazu, ob die nicht zwingende Vorschrift des § 150 II 2 durch die vertraglichen Bestimmungen über die Vssummen abbedungen werden sollten. In Bd IV Anm. G 47 ist im Anschluß an Oberbach I S. 195, aber abweichend von Bruck – Möller – Sieg Bd II Anm. 24 zu § 50 (und LG Koblenz 10.XII.1954 NJW 1955 S. 1235–1236 = VersR 1955 S. 338) die Auffassung vertreten worden, daß mangels einer eindeutigen Bestimmung in den Bedingungen die gesetzliche Regelung eingreife. In diesem Sinne ist die Streitfrage nunmehr höchstrichterlich entschieden worden (BGH 8.XI.1989 VersR 1990 S. 191–193, 11.III.1992 VA 1992 S. 190–191 Nr. 932 = VersR 1992 S. 1257–1258, ÖOGH 25.IV.1974 VersR 1975 S. 721, OLG Koblenz 22.VI.1979 VersR 1980 S. 569–570; ebenso Prölss – Martin – Voit[25] Anm. 3 zu 3 AHB, S. 1106). Für eine solche Regelung spricht nicht nur die Auslegung nach den Prinzipien der Gesetzes- und Vertragstechnik, sondern auch die wirtschaftliche Vernunft. Es wäre zusätzlich eine Begründung über die nach § 5 AGBG geltende Unklarheitenregelung möglich.

Stiefel – Hofmann[15] Anm. 142 zu § 10 AKB, S. 499–500 vertreten im Gegensatz zu früheren Auflagen (vgl. Stiefel – Wussow[7] Anm. 25 zu § 10 AKB, S. 379) demgegenüber die Auffassung, daß die Zinsansprüche grundsätzlich Teil des Schadenersatzanspruches des Geschädigten seien und daher bei der Höchstsumme berücksichtigt werden müßten. Die Autoren setzen sich aber nicht mit § 150 II 2 und mit der rechtspolitischen Zielsetzung dieser Bestimmung auseinander, die nicht ohne weiteres durch eine stillschweigend entgegengesetzte Regelung als abbedungen angesehen werden kann. Wenn Stiefel – Hofmann a. a. O. den Vmer im Falle einer schuldhaften Verzögerung auf den Gesichtspunkt des Schadenersatzanspruchs aus Vertragsverletzung verweisen, so verkennen sie, daß die genannte Bestimmung des § 150 II 2 gerade eingreifen soll, wenn ein solches **Verschulden** des Vers nicht nachzuweisen ist oder auch gar nicht **vorliegt** (wie Stiefel – Hofmann a. a. O. aber auch BGH 11.III.1992 a. a. O. [ohne nähere Problemerörterung, da Verzug des Vers vorlag]).

Ergänzend ist zu bemerken, daß der § 150 II 1 zugrundeliegende Rechtsgedanke so hoch anzusiedeln ist, daß bei einer ausdrücklichen Abbedingung dieser Bestimmung im Bedingungswerk eine solche Regelung nach § 9 AGBG als **unangemessene Abweichung** von einer wesentlichen Bestimmung des dispositiven Rechts nicht akzeptiert werden könnte. Davon ist allerdings eine Ausnahme zu machen. Es ist nämlich zu bedenken, daß Zinsen unter Umständen auch dann anfallen können, wenn weder objektiv noch subjektiv eine Regulierungsverzögerung vorliegt. So kann ein Geschädigter, der nach § 849 BGB wegen der Entziehung einer Sache eine Wertminderung verlangt, von dem Ersatzpflichtigen Zinsen auf den zu ersetzenden Betrag von dem Zeitpunkt an verlangen, welcher der Bestimmung des Wertes zugrundegelegt wird (vgl. dazu BGH 24.II.1983 BGHZ Bd 87 S. 38–42 [haftpflichtrechtliche Entscheidung]). Hier beginnt also unter Umständen eine Verzinsung zu laufen, ehe der Ver überhaupt etwas von dem Schadenereignis weiß. Solche und ähnlich gelagerte Fälle werden dennoch von § 150 I 2 erfaßt. Sie sind aber in ihrer praktischen Auswirkung so unbedeutend, daß es sich nicht lohnen würde, dafür eine gesonderte Bedingungsregelung zu treffen.

[G 40] g) Verteilungsverfahren gemäß § 156 III VVG

Vgl. dazu Anm. B 13 und Bd IV Anm. B 94–98 m. w. N., ferner Huber VersR 1986 S. 851–853.

Nachzutragen ist, daß die vom BGH 25.V.1982 NJW 1982 S. 2322—2323 = VA 1982 S. 495—499 Nr. 755 vertretene Auffassung, daß der Einwand der **Erschöpfung der Vssumme** bereits im **Erkenntnisverfahren** geltend gemacht werden müsse, in weiteren Entscheidungen bekräftigt worden ist (BGH 6.X.1982 MDR 1983 S. 207—208 = VersR 1983 S. 26—27, 26.VI.1985 MDR 1986 S. 295—296 = VersR 1985 S. 1054—1056). In beiden Entscheidungen ging es allerdings um eine entsprechende Anwendung des § 156 III. Der Ver wurde (wegen eines Risikos aus dem Bereich der allgemeinen Haftpflichtv) aus dem zwischen ihm und dem Sozialvsträger abgeschlossenen **Teilungsabkommen** in Anspruch genommen. In diesem Teilungsabkommen war der Fall einer Erschöpfung der Vssumme durch eine Vielzahl von Ansprüchen nicht geregelt. Es ging um die Typhuserkrankungen von mehr als 400 Personen, die wahrscheinlich durch den Genuß verseuchten Kartoffelsalats entstanden waren. Einer Vssumme von DM 1 000 000,— für Personenschäden standen nach dem Vortrag des Vers Schadenersatzansprüche in Höhe von DM 3 152 000,— gegenüber, ferner noch nicht angemeldete Regreßforderungen weiterer Sozialvsträger. Der BGH 26.VI.1985 a. a. O. kommt zu dem Ergebnis, daß hier vom Ver unter Umständen **zwei unterschiedliche Berechnungen** vorgenommen werden müssen, was zur Folge haben könne, daß der Ver wegen des Abschlusses des Teilungsabkommens über die Vssumme hinaus zu leisten habe. Im **Verhältnis zu den Abkommenspartnern** verbiete sich eine Differenzierung der Verbindlichkeiten entsprechend ihrer Berechtigung nach der wahren Sach- und Rechtslage. Es gelte die Vssumme vielmehr als erschöpft, wenn die Ansprüche der Gläubiger, mit denen kein Teilungsabkommen bestehe, nach der Sach- und Rechtslage in der jeweils berechtigten Höhe und die Ansprüche aus den Teilungsabkommen zusammen die Vssumme übersteigen. Die Kürzung der Ansprüche aus den Teilungsabkommen erfolgt dann nach § 156 III, wobei alle berücksichtigten Forderungen zueinander ins Verhältnis zu setzen seien.

Zu einer **Mehrleistung** des Vers über die Vssumme hinaus kann es aufgrund solcher **Teilungsabkommen** nur dann kommen, wenn der durch dieses Abkommen dem Sozialver zugestandene Anspruch höher ist als der nach der Rechtslage auf ihn übergegangene. Der Ver findet seinen Ausgleich für diese Mehrleistung in denjenigen Fällen, in denen er ohne ein derartiges Teilungsabkommen den Regreßanspruch zu 100% hätte erfüllen müssen. Die Verhältnisrechnung im Sinne des § 156 III ist dann gegenüber den weiteren Dritten so vorzunehmen, als gäbe es diese abkommensgemäße Reduzierung des Regreßanspruchs nicht. Der **sonstige geschädigte Dritte** hat somit weder **Vor-** noch **Nachteile** aus derartigen **Teilungsabkommen** (BGH 13.XII.1977 NJW 1978 S. 2508 = VersR 1978 S. 280, 26.VI.1985 a. a. O.). Zu weiteren Einzelheiten im Verhältnis zu den Abkommenspartnern vgl. BGH 26.VI.1985 a. a. O.

Bemerkenswert ist, daß vom BGH a. a. O. solche Ansprüche von Sozialvsträgern aus der Berechnung herausgenommen werden, die wegen **Versäumung** der im Teilungsabkommen angegebenen **Anmeldefrist** nicht mehr durchgesetzt werden können. Dem ist gewiß beizupflichten. Es ist dieses Prinzip auch bei der direkten Anwendung des § 156 III zu beachten. Läßt ein Dritter eine begründete **Schadenersatzforderung verjähren**, so darf diese verjährte Forderung vom Ver bei der Verhältnisrechnung gemäß § 156 III und bei der nach § 155 nicht berücksichtigt werden. Hatte der Ver diese Forderung in seiner ersten Berechnung im Sinne des § 156 III berücksichtigt, weil sie damals noch nicht verjährt war, so muß er eine Neuberechnung vornehmen. Das gleiche gilt, wenn es dem Ver gelingt, eine ursprünglich mit DM 3 000 000,— veranschlagte Ersatzforderung auf DM 1 000 000,— herunterzuhandeln. Nicht etwa gebührt dem Ver dieser durch geschickte Verhandlungs-

I. 6. Zeitliche Abgrenzung des Vsschutzes Anm. G 41

führung erzielte „Gewinn". Vielmehr ist der Ver gehalten, die Empfänger seines Verteilungsplanes von der veränderten tatsächlichen Situation zu unterrichten. Verfährt der Ver nicht so und erfährt einer der Dritten erst durch Zufall nach langer Zeit von dieser Änderung der tatsächlichen Gegebenheiten, so ist dem Ver nach Treu und Glauben die Einrede der Verjährung zu versagen.

Die dargestellten Grundsätze seien nachstehend an einem Rechenbeispiel verdeutlicht. Es mögen die begründeten Ansprüche des ersten Dritten DM 500 000,- und die weiteren Gläubigers DM 1 000 000,- betragen. Gelingt es dem Ver dann aufgrund geschickter Verhandlungsführung die letztgenannte Forderung auf DM 500 000,- zu reduzieren, so muß er bei einer Vssumme von DM 1 000 000,- die weiteren DM 500 000,- vollen Umfangs auszahlen. Hingegen würde bei einer Reduzierung in gleicher Höhe aufgrund eines Teilungsabkommens der Anspruch des ersten Dritten, sofern kein Vorrangsverhältnis besteht, gemäß § 156 III nur mit DM 333 333,33 zu erfüllen sein.

Dafür, daß bei nicht ausreichender Vssumme dem Dritten im Verhältnis zu dem für ihn leistenden Sozialver gemäß § 116 IV SGB (X) der Vorrang gebührt, vgl. zu den in Anm. B 13 zitierten Entscheidungen auch BGH 22.I.1986 VersR 1986 S. 392−395, 552 (393); ferner Denck VersR 1987 S. 629−633 m. w. N., Sprung VersR 1992 S. 661. Zur Auswirkung von Teilungsabkommen mit Sozialvsträgern auf Dritte vgl. ergänzend H. Plagemann NZV 1991 S. 49−55.

Zum Verteilungsverfahren nach österreichischem Recht vgl. ÖOGH 7.VII.1983 VersR 1984 S. 1199.

[G 41] 6. Zeitliche Abgrenzung des Versicherungsschutzes
Schrifttum:

Diederichsen VersPrax 1987 S. 87−93, Hoegen VersR 1987 S. 225−226, Jenssen ZVersWiss 1987 S. 425−458, Johannsen, Haftpflichtvsschutz gegen Umweltschäden durch Verunreinigung des Erdbodens und der Gewässer, Hamburg 1987 (zit. Johannsen Umweltschäden), Klingmüller VersR 1981 S. 423−425, Küpper VersPrax 1981 S. 172−176, Limberger und Koch VersR 1991 S. 134−145, Meschede, Die industrielle Gewässerschaden-Haftpflichtv Karlsruhe 1989 (zit. Meschede Gewässerschaden), Meyer−Kahlen VersPrax 1986 S. 65−71, Reimer Schmidt Abweichung von BGHZ 25, 34 = VersR 57, 499 − Eine Skizze zum Kontinuitätsproblem der Rechtsprechung in: 25 Jahre Karlsruher Forum, Jubiläumsausgabe 1983, S. 178−180, Schmidt−Salzer BB 1981 S. 459−465, Wussow WI 1981 S. 21−23. Vgl. ferner die umfangreichen Nachweise in Bd IV Anm. B 9, 12 und 23 sowie die bei Johannsen Umweltschäden S. 90−145.

Nach § 149 ist der Ver verpflichtet, dem Vmer die Leistung zu ersetzen, die dieser aufgrund seiner Verantwortlichkeit für eine während der Vszeit eintretende Tatsache an einen Dritten zu bewirken hat. Unter dieser verantwortlich gesetzten Tatsache ist das Kausalereignis zu verstehen (streitig, so aber insbesondere BGH 4.XII.1980 Bd 79 S. 76−89, ebenso Prölss−Martin−Knappmann[25] Anm. 1 zu § 7 AKB, S. 1434; weitere Nachweise dafür und dagegen in Bd IV Anm. B 12, 19 und 23, ferner bei Johannsen Umweltschäden S. 90−91 und 118−123). Bedeutsam ist das für diejenigen Fälle, in denen zwar das Kausalereignis, nicht aber das Schadenfolgeereignis in die Vszeit fällt. Für derartige Schäden muß der Ver nach BGH 4.XII.1980 a. a. O. (zur allgemeinen Haftpflichtv) einstehen. Umgekehrt bedeutet diese gesetzliche Ausgangslage, daß der Ver für ein während des Laufs der V eintretendes Schadenereignis, das auf eine vom Vmer vor Beginn der Vszeit verantwortlich gesetzte Kausaltatsache zurückzuführen ist, nicht einzutreten hat. Für die Kraftfahrzeughaftpflichtv kann sich ein solches zeitliches Auseinanderfallen zwischen Ursachen- und Folgeereignis nur in Ausnahmefällen ergeben. Denn zumeist liegen nur wenige Sekunden zwischen der Ursache (im Regelfall ist das ein Fahrfehler) und dem folgenden Zusammenprall. Es ist daher eine mehr theoretische Frage, ob in den AKB eine Abänderung des § 149 dergestalt erfolgt ist, daß es allein darauf ankommt, ob in der Vszeit ein Folgeereignis im Sinne eines „realen Verletzungszustandes" eingetreten ist. Die Konsequenz dieser Auffassung wäre dabei die, daß es für die Eintrittspflicht des Vers keine Rolle spielt, daß die Ursache für dieses Folgeereignis nicht während des Laufs des betreffenden Vsvertrages gesetzt worden ist. Umgekehrt könnte ein Vmer keinen Vsschutz beanspruchen, in dessen Verantwortungsbereich in der vten Zeit die Ursache für ein Schadenfolgeereignis gesetzt worden ist, wenn der damit gemeinte „reale Verletzungszustand" erst nach Ablauf der vten Zeit eingetreten ist.

Daß eine solche Abänderung des § 149 den AKB zu entnehmen sei, wird auch heute noch von Stiefel — Hofmann[15] Anm. 10 — 11 zu § 7 AKB, S. 286 — 287 vertreten (so früher auch BGH 27.VI.1957 BGHZ Bd 25 S. 34 — 47 [AHB-Fall], ferner zu den AKB BGH 15.X.1962 VA 1963 S. 27 — 28 Nr. 353 = MDR 1963 S. 29 — 30; weitere Nachweise in Bd IV Anm. B 30). Sie stützen diese Auffassung auf den Wortlaut des § 7 I Nr. 1 AKB. Dieser Interpretation ist jedoch als Konsequenz aus BGH 4.XII.1980 a. a. O. in Übereinstimmung mit Prölss — Martin — Knappmann[25] Anm. 1 zu § 7 AKB, S. 1434, Prölss — Martin — Voit[25] Anm. 2 b zu § 149, S. 709 — 710 und Jenssen ZVersWiss 1987 S. 425 — 428 entgegen der im Schrifttum geäußerten Kritik (vgl. dazu Klingmüller VersR 1981 S. 423 — 425, Küpper VersPrax 1981 S. 172 — 176, Meyer — Kahlen VersPrax 1986 S. 86, Reimer Schmidt a. a. O. S. 179 — 180, Schmidt — Salzer BB 1981 S. 459 — 465, Wussow WI 1981 S. 21 — 23, Zeller VW 1981 S. 376 — 385; zustimmend aber Diederichsen VersPrax 1987 S. 89 — 90; vgl. auch OLG Hamm 23.XI.1984 VersR 1985 S. 463 — 464) und unter Aufgabe der in Bd IV Anm. B 30 vertretenen gegenteiligen Auffassung nicht zu folgen (vgl. dazu auch Johannsen Umweltschäden S. 110 — 123 m. w. N.). Denn in § 7 I Nr. 1 AKB heißt es lediglich, daß Vsfall das Ereignis ist, das einen unter die V fallenden Schaden verursacht oder — bei der Haftpflichtv — Ansprüche gegen den Vmer zur Folge haben könnte. Damit ist aber nicht gesagt, daß für die zeitliche Abgrenzung der Eintrittsverpflichtung des Vers von dem § 149 zugrunde liegenden Anknüpfungspunkt des Kausalereignisses abgewichen werden sollte. Denn es findet sich in § 7 I Nr. 1 AKB kein klarer Hinweis darauf, daß es nicht darauf ankommen soll, ob in der Vszeit im Verantwortungsbereich des Vmers die Ursache für den Schadeneintritt gesetzt worden ist. Insbesondere reichen die Ausdrücke „Ereignis" oder „Schadenereignis" für eine solche Klarstellung nicht aus. Denn diesen Begriffen ist es keineswegs von Haus aus im Wortsinn eigen, daß sie losgelöst von dem zu verantwortenden Handeln, das zu dem Schaden geführt hat, betrachtet werden. Daß der Sprachgebrauch nicht so ist, zeigen nicht nur mit aller Deutlichkeit die um hohe Anforderungen an das Sprachverständnis ringenden Ausführungen in der Entscheidung BGH 4.XII.1980 a. a. O. Vielmehr ist das auch als Paradebeispiel für eine unbefangene Begriffsbewertung RG 26.III.1943 RGZ Bd 171 S. 43 — 51 zu entnehmen. Denn in dieser Entscheidung, in der sich das RG klar zur Kausalitätstheorie bekannte, hat es gerade den Ausdruck „Schadenereignis" dahin interpretiert, daß damit das Setzen der Ursache (für den später eintretenden äußeren Verletzungszustand) im Sinne des § 149 gemeint sei. Zu dem Ergebnis, daß mit § 7 I Nr. 1 AKB keine Änderung des § 149 beabsichtigt ist, kommt man um so mehr, wenn man bedenkt, daß diese Bestimmung eigentlich einen ganz anderen Zweck hatte. Sie war nämlich gegen die RG-Rechtsprechung zur Bestimmung des Begriffs des Vsfalls in der Haftpflichtv in bezug auf die Erfüllung von Obliegenheiten gerichtet; diese ging dahin, daß dafür maßgebend nicht die Ursache und nicht das Folgeereignis sei, sondern allein

I. 6. Zeitliche Abgrenzung des Vsschutzes **Anm. G 41**

die Anspruchserhebung durch den geschädigten Dritten (vgl. dazu die Nachweise aus dieser ständigen Rechtsprechung des RG in Bd IV Anm. B 11 und 16). Dem wollten die Ver durch § 7 I Nr. 1 AKB (und § 5 I AHB) entgegenwirken. Ihnen war dabei bekannt, daß das RG für die zeitliche Abgrenzung der Eintrittspflicht des Vers auf die im Verantwortungsbereich des Vmers gesetzte Ursache abstellte und nicht etwa auf die Anspruchserhebung, also keine Gleichsetzung mit dem so geprägten Vsfallbegriff des Obliegenheitsrechts vornahm (vgl. dazu Bd IV Anm. B 12; das wird in den im übrigen de lege ferenda bemerkenswerten Überlegungen von Limberger und Koch VersR 1991 S. 144–146 [zur Gewässerschadenhaftpflichtv] verkannt). Aus dem Gesagten folgt, daß in Übereinstimmung mit BGH 4.XII.1980 a. a. O. auch für die Kraftfahrzeughaftpflichtv weiterhin von der Maßgeblichkeit der Kausalitätstheorie auszugehen ist. Auf der Basis dieser Interpretation bedarf es keiner Prüfung, ob es im Bereich der Haftpflichtv überhaupt möglich ist, durch AVB das § 149 zugrunde liegende Verantwortungsprinzip im Sinne der Folgeereignistheorie abzuändern (vgl. zu den dagegen aus § 9 AGBG abzuleitenden Bedenken Johannsen Umweltschäden S. 156–163; dem stehen allerdings die Überlegungen sämtlicher oben aufgeführter Kritiker der BGH-Entscheidung vom 4.XII.1980 entgegen, die ohne besondere Erörterung der AGBG-Problematik als selbstverständlich von einer solchen Änderungsmöglichkeit ausgehen; symptomatisch z. B. dieser Denkansatz bei Meschede Gewässerschaden S. 34–62).

Als Konsequenz für die Kraftfahrzeughaftpflichtv ist festzuhalten, daß in dem von Stiefel–Hofmann a. a. O. gebildeten Beispielfall, in dem ein Vmer bei einem Reifenwechsel die Schrauben nicht ordnungsgemäß anzieht, der Schaden aber erst nach einer aufgrund eines Verkaufs erfolgten Übergabe des Fahrzeugs zur Zeit der Haltereigenschaft des neuen Eigentümers eintritt, der frühere Vmer Haftpflichtvsschutz genießt. Haftpflichtvsschutz steht allerdings in diesem Sonderfall auch dem Erwerber zu. Denn in seinen Verantwortungsbereich fällt eine Überprüfung des Fahrzeugs auf seine Verkehrstüchtigkeit. Das Unterlassen einer solchen Überprüfung ist regelmäßig ebenfalls als im Verantwortungsbereich des Vmers gesetzte Ursache im Sinne des § 149 zu bewerten. Darüber kann allerdings im Einzelfall gestritten werden. Außer Frage steht aber, daß der neue Vmer als Halter des Fahrzeugs gemäß § 7 I, II StVG aus dem Gesichtspunkt der Gefährdungshaftung stets für einen Fehler in der Beschaffenheit des Fahrzeugs oder einem Versagen der Vorrichtungen dieses Fahrzeugs einzustehen hat. Angesichts dieses haftungsrechtlichen Zusammenhangs ist der Ver im Rahmen des einheitlichen Haftpflichtvsanspruchs auch gegenüber dem neuen Vmer verpflichtet, Vsschutz in der Form der Abwehr unbegründeter Ansprüche zu gewähren, soweit sich nämlich ergibt, daß der über den aus der Gefährdungshaftung hinausgehende Teil der erhobenen Ansprüche mangels Verschuldens des Vmers als unbegründet zurückzuweisen ist.

Weiter ergibt sich aus dieser Auslegung, daß entgegen BGH 19.X.1962 VA 1963 S. 27–28 Nr. 353 = MDR 1963 S. 29–30 einem Vten, der als berechtigter Fahrer einem Vierten das Fahrzeug zum Gebrauch überlassen hatte, obwohl dieser nicht Inhaber einer gesetzlichen Fahrerlaubnis war, der Vsschutz nicht mit der Begründung versagt werden darf, daß er zum Zeitpunkt des Zusammenstoßes nicht mehr Fahrer gewesen ist (vgl. dazu Anm. F 45 a. E. und H 7; wie BGH 19.X.1962 a. a. O. aber auch ÖOGH 20.XII.1979 VersR 1981 S. 1143).

Zu einem Systemmangel könnte die von der Gegenmeinung vertretene Auffassung, die das Setzen der Schadenursache, aus der die Verantwortung des Vmers hergeleitet wird, für die zeitliche Abgrenzung der Leistungsverpflichtung des Vers für unerheblich hält, in denjenigen Fällen führen, in denen es sich um einen Haftpflichtanspruch handelt, bei dem transportierte Ware beschädigt wird (unvert nach

§ 11 Nr. 3 AKB). Gedacht sei daran, daß durch dieses beschädigte Transportgut ein grundsätzlich vter Folgeschaden an dritten Personen oder Sachen entsteht (vgl. dazu Anm. G 51). Wenn im Fall BGH 28.V.1969 VersR 1969 S. 726—727 = DAR 1969 S. 243—244 das verunreinigte Kalksandsteinmehl am Tage des Ablaufs einer Vspolice transportiert und bei dem Empfänger abgeladen, das Fahrzeug wegen eines auf der Rückfahrt erlittenen Schadens sogleich aus dem Verkehr gezogen und verschrottet worden wäre, der Schaden am Asphaltboden aber erst mehrere Monate danach eingetreten wäre, ist nach der Gegenmeinung überhaupt kein Kraftfahrzeughaftpflichtver im Risiko. Das widerspricht aber nicht nur dem in § 149 verankerten Verantwortungsgedanken. Vielmehr steht eine solche Vsschutzausgestaltung auch nicht im Einklang mit dem von der Pflichtvsgesetzgebung angestrebten lückenlosen Vsschutz zugunsten der geschädigten Dritten (wie auch des Vmers). In diesem Zusammenhang sei auch auf BGH 16.II.1977 VA 1977 S. 159—160 Nr. 699 = VersR 1977 S. 468—470 verwiesen. Dort wurde der Vsschutz aus einer Privathaftpflichtv verneint, als ein ausgedientes Fahrzeug, das von seinem Halter nicht ordnungsgemäß der Verschrottung zugeführt, sondern auf einer privaten Abfallgrube derelinquiert worden war, Wochen später durch spielende Kinder in Brand gesetzt worden war. Bei diesem Brand waren drei dieser in der Abfallgrube spielenden kleinen Kinder schwer verletzt worden. Für den BGH war maßgebend für die Verneinung des Vsschutzes in der Privathaftpflichtv, daß zum Zeitpunkt des unerlaubten Abstellens des Fahrzeugs noch Deckungsschutz in der Kraftfahrzeughaftpflichtv bestand. Es wurde somit auch in jener Entscheidung für die zeitliche Abgrenzung der Eintrittspflicht des Vers (und zugleich für die Abgrenzung zwischen den Deckungsbereichen der allgemeinen Haftpflichtv und der Kraftfahrzeughaftpflichtv) maßgeblich auf denjenigen Zeitpunkt abgestellt, in dem die haftungsbegründende Ursache für den späteren Schadenfall gesetzt worden ist (vgl. dazu auch Hoegen VersR 1987 S. 225—226).

Dafür, daß die **Anzeigelast** des Vmers gemäß § 7 I Nr. 2 S. 1 AKB nicht schon durch das **Kausalereignis** ausgelöst wird, vgl. Anm. F 85 m. w. N.

7. Örtliche Begrenzung der Leistungspflicht des Versicherers

Gliederung:

a) Europadeckung G 42

b) Deckungserweiterung für Schadenfälle im europäischen Ausland G 43

[G 42] a) Europadeckung

Gemäß § 2 I AKB gilt die V für **Europa**, soweit keine Erweiterung des Geltungsbereichs vereinbart ist. Der Begriff „Europa" ist dabei **geographisch aufzufassen** (BGH 20.VI.1963 BGHZ Bd 40 S. 22—31 [24], 4.VII.1989 BGHZ Bd 108 S. 200—210 [204]). Demgemäß besteht keine Deckung für im **asiatischen Teil der Türkei** eintretende Schadenfälle (BGH 20.VI.1963 a. a. O.). Schwierig kann die Einordnung von zwischen den Erdteilen liegenden Inseln sein. So verneint BGH 4.VII.1989 a. a. O. den Vsschutz für Schadenfälle, die sich auf **Zypern** ereignen, obwohl diese Insel kulturhistorisch zu Europa gehört (Schmitt VersR 1980 S. 885, der Zypern aber geographisch ebenfalls zu Asien rechnet). Hingegen zählt **Malta** traditionell zu Europa (Schmitt a. a. O.). Das nehmen Stiefel—Hofmann[15] Anm. 3 zu § 2 AKB, S. 80 auch für die rund 1400 km von Portugal entfernten **Azoren** in Anspruch. Angesichts dessen, daß diese in etwa gleich weit von Afrika entfernt liegenden Inseln bei Beginn der Besiedelung durch die Portugiesen im Jahre 1439

I. 7. Örtliche Begrenzung der Leistungspflicht des Vers **Anm. G 42**

menschenleer waren, leuchtet diese Einordnung ein. Hingegen werden die zu Spanien gehörenden Kanarischen Inseln nicht zu Europa gerechnet (so AG Hamburg 14.X.1985 VersR 1986 S. 1179, AG Bremen 19.XII.1985 ZfS 1986 S. 123, OLG Hamburg 2.XI.1987 ZfS 1987 S. 123 [alle zur Hausratv]). Ist der Vsschutz auf den asiatischen Teil der Türkei erweitert, so kann daraus nach der gegenwärtigen völkerrechtlichen Lage nicht auch auf eine Vserstreckung für in der Türkischen Republik Nord-Zypern eintretende Schadenfälle geschlossen werden (BGH 4.VII.1989 a. a. O.).

Beweispflichtig dafür, daß sich der Schadenfall in Europa zugetragen hat, ist der Vmer (anders ist die Regelung in § 4 I Nr. 3 AHB zu interpretieren, da dort die örtliche Begrenzung des Vsschutzes vom Ver zugunsten des Vmers den Ausschlußtatbeständen zugewiesen worden ist).

Zur Einstandsverpflichtung des Vers für Handlungen und Erklärungen seines Agenten, der wußte oder wissen mußte, daß der Vmer auch in dem asiatischen Teil der Türkei oder auf Zypern unter Vsschutz stehen wollte, vgl. BGH 20.VI.1963 a. a. O. und 4.VI.1989 a.a. O. m. w. N. Angesichts dessen, daß der Ver bei einem erheblichen Verschulden des Vmers nach den von der Rechtsprechung entwickelten Grundsätzen über die gewohnheitsrechtliche Vertrauenshaftung nicht einzustehen braucht (vgl. BGH 20.VI.1963 a. a. O., Bruck—Möller Bd I Anm. 69 zu § 44 m. w. N.), kommt es heute kaum noch zu einer Verurteilung nach diesem Rechtsinstitut (für einen derartigen Ausnahmefall vgl. aber OLG Köln 15.IX.1988 r + s 1989 S. 3—5). Das hängt insbesondere damit zusammen, daß die AVB durchweg präzise und klar ausgestaltet sind. Es ist zu hoffen, daß diese Bedingungsklarheit bei einem künftigen Wegfall der Bedingungsaufsicht nicht beeinträchtigt wird (ergänzend zur gewohnheitsrechtlichen Erfüllungshaftung vgl. Bruck—Möller Bd I Anm. 54—71 zu § 44 m. w. N. und Reichert—Facilides VersR 1977 S. 208—213; kritisch zu dieser Sonderentwicklung des Vsrechts Hohloch VersR 1980 S. 107—118).

Neben dieser gewohnheitsrechtlichen Vertrauenshaftung als Spezialinstitut des Vsrechts steht der allgemeine Schadenersatzanspruch aus culpa in contrahendo oder positiver Vertragsverletzung. Vom BGH 20.VI.1963 ist das grundsätzlich in der Unkenntnis des Bedingungsrechts liegende erhebliche Mitverschulden des Vmers mit 50% bewertet worden. Das dürfte im Regelfall eine angemessene Bewertung sein (ebenso LG Köln 19.IX.1979 VersR 1980 S. 250—251). Entscheidend sind dabei die Umstände des Einzelfalls. Für den Abschluß einer Insassenunfallv, bei dem der für den Ver handelnde Filialleiter einer Agentur wußte, daß die Vmerin jedes Jahr mit ihrer Familie nach Anatolien fuhr, ist vom OLG Frankfurt a. M. 14.III.1985 VersR 1987 S. 579—580 nach den besonderen Umständen des Falles eine überwiegende Verantwortung des Vers angenommen worden (die genaue Quote ist dem veröffentlichten Teil der Gründe nicht zu entnehmen).

Zu einer ungeschmälerten Verurteilung ist OLG Karlsruhe 18.III.1987 VersR 1988 S. 486 in einem Kaskovsfall gekommen. Der Vmer hatte dort dem Vsvertreter ausdrücklich gesagt, daß er bald nach Konya in die Türkei mit seinem neuen Wagen fahren werde und deshalb zusätzlich eine Vollkaskov abschließen wolle, um kein Risiko einzugehen. Da dem Vsvertreter das Problem des Risikoausschlusses für den asiatischen Teil der Türkei nicht geläufig war, unternahm er nichts. Das Mitverschulden des der deutschen Sprache kaum mächtigen türkischen Staatsangehörigen bewertete das Gericht unter diesen Umständen als nicht ins Gewicht fallend. Das ist im Ergebnis zutreffend (so auch als Vorinstanz LG Freiburg 21.XII.1984 DAR 1987 S. 227). Allerdings hätte es näher gelegen, hier ausnahmsweise von der gewohnheitsrechtlichen Erfüllungshaftung auszugehen, bei der der Einwand eines Mitverschuldens deshalb nicht zum Tragen kommt, weil dieser nur gegenüber Schadenersatzansprüchen erhoben werden kann (vgl. Bruck—Möller Bd I Anm. 61 zu § 44).

Jede Haftung hat OLG Hamm 13.V.1983 VersR 1984 S. 131 = ZfS 1984 S. 117 für einen Fall verneint, in dem der des Lebens und Schreibens kundige Vmer eine Belehrung über den Inhalt des Vsschutzes abgezeichnet hatte. In diesem auf deutsch und türkisch abgefaßten Formular war auf die örtliche Beschränkung des Vsschutzes auf den europäischen Teil der Türkei hingewiesen und auf die Notwendigkeit einer besonderen V für eine Fahrt in den asiatischen Teil der Türkei. Eine Haftung des Vers aus dem Gesichtspukt des überwiegenden Mitverschuldens des Vmers verneinen ferner LG München 25.XI.1985 ZfS 1986 S. 310–311 und LG Augsburg 15.X.1982 ZfS 1983 S. 341–342. In beiden Fällen war eine grüne Karte für eine Fahrt in den asiatischen Teil der Türkei erbeten worden. Auf war im Fall LG München m. a. O. vermerkt, daß sie nur für die Haftpflichtv gelte. Ein Schadenersatzanspruch wegen fehlender Belehrung über die Nichterstreckung des Vsschutzes auch auf die in der Grunddeckung enthaltene Fahrzeugv wurde deshalb verneint. Im Regelfall wird man aber einen gesonderten Hinweis des Vers oder des Vsvertreters verlangen müssen, ob der Vmer nicht auch für die Kaskov eine Erweiterung des Vsschutzes wünsche. Es liegt nahe, daß ein vorsichtiger Vmer, der für Fahrten in Europa eine Kaskov abgeschlossen hat, nach entsprechender Belehrung klarstellt, daß er eine Erstreckung des Vsschutzes auf den asiatischen Teil der Türkei auch bezüglich der Fahrzeugv erreichen möchte.

Dafür, daß dem geschädigten Dritten bei einer Einstandspflicht des Vers nach der gewohnheitsrechtlichen Erfüllungshaftung und bei einer Haftung aus culpa in contrahendo oder positiver Vertragsverletzung im Bereich der Kraftfahrzeughaftpflichtv ein Direktanspruch gegen den Ver zuzubilligen ist, vgl. BGH 4.VII.1989 a. a. O. und Anm. B 15 m. w. N.

Wird der örtliche Geltungsbereich über § 2 I AKB hinaus auf außereuropäische Staaten erweitert, so ist es denkbar, daß damit nur den Mindesterfordernissen des Einreiselandes Genüge getan werden soll oder aber daß darüber hinausgehend die Grunddeckung auch in dem räumlichen Erweiterungsbereich gilt. OLG Hamm 29.V.1979 VersR 1979 S. 926 führt dazu aus, daß das Vorhandensein der „grünen Karte" für sich allein zum Beweis eines Vsvertrages nicht ausreiche (ähnlich Schmitt VersR 1980 S. 890–893, der damit eine Haftung des Vers nur nach den gesetzlichen Erfordernissen des Einreiselandes als dokumentiert ansieht; ebenso LG Köln 13.III.1985 r + s 1985 S. 236–237, OLG Köln 31.VII.1991 r + s 1991 S. 327–329). Diesen Überlegungen ist für den Fall beizupflichten, daß es an einer inländischen (europäischen) Grunddeckung fehlt und vielleicht sogar ungeklärt bleibt, wie der Vsinteressent überhaupt in den Besitz der auf sein Fahrzeug ausgestellten „grünen Karte" gekommen ist. Wird aber im Rahmen eines bestehenden Vsverhältnisses eine örtliche Erweiterung beantragt, so darf der Vmer im Regelfall von einer einheitlichen Deckung im Rahmen des Gesamtvertrages ausgehen. Daher ist von dem Ver, der die räumliche Erweiterung nur zu eingeschränkten Konditionen übernehmen will, zu erwarten, daß er das dem Vmer unmißverständlich mitteilt, damit dieser die Alternativen erkennt und notfalls gegen Prämienzahlung eine der Grunddeckung entsprechende Erweiterung bei seinem Ver oder einem anderen herbeiführen kann. Tut der Ver das nicht, so ist der Schluß geboten, daß er bei fehlender Dokumentation der Beschränkung gemäß den Regelungen des Grundvertrages haftet (BGH 28.X.1992 NJW 1993 S. 1007–1009 = VersR 1993 S. 88–90). Dokumentiert der Ver eine derartige Einschränkung, so muß er den Vmer darüber besonders belehren. Unterbleibt das, so kommt eine Haftung des Vers nach den Grundsätzen über die

I. 7. Örtliche Begrenzung der Leistungspflicht des Vers   Anm. G 43

culpa in contrahendo oder nach denen der positiven Vertragsverletzung in Betracht. Die Anforderungen an den Ver sind demgemäß höher anzusetzen, als noch in Anm. B 78 a. E. ausgeführt worden ist.

Vom 29. Verkehrsgerichtstag ist eine begrenzte Erweiterung des örtlichen Deckungsbereichs der Kraftfahrzeughaftpflichtv empfohlen worden (vgl. VersR 1991 S. 395). Es bleibt abzuwarten, ob dieser Arbeitskreisanregung Folge geleistet wird. Unabweisbar wird sie, wenn dereinst die Türkei Vollmitglied in der EG werden sollte.

[G 43] b) Deckungserweiterung für Schadenfälle im europäischen Ausland

Eine vsrechtliche Besonderheit stellt § 10 VIII AKB dar. Durch diese Bestimmung wird der Deckungsbereich der deutschen Haftpflichtv dahin ergänzt, daß sich bei Auslandsfahrten innerhalb Europas die Leistung des Vers mindestens nach den Vsbedingungen und Vssummen richtet, die nach den Gesetzen des Besuchslandes über die Pflichtv vereinbart werden müssen. Voraussetzung für die Anwendung dieser Bestimmung ist allerdings, daß eine am Tage des Eintritts des Schadenereignisses gültige internationale Vskarte ausgestellt war oder durch eine Zusatzvereinbarung zum Abkommen über die internationale Vskarte darauf verzichtet wurde. Die Bestimmung ist zu verstehen aus dem Zusammenhang des „Grüne-Karte-Systems" (vgl. dazu die Gesamtdarstellung von Schmitt, System der Grünen Karte, Basel 1968, und Anm. B 80—83 m. w. N.). Jedes der beteiligten Länder sorgt nach dem Leitgedanken dieser Regelung dafür, daß seine Bürger und auch die der anderen Staaten in gleicher Weise geschützt werden, als wenn sie von einem im Inland zugelassenen Fahrzeug angefahren werden würden (zur Umsetzung dieses Prinzips im Inland durch das AuslPflVsG vgl. Anm. B 81—83). Durch § 10 VIII AKB wird der Haftpflichtvsschutz für den Fall erweitert, daß in einem anderen europäischen Staat ein weitergehender Haftpflichtvsschutz als nach deutschem Recht geboten wird. Ist der Haftpflichtvsschutz nach dem ausländischen Recht nicht so günstig wie im Inland ausgestaltet, so bleibt der weitergehende Haftpflichtvsschutz gemäß dem in der Bundesrepublik Deutschland geltenden Recht unberührt. Soweit im europäischen Ausland ein besserer Vsschutz als in der Bundesrepublik Deutschland gewährt wird, was für jede Streitfrage konkret gesondert zu untersuchen ist, gilt das in § 10 VIII AKB Gesagte nicht nur für den geschädigten Dritten, sondern auch für den deutschen Vmer (oder Vten). Von Bedeutung ist das namentlich dann, wenn der ausländische Ver summenmäßig unbegrenzt haftet (Möller ZVersWiss 1972 S. 332 m. w. N.). Da das Haftpflichtvsrecht für Kraftfahrzeughalter in der Bundesrepublik Deutschland ansonsten einen recht umfassenden Vsschutz gewährt, erscheint es im übrigen als zweifelhaft, ob der Bedingung bisher — abgesehen von dieser summenmäßig unbegrenzten Eintrittspflicht — schon entscheidende Bedeutung zugekommen ist. Im Schrifttum und in der Rechtsprechung wird über dazu aufgetretene Streitfragen bisher nichts berichtet.

Zu bedenken ist, daß § 10 VIII AKB eine Vorschrift des Vsrechts ist. Sie hat nichts mit einer Vereinbarung ausländischen Haftungsrechts zu tun. Dessen Geltung richtet sich nach den allgemeinen Grundsätzen des Internationalen Privatrechts. Dafür, daß nach ausländischem Recht begründete Schadenersatzansprüche gemäß § 10 I AKB ohnedies gedeckt sind, vgl. Anm. G 46. — Zur Zubilligung des Direktanspruchs bei Unfällen im Ausland vgl. Anm. B 76—78 m. w. N.

Über Deckungserweiterungen auf das außereuropäische Ausland sagt § 10 VIII AKB nichts aus, vgl. dazu Anm. G 42 a. E.

8. Zum primären Umfang des Versicherungsschutzes gemäß §§ 10 I, II und 10a AKB

Gliederung:

Schrifttum G 44

a) Erläuterung der §§ 10 I und 10a AKB G 45—58
  aa) Vtes Fahrzeug G 45
  bb) Schadenersatzansprüche aufgrund gesetzlicher Haftpflichtbestimmungen privatrechtlichen Inhalts G 46—47
    aaa) Erfaßte Anspruchsgruppen G 46
    bbb) Zur Qualifikation der Ansprüche als solche privatrechtlicher Art G 47
  cc) Gebrauch des Fahrzeugs G 48—52
    aaa) Extensive Begriffsbestimmung bei Verwirklichung der fahrzeugtypischen Gefahr G 48
    bbb) Be- und Entladerisiko, Arbeitsmaschineneinsatz G 49
    ccc) Schäden durch während der Fahrt herunterstürzendes Ladegut G 50
    ddd) Folgeschäden G 51
    eee) Anhängerschäden G 52—57 (weitere Untergliederung vor Anm. G 52)
  dd) Umgrenzung des Vsschutzes nach Schadenarten G 58
b) Vter Personenkreis G 59

[G 44] Schrifttum:

Clauß VersR 1968 S. 733—734, Eberhardt ZfV 1969 S. 473—477, ders. VersR 1970 S. 415—416, Helm VersR 1968 S. 321—322, Kober VW 1954 S. 14—15, Konertz VersR 1980 S. 209—215, Kramer VersR 1952 S. 73—75, Mittelmeier VersR 1969 S. 876—883, Möller DAR 1954 S. 250—255, M. Neumann-Duesberg VersR 1971 S. 494—499, Ossewski VersR 1952 S. 6, Reinecke VersR 1959 S. 965—971, Schirmer DAR 1992 S. 11—22, Sieg Ausstrahlungen der Haftpflichtv, Hamburg 1952, ders. VersR 1984 S. 1105—1107, Theda ZfV 1969 S. 470, Tschernitschek VersR 1978 S. 996—1002; w. N. in Anm. G 52, 60, 80 und vor allem in Bd IV Anm. G 57.

[G 45] a) Erläuterung der §§ 10 I und 10a AKB

   aa) Versichertes Fahrzeug

Nach § 10 I AKB besteht Vsschutz für den Gebrauch des im **Vertrag bezeichneten Fahrzeugs**. Es leuchtet ein, daß die Identifikation dieses Fahrzeugs anhand der Vspolice im Regelfall keine Schwierigkeiten bereitet. Ausnahmen sind aber denkbar. So betrifft BGH 17.I.1973 VA 1973 S. 163—164 Nr. 640 = VersR 1973 S. 265—266 einen Fall, in dem es um den Vsschutz anhand einer **Deckungskarte** ging (vorläufige Deckungsbestätigung). In diesem Fall war im Vsantrag und in der Deckungskarte eingetragen eine Frau H. Das Fahrzeug wurde dann aber von deren Schwiegermutter gekauft und auch auf diese zugelassen. Für diese Zulassung wurde die Vsbestätigung ohne Wissen des Vers in der Weise geändert, daß anstelle des Namens der Frau H. der Name ihrer Schwiegermutter geschrieben wurde. Diese **Abänderung** ohne Wissen des Vers ist von den Gerichten **nicht** etwa als eine **Verfälschung** angesehen worden. Vielmehr ist der Sachverhalt dahin gewürdigt worden, daß ein solches Vorgehen des Vmers im Regelfall dem Willen und Interesse des Vers entspreche. Dem wird man zustimmen können, soweit es sich nicht um eine Person handelt, der gegenüber der Ver zur Ablehnung eines Antrages nach § 5 IV PflichtvsG berechtigt ist. Eine ähnliche Konstellation könnte eintreten, wenn ausnahmsweise bei den Verhandlungen über den Abschluß des Vsvertrages schon das amtliche Kennzeichen des zum Erwerb in Aussicht genommenen Fahrzeugs bekannt ist und in den Antrag und die Deckungsbestätigung eingesetzt wird, der Vmer sich aber dann entschließt, ein anderes Fahrzeug von demselben Verkäufer zu erwerben und eine Abänderung nach Maßgabe des Sachverhalts gemäß BGH 17.I.1973 a. a. O. vornimmt.

I. 8. Zum Umfang des Vsschutzes gemäß §§ 10 I, II und 10 a AKB   Anm. G 45

Soll sich nach dem Vortrag des Vmers eine vorläufige Deckungsbestätigung auf zwei nacheinander von ihm gefahrene Fahrzeuge beziehen (Fahrt zum Händler mit einem nicht zugelassenen Fahrzeug, um es bei dem Erwerb in Zahlung zu geben, anschließend Heimfahrt mit dem gekauften Fahrzeug), so gelten die Grundsätze gemäß BGH 17.I.1973 a. a. O. nicht. Vielmehr muß der Vmer in einem solchen Fall darlegen und beweisen, daß sich die Deckungszusage auf einen solchen aufeinander folgenden Gebrauch zweier Fahrzeuge bezieht (BGH 15.III.1978 VersR 1978 S. 457–458; ebenso AG Weiden 25.IX.1987 ZfS 1988 S. 82–83; vgl. auch Anm. C 29 a. E.). Im Falle BGH 15.III.1978 a. a. O. wurde der Rechtsstreit im übrigen zurückverwiesen zur Überprüfung, ob nicht ein Schadenersatzanspruch aus culpa in contrahendo gegeben sei, weil der Bezirksleiter W des Vers auf Anfrage des Autoverkäufers angeblich erklärt hatte, daß der Vmer nach der Unterzeichnung des Vsantrages fahren dürfe.

Einen Sonderfall betraf LG Hanau 21.II.1980 VersR 1981 S. 545. Der Vmer hatte den Rahmen des vten Kleinkraftrades ausgewechselt. Das Gericht entschied, daß zwischen dem ursprünglich vten und dem umgebauten Fahrzeug keine Identität bestehe. Da von dem ursprünglichen Kleinkraftrad dann im Grunde genommen nur noch die beiden Räder stammten, ist der Entscheidung beizupflichten. Für einen ähnlich gelagerten Fall, in dem die Frage der Identität offen gelassen werden konnte, weil aufgrund der wegen des „Frisierens" des Mofas bestehenden Gefahrerhöhung keine Leistungspflicht des Vers gegeben war, vgl. OLG Saarbrücken 17.III.1989 VersR 1990 S. 779–780 = r + s 1990 S. 292–293.

Im übrigen können sich Schwierigkeiten in der Praxis dann ergeben, wenn es streitig ist, ob das im Vertrag bezeichnete Fahrzeug überhaupt an einem Schadenfall beteiligt war. Kann der Dritte das im Haftpflichtprozeß nicht nachweisen, so wird die Klage im Normalfall abgewiesen. Der Ver darf aber dann nicht mit der Begründung, daß der Vmer am Schadenfall nach seiner Darlegung nicht beteiligt gewesen sei, den Vsschutz verweigern. Denn zu seiner Leistungspflicht gehört nach § 10 I AKB auch die Abwehr unbegründeter Ansprüche (vgl. dazu Anm. G 16). Gelegentlich kommt es vor, daß zwar von Zeugen bestätigt werden kann, daß das Fahrzeug einer bestimmten Firma an einem Unfall beteiligt war, daß aber nicht ermittelt werden kann, welches der vielen Fahrzeuge dieses Unternehmens es gewesen ist. Sind alle Fahrzeuge des betreffenden Unternehmens bei demselben Ver unter Haftpflichtvsschutz, so dringt die Klage sowohl gegenüber dem Vmer wie auch gegenüber dem Ver durch. Hat der Vmer dagegen seine Fahrzeuge teils bei dem Ver A und teils bei dem Ver B vert, so kann der geschädigte Dritte wohl gegen den Vmer, nicht aber gegen einen der Ver seinen Anspruch erfolgreich durchsetzen. Der Vmer ist im Deckungsprozeß in der gleichen Situation. Er muß beweisen, daß gerade eines der bei dem verklagten Ver unter Haftpflichtvsschutz stehenden Fahrzeuge den Schaden angerichtet hat. Das bedeutet, daß in solchen Sonderfällen der Vmer unter Umständen den Schaden aus eigener Tasche regulieren muß. – Vgl. dafür, daß im übrigen in denjenigen Fällen, in denen das Fahrzeug, durch dessen Gebrauch der Schaden verursacht worden ist, nicht ermittelt werden kann, zugunsten des geschädigten Dritten eine Eintrittspflicht des Verkehrsopferfonds gemäß § 12 I Nr. 1 PflichtvsG begründet sein kann, Anm. B 97–131.

§ 10 I AKB knüpft den Vsschutz nicht an die Zulassung des Fahrzeugs; an einer solchen primären objektiven Risikobegrenzung fehlt es in den AKB (BGH 27.VI.1951 BGHZ Bd 2 S. 360–365, 19.I.1977 VersR 1977 S. 341–343, w. N. in Anm. D 3). Zu beachten ist aber, daß es nach § 5 II AKB eine Obliegenheit gibt, nicht zugelassene Fahrzeuge nur im eingeschränkten Umfang zu gebrauchen, wenn der Vmer eine Unterbrechung des Vsschutzes verlangt hat (dazu Anm. F 77—81). Dafür, daß der Gebrauch eines nicht zugelassenen Fahrzeugs keine Gefahrerhöhung darstellt, vgl. Anm. F 63 m. w. N. (str.).

Als Besonderheit ist in diesem Zusammenhang ferner zu konstatieren, daß in der Händler- und Handwerkv der Haftpflichtvsschutz daran geknüpft wird, daß das betreffende Kraftfahrzeug mit einem dem Vmer von der Zulassungsstelle zugeteilten amtlich abgestempelten roten Kennzeichen (oder mit einem roten Vskennzeichen nach § 29 g StVZO) versehen ist (vgl. Nr. I, 1 der Sonderbedingung zur Haftpflicht- und Fahrzeugv für Kraftfahrzeug-Handel und -Handwerk, VA 1981 S. 235—237, abgedr. in Anm. A 7). Dazu bedarf es der Befestigung des Kennzeichens am Fahrzeug (BGH 29.V.1974 VersR 1974 S. 793—794). Erfolgt diese nicht, so liegt für die Haftpflichtv Leistungsfreiheit wegen Verstoßes gegen die Verwendungsklausel gemäß § 2 II a AKB vor (vgl. Anm. F 19). Hingegen ist für die Fahrzeugv die Eintrittsverpflichtung des Vers an das Vorliegen einer solchen Kennzeichnung des Fahrzeugs im Sinne einer primären Risikobeschränkung geknüpft (so BGH 29.V.1974 a. a. O.). Zu Recht wird vom BGH 29.V.1974 a. a. O. allerdings hervorgehoben, daß die Versagung des Vsschutzes dann gegen Treu und Glauben verstoßen könne, wenn feststehe, daß sich das Kennzeichen auf einer Fahrt aus der Halterung gelöst habe oder gestohlen worden sei (zustimmend Stiefel-Hofmann[15] Anm. 5 zu Kfz-Handel, S. 813). Für einen solchen Ausnahmefall ist der Vmer beweispflichtig.

[G 46] bb) Schadenersatzansprüche aufgrund gesetzlicher Haftpflichtbestimmungen privatrechtlichen Inhalts
aa) Erfaßte Anspruchsgruppen

Für die Eintrittspflicht des Vers ist nach dem Wortlaut des § 10 I AKB Voraussetzung, daß Schadenersatzansprüche aufgrund gesetzlicher Haftpflichtbestimmungen privatrechtlichen Inhalts erhoben werden. Die Bestimmung stimmt damit inhaltlich (wenn auch nicht wörtlich) mit §§ 1 I AHB, 1 I AHBVerm überein. In Bd IV sind diese Parallelvorschriften eingehend erörtert worden (vgl. a. a. O. Anm. G 58—69); darauf wird in erster Linie verwiesen. Nachstehend werden daher lediglich die maßgebenden Grundsätze hervorgehoben und nur, soweit erforderlich, Ergänzungen vorgenommen.

Unter den Begriff „gesetzliche Haftpflichtbestimmungen privatrechtlichen Inhalts" sind nach der Darstellung in Bd IV Anm. G 58 sowohl deliktische als auch vertragliche Schadenersatzansprüche aller Art zu verstehen. Diese deliktischen oder vertraglichen Schadenersatzansprüche fallen auch dann unter den Vsschutz, wenn sie nicht auf deutschen, sondern auf ausländischen Rechtsgrundsätzen beruhen (ebenso Stiefel-Hofmann[15] Anm. 43 zu § 10 AKB, S. 455, vgl. ferner Bd IV Anm. 158).

Soweit durch Vertrag eine über das dispositive Vertragsrecht hinausgehende Haftung übernommen wird, greift die deklaratorische Ausschlußbestimmung des § 11 Nr. 1 AKB ein (vgl. Anm. G 66 und Bd IV Anm. G 157—163). Dafür, daß nach heute unangefochtener Meinung von § 10 I AKB (ebenso wie von §§ 1 AHB, 1 AHBVerm) auch vertragliche Schadenersatzansprüche erfaßt werden, vgl. BGH 8.XII.1971 NJW 1972 S. 440—442 = VersR 1972 S. 166—169, 28.XI.1979 VA 1980 S. 145—146 Nr. 723 = VersR 1980 S. 177—178 und die umfangreichen Nachweise in Bd IV Anm. G 58. Es bedarf keiner besonderen Betonung, daß vom Vsschutz in der Haftpflichtv nicht die vertraglichen Erfüllungsansprüche erfaßt werden. Mit Rücksicht darauf, daß durch § 10 I AKB nur der präzise abgrenzbare Bereich des Gebrauchs eines Kfz vert ist (vgl. dazu Anm.

I. 8. Zum Umfang des Vsschutzes gemäß §§ 10 I, II und 10a AKB **Anm. G 46**

G 48—57), spielt in der Kfz-Haftpflichtv (anders als z. B. in der allgemeinen Haftpflichtv) die Frage nur ausnahmsweise eine Rolle, welche vertraglichen Schadenersatzansprüche so sehr als Surrogate des nicht vten Erfüllungsanspruchs anzusehen sind, daß dem Ver nach dem Sinn und Zweck des auf Vsschutz für ungewisse Ereignisse gerichteten Leistungsversprechens eine Haftung nicht zuzumuten ist. Mit einem solchen Ausnahmefall befaßt sich BGH 28.XI.1979 a. a. O. In jener Entscheidung hatte sich der Vmer S. im Rahmen eines Werkvertrages gegenüber einer Firma L. verpflichtet, eine Lagerhalle aus von der Firma L. hergestellten Teilen zu errichten. Der Vmer setzte zur Montage einen fahrbaren Baukran ein. Dieser Baukran zerstörte bei der Montage das bereits weitgehend errichtete Werk. Der Bauwesenver der Fa. L. zahlte an diese für die zerstörten Teile DM 64 800,05 und nahm den Kraftfahrzeughaftpflichtver der Firma S. in Regreß. Der BGH führte aus, daß vom Vsschutz solche Ansprüche ausgenommen seien, die auf Vertragserfüllung gehen oder an die Stelle des Anspruchs auf Vertragserfüllung getreten seien (Erfüllungssurrogat). Das sei ein allgemeiner Grundsatz des Haftpflichtvsrechts; er gelte auch in den Vszweigen, in denen es keine § 4 I Ziff. 6 Abs. 3 AHB entsprechende Klausel gebe. Soweit durch den bei der Bekl vten Autokran das von dem Vmer des Bekl herzustellende Werk vor dessen Fertigstellung zerstört worden sei, habe der Vmer die ihm aufgrund des Werkvertrages mit der Firma L. obliegende Leistung nicht erbracht; diese könne also mit dem Erfüllungsanspruch verlangen, daß der Vmer die bereits geleisteten Arbeiten im erforderlichen Umfang wiederhole. Die hierdurch entstehenden Kosten seien nicht Gegenstand der Haftpflichtv, und zwar auch dann nicht, wenn sich aus irgendeinem Rechtsgrund der Anspruch auf vertragsgemäße Herstellung des Werks in einen Geldanspruch verwandelt haben sollte. Nach den Ausführungen der Kl sei jedoch die Möglichkeit nicht auszuschließen, daß dem Vmer der Kl ein Schaden entstanden sei, der über die bloße Nichterfüllung des Werkvertrages hinausgehe.

Gegen die aus der Entscheidung BGH 9.I.1964 NJW 1964 S. 1025—1026 = VA 1965 S. 11—12 Nr. 400 übernommene Formulierung, daß der Grundsatz des § 4 I Ziff. 6 Abs. 3 AHB allgemein für die Haftpflichtv gelte, auch soweit er im Bedingungswerk nicht verankert sei (ebenso Stiefel-Hofmann[15] Anm. 44 Zu § 10 AKB, S. 455), bestehen deshalb Bedenken, weil die in der genannten Bestimmung gebrauchte abgrenzungsschwache Formulierung schon im Bereich der AHB im besonderen Maße zu Mißverständnissen über den Umfang des Vsschutzes führen kann (vgl. dazu Bd IV Anm. G 59, 259—261 m. w. N. und die sinnvolle Reduktion durch das „Statiker-Urteil" BGH 13.V.1981 BGHZ Bd 80 S. 284—291). Wie der vom BGH 28.XI.1979 a. a. O. behandelte Fall nach der Zurückverweisung vom Berufungsgericht entschieden worden ist, ist nicht publiziert worden. Der Sache nach war dahin abzugrenzen, daß gegen den Schadenersatzanspruch wegen der Beschädigung der zum Einbau zur Verfügung gestellten Konstruktionsteile Vsschutz besteht, da es in den AKB an einer § 4 I Ziff. 6b AHB entsprechenden Ausschlußklausel fehlt. Bezüglich des vom Kran zum Zeitpunkt des Schadeneintritts beförderten Konstruktionsteile greift aber § 11 Nr. 3 AKB ein (vgl. Anm. G 76—77). Soweit es um die von der Vmerin der Beklagten nutzlos aufgewendete Arbeit bei der Aufstellung der Konstruktionsteile geht (die möglicherweise vom Bauwesenver dem eigenen Vmer vergütet worden ist), ist eine Eintrittspflicht des Kraftfahrzeughaftpflichtvers nicht gegeben; denn dabei hat es sich um von § 10 I AKB nicht erfaßte Erfüllungssurrogate im traditionellen Sinn gehandelt.

Zahlenmäßig weitaus wichtiger als die vertraglichen Schadenersatzansprüche, bei denen es sich überwiegend um solche aus positiver Forderungsverletzung handeln dürfte (vgl. dazu BGH 8.XII.1971 NJW 1972 S. 440—442 = VersR 1972

S. 166-169, 28.XI.1979 a. a. O.), sind im übrigen die von § 10 I AKB ebenfalls erfaßten deliktischen Haftpflichtansprüche. Diese Ansprüche aus unerlaubter Handlung fallen ohne Rücksicht darauf unter den Vsschutz, ob sie auf dem Prinzip der Gefährdungshaftung oder einem tatsächlich gegebenen oder nur vermuteten Verschulden beruhen. Insbesondere erstreckt sich der Vsschutz auch auf Ansprüche aus § 831 BGB und auch auf solche aus einer mangelnden Beaufsichtigung im Sinne des § 832 BGB. Die Eintrittspflicht des Vers hinsichtlich der Gefährdungshaftung ist auch nicht beschränkt auf die Ansprüche aus dem StVG. Vielmehr fallen unter die Eintrittspflicht des Vers alle nur denkbaren Ansprüche aus den Normen der Gefährdungshaftung, soweit sie nur auf den Gebrauch eines Kfz zurückzuführen sind. Der Ver ist daher bei entsprechender Fallgestaltung auch bezüglich eines Anspruchs aus § 22 II WHG eintrittspflichtig (so zu Recht z. B. OLG Hamburg 26.IX.1967 VersR 1969 S. 223-224, 9.XII.1987 MDR 1988 S. 323 = VersR 1988 S. 621 [nur L. S.], OLG Köln 2.III.1989 VersR 1989 S. 402-403 [das allerdings im konkreten Fall zu dem angreifbaren haftungsrechtlichen Ergebnis kommt, daß ein Anspruch aus § 22 II WHG bei einem Überfüllungsschaden zu verneinen sei, da der Schaden nicht im Bereich des Tanklastzuges, sondern in dem der Anlage des Kunden entstanden sei; dafür, daß in haftungsrechtlicher Hinsicht ein Tankwagen eine Anlage im Sinne des § 22 II WHG darstellt, vgl. BGH 8.I.1981 BGHZ Bd 80 S. 1-7]; ebenso Schirmer DAR 1992 S. 16, 21, Stiefel-Hofmann[15] Anm. 43 zu § 10 AKB, S. 455). Unter § 10 I AKB fallen auch die aus deliktischen oder vertraglichen Schadenersatzansprüchen resultierenden Ausgleichsansprüche gemäß § 426 I BGB (vgl. BGH 17.V.1956 BGHZ Bd 20 S. 377, 8.III.1971 NJW 1972 S. 440-442 = VersR 1972 S. 166-169 [Sonderfall eines Freihalteanspruchs eines Arbeitgebers gegen den Arbeitnehmer, kritisch dazu Sieg VersR 1973 S. 194-196 und Hirschberg VersR 1973 S. 793-796], 3.XII.1991 NJW 1992 S. 900-902 = VersR 1992 S. 437-439 [ebenfalls Ersatzanspruch eines Arbeitgebers gegen einen Arbeitnehmer, bei dem die Rechtsgrundsätze über die Haftungsfreistellung bei schadengeneigter Arbeit wegen Eingreifens einer Pflichthaftpflichtv nicht zum Tragen kamen], KG 2.III.1978 VersR 1978 S. 435-436, Sieg Ausstrahlungen S. 232 m. w. N., Steffen VersR 1987 S. 530 Anm. 14 m. w. N., sowie Anm. B 14 und 57 m. w. N., ferner Bd IV Anm. G 60). Dafür, daß dieser originäre Ausgleichsanspruch auch unter den Schutzbereich des § 3 Ziff. 1 PflichtvsG fällt, streitig, vgl. Anm. B 14 m. w. N. — Zur Streitfrage, wie dieser Ausgleichsanspruch des Vten vor der Neugestaltung des § 158 i durch das Gesetz zur Änderung vsrechtlicher Vorschriften vom 17.XII.1990 (BGBl. I S. 2864-2866) im gestörten Vsverhältnis zu behandeln war, vgl. Anm. B 57 m. w. N. und Anm. H 36-37.

Zu den vom Vsschutz erfaßten Ansprüchen gehören auch die von der Rechtsprechung in analoger Anwendung des § 670 BGB dem Geschäftsführer ohne Auftrag (oder Beauftragten) zugesprochenen Ansprüche auf Ersatz der bei der Durchführung eines Auftrags zufällig entstehenden Körper- und auch Sachschäden (streitig, so aber die überwiegend vertretene Auffassung, vgl. OLG Koblenz 24.VI.1970 VersR 1971 S. 359-360, Helm VersR 1968 S. 321-322 m. w. N., M. Neumann-Duesberg VersR 1971 S. 494-499, Prölss-Martin-Voit[25] Anm. 2 b zu § 1 AHB, S. 1090, Prölss-Martin-Knappmann[25] Anm. 1 zu § 10 AKB, S. 1453 m. w. N., Stiefel-Hofmann[15] Anm. 43 zu § 10 AKB, S. 455, Wussow[8] Anm. 74 zu § 1 AHB, S. 207-211; a. M. Sieg VersR 1984 S. 1105-1107 [1107]; weitere Nachweise zu dieser Streitfrage aus älterer Zeit in Bd IV Anm. G 64; als nicht entscheidungserheblich offen gelassen worden ist diese Frage durch BGH 4.VII.1978 BGHZ Bd 72 S. 154-155, 10.X.1984 BGHZ Bd 92 S. 272). Vom OLG Koblenz 24.VI.1970 a. O. ist zwar für einen solchen Anspruch Vsschutz bejaht worden, im Ergebnis aber für

I. 8. Zum Umfang des Vsschutzes gemäß §§ 10 I, II und 10a AKB   **Anm. G 46**

den speziell gelagerten Fall zu Unrecht. Der Vmer kam bei Glatteis mit seinem Fahrzeug nicht in Gang und bat deshalb den damals erst 16 Jahre alten Vten, der — wie der Vmer wußte — keinen Führerschein hatte, ihm zu helfen. Der Vte sollte am Steuer sitzend Gas geben und die Kupplung kommen lassen, während der Vmer den Wagen anschob. Bei diesem Manöver bremste der Vte so ungeschickt, daß er einen Dritten schädigte. Dem Regreßanspruch des Vers setzte der Vte seinen Freihalteanspruch nach § 670 BGB gegen den Vmer entgegen. Für diesen bejahte das Gericht den Vsschutz. Indessen ist diese Konstruktion verfehlt. Vielmehr hätte das Gericht bedenken müssen, daß der Ver sowohl gegenüber dem Vmer wie auch gegenüber dem Vten wegen des Verstoßes gegen die Führerscheinklausel (§ 2 II c AKB) leistungsfrei war. Zu prüfen war demgemäß, ob dessenungeachtet der Vte als Dritter im Sinne des § 3 Ziff. 4, 5 PflichtvsG den Ver im Rahmen des gestörten Vsverhältnisses in Anspruch hätte nehmen dürfen. Das hätte als rechtsmißbräuchlich verneint werden müssen, wie auch dem Vmer die Stellung als geschädigter Dritter in denjenigen Fällen nicht zugestanden worden ist, in denen er für das Nichtbestehen des Vsschutzes verantwortlich war (BGH 10.VI.1986 MDR 1987 S. 45—46 = VersR 1986 S. 1011—1012 und Anm. G 69 a. E. m. w. N.). Zur gesetzlichen Neubestimmung dieser Fälle gemäß § 158i n. F. vgl. Anm. H 28—34.

Im übrigen dürften Fälle, in denen derartige schadenersatzähnliche Ansprüche gemäß § 670 BGB durch eine **Selbstaufopferung** eines Dritten zugunsten eines unter dem Vsschutz der Kraftfahrzeughaftpflichtv stehenden Verkehrsteilnehmers entstehen, nur sehr selten gegeben sein. Zwar ist es theoretisch denkbar, daß ein Fahrzeugführer sein Fahrzeug zur Seite reißt, um z. B. einen bei „rot" über die Kreuzung rasenden Motorradfahrer nicht zu treffen, und dabei selbst schweren Schaden erleidet. Indessen ist bei einem solchen Sachverhalt im Regelfall schon nach Deliktsgrundsätzen eine volle Haftung gegeben, die dem typischen Deckungsbereich der Kraftfahrzeughaftpflichtv ohnedies zuzurechnen ist. Es verbleiben somit eigentlich nur diejenigen Fälle, in denen der Dritte bei dem Bergen eines verunglückten Fahrzeugs hilft.

Zu den gesetzlichen Haftpflichtbestimmungen privatrechtlichen Inhalts gehört auch der Anspruch aus § 904² BGB (Stiefel-Hofmann[15] Anm. 43 zu § 10 AKB, S. 455, Sieg VersR 1984 S. 1107). In den seltenen Fällen, in denen ein Fahrzeugführer seinen Wagen gegen eine andere Sache lenkt, um eine gegenwärtige Gefahr von sich oder einem anderen abzuwenden, besteht demgemäß für den Ersatzanspruch des Sacheigentümers Vsschutz. Zumeist wird ohnedies in dieser Situation in Anspruchskonkurrenz ein Anspruch aus § 7 StVG gegeben sein. Kein Vsschutz besteht für Ansprüche aus **ungerechtfertigter Bereicherung** oder **Geschäftsführung mit oder ohne Auftrag**, da es sich bei solchen Ansprüchen nicht um auf Schadenersatz gerichtete Haftpflichtbestimmungen handelt. Zu bedenken ist aber, daß der Ver gegenüber solchen Ansprüchen dann eintrittspflichtig sein kann, wenn es sich um Ansprüche eines Vierten aus den genannten Rechtsinstituten handelt, die an die Stelle eines unter die Kfz-Haftpflichtvspolice fallenden Schadenersatzanspruchs eines Dritten gegen den Vmer getreten sind. Vgl. für einen derartigen Sonderfall BGH 5.III.1964 VersR 1964 S. 474. Wörtlich führt das Gericht a. a. O. folgendes aus:

„Die Bekl. wird durch das Eingreifen des Kl. und dessen Zahlung an die Fa. F. in ihren Rechten als Vmer der Betriebshaftpflichtv nicht beeinträchtigt. Es tritt lediglich ein Wechsel des Gläubigers ein. Die Bekl. bleibt auch in Gestalt der Bereicherungsschuld zu einer Leistung verpflichtet, die sie auf Grund ihrer Verantwortlichkeit für eine bestimmte Tatsache (hier die Ablieferung eines schadhaften Tanks) einem Dritten zu bewirken hat (§ 149 VVG). Dies ist bereits für den Erstattungsanspruch eines Dritten, der mit Zustimmung des Vers den Schaden gedeckt hat, vom erkennenden Senat im Urteil VersR 1960, 73 ausgesprochen worden. Für den Fall, daß der Dritte ohne Einverständnis des Vers nach § 267 BGB in der Annahme geleistet hat, der zuständige Ver zu sein, kann nichts anderes gelten. Der Vmer kann in seiner Rechtsstellung gegenüber dem richtigen Ver durch die Zahlung des falschen nicht verschlechtert werden."

Für weitere Beispiele solcher atypischer Fälle vgl. Bd IV Anm. G 63. Zu beachten ist, daß die Erkenntnis, daß eine Eintrittspflicht des Vers für derartige Ansprüche in sinngemäßer Abwandlung des § 10 I AKB zu bejahen ist, nicht zu bedeuten braucht, daß auch ein **Direktanspruch** gemäß § 3 Ziff. 1 PflichtvsG gegeben ist. Vgl. in diesem Zusammenhang BGH 4.VII.1978 BGHZ Bd 72 S. 151–155; in dem jener Entscheidung zu Grunde liegenden Sachverhalt hatte ein Dritter einen durch Überfüllung eines Öltanks entstandenen Schaden beseitigt. Der Dritte verlangte Ersatz der dafür aufgewendeten Kosten sowohl von dem mit dem Vmer identischen Halter des für das Abfüllen verwendeten Tankfahrzeugs als auch von dem Kfz-Haftpflichtver. Der BGH wies die Klage gegen den Ver mit der Begründung ab, daß hier allenfalls eine **Geschäftsbesorgung für den Halter** gegeben sei, nicht aber für den Ver (vgl. insoweit auch BGH 22.V.1970 BGHZ Bd 54 S. 160–161). Bemerkenswert ist allerdings, daß darüber, daß ein Anspruch aus Geschäftsführung ohne Auftrag oder ungerechtfertigter Bereicherung in den Bereich der durch die Leistung des Dritten abgewandelten Leistungsverpflichtung des Vers fällt, nichts gesagt wird. Das ändert jedoch nichts daran, daß ein besonderes Schutzbedürfnis eines Vierten, der sich in der geschilderten Art und Weise in die Rechtsbeziehungen der Parteien des Haftungs- und des Vsverhältnisses eindrängt, auch nicht zu erkennen ist, so daß dessen Verweisung auf den traditionellen Weg der Inanspruchnahme des Vers über eine Pfändung und Überweisung des Haftpflichtvsanspruchs nach vorangegangenem Haftpflichtprozeß gegen den Vmer hingenommen werden kann (vgl. ergänzend Anm. B 14).

Dafür, daß auch der **originäre Regreßanspruch des Sozialvers** aus § 640 RVO unter § 10 I AKB fällt, vgl. Anm. G 47 m. w. N.

[G 47] bbb) Zur Qualifikation der Ansprüche als solche privatrechtlicher Art

Voraussetzung für die Eintrittspflicht des Vers nach § 10 I AKB für einen der in Anm. G 46 aufgeführten Schadenersatzansprüche ist weiter, daß diese auf Haftpflichtbestimmungen **privatrechtlichen Inhalts** beruhen. Ebenso wie nach §§ 1 AHB, 1 I AHB-Verm besteht auch gemäß § 10 I AKB grundsätzlich **kein Vsschutz für öffentlich-rechtliche Ansprüche**. Für die Abgrenzung der zivilrechtlichen Ansprüche im Sinne des Haftpflichtvsrechts von den nicht vom Vsschutz erfaßten öffentlich-rechtlichen Ansprüchen wird auf die Ausführungen in Bd IV Anm. G 65–69 verwiesen. Hervorzuheben ist wegen der besonderen Bedeutung derartiger Ansprüche, daß zu den Ansprüchen mit privatrechtlichem Charakter im Sinne des § 10 I AKB auch die **Regreßansprüche der Sozialvsträger aus § 640 RVO** zählen (vgl. dazu BGH 22.I.1969 NJW 1969 S. 1065 = VersR 1969 S. 363–365 m. w. N., 24.VI.1969 VersR 1969 S. 848; Clauß VersR 1969 S. 733–734, Mittelmeier VersR 1969 S. 876–883, Stiefel-Hofmann[15] Anm. 43 zu § 10 AKB, S. 455, Theda ZfV 1969 S. 470 und Bd IV Anm. G 67 m. w. N. für und gegen diese Auffassung; aus rechtspolitischer Sicht wendet sich gegen die Deckung dieses Risikos Konertz VersR 1980 S. 209–215; der Vmer darf aber nicht schutzlos gelassen werden, so

I. 8. Zum Umfang des Vsschutzes gemäß §§ 10 I, II und 10a AKB **Anm. G 47**

daß die Alternative nur die sein könnte, den Regreß aus § 640 RVO auf Vorsatztaten zu beschränken). Bei der Ermittlung des Inhalts des § 10 I AKB ist auf den Sinn der Kfz-Haftpflichtv abzustellen, der für einen möglichst umfassenden Schutz des Verkehrsopfers spricht. Dieser Zweckrichtung entspricht eine weite Interpretation des Begriffs „gesetzliche Haftpflichtbestimmungen privatrechtlichen Inhalts". Dabei ist insbesondere zu bedenken, daß es nicht im Sinne der Bedingungsverfasser liegt, für Ansprüche, die von der Rechtsordnung ursprünglich als privatrechtliche qualifiziert waren und für die traditionell Haftpflichtvsschutz gewährt wurde, nur deshalb keinen Vsschutz zu gewähren, weil der Gesetzgeber dem unverändert gebliebenen Sachverhalt durch Zuordnung zum öffentlichen Recht eine veränderte Anspruchsgrundlage gegeben hat. Werden daher öffentlich-rechtliche Ansprüche geltend gemacht, könnte der Vmer aber auch aufgrund privatrechtlicher Ansprüche auf Schadenersatz in Anspruch genommen werden, so ist diese Doppelgleisigkeit des Rechtssystems im Sinne der Gewährung von Vsschutz zu berücksichtigen.

Beispiel: Verunreinigt der Vmer mit seinem Tankwagen eine Straße und wird er kraft öffentlichen Rechts auf Beseitigung in Anspruch genommen, so ist nach dem Sinn des § 10 I AKB Vsschutz jedenfalls dann zu gewähren, wenn neben diesem **öffentlich-rechtlichen auch ein zivilrechtlicher Anspruch** begründet wäre (ebenso Stiefel-Hofmann[15] Anm. 46 zu § 10 AKB, S. 457, anders aber OLG Düsseldorf 13.X.1965 NJW 1966 S. 738–739 und LG Mönchengladbach 23.V.1967 VersR 1968 S. 389). Zu beachten ist in diesem Zusammenhang, daß derartige Aufwendungen auch als **Rettungskosten** gemäß §§ 62, 63 unter die Ersatzpflicht des Haftpflichtvers fallen können; so **OLG Oldenburg** 8.XI.1989 MDR 1990 S. 446 = VersR 1990 S. 516 für einen Fall, in dem bei dem Löschen eines Brandes eines mit Chemikalien beladenen Lastzuges giftige Stoffe auf die Straße gelangt waren; die Abtransportkosten für diesen Sondermüll ordnete das Gericht aus diesem Gesichtspunkt der Ersatzpflicht des Vers zu; zum Rettungskostenersatz vgl. Anm. F 136.

Dagegen billigt LG Würzburg 23.X.1985 r + s 1986 S. 171 den Ersatz derartiger Kosten direkt über § 10 I AKB zu, allerdings nicht uneingeschränkt. Es handelte sich nämlich insofern um einen Sonderfall, als die Kleie, die dort im Anschluß an einen Unfall die Autobahn verunreinigte, noch zu 85% wieder verwertet werden konnte. Das Gericht hielt deshalb den Ver nur in Höhe von 15% für eintrittspflichtig (vgl. dazu auch Anm. G 77). Einen Sonderfall stellt es dar, wenn der Vmer mit seinem **Fahrzeug** infolge unvorsichtigen Fahrens von der Fahrbahn abkommt und **in eine Binnenschiffahrtsstraße** stürzt. Das teilweise oder gänzliche Versperren einer solchen Wasserstraße ist bei wertender Betrachtung ebenso wie die Verunreinigung einer Landstraße als Sachschaden einzuordnen, für den der Vmer (und damit auch der Ver) nach §§ 7 I StVG, 823 I BGB haftet. Ungeachtet dessen, daß der Vmer vom öffentlich-rechtlichen Eigentümer dieser Wasserstraße auch als Handlungs- oder Zustandsstörer in Anspruch genommen werden kann, muß der Ver bei dem Vorliegen solcher parallelen Anspruchsgrundlagen eintreten. Anders LG Kassel 18.III.1987 ZfS 1987 S. 148 für einen Fall, in dem ein vter Bootsanhänger bei einem ungeschickten Verladen in die Weser gefallen war. Das Gericht argumentierte in begrifflich angreifbarer Weise, daß in einem solchen Fall nicht das Eigentum an der Bundeswasserstraße sondern der Gemeingebrauch beeinträchtigt werde. Dem ist nicht zu folgen. Sachlich ist kein Unterschied zu sehen, ob ein Fahrzeug in eine private oder in eine öffentliche Wasserstraße fällt. Es liegt hier demgemäß einer der seltenen Fälle vor, in denen sich das Anhängerhaftpflichtrisiko verwirklicht hat (vgl. dazu Anm. G 57). Es war demgemäß zu prüfen, ob dieses ungeschickte Beladen durch den Vmer oder einen der Vten im Sinne des § 10 II AKB erfolgt war. Bei der Abgrenzung des Vsschutzes war allerdings das Eigeninteresse des Vmers an der

Rettung des Trailers zu beachten. Hatte dieser noch einen Wert, so mußte der Vmer sich mit dem durch die Bergungsaktion erlangten Vorteil an den Aufwendungen beteiligen (entsprechend der Abgrenzung in dem vom LG Würzburg 23.X.1985 a. a. O. entschiedenen „Kleie"-Fall). Fährt ein Dieb vorsätzlich das gestohlene Fahrzeug in einen Kanal, so braucht der Ver für dieses Handeln des Übeltäters nach § 152 nicht einzustehen; hat aber der Halter die Entwendung des Fahrzeugs schuldhaft im Sinne des § 7 III 1 StVG ermöglicht oder wird das behauptet, so ist die Eintrittspflicht des Vers gegeben (AG Dortmund 22.V.1985 ZfS 1985 S. 194; vgl. ergänzend Anm. G 85 m. w. N.).

Zutreffend ist vom OLG Schleswig 31.X.1979 VersR 1980 S. 227−228 der Deckungsschutz für einen auf § 24 I SoldG gestützten Schadenersatzanspruch der Bundesrepublik Deutschland verneint worden. Gleichzeitig wurde aber der Deckungsschutz für den auf den Bund gemäß § 87 a BBG i. V. m. § 30 SoldG übergegangenen Schadenersatzanspruch des verletzten Soldaten aus § 7 StVG bejaht (der allerdings im konkreten Fall verjährt war). Vgl. ergänzend Bd IV Anm. G 65−66.

Dafür, daß **Strafprozeßkosten** nicht unter die Bestimmung des § 10 I AKB fallen, vgl. BGH 23.I.1958 BGHZ Bd 26 S. 261−268 und Bd IV Anm. G 69 m. w. N. Zur Interpretation des § 150 I vgl. Anm. G 24.

[G 48] cc) Gebrauch des Fahrzeugs

aaa) Extensive Begriffsbestimmung bei Verwirklichung der fahrzeugtypischen Gefahr

Weitere Voraussetzung für die Eintrittspflicht des Vers ist es nach § 10 I AKB, daß der Schaden durch den **Gebrauch** des im Vertrag bezeichneten Fahrzeugs entstanden ist. Dieser Ausdruck ist im Anschluß an die 1939 eingeführte Pflichthaftpflichtv für Kraftfahrzeughalter zum 1.VII.1940 in das Bedingungsrecht eingefügt worden, um einen möglichst umfassenden Vsschutz herbeizuführen (vgl. nur die von Fromm Pflichtv für Kraftfahrzeughalter, Berlin 1941, S. 248 wiedergegebene Stellungnahme der damaligen Wirtschaftsgruppe Kraftfahrtv, ferner Kramer VersR 1952 S. 73−75 m. w. N. und Möller DAR 1954 S. 253). Schon vorher hatte sich die Rechtsprechung darum bemüht, dem damals in den Bedingungen verwendeten Begriff des Betriebes eines Kraftfahrzeugs einen über den Betriebsbegriff der Gefährdungshaftung für Kraftfahrzeughalter hinausgehenden Sinn zu geben (vgl. dazu z. B. RG 29.III.1938 JW 1938 S. 1658−1659 = JRPV 1938 S. 247 und Ossewski VersR 1952 S. 6). Der Begriff „Gebrauch" ist demgemäß weit zu fassen. Er schließt den **Betrieb** des Kraftfahrzeuges im Sinne des § 7 StVG ein (so BGH 2.VI.1966 VersR 1966 S. 818, 3.III.1971 VersR 1971 S. 612), geht aber noch **darüber hinaus** (BGH 23.II.1977 VersR 1977 S. 419, 26.VI.1979 BGHZ Bd 75 S. 45−49, 28.XI.1979 VA 1980 S. 145−146 Nr. 723 = VersR 1980 S. 177−178, 10.VII.1980 BGHZ Bd 78 S. 53, 19.IX.1989 VersR 1989 S. 1187 = BB 1989 S. 2217−2218). Zum haftungsrechtlichen Begriff des Betriebes eines Kraftfahrzeugs vgl. nur die umfangreichen Nachweise aus Rechtsprechung und Schrifttum bei Tschernitschek VersR 1978 S. 996−1002 und Jagusch−Hentschel Straßenverkehrsrecht[31], München 1991, Anm. 4−13 zu § 7 StVG. Danach befindet sich ein Fahrzeug auch dann noch im Betrieb im Sinne des § 7 StVG, wenn es auf der Fahrbahn einer großstädtischen Vorfahrtsstraße hält oder parkt; ein Unfall, der sich dann durch das Auffahren auf das haltende Fahrzeug ereignet, ist daher nicht nur dem Betrieb des auffahrenden, sondern auch dem des haltenden Fahrzeugs zuzurechnen (BGH 9.I.1959 BGHZ Bd 29 S. 163−171, 2.VI.1966 a. a. O.). Zum Betrieb eines Fahrzeugs gehört es auch, wenn ein vtes Fahrzeug ein anderes abschleppt, das sich von der Verbindung löst

I. 8. Zum Umfang des Vsschutzes gemäß §§ 10 I, II und 10a AKB   Anm. G 48

und auf einer Eisenbahnkreuzung stehenbleibt, wodurch es zu einer Kollision mit einer Eisenbahn kommt. Vgl. dazu BGH 3.III.1971 a. a. O., von dem zu Recht eine Interpretation des § 10a AKB im Sinne einer Einschränkung des § 10 I AKB verneint wird (dazu Anm. G 53). Die Zweckmäßigkeit, über den Begriff des Betriebes im Sinne des § 7 StVG hinaus durch den Ausdruck „Gebrauch des Fahrzeugs" umfassenden Vsschutz zu gewähren, ergibt sich insbesondere aus der Überlegung heraus, daß die Kfz-Haftpflichtv auch Vsschutz für die Abwehr unbegründeter Ansprüche gewähren soll. Wenn auch ein ordnungsgemäß abgestelltes Fahrzeug, das von einem Dritten angefahren wird, als nicht mehr im Betrieb befindlich qualifiziert wird, so besteht doch erkennbar ein **Schutzbedürfnis des Vmers nach der Abwehr** dennoch erhobener **unbegründeter Ansprüche**. Ergibt demgemäß eine kritische Analyse eines Sachverhalts, daß dieser nicht mehr dem Begriff des Betriebes im Sinne des § 7 StVG zuzurechnen ist, so muß stets geprüft werden, ob nicht nach der zu **umfassenden Vsschutz tendierenden Bestimmung des § 10 I AKB** aufgrund des dort verwendeten Ausdrucks „**Gebrauch**" eine Deckung zu bejahen ist. Kommt es daher zu einer Kollision des Fahrzeugs mit einer anderen Sache oder mit einer Person, so ist — mag der geltend gemachte Anspruch wegen eines einwandfreien Parkens des vten Fahrzeugs (oder eines sonstigen unabwendbaren Ereignisses) auch eklatant unbegründet sein — im Rahmen des § 10 I AKB der Vsschutz stets gegeben. Allerdings kommt dann nur die Abwehrfunktion der Haftpflichtv zum Tragen (vgl. BGH 11.VII.1984 VersR 1984 S. 889–890). — Da es auf diesen Wesenszug der Haftpflichtv im Rahmen von **Teilungsabkommen** nicht ankommt, scheiden derartige Fälle ordnungsgemäßen Abstellens oder ähnlich gelagerte Sachverhalte als sog. **Groteskfälle** aus der Ersatzpflicht im Rahmen von Teilungsabkommen aus (vgl. BGH 15.VI.1983 VersR 1983 S. 771–772, 11.VII.1984 a. a. O. m. w. N.; ebenso LG Berlin 14.I.1971 VersR 1972 S. 268, wenn auch mit der unzutreffenden Begründung, daß kein Vsschutz gegeben sei). —

Erst recht ist ein Gebrauch im Sinne des § 10 I AKB zu bejahen, wenn ein Schaden darauf zurückzuführen ist, daß ein Fahrzeug z. B. im Halteverbot geparkt worden ist. Dann liegt im übrigen auch ein Fall vor, in dem das verbotswidrig parkende Fahrzeug schon unter den Begriff des Betriebes im Sinne des § 7 I StVG fällt (vgl. als Beispielsfälle OLG Karlsruhe 13.I.1984 VersR 1986 S. 155–156 [dem allerdings hinsichtlich einer Verneinung eines Direktanspruchs aus den in Anm. B 12 dargestellten Gründen nicht zu folgen ist, streitig] und LG Köln 11.VI.1986 ZfS 1986 S. 340). Zum Gebrauch des Fahrzeugs gehört auch das verkehrswidrige Abstellen eines Aufliegers, Anhängers oder eines abgeschleppten Fahrzeugs (OLG Bremen 18.X.1984 VersR 1984 S. 1184–1185). Ist ein solcher Auflieger (Anhänger oder ein sonst abgeschlepptes Fahrzeug) tatsächlich nicht verkehrswidrig abgestellt oder fehlt es an dem räumlichen und zeitlichen Zusammenhang im Sinne einer haftungsrechtlichen Zurechenbarkeit, so hat der Ver Vsschutz in der Form der Abwehr des unbegründeten Anspruchs zu gewähren.

Bei dem von § 10 I AKB erfaßten Gebrauch kommt es nicht darauf an, ob er sich auf dem öffentlichen Verkehr gewidmeten Grund zuträgt oder nicht. Demgemäß hat der Ver auch dann Vsschutz zu gewähren, wenn ein ausgedientes Fahrzeug, das von seinem Besitzer nicht ordnungsgemäß der Verschrottung zugeführt, sondern in einer privaten Abfallgrube derelinquiert worden ist, durch spielende Kinder in Brand gesetzt wird. So im Fall BGH 16.II.1977 VA 1977 S. 159–160 Nr. 699 = VersR 1977 S. 468–470, in dem drei in einer privaten Abfallgrube spielende Kinder schwere Brandverletzungen infolge einer Explosion des im Fahrzeug verbliebenen Benzins erlitten. — OLG Koblenz 20.I.1984 r + s 1984 S. 142–143 = ZfS 1984 S. 182 verneint dagegen den Vsschutz für aus dem Brand eines Wohnmobils abgeleitete

Schadenersatzansprüche. Das Fahrzeug war zum Verkauf ausgestellt. Die Entscheidung gründete sich aber nicht darauf, daß sich der Schadenfall auf nicht zum öffentlichen Verkehr zugelassenen Grund zugetragen hatte. Vielmehr nahm das Gericht an, daß ein solches Ausstellen des Fahrzeugs dem vten Gebrauch nicht mehr zuzurechnen sei. Mit BGH 16.II.1977 a. a. O. ist diese Auffassung aber nicht in Einklang zu bringen.

Zum Gebrauch des Fahrzeugs gehört es auch, wenn dieses außerhalb serienmäßiger Herstellung mit vorschriftswidrigen oder vorschriftsmäßigen **Auf- oder Einbauten** versehen wird, wodurch einem Dritten ein Schaden entsteht. A. M. Stiefel–Hofmann[15] Anm. 104 zu § 10 AKB, S. 480–481, die zwischen Schäden durch einen nicht dauernd mit dem Fahrzeug verbundenen Aufbau und solchen unterscheiden, die durch einen auf Dauer bestimmten Umbau entstehen. Für letztere wird der Vsschutz bejaht, für erstere verneint. Die Unterscheidung vermag indessen nicht zu überzeugen. Die zur Begründung herangezogene Entscheidung RG 8.III.1939 RGZ Bd 160 S. 129–134 behandelt haftungs- und nicht vsrechtliche Fragen. Es wurde als nicht zum Betriebe eines Kraftfahrzeugs gehörend angesehen, daß die durch einen Lautsprecher-Werbekraftwagen erzeugte Musik Pferde zum Durchgehen veranlaßt hatte. Über diese haftungsrechtliche Frage mag man streiten. Es spricht gewiß viel dafür, einen solchen Vorgang auch heute nicht der Gefährdungshaftung des Kfz-Halters zu unterwerfen. Daß aber der weitergehende Begriff des Gebrauchs des Fahrzeugs und seiner Einrichtungen nicht erfüllt ist, kann — auch mit Rücksicht darauf, daß heute so gut wie jedes Fahrzeug mit einem Rundfunkgerät ausgerüstet ist — nicht akzeptiert werden (soweit im übrigen ein Fahrzeug mit nicht vorschriftsmäßigen Einbauten versehen wird, kann darin im Einzelfall unter Umständen eine Gefahrerhöhung gemäß §§ 23–30 liegen; vgl. dazu Anm. F 61).

Zum Gebrauch des Fahrzeugs gehört auch das **Aus- und Einsteigen.** Hingegen besteht keine Gebrauchsbezogenheit im Sinne des § 10 I AKB, wenn ein Benutzer im Anschluß an eine Fahrt die **Straße** unaufmerksam überquert und dabei einen Schaden herbeiführt (BGH 10.VII.1980 BGHZ Bd 78 S. 52–57, LG Kassel 15.IX.1976 VersR 1977 S. 856–857, LG Bonn 19.XI.1981 ZfS 1983 S. 50–51, LG Düsseldorf 9.XII.1983 VersR 1984 S. 477–478 m. Anm. von Bomhard). Ebenso ist der Fall zu behandeln, in dem ein Autofahrer bei laufendem Motor aussteigt, um einen Parkplatz zu suchen, und dabei als Fußgänger einen Unfall verursacht; denn dabei wirkt sich die spezifisch von einem Kraftfahrzeug ausgehende Gefahr ebensowenig aus, als wenn der Fahrer aussteigt, um sich Zigaretten zu kaufen und dabei unvorsichtig die Straße überquert (anders aber LG Itzehoe 10.XI.1981 ZfS 1982 S. 210). Das gleiche gilt für eine vor Beginn einer Fahrt vorgenommene unvorsichtige Überquerung der Fahrbahn (BGH 9.XII.1981 MDR 1981 S. 468 = VersR 1982 S. 281–282, anders AG Lingen 24.IV.1990 ZfS 1990 S. 419–420). Vom BGH 9.XII.1981 ist aber betont worden, daß etwas anderes gelten könne, wenn ein Taxifahrer einen behinderten Fahrgast über die Straße geleitet.

Einen besonders eigenartig gelagerten Fall behandelt OLG Frankfurt a. M. 3.VII.1990 VersR 1991 S. 458–459. Der Vmer war hier aus unbekannten Gründen von der Fahrbahn abgekommen und gegen die Leitplanke geraten. Er entfernte sich etwa 250 m von seinem Fahrzeug. Dabei überquerte er die Fahrbahn bis zum Mittelstreifen. Von dort aus warf er sich vor ein herannahendes Fahrzeug, dessen Eigentümer Schadenersatz begehrte. Das Gericht unterstellte, daß der Vmer das nicht bei klarem Verstand getan habe und daß diese Fehlreaktion durch den ersten Unfall ausgelöst worden sei. Es **verneinte** dennoch einen Zusammenhang mit dem **Gebrauchsbegriff** des § 10 I AKB. Dagegen bestehen Bedenken. Wenn der Vmer infolge Unachtsamkeit bei dem Gebrauch des Fahrzeugs seine nachfolgende Unzu-

I. 8. Zum Umfang des Vsschutzes gemäß §§ 10 I, II und 10a AKB **Anm. G 48**

rechnungsfähigkeit herbeigeführt hatte, so liegt ein zurechenbarer Zusammenhang mit dem ersten Unfall vor. Es mußte demgemäß geklärt werden, ob der Vmer tatsächlich aufgrund des ersten Unfalls nicht mehr zurechnungsfähig war.

Treffend ist vom LG München 11.X.1960 VersR 1961 S. 147—148 mit zustimmender Anmerkung von Groth a. a. O. S. 148 der Vsschutz in einem Fall versagt worden, in dem der Vmer nach der Reparatur des Hinterreifens seines Motorrades 4,6 km auf der Autobahn zu Fuß zurück zu seinem defekten Fahrzeug ging und auf diese Weise die Ursache für das Ausweichen eines anderen Wagens mit nachfolgendem Unfall setzte. Wäre der Schaden allerdings bei dem Einbau des Hinterreifens eingetreten, hätte der Vsschutz bejaht werden müssen. Denn zum wohlverstandenen Gebrauch des Fahrzeugs gehört auch dessen Reparatur und die darauf im unmittelbaren räumlichen und zeitlichen Zusammenhang gerichteten Handlungen, soweit sich dabei die besonderen Gefahren des Fahrzeugs auswirken (BGH 10.VII.1980 a. a. O. S. 54, 26.X.1988 DAR 1989 S. 142—143 = VersR 1988 S. 1283—1284, 14.XII.1988 VA 1989 S. 156—158 Nr. 861 = VersR 1989 S. 243—244, 21.II.1990 VersR 1990 S. 482, OLG München 5.VII.1985 VersR 1987 S. 196 = r + s 1985 S. 263—264, OLG München 27.X.1989 r + s 1990 S. 40—42 [zur Auslegung eines Teilungsabkommens; Grenzfall] = VersR 1990 S. 1221 [nur L. S.]). Das ist insbesondere für Schweißarbeiten zu bejahen (BGH 26.X.1988 a. a. O., 14.XII.1988 a. a. O., 21.II.1990 a. a. O., LG Kiel 28.I.1985 VersR 1986 S. 538—539, OLG München 5.VII.1985 a. a. O.). — Bemerkenswert ist, daß vom BGH die Kraftfahrzeugausschlußklausel der Privathaftpflichtv einschränkend dahin interpretiert wird, daß sie dann nicht eingreift, wenn es sich um private Schweißarbeiten an einem nicht zugelassenen und nicht vten Fahrzeug handelt (BGH 14.XII.1988 a. a. O., 21.II.1990 a. a. O.). Das ist zu begrüßen, muß aber als seltener Ausnahmefall verstanden werden. Insbesondere darf eine derartige einschränkende Auslegung nicht in denjenigen Fällen vorgenommen werden, in denen der Kraftfahrzeughaftpflichtver wegen einer Obliegenheitsverletzung des Vmers oder wegen eines Risikoausschlusses nach § 11 AKB nicht eintrittspflichtig ist (BGH 16.II.1977 a. a. O., OLG Hamm 17.I.1990 VersR 1991 S. 219, vgl. auch Hoegen VersR 1987 S. 226); auch bezieht sich diese Rechtsprechung nicht auf das Führen eines Fahrzeugs, sei es zugelassen oder nicht (BGH 16.X.1991 NJW 1992 S. 315—316 = VersR 1992 S. 47—48). Bei einer solchen Sachverhaltsgestaltung tritt die jenen Entscheidungen zugrundeliegende Überlegung, daß ein verständiger Vmer einen Deckungsanschluß zwischen diesen beiden Vssparten erwarten darf, vielmehr zurück. Das gilt aber dann nicht, wenn der Kraftfahrzeughaftpflichtver deshalb nicht im Risiko ist, weil die Schweißarbeiten von jemandem ausgeführt worden sind, der nicht unter den gemäß § 10 II AKB geschützten Personenkreis fällt. Hier ist vielmehr der Vsschutz in der privaten Haftpflichtv zu bejahen, vgl. dazu auch OLG Braunschweig 13.XI.1987 r + s 1988 S. 354, OLG Hamm 9.XII.1988 VersR 1989 S. 696—697 = r + s 1989 S. 79—80, OLG Celle 13.III.1989 VersR 1991 S. 216—217 = r + s 1990 S. 224—225, OLG Nürnberg 2.VI.1989 VersR 1990 S. 79—80; nach der Redaktionsanmerkung in VersR 1991 S. 216 ist vom BGH 28.II.1990 [unveröffentlicht] die Annahme der Revision gegen das Urteil des OLG Celle abgelehnt worden). Unzutreffend ist es, wenn die Reparatur eines Fahrzeugs durch den Halter nicht dem Gebrauch eines Fahrzeugs zugerechnet wird (so aber LG Itzehoe 29.IV.1988 ZfS 1988 S. 180—181; vgl. dazu auch Anm. H 4).

Das Lackieren eines Fahrzeugs gehört ebenfalls zum Gebrauch im Sinne des § 10 I AKB (AG Dinslaken 16.I.1985 VersR 1985 S. 983). Vsschutz besteht ferner für die Haftpflichtgefahr aus dem Anbringen und Demontieren von Fahrzeugteilen, auch wenn diese Arbeiten nicht zu Reparaturzwecken erfolgen, wie z. B.

Anm. G 48

das Abbauen eines Dachgepäckträgers (AG Hamburg-Altona 18.X.1989 ZfS 1989 S. 424). Wird ein Fahrzeug privat repariert und dabei eine Lampe umgestoßen, die auf einem Stativ zur Beleuchtung der Arbeit befestigt war, so soll nach LG Karlsruhe 9.II.1990 r + s 1990 S. 334 = ZfS 1990 S. 427 gegen den Haftpflichtanspruch eines Dritten, dessen daneben stehendes Fahrzeug beschädigt worden war, kein Vsschutz bestehen (Grenzfall, der gegenteilig hätte entschieden werden sollen).

Auch das Waschen eines Fahrzeugs gehört zum Gebrauch im Sinne des § 10 I AKB (BGH 10.VII.1980 a. a.O., OLG Celle 18.IX.1975 DAR 1976 S. 72–73, LG Kiel 7.VI.1984 ZfS 1984 S. 259, OLG Hamm 29.V.1987 r + s 1987 S. 213–214, LG Hamburg 12.IX.1987 VersR 1988 S. 260–261). Das gilt auch dann, wenn ein Benutzer einer Waschanlage diese dadurch beschädigt, daß er die Antenne nicht einzieht (LG Kiel 7.VI.1984 a. a. O.). Einen Grenzfall betrifft OLG Hamm 29.V.1987 a. a. O.; der Vsschutz wurde für einen Unfall verneint, der 3 Stunden nach einer Fahrzeugwäsche durch das auf der Straße gefrorene Waschwasser entstanden war. Eine gegenteilige Entscheidung hätte wohl näher gelegen. Nicht gedeckt ist ein Schaden, der dadurch entsteht, daß Ware in einem Kühlschrank verdirbt, weil der Vmer den dazugehörigen elektrischen Stecker herausgezogen hatte, um das Reinigungsgerät anzuschließen, es aber anschließend vergaß, den Kühlschrank wieder anzuschließen (LG Hamburg 12.IX.1987 a. a. O.). Denn damit hat sich keine für den Gebrauch eines Fahrzeugs typische Gefahr verwirklicht. Ebensowenig gehört das Schließen eines Garagentors durch einen Beifahrer, der den Schalter bedient und dabei übersieht, daß sich unter diesem Tor ein anderes Fahrzeug befindet, zum vten Gebrauch des Fahrzeugs (erst recht nicht zum Betrieb; a. M. LG Hannover 17.I.1985 VersR 1986 S. 130 = NJW-RR 1986 S. 20). Anders wäre es dann, wenn das Fahrzeug mit einer besonderen Einrichtung zum Öffnen des Tores versehen wäre. Auch würde es sich um die typische Gefährlichkeit des Gebrauchs des Fahrzeugs handeln, wenn das verfrühte Schließen des Tores darauf beruht, daß der Fahrer vom Bremspedal abrutscht und dadurch den Schließmechanismus zu früh in Gang setzt. Unzutreffend nach diesen Maßstäben LG Wiesbaden 29.X.1990 VersR 1991 S. 872, das einen Schaden dem Gebrauch eines Fahrzeugs zuordnet, der durch das Betätigen des Knopfdrucks einer Parkpalette entstanden war. Vgl. auch OLG Hamm 17.I.1990 VersR 1991 S. 218–219 = ZfS 1990 S. 170–171; in jenem Fall war ein Zaun geöffnet worden, um einen Anhänger mit Körperkraft zu einem Traktor zu ziehen. Der durch das unterlassene Schließen des Zaunes entstandene Schaden wurde nicht dem Gebrauch des Fahrzeugs im haftpflichtvsrechtlichen Sinne zugerechnet.

Für den Fall, daß jemand mit der Hand ein fremdes Motorrad beiseiteschiebt, um mit seinem Pkw in eine Einfahrt einbiegen zu können, oder daß ein Wohnwagen mit der Hand bewegt wird, damit der Vmer mit seinem Wagen eine Parkbucht verlassen kann, verneinen AG Frankfurt a. M. 26.VII.1983 VersR 1985 S. 983–984 = ZfS 1985 S. 377 und LG Trier 22.III.1988 ZfS 1988 S. 220 den Vsschutz in der Privathaftpflichtv (ebenso AG Köln 3.II.1986 ZfS 1986 S. 340 [nur L.S.] für das Beiseiteschieben einer Karre, damit der Vmer parken könne). Sie sehen den Tatbestand eines Gebrauchs im Sinne des § 10 I AKB bezüglich des Pkw als gegeben an. Die Zuordnung dieses Vorgangs zur Kraftfahrzeughaftpflichtv des Pkw ist aber nur dann richtig, wenn das Wegschieben mittels dieses Pkw erfolgt wäre (so im Ergebnis auch AG Hamburg 14.III.1989 ZfS 1989 S. 423–424, anders Prölss–Martin–Knappmann[25] Anm. 3 B zu § 10 AKB, S. 1455 [wie hier früher Prölss–Martin–Voit[24] Anm. 9 b a. E. zur Privathaftpflichtv, S. 990]; vgl. auch Bd IV Anm. G 265, S. 477).

I. 8. Zum Umfang des Vsschutzes gemäß §§ 10 I, II und 10a AKB Anm. G 48

Auch das Betanken eines Fahrzeugs gehört zum Gebrauch. Hier ist ebenso wie bei den Schweißarbeiten stets eine latente Feuergefahr gegeben. Will es das Unglück, daß ein Chauffeur eine brennende Zigarette in die Tanköffnung des Fahrzeugs fallen läßt, so verwirklicht sich für daraus entstehende Drittschäden eine typische Kraftfahrzeuggefahr. Wirft dagegen dieser Chauffeur seine Zigarette bei einem Tankvorgang achtlos neben den Einfüllstutzen des Wagens und entsteht aufgrund der am Boden befindlichen Benzinreste ein Brand am Fahrzeug, der sich auf das ganze Tankstellengelände ausdehnt, so läßt sich gewiß darüber streiten, ob ein solcher Grenzfall noch dem Deckungsbereich der Kraftfahrzeughaftpflichtv zuzurechnen ist (verneinend Kober VW 1954 S. 14–15 und Möller DAR 1954 S. 253). Letzten Endes ist das mit Rücksicht auf die besondere Gefährlichkeit eines solchen Tankvorgangs zu bejahen.

OLG Köln 18.XI.1983 VersR 1984 S. 273–274 befaßte sich mit dem Sonderfall, daß ein Kraftfahrzeug bei einer Verladung durch einen Kran auf ein Schiff abstürzte. Der Grund für den Absturz war ein Seilriß. Das Gericht führt dazu aus, daß ein Kraftfahrzeug während seiner Verladung durch einen Kran weder im Betrieb noch im Gebrauch sei (zustimmend Prölss–Martin–Knappmann[25] Anm. 3 B zu § 10 AKB, S. 1454, Stiefel–Hofmann[15] Anm. 95 zu § 10 AKB, S. 475). Bezüglich dessen, daß ein Fahrzeug sich in dieser Situation nicht im Betrieb im Sinne des § 7 I StVG befindet, ist der Entscheidung durchaus beizupflichten. Entgegen der Auffassung des Gerichts liegt aber ein Gebrauch des Fahrzeugs im Sinne des § 10 I AKB vor. Daß die verkehrstypische Gefährlichkeit des Fahrzeugs bei einem solchen Transport nicht zum Tragen kommt, ändert daran nichts. Denn das bedeutet nur, daß der geltend gemachte Haftpflichtanspruch in aller Regel unbegründet ist, so daß den Ver nur die Abwehrpflicht trifft. Entscheidend ist, daß unter dem weit aufzufassenden Gebrauchsbegriff alle Tätigkeiten an und mit einem Fahrzeug zu verstehen sind, bei denen eine körperliche Einwirkung auf dieses gegeben ist. Das bedeutet, daß die Abgrenzungsschwierigkeiten eigentlich nur in denjenigen Fällen auftreten, in denen eine solche körperliche Beziehung zwischen dem geschädigten Objekt und dem Fahrzeug nicht vorliegt. Einen derartigen Transport eines Fahrzeugs der Privathaftpflichtv zuzurechnen, verkennt den weiten Eintrittsbereich des Kraftfahrzeughaftpflichtvers. Hat sich ein Schaden in der Weise ereignet, daß nicht das ganze Fahrzeug herunterstürzt, sondern ohne äußere Einwirkung ein mangelhaft befestigter Fahrzeugteil, so gilt das gleiche.

Einen eigenartigen Grenzfall behandelt ÖOGH 30.VI.1988 VersR 1989 S. 829. Der Ver wurde in Anspruch genommen, weil eine Schneeräumung mittels eines Spezialfahrzeugs nur mangelhaft erfolgt war. Der Vsschutz wurde mit der Bemerkung abgelehnt, daß anders dann zu entscheiden sei, wenn der Sturz des Dritten ausnahmsweise auf ein Versagen der Einrichtungen des Fahrzeugs oder eine unsachgemäße Bedienung zurückzuführen sei. Ausgangspunkt der Überlegung muß sein, daß der Ver für die gänzlich unterlassene Säuberung des Weges nicht einzustehen hat. Demgemäß kann eine mangelhafte Räumung des Weges durch ein Spezialfahrzeug eigentlich nur dann zur Leistungspflicht des Vers führen, wenn sich dadurch der Zustand des Weges verschlechtert hat.

Schlägt ein Verkehrsteilnehmer seinen Kontrahenten im Anschluß an einen Verkehrsunfall nieder, so handelt es sich dabei nicht um einen vom Gebrauch des Fahrzeugs erfaßten Schaden im Sinne des § 10 I AKB (LG Stuttgart 23.VIII.1979 VersR 1980 S. 473). Anders wäre der Fall aber dann zu beurteilen, wenn der Vmer durch eine bei dem vorangegangenen Verkehrsunfall erlittene Körperverletzung unzurechnungsfähig geworden ist und in diesem Zustand auf den Unfallgegner einschlägt.

Vert ist grundsätzlich auch der Gebrauch eines nicht zugelassenen oder verkehrsunsicheren Fahrzeugs (BGH 27.VI.1951 BGHZ Bd 2 S. 360—363, 19.I.1977 VersR 1977 S. 341—343, vgl. weiter Anm. G 45 a. E.). Ist für ein nicht zugelassenes Fahrzeug allerdings gemäß § 5 I 2 AKB durch den Vmer eine Unterbrechung des Vsschutzes verlangt worden, so besteht für ihn nach § 5 II 2, 3 AKB die Obliegenheit, das Fahrzeug außerhalb des Einstellraumes oder des umfriedeten Abstellplatzes nicht zu gebrauchen, auch darf der Vmer es nur vorübergehend außerhalb dieser Örtlichkeit abstellen (vgl. dazu Anm. F 78—81). Ferner ist zu beachten, daß der Gebrauch eines verkehrsunsicheren Fahrzeugs eine nicht vte Gefahrerhöhung darstellen kann (vgl. Anm. F 58—65).

Zu beachten ist, daß der weite Gebrauchsbegriff nicht in dem Sinne zu verstehen ist, daß jeder, der berechtigt ein Fahrzeug gebraucht, auch Vsschutz hat. Vielmehr wird der Vsschutz für andere Personen als den Vmer durch § 10 II AKB inhaltlich genau abgegrenzt (vgl. dazu Anm. H 4). Das bedeutet, daß weitere als die dort genannten Personengruppen neben dem Vmer keinen Vsschutz genießen. Schweißt z. B. ein Freund des Vmers auf dessen Bitte am Pkw des Vmers, so ist der Ver zwar bezüglich der gegen den Vmer gerichteten Schadenersatzansprüche im Risiko, hinsichtlich der gegen den Freund erhobenen besteht aber nur dann Vsschutz, wenn dieser zu dem von § 10 II AKB erfaßten Personenkreis gehört (vgl. OLG Celle 15.III.1989 VersR 1991 S. 216—217, OLG Nürnberg 2.VI.1989 VersR 1990 S. 79—80, von denen für solche Fälle der Vsschutz in der Privathaftpflichtv des Helfers bejaht wird; w. N. in Anm. H 4).

Stiefel—Hofmann[15] Anm. 95 zu § 10 AKB, S. 475 führen unter Bezugnahme auf LG Bielefeld 18.V.1988 VersR 1989 S. 246—247 aus, daß das Ausschlachten eines nicht mehr betriebsfähigen Fahrzeugs nicht zum Gebrauch gehört. Das Gericht vertritt in der Tat diese Auffassung und bejaht mit dieser Begründung die Eintrittspflicht des Privathaftpflichtvers. Daß kein Gebrauch des Fahrzeugs vorliegt, ist unzutreffend. Die Entscheidung ist im Ergebnis aber deshalb zutreffend, weil es sich um ein bereits seit einem Jahr stillgelegtes Fahrzeug handelte, für das kein Kraftfahrzeughaftpflichtvsvertrag mehr bestand. Demgemäß war in Übereinstimmung mit BGH 14.XII.1988 VA 1989 S. 156—158 Nr. 861 = VersR 1989 S. 243—244, 21.II.1990 VersR 1990 S. 482 der Vsschutz in der Privathaftpflichtv zu bejahen.

Kein unter den Vsschutz fallender Gebrauch eines Fahrzeugs liegt vor, wenn ein Schadenersatzanspruch darauf gestützt wird, daß der Vmer einen zugesagten Transport überhaupt nicht vorgenommen habe. Dann handelt es sich vielmehr um einen Ersatzanspruch, der aus dem Nichtgebrauch eines Fahrzeugs hergeleitet wird. Anders ist es aber dann, wenn ein Transport vorgenommen wird, das Gut aber z. B. wegen eines Unfalls verspätet eintrifft, ohne dabei Schaden erlitten zu haben. Mit einem solchen Ersatzanspruch muß sich der Ver unter Umständen mit Rücksicht darauf befassen, daß nach § 10 I c AKB auf „reine" Vermögensschäden gegründete Haftpflichtansprüche vom Vsschutz erfaßt werden (da Schadenersatzansprüche aus dem Nichteinhalten von Liefer- und Beförderungsfristen vom Vsschutz durch § 11 Nr. 4 AKB ausgeschlossen sind, ist dieses Risiko allerdings als gering zu bewerten; vgl. Anm. G 92).

[G 49] bbb) Be- und Entladerisiko; Arbeitsmaschineneinsatz

Zum Gebrauch eines Fahrzeugs im Sinne des § 10 I AKB ist grundsätzlich auch das Be- und Entladen zu rechnen (BGH 23.II.1977 VersR 1977 S. 418—420 =

I. 8. Zum Umfang des Vsschutzes gemäß §§ 10 I, II und 10a AKB **Anm. G 49**

DAR 1977 S. 218−220, 26.VI.1979 BGHZ Bd 75 S. 45, 19.IX.1989 VersR 1989 S. 1187 = BB 1989 S. 2217−2218; Pienitz−Flöter[4] Anm. F zu § 10 AKB, S. 10, Prölss−Martin−Knappmann[25] Anm. 3 B zu § 10 AKB, S. 1455, Stiefel−Hofmann[15] Anm. 96 zu § 10 AKB, S. 475; vgl. auch Bd IV Anm. G 266 m. w. N.). Doch ist hier eine sorgsam auf den Einzelfall abstellende Abgrenzung vorzunehmen. Einleuchtend ist, daß bei Durchführung des **Ab- oder Beladevorgangs mit mechanischen Mitteln des vten Fahrzeugs** ein dadurch an dritten Sachen oder gar Personen entstehender Schaden stets dem Gebrauchsbegriff des § 10 I AKB sinnvoll zuzuordnen ist. Zum Gebrauch gehört aber auch jede sonstige Benutzung eines Kraftfahrzeugs, das als **Sonderfahrzeug als Arbeitsmaschine** ausgestaltet ist, z. B. als **Kran, Pumpe oder Bagger** (so BGH 28.XI.1979 VA 1980 S. 145−146 Nr. 723 = VersR 1980 S. 177−178 für den Einsatz eines Autokrans als Arbeitsmaschine; vgl. dazu auch BGH 29.III.1988 MDR 1988 S. 767−768 = r + s 1989 S. 194 [haftungsrechtliche Entscheidung, in der die Eintrittspflicht des Vers für den Gebrauch eines Kranwagens im Arbeitseinsatz vorausgesetzt wird]). Dieses **Arbeitsmaschinenrisiko** ist auch dann eingeschlossen, wenn das Fahrzeug nicht gefahren wird (BGH 28.XI.1979 a. a. O.). Das gilt auch dann, wenn eine Fahrbewegung im konkreten Fall deshalb nicht möglich ist, weil Stützen angebracht worden sind, um eine bessere Standfestigkeit zu erreichen. Dem Gebrauch des Fahrzeugs ist dabei auch eine Schädigung Dritter bei dem Anbringen der Stützen zuzurechnen. Bei einem Anhänger mit fest montiertem Hubgestänge gehört zum Gebrauch im Sinne des § 10 I AKB auch das Ausfahren dieses Gestänges (OLG Hamm 30.I.1991 r + s 1991 S. 218−219).

Zutreffend ist vom BGH 26.VI.1979 a. a. O. das **Entladen von Öl aus einem Tanklastzug** mittels einer auf diesem befindlichen **Pumpe** zum **Gebrauch eines Kraftfahrzeugs** gerechnet worden (ebenso OLG Hamburg 26.IX.1967 VersR 1969 S. 223−224, ÖOGH 11.IV.1973 VersR 1974 S. 406−407, OLG Hamburg 9.XII.1987 MDR 1988 S. 323 = NJW-RR 1988 S. 474, OLG Köln 2.III.1989 VersR 1989 S. 402−403 = r + s 1989 S. 105−107). Dabei kommt es nach BGH 26.VI.1979 a. a. O. nicht darauf an, ob diese Pumpe vom Motor des Fahrzeugs oder sonstwie betrieben wird (vgl. auch BGH 19.IX.1989 a. a. O.; dort ging es um das Entladen von Chemikalien aus einem Tankwagen durch den Einsatz eines auf diesem Fahrzeug befindlichen und durch den Fahrzeugmotor angetriebenen Kompressors).

Diese Rechtsprechung über den umfassenden **Einschluß aller Gebrauchsformen des Fahrzeugs als Arbeitsmaschine** (unabhängig davon, ob mit eigener oder fremder Motorkraft bewirkt), ist insofern besonders bemerkenswert, als vom BGH haftungsrechtlich ein solcher Vorgang schon dann nicht mehr dem **Betrieb eines Kraftfahrzeugs** zugerechnet wird, wenn ein solches Einfüllen von Öl mittels der Motorkraft eines Tankwagens sich **außerhalb des Verkehrsraums** ereignet (BGH 23.V.1978 BGHZ Bd 71 S. 212−216; vgl. auch BGH 27.V.1975 NJW 1975 S. 1886−1888 = VersR 1975 S. 945−946, 6.VI.1978 VersR 1978 S. 840−841). Das ist nicht widersprüchlich; beruht vielmehr darauf, daß der Gebrauchsbegriff der umfassendere ist. Die Zusammenhänge werden vom BGH 26.VI.1979 a. a. O. klar dargestellt. Das Gericht führt in diesem Zusammenhang aus, daß der Begriff des Gebrauchs den Betrieb des Kraftfahrzeuges i. S. des § 7 StVG einschließe, aber auch darüber hinausgehe. Bei der Frage, ob der Entladevorgang noch dem Betrieb des Kraftfahrzeugs zuzurechnen sei, gehe es darum, ob nach dem von dieser Norm umfaßten Schutzbereich, der wesentlich auf die Gefahren des Kraftfahrzeuges beim Verkehr abstelle, noch ein rechtlich relevanter Zusammenhang mit der Funktion des Kraftfahrzeugs als Beförderungsmittel bestehe. Demgegenüber müsse sich die Abgrenzung des vsmäßig abgedeckten Wagnisses in der Kraftfahrzeughaftpflichtv nach anderen Gesichtspunkten orientieren. Bei ihr sei das Interesse vert, das der Vte daran habe, durch den Gebrauch des Fahrzeuges nicht mit Haftpflichtansprüchen belastet zu werden, gleich, ob diese auf den §§ 7 ff StVG, den §§ 823 ff BGB oder anderen Haftungsnormen beruhen. Es komme mithin darauf an, ob der Schadenfall zu dem Haftpflichtgefahrenbereich gehöre, für den die Kraftfahrzeughaftpflichtv deckungspflichtig sei. „Gebraucht" werde ein Kraftfahrzeug auch dann, wenn es nur als Arbeitsmaschine eingesetzt werde. Auch der Entladevorgang, soweit er nicht mehr dem „Betrieb" des Kraftfahrzeuges zuzurechnen sei, gehöre danach zu seinem Gebrauch, solange das Kraftfahrzeug oder seine an und auf ihm befindlichen Vorrichtungen dabei beteiligt seien. Der Schaden, der beim Hantieren mit Ladegut eintrete, sei dann „durch den Gebrauch" des Kraftfahrzeuges entstanden, d. h. diesem Gebrauch noch zuzurechnen, wenn es für die schadenstiftende Verrichtung aktuell, unmittelbar, zeitlich und örtlich nahe eingesetzt gewesen sei.

Das Gesagte bedeutet, daß auch in dem „Silofall" des BGH 27.V.1975 NJW 1975 S. 1886–1888 = VersR 1975 S. 945–946, in dem das Einblasen von Futter in einen Silo mittels Motorkraft nicht mehr dem Betriebsbegriff des § 7 StVG zugerechnet worden ist, der Vsschutz in der Kraftfahrzeughaftpflichtv für einen solchen Gebrauch zu bejahen ist. Erfolgt das Beladen des Fahrzeugs nicht mit Bordmitteln, sondern mit mechanischen Hilfsmitteln, die ihren Standort außerhalb des Fahrzeugs haben, so ist ganz auf die Umstände des Einzelfalles zur Ermittlung der Frage abzustellen, ob trotz dieser Beteiligung von Drittmitteln ein im Sinne der Kraftfahrzeughaftpflichtv vter Gebrauch vorliegt. BGH 23.II.1977 a. a. O. verneint zu Recht einen solchen Gebrauch in einem Fall, in dem ein Lastzug eine etwa 630 kg schwere Betonplatte zum Transport übernehmen sollte. Diese Platte sollte mit Hilfe eines Krans verladen werden; als sie zum Anhängen an die Krantraverse bereitgestellt wurde, bekam sie Übergewicht, fiel nach vorn und verletzte den Arbeiter L. Der BGH mußte sich mit diesem Fall nur deshalb befassen, weil zwischen der klagenden Berufsgenossenschaft und dem verklagten Haftpflichtver ein Teilungsabkommen bestand, nach dem ohne Rücksicht auf die Haftungslage zu einer vereinbarten Quote zu regulieren war, sofern die Beklagte aufgrund der bei ihr bestehenden Kraftfahrzeughaftpflichtv Vsschutz zu gewähren hatte. Vom BGH 23.II.1977 a. a. O. wird dazu bemerkt, daß es, soweit Schäden durch das Hantieren mit Ladegut entstanden sind, darauf ankomme, ob das vte Transportfahrzeug an der schadenstiftenden Verrichtung schon oder noch beteiligt, d. h. aktuell und unmittelbar, zeit- und ortsnah dafür eingesetzt gewesen sei, möge der Schaden selbst vielleicht auch erst später eingetreten sein. Nur bei derartiger Beteiligung liege ein Gebrauch des Fahrzeugs zum Zwecke des Be- und Entladens vor, sei der bei Lade- und Entladearbeiten entstandene Schaden durch den Gebrauch gerade des Fahrzeugs adäquat verursacht. Wann diese Beteiligung anzunehmen sei, könne kaum für alle solche Arbeiten einheitlich bestimmt werden. Entsprechend den Besonderheiten des Einzelfalls möge die Frage unterschiedlich zu beurteilen sein, je nachdem, in welcher Weise beladen oder entladen, ob dabei etwa ein Fließband, ein Kran, eine schiefe Ebene, eine sonstige Zu- oder Ableitung oder menschliche Arbeitskraft, eingesetzt werde. Auszugehen sei von einer natürlichen Betrachtungsweise, die auch darauf Rücksicht nehme, ab bzw. bis wann nach dem Zweck der Haftpflichtv der Ver den Gebrauch eines Fahrzeugs vernünftigerweise als von diesem ausgehendes Be- oder Entladerisiko ansehen müsse und der Vte sowie die durch die Kfz-Pflichtv ebenfalls geschützte Allgemeinheit bei Schäden der genannten Art füglich mit Vsschutz des Kfz-Haftpflichtvers rechnen können.

In diesem Sinne ist z. B. ein Gebrauch eines Kraftfahrzeugs bei einem Be- oder Entladevorgang, der nicht mit Bordmitteln erfolgt, zu bejahen, wenn dieses während

I. 8. Zum Umfang des Vsschutzes gemäß §§ 10 I, II und 10a AKB Anm. G 49

der Beladung in Gang gesetzt wird, wodurch es zu einer Irritation des Kranführers oder der sonst am Ladevorgang beteiligten Personen mit darauf zurückzuführendem Schaden kommt. Wird ein Fahrzeug mit einem Kran, auf sonstige Art mechanisch oder durch Menschenkraft beladen und fliegen dabei infolge zu großen Schwunges Teile der Ladung über das Fahrzeug hinaus oder unter dieses hindurch oder an diesem vorbei, so erscheint es als zweifelhaft, ob ein daraus resultierender Schaden noch dem Gebrauch des Fahrzeugs zuzurechnen ist. Im Sinne einer weiten Auslegung des Gebrauchsbegriffs zum Schutze des Vmers läßt sich das aber verantworten, wobei man sich aber darüber im klaren sein muß, daß weitgehend in solchen Fällen der Kraftfahrzeughaftpflichtv, soweit nicht der Vmer oder eine der nach § 10 II AKB mitvten Personen an dem Beladevorgang beteiligt waren, lediglich im Rahmen der Abwehrvariante des Haftpflichtvsschutzes tätig sein muß. Eine Rechtfertigung für eine solche weite Auslegung des Begriffs des Gebrauchs ergibt sich daraus, daß nach der natürlichen Lebensauffassung ein Fahrzeug in der Tat „gebraucht" d. h. benutzt wird, wenn man es be- oder entlädt. Es kommt hinzu, daß die Überwindung des Höhenunterschiedes zwischen dem Boden und dem Laderaum bei solchen Arbeitsvorgängen auch stets mit einem typischen Gefahrenmoment verbunden ist. Die dargestellten Grundsätze über einen umfassenden Vsschutz in der Kraftfahrzeughaftpflichtv in den Be- und Abladefällen können jedenfalls dann unbedenklich übernommen werden, wenn man mit ihnen nicht negativ die Entscheidung verbindet, daß sie zugleich bedeuten, daß die Kfz-Ausschlußklausel in den Betriebs- oder Privathaftpflichtven eingreift; hier ist vielmehr durchaus in dem Sinne zu differenzieren, daß der Vsschutz sowohl aus der Kfz-Haftpflichtv als auch aus den genannten allgemeinen Haftpflichtvszweigen nebeneinander eingreifen kann (vgl. dazu Stiefel-Hofmann[15] Anm. 112—113 zu § 10 AKB, S. 487 und Bd IV Anm. G 266). Der Vsschutz des § 10 I AKB bei einem Be- oder Entladevorgang ist also nicht darauf beschränkt, daß der geschädigte Dritte seinen Anspruch darauf stützt, daß das Fahrzeug in verkehrswidriger Weise oder unter Verletzung der Verkehrssicherungspflicht aufgestellt gewesen sei. Auch ist es nicht erforderlich, daß der Schaden des Dritten darauf beruht, daß die Wandung des Fahrzeugs — sei es, weil sie zu stark beansprucht wird, sei es, weil sie verkehrswidrig beschaffen ist — dem Ladungsdruck nicht standhält (solche Einzelheiten sind vielmehr nur bedeutsam für die Frage, ob eine Eintrittspflicht des Kraftfahrzeughaftpflichtvers in der Form der Befriedigung begründeter oder in der der Abwehr unbegründeter Ansprüche gegeben ist). Das Gesagte über die typische Gebrauchsgefahr bei der Benutzung eines Fahrzeugs gilt im gleichen Maße wie für das Beladen auch für das Abladen. Bei dem Abladen entstehende Schäden sind daher ebenfalls dem Gebrauch des Fahrzeugs zuzurechnen. Vgl. dazu als Beispielsfall aus dem Bereich eines privaten Entladevorgangs AG Frankfurt a. M. 16.IV.1985 VersR 1985 S. 984, wo es darum ging, daß bei dem Lösen einer Palette mit Gartensteinen einer davon auf das Fahrzeug eines Nachbarn gefallen war. Einen Grenzfall behandelt dagegen AG München 5.VII.1989 ZfS 1990 S. 136; der Vmer hatte seine Skier vom Wagen gelöst und wollte sie wegtragen. Das Gericht bejahte die Eintrittspflicht für den Schaden am Nachbarfahrzeug, weil dieser durch eine ungeschickte Bewegung bei dem Schließen der Heckklappe entstanden war, während der Vmer noch die Skier auf der Schulter trug. Wäre der Schaden nur durch das ungeschickte Wegtragen der Skier entstanden, hätte der Vsschutz aus der Privathaftpflichtv bejaht werden müssen (in diesem Sinne auch OLG Hamm 2.XI.1990 VersR 1990 S. 652—653 für das Wegtragen von zuvor transportierten Möbeln). Vgl. auch OLG Saarbrücken 28.VI.1988 ZfS 1988 S. 366, das den Vsschutz in der Privathaftpflichtv für einen Fall verneinte, in dem der Vmer eine aus dem

Kraftfahrzeug ausgeladene Tasche durch ungeschicktes Hantieren mit Gegenständen im Kraftfahrzeug von der Kaimauer gestoßen hatte.

Die Deckungspflicht des Kfz-Haftpflichtvers **endet im Regelfall erst von dem Zeitpunkt an, in dem die Sachen das Fahrzeug verlassen und ordnungsgemäß auf den Boden gekommen sind.** Dabei ist diese Bemerkung in dem Sinne zu verstehen, daß für solche Schäden, die **zurechenbar auf bis zu diesem Zeitpunkt gesetzte Schadenursachen zurückgehen, ebenfalls Vsschutz zu gewähren ist,** auch wenn diese Schäden erst sehr viel später eintreten. Wird z. B. von einem Tankwagen **Ölschlamm verbotswidrig auf fremden Grund** abgekippt, so ist der dadurch entstehende Schaden am Erdreich oder am Gewässer noch durch den Gebrauch eines Fahrzeugs entstanden (zweifelnd OLG Düsseldorf 13.X.1966 NJW 1966 S. 738–739; dafür, daß entgegen der in dieser Entscheidung vertretenen Auffassung auch gegenüber dem öffentlich-rechtlich begründeten Ersatzanspruch der Stadt Vsschutz zu gewähren ist, vgl. Anm. G 47 m. w. N.). Je nach Lage des Falles kann aber § 152 eingreifen (vgl. dazu Anm. G 89).

Zu beachten ist im übrigen, daß zwar **Schäden an beförderten Sachen** gemäß § 11 Nr. 3 AKB vom Vsschutz **ausgeschlossen sind, daß es aber an einem Ausschluß der Folgeschäden fehlt** (vgl. Anm. G 50–51).

Wird ein Keller- oder Lichtschacht aus Anlaß eines Abladevorganges geöffnet und stürzt ein Fußgänger – kaum denkbar – während des Abladevorgangs in diesen Schacht, so soll das nach Stiefel–Hofmann[15] Anm. 96 zu § 10 AKB, S. 475 (entsprechend einer unveröffentlichten internen Kommissionsentscheidung der Ver, die im Außenverhältnis zum Vmer keinerlei rechtliche Wirkung zeitigt) dem Gebrauch des Fahrzeugs zuzurechnen sein. Dem ist insbesondere für den Fall zuzustimmen, daß für den Fußgänger durch das Fahrzeug der offene Schacht verdeckt war. Zu bedenken ist dabei im übrigen auch, daß das Öffnen eines Schachtes und ein dadurch geschaffener (oder vom Anspruchsteller behaupteter) verkehrswidriger Zustand im Sinne eines Verstoßes gegen die Verkehrssicherungspflicht sehr häufig die Eintrittspflicht eines Betriebs- oder Grundstückshaftpflichtvers auslöst.

Stellt jemand einen Einkaufswagen, den er zur Beförderung der von ihm in einem Supermarkt gekauften Sachen zu seinem Fahrzeug geschoben hat, unvorsichtig ab, so daß dieser sich in Bewegung setzt und einen daneben befindlichen Pkw eines Dritten beschädigt, so soll das nach LG Aachen 30.III.1990 BB 1990 S. 1229 = r + s 1990 S. 188–189 ein von der Kfz-Haftpflichtv des ungeschickten Käufers erfaßtes Risiko sein. Indessen hat sich hier die typische Kraftfahrzeuggefahr nicht verwirklicht (ebenso AG Bad Homburg 21.I.1992 NJW-RR 1992 S. 538; wohl auch LG Berlin 21.II.1901 MDR 1991 S. 543–544). Das Geschehen ist vielmehr dem Bereich der Privathaftpflichtv zuzuordnen.

Auch bezüglich des Be- und Entladerisikos ist zu beachten, daß der Vsschutz für andere Personen als den Vmer daran geknüpft ist, daß sie zu dem Kreis der Mitvten im Sinne des § 10 II AKB gehören (vgl. dazu Anm. H 4). Wird z. B. ein Tankwagen überfüllt, so fällt dieser Vorgang unter den Gebrauchsbegriff gemäß § 10 I AKB. Wenn dieses Befüllen aber nicht von einer der in § 10 II AKB aufgeführten Personen vorgenommen wird, sondern von einem Bediensteten des Verkäufers, so hat zwar der Vmer Vsschutz, nicht aber der Verkäufer oder sein Arbeitnehmer. Diese müssen vielmehr Vsschutz in der für das Tanklagerrisiko bestehenden Gewässerschadenhaftpflichtv suchen.

Gelegentlich werden **Sonderklauseln** vereinbart, die die Eintrittspflicht des Vers in bezug auf das Arbeitsmaschinenrisiko einschränken. So lag BGH 29.III.1988 MDR 1988 S. 767–768 = r + s 1989 S. 194 eine Klausel zugrunde, in der in Nachbildung zu § 4 I Ziff. 6 b AHB vorgesehen war, daß kein Vsschutz wegen der

I. 8. Zum Umfang des Vsschutzes gemäß §§ 10 I, II und 10a AKB   **Anm. G 51**

Beschädigung fremder Sachen bestehe, die durch eine **gewerbliche oder berufliche** Tätigkeit des Vmers an oder mit diesen Sachen entstanden sei. Im konkreten Fall ging es um die Demontage eines Karussels mittels eines Kranes, der auf einer Zugmaschine montiert war. Da die Demontage aus **Gefälligkeit** erfolgte, wurde der Vsschutz bejaht. Es ging um die Beschädigung des Mittelmastes des Karussels durch den bei einem Transport eines Seitenarms in ein Schwingen geratenen Kranausleger. Da es sich bei dieser Klausel um eine vom BAV genehmigte allgemeine Vsbedingung im Sinne des § 4 I 1 PflichtvsG handelt, können gegen diese Abweichung von den AKB zu Lasten des Vmers keine rechtlichen Bedenken aus dem Gesamtzusammenhang der Bestimmungen über den Umfang des Haftpflichtvsschutzes in dieser Pflichthaftpflichtvssparte abgeleitet werden (zur Abänderung der AKB durch individuelle Abreden vgl. Anm. A 14 m. w. N.).

[G 50] ccc) Schäden durch während der Fahrt herunterstürzendes Ladegut

Zum Gebrauch eines Fahrzeugs gehört in besonderem Maße die **Beförderung von Sachen**. Verliert ein Fahrzeug unterwegs transportierte Sachen mit der Folge der Schädigung eines Dritten, so ist die Eintrittspflicht des Kfz-Haftpflichtvers gegeben. Das gilt ohne Rücksicht darauf, ob dieses Herunterfallen des transportierten Gutes auf fahrspezifische Besonderheiten oder auf mangelhaftes Verstauen oder Befestigen zurückzuführen ist (ebenso Reinecke VersR 1959 S. 966–967). Differenzierend Stiefel–Hofmann[15] Anm. 104 zu § 10 AKB, S. 481. Sie führen zunächst aus, daß ein Schaden, der durch das Herunterfallen eines Zementsacks vom Wagen oder durch das Auslaufen transportierter Ölfässer entstehe, nicht vom Vsschutz erfaßt werde. Einen Schaden, der seine Ursache in der Bewegung des Fahrzeugs hat bzw. auf die durch sie bedingte Erschütterung des Ladegutes zurückzuführen ist, weisen sie aber dem Deckungsbereich der Kraftfahrzeughaftpflichtv zu, ebenso einen solchen, der auf einer mangelhaften Befestigung der Ware beruht. Das ist jedoch eine unpraktikable Abgrenzung. Die von Stiefel–Hofmann a. a. O. für ihre Auffassung zitierten unveröffentlichten Entscheidungen der „paritätischen Kommission" können für die Auslegung des Gebrauchsbegriffs des § 10 I AKB aus zwei Gründen kaum verwertet werden. Erstens gehen sie von der unzutreffenden Annahme aus, daß stets immer nur entweder der Betriebs- oder der Kfz-Haftpflichtver im Risiko sein könne (vgl. dagegen Bd IV Anm. G 269 m. w. N.). Zweitens suchen sie — entsprechend der Zielsetzung der Kommission, den Schaden einem der beiden streitenden Ver zuzuweisen — stets nach dem haftungsrechtlich wirklich Verantwortlichen, wodurch die für den Begriff der Haftpflichtv in der modernen Ausprägung wesentliche Abwehrverpflichtung des Haftpflichtvers gänzlich außer acht gelassen wird. — Unzutreffend LG Berlin 16.VI.1972 VersR 1974 S. 274, das einen Gebrauch lediglich deshalb verneinte, weil zwischen dem Herabfallen der Ladung und dem Zusammenstoß eine Zeit von 36 Stunden verstrichen war (ablehnend auch Stiefel–Hofmann[15] Anm. 99 zu § 10 AKB, S. 478).

[G 51] ddd) Folgeschäden

Als Gebrauch des Fahrzeugs im Sinne des § 10 I AKB ist es auch anzusehen, wenn durch dieses transportierte Sachen beschädigt werden (z. B. verunreinigt). Solche **Schäden an den transportierten Sachen** selbst sind allerdings nach § 11 Nr. 3 AKB vom Vsschutz ausgeschlossen (vgl. ergänzend Anm. G 76–77). Wenn diese verunreinigten oder sonst beschädigten Sachen aber **weiteren Schaden an Sachen oder gar Personen** anrichten, besteht insoweit Vsschutz (BGH 28.V.1969 VersR 1969 S. 726–727 = DAR 1969 S. 243–244, OLG Frankfurt a. M.

7.I.1982 VersR 1982 S. 967—968; anders LG Köln 19.III.1969 VersR 1970 S. 268, [ablehnend dazu Eberhardt ZfV 1969 S. 473—477 und VersR 1970 S. 415—416; das Urteil des LG Köln 19.III.1969 a. a. O. stimmt im übrigen mit der hier vertretenen Auffassung, daß ein Gebrauch des Fahrzeugs im Sinne des § 10 I AKB vorliege, überein, es verkennt nur, daß nach dem aus der sozialen Zweckbindung zu ermittelnden Schutzgedanken der Kraftfahrzeughaftpflichtv der Vsschutz auch für ein solches durchaus nicht ungewöhnliches Risiko zu bejahen war; bemerkenswert der Hinweis von Eberhardt a. a. O., daß die Vspraxis mit Rücksicht auf eine auch vom BGH 28.V.1969 a. a. O. erwähnte Entscheidung der paritätischen Kommission vom 23.XII.1964 solche Fälle immer als vert behandelt habe]).

In dem vom BGH 28.V.1969 a. a. O. entschiedenen Fall war ein **Silofahrzeug nicht ausreichend gesäubert und das neue Ladegut durch die Beimischung mit Resten des alten Ladeguts verdorben** worden. Es handelte sich um Kalksteinmehl, das mit Spuren von Branntkalk vermengt wurde. Dieses Kalksteinmehl wurde zur Herstellung von Asphaltböden für eine Straße verarbeitet. In den Asphaltböden entstanden dann aufgrund der Zersetzung des Kalksteinmehls durch den Branntkalk Blasen, so daß neue Asphaltböden gesetzt werden mußten. Vom BGH wurde der Vsschutz mit der Begründung bejaht, daß ein Gebrauch des Fahrzeugs im Sinne des § 10 I AKB jedenfalls deshalb vorliege, weil das Gebläse des vten Sonderfahrzeugs dessen Silo infolge nicht ausreichender Gebläseeinrichtung nicht genügend geleert und gereinigt hatte. Der infolge der nicht ausreichenden Gebläseleistung im Silo verbliebene Branntkalkrückstand und seine Vermischung seien daher auf die Betriebseinrichtung des Fahrzeugs zurückzuführen und somit beim Betriebe des Fahrzeugs eingetreten.

Ausdrücklich offengelassen wurde vom BGH 28.V.1969 a. a. O. die Frage, ob genauso zu entscheiden sei, wenn die **Reinigung des Tanks von Hand**, also ohne eine hierfür vorgesehene Betriebseinrichtung des Fahrzeugs, erfolgt wäre. Das ist indessen aus dem Sinn des auf umfassenden Vsschutz zielenden Begriffs des Gebrauchs des Fahrzeugs zu bejahen (OLG Frankfurt a. M. 7.I.1982 a. a. O., anders LG Köln 19.III.1969 a. a. O.). Letzten Endes macht es keinen wesentlichen Unterschied, ob nachlässige Bedienstete des Vmers die mangelhafte Blasleistung des Fahrzeugs nicht beachten oder es mechanisch nicht ordentlich reinigen. Vielmehr stellt sich in beiden Fällen die anschließende Nutzung eines solchen Fahrzeugs als geradezu **typischer Gebrauch** dar. Zu beachten ist im übrigen, daß der **Wert des Kalksteinmehls** mit Rücksicht auf die Ausschlußklausel nach § 11 Nr. 3 AKB von dem vom Ver wegen der Erneuerung der Asphaltböden zu befriedigenden Schadenersatzanspruch **abzusetzen** ist (das kommt im veröffentlichten Teil der BGH-Entscheidung nicht zum Ausdruck, wird aber wohl als selbstverständlich vorausgesetzt, vgl. OLG Nürnberg 14.I.1982 VersR 1982 S. 1082; ferner Anm. G 77 m. w. N.).

Ergänzend ist als **Grenzfall** auf BGH 5.III.1964 VersR 1964 S. 890 zu verweisen; dort war in der Wandung eines transportierten Tanks durch unsachgemäßes Abladen ein Haarriß entstanden. Der Fahrer des Vmers verschmierte diesen Riß, so daß er bei dem späteren Einbau nicht bemerkt wurde. In der Folgezeit lief Öl aus, das auch die Isolierung eines anderen Tanks angriff. Vom BGH wurde zum primären Deckungsbereich nur bemerkt, daß die Kl die Schäden, die durch Ablieferung des beim Abladen beschädigten Tanks und dessen Einbau entstanden sind, nicht aufgrund der §§ 149 VVG, 10 AKB zu ersetzen brauchte. Die von der Firma F erhobenen Ansprüche seien nach den von der Revision nicht angegriffenen Ausführungen des Berufungsgerichts nicht aufgrund gesetzlicher Haftpflichtbestimmungen privatrechtlichen Inhalts als Vermögensschäden der Firma F, die durch den Gebrauch des

I. 8. Zum Umfang des Vsschutzes gemäß §§ 10 I, II und 10a AKB   **Anm. G 53**

Kraftfahrzeuges entstanden seien, geltend gemacht worden, sondern beruhten auf der Ablieferung eines Tanks, der vorher gelegentlich des Transports mit einem Kfz durch den Lieferanten schadhaft geworden war.

Soweit durch diese Entscheidung der Ab- oder Beladevorgang dem Gebrauch des Fahrzeugs nicht zugerechnet werden sollte, ist dem nicht zu folgen. Das Verschmieren des Risses ist allerdings eine Handlung, die dem Risiko des Kfz-Haftpflichtvers nicht mehr unterfällt, sondern zur Betriebshaftpflichtv gehört. Es liegt aber eine Gesamtkausalität vor, so daß der Vorgang hinsichtlich des allein zur Debatte stehenden Folgeschadens sowohl in den Deckungsschutz der Kfz-Haftpflichtv als auch in den der Betriebshaftpflichtv fällt (abgesehen davon, daß der Fahrer seinen eigenen Vsschutz durch sein inkorrektes Verhalten wegen vorsätzlicher Herbeiführung des Vsfalls gemäß § 152 verloren haben dürfte). Das Gesagte wird verdeutlicht, wenn man den Sachverhalt dahin variiert, daß der durch den Gebrauch des Fahrzeugs entstandene Schaden übersehen worden ist und darauf der nachfolgende Ölaustritt beruht.

eee) Anhängerschäden

Gliederung:

Schrifttum G 52

α) Zur Eintrittspflicht des Vers des ziehenden Fahrzeugs G 53 – 56
 αα) Grundsätzliches G 53
 ββ) Personelle Erweiterung des Vsschutzes durch § 10a I 2 AKB G 54
 γγ) Beschränkung des Vsschutzes auf die Mindestvssummen G 55
 δδ) Subsidiäre Deckungserweiterung gemäß § 10a III AKB G 56
β) Umfang der Anhängerhaftpflichtv G 57

[G 52] Schrifttum:

Brugger, AKB nach dem Stand vom 1.I.1962 mit Erläuterungen zu den Änderungen, Karlsruhe 1962, Feyock VersR 1966 S. 802–803, Kramer VersR 1966 S. 416–421 und VersR 1967 S. 633–638 m. w. N., Rhein, Die dritte Teil-Reform der Allgemeinen Bedingungen für die Kraftverkehrsv (AKB), Karlsruhe 1965.

[G 53] α) Zur Eintrittspflicht des Versicherers des ziehenden Fahrzeugs

 αα) Grundsätzliches

Zum umfassenden vten Gebrauch eines Kraftfahrzeugs im Sinne des § 10 I AKB gehört auch das Abschleppen eines anderen Fahrzeugs oder das Führen eines Anhängers oder Aufliegers (BGH 3.III.1971 NJW 1971 S. 940–942 = VA 1971 S. 187–189 Nr. 597, OLG Bremen 18.X.1984 VersR 1984 S. 1084–1086 = ZfS 1985 S. 23). Das wird verdeutlicht durch § 11 Nr. 3 S. 2 AKB, in dem festgelegt ist, daß der Ausschluß von Haftpflichtansprüchen wegen der Beschädigung der durch das vte Fahrzeug beförderten Sachen sich nicht auf solche Schäden bezieht, die durch das nicht gewerbsmäßige Abschleppen betriebsunfähiger Fahrzeuge aus Gefälligkeit im Rahmen der ersten Hilfe entstehen (vgl. dazu Anm. G 78–79). Aus dieser Sicht der Dinge erscheint § 10a I 1 AKB als überflüssig, in dem bestimmt ist, daß die V des Kraftfahrzeugs auch Schäden umfaßt, die durch einen Anhänger verursacht werden, der mit dem Kraftfahrzeug verbunden ist oder der sich während des Gebrauchs von diesem löst und sich noch in Bewegung befindet. Denn damit wird nur zum Ausdruck gebracht, was nach § 10 I AKB ohnedies gilt. Zudem erweckt diese Formulierung insofern Bedenken, als sie den Eindruck vermitteln könnte, daß damit eine Einschränkung des § 10 I AKB beabsichtigt worden sei.

Anm. G 53　　　　　G. Rechtspflichten des Kraftfahrzeughaftpflichtvers

Das ist indessen **nicht der Fall**, wie vom BGH 3.III.1971 a. a. O. zutreffend anhand eines Sachverhalts entschieden worden ist, in dem der Anhänger sich von dem in Bewegung befindlichen Kraftfahrzeug gelöst hatte und auf einem Bahnübergang zum Stehen gekommen war, was zu einem folgenschweren Zusammenstoß mit einer Eisenbahn führte. Der BGH hat sich dabei insbesondere auf die von Brugger, AKB nach dem Stand vom 1.I.1962 mit Erläuterungen zu den Änderungen, Karlsruhe 1962, S. 19 und 31 vertretene Auffassung berufen, daß durch die modifizierte Übernahme der früher in Nr. 8 der sog. Grundregeln enthaltenen internen Abgrenzung zwischen der Haftpflichtv für das Risiko aus dem Gebrauch des Kraftfahrzeugs und der für den des Anhängers keine Verschlechterung sondern eine **Verbesserung** des Vsschutzes beabsichtigt gewesen sei (ähnlich auch Rhein, Die dritte Teil-Reform der Allgemeinen Bedingungen für die Kraftverkehrsv (AKB), Karlsruhe 1965, S. 19).

Diese Entscheidung hat allgemeinen Beifall gefunden (vgl. nur BGH 18.XII.1980 VersR 1981 S. 322–323, OLG Bremen 18.X.1984 VersR 1984 S. 1084–1085 = ZfS 1985 S. 23, Pienitz[4] Anm. C zu § 10 a AKB, S. 3–4, Prölss–Martin–Knappmann[25] Anm. 1 zu § 10 a AKB, S. 1461, Stiefel–Hofmann[15] Anm. 2 zu § 10 a AKB, S. 518). Dabei ist die Eintrittspflicht des Vers des ziehenden Fahrzeugs auch dann gegeben, wenn das verkehrswidrige Abstellen z. B. eines Containeraufliegers schon einige Zeit zurückliegt (vgl. dazu OLG Bremen 18.X.1984 a. a. O.). Der Begriff des Gebrauchs im Sinne des § 10 I AKB ist nach dem Gesagten auch bei dem Ziehen eines Anhängers weit zu fassen. Dem steht der Transport eines **Aufliegers** gleich (vgl. § 10 a III AKB). Ebenso fällt das schon erwähnte Abschleppen liegengebliebener Fahrzeuge unter den Vsschutz. Das gilt für Fahrzeuge aller Art, also sowohl für Personenkraftwagen wie für Lastzüge. Die dabei entstehenden Schäden werden mit Ausnahme derjenigen, die am abgeschleppten Fahrzeug oder am Anhänger eintreten, vom Vsschutz erfaßt. Das gilt auch dann, wenn es durch einen vorschriftswidrigen Zustand des gezogenen Fahrzeugs (oder Anhängers) zum Eintritt eines Haftpflichtschadens kommt; dabei kann allerdings — je nach den Umständen des Einzelfalles — eine Leistungsfreiheit des Vers aus dem Gesichtspunkt der Gefahrerhöhung gegeben sein (vgl. dazu BGH 10.I.1977 VersR 1977 S. 841–843 und Anm. F 60).

Zu überlegen ist unter diesen Umständen, ob nicht bei einer Reform der AKB die Regelung in § 10 a I AKB präziser gefaßt werden könnte. Es müßte eine Fassung gefunden werden, die es verhindert, daß rechtsunkundige Vmer entgegen der h. M. § 10 a I 1 AKB im Sinne einer Einschränkung des § 10 I AKB verstehen. Der Vmer, der die Entstehungsgeschichte des § 10 a AKB nicht kennt, wird zu dem Fehlschluß geführt, daß in § 10 a I 1 AKB der Deckungsumfang für das ziehende Fahrzeug abschließend geregelt sei, so daß darüber hinaus keine Einstandspflicht des Vers gegeben sei (ein gleicher Fehlschluß könnte sich für den Vmer der Anhängerhaftpflichtv bei isoliertem Lesen des § 10 a II 1 AKB aufdrängen, vgl. Anm. G 57). Daß dieser Verstoß gegen das Klarheitsgebot bereinigt werden müßte, zeigt gerade jene BGH-Entscheidung 3.III.1971 a. a. O. deutlich, wenn man bedenkt, daß dort selbst ein Ver, der doch den Sinn und Zusammenhang der Regelung erkennen sollte, zu einem solchen vom Gericht korrigierten Fehlschluß gekommen ist. Darüber hinaus ergibt die der BGH-Entscheidung vorangegangene Kontroverse zwischen Kramer VersR 1966 S. 416–421, VersR 1967 S. 633–638 und Feyock VersR 1966 S. 802–803 mit aller Deutlichkeit, daß selbst Vsexperten vom Wortlaut der Regelung gefangen werden und dadurch zu Fehlschlüssen kommen können. Denn es war wohl Kramer als einem Vertreter der damals älteren Generation noch bewußt, daß die frühere Grundregel Nr. 8 nur eine interne Abgrenzung der Eintrittspflicht der beiden Haftpflichtver ohne Beeinträchtigung der Rechtsstellungen der Vmer darstellte. Auch hielt er es noch für möglich, daß ein Gericht erkennen könne, daß keine Verschlechte-

I. 8. Zum Umfang des Vsschutzes gemäß §§ 10 I, II und 10a AKB   **Anm. G 55**

rung, sondern eine Verbesserung der Rechtsstellung des Vmers geplant war (vgl. VersR 1966 S. 419). Dagegen ließ sich Feyock a. a. O. schlicht vom Wortlaut der Regelung fangen, so daß er zu einer für den Vmer ungünstigen Auslegung in der Weise kam, als ob durch § 10a AKB eine Einschränkung des Geltungsbereichs des § 10 AKB beabsichtigt gewesen sei. Um so verständlicher wird es daher, daß Kramer in beiden Veröffentlichungen für eine Klarstellung des Gewollten plädierte. Als Ergebnis ist festzuhalten, daß § 10a AKB durchweg so auszulegen ist, daß durch die in dieser Bestimmung enthaltenen Regelungen keinerlei Einschränkung der Eintrittspflicht des Vers gemäß § 1 PflichtvsG in Verbindung mit § 10 AKB beabsichtigt ist.

[G 54] ββ) Personelle Erweiterung des Versicherungsschutzes durch § 10a I 2 AKB

Im Gegensatz zu der entbehrlichen Regelung in § 10a I 1 AKB (vgl. Anm. G 53) kommt § 10a I 2 AKB eigenständige Bedeutung zu. Dort ist festgelegt, daß in die V des ziehenden Fahrzeugs auch der Halter, Eigentümer, Fahrer, Beifahrer und Omnibusschaffner des Anhängers eingeschlossen sind. Damit wird der Kreis der Mitvten im Sinne des § 10 II AKB erweitert. Unter diese Regelung fallen mit rollenden Untersätzen versehene Anhänger aller Arten, so daß der Einbeziehung der Auflieger durch § 10a III AKB nur deklaratorische Bedeutung zukommt. Für diese Eintrittserweiterung kommt es nicht darauf an, ob für die Halter dieser Anhänger die Pflicht zur Vsnahme gemäß § 1 PflichtvsG besteht und ob dieser Verpflichtung entsprochen worden ist oder nicht. Ebenso ist es für § 10a I 2 AKB ohne Bedeutung, ob der Anhänger zugelassen ist und ob nach § 18 StVZO eine Zulassungspflicht besteht. – Abgeschleppte Fahrzeuge werden nach dem Sprachgebrauch nicht als Anhänger bezeichnet. Es dient daher der Klarheit, daß sie in § 10a III AKB besonders erwähnt werden. Die personelle Deckungserweiterung wird bei ihnen nur gewährt, wenn für diese Fahrzeuge kein Haftpflichtvsschutz besteht (vgl. dazu Anm. G 56).

Geht man davon aus, daß durch die Regelungen in § 10a AKB der gemäß § 10 I AKB für den Vmer des ziehenden Fahrzeugs (und die nach § 10 II AKB mitvten Personen) und der für den Vmer des Anhängers (und die mitvten Personen) bestehende Haftpflichtvsschutz in keiner Weise beeinträchtigt werden sollte (vgl. dazu Anm. G 53 und 57 m. w. N.), so ergibt sich durch die personelle Erweiterung gemäß § 10a I 2 AKB (wie auch durch die nach § 10a II 2 AKB) nicht selten das Bestehen von doppeltem Haftpflichtvsschutz. Das ist für den Vmer oder Vten der Anhängerhaftpflichtv (oder den Vmer oder Vten der Haftpflichtv für das ziehende Fahrzeug) in denjenigen Fällen bedeutsam, in denen die Vssummen des einen der beiden Haftpflichtvsverträge zur Befriedigung der begründeten Haftpflichtansprüche des geschädigten Dritten nicht ausreichen (vgl. dazu BGH 7.XI.1990 VersR 1991 S. 172–175 = MDR 1991 S. 512–513 mit der dort bestehenden Besonderheit, daß diese im Bereich der allgemeinen Haftpflichtv abgeschlossenen Doppelven bei ein und demselben Ver abgeschlossen waren; stehen ziehendes Fahrzeug und Anhänger im Eigentum desselben Vmers, so wird das auch im Rahmen der Kraftfahrzeughaftpflichtv der Regelfall sein).

Zur personellen Erweiterung des Haftpflichtvsschutzes vgl. ergänzend Anm. H 11 und zur Auswirkung der personellen Deckungserweiterung auf den Ausschlußtatbestand gemäß § 11 Nr. 2 AKB Anm. G 74.

[G 55] γγ) Beschränkung des Versicherungsschutzes auf die Mindestversicherungssummen

Nach § 10a I 3 AKB sind Schäden der Insassen des Anhängers bis zur Höhe der Grundvssummen eingeschlossen. Damit wird auf die Mindestvssummen abgestellt, wie sie in der Anlage zu § 4 II PflichtvsG festgelegt sind (so Prölss – Martin – Knappmann[25] Anm. 4 zu § 10 a AKB, S. 1462, Stiefel – Hofmann[15] Anm. 7 zu § 10 a AKB, S. 519). Die von den Bedingungsverfassern gewählte Ausdrucksweise ist unscharf. Es könnte damit gemeint sein, daß der Vmer und alle gemäß §§ 10 II und 10 a I 2 AKB mitvten Personen gegenüber Haftpflichtansprüchen, die von einem Insassen des Anhängers erhoben werden, nur in diesem summenmäßigen Umfang Vsschutz genießen (so Prölss – Martin – Knappmann[25] a. a. O., Pienitz – Flöter[4] Anm. C zu § 10 a AKB, S. 4, Stiefel – Hofmann[15] a. a. O.). Folgt man dieser Auslegung, so würde das für einen Vmer, der höhere Vssummen als die gesetzlichen Mindestvssummen gewählt hat, eine **überraschende Regelung** darstellen. Mit einer solchen **ungewöhnlichen Bedingungsbestimmung** brauchte er nicht zu rechnen; sie müßte gemäß § 3 AGBG als unwirksam qualifiziert werden. Indessen ergibt eine genaue Analyse, daß eine solche **systemfremde Einschränkung** des Vsschutzes im Verhältnis zum Vmer auch nicht beabsichtigt gewesen sein dürfte. Die einleuchtende Lösung findet man, wenn man von dem vom BGH 3.III.1971 a. a. O. hervorgehobenen Grundsatz ausgeht, daß durch § 10 a AKB lediglich eine **Verbesserung des Vsschutzes**, nicht aber eine Verschlechterung herbeigeführt werden sollte. Bedenkt man das, so fällt die Verknüpfung zwischen S. 2 und 3 des § 10 a I AKB nicht mehr schwer. Dann bedeutet die Regelung in § 10 a I 3 AKB, daß die Erweiterung des Vsschutzes gemäß § 10 a I 2 AKB bei Schadenersatzansprüchen von Insassen gegen den zusätzlich eingeschlossenen Personenkreis auf die erwähnten Mindestvssummen beschränkt ist. Bei dieser Auslegung hat § 10 a I 3 AKB keinen Einfluß auf den summenmäßigen Vsschutz des Vmers und der Vten gemäß § 10 II AKB. Vielmehr können diese auch für die Befriedigung (oder Abwehr) der gegen sie erhobenen Ansprüche von Insassen der Anhänger **vollen Vsschutz nach den vereinbarten Vssummen** verlangen. Soweit aber die von den Insassen des Anhängers erhobenen Haftpflichtansprüche die zusätzlich durch § 10 a I 2 AKB einbezogenen Vten betreffen, bestehen gegen die Wirksamkeit einer solchen Regelung keine Bedenken. Im Interesse der **Bedingungsklarheit** wäre es wünschenswert, dieses Ergebnis auch in § 10 a I 3 AKB zum Ausdruck zu bringen. S. 2 und 3 könnten in der Weise zusammengefaßt werden, daß nach einem Komma hinter S. 2 wie folgt fortgesetzt würde „für Schäden von Insassen des Anhängers jedoch nur bis zur Höhe der Grundvssummen."

[G 56] δδ) Subsidiäre Deckungserweiterung gemäß § 10 a III AKB

In § 10 a III AKB findet sich eine Sonderregelung, nach der § 10 a I AKB auch für Fahrzeuge gilt, die abgeschleppt oder geschleppt werden, wenn für diese **kein Haftpflichtvsschutz** besteht. Bedeutungslos ist dabei der Hinweis auf § 10 a I 1 AKB, da dieser Bestimmung nur deklaratorische Bedeutung zukommt. Denn das Abschleppen von Fahrzeugen fällt ohnedies unter den Gebrauchsbegriff des § 10 I AKB. Die Verweisung kann demgemäß nur Bedeutung für § 10 a I 2, 3 AKB haben. Die personelle Erweiterung des Vsschutzes für das ziehende Fahrzeug durch § 10 a I 2 AKB wird – anders als für Anhänger und Auflieger – im Falle eines Abschleppens oder Schleppens eines anderen Fahrzeugs nur **subsidiär** gewährt. Diese Regelung ist nicht zu beanstanden, da sie auf der nachvollziehbaren Überlegung beruht, daß normalerweise für das abzuschleppende Fahrzeug ohnedies ein Pflichthaftpflichtver kraft Gesetzes im Risiko sein müßte (zur generellen Abgrenzung des Subsidiaritätsproblems im Vsrecht vgl. Armbrust, Subsidiaritätsabreden in Vsverträgen, Frankfurt a. M. – Bern – New York – Paris 1991, Bruck – Möller – Sieg Bd II Anm. 48–54 zu § 59, Fenyves, Aktuelle Probleme der Subsidiaritätsklausel,

I. 8. Zum Umfang des Vsschutzes gemäß §§ 10 I, II und 10a AKB Anm. G 56

Heft 46 der Mannheimer Vorträge zur Vswissenschaft, Karlsruhe 1989, Möller, Festschrift für Sieg, Karlsruhe 1976, S. 414–421, Winter VersR 1991 S. 527–532; sämtlich m. w. N.; dafür, daß bei einer solchen Subsidiärv § 59 II keine Anwendung findet und daß bei einer irrtümlichen Leistung des nur subsidiär haftenden Vers auf diesen gemäß § 67 I 1 der Anspruch des Vmers gegen den primär haftenden Ver übergeht, vgl. BGH 23.XI.1988 VersR 1989 S. 250–251 = r + s 1989 S. 36–37). Das subsidiäre Eintreten des Vers des ziehenden Fahrzeugs ist geknüpft an die Voraussetzung, daß für das abgeschleppte Fahrzeug kein Haftpflichtvsschutz besteht. Damit sind sowohl die Fälle fehlenden Vsschutzes gemäß § 3 Ziff. 4 und 5 PflichtvsG gemeint (vgl. dazu Anm. B 42–46) wie diejenigen, in denen es im Sinne des § 12 I Ziff. 2 PflichtvsG an der nach dem Gesetz erforderlichen Haftpflichtv fehlt (dazu Anm. B 107).

Prölss–Martin–Knappmann[25] Anm. 2 zu § 10a AKB, S. 1461 vertreten unter Bezugnahme auf § 18 I StVZO die Auffassung, daß die Erweiterung des Kreises der Mitvten nach § 10a III AKB nur eingreife, wenn das abgeschleppte Fahrzeug betriebsunfähig sei (ebenso wohl auch Pienitz–Flöter[4] Anm. A zu § 10a AKB, S. 2; ferner bei isolierter Betrachtung Stiefel–Hofmann[15] Anm. 12 zu § 10a AKB, S. 521 unter Bezugnahme auf BGH 17.XI.1955 BGHZ Bd 19 S. 31–42; vgl. aber auch Anm. 20 zu § 10a AKB, S. 522, in der treffend erkannt wird, daß auch das Schleppen betriebsfähiger Fahrzeuge [gemäß § 33 StVZO] unter § 10a AKB zu subsumieren ist). Dem ist nicht beizupflichten. Zwar dürfte es den Regelfall darstellen, daß ein Fahrzeug, das abgeschleppt wird, betriebsunfähig ist. Es kann aber durchaus vorkommen, daß auch ein an sich betriebsfähiges Fahrzeug abgeschleppt wird. Auch dann erweitert sich der Kreis der Mitvten, sofern für das abzuschleppende Fahrzeug kein Haftpflichtvsschutz besteht. Der Hinweis auf § 18 I StVZO verfängt nicht. Dort ist freilich verankert, daß für Fahrzeuge, die betriebsunfähig abgeschleppt werden, keine Zulassungspflicht besteht. Es fehlt in § 10a III AKB aber jede Verknüpfung mit dieser Zulassungsproblematik. Auch besagt BGH 17.XI.1955 a. a. O. nichts Gegenteiliges. Denn jene zur Verwendungsklausel ergangene Entscheidung befaßte sich allein mit der Frage, ob der Transport von zwei nicht fahrfähigen Kraftwagen auf zwei von einem LKW gezogenen Tiefladern den Begriff des Abschleppens erfüllt. Für § 10a III AKB ist eine selbständige Begriffsbestimmung dahin vorzunehmen, daß jedes Ziehen eines anderen Fahrzeugs dieser Bestimmung zuzuordnen ist. Das ergibt sich insbesondere daraus, daß neben dem Begriff des Abschleppens auch der des Schleppens genannt ist. Demgemäß greift die Deckungserweiterung auch dann ein, wenn ausnahmsweise ein an sich betriebsfähiges Fahrzeug abgeschleppt wird. Zu Recht bejahen daher auch Prölss–Martin–Knappmann[25] a. a. O. das Eingreifen der Regelung in einem Fall, in dem ein Fahrzeug nur deswegen abgeschleppt wird, weil man vergessen hatte, es mit Treibstoff zu versehen (differenzierend Stiefel–Hofmann[15] Anm. 13 zu § 10a AKB, S. 521, die nur das Abschleppen zur nächsten Werkstatt als von § 10a III AKB erfaßt ansehen). Wird demgemäß ein Fahrzeug abgeschleppt oder geschleppt, weil man irrig annimmt, daß es betriebsunfähig sei, oder weil die Polizei dazu nach einem Verkehrsunfall rät, so besteht ebenfalls die Möglichkeit, daß sich der Kreis der Mitvten gemäß der subsidiären Regelung nach § 10a III AKB öffnet. Das Gesagte gilt aber auch dann, wenn es an einem nachvollziehbaren Motiv für einen solchen Vorgang gänzlich fehlt oder das Fahrzeug deshalb abgeschleppt wird, weil sein Fahrer betrunken ist (a. M. Stiefel–Hofmann[15] Anm. 15 zu § 10a AKB, S. 521). Demgemäß greift § 10a III AKB auch ein, wenn ein Fahrzeug angeschleppt wird, um den Motor zum Anspringen zu bringen (ebenso Pienitz–Flöter[4] a. a. O.).

[G 57] β) Umfang der Anhängerhaftpflichtversicherung

Die Anhängerhaftpflichtv umfaßt nach dem Wortlaut des § 10a II 1 AKB nur Schäden, die durch den Anhänger verursacht werden, wenn er mit einem Kraftfahrzeug nicht verbunden ist oder sich von dem Kraftfahrzeug gelöst hat und sich nicht mehr in Bewegung befindet, sowie Schäden, die den Insassen des Anhängers zugefügt werden. Mitvert ist nach § 10a II 2 AKB auch die Haftpflicht des Halters, Eigentümers, Fahrers, Beifahrers und Omnibusschaffners des (ziehenden) Kraftfahrzeugs (vgl. dazu Anm. H 11). Der erste Satzteil des § 10a II 1 AKB ist das Spiegelbild der Regelung in § 10a I 1 AKB für die Haftpflichtv des ziehenden Fahrzeugs (vgl. G 53). Die Gesamtregelung ist dabei vornehmlich aus der Sicht der Kraftfahrzeughaftpflichtver zu sehen, die in diesen Bedingungsbestimmungen den Zweck verfolgen, tunlichst im Interesse einer Rationalisierung der Schadenregulierung Doppelven zu vermeiden (so Stiefel–Hofmann[15] Anm. 1 zu § 10a AKB, S. 517). Dagegen ist gewiß nichts einzuwenden, wenn die Rechte des Vmers nicht verkürzt werden und man diese Regelung nur aus dem Gesichtspunkt einer generellen internen Regreßsperre (bei tatsächlich doch bestehender „echter" oder „unechter" Doppelv) sieht (vgl. Pienitz–Flöter[4] Anm. C zu § 10a AKB, S. 3–4, Prölss–Martin–Knappmann[25] Anm. 3 zu § 10a AKB, S. 1461–1462). Bedenken bestehen aber, wenn man § 10a II (1. Fallgruppe) in dem Sinne interpretiert, daß damit der Anwendungsbereich des § 10 I AKB eingeschränkt wird. Der Vmer, der in Übereinstimmung mit § 1 PflichtvsG einen Haftpflichtvsvertrag für den von ihm gehaltenen Anhänger abschließt, hat die Erwartungshaltung, daß er Haftpflichtvsschutz genießt bezüglich aller gegen ihn aus dem Gebrauch des Anhängers hergeleiteten Schadenersatzansprüche. In § 1 PflichtvsG wird ihm schließlich der Abschluß einer solchen Haftpflichtv zur Deckung der durch den Gebrauch des Anhängers verursachten Personenschäden, Sachschäden und sonstigen Vermögensschäden vorgeschrieben. Von diesem gesetzlichen Leitbild darf der Ver in den AKB nicht zum Nachteil des Vmers abweichen. Seine Bedingungen müssen vielmehr nach dem erkennbaren Sinn der Pflichtvsregelung den gesetzlichen Mindestanforderungen entsprechen. Tun sie das nicht, so tritt an die Stelle der vertraglich vorgesehenen Bestimmung, die den Vmer (und damit den geschädigten Dritten) schlechter als die gesetzliche Regelung stellt, das gesetzlich vorgesehene Mindestmaß. Wäre dieses Ergebnis nicht schon aus dem Gesamtzusammenhang der Bestimmungen über die Pflichtvsregelung abzuleiten, so könnte es im übrigen auch aus § 9 AGBG gewonnen werden (Abweichen von einem wesentlichen Grundgedanken der gesetzlichen Regelung). Aus dem Gesagten folgt, daß eine Auslegung des § 10a II AKB in dem Sinne geboten ist, daß durch diese Bestimmung § 10 I AKB nicht abgeändert wird. Was nach BGH 3.III.1971 NJW 1971 S. 940–942 = VA 1971 S. 187–189 Nr. 597 für die V des ziehenden Fahrzeugs im Bereich des § 10a I AKB gilt (vgl. dazu auch Anm. G 53), daß nämlich durch diese Bestimmung der weite Gebrauchsbegriff des § 10 I AKB nicht eingeschränkt wird, ist auch für die Regelung in § 10a II 1 AKB anzunehmen (ebenso Prölss–Martin–Knappmann[25] Anm. 1 zu § 10a AKB, S. 1461, [wohl auch] Pienitz–Flöter[4] Anm. C zu § 10a AKB, S. 3–4; im Ergebnis auch LG Berlin 21.II.1991 MDR 1991 S. 543–544 [ohne sich dabei mit § 10a II 1 AKB auseinanderzusetzen]; widersprüchlich Stiefel–Hofmann[15] Anm. 2 und 3 zu § 10a AKB, S. 518). Das Gesagte gilt um so mehr, als auch nach dem Wortlaut des § 10a II 1 AKB der weite Gebrauchsbegriff des § 10 I AKB in denjenigen Fällen zum Tragen kommt, in denen der Vmer (oder die mitvten Personen) wegen eines den Insassen des Anhängers entstandenen Schadens in Anspruch genommen wird.

Zu kritisieren ist an der Fassung des § 10a II 1 AKB ebenso wie an der des § 10a I 1 AKB, daß der nicht rechtskundige Leser des Bedingungswerks diese

I. 8. Zum Umfang des Vsschutzes gemäß §§ 10 I, II und 10a AKB **Anm. G 58**

Zusammenhänge nicht ohne weiteres erkennen kann, so daß er zu der nach dem Gesagten unzutreffenden Interpretation des § 10a II 1 AKB im Sinne einer einschränkenden Auslegung des Gebrauchsbegriffs geführt werden könnte. Deshalb dürfte es angebracht sein, auch diese Bestimmung bei einer Reform der AKB zu überarbeiten (vgl. dazu auch die harsche Kritik an der Bedingungsregelung durch Kramer VersR 1966 S. 416–421, VersR 1967 S. 633–638 und die nur einen Teil der Problematik erfassende Stellungnahme von Feyock VersR 1966 S. 802–803). Dabei wäre zu überlegen, ob es nicht ausreicht, wenn in § 10a AKB nur die effektiven Erweiterungen des Vsschutzes aufgeführt werden. Weggelassen werden sollten die internen Eintrittsabgrenzungen zwischen den Vern.

Im übrigen hat die bisherige Fassung des § 10a AKB sicher deshalb wenig Schaden angerichtet, weil eine Schadenersatzpflicht des Halters eines Anhängers nur in Ausnahmefällen gegeben ist, wenn zwischen dem Anhänger und dem Fahrzeug eine Verbindung besteht. Zudem wird das Problem verdeckt, wenn der Vmer des Fahrzeugs und der des Anhängers identisch sind und dieser Vmer überdies für beide Fahrzeuge denselben Ver gewählt hat. Indessen ist zu bedenken, daß es zu den Aufgaben des Haftpflichtvers auch gehört, unbegründete Ansprüche abzuwehren. Außerdem sind Ausnahmefälle denkbar, wenn nämlich z. B. der Halter des Anhängers für dessen verkehrswidrigen Zustand verantwortlich ist, der zu dem Verkehrsunfall geführt hat. Entsteht hier ein sehr hoher Drittschaden und hat der Vmer des ziehenden Fahrzeugs nur zu den gesetzlichen Mindestvssummen kontrahiert, so ist für den Vmer des Anhängers der Schutz aus der eigenen Haftpflichtv unter Umständen von existenzieller Bedeutung (allerdings kann ein solcher verkehrswidriger Zustand des Anhängers unter Umständen zu einem Leistungsverweigerungsrecht des Vers aus dem Gesichtspunkt der Gefahrerhöhung führen, vgl. dazu Anm. F 60). Weiteres Beispiel: Fahrfehler des Lenkers des abgeschleppten Fahrzeugs (so im Fall LG Berlin 21.II.1991 a. a. O.). – Im übrigen ist zu konstatieren, daß die Leistungspflicht des Vers der Anhängerhaftpflichtv in der Praxis nur recht selten ausgelöst wird. Abgesehen von den vorerwähnten Fällen sind Inanspruchnahmen wegen verkehrswidrigen Abstellens und wegen der Schädigung Dritter durch ein Bewegen eines Anhängers mit menschlicher Körperkraft zu nennen (vgl. dazu OLG Hamm 15.XII.1987 VersR 1988 S. 1284–1285 = r + s 1988 S. 183–184).

Eine Deckungserweiterung stellt es dar, daß nach § 10a II 2 AKB der Halter, Eigentümer, Fahrer, Beifahrer und Omnibusschaffner des Kraftfahrzeugs als Mitvte in die Haftpflichtv für das Risiko aus dem Gebrauch des Anhängers eingeschlossen werden. Daß diese Einbeziehung gemäß § 10a II 1 AKB auf Insassenschäden und Haftpflichtfälle aus dem „Gebrauch" des ruhenden Fahrzeugs begrenzt ist, begegnet keinen Bedenken. Denn der Vmer des ziehenden Fahrzeugs durfte eigentlich überhaupt nicht mit einem Vsschutz aus der Anhängerhaftpflichtv rechnen (vgl. ergänzend Anm. H 11).

[G 58] dd) Umgrenzung des Versicherungsschutzes nach Schadenarten

Nach § 10 I erstreckt sich der Vsschutz auf Schadenersatzansprüche, die die Verletzung oder Tötung von Personen betreffen, die Beschädigung oder Zerstörung von Sachen oder deren Abhandenkommen, ferner auf Vermögensschäden, die weder mit einem Personen- noch mit einem Sachschaden mittelbar oder unmittelbar zusammenhängen. Damit werden alle denkbaren Schadenarten aufgeführt. Ihre Abgrenzung voneinander ist nur von Bedeutung, wenn der Vmer sich mit den gesetzlichen Mindestvssummen begnügt hat. Denn in der Anlage zu § 4 II PflichtvsG sind unterschiedliche Vssummen für die drei aufgeführten Schadenarten vorgegeben (vgl. Anm. G 28).

Denkbar ist es, daß ein Sachschaden die Folge eines Körperschadens ist. Gedacht sei als extremes Beispiel, daß ein Dritter bei einem Autounfall einen Kopfschaden erleidet und im Zustand geistiger Umnachtung ein Miethaus im Werte von einer Million anzündet. Nimmt der Eigentümer dieses Hauses nunmehr den Vmer in Anspruch, der jenen Autozusammenstoß verschuldet hat, so wird der Ver ihn ohne Frage darauf verweisen, daß für Sachschäden nur eine Vssumme von DM 400 000,— zur Verfügung stehe. Das ist im Einzelfall bitter, entspricht aber den von dem Verordnungsgeber gewählten Abgrenzungen. Umgekehrt kann ein Fall so liegen, daß ein Autofahrer gegen einen Lichtmast fährt, der erst eine Woche danach als Folge des Aufpralls umstürzt und dabei einem Fußgänger einen mit DM 1 000 000,— zu beziffernden Körperschaden zufügt. Dann haftet der Ver gemäß den Mindestvssätzen bis zu diesem Betrage. Die Abgrenzung in der Weise, daß auf den endgültig eingetretenen Schaden abgestellt wird, hat danach systembedingt Vor- und Nachteile. Ändern läßt sich das nur durch die Vereinbarung gleich hoher Vssummen für alle Schadenarten.

Begrüßenswert ist es, daß anders als nach § 1 III AHB auch Schäden durch das Abhandenkommen von Sachen vom Vsschutz miterfaßt werden. Denn es kommt häufig vor, daß im Anschluß an einen Verkehrsunfall Sachen eines Verkehrsopfers, das verletzt in ein Krankenhaus eingeliefert wird, gestohlen werden. Das geschieht nicht selten auch dadurch, daß das beschädigte Fahrzeug zunächst ohne besondere Sicherung am Straßenrand abgestellt und damit der Fahrzeuginhalt dem Zugriff von Langfingern ausgesetzt wird.

Wenig Bedeutung kommt dem Einschluß der „reinen" Vermögensschäden zu, die in der Anlage zu § 4 II PflichtvsG dahin definiert werden, daß es sich um solche Vermögensschäden handelt, die weder mit einem Personen- oder Sachschaden zusammenhängen (ebenso § 10 I c AKB mit der unerheblichen Abweichung, daß der Zusatz „rein" nicht wiederholt wird). Das hängt damit zusammen, daß nach deutschem Deliktsrecht „reine" Vermögensschäden im Regelfall nicht ersatzpflichtig sind. Demgemäß hat der Ver zumeist nur Vsschutz in der Form der Abwehr unbegründeter Ansprüche zu gewähren. Immerhin sind Ausnahmen denkbar (vgl. dazu Schirmer DAR 1992 S. 11—22). Gedacht sei daran, daß der Besitz ein sonstiges Recht im Sinne des § 823 I BGB darstellt. Auf eine Verletzung dieses Besitzrechts könnte sich unter Umständen ein Anspruchsteller berufen, wenn der Vmer ihm einen Schaden dadurch zugefügt hat, daß er sich mit seinem Fahrzeug auf die zum privaten Grund gehörende Grundstücksausfahrt des Dritten gestellt hat. Unter den Vsschutz nach § 10 I AKB fallen allerdings auch vertragliche Schadenersatzansprüche. Dabei handelt es sich um das Hauptgebiet der „reinen" Vermögensschäden. Indessen fehlt es im allgemeinen bei Schadenersatzansprüchen aus dem Gebrauch von Kraftfahrzeugen an einem solchen vertraglichen Band zwischen dem Dritten und dem Vmer. Darüber hinaus schränkt § 11 Nr. 4 S. 2 AKB das Anwendungsgebiet für solche vertraglichen Schadenersatzansprüche stark ein; denn dort ist festgelegt, daß reine Vermögensschäden, die auf dem Nichteinhalten von Liefer- und Beförderungsfristen beruhen, vom Vsschutz nicht erfaßt werden (vgl. dazu Anm. G 92).

Hinsichtlich der reinen Vermögensschäden ist erwähnenswert, daß aus Anlaß der Schaffung besonderer Gewässerschadenhaftpflichtvsbedingungen im Schrifttum zur allgemeinen Haftpflichtv überwiegend die Auffassung vertreten worden ist, daß die Beschädigung von fließenden Gewässern aller Art und des Grundwassers keinen Sachschaden darstelle; vielmehr dem Bereich der durch § 1 III AHB vom Vsschutz ausgeschlossenen „reinen" Vermögensschäden zuzuordnen sei (vgl. dazu Bd IV Anm. G 78—79 m. w. N.). Diese Auffassung ist unzutreffend. Sie verwechselt in begrifflicher Unklarheit die natürliche Beschaffenheit einer Sache mit der Frage,

I. 9. Ausschlußtatbestände   Anm. G 59

ob an dieser Sache Eigentum bestehen kann (oder ein dem Eigentum weitgehend gleichzusetzendes Aneignungsrecht besteht). Demgemäß ist festzuhalten, daß in Übereinstimmung mit den Überlegungen zur allgemeinen Haftpflichtv auch für die Kraftfahrzeughaftpflichtv Gewässerschäden aller Art Sachschäden darstellen und nicht etwa den „reinen" Vermögensschäden zuzurechnen sind (vgl. ergänzend Johannsen Umweltschäden S. 146–149 m. w. N.). Bedeutsam ist diese Erkenntnis allerdings nur in denjenigen Fällen, in denen die Verschmutzung eines Gewässers oder des Grundwassers ausnahmsweise nicht im Anschluß an einen vorhergehenden Sachschaden eintritt. Denn wenn zunächst ein Sachschaden verursacht worden ist und die Beschädigung des Gewässers demgemäß dem Sachschaden folgt, ist auch vom Standpunkt der Gegenmeinung nach den vorgegebenen Definitionen kein „reiner" Vermögensschaden gegeben. Das bedeutet, daß die bei dem Befüllen oder Entleeren von Tanks durch den Gebrauch von Kraftfahrzeugen entstehenden Schäden an Gewässern aller Art stets den Sachvssummen zuzurechnen sind.

Ergänzend wird zur weiteren Abgrenzung aller aufgeführten Schadenarten auf Bd IV Anm. G 71–81 Bezug genommen.

[G 59] b) Versicherter Personenkreis

Die Kraftfahrzeughaftpflichtv erstreckt sich institutionell im Wege der V für fremde Rechnung auf eine ganze Reihe von Mitvten. Das sind nach § 10 II a–f AKB der Halter, der Eigentümer, der Fahrer, der Beifahrer (in bestimmten näher bezeichneten Fällen), der Omnibusschaffner und der Arbeitgeber oder Dienstherr des Vmers (wenn das vte Fahrzeug mit Zustimmung des Vmers für dienstliche Zwecke gebraucht wird).

Für Einzelheiten wird auf die Darstellung in H 1–39 verwiesen. Das gilt auch für die Erweiterung des Kreises der Mitvten in den sog. Anhängerfällen gemäß § 10 I 2, II 2 AKB. Vgl. zur wechselseitigen Erstreckung des Vsschutzes auf weitere Mitvte ergänzend auch Anm. G 54 und G 57 a. E.

9. Ausschlußtatbestände

Gliederung:

a) Vorbemerkung G 60–65
 (weitere Untergliederung vor G 60)
b) Über den Umfang der gesetzlichen Haftung hinausgehende Schadenersatzansprüche G 66
c) Haftpflichtansprüche des Vmers, Halters oder Eigentümers gegen mitvte Personen wegen Sach- oder Vermögensschäden G 67–74
 (weitere Untergliederung vor G 67)

d) Schäden am Fahrzeug, auf das sich die V bezieht, und an den beförderten Sachen G 75–79
 (weitere Untergliederung vor G 75)
e) Vorsatzschäden G 80–91
 (weitere Untergliederung vor Anm. G 80)
f) Nichteinhalten von Liefer- und Beförderungsfristen G 92
g) Genehmigte Rennen G 93
h) Schäden durch Kernenergie G 94

a) Vorbemerkung

Gliederung:

Schrifttum G 60

aa) Entwicklung G 61
bb) Zum Bedingungsaufbau G 62

cc) Beweislast G 63
dd) Wirkung der Ausschlußtatbestände gegenüber dem geschädigten Dritten G 64
ee) Beachtung im Rechtsstreit G 65

[G 60] Schrifttum:

Ackmann VersR 1991 S. 863–865, Bauer ZRP 1972 S. 235–237, Bauer VersR 1986 S. 1011–1012, Brugger VersR 1962 S. 4–5, Deichl DAR 1972 S. 301–303, Dieckmann, Festschrift für Reinhardt, Köln 1972, S. 51, 60–61, Ehrich VersR 1977 S. 365–366, Elperting ZVersWiss 1913 S. 332–348, Fenyves VsRdsch 1976 S. 353–378, v. Forstner VersR 1984 S. 750–751, Heidel (und Wulfert) VersR 1978 S. 194–197, Hohloch VersR 1978 S. 19–21, Jung DAR 1983 S. 151–155, Klingmüller DAR 1972 S. 296–301, Kramer VersR 1953 S. 300, derselbe VersR 1964 S. 1220–1222, Langheid VersR 1986 S. 15–16, Migsch VersR 1978 S. 479–480, Mittelmeier VersR 1970 S. 390–394, J. Prölss VersR 1967 S. 432–437, Rhein, Die dritte Teil-Reform der Allgemeinen Bedingungen für die Kraftverkehrsv (AKB), Karlsruhe 1965, Rohde VersR 1963 S 410, Schlaeger NJW 1979 S. 2215, Schütz VersR 1968 S. 29–30, Sennekamp ZRP 1976 S. 89–91, Sievers ZfV 1964 S. 507–509, Theda r + s 1975 S. 25–26, Weber DAR 1984 S. 161–162, Wendel DAR 1972 S. 180–181, Werner Der Vmer 1967 S. 7, Wulfert (und Heidel) VersR 1978 S. 194–197.

[G 61] aa) Entwicklung

Die Ausschlußtatbestände in der Kraftfahrzeughaftpflichtv haben einen langen Veränderungs- und Entwicklungsprozeß durchgemacht, der hier nicht im einzelnen nachgezeichnet werden kann. Erwähnt sei als Beispiel, daß es seit den Anfangszeiten der Haftpflichtv den Ausschluß von Angehörigenschäden gegeben hat (vgl. nur Elperting ZVersWiss 1913 S. 332–338). Diese Ausschlußklausel ist 1940 dahin reformiert worden, daß nur noch ausgeschlossen wurden die Haftpflichtansprüche solcher Angehöriger, denen der Vmer zur Zeit des Eintritts des Schadenfalles Unterhalt nach gesetzlichen Vorschriften gewährte. Ungeachtet dessen, daß damit eine Verbesserung gegenüber dem früheren Rechtszustand herbeigeführt wurde, entzündete sich wesentlich gerade an dieser Ausschlußbestimmung die Reformdiskussion. In Rechtsprechung und Schrifttum wurde nach der inneren Berechtigung dieses Ausschlußtatbestandes gefragt und darauf hingewiesen, daß es insbesondere nicht recht einzusehen sei, warum die den Haushalt führende Ehefrau schlechter behandelt werde als eine berufstätige Ehepartnerin. Vgl. dazu insbesondere BGH 10.VII.1974 BGHZ Bd 63 S. 60 und aus dem Schrifttum Bauer ZRP 1972 S. 235–237, Deichl DAR 1972 S. 301–303, Dieckmann, Festschrift für Reinhardt, Köln 1972, S. 61–67, Klingmüller DAR 1972 S. 298–299, Sennekamp ZRP 1976 S. 89–91; erwähnenswert ferner der AGB-Diskussionsbeitrag von Hauss ZVersWiss 1975 S. 244.

Wesentliche Impulse zur Reform der Ausschlußbestimmungen sind ferner vor allem ausgegangen von BGH 11.XI.1969 VersR 1970 S. 63–66 = DAR 1970 S. 43–45. Es handelte sich um einen Fall, in dem die Hinterbliebenen eines Vmers den berechtigten Fahrer auf Schadenersatz in Anspruch nahmen, wofür nach § 11 Nr. 3 AKB a. F. insgesamt kein Vsschutz bestand. Der Fall war dabei durch die Besonderheit gekennzeichnet, daß der Vmer der Arbeitgeber des Inanspruchgenommenen war, der als Kraftfahrer angestellt gewesen war. Während es vom BGH 11.XI.1969 a. a. O. im konkreten Fall für unbedenklich gehalten wurde, daß der Arbeitgeber nicht für Kaskovsschutz gesorgt hatte (in diesem Sinne auch schon BGH 10.I.1955 BGHZ Bd 16 S. 119, BAG 22.III.1968 NJW 1968 S. 1846–1847 = VersR 1968 S. 742; vgl. auch Anm. J 178), verwies er hinsichtlich des Schadenersatzanspruchs für den eingetretenen Körperschaden den Rechtsstreit an das Berufungsgericht zurück zur Prüfung, ob es nicht im Rahmen der arbeitsrechtlichen Fürsorgepflicht Aufgabe des Arbeitgebers sei, einen angemessenen Vsschutz gegen derartige Haftpflichtansprüche zu stellen. Diese Entscheidung führte zu einer erfreulich präzisen Diskussion über die Notwendigkeit, den Vsschutz zu verbessern. Dabei wurde insbesondere von Mittelmeier VersR 1970 S. 390–394 herausgestellt, daß entgegen der Annahme des BGH 11.XI.1969 a. a. O. vom deutschen Vsmarkt damals keine

I. 9. Ausschlußtatbestände   Anm. G 61

Deckungsmöglichkeiten für einen solchen speziellen Fall angeboten wurden. Vgl. dazu auch BGH 14.XI.1978 NJW 1978 S. 414–415 = VersR 1979 S. 136–137, von dem in Erkenntnis dieser Angebotslücke für einen unter § 11 Nr. 3 AKB a. F. fallenden Sachverhalt, in dem der Schaden auf einer gemeinsamen Urlaubsreise der Beteiligten eintrat, ein stillschweigender Haftungsverzicht des Kraftfahrzeughalters für einfache Fahrlässigkeit des Fahrers angenommen wurde; ebenso BGH 18.XII.1979 VersR 1980 S. 426–427 (stillschweigender Haftungsverzicht des Verkäufers für ihm auf der Probefahrt infolge leichter Fahrlässigkeit entstehenden Körperschäden). Für derartige Konstruktionen besteht heute angesichts der Neufassung des § 11 Nr. 3 AKB gewiß kein Bedürfnis mehr.

Das Ergebnis dieser Reformdiskussion (vgl. dazu ergänzend Klingmüller DAR 1972 S. 289–299, Wendel DAR 1972 S. 180–181) war, daß die Ausschlußtatbestände in der Kraftfahrzeughaftpflichtv mit Wirkung vom 1.I.1977 wesentlich geändert worden sind (VA 1977 S. 48–50). Bis zu diesem Zeitpunkt waren in § 11 AKB neun Ausschlußklauseln zusammengefaßt, die im Zuge der erwähnten Bedingungsänderung auf zunächst fünf (und seit dem 1.I.1985 [VA 1984 S. 162] auf vier zusammengeschrumpft sind [wozu allerdings die Ausschlußtatbestände nach § 2 III b) und c) AKB treten]). Der Grund für die Änderung per 1.I.1977 war das Bestreben, den Vsschutz im Sinne einer verbraucherfreundlichen Einstellung zu verbessern. Damit haben die Ver speziell auf die Stimmen aus der Rechtsprechung und dem Schrifttum Rücksicht genommen, mit denen auf die Reformbedürftigkeit des Ausschlußkatalogs und auf die fehlende innere Berechtigung einzelner Ausschlußklauseln, speziell des teilweisen Ausschlusses der Ansprüche von Angehörigen durch § 11 Nr. 4 AKB a. F., hingewiesen worden ist.

Im einzelnen sind folgende Ausschlußtatbestände entfallen:
aaa) Haftpflichtansprüche gegen Halter, die der Vspflicht nicht unterliegen und die nicht Vmer sind (§ 11 Nr. 2 AKB a. F.),
bbb) Haftpflichtansprüche von Angehörigen (§ 11 Nr. 4 AKB a. F.),
ccc) Haftpflichtansprüche der gesetzlichen Vertreter von Handelsgesellschaften und juristischen Personen (§ 11 Nr. 5 AKB a. F.),
ddd) Haftpflichtansprüche von Sozialvsträgern in den Fällen des § 11 Nr. 3–5 AKB (gemäß § 11 Nr. 5 AKB a. F.).

Außerdem ist der Vsschutz dadurch verbessert worden, daß der früher Schäden aller Art umfassende Ausschlußtatbestand nach § 11 Nr. 3 AKB a. F. (Haftpflichtansprüche des Vmers, Halters oder Eigentümers gegen mitvte Personen) sich seit dem 1.I.1977 nur noch auf Sach- und „reine" Vermögensschäden bezieht (vgl. nunmehr § 11 Nr. 2 AKB und dazu Anm. G 67–74).

Die Änderungen sind nicht mit rückwirkender Kraft durchgeführt worden. Das bedeutet, daß Haftpflichtvsfälle, bei denen das Schadenereignis vor dem 1.I.1977 eingetreten war, noch nach den alten Ausschlußklauseln zu beurteilen waren. Es ist aber davon Abstand genommen worden, jene alte Fassung der Ausschlußklauseln zu kommentieren, da bei der Veröffentlichung dieses Teils des Kommentars mit solchen Altfällen kaum noch gerechnet werden kann. Bemerkenswert ist, daß vom OLG Frankfurt a. M. 9.VII.1979 NJW 1979 S. 2214–2215 (m. Anm. von Schlaeger a. a. O. S. 2215) § 11 Nr. 4 AKB a. F. wegen der darin zum Ausdruck kommenden familienfeindlichen Tendenz als unbeachtlich qualifiziert worden ist (Anspruch eines schwerverletzten Kindes gegen seine Mutter). Hingegen ist vom BGH 14.VII.1982 VersR 1982 S. 1185–1186 m. w. N. der in § 11 Nr. 3 AKB a. F. verankerte Ausschluß der Ansprüche des Vmers gegen den vten Fahrer wegen der dem ersteren entstandenen Körperschäden in Übereinstimmung mit der bis dato ständigen höchstrichterlichen Rechtsprechung weiterhin als rechtsbeständig angesehen worden. Bemerkt sei zu dieser Bedingungsreform, daß sie sich auch für andere Haftpflichtvsarten als wegweisend hinsichtlich eines gänzlichen oder teilweisen Wegfalls des Ausschlusses der Angehörigenschäden erweisen könnte. Das gilt um so mehr, als der Verzicht auf die früher in der Kfz-Haftpflichtv geltende Angehörigenklausel wesentlich dadurch erleichtert worden ist, daß vom BGH auf § 1542 RVO a. F. (heute § 116 SGB X) die Bestimmung des § 67 II entsprechend angewendet worden ist (vgl. BGH 11.II.1964 BGHZ Bd 41 S. 79—84, 9.I.1968 VersR 1968 S. 248—249, 14.VII.1970 VersR 1970 S. 950—952 und ergänzend Bruck—Möller—Sieg Bd II Anm. 111—112 zu § 67). Das gilt auch für die Regreßansprüche des öffentlich-rechtlichen Dienstherrn (BGH 8.I.1965 BGHZ Bd 43 S. 77—79) und des den Lohn fortzahlenden Arbeitgebers (BGH 9.I.1968 a. a. O. S. 249). Das bedeutet, daß der Regreß der drei genannten Personengruppen gegen die mit dem Vmer in häuslicher Gemeinschaft lebenden Angehörigen weitgehend eingeschränkt ist, so daß die Bedingungsverbesserung insoweit nicht dem Sozialvsträger, dem öffentlichrechtlichen Dienstherrn oder dem Arbeitgeber zu Gute kommt (anders allerdings BGH 18.X.1977 VersR 1978 S. 35—36 für den originären Regreßanspruch des Sozialvers nach § 640 RVO; dagegen Heidel und Wulfert VersR 1978 S. 196, Hüskes VersR 1966 S. 20—22, Marschall v. Bieberstein VersR 1972 S. 996, Sozialgerichtsbarkeit 1978 S. 177, dafür Saum VersR 1979 S. 698—700). Auf diese Verknüpfung der fortschrittlichen Rechtssprechung mit der dadurch erleichterten Verbesserung des Vsschutzes in der Kfz-Haftpflichtv weisen zutreffend Heidel und Wulfert VersR 1978 S. 195 hin. Verfehlt wäre es daher, wegen des bestehenden Haftpflichtvsschutzes von jener analogen Anwendung des § 67 II abzugehen, wie überhaupt an dem Grundsatz festzuhalten ist, daß das Bestehen von Haftpflichtvsschutz das Haftpflichtverhältnis nicht beeinflussen darf (vgl. Anm. B 146—148).

Zur Reform der Angehörigenklauseln im österreichischen Bedingungsrecht vgl. instruktiv Fenyves VsRdsch 1976 S. 353—378 m. w. rechtsvergleichenden Hinweisen.

[G 62] bb) Zum Bedingungsaufbau

Die Ausschlußtatbestände in der Kfz-Haftpflichtv sind jetzt in § 11 Nr. 1—4 AKB und in § 2 III b und c AKB geregelt. Zu überlegen wäre, ob man nicht § 2 III b und c in § 11 AKB einfügen könnte. Das hätte den Vorteil, daß die Ausschlußtatbestände in der Kfz-Haftpflichtv nicht mehr an zwei verschiedenen Stellen nachzuschlagen wären. Andererseits ist es verständlich, daß bei der Zusammenfassung mehrerer Vsarten in einem Bedingungswerk die gemeinsamen Ausschlußbestimmungen vorangestellt werden. Würde man anders verfahren, so wäre zu bedenken, daß § 11 AKB auch dann noch keine abschließende Regelung aller Ausschlußtatbestände enthalten würde, da — abgesehen von dem Sonderfall des § 11 Nr. 4 AKB (vgl. dazu Anm. G 90—91) — der Ausschluß der Vorsatzschäden gemäß § 152 im Katalog des § 11 nicht mitaufgeführt worden ist.

[G 63] cc) Beweislast

Sache des Vmers ist es, den Beweis zu führen, daß ein Schadenfall in den primären Deckungsbereich der Kfz-Haftpflichtv fällt. Ist dieser Beweis gelungen, so ist der Vsschutz zu bejahen, wenn nicht der Ver dartut und beweist, daß eine Ausschlußbestimmung eingreift. Die Folgen der Beweislosigkeit hinsichtlich der Ausschlußklauseln treffen somit den Ver. Vgl. zu dieser grundsätzlichen Verteilung der Beweislast: BGH 21.II.1957 BGHZ Bd 23 S. 359—361 (zur allgemeinen Haftpflichtv), Bruck S. 646—647, Möller HansRGZ 1929 A Sp. 559, JRPV 1929 S. 325, Bruck—Möller—Sieg Bd II Am. 157 zu § 49 m. w. N.

Für die Kfz-Haftpflichtv ist diese traditionelle Verteilung der Beweislastregelung des Vsrechts im Bedingungswerk mit einer Ausnahme gewahrt. Diese Ausnahme ist § 11 Nr. 3 S. 2 AKB zu entnehmen. Nach dieser Bestimmung wird

I. 9. Ausschlußtatbestände   Anm. G 66

ein Abschleppvorgang, der nach § 11 Nr. 3 S. 1 AKB hinsichtlich der Haftpflichtansprüche wegen Schäden am abgeschleppten Fahrzeug grundsätzlich nicht vert ist, dann vom Vsschutz erfaßt, wenn es sich um ein nicht gewerbsmäßiges Abschleppen betriebsunfähiger Fahrzeuge aus Gefälligkeit im Rahmen der „Ersten Hilfe" handelt. Aus der Bedingungsfassung ergibt sich dabei, daß die Beweislast für diese Ausnahmesituation bei dem Vmer liegt. Das ist mit Rücksicht auf die besondere Fallgestaltung auch nach den Maßstäben des § 11 Nr. 15 AGBG nicht zu beanstanden (vgl. ergänzend Anm. G 79).

[G 64] dd) Wirkung der Ausschlußtatbestände gegenüber dem geschädigten Dritten und im Rechtsstreit

Die in § 11 AKB aufgeführten Ausschlußtatbestände wirken auch gegenüber dem geschädigten Dritten. Insbesondere greift nicht die überobligationsmäßige Haftung des Vers im Verhältnis zum Verkehrsopfer gemäß § 3 Ziff. 4, 5 PflichtvsG ein. Denn nach § 3 Ziff. 6 PflichtvsG findet auch im Bereich der Kfz-Haftpflichtv § 158c III Anwendung. In dieser Bestimmung heißt es aber ausdrücklich, daß der an sich leistungsfreie Ver nur innerhalb der von ihm übernommenen Gefahr haftet. Vom Gesetzgeber wird damit auf die im genehmigten Bedingungswerk vorgesehene Abgrenzung des Vsschutzbereiches durch primäre und sekundäre Risikobegrenzungen abgestellt, deren Geltung auch gegenüber dem geschädigten Dritten statuiert wird (vgl. ergänzend Anm. B 51). Soweit § 158c III mit der Beschränkung auf die vom Ver übernommene Gefahr eingreift, bleibt der geschädigte Dritte demgemäß schutzlos. Es steht kein Haftpflichtver als Garant zum Ausgleich der erlittenen Rechtsgüterverletzung zur Verfügung. Ausgenommen sind davon die Vorsatzschäden, die durch das Gesetz über die Entschädigungspflicht des Staates gegenüber den Opfern von Gewalttaten vom 11.V.1976 (BGBl. I S. 1181) gemäß § 12 I Ziff. 3 PflichtvsG dem Verkehrsopferfonds zur Regulierung zugewiesen worden sind (vgl. Anm. B 108).

[G 65] ee) Beachtung im Rechtsstreit

Stiefel – Hofmann[15] Anm. 1 zu § 11 AKB, S. 524 vertreten die Auffassung, daß in einem Rechtsstreit die Ausschlußtatbestände auch dann zu beachten seien, wenn der Ver sich nicht darauf berufe, sie müßten vielmehr stets von Amts wegen berücksichtigt werden. Dem wird man in dieser Allgemeinheit nicht beipflichten können. Die Ausschlußtatbestände stehen zur Disposition des Vers. Er muß erklären, ob er sich darauf berufen will oder nicht. Ergibt der Vortrag der Parteien, daß eine Ausschlußbestimmung eingreifen könnte, beruft sich der Ver aber nicht auf diese, so besteht für das Gericht grundsätzlich keine Veranlassung, in dieser Beziehung das richterliche Fragerecht auszuüben. Der Richter darf vielmehr davon ausgehen, daß dem Ver das eigene Bedingungswerk genau bekannt ist. Wenn der Ver daher durch das Nichtberufen auf einen Ausschlußtatbestand zu erkennen gibt, daß er diesen als nicht gegeben (oder als nicht bewiesen) ansieht oder daß er sich aus besonderen Gründen nicht darauf berufen will, so ist es nicht Aufgabe des Gerichts, einer solchen für den Vmer oder den geschädigten Dritten günstigen Ermessensentscheidung des Vers, mag sie dem Richter auch als nicht zutreffend erscheinen, entgegenzuwirken.

[G 66] b) Über den Umfang der gesetzlichen Haftung hinausgehende Schadenersatzansprüche

Nach § 11 Nr. 1 AKB sind von der V ausgeschlossen Haftpflichtansprüche, soweit sie aufgrund Vertrages oder besonderer Zusage über den Umfang der gesetzlichen Haftpflicht hinausgehen. Dieser nur „deklaratorischen" Ausschlußbestimmung kommt kaum praktische Bedeutung zu. Die meisten Verkehrsopfer stehen ohnedies vor einem Schadenereignis nicht in einem schuldrechtlichen Band zum Vmer. Ist das ausnahmsweise doch der Fall, so wird durch die Kraftfahrzeughaftpflichtv auch der nach dem deutschen Haftungssystem teilweise in Anspruchskonkurrenz zum deliktischen Ersatzanspruch stehende vertraglich Schadenersatzanspruch vom Vsschutz erfaßt. Das gilt auch insoweit, als der vertragliche Ersatzanspruch über den Schutzbereich des Deliktrechts hinausgeht.

Nur soweit zwischen dem Vmer und dem geschädigten Dritten vereinbart worden ist, daß der Vmer über das dispositive vertragliche Schadenersatzrecht hinaus hafte, besteht keine Deckung im Rahmen der Haftpflichtv. Das ist z. B. bei der Übernahme einer Haftung für Zufallschäden oder der für höhere Gewalt der Fall. Im Rahmen der Kfz-Haftpflichtv ist es zu gerichtlichen Kontroversen über die Auslegung der Ausschlußbestimmung des § 11 Nr. 1 AKB, die wörtlich mit § 4 I Ziff. 1 AHB und § 4 Ziff. 2 AHBVerm übereinstimmt, nicht gekommen. Es wird daher zur näheren Erläuterung auf Bd IV Anm. G 157–163 verwiesen. Eine solche Verweisung ist um so berechtigter, als im Rahmen der Kfz-Haftpflichtv in weitaus geringerem Maße als in der allgemeinen Haftpflichtv Schadenersatzansprüche auf vertraglicher Basis erhoben werden und Haftungsverschärfungen gegenüber Insassen so gut wie gar nicht und gegenüber sonstigen Dritten nur selten vorkommen. Immerhin ist der Versuch, eine über den gesetzlichen Umfang hinausgehende Haftungsverschärfung zu erreichen, gelegentlich bei dem Anmieten von als Kraftfahrzeugen ausgestalteten Arbeitsmaschinen zu beobachten, insbesondere dann, wenn der Mieter eine starke Marktposition hat.

Betont sei, daß die in § 11 Nr. 1 AKB verwendeten Begriffe Vertrag und besondere Zusage gleichzusetzen sind (ebenso J. Prölss VersR 1967 S. 432 Anm. 1; vgl. Bd IV Anm. G 158). Außerdem ist zu beachten, daß Abreden, die den Kreis der Pflichten des Vmers ergänzen oder erweitern, ohne dabei die gesetzlichen Haftungsmaßstäbe selbst zu verändern, nicht von der Ausschlußbestimmung erfaßt werden (ebenso Stiefel–Hofmann[15] Anm. 7 zu § 11 AKB, S. 525–526). Im übrigen ist die Frage, ob Vsschutz besteht oder nicht, im Rahmen des § 11 Nr. 1 AKB noch nicht abschließend beantwortet, wenn festgestellt wird, daß vertraglich die Haftung des Vmers erweitert worden ist, z. B. durch eine Erstreckung der Haftung auf Zufallschäden. Dann ist vielmehr zu prüfen, ob der Vmer nicht auch ohne eine solche Haftungserweiterung nach dispositivem Gesetzesrecht für den eingetretenen Schaden haftet (so sinngemäß auch Stiefel–Hofmann[15] Anm. 6 zu § 11 AKB, S. 525; vgl. ferner Bd IV Anm. G 163).

c) Ansprüche des Versicherungsnehmers, Halters oder Eigentümers des versicherten Fahrzeugs gegen mitversicherte Personen wegen Sach- oder Vermögensschäden

Gliederung:

aa) Ausgeschlossene Schadenarten G 67
bb) Zum Personenkreis, gegen dessen Haftpflichtansprüche kein Vsschutz besteht G 68–72
   aaa) Vorbemerkung G 68
   bbb) Vmer H 69
   ccc) Grenzfälle zum Halterbegriff G 70
   ddd) Zweifelsfälle zum Eigentümerbegriff G 71
   eee) Maßgebender Zeitpunkt G 72
cc) Begrenzung der Ausschlußklausel auf das Rechtsinstitut der V für fremde Rechnung G 73–74
   aaa) Grundsätzliches G 73
   bbb) Zum Begriff des Mitvten im Sinne des § 11 Nr. 2 AKB G 74

I. 9. Ausschlußtatbestände   Anm. G 67

[G 67] aa) Ausgeschlossene Schadenarten

Durch § 11 Nr. 2 AKB werden gegen mitvte Personen gerichtete Haftpflichtansprüche des Vmers, des Halters oder des Eigentümers des Fahrzeugs, auf das sich die V bezieht, wegen Sach- oder Vermögensschäden vom Vsschutz ausgeschlossen. Bis zum 1.I.1977 bezog sich die Ausschlußklausel (damals § 11 Nr. 3 AKB) auch auf Körperschäden. Die in Anm. G 61 erwähnte Reformdiskussion hat dann zu der jetzigen Fassung (vgl. VA 1977 S. 48—50) mit der erfreulichen Konsequenz geführt, daß für die häufig existenzbedrohenden Schadenersatzansprüche wegen Körperschäden Vsschutz besteht. Zu den nicht durch § 11 Nr. 2 AKB ausgeschlossenen Schadenersatzansprüchen gehören auch solche wegen Vermögensschäden, die auf Körperschäden zurückzuführen sind, also die darauf bezogenen sog. unechten Vermögensschäden (vgl. nur Bauer VersR 1986 S. 1011, Prölss—Martin—Knappmann[25] Anm. 3 zu § 11 AKB, S. 1463; davon geht auch BGH 10.VI.1986 MDR 1987 S. 45—46 = VersR 1986 S. 1010—1011 als selbstverständlich aus). Das hätte in § 11 Nr. 2 AKB besser zum Ausdruck gebracht werden können. Daß der Ausschluß sich aber nur auf die „reinen" Vermögensschäden im Sinne des § 10 I c AKB beziehen soll, ergibt die Entstehungsgeschichte der Vorschrift. Immerhin gibt zu denken, daß die jetzige Fassung gelegentlich zu Mißverständnissen führt (vgl. z. B. Weber DAR 1984 S. 162). Festzuhalten ist jedenfalls, daß § 11 Nr. 2 AKB nur Haftpflichtansprüche wegen Sachschäden und deren Folgen und die sogenannten „reinen" Vermögensschäden im Sinne des § 10 I c AKB (vgl. dazu Anm. G 58) vom Vsschutz ausschließt. Ist die Folge eines ausgeschlossenen Sachschadens ein Körperschaden, so ist insoweit eine selbständige Betrachtungsweise der Ursachenreihe geboten mit Rücksicht auf das mit der Bedingungsverbesserung erstrebte Ziel, für Körperschäden generell Vsschutz herbeizuführen. Dagegen ist der Ausschluß von Sachschäden umfassend zu verstehen, nicht etwa bezieht er sich nur auf Schäden am vten Fahrzeug, für die ohnedies nach § 11 Nr. 3 AKB kein Vsschutz besteht (vgl. Anm. G 75).

Ein gutes Beispiel ausgeschlossener Schadenersatzansprüche wegen Sachschäden liegt vor, wenn zwei Fahrzeuge, die demselben Vmer gehören, zusammenstoßen. Hier ist durch § 11 Nr. 2 AKB festgelegt, daß der mitvte Fahrer (oder die sonst mitvte Person) keinen Vsschutz gegenüber dem auf Ausgleich des Sachschadens gerichteten Ersatzanspruch des Vmers hat (vgl. als Beispielsfälle LG Paderborn 4.II.1988 ZfS 1988 S. 362 = NZV 1988 S. 108, OLG Hamm 15.III.1989 r + s 1989 S. 173—174 = NZV 1990 S. 155, LG Wiesbaden 3.IV.1990 Zfs 1990 S. 202, w. N. in Anm. G 74 a. E.). Unterstellt, daß der Vmer Insasse eines dieser Fahrzeuge ist, besteht aber gegenüber seinem Schadenersatzanspruch wegen eines Körperschadens für den Vten Vsschutz (selbstredend auch dann, wenn der Vmer als Fußgänger angefahren wird, wie auch bei jeder anderen körperlichen Schädigung, die auf dem Gebrauch des Fahrzeugs beruht und auf einen darauf zurückgeführten Haftpflichtanspruch gegen den Vten; das wird in den generellen Überlegungen der im Ergebnis durchaus zutreffenden Entscheidung des LG Wiesbaden 3.IV.1990 a. a. O. verkannt).

Voraussetzung für den Ausschluß gemäß § 11 Nr. 2 AKB ist keineswegs, daß der Vmer Eigentümer beider Fahrzeuge ist, aus deren Zusammenstoß ein Schadenersatzanspruch abgeleitet wird. Bei einem derartigen Zusammenstoß handelt es sich vielmehr nur um einen besonders einleuchtenden Teilaspekt der ausgeschlossenen Sachschäden. Es ist vielmehr eine generelle Regelung des Inhalts in § 11 Nr. 2 AKB getroffen worden, daß Haftpflichtansprüche des Vmers, Halters oder Eigentümers des vten Fahrzeugs wegen Sachschäden aller Art (oder „reiner" Vermögensschäden) gegen mitvte Personen vom Vsschutz ausgeschlossen sind (vgl. OLG Hamm

15.III.1989 a. a. O. [obiter dictum]; für einen Fall, in dem der Vmer angeblich nicht Eigentümer des schädigenden Fahrzeugs gewesen ist, aber als Vmer bezüglich des Haftpflichtrisikos aus dem Gebrauch dieses Fahrzeugs wie aus dem für das beschädigte kontrahiert hatte, vgl. ferner AG Duisburg 17.IX.1990 ZfS 1991 S. 165). Daß lediglich Haftpflichtansprüche des Vmers (Halters oder Eigentümers) gegen mitvte Personen wegen Sachschäden und „reiner" Vermögensschäden vom Vsschutz ausgeschlossen sind, ist als eine starke Verbesserung des Vsschutzes anzusehen; keineswegs ist dieser Ausschluß als überraschend im Sinne des § 3 AGB zu bewerten (OLG Hamm 15.III.1989 a. a. O.). Vielmehr rechnet der durchschnittliche Vmer überhaupt nicht damit, daß eigene Haftpflichtansprüche des Vmers über die V für fremde Rechnung vert sein könnten.

Im Ausland besteht eine Deckung für auf Körperschäden beruhende Ersatzansprüche des Vmers gegen mitvte Personen häufig nicht (vgl. für das Schweizer Recht OLG Stuttgart 23.VII.1990 r + s 1991 S. 255–256, wo aber für einen in Deutschland entstandenen Schaden gemäß § 4 AuslPflVsG der Vsschutz bejaht wurde; dazu Anm. B 81).

Vom Arbeitskreis IV des Verkehrsgerichtstages 1991 ist angeregt worden, § 11 Nr. 2 AKB dahin zu ändern, daß diejenigen Schadenfälle nicht mehr erfaßt werden, die im öffentlichen Straßenverkehr entstanden sind (vgl. VersR 1991 S. 395). Es bleibt abzuwarten, ob dieser Anregung Folge geleistet wird. Die Arbeiten der genannten Institution haben im Laufe der letzten 25 Jahre schon zu wesentlichen Bedingungsverbesserungen geführt. Ob es allerdings sinnvoll wäre, den Ausschluß allein wegen der nicht im öffentlichen Straßenverkehr entstandenen Schäden aufrechtzuerhalten, ist eine andere Frage.

[G 68] bb) Zum Personenkreis, gegen dessen Haftpflichtansprüche kein Versicherungsschutz besteht

aaa) Vorbemerkung

Ausgeschlossen sind nach § 11 Nr. 2 AKB die Haftpflichtansprüche dreier Personengruppen, nämlich die des Vmers, des Halters und des Eigentümers des Fahrzeugs, auf das sich die V bezieht, gegen mitvte Personen.

Die Ausschlußklausel ist strikt allein auf den in ihr genannten Personenkreis anzuwenden. Eine entsprechende Anwendung auf die Haftpflichtansprüche anderer Personengruppen scheidet aus. Insbesondere sind Haftpflichtansprüche mehrerer Vmer desselben Vsvertrages gegeneinander nicht vom Vsschutz ausgeschlossen (vgl. Anm. G 73 m. w. N.). Dafür, daß es keinerlei begrifflich akzeptable Bedenken dagegen gibt, den Vmer im Verhältnis zum Mitvmer oder den Vten als geschädigten Dritten einzustufen und ihm auch den Direktanspruch gegen den Ver zuzubilligen, vgl. Anm. B 12 und vor allem BGH 10.VII.1986 MDR 1987 S. 45–46 = VersR 1986 S. 1010–1011 m. Anm. von Bauer a. a. O. S. 1011–1012 (a. M. auch heute noch Stiefel–Hofmann[15] Anm. 13 zu § 11 AKB, S. 528 m. w. N.; vgl. ferner OLG Koblenz 7.I.1983 VersR 1983 S. 947–948 [nur obiter dictum, aber auch im Ergebnis nicht zu billigen]). In diesem Zusammenhang ist allerdings zu beachten, daß sich der Vmer im gestörten Vsverhältnis nur ausnahmsweise auf die Schutzregelungen gemäß § 3 Ziff. 4, 5 PflichtvsG berufen kann, ohne rechtsmißbräuchlich zu handeln, vgl. BGH 10.VII.1986 a. a. O. und Langheid VersR 1986 S. 15–16 sowie Anm. G 69 a. E. – Aus der Geschichte der Ausschlußklausel sei ergänzend erwähnt, daß bis zum 1.X.1965 der Kreis derjenigen Personen, für deren Haftpflichtansprüche kein Vsschutz bestand, weiter gefaßt war. Damals waren auch die Haftpflichtansprüche von Mietern des

I. 9. Ausschlußtatbestände					Anm. G 69

vten Fahrzeugs und derjenigen Personen, denen der Mieter das Fahrzeug überlassen hatte, gegen mitvte Personen vom Vsschutz ausgeschlossen (vgl. die Änderung in VA 1965 S. 205–214). –

[G 69] bbb) Versicherungsnehmer

Festzustellen, wer im Einzelfall Vmer eines Vsvertrages ist, bereitet zumeist keine tatsächlichen Schwierigkeiten. Es sind aber Ausnahmesituationen denkbar. Mit einem solchen Ausnahmefall beschäftigt sich BGH 16.X.1974 NJW 1975 S. 54–56 = VersR 1974 S. 1191–1194. Zwei Testamentsvollstrecker waren treuhänderisch persönlich haftende Gesellschafter eines Handelsunternehmens geworden. Ihre Eigenschaft als Vmer wurde verneint. Das Gericht führte dazu aus, daß von den Testamentsvollstreckern die Inhaberschaft in einer unvorhergesehenen Zwangslage zu dem einzigen Zweck übernommen worden sei, das Unternehmen wieder handlungsfähig zu machen und in dieser Hinsicht die Zeit bis zur Errichtung der KG zu überbrücken. Der kennzeichnende Zweck des Zusammenschlusses zu einer Handelsgesellschaft, gemeinsame Geschäftsgewinne für sich selbst zu erzielen, habe von ihnen nicht verfolgt werden können, die Gewinne des für Rechnung der Erbengemeinschaft betriebenen Unternehmens seien unverändert dieser zugefallen. Die Erbengemeinschaft sei wirtschaftlich die Trägerin des Handelsgeschäfts geblieben. Die Inhaberschaft der Testamentsvollstrecker sei ferner nicht auf Dauer, sondern im Gegenteil auf möglichst baldige Beendigung angelegt gewesen. Da eine Erbengemeinschaft nicht schon dadurch, daß sie ein ihr zugefallenes Handelsgeschäft vorübergehend bis zur Auseinandersetzung weiterbetreibe, zu einer oHG werde, könne dies noch weniger von den nur treuhänderisch für eine solche Erbengemeinschaft tätigen Testamentsvollstreckern angenommen werden. – Bemerkenswert ist in diesem Zusammenhang weiter, daß vom BGH a. a. O. auch eine Eigentümerstellung der Testamentsvollstrecker als vorübergehende treuhänderische Inhaber des Handelsgeschäfts verneint wurde. –

Ein Vsvertrag kann so abgeschlossen sein, daß eine Personenmehrheit als Vmer ausgewiesen ist. Das hat zur Konsequenz, daß nach § 11 Nr. 2 AKB die Haftpflichtansprüche aller Vmer wegen Sachschäden und sog. „reiner" Vermögensschäden gegen mitvte Personen vom Vsschutz ausgeschlossen sind. Für § 11 Nr. 2 AKB genügt somit die Feststellung, daß der einen Haftpflichtanspruch gegen einen Mitvten erhebende Dritte Mitvmer ist (vgl. dafür, daß dementsprechend grundsätzlich auch die Feststellung ausreicht, daß der Dritte Mithalter oder Miteigentümer des Fahrzeugs war, aus dessen Gebrauch der Haftpflichtanspruch abgeleitet wird, Anm. G 70 und 71). Vorteilhaft kann eine solche Ausgestaltung des Vsvertrages deshalb sein, weil die Haftpflichtansprüche mehrerer Vmer gegeneinander nach § 11 Nr. 2 AKB nicht vom Vsschutz ausgeschlossen sind (vgl. dazu auch Anm. G 73; dafür, daß jedem dieser Mitvmer ein eigenständiger Haftpflichtvsanspruch zusteht, vgl. Anm. G 12 m. w. N.).

Stiefel–Hofmann[15] Anm. 12 zu § 11 AKB, S. 527 führen aus, daß Ansprüche des Fahrzeugvermieters gegen den selbst fahrenden Mieter vom Vsschutz ausgeschlossen seien; zur Begründung beziehen sie sich auf BGH 29.X.1956 BGHZ Bd 22 S. 114–115 und 28.I.1958 BGHZ Bd 26 S. 291. Vom BGH 29.X.1956 a. a. O. wird aber nur der Fall einer Identität von Vermieter und Vmer behandelt, wie der Klammerzusatz auf S. 114 ergibt; in der Entscheidung v. 28.I.1958 a. a. O. wird dieser Klammerzusatz zwar nicht wiederholt, die Frage war aber auch für den konkreten Fall nicht entscheidungserheblich, so daß sich daraus die verkürzte Darstellungsform ergibt. Es ist demgemäß festzuhalten, daß Ansprüche des Fahrzeugvermieters gegen den selbst fahrenden Mieter nur dann vom Vsschutz ausgeschlossen sind, wenn der Fahrzeugvermieter eine der in § 11 Nr. 2 AKB erwähnten Eigenschaften erfüllt, nämlich entweder Vmer, Halter oder Eigentümer ist.

Die durch § 11 Nr. 2 AKB verdeutlichte Rechtsstellung des Vmers als geschädigter Dritter (für Haftpflichtansprüche wegen Körperschäden) im Rahmen der V für fremde Rechnung bedeutet zugleich, daß der Vmer den Ver auch im Rahmen der Bestimmungen über die überobligationsmäßige Haftung gemäß § 3 Ziff. 4, 5 PflichtvsG in Anspruch nehmen kann. Zu Recht ist vom BGH 10.VI.1986 MDR 1987 S. 45–46 = VersR 1986 S. 1010–1011 m. Anm. von Bauer a. a. O. S. 1011–1012 aber angenommen worden, daß der Ver diesem Anspruch den Einwand der unzulässigen Rechtsausübung entgegenhalten könne, wenn ihm der Vmer nach § 3 Ziff. 9 S. 2 PflichtvsG im Innenverhältnis regreßpflichtig sei (im Ergebnis ebenso [als Vorinstanz] OLG Köln 13.III.1985 VersR 1985 S. 488–489 = r + s 1985 S. 157–158; vgl. dazu auch Langheid VersR 1986 S. 15–16). Es versteht sich, daß ein solcher Rechtsmißbrauch dann nicht gegeben ist, wenn der Ver nur gegenüber dem Vten und nicht auch gegenüber dem Vmer wegen Verstoßes gegen die Führerscheinklausel gemäß § 2 II c AKB leistungsfrei ist.

[G 70] ccc) Grenzfälle zum Halterbegriff

Die Feststellung der Haltereigenschaft kann im Einzelfall Schwierigkeiten bereiten. Auszugehen ist von der Überlegung, daß der Halterbegriff des Vsrechts identisch ist mit dem des Straßenverkehrsrechts (BGH 29.V.1954 BGHZ Bd 13 S. 356–358, 3.XII.1991 NJW 1992 S. 900–902 = VersR 1992 S. 437–439). Demgemäß ist unter dem Halter derjenige zu verstehen, der das Fahrzeug für eigene Rechnung im Gebrauch hat und die Verfügung besitzt, die ein solcher Gebrauch voraussetzt (vgl. BGH 29.V.1954 a. a. O. S. 354–355 m. w. N., 23.V.1960 BGHZ Bd 32 S. 333 m. w. N., 16.IV.1962 VA 1962 S. 260–262 Nr. 346 = VersR 1962 S. 509–510, 22.III.1983 BGHZ Bd 87 S. 133–138, 3.XII.1991 a. a. O.). Für eigene Rechnung hat ein Kraftfahrzeug im Gebrauch, wer die Nutzungen aus dessen Verwendung zieht und die Betriebskosten bestreitet (RG 24.XI.1942 RGZ Bd 170 S. 185, BGH 16.IV.1962 a. a. O.). Ausnahmsweise kann nach den tatsächlichen Umständen des Einzelfalles selbst ein stiller Gesellschafter Halter eines der Gesellschaft gehörenden Fahrzeugs sein. Vom BGH 16.IV.1962 a. a. O. wird dazu ausgeführt, daß dann, wenn der „Stille" an der Führung des Geschäftsbetriebes nicht aktiv teilnehme und auf den Gebrauch des mit Geschäftsmitteln betriebenen Fahrzeugs keinen tatsächlichen Einfluß ausübe, seine Haltereigenschaft in der Regel zu verneinen sei, weil dann das Merkmal der Verfügungsgewalt in seiner Person nicht erfüllt sei. Falls er dagegen wirtschaftlich die gleiche Stellung wie der Geschäftsinhaber einnehme und ebenso wie dieser die für die Verwendung des Fahrzeugs maßgebenden Entschließungen treffe, wäre es verfehlt, ihn lediglich deshalb nicht als Halter des Wagens anzusehen, weil dessen Betriebskosten ihn rechtlich nur mittelbar treffen.

Zu beachten ist, daß nach der auf die tatsächlichen Umstände des Einzelfalles abstellenden Betrachtungsweise nicht selten mehrere Personen gleichzeitig Halter sein werden; dann liegt der Fall der sogenannten Mithalterschaft vor (BGH 29.V.1954 a. a. O. S. 335 m. w. N.). Vsrechtlich hat das gemäß § 11 Nr. 2 AKB zur Konsequenz, daß die Haftpflichtansprüche beider Mithalter gegen mitvte Personen vom Vsschutz ausgeschlossen sind. Eine solche Mithaltereigenschaft kann z. B. auch gegeben sein bei der Vermietung eines Fahrzeugs. Zu beachten ist daher aber, daß Vermietungen für bestimmte kurze Fahrten keine Haltereigenschaft

I. 9. Ausschlußtatbestände
Anm. G 70

begründen (BGH 23.V.1960 BGHZ Bd 32 S. 333–334 m. w. N., 3.XII.1991 a. a. O.). Dazu wird vom BGH 23.V.1960 a. a. O. bemerkt, daß bei der **Vermietung eines Fahrzeugs neben dem Vermieter auch der Mieter Halter** sein könne. Neben dem Gebrauch für eigene Rechnung setze das aber voraus, daß der Mieter auch die tatsächliche Verfügung über den Wagen frei ausüben könne. Hierbei sei zwar der Zeitraum, für den die Gebrauchsüberlassung an den Mieter erfolgt sei, nicht schlechthin entscheidend. Betrage aber dieser Zeitraum nur wenige Stunden und sei die Gebrauchsüberlassung von vornherein nur für eine bestimmte kurze Einzelfahrt erfolgt, so ergebe sich daraus, daß der Vermieter dem Mieter hierbei nicht das für eine Haltereigenschaft erforderliche Maß einer tatsächlichen Verfügungsgewalt eingeräumt habe, weil dann der Mieter nicht über die Verwendung des Fahrzeugs nach Ort und Zeit bestimmen könne (im gleichen Sinne BGH 3.XII.1991 a. a. O. für eine Anmietung eines Lkw für den Transport einer Maschine an einem Tage). Die Rechtsprechung ist im übrigen uneinheitlich. So ist z. B. nach diesen Grundsätzen für das Anmieten eines Lkw für Erdtransporte für einen Zeitraum von einer Woche das Vorliegen einer Haltereigenschaft bejaht worden (so AG Stuttgart 16.IX.1971 VersR 1973 S. 95 [nicht vsrechtliche Entscheidung]). Mithaltereigenschaft ist ferner für einen Fall angenommen worden, in dem dem Mieter das Fahrzeug für eine mehrtägige Urlaubsreise im Ausland überlassen worden war, während derer es dem Einfluß des Vermieters gänzlich entzogen war (OLG Hamm 24.XI.1989 r + s 1990 S. 147 = ZfS 1990 S. 165). Ferner hat LG Landau 27.III.1969 VersR 1970 S. 242–243 angenommen, daß der Mieter mit einem Mietvertrag für nur zwei Tage Halter werde (ohne aus diesem Halterbegriff die Befugnis des Mieters abzuleiten, das Steuer einem Dritten überlassen zu dürfen, was, wenn es richtig wäre, gegen die Qualifikation des Mieters als Halter spricht). Hingegen hat LG Frankfurt a. M. 30.IX.1986 r + s 1987 S. 35 Haltereigenschaft in einem Fall verneint, in dem eine Ehefrau ihrem Ehemann das Fahrzeug für einen Kuraufenthalt von vier Wochen mitgegeben hatte (Grenzfall, der wohl eher im gegenteiligen Sinne hätte entschieden werden müssen). Daß aber bei einer Überlassung des Fahrzeugs für drei Monate eine Haltereigenschaft begründet wird (so OLG Hamm 14.IV.1977 DAR 1978 S. 111 [strafrechtliche Entscheidung]), läßt sich nicht in Frage ziehen.

Schließen sich mehrere Personen zu einer nicht nur kurzfristigen Fahrt zu einer Gesellschaft bürgerlichen Rechts zusammen, mietet aber nur einer von diesen einen Wagen dafür im eigenen Namen an, so sind die anderen Teilnehmer der Fahrt im Regelfall nicht als Mithalter anzusehen (vgl. OLG Hamburg 21.XII.1971 VersR 1972 S. 631–632, das offenläßt, ob ein Mieter bei einer für zwei Tage geplanten Fahrt überhaupt schon als Halter angesehen werden kann; zu undifferenziert nimmt dagegen Sievers ZfV 1964 S. 507 an, daß es auf die Frage, in wessen Namen gemietet worden sei, nicht ankomme; auch zieht er nicht hinreichend in Betracht, daß es bei einer kurzfristigen Anmietung im Regelfall gerade nicht zur Begründung einer Haltereigenschaft kommt).

Ist ein Mieter aber nach diesen Grundsätzen als Halter zu qualifizieren, so sind seine Ersatzansprüche wegen Sach- und „reiner" Vermögensschäden gegen mitvte Personen vom Vsschutz ausgeschlossen. Keineswegs darf die zum 1.X.1965 (VA 1965 S. 205–214) erfolgte Streichung des Mieters aus dem Kreis der Ausschlußpersonen dahin gedeutet werden, daß für Schadenersatzansprüche des Mieters, der auch Halter des vten Fahrzeugs ist, Vsschutz entgegen dem Wortlaut des § 11 Nr. 2 AKB bestehe.

Mithalterschaft kann insbesondere auch bei **Eheleuten** bestehen, wenn diese z. B. einen Geschäftswagen in einem gemeinsamen Betrieb und privat so nutzen, daß jeder eine eigene tatsächliche Verfügungsgewalt hat (vgl. OLG

Hamm 30.V.1980 VersR 1981 S. 1021 [zu § 11 Nr. 3 AKB a. F.], das im konkreten Fall eine solche Mithalterschaft des Ehemannes verneinte).

Umgekehrt kann die Stellung des Mieters so dominierend sein, daß er allein Halter ist; das ist z. B. regelmäßig im Leasingverhältnis der Fall (BGH 22.III.1983 BGHZ Bd 87 S. 133—138; für vom typischen Inhalt eines Leasingvertrages abweichende Vereinbarungen vgl. OLG Hamburg 2.VII.1980 VRS Bd 60 S. 55—56 Nr. 24 = VerkMitt 1981 S. 14).

Erheblich ist nur, ob der geschädigte Dritte Halter (Eigentümer oder Vmer) des Fahrzeugs ist, für dessen Gebrauch Haftpflichtvsschutz für die Mitvten begehrt wird. Daß der mitvte Fahrer des Vertrages für das Fahrzeug A Mithalter des von ihm beschädigten Fahrzeugs B ist, ist im Sinne des § 11 Nr. 2 AKB ohne Bedeutung (LG Freiburg i. Br. 4.V.1982 VersR 1982 S. 1068—1069 = ZfS 1983 S. 20 [nur L. S.]).

Zum Halterbegriff vgl. ergänzend Anm. H 5 m. w. N.

Für die Abgrenzung des Halterbegriffs nach dem österreichischen Recht vgl. ÖOGH 13.IX.1984 VersR 1986 S. 273—274.

[G 71] ddd) **Zweifelsfälle zum Eigentümerbegriff**

Eigentümer im Sinne des § 11 Nr. 2 AKB ist der Eigner des Fahrzeugs, auf das sich die Haftpflichtv bezieht. Ansprüche wegen einer Beschädigung des vten Fahrzeugs sind nach § 11 Nr. 3 AKB ohnedies vom Vsschutz ausgeschlossen. Daraus und aus dem umfassenden Wortlaut des § 11 Nr. 2 AKB folgt, daß eine einschränkende Interpretation dahin, daß lediglich Ansprüche wegen Schäden am vten Fahrzeug gemeint seien, unzutreffend ist. Der Ausschluß gemäß § 11 Nr. 2 AKB bezieht sich demgemäß bei dem Eigentümer (wie auch bei dem Halter und dem Vmer) auf Schadenersatzansprüche aller Art aus den aufgeführten Sach- und „reinen" Vermögensschäden. Eingefügt worden ist der Ausschluß der Ansprüche des Eigentümers des Fahrzeugs, auf das die V bezieht, zum 1.X.1965 (vgl. VA 1965 S. 205—214). Damals wurde § 10 II AKB dahin ergänzt, daß auch der Eigentümer des Fahrzeugs als Mitvter Vsschutz genieße. Diese Änderung, für die in der Rechtspraxis des deutschen Rechtskreises ein Bedürfnis bisher nicht aufgetreten war (vgl. Anm. H 6), geht zurück auf das Europäische Übereinkommen über die obligatorische Haftpflichtv für Kraftfahrzeuge vom 20.IV.1959 (BGBl. II 1965 S. 282), das im Anh. I Art. 3 bestimmt, daß die zivilrechtliche Haftpflicht des Eigentümers vom Vsschutz miterfaßt sein müsse. Die Zulässigkeit des Ausschlusses der Schadenersatzansprüche des Eigentümers ergibt sich ebenfalls aus diesem Abkommen (vgl. Anh. I Art. 4 I a). Der Sinn der damaligen Ergänzung der Ausschlußklausel ist dennoch kaum verständlich. Rhein a. a. O. S. 25 bemerkt dazu, daß die Haftpflichtansprüche des Eigentümers gegen mitvte Personen deshalb ausgeschlossen worden seien, weil dieser nunmehr zu den mitvten Personen gehöre und weil er wirtschaftlich dem Vmer und dem Halter gleichstehe. Das ist eine Aussage, die einer interessenmäßigen Abwägung nicht standhält, wie die Reformdiskussion zu den Ausschlußtatbeständen gezeigt hat (vgl. die Nachweise in Anm. G 61). Das Gesagte gilt um so mehr, als nicht zu erkennen ist, welche zusätzliche Haftung von den Vern durch die Aufnahme des Eigentümers in den Kreis der mitvten Personen übernommen worden ist (vgl. Anm. H 6). Per saldo ist jedenfalls durch die Einfügung des Eigentümers in den Ausschlußkatalog des § 11 Nr. 2 AKB eine mit tragbaren Gründen systematisch und wirtschaftlich nicht nachvollziehbare Verschlechterung der Rechtsposition des Eigentümers vorgenommen worden. Das fiel aber deswegen nicht so schwer ins Gewicht, weil in den meisten Fällen ohnedies entweder Identität zwischen Halter

I. 9. Ausschlußtatbestände   Anm. G 71

und Eigentümer oder zwischen Vmer und Eigentümer gegeben ist und weil die Haftpflichtansprüche des Halters und des Vmers gegen mitvte Personen auch schon nach der bis zum 1.X.1965 geltenden Fassung des § 11 Nr. 2 AKB (damals § 11 Nr. 3) vom Vsschutz ausgeschlossen waren. Zu überlegen bleibt, ob nicht bei einer erneuten Reform der AKB der frühere Rechtszustand dadurch wiederhergestellt wird, daß der Ausschluß der Haftpflichtansprüche des Eigentümers gestrichen wird.

Im Bedingungswortlaut nicht geregelt ist die Frage, ob § 11 Nr. 2 AKB auch dann eingreift, wenn der Vmer nicht Allein- sondern **Miteigentümer** des Fahrzeugs ist, auf das sich die V bezieht. Dabei kann es sich um schlichtes Miteigentum handeln oder darum, daß der Vmer Mitglied einer Gesamthandsgemeinschaft ist, der jenes Fahrzeug gehört (z. B. Erbengemeinschaft, Gesellschaft bürgerlichen Rechts, offene Handelsgesellschaft, Kommanditgesellschaft). In Betracht kommen vier gedankliche Lösungsmöglichkeiten. Die erste ist die, daß Haftpflichtansprüche eines derartigen **Miteigentümers** (oder Mitglieds einer Gesamthandsgemeinschaft) als **stets vom Vsschutz ausgeschlossen** angesehen werden (davon geht ersichtlich BGH 16.X.1974 NJW 1975 S. 56 = VersR 1974 S. 1194 aus, wenn es dort heißt: „Ansprüche der als Fahrgäste geschädigten Miterben gegen den Fahrer wären weiterhin von der V ausgeschlossen geblieben, weil hierfür ihre Eigenschaft als Miteigentümer des Fahrzeugs genügt hätte"); denkbar ist zweitens auch der gegenteilige Standpunkt. Theoretisch vertretbar ist ferner als drittes eine Lösung in der Weise, daß der Vsschutz nur partiell verneint wird, nämlich zur Höhe des Miteigentumsanteils des Vmers am vten Fahrzeug (oder zur Höhe seiner Beteiligungsquote an einer der genannten Gesamthandsgemeinschaften). Schließlich ist eine Lösung dieses Interessenkonflikts auch in der Weise möglich, daß man den Ausschlußtatbestand dann als erfüllt ansieht, wenn der Vmer Mehrheitseigentümer jenes Fahrzeugs ist (oder zu mehr als 50% an einer der genannten Gesamthandsgemeinschaften beteiligt ist). Die Wahl zwischen diesen verschiedenen Auslegungsmöglichkeiten fällt deshalb nicht leicht, weil ein wirtschaftlich einleuchtendes Motiv für den Ausschluß der Ansprüche des Eigentümers des vten Fahrzeugs gegen mitvte Personen, wie oben dargetan, nicht ohne weiteres zu erkennen ist (soweit es sich nicht um die Beschädigung des vten Fahrzeugs selbst handelt). Gegen die erstgenannte Auslegungsmöglichkeit spricht, daß nicht einzusehen ist, warum der Anspruch eines Miteigentümers, der nur eine ganz geringe Quote hält, sei es z. B. eine solche von 10% oder weniger, nicht unter den Vsschutz fällt. Als nicht vertretbar scheidet jedenfalls die zweite Auslegungsmöglichkeit aus, weil es unverständlich wäre, warum für Haftpflichtansprüche desjenigen, der zu 90% oder gar 99% Eigentümer jenes Fahrzeugs ist (oder einen entsprechend hohen Anteil an einer Gesamthandsgemeinschaft hält, die Eigentümerin des Fahrzeugs ist), Vsschutz besteht. Eine teilweise Verneinung des Vsschutzes nach Maßgabe der Beteiligungsquote würde die Unterstellung, daß das Eigentum am vten Fahrzeug für andere Schäden als solche an diesem Fahrzeug tatsächlich ein nach der Interessenlage relevanter Faktor sei, zu weit führen und vor allen Dingen zu dem unpraktikablen Ergebnis führen, daß in jedem derartigen Miteigentums- oder Gesamthandseigentumsfall der Vsschutz teilweise zu verneinen ist. Mangels eines entsprechendes Anhaltspunkts im Bedingungswortlaut ist aber auch die letztgenannte Auslegung zu verwerfen, daß nämlich auf das Mehrheitseigentum oder die Mehrheitsbeteiligung abgestellt wird. Demgemäß verbleibt allein die erstgenannte Auslegungsmöglichkeit, daß nämlich ein Miteigentümer grundsätzlich als Eigentümer im Sinne der hier erörterten Ausschlußklausel anzusehen ist (so AG Bad Homburg 21.XII.1983 ZfS 1984 S. 372 für einen Miteigentumsanteil von wohl 50%, das von Prölss—Martin—Knappmann[25] Anm. 3a zu § 11 AKB, S. 1463 trotz übereinstimmenden Ausgangspunkts mit dem Bemerken getadelt wird, daß unter

Anm. G 72   G. Rechtspflichten des Kraftfahrzeughaftpflichtvers

Umständen der Vmer auf diese Lücke hingewiesen werden müsse; das kann aber für eine solche Massenvssparte bei einheitlichem Bedingungswerk eigentlich nicht erwartet werden). Nach Treu und Glauben wird man allerdings eine **gänzlich untergeordnete Beteiligung**, z. B. von 5% oder weniger, doch als **unerheblich ansehen dürfen**.

Anlaß zu Überlegungen kann die Behandlung des Sicherungseigentums im Rahmen der Interpretation des § 11 Nr. 2 AKB geben. Für die Veräußerung der vten Sache im Sinne des § 69 wird von **Möller** Bd I Anm. 53, 55, 61 und 66 zu § 49 und **Sieg** Bd II Anm. 20−23 zu § 69 entgegen der dort zitierten höchstrichterlichen Rechtsprechung nicht auf die formelle Eigentumsstellung, sondern auf die materielle Beziehung zum vten Gut abgestellt. Für § 11 Nr. 2 AKB ist aber diesen, auf einer Bestimmung des vsrechtlichen Interessenbegriffs basierenden Überlegungen nicht zu folgen. Es ist vielmehr eine Auslegung im Sinne einer möglichst klaren und einfachen Interpretation zu wählen, die als **formellen Anknüpfungspunkt den Begriff des Eigentums wählt**. Demgemäß wird der Sicherungseigentümer von § 11 Nr. 2 AKB erfaßt. Dagegen ist konsequenterweise derjenige, der das Eigentum sicherheitshalber überträgt, im formellen Sinne nicht mehr als Eigentümer anzusehen; seine Haftpflichtansprüche sind daher durch § 11 Nr. 2 AKB nicht vom Vsschutz ausgeschlossen. Auch wird man die Anwartschaft auf ein Eigentumsrecht nicht zur Anwendung des Ausschlußtatbestandes genügen lassen. Derjenige, der ein Fahrzeug unter Eigentumsvorbehalt erwirbt, ist demgemäß nicht als Eigentümer im Sinne des § 11 Nr. 2 AKB zu behandeln (seine Ansprüche sind allerdings meist als Halter des Fahrzeugs, auf das sich die V bezieht, ausgeschlossen). Dagegen fällt derjenige, der den Eigentumsvorbehalt gemacht hat, noch unter § 11 Nr. 2 AKB.

Dafür, daß § 11 Nr. 2 AKB durch die Sonderbedingung zur Haftpflicht- und Fahrzeugv für Kraftfahrzeug-Handel und -Handwerk in bezug auf die Ansprüche des Eigentümers des vten Fahrzeugs abgeändert worden ist, vgl. II.4 der genannten Sonderbedingung (Anm. A 7).

[G 72] eee) Maßgebender Zeitpunkt

Ob die Ausschlußklausel gegenüber den Ansprüchen eines Vmers, Halters oder Eigentümers zur Anwendung kommt, entscheidet sich danach, ob zum **Zeitpunkt des Eintritts des Schadenfalles** jene maßgebende Eigenschaft als Vmer, Halter oder Eigentümer gegeben war (BGH 16.X.1974 VersR 1974 S. 1192; insoweit in NJW 1975 S. 54−56 nicht mitabgedruckt). Die nach diesem Zeitpunkt erfolgende Eingliederung in eine dieser Rechtspositionen ändert an dem Bestehen des Vsschutzes nichts (BGH 16.X.1974 a. a. O.). Ebenso ist es ohne Bedeutung, daß vor dem Zeitpunkt des Eintritts des Schadenfalls eine solche Eigenschaft bei dem geschädigten Dritten bestanden hat. Soweit allerdings ausnahmsweise **Schadenursache** und **Schadenereignis** zeitlich so weit auseinanderfallen, daß festgestellt werden kann, daß wohl zu dem einen, nicht aber zu dem anderen Zeitpunkt eine der in § 11 Nr. 2 AKB aufgeführten Eigenschaften vorgelegen hat, ist maßgebend auf den Zeitpunkt abzustellen, in dem **verantwortlich die Ursache für den Schadeneintritt** gesetzt worden ist (streitig, vgl. dazu Anm. G 41).

Es versteht sich, daß ein **Rechtsnachfolger des Vmers, Halters oder Eigentümers** wie dieser zu behandeln ist (BGH 16.IV.1962 VA 1962 S. 262 Nr. 346 = VersR 1962 S. 510 m. w. N., 12.X.1977 VA 1978 S. 69 Nr. 705 = VersR 1978 S. 55; ebenso KG 7.XII.1962 VersR 1963 S. 525−527, dessen Auffassung, daß sich der bis zum 31.XII.1976 nach § 11 Nr. 3 AKB a. F. auf Körperschäden erstreckende Aus-

I. 9. Ausschlußtatbestände   Anm. G 73

schluß der Ansprüche des Vmers, Halters oder Eigentümers auch auf originäre Ansprüche Hinterbliebener aus § 844 BGB erstrecke, aber zu Recht vom BGH 12.X.1977 a. a. O. abgelehnt worden ist).

[G 73] cc) Begrenzung der Ausschlußklausel auf das Rechtsinstitut der Versicherung für fremde Rechnung

aaa) Grundsätzliches

Durch § 11 Nr. 2 AKB werden lediglich die Sach- und Vermögensschadenhaftpflichtansprüche des Vmers, Halters oder Eigentümers des vten Fahrzeugs gegen mitvte Personen vom Vsschutz ausgeschlossen. Als mitvte Personen sind dabei nur diejenigen anzusehen, die neben dem Vmer im Rahmen der in der Kfz-Haftpflichtv institutionell mit der V für eigene Rechnung stets verknüpften V für fremde Rechnung Vsschutz genießen. Insbesondere fällt ein weiterer Vmer nicht mit unter den Begriff der mitvten Person. Vgl. dazu BGH 26.X.1956 VersR 1956 S. 799 zu § 11 Nr. 3 AKB a. F.: „Entgegen der Meinung der Revision folgt auch aus § 11 Nr. 3 AKB kein Ausschluß des Vsschutzes. Nach dieser Bestimmung sind Haftpflichtansprüche des Vmers von der V ausgeschlossen, nicht dagegen Ansprüche mitvter Personen gegeneinander oder nicht vter Personen gegen eine mitvte Person. Mitvte Personen sind diejenigen, die durch den gleichen Vsvertrag wie der Vmer selbst gegen Haftpflicht vert sind."

Das Gesagte bedeutet nicht nur, daß die mitvten Personen wegen der vom Vmer (Halter oder Eigentümer) wegen Körperschäden erhobenen Haftpflichtansprüche Vsschutz genießen, sondern daß Haftpflichtansprüche aller mitvten Personen gegen den Vmer vom Vsschutz erfaßt werden und daß auch Haftpflichtansprüche mehrerer Vmer gegeneinander in den Deckungsbereich der Police fallen (ebenso Prölss – Martin – Knappmann[25] Anm. 3 zu § 11 AKB, S. 1463, Stiefel – Hofmann[15] Anm. 9 zu § 11 AKB, S. 526). Für gegen den Vmer gerichtete Haftpflichtansprüche dritter Personen gibt es in der Kraftfahrzeughaftpflichtv überhaupt keinen personalen Ausschlußtatbestand; der Vmer genießt demgemäß insoweit einen umfassenden Vsschutz (ebenso für das österreichische Recht ÖOGH 18.III.1976 VersR 1977 S. 487–488 [m. Anm. von Migsch VersR 1978 S. 479–480], 2.IX.1976 ZVR 1977 S. 308–309). § 11 Nr. 2 AKB ist demgemäß als Ausschlußklausel zu charakterisieren, deren alleiniger Anwendungsbereich der der V für fremde Rechnung ist.

Der umfassende personelle Vsschutz für den Vmer ist wie stets in der Haftpflichtv unter der Doppelnatur des Haftpflichtvsanspruchs zu sehen (vgl. Anm. G 14–16). Das ist besonders in denjenigen Fällen zu beachten, in denen ein Mitvter den Vmer für einen Schaden in Anspruch nimmt, den er, der Vte, selbst herbeigeführt hat. So im Fall LG Freiburg 16.XII.1976 NJW 1977 S. 588–589 = VersR 1977 S. 749. Dort saß der Vte am Steuer des Firmenwagens des Vmers und fuhr aus Unachtsamkeit seinen eigenen Wagen an, der von seiner Ehefrau gelenkt wurde. Hier wird im Regelfall Vsschutz nur in der Form der Abwehr unbegründeter Ansprüche zu gewähren sein. Ausnahmsweise kann sich der Anspruch des Vten aber auch ganz oder teilweise aus dem Gesichtspunkt der gefahrengeneigten Arbeit als begründet erweisen. Deswegen hätte das LG Freiburg 16.XII.1976 a. a. O., das dieses Problem erkannt hatte, den Rechtsstreit besser insgesamt an das zuständige Arbeitsgericht verweisen sollen, anstatt nur über Ansprüche aus unerlaubter Handlung zu entscheiden (dem Urteil zustimmend Hohloch VersR 1978 S. 19–21, ohne allerdings auf die arbeitsrechtliche Besonderheit einzugehen). Für Einzelheiten zur Rechtsprechung zur gefahrengeneigten Arbeit vgl. Palandt – Putzo[51] Anm. 158–161 zu § 611 BGB m. w. N., Denck, Der Schutz des Arbeitnehmers vor der Außenhaftung, Heidelberg

1980; ferner Anm. H 45 m. w. N. Vgl. zur Weiterentwicklung dieser Grundsätze insbesondere BAG 8.V.1980 NJW 1981 S. 702–703 = VersR 1981 S. 363–364 m. w. N. Dort ging es allerdings nur um den den Kraftfahrzeughaftpflichtver nicht berührenden Schaden an einem im Betriebsinteresse gefahrenen eigenen Wagen des Arbeitnehmers (zur Streitfrage, ob derartige Ansprüche im Rahmen einer Betriebshaftpflichtv abgedeckt sind, vgl. Bd IV Anm. G 34). Das haftungsrechtliche Grundproblem ist aber identisch, wenn der Arbeitnehmer seinen eigenen Wagen mit dem Fahrzeug des Arbeitgebers beschädigt.

[G 74] bbb) Zum Begriff der Mitversicherten im Sinne des § 11 Nr. 2 AKB

Wer im Sinne des § 11 Nr. 2 AKB im Einzelfall als mitvert anzusehen ist, ergibt sich in erster Linie aus § 10 II AKB. Der Kreis der mitvten Personen ist dort wie folgt beschrieben:
a) Halter,
b) Eigentümer,
c) Fahrer,
d) Beifahrer, d. h. Personen, die im Rahmen ihres Arbeitsverhältnisses zum Vmer oder Halter den berechtigten Fahrer zu seiner Ablösung oder zur Vornahme von Lade- oder Hilfsarbeiten nicht nur gelegentlich begleiten,
e) Omnibusschaffner, soweit sie im Rahmen ihres Arbeitsverhältnisses zum Vmer oder Halter tätig werden,
f) Arbeitgeber oder öffentlicher Dienstherr des Vmers, wenn das vte Fahrzeug mit Zustimmung des Vmers für dienstliche Zwecke gebraucht wird.

Für die Erläuterung der einzelnen genannten Rechtsbegriffe wird verwiesen auf die Ausführungen in Anm. H 4–10. Der Vmer ist im Regelfall sowohl Halter als auch Eigentümer des vten Fahrzeugs und in sehr vielen Fällen auch der Fahrer. Zu beachten ist aber, daß er dadurch nicht etwa zur mitvten Person wird. Vielmehr ist die Eigenschaft als Vmer vorrangig. Im Rahmen eines einheitlichen Vertrages kann ein und dieselbe Person nicht gleichzeitig Vmer und mitvte Person sein. Demgemäß führt der Umstand, daß der Vmer zugleich Halter oder Fahrer ist, nicht etwa zur Verneinung des Deckungsschutzes hinsichtlich eines von einem Mitvmer oder einem Mitvten, sei es z. B. ein Mithalter, Miteigentümer oder eine sonstige mitvte Person, geltend gemachten Schadenersatzanspruchs gegen den Vmer (BGH 16.X.1974 NJW 1975 S. 56 = VersR 1974 S. 1194, Prölss–Martin–Knappmann[25] Anm. 3 zu § 11 AKB, S. 1463, Sievers ZfV 1964 S. 508, Stiefel–Hofmann[15] Anm. 10 zu § 11 AKB, S. 527).

Eine Erweiterung des Kreises der Mitvten findet sich institutionell in § 10a I 2 und II 2 AKB. Danach sind der Halter, Eigentümer, Fahrer, Beifahrer und Omnibusschaffner des Anhängers mitvert im Haftpflichtvsvertrag für das Risiko aus dem Gebrauch des ziehenden Fahrzeugs und entsprechend die Mitvten des ziehenden Fahrzeugs in der Anhängerhaftpflichtv (vgl. dazu Anm. G 54, 57). Das hat zur Konsequenz, daß die Ansprüche des Vmers, Halters und Eigentümers des ziehenden Fahrzeugs wegen Sachschäden und sog. reiner Vermögensschäden auch gegenüber diesen zusätzlich eingeschlossenen mitvten Personen vom Vsschutz ausgeschlossen sind (ebenso ist es umgekehrt mit den Haftpflichtansprüchen des Vmers, Halters oder Eigentümers des Anhängers gegen die zusätzlich eingeschlossenen Mitvten des ziehenden Fahrzeugs). Das stellt keine Benachteiligung des aufgeführten Personenkreises dar. Denn ohne diesen zusätzlichen Einschluß würden diese Mitvten überhaupt keinen Vsschutz in den betreffenden Policen haben. Es versteht sich, daß damit im übrigen keine Erweiterung der Ausschlüsse etwa in dem Sinne stattfindet,

I. 9. Ausschlußtatbestände   Anm. G 74

daß alles, was im personellen Bereich in der Police des ziehenden Fahrzeugs ausgeschlossen ist, auch unter die Ausschlußklausel des § 11 Nr. 2 AKB in der Anhängerpolice fällt oder umgekehrt (so zutreffend Prölss – Martin – Knappmann[25] Anm. 3 zu § 10a AKB, S. 1462). – Wenn durch Sonderabreden der Kreis der mitvten Personen über § 10 II AKB hinaus erweitert wird (vgl. dazu Anm. A 14), greift § 11 Nr. 2 AKB ebenfalls ein.

Streng ist bei der Anwendung der Ausschlußbestimmung des § 11 Nr. 2 AKB darauf zu achten, daß die Klausel nur dann eingreift, wenn der Haftpflichtanspruch gegen mitvte Personen von einem Dritten erhoben wird, der bezüglich des vten Fahrzeugs Vmer, Halter oder Eigentümer ist. Daß eine solche Beziehung bezüglich anderer Fahrzeuge besteht, rechtfertigt die Anwendung des § 11 Nr. 2 AKB nicht. So zutreffend ÖOGH 13.X.1977 VersR 1978 S. 727 – 728 in einem Fall, der durch die Besonderheit gekennzeichnet war, daß der Eigentümer (und Vmer) des schädigenden Fahrzeugs auch Mitvmer (aber nicht Eigentümer) des beschädigten Wagens war. Der Vsschutz für den vom Eigentümer geltend gemachten Anspruch wurde zu Recht bejaht.

Nach der heutigen Fassung der Ausschlußbestimmung ist die Annahme unabweisbar, daß kein Vsschutz besteht, wenn zwei Wagen des Vmers (Eigentümers oder Halters) zusammenstoßen und dafür eine mitvte Person in Anspruch genommen wird (so zutreffend LG Lübeck 16.III.1971 VersR 1971 S. 1030 – 1031, LG Fulda 4.XI.1971 VersR 1973 S. 510 – 511, LG Mainz 20.IX.1973 NJW 1974 S. 243 – 244 = VersR 1974 S. 434 [nur L. S.], OLG Hamm 11.VI.1980 VersR 1981 S. 825 [das sich allerdings nur auf § 11 Nr. 3 und nicht auch auf § 11 Nr. 2 AKB beruft], LG Köln 5.X.1984 VersR 1985 S. 1031, OLG Hamm 15.III.1989 r + s 1989 S. 173 – 174 = NZV 1990 S. 155 – 156, Kramer VersR 1953 S. 300, VersR 1964 S. 1220 – 1222, Rohde VersR 1963 S. 410, Schütz VersR 1968 S. 29 – 30, a. M. Stiefel – Wussow[5] Anm. 4 zu § 11 AKB, S. 332, [w. N. in Anm. G 67]). Stiefel – Wussow a. a. O. rechtfertigten ihre jetzt seit langem aufgegebene Auffassung (vgl. Stiefel – Hofmann[15] Anm. 12 zu § 11 AKB, S. 527) damit, daß der Vmer bezüglich des von ihm gegen den vten Fahrer geltend gemachten Anspruchs nicht in seiner Eigenschaft als Vmer, sondern in der als geschädigter Eigentümer handle, die Personenidentität sei zufällig. Der Vmer mache seinen Anspruch gegen den Fahrer unabhängig von der Tatsache geltend, daß er auch im Rahmen des Vsvertrages für den von seinem Fahrer beschädigten Wagen Vmer sei. Mit diesen Ausführungen wurde aber der umfassende Ausschlußcharakter des § 11 Nr. 3 AKB a. F. verkannt. Heute ist der Argumentation von Stiefel – Wussow a. a. O. noch zusätzlich dadurch die Grundlage entzogen, daß Ansprüche des Eigentümers gegen mitvte Personen ebenfalls immer ausgeschlossen sind. An der im Ergebnis durchaus zutreffenden Entscheidung des LG Lübeck 16.III.1971 a. a. O. S. 1030 ist lediglich zu tadeln, daß es einleitend vor einer Erörterung der Ausschlußbestimmung überholte dogmatische Zweifel daran äußert, daß Haftpflichtansprüche des Vmers gegen den Vten überhaupt vert werden können (so aber auch noch KG 22.III.1933 JRPV 1933 S. 272 = ÖffrV 1933 S. 39, Rohde VersR 1963 S. 408 – 411 m. w. N., Schütz VersR 1968 S. 29, Sieg Ausstrahlungen S. 240 – 241, Stelzer VersR 1965 S. 321 – 322; dagegen aber BGH 7.I.1965 BGHZ Bd 43 S. 42 – 46, 10.VI.1986 MDR 1987 S. 45 – 46 = VersR 1986 S. 1010 – 1011 m. Anm. von Bauer a. a. O. S. 1011 – 1012; vgl. ferner Anm. B 12 und die Nachweise in Bd IV Anm. B 78, G 241 und H 22). Wie brüchig solche die Interessenlage nur verdeckenden Argumentationen sein können, zeigt nichts deutlicher als die zum 1.I.1977 durchgeführte Neufassung des § 11 Nr. 2 AKB (früher § 11 Nr. 3 AKB) mit dem erklärten Ziel und heute allseits unangefochtenem Ergebnis, Vsschutz für Ansprüche des Vmers, Halters und Eigentümers gegen mitvte Personen wegen Körperschäden zu gewähren.

d) Schäden am Fahrzeug, auf das sich die Versicherung bezieht, und an den beförderten Sachen

Gliederung:

aa) Schäden am Fahrzeug, auf das sich die V bezieht G 75
bb) Schäden an beförderten Sachen G 76—77
   aaa) Vorbemerkung G 76
   bbb) Einzelheiten G 77
cc) Ausnahme für „Erste Hilfe"-Fälle G 78—79
   aaa) Abgrenzung G 78
   bbb) Beweislast G 79

[G 75] aa) Schäden am Fahrzeug, auf das sich die Versicherung bezieht

Nach § 11 Nr. 3 AKB (bis zum 31.XII.1977 § 11 Nr. 6) sind Haftpflichtansprüche wegen Beschädigung, Zerstörung oder Abhandenkommens des Fahrzeugs, auf das sich die V bezieht, vom Vsschutz ausgeschlossen. Die Bestimmung ist gut zu verstehen und rechtspolitisch gerechtfertigt. Es wird sichergestellt, daß die Kfz-Haftpflichtv nicht über den Einschluß der verschiedenen Ven für fremde Rechnung (vgl. die Aufzählung in § 10 II AKB) den Schaden am „Risikoobjekt" selbst vert. Die für die Gefahr aus dem Betrieb eines Kraftfahrzeugs genommene Haftpflichtv darf nicht über den Umweg des Einschlusses diverser Vter in bezug auf deren persönliche Haftpflicht aus dem Gebrauch dieses Wagens zur Kaskov denaturiert werden. Das wird durch § 11 Nr. 3 AKB klargestellt, stimmt im übrigen auch damit überein, daß Ansprüche des Eigentümers gegen mitvte Personen nach § 11 Nr. 2 AKB wegen Sach- und Vermögensschäden vom Vsschutz ausgeschlossen sind.

Für den Regelfall der V des Risikos aus dem Gebrauch nur eines Fahrzeugs durch einen Haftpflichtvsvertrag bietet die hier erörterte Alternative des § 11 Nr. 3 AKB wenig Auslegungsschwierigkeiten. Zweifel sind in der Praxis aber in zwei Fallgruppen aufgetreten. Der erste Fall ist der, daß im Rahmen einer einheitlichen Händlerv für mehrere Kraftfahrzeuge Haftpflichtvsschutz gewährt wird. Wenn ein Zusammenstoß zwischen mehreren dergestalt vten Fahrzeugen erfolgt, so findet nach der Rechtsprechung des BGH 13.III.1974 VA 1974 S. 159 Nr. 656 = VersR 1974 S. 637—638 die Ausschlußklausel des § 11 Nr. 3 AKB Anwendung. Wörtlich führt der BGH dazu unter anderem folgendes aus:

> „Die Händlerv läßt sich nicht in einzelne, rechtlich selbständige Vsverhältnisse bezüglich der verschiedenen Fahrzeuge aufteilen. Es handelt sich vielmehr um eine Sammelv, die auf den ständigen, kurzfristigen Durchlauf von Kraftfahrzeugen beim Vmer zugeschnitten ist. Auch bei der Zulassungsstelle wird nur eine Sammelbestätigung, nicht aber eine Vsbestätigung für jedes einzelne Fahrzeug hinterlegt. Die V ähnelt der V eines Sachinbegriffs gemäß § 54 VVG (BGHZ 35, 153, 155). Da die Haftpflichtv für Kraftfahrzeughandel und -Handwerk sich auf beide hier beteiligten Kraftfahrzeuge bezog, braucht sie gemäß § 11 Nr. 6 AKB keinen Vsschutz zu gewähren, wenn eines dieser Fahrzeuge durch ein anderes beschädigt worden ist, Will der Händler seinen Kunden einen weitergehenden Vsschutz zugute kommen lassen, muß er zu ihren Gunsten eine Fahrzeug-(Kasko)-V abschließen."

Diese Rechtsprechung hat nur Zustimmung gefunden (vgl. Pienitz—Flöter[4] Anm. B 3 zu § 11 AKB, S. 4, Prölss—Martin—Knappmann[25] Anm. 4 zu § 11 AKB, S. 1465, Stiefel—Hofmann[15] Anm. 22 zu § 11 AKB, S. 530). Dem Hinweis des BGH 13.III.1974 a. a. O. auf § 54 wird man dabei allerdings kaum entscheidende Bedeutung zukommen lassen können; denn diese Bestimmung besagt lediglich, daß bei der Vsnahme für einen Inbegriff von Sachen die jeweils dazugehörigen Sachen umfaßt

I. 9. Ausschlußtatbestände   Anm. G 75

werden. Damit ist aber die Frage im Grunde genommen noch nicht beantwortet, ob bei der V des Haftpflichtrisikos aus dem Betrieb mehrerer Fahrzeuge, die verschiedenen Eigentümern gehören, das Beschädigungsrisiko untereinander haftpflichtmäßig abgedeckt sein soll oder nicht. Der Hinweis aber, daß wirtschaftlich andernfalls eine ausschnittweise Kaskov vorliegen würde, ist letzten Endes überzeugend. Die sinngemäße Anwendung der Ausschlußbestimmung auf diejenigen Fälle, in denen mehrere Fahrzeuge durch einen einheitlichen Vertrag gegen Haftpflicht vert sind, ist damit gerechtfertigt.

Der zweite Fall ist der, daß von dem Fahrzeug, auf das sich die V bezieht, ein **anderes Fahrzeug abgeschleppt** wird. BGH 11.VII.1978 NJW 1978 S. 2503–2504 = VersR 1978 S. 1071–1072 vertritt dazu den Standpunkt, daß § 11 Nr. 3 S. 1 AKB (damals § 11 Nr. 6) den Vsschutz für **Schadenersatzansprüche wegen Beschädigungen des abgeschleppten Fahrzeugs ausschließe**. Wörtlich führt das Gericht dazu folgendes aus:

„Der Senat hat in seinem Urteil vom 30.X.1962 (NJW 1963, 251 = VersR 1963, 47) entschieden, daß das abschleppende und das abgeschleppte Fahrzeug eine Betriebseinheit bilden, die demzufolge ausschließlich der Haftpflichtv des schleppenden Fahrzeugs zuzurechnen sei, da das abgeschleppte sich nicht mehr „im Betrieb" befindet (ebenso BGH, NJW 1971, 940 = VersR 1971, 611 ...).

Nach den (allgemeinen) Vsbedingungen, hier nach § 11 Nr. 6 AKB (BGH, VersR 1974, 637) erstreckt sich die Deckungspflicht nicht auf das Kraftfahrzeug selbst als den vten Gegenstand. Dazu gehört aber auch das abgeschleppte Fahrzeug, da dieses und das schleppende Fahrzeug — wie oben dargelegt — eine Betriebseinheit bilden. Dies gilt nicht nur im Hinblick auf die vom Schleppfahrzeug verursachten Schäden außenstehender Dritter, sondern auch für Schäden, die der Fahrer des schleppenden Fahrzeugs am abgeschleppten Fahrzeug verursacht. Damit werden Unternehmer, die sich gewerbsmäßig mit dem Abschleppen befassen, auf den Weg des Abschlusses einer besonderen V verwiesen, wenn sie wegen Schadenersatzforderungen von Kunden oder Haltern abgeschleppter Fahrzeuge gesichert sein wollen, wie es vorliegendenfalls durch Abschluß einer sogenannten Hakenlast-Haftpflichtv geschehen ist."

Stellt man auf das Erkenntnisvermögen des durchschnittlichen Vmers ab, so wird man sich dieser Begründung des BGH 11.VII.1978 a. a. O. nicht ohne weiteres anschließen können. Zwar ist der Begriff der Betriebseinheit zwischen dem abschleppenden und dem abgeschleppten Fahrzeug verständlich. Es wird aber im Grunde genommen außer acht gelassen, daß der durchschnittliche Vmer diese Zusammenhänge nicht durchschaut. Es wird überdies allein aus der Sicht der Frage argumentiert, ob wohl ein Haftpflichtanspruch aus dem Gesichtspunkt der Gefährdungshaftung begründet sein könnte oder nicht. Das dürfte aber nicht das maßgebende Kriterium einer haftpflichtvsrechtlichen Frage sein, bei der stets die Besonderheit zu berücksichtigen ist, daß der Ver im Rahmen der Doppelfunktion auch zur Abwehr unbegründeter Haftpflichtansprüche tätig werden muß. Im Ergebnis ist aber der Entscheidung des BGH deshalb beizupflichten, weil der Abschleppvorgang als eine Beförderung des abgeschleppten Fahrzeugs im Sinne des § 11 Nr. 3 AKB anzusehen ist (vgl. dazu Anm. G 77). Für den auch denkbaren Fall, daß nämlich durch einen Fehler des Fahrers des abgeschleppten Fahrzeugs das abschleppende Fahrzeug beschädigt wird, läßt sich dagegen aus § 11 Nr. 3 AKB keine Versagung des Vsschutzes herleiten.

Vom BGH 18.XII.1980 VA 1981 S. 169–170 Nr. 737 = VersR 1981 S. 322–323 ist § 11 Nr. 3 AKB auch für den Fall angewendet worden, daß durch das ziehende Fahrzeug ein Schaden an einem nicht dem Vmer gehörenden Anhänger angerichtet worden ist. Auch dieser Entscheidung ist im Ergebnis beizupflichten, da der Anhänger als beförderte Sache im Sinne des § 11 Nr. 3 AKB zu qualifizieren ist. Hingegen überzeugt die vom BGH wiederum gewählte Begründung, daß sich die V des ziehenden Fahrzeugs auch auf den Anhänger beziehe, aus den dargestellten Gründen nicht.

[G 76] bb) Schäden an beförderten Sachen

aaa) Vorbemerkung

Schwieriger ist dagegen die Abgrenzung, was unter den mit dem Fahrzeug, auf das sich die V bezieht, **beförderten Sachen** zu verstehen ist. Rechtspolitisch verständlich ist dieser Ausschluß im **gewerblichen Güterverkehr** durch Kraftfahrzeuge. Für den Transport von Gütern im innerdeutschen Gebiet im **Fernverkehrsbereich** gibt hier die gesetzlich vorgeschriebene KVO-Haftpflichtv den erforderlichen Schutz (vgl. dazu § 27 GüKG) und für den grenzüberschreitenden Verkehr gilt weitgehend die zwingende CMR-Haftung (vgl. dazu Heuer, Die Haftung des Frachtführers nach dem Übereinkommen über den Beförderungsvertrag im internationalen Straßengüterverkehr, Hamburg 1975). Im gewerblichen **Nahverkehrsbereich** gibt es allerdings keine Haftpflichtvspflicht, es wird jedoch üblicherweise durch spezielle AGNB-Policen Haftpflichtvsschutz gegen eine Inanspruchnahme wegen der Beschädigung oder des Verlustes der transportierten Güter geboten. Hingegen läßt sich der Ausschluß der Ersatzansprüche der Insassen oder sonstiger Personen wegen der **nicht gewerblich transportierten Sachen** rechtspolitisch nicht so einfach begründen. Hier könnte freilich auf den im ersten Augenblick als bestechend erscheinenden Aspekt verwiesen werden, daß dieses Risiko durch eine **Reisegepäckv** vert werden könne. Zu bedenken ist dabei aber, daß bei einer durch den Eigentümer der beförderten Sachen abgeschlossenen Reisegepäckv unter Umständen der Vmer des Wagens, auf das sich die Kfz-Haftpflichtv bezieht, oder die sonst mitvten Personen bei einem von ihnen verschuldeten Schadenereignis dem Regreßanspruch des Gepäckvers ausgesetzt sind, ohne dafür in der Privat- oder Kfz-Haftpflichtv Vsschutz zu genießen. Das System des angebotenen Vsschutzes weist demgemäß Lücken auf, die nur durch individuelle Initiative überwunden werden können (z. B. durch vereinbarten Haftungsverzicht für leichte Fahrlässigkeit, vgl. dazu Bruck-Möller-Sieg Bd II Anm. 82 zu § 67 m. w. N., oder gar durch Abschluß spezieller Haftpflichtvsverträge). Rechtspolitisch erwägenswert wäre es daher, den Ausschlußtatbestand auf „gewerblich" mit dem Fahrzeug, auf das sich die V bezieht, beförderte Sachen zu beschränken. Mit dem Europäischen Übereinkommen (EK) über die obligatorische Haftpflichtv für Kraftfahrzeuge v. 20.IV.1959 (BGBl. II 1965 S. 282) steht die Ausschlußbestimmung aber vollen Umfangs im Einklang. Vgl. Anh. I Art. 3 II EK, wo ausdrücklich Schäden, die dem vten Fahrzeug und den mit diesem **beförderten Sachen** zugefügt worden sind, als Ausnahmen aufgeführt werden.

[G 77] bbb) Einzelheiten

Der Ausschlußtatbestand stellt auf den **Beförderungsvorgang** ab. Es wird zum Ausdruck gebracht, daß nur Haftpflichtansprüche wegen Schäden an solchen Sachen nicht vom Vsschutz erfaßt werden, die dem Beförderungsvorgang unterliegen. Sprachlich betrachtet könnte der Ausdruck „befördert" allerdings auch so ausgelegt

I. 9. Ausschlußtatbestände   **Anm. G 77**

werden, daß Schäden an sämtlichen Sachen, wenn sie nur einmal, gleich zu welcher Zeit, von dem Wagen, auf den sich die V bezieht, befördert worden seien, vom Vsschutz ausgeschlossen seien. Das ist aber nicht der Sinn der Ausschlußklausel. Diese will vielmehr nur die Haftpflichtansprüche bezüglich solcher Sachen vom Vsschutz ausschließen, die sich noch im „Beförderungsvorgang im engeren Sinne" befinden. Dabei ist der Ausdruck „Beförderungsvorgang" auch nur eine nicht ganz präzise Umschreibung des Gemeinten. In erster Linie ist dabei darauf abzustellen, ob sich die beschädigten Sachen schon (oder noch) im Kraftwagen oder dessen Anhänger befinden. War das zur Zeit des Eintritts des Schadenereignisses der Fall, so greift die Ausschlußklausel ein. Der Transportvorgang im Sinne des § 11 Nr. 3 AKB beginnt schon dann, wenn das Transportgut vom Halter oder seinen Leuten neben dem Fahrzeug angehoben wird, um auf dieses gelegt zu werden. Auch greift § 11 Nr. 3 AKB ein, wenn die Ware am Kranarm des vten Fahrzeugs befestigt und dabei beschädigt wird. Wird eine Platte an einem derartigen Kranarm schlecht befestigt und stürzt sie deshalb herunter, so ist der an ihr entstehende Schaden gemäß § 11 Nr. 3 AKB ausgeschlossen, dagegen nicht der Schaden an den anderen Platten. Für diese auf dem Boden liegenden Platten hat der Beförderungsvorgang durch den Kran-Lkw noch nicht begonnen. Soll ein Gegenstand aber angehoben werden und stürzt der Kranarm wegen eines Materialfehlers auf den gerade anzuhebenden Gegenstand, so ist der an diesem entstehende Schaden ausgeschlossen (LG Darmstadt 18.II.1987 r + s 1987 S. 220). Das Gesagte gilt aber nicht, soweit dabei solche Sachen beschädigt werden, die zwar auch befördert werden sollen, auf deren Beförderung die Tätigkeit des Kranbedieners aber im Schadenfall konkret nicht ausgerichtet war. Vgl. in diesem Zusammenhang auch BGH 29.III.1988 MDR 1988 S. 767–768 = r + s 1989 S. 194. Sieht man davon ab, daß in jenem Fall eine Sonderklausel zu beurteilen war, nach der kein Vsschutz wegen Beschädigung fremder Sachen bestand, die durch eine gewerbliche oder berufliche Tätigkeit des Vmers an oder mit diesen Sachen entstanden war, so ist dieser Fall aus der Sicht des § 11 Nr. 3 AKB dahin zu beurteilen, daß der Schaden an dem am Kranarm hängenden Seitenarm des Karussels ausgeschlossen ist, während der am stehenden Mittelmast des Karussels vom Vsschutz erfaßt wird, obwohl dieser Mast später ebenfalls demontiert und abtransportiert werden sollte.

Waren die Sachen dagegen bereits ausgeladen, so findet § 11 Nr. 3 AKB keine Anwendung, und zwar auch dann nicht, wenn die Güter noch direkt neben dem Transportmittel stehen oder liegen (BGH 3.XII.1991 NJW 1992 S. 900–902 = VersR 1992 S. 437–440, a. M. Ackmann VersR 1991 S. 864–865). Im Falle BGH 3.XII.1991 a. a. O. war eine gerade auf dem Hof des Bestellers abgeladene Maschine beim Rückwärtssetzen des LKW im engen Hof angefahren worden. Weiterer Beispielsfall OLG Saarbrücken 28.VI.1988 ZfS 1988 S. 366: Der Vmer hatte während des Abladevorgangs eine einem Insassen gehörende Tasche auf die Kaimauer gestellt und dann bei einem Sortieren verschiedener Gegenstände im Wagen durch eine ungeschickte Bewegung angestoßen, wodurch sie in das Meer fiel. Das Gericht verneinte den Vsschutz aus der Privathaftpflichtv, da der Schaden bei dem Gebrauch eines Kraftfahrzeugs entstanden war (da der Schadenfall sich auf Teneriffa [Kanarische Inseln] ereignete, wäre ein deutscher Kraftfahrzeughaftpflichtver nur bei Erweiterung des örtlichen Deckungsbereichs im Risiko gewesen [vgl. Anm. G 42]).

Zweifelhaft kann die Rechtslage bezüglich solcher Sachen sein, die vom Empfänger per Kran übernommen und dabei durch ein Anfahren des Lkw beschädigt werden. LG Hamburg 20.IV.1978 VersR 1978 S. 731–732 bejaht für diesen Fall den Vsschutz. Stiefel–Hofmann[15] Anm. 25 zu § 11 AKB, S. 531 wenden sich gegen diese Entscheidung, weil der Abladevorgang noch nicht abgeschlossen gewesen sei. Da nach der Beweisaufnahme aus dem Parallelverfahren aber davon auszugehen war, daß der betreffende Transformator über die Höhe des Seitenbordes hochgehoben und dann vom Lkw weg in Richtung Kran geschwenkt worden war, ist der Entscheidung beizupflichten.

Nach dem Wortlaut der Ausschlußklausel könnte man sie dann für nicht anwendbar halten, wenn sich die Sachen zwar im Kfz befinden, eine Fahrt aber noch nicht begonnen hatte. Dem läßt sich aber nach dem Sinn der Bestimmung entgegenhalten, daß mit dem Einladen der Beförderungsvorgang bereits begonnen hat, so daß § 11 Nr. 3 AKB Anwendung findet. Denkbar ist auch eine Fallgestaltung mit der Besonderheit, daß nachgewiesen wird, daß die im Wagen befindliche, beschädigte Sache gar nicht transportiert, sondern nur über Nacht im Wagen aufbewahrt werden sollte, um vor Antritt der Fahrt entfernt zu werden. Auch hier ist aber eine klare Abgrenzung vonnöten. Diese muß dahin gehen, daß auch in dem zitierten Beispielsfall die Ausschlußklausel Anwendung findet, weil der typischerweise von ihr erfaßte Fall, nämlich das Befinden dieser Sachen im Kfz, gegeben ist. Transportierte Sachen sind auch solche, die sich auf dem Dach eines Wagens befunden haben (etwa auf einem dort angebrachten Gepäckträger).

Zu untersuchen ist weiter, ob § 11 Nr. 3 AKB auch dann eingreift, wenn der Schaden nicht im Bereich der typischen Transportfunktion, nämlich der Beförderung im Wagen von Ort zu Ort eintritt, sondern durch einen **Arbeitsvorgang** des vten Fahrzeugs mit der beschädigten Sache. Hier ist auf den Einzelfall in dem Sinne abzustellen, ob der objektiv wägende Betrachter der Szene den betreffenden Lebensvorgang noch als einen **Transport** auffaßt oder nicht. **Beispiel:** Ein selbstfahrender Kranwagen soll eine von einem anderen Fuhrunternehmer angelieferte schwere Maschine in den 2. Stock eines Hauses heben. Die Maschine, nicht sorgsam genug befestigt, fällt während des Hochhebens herunter. § 11 Nr. 3 AKB findet Anwendung. Ein derartiges **Hochheben** ist als **Transportvorgang** anzusehen, als eine lediglich durch eine technische Besonderheit des betreffenden Fahrzeugs gekennzeichnete Beförderung (der Unterschied zu dem vom LG Hamburg 20.IV.1978 a. a. O. entschiedenen Fall liegt darin, daß dort die beschädigte Sache von einem vom Fahrzeug getrennten Kran abgehoben worden ist). Dagegen ist § 11 Nr. 3 AKB **nicht anzuwenden, wenn eine Planierraupe eine Sache zur Seite schiebt** und dabei beschädigt.

Mit dem Fahrzeug, auf das sich die V bezieht, werden danach nicht nur solche Sachen transportiert, die sich in diesem befinden, sondern auch solche, die mittels besonderer Einrichtungen des Fahrzeugs durch die Luft gehoben werden. Diese relativ weite Auslegung des Begriffs „mit dem Fahrzeug, auf das sich die V bezieht, beförderte Sachen" wird durch § 11 Nr. 3 S. 2 AKB bestätigt. Danach findet die Ausschlußbestimmung keine Anwendung auf das nicht gewerbsmäßige Abschleppen betriebsunfähiger Fahrzeuge aus Gefälligkeit im Rahmen der „Ersten Hilfe". Diese Bestimmung setzt begrifflich voraus, daß das Abschleppen eines Fahrzeugs primär dem Befördern mit einem Fahrzeug (mittels eines Fahrzeugs) gleichzusetzen ist (ebenso OLG Bremen 28.II.1979 VersR 1980 S. 226—227, OLG Koblenz 6.I.1986 VersR 1987 S. 707—708 = ZfS 1987 S. 276—277, Ehrich VersR 1977 S. 365—366, Theda r + s 1975 S. 26, anders OLG Schleswig 11.III.1975 VersR 1976 S. 163—164; der Vsschutz wird für solche Fälle aber auch vom BGH 11.VII.1978 NJW 1978 S. 2504 = VersR 1978 S. 1072 verneint, wenn auch mit abweichender Begründung [vgl. Anm. G 75]). Eine nach dem Sprachgebrauch an sich theoretisch denkbare einengende Auslegung des Ausschlußtatbestandes scheitert an dieser Überlegung. Dafür, daß § 11 Nr. 3 S. 2 AKB gewissermaßen als „Redaktionsversehen" aus der

I. 9. Ausschlußtatbestände **Anm. G 77**

alten Fassung der „Gewahrsamsklausel" übernommen worden ist, gibt es keinen verläßlichen Anhaltspunkt. Das Gesagte bedeutet zugleich, daß durch § 11 Nr. 3 AKB auch Haftpflichtansprüche wegen Schäden am „gezogenen" Anhänger und einem etwa darauf befindlichen Boot oder den sonst im (oder auf diesem) Anhänger befindlichen Sachen vom Vsschutz ausgeschlossen sind (so für Schäden am Anhänger im Ergebnis auch BGH 18.XII.1980 VA 1981 S. 169—170 Nr. 737 = VersR 1981 S. 322—323, wenn auch mit der kunstvoll aus § 10 a I 2 AKB gewonnenen Begründung, daß sich der Haftpflichtvsschutz auch auf den Anhänger beziehe; vgl. auch Anm. G 75 und speziell zum Anhängerrisiko G 52—57). Auch bei den Anhängerschäden spielt die zeitliche Abgrenzung des Vsschutzes eine wesentliche Rolle. Als „beförderte Sachen" im Sinne des § 11 Nr. 3 AKB sind grundsätzlich im Rahmen der hier erörterten Variante nur solche anzusehen, die sich im Zeitpunkt des Schadeneintritts auf dem Anhänger befinden, während noch eine Verbindung zwischen Kfz und Anhänger bestand. Beschädigt mit anderen Worten ein Fahrzeug einen früher mit ihm verkoppelt gewesenen Anhänger und/oder die darauf befindlichen Sachen, so greift insoweit § 11 Nr. 3 AKB nicht ein. Entsprechendes gilt für die abgeschleppten Fahrzeuge. Als zeitliche Grenze wird man hier die Beendigung des Abkopplungsvorgangs anzusehen haben.

Nicht alle Sachen, die sich im Fahrzeug befunden haben, können als mit dem Fahrzeug „beförderte" angesehen werden. Auch hier ist auf die Verkehrsauffassung abzustellen. So scheidet z. B. nach dem Sprachgebrauch die Kleidung von Insassen aus. Zur Kleidung wird man aber auch die sonstigen üblichen Begleitgegenstände eines zivilisierten Menschen rechnen können, wie z. B. Handtaschen oder Aktenmappen, ferner Regenschirme und Spazierstöcke. Auch ein den Insassen begleitender Fotoapparat oder eine Filmkamera kann im Einzelfall noch diesem persönlichen Bereich zugerechnet werden, in dem nach der Auffassung des Verkehrs nicht der Transport im Vordergrund steht (a. M. Ackmann VersR 1991 S. 864, der sämtliche Sachen, die eine transportierte Person mit sich führt, unter die Ausschlußklausel subsumiert). Den richtigen Ansatzpunkt zur Auslegung des § 11 Nr. 3 AKB gewinnt man, wenn man sich den Zweck dieser Ausschlußbestimmung überlegt. Dieser Zweck geht in erster Linie dahin sicherzustellen, daß für den gewerblichen Güterverkehr hinsichtlich der transportierten Sachen kein Vsschutz bestehen soll. Darüber hinaus sollen diejenigen Fälle erfaßt werden, in denen ein Auto im privaten Bereich als Transportmittel für Sachen benutzt wird, sei es, daß z. B. tatkräftig beim Umzug eines Freundes geholfen wird, sei es, daß der Koffer einer Tante zum Bahnhof gefahren wird. Soweit dagegen abends Gäste gemeinsam nach Hause fahren und einer von ihnen unter dem Arm ein vom Hausherrn geliehenes Buch trägt und der andere seinen Fotoapparat bei sich führt, mit dem er auf dem Fest gerade Aufnahmen gemacht hat, handelt es sich nicht um die vom Zweck der Ausschlußbestimmung erfaßten Sachen. Der Sprachgebrauch sieht hier den Transport der Personen als das entscheidende Merkmal des Vorgangs an. Die erwähnten Sachen werden daher vom Ausschlußtatbestand ebensowenig erfaßt wie die Uhren, Geldbörsen oder Brieftaschen der Insassen. Nur der Vollständigkeit halber sei bemerkt, daß Brillen, Hörgeräte und am Körper getragene Schmuckstücke genauso wie die schon erwähnten Kleidungsstücke nicht vom Ausschlußtatbestand erfaßt werden. Daß diese Sachen tatsächlich einem Beförderungsvorgang unterliegen, ändert nichts daran, daß die Ausschlußbestimmung nach ihrem dargestellten Zweck nicht eingreift (vgl. auch die entsprechende Abgrenzung im Haftungsrecht gemäß § 8 a I 2 StVG, nach der für beförderte Sachen nur gehaftet wird, wenn die gleichzeitig beförderte Person sie an sich trägt oder mit sich führt). Liegt aber der Mantel eines Dritten im Kofferraum und wird er bei dem Ausladen durch den Vmer durch zu frühes Zuschlagen des

Kofferraumdeckels beschädigt, so greift die Ausschlußklausel ein (vgl. AG Bünde 3.II.1984 ZfS 1984 S. 113). LG Hamburg 22.XI.1962 VersR 1963 S. 252 hat zu § 11 Nr. 6 AKB a. F. Haftpflichtansprüche wegen Beschädigung von Reisegepäck im Kofferraum eines Reiseomnibusses als nicht vert angesehen. Ungeachtet dessen, daß diese Entscheidung sich auf einen damals ganz anders lautenden Ausschlußtatbestand stützen konnte, besteht für einen derartigen Schadenersatzanspruch auch heute kein Vsschutz.

Entstehen durch Schäden an beförderten Sachen weitere Sachschäden, so greift hinsichtlich dieser **Folgeschäden § 11 Nr. 3 AKB nicht ein** (BGH 28.V.1969 VersR 1969 S. 727 = DAR 1969 S. 243). Vom BGH 28.V.1969 a. a. O. war ein Fall zu beurteilen, bei dem der **Tank eines Silo-Fahrzeugs nicht ausreichend gesäubert worden war**. Das transportierte Kalksteinmehl wurde mit Spuren von Branntkalk vermengt, der das Kalksteinmehl, das zur Herstellung von Asphaltböden für eine Straße verarbeitet wurde, zersetzte mit der Folge, daß diese Asphaltböden Blasen warfen. Hinsichtlich des an den Asphaltböden entstandenen Schadens wurde der Vsschutz mit der Begründung bejaht, daß § 11 Nr. 3 AKB (damals § 11 Nr. 6) in seinem Anwendungsbereich auf die Wertminderung der geschädigten Sache selbst und den dadurch entgangenen Nutzen beschränkt sei. Dagegen bestehe für anderweitige Schäden, die sich nicht als Schäden an der beförderten Sache selbst darstellen, sondern als deren weitere Auswirkung, auch dann kein Deckungsausschluß, wenn ihre Ursache in der Beschädigung der beförderten Sache selbst liege (zustimmend Prölss–Martin–Knappmann[25] Anm. 4 zu § 11 AKB, S. 1464–1465, Stiefel–Hofmann[15] Anm. 23 zu § 11 AKB, S. 530; vgl. auch Eberhardt ZfV 1969 S. 657, ferner Anm. G 51 m. w. N.). Genauso sind diejenigen Fälle zu behandeln, bei denen die Schädigung der beförderten Sache im letzten Stadium des Abladevorgangs durch Vermischung des bis dahin einwandfreien Ladeguts mit einer anderen Sache erfolgt. Pumpt demgemäß ein Tankwagenfahrer den beförderten Kraftstoff versehentlich in einen Tank, der mit einer anderen Treibstoffsorte gefüllt ist, so wird nur der Schaden an diesem Treibstoff von der Haftpflichtv des Tankwagens erfaßt, hingegen besteht keine Deckung für den Vermischungsschaden am beförderten Gut (OLG Nürnberg 14.I.1982 VersR 1982 S. 1082 = ZfS 1983 S. 20). Ein vter Folgeschaden liegt auch vor, wenn transportiertes Fremdöl ausläuft und die Straße verschmutzt. Für Haftpflichtansprüche hinsichtlich des damit an dieser Straße entstandenen Sachschadens besteht Vsschutz (streitig, vgl. Anm. G 47). Eine Ersatzpflicht des Vers ist in dieser Situation aber auch dann gegeben, wenn eigene Sachen des Vmers die vom Fahrzeug herunterfallen, die Straße verunreinigen. Vgl. dazu LG Würzburg 23.X.1985 r + s 1986 S. 171; in jenem Fall verunreinigte Kleie die Autobahn, da diese Kleie zu 85% noch verwertbar war, sprach das Gericht in einer nach Treu und Glauben vorgenommenen Abgrenzung dem Vmer nur den Ersatz von 15% der Aufräumungs- und Abtransportkosten zu.

BGH 21.IX.1983 BGHZ Bd 88 S. 228–231 hat zu § 4 I Ziff. 6 b AHB entschieden, daß sich dort der Ausschluß nur auf den **eigentlichen Sachschaden** beziehe, dagegen nicht auf den **Sachfolgeschaden, auch wenn dieser nicht in der Form der Beschädigung einer anderen Sache** eintritt. Im konkreten Fall wurde deshalb Haftpflichtvsschutz wegen der Inanspruchnahme eines Mietgabelstaplers und der Kosten des Hin- und Rücktransports für dieses Ersatzgerät bejaht. Eine Übernahme dieser Rechtsprechung im Hinblick auf die Abgrenzung des § 11 Nr. 3 AKB ist nicht zu empfehlen. Vielmehr erscheinen die in BGH 28.V.1969 a. .a O. angestellten Überlegungen als einleuchtend. Vom durchschnittlichen Vmer wird eine Abgrenzung durchaus als sachgerecht verstanden, daß alle aus der Beschädigung eines abgeschleppten Fahrzeugs oder transportierten Gutes entstehenden Schäden

I. 9. Ausschlußtatbestände   Anm. G 78

ausgeschlossen sind, soweit sie nicht zu einem weiteren Sach- oder zu einem Körperschaden führen. Demgemäß erfaßt der Ausschluß auch die aus dem Sachschaden resultierenden „unechten" Vermögensschäden, wie z. B. entgangener Gewinn, Verdienstausfall, Mietwagenkosten oder Nutzungsausfall (dem BGH 21.IX.1983 a. a. O. zu § 4 I Ziff. 6 b AHB zustimmend Prölss – Martin – Voit[25] Anm. 6 d zu § 4 AHB, S. 1123 m. w. N., kritisch von Forstner VersR 1984 S. 750 – 751; vgl. auch Bd IV Anm. G 216 und 253). – Vom AG Bremervörde 5.VII.1985 VersR 1987 S. 250 (nur L. S.) ist entschieden worden, daß die Gewahrsamsklausel nach § 11 Nr. 3 AKB auch dann eingreife, wenn das für den geschädigten Dritten vom verunfallten Fahrzeug transportierte Beförderungsgut nicht rechtzeitig an eine Baustelle gelange, so daß es zu einem Schaden durch Ausfallzeiten an der Baustelle komme. Da der Ersatzanspruch des Dritten nicht aus der Beschädigung des transportierten Gutes abgeleitet wurde und er auch nicht Eigentümer oder Besitzer des Fahrzeugs war, auf das sich die V bezieht, gründete sich der Anspruch letzten Endes nicht auf einen Sachschaden, sondern auf die verspätete Erfüllung des Beförderungsvertrages, also auf einen reinen Vermögensschaden. Es war deshalb zu prüfen, ob der Ausschlußtatbestand nach § 11 Nr. 4 (2. Altern.) eingreift (vgl. dazu Anm. G 92).

Denkbar ist, daß der Vmer gar nichts davon weiß, daß mit seinem Fahrzeug das Fahrzeug eines anderen Verkehrsteilnehmers abgeschleppt wird oder daß in seinem Wagen Sachen dritter Personen befördert werden. Für solche Fälle ist theoretisch eine Ausgestaltung des Bedingungswerkes in der Weise möglich, daß wohl dem Vmer Vsschutz gewährt wird, nicht dagegen dem Fahrer. Eine solche Differenzierung wird in § 11 Nr. 3 S. 1 AKB aber nicht vorgenommen. Der Bedingungswortlaut stellt lediglich auf die ohne Berücksichtigung subjektiver Elemente zu ermittelnde Tatsache der Beförderung ab. Demgemäß besteht sowohl für den Vmer als auch für die mitvten Personen kein Vsschutz hinsichtlich solcher Schadenersatzansprüche wegen der Beschädigung transportierter Sachen.

[G 78] cc) Ausnahme für „Erste-Hilfe"-Fälle

  aaa) Abgrenzung

§ 11 Nr. 3 S. 1 AKB findet nach S. 2 dieser Vorschrift keine Anwendung auf das **nicht gewerbsmäßige Abschleppen betriebsunfähiger Fahrzeuge aus Gefälligkeit im Rahmen der ersten Hilfe**. Das bedeutet, daß ein Schadenersatzanspruch wegen einer Beschädigung des abgeschleppten Fahrzeugs oder der in diesem befindlichen Sachen vom Vsschutz erfaßt wird. Die Ausnahmeregelung des § 11 Nr. 3 S. 2 AKB bezieht sich also nicht nur auf das **abgeschleppte Fahrzeug**, sondern **auch auf die in diesem beförderten Sachen**. Mag die Ladung auch noch so wertvoll sein, stets besteht auch für Haftpflichtansprüche wegen Beschädigung dieser Sachen durch den Abschleppvorgang unter der hier genannten Voraussetzung Vsschutz. Rechtspolitisch ist diese Regelung begrüßenswert, weil sie die private Hilfsbereitschaft fördert. Daß der gewerbliche Abschleppunternehmer nicht in den Genuß dieser Vergünstigung kommt, ist aus der Überlegung heraus verständlich, daß es sich für diesen um das typische Berufsrisiko handelt, das im Rahmen spezieller Ven abgedeckt werden kann (nämlich durch eine Händler- und Reparaturkaskov für Kfz-Handel- und -Handwerk gemäß entsprechender Sonderbedingung; vgl. Jung DAR 1983 S. 155). Zum Begriff der Gewerbsmäßigkeit und des damit gleichzusetzenden gewerblichen Tuns vgl. Anm. F 14 und Bd IV Anm. G 88 und 203. Zu beachten ist, daß es nach dem Wortlaut der Bedingungsbestimmung nicht genügt, daß es sich für den Vmer um kein gewerbliches Tun handelt, daß dieser vielmehr auch noch aus Gefälligkeit handeln mußte. Damit werden diejenigen Fälle ausgeschieden, in denen der Vmer zwar nicht gewerbsmäßig handelt, sich aber dennoch im Einzelfall ein Entgelt ausbedingt. Nicht jede Geldzahlung des Abzuschleppenden schließt den Gefälligkeitscharakter im Sinne des § 11 Nr. 3 S. 2 AKB aus. Aus Gefälligkeit handelt vielmehr auch noch derjenige, der sich ausbedingt, daß ihm die durch das Abschleppen entstandenen effektiven Auslagen ersetzt werden. Wer dagegen seine Hilfe um des Gewinns wegen leistet und entsprechendes Entgelt, wenn auch nebenberuflich oder ganz in der privaten Sphäre, fordert und nehmen will, kommt nicht in den Genuß der die private Hilfe privilegierenden Ausnahmebestimmung.

Erbringt jemand eine Abschlephilfe unentgeltlich, so wird aus dieser Gefälligkeitshandlung nicht dadurch, daß ihm der Abgeschleppte ungeachtet dessen, daß die Abschleppbemühungen in einem Straßengraben endeten, ein Geschenk zukommen läßt, ein entgeltliches Tun. Leistet ein Taxifahrer durch Abschleppen „Erste Hilfe", so muß der Abgeschleppte mit Rücksicht auf den Beruf des Helfers, wenn keine ausdrücklich abweichende Vereinbarung getroffen worden ist, im Regelfall davon ausgehen, daß diese Hilfe nur entgeltlich geleistet wird. Vgl. § 632 I BGB; danach gilt eine Vergütung als stillschweigend vereinbart, wenn die „Herstellung des Werkes" den Umständen nach nur gegen eine Vergütung zu erwarten ist. Gefälligkeitshandlungen durch Berufskraftfahrer, namentlich von Fernfahrern, sind häufig zu beobachten. Daß der Helfer dabei unter Umständen ein Trinkgeld erwartet, ändert an dem Gefälligkeitscharakter des Vorgangs nichts. Auch ein Abschleppunternehmer, der regelmäßig gewerblich tätig ist, kann ausnahmsweise einmal im Rahmen der „Ersten Hilfe" unentgeltlich tätig werden. Beispiel: Unentgeltliches Abschleppen des Fahrzeugs der Mutter eines solchen Unternehmers aufgrund eines vorangegangenen telefonischen Hilferufs. Es versteht sich, daß für eine solche Ausnahmesituation der Vmer voll darlegungs- und beweispflichtig ist. Es ist allerdings ohnedies Sache des Vmers, die Ausnahmevoraussetzungen des § 11 Nr. 3 S. 2 AKB zu beweisen (vgl. Anm. G 79). Unter „Erster Hilfe" ist die im unmittelbaren zeitlichen Zusammenhang mit dem Verlust der Fahrfunktion eines Kraftwagens stehende Abschlephilfe zu verstehen. Dabei ist es nicht unbedingt erforderlich, daß das Abschleppen sofort nach dem Eintritt der Fahruntüchtigkeit des defekten Fahrzeugs vorgenommen wird. Erfahrungsgemäß vergehen darüber ohnedies immer einige Stunden. Unter „Erster Hilfe" ist vielmehr auch noch ein Lebensvorgang einzuordnen, bei dem der über die Fahrunfähigkeit seines Fahrzeugs verärgerte Autofahrer dieses in der Innenstadt auf den Bürgersteig schiebt, um nach der Heimfahrt mit öffentlichen Verkehrsmitteln am nächsten Morgen mit der Hilfe eines Nachbarn den Wagen zur Werkstatt abzuschleppen. Läßt der Betroffene aber das Fahrzeug über Wochen stehen, so kann in dem dann schließlich erfolgenden Abschleppen nach dem Sprachgebrauch nicht mehr eine „Erste-Hilfe"-Leistung gesehen werden. Nach Jung DAR 1983 S. 155 ist beim Abschleppen im Rahmen der „Ersten Hilfe" unter anderem auch die Vorschrift des § 15 a StVO zu berücksichtigen. Das ist sicher wünschenswert, darf aber nicht in dem Sinne verstanden werden, daß bei einer Nichteinhaltung jenes Ordnungsrechts der Vsschutz entfällt.

Prölss—Martin—Knappmann[25] Anm. 4 zu § 11 AKB, S. 1465 bemerken, daß das Abschleppen nur bis zu einer nahegelegenen Tankstelle oder Reparaturwerkstatt gedeckt sei, die zur Abhilfe bereit und in der Lage sei (ähnlich Stiefel—Hofmann[15] Anm. 31 zu § 11 AKB, S. 532—533). Von Pienitz—Flöter[4] Anm. B 3 zu § 11 AKB, S. 5 wird aber zu Recht darauf hingewiesen, daß es an einer ausdrücklichen Regelung im Bedingungsrecht fehlt, wonach das Abschleppen lediglich bis zur nächstgelegenen Reparaturwerkstatt oder Tankstelle von der Ausnahmeregelung erfaßt werde. Abzustellen ist somit auf den Standpunkt eines verständigen Verkehrsteilnehmers. Wenn diesem z. B. die nächste Spezialwerkstatt nicht bekannt ist und er deshalb den Weg

I. 9. Ausschlußtatbestände Anm. G 79

zu einer anderen einschlägt, so besteht keine Veranlassung, dafür keinen Vsschutz zu gewähren. Eine zu enge Abgrenzung ist zu vermeiden (vgl. Brugger VersR 1962 S. 5, dem Grundsatz nach auch Stiefel—Hofmann a. a. O.). Es muß dabei beachtet werden, daß ein Fahrzeugeigner regelmäßig Wert darauf legt, daß eine Reparatur tunlichst an seinem Wohnort und bei der ihm bekannten Fachwerkstatt durchgeführt wird. Wenn daher z. B. ein Unfall in einem Radius von 40—50km um eine Großstadt herum geschieht und der Eigner Wert darauf legt, daß das Abschleppen zu seiner ihm bekannten Werkstatt erfolgt, so ist für einen solchen Vorgang immer noch Vsschutz gegeben. Eine besondere Situation in tatsächlicher Hinsicht ist am Wochenende gegeben. Hier haben Werkstätten normalerweise geschlossen. An solchen Tagen wird man einen länger währenden Abschleppvorgang der Ausnahmeregelung des § 11 Nr. 3 S. 2 AKB eher zuzuordnen haben als an anderen Tagen. Denn wenn im Grunde genommen überhaupt keine Reparaturwerkstatt bereit ist, an diesem Tage eine Leistung zu erbringen, dann wird das Bemühen der am Abschleppvorgang beteiligten Personen, für den nächsten Tag eine Werkstatt zu erreichen, die dem Eigner des beschädigten Fahrzeugs bekannt ist, aus der Sicht des Durchschnittsbürgers verständlich. Wenn ein Vmer auch in diesem Rahmen hilft, so sollte für die dabei erfolgenden Unglücksfälle tunlichst Vsschutz bestehen. Aus diesem Grunde erscheint es durchaus vertretbar, in dem vom OLG Schleswig 11.III.1975 VersR 1976 S. 163—164 entschiedenen Fall Vsschutz zu gewähren; es handelte sich dabei darum, daß ein Klubkamerad aus einem Motor-Sportklub einen Kollegen, der am Wochenende in Dänemark liegengeblieben war, am Sonntagmorgen gegen 3.00 Uhr abschleppte. Der Unfall trat nach einer Abschleppdauer von 3 Stunden ein. Wenn man bedenkt, daß für den Fahrzeugeigner eine Reparatur in Dänemark mit größeren Schwierigkeiten, weitab von seinem Wohnort, verbunden ist, wird man den Vorgang unter diesen speziellen Voraussetzungen auch noch der Ausnahmeregelung zuzuordnen haben.

[G 79] bbb) **Beweislast**

Beweispflichtig dafür, daß die Voraussetzungen des § 11 Nr. 3 S. 2 AKB gegeben sind, nach denen der Ver abweichend vom Grundsatz des § 11 Nr. 3 S. 1 AKB für Schadenersatzansprüche aus der Beschädigung abgeschleppter Fahrzeuge Vsschutz zu gewähren hat, ist der Vmer. An und für sich ist es lediglich Sache des Vmers, darzutun und zu beweisen, daß ein Schadenereignis in den primären Deckungsbereich der Kfz-Haftpflichtv fällt. Alsdann ist es Sache des Vers, darzutun und zu beweisen, daß ein Ausschlußtatbestand eingreift (vgl. ergänzend Anm. G 63 m. w. .N.). Überspitzt könnte man in einem Fall der vorliegenden Art so formulieren, daß nach § 11 Nr. 3 S. 2 AKB dem Vmer auferlegt wird, das Nichteingreifen eines Ausschlußtatbestandes zu beweisen, womit von der normalen Beweislastverteilung abgewichen werde. Zu beachten ist aber, daß es dem Ver ohne weiteres möglich gewesen wäre, schon in der primären Deckungsumschreibung des § 10 AKB zum Ausdruck zu bringen, daß zum vten Gebrauch eines Fahrzeugs auch das nicht gewerbsmäßige Abschleppen eines anderen Fahrzeugs aus Gefälligkeit im Rahmen der „Ersten Hilfe" gehört. Alsdann wäre es auch Sache des Vmers gewesen, den jetzt für das Eingreifen des § 11 Nr. 3 S. 2 AKB erforderlichen Nachweis der aufgeführten drei besonderen Tatbestandsmerkmale zu erbringen. Insofern ist § 11 Nr. 3 S. 2 AKB eine Vorschrift von sachlogischer Konsequenz, wenn sie für den hier erörterten Ausnahmefall, in dem abweichend vom dargestellten Grundsatz für Abschleppvorgänge doch Vsschutz gewährt wird, die Beweislast dem Vmer auferlegt. Es wäre daher verfehlt, diese Regelung als eine unangemessene Benachteiligung im

Sinne des § 9 I AGBG einzuordnen. Das Gesagte gilt um so mehr, als die Beweislast des Vers nach § 11 Nr. 3 S. 1 AKB ohnedies unberührt bleibt. Ist also streitig, ob ein Abschleppvorgang schon begonnen oder ob der Vmer das abschleppende Fahrzeug vor Beginn der Abschlepphandlung angefahren hatte, so gehen die Folgen einer solchen Beweislosigkeit weiterhin zu Lasten des Vers. Davon abgesehen, verstößt die Regelung aber auch nicht gegen § 11 Nr. 15 AGBG, da dem Vmer lediglich die Beweislast für solche Umstände auferlegt worden ist, die in seinen **Verantwortungsbereich** fallen, also nicht in den des Vers als Verwender der AGB.

e) Vorsatzschäden

Gliederung:

Schrifttum G 80

aa) § 152 G 81–89
    aaa) § 152 VVG und der Schutz des geschädigten Dritten G 81
    bbb) Grundfragen zum Vorsatzbegriff G 82
    ccc) Einschluß des Schadeneintritts in das Vorstellungsbild des Vmers G 83
    ddd) Einstehen für Dritte G 84–88
        α) Mehrere Vmer G 84
        β) V für fremde Rechnung G 85–87
            αα) Vorsätzliche Herbeiführung des Vsfalls durch den Vten G 85

            ββ) Auswirkung der vorsätzlichen Herbeiführung des Vsfalls durch den Vmer auf die Rechtsstellung des Vten G 86–87
                ααα) Rechtslage bis zum 31.XII.1990 G 86
                βββ) Änderung der Rechtslage ab 1.I.1991 G 87
        γ) Repräsentantenhaftung G 88
    eee) Beweislast G 89
    bb) Sonderregelung für „reine" Vermögensschäden G 90–91
        aaa) Abänderung des § 152 G 90
        bbb) Einzelheiten G 91

[G 80] Schrifttum:

Bruck–Möller–Sieg Bd II Anm. 1–92 zu § 61 m. w. N. in Anm. 2 (grundlegend); vgl. ferner Bd IV Anm. G 219–233 m. w. N.; ferner Baumann Vierteljahreszeitschrift für Sozialrecht 1975 Bd III S. 1–45, Dannert r + s 1989 S. 381–385, 1990 S. 1–6, Hansen, Beweislast und Beweiswürdigung im Vsrecht, Frankfurt a. M. Bern New York Paris 1990 (zit. Hansen Beweislast), ders. ZfV 1990 S. 621–622, ders. ZfV 1991 S. 505–506, Johannsen, Haftpflichtvsschutz gegen Umweltschäden durch Verunreinigung des Erdbodens und der Gewässer, Hamburg 1987 (zit. Johannsen Umweltschäden), ders. in Symposium „80 Jahre VVG", Karlsruhe 1988, S. 196–239 (zit. Johannsen Symposium), ders. VersR 1991 S. 500–505, Knoche, Vorgetäuschte und vorsätzlich herbeigeführte Vsfälle, Göttingen 1991 (zit. Knoche Vsfälle), Möller DAR 1955 S. 12–14, Möring VersR 1955 S. 677, Palmer VersR 1984 S. 817–819, Reiff VersR 1990 S. 113–124, Rischar VersR 1983 S. 916–917, ders. VersR 1984 S. 1025–1027, Schlegelmilch VersR 1984 S. 22, ders. VersR 1985 S. 21–22, Sieg VersR 1978 S. 193–194, Späth VersR 1988 S. 1123–1124, Staab, Betrug in der Kfz-Haftpflichtv, Karlsruhe 1991 (zit. Staab Betrug), Weber DAR 1987 S. 333–364; w. N. in Anm. B 97.

[G 81] aa) § 152 VVG

aaa) § 152 VVG und der Schutz des geschädigten Dritten

Nach § 152 haftet der Ver nicht, wenn der Vmer **vorsätzlich** den Eintritt der Tatsache, für die er dem Dritten verantwortlich ist, **widerrechtlich** herbeigeführt hat. Dieser Ausschlußtatbestand gilt auch in der Kfz-Haftpflichtv (ständige Rechtsprechung, vgl. nur BGH 27.X.1954 VA 1955 S. 74–75 Nr. 87 = VersR 1954 S. 591, 15.XII.1970 NJW 1971 S. 459–461 = VersR 1971 S. 239–241, 30.IX.1980 NJW

1981 S. 113 = VersR 1981 S. 40; ferner Möller Bd II Anm. 9 zu § 61). Er ist in § 11 AKB nicht besonders aufgeführt worden, weil er von den Bedingungsverfassern als selbstverständlich vorausgesetzt worden ist. Nach § 3 Ziff. 6 PflichtvsG in Verbindung mit § 158 c III wirken sämtliche Ausschlußtatbestände auch gegenüber dem geschädigten Dritten (vgl. Anm. B 51). Demgemäß kann der geschädigte Dritte im Falle einer vorsätzlichen Herbeiführung des Vsfalles durch den Vmer den Ver auch nicht im Rahmen der überobligationsmäßigen Haftung gemäß § 3 Ziff. 4, 5 PflichtvsG in Anspruch nehmen (BGH 15.XII.1970 a. a. O., 30.IX.1980 a. a. O., OLG Frankfurt a. M. 9.III.1976 VersR 1978 S. 221, OLG Frankfurt a. M. 20.X.1982 VersR 1983 S. 464–465, KG 5.VI.1989 VersR 1989 S. 1118–1119 = VerkMitt 1989 S. 70–71; w. N. in Anm. B 51). Daß in Konsequenz dieses aus vsrechtlicher Sicht sachlogischen Grundsatzes der Dritte bei vorsätzlicher Schadenzufügung ungeschützt blieb, ist nach Einführung der Kraftfahrzeughaftpflichtv aus sozialen Gründen immer wieder bedauert worden (vgl. Möller a. a. O. Anm. 80 zu § 61, Möller DAR 1955 S. 14, Müller–Stüler Direktanspruch S. 47 m. w. N., Baumann Vierteljahresschrift für Sozialrecht 1975 Bd III S. 27–29). Zum 12.V.1976 ist bei der generellen Regelung der Entschädigungspflicht des Staates gegenüber den Opfern von Gewalttaten (Gesetz vom 11.V.1976, BGBl. I S. 1181) diese empfindliche Lücke im Schutzsystem der Daseinsvorsorge dadurch geschlossen worden, daß in dem neueingefügten § 12 I Ziff. 3 PflichtvsG für Opfer vorsätzlicher Schädigungen im Straßenverkehr eine Haftung des Entschädigungsfonds geschaffen worden ist (vgl. Anm. B 108). Wenn vom Richter daher heute eine Direktklage des Dritten wegen vorsätzlicher Herbeiführung des Vsfalles durch den Vmer abgewiesen wird, so braucht kein bewußtes oder unbewußtes Bedauern mit dem Verkehrsopfer bei dieser Entscheidung mitzuschwingen, da nach der zitierten Bestimmung des § 12 I Ziff. 3 PflichtvsG dessen Ansprüche nunmehr weitgehend sichergestellt sind (entgegen der Annahme von Möller a. a. O. Anm. 80 zu § 61 findet die Einschränkung der Haftung des Entschädigungsfonds gemäß § 12 II PflichtvsG für Schmerzensgeldansprüche und Sachschäden auf den Fall des § 12 I Ziff. 3 PflichtvsG keine Anwendung; dafür, daß im übrigen gegen die Wirksamkeit der in § 12 II PflichtvsG verankerten unterschiedlichen Behandlung der drei Opfergruppen Bedenken bestehen, vgl. Anm. B 117). Allerdings ist der Richter des anschließend gegen den Entschädigungsfonds gerichteten Prozesses im Rechtssinne an die Feststellung vorsätzlichen Tuns im vorangegangenen Rechtsstreit nicht gebunden. Demgemäß sind theoretisch immer noch Fälle denkbar, in denen ein Verkehrsopfer zwischen die Mühlen zweier solcher Prozesse gerät. Indessen hat es der Dritte in der Hand, eine solche Diskrepanz der Entscheidungen zu vermeiden, indem er nämlich dem Entschädigungsfonds im Prozeß über den Direktanspruch gemäß § 72 ZPO den Streit verkündet mit der Wirkung, daß im nachfolgenden Rechtsstreit von dem Streitverkündeten nicht mehr eingewendet werden darf, daß der Vorprozeß unrichtig entschieden worden sei (vgl. § 68 ZPO). Fälle aus der Gerichtspraxis, in denen vom Entschädigungsfonds die Entscheidung des Vorprozesses hinsichtlich der Feststellung des Vorsatzes in Zweifel gezogen worden ist, sind im übrigen im veröffentlichen Schrifttum nicht bekannt geworden. Ein solches Verhalten würde wohl auch — von besonderen Ausnahmefällen abgesehen — auf wenig Verständnis stoßen und den rechtsethisch fundierten Grundüberlegungen, die zur Errichtung dieser Institution geführt haben, widersprechen (vgl. dazu eindringlich Weber DAR 1987 S. 343–344 m. w. N.). Entsprechendes gilt in denjenigen Fällen, in denen die Feststellung des vorsätzlichen Verhaltens des Vmers oder des Vten nicht im Prozeß zwischen dem Dritten und dem Ver sondern in dem vom Vmer (oder Vten) angestrengten Deckungsstreit getroffen worden ist (vgl. zu den Wechselwirkungen zwischen dem Vsschutzprozeß und dem über den Direktanspruch Anm. B 41 m. w. N.). Demgemäß darf aus heutiger Sicht auch die an sich naheliegende Frage, ob es nicht besser gewesen wäre, dem Ver im Rahmen der Kfz-Haftpflichtv im Verhältnis zum geschädigten Dritten den Vorsatzeinwand durch eine Gesetzesänderung schlechthin zu versagen, verneint werden (a. M. insoweit Baumann Vierteljahresschrift für Sozialrecht 1975 S. 28—29).

Zu beachten ist im übrigen bei der Abgrenzung der Eintrittspflicht des Entschädigungsfonds für Vorsatzschäden gemäß § 12 I Ziff. 3 PflichtvsG, daß der Vmer im Regelfall wegen eines vorsätzlichen Verstoßes des Vten den eigenen Vsschutz nicht verliert (vgl. dazu Anm. G 85 und B 108). Mit einem solchen Fall befaßt sich BGH 15.XII.1970 a. a. O. Die Haftung des Vmers, der die Schwarzfahrt schuldhaft im Sinne des § 7 III 1 StVG ermöglicht hatte, wurde auch auf die Zahlung eines Schmerzensgeldes wegen einer vorsätzlich durch den Schwarzfahrer begangenen Körperverletzung erstreckt (mit der Einschränkung, daß dieser Schmerzensgeldanspruch gegen den nur fahrlässig handelnden Vmer geringer sein müsse als der gegen den vorsätzlich handelnden Vten). Für einen derartigen Fall vgl. auch BGH 30.IX.1980 NJW 1981 S. 113 = VersR 1981 S. 40.

[G 82] bbb) Grundfragen zum Vorsatzbegriff

Für die Haftpflichtv ist in § 152 abweichend von § 61 eine Sonderregelung gegenüber allen anderen Schadenvszweigen dahin getroffen worden, daß die Herbeiführung des Vsfalls durch **grobe Fahrlässigkeit** des Vmers den Vsschutz nicht berührt. Nur die **vorsätzliche Verwirklichung der vten Gefahr** stellt einen Ausschlußgrund im Sinne der gesetzlichen Regelung dar. Im Rahmen der Erörterung der Bestimmung des § 61 ist von **Möller** 1978 die **Vorsatzproblematik** unter besonderer **Berücksichtigung der Haftpflichtv** abgehandelt worden (vgl. Bd II Anm. 1—92 zu § 61). Auf diese Ausführungen wird ergänzend Bezug genommen (ferner auf Bd IV Anm. G 220—225). Speziell zur **rechtstheoretischen Einordnung des § 152 als Gefahrumstandsausschlußregelung** und zu den abweichenden Konstruktionen vgl. Möller a. a. O. Anm. 17—22 zu § 61. Bemerkenswert ist, daß von Möller a. a. O. Anm. 29 zu § 61 m. w. N. (abweichend von Bruck 7. Aufl. Anm. 18 zu § 61) im Rahmen des § 152 das **Unterlassen dem aktiven Tun gleichgestellt** wird. Das gilt allerdings nur dann, wenn für den Vmer eine **Rechtspflicht zum Handeln** bestand (vgl. Bd IV Anm. G 222). Zum Vorsatzbegriff im Sinne des § 152 ist besonders bedeutsam, daß ein Handeln mit „**natürlichem**" **Vorsatz** nicht ausreicht, sondern nur das Tun oder Unterlassen einer im konkreten **Falle schuldfähigen Person von Relevanz** ist (vgl. Möller a. a. O. Anm. 41 zu § 61 m. w. N., ferner Bd IV Anm. G 226). Das gilt nicht nur für Schuldunfähige im Sinne der §§ 827, 828 BGB, sondern auch für einen Vmer, der sich auf den Schuldausschließungsgrund des Notstandes gemäß § 35 StGB berufen kann (vgl. dazu und zu anderen Schuldausschließungsgründen wiederum Möller a. a. O. Anm. 52 zu § 61). Zur Beweislast für die Frage der Schuldfähigkeit vgl. Anm. G 89.

Vorsätzlich im Sinne des § 152 handelt der Vmer ferner nur dann, wenn sein Tun **rechtswidrig** ist. Liegt der Rechtfertigungsgrund der **Notwehr** oder des **rechtfertigenden Notstandes** gemäß § 34 StGB (früher sog. „übergesetzlicher" Notstand) vor, so greift § 152 nicht ein.

Zum zivilrechtlichen Vorsatzbegriff gehört weiter, daß das Handeln des Vmers mit dem **Bewußtsein der Rechtswidrigkeit** erfolgt. Geht der Vmer **irrigerweise von Tatsachen aus**, die im Falle ihres Vorliegens sein Eingreifen aus dem Gesichtspunkt der Notwehr (oder eines anderen Rechtfertigungsgrundes) rechtfertigen würden (sog. **Putativnotwehr**), so handelt er nicht vorsätzlich

I. 9. Ausschlußtatbestände Anm. G 83

im Sinne des für § 152 maßgeblichen zivilrechtlichen Vorsatzbegriffs (vgl. dazu BGH 28.IV.1958 MDR 1958 S. 488 = VersR 1958 S. 361–362; w. N. in Bd IV Anm. G 226). Zu beachten ist, daß im Sinne des § 152, wie auch sonst im Zivilrecht, der dolus eventualis (Eventualvorsatz) dem direkten Vorsatz gleichsteht (vgl. Möller a. a. O. Anm. 43, 44 zu § 61, w. N. in Bd IV Anm. G 223). Mit der schwierigen Abgrenzung zwischen bedingtem Vorsatz (dolus eventualis) und der nicht unter § 152 zu subsumierenden bewußten Fahrlässigkeit befaßt sich BGH 27.X.1954 VA 1955 S. 75 Nr. 87 = VersR 1954 S. 591. Dazu führt das Gericht a. a. O. aus, daß für die Grenzziehung zwischen dem bedingten Vorsatz und einer bewußten Fahrlässigkeit entscheidend sei, was im Bewußtsein des Täters vorgegangen sei. Bei beiden Verschuldensgraden sehe der Handelnde die Möglichkeit eines schädigenden Erfolges voraus. Vertraue er darauf, daß dieser nicht eintreten werde, so liege bewußte Fahrlässigkeit vor. Nehme er dagegen einen als möglich vorgestellten Schaden bewußt in Kauf, so sei bedingter Vorsatz gegeben.

Besser kommt allerdings das Wesen des bedingten Vorsatzes in der vom BGH auch verwendeten Formulierung zum Ausdruck, daß der Vmer den als möglich vorgestellten Erfolg nicht nur in seinen Willen aufgenommen, sondern ihn darüberhinaus für den Fall seines Eintritts gebilligt haben müsse (BGH 30.IV.1952 VersR 1952 S. 223 [zur allgemeinen Haftpflichtv], 18.X.1952 BGHZ Bd 7 S. 313, BAG 23.VI.1988 BAGE Bd 59 S. 89–92 = NJW 1989 S. 854). In der Rechtsprechung des BGH findet sich für die Definition des bedingten Vorsatzes aber auch die Kombination beider Aussagen. So heißt es in BGH 15.XII.1970 NJW 1971 S. 459–461 = VersR 1971 S. 239–241, daß bedingter Vorsatz vorliege, wenn der Täter in dem Bewußtsein handle, durch sein Tun könne einem anderen ein Schaden erwachsen und wenn er weiterhin den als möglich vorgestellten Erfolg für den Fall seines Entstehens gebilligt oder bewußt in Kauf genommen habe. Da in der Formulierung des „Bewußt-in-Kauf-Nehmens" nicht hinreichend zum Ausdruck kommt, daß der Fall dem bedingten Vorsatz nicht zuzurechnen ist, in dem der Täter die Möglichkeit einer Schädigung sieht, aber hofft, daß sie nicht eintrete, sollte diese Formulierung tunlichst nicht gewählt werden.

Eine besondere Rolle hat dieses Abgrenzungsproblem für die Trunkenheitfahrten gespielt, in denen nach Maßgabe dieser Grundsätze vom BGH das Vorliegen des Ausschlußgrundes nach § 152 verneint worden ist (vgl. nur BGH 18.X.1852 a. a. O., 20.IX.1962 VersR 1962 S. 1051–1053).

Für das Eingreifen des dolus eventualis bei einem gestellten Unfall in bezug auf Schäden solcher Personen, die an dem Komplott unbeteiligt waren, vgl. KG 5.VI.1989 VersR 1989 S. 1188–1189 = VerkMitt 1989 S. 70–71. – Vgl. auch LG Aachen 30.VI.1987 VersR 1988 S. 1066 für einen Selbstmordfall mit Drittschäden. Die Gründe sind so verkürzt wiedergegeben, daß sich nicht überprüfen läßt, ob das Gericht mit dem dolus eventualis gearbeitet hat und aus welchen Umständen geschlossen wurde, daß der Vmer die Schädigung Dritter vorausgesehen und billigend in Kauf genommen hat.

[G 83] ccc) Einschluß des Schadeneintritts in das Vorstellungsbild des Versicherungsnehmers

Ein wesentliches Moment in der Vorsatzfeststellung ist die Ermittlung der inneren Schau des Vmers. Um diese verständig ermitteln zu können, muß Klarheit darüber herrschen, ob es für die Anwendung des § 152 genügt, daß eine vorsätzliche Handlungsweise des Vmers festgestellt wird, die zum Eintritt des Schadens führte, ohne daß dieser Schadeneintritt vom Willen des Vmers miterfaßt wird, oder ob es erforderlich ist, daß der Vorsatz sich auch auf den Eintritt des Schadens (die Schadenfolge) erstreckt. Das ist im vsrechtlichen Schrifttum sehr umstritten, während die höchstrichterliche Rechtsprechung mit gutem richterlichen Judiz (meist ohne besondere Problemerörterung) sich nahezu ausnahmslos für die letztgenannte Auffassung entschieden hat (vgl. dafür z. B. BGH 18.X.1952 a. a. O., 20.IX.1962 a. a. O. und Bd IV Anm. G 226 m. w. N.). Zu dieser Streitfrage ist es durch die mehrdeutige Wortwahl in § 152 gekommen. Die Formulierung des Gesetzes, daß der Ver nicht hafte, wenn der Vmer vorsätzlich den Eintritt der Tatsache, für die er dem Dritten verantwortlich sei, widerrechtlich herbeigeführt habe, läßt im Wortsinn sowohl die Deutung zu, daß vom Vorsatz die Folgen des vorsätzlichen Handelns nicht miterfaßt zu werden brauchen, wie auch die, daß der Vmer die Schadenfolgen mit in seine Vorstellungswelt aufgenommen haben müsse. Ursprünglich hat Möller Bd I Anm. 73 zu § 49 die Auffassung vertreten, daß § 152 (ebenso wie § 823 I BGB) so auszulegen sei, daß der Vorsatz die Schadenherbeiführung nicht mitzuumfassen brauche (zustimmend Sieg VersR 1978 S. 193). Diese allein aus den unterschiedlichen Wortfassungen von § 152 und § 4 II Ziff. 1 AHB entwickelte Auffassung berücksichtigte aber nicht hinreichend das erhöhte Schutzbedürfnis des Vmers. Eine Parallele zum Haftungsrecht des bürgerlichen Rechts darf nicht gezogen werden. Dort führt ohnedies schon die fahrlässige Verletzung der in § 823 I BGB aufgeführten Rechtsgüter zur vollen Schadenhaftung, so daß es sachlogisch ist, bei einer vorsätzlichen Verletzung eines dieser Rechtsgüter nicht danach zu fragen, ob die daraus resultierenden Schäden vom Vorsatz umfaßt werden (dies um so mehr, als im Regelfall ohnedies Fahrlässigkeit bezüglich der Folgen zu bejahen ist). In Bd IV Anm. G 226 m. w. N. (vgl. auch Anm. G 222) ist dargetan worden, daß von der höchstrichterlichen Rechtsprechung § 152 in allen den Fällen, in denen die hier erörterte Streitfrage von entscheidender Bedeutung gewesen ist, weil das Vorstellungsbild des Vmers über die Folgen seines Handelns von dem tatsächlich eingetretenen Schaden wesentlich abgewichen ist, in einem für den Vmer günstigen Sinne ausgelegt worden ist. An dieser Interpretation ist festzuhalten (ebenso Prölss — Martin — Voit[25] Anm. 1 zu § 152, S. 731, Reiff VersR 1990 S. 120 — 121, Weber DAR 1987 S. 343; jetzt wohl auch Möller a. a. O. Anm. 44 zu § 61; vor allem auch BGH 26.IX.1990 BB 1990 S. 2362 — 2364 = VersR 1991 S. 176 — 179 zu § 4 Nr. 6 S. 1 AVB-WP mit dem Bemerken, daß es in jener Bestimmung — anders als in § 152 — nicht zu den Tatbestandsmerkmalen gehöre, daß der schädigende Erfolg von dem Vmer als mögliche Folge vorausgesehen und billigend in Kauf genommen worden sei [ob § 152 in diesem Sinne auszulegen ist, war dagegen vom BGH 26.V.1971 VA 1971 S. 255 — 256 Nr. 606 = VersR 1971 S. 306 — 307 in einem AHB-Fall offengelassen worden]; ferner OLG Hamm 10.II.1978 VersR 1978 S. 913, 24.II.1988 VersR 1988 S. 1122 — 1123 m. Anm. von Späth a. a. O. S. 1123 — 1124). Zur Vermeidung von Mißverständnissen sei bemerkt, daß dieses „In-den-Willen-Aufnehmen" des Schadeneintritts nicht bedeutet, daß der Vmer exakt den genauen Umfang der Wirkung seines Handelns voraussehen muß. Wollte man das verlangen, so müßte der Vmer, der vorsätzlich einen Dritten anfährt, geradezu prophetische Gaben besitzen. Es genügt vielmehr, daß der Vmer weiß, daß bei einem gewöhnlichen Verlauf einer solchen Kollision der Dritte Körper- und Sachschäden erleiden wird (so Möller a. a. O. Anm. 44 zu § 61 m. w. N.; vgl. ferner Bd IV Anm. G 222).

[G 84] ddd) Einstehen für Dritte

    α) Mehrere Versicherungsnehmer

Abgrenzungsprobleme ergeben sich, wenn **mehrere Personen** an einem Kfz-Haftpflichtvsvertrag beteiligt sind. Dabei ist zu unterscheiden, ob es sich um eine

I. 9. Ausschlußtatbestände **Anm. G 84**

Mehrheit von Vmern handelt oder ob neben dem Vmer (oder den Vmern) Vte stehen, denen gemäß § 10 II AKB Vsschutz in der Form der V für fremde Rechnung gewährt wird. Eine Vsnahme durch mehrere Vmer in einem Vsvertrag kommt insbesondere bei Gesamthands- oder Bruchteilsgemeinschaften vor. Möller Bd II Anm. 62 zu § 61 bemerkt dazu, daß bei Gesamthandsverhältnissen ein enger Zusammenhang zwischen den Beteiligten bestehe, speziell bei der Gesellschaft bürgerlichen Rechts, dem nicht rechtsfähigen Verein, der offenen Handelsgesellschaft, der Kommanditgesellschaft, der Miterbengemeinschaft und der ehelichen Gütergemeinschaft. Bei Gesamthandseigentum komme als Trägerin des vten Interesses nur die Gesamtheit der Beteiligten als solche in Betracht (Anm. 59, 111 zu § 49). Dies habe im Zusammenhang mit den §§ 61, 152 zur Folge, daß die Herbeiführung des Vsfalles durch einen der Gesamthänder die Ausschlußregelung Platz greifen lasse, gleichgültig, wer als Vmer aufgetreten sei, die Gesamthandsgemeinschaft oder ein einzelner Gesamthänder oder ein Dritter. Auf die Vertretungsverhältnisse komme es gleichfalls nicht an. Bei der Haftpflichtv sei zu beachten, daß neben der Haftung der offenen Handelsgesellschaft die persönliche Haftung der Gesellschafter für Verbindlichkeiten der Gesellschaft stehe. Soweit die Haftpflichtv diese persönliche Haftung mitumfasse, stehe der einzelne Gesellschafter dem Ver als Einzelgläubiger gegenüber, was bei Obliegenheitsverletzungen eine isolierte Betrachtung des Schicksals der Einzelforderungen gestatte (BGH 13.VI.1957 BGHZ Bd 24 S. 378–382). Bei vorsätzlicher Herbeiführung des Vsfalls sei jedoch der Ausschluß des Vsschutzes nach § 152 nicht auf den vorsätzlich handelnden Gesellschafter zu beschränken. Die Kommanditisten einer Kommanditgesellschaft seien Gesellschafter der Gesamthandsgemeinschaft, wenngleich von der Vertretung (170 HGB) und regelmäßig von der Geschäftsführung (§ 164 HGB) ausgeschlossen. Infolge der Haftungsregelung und der Gewinnbeteiligung sei der Kommanditist am Schicksal der Gesamthandsgemeinschaft ebenso interessiert wie ein persönlich haftender Gesellschafter. Die schuldhafte Herbeiführung des Vsfalls durch den Kommanditisten lasse demnach gegen alle Gesamthänder die Ausschlußregelung der §§ 61, 152 eingreifen. Abschließend bemerkt Möller, daß dieses Ergebnis für die „unschuldigen" Gesamthänder unbefriedigend und gefährlich sei. Für Bruchteilsgemeinschaften vertritt Möller in Bruck-Möller Anm. 63 zu § 61 eine ganz auf die Umstände des Einzelfalls abstellende Auffassung. Zunächst wird als Grundsatz hervorgehoben, daß hier als Interessenträger nur der einzelne Miteigentümer in Betracht komme; deshalb könne auch nur dieser als Vter angesehen werden. Würden dennoch die Interessen der verschiedenen Miteigentümer in einem einheitlichen Vertrag vert, so handle es sich um eine nur aus Zweckmäßigkeitsgründen erfolgende, rein äußerliche Zusammenfassung. Alsdann wird aber für den Fall, daß alle Miteigentümer zusammen als Vmer auftreten und daß wirklich ein einheitlicher Vertrag gewollt sei, die Herbeiführung des Vsfalls durch einen dieser Miteigentümer den anderen zugerechnet. Es folgen aus der Perspektive der V für fremde Rechnung unterschiedliche Lösungen in denjenigen Fallgruppen, in denen einer von mehreren Miteigentümern allein als Vmer auftritt.

Dieser von Möller a. a. O. vorgenommenen Abgrenzung ist zwar für die von ihm gleichzeitig und eigentlich in erster Linie abgehandelte Sachv zuzustimmen, jedoch nicht in allen Punkten für die Kfz-Haftpflichtv. Dabei darf nicht außer acht gelassen werden, daß von Möller a. a. O. wesentlich auf das vte Interesse der Gesamthänder oder Bruchteilseigner am gemeinsamen Eigentum abgestellt wird. Das ist aber eine Begründung, die für die Haftpflichtv nichts besagt, da diese mangels einer vsmäßig abgedeckten Beziehung zum Aktivvermögen nicht als Interessev einzuordnen ist (vgl. Möller Bd I Anm. 29 zu § 1, ferner Bd II Anm. 6 vor §§ 49–80

m. w. N.). Entscheidende Bedeutung kommt der Frage zu, ob in solchen Fällen einer Mehrheit von Personen auch eine **Mehrheit von Gefahren** vorliegt und **ob diese Gefahren selbständig vert werden können** und ob das im konkreten Fall auch geschehen ist. Soweit im Vsvertrag — wie üblich — dieser Fragenkreis nicht speziell geregelt worden ist, muß nach Treu und Glauben eine ergänzende Vertragsauslegung des Inhalts vorgenommen werden, welche Vereinbarung von den Parteien des Vsvertrages verständigerweise in Kenntnis der Problematik getroffen worden wäre. Eine Durchsicht der veröffentlichten Entscheidungen zum Kfz-Haftpflichtvsrecht zeigt, daß es Urteile zur Frage der vorsätzlichen Herbeiführung des Vsfalls durch einen von mehreren Vmern nicht gibt. Eine gedankliche Parallele ist aber zu den Fällen zu ziehen, in denen einer von mehreren Vmern eine zum Verlust des Vsschutzes führende Obliegenheitsverletzung begeht. Möller a. a. O. Anm. 62 zu § 61 ist demgegenüber allerdings der Meinung, daß einem Vmer zwar die vorsätzliche Obliegenheitsverletzung des anderen Vmers nicht zuzurechnen sei, wohl aber die durch jenen vorsätzlich herbeigeführte Verwirklichung der vten Gefahr. Indessen ist nicht recht einzusehen, warum in solchen der Interessenlage nach gleichgelagerten Fällen unterschiedliche Ergebnisse gewonnen werden sollten. Wenn Möller a. a. O. daher entgegen seiner ursprünglich vertretenen Auffassung (vgl. Möller in Bd I Anm. 63—66 zu § 6) bei selbständig vten Gefahrenbereichen im Haftpflichtvsrecht die Rechtsprechung billigt, daß eine Obliegenheitsverletzung durch einen Vmer dem anderen Vmer nicht zuzurechnen sei, so ist es konsequent, diesen Gedankengang auch auf den Fall der vorsätzlichen Herbeiführung des Vsfalls zu übertragen.

Vgl. dazu BGH 13.VI.1957 BGHZ Bd 24 S. 376—378, in dem es um den Abschluß einer Kraftfahrzeughaftpflichtv durch zwei Gesellschafter einer Gesellschaft bürgerlichen Rechts geht. Die **Unabhängigkeit des Vsschutzes von den Obliegenheitsverletzungen des Partners** wird ferner vom BGH 13.VI.1961 VersR 1961 S. 651—653 für einen Fall bejaht, in dem zwei Brüder als schlichte Miteigentümer gemeinsam ein Fahrzeug erworben hatten, das sie abwechselnd benutzten. Schließlich ist auch auf BGH 21.IX.1967 VersR 1967 S. 990—991 zu verweisen, bei dem es um eine V für ein Unternehmen des Kraftfahrzeughandels und -handwerks ging, das von zwei Inhabern betrieben wurde (in welcher Rechtsform ist dem Urteil nicht zu entnehmen). Für weitere Beispiele vgl. Bd IV Anm B 55. In allen Fällen wurde dem einzelnen Mitglied dieser Personenmehrheit ein selbständiger Vsanspruch bezüglich des eigenen Haftpflichtwagnisses zugebilligt, der von den Obliegenheitsverletzungen des Mitvmers unabhängig ist, es sei denn, daß dieser **ausnahmsweise als Repräsentant** zu qualifizieren ist.

Diese Grundsätze sind auf die vorsätzliche Herbeiführung im Sinne des § 152 zu übertragen. Die Zurechnung von Obliegenheitsverletzungen und die der Herbeiführung des Vsfalls sind nach der Interessenlage als gleichgeordnet anzusehen, so daß die dabei auftretenden Konfliktfälle auch nach einheitlichen Grundsätzen zu beurteilen sind. Insoweit kann, wie bereits hervorgehoben, der von Möller a. a. O. Anm. 62 zu § 61 vertretenen gegenteiligen Auffassung nicht gefolgt werden. Soweit es sich darum handelt, daß schlichte Miteigentümer oder Mitglieder einer Erbengemeinschaft Vmer eines Kfz sind, ist der vom BGH vertretenen These, daß selbständige Gefahrenbereiche vert werden sollen, uneingeschränkt zu folgen. Nur eine solche Auslegung entspricht dem sozialen Zweck der Kfz-Haftpflichtv, der auf einen möglichst lückenlosen Vsschutz gerichtet ist. Auch bei einer Gesellschaft bürgerlichen Rechts ist die Interpretation sachgerecht, daß nicht die Gesellschaft als Halterin des Fahrzeugs vert werden soll, sondern daß Vsschutz für die Mitglieder der Gesellschaft, die als Mithalter dem geschädigten Dritten selbständig gegenüberstehen, gewährt

I. 9. Ausschlußtatbestände　　　　　　　　　　　　　　　　　　　　Anm. G 85

werden soll. Schwierigkeiten bereitet indessen die Beurteilung eines Vsvertrages für das Kfz einer oHG, wenn in diesem Vertrag nicht die Gesellschafter als selbständige Vmer aufgeführt sind, sondern die Firma der oHG genannt ist. Wird nämlich in dem Vsvertrag die oHG als Vmer aufgeführt, so würde es regelmäßig eine unzulässige Umdeutung des Vertrages bedeuten, wenn man ihn dahin interpretiert, daß gar nicht diese einer juristischen Person stark angenäherte Gesellschaft vert werden soll, sondern selbständig deren Gesellschafter. Ist aber die oHG Vmer, so geht allerdings ihr Vsschutz und der ihrer persönlich haftenden Gesellschafter verloren, wenn einer dieser Gesellschafter den Vsfall vorsätzlich herbeiführt. Daß der Vsschutz unter Umständen optimaler gestaltet werden könnte, wenn die Fahrzeuge der Gesellschafter überhaupt nicht über die oHG vert werden würden, sondern für jeden der Gesellschafter gesondert, gibt keine Handhabe für eine abweichende Interpretation. Das Gesagte, daß nämlich der Vsschutz für die Gesellschaft und die Gesellschafter im ganzen durch eine vorsätzliche Herbeiführung des Vsfalls durch einen der persönlich haftenden Gesellschafter entfällt, gilt auch für die Vsnahme für eine Kommanditgesellschaft. Indessen ist zu überlegen, ob nicht entgegen der Auffassung von Möller a. a. O. Anm. 62 zu § 61 die vorsätzliche Herbeiführung des Vsfalls durch einen Kommanditisten nicht der Gesellschaft im ganzen zuzurechnen ist (es sei denn, daß dieser Kommanditist als Repräsentant der Gesellschaft anzusehen ist). Zwar spricht für eine solche Zurechnung die gesamthänderische Verbundenheit des Kommanditisten mit den persönlich haftenden Gesellschaftern. Dagegen steht aber die starke Annäherung gerade der Kommanditgesellschaft an die Rechtsfigur der juristischen Person. Das wird besonders deutlich, wenn man sich die Rechtsverhältnisse bei einer nahezu als Kapitalgesellschaft organisierten Kommanditgesellschaft mit Hunderten von Kommanditisten vorstellt. Dem Gebot der Gerechtigkeit würde bei dieser selbständigen Betrachtung der Rechtsstellung der Kommanditgesellschaft dadurch Rechnung getragen, daß der Kommanditist dabei seinen eigenen Vsschutzanspruch als mitve Person im Sinne des § 10 II AKB verliert, so daß der für die Kommanditgesellschaft leistende Ver bei ihm nach § 67 Regreß nehmen kann (eine Leistung für den Kommanditisten mit Regreßnahme gemäß § 3 Ziff. 9 PflichtvsG kommt deshalb nicht in Betracht, weil der Ver für Ansprüche gegenüber dem vorsätzlich den Vsfall herbeiführenden Vmer oder Vten auch überobligationsmäßig nicht einzustehen hat, vgl. § 158c III i. V. m. § 3 Ziff. 6 PflichtvsG und Anm. B 51 und G 81).

[G 85] β) Versicherung für fremde Rechnung

　　αα) Vorsätzliche Herbeiführung des Versicherungsfalls durch den Versicherten

Schwierige Abgrenzungsfragen können sich auch bei der Anwendung des § 152 im Verhältnis zwischen Vmer und Vtem ergeben. Vgl. dazu BGH 15.XII.1970 NJW 1971 S. 459–461 = VersR 1971 S. 239–241: Der Vmer hatte fahrlässig eine Schwarzfahrt ermöglicht, auf der der Schwarzfahrer bedingt vorsätzlich einen Polizeibeamten verletzte. Für den Vmer wurde der Vsschutz bejaht, für den Vten verneint (ebenso BGH 30.IX.1980 NJW 1981 S. 113 = VersR 1981 S. 40; ferner ÖOGH 24.III.1983 VersR 1984 S. 1198–1199; zustimmend OLG Köln 1.VII.1981 VersR 1982 S. 383 = ZfS 1982 S. 179, OLG Frankfurt a. M. 20.X.1982 VersR 1983 S. 464–465, Möller Bd II Anm. 59 zu § 61 m. w. N., Dannert r + s 1989 S. 384, Schlegelmilch VersR 1984 S. 22, ders. VersR 1985 S. 21–22, Staab Betrug S. 32; a. M. Palmer VersR 1984 S. 817–819, Rischar VersR 1983 S. 918–919, ders. VersR 1984 S. 1025–1027; ob OLG Stuttgart 19.I.1990 ZfS 1990 S. 236 [nur L. S.] dieser Meinung zuzurechnen ist, erscheint als zweifelhaft; es spricht mehr dafür, daß versehentlich im Leitsatz nicht zwischen dem Haftpflicht- und dem Haftpflichtvsverhältnis unterschieden worden ist).

Systematisch ist mit dem BGH a. a. O. bei der Beurteilung solcher Personenmehrheitsfälle zu beachten, daß im Kfz-Haftpflichtvsvertrag in der durch die AKB verkörperten Art zwei Vertragstypen enthalten sind, nämlich die Eigenv des Vmers gemäß § 10 II AKB und die V für fremde Rechnung im Sinne der §§ 74—79 (vgl. Anm. H 3). Im Rahmen des Eigenbereichs des Vmers dürfen Handlungen des Vten zu Lasten des Vmers nur dann gewertet werden, wenn dieser Vte ausnahmsweise Repräsentant des Vmers ist. Demgemäß ist vom BGH zu Recht lediglich der Vsschutz für die V für fremde Rechnung verneint worden. In deren Anwendungsbereich ergibt § 79 I die Zurechnung des Verhaltens des Vten und es versteht sich, daß wie bei fast alles Gesetzes- und Vertragsbestimmungen anstelle des im jeweiligen Text gebrauchten Ausdrucks „Vmer" der Begriff des „Vten" zu setzen ist (BGH 28.XI.1957 BGHZ Bd 26 S. 139, 11.VII.1960 BGHZ Bd 33 S. 99, 15.XII.1970 NJW 1971 S. 459 = VersR 1971 S. 240; vgl. Anm. B 66 m. w. N.). Bemerkenswert an jener Entscheidung des BGH vom 15.XII.1970 a. a. O. ist insbesondere, daß haftungsrechtlich der Vmer nicht nur nach den Grundsätzen der Gefährdungshaftung als verantwortlich angesehen wurde, sondern auch nach bürgerlichem Recht gemäß § 823 II BGB in Verbindung mit § 35 StVO. Der Einwand des Vers, daß ein bedingt vorsätzliches Handeln außerhalb des Schutzbereichs der Rechtsnorm liege, die der Halter verletze, wurde zurückgewiesen. Vom BGH wurde ausgeführt, daß es durchaus nicht ungewöhnlich sei, daß auf einer Schwarzfahrt ein Fluchtversuch unternommen und dabei auch die Körperverletzung eines anderen, sei es des Verfolgers oder unbeteiligter Dritter, in Kauf genommen werde, adäquate Kausalität sei daher gegeben und es fehle auch nicht an der Zurechenbarkeit unter dem Gesichtspunkt des Normzwecks. Das Gericht führt weiter aus, daß der demgemäß auch gegebene Schmerzensgeldanspruch gegen den vorsätzlich handelnden Vten höher zu bemessen sei als der gegen den Vmer, den nur Fahrlässigkeit treffe. Das bedeutet, daß wegen dieses Differenzschmerzensgeldes gemäß § 12 I Ziff. 3 PflichtvsG der Entschädigungsfonds einzutreten hat (vgl. Anm. B 108). Die demgemäß insoweit gegebene Doppelgleisigkeit ist angesichts der relativen Seltenheit solcher Vorsatzfälle als nicht so sehr die Rechtsverfolgung erschwerend anzusehen, daß deswegen eine Systemänderung befürwortet werden müßte (a. M. Baumann Vierteljahresschrift für Sozialrecht 1975 S. 28—29; vgl. auch Anm. G 81).

[G 86] ββ) Auswirkung der vorsätzlichen Herbeiführung des Versicherungsfalls durch den Versicherungsnehmer auf die Rechtsstellung des Versicherten

ααα) Rechtslage bis zum 31.XII.1990

Es fragt sich, ob umgekehrt eine vorsätzliche Herbeiführung des Vsfalls durch den Vmer nicht nur den Verlust des eigenen Vsschutzes für den Vmer zur Folge hat, sondern darüber hinaus auch bewirkt, daß der Ver gegenüber dem Vten leistungsfrei wird. Gedacht sei an einen Fall, in dem der Vmer als Fahrer des vten Fahrzeugs vorsätzlich einen Dritten tötet. Der Sachverhalt möge dabei so gelagert sein, daß jemand anders als der Vmer Halter oder jedenfalls Mithalter dieses Fahrzeugs ist (mitvte Person im Sinne des § 10 II AKB). Entscheidungen zu einem solchen speziellen Fall gibt es entgegen der Darstellung durch Stiefel—Hofmann[15] Anm. 19 zu § 3 AKB, S. 198 nicht. Die dafür von den genannten Autoren herangezogene Rechtsprechung (BGH 15.XII.1970 NJW 1971 S. 459—461 = VersR 1971 S. 239—241, 30.IX.1980 VersR 1981 S. 40—42, OLG Köln 1.VII.1981 VersR 1982 S. 383) befaßte sich vielmehr entscheidungserheblich nur mit der vorsätzlichen Herbeiführung des

I. 9. Ausschlußtatbestände **Anm. G 86**

Vsfalls durch den Vten und erkannte dahin, daß ein derartiges Handeln den Vsschutz des Vmers grundsätzlich nicht beeinträchtige (vgl. dazu Anm. G 85). Es werden allerdings vom BGH 15.XII.1970 NJW 1971 S. 461 = VersR 1971 S. 241 auch Bemerkungen gemacht, denen unter Umständen eine generelle Perspektive entnommen werden könnte. Deshalb seien sie nachstehend wörtlich wiedergegeben:

„Die Beklagte will ... auch hier die Haftungsbefreiung des § 152 VVG für sich in Anspruch nehmen. Sie meint, der Haftpflichtver solle unter keinen Umständen für vorsätzlich herbeigeführte Schäden haften, möge nun dem Fahrer oder dem Halter die vorsätzliche Schadenzufügung zur Last fallen. Hierin kann ihr nicht gefolgt werden. Die Beklagte übersieht, daß bei der Kraftfahrzeughaftpflichtv aus demselben Vertrag neben der Eigenv zugunsten des Halters die gedanklich davon zu trennende V zugunsten des Fahrers und der nach § 10 Abs. 2 AKB mitvten Personen besteht. Dabei hat jeder Vte für sich einen selbständigen vertraglichen Anspruch darauf, im Schadenfall von den gegen ihn persönlich erhobenen Haftpflichtansprüchen freigestellt zu werden. Diese Besonderheit der vten Interessen und die darauf beruhende Selbständigkeit der einzelnen Haftpflichtvsansprüche werden noch dadurch unterstrichen, daß die mitvten Personen nach § 10 Abs. 4 AKB ihre Vsansprüche selbständig geltend machen können. ... Hat aber sowohl der Fahrzeughalter V. als auch der Schwarzfahrer B. einen selbständigen Befreiungsanspruch gegen die Beklagte, so liegt es nahe, daß im Falle des § 152 VVG zwar der vorsätzlich Handelnde seinen eigenen Anspruch auf Vsschutz verliert, daß dadurch aber nicht ohne weiteres auch der Anspruch des anderen vernichtet wird. Dem § 152 VVG liegt ... der Gedanke zugrunde, daß demjenigen, der einen Schaden widerrechtlich und vorsätzlich herbeigeführt hat, kein Vsschutz gewährt werden kann. Dem Gesetz ist aber nichts dafür zu entnehmen, daß bei vorsätzlichem Handeln eines Mitvten auch der Anspruch des nur fahrlässig handelnden Vmers auf Befreiung von den gegen ihn erhobenen Haftpflichtansprüchen beeinträchtigt werden soll."

Diesen Ausführungen könnte eine Tendenz entnommen werden, die vorsätzliche Herbeiführung des Vsfalls durch den Vmer dem Vten nicht anzurechnen. Indessen ist zu bedenken, daß vom BGH gerade der entgegengesetzte Fall zu behandeln war, der allerdings nach systematischen Grundsätzen unschwer zugunsten des Vmers entschieden werden konnte. Zwar ist vom BGH 14.XII.1967 BGHZ Bd 49 S. 130–140 angenommen worden, daß in der Kfz-Haftpflichtv Obliegenheitsverletzungen des Vmers, die nach Eintritt des Vsfalls begangen werden, den Vsschutz des Vten nicht berühren, sondern sich nur auf den Eigenvteil des kombinierten Vsvertrages auswirken (vgl. dazu Anm. H 39). Vom BGH wird aber a. a. O. S. 137 gleichzeitig darauf hingewiesen, daß nach seiner Auffassung ein Verstoß des Vmers gegen die Verwendungsklausel nach § 2 II a AKB weiterhin auch zum Verlust des Vsschutzes für den Vten in der V für fremde Rechnung führe (vgl. dazu ergänzend BGH 28.I.1958 BGHZ Bd 26 S. 287–289 und Anm. H 39 m. w. N.). Von dieser Regelung ging auch § 158 i a. F. aus (zur Neuregelung durch § 158 i n. F. vgl. Anm. H 28–34 m. w. N.). Weitaus schwerer als eine solche kausal zum Vsfall führende Obliegenheitsverletzung wiegt die vorsätzliche Herbeiführung des Vsfalls durch den Vmer. Es erscheint daher als sachlogisch und konsequent, für den Vten den Vsschutz zu verneinen, wenn der Vertragspartner des Vers den schwersten denkbaren Vertragsverstoß begeht, indem er den Vsfall vorsätzlich herbeiführt (ebenso Bruck-Möller-Sieg Bd II Anm. 9 zu § 79 m. w. N.; a. M. Ehrenzweig S. 217, Stiefel–Hofmann[15] Anm. 19 zu § 3 AKB, S. 198).

[G 87] βββ) Änderung der Rechtslage ab 1.I.1991

Die in Anm. G 86 dargestellte Rechtslage hat sich durch das Inkrafttreten der Neufassung des § 158 i zum 1.I.1991 geändert (Gesetz zur Änderung vsrechtlicher Vorschriften vom 17.XII.1990, BGBl. 1990 I S. 2864). Die **Rechtsstellung des Vten in der Pflichthaftpflichtv**, der — wie der Vte in der Kraftfahrzeughaftpflichtv (gemäß § 10 IV AKB) — **zur selbständigen Geltendmachung des Vsanspruchs befugt ist, ist nunmehr weitgehend unabhängig von der des Vmers** ausgestaltet worden (vgl. dazu Johannsen VersR 1991 S. 500–505 und Anm. H 28–33). Es heißt in § 158 i^1, daß eine **Leistungsfreiheit gegenüber dem Vmer nur dann dem Vten entgegenhalten werden kann, wenn die der Leistungsfreiheit zugrunde liegenden Umstände in der Person dieses Vten vorliegen**. Unter diese allgemeine Formulierung läßt sich unschwer auch die Leistungsfreiheit des Vers nach § 152 subsumieren, zumal da in § 158 i^1 und § 152 identische Wendungen in bezug auf die nach normalen Vertragsgrundsätzen fehlende Eintrittspflicht des Vers gebraucht werden. Als Gegenargument ist allerdings zu bedenken, daß der Dritte, den der Vmer vorsätzlich schädigt, nicht in den Genuß der überobligationsmäßigen Haftung gemäß § 158 c I und § 3 Ziff. 4 PflichtvsG gelangt, da dem § 158 c III entgegensteht (vgl. Anm. B 51 und G 81). Deshalb wurde für diese Fälle die zusätzliche Haftung des Entschädigungsfonds gemäß § 12 I Ziff. 3 PflichtvsG geschaffen (vgl. Anm. B 108). Da in § 158 i^2 ebenfalls auf § 158 c III Bezug genommen wird, könnte daraus abgeleitet werden, daß in dem hier erörterten Teilbereich an der Abhängigkeit des Vsschutzes des Vten von dem des Vmers festgehalten werden sollte. Dagegen spricht aber die beabsichtigte **Verselbständigung der Rechtsposition des Vten**. Der Hinweis auf § 158 c III ist demgemäß in dem Sinne zu deuten, daß alle Ausschlußtatbestände auch für die V für fremde Rechnung gelten, daß aber dessenungeachtet dem Vten auch im Rahmen des § 152 nicht das vorsätzliche Handeln des Vmers zugerechnet wird. Es geht schließlich nicht darum, daß der Vmer den Vten vorsätzlich schädigt, sondern darum, daß der Vte ausnahmsweise für einen vom Vmer angerichteten Vorsatzschaden **in Anspruch genommen wird**, für den er, der Vte, unter Umständen nicht einmal fahrlässig eine Schadenursache gesetzt hat. Das Gesagte bedeutet, daß dem Vten in der Kraftfahrzeughaftpflichtv der Vsschutz gemäß § 158 i in Vorsatzfällen nur dann versagt werden kann, wenn er selbst den Vsfall vorsätzlich herbeigeführt hat (ebenso Prölss-Martin-Knappmann^{25} Anm. 3 zu § 158 i, S. 783–784). Die Einschränkung in § 158 i^1, daß dem Vten die Rechtswohltat der Neuerung nicht zugute komme, wenn ihm die der Leistungsfreiheit zugrunde liegenden Umstände bekannt oder grob fahrlässig nicht bekannt waren, dürfte im Vorsatzbereich kaum eine Rolle spielen.

Die **wirtschaftliche** Bedeutung dieser Erkenntnis ist freilich **gering**, da der Vte nur **ausnahmsweise für einen vorsätzlichen Verstoß des Vmers dem geschädigten Dritten auf Schadenersatz haftet**. In der Regel wird der Ver daher nur die **Abwehr unberechtigter Ansprüche** des Dritten gegen den Vten **schulden**. Wenn es aber um den atypischen Fall geht, daß ein mit dem Vmer nicht identischer Halter auf Schadenersatz in Anspruch genommen wird, ist im Bereich des § 7 I StVG mit begründeten Schadenersatzansprüchen zu rechnen.

Zu beachten ist, daß die von den Handlungen und Unterlassungen des Vmers unabhängige Rechtsstellung des Vten nach § 158 i^2 sich nur auf die Haftung des Vers innerhalb der **Mindestvssummen** bezieht. Sind höhere als die amtlichen Mindesvssummen vereinbart, so braucht der Ver in diesem Mehrbereich nicht einzutreten (vgl. auch Anm. H 31). Es kommen in diesem Rahmen vielmehr die in

I. 9. Ausschlußtatbestände **Anm. G 89**

Anm. G 86 dargestellten Grundsätze zur Anwendung. Dafür, daß die Neuregelung auf die Altfälle aus der Zeit bis zum 31.XII.1990 keine Anwendung findet, vgl. Anm. H 35.

[G 88] γ) Repräsentantenhaftung

Sowohl der Vmer als auch der Vte müssen im Rahmen des § 152 für das Verhalten ihrer Repräsentaten einstehen. Zum Repräsentantenbegriff vgl. die eingehende Darstellung von Möller Bd II Anm. 69–77 zu § 61, ferner Anm. F 22 und J 85–88 m. w. N.

[G 89] eee) Zur Beweislast

Beweispflichtig für ein vorsätzliches Handeln des Vmers ist nach dem Gesetz wie bei allen Ausschlußtatbeständen der Ver. Diese Beweislast bezieht sich nicht nur auf die objektiven Voraussetzungen bezüglich der Herbeiführung des Vsfalls, sondern auch auf das Verschulden des Vmers, insbesondere dessen Vorsatz (vgl. nur BGH 4.V.1988 BGHZ Bd 104 S. 256–261 m. w. N., Hansen Beweislast S. 186–187, ferner Möller Bd II Anm. 48 zu § 61 m. w. N.). Abweichend davon nimmt Möller a. a. O. Anm. 41 zu § 61 an, daß in denjenigen Fällen, in denen nicht festgestellt werden könne, ob ein Minderjähriger gemäß § 828 II 1 BGB die zur Erkenntnis der Verantwortlichkeit erforderliche Einsicht besessen habe, das zu Lasten des Vmers gehe. Entsprechendes gelte für die Schuldfähigkeit eines Taubstummen im Sinne des § 828 II 2 BGB. Dem ist die Rechtsprechung gefolgt (BGH 20.VI.1990 BGHZ Bd 111 S. 372–375 mit zustimmender Anmerkung von Hansen ZfV 1990 S. 621–622). Vom BGH 20.VI.1990 a. a. O. ist dabei konsequenterweise ausgesprochen worden, daß diese Beweislastverteilung auch im Rahmen des § 3 Ziff. 1 PflichtvsG gilt. Es ging um einen Schaden, den die Vmerin durch Fahren gegen den geparkten Wagen ihres Verlobten und den der Klägerin angerichtet hatte. Die Vmerin wollte sich rächen, weil sie beide zusammen in der Wohnung ihres Verlobten angetroffen hatte und deshalb annahm, daß zwischen den beiden ein Liebesverhältnis bestehe. Der gerichtliche Sachverständige hatte in seinem Gutachten ausgeführt, daß zwar die Einsichts- und Steuerungsfähigkeit beschränkt gewesen sei, daß eine Zurechnungsunfähigkeit sich jedoch nicht feststellen lasse. Demgemäß wurde die Klage der Dritten gegen den Ver in allen Instanzen abgewiesen.

Besonders zu beachten bei der dem Ver im Rahmen des § 152 obliegenden Beweislast ist, daß der Anscheinsbeweis nicht zum Tragen kommt, soweit es darum geht, ob der Vmer den Vsfall vorsätzlich herbeigeführt hat (BGH 4.V.1988 a. a. O. m. w. N. [zur Feuerv, aber mit ausdrücklichem Geltungsanspruch für alle Vssparten]). Das wird damit begründet, daß mit der Inanspruchnahme des Vers durch den Vmer trotz vorsätzlicher Herbeiführung des Vsfalls stets ein willensgesteuertes, strafbares Verhalten verbunden sei, sofern der Vorwurf des Vers zutreffe. Der Vmer handle demnach von Anfang an mit Betrugsvorsatz. Ob dem einzelnen Vmer ein derartiges kriminelles Verhalten zuzutrauen sei, hänge so stark von seiner Persönlichkeit und seinen Wert- und Moralvorstellungen ab, daß die Annahme einer Typizität für ein solches Verhalten ausscheide. Deshalb könne ein Anscheinsbeweis auch dann nicht in Betracht kommen, wenn die Herbeiführung des Vsfalls – anders als die vorsätzliche Brandstiftung – für sich betrachtet noch kein strafrechtlich relevantes Handeln darstelle.

Mit dieser Entscheidung des BGH ist der Schlußpunkt zu einer langen, über Jahrzehnte sehr widersprüchlichen Rechtsprechung gesetzt worden (vgl. die Nachweise aus Schrifttum und Rechtsprechung bei Möller a. a. O. Anm. 50 zu § 61, ferner

Bd IV Anm. G 224). Das Gesagte bezieht sich nur auf die subjektive Seite der Feststellungen zur vorsätzlichen Herbeiführung des Vsfalls. Hingegen ist die Zulässigkeit des prima-facie-Beweises bezüglich der Feststellung der objektiven Voraussetzungen einer Herbeiführung des Vsfalls unumstritten (vgl. Möller a. a. O. Anm. 38 zu § 61 m. w. N.).

Für eine frühe Verneinung des Anscheinsbeweises vgl. schon BGH 24.X.1954 VA 1955 S. 75 Nr. 87 = VersR 1954 S. 591. Dort wurde zu Recht die Auffassung des Berufungsgerichts zurückgewiesen, daß ein Erfahrungssatz des Inhalts bestehe, daß ein Lastzugfahrer, der einen anderen Lastzug beim Überholen behindern und zum Stehen bringen wolle, auch die Entstehung eines ins Gewicht fallenden Schadens in Kauf nehme und billige. Es sei vielmehr ebenso möglich, daß ein Kraftfahrer in dieser Lage sich zwar der Möglichkeit eines Schadens bewußt sei, aber doch darauf vertraue, es werde ohne schädliche Folgen abgehen. Bei einer solchen Willensrichtung des Fahrers sei bewußte Fahrlässigkeit (luxuria), nicht aber bedingter Vorsatz gegeben. Bei einer Fahrweise dieser Art bestehe auch die naheliegende Möglichkeit, daß das überholende Fahrzeug durch Angefahrenwerden oder auf sonstige Weise einen Schaden erleide. Daß ein Kraftfahrer einen solchen Schaden bewußt in Kauf nehme, könne aber, wenn nicht besondere Umstände vorliegen, nicht angenommen werden.

Zwar ist nicht zu übersehen, daß vom BGH 24.X.1954 a. a. O. noch die theoretische Möglichkeit offen gelassen wurde, daß es doch besondere Ausnahmefälle geben möge, in denen auch im Bereich der inneren Willensbildung für die Anwendung des prima-facie-Beweises Raum sei. Solche präzisen, sich auf den Einzelfall beschränkenden Entscheidungen bilden aber die beste Grundlage für die nunmehr gewonnene generelle Erkenntnis, daß der Bereich der inneren Willensbildung einer Typisierung im Sinne des Anscheinsbeweises nicht zugänglich ist. Die gleiche vorsichtige Verfahrensweise ist auch in der Entscheidungsreihe des BGH zur Verneinung des prima-facie-Beweises für die Feststellung einer groben Fahrlässigkeit im Sinne des § 61 zu finden (vgl. Anm. J 89 m. w. N.), in der anfangs sogar ausdrücklich von der Möglichkeit der Anwendung eines bestimmten Erfahrungssatzes ausgegangen wird. Hier wie dort kommt aber eine präzise Analyse der denkbaren Fallgestaltungen zu dem Ergebnis, daß in diesem höchst individuellen Bereich des inneren Geschehens mit der damit untrennbar verbundenen teilweisen Erforschung der Persönlichkeitsstruktur der prima-facie-Beweis gänzlich ausgeschlossen ist (anders allerdings für die grobe Fahrlässigkeit im Sinne des § 61 noch Möller a. a. O. Anm. 51 zu § 61 m. w. N.).

Durch diese Ablehnung des prima-facie-Beweises sind unbillige Ergebnisse zu Lasten des Vers nicht zu erwarten, wenn keine übertrieben hohen Anforderungen an die Überzeugungsbildung des Richters im Rahmen der nach Lage der Dinge regelmäßig einzig möglichen Beweisführung durch den Indizienbeweis gestellt werden (vgl. dazu Möller a. a. O. Anm. 37 zu § 61 m. w. N.; ferner Bd IV Anm. G 225). Im Rahmen einer Abwägung aller Umstände des Einzelfalles darf bei Zusammenstößen zwischen mehreren Fahrzeugen durchaus zugunsten des Vmers die Überlegung verwertet werden, daß vernünftigerweise ein Vmer sich nicht selbst einen Schaden zufügen will (so ausdrücklich BGH 24.X.1954 a. a. O., OLG Hamm 10.II.1978 VersR 1978 S. 913). Das gilt aber gewiß nicht ausnahmslos. Für einen gelungenen Indizienbeweis vgl. BGH 15.XII.1970 NJW 1971 S. 459−461 = VersR 1971 S. 239−241; der Schwarzfahrer war in jenem Fall direkt auf einen anderen Wagen zugefahren. Vgl. auch die besonders sorgfältige Abwägung der Indizien durch OLG Köln 14.XII.1977 VersR 1978 S. 265−266 in einem Fall, in dem der Vmer erst nach einer langen Verfolgungsjagd festgenommen werden konnte, an deren Ende er ein Dienstfahrzeug der Polizei rammte. Einen ähnlichen Fluchtfall behandelt LG Mainz

I. 9. Ausschlußtatbestände   Anm. G 89

9.XI.1990 ZfS 1991 S. 95—96; es nimmt nach den Umständen des Falles an, daß sich der bedingte Vorsatz auch auf die Beschädigung entgegenkommender Fahrzeuge bezogen habe, die mit der polizeilichen Verfolgung nichts zu tun haben; das dürfte nur für seltene Ausnahmesituationen zutreffend sein (vgl. als Gegenbeispiel AG Paderborn 10.VIII.1982 ZfS 1983 S. 85; bestätigt durch LG Paderborn 21.X.1982 a. a. O.). — Für einen Selbstmordfall mit vorsätzlicher Schädigung eines Steinsokkels mit darauf befindlichem Kruzifix vgl. LG Aachen 30.VI.1987 ZfS 1987 S. 307—308; ob der Schluß, daß Vorsatz deshalb vorliege, weil der Vmer mit hoher Geschwindigkeit ungebremst auf das Hindernis zugefahren sei, zutrifft, ist anhand der Veröffentlichung nicht überprüfbar; die Erfahrung lehrt, daß derartige Reaktionen auch unvorsätzlich erfolgen können. Überzeugend dagegen ist in einem ähnlich gelagerten Fall die Indizienwürdigung durch OLG Düsseldorf 15.III.1988 ZfS 1989 S. 243.

Bemerkenswert LG München 5.VI.1974 VersR 1975 S. 849—850, das in einem Sonderfall zu dem Ergebnis kommt, daß von beiden Kontrahenten jenes Zusammenstoßes der Schaden vorsätzlich herbeigeführt worden sei. Ein genaues Studium des Urteils ergibt indessen, daß vom Gericht die verschiedenen Auseinandersetzungsphasen dieses Verkehrsrowdyfalles gedanklich nicht klar getrennt worden sind. Richtig wäre es nur gewesen, den Vsschutz für denjenigen Vmer zu versagen, der nach einem Schneiden vor dem Fahrzeug seines Kontrahenten bewußt scharf gebremst hatte, um diesem durch den folgenden Auffahrunfall einen Denkzettel zu verpassen. Vgl. auch OLG Nürnberg 12.II.1981 VersR 1981 S. 1123—1124 = ZfS 1981 S. 214—215, das bei einem „Ausbremsen" im Streit zwischen Jugendlichen bedingten Vorsatz annimmt. Dem veröffentlichten Teil der Urteilsgründe ist allerdings nicht zu entnehmen, daß die Verfasser in Betracht gezogen haben, daß jugendlicher Leichtsinn auch gegen die Annahme sprechen kann, daß der schädigende Erfolg bedacht und billigend in den Willen aufgenommen worden ist. — Für einen Fall, in dem ein betrunkener Autofahrer einen anderen Verkehrsteilnehmer über 10—15 km verfolgte und ihn in dieser Zeit auch 10—15 mal angefahren hatte, bis der Dritte mit seinem Fahrzeug von der Fahrbahn abkam, vgl. LG Koblenz 1.X.1987 r + s 1989 S. 5 und für eine vorsätzliche Körperverletzung durch Anfahren eines Fußgängers nach vorausgegangenem „Disput" LG Mönchengladbach 6.V.1986 r + s 1986 S. 274—275.

Eine gute Indizienwürdigung ist auch LG Bochum 6.XII.1971 VersR 1973 S. 148 zu entnehmen. Der Vmer B war dort gegen drei vor einem Gasthaus abgestellte Fahrzeuge gefahren. Aus der eigenartigen Fahrweise und aus den Beschädigungen schloß das Gericht auf ein vorsätzliches Handeln des Vmers im Sinne des § 152. Dabei ließ es offen, ob der Kläger mit dem Vmer im bewußten und gewollten Zusammenwirken gehandelt hatte. Wäre B aber nicht Vmer sondern lediglich Fahrer des Unfallwagens gewesen, so hätte nach Maßgabe der Überlegungen im nachfolgenden Abschnitt darüber entschieden werden müssen, ob die Einwilligung des Klägers gegeben war oder nicht; denn der Vsschutz des Vmers wird durch das vorsätzliche Handeln des Vten grundsätzlich nicht berührt (vgl. BGH 15.XII.1970 NJW 1971 S. 459—461 = VersR 1971 S. 239—241, 30.IX.1980 NJW 1981 S. 113 = VersR 1981 S. 40 und Anm. G 85 m. w. N.) und von einer Halterhaftung gemäß § 7 I StVG ist auch bei einem vorsätzlichen Handeln des berechtigten Fahrers ohne weiteres auszugehen (vgl. OLG Köln 1.VII.1981 VersR 1982 S. 383; ebenso nach österreichischem Recht ÖOGH 24.III.1983 VersR 1984 S. 1198—1199).

Nicht selten entstehen Untergrundschäden, wenn schwere Fahrzeuge auf nur für Fußgänger bestimmten Plattenwegen bewegt werden (vgl. OLG Hamm 8.IV.1983 VersR 1983 S. 1124 [nur L. S.] = ZfS 1984 S. 51 [nur L. S.], 25.IX.1985 VersR 1987

S. 88 = ZfS 1987 S. 84). Es kommt dabei ganz auf die Umstände des Einzelfalles an, ob man dem Fahrer glaubt, daß er trotz der ihm bekannten Gefährlichkeit eines solchen Vorgehens gehofft habe, daß kein Schaden entstehe (so OLG Hamm 25.IX.1985 a. a. O.). Jedoch sollte man sich hüten, in dieser Situation von einem „Erfahrungssatz" zu sprechen, der gegen vorsätzliches Handeln streitet. Wer solche Arbeiten in der Praxis beobachtet, gewinnt schnell gegenteilige Erfahrungen. Das findet seinen Niederschlag z. B. darin, daß nicht selten in Verträgen, die aus Anlaß der Errichtung von Bauten abgeschlossen werden, ausdrücklich geregelt wird, wer die zu erwartenden Schäden durch das Fahren über die Gehwege zu tragen hat. Bemerkenswert ist jedenfalls, daß der Ver im Falle OLG Hamm 25.IX.1985 a. a. O. zu Recht von dem Grundsatz ausgegangen ist, daß er im Verhältnis zum Vmer eintrittspflichtig sei (vgl. dazu Anm. G 85).

Kippt jemand von einem Tankwagen giftigen Ölschlamm auf fremden Grund oder gar in ein Gewässer, so darf im Regelfall auch bezüglich des daraus resultierenden Folgeschadens von einem vorsätzlichen Handeln ausgegangen werden (vgl. dazu OLG Düsseldorf 13.X.1966 NJW 1966 S. 738–739, das aber nicht bis zu diesem Schluß gekommen ist, da es Zweifel daran hatte, ob der Schaden durch den Gebrauch des Fahrzeugs entstanden sei, und deshalb für den Anspruch der Stadt auf Erstattung der entstandenen Kosten gemäß § 10 I AKB keinen Vsschutz gewähren wollte, vgl. dazu Anm. G 47 und 49 m. w. N.).

Bei der Feststellung der tatsächlichen Voraussetzungen für den Schluß auf vorsätzliches Handeln des Vmers (oder des Vten) ist stets zu bedenken, daß der Schadeneintritt mit in das Vorstellungsbild des Täters gehört (vgl. dazu Anm. G 83). Demgemäß darf nicht daraus, daß vorsätzlich gegen Verkehrsvorschriften verstoßen worden ist, auf eine vorsätzliche Herbeiführung des Vsfalls geschlossen werden (BGH 2.II.1982 r + s 1983 S. 69 [nur L. S.] für einen Fall, in dem der Vmer einem Fahrer das Fahrzeug in Kenntnis dessen überlassen hatte, daß dieser nicht über eine Fahrerlaubnis verfügte). Vgl. in diesem Zusammenhang auch BGH 24.VII.1989 NZV 1989 S. 400–401 = ZfS 1989 S. 416 (nur L. S.); in dieser strafrechtlichen Entscheidung ist ausgeführt worden, daß das bewußte Anfahren eines Fußgängers mit einer Geschwindigkeit von ca. 20 km/h keinen sicheren Schluß auf das billigende Inkaufnehmen tödlicher Verletzungen erlaube.

Einen besonderen Problemkreis stellen die vielen gestellten Unfälle dar, in denen der Dritte im kriminellen Zusammenwirken mit dem Vmer (oder dem Vten) unberechtigte Schadenersatzansprüche geltend macht. Hier werden relativ selten Deckungsprozesse geführt. Vielmehr findet die Auseinandersetzung im Regelfall im Haftpflichtstreit statt. Deshalb wird dieser Problemkreis in Anm. B 25 m. w. N. bei der Darlegungs- und Beweislast bezüglich des Direktanspruchs abgehandelt. Die Rechtsprechung sucht die Lösung im Regelfall nicht über § 152, sondern mit Rücksicht auf die dominierend schadenersatzrechtliche Qualifikation des Direktanspruchs in haftpflichtrechtlichen Prinzipien. Danach ist es Sache des Vers, sofern das Vorliegen eines Schadenereignisses bewiesen ist, darzutun und zu beweisen, daß eine Einwilligung des Dritten vorgelegen hat, so daß es der Unfreiwilligkeit des Geschehens ermangelt (BGH 13.XII.1977 BGHZ Bd 71 S. 343–347; w. N. in Anm. B 25; vgl. auch Johannsen Symposium S. 197–200). Liegt aber der atypische Fall vor, daß nach einer in einer solchen Konstellation ausgesprochenen Vsschutzablehnung nicht der Dritte auf Zahlung klagt, sondern der Vmer (oder Vte) auf Gewährung von Vsschutz, so zeigen sich die nämlichen Beweislastgrundsätze im Gewande des § 152 (vgl. dazu OLG Köln 14.VII.1988 r + s 1989 S. 139–140; ferner Hansen ZfV 1991 S. 505–506). Unerläßlich wird aber auch im Rechtsstreit über den Direktanspruch die Anwendung

I. 9. Ausschlußtatbestände   Anm. G 90

des § 152 in dem Ausnahmefall, daß bei einem gestellten Zusammenstoß ein weiterer Dritter, der nicht zum Kreis der Verabredungstäter gehört, einen Schaden erleidet, der von dem Vmer in seine Überlegungen einbezogen und im Sinne des Eventualdolus gebilligt worden war (so im Fall KG 5.VI.1989 VersR 1989 S. 1188–1189 = VerkMitt 1989 S. 70–71, in dem allerdings auch der Verdacht bestand, daß jener mit zu dem Kreis der Verabredungstäter gehörte).

Aus der Fülle der Urteile zum kriminellen Bereich der gestellten Unfälle seien im Anschluß an Anm. B 25 folgende bemerkenswerte Entscheidungen hervorgehoben: BGH 28.III.1989 NJW 1989 S. 3161–3162 = VersR 1989 S. 637–638, 27.III.1990 DAR 1990 S. 224, OLG Köln 19.IX.1984 r + s 1984 S. 259–260, OLG Hamm 8.XI.1984 VersR 1986 S. 280–282, OLG Frankfurt a. M. 3.VI.1985 VersR 1987 S. 580, OLG Celle 16.VI.1988 VersR 1988 S. 1286–1287, OLG Karlsruhe 24.VI.1988 VersR 1988 S. 1287-1288, KG 5.VI.1989 a. a. O., OLG Stuttgart 6.IX.1989 VersR 1990 S. 1221, KG 5.II.1990 NZV 1991 S. 73–74, OLG Hamm 4.X.1990 VersR 1991 S. 113–114, OLG Frankfurt a. M. 8.XI.1990 VersR 1991 S. 880, sämtlich m. w. N.; vgl. ferner Dannert r + s 1989 S. 381–385, 1990 S. 1–6, Knoche Vsfälle S. 88–110, Reiff VersR 1990 S. 113–124 und Staab Betrug S. 11–14, 74–97 (sämtlich m. w. N.). – Diese deprimierende Dokumentation krimineller Aktivitäten zeichnet sich durchweg durch sehr sorgfältige Beweiswürdigungen aus. Immer wieder findet man aber leider auch die vom BGH 13.XII.1977 BGHZ Bd 71 S. 339–346 geprägte Formel, daß in Ausnahmefällen ein Anscheinsbeweis für eine Vortäuschung eines Unfallgeschens eingreifen könne. Das ist wie auch sonst auf dem Gebiet der Feststellung eines inneren Vorgangs der Willensbildung aus den in Anm. B 25 dargestellten Gründen abzulehnen. In Wirklichkeit handelt es sich um Indizienurteile. Es wäre daher wünschenswert, daß das auch offen ausgesprochen wird und die formelhafte Wendung über die Möglichkeit eines Anscheinsbeweises in Zukunft im Sinne einer für alle Rechtsgebiete in den Grundsätzen einheitlichen Beweislehre entfällt. Vgl. dazu aber auch Dannert r + s 1990 S. 1–4 m. w. N., der die Auffassung, daß der Beweis des ersten Anscheins zum Tragen komme, vehement entgegen BGH 4.V.1988 a. a. O. verteidigt (ebenso Knoche Vsfälle S. 192–199). Beide verkennen, daß ein solches Problem wie die Feststellung eines inneren Vorgangs der Willensbildung nur einheitlich für alle Rechtsgebiete beurteilt werden darf; die von Dannert a. a. O. treffend gebildeten Fallgruppen dürfen demgemäß nur als wertvolle Entscheidungshilfen für den Indizienbeweis im engeren Sinne verwertet werden (zutreffend Staab Betrug S. 91–97 m. w. N.).

[G 90] bb) Sonderregelung für „reine" Vermögensschäden

aaa) Abänderung des § 152 VVG durch § 11 Nr. 4 AKB

Nach § 11 Nr. 4 (1. Alt.) AKB – früher § 11 Nr. 7 – sind vom Vsschutz ausgeschlossen Haftpflichtansprüche aus solchen „reinen" Vermögensschäden, die auf bewußt gesetz- oder vorschriftswidriges Handeln des Vten zurückzuführen sind. Stiefel–Hofmann[15] Anm. 34 zu § 11 AKB, S. 533 bemerken dazu unter Bezugnahme auf BGH 27.X.1954 VA 1955 S. 74–75 Nr. 87 = VersR 1954 S. 591–592, daß bei einem bewußten Verstoß gegen Gesetz oder Vorschrift stets ein vorsätzliches Handeln vorliege, so daß derartige Haftpflichtansprüche schon nach § 152 nicht gedeckt seien. Die Klausel erscheine als eine überflüssige Wiederholung des § 152, sofern dabei gleichzeitig auch der Vsfall zumindest bedingt vorsätzlich herbeigeführt werde.

BGH 27.X.1954 a. a. O. vertritt diese Auffassung jedoch nicht, sondern befaßt sich mit dem Vsschutz für einen wegen eines Sachschadens geltend gemachten

Haftpflichtanspruch (das Gericht kommt dabei zu dem unabweisbaren Ergebnis, daß aus der Sonderregelung für „reine" Vermögensschäden in § 11 Nr. 4 AKB nicht etwa geschlossen werden dürfe, daß es für Körper- und Sachschäden keinen Ausschlußtatbestand der vorsätzlichen Herbeiführung des Vsfalles gebe, daß vielmehr für diese Fälle § 152 eingreife). Die Klausel ist **keine überflüssige Wiederholung des § 152**; sie **ändert** diesen vielmehr ab, indem sie die Haftung des Vers enger eingrenzt als nach der gesetzlichen Regelung. Nach allerdings nicht unbestrittener Auffassung muß vom Vorsatz des Vmers im Sinne des § 152 auch die Schadenzufügung umfaßt werden (BGH 17.XII.1986 VersR 1987 S. 174–176; vor allem aber BGH 26.IX.1990 VersR 1991 S. 176–179 = BB 1990 S. 2362–2364; vgl. weiter Anm. G 83 und Bd IV Anm. G 226 m. w. N.). Von diesem Erfordernis befreit § 11 Nr. 4 AKB den Ver. Er braucht nach dieser Bestimmung nur zu beweisen, daß der Vmer vorsätzlich gegen das Gesetz oder gegen Vorschriften verstoßen hat. Darauf, ob der Vmer sich auch billigend den Eintritt des Schadens aufgrund seines bewußt gesetz- oder vorschriftswidrigen Handelns vorgestellt hat, kommt es bei § 11 Nr. 4 AKB nicht an (ebenso BGH 17.XII.1986 a. a. O. für eine Betriebshaftplichtv, der eine § 4 Ziff. 5 AHBVerm sinngemäß entsprechende Ausschlußklausel zugrunde lag, BGH 26.IX.1990 a. a. O. für § 4 Nr. 6 S. 1 AVB-WP; vgl. auch BGH 13.VII.1959 VersR 1959 S. 691–692 für eine ähnlich gefaßte Klausel eines Architektenhaftpflichtvsvertrages und RG 15.III.1910 VA 1910 Anh. 70–71 Nr. 534 für eine derartige Bestimmung in einer Vermögensschadenhaftpflichtv eines Notars; ferner OLG Hamm 17.XII.1975 VersR 1978 S. 52–54, 24.II.1988 VersR 1988 S. 1122–1123 m. Anm. von Späth a. a. O. S. 1123–1124, OLG Düsseldorf 27.IX.1988 VersR 1990 S. 411–412 m. Anm. v. Späth a. a. O. S. 412–413, OLG Koblenz 28.II.1989 VersR 1990 S.42, Schirmer DAR 1992 S. 21). Das bedeutet, daß in den Fällen, in denen sich das bewußt gesetz- oder vorschriftswidrige Verhalten nicht auf den Eintritt des Schadens bezieht, auch ein unvorsätzliches Handeln vom Vsschutz ausgenommen wird (unzutreffend LG Siegen 21.IV.1955 VersR 1955 S. 568, das aus dem Ausdruck „bewußt" folgert, daß für § 11 Nr. 4 AKB anders als für § 152 der dolus eventualis nicht ausreiche; dagegen Möring VersR 1955 S. 677).

Es fragt sich, ob eine derartige Abweichung von dem gesetzlichen Umfang der Haftpflichtv zulässig ist oder nicht. Ausgangspunkt der Betrachtung ist dabei, daß § 152 zu den nicht zwingenden Vorschriften des VVG zählt, also **grundsätzlich abänderbar** ist, daß aber bei sekundären Risikobeschränkungen auch eine Prüfung erfolgen muß, ob die getroffene Regelung **angemessen** im Sinne des § 9 AGB ist. Bedenken gegen § 11 Nr. 4 AKB klingen bei Prölss–Martin–Knappmann[25] Anm. 5 zu § 11 Nr. 4 AKB, S. 1465 an, wenn auch ohne nähere Begründung. Möller Bd II Anm. 88 zu § 61 bemerkt, daß eine Haftpflichtv in **unerträglicher Weise entwertet** werden würde, wenn sie generell **grobfahrlässig** herbeigeführte Vsfälle ausschlösse. Keine Bedenken hat Möller a. a. O. Anm. 91 zu § 61 aber, wenn es sich wie hier um den Ausschluß **vorsatznahen** Verhaltens des Vmers handelt. In der Tat ist eine Änderung des § 152 in diesem Rahmen nicht zu beanstanden. Es handelt sich vielmehr um einen **überkommenen Grundsatz der Vermögensschadenhaftpflichtv**, daß dort gemäß § 4 Ziff. 5 AHBVerm Haftpflichtansprüche „wegen Schadenstiftung durch wissentliches Abweichen von Gesetz, Vorschrift, Anweisung oder Bedingung des Machtgebers (Berechtigten) oder durch sonstige wissentliche Pflichtverletzung" vom Vsschutz ausgeschlossen sind. Diese Regelung stellt **keine unangemessene Abänderung des dispositiven Rechts** dar (ebenso BGH 26.IX.1990 a. a. O., der zugleich die Meinung verwirft, daß es sich um eine überraschende Klausel gemäß § 3 AGBG oder um eine unklare im Sinne des § 5 AGBG handeln könne). Denn ein „vorsätzliches" Abweichen von gesetzlichen Bestimmun-

I. 9. Ausschlußtatbestände   Anm. G 91

gen oder Anweisungen oder Bedingungen des Auftraggebers ist für den Vmer erkennbar stets mit einem Haftungsrisikos verbunden. Wenn er sich dennoch wissentlich zu einem Pflichtverstoß entschließt, kann er billigerweise gerade nicht erwarten, daß er dafür unter Haftpflichtvsschutz steht. In Konsequenz dieser auf rechtsethischen Grundsätzen beruhenden generellen Regelung der Vermögensschadenhaftpflichtv ist es sachgerecht, wenn § 11 Nr. 4 AKB ein gleiches für den Einschluß des Risikos aus der Inanspruchnahme wegen „reiner" Vermögensschäden bestimmt, die auf einem bewußt gesetz- oder vorschriftswidrigem Verhalten des Vmers beruhen (vgl. zu einer entsprechenden Klausel in allen Musterbedingungen zur Gewässerschadenhaftpflichtv Johannsen Umweltschäden S. 62—66; abweichend OLG Koblenz 4.XII.1981 VersR 1982 S. 1089—1091, das eine derartige Bestimmung als Obliegenheit einordnete; da sich aus der Klausel aber keine spezielle tatbestandsmäßige Abgrenzung ergibt, sondern die gesamte berufliche Tätigkeit im Bereich eines solchen bewußt gesetzwidrigen Handelns erfaßt wird, ist das Vorliegen einer Obliegenheit zu verneinen; es war daher richtig, daß diese Auffassung später aufgegeben worden ist; vgl. OLG Koblenz 28.II.1989 a. a. O. m. w. N.).

Das gefundene Ergebnis steht auch nicht im Widerspruch zu dem Europäischen Übereinkommen vom 20.IV.1959 über die obligatorische Haftpflichtv für Kraftfahrzeuge (Gesetz vom 1.IV.1965, BGBl. II S. 281). Zwar ergibt der Zusammenhang zwischen Anhang I Art. 4 und Anhang II Ziff. 3 EK, daß (soweit es sich um die schuldhafte Herbeiführung des Vsfalles handelt) nur vorsätzlich verursachte Schäden vom Vsschutz ausgenommen werden dürfen (vgl. dafür, daß die Bundesrepublik Deutschland von dem Vorbehalt gemäß Anhang II Ziff. 3 Gebrauch gemacht hat, Art. 3 des Gesetzes vom 1.IV.1965). Es ist aber im Anhang I Art. 3 II EK nur die Verpflichtung enthalten, daß die V die Schäden umfassen müsse, die an Personen und Sachen verursacht worden sind. Der Einschluß auch der „reinen" Vermögensschäden ist nicht vorgesehen. Demgemäß sind insoweit die Wertungen, die dem genannten Abkommen zugrundeliegen, auf dieses zusätzliche Leistungsversprechen nicht zu übertragen.

Geht man derart von einer rechtswirksamen Abänderung des § 152 durch § 11 Nr. 4 AKB aus, so stellt sich aber davon unabhängig die rechtspolitische Frage, ob die getroffene Regelung zweckmäßig ist. Das ist allerdings zu verneinen. Wie in Anm. G 58 ausgeführt worden ist, ist der Einschluß aus der Inanspruchnahme wegen „reiner" Vermögensschäden für die Kfz-Haftpflichtv nahezu bedeutungslos. Es verwundert daher die Feststellung nicht, daß der Prozentsatz der von diesem geringen Risiko gemäß § 11 Nr. 4 AKB ausgeschlossenen Schadenfälle sehr niedrig anzusetzen ist. Ein Indiz für die Richtigkeit dieser Behauptung ist, daß es nur wenige Entscheidungen gibt, in denen fallentscheidend unter Anwendung dieser Bestimmung der Vsschutz versagt worden ist. Aus diesem Gesichtspunkt heraus ist demgemäß doch zu überlegen, ob nicht § 11 Nr. 4 AKB bei einer weiteren Reform der AKB teilweise, soweit es sich nämlich um die hier erörterte Abänderung des § 152 handelt, entfallen könnte.

[G 91] bbb) Einzelheiten

§ 11 Nr. 4 AKB schließt Haftpflichtansprüche aus solchen reinen Vermögensschäden vom Vsschutz aus, die auf ein bewußt gesetz- oder vorschriftswidriges Verhalten des Vten zurückzuführen sind. Auffällig ist dabei, daß in der Ausschlußbestimmung nicht der Ausdruck Vmer gebraucht wird, sondern vom Vten die Rede ist. Daraus darf aber nicht geschlossen werden, daß § 11 Nr. 4 AKB nur Geltung für die im Rahmen der Kfz-Haftpflichtv eingeschlossenen Ven für

Johannsen

fremde Rechnung beanspruchen wolle. Es handelt sich vielmehr um eine Ausdrucksweise, die den Vmer und den Vten umfassen will. Wie denn überhaupt bei der Durchsicht der vsrechtlichen Literatur und der Gerichtserkenntnisse immer wieder festgestellt werden kann, daß der Begriff Vter häufig nicht im Sinne der Bestimmungen über die V für fremde Rechnung gebraucht wird, sondern als Parallelwort zum Ausdruck Vmer. Aus dieser doppeldeutigen Ausdrucksweise darf aber gewiß nicht gefolgert werden, daß Handlungen des Vten nicht unter § 11 Nr. 4 AKB zu subsumieren seien. Vielmehr ist die Bedingungsbestimmung so auszulegen, daß mit dem verwendeten Ausdruck tatsächlich von Beginn an zwei Personen gemeint sind, nämlich der Vmer und der Vte (so im übrigen auch der Sprachgebrauch in der nach den Ausführungen in Anm. G 90 für § 11 Nr. 4 AKB nicht einschlägigen Bestimmung im Anh. II Ziff. 3 des „Straßburger Abkommens"). Es bedarf daher hier nicht des Rückgriffs auf die sonst im Bereich der V für fremde Rechnung geltende Auslegungsregel, daß — abgesehen von der sich aus der Vertragskontrahenteneigenschaft ergebenden Prämienzahlungsverpflichtung des Vmers — grundsätzlich alle Gesetzes- und Bedingungsbestimmungen, in denen vom Vmer die Rede ist, so zu lesen sind, als würde dort auch vom Vten gesprochen (vgl. Anm. B 66 und G 85 m. w. N.).

Nach den Ausführungen in Anm. G 90 ist die Bestimmung des § 11 Nr. 4 AKB dahin auszulegen, daß für Haftpflichtansprüche wegen reiner Vermögensschäden das bewußt gesetz- oder vorschriftswidrige Verhalten des Vmers (oder des Vten) für die Versagung des Vsschutzes genügt, so daß der Vorsatz des Vmers die Folgen der Tat nicht billigend miteinzubeziehen braucht. Daß erst recht die Fälle vom Vsschutz ausgeschlossen sind, in denen der Vmer die Folgen seines bewußt gesetzwidrigen Verhaltens bedacht hat, entspricht der logischen Einordnung der Bedingungsbestimmung, mit der lediglich teilweise § 152 zugunsten des Vers abgeändert wird. Es ist aber auch zu beachten, daß § 11 Nr. 4 AKB eine Ausnahmeregelung für reine Vermögensschäden darstellt, die einer entsprechenden Anwendung auf Haftpflichtansprüche wegen Körper- oder Sachschäden und davon abgeleiteter Vermögensschäden nicht zugänglich ist. Einer Analogie steht insbesondere der von Möller Bd II Anm. 88 zu § 61 hervorgehobene Gesichtspunkt entgegen, daß eine Haftpflichtv in unerträglicher Weise entwertet werden würde, wenn sie generell grobfahrlässig herbeigeführte Vsfälle ausschlösse (vgl. ergänzend Anm. G 90 dazu, daß § 11 Nr. 4 AKB angesichts der Beschränkung seines Wirkungsbereichs auf die im Rahmen der Kfz-Haftpflichtv sehr seltenen reinen Vermögensschäden nicht als unangemessene Klausel im Sinne des § 9 II AGBG anzusehen ist). Verfehlt ist es daher, § 11 Nr. 4 AKB auf Haftpflichtansprüche aus Körper- und Sachschäden entsprechend anzuwenden, wenn deren Ursache eine vorsätzliche Trunkenheitsfahrt ist. Die § 11 Nr. 4 AKB auf solche vorsätzlichen Trunkenheitsfahrten anwendenden Entscheidungen des LG Berlin 17.XII.1938 JRPV 1939 S. 221–222 und 13.XI.1951 VersR 1952 S. 93 leiden unter dem Mangel, daß die Beschränkung der Vorschrift auf reine Vermögensschäden überhaupt nicht erkannt worden ist, so daß diese Urteile als allenfalls unbewußte Erstreckungen der Bedingungsbestimmung angesehen werden können. Vgl. dafür, daß Trunkenheitsfahrten, soweit daraus Körper- oder Sachschäden und darauf zurückzuführende Vermögensschäden entstehen, allein nach § 152 zu beurteilen sind, BGH 18.X.1952 BGHZ Bd 7 S. 313, 20.IX.1962 VersR 1962 S. 1051–1053.

Die Sonderregelung gemäß § 11 Nr. 4 AKB kommt nur zum Zuge, wenn der Vmer bewußt gegen Gesetze oder Vorschriften handelt. Es muß mit anderen Worten ein Verstoß gegen materielle Rechtsnormen vorliegen. Anders als nach § 4 Ziff. 5 AHBVerm genügt also ein bewußtes (dort als „wissentlich" bezeichnet) Abweichen

I. 9. Ausschlußtatbestände   Anm. G 92

von Anweisungen oder Bedingungen des Machtgebers oder eine sonstige bewußte Pflichtverletzung nicht. Insbesondere verbietet sich eine Auslegung des Ausdrucks Vorschrift dahin, daß darunter etwa auch irgendwelche vertragliche Weisungen oder behördliche Anordnungen zu verstehen seien (anders Stiefel – Hofmann[15] Anm. 34 zu § 11 AKB, S. 533, die unter die Klausel auch „behördliche Vorschriften" fallen lassen wollen). Denn wenn eine solche Erstreckung des Anwendungsbereiches beabsichtigt war, so hätte die gleiche Wortwahl wie in § 4 Ziff. 5 AHBVerm getroffen werden können. Diese Auslegung bedeutet, daß den Ausdrücken Gesetz und Vorschrift in § 11 Nr. 4 AKB die gleiche Bedeutung zukommt, daß es sich nämlich in beiden Fällen um Verstöße gegen Rechtsnormen handelt. Es ist gewiß nicht ungewöhnlich, daß in Bedingungsbestimmungen ein und derselbe Lebenssachverhalt mehrfach durch verschiedene Ausdrücke, die den gleichen Sinngehalt haben, erfaßt wird.

Nach LG Nürnberg-Fürth 21.III.1990 ZfS 1990 S. 165 – 166 greift § 11 Nr. 4 AKB bei einem vorschriftswidrigen Parken ein. Der Vmer hatte auf dem Gehweg so geparkt, daß die Straßenbahn nicht vorbeifahren konnte. Deshalb wurde ein Ersatzverkehr aufgebaut, für dessen Kosten der Vmer ersatzpflichtig gemacht wurde. Da die Schienenführung nicht über den Gehweg ging, sondern ca. 50 cm vom Straßenrand entfernt lief, behagt diese Entscheidung nicht. Denn das Verbot, auf dem Fußweg zu parken, soll nicht den Schienenverkehr schützen. Eine differenzierte Betrachtung hätte demgemäß zur Bejahung des Vsschutzes führen müssen, wenn dem Vmer nicht bewußt war, daß er nicht nur den Fußgängerverkehr beeinträchtigte, sondern auch den Schienenbetrieb. Wenn aber der Sachverhalt so gewesen wäre, daß auf den Schienen geparkt worden ist (so der Leitsatz), würde der Entscheidung beizupflichten sein (bedauerlich nur, daß das Gericht § 11 Nr. 4 AKB als eine gesetzliche Bestimmung einordnet; vgl. zum Vertragscharakter der AKB Anm. A 13 m. w. N.). Eine abweichende Beurteilung könnte sich für einen solchen Fall im übrigen dann ergeben, wenn der Vmer der irrigen Meinung gewesen wäre, daß es sich um eine stillgelegte Strecke gehandelt habe.

Zur Auslegung des § 11 Nr. 4 AKB kann im übrigen ergänzend auf die Ausführungen in Bd IV Anm. G 232 – 233 zur wesensverwandten Bestimmung des § 4 Ziff. 5 AHBVerm verwiesen werden.

[G 92] f) **Nichteinhalten von Liefer- und Beförderungsfristen**

Weiter wird durch die 2. Alternative in § 11 Nr. 4 AKB der Haftpflichtvsschutz für solche reinen Vermögensschäden ausgeschlossen, die auf ein Nichteinhalten von Liefer- und Beförderungsfristen zurückzuführen sind. Dieser zusätzliche Ausschluß hat mit dem des bewußt gesetz- oder vorschriftswidrigen Verhaltens gemäß der 1. Alternative des § 11 Nr. 4 AKB (vgl. dazu Anm. G 90) nur gemeinsam, daß sich beide auf reine Vermögensschäden beziehen. Nicht etwa stellt der Ausschluß des Risikos aus dem Versäumnis von Liefer- und Beförderungsfristen eine Abänderung des § 152 dar. Vielmehr ergibt die Wortfassung der Bedingungsbestimmung, daß das Risiko aus der Nichteinhaltung solcher Fristen schlechthin ohne Rücksicht auf ein Verschulden (oder Nichtverschulden) des Vmers vom Vsschutz ausgenommen wird. Dagegen bestehen keine rechtlichen Bedenken. Insbesondere hält die Regelung einer Angemessenheitsprüfung im Sinne des § 9 AGBG stand (dafür, daß die AKB grundsätzlich einer solchen Kontrolle unterliegen, vgl. Anm. A 16). Dabei ist zu bedenken, daß sich der Hauptanwendungsbereich der Ausschlußbestimmung auf Fälle aus dem Bereich des gewerblichen Güterverkehrs bezieht. In diesem Bereich bestehen gegen den Ausschluß nach § 11 Nr. 3 AKB wegen Beschädigung,

Zerstörung oder Abhandenkommen von beförderten Sachen keine rechtspolitischen Bedenken. Es stehen hier spezielle Güterhaftpflichtven zur Verfügung, die darüber hinaus im innerdeutschen Fernverkehr als Pflichthaftpflichtven vorgeschrieben sind (§ 27 GüKG). Hat der Kraftfahrzeughaftpflichtver demgemäß nicht für die Haftpflichtansprüche wegen Schäden an diesen Sachen und deren Folgen, also den unechten Vermögensschäden, einzustehen, so ist es sachlogisch, den Ver auch nicht für aus dem gewerblichen Beförderungssektor herrührende „reine" (echte) Vermögensschäden haften zu lassen. Während in Anm. G 76 ein gewisses Bedauern darüber, daß der Kfz-Haftpflichtver nicht für Haftpflichtansprüche wegen Schäden an im privaten Bereich beförderten Sachen einzutreten habe, zum Ausdruck gebracht worden ist (ohne daß aber deswegen die Bestimmung als unangemessen im Sinne des § 9 AGBG anzusehen wäre), gilt ein gleiches nicht für den Ausschluß der Haftung für reine Vermögensschäden auf diesem Sektor. Denn wer im privaten Bereich Liefer- und Beförderungsfristen vereinbart, handelt gänzlich ungewöhnlich, jedenfalls völlig atypisch. Es wäre verfehlt, für ein derartiges Risiko Vsschutz in der Kfz-Haftpflichtv zu gewähren.

Zum „Straßburger Abkommen" (Europäisches Übereinkommen über die obligatorische Haftpflichtv vom 20.IV.1959, BGBl. II 1965 S. 282) steht die hier behandelte Alternative des § 11 Nr. 4 AKB auch nicht im Widerspruch. Zwar fehlt dort eine entsprechende Ausschlußbestimmung. Es ist aber wie bei der 1. Alternative des § 11 Nr. 4 AKB zu beachten, daß es im Anh. II Art. 3 lediglich heißt, daß die V die Schäden umfassen müsse, die im Inland an Personen und Sachen zugefügt worden seien. Von einer Deckungspflicht gegenüber Haftpflichtansprüchen aus „reinen" Vermögensschäden wird dagegen nicht gesprochen. Erwähnenswert ist im übrigen, daß sich ein ursprünglich nahezu gleichlautender Ausschlußtatbestand in den „Besonderen" Bedingungen für die Mitv von Vermögensschäden (vgl. VA 1955 S. 184 und die Verschärfung der Ausschlußregelung in VA 1966 S. 110) findet.

Stiefel–Hofmann[15] Anm. 37 zu § 11 AKB, S. 534 bemerken, daß ein Fall für die Anwendbarkeit der 2. Alternative in der Weise, daß begründete Ansprüche ausgeschlossen würden, nicht denkbar sei. Soweit die Nichteinhaltung der Fristen vorsätzlich erfolge, ergebe sich der Risikoausschluß bereits aus § 152. Soweit es sich dagegen nur um ein fahrlässiges Verhalten des Vmers handle, fehle es an einer haftpflichtrechtlichen Grundlage für solche Ansprüche, da § 823 BGB eine Haftung für reine Vermögensschäden nicht einschließe. Eine solche Haftung bestehe vielmehr nur bei Vorsatz (§ 826 BGB) und im Rahmen der Amtshaftung (§ 839 BGB). Die Bedeutung der Klausel erschöpfe sich daher darin, daß bei unberechtigter Geltendmachung derartiger Haftpflichtansprüche auch eine Abwehrpflicht des Vers verweigert werden könne. Dieser Beurteilung kann nach dem Gesagten nicht beigepflichtet werden. Abgesehen davon, daß nach der hier vertretenen Auffassung der Vorsatz im Sinne des § 152 sich auch auf die Folgen einer Tat beziehen muß (vgl. Anm. G 83), ist zu bedenken, daß von der Kfz-Haftpflichtv auch für vertragliche Schadenersatzansprüche Vsschutz gewährt wird. Solche vertraglichen Schadenersatzansprüche umfassen ohne weiteres auch reine Vermögensschäden. Ein zwischen dem Vmer und dem geschädigten Dritten geschlossener Vertrag wird nahezu ausnahmslos vorliegen, wenn die Einhaltung von Liefer- und Beförderungsfristen vereinbart wird. Richtig ist an den Bemerkungen von Stiefel–Hofmann a. a. O. nur, daß es im gewerblichen Transportbereich für Verspätungsschäden Sonderregelungen gibt (vgl. dazu §§ 26, 31 KVO, Art. 17 I, 19, 23 V CMR, §§ 16, 17 Ziff. 2 b AGNB).

Veröffentlichte Entscheidungen zur 2. Alternative des § 11 Nr. 4 AKB liegen mit Ausnahme von AG Bremervörde 9.VII.1985 VersR 1987 S. 250 (nur L. S.), das unzutreffend § 11 Nr. 3 AKB angewendet hat (vgl. den Schluß dieser Anm. und

I. 9. Ausschlußtatbestände Anm. G 92

G 77), soweit ersichtlich, nicht vor. Daraus darf aber nicht etwa auf eine Bedeutungslosigkeit des Ausschlußtatbestandes geschlossen werden. Vielmehr könnte bei einer Streichung der Klausel aus dem Bereich des gewerblichen Gütertransports unter Umständen ein erhebliches zusätzliches Risiko auf die Kfz-Haftpflichtver zukommen. Daß es so wenig gerichtliche Streitfälle über die Ausschlußklausel gegeben hat, mag im übrigen daran liegen, daß die verwendeten Begriffe „Nichteinhalten von Liefer- und Beförderungsfristen" relativ eindeutig sind. Es sind mit Bedacht die Ausdrücke „Liefer- und Beförderungsfristen" nebeneinander gestellt worden. Nicht etwa handelt es sich um zwei wesensgleiche Ausdrücke für ein und denselben Vorgang. Vielmehr ist der Begriff der Lieferfrist kennzeichnend für einen Vertrag, in dem sich ein Vertragspartner zur Erbringung seiner Leistung im Rahmen eines Kauf- oder Werkvertrages verpflichtet. Der Ausdruck „Beförderungsfrist" wird dagegen gebraucht, wenn Gegenstand des zwischen den Parteien geschlossenen Vertrages der Transport einer Sache ist. Die unter den Begriff der Nichteinhaltung von Lieferfristen fallenden Vorgänge betreffen das Risiko aus einer verspäteten oder überhaupt nicht erfolgenden Vertragsleistung des Vmers. Daß der Ver dieses in der allgemeinen Haftpflichtv bei der Mitv reiner Vermögensschäden nicht gedeckte Risiko (vgl. VA 1955 S. 184, VA 1966 S. 110) auch nicht ausschnittweise über die Kfz-Haftpflichtv vern will, erscheint als verständlich. Gedanklich setzt dieser Teil des Ausschlußtatbestandes im übrigen voraus, daß der Lieferant zugleich die Transportleistung mit seinem Fahrzeug übernommen hat; denn andernfalls wäre kein Ansatzpunkt für den Versuch einer Subsumtion eines solchen Vorgangs unter die Kfz-Haftpflichtv des Verkäufers gegeben. Ein solcher Subsumtionsversuch im Sinne einer Einordnung in den primären Deckungsbereich der Kfz-Haftpflichtv wird ohnedies durch die naheliegende Überlegung erschwert, daß die Mehrzahl der Verspätungsfälle auf einem nicht zeitgerechten Einsatz eines Kfz im Sinne eines Planungsfehlers beruht und nicht auf einer im Rahmen dieser reinen Vermögensschäden allein die Eintrittsverpflichtung des Kfz-Haftpflichtvers berührenden Verzögerung des Transports bei einem Gebrauch im Sinne des § 10 I AKB (vgl. auch Anm. G 48). Diese Überlegungen gelten auch für den die Nichteinhaltung von Beförderungsfristen betreffenden Teil des Ausschlußtatbestandes. Immerhin ist aber nicht zu verkennen, daß in der Regulierungspraxis die Verneinung des Vsschutzes für Fälle der Nichteinhaltung von Beförderungsfristen eine zahlenmäßig größere Rolle spielt als für solche der Nichteinhaltung von Lieferfristen.

Eine Beförderungsfrist im Sinne des § 11 Nr. 4 AKB ist dann gegeben, wenn der Vmer sich verpflichtet hat, einen Transport innerhalb eines genau bestimmten Zeitraums oder bis zu einem bestimmten Zeitpunkt durchzuführen. Kein Fall des § 11 Nr. 4 AKB liegt dagegen vor, wenn eine Vereinbarung über eine Beförderungsfrist nicht getroffen wird, weil der Transport ohnedies sofort erfolgt, wie das z. B. bei der Benutzung von Taxis üblich ist. Erhält hier der Vmer als Taxifahrer den Auftrag, den Dritten zum Flughafen Hamburg-Fuhlsbüttel zu bringen und fährt er gedankenverloren in die entgegengesetzte Richtung, weil sich in ihm infolge eines Denkfehlers die Überzeugung gebildet hatte, daß sein Fahrgast zur Überseebrücke in den Hamburger Hafen gebracht werden solle, so greift § 11 Nr. 4 AKB nicht ein (a. M. Schirmer DAR 1992 S. 22). Das gleiche gilt, wenn der Vmer als Taxifahrer einen Transport von Hamburg nach Bremen übernommen hat, der Dritte aber eine überaus unangenehme Verzögerung in der Beförderung dadurch erleidet, daß das Taxifahrzeug auf der Autobahn unbeschädigt stehenbleibt, weil nicht rechtzeitig für Treibstoffnachschub gesorgt worden war. In beiden Beispielsfällen sind reine Vermögensschäden des Dritten ohne Schwierigkeiten denkbar. Der Kfz-Haftpflichtver ist eintrittspflichtig. Je nach den Umständen des Falles ist dabei Vsschutz in der

Form der Befriedigung begründeter Ansprüche oder der Abwehr unbegründeter Forderungen zu gewähren. Begründet können solche Ansprüche z. B. dann sein, wenn der Dritte nachweist, daß es durch die von dem Vmer verschuldete Verzögerung nicht zum Abschluß eines sehr günstigen Vertrages mit einem Vierten gekommen ist, und wenn es an einem wirksamen Haftungsausschluß für derartige Fälle fehlt (ebenso Werner Der Vmer 1967 S. 7; anders Stiefel–Hofmann[15] Anm. 37 zu § 11 AKB, S. 534, die ohne nähere Begründung die Auffassung vertreten, daß bei wegen reiner Vermögensschäden gegen Taxifahrer erhobenen Ansprüchen stets nur die Abwehrfunktion der Haftpflichtv zum Tragen kommen dürfte).

Dem Nichteinhalten von Liefer- und Beförderungsfristen gleichzusetzen sind diejenigen Fälle, in denen es zwar an der Vereinbarung solcher Fristen fehlt, dem in Verzug geratenen Vmer aber rechtswirksam eine angemessene Frist im Sinne des § 326 I BGB gesetzt worden ist, aus deren Nichteinhaltung der Dritte Schadenersatz ableitet. Inwieweit der vom AG Bremervörde 5.VII.1985 VersR 1987 S. 250 (nur L. S.) abgeurteilte Fall dem Ausschlußgrund nach § 11 Nr. 4 AKB unterliegt, läßt sich mangels näherer Sachverhaltsangaben nicht sagen (dafür, daß § 11 Nr. 3 AKB nicht eingreift, vgl. Anm. G 77). Da die Verspätung auf einem auf dem Transport eingetretenen Schaden am Fahrzeug zurückzuführen war, läßt sich aber der Zusammenhang mit einem Gebrauch des Fahrzeugs im Sinne des § 10 I AKB nicht leugnen.

[G 93] g) Genehmigte Rennen

Nach § 2 III b AKB wird Vsschutz nicht gewährt für Schäden, die bei einer Beteiligung an Fahrtveranstaltungen entstehen, bei denen es auf Erzielung einer Höchstgeschwindigkeit ankommt, oder bei den dazugehörigen Übungsfahrten. Diese Ausschlußklausel gilt für alle drei in der Kraftfahrtv zusammengefaßten Vsarten (Kasko-, Unfall- und Haftpflichtv). Für die Kfz-Haftpflichtv ist aber in dem letzten Satz des § 2 III b AKB die Besonderheit festgelegt, daß der Ausschluß nur bei Beteiligung an behördlich genehmigten Veranstaltungen Anwendung findet. Soweit es sich um behördlich nicht genehmigte Fahrtveranstaltungen handelt, greift § 2 II d AKB ein (vgl. dazu Anm. F 52–53). Der rechtstechnische Unterschied zwischen § 2 III b und § 2 II d AKB liegt darin, daß die erstgenannte Bestimmung als Ausschlußtatbestand gestaltet ist, während in § 2 II d AKB die Beteiligung an behördlich nicht genehmigten Veranstaltungen, bei denen es auf Erzielung einer Höchstgeschwindigkeit ankommt, als Verletzung einer Obliegenheit eingeordnet wird. Damit wird das verbotene Tun, nämlich die Beteiligung an einer von der Ordnungsbehörde nicht erlaubten oder gar untersagten Rennveranstaltung, für den Vmer günstiger bewertet als das gesetzmäßige Handeln, nämlich die Beteiligung an einer erlaubten Fahrtveranstaltung. Indessen ist der Grund für diese unterschiedliche Regelung nicht die Absicht, die Rechtsstellung des Vmers zu verbessern, sondern für einen möglichst lückenlosen Schutz des geschädigten Dritten zu sorgen. Das ergibt eine Wertung der der Bedingungsregelung zugrundeliegenden Bestimmungen des Europäischen Übereinkommens über die obligatorische Haftpflichtv vom 20.IV.1959 (BGBl. II 1965 S. 282). Nach Anh. I Art. 4 II EK können lediglich Schäden von der gewöhnlichen V ausgenommen werden, die sich aus der Teilnahme des Fahrzeugs an genehmigten Rennen, Geschwindigkeits-, Zuverlässigkeits- oder Geschicklichkeitswettbewerben ergeben. Diese Vorschrift wird ergänzt durch Art. 6 I EK. Danach darf bei Inanspruchnahme der Ausnahmemöglichkeit nach Anh. I Art. 4 II EK im betreffenden Vertragsstaat die Genehmigung von Rennen nur erteilt werden, wenn eine besondere V gemäß den dem Abkommen in Anh. I beigefügten Bestimmungen die Haftpflicht der Veran-

I. 9. Ausschlußtatbestände

Anm. G 93

stalter und der in Anh. I Art. 3 genannten Personen deckt. Dadurch ist der Schutz der geschädigten Dritten theoretisch lückenlos, denn die aus § 2 II d AKB folgende Leistungsfreiheit des Vers für Haftpflichtansprüche aus ungenehmigten Fahrveranstaltungen darf gemäß § 3 Ziff. 4 PflichtvsG nicht gegenüber dem geschädigten Dritten geltend gemacht werden.

Eine Diskrepanz zwischen der deutschen Regelung und dem „Straßburger Abkommen" besteht dem Wortlaut nach darin, daß im Anh. I Art. 4 II EK anders als in § 2 III b AKB nicht von den zu den Rennen gehörenden Übungsfahrten die Rede ist. Es entspricht aber dem Sinn des Anh. I Art. 4 II, daß Übungsfahrten unter Wettkampfsbedingungen auch ausgeschlossen werden dürfen. Die in § 2 III b AKB verwendeten Begriffe der auf Erzielung von Höchstgeschwindigkeiten gerichteten Fahrveranstaltungen und dazu gehörigen Übungsfahrten sind bereits im Rahmen der Autokaskov unter J 81 erläutert worden. Darauf wird zur Vermeidung von Wiederholungen verwiesen und zugleich auf die parallel veröffentlichten Erläuterungen zu diesen Begriffen im Rahmen der Unfallv bei Bruck-Möller-Wagner Anm. G 219 Bezug genommen. Soweit von Wagner a. a. O. in Übereinstimmung mit Stiefel–Hofmann[14] Anm. 291 zu § 2 AKB, S. 190 die Auffassung vertreten wird, daß auch die Schnelligkeitsproben einzelner Wagen unter § 2 III b AKB fallen, ist dem jedoch — soweit es sich nicht um Übungsfahrten für Rennveranstaltungen handelt — entgegenzutreten (so jetzt auch Stiefel–Hofmann[15] Anm. 286 zu § 2 AKB, S. 190). Dem in Anm. J 81 zur Fahrzeugv eingenommenen gegenteiligen Standpunkt ist auch für die Haftpflichtv der Vorzug zu geben. Dabei darf als zusätzliches Argument auf die gerade für den vorliegenden Ausschlußgrund in dem „Straßburger Abkommen" deutlich verankerte Intention verwiesen werden, den Haftpflichtvsschutz im Interesse des geschädigten Dritten möglichst lückenlos zu gestalten.

Nach BGH 26.XI.1975 VersR 1976 S. 381–383 = DAR 1976 S. 106–107 fallen Zuverlässigkeits- und Geschwindigkeitswettbewerbe, bei denen in erster Linie auf die Betriebssicherheit des Fahrzeugs und die Erprobung der Fähigkeiten des Fahrers abgestellt wird, nicht unter § 2 III b AKB. Liegt eine Kombination von Geschwindigkeitswettbewerben und Zuverlässigkeitsfahrten vor, so kommt der Ausschluß nur für den Teil der Strecke in Betracht, der auf die Erzielung der Höchstgeschwindigkeit gerichtet war (BGH 26.XI.1975 a. a. O.; weitere Nachweise in Anm. J 81). Entsteht ein Schaden nach einer Fahrt auf einer solchen Höchstgeschwindigkeitsstrecke bei dem Abbremsen hinter dem Ziel (vor der sog. Durchgangskontrolle), so greift die Ausschlußklausel ein; denn das Abbremsen aus hoher Geschwindigkeit ist ein typisches Gefahrenmoment bei einem Rennvorgang (LG Heilbronn 10.V.1984 r + s 1984 S. 156–157 = ZfS 1984 S. 306).

Dafür, daß eine sog. „Fuchsjagd" (Funksignalsuchfahrt, bei der die teilnehmenden Fahrzeuge ein verstecktes, Signale aussendendes Fahrzeug finden müssen) keine Fahrveranstaltung ist, bei der es auf die Erzielung einer Höchstgeschwindigkeit ankommt, vgl. OLG Hamm 27.I.1989 r + s 1989 S. 208–209 = NZV 1989 S. 312–313. — Für einen weiteren Sonderfall, bei dem es um einen Kursus zur Verbesserung des Fahrkönnens ging und in dem im Pulk relativ hohe Geschwindigkeiten gefahren wurden, vgl. OLG Hamm 20.IX.1989 r + s 1990 S. 43–44 (zur Fahrzeugv); da es in diesem auf einer Rundstrecke im Ausland durchgeführten Kursus nicht um das Erreichen relativer oder absoluter Höchstgeschwindigkeit ging, wurde trotz des im äußeren Erscheinungsbild einem Rennen (oder den dazugehörigen Übungsfahrten) sehr ähnlichen Sachverhaltes das Eingreifen der Ausschlußklausel verneint.

Soweit der Ausschluß nach § 2 III b AKB eingreift, weil es sich bei dem Rennen um eine **genehmigte Veranstaltung** handelt, ist für die **Veranstaltungshaftpflichtv** zu beachten, daß dieser nicht die AKB, sondern die AHB zugrundeliegen (BGH 4.VII.1990 DAR 1991 S. 172–173 = NJW-RR 1991 S. 472–473). Daraus wird vom BGH 4.XII.1990 a. a. O. abgeleitet, daß die Grundsätze über die nach fester Rechtsprechung des BGH im ungestörten Vsverhältnis in der Kraftfahrzeughaftpflichtv stets auch für den Vten gegebene Vertretungsbefugnis des Vers (vgl. dazu Anm. G 19 m. w. N.) nicht zum Tragen kommen. Demgemäß binden Erklärungen und Handlungen des Vers den Vten grundsätzlich nur dann, wenn er eine entsprechende rechtsgeschäftliche Grundlage für eine solche Vertretungsmacht gesetzt hat.

[G 94] h) Schäden durch Kernenergie

Der **vollständige Ausschluß** des Haftpflichtrisikos bezüglich der durch **Kernenergie** entstehenden Schäden gemäß § 2 III c AKB ist erst zum 1.I.1984 in die AKB eingefügt werden. Zuvor wurde zwischen **genehmigten** und **ungenehmigten** Transporten von **Kernbrennstoffen** (und sonstigen radioaktiven Stoffen) unterschieden. Für genehmigte Beförderungen solcher Stoffe war nach § 11 Nr. 5 AKB a. F. der Haftpflichtvsschutz ausgeschlossen, während der ungenehmigte Transport zur Leistungsfreiheit des Vers aus dem Gesichtspunkt der Obliegenheitsverletzung (§ 2 II e AKB a. F.) führte. Dadurch war sichergestellt, daß in derartigen Fällen ungenehmigter Transporte der Kraftfahrzeughaftpflichtver im Verhältnis zum geschädigten Dritten überobligationsmäßig im Risiko war (§ 3 Ziff. 4 PflichtvsG). Diese Schutzwirkung zu Gunsten des Dritten ist durch die Neufassung entfallen. Der Ausschluß der durch Kernenergie entstehenden Schäden ist jetzt lückenlos, betrifft demgemäß auch diejenigen Fälle, in denen ein Schaden dadurch entsteht, daß der Vmer unter Verletzung der Vorfahrt ein Kraftfahrzeug anfährt, das radioaktive Stoffe transportiert, soweit dadurch ein auf Kernenergie beruhender Schaden entsteht. — Wichtiger noch als diese Umgestaltung des Haftpflichtvsschutzes war, daß durch die 1984 erfolgte Einfügung des § 2 III c AKB der **Kernenergieschaden** schlechthin auch aus dem Deckungsbereich der **Fahrzeugv** herausgenommen wurde. Bis zu diesem Zeitpunkt fehlte es hier an einer Ausschlußklausel, so daß der Fahrzeugver im Rahmen der Fahrzeugvollv derartige Schäden hätte begleichen müssen.

II. Nebenpflichten des Kraftfahrzeughaftpflichtversicherers

Gliederung:

1. Vorbemerkung G 95
2. Pflicht zur Rücksichtnahme auf den Vmer bei der Schadenregulierung G 96–100
   a) Überschreitung der Vssummen G 96
   b) Beitragsnachteile G 97
   c) Benachrichtigungspflicht G 98
   d) Berücksichtigung von Gegenforderungen des Vmers G 99
   e) Belehrung über den Deckungsumfang G 100

[G 95] 1. Vorbemerkung

Die **Nebenpflichten** des Vers sind im Kraftfahrzeughaftpflichtvsvertrag nicht gesondert aufgeführt. Sie lassen sich wie in jedem anderen Vertrag darauf zurückführen, daß wegen des zwischen den Parteien bestehenden **vertraglichen Bandes** auf den **Partner** in einem nach **Treu und Glauben** abzugrenzenden Umfang

II. Nebenpflichten des Kraftfahrzeughaftpflichtvers   **Anm. G 96**

Rücksicht zu nehmen ist, um ihn vor Schäden zu bewahren. Verletzt der Ver diese Nebenpflicht, so macht er sich nach den Grundsätzen über die positive Vertragsverletzung schadenersatzpflichtig. Soweit eine solche Schädigung im vorvertraglichen Bereich erfolgt, kommt ferner eine Haftung des Vers aus culpa in contrahendo in Betracht. Vgl. dazu und zur Abgrenzung dieses Rechtsinstituts von dem in der Rechtsprechung entwickelten Gewohnheitsrechtssatz, nach dem der Ver unter Umständen auch für die Erklärungen eines vollmachtlosen Vertreters auf Erfüllung haftet, Anm. F 12, 22, G 42 m. w. N.

Für die Kraftfahrzeughaftpflichtv ergeben sich für alle drei aufgeführten Rechtsinstitute die gleichen Grundprobleme wie bei allen anderen Vsverträgen. Demgemäß wird davon Abstand genommen, diesen Rechtsinstituten in allen Verästelungen nachzugehen. Viemehr werden im Anschluß an die Darstellung zur allgemeinen Haftpflichtv in Bd IV Anm. G 277–281, auf die Bezug genommen wird, nur summarisch die typischen Konfliktsituationen hervorgehoben.

Für die Besonderheiten, die sich aus einem Versuch des Vers ergeben, sich dem in der Kraftfahrzeughaftpflichtv gemäß § 5 II PflichtvsG bestehenden Annahmezwang zu entziehen, vgl. Anm. C 23–33. Zur Schadenersatzpflicht des Vers wegen einer unberechtigten Meldung an das Straßenverkehrsamt, daß kein Vsschutz bestehe, vgl. OLG Hamm 20.X.1989 VersR 1990 S. 846 (nur L. S.). Dafür, daß in einem solchen Fall dem Vmer unter Umständen per einstweiliger Verfügung geholfen werden kann, wird auf Anm. C 22 verwiesen.

[G 96] 2. Pflicht zur Rücksichtnahme auf den Versicherungsnehmer bei der Schadenregulierung

a) Überschreitung der Versicherungssummen

Wie in Bd IV Anm. G 278 ausgeführt, ist der Ver trotz des ihm eingeräumten Regulierungsermessens verpflichtet, Rücksichtnahme gegenüber dem Vmer walten zu lassen, wenn durch die Regulierungsentscheidung Vermögensnachteile für den Vmer ausgelöst werden. Besondere Sorgfalt ist dabei von dem Ver in denjenigen Fällen zu erwarten, in denen er sieht oder voraussehen könnte, daß die Gefahr einer Überschreitung der Vssummen des Vertrages besteht. Hier ist im Eigeninteresse des Vers zur Vermeidung von Schadenersatzansprüchen des Vmers eine enge Abstimmung mit diesem anzuraten. Diese Abstimmung darf aber mit Rücksicht auf das sozialpolitische Ziel der Sicherung der Erfüllung der begründeten Ansprüche des Verkehrsopfers nicht so weit gehen, daß nach der materiellen Rechtslage begründete Ansprüche des Dritten nicht erfüllt werden. Vielmehr handelt der Ver vertragsordnungsgemäß, wenn er derartige Ansprüche auch gegen den Widerspruch des Vmers erfüllt (heute ganz h. M.; vgl. dazu Anm. G 98 m. w. N.). Keineswegs darf der Ver dem Ansinnen des Vmers Folge leisten, überhaupt keine Leistungen an den Dritten zu erbringen, um entgegen der materiellen Rechtslage den Dritten in einer langen Prozeßschlacht zum Nachgeben auch bezüglich begründeter Ansprüche zu bewegen. Wohl aber kann dem Ver in dieser Situation angesonnen werden, ein Schadenanerkenntnis dem Grunde nach tunlichst nur im Umfang seiner eigenen Eintrittsverpflichtung abzugeben. Allein daraus, daß der Ver auch in dieser Situation von seiner grundsätzlich umfassenden Vertretungsmacht (vgl. dazu Anm. G 20) Gebrauch macht, folgt aber gewiß nicht seine Schadenersatzpflicht. Wenn er das allerdings in zweifelhaften Fällen gegen den ausdrücklichen Widerspruch des Vmers tut, muß er mit einer kritischen Überprüfung seines Rechtsstandpunktes rechnen. Insbesondere ist dem Ver in einem solchen Fall der Erschöpfung der Vssummen kein Ermessensspielraum zuzubilligen. Maßgebend ist vielmehr, wie sich die materielle Rechtslage bezüglich des Haftpflichtanspruchs des Dritten nach der Auffassung des Richters in dem von dem Vmer gegen den Ver angestrengten Schadenersatzprozeß stellt (so die ständige Rechtsprechung in Anwaltshaftpflichtsachen, vgl. nur RG 1.XII.1933 RGZ Bd 142 S. 331–338 [333], BGH 14.XI.1978 BGHZ Bd 72 S. 328–333 m. w. N., 26.III.1985 NJW 1985 S. 2482–2484 [zur Haftung eines Konkursverwalters]; vgl. ferner Borgmann-Haug Anwaltshaftung[2], Frankfurt a. M. 1986, S. 178–180 m. w. N.).

Die Rücksichtnahme des Vers auf die Interessen des Vmers gebietet es, den Vmer auch über Vergleichsangebote des Dritten zu unterrichten. Macht der Dritte z. B. das Angebot, seinen Anspruch auf Zahlung von DM 2 000 000,– mit DM 1 100 000,– zu vergleichen, was bei einer Vssumme von DM 1 000 000,– eine Zuzahlung von DM 100 000,– durch den Vmer auslösen würde, so ist der Vmer über diesen Stand der Dinge auf jeden Fall zu unterrichten. Lehnt der Vmer diesen Vergleich dann ab, so kann der Ver dann entscheiden, ob er ohne Präjudiz für weitergehende Ansprüche und ohne Anerkennung einer Rechtspflicht DM 1 000 000,– zahlt oder es auf einen gemeinsam mit dem Vmer zu führenden Rechtsstreit ankommen läßt. Jedenfalls entfällt damit der Vorwurf, daß der Ver eine für den Vmer günstige Vergleichschance schuldhaft verpaßt habe, wenn der Dritte dann im Haftpflichtstreit den vollen Schadenbetrag von DM 2 000 000,– durchsetzt.

Ungünstig ist die Rechtsposition eines Vers, der ein Vergleichsangebot des Dritten ausschlägt, das sich innerhalb der Vssummen des Vertrages bewegt, wenn es später zu einer Verurteilung des Vmers kommt, die erheblich über diesen Vssummen liegt. Hier müssen von dem Ver schon besondere Umstände dargetan und unter Beweis gestellt werden, aus denen gefolgert werden kann, daß dieses Verhalten keine schuldhafte Vertragsverletzung darstellt. Vgl. dafür, daß sich dieses Problem auch in anderen Rechtskreisen ergibt, von Hippel VersR 1969 S. 1079–1080. Er berichtet dort über ein Urteil des California Supreme Court. In jenem Fall hatte der Ver bei einer Vssumme von $ 10 000,– ein Vergleichsangebot der Dritten auf Zahlung von $ 9000,– abgelehnt, obwohl die Vmerin bereit war, davon $ 2500,– zu tragen. Die Vmerin wurde dann zu $ 100 000,– als Schadenersatz an die Dritte verurteilt. Der Schadenersatzklage der Vmerin gegen den Ver wegen des Differenzbetrages von $ 90 000,– wurde stattgegeben.

Als erfreulich ist zu berichten, daß solche Schadenersatzverpflichtungen des Vers aus Anlaß von Überschreitungen der Vssummen in jüngster Zeit nicht Gegenstand von veröffentlichten Entscheidungen gewesen sind. Daraus dürfte zu schließen sein, daß derartige Fälle mit der notwendigen Sensibilität behandelt werden. Es kann bezüglich der Abgrenzung der Problematik daher auf Bd IV Anm. G 278 m. w. N. verwiesen werden. Vom BGH mußte allerdings mehrfach ausgesprochen werden, daß der Ver sich in Rentenfällen, in denen er sich nicht an § 155 gehalten hatte, nicht die Summe seiner ungekürzten Leistungen von der Vssumme abziehen dürfe, um damit die Erschöpfung seiner Leistungspflicht darzutun (vgl. BGH 12.VI.1980 VersR 1980 S. 817–819, 28.XI.1990 MDR 1991 S. 512–513 = VersR 1991 S. 172–175 und Anm. G 35–36 m. w. N.). Dabei handelt es sich aber nicht um die Verletzung von Nebenpflichten des Vers; vielmehr ging es um die Ermittlung des zutreffenden Umfangs der Hauptleistungspflicht des Vers.

[G 97] b) Beitragsnachteile

aa) Ausgangsüberlegungen

Eine Erfüllung eines Schadenersatzanspruchs des Dritten durch den Ver hat in sehr vielen Fällen zur Folge, daß der Vmer vom Beginn der nächsten Vsperiode

II. Nebenpflichten des Kraftfahrzeughaftpflichtvers

an eine höhere Prämie zu zahlen hat als die, die er erbringen müßte, wenn es nicht zu einer derartigen Leistung des Vers gekommen wäre (einer solchen Zahlung des Vers steht im übrigen eine Rückstellung im Falle der Aufnahme eines von dem Dritten angestrengten Rechtsstreits gleich; vgl. zur Tarifgestaltung Anm. E 18). Das ist der Grund dafür, daß sich viele Vmer in manchmal kleinlich erscheinender Weise gegen die Regulierungsentscheidungen ihrer Ver wenden. Ein Teil dieser Bagatellstreitigkeiten wird glücklicherweise durch die Sonderregelung für geringfügige Sachschäden (VA 1979 S. 176–177) vermieden, nach der der Vmer es in der Hand hat, solche Schäden selbst zu regulieren (vgl. Anm. F 87). Bei der Beurteilung solcher Fälle ist ferner zu beachten, daß in den Tarifen durchweg vorgesehen ist, daß der Vmer berechtigt ist, dem Ver die Regulierungsaufwendungen zu ersetzen, um dadurch in dem Genuß einer bestimmten Schadenfreiheitsklasse verbleiben zu können. Das ist der Grund dafür, daß man in diesen Bagatellfällen nicht schon immer dann die Untersuchung abbrechen darf, wenn feststeht, daß entgegen der Auffassung des Vmers doch eine Haftung dem Grunde nach gegeben ist. Vielmehr ist dann – je nach der Marschroute des Vorgehens des Vmers – auch zu untersuchen, ob die von dem Ver erbrachten Leistungen der Höhe nach berechtigt waren (so Kaulbach VersR 1976 S. 676). Der prozessual zutreffende Weg ist der, daß der Vmer in denjenigen Fällen, in denen überhaupt keine Leistung hätte erbracht werden müssen, auf Feststellung klagt, daß die Aufwendungen des Vers für den betreffenden Schadenfall den Vsvertrag nicht belasten. Davon, das Wagnis einzugehen, die Zahlung der erhöhten Prämie zu verweigern und mit dem Schadenersatzanspruch aufzurechnen, ist dringend abzuraten. Der sichere Weg ist der, die erhöhte Prämie unter Vorbehalt zu zahlen und den Differenzbetrag zurückzufordern (für einen Fall, in dem der Vmer den riskanten Weg der teilweisen Nichtzahlung der Prämie gegangen ist, mit der Folge, daß er für einen späteren Schadenfall keinen Vsschutz hatte, vgl. OLG Bamberg 21.III.1976 VersR 1976 S. 651–652). Ist der Vmer der Meinung, daß er zwar dem Grunde nach haftet, daß die Leistung des Vers aber überhöht war, so muß er dem Ver zur Erhaltung der Schadenfreiheit den nach seiner Meinung geschuldeten Betrag ersetzen. Danach kann er ebenso im Wege der Feststellungsklage vorgehen wie in denjenigen Fällen, in denen überhaupt keine Haftung dem Grunde nach gegeben sein soll. – Befürchtet der Vmer, daß er mit seiner Auffassung dem Grunde nach nicht durchkommt, hält er die Aufwendungen aber auch für zu hoch, so könnte er dieser Konstellation durch einen Hilfsantrag Rechnung tragen.

[G 98] bb) Einzelheiten

Voraussetzung dafür, daß dem Vmer ein Schadenersatzanspruch aus einer Regulierung durch den Ver erwächst, ist, daß der Ver einen Anspruch des Dritten entgegen der Rechtslage erfüllt hat. Dafür ist der Vmer darlegungs- und beweispflichtig. Bleiben Zweifel bestehen, ob die Regulierungsentscheidung zutreffend war oder nicht, so geht das zu Lasten des Vmers. Den veröffentlichten Entscheidungen ist allerdings in keinem Fall zu entnehmen, daß eine solche Beweislast den Ausschlag gegeben hätte. Vielmehr wird in der Regel sachkundig wie im Haftpflichtprozeß eines Dritten gegen den Ver (und den Vmer) Beweis erhoben und dann darüber befunden, ob der Haftpflichtanspruch zu Recht erfüllt worden ist oder nicht. Die meisten Urteile haben dabei dem Ver eine zutreffende Regulierungsentscheidung attestiert. Daraus darf nicht etwa geschlossen werden, daß keine Fehlentscheidungen getroffen werden. Vielmehr lassen sich solche Fehler bei der Fülle der Regulierungsfälle nicht vermeiden. Schon eine geringe Konzentrationsschwäche des Sachbearbeiters kann zu einem Fehler zugunsten des Dritten führen. Daß dennoch relativ wenig

Prozesse geführt werden, dürfte darauf zurückzuführen sein, daß es bei allen Vern Praxis ist, bei berechtigten Reklamationen dem Begehren des Vmers, die Zahlung nicht als schadenbelastend zu bewerten, Folge zu leisten. Das gilt insbesondere in denjenigen Fällen, in denen ein Vmer ein Urteil vorlegen kann, aus dem sich ergibt, daß sein eigener Haftpflichtanspruch vom Gericht dem Grunde nach zu 100% zugesprochen worden ist. Eine solche verstärkte Bereitschaft zur Überprüfung des eigenen Standpunkts wird zumeist auch dann ausgelöst, wenn der Vmer nachweist, daß sein Haftpflichtanspruch vom Ver des Unfallgegners außergerichtlich zu 100% dem Grunde nach reguliert worden ist.

Bei der Überprüfung der vom Ver getroffenen Haftpflichtentscheidung ist in **erster Linie** darauf abzustellen, wie sich die **materielle Rechtslage** hinsichtlich des vom Dritten erhobenen Haftpflichtanspruchs darstellt. **Unmaßgebend ist, ob der Vmer mit der Regulierung einverstanden war oder nicht** (heute ganz h. M., vgl. nur OLG Bamberg 31.III.1975 VersR 1976 S. 651–652 m. w. N., LG Köln 11.II.1981 VersR 1981 S. 1124, LG Ravensburg 14.II.1985 DAR 1985 S. 285 = VersR 1985 S. 1057 [nur L. S.], LG Trier 30.VII.1987 r + s 1987 S. 272; ferner sämtliche am Schluß dieser Anm. zusammengestellten Entscheidungen sowie Bd IV Anm. G 278 m. w. N.). Eine von dem Vmer erklärte sog. **Zahlungssperre** ist daher für den Ver rechtlich **ohne Bedeutung** (vgl. auch Anm. G 14). Nach dem recht verstandenen Sinn der Kraftfahrzeughaftpflichtv muß der Ver vielmehr jeden berechtigten Anspruch des Dritten erfüllen. Diese Eigenverantwortung des Vers kommt in aller Deutlichkeit durch den vom Gesetz dem Dritten gewährten Direktanspruch zum Ausdruck. Das bedeutet, daß der Ver sich — wie übrigens auch in der allgemeinen Haftpflichtv (vgl. Bd IV Anm. G 278 m. w. N.) — durch eine Regulierung gegen den Willen des Vmers nur dann schadenersatzpflichtig machen kann, wenn diese Leistung an den Dritten im Widerspruch zur materiellen Rechtslage steht.

In den veröffentlichten Entscheidungen wird zum Teil zum Ausdruck gebracht, daß eine falsche Regulierungsentscheidung des Vers diesen nur dann schadenersatzpflichtig mache, wenn es sich um „völlig unsachgemäße" oder „willkürliche" oder „rechtsmißbräuchliche" Maßnahmen gehandelt habe (in diesem Sinne z. B. AG Saarbrücken 8.VII.1975 VersR 1976 S. 630, AG Duisburg 3.VIII.1976 S. 857 [nur L. S.], AG Hamburg-Altona 31.I.1980 VersR 1980 S. 738, AG Nürnberg 4.VI.1981 ZfS 1982 S. 19, AG Itzehoe 20.XI.1981 ZfS 1982 S. 53, AG Münster 29.IX.1981 VersR 1982 S. 1045, AG Dortmund 23.IX.1982 ZfS 1983 S. 53–54, AG Augsburg 7.X.1982 ZfS 1983 S. 54, AG Köln 8.XI.1982 ZfS 1983 S. 54, AG Ludwigshafen 1.IX.1983 ZfS 1984 S. 83, AG München 6.III.1983 ZfS 1984 S. 83, AG Köln 15.VI.1984 VersR 1984 S. 835–836, AG Siegen 29.VI.1984 ZfS 1984 S. 306–307, AG Dortmund 8.II.1985 ZfS 1985 S. 341, AG Karlsruhe 25.VII.1985 ZfS 1987 S. 19, LG Duisburg 4.XI.1986 VersR 1987 S. 1004 [nur L. S.], AG Charlottenburg 26.III.1987 ZfS 1987 S. 214, AG München 9.IV.1987 ZfS 1987 S. 214, AG Gießen 8.I.1988 ZfS 1989 S. 21, AG Hannover 18.I.1988 r + s 1988 S. 96–97, AG Darmstadt 24.IV.1990 ZfS 1990 S. 420–421, AG Bad Dürkheim 29.XI.1990 ZfS 1991 S. 133). Darüber hinaus wird aus diesen Überlegungen zum Teil auch die Konsequenz gezogen, daß der Ver nur für **grobe Fahrlässigkeit hafte** (so AG Essen 20.V.1981 ZfS 1983 S. 53, AG Nürnberg 25.III.1988 ZfS 1989 S. 242). Dem ist nicht zu folgen. Zwar ist von dem Grundsatz auszugehen, daß dem Ver in der Haftpflichtv ein weiter Ermessensbereich bei seiner Entscheidung darüber zusteht, ob er einen Anspruch des Dritten erfüllen oder abwehren will (vgl. dazu Anm. G 14 m. w. N.). Das gilt aber nur dann, wenn durch die Regulierungsentscheidung **keine schutzwürdigen Interessen des Vmers verletzt** werden. In diesem Zusammenhang führt BGH 20.XI.1980 VersR 1981 S. 180–182 (S. 181) ausdrück-

II. Nebenpflichten des Kraftfahrzeughaftpflichtvers Anm. G 98

lich aus, daß diesem Ermessen dort Grenzen gesetzt seien, wo die Interessen des Vmers berührt werden und wo diese deshalb die Rücksichtnahme des Vers verlangen. Das gelte beispielsweise dann, wenn ein Schadenfreiheitsrabatt des Vmers auf dem Spiel stehe oder wenn über die Vssumme hinausgehende Ansprüche des Geschädigten durch das Verhalten des Vers präjudiziert werden könnten. Der Ver sei jedenfalls gehalten, sich ein hinreichend genaues, umfassendes Bild über die Umstände zu verschaffen, aus denen die drohenden Ansprüche hergeleitet werden, die Rechtslage sorgfältig zu prüfen und die Aussichten für eine Abwehr der Ansprüche nach Grund und Höhe möglichst zuverlässig einzuschätzen. Unterlasse der Ver eine solche Prüfung völlig und zahle er gewissermaßen auf „gut Glück" oder unterliefen ihm bei seiner Prüfung Fehler, die als schuldhafte Verletzung seiner Pflichten zu bewerten seien, dann brauche der Vmer das Verhalten des Vers im Innenverhältnis nicht gegen sich gelten zu lassen.

In Konsequenz dieser zu einem Regreß nach § 3 Ziff. 9 S. 2 PflichtvsG ergangenen Entscheidung, für den im Prinzip danach die nämlichen Überlegungen gelten wie für den Schadenersatzanspruch des Vmers im ungestörten Vsverhältnis (zur Regreßproblematik vgl. ergänzend Anm. B 67 – 68 m. w. N.), ist demgemäß festzuhalten, daß dem Ver auch leicht fahrlässig begangene Fehler anzulasten sind. Ein einleuchtender Grund für eine Einschränkung dieses schuldrechtlichen Prinzips der Verantwortung für leicht fahrlässig begangene Fehler im Bereich der Kraftfahrzeughaftpflichtv ist nicht zu erkennen. Richtig ist nur, daß der Ver im Regulierungsgang nicht selten in wertender Betrachtung eine Ermessensentscheidung zu treffen hat. Der Ver darf ein solches Ermessen auch in Zweifelsfällen ausüben (anders AG Stuttgart-Bad Canstatt 17.III.1987 ZfS 1987 S. 213 – 214, das im übrigen BGH 20.XI.1980 a. a. O. zutreffend einordnet). Für diese Entscheidung ist dem Ver im Sinne einer sachbezogenen Abgrenzung ein Ermessensspielraum zuzubilligen. Dieses Ermessen darf nicht einer beckmesserischen Überprüfung unterzogen werden. Soweit sich der Ver in einem vertretbaren Ermessensrahmen bewegt, z. B. hinsichtlich der Haftungsquote oder der Höhe des Schmerzensgeldes, ist das vom Vmer zu respektieren. Zur Haftungsquote vgl. in diesem Sinne für die gleichgelagerte Problematik bei dem Regreß des Vers gemäß § 3 Ziff. 9 S. 2 PflichtvsG OLG Köln 26.I.1989 r + s 1989 S. 38 – 39. Die Entscheidung darf im übrigen nicht dahin mißverstanden werden, daß grundsätzlich kein Beweis darüber zu erheben sei, ob der Ver unrichtig reguliert habe. Es handelt sich vielmehr um die für den Einzelfall durchaus zutreffende Auffassung, daß der Ver berechtigt gewesen sei, sich anhand der Aussagen in der amtlichen Ermittlungsakte für eine bestimmte Haftungsquote gegen seinen Vmer zu entscheiden, der nach links in eine Grundstückseinfahrt eingebogen war und dabei mit einem überholenden Fahrzeug kollidierte. Eine solche Ermessensentscheidung sollte auch dann als sachgerecht akzeptiert werden, wenn ein späterer Betrachter des Falles ein wenig anders entschieden hätte. Dabei sei daran erinnert, daß unter diesen Voraussetzungen gute Berufungsrichter die entsprechenden Ermessensentscheidungen der ersten Instanz nicht abzuändern pflegen. Ein darüber hinausgehendes Vorrecht des Vers in dem Sinne, daß er nur für grobfahrlässige Fehlregulierungen einzustehen habe, könnte nicht akzeptiert werden. Eine Durchsicht der veröffentlichten Entscheidungen ergibt im übrigen, daß die Bemerkungen, daß der Ver nur bei „völlig unsachgemäßer" oder „willkürlicher" Handlungsweise hafte, in keinem Fall zur tragenden Entscheidungsgrundlage geworden ist. Vielmehr ist stets auf die konkreten Umstände des Einzelfalles eingegangen worden, wobei nur ganz selten unakzeptable Urteile gefällt worden sind.

In folgenden Fällen ist von den Gerichten die ordnungsgemäße Regulierung durch den Ver bestätigt worden: AG Berlin-Charlottenburg 7.III.1968 VersR 1968

Anm. G 98 G. Rechtspflichten des Kraftfahrzeughaftpflichtvers

S. 1157—1158 (seine Auffassung, daß auch in Fällen von Vorfahrtsverletzungen regelmäßig eine Mithaftung von 25% aus Betriebsgefahr gegeben sei, entsprach einer in Berlin damals üblichen Spruchpraxis, vgl. auch LG Berlin 31.X.1968 VersR 1969 S. 130 [nur L. S.], LG Düsseldorf 6.XI.1968 VersR 1969 S. 1080—1081 = MDR 1969 S. 1069 (bedenklich, denn der Dritte war aufgefahren, als die Vte bei umspringender Ampel abbremste), AG Essen 4.XII.1968 VersR 1969 S. 1108, LG Aachen 20.III.1970 S. 803—804, LG Essen 21.VI.1972 VersR 1973 S. 534—535, OLG Bamberg 21.III.1975 VersR 1976 S. 651—652, AG Saarbrücken 8.VII.1975 VersR 1976 S. 360 m. Anm. v. Kaulbach VersR 1976 S. 676 (die Entscheidung entspricht trotz des irrigen Ausgangspunktes, daß nur eine völlig unsachgemäße Regulierung den Ver zum Schadenersatz verpflichte, den Umständen des Einzelfalles), AG Duisburg 3.VII.1976 VersR 1976 S. 857 (nur L. S., gegen den Bedenken bestehen), AG Braunschweig 8.XI.1977 VersR 1978 S. 1108 (da der Gegner bei „rot" durchgefahren war und dem Vmer lediglich vorgeworfen worden war, sich darauf nicht rechtzeitig eingestellt zu haben, hätte eine gegenteilige Entscheidung näher gelegen), AG Hamburg-Altona 31.I.1980 VersR 1980 S. 738 (das Gericht verneint im Falle einer Kollision mit einem älteren Fußgänger das Vorliegen eines Regulierungsfehlers des Vers; wie eigentlich in fast allen diesen Fällen hat sich der unzutreffende Vorspann, daß nur eine völlig unsachgemäße Regulierung eine Vertragsverletzung darstelle, konkret nicht zum Nachteil des Vmers ausgewirkt), AG Balingen 12.XII.1980 VersR 1982 S 34, LG Köln 11.II.1981 VersR 1981 S. 1124, AG Essen 20.V.1981 ZfS 1983 S. 53 (trotz des unrichtigen Ausgangspunkts, daß der Ver nur für grobe Fahrlässigkeit hafte, dürfte die Entscheidung mit Rücksicht darauf, daß der Vmer wartepflichtig war, im Ergebnis nicht zu beanstanden sein), AG Nürnberg 4.VI.1981 ZfS 1982 S. 19 (für die Annahme, daß der unzutreffende Ausgangspunkt, nur eine völlig unsachgemäße Bearbeitung schade dem Ver, sich zum Nachteil des Vmers ausgewirkt hat, spricht, daß ein grober Verkehrsverstoß des Dritten erwähnt wird und die volle Ersatzleistung durch den gegnerischen Haftpflichtver), AG Berlin-Charlottenburg 1.VII.1981 ZfS 1981 S. 280 (Grenzfall, der aber trotz der fehlerhaften Ausgangsüberlegung über das Erfordernis völlig unsachgemäßer Bearbeitung mit vertretbarer Begründung gegen den Vmer entschieden worden ist; angesichts dessen, daß der im Bußgeldverfahren freigesprochene Vmer seinen eigenen Schadenersatz im Prozeßwege zu 100% durchgesetzt hatte, wäre allerdings eine Aufhebung der Rückstufung aus „Kulanzgründen" durch den Ver eine dem Rechtsfrieden zuträglichere Maßnahme gewesen), AG Münster 29.IX.1981 VersR 1982 S. 1045 (der Vmer war aufgefahren, so daß sich die bedenkliche Ausgangsüberlegung, daß der Ver sich nur bei völlig unsachgemäßer Regulierung schadenersatzpflichtig mache, nicht ausgewirkt hat), AG Itzehoe 20.XI.1981 ZfS 1983 S. 53, AG Olpe 23.XII.1981 ZfS 1983 S. 53, LG Oldenburg 5.I.1982 ZfS 1983 S. 52—53, LG Weiden 19.I.1982 ZfS 1983 S. 53, AG Köln 1.III.1982 ZfS 1983 S. 53, AG Dortmund 23.IX.1982 ZfS 1983 S. 53—54, AG Augsburg 7.X.1982 ZfS 1983 S. 54 (weder dieser Entscheidung, noch der des AG Dortmund 23.IX.1982 a. a. O., noch der des AG Itzehoe 20.XI.1981 a. a. O. ist zu entnehmen, ob sich die unzutreffende Annahme, daß nur eine völlig unsachgemäße Bearbeitung schade, fallentscheidend ausgewirkt hat), AG Köln 8.XI.1982 ZfS 1983 S. 54 (da beide Fahrzeuge gleichzeitig die Fahrspur gewechselt haben, hat sich der eben erwähnte, hier ebenfalls gegebene gedankliche Ausgangsfehler nicht zu Lasten des Vmers ausgewirkt), AG Bremen 15.XII.1982 VersR 1983 S. 972, LG Offenburg 19.IV.1983 ZfS 1983 S. 339, AG Passau 27.IV.1983 ZfS 1983 S. 212, AG Ludwigshafen 1.IX.1983 ZfS 1984 S. 83 (trotz unrichtigen Ausgangspunkts zutreffend entschieden), AG München 6.XII.1983 ZfS 1984 S. 83 (anhand des abgedruckten Sachverhalts nicht überprüfungsfähig), AG Köln 15.VI.1984 VersR

II. Nebenpflichten des Kraftfahrzeughaftpflichtvers **Anm. G 98**

1984 S. 835—836 = ZfS 1984 S. 241—242 (mit unzutreffendem Leitsatz, aber richtigem Ergebnis), AG Siegen 29.VI.1984 ZfS 1984 ZfS 1984 S. 306—307 (zutreffendes Ergebnis bei unrichtigem Begründungsausgangspunkt), LG Aschaffenburg 20.XII.1984 ZfS 1985 S. 84—85, LG Hannover 17.I.1985 VersR 1986 S. 130 = NJW-RR 1986 S. 26 (interessanter Sonderfall, der nach der in Anm. G 48 vertretenen Auffassung zum Gebrauchsbegriff und zur Haftung nach § 7 I StVG zugunsten des Vmers hätte entschieden werden müssen), AG Dortmund 8.II.1985 ZfS 1985 S. 341 (auch hier hat sich das Lippenbekenntnis, nur völlig unsachgemäße Bearbeitung schade, auf das Prozeßergebnis nicht ausgewirkt), LG Ravensburg 14.II.1985 DAR 1985 S. 258 = VersR 1985 S. 1057 (nur L.S.), AG Bad Homburg 6.III.1985 ZfS 1985 S. 212, AG Karlsruhe 25.VII.1985 ZfS 1987 S. 19 (keine Auswirkung des unrichtigen Ausgangspunkts auf das Ergebnis), AG Hannover 16.XII.1985 r + s 1986 S. 114—115, AG Köln 14.V.1986 r + s 1987 S. 154—155, AG Hannover 31.VII.1986 VersR 1987 S. 277 (nur L.S.), LG Aachen 15.X.1986 ZfS 1987 S. 19, LG Duisburg 4.XI.1986 VersR 1987 S. 1004 (nur L.S., gegen den Bedenken bestehen), AG Charlottenburg 26.III.1987 ZfS 1987 S. 214 (mit unzutreffendem Leitsatz), AG München 9.IV.1987 ZfS 1987 S. 214 (mit unzutreffendem rechtlichen Ausgangspunkt), AG Bonn 20.X.1987 ZfS 1988 S. 83—84, LG München 8.XII.1987 ZfS 1988 S. 83, AG Gießen 8.I.1988 ZfS 1989 S. 21 (die unrichtige Ausgangsposition, daß der Ver nur bei rechtsmißbräuchlichem Tun hafte, hat sich konkret nicht zu Lasten des Vmers ausgewirkt, da die Überprüfung der Haftungsfrage ergab, daß den Vmer auf jeden Fall eine Teilhaftung traf; wenn er dann von seiner Selbstregulierungsberechtigung keinen Gebrauch macht, so darf er sich über die Regulierung durch seinen Ver nicht beklagen; daß der Ver vor der Regulierungsentscheidung die amtliche Ermittlungsakte nicht eingesehen hatte, was bei einem erheblichen Streit über tatsächliche Umstände eines Geschehens grundsätzlich entgegen der Auffassung des Gerichts erwartet werden darf, hat im Ergebnis nicht zu einer fehlerhaften Regulierungsentscheidung geführt), AG Hannover 18.I.1988 r + s 1988 S. 96—97 (mit unzutreffender Prämisse, aber zutreffendem Ergebnis), LG Aachen 12.II.1988 r + s 1988 S. 323—324, AG Adelsheim 17.II.1988 ZfS 1989 S. 21, AG Nürnberg 25.III.1988 ZfS 1989 S. 242, (den Urteilsgründen ist, wie so häufig, nicht zu entnehmen, ob sich der unzutreffende Ausgangspunkt, daß der Ver nur für grobe Fahrlässigkeit hafte, konkret zum Nachteil des Vmers ausgewirkt hat), LG Osnabrück 25.IV.1988 ZfS 1989 S. 242, LG Frankfurt a.M. 25.I.1989 r + s 1989 S. 174, AG Gelnhausen 29.VIII.1989 ZfS 1989 S. 416. AG Schwandorf 30.VIII.1989 ZfS 1990 S. 420, AG Darmstadt 24.IV.1990 ZfS 1990 S. 420—421 (die Entscheidung ist verkürzt wiedergegeben, so daß nicht gesagt werden kann, ob sich der unrichtige Ansatz, daß der Ver nur bei grober Pflichtverletzung oder willkürlichem Handeln auf Schadenersatz hafte, zum Nachteil des Vmers ausgewirkt hat), AG München 30.V.1990 ZfS 1991 S. 133 (die Entscheidung ist durch die Besonderheit gekennzeichnet, daß der Vmer im Haftpflichtprozeß gegen den Dritten zu 100% obsiegt hatte, dem Ver wurde aber zugute gehalten, daß er mit einem solchen Ergebnis bei seiner Regulierung zu 50% nicht zu rechnen brauchte, da dem Vmer für seine Darstellung, daß der Unfallgegner und nicht er die Spur gewechselt habe, nur seine mitfahrende Ehefrau als Zeugin zur Verfügung stand), AG Bad Dürkheim 29.XI.1990 ZfS 1991 S. 133 (die unzutreffende Ausgangsüberlegung, daß dem Ver nur willkürliche Regulierungsüberlegungen anzulasten seien, hat sich im Ergebnis nicht ausgewirkt).

Sehr viel geringer ist die Zahl der veröffentlichten Entscheidungen, durch die der Schadenersatzklage des Vmers wegen einer zu Unrecht erfolgten Regulierung stattgegeben worden ist: Vgl. dazu LG Göttingen 19.I.1972 DAR 1972 S. 274—275 = VersR 1973 S. 25 (nur L.S.) m. Anm. v. Kaulbach VersR 1973

S. 804—805 (gegen die Entscheidung bestehen überdies Bedenken, da ein Zeuge im Strafverfahren die vom Vmer bestrittene Beschädigung des Fahrzeugs des Dritten bestätigt hatte; dafür, daß die Eigenregulierungsbefugnis des Vmers nicht mehr zum Tragen kommt, wenn der Dritte einen Haftpflichtprozeß gegen den Ver anstrengt, vgl. Anm. F 87 und G 14), AG Augsburg 21.XI.1983 ZfS 1984 S. 83, AG Köln 8.VIII.1986 ZfS 1987 S. 18—19, AG Stuttgart-Bad Cannstatt 17.III.1987 ZfS 1987 S. 213—214, AG Nürnberg 17.VIII.1988 r + s 1989 S. 74—75 = ZfS 1989 S. 242 (zwei Zeugen hatten bekundet, daß der Unfallgegner angehalten und dann, ohne zu blinken, nach links abgebogen sei; dem Vmer war nach dieser Aktenlage vom Ver der Gegenseite Schadenersatz zu 100% zugebilligt worden), AG Dortmund 4.IX.1989 ZfS 1990 S. 420 (der Ver hatte dort den Regreßanspruch des Kaskovers erfüllt, obwohl zwischen den Beteiligten vereinbart worden war, daß gegenseitig keine Ansprüche erhoben werden sollten, da der Unfallgegner seine Vollkaskov in Anspruch nehmen wollte und der Vmer sein Fahrzeug selbst reparieren würde; die Zahlung des Vers war dennoch unvermeidbar, wenn zwischen den Vern das übliche Teilungsabkommen bestand; es darf aber eine allein deshalb erfolgende Leistung nicht zu Lasten des Vmers gewertet werden [vgl. dazu Nr. 16 III 2 TB—KH]).

Für weitere Abgrenzungsüberlegungen zu Regulierungsfehlern vgl. Anm. B 67 und 68 m. w. N. zum gleichliegenden Problem bei einer Regreßnahme des Vers im gestörten Vsverhältnis gemäß § 3 Ziff. 9 S. 2 PflichtvsG.

[G 98] c) Benachrichtigungspflicht

Nach § 156 II ist der Ver verpflichtet, **vor einer Zahlung an den Dritten den Vmer zu benachrichtigen**. Unterläßt der Ver das, so macht er sich unter Umständen gegenüber dem Vmer schadenersatzpflichtig (vgl. dazu Bd IV Anm. G 279—280). Seit der **Schaffung des Direktanspruchs ist § 156 II auf die Kraftfahrzeughaftpflichtv nicht mehr anwendbar** (vgl. Anm. G 15). **Soweit der Haftpflichtanspruch begründet ist**, steht dem Ver vielmehr das Recht zu, **an den Dritten ohne vorherige Benachrichtigung des Vmers zahlen zu dürfen**. In diesem Sinne wird auch in der Praxis verfahren.

Dafür, daß Nr. 16 V 2 TB—KH eine Benachrichtigungspflicht des Vers bei **erfolgten** Schadenzahlungen unter DM 1000,— vorsieht, damit der Vmer wählen kann, ob er dem Ver diesen Regulierungsaufwand zur Erhaltung seiner Schadenfreiheitsstufe ersetzen kann, vgl. Anm. E 16 a. E.

[G 99] d) Berücksichtigung von Gegenforderungen des Versicherungsnehmers

Im Regelfall eines Zusammenstoßes zwischen zwei Fahrzeugen wird der Vmer kein Interesse daran haben, daß seine **Gegenforderung zur Aufrechnung gestellt** wird. Denn dann steht auf der Gegenseite ebenfalls ein Ver, der im Wege des Direktanspruchs in Anspruch genommen werden kann, so daß keine Gefahr besteht, daß der eigene Haftpflichtanspruch des Vmers nicht realisiert werden könne. Ist es aber so, daß der Gegner kein motorisierter Verkehrteilnehmer ist, so wird man den Ver nach Treu und Glauben für verpflichtet halten müssen, die **begründeten Haftpflichtansprüche des Vmers auf dessen Verlangen zur Aufrechnung zu stellen**. Soweit dadurch allerdings Mehrkosten entstehen, kann der Ver ein solches Verhalten davon abhängig machen, daß der Vmer die Zahlung dieser Kosten zusagt und entsprechende Vorschüsse auf Verlangen leistet. Im einzelnen ist nach Treu und Glauben abzugrenzen, inwieweit dem Ver zuzumuten ist, solche Gegenforderungen auf Verlangen des Vmers zur Aufrechnung zu stellen (dazu Anm. G 15 und Bd IV Anm. G 278). Verletzt der Ver die sich dergestalt aus Treu und Glauben ergebende

II. Nebenpflichten des Kraftfahrzeughaftpflichtvers   Anm. G 100

Nebenpflicht, so macht er sich gegenüber dem Vmer schadenersatzpflichtig (dafür, daß dagegen der Vmer grundsätzlich nicht verpflichtet ist, seine Gegenforderungen zur Aufrechnungsdisposition des Vers zu stellen und die Weigerung insbesondere keine Obliegenheitsverletzung darstellt, vgl. Anm. F 125, G 15 und 20 m. w. N., str.).

[G 100] e) Belehrung über den Deckungsumfang

Zu den Nebenpflichten des Vers gehört es auch, den Vmer **auf entsprechende Anfrage** zutreffend über den **Deckungsumfang des Vertrages zu belehren.** Das kann auch nach Eintritt des Vsfalls von Bedeutung sein. Ein seltenes Beispiel für einen Schadenersatzanspruch des Vmers wegen einer unzutreffenden Auskunft eines Vsvertreters ist OLG Hamm 11.VI.1980 VersR 1981 S. 825 zu entnehmen. Dort war der Vmer Halter von zwei Fahrzeugen gewesen. Er erkundigte sich, ob der von seiner Schwester als Fahrerin des nachfolgenden Wagens verschuldete Auffahrschaden unter den Vsschutz falle. Der Agent bejahte das entgegen § 11 Nr. 2 AKB (bezüglich des von der Schwester gefahrenen Wagens auch entgegen § 11 Nr. 3 AKB). Das Gericht glaubte dem Vmer, daß er ohne diese unrichtige Auskunft keinen Mietwagen genommen hätte und sprach ihm insoweit einen Ersatzanspruch aus positiver Vertragsverletzung zu. Damit wurde er so gestellt, als wenn er nach einer zutreffenden Belehrung von der Anmietung eines Ersatzwagens Abstand genommen hätte. Eine Verurteilung im vollen Umfang der Auskunft im Sinne einer Bezahlung auch des Fahrzeugschadens im engeren Sinne lehnte das Gericht mangels einer Vollmacht des Vsvertreters ab. Die Entscheidung leidet insofern an einem Bruch in der Argumentation, als keine Auseinandersetzung damit erfolgt, daß der Vmer nur dann geschädigt wäre, wenn er seinen Anspruch auf Ersatz der Mietwagenkosten nicht gegen seine Schwester hätte durchsetzen können. In dieser Beziehung wäre zu überlegen, ob dieser Einwand deshalb rechtsmißbräuchlich sein könnte, weil sich die Auskunftserteilung auch auf die Rechtsposition der Schwester als Mitvte erstreckte.

Für einen Fall, in dem **vor** Eintritt eines Vsschadens eine unrichtige Auskunft über den Deckungsbereich einer von einem **Kraftfahrzeughändler** abgeschlossenen Fahrzeugv nach Maßgabe der Sonderbedingungen zur Haftpflicht- und Fahrzeugv für Kfz-Handel und -Handwerk erteilt worden ist, vgl. BGH 14.III.1973 VersR 1973 S. 411–412. Der Fahrzeughändler, dessen Betriebsleiter die unrichtige Auskunft erteilt hatte, wurde zum Schadenersatz verurteilt. Zwischen den Parteien bestand eine laufende Geschäftsbeziehung. Die im Urteil angestellten Überlegungen lassen sich unschwer auf das Rechtsverhältnis zwischen Ver und Vmer übertragen, wenn nicht ein Händler durch einen Erfüllungsgehilfen eine solche unrichtige Auskunft erteilt, sondern ein Vsvertreter im Rahmen bestehender oder anzubahnender Vsverträge.

H. Beteiligung Dritter am Kfz-Haftpflichtversicherungsvertrag

Gliederung:

Schrifttum H 1

I. Vorbemerkung H 2—3
 1. Schutzmotiv H 2
 2. Rechtliche Einordnung H 3

II. Kreis der Vten H 4—11
 1. Von § 10 II AKB erfaßte Personengruppen H 4—10 (weitere Untergliederung vor H 4)
 2. Vter Personenkreis nach § 10a AKB H 11

III. Rechtsverhältnis zwischen Vtem und Ver H 12—43
 1. Klage- und Verfügungsbefugnis des Vten H 12
 2. Zur entsprechenden Anwendung der für den Vmer geltenden Vorschriften H 13
 3. Obliegenheiten des Vten H 14—27 (weitere Untergliederung vor H 14)
 4. Einfluß des Verhaltens des Vmers auf die Rechtsposition des Vten H 28—42 (weitere Untergliederung vor H 28)
 5. Vertragsverletzungen durch den Ver H 43

IV. Rechtsverhältnis zwischen Vtem und Ver H 44—45
 1. Verpflichtung zur Vsschutznahme H 44
 2. Schäden oberhalb der gesetzlichen Mindestvssummen H 45

V. Rechtsverhältnis zwischen Vmer und Ver H 46—47
 1. Klagebefugnis H 46
 2. Verfügungsbefugnis H 47

[H 1] Schrifttum:

Zu den Grundfragen der V für fremde Rechnung vgl. Sieg in Bruck—Möller—Sieg zu §§ 74—80 m. w. N. in Anm. 2 vor §§ 74—80; speziell zur Kfz-Haftpflichtv: Bauer VersR 1969 S. 598—600, derselbe NJW 1972 S. 932—933, derselbe ZVersWiss 1973 S. 343—358, Böttger NJW 1969 S. 55—56, Deichl DAR 1972 S. 301—304, Denck, Der Schutz des Arbeitnehmers vor der Außenhaftung, Heidelberg 1980 (zit. Denck Außenhaftung), Geyer VersR 1965 S. 679—680, Hanau BB 1972 S. 4—9, Hirschberg VersR 1973 S. 786—796, Johannsen NZV 1989 S. 69—70, derselbe VersR 1991 S. 500—505, Klingmüller DAR 1972 S. 296—301, E. Lorenz NJW 1969 S. 471—472, derselbe NJW 1971 S. 2145—2150, derselbe NJW 1972 S. 2281—2285, Migsch VersR 1977 S. 292, Möller HansRZ 1937 A Sp 241—260, Moog NJW 1955 S. 1324—1325, Müller NJW 1986 S. 962—967, Ossewski VersR 1958 S. 4—8, E. Prölss JZ 1953 S. 658—659, derselbe VersR 1955 S. 167, derselbe VersR 1968 S. 268—270, J. Prölss VersR 1969 S. 533—534, derselbe JZ 1989 S. 148—150, Rhein VW 1965 S. 973—978, S. 1049—1050, Roth-Stielow NJW 1972 S. 1357—1358, Ruscher, Die Besonderheiten des Vsansanspruchs bei der V für fremde Rechnung, Kölner Diss. 1969, Schirmer, Festschrift für Reimer Schmidt, Karlsruhe 1976, S. 821—843, derselbe, Festschrift für Sieg, Karlsruhe 1976, S. 451—493, derselbe ZVersWiss 1981 S. 121—154, derselbe VersR 1987 S. 19—30, derselbe DAR 1989 S. 14—19, Sendtner—Voelerndorff, Ausgleichsansprüche nach dem PflichtvsG vom 5.IV.1965, Berliner Diss. 1967 (zitiert Sendtner—Voelerndorff Ausgleichsansprüche), derselbe VersR 1969 S. 114—117, Sieg VersR 1966 S. 101—104, derselbe VersR 1973 S. 194—196, derselbe VersR 1982 S. 913—914, Steffen VersR 1987 S. 529—533, Theda DAR 1980 S. 292—301, Wendt VW 1972 S. 1494—1496, Hj. Wussow VersR 1960 S. 11—13, derselbe WI 1988 S. 93.

[H 2] I. Vorbemerkung

1. Schutzmotiv

Bei der Einführung der Pflichthaftpflichtv für Kfz-Halter im Jahre 1939 stand der Gedanke, daß das **Verkehrsopfer** geschützt werden müsse, im Vordergrund. Daneben war dem Gesetzgeber aber schon damals bewußt, daß auch der nicht mit dem Vmer identische **Fahrer** eines solchen Fahrzeugs **schutzbedürftig** ist. In Konsequenz dieser Überlegung war in § 1 PflichtvsG in der damals geltenden Fassung festgelegt, daß der Halter eine solche Haftpflichtv für sich und den berechtigten Fahrer abzuschließen habe. Im Gesetz war aber nicht ausdrücklich des Problems gedacht worden, den Vsschutz des Vten unabhängig von dem des Vmers auszugestalten. Das hatte gemäß der Grundkonzeption des Vertrages zugunsten Dritter (§ 334 BGB) zur Konsequenz, daß der Vsschutz für den Vten grundsätzlich vom Verhalten des Vmers abhängig war. Zu beachten ist allerdings, daß eine Gesamtwürdigung des Pflichtvssystems schon damals zu einer Ausnahme von diesem Grundsatz führte. Diese Ausnahme besagte, daß dem Vten solche vom Vmer begangenen Obliegenheitsverletzungen nicht schaden, die sich auf nach Eintritt des Vsfalls zu erfüllende Lasten beziehen (vgl. zu dieser Streitfrage Anm. H 39). Ferner konnte schon zu § 158 c I, II — wie das auch jetzt noch zu § 3 Ziff. 4, 5 PflichtvsG für diejenigen Schadenfälle bedeutsam ist, die der gemäß dem Gesetz zur Änderung vsrechtlicher Vorschriften vom 17.XII.1990 (BGBl. 1990 I S. 2864–2866) zum 1.I.1991 in Kraft getretenen Neuregelung des § 158 i nicht unterliegen — die Frage gestellt werden, ob nicht der neben dem Vmer dem Dritten gesamtschuldnerisch haftende Vte hinsichtlich seines **Ausgleichsanspruchs** nach § 426 I 1 BGB als geschädigter Dritter im Sinne dieser Bestimmungen anzusehen ist (vgl. dazu Anm. H 37).

Des Schutzbedürfnisses des Vten wurde dann in der zum 1.X.1965 in das VVG für alle Pflichthaftpflichtven eingefügten Bestimmung des § 158 i gedacht. Nach dieser Vorschrift war ein Regreß des überobligationsmäßig im Risiko befindlichen Vers gegen einen der Vten, der zur selbständigen Geltendmachung seiner Rechte aus dem Vsvertrag befugt ist, wegen einer auf einer Obliegenheitsverletzung beruhenden Leistungsfreiheit nur dann möglich, wenn die der Leistungsfreiheit des Vers zugrunde liegenden Umstände in der Person des Vten vorliegen. Damit wurde schon ein wesentlicher Teil des bei objektiver Würdigung als berechtigt zu respektierenden Schutzbedürfnisses erfaßt, wenngleich immer noch einige bedauerliche Lücken zurückgeblieben waren (vgl. zur Auslegung des § 158 i a. F. Anm. H 36–41). Zu diesen Lücken zählte insbesondere eine gesetzliche Regelung zum Schutze des Fahrers (und der sonstigen mitvten Personen) für den Fall, daß der Ver wegen Verletzung der **Prämienzahlungspflicht** durch den Vmer gemäß § 38 oder § 39 leistungsfrei war. Abgemildert wurde diese den Vten unter Umständen hart treffende gesetzliche Regelung durch eine **geschäftsplanmäßige Erklärung** der Ver (VA 1973 S. 103, VA 1975 S. 157, vgl. auch die Zusammenfassung der geschäftsplanmäßigen Erklärungen in Anm. A 5 gemäß VA 1987 S. 169–173, dort II., 4). In dieser Erklärung wurde niedergelegt, daß in derartigen Fällen nur dann Regreß genommen wurde, wenn der Vte von der Nichtzahlung der Prämie wußte oder grob fahrlässig keine Kenntnis hatte (vgl. dazu Anm. H 38). Aus solchen geschäftsplanmäßigen Erklärungen erwachsen dem Vten eigenständige Rechtsansprüche (vgl. BGH 13.VII.1988 BGHZ Bd 105 S. 140–153 und Anm. A 17 m. w. N.). Diese Regelung schützte ihn aber nicht vor dem Regreß eines anderen Vers im Sinne des § 158 c IV, insbesondere nicht vor dem eines Sozialvers (vgl. BGH 13.I.1988 BGHZ Bd 103 S. 52–58 und Anm. H 38).

Diese Systemlücke führte zu einem gesetzgeberischen Eingriff zum 1.I.1991, mit dem § 158 i VVG wesentlich umgestaltet wurde. In dieser Neufassung wird von dem System des Regreßverbots abgegangen. Es erfolgt vielmehr eine atypische Ausgestaltung der Rechtsstellung des Vten in der Weise, daß dessen Rechtsanspruch auf Vsschutz teilweise unabhängig von dem des Vmers ausgestaltet wurde. Insbesondere bezieht sich diese Neuregelung auf die vorher gesetzlich geregelten Fälle der Leistungsfreiheit des Vers gegenüber dem Vmer wegen durch diesen begangener Obliegenheitsverletzungen, aber auch auf die Leistungsfreiheit wegen unterlassener Prämienzahlung gemäß §§ 38, 39 (vgl. für Einzelheiten Anm. H 29).

Dieser Tendenz zur Stärkung der Rechtsposition des Vten entspricht es, daß nach § 10 II AKB über den Wortlaut des § 1 PflichtvsG hinaus nicht nur für den Halter, Eigentümer und Fahrer Vsschutz gewährt wird, sondern auch für den Beifahrer, den Omnibusschaffner und den Arbeitgeber oder öffentlichen Dienstherrn (vgl. zur Abgrenzung im einzelnen Anm. H 8–10). Im ganzen zeigt daher die Kfz-Haftpflichtv eine am Interesse des Benutzers orientierte verstärkte Schutzbindung zugunsten des Vten. Diese Entwicklung ist begrüßenswert mit Rücksicht darauf, daß der Benutzer eines Fahrzeugs, soweit er nicht mit dem Vmer identisch ist, vielfach genauso schutzbedürftig ist wie das bei der Einführung der Pflichthaftpflichtv 1939 ursprünglich in den Vordergrund der Überlegungen gestellte Verkehrsopfer.

In den Kreis dieser Verbesserungen des Vsschutzes gehört auch der Einschluß der Haftpflichtansprüche des Vmers gegen den Vten wegen der dem ersteren entstandenen (oder angeblich entstandenen) Körperschäden durch die Bedingungsänderung aus dem Jahre 1977 (vgl. dazu VA 1977 S. 48–50 und Anm. G 61 und 67). Dadurch ist sowohl die Rechtsstellung des Vten wie die des Vmers wesentlich verbessert worden. Der Vmer ist hier als Dritter im Sinne der V für fremde Rechnung etabliert worden. Das hat zur Konsequenz, daß er grundsätzlich auch als geschädigter Dritter im Sinne des § 3 Ziff. 4 und 5 PflichtvsG in den Fällen eines gestörten Vsverhältnisses anzusehen ist. Vom BGH 10.VII.1986 MDR 1987 S. 45–46 = VersR 1986 S. 1010–1011 ist aber eine Inanspruchnahme des Vers in denjenigen Fällen als rechtsmißbräuchlich angesehen worden, in denen der Vmer die Leistungsfreiheit des Vers zu vertreten hat. Dem ist im Prinzip auch beizupflichten (vgl. auch Anm. G 68).

Soweit in dieser besonderen Fallkonstellation nicht der Ver, sondern der Vte vom Vmer auf Schadenersatz in Anspruch genommen wird, ist zu bedenken, daß der Ver für nach dem 31.XII.1990 eingetretene Schadenfälle aufgrund des § 158 i n. F. dem Vten Vsschutz zu gewähren hat. Dieser Vsschutz dürfte aber im Regelfall in der Weise auszuüben sein, daß die Ansprüche des Vmers als unbegründet zurückgewiesen werden, da aus den vom BGH 10.VII.1986 a. a. O. dargestellten Gründen auch eine Inanspruchnahme des Vten als rechtsmißbräuchlich zu qualifizieren ist (für die entsprechende Abwehrsituation des vor dem 1.I.1991 ohne Vsschutz den Ansprüchen des Vmers gegenüberstehenden Vten vgl. Anm. H 44).

[H 3] 2. Rechtliche Einordnung

In § 10 I AKB ist festgelegt, daß die Haftpflichtv die Befriedigung begründeter und die Abwehr unbegründeter Ersatzansprüche umfaßt, die auf Grund gesetzlicher Haftpflichtbestimmungen privatrechtlichen Inhalts gegen den Vmer oder gegen mitvte Personen erhoben werden. Im Bedingungsaufbau wird somit zwischen dem Vmer und den Mitvten entschieden. Die genaue Beschreibung des Kreises dieser Mitvten findet sich in § 10 II AKB. Dort werden sechs Personengruppen als Vte bezeichnet, nämlich der Halter, der Eigentümer, der Fahrer, der auf Grund eines Arbeitsverhältnisses zum Vmer oder Halter tätige Beifahrer, der Omnibusschaffner, sowie der Arbeitgeber oder der öffentliche Diensthcerr. Damit

II. 1. Von § 10 II AKB erfaßte Personengruppen   Anm. H 3

wird im Bedingungsrecht die in § 1 PflichtvsG vorgeschriebene Vsnahme für den Halter und die Erstreckung eines solchen Vsschutzes auf den Fahrer und den Eigentümer erfüllt. Es wird sogar durch die Ausdehnung des Vsschutzes auch auf Beifahrer, Omnibusschaffner und Arbeitgeber oder öffentlichen Diensthern mehr getan, als von einem Halter eines vspflichtigen Fahrzeugs gemäß § 1 PflichtvsG verlangt wird.

Hinsichtlich dieses über den Rahmen des § 1 PflichtvsG hinausgehenden Vsschutzes in personeller Beziehung ist die Bestimmung des § 158 k bedeutsam. Danach finden die Vorschriften über die Pflichtv auch insoweit Anwendung, als der Vsvertrag eine über die gesetzlichen Mindestanforderungen hinausgehende Deckung gewährt. Durch diese Regelung wird die Rechtsstellung des geschädigten Dritten, aber auch des Vten zusätzlich verbessert. Allerdings gibt es hierzu nach § 158 c III (i. V. m. § 3 Ziff. 6 PflichtvsG) die Ausnahme, daß die **überobligationsmäßige Haftung des Vers aus § 3 Ziff. 4, 5 PflichtvsG auf die gesetzlichen Mindestvssummen beschränkt** ist. Das gilt auch für die neugeschaffene Regelung in § 158 i, nach der die Rechtsstellung des Vten für ab 1.I.1991 eintretende Schadensfälle partiell von der des Vmers unabhängig ist. Es heißt nämlich in § 158 i², daß sich der Umfang der Leistungspflicht nach § 158 c III bestimmt, d. h. nur im Rahmen der amtlich festgesetzten Mindestvssummen und der vom Ver übernommenen Gefahr gegeben ist (vgl. dazu Anm. H 31). Dafür, daß § 158 c III mit der Beschränkung auf die amtlich festgesetzten Mindestvssummen bei einer teilweisen Leistungsfreiheit des Vers gemäß § 7 V Nr. 2 AKB nicht anwendbar ist, vgl. BGH 15.III.1983 BGHZ Bd 87 S. 121 – 125; ferner Anm. B 47 m. w. N.).

Die Erstreckung des Vsschutzes durch § 10 I, II AKB auf weitere Personen als den Vmer erfolgt auf der Basis eines echten **Vertrages zugunsten Dritter** im Sinne des § 328 BGB in der besonderen Ausgestaltungsform der **V für fremde Rechnung** (allgem. M., vgl. nur BGH 22.IX.1958 BGHZ Bd 28 S. 141 und zur Grundsatzproblematik Bruck – Möller – Sieg Bd II Anm. 2 zu § 74 m. w. N.). Das Gesagte bedeutet, daß mit einer Kfz-Haftpflichtv für eigene Rechnung des Vmers (der regelmäßig Halter sein wird, es aber nicht zu sein braucht) institutionell stets auch eine Mehrheit von Ven für fremde Rechnung verbunden ist. Diese Ven für fremde Rechnung sind dabei in der Weise ausgestaltet, daß die vte Person nur ihrer Funktion nach beschrieben wird. Diese generelle Bezeichnung des Kreises der Vten vermeidet Deckungslücken, wie sie bei einem auf vorheriger Namensbenennung beruhenden System zwangsläufig auftreten würden. Auf die derart institutionell verankerten Ven für fremde Rechnung sind grundsätzlich die Bestimmungen der §§ 74 – 80 anzuwenden. Stets ist aber zu prüfen, ob und welche Änderungen sich gegenüber dem Grundtypus der freiwillig herbeigeführten V für fremde Rechnung aus dem Sinn und Zweck des sozialen Netzes des Pflichtvssystems nicht nur für das Verkehrsopfer, sondern auch für den Fahrer und die anderen Vten bei einem Gebrauch des Fahrzeugs ergeben.

II. Kreis der Versicherten
1. Von § 10 II AKB erfaßte Personengruppen

Gliederung:

a) Bedeutung der enumerativen Aufzählung H 4
b) Einzelheiten H 5 – 10
   aa) Halter H 5
   bb) Eigentümer H 6

   cc) Fahrer H 7
   dd) Beifahrer H 8
   ee) Omnibusschaffner H 9
   ff) Arbeitgeber oder öffentlicher Dienstherr H 10

[H 4] a) Bedeutung der enumerativen Aufzählung

Wer den Katalog der mit dem Vmer nicht identischen Personen liest, die in § 10 II AKB aufgeführt sind, könnte meinen, daß alle Benutzer oder Gebraucher eines Kfz, wer es auch immer sein mag, erfaßt werden. Das ist indessen nicht der Fall. Ein lückenloser Vsschutz wird nicht geboten. Vielmehr gibt es durchaus Grenzfälle, in denen ein Mitglied einer bestimmten Personengruppe wegen eines mit dem Gebrauch eines Kfz zusammenhängenden Schadens in Anspruch genommen werden kann, ohne daß dieses Mitglied zu dem Kreis der in § 10 II AKB genannten Personen zu zählen ist. Für die Behandlung solcher Fälle ist von entscheidender Bedeutung, ob § 10 II AKB lediglich eine versehentlich unvollständige Beschreibung des Kreises der vten Personen darstellt oder ob bei der Schaffung der Bedingungsbestimmung eine bewußte Entscheidung dahin getroffen worden ist, daß ausschließlich für die in § 10 II AKB genannten Personengruppen und für keine anderen Vsschutz gewährt wird. Eine Analyse des Entstehungsweges des Bedingungswerkes zeigt, daß die zuletzt genannte Alternative zutrifft. Dabei ist zu bedenken, daß ursprünglich in Übereinstimmung mit § 1 PflichtvsG a. F. nur Vsschutz für den Vmer, den Halter und den berechtigten Fahrer geboten worden ist. Erst im Laufe der Zeit wurden weitere Personengruppen auf Drängen entsprechender Interessenten und vor allem des BAV einbezogen, zuletzt zum 1.I.1977 die Arbeitgeber oder öffentlichen Dienstherren, sofern ihre Bediensteten eigene Fahrzeuge für dienstliche Zwecke gebrauchen (vgl. Anm. H 10). Daraus ist zu folgern, daß keine Totalität des Vsschutzes in personeller Beziehung angestrebt worden ist. Wer demgemäß weder Vmer ist noch zu dem in § 10 II AKB aufgeführten Personenkreis gehört, hat grundsätzlich keinen Vsschutz in der Kfz-Haftpflichtv. Eine entsprechende Anwendung des § 10 II AKB auf weitere als die dort genannten Personengruppen scheidet daher aus (ebenso Prölss – Martin – Knappmann[25] Anm. 4 g zu § 10 AKB, S. 1457, Sieg VersR 1973 S. 194, a. M. Hirschberg VersR 1973 S. 796).

Nicht vte Personengruppen sind z. B. **Insassen** eines Fahrzeugs, die nicht Beifahrer im Sinne des § 10 II d sind und auch nicht einer anderen Gruppe im Sinne des § 10 II AKB angehören. Sie haben keinen Vsschutz für den einem Dritten durch das **Öffnen einer Tür** entstehenden Schaden, könnten allerdings dafür den Schutz ihrer **Privathaftpflichtv** in Anspruch nehmen. Hingegen genießt der für ein solches Geschehen verantwortlich gemachte Halter in der Kraftfahrzeughaftpflichtv Vsschutz (vgl. dazu auch Bäumer Zukunft S. 57). Unter den Vsschutz in der Kraftfahrzeughaftpflichtv fallen auch nicht Personen, die ein Fahrzeug entladen, wenn sie nicht zu dem in § 10 II AKB aufgeführten Personenkreis zählen (AG Neumünster 4.IX.1987 MDR 1988 S. 147 = NJW-RR 1988 S. 217; vgl. ferner Anm. G 49). Wird ein Fahrzeug **repariert**, so fällt ein auf einen derartigen Gebrauch gestützter Schadenersatzanspruch eines Dritten ebenfalls nur insoweit unter den Vsschutz der Kraftfahrzeughaftpflichtv, als er sich gegen den Vmer oder eine der nach § 10 II AKB mitvten Personen richtet. Derjenige, der nicht zu diesem Personenkreis gehört, hat bei einer solchen Tätigkeit im Rahmen der Kraftfahrzeughaftpflichtv keinen Vsschutz (OLG Stuttgart 23.III.1987 VersR 1988 S. 707–708, LG Osnabrück 26.III.1987 ZfS 1987 S. 308, OLG Braunschweig 13.XI.1987 r + s 1988 S. 354). Im übrigen ist bei einer solchen Tätigkeit hinsichtlich des in § 10 II AKB aufgeführten Personenkreises zu differenzieren. Es erscheint dabei als sachgerecht, für den Halter und Eigentümer bei einer derartigen Reparatur – ebenso wie für den Vmer – stets den Vsschutz zu bejahen (a. M. LG Itzehoe 29.IV.1988 ZfS 1988 S. 180–181). Das gleiche gilt für einen Berufsfahrer, der auf Weisung seines Arbeitgebers das Fahrzeug repariert. Ebenso ist der Fall zu entscheiden, in dem ein privat entliehenes Fahrzeug von dem Entleiher unterwegs nach Eintritt eines Schadens repariert wird oder wenn der Schaden daheim vor der Rückgabe des Fahrzeugs ausgebessert wird. Wenn der Entleiher das Fahrzeug aber bei seinem Freunde mit Bedauern beschädigt zurückgegeben hat und verabredet wird, daß es am nächsten Wochenende gemeinsam repariert werde, so hat dieser frühere Fahrer bezüglich der aus einer solchen Reparatur Dritten entstehenden Schäden keinen Vsschutz (dafür, daß ihm ein solcher Vsschutz im Rahmen seiner Privathaftpflichtv zustehen kann, vgl. Anm. G 48 m. w. N.).

Auch besteht kein Vsschutz, wenn ein Vierter den Fahrzeugschlüssel in guter Absicht an sich nimmt, um den angetrunkenen Vmer von der Führung des Fahrzeugs abzuhalten, dann aber den Fehler macht, den Wagen einem führerscheinlosen Bekannten anzuvertrauen (OLG Hamm 29.VIII.1990 r + s 1991 S. 38–39). Hier fällt der Vierte unter keine der in § 10 II AKB aufgeführten Personengruppen. Anders kann es aber zu beurteilen sein, wenn der Vierte zunächst gefahren ist und dann das Fahrzeug im vermuteten Einverständnis des Vmers an einen anderen Fahrer weitergibt (streitig, anders die h. M., vgl. dazu Anm. H 7 m. w. N.).

Davon zu unterscheiden sind Fälle, in denen ein nicht zum Personenkreis des § 10 II AKB gehörender Vierter, der neben dem Vmer und dem Vten für den einem Dritten entstehenden Schaden ersatzpflichtig ist, dem Regreßanspruch des Vers die exceptio doli deshalb entgegensetzen kann, weil er, der Vierte, einen in die Eintrittspflicht des Vers fallenden Freihalteanspruch gegen den vten Fahrer hat (so BGH 8.XII.1971 NJW 1972 S. 440–442 = VersR 1972 S. 166–169). Einem Garagenbetrieb war ein Kfz zum Waschen überlassen worden. Ein Arbeitnehmer dieses Garagenbetriebes schädigte bei dem Fahren dieses Wagens einen Dritten. Die auf einen Forderungsübergang gemäß § 67 gestützte Geltendmachung eines Regreßanspruchs des Haftpflichtvers gegen den Arbeitgeber des Schädigers hielt der BGH für rechtsmißbräuchlich. Er bejahte in dieser besonderen Situation einen Freihalteanspruch des Arbeitgebers gegen den Arbeitnehmer und verneinte zugleich einen Freihalteanspruch des Arbeitnehmers gegen den Arbeitgeber aus dem Gesichtspunkt der „gefahrengeneigten" Arbeit deshalb, weil der Arbeitnehmer als berechtigter Fahrer unter dem Schutz der Kfz-Haftpflichtv des Eigentümers des zum Waschen gegebenen Fahrzeugs stand. Kritisch dazu Sieg a. a. O. S. 194–196, während Hirschberg a. a. O. im Ergebnis zustimmt, eine Lösung aber in der Weise sucht, daß der Unternehmer in erweiternder Auslegung des § 10 II AKB ebenfalls als Vter anzusehen sei; einen Lösungsweg wie der BGH haben in derartigen Fällen schon früher beschritten LG Koblenz 24.IX.1957 VersR 1959 S. 92–93, OLG Hamburg 18.XI.1969 VersR 1970 S. 537–538.

Zur Weiterentwicklung dieser Rechtsprechung für den Fall eines gestörten Vsverhältnisses bei Eingreifen des Regreßverzichts des Vers gemäß geschäftsplanmäßiger Erklärung vgl. BGH 5.II.1992 NJW 1992 S. 1507–1509 = VersR 1992 S. 485–487 und Anm. H 29.

[H 5] b) Einzelheiten

aa) Halter

Der Halter ist derjenige, an den sich das gesetzgeberische Gebot des § 1 PflichtvsG richtet, für den Abschluß einer den Bestimmungen des PflichtvsG entsprechenden Haftpflichtv zu sorgen. Es mutet daher zunächst eigenartig an, daß der Halter gleichzeitig als eine der Personen aufgeführt wird, die zu den

"Mitvten" zählen. Systematisch betrachtet ist es so, daß der Vmer einer V für fremde Rechnung nicht gleichzeitig Vter im Sinne dieser V für fremde Rechnung sein kann. Das Wesen der V für fremde Rechnung ist dahin zu kennzeichnen, daß es sich um einen Vertrag zugunsten Dritter mit dem dafür unerläßlichen Dreiecksverhältnis handelt. Wenn der Begünstigte eines Vsvertrages aber der Vmer selbst ist, so fehlt es an dem gedanklich vorauszusetzenden konkreten Bezug zur Rechtsfigur des Vertrages zugunsten Dritter. Die Regelung in § 10 II AKB muß demgemäß für alle dort aufgeführten Fälle so verstanden werden, daß diese Personengruppen begrifflich nur dann die Rechtsstellung eines Vten im Sinne einer V für fremde Rechnung haben können, wenn sie nicht selbst Vmer sind. Für alle Personengruppen des § 10 II AKB ist demgemäß gedanklich dieser rechtstechnisch zunächst als selbstverständlich erscheinende Zusatz hinzuzusetzen. Insofern darf § 10 II AKB demgemäß nicht allein vom Wortlaut her interpretiert werden. Es muß vielmehr diese Mischung der V eigenen und fremden „Interesses" bedacht werden. Hätten die Bedingungsverfasser nicht in derart abstrakter und gedanklich ergänzungsbedürftiger Art und Weise formuliert, so hätten in umständlicher Sprache alle Kombinationsmöglichkeiten der sieben beteiligten Personengruppen aufgeführt werden müssen.

BGH 22.IX.1958 BGHZ Bd 28 S. 137–144 gibt ein gutes Beispiel für die Vielfalt der von der Regelung in § 10 II AKB erfaßten Möglichkeiten. Es ging darum, daß ein Halter, der nicht zugleich Eigentümer des Fahrzeugs war, Vsschutz genommen hatte. Der BGH betonte, daß es bei dem dort gegebenen Halterwechsel nicht etwa zum Erlöschen der V gekommen sei, weil für den Vmer kein vtes Interesse mehr gegeben sei, sondern daß entgegen der von Prölss JZ 1953 S. 658–659 vertretenen Auffassung der Vsvertrag mit Rücksicht auf den Fremdvsteil der Kfz-Haftpflichtv weiterbestehe und sich auf den neuen Halter gemäß § 10 II AKB erstrecke. Prölss–Martin–Knappmann[25] Anm. 4a zu § 10 AKB, S. 1456 bemerken dazu, daß durch die Mitv des Halters erreicht werde, daß der Vertrag für Rechnung des jeweiligen Halters mitgeschlossen sei; die Pflichtv schütze daher unabhängig von §§ 69, 158h den Halter stets (dafür, daß aus der Mitv des jeweiligen Eigentümers entgegen der von Prölss–Martin bis zur 23. Aufl., Anm. 1 zu § 158h, S. 916 vertretenen Auffassung nicht geschlossen werden darf, daß eine Veräußerung der Kfz überhaupt nicht zum Übergang der V führe, vgl. BGH 7.III.1984 NJW 1984 S. 1967–1968 = VersR 1984 S. 455–456 und Anm. D 45 m. w. N.; zur Anzeigelast vgl. Anm. F 76).

Der in § 10 IIa AKB verwendete Begriff des Halters ist identisch mit dem des Straßenverkehrsrechts (BGH 29.V.1954 BGHZ Bd 13 S. 356–358 und seitdem ständig). Danach ist derjenige Halter, der das Fahrzeug für eigene Rechnung in Gebrauch hat und die Verfügung besitzt, die ein solcher Gebrauch voraussetzt. Nach diesen Grundsätzen ist ein Leasingnehmer Halter des ihm vermieteten Fahrzeugs. Dagegen besteht eine Haltereigenschaft des Leasinggebers regelmäßig nicht (BGH 22.III.1983 BGHZ Bd 87 S. 133–138). Zum Halterbegriff vgl. ergänzend BGH 3.XII.1991 NJW 1992 S. 900–902 = VersR 1992 S. 437–439 und Anm. G 70 m. w. N.

Bemerkenswert ist, daß § 10 II AKB nicht darauf abstellt, ob es sich bei dem mitvten Halter um einen berechtigten Halter handelt oder nicht. Vom BGH 22.IX.1958 a. a. O. S. 143 ist diese Fragen offen gelassen worden. Das Gericht bemerkt dazu, daß der Vsschutz dem Kläger auch nicht mit der Hilfsbegründung des Berufungsgerichts versagt werden könne, daß der Kläger deshalb nicht nach § 10 AKB mitvert sei, weil er sein Recht zum Halten des Fahrzeugs nicht von dem Vmer A hergeleitet habe und aus diesem Grunde nicht als berechtigter Halter

II. 1. Von § 10 II AKB erfaßte Personengruppen   Anm. H 5

anzusehen sei; es bedürfe zur Entscheidung des vorliegenden Rechtsstreits keiner Prüfung der Frage, ob entgegen dem Wortlaut des § 10 AKB die Einbeziehung des jeweiligen Halters in den Vsschutz (ebenso wie bei dem Fahrer) davon abhängig sei, daß er hierzu (also der Halter zum Halten des Fahrzeugs) „berechtigt" sei; denn selbst wenn man dies annehmen wollte, so könne doch nicht zweifelhaft sein, daß diese Berechtigung jedenfalls dann als gegeben anzusehen sei, wenn der Halter die Berechtigung von demjenigen erhalten habe, der befugt sei, einem anderen die zum Gebrauch des Fahrzeugs für eigene Rechnung erforderliche Verfügungsgewalt einzuräumen.

Zum Verständnis dieser Ausführungen des BGH sei bemerkt, daß die Entscheidung zu einem Zeitpunkt ergangen ist, als bezüglich des Fahrers in § 10 AKB a. F. ausdrücklich aufgeführt war, daß sich der Vsschutz nur auf den berechtigten Fahrer erstrecke. Heute wird für den Fahrer in der Grundnorm des § 10 II AKB Vsschutz gewährt, ohne daß darauf abgestellt wird, ob jener Fahrer zum Gebrauch des Fahrzeugs berechtigt war oder nicht (vgl. Anm. H 7). Eine Einschränkung wird in rechtstechnisch kunstvoller Weise durch die in § 2 II b AKB verankerte Obliegenheit vorgenommen, nach der der Ver von der Verpflichtung zur Leistung frei ist, wenn ein unberechtigter Fahrer das Fahrzeug gebraucht hat (vgl. dazu Anm. H 16 — 27). Dadurch wird erreicht, daß sich im Verhältnis zum geschädigten Dritten keine unliebsame Haftungslücke gemäß § 158 c III auftut (vgl. auch Anm. B 43). Es ist demgegenüber festzustellen, daß eine Aufgliederung des Vsschutzes nach berechtigten und unberechtigten Haltern nicht vorgenommen worden ist. Insbesondere gibt es keine entsprechend § 2 II b AKB ausgestaltete Obliegenheit des Inhalts, daß ein Fahrzeug von einem Vten nicht als Unberechtigter gehalten werden dürfe. Das bedeutet, daß von dem Ver in den in der Praxis sicherlich seltenen Fällen, in denen ein unberechtigter Halter in Anspruch genommen wird, Vsschutz zu gewähren ist, sofern sich nicht aus anderen Gründen (als denen der unberechtigten Haltung) eine Leistungsfreiheit ergibt (ebenso KG 9.III.1989 VersR 1989 S. 905 — 906 = DAR 1989 S. 347 — 348, Prölss — Martin — Knappmann[25] Anm. 4 a zu § 10 AKB, S. 1456, Stiefel — Hofmann[15] Anm. 65 zu § 10 AKB, S. 462; a. M. Bayr. ObLG 18.VI.1958 VRS Bd 16 S. 77 — 80 [strafrechtliche Entscheidung]). Daraus können sich vertrackte Konsequenzen ergeben, wenn der unberechtigte Halter gleichzeitig unberechtigter Fahrer ist. Dann hätte bei einer allein auf den Wortlaut abstellenden Interpretation der Vte zwar wegen seiner Inanspruchnahme als Fahrer keinen Vsschutz, es bestünde aber Deckung, soweit er als Halter verantwortlich gemacht wird. Eine Lösung ist hier in der Weise geboten, daß nach dem dominierenden Sinngehalt des § 2 II b AKB die in dieser Vorschrift verankerte Leistungsfreiheit als vorrangig anzusehen ist. Im Umfang der Leistungsfreiheit des Vers gegenüber dem unberechtigten Fahrer besteht demgemäß auch keine Leistungspflicht des Vers im Verhältnis zu dem mit dem unberechtigten Fahrer identischen unberechtigten Halter. Zu beachten ist im übrigen, daß nicht jeder Dieb sogleich zum Halter des Fahrzeugs wird. So ist das vom KG 9.III.1989 a. a. O. für den Fall verneint worden, daß der Dieb das Fahrzeug nicht im Straßenverkehr benutzen, sondern es ausschlachten wollte, um die Teile für sich zu verwenden.

Ergänzend ist für die Eintrittspflicht des Vers bezüglich eines unberechtigten Halters zu bedenken, daß dieser über kurz oder lang den Vsschutz ohnedies durch eine einverständliche Aufhebung des Vsvertrages verliert, die regelmäßig nach einem Diebstahl zwischen dem Vmer und dem Ver vereinbart wird (dafür, daß der Diebstahl eines Fahrzeugs zumeist nicht als sofortiger Interessewegfall zu bewerten ist, vgl. BGH 28.IV.1985 VersR 1985 S. 775 — 776 und Anm. D 39 m. w. N.).

Gelegentlich kommt es vor, daß jemand als Halter eines Fahrzeugs in Anspruch genommen wird, obwohl zum Zeitpunkt des Eintritts eines Verkehrsunfalls diese Haltereigenschaft nicht mehr gegeben ist. Gedacht sei an den Fall, daß das betreffende Fahrzeug kurz vor diesem Schadenfall veräußert worden ist und es an einer Ummeldung bei der Zulassungsstelle noch fehlt. In einem solchen Fall hat der frühere Halter grundsätzlich keinen Anspruch auf Vsschutz, der sich hier im übrigen auch nur auf die Abwehr des unbegründeten Haftpflichtanspruchs zu erstrecken hätte. In der Praxis ist zu beobachten, daß auf einen entsprechenden Hinweis in der Mehrzahl der Fälle die Klage gegen den **früheren Halter** zurückgenommen wird. Zumeist bestellt der Ver aber zuvor auch für den früheren Halter einen Anwalt als gemeinsamen Prozeßvertreter für alle Beklagten und übernimmt die dadurch zusätzlich entstehenden geringen Kosten (in der Regel nur eine 3/10-Gebühr gemäß § 6 BRAGO), soweit sie nicht von dem Dritten zu erlangen sind. Einen Rechtsanspruch auf ein solches Verhalten hat der frühere Halter, der zumeist mit dem Vmer identisch ist, aber nicht. In den Deckungsbereich der Betriebs- oder Privathaftpflichtven fällt ein solches Risiko mit Rücksicht auf die dort verankerten Kfz-Ausschlußklauseln nicht (für eine teilweise Einschränkung dieser Klauseln im Hinblick auf einen Deckungsanschluß zwischen den einzelnen Haftpflichtvssparten vgl. die in Anm. G 48 aufgeführte neuere BGH-Rechtsprechung). Da begrifflich nur eine Belastung mit relativ geringen Kosten in Betracht kommt und nicht mit einer Schadenersatzforderung, – denn wenn diese begründet wäre, müßte das Gericht von der Haltereigenschaft als gegeben ausgehen – läßt sich dieser Teil des Lebensrisikos auch gut selbst tragen. – Anders sind diejenigen Fälle zu beurteilen, in denen der frühere Halter zum Zeitpunkt der Eigentumsübertragung und Aufgabe seiner Halterstellung weiß, daß der neue Eigentümer und Halter das Fahrzeug ohne Führerschein übernimmt und damit wegfährt. In einem solchen Fall kann sich eine Schadenersatzverpflichtung des früheren Halters und Eigentümers aus einer „Garantenstellung" ergeben. Denn er darf es nicht dulden, daß dieses Fahrzeug von einem Erwerber fortgefahren wird, der sich nicht im Besitz einer amtlichen Fahrerlaubnis befindet. Solche Fälle dürften sehr selten sein. Hier hat der frühere Halter für den Unfall, der sich in unserem Beispielfall im unmittelbaren Anschluß nach dem Wegfahren vom Hof des früheren Vmers und Halters zugetragen haben möge, eine Ursache gesetzt, die sich erst nach dem Verlust der Haltereigenschaft und dem Übergang des Vsverhältnisses auswirkt. Nach den in Anm. G 41 dargestellten Grundsätzen hat der Ver für solche während der Vertragszeit gesetzten Ursachen einzustehen (streitig). Allerdings steht ihm in dem gebildeten Beispielfall die Möglichkeit zu, sich für seine Leistungsfreiheit auch gegenüber dem früheren Halter und Vmer auf die Verletzung der Führerscheinklausel nach § 2 II c AKB zu berufen.

[H 6] bb) Eigentümer

Die Eintrittsverpflichtung des Vers für den **Eigentümer** eines Fahrzeugs ist erst zum 1.X.1965 in § 10 II AKB eingefügt worden. Die Bedingungsänderung entspricht damit einer im „Straßburger Abkommen" (Europäisches Übereinkommen über die obligatorische Haftpflichtv für Kraftfahrzeuge vom 20.IV.1959, BGBl. II 1965 S. 282–296 = VA 1965 S. 108–111) im Anhang I Art. 3 enthaltenen Forderung. Mit Rücksicht auf die im Regelfall im Vordergrund der Betrachtung stehende Haftung des Halters oder Fahrers hat es im deutschen Rechtskreis auch kaum Haftungsprozesse gegeben, in denen ein Eigentümer wegen Verletzung der sich aus dem Eigentum am Fahrzeug ergebenden Verkehrssicherungspflicht haftpflichtig gemacht worden ist. Diese faktische Überlagerung der Haftung des Eigentümers

II. 1. Von § 10 II AKB erfaßte Personengruppen   Anm. H 7

durch die des Halters oder Fahrers darf aber den Blick auf die grundsätzlich gegebene Verantwortung, für die Sicherheit einer in den öffentlichen Verkehr eingeführten Sache zu sorgen, nicht versperren. Zu Recht hat deshalb Prölss JZ 1953 S. 659 darauf aufmerksam gemacht, daß durchaus eine Haftung des nicht mit dem Halter identischen Eigentümers gegeben sein könne (vgl. generell zur strittigen dogmatischen Eingrenzung einer Haftung aus Verletzung der Verkehrssicherungspflicht Canaris, Festschrift für Larenz, München 1983, S. 27 – 110 m. w. N.). Insofern ist es daher zur Schließung einer nicht nur theoretisch gegebenen Lücke zu begrüßen, daß § 10 II b AKB ausdrücklich den Eigentümer als Vten aufführt. Dabei sei zur Vermeidung von Mißverständnissen unter Bezugnahme auf die Ausführungen in Anm. H 5 a. A. wiederholt, daß dem Katalog der in § 10 II AKB aufgeführten Personenkreise nur dann vsvertragliche Bedeutung zukommt, wenn die dort aufgeführten Personen nicht Vmer der betreffenden Kfz-Haftpflichtv sind.

Als Eigentümer im Sinne des § 10 II b AKB ist auch der Sicherungseigentümer anzusehen, hingegen nicht derjenige, der lediglich eine Anwartschaft zur Erlangung des Eigentums erworben hat. Als möglicher Haftungsfall im Bereich des Sicherungseigentums sei der gedacht, daß eine Bank davon erfährt, daß das ihr übereignete Fahrzeug von dem Sicherheitsgeber trotz abgefahrener Reifen weiter benutzt wird. Hier muß der Sicherungsnehmer eingreifen; andernfalls haftet er als derjenige, dessen am öffentlichen Verkehr beteiligte Sache sich in einem die Mitmenschen regelwidrig gefährdenden Zustand befindet. — Entsprechend ist die Situation eines Volleigentümers zu beurteilen, der nicht Halter ist, wie z. B. regelmäßig der Leasinggeber (vgl. dazu BGH 22.III.1983 BGHZ Bd 87 S. 133 – 138). — Für den gebildeten Beispielfall war der zusätzliche Einschluß der Haftung des Eigentümers allerdings bis zur zum 1.I.1991 in Kraft getretenen Neufassung des § 158i oft deshalb ohne effektive Wirkung, weil § 158i a. F. von dem Grundsatz des Vertrages zugunsten Dritter ausging, daß ein Verhalten des Vmers, das durch Verletzung einer vor Eintritt des Vsfalls zu erfüllenden Obliegenheit zur Leistungsfreiheit des Vers führt, den Vsschutz für die Vten tangiert (vgl. dazu Anm. H 39). Um so wichtiger war es daher für den Eigentümer, sachgerechte Schritte zu unternehmen, die, auch wenn sie im Ergebnis bezüglich der Weiterbenutzung des verkehrsunsicheren Fahrzeugs erfolglos sind, doch bewirken können, daß eine Haftung des Eigners zu verneinen ist.

[H 7] cc) Fahrer

Der wichtigste Fall des durch § 10 II AKB gewährten Vsschutzes ist der für den Fahrer des Fahrzeugs. Ursprünglich wurde in § 1 PflichtvsG auch nur seiner Person neben der des Halters gedacht. Von besonderer Bedeutung ist, daß seit dem 1.X.1965 in der primären Risikobegrenzungsbestimmung nach § 10 II AKB der Vsschutz nicht mehr auf den berechtigten Fahrer abgestellt wird. Vielmehr ist in § 10 II c AKB nur vom Fahrer die Rede, ohne daß zwischen einem berechtigten und einem unberechtigten Fahrer unterschieden wird. Das stimmt überein mit Anh. I Art. 3 des „Straßburger Abkommens" (BGBl. II 1965 S. 282 – 296 = VA 1965 S. 108 – 111). Die Regelung ist dort allerdings ungleich komplizierter. Es heißt nämlich a. a. O. im Abs. I:

„Die V muß die zivilrechtliche Haftpflicht des Eigentümers, jedes Halters und jedes Führers des vten Fahrzeugs decken, mit Ausnahme der zivilrechtlichen Haftpflicht derjenigen, die sich des Fahrzeugs, sei es durch Diebstahl oder mit Gewalt, sei es auch nur ohne Genehmigung des Eigentümers oder des Halters bemächtigt haben. Jedoch muß im letzteren Falle die V die zivilrechtliche Haftpflicht des Führers decken, der sich des Fahrzeugs infolge eines Verschuldens des Eigentümers oder des Halters bemächtigen konnte, oder der eine zur Führung des Fahrzeugs angestellte Person ist."

Diese Differenzierung ist in den AKB teilweise dadurch nachvollzogen, daß der Ver kraft der in § 2 II 1 b AKB verankerten Obliegenheit gegenüber dem unberechtigten Fahrer leistungsfrei ist, während nach ausdrücklicher Regelung in § 2 II 2 b AKB seine Eintrittspflicht gegenüber dem Vmer, dem Halter oder Eigentümer bestehen bleibt (vgl. dazu ergänzend Anm. H 16 a. E. und dafür, daß das auch für den Sonderfall des führerscheinlosen unberechtigten Fahrers gilt, Anm. F 43). Einer Überlegung, ob diese Regelung in allen Verästelungen mit der des Anh. I Art. 3 übereinstimmt, bedarf es deshalb nicht, weil die Bundesrepublik Deutschland in Art. 2 des Gesetzes vom 1.IV.1965 zu dem europäischen Übereinkommen vom 20.IV.1959 von dem nach Art. 3 S. 2 Anh. I möglichen Vorbehalt Gebrauch gemacht hat (BGBl. II 1965 S. 281 = VA 1965 S. 108). Jedenfalls wird durch diese Regelung in § 2 II b AKB bewirkt, daß der Ver im Verhältnis zum geschädigten Dritten gemäß § 3 Ziff. 4 PflichtvsG eintrittspflichtig bleibt und sich nicht auf eine objektive Risikobeschränkung gemäß § 158 c III berufen kann (vgl. Anm. B 43). Für den unberechtigten Fahrer hat diese Regelung darüber hinaus den Vorteil, daß er dann Vsschutz genießt, wenn er schuldlos angenommen hat, zum Führen des Fahrzeugs berechtigt zu sein (vgl. dazu Anm. H 24).

Der in § 10 II c AKB verwendete Begriff des Fahrers ist mit der Verkehrsauffassung dahin zu bestimmen, daß grundsätzlich derjenige Fahrer ist, der ein Fahrzeug mit Motorkraft bewegt und demgemäß zum Zeitpunkt des Eintritts des Schadenereignisses führt (BGH 15.X.1962 VA 1963 S. 27–28 Nr. 353 = MDR 1963 S. 29–30 m. w. N., 22.III.1977 VersR 1977 S. 624–625 m. w. N.). BGH 15.X.1962 a. a. O. hat dazu aus Anlaß eines Grenzfalls, bei dem der berechtigte Fahrer die Führung des Wagens einem Vierten überlassen hatte, obwohl er wußte, daß dieser keinen Führerschein hatte, u. a. ausgeführt, daß Fahrer im Sinne des § 10 AKB nur sei, wer in dem allein maßgebenden Zeitpunkt des Haftpflichtfalles ein Kraftfahrzeug tatsächlich fahre. An dieser Auffassung sei festzuhalten. Allgemein werde der Begriff des Fahrers ebenso wie der Begriff des Führers im StVG (§§ 2, 18, 24) bestimmt und darunter derjenige verstanden, der zur Zeit des Unfalls das Kraftfahrzeug in eigener Verantwortung führe, leite, lenke, d. h. die Verrichtungen ausübe, die erforderlich seien, damit die bestimmungsmäßigen Triebkräfte des Fahrzeugs auf dieses zur Fortbewegung einwirken. In ständiger Rechtsprechung habe auch das Reichsgericht angenommen, daß als Führer eines Kraftfahrzeugs immer nur derjenige anzusehen sei, der das Fahrzeug im Augenblick des Unfalls tatsächlich gesteuert habe, niemals aber — auch nicht daneben — derjenige, der die Fahrtätigkeit hätte ausüben sollen, weil er dazu bestellt gewesen sei, es jedoch nicht getan und dadurch zu einem früheren Zeitpunkt eine entferntere Ursache gesetzt habe (vgl. RGZ 90, 138, 157, 320, 326; ebenso RGZ 144, 301, 304/5 für den Führer in Nr. 2 AKB a. F. bis zum 30. Juni 1940). Hiervon abweichend vertrete allerdings das OLG Köln (MDR 59, 304) die Ansicht, daß ein Fahrer, der während der Fahrt das Steuer einem Mitfahrer überlasse, damit zwar aufhöre, Fahrer zu sein, das Steuer aber noch als Fahrer unter Verletzung seiner Obhutspflicht für das Fahrzeug und in Ausübung des Gebrauchs am Fahrzeug abgegeben habe. Aus der Haftung „in der Eigenschaft als Fahrer" ergebe sich, daß es insoweit nicht auf den Augenblick des Verkehrsunfalls, sondern auf den Zeitpunkt der für den Unfall mitursächlichen Handlung des berechtigten Fahrers ankomme. Dieser Auffassung könne nicht beigetreten werden. Sie stütze sich auf eine weite Auslegung des Begriffs des Gebrauchs in § 10 I AKB,

II. 1. Von § 10 II AKB erfaßte Personengruppen   Anm. H 7

verkenne aber die zeitliche Begrenzung des Gebrauchs durch § 7 I Nr. 1 AKB. Zwar werde der Begriff des Fahrers durch den Begriff des Gebrauchs des Fahrzeugs mitbestimmt. Der Begriff des Gebrauchs gehe auch über den in § 7 I StVG verwendeten Begriff des Betriebs hinaus und umfasse Vorgänge, die nicht unter den Betrieb fallen. Zwangsläufig sei dadurch auch der Kreis der einem Fahrer zuzurechnenden Folgen größer geworden. Soweit es sich aber, wie bei der überwiegenden Zahl der Schadenfälle, um Unfälle handle, die durch ein fahrendes gelenktes Fahrzeug verursacht werden, sei der frühere Fahrer- = Führerbegriff unverändert geblieben. Denn nach den §§ 10 I, 7 I Nr. 1 AKB sei entscheidend, wer bei Eintritt des Vsfalles als Fahrer durch den Gebrauch des Fahrzeugs einen Schaden verursacht habe. Alle in § 10 I AKB für den Vsschutz genannten Voraussetzungen seien auf den Vsfall des § 7 I Nr. 1 AKB bezogen. Hiernach sei Vsfall das Ereignis, das einen unter die V fallenden Schaden verursache. Maßgebend für die Deckungspflicht des Haftpflichtvers sei nicht die einzelne Schadenursache, irgendein fehlerhaftes Tun oder Unterlassen, dessen Folgen sich erst später auswirken, sondern allein das Schadenereignis selbst, dasjenige äußere Vorkommnis, das den Personen- oder Sachschaden unmittelbar ausgelöst habe. Wenn das OLG Köln dagegen auf den Zeitpunkt einer mitursächlichen Handlung vor dem Unfall abstelle, so setze es sich unzulässig über die Regelung des § 7 I Nr. 1 AKB hinweg, dessen bedeutsame Funktion gerade in der genauen zeitlichen Bestimmung des Vsfalles bestehe. Die Bedingungen, von denen in der Kfz-Haftpflichtv die Deckungspflicht des Vers abhänge (§ 10 I AKB), müßten im Zeitpunkt des Vsfalls gegeben sein. Für die aufeinander bezogenen Begriffe des Fahrers und des Gebrauchs folge daraus, daß von einem fahrenden, von Menschenhand gesteuerten Fahrzeug als Fahrer nur Gebrauch mache, wer es im Augenblick des Unfallereignisses führe und lenke.

Dagegen hat BGH 4.XII.1980 BGHZ Bd 79 S. 76–89 m. w. N. entgegen früher vertretener Auffassung für die allgemeine Haftpflichtv (bei nahezu gleichem Bedingungswortlaut) der Meinung den Vorzug gegeben, daß bei zeitlichem Unterschied zwischen Kausalitäts- und Folgeereignis derjenige Ver eintrittspflichtig sei, in dessen Haftungszeit die Ursache für den eingetretenen Schaden gesetzt worden sei. Dieser Auffassung ist entgegen BGH 15.X.1962 a. a. O. im Interesse einer einheitlichen Betrachtungsweise auch für die Kfz-Haftpflichtv zu folgen (vgl. dazu Anm. G 41; wie BGH 15. X. 1962 a. a. O. aber auch ÖOGH 20.XII.1979 VersR 1981 S. 1143). Das bedeutet freilich nicht, daß jener das Steuer weitergebende Fahrer im konkreten Fall Vsschutz hat. Vielmehr ist, nachdem der Vorgang grundsätzlich dem zeitlichen Deckungsbereich des Vsvertrages zugeordnet worden ist, zu prüfen, inwieweit in dem Verhalten jenes berechtigten Fahrers, der einem anderen Fahrer das Fahrzeug überlassen hatte, obwohl er wußte, daß dieser keine entsprechende amtliche Fahrerlaubnis hatte, eine Obliegenheitsverletzung nach § 2 II c AKB zu sehen ist (vgl. dazu Anm. F 45 a. E.).

Im konkreten Fall wurde vom BGH 15.X.1962 a. a. O. die Klage des Verkehrsopfers gegen den Ver (damals noch nach Pfändung und Überweisung des Vsanspruchs) abgewiesen. Diese Abweisung erfolgte, weil der Ver weder für den früheren Fahrer noch für den das Steuer übernehmenden Fahrer, der als nicht berechtigt eingeordnet wurde, nach dem damaligen Bedingungsrecht einzutreten hatte. Der Ver war insbesondere nicht gemäß § 158 c I, II überobligationsmäßig im Risiko, da er für beide Personen nicht die Gefahr im Sinne des § 158 c III übernommen hatte. Für den die Führung des Fahrzeugs dem unberechtigten Fahrer überlassenen früheren Fahrer gilt das, sofern man entgegen der hier vertretenen Auffassung der ursprünglich vom BGH 15.X.1962 a. a. O. vorgenommenen Auslegung folgt, weiterhin. Dagegen bewirkt die Änderung des § 10 II AKB i. V. m. § 2 II b AKB, daß heute § 158 c III einer auf § 3 Ziff. 4 PflichtvsG gestützten Inanspruchnahme des im Verhältnis zum Vten leistungsfreien Vers nicht mehr im Wege steht (im Falle BGH 15.X.1962 a. a. O. hätte es im übrigen nahegelegen, auch zu versuchen, den Halter für den geltend gemachten Rentenanspruch von monatlich DM 130,00 verantwortlich zu machen).

Bemerkenswert an den Überlegungen in BGH 15.X.1962 a. a. O. ist im übrigen die mehrfach hervorgehobene Einschränkung, daß der dort gewählte engere Gebrauchsbegriff nur für den Fall gelte, daß das Fahrzeug sich mit einem anderen Fahrer in Bewegung befinde. Mit diesem Hinweis wird deutlich gemacht, daß § 7 I Nr. 1 AKB i. V. m. § 10 I, II AKB ohnedies nicht so verstanden werden darf, daß ein Fahrer keinen Vsschutz genieße, wenn er wegen eines **fehlerhaften Abstellens** eines Fahrzeugs auf Schadenersatz in Anspruch genommen werde. Vielmehr ist eine wertende Entscheidung des Inhalts vorzunehmen, daß in derartigen Fällen der fehlerhafte oder — für den Fall der Erhebung unbegründeter Ersatzansprüche — angeblich fehlerhafte Gebrauch des Fahrzeugs durch den letzten daran tätigen Fahrer bis zum Eintritt des Schadenereignisses mitvert ist. Gedacht sei z. B. an Fälle, in denen sich Fahrzeuge wegen zu schwachen Anziehens der Handbremse in Bewegung setzen. Denkbar sind aber auch Ersatzansprüche, die daraus resultieren, daß Fahrzeuge im Halteverbot an unübersichtlicher Stelle geparkt worden sind und bei denen das Schadenereignis erst einige Tage nach der letzten Gebrauchshandlung des Fahrers durch eine Kollision mit einem dieser Fahrzeuge eingetreten ist. Das Gesagte gilt erst recht, wenn ein ungeübter Fahrer in Verkennung einer Gefahrensituation — ein zugegebenen theoretischer Fall — während der Fahrt vom Motorrad abspringt und es mit einem anderen Verkehrsteilnehmer erst 100 Meter später zu einem Zusammenstoß kommt. Ist diese Auslegung aber ohnedies selbst bei Anwendung der Schadenereignistheorie geboten, so gibt es für eine Verneinung der Fahrereigenschaft für den Zeitpunkt, in dem das Fahrzeug einem Dritten überlassen wird, keinen im Rechtssinne erheblichen Unterschied. Denn wenn für den Gebrauch des Fahrzeugs in jenen Fällen auf die letzte erhebliche Gebrauchshandlung abgestellt wird, so bedeutet das doch letzten Endes, daß das Ursachenereignis als maßgeblich angesehen wird. Die Verknüpfung zwischen dem nach dem Wortlaut des § 7 I Nr. 1 AKB maßgebenden Begriff eines Schadenereignisses mit dem des Gebrauchs des Fahrzeugs durch den Fahrer gemäß § 10 I, II c AKB muß somit auch unter Beachtung des Grundgedankens des § 149, nach dem wesentlich auf die Verantwortlichkeit abgestellt wird, im Sinne einer wertenden Betrachtung vorgenommen werden. Dabei darf in Grenzfällen durchaus des angestrebten Ziels gedacht werden, den Fahrer von dem Haftungsrisiko aus der **üblichen Nutzung** eines vspflichtigen Fahrzeugs durch die Eintrittspflicht des Vers freizuhalten (zum Gebrauchsbegriff vgl. ergänzend Anm. G 48 – 51 m. w. N.).

Als Fahrer im Sinne des Kfz-Haftpflichtvsrechts ist — abweichend von der straßenverkehrsrechtlichen Würdigung (vgl. dazu BGH 22.III.1977 VersR 1977 S. 624 – 626 und BayObLG 16.IX.1983 NJW 1984 S. 878 – 879) — auch derjenige anzusehen, der einen aus eigener Kraft nicht mehr fahrfähigen **Wagen lenkt**, der von weiteren **Personen geschoben wird** (zum Verstoß gegen § 33 II Nr. 1 S. 2 StVZO vgl. KG 31.X.1963 VRS Bd 26 S. 125 – 128 und zur Auswirkung auf die Führerscheinklausel gemäß § 2 II c AKB Anm. F 33). Denn damit verwirklicht er ein geringeres Risiko, als wenn er das Fahrzeug mit Motorkraft führt. Es liegt im Sinne des mit der Pflichthaftpflichtv angestrebten tunlichst umfassenden Vsschutzes, daß auch ein derartiger Lenker als Fahrer im Sinne des § 10 II c AKB eingeordnet wird. In diese Überlegungen paßt es, den Vsschutz zu bejahen, wenn ein angelassenes Kraftrad mit den Füßen angestoßen vorwärts bewegt wird (dazu BayObLG

22.II.1988 DAR 1988 S. 244 = ZfS 1988 S. 158 [strafrechtliche Entscheidung]). Erst recht liegt das Führen eines Fahrzeugs auch dann vor, wenn sich jemand hinter das Steuer setzt und dabei versehentlich — kaum glaubhaft — das Fahrzeug anläßt, obwohl er eigentlich nur das Radio anstellen wollte, und dann auch noch Brems- und Gaspedal miteinander verwechselt (dazu OLG Hamm 27.III.1987 r + s 1988 S. 70 = VersR 1988 S. 457 [nur L. S.]; AHB-Fall). Entsprechendes gilt, wenn ein Fahrzeug von jemandem geschoben wird, der sich durch das Schieben ein Anspringen erhofft, um dann (im fliegenden Start) weiterfahren zu können (zur strafrechtlichen Würdigung vgl. OLG Karlsruhe 5.VIII.1983 DAR 1983 S. 365–366 und zur Führerscheinklausel wiederum Anm. F 33 a. E.).

Wer dagegen neben dem Fahrer sitzt und in einer bedrohlichen Situation das Steuer zur Seite reißt, weil der Fahrer nach seiner Auffassung nicht richtig reagiert, wird dadurch nicht selbst zum Fahrer im Sinne des § 10 II c AKB (BGH 26.III.1956 VersR 1956 S. 283 [zur allgemeinen Haftpflichtv], ÖOGH 20.XI.1975 VersR 1977 S. 291–292 m. ablehnender Anm. v. Migsch a. a. O. S. 292). Das bedeutet, daß er für ein darauf beruhendes Schadenereignis keinen Vsschutz nach § 10 II c AKB beanspruchen kann. In Betracht kommt aber ein Vsschutz als Beifahrer, sofern die in § 10 II d AKB aufgeführten Voraussetzungen erfüllt sind (vgl. dazu Anm. H 8). Außerdem ist zu bedenken, daß für den Beifahrer Vsschutz im Rahmen einer Privathaftpflichtv bestehen kann (vgl. dazu BGH 26.III.1956 a. a. O., ÖOGH 20.XI.1975 a. a. O. m. w. N. und Bd IV Anm. G 265 m. w. N.).

Zur speziellen Problematik des Fahrunterrichts im Straßenverkehr vgl. BGH 15.III.1972 NJW 1972 S. 869–870 = VA 1972 S. 205–207 Nr. 626 m. w. N.; die Abhängigkeit des Schülers von dem Fahrlehrer läßt eine Auslegung des Inhalts als geboten erscheinen, daß der Fahrlehrer, obwohl er das Steuer nicht selbst führt, als Fahrer im Sinne des § 10 II c AKB vert ist. Haftungsrechtlich ist im Regelfall auch allein der Fahrlehrer als Fahrer im Sinne des § 18 StVG anzusehen; denn ihn trifft nach § 6 I StVZO die Verantwortung für die Führung des Fahrzeugs. Das schließt aber nicht aus, daß begründete oder unbegründete Schadenersatzansprüche auch gegen den Fahrschüler erhoben werden. Deshalb ist in dieser speziellen Situation eine Interpretation des § 10 II c AKB in der Weise geboten, daß sowohl der Fahrlehrer als auch der Fahrschüler im Sinne des § 10 II c AKB als Fahrer anzusehen sind (BGH 15.III.1972 a. a. O.).

Soweit der Fahrschüler durch einen Fehler des Fahrlehrers einen Schaden erleidet, besteht demgemäß für den gegen den Fahrlehrer gerichteten Schadenersatzanspruch Vsschutz in der für das Risiko aus dem Gebrauch des Fahrschulwagens bestehenden Haftpflichtv. Das gilt auch dann, wenn der Fahrlehrer voranfährt und der Fahrschüler — auf die Zeichen des Lehrers vertrauend — auf einem Motorrad folgt. In einem solchen Fall ist demgemäß vom OLG Köln 6.VII.1989 r + s 1989 S. 313–314 = ZfS 1989 S. 417 (nur L. S.) die Eintrittspflicht des Krad-Haftpflichtvers bejaht worden. Das ist konsequent. Es ist indessen auch der Ver des (körperlich und geistig) von dem Fahrlehrer geführten Fahrzeugs im Risiko.

Speziell zu den Obliegenheitsverletzungen des Fahrlehrers vgl. Anm. F 36.

[H 8] dd) Beifahrer

Nach § 10 II d AKB erstreckt sich der Vsschutz aus dem Gebrauch eines Fahrzeugs auch auf die Inanspruchnahme einer bestimmten Kategorie von Beifahrern. Es handelt sich dabei nach der Bedingungsdefinition um solche Beifahrer, die im Rahmen ihres Arbeitsverhältnisses zum Vmer oder Halter den berechtigten Fahrer zu seiner Ablösung oder zur Vornahme von Lade- und Hilfsarbeiten nicht nur gelegentlich begleiten. Diese Formulierung ist so zu verstehen, daß die Haftung (oder vermeintliche Haftung im Falle unbegründeter Inanspruchnahme) dieser Beifahrer unter den in § 10 II d AKB beschriebenen Umständen aus dem Gebrauch des Fahrzeugs schlechthin vert ist. Die Eintrittspflicht des Vers ist also nicht etwa beschränkt auf die Ablösung des Fahrers, durch die ohnedies eine vte Eigenschaft als neuer Fahrer im Sinne des § 10 II c AKB begründet wird, oder auf die aufgeführten Lade- und Hilfsarbeiten. Vielmehr hat ein solcher Beifahrer auch dann Vsschutz, wenn er ein Schadenereignis durch einen anderen Gebrauch des Fahrzeugs, auf das sich die V bezieht, herbeiführt. Gedacht sei z. B. an den Fall, daß durch unvorsichtiges Öffnen der Seitentür ein Fahrradfahrer zu Fall kommt oder sonst ein Schaden herbeigeführt wird. Unter den derart abzugrenzenden Vsschutz fällt auch das schon in Anm. H 7 erwähnte Eingreifen des Beifahrers in das Steuer. Vert ist auch die Inanspruchnahme eines Beifahrers durch einen Dritten wegen eines aus einer fehlerhaften Einweisungshandlung entstandenen Kollisionsschadens.

Bemerkenswert ist, daß § 10 II d AKB für den Vsschutz des Beifahrers daran anknüpft, daß dieser einen berechtigten Fahrer begleitet (vgl. dazu Anm. H 17). Damit wird der Beifahrer unter Umständen mit einem für ihn nicht überschaubaren Risiko belastet. Denn in der Fassung des § 10 II d AKB fehlt es an einem Korrektiv des Inhalts, daß der Beifahrer, der ohne Verschulden darauf vertraute, einen berechtigten Fahrer zu begleiten, genauso geschützt ist wie der unberechtigte Fahrer, der sich irrig, aber ohne Verschulden im Sinne des § 2 II b AKB für zum Fahren berechtigt hielt. Eine solche Schlechterstellung ergibt keinen nachvollziehbaren Sinn aus der Sicht einer verständigen Abgrenzung des vten Personenkreises. Es erscheint daher als sachgerecht, für die Interpretation des Begriffs des Beifahrers eines berechtigten Fahrers die in § 2 II b AKB getroffene Wertung mitzuberücksichtigen. Zu weit würde es allerdings gehen, § 10 II d AKB so auszulegen, daß sich in dieser Bestimmung eine „verhüllte" Obliegenheit verberge. Vielmehr ist die Wahl einer objektiven Risikobegrenzung im Prinzip zu akzeptieren. Eine nach der Sachlage vertretbare Korrektur des Bedingungsinhalts ist aber dahin vorzunehmen, daß ein unberechtigter Fahrer dann als berechtigter im Sinne des § 10 II d AKB anzusehen ist, wenn er ohne Verschulden im Sinne des § 2 II b AKB von seiner Fahrberechtigung ausgegangen ist und deshalb auch selbst Vsschutz beanspruchen darf. Eine Schlechterstellung des Beifahrers würde hier unbillig sein und ist von den Bedingungsverfassern sicherlich auch nicht gewollt. Ferner ist zu überlegen, ob nicht auch derjenige als berechtigter Fahrer im Sinne des § 10 II d AKB anzusehen ist, von dessen Berechtigung zum Fahren der Beifahrer nach den tatsächlichen Umständen des Falles ausgehen durfte. Beispiel: Der Vmer entläßt einen Verkaufsfahrer fristlos, vergißt aber, davon die weiteren Betriebsangehörigen zu unterrichten. Der betreffende Verkaufsfahrer ist mit der Entlassung nicht einverstanden, teilt den Vorfall im Betrieb auch niemandem mit und setzt entgegen ausdrücklicher Anordnung seine Verkaufsfahrertätigkeit fort. Der Vmer erfährt von der weiteren Tätigkeit dieses Verkaufsfahrers erst, nachdem bei einem Halten des Fahrzeugs durch ein Verschulden des Beifahrers (unachtsames Öffnen einer Fahrzeugtür) ein schwerer Körperschaden eines Radfahrers entstanden ist. Einem solchen Beifahrer den Vsschutz zu versagen, würde keinen verständigen Sinn ergeben. § 10 II d AKB ist daher ergänzend dahin zu interpretieren, daß im Verhältnis zwischen Beifahrer und Vmer ein von dem letzteren dem ersteren als berechtigter Fahrer zugewiesener Arbeitskollege diese Fahrberechtigung im Sinne des § 10 II d AKB bis zu einem gegenüber dem Beifahrer erklärten Widerruf behält. Einem solchen Widerruf ist aber gewiß auch eine auf andere Weise erlangte Kenntnis des Beifahrers von dem Erlöschen der Fahrberechtigung gleichzusetzen. Das Gesagte

II. 1. Von § 10 II AKB erfaßte Personengruppen   Anm. H 8

bedeutet, daß in bezug auf die Berechtigung zum Fahren in Ausnahmefällen eine gespaltene Rechtssituation eintreten kann. Der Ver ist dann zwar im Verhältnis zum Fahrer nach § 2 II b AKB leistungsfrei, muß aber gemäß § 10 II d AKB zugunsten des Beifahrers eintreten (und daneben nach § 10 I AKB für den Vmer).

§ 10 II d AKB verlangt nicht nur eine Tätigkeit im Rahmen eines Arbeitsverhältnisses als dem berechtigten Fahrer zugeordneter Beifahrer, sondern verwendet weiter den sprachlich überraschenden Ausdruck, daß es sich um Personen handeln müsse, die den berechtigten Fahrer **nicht nur gelegentlich** begleiten. Stiefel—Hofmann[15] Anm. 85 zu § 10 AKB, S. 470—471 vertreten dazu die Auffassung, daß kein Vsschutz gegeben sei, wenn ein Beifahrer ausfalle und an seiner Stelle ein Angestellter des Betriebes an einem einzelnen Tage mitfahre, um bei den Abladearbeiten zu helfen; dieses stelle nur eine gelegentliche Tätigkeit dar. Indessen vermag diese sprachlich mögliche Auslegung nicht zu überzeugen. Die Bestimmung ist vielmehr so zu verstehen, daß es sich um einen auf Grund eines Arbeitsverhältnisses tätigen Beifahrer handeln muß. Eine solche auf den Sinnzusammenhang abstellende Auslegung ist um so mehr vorzunehmen, als sich in § 10a I, II AKB für die Abgrenzung des Vsschutzes für durch Anhänger verursachte Schäden derartige Einschränkungen des Vsschutzes für den vten Beifahrer nicht finden (vgl. dazu Anm. H 11). Entscheidend ist, daß kein sachlich einleuchtender Grund dafür gegeben ist, warum der für eine solche Beifahrertätigkeit vom Arbeitgeber bestimmte Arbeitnehmer nur deshalb nicht vom Vsschutz erfaßt werden soll, weil er wegen eines Engpasses im Betrieb kurzfristig anders als gewöhnlich eingesetzt wird. Vielmehr muß ein derartiger Arbeitnehmer ebenfalls geschützt werden. Ebenso besteht nach diesen Überlegungen Vsschutz, wenn eine Aushilfskraft nur für einen Tag beschäftigt und dabei als Beifahrer eingesetzt wird. Der Begriff des Beifahrers ist im übrigen nicht etwa auf eine Person pro Fahrzeug beschränkt. Werden dem Fahrer z. B. anstelle des ihn ansonsten ständig begleitenden Beifahrers wegen dessen Erkrankung zwei Arbeitnehmer zum Entladen mitgegeben, so genießen beide nach § 10 II d AKB Vsschutz. Hingegen fällt derjenige nicht unter § 10 II d AKB, der ohne Begründung eines Arbeitsverhältnisses nur gelegentlich einer Begleitung des berechtigten Fahrers, die auf einem anderen Rechtsgrund beruht (z. B. Gefälligkeit oder Mitnahme eines Geschäftsfreundes), wie ein Beifahrer tätig wird.

§ 10 II d AKB spricht nur von einem Arbeitsverhältnis zum Vmer oder Halter. Denkbar ist aber auch, daß ein Arbeitsverhältnis zu einem berechtigten Fahrer besteht, der nicht gleichzeitig Halter des Fahrzeugs ist. Gedacht sei an den Ausnahmefall, daß ein Unternehmen ein Fahrzeug nur für eine bestimmte Fahrt mietet, und zwar ohne das Recht, frei über eine andere Verwendung des Fahrzeugs bestimmen zu dürfen. Fehlt es aber an einem solchen Bestimmungsrecht, so liegt bei einem solchen Mieter keine Haltereigenschaft vor (vgl. auch Anm. G 70 und H 5). Der Fall hat in tatsächlicher Beziehung genau solchen Seltenheitswert, als wenn sich unter den gleichen tatsächlichen Bedingungen der Eigentümer das Fahrzeug von dem Halter für eine solche genau bestimmte Geschäftsfahrt entleiht. Beide Fälle sind von den Bedingungsverfassern als atypisch nicht bedacht worden; es erscheint aber angesichts der Identität in der Interessenlage mit den in § 10 II d AKB aufgeführten Normalfällen als sachgerecht, daß in entsprechender Anwendung der genannten Bestimmung Vsschutz auch für einen im Arbeitsverhältnis zu dem Mieter oder Eigentümer stehenden Beifahrer gewährt wird. Dagegen wird man nicht so weit gehen können, daß für jeden im Arbeitsverhältnis zu einem Vten stehenden Beifahrer nach § 10 II d AKB Vsschutz zu gewähren ist. Formale Handhabe für eine solche Interpretation wäre die an sich im Bereich der V für fremde Rechnung geltende Faustregel, daß — abgesehen von der Prämienzahlungsverpflichtung — überall dort, wo von Rechten und Pflichten des Vmers die Rede ist, an seine Stelle der Begriff des Vten gesetzt werden müsse (vgl. Anm. B 66 m. w. N.). Diese Faustregel greift aber dann nicht ein, wenn es um die Abgrenzung der Rechtsbeziehungen zwischen dem Vmer und dem Vten geht oder wenn — wie hier — durch eine Bestimmung gerade erst festgelegt werden soll, wer als Vter im Sinne der V für fremde Rechnung Vsschutz erhalten soll. Stellt z. B. ein Beifahrer ohne Wissen seines Arbeitgebers im eigenen Namen einen Schüler gegen geringes Entgelt als zusätzliche Hilfskraft für das Entladen an, so wird die Inanspruchnahme dieses Schülers von dem Vsschutz nach § 10 II d AKB nicht mehr erfaßt.

Im österreichischen Recht umfaßt die Eintrittspflicht des Vers schlechthin die Haftpflicht von Passagieren (vgl. dazu Migsch VersR 1977 S. 292). Das hat große Vorteile, da immer wieder Beifahrer, die nicht in einem Arbeitsverhältnis zum Halter oder Vmer oder Eigentümer stehen, unvorsichtig die Fahrzeugtür öffnen und dadurch eine Kollision mit einem vorbeifahrenden Wagen herbeiführen. Diese Beifahrer haben freilich im Rahmen einer bestehenden Privathaftpflichtv Vsschutz für ein solches Handeln. Sicherer ist es aber aus der Sicht der geschädigten Dritten, wenn das Kfz-Haftpflichtrisiko insgesamt von der Pflichthaftpflichtv erfaßt wird, also auch solche Ausnahmefälle. ÖOGH 20.XI.1975 VersR 1977 S. 291—292 mit Anm. von Migsch a. a. O. mußte sich mit der Abgrenzung zwischen Kfz-Haftpflichtv und Privathaftpflichtv wegen eines Eingreifens des privaten Beifahrers in das Steuer nur deshalb befassen, weil sich in jenem Fall ein österreichischer Beifahrer in einem in Deutschland zugelassenen Fahrzeug befand, so daß der Beurteilung die deutschen AKB und nicht die österreichischen Vsbedingungen zugrundezulegen waren.

[H 9] ee) Omnibusschaffner

Durch § 10 II e AKB wird der Vsschutz der V für fremde Rechnung auch auf Omnibusschaffner erstreckt, soweit diese im Rahmen ihres Arbeitsverhältnisses zum Vmer oder Halter tätig werden. Dabei handelt es sich eigentlich um einen speziellen Fall einer Beifahrertätigkeit, so daß man darüber streiten kann, ob es erforderlich war, die Tätigkeit des Omnibusschaffners besonders im Katalog des § 10 II AKB aufzuführen. Zu beachten ist, daß alle mit dem Gebrauch des Fahrzeugs durch den Omnibusschaffner im weitesten Sinne begründeten Schadenersatzansprüche vom Vsschutz erfaßt werden. Der schadenträchtigste Fall dürfte dabei der sein, daß von einem Omnibusschaffner ein Abfahrtszeichen zu früh gegeben wird oder er den Mechanismus zum Schließen der Tür zu früh betätigt. Dadurch kann es zu schweren Körperschäden aller Art kommen. Dem Gebrauch des Fahrzeugs durch den Omnibusschaffner ist es auch noch zuzurechnen, wenn dieser bei dem Durchschreiten des in Fahrt befindlichen Wagens den Halt verliert und infolge dieses Ungeschicks einen Schaden herbeiführt. Maßgebend ist, daß sich hier der durch den Gebrauch des Fahrzeugs begründete unsichere Gang oder Halt auswirkt. Es versteht sich, daß ein gleiches gilt, wenn sich ein derartiges Mißgeschick bei dem Anfahren des Fahrzeugs ereignet. Ein vter Schaden kann aber auch bei dem Durchschreiten des Fahrzeugs entstehen, wenn dieses am Fahrzeugrand hält. Als Beispiel sei das konstruiert, daß der Omnibusschaffner aus Versehen — gleichgültig, ob im Bus drangvolle Enge herrscht oder nicht — einem Fahrgast so derb auf den Fuß tritt, daß dieser einen Knochenbruch erleidet. Erst recht besteht dann Vsschutz, wenn dieser Omnibusschaffner seinen Halt durch das Ausrutschen auf einer Bananenschale verliert. Dieser regelwidrige Zustand des Fahrzeugbodens fällt gewiß in den typischen Verantwortungsbereich.

II. 1. Von § 10 II AKB erfaßte Personengruppen　　　　　　　　　　Anm. H 10

In § 10 II e AKB fehlen zwei der in § 10 II d AKB zur Eingrenzung des Vsschutzes verwendeten Begriffe. Das gilt als erstes für die in § 10 II d AKB genannte Begrenzung des Vsschutzes auf die Begleitung eines berechtigten Fahrers. Die hierzu in Anm. H 8 vorgenommene einschränkende Interpretation dieses Begriffs aus der Sicht des schutzbedürftigen Beifahrers ist demgemäß bei § 10 II e AKB nicht vonnöten, da zwischen einem berechtigten und einem nicht berechtigten Omnibusfahrer nicht differenziert wird. Das bedeutet, daß der Omnibusschaffner grundsätzlich ohne Rücksicht darauf, ob der Omnibusfahrer zur Fahrzeugführung berechtigt war oder nicht, unter den Schutzbereich des § 10 II e AKB fällt. Eine Einschränkung ergibt sich allerdings aus der in § 10 II e AKB vorgenommenen Verknüpfung mit dem Arbeitsverhältnis zum Vmer oder Halter. Kein Vsschutz besteht danach für Haftpflichtansprüche, die auf mit Wissen des Omnibusschaffners ohne jeden Bezug zur eigentlichen dienstlichen Tätigkeit vorgenommenen Fahrten beruhen. Gedacht sei z. B. an den Fall, daß sich Fahrer und Omnibusschaffner dazu verabreden, entgegen den Weisungen ihres Arbeitgebers zu handeln, indem sie den Omnibus am Feierabend nicht auf dem Betriebsbahnhof abstellen, sondern eine Wochenendfahrt zum Baden in der Nordsee vornehmen. Kommt es auf dieser Vergnügungsfahrt dadurch zu einem Schadenereignis, daß der Omnibusschaffner dem Fahrer bei dem Einparken auf dem Parkplatz am Meer unzutreffende Winkzeichen gibt, dann haben weder der unberechtigte Busfahrer noch der Omnibusschaffner dafür Vsschutz. Der Busfahrer ist nicht vert, weil er unberechtigter Fahrer im Sinne des § 2 II b AKB ist, während für den Omnibusschaffner deshalb kein Vsschutz besteht, weil er nicht im Rahmen seines Arbeitsverhältnisses im Sinne des § 10 II e AKB tätig wird.

Der weitere Unterschied in der Wortfassung der beiden Bestimmungen besteht darin, daß in § 10 II e AKB der Hinweis auf die nur gelegentliche Begleitung des Fahrers fehlt. Das ist zu begrüßen, da dieser Wortfassung in § 10 II d AKB ohnedies nur eine verdeutlichende aber keine eigenständige Bedeutung zukommt (weshalb es zweckmäßig wäre, § 10 II d AKB in dieser Beziehung § 10 II e AKB anzugleichen).

Der in Anm. H 8 zu § 10 II d AKB bedachte Fall, daß das Arbeitsverhältnis des Beifahrers ausnahmsweise nicht zum Halter oder Eigentümer des Fahrzeugs begründet worden ist, läßt sich für einen Omnibusschaffner kaum konstruieren. Liegt aber doch ein solcher Ausnahmefall vor, so kann auch hier eine erweiternde Auslegung geboten sein.

Die rechtstatsächliche Bedeutung des § 10 II e AKB ist gering geworden. Das ergibt sich daraus, daß die Tätigkeit der Omnibusschaffner vielfach durch eine eigene Kassierertätigkeit der Omnibusfahrer oder durch an den Haltestellen aufgestellte Automaten ersetzt worden ist. Zum Teil wird in einigen Gemeinden in Zeiten starken Verkehrs dieser Verkauf durch an Haltestellen tätige Arbeitnehmer unterstützt, die auch Abfahrtsignale für die Omnibusse der verschiedenen Linien geben. Solche Bedienstete eines Omnibusunternehmens können aber einem Omnibusschaffner im Sinne des § 10 II e AKB nicht gleichgesetzt werden, da sie ihre Tätigkeit prinzipiell nicht im Fahrzeug selbst ausüben.

[H 10] ff) **Arbeitgeber oder öffentlicher Dienstherr**

Nach § 10 II f AKB sind Vte auch der **Arbeitgeber** und der **öffentliche Dienstherr** des Vmers, wenn das vte Fahrzeug mit Zustimmung des Vmers für dienstliche Zwecke gebraucht wird. Der Einschluß dieses Risikos in die AKB ist zum 1.I.1977 erfolgt (VA 1978 S. 49). Es waren aber schon vorher „Sonderbedingungen" genehmigt worden, durch die die Haftung dieses Personenkreises eingeschlossen werden konnte (vgl. z. B. VA 1975 S. 300). Der Nachteil solcher zusätzlich zu vereinbarenden

Sonderbedingungen ist der, daß sehr häufig der Vmer oder sein Arbeitgeber an eine solche Einschlußnotwendigkeit nicht denken, so daß sie sich der Deckungslücke erst im Schadenfall bewußt werden. Deshalb ist eine generelle Lösung des Problems, wie sie jetzt in § 10 II f AKB vorgenommen worden ist, vorzuziehen. Von Bedeutung ist der Einschluß für den Fall, daß ein Arbeitnehmer eine dienstliche Verrichtung im Sinne des § 831 BGB nicht mit einem Wagen seines Arbeitgebers (oder öffentlichen Dienstherrn), sondern seinem Privatfahrzeug vornimmt. Für einen verschuldeten Schaden haftet der Arbeitnehmer dann einem Dritten nach bürgerlichem Recht summenmäßig unbegrenzt. Deshalb wird der durchschnittliche Geschädigte auch normalerweise gar nicht auf die Idee kommen, daß er neben dem Fahrer und Halter (und dessen Ver) auch noch dessen Geschäftsherrn in Anspruch nehmen könne. Etwas anderes gilt aber dann, wenn der Dritte ein Verschulden des Vmers nicht beweisen kann. Dann entfällt die summenmäßig unbegrenzte Haftung nach dem Deliktsrecht des BGB und ist vor allem auch kein Schmerzensgeld gemäß § 847 BGB zu zahlen. In dieser Situation liegt es nahe, daß sich Anspruchsteller darauf besinnen, daß die Haftung aus § 831 BGB schon dann eingreift, wenn der objektive Tatbestand einer deliktischen Haftung nachgewiesen ist und der Geschäftsherr sich weder im Sinne des § 831 I 2 BGB entlasten noch den Nachweis für ein verkehrsrichtiges Verhalten des Verrichtungsgehilfen führen kann (vgl. nur BGH 4.III.1957 BGHZ Bd 24 S. 21–30 [Großer Senat für Zivilsachen]). Ein gleiches gilt freilich nicht für die ebenfalls unter § 10 II f AKB fallende Haftung eines öffentlichen Dienstherrn aus § 839 BGB i. V. m. Art. 34 GG. Aber auch für diese Fälle ist der Einschluß bedeutsam. Denn ohne Einräumung der Rechtsstellung eines Vten müßte der öffentliche Dienstherr (wie auch der private Arbeitgeber) bei direkter Inanspruchnahme durch den Dritten in Vorlage treten und wäre auf den Versuch angewiesen, einen etwaigen Rückgriffsanspruch gegen den Vmer und (oder) den Ver durchzusetzen. Dabei würde sich (abgesehen von dem Problemkreis der gefahrgeneigten Arbeit, aus dem sich – ohne vsrechtliche Ersatzlösung – gerade umgekehrt ein Freihalteanspruch des Arbeitnehmers gegen den Arbeitgeber ergeben könnte; vgl. dazu Anm. H 44) auch die Frage stellen, ob ein Ausgleichsgläubiger bezüglich seines Ausgleichsanspruchs nach § 426 I 1 BGB als geschädigter Dritter im Sinne des § 10 I AKB anzusehen ist (vgl. dazu Anm. B 14, 57 m. w. N. und Anm. H 36–37). Abgesehen davon, liegt der Hauptwert des Einschlusses nach § 10 II f AKB in denjenigen Fällen, in denen nach der eigenartigen Konstruktion des § 831 BGB die Haftung des aus Überwachungsverschulden in Anspruch genommenen Geschäftsherrn weitergeht als die des unmittelbar handelnden Täters.

Im Rahmen des § 10 II f AKB besteht für den Arbeitgeber oder öffentlichen Dienstherrn auch dann Vsschutz, wenn der Arbeitnehmer für eine derartige Tätigkeit ein Fahrzeug benutzt, bezüglich dessen er nicht Vmer, sondern nur Vter ist. Gedacht sei z. B. daran, daß ein Arbeitnehmer für Verkaufsfahrten sein eigenes Fahrzeug nehmen muß, was er aber wegen der Beschädigung dieses Wagens nicht tun kann. Nimmt der Arbeitnehmer hier das Fahrzeug eines Familienangehörigen oder mietet er gar einen Wagen, um seinen vertraglichen Verpflichtungen nachzukommen, so besteht kein vernünftiger Grund, die Deckung nach § 10 II f AKB nicht eingreifen zu lassen. Es ist vielmehr so, daß dieser Ausnahmefall von den Bedingungsverfassern nicht bedacht worden ist. Die Bedingungsfassung sollte keineswegs eine strikte Begrenzung auf solche Fahrzeuge des Arbeitnehmers oder des Bediensteten der öffentlichen Hand herbeiführen, die für die von ihnen gebrauchten Fahrzeuge selbst die V abgeschlossen haben. Der erkennbare Sinn des § 10 II f AKB ist es, den Arbeitgeber oder öffentlichen Dienstherrn möglichst umfassend zu schützen. Diesem Ziel entspricht eine Gleichsetzung der Begriffe Vmer und Vter in dieser Bestimmung.

II. 1. Von § 10 II AKB erfaßte Personengruppen   Anm. H 10

Hier darf demgemäß (ungeachtet der in Anm. H 8 generell geäußerten Bedenken) für die Bestimmung des personellen Schutzbereichs einer V für fremde Rechnung auf die Faustregel zurückgegriffen werden, daß das, was im Gesetz und in den Bedingungen für den Vmer gesagt werde (mit Ausnahme der Prämienzahlungsverpflichtung) auch für die Vten gelte. Das Gesagte gilt um so mehr, als der Begriff des Vmers in § 10 II f AKB zweimal gebraucht wird. Wenn der Vmer aber selbst das Fahrzeug für dienstliche Zwecke benutzt, wäre es nicht erforderlich gewesen, noch zusätzlich von seiner Zustimmung zu sprechen. Vielmehr gewinnt diese Bedingungsfassung nur Bedeutung, wenn es gerade nicht der Vmer selbst ist, der das Fahrzeug für dienstliche Zwecke benutzt hat.

Voraussetzung für das Eingreifen des durch § 10 II f AKB gewährten Vsschutzes ist nach dem Wortlaut jener Bestimmung, daß das Fahrzeug mit Zustimmung des Vmers für dienstliche Zwecke gebraucht wird. Wird es für private Zwecke gebraucht, so haftet der Dienstherr ohnedies nicht. Das kann einen Dritten aber nicht daran hindern, den Arbeitgeber dennoch zu verklagen, sei es auch nur mit der irrigen Begründung, daß nach seiner — des Dritten — Meinung eben auch in einem solchen Falle ein öffentlicher Dienstherr eintrittspflichtig sei. Der Ver braucht in einem solchen Fall nicht einzutreten, da der Vte nicht aus einer vten Eigenschaft in Anspruch genommen wird. In Bd IV Anm. G 69 wird allerdings für gewisse Grenzfälle ähnlicher Art, in denen ein Vmer aus der privaten Tätigkeit eines Betriebsangehörigen unberechtigt in Anspruch genommen wird, der Vsschutz im Rahmen einer Betriebshaftpflichtv bejaht. Das stellt aber keinen Widerspruch zu der hier vertretenen Auffassung dar. Vielmehr basiert die in Bd IV Anm. G 69 gefundene Lösung auf der Überlegung, daß in solchen Sonderfällen mit Groteskbegründungen schon die Inanspruchnahme des Vmers ein betriebliches Ereignis darstelle, daß — unbeschadet des Grundsatzes der Spezialität des vten Risikos — einem verständig abgegrenzten Deckungsbereich einer Betriebshaftpflichtv zugerechnet werden darf. Ganz anders stellt sich die Situation aber in einer für einen speziellen Sonderfall vorgesehenen Ausschnittv, wie sie in § 10 II f AKB gegeben ist. Das Gesagte bedeutet für die Kfz-Haftpflichtv, daß der Arbeitgeber (oder öffentliche Dienstherr) für den geschilderten Ausnahmefall auch keinen Rechtsschutz in der Form der Abwehr unbegründeter Ansprüche verlangen kann. Wird daher der Dritte mit seiner Klage abgewiesen und erweist er sich als zahlungsunfähig, so braucht der Ver dem (für den konkreten Fall gerade nicht vten) Arbeitgeber die entstandenen Anwaltskosten nicht zu ersetzen. Anders liegt es dann, wenn der Dritte zwar eine dienstliche Tätigkeit behauptet, sich aber in der Beweisaufnahme herausstellt, daß eine solche tatsächlich nicht vorgelegen hat. Der Ver muß dem Vten in einem solchen Fall die Anwaltskosten, die von dem Dritten nicht beigetrieben werden konnten, ersetzen (genauer: schon diese Kosten selbst dem Anwalt bezahlen). Das folgt daraus, daß für die Gewährung von Haftpflichtvsschutz, der nach § 10 I AKB die Befreiung von begründeten und die Abwehr von unbegründeten Ansprüchen zum Gegenstand hat, die durch den Dritten zur Anspruchsbegründung vorgetragenen Tatsachen maßgebend sind (ständige Rechtsprechung, vgl. nur RGZ 2.VIII.1935 RGZ Bd 148 S. 282–286, BGH 22.VI.1967 VersR 1967 S. 769–771, ferner Prölss–Martin–Voit[25] Anm. 1 b) cc) zu § 149, S. 706 m. w. N. und Bd IV Anm. G 85, 86, 105).

Wird das Fahrzeug ohne Zustimmung des Vmers für dienstliche Zwecke verwendet, so hat der Arbeitgeber (oder öffentliche Dienstherr) nach dem Wortlaut und Zweck des § 10 II f AKB keinen Vsschutz. Entscheidend ist, ob ein berechtigter Gebrauch für solche dienstlichen Zwecke vorliegt, so daß mit dieser speziellen Zielrichtung die zum Begriff des unberechtigten Fahrers entwickelten Grundsätze zu beachten sind (vgl. dazu Anm. H 16–26). Anders als bei der durch § 2 II b AKB

i. V. m. § 10 II c AKB gewählten Obliegenheitslösung im Falle eines Fahrzeuggebrauchs durch einen unberechtigten Fahrer stellt aber § 10 II f AKB eine Risikobegrenzung im Sinne des § 158 c III dar, so daß der Dritte im Fall einer ohne Zustimmung des Vmers erfolgenden Verwendung des Kfz für dienstliche Zwecke hinsichtlich des gegen den Arbeitgeber (oder öffentlichen Dienstherrn) gerichteten Ersatzanspruchs auch nicht durch § 3 Ziff. 4, 5 PflichtvsG geschützt wird (vgl. ergänzend Anm. B 51). Es versteht sich, daß insoweit ein akzessorisch verbundener Direktanspruch gegen den Ver gar nicht entsteht. Indessen ist zu beachten, daß ein gleiches nicht für den gegen den unberechtigten Fahrer erhobenen Anspruch gilt. Hier ist vielmehr durch die erwähnte Obliegenheitskonstruktion eine Lösung gewählt worden, die für den geschädigten Dritten günstig ist (vgl. auch Anm. H 7). In Anm. H 8 ist für den Sonderfall, daß der unberechtigte Fahrer schuldlos eine Berechtigung zum Gebrauch des Fahrzeugs annimmt, der Vsschutz auch für den Beifahrer als weiteren Vten bejaht worden. Diese Überlegungen lassen sich auch auf den Arbeitgeber (oder öffentlichen Dienstherrn) übertragen. Sieht man von dieser seltenen Ausnahme ab, kommt es für den Vsschutz nach § 10 II f AKB entscheidend darauf an, ob ein berechtigter Gebrauch vorlag oder nicht. In der Mehrzahl der Zweifelsfälle geht es demgemäß darum, ob das Fahrzeug von einem berechtigten oder unberechtigten Fahrer im Sinne des § 2 II b AKB gebraucht worden ist. Mehr soll in § 10 II f AKB nicht zum Ausdruck gebracht werden. Insbesondere ist nicht zu verlangen, daß sich der Vmer Einzelheiten der Nutzung vorstellte, wenn er nur mit dem Gebrauch durch den Fahrer einverstanden war.

Aus arbeitsrechtlicher Sicht ist bei der vertraglich vereinbarten Benutzung von Privatfahrzeugen für dienstliche Zwecke die Besonderheit zu konstatieren, daß der Arbeitnehmer im Verhältnis zum Arbeitgeber zur Unterhaltung eines intakten Vsverhältnisses verpflichtet ist. Verletzt der Vmer (oder Vte, wenn nämlich der Arbeitnehmer nicht Vmer des Haftpflichtvsvertrages des für dienstliche Zwecke gefahrenen Privatfahrzeugs ist) diese Verpflichtung, so macht er sich gegenüber dem Arbeitgeber genauso schadenersatzpflichtig wie dieser gegenüber Arbeitnehmern, denen er Geschäftswagen ohne Vsschutz zur Verfügung stellt (vgl. ergänzend Anm. H 44).

[H 11] 2. Versicherter Personenkreis nach § 10 a AKB

Erweitert wird der Kreis der Mitvten im Rahmen des sogenannten Anhängerrisikos durch § 10 a AKB. In § 10 a I 1 AKB heißt es, daß die V des Kraftfahrzeugs auch Schäden umfaßt, die durch einen Anhänger verursacht werden, der mit dem Fahrzeug verbunden ist oder der sich während des Gebrauchs von diesem löst und sich noch in Bewegung befindet (vgl. dazu, daß § 10 a I 1 AKB lediglich deklaratorische Bedeutung zukommt und der durch § 10 I AKB gewährte Schutz unter Umständen über die Definition des § 10 a I 1 AKB hinausgeht, Anm. G 53). Weiter bestimmt § 10 a I 3 AKB, daß Schäden der Insassen des Anhängers bis zur Höhe der Grundvssummen eingeschlossen sind (vgl. dazu Anm. G 55). Bedeutsam aus der Sicht der V für fremde Rechnung ist aber vor allem die Bestimmung in § 10 a I 2 AKB, daß im Rahmen der Haftpflichtv des Fahrzeugs der Halter, Eigentümer, Fahrer, Beifahrer und Omnibusschaffner des Anhängers mitvert sind. Den umgekehrten Fall, daß sich nämlich die auf das Risiko aus dem Gebrauch eines bestimmten Anhängers bezogene Haftpflichtv auf Personen erstreckt, die für das Kraftfahrzeug verantwortlich sind oder dieses gebrauchen, behandelt § 10 a II AKB. Dort wird als Grundbestimmung der Anhängerhaftpflichtv zunächst festgelegt, daß diese Haftpflichtv nur Schäden umfaßt, die durch den Anhänger verursacht werden,

II. 2. Vter Personenkreis nach § 10a AKB　　　　　　　　　　　　Anm. H 11

wenn er mit einem Kraftfahrzeug nicht verbunden ist oder sich von diesem gelöst hat und sich nicht mehr in Bewegung befindet (vgl. dazu Anm. G 57). Ferner sind — ohne die genannten Einschränkungen — Schäden eingeschlossen, die den Insassen des Anhängers zugefügt werden. Alsdann heißt es in § 10a II 2 AKB, daß mitvert auch der Halter, Eigentümer, Fahrer, Beifahrer und Omnibusschaffner des Kraftfahrzeugs sind. Diese Regelung setzt voraus, daß ebenso wie für die Haftpflichtv des (ziehenden) Kraftfahrzeugs auch für die Anhängerhaftpflichtv die den personellen Deckungsbereich abgrenzenden Bestimmungen in § 10 I, II AKB maßgebend sind. Der Sinn der Regelung in § 10a I 2, II 2 AKB ist danach der, daß in den „Anhänger"-Fällen die vten Personen der Anhängerv in der Haftpflichtv des (ziehenden) Kraftfahrzeugs Vsschutz genießen und umgekehrt ebenso die vten Personen der Haftpflichtv des (ziehenden) Kraftfahrzeugs in der Anhängerhaftpflichtv. Im Bedingungstext kommt das allerdings nicht in solcher generellen Umschreibung zum Ausdruck; es wird vielmehr ein enumeratives Prinzip verfolgt. Die Lücken einer solchen Bedingungsausgestaltung sind aber aus dem dargestellten allgemeinen Prinzip auszufüllen. Die auffälligste Unstimmigkeit zwischen § 10 II AKB und § 10a I 2, II 2 AKB ist dabei die, daß in den beiden zuletzt genannten Bestimmungen des in § 10 II f AKB eingeschlossenen Arbeitgebers oder öffentlichen Dienstherrn nicht gedacht wird. Ein verständiger Grund, diesen Mitvten in den Anhängererstreckungsfällen nicht mitzuerfassen, ist nicht erkennbar. Des Rätsels Lösung ist darin zu suchen, daß bei der Ergänzung des Kreises der Mitvten in § 10 II AKB vergessen worden ist, in § 10a AKB auch den Arbeitgeber oder öffentlichen Dienstherrn aufzunehmen. Dieses Redaktionsversehen ist im Wege der Auslegung auszugleichen. Der Schluß ist daher geboten, auf den Kreis der nach § 10 II f AKB Mitvten die Regelung in § 10a I 2, II 2 AKB entsprechend anzuwenden.

Ein weiterer Fall, der von den Bedingungsverfassern nicht bedacht worden ist, ist der, daß ein Vmer ausnahmsweise keine der in § 10 II AKB aufgeführten Eigenschaften aufweist und dennoch — sei es begründet oder nicht — aus dem Betrieb seines Kraftfahrzeugs (oder seines Anhängers) auf Schadenersatz in Anspruch genommen wird. Als Beispiel sei dieses genannt, daß der Vmer der Anhängerv als Insasse des in Verbindung mit dem Kraftfahrzeug befindlichen Anhängers dessen Tür öffnet und dadurch einem vorbeifahrenden Radler Schaden zufügt. Es ist eigentlich nicht einzusehen, warum dieser Vmer hier nicht auch — genauso wie die Mitvten im Sinne des § 10 II AKB — Vsschutz in der Haftpflichtv des (ziehenden) Kraftfahrzeugs genießen soll. Eine Unbilligkeit ergibt sich im Regelfall deshalb nicht, weil dem Vmer hier der Vsschutz aus seiner Anhängerhaftpflichtv zur Verfügung steht (vgl. Anm. G 57). Die Frage einer erweiternden Auslegung der Bedingungsbestimmung stellt sich aber in den Fällen, in denen die Deckungssummen der Anhängerhaftpflichtv nicht ausreichen.

In § 10a I 2, II 2 AKB sind die in § 10 II d AKB für den Beifahrer und in § 10 II e AKB für den Omnibusschaffner enthaltenen näheren Umschreibungen des jeweils insoweit primär vten Risikos nicht wiederholt werden. Daraus darf nicht geschlossen werden, daß die durch die genannten Bestimmungen für den Beifahrer und den Omnibusschaffner geltenden Eingrenzungen des Vsschutzes (vgl. dazu Anm. H 8 und H 9) im Rahmen des § 10a I 2, II 2 AKB nicht zum Zuge kommen. Vielmehr ergibt eine auf den Sinn der Regelung abstellende Auslegung, daß hier wie dort die nämlichen Voraussetzungen erfüllt werden müssen. § 10a I 2, II 2 AKB will ersichtlich lediglich auf § 10 II AKB Bezug nehmen. Aus der enumerativen Art in Verbindung mit der dabei gewählten Verkürzung darf aber nicht auf eine Erweiterung gegenüber den in der Grundvorschrift genannten Abgrenzungen des Vsschutzes geschlossen werden. Das bedeutet, daß auch im Rahmen des § 10a I 2, II 2 AKB

Anm. H 13   H. Beteiligung Dritter am Kfz-Haftpflichtvsvertrag

die Beifahrer oder Omnibusschaffner in einem Arbeitsverhältnis der in § 10 II d AKB genannten Art stehen müssen.

Zur Auswirkung der personellen Deckungserweiterung auf den Ausschlußtatbestand gemäß § 11 Nr. 2 AKB vgl. Anm. G 74.

[H 12] III. Rechtsverhältnis zwischen Versichertem und Versicherer

1. Klage- und Verfügungsbefugnis des Versicherten

In § 10 IV AKB heißt es, daß mitvte Personen ihre Ansprüche selbständig geltend machen können. Das bedeutet, daß die Vten die ihnen in der V für fremde Rechnung gemäß § 75 I zustehenden Rechte ohne Zustimmung des Vmers außergerichtlich und gerichtlich durchsetzen können. Damit wird § 75 II abgeändert. § 10 IV AKB greift auch dann ein, wenn — wie es der Regelfall in der Kfz-Haftpflichtv ist — der Vmer im Besitz des Vsscheins ist. Dem Vten steht demgemäß in der Kfz-Haftpflichtv in allen denkbaren Konstellationen das Recht zur gerichtlichen und außergerichtlichen Geltendmachung des Haftpflichtvsanspruchs zu. Dabei ist die Bedingungsbestimmung ergänzend dahin zu verstehen, daß der Vte (vorbehaltlich des Schutzes des Dritten durch § 156 I und den ihm eingeräumten Direktanspruch, vgl. dazu Anm. B 13 und B 17) auch zu Verfügungen über den Vsanspruch ermächtigt wird, insbesondere z. B. zum Abschluß eines Deckungsvergleichs. Daneben besteht keine konkurrierende Verfügungsbefugnis des Vmers (streitig; vgl. Anm. H 47 m. w. N.). Das bedeutet zugleich, daß der Vmer grundsätzlich in der Kraftfahrzeughaftpflichtv auch nicht befugt ist, den dem Vten zustehenden Vsanspruch gerichtlich geltend zu machen (streitig, vgl. Anm. H 46 m. w. N.). Liegt allerdings das Einverständnis des Vten für ein solches prozessuales Vorgehen des Vmers vor, so ist eine solche gewillkürte Prozeßstandschaft stets zuzulassen (dazu wiederum Anm. H 46).

Aus dem Gesagten folgt, daß nur gegenüber dem Vten bezüglich der Rechte aus der V für fremde Rechnung wirksam eine Klagausschlußfrist gemäß § 12 III (§ 8 I AKB) gesetzt werden kann (und das im übrigen auch erst, wenn der Vte seinen Anspruch auf Vsschutz gegenüber dem Ver erhoben hat; vgl. dazu BGH 5.III.1964 VersR 1964 S. 477–478, 14.XII.1967 BGHZ Bd 49 S. 133, OLG Düsseldorf 6.II.1979 VersR 1980 S. 33–34, OLG Hamm 12.III.1986 VersR 1987 S. 926–927, LG Duisburg 21.XII.1989 r + s 1990 S. 328–329; zustimmend Denck Außenhaftung S. 181 Anm. 5 m. w. N., Schirmer Festschrift für Sieg S. 486, Stiefel–Hofmann[15] Anm. 48 zu § 8 AKB, S. 405). Erfolgt eine solche Fristsetzung gegenüber dem Vmer, so entfaltet sie nur Wirkungen bezüglich des sein Risiko betreffenden Teils des Kfz-Haftpflichtvsvertrages. Zur generellen Problematik der Fristsetzung gemäß § 12 III vgl. Anm. G 6 m. w. N.

[H 13] 2. Zur entsprechenden Anwendung der für den Versicherungsnehmer geltenden Vorschriften

In § 3 I AKB ist bezüglich der Kfz-Haftpflichtv bestimmt, daß die in §§ 2 II, 5, 7, 8, 9 und 10 IX AKB für den Vmer getroffenen Bestimmungen sinngemäß für mitvte und sonstige Personen gelten, die Ansprüche aus dem Vsvertrag geltend machen. Zweifelhaft erscheint, was der Hinweis auf sonstige Personen im Bestimmungstext bedeuten soll. Prölss–Martin–Knappmann[25] Anm. 1 zu § 3 AKB, S. 1421 bemerken dazu, daß darunter namentlich Rechtsnachfolger zu verstehen seien. Indessen folgt aus allgemeinen Prinzipien ohnedies, daß für Rechtsnachfolger die Bestimmungen des von dem Rechtsvorgänger geschlossenen Vertrages maßgebend sind. Soweit geschädigte Dritte gemeint sein sollten, die im Rahmen des

III. 2. Anwendung der für den Vmer geltenden Vorschriften   Anm. H 13

Direktanspruchs vorgehen, ist für den Umfang ihrer Rechte ebenfalls der Kfz-Haftpflichtvsvertrag maßgebend, wenn man von dem Sonderfall des überobligationsmäßigen Schutzes gemäß § 3 Ziff. 4, 5 PflichtvsG im Falle eines gestörten Vsverhältnisses absieht (vgl. dazu Anm. B 42–71). Das bedeutet, daß der im Bedingungstext enthaltene Hinweis auf „sonstige Personen", die Ansprüche aus dem Vsvertrag geltend machen, gewiß entbehrlich ist und bei einer textlichen Überarbeitung der AKB ohne Änderung der Leistungsverpflichtung des Vers entfallen könnte.

§ 3 I AKB darf im übrigen nicht so verstanden werden, daß andere Bestimmungen als die dort genannten §§ 2 II, 5, 7, 8, 9 und 10 IX AKB für den Vten nicht gelten. Vielmehr ist zusätzlich bei jeder Bestimmung der AKB zu prüfen, ob sie nach Sinn und Zweck der Regelung nicht auf auf den Vten anzuwenden ist. Das gleiche gilt für die Normen des PflichtvsG und des VVG. Insofern ist die generelle Bezugnahme in § 7 I 1 AHB doch vorzuziehen, in der gesagt wird, daß alle in dem Vsvertrag bezüglich des Vmers getroffenen Bestimmungen auf den Vten sinngemäß anzuwenden seien. Die jetzige Regelung in § 3 I AKB kann demgemäß zu der Mißdeutung führen, daß die nicht aufgeführten Vorschriften für den Vten nicht gelten. Demgegenüber ist daran festzuhalten, daß auch im Rahmen der Kfz-Haftpflichtv der Grundsatz gilt, daß alle auf den Vmer bezogenen Bestimmungen des Vsvertrages, also auch die in § 3 I AKB nicht aufgeführten, auf den Vten ebenfalls anzuwenden sind (vgl. Anm. B 31 und 66 m. w. N.). Davon sind im Prinzip nur ausgenommen die Vorschriften über die Verpflichtung zur Prämienzahlung; denn zu einer solchen Beitragsentrichtung ist der Vte nicht verpflichtet (vgl. nur Bruck–Möller–Sieg Bd II Anm. 56 zu §§ 75, 76 m. w. N. und Bd IV Anm. H 18). Dafür, daß der Vte unter der Geltung des § 158 i a. F. durch die Nichtzahlung der Prämien schwere Nachteile erleiden konnte, vgl. ergänzend Anm. H 36–38.

Ein gutes Beispiel für die Unvollständigkeit der in § 3 I 1 AKB niedergelegten enumerativen Verweisungstechnik ergab die bis zum 1.I.1982 geltende Fassung dieser Bedingungsbestimmung. Bis zur Änderung zu dem genannten Zeitpunkt (vgl. VA 1982 S. 191) wurde nämlich auch auf die Regelung in § 11 Nr. 4 AKB a. F. Bezug genommen. Diese Verweisungstechnik konnte zu dem Mißverständnis führen, daß daneben die Ausschlußklauseln nach § 11 Nr. 1, 3 und 5 AKB a. F. für den Vten nicht gelten sollten. Dieser Fehlschluß ist jetzt nicht mehr möglich. Vgl. dafür, daß § 11 Nr. 2 AKB mit der ganz herrschenden Auffassung dahin zu interpretieren ist, daß dort eine abschließende Regelung des Ausschlusses der Ansprüche der am Vsvertrag beteiligten Personen vorgenommen worden ist, Anm. G 73. Das bedeutet, daß nicht etwa auch umgekehrt die Ansprüche des Vten gegen den Vmer in dem in der Bedingungsbestimmung genannten Umfang vom Vsschutz ausgeschlossen sind. Dieses Ergebnis darf aber entgegen der Andeutung bei Prölss–Martin–Knappmann[25] Anm. 1 zu § 3 AKB, S. 1421 nicht daraus gewonnen werden, daß jene Bestimmung in § 3 I 1 AKB nicht aufgeführt worden ist. Denn das gilt jetzt für alle Ausschlußklauseln, deren Anwendung auf den Vten aber außer Frage steht. Daß speziell § 11 Nr. 4 AKB (und nicht die anderen Ausschlußklauseln) in § 3 I 1 AKB erwähnt wurde, entbehrte nicht einer gewissen Merkwürdigkeit. Es heißt nämlich in § 11 Nr. 4 AKB, daß Haftpflichtansprüche aus solchen reinen Vermögensschäden ausgeschlossen sind, die auf ein bewußt gesetz- oder vorschriftswidriges Verhalten des Vten zurückzuführen sind. Des Rätsels Lösung liegt allerdings nicht in der verfehlten Annahme, daß ein solches Verhalten des Vmers nicht ausgeschlossen ist (vgl. Anm. G 91). Vielmehr wird hier der Ausdruck „Vter" untechnisch im Sinne einer Gleichsetzung der Begriffe „Vmer" und „Vter" verwendet, wie man das auch sonst gelegentlich in Rechtsprechung und Schrifttum beobachten kann.

3. Obliegenheiten des Versicherten

Gliederung:

a) Vorbemerkung H 14
b) Verweisung auf die für den Vmer geltenden Obliegenheiten H 15
c) Verbot von Schwarzfahrten H 16—27
   aa) Systematische Einordnung H 16
   bb) Anwendungsbereich H 17—25
      aaa) Grundsätzliches zum Begriff des unberechtigten Fahrers H 17
      bbb) Einzelfälle H 18—23
         α) Vorbemerkung H 18
         β) Benutzung eines Geschäftswagens durch einen Arbeitnehmer H 19
         γ) Weitergabe des dem Arbeitnehmer überlassenen Fahrzeugs an dritte Personen H 20
         δ) Übergabe eines Fahrzeugs zur Reparatur H 21
         ε) Selbstfahrermietwagen H 22
         ζ) Überlassung außerhalb eines Arbeitsverhältnisses zum privaten Gebrauch H 23
      ccc) Verschulden H 24
      ddd) Kausalität H 25
      eee) Beweislast H 26
   cc) Regreßverzicht gemäß geschäftsplanmäßiger Erklärung H 27

[H 14] a) Vorbemerkung

Im Rahmen des Vsvertrages für fremde Rechnung können dem Vten durch Vereinbarung zwischen dem Vmer und dem Vten Obliegenheiten auferlegt werden (vgl. dazu nur Bruck—Möller Bd I Anm. 8 und 11 zu § 6 m. w. N., Bruck—Möller—Sieg Bd II Anm. 5 zu § 79). Dabei handelt es sich **nicht** etwa um das zivilrechtlich zu beanstandende Denkmodell eines **Vertrages zu Lasten Dritter**. Vielmehr ist der Denkansatz der, daß der Vte Träger der Rechte aus der V für fremde Rechnung nur mit der Belastung durch jene Obliegenheiten wird. Eine besondere Rolle in der Belastung des Vten mit solchen Lasten spielt dabei, daß es sich bei diesen Obliegenheiten nach h. M. um Rechtsverpflichtungen von „minderer Zwangsintensität" handelt, aus denen dem Ver kein Klagerecht auf Erfüllung zusteht und bei deren Verletzung der Vte dem Ver auch nicht schadenersatzpflichtig wird (vgl. dazu grundlegend Reimer Schmidt, Die Obliegenheiten — Studien auf dem Gebiet des Rechtszwangs im Zivilrecht unter besonderer Berücksichtigung des Privatvsrechts, Hamburg 1953; ferner die Nachweise zur Obliegenheitstheorie in Bruck—Möller Bd I Anm. 9—11 zu § 6). Dem Vten wird vielmehr die Rechtsträgereigenschaft bezüglich des Vsanspruchs nur mit der systemimmanenten Einschränkung durch solche Lasten zugewendet (vgl. näher zur dogmatischen Begründung solcher Obliegenheiten zu Lasten Dritter im Rahmen der V für fremde Rechnung Schirmer, Festschrift für Reimer Schmidt, Karsruhe 1976, S. 821—843). Gesetzlich ergibt sich die Belastung auch des Vten mit Obliegenheiten mit besonderer Deutlichkeit aus § 79 I (vgl. dazu nur Möller a. a. O. Bd I Anm. 6 zu § 16, Schirmer Festschrift für Reimer Schmidt a. a. O. S. 824—828 m. w. N., Reimer Schmidt Obliegenheiten S. 279—280, Sieg a. a. O. Bd II Anm. 5 zu § 79).

Zwar erfaßt § 79 I nur einen Teilaspekt des Obliegenheitsrechts. Denn in dieser Vorschrift wird nur davon gesprochen, daß — soweit nach den Vorschriften des VVG die Kenntnis und das Verhalten des Vmers rechtlich bedeutsam ist — bei der V für fremde Rechnung auch die Kenntnis und das Verhalten des Vten in Betracht komme. Damit wird aber deutlich auch gesetzlich die wirksame Begründung von Obliegenheiten zu Lasten des Vten im gesamten Obliegenheitssektor vorausgesetzt. Ausgehend von diesen Grundsätzen ist in Anm. H 15 zu ermitteln, welche dem Vmer auferlegten Obliegenheiten auch den Vten treffen. Zusätzlich ist daneben in Anm. H 16—27 der Anwendungsbereich einer Obliegenheit darzustellen, die sich begrifflich allein an den Vten wendet, nämlich der Verlust des Vsschutzes für denjenigen Vten, der **unberechtigter Fahrer** im Sinne des § 2 II b AKB ist.

III. 3. Obliegenheiten des Vten
Anm. H 15

[H 15] b) Verweisung auf die für den Versicherungsnehmer geltenden Obliegenheiten

Die schon für den Vmer in der Kfz-Haftpflichtv zumeist als bedeutungslos zu qualifizierende vorvertragliche Anzeigelast (vgl. dazu Anm. F 3) entsteht für den Vten begrifflich regelmäßig überhaupt nicht. Das folgt daraus, daß der Vte erst durch den rechtswirksamen Abschluß des Vsvertrages für fremde Rechnung mit den dem Vsrecht eigentümlichen Obliegenheiten belastet wird. Zudem sind dem Ver regelmäßig die Namen der nur ihrer Funktion nach in § 10 II AKB umschriebenen Vten nicht bekannt, so daß er ihnen schon deshalb keine rechtlich relevanten Fragen im Sinne des § 16 I 3 stellen könnte. Zu beachten ist, daß in den seltenen Fällen, in denen eine von dem Vmer begangene Verletzung der vorvertraglichen Anzeigelast zum Verlust des Vsschutzes führt, dieses sich bis zu der zum 1.I.1991 in Kraft getretenen Neufassung des § 158i gemäß der für vor Eintritt des Vsfalls zu erfüllenden Obliegenheiten grundsätzlich bestehenden Akzessorietät auch zu Lasten des Vten auswirkte (vgl. dazu Anm. H 39 und zur Neuregelung ab 1.I.1991 Anm. H 28 – 34).

Eine ausdrückliche Bestimmung des Inhalts, daß die von dem Vmer vor Eintritt des Vsfalls zu erfüllenden Obliegenheiten auch den Vten belasten, findet sich in § 3 I AKB. Dort heißt es u. a., daß für den Vten § 2 II AKB gilt. Das bedeutet, daß die in § 2 II AKB aufgeführten Obliegenheiten auch von dem Vten zu beachten sind. Was daher für den Vmer bezüglich dieser Obliegenheiten ausgeführt wird, gilt grundsätzlich auch für den Vten. Daraus folgt, daß insoweit auf die Darstellung für den Vmer verwiesen werden darf. Im einzelnen gilt das für folgende vor Eintritt des Vsfalls zu erfüllende Obliegenheiten:

Die Verwendungsklausel nach § 2 II a AKB (vgl. dazu Anm. F 4 – 29),
die Führerscheinklausel nach § 2 II c AKB (vgl. dazu Anm. F 31 – 51),
das Verbot der Teilnahme an behördlich nicht genehmigten Rennen gemäß § 2 II d AKB (vgl. dazu Anm. F 52).

Eine solche Verweisung auf die Ausführungen zum Pflichtenkreis des Vmers scheidet für die Obliegenheit nach § 2 II b AKB aus, ein Fahrzeug nicht als unberechtigter Fahrer zu gebrauchen. Diese Obliegenheit gilt vielmehr nur für den Vten; ihre Anwendung auf den Vmer scheidet begrifflich aus. Demgemäß ist eine eigenständige Darstellung im Rahmen der V für fremde Rechnung geboten (vgl. dazu Anm. H 16 – 27).

Hingegen betrifft umgekehrt die Anzeige eines Eigentumwechsels nach §§ 71, 158 h nur den alten und den neuen Vmer, dagegen nicht den Vten (vgl. auch Anm. F 76). Zu beachten ist aber, daß aus dieser Erkenntnis, daß es an einer solchen Anzeigelast des Vten bezüglich der Veräußerung des Fahrzeugs fehlt, nur folgt, daß er durch eine eigene Untätigkeit den Vsschutz nicht verlieren kann. Gesondert davon ist zu fragen, ob der Ver wegen Verletzung dieser Anzeigelast im Verhältnis zum Vmer leistungsfrei wird (vgl. in diesem Zusammenhang die Anm. F 76 vertretene einschränkende Interpretation des § 71) und ob sich das bis zum Zeitpunkt der Neuregelung gemäß § 158i (1.I.1991) aufgrund der Abhängigkeit des Vsschutzes des Vten von dem des Vmers zu Lasten des Vten ausgewirkt hat (verneinend OLG Saarbrücken 17.VII.1968 VersR 1968 S. 1133 – 1134, vgl. dazu Anm. H 41 und zur Neuregelung H 28 – 34).

Nicht in § 3 I AKB erwähnt ist die Leistungsfreiheit des Vers aus dem Gesichtspunkt der Gefahrerhöhung. Eine auf die Interessenlage abstellende Wertung ergibt aber, daß die Bestimmungen der §§ 23, 25 in ihrer besonderen Ausprägung für die Kfz-Haftpflichtv nach allgemeinen Grundsätzen auch für den Vten gelten

(BGH 5.III.1964 VersR 1964 S. 478–479; ebenso Denck Außenhaftung S. 208; a. M. – allerdings ohne sich mit BGH 5.III.1964 a. a. O. auseinanderzusetzen – OLG Stuttgart 24.VII.1974 VersR 1975 S. 705–706 mit ablehnender Anm. von Chlosta VersR 1976 S. 238–239; vgl. dazu auch Anm. H 41). Demgemäß wird auf die Bemerkungen in Anm. F 54–75 verwiesen.

Nach § 3 I AKB findet auf den Vten auch § 7 AKB Anwendung. Das bedeutet, daß sämtliche von dem Vmer nach **Eintritt des Vsfalls** zu erfüllenden Obliegenheiten auch den Vten treffen. Zur Vermeidung von Mißverständnissen sei in diesem Zusammenhang wiederholt, daß eine auf den Sinngehalt abstellende Interpretation des Bedingungswerkes auch ohne eine solche ausdrückliche Verweisungsvorschrift zu dem Ergebnis führt, daß der Vte mit diesen Obliegenheiten belastet ist. Das ergibt sich aus der Überlegung, daß im Rahmen der V für fremde Rechnung grundsätzlich sämtliche für den Vmer geltenden Bestimmungen auf den Vten entsprechend anzuwenden sind (dazu Anm. H 13 m. w. N.). Demgemäß ist der Vte auch mit folgenden nach Eintritt des Vsfalls zu erfüllenden Obliegenheiten belastet:

Die **Anzeigenobliegenheiten** gemäß § 7 I Nr. 2, II Nr. 2, 3 (vgl. dazu Anm. F 82–101), die **Aufklärungslast** gemäß § 7 I Nr. 2 S. 3 AKB (vgl. Anm. F 102–122), die **Schadenminderungslast** nach § 7 I Nr. 2 S. 3 AKB und die dazu gehörenden **Prozeßobliegenheiten** gemäß § 7 II Nr. 4, 5 AKB (vgl. Anm. F 123–137) und das **Anerkenntnis- und Befriedigungsverbot** nach § 7 II Ziff. 1 AKB (vgl. dazu Anm. F 139–154).

Zu beachten ist in diesem Zusammenhang, daß der Vte zwar bei eigener Verletzung dieser Obliegenheiten im Rahmen der Bestimmungen in § 7 V Nr. 1–3 AKB den Vsschutz verliert, daß aber eine Verletzung dieser nach Eintritt des Vsfalls zu erfüllenden Obliegenheiten durch den Vmer in Durchbrechung des ansonsten gegebenen Akzessorietätsprinzips den Vsschutz des Vten schon vor der zum 1.I.1991 in Kraft getretenen Neufassung des § 158 i nicht berührte (streitig, vgl. dazu Anm. H 39 m. w. N. und zur Interpretation des § 158 i n. F. Anm. H 28–34).

Seit dem 1.I.1982 (vgl. VA 1982 S. 191) erwähnt § 3 I AKB als für den Vten bedeutsam auch § 10 IX AKB. In dieser Bestimmung ist vorgesehen, daß der **Mehraufwand** für die Regulierung eines Schadens zu Lasten des Vmers geht, wenn eine vom Ver verlangte Erledigung eines Haftpflichtanspruchs an dem **Verhalten des Vmers** scheitert. In Anm. F 138 ist § 10 IX AKB als obsolet bewertet worden, da er mit der durch den Direktanspruch verstärkt zum Ausdruck gekommenen Regulierungsverantwortung des Vers nicht zu vereinbaren ist. Daraus folgt, daß der Ver sich durch einen unbegründeten Widerspruch des Vmers von einer sachgerechten Erledigung eines Schadens nicht abhalten lassen darf. Die Änderung des § 3 I AKB war daher in dieser Beziehung nicht geboten. Auch gegenüber dem Vten kann der Ver aus § 10 IX AKB keine Rechte herleiten.

[H 16] c) Verbot von Schwarzfahrten

aa) Systematische Einordnung

Nach § 10 II c AKB zählt der **Fahrer** des Wagens, auf den sich die V bezieht, zu den im Rahmen des Kfz-Haftpflichtv mitvten Personen. Ergänzt wird diese Bestimmung durch § 2 II b AKB dahin, daß der Ver von der Verpflichtung zur Leistung frei ist, wenn ein **unberechtigter Fahrer** den Vsfall herbeigeführt hat. Die Verpflichtung, nicht als unberechtigter Fahrer ein Fahrzeug zu führen, ist im Bedingungswerk als Obliegenheit ausgestaltet (jetzt allgemeine Meinung,

III. 3. Obliegenheiten des Vten Anm. H 16

vgl. nur BGH 1.XII.1982 VA 1983 S. 58 Nr. 760 = VersR 1983 S. 234 [wo als selbstverständlich davon ausgegangen wird] und aus der Anfangszeit der Bewertung der zum 1.I.1962 geschaffenen Vorschrift OLG Hamburg 7.I.1964 VersR 1964 S. 1263–1264, OLG Celle 2.XI.1966 VersR 1968 S. 60–61; vgl. ferner die Fülle der in Anm. H 24–26 zitierten Entscheidungen und aus dem Schrifttum Bauer Kraftfahrtv[2] S. 61, Prölss–Martin–Knappmann[25] Anm. 2 A zu § 2 AKB, S. 1409, Stiefel–Hofmann[15] Anm. 176 zu § 2 AKB, S. 149). Ursprünglich ging die Regelung dahin, daß in § 10 AKB a. F. nur dem berechtigten Fahrer Vsschutz geboten wurde. Stellte sich heraus, daß der Fahrer des Wagens nicht berechtigt war, diesen zu führen, so entfiel damit für ihn jeder Vsschutz. Diese Abgrenzung hatte für einen Fahrer, der darauf vertraute, daß er den Wagen von einer dazu legitimierten Person zum Fahren erhalten hatte, den Nachteil, daß es auf seine Gutgläubigkeit in bezug auf diese Dispositionsbefugnis über den Gebrauch des Wagens nicht ankam. Die seit dem 1.I.1962 (VA 1962 S. 27–28) eingeführte Bedingungsänderung hat demgegenüber den Vorteil, daß solche Fälle dem Korrektiv des Schulderfordernisses nach § 6 I unterzogen werden.

Die Konstruktion einer Obliegenheit des Inhalts, nicht als unberechtigter Fahrer ein Kraftfahrzeug zu benutzen, ist nicht ohne gedanklichen Reiz. Von den Bedingungsverfassern ist damit Neuland auf dem Gebiet des Obliegenheitsrechts im Bereich der Kfz-Haftpflichtv beschritten worden. Es ist das Verdienst des OLG Hamburg 7.I.1964 a. a. O., die Bedeutung dieser Bedingungsänderung im Anschluß an die Überlegungen von Stiefel–Wussow[5] Anm. 14 zu § 10 AKB, S. 283 in überzeugender Weise herausgearbeitet zu haben (anders damals noch Prölss[14] Anm. 3 b zu § 10 AKB, S. 666, der die Neufassung dahin interpretierte, daß weiterhin auf den berechtigten Fahrer abgestellt werde). Gewiß ist, daß eine solche eigentümliche Gestaltung des Bedingungswerkes in der Absicht, den Vsschutz im tragbaren Rahmen zu verbessern, eine zulässige Abrede darstellt. Es liegt — aus der Sicht des Problemkreises der „verhüllten Obliegenheit" — eine Umkehr des Entwicklungsprozesses vor, daß nämlich nicht Verhaltensweisen, die herkömmlicherweise zum Obliegenheitssektor gehören, in die Form „objektiver" Risikoausschlüsse gebracht werden, sondern daß zugunsten des Vten traditionell vom primären Deckungsbereich nicht erfaßte Sachverhalte unter den Schutz des Obliegenheitsrechts gestellt werden.

Diese Regelung wirkt sich aber nicht nur zugunsten des Vten, sondern vor allen Dingen auch zugunsten des geschädigten Dritten aus. Der Ver kann sich nämlich mit Rücksicht auf die Einordnung dieses Lebenssachverhalts als Obliegenheit nicht mehr auf eine objektive Risikobegrenzung im Sinne des § 158c III berufen (was vorher möglich war, soweit allein auf die Person des Vten gestützte Ansprüche erhoben wurden), sondern dem Dritten steht der überobligationsmäßige Schutz des § 3 Ziff. 4 PflichtvsG zu (vgl. dazu Anm. B 43).

§ 2 II b AKB ist eine Obliegenheit, die nur für den Fahrer des Wagens gilt, nicht dagegen für den Vmer, Halter oder Eigentümer (vgl. dazu nur OLG Hamburg 7.I.1964 a. a. O.; ferner Prölss–Martin–Knappmann[25] Anm. 2 A zu § 2 AKB, S. 1409). Das ergibt sich mit Deutlichkeit aus S. 2 der Bedingungsbestimmung. Dort heißt es, daß die Verpflichtung zur Leistung gegenüber dem Vmer, dem Halter oder Eigentümer bestehen bleibt. Eine fahrlässige Ermöglichung einer Schwarzfahrt durch den Vmer, den Halter oder den Eigentümer beeinträchtigt somit nicht den Vsschutz. Der Ver kann sich mit Rücksicht auf die abschließende Regelung in § 2 II b AKB auch nicht auf die Vorschriften über die Herbeiführung einer Gefahrerhöhung mit der Begründung berufen, daß der Eigentümer einen längere Zeit andauernden Zustand geschaffen habe, der die Benutzung des vten Fahrzeugs zu Schwarzfahrten ermöglicht habe (BGH 20.IV.1961 BGHZ Bd 35 S. 41—44, 20.XII.1965 VersR 1966 S. 156; zustimmend Bauer Kraftfahrtv² S. 61).

Dafür, daß es für den Vsschutz des Vmers, Halters oder Eigentümers bei einer Schwarzfahrt auch nicht darauf ankommt, ob der Vmer (Halter oder Eigentümer) wußte oder hätte wissen müssen, daß der unberechtigte Fahrer keine gültige Fahrerlaubnis hatte, vgl. Anm. F 43 m. w. N.

[H 17] b) Anwendungsbereich
aaa) Grundsätzliches zum Begriff des unberechtigten Fahrers

Wer als **unberechtigter Fahrer** anzusehen ist, wird in den AKB nicht näher definiert. Dieser Begriff muß daher nach den Anschauungen des redlichen Verkehrs unter Berücksichtigung des üblichen Sprachgebrauchs bestimmt werden. Vom BGH 17.II.1955 BGHZ Bd 16 S. 292—296 ist in seiner ersten zu diesem Problemkreis ergangenen Entscheidung zu Recht hervorgehoben worden, daß eine **weite Auslegung des Begriffs des berechtigten Fahrers nach dem Sinn des Pflichtvsgesetzes** geboten sei. Zutreffend ergänzt BGH 4.V.1964 NJW 1964 S. 1373 = VersR 1964 S. 647 das dahin, daß **über die Fahrberechtigung gemäß dem sozialen Sinn des Pflichtvsgesetzes nach objektiven Kriterien zu entscheiden sei.** Während vor Einführung der Pflichtv für Kraftfahrzeughalter mit dem damit verbundenen Schutz des Verkehrsopfers die Tendenz in Rechtsprechung und Schrifttum dahin ging, den Begriff des berechtigten Fahrers möglichst einzuschränken, damit bei gleichzeitigem Fehlen einer behördlichen Fahrerlaubnis der Vsschutz für den Vmer (und damit auch für den geschädigten Dritten) erhalten bleibe (vgl. dazu Möller HansRGZ 1937 A Sp. 241) wird heute im wesentlichen auf **objektive Kriterien** abgestellt. Bei der Verwertung älterer Entscheidungen darf dieser Tendenzumschwung nicht außer Betracht gelassen werden.

BGH 17.II.1955 a. a. O. definiert präzise den **berechtigten Fahrer** als denjenigen, der die **ausdrückliche oder stillschweigende Berechtigung zum Führen des betreffenden Wagens** von demjenigen erhalten habe, der berechtigt sei, über die **Benutzung dieses Wagens zu bestimmen**; das werde regelmäßig der Halter sein, könne aber nach den Umständen des Einzelfalls auch eine sonstige hinsichtlich der **Fahrzeugbenutzung** verfügungsberechtigte Personen sein (ebenso BGH 28.XI.1957 BGHZ Bd 26 S. 136, 7.XII.1961 VersR 1962 S. 59, 3.VII.1962 VersR 1962 S. 727, 10.VI.1963 VersR 1963 S. 771, 11.VII.1963 VersR 1963 S. 772). Es kommt dabei **nicht allein auf die Willensrichtung des Verfügungsberechtigten** an, sondern es ist auch auf **objektive Gesichtspunkte abzustellen** (BGH 1.XII.1982 VA 1983 S. 58 Nr. 760 = VersR 1983 S. 234). Es handelt sich um Einzelfallentscheidungen, bei denen unter Berücksichtigung aller Lebensumstände die Fahrberechtigung nach **objektiven Grundsätzen in natürlicher und verkehrsgerechter Betrachtung** zu bestimmen ist (BGH 4.V.1964 NJW 1964 S. 1372—1373 = VersR 1964 S. 646—647, 22.X.1969 VA 1970 S. 34 Nr. 552 = VersR 1969 S. 1107). Bei **Abweichungen von den Weisungen des Berechtigten** ist nach den Grundsätzen dieser Rechtsprechung zu prüfen, ob der **Charakter der Fahrt** selbst dermaßen verändert ist, daß sie durch die erteilte Genehmigung nicht mehr gedeckt wird; die **verbotswidrige Mitnahme von Beifahrern oder kürzere Umwege** verändern nur die Art der erlaubten Fahrt, rechtfertigen aber nicht ihre Einordnung als verbotene Schwarzfahrt (OLG Hamm 23.IV.1982 VersR 1983 S. 235).

Die Zustimmung dazu, daß ein Dritter das Fahrzeug benutzen dürfe, ist — je nach den tatsächlichen Umständen des Falles — rechtlich als **Willenserklärung**

III. 3. Obliegenheiten des Vten   Anm. H 17

oder als geschäftsähnliche Willensäußerung zu bewerten. Wirksam kann eine
Fahrtberechtigung daher nur dann erteilt werden, wenn der Handelnde geschäfts-
fähig ist (BGH 6.II.1967 VersR 1967 S. 340, OLG Celle 21.V.1964 VersR 1965
S. 943, OLG Nürnberg 10.II.1977 NJW 1977 S. 1496 = VersR 1978 S. 340, OLG
Hamm 4.VIII.1978 VersR 1978 S. 1107; Bauer Kraftfahrtv[2] S. 62, Prölss—Martin—Knappmann[25] Anm. II, 2 B a) zu § 2 AKB, S. 1409—1410; a. M. Müller NJW
1986 S. 963, Stiefel—Hofmann[15] Anm. 187, 196 zu § 2 AKB, S. 151, 154). Eine solche
Geschäftsfähigkeit ist vom BGH 6.II.1967 a. a. O. bei einer Alkoholisierung von
1,43‰ ohne weiteres als noch gegeben angesehen worden. Es kommt hier gewiß
ganz auf die Umstände des Einzelfalls an, insbesondere auf die Trinkgewohnheiten
und die durch körperliche und seelische Faktoren bedingte Alkoholverträglichkeit.
Die für das Strafrecht gelegentlich — mit allen Vorbehalten — genannte Faustformel,
daß ab 2‰ verminderte Schuldfähigkeit und ab 3‰ Schuldunfähigkeit vorliege
(vgl. dazu Lenckner in Schönke—Schröder StGB[24], München 1991, Anm. 16a zu
§ 20 StGB), leistet aber auch für die Abgrenzung der Geschäftsfähigkeit im Sinne
des Zivilrechts gute Dienste. Dabei darf man allerdings getrost davon ausgehen, daß
regelmäßig in denjenigen Fällen, in denen ein Alkoholgehalt von 3‰ fast erreicht
wird, Geschäftsunfähigkeit gegeben ist. Als Beispielsfälle für Geschäftsunfähigkeit
infolge übermäßiger Alkoholisierung vgl. OLG Nürnberg 10.II.1977 a. a. O. (3,4‰)
und OLG Hamm 4.VII.1978 a. a. O. (2,9‰). — Soweit der Vte die Geschäftsunfähigkeit des Vmers, möge sie auf eine derartige unmäßige Alkoholisierung oder auf eine
unerkennbare Geisteskrankheit zurückzuführen sein, nicht erkennen konnte, schützt
ihn das dem Obliegenheitsrecht eigene Schuldkorrektiv (vgl. dazu Anm. H 24).

OLG Hamburg 7.I.1964 VersR 1964 S. 1263—1264 weist zu Recht darauf hin,
daß nicht nur ausdrückliche Vereinbarungen einen Dritten als berechtigten
Fahrer legitimieren; vielmehr könne sich eine solche Berechtigung auch aus den
Umständen des Falles ergeben. Daraus, daß ein Fahrer mit Wissen des Verfügungsberechtigten den Wagen schon häufiger benutzt habe, ohne daß das beanstandet worden sei, könne bei verständiger Würdigung hergeleitet werden, daß jener
annehmen durfte, er dürfe den Wagen in bestimmtem Umfang benutzen. So werde
zwischen Ehegatten, nahen Verwandten, Freunden sowie zwischen Arbeit-
gebern und Arbeitnehmern häufig ein Verhältnis bestehen, aus dem eine stillschweigend erteilte Ermächtigung zum Fahren zu folgern sei, und zwar
auch in der Form einer generellen Erlaubnis, ohne daß der Verfügungsberechtigte
Kenntnis von der einzelnen Fahrt zu erlangen brauche (zu Unrecht kritisch
zu diesen Grundsätzen Geyer VersR 1965 S. 679—680). Vgl. auch OLG Hamm
5.V.1982 VersR 1983 S. 526—527. Der Fall lag so, daß zwei Freunde in der Vergangenheit schon häufig die Fahrzeuge getauscht oder wechselseitig ausgeliehen hatten.
Angesichts dieses freundschaftlichen Verhältnisses ging das Gericht von einem generellen gegenseitigen Einverständnis mit einem derartigen Tun aus, auch ohne daß
der Freund dazu jeweils vorher befragt werde.

Zu Recht hat auch LG Mainz 23.XII.1975 VersR 1976 S. 771 das stillschweigend
erteilte Einverständnis in folgendem Fall angenommen: Der Vmer hatte sein Fahrzeug verkehrswidrig vor dem Hauptbahnhof in M. neben den dort befindlichen
Parkplätzen stehen gelassen. In dem Fahrzeug befanden sich seine Verlobte und
seine Eltern, die alle keine amtliche Fahrerlaubnis hatten. Den Schlüssel hatte der
Vmer aufstecken lassen. Das Fahrzeug eines Dritten war durch den verkehrswidrig
abgestellten Wagen des Vmers an der Wegfahrt gehindert. Ein vorbeikommender
Passant erbot sich, das Fahrzeug des Vmers vorzusetzen. Dabei stieß dieser Wagen
leicht gegen den Wagen des Dritten. Das Gericht bewertete die Situation hier so,

daß eine stillschweigende Ermächtigung der Verlobten zur Gestattung eines Vorsetzens des Fahrzeugs durch einen Vierten gegeben sei.

OLG Düsseldorf 3.III.1959 VersR 1959 S. 726 nimmt an, daß eine ursprünglich unberechtigte Fahrt durch nachträgliches Einverständnis (Genehmigung) des Vmers (und wohl auch des sonst über die Benutzung des Wagens Verfügungsberechtigten) zu einer berechtigten Fahrzeugführung werden könne. Dagegen bestehen jedoch Bedenken (vgl. LG Köln 4.VI.1975 VersR 1976 S. 769 m. w. N. und Müller NJW 1986 S. 965). Eine solche nachträgliche Zustimmung kann den nach objektiven Grundsätzen zu bestimmenden Charakter der Begriffe „berechtigter" oder „unberechtigter" Fahrer nicht verändern. Eine Genehmigung kann demgemäß nur als ein Indiz für ein von Anfang an gegebenes stillschweigendes oder mutmaßliches Einverständnis des über die Benutzung des Wagens Verfügungsberechtigten angesehen werden (BGH 1.XII.1982 VA 1983 S. 58 Nr. 760 = VersR 1983 S. 234; vgl. dafür, daß dieser Gesichtspunkt vom LG Köln 4.VI.1975 a. a. O. hätte in Betracht gezogen werden müssen, Anm. H 19). Richtig ist aber, daß das mutmaßliche Einverständnis des Verfügungsberechtigten, das von der stillschweigenden Erlaubnis abzugrenzen ist, allein an objektiven Kriterien orientiert ist, und zwar deshalb, weil es an einer Willensäußerung des Berechtigten für die konkrete Fahrt fehlt. Gedacht sei der Beispielfall, daß das Fahrzeug des Vmers von einem ihm unbekannten Dritten benutzt wird, um einen Schwerverletzten zur ersten Hilfeleistung in das nächste Krankenhaus zu fahren. Auch wenn der Vmer jetzt umgekehrt erklärt, daß er mit einem solchen Tun nicht einverstanden gewesen wäre, ist nach diesen objektiven Kriterien im geschilderten Beispielfall von einer vom Vsschutz erfaßten Fahrt eines berechtigten Fahrers auszugehen (weitere Beispiele bei Müller NJW 1986 S. 964–965).

Besteht eine **Mehrheit von Haltern**, so ist davon auszugehen, daß nach außen jeder von ihnen verfügungsberechtigt über die Nutzung des Fahrzeugs ist. Verstößt einer dieser Halter gegen die Abrede, das Fahrzeug einem Dritten nicht zu überlassen, so wird dieser Dritte dennoch berechtigter Fahrer im Sinne des § 2 II b AKB. Erst recht wird ein Halter, der seine dem Mithalter gegebene Zusage nicht hält, das Fahrzeug zu einem gewissen Zeitpunkt oder unter gewissen Umständen nicht zu benutzen, nicht zu einem unberechtigten Fahrer im Sinne des Bedingungsrechts. Die tatsächliche Verfügungsgewalt beider Halter ist vielmehr grundsätzlich als gleichrangig anzusehen. Hat z. B. der eine dem anderen versprochen, nur zu fahren, wenn er seinen „beschlagnahmten" Führerschein wiedererlangt habe (so im Fall BGH 15.VI.1961 VersR 1961 S. 652), so ändert das nichts daran, daß dieser Halter kein unberechtigter Fahrer im Sinne des § 2 II b AKB ist. Der Vorgang ist vielmehr nach Maßgabe der Bestimmungen der Führerscheinklausel des § 2 II c AKB zu behandeln.

Es können sich aber Ausnahmen ergeben, so im Fall BGH 14.V.1986 VersR 1986 S. 693–695. Dort lag es nahe, den Sohn des Vmers als Mithalter einzuordnen, da sein Vater das Fahrzeug für ihn erworben hatte. Dieser Sohn hatte vor einem Strafantritt einen der Fahrzeugschlüssel einem Vten übergeben, der keinen Führerschein hatte. Dieser Vte lebte mit im Hause des Vmers. Der Vmer hatte dem Vten geboten, das Fahrzeug nur in die Garage zu fahren. Er machte aber eine nächtliche Spritztour. Der BGH ließ allein die Bestimmung des Vmers gelten, da der Sohn aus dem Gefängnis keinerlei Versuch unternommen hatte, die Entscheidungsbefugnis des Vaters zu beeinflussen.

Auch ein Vmer ist im Sinne des § 2 II b AKB stets als berechtigter Fahrer anzusehen. Das gilt auch für den Sonderfall, daß der Vmer im Verhältnis zum Eigentümer oder Halter nicht zum Führen des Wagens, auf den sich die V bezieht,

III. 3. Obliegenheiten des Vten   **Anm. H 18**

berechtigt ist. Solche Fälle sind in tatsächlicher Beziehung durchaus denkbar. Der Vmer kann etwa ein Darlehnsgeber sein, dem das Fahrzeug zudem sicherheitshalber übereignet worden ist. Der Darlehnsnehmer aber ist der Halter, der allein über die Nutzung des Fahrzeugs entscheidet, solange ihn nicht der Vmer wegen Nichteinhaltung der Ratenzahlungsverpflichtung zur Herausgabe des Fahrzeugs bewogen hat. Wenn ein solcher Vmer und Eigentümer heimlich den Wagen vom Hof des Halters (Darlehnsnehmer) wegfährt, etwa weil er befürchtet, im Wege des Zwangszugriffs durch staatliche Hilfe zu lange Zeit warten zu müssen, so ist er im Verhältnis zum Halter und Sicherungsgeber nicht als berechtigter Fahrer anzusehen. Vsrechtlich ist aber dennoch an der sich auch aus § 2 II b S. 2 AKB ergebenden Konstruktion festzuhalten, daß der Vmer unter die hier erörterte Obliegenheit nicht fällt. — Einen Sonderfall stellt dagegen der Dieb dar, der durch längeren Gebrauch des gestohlenen Fahrzeugs zum Halter wird (dafür, daß eine solche Haltereigenschaft nicht begründet wird, wenn der Dieb das Fahrzeug lediglich ausschlachtet, vgl. KG 9.III.1989 VersR 1989 S. 905 – 906 und dafür, daß durch den Diebstahl des Fahrzeugs regelmäßig nicht sogleich ein Interessenwegfall eintritt, BGH 28.IV.1985 VersR 1985 S. 775 – 776 sowie Anm. D 39 m. w. N.). Insoweit überlagert § 2 II b AKB die sich aus § 10 II a AKB ergebende Eintrittspflicht des Vers für den Halter jedenfalls insoweit, als dieser neue Halter immer noch im Verhältnis zum ursprünglich Verfügungsbefugten als unberechtigter Fahrer anzusehen ist (vgl. ergänzend Anm. H 5).

Für den Beifahrer oder Omnibusschaffner stellt sich im Grunde genommen ein solches Abgrenzungsproblem der verschiedenen primären Deckungsbereiche des Kfz-Haftpflichtvers in personeller Beziehung nicht. Führt nämlich ein Beifahrer oder ein Omnibusschaffner das Fahrzeug, auf das sich die V bezieht, so tritt der Kfz-Haftpflichtver insoweit nicht wegen der Beifahrereigenschaft oder wegen der Tätigkeit des betreffenden Vten als Omnibusschaffner ein (vgl. zum primären Deckungsumfang für den Beifahrer Anm. H 8, für den Omnibusschaffner Anm. H 9), sondern es richtet sich die Deckungspflicht bezüglich des Fahrers des Wagens allein danach, ob der an sich als Beifahrer oder Omnibusschaffner Vte auch als berechtigter Fahrer anzusehen ist. Darüber entscheidet im Prinzip allein der anhand objektiver Kriterien zu ermittelnde Wille des über die Nutzungsbefugnis hinsichtlich des Fahrzeugs Verfügungsberechtigten. Die Eigenschaft als Omnibusschaffner oder als Beifahrer gibt diesen Vten grundsätzlich nicht das Recht, über die Führung des Fahrzeugs zu bestimmen oder es selbst zu lenken. Nur in einer Beziehung wird eine Besonderheit zu akzeptieren sein, daß nämlich bei einem Ausfall des für das betreffende Fahrzeug an sich vorgesehenen berechtigten Fahrers die Führung des Wagens durch den Beifahrer oder Omnibusschaffner für eine kurze Strecke nach objektiven Auslegungsgrundsätzen häufig dem mutmaßlichen Willen des Verfügungsbefugten entsprechen wird.

[H 18] bbb) Einzelfälle

α) Vorbemerkung

Die Ermittlung, ob ein Fahrer zum Führen eines Fahrzeugs (noch) berechtigt ist oder nicht, kann in tatsächlicher Beziehung große Schwierigkeiten bereiten. Es ist dabei ganz auf die Umstände des Einzelfalls abzustellen. Als Tendenz läßt sich aber den nachstehend aufgeführten Fallgruppen entnehmen, daß für Abweichungen von den gegebenen Weisungen des zur Benutzung Berechtigten regelmäßig dann ein großzügiger Maßstab angelegt wird, wenn dem Fahrer das Fahrzeug für einen längeren Zeitraum zur Verfügung gestellt worden ist. Das gilt insbesondere dann, wenn einem Arbeitnehmer gestattet war, einen Firmenwagen teilweise auch für private Zwecke zu gebrauchen (vgl. dazu Anm. H 19). Gelegentlich kommt es aber auch vor, daß ein Gericht sich nicht dazu entschließen kann, aus den für und wider eine Fahrberechtigung sprechenden Umständen eine abschließende Überzeugung im Sinne der einen oder anderen Alternative zu bilden. Das wirkt sich dann zum Nachteil des Vers aus, der für das Vorliegen des objektiven Tatbestandes der Obliegenheitsverletzung beweispflichtig ist (vgl. dazu Anm. H 26).

[H 19] β) Benutzung eines Geschäftswagens durch einen Arbeitnehmer

BGH 4.V.1964 NJW 1964 S. 1372–1373 = VersR 1964 S. 646–647 behandelt einen Fall, in dem einem **Arbeitnehmer** die Benutzung des ihm für geschäftliche Zwecke überlassenen Fahrzeugs auch für **kleine Privatfahrten am Wochenende** gestattet, die Mitnahme dritter Personen jedoch untersagt war. Entgegen diesem Verbot hatte der Arbeitnehmer an einem Karfreitag zwei Freunde auf eine Ausflugsfahrt mitgenommen. Auf der Rückfahrt ereignete sich ein Unfall. Der Arbeitnehmer und die beiden Insassen wurden dabei verletzt, einer der beiden so schwer, daß er bald danach verstarb. Vom BGH wurde in Übereinstimmung mit dem Berufungsgericht der Vsschutz bejaht. Das geschah, obwohl der Vmer und sein Sohn (Prokurist des väterlichen Unternehmens) sowohl in der Schadenanzeige als auch in ihren gerichtlichen Vernehmungen die Unfallfahrt als eine nicht genehmigte bezeichnet hatten. Vom BGH wurde besonders hervorgehoben, daß der Umfang der Erlaubnis zur Führung eines fremden Fahrzeugs tunlichst anhand **objektiver Abgrenzungskriterien** zu ermitteln sei. Verstoße ein Fahrer gegen eine Weisung des Nutzungsberechtigten, so hänge seine Eigenschaft als „berechtigter Fahrer" davon ab, ob die **Weisung nach natürlicher und verkehrsgerechter Anschauung den Charakter der Fahrt selbst bestimme oder nur die Art ihrer Ausführung** betreffe. Die **verbotswidrige Mitnahme von Fahrgästen** auf einer an sich erlaubten Privatfahrt sei in der Regel nur zu den Begleitumständen der Fahrt zu rechnen und mache den Fahrer noch nicht zu einem unberechtigten Fahrer. Der **sozialen Zielsetzung des Pflichtvsgesetzes** widerspreche es, den **subjektiven Vorstellungen** oder Meinungen der Bestimmungsberechtigten über die Wichtigkeit einer von ihm erteilten Weisung, möge sie von seinem Standpunkt aus auch vernünftig sein, eine ausschlaggebende Bedeutung bei der Prüfung beizumessen, ob jemand ein Fahrzeug mit oder ohne Berechtigung benutzt habe. Vielmehr sei objektiv darauf abzustellen, ob unter den gegebenen Umständen die Abweichung von den Weisungen des Bestimmungsberechtigten den Charakter der Fahrt selbst dermaßen verändert habe, daß diese Fahrt bei natürlicher und verkehrsgerechter Betrachtung durch die erteilte Genehmigung nicht mehr gedeckt erscheine. — Ähnlich schon früher OLG Düsseldorf 3.III.1959 VersR 1959 S. 726 im Falle eines Fernfahrers. Dieser hatte mit dem LKW verbotswidrig eine betriebsfremde Person mitgenommen und zum Besuch einer Gaststätte einen Umweg von mehreren Kilometern gemacht. Allerdings wurden von dem Gericht Bedenken für solche Fälle angekündigt, in denen es sich um reine Zechtouren handle. Hier ist aber zu unterscheiden, ob die Fahrt ohne den zusätzlichen Alkoholgenuß eine gestattete wäre oder ob es sich nur deshalb um eine aus der Sicht des Arbeitgebers verbotene Fahrt handelt, weil den Arbeitnehmern ausdrücklich oder stillschweigend die Benutzung der Firmenfahrzeuge im trunkenen Zustand untersagt worden war. Im letztgenannten Fall ist von einem berechtigten Fahrer auszugehen, bei dem lediglich die Art der Ausübung der Fahrberechtigung zu beanstanden ist. Vgl. als Beispielfall dafür BGH 13.VI.1984 VersR 1984 S. 834–835: Der Fahrer hatte hier den Auftrag, einen beladenen LKW nach Dienstschluß aufzutanken, mit nach Hause zu nehmen und am anderen Morgen nach

III. 3. Obliegenheiten des Vten   Anm. H 19

einem weit entfernten Ort zu fahren. Er fuhr aber von der Tankstelle wieder zum Betrieb und trank dort im Kollegenkreis Bier. Als er dann nach Hause fahren wollte, verschuldete er bei dem Rückwärtssetzen des LKW einen Unfall. Sein Blutalkoholgehalt betrug ca. 1‰. Der Umweg hätte im Ergebnis ca. 6 km betragen. Das Gericht wertete den Vorgang dahin, daß zwar von der Art der gestatteten Benutzung abgewichen worden sei, daß dadurch aber nicht die grundsätzlich bestehende Fahrtberechtigung berührt werde (ebenso als Vorinstanz OLG Hamm 23.IV.1982 VersR 1983 S. 234–235).

Zum österreichischen Recht vgl. ÖOGH 17.I.1980 VersR 1981 S. 1167 m. w. N.: Der zur Benutzung des Fahrzeugs Befugte könne unberechtigter Fahrer sein, wenn die Abweichung von den Weisungen des Bestimmungsberechtigten den Charakter der Fahrt derart verändere, daß sie bei natürlicher Betrachtung durch die erteilte Genehmigung nicht mehr als gedeckt angesehen werden könne. Nach diesen Grundsätzen wurde ein Umweg von 15 km bei einem (alkoholisierten) Fernfahrer, dem von seinem Arbeitgeber weitgehend freie Hand für die Gestaltung der Fahrtroute gelassen worden war, als nicht erheblich eingeordnet.

Im Sinne dieser Überlegungen wird grundsätzlich auch nicht etwa ein an sich berechtigter Fahrer, dem die gesetzlich vorgeschriebene Fahrerlaubnis fehlt, zum unberechtigten Fahrer. Vielmehr ist ein solcher Sachverhalt im Regelfall allein anhand der Führerscheinklausel gemäß § 2 II c AKB zu lösen. Etwas anderes kann aber dann gelten, wenn dem Arbeitnehmer von seinem Arbeitgeber verboten worden war, das Fahrzeug an einen Dritten weiterzugeben, wenn er nicht vorher überprüft habe, ob dieser Dritte im Besitz einer solchen Fahrerlaubnis sei (vgl. für eine entsprechende Klausel in einem Mietvertrag BGH 26.X.1983 NJW 1984 S. 290–291).

Hat ein Arbeitgeber vorgeschrieben, daß sein Arbeitnehmer vor jeder Privatfahrt eine Eintragung in eine Liste oder ein Fahrtenbuch vornehme, so ändert ein Verstoß gegen eine solche Ordnungsvorschrift nichts an der Erlaubnis zum Fahrzeuggebrauch. Vgl. als Beispielfall OLG Koblenz 21.II.1974 VersR 1975 S. 78–79: Der Arbeitgeber, eine Selbstfahrervermietfirma, gestattete den Arbeitnehmern die Benutzung der Firmenfahrzeuge für Privatfahrten nur, wenn darüber ein Formularmietvertrag abgeschlossen worden war. Der Fahrer hatte zwar vor der Übernahme des Fahrzeugs das übliche Mietvertragsformular ausgefüllt, unterschrieben und dem diensttuenden Schichtführer ausgehändigt. Dieser hatte das Formular aber versehentlich nicht unterschrieben. Das Gericht hielt das zu Recht für unerheblich.

Eine relativ strenge Bewertung nimmt dagegen LG Köln 4.VI.1975 VersR 1976 S. 769 vor: Dem Arbeitnehmer, Maurerpolier einer Hochbaufirma, war seit Jahren ein Firmenfahrzeug für betriebliche Zwecke zur Verfügung gestellt worden. Seine Aufgabe war es auch, die in B wohnenden Arbeitskollegen nach Arbeitsschluß heimzufahren und sie am nächsten Tag zur jeweiligen Arbeitsstelle zu bringen. Private Fahrten waren ohne vorherige Erlaubnis nicht gestattet. Wenn der Arbeitgeber von dennoch vorgenommenen privaten Fahrten Kenntnis erhielt, tadelte er das Verhalten des Vten, ohne daraus allerdings arbeitsrechtliche Konsequenzen zu ziehen. Zu einem Schadenfall kam es nach Arbeitsschluß auf einer Fahrt zu einer Müllkippe. Diese Fahrt erfolgte, weil ein Arbeitskollege dort etwas zu erledigen hatte. Der Vmer hatte als Zeuge erklärt, daß er bei vorheriger Anfrage eine solche Fahrt — wie auch in anderen vorangegangenen Fällen — erlaubt hätte. Das Gericht sah den Vten dennoch als unberechtigten Fahrer an; indessen wird die gegenteilige Auffassung den tatsächlichen Lebensumständen des geschilderten Sachverhalts besser gerecht.

Gelegentlich kommt es seit der Einkleidung des unberechtigten Fahrens in das Gewand einer Obliegenheit vor, daß ein Gericht sich nicht zu der Feststellung durchzuringen vermag, ob der betreffende Fahrer berechtigt oder nicht berechtigt war. Vgl. als Beispielfall dafür OLG Celle 4.II.1977 VersR 1977 S. 561–562: Dem Vten war hier vom Vmer (Arbeitgeber) ein Kfz sowohl für betriebliche als auch für private Fahrten zur Verfügung gestellt worden. Der Vmer hatte sich jedoch ausbedungen, von Wochenendfahrten vorab unterrichtet zu werden. Für eine ohne eine solche Unterrichtung erfolgte Fahrt bejahte das Gericht nach Beweislastgrundsätzen (vgl. dazu Anm. H 26) den Vsschutz, weil sich nicht habe feststellen lassen, ob diese Weisung des Arbeitgebers zugleich ein Verbot derart vorab nicht gemeldeter Wochenendfahrten bedeute. Dem Ergebnis ist beizupflichten. Es hätte aber bei wertender Betrachtung dieser Ordnungsregelung näher gelegen, nach objektiven Grundsätzen im Sinne von BGH 4.V.1964 a. a. O. die Fahrberechtigung zu bejahen und eine unerhebliche Abweichung von der Art des gestatteten Fahrzeuggebrauchs anzunehmen.

Durch die tatsächliche Entwicklung der Verhältnisse überholt RG 23.IV.1937 RGZ Bd 154 S. 340–343. Der Vmer hatte einem seiner Arbeitnehmer, von dem er wußte, daß er keine Fahrerlaubnis hatte, gestattet, ein Betriebsfahrzeug im Landverkehr zu führen. Dagegen war es dem Arbeitnehmer strikt untersagt, den Wagen im Stadtverkehr zu führen; eine gewiß ungewöhnliche Verhaltensweise, die aber mit Rücksicht auf die damalige geringe Verkehrsdichte im Landgebiet als noch glaubwürdig erschienen sein mag. Das RG nahm in Übereinstimmung mit dem Berufungsgericht (OLG Hamburg 20.X.1936 HansRGZ 1936 B Sp. 547–549) an, daß hier ein **unberechtigter Fahrer** den Wagen benutzt habe.

[H 20] γ) Weitergabe des dem Arbeitnehmer überlassenen Fahrzeugs an dritte Personen

Abgrenzungsschwierigkeiten können sich ergeben, wenn von einem **Arbeitnehmer** der **Geschäftswagen** einem **Dritten** zum Gebrauch überlassen wird. Es ist dabei jeweils auf die Umstände des Einzelfalls abzustellen. Einfach sind dabei zumeist die Fälle zu beurteilen, in denen es darum geht, ob einem anderen Betriebsangehörigen der Gebrauch des Fahrzeugs gestattet werden darf. Hier spielen die Gepflogenheiten in dem betreffenden Betrieb eine große Rolle. Sicher darf z. B. ein Kraftfahrer, der den Auftrag erhält, einen neu anzustellenden Kollegen zu erproben, in aller Regel davon ausgehen, daß ihm damit zugleich erlaubt wird, diesen künftigen Kollegen ein Betriebsfahrzeug zur Erprobung führen zu lassen (so OLG Schleswig 24.X.1949 VW 1950 S. 20). Zu beachten ist, daß bei der Weitergabe des Fahrzeugs zum Gebrauch durch Dritte eine vertragliche Einschränkung des Inhalts gegeben sein kann, daß eine solche Erlaubnis nur für den Fall erteilt wird, daß jener Dritte im Besitz einer gültigen öffentlich-rechtlichen Fahrerlaubnis ist (so im Falle BGH 26.X.1983 NJW 1984 S. 289–291 für einen Mietwagen). In einem derart gelagerten Fall, in dem keine gültige Fahrerlaubnis vorliegt, ist der Ver dem Fahrer gegenüber sowohl nach § 2 II b als auch nach § 2 II c AKB leistungsfrei (vgl. Anm. F 43 dafür, daß in einem solchen Fall der Vsschutz des Vmers nicht berührt wird, es sei denn, daß der Vte, der das Fahrzeug an den führerscheinlosen Dritten weitergibt, Repräsentant des Vmers ist). Es liegt demgemäß anders, als wenn der an sich berechtigte Fahrer seinem Arbeitgeber verschweigt, daß ihm die Fahrerlaubnis entzogen worden sei (vgl. dazu Anm. H 19).

Ist dem Arbeitnehmer ein PKW zur **uneingeschränkten** privaten Nutzung überlassen worden, so gehört dazu im Zweifel auch die Befugnis, dieses Fahrzeug Dritten in angemessener Weise zum Gebrauch zur Verfügung stellen zu dürfen. Selbst wenn aber im Arbeitsvertrag jede Übergabe an Dritte untersagt ist, so

III. 3. Obliegenheiten des Vten   Anm. H 21

braucht sich dieses grundsätzliche Verbot nicht darauf zu beziehen, daß der besagte Arbeitnehmer z. B. seinen Sohn bittet, für ihn im Krankheitsfall mit diesem Wagen Einkaufsbesorgungen zu machen. Dagegen wäre die Überlassung des Fahrzeugs an den Sohn für eine Urlaubsfahrt als eine nicht gestattete Gebrauchsüberlassung anzusehen. Fahren aber Vater und Sohn zusammen in einen Urlaub und führt dort der Sohn den Wagen, weil der Vater zu bezecht ist, um noch sicher fahren zu können, so entspricht die Übernahme des Steuers durch den Sohn einer sachgerechten Interpretation der Weisungen des Arbeitgebers.

Beispielfälle aus der Rechtsprechung:
BGH 17.II.1955 BGHZ Bd 16 S. 292–296: Eine Firma T hatte ihrem Fahrdienstleiter L einen Wagen für dienstliche Zwecke zur Verfügung gestellt. Dieser Wagen war in einer Garage in der Nähe der Wohnung des L untergebracht. Die Firma T erhob keine Einwendungen, wenn L mit dem Wagen gelegentlich auch eine Privatfahrt machte oder wenn er hin und wieder einen Betriebsfremden auf einer Fahrt mitnahm. Im Sommer 1949 ließ L seinen Hausarzt etwa drei- bis viermal mitfahren; dabei lenkte dieser Hausarzt auch zeitweise den Wagen, damit er, der seit 1937 im Besitz eines Führerscheins war, wieder Fahrpraxis bekam. Am Ende einer solchen Fahrt kam es zu einem Unfall. Der BGH vertrag entgegen der Auffassung des Berufungsgerichts die Ansicht, daß dieser Hausarzt berechtigter Fahrer sei. In diesem Falle sei nicht auf das Einverständnis der Firma T als Halterin abzustellen, sondern auf das Einverständnis des L, dem nach den oben wiedergegebenen tatsächlichen Feststellungen die Firma T den Wagen zum alleinigen Gebrauch derart überlassen habe, daß er selbst hinsichtlich des Wagens verfügungsberechtigt war, also selbständig über die Benutzung des Wagens bestimmen konnte.

Vgl. dagegen aber BGH 11.VII.1963 VersR 1963 S. 771–772: Dort war es so, daß die Monteure die Firmenfahrzeuge für Fahrten zu den jeweiligen Arbeitsstellen benutzten; es war ihnen auch gestattet, die Wagen für den Heimweg zu verwenden und dort über Nacht abzustellen. Die Monteure mußten aber, wenn Privatfahrten gemacht werden sollten, vorher um Erlaubnis fragen, ob sie den Wagen für diese Fahrt benutzen durften. Diese Praxis führte das Berufungsgericht zu dem vom BGH gebilligten Schluß, daß die Firma A nicht damit einverstanden gewesen sei, daß ihre Wagen einem Betriebsfremden zur Verfügung gestellt werden. Der betreffende Fahrer des Wagens, der dieses von seinem Bruder, einem Monteur der Firma A, zum Führen bekommen hatte, wurde daher als unberechtigter Fahrer angesehen. Heute kann einem solchen Fahrer, der auf die Verfügungsbefugnis seines Bruders hinsichtlich der Nutzung des Fahrzeugs vertraute, durch Anwendung der Obliegenheitsgrundsätze geholfen werden, wenn nämlich festgestellt wird, daß er ohne Verschulden von der Dispositionsbefugnis seines Bruders ausgehen durfte (vgl. ergänzend Anm. H 24).

OLG Celle 2.XI.1966 VersR 1968 S. 60–61: Dem Vorarbeiter H einer Baukolonne der Firma K war von dieser ein Kombinationswagen ausschließlich für dienstliche Zwecke überlassen worden; nur in dringenden Fällen, in denen H an der Führung des Fahrzeugs verhindert war, durfte er Dritte als Fahrzeugführer heranziehen. Von dieser Weisung wich er ab, um einem Werkführer der Bundesbahn, der die Baukolonne beaufsichtigt hatte und der kein eigenes Fahrzeug besaß, aus Freude am Autofahren das Führen des Wagens zu ermöglichen. Der Werkführer wurde als nicht berechtigter Fahrer angesehen.

[H 21] δ) Übergabe eines Fahrzeugs zur Reparatur

Wer sein Fahrzeug zur Reparatur gibt, erteilt regelmäßig stillschweigend sein Einverständnis damit, daß vom Inhaber der Werkstatt ein Arbeitnehmer mit der Durchführung einer Probefahrt beauftragt wird (BGH 7.XII.1961 VersR 1962 S. 58–59). Wird die Werkstatt von dem Vmer darüber hinaus gebeten, auch für die Zulassung zu sorgen, so versteht es sich in aller Regel von selbst, daß sie dann jemanden auch mit der Fahrt zur Zulassungsstelle beauftragen muß. Nur ausnahmsweise braucht hier die Werkstatt das ausdrückliche Einverständnis des Vmers mit der Person des betreffenden Fahrers einzuholen (vgl. dazu BGH 1.XII.1982 VA 1983 S. 57–58 Nr. 760 = VersR 1983 S. 233–234). Wenn der Werkstattinhaber allerdings das Fahrzeug des Kunden im Hauptzweck für eine private Fahrt benutzt, so bleibt es eine unberechtigte Fahrt auch dann, wenn nebenbei probiert wird, ob das Fahrzeug technisch einwandfrei läuft (LG Passau 15.XI.1977 VersR 1978 S. 813). Hier können im Einzelfall Abgrenzungsschwierigkeiten auftreten. Im konkreten Fall des LG Passau a. a. O. lag aber eine Fahrt eines Verwandten zum Bahnhof an einem Sonntag vor, so daß gewiß nicht von der normalen Erprobung eines reparierten Fahrzeugs gesprochen werden konnte. Vgl. auch LG Wuppertal 2.VI.1967 VersR 1969 S. 129–130. Dort hatte der Lehrling einer Reparaturfirma einen Kundenwagen für die Fahrt nach Hause und am nächsten Tag zurück benutzt. Das Gericht hielt das Einverständnis des Werkstattinhabers für unerheblich, da er über die Fahrzeuge der Kunden nicht zur privaten Benutzung durch seine Arbeitnehmer verfügen könne (zur Verschuldensfrage vgl. Anm. H 24).

[H 22] ε) Selbstfahrmietwagen

Der Mieter eines Fahrzeugs ist nicht nur berechtigter Fahrer, sondern grundsätzlich auch befugt, zeitweise selbständig über die Benutzung des ihm mietweise überlassenen Fahrzeugs zu bestimmen; dazu gehört auch die Übergabe des Fahrzeugs an einen Dritten zum Gebrauch (BGH 28.XI.1957 BGHZ Bd 26 S. 136). Allerdings kann im Mietvertrag eine abweichende Bestimmung getroffen werden (so z. B. in dem Fall BGH 10.VI.1963 VersR 1963 S. 770–771; vgl. ferner LG Landau 27.III.1969 VersR 1970 S. 242–243 [mit unzutreffender Einordnung des Mieters als Halter, dazu Anm. G 70]). Soweit eine derartige Bestimmungsbefugnis im Vertrag nicht ausdrücklich ausgeschlossen ist, muß von einem solchen Dispositionsrecht des Mieters ausgegangen werden. Wird dem Mieter formularmäßig die Gebrauchsüberlassung an eine dritte Person untersagt, so ist es unter Umständen geboten, eine solche Klausel einschränkend zu interpretieren. Vgl. dazu LG Hannover 23.I.1973 MDR 1973 S. 766, das eine derartige Klausel dahin auslegt, daß sie jedenfalls dann nicht gelte, wenn der Mieter während der Fahrt neben der Fahrerin (im konkreten Fall Vater und Tochter) sitze (zustimmend Müller NJW 1986 S. 963). Beachtlich ist in diesem Zusammenhang auch der Hinweis darauf, daß der Rechtsverkehr eine solche Klausel andernfalls auch als eine überraschende (heute gemäß § 3 AGBG) ansehen könnte. Das gilt allerdings gewiß dann nicht, wenn in dem Mietvertrag dem Mieter nur die Weitergabe an solche Dritte gestattet wird, die auch im Besitz einer gültigen Fahrerlaubnis sind (so im Fall BGH 26.X.1983 NJW 1984 S. 290–291 [haftpflichtrechtliche Entscheidung]). Im übrigen weist das LG Hannover a. a. O. zu Recht darauf hin, daß der Fahrer im Falle einer jede Weitergabe zur Nutzung ausschließenden Bestimmung des Mietvertrages regelmäßig dennoch geschützt sei, wenn er nämlich von dieser von den AGB-Prinzipien abweichenden Klausel schuldlos nichts gewußt habe (vgl. ergänzend Anm. H 24). Zu beachten ist, daß nicht ohne weiteres davon ausgegangen werden kann, daß der Fahrer, dem vom Mieter (oder vom Vermieter) der Mietwagen für eine bestimmte Fahrt übergeben worden ist, zur Überlassung des Gebrauchs an einen weiteren Fahrer berechtigt ist (vgl. BGH 10.VI.1963 VersR 1963 S. 770–771).

III. 3. Obliegenheiten des Vten
Anm. H 23

[H 23] ζ) Überlassung außerhalb eines Arbeitsverhältnisses zum privaten Gebrauch

Wird dem Vten im privaten Bereich ein Fahrzeug nur für eine bestimmte Fahrstrecke zur Verfügung gestellt, so sind kleinere Abweichungen von einem solchen Streckenplan gewiß unerheblich. Das ergibt sich aus den heutigen Lebensumständen, in denen der Gebrauch eines Fahrzeugs so sehr zur Selbstverständlichkeit geworden ist, daß ein Vmer nur verwundert wäre, wenn man ihn vor einem kleineren geplanten Umweg etwa anrufen würde, um sein ausdrückliches Einverständnis damit einzuholen. Eine solche großzügige Betrachtungsweise deckt aber nicht den Mißbrauch eines nur für eine kurze Fahrt zur Verfügung gestellten Wagens für eine Zechtour von Wirtschaft zu Wirtschaft (BGH 19.III.1964 VersR 1964 S. 645 = NJW 1964 S. 1371 [gek.]). Dem mutmaßlichen Willen des Halters entspricht es auch nicht, daß die Schlüssel des nur für eine bestimmte Fahrt verliehenen Wagens nachts um 2 Uhr in einer Wirtschaft einem Dritten übergeben werden, damit dieser mit unbekanntem Zweck und Ziel eine Fahrt unternehmen kann (BGH 3.VII.1962 VersR 1962 S. 727).

Gibt der Vmer dem führerscheinlosen Vten die Weisung, das Fahrzeug nur noch in die Garage zu fahren, unternimmt dieser aber anstelle dessen eine nächtliche Spritztour, so liegt eine erhebliche Aweichung von den Weisungen des Verfügungsberechtigten vor, so daß es sich um eine Schwarzfahrt handelt (BGH 14.V.1986 VersR 1986 S. 693–695).

BGH 22.X.1969 VA 1970 S. 34–35 Nr. 552 = VersR 1969 S. 1107–1108 verneint eine Berechtigung zum Gebrauch in folgendem Fall: Dem Fahrer H war von dem Vmer dessen Moped für eine Fahrt zur Apotheke und zur etwa 500 m entfernten Wohnung überlassen worden. Einen Führerschein besaß H nicht. Er unternahm zusammen mit einem Dritten als Beifahrer eine Fahrt von etwa 3 km in eine andere Ortschaft. Zu Alkoholgenuß kam es dabei nicht. Auf der Rückfahrt kam es infolge überhöhter Geschwindigkeit zu einem Unfall. Die dargestellte Abweichung wurde bei „natürlicher" und „verkehrsgerechter Betrachtung" als nicht mehr erlaubt angesehen. Das Gericht betonte dabei (in Übereinstimmung mit BGH 4.V.1964 NJW S. 1372–1373 = VersR 1964 S. 646–647), daß nicht etwa wegen der Mitnahme des Beifahrers die ursprünglich berechtigte Fahrt zu einer Schwarzfahrt werde. Bei der Mitnahme eines Beifahrers handle es sich vielmehr lediglich um die Art der Ausführung einer an sich berechtigten Fahrt; Abweichungen davon disqualifizierten den Wagenführer nicht zum unberechtigten Fahrer. Entscheidend sei vielmehr, daß der Fahrer anstelle der konkret bezeichneten, erlaubten Fahrt eine Spritztour unternommen habe, für die es am Einverständnis gefehlt habe. Angesichts der relativ geringfügigen Abweichung von der ursprünglichen Erlaubnis vermag diese Abgrenzung nicht ganz zu überzeugen. Zwar wird so der Vmer geschützt; denn bei einer unerlaubten Fahrt kommt es nicht darauf an, ob der Vmer sich von dem Vorliegen einer amtlichen Fahrerlaubnis vergewissert hat (vgl. Anm. F 43). Hält man aber im Einzelfall die Anwendung der Führerscheinklausel des § 2 II c AKB für zu hart, so sollte dieser Konflikt offen im Rahmen jener Obliegenheit ausgetragen und nicht der Begriff des berechtigten Gebrauchs einschränkend interpretiert werden. Vgl. für einen weiteren Grenzfall OLG Koblenz 24.VI.1976 VersR 1977 S. 30–31: Dem Vten war das Fahrzeug von dem Vmer geliehen worden, um einen Soldaten zur Kaserne nach M zu bringen. Unterwegs wurde ein Freund P mitgenommen. In M wurde zu dritt eine Gaststätte aufgesucht. Von dort wurde dem Vmer mitgeteilt, daß man später als vorgesehen zurückkehre. Damit war der Vmer nach dem (wohl unbestrittenen) Vortrag des Vten einverstanden. Nachdem E sich gegen 20 Uhr zur Kaserne begeben hatte, fuhren der Vte und P zurück. Unterwegs kehrten sie in verschiedene Gaststätten ein. Der Vte trank dabei Alkohol. Auf der Weiterfahrt kam das Fahrzeug gegen 22 Uhr 45 von der Fahrbahn ab. P starb dadurch. Der Blutalkoholgehalt des Vten betrug 2,09‰. Das Gericht hielt eine wesentliche Abweichung von der gestatteten Benutzung für gegeben. Indessen dürfte es näherliegen, allein ein Abweichen von der Art der geplanten Fahrt anzunehmen, die sich zeitlich mit Rücksicht auf die telefonische Verspätungsmeldung noch im Rahmen des geplanten Unternehmens bewegte. Sicher wäre der Vmer mit einer Fahrt im trunkenen Zustand nicht einverstanden gewesen; dieses Argument ließe sich aber im Grunde genommen gegen jede Fahrt erheben, bei der der Vte zu viel Alkohol zu sich genommen hat. Es ist aber andererseits anerkannt, daß der Alkoholgenuß als solcher regelmäßig einen an sich berechtigten Fahrer nicht zu einem unberechtigten werden läßt (vgl. dazu Anm. H 19 m. w. N.).

Zum stillschweigenden Einverständnis mit einem Fahrzeuggebrauch durch Verwandte oder Freunde: OLG Hamburg 7.I.1964 VersR 1964 S. 1263–1264, OLG Hamm 5.V.1982 VersR 1983 S. 526–527. – Ein derartiges stillschweigendes Einverständnis ist zu Recht vom LG Köln 7.XI.1979 VersR 1980 S. 251–252 in einem Fall verneint worden, in dem ein siebzehnjähriger Schüler den Wagen seines Lehrers in Betrieb gesetzt hatte. Die Fahrzeugschlüssel waren nicht diesem Schüler, sondern einem Mitschüler übergeben worden, und zwar allein zu dem Zweck, für den Lehrer Prospekte aus dem Wagen zu holen. Die Einlassung des Vten, daß er schon einmal, ohne vorherige Erlaubnis und ohne deswegen getadelt worden zu sein, mit dem Wagen dieses Lehrers gefahren sei, reichte dem Gericht nicht für die Annahme eines generellen stillschweigenden Einverständnisses.

[H 24] ccc) Verschulden

Nach § 6 I schadet eine Obliegenheitsverletzung dem Vmer oder Vten dann nicht, wenn sie **unverschuldet** erfolgt ist. Wenn daher der Vte ohne Verschulden, d. h. **insbesondere ohne jede Fahrlässigkeit**, annehmen konnte, daß er berechtigter Fahrer sei, so entfällt die Leistungspflicht des Vers nicht. Solche Grenzsituationen sind durchaus denkbar. Es ist gerade ein wesentliches Verdienst der Neufassung des Bedingungsrechts aus dem Jahre 1962 (VA 1962 S. 27–28), daß die Fälle, in denen ein unberechtigter Fahrer das Fahrzeug eines Dritten führt, dem **Verschuldenskorrektiv** des Obliegenheitsrechts unterstellt worden sind.

Abzustellen ist auf die **Umstände des Einzelfalls**. Die Gepflogenheiten des Lebens sind nach dem Maßstab normaler Verhaltensweisen zu beachten. Zwischen der Überlassung des Wagens an den Vten durch einen **Unbekannten** oder durch eine im engeren Lebenskreis **als gesetzestreu bekannte Persönlichkeit** ist zu unterscheiden. Wer zum Beispiel von einem guten und vermeintlich ehrenwerten Freund gebeten wird, dessen Wagen zum Tanken zu fahren, wird sicherlich nicht die Vorlage eines Nachweises über die Verfügungsbefugnis in bezug auf die Nutzung dieses Wagens verlangen. Das würde unhöflich sein und auf Unverständnis stoßen. Ein solches Verhalten als fahrlässig allein deshalb zu bezeichnen, weil der Freund den Vten und andere getäuscht hat, wäre verfehlt. Es handelt aber auch nicht ohne weiteres derjenige fahrlässig, der ohne nähere Nachprüfung der Bitte einer ihm ansonsten unbekannten Person folgt, den in deren Besitz befindlichen Wagen zu führen. Es ist dabei zu bedenken, daß im Normalfall von einem gesetzestreuen Verhalten der Staatsbürger untereinander ausgegangen werden darf. Demgemäß liegt in einer solchen Situation regelmäßig nur dann ein Verschulden vor, wenn besondere Umstände gegeben sind, die geeignet sind, Zweifel an der Überlassungsbefugnis des Fremden zu wecken. Das gilt z. B. von Gastwirtschaftsbekanntschaften,

III. 3. Obliegenheiten des Vten   Anm. H 25

speziell für Fahrten im Anschluß an eine Zecherei. Besondere Sorgfalt ist geboten, wenn derjenige, der die Benutzung des Kfz gestattet, einen Firmenwagen benutzt. Weiß der Vte das oder ist der Wagen unschwer wegen einer entsprechenden Beschriftung als ein solches Fahrzeug zu erkennen, so kann die Annahme, daß der betreffende Arbeitnehmer den Wagen auch privat benutzen und darüber hinaus die Lenkung des Fahrzeugs einem Dritten übertragen dürfe, durchaus fahrlässig sein. Zu hart aber OLG Celle 2.XI.1966 VersR 1968 S. 60−61; denn in jenem Fall war dem Vorarbeiter einer Baukolonne der Wagen wochenlang zur betrieblichen Nutzung, aber auch für die Fahrt zur Arbeitsstelle und nach Hause sowie zum Transport der von ihm beaufsichtigten Arbeitnehmer überlassen worden. Wenn dann der Werkführer der Bundesbahn eine Überlassungsbefugnis für eine gemeinsame Heimfahrt annahm, so liegt das durchaus im Bereich normaler gesellschaftlicher Konventionen.

Eine Fahrlässigkeit kann auch dann zu verneinen sein, wenn es die Umstände des Einzelfalls nicht erlauben, sich von der Dispositionsbefugnis über die Wagenbenutzung zu überzeugen. So wenn an den Vten die Bitte gerichtet wird, mit dem Wagen eines Dritten einen Kranken oder Verletzten sofort zum Krankenhaus zu fahren, einen Arzt zu benachrichtigen oder wegen eines Unfalls zur nächsten Polizeistation oder zum nächsten Wohnhaus mit Telefonanschluß zu fahren.

Im Falle LG Wuppertal 2.VI.1967 VersR 1969 S. 129−130 war einem achtzehnjährigen Lehrling von dem Werkstattinhaber gestattet worden, ein gerade repariertes Kundenfahrzeug für die Heimfahrt nach der Arbeit und für die Rückfahrt zum Betrieb am nächsten Morgen zu benutzen. Das Gericht hielt den Nachweis eines fehlenden Verschuldens für nicht erbracht. Es bemerkte dazu, daß man im allgemeinen davon ausgehen könne, daß ein achtzehnjähriger Lehrling, der die mittlere Reife besitze, erkenne, daß ein Werkstattinhaber nicht befugt sei, ihm ein Kundenfahrzeug zu einer Privatfahrt zur Verfügung zu stellen. Bedenkt man das Autoritätsverhältnis zum Lehrherrn, so hätte es indessen näher gelegen, hier zugunsten des Vten zu entscheiden.

Dafür, daß der Vte für das Nichtvorliegen des Verschuldens beweispflichtig ist, vgl. Anm. H 26.

[H 25] ddd) Kausalität

Nach § 6 II schadet die Verletzung einer Obliegenheit, die zum Zwecke der Verminderung der Gefahr oder der Verhütung einer Gefahrerhöhung dem Ver gegenüber zu erfüllen ist, dem Vmer oder Vten dann nicht, wenn diese Verletzung keinen Einfluß auf den Eintritt des Vsfalls oder den Umfang der Vsleistung gehabt hat. Bei der Obliegenheit nach § 2 II b AKB handelt es sich um eine solche dem Vten zur Verminderung der Gefahr auferlegte Last. Aus einer abgewogenen Betrachtung des Systems des Kfz-Haftpflichtvsrechts ergibt sich indessen, daß bei einer solchen Kausalitätsabgrenzung im Rahmen des § 2 II b AKB − wie auch bei der Verwendungsklausel nach § 2 II a AKB (vgl. dazu Anm. F 23) und der Führerscheinklausel nach § 2 II c AKB (vgl. dazu Anm. F 47−48) − regelmäßig der Einwand des Vten, daß der Verstoß gegen die Obliegenheit nicht kausal für den Eintritt des Vsfalls oder den Umfang der Vsleistung gewesen sei, unbeachtlich ist.

Zu bedenken ist, daß im Gegenteil eine solche Kausalität mit Rücksicht auf die in diesen Fällen typischerweise gesteigerte Gefahrensituation zu vermuten ist. Die Bestimmungen über die vorbeugenden Obliegenheiten würden sinnentleert werden, wenn nicht der Lebenserfahrung Rechnung getragen werden würde, daß der Täter einer solchen Obliegenheitsverletzung regelmäßig eine erhebliche

Unsicherheit zu überwinden hat, nämlich die Angst, als unberechtigter Fahrer entlarvt zu werden. Vgl. den zutreffenden Hinweis durch BGH 17.II.1955 BGHZ Bd 16 S. 295 darauf, daß erfahrungsgemäß gerade durch Fahrer, die sich eigenmächtig die Benutzung eines Wagens angemaßt haben, in erheblich höherem Maße Unfallschäden verursacht werden, weil sie aufgrund ihres schlechten Gewissens und in der Angst, verfolgt und entdeckt zu werden, von vornherein zu einem unsicheren Fahren neigen. Wenngleich sich diese Entscheidung mit dem Problemkreis des unberechtigten Fahrens zu einer Zeit befaßte, als dieser Sachverhalt noch nicht dem Obliegenheitsrecht zugeordnet war, ändert das nichts an der treffenden Skizzierung der typischerweise gegebenen Situation.

Dem Vten wird es nach diesen Überlegungen nur selten möglich sein, die genannte **Vermutung** für einen Einfluß der Obliegenheitsverletzung auf die Entstehung des Vsfalls oder den Umfang des Vsschadens zu widerlegen. Zu weit geht es, dem Vten jede Möglichkeit des Gegenbeweises unter Hinweis darauf abzuschneiden, daß der in § 6 II geforderte Rechtswidrigkeitszusammenhang schon deshalb immer gegeben ist, weil ohne die Durchführung der Schwarzfahrt sich das Unfallgeschehen überhaupt nicht hätte ereignen können (so Müller NJW 1986 S. 966–967). Vielmehr greift § 6 II genauso wie bei der Verletzung der Verwendungsklausel gemäß § 2 II a und der Führerscheinklausel gemäß § 2 II c AKB (vgl. dazu Anm. F 23 und 47, 48) dann ein, wenn der Vmer nachweist, daß er fehlerfrei im Sinne der für den Nachweis eines **unabwendbaren Ereignisses** gesteigerten Anforderungen an einen besonders sorgsamen Kraftwagenfahrer gefahren ist. Das gleiche gilt bei einem Versagen der Einrichtungen des Fahrzeugs (z. B. Platzen eines Reifens bei verkehrsgerechter Fahrt). Der Ver wird dann in bezug auf den Fahrer in aller Regel auch nur eintrittspflichtig in der Form der **Abwehr unbegründeter Ansprüche** sein. Vgl. ergänzend zum Kausalitätsgegenbeweis Anm. H 26.

[H 26] eee) Beweislast

Darlegungs- und beweispflichtig für das Vorliegen des objektiven Tatbestandes der Obliegenheitsverletzung, also dafür, daß der Vte nicht berechtigter Fahrer war, ist der **Ver** (BGH 1.XII.1982 VersR 1983 S. 234 [in VA 1983 S. 57–58 Nr. 760 insoweit nicht mitabgedruckt], OLG Hamburg 7.I.1964 VersR 1964 S. 1263–1264, OLG Celle 24.V.1968 VersR 1969 S. 175, 4.II.1977 VersR 1977 S. 561, OLG Koblenz 21.II.1974 VersR 1975 S. 79, OLG Karlsruhe 29.XII.1981 VersR 1983 S. 236, OLG Hamm 5.V.1982 VersR 1983 S. 552). Läßt sich nicht klären, ob der Fahrer des Wagens diesen berechtigt geführt hat oder nicht, so schlägt das zum Nachteil des Vers aus. Obwohl es gedanklich zwischen dem berechtigten Fahrer, dessen Handeln unter den Vsschutz der Kfz-Haftpflichtv fällt, und dem unberechtigten Wagenlenker, der bei schuldhaftem Verstoß gegen die Obliegenheit nach § 2 II b AKB nicht vert ist, keine Lücke gibt, sind Situationen denkbar, in denen es ein Gericht als nicht erwiesen ansieht, ob im konkreten Fall ein berechtigter oder ein unberechtigter Fahrer gehandelt hat. Dieser **Beweismangel trifft den Ver.** Indessen darf man die praktische Bedeutung dieses Beweisproblems nicht überschätzen. Die Frage, ob ein berechtigter oder ein unberechtigter Fahrer ein Fahrzeug benutzt hat, wird nur in ganz seltenen Fällen unentschieden bleiben. So aber z. B. im Fall OLG Hamburg 7.I.1964 a. a. O., in dem es um die Abgrenzung einer stillschweigenden Ermächtigung zum Benutzen eines Wagens ging. Ähnliche Grenzsituationen sind denkbar. Man stelle sich vor, daß ein glaubwürdiger Halter erklärt, er habe dem Fahrer die Benutzung des Wagens nicht gestattet, während ein weiterer, ebenfalls glaubwürdiger Zeuge, der das Gespräch zwischen dem Halter und dem

III. 3. Obliegenheiten des Vten   Anm. H 27

Fahrer angehört hat, die Darstellung des letzteren bestätigt, daß diesem die Erlaubnis zum Führen des Wagens erteilt worden sei. Wenn nicht aus den besonderen Umständen des Einzelfalles folgt, daß die Version des einen glaubhafter ist als die des anderen, ist in einem solchen Fall der objektive Tatbestand der Obliegenheitsverletzung nicht bewiesen. Vgl. ferner OLG Celle 4.II.1977 a. a. O. S. 561–562; in jenem Fall hatte der Arbeitgeber von seinem Arbeitnehmer verlangt, daß er, der Arbeitgeber, künftig von privaten Wochenendfahrten vorher unterrichtet werde. Das Landgericht bewertete diese Erklärung als ein Verbot solcher Fahrten. Das Berufungsgericht hielt diese Erklärung dagegen für doppeldeutig. Sie könne auch bedeuten, daß der Arbeitgeber – ohne ein Verbot solcher Fahrten auszusprechen – vorab informiert werden wolle. Die insoweit bestehenden Zweifel seien zu Lasten des Vers zu werten.

Von Bedeutung für die – soweit keine ausdrücklichen Willenserklärungen vorliegen – grundsätzlich nach **objektiven Kriterien** zu beurteilende Frage, ob jemand berechtigter Fahrer gewesen ist oder nicht, können aber auch auf die **subjektive Einstellung** des Vmers abzielende Beweisanträge sein. So hat BGH 1.XII.1982 VA 1983 S. 58 Nr. 760 = VersR 1983 S. 234 einen Gegenbeweisantritt der Vten für erheblich gehalten, nach dem es dem Vmer gleichgültig gewesen sei, welche Person vom Inhaber der Reparaturwerkstatt mit den Fahrten zur Zulassungsstelle beauftragt werde.

§ 2 II b AKB ist eine allein dem Vten auferlegte Obliegenheit. Der Vmer kann begrifflich diese Obliegenheit nicht verletzen (vgl. ergänzend Anm. H 16 und 17). Demgemäß ist die Leistungsfreiheit des Vers auch nicht an die **Kündigungslast** im Sinne des § 6 I gebunden (OLG Celle 2.XI.1966 VersR 1968 S. 61, OLG Karlsruhe 29.XII.1981 VersR 1983 S. 236, Prölss–Martin–Knappmann[25] Anm. II 2 A zu § 2 AKB, S. 1409, Stiefel–Hofmann[15] Anm. 185 zu § 2 AKB, S. 150–151). Es entfallen daher die sonst erforderlichen Darlegungen des Vers darüber, daß dem Kündigungserfordernis nach § 6 I 2, 3 Genüge getan sei. Bauer Kraftfahrtv[2] S. 63–64 vertritt demgegenüber die Auffassung, daß ausnahmsweise doch eine Kündigung erforderlich sei, wenn es sich bei dem Vten nämlich um einen Repräsentanten des Vmers handle. Das ist für alle den Vmer treffenden Obliegenheiten richtig, nicht aber für die nur den Pflichtenkreis des Vten berührende Obliegenheit nach § 2 II b AKB. Insoweit kommt es begrifflich auf die Repräsentanteneigenschaft des Vten in bezug auf das eigene Vsverhältnis des Vmers nicht an (im Ergebnis ebenso Stiefel–Hofmann[15] Anm. 186 zu § 2 AKB, S. 151).

Beweispflichtig dafür, daß der Obliegenheitsverstoß **unverschuldet** begangen worden ist, ist dagegen der Vte (OLG Hamburg 7.I.1964 VersR 1964 S. 1263, LG Wuppertal 2.VI.1967 VersR 1969 S. 129–130, OLG Karlsruhe 29.XII.1981 a. a. O.). Ebenso trifft den Vten die Darlegungs- und Beweislast dafür, daß **keine Kausalität** im Sinne eines Rechtswidrigkeitszusammenhangs zwischen der Obliegenheitsverletzung und dem Eintritt des Vsfalls oder der Vergrößerung der Vsleistung gegeben ist. Vgl. dafür, daß hier strenge Anforderungen zu stellen sind und im Regelfall nur ein unabwendbares Ereignis als eine solche fehlende Kausalität im Rechtssinne angesehen werden kann, Anm. H 25.

[H 27] cc) Regreßverzicht gemäß geschäftsplanmäßiger Erklärung

Wie für alle anderen vor Eintritt des Vsfalls zu erfüllenden Obliegenheiten gelten auch für die Obliegenheit nach § 2 II b AKB die Grundsätze des „**Regreßverzichts**" gemäß der in VA 1975 S. 157 veröffentlichten **geschäftsplanmäßigen Erklärung**. Danach darf der Ver grundsätzlich nicht höher als bis zu DM 5000,– pro Vten Rückgriff nehmen. Insoweit wird auf Anm. F 27–29 verwiesen. Zu beachten ist aber gerade für den unberechtigten Fahrer die Einschränkung in der geschäftsplanmäßigen Erklärung, daß sie nicht gegenüber einem Fahrer gilt, der das **Fahrzeug durch eine strafbare Handlung erlangt hat**. Davon zu unterscheiden ist gedanklich der Fall, daß der Vte rechtmäßig zur Führung des Fahrzeugs befugt war, aber die ihm gesetzten Grenzen überschreitet und dadurch zum unberechtigten Fahrer wird. In einem solchen Fall bestand die Fahrbefugnis anfänglich. Durch die Überschreitung der Fahrbefugnis hat der Vte hier das Fahrzeug nicht erlangt; vielmehr liegt sein Unrecht in der Weiterbenutzung des ihm bereits überlassenen Fahrzeugs. Das macht ihn zwar zum unberechtigten Fahrer, löst aber noch nicht den Wegfall der Regreßverzichtsregelung aus. Mit der genannten Einschränkung ist als eine solche strafbare Handlung, durch die das Fahrzeug (zum unberechtigten Gebrauch) erlangt worden ist, in erster Linie ein **Diebstahl** anzusehen (erst recht ein **Raub** des Fahrzeugs). Auch der Hehler kommt nicht in den Vorzug der Regreßbeschränkung. Ebenso kann die **Wegnahme** eines Fahrzeugs zum **unbefugten Gebrauch** im Sinne des § 248 b StGB unter den in der Einschränkung zum Regreßverzicht aufgeführten Begriff der strafbaren Handlung fallen, durch die das Fahrzeug erlangt worden ist; dabei kommt es nicht darauf an, ob ein Strafantrag im Sinne des § 248 b III StGB gestellt worden ist (so der Sache nach BGH 13.VII.1988 BGHZ Bd 105 S. 140–153 [S. 152–153], ferner ausdrücklich OLG Celle 20.VII.1979 VersR 1980 S 178).

Hat im übrigen ein **enger Familienangehöriger** ein Fahrzeug zum **unerlaubten Gebrauch**, aber in der Absicht an sich genommen, es nach der Fahrt wieder zurückzubringen, so unterfällt ein solches Geschehen im Regelfall **nicht der Ausnahmeregelung** für Straftaten (BGH 13.VII.1988 a.a.O). Anders noch OLG Celle 20. VII. 1979 a.a.O.; da der Antrag des Vten auf Gewährung von Vsschutz gerichtet war, dürfte die Entscheidung aber im Ergebnis zutreffend sein. Einem Antrag, daß der Ver nicht über DM 5000,— hinaus Regreß nehmen dürfe, hätte aber nach Maßgabe einer sinnvollen Reduktion des Wortlauts der geschäftsplanmäßigen Erklärung auf das vom Standpunkt eines verständigen Vmers Gewollte gemäß BGH 13.VII.1988 a. a. O. entsprochen werden müssen.

Beweispflichtig dafür, daß der Vte das Fahrzeug durch eine **strafbare Handlung** erlangt hat, ist der **Ver**.

Bei einem Vten, der **Familienangehöriger** des Vmers ist, wäre an eine zusätzliche **Regreßsperre** gemäß § 67 II zu denken. Danach erfolgt kein Übergang von Ersatzansprüchen auf den Ver, wenn sich diese Ersatzansprüche des Vmers gegen einen mit ihm in **häuslicher Gemeinschaft** lebenden Familienangehörigen richten, es sei denn, daß der Angehörige den Schaden vorsätzlich verursacht hat. Geht man davon aus, daß dann, wenn das Vsverhältnis gegenüber dem Vmer gesund ist, gegenüber dem Vten aber Leistungsfreiheit besteht, auf den Regreß des Vers gegenüber dem Vten vorrangig § 67 I 1 und nicht § 3 Ziff. 9 S. 2 PflichtvsG Anwendung findet (streitig, anders die h. M., vgl. dazu nur Lorenz VersR 1991 S. 506–507 m. w. N., ferner Anm. B 66), so würde es sich um ein unmittelbares Eingreifen der Regelung nach § 67 II handeln. Folgt man dagegen der h. M. über den Vorrang der Regelung in § 3 Ziff. 9 S. 2 PflichtvsG, so käme nur eine entsprechende Anwendung des § 67 II in Betracht. Eine solche wird indessen von der **höchstrichterlichen Rechtsprechung abgelehnt** (BGH 18.I.1984 NJW 1984 S. 1463–1464 = VersR 1984 S. 327–328, 13.VII.1988 BGHZ Bd 105 S. 140–153; zustimmend Prölss JZ 1989 S. 148–150, Prölss–Martin[25] Anm. 7 A zu § 67, S. 528, Prölss–Martin–Knappmann[25] Anm. 4 a zu § 158 f, S. 779 m. w. N., Stiefel–Hofmann[15] Anm. 63 nach § 13 AKB, S. 688, Wussow WI 1988 S. 93, vgl. ferner AG Landshut 14.II.1990 MDR 1990 S. 635 = ZfS 1990 S. 274–275; a. M. Lorenz VersR 1991 S. 505–510,

III. 4. Einfluß des Verhaltens des Vmers auf die Position des Vten **Anm. H 28**

Schirmer VersR 1987 S. 23—24, derselbe DAR 1989 S. 14—19, LG Hanau 29.XI.1983 ZfS 1984 S. 19—20, 7.IV.1987 ZfS 1987 S. 181—182, OLG Frankfurt a. M. 17.XII.1986 ZfS 1987 S. 82—83 [Vorinstanz zu BGH 13.VII.1988 a. a. O.], OLG Hamm 16.IX.1987 ZfS 1987 S. 337—338, LG Münster 19.IV.1989 VersR 1990 S. 151—152 = ZfS 1989 S. 347).

Geht man abweichend von der in Anm. B 66 vertretenen Auffassung von dem dogmatischen Ausgangspunkt des BGH aus, daß stets § 3 Ziff. 9 S. 2 PflichtvsG Anwendung findet und ein direktes Eingreifen des § 67 ausscheidet, so ist die Rechtsprechung des BGH nicht zu tadeln. Der Kernbereich des § 67 II betrifft gewiß nicht die Fälle, in denen der Vte schuldhaft den Verlust des eigenen Vsschutzes verursacht hat. Diesen Fall hatte der Gesetzgeber bei der Schaffung des § 67 II nicht bedacht. Ebensowenig wie der Mitvmer, der schuldhaft den Verlust des eigenen Vsschutzes verursacht hat, — was nur in der Haftpflichtv wegen der Selbständigkeit der einzelnen Haftpflichtvsansprüche nicht zum Verlust des Vsschutzes auch für den anderen Vmer führt (vgl. Anm. G 12 m. w. N.) — gerechterweise nicht über § 67 II privilegiert werden sollte, besteht ein einleuchtender Grund, einen Vten im Wege der entsprechenden Anwendung des § 67 II zu bevorzugen. Gewiß ist die Bestimmung des § 67 II in ihrem vom Gesetz unmittelbar angeordneten Geltungsbereich zu respektieren. Angesichts dessen, daß der Gesetzgeber es nicht für erforderlich gehalten hat, § 3 Ziff. 9 S. 2 PflichtvsG entsprechend auszugestalten, ist dem BGH zu folgen. Einen überzeugenden Grund dafür, eine Analogie vorzunehmen, gibt es nicht. Insbesondere ist in der gesetzlichen Regelung keine unbillige Härte zu sehen. Dem Vten, der den Verlust des eigenen Vsschutzes verschuldet hat, geschieht kein Unrecht, wenn er für die Folgen seines vertrags- oder gesetzwidrigen Tuns einzustehen hat.

4. Einfluß des Verhaltens des Versicherungsnehmers auf die Rechtsposition des Versicherten

Gliederung:

a) Ablösung der Akzessorietät durch die Gesetzesänderung zum 1.I.1991 H 28—34
   aa) Bedeutung der Neuregelung H 28
   bb) Anwendungsbereich H 29—34
      aaa) Tatbestand H 29
      bbb) Verschulden des Versicherten H 30
      ccc) Umfang der Leistungspflicht H 31
      ddd) Unanwendbarkeit des § 158 c IV H 32
      eee) Verweisung auf § 158 c V H 33
      fff) Regreß des Vers H 34
b) Rechtslage für vor dem 1.I.1991 eingetretene Versicherungsfälle H 35—42
   aa) Vorbemerkung H 35
   bb) Verletzung der Prämienzahlungspflicht H 36—38
      aaa) Skizzierung der in Rechtsprechung und Schrifttum vertretenen Auffassungen H 36
      bbb) Stellungnahme H 37
      ccc) Schutz durch geschäftsplanmäßige Erklärung der Ver H 38
   cc) Obliegenheitsverletzungen durch den Vmer H 39—41
      aaa) Grenzen des Akzessorietätsprinzips H 39
      bbb) Rechtliche Einordnung des § 158 i a. F. H 40
      ccc) Einzelheiten zu § 158 i a. F. H 41
   dd) Sonstige Leistungsfreiheitstatbestände H 42

[H 28] a) Ablösung der Akzessorietät durch die Gesetzesänderung zum 1.I.1991

aa) Bedeutung der Neuregelung

Durch § 158 i in der zum 1.I.1991 in kraft getretenen Fassung gemäß dem Gesetz zur Änderung vsrechtlicher Vorschriften vom 17.XII.1990 (BGBl. I 1990

S. 2864—2866) ist die Abhängigkeit der Rechtsstellung des Vten von der des Vmers im Bereich der Pflichthaftpflichtv in wesentlichen Punkten gelöst worden. Nach der Neuregelung kann der Ver eine dem Vmer gegenüber bestehende **Leistungsfreiheit dem Vten, der zur selbständigen Geltendmachung seiner Rechte** befugt ist (§ 10 IV AKB), nur dann entgegenhalten, **wenn die der Leistungsfreiheit zugrundeliegenden Umstände in der Person des Vten** vorliegen oder wenn diese **Umstände dem Vten bekannt oder grob fahrlässig nicht bekannt** waren. Diese Regelung geht über das nach § 158 i a. F. statuierte Regreßverbot hinaus. Es ist gesetzlich eine atypische Regelung des Inhalts gewählt worden, durch die der Vsschutz für den Vten in der Pflichthaftpflichtv **partiell unabhängig vom Vsschutz für den Vmer** ausgestaltet wird. Der Gesetzgeber weicht damit von der Grundregelung des § 334 BGB ab, nach der Einwendungen aus dem Vertrage dem Versprechenden auch gegenüber dem Dritten zustehen. Eine solche Ausgestaltung des Vsverhältnisses im Pflichtvsbereich steht im Rahmen des zulässigen gesetzgeberischen Ermessens. Es wird dabei dem besonderen Schutzbedürfnis der mitvten Personen im Rahmen der Pflichthaftpflichtv Rechnung getragen. Dem Vten steht damit auch im Rahmen des im Verhältnis zum Vmer **gestörten Vsverhältnisses ein Rechtsanspruch auf Haftpflichtvsschutz gegen den Ver** zu (anders Stiefel— Hofmann[15] Anm. 13 zu § 3 AKB, S. 195, die lediglich einen „Einwendungsausschluß" als gegeben ansehen). Diese Neuregelung folgt damit einem rechtsschöpferischen Vorbild aus der Judikatur des BGH. Dieser hatte nämlich 1967 entschieden, daß der Vsschutz des Vten in der Kraftfahrzeughaftpflichtv durch Obliegenheitsverletzungen, **die von dem Vmer nach Eintritt des Vsfalls begangen werden, nicht berührt wird** (BGH 14.XII.1967 BGHZ Bd 49 S. 130—140, 20.XII.1974 VersR 1975 S. 366—368 [367]; zustimmend Denck, Der Schutz des Arbeitnehmers vor der Außenhaftung, Heidelberg 1980, S. 244—245, so auch schon Johannsen VersArch 1956 S. 352—353 Anm. 291; a. M. E. Prölss VersR 1968 S. 268—270, Schirmer, Festschrift für Sieg, Karlsruhe 1976, S. 480—481, Stiefel—Hofmann[15] Anm. 18—20 zu § 3 AKB, S. 198 m. w. N.; vgl. ergänzend Anm. H 39 m. w. N.).

[H 29] bb) Anwendungsbereich

aaa) Tatbestand

Die von § 158 i erfaßten Fallgruppen sind **nicht enumerativ** aufgeführt, obwohl es doch unschwer möglich gewesen wäre, die Fälle der Leistungsfreiheit wegen Obliegenheitsverletzungen, wie sie von dem Regreßverbot des § 158 i a. F. erfaßt wurden (vgl. dazu Anm. H 39—41), und die der Leistungsfreiheit des Vers wegen Prämienverzuges gemäß §§ 38, 39 (gegenüber der der Vte vor der Neufassung des § 158 i durch die in Anm. H 38 erörterte geschäftsplanmäßige Erklärung partiell geschützt wurde) genau zu bezeichnen. Der Gesetzgeber hat sich vielmehr für die allgemeine Formulierung der Leistungsfreiheit des Vers im Verhältnis zum Vmer entschieden. Gewiß fallen darunter die erwähnten Fälle der Leistungsfreiheit wegen Obliegenheitsverletzungen oder eines Zahlungsverzuges. Darüber hinaus werden aber auch alle sonstigen Fälle erfaßt, in denen der Ver gegenüber dem Vmer leistungsfrei ist. Das gilt insbesondere für diejenigen Fälle, in denen der Vsvertrag wegen **versteckten Dissens** von Anfang an unwirksam war oder aber sich eine solche Unwirksamkeit aus einer **Geschäftsunfähigkeit des Vmers** ableitet oder aus einer **Anfechtung** gemäß §§ 119, 123 BGB. Mögen auch solche Fälle in einer Massenvssparte wie der Kraftfahrzeughaftpflichtv in der Praxis kaum eine Rolle spielen, so ist doch die Voraussicht des Gesetzgebers zu loben, daß durch die

III. 4. Einfluß des Verhaltens des Vmers auf die Position des Vten   Anm. H 31

gewählte weite Fassung der Grundsatz als tragendes Motiv für die Entscheidungspraxis abgeleitet werden kann, daß der Vte durch die Neuregelung so gestellt werden soll, als läge auch im Verhältnis zum Vmer ein wirksamer Vsvertrag vor (vgl. dazu auch Johannsen VersR 1991 S. 501−502).

Nach dem Wortlaut des § 158 i kommt die Neuregelung nur solchen Vten aus dem Bereich der Pflichtvten zugute, die zur **selbständigen Geltendmachung der Vsansprüche** berechtigt sind. Das ist in der Kraftfahrzeughaftpflichtv in § 10 IV AKB verankert. Demgemäß bedarf es hier keiner näheren Erörterung, daß die Anknüpfung an diese formale Berechtigung angesichts dessen, daß der Vte der **materielle Rechtsinhaber** des Vsanspruchs ist, im Sinne einer auf die Schutzbedürftigkeit abstellenden Grundkonzeption kaum nachvollzogen werden kann (Johannsen a. a. O. S. 502−503).

[H 30] bbb) Verschulden des Versicherten

§ 158 i^1 enthält die Regelung, daß die der **Leistungsfreiheit zugrunde liegenden Umstände in der Person des Vten vorliegen** müssen oder ihm diese **Umstände bekannt oder grob fahrlässig nicht bekannt waren**. Diese Bestimmung ist der geschäftsplanmäßigen Erklärung über den Regreßverzicht im Falle des Prämienverzuges nachgebildet (vgl. dazu Anm. H 38). War dem Vten bekannt, daß die Prämie trotz Aufforderung durch den Ver nicht bezahlt worden ist und daß deshalb kein Vsschutz besteht, so kann von einem Schutzbedürfnis des Vten nicht gesprochen werden. Er kann dann nicht damit rechnen, daß der Ver doch für ihn eintritt. Ob es notwendig war, auch die Fälle grob fahrlässiger Unkenntnis mit zu Lasten des Vten einzubeziehen, kann als zweifelhaft erscheinen. Zu beachten ist, daß der **Ver beweisen muß**, daß der Vte von der Leistungsfreiheit Kenntnis hatte oder von der Leistungsfreiheit infolge grober Fahrlässigkeit nichts wußte. Da es sich um Umstände handelt, die sich außerhalb des normalen Kenntnisbereichs des Vers abspielen, wird diese Einschränkung demgemäß nur ausnahmsweise zum Zuge kommen.

Beruht die Leistungsfreiheit des Vers darauf, daß der Vte eine Obliegenheit verletzt hat, so kommt § 158 i nicht zum Zug. Es leuchtet ein, daß der Ver z. B. einem Vten, der trotz Fehlens der gesetzlichen Fahrerlaubnis gefahren ist, keinen Vsschutz gewähren muß.

[H 31] ccc) Umfang der Leistungspflicht

Nach § 158 i^2 bestimmt sich der Umfang der Leistungspflicht nach § 158 c III. Danach haftet der Ver nur im Rahmen der amtlich festgesetzten **Mindestvssummen und der von ihm übernommenen Gefahr**. Die wesentliche Bedeutung dieser Verweisung liegt darin, daß die exzeptionelle Neuregelung der von den Handlungen des Vmers unabhängigen Rechtsstellung des Vten auf die **amtlichen Mindestvssummen** begrenzt ist. Das ist eine einleuchtende Regelung. Nach der Systematik der Pflichtvsregelungen kann der Vte nur darauf vertrauen, daß der gesetzlichen Verpflichtung Genüge getan wird. Ihn darüber hinaus zu schützen, besteht keine Veranlassung. Sollte sich erweisen, daß diese Mindestvssummen zu gering bemessen sind, so ist das kein spezielles Problem des gestörten Vsverhältnisses, sondern betrifft die gesamte Kraftfahrzeughaftpflichtv. Nachdem nunmehr der Gesetzgeber den Schutz des Vten durch § 158 i nahezu optimal gestaltet hat, entfällt der Beweggrund für die in Anm. H 28 aufgeführte Rechtsprechung des BGH, daß nach Eintritt des Vsfalls begangene Obliegenheitsverletzungen des Vmers die Rechtsstellung des Vten in der Kraftfahrzeughaftpflichtv nicht berühren. Durch diese rechtsschöpferisch aus dem Sinn der Pflichtvsregelungen gewonnene Erkenntnis sollte

Anm. H 34   H. Beteiligung Dritter am Kfz-Haftpflichtvsvertrag

einem dringenden Schutzbedürfnis des Vten außerhalb der geltenden Vertragsdogmatik geholfen werden. Angesichts der nunmehr erfolgten Problemregelung besteht aber kein Bedürfnis mehr für eine solche Sonderkonstruktion, die dazu führen würde, daß entgegen § 158c III der Wegfall der Akzessorietät auch denjenigen Teil eines Haftpflichtvsvertrages erfassen würde, der über die gesetzlichen Mindestvssummen hinaus abgeschlossen worden ist.

Die weitere Aussage in § 158c III, daß der Ver im gestörten Vsverhältnis nur im Rahmen der **übernommenen Gefahr** haftet, hat dagegen nur klarstellende Bedeutung. Sie will verdeutlichen, daß die exzeptionelle Haftung im gestörten Vsverhältnis nicht weitergeht als die im gesunden. Das bedeutet, daß insbesondere die Ausschlußbestimmungen eingreifen. Für den Sonderfall, daß der Vmer wegen vorsätzlicher Tat, der Vte aber nur wegen fahrlässigen Handelns oder aus Betriebsgefahr in Anspruch genommen wird, vgl. Anm. G 87.

[H 32] ddd) Unabwendbarkeit des § 158 c IV VVG

Im gestörten Vsverhältnis geht gemäß § 158c IV die Haftung aus einem gesunden Vsverhältnis der exzeptionellen Haftung des Vers gemäß § 158c I, II und § 3 Ziff. 4, 5 PflichtvsG vor. Diese Subsidiaritätsregelung ist für die Neuordnung der Rechtsstellung des Vten gemäß § 158i[3] ausgeschlossen. Das ist systematisch einleuchtend. Es folgt aus der gesetzlichen Grundentscheidung, den **Rechtsanspruch des Vten unabhängig von den Handlungen des Vmers** auszugestalten. Hätte man sich dazu entschlossen, § 158c IV eingreifen zu lassen, so hätte das mit einem teilweisen gesetzlichen Regreßverbot für die betreffenden Ver verbunden werden müssen. Denn von einem vom Gesetzgeber übersehenen Problem wie bei § 158i a. F., aus der vom BGH 14.VII.1976 BGHZ Bd 67 S. 147—151 ein Regreßverbot auch des Sozialvers hergeleitet worden war, kann heute gewiß nicht mehr die Rede sein.

[H 33] eee) Verweisung auf § 158 c V VVG

Nach § 158i[3] findet § 158c V entsprechende Anwendung. Diese Bestimmung betrifft das Zusammentreffen der überobligationsmäßigen Haftung des Vers (gemäß § 158c I, II oder § 3 Nr. 4, 5 PflichtvsG) mit einer Haftung aus § 839 BGB. Es wird bestimmt, daß die überobligationsmäßige Haftung des Vers keine anderweitige Ersatzmöglichkeit im Sinne des § 839 I 2 BGB darstelle, die die Haftung des Beamten und damit die des gemäß Art. 34 GG an seine Stelle tretenden Staates entfallen lasse. § 158c V wird dabei im Anschluß an Sieg VersR 1966 S. 103 in dem Sinne interpretiert, daß nicht etwa die überobligationsmäßige Haftung des eigentlich nicht im Risiko befindlichen Vers entfallen solle, sondern daß damit diesem Ver die Möglichkeit einer Regreßnahme gegen die öffentliche Hand eingeräumt werde (BGH 28.X.1982 VersR 1983 S. 85, ferner Bruck—Möller—Sieg Bd II Anm. 151, 157 zu § 67 m. w. N., vgl. auch Anm. B 61—62 m. w. N.).

Überträgt man diese Interpretation auf § 158i, so ergibt sich, daß durch diese Bezugnahme gewiß nicht die neugeschaffene Rechtsposition des Vten angetastet werden soll. Vielmehr soll nur sichergestellt werden, daß einem Regreß des Vers nicht die Bestimmung des § 839 I 2 BGB entgegengesetzt wird (vgl. ergänzend Anm. B 61—62).

[H 34] fff) Regreß des Versicherers

In § 158i[4] heißt es, daß der Ver, der Leistungen nach S. 1 gewährt, gegen den Vmer Rückgriff nehmen kann. Entgegen dem Wortlaut dieser Bestimmung wird hier kein eigenständiges Regreßrecht des Vers gegen den Vmer geschaffen. Die Vorschrift

III. 4. Einfluß des Verhaltens des Vmers auf die Position des Vten **Anm. H 36**

stellt vielmehr nur klar, daß durch die partielle Leistungspflicht des Vers im Verhältnis zum Vten die Leistungsfreiheit im Verhältnis zum Vmer nicht berührt wird. Die Leistungsfreiheit des Vers in bezug auf das eigene Haftpflichtrisiko des Vmers bleibt erhalten. Demgemäß ist dem Ver der Regreßweg gegen den Vmer über § 3 Ziff. 9 S. 2 PflichtvsG eröffnet. Nicht etwa sollte damit ein Regreß des Vers gegen den Vmer über § 67 in der Weise eröffnet werden, daß der Schadenersatzanspruch des Vten gegen den Vmer wegen des ohne § 158 i fehlenden Vsschutzes auf den Ver übergeht. Vielmehr kommt es auch unter der Geltung des § 158 i[4] entscheidend darauf an, ob der Vmer dem Dritten haftet. Ist das ausnahmsweise nicht der Fall, kommt ein Regreß des Vers gegen den Vmer aus § 158 i[4] nicht in Betracht (ebenso Prölss—Martin—Knappmann[25] Anm. 4 zu § 158 i, S. 784, Stiefel—Hofmann[15] Anm. 23 zu § 3 AKB, S. 199). Diese Interpretation ergibt sich im übrigen auch daraus, daß durch § 158 i die Rechtsstellung des Vten verbessert werden sollte, daß dem Gesetz aber kein Hinweis darauf zu entnehmen ist, daß damit eine Verschlechterung der Rechtsposition des Vmers beabsichtigt war. Dieser ist im gleichen Maße dem Regreß des Vers ausgesetzt wie vor der Rechtsänderung.

[H 35] b) Rechtslage für vor dem 1.I.1991 eingetretene Versicherungsfälle

aa) Vorbemerkung

§ 158 i n. F. ist nicht mit rückwirkender Kraft ausgestattet worden. Es wird im Gesetz zur Änderung vsrechtlicher Vorschriften vielmehr als Datum für das Inkrafttreten der 1.I.1991 genannt. Demgemäß gilt für Vsfälle aus der Zeit vor dem 1.I.1991 die für den Vten ungünstigere Regelung des § 158 i a. F. (Sieg VersR 1966 S. 101—104 für das entsprechende Problem bei Einführung des § 158 i a. F. zum 1.X.1965, ferner OLG Frankfurt a. M. 22.XI.1968 VersR 1969 S. 1085—1086 m. w. N.). Das hat zur Konsequenz, daß für die Altfälle die Problematik, die sich aus der unvollkommenen Fassung des § 158 i a. F. zum Nachteil des Vten ergibt, dargestellt werden muß.

[H 36] bb) Verletzung der Prämienzahlungspflicht

aaa) Skizzierung der in Rechtsprechung und Schrifttum vertretenen Auffassungen

Nach der bis zum 1.I.1991 geltenden Fassung des § 158 i wirkte die **Leistungsfreiheit des Vers wegen eines Prämienverzuges des Vmers auch gegenüber dem Vten.** Das folgte aus der vom Vmer abgeleiteten Rechtsposition des Vten und aus dem Fehlen einer ausdrücklichen gesetzlichen Vorschrift, durch die die Rechte des Vten unabhängig vom Zahlungsverzug des Vmers ausgestaltet worden wären. Diese auf die V für fremde Rechnung verengte Sicht der Rechtsposition des Vten wäre allerdings unvollständig, wenn nicht auch in Betracht gezogen werden würde, ob der Vte nicht bezüglich eines **Ausgleichsanspruchs** nach § 426 I, II BGB **Dritter im Sinne des § 3 Ziff. 4 PflichtvsG** ist. Vom BGHZ 20.I.1971 BGH Bd 55 S. 281—288 ist zu beiden Fragen eingehend zu Lasten des Vten Stellung genommen worden. Da die **Unbilligkeit** der Schutzlosigkeit des Vten in diesen Fällen aber weitgehend erkannt worden war, haben die Ver eine **geschäftsplanmäßige Erklärung** abgegeben, in der weitgehend auf ein Regreßrecht gegen den Vten in derartigen Fällen „verzichtet" wurde (vgl. dazu Anm. H 38).

Wenngleich damit für viele Fälle eine praktikable Lösung gefunden worden war, so erscheint es dennoch als sachgerecht, die Ausgangsposition zu überprüfen. Vom BGH 20.I.1971 a. a. O. wurde zunächst die Abhängigkeit des Vsschutzes von der

Prämienzahlung herausgestellt und die Auffassung des Berufungsgerichts gebilligt, daß der mitvte Fahrer als ein durch den Vsvertrag begünstigter Dritter Rechte aus diesem Vertrag grundsätzlich nur so erwerben könne, wie der Vmer sie gestaltet habe. Die Vergünstigung des § 158 i gelte nur bei einer Verletzung von Obliegenheiten, also bei einer Verletzung jener vsrechtlicher Verhaltensnormen, die der Vmer zur Erhaltung seines Vsanspruchs beachten müsse.

Der Auffassung des Berufungsgerichts, der Schadenersatzanspruch des Bekl. gegen seinen Arbeitgeber falle unter § 10 I AKB und sei von der Kl. zu decken, könne jedoch nicht gefolgt werden. Möge der Anspruch auf die entstandenen Unfallschäden und auf die dafür erbrachten Leistungen der Kl. zurückgehen, so habe er sein entscheidendes Gepräge erst durch die positive Vertragsverletzung erhalten, die der Vmer (Arbeitgeber) gegenüber dem bei ihm beschäftigten Fahrer durch Nichtzahlung der Erstprämie begangen habe. Der Bekl. verlange von der Kl. die Deckung eines Schadenersatzanspruchs wegen der Folgen fehlenden Vsschutzes. Hierfür könne es aber bei einem „gesunden" Vsverhältnis keinen Vsschutz geben. Auch bei einem „kranken" Vsverhältnis, das der Anspruch des Bekl. voraussetze, hafte der Ver immer „nur im Rahmen der von ihm übernommenen Gefahr" (§§ 3 Ziff. 6 S. 1 PflichtvsG, 158c III). Ein Anspruch, der die Leistungsfreiheit des Vers zur Grundlage habe, falle daher als solcher nicht unter das Wagnis der Kfz-Haftpflichtv (zutreffend J. Prölss VersR 69, 534).

Das Berufungsgericht sei weiterhin der Ansicht, die Kl. könne sich auf ihre Leistungsfreiheit wegen Nichtzahlung der Erstprämie gegenüber dem Bekl. nicht berufen, weil dieser hinsichtlich seines Schadenersatzanspruchs gegen den Vmer Dritter im Sinne des § 3 Ziff. 4 PflichtvsG sei und diese Rechtsstellung der Eigenschaft eines mitvten Fahrers vorgehen müsse. Auch dem könne nicht zugestimmt werden. Es könne dahingestellt bleiben, ob und inwieweit ein Mitschädiger „Dritter" im Sinne des § 3 Ziff. 4 PflichtvsG sei und vom Ver die Befriedigung seines Ausgleichsanspruchs verlangen könne. Denn im vorliegenden Fall könne der Bekl. als mitvter Fahrer nicht „Dritter" im Sinne des § 3 Ziff. 4 PflichtvsG sein. Nach § 3 Ziff. 2 PflichtvsG hafte dem „Dritten" der Ver neben dem Vmer und dem mitvten Fahrer als Gesamtschuldner. Die gesetzliche Erweiterung des Gesamtschuldverhältnisses um den Ver habe ihren Grund in der weitreichenden Haftung des Vers bei gesundem und krankem Vsverhältnis. Dementsprechend bestimmten abweichend von den allgemein für die Gesamtschuld geltenden Rechtsregeln vsrechtliche Gesichtspunkte die im Verhältnis der Gesamtschuldner zueinander bestehenden Verpflichtungen, jedenfalls was das Verhältnis des Vers zum Vmer und zum mitvten Fahrer angehe. Für dieses Verhältnis bestimme § 3 Ziff. 9 S. 2 PflichtvsG, daß bei Leistungsfreiheit des Vers der Vmer, dem der mitvte Fahrer gleichstehe, allein verpflichtet sei. Diese gesetzliche Regelung werde durch ein Ausgleichsverhältnis, das nur zwischen Vmer und mitvtem Fahrer bestehe und sich nicht auf den Ver erstrecke, nicht berührt. Das treffe im vorliegenden Fall zu; denn der Bekl. habe einen Ausgleichsanspruch wegen positiver Vertragsverletzung nur gegen seinen Arbeitgeber, den Vmer. Der Senat verkenne nicht die Härte, die in Fällen der vorliegenden Art für den mitvten Fahrer darin liegen könne, daß er den Rückgriffsansprüchen des Haftpflichtvers ... und des Sozialvers (§ 1542 RVO) ausgesetzt sei, den Freistellungsanspruch, der ihm insoweit gegen seinen Arbeitgeber zustehe, aber nicht durchsetzen könne, weil dieser vermögenslos sei. Diese Ausnahmefälle rechtfertigen aber noch keine generelle Korrektur des Gesetzes, weil der Gesetzgeber sich der Auswirkungen der getroffenen Regelung klar bewußt gewesen sei, wie dies die amtliche Begründung erkennen lasse, sich aber gleichwohl dafür entschieden habe.

III. 4. Einfluß des Verhaltens des Vmers auf die Position des Vten **Anm. H 37**

Mit dieser Auffassung des BGH stimmen im Ergebnis überein: OLG Düsseldorf 4.XI.1969 VersR 1971 S. 71, LG Koblenz 17.IX.1970 VersR 1971 S. 459–460, OLG Nürnberg 7.VI.1973 VersR 1973 S. 1135–1136, OLG Köln 3.III.1975 NJW 1975 S. 1746–1747 = VersR 1975 S. 725–727 (das aber auch schon die Grundsätze der geschäftsplanmäßigen Erklärung zur Entlastung des Vten anwenden konnte, vgl. dazu Anm. H 38), OLG Hamm 17.XII.1986 VersR 1987 S. 604–605. Anders aber LG Aurich 6.III.1968 NJW 1968 S. 1633–1635 (ablehnend Böttger NJW 1969 S. 55–56, zustimmend E. Lorenz NJW 1969 S. 471–472), OLG Hamm 3.I.1969 VersR 1969 S. 340–341 m. abl. Anm. von J. Prölss VersR 1969 S. 533–534 (Vorinstanz zu BGH 20.I.1971 a. a. O.), LG Landau 4.XII.1969 VersR 1970 S. 340–341 und LG Frankenthal 15.III.1972 NJW 1973 S. 711–712 (in Kenntnis der entgegengesetzten BGH-Entscheidung), OLG Hamm 12.III.1986 NJW-RR 1986 S. 830–831 (zu § 1 II 4 AKB). Im Schrifttum hat sich besonders E. Lorenz kritisch mit BGH 20.I.1971 a. a. O. auseinandergesetzt und für eine die Vten durch entsprechende Anwendung des § 158 i schützende Lösung ausgesprochen, allerdings beschränkt auf die für den Vmer als Arbeitnehmer tätigen Vten (NJW 1971 S. 2145–2150, NJW 1972 S. 2281–2285, vgl. auch NJW 1969 S. 471–472; für eine generelle Anwendung des § 158 i auf alle Fälle der Leistungsfreiheit des Vers wegen Prämienverzugs Schirmer ZVersWiss 1981 S. 130). Ansonsten wurde dieser vom BGH eingeschlagene Weg im Schrifttum durchweg als dogmatisch zutreffend angesehen, wenngleich zum Teil rechtspolitisch gegen das Ergebnis Bedenken erhoben wurden. Vgl. im einzelnen Bauer NJW 1972 S. 932–933, Deichl DAR 1972 S. 302, Hanau BB 1972 S. 5, Klingmüller DAR 1972 S. 298 (mit Ausnahme von Bauer a. a. O. empfahlen alle Genannten gesetzliche oder vertragliche Initiativen zur Verbesserung der Rechtsstellung des Vten, was angesichts der parallel laufenden Verhandlungen über die Abgabe einer geschäftsplanmäßigen Erklärung der Ver nicht zu verwundern braucht, vgl. dazu Wendt VW 1972 S. 1496), Stiefel–Hofmann[15] Anm. 55 zu § 1 AKB, S. 61. Beachtlich ist der von Roth–Stielow NJW 1972 S. 1357–1358 gegebene Hinweis, daß auch ohne gesetzliche Hilfe ein Weg für eine gerechte Einzelfallentscheidung dann eröffnet sei, wenn der Ver § 29 c StVZO nicht beachtet habe, also dem gesetzlichen Gebot zur Unterrichtung der Behörden über das Erlöschen des Vsschutzes nicht nachgekommen sei. Ein derartiges Verhalten müsse sich der Ver — als eine Obliegenheitsverletzung aus dem Bereich der vertraglichen Nebenpflichten gegenüber dem mitvten Fahrer — als sein Mitverschulden entgegenhalten lassen. Es sei — verglichen mit der Lage des ahnungslosen Kraftfahrers und gemessen an den Möglichkeiten des Vers — derart groß, daß damit der Rückgriffsanspruch erloschen sei (§ 254 II BGB). Vgl. dazu Anm. H 43.

[H 37] bbb) Stellungnahme

Beizupflichten ist dem BGH 20.I.1971 a. a. O. darin, daß die Rechtsstellung des Vten nach dem Gesetz von der des Vmers abhängig war. Es fehlte an Rechtsvorschriften, die den Vten hier von der Rechtsposition des Vmers unabhängig stellen. Auch ist dem BGH (entgegen E. Lorenz VersR 1969 S. 471–472, NJW 1971 S. 2145–2150, NJW 1972 S. 2281–2285 und Schirmer ZVersWiss 1981 S. 130) mit der h. A. darin beizupflichten, daß § 158 i a. F. als eine Vorschrift, die speziell für die Obliegenheitsfälle geschaffen worden ist, auf die Fälle der Leistungsfreiheit gemäß §§ 38, 39 nicht entsprechend angewandt werden kann. Das ergibt sich daraus, daß der Gesetzgeber in Kenntnis der auch für die Fälle des Zahlungsverzugs gegebenen Problematik eine Verbesserung der Rechtsstellung des Vten lediglich für die Fälle von Obliegenheitsverletzungen herbeiführen wollte. Demgemäß ist — wenn man die Rechtslage allein anhand der Vorschriften über die V für fremde Rechnung zu beurteilen hätte — der Weg für einen Regreß des Vers nach § 3 Ziff. 9 S. 2 PflichtvsG frei. Es bedarf aber besonderer Prüfung, ob der Vte nicht ganz oder teilweise durch denjenigen Teil des Haftpflichtvsvertrages geschützt ist, der das eigene Haftpflichtrisiko des Vmers betrifft. Vom BGH ist hier zutreffend unterstellt worden, daß der Vte im Rahmen dieser zufälligen Koppelung mehrerer Haftpflichtvsverhältnisse als Geschädigter auch Dritter im Sinne des § 149 sei und daß es an einer Ausschlußklausel fehle, nach der Schadenersatzansprüche des Vten gegen den Vmer nicht vom Vsschutz erfaßt werden. Insbesondere darf § 11 Nr. 3 AKB nicht etwa in dem Sinne verstanden werden, daß umgekehrt auch Ansprüche der mitvten Personen gegen Vmer, Halter oder Eigentümer wegen Sach- oder Vermögensschäden vom Vsschutz ausgeschlossen sind. Es wird vielmehr zu Recht allgemein angenommen, daß der Vmer gegen Schadenersatzansprüche des Vten geschützt sei (vgl. Anm. G 73 m. w. N.). Das bedeutet, daß der Vte für einen begründeten Schadenersatzanspruch wegen eines z. B. am eigenen Körper erlittenen Schadens auch im Fall eines gestörten Vsverhältnisses grundsätzlich den Ver gemäß § 3 Ziff. 4, 5 PflichtvsG in Anspruch nehmen kann. Als Beispiel sei folgender Fall mit Seltenheitswert gebildet: Der Vmer verleiht sein Fahrzeug einem Dritten und verschweigt dabei, daß wegen Nichtzahlung der Prämie kein Vsschutz besteht und daß die Bremsanlage defekt ist. Schon an der ersten Kurve vermag der Vte nicht zu bremsen. Er fährt gegen einen Baum und erleidet einen erheblichen Körperschaden. Für den auf § 823 I BGB und auf schuldhafte Verletzung der Pflichten aus dem Leihvertrag gegründeten Schadenersatzanspruch muß der Ver nach § 3 Ziff. 4—6 PflichtvsG eintreten. Diese überobligationsmäßige Eintrittsverpflichtung entfällt nicht etwa deswegen, weil der Vmer daneben auch seine ergänzende Vertragspflicht verletzt hat, dem Entleiher ein ordnungsgemäß vtes Fahrzeug zur Verfügung zu stellen (vgl. für das Bestehen einer solchen Verpflichtung ergänzend Anm. H 44). Denn unter den Deckungsbereich des Fremdvsteils der Kfz-Haftpflichtv fällt dieser Schaden ohnedies nicht. Das Problem stellt sich aber, wenn man den Fall dahin variiert, daß der Vte hier nicht gegen einen Baum, sondern gegen einen anderen Verkehrsteilnehmer fährt. Hier steht dem Vten neben dem Schadenersatzanspruch wegen des am eigenen Körper entstandenen Schadens ein Freihaltungsanspruch bezüglich der gegen ihn bestehenden Ansprüche des geschädigten Dritten zu. Dieser Freihaltungsanspruch folgt gesetzlich aus § 426 I BGB und vertraglich aus der zweifachen Vertragsverletzung durch den Vmer, die in der Überlassung eines nicht betriebssicheren und eines nicht vten Fahrzeugs zu sehen ist. Dabei möge ein Ersatzanspruch des Dritten gegen den Vten mit der Überlegung zugebilligt werden, daß er vor Fahrtantritt die Funktionsfähigkeit der Bremsen nicht von sich aus überprüft habe. Bezüglich des eigenen Körperschadens des Vten ist hier wiederum die Eintrittspflicht des Vers gemäß § 3 Ziff. 4—6 PflichtvsG zu bejahen. Eine solche Haftung des Vers ist aber auch bezüglich des Ausgleichsanspruchs nach § 426 I BGB gegeben. Das folgt daraus, daß im ungestörten Haftpflichtvsverhältnis derartige Ausgleichsansprüche unter den Begriff der gesetzlichen Haftpflichtbestimmungen privatrechtlichen Inhalts im Sinne des § 10 I AKB fallen (vgl. Anm. G 46 m. w. N.). Mangels einer einschränkenden gesetzlichen Bestimmung gilt das, wie schon in Anm. B 57 m. w. N. ausgeführt, auch im gestörten Vsverhältnis. Diese Lösung entspricht einer systematisch folgerichtigen Gleichsetzung der Eintrittsverpflichtung des Vers im gesunden und im gestörten Vsverhältnis. Die vom BGH a. a. O. offengelassene Frage, ob ein Ausgleichsgläubiger auch als geschädigter Dritter im Sinne des § 3 Ziff. 4—6 PflichtvsG anzusehen ist, muß demgemäß bejaht werden. Eintrittspflichtig ist der Ver hier aber nicht nur für den gesetzlich nach § 426 I BGB gegebenen

III. 4. Einfluß des Verhaltens des Vmers auf die Position des Vten   Anm. H 37

Freihaltungsanspruch sondern auch für den vertraglich begründeten Ausgleichsanspruch, soweit er mit dem unterlassenen Hinweis auf die fehlende Bremstüchtigkeit des Fahrzeugs begründet wird. Das ergibt sich daraus, daß auch vertragliche Schadenersatzansprüche und ihnen gleichzusetzende Ausgleichsansprüche unter § 10 I AKB fallen. Hingegen ist die Argumentation des BGH a. a. O. zu akzeptieren, daß für den auf die unterlassene Verpflichtung zur Gestellung eines haftpflichtvten Fahrzeugs gestützten Schadenersatzanspruch aus § 10 I AKB keine Deckung hergeleitet werden kann. Daraus folgt aber nicht etwa der Wegfall der Eintrittspflicht des Vers für den gesetzlichen Ausgleichsanspruch aus § 426 I BGB oder für den konkurrierenden vertraglichen Ersatzanspruch wegen des unterlassenen Hinweises auf die mangelnde Bremstüchtigkeit. Liegen nämlich mehrere Ansprüche in Konkurrenz miteinander, die teils in den primären Deckungsbereich fallen, teils nicht, so ist, sofern sich nicht aus der Bedingungsfassung unverkennbar ein gegenteiliger Wille ergibt, von der Eintrittspflicht des Vers auszugehen (vgl. Bd IV Anm. G 70).

Bildet man den Beispielsfall dahin um, daß dem Vmer und dem Vten ohne Verschulden nichts von der fehlenden Bremstüchtigkeit bekannt war, so ist allein der Vmer (Haltereigenschaft unterstellt) nach § 7 StVG eintrittspflichtig, für den Vten stellt sich lediglich die Gefahr, daß er mit unberechtigten Ansprüchen überzogen wird. Damit kommen wird aber als nächstes zu dem vom BGH a. a. O. entschiedenen Fall, in dem zwar nichts Näheres über die Haftungsverhältnisse gesagt ist, die aber wohl wie folgt zu charakterisieren sind: Es liegt keine fehlerhafte Beschaffenheit des Fahrzeugs vor; vielmehr ist eine gewöhnliche Fahrlässigkeit des Vten gegeben. Das bedeutet, daß für den Schaden des Dritten der Vte und der Vmer im Rahmen der Bestimmungen des StVG als Gesamtschuldner haften. Liegt auch ein Auswahl- oder Überwachungsverschulden des Vmers im Sinne des § 831 BGB vor, so haftet er darüber hinaus gesamtschuldnerisch mit dem Vten für das Schmerzensgeld und für den materiellen Schaden, soweit dieser die Haftungsgrenzen nach § 12 StVG überschreitet. In beiden Fällen stellt sich die Frage, ob dem Vten ein Ausgleichsanspruch im Sinne des § 426 I BGB zusteht. Hier könnte in bezug auf die Verschuldenshaftung § 840 II BGB entgegenstehen. Dort ist festgelegt, daß im Innenverhältnis die Haftung nach § 831 BGB gegenüber dem im engeren Sinne schuldhaft Handelnden zurückzutreten habe. Es bereitet indessen keine Schwierigkeit, § 840 II dahin einschränkend zu interpretieren, daß die dort gefundene Regelung dann nicht eingreift, wenn der nach § 831 BGB Haftende vertraglich verpflichtet ist, den Vten für derart von diesem angerichtete Schäden durch den Abschluß einer Kfz-Haftpflichtv für fremde Rechnung abzusichern. Das bedeutet zugleich, daß nicht die Teilungsregelung des § 426 I 1 BGB (gleiche Anteile) zum Zuge kommt. Vielmehr ergibt sich aus dieser vertraglichen Verpflichtung des Vmers eine anderweitige Bestimmung im Sinne des § 426 I 1 BGB mit der Folge, daß der Vte im Regelfall volle Freistellung durch den Vmer verlangen kann. Das Grundverhältnis zwischen Vmer und Vtem beeinflußt damit auch den Umfang des gesetzlich gegebenen Ausgleichsanspruchs des Vten nach § 426 I 1 BGB. Insoweit ist zu der BGH-Entscheidung anzumerken, daß diese mögliche Anspruchsgrundlage nicht zusätzlich abgehandelt worden ist. Das mußte aber geschehen, zumal da in Konkurrenz zu diesem Ausgleichsanspruch ein Schadenersatzanspruch des Vten gegen den Vmer aus dem Gesichtspunkt der gefahrengeneigten Arbeit stand, dessen Geltendmachung durch den Vten gegen den Vmer nur dann als rechtsmißbräuchlich anzusehen ist, wenn dieser dem Vten zur Abwehr der Ansprüche des geschädigten Dritten einen effektiven Haftpflichtvsschutz zur Verfügung stellt (vgl. dazu Anm. H 44). Für den genannten Ausgleichsanspruch und den Schadenersatzanspruch aus dem Gesichtspunkt der gefahrengeneigten Arbeit gelten trotz der engen Beziehung zu dem auf die Vertragsverletzung gestützten Schadenersatzanspruch wegen fehlenden Vsschutzes andere Rechtsgrundsätze. Das Gesagte bedeutet, daß dem Vten in aller Regel bezüglich des materiellen Schadens im Rahmen der StVG-Haftung wegen der gleichzeitig gegebenen Eintrittsverpflichtung des Vmers ein Ausgleichsanspruch nach § 426 I 1 BGB zusteht. Für diesen gesetzlich fundierten Ausgleichsanspruch ist der Vmer dem Vten gegenüber aus dem das eigene Haftpflichtrisiko des Vmers betreffenden Teil des kombinierten Haftpflichtvsvertrages nach § 3 Ziff. 4, 5 PflichtvsG eintrittspflichtig. Dem Vten kommt insoweit wie jedem anderen außerhalb des Vsvertrages stehenden Mitschädiger die Stellung als geschädigter Dritter zu. Es ist daher in dieser Konstellation eine Regreßmöglichkeit des Vers nach § 3 Ziff. 9 S. 2 PflichtvsG im Umfang dieses Ausgleichsanspruchs zu verneinen. Der konstruktiv einleuchtende Weg ist dabei der, daß im Umfang dieser Ausgleichungspflicht des Vmers schon ein Forderungsübergang auf den Ver zu verneinen ist. Das läßt sich einleuchtend mit dem Argument begründen, daß ein Forderungsübergang nicht im Verhältnis zu einem Vten erfolgt, dem der Ver in dessen Eigenschaft als geschädigter Dritter bezüglich des gegen den Vmer und damit auch gegen den Ver gerichteten Ausgleichsanspruchs Freihaltung schuldet. E. Lorenz NJW 1971 S. 2149 ist zwar einzuräumn, daß hier mangels Gleichartigkeit der einander gegenüberstehenden Ansprüche nicht der Grundfall der Aufrechnung gegeben ist. Es ist aber eine aufrechnungsgleiche Situation insofern gegeben, als der Ver den Ausgleichsanspruch durch Erlaß seiner Regreßforderung zu erfüllen hat. Geht der Ver dennoch gegen den Vten vor, so handelt er rechtsmißbräuchlich („dolo petit qui petit quod statim redditurus est"). Vom BGH durfte gegenüber diesem auch mit der Interessenlage übereinstimmenden Ergebnis dem aus der amtlichen Begründung abgeleiteten Gegenargument keine maßgebende Bedeutung beigemessen werden. Die a. a. O. S. 31 geäußerte Auffassung der Gesetzesredaktoren, daß der Vte in diesen Fällen schutzlos sei, bedeutet nur, daß diese komplizierten Zusammenhänge nicht zutreffend beurteilt worden sind. Das steht aber einer systemgerechten Interpretation nicht im Wege. Das Gesagte gilt um so mehr, als die amtliche Begründung zur Änderung des PflichtvsG im Jahre 1965 eine Reihe unzutreffender Bemerkungen über den traditionellen Umfang des Haftpflichtvsschutzes enthält (vgl. nur Anm. B 19–39), die den relativen Wert solcher „Gesetzesmaterialien" verdeutlichen. Das Gesagte bedeutet, daß es allein auf eine Auslegung ankommt, die den Schutz des Dritten nach Maßgabe der in den Gesetzesbestimmungen hinreichend zum Ausdruck kommenden Wertungen wahrt. Demgegenüber besagt der Hinweis auf § 3 Ziff. 9 S. 2 PflichtvsG nichts. Diese Vorschrift läßt sich vielmehr unschwer dahin interpretieren, daß sie dann nicht eingreift, wenn und soweit der Vte selbst zum Kreis der geschädigten und geschützten Dritten im Sinne des § 3 PflichtvsG gehört. Auch der Hinweis darauf, daß der Ver bei einer der BGH-Entscheidung entgegengesetzten Lösung entgegen § 158c IV gezwungen werde, für einen Regreßanspruch aus § 1542 RVO (heute § 116 SGB X) einzustehen, vermag nicht zu überzeugen. Vielmehr ist hier die gesetzliche Regelung genauso wie in den Fällen eines außerhalb des Haftpflichtvsverhältnisses stehenden Mitschädigers dahin zu interpretieren, daß für den Sozialver extra legem wegen Widerstreits zweier gesetzgeberischer Grundprinzipien ein Regreßverbot gilt (vgl. Anm. B 57). Das entspricht der Lösung, die für die in der Interessenlage ähnlich liegenden Fälle des § 158 i a. F. ohnedies schon gefunden worden war (vgl. BGH 14.VII.1976 BGHZ Bd 67 S. 147–151 und Anm. H 40 m. w. N.).

Das Gesagte muß noch ergänzt werden bezüglich derjenigen Fälle, in denen der Ver es schuldhaft unterlassen hat, eine Anzeige nach § 29c StVZO ungesäumt zu erstatten. Mit Roth–Stielow NJW 1972 S. 1357–1358 ist hier dem Ver ein Regreß gegen den Vten deshalb zu versagen, weil der Ver durch dieses Verhalten zugleich

III. 4. Einfluß des Verhaltens des Vmers auf die Position des Vten **Anm. H 38**

eine im Verhältnis zum Vten bestehende ergänzende Vertragspflicht verletzt. Die Regelung in § 29 c StVZO stellt zwar kein Schutzgesetz im Sinne des § 823 II BGB zugunsten des Dritten dar (vgl. dazu BGH 4.IV.1978 MDR 1978 S. 1014 = VersR 1978 S. 609–611 m. w. N. und Anm. B 46 a. E.). Mangels entsprechender gesetzlicher Intention folgt daraus, daß erst recht kein Schutzgesetz im Sinne des Deliktsrechts zugunsten des Vten angenommen werden darf. Das hindert aber nicht daran, eine wertende Betrachtung des Gesamtrechtsverhältnisses in der Weise vorzunehmen, daß der Ver im Rahmen einer ergänzenden vertraglichen Schutzwirkungserstreckung gehalten ist, bei seiner Entscheidung, ob er ungesäumt Anzeige erstattet oder nicht, auch die Belange des Vten zu wahren. Dabei ist zu berücksichtigen, daß die institutionell zur Kfz-Haftpflichtv gehörende V für fremde Rechnung in der Weise ausgestaltet ist, daß dem Ver vor Eintritt eines Schadenfalls die Namen der Vten nicht bekannt sind, so daß eine individuelle Benachrichtigung ausscheidet. Weiter ist zu berücksichtigen, daß die Vten sich in aller Regel nicht dagegen schützen können, daß der Halter gesetzeswidrig seiner Verpflichtung nach § 1 PflichtvsG nicht nachkommt. Der Ver ist dagegen gesetzlich verpflichtet, die Zulassungsstelle über solchen fehlenden Vsschutz zu unterrichten. Es widerspricht dem Gerechtigkeitsgefühl, einem Ver, der in dieser Situation untätig bleibt, einen Regreßanspruch gegen den Vten zuzubilligen. Dabei ist von entscheidender Bedeutung, daß der Ver durch seine Untätigkeit die schutzlose Lage des Vten ohne einleuchtenden Grund verlängert hat. Den Vern ist mit der Durchführung der privatwirtschaftlich ausgestalteten Kfz-Haftpflichtv zugleich eine Aufgabe aus dem Bereich der Daseinsvorsorge übertragen worden. Ihnen ist im Rahmen des durch nachhaltige Einwirkung des Gesetzgebers inhaltlich vorgeformten Kfz-Haftpflichtvsvertrages anzusinnen, die schutzwürdigen Belange des Vten durch Erstattung der behördlich vorgeschriebenen Anzeige zu wahren. Andernfalls würde der Ver für ein gesetzwidriges Verhalten belohnt werden. E. Lorenz NJW 1972 S. 2284 wendet dagegen ein, daß eine solche Lösung an die Grenzen des Vertrages zugunsten Dritter gehe (ablehnend ferner Prölss–Martin–Knappmann[24] Anm. 2 b zu § 158 i a. F., S. 691; im Ergebnis zustimmend OLG Düsseldorf 6.II.1979 VersR 1980 S. 33–34). Da eine solche Pflicht zur Stillegung nicht gegenüber dem Vmer bestehe, gebe es sie auch nicht im Verhältnis zum Vten. Mit dieser Argumentation wird aber dem Sonderrechtscharakter der Kfz-Haftpflichtv und dem Gebot der Rücksichtnahme auf den institutionell zu seinem Schutze in den Vertrag einbezogenen Vten nicht hinreichend Genüge getan. Es erscheint als ohne weiteres möglich, den Umfang der Nebenverpflichtungen des Vers differenziert zu sehen, je nachdem, ob es um die Rechtsbeziehungen des Vers zum Vmer oder zum Vten geht. Eine entsprechende Verpflichtung zur Anzeige soll auch gewiß nicht gegenüber dem Vmer angenommen werden, der auch als Rechtsnachfolger des ursprünglichen Vmers sich hier durch entsprechende Erkundigungen bei dem Ver schützen kann (vgl. dazu Anm. B 46 a. E. und BGH 7.III.1984 NJW 1984 S. 1967–1968 = VersR 1984 S. 455–456). Jedenfalls muß der Ver in dieser besonderen Situation die Interessen des Vten wahren. Tut er das nicht, so ist ihm wegen Verletzung der nebenvertraglichen Verpflichtung, dem Vten keinen Schaden zuzufügen, ein Regreßrecht gegen diesen Vten zu verwehren. Zu Recht gebrauchte Roth–Stielow a. a. O. in diesem Zusammenhang den Ausdruck Obliegenheitsverletzung; denn dem Vten, der zufällig vor Eintritt eines Schadenfalls von der unterlassenen Anzeige erfährt, ist gewiß kein Klagerecht gegenüber dem Ver auf Erstattung einer solchen Anzeige zuzubilligen.

[H 38] ccc) Schutz durch geschäftsplanmäßige Erklärungen der Versicherer

Nach der in Anm. H 36 dargestellten Auffassung des BGH 20.I.1971 BGHZ Bd 55 S. 281–288 war der Vte im Falle der Leistungsfreiheit des Vers gemäß §§ 38,

39 nach den gesetzlichen Bestimmungen bis zum Inkrafttreten der neuen Fassung des § 158 i zum 1.I.1991 ungeschützt. Auch dann, wenn man davon abweichend den Vten bezüglich seines Ausgleichsanspruchs nach § 426 I BGB als Dritten im Sinne des das eigene Haftungsrisiko des Vmers betreffenden Teil des Haftpflichtvsvertrages ansieht, dem die Schutzregelungen nach § 3 Ziff. 4, 5 PflichtvsG zugute kommen (vgl. Anm. H 37), bleiben bei einer fehlenden Außenhaftung des Vmers empfindliche Lücken. Von beiden Standpunkten aus war es daher zu begrüßen, daß von den Vern zu diesem Problemkreis **geschäftsplanmäßige Erklärungen** abgegeben wurden. Der Text dieser erstmals in VA 1973 S. 103 veröffentlichten Erklärungen (vgl. auch VA 1975 S. 157, VA 1987 S. 169—173 sowie Anm. A 5) lautet wie folgt:

> „In den Fällen, in denen ein Vmer die Erst- bzw. Folgeprämie nicht gezahlt hat und der Ver deshalb leistungsfrei ist, werden wir in der Kfz-Haftpflichtv auf die Geltendmachung des aus diesem Grunde bestehenden gesetzlichen Rückgriffsanspruchs gegen mitvte Personen verzichten, es sei denn, daß die mitvte Person von der Nichtzahlung wußte oder grob fahrlässig keine Kenntnis hatte.
>
> Der Verzicht gilt für alle zur Zeit der Abgabe der Erklärung noch nicht abgewickelten und künftigen Regreßfälle. Er gilt nicht, soweit für die mitvten Personen anderweitig Vsschutz besteht."

Bei der Auslegung dieser geschäftsplanmäßigen Erklärung ist zu bedenken, daß sie von den Vern mit entsprechendem **Rechtsverpflichtungswillen** abgegeben worden ist. Es handelt sich bei solchen den Leistungsumfang (im weitesten Sinne) und die Regreßnahme betreffenden Erklärungen um den Vsvertrag im Kernbereich prägende Regelungen. Ihnen ist aus dem Gesichtspunkt der **Erklärung an die Öffentlichkeit** entgegen älterer Anschauung unmittelbare **vertragsrechtliche Wirkung** beizumessen (BGH 13.VII.1988 BGHZ Bd 105 S. 140—153 [150—153], so auch schon Denck Außenhaftung S. 204 Anm. 101, vgl. ferner Anm. A 17 und J 15 m. w. N.). Für den Vten, der von der hier zu beurteilenden geschäftsplanmäßigen Erklärung allein betroffen wird, ist lediglich — wie auch sonst — zusätzlich die Denkfigur des Vertrages zugunsten Dritter in die Überlegungen einzubeziehen. Der Vte kann sich daher ohne weiteres in dem gegen ihn gerichteten Regreßprozeß auf diese geschäftsplanmäßige Erklärung berufen (OLG Köln 3.III.1975 NJW 1975 S. 1747 = VersR 1975 S. 727). Nicht etwa ist er darauf angewiesen, das BAV um Hilfe gegen die Nichteinhaltung einer solchen geschäftsplanmäßigen Erklärung zu ersuchen (so aber noch Möller in Bruck—Möller Bd I Einl. Anm. 30, anders aber später in der Diskussion um den Regreßverzicht, vgl. AnwBl 1973 S. 244). Abgesehen von der Besonderheit, daß hier „vertragliche" Rechte durch eine veröffentlichte geschäftsplanmäßige Erklärung begründet worden sind, liegt die gleiche Konstruktion wie im Falle des Regreßverzichts gemäß § 15 II AKB zugrunde (vgl. dazu Anm. J 177 m. w. N.). Es liegt demgemäß eine vertragliche Regelung sui generis zugunsten eines Dritten im Sinne des § 328 BGB vor, die als „pactum de non petendo" zu kennzeichnen ist (vgl. für § 15 II AKB Bruck—Möller—Sieg Bd II Anm. 46 zu § 67). Die vertragliche Bewertung einer solchen geschäftsplanmäßigen Erklärung bereitet dabei in denjenigen Fällen keine Schwierigkeit, in denen sie vor dem Abschluß eines Einzelvsvertrages abgegeben worden ist. Hier ist vielmehr nach überkommenen Grundsätzen davon auszugehen, daß die Vertragsannahmeerklärung des Vers sich auf die veröffentlichten AKB und die diese verbessernden geschäftsplanmäßigen Erklärungen bezieht. — Es wäre allerdings besser und klarer, wenn der Text der den materiellen Vsschutz betreffenden geschäftsplanmäßigen Erklärungen in die AKB eingearbeitet werden würde. — Die konstruktive Schwierigkeit liegt vielmehr

III. 4. Einfluß des Verhaltens des Vmers auf die Position des Vten Anm. H 38

in erster Linie in denjenigen Fällen, in denen nach Vertragsabschluß derartige die Stellung des Vmers (und Vten) verbessernde geschäftsplanmäßige Erklärungen abgegeben werden. Hier bedarf es, soweit nicht der Ausnahmefall einer vertraglichen Einzelannahmeerklärung des Vmers vorliegt, der erwähnten Konstruktion einer vertraglichen Selbstbindung des Vers aus dem Gesichtspunkt der **verpflichtenden Erklärung an die Öffentlichkeit**.

Unvollkommen war der dem Vten durch diese geschäftsplanmäßige Erklärung gewährte Schutz insofern, als sie nicht bedeutete, daß dem Vten unabhängig von der Verletzung der Prämienzahlungspflicht durch den Vmer Vsschutz gewährt wird. Vielmehr haben sich die Ver bewußt gegen eine solche Ausgestaltung entschieden, weil sie bei Übernahme einer vertraglichen Verpflichtung zur Gewährung von Vsschutz auch die Regreßansprüche von Sozialvsträgern oder anderen im Risiko befindlichen Vern hätten erfüllen müssen. Das Ziel der das Pflichtvsrecht ergänzenden Regelung war dieses, die gesetzlich für Obliegenheitsverletzungen durch § 158 i a. F. bestehende Rechtslage nachzubilden. Denn diese für alle Pflichthaftpflichtven zum 1.X.1965 in das VVG eingefügte Bestimmung untersagte dem Ver in der V für fremde Rechnung gleichfalls den Regreß gegen den Vten, der selbst keiner Obliegenheitsverletzung schuldig war, ohne daß der Vte dadurch einen Rechtsanspruch auf Gewährung von Vsschutz erlangte (so die h. M., vgl. die Nachweise in Anm. H 40). Diese Ausgestaltung des Vsvertrages hatte zur Folge, daß der Vte dann durch die hier zu erörternde geschäftsplanmäßige Erklärung nicht geschützt war, wenn (nicht der an sich nicht im Risiko befindliche Ver, sondern) ein anderer Ver im Sinne des § 158 c IV den Dritten befriedigt hat (so zutreffend Klingmüller DAR 1972 S. 296, Deichl DAR 1972 S. 301, Stiefel–Hofmann[15] Anm. 55 zu § 1 AKB, S. 61 m. w. N., Wendt VW 1972 S. 1494). Nimmt dann der Sozialvsträger (oder der andere Schadenver des Dritten im Sinne des § 158 c IV) Regreß bei dem Vten, weil dieser nach bürgerlichrechtlichen Grundsätzen für den Schaden einzustehen hat, so bietet der die V für fremde Rechnung betreffende Teil des Haftpflichtvsvertrages dem Vten keinen Schutz. Die entsprechende Komplikation ist vom BGH im Falle des § 158 i a. F. dahin gelöst worden, daß er dem Sozialvsträger (oder anderem Schadenver) untersagt hat, den Vten im Regreßwege zu belangen (vgl. BGH 14.VII.1976 BGHZ Bd 67 S. 147–151 und Anm. H 40 m. w. N.). Das war zu billigen mit Rücksicht darauf, daß vom Gesetzgeber dieses Regelungsproblem übersehen worden war und daß die Zubilligung eines Regreßanspruchs die gesetzgeberische Intention des § 158 i a. F. für einen wesentlichen Bereich zunichte gemacht hätte.

Anknüpfend an diese Rechtsprechung des BGH 14.VII.1976 a. a. O. zu dem gesetzlichen Regreßverbot gemäß § 158 i a. F. verankerten die Ver in der geschäftsplanmäßigen Erklärung zur Absicherung des Vten in den Prämienverzugsfällen einen vertraglichen Regreßverzicht. Sie ließen sich dabei von der Hoffnung tragen, daß die Gerichte aus diesem Regreßverzicht auch ein Regreßverbot des Sozialvers ableiten würden (so auch Schirmer ZVersWiss 1981 S. 130–146 [allerdings aus analoger Anwendung des § 158 i a. F. argumentierend], ders. VersR 1987 S. 29, Sieg VersR 1982 S. 913–914, Theda DAR 1980 S. 294; dagegen Klingmüller DAR 1972 S. 298 und Steffen VersR 1987 S. 531–532, die eine Problemlösung allein aufgrund eines gesetzlichen Eingriffs für möglich hielten). Vom BGH 13.I.1988 BGHZ Bd 103 S. 52–58 ist dagegen eine entsprechende Anwendung der zu § 158 i a. F. entwickelten Grundsätze abgelehnt worden. Das entspricht traditionellen Auslegungsmaximen, nach denen ein vertraglicher Regreßverzicht begrifflich nicht wirksam in gesetzliche Rechte Dritter eingreifen kann, die an jenem Vertragswerk nicht beteiligt sind. Die Entscheidung kam nicht überraschend, da der BGH es zuvor auch schon **abgelehnt** hatte, aus dem vertraglich für Obliegenheitsverletzungen geltenden teilweisen Regreßverzicht (bezüglich der vor Eintritt des Vsfalls zu erfüllenden Obliegenheiten, dazu Anm. F 27—29) die Folgerung zu ziehen, daß er sich auf den Bestand des Regreßanspruchs eines Sozialvers auswirken könne (vgl. dazu die beiden BGH-Entscheidungen vom 5.X.1983 BGHZ Bd 88 S. 296—301 und VersR 1984 S. 137—138, mit denen die zunächst durch BGH 27.V.1981 BGHZ Bd 80 S. 332—345 vertretene gegenteilige Auffassung aufgegeben wurde; dazu auch Anm. B 148 m. w. N.). Die gesetzgeberische Konsequenz aus dieser Rechtsprechung des BGH war dann die Umgestaltung des § 158 i in der Weise, daß mit Wirkung ab 1.I.1991 die Rechtsposition des Vten weitgehend unabhängig von der des Vmers ausgestaltet worden ist (Anm. H 28—34).

Der von der vertraglichen Verbesserung der Rechtsstellung des Vten durch die hier zu betrachtende geschäftsplanmäßige Erklärung vorausgesetzte Normalfall ist der, daß der geschädigte Dritte den überobligationsmäßig haftenden Ver erfolgreich in Anspruch nimmt. Denkbar ist als Ausnahme aber auch, daß der Dritte allein gegen den Vten vorgeht, seinen Anspruch gerichtlich durchsetzt und den Vten zur Zahlung zwingt. Hier greift die geschäftsplanmäßige Erklärung zwar ihrem Wortlaut nach nicht ein. Es ergibt aber eine auf die Interessenlage abstellende Interpretation der geschäftsplanmäßigen Erklärung, daß in diesem Sonderfall ein Anspruch aus ungerechtfertigter Bereicherung im Umfang des normalen Wirkungsbereichs des zugesagten Regreßverzichts zuzubilligen ist (so auch BAV in VA 1963 S. 193 für einen ähnlich gelagerten Fall aus dem Bereich des Feuerregreßverzichtsabkommens).

Ausdrücklich ausgenommen vom Regreßverzicht ist der Fall, daß der Vte von der Nichtzahlung der Prämie wußte oder grob fahrlässig keine Kenntnis hatte. Die Fassung der geschäftsplanmäßigen Erklärung ist dabei mit Bedacht so gewählt worden, daß der Ver für diese Ausnahmefälle beweispflichtig ist (Wendt VW 1972 S. 1496). Zu beachten ist, daß nicht auf die Kenntnis von dem Nichtbestehen des Vsschutzes abgestellt wird, sondern auf die von der Nichtzahlung der Prämie. Das bedeutet, daß ein etwa gegebenes Vertrauen des Vten darauf, daß eine gesetzte Zahlungsfrist noch nicht abgelaufen sei, nicht geschützt wird. Auch der Subsumtionsirrtum des Vten, der aus der Kenntnis der Nichtzahlung der Prämie nicht den doch so naheliegenden Schluß auf das Fehlen des Vsschutzes gezogen hat, geht danach zu Lasten des Vten. Das mag man hinnehmen. Der Vte, der ein Fahrzeug benutzt, obwohl er weiß, daß die Prämie nicht gezahlt worden ist, erscheint in der Regel gewiß als nicht besonders schutzwürdig. Es wäre aber besser, wenn in dem Regreßverzicht allein auf die Kenntnis der Nichtzahlung der Prämie abgestellt werden würde. Die grob fahrlässige Unkenntnis sollte nicht gleichgestellt werden. Dabei ist zu bedenken, daß es regelmäßig nicht zum Pflichtenkreis des Vten gehört, die Erfüllung der Prämienzahlung durch den Vmer zu kontrollieren. Bei der Bewertung eines Verhaltens als grob fahrlässig ist Zurückhaltung geboten. So ist z. B. der Schluß nicht zwingend, daß ein Vmer, der den Lohn nicht zahle, sicher auch die Vsprämie nicht zahlen werde. Die Erfahrung lehrt vielmehr, daß es durchaus möglich ist, daß ein Vmer, der den geschuldeten Lohn nicht zahlt, dennoch ordnungsgemäß die Vsprämien entrichtet. Es darf demgemäß in einer derartigen Situation nicht ohne weiteres auf ein grob fahrlässiges Verhalten des betreffenden Vten geschlossen werden.

Ursprünglich wollten die Ver nach dem Bericht von Wendt VW 1972 S. 1496 die geschäftsplanmäßige Erklärung in der Fassung abgeben, daß der Verzicht nicht gegenüber dem mit dem Vmer nicht identischen Halter oder Eigentümer gelte. Zur Begründung dieser geplanten Einschränkung war ausgeführt worden, daß auf diese Art und Weise verhindert werden solle, daß sich der Halter einen mittellosen Strohmann als Vmer aussuche. Es ist gut, daß sich diese auf extreme Ausnahmefälle

III. 4. Einfluß des Verhaltens des Vmers auf die Position des Vten   **Anm. H 39**

abstellende Argumentation nicht durchgesetzt hat, so daß sich der Regreßverzicht in der vertraglich geltenden Fassung auf alle Vten erstreckt.

Weiter heißt es in dem Text der geschäftsplanmäßigen Erklärung, daß der Regreßverzicht dann nicht zum Zuge kommt, wenn der Vte anderweitig Vsschutz hat. Das erscheint zunächst als eine einleuchtende Einschränkung. Eine genauere Überlegung ergibt jedoch, daß in einem Fall, in dem der Vte anderweitig Haftpflichtvsschutz hat, der Ver nach der Regel des § 158 c IV ohnedies nicht zur überobligationsmäßigen Leistung gemäß § 3 Ziff. 4, 5 PflichtvsG verpflichtet ist (vgl. dazu Anm. B 55 m. w. N.).

Zum 1.VII.1988 hat sich hier allerdings eine Änderung durch das Gesetz vom 22.III.1988 (BGBl. I S. 358) ergeben. Zu diesem Zeitpunkt ist eine Neufassung des § 3 Ziff. 6 PflichtvsG in Kraft getreten. Danach findet § 158 c IV für die Kraftfahrzeughaftpflichtv in denjenigen Fällen keine Anwendung, in denen die Leistungsfreiheit des Vers darauf beruht, daß das Fahrzeug den **Bau- und Betriebsvorschriften der StVZO** nicht entsprach oder von einem **unberechtigten Fahrer** oder von einem **Fahrer ohne die erforderliche Fahrerlaubnis** geführt wurde (kritisch dazu Steffen VersR 1987 S. 533; vgl. auch Anm. A 22).

[H 39] cc) Obliegenheitsverletzungen durch den Versicherungsnehmer
   aaa) Grenzen des Akzessorietätsprinzips

Nach der **Grundkonzeption des Vertrages zugunsten Dritter** ist der **Anspruch des Begünstigten abhängig von der Leistungspflicht des Versprechenden gegenüber dem Versprechensempfänger.** § 334 BGB bringt das mit den Worten zum Ausdruck, daß Einwendungen aus dem Vertrage dem Versprechenden auch gegenüber dem Dritten zustehen. Diese Akzessorietätsregel gilt grundsätzlich auch für das Vsrecht, und zwar insbesondere auch für Obliegenheitsverletzungen durch den Vmer (und seine Repräsentanten), wenngleich gewisse Ausnahmen gemacht werden (vgl. dazu. Bruck—Möller—Sieg Bd II Anm. 17 und 18 zu § 79 m. w. N.). Mit dieser dogmatischen Ausgangsposition stimmt es überein, wenn es in § 3 III 1 AKB heißt, daß eine Leistungsfreiheit des Vers gegenüber dem Vmer auch im Verhältnis zu allen mitvten und sonstigen Personen gelte, die Ansprüche aus dem Vsvertrag geltend machen. Vor Inkrafttreten des § 158 i a. F. war dennoch nicht unbestritten, ob ein gleiches auch für die Kraftfahrzeughaftpflichtv gelte. Der Grund für abweichende Konstruktionen lag in der **unverkennbaren Schutzbedürftigkeit des mitvten Fahrers,** deren der Gesetzgeber mit der in § 1 PflichtvsG verankerten Verpflichtung des Halters zur Vsnahme auch zugunsten des jeweiligen Fahrers gedacht hatte. Dieser Schutzbedürftigkeit hatten z. B. OLG Hamm 11.X.1954 VersR 1955 S. 17—18 m. abl. Anm. von E. Prölss VersR 1955 S. 167 und LG Nürnberg—Fürth 2. III. 1955 VersR 1955 S. 475—477 in der Weise Rechnung getragen, daß sie den Ver im Verhältnis zum Vten durch Obliegenheitsverletzungen des Vmers nicht leistungsfrei werden ließen. Dabei handelt es sich um die Verletzung von vor Eintritt des Vsfalls zu erfüllenden Obliegenheiten. Dagegen hat sich BGH 28.I.1958 BGHZ Bd 26 S. 287—289 m. w. N. gerade für solche vor Eintritt des Vsfalls zu erfüllenden Obliegenheiten für eine Akzessorietät nach überkommenen Grundsätzen ausgesprochen. Diese Auffassung hatte sich zum Zeitpunkt des Inkrafttretens des § 158 i a. F. in der Gerichtspraxis und im Schrifttum durchgesetzt (vgl. ferner Ossewski VersR 1958 S. 6, E. Prölss VersR 1955 S. 167, derselbe VersR 1968 S. 268—270, Prölss—Martin—Knappmann[24] Anm. 1 zu § 158 i a. F., S. 690; generell kritisch sowohl für Obliegenheitsverletzungen vor wie auch nach Eintritt des Vsfalls dagegen Wahle VersR 1965 S. 75—76; vgl. auch Johannsen VersArch 1956

S. 352–353 Anm. 291). Diese von der Konstruktion des Vertrages zugunsten Dritter getragene Lösung wurde aber dennoch anhaltend gegenüber dem an der Obliegenheitsverletzung nicht beteiligten Vten als unbillig empfunden. Das gerade führt zur Einfügung des zum 1.X.1965 in Kraft getretenen § 158i a. F. (Begr. IV S. 31), der gedanklich eine solche Abhängigkeit des Vsschutzes für den Vten von dem Verhalten des Vmers voraussetzt. BGH 14.XII.1967 BGHZ Bd 49 S. 130–140 (mit kritischer Anmerkung von E. Prölss VersR 1968 S. 268–270) hat dann für einen vor der Gesetzesänderung liegenden Sachverhalt, in dem eine **nach Eintritt des Vsfalles zu erfüllende Obliegenheit** verletzt worden war, eine **Unabhängigkeit** des Vsschutzes für den Vten angenommen. Die Entscheidung betraf eine Frage des Vers nach dem Alkoholgenuß des Fahrers. Die Antwort in dem von dem Vmer ausgefüllten und von dem Vten mitunterzeichneten Fragebogen war unrichtig (oder jedenfalls unvollständig) beantwortet worden. Der Vte hatte hier aber nach den Feststellungen des Berufungsgerichts keine vorsätzliche Verletzung begangen. Vom BGH wurde in dieser besonderen Situation der Vsschutz für den Vten bejaht (ebenso BGH 20.XII.1974 VersR 1975 S. 366–368 [367], ferner OLG Hamm 28.IX.1965 VersR 1967 S. 747–749, 18.V.1988 r + s 1989 S. 72–73 = ZfS 1988 S. 394). E. Prölss VersR 1968 S. 268–270 hält diese Entscheidung für nicht zutreffend (ablehnend ferner Schirmer, Festschrift für Sieg, Karlsruhe 1976, S. 480–481; wohl auch Stiefel–Hofmann[15] Anm. 20 zu § 3 AKB, S. 198 [wenngleich der zutreffende Hinweis darauf, daß das Ergebnis nicht allein aus § 158i gerechtfertigt werden könne, mehrdeutig ist]; zustimmend Denck Außenhaftung S. 244–245 m. w. N.). Bemerkenswert ist aber, daß von Prölss a. a. O. aus der Rechtsprechung als Beispiel für eine von der Rechtsprechung akzeptierte Ausdehnung der Wirkung einer Obliegenheitsverletzung auf den Vten für nach Eintritt des Vsfalles zu erfüllende Lasten für die Kfz-Haftpflichtv nur ein Urteil mit einer vermeintlich seine Auffassung bestätigenden Meinung zitiert wird, nämlich LG Stuttgart 19.X.1954 VersR 1955 S. 145–147 (das aber weder einen Fall der V für fremde Rechnung betrifft noch überhaupt die Kfz-Haftpflichtv). Zur Begründung hatte der BGH auf die Selbständigkeit des Anspruchs des Mitvten und die soziale Komponente der Pflichthaftpflichtv hingewiesen.

Die Bedeutung dieser Frage ist durch die Schaffung des § 158i a. F. geringer geworden. Das gilt verstärkt deshalb, weil durch § 7 V Nr. 2 AKB für nach Eintritt des Vsfalles begangene Obliegenheitsverletzungen nur noch eine abgestufte Leistungsfreiheit von DM 1000,– oder DM 5000,– vorgesehen ist, wenn man von dem Sonderfall des § 7 V Nr. 3 AKB absieht (vgl. dazu Anm. F 116–117). Dabei kann die Auslegung sich nicht damit begnügen, daß § 3 III 1 AKB eine solche Abhängigkeit vorsieht. Vielmehr verträgt diese Vorschrift unschwer eine Reduktion gegenüber dem umfassenden Wortlaut dahin, daß solche durch den Vmer begangenen Obliegenheitsverletzungen auszuscheiden haben, die bei verständiger Würdigung des Gesamtgeschehens als gravierend nur dem das eigene Risiko des Vmers betreffenden Teil des Vsvertrages zugeordnet werden können. Von diesen Überlegungen ausgehend, ist in Übereinstimmung mit der h. M. anzunehmen, daß grundsätzlich für alle vor Eintritt des Vsfalles begangenen Obliegenheitsverletzungen eine solche Akzessorietät gegeben ist (vgl. in diesem Sinne auch OLG Stuttgart 24.VII.1974 VersR 1975 S. 705, OLG Schleswig 21.VI.1977 VersR 1978 S. 1011; **anders** OLG Saarbrücken 17.VII.1968 VersR 1968 S. 1133–1134 für den Sonderfall einer unterlassenen Anzeige eines **Eigentumswechsels** [zustimmend Sieg in Bruck–Möller–Sieg Bd II Anm. 18 zu § 79], vgl. dazu Anm. F 76). Hingegen ist mit BGH 14.XII.1967 a. a. O. an der schon in VersArch 1956 S. 352–353 Anm. 291 vertretenen Auffassung festzuhalten, daß das grundsätzlich nicht für Obliegenheitsverletzungen gilt, die der Vmer nach Eintritt des Vsfalles begeht. Zwar entfaltet § 158i a. F. seit dem 1.X.1965

III. 4. Einfluß des Verhaltens des Vmers auf die Position des Vten Anm. H 39

eine Schutzwirkung, die für Obliegenheitsverletzungen aller Art gilt. Es wird dabei wesentlich auf das selbständige Recht zur Geltendmachung des Vsanspruchs durch den Vten abgestellt, so daß der Hinweis allein auf diese Besonderheit nicht mehr verfängt. Es ist aber die Eigenart zu beachten, daß nicht der Grundfall einer isolierten V für fremde Rechnung vorliegt, in der allein der Vte Träger des vten Interesses ist. Vielmehr liegen in der Kfz-Haftpflichtv stets zwei miteinander verbundene Risiken vor, die so ausgestaltet sind, daß ein eigenes Risiko des Vmers abgedeckt wird und daneben das Haftungsrisiko des Vten. Es läßt sich die Vertragsgestaltung ohne weiteres so denken, daß eine Absicherung in zwei getrennten Verträgen erfolgt. Deshalb ist es sinnvoll, dahin abzugrenzen, daß eine Abhängigkeit des Vsschutzes für den Vten von nach Eintritt des Vsfalls begangenen Obliegenheitsverletzungen des Vmers dann nicht gegeben ist, wenn kein relevanter Bezug zu dem eigenen Vsschutzanspruch des Vten besteht. Variiert man den vom BGH entschiedenen Fall dahin, daß der Vmer vorsätzlich falsche Angaben macht, der Vte aber, selbständig befragt, den Ver richtig dahin informiert, daß er vor dem Schadenereignis Alkohol zu sich genommen habe, so gibt es dagegen, daß der Entscheidung im Sinne einer Bejahung des Vsschutzes für den Vten zuzustimmen ist, gedanklich keine Einwendungsmöglichkeit. Es leuchtet ein, daß im Sinne verständiger Abgrenzungskriterien ebenso zu entscheiden ist, wenn der Vmer vorsätzlich falsche Angaben macht, während dem Vten etwas Derartiges nur infolge Fahrlässigkeit unterläuft. Wenn man sich dieser Aufteilung bewußt wird, drängt sich die Konsequenz auf, hier sogleich zwei getrennte Obliegenheitskreise anzunehmen, von denen der eine vom Vmer für sein Risiko zu erfüllen ist und der andere vom Vten für seinen Bereich. In diese Konzeption paßt es, daß gesonderte Gefahrenbereiche für den Vmer und den Vten bestehen und daß bei sinnvoller Interpretation der AKB allein der Vte zur Geltendmachung seines eigenen Vsanspruchs befugt ist (unter Ausschluß einer parallelen Klag- oder Verfügungsbefugnis des Vmers in bezug auf die V für fremde Rechnung (vgl. dazu Anm. H 46–47). Ein Teil der nach Eintritt des Vsfalls durch den Vmer begangenen Obliegenheitsverletzungen ließe sich freilich mit Bruck–Möller Bd I Anm. 57 zu § 6 und Bruck–Möller–Sieg Bd II Anm. 6, 7 zu § 79 (im Anschluß an Möller, Verantwortlichkeit des Vmers für das Verhalten Dritter, Berlin 1939, S. 16–18) durch die Unterscheidung zwischen Unterlassungs- und Tunsobliegenheiten als für den Vten unerheblich bewerten. Nach Maßgabe dieser Abgrenzungen belastet nach Möller a. a. O. zwar ein Anerkenntnis durch den Vmer in der Haftpflichtv den Vten (anders RG 17.II.1931 VA 1931 S. 20 Nr. 2248). Verletzt der Vmer aber die Rettungspflicht und wird sie von dem Vten erfüllt, so soll ihm das fehlsame Tun des Vmers nichts schaden (Bruck–Möller a. a. O. Anm. 58 zu § 6). Indessen erscheint es als sachgerechter, hier insgesamt einheitlich darauf abzustellen, daß das Anerkenntnisverbot sinnvoll im Rahmen der Kraftfahrzeughaftpflichtv bei der V verschiedener Gefahrenzonen immer nur für denjenigen Teil des Vsvertrages gedacht werden kann, auf den sich diese deklaratorische oder konstitutive Erklärung des Vmers bezieht. Eine rein tatsächliche Betroffenheit des Vers dadurch, daß der Vmer die gegen ihn gerichtete Haftpflichtforderung anerkennt, darf nicht dazu führen, im Wege des Reflexes auch den Vten, der kein solches Anerkenntnis abgegeben hat, schutzlos zu stellen. Es ist demgemäß der generellen Abgrenzung des BGH zwischen Obliegenheiten, die vor Eintritt des Vsfalles zu erfüllen sind, und solchen, die danach beachtet werden müssen, zu folgen. Ungeachtet dessen, daß § 3 III 1 AKB eine solche Differenzierung nicht vornimmt, muß doch nach dem Sinngehalt der einzelnen Obliegenheiten gefragt werden und eine entsprechende Eingrenzung vorgenommen werden. Das Gesagte gilt um so mehr, als zwar vor der Einführung des § 158 i a. F. die Problematik der Abhängigkeit des Vsschutzes des Vten von dem des Vmers gesehen wurde, die Diskussion sich aber auf diejenigen Fälle verengt hatte, in denen diese Obliegenheitsverletzungen vor Eintritt des Vsfalles begangen waren. Daß insoweit weiterhin eine Abhängigkeit besteht und angenommen werden muß (abgesehen von der Unterscheidung zwischen Unterlassungs- und Tunsobliegenheiten, vgl. Bruck—Möller a. a. O. Anm. 57, 58 zu § 6), ist nach dem Grundmuster des Vertrages zugunsten Dritter eingangs hervorgehoben. Eine solche Abhängigkeit findet ihre nachvollziehbare Rechtfertigung darin, daß die vor Eintritt des Vsfalls zu erfüllenden Obliegenheiten durchweg solche sind, die für die Gefahrenlage sowohl des Vsrisikos des Vmers als auch für die des Vten von entscheidender kausaler Bedeutung sind. In Bd IV Anm. H 19 ist zur allgemeinen Haftpflichtv eine Differenzierung in dem hier dargestellten Sinne nicht vorgenommen worden. Es ist aber zu überlegen, ob nicht jedenfalls für andere Pflichthaftpflichtven der hier getroffenen Unterscheidung zu folgen ist (vgl. in diesem Zusammenhang Denck Außenhaftung S. 244—246 m. w. N., der weitergehend auch für die Betriebshaftpflichtv die Anwendung der oben erörterten Grundsätze für sachgerecht hält; dafür, daß mit Rücksicht auf die zum 1.I.1991 in Kraft getretene Neufassung des § 158i solche Konstruktionen in der Kraftfahrzeughaftpflichtv nicht mehr vonnöten sind und daher auch nicht im Bereich oberhalb der gesetzlichen Mindestvssummen aufrechterhalten werden sollten, vgl. Anm. H 31).

[H 40] bbb) Rechtliche Einordnung des § 158i VVG a. F.

§ 158i a. F. bestimmte, daß der Ver gegen den Vten nur dann Regreß nehmen kann, wenn in seiner Person die der Leistungsfreiheit des Vers zugrunde liegenden Umstände gegeben sind. Ergänzend wurde dazu in § 158i a. F. verlangt, daß der Vte zur selbständigen Geltendmachung seiner Rechte aus dem Vsvertrag befugt ist. Das ist in der Kfz-Haftpflichtv gemäß § 10 IV AKB der Fall (vgl. dazu Anm. H 12). Demgemäß war es dem Ver in der Kfz-Haftpflichtv untersagt, gegen den Vten aus Anlaß einer Obliegenheitsverletzung Rückgriff zu nehmen, wenn dieser Vte die Obliegenheitsverletzung nicht selbst vollen Umfangs tatbestandlich erfüllt. Die Regelung in § 158i a. F. wurde überwiegend dahin interpretiert, daß es sich um ein Regreßverbot handele, ohne daß damit ein Anspruch des Vten auf Vsschutz begründet werde, der unabhängig von dem des Vmers sei (BGH 14.XII.1967 BGHZ Bd 49 S. 138—140, 20.I.1971 BGHZ Bd 55 S. 283, 14.VII.1976 BGHZ Bd 67 S. 140—147, OLG Stuttgart 24.VII.1974 VersR 1975 S. 705—706, Bauer VersR 1969 S. 598—600, derselbe ZVersWiss 1973 S. 357, Denck Außenhaftung S. 202, E. Lorenz NJW 1971 S. 2150, E. Prölss VersR 1968 S. 269, Prölss—Martin—Knappmann[24] Anm. 1 zu § 158i a. F., S. 690, Schirmer, Festschrift für Sieg, Karlsruhe 1976, S. 483, Sieg VersR 1969 S. 101—103, Stiefel—Hofmann[14] Anm. 23 zu § 3 AKB, S. 200—201 [in der 15. Aufl. entfallen]).

Demgegenüber vertrat Sendtner—Voelderndorff Ausgleichsansprüche S. 193—201, VersR 1969 S. 114—117 die Meinung, daß aus dem inneren Zusammenhang geschlossen werden könne, daß dann, wenn eine Rückgriffsverpflichtung ausgeschlossen werde, damit auch gleichzeitig gesagt sei, daß die Eintrittspflicht des Vers sich nicht aus § 158c ergebe. Auch und gerade im Falle des § 158i bestehe eine vertragliche Deckungspflicht des Vers gegenüber dem Vten. Eine Übertragung dieser Grundsätze auf die Kraftfahrzeughaftpflichtv mit gesamtschuldnerischer Haftung von Ver und Vmer bzw. Mitvten ergebe, daß die Ausgleichsverpflichtung des Vmers (Vten) gemäß §§ 3 Ziff. 9 PflichtvsG, 426 BGB in unlösbarem inneren Zusammenhang mit dem Einwendungsausschluß dem Dritten gegenüber gemäß § 3 Ziff. 4 und 5 PflichtvsG stehe. Ein Ausschluß dieser Ausgleichsverpflichtung aber begründe

III. 4. Einfluß des Verhaltens des Vmers auf die Position des Vten   Anm. H 40

inzidenter eine vertragliche Deckungspflicht des Vers. Zu diesem Ergebnis kam Sendtner – Voelerndorff insbesondere anhand dreier Fälle, die andernfalls nur mit unbilligen Ergebnissen zu Lasten des Vten gelöst werden könnten. Der erste Beispielfall war dabei der, daß der Geschädigte nicht den Ver, sondern den Vten in Anspruch nehme. Sendtner – Voelerndorff ging dabei von dem Grundfall des § 158 i a. F. im System einer Pflichthaftpflichtv ohne Direktanspruch aus, bei dem ein Rechtsstreit ohnedies zwangsläufig nur gegen den Vten (und nicht gegen den Ver) geführt werden kann. Werde hier, was praktisch selten sein möge, rechtlich aber möglich sei, der Mitvte als Schädiger von dem Geschädigten gezwungen, den Schaden aus eigener Tasche zu bezahlen, so solle ihm § 158 i a. F. keinen Anspruch gegen den Ver auf Ersatz des Geleisteten eröffnen können, weil diese Vorschrift eben nur ein Rückgriffsverbot enthalte. Entscheide sich der Geschädigte hingegen für die Vollstreckung in die zu seinen Gunsten fingierte Vsforderung gemäß § 158 c, so habe auch der Ver keinen Anspruch auf Ersatz des Geleisteten, denn diesem stünde § 158 i a. F. entgegen. Je nachdem, wie sich der Geschädigte entscheide, habe also einmal der vte Schädiger, einmal der Ver den Schaden endgültig zu tragen. Zwar seien in dem praktisch bedeutungsvollsten Zweig der Pflichthaftpflichtv, der Kraftfahrzeughaftpflichtv, die Beziehungen zwischen Geschädigtem und Ver durch Einführung der action directe wesentlich neu gestaltet worden. Für die Anwendung des § 158 i a. F. ändere sich dadurch aber im Ergebnis nichts; denn gemäß § 3 Ziff. 2 PflichtvsG haften jetzt Schädiger und Ver als Gesamtschuldner. Es sei gerade ein wesentliches Merkmal der Gesamtschuld, daß es dem Gläubiger freistehe, den Schuldner in Anspruch zu nehmen, der ihm genehm sei. Der Geschädigte könne daher je nach Laune den Schädiger oder den Ver in Anspruch nehmen.

Der zweite Fall, den Sendtner – Voelerndorff anführte, war der, daß im Innenverhältnis der beiden Schädiger (Fahrer und Halter) auch den Vten (Fahrer) ein Haftungsanteil (§§ 17, 18 StVG, 254 BGB) trifft. Werde der Dritte vom Ver befriedigt, so könne dieser gemäß § 158 f (bzw. §§ 3 Ziff. 9 PflichtvsG, 426 BGB) Rückgriff nur bei dem Vmer nehmen. Dann werde § 158 i a. F. auch nichts daran ändern können, daß der Vmer, der an den Ver voll gezahlt habe, nunmehr den Mitverantwortlichen gemäß § 426 BGB zum Ausgleich heranziehen könne; denn § 158 i a. F. könne die Stellung des Vmers selbst nicht verschlechtern. Der zufällige Umstand, daß auch der Vmer haftpflichtig sei, bewirke also, daß der Vte trotz § 158 i a. F. im Endergebnis mit seiner Haftungsquote belastet bleibe. Allerdings könne in diesem Fall bereits eine analoge Anwendung des § 158 i a. F. auf den Rückgriff gegen den Vmer in Höhe der Ausgleichspflicht des Vten zu einem sachgerechten Ergebnis führen. Als dritten Fall führte Sendtner – Voelerndorff die Regreßmöglichkeit eines Sozialvers oder eines anderen Schadenvers im Sinne des § 158 c IV auf.

Gegenüber diesen Darlegungen ist indessen der h. M. zu folgen, daß § 158 i a. F. keine vertragliche Einstandspflicht des Vers im Verhältnis zum Vten begründen wollte, sondern lediglich ein Regreßverbot ausgesprochen hat. Es ist allerdings nicht zu verkennen, daß die drei von Sendtner – Voelerndorff aufgeführten Fälle „gute Gründe" für seine dem Wortlaut und der Entstehungsgeschichte des § 158 i widersprechende Auffassung darstellen könnten (vgl. auch Bruck – Möller – Sieg Bd II Anm. 19 zu § 79). Es ist jedoch die Einschränkung zu machen, daß das nur dann gilt, wenn andernfalls die drei aufgeführten Fallgruppen nicht befriedigend im Sinne der materiellen Gerechtigkeit hätten gelöst werden können. Es zeigt sich aber, daß eine Lösung dieser Fälle auch ohne Konstruktion einer vertraglich verankerten Eintrittspflicht des Vers im Verhältnis zum Vten möglich gewesen wäre.

Zu dem ersten von Sendtner – Voelerndorff erörterten Fall wird allerdings angenommen, daß in einer solchen Ausnahmesituation der Ver dem Vten den an den Dritten geleisteten Betrag nicht zu ersetzen habe (so Bauer VersR 1969 S. 599). Das ist aber durchaus in Frage zu stellen. Bemerkenswert ist in diesem Zusammenhang, daß Prölss−Martin[23] Anm. 5 A zu § 158 i, S. 919 den Konflikt über § 226 BGB lösen wollten (seit der 24. Aufl. wird dieser Sonderfall nicht mehr erwähnt). Sie hielten danach ein derartiges Vorgehen gegen den Vten für eine Schikane des Dritten und wollten ihn somit allein auf den Rechtsweg oder den Pfändungszugriff gegen den Ver verweisen. Indessen ist die Zweigleisigkeit unseres Haftpflichtsystems erhalten geblieben und es sollten Reduzierungen der Außenhaftung wirklich nur in unabweisbaren Ausnahmefällen zugestanden werden, in denen keine andere Lösung möglich ist. Eine solche Lösung läßt sich aber unschwer in der Weise finden, daß § 158 i a. F. als eine Sonderbestimmung zu § 3 Ziff. 9 S. 2 PflichtvsG gewertet wird, die im Sinne des § 426 I 1 BGB dahin zu interpretieren ist, daß im Verhältnis zwischen Ver und Vtem die Bestimmung des Gesetzes dahin geht, daß der Schaden endgültig vom Ver zu tragen ist. Das bedeutet, daß dem Vten hier aus der Interessenlage ein derartiger Ausgleichsanspruch zuzubilligen ist (so Denck Außenhaftung S. 202, E. Lorenz NJW 1971 S. 2149−2150, Schirmer, Festschrift für Sieg, Karlsruhe 1976, S. 483). Die entgegengesetzte Auffassung blieb einer Formalargumentation verhaftet und beachtete nicht hinreichend, daß der atypische Sonderfall gegeben ist, in dem die Bestimmung des § 158 i a. F. modifiziert entsprechend zugunsten des Vten anzuwenden ist. Das gilt unschwer auch dann, wenn dem Vten kein vertraglicher Deckungsanspruch zusteht. Es kommt nur darauf an, daß jener Vorschrift der Wille des Gesetzgebers zu entnehmen ist, daß der Schaden endgültig bei dem Ver zu verbleiben hat. Ein Vergleich mit sonstigen Gesamtschuldverhältnissen und Grundsätzen geht in dieser atypischen Situation fehl. Ein derartiger Ausgleichsanspruch ist dem Vten im übrigen auch dann zuzusprechen, wenn er z. B. in Unkenntnis der überobligationsmäßigen Eintrittsverpflichtung des Vers ohne einen solchen Zwangszugriff des Dritten an diesen geleistet hat (vgl. auch Anm. H 38 für die entsprechende Situation bei dem „vertraglichen Regreßverzicht" der Ver durch geschäftsplanmäßige Erklärungen im Falle des Prämienverzuges). Das Gesagte gilt um so mehr, als es das erklärte Ziel der Gesetzesänderung war, den Vten wirtschaftlich so zu stellen, als wenn eine Leistungspflicht gegenüber dem Vten bestehe (so Rhein VW 1965 S. 1048 und E. Prölss VersR 1968 S. 269). Was schließlich den Fall anbetraf, daß der Vmer einen Ausgleichsanspruch gegen den Vten hatte, so ist dazu zunächst zu bedenken, daß das nur in seltenen Ausnahmesituationen als möglich erscheint. Denn der Vmer ist grundsätzlich gegenüber jedem Vten verpflichtet, für das Bestehen von Kfz-Haftpflichtvsschutz zu sorgen (vgl. Anm. H 44). Verletzt der Vmer diese Verpflichtung, so besteht allerdings für einen allein darauf gegründeten Schadenersatzanspruch des Vten keine Deckung im Rahmen der Kfz-Haftpflichtv (vgl. BGH 20.I.1971 BGHZ Bd 55 S. 281−288 und dazu Anm. H 37). Es hat diese Vertragsverletzung aber zusätzlich ausstrahlende Wirkung in dem Sinne, daß − Außenhaftung des Vmers unterstellt und ferner vorausgesetzt, daß kein unberechtigter Gebrauch des Fahrzeugs durch den Vten vorliegt − im Verhältnis zwischen Vmer und Vtem regelmäßig der erstere den Schaden allein im Sinne des § 426 I BGB zu tragen hat (vgl. ergänzend Anm. H 37 auch dafür, daß hinsichtlich eines Ausgleichsanspruchs und eines auf die Grundsätze zur gefahrengeneigten Arbeit gestützten Freihalteanspruchs der Vte auch als überobligationsmäßig geschützter Dritter anzusehen war, streitig). Unterstellt man, daß ein Ausnahmefall vorliegt, in dem dem Vmer trotz Verletzung seiner Verpflichtung, für Vsschutz für den Gebrauch des betreffenden Kfz zu sorgen, ein teilweiser Ausgleichsansspruch gegen den Vten zusteht, so war der von Sendtner−Voelderndorff selbst aufgezeigte Weg einer teilweisen Beschränkung des Regresses des Vers auch gegenüber dem Vmer der richtige. Das ergibt sich

III. 4. Einfluß des Verhaltens des Vmers auf die Position des Vten **Anm. H 41**

daraus, daß andernfalls der Ver — wie im Fall der zuvor erörterten direkten Leistung des Vten an den Dritten in Berücksichtigung der der Vorschrift des § 158 i a. F. zugrundeliegenden Verteilungskonstruktion — dem Vten gerade in Höhe dieser Quote wieder ausgleichspflichtig ist (ebenso Denck Außenhaftung S. 203, Schirmer Festschrift für Sieg a. a. O. S. 485).

In dem letzten und wichtigsten der von Sendtner—Voelderndorff aufgeführten Fälle ist eine bahnbrechende Entscheidung durch BGH 14.VII.1976 BGHZ Bd 67 S. 147–151 ergangen. Das Gericht erlegte in diesen exzeptionellen Sonderfällen dem Sozialvsträger und dem anderen Schadenver im Sinne des § 158c IV ein überobligationsmäßiges Regreßverbot auf. Dieser Auffassung ist uneingeschränkt beizupflichten; es liegt hier ein vom Gesetzgeber übersehenes Problem vor, das wegen des Widerstreits der beiden Gerechtigkeitsprinzipien zugunsten des Vten zu lösen war (zustimmend OLG Schleswig 21.VI.1977 VersR 1978 S. 1011, Denck Außenhaftung S. 202–203 m. w. N. in Anm. 94).

[H 41] ccc) Einzelheiten zu § 158 i VVG a. F.

§ 158 i a. F. erfaßte diejenigen Fälle, in denen der Ver infolge vom Vmer begangener Obliegenheitsverletzungen auch gegenüber dem Vten leistungsfrei geworden war. In diesen Fällen wurde eine Regreßsperre des Vers für den Fall verhängt, daß in der Person des Vten nicht auch die der Leistungsfreiheit des Vers zugrundeliegenden Umstände erfüllt sind. Diese Regreßsperre bedeutete nicht, daß dem Vten vom Ver Vsschutz zu gewähren war. Das wollte die gesetzliche Konstruktion vielmehr gerade vermeiden (vgl. Anm. H 40 m. w. N.). Allerdings wurde der Vte im wirtschaftlichen Ergebnis für einen großen Teilbereich so gestellt, als wäre er vert. Das galt aber nicht für die vom Gesetzgeber nicht hinreichend bedachten Fälle, in denen der Vte dem Regreß eines anderen Vers (insbesondere eines Sozialvsträgers) ausgesetzt war. Doch hat hier der BGH 14.VII.1976 BGHZ Bd 67 S. 147–151 dem Vten geholfen, indem er in kühner Konstruktion den Regreß wegen Widerstreits zweier miteinander unvereinbarer Regelungsprinzipien in ergänzender Gesetzesinterpretation ausgeschlossen hat (vgl. dazu weiter Anm. H 40 und die dort erörterten Grenzfälle). Zu beachten ist, daß die Bestimmung des § 158 i a. F. gewiß nicht von der gedanklich vorrangigen Überlegung entbindet, ob tatsächlich im Einzelfall eine Leistungsfreiheit des Vers auch im Vsverhältnis zum Vten gegeben ist. Diese Frage muß vielmehr am Beginn jeder Einordnung eines unter § 158 i a. F. zu subsumierenden Falles stehen. Dazu ist zu bedenken, daß eine solche Abhängigkeit zwar für vor Eintritt des Vsfalls begangene Obliegenheitsverletzungen durch den Vmer mangels abweichender gesetzlicher oder vertraglicher Bestimmungen grundsätzlich gegeben war, daß aber im Anschluß an BGH 14.XII.1967 BGHZ Bd 49 S. 130–140 in der Kfz-Haftpflichtv für Obliegenheitsverletzungen des Vmers nach Eintritt des Vsfalles eine Beschränkung der Leistungsfreiheit des Vers auf den das eigene Risiko des Vmers betreffenden Teil des Vsvertrages angenommen worden ist (streitig, vgl. Anm. H 39 m. w. N.; für einen Sonderfall einer unterlassenen Anzeige einer Veräußerung des vten Fahrzeugs nimmt im übrigen OLG Saarbrücken 17.VII.1968 VersR 1968 S. 1133–1134 eine Unabhängigkeit der Rechtsstellung des Vten von der des Vmers an, zustimmend insoweit Bruck—Möller—Sieg Bd II Anm. 18 zu § 79, vgl. auch Anm. F 76).

Das Gesagte bedeutet, daß § 158 i a. F. sich auf Obliegenheiten aller Art bezog, die vor oder während des Abschlusses des Vsvertrages zu erfüllen sind und insbesondere auch auf solche, die vor Eintritt des Vsfalles beachtet werden müssen. Auch die Leistungsfreiheit des Vers nach den Bestimmungen über die Gefahrerhöhung (§§ 23–30) fiel unter § 158 i a. F. OLG Stuttgart 24.VII.1974 VersR 1975

Anm. H 41 H. Beteiligung Dritter am Kfz-Haftpflichtvsvertrag

S. 705–706 vertrat im Hinblick auf Gefahrerhöhungen den Standpunkt, daß ein Regreß des Vers gegen den Fahrer eines betriebsunsicheren Fahrzeugs begrifflich nicht möglich sei. Es begründete diese Auffassung damit, daß ein Vter für sein Fahren mit einem Kraftfahrzeug mit verkehrsunsicherer Bremse keine Obliegenheit verletze, die ihm dem Ver gegenüber oblegen habe; mit verkehrssicherer Bremse zu fahren, sei eine öffentlich-rechtliche, allgemeine Verpflichtung des Vten, nicht aber eine Obliegenheit gegenüber dem Ver. Anschließend führte das Gericht aus, daß diese Obliegenheit sich nur an den Vmer oder dessen Repräsentanten richte. Das ist indessen ein Mißverständnis. Ein Vter, der in Kenntnis der Verkehrsunsicherheit eines Fahrzeugs dieses weiter benutzt, verwirklicht damit den Tatbestand der Leistungsfreiheit aus dem Gesichtspunkt der Gefahrerhöhung für denjenigen Teil des Kfz-Haftpflichtvsvertrages, der das Fremdrisiko umfaßt (vgl. dafür BGH 5.III.1964 VersR 1964 S. 478–479, Chlosta VersR 1976 S. 238–239, Denck Außenhaftung S. 208, ferner Anm. H 15). Demgemäß war entscheidungserheblich die vom Gericht nicht geklärte Frage, ob der Vte tatsächlich Kenntnis von dieser Gefahrerhöhung hatte oder nicht (vgl. dazu Anm. F 56).

Dafür, daß § 158 i a. F. nicht entsprechend auf die Leistungsfreiheit des Vers wegen Zahlungsverzuges angewendet werden kann, vgl. BGH 20.I.1971 BGHZ Bd 55 S. 281–288 und Anm. H 36–37 m. w. N. sowie zur Interpretation der für diese Fälle abgegebenen geschäftsplanmäßigen Erklärung Anm. H 38.

Zu beachten ist, daß der überobligationsmäßig haftende Ver gemäß § 3 Ziff. 6 PflichtvsG i. V. m. § 158 c III nur im Rahmen der gesetzlichen Mindestvssummen eintrittspflichtig ist (vgl. Anm. B 47 m. w. N.). Übersieht ein Ver diese Haftungsgrenze und beruht seine Leistungsfreiheit auf einer Obliegenheitsverletzung, so kommt zugunsten des Vten eine entsprechende Anwendung des § 158 i a. F. in Betracht (so Denck Außenhaftung S. 193, Stiefel–Hofmann[15] Anm. 22 zu § 3 AKB, S. 198–199). Diese Erkenntnis ist allerdings relativ bedeutungslos. Das folgt daraus, daß die Ver für vor Eintritt des Vsfalls begangene Obliegenheitsverstöße in einer geschäftsplanmäßigen Erklärung zugesagt haben, daß sie grundsätzlich keinen Regreß über einen Betrag von mehr als DM 5000,– pro vte Person durchführen (vgl. dazu Anm. F 27–29) und daß für nach Eintritt des Vsfalls begangene Obliegenheitsverletzungen ohnedies gemäß § 7 V Nr. 2 AKB grundsätzlich nur gestuft in Höhe von DM 1000,– oder DM 5000,– Leistungsfreiheit eintritt (abgesehen davon, daß nach BGH 14.XII.1967 BGHZ Bd 49 S. 130–140 Obliegenheitsverletzungen des Vmers, die nach Eintritt des Vsfalls begangen werden, die Leistungspflicht des Vers bezüglich der V für fremde Rechnung ohnedies nicht berühren; streitig, vgl. Anm. H 39 m. w. N.).

§ 158 i a. F. gestattet den Regreß des Vers gegen den Vten nur, wenn die der Leistungsfreiheit des Vers zugrunde liegenden Umstände in der Person des Vten gegeben sind. Beweispflichtig ist dafür der Ver. Bemerkenswert ist dabei, daß zwischen dem objektiven Tatbestand der Obliegenheitsverletzung und der schuldhaften Handlungsweise des Vten nicht unterschieden wird. Das bedeutet, daß der Ver auch ein solches Verschulden des Vten beweisen muß. Würde der Vte dagegen den Ver auf Gewährung von Haftpflichtvsschutz verklagen, so brauchte der Ver, sofern es um die Verletzung einer vor Eintritt des Vsfalls zu erfüllenden Obliegenheit geht, gemäß § 6 I nur darzulegen und unter Beweis zu stellen, daß der Vmer oder der Vte den objektiven Tatbestand der Obliegenheit verletzt hat. Dagegen wäre es Sache des Vten, darzutun und zu beweisen, daß weder den Vmer noch ihn, den Vten, ein Verschulden treffe (vgl. Anm. F 25). – Das gilt allerdings nicht für **nach Eintritt des Vsfalls** zu erfüllende Obliegenheiten, da hier durch die Neufassung des § 7 V Nr. 1 AKB dem Ver abweichend von § 6 III die Beweislast auch für das

III. 4. Einfluß des Verhaltens des Vmers auf die Position des Vten **Anm. H 42**

Verschulden des Vmers (oder Vten) auferlegt worden ist (vgl. Anm. F 101, 122). — Klagt demgemäß der Ver gegen den Vten wegen einer Leistungsfreiheit aufgrund einer vor Eintritt des Vsfalls begangenen Obliegenheitsverletzung auf Zahlung eines Regreßbetrages von DM 5000,—, so ist diese Klage abzuweisen, wenn der Richter aufgrund der Beweisaufnahme nicht davon überzeugt ist, daß ein Verschulden des Vten gegeben ist.

Maßgebend für den Verschuldensmaßstab im Sinne des § 158i a. F. ist die Verschuldensform, die für den Verlust des Vsschutzes genügt. Einer Interpretation des § 158i a. F. dahin, daß gegen den Vten dann kein Regreß genommen werden dürfe (oder gar keine Vsschutzverweigerung ausgesprochen werden könne), wenn sowohl ein Verschulden des Vmers als auch des Vten vorliege (so sinngemäß Denck Außenhaftung S. 208 – 209), ist demgemäß nicht zu folgen (vgl. allerdings auch Anm. H 44 dafür, daß in solchen Fällen häufig der Vmer den Vten im Innenverhältnis gänzlich von den Ansprüchen des Dritten freizuhalten hat).

[H 42] dd) Sonstige Leistungsfreiheitstatbestände

Im Vergleich zu der Leistungsfreiheit des Vers wegen Zahlungsverzuges (vgl. auch Anm. H 36 – 38) und der aufgrund von Obliegenheitsverletzungen (vgl. dazu Anm. H 39 – 41) treten weitere Fälle, in denen der Ver nach den allgemeinen Grundsätzen des bürgerlichen Rechts nicht leistungspflichtig ist, an Bedeutung zurück. Für die Reihe der möglichen Fälle, in denen dieses Problemkreises bei der Erörterung der überobligationsmäßigen Haftung gemäß § 3 Ziff. 4, 5 PflichtvsG gedacht werden mußte, vgl. Anm. B 44 – 45. Erwähnt sei als Beispiel der Fall, daß der Vsvertrag (ohne Zahlungsverzug im Sinne der §§ 38, 39) fristgemäß aufgekündigt worden ist, das Fahrzeug aber nach Beendigung des Vsvertrages weiter benutzt wird. Weitere Ausnahmefälle sind die, in denen der Vsvertrag wegen Geschäftsunfähigkeit des Vmers oder gar wegen eines Einigungsmangels der Vertragsschließenden unwirksam ist. Derartige Fälle sind nach der Akzessorietätsregel gemäß § 334 BGB dahin zu entscheiden, daß dem Vten ein Anspruch auf Vsschutz — unabhängig von dem des Vmers — nicht zusteht. Dem Vten steht auch für einen etwaigen vertraglichen Schadenersatzanspruch aus der Verletzung der Verpflichtung zur Gestellung eines Fahrzeugs mit wirksamen Haftpflichtvsschutz (vgl. dazu Anm. H 44) kein überobligationsmäßiger Schutz als geschädigter Dritter im Sinne des § 3 Ziff. 4, 5 PflichtvsG zu (vgl. BGH 20.I.1971 BGHZ Bd 55 S. 281 – 288 zum gleichgelagerten Problem der Leistungsfreiheit des Vers gemäß §§ 38, 39 und dazu Anm. H 36 – 37 m. w. N.). Zu beachten ist aber, daß in denjenigen Fällen, in denen auch der Vmer dem Dritten auf Schadenersatz haftet, der gesetzliche Ausgleichsanspruch des Vten gemäß § 426 I BGB in den Deckungsbereich der V des Vmers für das eigene Haftpflichtrisiko fällt und daß der Vte insoweit als geschädigter Dritter im Sinne des § 3 Ziff. 4, 5 PflichtvsG anzusehen ist und daß das auch für den arbeitsrechtlichen Ersatzanspruch aus dem Gesichtspunkt der gefahrengeneigten Arbeit gilt (streitig, anders die h. M., vgl. dazu Anm. H 37). In diesem Rahmen konnte sich der Vte des Regresses des Vers dann erwehren. Soweit allerdings keine Außenhaftung des Vmers gegeben ist und kein Arbeitsverhältnis vorliegt oder die Grundsätze über die gefahrengeneigte Arbeit nicht zum Tragen kommen, entfällt diese Schutzkonstruktion. Hier wirkt es sich zum Nachteil des Vten aus, daß es letzten Endes auch seinen Verantwortungsbereich betrifft, daß er mit einem Fahrzeug gefahren ist, für das kein wirksamer Vsschutz bestand. Zu beachten ist aber auch für diese Fälle, daß mit Roth – Stielow NJW 1972 S. 1357 – 1358 bei einer (schuldhaft) unterlassenen Anzeige des Vers nach § 29c

StVZO von der Verletzung einer vertraglichen Nebenverpflichtung des Vers im Verhältnis zum Vten auszugehen ist, die einen Regreß des Vers gegen den Vten ganz oder teilweise ausschließen kann (streitig, vgl. dazu Anm. H 37 a. E. und H 43).

Wie für die Verletzung der Prämienzahlungspflicht fehlt es auch für die hier behandelten Fälle an einer Regreßverbotsvorschrift nach der Art von § 158 i a. F. Eine analoge Anwendung der Regelung des § 158 i a. F. scheidet aus. Vielmehr ist diese ebensowenig wie in den Fällen der Leistungsfreiheit gemäß §§ 38, 39 möglich (streitig, so aber BGH 20.I.1971 a. a. O., w. N. in Anm. H 36). Die bewußte gesetzliche Beschränkung des Regreßverbots auf die Tatbestände der Leistungsfreiheit durch Obliegenheitsverletzungen ist um so mehr zu respektieren, als die Regelung in § 158 i a. F. eine **Systemanomalie** im Bereich des bürgerlichen Rechts darstellt. Davon zu unterscheiden sind allerdings solche Fälle, in denen die Leistungsfreiheit des Vers sich bei identischem Sachverhalt sowohl aus einer Bestimmung des allgemeinen bürgerlichen Rechts wie aus einer solchen des Obliegenheitsrechts ergibt. Als rares Beispiel sei der Fall genannt, daß der Ver den Vsvertrag wirksam wegen arglistiger Täuschung angefochten hat, seine Leistungsfreiheit aber auch auf die in der arglistigen Täuschung liegende Verletzung der vorvertraglichen Anzeigelast stützt (vgl. dazu aber auch Anm. F 3). In einem solchen Fall einer „**Doppelwirkung im Recht**" war es sachgerecht, dem Vten den Schutz des § 158 i a. F. zugute kommen zu lassen.

[H 43] 5. Vertragsverletzungen durch den Versicherer

Nach der Konstruktion der V für fremde Rechnung ist der Ver dem Vten zur Gewährung von Haftpflichtvsschutz verpflichtet. Das bedeutet, daß das Vermögen des Vten von dem **Zugriff geschädigter Dritter wegen begründeter und unbegründeter Haftpflichtansprüche freizuhalten ist**. Erfüllt der Ver diese Verpflichtung **nicht**, so kann er dem Vten aus dem Gesichtspunkt der schuldhaften Schlechterfüllung oder des Verzuges genau so **schadenersatzpflichtig** sein, wie er es gegenüber dem Vmer in derartigen Fällen ist (vgl. dazu Anm. G 96). Den Ver treffen gegenüber dem Vten aber auch die ihm gegenüber dem Vmer obliegenden Nebenpflichten. Als Beispiel sei dafür genannt, daß der Ver vertrauliche Mitteilungen des Vten nicht an Personen weitergeben darf, die weder am Haftpflicht- noch am Haftpflichtvsverhältnis beteiligt sind. Eine Nebenpflicht eigener Art, die dem Ver begrifflich nur gegenüber dem Vten obliegen könnte, wäre die, diesen darüber zu unterrichten, daß der Vsvertrag bezüglich des von dem Vten gebrauchten Fahrzeugs sein Ende gefunden habe. Bedeutsam wäre das nur für Schadenfälle, die vor dem 1.I.1991 eingetreten sind. Denn mit dem Inkrafttreten der neuen Fassung des § 158 i ist der Vsschutz des Vten weitgehend unabhängig von dem des Vmers ausgestaltet worden (vgl. Anm. H 28–34). Eine solche Verpflichtung könnte man sich in der Art denken, daß der Ver zu dem Zeitpunkt, zu dem er gemäß § 29 c I StVZO zur Anzeige an die Zulassungsstelle verpflichtet ist, auch dem Vten Mitteilung darüber macht, daß der Vsschutz entfallen sei. Abgesehen von der dadurch im Massengeschäft entstehenden, kaum vertretbaren Mehrarbeit scheitert die Konstruktion einer solchen Nebenverpflichtung schon daran, daß dem Ver in der Kfz-Haftpflichtv Namen und Anschriften der in den Vsvertrag einbezogenen Personen nicht bekannt sind (vgl. § 10 II AKB und dazu Anm. H 4–10). Es ist die Rechtsprechung des BGH zu billigen, daß § 29 c StVZO kein Schutzgesetz zugunsten des geschädigten Dritten und des das Fahrzeug erwerbenden neuen Vmers darstellt (BGH 4.IV.1978 MDR 1978 S. 1014 = VersR 1978 S. 609–611, 7.III.1984 NJW 1984 S. 1967–1968 = VersR 1984 S. 455–456). Nach dem Zweck der Pflichtvsgesetzgebung, auch den Vten zu schützen, läßt sich für die noch unter § 158 i a. F. zu subsumierenden Fälle

IV. 1. Verpflichtung zur Vsschutznahme **Anm. H 44**

aber gewiß die Konstruktion einer Obliegenheit des Vers rechtfertigen, nach der ihn die öffentlich-rechtliche Anzeigelast gemäß § 29 c StVZO zugleich auch als vertragliche Nebenpflicht gegenüber dem Vten trifft. Die Konstruktion einer solchen dem Obliegenheitsrecht zuzurechnenden Vertragspflicht minderer Intensität ist deshalb sachgerecht, weil nur so sichergestellt wird, daß der regelmäßig über die Interna des Vsverhältnisses nicht unterrichtete Vte nicht durch den Gebrauch eines unvten Fahrzeugs zu Schaden kommt. Da der Ver ohnedies öffentlich-rechtlich zur Anzeige nach § 29 c StVZO verpflichtet ist, bietet es sich an, diese Verpflichtung für das Vertragsverhältnis der V für fremde Rechnung zu nutzen. Es entfällt hier insbesondere das Bedenken, daß ein Staatsbürger ungern Behörden Nachrichten über Vermutungen hinsichtlich eines möglicherweise ungesetzlichen Tuns eines Dritten zukommen läßt. Mit Roth – Stielow NJW 1972 S. 1357 – 1358 ist dem Ver hier daher ein Regreß gegen den Vten deshalb zu versagen (streitig, vgl. Anm. H 37 m. w. N.). Diese Erkenntnis kann in denjenigen Fällen bedeutsam sein, in denen weder die geschäftsplanmäßige Erklärung der Ver über ihren „Regreßverzicht" gegenüber den Vten in den Fällen der Leistungspflicht wegen Zahlungsverzuges (vgl. dazu Anm. H 38) noch § 158 i a. F. (vgl. dazu Anm. H 39 – 41) zu Anwendung kommen. Vgl. dazu ergänzend auch Anm. H 42.

[H 44] IV. Rechtsverhältnis zwischen Versichertem und Versicherungsnehmer

1. Verpflichtung zur Versicherungsschutznahme

Der Schutz des Vten war unter der Geltung des § 158 i a. F. nur lückenhaft (vgl. Anm. H 35 – 42). Das hat sich mit dem Inkrafttreten der neuen Fassung des § 158 i zum 1.I.1991 grundlegend geändert (dazu Anm. H 28 – 34). Demgemäß kommt den nachfolgenden Bemerkungen zur Verpflichtung des Vmers, im Verhältnis zum Vten für ordnungsgemäßen Vsschutz zu sorgen, im Prinzip nur noch für die Altfälle Bedeutung zu. Ausnahmen sind aber denkbar, insbesondere für Tatbestandsgestaltungen, bei denen die Neuregelung deshalb nicht zur Anwendung kommt, weil der Vte im Sinne des § 158 i^1 die Umstände, die zur Leistungsfreiheit des Vers führten, kannte oder seine Unkenntnis davon auf grober Fahrlässigkeit beruhte (Anm. H 30).

Nach § 1 PflichtvsG ist der Halter eines Kraftfahrzeugs oder Anhängers mit regelmäßigem Standort im Inland verpflichtet, für sich, den Eigentümer und den Fahrer eine Haftpflichtv zur Deckung der durch den Gebrauch des Fahrzeugs verursachten Personenschäden, Sachschäden und sonstigen Vermögensschäden abzuschließen und aufrechtzuerhalten, wenn das Fahrzeug auf öffentlichen Wegen oder Plätzen verwendet wird. Dieser Rechtsgrundsatz gilt bezüglich des Vsschutzes für den Halter und den Fahrer seit dem Inkrafttreten des Pflichtvsgesetzes vom 7.XI.1939. Angesichts dieser gesetzlichen Grundlage darf und wird jeder rechtschaffene Bürger annehmen, daß für ein ihm vertraglich oder aus Gefälligkeit zum Gebrauch durch einen Berechtigten zur Verfügung gestelltes Fahrzeug auch die gesetzlich vorgeschriebene Pflichthaftpflichtv bestehe. Diese Annahme ist dem Halter bekannt. Es ist deshalb sachgerecht, ihn im Verhältnis zu demjenigen, dem er das Fahrzeug überlassen hat, für **vertraglich verpflichtet zu halten, für einen derartigen Haftpflichtvsschutz zu sorgen**. Kommt der Halter dieser Verpflichtung schuldhaft nicht nach, so macht er sich dem Vten gegenüber wegen Verletzung einer **vertraglichen Nebenpflicht schadenersatzpflichtig** (so für das Arbeitsverhältnis durch Zubilligung eines Freistellungsanspruchs in **ständiger Rechtsprechung** das BAG, vgl. BAG 23.VI.1988 BAGE Bd 59 S. 89 – 92 = NJW 1989 S. 854 m. w. N., ferner Bd IV Anm. B 75 m. w. N.).

Von einer solchen Verpflichtung des Halters gegenüber dem berechtigten Fahrer geht insbesondere auch BGH 20.I.1971 BGHZ Bd 55 S. 281—288 aus (ebenso BGH 8.XII.1971 NJW 1972 S. 442 = VersR 1972 S. 168). Soweit der Vte daher gemäß § 158 i a. F. (vgl. dazu Anm. H 40—41) und durch die geschäftsplanmäßige Erklärung für den Fall des Prämienverzuges nicht geschützt ist (Anm. H 38), kann dieser Schadenersatzanspruch des Vten gegen den Vmer von wesentlicher Bedeutung sein (vgl. ergänzend Anm. H 37 dafür, daß nach von der h. A. abgelehnten Auffassung der Vte hinsichtlich eines gegen den Vmer nach § 426 I BGB begründeten Ausgleichsanspruchs als geschädigter Dritter für den das eigene Haftpflichtrisiko des Vmers betreffenden Teil des Haftpflichtvsvertrages anzusehen ist und daß das auch für den arbeitsrechtlichen Freihalteanspruch aus dem Gesichtspunkt der gefahrengeneigten Arbeit gelten müßte). Dabei gilt die Besonderheit, daß dieser Ersatzanspruch auch dann gegeben sein kann, wenn der Vte als Arbeitnehmer einen Schaden grob fährlässig herbeigeführt hat. Dann muß der Arbeitgeber, der für den Verlust des Vsschutzes verantwortlich ist, den Arbeitnehmer so stellen, als ob Vsschutz bestünde (BAG 23.VI.1988 a. a. O.). Der Einwand, daß ein Arbeitgeber nach den Grundsätzen über die Haftung für schadengeneigte Arbeit in derartigen Fällen unter Umständen nicht einzustehen brauche, ist jedenfalls bis zur Höhe der gesetzlichen Mindestvssummen unbeachtlich (so BAG 18.I.1966 AP Nr. 37 zu § 611 BGB [Haftung des Arbeitnehmers]; vgl. dazu Denck Außenhaftung S. 186 m. w. N.). Die Vspflicht nach § 1 PflichtvsG besteht zwar nur für einen Gebrauch eines Fahrzeugs auf den dem öffentlichen Verkehr gewidmeten Straßen oder Plätzen. Dennoch ist eine solche vertragliche Verpflichtung zur Vsschutznahme des Überlassers eines Fahrzeugs grundsätzlich auch hinsichtlich eines Gebrauchs im nicht öffentlichen Verkehrsraum anzunehmen. Das folgt daraus, daß nach § 10 I AKB Vsschutz sowohl für den öffentlichen wie für den nicht öffentlichen Verkehrsraum geboten wird (vgl. dazu Anm. G 48) und daß demgemäß der redliche Rechtsverkehr von einer solchen umfassenden Sicherung ausgeht. Diese Verpflichtung besteht demgemäß nicht nur dann, wenn dem Gebraucher das Fahrzeug für eine Benutzung im öffentlichen Verkehrsraum übergeben worden ist, sondern auch dann, wenn zunächst ein Gebrauch auf privatem Grund vorgesehen war. Denn ein Rechtsbürger, dem ein solches Fahrzeug zum Gebrauch übergeben wird, wird in der Regel darauf vertrauen, daß er sowohl im öffentlichen Verkehrsbereich als auch im privaten Bereich Vsschutz für den Gebrauch des Kraftfahrzeugs hat.

Eine abweichende Beurteilung der Rechtslage kann sich dann ergeben, wenn der Vmer den Vten — vor einem Gebrauch des Fahrzeugs auf privatem oder öffentlichem Grund — ausdrücklich auf das Nichtbestehen des Vsschutzes hingewiesen hat. Für einen solchen Hinweis ist der Vmer beweispflichtig. Ungeachtet eines solchen Hinweises ist der Vmer dem Vten regelmäßig ersatzpflichtig, wenn er als **Arbeitgeber** den Arbeitnehmer zwar auf das Fehlen des Vsschutzes hinweist, gleichzeitig aber den Gebrauch des Fahrzeugs als Arbeitsleistung fordert (vgl. dazu auch die Ausführungen am Schluß dieser Anm.). Davon abgesehen, wird aber in solchen Fällen ohnedies sehr häufig eine gesamtschuldnerische deliktische Haftung des Vten und des Vmers im Verhältnis zum geschädigten Dritten gegeben sein. Alsdann sind bei der Frage einer Ausgleichspflicht im Verhältnis zwischen Vmer und Vten alle besonderen Umstände des Einzelfalls im Sinne des § 426 I 1 BGB zu berücksichtigen.

Auch dort, wo ein reines Gefälligkeitsverhältnis vorliegt, ist von einer umfassenden privatrechtlichen Verpflichtung zur Vsschutznahme im Umfang des gesetzlichen Haftpflichtvszwanges auszugehen. Es liegt dann eine vertragsähnliche Haftung vor. Im übrigen dürfte es sich bei den meisten derartigen Fällen im Rechtssinne nicht

IV. 1. Verpflichtung zur Vsschutznahme   Anm. H 44

um Gefälligkeitshandlungen ohne vertraglichen Charakter handeln. Regelmäßig liegt vielmehr der Tatbestand der Leihe im Sinne des § 598 BGB vor.

Das Gesagte bezieht sich in erster Linie auf den berechtigten Fahrer eines Kraftfahrzeugs. Von einem gleichen Grundsatz auch für den Eigentümer auszugehen, dessen Einschluß in den Vsschutz erst zum 1.X.1965 gesetzlich verankert worden ist, erscheint als bedenklich. Denn eine Kenntnis darüber, daß ein solcher Schutz für den Eigentümer stets gegeben ist, besteht bei den meisten Rechtsbürgern nicht. Demgemäß kann von einer stillschweigenden vertraglichen Ergänzung der Beziehungen der Beteiligten nicht ohne weiteres ausgegangen werden. Im Grunde genommen wissen nur Spezialisten des Vsrechts von dieser obligatorischen Erstreckung des Vsschutzes. Letzten Endes werden auch nur Sondergestaltungen von diesem Vsschutz erfaßt. Bezüglich des Eigentümers wird man daher eine entsprechende vertragliche Pflicht des Kfz-Halters nur dann annehmen können, wenn auch ein entsprechendes vertragliches Band zwischen ihm und dem Eigentümer gegeben ist. Das Gesagte gilt nicht für die sonstigen in § 10 II AKB aufgeführten Vten. Denn ein Busfahrer oder ein Beifahrer wird aufgrund seines Arbeitsvertrages ohne weiteres davon ausgehen, daß die gesetzlich verankerte Haftpflichtv auch abgeschlossen ist. Hier bedarf es also nicht etwa einer ausdrücklichen Verankerung der entsprechenden Verpflichtung des Partners im Arbeitsvertrag.

Die Erstreckung des Vsschutzes auf den Arbeitgeber in den besonderen in § 10 II f AKB aufgeführten Fällen ist schließlich auf deren Drängen und dem der gleichgestellten öffentlichen Dienstherren in die AKB aufgenommen worden. Hier ist von einer allgemeinen Kenntnis in den interessierten Kreisen auszugehen, so daß der Arbeitsvertrag auch im umgekehrten Sinne mit einer Verpflichtung belastet ist, nämlich mit der Verpflichtung des Arbeitnehmers, für den Arbeitgeber in diesen Ausnahmefällen Vsschutz herbeizuführen. Normalerweise besteht gerade immer die umgekehrte Situation, daß nämlich der Arbeitgeber für den Arbeitnehmer einen entsprechenden Haftpflichtvsschutz bei der Benutzung von Kraftfahrzeugen herbeizuführen hat. Wenn aber ein Arbeitnehmer sein Fahrzeug für dienstliche Zwecke zur Verfügung stellt und dafür, wie das üblich ist, eine Kostenvergütung erhält, sei es in der Form eines Pauschalbetrages oder eines Kilometergeldes, so ist es sachgerecht, von dem Arbeitnehmer auch das normale Verhalten eines pflichtbewußten Rechtsbürgers zu erwarten, daß nämlich der gesetzlichen Verpflichtung zum Haftpflichtvsschutz nachgekommen wird. Das Gesagte gilt auch dann, wenn ausnahmsweise ohne Vereinbarung eines Kostenersatzes eine Geschäftsfahrt mit einem privaten Wagen auf Wunsch des Geschäftsherrn vorgenommen wird. Denn der Geschäftsherr darf darauf vertrauen, daß sein Arbeitnehmer gesetzestreu ist und kein Fahrzeug benutzt, für das kein Vsschutz besteht.

Zu klären ist das Verhältnis des Anspruchs des Arbeitnehmers darauf, daß ein ihm vom Arbeitgeber zur Verfügung gestelltes Fahrzeug ordnungsgemäß gegen Haftpflicht vert ist, zum Schadenersatzanspruch aus gefahrengeneigter Arbeit. Beide Rechtspflichten des Arbgebers sind gesetzlich nicht verankert und demgemäß nach Treu und Glauben gegeneinander abzugrenzen. Diese Abgrenzung ist dahin vorzunehmen, daß im Umfang eines intakten Pflichthaftpflichtvsverhältnisses der Anspruch des Arbeitnehmers gegen den Arbeitgeber auf Freihaltung von Drittschäden subsidiär ist. Der arbeitsrechtliche Freihalteanspruch wird insoweit durch den vsrechtlichen Befreiungsanspruch ersetzt (vgl. dazu BGH 3.XII.1991 NJW 1992 S. 900–902 = VersR 1992 S. 437–439, 5.II.1992 NJW 1992 S. 1507–1509 = VersR 1992 S. 485–487 und Denck Außenhaftung S. 258–259 m. w. N.). Es liegt hier eine besondere Art der Subsidiarität dergestalt vor, daß es dem Arbeitnehmer nach Treu und Glauben untersagt ist, den Arbeitgeber auf Freihaltung in Anspruch zu nehmen, wenn und soweit der Ver gegenüber dem Vten den Vsschutz bejaht und der haftpflichtvsrechtlichen Befreiungsverpflichtung nachkommt. Dabei sind diese Voraussetzungen auch dann erfüllt, wenn der Ver Vsschutz in der Form der Abwehr der nach seiner Auffassung unbegründeten Ansprüche des geschädigten Dritten gewährt. Das ergibt sich insbesondere daraus, daß der Ver das Risiko trägt, daß sich durch einen unbegründeten Abwehrversuch der dem geschädigten Dritten zu ersetzende Schaden vergrößert. Dagegen ist der Umfang dieser Subsidiarität nicht so weit zu setzen, daß es dem Vten anzusinnen wäre, vor einer Inanspruchnahme des Arbeitgebers zunächst im Klageweg gegen den Ver hinsichtlich eines bestrittenen Vsanspruchs vorzugehen (so zutreffend Denck Außenhaftung S. 258). Die Subsidiarität des Schadenersatzanspruchs aus schadengeneigter Arbeit tritt ferner in denjenigen Fällen zurück, in denen der Ver zwar den Vsschutz bejaht, aber infolge eingetretener **finanzieller Schwierigkeiten** nicht mehr zur Leistung imstande ist. In diesen Fällen ist zwar grundsätzlich der „**Solidarhilfeverein e. V.**" im Risiko (vgl. dazu Anm. B 132–144). Dem Vten ist hier aber stets auch eine Inanspruchnahme des Arbeitgebers zuzubilligen. Das gilt nicht nur hinsichtlich der in § 4 I SHV vorgesehenen Selbstbeteiligung von DM 2000,– (vgl. Anm. B 140), sondern im ganzen Umfang des Haftpflichtanspruchs des geschädigten Dritten. Das ergibt sich daraus, daß die Regelung des Solidarhilfevertrages **außerordentlich kompliziert** ist, so daß dem durchschnittlichen Arbeitnehmer eine Auseinandersetzung mit diesen Rechtsgrundsätzen nicht zuzumuten ist. Etwas anderes würde allerdings dann gelten, wenn die Leistungspflicht des Solidarhilfevereins so ausgestaltet wäre, daß dieser nach Eintritt eines Insolvenzfalles eines Vers öffentlich erklärt, daß er uneingeschränkt dem Vten wie ein Haftpflichtver im Rahmen des Vsvertrages jedes Haftpflichtrisiko abnehme.

Durch die Neufassung des § 158 i ist der Vsschutz des Vten von dem des Vmers weitgehend unabhängig gestaltet worden (vgl. dazu Anm. H 28–34). Besonderer Betrachtung bedürfen aber noch diejenigen Fälle, in denen der Vte vsrechtlich nicht geschützt wird, weil er selbst im Sinne der genannten Vorschrift den Verlust des Vsschutzes für sich herbeigeführt hat. Das BAG hat dahin entschieden, daß dem Arbeitnehmer ein Freistellungsanspruch gegen den Arbeitgeber in denjenigen Fällen zusteht, in denen er den Arbeitnehmer im öffentlichen Verkehr einsetzt, obwohl er weiß, daß dieser nicht im Besitz der erforderlichen Fahrerlaubnis ist (BAG 6.VII.1964 NJW 1964 S. 2245 = AP Nr. 34 zu § 611 [Haftung des Arbeitnehmers] mit zust. Anm. von Goetz Hueck, 23.VI.1988 a. a. O.). Dem ist beizupflichten. Schwieriger sind die Fälle zu beurteilen, in denen der Vte allein den Verlust des Vsschutzes in der V für fremde Rechnung zu verantworten hat. Denck Außenhaftung S. 258–259 vertritt dazu für die Fälle **außerhalb des Eintrittsbereichs eines Kfz-Haftpflichtvers**, also für den Bereich der **Betriebshaftpflichtv**, die Auffassung, daß dann, wenn der Vsschutz allein aufgrund einer **nur leicht fahrlässigen** Handlungsweise des Vten verlorengegangen sei, der Arbeitgeber dennoch vollen Umfangs von dem Arbeitnehmer in Anspruch genommen werden könne. Hingegen will er den Freistellungsanspruch im Rahmen des Kfz-Haftpflichtvsrisikos bis zur Höhe der Deckungssumme entfallen lassen, da ein Deckungsrisiko wie in der freiwilligen Haftpflichtv nicht bestehe. Wenn der Arbeitnehmer aber nur leicht fahrlässig den Verkehrsunfall herbeigeführt hat und durch dieselbe Handlung leicht fahrlässig sein Vsschutz verloren gegangen ist, bestehen gegen eine solche Abgrenzung Bedenken. Gedacht sei als Beispiel an den Fall, daß ein Arbeitnehmer mit einem Wagen des Arbeitgebers fährt, obwohl er weiß, daß die erforderliche Profiltiefe nicht mehr vorhanden ist. Unterstellt, der Vmer habe Vsschutz, da es ihm an der

Kenntnis der Gefahrerhöhung fehlt, ist es — auch unter der Neuregelung des § 158i — unbillig, das Risiko des Verlustes des Vsschutzes allein den Arbeitnehmer tragen zu lassen.

[H 45] 2. Schäden oberhalb der gesetzlichen Mindestversicherungssummen

Die in Anm. 44 skizzierte Verpflichtung des Halters, für Haftpflichtvsschutz bezüglich der dem Vten zum Gebrauch überlassenen Fahrzeuge zu sorgen, erstreckt sich nur auf die gesetzlich vorgeschriebenen Mindestvssummen. Soweit Haftpflichtschäden durch einen Vten angerichtet werden, die über diese gesetzlichen Mindestvssummen hinausgehen, ist eine Verpflichtung des Vertragspartners nicht verletzt. Auch im Arbeitsverhältnis kann eine ergänzende Verpflichtung des Arbeitgebers nicht angenommen werden, für Haftpflichtvsschutz oberhalb der gesetzlichen Mindestvssummen zu sorgen (streitig, anderer Meinung Denck, Außenhaftung S. 190; vgl. auch die Nachweise zu diesem Problemkreis in Anm. B 94). Zu beachten ist aber, daß im Arbeitsverhältnis die Grundsätze über die schadengeneigte Arbeit zur Anwendung kommen. Das bedeutet, daß nach dieser in den Abgrenzungskriterien schwankenden Rechtsprechung (dazu einerseits BAG 23.III.1983 BB 1983 S. 1157–1159 = VersR 1983 S. 940–943, 21.X.1983 BAGE Bd 44 S. 170–174; andererseits BAG 24.XI.1987 BB 1988 S. 1601–1603 = VersR 1988 S. 946–948; für eine Haftungsentlastung des Arbeitnehmers auch außerhalb einer schadengeneigten Arbeit plädiert BAG GrS 12.VI.1992 NZA 1993 S. 547–550 in einer Vorlage zum Gemeinsamen Senat aller Obersten Gerichtshöfe gemäß Art. 95 III GG [im Anschluß an BAG 18.X.1989 BAGE Bd 63 S. 120–127; für eine gesetzliche Lösung vgl. § 99 des Diskussionsentwurfes des Arbeitskreises Deutsche Rechtseinheit im Arbeitsrecht zum Arbeitsvertragsgesetz, „Gutachten" D für den 59. Deutschen Juristentag, München 1992], weitere Nachweise zur schadengeneigten Arbeit bei Schalt MDR 1992 S. 12–15) zu entscheiden ist, ob und in welchem Umfang der Arbeitgeber dem Arbeitnehmer für diese durch Belastung mit Drittansprüchen entstandenen Schäden ersatzpflichtig ist. In Konsequenz dessen kann der Arbeitnehmer für mit leichter Schuld herbeigeführte Haftpflichtschäden, soweit kein Haftpflichtvsschutz besteht, im Regelfall im vollen Umfang eine Freistellung durch den Arbeitgeber verlangen. Hingegen ist bei mit „schwerer" Schuld herbeigeführten Schäden eine Abwägung unter Berücksichtigung aller Umstände des Falles vorzunehmen (vgl. BAG 12.X.1989 NJW 1990 S. 468–471 = VersR 1989 S. 1321–1324 m. w. N.). Soweit der Arbeitnehmer danach für den Schaden einzutreten hat, läßt sich die Konstruktion einer zusätzlichen Verpflichtung des Arbeitgebers nicht verantworten, daß dieser über den gesetzlichen Rahmen hinaus Vsschutz herbeizuführen habe, um den Arbeitnehmer so zu stellen, als wenn der am Vsmarkt höchstmögliche Vsschutz gewählt worden wäre.

[H 46] V. Rechtsverhältnis zwischen Versicherungsnehmer und Versicherer

1. Klagebefugnis

In § 10 IV AKB ist festgelegt, daß der Vte die ihm gemäß § 75 I zustehenden Rechte aus der V für fremde Rechnung selbständig geltend machen kann (vgl. dazu Anm. H 12). Es fragt sich, ob dem V mer daneben das aus § 76 I folgende Klagerecht belassen oder ob die Prozeßführungsbefugnis allein dem Vten eingeräumt werden sollte. Angesichts der eigenartigen Grundkonstruktion der V für fremde Rechnung ließe sich nach dem Wortlaut des § 10 IV AKB eine solche konkurrierende Klagebefugnis rechtfertigen (so z. B. Moog NJW 1955 S. 1324, Prölss–Martin–Knappmann[25] Anm. 5 zu § 10 AKB, S. 1457, Stiefel–Hofmann[15]

Anm. H 46 H. Beteiligung Dritter am Kfz-Haftpflichtvsvertrag

Anm. 61, 62 zu § 3 AKB, S. 208–209, Hj. Wussow VersR 1960 S. 11–13, LG Hildesheim 13.X.1959 VersR 1959 S. 990–991, LG Köln 23.XI.1961 VersR 1962 S. 751, ÖOGH 6.X.1959 VersR 1960 S. 191). Indessen wird damit die Position des Vmers in der Kraftfahrzeug-Haftpflichtv überbewertet und nicht genügend das Ziel der Pflichtvsgesetzgebung beachtet, auch den Vten weitgehend unabhängig zu stellen. Diesem sozialen Schutzgedanken entspricht es, die Rechtsstellung des Vten nicht durch die Annahme einer konkurrierenden Prozeßführungsbefugnis des Vmers zu gefährden. Der Bestimmung des § 10 IV AKB ist somit eine abschließende Regelung der Prozeßführungsbefugnis im Rahmen der V für fremde Rechnung beizulegen, durch die die dispositive Vorschrift des § 76 I gänzlich abbedungen ist (Bruck–Möller–Sieg Bd II Anm. 44, 46 zu §§ 75, 76; ebenso Orlowski VersR 1956 S. 395 [bis zur 23. Aufl. auch Prölss–Martin Anm. 4 zu § 10 AKB, S. 1061], Ruscher, Die Besonderheiten des Vsanspruchs bei der V für fremde Rechnung, Kölner Diss. 1969, S. 94–98; LG Bonn 28.I.1955 NJW 1955 S. 1034; vgl. auch BGH 26.X.1967 VersR 1967 S. 1170, wo diese Frage unentschieden geblieben ist). Ist allerdings der Vte mit einer gerichtlichen Geltendmachung seines Vsanspruchs durch den Vmer einverstanden, so entfallen die dargestellten Bedenken. Es ist vielmehr eine derartige gewillkürte Prozeßstandschaft mit Rücksicht auf die gesetzliche Ausgangsregelung immer dann zuzulassen, wenn der Vte einverstanden ist und dieser nicht selbst gerichtliche Schritte ergreifen will (Bruck–Möller–Sieg a. a. O. Anm. 36, 46 zu §§ 75, 76).

BGH 26.X.1967 VersR 1967 S. 1169–1170 hat dem Vmer unabhängig von solchen Überlegungen eine Feststellungsklage des Inhalts zugebilligt, daß dem Ver kein Rückgriffsanspruch gegen den Vten zustehe. Auch insoweit ist aber im Grunde genommen auf die dargestellten Grundsätze zur Prozeßführungsbefugnis Obacht zu geben. Im Regelfall ist dem Vmer auch bei einer solchen Feststellungsklage die Abstimmung mit dem Vten zuzumuten, ob dieser einem gerichtlichen Vorgehen des Vmers zustimmt. Etwas anderes ist aber dann anzunehmen, wenn dem Vmer eine Kontaktaufnahme mit dem Vten nicht möglich ist. Beispiel: Der Vte ist ohne Angabe einer neuen Anschrift verzogen oder gar ausgewandert. In den engen Grenzen solcher Ausnahmefälle darf daher auf die an sich durch § 10 IV AKB abbedungene Klagbefugnis aus § 76 I zurückgegriffen werden. Ferner ist des Sonderfalls zu gedenken, daß der Vte die Ablehnung durch den Ver für berechtigt hält und deshalb nicht bereit ist, einer Klage des Vmers zuzustimmen. In diesem Ausnahmefall ist nach der Interessenlage ein Wiederaufleben der gesetzlich vorgesehenen, aber vertraglich abbedungenen Prozeßstandschaft zu bejahen (vgl. auch BGH 4.V.1964 BGHZ Bd 41 S. 327–328 [zur allgemeinen Haftpflichtv], von dem umgekehrt eine Klagebefugnis des Vten entgegen § 7 I 2 AHB für den Fall angenommen worden ist, daß der Vmer nicht zur Klage bereit ist). Verfehlt wäre es, den Vmer auf die Rechtsverteidigung in dem gegen ihn gerichteten Schadenersatzprozeß des Vten zu verweisen, daß der Vte die Aussichten des Vsschutzrechtsstreits fehlerhaft abgeschätzt habe. Eine solche passive Haltung ist mit der Gefahr verbunden, daß die Vsschutzfrage nicht mit letzter Präzision ausgelotet wird. Das Gesagte gilt um so mehr, wenn man mit Denck Außenhaftung S. 214 die Auffassung vertritt, daß der Arbeitgeber (Vmer) für den Arbeitnehmer (Vten) in gewissen Fällen sogar verpflichtet sei, diesen Deckungsprozeß zu führen (allerdings spricht Denck a. a. O. von einer „Bevollmächtigung", so daß keine Klage im Namen des Vmers gemeint sein dürfte; vgl. dazu auch BGH 5.III.1964 VersR 1964 S. 478, wo sich – obiter dictum – die auf ein Vertretungsverhältnis abzielende Bemerkung findet, daß im Falle des angestellten Fahrers dessen Interessen von dem Dienstberechtigten ohne besonderen Auftrag wahrzunehmen seien). Eine wesentliche Rolle spielt bei diesen Überlegungen zur Abgrenzung der

V. 2. Verfügungsbefugnis					Anm. H 47

Klagebefugnis des Vmers aber auch, daß dem Ver durchaus angesonnen werden kann, mit seinem Vmer über die Berechtigung einer Deckungsablehnung zu streiten, wenn der Vte dazu nicht bereit ist. Mißlich wäre es nur, wenn Vmer und Vter gesonderte Prozesse anstrengen würden. Nur um das zu vermeiden, ist § 10 IV AKB restriktiv zu Lasten des Vmers ausgelegt worden. In den hier erörterten Sonderfällen entfällt aber dieses Motiv.

[H 47] 2. Verfügungsbefugnis

In Anm. H 46 ist die Auffassung vertreten worden, daß dem Vmer durch § 10 IV AKB eine eigene Befugnis zur Geltendmachung der Rechte des Vten grundsätzlich genommen worden sei. Das führt zu der Frage, ob der Vmer — abgesehen von der gegenüber dem Dritten ohnedies gegebenen Unverbindlichkeit einer solchen Verfügung (vgl. dazu aus der Sicht des Direktanspruchs Anm. B 17 und generell zur Haftpflichtv gemäß § 156 I Bd IV Anm. B 87—88 m. w. N.). — im Verhältnis zum Vten zur Verfügung über die Haftpflichtvsforderung befugt ist. Das ist zu verneinen. Vgl. dazu Bruck—Möller—Sieg Bd II Anm. 46 zu §§ 75, 76 und vor allem BGH 8.XII.1971 NJW 1972 S. 441 = VersR 1972 S. 168. Danach gibt die Kfz-Haftpflichtv jedem berechtigten Fahrer ein eigenes selbständiges und der Verfügungsmacht des Vmers entzogenes Recht auf Vsschutz (von dieser Auffassung geht als selbstverständlich auch BGH 5.III.1964 VersR 1964 S. 478 aus, wenn er nur prüft, ob eine rechtsgeschäftliche Bevollmächtigung des Vmers zur Geltendmachung von Ansprüchen für den Vten gegeben sei). Stellt man freilich allein auf den Wortlaut der Bestimmungen über die V für fremde Rechnung ab, so wäre dieses aus § 76 I folgende Verfügungsrecht des Vmers nur dann eingeschränkt, wenn der Vte im Besitz des Vsscheins ist; denn dann bedarf der Vmer nach § 76 II zur Annahme der Zahlung oder zur Übertragung der Rechte des Vten dessen Zustimmung. Damit wäre aber auch noch nichts über eine Einschränkung der Befugnis des Vmers zum Abschluß eines Erlaßvertrages oder eines Deckungsvergleiches gesagt.

Nur der guten Ordnung halber sei deshalb klargestellt, daß die Regelung in § 76 II für die Haftpflichtv nahezu bedeutungslos ist. Das ergibt sich für den in § 76 II als letztes erwähnten Abtretungsfall daraus, daß die Abtretung eines Befreiungsanspruchs an einen anderen als den geschädigten Dritten nach § 399 (2. Alt.) BGB ausgeschlossen ist (streitig, vgl. Bd IV Anm. B 52 m. w. N.). Was aber die Abtretung an den Dritten anbetrifft, so ist die Frage, ob der Vte oder der Vmer verfügen können, in der Kfz-Haftpflichtv mit Rücksicht auf den durch § 3 PflichtvsG gewährten Direktanspruch nur für den Sonderfall bedeutsam, daß der Dritte auf dem traditionellen Wege vorgeht (vgl. dazu Anm. B 72—73 und zur Abgrenzung des Abtretungsverbots nach § 3 IV AKB Anm. B 22 und G 4). Die weiter in § 76 II, III erwähnte Zahlung an den Vmer ist deshalb nicht bedeutsam, weil der Ver sich ohnedies hüten wird, eine gegenüber dem Dritten nach § 156 I nicht wirkende Leistung an den Vmer oder Vten zu erbringen, zumal da diese nach der Ausgestaltung des Vsvertrages auf eine solche Zahlung auch keinen Anspruch haben. Allerdings wird die Frage der Verfügungsbefugnis auch für die beiden in § 76 II behandelten Fallgruppen bedeutsam, wenn sich nämlich der Befreiungsanspruch durch eine berechtigte Befriedigung der Forderung des geschädigten Dritten in einen Zahlungsanspruch des Vten verwandelt hat (vgl. dazu Bd IV Anm. B 39).

Indessen ergibt eine wertende Betrachtung der Rechtsstellung des Vten in der Kfz-Haftpflichtv, daß die Frage, ob der Vmer zum Nachteil des Vten über die Vsforderung verfügen darf, nicht allein aus dem Gesichtswinkel der Grundbestimmungen über die V für fremde Rechnung gemäß §§ 75—79 betrachtet werden darf. Als wesentliche Besonderheit ist zunächst die in § 1 PflichtvsG verankerte **Verpflichtung** des Vmers zu konstatieren, in den Vsschutz der Kfz-Haftpflichtv stets auch den Fahrer einzubeziehen. Damit ist ein Sozialschutz zugunsten des berechtigten Fahrers verankert, der in gleicher Weise, wenn auch ohne ausdrückliche gesetzliche Verankerung, für die anderen in § 10 II AKB aufgeführten mitvten Personen gilt. Der Vmer steht demgemäß unter der kraft Gesetzes gegebenen Verpflichtung, für den Fahrer Haftpflichtvsschutz herbeizuführen und zu unterhalten. Diese öffentlich-rechtliche Verpflichtung strahlt auf die vertrags- oder quasi-vertragsrechtlichen Beziehungen zwischen dem Vmer und dem vten Fahrer (wie auch allen anderen Mitvten) aus. Demgemäß ist der Vmer bei einer Verletzung der genannten Verpflichtung dem Vten nach vertraglichen oder vertragsähnlichen Grundsätzen zum Schadenersatz verpflichtet (vgl. Anm. H 44). Die weitere rechtlich bedeutsame Tatsache ist die, daß den Bedingungsverfassern im Jahre 1940 bei der Einfügung des Rechts des Vten zur gerichtlichen und außergerichtlichen Geltendmachung des Vsschutzanspruchs überaus geläufig war, daß gleichzeitig die den Dritten schützende Bestimmung des § 156 I mit dem darin ausgebildeten relativen Verfügungsverbot in Kraft treten würde. Durch diese Bestimmung waren die als anstößig aufgefallenen Fälle, in denen ein Erlaßvertrag zwischen dem Vmer und dem Ver zu Lasten des Vten abgeschlossen worden war (vgl. Bd IV Anm. H 17 m. w. N.), für den Ver wirtschaftlich sinnlos geworden, da er im Verhältnis zum geschädigten Dritten im Risiko blieb. Aus der Überlegung heraus, daß demgemäß kein Ver sich zu einem solchen Handeln noch bereitfinden könnte, ist demgemäß § 10 IV AKB mit der Verfügungsbefugnis des Vten geschaffen worden. Daß nicht ausdrücklich auch ausgesprochen wurde, daß daneben kein konkurrierendes Verfügungsrecht des Vmers bestehe, lag lediglich daran, daß man eine solche Formalargumentation aus der Grundstruktur der V für fremde Rechnung nicht bedacht hatte. Aus der Entstehungsgeschichte und dem bezweckten verstärkten Schutz des Vten ergibt sich aber, daß ein solches Verfügungsrecht des Vmers durch die neu geschaffene Befugnis des Vten ausgeschlossen werden sollte. Es sei rechtstatsächlich dazu angemerkt, daß in der Gerichtspraxis seit Inkrafttreten der Neuregelung im Jahre 1940 auch Fälle nicht mehr bekannt geworden sind, in denen ein Vmer es versucht hätte, zu Lasten des Vten entgegen § 10 IV AKB einen Erlaßvertrag zu schließen. Soweit im Schrifttum und Rechtsprechung entgegen der hier vertretenen Auffassung doch eine Verfügungsbefugnis des Vmers bejaht worden ist (vgl. Anm. H 46 m. w. N.), ging es nicht um eine auf den Bestand der Vsforderung einwirkende Maßnahme, sondern lediglich um den Unterfall der prozessualen Geltendmachung der Rechte des Vten durch den Vmer. Wenn eine solche Befugnis in Anm. H 46 auch aus systematischen Gründen verneint worden ist, so läßt sich nicht leugnen, daß die gegenteilige Auffassung vertretbar ist, sofern sie nicht die Befugnis zur rechtsgeschäftlichen Umgestaltung der Vsforderung einschließt. Ein gutes Beispiel dafür, daß die Verfügungsbefugnis des Vmers auch von zur Prozeßführungsbefugnis eine andere Auffassung vertretenden Autoren verneint wird, geben Stiefel–Hofmann[15] Anm. 121 zu § 10 AKB, S. 492. Sie führen dort zwar aus, daß in § 10 IV AKB nicht gesagt worden sei, daß der Vmer die ihm zustehende Verfügungsberechtigung verliere. Anschließend heißt es aber, daß der Vmer keine den Wünschen des Vten entgegenstehende Verfügungen wirksam treffen könne.

J. Die Fahrzeugversicherung

I. Rechtsquellen und Entwicklung der Fahrzeugversicherung

1. Rechtsquellen J 1–3
2. Entwicklung J 4

1. Rechtsquellen

Gliederung:

a) Vorbemerkung J 1

b) §§ 12–15 der Allgemeinen Bedingungen für die Kraftfahrtv (AKB) J 2
c) Auszug aus § 2 AKB J 3

[J 1] a) Vorbemerkung

Die Fahrzeugv erschließt sich dem Verständnis des Betrachters nur, wenn dieser sowohl die Bestimmungen des VVG als auch die der AKB beachtet. In den AKB befassen sich im Abschnitt C speziell die §§ 12–15 mit der Fahrzeugv; es finden aber auch die allgemeinen Bestimmungen der §§ 1–9 a AKB Anwendung, die alle Vs-sparten der Kraftverkehrsv betreffen. Es erschien im Interesse der Leser als sachgerecht, dieser Lieferung des Kommentars die sich speziell mit der Fahrzeugv befassenden §§ 12–15 AKB mit Fundstellen für Erläuterungen voranzustellen, ebenso aus dem allgemeinen Teil der AKB § 2 III, dessen Hauptbedeutung auf dem Gebiet der Fahrzeugv liegt.

[J 2] b) §§ 12–15 der Allgemeinen Bedingungen für die Kraftfahrtversicherung (AKB)

Abgedruckt worden ist die gemäß Bekanntmachung des BAA vom 28. I. 1977 (VA 1977 S. 48–50) seit dem 1. I. 1977 gültige Fassung des speziell die Fahrzeugv behandelnden Abschnitts C der AKB (für die vorangegangene Bedingungsentwicklung wird hier nur verwiesen auf die Bekanntmachungen des BAA vom 3. IX. 1965 VA 1965 S. 205–214, 14. XII. 1966 VA 1967 S. 4, 18. XII. 1970 VA 1971 S. 4–13, 16. VII. 1971 VA 1971 S. 239, 14. I. 1975 VA 1975 S. 72–73).

§ 12
Umfang der Versicherung

(1) **Die Fahrzeugversicherung umfaßt die Beschädigung, die Zerstörung und den Verlust des Fahrzeugs und seiner unter Verschluß verwahrten oder an ihm befestigten Teile einschließlich der durch die beigefügte Liste in der jeweiligen Fassung als zusätzlich mitversichert ausgewiesenen Fahrzeug- und Zubehörteile**

J 4, J 9, J 22–27, J 60, J 119, J 121

Anm. J 2   J. Fahrzeugversicherung

J 28, J 30–39, J 61, J 66 J 14, J 28, J 31, J 40–51, J 53, J 61, J 137	I. in der Teilversicherung a) durch Brand oder Explosion; b) durch Entwendung, insbesondere Diebstahl, unbefugten Gebrauch durch betriebsfremde Personen, Raub und Unterschlagung. Die Unterschlagung durch denjenigen, an den der Versicherungsnehmer das Fahrzeug unter Vorbehalt seines Eigentums veräußert hat, oder durch denjenigen, dem es zum Gebrauch oder zur Veräußerung überlassen wurde, ist von der Versicherung ausgeschlossen;
J 4, J 28, J 31–32, J 39, J 52–59, J 61, J 65–66, J 80, J 108, J 121	c) durch unmittelbare Einwirkung von Sturm, Hagel, Blitzschlag oder Überschwemmung auf das Fahrzeug. Als Sturm gilt eine wetterbedingte Luftbewegung von mindestens Windstärke 8. Eingeschlossen sind Schäden, die dadurch verursacht werden, daß durch diese Naturgewalten Gegenstände auf oder gegen das Fahrzeug geworfen werden. Ausgeschlossen sind Schäden, die auf ein durch diese Naturgewalten veranlaßtes Verhalten des Fahrers zurückzuführen sind;
J 14, J 28, J 59, J 61, J 155	d) durch einen Zusammenstoß des in Bewegung befindlichen Fahrzeugs mit Haarwild im Sinne des § 2 Abs. 1 Nr. 1 des Bundesjagdgesetzes;
	II. in der Vollversicherung darüber hinaus
J 6, J 31–32, J 36–38, J 58, J 61–73, J 119, J 146, J 155	e) durch Unfall, d. h. durch ein unmittelbar von außen her plötzlich mit mechanischer Gewalt einwirkendes Ereignis; Brems-, Betriebs- und reine Bruchschäden sind keine Unfallschäden;
J 32, J 39, J 42–43, J 61, J 64, J 73, J 119, J 142	f) durch mut- oder böswillige Handlungen betriebsfremder Personen.
J 22, J 28, J 30, J 33, J 60, J 64, J 155	(2) Der Versicherungsschutz erstreckt sich in der Voll- und Teilversicherung auch auf Bruchschäden an der Verglasung des Fahrzeugs und Schäden der Verkabelung durch Kurzschluß.
J 22, J 119	(3) Eine Beschädigung oder Zerstörung der Bereifung wird nur ersetzt, wenn sie durch ein Ereignis erfolgt, das gleichzeitig auch andere versicherungsschutzpflichtige Schäden an dem Fahrzeug verursacht hat.

§ 13
Ersatzleistung

J 6, J 8, J 20, J 126–129, J 138–139, J 150, J 153	(1) Der Versicherer ersetzt einen Schaden bis zur Höhe des gemeinen Wertes des Fahrzeugs oder seiner Teile am Tage des Schadens (Zeitwert), soweit in den folgenden Absätzen nichts anderes bestimmt ist.
J 6, J 31, J 121, J 124–131, J 133–135, J 137–139, J 141, J 150,	(2) Bei Personen- und Kombinationswagen – mit Ausnahme von Droschken, Mietwagen, Selbstfahrervermietwagen und Omnibussen – erhöht sich die Leistungs-

I. 1. Rechtsquellen Anm. J 2

grenze des Abs. 1 um 25 v. H. des Zeitwertes, höchstens jedoch auf den Neupreis des Fahrzeugs; für Schäden, die in den ersten beiden Jahren nach der Erstzulassung des Fahrzeugs eintreten, erhöht sich die Leistungsgrenze auf den Neupreis des Fahrzeugs, wenn sich das Fahrzeug bei Eintritt des Versicherungsfalles im Eigentum dessen befindet, der es als Neufahrzeug unmittelbar vom Kraftfahrzeughändler oder Kraftfahrzeughersteller erworben hat. Neupreis ist der vom Versicherungsnehmer zu entrichtende Kaufpreis eines neuen Fahrzeugs in der versicherten Ausführung oder – falls der Fahrzeugtyp nicht mehr hergestellt wird – eines gleichartigen Typs in gleicher Ausführung, jedoch in beiden Fällen höchstens der vom Hersteller unverbindlich empfohlene Preis am Tage des Schadens. — J 152–153

(3) In allen Fällen verbleiben Rest- und Altteile dem Versicherungsnehmer. Sie werden zum Zeitwert auf die Ersatzleistung angerechnet. — J 133, J 136, J 152

(4) a) Bei Zerstörung oder Verlust des Fahrzeugs gewährt der Versicherer die nach den Absätzen 1 bis 3 zu berechnende Höchstentschädigung. — J 6, J 121, J 138, J 150, J 153

b) Die Höchstentschädigung nach Abs. 2, 2. Halbsatz i.V. mit Abs. 3 wird auch gewährt bei Beschädigung von Personen- und Kombinationswagen – mit Ausnahme von Droschken, Mietwagen, Selbstfahrervermietwagen und Omnibussen –, wenn sich das Fahrzeug bei Eintritt des Versicherungsfalls im Eigentum dessen befindet, der es als Neufahrzeug unmittelbar vom Kraftfahrzeughändler oder Kraftfahrzeughersteller erworben hat und die erforderlichen Kosten der Wiederherstellung im 1. Jahr nach der Erstzulassung 80 v. H., im 2. Jahr nach der Erstzulassung 70 v. H. des Neupreises (Absatz 2) erreichen oder übersteigen. — J 4, J 121, J 126–127, J 131–134, J 136–139, J 152

(5) In allen sonstigen Fällen der Beschädigung des Fahrzeugs ersetzt der Versicherer bis zu dem nach den Absätzen 1 bis 3 sich ergebenden Betrag die erforderlichen Kosten der Wiederherstellung und die hierfür notwendigen einfachen Fracht- und sonstigen Transportkosten. Entsprechendes gilt bei Zerstörung, Verlust oder Beschädigung von Teilen des Fahrzeugs. Von den Kosten der Ersatzteile und der Lackierung wird ein dem Alter und der Abnutzung entsprechender Abzug gemacht (neu für alt). Der Abzug beschränkt sich bei Krafträdern, Personen- und Kombinationswagen sowie Omnibussen bis zum Schluß des vierten, bei allen übrigen Fahrzeugen bis zum Schluß des dritten auf die Erstzulassung des Fahrzeuges folgenden Kalenderjahres auf Bereifung, Batterie und Lackierung. — J 126, J 129, J 138–143, J 146, J 149–150

J 6, J 20, J 31, J 42, J 66, J 70–71, J 77, J 131, J 138, J 143–151, J 158	(6) Veränderungen, Verbesserungen, Verschleißreparaturen, Minderung an Wert, äußerem Ansehen oder Leistungsfähigkeit, Überführungs- und Zulassungskosten, Nutzungsausfall oder Kosten eines Ersatzwagens und Treibstoff ersetzt der Versicherer nicht.
J 42, J 51, J 61, J 79, J 100, J 121, J 137, J 150, J 153, J 156	(7) Werden entwendete Gegenstände innerhalb eines Monats nach Eingang der Schadenanzeige wieder zur Stelle gebracht, so ist der Versicherungsnehmer verpflichtet, sie zurückzunehmen. Nach Ablauf dieser Frist werden sie Eigentum des Versicherers. Wird das entwendete Fahrzeug in einer Entfernung von in der Luftlinie gerechnet mehr als 50 km von seinem Standort (Ortsmittelpunkt) aufgefunden, so zahlt der Versicherer die Kosten einer Eisenbahnfahrkarte zweiter Klasse für Hin- und Rückfahrt bis zu einer Höchstentfernung von 1500 km (Eisenbahnkilometer) vom Standort zu dem dem Fundort nächstgelegenen Bahnhof.
J 9, J 154	(8) Eine vereinbarte Selbstbeteiligung gilt für jedes versicherte Fahrzeug besonders. Sie gilt aber nur für die Vollversicherung, und hierbei auch nur insoweit, als der Versicherungsschutz in der Vollversicherung sich über die Teilversicherung hinaus erstreckt.
J 9, J 30, J 33, J 64, J 154–155	(9) In der Teilversicherung und in der Vollversicherung mit einer vereinbarten Selbstbeteiligung wird bei einem Wildschaden (§ 12 (1) I. d)) nur der Teil des Schadens ersetzt, der 250 DM, bei einem Glasbruchschaden oder bei einem Brand- oder Schmorschaden der Verkabelung durch Kurzschluß (§ 12 (2)) nur der Teil des Schadens, der 20 v. H., mindestens 50 DM übersteigt. In der Vollversicherung ohne vereinbarte Selbstbeteiligung gelten diese Begrenzungen nicht. Ist die in der Vollversicherung vereinbarte Selbstbeteiligung niedriger als diese Begrenzungen, so wird der Schaden abzüglich der vereinbarten Selbstbeteiligung ersetzt.
J 13, J 31, J 126, J 128, J 131, J 133–135, J 138, J 156	(10) Ergibt die Berechnung der Entschädigungsleistung nach Absatz 2 in Verbindung mit Absatz 3 eine höhere Leistung als bei Zugrundelegung des Zeitwertes nach Absatz 1 in Verbindung mit Absatz 3, so erwirbt der Versicherungsnehmer einen Anspruch auf Zahlung des Teiles der Entschädigung, der über diesen Wert hinausgeht, nur insoweit, als die Verwendung der Entschädigung zur Wiederherstellung oder zur Wiederbeschaffung eines anderen Fahrzeugs innerhalb von 2 Jahren nach Feststellung der Entschädigung sichergestellt ist.

§ 14

Sachverständigenverfahren

J 32, J 136, J 157	(1) Bei Meinungsverschiedenheit über die Höhe des Schadens einschließlich der Feststellung des Zeitwertes

I. 1. Rechtsquellen

oder über den Umfang der erforderlichen Wiederherstellungsarbeiten entscheidet ein Sachverständigenausschuß.

(2) Der Ausschuß besteht aus zwei Mitgliedern, von denen der Versicherer und der Versicherungsnehmer je eines benennt. Wenn der eine Vertragsteil innerhalb zweier Wochen nach schriftlicher Aufforderung sein Ausschußmitglied nicht benennt, so wird auch dieses von dem andern Vertragsteil benannt.

(3) Soweit sich die Ausschußmitglieder nicht einigen, entscheidet innerhalb der durch ihre Abschätzung gegebenen Grenzen ein Obmann, der vor Beginn des Verfahrens von ihnen gewählt werden soll. Einigen sie sich über die Person des Obmanns nicht, so wird er durch das zuständige Amtsgericht ernannt.

(4) Ausschußmitglieder und Obleute dürfen nur Sachverständige für Kraftfahrzeuge sein.

(5) Bewilligt der Sachverständigenausschuß die Forderung des Versicherungsnehmers, so hat der Versicherer die Kosten voll zu tragen. Kommt der Ausschuß zu einer Entscheidung, die über das Angebot des Versicherers nicht hinausgeht, so sind die Kosten des Verfahrens vom Versicherungsnehmer voll zu tragen. Liegt die Entscheidung zwischen Angebot und Forderung, so tritt eine verhältnismäßige Verteilung der Kosten ein.

§ 15

Zahlung der Entschädigung

(1) Die Entschädigung wird innerhalb zwei Wochen nach ihrer Feststellung gezahlt, im Falle der Entwendung jedoch nicht vor Ablauf der Frist von einem Monat (§ 13 Abs. 7). Ist die Höhe eines unter die Versicherung fallenden Schadens bis zum Ablauf eines Monats nicht festgestellt, werden auf Verlangen des Versicherungsnehmers angemessene Vorschüsse geleistet.   J 42, J 136–138, J 150, J 156

(2) Ersatzansprüche des Versicherungsnehmers, die nach § 67 VVG auf den Versicherer übergegangen sind, können gegen den berechtigten Fahrer und andere in der Haftpflichtversicherung mitversicherte Personen sowie gegen den Mieter oder Entleiher nur geltend gemacht werden, wenn von ihnen der Versicherungsfall vorsätzlich oder grobfahrlässig herbeigeführt worden ist.   J 86, J 88, J 159, J 177–180

[J 3] c) Auszug aus § 2 AKB

§ 2
Einschränkung des Versicherungsschutzes

(1) **Geltungsbereich:**
Die Versicherung gilt für Europa, soweit keine Erweiterung dieses Geltungsbereichs vereinbart ist.

(2) **Obliegenheiten vor Eintritt des Versicherungsfalles:**
... (von einem Abdruck dieses teils für alle Vssparten der Kraftfahrtv, teils nur für die Haftpflichtv geltenden Absatzes ist Abstand genommen worden).

(3) **Ausschlüsse:**
Versicherungsschutz wird nicht gewährt,
a) in der Fahrzeug-, Kraftfahrtunfall- und Gepäckversicherung für Schäden, die durch Aufruhr, innere Unruhen, Kriegsereignisse, Verfügungen von hoher Hand oder Erdbeben unmittelbar oder mittelbar verursacht werden;
b) für Schäden, die bei Beteiligung an Fahrtveranstaltungen, bei denen es auf Erzielung einer Höchstgeschwindigkeit ankommt, oder bei den dazugehörigen Übungsfahrten entstehen; in der Kraftfahrzeug-Haftpflichtversicherung gilt dies nur bei Beteiligung an behördlich genehmigten Fahrtveranstaltungen oder den dazugehörigen Übungsfahrten.

[J 4] 2. Entwicklung

Martinoli Autokaskov S. 71 sieht die aus Frankreich stammende Fuhrwerksv, die dort von zwei Vsgesellschaften im Jahre 1830 eingeführt worden ist, als Vorläuferin der Fahrzeugv an. Daran ist richtig, daß die in der Praxis durchweg Auto-Kaskov (oder kurz Kaskov) genannte Fahrzeugv gewiß ähnliche Züge mit der V eines Pferdefuhrwerkes gegen Beschädigungen durch Zusammenstöße oder Zufälle zeigt. Im gleichen Maße besteht aber eine solche Verwandtschaft auch mit der sehr viel älteren Schiffskaskov, von der auch der in der Praxis fast ausschließlich benutzte Name Kaskov für die Fahrzeugv stammt. In beiden Vsarten geht es um die V eines Beförderungsmittels gegen Schäden aus den verschiedensten Ursachen. – Zur Bezeichnung als Kaskov vgl. Stiefel Kraftfahrzeugv, Berlin 1931, S. 172, der zutreffend darauf hinweist, daß unter dem Ausdruck kasco – auch casco, casquo – der Schiffskörper oder Schiffsrumpf verstanden werde, in der italienischen Sprache aber auch der Helm, im im spanischen die Hirnschale. –

Es leuchtet ein, daß die Entwicklung der Fahrzeugv, d. h. der V von Fahrzeugen gegen Beschädigungen dieses Beförderungsmittels, eng verknüpft ist mit der Motorisierung. Als Mutterland der Fahrzeugv gelten deshalb die USA. Dort hatten nach dem Bericht von Martinoli Autokaskov S. 75 im Jahre 1905, als sich die Fahrzeugv in Europa noch in den ersten Anfängen befand, die amerikanischen Fahrzeugver schon eine geschätzte Prämieneinnahme von insgesamt rund US-Dollar 10.000.000,–. In Deutschland ist es der „Allgemeine Deutsche Versicherungs-Verein" in Stuttgart gewesen, der im Jahre 1900 erstmals eine der erwähnten kombinierten Fuhrwerksv ähnliche kombinierte Autov anbot; seine Erfahrungen auf diesem Vssektor sollen allerdings nicht sehr ermutigend gewesen sein (so Martinoli Autokaskov S. 108). Ein

I. 2. Entwicklung

Jahr später, nämlich im Jahre 1901, nahm die „Agrippina" den Betrieb der Autokaskov auf (Maye Entwicklung S. 11 sieht ohne Erwähnung der Vstätigkeit des „Allgemeinen Deutschen Versicherungs-Vereins" erst in der Tätigkeit der „Agrippina" den Beginn der Fahrzeugv; mit Martinoli ist aber der Anfang der Fahrzeugv in Deutschland in das Jahr 1900 zu legen, ebenso Gerlach ZVersWiss 1930 S. 139, Hagen WuRdVers 1929 S. 5, Harm RdK 1930 S. 246). Mit der fortschreitenden Motorisierung verlief die Entwicklung der Fahrzeugv – allerdings jeweils empfindlich durch die beiden Weltkriege und deren Folgen gestört – im Sinne einer stetigen Zunahme dieser Vssparte. So berichtet Gerlach ZVersWiss 1930 S. 153, daß die gesamte Fahrzeugv 1928 in Deutschland schon eine Prämieneinnahme zwischen 75 bis 80 Millionen RM hatte. Aus dem Geschäftsbericht des BAA für das Jahr 1976 ergibt sich für die Fahrzeugv eine Gesamtbruttoprämie von 2,114534 Milliarden DM (bei einer Prämieneinnahme für alle Kraftfahrtvssparten von 10,204646 Milliarden DM; vgl. a.a.O. Tabelle 430 auf S. 100).

Es kann im Rahmen dieses Kommentars nicht die Aufgabe gelöst werden, die **Entwicklungsgeschichte** der Fahrzeugvsbedingungen und des im Laufe der Zeit **steten Wandlungen** unterliegenden Deckungsumfangs darzustellen. Schon Gerlach ZVersWiss 1930 S. 139 bemerkte dazu treffend, daß es nahezu unmöglich sei, genauere Nachrichten über alle möglichen Einzelheiten aus den ersten Jahren dieser Vsart zu erfahren. Dennoch mögen einige, die Vergangenheit kurz streifende Bemerkungen am Platze sein, die den Gang der Entwicklung etwas aufhellen könnten. Nach Gerlach a.a.O. S. 140 gab es in der Anfangszeit dieser Vssparte „alle möglichen Verschiedenheiten in materieller Hinsicht", namentlich aber die Form der Bedingungen ergab ein ganz buntes Bild. Wörtlich berichtet Gerlach a.a.O. wie folgt: „Erst die Kriegszeit (1916) brachte obligatorische Verbandsbedingungen für Droschken, Vermietwagen, Last- und Lieferwagen, und die Nachkriegszeit einheitliche Bedingungen für alle Arten von Wagen, deren sich auch die dem Verband nicht angehörenden Gesellschaften gewöhnlich bedienten, so daß mit einer allerdings erheblichen Ausnahme heute die Form der Bedingungen übereinstimmt." Das war der im Jahre 1930 erreichte Zustand einer immerhin schon weitgehenden Bedingungseinheit, der aber – auch wenn man die erwähnten Außenseiterbedingungen außer Betracht läßt – nur eine latente Bedingungsgleichheit darstellte, die faktisch jederzeit zu Wettbewerbszwecken geändert werden konnte und auch geändert wurde. Einen Schritt in die Richtung einer kontinuierlichen Bedingungseinheit stellte die 1931 durch Gesetzesänderung herbeigeführte Aufsichtspflicht der Fahrzeugv dar (vgl. dafür, daß die Fahrzeugv bis dahin als aufsichtsfreie Transportv behandelt wurde, Anm. J 5 m.w.N.). Gänzliche Bedingungseinheit trat zum 1. I. 1941 im Zusammenhang mit der Einführung der Pflichtv für Kraftfahrzeughalter ein. Eine Anordnung des RAA vom 28. XII. 1940 (RAnz Nr. 1/1941), erlassen auf Grund der VO vom 29. XI. 1940 über die Anwendung allgemeiner Vsbedingungen (RGBl. I S. 1543) bestimmte, daß mit Wirkung vom 1. I. 1941 für bestehende Vsverhältnisse bei sämtlichen im Deutschen Reich zum Geschäftsbetrieb befugten privaten und öffentlich-rechtlichen Vsunternehmen an die Stelle der bisher geltenden AVB die in Nr. 187 des Deutschen Reichs- und Preußischen Staatsanzeigers vom 15. VIII. 1940 bekanntgegebenen AKB treten. Das hatte zur Folge, daß von den deutschen Kraftfahrzeugvern in der Folgezeit **einheitliche Bedingungen** für die Fahrzeugv im Rahmen der AKB **verwendet wurden und noch bis heute verwendet werden**. Jene Anordnung des RAA vom 28. XII. 1940 a.a.O. ist im Schrifttum gelegentlich in dem Sinne mißverstanden worden, daß den AKB Rechtsnormencharakter beizumessen sei (so Ehrenzweig S. 13 Anm. 6, Stiefel-Wussow[4] Einf. Anm. 3, S. 18–21, Würffel VW 1953 S. 206–207, Wussow VersR 1954 S. 527–528). Tatsächlich ergibt die Durchsicht der gesetzlichen

Anm. J 4 J. Fahrzeugversicherung

Grundlagen jener Anordnung und deren erklärter Inhalt aber nur, daß zu einem bestimmten Zeitpunkt eine Bedingungseinheit herbeigeführt wurde; an dem Charakter der AKB als Vertragsrecht im Sinne allgemeiner Geschäftsbedingungen ist dagegen nicht zu zweifeln (vgl. grundlegend Möller in Bruck-Möller Einl. Anm. 20–29, ferner die besonders klare Darstellung der Entstehungsgeschichte und der gesetzlichen Zusammenhänge bei Fleischmann-Deiters in Thees-Hagemann S. 217–219 m.w.N. und Clauß VersR 1954 S. 46–48, Möller DAR 1954 S. 251, Prölss NJW 1954 S. 1573; OLG München 24. VIII. 1954 VersR 1954 S. 529, LG Braunschweig 22. IV. 1954 VersR 1954 S. 362–363 = NJW 1954 S. 1575). Die Auffassung, daß es sich bei den AKB um Gesetzesrecht handle, wird heute auch von niemandem mehr vertreten (vgl. nur Pienitz-Flöter[4] Vorbem. III zu den AKB, S. 3–4, Prölss-Martin[21] Anm. 1 vor § 1 AKB, S. 834, Stiefel-Wussow-Hofmann[10] Einf. Anm. 2, S. 23–24). Zu dieser gefestigten Rechtsauffassung hat sicherlich wesentlich auch die gesetzliche Regelung in § 4 I 2 PflichtvsG beigetragen, in der – lediglich für die Kraftfahrzeughaftpflichtv – bestimmt wird, daß dem einzelnen Ver ein Rechtsanspruch auf Genehmigung solcher allgemeiner Vsbedingungen zustehe, die mit den gesetzlichen Vorschriften sowie den Grundsätzen des Vsaufsichtsrecht in Einklang stehen und dem Zweck der Pflichtv gerecht werden. Daß dem BAA in § 4 I 5 PflichtvsG die bisher ungenutzte Befugnis eingeräumt worden ist, im Bereich der Kraftfahrzeughaftpflichtv die allgemeinen Vsbedingungen unter bestimmten Voraussetzungen durch RechtsVO für allgemein verbindlich zu erklären und welche rechtliche Bedeutung einem solchen Vorgang zukommen würde, ist in diesem speziell der Fahrzeugv gewidmeten Teil des Kommentars nicht zu untersuchen, wie auch das generelle Verhältnis der AKB zu den Bestimmungen des Gesetzes zur Regelung des Rechts der Allgemeinen Geschäftsbedingungen vom 9. XII. 1976, BGBl. I S. 3317, (AGB-Gesetz) im Abschnitt A der Erläuterungen zur Kraftfahrzeughaftpflichtv abgehandelt werden wird (vgl. zur Grundsatzdiskussion Helm NJW 1978 S. 129–133, Sieg VersR 1977 S. 489–496, Wagner ZVersWiss 1977 S. 119–144, sämtlich m.w.N.; zu Einzelfragen vgl. Anm. J 119 [Beweislastumkehr gemäß § 12 Ziff. 3 AKB], Anm. J 59 [Ausschluß von Rettungskostenersatz in Wildschädenfällen], Anm. J 153 [teilweiser Ausschluß von Rettungskostenersatz durch § 13 VII, 3 AKB] und Anm. J 156 [Fälligkeitsregelung]; hervorzuheben ist, daß für die Fahrzeugv in keinem Fall bei der Interpretation der AKB auf die Unklarheitenregel gemäß § 5 AGB-Gesetz zurückgegriffen werden mußte; vgl. zu dieser Auslegungsregel Möller Vsvertragsrecht, 3. Aufl., Wiesbaden 1977, S. 27–29 und Möller in Bruck-Möller Einl. Anm. 70–75 m.w.N.). Anders als für die Kraftfahrzeughaftpflichtv gibt es für die Fahrzeugv auch nicht eine § 4 I 1 PflichtvsG entsprechende gesetzliche Bestimmung, nach der der Vsvertrag den von der Aufsichtsbehörde genehmigten allgemeinen Vsbedingungen zu entsprechen habe. Für die Fahrzeugv ist deshalb zu betonen, daß die sie betreffenden Teile der AKB gewiß nicht unabdingbar sind und daß ein Abweichen des Vers von den geschäftsplanmäßig genehmigten AKB keinen Einfluß auf die zivilrechtliche Gültigkeit des Vsvertrages hat (vgl. generell Möller in Bruck-Möller Einl. Anm. 23 m.w.N. und speziell für die gesamte Kraftfahrtv Fleischmann-Deiters in Thees-Hagemann S. 218). Für die gegenteilige Auffassung, die nicht nur für die Kraftfahrzeughaftpflichtv, sondern generell für alle Vssparten der Kraftfahrtv eine Unabdingbarkeit der AKB annimmt (so Asmus Kraftfahrtv S. 108, Pienitz-Flöter[4] Vorbem. III, S. 4; früher auch Stiefel-Wussow[4] Einf. Anm. 4, S. 21–22), fehlt es angesichts der Erkenntnis, daß die AKB keinen zwingenden Rechtsnormencharakter haben und auch nicht für allgemein verbindlich erklärt worden sind, an einer dogmatischen Rechtfertigung. Es ist daher konsequent, daß Stiefel-Wussow-Hofmann[10] Einf. Anm. 5, S. 28 die früher vertretene Auffassung der Unabdingbarkeit schon lange aufgegeben haben (vgl.

I. 2. Entwicklung

Anm. J 4

Stiefel-Wussow[5] Einf. Anm. 2, S. 21–23), verfehlt ist aber die von Stiefel-Wussow-Hofmann[10] a.a.O. vorgenommene Einschränkung, daß in Ausnahmefällen eine Nichtigkeit des Vsvertrages gegeben sein könne, wenn der Vmer von dem vorsätzlichen Verstoß des Vers gegen seinen Geschäftsplan gewußt habe (vgl. dazu wiederum Möller in Bruck-Möller Einl. Anm. 24 und Fleischmann-Deiters in Thees-Hagemann S. 218). Unverständlich Pienitz-Flöter a.a.O., wenn sie bemerken, daß die Grundlage einer „allgemein anerkannten" Unabdingbarkeit in dem zwischen den Parteien abgeschlossenen Vertrag zu finden sei, also nicht auf ein Gesetz zurückgehe. Abgesehen davon, daß nach dem Gesagten von einer allgemein anerkannten Unabdingbarkeit nicht die Rede sein kann, kann eine im Vertrag selbst wurzelnde Unabänderlichkeit doch nur eine Umschreibung des Grundsatzes bedeuten, daß Verträge einzuhalten sind. Zur speziellen Frage, in welchem Umfang das Gesagte auch für die Kraftfahrzeughaftpflichtv gilt, vgl. die Ausführungen in dem Abschnitt A dieses Bandes.

Im Sinne der Markttransparenz ist freilich der gegenwärtige Zustand einheitlicher Bedingungen aller Ver in einer Massenvssparte wie der der Fahrzeugv gewiß als begrüßenswert anzusehen. Daß aber individuelle Abweichungen möglich und erlaubt sind und daß darüber hinaus ein Ver, der solche Abweichungen zum Bestandteil seines Geschäfts machen will, auch einen Rechtsanspruch auf Genehmigung solcher Bedingungen haben kann, soweit nämlich nicht ausnahmsweise übergeordnete aufsichtsrechtliche Gesichtspunkte dagegen sprechen, läßt sich mangels entgegenstehender gesetzlicher Grundlage nicht leugnen. So sind denn auch z. B. Anfang 1970 die deutschen Fahrzeugver durch die einem Ver vom BAA genehmigte Einführung einer speziellen Fahrzeug-Neuwertv (Totalschadenv) überrascht worden (vgl. dazu Asmus Kraftfahrtv S. 156–157).

Der Deckungsbereich der Fahrzeugv hat sich seit dem Bericht von Gerlach aus dem Jahre 1930 nur wenig geändert. Nach den damals sogenannten Verbandsbedingungen erstreckte sich der Vsschutz regelmäßig auf alle Schäden, die durch Unfälle, durch mut- oder böswillige Beschädigung seitens dritter betriebsfremder Personen, durch Entwendung und durch Brand entstehen. Dennoch gab es noch mannigfache Unterscheidungen hinsichtlich des Deckungsumfangs. Gerlach ZVersWiss 1930 S. 142 berichtet darüber unter anderem folgendes: „In der Praxis der Kraftwagenv werden nun die verschiedenen Elemente der Deckung, und zwar Unfall mit mut- und böswilliger Beschädigung, Diebstahl und Feuer, in den verschiedensten Kombinationen angeboten. Es kann sowohl die Feuer- oder Diebstahlgefahr oder beide ausgeschlossen werden, es kann sich aber die V auch auf Feuer und Diebstahl oder eines von beidem beschränken. Abweichungen von der normalen V können auch in der Richtung vorkommen, daß alle oder einzelne der Gefahren nur für die Bewegung oder nur für den Ruhezustand gedeckt sind. Die heute am häufigsten anzutreffende Abweichung, nämlich die Wahl einer sogenannten „eingeschränkten V", unterscheidet sich von der normalen nicht hinsichtlich der übernommenen Gefahren, sondern hinsichtlich des Umfangs der Ersatzleistungen des Vers." – Bei dieser „eingeschränkten V", auch Totalschadenv genannt, wurden andere als Brand- und Entwendungsschäden nur im Falle des sogenannten Totalschadens ersetzt (mit dem problematischen Begriff des Totalschadens in einer solchen Vsart befassen sich z. B. RG 12. II. 1932 JRPV 1932 S. 86–87, LG Berlin 6. XII. 1928 JRPV 1929 S. 308, KG 2. XI. 1929 JRPV 1929 S. 425–426, OLG Düsseldorf 27. III. 1930 JRPV 1930 S. 283–284, vgl. dazu weiter Anm. J 121). –

In § 12 AKB finden sich auch heute die vier von Gerlach a.a.O. erwähnten Grundgefahren des Fahrzeugvsvertrages, allerdings in verbesserter Fassung und vor allem unter zusätzlichem Einschluß eines Teils der sogenannten „Unwetterschäden" gemäß § 12 Ziff. 1 Ic AKB. Eine Vielfalt von Auswahlmöglichkeiten hat der Vmer heute nicht mehr; er kann nur noch zwischen der Fahrzeugvollv (mit oder ohne Selbstbeteilligung) und der Fahrzeugteilv wählen. Allerdings ist, wie schon bemerkt, 1970 einem Ver auch wieder eine allein auf den Totalschadensfall abgestellte V genehmigt worden, die durch die Besonderheit gekennzeichnet ist, daß sie dem Vmer eine Entschädigung zum vollen Neuwert des Fahrzeugs gewährt, wenn die Reparaturkosten den Zeitwert übersteigen. Nach einer als Gegenreaktion zum 1. I. 1971 (VA 1971 S. 4—13) erfolgten Verbesserung der Neuwertentschädigungsregelung in § 13 IVb AKB (vgl. dazu Anm. J 133) ist diese Vsart, die ohnedies auf Fahrzeuge beschränkt ist, die nicht älter als zwei Jahre sind, bedeutungslos geworden (vgl. dazu Asmus Kraftfahrtv S. 156—157).

II. Begriff und Einteilung der Fahrzeugversicherung

Gliederung:
1. Rechtliche Einordnung der Fahrzeugv J 5
2. Zur Anwendung der Bestimmungen des VVG auf die Fahrzeugv J 6
3. Besonderheiten der Fahrzeugv J 7—8
   a) Fehlen einer Vssumme J 7
   b) Fahrzeugv als Neuwertv J 8
4. Einteilung der Fahrzeugv J 9

[J 5] 1. Rechtliche Einordnung der Fahrzeugversicherung

Die Fahrzeugv ist eine Sachv (BGH 30. IV. 1959 BGHZ Bd 30 S. 42 bezeichnet sie als „reine" Sachv). Innerhalb der Vielfalt der Sachven ist die Fahrzeugv ihrem Wesen nach zur Transportv zu rechnen. Demgemäß wurde dieser Vszweig in der Vergangenheit auch bis zum Jahre 1931 aufsichtsfrei betrieben (vgl. RG 8. II. 1910 RGZ Bd 72 S. 418—425 und Bruck 7. Aufl. Bem. 16 vor § 129 m. w. N.). Durch das Gesetz zur Änderung des Gesetzes über die privaten Vsunternehmen vom 30. III. 1931 (RGBl. I S. 102) ging diese Aufsichtsfreiheit verloren. In § 148 II VAG (mit Wirkung vom 1. II. 1976 gestrichen durch „Erstes Durchführungsgesetz/EWG zum VAG" vom 18. XII. 1975, BGBl 1975 I S. 3139—3149) hieß es, daß die Kraftfahrzeugv nicht als Transportv anzusehen sei. Möller in Bruck-Möller Einl. Anm. 53 qualifizierte § 148 II VAG als Fiktion, die nicht außerhalb des Vsaufsichtsrechts gelte (zum Begriff der Fiktionen im Vsvertragsrecht vgl. Asmus in Festschrift für Reimer Schmidt, Karlsruhe 1976, S. 706—715). In der Tat ist nicht zu verkennen, daß die apodiktische gesetzgeberische Bemerkung im Aufsichtsrecht die Fahrzeugv zivilrechtlich nicht des Charakters als Transportv entkleidet hatte. Die V eines Transportmittels gegen eine Vielzahl von Transportgefahren kann sachlogisch nur diesem Vszweig zugerechnet werden, wenn man die Art des vom Vsschutz erfaßten Lebensvorgangs als maßgebendes Abgrenzungskriterium für die Einteilung der Ven ansieht (im Ergebnis ebenso Bruck 7. Aufl. Anm. 16 vor § 129, Möller DAR 1954 S. 250, Möller in Bruck-Möller Einl. Anm. 53, Stiefel-Wussow-Hofmann[10] Anm. 1 zu § 12 AKB, S. 511; abweichend Eichler Vsrecht[2] S. 451, nach dessen Auffassung die Kaskov von Fahrzeugen rechtlich nicht als Transportv, sondern als eine besondere Art der Kraftverkehrsv anzusehen sei).

[J 6] 2. Zur Anwendung der Bestimmungen des VVG auf die Fahrzeugversicherung

Diese rechtliche Grunderkenntnis, daß nämlich die in der Praxis meist Kaskov genannte Fahrzeugv ihrem Wesen nach eine Transportv darstellt, hat in erster Linie rechtssystematische Bedeutung im Sinne einer Einordnung dieser Vsart in das Gesamtsystem der Ven. Die gesetzliche Ausgangsposition ist im übrigen so, daß es im VVG keine Bestimmung gibt, die nach ihrem Wortlaut speziell von der Fahrzeugv handelt. Stiefel-Wussow-Hofmann[10] Anm. 1 zu § 12 AKB, S. 511 bemerken dazu, daß auf die Fahrzeugv als Sparte der Sachv die Abschnitte I u. II des VVG anzuwenden seien; die

II. Begriff und Einteilung

Qualifikation der Fahrzeugv als Transportv sei ohne praktische Bedeutung, da die für die Transportv bestehenden Sondervorschriften ausschließlich die Seev beträfen. Das letztere ist nicht zutreffend, da die genannten Bestimmungen die Gütertransportv zu Lande betreffen. Richtig ist aber, daß aus dem Abschnitt I des VVG die Vorschriften für sämtliche Vszweige (§§ 1–48) und aus Abschnitt II der erste Titel, nämlich die Vorschriften für die gesamte Schadensv (§§ 49–80), zur Anwendung kommen. Von besonderer Bedeutung ist dabei, daß schon RG 5. II. 1915 RGZ Bd 86 S. 215–218 zwar die Kraftfahrzeugv als Transportv qualifizierte, aber von dem Vmer dadurch Nachteile abwendete, daß es § 187 mit seiner Freistellung des Vers von den zwingenden Schutzvorschriften des VVG im Bereich der Kraftfahrv für unanwendbar erklärte. Ebenso hat RG 13. III. 1931 RGZ Bd 132 S. 208–211 die Anwendbarkeit des § 130 (Einstehen des Vmers für leichte Fahrlässigkeit bei der Herbeiführung des Vsfalls) verneint und § 61 für maßgebend erklärt, und zwar entgegen einer verbreiteten Rechtsprechung der Instanzgerichte, namentlich auch des KG (vgl. z. B. KG 26. V. 1926 JRPV 1926 S. 198–199, 9. XI. 1927 JRPV 1928 S. 29, 29. III. 1930 JRPV 1930 S. 253–254 = RdK 1931 S. 117, ferner OLG Hamm 26. XI. 1928 JRPV 1929 S. 72, OLG Königsberg 7. XII. 1928 JRPV 1929 S. 71–72, OLG Jena 14. XII. 1929 JRPV 1930 S. 119, OLG Königsberg 24. I. 1930 JRPV 1930 S. 357–358; weitere Nachweise zu dieser nur noch geschichtlich interessanten Streitfrage aus Schrifttum und Rechtsprechung bei Gerlach ZVersWiss 1930 S. 142–145, Hagen WuRdVers 1929 S. 4–6, Harm RdK 1930 S. 259–260, Stiefel Kraftfahrzeugv. S. 178–179).

Was speziell die Bestimmungen des 5. Titels des II. Abschnitts des VVG, nämlich die §§ 129–148, angeht, ist Stiefel-Wussow-Hofmann a. a. O. im Ergebnis darin beizupflichten, daß die für die Gütertransportv zu Lande und auf Binnengewässern und die Kaskov von Binnenschiffen geschaffenen Regelungen nach der heutigen Vertragsgestaltung im ganzen nicht für die Fahrzeugv passen. Schon Bruck 7. Aufl. Anm. 17–18 vor § 129 hat die überwiegende Mehrheit der zitierten Bestimmungen für unanwendbar gehalten, aber immerhin einige Ausnahmen gemacht, so hält Bruck a. a. O. es für möglich, daß die Bestimmungen der §§ 129 II 1, 132, 141 I, 144, 145, 146 und 148 im Einzelfall Anwendung finden könnten (ähnlich auch Gottschalk JRPV 1926 S. 142–144).

Eine Überprüfung aller dieser Bestimmungen ergibt aber, daß sie im hochspezialisierten Fahrzeugvsvertrag der Gegenwart keine ergänzende Anwendung finden können. Hinsichtlich des § 129 II 1, der von einer Allgefahrendeckung bei einem Binnenschiff ausgeht, weist schon Bruck a. a. O. darauf hin, daß selbst bei der Schiffskaskov des lebenden Rechts keine Rede davon sein könne, daß der Ver tatsächlich alle Gefahren trage; demgemäß entscheide auch bei der Autokaskov über den Umfang der Gefahrtragung der einzelne Vsvertrag. Abgesehen von dieser richtigen Grunderkenntnis mutet es aus heutiger Sicht immer etwas eigenartig an, wenn man speziell auf die Bedürfnisse der Schiffsv zugeschnittene Bestimmungen auf die Fahrzeugv entsprechend anwendet. Wenn man in § 132 I liest, daß bei der V eines Schiffes der Ver nicht für einen Schaden hafte, der daraus entstehe, daß das Schiff in einem nicht fahrtüchtigen Zustand oder nicht gehörig ausgerüstet oder bemannt die Reise antrete, so fehlt im Grunde genommen jeder Vergleichsmaßstab mit einem Kraftfahrzeug.

In § 132 II ist sicherlich ein allgemeiner Gedanke des Vsrechts enthalten, daß der Ver nämlich nicht für Abnutzungsschäden einstehen wolle und solche, die durch Alter, Fäulnis oder Wurmfraß entstehen. Auch hier liegen aber spezielle Regelungen im Fahrzeugvsvertrag vor (vgl. §§ 12 Ziff. 1 II e, 13 VI AKB), so daß die Bestimmung des § 132 im ganzen als unanwendbar angesehen werden muß.

Auch wenn die Fahrzeugv heute nicht in § 13 I, II, IV AKB über ein besonders ausgeklügeltes Bedingungswerk hinsichtlich der Bestimmung der Höhe der Vsentschädigung verfügen würde, wäre wohl kaum aus der Interessenlage ein brauchbarer Ansatzpunkt für eine entsprechende Anwendung des § 141 I gegeben, in dem ein von Beginn der V gleichbleibender Vswert des Schiffes fingiert wird (vgl. dazu Möller in Bruck-Möller Anm. 25 zu § 52, Anm. 10 zu § 55; dafür, daß diese nicht unproblematische Bestimmung in den Transportvsbedingungen des Binnenlandes anders als nach § 70 ADS abbedungen ist, vgl. wiederum Möller a.a.O. Anm. 29 zu § 52).

Ein einleuchtender Grund schließlich, für die Fahrzeugv gemäß § 144 eine von § 63 abweichende Regelung dahin zu treffen, daß ohne Weisungen des Vers vorgenommene Aufwendungen zur Abwendung oder Minderung des Schadens auch über die Vssumme hinaus erstattet werden, ist nicht ersichtlich. Ein Bedürfnis für eine entsprechende Anwendung dieser Bestimmung auf die Fahrzeugv ist demgemäß zu verneinen. Das nämliche gilt für das in § 145 behandelte Abandonrecht und für die in § 146 festgelegte Bestimmung, daß ein Schaden auch dann anzuzeigen sei, wenn er nicht unter die Police falle, sofern dieser für die von dem Ver zu tragende Gefahr von Erheblichkeit sei. Eine solche Bestimmung mag in der Transportv bedeutsam sein; in der Massenvssparte des Fahrzeugvsgeschäfts ist sie fehl am Platze. Genauso wie eine Abänderung des § 63 für die Fahrzeugv sachlich nicht motiviert wäre, muß auch die Nichtanwendbarkeit der Vorschrift des § 67 I 2 (vgl. dazu Sieg in Bruck-Möller-Sieg Anm. 66, 88–90 zu § 67), wie sie durch § 148 für die Transportv vorgeschrieben ist, verneint werden. Es ist nicht einzusehen, warum in der Fahrzeugv der Übergang des Ersatzanspruchs auf den Ver zum Nachteil des Vmers sollte geltend gemacht werden können (zur Auslegung des § 148 vgl. Sieg a.a.O. Anm. 93 zu § 67).

In Übereinstimmung mit dem hier gefundenen Ergebnis haben sich denn auch in Schrifttum und Rechtsprechung seit 1931 keine Stimmen mehr gefunden, die die zitierten Bestimmungen des VVG aus der Binnentransportv noch auf die Fahrzeugv Anwendung finden lassen wollen.

Mit Rücksicht darauf, daß es spezielle Bestimmungen über die Fahrzeugv im VVG nicht gibt, kann es im Einzelfall bei Auftreten einer **Regelungslücke** sachgerecht sein, im Hinblick auf die vten Grundgefahren der Fahrzeugv Bestimmungen aus anderen **Sachvszweigen** entsprechend anzuwenden. So ist es z.B. eine dem Vsbedürfnis entsprechende Lösung, zur Bestimmung des Umfangs der vten Gefahr im Falle eines Brandschadens die Regelung des § 83 ergänzend anzuwenden mit der Folge, daß ein an einem Fahrzeug nur durch Löscharbeiten entstandener Schaden in der Fahrzeugv genauso wie in einer Feuerv stets vert ist (vgl. Anm. J 31).

[J 7] 3. Besonderheiten der Fahrzeugversicherung
a) Fehlen einer Versicherungssumme

Als Besonderheit in der Ausgestaltung der Fahrzeugv gegenüber anderen Schadenvszweigen ist zu erwähnen, daß seit 1929 (vgl. Gerlach ZVersWiss 1930 S. 146) abweichend von § 50 im Regelfall im Vsvertrag **keine Vssumme** festgelegt wird. Daraus folgt, daß eine Divergenz zwischen **Vssumme** und **Vswert** nicht auftreten kann. In der Fahrzeugv entfällt daher die **absolute Leistungsbegrenzung** gemäß § 50; auch kann begrifflich eine **Unterv** im Sinne des § 56 nicht auftreten (vgl. Möller in Bruck-Möller Anm. 10 zu § 56). Diese Konstruktion des Vsschutzes ist gerechtfertigt mit Rücksicht darauf, daß das Risiko allen Beteiligten im Hinblick auf die standardisierten Fahrzeugtypen bekannt ist. Schwierigkeiten können sich lediglich ergeben, wenn ein Fahrzeug im „Eigenbau" hergestellt worden ist oder wenn Sonderaufbauten mitvert werden. Für diese Fälle bemerkten Stiefel-Wussow-Hofmann[9] Anm. 2 zu § 13 AKB, S. 563, daß bei unrichtiger Wertangabe bezüglich des Fahrzeugs und

II. 4. Einteilung der Fahrzeugv. **Anm. J 8—9**

seiner Sonderaufbauten unter Umständen eine Anfechtung des Vertrages wegen arglistiger Täuschung begründet sei; eine Ablehnung der Leistungspflicht wegen Unterv dagegen nicht in Betracht komme (ebenso Zapf VW 1961 S. 92, a. M. Böhme VW 1960 S. 711—712). Dem ist mit der Maßgabe beizupflichten, daß in diesen Fällen auch eine Leistungsfreiheit des Vers wegen Verletzung der vorvertraglichen Anzeigelast gemäß §§ 16, 17 in Betracht kommt (so jetzt auch Stiefel-Wussow-Hofmann[10] Anm. 2 zu § 13 AKB, S. 568). Wird in diesen Sonderfällen aber gemäß den Angaben des Vmers abweichend von der sonstigen Praxis in der Fahrzeugv im Vsschein eine Vssumme dokumentiert, so kommen gemäß dieser individuellen Abweichung vom Massengeschäft wiederum die Bestimmungen der §§ 50, 56 zur Anwendung (zu weit gehen Stiefel-Wussow-Hofmann[10] a.a.O., die jetzt im Anschluß an Böhme a.a.O. in allen Fällen unrichtiger Wertangabe auch ohne Dokumentation einer Vssumme § 56 entsprechend anwenden wollen). Abgesehen von solchen kaum ins Gewicht fallenden Ausnahmefällen, ist die für die Fahrzeugv getroffene Entscheidung, auf die Bildung einer Vssumme zu verzichten, rechtspolitisch ganz außerordentlich zu begrüßen, da damit im Schadensfall ein sonst nicht selten neuralgischer Streitpunkt ausscheidet.

[J 8] b) Fahrzeugversicherung als Neuwertversicherung

Als weitere Eigenart der Fahrzeugv ist erwähnenswert, daß sie teilweise den Gedanken der Neuwertv verwirklicht (zum Begriff der Neuwertv vgl. die zusammenfassende Darstellung von Möller in Bruck-Möller Anm. 45—50 vor §§ 49—80, Anm. 26, 28 zu § 52 und die weiteren Nachweise in Anm. J 122). Für bestimmte „privilegierte" Fahrzeuge (Ausdruck von Bauer Kraftfahrtv S. 182), nämlich Personen- und Kombinationswagen, — nicht jedoch für Droschken, Mietwagen, Selbstfahrervermietwagen und Omnibusse — wird in § 13 AKB in einer allerdings recht komplizierten und für den Vmer nur schwer verständlichen Regelung eine abgestufte Neuwertv durchgeführt (für Einzelheiten vgl. Anm. J 129—135). Hier sei nur festgehalten, daß die Regelung in § 13 AKB je nach den Umständen des Falles — differenziert nach Fahrzeugart, Fahrzeugalter und Total- oder Teilschaden — zur gänzlichen oder teilweisen Neuwertentschädigung oder zur Entschädigung nur nach Zeitwertgrundsätzen führen kann.

[J 9] 4. Einteilung der Fahrzeugversicherung

Die Fahrzeugv deckt nach § 12 AKB im Regelfall das Interesse des Eigentümers an der Erhaltung des unter den Vsschutz fallenden Fahrzeugs (BGH 30. IV. 1959 BGHZ Bd 30 S. 42). Der Fahrzeugsvertrag kann aber auch in der Weise abgeschlossen werden, daß Vsschutz zu gewähren ist für Fahrzeuge, die nicht im Eigentum des Vmers stehen. Das Interesse des Vmers, für fremde Fahrzeuge Vsschutz herbeizuführen, kann sich dabei daraus ergeben, daß er diese Fahrzeuge in seiner Obhut hat, z. B. als Fahrzeughändler (so in dem vom BGH 30. IV. 1959 a.a.O. entschiedenen Fall); dann liegt eine Fremdv im Sinne der §§ 74—80 vor (vgl. BGH 30. IV. 1959 BGHZ Bd 30 S. 42 und Anm. J 158—176).

Die Fahrzeugv gliedert sich auf in die Fahrzeugteil- und in die Fahrzeugvollv. Die Fahrzeugvollv (in der Praxis Vollkaskov genannt) bietet — wie schon der Name sagt — den umfassenderen Vsschutz. Die Fahrzeugteilv (in der Praxis treffender Teilkaskov genannt, weil damit die Assoziation zum Teil des Fahrzeugs bei dem Vmer nicht entstehen kann) gewährt gemäß § 12 Ziff. 1 I AKB Vsschutz gegen die Beschädigung, die Zerstörung und den Verlust des Fahrzeugs und seiner unter Verschluß verwahrten oder an ihm befestigten Teile durch Brand (vgl. Anm. J 29—32), Kurzschluß (Anm. J 33), Explosion (vgl. Anm. J 34—39), Entwendung (vgl. Anm. J 40—51), unmittelbare Einwirkung von Sturm, Hagel, Blitzschlag oder Überschwemmung (vgl. Am. J 52—58) und durch einen Zusammenstoß mit Haarwild (vgl. Anm. J 59); ferner sind Glasbruchschäden (vgl. Anm. J 60) eingeschlossen. Die Fahrzeugvollv bietet darüber hinaus nach § 12 Ziff. 1 II AKB Vsschutz gegen Unfallschäden und gegen Schäden durch mut- oder böswillige Handlungen betriebsfremder Personen.

Die Fahrzeugvollv kann vom Vmer mit oder ohne Selbstbeteiligung gewählt werden. Je nach der Höhe der Selbstbeteiligung verändert sich die vom Vmer zu entrichtende Prämie. Die in der Prämie ohnedies sehr viel niedrigere Fahrzeugteilv wird dagegen in den Hauptschadensarten ohne Selbstbeteiligung angeboten (Ausnahmen gelten für Glasbruch- und Wildschäden sowie seit dem 1. I. 1977 [VA 1977 S. 48] für Brand- oder Schmorschäden der Verkabelung durch Kurzschluß, vgl. § 13 IX AKB). Wählt der Vmer in der Fahrzeugvollv eine Selbstbeteiligung, so gilt sie nach § 13 VIII AKB nur insoweit, als der Vsschutz in der Vollv sich über den der Fahrzeugteilv hinaus erstreckt (zum Selbstbeteiligungssystem vgl. im einzelnen Anm. J 154—155).

III. Vorläufige Deckungszusage

Gliederung:
1. Auswirkung einer Vsbestätigung auf die Fahrzeugv J 10
2. Bedeutung der Bedingungsänderung in § 1 II 2 AKB J 11
3. Verweisung J 12

[J 10] 1. Auswirkung einer Versicherungsbestätigung auf die Fahrzeugversicherung

In § 1 II 2 AKB heißt es, daß die Aushändigung der zur behördlichen Zulassung notwendigen Vsbestätigung nur für die Kraftfahrzeug-Haftpflichtv als Zusage einer vorläufigen Deckung gelte. Dieser Satz ist erst zum 1. I. 1971 in die AKB eingefügt worden (vgl. VA 1971 S. 4). Vom BGH 8. VI. 1964 NJW 1964 S. 1902 (gek.) = VersR 1964 S. 840—841 war vor dieser Bedingungsänderung entschieden worden, daß bei der Erneuerung einer Kraftfahrzeugv gegen Haftpflicht- und Fahrzeugschäden in der Aushändigung einer Vsbestätigung eine vorläufige Deckung nicht nur für die Haftpflicht-, sondern auch für die Fahrzeugv liege. Zur Begründung wurde — ausgehend von dem Grundsatz, daß nach der Rechtsprechung des BGH die Aushändigung einer Vsbestätigung nach § 29b StVZO, wie jeder Ver wisse, eine vorläufige Deckungszusage für die Pflichthaftpflichtv für Kraftfahrzeughalter darstelle (BGH 25. VI. 1956 BGHZ Bd 21 S. 122—128) — u. a. folgendes ausgeführt:

„In der zugesagten Haftpflichtdeckung liegt hier zugleich eine vorläufige Deckungszusage für die Fahrzeugv. Eine Vsbestätigung dient nach ihrer eigentlichen Zweckbestimmung dem Nachweis einer bestehenden Haftpflichtv, zu deren Abschluß nicht nur der Vmer, sondern grundsätzlich auch der Ver verpflichtet ist . . . Bei der Fahrzeugv hingegen kann der Ver frei darüber entscheiden, ob er einen gestellten Vsantrag annehmen oder ablehnen will. Über die vorerwähnten Unterschiede wird sich allerdings ein Vmer, der für sein Kfz gleichzeitig eine Haftpflicht- und eine Fahrzeugv abschließt, selten im klaren sein. Im Gegenteil wird er aus der Zusammenfassung beider Ven in einem gemeinsamen Vsantrag, in einem gemeinsamen Vsschein und unter ein- und derselben Vsnummer auf eine einheitliche Behandlung beider Ven schließen und darauf, soweit dies rechtlich möglich ist, auch Wert legen . . . Im vorliegenden Fall kommt hinzu, daß die vorläufige Deckungszusage nur die Übergangszeit bis zur förmlichen Erneuerung des bisherigen Vsvertrages überbrücken sollte. Es geht um die inhaltlich unveränderte Fortsetzung der Haftpflicht- und Fahrzeugv, deren Lauf sich ohne die ausgesprochene Kündigung um ein weiteres Jahr ver-

III. Vorläufige Deckungszusage   Anm. J 11

längert hätte. Für diesen Fall ist ein Vsagent durch die überlassenen Vsbestätigungen als ermächtigt anzusehen, auch für die Fahrzeugv eine Deckungszusage zu geben. Denn mit der Fortsetzung der Fahrzeugv übernimmt der Ver kein neues und unbekanntes Risiko. Der Ver kennt das Risiko, hat es bei Vertragsschluß geprüft und auch für die Folgezeit, da er nicht gekündigt hat, gebilligt."
BGH 8. X. 1969 VersR 1969 S. 1088–1089 ist dadurch einen entscheidenden Schritt weitergegangen, daß er die eben dargestellten Grundsätze im Regelfall auch auf einen einheitlich gestellten Antrag auf erstmaligen Abschluß einer Haftpflicht- und Fahrzeugv angewendet wissen will. Maßgebend wird von dem Gericht dabei auf den Gesichtspunkt des Vertrauensschutzes abgestellt. Der Vmer, der einen solchen kombinierten Antrag stelle und ohne weiteres die Doppelkarte mit der Bestätigung des Vsschutzes erhalte, werde durchweg annehmen, daß er bis zur Annahme seines Antrages in dessen Umfang vorläufigen Vsschutz genieße, und im Vertrauen hierauf sein Fahrzeug benutzen. Jedenfalls müsse der Ver damit rechnen, daß seinem Verhalten eine solche Bedeutung von Vmern beigemessen werde, die mit der Möglichkeit einer unterschiedlichen Behandlung der in einem Vordruck aufgenommenen Anträge auf Haftpflicht- und Fahrzeugv nicht vertraut seien. Das gelte um so mehr, als die Ver überwiegend auf den Abschluß derartiger kombinierter Ven Wert legten und die entsprechenden Anträge von ihnen nur ausnahmsweise uneinheitlich beschieden würden. Schutzwürdig sei im Zweifel auch der Vmer, der erstmalig den üblichen Antrag auf Haftpflicht- und Fahrzeugv stelle. Der Ver habe es in der Hand, klare Verhältnisse zu schaffen, indem er entweder ausdrücklich die vorläufige Deckung im sachlichen Umfang des Antrags zusichere oder aber eindeutig zum Ausdruck bringe, daß er bis zur Annahme des Vsantrages nur ein begrenztes Risiko decke.
Bemerkenswert ist, daß der BGH a.a.O. diese Ausführungen aus Anlaß eines Falles machte, bei dem für den Vmer ein mit den Besonderheiten des Vsrechts vertrauter Beauftragter im Zusammenwirken mit einem ebenfalls die Rechtslage insoweit überschauenden Vsmakler handelte. Das Gericht führte dazu aus, daß der Vmer mit Rücksicht auf die Tätigkeit dieser Personen für sich in concreto keinen Vertrauensschutz beanspruchen könne, da diesen Personen die Funktion der Vsbestätigung gemäß § 29b StVZO und der Annahmezwang des Vers in der Haftpflichtv gemäß § 5 PflichtvsG genau bekannt gewesen seien und überdies der bisherige Ver die Übernahme der Fahrzeugv abgelehnt habe. Dem Gericht kam es demgemäß ersichtlich darauf an, den entscheidenden **Denkanstoß** gerade für diejenigen Fälle zu setzen, in denen ein **durchschnittlicher Vmer** ohne spezielle Kenntnisse des Vswesens und ohne solche sachkundige Beratung einen **kombinierten Vsantrag** stellt, der ohne besonderen Hinweis mit der Übergabe einer Vsbestätigung gemäß § 29b StVZO beantwortet wird. Diese Fälle sieht das Gericht aus dem Gesichtspunkt des **Vertrauensschutzes** als schlechthin **schutzwürdig** an. In diesem Sinne auch OLG München 11. XII. 1969 NJW 1970 S. 664 = VersR 1970 S. 435 (nur L. S.).

[J 11] 2. Bedeutung der Bedingungsänderung in § 1 II 2 AKB
Es fragt sich, ob die von dem Bemühen um eine gerechte Entscheidung des Einzelfalls getragene Rechtsprechung des BGH (vgl. Anm. J 10) durch den zum 1. I. 1971 in § 1 II AKB eingefügten Satz berührt wird, daß die Aushändigung der zur behördlichen Zulassung notwendigen Vsbestätigung nur für die Kraftfahrzeug-Haftpflichtv als Zusage einer vorläufigen Deckung gelte. Prölss-Martin[21] Anm. 2 zu § 1 AKB, S. 841 vertreten dazu den Standpunkt, daß durch den eingefügten Satz die automatische Annahme einer Deckungszusage aufgrund der bloßen Aushändigung verhindert werde; habe das konkrete Gesamtverhalten des Vers den Erklärungswert einer

Deckungszusage auch für die Fahrzeugv, so sei diese trotz § 1 II 2 AKB erteilt. Stiefel-Wussow-Hofmann[10] Anm. 28 zu § 1 AKB, S. 65—66 führen aus, daß eine Erstreckung der vorläufigen Deckung auch auf die Fahrzeugv einer ausdrücklichen Bestätigung bedürfe. Eine **Belehrung** des Vmers durch den Ver sei nur dann erforderlich, wenn Umstände dafür erkennbar seien, daß der Vmer mit einer vorläufigen Deckung auch für die Fahrzeugv rechne. OLG Köln 5. VI. 1974 VersR 1974 S. 898 hat nach der Bedingungsänderung als erstes Gericht den Standpunkt vertreten, daß der Ver sich auf § 1 II 2 AKB nicht berufen könne, wenn er den Vmer auf die darin ausgesprochene Beschränkung der vorläufigen Deckungszusage nicht hingewiesen habe; ohne diesen Hinweis gehe ein Vmer bei Abschluß eines mehrere Vsarten umfassenden Vertrages davon aus, daß eine erteilte vorläufige Deckung für alle beantragten Vsarten gelte. So auch OLG Schleswig 18. VI. 1974 VersR 1976 S. 385—386. Dagegen haben OLG Hamm 25. IX. 1974 NJW 1975 S. 223—224 = VersR 1975 S. 754—756 und OLG Karlsruhe 17. XII. 1975 VersR 1976 S. 384—385 das gleichzeitige Vorliegen einer vorläufigen Deckungszusage auch für die Fahrzeugv jeweils verneint (ebenso wohl auch LG Augsburg 29. IV. 1974 VersR 1975 S. 444—445; stillschweigend auch LG Mönchengladbach 29. IV. 1975 VersR 1976 S. 35, das mit der angreifbaren Konstruktion einer Rückwärtsv hilft; verneinend ferner LG Düsseldorf 14. X. 1975 VersR 1976 S. 749). Dabei kommt OLG Karlsruhe 17. XII. 1975 a. a. O. allerdings keine über den Einzelfall hinausgehende Bedeutung zu, da von dem Vmer in jenem Prozeß in erster Instanz „zugestanden" war, daß keine vorläufige Deckung für die Fahrzeugv erteilt worden sei und in zweiter Instanz bis zur mündlichen Verhandlung nicht bestritten worden war, daß er, der Vmer, bei Aushändigung der Vsbestätigung für die Haftpflichtv ausdrücklich darauf hingewiesen worden sei, daß eine Deckung hinsichtlich der beantragten Fahrzeugv nur gegeben sei, wenn die Police ausgefertigt und vom Vmer eingelöst worden sei. Sowohl OLG Karlsruhe 17. XII. 1975 a.a.O. als auch OLG Hamm 25. IX. 1974 a.a.O. messen aber ausdrücklich der Bestimmung in § 1 II 2 AKB eine wesentliche Bedeutung bei. OLG Hamm 25. IX. 1974 a.a.O. verweist dabei ergänzend auf den Antragsinhalt, in dem ausdrücklich festgelegt war, daß ohne vorläufige Deckung der Vsschutz erst mit der Einlösung des Vsscheines beginne.

Dem Wortlaut des § 1 II 2 AKB darf keine ausschlaggebende Bedeutung beigemessen werden. Andernfalls würde im Wege des Zirkelschlusses argumentiert werden. Die Rechtswirklichkeit, wie sie in den zitierten BGH-Entscheidungen zum Ausdruck gekommen ist, daß nämlich der durchschnittliche Vmer in der Aushändigung einer Vsbestätigung bei gleichzeitig beantragter Vsnahme für eine Haftpflicht- und eine Fahrzeugv — wie auch für eine Insassen-Unfallv — eine vorläufige Deckung für alle Sparten sieht, hat sich durch § 1 II 2 AKB nicht geändert. Diese Bestimmung besagt nur etwas, was für den Vsjuristen und alle mit dem Vsrecht vertrauten Personen auch ohne Verankerung im Bedingungsrecht selbstverständlich ist, nämlich den Einlösungsgrundsatz nach § 38 II. Nur dann, wenn der Ver nachweist, daß der Vmer über diese Zusammenhänge unterrichtet war oder aber bei der Aushändigung der Vsbestätigung ausdrücklich darauf hingewiesen wurde, daß diese sich nicht auf die Fahrzeugv beziehe, erstreckt sich die vorläufige Deckung nicht auch auf die Fahrzeugv. Nur mit einer solchen Auslegung wird der **unerläßlichen Belehrungspflicht** des Vers entsprochen, die nicht durch eine **formelhafte Bedingungsänderung** ersetzt werden kann. **Beweispflichtig** für eine solche Belehrung ist der **Ver**. Hat der Ver allerdings neben einem deutlich hervorgehobenen Aufdruck auf dem Vsantrag, daß die Vsbestätigung nur für die Haftpflichtv und nicht auch für die Fahrzeugv gelte, das außerdem in gut leserlicher Schrift in den Text der Vsbestätigung selbst eingedruckt, so ist eine solche Belehrung im Regelfall als erfüllt anzusehen (vgl. Asmus Kraftfahrtv S. 110, der von einer entsprechenden Aufdruckpraxis berichtet).

IV. Obliegenheiten des Fahrzeugvmers **Anm. J 12—13**

[J 12] 3. Verweisung
Hinsichtlich der Probleme, die sich in denjenigen Fällen ergeben, in denen die Aushändigung einer Vsbestätigung nach den Ausführungen in Anm. J 11 ausnahmsweise noch als eine vorläufige Deckungszusage auch für die Fahrzeugv gewertet werden kann, wird auf die Ausführungen zur Kfz-Haftpflichtv verwiesen. Das bezieht sich insbesondere auf die Dauer einer solchen vorläufigen Deckungszusage. Vgl. dazu § 1 II S. 3—5 AKB und die dazu vom BGH statuierte Belehrungspflicht des Vers über das Ende des Vsschutzes (BGH 17. IV. 1967 BGHZ Bd 47 S. 352—364, 22. II. 1968 S. 439—440, 13. XI. 1968 VersR 1969 S. 51; zustimmend insoweit auch Möller in Festschrift für Klingmüller, Karlsruhe 1974, S. 314—316 mit kritischen Bemerkungen zu der in diesem Zusammenhang vom BAA den Vern gemäß VA 1969 S. 79 abverlangten geschäftsplanmäßigen Erklärung).

IV. Obliegenheiten des Fahrzeugversicherungsnehmers

Gliederung:

1. Vorbemerkung J 13
2. Anzeigelast nach § 7 III 2 AKB J 14—15
3. Auskunfts- und Aufklärungsobliegenheit J 16—19
4. Weisungen des Vers gemäß § 7 III 1 AKB J 20—21

[J 13] Vorbemerkung
Der größte Teil der die Kfz-Haftpflichtv betreffenden Obliegenheiten ist auch vom Vmer des Fahrzeugvsvertrages zu beachten. Insbesondere gilt das für die vorvertragliche Anzeigelast und die vor Eintritt des Vsfalls zu erfüllenden Obliegenheiten, wie die Verwendungsklausel nach § 2 II a AKB, die Führerscheinklausel gemäß § 2 IIc AKB und die Bestimmungen über die Gefahrerhöhung im Sinne der §§ 23—29a. Weiter trifft das auch zu für eine Reihe der nach Eintritt des Vsfalles zu beachtenden Obliegenheiten, so daß insbesondere für die Anzeigelast gemäß § 7 I Ziff. 2 S. 1 AKB und die Rettungsobliegenheit nach § 62 in Verbindung mit § 7 I Ziff. 2 S. 3 AKB auf die Ausführungen zur Kfz-Haftpflichtv verwiesen wird. Auch hinsichtlich der Auskunfts- und Aufklärungsobliegenheit ist eine solche Bezugnahme weitgehend möglich; doch erschien es als sachgerecht, in einem kurzen Abschnitt gewisse Besonderheiten der Fahrzeugv in bezug auf diese Obliegenheit darzustellen (vgl. Anm. J 16—19). Ebenso wie es aber auch Obliegenheiten gibt, die nur für den Vmer des Haftpflichtvsvertrages gelten, z. B. das Anerkenntnis- und Befriedigungsverbot nach § 7 II Ziff. 1 AKB, gibt es auch solche, die nur den Vmer des Fahrzeugvsvertrages (und zum Teil auch den des Gepäckvsvertrages) betreffen, nämlich die in Anm. J 14—15 abgehandelte Obliegenheit nach § 7 III 2 AKB, jeden Entwendungs-, Brand- oder Wildschaden über DM 100,— zusätzlich der Polizeibehörde anzuzeigen, und die in § 7 III 1 AKB statuierte Last, vor Beginn der Wiederinstandsetzung die Weisungen des Vers abzuwarten (vgl. dazu Anm. J 20—21).

Erwägenswert wäre gewesen, im Rahmen dieses Abschnitts auch die Bestimmung des § 13 X AKB zu erörtern. Nach dieser Bestimmung erwirbt der Vmer einen Anspruch auf Zahlung des Teiles der Entschädigung, der über den Zeitwert hinausgeht, nur insoweit, als die Verwendung der Entschädigung zur Wiederherstellung oder zur Wiederbeschaffung eines anderen Fahrzeugs innerhalb von 2 Jahren nach Feststellung der Entschädigung sichergestellt ist. In Anm. J 134 ist dargetan worden, daß sich hinter dieser Regelung eine „verhüllte Obliegenheit" verbirgt. Mit Rücksicht auf den engen Zusammenhang dieser Bestimmung mit der Schadenberechnung ist sie aber dennoch im Zusammenhang mit der Abgrenzung der Entschädigungsregelung in Anm.

J 134–135 behandelt worden. Das erschien auch deshalb als sachgerecht, weil das Schwergewicht dieser Bestimmung nicht in der Wahrung der in der Vspraxis nur ganz selten versäumten 2-Jahres-Frist liegt.

2. Anzeigelast nach § 7 III 2 AKB

Gliederung:
a) Umfang J 14   b) Verletzungsfolgen J 15

[J 14] a) Umfang

Nach § 7 III 2 AKB ist ein Entwendungs- oder Brandschaden sowie ein Wildschaden, der den Betrag von DM 100,– übersteigt, auch der Polizeibehörde unverzüglich anzuzeigen. Diese zusätzliche Anzeigelast ist dem Vmer in erster Linie auferlegt worden, damit durch Einschaltung der zuständigen Behörde der objektive Tatbestand des Geschehens tunlichst von geschulten Augen erfaßt wird. Dadurch wird es dem Ver zumeist erleichtert, über die Fragen zu entscheiden, ob er Vsschutz zu gewähren hat und in welcher Höhe. Insofern entspricht diese Obliegenheit auch dem recht verstandenen Eigeninteresse des Vmers. Auch ihm muß daran gelegen sein, einen solchen Fahrzeugschaden dem Ver möglichst beweiskräftig zu unterbreiten und keinem Mißtrauen ausgesetzt zu werden. Hinsichtlich des Entwendungs- und des Brandschadens handelt es sich um überkommene Obliegenheiten des Vsrechts, die sich in der täglichen Schadenpraxis bewährt haben (vgl. die Parallelbestimmungen in § 13 I a AEB und § 13 I a AFB). Darüber hinaus soll für diese beiden Schadenarten die Obliegenheit aber auch der Wahrung von Regreßansprüchen dienen. Das wird für den Fall von Entwendungsschäden besonders deutlich, da es einer normalen Einstellung eines Bestohlenen entspricht, daß er die entwendeten Sachen vom Dieb zurückerhalten will.

Als anzeigepflichtiger Entwendungsfall ist jedes unter § 12 Ziff. 1 Ib AKB zu subsumierende Schadenereignis anzusehen. Ein Konfliktfall kann für den Vmer entstehen, wenn er den Täter kennt und es sich um einen nahen Verwandten handelt. Offenbart sich der Vmer hier dem Ver rückhaltlos, so kann im Einzelfall das Beharren des Vers darauf, daß der Vmer seine Kenntnisse auf jeden Fall auch in einer Anzeige der Polizeibehörde zu unterbreiten habe, rechtsmißbräuchlich sein. Das gilt jedenfalls dann, wenn der Vmer den Eintritt des Vsfalls schon nachgewiesen hat und der Sachverhalt so gelagert ist, daß sich ebenfalls erwiesenermaßen durch eine solche Anzeige keine Verbesserung der Regreßposition des Vers ergeben könnte.

Der Brand eines Fahrzeugs ist ein außergewöhnliches Ereignis, so daß für die Anzeigeobliegenheit im Normalfall jeder Vmer Verständnis hat. Benachrichtigt er auf der Stelle die Feuerwehr und schaltet diese ausnahmsweise nicht auch die Polizei ein, so ist das dem Vmer nicht zur Last zu legen. Bemerkenswert ist, daß in den AKB keine spezielle Anzeigelast für den Fall eines Explosionsschadens vorgesehen ist (anders § 13 Ia AFB) und daß Blitzschäden ohne Brandereignis („kalte Blitze") nicht anzeigepflichtig sind.

Nur solche Wildschäden sind anzeigepflichtig, die unter § 12 Ziff. 1 Id AKB fallen; dagegen nicht Kollisionen mit Federvieh oder mit streunenden Hunden (vgl. ergänzend Anm. J 59). Ein Vmer mit einer Fahrzeugvollv muß demgemäß bei einem Unfallereignis sorgsam differenzieren, ob er anzuzeigen hat oder nicht. Daß nicht jeder Unfallschaden anzeigepflichtig ist, kommt sicher dem Eigeninteresse des Vmers entgegen, der solche Kollisionsschäden nicht selten durch leichte Fahrlässigkeit verschuldet hat und von dem verständlichen Bestreben geleitet wird, nicht noch zu allen

IV. 2. Anzeigelast   Anm. J 15

Unannehmlichkeiten eines solchen Unfalls gegen sich selbst die Einleitung eines Ordnungswidrigkeitsverfahrens anregen zu müssen, obwohl keine der sonst am Schadenereignis beteiligten Personen die Hinzuziehung der Polizei verlangt, Kollisionen mit Wild im Sinne des § 2 I Nr. 1 BJagdG wird dagegen der Vmer in der Mehrzahl der Fälle nicht verschuldet haben, so daß die generelle Anzeigelast hier verständlich wirkt. Aus dem Gesagten darf aber nicht der Schluß gezogen werden, daß dann die Anzeigelast hinsichtlich eines Wildschadens im Sinne des § 12 Ziff. 1 Id AKB entfalle, wenn den Vmer ein Verschulden an der Kollision treffe, weil er etwa trotz Warnschilder, die auf einen Wildwechsel über die Straße hinweisen, und eines damit verbundenen Verbots, eine bestimmte Geschwindigkeit zu überschreiten, in weitaus überhöhtem Tempo gefahren ist.

Die Anzeigen sind **unverzüglich** zu erstatten. Darunter ist nach der Legaldefinition in § 121 I 1 BGB ein Handeln **ohne schuldhaftes Zögern** zu verstehen. In §§ 13 Ia AEB, 13 Ia AFB ist eine feste Frist von drei Tagen vorgesehen. Ein Tätigwerden in kürzerer Frist wird man von dem Vmer der Fahrzeugv regelmäßig nicht erwarten können. Aber auch eine Anzeige, die nach Ablauf dieser sich aus den Parallelfällen ergebenden Dreitagefrist erstattet worden ist, kann im Einzelfall noch als unverzüglich angesehen werden. Es sind alle Umstände des Einzelgeschehens zu beachten und speziell ist hinsichtlich der Wildschäden zu bedenken, daß es sich um eine Obliegenheit handelt, deren Kenntnis im Bewußtsein des Durchschnittsbürgers nicht fest verankert ist. Ausgelöst wird die Frist zur Erstattung der Anzeige in dem Zeitpunkt, in dem der Vmer Kenntnis von dem Vsfall erlangt. Beweispflichtig für die Kenntnis ist der Ver, da das Wissen des Vmers von anzeigepflichtigen Umständen dem objektiven Tatbestand der Obliegenheitsverletzung zuzurechnen ist (BGH 3. XI. 1966 VA 1967 S. 81–82 Nr. 445 = VersR 1967 S. 778; Möller in Bruck-Möller Anm. 9 zu § 33).

[J 15] b) Verletzungsfolgen

Für die Rechtsfolgen einer Verletzung der Anzeigelast nach § 7 III 2 AKB ist zunächst § 7 V AKB zu beachten. Beruht die Obliegenheitsverletzung auf **einfacher Fahrlässigkeit**, so bleibt der Anspruch auf Vsschutz unberührt. Bei **grober Fahrlässigkeit** verliert der Vmer nur denjenigen Teil seines Vsanspruchs, um den sich der **Schaden** durch sein nachlässiges Verhalten **vergrößert** hat. § 7 V AKB geht in Übereinstimmung mit der Freizeichnungsmöglichkeit nach § 6 III seinem Wortlaut nach noch weiter, indem nämlich verlangt wird, daß die Verletzung weder Einfluß auf die Feststellung des Vsfalls noch auf die Feststellung oder den Umfang der dem Ver obliegenden Leistung gehabt hat. Eine restriktive Auslegung in der Weise, daß in erster Linie auf eine Vergrößerung des Schadens abgestellt wird, erscheint aber schon um deswillen erforderlich, weil der Vmer ohnedies für den Eintritt des Vsfalls beweispflichtig ist, so daß es einer zusätzlichen Sanktion durch eine Obliegenheit insoweit im Grunde genommen nicht bedarf. Hinsichtlich der nach dem Gesagten im Vordergrund stehenden Frage einer **Schadensvergrößerung** ist eine behutsame Abgrenzung am Platze. Zwar trifft den **Vmer** die **Beweislast** für die Nichtvergrößerung des Schadens (wie übrigens auch dafür, daß er die Obliegenheit nicht grobfahrlässig oder vorsätzlich verletzt habe). Eine formelle Entscheidung nach Beweislastgrundsätzen zu Lasten des Vmers mit der Begründung, daß dem Gericht eine genaue Ermittlung des Umfangs des zusätzlich erwachsenen Schadens nicht möglich sei, ist aber tunlichst zu vermeiden. Insbesondere ist hier stets eine **Abschätzung** gemäß § 287 ZPO in Erwägung zu ziehen dergestalt, daß die Vergrößerung des Schadens oder der Verlust einer Regreßmöglichkeit im Rahmen der freien richterlichen Beweiswürdigung anteilig ermittelt wird, ohne Rücksicht darauf, daß bei jeder Schätzung ein gewisser Unsicherheitsfaktor verbleibt. Dabei darf auch durchaus als Erfahrungstatsache zu Gunsten des Vmers berücksichtigt werden, daß vielfach z. B. behördliche Bemühungen zur Erfassung eines Täters zu keinem Erfolg führen.

Bei vorsätzlicher Verletzung der Anzeigelast nach § 7 III 2 AKB verliert der Vmer nach dem Wortlaut des § 7 V AKB den Vsschutz ohne Rücksicht darauf, ob sich seine Säumnis auf die Feststellung des Vsfalls oder auf den Umfang der von dem Ver zu erbringenden Leistung ausgewirkt hat. Diese harte Sanktion gilt indes nicht für Wildschäden. Hier haben alle Ver eine geschäftsplanmäßige Erklärung gegenüber dem Aufsichtsamt des Inhalts abgegeben, daß sie sich auf eine Verletzung der Anzeigelast nach § 7 III 2 AKB nicht berufen werden, soweit die Obliegenheitsverletzung hinsichtlich der Feststellung des Vsfalls und des Umfangs der Leistung des Vers folgenlos geblieben ist. Für diesen Spezialfall ist in den Rechtsfolgen somit eine begrüßenswerte Gleichstellung zwischen vorsätzlich und grobfahrlässig begangenen Obliegenheitsverletzungen vorgenommen worden. Stiefel-Wussow-Hofmann[10] Anm. 56 zu § 7 AKB, S. 346 weisen in diesem Zusammenhang zutreffend darauf hin, daß angesichts der relativen Unbekanntheit dieser Obliegenheit in den Vmerkreisen ohnedies vorsätzliche Verletzungen die Ausnahme sein dürften. Veröffentlicht ist diese geschäftsplanmäßige Erklärung in VA 1967 S. 2–3 und VA 1969 S. 78–79. Bei dieser Bemerkung über die Gleichsetzung von vorsätzlich und grobfahrlässig begangenen Verstößen gegen die hier erörterte Obliegenheit ist gedanklich vorausgesetzt worden, daß solche geschäftsplanmäßigen Erklärungen unmittelbare Vertragswirkungen zu Gunsten des Vmers (oder eines Vten) auslösen. Das ist nicht zweifelsfrei. Möller in Bruck-Möller Einl. Anm. 30 hat ursprünglich die Auffassung vertreten, daß geschäftsplanmäßige Erklärungen der Ver zunächst nur eine Bindung des Vers gegenüber dem Aufsichtsamt schaffen, nicht jedoch die zivilrechtliche Lage ändern; der Vmer könne nur auf dem Wege über eine Beschwerde bei der Aufsichtsbehörde erreichen, daß diese den Ver zwinge, gemäß der geschäftsplanmäßigen Erklärung zu verfahren. Zweifelhaft sei die Rechtslage dann, wenn die geschäftsplanmäßige Erklärung veröffentlicht werde, jedoch dürfte die Veröffentlichung an dem internen Charakter nichts ändern, es sei denn, daß das Gegenteil besonders betont werde. Diese Auffassung hat Möller aber im Zusammenhang mit der Diskussion über den Regreßverzicht in der Kfz-Haftpflichtv (VA 1973 S. 103) modifiziert und diesem unmittelbare Wirkungen zugunsten des Vmers aus den schon in der angeführten Kommentarstelle hervorgehobenen Gesichtspunkt der „Erklärung an die Öffentlichkeit" beigemessen (vgl. den Bericht in AnwBl 1973 S. 244). Im Anschluß an die Arbeit von André (Die geschäftsplanmäßige Erklärung, Karlsruhe 1969) wird heute überwiegend, wenn auch mit unterschiedlicher Begründung angenommen, daß solche veröffentlichten geschäftsplanmäßigen Erklärungen unmittelbare Rechte zu Gunsten des Vmers (oder des Vten) begründen können, die erkennbar direkten Bezug auf das einzelne Vsverhältnis haben. Teils wird dabei die Konstruktion des Vertrages zu Gunsten Dritter verwendet (so schon [vor André a.a.O. S. 108–119] Lorenz-Liburnau VersRdsch 1952 S. 33–36, Reimer Schmidt in Prölss-Schmidt-Sasse[7] Anm. 4 A zu § 5 VAG [dabei aber grundsätzlich gemäß der früher auch von Möller in Bruck-Möller a.a.O. vertretenen Auffassung die zivilrechtliche Wirkung verneinend], Stiefel-Wussow-Hofmann[10] Einf. Anm. 4, S. 27; OLG Oldenburg 21. VI. 1974 NJW 1974 S. 2133–2134; ablehnend noch Schmidt-Salzer ZVersWiss 1970 S. 164–165), teils wird in neuartiger Rechtsfindung das BAA als Repräsentant des Vmers angesehen (so Sieg VersR 1972 S. 136); andere verzichten ganz auf ein dem Privatrecht entlehntes Transformationselement in der Form einer traditionellen Rechtsfigur des bürgerlichen Rechts und gehen von der Wirksamkeit geschäftsplanmäßiger Erklärungen deshalb aus, weil diese zu den AVB als „bereit liegender" Vertragsordnung gehören (so Ebel NJW 1975 S. 1766—1767, dessen Begründung damit aber letzten Endes einen Zirkelschluß darstellt). Die von Möller AnwBl 1973 S. 244 angenommene Verbindlichkeit veröffentlichter geschäftsplanmäßiger Erklärungen kraft Erklärung gegenüber der Öffentlichkeit wird auch vom OLG Köln 3. III. 1975 VersR 1975 S. 727 vertreten, das ausdrücklich vertragliche Beziehungen zu Dritten (dort dem berechtigten Fahrer in der Kfz-Haftpflichtv) verneint, aber eine Bindung aufgrund allgemein verbindlicher Aussage annimmt, auf die der Rechtsverkehr billigerweise vertrauen dürfe; mit einem der Erklärung entgegengesetzten Verhalten setze sich der Ver zu seinem früheren Verhalten derart in Widerspruch, daß sein Vorgehen als unzulässige Rechtsausübung im Sinne des § 242 BGB anzusehen sei. Dieser Auffassung ist beizupflichten. Die Vertragstheorie im klassischen Sinne kommt demgegenüber in Grenzfällen stets in Begründungsschwierigkeiten, was an dieser Stelle des Kommentars aus systematischen Gründen nicht im einzelnen zu untersuchen ist. Zu betonen ist, daß das Gesagte nur für veröffentlichte geschäftsplanmäßige Erklärungen gilt und auch nur für denjenigen Teil, der seinem Inhalt nach Bestimmungen betrifft, die herkömmlicherweise in Einzelverträgen oder AVB geregelt werden. Weitere Nachweise zur unmittelbaren Wirkung von geschäftsplanmäßigen Erklärungen bei Reichert-Facilides, Festschrift für Sieg, Karlsruhe 1976, S. 432—433 und Sieg VersR 1977 S. 490 Anm. 10.

Bezüglich der Anzeigelast für Entwendungs- und Brandschadenfälle gilt die Einschränkung nach dem Wortlaut der geschäftsplanmäßigen Erklärung nicht. Es ist demgemäß Aufgabe der Gerichte, die überharte Sanktion einer für die Feststellung des Grundes und der Höhe des Vsschadens folgenlosen vorsätzlichen Verletzung abzumildern. Zunächst ist mit aller Behutsamkeit der Frage nachzugehen, ob der Vmer tatsächlich vorsätzlich gehandelt hat. Zwar ist der Vmer auch dafür, daß er nicht vorsätzlich gehandelt hat, beweispflichtig. Es ist aber die Erfahrung des Lebens zu berücksichtigen, daß es zumeist Schlendrian oder eine berufliche oder private Überbelastung ist, was den Vmer von der fristgemäßen Erfüllung von Obliegenheiten abhält. Solche Fälle sind in aller Regel dem Bereich der groben Fahrlässigkeit mit der angemessenen Reduktion der Vsentschädigung im Rahmen des Kausalitätsprinzips zuzuordnen. Steht eine vorsätzliche Verletzung der Anzeigelast fest, kann aber der Vmer nachweisen, daß es sich — abgesehen von dieser vorsätzlichen Obliegenheitsverletzung — um ein dem Grund und der Höhe nach vtes Ereignis handelt, so hilft dem Vmer unter Umständen die § 6 III einschränkende Rechtsprechung des BGH, daß nicht bei jeder vorsätzlichen Obliegenheitsverletzung solcher Lasten, die nach Eintritt des Vsfalls zu erfüllen sind, der Vsschutz verloren geht. Diese Rechtsprechung geht dahin, daß der Ver gänzliche Leistungsfreiheit ohne Rücksicht auf erlittene Nachteile nur wegen eines Verstoßes beanspruchen kann, der geeignet war, seine Interessen in **ernster Weise zu gefährden** (sog. relevanter Verstoß); ferner wird verlangt, daß dem Vmer über den Vorsatz hinaus ein **erhebliches Verschulden** zur Last fällt (jetzt ständige Rechtsprechung, vgl. nur BGH 5. V. 1969 VersR 1969 S. 652, 16. I. 1970 BGHZ Bd 53 S. 160—166, 16. I. 1970 NJW 1970 S. 808—810 = VersR 1970 S. 337—339, 22. IV. 1970 VersR 1970 S. 561—562, 9. II. 1972 VersR 1972 S. 363—365, 9. II. 1972 VersR 1972 S. 339—341, 9. II. 1972 NJW 1972 S. 631—632 = VersR 1972 S. 341—342, 9. II. 1972 VersR 1972 S. 342—344, 28. V. 1975 VA 1975 S. 367—368 Nr. 670 = VersR 1975 S. 752—753 [speziell zur Fahrzeugv], 12. III. 1976 VersR 1976 S. 383—384, 19. V. 1976 VersR 1976 S. 849—850 [Entscheidung zur Fahrzeugv], 13. VII. 1977 VersR 1977 S. 1021—1022; kritisch dazu Möller in Festschrift für Klingmüller, Karlsruhe 1974, S. 302—303). Im übrigen wird der Vmer gerade für den Bereich der Entwendungsschäden in den Fällen einer unterlassenen Anzeige bei der Polizei größte Mühe haben, seiner Beweislast für das Vorliegen des objektiven

Tatbestands des vten Ereignisses nachzukommen (vgl. dazu Anm. J 43). Wenn deswegen die Klage abgewiesen wird, so ist das ein der Vertragsgerechtigkeit sehr viel eher entsprechendes Ergebnis, als wenn der Ver aus einer Obliegenheitsverletzung Vorteile erlangt, obwohl ein an sich nach Grund und Höhe unbestreitbar vter Schaden vorliegt.

3. Auskunfts- und Aufklärungsobliegenheit

Gliederung:

a) Auskunftsobliegenheit im engeren Sinne J 16–17
   aa) Umfang J 16
   bb) Verletzungsfolgen und deren Einschränkung J 17

b) Fahrerflucht, Nachtrunk und Spurenveränderung J 18–19
   aa) Restriktive Auslegung des § 7 I Ziff. 2 S. 3 AKB für die Fahrzeugv J 18
   bb) Beweislast für Kenntnis des Vmers vom Vsfall J 19

[J 16] Auskunftsobliegenheit im engeren Sinne

aa) Umfang

Nach § 34 I kann der Ver nach dem Eintritt des Vsfalls von dem Vmer jede Auskunft verlangen, die zur Feststellung des Vsfalles oder des Umfangs der Leistungspflicht erforderlich ist; Belege kann der Ver gemäß § 34 II insoweit fordern, als die Beschaffung dem Vmer billigerweise zugemutet werden kann. § 7 I Ziff. 2 S. 3 AKB gibt diesen Umfang der gesetzlichen Auskunfts- und Belegpflicht stark verkürzt und in Verknüpfung mit der Schadenminderungslast mit den Worten wieder, daß der Vmer verpflichtet sei, alles zu tun, was zur Aufklärung des Tatbestandes und zur Minderung des Schadens dienlich sein könne. Wie bereits in Anm. J 13 erwähnt, wird für die generelle Darstellung des Umfangs der Auskunfts- und Aufklärungsobliegenheit und hinsichtlich der Verletzungsfolgen auf die Darstellung zur Kfz-Haftpflichtv verwiesen. Es erschien jedoch als angebracht, nachstehend auf gewisse Eigenheiten der Fahrzeugv hinzuweisen, ohne daß an dieser Stelle im übrigen Vollständigkeit in der Darstellung angestrebt wird.

Ausgangspunkt der Betrachtung ist die Erkenntnis, daß hinsichtlich des verbalen Teils der Aufklärungsobliegenheit sachliche Identität mit der Regelung in § 34 besteht. Es handelt sich um eine „verhaltene" Obliegenheit, die erst durch ein Verlangen des Vers zur Entstehung kommt (Möller in Bruck-Möller Anm. 6 zu § 34). Der Vmer darf demgemäß nach Erstattung der Schadenanzeige die gezielten Fragen des Vers abwarten.

Unrichtige Angaben des Vmers haben nach der zusammenfassenden Darstellung von Pilger (Unfallflucht und fehlerhafte Information in der Kraftfahrzeug-Haftpflichtv, Karlsruhe 1976) die Rechtsprechung zur Auskunftsobliegenheit vornehmlich in folgenden Fällen beschäftigt:

    aaa) Unfallhergang und -ursache
    bbb) Alkoholgenuß
    ccc) Deckungsschutz, insbesondere hinsichtlich der vor Eintritt des Vsfalls zu erfüllenden Obliegenheiten
    ddd) Zeugen des Unfalls
    eee) Stand des Ermittlungs- und Strafverfahrens.

Zu diesem Fragenkreis sei hier mit Rücksicht auf die Gesamtdarstellung zur Kraftfahrzeughaftpflichtv auf die Rechtsprechungsnachweise bei Pilger a.a.O. S. 17–18 und die Ausführungen in Bd IV Anm. F 52–61 verwiesen. Nachstehend werden dazu und zu den Besonderheiten der Fahrzeugv nur kurze Ergänzungen vorgenommen.

IV. 3. Auskunfts- und Aufklärungsobliegenheit **Anm. J 16**

Speziell für die Fahrzeugv bedeutsam sind die Fragen des Vers, die sich auf den **W e r t d e s v t e n F a h r z e u g s** zwecks Ermittlung der vom Ver zu erbringenden Vsleistung beziehen. Solche Fragen sind regelmäßig von **w e s e n t l i c h e r B e d e u t u n g**, namentlich dann, wenn es sich um einen Entwendungsfall handelt, bei dem das verschwundene Fahrzeug für nachträgliche Untersuchungen durch einen Sachverständigen nicht mehr zur Verfügung steht. In der falschen Angabe des Kaufpreises des vten Fahrzeugs ist deshalb regelmäßig eine schwere Verletzung der Aufklärungsobliegenheit zu sehen (BGH 28. V. 1975 VA 1975 S. 367–368 Nr. 670 = VersR 1975 S. 752–753, 19. V. 1976 VersR 1976 S. 849–850, OLG Königsberg 5. I. 1932 JRPV 1932 S. 79–80, OLG München 3. V. 1955 VersR 1955 S. 500, OLG Hamburg 31. III. 1966 VersR 1966 S. 1177–1178, OLG Hamm 28. III. 1973 VersR 1973 S. 733–734, OLG Hamburg 9. II. 1977 VersR 1977 S. 634–635). Entsprechendes gilt für die Frage danach, ob das Fahrzeug vom Vmer neu oder gebraucht gekauft worden ist (OLG München 6./10. V. 1961 VersR 1961 S. 1035). Häufig liegt eine Vielzahl unrichtiger Angaben vor. Vgl. z. B. den Fall OLG Hamburg 9. II. 1977 a. a. O., in dem der Vmer nicht nur über den Kaufpreis unrichtige Angaben gemacht hatte, sondern auch über die Art der Abstellung, den Fahrer, die Neuwertigkeit des Motors und die Unfallfreiheit. Zu Recht hat das OLG Hamburg 9. II. 1977 a. a. O. in diesem Zusammenhang aber auch bemerkt, daß ein Vmer, der nach dem Kilometerstand seines Wagens gefragt werde, die Frage nicht unrichtig beantworte, wenn er diesen genau angebe, aber verschweige, daß die Laufzeit des Wagens um 100.000 km höher liege. Der Ver, der die genaue Laufstrecke des Fahrzeugs wissen will und nicht den Kilometerstand am Unfalltag, muß seine Frage entsprechend präzise stellen. Was für unrichtige Angaben über den Ankaufpreis des Fahrzeugs gesagt worden ist, gilt gleichermaßen für fingierte Rechnungen über Fahrzeugteile; vgl. z. B. BGH 7. XI. 1960 VersR 1960 S. 1075–1076: Vorlage einer fingierten Rechnung für einen angeblich in das Fahrzeug vor dem Schadenfall eingebauten neuen Motor.

Von solchen unwahren Mitteilungen über den Anschaffungspreis des Fahrzeugs oder seinen Wert vor Eintritt des Schadensfalls zu unterscheiden sind unrichtige Beurteilungen über die Höhe des Schadens, die erkennbar auf **S c h ä t z u n g e n** des Vmers beruhen, **o d e r** gar nur **M e i n u n g s v e r s c h i e d e n h e i t e n** auf Grund vertretbarer (oder nicht vertretbarer) unterschiedlicher Standpunkte. Solche Meinungsverschiedenheiten sind aus dem Gesichtspunkt der Aufklärungslast gänzlich unerheblich. Aber auch unrichtige Angaben über die Schadenhöhe können regelmäßig als nicht erheblich im Sinne des Obliegenheitsrechts angesehen werden, wenn es sich ersichtlich um Schätzungen handelt und der Ver zur Überprüfung des Schadens den Wagen ohnedies besichtigen läßt. Vgl. dazu OLG Koblenz 8. VII. 1976 VersR 1976 S. 1173 bis 1174, das die unrichtigen Angaben des Vmers über die Summe der Reparaturkosten lediglich bei der Frage erörtert, ob daraus etwas gegen die Anwendung des Beweises des ersten Anscheins geschlossen werden dürfe (im Sinne mangelnder Glaubwürdigkeit), was in concreto zu Recht verneint wurde (vgl. dazu Anm. J 43). Einen eigenartig gelagerten Fall unrichtiger Angaben über die Schadenhöhe betraf BGH 24. V. 1956 VersR 1956 S. 365–367: Der Ver war beim Abschluß eines Schadenfeststellungsvertrages (Abfindungsvertrag) davon ausgegangen, daß es sich um einen Totalschaden handle, und zahlte als Entschädigung DM 35.121,50. Tatsächlich lag ein Reparaturschaden vor, der nur Aufwendungen von rund DM 16.000,– auslöste. Mit Rücksicht auf die Besonderheit des Falles war für den BGH a. a. O. entscheidend, ob der Vmer zum Zeitpunkt des Abschlusses des Schadenfeststellungsvertrages schon wußte, daß seine ursprüngliche Annahme, daß ein Totalschaden vorliege und eine Reparatur nicht möglich sei, unrichtig war; war das so, hätte der Vmer das dem Ver gemäß § 34 in Verbindung mit § 7 I Ziff. 2 AKB offenbaren müssen.

Eine Verletzung der Aufklärungslast liegt vor, wenn der Vmer bei einem entwendeten und wieder aufgefundenen Fahrzeug der Wahrheit zuwider Beschädigungen behauptet, die darauf hindeuten, daß das Fahrzeug vom Dieb in einem gesicherten Zustand angetroffen war (vgl. z. B. die Fälle LG Hamburg 6. XI. 1969 VersR 1971 S. 312 und LG Frankfurt a. M. 12. XII. 1972 VersR 1973 S. 1111–1112). Zur Frage der Relevanz solcher Verstöße vgl. Anm. J 17.

OLG München 7. III. 1961 VersR 1961 S. 978–979 hat die Auffassung vertreten, daß der Vmer in der Fahrzeugv nicht verpflichtet sei, dem Ver diejenigen Tatsachen in der Schadenanzeige mitzuteilen, deren Kenntnis ihn instandsetzen würde, die Vsleistung zu verweigern. Die Entscheidung stützte sich auf eine ursprünglich von Stiefel-Wussow[4] Anm. 9 zu § 7 AKB, S. 172 vertretene Meinung, daß die Aufklärungslast im gemeinsamen Interesse von Ver und Vmer der Bearbeitung der Haftpflicht-, nicht aber der Deckungsfrage diene. Zu Recht ist diese Auffassung von Stiefel-Wussow-Hofmann[10] Anm 9 zu § 7 AKB, S. 279–280 seit langem dahin geändert worden, daß die Aufklärungslast auch die Deckungsfrage betreffe. Entgegen der von Stiefel-Wussow-Hofmann a. a. O. vertretenen Auffassung ist aber zu betonen, daß sich das für den Bereich der Fahrzeugv nur auf den verbalen Teil der Aufklärungslast bezieht, dagegen nicht auf die dem Vmer in der Kfz-Haftpflichtv zu Gunsten des geschädigten Dritten auferlegte Last, sich nicht vom Unfallort zu entfernen (vgl. ergänzend Anm. J 18). Vgl. in diesem Zusammenhang auch Möller in Bruck-Möller Anm. 12 zu § 34, wo es u. a. heißt: „Die Auskünfte sind ihrem Gegenstand nach zweckgebunden, sie können in erster Linie zur Feststellung des Vsfalls ... erforderlich sein, also klären, ob die vte Gefahr sich verwirklicht hat und nicht etwa ein Ausschlußgrund eingreift (z. B. § 61) ... Nicht dagegen dient der Feststellung des Vsfalls die Aufklärung der Frage, ob der Anspruchserhebende materiell berechtigt ist, ob alle Prämien, besonders die letzte gezahlt sind, ob der Vmer die vorvertragliche Anzeigepflicht, die Gefahrstandspflicht (a. A. OLG Kassel 1. X. 1953 VersR 1953 S. 443) oder eine andere vor Eintritt des Vsfalls zu erfüllende Obliegenheit ordnungsgemäß erfüllt und nach dem Vsfall keine Betrugshandlungen begangen hat. Auskünfte, welche nur in dieser Richtung Aufklärung verschaffen sollen, braucht der Vmer demnach nicht zu geben ..."

Diese Ausführungen von Möller a. a. O. sind in dem Sinne zu modifizieren, daß der Vmer nach § 7 I Ziff. 2 AKB auch Fragen nach der Beachtung solcher gefahrverhütender Obliegenheiten zu beantworten hat, deren Erfüllung im untrennbaren Zusammenhang mit dem Eintritt des Vsfalls zu sehen ist; ein Unterschied zur Interessenlage hinsichtlich der Feststellung, ob grobe Fahrlässigkeit im Sinne des § 61 den Vsschaden herbeigeführt hat, ist nicht ersichtlich (vgl. die Nachweise bei Pilger a. a. O. S. 17 und Bd IV Anm. F 59). Im Falle OLG München 7. III. 1961 VersR 1961 S. 978 ging es um die Frage nach der Geschwindigkeit, mit welcher der Vmer zur Unfallzeit gefahren war. Diese Frage hatte der Vmer nicht beantwortet. Dazu war er aber entgegen der Auffassung des Gerichts verpflichtet. Im Ergebnis ist dem Gericht aber beizupflichten, daß Vsschutz zu gewähren sei; denn der Verstoß war relativ bedeutungslos. Vgl. auch BGH 21. XII. 1961 VersR 1962 S. 154–155, der den Grundsatz aufstellt, daß in der Nichtbeantwortung einer Frage des Schadenformulars für sich allein noch keine Verletzung der Aufklärungspflicht liege, so daß dem Ver in solchen Fällen ein gezieltes Nachfragen anzusinnen sei. Treffend geht OLG München 7. III. 1961 a. a. O. im übrigen davon aus, daß falsche Angaben gegenüber der Polizei keine Obliegenheitsverletzung darstellen (vgl. auch Anm. J 18). Die vom OLG München 7. III. 1961 a. a. O. vertretene Auffassung, daß die Aufklärungslast auf die Haftpflichtv beschränkt sei und nicht für die Fahrzeugv gelte, ist vereinzelt geblieben; dagegen läßt sich auch formal aus der Systematik des § 7 AKB leicht argumentieren (vgl. dazu nur OLG Düsseldorf 5. II. 1963 VesR 1963 S. 573–575 [mit Be-

IV. 3. Auskunfts- und Aufklärungsobliegenheit

Anm. J 16

richtigung S. 714], OLG Köln 13. X. 1965 VersR 1966 S. 279–280, OLG München 18. XII. 1970 VersR 1971 S. 245 und die weiteren Nachweise in Anm. J 18). Der Sache nach ist das Urteil dennoch bedeutsam, weil es mit gutem Judiz die unterschiedliche Interessenlage zwischen der ethisch zum Schutz des Dritten motivierten Aufklärungslast in der Kfz-Haftpflichtv und der in der Fahrzeugv, die der gewöhnlichen, jedem Vmer in der Schadenv obliegenden Auskunftslast nach § 34 entspricht, erkennt und damit einen wichtigen Denkanstoß für die vom BGH 12. XI. 1975 NJW 1976 S. 371–372 = VersR 1976 S. 84–85 eingeleitete differenzierte Betrachtungsweise gibt (vgl. Anm. J 18).

Die Nichtangabe von Zeugen trotz deutlicher Frage des Vers stellt eine Verletzung der Aufklärungslast dar, ebenso wie eine unrichtige Unfallschilderung (vgl. z. B. OLG München 18. XII. 1970 VersR 1971 S. 244–246) oder das Verschweigen von Zeugen und die unterlassene Mitteilung über den Verlauf des Strafverfahrens (vgl. z. B. OLG Köln 13. X. 1965 VersR 1966 S. 279–281; hinsichtlich des Strafverfahrens gibt es im übrigen in § 7 I Ziff. 2 S. 5 AKB eine speziell normierte Anzeigelast). Dafür, daß bei derartigen Verstößen eine zurückhaltende Handhabung hinsichtlich einer Versagung des Vsschutzes geboten ist, vgl. Anm. J 17. Stets ist auf alle Umstände des Einzelfalls vom Standpunkt eines verständigen, die Anforderungen an den Vmer nicht überspitzenden Betrachters abzustellen. Zu beachten ist der Erfahrungssatz, daß es sehr schwer ist, bei schnell eintretenden Unfallereignissen eine genaue Sachschilderung zu geben und alles Wesentliche sogleich zu erfassen. Zu Recht weist OLG Köln 6. VI. 1966 VersR 1966 S. 769–771 darauf hin, daß nicht jede Auslassung in einer Schadenschilderung schon den Tatbestand einer Obliegenheitsverletzung darstelle. Es kommt darauf an, ob schwerwiegend unrichtige Unfalldarstellungen oder sonstige Geschehensabläufe dem Ver mitgeteilt werden. Daß niemand gern eigene Fehler zugibt und sich bemüht, tunlichst sich selbst nicht zu sehr in ein schlechtes Licht zu setzen, ist eine Grunderkenntnis der menschlichen Verhaltensforschung und auch dem Ver genau bekannt, der ohnedies im Regelfall der Darstellung des Vmers mit Skepsis gegenübertritt. Als Beispiel für eine schwerwiegend unrichtige Unfalldarstellung vgl. LG Hannover 20. XII. 1973 VersR 1974 S. 740: Dort hatte sich das Gericht nach einer Augenscheineinnahme davon überzeugt, daß die Unfallschilderung durch den Vmer absolut unzutreffend war, so daß eigentlich nur noch die Möglichkeit blieb, daß das vte Fahrzeug absichtlich den Abhang hinuntergestürzt worden war. Verschweigt der Vmer einen wesentlichen Alkoholgenuß (ab 0,8‰), so wird darin regelmäßig eine wesentliche Verletzung der Auskunftslast zu sehen sein (vgl. z. B. den Fall LG Hamburg 12. II. 1960 VersR 1960 S. 412) und die in Bd IV in Anm. F 58 aufgeführten Urteile. Dabei kommt es kaum zu unbilligen Entscheidungen, da zumeist eine Kausalität des Alkoholgenusses im Sinne grober Fahrlässigkeit gemäß § 61 ohnedies gegeben ist (vgl. Anm. J 93); allerdings wird vom Ver regelmäßig bei Nichtbeantwortung dieser Frage eine gezielte Aufforderung zur klaren Äußerung zu erwarten sein (BGH 21. XII. 1961 VersR 1962 S. 154–155).

Nach ÖOGH 16. I. 1975 VersR 1975 S. 744 soll der Vmer nicht nur zur Auskunft über das eigentliche Unfallgeschehen, sondern auch über die dazu führenden Ursachen verpflichtet sein; dem ist im Prinzip beizupflichten, doch geht die von dem Gericht ebenfalls noch dem Vmer auferlegte Last, im einzelnen darzutun, wie er die dem Vsfall vorausgegangenen Stunden verbracht habe, schon etwas zu weit (ähnlich aber auch schon ÖOGH 12. IX. 1974 VersR 1975 S. 554–556).

Von der Aufklärungslast umfaßt werden auch Angaben des Vmers über die Vermögenslage des Regreßschuldners. Das gilt auch dann, wenn sich der Regreß des Vers gegen einen Verwandten des Vmers richtet. Hat z. B. der Sohn des Vmers das vte Fahrzeug gestohlen, so muß sich der Vmer hüten, unrichtige Angaben über die Vermögenslage seines Sohnes zu machen. Tritt der Vmer allerdings an den Ver heran, um über eine Reduzierung der Vsleistung bei gleichzeitigem Regreßerlaß gegen den Sohn zu verhandeln, so dürfen auch keine zu strengen Anforderungen an die Vollständigkeit der Angaben des Vmers über die Vermögenslage des mutmaßlichen Regreßschuldners gestellt werden. Es ist vielmehr immer zu beachten, daß dem Ver der Interessenkonflikt, in dem der Vmer steht, geläufig ist, so daß er ohnedies den Angaben des Vmers über den mit diesem blutsverwandten Regreßschuldner nur mit Skepsis begegnen wird (vgl. dazu auch Anm. J 49).

[J 17] Verletzungsfolgen und deren Einschränkung

Steht die Verletzung des verbalen Teils der Aufklärungslast fest, so ist es nach § 7 V Ziff. 4 AKB in Verbindung mit § 6 III Sache des Vmers zu beweisen, daß die Verletzung nicht vorsätzlich oder grobfahrlässig geschehen ist. Grobe Fahrlässigkeit schadet dabei nur im eingeschränkten Kausalitätsrahmen des § 6 III S. 2. Diese Beweislastregelung, die von einer Vermutung vorsätzlichen Handelns ausgeht, ist nicht zu beanstanden, weil regelmäßig allein der Vmer die Umstände darzulegen vermag, die ihn entlasten könnten (BGH 19. V. 1976 VersR 1976 S. 850). Dafür, daß für den nicht verbalen Teil der Aufklärungslast, wenn man einen solchen für die Fahrzeugv überhaupt bejaht (vgl. dagegen Anm. J 18), der Ver als zum Tatbestand der Obliegenheit gehörig auch die Kenntnis des Vmers vom Eintritt des Vsfalls zu beweisen hat, vgl. Anm. J 19.

Zu beachten ist bei dem hier zur Erörterung stehenden **verbalen Teil der Aufklärungslast**, daß nach der den Vmer schützenden Rechtsprechung des BGH der Ver grundsätzlich nur dann leistungsfrei wird, wenn er den Vmer nach Eintritt des Schadenfalls **deutlich und unmißverständlich darauf hingewiesen** hat, daß vorsätzlich unrichtige und unvollständige Angaben auch dann zum **Verlust des Vsschutzes** führen, wenn für den Ver durch die unrichtigen Angaben oder trotz dieser **kein Nachteil entsteht** (ständige Rechtsprechung, vgl. nur BGH 16. II. 1967 BGHZ Bd 47 S. 101–109, 8. V. 1967 BGHZ Bd 48 S. 7–11, 12. X. 1967 VersR 1967 S. 1088, 16. X. 1968 VersR 1968 S. 1156, 20. XII. 1968 NJW 1969 S. 608 = VersR 1969 S. 215, 8. I. 1969 VersR 1969 S. 268, 29. X. 1969 VersR 1970 S. 26–27, 18. IX. 1970 VersR 1970 S. 1046–1048, 20. XII. 1972 VersR 1973 S. 174–175 [speziell zur Fahrzeugv], 12. III. 1976 VersR 1976 S. 383–384; vgl. dazu kritisch Möller, Festschrift für Klingmüller, Karlsruhe 1974, S. 301–314, und J. Prölss a.a.O. S. 355–374). Bemerkenswert ist, daß diese Rechtsprechung Eingang in die **geschäftsplanmäßigen Erklärungen** aller in der Bundesrepublik Deutschland und West-Berlin zum Betrieb des Kraftfahrtv zugelassenen Ver gefunden hat. Wörtlich heißt es in VA 1973 S. 102:

> „Wir werden Vsschutz wegen unwahrer oder unvollständiger Angaben nur dann versagen, wenn wir den Vmer vorher auf den drohenden Anspruchsverlust infolge unwahrer oder unvollständiger Angaben hingewiesen haben, auch wenn sie für die Schadenfeststellung folgenlos geblieben sind. Wir werden zum Geschäftsplan erklären, in welcher der nachstehend angeführten Form wir die Belehrung durchführen werden:
> a) auf dem Vordruck der Schadenmeldung durch hervorgehobenen Druck;
> b) in einem besonderen Schreiben."

Über die unmittelbare Einwirkung solcher veröffentlichter geschäftsplanmäßiger Erklärungen auf den Inhalt des Vsvertrages vgl. Anm. J 15. Nach einer Übergangsperiode der Umstellung der Ver spielt diese Belehrungspflicht jetzt im übrigen mit Rücksicht darauf, daß die Ver ihr samt und sonders durchweg durch einen deutlichen Hinweis auf den Schadenformularen nachkommen, in der Gerichtspraxis so gut wie

IV. 3. Auskunfts- und Aufklärungsobliegenheit

keine Rolle mehr. Fälle, in denen die Ver der Belehrungspflicht nicht nachgekommen sind, können kaum noch festgestellt werden.

Von außerordentlicher Bedeutung für die Beurteilung einer Obliegenheitsverletzung nach § 7 I Ziff. 2 S. 3 AKB ist aber weiterhin die für das gesamte Vsrecht geltende ständige Rechtsprechung des BGH, daß ein Ver bei Verletzung von Obliegenheiten, die nach Eintritt des Vsfalls zu erfüllen sind, gänzliche Leistungsfreiheit ohne Rücksicht auf erlittene Nachteile nur wegen eines Verstoßes beanspruchen kann, der geeignet war, seine Interessen in ernsthafter Weise zu gefährden (sog. relevanter Verstoß), und daß weiterhin verlangt wird, daß den Vmer über den Vorsatz hinaus ein erhebliches Verschulden zur Last falle (vgl. die Nachweise zu dieser Rechtsprechung in Anm. J 15).

Unrichtige Angaben über den Kaufpreis eines Fahrzeugs sind in aller Regel, wenn es sich nicht um geringfügige Differenzen handelt, im Sinne dieser Rechtsprechung relevante Verletzungen der Aufklärungslast (so BGH 28. V. 1975 VA 1975 S. 367–368 Nr. 670 = VersR 1975 S. 752–753, 19. V. 1976 VersR 1976 S. 849–850, OLG Hamburg 9. II. 1977 VersR 1977 S. 635). Der BGH 19. V. 1976 a.a.O. S. 849–850 führt in diesem Zusammenhang mit der in solchen Fällen gebotenen Deutlichkeit u. a. folgendes aus:

„Zutreffend sieht das Berufungsgericht in der objektiv unrichtigen Angabe des Kaufpreises eine schwere Verletzung der dem Vmer obliegenden Aufklärungs- und Wahrheitspflicht. Die Revision irrt, wenn sie meint, bei der Angabe „ca. 49 000" DM habe es sich um keine verbindliche Aussage über den tatsächlich gezahlten Kaufpreis gehandelt. In der Schadenanzeige wurde jedoch klar und unmißverständlich nach dem „Kaufpreis" gefragt, und wenn der Kl. die Frage mit „ca. 49 000" DM beantwortet hat, dann hat er hierdurch jedenfalls die Bekl. falsch unterrichtet. Das läßt sich auch nicht durch den Hinweis auf den Zusatz „ca." ausräumen; denn nach seiner objektiven Bedeutung muß dieser Zusatz in Verbindung mit der gestellten Frage und der darauf gegebenen Antwort so verstanden werden, daß die angegebene Ziffer „ungefähr" mit einer möglichen, aber unerheblichen Abweichung nach unten oder nach oben stimmt. Davon kann bei der vom Kl. gemachten Angabe jedoch keine Rede sein. In der falschen Angabe des Kaufpreises liegt deshalb eine relevante Verletzung der Aufklärungspflicht (BGH VersR 75, 752).

. . .

Die falschen Angaben des Kl. waren geeignet, die Interessen des Vers ernstlich zu gefährden; denn der Ver muß in der Lage sein, sich aufgrund der Schadenanzeige ein richtiges Bild über den ungefähren Umfang des Schadens zu machen. Er muß sich ohne eigene Nachforschungen auf die Richtigkeit der Angaben verlassen können, die der Vmer gemacht hat. Gerade in der Fahrzeugv wird immer wieder versucht, durch falsche Angaben den Unfall auf Kosten des Vers und schließlich auch zu Lasten der übrigen Vten zu Bereicherungszwecken auszunutzen. Der Abschreckungszweck rechtfertigt hier den Verlust des vollen Anspruchs, falls es sich nicht um ein „Bagatellvergehen" handelt. Hiervon kann aber keine Rede sein, wenn für den gestohlenen Wagen ein um mindestens 5000 DM zu hoher Kaufpreis angegeben wird. Unter diesen Umständen liegt auch ein erhebliches Verschulden des Kl. vor, der sich klar sein mußte, durch die unrichtige Angabe des Kaufpreises seine Wahrheitspflicht erheblich zu verletzen und die Regulierung zu seinen Gunsten zu beeinflussen."

Anders sind aber diejenigen Fälle zu beurteilen, in denen der Vmer zwar bewußt falsche Angaben macht, dies aber nur geschieht, um einen an sich berechtigten Anspruch zu untermauern. Milde ist auch in denjenigen Fällen geboten, in denen der

Vmer den Ver zwar übervorteilen wollte, der erstrebte unberechtigte Vorteil aber gering ist im Vergleich zu dem begründeten Teil des Anspruchs. Beispiel: Der Vmer täuscht vor, daß sich in dem entwendeten, zum Zeitwert von DM 4000.- zu entschädigenden Fahrzeug ein neues Radio im Werte von DM 350.- befunden habe. Hier genügt es, den Vmer mit dem unberechtigten Teil des Anspruchs scheitern zu lassen. Nach diesen Grundsätzen würde auch in dem vom LG Hamburg 6. XI. 1969 VersR 1971 S. 312 entschiedenen Fall, in dem der Vmer zu Unrecht gegenüber dem Ver eine Beschädigung des Zündschlosses angegeben hatte, entgegen jenem Urteil eine Leistungsfreiheit wegen Obliegenheitsverletzung als nicht mehr vertretbar erscheinen (ähnlich aber auch LG Frankfurt a. M. 12. XII. 1972 VersR 1973 S. 1111-1112). Diesen Prinzipien entspricht auch nicht AG Mühlheim/Ruhr 31. VII. 1975 VersR 1976 S. 723-724, das ohne Auseinandersetzung mit der neueren Rechtsprechung des BGH den Ver auch dann für leistungsfrei erklärt, wenn der Vmer seine ursprünglich falschen Angaben über den Unfallhergang und die Person des Fahrzeugführers berichtigt hat (die Entscheidung ist aber vom Standpunkt der h. A. wegen der auch gegebenen Fahrerflucht zutreffend [vgl. dazu aber auch Anm. J 18], sofern der Sohn des Vmers im konkreten Fall tatsächlich Repräsentant war, woran allerdings Zweifel bestehen [vgl. ergänzend Anm. J 87 a. E.]). Aber auch BGH 19. I. 1967 VA 1967 S. 242-245 Nr. 464 = VersR 1967 S. 344-345 wird dem in der späteren Rechtsprechung des Gerichts aufgestellten Verlangen nach einem in das Gewicht fallenden Verstoß nicht gerecht; denn die dort gemachten falschen Angaben über die Sicherung des Fahrzeugs, das sich von selbst führerlos in Bewegung gesetzt hatte, sind zwar bedauerlich, aber nicht so schwerwiegend, als daß nicht allein darauf abgestellt werden sollte und dürfte, ob der Tatbestand einer grobfahrlässigen Herbeiführung des Vsfalls gegeben war oder nicht. Bedenken bestehen auch gegen OLG Hamburg 13. XII. 1974 VersR 1975 S. 653-654, das unrichtige Angaben über eine polizeiliche Unfallaufnahme nach einer Kollision mit einer Leitplanke der Autobahn als schwerwiegend genug für die Versagung des Vsschutzes angesehen hat. Einen Fall, in dem im Grunde genommen nur die Torheit des Vmers in der Darstellung des Unfallgeschehens zur Versagung des Vsschutzes geführt hat, behandelt OLG Bamberg 12. II. 1971 VersR 1972 S. 1162-1164: Der Vmer hatte dort angegeben, daß er während der Fahrt seine Zigarette verloren hatte, sich nach ihr gebückt habe und dabei von der Straße abgekommen sei. Später offenbarte der Vmer, daß seine „Zigarettengeschichte" nicht stimme; ein Freund habe ihm zu dieser Darstellung geraten, da er befürchtet habe, bei Angabe des wahren Hergangs (zu schnelle Fahrt in der Kurve) keinen Vsschutz zu haben. Wenn das Gericht die zweite Version nicht glaubt, sondern von der ersten Darstellung überzeugt bleibt, so liest sich ein solches auf § 61 gegründetes Urteil (vgl. Anm. J 96) aus der Sicht eines objektiven Betrachters sehr viel überzeugender, als wenn das Mißgeschick eines unwissenden Vmers zur alternativen Begründung einer Vsschutzverweigerung dient. Ist dem Vmer als Verletzung der Aufklärungslast lediglich vorzuwerfen, daß er dem Ver nicht mitgeteilt habe, daß für den Unfall Zeugen vorhanden seien, so ist hinsichtlich der Versagung des Vsschutzes Zurückhaltung geboten; anders z. B. OLG München 18. XII. 1970 VersR 1971 S. 244-245 (bei dem aber auch noch eine unrichtige Sachdarstellung und vor allem - jedenfalls vom Standpunkt der h. M., vgl. dazu Anm. J 18 - eine Fahrerflucht als Verletzung der Aufklärungslast zu beurteilen war), ferner OLG Köln 13. X. 1965 VersR 1966 S. 279-281 (auch die dort gegebene weitere Obliegenheitsverletzung, daß die Einleitung eines Strafverfahrens nicht mitgeteilt wurde, ist nicht als besonders gravierend anzusehen, wenn man bedenkt, daß die Ver solche Akten fast automatisch in jedem Fall heranziehen und daß ihnen natürlich bekannt ist, daß in nahezu allen Fällen gegen die Verursacher von Verkehrsunfällen ermittelt wird).

IV. 3. Auskunfts- und Aufklärungsobliegenheit Anm. J 18

Bei der Zurechnung des Verschuldens von Drittpersonen in bezug auf den verbalen Teil der Aufklärungslast ist zu beachten, daß hier die Einschränkung, daß nur für Repräsentanten gehaftet wird, nicht gilt, daß der Vmer vielmehr in entsprechender Anwendung des § 166 I BGB für die Erklärungen seines Wissenserklärungsvertreters einzustehen hat (vgl. dazu nur BGH 25. X. 1952 VersR 1952 S. 428–429, 19. I. 1967 VA 1967 S. 244 Nr. 464 = VersR 1967 S. 344 und Möller in Bruck-Möller Anm. 78–90 zu § 6 m.w.N.).

[J 18] b) Fahrerflucht, Nachtrunk und Spurenveränderung
   aa) Restriktive Auslegung des § 7 I Ziff. 2 S. 3 AKB für die Fahrzeugversicherung

§ 7 I Ziff. 2 S. 3 AKB ist in der Kraftfahrzeughaftpflichtv trotz seines kargen Wortlauts, der nur dahin geht, daß der Vmer verpflichtet sei, alles zu tun, was zur Aufklärung des Schadens dienlich sein könne, extensiv dahin interpretiert worden, daß Fahrerflucht, Nachtrunk und Spurenveränderungen am Unfallort Verletzungen dieser sog. Aufklärungspflicht darstellen (vgl dazu nur die Nachweise bei Pilger, Unfallflucht und fehlerhafte Information in der Kraftfahrzeug-Haftpflichtv, Karlsruhe 1976, S. 1–13, und die Nachweise in Bd IV Anm. F 62–65, F 60 a.E. und F 71). Diese Auslegung ist nicht zwingend, vielmehr hätte es angesichts des knappen Wortlauts nahegelegen, § 7 I Ziff. 2 S. 3 AKB nur als Wiederholung des § 34 mit anderen Worten aufzufassen, somit als „verhaltene" Obliegenheiten zu qualifizieren, die nur auf Verlangen des Vers zu erfüllen ist (so für § 34 Möller in Bruck-Möller Anm. 6 zu § 34). Daß die Rechtsentwicklung nicht diesen Weg gegangen ist, dürfte vor allen Dingen in einer rechtsethischen Betrachtung des Verhaltens des Vmers aus der Sicht des geschädigten Dritten gelegen haben. Für den Vmer hatte diese Auslegung zur Konsequenz, daß neben die öffentlichrechtliche Strafe nach § 142 StGB wegen seines moralisch nicht einwandfreien Verhaltens im Straßenverkehr gewissermaßen eine zweite privatrechtliche Strafe zu Gunsten des Vers trat. Der Ver zog dabei Vorteil aus einem ihn vermögensrechtlich konkret nicht benachteiligenden Verstoß des Vmers. Unter dem Eindruck, daß diese Unbilligkeit im Laufe der Zeit vom BGH als unerträglich empfunden werden würde, wie die Stellungnahmen der Mitglieder dieses Gerichts erkennen ließen (vgl. dazu nur Fischer VersR 1965 S. 201, Bukow Kraftfahrt und Verkehrsrecht 1971 S. 55–57, Hauss, Festschrift für Klingmüller, Karlsruhe 1974, S. 145–158, sämtlich m.w.N.; aus dem übrigen Schrifttum vgl. nur die besonders gehaltvollen Beiträge von Kramer NJW 1972 S. 1974–1980 und Hüffer 1974 S. 617–624 m.w.N.), ist es dann zunächst zu einem teilweisen Regreßverzicht (vgl. VA 1973 S. 103) und schließlich mit Wirkung vom 1. I. 1975 zu der die Leistungsfreiheit in der Kraftfahrzeughaftpflichtv bei Verletzungen von Obliegenheiten, die nach Eintritt des Vsfalls zu erfüllen sind, generell einschränkenden Regelung in § 7 V Ziff. 1–3 AKB gekommen (vgl. VA 1975 S. 72–73). Es ist hier nicht der Platz, diese Rechtsentwicklung im einzelnen nachzuzeichnen (das wird zur Kraftfahrzeughaftpflichtv geschehen); erwähnt sei hier lediglich noch, daß die die erwähnte Unbilligkeit korrigierende Neufassung des § 7 V Ziff. 1–3 AKB von dem BGH als so dringlich angesehen wurde, daß § 7 V Ziff. 1 AKB a.F. mit dem vorgesehenen totalen Rechtsverlust für die noch nicht abgewickelten Fälle für unwirksam erklärt worden ist (BGH 22. XII. 1976 NJW 1977 S. 533–535 = VersR 1977 S. 272–275; vgl. dazu Bauer VersR 1977 S. 609–610 und Hofmann VersR 1977 S. 781–784).

Vor dem Hintergrund dieser Entwicklung ist zu prüfen, ob die eingangs geschilderte extensive Auslegung des § 7 I Ziff. 2 S. 3 AKB für die Fahrzeugv, die von der Rechtswohltat der Neuregelung des Leistungsverweigerungsrechts des Vers in § 7 V

Ziff. 1–3 durch die schlichte Verweisung in § 7 V Ziff. 4 AKB auf § 6 III ausgenommen worden ist, aufrechterhalten werden darf, ob es nicht vielmehr sachgerecht ist, für diesen Vszweig (wie auch für die Kraftfahrtunfall- und Gepäckv) eine mit § 34 übereinstimmende Auslegung vorzunehmen im Sinne einer lediglich „verhaltenen" Auskunftsobliegenheit. Einen guten Ansatzpunkt gibt dabei BGH 12. XI. 1975 NJW 1976 S. 371–372 = VersR 1976 S. 84–85; in dieser Entscheidung hat das Gericht den Umfang der Aufklärungslast für die Fahrzeugv im Verhältnis zur Haftpflichtv eingeschränkt. Nach der ständigen Rechtsprechung des BGH zur Kraftfahrzeughaftpflichtv (vgl nur BGH 19. X. 1967 VersR 1967 S. 1088–1089, 22. V. 1970 VersR 1970 S. 826–828) verletzt der Vmer seine Aufklärungsobliegenheit gegenüber dem Ver, wenn er nach dem Unfall eine ins Gewicht fallende Menge Alkohol zu sich nimmt (sog. Nachtrunk). Diese Rechtsprechung findet jedoch nach Auffasssung des BGH 12. XI. 1975 a. a. O. keine Anwendung, wenn ein Dritter weder an dem Unfall beteiligt noch dadurch geschädigt sei; dann entfalle die aus § 142 StGB abzuleitende Rechtspflicht des Vmers, sich für eine polizeilich angeordnete, nicht durch Nachtrunk verfälschte Blutprobe bereit zu halten. Habe der Vmer den Nachtrunk allerdings in der Erwartung eines polizeilichen Einsatzes zu sich genommen, um den Sachverhalt zu verschleiern, oder die Tatsache des Nachtrunks zu einer solchen Verschleierung seiner Verpflichtung ausgenützt, so liege darin freilich eine Verletzung seiner Verpflichtung zu loyaler Aufklärung des Sachverhalts gegenüber dem Ver. Seien die Umstände im Einzelfall so, daß der Nachtrunk des Vmers vernünftigerweise nur mit dessen Bestreben zu erklären sei, sich den auf ihn zukommenden Aufklärungsmaßnahmen planmäßig zu entziehen, so sei der Nachtrunk auch in einem Fall der Fahrzeugv ohne Drittbeteiligung mit der Obliegenheit nach § 7 I Ziff. 2 S. 3 AKB nicht zu vereinbaren. Unter solchen Umständen gehe das Verhalten des Vmers über die bloße – in einem Fall der vorliegenden Art für sich allein nicht obliegenheitswidrige – Unterlassung, sich für eine von der Polizei anzuordnende Blutprobe bereit zu halten, und den Nachtrunk hinaus. Der Entscheidung ist für den konkreten Fall, in dem der Vsschutz bejaht wurde, durchaus beizupflichten (zustimmend auch Prölss-Martin[21] Anm. 2 A zu § 7 AKB, S. 872–873, Stiefel-Wussow-Hofmann[10] Anm. 9 zu § 7 AKB, S. 280–281; ebenso OLG Nürnberg 17. II. 1977 NJW 1977 S. 1543 = VersR 1977 S. 659–660; vgl. ferner OLG Stuttgart 28. IX. 1961 VersR 1962 S. 711, OLG Karlsruhe 5. VIII. 1966 VersR 1967 S. 370; anders noch OLG Düsseldorf 5. II. 1963 VersR 1963 S. 573–574, LG Köln 28. X. 1965 VersR 1966 S. 520–521 m. Anm. von Gaisbauer VersR 1966 S. 868, OLG Zweibrücken 26. II. 1971 VersR 1971 S. 809–810, OLG Saarbrücken 29. XI. 1974 VersR 1976 S. 334–335). Zu überprüfen ist aber, ob nicht darüber hinaus für den Vmer der Fahrzeugv ein gleiches zu gelten hat, wenn ein Dritter bei einem Unfall Schaden erlitten hat. Es ist nicht recht einzusehen, warum es eine ungeschriebene Obliegenheit des Fahrzeugvmers geben soll, sich für eine Blutprobe dann bereit zu halten, wenn ein Drittschaden gegeben ist, dagegen nicht, wenn es an einem solchen Drittschaden fehlt. Dafür spricht freilich, daß der Vmer aus der Sicht des die Haftpflichtv betreffenden Teils des Vsvertrages dazu angehalten ist. Die zumeist gegebene Einheit, daß nämlich Haftpflichtvsvertrag und Fahrzeugvsvertrag bei demselben Ver abgeschlossen sind, darf aber nicht darüber hinwegtäuschen, daß zwei ganz unterschiedliche Vsarten vorliegen, bei denen die Drittschädigung aus der Sicht des Fahrzeugvers bedeutungslos ist. Ist sie das aber, so darf aus der zufälligen Personengleichheit von Haftpflicht- und Fahrzeugver nicht geschlossen werden, daß die Verletzung einer Obliegenheit aus dem Haftpflichtvsvertrag auch eine solche aus dem Fahrzeugvsvertrag darstellt. Das wird besonders deutlich, wenn in einem Fall mit Drittschädigung die Vsverträge mit verschiedenen Vern abgeschlossen worden sind. Es darf hier von einer „Doppelwirkung" in dem Sinne gesprochen werden, daß ein solcher Nachtrunk zwar

IV. 3. Auskunfts- und Aufklärungsobliegenheit **Anm. J 18**

den Vsschutz in der Haftpflichtv beeinträchtigt, nicht aber den in der Fahrzeugv, und zwar deshalb, weil die aus § 142 StGB hergeleitete Verpflichtung, einen Nachtrunk zu unterlassen, immer nur schutzwürdige Interessen im Hinblick auf ein Haftungsverhältnis berührt. Daß auch von den Bedingungsverfassern die unterschiedliche Interessenlage zwischen Fahrzeug- und Haftpflichtv gesehen wird, ergibt sich mit besonderer Deutlichkeit aus § 7 V Ziff. 1–4 AKB, insbesondere aus Ziff. 2, nach der der Ver seine Leistungsfreiheit in der Haftpflichtv auf einen Betrag von DM 1000,– bzw. in schwerwiegenden Fällen auf DM 5000,– beschränkt hat, während es an solchen Vergünstigungen für den Fahrzeugvmer fehlt. Wenn aber in dem Bereich, in dem die Bestimmung des § 142 StGB ihre eigentliche Bedeutung hat, ein Verstoß des Vmers nur teilweise Einfluß auf die Leistungspflicht des Vers hat, so ist mangels einer entsprechenden Vergünstigung für den Fahrzeugvmer eine **einschränkende Auslegung des Umfangs der Aufklärungsobliegenheit** geboten. Es gilt, sich darauf zu besinnen, daß der Vsvertrag in § 7 I Ziff. 2 S. 3 AKB schließlich nur bestimmt, daß der Vmer verpflichtet ist, alles zu tun, was zur Aufklärung des Tatbestandes dienlich sein kann. Für einen unbefangenen Vmer ergibt sich daraus für den Bereich der Fahrzeugv weder eine Verpflichtung, nach einem Unfall nichts zu trinken, noch bestehen aus der Sicht der Fahrzeugv Bedenken gegen eine Entfernung vom Unfallort. Diese Bedenken bestehen vielmehr nur im Hinblick auf die moralische und rechtliche Pflicht gegenüber Drittgeschädigten, mit denen aber der Fahrzeugvsvertrag nichts zu tun hat. Es erscheint daher als konsequent, die gesamte Rechtsprechung über die Fahrerflucht und den Nachtrunk nicht auf den Fahrzeugvmer anzuwenden, da diese Überlegungen allein auf dem moralischen Gebot zugunsten des Geschädigten beruhen; an dessen Stelle den Fahrzeugver zu setzen, besteht aber keine Veranlassung, er würde andernfalls Vorteil aus einem Verstoß gegen die Interessensphäre einer dritten Person im Sinne eines unbeabsichtigten Reflexes ziehen. Ein Fahrzeugver, der von seinem Vmer die Einhaltung solcher moralischen Gebote verlangt, muß das ausdrücklich als Obliegenheit im Vertragswerk verankern. Die h. M. sieht das bisher anders. – Vgl. nur BGH 12. XI. 1975 NJW 1976 S. 371–372 = VersR 1976 S. 84–85, LG Siegen 2. XI. 1961 VersR 1962 S. 274, OLG Nürnberg 20. III. 1962 VersR 1962 S. 798–799, OLG München 18. XII. 1970 VersR 1971 S. 244–246, LG Hanau 7. VI. 1971 VersR 1972 S. 528–530, LG Bielefeld 23. VI. 1972 VersR 1973 S. 612–613, LG Baden-Baden 23. XI. 1973 VersR 1974 S. 739–740, OLG Schleswig 27. I. 1976 VersR 1976 S. 1054–1055, OLG Nürnberg 17. II. 1977 NJW 1977 S. 1543 = VersR 1977 S. 659–660; ÖOGH 19. XI. 1969 VersR 1970 S. 967–968, 8. XI. 1972 VersR 1973 S. 1179–1180, 24. I. 1974 VersR 1975 S. 168–169, 21. XI. 1974 VersR 1975 S. 1168; Stiefel-Wussow-Hofmann[10] Anm. 9 zu § 7 AKB, S. 280; zweifelnd wohl Prölss-Martin[21] Anm. 2 A zu § 7 AKB, S. 872 (wie die h. M. aber in Anm. 7 zu § 7 AKB, S. 885); wie hier, wenn auch mit abweichender Begründung, schon OLG Stuttgart 28. IX. 1961 VersR 1962 S. 710–711. – Die differenzierenden Überlegungen aus BGH 12. XI. 1975 a.a.O. sollten aber im Zusammenhang mit der eingangs skizzierten **modernen Entwicklung des Obliegenheitsrechts** zum Anlaß genommen werden, die Aufklärungsobliegenheit des Fahrzeuvmers von der des Haftpflichtvmers in dem hier vertretenen Sinn deutlich und im Einklang mit den auch für andere Vssparten geltenden Grundsätzen abzugrenzen. Das Gesagte bedeutet zugleich, daß die vom BGH 12. XI. 1975 a.a.O. noch gemachte Einschränkung, daß ein Nachtrunk in der Fahrzeugv zu beanstanden sei, der im Hinblick auf eine erwartete polizeiliche Untersuchung gemacht wird, in Fortfall kommt. Es muß dem Umstand wieder Rechnung getragen werden, daß nach deutschem Recht niemand zur **Selbstbezichtigung** verpflichtet ist; das in § 142 StGB enthaltene Gebot, am Unfallort zu bleiben und damit sich letzten Endes schon beinahe zur Tat zu bekennen, läuft den ansonsten im Strafverfahren geltenden Prinzipien zuwider; zu Gunsten des geschädigten Dritten ist diese Abweichung, die letzten Endes ein **moralisches Versagen** unter Strafe stellt, hinzunehmen, und es erscheint auch noch als sachgerecht, diese strafrechtliche Sicht zum Inhalt der Aufklärungsobliegenheit des Haftpflichtvmers zu machen, wenn der dem Vmer daraus drohende Rechtsverlust wie in § 7 V Ziff. 1–3 AKB limitiert ist. Eine Übertragung dieser strafrechtlichen Grundsätze auf die doch sprachlich gänzlich unbestimmt gehaltene Aufklärungslast des Fahrzeugvmers gemäß § 7 I Ziff. 2 S. 3 AKB kann nicht mehr akzeptiert werden. Das **Spannungsverhältnis** zwischen Ver und Vmer ist in dem Sinne zu lösen, daß der Vmer, der gegenüber der Polizei oder sonstigen Behörden oder dritten Personen unrichtige Angaben macht, der nach außen eine Tatbeteiligung leugnet, der so auch eine Blutentnahme verhindert oder gar zu seinen Gunsten verwerflicher Weise Unfallspuren verändert, dafür gehalten ist, sich in diesen Punkten dem Ver rückhaltlos und unaufgefordert zu offenbaren, um so zu verhindern, daß die unzutreffende Angabe oder die veränderte Indizwelt zur unzutreffenden Grundlage einer Regulierungsentscheidung des Vers wird. Nur so wird dem Vmer kein im Grunde unzumutbares Verhalten zugunsten seines Vertragspartners, nämlich des Vers, auferlegt und dem Grundsatz, der doch so oft hervorgehoben worden ist, daß es dem Vmer nicht zuzumuten ist, an seiner eigenen strafrechtlichen Verurteilung aktiv mitzuwirken (vgl. dazu Fischer VersR 1965 S. 201 und BGH 18. IV. 1963 NJW 1963 S. 1404–1405 = VA 1963 S. 233–234 Nr. 376, 8. V. 1967 BGHZ Bd 48 S. 11, 23. XI. 1967 VersR 1968 S. 60, 19. II. 1968 VersR 1968 S. 368, 22. I. 1969 NJW 1969 S. 697 = VersR 1969 S. 270), überzeugend Rechnung getragen. Dabei wird gewiß nicht verkannt, daß dem Vmer dieser Grundsatz strafrechtlich mit Rücksicht auf die moralisch höherwertigen Interessen des geschädigten Dritten nicht mehr voll zugute kommt. Es ist aber nicht einzusehen, warum das dem Ver als letzten Endes stillschweigend vereinbarter Umfang der Aufklärungsobliegenheit zugute kommen soll. Dem klassischen Umfang der Auskunftslast genügt eine Auslegung, die solches Verhalten des Vmers als menschliche Schwäche hinnimmt und vsrechtliche Konsequenzen erst dann zieht, wenn die **Wahrheitspflicht gegenüber dem Vertragspartner** verletzt wird. Die Konsequenz dieser Auslegung wird freilich in einigen Fällen dazu führen, daß ein Ver aus Beweislastschwierigkeiten wird leisten müssen. Das ist aber eher hinzunehmen, als daß die Rechte des Vmers verkürzt werden. Ein Ver, der eine solche Abgrenzung nicht hinnehmen will, mag ausdrücklich in seinen Vsbedingungen verankern, daß der Vmer keine Unfallflucht begehen dürfe, daß er sich stets für eine Blutprobe bereit halten müsse und daß er auch gegenüber der Polizei keine unrichtigen Angaben machen dürfe.

Als gutes Beispiel dafür, daß im Grunde genommen die vom BGH 12. XI. 1975 a.a.O. vorgenommene Unterscheidung für sich allein auf die Dauer nicht einleuchtend wäre, mag OLG Nürnberg 17. II. 1977 NJW 1977 S. 1543 = VersR 1977 S. 659–660 dienen. Dort lag Sicherungseigentum am vten Fahrzeug vor. Das OLG verneinte deshalb einen Fremdschaden im Sinne des § 142 StGB und demgemäß auch eine Aufklärungslast des Vmers, am Unfallort zu verweilen. Es ist kaum begründbar, bei gleichem Vorgang den Vsschutz dann zu verweigern, wenn der Sicherungseigentümer und nicht der Sicherungsgeber am Steuer gesessen hätte.

Unbillige Ergebnisse bei einer Verhinderung einer Blutprobenentnahme durch den Vmer können im übrigen auch in der Weise vermieden werden, daß dieses Verhalten des Vmers als Indiz für eine alkoholbedingte Fahruntüchtigkeit im Sinne des § 61 mitverwertet wird, wenngleich dem BGH 12. XI. 1975 a.a.O. darin beizupflichten ist, daß eine Umkehr der Beweislast nur in solchen Fällen in Betracht kommt, in denen greifbare Anhaltspunkte hinsichtlich einer Fahruntüchtigkeit durch Alkoholeinwirkung gegeben sind. Ein gutes Beispiel für den hier vertretenen Standpunkt gibt auch OLG

IV. 3. Auskunfts- und Aufklärungsobliegenheit   Anm. J 19

Schleswig 27. I. 1976 VersR 1976 S. 1054–1055, in dem ein von dem Vmer angefahrener Radfahrer tödliche Verletzungen erlitten hatte. Der Vmer hatte zunächst Unfallflucht begangen, meldete aber dann eine halbe Stunde nach der Tat den Unfall der Polizei, wobei er angab, daß seine Frau die Fahrerin gewesen sei. Die Polizei entnahm dennoch vom Vmer eine Blutprobe, die einen Promillesatz von 1,85 ergab. Bei dem verstorbenen Radfahrer wurde ein Blutalkoholgehalt von 1,91‰ festgestellt. Der Vmer räumte nach Wochenfrist gegenüber der Polizei ein, daß er der Wagenfahrer gewesen sei und meldete den Vorfall gleichzeitig wahrheitsgemäß dem Ver. Im Strafverfahren wurde der Vmer wegen fahrlässiger Trunkenheit im Straßenverkehr und wegen Fahrerflucht verurteilt, dagegen nicht wegen fahrlässiger Tötung. Das OLG Schleswig 27. I. 1976 a.a.O. konnte nicht feststellen, daß der Alkoholgenuß für den Unfall kausal gewesen sei, da keine typischen Anzeichen für trunkenheitsbedingte Fahrfehler vorlagen; es war ungeklärt, woher der Radfahrer gekommen und wie und wo er vor dem Zusammenstoß gefahren war. Das LG hatte deshalb der Klage stattgegeben, das OLG Schleswig 27. I. 1976 a.a.O. wies sie dagegen wegen der Obliegenheitsverletzung ab; das erstinstanzliche Urteil entspricht aber sicherlich eher dem Rechtsgefühl des Durchschnittsvmers; denn es kann nicht Aufgabe des Zivilrechts sein, den Vmer zusätzlich zu bestrafen und dem Ver, der die Voraussetzungen des § 61 nicht beweisen kann, Rechte aus einer Verkehrsunfallflucht zuzubilligen, die allenfalls seine Interessen als Haftpflichtver, nicht aber als Fahrzeugver berührt.

[J 19] bb) Beweislast für Kenntnis des Versicherungsnehmers vom Versicherungsfall

Folgt man der in Anm. J 18 dargestellten Auffassung über die einschränkende Auslegung des Umfangs der Aufklärungslast in der Fahrzeugv nicht, so stellt sich die Frage, ob zum Tatbestand der vom Ver zu beweisenden Obliegenheitsverletzung auch die Kenntnis des Vmers davon gehört, daß ein solcher Vsfall eingetreten war. Diese Frage kann sich bei der Auskunftsobliegenheit im gesetzlichen Umfang nach § 34 nicht ergeben, da diese als „verhaltene" Last ausgestaltet ist, bei der der Vmer erst auf Aufforderung des Vers tätig zu werden braucht (vgl. Möller in Bruck-Möller Anm. 6 zu § 34). Durch diese Aufforderung des Vers, die von diesem zu beweisen ist, wird dem Vmer stets die notwendige Kenntnis vom Eintritt des Vsfalls verschafft. Anders ist es aber, wenn § 7 I Ziff. 2 S. 3 AKB auch für die Fahrzeugv so ausgelegt wird, daß der Vmer spontan tätig zu sein habe, indem er auch im Interesse des Fahrzeugvers am Unfallort verweile, keinen Nachtrunk begehe und auch keine Spuren verändere. Steht im Streitfall nicht fest, daß der Vmer von dem Vsfall überhaupt etwas gewußt hat, so wäre es grob unbillig, dem Vmer, dem bei erwiesener objektiver Obliegenheitsverletzung nach der auf § 6 III verweisenden Regelung in § 7 V Ziff. 4 AKB der Beweis obliegt, daß er nicht vorsätzlich gehandelt habe, den Vsschutz auf Verdacht zu entziehen. Zutreffend ist daher für die Fahrzeughaftpflichtv vom BGH 30. IV. 1969 BGHZ Bd 52 S. 86–93 dem Ver insoweit die Beweislast auferlegt worden. Diese Auffassung ist bekräftigt worden durch BGH 3. VI. 1977 VA 1977 S. 243–244 Nr. 700 = VersR 1977 S. 733–735. An ihr ist aus Gründen der Gerechtigkeit für den nicht verbalen Teil der Aufklärungslast entgegen Stiefel-Wussow-Hofmann[10] Anm. 9 zu § 7 AKB, S. 281–282 im Bereich der Fahrzeugv festzuhalten. Vgl. ergänzend Bd IV Anm. F 64 m.w.N. – BGH 19. V. 1976 VersR 1976 S. 850 steht dieser Auffassung nicht entgegen, da es sich dort um einen Fall der Auskunftslast im überkommenen Sinne handelt.

4. Weisungen des Versicherers gemäß § 7 III 1 AKB

Gliederung:
a) Umfang J 20 | b) Verletzungsfolgen J 21

[J 20] a) Umfang

Nach § 7 III 1 AKB hat der Vmer vor Beginn der Wiederinstandsetzung die **Weisung des Vers einzuholen, soweit ihm dies billigerweise zugemutet werden kann**. Diese Obliegenheit spielt neben der Last des Vmers, den Schaden anzuzeigen, so gut wie gar keine selbständige Rolle. Es ist auch nicht recht ersichtlich, welche Weisungen der Ver sollte erteilen können. Jedenfalls erfüllt der Vmer seine Obliegenheit, solche Weisungen des Vers einzuholen, im Regelfall damit, daß er den Schadenfall anzeigt. Will der Ver dann Weisungen erteilen, so muß er das ungesäumt von sich aus tun. Dem Vmer, der schließlich im Rahmen der Fahrzeugv keinen Vsschutz für Mietwagenkosten und Nutzungsausfall genießt (vgl. § 13 VI AKB), ist ein längeres Zuwarten auf Ratschläge des Vers nicht zuzumuten. Wenn der Ver nicht unverzüglich nach Erhalt der Schadenanzeige dem Vmer eine Weisung bezüglich der Reparatur erteilt, so darf der Vmer davon ausgehen, daß der Ver keine Bedenken gegen die Durchführung der Reparatur bei einer von dem Vmer auszuwählenden Reparaturwerkstatt hat. Der Vmer braucht keineswegs länger auf die Weisungen des Vers zu warten als bis zum Zugang einer Nachricht des Vers im normalen Postgang bei unverzüglicher Bearbeitung des Vorgangs durch den Ver. Dabei ist hier unter einer unverzüglichen Bearbeitung eines Vorgangs im Regelfall die Erledigung am Tage des Eingangs der Schadenanzeige zu verstehen. Der Ver, der Einfluß auf die Durchführung der Reparatur nehmen will, muß seinen Bürobetrieb in der Weise einrichten, daß er bei Neuschäden sofort zur Frage der Erteilung von Weisungen im Interesse einer schnellen Erledigung des Schadenfalles Stellung nimmt. Anders Stiefel-Wussow-Hofmann[10] Anm. 55 zu § 7 AKB, S. 344—345, die dem Ver (im Anschluß an RG 12. XI. 1929 JW 1930 S. 3615—3616 und OLG Stuttgart 25. X. 1926 JRPV 1927 S. 98) eine Überlegungsfrist von einer Woche gewähren; dem kann jedoch angesichts des verständlicherweise auf sofortige Reparatur gerichteten Interesses des Vmers nicht gefolgt werden. Vom RG 12. XI. 1929 a.a.O. ist auch von einer solchen Wochenfrist nichts gesagt worden (ebensowenig vom OLG Stuttgart a.a.O., das nur von einer angemessenen Frist sprach); es befaßte sich mit der Frage, die bejaht wurde, ob der keine Weisungen erteilende und dabei die Eintrittspflicht verneinende Ver für den durch die Lagerung der Restwerte entstehenden Wertverlust einzutreten habe (hinsichtlich der vom RG 12. XI. 1929 a.a.O. noch vertretenen Auffassung, daß ein Vmer auch dann noch Weisungen des Vers abwarten müsse, wenn dieser den Vsschutz abgelehnt habe, bestehen Bedenken; vgl. dazu Möller in Bruck-Möller Anm. 36 zu § 6 m.w.N. und Bd IV Anm. F 101). Die Weisung des Vers kann auch darin bestehen, von dem Vmer die **Übersendung eines Kostenvoranschlags** zu erbitten (so Pienitz-Flöter[4] Anm. D. II. 1. zu § 7 AKB, S. 24, Stiefel-Wussow-Hofmann[10] Anm. 55 zu § 7 AKB, S. 344; das war in früheren Bedingungswerken sogar ausdrücklich verankert, vgl. OLG Düsseldorf 15. XII. 1927 HansRGZ A 1928 Sp. 109—111 [Entscheidung zur alten Fassung des § 6]). Die dadurch entstehenden Kosten gehen zusätzlich zu Lasten des Vers; die Entscheidung des Vers, ob er nach Erhalt eines solchen Kostenvoranschlags weitere Weisungen erteilen will, muß wiederum unverzüglich im Sinne einer postwendenden Antwort erfolgen.

Von Bedeutung könnte die Erteilung von Weisungen für den Fall sein, daß der Ver aus der Schadenanzeige erkennt, daß das Fahrzeug des Vmers in eine Werkstatt gebracht worden ist, die mit überdurchschnittlich hohen Preisen arbeitet oder solchen,

IV. 4. Weisungen des Vers   Anm. J 20

die jedenfalls an der oberen Grenze der Üblichkeit liegen. Verlangt der Ver unter Hinweis auf eine solche von der Üblichkeit abweichende Preisgestaltung, daß der Vmer die Reparatur in einer anderen Werkstatt ausführen lasse, so ist nur ausnahmsweise eine Situation denkbar, in der der Vmer einem solchen Begehren nicht zu entsprechen braucht. Ein Grenzfall könnte gegeben sein, wenn die Werkstatt, die der Ver entgegen der von dem Vmer in Aussicht genommenen Reparaturfirma empfohlen hat, nicht zur sofortigen Reparatur bereit ist. Berechtigt kann eine solche Weisung des Vers zum Wechsel der Reparaturfirma dann sein, wenn dem Ver bekannt ist, daß die vom Vmer in Aussicht genommene Werkstatt für ihre Pfuscharbeiten bekannt ist (vgl. zur Streitfrage, ob der Ver verpflichtet ist, die durch eine solche Pfuschreparatur unter Umständen zusätzlich anfallenden Kosten zu tragen, Anm. J 138).

Für den Normalfall einer Inlandsreparatur wird man den Vmer in einer solchen vergleichsweise einfachen Frage wie der der Reparatur seines Fahrzeugs kaum als weisungsbedürftig anzusehen haben. Verhält sich der Vmer daher so, wie ein verständiger unvter Fahrzeugeigner handeln würde, so ist der Zweck der Obliegenheit erreicht. Nicht mehr und nicht weniger bedeutet diese Weisungsbefugnis des Vers. Insbesondere gibt § 7 III 1 AKB dem Ver nicht eine Sachentscheidungsbefugnis hinsichtlich der Frage, ob eine Reparatur mit Neuteilen oder durch Ausbeulen durchgeführt wird oder ob der Vmer gar den Einbau gebrauchter Teile hinzunehmen habe. Das sind vielmehr Rechtsfragen, die im Sinne der Entschädigungsregelung in § 13 AKB nach objektiven Kriterien zu entscheiden sind und der subjektiven Beurteilung im Sinne einer Weisungsbefugnis nicht unterliegen (vgl. Anm. J 138).

Hingegen wird ein Vmer für sachgerechte Weisungen des Vers für einen im Ausland eingetretenen Schaden oft dankbar sein. Hier wird man eine gesteigerte Aktivität des Vers erwarten können, wenngleich der Vmer darauf gewiß keinen Rechtsanspruch hat.

Empfiehlt der Ver im In- oder Ausland eine Reparaturwerkstatt, dann hat er damit auch stets die Abschleppkosten bis zu dieser Werkstatt zu tragen; er darf sich also nicht nachträglich darauf berufen, daß eine andere Werkstatt in kürzerer Entfernung hätte in Anspruch genommen werden können (vgl. auch Anm. J 139).

Gelegentlich verwenden Ver Merkblätter für das Verhalten der Vmer in Schadenfällen, auf denen festgehalten ist, daß bei einem Fahrzeugschaden bis zu DM 500,– die Reparatur sofort beginnen dürfe, daß aber bei einem darüber hinaus gehenden Schaden das Eintreffen eines vom Ver zu beauftragenden Sachverständigen abgewartet werden müsse. Hält sich der Vmer an ein solches Merkblatt bei einer Reparatur unter DM 500,–, so kann der Ver wegen seines Verzichts auf Weisungen dem Vmer das Nichtabwarten nicht als Obliegenheitsverletzung anlasten. Das bedarf keiner näheren Erläuterung. Dieser vorweggenommene Verzicht gilt aber dann nicht, wenn es einem besonders schnellen Ver nach Erhalt der Anzeige noch gelingt, den Vmer telefonisch vor der Erteilung eines Reparaturauftrags an eine übel beleumdete Werkstatt auf Bedenken hinzuweisen und demgemäß die Weisung zu erteilen, die ursprünglich in Aussicht genommene Werkstatt nicht zu wählen.

Hingegen wird man trotz des Hinweises im Merkblatt darauf, daß der Ver bei Schäden über DM 500,– mit einer Erteilung des Reparaturauftrags durch den Vmer erst nach einer Besichtigung durch einen von einem Ver zu beauftragenden Sachverständigen einverstanden sei, dem Vmer nur ein kurzes Abwarten auf das Erscheinen eines solchen Sachverständigen zumuten können. Dabei wird man im Regelfall ein unverzügliches Tätigwerden des Sachverständigen erwarten können. Meldet sich ein solcher Sachverständiger nicht postwendend bei dem Vmer oder der Werkstatt an, so darf sich der Vmer als weisungslos betrachten. Der Ver ist nicht berechtigt, durch Merkblätter, die für alle Schadenfälle verfaßt sind, generell ein Abwarten des

Vmers bis zu einer Besichtigung durch einen Sachverständigen zu verlangen. Vielmehr ist einem solchen Merkblatt aus der Sicht des Vmers nur zu entnehmen, wie die übliche Regulierungspraxis eines Vers verläuft. Der Ver wird damit aber nicht von einem **unverzüglichen Handeln** entbunden. Andernfalls würde auch die individuell auf den Einzelfall abstellende Weisungsbefugnis gemäß § 7 III 1 AKB durch eine zum Nachteil des Vmers ausfallende generelle Regelung ersetzt (ebenso Stiefel-Wussow-Hofmann[10] Anm. 55 zu § 7 AKB, S. 344; die dort zum Beleg für diese Auffassung zitierte Entscheidung OLG Hamburg 27. VII. 1932 JRPV 1933 S. 79–80 betrifft aber einen Haftpflicht- und keinen Fahrzeugvsfall). OLG Frankfurt a. M. 30. IV. 1970 VersR 1972 S. 578–579 hält den Ver, der ein Fahrzeug nicht unverzüglich zur Reparatur freigibt, dem Vmer gegenüber für schadenersatzpflichtig (zustimmend Stiefel-Wussow-Hofmann[10] Anm. 55 zu § 7 AKB, S. 345). Nach der hier vertretenen Auffassung, daß sich der Vmer bei einem Schweigen des Vers grundsätzlich als weisungsfrei und zur Reparatur berechtigt betrachten darf, bestehen dagegen Bedenken, da es im konkreten Fall an einer ausdrücklichen Weisung des Vers, die Reparatur zu unterlassen, fehlte. Liegt eine solche Weisung dagegen vor, so kann sich der Ver nicht für ein Mitverschulden des Vmers darauf berufen, daß dieser jene Weisung billigerweise nicht hätte zu beachten brauchen. Unter den Tatbestand des § 7 III 1 AKB fallen nur Instandsetzungsarbeiten, so daß das Entfernen eines Bremszylinders aus einem total beschädigten Fahrzeug (zum Zwecke des Einbauens in einen Ersatzwagen) nicht unter das Wiederinstandsetzungsverbot fällt, allerdings unter Umständen eine Verletzung der Aufklärungslast darstellen kann (vgl. OLG München 24. III. 1965 VersR 1966 S. 1151–1152).

[J 21] Verletzungsfolgen

Verletzt der Vmer die Obliegenheit nach § 7 III 1 AKB, so tritt nach der an dem gesetzlich zulässigen Freizeichnungsraum des § 6 III orientierten Sanktionsbestimmung des § 7 V AKB bei einem vorsätzlichen Verstoß gänzliche Leistungsfreiheit des Vers ein; bei einem grobfahrlässigen Verstoß durch den Vmer wird der Ver insoweit von der Verpflichtung zur Leistung frei, als die Obliegenheitsverletzung Einfluß auf die Feststellung des Vsfalles oder auf die Feststellung oder den Umfang der dem Ver obliegenden Leistung gehabt hat. Daß der Vmer bei vorsätzlichem Verstoß gegen die Weisungsbefugnis des Vers hinsichtlich der Durchführung der Reparatur gänzlich den Vsschutz verlieren soll, ist nicht recht einzusehen. Ein schutzwürdiges Motiv des Vers ist insoweit nicht erkennbar. Dabei wird unterstellt, daß die Schadenanzeige vom Vmer ordnungsgemäß erstattet worden ist. Ist eine solche Anzeige nicht unterblieben, so gibt es keinen einleuchtenden Grund dafür, warum der Ver auch bezüglich desjenigen Teils des Schadens freiwerden sollte, den er auch bei ordnungsgemäßer Erfüllung der Weisungslast hätte bezahlen müssen. Ein verständiger Ver wird eine Leistungsfreiheit insoweit auch nicht für sich beanspruchen. So ist denn auch bemerkenswert, daß es in der ganzen Nachkriegszeit, soweit ersichtlich, keinen Fall gibt, bei dem der Vsschutz allein wegen vorsätzlicher Verletzung der Weisungslast versagt worden wäre (LG Frankfurt a. M. 12. XII. 1972 VersR 1973 S. 1111–1112 stützt sich nur ergänzend auf § 7 III 1 AKB, daneben war aber auch die Schadenanzeige erst nach einem Monat erstattet und enthielt falsche Angaben über die Beschädigung des Fahrzeugs). Im übrigen ist bei einem Streit über die Frage der Angemessenheit oder Unzumutbarkeit einer Maßnahme ein vorsätzliches Handeln des Vmers in der Regel ausgeschlossen, wenn er der irrigen Meinung war, daß ihm ein bestimmtes Tun nicht zumutbar sei. Denn zum Vorsatz gehört neben der Kenntnis der generellen Obliegenheit auch das Wissen, daß dem Verlangen des Vers im konkreten Fall zu folgen sei.

V. Rechtspflichten des Fahrzeugvers										Anm. J 22

Kommt es aber im Einzelfall dennoch zur Annahme eines vorsätzlichen Verstoßes gegen die hier erörterte Obliegenheit, so wird ein solches Fehlverhalten des Vmers, wenn nicht zugleich andere nach Eintritt des Vsfalles zu erfüllende Obliegenheiten vorsätzlich verletzt werden, regelmäßig als **nicht erhebliches Verschulden** im Sinne der in Anm. J 15 zitierten ständigen Rechtsprechung des BGH zu werten sein. Im übrigen sind die vorangegangenen Ausführungen über die Bedenken gegen eine Leistungsfreiheit des Vers bei isoliertem Verstoß des Vmers gegen die Obliegenheit nach § 7 III 1 AKB auch in dem Sinne zu verstehen, daß das Gewicht dieser speziellen Rettungslast in der Form des Gebots, den Weisungen des Vers zu folgen, als so gering anzusehen ist, daß eine **folgenlose vorsätzliche Verletzung** dieser Obliegenheit **regelmäßig als nicht relevant** im Sinne der Rechtsprechung des BGH anzusehen ist (vgl. dazu die Nachweise in Anm. J 15).

Die Regelung, daß bei einer Vergrößerung des Vsschadens durch ein grobfahrlässiges Verhalten des Vmers der diesbezügliche Teil des Schadens vom Ver nicht getragen wird, ist dagegen als angemessen anzusehen. So betrachtet ist die Obliegenheit nach § 7 III 1 AKB eine Konkretisierung der Schadenminderungslast, durch die bewirkt werden soll, daß der Vmer sich wie ein verständiger Fahrzeugeigner verhält, der mit Sorgfalt einen von ihm selbst zu tragenden Schaden abwickelt. Zu beachten ist, daß in § 7 V AKB wie in § 6 III keine theoretische Auswirkung auf die Schadensfeststellung gemeint ist, sondern eine solche, die die Höhe des Schadens beeinflußt. Soweit es sich um den Grund des Anspruchs handelt und die insoweit bestehenden Zweifel und um Abgrenzungsschwierigkeiten zwischen vten und nicht vten Schäden, ist der Vmer ohnedies beweispflichtig, so daß es hier keines zusätzlichen Schutzes des Vers bedarf.

Beweispflichtig dafür, daß der Schaden sich durch die Obliegenheitsverletzung nicht vergrößert hat, ist der Vmer. Überspitzte Anforderungen sind nicht zu stellen. Bleiben aber ernste Zweifel, so geht das zu Lasten des Vmers. Der Richter muß hier unter Umständen gemäß § 287 ZPO abschätzen, um welchen Betrag sich der Schaden durch das vorsätzliche oder grobfahrlässige Verhalten des Vmers vergrößert hat.

V. Rechtspflichten des Fahrzeugversicherers

Gliederung:
1. Vsobjekt J 22–27
2. Primärer Gefahrenbereich in der Fahrzeugteilv J 28–60
3. Primärer Gefahrenbereich in der Fahrzeugvollv J 61–73
4. Örtlicher Geltungsbereich J 74
5. Ausschlußtatbestände J 75–119
6. Schadenarten und Entschädigungsberechnung J 120–155
7. Fälligkeit, Sachverständigenverfahren J 156–157

1. Versicherungsobjekt

Gliederung:
a) Fahrzeug und befestigte oder unter Verschluß verwahrte Teile J 22
b) Bemerkungen zur Liste der Fahrzeug- und Zubehörteile J 23–27
   aa) Text der Liste J 23
   bb) Vor- und Nachteile einer enumerativen Regelung J 24
   cc) Abgrenzungsschwierigkeiten zwischen Ziff. 1 und Ziff. 2 der Liste, insbesondere hinsichtlich Autoradios, Tonbandgeräte und Plattenspieler J 25
   dd) Prämienfreier Einschluß von Sonderausstattungen bis zu einem Betrag von DM 500,– J 26
   ee) Ziff. 3 der Ergänzungsliste J 27

[J 22] a) Fahrzeug und befestigte oder unter Verschluß aufbewahrte Teile

Objekte des Vsschutzes sind – gleichermaßen in der Teil- wie in der Vollkaskov – das Fahrzeug, seine unter Verschluß verwahrten oder an ihm befestigten

Teile einschließlich der, wie es in § 12 Ziff. 1 AKB heißt, durch eine den AKB beigefügte Liste in der jeweiligen Fassung als zusätzlich mitvert ausgewiesenen Fahrzeug- und Zubehörteile (vgl. dazu Anm. J 24). Während zum aus sich heraus verständlichen Begriff des Fahrzeugs keine Erklärungen nötig sind, ist eine Erläuterung der Begriffe der „befestigten" und „unter Verschluß verwahrten" Teile geboten.

Hinsichtlich des Tatbestandsmerkmals „befestigt" stellt die genannte Bedingungsbestimmung keine besonderen Anforderungen an den Grad der Befestigung, so daß jede auch noch so lockere Verbindung genügt, sei es ein Anleinen, ein Einrasten in eine Halterung oder ein Annageln. Demgemäß wird man ein Aufhängen, z. B. eines Thermometers an einen Vorsprung des Wageninneren, auch noch als genügende Befestigung anzusehen haben.

Die nicht am Wagen befestigten Sachen werden nur dann vom Vsschutz erfaßt, wenn sie unter Verschluß verwahrt sind. Ist das Fahrzeug abgeschlossen, so erfüllt dieses — wie auch jeder andere abgeschlossene Behälter oder Raum — den Tatbestand des geforderten Verschlusses. Das gilt auch für ein Kabriolett, sofern das Verdeck geschlossen ist (ebenso Stiefel-Wussow-Hofmann[10] Anm. 6 zu § 12 AKB, S. 517). Zu betonen ist, daß keine räumliche Beschränkung des Vsschutzes bezüglich der Fahrzeugteile in dem Sinne vorgenommen worden ist, daß nur bei einem Verschluß im Wagen Vsschutz gegeben sei. Vielmehr genügt jeder andere abgeschlossene Raum oder Behälter. Verschluß ist dabei nicht mit dem Begriff Schloß gleichzusetzen. Befinden sich Fahrzeugteile daher z. B. in einer fest zugenagelten Kiste, so besteht auch hier Vsschutz.

Die Bestimmung darüber, daß Teile des Fahrzeugs auch außerhalb desselben vert sind, sofern sie unter Verschluß verwahrt werden, bedeutet z. B., daß die in der verschlossenen Garage (oder im abgeschlossenen Haus oder Keller) abgestellten Ersatzräder vom Vsschutz erfaßt werden. Wird der Motor des Fahrzeugs zur Reparatur ausgebaut und in der verschlossenen Werkstatt neben dem Fahrzeug gelagert, so erstreckt sich der Vsschutz sowohl auf das in der Werkstatt befindliche Fahrzeug als auch auf den daneben liegenden Motor. Vergißt der Werkstattinhaber, die Arbeitsstätte abzusperren, so besteht nach dem Bedingungswortlaut Vsschutz allein für das Fahrzeug, aber nicht für den Motor, da dieser dann nicht unter Verschluß verwahrt worden ist. Das ist für das Diebstahlrisiko gewiß gerechtfertigt, da das Fahrzeug schwerer zu stehlen ist als der ausgebaute Motor. Brennt die unverschlossene Werkstatt allerdings über Nacht ab, so erscheint das unterschiedliche Ergebnis in denjenigen Fällen als ungereimt, in denen mit Sicherheit ausgeschlossen werden kann, daß der mangelnde Verschluß auf die Entstehung des Brandes Einfluß hatte. Eine Korrektur des gefundenen Ergebnisses im Sinne der Bejahung des Vsschutzes ist daher trotz der der Vertragsbestimmung zu Grunde liegenden Absicht einer generellen Abgrenzung des Vsschutzes vertretbar. Auch gibt eine Überlegung über den Sinn der Vsschutzabgrenzung Veranlassung zu der Interpretation, daß für den Ausbauvorgang die Bewachung des Fahrzeugteils durch den Monteur der Reparaturwerkstatt dem in § 12 Ziff. 1 AKB genannten Verschluß gleichzusetzen ist. Ist also der Motor gerade ausgebaut und befindet er sich in der Obhut des am Wagen arbeitenden Monteurs, so ist dieser Lebensvorgang im Sinne einer erweiternden Auslegung einem Verschluß gleichwertig. Das Gesagte gilt z. B. auch für einen gerade vom Vmer am Wagen in Tätigkeit gesetzten Wagenheber (anders Gericke DAR 1953 S. 63; vgl. auch Anonym [Bi] in VW 1951 S. 207).

Bei einer Reparatur mag es vorkommen, daß anstelle des nicht intakten Motors für die Zeit der Generalüberholung des Fahrzeugteils ein Austauschmotor eingebaut wird. Stiefel-Wussow-Hofmann[10] Anm. 6 zu § 12 AKB, S. 519 vertreten die Auffassung, daß sich der Vsschutz in einem solchen Fall auf den Austauschmotor und nicht auf das ausgebaute Fahrzeugteil erstrecke; auf den ausgebauten Motor beziehe sich der Vsschutz nur bis zum Einbau des erwähnten Austauschmotors. Richtig ist, daß § 12 Ziff. 1 AKB nicht in dem Sinne ausgelegt werden kann, daß sowohl für den zu reparierenden als auch für den Austauschmotor Vsschutz bestehe. Konsequenterweise wird denn auch in der zu § 12 Ziff. 1 AKB gehörenden Liste ein Ersatzmotor nicht mitaufgeführt. Es erscheint aber doch als zweifelhaft, ob die AKB so zu verstehen sind, daß es in einem derartigen Fall im mutmaßlichen Interesse des Vmers liege, im Rahmen des Kaskovsvertrages auch das Eigentümerinteresse des Werkstattinhabers abzudecken, dafür aber den Schutz für den eigenen Fahrzeugteil zu verlieren. Dabei ist der Beispielsfall in dem Sinne zu verstehen, daß es sich nicht um einen dem Vmer gehörenden Austauschmotor handelt, sondern um einen für die Zeit der Reparatur zur Verfügung gestellten Motor eines Dritten, beispielsweise des Werkstattinhabers. Unproblematisch sind gewiß dabei die Fälle, in denen ein sorgsamer Vmer sich in einer derartigen Situation mit dem Ver in Verbindung gesetzt hat, um vertraglich festzulegen, worauf sich der Vsschutz erstrecke. Zur Beurteilung steht vielmehr der typische Fall, daß sich der Vmer bei einem derartigen Vorgang in vsrechtlicher Beziehung vor Eintritt des Schadenfalles keinerlei Gedanken gemacht hat. Wird in einem solchen Fall der Austauschmotor von einem an sich unter die Deckung des Fahrzeugvsvertrages fallenden Ereignis betroffen, so wird der Vmer, sofern er dem Werkstattinhaber ersatzpflichtig ist oder sich dazu für verpflichtet hält, auf eine Entschädigung drängen, wie er aber auch umgekehrt eine Ersatzleistung begehren wird, wenn nämlich der ursprüngliche Motor von einem solchen Ereignis betroffen wird. Mit diesen Bemerkungen soll verdeutlicht werden, daß je nach Art und Veranlagung des Vmers mit wechselnden Argumenten im Schadenfall in einer solchen Ausnahmesituation zu rechnen ist. Für die Auffassung von Stiefel-Wussow-Hofmann a.a.O. spricht, daß sich ein Teil der durch die Fahrzeugv erfaßten Risiken regelmäßig nur bei einem in Bewegung befindlichen Fahrzeug verwirklichen wird. Jedenfalls gilt diese Überlegung für die in der Fahrzeugv gedeckte Schädigung eines Kraftfahrzeugs durch einen Unfallschaden, wobei allerdings nicht verkannt werden soll, daß es auch einen hohen Prozentsatz von Unfallschäden an abgestellten Fahrzeugen gibt. Gegen die Auffassung von Stiefel-Wussow-Hofmann a.a.O. spricht aber, daß in den AKB ausdrücklich die unter Verschluß verwahrten Fahrzeugteile erwähnt werden; denn daraus darf geschlossen werden, daß die V sich in einem Fall, in dem diese Teile noch als Wertfaktor vorhanden sind, auch auf diese erstrecken soll. Ein Argument für diese Auffassung ist ferner, daß der Vmer das weitgehend durch die Fahrzeugv vte Eigentümerrisiko hinsichtlich eines unverschuldeten Untergangs (oder einer unverschuldeten Beschädigung) des ausgebauten Teils trägt, während dieser Teil des Risikos ihn hinsichtlich des von der Werkstatt zur Verfügung gestellten Motors, sofern keine besonderen Vereinbarungen getroffen worden sind, nicht trifft. Der Meinung von Stiefel-Wussow-Hofmann[10] Anm. 6 zu § 12 AKB, S. 519 ist aber für den Fall zuzustimmen, daß ein Austauschmotor vorübergehend eingebaut wird, währenddessen der Inhaber der Werkstatt für den völlig unbrauchbaren Motor des Vmers in der Zwischenzeit einen anderen besorgen will, was auf Schwierigkeiten stoßen mag, weil es sich beispielsweise um ein seltenes ausländisches Modell handelt. In einem solchen Fall fehlt es aber auch an der Qual der abgrenzenden Wahl zwischen dem ursprünglich vten Originalmotor und dem Austauschmotor, weil dieser Originalmotor wertlos ist und nicht repariert wird. Insbesondere ist hier auch nicht die eingangs erwähnte doppelgleisige Argumentation des Vmers möglich, die je auf den Eintritt des Schadenfalles in dem einen oder anderen Bereich abstellt. Vielmehr ist in diesem Sonderfall das Risiko klar umgrenzt.

Vom OLG München 3. VI. 1960 VersR 1960 S. 652–653 war ein Fall zu beurteilen, in dem für drei Auflieger eines Vmers Fahrzeugvollvsverträge abgeschlossen waren. Diese Auflieger bestanden aus Fahrgestellen mit auswechselbaren Ladekästen. Der Vmer hatte für seine drei Fahrgestelle vier auswechselbare Ladekästen. Das Gericht vertrat den Standpunkt, daß für diese auswechselbaren Ladekästen nur dann Vsschutz bestehe, wenn sie im Vsvertrag hinreichend individualisiert seien. Dem ist zu widersprechen. Ist ein Ladekasten mit dem Fahrgestell verbunden, so besteht auf jeden Fall auch für diesen Ladekasten Vsschutz. Darüber hinaus ist mit H. Wussow VersR 1960 S. 779–780 zu beachten, daß solche Fahrzeuge üblicherweise mit Zusatzgeräten geliefert werden; demgemäß sind auch die serienmäßig gelieferten Zusatzladekästen mitvert, sofern sie „unter Verschluß" im Sinne des § 12 Ziff. 1 AKB aufbewahrt werden. Dabei ist allerdings wiederum zu beachten, daß eine Verwahrung unter Bewachung einer solchen unter Verschluß gleichgesetzt werden darf.

KG 7. VII. 1952 VersR 1952 S. 282–283 legt § 12 Ziff. 1 AKB dahin aus, daß Vsschutz auch bezüglich solcher Teile gegeben sein müsse, bei denen sich der Verschluß oder die Halterung ohne Wissen und Wollen des Vmers oder der von ihm beauftragten Person gelöst habe. Gedacht sei dabei z. B. an ein außen am Wagen befestigtes Ersatzrad, das auf der Fahrt abfällt und vom Finder unterschlagen wird. Die gegenteilige Auffassung wird vertreten von Gericke DAR 1953 S. 62, Prölss-Martin[21] Anm. 1 zu § 12 AKB, S. 902, Schmitt VersR 1952 S. 352, Stiefel-Wussow-Hofmann[10] Anm. 6 zu § 12 AKB, S. 519; AG Herzburg 9. IX. 1949 VersR 1950 S. 11. Dem Wortlaut des § 12 Ziff. 1 AKB ist die vom KG 7. VII. 1952 a. a. O. vorgenommene Auslegung nicht zu entnehmen; sie wäre daher nur dann gerechtfertigt, wenn es sich bei den Tatbestandsmerkmalen des Verschließens oder Befestigens im Sinne der genannten Bestimmung um „verhüllte" Obliegenheiten handeln würde, bei denen eine unzulässige Umgehung der gemäß § 15a zwingenden Schutzvorschriften des Obliegenheitsrechts versucht wird (vgl. grundsätzlich zu diesem Fragenkreis BGH 29. XI. 1972 NJW 1973 S. 284–285 = VersR 1973 S. 145–147, 20. VI. 1973 NJW 1973 S. 1747–1749 = VersR 1973 S. 1010–1012, Bischoff VersR 1972 S. 799–808, Klingmüller, Festschrift für Reimer Schmidt, Karlsruhe 1976, S. 753–769, Möller in Bruck-Möller Anm. 13–15 zu § 6, Möller VsRdschau 1970 S. 329–341, Reimer Schmidt, Die Obliegenheiten Studien auf dem Gebiet des Rechtszwanges im Zivilrecht unter besonderer Berücksichtigung des Privatvsrechts, Karlsruhe 1953, S. 241, Sieg DB 1970 S. 107–108; weitere Nachweise in Bd IV Anm. F 12).

Die präzise Abgrenzung des Schutzbereichs der zwingenden Vorschriften des Obliegenheitsrechts kann kaum nach einem für alle denkbaren Tatbestände gültigen Denksystem vorgenommen werden, vielmehr ist nach der Interessenlage eine Abwägung aller Umstände des einzelnen Falls vorzunehmen. Dabei kommt der herkömmlichen Vspraxis eine wesentliche Bedeutung zu. Danach ist jedenfalls in all denjenigen Fällen eine Anwendung der zwingenden Vorschriften des Obliegenheitsrechts geboten, in denen dem Vmer vom Ver ein bestimmtes subjektives Verhalten auferlegt worden ist, dessen schuldhafte Nichtbeachtung traditionell zum Verlust des Vsschutzes führt. Überträgt man diese Grundsätze und Überlegungen auf § 12 Ziff. 1 AKB, so ergibt sich, daß keine „verhüllte" Obliegenheit vorliegt. Erkennbar ging es den Bedingungsverfassern nicht darum, ein bestimmtes Verhalten des Vmers zu fordern, sondern zu präzisieren, welche Teile des Fahrzeugs als zu diesem gehörig mitvert seien. Dabei bot sich als erstes Abgrenzungskriterium die Befestigung am Fahrzeug an. Was nicht an diesem befestigt ist, soll aber ebenfalls vert sein, sofern es unter Verschluß verwahrt wird. Das sind einleuchtende und billigenswerte Überlegungen. Dabei spielt insbesondere das traditionelle Prinzip des Sachvsrechts eine Rolle, daß das Risiko des einfachen Diebstahls nicht vert wird. Vsschutz wird im Bereich des Sachvsrechts vielmehr grundsätzlich nur gegen den sogenannten Einbruchdiebstahl gewährt (vgl. § 1 AEB). Von diesem Grundsatz wird freilich in der Fahrzeugv abgewichen, da dort das Risiko des einfachen Diebstahls des Fahrzeugs vert wird (vgl. Anm. J 42). Das läßt sich rechtfertigen mit Rücksicht darauf, daß das mit einem gültigen Kennzeichen versehene Fahrzeug eine registrierte Einheit ist, dessen Schicksalsweg sich gewissermaßen unter behördlichen Augen abspielt. Diese Überlegungen gelten freilich im Grunde genommen nur für den Teil der Fahrzeugv, der sich mit dem Entwendungsrisiko befaßt. Es leuchtet aber ein, daß aus sachbezogenen Gründen dem Ver an einer gegenständlichen Abgrenzung des Vsschutzes bezüglich des Fahrzeuges auch für die anderen Deckungsbereiche der Fahrzeugv gelegen sein mußte. Es läßt sich § 12 Ziff. 1 AKB insoweit auch nicht vergleichen mit den Verschlußklauseln des Einbruchdiebstahlvsrechts, nach denen für bestimmte Wertgegenstände nur Vsschutz gewährt wird, wenn sie unter besonderem Verschluß gehalten werden. Der Unterschied zur Fahrzeugv liegt darin, daß in jenen Einbruchdiebstahlfällen eine zusätzliche Sicherheit eingebaut wird, aber schon der Grundtatbestand des Einbruchdiebstahls als qualifizierter Diebstahl Voraussetzung für die Eintrittspflicht des Vers ist. Da es an dieser Gleichheit der Ausgangslage fehlt, können auch nicht die vom BGH 20. VI. 1973 NJW 1973 S. 1747−1749 = VersR 1973 S. 1010−1012 für eine derartige Klausel entwickelten Grundsätze, daß es sich nämlich um eine „verhüllte" Obliegenheit handle, auf § 12 Ziff. 1 AKB übertragen werden.

In den vorangegangenen Ausführungen ist davon ausgegangen worden, daß sowohl in der Fahrzeugteil- als auch in der Fahrzeugvollv stets das Fahrzeug im ganzen mit seinen Teilen und Zubehörstücken vert sei. Dieser in § 12 Ziff. 1 AKB zum Ausdruck gebrachte Grundsatz wird jedoch in zwei Fällen durchbrochen. Die erste Ausnahme ist die, daß nach § 12 Ziff. 3 AKB eine Beschädigung oder Zerstörung der Bereifung nur ersetzt wird, wenn sie durch ein Ereignis erfolgt, das gleichzeitig auch andere vsschutzpflichtige Schäden an dem Fahrzeug verursacht hat. Diese Bestimmung ist bei kritischer Würdigung als Ausschlußklausel zu werten (vgl. dazu Anm. J 119), so daß die Reifen im Prinzip wie alle anderen Fahrzeugteile auch gegen Beschädigung gegen alle in der Fahrzeugv auftretenden Gefahren vert sind, nur mit der Besonderheit, daß eine Kausalitätsverknüpfung hinsichtlich der Beschädigung und der Zerstörung in der Weise vorgenommen ist, daß gleichzeitig andere Teile mit beschädigt sein müssen. − Eine echte Ausnahme von dem Grundsatz des § 12 Ziff. 1 AKB stellen dagegen die sogenannten Glasschäden dar, die gemäß § 12 Ziff. 2 AKB ohne Rücksicht auf ihre Entstehungsursache vert sind (vgl. dazu Anm. J 60). Liegt hier nämlich nicht gleichzeitig ein Ereignis vor, für das im Rahmen der sonstigen Gefahrenbereiche der Fahrzeugvoll- oder Fahrzeugteilv Vsschutz besteht, so ist nur der Schaden an der Verglasung vert, nicht der Schaden am sonstigen Fahrzeug; dadurch entstehen hinsichtlich der Berechnung der Entschädigung unter Umständen Abgrenzungsprobleme (vgl. dazu Anm. J 138 a. E.).

[J 23] b) Bemerkungen zur Liste der Fahrzeug- und Zubehörteile
   aa) Text der Liste

Die in § 12 Ziff. 1 AKB erwähnte Liste der als zusätzlich mitvert ausgewiesenen Fahrzeug- und Zubehörteile hat folgende Fassung:

„(1) Prämienfrei mitvert sind folgende Teile, soweit sie im Fahrzeug eingebaut oder unter Verschluß gehalten oder mit dem Fahrzeug durch entsprechende Halterungen fest verbunden sind:
   Ablage-Vorrichtungen
   Abschlepp-Vorrichtungen

Anm. J 23

Abschleppseil
Anhänger-Vorrichtung
Antennen
Aschenbecher
Auspuffblende
Außenthermometer
Autoapotheke
Automatisches Getriebe
Autostandarte
Batterien
Bremsverstärker
Dachgitter
Diebstahlsicherung
Doppeltonhorn
Doppelvergaseranlage (auch soweit nicht serienmäßig)
Drehzahlmesser
Elektrische Betätigung für Schiebedach, Türfenster (auch soweit nicht serienmäßig)
Fahrtschreiber
Feuerlöscher
Fußbodenbelag
Gepäckträger
Gürtel- oder M. u. S.- oder Spikes-Reifen (einmalige Ausrüstung und 1 Reserverad)
Halogen-Lampen
Hardtop mit/ohne Haftlampen
Heizbare Heckscheibe
Heizung (auch nachträglich zusätzlich eingebaut)
Jod-Lampen
Kindersitz
Klappspaten
Kopf/Nacken-Stütze
Kotflügel-Schmutzfänger
Kühlerhaube
Kühlerjalousie
Lautsprecher (zweiter)
Lenkschloß
Lichthupe
Liegesitze
Nebellampen (vorne und hinten)
Panoramaspiegel
Parkleuchten
Plane und Gestell für Güterfahrzeuge
1 Radio oder 1 Tonbandgerät oder 1 Plattenspieler (auch Mehrzweckgerät) fest oder in Halterung eingebaut
Radzierkappen
Reifenwächteranlage
Reservekanister (einer)
Reserveräder
Rückscheinwerfer
Rücken-Stütze

V. 1. Vsobjekt   Anm. J 23

Rück-Sonnenschutzjalousie
Scheibenwischer für Heckscheibe
Schiebedach
Schlafkojen in Güterfahrzeugen
Schlösser für Motorhaube, Kofferraumdeckel und Tankdeckel
Schneeketten
Schonbezüge — auch mit Bändern oder Gurten befestigte Sitzfelle (keine losen Decken)
Servolenkung
Sicherheitsgurte
Signalhorn
Skihalterung
Sonnenblenden
Sonnenschutzscheibe
Speichenblenden
Sperrdifferential
Spezialsitze
Spiegel
Springlicht
Stoßstangen (zusätzlich)
Suchscheinwerfer
Teilfernlicht
Trennscheiben bei Droschken und Mietwagen
Ventilator
Verbundglas
Wagenheber (serienmäßig mitgeliefert)
Warndreieck
Warnfackel
Warnlampe
Werkzeug (serienmäßig mitgeliefert)
Windabweiser am Schiebedach
Zierringe
Zusatztank (soweit serienmäßig)
Zweifarbenlackierung

(2) Gegen Zuschlag (Mehrwert) zu vernde Teile, soweit sie im Fahrzeug eingebaut oder unter Verschluß gehalten oder mit dem Fahrzeug durch entsprechende Halterungen fest verbunden sind: Wenn der Wert der gegen Mehrprämien zu vernden Teile insgesamt DM 500,— nicht erreicht, wird auf eine Zuschlagsberechnung verzichtet.

Abarth-Auspuffanlage
Bar
Beschläge (Monogramm usw.)
Beschriftung (Reklame)
Blaulicht
Bootsträger (Dach)
Diktiergerät und Umformer
Fernseher
Funkanlage
Heizung (lose)
Höhenmesser
Innenthermometer
Kaffeemaschine

Klimaanlage
Kühlbox
Kühltasche
Mikrofon und Lautsprecheranlage (außer in Omnibussen)
Panzerglas
Reservekanister (zweiter)
Spezialkofferaufbau
Telefon
Tonbandgerät oder Plattenspieler (soweit durch (1) nicht gedeckt)
Vorzelt
Werkzeuge (außer serienmäßiger Ausstattung)
Wohnwageninventar (fest eingebaut)
(3) Nicht kaskoverbar (soweit nicht unter 1. und 2. genannt) sind beispielsweise:
Atlas
Autodecke oder Reiseplaid
Autokarten
Autokompaß
Campingausrüstung (soweit lose)
Ersatzteile
Fahrerkleidung
Fotoausrüstung
Fußsack
Maskottchen
Plattenkasten und Platten
Rasierapparat
Staubsauger
Tonbänder"

[J 24] bb) Vor- und Nachteile einer enumerativen Regelung

Die in Anm. J 23 abgedruckte Liste vermittelt mit ihrem umfangreichen Inhalt den Eindruck einer erschöpfenden Regelung. In der bis zum 31. XII. 1970 geltenden Fassung des § 12 AKB hieß es lediglich, daß die Fahrzeugv die Beschädigung, die Zerstörung und den Verlust des Fahrzeugs und seiner unter Verschluß verwahrten oder an ihm befestigte Teile umfasse. Durch die ab 1. I. 1971 (VA 1971 S. 4) geltende Fassung sollen Streitfragen darüber, was als Teil des Fahrzeugs oder dessen Zubehör (noch) mitvert ist, tunlichst vermieden werden. Der Nachteil dieser Regelung liegt darin, daß der Umfang des Vertragswerkes erheblich angeschwollen ist, obwohl doch an dem Bestehen des Vsschutzes in der Fahrzeugv bezüglich eigentlich aller der unter Absatz 1 der Liste aufgeführten Sachen in der Praxis kaum gezweifelt worden ist (abgesehen davon, daß wohl nicht jeder Vmer wissen wird, was in seinem Auto ein „Klappspaten" ist) und Gerichtsentscheidungen, die den Umfang des Vsschutzes nicht in verständiger Weise anhand der früheren Generalklausel abgegrenzt hätten, nicht bekannt geworden sind. Aus der Sicht einer auf abgewogene Rechte und Pflichten des Vers und des Vmers zielenden Betrachtung bedenklich erscheint der Ausdruck, daß auf die beigefügte Liste in der „jeweiligen Fassung" abgestellt werde. Indessen verfliegt dieses Bedenken, wenn man sich überlegt, daß die Liste materiell als Bestandteil der AKB anzusehen ist, so daß Voraussetzung für eine den Vsschutz verschlechternde Regelung eine aufsichtsamtliche Genehmigung unter Wahrung der Vorschrift des § 9a I AKB wäre. Keinesfalls darf § 12 Ziff. 1 AKB in dem Sinne verstanden werden, daß es dem Ver oder allen HUK-Vern überlassen bliebe, die Liste nach ihrem Belieben oder pflichtgemäßem Ermessen zu ändern. Vielmehr wirkt eine Änderung für den einzelnen Vmer **nur im Rahmen einer durch das BAA genehmigten Bedingungsänderung gemäß § 9 a I AKB**.

Ein weiterer Nachteil einer solchen umfassenden Listenregelung ist der, daß bei einem Übersehen einzelner Fahrzeug- oder Zubehörteile eben doch nach Maßgabe der Grundbestimmung des § 12 Ziff. 1 AKB entschieden werden muß, ob es sich nach der Verkehrsauffassung um ein Fahrzeugteil handelt oder nicht. Der Liste kommt demgemäß hinsichtlich nicht aufgeführter Fahrzeugteile **keine abschließende Regelung** in dem Sinne zu, daß nicht erwähnte Teile nicht vert seien (OLG Düsseldorf 12. III. 1974 VersR 1974 S. 873–874). Die Erfahrung in der Vergangenheit hat gezeigt, daß sich im steten Wandel der Auffassungen und Bedürfnisse doch immer wieder neue Einordnungsschwierigkeiten ergeben, denen man mit einer auf Perfektion abstellenden enumerativen Lösung nicht gerecht werden kann. Vergebens sucht man z.B. in der Liste nach dem in § 35h StVZO zwingend vorgeschriebenen Verbandskasten; er wird allerdings unschwer dem Begriff der Autoapotheke zuzuordnen sein. Ebenso besteht Vsschutz für Leichtmetallfelgen, mit denen ein Fahrzeug werkseitig ausgerüstet geliefert worden ist (OLG Düsseldorf 12. III. 1974 a. a. O.).

Weiter ist nicht recht einzusehen, warum nur entweder ein Radio oder ein Tonbandgerät mitvert ist und warum nicht beides. Desto mehr sich der Trend zum Tonbandgerät durchsetzt, desto unverständlicher wird es dem durchschnittlichen Vmer werden, warum dieses Tonbandgerät nicht neben dem Autoradio als zu jedem Wagen gehörendes Zubehörteil wie ein solches Radio vert sein soll. Zu bemängeln ist auch, daß nur serienmäßig mitgelieferte Wagenheber vom Vsschutz erfaßt werden. Auch ist nicht verständlich, warum bei Benutzung von Gürtelreifen nur 1 Reserverad vert ist, während die Zahl der Reservereifen ansonsten nicht begrenzt ist. Weiter fällt auf, daß wohl Gepäckträger aufgeführt sind, nicht aber die bei Krafträdern häufig anzutreffenden befestigten Gepäcktaschen; letztere werden wie im Prinzip alle der erhöhten Betriebssicherheit und Unfallverhütung dienenden Fahrzeugteile zu Recht von Stiefel-Wussow-Hofmann[10] Anm. 4 zu § 12 AKB, S. 514–515 als mitvert angesehen (Gericke DAR 1953 S. 61 meint, daß die Entschädigungsleistung hinsichtlich solcher der erhöhten Betriebssicherheit dienenden Sachen aus Kulanz erfolge; dem ist entgegenzutreten, da insoweit ein Rechtsanspruch des Vmers besteht).

[J 25] cc) Abgrenzungsschwierigkeiten zwischen Ziff. 1 und Ziff. 2 der Liste, insbesondere hinsichtlich Autoradios, Tonbandgeräte und Plattenspieler

Die listenmäßige Regelung bereitet aber auch **Abgrenzungsschwierigkeiten**. Denn es bleibt nach Ziff. 1 der Liste unklar, was gelten soll, wenn ein Fahrzeug sowohl mit einem **Radio**, einem **Tonbandgerät** und einem **Plattenspieler** bestückt ist. Unterstellt, es werde das Tonbandgerät von einem Dieb fachmännisch ausgebaut und gestohlen, so wird man dann gewiß der Auslegung des Vmers kaum entgegentreten können, wonach die Listenbestimmung so zu verstehen sei, daß er im Schadenfalle bestimmen könne, welche Sachen als vert anzusehen seien. Mit diesem Beispielfall wird im Grunde genommen schon die Ziff. 2 der Liste mit in die Überlegungen einbezogen. Denn dort befindet sich die Ergänzung, daß die aufgeführten Fahrzeugbestandteile bis zu einem Betrage von DM 500,– ebenfalls prämienfrei mitvert seien. Unter den gemäß dieser Voraussetzung ohne Zuschlag vten Sachen sind auch Tonbandgeräte oder Plattenspieler (soweit durch die Regelung nach Ziff. 1 der Liste nicht gedeckt) aufgeführt, dagegen nicht das Autoradio. Unterstellt, ein Kraftfahrzeug sei mit einem Autoradio im Werte von DM 400,– und einem Tonbandgerät im Werte von DM 800,– bestückt und beides werde von einem Dieb aus dem verschlossenen

Wagen des Vmers gestohlen, so ergeben sich Regulierungsschwierigkeiten, weil nämlich zwar das Tonbandgerät schon nach Ziff. 1 der Liste als mitvert angesehen werden kann und der Vmer mit Rücksicht auf den DM 500,– übersteigenden Wert dieses Geräts auch auf diese Auslegung drängen wird, die man ihm mit Rücksicht auf die alternative Aufstellung auch nicht verwehren kann, da sich das in der Liste aufgeführte Wort „oder" zwischen den aufgeführten drei Sachen schließlich nur sinnvoll auf eine Entscheidung des Vmers im Schadenfall beziehen kann. Dem Leser des gebildeten Beispielfalles wird aber auch, sofern er an die Perfektion einer enumerativen Listenaufzählung glaubt, schmerzlich bewußt, daß bei dieser Abgrenzung einer Regulierung des den Vmer durch den Verlust des Autoradios und des Tonbandgeräts getroffenen Schadens der Inhalt der Ziff. 2 der Liste entgegensteht, weil dann nämlich trotz der unter Ziff. 1 aufgeführten Wahlmöglichkeiten für den Vmer zwischen Autoradio, Tonbandgerät und Plattenspieler als unter den Betrag von DM 500,– fallend nicht ein Autoradio aufgeführt worden ist. Akzeptiert man den Ausgangspunkt der hier vorgenommenen Auslegung, daß es in dem Ermessen des Vmers liege, welche der erwähnten drei Sachen er nach Ziff. 1 in den Vsschutz einbezogen wissen wolle, so erkennt man, daß hier in der Ziff. 2 der Liste ein Redaktionsversehen unterlaufen ist. Diese ist demgemäß so zu lesen, als wenn dort neben dem Tonbandgerät und Plattenspieler wiederum auch ein Autoradio aufgeführt wäre. In diesem Sinne verstehen augenscheinlich auch Prölss-Martin[21] Anm. 1 zu § 12 AKB, S. 901 die in § 12 AKB getroffene Regelung, wenn sie bemerken, daß eingebaute Radios und Tonbandgeräte laut Liste mitvert seien und das auch ohne diese Liste wären.

[J 26] dd) Prämienfreier Einschluß von Sonderausstattungen bis zu einem Betrag von DM 500,–

Die Regelung unter Ziff. 2 der Liste wirft weitere Zweifelsfragen auf. Deren erste ist die, ob es einer Anmeldung der zusätzlich zu vernden Sachen durch Anzeige beim Ver bedarf, wenn der Wert dieser Sachen DM 500,– nicht übersteigt. Vom AG Berlin-Schöneberg 9. XII. 1971 VersR 1972 S. 633 ist die Auffassung vertreten worden, daß ohne eine solche zusätzliche Anmeldung kein Vsschutz gegeben sei (zustimmend Prölss-Martin[21] Anm. 1 zu § 12 AKB, S. 901; ebenso Stiefel-Wussow-Hofmann[10] Anm. 5 zu § 12 AKB, S. 517). Zur Begründung hat das Amtsgericht Berlin-Schöneberg 9. XII. 1971 a.a.O. ausgeführt, daß vom Ver doch zunächst einmal festgestellt werden müsse, wie hoch der Wert einer Anlage sei, die mitvert werden solle, und ob ein Zuschlag zu fordern sei oder nicht. Diese Überlegungen treffen indessen nicht den Fall, daß Sachen zum Fahrzeug gehören, deren Wert DM 500,– unterschreitet. Denn hier hat der Ver nicht die Berechtigung, einen Zuschlag zu verlangen. Die Regelung in der Liste unter Ziff. 2 würde bedeuten, daß eine gänzlich unpraktikable zusätzliche Anzeigepflicht eingeführt werden würde, die nur zu einem bürokratischen Anschwellen der Unterlagen bezüglich des einzelnen Fahrzeugvsvertrages führen würde. Dem kann nicht entgegen gehalten werden, daß doch im Schadenfall andernfalls Schwierigkeiten bei der Wertbemessung eintreten könnten. Das ist freilich richtig, wird jedoch durch das Argument entkräftet, daß es viel rationeller ist, nur in denjenigen Fällen die Wertverhältnisse nachzuprüfen, in denen ein Schaden eingetreten ist, als auch bei den Verträgen, die vielleicht nie mit einem Schaden belastet werden. In Übereinstimmung mit dieser Auffassung wird in dem in der Praxis üblicherweise verwendeten Formular des Antrags auf Kfz-V bezüglich der Fahrzeugv auch nur nach Sonderaufbauten und Sonderausstattungen gefragt. Ein Vmer, der diesen Antrag liest und in Ziff. 2 der Liste findet, daß seine Sonderausstattung ohnehin mitvert sei, weil sie den Betrag von DM 500,– nicht erreiche, hat keinen vernünftigen Grund zur An-

I. 1. Vsobjekt   **Anm. J 26**

nahme, daß der Ver auch in diesem Falle eine Anzeige wünsche. Wäre das der Wille des Vers gewesen, so hätte es einer eindeutigen Festlegung einer entsprechenden Anzeigelast bedurft. Sieht man die in der Ziff. 2 der Ergänzungsliste zu § 12 Ziff. 1 AKB aufgeführten Sachen durch, so stellt man fest, daß gewiß in fast jedem fünften oder sechsten Fahrzeug eines oder mehrere der dort aufgeführten Ergänzungsbestandteile vorhanden sind. Ein gutes Beispiel bilden dafür die Innenthermometer, die weit verbreitet sind. Daß ein solches Innenthermometer dem Werte nach einen Betrag von DM 500,- nicht erreicht, bedarf gewiß nicht der Bestätigung oder Nachprüfung durch den Ver. Die entgegengesetzte Auffassung würde eine Flut überflüssiger Anzeigen zur Folge haben.

Übersteigt der Wert der in Ziff. 2 der Liste aufgeführten Sachen den Betrag von DM 500,-, stellt er sich etwa für eine Funkausrüstung und ein Telefon auf zusammen DM 3.500,-, so ist zu prüfen, ob der Ver für die gesamte Sonderausstattung eine prozentuale Prämie verlangen kann oder nur für den DM 500,- übersteigenden Betrag. Will man hier keine ungleiche Behandlung praktizieren, so erscheint die Lösung als konsequent, für die ersten DM 500,- einer Sonderausstattung keine Prämie zu verlangen.

Darüber hinaus ist zu prüfen, ob die Regelung in der § 12 Ziff. 1 AKB beigegebenen Liste nicht in dem Sinne zu verstehen ist, daß von jeder Sonderausstattung ein Betrag bis zu DM 500,- auch ohne Anzeige vert ist, und zwar ohne Einwand der Unterv, also auf erstes Risiko. Dafür spricht die mit der Liste bezweckte komplikationslose Lösung des Zubehör- und Fahrzeugteilproblems im Rahmen der Fahrzeugv, die letzten Endes von der Überlegung der Ver getragen wird, daß man bei den in der Ziff. 2 aufgeführten Sachen bis zu einem Betrag von DM 500,- das Risiko genau so tragen wolle wie bei allen sonstigen Fahrzeugschäden. Eine derartige Auslegung ist für die Regulierung auch ungemein praktikabel, da sie bis zu der im Grunde genommen als Bagatellbetrag anzusehenden Entschädigungsleistung von DM 500,- alle Vmer im Schadenfalle in bezug auf die Sonderausstattungen gleich behandelt. Dabei ist die Annahme eines stillschweigend vereinbarten Untervsverzichts (V auf erstes Risiko) gerechtfertigt, da sie der Systematik der Fahrzeugv entspricht, die im Regelfall keine Vssumme kennt (vgl. Anm. J 7). Nur bei dieser Auslegung ist auch eine gerechte Abwägung der Entschädigungsleistungen gewährleistet, daß nämlich derjenige, der eine gebrauchte Bar zum Werte von DM 500,- in seinen Wagen einbauen läßt, nicht besser gestellt wird als derjenige, der sein Fahrzeug mit einer solchen im Werte von DM 600,- ausgestattet hat. Wenn nämlich beide gleichermaßen mit einem Betrag von DM 500,- im Falle einer Totalbeschädigung dieser Sonderausstattungen entschädigt werden, so ist das sehr viel einleuchtender, als wenn allein der zuerst genannte Vmer einen Betrag von DM 500,- als Entschädigung erhält und der zweite Vmer überhaupt nichts. Das Gesagte gilt um so mehr, wenn man der hier vertretenen Auffassung folgt, daß der Ver für die ersten DM 500,- einer jeden Sonderausstattung keine Zuschlagsprämie verlangen dürfe.

Im Falle des AG Berlin-Schöneberg 9. XII. 1971 VersR 1972 S. 633 ging es darum, daß die Antenne einer Funkanlage, die dem Ver als Sonderausstattung nicht gemeldet worden war, gestohlen wurde. Der Wert dieser Antenne betrug DM 53,28. Das Amtsgericht Berlin-Schöneberg rechnete die Antenne der Funkanlage zu und wies die Klage ab (zustimmend wohl Stiefel-Wussow-Hofmann[10] Anm. 5 zu § 12 AKB, S. 517). Nach der hier vertretenen Auffassung ist dagegen Vsschutz gegeben, da der Grenzbetrag von DM 500,- nicht erreicht wird. Auch Prölss-Martin[21] Anm. 1 zu § 12 AKB, S. 901 bejahen im konkreten Fall den Vsschutz, allerdings mit der auf den Wortlaut der Ziff. 1 der Anlage abstellenden Begründung, daß Antennen immer eingeschlossen seien. Die gegenteilige Auffassung würde im übrigen auch zu der unerwünschten Annahme führen, daß der Vmer, der beispielsweise zwei Jahre lang mit Sonderausstattungen im Werte von DM 490,- gefahren ist und nach der hier vertretenen Meinung ohne jede Anzeige dafür Vsschutz genoß, nach der Befestigung eines Innenthermometers im Werte von DM 20,- den Vsschutz im ganzen verloren hätte, ein gewiß dem sorgsam abwägenden Betrachter unverständliches Ergebnis.

Mit dem Diebstahl eines in ein Fahrzeug eingebauten **Fernsehers** hatte sich vor Einführung der Listenregelung LG Berlin 15. VI. 1970 VersR 1970 S. 849–850 zu befassen. Der Vsschutz wurde versagt; der Einbau eines Fernsehgeräts, das vom Fahrer eingesehen werden kann, erhöht, wie vom LG Berlin a. a. O. hervorgehoben, die Unfallgefahr. Es wäre daher besser, hier überhaupt keine Vsmöglichkeit anzubieten.

[J 27] ee) Ziff. 3 der Ergänzungsliste

Die in Ziff. 3 der Ergänzungsliste aufgeführten Sachen werden bis auf wenige Ausnahmen auch von der Verkehrsauffassung nicht als Fahrzeugteile angesehen, so daß der Liste insoweit im Grunde genommen nur deklaratorische Bedeutung zukommt. Eine andere Entscheidung hätte man sich vielleicht für den Autoatlas oder die Autokarten gewünscht. Auf der anderen Seite ist der Wert dieser beiden aufgeführten Sachen durchweg so gering, daß es letzten Endes kaum eine Rolle spielt, ob insoweit eine Erstreckung des Vsschutzes vorgenommen wird oder nicht.

Zu beanstanden ist die Wortfassung im Einleitungssatz zu Ziff. 3, daß es dort nämlich heißt, daß die nachfolgenden Gegenstände nicht „**kaskoverbar**" seien. Denn durch diese Formulierung wird bei dem juristisch nicht geschulten Leser der Eindruck vermittelt, daß theoretisch eine solche Möglichkeit nicht bestehe. In Wirklichkeit wird aber nur deklaratorisch gesagt, daß diese Sachen nicht vert seien, und dazu erklärt, daß die Ver es auch generell oder einzeln ablehnen, solche Sachen in den Vsschutz einzubeziehen.

2. Primärer Gefahrenbereich in der Fahrzeugteilversicherung

Gliederung:
a) Vorbemerkung J 28
b) Brand J 29–32
c) Kurzschluß J 33
d) Explosion J 34–39
e) Entwendungsschäden J 40–51
f) Unwetterschäden J 52–58
g) Zusammenstoß mit Haarwild J 59
h) Glasbruchschäden J 60

[J 28] a) Vorbemerkung

Die **Fahrzeugteilv** bot ursprünglich nur Vsschutz gegen **Brand, Explosion** und die in § 12 Ziff. 1 Ib AKB aufgeführten **Entwendungsfälle**. Der Vsschutz ist im Laufe der Zeit dann immer weiter erstreckt worden. Seit dem 1. I. 1960 (VA 1960 S. 154–158) sind ein Teil der sog. **Unwetterschäden** eingeschlossen und auch die **Bruchschäden an der Verglasung des Fahrzeugs**. Seit dem 1. I. 1967 (VA 1967 S. 4) werden auch die durch einen Zusammenstoß mit **Haarwild** im Sinne des § 2 I Ziff. 1 des Bundesjagdgesetzes entstehenden Schäden vom Vsschutz erfaßt. Mit Wirkung vom 1. I. 1977 (VA 1977 S. 49) sind überdies Schäden der Verkabelung durch Kurzschluß in den Deckungsbereich der Fahrzeugteilv eingeschlossen (vgl. Anm. J 32). Der Deckungsumfang der Fahrzeugteilv ist damit im Laufe der Zeit ganz wesentlich verbessert worden. Sie wird zudem zu einer relativ niedrigen Prämie

V. 2. b) Brand   Anm. J 29—30

angeboten. Das dürfte der Grund dafür sein, daß die Anzahl der Teilkaskovsverträge die der Fahrzeugvollvsverträge bei weitem übersteigt.

Ein weiterer Grund für den derart weit verbreiteten Abschluß von Fahrzeugteilvsverträgen liegt darin, daß es sich bei den Gefahrereignissen der Fahrzeugteilv durchweg um solche Geschehnisse handelt, die ohne Verschulden des Vmers eintreten. Bei dem wesentlichen Deckungsbereich in der Teilkaskov, dem Schutz gegen Brand, Diebstahl und Unwetterschäden, entspricht das Vsschutzangebot dem Bedürfnis des Vmers nach einer Sicherung gegen Umweltgefahren, denen der Vmer mit eigenen Vorsichtsmaßnahmen wirksam nicht entgegentreten kann. Der Abschluß einer Fahrzeugvollv, deren wesentlicher zusätzlicher Schutz gegenüber der Fahrzeugteilv sich auf das Kollisionsrisiko erstreckt, wird in diesem Zusammenhang häufig vom Vmer mit Rücksicht auf die angebliche eigene hohe Fahrkunst und die wesentlich höhere Prämie dieser Vsart abgelehnt, die aber wiederum zum Teil aus der relativ geringen Verbreitung des Fahrzeugvollvsschutzes folgt.

Wenn auch ein wesentlicher Teil der durch die Fahrzeugteilv abgedeckten Risiken auf Ereignisse zurückzuführen ist, die vom Verhalten des Vmers unbeeinflußt bleiben, so darf das aber nicht zu der irrigen Auffassung führen, daß in denjenigen Fällen, in denen ein Verhalten des Vmers oder eines sonstigen Dritten mitgewirkt habe, kein Vsschutz im Rahmen der Teilkaskov gegeben sei. Vielmehr ist eine solche Mitwirkung des Vmers — abgesehen von dem Sonderfall der mitwirkenden Fahrweise des Vmers bei einem durch Naturereignisse eintretenden Schadenfall im Sinne des § 12 Ziff. 1 I c AKB (vgl. dazu Anm. J 52—58) — im übrigen lediglich im Rahmen des § 61 zu prüfen, also bei der Frage, ob der Ver wegen grobfahrlässiger Herbeiführung des Vsfalles durch den Vmer die Leistungspflicht verweigern darf (vgl. dazu Anm. J 82—118).

b) Brand

Gliederung:

Schrifttum J 29
aa) Begriffsbestimmung J 30
bb) Einzelheiten J 31
cc) Abgrenzung zur Fahrzeugvollv J 32

[J 29] Schrifttum:

Bruck, Das kommende Recht der Feuerv, in: Dem XXIV. deutschen Anwaltstag überreicht von hanseatischen Juristen, Mannheim, Berlin, Leipzig 1929, S. 357—369, J. von Gierke ZHR 1912 S. 327—359, Hagen ZVersWiss 1910 S. 226—227, Helmer, Der Brandbegriff und die unechten Brandschäden in der deutschen Feuerv, Berlin-Dahlem 1930, Moldenhauer LZ 1911 Sp. 584—593, Raiser, Kommentar der Allgemeinen Feuervs-Bedingungen, 2. Aufl., Berlin 1937, Vossen ZVersWiss 1968 S. 514—520, Wälder ZVersWiss 1971 S. 657—686, Worms ZVersWiss 1910 S. 127—139, Wussow Feuerv, 2. Aufl., Köln 1975.

[J 30] aa) Begriffsbestimmung

Der Begriff des Brandes ist in § 12 Ziff. 1 Ia AKB nicht definiert. Eine Begriffsbestimmung findet sich aber in § 1 II 1 AFB. Dort heißt es: „Als Brand gilt ein Feuer, das ohne einen bestimmungsmäßigen Herd entstanden ist oder ihn verlassen hat und sich aus eigener Kraft auszubreiten vermag (Schadenfeuer)." Diese Begriffsbestimmung entspricht einer interessengemäßen Abgrenzung des Brandbegriffs und darf daher für die Fahrzeugv übernommen werden (ebenso Pienitz-Flöter[4] Anm. G. I. 1. a zu § 12 AKB, S. 6, Prölss-Martin[21] Anm. 2 zu § 12 AKB, S. 902, Stiefel-Wussow-Hofmann[10] Anm. 8 zu § 12 AKB, S. 519). Dabei erscheint als bedeutsam, daß schon

1912 Julius von Gierke ZHR Bd 71 S. 343 den Brandbegriff wie folgt umschrieben hat: „Er ist eine bestimmungswidrige Feuereinwirkung, die sich außerhalb eines ordnungsmäßigen Herdes an Sachen vollzieht und sich selbständig an ihnen fortzuentwickeln vermag." So auch schon RAA in VA 1910 S. 272.

Nähere physikalische Abgrenzungen zum Begriff des Feuers aus wissenschaftlicher Sicht gibt die hochinteressante Kontroverse zwischen Vossen ZVersWiss 1968 S. 514—520 und Wälder ZVersWiss 1971 S. 657—686. Der Sache nach ist dabei der mit der überkommenen Lehre übereinstimmenden Auffassung von Wälder beizupflichten, daß für den Begriff des Feuers wesentlich die dabei auftretende Lichterscheinung sei. Auch kann der Meinung von Vossen a. a. O. nicht gefolgt werden, daß Oxydationsvorgänge nicht unter den Begriff des Brandes fallen, die auf Einwirkung verdichteten oder konzentrierten Sauerstoffs zurückzuführen sind. Solche Brandereignisse unter Zufuhr verdichteten oder konzentrierten Sauerstoffs, die sich auf moderne industrielle Fertigungsprozesse beziehen, werden allerdings in der Fahrzeugv selten auftreten.

Ausgeschlossen vom Vsschutz sind die sogenannten Sengschäden, soweit sie nicht auf einen Brand im Sinne der oben wiedergegebenen Definition zurückzuführen sind (Stiefel-Wussow-Hofmann[10] Anm. 8 zu § 12 AKB, S. 520). Daraus, daß es in § 12 Ziff. 1 Ia AKB an einer ausdrücklichen Bestimmung nach der Art des § 1 II 2 AFB fehlt, kann nicht auf eine Erstreckung des Vsschutzes auf Sengschäden geschlossen werden. Das gilt um so mehr, als § 1 II 2 AFB im Rahmen der Feuerv ohnedies nur als deklaratorische Ausschlußbestimmung angesehen wird (vgl. Prölss-Martin[21] Anm. 2b zu § 82, S. 421). Ausgeschlossen sind damit auch die sogenannten Sprung- und Rußschäden (ebenso Prölss-Martin[21] a. a. O., Stiefel-Wussow-Hofmann[10] Anm. 8 zu § 12 AKB, S. 520).

Den Sengschäden sind die Schmorschäden gleichzusetzen. Jedoch ist zu beachten, daß zum 1. I. 1977 in § 12 Ziff. 2 AKB eine Ergänzung eingefügt worden ist, nach der sich in der Fahrzeugv der Vsschutz auch auf Schäden der Verkabelung durch Kurzschluß erstreckt (VA 1977 S. 49). Vgl. dazu Anm. J 32. Systematisch besser wäre es gewesen, diese Einfügung in § 12 Ziff. 1 IIa AKB bei dem Brandbegriff vorzunehmen. Davon abgesehen, ist die Neuregelung, durch die das Problem der Schmorschäden und deren Abgrenzung zum nicht selten nachfolgenden Brandschaden geregelt wird (in § 13 IX AKB ist eine schematische Selbstbeteiligung vorgesehen, vgl. Anm. J 155), als Verbesserung des Vsschutzes zu begrüßen. Für diejenigen Schmorschäden, die vor dem 1. I. 1977 eingetreten sind oder die — kaum vorstellbar, aber immerhin möglich — sich nicht auf einen Kurzschluß an der Verkabelung des Fahrzeugs zurückführen lassen, ist folgendes zu beachten: Aus der Gleichsetzung zwischen Seng- und Schmorschäden ergibt sich, daß für die Schmorschäden, bei denen es ebenfalls an offener Flammenbildung fehlt, keine Ersatzpflicht des Vers besteht. Steigert sich aber das Schmoren zur offenen Flamme, so ist der durch den Brand entstandene Schadenteil zu ersetzen, dagegen nicht derjenige Teil des Schadens, der zuvor durch das Schmoren entstanden war. Unrichtig ist die Auffassung von Stiefel-Wussow-Hofmann[10] Anm. 8 zu § 12 AKB, S. 520, daß es in derartigen Fällen auf die Frage ankomme, ob der Schaden auch durch bloßes Schmoren entstanden wäre. Es ist zwar zuzugeben, daß ein Schmorschaden, der die gleichen Fahrzeugteile betrifft, nicht ersatzpflichtig ist. Das ändert aber nichts daran, daß ein auf Schmoren zurückzuführender Brandschaden vollen Umfangs ersatzpflichtig ist, abgesehen von demjenigen Teil des Schadens, der auf das vorangegangene Schmoren zurückzuführen ist (LG Berlin 7. X. 1976 VersR 1977 S. 319). Der Ver kann sich auf die gedankliche Hypothese, daß der Schaden auch durch ein Weiterschmoren hätte entstehen können, nicht berufen.

V. 2. b) Brand   Anm. J 31

Aus der Branddefinition des § 1 II 1 AFB ergibt sich weiter, daß kein ersatzpflichtiger Schaden vorliegt, wenn Teile des Fahrzeugs bestimmungsgemäß einer Feuereinwirkung unterliegen, wie das bei Zündkerzen oder Sicherungen der Fall ist. Soweit aber bei dem Durchbrennen solcher Zündkerzen oder Sicherungen das Feuer sich auf andere Fahrzeugteile erstreckt, besteht Vsschutz. Nicht gefolgt werden kann der Auffassung von Prölss-Martin[21] Anm. 2b zu § 82, S. 421, daß auch die sogenannten **Glimmschäden** nicht ersatzpflichtig seien. Denn bei einem Glimmbrand können durchaus die Voraussetzungen des Brandbegriffs erfüllt sein; ein Glimmbrand ist als vert anzusehen, wenn das Glimmfeuer – wie regelmäßig – imstande ist, sich aus eigener Kraft fortzupflanzen (so Raiser[2] AFB Anm. 10 zu § 1 AFB, S. 65). Demgemäß kann auch der Auffassung von Stiefel-Wussow-Hofmann[10] Anm. 8 zu § 12 AKB, S. 520 nicht beigetreten werden, daß bei einem **Glühendwerden** kein Brand vorliege. Tatsächlich sind solche Glimm- und Glühbrände, soweit sie sich, wie regelmäßig, mit offener Flamme ausbreiten, gedeckt. Es handelt sich, genau betrachtet, bei den Glimm- und Glühbränden um ein und denselben Lebensvorgang (vgl. auch Wussow Feuerv[2] Anm. 5 zu § 1 AFB, S. 143–144).

[J 31] bb) Einzelheiten

Nach dem Wortlaut des § 12 Ziff. 1 Ia AKB kommt es auf die Entstehungsursache des Brandes nicht an. Daraus folgt, daß es auch unerheblich ist, ob der Brand auf einen Betriebs-, Bruch- oder Bremsschaden zurückzuführen ist; der insoweit in § 12 Ziff. 1 IIe AKB für die Fahrzeugvollv statuierte Ausschluß (vgl. Anm. J 69–72) findet auch keine entsprechende Anwendung (so zutreffend Stiefel-Wussow-Hofmann[10] Anm. 8 zu § 12 AKB, S. 520). Unerheblich ist es, wo ein Brand ausbricht, ob das Fahrzeug also selbst gebrannt hat oder eine andere Sache. Es genügt, daß in der näheren oder weiteren Umgebung ein Schadenfeuer im Sinne der oben wiedergegebenen Definition des § 1 II 1 AFB entstanden ist, durch deren unmittelbare Einwirkung das Fahrzeug einen Schaden erlitten hat (a. M. Pienitz-Flöter[4] Anm. G. I. 1.a zu § 12 AKB, S. 6–7). Wird das Fahrzeug des Vmers durch einen solchen Brandfall völlig verrußt, so ist der dadurch entstandene Schaden vom Ver zu ersetzen. Bei einer solchen gänzlichen Verrußung des Fahrzeugs handelt es sich auch nicht etwa um eine nach § 13 VI AKB vom Vsschutz ausgeschlossene Minderung an äußerem Ansehen, vgl. dazu Anm. J 148.

Im Kern zutreffend ist die von Stiefel-Wussow-Hofmann[10] Anm. 9 zu § 12 AKB, S. 521 gebrauchte Formulierung, daß Voraussetzung für einen entschädigungspflichtigen Tatbestand sei, daß das Fahrzeug selbst vom Feuer erfaßt sei oder erfaßt werde. Unrichtig ist aber die daraus gezogene Schlußfolgerung, daß ein nur mittelbar im Zusammenhang mit einem an anderer Stelle ausgebrochenen Brand entstandener Schaden vorliege, der nicht zu entschädigen sei, wenn ein Haus niederbrenne und eine dabei einstürzende Mauer auf eine Garage falle mit der Folge, daß ein darin stehendes Fahrzeug beschädigt werde. Zutreffend ist vom BGH 21. V. 1964 VersR 1964 S. 712–713 ein nach § 12 Ziff. 1 Ic AKB ersatzpflichtiges Ereignis in einem Fall angenommen worden, in dem durch eine Überschwemmung das Erdreich über einer Garage abrutschte und auf diese fiel, wodurch der darin befindliche Wagen zerstört wurde (vgl. Anm. J 58). Der erwähnte Beispielfall der Beschädigung eines in einer Garage abgestellten Wagens durch den Einsturz der Mauer eines brennenden Hauses, die auf diese Garage fällt, darf nach dem Sinn der Bestimmung nicht anders behandelt werden.

Zu dem weiter von Stiefel-Wussow-Hofmann[10] Anm. 9 zu § 12 AKB, S. 521 gebildeten Beispielfall, daß ein Pkw zur Brandstätte fahre, um dort zu helfen und unterwegs einen anderen Unfall erleide, ist zu sagen, daß zu Recht eine Entschädigungspflicht nach § 12 Ziff. 1 I a AKB verneint wird, da es in der Tat an einer unmittelbaren Einwirkung des Brandes auf das Fahrzeug fehlt. Zu beachten ist jedoch, daß der Feuerver des brennenden Objektes in einem derartigen Fall unter Umständen einem Anspruch auf Rettungskostenersatz nach § 63 ausgesetzt sein kann (vgl. auch Anm. J 39).

Brennt das Fahrzeug und wird es dabei durch einen Löschversuch zusätzlich beschädigt, so besteht für diese zusätzliche Beschädigung Vsschutz im Rahmen der Fahrzeugteilv. Auch in dem weiter gebildeten Beispielfall einer Beschädigung des vten Fahrzeugs bei Löscharbeiten aus Anlaß des Brandes eines anderen Gegenstandes als des vten Fahrzeugs ist entgegen der Auffassung von Stiefel-Wussow-Hofmann a.a.O. die Eintrittspflicht des Vers im Sinne des § 12 Ziff. 1 a AKB zu bejahen im Anschluß an die in § 1 III c AFB für die Feuerv vorgenommene sachgemäße Abgrenzung des vten Risikos im Brandschadenfalle. Diese stimmt im übrigen mit § 83 I 2 überein, wo es ausdrücklich heißt, daß der Ver auch den Schaden zu ersetzen hat, der bei dem Brande durch Löschen verursacht werde. Wie es einer verständigen Abgrenzung des Vsschutzes entspricht, daß auf Grundsätze des Feuervsrechts zur Bestimmung des Brandbegriffs zurückgegriffen wird (vgl. Anm. J 30), muß es auch als sachgerecht angesehen werden, den typischerweise in der Feuerv gegebenen Vsschutz auf den Deckungsbereich der Fahrzeugv zu übertragen.

Gemäß § 63 I 1 ist der Ver zum Ersatz von Rettungskosten verpflichtet, auch wenn sie erfolglos bleiben. Solche Rettungskosten können insbesondere für den Gebrauch von Feuerlöschern entstehen. Brennt das Fahrzeug total aus, so braucht der Ver über die für den Totalschadenfall vorgesehene Zahlung hinaus Löschkosten nicht zu ersetzen (LG Köln 22. II. 1965 VersR 1965 S. 706 mit unzutreffend formulierten Leitsatz zu 2.), es sei denn — kaum denkbar für die Fahrzeugv —, der Vmer hätte insoweit auf Weisung des Vers gehandelt. § 63 I 2 knüpft allerdings für diese Begrenzung der Entschädigung an die Vssumme an, die in der Fahrzeugv regelmäßig fehlt (vgl. Anm. J 7); doch ist im Rahmen der dadurch gegebenen Besserstellung des Vmers die Höchstentschädigungsleistung des Bedingungsrechts zu beachten. Im Falle LG Köln 22. II. 1965 a.a.O. hatte der Ver in Höhe des Zeitwertes geleistet, dagegen die Bezahlung der Brandbekämpfungskosten und die der Erhöhung um 25 % gemäß § 13 II AKB abgelehnt, das letztere deshalb, weil ohne nähere Begründung innerhalb der Zweijahresfrist des § 13 X AKB kein Ersatzfahrzeug angeschafft worden war (vgl. dazu Anm. J 135); dem Vmer hätten aber in diesem Sonderfall die Brandbekämpfungskosten über den Zeitwert hinaus ersetzt werden müssen, da diese effektiv aufgewendet worden waren, so daß insoweit keine vsrechtlich unzulässige Bereicherung im Rahmen der Spanne zwischen Zeitwert und teilweiser Neuwertv vorlag.

Hinsichtlich des seltenen Falls, daß der Brand eines Fahrzeugs während der Vszeit beginnt und sich nach deren Ablauf fortsetzt, ist für den Gesamtschaden Vsschutz zu bejahen (so KG 11. V. 1932 JRPV 1932 S. 264—265; vgl. auch Möller in Bruck-Möller Anm. 33 vor §§ 49—80 zum allerdings etwas anders liegenden Problem komplexer Gefahren). Umgekehrt ist aber auch die Konsequenz zu ziehen, daß für einen Brand, der vor Beginn des materiellen Vsschutzes angefangen hat, nicht hinsichtlich des Fortsetzungsschadens, der in dem Weiterbrennen nach dem Beginn des materiellen Vsschutzes liegt, Deckung besteht.

Beweispflichtig für das Vorliegen des Vsfalls, hier also eines Brandes, ist der Vmer (vgl. dazu generell Möller in Bruck-Möller Anm. 34—36 zu § 55 und Anm. 162 zu § 49). Der Ver muß dagegen beweisen, daß die Voraussetzungen eines Ausschlußtatbestandes gegeben sind. Anders als bei den Diebstahlfällen (vgl. dazu Anm. J 43) ist der Vmer bei einem Brand hinsichtlich des Grundes des Anspruchs regelmäßig

V. 2. b) Brand

nicht in Beweisnot, da das Feuerschadenereignis zumeist unschwer nachweisbar ist. Von dem dargestellten Beweisschema wird aber in der Rechtsprechung in denjenigen Fällen abgewichen, in denen ein Fahrzeug nach einer vom Vmer behaupteten, aber nicht bewiesenen Entwendung ausgebrannt aufgefunden wird (vgl. dazu BGH 2. III. 1977 VersR 1977 S. 368, OLG Frankfurt a. M. 14. XI. 1974 VersR 1975 S. 341, OLG Köln 18. V. 1977 VersR 1977 S. 1023). Während BGH 2. III. 1977 a.a.O. und OLG Frankfurt a.M. 14. XI. 1974 a.a.O. stillschweigend davon ausgehen, daß in einem solchen Fall einer behaupteten, aber nicht bewiesenen Entwendung die Brandalternative des § 12 Ziff. 1 Ia AKB keine Anwendung finde, setzt sich OLG Köln 18. V. 1977 a.a.O. ausdrücklich mit dem Fragenkreis auseinander; es führt aus, daß bei einem einheitlichen Lebensvorgang der Tatsachenvortrag des Vmers nicht willkürlich in die Komplexe „Diebstahl" und „Brand" zerlegt werden könne, daß der erstgenannte für die rechtliche Würdigung hinweggedacht werde. Der Vortrag des Vmers ergebe – so gesehen –, daß der den Anspruch begründende Vsfall bereits mit der Entwendung des Fahrzeugs eingetreten sei ... folglich könne er sich nicht ein zweites Mal durch Inbrandsetzen verwirklichen. Die Entscheidung ist im Ergebnis wohl zutreffend, in der Begründung aber nicht. Es läßt sich sicherlich über das Verhältnis von § 12 Ziff. 1 Ia zu § 12 Ziff. 1 Ib AKB diskutieren, ob es nämlich möglich ist, daß sich die aufgeführten Gefahren nacheinander an dem vten Fahrzeug verwirklichen können oder ob der Eintritt einer dieser Gefahren gedanklich ein weiteres vtes Ereignis ausschließt (vgl. auch Anm. J 49 a. E. und J 61). Wie man auch immer diese Frage beantworten mag, die regelmäßig ohne sachliche Bedeutung ist, da im Prinzip jede Form der Beschädigung eines Fahrzeugs im Anschluß an eine vom Vsschutz erfaßte Entwendung mit vom Ver zu entschädigen ist (vgl. dazu Anm. J 42), ist aber doch für Fälle der vorliegenden Art nicht zu übersehen, daß bei einer nicht bewiesenen Entwendung, aber einem feststehenden Brand entgegen OLG Köln 18. V. 1977 a.a.O. gedanklich nicht damit operiert werden darf, daß der Entwendungstatbestand die Brandvariante systematisch ausschließe. Andernfalls würde logisch verfehlt auf der Basis einer gerade nicht bewiesenen Tatsachenbehauptung argumentiert; die Lösung kann demgemäß systematisch nur die sein, daß in solchen „Einheitsfällen" von einer Umkehr der Beweislast zu Gunsten des Vers im Rahmen des § 61 auszugehen ist.

[J 32] cc) Abgrenzung zur Fahrzeugvollversicherung

Nicht selten gerät ein Fahrzeug infolge eines Zusammenstoßes mit einem anderen Wagen in Brand, wenn sich der bei einem Unfall auslaufende Treibstoff selbst entzündet. Bestand für das betreffende Fahrzeug keine Fahrzeugvollv, so muß bei der Schadenregulierung vom Wert des Fahrzeugs nach dem Unfall, aber vor Ausbruch des Brandes ausgegangen werden. Es läßt sich auch eine Regelung des Inhalts denken, daß ein auf einen Unfall zurückzuführender Brandschaden nicht vom Vsschutz erfaßt werde, weil die wesentliche Ursache für das Schadenereignis, nämlich der Zusammenstoß, ausdrücklich nicht mitvert sei. Für die hier vertretene Auffassung, daß für einen im Anschluß an einen Unfall entstehenden Brand Vsschutz bestehe, spricht aber, daß nach § 12 Ziff. 1 Ia AKB ein jeder Brand schlechthin vom Vsschutz erfaßt wird, ohne daß nach den Entstehungsursachen gefragt wird (ebenso Stiefel-Wussow-Hofmann[10] Anm. 8 zu § 12 AKB, S. 520). Für die Ermittlung der Schadenhöhe muß unter Umständen eine Schätzung nach § 287 ZPO hinsichtlich des nicht gedeckten Unfallschadens und des vom Vsschutz erfaßten Brandereignisses vorgenommen werden. Als fehlerhaft wäre ein Standpunkt einzuordnen, der dahin geht, daß mangels sicherer Abgrenzung des gedeckten vom nicht gedeckten Schaden der Ver überhaupt keine

Entschädigung zu leisten brauche. Hier müssen der Ver, die Sachverständigen in einem Verfahren nach § 14 AKB oder im Prozeßfall die Gerichte den Mut haben, die vorliegenden Fakten zu einer sachgerechten Abschätzung zu verwerten (vgl. BGH 12. V. 1966 S. 722−723 für einen ähnlich gelagerten Fall im Deckungsbereich der allgemeinen Haftpflichtv).

Seltener ist der umgekehrte Fall, daß nämlich ein Fahrzeug in Brand gerät und dadurch einen Unfallschaden erleidet. Gedacht sei daran, daß aus der Motorhaube zum Schrecken des Vmers während der Fahrt Flammen emporschlagen, so daß er infolge seiner Bestürzung das Steuer zur Seite reißt und dabei mit einem Entgegenkommer oder auch mit einem am Rande stehenden Baum kollidiert. Eine Aufteilung des Gesamtschadens in einen vten Brand- und einen nicht vten Unfallteil könnte hier mit der Begründung gefordert werden, daß der Ver für Unfallschäden nicht einzustehen habe. Indessen darf nicht außer Acht gelassen werden, daß für den geschilderten Beispielsfall der Brand als wesentliche Bedingung im Sinne der Zurechenbarkeit anzusehen ist. Diese Argumentation wird unterstützt durch eine Analyse des Aufbaus des Bedingungswerkes. Dabei ist besonders zu beachten, daß für den Parallelfall der unmittelbaren Einwirkungsschäden durch Sturm, Hagel, Blitzschlag oder Überschwemmung gemäß § 12 Ziff. 1 Ic S. 3 AKB solche Schadenfolgen ausgeschlossen sind, die auf ein durch die Naturgewalten veranlaßtes Verhalten des Fahrers zurückzuführen sind. Daraus, daß eine entsprechende Einschränkung in § 12 Ziff. 1 Ia AKB nicht aufgenommen worden ist, ergibt sich ein zusätzliches Indiz für die Richtigkeit der hier vertretenen Auffassung.

Ursache eines Brandes kann auch eine mut- oder böswillige Handlung von betriebsfremden oder nicht betriebsfremden Personen sein. Dabei ist zu bedenken, daß für durch mut- oder böswillige Handlungen betriebsfremder Personen entstehende Schäden grundsätzlich im Rahmen der Fahrzeugteilv kein Vsschutz besteht. Es handelt sich vielmehr um ein in der Fahrzeugvollv gedecktes Ereignis. OLG Hamburg 7. XII. 1955 VersR 1956 S. 43 bejaht für einen solchen Fall der böswilligen Brandstiftung dennoch den Vsschutz mit der Begründung, daß ein Brand im Rahmen der Fahrzeugteilv schlechthin, also ohne Rücksicht auf die Entstehungsursache, vert sei; ebenso Stiefel-Wussow-Hofmann[10] Anm. 8 zu § 12 AKB, S. 520 (a. M. aber [wohl] OLG Hamburg 22. II. 1933 JRPV 1933 S. 142 [wenn man davon ausgehen darf, daß jener Entscheidung die damals üblichen Bedingungen zu Grunde lagen]). Prölss-Martin[21] Anm. 2 zu § 12 AKB, S. 902 bemerken etwas unklar, daß mit Rücksicht darauf, daß in § 12 Ziff. 1 I und II AKB von einander unabhängige Tatbestände enthalten seien, für Brandstiftung durch Betriebsangehörige nach § 12 Ziff. 1 IIf in der Fahrzeugvollv gehaftet werde. Indessen schließt § 12 Ziff. 1 IIf AKB nur Schäden durch mut- oder böswillige Handlungen betriebsfremder Personen zusätzlich ein (vgl. zum Begriff der betriebsfremden Personen Anm. J 44). Der Sache nach soll die zitierte Anmerkung von Prölss-Martin aber wohl eine Zustimmung zu der erwähnten Entscheidung des OLG Hamburg 7. XII. 1955 a. a. O. bedeuten. Dem ist beizupflichten, insbesondere mit Rücksicht darauf, daß traditionell im Feuervsrecht für Brandstiftungsschäden, soweit sie nicht vom Vmer oder seinem Repräsentanten zu vertreten sind, gehaftet wird. Dabei darf auch nicht außer acht gelassen werden, daß § 12 Ziff. 1 IIf AKB nur deshalb neben den Unfallschäden gemäß § 12 Ziff. 1 IIe AKB in das Bedingungswerk aufgenommen worden ist, weil solche Zerstörungen durch mut- oder böswillige Handlungen zwar durchaus als deckungswürdig angesehen worden sind, aber zum Teil nicht dem spezifischen Unfallbegriff des § 12 Ziff. 1 IIe AKB zugeordnet werden können (vgl. dazu Anm. J 73). Brandschäden, die auf mut- oder böswillige Handlungen dritter Personen, die nicht Repräsentanten des Vmers sind, zurückzuführen sind, werden demgemäß schlechthin vom Vsschutz erfaßt.

V.2.c) und d) Kurzschluß, Explosion   Anm. J 33—35

[J 33] c) Kurzschluß

Mit Wirkung vom 1. I. 1977 ist § 12 Ziff. 2 AKB dahin ergänzt worden, daß sich der Vsschutz in der Voll- und Teilv auch auf Schäden an der **Verkabelung** durch Kurzschluß erstreckt (vgl. VA 1977 S. 48—49). Es handelt sich um eine Verbesserung des Vsschutzes; denn ein Durchschmoren der Verkabelung auf Grund eines Kurzschlusses stellt, soweit es nicht zu einer Flammenbildung kommt, keinen Brand im Sinne des § 12 Ziff. 1 Ia AKB dar (vgl. Anm. J 30). Daß diese Verbesserung des Vsschutzes für die Fahrzeugteilv (und auch für die Vollv, soweit diese nicht ohne Selbstbeteiligung vereinbart worden ist) mit einer in § 13 IX AKB eingeführten Selbstbeteiligung des Vmers von 20%, mindestens DM 50,—, verbunden worden ist (vgl. Anm. J 155 a. E.), erscheint als durchaus sachgerecht. Allerdings gilt diese Selbstbeteiligung auch für die schon vorher vom Vsschutz erfaßten Brandschäden an der Verkabelung. Zu bedenken ist aber, daß mit dieser schematischen Lösung erreicht worden ist, daß nicht mehr wie zuvor bei einem Brandschaden an der Verkabelung derjenige Teil des Schadens ermittelt werden muß, der durch das vorangegangene Schmoren entstanden ist (vgl. Anm. J 30). Die pauschale Lösung dient damit der Streitverhütung gegenüber dem früheren Rechtszustand.

Zum Begriff des Kurzschlusses findet sich im Brockhaus[17], Wiesbaden 1970, Bd 10, S. 820 folgende Definition: „Kurzschluß, in elektrischen Anlagen eine fehlerhafte Verbindung zwischen spannungsführenden Teilen oder gegen Erde, die einen im Vergleich zu den Impedenzen der Verbraucher niedrigen Widerstand aufweist; es fließt meist ein den Betriebsstrom weit übersteigender K.-Strom (bis 100kA), der durch den inneren Widerstand der Zuleitungen begrenzt wird. Der K. kann durch Überschlag oder Durchschlag als Folge von Überspannungen oder Verminderung der Isolation zustande kommen ...". Vom juristischen Standpunkt ist dieser Definition kaum etwas hinzuzufügen; der Vorgang ist in der Parallelwertung der Laiensphäre durchaus als bekannt vorauszusetzen. Auch der Begriff der Verkabelung des Fahrzeugs erscheint als hinreichend klar. Zuzustimmen ist Stiefel-Wussow-Hofmann[10] (Nachtrag) S. 17, daß zur Verkabelung nicht Lichtmaschine, Anlasser und Batterie rechnen.

d) Explosion

Gliederung:

Schrifttum J 34
aa) Explosionsbegriff J 35
bb) Einzelheiten J 36
cc) Implosion J 37
dd) Motorexplosion J 38
ee) Explosionsobjekt J 39

[J 34] Schrifttum:

Bergmann VW 1960 S. 452, ZVersWiss 1965 S. 417—434, VW 1970 S. 1313—1314, ZVersWiss 1971 S. 445—453, Henne ZVersWiss 1910 S. 23—31, Raiser[2] Anm. 28—36 zu § 1 AFB, S. 74—80, Vossen VW 1957 Sonderbeilage zu Nr. 13 S. 1—5, Wussow Feuerv[2] Anm. 28—29 zu § 1 AFB, S. 169—174.

[J 35] aa) Explosionsbegriff

Nach § 12 Ziff. 1 Ia AKB sind im Rahmen der Fahrzeugteilv auch **Explosionsschäden** mitvert. Nach dem Sprachgebrauch ist unter einer Explosion eine **plötzlich unter Geräuschentwicklung erfolgende Ausdehnung von Körpern** zu verstehen. Im Brockhaus[17], Wiesbaden 1968, Bd 5 S. 827 heißt es unter dem Stichwort „Explosion": „Physik: die unter Knall und starken mechanischen Wirkungen eintretende plötzliche Volumenvergrößerung von Gasen und Dämpfen, die entweder bei der Zündung bereits vorhanden waren oder erst bei der Esxplosion gebildet wurden." Der Ausdruck „Explosion" wird vom Gesetzgeber in den Bestimmungen über die Feuerv, speziell in § 82, genau wie in § 12 Ziff. 1 I a AKB ohne nähere Begriffsbestimmung gebraucht. Solche Begriffsbestimmung findet sich aber z. B. in der Klausel 2 der Zusatzbedingungen der Feuerv für Fabriken und gewerbliche Anlagen. Die Absätze 2 und 3 dieser Klausel haben folgenden Wortlaut:

„Explosion ist eine auf dem Ausdehnungsbestreben von Gasen oder Dämpfen beruhende, plötzlich verlaufende Kraftäußerung. Eine Explosion eines Behälters (Kessel, Rohrleitung u. a.) liegt nur vor, wenn seine Wandung in solchem Umfang zerrissen wird, daß ein plötzlicher Ausgleich des Druckunterschieds innerhalb und außerhalb des Behälters stattfindet. Wird im Innern eines Behälters eine Explosion durch chemische Umsetzung hervorgerufen, so ist ein dadurch am Behälter entstehender Schaden auch dann zu ersetzen, wenn seine Wandung nicht zerrissen ist. Schäden durch Unterdruck sind von der V ausgeschlossen.

Schäden die an Verbrennungskraftmaschinen durch die im Verbrennungsraum auftretenden Explosionen sowie Schäden, die an Schaltorganen von elektrischen Schaltern durch den in ihnen auftretenden Gasdruck entstehen, sind von der V ausgeschlossen."

Der erste Teil der zitierten Definition, daß es sich nämlich bei einer Explosion um eine plötzlich verlaufende Kraftäußerung handeln müsse, die auf dem Ausdehnungsbestreben von Gasen oder Dämpfen beruhe, geht zurück auf eine gemeinsame Begriffsbestimmung, die vor mehr als 60 Jahren in Übereinstimmung zwischen dem Verein deutscher Ingenieure (VDI) und den Feuervern vorgenommen worden ist (vgl. dazu Bergmann ZVersWiss 1971 S. 445–446). Stiefel-Wussow-Hofmann[10] Anm. 10 zu § 12 AKB, S. 521 führen aus, daß der Explosionsbegriff der Fahrzeugv im gleichen Sinne wie der Feuerv ermittelt werden müsse (ebenso Pienitz-Flöter Anm. G I 1b zu § 12 AKB, S. 7, OLG Köln 13. IV. 1966 VersR 1966 S. 726). Dem kann nur insoweit beigepflichtet werden, als die in der Feuerv gebräuchlichen Klauseln den Explosionsbegriff nicht einschränken gegenüber der mit der Verkehrsauffassung harmonisierenden naturwissenschaftlichen Begriffsbestimmung.

Bergmann ZVersWiss 1971 S. 449–453 berichtet über Bestrebungen im deutschen Normenausschuß (DNA), den Explosionsbegriff im Anschluß an die Definition des englischen Physikers Fordham wie folgt zu bestimmen: „Eine Explosion ist im allgemeinen die schnell ablaufende Umsetzung von potentieller Energie in Ausdehnungs- oder Verdichtungsarbeit oder in beide Arbeiten unter Auftreten von Stoßwellen." Solange sich diese Definition aber noch nicht in der Verkehrsanschauung als übereinstimmende Auffassung aller beteiligten Kreise durchgesetzt hat, ist von der oben wiedergegebenen Definition einer Explosion als einer plötzlich verlaufenden Kraftäußerung, die auf dem Ausdehnungsbestreben von Gasen oder Dämpfen beruht, auszugehen. Nur in diesem Sinne ist uneingeschränkt verwendbar als Abgrenzungskomponente aus den Feuervsbedingungen der in § 1 Ib AFB verwendete Ausdruck, daß Vsschutz gegen Explosionen aller Art gewährt werde. Bei allen anderen in den Feuervsbedingungen wiedergegebenen Definitionen und Umschreibungen, z. B. gemäß Nr. 2 Abs. 2 und 3 der zitierten Zusatzbedingungen für Fabriken und gewerbliche Anlagen, ist jeweils zu überprüfen, ob es sich gegenüber dem empirisch vorgegebenen Explosionsbegriff im Sinne der herkömmlichen Definitionsbestimmung um Einschränkungen oder Erweiterungen handelt. Soweit solche Einschränkungen zu erkennen sind, kann die Klauseldefinition für den Bereich der Fahrzeugv keine Anwendung finden;

V. 2. d) Explosion   Anm. J 36

eine stillschweigende Bezugnahme auf Ausschlußbestimmungen anderer Vsverträge ist vielmehr als systemfremd abzulehnen.

Der Vollständigkeit halber sei in diesem Zusammenhang darauf hingewiesen, daß für Explosionsschäden, die durch Aufruhr, innere Unruhen, Kriegsereignisse, Verfügungen von hoher Hand und Erdbeben unmittelbar und oder mittelbar verursacht werden, nach § 2 IIIa AKB nicht gehaftet wird, wie überhaupt alle Schäden, die auf diese Ereignisse zurückzuführen sind, vom Vsschutz in der Fahrzeugv ausgeschlossen sind (vgl. dazu Anm. J 75–80). Bemerkenswert ist dabei, daß es an einem Ausschluß für Schäden durch Atomexplosionen fehlt (vgl. dagegen den ausdrücklichen Ausschluß von Kernenergieschäden in der Feuerv durch § 1 VII AFB).

[J 36] bb) Einzelheiten

Unter die in Anm. J 35 wiedergegebene Explosionsdefinition sind nach der Zusammenstellung durch Vossen VW 1957 Sonderbeilage Nr. 13 S. 2 folgende Ereignisse zu subsumieren: Substanzexplosionen durch explosible Gase, Dämpfe, Staub, Flüssigkeit, feste Stoffe und Gemische aus ihnen (auch Sprengstoffe). Das wichtigste Kriterium dieser Substanzexplosionen sei regelmäßig die mit Drucksteigerung, Volumenvergrößerung, großer Reaktionsgeschwindigkeit und Wärmeentwicklung verbundene chemische Umwandlung der Gesamtheit der Substanz. Ferner seien durch den Explosionsbegriff gedeckt die Behälterexplosionen, z. B. der Dampferzeuger, Verbrennungskraftmaschinen und sonstiger Gefäße unter Gas- oder Dampfdruck. Die Behälterexplosion werde im wesentlichen charakterisiert durch die plötzliche Wandungszerreißung und den plötzlichen Druckausgleich innerhalb und außerhalb des Behälters. Als nicht versicherte Scheinexplosionen seien zu nennen: die ausdrücklich ausgeschlossenen Schäden durch Unterdruck (Implosion) – vgl. aber dafür, daß es in der Fahrzeugv an einem solchen ausdrücklichen Ausschluß der Implosionsschäden fehlt, Anm. J 37 –, das auf Fliehkraftwirkung beruhende Zerplatzen von Schwungrädern, Turbinenrädern und elektrischen Rotoren, die Zerstörungen durch das gespeicherte und plötzlich frei werdende Arbeitsvermögen bewegter Massen, z. B. an den Zylindern von Dampf- und Verbrennungskraftmaschinen, schließlich die mechanisch verursachten Schäden durch Flüssigkeitsdruck, Materialspannungen und ähnliche Vorgänge.

Wie klar diese Ausführungen von Vossen auch klingen, so zeigen doch seine darauf folgenden Erörterungen der als Wesensmerkmal zum Explosionsbegriff gehörenden Plötzlichkeit des Ereignisses, wie schwer eine solche Abgrenzung auch auf naturwissenschaftlicher Basis fällt. Vossen meint, daß unter den Ausdruck „plötzlich" nur ein Vorgang zu subsumieren sei, der sich im Bruchteil einer Sekunde vollziehe. Auch gehöre zur Erfüllung des Tatbestandes einer ersatzpflichtigen Behälterexplosion, daß sich der Druckausgleich innerhalb des Bruchteils einer Sekunde zu hundert Prozent vollziehe. Rißschäden, die ein mehr oder weniger langsames Ausströmen des Dampfes oder des Gases zur Folge hätten, seien als Leckageschäden nicht vert. Indessen räumt Vossen a.a.O. wenig später ein, daß in der Praxis der Schadenregulierung mit wachsender Technisierung der Wirtschaft und mit der wachsenden Bedeutung der Explosionsv innerhalb der Feuerv allmählich „aus Kulanzgründen" ein weniger strenger Standpunkt eingenommen worden sei, insbesondere wenn die Behälterexplosion große Energien auslöse und beträchtliche Schäden entstanden seien. Anschließend berichtet Vossen darüber, daß in einem Fachnormenausschuß „Dampferzeuger und Druckbehälter des deutschen Normenausschusses" unter Beteiligung der Sachver Verhandlungen mit dem Ziel geführt worden seien, bei Dampfkesselexplosionen die Begriffe „plötzlich" und „Druckausgleich" der – wie Vossen es nennt – dialektischen Auslegung zu entziehen und auf eine physikalisch rechnerische Grundlage zu stellen. Im Gespräch war danach eine Einigung auf der Basis folgender Formulierung: „Erfolgte der Spannungsausgleich bis auf 20% des Kesseldrucks in kürzerer Zeit als 2 Sekunden, ist eine Explosion zu vermuten. Dauerte der Spannungsausgleich länger, ist ein Betriebsschaden zu vermuten."

Soweit ersichtlich, ist es zur verbindlichen Festlegung einer derartigen Klausel im Feuervsvertragsrecht nicht gekommen. Die aufgeführte Kompromißformel zeigt aber, daß die Anschauungen über eine präzise Definition des Explosionsbegriffes differieren. Wenn die Ver in der Feuerv Schäden regulieren, bei denen sich der Explosionsvorgang in **Sekundenschnelle** abgespielt hat — also **nicht innerhalb nur des Bruchteils einer Sekunde** —, so entspricht das der Verkehrsauffassung, nämlich der landläufigen Meinung, daß sich Explosionen zwar sehr schnell ereignen, daß aber eine feste zeitliche Grenze kaum gesetzt werden kann. Von Kulanzleistungen der Ver kann in diesen Fällen daher auch nicht die Rede sein; es handelt sich vielmehr um echte Explosionsschäden. Bergmann ZVersWiss 1965 S. 426 trifft den Kern des Problems, wenn er durchaus vswürdig erscheinende Grenzfälle von Behälterexplosionen erwähnt, in denen sich der Druckausgleich innerhalb von 3 Sekunden vollzogen habe. Die Auffassung, daß sich eine Explosion in Sekundenschnelle vollziehen könne, hat auch nichts mit einer „dialektischen" Auslegung zu tun, sondern mit dem Versuch, den Risikobereich der Feuerv mit dem dort verwendeten Explosionsbegriff im Sinne einer wertenden Auslegung zu ermitteln.

Zu beachten ist bei der als Indiz für die Abgrenzung des Begriffsmerkmals „Explosion" durchaus verwertbaren Ausgangsformel, wie sie von Vossen mitgeteilt worden ist, daß es für Explosionsschäden sowohl in der Feuerv wie auch in der Fahrzeugv an einem **Ausschluß von Betriebsschäden fehlt** (so für die Feuerv: Raiser[2] Anm. 31 zu § 1 AFB, S. 77; a. M. Wullenweber ÖffrV 1934 S. 65—67, Wussow Feuerv[2] Anm. 29 zu § 1 AFB, S. 171). Für die Fahrzeugv ist das besonders wichtig, weil nämlich dort in § 12 Ziff. 1 II e AKB der Begriff des Betriebsschadens im Bereich der Unfallschäden ausdrücklich neben den ebenfalls nicht ersatzpflichtigen Brems- und Bruchschäden aufgeführt wird (vgl. dazu im einzelnen Anm. J 69—72). Aus der Erwähnung des Betriebsschadenbegriffes nur bei den in § 12 Ziff. 1 II e AKB geregelten Unfallereignissen darf gefolgert werden, daß nach dem Willen der Bedingungsverfasser Explosionen, die allein auf den Betrieb des Fahrzeugs zurückzuführen sind, vert sein sollen. Demgemäß wird es auch in Anm. J 37 abgelehnt, aus dem Gesichtspunkt des Betriebsschadens oder eines Fehlers bei der Bedienung eines Fahrzeugs **Implosionsschäden** für nicht vert zu halten. Wenn daher die von Vossen mitgeteilte Formel benutzt wird, so ist sie so zu lesen, daß bei einer Erstreckung des Drucksausgleichs auf einen Zeitraum von mehr als 2 Sekunden die Annahme gerechtfertigt sein könnte, daß es sich um eine Scheinexplosion handle, weil mit anderen Worten die für eine Explosion zu fordernde Plötzlichkeit des Ereignisses nicht gegeben sei. Dafür, daß der Sprachgebrauch der Techniker dahin zu gehen scheint, von ausgeschlossenen Betriebsschäden auch ohne Festlegung einer solchen Ausschlußbestimmung in den Vsbedingungen zu reden, vgl. auch Bergmann VW 1970 S. 13—14 und ZVersWiss 1965 S. 429.

RG 12. I. 1910 LZ 1910 Sp. 303 (Entscheidung zur Transportv) betont zu Recht, daß der Begriff der Explosion letzten Endes nicht aufgrund von technisch-physikalischen Sätzen, sondern nach dem Sprachgebrauch des täglichen Lebens und des geschäftlichen Verkehrs näher zu bestimmen sei. Mit dieser Bemerkung wird die Auffassung des Berufungsrichters gebilligt, daß zur Erfüllung des Explosionsbegriffes **heftigere mechanische Zerstörungswirkungen durch eine plötzliche Ausdehnung von Gas oder Dampf vorliegen müßten** als nur das Herausspritzen der Flüssigkeit aus einem

V. 2. d) Explosion

allmählich in einem Faß entstandenen Riß. Ähnlich BayVerwGH 18. I. 1926 Praxis 1926 S. 29–30 für einen Fall, in dem ein Niederdruckkessel leck geworden war. In dem jener Entscheidung zugrunde liegenden Sachverhalt konnten die Arbeiter wegen der starken Dampfbildung erst nach einer Zeit von etwa 5 Minuten den Kesselraum betreten; zu diesem Zeitpunkt wurden immer noch aus den aufgetretenen Rissen Wasser und Dampf herausgedrückt. Zu Recht wurde daher das Vorliegen eines plötzlichen Drucksausgleichs verneint. Plastisch und treffend bemerkt Bergmann ZVersWiss 1965 S. 420, daß solche Behälterschäden nicht als Explosionen angesehen werden könnten, bei denen sich die Entleerung durch einen begrenzten Riß hindurch nur als zeitlich meßbarer Ausblasevorgang vollzogen habe (verfehlt OLG Kiel 20. XI. 1923 Mitt. für die öffentl. Feuervs-Anstalten 1924 S. 47–48). RG 3. IV. 1917 VA 1917 S. 67–69 Nr. 1008 führt aus, daß Schwungradexplosionen nicht zu den eigentlichen Explosionsschäden gehören. In den Gründen heißt es, daß der Berufungsrichter bei der Beurteilung des Streitstoffes davon ausgehe, daß der Unfall auf die Zentrifugalkraft des sich schnell drehenden Motors zurückzuführen sei; er schließe daraus, daß es sich um einen Maschinenbruch, nicht um eine Explosion im eigentlichen Sinne gehandelt habe, weil unter einer solchen eine auf die Spannung von Gasen oder Dämpfen zurückzuführende Kraftäußerung zu verstehen sei. So schon Henne ZVersWiss 1910 S. 27–31; ebenso LG Berlin 1. VII. 1937 JRPV 1937 S. 313–314; Prölss-Martin[21] Anm. 3 zu § 82, S. 421, Raiser[2] Anm. 29 zu § 1 AFB, S. 75, Wussow Feuerv[2] Anm. 28 zu § 1 AFB, S. 170.

Vom VerwG Hamburg 18. XI. 1929 Praxis 1930 S. 1–2 ist entschieden worden, daß ein Schaden, der durch Einfrieren des Wassers in einem Ausdehnungsgefäß einer Niederdruckwarmwasserheizung entstehe, keine Explosion darstelle (ebenso Raiser[2] Anm. 29 zu § 1 AFB, S. 75). Übertragen auf die Fahrzeugv bedeutet diese zutreffende Abgrenzung, daß Frostschäden am Fahrzeug dem Explosionsbegriff nicht zuzuordnen sind. Raiser a.a.O. Anm. 30 zu § 1 AFB, S. 77 führt aus, daß das Explodieren von gärenden Flaschen nach der Verkehrsauffassung nicht als Explosion im Sinne des Feuervsrechts angesehen werde (ebenso Vossen VW 1957 Sonderbeilage Nr. 13 S. 4). Indessen erfüllt ein solcher Vorgang alle Merkmale des Explosionsbegriffes. Eine solche mit Explosionsgeräusch platzende Weinflasche hat ebenso wie eine detonierende Selterflasche durchaus die Wirkung eines Explosionsgeschosses; daraus entstehende Schäden sind vert (vgl. Sieg VersR 1969 S. 963–964 m. w. N. und Anm. J 39).

Nicht mit einzubeziehen in den Begriff der Explosionsschäden sind die sog. Verpuffungsschäden, bei denen es an einer plötzlichen, in der Form einer starken Druckwelle auftretenden Kraftäußerung fehlt (OLG Frankfurt a. M. 30. I. 1969 VW 1970 S. 1032–1033). Auch der „Überschallknall" stellt mangels entsprechender Ausdehnung von Gasen keine Explosion dar (vgl. dazu Bergmann ZVersWiss 1971 S. 449).

Unzutreffend bemerken Pienitz-Flöter[4] Anm. G. I. 1.b zu § 12 AKB, S. 8, daß eine Explosion als Folge eines Brandes ein nicht vtes Ereignis darstelle. Zur Begründung für diese Meinung wird u.a. Bezug genommen auf RG 29. VI. 1920 RGZ Bd 99 S. 280–283; indessen ist jene Entscheidung dadurch gekennzeichnet, daß das Explosionsrisiko nur in ganz beschränktem Umfang eingeschlossen war (ähnlich war z. B. auch der Fall KG 29. VI. 1929 JRPV 1929 S. 319–320 mit gänzlichem Ausschluß des Explosionsrisikos gelagert). Für die Fahrzeugv ergibt sich eine ganz andere Ausgangssituation, da sowohl das Brandrisiko als auch das Risiko aus Explosionen aller Art eingeschlossen sind.

[J 37] cc) Implosion

Der Begriff der Implosion wird im Brockhaus[17], Wiesbaden 1970, Bd 9, S. 26 wie folgt definiert: „Vakuumtechnik: Das knallartige Zerplatzen eines luftleer gepumpten Behälters, auf dessen Wandung ein Druck von einigen Tonnen lasten kann, z. B. mehr als 1,5 Tonnen bei Bildröhren. Bei der Implosion fliegen alle Splitter zunächst in den Innenraum, danach wie bei einer Explosion nach außen." Bei der Implosion handelt es sich somit um das knallartige Zerplatzen eines luftleer gepumpten Körpers infolge des auf diesem Körper lastenden Unterdrucks. In der Feuerv sind in der erwähnten Klausel 2 der Zusatzbedingungen für Fabriken und gewerbliche Anlagen Schäden durch Unterdruck ausdrücklich vom Vsschutz ausgeschlossen. Vom OLG Köln 13. IV. 1966 VersR 1966 S. 725–726 ist entschieden worden, daß ein durch eine Implosion entstehender Schaden in der Fahrzeugteilv nicht vom Vsschutz erfaßt werde (ebenso Pienitz-Flöter[4] Anm. G. I. 1. b zu § 12 AKB, S. 8, Stiefel-Wussow-Hofmann[10] Anm. 10 zu § 12 AKB, S. 521; wohl auch Prölss-Martin[21] Anm. 2 zu § 12 AKB, S. 902 in Verbindung mit Anm. 3 zu § 82, S. 421). Es handelte sich um einen Fall, bei dem in einem Tankwagen während des Entleerens durch Zuschlagen einer Luftklappe (oder durch einen Bedienungsfehler) Unterdruck mit der Folge eines plötzlichen Zerreißens des Tanks mit explosionsartigem Geräusch entstanden war. In den Urteilsgründen heißt es u. a. auf S. 726: Wesentlich sei vor allem, daß die Implosion sich in aller Regel nur ereigne, wenn durch krasse Bedienungsfehler jedwede Luftzufuhr in den Kessel unterbunden und überdies die etwa noch vorhandene Luftmenge so entzogen werde, daß der Hohlkörper luftleer werde, sich infolge des Unterdrucks zusammenziehe und nach innen beschädigt oder zerstört werde. Das sei keine Ausdehnung von Gasen oder Dämpfen, sondern beruhe auf der mechanischen Einwirkung des Luftentzuges aus dem Behälter und stelle somit einen neuen von innen heraus entstehenden Betriebsschaden dar, der nicht als Explosion im vstechnischen Sinne gedeckt sei. Aus diesem Grunde werde auch die sogenannte „Motorexplosion" nicht als solche gewertet und eine Explosionshaftung abgelehnt, wenn das Leckwerden eines Dampfkessels explosionsähnliche Wirkung zeitige.

Von dem Gericht werden damit zwei Argumente als wesentlich angesehen. Das eine ist dabei dieses, daß bei einer Implosion Dämpfe oder Gase nicht aus einem Behälter hinausstreben, sondern in diesen herein. Wertet man diesen naturwissenschaftlichen Vorgang in bezug auf den in § 12 Ziff. 1 I a AKB gebrauchten Ausdruck „Explosion", so läßt sich aus der Interessenlage sagen, daß ein plötzliches Zerbersten eines Behälters infolge eines Ausdehnungsbestrebens von Gasen oder infolge eines Unterdrucks von der Verkehrsanschauung durchaus gleichgesetzt wird. Das wird besonders deutlich, wenn man nicht auf die Beschädigung des Behältnisses abstellt, in dem sich der Unterdruck befand, sondern sich vorstellt, daß durch die durch die Luft wirbelnden Teile ein Schaden an einem weiteren Kraftfahrzeug entstanden ist. Ein einleuchtender Grund dafür, einen durch eine derartige plötzliche Einwirkung mit Explosionscharakter an einem dritten Fahrzeug entstehenden Schaden nicht für vert zu halten, ist nicht zu ermitteln. Das Gesagte muß um so mehr gelten, als ohnedies im Regelfall eine Explosion auch mit einer Implosion verbunden ist, wenn nämlich die bewegten Luftmassen oder sonstigen Gase nach der vorangegangenen Ausdehnung wieder zurückstreben (vgl. Bergmann ZVersWiss 1971 S. 452–453).

Davon, daß bei einer Implosion regelmäßig allerdings nur ein Behältnisschaden entsteht, geht auch Vossen VW 1957 Sonderbeilage zu Nr. 13 bei der Erörterung des Explosionsbegriffs in der Feuerv aus. Bei seinen Bemerkungen ist zu beachten, daß in den Feuervsbedingungen Schäden durch Implosionen ausdrücklich vom Vsschutz ausgeschlossen sind. Vossen führt a.a.O. S. 3 u.a. folgendes aus: Die Implosion sei im Gegensatz zur unbestimmten Richtung und Unbeschränktheit der Explosion zur Behältermitte gerichtet und durch die Deformierung des Behälters begrenzt. Es fehle bei der Implosion die für die Explosionen charakteristische akustische Wirkung bewegter atmosphärischer Luft. Auch der wirksame Druckunterschied sei bei der

V. 2. d) Explosion

Implosion im allgemeinen gering. Diese Gesichtspunkte seien zwar nicht Gegenstand der Explosionsdefinition, in ihrer Gesamtheit beleuchteten sie aber die Implosion als Scheinexplosion, die neuerdings mit Recht ausdrücklich durch den Wortlaut der Explosionsklausel ausgeschlossen sei.

Unterstellt man aber, daß durch eine Implosion eines Fahrzeugs doch Schäden an dritten Sachen – gemeint sind hier weitere Fahrzeuge – entstehen können, was physikalisch ohne weiteres als möglich erscheint, so ist ein einleuchtender Ansatzpunkt für einen Ausschluß dieser Schäden nicht gegeben. Sämtliche für die Gegenmeinung vorgetragenen Argumente treffen im Grunde genommen immer nur auf den Schaden am implodierenden Kraftfahrzeug selbst zu. Insoweit erscheint ein Ausschluß rechtspolitisch verständlich wegen des vom OLG Köln 13. IV. 1966 a. a. O. hervorgehobenen Betriebsschadencharakters, weil nämlich regelmäßig ein Bedienungsfehler zu einer Implosion führen dürfte. Raiser[2] Anm. 31 zu § 1 AFB, S. 77 vertritt aber die Auffassung, daß anders als bei der Bestimmung des Brandbegriffs im Sinne des Feuervsrechts Betriebsschäden bei Explosionen nicht vom Vsschutz ausgeschlossen seien (a.M. Wullenweber ÖffrV 1934 S. 65–67, Wussow Feuerv[2] Anm. 29 zu § 1 AFB, S. 171). Die Frage, ob dieser Auffassung für die Feuerv zu folgen ist oder nicht, mag hier dahingestellt bleiben. Für die Abgrenzung des Vsschutzes im Bereich der Fahrzeugteilv darf jedenfalls § 12 Ziff. 1 II e AKB nicht außer Acht gelassen werden. Im letzten Halbsatz dieser den Deckungsumfang der Fahrzeugvollv beschreibenden Bestimmung ist festgelegt, daß Brems-, Betriebs- und Bruchschäden keine Unfallschäden seien. Eine gleiche Einschränkung fehlt für § 12 Ziff. 1 I a AKB. Es fragt sich nur, ob die Bestimmung nach der Interessenlage zur abgewogenen Abgrenzung der Explosionshaftung gemäß § 12 Ziff. 1 I a AKB ergänzend herangezogen werden darf. Dagegen spricht der Sondercharakter der genannten Bestimmung und das außerordentlich seltene isolierte Auftreten solcher Implosionsschäden. Sicher wäre eine Aufteilung der Implosionsschäden in dem Sinne denkbar, daß Schäden am implodierenden Objekt ausgeschlossen seien, die an weiteren Fahrzeugen aber gedeckt. Mangels einer derartigen Festlegung einer solchen Abgrenzung im Bedingungswerk ist Vsschutz für Implosionsschäden zu bejahen unabhängig davon, ob es sich aus der Sicht des implodierenden Fahrzeugs um einen Betriebsschaden handelt oder nicht.

[J 38] dd) Motorexplosion

Stiefel-Wussow-Hofmann[10] Anm. 12 zu § 12 AKB, S. 522 vertreten den Standpunkt, daß es praktisch keine Motorexplosionen gäbe. Es komme wohl vor, daß ein Motorgehäuse von innen heraus zertrümmert werde. Das sei aber nicht die Folge einer Explosion im Sinne einer Ausdehnung von Gasen, sondern darauf zurückzuführen, daß ein Pleuellager sich heißlaufe und sich festfresse, die Pleuelstange breche und der abgerissene Stangenstumpf infolge seiner kinetischen Energie das Kurbelgehäuse durchschlage.

Im Ergebnis ist diesen Ausführungen durchaus beizupflichten. Die Parallele zu den in der Feuerv nicht gedeckten Schwungradschäden liegt auf der Hand (vgl. nur RG 3. IV. 1917 VA 1917 S. 67–69 Nr. 1008, LG Berlin 1. VII. 1937 JRPV 1937 S. 313–314). Zur Vermeidung von Mißverständnissen sei jedoch bemerkt, daß eine atypischerweise dennoch auf dem Ausdehnungsbestreben von Gasen beruhende und unter plötzlichem Druckausgleich auftretende Motorexplosion vom Vsschutz in der Fahrzeugv erfaßt wird, ohne daß ein Ausschluß daraus hergeleitet werden dürfte, daß diese Explosion auf ein Schwachwerden des Materials zurückzuführen sei, denn der Ausschluß von Betriebsschäden in der Fahrzeugv erstreckt sich nicht auf die in § 12 Ziff. 1 I a AKB erfaßte Explosionsgefahr (vgl. Anm. J 37). Bemerkenswert sind in diesem Zusammenhang auch die Bemerkungen von Vossen zur Feuerv: Das Abreißen des Zylinderdeckels einer Verbrennungskraftmaschine könne auf eine Explosion im Sinne der Explosionsdefinition zurückzuführen sein. Der Schaden sei dagegen immer wegen der Ausschlußbestimmung in Ziff. 3 der Explosionsklausel nicht ersatzpflichtig. Die gleiche Explosion an einem Luft- oder Gaskompressor oder an einer Dampfmaschine sei wegen Fehlens einer entsprechenden Ausschlußbestimmung zu ersetzen. Dazu ist in Erinnerung zu rufen, daß es in den AKB ebenfalls an der von Vossen a.a.O. zitierten Ausschlußklausel („Schäden, die an Verbrennungskraftmaschinen durch die im Verbrennungsraum auftretenden Explosionen ... sind von der V ausgeschlossen") fehlt.

Beweispflichtig für das Vorliegen einer solchen Explosion ist der Vmer. Es kann Stiefel-Wussow-Hofmann a.a.O. angesichts der Schwierigkeit der Sachaufklärung gewiß zugegeben werden, daß eine solche atypische Motorexplosion nur schwer bewiesen werden kann. Die theoretische Möglichkeit eines solchen Schadeneintritts ist aber zu bejahen.

[J 39] ee) Explosionsobjekt

Unerheblich ist es, ob das Fahrzeug oder seine Teile explodieren oder ob ein sonstiges Objekt explodiert. Fahrzeugexplosionen sind sogar relativ selten, so daß es sich bei der Mehrzahl der Fahrzeugschäden durch Explosionen um Ereignisse handeln dürfte, die im Ausgangspunkt andere Sachen betreffen als ein Fahrzeug. Zu den immer wieder auftretenden Schäden gehören solche durch Leuchtgasexplosionen, die nicht selten zum Einsturz eines ganzen Gebäudes führen. Es versteht sich, daß dadurch z. B. vor einem solchen zusammenstürzenden Gebäude geparkte Fahrzeuge Schäden erleiden können. Größere Explosionen können auf Grund der entstehenden **Druckwellen** Schäden über einen Ortsbereich von vielen Quadratkilometern anrichten. An der Erstattungspflicht hinsichtlich derartiger Schäden ist nicht zu zweifeln, wenn nur feststeht, daß eine Explosion stattgefunden hat und daß das Fahrzeug des Vmers vor dieser Explosion unbeschädigt gewesen ist.

Der Vsschutz gegen Explosionen bezieht sich auf das Fahrzeug im Ruhezustand und in der Bewegung. Fährt der Vmer daher infolge des Explosionsdruckes, dem er – unvermutet wie dieser kam – nicht entgegengesteuert hatte, gegen einen Baum oder eine sonstige Sache, so besteht auch für ein durch ein derartiges Fahrverhalten entstandener Schaden Vsschutz. Insbesondere gilt die für „Unwetterschäden" gemäß § 12 Ziff. 1 Ic AKB vorgenommene Einschränkung nicht, daß Schäden ausgeschlossen sind, die auf ein durch die vte Gefahr veranlaßtes Verhalten zurückzuführen sind. Diese Bemerkung ist aber in dem Sinne zu verstehen, daß die Explosionswirkung die unmittelbare Schadenursache im Sinne des Zurechnungszusammenhangs gewesen sein muß, sei es auch im Verein mit dem Fahrverhalten des Vmers. An einem solchen rechtlich bedeutsamen Zusammenhang im Sinne des § 12 Ziff. 1 Ia AKB fehlt es in dem von Stiefel-Wussow-Hofmann[10] Anm. 11 zu § 12 AKB, S. 522 gebildeten Beispielfall, daß jemand zu einem Explosionsherd fahren will, um dort zu helfen, und infolge der überhasteten oder unvorsichtigen Fahrweise, die auf das Bestreben zurückzuführen war, möglichst bald zum Unfallort zu kommen, einen Zusammenstoß verursacht. Unter Umständen ist hier allerdings ein Anspruch auf Rettungskostenersatz gegenüber dem Feuerver des explodierten Objekts § 63 gegeben, sofern dem Helfer ein entsprechender „Aufwendungsersatzanspruch" in analoger Anwendung von § 670 BGB für aus Anlaß der Durchführung eines gefährlichen Auftrags (oder einer Geschäftsführung ohne Auftrag) zufällig entstehende Schäden gegen den betreffenden Vmer zusteht.

V. 2. e) Entwendungsschäden **Anm. J 40—42**

Vsschutz für durch Explosionen entstehende Schäden besteht im Rahmen der Fahrzeugteilv auch dann, wenn diese Explosionen auf bös- oder mutwillige Handlungen betriebsfremder Personen zurückzuführen sind. Das für Brandschäden in Anm. J 32 Gesagte, daß nämlich insoweit Vsschutz ohne Rücksicht auf die Entstehungsursache gewährt werde, gilt auch hier (vgl. für diesen Auslegungsgrundsatz zu § 12 Ziff. 1 I a AKB im Verhältnis zu § 12 Ziff. 1 II f AKB für einen auf eine Brandstiftung zurückgehenden Schaden OLG Hamburg 7. XII. 1955 VersR 1956 S. 43).

e) Entwendungsschäden

Gliederung:
Schrifttum J 40
aa) Zur Systematik des § 12 Ziff. 1 Ib AKB J 41
bb) Diebstahl J 42—43
   aaa) Anwendungsbereich J 42
   bbb) Beweisprobleme J 43
cc) Unbefugter Gebrauch durch betriebsfremde Personen J 44
dd) Raub J 45
ee) Unterschlagung J 46—50
   aaa) Vorbemerkungen J 46

bbb) Einzelheiten J 47—50
   α) Zum Unterschlagungsbegriff J 47
   β) Verkauf unter Eigentumsvorbehalt J 48
   γ) Überlassung zum Gebrauch J 49
   δ) Unterschlagung durch denjenigen, dem ein Fahrzeug zur Veräußerung überlassen worden ist J 50
ff) Zusammenfassende Darstellung des Entwendungsbegriffs, zugleich Erörterung von Grenzfällen J 51

[J 40] Schrifttum:
Pienitz-Flöter[4] Anm. G. I. 2. und 3. zu § 12 AKB, S. 8—11, Prölss-Martin[21] Anm. 3 zu § 12 AKB, S. 902—903, Rohde VersR 1959 S. 971—972, Stelzer VersR 1960 S. 298—300, Stiefel-Wussow-Hofmann[10] Anm. 13—22 zu § 12 AKB, S. 523—533, Tiedchen VersR 1965 S. 740—743.

[J 41] aa) Zur Systematik des § 12 Ziff. 1 Ib AKB

Durch § 12 Ziff. 1 Ib AKB wird Vsschutz gegen durch eine Entwendung entstehende Schäden gewährt. Im Anschluß an den Ausdruck „Entwendung" werden in der Bedingungsbestimmung 4 Beispielfälle gebracht, die in jedem Fall als Entwendung im Sinne dieser Bedingungsbestimmung zu verstehen sind, nämlich Diebstahl, unbefugter Gebrauch durch betriebsfremde Personen, Raub und Unterschlagung (letztere allerdings nach § 12 Ziff. 1 Ib S. 2 AKB nur im eingeschränkten Umfang, vgl. Anm. J 48—50). Durch den Zusatz „insbesondere" vor den genannten Beispielfällen wird klar gestellt, daß es über diese Beispielkette hinaus weitere gedeckte Entwendungsfälle geben kann. Es erscheint daher als zweckmäßig, zunächst die aufgeführten 4 Beispielgruppen von Entwendungsfällen darzustellen, um dann in einem folgenden Abschnitt zu prüfen, welche zusätzlichen Fälle unter den Oberbegriff Entwendungsschäden fallen könnten. Eine solche induktive Ableitung des Begriffs des Entwendungsschadens im Sinne des § 12 Ziff. 1 Ib AKB ist auch deshalb sachgerecht, weil der Begriff der Entwendung — anders als die Begriffe des Diebstahls, des unbefugten Gebrauchs, des Raubes und der Unterschlagung — keine spezifisch rechtswissenschaftliche Definition in der Gesetzessprache des StGB oder des BGB gefunden hat.

[J 42] bb) Diebstahl
    aaa) Anwendungsbereich

Diebstahl ist nach § 242 StGB die Wegnahme einer fremden beweglichen Sache in Zueignungsabsicht. Unter Wegnahme ist dabei der Bruch fremden

Gewahrsams und die Herstellung eines neuen Gewahrsams (zumeist des Täters) zu verstehen (vgl. nur BGH 27. XI. 1974 VersR 1975 S. 226 = DAR 1975 S. 47). Als Bruch eines Gewahrsams wird dessen Entzug gegen den Willen des Inhabers bezeichnet (BGH 27. XI. 1974 a.a.O.); unter Gewahrsam ist zu verstehen die tatsächliche, in der unmittelbaren Verwirklichung nicht behinderte Herrschaft über eine Sache; seine Reichweite bestimmt sich nach den Anschauungen des täglichen Lebens für den betreffenden Lebenskreis (vgl. nur BGH 6. X. 1961 BGHSt Bd 16 S. 273 m.w.N., 27. XI. 1974 a.a.O. m.w.N.). Diese strafrechtliche Definition des Diebstahlsbegriffs ist mit Rücksicht darauf, daß auf die Anschauungen des betreffenden Lebenskreises abgestellt wird, durchaus im Volksbewußtsein verwurzelt, wenn man davon absieht, daß allerdings der Sprachgebrauch einen Teil der im juristischen Sinne ebenfalls als Diebstähle zu qualifizierenden Sachverhalte der Unterschlagung zurechnet. Dabei handelt es sich um die präzise Erfassung der Bedeutung des Begriffs des Gewahrsams. Ein Kassierer begeht nach dem Sprachgebrauch eine Unterschlagung, wenn er sich des Geldes aus der Kasse seines Geschäftsherrn für seine eigenen Zwecke bemächtigt. Im Sinne des Strafrechts kommt es aber darauf an, ob er Allein- oder Mitgewahrsam an dieser Kasse hatte. In den Fällen des Mitgewahrsams wird eine solche Unrechtshandlung als Diebstahl qualifiziert, sofern ein gleichgeordneter oder gar ein übergeordneter Mitgewahrsam eines Dritten gebrochen wird (vgl. dazu Eser in Schönke-Schröder, 19. Aufl., München 1978, Anm. 24–25 zu § 242 StGB m.w.N.). Diese Unterscheidung ist auch für den Diebstahlsbegriff des § 12 Ziff. 1 I b AKB von Bedeutung, der in Übereinstimmung mit diesen strafrechtlichen Grundsätzen zu interpretieren ist. Demgemäß besteht Vsschutz, wenn z. B. ein angestellter Kraftfahrer sich mit dem Lieferwagen seiner Firma nach Spanien absetzt, um dort nach „schönen" Urlaubstagen den Wagen zu verkaufen. Hat der betreffende Arbeitnehmer allerdings die Absicht, das Fahrzeug am Ende dieser unvorschriftsmäßigen Urlaubsreise bei seiner Firma wieder abzugeben, so liegt mangels Zueignungsabsicht kein Diebstahl vor, sondern eine unbefugte Gebrauchsanmaßung im Sinne des § 248b StGB. Für einen solchen unbefugten Gebrauch wird durch § 12 Ziff. 1 I b AKB ebenfalls Vsschutz geboten, allerdings nur, wenn es sich um den unbefugten Gebrauch durch eine betriebsfremde Person handelt; das ist bei einem Kraftfahrer in bezug auf das ihm anvertraute Fahrzeug stets zu verneinen (vgl. Anm. J 44).

In der Mehrzahl der Kfz-Diebstahlfälle findet sich das gestohlene Objekt innerhalb von zwei bis drei Wochen nach der Wegnahme wieder an, zumeist mit leerem Tank und nicht selten beschädigt. Für die Beurteilung dieser Fälle ist es wichtig zu wissen, daß die Rechtsprechung des BGH den Anwendungsbereich der Strafbestimmung des Diebstahls im Verhältnis zu der nach § 248b StGB strafbaren Gebrauchsanmaßung erheblich ausgeweitet hat. Als Diebstahl und nicht als strafbare Gebrauchsanmaßung wird es bereits angesehen, wenn der Übeltäter sich des Fahrzeugs bemächtigt, ohne die Absicht zu haben, es wieder an Ort und Stelle zurückzubringen, er sich vielmehr des Fahrzeugs nach Beendigung der Benutzung derart entäußern will, daß es dem Zugriff Dritter preisgegeben ist und es dem Zufall überlassen bleibt, ob der Eigentümer es zurückbekommt (vgl nur BGH 29. IX. 1953 BGHSt Bd 5 S. 206, 26. I. 1968 BGHSt Bd 22 S. 46 m.w.N.; ferner die Nachweise bei Eser in Schönke-Schröder, 19. Aufl., München 1978, Anm. 55 zu § 242 StGB).

Der Einlassung, daß subjektiv kein Diebstahl sondern eine Gebrauchsanmaßung beabsichtigt gewesen sei, wird so anhand der Eingrenzung des objektiven Tatbestandes ein Riegel vorgeschoben, so daß eine solche Behauptung gegenüber den Strafverfolgungsbehörden oder Gerichten nur dann als erheblich anzusehen ist, wenn die unerlaubte Fahrt noch nicht abgeschlossen war. Wird jedenfalls ein Fahrzeug fern vom ursprünglichen Abstellplatz gefunden, so muß nach Maßgabe der zitierten Recht-

V. 2. e) Entwendungsschäden

sprechung, die allerdings im Schrifttum zum Teil Widerspruch gefunden hat (vgl. nur Eser in Schönke-Schröder a.a.O. Anm. 55 zu § 242 StGB, Heimann-Trosien, Leipziger Kommentar, 9. Aufl., Berlin 1974, Anm. 53 zu § 242 StGB m.w.N.), vom Vorliegen des Tatbestandes eines Diebstahls ausgegangen werden.

Wenn ein entwendetes Fahrzeug innerhalb der Monatsfrist nach § 13 VII AKB zurückgebracht wird, hat der Ver keinen Schadenersatz zu leisten, soweit es sich um den durch das Wiederauffinden des Fahrzeugs egalisierten Entziehungstatbestand als solchen handelt. Denn die Leistungspflicht des Vers beginnt erst nach Ablauf der erwähnten Monatsfrist bezüglich des eigentlichen Entziehungsschadens (vgl. § 15 I AKB). Für den erwähnten verbrauchten Treibstoff wird nach § 13 VI AKB kein Ersatz geleistet. Bei unbeschädigtem Wiederauffinden des ursprünglich gestohlenen Fahrzeugs innerhalb der Monatsfrist nach § 13 VII, 1 AKB verwirklicht sich somit für den Ver nur dann ein zahlenmäßig erfaßbares Risiko, wenn Transportkosten im Sinne des § 13 VII, 3 AKB oder sonstige Schadenminderungskosten zu ersetzen sind (vgl. dazu Anm. J 153).

Wird das Fahrzeug im beschädigten Zustand wieder aufgefunden, so besteht die Möglichkeit, daß die Beschädigung während des Diebstahls erfolgt ist oder erst bei einer späteren Fahrt, in der der Diebstahl und die nachfolgende Zueignung bereits im strafrechtlichen Sinne abgeschlossen waren. Tritt der Schaden während des eigentlichen Diebstahlvorganges ein, etwa durch das Aufbrechen der Tür oder des Lenkradschlosses oder durch das Einschlagen der Scheibe oder durch ein Aufschlitzen des Verdeckes, so ist die Pflicht des Vers, für den insoweit eingetretenen Schaden Ersatz leisten zu müssen, unumstritten. Das gleiche gilt, wenn der Schaden dadurch entsteht, daß der Dieb erkannt und verfolgt wird und in seiner Eile und Angst eine Kollision verursacht oder aber das Fahrzeug von der Polizei gerammt wird, um auf diese Art und Weise zum Anhalten gezwungen zu werden. Bestritten ist aber, ob der Schutz der Fahrzeugteilv auch diejenigen Fälle erfaßt, bei denen es nach abgeschlossenem Diebstahl und anschließender Zueignung im normalen Straßenverkehr zu einer Kollision kommt, ohne daß sich – abgesehen von dem möglicherweise gegebenen schlechten Gewissen des Diebes – die vorangegangene Unrechtstat auf die konkrete Fahrsituation ausgewirkt hat. Den Vsschutz bejahen: BGH 27. XI. 1974 VersR 1975 S. 226 = DAR 1975 S. 48, OLG Celle 11. II. 1963 VersR 1965 S. 949 (nur L.S. für den gleichgelagerten Fall einer Beschädigung des Fahrzeugs bei einem unbefugten Gebrauch durch eine betriebsfremde Person), OLG Düsseldorf 14. VIII. 1968 VersR 1969 S. 605, OLG Hamm 4. X. 1972 VersR 1973 S. 121–122, OLG Hamm 29. XI. 1972 VersR 1973 S. 338–339, LG Krefeld 23. III. 1976 VersR 1976 S.1127; Asmus Kraftfahrtv S. 74, Klinger VW 1973 S. 114, Prölss-Martin[21] Anm. 3 zu § 12 AKB, S. 903, Anm. 5 zu § 13 AKB, S. 913 (anders in den Vorauflagen, vgl. Prölss[14] Anm. 3 zu § 12 AKB, S. 677), Stelzer VW 1969 S. 364–366, Stiefel-Wussow-Hofmann[10] Anm. 16 zu § 12 AKB, S. 526–527 (anders in den Vorauflagen, vgl. zuletzt Stiefel-Wussow[8] Anm. 16 zu § 12 AKB, S. 469–470); dagegen: OLG München 15. VI. 1959 VersR 1959 S. 945, LG Lüneburg 27. IV. 1962 VersR 1962 S. 1054 m. abl. Anm. von Falk VersR 1963 S. 328–329, LG München 16. VI. 1972 VersR 1973 S. 611–612 mit abl. Anm. von Theda VersR 1973 S. 1013–1014 und Dellmans VersR 1974 S. 126–127; in sich widersprüchlich Pienitz-Flöter[4] Anm. G. I. 2. und 2.a zu § 12 AKB, S. 8–9.

Der erstgenannten Auffassung ist der Vorzug zu geben. Der Sinn des § 12 Ziff. 1 Ib AKB in bezug auf das dort umschriebene Entwendungsrisiko ist der, den Vmer vor den Folgen eines Diebstahls zu schützen. Wird das Fahrzeug gestohlen und im Anschluß daran oder später beschädigt, so stellt es keinen wirtschaftlich relevanten Unterschied dar, ob diese Beschädigung gleich oder später geschieht. Die sachgerechte Abgrenzung ist die, daß sämtliche Schäden am Fahrzeug, die durch die Diebstahlshandlung oder im

Anm. J 42 J. Fahrzeugversicherung

Anschluß daran entstanden sind, als adäquat zurechenbar auf die Entwendung zurückzuführen sind.

Im Sinne dieser Abgrenzung des Vsschutzes ist eine Eintrittspflicht des Vers selbst dann zu bejahen, wenn das von dem Dieb ordnungsgemäß abgestellte Fahrzeug von einem unbekannten Dritten angefahren wird. Für diese Annahme eines umfassenden Vsschutzes gegen Diebstahlschäden spricht im übrigen auch, daß der Tatbestand des Diebstahls im Sinne des § 12 Ziff. 1 Ib AKB sinnvoll durch die Bestimmung über den Vsschutz durch einen unberechtigten Gebrauch des Fahrzeugs ergänzt wird. Wird nämlich bei einem unberechtigtem Gebrauch Vsschutz für die Beschädigungen während der Zeit dieser unberechtigten Benutzungsart gewährt, so muß ein gleiches gelten für Schäden, die während der Aufrechterhaltung des Diebstahlzustandes eintreten. Als vte Beschädigung ist es im übrigen auch anzusehen, wenn das Fahrzeug während der Nutzung durch den Entwender einen Brems-, Betriebs- oder Bruchschaden erleidet (ebenso Prölss-Martin[21] Anm. 5 zu § 13 AKB, S. 913).

Fährt ein Vmer (sei es mit einem geliehenen, gemieteten oder einem weiteren eigenen Wagen), der unvermutet sein gestohlenes Fahrzeug in der Stadt sorgsam geparkt am Straßenrand stehen sieht, dieses in seiner Aufregung oder Bestürzung an, so besteht auch dafür in der Fahrzeugteilv Vsschutz; dem Ver bleibt insoweit nur der Einwand, daß der Vmer den Schadenfall grobfahrlässig im Sinne des § 61 herbeigeführt habe, jedoch wird man das von einem aus einer solchen verständlichen Aufregung herrührendem Schadeneintritt in aller Regel nicht sagen können. Hat der Vmer den am Straßenrand abgestellten Wagen gar vorsätzlich angefahren, um nämlich ein befürchtetes Entkommen des Diebes zu verhindern, so könnte der Ver erwägen, wegen vorsätzlicher Herbeiführung des Schadenfalles im Sinne des § 61 den Vsschutz zu verweigern. Zu bedenken ist aber, daß im Zivilrecht zum Begriff des Vorsatzes nach herrschender Auffassung das Bewußtsein der Rechtswidrigkeit gehört (vgl. nur RG 29. IX. 1909 RGZ Bd 72 S. 6, 16. II. 1914 Bd 84 S. 194; BGH 28. IV. 1958 VersR 1958 S. 361–362). An einer solchen Rechtswidrigkeit fehlt es aber, wenn der Vmer durch das Anfahren seines eigenen Wagens das Entkommen des Täters verhindern will. Der Vmer handelt hier rechtmäßig in erlaubter Selbsthilfe gemäß § 229 BGB; nimmt er irrig die Voraussetzungen der Selbsthilfe an, so schließt dieser Irrtum den Vorsatz im Sinne des Zivilrechts aus.

Der Ver kann sich daher auch nicht mit Erfolg auf eine vorsätzliche Schadenherbeiführung durch den Vmer berufen, so daß nur zu prüfen bleibt, ob grobe Fahrlässigkeit im Sinne des § 61 gegeben ist. Demgemäß bedarf es insoweit auch nur eines ergänzenden Hinweises darauf, daß andernfalls für die Ersatzpflicht des Vers die Bestimmung über den **Rettungskostenersatz** nach § 63 I in Betracht kommt. Diese Bestimmung wird im übrigen in dem erörterten Beispielfall ohnedies anzuwenden sein, nämlich hinsichtlich des Schadens an dem „Zweitwagen" des Vmers, den dieser zum Absperren des Fluchtwagens des Diebes in bester Absicht eingesetzt hat. Den insoweit entstandenen Schaden hat der Ver als Rettungskosten zu ersetzen, gleichgültig ob der Vmer einen eigenen oder einen fremden Wagen dabei gefahren hat.

Wenn im Bedingungstext vom Tatbestand des Diebstahls die Rede ist, so ist zu untersuchen, ob der objektive und der subjektive Tatbestand dieser Vorschrift erfüllt sein müssen oder nicht. Nach dem strengen Wortgebrauch spricht man rechtstechnisch nur dann von einem Diebstahl, wenn nicht nur der objektive Tatbestand erfüllt ist, sondern auch die subjektiven Voraussetzungen gegeben sind. Es bestehen aus der Interessenlage keine Bedenken, im Sinne des § 12 Ziff. 1 Ib AKB nur solche Sachverhalte dem vten Diebstahl zuzuordnen, die objektiv und subjektiv den Tatbestand der Vorschrift des Strafrechts erfüllen (a. M. aber Prölss-Martin[21] Anm. 3 zu § 12 AKB, S. 902; im Ergebnis besteht aber hinsichtlich der Deckung unter dem Oberbe-

V. 2. e) Entwendungsschäden   Anm. J 42

griff „Entwendung" kein Unterschied zu der hier vertretenen Auffassung; vgl. dazu Tiedchen VersR 1965 S. 740–743 und Anm. J 51). Denn mit dem Oberbegriff der Entwendungsschäden ist ein Auffangtatbestand gegeben, durch den der Vsschutz auch für solche Fälle herbeigeführt wird, in denen der subjektive Tatbestand des § 242 StGB oder anderer Deliktsbestimmungen des Strafrechts nicht erfüllt ist. Es dürfen daher auch die Fälle einer schuldlosen Entwendung eines Fahrzeugs durch einen Geisteskranken oder sonst Schuldunfähigen ohne Bedenken aus dem Bereich des unter dem Begriff des Diebstahls vten Ereignisses ausgeschieden werden, aber mit dem Hinweis darauf, daß dafür unter dem Oberbegriff der Entwendung Vsschutz im Rahmen der Fahrzeugteilv besteht. Vgl. dazu ergänzend Anm. J 51.

Vert ist nicht nur der Diebstahl sondern auch der **Diebstahlsversuch**. Wird der Dieb also beim Aufbrechen des Wagens gestört, so wird der durch diese versuchte Tat entstandene Schaden vom Vsschutz in der Fahrzeugteilv erfaßt (ebenso LG Bonn 30. V. 1952 VersR 1952 S. 276–277, AG Düsseldorf 17. VI. 1955 VA 1956 S. 49–50 Nr. 134, OLG Köln 16. XII. 1965 VersR 1966 S. 358, Pienitz-Flöter Anm. G. I. 2. zu § 12 AKB, S. 8, Prölss-Martin[21] Anm. 3 zu § 12 AKB, S. 902, Stelzer VersR 1960 S. 298–299, Stiefel-Wussow-Hofmann[10] Anm. 14 zu § 12 AKB, S. 524; a. M. Rohde VersR 1959 S. 971–972).

Vsschutz besteht gegen die Entwendung des Fahrzeugs und der vten Fahrzeugteile (vgl. Anm. J 22–27). Nicht selten ist es aber der Fall, daß der Dieb es nicht auf das Fahrzeug und nicht auf die Fahrzeugteile abgesehen hat, sondern allein auf die in dem Fahrzeug befindlichen Gepäckstücke oder auf die sonst im Fahrzeug befindliche Ladung, also auf Sachen, die selbst nicht unter den Vsschutz in der Fahrzeugteilv fallen. Es fragt sich, ob eine aus Anlaß eines solchen Diebstahls eintretende Beschädigung des Fahrzeugs (z. B. Aufbrechen der Tür, Zerschmettern der Scheibe, Aufschlitzen der Plane oder Beschädigung des Kofferraums) vert ist oder nicht. Bei einer lediglich auf den Wortlaut des § 12 Ziff. 1 Ib AKB abstellenden Auslegung läßt sich diese Auffassung vertreten (so LG Bonn 30. V. 1952 VersR 1952 S. 276–277, AG Düsseldorf 17. VI. 1955 VA 1956 S. 49–50 Nr. 134, Asmus Kraftfahrtv S. 75; a. M. Pienitz-Flöter[4] Anm. G. I. 2. a zu § 12 AKB, S. 10, Prölss-Martin[21] Anm. 3 zu § 12 AKB, S. 902, Rohde VersR 1959 S. 972, Stiefel-Wussow-Hofmann[10] Anm. 15 zu § 12 AKB, S. 525). Stiefel-Wussow-Hofmann[10] a. a. O. berichten darüber, daß die Vspraxis dahingehe, daß eine Beschädigung des Fahrzeugs oder seiner unter Verschluß verwahrten und an ihm befestigten Teile auch dann als gedeckt angesehen werde, wenn sich die Entwendungshandlung auf Gegenstände beziehe, die sich in dem Fahrzeug befanden, also insbesondere Gepäckstücke. Indessen erscheint die Gegenmeinung, die als tragendes Argument darauf abstellt, daß nur eine Beschädigung bei dem Diebstahl des Fahrzeugs oder seiner vten Teile vom Standpunkt einer den Schutzzweck der Bestimmung herausarbeitenden Auslegung gemeint sein könne, als besser fundiert. Als Grenzfall ist es anzusehen, daß sowohl vte Fahrzeugteile als auch nicht vom Vsschutz in der Fahrzeugteilv erfaßte Sachen, z. B. zur Beförderung in dem Wagen befindliche Gepäckstücke, gestohlen werden und zuvor dabei das Fahrzeug beschädigt worden ist. Diese Beschädigung ist immer dann als vter Schaden im Sinne der Fahrzeugteilv anzusehen, wenn sie dem vten Fahrzeugteil unschwer zugeordnet werden kann. Wird also aus dem Kofferraum ein Wagenheber gestohlen und eine Ladung Konservendosen, so ist der Wagenheber zu ersetzen und auch der Schaden am aufgebrochenen Kofferraumschloß auszugleichen. Befanden sich die Konserven allerdings nicht im Kofferraum sondern im Wageninneren und wird der Kofferraum für den Diebstahl des Wagenhebers aufgebrochen und die Fahrzeugseitentür allein für die dort liegenden Kisten mit Konserven, so besteht bezüglich der Beschädigung des Kofferraums Vsschutz, nicht aber hinsichtlich des Schadens an der Fahrzeugseitentür. Der im Sinne des Strafrechts einheitliche Diebstahl ist bezüglich der Beschädigungen im Sinne der Teilkaskov so zu behandeln, als würde es sich um zwei Diebstähle an zwei verschiedenen Fahrzeugen handeln. So klar die Abgrenzung auch gedanklich ist, so dürfen doch die dabei entstehenden Beweisschwierigkeiten nicht verkannt werden (vgl. Anm. J 43 a. E.).

Eine gewisse Schwierigkeit bereitet ferner die Abgrenzung der Diebstahlschäden von den in der Fahrzeugvollv nach § 12 Ziff. 1 IIf AKB gedeckten Schäden durch mut- oder böswillige Handlungen betriebsfremder Personen. Diebstähle sind gewiß auch mut- oder böswillige Handlungen. Was in § 12 Ziff. 1 IIf AKB aber zusätzlich für den Bereich der Fahrzeugvollv gedeckt werden soll, das ist eine mut- oder böswillige Handlung, bei der kein Diebstahl oder Diebstahlversuch vorliegt (vgl. Anm. J 73). Der typische Anwendungsfall des § 12 Ziff. 1 IIf AKB ist der, daß ein verhaltensgestörter Täter, sei es im Rausch, sei es aus Neid oder Bosheit, sich als „Lackkratzer" betätigt, um z. B. mit einem rostigen Nagel auf der schönen Lackschicht eines Wagens seinen Namen oder – wenn er nicht ganz so berauscht ist – einen kernigen Sinnspruch oder auch nur sinnlose Linien einzuritzen. Bei einem solchen Schaden ist eine Konkurrenz hinsichtlich der hier zu erörternden Diebstahlsalternative allerdings dann gedanklich zunächst kaum zu vollziehen, wenn das Fahrzeug sich des Morgens, ohne daß es mit Motorkraft bewegt worden wäre, an demselben Ort und derselben Stelle befindet, wo es der Vmer abends abgestellt hatte. Für jedermann liegt hier zunächst auf der Hand, daß eine Sachbeschädigung gegeben ist und es an Beweisanzeichen für einen Diebstahlversuch fehlt. Etwas anderes gilt aber dann, wenn der Dritte das Fahrzeug zunächst stiehlt, dann aber mutwillig beschädigt oder zerstört. Ein solcher Schaden ist ebenso vert wie der, der durch einen Zusammenstoß des gestohlenen Fahrzeugs mit einem anderen Wagen 2 Wochen nach dem Diebstahl entsteht. Ist der Diebstahl also vollendet und wird der Wagen im Anschluß daran mit Beschädigungen aufgefunden, so sind diese Beschädigungen in vollem Umfang zu ersetzen, auch wenn sie ersichtlich auf die Zerstörungsfreude des neuen Besitzers zurückgeführt werden können. Demgegenüber kann eingewendet werden, daß doch gedanklich ohne weiteres die Möglichkeit gegeben sei, daß der Dieb zunächst das Fahrzeug mutwillig beschädigt und dann gestohlen habe. Steht ein solcher Sachverhalt fest, so ist allerdings die dem Diebstahl vorangegangene mut- oder böswillige Beschädigung nicht zu ersetzen. Zu bedenken ist aber, daß ein solches Verhalten doch in einem gewissen Sinne atypisch ist (vgl. zur Beweislast ergänzend Anm. J 43 a. E.).

Fahrzeugantennen sind ein beliebtes Angriffsziel verhaltensgestörter Täter im Sinne des § 12 Ziff. 1 IIf AKB. Wird eine solche Antenne von dem Täter eingeknickt, aber am Fahrzeug belassen, so liegt die Annahme nahe, daß es sich nicht um einen Diebstahlversuch gehandelt hat, sondern um eine mut- oder böswillige Beschädigungshandlung. Entfernt der Täter aber die Antenne, nimmt er sie also mit, sei es auch nur, weil er einen Abend lang damit spielen oder sonst gegenüber seinen Kollegen sich hervortun will, so ist ein Diebstahl gegeben, der Ver also eintrittspflichtig. Vgl. dazu AG Walsrode 27. VI. 1963 NJW 1963 S. 2177 = VersR 1964 S. 61 (nur L. S.) m. zust. Anm. von Stelzer VersR 1964 S. 502; ferner Prölss-Martin[21] Anm. 3 zu § 12 AKB, S. 902; der einschränkenden Bemerkung von Stiefel-Wussow-Hofmann[10] Anm. 13 zu § 12 AKB, S. 523, daß hier ein entschädigungspflichtiges Ereignis nur dann als gegeben anzusehen sei, wenn die Fahrzeugantenne in ihrer ganzen Länge entfernt worden sei, kann aber nicht beigepflichtet werden (zur Beweislast vgl. Anm. J 43 a. E.).

Nicht unter den Begriff des Diebstahls sind nach Sinn und Sprachgebrauch diejenigen Fälle zu subsumieren, bei denen der Täter das Fahrzeug durch einen

V. 2. e) Entwendungsschäden   Anm. J 43

Betrug erlangt hat. Hier ist lediglich zu prüfen, ob dieses betrügerische Verhalten unter den Oberbegriff der „Entwendung" im Einzelfall eingeordnet werden kann (vgl. dazu verneinend Anm. J 51).

Einen Grenzfall behandelt BGH 27. XI. 1974 VersR 1975 S. 225–226 = DAR 1975 S. 46–47. In jenem Fall hatte der Vmer als Kunde eines Kaufhauses die Schlüssel seines in einer Tiefgarage geparkten Kraftwagens einem dort an ihn herantretenden Unbekannten überlassen, der sich als Angestellter jenes Kaufhauses ausgegeben und vorgespiegelt hatte, das Fahrzeug im Rahmen einer Werbeaktion des Kaufhauses an dessen Tankstelle kostenlos waschen zu wollen. Vom BGH a. a. O. ist der Vsschutz bejaht worden. Zur Begründung ist ausgeführt worden, daß Betrug dann vorliege, wenn der Täter den Gewahrsam durch ein mittels Täuschung erlangtes Einverständnis erhalten habe, da ein solches Einverständnis das für den Tatbestand des Diebstahls erforderliche Merkmal der Wegnahme als Bruch fremden Gewahrsams ausschließe. Das gelte aber dann nicht, wenn wie hier der Vmer nur in eine Lockerung seines Gewahrsams einwillige und der Täter daneben noch durch eine weitere, eigenmächtige Handlung den vorbehaltenen „Gewahrsamsrest" brechen müsse. Ein solcher Gewahrsamsrest lag nach der mit dem Urteil des Berufungsgerichts (OLG Hamm 7. III. 1973 VersR 1973 S. 660–661) übereinstimmenden Auffassung des BGH im konkreten Falle deshalb noch vor, weil dem Vmer bis zu dem Zeitpunkt, in dem dem Täter das Herausschaffen des Wagens aus der Tiefgarage gelang, noch eine gewisse tatsächliche Einwirkungsmöglichkeit auf sein Fahrzeug verblieben war. Dabei spielte eine wesentliche Rolle, daß der Vmer das Entweichen des Täters mit dem Wagen noch hätte verhindern können, wenn er sich rechtzeitig neben dem Parkwächter aufgestellt hätte. – Ein eindeutiger Fall eines Trickdiebstahls ist gegeben, wenn der Täter den Vmer vom Fahrzeug, das vermietet werden sollte, weglockt, z. B. zu einem scheinbar notwendigen Telefongespräch, um dann mit dem ihm nicht übergebenen, ungesicherten Fahrzeug wegzufahren (so im Fall OLG Hamm 11. III. 1954 VersR 1954 S. 353–354).

[J 43] bbb) Beweisprobleme

Beweispflichtig für den Eintritt des Vsfalls ist der Vmer (vgl. generell dazu Möller in Bruck-Möller Anm. 34–36 zu § 55 m.w.N.). Gerade bei einem Diebstahl ist dieser Beweis nicht leicht zu führen, da meist keine Zeugen zugegen sind. Dem Vmer wird durch die Anwendung der Grundsätze des Anscheinsbeweises geholfen (vgl. nur BGH 17. X. 1963 VersR 1963 S. 1114, 2. III. 1977 S. 368, 27. IV. 1977 VersR 1977 S. 610 und die Nachweise bei Möller in Bruck-Möller Anm. 162 zu § 49). Im Regelfall ist es ausreichend, daß der Vmer einen äußeren Sachverhalt dartut und beweist, aus dem sich – den typischen Geschehensablauf vorausgesetzt – mit hoher Wahrscheinlichkeit auf den Eintritt des Vsfalls schließen läßt (vgl. dazu Möller in Bruck-Möller Anm. 159 zu § 49 und speziell für die Fahrzeugv OLG Koblenz 8. VII. 1976 VersR 1976 S. 1173 unter Hinweis auf BGH 21. XI. 1950 NJW 1951 S. 70–71 [nicht vsrechtliche Entscheidung]; ferner OLG Frankfurt a. M. 22. VI. 1977 VersR 1977 S. 1022, OLG Köln 18. V. 1977 VersR 1977 S. 1023 m.w.N.). Im Grunde genommen muß der Vmer nicht nur den Verlust des Fahrzeugs, sondern auch dessen Entwendung beweisen (BGH 17. X. 1963 VersR 1963 S. 1114, 2. III. 1977 VersR 1977 S. 368). Ist das Fahrzeug aber spurlos verschwunden und kann der Vmer das Gericht davon im Wege des Indizienbeweises oder mit Hilfe des erwähnten Beweises des ersten Anscheins überzeugen, so darf unter Umständen aus einem solchen Verlust prima facie auf eine Entwendungshandlung im Sinne der Fahrzeugteilv geschlossen werden (BGH 17. X. 1963 a. a. O.). Sache des Vers ist es dann darzulegen, daß die nicht ganz fernliegende Möglichkeit eines anderen typischen Geschehensablaufs besteht (vgl. nur BGH 27. IV. 1977 VersR 1977 S. 610–612 m.w.N. und OLG Koblenz 8. VII. 1976 VersR 1976 S. 1173 mit Hinweis auf BGH 23. V. 1952 BGHZ Bd 6 S. 169–172 [nicht vsrechtliche Entscheidung]). Stets sind alle Umstände des Einzelfalls gegeneinander abzuwägen. Dabei ist in denjenigen Fällen, in denen das ursprünglich verschwundene Fahrzeug sich wieder anfindet, besonderes Augenmerk darauf zu richten, ob äußere Anzeichen für eine Entwendungshandlung vorliegen (vgl. dazu aber auch LG Bückeburg 25. XI. 1975 VersR 1976 S. 850–851 und die weiteren Hinweise in dieser Anm.).

Behauptet der Ver, der Vmer habe einen Diebstahl vorgetäuscht, so können nach BGH 27. IV. 1977 VersR 1977 S. 610–612 unwahre Angaben, die der Vmer früher oder später bei anderen Vorgängen gemacht hat, die erforderliche erhebliche Wahrscheinlichkeit eines unredlichen Verhaltens nur begründen, wenn der Vmer die Unwahrheit gekannt oder für möglich gehalten und billigend in Kauf genommen hat. In jenem Fall ging es darum, daß der Vmer angeblich in einem vorangegangenen Reisegepäckschadenfall unredlich gehandelt und in der Schadenanzeige unrichtige Angaben gemacht hatte. Offen ließ der BGH 27. IV. 1977 a.a.O., ob frühere Verfehlungen, die strafgerichtlich geahndet worden sind, dem Vmer dann nicht mehr vorgehalten werden dürfen, wenn sie im Strafregister getilgt worden sind oder zu tilgen gewesen wären. Angesichts des umfassenden Schutzbereichs des § 49 I BZRG (Bundeszentralregistergesetz vom 18. III. 1971, BGBl. I S. 243, in der Fassung vom 19. IX. 1972, BGBl. I S. 1797), nach dem die Tat und die Verurteilung dem Betroffenen nach Vorliegen der Tilgungsvoraussetzungen im Rechtsverkehr nicht mehr vorgehalten und nicht zu seinem Nachteil verwertet werden dürfen, ist dahin zu entscheiden, daß solche weit zurückliegenden Geschehnisse auch im Rahmen eines Vsschutzprozesses nicht mehr berücksichtigt werden dürfen.

BGH 17. X. 1963 VersR 1963 S. 1114 nimmt in Übereinstimmung mit dem Berufungsgericht (OLG Hamburg 26. IX. 1961 VersR 1962 S. 249–250) an, daß dem Vmer der Beweis für den unfreiwilligen Verlust des verschwundenen Fahrzeugs nicht gelungen sei. Dabei war von Bedeutung, daß der für den Vmer aussagende Zeuge wirtschaftlich am Ausgang des Prozesses interessiert war, wegen mehrfacher Vermögensdelikte vorbestraft war und in einem Verfahren zur Leistung des Offenbarungseides einen im Zusammenhang mit dem behaupteten Fahrzeugdiebstahlschaden stehenden, angeblichen Anspruch aus einer Gepäckv nicht mitangegeben hatte.

Auch im Falle BGH 2. III. 1977 VersR 1977 S. 368 wurde die Anwendung des prima-facie-Beweises abgelehnt. Wörtlich heißt es dazu: „Die bloße Behauptung, das Fahrzeug sei abhanden gekommen, kann, auch wenn sie in einer Anzeige bei der Polizei aufgestellt worden ist und konkrete Angaben über den angeblichen Verlust enthält, in Verbindung mit dem Auffinden des ausgebrannten Wagens in der Kiesgrube neun Tage später nicht als geeignet angesehen werden, einen Anscheinsbeweis auch für die Entwendung zu erbringen. Beim Auffinden des Fahrzeugs wurden keine sonstigen Schäden festgestellt, die etwa auf einen Verkehrsunfall zurückzuführen wären; es war lediglich ausgebrannt. Infolgedessen kann nicht gesagt werden, in einem solchen Fall liege ein typischer Geschehensablauf vor, nach dem mit hoher Wahrscheinlichkeit anzunehmen ist, daß der Wagen entwendet worden sei. Der Schluß, daß ein Dieb, etwa um von ihm herrührende Spuren am oder im Fahrzeug zu beseitigen, den an sich unbeschädigten Wagen in einer Kiesgrube abgestellt und angezündet habe, liegt nicht so nahe, daß die Grundsätze des Anscheinsbeweises Platz greifen könnten, wie umgekehrt die Möglichkeit einer (vorsätzlichen) Brandstiftung durch die Kl oder ihren Ehemann zur Vortäuschung einer Entwendung nach der Lebenserfahrung nicht so unwahrscheinlich ist, daß sie als atypisch angesehen werden könnte."

V. 2. e) Entwendungsschäden   Anm. J 43

Zum besseren Verständnis dieser Entscheidung sei bemerkt, daß der Ehemann der Vmerin wegen Diebstahls und Betruges erheblich vorbestraft war und den Offenbarungseid geleistet hatte. Sieht man den Ehemann im konkreten Fall nicht als Repräsentanten an (vgl. dazu Anm. J 85–88), so wäre der Ver unter Umständen nach § 12 Ziff. 1 Ia AKB wegen Vorliegens eines Brandschadens im Risiko gewesen (vgl. dazu Anm. J 31 a. E.).

Für einen weiteren Beispielsfall eines mißglückten Anscheinsbeweises vgl. OLG Nürnberg 21. XII. 1973 VersR 1974 S. 1169–1170. Das genannte Gericht hebt hervor, daß an den Beweis des ersten Anscheins keine übertriebenen Anforderungen gestellt werden dürften. Es hat aber zu Recht angenommen, daß nach der Lebenserfahrung noch keine tatsächliche Vermutung dafür spreche, daß ein unbeschädigt und verlassen aufgefundenes Fahrzeug zuvor entwendet worden sei; der Vmer müsse vielmehr die Umstände dartun und beweisen, die nach der Lebenserfahrung dafür sprechen, daß das Fahrzeug ohne sein Einverständnis oder sein Zutun aus seinem Gewahrsam gekommen sei. Mit Rücksicht darauf, daß sich bei jenem Fahrzeug keinerlei Anzeichen für eine gewaltsame Öffnung des Fahrzeugs feststellen ließen und nach einem Sachverständigengutachten mit Sicherheit auszuschließen war, daß das Lenkradschloß bei der Inbetriebsetzung des Fahrzeugs mit Nachschlüsseln oder anderweitigen Sperrwerkzeugen bzw. gar durch Gewalteinwirkung geöffnet worden war, ist der Vmer zu Recht als beweisfällig angesehen worden. Einen gleichgelagerten Fall behandelt LG Krefeld 23. III. 1976 VersR 1976 S. 1127–1128, der durch die Besonderheit gekennzeichnet war, daß die Spuren einer Gewaltanwendung von der Polizei nicht hatten ermittelt werden können und demnach die Wahrscheinlichkeit sehr hoch war, daß diese „Spuren" erst nach Rückgabe des Fahrzeugs durch die Polizei an den Vmer entstanden waren. Zu beachten ist aber im übrigen bei der Beurteilung von Fällen, in denen es an Anzeichen für eine äußere Gewalteinwirkung fehlt, daß es Diebesbanden gibt, die sich auf die Anfertigung von Nachschlüsseln für bestimmte Fahrzeugtypen spezialisiert haben (vgl. dazu LG Bückeburg 25. XI. 1975 VersR 1976 S. 850–851); diese Möglichkeit hat LG Stuttgart 20. V. 1975 VersR 1976 S. 261 eigenartigerweise gar nicht in Betracht gezogen, was aber wohl daran lag, daß es sich letzten Endes um eine verschleierte Trunkenheitsfahrt gehandelt haben dürfte (ähnlich lag der Fall LG Koblenz 18. II. 1976 VersR 1977 S. 563–564). Auch ist das Fehlen äußerlicher Beschädigungen sicherlich dann strenger gegen den Vmer als zusätzliches Indiz zu werten, wenn dieser wie im Fall OLG Frankfurt a. M. 22. VI. 1977 VersR 1977 S. 1022–1023 im Zusammenhang mit weiteren Unklarheiten, die den Verdacht eines Betrugsversuchs zu Lasten des Vers nahelegen, wechselnde Angaben über den Zweitschlüssel macht, der angeblich hinter dem Nummernschild versteckt gewesen sein sollte.

Vgl. ferner OLG Frankfurt a. M. 14. XI. 1974 VersR 1975 S. 341. In jenem Fall war das Fahrzeug des Vmers, das dieser angeblich am 26. XI. 1971 auf einem Parkstreifen gegen 11 Uhr verschlossen abgestellt hatte, am 27. XI. 1971 nachmittags in einem Wald ausgebrannt und stark beschädigt gefunden worden. Zufällig hatte eine Autobahnpolizeistreife den Wagen jedoch um 10 Uhr und um 10.55 Uhr an verschiedenen Orten beobachtet, zum letztgenannten Zeitpunkt mit frischen Kollisionsbeschädigungen. Nach Vorhalt dieser Feststellungen wechselte der Vmer sein Vorbringen. Das gegen ihn wegen Vortäuschung einer Straftat eingeleitete Strafverfahren wurde später eingestellt. Zu Recht wurde aber vom Zivilgericht angenommen, daß mit Rücksicht auf diese wechselnden und in sich widerspruchsvollen Angaben des Vmers nicht davon die Rede sein könne, daß dieser überhaupt den Verlust des Fahrzeugs bewiesen habe.

Ähnlich lag ein vom OLG Köln 16. XII. 1965 VersR 1966 S. 358–359 beurteilter Fall, in dem ein Lastfahrzeug nachts in eine dem Vmer gehörende Kiesgrube gestürzt war; nach der Auffassung des Gerichts waren die Tatumstände so, daß die Version des Vmers möglich war, daß aber auch manches für eine Eigenhandlung des Vmers sprach; die Klage wurde daher abgewiesen. Vgl. auch OLG Frankfurt a. M. 21. III. 1975 VersR 1975 S. 728–729: Der Beweis wurde mit Rücksicht darauf als nicht geführt angesehen, daß der Vmer in eine Reihe angeblicher Unfälle verwickelt war, bei denen erhebliche Verdachtmomente für fingierte Schäden bestanden. Die aufgeführten Beispielfälle zeigen, wie schwierig es häufig ist, im Einzelfall eine gerechte Entscheidung zu treffen, ohne die Beweisanforderungen an den Vmer zu überspannen.

Für einen Fall eines geglückten prima-facie-Beweises vgl. dagegen OLG Koblenz 8. VII. 1976 VersR 1976 S. 1173–1174; in jenem Fall war aber auch ein verschlossen abgestellter Pkw nachts nach Aufbrechen eines Fensters und Herausreißen des Lenkradschlosses weggefahren und auf freiem Feld demontiert worden. Überhaupt darf nicht daraus, daß weitaus mehr Entscheidungen über das Mißlingen eines solchen Beweises des ersten Anscheins veröffentlicht worden sind als solche, in denen der Beweis gelingt, geschlossen werden, daß es schwierig sei, nach einem Entwendungsfall den Vsanspruch durchzusetzen. Das Gegenteil ist in der Regulierungspraxis der Fall. Gegen die veröffentlichten, für den Vmer negativen Entscheidungen stehen nämlich die nahezu unzähligen Vsfälle, in denen anstandslos nach den Grundsätzen des prima-facie-Beweises reguliert worden ist. – Eine Durchsicht der hier dargestellten Entscheidungen ergibt auch bei wertender Betrachtung, daß in der Tat in nahezu allen Fällen schwere Verdachtsmomente gegen den Vmer bestanden haben. Vgl. als weiteren Beispielsfall eines mißglückten Anscheinsbeweises in diesem Zusammenhang OLG Köln 18. V. 1977 VersR 1977 S. 1023–1024, in dem folgende Tatsachen gegen den Vmer sprachen: Fehlen einer äußeren Beschädigung der Wagentür, dringender Verdacht, durch Sachverständigengutachten erhärtet, daß das Lenkradschloß erst nach der angeblichen Entwendung ausgebaut worden sei, Vermögensfall des Ehemannes der Klägerin, der den Wagen der Ehefrau gerade wegen Zahlungsschwierigkeiten übereignet hatte, Vorstrafen des Ehemannes und vorausgegangene, ebenfalls eigenartig gelagerte Brandfälle bei einem anderen Fahrzeug dieses Ehemannes.

Nicht jede Ungenauigkeit, unpräzise oder unwahre Angabe des Vmers führt zu einer Versagung der Rechtswohltat der Anwendung der Grundsätze über den Beweis des ersten Anscheins. So hat z. B. OLG Koblenz 8. VII. 1976 a. a. O. S. 1174 unrichtige Angaben über die tatsächlich angefallenen Reparaturkosten nicht für erheblich gehalten, insbesondere auch mit Rücksicht darauf, daß die objektiv zum Schadenausgleich notwendigen Reparaturkosten auch dann zu erstatten sind, wenn eine Reparatur tatsächlich nicht durchgeführt wird (vgl. Anm. J 138). Steht aber z. B. fest, daß der Vmer einen fingierten Kaufvertrag über den Wert des verschwundenen Fahrzeugs bei dem Ver eingereicht hat, so ist bei der Bewertung des tatsächlichen Vorbringens des Vmers über die angebliche Entwendung des Wagens große Zurückhaltung geboten. Jedenfalls wäre es nicht sachgerecht, einem solchen Vmer, der mit unredlichen Mitteln arbeitet, die genannten Beweiserleichterungen zugute kommen lassen zu wollen; abgesehen davon, daß eine vorsätzliche Täuschung des Vers durch den Vmer über die Schadenhöhe durch falsche Angabe des Ankaufpreises des unfallgeschädigten Fahrzeugs wegen Verletzung der Aufklärungsobliegenheiten nach § 7 I Ziff. 2 S. 2 AKB ohnedies regelmäßig zum Verlust des Vsschutzes führt (vgl. dazu BGH 28. V. 1975 VA 1975 S. 367–368 Nr. 670 = VersR 1975 S.752–753, 19. V. 1976 VersR 1976 S. 849–850 und Anm. J 17). Für den Fall des Einreichens einer fingierten Rechnung über den Kauf eines angeblich bei einem Diebstahl beschädigten Autoradios versagt z. B. auch OLG München 16. III. 1976 VersR 1976 S. 1126–1127 dem Vmer die Rechtswohltat der Anwendung des prima-facie-Beweises.

V. 2. e) Entwendungsschäden
Anm. J 43

Steht dem Vmer nach den Besonderheiten des Einzelfalls nicht der prima-facie-Beweis zur Seite, so wird ihm nach den aufgeführten Beispielfällen zumeist der Vollbeweis für eine Entwendung nicht gelingen. Doch sind Ausnahmen denkbar. Vgl. dazu BGH 7. IV. 1971 VersR 1971 S. 510–511 für einen Grenzfall, in dem das die Klage abweisende Berufungsurteil mit folgenden Bemerkungen aufgehoben wurde: „Der Fall wird durch die widersprüchlichen Beweisanzeichen und -ergebnisse gekennzeichnet. Es ist denkbar, daß ein technisches Detail, das zugleich ein Indiz für die Glaubwürdigkeit des Kl. darstellt, bei der richterlichen Überzeugungsbildung den Ausschlag gibt... Es kommt darauf an, ob das Berufungsgericht unter Berücksichtigung des gesamten Inhalts der Verhandlungen und des Beweisergebnisses die Überzeugung zu gewinnen vermöge, daß das Fahrzeug dem Kläger gestohlen worden ist. Das äußere Erscheinungsbild kann wegen der gegen den Kläger sprechenden Verdachtsgründe nicht genügen. Andererseits dürfen auch unter solchen Umständen die Anforderungen an den Vmer nicht in einer Weise überspannt werden, die seiner Lage keine Rechnung mehr trägt und ihm die Beweisführung unmöglich macht. Als eine solche Überspannung muß die wiederholte Forderung des Berufungsgerichts angesehen werden, der Kl. habe „mit an Sicherheit grenzender Wahrscheinlichkeit" auszuräumen, was für die Darstellung der Bekl. spricht... Der Kl. hatte grundsätzlich nicht die Sachdarstellung der Bekl. zu widerlegen, sondern die eigene Behauptung des eingetretenen Vsfalls zu beweisen. Andererseits war dieser Beweis nicht erst mit der positiven Feststellung gescheitert, daß die Schilderung der Bekl. zutraf, sondern schon mit einem nicht hinlänglich überzeugungskräftigen Beweisergebnis im Sinne des Klagvortrags."

Zu strenge Anforderungen stellt OLG Karlsruhe 16. VI. 1977 VersR 1977 S. 903–904. Die Überlegung, daß es als unwahrscheinlich angesehen werden müsse, daß ein (wohl relativ neues) Motorrad mit defekter Zündung innerhalb eines Zeitraums von einer Stunde gestohlen werden könne, unterschätzt die Geschicklichkeit der Diebesbanden; wenn weder gegen den Vmer noch den Zeugen K, der das Motorrad gefahren hatte, Bedenken in subjektiver Beziehung (schlechter Leumund, nachgewiesene Unrechtstaten) bestanden, und davon muß angesichts des Schweigens im Urteil zu diesem Punkt ausgegangen werden, so hätte es (in Übereinstimmung mit dem Erstgericht) nähergelegen, der Klage stattzugeben.

Beweisprobleme ergeben sich speziell auch bei der Frage, ob ein versuchter Diebstahl dem Fahrzeug oder seinen Teilen oder nicht vten Sachen gegolten hat (vgl. zur Abgrenzung Anm. J 42). In einer Vielzahl von Fällen steht der Denkvorgang des Diebes nicht fest, ergibt sich auch nachträglich nicht aus der Strafakte, und zwar deswegen, weil der Täter gar nicht ermittelt wird. Aber auch dann, wenn der Täter vor der Polizei aussagt, er habe das Fahrzeug im ganzen oder auch nicht im ganzen, sondern nur einzelne Teile daraus stehlen wollen, braucht das nicht zu stimmen, vielmehr kann eine solche Einlassung von der Unkenntnis oder Kenntnis der Bestimmungen des StGB diktiert worden sein. Als Erfahrungssatz des Lebens wird man zur Erleichterung der Beweisführungslast des Vmers annehmen dürfen, daß der Wille dessen, der ein Fahrzeug aufbricht und dieses selbst nicht stiehlt, darauf gerichtet ist, alle darin befindlichen Sachen von irgendeinem größeren Wert zu entwenden, also regelmäßig auch mitvte Fahrzeugteile. Nur dann, wenn Tatsachen beweiskräftig feststehen, aus denen der sichere Schluß gezogen werden darf, daß der Dritte tatsächlich nur solche Sachen stehlen wollte, die nicht unter den Vsschutz der Teilkaskov fallen, ist die in Anm. J 42 gemachte Differenzierung der einzelnen Schadenarten zu Lasten des Vmers vorzunehmen. Dabei spielt, wie hervorgehoben, eine besondere Rolle, daß auch der Versuch, Fahrzeugteile zu stehlen, mit vom Vsschutz erfaßt wird mit der Konsequenz, daß auch die dadurch entstehenden Beschädigungen am Fahrzeug und den Fahrzeugteilen ersatzpflichtig sind. Angesichts dieser schwierigen Beweisabgrenzung wird es verständlich, daß Asmus Kraftfahrtv S. 75 Beschädigungen am Fahrzeug aus Anlaß eines Diebstahlversuchs schlechthin als vert bezeichnet und daß demgemäß die Regulierungspraxis, wie Stiefel-Wussow-Hofmann[10] Anm. 15 zu § 12 AKB, S. 525 berichten, solche Schäden vielfach undifferenziert als gedeckt behandelt.

Beweislastfragen spielen auch bei der Abgrenzung der Diebstahlschäden von den grundsätzlich nur in der Fahrzeugvollv nach § 12 Ziff. 1 IIf AKB vten Schäden durch mut- oder böswillige Handlungen eine Rolle (vgl. dazu Anm. J 42 und J 73). Ist streitig, ob eine mut- oder böswillige Beschädigung (nicht ein auf die Diebstahlshandlung selbst bezogener Schaden, der ohnedies immer vom Vsschutz erfaßt wird, vgl. Anm. J 42) vor oder nach der Entwendung des Fahrzeugs entstanden ist, so darf mit der Lebenserfahrung davon ausgegangen werden, daß zunächst der Diebstahl so schnell wie möglich durchgeführt wird und daß erst später, wenn der Täter sich vom Ort der Untat entfernt hat, bös- oder mutwillige Zerstörungshandlungen vorgenommen werden, auch deswegen, weil der Täter weiß, daß er auf Dauer nicht mit einem gestohlenen Fahrzeug fahren kann, da die Gefahr der Entdeckung zu groß ist. Demgemäß ist auch hier von einer Beweiserleichterung für den Vmer des Inhalts auszugehen, daß es Aufgabe des Vers ist, Tatsachen darzutun und zu beweisen, die den ernsthaften Schluß darauf zulassen, daß in dem hier erörterten Fall des Auffindens eines gestohlenen und beschädigten Fahrzeugs eine Beschädigung noch vor dem Diebstahl in mut- oder böswilliger Weise im Sinne des § 12 Ziff. 1 IIf AKB, also ohne bezug auf die Diebstahlshandlung, vorgenommen worden sei. Stets sind alle Umstände des Falles zur Ermittlung des Tatgeschehens heranzuziehen. Die geschilderten Grundsätze über die Beweiserleichterung zugunsten des Vmers können z. B. in der Regel dann nicht eingreifen, wenn das Fahrzeug nicht gestohlen war, sondern lediglich ein Diebstahlversuch vorgenommen worden ist. Beispiel: Das vte Fahrzeug befindet sich morgens dort, wo es abends abgestellt worden ist, es ist aber die Tür aufgebrochen und das Lenkrad beschädigt, dazu ist mit einem spitzen Gegenstand auf das Deck ein „Männchen" oder etwas ähnliches gemalt worden. Hier ist vom Ver nur der Schaden an der Tür und am Lenkschloß zu ersetzen, nicht aber sind die Lackausbesserungskosten für das gezeichnete „Männchen" im Rahmen der Fahrzeugteilv zu bezahlen. Etwas anderes gilt allerdings dann, wenn die Lackbeschädigung nicht in einer Zeichnung besteht, sondern aus Kratzlinien, die sich in unmittelbarer Nähe des Fahrzeugtürschlosses befinden, so daß auf ein Abrutschen des für den Diebstahlversuch gebrauchten Werkzeugs geschlossen werden darf. – Schwierigkeiten bereiten in diesem Zusammenhang auch die Antennenschäden (vgl. Anm. J 42). Der Vmer genügt hier den an ihn zu stellenden Beweisanforderungen durch den Nachweis des irregulären Verschwindens des Fahrzeugteils. Dafür, daß trotz dieses Verschwindens der Antenne kein Diebstahl vorgelegen hat sondern lediglich eine mut- oder böswillige Beschädigung, müßten von dem Ver wiederum Tatsachen dargetan und bewiesen werden, aus denen sich die ernsthafte Möglichkeit eines anderen Geschehensablaufs ergibt. Die genannte Beweiserleichterung gilt aber nur, wenn die abgebrochene Antenne verschwunden ist; ist sie an Ort und Stelle verblieben, so greift der prima-facie-Beweis hinsichtlich der theoretisch zu Gunsten des Vmers denkbaren Tatbestandsmöglichkeit eines Diebstahlversuchs nicht ein. Dabei ist auch zu bedenken, daß eine abgebrochene Antenne nur zu wenig wirtschaftlich sinnvollen Handlungen gebraucht werden kann. In den Fällen, in denen die Antenne abgeknickt am Tatort bleibt, muß der Vmer demgemäß beweisen, daß ausnahmsweise nicht eine Sachbeschädigung sondern ein Diebstahlversuch vorgelegen habe. Ein solcher Beweis wird nur in Ausnahmefällen geführt werden können, ist aber immerhin denkbar, z. B. bei einem glaubwürdigen Geständnis des Täters vor den Ermittlungsbehörden oder dem Strafrichter.

V. 2. e) Entwendungsschäden

[J 44] cc) Unbefugter Gebrauch durch betriebsfremde Personen

Nach § 12 Ziff. 1 Ib AKB ist auch ein durch einen unbefugten Gebrauch am Fahrzeug entstehender Schaden im Rahmen der Fahrzeugteilv vert, allerdings nur, soweit es sich um einen unbefugten Gebrauch durch eine betriebsfremde Person handelt. Ein unbefugter Gebrauch liegt dann vor, wenn das Fahrzeug gegen oder ohne den Willen des über seine Verwendung Verfügungsbefugten benutzt wird. Dieser Verfügungsbefugte wird in aller Regel der Halter sein; es kann das aber abweichend von diesem Grundsatz auch eine dritte Person sein, z. B. der Fahrer, wenn diesem von dem Halter stillschweigend oder ausdrücklich das Recht eingeräumt worden ist, das Fahrzeug zur Benutzung auch einem Dritten geben zu dürfen. Der unbefugte Gebrauch eines Fahrzeugs im Sinne des § 12 Ziff. 1 Ib AKB entspricht der strafbaren Gebrauchsanmaßung nach § 248 b StGB, umfaßt darüber hinaus aber auch jede andere Art einer Schwarzfahrt (so Asmus Kraftfahrtv S. 74–75, Stiefel-Wussow-Hofmann[10] Anm. 17 zu § 12 AKB, S. 527; vgl. auch Theda VersR 1973 S. 1013).

Zu beachten ist, daß nicht alle Fälle, in denen das Fahrzeug ohne den Willen des Vmers benutzt wird, einen unbefugten Gebrauch darstellen. So liegt ein befugter Gebrauch vor, wenn das Fahrzeug zwar ohne den Willen des Verfügungsberechtigten benutzt wird, aber mit dessen mutmaßlichem Einverständnis. Ein solches mutmaßliches Einverständnis kann sich aus den gesellschaftlichen Beziehungen der Beteiligten zueinander ergeben. Hat ein Vater z. B. seinem Sohn verboten, den Zweitwagen der Familie zum Fahren zur Schule zu benutzen, so liegt kein unbefugter Gebrauch vor, wenn der Vater im Laufe der Zeit zu erkennen gegeben hat, daß er die Einhaltung dieses Verbots nicht in letzter Konsequenz und mit aller Strenge verlangen wird; überhaupt liegt es nahe, in einem solchen Fall des familiären Ungehorsams regelmäßig nicht den von § 12 Ziff. 1 Ib AKB gemeinten Fall eines unerlaubten Gebrauchs zu sehen. Es ist hier eine strenge Aufklärung des Sachverhalts mit eingehender Schilderung aller Lebensumstände geboten.

Wer ein strenges Fahrverbot gegenüber seinen Kindern verhängt, aber zugleich deren Standfestigkeit gegenüber den elterlichen Anordnungen überprüfen will, indem er ungeachtet dessen, daß die Kinder im Besitz einer gültigen Fahrerlaubnis sind und den betreffenden Wagen des Vaters oder der Mutter auch schon früher gefahren haben, den Fahrzeugschlüssel offen an das Schlüsselbrett in der Küche hängt, darf sich nicht wundern, wenn die Kinder im jugendlichen Übermut doch einmal die Gelegenheit benutzen, mit dem Wagen zu Freunden oder zur Schule zu fahren. Der Schutz der Fahrzeugteilv ist nicht für solche Fälle gedacht. In aller Regel werden solche Fälle von den Vmern aus dem sicheren Instinkt heraus, daß es sich hier letzten Endes um ein Erziehungs- oder Entwicklungsproblem handelt, nicht aber um den Fall des strafbewehrten Fahrzeuggebrauchs, den Vern auch gar nicht zur Entschädigung angemeldet. Geschieht das aber doch, so ist zu prüfen, ob nicht in Wirklichkeit das generelle Verbot mit einem stillschweigenden oder ausdrücklichen Ausnahmekatalog versehen war. Die Überschreitung dieses Ausnahmekatalogs, sei sie auch ein wenig mutwillig, macht die Fahrt noch nicht zu einer strafwürdigen Tat im Sinne des § 248 b StGB. Ernsthafte Indizien können allerdings daraus hergeleitet werden, daß der Vmer seinen eigenen Sohn oder seine eigene Tochter wegen des Vergehens der strafbaren Gebrauchsanmaßung nach § 248 b StGB bei der Polizei oder der Staatsanwaltschaft angezeigt und Strafantrag gestellt hat. Zur Strafanzeige ist der Vmer allerdings im Fall eines Entwendungsschadens über DM 100,– nach § 7 III Ziff. 1 S. 2 AKB ohnedies grundsätzlich verpflichtet. Doch ist zu beachten, daß die Einhaltung dieser Obliegenheit bei strafbaren Handlungen eines Angehörigen den Vmer in Gewissenskonflikte bringen kann, deren Lösung einer differenzierten Betrachtung bedarf (vgl. dazu Anm. J 14).

Eine sehr wesentliche Einschränkung des Tatbestands des unbefugten Gebrauchs im Sinne des § 12 Ziff. 1 Ib AKB wird dadurch erreicht, daß nur die unerlaubten Fahrten eines betriebsfremden Fahrers als vtes Ereignis angesehen werden. Der Ausdruck „betriebsfremd" ist dabei in bezug auf den Betrieb des Fahrzeugs zu verstehen (ebenso Stiefel-Wussow-Hofmann[10] Anm. 18 zu § 12 AKB, S. 527). Nicht etwa handelt es sich um eine Einschränkung des Vsschutzes für diejenigen Fahrzeugvsverträge, die von einem kaufmännischen oder gewerblichen Unternehmen abgeschlossen worden sind. Eine solche Auslegung verbietet sich vielmehr mit Rücksicht darauf, daß die AKB keine Sonderregelung hinsichtlich eines betrieblichen Fahrzeugvsvertrages enthalten, vielmehr typisch auf den Einzelfall abstellen; der vieldeutige Ausdruck betriebsfremd darf daher nach dem erkennbaren Sinnzusammenhang nur auf den Betrieb des Fahrzeugs bezogen werden.

Nicht betriebsfremd sind der regelmäßige Fahrer eines Wagens und sein Beifahrer. Dagegen sind betriebsfremd der Fahrer eines anderen Firmenwagens oder sonstige Angehörige eines Unternehmens, die mit dem Betrieb des speziellen Fahrzeugs nichts zu tun haben. Wer allerdings den Fuhrpark eines Unternehmens verwaltet oder mitverwaltet und demgemäß über den Einsatz, die Einteilung oder die Verwendung der Fahrzeuge entscheiden darf, kann nicht als betriebsfremd angesehen werden. In diesem Beispielsfall fehlt es aber in aller Regel ohnedies am unerlaubten Gebrauch. Wenn man sich aber die Verwaltung der Fahrzeuge auf einer etwas niedrigeren Ebene eines Unternehmens vorstellt, so kann die Organisation dort so gestaltet sein, daß dem Pförtner oder einer sonstigen Vertrauensperson die Herausgabe der über Nacht verwahrten Fahrzeugschlüssel obliegt. Dieser Pförtner oder diese sonstige Vertrauensperson ist nicht als betriebsfremd in bezug auf sämtliche Fahrzeuge anzusehen, deren Schlüssel ihm anvertraut sind. Jeder andere Betriebsangehörige aber, zu dessen Aufgabe nicht die Benutzung des betreffenden Fahrzeugs entweder als Fahrer oder Beifahrer gehört, ist grundsätzlich als betriebsfremd einzuordnen. Wenn also der Buchhalter, der Kassierer, ein Lehrling oder die Reinemachefrau in einem unbeobachteten Augenblick den Schlüssel aus dem Büro entwenden, um eine heimliche Fahrt zu unternehmen, so handelt es sich — ungeachtet dessen, daß betriebsinterne Kenntnisse über die Haltung der Fahrzeuge ausgenutzt werden — um die Taten von betriebsfremden Personen im Sinne des § 12 Ziff. 1 Ib AKB. Als betriebsfremd anzusehen ist auch derjenige Angehörige eines Unternehmens, der das Fahrzeug zwar regelmäßig mit entlädt, aber nicht Fahrer oder Beifahrer dieses Wagens ist. § 12 Ziff. 1 Ib AKB will nämlich nur denjenigen Gebrauch als nicht unter den Vsschutz fallend ausscheiden, der sich auf die primär wesentliche Nutzungsmöglichkeit des Fahrzeugs durch das Fahren bezieht. Das trifft für den Beifahrer, der sich nicht mit dem Fahrer im Führen des Wagens ablöst, freilich nicht zu, wie auch nicht für die Aufsichtsperson über die Schlüssel. Doch ist deren Beziehung zum Betrieb des Fahrzeugs so eng und die Möglichkeit der unerlaubten Fahrzeugnutzung damit so groß, daß sie nicht als betriebsfremde Personen angesehen werden dürfen. Stiefel-Wussow-Hofmann[10] Anm. 18 zu § 12 AKB, S. 528 vertreten die Auffassung, daß ein Wagenwäscher, ein Garagenwärter oder auch die Hausangestellte, die den Auftrag haben, den Wagen innen zu säubern, keine betriebsfremden Personen seien. Dem kann in dieser Allgemeinheit nicht beigepflichtet werden. Wird einem Tankwart zum Betanken des Fahrzeugs oder einer Reinemachefrau zum Saubermachen des Wagens der Fahrzeugschlüssel ausgehändigt und benutzen diese flugs die Gelegenheit, um eine unerlaubte Fahrt vorzunehmen, so kommt es darauf an, ob nach der Vorstellung des über das Fahrzeug Verfügungsberechtigten mit dem Tankvorgang oder der Reinigungshandlung eine Fahrt verbunden sein sollte oder nicht. Erwartete der Verfügungsbefugte, daß nach dem Abschluß des Tankvorgangs der Tankwart den Wagen in die Garage oder auch nur zur Seite fahre,

V. 2. e) Entwendungsschäden   Anm. J 45

so kann der dazu berechtigte Tankwart allerdings nicht mehr als betriebsfremd in bezug auf das in Frage stehende Fahrzeug zu diesem Zeitpunkt angesehen werden. In den seltenen Fällen aber, in denen der Vmer die Schlüssel wohl zum Tanken, nicht aber zur Fortbewegung des Fahrzeugs herausgegeben hat, ist im Sinne des Bedingungsrechts eine betriebsfremde Person tätig (anders Asmus Kraftfahrtv S. 75, der beim Tankwart immer von einer auf den Betrieb des Fahrzeugs bezogenen Person ausgeht; die hier vertretene Auffassung unterscheidet sich davon nur durch den mehr theoretischen Vorbehalt einer vom Normalfall abweichenden Sachverhaltsvariante). Das gleiche gilt für den Reinigungsvorgang, bei dem allerdings eher als typisch anzusehen ist, daß damit kein Fahrtvorgang verbunden ist. – Wer den Schlüssel für das Fahrzeug nur deshalb erhält, um einen Koffer herauszuholen, ist ebenfalls als betriebsfremd anzusehen.

[J 45] dd) Raub

Vsschutz wird in der Teilkaskov auch gegen durch Raub entstehende Schäden gewährt. Raub stellt nach § 249 StGB die Wegnahme einer fremden beweglichen Sache in Zueignungsabsicht mittels Gewaltanwendung dar. Der Raub unterscheidet sich vom Diebstahl durch die größere kriminelle Energie des Täters, die bei dem Raub auf einen gewaltsamen Gewahrsamsbruch gerichtet ist. Die Gewalt kann dabei unmittelbar gegen eine Person oder unter Anwendung von Drohungen mit gegenwärtiger Gefahr für Leib oder Leben ausgeübt werden. Wer ein Fahrzeug unter den Augen des Verfügungsberechtigten entwenden will, kann das im allgemeinen nur dadurch, daß er zusätzlich nachhaltig auf den Willen des betreffenden Fahrzeughalters einwirkt. Das kann durch offene Gewalt geschehen, wenn z. B. der Täter mit vorgehaltener Pistole oder vorgehaltenem Messer die Herausgabe des Fahrzeugschlüssels erzwingt. Gewalt liegt aber auch dann vor, wenn dem Vmer heimlich ein Schlafmittel eingegeben wird, damit der Täter sich dann in aller Ruhe des Autoschlüssels bemächtigen kann. Einer näheren Abgrenzung und Erörterung der einzelnen Fälle des Raubes bedarf es im Rahmen dieser Darstellung des Vsschutzbereichs der Fahrzeugteilv anders als im Strafrecht nicht. Entscheidend ist die Grunderkenntnis, daß auch für die verstärkte Form des Diebstahls, nämlich die Wegnahme fremder beweglicher Sachen in Zueignungsabsicht durch Gewalt, Vsschutz besteht. Es hätte theoretisch auch die Möglichkeit bestanden, daß die Ver das größere Risiko der Gewaltanwendung nicht mittragen wollten. Wäre das so, dann wäre eine präzise Abgrenzung des Gewaltbegriffs vonnöten; ebenso würden sich die Dinge stellen, wenn die Ver in der Fahrzeugv ebenso wie in der Einbruchdiebstahl-V zwar nicht das Risiko des „einfachen" Diebstahls vern würden, wohl aber den des Raubes. Da im Rahmen der Fahrzeugteilv aber gerade abweichend von dem erwähnten Grundsatz der Einbruchdiebstahl-V, wie er in § 1 I AEB zum Ausdruck kommt, Vsschutz auch für den einfachen Diebstahl gewährt wird, erübrigt sich eine solche nähere Erläuterung.

In § 1 I AEB ist im übrigen für den Bereich der Einbruchdiebstahl-V festgelegt, daß dort nicht nur durch Raub entstehende Schäden ersetzt werden, sondern auch solche, die durch eine räuberische Erpressung entstehen. Eine räuberische Erpressung liegt nach § 255 StGB vor, wenn diese durch Gewalt oder unter Anwendung von Drohung mit gegenwärtiger Gefahr für Leib und Leben begangen wird. Der Unterschied zu dem Raub im Sinne des § 249 StGB ist nur ein gradueller, so daß es aus der Interessenlage geboten erscheint, im Sinne des § 12 Ziff. 1 Ib AKB ebenfalls beide Fälle gleich zu behandeln. Das muß um so mehr gelten, als der einleitend aufgeführte Entwendungstatbestand in § 12 Ziff. 1 Ib AKB im Zusammenhang mit den anschließend aufgeführten vier erläuternden Beispielfällen ohnedies im Sinne einer möglichst umfassenden Ausgestaltung des Vsschutzes in der Fahrzeugteilv zu verstehen ist (vgl. Anm. J 51).

[J 46] ee) Unterschlagung
aaa) Vorbemerkung

Durch § 12 Ziff. 1 I b AKB wird in der Fahrzeugteilv auch das Unterschlagungsrisiko abgedeckt, allerdings nur in einem beschränkten Umfang. Ausgeschlossen sind nach § 12 Ziff. 1 I b AKB die Unterschlagungen durch diejenigen, denen der Vmer das Fahrzeug unter Vorbehalt seines Eigentums veräußert hat, oder durch diejenigen, denen es zum Gebrauch oder zur Veräußerung überlassen wurde.

Zu beachten ist dabei für alle drei aufgeführten Ausnahmetatbestände, daß nach dem Wortlaut der Bestimmung auf die Besitzüberlassung des gesamten Fahrzeugs abgestellt worden ist. Sind lediglich einzelne Fahrzeugteile zu den aufgeführten Zwecken einem Dritten überlassen worden, so fragt es sich, ob die Bedingungsinterpretation so vorzunehmen ist, daß aus dem Fehlen des Ausdrucks Fahrzeugteile in § 12 Ziff. 1 I b AKB geschlossen werden kann, daß das, was für das Fahrzeug im ganzen gelte, für die Fahrzeugteile nicht zum Zug kommen soll. Die Alternative wäre die, daß im Wege des argumentum a maiore ad minus geschlossen werden müsse, daß das, was für das Fahrzeug im ganzen gelte, erst recht für einzelne Fahrzeugteile zur Anwendung kommen solle. Der letztgenannten Auffassung ist der Vorzug zu geben. Sie trifft den Sinn der Bestimmung; an der verkürzenden Ausdrucksweise darf angesichts des Gesamtzusammenhangs kein Anstoß genommen werden.

Was also für das zum Gebrauch überlassene Fahrzeug gesagt worden ist, gilt in gleicher Weise für die dergestalt überlassenen Fahrzeugteile. Das Gesagte darf aber nicht mißverstanden werden. Wird dem Nachbarn ein Ersatzreifen zum Gebrauch überlassen, weil er am Wochenende mit zweien seiner Reifen ein Mißgeschick erlitten hat, so ist zwar die Unterschlagung dieses Reifens durch den Nachbarn nicht vert, wohl aber die Unterschlagung des ebenfalls dem Nachbarn übergebenen Fahrzeugs, das dieser bestimmungsgemäß nur verwahren sollte, um es einem dritten Berechtigten zu übergeben, der es etwa während des Urlaubs des Vmers an dessen Wohnort abholen sollte.

Der Wortfassung der in § 12 Ziff. 1 I b S. 2 AKB zum Ausdruck kommenden Einschränkung kommt Konsequenz in beweisrechtlicher Hinsicht zu. Steht fest, daß eine Unterschlagung vorliegt, kann aber nicht aufgeklärt werden, ob es sich um ein unter Eigentumsvorbehalt veräußertes Fahrzeug gehandelt hat oder nicht und sind auch die beiden anderen Alternativen der Ausnahmeregelung nicht erwiesen, so kommen die Regeln der Beweislastverteilung zum Zuge. Der Vmer braucht nur die Unterschlagung zu beweisen, der Ver aber muß beweisen, daß eine der drei aufgeführten Ausnahmealternativen gegeben ist. Gelingt das nicht, so trägt die Folgen dieser Beweislosigkeit der Ver. Er hat demgemäß Vsschutz zu gewähren.

Durch die Einbeziehung der Unterschlagungsschäden in den am Anfang der Bestimmung des § 12 Ziff. 1 I b AKB gesetzten Oberbegriff der Entwendung wird zugleich mit aller Deutlichkeit klargestellt, daß es für diesen Ausdruck „Entwendung" an einer zusammenfassenden Begriffsbestimmung im Rahmen des Zivil- oder Strafrechts fehlt. Die Inhaltsbestimmung des Begriffs der Entwendung muß demgemäß selbständig aus vsrechtlicher Sicht erfolgen, wenn auch gewiß unter Verwertung der aus der Begriffswelt des Strafrechts stammenden Beispielsfälle des Diebstahls, der unerlaubten Kraftfahrzeugbenutzung, des Raubes und der Unterschlagung (vgl. Anm. J 51).

V. 2. e) Entwendungsschäden

[J 47] bbb) Einzelheiten
α) Zum Unterschlagungsbegriff

Unter einer Unterschlagung im Sinne des § 246 StGB ist die Zueignung einer fremden beweglichen Sache zu verstehen, die sich im Gewahrsam dessen befindet, der sich diese Sache zueignet. Gewahrsam ist die tatsächliche, in der unmittelbaren Verwirklichung nicht behinderte Herrschaft über eine Sache; seine Reichweite bestimmt sich nach den Anschauungen des täglichen Lebens für den betreffenden Lebenskreis (vgl. nur BGH 6. X. 1961 BGHSt Bd 16 S. 273, m. w. N. 27. XI. 1974 VersR 1975 S. 226 = DAR 1975 S. 47). Nach dieser Definition ist grundsätzlich Voraussetzung für die Annahme einer Unterschlagung, daß der Täter Alleingewahrsam hatte; jedoch ist dem Alleingewahrsam gleichzustellen der übergeordnete Mitgewahrsam des unrechtmäßig Handelnden; dagegen liegt keine Unterschlagung sondern Diebstahl vor, wenn ein gleichgeordneter oder gar ein übergeordneter Mitgewahrsam gebrochen wird (vgl. zu diesen Gewahrsamsfragen die Nachweise bei Eser in Schönke-Schröder, 19. Aufl., München 1978, Anm. 24–25 zu § 242 StGB). Stellt die Unterschlagung im Verhältnis zum vorangegangenen Betrug (vgl. dafür, daß insoweit in der Fahrzeugteilv kein Vsschutz besteht, Anm. J 51), durch den der Täter den Alleingewahrsam über das Fahrzeug bereits erlangt hat, eine straflose Nachtat im Sinne des Strafrechts dar, so besteht kein Vsschutz (RG 23. X. 1931 VA 1931 S. 299 Nr. 2352 = JW 1932 S. 2521–2522; der ablehnenden Anm. von Neumark JW 1932 S. 2521–2522, der der Unterschlagung als strafloser Nachtat zivilrechtliche Bedeutung im Sinne des Vsrechts beimessen will, kann nicht gefolgt werden; das Entscheidende ist, ob für das den Schaden bereits herbeiführende Ereignis Vsschutz besteht oder nicht).

[J 48] β) Verkauf unter Eigentumsvorbehalt

Ausgeschlossen von dem Vsschutz gegen Unterschlagungsschäden sind die Fälle der Unterschlagung durch denjenigen, dem der Vmer das Fahrzeug unter Eigentumsvorbehalt veräußert hat. Der Ausschluß dieses Risikos aus dem Deckungsbereich der Fahrzeugteilv erfolgte im Anschluß an den vom RG 5. X. 1926 RGZ Bd 114 S. 347–351 abgehandelten Grenzfall, in dem entscheidungserheblich war, ob Betrug oder Unterschlagung bezüglich des unter Eigentumsvorbehalt verkauften Fahrzeugs vorlag. In einer rund fünf Jahre später ergangenen Entscheidung des RG zum Kaskovsrecht, bei dem auch wieder eine Abgrenzung zu einem Betrugsfall vorgenommen werden mußte, wird dann die Unterschlagung durch denjenigen, dem ein Fahrzeug unter Eigentumsvorbehalt veräußert worden ist, als nach den Bedingungen ausdrücklich nicht vert bezeichnet (vgl. RG 23. X. 1931 VA 1931 S. 299 Nr. 2352 = JW 1932 S. 2521–2522). Der Ausschluß des Unterschlagungsrisikos durch eine Person, der der Vmer das Fahrzeug unter Eigentumsvorbehalt veräußert hat, erscheint als wirtschaftlich verständlich. Ob dem Käufer eines Fahrzeugs des Vmers zu trauen ist oder nicht, ist nicht das typische Risiko der Fahrzeugteilv. Dieses Problem muß der Vmer in eigener Verantwortung entscheiden. Bei einer Überwälzung dieser Verantwortung auf den Fahrzeugver würde dieser in die Nähe des Kreditvers geraten. Zu beachten ist, daß der Vmer aber geschützt ist, wenn das Fahrzeug dem Eigentumsvorbehaltskäufer gestohlen wird oder sonst einer der Anwendungsfälle des § 12 Ziff. I b AKB gegeben ist.

Wirtschaftlich in der Interessenlage ähnlich gelagert ist der Fall, daß der Vmer sein Fahrzeug an einen Dritten verpfändet und es demgemäß übergibt oder es an diesen sicherheitshalber übereignet und atypischerweise nicht zum eigenen Gebrauch behalten darf, sondern dem Dritten wie beim Pfand zur Verwahrung übergeben muß. Unterschlägt hier der Dritte, so besteht Vsschutz; eine entsprechende Anwendung der einschränkenden Ausnahmebestimmung auf diese atypischen Sachverhalte scheidet aus. Darf der Dritte das Fahrzeug allerdings in den erörterten Fällen seinerseits nutzen, so besteht wegen einer Überlassung zum Gebrauch kein Vsschutz (vgl. dazu Anm. J 49).

[J 49] γ) Überlassung zum Gebrauch

Da die Unterschlagung durch denjenigen ausgeschlossen ist, dem das Fahrzeug zum Gebrauch überlassen worden ist, könnte bei unbefangener Betrachtung der Bedingungsbestimmung angenommen werden, daß durch diesen Zusatz der Anwendungsbereich des Vsschutzes in der Fahrzeugv wesentlich eingeschränkt worden ist, wenn man nämlich an die vielen Dienst- und Firmenfahrzeuge denkt, die den Arbeitnehmern doch in einer großen Zahl von Fällen auch zum privaten Gebrauch zur Verfügung gestellt werden. Indessen sind hier die strafrechtlichen Besonderheiten hinsichtlich der Abgrenzung zwischen Diebstahl und Unterschlagung zu beachten, die mit den im Volksmund geläufigen Ausdrücken für solche Vorgänge nicht vollen Umfangs übereinstimmen. Hatte insbesondere der Täter nur Mitgewahrsam, so ist der Bruch dieses Mitgewahrsams als Fall des Diebstahls nach § 242 StGB anzusehen (vgl. die Nachweise in Anm. J 47), bei dem die in der nachfolgenden Zueignung liegende Unterschlagung im Verhältnis zum vorangegangenen, mit Zueignungsabsicht begangenen Gewahrsamsbruch eine straflose Nachtat darstellt. Für die vsrechtliche Behandlung ist diese Unterscheidung von Bedeutung. Ausgangspunkt ist dabei insbesondere die Überlegung, daß regelmäßig in allen den Fällen, in denen im Rahmen eines Dienst- oder Arbeitsvertrages dem Arbeitnehmer ein Fahrzeug zum Gebrauch überlassen wird, aufgrund des damit begrifflich verbundenen Über- und Unterordnungsverhältnisses Mitgewahrsam des Geschäftsherrn an diesem seinem Arbeitnehmer zur Verfügung gestellten Fahrzeug anzunehmen ist. Eignet sich einer dieser Arbeitnehmer das Fahrzeug zu, so ist in dem dieser Zueignung gedanklich vorangehenden Gewahrsambruch, der unter Umständen auch zeitlich mit der Zueignung zusammenfallen kann, ein Diebstahl zu sehen. Für diesen hat der Fahrzeugteilver aufzukommen, da es bei der Diebstahlsalternative eine Einschränkung hinsichtlich des Vsschutzes für zum Gebrauch überlassene Fahrzeuge nicht gibt.

Der Anwendungsbereich der Bedingungseinschränkung, nach der Unterschlagungen der zum Gebrauch überlassenen Fahrzeuge nicht vert sind, ist demgemäß relativ gering. Im Schrifttum wird ergänzend hervorgehoben, daß nur die Überlassung zum eigenen Gebrauch gemeint sei, die nicht gegeben sei bei einem angestellten Fahrer oder der Reparaturwerkstatt (so Prölss-Martin[21] Anm. 3 zu § 12 AKB, S. 902, Stiefel-Wussow-Hofmann[10] Anm. 20 zu § 12 AKB, S. 531). Dem Wortlaut der Bestimmung ist eine solche Einschränkung nicht ohne weiteres zu entnehmen. Doch läßt sich eine solche Interpretation mit Rücksicht auf die anderen beiden Einschränkungsalternativen des Kaufs unter Eigentumsvorbehalt (vgl. Anm. J 48) und des Kommissionärs (vgl. Anm. J 50) durchaus vertreten. Allerdings ist für die Abgrenzung des Anwendungsbereichs der hier erörterten Vorschrift sehr viel bedeutsamer die skizzierte Unterscheidung zwischen Diebstahl und Unterschlagung, insbesondere die Frage, ob der Vmer noch Gewahrsam hatte oder nicht.

Überläßt der Vmer seinem Sohn den Zweitwagen zur uneingeschränkten Benutzung, ohne irgendwelche Rechte bezüglich dieses Fahrzeugs zu beanspruchen, so liegt ein eigener Gebrauch des Sohnes vor. Auch ein Gewahrsam des Vaters ist in einem solchen Fall der totalen Überlassung des Fahrzeugs ungeachtet des sonst bestehenden gemeinsamen Familienlebens zu verneinen. Der Sohn begeht daher durch

V. 2. e) Entwendungsschäden Anm. J 49

einen unerlaubten Verkauf des Wagens eine Unterschlagung, die nicht vom Vsschutz erfaßt wird. Gestattet der Vater zwar die Benutzung des Fahrzeugs, benutzt er es aber selber auch — womöglich noch neben anderen Familienangehörigen —, so hat der Sohn keinen Alleingewahrsam sondern nur Mitgewahrsam, so daß bei dem geschilderten Unrechtstatbestand ein Diebstahl vorliegen würde, für den der Ver wiederum einzutreten hätte. Allerdings wäre der Sohn dem Regreß des Vers nach Maßgabe des gemäß § 67 auf diesen übergegangenen Schadenersatzanspruchs des Vaters ausgesetzt, weshalb solche Schadenereignisse aus dem Bereich des Familienlebens in aller Regel dem Fahrzeugver nur dann zur Regulierung angetragen werden, wenn mit der Tat die Familienbande im Bewußtsein der Beteiligten so stark zerschnitten worden sind, daß der Vater auf die zu erwartende Inanspruchnahme des Sohnes durch den Regreß des Vers keine Rücksicht nehmen will. Ist der Sohn in schlechte Gesellschaft geraten und muß er wegen anderer Delikte ohnedies eine Freiheitsstrafe verbüßen, so mag sich der Vater allerdings sagen, daß der Regreß des Vers dem ohnedies vermögenslosen Sohn nicht schaden werde. Vielleicht nimmt er den Ver in solchen Fällen aber auch in Anspruch, weil er sich sagt, daß er vom Ver unter Hinweis auf diese Vermögenslosigkeit der Sohnes später eine Reduzierung des Regreßanspruchs werde erreichen können, wenn er selbst einen Teil der Entschädigung dafür zurückerstatte. Aus diesem Gesichtspunkt können auch Verhandlungen zwischen Vmer und Ver geführt werden, in denen letzterer eine Teilentschädigung unter Verzicht auf einen Regreßanspruch gegen den vom rechten Weg abgekommenen Sohn einräumt. Solch einem Verlangen des Vmers als Vater braucht der Ver gewiß nicht zu entsprechen. Wenn ein Vater aber auf diese Art und Weise wenigstens teilweise eine Vsentschädigung erhalten möchte unter Schonung des Täters, so ist das verständlich und kann ihm nicht als eine Verletzung der ihn aus dem Vsvertrag treffenden Obliegenheiten angelastet werden. Insbesondere ist auf einen Fall der geschilderten Art nicht § 67 I 3 analog anzuwenden. Denn der Ver steht es frei, ob er solche Sonderabreden nach Eintritt des Schadenfalles treffen will oder nicht. Der Vmer muß sich allerdings hüten, hier unrichtige Angaben über die Vermögensverhältnisse des Sohnes zu machen. Das könnte nämlich als Verletzung der Aufklärungspflicht oder der Rettungslast nach § 7 I Ziff. 2 S. 3 AKB angesehen werden (vgl. auch Anm. J 16 a. E.).

Zum eigenen Gebrauch überlassen ist ein Fahrzeug auch, wenn man es einem Freund für eine Wochenendfahrt oder gar für eine mehrwöchige Urlaubsreise zur Verfügung gestellt hat (vgl. auch KG 10. IV. 1952 VersR 1952 S. 175). Kommt der Nachbar aber und bittet darum, zur nächsten Tankstelle fahren zu dürfen, um dort seinen Reservekanister füllen zu können, so ist diese Fahrt so genau und exakt in ihrer Berechtigung festgelegt, daß von einem unter § 12 Ziff. 1 Ib AKB gemeinten Gebrauch nicht die Rede sein kann. Zum eigenen Gebrauch sind solche Fahrzeuge überlassen, in denen der Entleiher oder Mieter oder sonstige Besitzer über die Dauer, die Zeit und den Einsatz frei bestimmen darf. In diesem Sinne sind die gewerblich gemieteten Fahrzeuge als zum eigenen Gebrauch überlassen anzusehen (vgl. dazu LG Mannheim 3. X. 1955 VA 1956 S. 49 Nr. 133 = VersR 1957 S. 368–369, LG Kassel 14. II. 1957 VersR 1957 S. 294; von den beiden Entscheidungen wird aber zu Unrecht auch der Vsschutz in der Fahrzeugvollv verneint; vgl. dazu die Bemerkungen am Schluß dieser Anm.).

Wird ein Fahrzeug zur Reparaturwerkstatt abgeschleppt und soll es nach der Reparatur zum Vmer gefahren werden, so liegt ein eigener Gebrauch nicht vor. Das gleiche gilt, wenn das Fahrzeug in einer Tankstelle zum Betanken und anschließender Wagenpflege abgegeben worden ist und vereinbart wurde, daß es im Laufe des Tages zu dem Vmer an dessen Büroanschrift gefahren werde, damit dieser den Wagen abends wieder wie gewohnt benutzen könne.

Anm. J 50 J. Fahrzeugversicherung

Keine Überlassung zum eigenen Gebrauch liegt vor, wenn das Fahrzeug nebst Schlüssel in Verwahrung gegeben wird oder, um ein lebensnaheres Beispiel zu bilden, zum Parken abgestellt wird, beides unter Abgabe der Schlüssel, um das in jener Garage erforderliche Umsetzen des Fahrzeugs – unter Umständen mehrfach am Tage – zu ermöglichen.

Besteht eine Fahrzeugvollv, so wird für einen Unfallschaden, der sich im Anschluß an eine solche wegen Überlassens zum eigenen Gebrauch nicht vte Unterschlagung ereignet, regelmäßig Vsschutz zu bejahen sein (anders aber LG Mannheim 3. X. 1955 VA 1956 S. 49 Nr. 133 = VersR 1957 S. 368–369, LG Kassel 14. II. 1957 VersR 1957 S. 294). Es ist davon auszugehen, daß die in § 12 Ziff. 1 AKB vten Gefahren selbständig nebeneinander stehen, so daß für die Anwendung eines ungeschriebenen Grundsatzes, daß nicht vte Entwendungsschäden zugleich auch nicht unter den Vsschutz der Fahrzeugvollv fallen, keine Grundlage gegeben ist. LG Kassel 14. II. 1957 a. a. O. zeigt deutlich die Schwäche der Gegenposition auf, wenn es sogar so weit geht, auch den Vsschutz für Unfallschäden an einem ertrogenen Fahrzeug mit einem kaum noch verständlichen Analogieschluß im Rahmen der Fahrzeugvollv zu verneinen. Verfehlt auch OLG Düsseldorf 15. XI. 1955 VersR 1956 S. 587–588, das allerdings im konkreten Fall den Vsschutz bejaht (vgl. Anm. J 61 a. E.), aber stillschweigend von der Gegenmeinung ausgeht. Es ist systematisch verfehlt, Eingrenzungsüberlegungen aus der Teilv auf den doch weitergehenden Vsschutz der Vollv zu übertragen; die heutige Fassung des § 12 AKB läßt diese Zusammenhänge allerdings auch leichter erkennen. In gleicher Weise stellt sich das Problem auch für einen einer nicht vten Unterschlagung nachfolgenden Brandschaden. Überhaupt ist die generelle Selbständigkeit der Deckungsbereiche der einzelnen Gefahren in der Teil- und Vollv zu betonen. Anders ist nur dann zu entscheiden, wenn von einem Interessewegfall gemäß § 68 auszugehen ist (vgl. dazu Sieg in Bruck-Möller-Sieg Anm. 35 zu § 68 und Anm. J 61). Ein nur scheinbares Konkurrenzproblem ist im übrigen in den Fällen gegeben, in denen ein nicht bewiesenes Gefahrenereignis mit einem nachweisbaren vten Ereignis zusammentrifft, z. B. unbewiesener Diebstahl mit nachfolgendem Brandschaden (vgl. dazu Anm. J 31 a. E.).

[J 50] δ) Unterschlagung durch denjenigen, dem ein Fahrzeug zur Veräußerung überlassen worden ist

Ausgeschlossen sind auch die Unterschlagungen durch denjenigen, dem ein Fahrzeug zur Veräußerung überlassen worden ist. So einleuchtend diese Alternative zunächst auch klingt, so fragt sich doch bei näherem Zusehen, ob tatsächlich ein Bedürfnis für diesen Ausnahmetatbestand gegeben ist. Denn wenn der Vmer es dem Dritten gestattet hat, sein Fahrzeug zu veräußern, so begeht dieser Dritte mit einem entgeltlichen Veräußerungsakt keine Unterschlagung. Das Risiko des Vmers liegt allerdings darin, ob der Dritte, dem er sein Vertrauen hinsichtlich einer Veräußerung des Fahrzeuges geschenkt hat, den Verkauferlös abführt oder nicht. Erfolgte der Verkauf des Fahrzeugs im Namen des Vmers, so stellt der vertragswidrige Verbrauch des dem Dritten von dem Käufer übergebenen Kaufpreises freilich eine Unterschlagung im Sinne des § 246 StGB dar. Dieses Risiko ist aber ohnedies nicht vert, da die Fahrzeugteilv keinen Vsschutz für dieses „Geldsurrogat" des früheren Vsobjektes bietet, bezüglich dessen nach § 69 ohnedies das Vsverhältnis auf den Erwerber übergegangen ist. Verkauft der von dem Vmer zur Veräußerung ermächtigte Dritte im eigenen Namen, so wird er – mangels besonderer Abrede – auch Eigentümer des Verkaufserlöses, den er allerdings vertraglich an den Vmer abzuführen hat. Eine Verletzung dieser Verpflichtung wird regelmäßig eine Untreue nach § 266 StGB dar-

V. 2. e) Entwendungsschäden

stellen. Ersichtlich ist aber auch insoweit kein primär unter den Risikobereich der Fahrzeugteilv fallendes Risiko gegeben.

In den vorangegangenen beiden Beispielfällen ist davon ausgegangen worden, daß der Dritte rechtmäßig handelt, wenn er jeweils im eigenen oder fremden Namen das ihm anvertraute Fahrzeug veräußert; es kann aber die Alternative nicht ausgeschlossen werden, daß der Vmer dem Verkäufer die Auflage gemacht hat, auf jeden Fall nur in seinem, d. h. des Vmers, Namen zu verkaufen. Handelte der Dritte dieser Verpflichtung zuwider, so kann allerdings schon in dem Verkauf im eigenen Namen eine Unterschlagung gesehen werden. Allerdings gilt das nicht ausnahmslos; denn für diejenigen Fälle, in denen der mit der Veräußerung Beauftragte die Auflage nur für eine Formalität hält und den Verkaufserlös abführen will und das auch tut, wird gewiß kein Strafrechtler eine Unterschlagung konstruieren wollen. Steht aber fest, daß der beauftragte Dritte gerade deshalb die Vertragsbedingung mißachtet hat, weil er meinte, daß er bei einem Verkauf im eigenen Namen leichter den Erlös erlangen könne, so kann die hier behandelte Einschränkung des Vsschutzes Bedeutung gewinnen. Das gleiche mag gelten, wenn der Dritte von Anfang an schon bei der Veräußerung, die im eigenen oder fremden Namen nach seinem Ermessen vom Vmer gestattet war, entschlossen war, das Geld für sich zu verwenden. Läßt sich eine solche Feststellung treffen, so kommt der hier erörterten Ausschlußalternative der Bedingungsbestimmung reale Bedeutung zu.

Erfährt der Vmer, daß der von ihm als Verkäufer ins Auge gefaßte Dritte unzuverlässig sei und **widerruft** er den Auftrag zum Verkauf, so wird man von dem Zeitpunkt des bewiesenen Zugangs dieser Widerrufserklärung nicht mehr davon ausgehen dürfen, daß der Verkäufer noch mit dem Verkauf beauftragt sei. Eine danach erfolgende Unrechtshandlung darf nach dem Sinn der Bedingung als vom Unterschlagungsrisiko der Fahrzeugteilv erfaßt angesehen werden.

[J 51] ff) Zusammenfassende Darstellung des Entwendungsbegriffs, zugleich Erörterung von Grenzfällen

In Anm. J 42–50 sind die in § 12 Ziff. 1 Ib AKB aufgeführten Beispielfälle des Diebstahls, des unbefugten Gebrauchs durch betriebsfremde Personen, des Raubes und der Unterschlagung erörtert worden. Die Analyse dieser Tatbestände ergibt, daß es sich dabei in den ersten drei Fällen im Prinzip um Gewahrsamsbruchtatbestände handelt, während die Unterschlagung begrifflich einen Gewahrsam gerade voraussetzt. Ein verbindliches Denkschema im Sinne einer zusammenfassenden Definition, aus der sich ergibt, welches Oberprinzip stets zur Erfüllung des vsrechtlichen Entwendungsbegriffs im Sinne des § 12 Ziff. 1 Ib AKB vorhanden sein müsse, läßt sich angesichts des bunten Reigens der erfaßten Fälle nicht geben. Nur so viel läßt sich sagen, daß eine Beschränkung des Vsschutzes auf Schadenereignisse, bei denen Fahrzeuge im Sinne des § 935 I BGB abhanden gekommen sind, ersichtlich nicht vorgenommen worden ist, wie die Beispielfälle der zum Teil gedeckten Unterschlagung und der ebenso nur zum Teil gedeckten Gebrauchsanmaßung zeigen. Es liegt aber auch keine Beschränkung auf die Eigentumsdelikte im engeren Sinne vor, wie sie klassisch durch die Bestimmungen über den Diebstahl und die Unterschlagung repräsentiert werden, sondern es ist auch der durch eine strafbare Gebrauchsanmaßung gemäß § 248b StGB entstehende Schaden vert. Wichtig sind für die Auslegung des Entwendungsbegriffes vornehmlich die Einschränkungen bezüglich des Tatbestandes der Gebrauchsanmaßung und der Unterschlagung. Die Gebrauchsanmaßung durch nicht betriebsfremde Personen ist nicht vert. Eine Unterschlagung durch denjenigen, dem das Fahrzeug aufschiebend bedingt übereignet worden ist, der es zum eigenen Gebrauch führen durfte und der es veräußern sollte, wird nicht vom Vsschutz erfaßt. Diese Einschränkungen zeigen an, daß der hier gebrauchte Entwendungsbegriff in bezug auf die Fälle des unerlaubten Gebrauchs des Fahrzeugs und auf Unterschlagungstatbestände nicht erweiternd ausgelegt werden darf. Die uneingeschränkte Erwähnung des Diebstahls und des Raubes zeigen aber deutlich die Tendenz der Bedingungsverfasser, für diese Straftatbestände lückenlos Vsschutz zu gewähren. Der Entwendungsbegriff umfaßt daher auch diejenigen Fälle, in denen der Täter **unzurechnungsfähig** im Sinne des § 20 StGB ist. Das gilt nicht nur für die Fälle, in denen eine solche Unzurechnungsfähigkeit auf Alkoholgenuß beruht, so daß die Möglichkeit einer Verurteilung nach § 330a StGB wegen einer Vollrauschtat gegeben ist, sondern auch für diejenigen Fälle, in denen keine Verurteilungsmöglichkeit gegeben ist, weil der Täter z. B. wegen einer Geisteskrankheit unzurechnungsfähig ist (im Ergebnis ebenso: Gericke DAR 1953 S. 63, Prölss-Martin[21] Anm. 3 zu § 12 AKB, S. 902, Stiefel-Wussow-Hofmann[10] Anm. 13 zu § 12 AKB, S. 523). Das Gesagte gilt gleichermaßen für die Taten des Raubes, des unerlaubten Gebrauchs des Fahrzeugs und der Unterschlagung. Dabei steht der eingangs erwähnte Umstand, daß für den unerlaubten Gebrauch des Fahrzeugs und für Unterschlagungen in bestimmten Fällen kein Vsschutz gewährt wird, einer solchen ausdehnenden Auslegung des Begriffs des unerlaubten Gebrauchs und der Unterschlagung nicht entgegen, da diese Ausdehnung nicht den inneren Kern der erwähnten Einschränkungen betrifft. Denn das Motiv für diese Einschränkungen ist dieses, daß der Ver im Rahmen der Fahrzeugteilv nicht für den Vertrauensmißbrauch eintreten will, der durch solche Personen entstanden ist, denen der Vmer das Fahrzeug zum eigenen Gebrauch oder für bestimmte Zwecke glaubte übergeben zu dürfen.

Straffrei waren nach § 247 II StGB a. F. die Diebstähle unter Ehegatten und solche von Angehörigen aufsteigender Linien gegenüber den Abkömmlingen in gerader Linie. Entsprechendes galt nach § 248b II StGB a. F. für die unerlaubte Ingebrauchnahme von Kraftfahrzeugen. Eine Haftung des Fahrzeugvers war aber trotz dieser fehlenden Strafbarkeit des Tuns – genauso wie bei den Fällen der Unzurechnungsfähigkeit – gegeben. Es bestand keine Veranlassung, diese Fälle, bei denen der objektive und der subjektive Tatbestand des Diebstahls bzw. der strafbaren Gebrauchsanmaßung ansonsten vollen Umfangs gegeben war, anders zu behandeln als die Unzurechnungsfähigkeit wegen des Genusses alkoholischer Getränke oder wegen angeborener Geisteskrankheit. Nach geltendem Recht handelt es sich bei den eben erörterten Taten im Sinne des § 247 II StGB a. F. und des § 248b II StGB a. F. um Delikte, die auf Antrag verfolgt werden. Der insoweit fehlende Antrag berührt die Eintrittspflicht des Vers nicht; der Ver kann auch einen solchen Antrag nicht verlangen. Allerdings ist der Vmer nach § 7 III 2 AKB im Falle eines Entwendungsschadens verpflichtet, diesen bei der Polizeibehörde unverzüglich anzuzeigen. Die Anzeige bei der Polizeibehörde ist aber begrifflich durchaus von einem Strafantrag zu unterscheiden. Im übrigen wird man hier von einem Vmer auch nicht verlangen können, daß er seine eigenen Verwandten anzeigt. Diesen Konflikt muß der Ver respektieren. Für die Zwecke des Vers genügt es, daß der Vmer ihm rückhaltlos darüber Auskunft gibt, wer der Täter war. Es muß dann dem Ver in dieser Ausnahmesituation überlassen bleiben, ob er seinerseits Anzeige erstatten will oder nicht (vgl. dazu ergänzend Anm. J 14).

Eine Eintrittspflicht des Vers in der Fahrzeugteilv ist auch dann gegeben, wenn die unter den Tatbestand des § 12 Ziff. 1 Ib AKB zu subsumierende Tat von einem Dritten begangen worden ist, der deshalb schuldunfähig ist, weil er bei der Begehung der Tat noch nicht 14 Jahre alt war (§ 19 StGB). – Hält jemand irrig ein fremdes Fahrzeug für seinen eigenen Wagen – der Fall sei so gedacht, daß dieser Wagen

V. 2. e) Entwendungsschäden

seinem eigenen täuschend ähnlich sieht und daß infolge eines eigenartigen Zufalls sein eigener Wagenschlüssel merkwürdigerweise für den fremden Wagen paßt – und fährt er damit fort, so liegt der objektive Tatbestand des Diebstahls vor, nämlich die Wegnahme einer fremden Sache (Bruch fremden und Herstellung eigenen Gewahrsams); subjektiv fehlt es jedoch an der Zueignungsabsicht. Hier ist der Tatbestand des Diebstahls im Sinne des § 12 Ziff. 1 Ib AKB zu verneinen. Keine Bedenken bestehen aber, Vsschutz unter der Alternative eines unerlaubten Gebrauchs im Sinne einer weiten Auffassung des Entwendungsbegriffs zu gewähren (im Ergebnis ebenso Stiefel-Wussow-Hofmann[10] Anm. 13 zu § 12 AKB, S. 523).

Derartige Ausnahmefälle erscheinen als durchaus vsschutzwürdig. Da auch ein noch so zerstreuter Benutzer eines solchen versehentlich gefahrenen Wagens doch wohl innerhalb einer gewissen Zeit an dem Fahrzeugkennzeichen und kleinen sonstigen individuellen Merkmalen des Fahrzeugs die Verwechslung bemerken wird, dürfte der Hauptanwendungsbereich für solche kaum denkbaren Fälle der während des unerlaubten Gebrauchs eintretende Fahrzeugschaden sein. Daß sich ein solcher versehentlich erfolgender unerlaubter Gebrauch über den in § 13 VII AKB genannten Zeitraum von einem Monat hinaus erstrecken könnte, erscheint als kaum denkbar. Wäre das aber so, weil tatsächlich ein besonders zerstreuter Dritter infolge starker Gedächtnisstörungen die Verwechslung immer noch nicht bemerkt, so kann der Vmer von dem Ver nach Ablauf der genannten Frist den vollen Entschädigungsbetrag verlangen. Dafür, daß auch ein während der Zeit des unerlaubten Gebrauchs entstehender Unfallschaden vert ist, vgl. Anm. J 49 a. E. m. w. N.

Tiedchen VersR 1965 S. 740–741 zieht rechtsgeschichtlich interessante Parallelen zwischen dem römischrechtlichen Begriff des „furtum" und dem der Entwendung im Sinne des § 12 Ziff. 1 Ib AKB; da nicht anzunehmen ist, daß die Bedingungsverfasser sich von solchen Überlegungen haben leiten lassen und da das auch für den Vmer nicht erkennbar wäre, dürfen solche historischen Reminiszenzen aber für die konkrete Fallinterpretation nicht verwendet werden. Tiedchen a.a.O. S. 741–742 kommt zu dem Ergebnis, daß der Tatbestand des § 12 Ziff. 1 Ib AKB auch dann gegeben sei, wenn eine Wegnahme des Fahrzeugs rechtmäßig war. Das erscheint als bedenklich. Beispiele deckungswürdiger Ereignisse lassen sich dafür auch kaum bilden. Tiedchen a.a.O. S. 742 hat dazu folgenden Fall konstruiert:

„Der Vmer war Vermieter des Schädigers und hatte das Fahrzeug gemäß § 561 I BGB in seinen Besitz genommen. Später stellt sich heraus, daß das Fahrzeug unpfändbar war (§ 811 Nr. 5 ZPO), das Pfandrecht und damit ein durch § 289 StGB geschütztes Recht des Vermieters zum Besitz des Fahrzeugs nicht hatten entstehen können (§ 559 S. 3 BGB). Der Mieter (Schädiger) erfährt das und holt das Fahrzeug ohne oder gar gegen den Willen des Vermieters aus dessen Besitz zu sich zurück. Dabei wird das Fahrzeug beschädigt. Der Schädiger erfüllt nicht den Tatbestand des § 289 StGB. Der Vermieter hatte den Besitz des Fahrzeugs, aber kein Recht dazu. Der Schädiger hat ihm den Besitz entzogen, das Fahrzeug mithin entwendet. Für den hierbei entstandenen Schaden muß der Ver aufkommen."

Indessen ist ein Bedürfnis für eine solche weite Auslegung des Entwendungsbegriffs ebensowenig zu bejahen wie für sonstige theoretisch konstruierbare Fälle einer rechtmäßigen Wegnahme. Macht jemand z. B. berechtigt ein Pfandrecht als Vermieter geltend und kommt es im Streit darüber zur Beschädigung des Fahrzeugs, so kann der Vmer die daraus entstehenden Schäden nicht dem Fahrzeugver anlasten. Abzulehnen ist auch die Auffassung von Tiedchen a.a.O. S. 742, daß eine auf einer fehlerhaften Pfändung oder Beschlagnahme beruhende Beschädigung im Rahmen des § 12 Ziff. 1 Ib AKB vert sei. Dagegen ist Tiedchen a.a.O. darin beizupflichten, daß eine

Wegnahme, die in der irrigen Annahme erfolgt, daß der Wegnehmende zur Sicherung eines Forderungsrechts dazu berechtigt sei, unter den Entwendungsbegriff des Bedingungsrechts fällt (ebenso Pienitz-Flöter[4] Anm. I. G. 2. zu § 12 AKB, S. 8, Stiefel-Wussow-Hofmann[10] Anm. 13 zu § 12 AKB, S. 523).

Mit Rücksicht auf den im Rahmen des Vertragszwecks erkennbar angestrebten tunlichst lückenlosen Vsschutz ist es gerechtfertigt, den **räuberischen Diebstahl** im Sinne des § 252 StGB und die **räuberische Erpressung** im Sinne des § 255 StGB als Entwendungsfälle im Sinne des § 12 Ziff. 1 Ib AKB zu behandeln. Für den räuberischen Diebstahl im Sinne des § 252 StGB versteht sich das von selbst, da hier die Merkmale des Diebstahls und des Raubes kombiniert auftreten und für beide Begehungsformen der genannten Unrechtshandlungen ausdrücklich in § 12 Ziff. 1 Ib AKB Vsschutz geboten wird. Aber auch die räuberische Erpressung nach § 255 StGB wird so wesentlich von dem Merkmal der Gewaltanwendung getragen, daß dem Willensakt der Übergabe des Fahrzeugs durch den Vmer im Rahmen der Fahrzeugteilv keinerlei die Haftung des Vers ausschließende Bedeutung beigemessen werden darf.

Dagegen fällt die **einfache Erpressung** im Sinne des § 253 StGB nicht unter § 12 Ziff. 1 Ib AKB, denn auch bei einer weiten Auslegung des Tatbestandsmerkmals der Entwendung wird man das sich Beugen des Vmers vor einem erpresserischen Druck nicht mehr dem Kreis der vten Gefahren zurechnen können (Tiedchen VersR 1965 S. 740). Ein gleiches gilt vom **Fall des Betruges**, für den ebenfalls kein Vsschutz besteht (so RG 5. X. 1926 RGZ Bd 114 S. 350, 23. X. 1931 VA 1931 S. 299 Nr. 2352 = JW 1932 S. 2521–2522 m. abl. Anm. von Neumark JW 1932 S. 2521–2522; BGH 27. XI. 1974 VersR 1975 S. 225–226 = DAR 1975 S. 46–47, KG 15. VI. 1929 JRPV 1929 S. 285, 12. XII. 1931 JRPV 1932 S. 62, 10. IV. 1952 VersR 1952 S. 175, LG Kassel 14. II. 1957 VersR 1957 S. 294, OLG Hamm 7. III. 1973 VersR 1973 S. 600 [Vorentscheidung zu BGH 27. XI. 1974 a.a.O.]; ferner Pienitz-Flöter[4] Anm. G. I. 3.a zu § 12 AKB, S. 10, Prölss-Martin[21] Anm. 3 zu § 12 AKB, S. 902, Tiedchen VersR 1965 S. 740, Stiefel-Wussow-Hofmann[10] Anm. 22 zu § 12 AKB, S. 532–533). Vom RG 5. X. 1926 a.a.O. und 23. X. 1931 a.a.O. ist das in beiden Entscheidungen noch mit der starren juristischen Terminologie der seinerzeit verwendeten Bedingungswerke begründet worden, deren analoge Anwendung auf den Fall des Betruges nicht in Betracht kommen könne. Heute steht demgegenüber allerdings mit dem Sammeltatbestand „Entwendung" ein juristisch nicht präzise festgelegter Begriff zur Verfügung. Doch ergibt sich für die gegenwärtige Rechtsituation das Ausscheiden des Risikos des Betruges aus dem Kreis der vten Gefahren sinnhaft verständlich schon daraus, daß die Unterschlagung durch denjenigen, dem der Vmer das Fahrzeug zum Zwecke einer Veräußerung überlassen hat, nicht mitvert ist. Nichts anderes kann nämlich gelten, wenn derjenige, dem der Vmer das Fahrzeug zu diesem Zweck übergeben hat, schon bei der Übergabe oder den Übergabeverhandlungen die geheime Absicht hatte, seine Abrede mit dem Vmer nicht zu erfüllen, jedoch Erfüllungsbereitschaft vortäuschte, um in den Besitz des Fahrzeugs zu kommen. Ähnliches gilt für denjenigen, dem der Vmer das Fahrzeug unter Eigentumsvorbehalt veräußert hat oder dem es sonst zum eigenen Gebrauch überlassen war.

Wichtig ist nur, daß vom Fall des Betruges die rechtlich nicht immer einfach einzuordnenden Trickdiebstähle abgegrenzt werden. So in dem vom BGH 27. XI. 1974 a.a.O. entschiedenen Grenzfall, in dem in Übereinstimmung mit dem OLG Hamm 7. III. 1973 a.a.O. (Vorinstanz) ein verbleibender Mitgewahrsam des Vmers angenommen worden ist, als dieser seinen Wagen in einer Tiefgarage einem Unbekannten übergeben hatte, der es angeblich im Auftrag des Kaufhauses kostenlos im Rahmen einer Werbeaktion waschen wollte (vgl. dazu auch Anm. J 42 a. E). Einen ähnlichen, wenn auch nicht ganz so krassen Fall einer Gewahrsamslockerung behandelt OLG

V. 2. f) Unwetterschäden   Anm. J 52–53

Hamm 11. III. 1954 VersR 1954 S. 353–354; dort hatte der Übeltäter vorgegeben, ein Fahrzeug mieten zu wollen, und fuhr vom Hof der Vermieterfirma mit dem ungesicherten Fahrzeug davon, als der Ehemann der Vermieterin sich telefonisch bei der als Referenz angegebenen Person nach dem „Mietinteressenten" erkundigen wollte. Keine Entwendung stellt eine **hoheitliche Beschlagnahme** dar, so daß der Bestimmung des § 2 IIIa AKB teilweise nur deklaratorische Bedeutung zukommt (vgl. OLG Celle 10 III. 1952 VersR 1952 S 146–147 und Anm. J 79).

f) Unwetterschäden

Gliederung:
Schrifttum J 52
aa) Vorbemerkung J 53
bb) Sturmschäden J 54–55
    aaa) Feststellung des Vorliegens eines Sturms J 54
    bbb) Unmittelbare Einwirkung des Sturms J 55
cc) Hagel J 56
dd) Blitzschlag J 57
ee) Überschwemmungen J 58

[J 52] Schrifttum:
H. Wussow VersR 1966 S. 505–506 (speziell für Sturmschäden, bedeutsam aber auch für die anderen vten Unwetterschäden)

[J 53] aa) Vorbemerkung
Wenn in der Überschrift dieses Abschnitts die nach § 12 Ziff. 1 Ic AKB vten Gefahren des **Sturms**, des **Hagels**, des **Blitzschlags** und der **Überschwemmung** unter dem Oberbegriff „Unwetterschäden" zusammengefaßt worden sind, so geschah das, weil alle vier vten Gefahrenarten auf solche Naturereignisse zurückzuführen sind, so daß mit dem Ausdruck „Unwetterschäden" durchaus treffend ein allen vier Risiken gemeinsamer Faktor verkürzend hervorgehoben wird.

Indessen darf diese Zusammenfassung unter einen solchen Oberbegriff nicht zu dem Mißverständnis führen, daß **Unwetterschäden aller Art** vt seien. Vielmehr fehlt es anders als bei den Entwendungsschäden gemäß § 12 Ziff. 1 Ib AKB an einem solchen Sammelbestand, so daß der Vsschutz in der Fahrzeugteilv sich streng auf die in § 12 Ziff. 1 Ic AKB aufgeführten Gefahren beschränkt, insbesondere auch eine analoge Anwendung auf andere als die dort aufgeführten Unwettergefahren nicht sachgerecht wäre. Demgemäß besteht zum Beispiel in der Fahrzeugteilv – anders als in **Österreich** (vgl. ÖOGH 12. IX. 1973 VersR 1974 S. 1041) – für durch unmittelbare Einwirkung eines **Felssturzes** oder **Steinschlags** herbeigeführte Schäden kein Vsschutz. Zusätzlich beachtet werden muß überdies, daß für Schäden, die unmittelbar oder mittelbar durch **Erdbeben** verursacht worden sind, nach § 2 IIIa AKB kein Vsschutz besteht (vgl. dazu Anm. J 80).

Vsschutz für die aufgeführten vier Unwetterschadenarten wird in der Fahrzeugteilv seit dem 1. I. 1960 gewährt (vgl. zur Neufassung der AKB zu diesem Zeitpunkt VA 1960 S. 154–158). Die Erweiterung des Vsschutzes erfolgte seinerzeit auf eine Anregung des BAA, die im Zusammenhang mit Verhandlungen um die Anhebung der Prämien nach dem damals in der Kraftfahrtv noch geltenden Einheitstarif gegeben wurde. Bis dahin wurde in der Fahrzeugteilv nur Vsschutz gegen die Gefahren des Brandes, der Explosion und der Entwendung geboten. Die Erstreckung des Vsschutzes auf die Unwetterschäden hat sich bewährt und dem schon immer populären Deckungsbereich der Fahrzeugteilv eine verständige und sinnvolle Ergänzung gegeben. Bemerkenswert ist dabei insbesondere, daß neben traditionell als verbar angesehene Gefahren wie der des Sturmes, des Hagels und des Blitzschlages auch das Überschwemmungsrisiko übernommen worden ist, dessen V bei **stationären Risiken** sonst von den deutschen Vern grundsätzlich nicht angeboten wird, abgesehen davon, daß dafür in der **Transportv** bei an den Transport anschließenden Lagerungen üblicherweise im Rahmen der All-Gefahren-Deckung Vsschutz gewährt wird.

Beweispflichtig für das Vorliegen eines durch unmittelbare Einwirkung der vier aufgeführten Naturgewalten entstandenen Schadens ist der Vmer (vgl. generell dazu Möller in Bruck-Möller Anm. 34–35 zu § 55 und Anm. 162 zu § 49 m.w.N., ferner Anm. J 43 m.w. N.). Kann ein Schaden dabei durch zwei verschiedene Ursachen erklärt werden, die beide typische Geschehensabläufe darstellen, löst aber nur eine der möglichen Ursachen eine Haftung des Vers im Rahmen der Fahrzeugteilv aus, so obliegt dem Vmer auch dann der volle Beweis, wenn die für ihn günstigere Möglichkeit nach den Erfahrungen des täglichen Lebens oder aus sonstigen Gründen eine größere Wahrscheinlichkeit für sich hat (so OLG Karlsruhe 11. X. 1968 VersR 1969 S. 608 und OLG Hamburg 29. VI. 1971 VersR 1972 S. 241–243 in umstrittenen Sturmschadenfällen unter Hinweis auf BGH 27. V. 1957 BGHZ Bd 24 S. 313 [Entscheidung dazu, daß der Zugang einer Mahnung auch dann vollen Umfangs bewiesen werden müsse, die Grundsätze des Beweises des ersten Anscheins also nicht eingreifen, wenn diese Mahnung bewiesenermaßen per Einschreiben abgeschickt worden sei]).

[J 54] bb) Sturmschäden
aaa) Feststellung des Vorliegens eines Sturms

Nach § 12 Ziff. 1 Ic AKB sind Schäden durch **unmittelbare Einwirkung von Sturm** vert. Der Begriff des Sturms war in der genannten Bedingungsbestimmung zunächst nicht definiert. Deshalb ist es in der Praxis der Schadenregulierung zu Schwierigkeiten gekommen, da der Vmer verständlicherweise jeden starken Wind als Sturm ansah, während die Ver versuchten, eine Abgrenzung der vten von den nicht vten Luftbewegungsschäden durch die Definitionen der einschlägigen Nachschlagwerke zu gewinnen. Zum 1.I. 1971 (vgl. VA 1971 S. 4) ist in § 12 Ziff. 1 Ic AKB eine Definition eingeführt worden, nach der als Sturm eine **Luftbewegung von mindestens Windstärke 8** gilt. Diese Definition ist für die Parteien des Vsvertrages maßgebend. Ein Schaden, der auf eine Luftbewegung zurückzuführen ist, die unterhalb der Windstärke 8 liegt, ist deshalb in keinem Fall als Sturmschaden zu ersetzen. Überholt ist aber damit auch die Rechtsprechung, nach der ein Sturmschaden erst ab Windstärke 9 angenommen werden könne (so vor der Bedingungsänderung OLG Karlsruhe 11. X. 1969 VersR 1969 S. 608). Problematisch ist nach dieser Bedingungsergänzung somit nicht mehr die Frage, was unter einem Sturm zu verstehen sei, sondern die, ob die gemäß der präzisen Bedingungsdefinition für den Schadeneintritt maßgebliche Luftbewegung vorgelegen habe und ob von einer unmittelbaren Einwirkung dieses Elements gesprochen werden könne. Die Feststellung, ob in einem bestimmten Gebiet zu einem bestimmten Zeitpunkt Sturm geherrscht hat oder nicht, ist in der Praxis nicht so schwer zu klären, wie man zunächst annehmen könnte, wenn man sich vorstellt, daß — abgesehen von den hier allerdings wesentlich interessierenden Zerstörungen — der Sturm wie der Wind keine Spuren hinterläßt. Tatsächlich wird Europa nämlich von einem gut funktionierenden Netz von Wetterwarten überzogen, in denen Luftbewegungen nach Ort und Zeit aufgrund eines entsprechenden Meßsystems genau registriert werden. Über die Frage, ob in einem bestimmten Gebiet zu einer bestimmten Zeit überhaupt Sturm geherrscht hat, lassen sich daher auch im Nachherein durchaus in der Regel zuverlässige Feststellungen treffen. Da der Vmer für das

V. 2. f) Unwetterschäden   Anm. J 55

Vorliegen des Vsfalles beweispflichtig ist, obliegt es im Rechtssinne ihm, solch eine Auskunft des Wetteramtes zum Nachweis seiner Behauptung vorzulegen. Die dadurch entstehenden Kosten sind aber Schadenfeststellungskosten, die nach § 66 I vom Ver zu tragen sind, sofern sich ein vter Schaden ergibt und die Aufwendung den Umständen nach geboten war. Von einer solchen den Umständen nach gebotenen Aufwendung wird man regelmäßig dann sprechen können, wenn der Ver die Behauptung des Vmers bestritten hatte, daß ein Sturm vorgelegen habe. Ergibt die Auskunft dann, daß kein Sturm vorgelegen hat, so muß der Vmer, der diese Auskunft von dem zuständigen Wetteramt erbeten hatte, die dadurch entstandenen Kosten selbst tragen. Hatte der Ver die negative Auskunft eingeholt, so gehen diese Kosten ungeachtet dessen, daß keine Eintrittspflicht des Vers gegeben ist, abschließend zu seinen Lasten. Vgl. OLG Hamburg 20. III. 1934 JRPV 1934 S. 272 für den sachlich gleichgelagerten Fall der Erstattung von vom Ver bezahlten Kosten eines Sachverständigen in einem Fahrzeugvollvsfall, in dem sich später herausstellte, daß der Ver wegen grobfahrlässiger Herbeiführung des Vsfalles im Sinne des § 61 durch einen Repräsentanten des Vmers nicht ersatzpflichtig war. Dem Gericht ist entgegen Prölss-Martin[21] Anm. 4 zu § 66, S. 359 darin beizupflichten, daß nur im Falle des Vorliegens des Tatbestandes des § 826 BGB etwas anderes zu gelten habe. Aus der Meldung eines sich als nicht vert erweisenden Schadenfalles allein läßt sich entgegen der Meinung von Prölss-Martin a.a.O. nicht eine schuldhafte Vertragsverletzung mit der Verpflichtung zum Ersatz des daraus entstehenden Schadens herleiten, zumal wenn man bedenkt, daß der Ver die Möglichkeit hatte, den Vmer aufzufordern, den Nachweis für das Vorliegen eines vten Schadens zu führen.

Nicht selten fällt die Auskunft des Wetteramts so aus, daß in dem Gebiet, über das Auskunft begehrt wurde, zur angegebenen Zeit nur starker Wind mit Windstärken zwischen 6 und 7 geherrscht habe, daß aber strichweise Windböen mit Windstärken bis zu 8 Beaufort aufgetreten seien. Mißt man eine solche Auskunft nach mathematischen Grundsätzen, so könnte man zu dem Ergebnis kommen, daß der Nachweis, daß Sturm vorgelegen habe, nicht erbracht sei. Das wäre aber verfehlt. Denn mit einer solchen Auskunft ist vom Vmer eine so hohe Wahrscheinlichkeit für das Vorliegen eines vten Sturmschadens dargetan worden, daß ihm billigerweise die letzten, bei dieser Sachlage nach der Natur der Dinge stets verbleibenden Zweifel nicht als erheblich angelastet werden dürfen. Liegen daher die sonstigen Voraussetzungen für einen Sturmschaden vor, steht insbesondere die Unmittelbarkeit der Einwirkung auf das Fahrzeug durch die luftbewegten Massen fest (vgl. dazu Anm. J 55), so wird der Nachweis des Vorliegens eines Sturms mit den wiedergegebenen Angaben als geführt anzusehen sein.

Ist nach Maßgabe der vorangegangenen Ausführungen festgestellt worden, daß Sturm vorgelegen hat und daß durch diesen Sturm ein Schaden angerichtet worden ist, so kann der Ver angesichts der eindeutigen Bedingungsfassung nicht mit Erfolg einwenden, daß der Schaden auch bei einer geringeren Luftbewegung eingetreten wäre (so zutreffend Stiefel-Wussow-Hofmann[10] Anm. 23 zu § 12 AKB, S. 534).

[J 55] bbb) Unmittelbare Einwirkung des Sturms

Nach § 12 Ziff. 1 Ic AKB sind nur solche Schäden zu ersetzen, die durch eine unmittelbare Einwirkung der aufgeführten Naturgewalten entstanden sind. Die Ausdrücke „unmittelbar" und „mittelbar" werden in der Rechtsprache viel und vieldeutig benutzt, so daß Möller in Bruck-Möller Anm. 42 vor §§ 49—80 empfiehlt, wegen dieser Vieldeutigkeit die Begriffe des unmittelbaren und des mittelbaren Schadens überhaupt nicht mehr zu verwenden, was allerdings rechtstechnisch kaum möglich ist (vgl. dazu auch Möller in Bruck-Möller Anm. 25 zu § 53). Wenn wie hier in einer Vsbedingung zur Umschreibung des primären Risikoschutzbereichs der Ausdruck „unmittelbar" gebraucht wird, ist eine Abgrenzung zu den mittelbar verursachten Schäden im Sinne dieser Bestimmung jedenfalls unerläßlich. Dabei darf nicht der Fehlschluß gezogen werden, daß gemeint sei, daß nur adäquat verursachte Schäden zu ersetzen seien. Das versteht sich von selbst. Die Wertung des § 12 Ziff. 1 Ic AKB ergibt vielmehr, daß der Kreis der adäquat verursachten Schäden durch die Verwendung des Ausdrucks „unmittelbare Einwirkung" weiter eingegrenzt werden sollte (ebenso OLG Hamburg 29. VI. 1971 VersR 1972 S. 242).

Was gewollt ist, muß im Wege verständiger Interpretation unter besonderer Beachtung der Regelungen in § 12 Ziff. 1 Ic S. 3 und 4 AKB ermittelt werden. In § 12 Ziff. 1 Ic AKB heißt es in S. 3, daß eingeschlossen Schäden seien, die dadurch verursacht werden, daß durch die vier aufgeführten Naturgewalten „Sturm", „Hagel", „Blitzschlag" oder „Überschwemmung" Sachen auf oder gegen das Fahrzeug geworfen werden. Ausgeschlossen sind jedoch nach S. 4 Schäden, die auf ein durch diese Naturgewalten veranlaßtes Verhalten des Fahrers zurückzuführen sind. Diesen den Begriff der Unmittelbarkeit näher erläuternden Bedingungsbestimmungen kommt namentlich Bedeutung für die V des Sturmschadenrisikos zu. Hier gibt es eine Reihe von Zweifelsfällen, bei denen darüber gestritten werden kann, ob ein vter Sturmschaden vorliegt oder nicht. § 12 Ziff. 1 Ic S.3 AKB ist dabei nur als eine erläuternde Verdeutlichung des Begriffs der Unmittelbarkeit zu verstehen; a. M. OLG München 25. I. 1968 DAR 1969 S. 104, das in Übereinstimmung mit H. Wussow VersR 1966 S. 505 die Auffassung vertritt, daß die Regelung in S. 3 (damals S. 2, nämlich vor Einfügung der Definition des Sturms per 1. I. 1971, vgl. VA 1971 S. 4) den Vsschutz gegenüber S. 1 ausdehne; Zweifel läßt OLG Hamburg 29. VI. 1971 VersR 1972 S. 242 anklingen, wenn es den Ausdruck „mittelbar" in diesem Zusammenhang apostrophiert gebraucht. Keineswegs ist mit dieser Erläuterung eine abschließende Begriffsbestimmung gegeben. Vielmehr kommt dem in § 12 Ziff. 1 Ic S. 3 AKB aufgeführten Werfen von Sachen gegen das Fahrzeug nur Beispielcharakter zu. Wird daher ein Mensch durch eine Sturmbö gegen ein Fahrzeug geschleudert und dieses dadurch beschädigt, so liegt ebenfalls ein vter Sturmschaden vor.

Eine unmittelbare Einwirkung des Sturms ist auch dann gegeben, wenn Sachen zwar nicht gegen das Fahrzeug geschleudert werden, sondern vor dieses, aber in einer solchen Entfernung, daß dem Vmer das Bremsen ohne Kollision mit der vom Sturm bewegten Sache technisch nicht mehr möglich ist (so OLG München 25. I. 1968 DAR 1969 S. 104; zustimmend Prölss-Martin[21] Anm. 4 zu § 12 AKB, S. 903, Stiefel-Wussow-Hofmann[10] Anm. 23 zu § 12 AKB, S. 534; ebenso für den nach den Bedingungen zur österreichischen Fahrzeugteilv eingeschlossenen Schaden durch unmittelbare Einwirkung eines Felssturzes oder Steinschlags ÖOGH 12. IX. 1973 VersR 1974 S. 1041; a. M. LG Verden 19. II. 1974 VersR 1974 S. 1195–1196).

Fährt der Vmer aber auf einen vor ihm fahrenden Wagen auf, der unmittelbar im Sinne des § 12 Ziff. 1 Ic S. 3 AKB mit einer vom Sturm entwurzelten Fichte zusammengestoßen war, so liegt in aller Regel für den Auffahrenden keine unmittelbare Sturmeinwirkung vor (OLG Hamburg 29. VI. 1971 VersR 1972 S. 242). In einem solchen Fall schließt vielmehr die Nichteinhaltung des gerade bei stürmischem Wetter besonders wichtigen Sicherungsabstands die Annahme eines vten Sturmschadens aus (OLG Hamburg 29. VI. 1971 a. a. O.). Anders wäre es, wenn der Vmer – bei freier Gegenbahn oder bei doppelter Fahrspur in seiner Fahrtrichtung – korrekt zum Überholen ansetzt und das rechts vor ihm mit einem Baum kollidierende Fahrzeug durch den Zusammenstoß auf die Überholspur geschleudert wird, so daß es sich für den Vmer um ein unabwendbares Ereignis im Sinne des § 7 II StVG handelt.

V. 2. f) Unwetterschäden
Anm. J 55

H. Wussow VersR 1966 S. 506 bildet folgenden Beispielfall: „Der Sturm schleudert einen großen Ast auf die Fahrbahn, der Fahrer erkennt dies rechtzeitig, weicht aus und prallt gegen eine Mauer, ohne daß eine Berührung zwischen Fahrzeug und Baumast stattgefunden hätte." Für diesen Beispielfall verneint H. Wussow a. a. O. den Vsschutz. Zur Begründung führt er aus, daß es sich nicht um eine unmittelbare Sturmeinwirkung gehandelt habe, für die mißglückte Ausweichbewegung bestehe daher als mittelbare Sturmeinwirkung kein Vsschutz. H. Wussow bejaht dagegen den Vsschutz für den weiter gebildeten Beispielsfall, daß der Ast auf den Fahrer des Wagens stürze, der dadurch besinnungslos werde mit der Folge einer Kollision des Fahrzeugs mit einer Mauer. Dieses Beispiel variiert H. Wussow a. a. O. in der Weise, daß der Fahrer zwar von dem Ast getroffen wurde, jedoch nicht bewußtlos geworden sei, sondern infolge einer durch die Schreckreaktion ausgelösten Reflexbewegung das Fahrzeug gegen die Mauer gesteuert habe. Eine solche Reflexbewegung sei als vom Vsschutz ausgeschlossenes Fahrverhalten anzusehen. Dieser Abgrenzung ist nicht in allen Fällen zu folgen. Zuzustimmen ist der Auffassung von Wussow, daß Vsschutz bestehe, wenn der Fahrer durch Sturmeinwirkung bewußtlos geworden sei. Aber auch der lediglich verletzte Fahrer eines Wagens, der infolge des durch die Verletzung hervorgerufenen Schrecks den Wagen verreißt, erleidet im Sinne des § 12 Ziff. 1 Ic AKB noch einen unmittelbar durch den Sturm herbeigeführten Schaden. Von einem von § 12 Ziff. 1 Ic S. 4 AKB letzten Endes gemeinten fehlerhaften Verhalten kann bei einer durch den Willen nicht steuerbaren Schreck- oder Schockreaktion nicht die Rede sein. Diese Beispiele zeigen zugleich deutlich, daß nicht in den Fehler verfallen werden darf, als unmittelbare Sturmeinwirkung nur eine solche anzusehen, bei der das Fahrzeug selbst vom Sturm davongetragen wird oder aber Sachen gegen das Fahrzeug durch die Kraft des Sturms geworfen werden. Ein Schaden, der dadurch entstanden ist, daß vom Sturm bewegte Sachen den Fahrer selbst treffen, ist vielmehr durchaus gleichzusetzen. Die Abgrenzung der vten von den nicht vten Schäden darf daher nach der komplizierten Regelung des § 12 Ziff. 1 Ic AKB nicht nach dem archaisch anmutenden Rechtsgedanken vorgenommen werden, daß nur eine körperliche „Berührung" den Charakter der Unmittelbarkeit vermittle. Die Situation ist hier demgemäß anders als im Fall des § 12 Ziff. 1 Id AKB, der für durch Haarwild herbeigeführte Schäden auf den Zusammenstoß abstellt (vgl. Anm. J 59). Diese Erkenntnis führt zurück auf die Beurteilung des ersten der drei von Wussow a.a.O. gebildeten Beispielfälle, nämlich das Ausweichen des Fahrers vor einem herunterfallenden Ast mit der Folge einer Kollision mit einer Mauer. Wussow verneint dafür den Vsschutz. Für die Masse der Fälle ist das auch richtig. Jedoch ist diese Erkenntnis mit der Einschränkung zu verstehen, daß der Vsschutz dann zu bejahen ist, wenn der Vmer beweist, daß ohne die Ausweichbewegung eine Kollision mit dem Ast unvermeidbar gewesen wäre. Steht hier ferner fest, daß der Umfang des Fahrzeugschadens nicht höher, sondern eher geringer durch das Verhalten des Vmers geworden ist, so gibt es nach der Interessenlage keinen Grund zur Verneinung der Unmittelbarkeit. Soweit der Schaden sich allerdings durch das Verhalten des Fahrers vergrößert hat, weil nämlich nach Meinung der Kraftfahrzeugexperten eine Kollision mit dem Ast einen geringeren Schaden herbeigeführt hätte, läßt sich durchaus die Auffassung vertreten, daß lediglich in Höhe des Differenzbetrages ein durch ein Fehlverhalten des Fahrers im Sinne des § 12 Ziff. 1 Ic S. 4 AKB verursachter Schaden vorliege.

Das Autofahren bei stürmischem Wetter setzt eine gewisse Geschicklichkeit voraus. Wer auf den an der Küste der Nordsee entlangführenden Straßen bei nur „steifem" Wind entlang gefahren ist, weiß davon ein Lied zu singen. Ist der Fahrer des Wagens auch nur einen Augenblick unaufmerksam, so kann das Fahrzeug in den nächsten Graben gedrückt werden. Ein solcher Schaden ist nicht ersatzpflichtig. § 12 Ziff. 1 Ic S.

4 AKB kommt insoweit nur deklaratorische Bedeutung zu. Auch ohne Hinweis in dieser Bestimmung darauf, daß ein Schaden, der auf ein durch die Naturgewalten veranlaßtes Verhalten des Fahrers zurückzuführen sei, nicht vom Vsschutz erfaßt werde, würde ein derartiger Schaden, auch wenn der Sturm von der Seite mit Windstärke 8 bläst, als nicht ersatzpflichtig angesehen werden müssen. Nicht ganz so eindeutig wäre ohne die erläuternde Bestimmung des § 12 Ziff. 1 I c S. 4 AKB der Fall zu entscheiden, daß ein sorgsam gegen den seitlich kommenden Sturm das Steuer haltender Fahrer nicht mehr genügend Kraft für einen Gegendruck aufbringt und das Fahrzeug dadurch zu Schaden kommt. Unter der Geltung des § 12 Ziff. 1 I c S. 4 AKB ist ein solcher Schaden aber regelmäßig auch dem durch die Sturmgewalt veranlaßten Verhalten des Vmers zuzuschreiben (zutreffend OLG Karlsruhe 17. IV. 1968 VersR 1968 S. 889; vgl. ferner den vom OLG Karlsruhe 11. X. 1968 VersR 1969 S. 607−608 entschiedenen Fall, in dem der Vmer bei einer Geschwindigkeit zwischen 90 und 100 km/h im Anschluß an einen Überholvorgang auf der Gegenfahrbahn mit einem entgegenkommenden Fahrzeug kollidierte; zu Recht wurde das Vorliegen eines Sturmschadens − allerdings aus Beweisgründen − verneint). Dabei ist als wesentliche Erkenntnis zu berücksichtigen, daß die Geschwindigkeit eines Fahrzeugs einen maßgebenden Faktor für seine Sturmanfälligkeit darstellt, die durch eine mit Pfützen oder Regenwasser übersäte Straßenoberfläche noch wesentlich verstärkt wird (OLG Karlsruhe 17. IV. 1968 a.a.O.). Schon starker Seitenwind kann zu schweren Unfällen führen. Um so mehr gilt das für die Urkräfte eines starken Sturms. § 12 Ziff. 1 I c S. 4 AKB darf nicht im Sinne einer Ausnahme, also einer Risikoausschlußklausel, von dem an sich durch § 12 Ziff. 1 I c S. 1 AKB gewährten Vsschutz gegen Elementarschäden verstanden werden (ebenso H. Wussow VersR 1966 S. 506; OLG Hamburg 29. VI. 1971 VersR 1972 S. 242). Vielmehr bilden die genannten Bestimmungen eine Einheit, so daß der Vmer das Vorliegen des Sturms zu beweisen hat und auch darüber hinaus dartun und beweisen muß, daß es sich nicht um einen Schaden handelt, der auf ein durch den Sturm veranlaßtes Verhalten des Vmers zurückzuführen ist (OLG Hamburg 29. VI. 1971 VersR 1972 S. 242−243). Läßt sich demgemäß nicht ausschließen, daß der Vmer seine Geschwindigkeit den Sturmverhältnissen nicht angepaßt hat, so ist vom Ver keine Ersatzleistung zu erbringen. Steht aber fest, daß das Fahrzeug bei relativ niedriger Geschwindigkeit nicht zur Seite gedrückt, sondern nach oben in die Luft geschleudert worden ist, so besteht Ersatzpflicht. Vollends ist eine solche Eintrittspflicht des Vers zu bejahen, wenn Meldungen aus dem Sturmgebiet darüber vorliegen, daß selbst geparkte Fahrzeuge vom Sturm erfaßt und in die Luft geschleudert worden sind. Traf das allerdings auch im Sturmgebiet nur in Ausnahmefällen zu, so wird man noch nicht zwingende Schlüsse für die Mehrzahl der in Betrieb gewesenen Fahrzeuge ziehen dürfen. Etwas anderes gilt aber dann, wenn etwa zur gleichen Zeit und am gleichen Ort sowohl ein parkendes als auch ein in Bewegung befindliches Fahrzeug vom Sturm umgestürzt worden sind.

Öffnet ein Vmer bei einem Sturm nach dem Anhalten seines Fahrzeugs die Tür, um auszusteigen wie in dem der Entscheidung des LG Itzehoe 13. VI. 1968 VersR 1969 S. 606 zugrunde liegenden Sachverhalt oder wie im Falle LG Kiel 18. X. 1968 Schl-HolstAnz 1969 S. 180−181 um einem Fahrgast bei einem solchen Aussteigen behilflich zu sein, so liegt kein durch die Sturmgewalt veranlaßtes Verhalten des Vmers gemäß § 12 Ziff. 1 I c S. 4 AKB vor. Wird die Tür daher dabei von einer Bö erfaßt und nach vorn geschmettert, so ist der dadurch entstandene Schaden ersatzpflichtig (so LG Itzehoe 13. VI. 1968 a.a.O., LG Kiel 18. X. 1968 a.a.O.; ebenso Pienitz-Flöter[4] Anm. G. I. 4. a zu § 12 AKB, S. 12, Prölss-Martin[21] Anm. 4 zu § 12 AKB, S. 903, Stiefel-Wussow-Hofmann[10] Anm. 23 zu § 12 AKB, S. 534, ferner Anonym in ZfV 1970 S. 23). Ein solches Verhalten kann auch regelmäßig nicht als grobe Fahrlässigkeit

V. 2. f) Unwetterschäden Anm. J 56

im Sinne des § 61 angesehen werden (vgl. Anm. J 108). Erst recht liegt kein den Schaden herbeiführendes Verhalten des Vmers im Sinne des § 12 Ziff. 1 Ic S. 4 AKB vor, wenn dieser wegen eines starken Sturms die Fahrt abbricht, den Wagen aber an so exponierter Stelle stehen läßt, daß dieser – voll den Einwirkungen des Sturms ausgesetzt – umstürzt (Beispiel von H. Wussow VersR 1966 S. 505–506).

[J 56] cc) Hagel

Der Schutz gegen Hagelschäden gehört zum traditionellen Vsbereich in der Landwirtschaft. Für die Fahrzeugv ist der Einschluß dieses Risikos weniger bedeutsam. Ein Fahrzeug ist im allgemeinen sehr viel widerstandsfähiger, als es die schutzlos den Naturgewalten ausgelieferten Früchte auf dem Halm und sonstige Bodenerzeugnisse sind. Weder in den Bestimmungen des VVG über die Hagelv (§§ 108–115a) noch in § 12 Ziff. 1 Ic AKB findet sich eine Definition des Begriffs des Hagels. Vielmehr haben Gesetzgeber und Bedingungsverfasser darauf vertraut, daß dieser vorgegebene Begriff bekannt sei und demgemäß keiner speziellen Abgrenzung bedürfe. Das ist im Prinzip auch richtig. Für den sich der Urgewalt des Hagels nicht immer bewußten Großstadtbewohner sei aber dennoch eine Beschreibung dieses Naturphänomens durch Knoll Hagelv, Wiesbaden 1964, S. 25 nachstehend wiedergegeben:

„Unter Hagel verstehen wir Eiskristalle in der Größe von Erbsen, Haselnüssen, Taubeneiern, ja Hühnereiern, die aus hagelträchtigen Wolken zur Erde fallen. Hagelschläge oder Hagelschauer treten fast immer in Verbindung mit Gewittern auf. Sie dauern oft nur einige Minuten, selten länger als eine Viertelstunde. Die Intensität des Hagelschlags ist nicht nur von der Größe der Hagelkörner oder Hagelsteine und von der Dauer des Hagelwetters, sondern auch von der Dichte des Hagels und davon abhängig, ob der Hagelschlag mit stärkerem Wind oder Sturm einhergeht."

Diese die Urgewalt des Hagelereignisses verdeutlichende Schilderung ändert aber nichts daran, daß die meisten der den Fahrzeugver betreffenden Schäden lediglich Lackbeschädigungen darstellen. Plötzlich auftretender Hagel kann – wie starker Regen – zu einer unvermuteten Sichtbehinderung für den Vmer werden. Gerät sein Fahrzeug deshalb von der Straße ab und wird dadurch beschädigt, so liegt keine „unmittelbare Hageleinwirkung" vor, sondern es ist ein Fall einer im Sinne des § 12 Ziff. 1 Ic AKB mittelbaren Schädigung gegeben. Das gleiche gilt, wenn der Vmer wegen der Sichtbehinderung auf ein anderes Fahrzeug auffährt oder wenn er zwar sorgsam wegen der fehlenden Sichtmöglichkeit anhält, aber ein weiterer Fahrer nicht so fürsorglich denkt und das Fahrzeug des Vmers durch ein solches Auffahren beschädigt. Indessen darf man sich durch diese Beispiele nicht zu der Annahme verleiten lassen, daß im Sinne des § 12 Ziff. 1 Ic AKB ein Hagelschaden nur dann gegeben sei, wenn vom Hagelkorn durch direkten Aufprall der Schaden am Fahrzeug angerichtet worden sei. Daß die Bedingungsbestimmung nicht in diesem Sinne zu verstehen ist, ergibt § 12 Ziff. 1 Ic S. 3 AKB, wenn es dort heißt, daß auch ein Schaden vert sei, der dadurch verursacht werde, daß durch die Naturgewalten Sachen auf oder gegen das Fahrzeug geworfen werden. Durch ein einzelnes Hagelkorn werden sicherlich kaum andere Sachen gegen das Fahrzeug gestoßen. Dieser Erläuterungssatz paßt daher im Grunde genommen mehr für die Fälle des Sturms und der Überschwemmung. Aber die von den Bedingungsverfassern angestrebte Tendenz der Abgrenzung zwischen vten und nicht vten Schäden wird damit doch recht deutlich gemacht. Tritt daher der Hagel in so starker Form auf, daß er wie ein Backstein als Hindernis auf der vorher freien Fahrbahn den Wagen dadurch beschädigt, daß ein übergroßes Hagelkorn

Anm. J 57

beim Fahren hoch und gegen den Wagen des Vmers geschleudert wird, so müßte dieser Schaden als vert angesehen werden; nichts anderes darf gelten, wenn solch ein hühnereigroßes Hagelkorn von einem voran fahrenden Wagen aufgeschleudert wird mit der Folge, daß die Windschutzscheibe zersplittert und der Vmer gegen den nächsten Baum fährt. Dann ist nicht nur der Schaden an der Scheibe vert (vgl. Anm. J 60 dafür, daß Glasbruchschäden im Prinzip stets vert sind), sondern auch der ansonsten durch den Aufprall am Baum entstandene Schaden zu ersetzen. Entsprechendes gilt, wenn schon durch den unmittelbaren Hagelaufschlag, also ohne Einschaltung der „Abschußgeschwindigkeit" eines anderen Wagens, der Schaden an der Windschutzscheibe mit der Folge einer Karambolage mit einem Baum eingetreten ist.

Fährt der Vmer einen offenen Sportwagen, so kann ihn ein überraschender Hagelschauer in eine unangenehme Situation bringen. Füllt sich der Wagen auf diese Art und Weise in Windesschnelle mit Hagelkörnern, so gehen die dadurch am Fahrzeug und den vten Fahrzeugteilen entstehenden Schäden, die sich durchaus nicht auf eine Lackbeschädigung zu beschränken brauchen, zu Lasten des Vers. Soweit es sich dabei um Feuchtigkeitsschäden an der Polsterung handelt, sind diese Schäden allerdings von dem durch einen etwa gleichzeitig oder kurz darauf eintretenden Regenschaden abzugrenzen, da letzterer im Rahmen der Fahrzeugteilv nicht ersatzpflichtig ist. Variiert man den Beispielsfall des erwähnten Sportwagenfahrers in der Weise, daß Hagelkörner dem Vmer Schmerzen bereiten und er deshalb den Wagen mit der Folge einer Kollision verzieht, so ist dieser Kollisionsschaden wieder als nicht vert anzusehen. Ist der Anprall dieser Hagelkörner auf dem Kopf des Vmers aber so stark, daß dieser die Besinnung verliert, so ist der Schaden, der aus solch einer Kollision des Fahrzeugs des Vmers mit anderen Sachen entsteht, als vert anzusehen. Von einem durch den Hagel veranlaßten Verhalten im Sinne des § 12 Ziff. 1 Ic S. 4 AKB kann nämlich nicht gesprochen werden, wenn der Vmer infolge seiner durch den Hagel verursachten Ohnmacht zu einer Steuerung überhaupt nicht in der Lage ist.

[J 57] dd) Blitzschlag

Im Rahmen der Fahrzeugteilv besteht ohnedies für Brandschäden nach § 12 Ziff. 1 Ic AKB Vsschutz. Neben dem zündenden Blitz gibt es aber den sogenannten „kalten" Blitz, der Schäden durch elektrische Energie anrichtet, ohne daß es dabei zu einem Feuer kommt. Vor dem 1. I. 1960 bestand für derartige Blitzschäden kein Vsschutz, was zu ärgerlichen Kontroversen mit den Vmern führte, denen zwar nach dem Bedingungswortlaut klar gemacht werden konnte, daß ein Brand gar nicht eingetreten war, auf deren Fragen, aus welchen tieferen Gründen Schäden durch die eine Blitzart vert seien und durch die andere nicht, aber keine befriedigende Antwort erteilt werden konnte. Das Gesagte gilt um so mehr, als ein geschlossenes Fahrzeug einen sog. „Faraday-Käfig" darstellt, also eine allseitig geschlossene Hülle aus Blech, in die kein äußeres elektrisches Feld eindringen kann. Demgemäß beruht denn auch die Mehrzahl der von § 12 Ziff. 1 Ic AKB erfaßten Blitzschäden darauf, daß durch einen solchen Blitz andere Sachen auf das Fahrzeug des Vmers geschleudert werden.

Wird der Vmer durch den Blitz erschreckt und kommt es deshalb zu einem Unfall, so liegt ein nicht ersatzpflichtiger mittelbarer Schaden im Sinne des § 12 Ziff. 1 Ic AKB vor. Stürzt vor dem in Fahrt befindlichen Wagen quer auf die Straße ein vom Blitz gefällter Baum und kann der Vmer eine Kollision nicht vermeiden, so liegt dagegen ein ersatzpflichtiger Schaden vor. Steuert der Vmer das Fahrzeug in einem solchen Fall einer andernfalls un vermeidbaren Kollision mit dem gerade herabstürzenden Baum auf den Seitenstreifen, weil er meint, den Schaden dadurch geringer

V. 2. f) Unwetterschäden   Anm. J 58

halten zu können, so besteht für die dabei eintretenden Kollisionsschäden ebenfalls Ersatzpflicht. Es fehlt in § 12 Ziff. 1 Ic AKB das für Zusammenstöße mit Haarwild für die dabei eintretenden Kollisionsschäden geforderte Merkmal der körperlichen Berührung, so daß der hier vertretenen Auffassung bezüglich der Ersatzpflicht des Schadens kein restriktives Tatbestandsmerkmal der Bedingungsbestimmung entgegensteht. Das Gesagte gilt aber nur unter der Voraussetzung, daß es sich in der Tat um einen andernfalls unvermeidbaren Kollisionsschaden mit dem vom Blitz gefällten Baum handelt (vgl. im übrigen ergänzend Anm. J 55 zur unmittelbaren Einwirkung bei Sturmschäden). Ist die Straße dagegen schon zu einem Zeitpunkt versperrt worden, als das Fahrzeug des Vmers sich in einer solchen Entfernung befand, daß ohne Schwierigkeiten hätte gebremst werden können, wurde also durch den Sturz des Baumes auf die Straße nicht der Anhalteweg des Fahrzeugs bei normaler Bremsung verkürzt, so liegt keine die Leistungspflicht des Vers auslösende unmittelbare Einwirkung vor.

[J 58] ee) Überschwemmungen

Die am 1. I. 1960 (VA 1960 S. 154–158) in Kraft getretene Bedingungsverbesserung in der Fahrzeugteil- und Fahrzeugvollv hat hinsichtlich des Überschwemmungsrisikos ihre erste große Bewährungsprobe bei der Sturmflut des Jahres 1962 bestanden. Zur Überraschung der meisten Vmer stellte es sich heraus, daß die Fahrzeugv zu den wenigen Vsarten gehörte, in denen gegen dieses Elementarrisiko Vsschutz geboten wurde. Gegen die Inanspruchnahme für Haftpflichtschäden aus Überschwemmungen, so selten dafür bei einem solchen Elementarereignis auch eine Verantwortlichkeit begründet sein mag, wird z. B. nach § 4 I Ziff. 5 AHB keine Deckung gewährt; vielmehr heißt es dort, daß kein Vsschutz bestehe für Haftpflichtansprüche aus Sachschäden, die durch Überschwemmungen stehender oder fließender Gewässer entstehen. Zum Begriff der Überschwemmung gehört ein irregulärer Wasserstand. Der Hauptanwendungsbereich des § 12 Ziff. 1 Ic AKB betrifft naturgemäß Ausuferungen stehender oder fließender Gewässer. Doch ist nicht zu verkennen, daß § 12 Ziff. 1 Ic AKB einen weitergehenderen Anwendungsbereich haben kann. Dabei ist zu bedenken, daß es auch Überschwemmungsschäden geben kann, die nicht auf solche Ausuferungen bereits vorhandener Gewässer zurückzuführen sind, sondern auf kurz- oder langfristige Neubildung von Wasseransammlungen aller Art. Für derartige Überschwemmungsschadenfälle besteht mangels einer § 4 I Ziff. 5 AHB entsprechenden Eingrenzung nach § 12 Ziff. 1 Ic AKB ebenfalls Vsschutz (BGH 21. V. 1964 VersR 1964 S. 712, LG Kassel 21. III. 1963 VersR 1963 S. 670). Vte Überschwemmungsschäden im Sinne des § 12 Ziff. 1 Ic AKB können demgemäß auch durch Wasseransammlungen herbeigeführt werden, die auf Rohr- oder sonstigen Leitungsbrüchen beruhen (a. M. Pienitz-Flöter[4] Anm. G. I. 4. c zu § 12 AKB, S. 13). Bricht beispielsweise in einer Großstadt eine Hauptwasserleitung, so kann sich bis zum Abstellen der Leitungsverbindung schon ein Schaden nahezu elementaren Ausmaßes ergeben. Nicht selten werden ganze Straßenzüge unter Wasser gesetzt. Aber auch dann, wenn bei einem solchen Ereignis nur ein geringer Teil einer Straße überflutet wird, besteht Vsschutz für dabei an einem Fahrzeug entstehende Schäden. Das gleiche gilt, falls nur ein Kellerraum vollläuft, sei es infolge eines Rohrbruchs oder auch, weil ein Wasserhahn nicht abgedreht worden ist, oder sei es, daß ein Zuleitungsschlauch für eine Haushaltsmaschine geplatzt ist. Steht ein Fahrzeug demgemäß in einer Tiefgarage und läuft diese – gleich aus welcher Ursache – voll Wasser, so ist der Schaden vert. Vsschutz besteht auch, wenn sich durch übermäßige Regenfälle Überschwemmungen von Straßen, Kellern oder Garagen bilden (BGH 21. V. 1964 a.a.O., LG Kassel 21. III. 1963 a.a.O., OLG Stuttgart 18. X. 1973 VersR 1974 S. 234). Als eine Überschwemmung ist es vom LG Kassel 21. III. 1963 a.a.O. schon angesehen worden, wenn Regenwasser während eines Wolkenbruchs in Höhe von 10 cm eine Straße bergab strömt.

Da es in § 12 Ziff. 1 Ic AKB — anders als in § 4 I Ziff. 5 AHB — an der Verknüpfung des Ausdrucks Überschwemmung mit dem Begriff der stehenden oder fließenden Gewässer fehlt, muß gefragt werden, ob auch Überschwemmungsschäden durch Flüssigkeitsmengen, die nicht aus Wasser bestehen oder in ihrer Zusammensetzung mengenmäßig nicht wesentlich durch den Bestandteil „Wasser" charakterisiert sind, als vert im Sinne des § 12 Ziff. 1 Ic AKB anzusehen sind. Beispiel: Ein Öltankwagen kippt um, die herausströmende Ölmenge überschwemmt die daneben befindliche Kellergarage des Vmers A, in der sich sein Fahrzeug befindet. Auch größere Ölüberschwemmungsschäden sind denkbar; gedacht sei z. B. an das Platzen einer Pipeline mit der Folge, daß sich geradezu eine Ölflut bildet. Ein wirtschaftlich vernünftiges Motiv für den Einschluß derartiger Schäden in die Fahrzeugteilv ist nicht ersichtlich, ganz davon abgesehen, daß 1960 der „Ölverbrauchsboom" der folgenden Jahre noch gar nicht vorauszusehen war. Das Weglassen der Bezugnahme auf die stehenden oder fließenden Gewässer bei der Verwendung des Überschwemmungsbegriffs führt freilich zu einem umfassenden Schutz des Vmers, wie die oben gebrachten Beispiele zeigen. Es besteht aber keine Veranlassung, den Überschwemmungsbegriff von der überkommenen sprachlichen Verbindung mit dem Elementarbegriff „Wasser" abzutrennen. Demgemäß besteht für solche Ölüberschwemmungen nach § 12 Ziff. 1 Ic AKB kein Vsschutz. Das Gesagte bedeutet aber nicht, daß das Wasser gewissermaßen „rein" auftreten müsse. Das ist bei der heutigen Umweltverschmutzung ohnedies so gut wie nie der Fall. Vielmehr fallen unter § 12 Ziff. 1 Ic AKB auch Schäden durch dem Wasser beigemengte Stoffe aller Art, gleichgültig ob sie ölhaltig sind oder mit sonstigen Chemikalien durchsetzt. Verlangt werden muß nur, daß der **überwiegende** Teil der Überschwemmungsflüssigkeit aus Wasser besteht.

In der Mehrzahl der Fälle wird der Überschwemmungsschaden an abgestellten Fahrzeugen eintreten. Soweit aber in Bewegung befindliche Fahrzeuge betroffen werden, ist wiederum eine Abgrenzung vorzunehmen bezüglich der nach § 12 Ziff. 1 Ic S. 4 AKB ausgeschlossenen Schäden, die auf ein durch die Überschwemmung veranlaßtes Verhalten des Fahrers zurückzuführen sind. Flieht der Vmer mit seinem Wagen vor der Überschwemmungsflut, wird er aber auf der Flucht von den Wogen eingeholt, so ist sein Tun zwar im Sprachsinne von der Überschwemmung veranlaßt; ein solcher durch das Wasser am Fahrzeug eintretender Schaden ist aber nicht vom Vsschutz ausgenommen. Andernfalls würde die Initiative des Vmers, die im Falle des Gelingens letzten Endes doch dem Ver zugute gekommen wäre, bestraft werden (das Gesagte gilt um so mehr, als BGH 14. IV. 1976 VersR 1976 S. 649—651 es einem Vmer, der bei erkannter Hochflutgefahr sein Fahrzeug nicht in Sicherheit bringt, obwohl das ohne weiteres möglich gewesen wäre, dieses Unterlassen als grobe Fahrlässigkeit im Sinne des § 61 anlastet; vgl. dazu auch Anm. J 112). Gemeint sind von § 12 Ziff. 1 Ic S. 4 AKB vielmehr **vermeidbare Fahrfehler**, die durch eine Überschwemmung veranlaßt worden sind. So z. B. eine angesichts der Überflutung einer Straße zu hohe Geschwindigkeit (vgl. dazu LG Göttingen 7. VI. 1967 VersR 1967 S. 1040). Beruht dagegen eine Kollision auf einer Fahrt durch überschwemmtes Gebiet auf dem vom Wasser mitgeführten Schlamm, so besteht Vsschutz (LG Kassel 21. III. 1963 VersR 1963 S. 670). Entgegen OLG Frankfurt a. M. 14. XII. 1965 VersR 1966 S. 437 liegt auch ein unmittelbar durch eine Überschwemmung herbeigeführter Schaden vor, wenn bei dem Fahren auf einer überschwemmten Straße Wasser in den Zylinderraum dringt, das im Zusammenhang mit der Hubbewegung des Kolbens einen sogenannten Wasserschlag im Zylinderraum verursacht (zutreffend OLG Stuttgart 18. X. 1973 VersR 1974 S. 234).

V. 2. f) Unwetterschäden   Anm. J 58

Fährt dagegen ein Vmer auf der hochgelegenen Uferstraße entlang und betrachtet er dabei die auf der anderen Uferseite eingetretenen, sich ständig noch vergrößernden Überschwemmungsschäden und kommt es dabei zu einem Zusammenstoß als Folge einer Unaufmerksamkeit des Vmers hinsichtlich des Geschehens auf der Fahrbahn, so liegt kein ersatzpflichtiger Schaden vor. Für diese Erkenntnis hätte es der Einfügung einer Spezialregelung nach § 12 Ziff. 1 Ic S. 4 AKB nicht bedurft, wie überhaupt ein selbständiger Anwendungsbereich dieses Erläuterungssatzes kaum erkennbar ist, wenn auch nicht in Abrede gestellt werden soll, daß für eine volkstümlich dem Vmer den Vs-umfang verdeutlichende Erläuterung die Vorschrift nicht ohne Wert ist. Greifen wir aber auf das oben erwähnte Beispiel eines Vmers zurück, der vor der herannahenden Überschwemmungsflut flieht, jetzt aber nicht von ihr erreicht wird, sondern infolge eines Fahrfehlers eine Kollision erleidet. Ein solcher Schaden wird nach § 12 Ziff. 1 Ic AKB nicht ersetzt, und zwar auch dann nicht, wenn der Fahrfehler auf die durch die Angst vor der Wasserflut entstandene Nervosität zurückzuführen ist. Der Ver ist hier auch nicht aus dem Gesichtspunkt des Rettungskostenersatzes gemäß § 63 I eintrittspflichtig, es sei denn, daß der Sachverhalt so gestaltet war, daß ohne die Fahrt der Eintritt des Vsfalles im Sinne der Vorerstreckungstheorie unmittelbar bevorstand (vgl. Bruck S. 343, Möller in Bruck-Möller Anm. 33 vor §§ 49–80 und die Nachweise für und gegen die Vorerstreckungstheorie in solchen Fällen bei Wilkens, Die Rettungspflicht – Eine rechtsvergleichende Darstellung im deutschen, schweizerischen, französischen, italienischen und englischen Vsvertragsrecht, Karlsruhe 1970, S. 57–63 und bei Siebeck, Die Schadenabwendungs- und minderungspflicht des Vmers, Karlsruhe 1963, S. 53–70; vgl. ferner Möller Vsvertragsrecht, 3. Aufl., Wiesbaden 1977, S. 151–152; BGH 18. I. 1965 BGHZ Bd 43 S. 91–94 hat allerdings zu § 5 Ziff. 3 S. 1 AHB entschieden, daß die Obliegenheit des Vmers, für die Abwendung und Minderung des Schadens zu sorgen, nicht schon mit dem Drohen des Vsfalles sondern erst mit dessen Eintritt beginne; indessen ist diese Auffassung aus der Besonderheit der Haftpflichtv zu erklären, vgl. dazu auch die Nachweise in Bd IV Anm. F 76). Der geschilderte Beispielsfall möge demgemäß in dem Sinne verstanden werden, daß es sich um „Schadenverhütungskosten" gehandelt habe, da der Vsfall bezüglich des Fahrzeugs des Vmers noch nicht eingetreten war und auch noch nicht unmittelbar bevorstand. – Gesetzt der Fall, der Vmer beginnt seine Flucht mit dem Fahrzeug, als das Wasser bereits handbreithoch auf der Straße steht, und es kommt jetzt zu einer aus der Nervosität über die Flut resultierenden Kollision, so ist der Ver zwar nicht nach § 12 Ziff. 1 Ic AKB eintrittspflichtig, jedoch aus dem Gesichtspunkt des Rettungskostenersatzes zur Zahlung verpflichtet. Das gilt auch dann, wenn das Fahrzeug zwar noch nicht auf überschwemmter Straße stand, die Überschwemmung aber zeitlich unmittelbar bevorstand.

Befindet sich das Fahrzeug des Vmers bei einer Sturmflut auf einer mit dem Festland durch eine Brücke verbundenen Insel noch auf dem Trockenen, ist aber zu erwarten, daß diese Insel im Laufe der nächsten Stunden überflutet wird, und muß der Vmer deshalb über die besagte Brücke, die schon fußhoch unter Wasser steht, so ist der durch dieses Wasser entstehende Schaden vert, genauso, als wenn der Vmer das Fahrzeug ordnungsgemäß auf der genannten Brücke geparkt gehabt hätte und dabei von der Flut überrascht worden wäre. Als ein durch die Überschwemmung lediglich veranlaßtes Verhalten des Vmers im Sinne des § 12 Ziff. 1 Ic S. 4 AKB ist es dagegen anzusehen, wenn der Vmer – ein kaum vorstellbarer Fall – es nicht rechtzeitig bemerkt, daß eine Brücke von der Flut weggerissen worden ist, und deshalb mit Schwung unter Durchbrechung einer provisorischen Absperrung in den Fluß stürzt. Fehlt es jedoch an einer solchen Absperrung, so wird man einen vten Überschwemmungsschaden anzunehmen haben. Zwar soll ein Kraftfahrer stets seine Geschwindigkeit so einrichten, daß er auf die Straßenverhältnisse in angemessener Weise reagieren kann, doch wird man von ihm nicht erwarten können, daß er voraussahnt, daß eine Brücke von der Flut weggerissen ist und daß die Straße dadurch warnungslos im Nichts endet. Der Fall kann daher im Grunde genommen nicht anders behandelt werden als der, daß die Brücke während des Befahrens weggeschwemmt wird.

Für Überschwemmungsschäden wird die Erläuterung des Unmittelbarkeitsbegriffs in § 12 Ziff. 1 I c S. 3 AKB vielfach bedeutsam sein, daß darunter auch Schäden fallen, die von durch die Naturgewalt gegen das Fahrzeug geschleuderten Sachen angerichtet werden. Ein besonders instruktiver Fall dieser Art ist vom BGH 21. V. 1964 VersR 1964 S. 712–713 abgehandelt worden: Das Fahrzeug des Vmers befand sich in einer Garage, die neben einem Berghang stand. Dieser geriet nach heftigen Regenfällen ins Rutschen, da die Regenabflußrinnen am Hang die Wasserfülle nicht mehr fassen konnten. Das Fahrzeug erlitt Schaden, da die Garage unter dem Druck der Erdmassen zusammenstürzte. Zu Recht wurde vom BGH entgegen dem Berufungsgericht die Ersatzpflicht unter Hinweis darauf bejaht, daß es praktisch unmöglich sei, zwischen dem Wasser zu unterscheiden, das oberirdisch abfließe und dabei Gegenstände mit sich führe, die gegen das vte Fahrzeug geworfen würden, und dem Erdreich, das infolge Anreicherung mit Wasser im unmittelbaren zeitlichen Zusammenhang mit dem Versagen des normalen Wasserabflusses seinen Halt verliere und in Bewegung gerate.

Befindet sich ein Fahrzeug in einem Autoreisezug und entgleist dieser infolge unmittelbarer Einwirkung einer Überschwemmung, z. B. weil die Wogen eines über die Ufer getretenen Flusses einen Bahndamm unterhöhlt haben, so handelt es sich ebenfalls um ein vtes Ereignis.

Vorausgesetzt wird von § 12 Ziff. 1 I c AKB ein irregulärer Wasserzustand. Fährt ein Vmer infolge Unaufmerksamkeit über den Uferrand in einen Fluß oder einen Kanal mit normalem Wasserstand, so ist kein Überschwemmungsfall im Sinne der Fahrzeugteilv gegeben; aber auch dann, wenn der Gewässerstand ein erhöhter ist, liegt wegen der Mitwirkung des Vmers am Schadengeschehen nach der erörterten Schlußbestimmung des § 12 Ziff. 1 I c AKB kein vtes Ereignis vor. Nur wenn dieser Vmer eine Fahrzeugvollv abgeschlossen hat (und keine grobe Fahrlässigkeit gemäß § 61 vorliegt), besteht für ein solches Absinken in den Wogen (als Unfallereignis nach § 12 Ziff. 1 II e AKB, vgl. Anm. J 63–68) Vsschutz. Geht man von diesem Grundfall aus, so bereitet die Frage, wie der Untergang einer Autofähre (oder eines sonstigen auf dem Wasser befindlichen Transportmittels) zu beurteilen ist, keine großen Schwierigkeiten. Geht eine solche Autofähre infolge einer Kollision mit einem anderen Schiff unter, so besteht im Rahmen der Fahrzeugteilv kein Vsschutz, wohl aber ist Deckung im Rahmen der Fahrzeugvollv gegeben, da ein Unfallereignis vorliegt. Kommt es infolge entfesselter Naturgewalten, z. B. durch orkanartigen Sturm, auf offener See zum Kentern der Fähre, so liegt zwar kein Überschwemmungsschaden im Sinne der oben zitierten Definition vor, jedoch ist ein solcher Fall als Sturmschaden vert. Liegt das Schiff dagegen an der Reede und wird es durch eine Sturmflut von den die Ufer überschwemmenden Wogen an Land geworfen, so liegt für das damit transportierte Fahrzeug ein sowohl als Überschwemmungs- wie auch als Sturmschaden vtes Ereignis vor.

[J 59] g) Zusammenstoß mit Haarwild
Schrifttum:

Brill VersR 1975 S. 307–309, Theda VersR 1974 S. 214–217.

Nach § 12 Ziff. 1 I d AKB besteht im Rahmen der Fahrzeugteilv auch Vsschutz für Schäden, die durch einen Zusammenstoß des in Bewegung befindlichen Fahrzeugs mit Haarwild im Sinne des § 2 I Nr. 1 des Bundesjagdgesetzes in der

V. 2. g) Zusammenstoß mit Haarwild

Fassung vom 30. III. 1961 (BGBl. I S. 304) entstehen. Diese Erweiterung des Vsschutzes der Fahrzeugteilv ist erst zum 1. I. 1967 in Kraft getreten (vgl. VA 1967 S. 4). Bis zu diesem Zeitpunkt wurde für derartige Schäden lediglich im Rahmen der Fahrzeugvollv Vsschutz gewährt. Den Bedingungsverfassern erschien es als sachgerecht, die Fahrzeugteilv auf dieses doch relativ seltene Risiko zu erweitern. Das wurde insbesondere deshalb als vertretbar und angemessen angesehen, weil dem geschädigten Vmer bei einem solchen Zusammenstoß mit einem Haarwild in aller Regel kein Schadenersatzanspruch gegenüber einem Dritten zusteht.

§ 2 I Nr. 1 BJagdG hat folgenden Wortlaut: „Jagdbare Tiere sind 1. Haarwild: Wisente; Elch-, Rot-, Dam-, Sika- und Rehwild; Gams-, Stein- und Muffelwild; Schwarzwild; Hasen, Schneehasen, Wildkaninchen; Biber und Murmeltiere; Wildkatzen und Luchse; Füchse, Stein- und Baummarder, Iltisse, Hermeline, Mauswiesel, Zwergwiesel, Nerze, Dachse und Fischottern; Seehunde." Stößt der Vmer mit seinem in Bewegung befindlichen Fahrzeug mit einem dieser aufgeführten Tiere zusammen, so ist der Ver im Rahmen der Fahrzeugteilv ersatzpflichtig. Kein Schadenereignis im Sinne der Fahrzeugteilv stellt es dagegen dar, wenn das Fahrzeug des Vmers mit Federwild im Sinne des § 2 I Nr. 2 BJagdG zusammenstößt. Hierfür erhält der Vmer nur Ersatz, wenn er eine Fahrzeugvollv abgeschlossen hat. Das gilt auch für Zusammenstöße mit Hunden und Hauskatzen. Gänzlich verwilderte Hauskatzen, ohne menschliches Residuum also, können den Wildkatzen allerdings im Sinne des § 12 Ziff. 1 Id AKB gleichgestellt werden. Für verwilderte („streunende") Hunde fehlt es dagegen an einem entsprechenden Anknüpfungspunkt im Bundesjagdgesetz, so daß bei einem Zusammenstoß mit einem Hund stets der Vsschutz im Rahmen der Fahrzeugteilv zu verneinen ist. Stößt der Wagen des Vmers mit einem Wolf zusammen, so wird der Leser des Bundesjagdgesetzes feststellen, daß diese Tierart in § 2 I Nr. 1 BJagdG ebenfalls nicht erwähnt ist. Das ist darauf zurückzuführen, daß diese Tierart in Deutschland in freier Wildbahn ausgestorben ist. Kommt es aber in Europa, also im normalen Geltungsbereich der Fahrzeugteilv (vgl. § 2 I AKB und dazu Anm. J 74) zu einem Zusammenstoß mit einem in freier Wildbahn lebenden Wolf, so ist nach dem Sinn des § 12 Ziff. 1 Id AKB Vsschutz zu bejahen, da der Fall nur deshalb nicht erwähnt worden ist, weil die Bedingungsverfasser ihn nicht bedachten (ebenso wie den Fall einer Kollision mit einem Bären im Karpatengebiet). Keineswegs darf aber aus dieser erweiterten Auslegung des Tierbegriffs im Sinne des § 12 Ziff. 1 Id AKB der Schluß gezogen werden, daß dann doch das gleiche für sich herumtreibende Hunde zu gelten habe. Denn dieses Problem der streunenden Hunde war bei der Abfassung der Bestimmung des § 12 Ziff. 1 Id AKB wohl bekannt, die Beschränkung des Vsschutzes auf Zusammenstöße mit Haarwild im Sinne des § 2 I Nr.1 BJagdG ist aber mit Bedacht gewählt worden.

Eine Ersatzpflicht des Vers besteht nach § 12 Ziff. 1 Id AKB nur dann, wenn es zu einer Berührung mit dem Wild gekommen ist. Weicht der Vmer einem Stück Wild aus, um eine Kollision zu vermeiden, und gerät er dabei gegen einen Baum oder ein sonstiges Hindernis, so besteht kein Vsschutz (so z. B. im Fall OLG Nürnberg 19. IX. 1974 VersR 1975 S. 228–229). In den Verlautbarungen des BAA über den Grund für diese Beschränkung des Vsschutzes auf die Fälle des unmittelbaren Zusammenstoßes heißt es in VA 1967 S. 2, daß maßgebend dafür die zu erwartenden Schwierigkeiten beim Nachweis eines derartigen Unfallherganges seien. Aus dieser Bedingungsgestaltung und der damit verbundenen Absicht der Bedingungsverfasser, die Eintrittspflicht des Vers exakt abzugrenzen, ergibt sich, daß in einem solchen Falle der Ver auch nicht zum Ersatz der bei der geschilderten Aktion entstandenen Schäden am Fahrzeug aus dem Gesichtspunkt des Rettungskostenersatzes im Sinne des § 63 I verpflichtet sein sollte. Wenn aber hier der Zusammenstoß aus der Sicht des Vmers und eines objektiven Dritten ohne das Lenken des Wagens gegen einen Baum oder in den Graben nachweisbar unvermeidbar gewesen wäre, der Vsfall also unmittelbar bevorstand im Sinne der Vorerstreckungstheorie (vgl. zu dieser Streitfrage die Nachweise in Anm. J 58), wird man eine stillschweigende Abbedingung der Ersatzpflicht aus § 63 I im Sinne einer abschließenden Regelung der Ersatzpflicht für solche Kollisionsfälle mit Haarwild nicht hinnehmen können, da der Ersatz von Rettungskosten zum traditionellen Bereich des Vsschutzes gehört, der nicht ohne Unbilligkeit abbedungen werden kann (vgl. ergänzend Anm. J 153 und vor allem BGH 21. III. 1977 VersR 1977 S. 710 [zum Rettungskostenersatz in der Flußkaskov]).

Es geht auch zu weit, generell bei der Abgrenzung des Anwendungsbereichs von einer restriktiven Auslegung der Wildschadenklausel auszugehen (so aber Brill VersR 1975 S. 307, Theda VersR 1974 S. 215). Vielmehr ist eine am Normzweck orientierte Auslegung zu wählen mit dem Ziel einer möglichst gerechten Entscheidung im Einzelfall. Brill a.a.O. S. 307 bildet folgenden Beispielfall, den er mit Rücksicht auf seine Ausgangsposition einer restriktiven Auslegung zunächst für nicht vert hält: „Ein Fahrzeugführer befährt eine Strecke, auf welcher plötzlich ein Reh auftaucht. Er bremst sehr stark, kommt dadurch ins Schleudern, erfaßt das Reh noch leicht und kommt wegen des durch Bremsmanöver ausbrechenden Fahrzeugs von der Fahrbahn ab und landet an einem Baum." Andererseits schreibt Brill a.a.O. S. 309 aber auch, daß dann, wenn ein Zusammenstoß mit Haarwild objektiv nachgewiesen sei, sich eine weitergehende Prüfung dahingehend verbiete, der Unfall sei ebenso bereits durch das Fahr- bzw. Bremsverhalten des Fahrers bestimmt gewesen, ohne daß der Zusammenstoß mit dem Haarwild noch relevant geworden sei. Nur der letztgenannten Auffassung ist beizupflichten. In dem geschilderten Beispiel ist das Verhalten des Rehs adäquat kausal zurechenbar für den Eintritt des Schadens. Da auch die rechtsgeschichtlich nahezu archaisch anmutende Bedingungsbestimmung der Berührung von Körper zu Körper erfüllt ist, besteht keine Notwendigkeit, das im Ganzen als deckungswürdig einzuordnende Geschehen in einen teils vten, teils nicht vten Komplex aufzugliedern. Das Gesagte gilt um so mehr, als es in § 12 Ziff. 1 Id AKB − anders als bei den Unwetterschäden gemäß § 12 Ziff. 1 Ic AKB − an einer Einschränkung des Vsschutzes hinsichtlich solcher Schäden fehlt, die auf ein Verhalten des Vmers zurückzuführen sind. Gerät der Vmer durch eine Kollision mit einem Haarwild gegen einen Baum, in einen Graben oder gegen eine sonstige Sache oder auch gegen eine Person, so besteht demgemäß auch für den durch diese Folgen des Zusammenstoßes mit einem Haarwild entstehenden weiteren Schaden Vsschutz.

Wegen der erwähnten Beweisschwierigkeiten ist der Vsschutz auch nicht auf diejenigen Fälle erstreckt worden, in denen ein stehendes Fahrzeug von Haarwild im Sinne des § 2 I Nr. 1 BJagdG beschädigt worden ist. Solche Zusammenstöße werden im übrigen in aller Regel nicht so heftig sein, daß größere Schäden entstehen; auch wird sich das Tier dann zumeist nicht − anders als bei einem Zusammenstoß mit dem in Bewegung befindlichen Fahrzeug − so schwer verletzen, daß sein Kadaver als zusätzliches Beweismittel zur Verfügung steht.

Fährt ein Vmer gegen ein vor ihm befindliches Fahrzeug, das gerade einen Zusammenstoß mit einem Haarwild hat, so besteht trotz des entsprechenden zeitlichen Zusammenhangs nur Vsschutz in der Fahrzeugteilv des Kontrahenten, der unmittelbare Berührung mit dem Tier gehabt hat, und zwar für dessen Gesamtschaden, also auch für denjenigen Teil, der auf dem Auffahren des zweiten Fahrzeugs beruht. Hält der Vmer auf Grund eines vorangegangenen Zusammenstoßes mit einem Tier auf der Landstraße, sei es auch noch ohne Beleuchtung und ohne Warnschild in einer unübersichtlichen Kurve, so besteht für nachfolgende Auffahrunfälle für beide Kontrahenten kein Vsschutz unter § 12 Ziff. 1 Id AKB. Mit diesen Beispielen soll zum Ausdruck

V. 2. g) Zusammenstoß mit Haarwild   Anm. J 59

gebracht werden, daß nur die unmittelbare zeitliche Einbeziehung eines zweiten oder dritten Fahrzeugs in den noch nicht abgeschlossenen Vorgang der Kollision zwischen dem ersten Fahrzeug und dem Haarwild als vtes Gesamtschadenereignis im Rahmen der Wildschadendeckung des ersten Fahrzeugs angesehen werden kann. Vsschutz besteht dagegen, wenn der erste Wagen das Wild hochschleudert, dieses gegen einen zweiten Wagen fällt, der seinerseits gegen das erste Fahrzeug fährt. Dann sind die Kollisionsschäden an beiden beteiligten Fahrzeugen im Sinne des § 12 Ziff. 1 Id AKB vert. Rast das zweite Fahrzeug im Anschluß an diesen eben gebildeten Beispielsfall nicht gegen das erste sondern gegen einen weiteren Wagen, so wird man den Schaden an diesem dritten Fahrzeug dagegen nicht mehr als von der dafür abgeschlossenen Fahrzeugteilv eingeschlossen anzusehen haben.

Nach der Bedingungsbestimmung ist Voraussetzung für die Eintrittsverpflichtung des Vers, daß das Fahrzeug in Bewegung gewesen ist; nicht wird verlangt, daß das Tier sich bewegt habe. Fährt der Vmer demgemäß ein z. B. im Scheinwerferlicht wie gebannt stehendes oder liegendes Tier an, so besteht Vsschutz (ebenso Stiefel-Wussow-Hofmann[10] Anm. 23a zu § 12 AKB, S. 536). Prölss-Martin[21] Anm. 5 zu § 12 AKB, S. 904 vertreten die Auffassung, daß auch eine Kollision mit einem Tierkadaver unter § 12 Ziff. 1 Id AKB falle. Das leuchtet gewiß ein, soweit es sich um solche Tierkadaver handelt, die nach einer Kollision von einer Seite der Autobahn auf die andere geschleudert werden. Es darf aber in weiter Auslegung des § 12 Ziff. 1 Id AKB auch gelten für Kollisionen mit den Kadavern von auf der Fahrbahn verendeten Tieren. Fällt allerdings von einem Fahrzeug, das mit Wildbret beladen ist, ein Stück davon während der Fahrt herunter, so besteht für daraus entstehende Schäden an einem nachfolgenden oder begegnenden Fahrzeug im Rahmen der für dieses Fahrzeug abgeschlossenen Fahrzeugteilv kein Vsschutz.

Nach § 7 III S. 2 AKB ist ein Wildschaden — ebenso wie ein Entwendungs- oder Brandschaden — der Polizeibehörde unverzüglich anzuzeigen, sofern er DM 100,— übersteigt. Vgl. dazu im einzelnen Anm. J 14—15. Da der Vmer für den Eintritt des Vsfalles beweispflichtig ist, stellt es für ihn ein Gebot eigenen Interesses dar, den Schaden der nächsten Polizeibehörde unter Vorlage des Tierkadavers oder unter Hinweis wenigstens auf Tierblut oder -haare zu melden, da es ihm sonst wie dem Vmer in dem vom LG Köln 9. II. 1972 VersR 1973 S. 536—537 entschiedenen Fall gehen könnte, dessen Klage abgewiesen wurde, da er den nachts auf der Autobahn angeblich eingetretenen Schaden der Polizei nicht gemeldet hatte und ihm zum Nachweis der behaupteten Kollision keinerlei sonstige Beweismittel zur Verfügung standen. Das Gericht wies den Vmer in diesem Zusammenhang durchaus treffend darauf hin, daß der von ihm geschilderte Schaden nicht nur, wie er meinte, durch einen Hasen oder durch ein Kaninchen verursacht sein könne, sondern ebenso gut durch eine Katze, einen Hund oder gar durch eine große Ratte. Angesichts der in Anm. J 14—15 dargestellten Einschränkung des Anwendungsbereichs der erwähnten Obliegenheit nach § 7 III S. 2 AKB wäre es allerdings besser gewesen, wenn die Entscheidung nicht zusätzlich auf das Vorliegen einer Obliegenheitsverletzung gestützt worden wäre.

Für weitere Fälle nicht geführter Beweise hinsichtlich des Eintritts von Wildschäden vgl. LG Hannover 3. V. 1973 VersR 1974 S. 26, OLG Köln 18. III. 1974 VersR 1974 S. 874, OLG Nürnberg 19. IX. 1974 VersR 1975 S. 228—229. Werden gleich nach dem Eintritt des Schadenereignisses am Unfallort auf dem Fahrzeug des Vmers Tierteile (Haare, Blut oder ähnliches) festgestellt, so darf prima facie auf einen Wildunfall geschlossen werden (so LG Tübingen 22. X. 1975 VersR 1976 S. 262, ebenso Brill VersR 1975 S. 307; a. M. Theda VersR 1974 S. 215—216, dessen generelle Verneinung der Anwendbarkeit des Beweises des ersten Anscheins im Bereich der Wildschadenklausel zu weit geht); ist aber deshalb eine andere Unfallursache ebenfalls sehr naheliegend, weil der Vmer mit einem Blutalkoholgehalt von 1,3‰ oder mehr gefahren ist, so kann diese Beweiserleichterung entfallen (vgl. LG Tübingen 22. X. 1975 a.a.O.).

[J 60] h) Glasbruchschäden
Schrifttum:
> Lange ZfV 1961 S. 69–70, Stelzer VW 1965 S. 756–757, Weißer VW 1972 S. 178–180.

Der Vsschutz in der Fahrzeugteilv erstreckt sich seit dem 1. I. 1960 (vgl. VA 1960 S. 154–158) in der Fahrzeugteilv auch auf Bruchschäden an der Verglasung des Fahrzeugs. Das bestimmt § 12 Ziff. 2 AKB. Systematisch hätte es näher gelegen, die V der Glasbruchschäden in den Rahmen der nach § 12 Ziff. 1 I AKB aufgeführten Gefahren miteinzuordnen, z. B als § 12 Ziff. 1 I e AKB. So muß in § 12 Ziff. 2 AKB besonders betont werden, was doch für alle Tatbestände der Fahrzeugteilv nach dem Einleitungssatz zu § 12 Ziff. 1 II AKB ohnedies gilt, daß auch bei einer vereinbarten Fahrzeugvollv Glasschäden an der Verglasung des Fahrzeugs mitvert seien. § 12 Ziff. 2 AKB stellt einen selbständigen Tatbestand dar, so daß nicht etwa daneben einer der in § 12 Ziff. 1 I oder II AKB aufgeführten Tatbestände der Fahrzeugteil- oder Fahrzeugvollv erfüllt sein müßte (vgl. OLG Hamburg 29. VI. 1971 VersR 1972 S. 243 und Lange ZfV 1961 S. 69–70). Das Gesagte bedeutet, daß die V von Glasbruchschäden nach § 12 Ziff. 2 AKB ohne Rücksicht auf die Entstehungsursache erfolgt. Es fällt insbesondere darunter die immer wieder zu beobachtende Zertrümmerung einer Scheibe ohne jeden erkennbaren äußeren Grund, für die ohne eine Sonderbestimmung der hier erörterten Art auch in der Fahrzeugvollv kein Vsschutz bestehen würde, und zwar mangels eines von außen auf die Scheibe wirkenden Unfallereignisses. Dabei ist davon auszugehen, daß ein solches unerklärliches Zerspringen einer Scheibe auf innere Spannungen des Glases zurückzuführen ist, die durch die Vibration des Fahrzeugs noch verstärkt werden.

Unter der Verglasung des Fahrzeugs sind nicht nur die Scheiben zu verstehen, sondern sämtliche verglaste Teile des Fahrzeugs, z. B. Lampen, Spiegel, Blinkleuchten, aber nicht auch die Glühbirnen und Zierleisten (ebenso Stelzer VW 1965 S. 756–757). Warum nicht nur für die Fahrzeugscheiben, sondern auch für die erwähnten Kleinschäden durch eine Bedingungsverbesserung im Rahmen der Fahrzeugteilv zusätzlich Vsschutz herbeigeführt wurde, war schon bei Einfügung der Bestimmung des § 12 Ziff. 2 AKB in das Bedingungswerk im Jahre 1960 unklar. Eine einleuchtende Begründung dafür ist bis heute nicht gegeben worden. Um die Fülle der aus dieser verfehlten Bedingungsfassung resultierenden Kleinschäden zu steuern, wurde für Glasschäden in der Fahrzeugteilv und auch für die Fahrzeugvollv, soweit dort ansonsten eine Selbstbeteiligung vereinbart worden ist, per 1. VIII. 1971 eine Selbstbeteiligung von 20%, mindestens aber DM 50,– eingeführt (vgl. dazu Anm. J 155). Sachgerechter wäre es aber wohl, nur Vsschutz für Glasbruchschäden an den Fahrzeugscheiben zu bieten.

Als Bruchschäden an der Verglasung ist auch das Auftreten von Rissen in der Verglasung anzusehen, dagegen fallen Kratzer auf der Oberfläche des Glases nicht unter den Deckungsbereich des § 12 Ziff. 2 AKB (vgl. Lange ZfV 1961 S. 70).

Ersatzpflichtig sind nicht nur die Materialkosten des beschädigten oder zerstörten Glasteiles, sondern auch die dazugehörigen Gummi-Abdichtungen und die Arbeitskosten für den Einbau (ebenso Stelzer VW 1965 S. 756, Stiefel-Wussow-Hofmann[10] Anm. 8 zu § 13 AKB, S. 582, Weißer VW 1972 S. 178), ferner auch die Kosten für den Mehrwert einer als Sonderausführung gelieferten beheizten Heckscheibe (Stiefel-Wussow-Hofmann[10] Anm. 42 zu § 12 AKB, S. 549). Stiefel-Wussow-Hofmann[10] a.a.O. nehmen an, daß auch die Kosten einer in die Scheibe eingebauten

V. 3. Primärer Gefahrenbereich in der Fahrzeugvollversicherung   Anm. J 61

Radio-Antenne als Verglasungsschaden zu ersetzen seien; dagegen bestehen jedoch Bedenken, da anders als bei der Beheizung der Scheibe kein „glas-spezifischer" Bezug zwischen der Antenne und dem vten Risiko zu erkennen ist. Vgl. im übrigen ergänzend Anm. J 138 a. E. zur Frage, wie in Totalschadenfällen, bei denen lediglich das Ausschnittsrisiko „Glasbruch" zum Tragen kommt, die Entschädigung zu berechnen ist.

3. Primärer Gefahrenbereich in der Fahrzeugvollversicherung

Gliederung:

a) Vorbemerkung J 61
b) Unfallschäden J 62–72

c) Mut- oder böswillige Handlungen betriebsfremder Personen J 73

[J 61] a) Vorbemerkung

Die **Fahrzeugvollv** (in der Praxis Vollkaskov genannt) umfaßt über die durch die **Fahrzeugteilv** gedeckten Risiken hinaus die **Unfallgefahr** und die durch **mut- oder böswillige Handlungen betriebsfremder Personen** entstehenden Schäden. Wenn der Deckungsbereich der Fahrzeugvollv beurteilt werden soll, ist demgemäß gedanklich immer zu ergänzen, daß sämtliche in § 12 Ziff. 1 I a–d AKB aufgeführten Risiken zusätzlich vert sind. Der Ausdruck „zusätzlich" trifft allerdings nicht ganz zu für das in der Fahrzeugteilv gemäß § 12 Ziff. 1 I d AKB erfaßte Risiko eines Zusammenstoßes mit Haarwild im Sinne des § 2 I Nr. 1 BJagdG; denn ein solcher Zusammenstoß stellt zugleich immer einen Unfall dar; auch sind die von § 12 Ziff. 1 I c AKB erfaßten Unwetterschäden überwiegend als Unfallschäden zu qualifizieren. Zu beachten ist bei der Auslegung, daß Einschränkungen, die sich aus einer engeren Definition des Deckungsbereichs der einzelnen Bestimmungen in § 12 Ziff. 1 I a–d AKB ergeben, zurücktreten gegenüber dem Vsschutz in der Fahrzeugvollv, soweit ein Schadenereignis entweder als Unfall im Sinne des § 12 Ziff. 1 II e AKB oder als eine mut- oder böswillige Handlung betriebsfremder Personen im Sinne des § 12 Ziff. 1 II f AKB zu qualifizieren ist. Stößt demgemäß das Fahrzeug des Vmers mit einem Federwild zusammen, so besteht zwar nach § 12 Ziff. 1 I d AKB in der Fahrzeugteilv kein Vsschutz, wohl aber handelt es sich um einen Unfall im Sinne des § 12 Ziff. 1 II e AKB, so daß bei Bestehen einer Fahrzeugvollv der Ver eintrittspflichtig ist.

Als weiterer Beispielfall sei der genannt, daß ein Fahrzeug, für das eine Fahrzeugvollv besteht, von demjenigen unterschlagen wird, dem es gemäß § 12 Ziff. 1 I b AKB zum eigenen Gebrauch überlassen worden war. Die Frage, ob der Ver für einen nach der nicht vten Unterschlagungshandlung eintretenden Unfallschaden einzutreten hat, ist nicht generell, sondern nach den Umständen des Einzelfalls zu entscheiden. Keineswegs ist das Verhältnis des § 12 Ziff. 1 I b AKB zu § 12 Ziff. 1 II e AKB so zu verstehen, daß jeder im Anschluß an eine nicht vte Unterschlagung eintretende Unfall nicht vert ist. Vielmehr steht der **Unfalltatbestand** des § 12 Ziff. 1 II e AKB **selbständig neben den Entwendungsfällen** des § 12 Ziff. 1 I b AKB. Dabei muß allerdings die besondere Vermögensposition bedacht werden, in die der Vmer durch die Unrechtshandlung geraten ist. Es muß geprüft werden, ob die **Unterschlagung** im konkreten Fall einem **Interessewegfall** entspricht; demgemäß ist die Abgrenzung nach den Kriterien des § 68 vorzunehmen. Sieg in Bruck-Möller-Sieg Anm. 35 zu § 68 m. w. N. nimmt für die Haftpflichtv einen Interessewegfall bei einem Diebstahl des Fahrzeugs ohne Aussicht auf Wiedererlangung an. Dieser Auffassung ist auch für die Fahrzeugv beizupflichten. Schwierigkeiten kann dabei im Einzelfall die genaue Bestimmung des Begriffs der fehlenden Aussicht auf Wiedererlangung bereiten. Einen Anhaltspunkt für eine generelle Abgrenzung derjenigen Fälle, in denen ungewiß ist, ob

Anm. J 61   J. Fahrzeugversicherung

das Fahrzeug wiedererlangt werden kann oder nicht, mag § 13 VII a.F. AKB geben. Diese für gedeckte Entwendungsfälle gedachte Bedingungsbestimmung basierte auf der Erfahrungstatsache, daß die Mehrzahl der wieder aufgespürten Fahrzeuge spätestens binnen einer Frist von zwei Monaten gefunden wird. Diese Frist ist allerdings seit dem 1. I. 1971 im Interesse des Vmers auf einen Monat verkürzt worden (VA 1971 S. 4—13). Es erscheint aber als sachgerecht, grundsätzlich von der alten Zweimonatsfrist (allerdings gerechnet ab Schadenseintritt) auszugehen und vorher noch nicht von einer Aussichtslosigkeit des Wiederauffindens zu sprechen, so daß Unfälle innerhalb dieser Zeit noch als vert anzusehen sind. A. M. LG Mannheim 3. X. 1955 VA 1956 S. 49 Nr. 133 = VersR 1957 S. 368—369, das davon ausgeht, daß mit dem Zeitpunkt der Unterschlagung die Haftung des Vers für jeden Schaden am Fahrzeug erlösche, gleich welcher Art und Schwere; das Gericht stellt darauf ab, daß die Unterschlagung, weil der Vmer sie selbst ermöglicht habe, jeglichen weiteren Vsschutz schlechthin ausschließe, so daß die Bestimmung des § 12 Ziff. 1 Ib AKB eine Ausnahme zum gesamten § 12 AKB darstelle (ebenso LG Kassel 14. II. 1957 VersR 1957 S. 294 mit zust. Anm. von Venzmer VersR 1957 S. 387—388); im Fall LG Mannheim 3. X. 1955 a.a.O. würde es nach der hier vertretenen Auffassung darauf ankommen, wann innerhalb der dort gegebenen Unterschlagungszeit von drei Monaten der Schaden eingetreten war; im Ergebnis wie hier, wenn auch ohne den Versuch einer generellen Abgrenzung für den Regelfall: Prölss-Martin[21] Anm. 3 zu § 12 AKB, S. 903 (a.M. in den Vorauflagen, z. B. Prölss[14] Anm. 3 zu § 12 AKB, S. 677), Stiefel-Wussow-Hofmann[10] Anm. 21 zu § 12 AKB, S. 532. Nach den Maßstäben des § 68 ist der gänzliche Wegfall des Vsschutzes nicht recht einzusehen mit Rücksicht darauf, daß die Mehrzahl der entwendeten Fahrzeuge wieder aufgefunden wird. Im übrigen läßt sich doch durchaus der Fall denken, daß ein in Geldnot befindlicher Benutzer des Fahrzeugs, dem dies zu eigenem Gebrauch überlassen worden ist, widerrechtlich dieses an einen dem Vmer bekannten Dritten veräußert, der die Herausgabe mit Rücksicht auf einen angeblich gutgläubigen Eigentumserwerb verweigert. Setzt sich der gegenteilige Standpunkt des Vmers im Herausgabeprozeß durch, so kann von einem Interessewegfall gewiß nicht die Rede sein. — Vgl. zu diesem Fragenkreis weiter OLG Düsseldorf 15. XI. 1955 VersR 1956 S. 587—588, das im konkreten Fall zwar den Vsschutz bejaht, weil es den Tatbestand der Unterschlagung für nicht erwiesen hält, im übrigen aber wie die anderen zitierten Entscheidungen, wenn auch nur stillschweigend, von dem Erlöschen des Vsschutzes im Rahmen der Fahrzeugvollv für einen Entwendungsfall ausgeht.

Das Gesagte über das Weiterbestehen des Vsschutzes für Unfallschäden nach einer nicht vten Unterschlagung gilt auch für andere sich später verwirklichende Gefahren, sei es, daß eine mut- oder böswillige Beschädigung gemäß § 12 Ziff. 1 IIf AKB gegeben ist, sei es, daß Tatbestände gemäß § 12 Ziff. 1 Ia, c oder d AKB vorliegen.

b) Unfallschäden

Gliederung:
Schrifttum J 62
aa) Unfallbegriff J 63—68
    aaa) Einwirkung von außen J 64
    bbb) Unmittelbarkeit J 65
    ccc) Mechanische Gewalt J 66
    ddd) Plötzlichkeit J 67

    eee) Unfreiwilligkeit J 68
bb) Brems-, Betriebs- und reine Bruchschäden J 69—72
    aaa) Zweck J 69
    bbb) Bremsschäden J 70
    ccc) Betriebsschäden J 71
    ddd) Reine Bruchschäden J 72

V. 3. b) Unfallschäden

[J 62] Schrifttum:

Gericke DAR 1953 S. 61–65, Hagen WuRdV 1929 S. 19–26, Harm RdK 1930 S. 256–258, Kreuzhage DAR 1951 S. 33–35, Pienitz-Flöter[4] Anm. G. II. 1. zu § 12 AKB, S. 15–17, Schweighäuser JRPV 1927 S. 283–284, Stiefel-Wussow-Hofmann[10] Anm. 24–40 zu § 12 AKB, S. 536–548, H. Wussow VersR 1967 S. 820–824.

[J 63] aa) Unfallbegriff

Der Unfallbegriff der Fahrzeugvollv wird in § 12 Ziff. 1 II e AKB dahin bestimmt, daß es sich um ein **unmittelbar von außen her plötzlich mit mechanischer Gewalt einwirkendes Ereignis** handelt. Nicht erwähnt wird in § 12 Ziff. 1 II e AKB, ob es sich um ein unfreiwilliges Geschehen handeln müsse (vgl. dazu Anm. J 68). Ergänzt wird diese Begriffsbestimmung negativ durch den Hinweis darauf, daß **Brems-, Betriebs- und reine Bruchschäden** keine Unfallschäden seien (vgl. dazu Anm. J 69–72). Zur Erläuterung dieser im ersten Augenblick relativ einfach erscheinenden Begriffe ist folgendes zu bemerken:

[J 64] aaa) Einwirkung von außen

Das für den Unfallbegriff in § 12 Ziff. 1 II e AKB erforderliche **mechanische Ereignis** muß nach dem Wortlaut der Bedingung **von außen** auf das Fahrzeug einwirken. BGH 6. II. 1954 NJW 1954 S. 596–597 = VersR 1954 S. 114 bemerkt dazu, daß die Ursache des Schadens von außen her gekommen sein müsse; das bedeute, daß das Schadenereignis nicht auf einem inneren Betriebsvorgang beruhen dürfe, dagegen könne der Schaden selbst auch in einer Betriebsstörung bestehen. Im konkreten Fall wird vom BGH a.a.O. es als ein von außen her kommendes Ereignis angesehen, daß zwei nicht zum Fahrzeug gehörende Schrauben, die wahrscheinlich bei einer Reparatur liegengeblieben waren, den Motor weitgehend zerstörten. Als einen nicht vten inneren Betriebsvorgang bezeichnet es der BGH a.a.O. dagegen, wenn die Schrauben, die den Schaden herbeigeführt haben, zum Motor gehörten und sich von diesem gelöst hätten. Dieser Abgrenzung ist als sachgerecht beizupflichten (zustimmend auch Möller DAR 1954 S. 254–255). Ähnlich schon OLG Naumburg 1. XI. 1940 RdK 1941 S. 127–128 im Sinne der Bejahung des Vsschutzes für einen Schaden, der auf einen im Getriebe gefundenen Dorn von 5–8 cm zurückzuführen war, der in dieses Getriebe auf ungeklärte Art und Weise gedrungen war. Dagegen hat AG Herzburg 9. IX. 1949 VersR 1950 S. 11 durchaus treffend das Lösen von Fahrzeugteilen als einen nicht vten Betriebsschaden angesehen, soweit dieser Vorgang nicht auf eine bestimmungswidrige Einwirkung von außen zurückzuführen ist.

Wenn man die Überlegungen des BGH 6. II. 1954 a.a.O. konsequent weiterführt, so ergibt sich, daß auch ein durch die Ladung am Fahrzeug entstehender Schaden, der z. B. durch Umstürzen einer Maschine entsteht, als ein im Sinne des Unfallbegriffs von außen kommendes Ereignis angesehen werden darf, für das durchaus Vsschutz im Einzelfall bestehen kann (vgl. dazu Anm. J 71 a. E.).

RG 13. XII. 1927 JW 1928 S 554–555 = JRPV 1928 S. 22–23 hat zur Begründung seiner in Anm. J 68 abgelehnten Auffassung, daß zum Unfallbegriff der Fahrzeugv die Unfreiwilligkeit gehöre, über den Begriff des von außen wirkenden Ereignisses u. a. folgendes ausgeführt: „Nach § 1 I 1 VsBed erstreckt sich die V auf alle Schäden, die an dem vten Fahrzeug entstehen und verursacht werden durch einen Unfall, d. h. durch ein von außen her plötzlich mit mechanischer Gewalt wirkendes Ereignis. Schon aus dieser Begriffsbestimmung läßt sich folgern, daß die vorsätzlich durch den Führer des Wagens herbeigeführte Beschädigung nicht als ein Unfall anzusehen ist, weil ein von außen her einwirkendes Ereignis nicht vorliegt, die Einwirkung vielmehr von dem Betrieb von innen her erfolgt. Etwaige Zweifel beseitigt aber der Zusatz der VsBed: ‚Als Unfall gilt auch die mutwillige oder böswillige Beschädigung durch betriebsfremde Personen'. Daraus ergibt sich klar, daß die böswillige Beschädigung durch eine Betriebsperson nicht als Unfall gilt." Dieser Auslegung kann nicht beigepflichtet werden. Sie faßt den Begriff des „von außen" wirkenden Ereignisses zu eng und läßt außer acht, daß ein solches Ereignis auch dann gegeben ist, wenn im Inneren des Wagens ein von dem Vmer angestellter Fahrer z. B. aus später nicht mehr recht nachprüfbaren Motiven den verhängnisvollen Entschluß faßt, den Wagen gegen einen Baum zu fahren, um seinen Geschäftsherren zu schädigen. Dann ist nämlich das vte, von außen kommmende Ereignis die Kollision mit dem genannten Baum. In diesem Fall ist der am Fahrzeug des Vmers entstandene Schaden aus der Sicht des Vmers gewiß von außen entstanden. Diese Überlegung wird schlagartig verdeutlicht, wenn man sich vorstellt, daß in dem gebildeten Beispielfall der Kraftfahrer nicht nur das Fahrzeug des Vmers beschädigen will, sondern zugleich auch vorsätzlich den neben ihm sitzenden Vmer körperlich verletzen oder gar töten will. Es wäre unverständlich, warum dann hier hinsichtlich der Unfallv ein Unfallgeschehen angenommen werden darf, nicht aber hinsichtlich der Fahrzeugv. Das von außen her einwirkende Ereignis ist demgemäß lediglich die Kollision mit einer dritten Sache (oder Person). Auch insoweit ist bei einer vorsätzlichen Schadenherbeiführung durch den angestellten Fahrer des Vmers bei einem Fahren gegen einen Baum oder gegen ein sonstiges Hindernis der Tatbestand des Unfalls erfüllt. Demgemäß wäre für den gebildeten Beispielsfall unter der Geltung des § 12 Ziff. 1 II e AKB nur dann der Vsschutz zu verneinen, wenn man aus § 12 Ziff. 1 II f AKB, in dem es ausdrücklich heißt, daß mut- oder böswillige Handlungen betriebsfremder Personen eingeschlossen seien, mit dem RG 13. XII. 1927 a.a.O. zwingend schließen müßte, daß durch diese Regelung der Unfallbegriff des § 12 Ziff. 1 II e AKB eine Einschränkung finden sollte. Ein zwingender Grund für eine solche Eingrenzung ist aber nicht festzustellen. Es bietet die Wortfassung des § 12 Ziff. 1 II e und f AKB keinen hinreichend sicheren Anhaltspunkt dafür, daß durch die Regelung in § 12 Ziff. 1 II f AKB der überkommene Unfallbegriff eingeschränkt werden sollte. Eine solche Argumentation wäre auch systemfremd; denn sie würde voraussetzen, daß der Vmer Nachteile aus Handlungen eines Dritten erleidet, dessen Handlungen ansonsten für die vsrechtliche Position des Vmers ohne Bedeutung sind. Die Gegenmeinung verkennt, daß ihre Auslegung im Grunde genommen zur Aushöhlung des vsrechtlichen Begriffs der Repräsentantenhaftung führt. Wenn durch die Bedingungsbestimmung aber ein solcher traditioneller Begriff des Vsrechts zum Nachteil des Vmers (also nicht zum Vorteil des Vmers, wie in Anm. J 85 angenommen) abgewandelt werden sollte, so hätte das einer eindeutigen Klarstellung bedurft. Andernfalls darf und muß der Vmer davon ausgehen, daß der Begriff des Unfalls nur aus seiner Sicht und der seines vsrechtlichen Repräsentanten bestimmt wird. Richtet ein angestellter Fahrer durch Zufall, mit leichter oder mit grober Fahrlässigkeit oder vorsätzlich durch ein Fahren gegen einen Baum am Fahrzeug einen Schaden an, so handelt es sich aus der Sicht des Vmers nach dem Gesagten immer um ein von außen kommendes Schadenereignis. Für derartige Schäden ist demgemäß, auch soweit sie durch den angestellten Fahrer des Vmers vorsätzlich herbeigeführt worden sind, der Vsschutz zu bejahen.

Der Begriff des „von außen" auf das Fahrzeug wirkenden Ereignisses darf überhaupt nicht mechanisch in dem Sinne bestimmt werden, daß alle Schäden, die im Inneren des Fahrzeugs ihre Ursache haben oder dort eintreten, vom Vsschutz ausgeschlossen sind. Sinnvoll wird der Begriff des von außen kommenden Ereignisses gegenüber dem nicht versicherten „inneren" Geschehen nur dann abgegrenzt, wenn man wie der BGH 6. II. 1954 NJW 1954 S. 596–597 = VersR 1954 S. 114 auf den Begriff des inneren Betriebsvorganges abstellt. Wie Schrauben, die sich im Inneren des Motors

V. 3. b) Unfallschäden   Anm. J 65

befinden, ein von außen her wirkendes Ereignis darstellen können, so gilt das auch für solche Schäden, die mit mechanischer Gewalt auf andere Art und Weise systemwidrig dem Fahrzeug zugefügt werden. Stiefel-Wussow-Hofmann[10] Anm. 32 zu § 12 AKB, S. 543 vertreten die Auffassung, daß kein Unfall vorliege, wenn ein Fahrzeuginsasse durch plötzliches Bremsen des Fahrers mit dem Kopf gegen die Windschutzscheibe geschleudert werde und diese beschädige. Es liege keine Einwirkung von außen her vor. Dieser Auffassung ist nach dem Gesagten zu widersprechen. Die Beschädigung der Windschutzscheibe ist freilich ohnedies nach § 12 Ziff. 2 AKB in jedem Falle, ohne Rücksicht auf die Entstehungsursache, vert (vgl. Anm. J 60), die hier getroffene Abgrenzung ist aber bedeutsam wegen des bei Glasschäden nach § 13 IX AKB gegebenen Selbstbeteiligungsbetrages (vgl. Anm. J 155). Ferner ist es auch denkbar, daß durch ein solches Herumschleudern eines Insassen andere Teile des Fahrzeugs beschädigt werden als die erwähnte Windschutzscheibe.

[J 65] bbb) Unmittelbarkeit
Nach der Definition des Unfallbegriffs in § 12 Ziff. 1 II e AKB ist es ferner erforderlich, daß das Schadenereignis unmittelbar auf das Fahrzeug selbst eingewirkt hat, daß also der Schaden die unmittelbare Folge des Schadenereignisses war (so BGH 6. II. 1954 NJW 1954 S. 596–597 = VersR 1954 S. 114). Die Abgrenzung der im Rechtsleben vielfältig und mit wechselnden Bedeutungen gebrauchten Begriffe „unmittelbar" und „mittelbar" stößt häufig auf große Schwierigkeiten, so daß Möller in Bruck-Möller Anm. 42 vor §§ 49–80 überlegt und empfohlen hatte, diese Begriffe im Hinblick auf die Abgrenzung des Schadensbegriffs überhaupt nicht mehr zu verwenden. Indessen gibt es, soweit ersichtlich, noch kein adäquates Wortpaar der deutschen Sprache, dem von Haus aus eine jeden Zweifel an dem Gemeinten ausschließende Bedeutung zukommen würde, so daß im Zusammenhang mit der Abgrenzung des Vsschutzes kaum eine andere Wortwahl möglich ist. Es bedarf dann stets der Einzeluntersuchung, um das nach dem Sinn der Regelung Gemeinte zu ermitteln. Was speziell den Begriff der Unmittelbarkeit in § 12 Ziff. 1 II e AKB anbetrifft, so bereitet dessen Bestimmung geringere Schwierigkeiten als der gleichlautende Begriff in § 12 Ziff. 1 II c AKB bei den vten Sturmschäden (vgl. dazu Anm. J 55). Das liegt daran, daß in § 12 Ziff. 1 II e AKB anders als in § 12 Ziff. 1 II c AKB nicht das mitwirkende menschliche Tun des Fahrers des vten Fahrzeugs die Unmittelbarkeit des Geschehens ausschließt (was allerdings auch eine weitgehende Entwertung des Vsschutzes in der Fahrzeugv bedeuten würde). So gibt es angesichts der sinnfälligen Verknüpfung des Begriffs der mechanischen Gewalt mit dem unmittelbar dadurch am Fahrzeug entstandenen Schaden nur wenig Zweifelsfälle. RG 26. I. 1926 RGZ Bd 112 S. 373 bejaht zu Recht das Vorliegen der Unmittelbarkeit in einem Fall, in dem das vte Fahrzeug infolge eines Bruchs der Hinterradspeichen gegen einen Baum geraten war, mit folgenden Worten: „Die unmittelbare Ursache des Unfalls ist dann das Anfahren an den Baum, dieses Anfahren ist das plötzlich von außen her wirkende Ereignis, und es kommt nicht in Betracht, ob die unmittelbare Ursache dieses Ereignisses in schlechter Führung, im Versagen der Steuerung, in einem Radbruch oder dergleichen zu suchen ist."
Auch „mittelbare" Folgen einer unmittelbaren Einwirkung auf das Fahrzeug werden vom Unfallbegriff erfaßt. Beispiel: Beschädigung der Ölwanne eines Fahrzeugs durch einen Stein und anschließendes Schadhaftwerden des Motors wegen fehlenden Öls nach kürzerer oder längerer Zeit (vgl. LG Hamburg 4. II. 1930 RdK 1931 S. 119, LG Essen 1. VI. 1962 VersR 1962 S. 1078, ÖOGH 25. XI. 1964 VersR 1966 S. 350–351). Weiteres Beispiel: Fortsetzung einer Fahrt mit einem defekten Kühler, dessen Beschädigung bei einem Unfall nicht erkannt worden ist, und einem infolge-

dessen eintretenden Motorschaden; a.M. OLG München 28. III. 1958 VersR 1959 S. 103–104, das verkennt, daß das Verhalten des Vmers, der die Beschädigung nicht bemerkt, allein an § 61 und der in solchen Grenzfällen konkurrierenden Bestimmung gemäß § 62 I gemessen werden darf. Vgl. auch den vom LG Berlin 30. VIII. 1935 JRPV 1936 S. 239–240 entschiedenen Fall: Die Werkstatt hatte einen geringen Unfallschaden nicht bemerkt, was durch Weiterbenutzung des Fahrzeugs zu einer Beschädigung der Hinterachse führte; das Gericht verneinte die bedingungsgemäße Eintrittspflicht des Vers, weil es sich nur um einen mittelbaren Folgeschaden handle, der Ver wurde allerdings verurteilt mit der Begründung, daß der von ihm beauftragte Sachverständige den Ausgangsschaden übersehen habe. Gegen dieses Urteil wendet sich Durst JRPV 1936 S. 240 vor allem wegen der vom Gericht angenommenen Haftung des Vers für Fehler des Sachverständigen, im übrigen ergeben aber die Bemerkungen von Durst, daß er im Grunde genommen der hier vertretenen Annahme zuneigt, daß es sich um eine adäquat-kausale und zurechenbare Unfallfolge handle. In diesem Sinne auch KG 4. III. 1936 JRPV 1936 S. 297–299, das allerdings zur Abweisung kommt, da ein Zusammenhang zwischen dem vorangegangenen Unfall und dem nach der Reparatur auf einer Avusfahrt eingetretenen Motorschaden nicht festgestellt werden konnte. Vgl. weiter OLG Hamm 20. III. 1955 VersR 1955 S. 539–540: Das Lastfahrzeug war bei Glatteis in einen Straßengraben geraten; bei dem Versuch, das Fahrzeug mit Motorkraft aus dem Graben herauszufahren, erlitt der Motor Schaden; der Vsschutz wurde auch insoweit bejaht.

[J 66] ccc) Mechanische Gewalt

Es muß ein Schadenereignis mit mechanischer Gewalt auf das Fahrzeug eingewirkt haben; das bedeutet, daß die Einwirkung mit den Gesetzen der Mechanik, nämlich mit der Lehre von der Bewegung und dem Gleichgewicht der Körper, zu erklären ist (BGH 6. II. 1954 NJW 1954 S. 596–597 = VersR 1954 S. 114, OLG Hamm 7. V. 1931 JRPV 1932 S. 94–95). Das in der Rechtswirklichkeit zahlenmäßig wichtigste Ereignis, das nach der wiedergegebenen Definition den Begriff des Unfalls erfüllt, ist der Zusammenstoß eines Fahrzeugs mit einem anderen. Im Rechtssinne ist es aber für den Deckungsbereich der Fahrzeugvollv einerlei, ob das vte Fahrzeug mit einem anderen Verkehrsgefährt zusammenstößt oder mit einem Haus, einem Baum, einem Menschen oder einem Tier oder sonst einem Gegenstand, wie z.B. im Fall BGH 1. VII. 1963 VersR 1963 S. 722–723 mit einem Kohlenhaufen. Vt sind auch Schäden am Fahrzeug, die durch dessen Schleudern infolge Schlüpfrigkeit des Bodens (so im Fall OLG Hamm 7. V. 1931 JRPV 1932 S. 94–95) oder durch Umstürzen entstehen (vgl KG 1. X. 1930 JRPV 1930 S. 434, OLG Stuttgart 20 VII. 1954 MDR 1955 S. 235–236, OLG Hamm 26. XI. 1975 VersR 1976 S. 626; siehe ferner Anm. J 71 m.N. zur Abgrenzung der Unfallereignisse von den nicht vten Betriebsschäden; unzutreffend KG 25. XI. 1925 JRPV 1926 S. 8–9 m. abl. Anm. von Pfeiffer a.a.O. S. 9–10).

Ferner ist es unerheblich, ob sich die Unfallkontrahenten bewegt haben oder sich im Ruhestand befanden. Gefordert wird für das Vorliegen eines von außen auf das Fahrzeug wirkenden Ereignisses nur, daß es durch einen den Gesetzen der Mechanik unterliegenden Bewegungsvorgang unmittelbar zu einem Schaden am Fahrzeug gekommen ist. Gerät ein Fahrzeug infolge Unachtsamkeit des Fahrers gegen den Kantstein und überschlägt es sich dabei, so stellt schon der erste Berührungsvorgang mit diesem Kantstein das von der Bedingungsbestimmung geforderte mechanische Ereignis dar. Kippt ein Fahrzeug infolge zu hoher Geschwindigkeit um, so ist das mechanische Ereignis der ordnungswidrige Aufprall des Seiten- oder Oberteils auf der Straße (OLG Hamm 26. XI. 1975 VersR 1976 S. 626). Schäden, die vor der Berührung des Fahr-

V. 3. b) Unfallschäden

zeugs mit der Erde allein durch das bestimmungswidrige Umschlagen des Wagens entstanden sind, können allerdings als nicht vte Betriebsschäden zu qualifizieren sein (vgl. dazu Anm. J 71). Zu den vten Unfallschäden gehören auch solche, die auf einem Transport des Fahrzeugs durch einen anderen Verkehrsträger entstehen; gedacht sei z. B. an die Beförderung des Fahrzeugs auf einem Autoreisezug oder einer Fähre. Kommt es hier zu einem Zusammenstoß des Autoreisezuges mit einem anderen Zug und wird das Fahrzeug dabei beschädigt, so liegt ein Unfallereignis gemäß § 12 Ziff. 1 II e AKB vor. Treffend bemerkt schon Stiefel Kraftfahrzeugv S. 172 − vor Einführung der Autoreisezüge −, daß auch ohne besondere Vereinbarung das Fahrzeug vert sei, wenn es transportiert werde (vgl. dazu auch Manes Vswesen, Bd II, Leipzig und Berlin 1931, S. 69); zu der damals von Stiefel dazu gegebenen Begründung, daß das aus dem Charakter der Autokaskov als Transportv folge, ist zu bemerken, daß es dieses Hinweises nicht bedurfte. Entscheidend ist vielmehr, daß das geschilderte Ereignis den Unfallbegriff des Bedingungsrechts erfüllte. Unerheblich ist es in diesem Zusammenhang, daß es in § 148 II VAG von 1931 (RGBl. 1931 I S. 102) bis zum 1. II. 1976 geheißen hat, daß die Fahrzeugv nicht als Transportv anzusehen sei (vgl. ergänzend Anm. J 5).

Stiefel-Wussow-Hofmann[10] Anm. 25 zu § 12 AKB, S. 538 bemerken, daß das Eindringen von Wasser (Hochwasser, starke Regenfälle) keine mechanische Gewalt darstelle, so daß dadurch entstehende Schäden nicht gedeckt seien. Der Ausgangspunkt dieses Satzes ist gewiß unzutreffend, da das Eindringen von Wasser als physikalischer Vorgang den Gesetzen der Mechanik zuzuordnen ist. Zur Begründung beziehen sich die genannten Autoren auf LG Köln 27. XI. 1969 VersR 1970 S. 344, das − ausgehend von der Überlegung, daß das Fallen von Regentropfen keinen Unfall darstelle − auch heruntertropfendes Wasser nicht als Unfallereignis im Sinne des § 12 Ziff. 1 II e AKB gewertet wissen wollte. Dem kann im Einzelfall durchaus beizupflichten sein (vgl. die Ausführungen am Schluß dieser Anmerkung), es ergibt sich aber keine tragfähige Begründung dafür, warum ein Schaden durch Hochwasser oder starke Regenfälle nicht als Unfallereignis angesehen werden kann. Stiefel-Wussow-Hofmann a.a.O. halten ihre Auffassung auch nicht konsequent durch, indem sie nämlich das Versinken eines Fahrzeugs als vert ansehen. Der Zusatz zu dieser Aussage, daß Vsschutz bestehe, obgleich im strengen Sinne eine mechanische Gewalt nicht vorliege, ist dahin zu korrigieren, daß eine solche sinnfällige mechanische Einwirkung gegeben ist. Vgl. auch OLG Frankfurt a. M. 14. XII. 1965 VersR 1966 S. 437, das das Eindringen von Wasser in den Zylinderraum eines Fahrzeugs aus Anlaß eines Hochwasserschadens und einen alsdann erfolgenden Wasserschlag im Zylinderraum als vtes Ereignis ansieht.

OLG Hamm 7. V. 1931 JRPV 1931 S. 94−95 bemerkt, daß das von § 12 Ziff. 1 II e AKB erfaßte Ereignis mechanischer Art abzugrenzen sei von den im Gegensatz dazu stehenden Ereignissen, die auf psychischen, elektrischen oder chemischen Ursachen beruhen. Das ist nur eingeschränkt richtig. Zunächst ist zu bemerken, daß für die Auslegung des § 12 Ziff. 1 II e AKB psychische Ursachen außer Betracht bleiben können; durch solche kann das Fahrzeug keinen Schaden erleiden. Liegt aber bei einem Menschen eine solche Störung vor und kommt es dadurch zu einem Schaden am Fahrzeug, so ist dieser vert, wenn und soweit als Folge einer solchen psychischen Ursache mechanisch auf das Fahrzeug eingewirkt wird. Es kann hier aber − je nach den Umständen des Falles − der Ausschlußtatbestand des § 61 gegeben sein. Beispiel: Der Vmer will Selbstmord begehen und lenkt deshalb das Fahrzeug mit hoher Geschwindigkeit gegen einen Pfeiler einer Autobahnbrücke. Befand sich der Vmer zu diesem Zeitpunkt in einem die freie Willensbestimmung ausschließenden Zustand krankhafter Störung der Geistestätigkeit im Sinne des § 827

BGB, so daß er im Rechtssinne nicht vorsätzlich handelte, so wird der Ver nur leistungsfrei, wenn er nachweist, daß der Vmer sich vorsätzlich oder grobfahrlässig im Sinne des § 61 in diesen Zustand begeben hat (vgl. auch Anm. J 64 dafür, daß ein solches Geschehen auch als „von außen" auf das Fahrzeug einwirkend anzusehen sei). Das Beispiel zeigt deutlich, daß es, genau betrachtet, im Gegensatz zu der vom OLG Hamm 7. V. 1931 a.a.O. geäußerten Auffassung im primären Deckungsbereich keiner Abgrenzung zwischen psychischen und mechanischen Ursachen eines Schadens bedarf.

Ähnlich liegt es bei den vom OLG Hamm 7. V. 1931 a.a.O. auch erwähnten elektrischen Ursachen eines Schadens; diese sind zwar in der Tat gedanklich von Schadenereignissen mechanischer Art abzugrenzen; der wichtigste Fall ist dabei der des Blitzschlages, für den aber ohnedies schon nach § 12 Ziff. 1 Ic AKB im Bereich der Teilv Vsschutz besteht (vgl. dazu Anm. J 57). Soweit durch einen Blitz ein Brand hervorgerufen wird, greift auch § 12 Ziff. 1 Ia AKB ein. Darüber hinaus besteht seit dem 1. I. 1977 im Rahmen einer Deckungserweiterung (VA 1977 S. 49) in der Fahrzeugteilv (und damit auch in der Fahrzeugvollv, vgl. Anm. J 61) Vsschutz für Schäden, die an der Verkabelung des Fahrzeugs durch Kurzschluß entstehen (vgl. dazu Anm. J 33). Eine Notwendigkeit einer näheren Unterscheidung zwischen elektrischen und mechanischen Ursachen eines Schadens ist danach nicht zu erkennen. Zu betonen ist aber, daß für den Fall, daß eine elektrische Ursache zu einer mechanischen Einwirkung auf das Fahrzeug führt, auch wiederum die Eintrittspflicht der Fahrzeugvollv gegeben ist. Problematisch ist nur, inwieweit zu einer lediglich für den Fahrzeugteilbereich abgeschlossenen V mechanische Folgen einer elektrischen Ursache im Einzelfall noch als unmittelbar verursacht angesehen werden dürfen (vgl. dazu Anm. J 57).

Zuzustimmen ist dagegen dem OLG Hamm 7. V. 1931 a.a.O. darin, daß eine Abgrenzung der mechanischen Einwirkungen von solchen chemischer Art vorgenommen werden muß. Wird der Lack eines Fahrzeugs durch **aggressive Abgase** beschädigt, so liegt eine nach § 12 Ziff. 1 II e AKB nicht vte chemische Einwirkung auf das Fahrzeug vor. Es sind hier aber auch Kombinationen zwischen mechanischen und chemischen Einwirkungen denkbar, die nicht so einfach zu beurteilen sind. Gedacht sei z. B. daran, daß infolge Ausfalls einer Sicherungsvorrichtung aus dem Schlot einer Fabrikanlage Ruß in ungewöhnlicher Menge auf die Umgebung fällt, wodurch ein vtes Fahrzeug gänzlich verschmutzt wird. Das ist als eine nach den Gesetzen der Mechanik zu betrachtende Beeinträchtigung des Fahrzeugs im Sinne eines Sachschadens anzusehen, insbesondere greift hier auch nicht die Bestimmung in § 13 VI AKB ein, daß eine Minderung an äußerem Ansehen nicht ersetzt werde (vgl. dazu Anm. J 148). Unterstellt man, daß dieser Ruß, wenn er nicht sogleich entfernt wird, infolge seiner chemischen Eigenschaften sich in den Lack des Wagens hineinfrißt, was zu einer Schadenvergrößerung führt, so bleibt doch die Tatsache bestehen, daß das erste auslösende Schadenereignis ein solches mechanischer Art gewesen ist, weshalb es als sachgerecht erscheint, ein solches Geschehen im ganzen als vtes Unfallereignis anzusehen. Dabei ist zum Verständnis dieser Abgrenzung darauf hinzuweisen, daß z. B. Rostschäden, die als Folge einer Kollision am Fahrzeug auftreten, stets als vert angesehen worden sind. Zutreffend ist es daher auch, wenn Stiefel-Wussow-Hofmann[10] Anm. 26 zu § 12 AKB, S. 538 den Vsschutz in folgendem Beispielfall bejahen: Ein Fahrzeug prallt gegen einen Baum, es läuft infolgedessen Batteriesäure aus, die Stoffteile zerfrißt. – Eine ausgeschlossene chemische Einwirkung ist demgemäß nur dann anzunehmen, wenn diese chemische Schädigung des Fahrzeugs nicht ihrerseits unmittelbar auf eine mechanische Einwirkung zurückzuführen ist. Stiefel-Wussow-Hofmann a.a.O. führen diese Grunderkenntnis des Zusammenhangs zwischen mechanischer und chemischer Einwirkung allerdings nicht in allen Beispielfällen konsequent durch. So wird von ihnen u. a. in folgenden Fällen der Vsschutz verneint:

V. 3. b) Unfallschäden

α) Durch Platzen eines Säurerohres in der Nähe eines Parkplatzes werden Lack und Verchromung eines parkenden Pkw angefressen.

β) Ein Ballon mit Salpetersäure platzt. Die Säure ergießt sich über die Batterie und zerstört sie.

γ) Ein Fahrzeug wird als Deckladung über See befördert. Seewasserspritzer ruinieren die Lackierung.

δ) Beim Befahren einer frisch geteerten Straße gelangen Teerteile auf die Lackierung und greifen sie an.

In allen vier Beispielen liegt aber im Ausgangspunkt eine mechanische Einwirkung auf das Fahrzeug vor. Im dritten Fall kann gewiß § 61 eingreifen, jedenfalls soweit es sich um normal zu erwartende Seewasserspritzer handelt. Auch ist im vierten Fall zu prüfen, ob das Befahren einer noch nicht zum öffentlichen Verkehr freigegebenen Straße eine grobe Fahrlässigkeit im Sinne des § 61 darstellt. Bemerkenswert ist im übrigen, daß von Stiefel-Wussow in früheren Auflagen die vier aufgeführten Beispielfälle in einer Weise erwähnt worden sind, daß der Leser sie als Beispiele für vte Schäden halten mußte (vgl. z. B. die Darstellung von Stiefel-Wussow[7] Anm. 26 zu § 12 AKB, S. 439). Hingegen wird man mit LG Köln 27. XI. 1969 VersR 1970 S. 344 das Herabtropfen von säurehaltigem Wasser von einer Brücke auf ein Fahrzeug im Regelfall nicht als ein im Sinne des Unfallbegriffs relevantes Geschehen anzusehen haben; der Bemerkung in dem Urteil der Vorinstanz (AG Köln 6. VI. 1969 VersR 1970 S. 344) wird man aber zuzustimmen haben, daß anders zu entscheiden sei, wenn der Einwirkung des säurehaltigen Wassers etwa die Beschädigung eines mit säurehaltigen Stoffen beladenen Fahrzeugs auf der Brückenfahrbahn vorangegangen sei.

[J 67] ddd) **Plötzlichkeit**

Das auf das Fahrzeug einwirkende Ereignis muß sich ferner plötzlich vollzogen haben; das erfordert zunächst, daß es sich innerhalb eines **kurz bemessenen Zeitraums** abgespielt hat (BGH 6. II. 1954 NJW 1954 S. 596–597 = VersR 1954 S. 114). Ein kurz bemessener Zeitraum darf dabei nicht in dem Sinne interpretiert werden, daß es sich um ein Ereignis handelt, das besonders schnell abläuft. Keineswegs sind Bruchteile von Sekunden erforderlich, um den Begriff des Plötzlichen zu erfüllen. Wenn der Vmer sich z. B. bei dem Rangieren seines Fahrzeugs verschätzt und mit ganz langsamer Geschwindigkeit gegen einen Pfeiler in der Garage fährt, weil er meint, er werde den Drehvorgang schon bewältigen, liegt ein Unfall im Sinne des § 12 Ziff. 1 II e AKB vor. Für den Begriff der Plötzlichkeit genügt es, daß sich das Schadenereignis selbst plötzlich verwirklicht hat; nicht erforderlich ist es, daß sich auch schon die früheren Vorgänge, die zu dem Schadenereignis führten, innerhalb dieser kurzen Zeitspanne vollzogen haben (BGH 6. II. 1954 a.a.O. unter Bezugnahme auf OLG Naumburg 1. XI. 1940 RdK 1941 S. 127–128 und die von Büchner in VA 1950 S. 177 mitgeteilte Stellungnahme des damaligen Zonenaufsichtsamtes in einem Beschwerdefall). Im Fall BGH 6. II. 1954 a.a.O. ging es dabei darum, daß aus ungeklärter Ursache Schrauben in einen Motor gelangt waren, möglicherweise lange Zeit vor Eintritt des Schadenereignisses, das in dem Herumschleudern dieser Schrauben durch die Kurbelwelle und die dadurch erfolgende Zerstörung des Motors lag. Ähnlich war der der Entscheidung des OLG Naumburg 1. XI. 1940 zugrunde liegende Sachverhalt gestaltet, in dem ein Dorn in den Einfüllstutzen gelangt war. In dem dem Zonenaufsichtsamt a.a.O. zur Beurteilung vorgelegten Sachverhalt war ein Vmer mit seinem Lieferwagen auf einer durch Hochwasser überschwemmten Straße steckengeblieben, er geriet bei dem Versuch rückwärtszufahren, mit dem rechten Hinterrad über die Uferböschung; nachdem der Vmer den Wagen drei Stunden lang vor dem

Abrutschen bewahrt hatte, versank dieser doch im Fluß; es riß nämlich die Kette, mit der ein anderes Fahrzeug den Lieferwagen hatte herausziehen wollen. Nach dem Bericht von Büchner a.a.O. vertrat das Zonenaufsichtsamt schon damals die Auffassung, daß es nach dem Sinn des Unfallbegriffs nicht erforderlich sei, daß die Plötzlichkeit bereits am Anfang der Kausalreihe auftauche, die schließlich zu dem Schadenereignis führe, es genüge, daß das Schadenereignis selbst sich plötzlich ereigne; diese Voraussetzung sei aber mit dem Abrutschen des Wagens gegeben, auch wenn der ganze Vorgang, nämlich das Vor- und Zurückfahren des Wagens, längere Zeit gedauert habe. Diesen Ausführungen ist durchaus beizupflichten, ergänzend ist jedoch zu bemerken, daß schon das Geraten mit dem Hinterrad über die Uferböschung als Schadenereignis anzusehen ist (vgl. ergänzend Anm. J 71). Zu beachten ist, daß in dem dargestellten Sinne ein Ereignis mechanischer Art auch dann plötzlich auf das Fahrzeug einwirkt, wenn der darauf zurückzuführende Schaden nicht im ganzen plötzlich entsteht, sondern sich nach der ursprünglich plötzlichen Einwirkung sukzessiv vergrößert (ÖOGH 25. XI. 1964 VersR 1966 S. 350–351). Demgemäß ist Vsschutz zu bejahen, wenn ein Fahrzeug mit dem Ölsiebdeckel gegen einen Frostaufbruch gerät und dadurch nach einer Weiterfahrt über 300 km, während der das Öl aussickert, der Motor Totalschaden erleidet (ÖOGH 25. XI. 1964 a.a.O.).

[J 68] eee) Unfreiwilligkeit

In § 12 Ziff. 1 II e AKB wird bei der Definition des Unfallbegriffs die Unfreiwilligkeit des Geschehens nicht als Wesensmerkmal des Unfalls aufgeführt. Es fragt sich, welche Bedeutung dieser Vertragsfassung zukommt. Dabei ist zunächst als Ausgangspunkt der Überlegungen festzustellen, daß nach dem Sprachgebrauch des täglichen Lebens es zum Begriff des Unfalls gehört, daß der Betroffene ihn unfreiwillig erleidet. Fügt sich jemand willentlich einen Schaden zu, so ist das im Sinne der Umgangssprache – je nach Art des betroffenen Rechtsguts – ein Selbstmord, eine Selbstverstümmelung oder eine sonstige Selbstschädigung. Dieser natürlich empfundenen Begriffsbestimmung des Unfalls entsprechen § 2 I AUB und § 17 II AKB, in denen für den Unfallbegriff der Personenv als Tatbestandsmerkmal ausdrücklich erwähnt wird, daß es sich um ein unfreiwilliges Ereignis handeln müsse. Das hatte zur Folge, daß der Vmer im Bereich der Unfallv gegen Personenschäden in der Vergangenheit beweisen mußte, daß er einen feststehenden Körperschaden nicht freiwillig erlitten habe. Diese Vertragsgestaltung, die im Widerspruch zu § 181 I a.F. stand, nach der der Ver die Beweislast für die vorsätzliche Herbeiführung eines Unfalls hatte, führte ungeachtet dessen, daß die Rechtsprechung dem Vmer Beweiserleichterung gewährte (vgl. nur die Zusammenstellung der Rechtsprechung bei Hauke VersWissArch 1957 S. 340–344), gelegentlich zu dem Vsgedanken abträglichen Beweislastentscheidungen zum Nachteil des Vmers. Die Folge dessen war ein gesetzgeberischer Eingriff in die Form der Einfügung des § 180a (Gesetz vom 30. VI. 1967, BGBl. I 1967 S. 609), der nunmehr für die Unfallpersonenv bestimmt, daß die Unfreiwilligkeit des Vorgangs bis zum Beweis des Gegenteils durch den Ver zu vermuten sei. Eine entsprechende Anwendung dieser Bestimmung auf die Fahrzeugv wird im Schrifttum abgelehnt (vgl. Prölss-Martin[21] Anm. 6 zu § 12 AKB, S. 904, Stiefel-Wussow-Hofmann[10] Anm. 37 zu § 12 AKB, S. 546). Die Frage der entsprechenden Anwendung des § 180a stellt sich aber logisch erst dann, wenn man davon ausgeht, daß ohne eine solche Bestimmung der Vmer auch in der Fahrzeugv zum Nachweis der Unfreiwilligkeit des Ereignisses verpflichtet sei. Diese Auffassung wird in der Tat vertreten (vgl. RG 13. XII. 1927 JW 1928 S. 554–555 [m. Anm. von Hallstein] = JRPV 1928 S. 22, 9. VI. 1941 RdK 1941 S. 127; Hagen WuRdV 1929 S. 25, Harm RdK 1930 S. 256, Prölss-Martin[21] Anm. 6 zu § 12 AKB, S. 904; a.M. aber Pienitz-Flöter[4] Anm. G. II. 1 e zu § 12 AKB, S. 17, Stiefel-

V. 3. b) Unfallschäden   Anm. J 68

Wussow-Hofmann[10] Anm. 37 zu § 12 AKB, S. 546, Stiefel Kraftfahrzeugv S. 193). Ausgangspunkt der zitierten Entscheidung des Reichsgerichts war der erwähnte Unfallbegriff des Sprachgebrauchs. Von dem Gericht wurde weiter als Argument für die entsprechende Beweislast des Vmers aufgeführt, daß es in den zur Beurteilung stehenden Bedingungen hieß, daß als Unfall auch die mutwillige oder böswillige Beschädigung des Kraftfahrzeugs durch dritte betriebsfremde Personen gelte; daraus ergebe sich, daß die böswillige Beschädigung durch eine Betriebsperson nicht als Unfall anzusehen sei. Angesichts der geschilderten Unzuträglichkeiten, die sich bei der Auslegung der Vertragsbestimmungen der Personenunfallv ergeben haben und die zu dem gesetzgeberischen Eingriff in der Form des § 180a führten, vermag eine solche Argumentation nicht mehr zu überzeugen. Schon Stiefel a. a. O. hat darauf hingewiesen, daß das Reichsgericht zu Unrecht auf die Fahrzeugv die Rechtsgrundsätze seiner Rechtsprechung zur Personenunfallv übertragen habe. Es ist nicht zu leugnen, daß angesichts des Sprachgebrauchs zum Unfallbegriff an sich auch die Unfreiwilligkeit gehört. Es bestehen aber keine Bedenken, aus dem Weglassen des Ausdrucks „Unfreiwilligkeit" die Schlußfolgerung zu ziehen, daß es nicht Sache des Vmers ist, das Vorliegen einer Unfreiwilligkeit zu beweisen. Die vertragliche Gestaltung muß vielmehr als eine sachgerechte Selbstbeschränkung des Vers in der Weise angesehen werden, daß er es bei Feststehen der mechanischen Beschädigung eines Fahrzeuges durch ein plötzlich von außen kommendes Ereignis übernimmt, den Beweis zu führen, daß jenes Ereignis eben nicht unfreiwillig im Sinne des § 61 gewesen sei. Dem Ver ist es überlassen, gemäß § 61 den Nachweis einer vorsätzlichen oder grobfahrlässigen Schädigung durch den Vmer oder seine Repräsentanten zu führen. Auf diese Art und Weise ist eine sachgerechte Abgrenzung des Beweislastproblems erreicht. Die Verhältnisse können auch nicht mit den Beweislastproblemen bei der Frage der Entwendung eines vten Gegenstandes verglichen werden. Denn dort besteht immer noch der Zweifel, ob jener Gegenstand tatsächlich entwendet worden ist, so daß es mit der Beweiserleichterung, die die Rechtsprechung dort geschaffen hat (vgl. Anm. J 43), sein Bewenden haben kann. Im Falle feststehender Schädigung des Fahrzeugs ist dem Ver aber zuzumuten, den Nachweis der Unfreiwilligkeit oder — weniger gravierend — den der Grobfahrlässigkeit zu führen. Der Hinweis des Reichsgerichts darauf, daß eine Schädigung durch eine betriebsbezogene Person nicht als Unfall anzusehen sei, vermag als allzu formal aus einer Bedingungsbestimmung hergeleitet, auch nicht zu überzeugen. In Anm. J 64 wird demgemäß der Standpunkt vertreten, daß der Begriff des Unfalls auch erfüllt ist, wenn z. B. der Fahrer eines vten Wagens vorsätzlich gegen einen Baum fährt, soweit es sich dabei nicht um einen Repräsentanten des Vmers handelt (vgl. dazu auch Anm. J 85; die dort entwickelte Auffassung über eine eingeschränkte Repräsentantenhaftung kann aber auf einen Fall der hier erörterten Art nicht übertragen werden).

Fährt der Vmer in Selbstmordabsicht gegen einen Baum, so hat er wegen vorsätzlicher Schadenherbeiführung im Sinne des § 61 keinen Vsschutz. Ist der Vmer aber bei dieser Tat gemäß § 827 BGB für sein Verhalten nicht verantwortlich, weil er sich in einem die freie Willensbestimmung ausschließenden Zustand krankhafter Geistestätigkeit befindet, so kann sich der Ver für eine Leistungsfreiheit nicht auf ein ungeschriebenes Merkmal der Unfreiwilligkeit berufen. Er müßte vielmehr beweisen, daß der Vmer in jenen Zustand infolge grober Fahrlässigkeit im Sinne des § 61 geraten sei. Wenn LG Hamburg 12. II. 1960 VersR 1960 S. 412 dahin formuliert, daß es gegen Treu und Glauben verstoße, wenn der Vmer, der in Selbstmordabsicht einen Kaskoschaden herbeigeführt habe, später aus einer solchen Handlung gegen den Ver Ansprüche herleite, so darf das nicht auf den hier erörterten Sonderfall bezogen werden. Entgegen der hier vertretenen Auffassung bürdet z. B. LG Stuttgart

23. I. 1974 VersR 1975 S. 413–414 dem Vmer die Beweislast für die Unfreiwilligkeit auf, ohne sich mit dem Fragenkreis im einzelnen auseinanderzusetzen. Die Umstände des Falles lagen aber so, daß im Ergebnis auch ohne die Auffassung des Gerichts zur Beweislast die Versagung des Vsschutzes gerechtfertigt war.

[J 69] bb) Brems-, Betriebs- und reine Bruchschäden
aaa) Zweck

Nach dem Nachsatz zu § 12 Ziff. 1 IIe AKB sind Brems-, Betriebs- und reine Bruchschäden keine Unfallschäden. Bei der Auslegung dieser Bestimmung ist zu beachten, daß nicht etwa beabsichtigt war, einen Ausschlußtatbestand zu schaffen; vielmehr liegt dieser Klausel die Intention zugrunde, für den Vmer den Unfallbegriff verdeutlichend zu interpretieren und von nicht vten Verschleißschäden abzugrenzen. Dem Nachsatz zu § 12 Ziff. 1 IIe AKB kommt somit weitgehend nur deklaratorische Bedeutung zu (anders H. Wussow VersR 1967 S. 822, nach dessen Auffassung es sich um eine konstitutive, das vte Risiko einschränkende Bestimmung handelt).

Eine verständige Auslegung des Unfallbegriffs führt auch ohne eine derartige Verankerung im Bedingungswerk zu der Erkenntnis, daß für solche Schäden im Rahmen der Fahrzeugvollv kein Vsschutz geboten wird. Dabei spielt die Abgrenzungsüberlegung eine große Rolle, die sich aus der Definition des Unfallbegriffs als **von außen auf das Fahrzeug wirkendes mechanisches Ereignis** ergibt. Dem Sinnzusammenhang der Gesamtregelung in § 12 Ziff. 1 IIe AKB ist nämlich zu entnehmen, daß derjenige Teil eines Schadens am Fahrzeug, der auf einer mechanischen Außenwirkung beruht, zu ersetzen ist, auch wenn an erster Stelle der Kausalreihe ein Brems-, Betriebs- oder reiner Bruchschaden steht. – In früheren Bedingungswerken stand neben dem deklaratorischen Ausschluß von Brems-, Betriebs- oder reinen Bruchschäden auch der von Maschinenschäden (vgl. z. B. KG 1. X. 1930 JRPV 1930 S. 434 = RdK 1931 S. 116–117).

[J 70] bbb) Bremsschäden

Nach dem Sprachgebrauch könnten unter Bremsschäden alle Schäden an einem Fahrzeug verstanden werden, die auf ein **Versagen oder eine fehlerhafte Betätigung der Bremsanlage** zurückzuführen sind. Das ist indessen mit der Bedingungsbestimmung **nicht beabsichtigt** gewesen. Es soll lediglich durch den Nachsatz zu § 12 Ziff. 1 IIe AKB verdeutlicht werden, daß Bremsschäden dann und insoweit nicht vert sind, als **keine mechanische Gewalt** von außen auf das Fahrzeug einwirkt (OLG Hamm 26. XI. 1975 VersR 1976 S. 626). Der Anwendungsbereich des verdeutlichenden Zusatzes zu § 12 Ziff. 1 IIe AKB ist demgemäß gering. Das sei an nachstehenden Beispielfällen klargestellt:

α) Der Vmer will bremsen, verwechselt jedoch das Bremspedal mit dem Gaspedal und fährt gegen ein anderes Fahrzeug. Im Sinne des Nachsatzes zu § 12 Ziff. 1 IIe AKB liegt kein nicht vom Vsschutz erfaßtes Ereignis vor. Der Vmer genießt vielmehr für den an seinem Fahrzeug entstandenen Schaden Vsschutz. Beruhte die Verwechselung der beiden Pedale allerdings auf einer groben Fahrlässigkeit, so kann sich der Ver auf eine Leistungsfreiheit nach § 61 berufen.

β) Der Vmer will bremsen; es gelingt ihm jedoch nicht, das Fahrzeug zum Stehen zu bringen, weil die Bremsen infolge eines Lecks in der die Bremsflüssigkeit führenden Leitung versagen. Das Fahrzeug stößt gegen einen anderen Verkehrsteilnehmer. Der am Fahrzeug durch den Zusammenstoß entstandene Schaden ist vert; dagegen nicht der Schaden an der Bremsanlage (OLG Hamm 26. XI. 1975 a.a.O.). So wäre bei richtiger Würdigung des Unfallbegriffs auch ohne den deklaratorischen Nachsatz zu

V. 3. b) Unfallschäden

§ 12 Ziff. 1 II e AKB zu entscheiden; wie denn auch der Regelung in § 13 VI AKB, daß „Verschleißschäden" nicht zu ersetzen seien, nur klarstellende Funktion zukommt (vgl. Anm. J 146). Weiß der Vmer, daß der von ihm gefahrene Wagen defekte Bremsen hat, so kann sich für einen darauf zurückzuführenden Unfallschaden eine Leistungsfreiheit des Vers aus dem Gesichtspunkt der Gefahrerhöhung ergeben und aus dem der grobfahrlässigen Herbeiführung des Vsfalls (vgl. Anm. J 114).

γ) Nicht ersatzpflichtige Bremsschäden an einem Fahrzeug sind auch solche Schäden, die ohne mechanische äußere Einwirkung allein durch überhartes Abbremsen am Fahrzeug entstehen. Als Beispielfall vgl. KG 24. X. 1928 JPRV 1929 S. 18–19; eine Entscheidung, die durch die Besonderheit gekennzeichnet war, daß dort – abweichend von der heute geltenden Regelung – Bruchschäden durch übermäßige Beanspruchung der Bremsen gerade vert waren; dem Vmer gelang in concreto aber nicht der Nachweis eines Schadeneintritts durch übermäßige Beanspruchung der Bremsanlage; vielmehr kam das Gericht zu der Überzeugung, daß der Motor im Leerlauf zu hoch angetrieben worden sei (ein auch nach der heute geltenden Bedingungsfassung ausgeschlossener Betriebsschaden, vgl. Anm. J 71).

Einen Sonderfall behandelt LG Frankfurt a. M. 21. X. 1953 Der Vmer 1953 S. 104–105 = VersR 1954 S. 17 (nur L. S.): Der Vmer befuhr mit einem schweren Lastzug eine stark abschüssige Straße, plötzlich lief ein Kind vor den Wagen, der Vmer betätigte mit aller Gewalt die Bremseinrichtung des Fahrzeugs, um das Kind nicht zu überfahren. Es entstanden dabei erhebliche Schäden an der Betriebseinrichtung des Fahrzeugs, ohne daß es zur Kollision mit dem Kinde oder einer Sache gekommen war. Das Gericht ging davon aus, daß an sich kein Unfallschaden im Sinne der herkömmlichen Definition gegeben war, bejahte aber dennoch den Vsschutz, weil eine Notbremsung zum Zwecke einer Unfallvermeidung deckungswürdig sei und das Geschehen auch nicht vom Sinngehalt der „Ausschlußbestimmung" bezüglich der Bremsschäden getragen werde. Der um Gerechtigkeit im Einzelfall bemühten Entscheidung, die expressis verbis auf eine Regelungslücke abstellte, ist für gleichgelagerte seltene Ausnahmefälle beizupflichten (ablehnend aber Prölss-Martin[21] Anm. 7 zu § 12 AKB, S. 905; für einen ähnlich gelagerten Fall eines Ausweichens bei höchster Gefahr vgl. auch Kreuzhage DAR 1951 S. 33–35, der ebenfalls den Vsschutz verneint).

[J 71] ccc) Betriebsschäden
Schrifttum:
H. Wussow VersR 1967 S. 820–824.

Im Nachsatz zu § 12 Ziff. 1 I e AKB ist auch davon die Rede, daß Betriebsschäden nicht vom Vsschutz erfaßt werden. Auch hier ist eine enge Interpretation am Platze, die die Absicht der Bedingungsverfasser berücksichtigt, lediglich klarzustellen, daß vte Unfallschäden nur solche sind, bei denen von außen mit mechanischer Gewalt auf das Fahrzeug eingewirkt wird. Einen wesentlichen Teil aller im Nachsatz zu § 12 Ziff. 1 II e AKB als nicht vom Vsschutz erfaßt bezeichneten Ereignisse stellen die Verschleißschäden dar. Soweit es an einem von außen auf das Fahrzeug wirkenden mechanischen Ereignis fehlt, werden solche Verschleißschäden schon primär nicht vom Vsschutz erfaßt, ohne daß es einer ausdrücklichen Erwähnung dieses Umstandes in § 12 Ziff. 1 II e AKB bedurft hätte. Es kommt hinzu, daß auch noch klarstellend in § 13 VI AKB festgelegt worden ist, daß Verschleißreparaturen nicht zu ersetzen seien (vgl. Anm. J 146). Wenn daher auch ein Großteil der nicht vten Betriebsschäden unter die Kategorie der Verschleißschäden fällt, so wäre es aber doch verfehlt, den Begriff des Betriebsschadens auf ein solches „Mürbewerden" des Materials zu beschränken.

Vielmehr ist nach dem erkennbaren Sinnzusammenhang dieser Vorschrift neben den Verschleißschäden zusätzlich abzustellen auf Schäden, die ohne äußere mechanische Einwirkung bei einem bestimmungsgemäßen Betrieb des Fahrzeugs eintreten. Als Beispiel wird vom BGH 6. II. 1954 NJW 1954 S. 596−597 = VersR 1954 S. 113−114 der Fall genannt, daß sich in einem Motor Schrauben lösen, die im Motor herumgeschleudert werden und dabei Schaden anrichten. Geraten dagegen von außen solche Schrauben in den Motor − sei es auch, daß sie bei einer Reparatur im Motor versehentlich liegenbleiben −, so besteht für ein solches Ereignis Vsschutz (BGH 6. II. 1954 a. a. O.). Vgl. auch OLG Frankfurt a. M. 14. XII. 1965 VersR 1966 S. 437−438, das zu Recht für einen „Wasserschlag" im Zylinderraum im Anschluß an die Gedankengänge aus BGH 6. II. 1954 a. a. O. hervorhebt, daß die Mitursächlichkeit des von außen eintretenden Wassers für die Annahme eines entschädigungspflichtigen Unfalls ausreiche.

Solche nicht vten Betriebsschäden treten im übrigen speziell auf bei den im Rahmen der Fahrzeugvollv vten Arbeitsmaschinen. Muß z. B. ein fahrbarer Kran eine für ihn zu schwere Last heben und verzieht sich dabei das Material, ohne daß es zu einem nach dem Nachsatz zu § 12 Ziff. 1 IIe AKB ohnedies ausgeschlossenen reinen Bruchschaden (vgl. Anm. J 72) kommt, so kann von einem Verschleißschaden im eigentlichen Sinne nicht gesprochen werden. Es handelt sich dabei − mangels relevanter äußerer mechanischer Einwirkung im Sinne des für § 12 Ziff. 1 IIe AKB geltenden Unfallbegriffs − um einen nicht vten Betriebsschaden.

Nicht vte Betriebsschäden sind ferner solche, die auf einer Einwirkung mechanischer Gewalt beruhen, die zum normalen Betrieb eines Fahrzeugs gehört (BGH 23. X. 1968 NJW 1969 S. 96 = VersR 1969 S. 33). Über die Frage der Abgrenzung derartiger Betriebsschäden von vten Unfallereignissen entscheidet die bestimmungsgemäße Verwendung (BGH 23. X. 1968 a. a. O. im Anschluß an H. Wussow VersR 1967 S. 823); wird ein Fahrzeug im gewöhnlichen Fahrbetrieb bestimmten Risiken ausgesetzt, so wird es sich bei den daraus entstehenden Schäden häufig um Betriebsschäden handeln (BGH 23. X. 1968 a. a. O.). Das ist in besonderem Maße bei den Arbeitsmaschinen zu beachten. Nicht vte Betriebsschäden an Arbeitsmaschinen sind nicht selten auf den Untergrund zurückzuführen, der auf Baustellen häufig nicht der normalen Beschaffenheit der Verkehrsstraßen entspricht. Wer den Betrieb auf Baustellen beobachtet hat, kann sich ein Bild über die dort befindlichen Unebenheiten und Schlaglöcher machen. In diesem Bereich eingesetzte Arbeitsmaschinen, seien es Traktoren, seien es fahrbare Kräne oder Bagger, sind in ihrer Konstruktion zumeist schon auf solche Besonderheiten des Untergrunds eingestellt. Doch kann es dessenungeachtet immer wieder zu Schädigungen bei dem Betrieb dieser Fahrzeuge auf solchen Baustellen kommen, die ihre Ursache in dem erhöhten Arbeitsrisiko solcher Fahrzeuge haben. Eine systemgerechte Abgrenzung solcher zum Betriebsrisiko gehörender Schäden von den vten Unfallschäden ist geboten. Nur ein solcher Schaden ist ersatzpflichtig im Rahmen der Fahrzeugvollv, bei dem ein von außen auf das Fahrzeug wirkendes Ereignis den Schaden herbeigeführt hat. Rutscht eine Arbeitsmaschine auf einem Bauplatz in ein dort befindliches Schlagloch ab, so ist der allein durch diesen Abrutschvorgang entstehende Schaden, insbesondere ein sogenannter Verwindungsschaden, nach dem Gesagten nicht vert; schlägt das Fahrzeug dabei jedoch um, so ist der durch den Aufprall auf der Erde entstehende Schaden als Unfallschaden vert (BGH 2. VII. 1969 VersR 1969 S. 940−941; ebenso ÖOGH 26. V. 1965 VersR 1966 S. 98−99, LG München 31. VIII./3. IX. 1967 VersR 1967 S. 794−795); anders aber ÖOGH 30. IV. 1968 VersR 1969 S. 290, das einen Widerspruch zu ÖOGH 26. V. 1965 a. a. O. mit der Begründung verneinte, daß zwischen dem Betriebsrisiko einer dort den Gegenstand der Betrachtung bilden-

V. 3. b) Unfallschäden

den Planierraupe und einem als „Kipper" eingesetzten Lkw unterschieden werden müsse. Auch ÖOGH 27. V. 1970 VersR 1971 S. 1076 verneint für das Umkippen eines Fahrzeugs auf einer Baustelle im Gegensatz zu BGH 2. VII. 1969 a. a. O. das Vorliegen eines entschädigungspflichtigen Unfalls (ebenso OLG Celle 19. I. 1973 VersR 1973 S. 535–536 für den Fall, daß ein Betonmisch-Lkw im Zuge der Entleerung durch Wegsacken des Erdreichs in eine Baugrube kippt; ob auch OLG Bamberg 11. XI. 1970 VersR 1971 S. 334–335 von den Grundsätzen der BGH-Rechtsprechung abweicht, ist nach dem mitgeteilten Sachverhalt nicht klar; hat der dort erwähnte „Kipper" bei dem Sturz einen zusätzlichen Schaden erlitten, der nicht schon bei dem Einsinken des Fahrzeugs und der Lösung des genannten Fahrzeugteils von dem Lkw entstanden war, so handelt es sich nach der hier vertretenen Auffassung um ein vtes Ereignis).

Kippt von einem Sattelzug, der aus Zugmaschine und Auflieger besteht, der letztere infolge von Unebenheit oder Gleichgewichtsverlagerungen bei einem Entladevorgang um und wird dabei nur die Aufliegerkupplung beschädigt, so handelt es sich um einen nicht vten Betriebsschaden (vgl. LG Lübeck 4. VII. 1972 VersR 1973 S. 266, nach dem wiedergegebenen Sachverhalt ist aber nicht klar, ob daneben auch Aufprallschäden durch das Umschlagen entstanden sind, die nach der hier vertretenen Auffassung vert wären). In Konsequenz der dargestellten Auffassung wird vom ÖOGH 29. X. 1969 VersR 1971 S. 1028 das Einsinken einer Laderampe beim Manövrieren in einem Bachgrund als Betriebsschaden angesehen. Nicht vert ist nur der Schaden, der durch das Umkippen des Fahrzeugs an diesem vor dem Aufprall auf dem Untergrund entstanden ist. In solchen Fällen wird die Abgrenzung des vten vom nicht vten Schaden nicht immer ganz einfach sein. Beweispflichtig ist der Vmer. Läßt sich trotz aller Bemühungen der eingeschalteten Sachverständigen eine mathematisch genaue Abgrenzung nicht vornehmen, so darf deshalb eine Entschädigungspflicht nicht schlicht verneint werden. Vielmehr ist eine entsprechende Anwendung der zu § 287 ZPO entwickelten Abschätzungsgrundsätze auch auf die Abgrenzung der vten von der nicht vten Ursachenkette vorzunehmen (so BGH 12. V. 1966 VersR 1966 S. 722–723 für den Fall der Abgrenzung eines teils auf eine nach § 4 I Ziff. 5 AHB nicht vte allmähliche Einwirkung der Feuchtigkeit, teils auf vte Einflüsse zurückzuführenden Sachschadens in der allgemeinen Haftpflichtv).

Als ein nicht von außen auf das Fahrzeug einwirkendes Ereignis ist es nach dem Gesagten auch anzusehen, wenn eine Arbeitsmaschine auf einer Baustelle in ein Schlagloch rutscht, ohne umzuschlagen, aber dabei durch den Druck der Ladung eine Beschädigung des Fahrzeugs eintritt; so LG Kaiserslautern 19. VI. 1963 VersR 1963 S. 844 für den Fall des Absackens eines Kippfahrzeugs. Ähnlich liegt der vom LG Konstanz 19. VIII. 1966 VersR 1967 S. 224–225 entschiedene Fall; nach dem Vortrag des Vmers hatte unter dem Lkw beim Beladen in einem Steinbruch der Untergrund unter dem rechten Hinterrad nachgegeben, so daß sich die Ladepritsche nach rechts geneigt und sich der Rahmen verzogen habe; das Gericht sah diese Version als nicht bewiesen an und vermutete, daß der Schaden durch eine ungleichmäßige Verteilung der Ladung entstanden sei; in beiden Fällen ist ein nicht vter Betriebsschaden gegeben. Vgl. als weiteren Beispielfall dieser Art LG Bielefeld 3. IV. 1962 VersR 1962 S. 949. Der Hinweis auf die Ladung des Fahrzeugs darf aber nicht in dem Sinne verstanden werden, daß jeder durch eine Ladung verursachte Schaden als nicht vert anzusehen sei (vgl. dazu die Bemerkungen am Schluß dieser Anm.). – Das Gesagte über die Abgrenzung des Betriebsrisikos gilt aber nicht nur für Arbeitsmaschinen, sondern gleichermaßen für den Pkw des Architekten oder des Bauarbeiters, die das Risiko auf sich nehmen, aus Gründen der Bequemlichkeit oder Arbeitsbeschleunigung auf diesem Baugelände mit ihren Fahrzeugen zu fahren.

Anm. J 71

Fahren Baumaschinen gegen Hindernisse, denen man auf diesem Bauplatz, wenn auch mit Schwierigkeiten, hätte ausweichen können, so ist eine solche Kollision etwas derart Ungewöhnliches, daß der dadurch entstehende Schaden keineswegs als nicht vter Betriebsschaden qualifiziert werden kann (so BGH 1. VII. 1963 VersR 1963 S. 772–773 für den Fall eines Zusammenstoßes eines auf einem Kohleplatz eingesetzten Lkw mit einem gestapelten Kohlenhaufen). Den üblichen Schlaglöchern auf Bauplätzen kann auch das Abrutschen eines Kippfahrzeuges von einem aufgeschütteten Damm nicht gleichgesetzt werden; der insoweit entstehende Verwindungsschaden ist durch den Ver als Unfallschaden zu ersetzen (vgl. OLG Frankfurt a. M. 17. II. 1967 VersR 1967 S. 850, a. A. H. Wussow VersR 1967 S. 824). Vgl. auch ÖOGH 2. VII. 1969 VersR 1970 S. 655–656, wo zutreffend hervorgehoben wird, daß das Abrutschen des Fahrbahnbereichs bei Annäherung an dessen Grenze auf ca. 0,75 m als ein mit dem Betriebsrisiko eines Baustellenfahrzeugs gewöhnlich nicht verbundenes, sondern als ein außergewöhnliches Ereignis anzusehen sei. Ebenso ist kein nicht vom Vsschutz erfaßter Betriebsschaden gegeben, wenn ein auf einer Straßenbaustelle eingesetzter Lkw beim Rückwärtsfahren von der bereits befestigten Fahrbahn auf das Bankett kommt und dort einsinkt (OLG Schleswig 27. X. 1970 VersR 1971 S. 406–407; vgl. auch ÖOGH 24. I. 1973 VersR 1973 S. 978–979). Vgl. ferner BGH 23. X. 1968 NJW 1969 S. 96 = VersR 1969 S. 32–33: Plötzlicher Abbruch mit Wegrutschen des Erdreichs auf einer Fahrspur eines Auffüllplatzes wurde als vter Unfall anerkannt.

Geraten schwere Kraftfahrzeuge, die Baumaterialien über einen verschneiten Moorweg zu einer Kanalbaustelle zu fahren haben, von diesem Weg ab, so sind die dabei entstehenden Schäden in gleicher Weise differenzierend zu betrachten. Der etwas ungewöhnliche Ausgangsfall sei der, daß der Fahrer sich des Nachts bezüglich der einzuhaltenden Fahrtrichtung irrt und, statt auf der Fahrbahn zu bleiben, seinen Lastwagen direkt in das Moor steuert, wo dieser gänzlich versinkt. Dabei sei der Sachverhalt so gedacht, daß das Fahrzeug nicht umstürzt, sondern mehr oder minder gleichmäßig im Moor versinkt. Hier ist als das eigentliche Unfallereignis das gänzliche Abkommen vom Weg anzusehen und nicht das anschließende Versinken des Fahrzeugs im Moor. Da dieses Abkommen vom Weg auch als plötzlich im Sinne des Unfallbegriffs der Fahrzeugvollv zu qualifizieren ist, bedarf es auch keiner Untersuchung darüber, ob dieses Absinken nicht als plötzlich, sondern als allmählich zu qualifizieren wäre. Abzustellen ist vielmehr auf das Abkommen vom Wege, so daß die nachfolgende allmähliche Vergrößerung des Schadens nichts an der Deckung ändert. Der Fall ist im Grunde genommen dem gleichzusetzen, daß ein Fahrzeug am Ufer eines Flusses über die Böschung gerät und in das Wasser fährt (vgl. OLG München 24. III. 1965 VersR 1966 S. 1151 für das Abkommen von einer Baustraße am Ufer des Inn). Sinkt das Fahrzeug dagegen nur teilweise am Mooresrand ein, so ist der dabei entstehende Schaden, der also nur durch das teilweise Einsinken entsteht, als Betriebsschaden nicht vert. Das erscheint im ersten Augenblick als inkonsequent gegenüber dem Ausgangsfall, in dem das Fahrzeug im Ganzen im Moor versunken ist. Wenn man aber die Parallele zum Fahrzeugverkehr auf einer mit Unebenheiten versehenen Baustelle zieht, wird deutlich, daß in beiden Fällen vom Vmer mit Schäden durch die Unebenheit des Bodens bzw. im Moor durch die mangelnde Festigkeit des Wegrandes gerechnet wird, nicht dagegen damit, daß das Fahrzeug aus Unachtsamkeit in eine Baugrube gefahren oder vom Weg weg in den Sumpf geleitet wird. Sinkt das Fahrzeug im gebildeten Beispielfall im Moor seitlich ab und schlägt es dabei auf, so ist der gesamte durch den Aufprall entstandene Schaden wiederum vert.

Schäden durch Unebenheiten des Bodens können aber nicht stets als nicht vte Betriebsschäden angesehen werden. Vielmehr ist zu bedenken, daß im heutigen Straßenverkehr mit Geländeverhältnissen wie auf Baustellen nicht gerechnet zu

V. 3. b) Unfallschäden   Anm. J 71

werden braucht. Gerät ein Fahrzeug daher z. B. auf einer Landstraße in ein Loch von einem unerwartet großen Umfang, so ist der daraus entstehende Schaden als Unfallfolge zu qualifizieren (vgl. dazu auch Anm. J 72 zu den ausgeschlossenen reinen Bruchschäden). Das gleiche gilt, wenn das Fahrzeug mit dem Ölsiebdeckel gegen einen Frostaufbruch gerät; dadurch daß der Vmer den Ölverlust nicht bemerkt, wird dieses Ereignis auch nicht etwa zu einem nicht vten Betriebsschaden (vgl. ÖOGH 25. XI. 1964 VersR 1966 S. 350). H. Wussow VersR 1967 S. 822 rechnet zu den nicht vten Betriebsschäden auch solche, bei denen ein in Fahrt befindlicher Wagen Split hochreißt, wodurch der Lack beschädigt wird. Solche Schäden sind indessen bei den heutigen Straßenverhältnissen als atypisch anzusehen und demgemäß dem vten Risiko zuzurechnen. Will der Vmer allerdings eine für den normalen Fahrverkehr gesperrte, gefährliche Wegstrecke mit Unebenheiten und Schlaglöchern befahren, um auszuprobieren, ob sein Fahrzeug auch als „Geländewagen" geeignet ist, so gelten die gleichen Grundsätze wie bei dem Einsatz von Lastkraftwagen und Arbeitsmaschinen auf Baustellengelände.

Als nicht vte Betriebsschäden sind auch solche Schäden anzusehen, die auf eine **fehlerhafte Bedienung** des Fahrzeugs zurückzuführen sind. Tritt allerdings als Folge der fehlerhaften Bedienung des Fahrzeugs eine Kollision mit einer anderen Sache ein, so ist der darauf beruhende Schaden vert (vgl. z. B. den vom OLG Stuttgart 20. VII. 1954 MDR 1955 S. 235–236 entschiedenen Fall, in dem das Fahrzeug im Anschluß an einen Bedienungsfehler eine Böschung hinunterstürzte). Solche nicht vten Betriebsschäden durch Bedienungsfehler sind z. B. Schäden am Getriebe durch unsachgemäßes Schalten. Als ein nicht vter Betriebsschaden wird es vielfach angesehen, wenn die Ladung eines Fahrzeugs infolge eines Fahrfehlers in Bewegung gerät und das Fahrzeug beschädigt, ohne daß dieses mit einer weiteren Sache kollidiert (so LG Karlsruhe 3. X. 1952 VersR 1952 S. 400–401, OLG Schleswig 26. III. 1974 VersR 1974 S. 1093; Stiefel-Wussow-Hofmann[10] Anm. 32 zu § 12 AKB, S. 543; differenzierend aber OLG Koblenz 22. VI. 1970 DAR 1971 S. 77–79). Zur Begründung wird ausgeführt, daß die Ladung zum Fahrzeug gehöre, so daß die schädigende Einwirkung der Ladung auf das Fahrzeug für dieses kein von außen her einwirkendes Ereignis darstelle. Hier wird aber unangebrachterweise eine Einheit zwischen Fahrzeug und Fahrzeugladung hergestellt, die im Vsvertrag keine Stütze findet, insbesondere wenn man berücksichtigt, daß eine Beschädigung der Ladung überhaupt nicht vom Vsschutz in der Fahrzeugvollv erfaßt wird. Wenn eine transportierte Maschine infolge zu hoher Geschwindigkeit oder zu starken Bremsens umschlägt und dabei die seitliche Begrenzung des Fahrzeugs oder des Bodens durchschlägt, liegt auch ebenso ein aus der Sicht der Fahrzeugv deckungswürdiger Vorgang vor, als wenn die gleiche Beschädigung auf eine im Anschluß an den Bremsvorgang erfolgende Kollision zurückzuführen ist. Das Umfallen der Ladung als nicht von außen auf das Fahrzeug wirkendes Ereignis anzusehen, bedeutet letzten Endes den Versuch einer Interpretation des § 12 Ziff. 1 II e AKB durch eine mechanische Betrachtungsweise, die außer acht läßt, daß nach dem Sinngehalt der Bestimmung nur solche Bedienungsschäden als Betriebsschäden nicht vert sein sollen, die sich ohne weitere mechanische Einwirkung am Fahrzeug als unmittelbare Folge eines Bedienungsfehlers ergeben. Schließlich ist zu bedenken, daß zwischen einem Umschlagen der Maschine infolge zu schnellen Fahrens oder zu starken Bremsens oder einer vorangegangenen Kollision mit anschließendem Umstürzen aufgrund eines solchen Fahrfehlers ein irgendwie verständiger schutzwürdiger Unterschied nicht ersichtlich ist. Das wird noch deutlicher, wenn man sich vorstellt, daß der Fehler bei einem Entgegenkommer liegt, der auf die unrichtige Fahrbahn geraten ist. Bremst der Fahrer des vten Fahrzeugs so stark ab, daß sein Fahrzeug zwar noch rechtzeitig zum Stehen kommt, die Maschinen aber umschlagen, so liegt ebenso eine äußere Einwirkung auf das Fahrzeug vor, als wenn sich die Kollision nicht mehr vermeiden läßt. Systemgerecht ist die Einordnung des Lebenstatbestandes einer Beschädigung des Fahrzeugs durch umstürzende oder verrutschende Ladung infolge eines Bedienungsfehlers in das Vsvertragsverhältnis allein im Hinblick auf die Frage, ob im Sinne des § 61 eine dem Vmer zurechenbare grobe Fahrlässigkeit vorgelegen hat oder nicht. – Dagegen erscheint es als sachgerecht, den Tatbestand der Be- und auch der Entladung in seinem normalen Verlauf dem nicht vten Betriebsrisiko zuzurechnen. Gedacht ist an das Auf- und Absetzen der Ladung auf dem Fahrzeug, bei dem sich nach der Lebenserfahrung eine Vielzahl von mehr oder minder größeren Abnutzungsschäden als Betriebsfolge ergeben. Das gilt auch für Schäden durch zu hartes Absetzen der Ladung (ebenso H. Wussow VersR 1967 S. 821, 823) oder das Rollen eines Fasses gegen die Planken. Stürzt aber eine Maschine von dem Greifarm des Kranes regelwidrig auf das Fahrzeug, so liegt ein vter Schaden vor.

Denkbar ist eine Schädigung eines vten Fahrzeugs auch in der Weise, daß der Anhänger eines Fahrzeugs gegen die Zugmaschine schlägt oder umgekehrt die Zugmaschine auf den Hänger rutscht. Geschieht das ohne sonstige äußere Einwirkung unter gleichzeitiger Lösung und Beschädigung der zwischen den beiden Fahrzeugen bestehenden Gabelverbindung, so ist die daran entstandene Beschädigung nicht ersatzpflichtig, wohl aber ist es der Aufprallschaden oder das Abreißen von Teilen des vten Fahrzeugs durch die auf dieses bestimmungswidrig einwirkende Flieh- oder Motorkraft des anderen Fahrzeugs. Ebenso schon OLG Celle 9. X. 1931 JRPV 1932 S. 125–126 mit zutreffendem Hinweis darauf, daß für Lkw und Anhänger gesonderte Vsverträge abgeschlossen werden (zustimmend Stiefel JRPV 1933 S. 90); Stelzer VersR 1958 S. 122 weist darauf hin, daß dieser Standpunkt auch von der ehemaligen Wirtschaftsgruppe Kraftfahrtv vertreten worden sei; in diesem Sinne auch OLG Celle 6. XI. 1934 VA 1935 S. 255–256 Nr. 2825, LG Essen 26. IX. 1957 VersR 1957 S. 817 (für den Fall einer Beschädigung eines abgeschleppten Fahrzeugs durch den Schleppwagen). BGH 2. VII. 1969 VersR 1969 S. 940–941 spricht nicht für die gegenteilige Auffassung, sondern stellt eine Bestätigung der hier vorgenommenen Abgrenzung dar, wenn es dort heißt, daß bei einem Abkippen eines Anhängers bei einem Abladen des Schüttguts der am Sattelschlepper durch das Abkippen ausgelöste Verzerrungs- und Verwindungsschaden als Betriebsschaden nicht vert sei, während der durch den anschließenden Aufprall auf dem Boden entstandene Schaden als Unfallschaden im Sinne der Fahrzeugvollv zu ersetzen sei.

[J 72] ddd) Reine Bruchschäden

Nicht vert als Unfallschäden sind nach dem klarstellenden Nachsatz zu § 12 Ziff. 1 II e AKB auch die sogenannten „reinen" Bruchschäden. Gemeint sind dabei Materialbrüche, die ohne äußere Einwirkung eintreten. Rast ein Fahrzeug jedoch gegen einen Baum oder gegen ein sonstiges Hindernis und erleidet es dabei – neben anderen Beschädigungen oder (kaum vorstellbar) auch ohne diese – einen Achsenbruch, so ist der Ver auch insoweit ersatzpflichtig. Was nach § 12 Ziff. 1 II e AKB nicht vom Ver ersetzt werden soll, ist der Verschleißschaden im engeren Bereich. Der Zusatz „reiner" zum Ausdruck „Bruchschaden" verdeutlicht, daß nur der Bruchschaden an dem geborstenen Material selbst nicht ersetzen werden soll, während der weitergehende Schaden, der beispielsweise durch eine auf den Bruch zurückzuführende Kollision entsteht, vom Vsschutz der Fahrzeugvollv erfaßt wird. Vgl. in diesem Sinne schon RG 26. I. 1926 RGZ Bd 112 S. 371–372; in jenem Fall waren nach dem Vortrag des Vers bei einem Fahrzeug während der Fahrt ohne äußere Ursache die Speichen eines Hinterrades gebrochen; das dadurch ins Schleudern geratene Fahrzeug

V. 3. b) Unfallschäden

prallte gegen einen Baum. Wörtlich wurde dazu vom RG 26. I. 1926 a. a. O. S. 372 für im wesentlichen gleichlautende Bedingungsbestimmungen u. a. folgendes ausgeführt: „Das Berufungsgericht hat diese Bestimmungen dahin ausgelegt, daß die Bekl. zwar nicht für Bruchschäden selbst hafte, wohl aber für die weiteren Folgen eines Bruchschadens ... Der Abs. 2 ... stellt den Unfallschäden, die durch ein plötzlich von außen her auf das Fahrzeug einwirkendes Ereignis verursacht werden ..., die Schäden entgegen, die unter der Bezeichnung „Materialschäden" zusammenzufassen sind und durch Verschleiß, Materialfehler, Fehler in der Bauart, schlechte Behandlung usw. herbeigeführt werden ... Solche Schäden sind in der Tat keine Unfallschäden, und die Bekl. will sich erklärlicherweise dagegen schützen, daß sie für die Reparaturkosten ... in Anspruch genommen wird, die auf den genannten Ursachen beruhen. Wenn sie nun aber auch für diese Materialschäden als solche nicht haftet, so liegt die Sache doch anders, wenn infolge von Bruch ein wirklicher Unfallschaden ... mitverursacht wird. Fährt ein Kraftfahrzeug gegen einen Baum und wird es dadurch beschädigt oder zertrümmert, ... so kann füglich nicht in Abrede gestellt werden, daß der Schaden durch ein von außen her plötzlich auf das Fahrzeug einwirkendes Ereignis herbeigeführt worden ist ..." Vgl. auch als Vorinstanz KG 6. V. 1925 JRPV 1925 S. 197–198.

Ein typisches Beispiel für einen nicht vten Bruchschaden ist ein Achsbruch bei dem Befahren einer Landstraße mit für die örtlichen Verhältnisse normaler Beschaffenheit oder auch beim Herauffahren auf den Kantstein des Bürgersteigs. Wenn ein Fahrzeug solche als „normal" zu qualifizierenden Belastungen nicht aushält, ist es nicht Sache des Vers, im Rahmen der Fahrzeugvollv Ersatz zu leisten. Gerät ein Fahrzeug dagegen infolge überhöhter Geschwindigkeit in einer Kurve in einer leichten Schräglage gegen den Kantstein, so ist ein auf eine solche regelwidrige Kollision zurückzuführender Achsenbruch grundsätzlich als ersatzpflichtig anzusehen. Das gleiche gilt bei Achsbrüchen, die auf ungewöhnlich schlechte Straßenverhältnisse zurückzuführen sind; vgl. dazu KG 6. V. 1931 JRPV 1931 S. 273: Achsschenkelbruch als Folge des Überfahrens eines 20 cm tiefen, durch Schlamm verdeckten Schlaglochs (vgl. aber auch KG 27. VI. 1925 JRPV 1925 S. 267–268, von dem für einen ähnlich gelagerten Fall der Vsschutz mit der Begründung verneint wurde, daß die wesentliche Ursache die Abnutzung der acht Jahre alten Achse gewesen sei; zustimmend Anonym JRPV 1925 S. 272, ablehnend Pfeiffer JRPV 1925 1925 S. 268).

Ist unaufgeklärt geblieben, ob ein Bruchschaden an einem Motorgehäuse auf ein Unfallereignis oder auf eine Materialermüdung zurückzuführen ist, so geht das zu Lasten des für das Vorliegen eines Unfalls beweispflichtigen Vmers (so für einen Grenzfall KG 2. VII. 1932 JRPV 1932 S. 323).

Zu überlegen ist auch die Frage, ob ein „reiner" oder „isolierter" Bruchschaden dann ersatzpflichtig ist, wenn er die Folge eines Unfalls ist, bei dem aber keine sonstigen Fahrzeugschäden aufgetreten sind. Rein im Sinne des Nachsatzes zu § 12 Ziff. 1 II e AKB soll nicht nur bedeuten, daß kein weiterer Schaden am Fahrzeug als der Bruchschaden eingetreten ist, sondern daß es auch an einer als erheblich im Sinne des Unfallbegriffs zu qualifizierenden mechanischen Einwirkung von außen fehlt. Stoßen zwei Fahrzeuge relativ heftig zusammen, erleidet aber das eine davon infolge guter Konstruktion der Stoßstangenpartie an der Karosserie keine Beschädigung, sondern lediglich einen Achsenbruch, so ist die Ersatzpflicht des Vers nach dem Sinngehalt der Bestimmung des § 12 Ziff. 1 II e AKB zu bejahen. Zu bedenken ist, daß Verschleißschäden nicht vert sein sollen, daß dagegen der Vsschutz für Unfallschäden aus Kollisionen keineswegs eingeschränkt worden ist. Das Beispiel ist dabei nur als Grenzfall zu sehen. Es darf aber nicht außer acht gelassen werden, daß Kollisionen mit der Folge eines Bruchschadens ohne sonstige äußere Beschädigungen des Fahrzeugs technisch kaum denkbar sind.

[J 73] c) Mut- oder böswillige Handlungen betriebsfremder Personen

Zum Unfallbegriff gehört, daß von außen ein Ereignis mit mechanischer Gewalt plötzlich auf das Fahrzeug einwirkt. Durch mut- oder böswillige Handlungen betriebsfremder Personen entstehende Schäden werden in der Regel auch mit mechanischer Gewalt plötzlich begangen. Insoweit ist der Ver dann sowohl nach § 12 Ziff. 1 II e als auch nach § 12 Ziff. 1 II f AKB im Risiko. Darüber hinaus wird aber nach § 12 Ziff. 1 II f AKB auch Vsschutz für Handlungen betriebsfremder Personen gewährt, durch die ein Fahrzeug in mut- oder böswilliger Weise beschädigt wird, ohne daß es sich dabei um ein plötzliches Ereignis handeln muß; auch ist es nicht erforderlich, daß die Beschädigung auf einer mechanischen Einwirkung beruht. Wenn ein Übeltäter mit einer Axt auf ein Fahrzeug einschlägt, so ist ein derartiger Vorgang als plötzlich im Sinne des § 12 Ziff. 1 II e AKB anzusehen. Dieser Plötzlichkeitsbegriff darf auch durchaus so modifiziert werden, daß seine Voraussetzungen gegeben sind, wenn eine Schädigung durch eine Vielzahl solcher Axtschläge oder ähnlicher mechanischer Einwirkungen herbeigeführt wird (vgl. zur Plötzlichkeit Anm. J 67). Zerkratzt ein Übeltäter ein Fahrzeug mit einem Nagel oder einem ähnlichen Instrument, so wird in der Regel ebenfalls eine Plötzlichkeit im Sinne des Unfallbegriffs gegeben sein. Ist das aber ausnahmsweise nicht der Fall, so greift der Vsschutz nach § 12 Ziff. 1 II f AKB ein. Das gleiche gilt für ein Aufschlitzen des Polsters eines Fahrzeugs mittels eines Messers durch einen Fahrgast des Vmers. Vert ist nach § 12 Ziff. 1 II f AKB ein Schaden durch eine chemische Einwirkung auf das Fahrzeug, die nach den Ausführungen in Anm. J 66 a. E. nicht unter den Tatbestand des Unfallschadens gemäß § 12 Ziff. 1 II e AKB zu subsumieren ist. Als Beispiel sei genannt das Übergießen des Fahrzeugs durch einen Dritten mit Salzsäure.

Der zusätzliche Vsschutz für Beschädigungen mut- oder böswilliger Art greift nur dann ein, wenn betriebsfremde Personen ihn herbeiführen. Was der Fahrer oder der für den Betrieb des Fahrzeugs angestellte Beifahrer mut- oder böswillig am Fahrzeug beschädigen, wird, soweit nicht ein Unfallereignis im Sinne des § 12 Ziff. 1 II e AKB vorliegt (vgl. dazu Anm. J 64), nicht vom Vsschutz in der Fahrzeugvollv erfaßt. Dafür, daß unter Umständen auch einmal eine andere Person als der Fahrer oder der Beifahrer als nicht betriebsfremde Person im Sinne des § 12 Ziff. 1 II f AKB anzusehen ist, vgl. Anm. J 44.

Der zusätzliche Anwendungsbereich des § 12 Ziff 1 II f AKB verengt sich sehr, wenn man die in Anm. J 68 vertretene Auffassung teilt, daß entgegen den Darlegungen des RG 13. XII. 1927 JW 1928 S. 554–555 = JRPV 1928 S. 22–23 aus einer solchen oder ähnlich lautenden Bestimmung nicht auf eine Einschränkungsabsicht der Bedingungsverfasser hinsichtlich des Unfallbegriffs geschlossen werden dürfe. In Konsequenz dieser Überlegungen zu einem weit zu fassenden Unfallbegriff ist denn auch in Anm. J 64 und 68 der Vsschutz für eine vorsätzliche Beschädigung des Fahrzeugs durch ein mutwilliges Fahren gegen einen Baum bejaht worden, soweit dieses Fahrzeug von einem Dritten geführt wird, der nicht Repräsentant des Vmers ist.

Hervorzuheben ist, daß die Tatbestände des § 12 Ziff. 1 II e und f AKB selbständig nebeneinander stehen; für die Ersatzpflicht des Vers genügt es, daß eine der beiden Bestimmungen erfüllt ist; als rechtlich unhaltbar bezeichnet in diesem Zusammenhang BGH 6. II. 1954 NJW 1954 S. 597 = VersR 1954 S. 114 die Auffassung, daß eine Schadenherbeiführung durch betriebsfremde Dritte den Vsschutz nur bei mut- oder böswilliger Handlung der Dritten auslöse; werde durch Handlungen betriebsfremder Dritter ein Schadenereignis verursacht, das die Merkmale des § 12 Ziff. 1 II e (damals § 12 Ziff. 1 a) AKB erfülle, so sei der Schaden nach dieser Bestimmung zu decken, auch wenn die Voraussetzungen des § 12 Ziff. 1 II f (damals § 12 Ziff. 1 b) AKB nicht gegeben seien.

V. 4., 5. Örtlicher Geltungsbereich, Ausschlußtatbestände

[J 74] 4. Örtlicher Geltungsbereich

Für alle Vsarten der Kraftfahrzeugv bestimmt § 2 I AKB, daß die V für Europa gilt, soweit keine Erweiterung dieses Geltungsbereichs vereinbart ist. An abweichenden Bestimmungen für die Fahrzeugv fehlt es. Im einzelnen darf daher auf die (allerdings erst später erscheinenden) Ausführungen zur Haftpflichtv verwiesen werden. Hier sei vorab lediglich auf BGH 20. VI. 1963 BGHZ Bd 40 S. 24 dafür verwiesen, daß der **Begriff Europa** in der Bedingungsbestimmung **ausschließlich geographisch** zu verstehen ist.

5. Ausschlußtatbestände

Gliederung:

a) Politische Gefahren und Erdbebenschäden J 75–80

b) Rennen J 81
c) § 61 J 82–118
d) Reifenschäden J 119

a) Politische Gefahren und Erdbebenschäden

Gliederung:

Schrifttum J 75

aa) Ausschlußgrund J 76

bb) Aufruhr und innere Unruhen J 77
cc) Kriegsereignisse J 78
dd) Verfügungen von hoher Hand J 79
ee) Erdbeben J 80

[J 75] Schrifttum:

Reimer Schmidt und K. Gerathewohl ZVersWiss 1973 S. 277–342 (umfassend); zu einzelnen Fragen vgl. ferner: Baumberger, Der Ausschluß politischer und sozialer Risiken im Vsvertrag, Zürich 1968 m. w. N., Böhm VersR 1954 S. 268–269, Büchner in „Nachkriegsprobleme der Vertragsv", herausgegeben von Härle, Teil I 1948 S. 105–121, Haidinger VW 1947 S. 93–96, Kersten, Die politischen Gefahren im Vsrecht mit Ausnahme der Kriegsgefahr, Diss. Hamburg 1950, Luttmer VW 1971 S. 208–213, Nickusch NJW 1969 S. 20–21, Prölss DRZ 1946 S. 48–52, Raiser VW 1969 S. 919–920, Robert Schmidt VersPrax 1968 S. 148.

[J 76] aa) Ausschlußgrund

Kein Vsschutz besteht in der Fahrzeugv gemäß § 2 IIIa AKB für Schäden, die durch **Aufruhr, innere Unruhen, Kriegsereignisse, Verfügungen von hoher Hand und Erdbeben** unmittelbar oder mittelbar entstehen. Der Sinn dieser Bestimmung ist es, von dem Ver das gefährliche und häufig bei derartigen Ereignissen auch nicht kalkulierbare Katastrophenrisiko fernzuhalten (vgl. Reimer Schmidt und K. Gerathewohl ZVersWiss 1973 S. 279–282). Dieser innere Rechtfertigungsgrund für die aufgeführte Kette von Ausschlußgründen darf aber nicht in dem Sinne verstanden werden, daß bei Vorliegen eines der aufgeführten Ausschlußtatbestände der Ver dann doch zum Eintritt verpflichtet sei, wenn durch eines der ausgeschlossenen Risiken zwar ein Schaden entstanden ist, dieser aber kein katastrophales Ausmaß angenommen hat. Vielmehr gilt die Ausschlußklausel auch dann, wenn sich der Einzel- und Gesamtschaden aus Anlaß eines solchen Ereignisses der Höhe nach weitaus geringer stellt als die von den Vern einzeln oder in ihrer Gesamtheit aus Anlaß einer normalen Risikoverwirklichung zu erbringenden Leistungen (ebenso dem Sinne nach BGH 19. XI. 1956 VersR 1956 S. 790 zum Ausschluß des Katastrophenrisikos in der allgemeinen Haftpflichtv gemäß § 4 I Ziff. 5 AHB). Als vorbildlich ist dennoch die Haltung der deutschen Sachver zu erwähnen, die die Schäden aus den Studentenunruhen der Jahre 1968−1969 übernommen haben, weil ihre Größenordnung den vstechnisch gezogenen Rahmen nicht überschritten hatten (vgl. Reimer Schmidt und K. Gerathewohl ZVersWiss 1973 S. 301−302 und Raiser VW 1969 S. 919−920). Aus dieser ohne Präjudiz für den Rechtsstandpunkt seinerzeit eingenommenen Haltung darf aber für künftige Ereignisse nicht auf eine Unanwendbarkeit der Ausschlußklausel geschlossen werden. Das Gesagte gilt um so mehr, als die Ver in aller Öffentlichkeit und bei jeder Entschädigungsleistung darauf hingewiesen haben, daß die Leistung ohne Anerkennung eines Rechtsstandpunktes und ohne Präjudiz für künftige Fälle erfolge (vgl. Raiser VW 1969 S. 919−920). Beachte in diesem Zusammenhang auch BGH 13. XI. 1974 NJW 1975 S. 308−309 = VersR 1975 S. 175−176, der ohne besondere Erwähnung der Regulierungspraxis der Ver aus den Jahren 1968−1969 für ein Geschehen aus dem Jahr 1970 bei im Grundsatz gleichem Tatablauf den Vsschutz verneint (vgl. ergänzend Anm. J 77).

[J 77] bb) Aufruhr und innere Unruhen

Was unter **Aufruhr** und was unter **inneren Unruhen** zu verstehen ist, wird in § 2 III a AKB nicht gesagt. Eine spezielle höchstrichterliche Rechtssprechung für den Bereich der Fahrzeugv gibt es auch nicht; es liegen aber Urteile des RG und des BGH zu ähnlich lautenden Klauseln anderer Vszweige vor, aus denen sich verständige und einleuchtende Grundsätze für die Abgrenzung der Ausschlußklausel gewinnen lassen.

RG 28. XI. 1919 RGZ Bd 97 S. 206−210 behandelt einen Fall aus der **Einbruchdiebstahlv**, in dem der Ver die Entschädigung für in Berlin am 9. und 10. XI. 1918 während der sog. Novemberunruhen im Zusammenhang mit dem Kriegsende begangene Plünderungen verweigerte unter Hinweis darauf, daß er nach den Vsbedingungen für Schäden nicht aufzukommen habe, die infolge eines **Aufruhrs** entstehen. Das RG führte seinerzeit aus, daß nicht nur das, was gemäß § 115 StGB a. F. als Aufruhr bestraft wurde, unter die Ausschlußbestimmung falle, sondern auch der sogenannte **Landfriedensbruch** gemäß § 125 StGB. Im Zusammenhang mit der Bewertung der zeitgeschichtlichen Ereignisse sind dabei folgende Bemerkungen auf S. 207−208 von Bedeutung:

> „Ist es nun Aufruhr im Sinne der Vsbedingungen, wenn eine zusammengerottete Menschenmenge die öffentliche Ordnung und Sicherheit durch Gewalttaten gegen Personen oder Sachen verletzt, den Vollstreckungsbeamten Widerstand leistet, oder auch Behörden oder Beamte überhaupt an freier Amtsausübung hindert, dann muß es auch als Aufruhr angesehen werden, wenn sich die Angriffe der zusammengerotteten Menge gegen den Mittelpunkt des ganzen Beamtenkreises richten, gegen die Spitze des gesamten Staates, die Regierung als solche. Von ihr leiten alle Behörden und Beamten ihre Vollmacht ab, in ihr werden alle Behörden und Beamte angegriffen, mit ihrem Falle werden alle in ihrer Tätigkeit zunächst lahmgelegt. Die so herbeigeführte Erschütterung der öffentlichen Ordnung ist in ihren Wirkungen sogar tiefgehender und nachhaltiger, als bei aufrührerischen Bewegungen gegen untergeordnete Stellen."

Das Reichsgericht weist weiter auf den inneren Sinn der Vsbedingungen hin, die eine solche Auslegung deshalb erfordern, weil die Folgen eines Aufruhrs unabsehbar sein könnten und die Vsbeiträge zu hoch würden, wenn man auch diese Gefahren in die V einbeziehe; in allen Fällen liege die Gefahr nahe, daß durch den einzelnen Rechtsbruch das Rechtsbewußtsein der Menschen im ganzen erschüttert und getrübt, daß die niederen Triebe entfesselt und Gewalttaten aller Art begangen werden. Bedeutsam insbesondere für die Wortinterpretation sind die vergleichenden Bemer-

V. 5. a) Politische Gefahren
Anm. J 77

kungen, die das Reichsgericht über die verbreitete Geltung solcher Ausschlußklauseln in fast allen Vszweigen gemacht hat. Wörtlich heißt es a.a.O. S. 208–209:

„Ein Vergleich endlich mit anderen Bestimmungen bestätigt diese Auslegung. Das Gesetz über den Vsvertrag kennt den Begriff des Aufruhrs nicht. Der Vorentwurf wollte die Haftung für durch Aufruhr verursachte Brandschäden ausschließen, der Hauptentwurf hat diese Bestimmung aber gestrichen (Gerhard-Manes, Gesetz über den Vsvertrag § 84 Anm. 3). Einschlägige Vorschriften finden sich indessen in vielen Vsbedingungen. Es wird die Haftung ausgeschlossen „für die Folgen eines Aufruhrs oder Landfriedensbruchs", § 1 Absatz 3 AFB von 1886 und 1887 ..., für die „Folgen eines Aufruhrs", § 31 der Vsbedingungen der Rheinischen Viehvs-Anstalt ..., „für Schäden und Verluste, entstanden durch Aufruhr, Plünderung", § 3 der Allg. Bedingungen eines Vsscheins auf Kasko für die Schiffahrt auf dem östlichen deutschen Stromgebiet ... und § 2 der Allg. Vsbedingungen für den Transport von Gütern auf Flüssen und Binnengewässern .... Die Maschinenven ... schließen aus die Folgen von „Aufruhr, Streiks, Tumult", die Wasserleitungsven ... die Folgen von „bürgerlichen Unruhen, Aufruhr". Die öffentlichen Feuersozietäten ... entschädigen dagegen auch für die Folgen von „Aufruhr oder Landfriedensbruch". Erwähnt sei auch noch, daß Ehrenberg im Handbuch des Vsrechts Bd I S. 324 von Aufstand spricht. Gemeint ist an allen den verschiedenen Stellen offenbar dasselbe; nichts läßt sich dafür anführen, daß mit den anderen Worten jedes Mal auch ein anderer Sinn verbunden ist. Es wird vielmehr der Begriff des Aufruhrs als ein allgemeiner Begriff des Vsrechts anzuerkennen sein, der in sich alles das umschließt, was der Sprachgebrauch, teilweise in Anlehnung an das Strafgesetzbuch, als Aufruhr, Landfriedensbruch, Tumult, Plünderung, Aufstand, bürgerliche Unruhen bezeichnet."

RG 8. VI. 1923 RGZ Bd 108 S. 188–191 befaßt sich mit einem **Feuersvertrag**. Es handelte sich um einen am 16. IV. 1917 in Porto Alegre eingetretenen Brandschadenfall. Die Feuerver wandten gegenüber dem Entschädigungsbegehren des Vmers ein, daß es sich um ein Ereignis handle, das unter den Begriff des Aufstands oder den der bürgerlichen Unruhen zu subsumieren sei. Der vom Berufungsgericht festgestellte Sachverhalt war der, daß nach Versenkung eines brasilianischen Handelsschiffes in Porto Alegre Volksmengen gegen die dort ansässigen Deutschen in Erregung gerieten; in den Geschäftsgebäuden deutscher Handelshäuser wurden an mehreren Tagen im April 1917 Fensterscheiben zertrümmert, Firmenschilder heruntergerissen und schließlich auch Brandlegungen verübt. Das RG hatte sich mit der Frage auseinanderzusetzen, ob der Ausschlußtatbestand deshalb nicht eingreife, weil es sich nicht um die Zusammenrottung einer Menschenmenge gehandelt habe, die sich gegen den Bestand der brasilianischen Regierung oder gegen einzelne ihrer Maßnahmen oder ihrer Beamten richte, sondern um Ansammlungen, die – zum mindesten – mit heimlicher Unterstützung der brasilianischen Regierung zu dem Zweck erfolgt seien, das brasilianische Volk zur Unterstützung der gegen Deutschland gerichteten Politik der Regierung zu bewegen. Zu diesen Überlegungen des Vmers bemerkte das RG, daß es allerdings zum Begriff des Aufstandes sicherlich notwendig sei, daß die Vorfälle sich gegen die brasilianische Regierung oder ihre Beamten richte. Der Vsschutz sei aber mit Hinblick auf den Ausschlußgrund der „bürgerlichen Unruhen" zu versagen. Zu dem Verhältnis der Ausdrücke **Aufstand** und **bürgerliche Unruhen** zueinander bemerkt das Gericht a.a.O. S. 190 u. a. folgendes: „Zwar wird man jeden „Aufstand" unter die „bürgerlichen Unruhen" rechnen müssen, aber gerade deshalb, weil sich die letzteren als der weitere Begriff darstellen, ist bei ihnen eine ausgesprochene Richtung gegen die Regierung des Landes oder ihre Beamten nicht zu erfordern. Es muß vielmehr zur Erfüllung des Begriffes genügen, daß Teile des Volkes, die nicht als zahlenmäßig unerheblich zu gelten haben, in einer die öffentliche Ruhe und Ordnung störenden Weise in Bewegung geraten und Gewalttätigkeiten, sei es gegen Personen, sei es gegen Sachen, verüben. Liegt dieser Tatbestand vor, so kann auf die Beweggründe, die das Handeln der Menge bestimmen, nichts weiter ankommen. Denn in jedem Falle liegt dann die Gefahr nahe, daß durch die einzelne Gewalttätigkeit das Rechtsbewußtsein der Menschen im ganzen erschüttert und getrübt, ihre niederen Triebe entfesselt und Gewalttaten aller Art begangen werden..."

BGH 23. IV. 1952 BGHZ Bd 6 S. 28–35 behandelt einen Entschädigungsanspruch aus einer V für Juwelen, Schmuck und Pelzsachen. In § 2 jener AVB waren Schäden infolge von Aufruhr vom Vsschutz ausgeschlossen. Es handelte sich um die Beurteilung der Pogrome vom November 1938. Der Bundesgerichtshof kam zur Verneinung des Vsschutzes. Er führte dabei a. a. O. S. 30 u. a. folgendes aus:

„Es kann dahingestellt bleiben, ob der Auffassung des RG ... gefolgt werden kann, daß der Begriff des Aufruhrs als allgemeiner Begriff des Vsrechts in sich alles das umschließe, was der Sprachgebrauch, teilweise in Anlehnung an das Strafgesetzbuch, als Aufruhr, Landfriedensbruch, Tumult, Plünderung, Aufstand, bürgerliche Unruhen bezeichnet. Es ist jedenfalls anerkanntes Recht, daß der in den Aufruhrklauseln der Vsbedingungen benutzte Begriff des „Aufruhrs" nicht nur in dem engeren Sinne des § 115 StGB als der bei einer öffentlichen Zusammenrottung mit vereinten Kräften in den Formen der §§ 113, 114 StGB begangene Widerstand gegen Staatsorgane zu verstehen ist, sondern in jedem Falle auch den Tatbestand des Landfriedensbruchs des § 125 StGB umfaßt, also auch die Fälle ergreift, in denen bei der öffentlichen Zusammenrottung einer Menschenmenge mit vereinten Kräften Gewalttätigkeiten gegen Personen oder Sachen begangen werden..."

Wenig später heißt es auf S. 31 dieser Entscheidung:

„Der Revision ist allerdings zuzugeben, daß der weitaus überwiegende, nämlich der anständige Teil des deutschen Volkes, an diesen Ausschreitungen nicht nur nicht teilnahm, sondern sie mit Empörung ablehnte. Das schließt aber keineswegs aus, daß es sich bei den Teilnehmern dieser Pogrome um eine Menschenmenge handelte, die sich öffentlich zusammengerottet hatte. Dies kann schlechterdings nicht bezweifelt werden; denn die in ihrem Umfang ganz erheblichen Ausschreitungen gingen nicht von wenigen Einzelpersonen, sondern von einer beträchtlichen Zahl, vor allem in der SA und der SS organisierter Parteianhänger aus und fanden in aller Öffentlichkeit statt, so daß sie auch die — von den Veranstaltern ganz bewußt ins Auge gefaßte und dann regelmäßig tatsächlich auch verwirklichte — Möglichkeit eröffneten, daß an ihnen über die Kreise der SA und SS hinaus auch andere Bevölkerungsteile in beliebiger Zahl teilnahmen. Entgegen der Auffassung der Revision wird die Annahme eines Landfriedensbruchs auch keineswegs dadurch ausgeschlossen, daß jene Pogrome von den damaligen Trägern der staatlichen Macht selbst organisiert, von der Polizei befohlenermaßen geduldet und von zentral geleiteten Gruppen ausgeführt wurden. Die dem Schutz der Staatsbürger dienende Vorschrift des § 125 StGB verbietet Gewalttätigkeiten, die den Landfrieden, d. h. die öffentliche Ordnung bedrohen. Dieses Verbot gilt auch dann, wenn die öffentlichen Ordnungsstörungen von den Trägern der staatlichen Macht selbst geduldet, gefördert oder sogar veranlaßt werden..."

In diesem Sinne haben auch die Instanzgerichte jene Pogromschäden behandelt: LG Stuttgart 28. IV. 1950 VW 1950 S. 346–347, LG Koblenz 2. VI. 1950 VersR

V. 5. a) Politische Gefahren

1951 S. 19, LG Düsseldorf 26. IX. 1950 VW 1950 S. 506, OLG Koblenz 26. X. 1950 VersR 1951 S. 19, LG Bielefeld 5. VII. 1951 VersR 1952 S. 71.

BGH 13. XI. 1974 NJW 1975 S. 308–309 = VersR 1975 S. 175–176 befaßt sich mit einem Fall aus der jüngsten Zeitgeschichte. Es handelt sich um eine Demonstration vom 9. V. 1970. Dem zu beurteilenden Glasvsvertrag lag eine Ausschlußbestimmung zugrunde, nach der Schäden durch innere Unruhen, insbesondere Landfriedensbruch, von der Haftung des Vers ausgeschlossen waren. Bei der Demonstration kam es zu Ausschreitungen. Von der Polizei wurden insgesamt 49 Personen festgenommen und in polizeiliche Verwahrung genommen. Mehr als 280 Polizeibeamte wurden – überwiegend durch Steinwürfe – verletzt. Bei diesen Auseinandersetzungen entstand am Haus des Vmers ein Glasschaden in Höhe von insgesamt über DM 60.000,–. Der im Prozeß vertretenen Auffassung, daß es sich bei diesen Demonstrationen nicht um „innere Unruhen" im Sinne der AVB gehandelt habe, sondern nur um eine unfriedlich und gewalttätig verlaufene Demonstration, ist der BGH entgegengetreten. Für das Eingreifen des Ausschlußtatbestandes sei allein entscheidend, ob ein das Gesamtgeschehen überblickender Beurteiler zu der Überzeugung gelange, es habe sich eine Menschenmenge zusammengerottet, die mit vereinten Kräften Gewalttätigkeiten gegen Personen oder Sachen verübt habe. Bei einer derart massiven Ausschreitung könne davon ausgegangen werden, daß das Rechtsbewußtsein der Teilnehmer so erschüttert gewesen sei, daß daraus die gemeinsam begangenen Gewalttaten hervorgegangen seien. Aus einer solchen Lage erwachse eine Gefahrensteigerung, die für den Ver nicht überschaubar sei und die er bei der Prämienberechnung nicht einkalkulieren könne. Eine andere Beurteilung könne auch nicht daraus hergeleitet werden, daß das Grundgesetz in den Art. 5 und 8 das Recht der freien Meinungsäußerung und das Demonstrationsrecht gewährleiste; diese Bestimmungen könnten nicht die Anwendung von Gewalt gegen Personen oder Sachen rechtfertigen (vgl. auch BGH 30. V. 1972 BGHZ Bd 59 S. 30–42 zur Haftung für solche Demonstrationsschäden).

Der Inhalt und die Gedankengänge dieser vier höchstrichterlichen Entscheidungen sind deshalb so ausführlich wiedergegeben worden, weil sie die konsequente Auslegung der Tatbestandsmerkmale Aufruhr und innere Unruhen über einen verhältnismäßig langen Zeitraum nachweisen. Zugleich spiegeln sich in diesen Entscheidungen wesentliche Aspekte der deutschen Geschichte dieses Jahrhunderts wider. Insbesondere beleuchtet BGH 23. IV. 1952 BGHZ Bd 6 S. 28–35 den Anfang der wohl beschämendsten Verbrechen, die in der deutschen Geschichte begangen worden sind.

Die Begriffe Aufruhr und innere Unruhen sind dabei nicht gleichzusetzen. Es stellt der Aufruhr vielmehr den umfassenderen Begriff dar. Dabei spielt es für die vsrechtliche Beurteilung keine Rolle, daß es den speziellen Tatbestand des Aufruhrs gemäß § 115 StGB nicht mehr gibt, weil dieser durch das dritte Gesetz zur Reform des Strafrechts vom 20. V. 1970 BGBl. I S. 505 mit dem des Landfriedensbruchs verschmolzen worden ist (vgl. hierzu aus strafrechtlicher Sicht Dreher NJW 1970 S. 1159). Innere Unruhen sind danach schon immer dann gegeben, wenn eine Menge sich zusammengerottet hat, die Gewalt gegen Menschen und Sachen begeht. Nicht erforderlich ist dabei die Absicht, die Staatsführung zu stürzen oder zu verändern. Insofern ist der Begriff der inneren Unruhen enger als der des Aufruhrs, wenn dabei nicht an den Aufruhrbegriff im Sinne des Tatbestands des früheren § 115 StGB gedacht wird, der auch nicht solche umstürzlerische Absicht voraussetzte, sondern die weitergehende Bedeutung dieses Begriffs im Sprachgebrauch zugrunde gelegt wird, der diesen Ausdruck im Prinzip synonym für die Ausdrücke „Aufstand" und „Revolte" verwendet.

Reimer Schmidt und K. Gerathewohl ZVersWiss 1973 S. 298–300 führen aus, daß sich das Verhältnis des vsrechtlichen Begriffs „innere Unruhen" zum Straftatbestand des Landfriedensbruchs etwa dahin charakterisieren lasse, daß die Begehung von Landfriedensbruch eine notwendige, aber keine ganz hinreichende Voraussetzung für den vsrechtlichen Tatbestand „innere Unruhen" sei. Als ungeklärt sehen die genannten Autoren für das Jahr 1973 noch die für die Ver entscheidende Frage an, unter welchen Voraussetzungen bei der Begehung von Landfriedensbruch im Sinne des Strafrechts zugleich der vsrechtliche Ausschlußtatbestand der inneren Unruhen erfüllt sei. Reimer Schmidt und K. Gerathewohl bemerken dazu a. a. O. S. 300: Die Frage des Verhältnisses von „inneren Unruhen" im Sinne des Vsrechts zu den bei Demonstrationen begangenen Straftaten sei nach dem Sinn und Zweck der vsrechtlichen Ausschlüsse zu beantworten. Diese sollten die sich aus den „inneren Unruhen" ergebende, in ihrem Umfang nicht übersehbare und von einer „normalen" Prämienkalkulation nicht erfaßbare Gefahrensteigerung von vornherein aus der Gefahrtragung herausnehmen. Hieraus folge, daß nicht jeder Einzelfall von Landfriedensbruch die Leistungspflicht des Vers auszuschließen geeignet sei, sondern daß entweder ein Unruheherd erhebliche Ausmaße haben müsse oder eine größere Häufung von schadenstiftenden Straftaten vorliegen müsse. Bei einer größeren Anzahl von Ausschreitungen an verschiedenen Orten müsse auf deren tatsächlichen Umfang abgestellt werden. An den Zusammenhang der Ziele und Motive der Täter könnten keine strengeren Anforderungen gestellt werden. Ein solcher Zusammenhang brauche jedenfalls nicht so weit zu gehen, daß ein formuliertes Programm oder eine einheitlich gesteuerte Organisation hinter den einzelnen kriminellen Aktionen nachweisbar sein müßte. In Zeiten politischer Unzufriedenheit und Unruhe könnten unterschiedliche, aber doch ähnliche und zusammenhängende aufgestaute Beweggründe, z. B. politische, soziale, wirtschaftliche, rassistische oder religiöse, zu Gewalttätigkeiten führen. Auch an den zeitlichen Zusammenhang seien keine zu strengen Anforderungen zu stellen, da auch zeitlich auseinanderliegende, aber innerlich zusammenhängende und gezielte Gewaltakte in ihrer Gesamtheit einen Zustand der inneren Unruhe ergeben könnten. Andererseits könne es eine Rolle spielen, daß es sich bei einzelnen Unruhen zunächst um eine friedliche Demonstration gehandelt habe, die aufgrund unglücklicher Umstände ausarte; dann werde man den vsrechtlichen Ausschlußtatbestand je nach Lage des Falles verneinen. Anders sei es aber, wenn die einzelnen Aktionen von vornherein und von ihrem Gesamtgepräge her gesehen auf Gewalttätigkeiten hinzielten.

In diesem Sinne sind auch die Ausführungen des BGH 13. XI. 1974 NJW 1975 S. 309 = VersR 1975 S. 127 zu verstehen, daß es sich nicht um den Tatbestand des Landfriedensbruchs oder der inneren Unruhen im Sinne der Vsbedingungen handle, wenn einzelne Teilnehmer einer Demonstration sich zu Gewalttaten hinreißen lassen; die sich daraus ergebenden Risiken seien in ihrem Umfang überschaubar und kalkulierbar. Auch vom RG 8. VI. 1923 RGZ Bd 108 S. 190–191 ist dieser Unterschied durchaus gemacht worden. In jenem Fall hatte die Revision geltend gemacht, daß die Brandlegungen nicht durch die Menge selbst, sondern nur bei Gelegenheit der Menschenansammlungen von einzelnen Verbrechern verübt worden seien. Das RG bemerkt dazu, daß dieses Vorbringen in den tatsächlichen Feststellungen des Berufungsgerichts keine Stütze finde, in jedem Fall müsse es aber an der dort geltenden Bedingungsbestimmung scheitern, daß bei allen Schäden, die während der Dauer der bürgerlichen Unruhen entstünden, angenommen werde, daß sie eine Folge der letzteren seien, sofern der Vmer nicht das Gegenteil nachweise.

In diesem Zusammenhang ist von Bedeutung, daß in § 2 IIIa AKB eine solche Beweislastumkehr nicht verankert ist, daß vielmehr der Ver den vollen Beweis für das Eingreifen des Ausschlußtatbestandes führen muß (anders z. B. als nach § 1

V. 5. a) Politische Gefahren   Anm. J 77

VII AFB, wo auf die überwiegende Wahrscheinlichkeit abgestellt wird). Etwas anderes kann auch nicht daraus geschlossen werden, daß es in § 2 III a AKB heißt, daß die durch einen Aufruhr unmittelbar oder mittelbar verursachten Schäden ausgeschlossen seien. Was in diesem Zusammenhang die Unterscheidung zwischen unmittelbar oder mittelbar verursachten Schäden bedeuten soll, ist ohnedies dunkel. Als Aufgliederung der Schäden in solche am vten Objekt und in Sachfolgeschäden wird man die Aufteilung nicht ansehen können; das ergibt sich schon daraus, daß nach § 13 VI AKB derartige Sachfolgeschäden im Rahmen der Fahrzeugv ohnedies nicht ersetzt werden (vgl. dazu Anm. J 150). Die Bestimmung kann auch nicht der in RG 3. VII. 1917 RGZ Bd 90 S. 378–385 verwendeten Klausel gleichgesetzt werden, in der es hieß, daß der Ver nicht im Falle eines Kriegszustands, eines Aufruhrs, eines Erdbebens oder eines vulkanischen Ausbruchs hafte, es sei denn, daß sowohl diese Ereignisse als deren Wirkungen als die dadurch hervorgerufenen Zustände, insbesondere der Zerstörung und mangelnden Ordnung weder unmittelbar noch mittelbar, sei es die diebische Absicht, sei es die Ausführung des Einbruchdiebstahls irgendwie beeinflussen und/oder begünstigen könnten. Denn in jenem Fall war durch die Fassung der Bedingungsbestimmung die Umkehr der Beweislast auch ohne die Verwendung des Begriffspaars „unmittelbar" und „mittelbar" genau zu erkennen. Eine sachgerechte Abgrenzung des nach den heutigen Zeitverhältnissen mit der Hervorhebung der unmittelbaren und mittelbaren Verursachung Gemeinten kann vernünftigerweise nur zu dem Ergebnis kommen, daß damit nur im Sinne einer verstärkenden Verdeutlichung klargestellt sein soll, daß alle adäquat kausalen Ereignisse gemeint sind, die aus objektiver Sicht dem Geltungsbereich der Ausschlußbestimmung zuzurechnen sind. Bei Stiefel-Wussow-Hofmann[10] Anm. 76 zu § 2 AKB, S. 170 heißt es, daß aufgrund der Fassung der Ausschlußbestimmung auch entferntere Ursachen berücksichtigt werden dürften; es genüge, wenn der Entschluß des Täters oder die Durchführung der Tat durch die beim Aufruhr geschaffenen Zustände beeinflußt worden seien. Diese Formulierung geht zurück auf die Ausschlußklausel, die der Entscheidung RG 3. VII. 1917 a.a.O. zugrunde gelegen hat. Da aber gerade durch die Bestimmung des § 2 III a AKB nicht Ereignisse erfaßt werden, die dadurch charakterisiert sind, daß es sich um solche Taten handelt, die lediglich „bei Gelegenheit" von Aufruhr und inneren Unruhen begangen worden sind, ist gegenüber der von Stiefel-Wussow-Hofmann a.a.O. gebrauchten Formulierung eine vorsichtig wertende Betrachtung am Platze. Folgt man der von Reimer Schmidt und K. Gerathewohl a.a.O. vorgeschlagenen Abgrenzung zwischen deckungswürdigen Schäden, bei denen es sich schon um Landfriedensbruchfälle im Sinne des § 125 StGB handelt, nicht aber um solche, die den Begriff der inneren Unruhen im Sinne des § 2 III a AKB erfüllen, so können auch sogenannte Krawallschäden als mitvert angesehen werden. Man denke an die gelegentlich entstehenden Krawalle, die von Halbstarken oder Rockern im Anschluß an Konzertveranstaltungen mit moderner Musik begangen werden, und die dabei auftretenden Fälle von Vandalismus, z. B. in der Form des Verbrennens eines oder mehrerer fremder Fahrzeuge. Diese Halbstarken erfüllen zwar den Tatbestand des Landfriedensbruchs im Sinne des § 125 StGB, da es sich aber nicht um unübersehbare Risiken handelt, sind diese Ereignisse nicht dem Ausschlußbereich des § 2 III a AKB zuzuordnen.

Zu weit sind dagegen im Grunde genommen die Versicherer gegangen, als sie die Ausschlußbestimmung für die Studentenunruhen in den Jahren 1968/1969 ohne Präjudiz für ihren Rechtstandpunkt zunächst nicht angewandt haben (vgl.dazu Reimer Schmidt und K. Gerathewohl ZVersWiss 1973 S. 301–302, ferner Raiser VW 1969 S. 919–920). Es war im Sinne einer begrüßenswerten Klarstellung der Ordnungsbegriffe, daß in dem vom BGH 13. XI. 1974 a.a.O. entschiedenen Fall für Schäden durch eine über die Maßen gewalttätige Demonstration der Vsschutz verweigert wurde.

Genauso wie bei einer von ihrer Konzeption her friedlich angelegten Demonstration die Entgleisungen einzelner Teilnehmer nicht dem Ganzen das Gepräge innerer Unruhen im Sinne des § 2 IIIa AKB geben, gilt das für vereinzelte Ausschreitungen bei Streiks. Nur dann wenn der Streik als rechtmäßiges Mittel des legalen Arbeitskampfes zu einer illegalen massiven Gewaltanwendung gegen Personen und Sachen pervertiert, kann er unter § 2 IIIa AKB subsumiert werden. Die Handlungen einer Gruppe von unausgereiften Heißspornen darf nicht dem Gesamtcharakter der rechtmäßig ablaufenden Streikveranstaltung zugerechnet werden. Zutreffend ordnen Reimer Schmidt und K. Gerathewohl a. a. O. S. 301 solche Entgleisungen nur dann nicht mehr dem erlaubten Streik zu, wenn der Charakter eines Arbeitskampfes gänzlich in den Hintergrund getreten sei und die für innere Unruhen kennzeichnenden Umstände hinzugekommen seien, nämlich größerer Umfang der Bewegung und erhebliche, das Gesamtgepräge bestimmende Gewaltanwendung und Schadenstiftung. Im Sinne des Vsrechts, speziell der Bestimmung des § 2 IIIa AKB, gilt das Gesagte auch dann, wenn es sich deshalb um keinen legalen Streik handelt, weil die Friedenspflicht aus dem Tarifvertrag nicht eingehalten worden ist, solange nur das im Prinzip friedliche Gepräge erhalten bleibt, wie es auch beim rechtmäßigen Streik gegeben ist. Die nur für die Beziehungen der Tarifvertragspartner zueinander erhebliche Frage, ob der Streik wegen Verletzung der Bestimmungen des Tarifvertrages legal oder illegal ist, darf sich nicht auf die Auslegung des § 2 IIIa AKB auswirken.

[J 78] cc) Kriegsereignisse

Durch § 2 IIIa AKB sind auch Schäden durch Kriegsereignisse vom Vsschutz ausgeschlossen. Das ist keine Besonderheit der Fahrzeugv. Vielmehr wird in der Bundesrepublik für sämtliche Vszweige die Kriegsgefahr in den geltenden allgemeinen Vsbedingungen ausgeschlossen (vgl. die Nachweise bei Reimer Schmidt und K. Gerathewohl ZVersWiss 1973 S. 284–294; zur beschränkten Deckungsmöglichkeit dieses Risikos in der Unfall- und Transportv vgl. a. a. O. S. 292–293). Keine Probleme für die Anwendung der Kriegsausschlußklausel bereiten dabei die Fälle, in denen der Schaden durch die direkte Auswirkung der von den Streitparteien während der Kriegszeit verwendeten Bomben und Granaten oder sonstigen Vernichtungsmittel eintritt. Dagegen ist die Abgrenzung des ausgeschlossenen Kriegsereignisrisikos problematisch in bezug auf die Kausalitätsfrage in den Fällen, in denen es sich nicht um solche Fälle der direkten Geschoßeinwirkung handelt. Reimer Schmidt und K. Gerathewohl a. a. O. S. 285–286 weisen zutreffend darauf hin, daß die Rechtsprechung für derartige Fälle eine zu weit gehende Einschränkung der Leistungen der Ver durch die Kriegsklausel verhindert habe. Nicht alles, was adäquat kausal dem Krieg zuzurechnen sei, dürfe unter die Ausschlußbestimmung subsumiert werden. In diesem Sinne habe die Rechtsprechung die Anwendung der Kriegsausschlußklauseln verneint, wenn keine spezifische Erhöhung von Kriegsgefahren gegenüber den jeweiligen allgemein stabilisierten Verhältnissen vorliege, die ihrerseits durchaus ein gegenüber der Vorkriegszeit etwas erhöhtes, jedoch überschaubares und kalkulatorisch erfaßbares Gefahrenniveau aufweisen dürfe. Vgl. dazu aus der Rechtsprechung insbesondere OGHBrZ 7. X. 1949 OGHZ Bd 2 S. 298–303 = NJW 1949 S. 905–906 (Entscheidung zur Unfallv). Das genannte Gericht führt a. a. O. S. 905 u. a. folgendes aus: Der wirtschaftliche Zweck der Ausschlußbestimmung bestehe darin, die Ver vor einer unzumutbaren Belastung mit solchen Schadenfällen zu bewahren, deren Eintritt gerade auf der durch den Krieg und seine einzelnen Geschehnisse geschaffenen besonderen Gefahrenlage für das vte Gut beruhe. Eine derartige Belastung wolle der Ver nicht übernehmen; denn das Kriegsgeschehen schaffe für die vten Güter Gefahren-

V. 5. a) Politische Gefahren   Anm. J 78

lagen, deren Eintritt oder Ablauf völlig unberechenbar sei und denen mit normalen Mitteln nicht begegnet werden könne. Andererseits sei es für den Vmer erkennbar, daß der Ver für die vom Vmer erbrachte und für normale Verhältnisse auskalkulierte Prämienleistung nicht für Schadenfälle aus kriegsbedingten, außergewöhnlichen Gefahrenlagen einstehen wolle. Aus diesem Zweck der Ausschlußklausel folge, daß sie nicht auf Fälle beschränkt werden könne, die unmittelbar durch ein Kriegsgeschehen verursacht worden seien oder die sich in einem bestimmten engen zeitlichen Zusammenhang mit ihm oder in einem Gebiet ereignet haben, das in bestimmter räumlicher Beziehung zu den Orten kriegerischer Handlung stehe. Auch Schadenfälle, die nur mittelbar mit Kriegsvorgängen zusammenhängen, könnten von der Klausel umfaßt werden, sofern dieser Zusammenhang nur ein adäquater sei ... Andererseits aber könne es für die Anwendbarkeit der Ausschlußklausel nicht genügen, daß der Schadenfall mit dem Kriegszustand als solchem in adäquatem Kausalzusammenhang stehe; denn für nahezu alle Schadenfälle während der kriegerischen Handlungen und für außerordentlich viele auch noch in der Zeit nach Abschluß der eigentlichen Kriegshandlungen werde sich feststellen lassen, daß sie mittelbar in adäquater Weise mit dem Kriegsgeschehen verknüpft seien. Damit würde der als Ausnahme gedachte Ausschluß der Haftung zur Regel und der Vmer nahezu jeden Schutzes beraubt werden, obwohl er seine vertragsmäßige Leistung weiter erbringe. Eine solche Handhabung der Klausel verbiete sich im Hinblick auf die Folgen für den Vmer. Der wirtschaftliche Zweck der Klausel rechtfertige es, sie nur dann anzuwenden, wenn aus dem Krieg eine **besondere Gefahrenlage** für das vte Gut adäquat entstehe, die in ihrem Eintritt oder Ablauf unberechenbar sei und der mit dem Einsatz normaler Mittel nicht mehr begegnet werden könne, und wenn der einzelne Unfall wiederum adäquat auf eine solche Gefahrenlage zurückzuführen sei. Lägen diese Voraussetzungen nicht vor, sei der an sich zwar adäquat kriegsbedingte Gefahrenzustand im Eintritt oder Ablauf berechenbar und durch den Einsatz normaler Mittel auszugleichen, dann halte sich die Gefahrensteigerung für das vte Gut — wenn sie überhaupt vorhanden sei — im Rahmen der auch in normalen Verhältnissen eintretenden Gefahrenschwankungen. Ihre Übernahme sei dem Ver daher durchaus zuzumuten. — Diese Auslegungsgrundsätze sind auch auf § 2 III a AKB zu übertragen. Verfehlt wäre es, gegenüber der erwähnten Auslegungspraxis zu anderen Kriegsklauseln § 2 III a AKB einen weiteren Anwendungsbereich einräumen zu wollen, weil der Ausdruck „mittelbar" in der Bedingungsbestimmung expressis verbis gebraucht wird. Vielmehr ist die zusätzliche Aufnahme dieses mehrdeutigen und unbestimmten Kriteriums nur im Sinne einer Verdeutlichung der zitierten Rechtsprechungsgrundsätze zu verstehen.

Im einzelnen ist in der Rechtsprechung u.a. in folgenden Zweifelsfällen eine Anwendung der zu Vsverträgen vereinbarten Kriegsklauseln bejaht worden:
RG 15. VI. 1917 RGZ Bd 90 S. 318—320 (Unfallv) bejahte den adäquat kausalen Zusammenhang mit den Kriegsereignissen in folgendem Fall: Der Vmer wollte am 6. VIII. 1914 weisungsgemäß mit seinem Automobil zu einem ihm von der zuständigen Behörde angegebenen Ort fahren, um dieses Automobil dort für militärische Zwecke abzuliefern. Unterwegs wurde er gleichzeitig mit dem Fahrer eines zweiten Automobils von dem von der Gemeinde K als Grenz- und Bahnwächter angestellten J angehalten, zum Aussteigen veranlaßt und zur Wache geführt; dabei wurden beide von J erschossen. In den Vsbedingungen war vereinbart, daß Unfälle von der V ausgeschlossen seien, die der Vte durch Kriegsereignisse erleide. Zur Begründung führte das RG aus, J, der im Strafverfahren als „geistig minderwertig" bezeichnet worden sei, sei zwar dem ihm anvertrauten Posten nicht gewachsen und sein Vorgehen sachlich verkehrt gewesen und habe auch im Widerspruch zu den Vorschriften über den Waffengebrauch gestanden; er habe aber pflichtgemäß handeln wollen und zu handeln

geglaubt und in einer bei Beginn des Krieges häufiger bemerkbaren Erregung die Sachlage falsch beurteilt und dementsprechend gehandelt. Seine Anstellung als Wärter und damit sein ganzes Tun finde in dem Kriegszustand ihre Erklärung, beides stehe mit dem Krieg in einem engeren ursächlichen Zusammenhang.

RG 3. VII. 1917 RGZ Bd 90 S. 378–385 (Einbruchdiebstahlv) behandelte den Vsanspruch des deutschen Botschafters in St. Petersburg (heute: Leningrad). In der Nacht vom 4. zum 5. VIII. 1914 waren leidenschaftlich erregte Volksmassen in die Botschaft eingedrungen und hatten umfangreiche Zerstörungen angerichtet. Der Vmer behauptete, die Menge habe den Einbruch auch in diebischer Absicht ausgeführt und im Gebäude mittels Erbrechens von Räumen und Behältnissen die vten Sachen mit wenigen Ausnahmen gestohlen. Von den Vorinstanzen war die Klage dem Grunde nach für gerechtfertigt erklärt worden. Vom RG wurde dagegen die Klage mit folgender Begründung abgewiesen:

Die Erfahrung ... lehre, daß gerade in der ersten Zeit nach der Kriegserklärung eine starke Erregung völkischer Empfindungen und Leidenschaften einzutreten pflege; aus der Luft geholte, unwahre, der feindlichen Macht und deren Angehörigen ungünstige Gerüchte und Nachrichten würden aufgebracht, fänden Verbreitung und Glauben, brächten eine Steigerung der Gefühle der Erbitterung und des Hasses mit sich und führten auch zu tätlichen Ausschreitungen, die sich gegen erreichbare Angehörige des feindlichen Staates und gegen deren Eigentum richteten. Bei den Einbrüchen und Plünderungen in der Nacht zum 5. VIII. 1914 habe es sich also keineswegs um dem Krieg fremde, mit ihm nicht zusammengehörige Dinge gehandelt; sie seien durch den Kriegszustand erst möglich geworden, fänden darin ihre Grundlage und es entspreche durchaus den Richtlinien der Lehre vom adäquaten Kausalzusammenhang, hier dem Kriegszustand eine eng ursächliche Bedeutung für die verübten Plünderungen und den herbeigeführten Sachschaden beizumessen. Hieran könne die Tatsache nichts ändern, daß wesentlich mitwirksam das Verhalten der zur Aufrechterhaltung der öffentlichen Ordnung berufenen Organe der russischen Polizei gewesen sei, die in grober Pflichtverletzung die Plünderungen geduldet und begünstigt habe. Hieraus folge nur, daß auch in diesen Mitgliedern der russischen Volksgemeinschaft das durch den Kriegszustand hervorgerufene Gefühl des Hasses gegen Deutschland und dessen Angehörige übermächtig geworden sei und sie dazu gebracht habe, sich über jede gebotene Rücksicht auf Anstand, Amtspflicht und Völkerrecht hinwegzusetzen.

Einen Grenzfall hatte RG 19. IV. 1921 VA 1921 S. 48–49 Nr. 1206 (Feuerv) zu beurteilen. Es handelte sich um ein Ereignis vom 1. XII. 1918. Ein Zug einer Flakbatterie war in den Hof des Vmers einquartiert worden. In dem Gebäude, in dem die Pferde untergebracht waren, brach ein Feuer aus. LG und OLG hatten der Klage stattgegeben mit Rücksicht darauf, daß keine Feindeinwirkung vorgelegen habe und in dem betreffenden Gebiet der Rückzug der deutschen Truppen sich in geordneter Weise abgespielt habe. Eileinquartierungen und leichtsinniger Umgang mit Feuer könnten auch in Friedenszeiten bei überraschenden Manövern vorkommen. Das RG hat das Urteil des Berufungsgerichts aufgehoben und die Sache zur erneuten Entscheidung mit folgenden Bemerkungen zurückverwiesen: Sollte die Behauptung bewiesen werden, daß gerade auch bei den in dem klägerischen Gehöft einquartierten Truppen die Stimmung niedergedrückt und die Disziplin gelockert gewesen, auch bereits ein Soldatenrat bestanden habe und der Dienst nicht mehr mit der sonst üblichen Genauigkeit und Sorgfalt wahrgenommen worden sei, so würde das Vorliegen einer durch die Kriegsereignisse hervorgerufenen, gegenüber einer friedensmäßigen Einquartierung erhöhten Gefahr der Entstehung eines auf vorschriftwidriges leichtsinniges Verhalten zurückzuführenden Brandes anzunehmen sein.

V. 5. a) Politische Gefahren **Anm. J 78**

OGHBrZ 7. X. 1949 OGHZ Bd 2 S. 298–303 = NJW 1949 S. 905–906 (Unfallv) betraf einen Fall aus der Zeit nach dem Zweiten Weltkrieg. Der Vmer war von Polen überfallen und ermordet worden, die zu den im Raum um Hannover in Lagern untergebrachten Ausländern gehörten, die während des Krieges aus ihren Heimatländern nach Deutschland zum Arbeitseinsatz verschleppt und nach der Besetzung Deutschlands durch die alliierten Truppen in Freiheit gesetzt worden waren. Von ihnen wurden auch im Kreise B, zu dem der Ort des Überfalls auf den Vmer gehörte, in den Jahren 1945–1947 zahlreiche Gewalttaten verübt. Das Gericht führte aus, daß die Befreiung dieser Ausländer eine durch die Kriegsverhältnisse bedingte Maßnahme sei, ebenso wie die Zusammenfassung dieser Personen in Massenunterkünften unter Gewährung weitgehender Freiheiten. Eine weitere im Rahmen allgemeiner Erfahrung liegende Folge sei es, wenn eine Anzahl dieser Ausländer durch Haß und Rachegefühle, aber auch durch Untätigkeit, unzureichenden Unterhalt, mangelnde Kontrolle seitens der Besatzungsmächte und die durch die Zusammenfassung begünstigte Möglichkeit zur Bandenbildung asozialer Elemente zu Eigentumsdelikten und Gewalttätigkeiten veranlaßt würden. Auf diese Weise sei ein mit dem Kriegsgeschehen adäquat zusammenhängender Zustand der Gefahr für Leib und Leben aller Personen im Gebiet dieser Ausländerlager entstanden. Das Gericht wies den Rechtsstreit an die Tatsacheninstanz zurück zur näheren Aufklärung des Sachverhalts. Dazu führte es aus: Es komme für die Beurteilung, ob der Gefahrenzustand noch derartig war, daß ihm gegenüber alle normalen Mittel versagten, nicht darauf an, ob die besatzungsbedingte Entwaffnungs- und Verringerungsmaßnahmen gegenüber der deutschen Polizei damals noch fortbestanden oder bereits wieder beseitigt gewesen seien. Entscheidend sei allein, ob und inwieweit dieser Gefahrenzustand in der fraglichen Gegend zur Zeit des Unfalls durch ein entsprechendes Angebot an Polizeikräften wieder ausgeglichen gewesen sei. Für diese Feststellung sei die Anzahl und Art der verübten Delikte bedeutsam wie auch die Behauptung, die Bevölkerung habe sich wegen der Machtlosigkeit der Polizei zum Selbstschutz zusammengeschlossen. Wenn sich ergebe, daß die Polizei zur Zeit des Unfalls trotz ihrer Zahl und Bewaffnung gegenüber den Ausländern am Tatort machtlos gewesen sei, so wäre damit schon die Gefahrenlage geschaffen gewesen, die mit normalen Mitteln nicht mehr zu bekämpfen gewesen wäre. – Für weitere Entscheidungsnachweise aus der Nachkriegszeit vgl. die Zusammenstellung in DRZ 1947 S. 311, ferner Prölss DRZ 1946 S. 48–52 m. w. N., Haidinger VW 1947 S. 93–96 m. w. N.; für die Verhältnisse in der letzten Zeit des „totalen" Krieges vgl. weiter den instruktiven Aufsatz von Ostler NJW 1947/1948 S. 83–86.

Aus der Fülle der zitierten Entscheidungen ergibt sich das breite Spektrum des möglichen Anwendungsbereichs der Kriegsklausel. Maßgebend ist danach der tatsächliche **Kriegszustand** oder, wie Reimer Schmidt und K. Gerathewohl ZVersWiss 1973 S. 282 es formulieren, der tatsächliche **kriegsmäßige Gewaltzustand** (vgl. auch Sieg in Bruck-Möller-Sieg Anm. 70–73 zu § 68). Eine Beschränkung der Ausschlußklauseln auf solche Ereignisse, die unter den nach ganz anderen Kriterien zu bestimmenden völkerrechtlichen Begriff des Krieges und der Kriegshandlung fallen, ist schon in RG 3. VII. 1917 RGZ Bd 90 S. 378–385 abgelehnt worden. Zwar ist Krieg im völkerrechtlichen Sinne auch immer Krieg im vsrechtlichen Sinne (vgl. Ritter-Abraham[2] I Anm. 7 zu § 35 ADS, S. 581–582 mit umfangreichen Nachweisen aus der seerechtlichen Judikatur zum Begriff des Krieges im Sinne des Transportvsrechts), der für das Vsrecht maßgebende tatsächliche kriegsmäßige Gewaltzustand ist aber wesentlich weiter zu ziehen. Ob auch der **Bürgerkrieg**, d. h. der Kampf zwischen mehreren Parteien oder Gewalten um die Regierungsgewalt, als Kriegsereignis im Sinne des § 2 III a AKB zu werten wäre (so Reimer Schmidt und K. Gerathewohl a. a. O. S. 284), kann hier offen bleiben, da Gewalthandlungen aus Anlaß eines solchen Bürgerkrieges von dem

Ausschlußgrund des Aufruhrs und der inneren Unruhen (vgl. dazu Anm. J 77) erfaßt werden, so daß ein einleuchtender Grund für eine erweiternde Auslegung des Kriegsbegriffs speziell für die Fahrzeugv insoweit nicht gegeben ist.

Zweifelhaft kann sein, ob ein Ver sich auch dann auf die Geltung der Kriegsausschlußklausel gemäß § 2 III a AKB berufen darf, wenn die tatsächliche Gewalttätigkeit außerhalb des Bereichs der kriegsführenden Staaten ausgeübt wird. Reimer Schmidt und K. Gerathewohl a. a. O. S. 288 führen dazu aus, daß sich eine Einschränkung aus dem Normzweck ergeben könne, und zwar für solche Gebiete, die – ohne Kriegsgebiet oder Kriegsschauplatz zu sein – unter mittelbaren Auswirkungen von Kriegen zu leiden haben. Prölss-Martin[21] Anm. 5 zu § 1 AFB, S. 472 wollen hier die Kriegsausschlußklausel stets Anwendung finden lassen, wenn die beteiligten Staaten Gewalthandlungen, die außerhalb des Gebietes der beteiligten Mächte begangen werden, im Einzelfall oder der Art nach nachweislich billigen oder fördern; fehle es dagegen an einer solchen Billigung oder Förderung, so handle es sich nur um Sabotage aus politischen Gründen. Zutreffend berichten Reimer Schmidt und K. Gerathewohl a. a. O. S. 288, daß es insoweit an Entscheidungen aus der Rechtsprechung fehle, ein Zeichen dafür, daß die Ver im Regelfall solche „unautorisierten" Gewalthandlungen nicht der Kriegsklausel zugerechnet haben. Demgemäß ist beispielsweise eine Beschädigung eines Fahrzeugs aus Anlaß des Überfalls einer arabischen Terroristengruppe auf ein Konsulat in der Bundesrepublik als vert anzusehen (ein solches Ereignis darf auch nicht als innere Unruhe oder Aufruhr gewertet werden, vgl. dazu Anm. J 77); ähnliche Schäden, die etwa durch eine Geiselnahme nach Maßgabe des bekannten Überfalls auf das olympische Dorf in München im Jahre 1972 entstehen, fallen ebenfalls nicht unter § 2 III a AKB. Damit stimmt es überein, daß im Rahmen des arabisch-israelischen Konflikts für die Anschläge auf Verkehrsflugzeuge und Verkehrsflughäfen im Rahmen der Fluggastunfallv von den Vern des deutschen Luftpools auch dann Deckung gewährt wurde, wenn das Kriegsrisiko nicht durch besondere Vereinbarung eingeschlossen war (vgl. dazu Reimer Schmidt und K. Gerathewohl a. a. O. S. 292). Aber auch wenn einer der arabischen Staaten nach einem solchen Ereignis erklären sollte, daß er eine solche Terrorhandlung billige und den Tätern Straffreiheit und jede sonstige Unterstützung mit Ausnahme einer militärischen Intervention zubillige, greift die Kriegsausschlußklausel nicht ein.

Nach dem Sinn der Klausel wird man auch eine gelegentliche versehentliche Bombardierung eines neutralen Landes durch ein abirrendes Flugzeug mit konventionellen Bomben nicht einem Kriegsereignis im Sinne des § 2 III a AKB zuzuschreiben haben, da es insoweit an dem eigentlichen Katastrophenrisiko fehlt, das durch die Klausel ausgeschlossen werden sollte. Eine solche versehentliche Bombardierung einer fremden Stadt ist als Unglücksfall anzusehen. Entwickelt sich daraus allerdings im Gegenschlag ein Krieg, so ist im Rahmen des Gesamtzusammenhangs auch diese versehentliche Bombardierung eines neutralen Landes vom Vsschutz ausgeschlossen. Immer muß gefragt werden, ob tatsächlich ein unübersehbares und unzumutbares Risiko für den Ver vorliegt oder nicht. Der geschilderte Beispielsfall darf aber auch deshalb als gedeckt angesehen werden, weil ein Unterschied zu einer versehentlichen Bombardierung bei einem Manöver, wenn ein Flugzeugführer ein ziviles Dorf für das aufgebaute Bombardierungsziel im Rahmen der Übungen hält, kaum auszumachen ist. Häufen sich allerdings die Bombardierungen des neutralen Landes und haben die kriegsführenden Mächte ihre Flugzeugführer angewiesen, im Falle einer Verfolgung durch feindliche Flugzeuge die Bomben rücksichtslos auch auf neutrales Land abzuwerfen, so liegt ein Kriegsereignis vor, ebenso wenn die kriegsführenden Mächte planmäßig ihre Flugzeuge über das neutrale Land zum Anflug auf den Kampf fliegen lassen.

V. 5. a) Politische Gefahren   Anm. J 79

Der Zeitfaktor spielt bei der Beurteilung des Kriegsereignisses insofern eine entscheidende Rolle, als sich, wie auch die aufgeführten Entscheidungen zeigen, regelmäßig mit dem Zeitablauf der Kausalzusammenhang zwichen einem Schadenereignis und dem Krieg immer mehr lockert, um schließlich ganz zu entfallen (so Reimer Schmidt und K. Gerathewohl a. a. O. S. 289). Im Rahmen des § 2 III a AKB ist anders als nach § 1 VII AFB, in dem auf die überwiegende Wahrscheinlichkeit (§ 287 ZPO) abgestellt wird, der Ver vollen Umfangs beweispflichtig für das Vorliegen eines Kriegsereignisses. In den Nachkriegsprozessen spielte es eine bedeutsame Rolle, ob dem Ver im Rahmen der Kriegswirren für einen unaufgeklärten Schaden der sogenannte primafacie-Beweis zur Seite stehe. Vgl. dazu die Nachweise aus der Rechtsprechung bei Reimer Schmidt und K. Gerathewohl a. a. O. S. 290−291; insbesondere OLG Hamburg 16. VII. 1947 VW 1947 S. 270 und 5. VI. 1947 VW 1947 S. 271 hat mit Rücksicht darauf, daß bei der Vielfalt der Kriegsereignisse für die Annahme von typischen Geschehensabläufen kein Raum sei, die Anwendbarkeit des prima-facie-Beweises verneint; vgl. aber auch BGH 2. V. 1951 BGHZ Bd 2 S. 61.

[J 79] dd) Verfügungen von hoher Hand

Nach § 2 III a AKB sind auch Schäden vom Vsschutz ausgeschlossen, die durch Verfügungen von hoher Hand unmittelbar oder mittelbar verursacht werden. Der Begriff stammt aus dem Seevsrecht. Ritter-Abraham[2] II Anm. 5 zu § 73 ADS, S. 912 m. w. N. definieren ihn dahin, daß es sich um Anordnungen der öffentlichen Gewalt handle, durch die über Personen oder Gegenstände, sei es aus Gründen des öffentlichen Wohls, sei es im Einzelinteresse, Beschränkungen verhängt werden. Dabei umfassen die Verfügungen von hoher Hand sowohl kriegsbedingte Maßnahmen als auch Anordnungen im Rahmen der normalen Ausübung der Staatsfunktion in Friedenszeiten (so Reimer Schmidt und K. Gerathewohl ZVersWiss 1973 S. 310). Ähnlich lautet auch die Definition von Bruck S. 633: „Eine Verfügung von hoher Hand ist ein Akt staatlicher Hoheitsgewalt, durch den dem Schiff oder den Gütern Beschränkungen auferlegt werden, . . ."

Die nur von Sieveking (Das deutsche Seevsrecht, Berlin 1912, S. 91, 164) vertretene Auffassung, daß unter Verfügungen von hoher Hand nur absolute Hindernisse zu verstehen seien, hat dagegen zu Recht keinen Beifall gefunden (vgl. dazu auch die ablehnende Bemerkung in OLG Celle 10. III. 1952 VersR 1952 S. 146), so daß sie hier nur der Vollständigkeit halber erwähnt wird.

Ob die Aufnahme einer solchen Ausschlußklausel für die Fahrzeugv überhaupt sinnvoll ist, kann bezweifelt werden, wenn man bedenkt, daß es seit 1956 keine Gerichtsentscheidung gegeben hat, die sich mit diesem Problemkreis für die Fahrzeugv beschäftigt hat. Ein gleiches kann man allerdings auch von dem durch § 2 III a AKB ebenfalls ausgeschlossenen Kriegsrisiko sagen (vgl. dazu Anm. J 78), dessen Ausschluß mit Rücksicht auf den doch immer latent gegebenen Katastrophenausbruchsfaktor berechtigt ist. Im Gegensatz zu dem Kriegsrisiko kommen aber bei dem Ausschluß des Risikos aus „Verfügungen von hoher Hand" Schäden im Prinzip nicht in Betracht, die durch die Verfügungen an den Sachen selbst entstehen. Durch eine solche Verfügung von hoher Hand wird dem Vmer zwar in aller Regel die tatsächliche Gewalt über sein Fahrzeug entzogen. Das stellt aber keinen nach § 12 AKB vten Schaden dar, insbesondere keine Entwendung nach § 12 Ziff. 1 Ib AKB (vgl. auch Anm. J 51 a. E.). Vom Wirkungsbereich der Ausschlußbestimmungen werden somit nur mittelbar auf die Verfügung von hoher Hand zurückzuführende Schäden erfaßt, wenn etwa ein durch Verfügung von hoher Hand beschlagnahmtes Fahrzeug in Brand gerät. Warum aber ein solcherart bestehendes Risiko, das als gering anzusehen ist, nicht vert sein soll, ist nicht recht einzusehen, insbesondere wenn man bedenkt, daß das Kriegsrisiko schon durch die spezielle Erwähnung in § 2 IIIa AKB ausgeschlossen ist, so daß dieser Teil der durch Verfügungen von hoher Hand entstehenden Schäden ohnedies nicht vert ist. Bei diesen Überlegungen ist auch zu bedenken, daß in § 73 ADS das Schadensrisiko, das aus Verfügungen von hoher Hand entstehen kann, nicht etwa im Rahmen des Seevsrechts ausgeschlossen worden ist, sondern daß dort bestimmt wird, daß ein vter Verschollenheitsschaden im Sinne des § 72 ADS auch dann vorliege, wenn das Schiff durch Verfügung von hoher Hand angehalten oder zurückgehalten oder durch Seeräuber genommen werde.

Die erwähnte zeitlich letzte Entscheidung zum Ausschluß des Risikos aus Verfügungen von hoher Hand im Rahmen des § 2 IIIa AKB aus dem Jahre 1956 betraf im übrigen nicht einen Fall aus der Fahrzeugv, sondern einen solchen aus der Kfz-Haftpflichtv (vgl. BGH 20. II. 1956 NJW 1956 S. 826–828 = VersR 1956 S. 186–187). Dort hatte der Vmer in der damaligen sowjetischen Besatzungszone einen schweren Unfall mit Personen- und Sachschäden verschuldet. Der der Besatzungsmacht entstandene Schaden war auf DM 20.287,– beziffert worden, das Fahrzeug war von den Sowjets bis zur Befriedigung dieser Forderung in „Verwahrung" genommen und später – mangels Befriedigung der Forderung durch den Haftpflichtver – veräußert worden (vgl. ergänzend BGH 13. VII. 1959 VersR 1959 S. 701–703 = VRS Bd 17 S. 241–242). Zur Nichtanwendung des damals auch noch für die Kfz-Haftpflichtv geltenden Ausschlußtatbestandes nach § 2 IIIa AKB führte der BGH 20. II. 1956 a. a. O. kurz folgendes aus: Auf die Ausschlußbestimmung des § 2 IIIa AKB könne sich die Beklagte nicht berufen. Bei dem Tatbestand, aufgrund dessen der Kläger Vsschutz begehre, handle es sich ... nicht um einen Schaden, der unmittelbar oder mittelbar mit einer Verfügung von hoher Hand zusammenhänge. Soweit die Haftpflichtv in Betracht komme, bestehe der von der Beklagten zu deckende Schaden des Klägers darin, daß er von der sowjetischen Kontrollkommission aufgrund des Verkehrsunfalles vom 5. X. 1952 in Anspruch genommen und sein Vermögen dauernd belastet werde ... die Beschlagnahme des Fahrzeugs, die als solche zweifellos eine Verfügung von hoher Hand darstelle, sei aber keine Ursache, sondern eine Folge dieses Schadens ... (zustimmend Prölss-Martin[21] Anm. 9 zu § 2 AKB, S. 858; ebenso als Vorinstanz OLG Hamm 22. IX. 1954 VersR 1955 S. 168 m. abl. Anm. von Sasse VersR 1955 S. 168–169; vom LG Bielefeld 17. XII. 1953 VersR 1954 S. 123–124 war in erster Instanz dieser Unterschied zwischen Ursache und Folge als Spezialvariante dieses haftpflichtvsrechtlichen Falles nicht erkannt worden). Für die Kfz-Haftpflichtv ist im übrigen in der Zwischenzeit die Anwendung des § 2 IIIa AKB in bezug auf die „Verfügungen von hoher Hand" mit Rücksicht auf das Straßburger Abkommen zum 1. X. 1965 entfallen (vgl. Rhein, Die dritte Teil-Reform der allgemeinen Bedingungen für die Kraftverkehrsv, Karlsruhe 1965, S. 24).

Weitere Beispielfälle aus der Rechtsprechung: LG Detmold 2. VI. 1950 ZfV 1952 S. 28: Das Fahrzeug war gestohlen worden; im Verlauf der polizeilichen Ermittlungen wurde der Wagen ausfindig gemacht und von der britischen Kriminalpolizei sichergestellt und in Gewahrsam genommen. Dem Vmer war mitgeteilt worden, daß die Beschlagnahme nicht vor Abschluß des Ermittlungsverfahrens aufgehoben werde. Das LG führte zu § 2 IIIa AKB aus, daß die Anwendung dieser Vorschrift bereits daran scheitere, daß der „Schaden" allein durch den Diebstahl, nicht aber durch die Beschlagnahme entstanden sei. Außerdem stelle die Beschlagnahme (Sicherstellung) des gestohlenen Kraftwagens durch die Militärpolizei keine Verfügung von hoher Hand im Sinne des § 2 IIIa AKB dar. Es handle sich vielmehr um eine im Zuge der Ermittlung von Straftaten notwendige Folge des Diebstahls, die nicht zu einer Vereitelung des Vsanspruchs führen dürfe (vgl. dafür, daß der Ver sich in einem solchen Falle der fehlenden tatsächlichen Verfügungsgewalt des Vmers über ein solches sicher-

V. 5. a) Politische Gefahren   Anm. J 80

gestelltes Fahrzeug nicht darauf berufen kann, daß das Fahrzeug innerhalb der
Monatsfrist des § 13 VII AKB zur Stelle gebracht worden sei, Anm. J 156 m. w. N.).
OLG Celle 10. III. 1952 VersR 1952 S. 145–146 betrifft einen Fall, bei dem ein
vollkaskovter, fast neuer Autobus mit Anhänger im Jahre 1950 im Gebiet der DDR
beschlagnahmt worden war. Gegen den Fahrer und einen Expedienten des Vmers
wurde ein Gerichtsverfahren wegen des Verdachts der illegalen Personenbeförderung
eingeleitet. Der Expedient wurde wegen Mißbrauchs von Ausweispapieren zu einer
Geldstrafe verurteilt, der Wagenführer mangels Beweises freigesprochen, weil ihm
eine Teilnahme an illegaler Personenbeförderung nicht nachgewiesen werden konnte.
Eine Einziehung der beiden sichergestellten Fahrzeuge wurde in dem Strafurteil nicht
ausgesprochen, da diese den Tätern nicht gehörten und ein Wirtschaftsverbrechen
nicht festgestellt werden konnte. Gegen dieses Urteil hatte die Staatsanwaltschaft
Berufung eingelegt, über deren Ausgang zum Zeitpunkt des Erlasses der Entscheidung
im Vsschutzprozeß noch nichts bekannt war. Die Fahrzeuge wurden aber trotz des
Urteils erster Instanz nicht freigegeben, sondern von der Volkspolizei in Gebrauch genommen. Dabei erlitt der Omnibus auf der Autobahn Berlin-Helmstedt einen Unfall,
bei dem die Karosserie schwer beschädigt wurde. Alle Bemühungen des Vmers, die
Fahrzeuge zurückzuerhalten, scheiterten. Vom OLG Celle wurde unter Hinweis auf
§ 2 III a AKB entgegen dem Landgericht ein Entwendungstatbestand im Sinne des § 12
Ziff. 1 Ib AKB verneint (vgl. dazu auch Anm. J 51). Eine solche Entwendung könne
nicht angenommen werden, wenn die Freigabe oder Zurückhaltung der Fahrzeuge nur
von behördlicher Entschließung abhänge. Es handle sich vielmehr um eine Verfügung
von hoher Hand, die mit Bruck S. 633 als ein Akt staatlicher Hoheitsgewalt zu
bezeichnen sei, durch welche dem betreffenden Gut gewaltsam Beschränkungen auferlegt würden ... es sei unerheblich, ob die Beschlagnahme oder die Ablehnung der
Rückgabe der Fahrzeuge zu Recht erfolgte oder nicht oder ob ein fehlerhafter
Verwaltungsakt vorgelegen habe. Auf jeden Fall habe aber ein Verwaltungsakt durch
eine autorisierte Gewalt vorgelegen, da die Einbehaltung der Fahrzeuge von der
zuständigen Behörde gebilligt werde. Der kritische Betrachter der Entscheidung fragt
sich, ob man zu diesem Ergebnis nicht auch ohne die Anwendung der Ausschlußklausel des § 2 III a AKB hätte kommen müssen, da eine Verfügung von hoher Hand
begrifflich keine Entwendung darstellt (ebenso wie das OLG Celle a.a.O. interpretiert
aber auch OLG Bamberg 31. XII. 1952 VersR 1953 S. 114 den Entwendungsbegriff des
§ 12 Ziff. 1 Ib AKB aus der Sicht der Bestimmung des § 2 III a AKB in einem Fall, in dem
von den Behörden der DDR ein vollkaskovter Anhänger – zusammen mit einem wohl
nicht fahrzeugvten Lkw – wegen Nichtzahlung einer Geldstrafe von DM 40.000,–
sichergestellt und eingezogen worden war; so auch als Vorinstanz LG Hof 21. IX.
1952 VersR 1953 S. 114). Diese Überlegung würde allerdings bezüglich des Unfalls, den der Omnibus bei dem Einsatz durch die Volkspolizei später erlitten hat,
nicht eingreifen. Insoweit liegt ein echter Anwendungsfall des § 2 III a AKB vor.
Anders allerdings OLG Celle a.a.O., das diesen Umstand deshalb für unerheblich
hält, weil durch die Wegnahme der beiden Fahrzeuge bereits ein **Totalverlust** eingetreten sei; hier hätte es aber näher gelegen, auf den Zusammenhang mit der Ausschlußklausel entscheidend abzustellen. Die Annahme eines Interessewegfalls war aber
dann richtig, wenn zum Zeitpunkt des Unfalls keine Aussicht auf Wiedererlangung des
Fahrzeugs mehr bestand (vgl. Sieg in Bruck-Möller-Sieg Anm. 35 zu § 68 m. w. N.
und Anm. J 61).

[J 80] ee) Erdbeben

Gemäß § 2 III a AKB sind auch Schäden ausgeschlossen, die unmittelbar oder
mittelbar durch Erdbeben verursacht werden. Unter Erdbeben werden naturwissen-

schaftlich Erschütterungen des Erdbodens verstanden, die durch geologische Vorgänge in der Erdrinde ausgelöst werden. Nach der Aufgliederung im Brockhaus[17], Wiesbaden 1968, Bd 5, S. 630–631 unter dem Stichwort „Erdbeben" sind zu unterscheiden 1. Einsturzbeben als Folge des Einbruchs von Hohlräumen, 2. vulkanische Beben als Begleiterscheinungen von Vulkanausbrüchen oder Lavabewegungen und 3. die an Zahl und Intensität bei weitem überwiegenden tektonischen oder Dislokations-Beben, die auf Verschiebungen oder Bruchbildungen in der Erdkruste und auf Gebirgsfaltungen (Faltungsbeben) zurückgehen. Wäre der Deckungsbereich der Fahrzeugv auf das Gebiet des früheren Deutschen Reiches beschränkt, so wäre der Ausschluß dieses Risikos nicht recht verständlich, da es in Deutschland seit Jahrhunderten keine Erdbeben mit bemerkenswerten Schäden gegeben hat. Zu bedenken ist aber, daß es im Rahmen der für ganz Europa geltenden Deckung (vgl. § 2 I AKB und Anm. J 74) durchaus Bereiche gibt, in denen im Laufe der Geschichte immer wieder derartige Naturereignisse mit zum Teil katastrophalen Schäden eingetreten sind. Gedacht sei an Italien oder Griechenland. Die Ver sind hier den Weg der besonderen Vorsicht gegangen, indem sie dieses Risiko ausgeschlossen haben, wiewohl eine Massierung von Schadenfällen – etwa an Touristenwagen – bei einem solchen Naturereignis außerhalb des Gebiets des früheren Deutschen Reiches kaum zu erwarten ist. Das nach § 12 Ziff. 1 Ic AKB vte Überschwemmungsrisiko stellt im Grunde genommen viel größere Ansprüche an die Eintrittspflicht der Fahrzeugver. Veröffentlichte Entscheidungen zu Erdbebenschäden sind im Rahmen der AKB auch nicht bekannt geworden. Es bleibt zu hoffen, daß auch in Zukunft diesem Teil der Ausschlußbestimmung nach § 2 IIIa AKB weiterhin keine Bedeutung zukommen wird.

[J 81] b) Rennen

Nach § 2 IIIb AKB wird Vsschutz nicht gewährt für Schäden, die bei Beteiligung an Fahrtveranstaltungen entstehen, bei denen es auf Erzielung einer Höchstgeschwindigkeit ankommt, oder bei den dazu gehörigen Übungsfahrten. Bei solchen Rennen handelt es sich um ein erfahrungsgemäß gefährliches Risiko, das die Fahrzeugver nicht gegen die normale Fahrzeugvsprämie übernehmen wollen. Als typisches Merkmal solcher gefährlicher Rennen ist dabei das Streben nach Gewinn des Wettbewerbs durch Höchstgeschwindigkeit im Rahmen einer Veranstaltung außerhalb des Straßenverkehrs anzusehen. Ausgeschlossen sind demgemäß nur solche Veranstaltungen, bei denen es auf die Erzielung einer Höchstgeschwindigkeit ankommt. Vsschutz besteht dagegen für reine Zuverlässigkeits- oder Geschicklichkeitswettbewerbe, wenn dabei in erster Linie die Betriebssicherheit des Fahrzeugs und die Fahrkunst des Fahrers erprobt werden sollen (BGH 26. XI. 1975 VersR 1976 S. 381–383 = DAR 1976 S. 106–107, LG Wiesbaden 18. I. 1973 VersR 1975 S. 630–631). Das gilt auch dann, wenn vom Veranstalter eine recht hohe Durchschnittsgeschwindigkeit gewählt wird, sofern sich die Veranstaltung auf öffentlichen, für den sonstigen Verkehr nicht abgesperrten Straßen abspielt (BGH 26. XI. 1975 a. a. O.). Wird ein Slalomrennen außerhalb des allgemeinen Straßenverkehrs in der Weise ausgetragen, daß wegen des Schwierigkeitsgrades der Strecke die Höchstgeschwindigkeit der Fahrzeuge nicht erreicht werden kann, ist aber für den Gewinn die niedrigste erzielte Zeit maßgebend, so greift die Ausschlußklausel ein (OLG Braunschweig 15. IV. 1975 VersR 1976 S. 81–83). Vgl. ferner LG Bielefeld 21. IV. 1967 VersR 1967 S. 993–994: Dort wurde ein „Zuverlässigkeitsturnier" auf dem Nürburgring gefahren; die Gesamtwertung der Veranstaltung ergab aber, daß es letzten Endes auf die Erzielung von Höchstgeschwindigkeiten ankam, so daß der Vsschutz zu Recht verneint wurde. Liegt eine Kombination zwischen Geschwindigkeitswettbewerben und Zuverlässigkeitsfahrten vor, so kommt der Ausschluß nur für

V. 5. b) Rennen

den Teil der Strecke in Betracht, der auf die Erzielung der Höchstgeschwindigkeit gerichtet war (BGH 26. XI. 1975 VersR 1976 S. 381–383 = DAR 1976 S. 106–107, LG Wiesbaden 18. I. 1973 VersR 1975 S. 630–631; Bentlage VersR 1976 S. 1118–1119, Dreger VersR 1966 S. 1179, Fritze VersR 1968 S. 726–729, Stiefel-Wussow-Hofmann[10] Anm. 82 zu § 2 AKB, S. 175; a. M. LG Braunschweig 23. II. 1966 VersR 1966 S. 729–730 [Entscheidung zu einer entsprechenden Klausel einer Unfallzusatzv] mit zust. Anm. von Klaiber a. a. O. S. 730). Das gilt aber nicht für sog. „Marathonprüfungen", bei denen auf abgeschirmter Strecke keine scharfe Trennung zwischen Geschwindigkeits- und Normalrunden vorgenommen wird, ein Teil der Teilnehmer sich also auf Geschwindigkeitskurs auf derselben Strecke befindet, während der andere Teil Normalrunden fährt; die erhöhte Gefährlichkeit ist einleuchtend (so LG Berlin 22. V. 1967 DAR 1967 S. 326–327 = VersR 1968 S. 143 [nur L. S.]). Stiefel-Wussow-Hofmann[10] Anm. 82 zu § 2 AKB, S. 174 vertreten die Auffassung, daß unter den Begriff der Fahrtveranstaltung nicht nur Rennen im sportlichen Sinne zu subsumieren seien, sondern auch Schnelligkeitsproben einzelner Wagen, Probefahrten der Fabriken u. a., bei denen festgestellt werden solle, welche Geschwindigkeiten sich mit dem Wagen erzielen lassen (ähnlich Fleischmann-Deiters in Thees-Hagemann Anm. 4b zu § 2 AKB, S. 305 für Probefahrten). Dieser Meinung ist jedoch nicht zuzustimmen. Unter Fahrtveranstaltungen, bei denen es auf Erzielung einer Höchstgeschwindigkeit ankommt, sind nur Rennen im überkommenen Sinne zu verstehen, bei denen ein wesentliches Merkmal der Wettbewerb mehrerer Fahrer untereinander darstellt. Damit wird begrifflich auch eine gewisse äußere Organisation eines solchen Wettstreits vorausgesetzt. Treffend nehmen Stiefel-Wussow-Hofmann[10] Anm. 82 zu § 2 AKB, S. 174 daher auch unter Bezugnahme auf OLG Celle 31. I. 1930 HRR 1930 Nr. 1796 (Entscheidung zum Straßenverkehrsrecht) an, daß dann, wenn zwei Fahrzeuge sich gegenseitig zu überholen versuchen oder ein Kraftfahrer einmal prüfen wolle, was er aus seinem Wagen herausholen könne (also mit größtmöglicher Geschwindigkeit fahre), der Ausschlußtatbestand nicht eingreife. Nichts anderes kann aber für Schnelligkeitsproben einzelner Wagen oder Probefahrten von Fabriken gelten. Etwas anderes wäre nur dann anzunehmen, wenn es sich dabei um Übungsfahrten zu einer Rennveranstaltung handelt. Gerade die Aufgliederung des Ausschlußtatbestandes in Fahrtveranstaltungen, bei denen es auf Erzielung einer Höchstgeschwindigkeit ankommt, und den dazugehörigen Übungsfahrten zeigt deutlich, daß der Begriff der Fahrtveranstaltungen nicht extensiv ausgelegt werden darf, sondern Rennen im überkommenen Sinne betrifft.

Um eine Fahrtveranstaltung, bei der es auf Erzielung einer Höchstgeschwindigkeit ankommt, handelt es sich auch dann, wenn ein Radrennen mit vorausfahrenden Schrittmachern stattfindet. Diese motorisierten Schrittmacher müssen zwar auf das Schrittempo der von ihnen „gezogenen" Radler Rücksicht nehmen und können deshalb die Höchstgeschwindigkeit ihrer eigenen Fahrzeuge nicht erreichen. Das ändert aber nichts daran, daß hier eine besondere Gefährlichkeit vorliegt, die nach dem Sinn des Ausschlußtatbestandes gerade nicht vert werden soll. Die von Stiefel-Wussow-Hofmann[10] Anm. 82 zu § 2 AKB, S. 174 zitierte Entscheidung des OLG Bamberg 5. III. 1952 VersR 1952 S. 385–386 besagt nichts Gegenteiliges. Denn sie bezieht sich nur auf die Fahrt eines Schrittmachers, der zur Erprobung seines Fahrzeugs zwischen mehreren Rennen eine Runde fuhr, ohne daß es ihm dabei auf die Erzielung einer Höchstgeschwindigkeit angekommen wäre. – Zu unterscheiden von den bei einer Fahrtveranstaltung (oder den dazugehörigen Übungsfahrten) entstehenden Schäden sind solche, die nur anläßlich der Veranstaltung entstehen, ohne adäquat durch die Gefährlichkeit eines Rennens verursacht zu sein. Zusammenstöße auf den Zufahrtswegen zur Rennbahn, auf einem Parkplatz oder ähnliches werden daher vom Ausschlußtatbestand nicht erfaßt (ebenso Fleischmann-Deiters in Thees-Hagemann Anm. 4b zu § 2 AKB, S. 305).

Nicht nur die eigentlichen Rennen sind vom Vsschutz ausgeschlossen, sondern auch die dazugehörigen Übungsfahrten. Das gilt aber nur dann, wenn die Übungsfahrt selbst auf Erzielung einer Höchstgeschwindigkeit gerichtet war. Instruktiv dazu BGH 14. V. 1964 VersR 1964 S. 721: Danach scheiden Fahrten, die zu einem anderen Zweck als dem der Erzielung einer Höchstgeschwindigkeit unternommen werden (z. B. zur Erprobung technischer Eigenschaften, Zündungskontrolle usw.), auch dann als Übungsfahrten aus, wenn sie im Rahmen der Vorbereitung für eine Fahrtveranstaltung der in § 2 IIIb AKB genannten Art unternommen werden. Zur Begründung weist der BGH a. a. O. zutreffend darauf hin, daß solchen Vorbereitungen nicht das besondere Gefahrenmoment innewohne, das der Grund für den Risikoausschluß sei. Ebenso für einen ähnlich gelagerten Fall einer entsprechenden Ausschlußklausel in der Unfallv: OLG Bamberg 5. III. 1952 VersR 1952 S. 385–386 m. zust. Anm. von Prölss a. a. O. S. 386. Andererseits wird vom BGH a. a. O. aber zu Recht hervorgehoben, daß ein ausgeschlossener Schaden auch dann vorliege, wenn der Vmer am Ende einer auf Höchstgeschwindigkeit gerichteten Übungsfahrt nur noch mit wesentlich gedrosselter Geschwindigkeit fahre.

c) § 61 VVG
Gliederung:
Schrifttum J 82
aa) Vorbemerkung J 83
bb) Zum Begriff der groben Fahrlässigkeit J 84
cc) Zur Repräsentantenhaftung J 85–88
    aaa) Einengung des Repräsentantenbegriffs in der Fahrzeugv J 85
    bbb) Bedeutung des § 15 II AKB für die Ermittlung des Repräsentantenbegriffs in der Fahrzeugv J 86
    ccc) Einzelheiten aus der Rechtsprechung J 87
    ddd) Zusammenfassung J 88
dd) Beweislast J 89
ee) Einzelfälle J 90–118
    aaa) Einführung J 90
    bbb) Abkommen von der Fahrbahn J 91
    ccc) Abschüssige Straße J 92
    ddd) Alkohol J 93
    eee) Anfänger J 94
    fff) Auffahren J 95
    ggg) Aufheben von Gegenständen während der Fahrt J 96
    hhh) Autobahnverkehr J 97
    iii) Blendung J 98
    jjj) Brandgefahr J 99
    kkk) Diebstahlverhinderung J 100
    lll) Eisenbahn J 101
    mmm) Fahrbahnwechsel J 102
    nnn) Geschwindigkeit J 103
    ooo) Glatteis J 104
    ppp) Rauschgift J 105
    qqq) Schlechte Wegstrecke J 106
    rrr) Schlüsselverlust J 107
    sss) Sturmschäden J 108
    ttt) Überholen J 109
    uuu) Überladung J 110
    vvv) Übermüdung J 111
    www) Überschwemmung J 112
    xxx) Unbekannter Fahrer J 113
    yyy) Verkehrsunsicheres Fahrzeug J 114
    zzz) Vorfahrtsverletzung J 115
    $z_1z_1z_1$) Warnsignale J 116
    $z_2z_2z_2$) Wenden an unübersichtlicher Stelle J 117
    $z_3z_3z_3$) Zigarettengenuß während der Fahrt J 118

[J 82] Schrifttum:
Möller in Bruck-Möller zu § 61; vgl. ferner Bach VersR 1959 S. 246–250, Becker VersR 1974 S. 989, Bokelmann, Grobe Fahrlässigkeit – Ein Beitrag insbesondere zu Individualisierungstendenzen im Haftungs- und Regreßrecht, Karlsruhe 1973, Dellmanns VersR 1974 S. 459, Dressel DAR 1974 S. 459, Hagel VersR 1973 S. 796–801, Kirchner VersR 1970 S. 269, Lohe VersR 1968 S. 323–328, Möller ZVersWiss 1977 S. 178–179, Pinckernelle, Die Herbeiführung des Vsfalls – Rechtsvergleichend nach deutschem, schweizerischem, französischem und englischem Recht, Karlsruhe 1966, v. Reuter, Grobe Fahrlässigkeit im Privatvsrecht, Karls-

V. 5. c) Grobfahrlässige Herbeiführung des Vsfalls
Anm. J 83

ruhe 1977, Ruhkopf VersR 1967 S. 371–372, Sanden VersR 1966 S. 201–211, derselbe VersR 1967 S. 1013–1018, Schütz VersR 1967 S. 733–739, Weingart VersR 1968 S. 427–431; weitere Nachweise bei Möller in Bruck-Möller Anm. 1 zu § 61.

[J 83] aa) Vorbemerkung

Nach § 61 ist der Ver von der Verpflichtung zur Leistung frei, wenn der Vmer den Vsfall **vorsätzlich** oder durch **grobe Fahrlässigkeit** herbeigeführt hat. Diese grundlegende Vorschrift des Schadenvsrechts gilt auch für die Fahrzeugv RG 13. III. 1931 RGZ Bd 132 S. 208–211 hat das mit aller Deutlichkeit ausgesprochen und damit einen langjährigen Streit über die Frage beendet, ob § 61 oder § 130, letzterer als spezielle Vorschrift des Transportvsrechts, auf die Fahrzeugv anwendbar sei (vgl. die Nachweise zu dieser Streitfrage in Anm. J 6). Ausgelöst war dieser Streit dadurch worden, daß die Ver in einem Prozeß über die Anwendung des preußischen Stempelsteuergesetzes eine Entscheidung erstritten hatten, die die Fahrzeugv als Transportv qualifizierte (RG 8. II. 1910 RGZ Bd 72 S. 418–425). Daraus wurde die Aufsichtsfreiheit gefolgert. Ungeachtet dieser rechtstheoretischen Ausgangsbasis ist vom RG 5. II. 1915 RGZ Bd 86 S. 215–218 aber weder § 187 (Befreiung des Vers von den zwingenden Schutzvorschriften des VVG) angewendet worden, noch § 130 (Einstehen des Vmers auch für leichte Fahrlässigkeit). Dieser Auffassung ist beizupflichten (so auch schon Bruck 7. Aufl. Anm. 17 vor § 129; vgl. ferner die Nachweise in Anm. J 6). Demgemäß haben die Bedingungsverfasser zu Recht davon Abstand genommen, diese subjektive Risikobeschränkung in den AKB zu wiederholen, wie auch für die Kfz-Haftpflichtv § 152 nicht mit in die Reihe der Ausschlußtatbestände des § 11 AKB aufgenommen worden ist (wenn man davon absieht, daß in § 11 Ziff. 4 AKB eine Sonderregelung für „reine" Vermögensschäden getroffen worden ist).

Da das Problem der vorsätzlichen Herbeiführung des Vsfalls ein allgemeines für alle Schadensvszweige ist, für das spezielle Rechts- oder Tatfragen im Rahmen der Fahrzeugv nicht ersichtlich sind, befassen sich die nachstehenden Ausführungen allein mit dem Ausschlußgrund der groben Fahrlässigkeit. Hinsichtlich der vorsätzlich herbeigeführten Schäden wird im ganzen auf die Erläuterungen von Möller in Bruck-Möller Anm. 43–44 zu § 61 verwiesen; aber auch für den ebenfalls nach den Kategorien des Zivilrechts zu bestimmenden Begriff der groben Fahrlässigkeit darf weitgehend auf die Ausführungen von Möller Anm. 45–47 zu § 61 Bezug genommen werden.

Zur rechtlichen Qualifikation des § 61 als **subjektive Gefahrumstandsausschlußklausel** vgl. Möller JRPV 1929 S. 325–329, BGH 14. IV. 1976 VersR 1976 S. 649 m. w. N., vgl. ferner die Nachweise bei Bokelmann a. a. O. S. 95 und bei Pinckernelle a. a. O. S. 11–12; für abweichende Konstruktionen sei hier nur auf die Nachweise bei Pinckernelle a. a. O. S. 3–11 verwiesen. Erwähnenswert ist es, daß es Sache des Vers ist, sich gegenüber dem Vmer, speziell auch im Rechtsstreit, auf die subjektive Gefahrumstandsausschlußklausel der grobfahrlässigen oder gar vorsätzlichen Herbeiführung des Vsfalles zu berufen. Tut der Ver das nicht, versagt er z. B. den Vsschutz nur wegen angeblicher Leistungsfreiheit wegen Nichtzahlung einer Prämie, nicht aber wegen der sich aus dem im Prozeß vorgetragenen Sachverhalt ebenfalls ergebenden grobfahrlässigen Herbeiführung des Vsfalles, so ist es dem Gericht verwehrt, den Vsschutz aus dem Gesichtspunkt des § 61 zu versagen (so BGH 24. V. 1974 NJW 1974 S. 1241–1242 = VersR 1974 S. 689–700 zur sachlich gleichliegenden Frage der Behandlung der nach dem Wortlaut des Gesetzes an sich – abgesehen vom Kündigungserfordernis gemäß § 6 I 3 – ebenfalls ohne Willenserklärung des Vers eintretenden Leistungsfreiheit bei Obliegenheitsverletzungen; a. M. insoweit Reimer Schmidt Obliegenheiten S. 265, 271; vgl. auch die Mittelmeinung von Möller in Bruck-Möller Anm. 44 zu § 6 m. w. N.; für § 61 a. M. Bach VersR 1959 S. 246). Die hier vertretene

Auffassung hat ihren Grund darin, daß es nicht Aufgabe des Gerichts ist, für den Ver zu entscheiden, ob dieser sich auf eine Leistungsfreiheit nach § 61 berufen will oder nicht. Das Gericht darf dabei auch unbedenklich davon ausgehen, daß der Ver sich expressis verbis auf eine solche Leistungsfreiheit berufen würde, wenn er das wollte. Hat der Ver sich auf eine aus § 61 folgende Leistungsfreiheit in den Tatsacheninstanzen nicht berufen, so kann er das in der Revisionsinstanz nicht mehr nachholen.

Zu beachten ist im übrigen, daß der Tatbestand des § 61 nicht nur durch ein aktives Handeln des Vmers, sondern auch durch ein Unterlassen erfüllt werden kann (BGH 14. IV. 1976 VersR 1976 S. 649–651 m. w. N.; so im übrigen auch schon RG 3. VII. 1928 JW 1928 S. 3181–3182 = JRPV 1928 S. 230 [Feuersvfall]; a. M. Bruck 7. Aufl. Anm. 17 zu § 61; vgl. dazu auch Pinckernelle a.a.O. S. 35 m. w. N. zu dieser Streitfrage in Anm. 10). Vorausgesetzt wird dabei allerdings, daß der Vmer das zum Vsfall führende Geschehen gekannt hat (BGH 27. II. 1964 VersR 1964 S. 475, 14. IV. 1976 a.a.O. S. 650); dabei genügt die Kenntnis von Umständen, aus denen sich ergibt, daß der Eintritt des Vsfall in den Bereich der praktisch unmittelbar in Betracht zu ziehenden Möglichkeiten gerückt ist (BGH 14. IV. 1976 a.a.O).

[J 84] bb) Zum Begriff der groben Fahrlässigkeit

Der Begriff der groben Fahrlässigkeit im Sinne des § 61 ist nach Maßgabe der **Grundsätze des bürgerlichen Rechts** zu bestimmen; die in § 61 verwendeten Begriffe des Vorsatzes und der groben Fahrlässigkeit decken sich mit denen des bürgerlichen Rechts (BGH 17. X. 1966 VersR 1966 S. 1150; w. N. bei v. Reuter a.a.O. S. 19 Anm. 91; a.M. nur Bokelmann a.a.O. S. 28–42, 95–126 und v. Reuter a.a.O. S. 19–140). Ausgangspunkt für die Betrachtung ist zwar der **objektive Maßstab** gemäß § 276 I S. 2 BGB; BGH 5. XII. 1966 VersR 1967 S. 127 führt aber treffend aus, daß die Frage, ob die Fahrlässigkeit im **Einzelfall** als **einfach** oder **grob** zu werten sei, sich nur nach der jeweiligen Gesamtlage beurteilen lasse, wobei auch **subjektive in der Individualität des Handelnden begründete Umstände** zu berücksichtigen seien (ebenso BGH 11. VII. 1967 VersR 1967 S. 910 [zu § 48 I LuftVG], 9. IV. 1968 VersR 1968 S. 668, 21. IV. 1970 VersR 1970 S. 569 [zu § 640 RVO]; w. N. bei v. Reuter a.a.O. S. 26 Anm. 123, 124). Das Verhalten des Vmers ist danach an der **im Verkehr erforderlichen Sorgfalt** zu messen und ein **Fehlverhalten** nur dann als **grobfahrlässig** zu qualifizieren, wenn es **das gewöhnliche und vom Ver eingerechnete Maß an Verschulden erheblich übersteigt** (so BGH 17. X. 1966 VersR 1966 S. 1150, 5. XII. 1966 VersR 1967 S. 127, 14. IV. 1976 VersR 1976 S. 650). Insbesondere muß ein Verhalten vorliegen, bei dem jene im Verkehr erforderliche Sorgfalt in **ungewöhnlichem, in besonders schwerem Maße** verletzt worden und das unbeachtet geblieben ist, was im gegebenen Fall **jedem einleuchten muß** (vgl. nur BGH 11. V. 1953 BGHZ Bd 10 S. 16–17, 19. I. 1959 VersR 1959 S. 349, 1. X. 1969 VersR 1969 S. 1088, BAG 13. III. 1968 VersR 1968 S. 739). Daß die Fülle der haftpflicht- und vsrechtlichen Entscheidungen trotz dieser Leitlinien ein verwirrendes Bild einander scheinbar oder tatsächlich widersprechender Erkenntnisse vermittelt, hat seinen Grund einerseits in den zu beachtenden Umständen des Einzelfalles, wie sie sich insbesondere aus der **Individualität des Handelnden** ergeben, andererseits aber auch in der Zurückhaltung der Revisionsinstanz bei der Nachprüfung des **Ermessens des Tatrichters**. Ist nämlich das Berufungsgericht erkennbar von einem zutreffenden Rechtsbegriff der groben Fahrlässigkeit ausgegangen, so wird die Frage, ob im Einzelfall eine Fahrlässigkeit als gewöhnlich oder grob zu qualifizieren ist, im wesentlichen der tatrichterlichen Würdigung zugeordnet, deren Nachprüfung dem Revisionsgericht grundsätzlich

V. 5. c) Grobfahrlässige Herbeiführung des Vsfalls **Anm. J 84**

verschlossen ist (in diesem Sinne schon RG 26. V. 1933 RGZ Bd 141 S. 131 [nicht vsrechtliche Entscheidung], OGH 24. XI. 1949 OGHZ Bd 3 S. 20 und die ständige Rechtsprechung des BGH, vgl. nur BGH 11. V. 1953 BGHZ Bd 10 S. 16 [nicht vsrechtliche Entscheidung], 2. XII. 1958 VersR 1959 S. 371, 19. I. 1959 VersR 1959 S. 349, 20. IV. 1961 VersR 1961 S. 499, 5. XII. 1966 VersR 1967 S. 127).

Kommt der Tatrichter zu dem Ergebnis, daß es nicht fernliege, einen **schweren Fehler des Vmers auf eine Störung der körperlichen oder geistigen Funktionen** zurückzuführen, so scheidet in aller Regel die Annahme grober Fahrlässigkeit aus (BGH 11. VII. 1967 VersR 1967 S. 910 [zu § 48 I LuftVG]). Ein Argument für eine solche als möglich anzusehende Störung der körperlichen oder geistigen Funktionen des Vmers kann dabei die Überlegung sein, daß der Handelnde sich mit seinem Tun unverständlicherweise größter Gefahr aussetze (BGH 11. VII. 1967 a. a. O.). Entsprechendes gilt für einen von einem **Fahranfänger** verschuldeten Fehler (BGH 21. IV. 1970 VersR 1970 S. 569 [zu § 640 RVO], anders aber OLG München 1. IV. 1958 VersR 1959 S. 74–75, vgl. die weiteren Nachweise in Anm. J 94). Weingart VersR 1968 S. 427–431 gibt eine gute Zusammenstellung der zu berücksichtigenden objektiven und subjektiven Momente bei der Beurteilung der groben Fahrlässigkeit gerade im Straßenverkehr. Folgende Verstöße sieht er a. a. O. S. 430–431 u. a. als besonders schwerwiegende Pflichtverstöße an:

Führen eines Fahrzeugs im Zustand der Fahruntüchtigkeit (vgl. dazu Anm. J 93),
Vorfahrtverletzungen qualifizierter Art (vgl. dazu Anm. J 115),
Auffahren oder Abkommen von der Fahrbahn mit wesentlich überhöhter Geschwindigkeit (vgl. Anm. J 91, J 95),
wesentlich überhöhte Geschwindigkeit trotz unübersichtlicher oder schmaler Fahrbahn (vgl. Anm. J 103),
Überholen und Rückwärtsfahren trotz Unübersichtlichkeit (vgl. Anm. J 109 und J 117),
wesentliche Überschreitung der Sichtgeschwindigkeit bei Dunkelheit (vgl. Anm. J 103),
Wenden oder sonstiges Hindernisbereiten an unübersichtlicher Stelle (vgl. Anm. J 117),
Wenden oder unvermitteltes Anhalten auf der Autobahn (vgl. Anm. J 97) und Fahren mit defekten Brems- oder Lenkvorrichtungen (vgl. Anm. J 114).

Nach Auffassung von Weingart a. a. O. S. 431 können auch mehrere für sich genommen leichte Verstöße insgesamt einen schweren Verstoß ergeben. Indessen ist hier Zurückhaltung geboten, wie auch das Wenden oder sonstige Hindernisbereiten an unübersichtlicher Stelle nicht so hart beurteilt werden sollte (vgl. Anm. J 117). Auch die zuvor aufgeführten schwerwiegenden Verstöße stellen keineswegs immer ein grobfahrlässiges Verhalten des Vmers dar. Bemerkenswert in diesem Zusammenhang Sanden VersR 1967 S. 1013, der darüber berichtet, daß die Fahrzeugver den Vsschutz im allgemeinen nur dann versagen, wenn der Fahrer wegen starken Alkoholgenusses nicht mehr fahrtauglich war oder das Fahrzeug sich in einem gefährlich verkehrsunsicheren Zustand befand.

Als subjektive Milderungsgründe führt Weingart a. a. O. S. 431 im übrigen folgendes an:
Berufliche Überbeanspruchung,
schwere familiäre und persönliche Sorgen,
Verfolgung sittlich hochwertiger Interessen (z. B. eilige Arztfahrt) und mit Einschränkungen

Jugendlichkeit,
Unerfahrenheit,
geringe Fahrpraxis (vgl. dazu Anm. J 94),
und
körperliche Veranlagung.

Es versteht sich, daß damit keine abschließende Aufzählung gegeben werden kann. Die Ausführungen von Weingart a. a. O. sind aber deshalb so ausführlich wiedergegeben worden, weil sie aus verständnisvoller Sicht eine Fülle möglicher Fallgestaltungen klar erfassen (vgl. aber auch Bokelmann a. a. O., die sich auf S. 110, 124 gegen die Berücksichtigung besonderer Motive und persönlicher Schwierigkeiten des Vmers ausspricht, soweit es sich nicht um Anfängerfehler handelt).

[J 85] cc) Zur Repräsentantenhaftung

aaa) Einengung des Repräsentantenbegriffs für die Fahrzeugversicherung

Die Fahrzeugv würde wesentlich an Wert verlieren, wenn der Vmer für das Verschulden derjenigen Personen im Rahmen des § 61 einzustehen hätte, denen er das Fahrzeug zum Gebrauch überlassen hat. Die Rechtsprechung hat es in richtiger Erkenntnis dieses Schutzbedürfnisses des Vmers stets abgelehnt, den angestellten Kraftfahrer des Vmers als solchen als Repräsentanten anzusehen (BGH 25. XI. 1953 BGHZ Bd 11 120–124, 25. IV. 1957 VersR 1957 S. 353–354, 14. XI. 1960 BGHZ Bd 33 S. 286 m. w. N.; OLG Köln 30. I. 1959 VersR 1959 S. 194; OLG München 11/12. X. 1967 VersR 1968 S. 1158–1159, weitere Nachweise in Anm. J 87). Dieser Grundsatz darf erweiternd dahin interpretiert werden, daß auch dann eine Repräsentanteneigenschaft eines Betriebsangehörigen des Vmers zu verneinen ist, wenn dieser zwar eine leitende Funktion im Betriebe des Vmers zu erfüllen hat, etwa als für den Einkauf eines Unternehmens zuständiger Prokurist, ihm aber nicht die spezielle Verantwortung für den Fuhrpark des Vmers übertragen ist. Wenn einem solchen Prokuristen oder Subdirektor zum Gebrauch während der Dienst- und der Privatzeit ein Geschäftswagen zur freien Verfügung überlassen wird, so bedeutet das nicht zugleich die Einräumung einer Garantenstellung im Sinne des Repräsentantenbegriffs. Der Geschäftsherr erwartet sowohl von seinen Berufskraftfahrern wie auch von seinen kaufmännischen Angestellten, mögen sie leitende Funktionen haben oder nicht, ein sorgsames Verhalten im Verkehr. Der Berufskraftfahrer wird aufgrund seiner größeren Fahrpraxis zumeist sogar besser fahren als die kaufmännische Führungskraft eines Unternehmens. Es ist überhaupt fraglich, ob ein Bedürfnis nach einer Hilfspersonenhaftung im Sinne einer Repräsentanz bei der Einzelbenutzung eines Fahrzeugs durch eine Drittperson anzuerkennen ist, sofern es sich nicht um solche Fälle handelt, bei denen der wirtschaftlich Vte als Repräsentant anzusehen ist (vgl. dazu Möller in Bruck-Möller Anm. 103–106 zu § 6). Bedenkt man den relativ geringen Wert des einzelnen Fahrzeugs, so liegt es nahe, bei Schäden, die durch das Fahrverhalten eines Dritten entstehen, generell die gedankliche Möglichkeit einer Repräsentanz in bezug auf die vsrechtliche Last im Sinne des § 61 zu verneinen, doch tunlichst keinen Schaden durch grobe Fahrlässigkeit herbeizuführen. Bei unbefangener Betrachtung der heutigen Lebensformen, zu denen der Gebrauch eines Kraftwagens als Selbstverständlichkeit gehört, erscheint es als nicht mehr angebracht, im Rahmen der Einzelnutzung durch Drittpersonen überhaupt noch Repräsentanzpersonen zu ermitteln und damit letzten Endes ein Verhalten zu fingieren, von dessen Existenz als besonderem Verantwortungsbereich der Vmer – soweit er nicht eine spezielle vsrechtliche Ausbildung genossen hat – erst im Schadenfall etwas erfährt.

V. 5. c) Grobfahrlässige Herbeiführung des Vsfalls   **Anm. J 86**

Treffend bemerkt denn auch Möller in Bruck-Möller Anm. 107 zu § 6, daß bei der Kraftfahrtv die Halter bei Verschulden des Fahrers gedeckt sein wollen; selbst wenn man den Fahrer als Repräsentanten ansehen könnte, sei demnach ein Einstehenmüssen des Vmers zu verneinen. Diese Bemerkung knüpft an Ausführungen in RG 4. VI. 1913 RGZ Bd 83 S. 44 (Transportv); dort heißt es u. a.: In erster Linie komme es auf Inhalt und Sinn des einzelnen Vsvertrages an. Das Verschulden einer Hilfsperson oder eines Vertreters ... stehe dem Anspruch ... unter keinen Umständen dann entgegen, wenn die Gefahr, daß die vten Güter durch Verschulden solcher Personen von Schaden betroffen werden, einen Teil des vten Risikos bilde.

Die Ablehnung der Anwendung der Bestimmung des § 278 BGB auf die den Vmer treffenden Obliegenheiten und auf die Bestimmung des § 61 über die vorsätzliche oder grobfahrlässige Herbeiführung des Vsfalles und die Schaffung eines eigenen Repräsentantenbegriffs durch die Rechtsprechung des RG (vgl. im einzelnen die Nachweise bei Möller in Bruck-Möller Anm. 92–109 zu § 6) war eine sehr mutige und verständige Tat, die den wirtschaftlichen Lebensverhältnissen im Sinne einer ausgleichenden Gerechtigkeit Rechnung getragen und damit viel zur Verbesserung des Verständnisses für den Sinn und Zweck des Vsschutzes beigetragen hat. Es ist daher zu überlegen, ob es nicht Aufgabe der Rechtsprechung ist, den Repräsentanzbegriff für den Bereich der Fahrzeugv den heutigen Zeitverhältnissen in der Weise anzupassen, daß der allgemeinen Üblichkeit des Fahrzeuggebrauchs Rechnung getragen wird in dem Sinn, daß für das Fahrverhalten generell die Zurechnung des Tuns eines Dritten als eines Repräsentanten verneint wird. Bemerkenswert OLG Stuttgart 1. XII. 1975 VersR 1977 S. 173: Eine Haftung des Vmers für seinen Repräsentanten sei nur soweit geboten, als es um Handlungen dieses Repräsentanten gehe, die zum eigentlichen Verantwortungsbereich des Vmers gehören. Die Repräsentantenhaftung komme daher von vornherein nicht in Betracht, soweit ein Dritter, selbst wenn er an sich Repräsentant des Vmers sei, etwas tue, was sich im Rahmen des vten Risikos halte ... Das Fahren des Fahrzeugs durch den Ehemann der Kl., das den Schaden verursacht habe, gehöre auch in der Fahrzeugv zum vten Risiko.

Dem verständlichen Interesse des Vers daran, tunlichst nicht dem Leichtsinn im Straßenverkehr dadurch Vorschub zu leisten, daß trotz grober Fahrlässigkeit oder gar Vorsatzes bei der Herbeiführung des Vsfalles Vsschutz gewährt wird, wird durch die Bestimmung des § 67 I über den Übergang des Ersatzanspruchs des Vmers gegen den Schädiger auf den Ver Rechnung getragen. Der Ver kann hier durch die Gewährung von Vsschutz mit anschließender Regreßnahme dem Vmer sinnfällig den Wert des Vsschutzes mit sofortiger Leistung demonstrieren und gleichzeitig nachhaltigen Eindruck auf den leichtsinnigen Fahrer machen, wenn dieser nämlich im Ergebnis den Schaden wiedergutmachen muß.

[J 86] bbb) Bedeutung des § 15 II AKB für die Ermittlung des Repräsentantenbegriffs in der Fahrzeugversicherung

Das Verständnis für den Vorschlag, mangels einer präzisen Abgrenzung des Repräsentanzbegriffs und vor allem wegen Fehlens eines Repräsentanzverständnisses des Vmers für den hier erörterten Sektor der Fahrzeugv, speziell also bezüglich des Fahrverhaltens des Dritten, von der Zurechnung einer Haftung für Drittverschulden Abstand zu nehmen, wird erleichtert durch die zum 1. I. 1971 (VA 1971 S. 10) eingeführte Bestimmung des § 15 II AKB. Danach können Ersatzansprüche des Vmers, die nach § 67 auf den Ver übergegangen sind, gegen den berechtigten Fahrer und andere in der Haftpflichtv mitvte Personen sowie gegen den Mieter oder Entleiher nur geltend gemacht werden, wenn von diesen Personen der Vsfall vorsätzlich oder grobfahrlässig herbeigeführt worden ist (vgl. dazu im einzelnen Anm. J 177—180). Der diese Bedingungsbestimmung lesende und um ihr Verständnis objektiv und redlich bemühte Vmer kann § 15 II AKB aber kaum anders verstehen als in dem Sinn, daß bei Fehlern dritter Personen, die das Fahrzeug berechtigt benutzen, sein eigener Vsschutz unberührt bleibe, daß aber gegen die Schadenstifter dann vom Ver Regreß genommen werden dürfe, wenn das Verhalten der Dritten besonders schuldhaft war. Der geschulte Vsjurist wird dieser Argumentation die logische Prämisse für die Anwendung des § 15 II AKB entgegenhalten, daß nämlich der Übergang einer Ersatzforderung des Vmers gegen einen Dritten gedanklich überhaupt erst in Betracht komme, wenn Vsschutz gegeben sei; für diese Frage sei aber der Bedingungsbestimmung keine ausdrückliche Einschränkung der von der Rechtsprechung entwickelten Repräsentantenhaftung zu entnehmen; auch habe eine solche Änderung der überkommenen Grundsätze des Vsrechts für den Bereich der Fahrzeugv nicht in der Absicht der Bedingungsverfasser gelegen. Dagegen ist aber zu setzen, daß der Repräsentantenbegriff ohnedies außerhalb der sonstigen Kategorien des Schuldrechts entwickelt worden ist. Auch ist dem Vsrecht die Abbedingung der Haftung für Repräsentantenverschulden nicht fremd, so wird z. B. in der Transportv aus der Maklerklausel geschlossen, daß der Vmer nur für das eigene Verschulden und das seiner gesetzlichen Vertreter einzustehen habe (vgl. Möller in Bruck-Möller Anm. 107 zu § 6), und es liegt nicht fern, für den Vmer bezüglich der Einzelschadenherbeiführung aus der aufzählenden Personenbeschreibung in § 15 II AKB den Schluß zu ziehen, daß das Fahrverhalten dritter Personen generell den Vsschutz des Vmers nicht beeinträchtige. Das Gesagte gilt um so mehr, als die Bedingungsverfasser allen Anlaß gehabt hätten, auf die Einschränkung des Anwendungsbereichs des § 15 II AKB hinzuweisen, weil nämlich der Vmer beim Nachschlagen in § 10 II AKB feststellt, daß zu dem von § 15 II AKB erfaßten Personenkreis neben dem Halter (§ 10 II a AKB) auch der Eigentümer des Fahrzeugs genannt wird, also jemand, dem typischerweise als wirtschaftlich vter Person im Rahmen des Repräsentantenbegriffs eine besondere Bedeutung bei der Zurechnung von Drittverschulden zukommt. Vgl. dazu Möller in Bruck-Möller Anm. 103—105 zu § 6 m. w. N. Letzten Endes ist aber die Frage, ob im Massenvsgeschäft der Fahrzeugv hinsichtlich der Schadenzufügung durch individuelles Fahrverhalten eines Dritten noch mit dem Repräsentantenbegriff gearbeitet werden darf, gemäß den Bemerkungen in Anm. J 85 aber nach den geänderten Wert- und Zeitbegriffen und nicht anhand einer für beide Standpunkte vom Vsrecht her logisch möglichen Interpretation des § 15 II AKB zu entscheiden. Nur so wird auch solch ein verfehltes Ergebnis vermieden, wie es OLG Stuttgart 28. IX. 1961 VersR 1962 S. 710—711 findet, daß nämlich als Repräsentant der Ehemann angesehen wird, weil er seine Ehefrau in deren Gastwirtschaft bei ihrer Abwesenheit ständig vertrete. Vgl. aber in diesem Zusammenhang auch die Nachweise bei Möller in Bruck-Möller Anm. 98 und 99 zu § 6 über die Rechtsprechung des RG, das sich tunlichst bemühte, bei Ehegatten und Familienangehörigen keine Repräsentanteneigenschaft anzunehmen, vgl. weiter die Nachweise bei Möller, Die Verantwortlichkeit des Vmers für Dritte, Hamburg 1939, S. 33—48 und S. 74—75.

[J 87] ccc) Einzelheiten aus der Rechtsprechung

Die Überlegung, in der Fahrzeugv für den Bereich des Fahrverhaltens, zu dem auch das fehlerhafte einzelverantwortliche Abstellen des vten Fahrzeugs zu rechnen ist (Beispiel: Nichtschließen der Tür, Nichtbenutzung des Lenkradschlosses oder Nichtanziehen der Handbremse auf abschüssiger Straße oder Steckenlassen des Wagenschlüssels), eine Einengung des Repräsentantenbegriffs vorzunehmen, ist nicht als etwas so umwerfend Neues anzusehen, wie es dem Betrachter des ohnedies dogmatisch schwer zu erfassenden Begriffs des Repräsentanten im ersten Augenblick

V. 5. c) Grobfahrlässige Herbeiführung des Vsfalls

erscheinen mag. Wenn man nämlich die Rechtsprechung der Nachkriegszeit zum Begriff des Repräsentanten in bezug auf den hier erörterten Verantwortungsbereich untersucht, stellt man fest, daß nur in ganz wenigen veröffentlichten Fällen eine Drittverantwortung des Vmers im Sinne einer Repräsentantenhaftung bejaht worden ist, bei denen der unbefangene Betrachter aber stets auch noch ein ungutes Gefühl hatte, ob nämlich die Versagung des Vsschutzes im konkreten Falle tatsächlich verantwortet werden konnte im Bereich einer Massenvssparte, wie sie heute das Kfzvsgeschäft darstellt.

Aus der Reihe der als einschlägig ermittelten Entscheidungen seien folgende hervorgehoben: OLG Karlsruhe 28. VI. 1968 VersR 1969 S. 555–556 verneint Repräsentanteneigenschaft des im Unternehmen als Werkstattleiter angestellten und an der Firma beteiligten Sohnes des Betriebsinhabers, der das Fahrzeug auch privat benutzen durfte, da der Vmer sich die Verfügungsgewalt während der Geschäftszeiten und die Überprüfung der Verkehrssicherheit vorbehalten hatte. Erst recht ist ein Lehrling in einem kaufmännischen Betrieb auch dann nicht als Repräsentant anzusehen, wenn seine Tätigkeit aufgrund seiner **familiären Beziehungen** zum Lehrherrn (Sohn der Betriebsinhaberin) über die übliche Tätigkeit eines Lehrlings hinausgeht, so OLG Nürnberg 16. X. 1959 VersR 1960 S. 975.

BGH 27. II. 1964 VersR 1964 S. 475: Der Vmer betrieb ein Transportunternehmen mit 12 Lastzügen; der Sohn des Vmers schickte einen Lkw mit einem nach dem Vortrag der Parteien übermüdeten Fahrer ohne den vorgeschriebenen Beifahrer auf eine längere Fahrt. Das Berufungsgericht verneinte eine Repräsentanteneigenschaft des erst 21 Jahre alten Sohnes, der als Volontär im väterlichen Geschäft arbeitete. Dieser sei nicht befugt gewesen, eigene Maßnahmen zu treffen; dadurch daß er in dringenden Notfällen den Vater vertreten habe, werde er nicht zum Repräsentanten. Diese Ausführungen wurden vom BGH a. a. O. als zutreffend unter Hinweis darauf bezeichnet, daß ein Repräsentant befugt sein müsse, selbständig in einem gewissen, nicht ganz unbedeutenden Umfang für den Betriebsinhaber zu handeln und dabei auch dessen Rechte und Pflichten als Vmer wahrzunehmen; hiervon könne jedoch bei dem Sohn des Vmers keine Rede sein, da seine Tätigkeit von den Weisungen des Vmers abhängig gewesen sei.

Einhelligkeit besteht darüber, daß der **angestellte Kraftfahrer** als solcher nicht Repräsentant des Vmers ist (so BGH 25. XI. 1953 BGHZ Bd 11 S. 120–124 m. w. N. zur Repräsentantenhaftung [in dem Prozeß ging es um die grundsätzliche Frage, ob die Haftung für Hilfspersonen sich bei § 61 auf § 278 BGB stützen dürfe, was verneint], 25. IV. 1957 VersR 1957 S. 353–354, 16. V. 1957 VersR 1957 S. 386–387 m. w. N., 14. XI. 1960 BGHZ Bd 33 S. 286 m. w. N.; so auch schon RG 4. X. 1929 JRPV 1929 S. 366; vgl. ferner OLG Oldenburg 18. VII. 1951 VersR 1951 S. 272–274, OLG Neustadt 14. III. 1953 VersR 1953 S. 182–183, OLG Celle 31. I. 1955 VersR 1955 S. 169, OLG Neustadt 21. X. 1955 VersR 1957 S. 174–175, OLG Karlsruhe 12. VII. 1957 VersR 1957 S. 477–478, OLG Köln 30. I. 1959 VersR 1959 S. 194, OLG München 11/12. X. 1967 VersR 1968 S. 1158–1159).

BGH 1. X. 1969 MDR 1970 S. 30 (gek.) = VersR 1969 S. 1086–1088: Repräsentant ist, wer anstelle des Vmers die Haltung und Wartung des vten Fahrzeugs übernommen hat (Entscheidung zu § 23 und § 61); der für die Haltung und Wartung eines VW-Busses verantwortliche Kolonnenführer wurde als Repräsentant des Vmers angesehen. Vgl. weiter OLG Hamm 17. III. 1964 VersR 1964 S. 743–744: Ein auswärtiger Bezirksvertreter, dem von seiner Firma ein kaskovter Wagen zur Verfügung gestellt worden sei, könne wegen eines von ihm grobfahrlässig verursachten Fahrzeugschadens jedenfalls dann nicht als Repräsentant für das Kaskovsverhältnis angesehen werden, wenn der Vmer die mit der Gefahrstandspflicht verbundenen Obliegenheiten hinsichtlich des vten Fahrzeugs weiterhin selbst erfüllt habe und wenn es somit an einer vollständigen Übertragung der Obhutspflicht fehle (OLG Hamburg 20. III. 1934 JRPV 1934 S. 272 läßt solche differenzierenden Überlegungen noch vermissen). Der Sachverhalt war dadurch charakterisiert, daß der Vmer sich selbst noch um den verkehrssicheren Zustand des Fahrzeugs kümmerte. Anders im Fall LG Köln 17. II. 1960 VersR 1961 S. 783–785, wo dem auswärtigen Provisionsvertreter auch die Sorge für den verkehrssicheren Zustand übertragen worden war; Repräsentanteneigenschaft wurde bejaht (vom hier vertretenen Standpunkt aus abzulehnen, da das Fahrverhalten des Provisionsvertreters und nicht ein verkehrswidriger Zustand des Fahrzeugs den Schaden herbeigeführt hatte).

OLG Hamm 13. III. 1974 VersR 1974 S. 1194–1195: Der Ehepartner des Vmers ist im Regelfall nicht als dessen Repräsentant anzusehen; vgl. in diesem Sinne z. B. OLG Karlsruhe 12. VII. 1957 VersR 1957 S. 477–478, OLG Köln 30. I. 1959 VersR 1959 S. 194, OLG Frankfurt a. M. 14. XII. 1965 VersR 1966 S. 437; ferner OLG Köln 13. XI. 1968 VersR 1969 S. 1014–1015 (zur Anzeigelast), anders LG Karlsruhe 21. II. 1975 VersR 1976 S. 58 (nur L.S.).

Von diesem Grundsatz geht auch OLG Stuttgart 28. IX. 1961 VersR 1962 S. 710–711 aus, bejaht jedoch im konkreten Fall die Repräsentanteneigenschaft, weil der Ehemann der ständige Vertreter seiner Ehefrau im Gastwirtbetrieb seiner Ehefrau gewesen sei; der Entscheidung kann insoweit – zumal es um einen Fahrfehler des Ehemannes ging – auch vom Boden der herrschenden Repräsentanztheorie nicht beigepflichtet werden. Vgl. dagegen OLG Stuttgart 1. XII. 1975 VersR 1977 S. 173; in jener Entscheidung wird zunächst ausgeführt, daß der Ehemann in der Regel nicht Repräsentant der Vmerin sei; vor allem wird dann aber überhaupt in Zweifel gezogen, daß das Fahren zu den Handlungen gehöre, für die eine Repräsentantenhaftung in Frage komme.

Etwas anderes gilt im Verhältnis von Eheleuten zueinander, wenn der Betrieb zwar auf den Namen der Ehefrau läuft, der Ehemann aber Betriebsleiter ist und darüber hinaus die Gründung unter dem Namen der Ehefrau nur gewählt worden ist, um Gläubigern des Ehemannes den Zugriff zu erschweren (so im Fall KG 4. VII. 1934 JRPV 1934 S. 365–366; vgl. für einen ähnlich gelagerten Fall OLG Hamm 11. III. 1954 VersR 1954 S. 353–354; vgl. ferner für den Fall, daß der Fahrer wirtschaftlicher Eigentümer des Fahrzeugs ist, AG Mülheim/Ruhr 31. VII. 1975 VersR 1976 S. 723).

KG 11. V. 1932 JRPV 1932 S. 264–265 nimmt an, daß im konkreten Fall der Bruder des Vmers dessen Repräsentant gewesen sei. Zur Begründung wird ausgeführt: „Die drei Brüder K benutzen ersichtlich ihre Wagen nicht in der Art, daß jeder nur den ihm gehörigen Wagen fährt, sondern sie nehmen auch aus irgendwelchen Gründen gelegentlich die ihren Brüdern gehörigen Wagen. Dieser Zustand wird, soweit sein Wagen in Frage kommt, vom Kläger jedenfalls geduldet. Wenn nun mit Zustimmung des Klägers der Bruder des Klägers dessen Wagen als Autodroschke benutzt, ohne daß der Kläger einen besonderen Grund für diese Tatsache anzugeben vermag, aus dem sich ersehen ließe, daß es sich um einen Sonderfall handelt, so muß er sich gefallen lassen, daß die Handlungsweise seines Bruders so gewürdigt wird, wie wenn es seine eigene wäre". Diese Auffassung ist indessen auch vom Standpunkt der Repräsentanztheorie verfehlt; der Fall durfte nicht anders beurteilt werden, als wenn ein Arbeitnehmer des Vmers das Fahrzeug gelenkt hätte.

Der Mieter eines Fahrzeugs ist im Regelfall nicht als Repräsentant anzusehen (vgl. nur KG 11. V. 1953 VersR 1953 S. 307, OLG Hamburg 7. XII. 1955 VersR 1956 S. 43, LG Braunschweig 15. II. 1961 VersR 1961 S. 1132).

V. 5. c) Grobfahrlässige Herbeiführung des Vsfalls
Anm. J 88

Bemerkenswert ist auch die generelle Ablehnung einer Haftung für Drittpersonen im Vsrecht (abgesehen vom Vten) und die sich als Konsequenz daraus ergebende Verneinung einer Repräsentantenhaftung für das österreichische Recht: Vgl. dazu ÖOGH 8. II. 1961 VersR 1961 S. 1101 mit insoweit zust. Anm. von Wahle a. a. O. S. 1104 m. w. N. Gelegentlich kommt es auch heute noch vor, daß Gerichte in Unkenntnis der Besonderheiten des Zurechnungsproblems vom Verhalten dritter Personen entscheiden, vgl. z. B. OLG Bremen 22. V. 1951 VersR 1951 S. 196, OLG München 24. III. 1965 VersR 1966 S. 1151 (im Ergebnis aber zutreffend, da grobe Fahrlässigkeit zu Recht verneint wurde), LG Duisburg 10. VIII. 1972 VersR 1973 S. 1111 (auch vom Standpunkt der herrschenden Meinung verfehlt).

[J 88] ddd) Zusammenfassung

Zur Vermeidung von Mißverständnissen sei betont, daß die Bemerkungen in Anm. J 85–86 über die zusätzliche Einschränkung der Haftung für Drittverantwortung sich **nur** auf die Schadenzufügung durch das **Fahrverhalten** des in § 15 II AKB erwähnten Personenkreises bezieht, wozu auch noch das Abstellen des einzelnen Fahrzeuges zählen kann, wenn es sich um einen individuellen Fehler handelt, wie das Nichtanziehen der Handbremse oder das Steckenlassen des Fahrzeugschlüssels. Das Gesagte bedeutet aber nicht, daß überhaupt kein Verantwortungsbereich des Vmers für Drittverschulden im Rahmen des § 61 gegeben sein soll. Ein solcher liegt vielmehr vor bei Geschehnissen, die sich außerhalb des eigentlichen Straßenverkehrs im Zusammenhang mit speziell vsrechtlich bedeutsamen Sorgsamspflichten ergeben, die mit einem gewissen Organisationsbereich und entsprechender Verantwortungsfunktion verbunden sind. So wären grobe Fahrlässigkeit und Zurechnung eines Drittverschuldens zu bejahen, wenn der von dem Vmer mit der Leitung des Fuhrparks betraute Prokurist es angeordnet hätte, daß auf dem unverschlossenen Betriebshof, der nicht bewacht ist, die Lieferfahrzeuge stets mit aufgesteckten Schlüsseln zu parken seien, um einen schnellen Arbeitsablauf zu ermöglichen. Wird ein solches Fahrzeug von einem Betriebsfremden gestohlen, so erscheint die Versagung des Vsschutzes als sinnvoll, weil hier ein typischer Verantwortungsbereich des Vmers vorliegt, für dessen Delegation er nach Treu und Glauben einzustehen hat. Das gleiche gilt für einen entsprechend kaufmännisch organisierten Betrieb bei Verletzung der den Vmer treffenden Last, seine Fahrzeuge stets in einem verkehrssicheren Zustand zu halten.

Letzten Endes ist die von Reimer Schmidt (Die Obliegenheiten, Studien auf dem Gebiet des Rechtszwanges im Zivilrecht unter besonderer Berücksichtigung des Privatvsrechts, Karlsruhe 1953, S. 289) gestellte Frage, ob nicht die Verantwortungsbereiche bei dem Rechtsinstitut der Repräsentantenhaftung im Vsrecht einfach aus dem Rechtsgrundsatz von den Vor- und Nachteilen der Arbeitsteilung und aus dem Gedanken der Zurechnung fremden Verschuldens aus § 242 BGB begründet werden kann, zu bejahen und sind (so Reimer Schmidt a. a. O. S. 290–291) die Verantwortungsbereiche im Rahmen des bürgerlichen Rechts nach den Besonderheiten der einzelnen Vszweige, der Funktionen der Erfüllungsdiener und den Interessenlagen abzugrenzen.

Als sinnfälliger Anwendungsfall der Repräsentantenhaftung mag es weiter gelten, den Vsschutz dann zu versagen, wenn der verantwortliche Betriebsleiter es duldet, daß entgegen den öffentlichrechtlichen Ordnungsvorschriften in den Garagenhallen, in denen die Fahrzeuge des Vmers abgestellt sind, ein offenes Feuer entfacht wird. Genauso wie es sinnvoll ist, dem Vmer die mangelhafte Betreuung des Fuhrparks durch einen Repräsentanten im Rahmen der Bestimmungen über die Gefahrstandspflicht und der Gefahrerhöhung entgegenzuhalten.

[J 89] dd) Beweislast

Beweispflichtig für den Ausschlußtatbestand des § 61 ist der Ver. Zu beachten ist dabei, daß es für die Feststellung des Vorsatzes nicht die Möglichkeit der Anwendung der Regeln über den Beweis des ersten Anscheins gibt, weil sich hinsichtlich der für den Vorsatz erforderlichen individuellen Willensentschließung gedanklich kein typischer Geschehensablauf feststellen läßt (so zu Recht BGH 28. IV. 1958 VersR 1958 S. 361−362; a. M. RG 27. VI. 1930 JW 1930 S. 3627−3628 = VA 1930 S. 192−193 Nr. 2155, Bruck 7. Aufl. Anm. 8 zu § 152; vgl. ferner die Nachweise zur allgemeinen Haftpflichtv in Bd IV Anm. G 224).

Es fragt sich, ob die Grundsätze des prima-facie-Beweises für die Feststellung grober Fahrlässigkeit angewandt werden dürfen. Dafür: Bach VersR 1959 S. 246, Becker VersR 1974 S. 989, Bruck 7. Aufl. Anm. 19 zu § 61, Hagel VersR 1973 S. 798−801, Kirchner VersR 1970 S. 269, Möller ZVersWiss 1977 S. 179, Pinckernelle a. a. O. S. 71, Prölss-Martin[21] Anm. 6 zu § 61, S. 334, Ruhkopf VersR 1967 S. 371−372, Schütz VersR 1967 S. 737; dagegen: Bokelmann a.a.O. S. 108−109, 152, Dellmanns VersR 1974 S. 459, Lohe VersR 1968 S. 328, Sanden VersR 1966 S. 204−205, VersR 1967 S. 1018, Weingart VersR 1968 S. 431; eine Mittelmeinung nimmt Hauke VersWissArch 1957 S. 315−388 ein (vgl. einerseits S. 364, andererseits S. 366−368). Es handelt sich dabei um ein nicht allein auf das Gebiet des Vsrechts beschränktes Problem; vielmehr spielt diese Frage auch für verschiedene andere Rechtsgebiete eine wesentliche Rolle. Es gibt dazu eine Reihe von BGH-Entscheidungen, in denen jeweils im Einzelfall die Anwendung des prima-facie-Beweises für die Feststellung grober Fahrlässigkeit verneint worden ist. Eine Auswahl dieser BGH-Rechtsprechung sei nachstehend zur Verdeutlichung der Fallproblematik wiedergegeben:

BGH 2. XII. 1957 VersR 1958 S. 16−17 billigt im Rahmen des § 61 die Verneinung grober Fahrlässigkeit durch das Berufungsgericht bei einem Blutalkoholgehalt zwischen 1,245 und 1,17‰. Der prima-facie-Beweis wird zwar nicht ausdrücklich erwähnt, jedoch ergeben die auf die Umstände des Einzelfalles abstellenden Ausführungen, daß die Anwendung dieser Grundsätze in concreto stillschweigend verneint wurde. Der Entscheidung ist im übrigen im Ergebnis nicht zu folgen, wenn sie ein Einschlafen infolge Übermüdung durch Einschalten der Heizung bei dem festgestellten Alkoholgehalt dem Vmer nicht als grobfahrlässig zurechnet (vgl. dazu Anm. J 93).

BGH 5. XII. 1966 VersR 1967 S. 127−128 befaßte sich mit einem Kaskovsfall, in dem der Vmer mit seinem Lkw an einem ordnungsgemäß gekennzeichneten Bahnübergang mit einer Eisenbahn zusammengestoßen war. Das Berufungsgericht hatte das Vorliegen grober Fahrlässigkeit unter anderem mit dem Bemerken verneint: Zwar spreche der erste Anschein für grobes Verschulden eines Kraftfahrers, der an einem ordnungsgemäß gekennzeichneten Bahnübergang mit einer Eisenbahn zusammenstoße. Hier lägen aber besondere Umstände vor, die dem Anscheinsbeweis die Grundlage entzögen ... Der BGH billigt diese Entscheidung im Ergebnis und führt zur Frage des Anscheinsbeweises a. a. O. S. 128 folgendes aus: Das Berufungsgericht habe auch nicht die Rechtsgrundsätze über den Anscheinsbeweis verletzt ... es könne dahingestellt bleiben, inwieweit diese Grundsätze für die tatsächliche Abgrenzung zwischen einfacher und grober Fahrlässigkeit, die eine Abwägung aller objektiven und subjektiven Tatumstände erfordere und sich deshalb einer Anwendung fester Regeln weitgehend entziehe, überhaupt in Betracht kommen. ... Auch wenn man davon ausgehe, ein Fahrer, der auf einem gesicherten Bahnübergang mit einer Eisenbahn zusammenstoße, handle in der Regel grobfahrlässig, habe das Berufungsgericht im Rahmen seines tat-

V. 5. c) Grobfahrlässige Herbeiführung des Vsfalls   Anm. J 89

richterlichen Ermessens den Sachverhalt dahin würdigen dürfen, daß hier ausnahmsweise nur einfache Fahrlässigkeit vorliege.
BGH 11. VII. 1967 VersR 1967 S. 909–910 (zu § 48 I LuftVG) m. w. N. führte aus, daß es nicht angehe, schon aufgrund des Beweises des ersten Anscheins eine grobe Fahrlässigkeit des Flugzeugführers festzustellen. Habe das Verhandlungsergebnis dem Berufungsgericht nicht ausgereicht, um die Überzeugung zu gewinnen, daß dem Piloten eine grobe Fahrlässigkeit zur Last zu legen sei, so sei dieses Ergebnis für das Revisionsgericht bindend ... Aus dem Erfordernis einer sehr individualisierenden Fallwürdigung werde sich ... durchweg die Anwendung des Beweises des ersten Anscheins verbieten.
BGH 9. IV. 1968 VersR 1968 S. 668–669 billigt die Annahme grober Fahrlässigkeit durch das Berufungsgericht, tadelt jedoch die Auffassung des Berufungsrichters, daß der Anscheinsbeweis im konkreten Falle zur Feststellung grober Fahrlässigkeit geeignet sei. Die Entscheidung ist insofern bemerkenswert, als der BGH den Beweis des ersten Anscheins für einfaches Verschulden (Abkommen von der Fahrbahn) zur Anwendung kommen läßt und die grobe Fahrlässigkeit aus den tatsächlichen Gesamtumständen des Falles bejaht. Wörtlich bemerkt der BGH a. a. O., daß die Regeln des Anscheinsbeweises im allgemeinen nicht geeignet seien, für die Abgrenzung zwischen einfacher und grober Fahrlässigkeit herangezogen zu werden.
BGH 29. X. 1968 VersR 1969 S. 78 (zu § 640 RVO) verneint im konkreten Fall ebenfalls die Anwendung des prima-facie-Beweises und führt u. a. folgendes aus: Über die Frage, ob eine Fahrlässigkeit im Einzelfall als grob anzusehen sei, habe der Tatrichter unter Würdigung aller Umstände nach seinem freien, pflichtgemäßen Ermessen zu befinden, wobei nach fester Rechtsprechung auch Umstände zu berücksichtigen seien, die die subjektive Seite der Verantwortlichkeit betreffen. Daher ließen sich nur mit größten Vorbehalten allgemeine Regeln darüber aufstellen, wann eine Fahrlässigkeit als grob zu bewerten sei. Aus dem gleichen Grunde seien auch die Regeln des Anscheinsbeweises im allgemeinen nicht geeignet, für die Abgrenzung zwischen einfacher und grober Fahrlässigkeit herangezogen zu werden.
BGH 21. IV. 1970 VersR 1970 S. 569 = LM Nr. 4 zu § 640 RVO bemerkt zur Feststellung der groben Fahrlässigkeit durch das Berufungsgericht u. a. folgendes: Das Berufungsgericht habe keinerlei konkrete Feststellungen getroffen, die ein auch subjektiv schwer vorwerfbares Verhalten des Fahrers begründen könnten. Es habe z. B. nicht etwa festgestellt, daß der Fahrer sich leichtfertig in eine seine Fahrkenntnisse überfordernde Verkehrslage begeben habe ... Das Berufungsurteil ergebe ... nicht, durch welches subjektiv schwer vorwerfbare Verhalten der Beklagte den Unfall verursacht haben solle. Es schließe vielmehr nur aus dem Gesamtverlauf, daß ihm irgendein solches Verhalten zur Last fallen müsse, obwohl dieser Gesamtverlauf einen anderen Hergang offensichtlich nicht ausschließe und auch das Berufungsgericht insoweit nur von Unwahrscheinlichkeit spreche. Damit habe das Berufungsgericht, soweit es auch in personaler Hinsicht von schwerem Verschulden ausgehe, in Wahrheit doch nach den Regeln des Anscheinsbeweises vorgehen wollen. Dieser sei aber ... jedenfalls in der Regel kein taugliches Erkenntnismittel, soweit es gelte, die auch in subjektiver Hinsicht grobe Fahrlässigkeit von der gewöhnlichen zivilrechtlichen Fahrlässigkeit abzugrenzen ... Es brauche nicht entschieden zu werden, ob sich der Anscheinsbeweis bei der Feststellung grober Fahrlässigkeit im Sinne des § 640 RVO schlechthin verbiete ... Dazu müßte die von Dersch-Knoll Anm. 6a zu § 640 RVO vertretene Meinung führen, daß insoweit auch heute noch ein Verschulden im strafrechtlichen Sinne zu fordern sei, eine Meinung, die sich auf den erzieherischen Charakter der Vorschrift ... stützen könnte. Jedenfalls dürfe aus einem objektiv groben Pflicht- oder Verkehrsverstoß nicht schon allein auf ein entsprechendes grobes

(personales) Verschulden geschlossen werden, weil ein solches oft damit einherzugehen pflege ...

BGH 23. XI. 1971 VersR 1972 S. 271 (zu § 640 RVO) führt in diesem Zusammenhang u. a. folgendes aus: Das Berufungsgericht habe nicht verkannt, daß, jedenfalls soweit es sich um die subjektive (personale) Tatseite handle, der Beweis des ersten Anscheins zur Feststellung der groben Fahrlässigkeit regelmäßig nicht in Frage komme ... es habe vielmehr aus dem Fahrverhalten unter Berücksichtigung der Verkehrslage die unmittelbare Überzeugung gewonnen, daß der Fahrer nur infolge grober, auch subjektiv vorwerfbarer Unachtsamkeit den Versuch unternommen habe, auf die Straße einzubiegen. Es habe also anhand von typisch vom Willen getragenen Handlungen die Überzeugung von inneren Tatsachen in der gleichen Weise erlangt, wie diese regelmäßig bei der richterlichen Feststellung vorsätzlichen Handelns erforderlich sei. Für die Grundsätze des Anscheinsbeweises bleibe dabei kein Raum. Deren Heranziehung bedürfe es nur, wenn das äußere Fahrverhalten nicht unmittelbar eine entsprechende Bewußtseinslage des Fahrers ausdrücke, aber nach der Lebenserfahrung der Schluß gerechtfertigt sei, daß der Fahrer infolge von Unachtsamkeit oder aus einem anderen von ihm zu vertretenen Grunde das zu beanstandende Verhalten gezeigt habe. So liege es etwa, wenn ein Fahrzeug von der Straße abkomme, ohne daß ein entsprechender Entschluß des Fahrers oder eine andere Ursache unmittelbar festzustellen sei.

BGH 20. VI. 1972 VersR 1972 S. 944–945 (zu § 640 RVO) bemerkt zum prima-facie-Beweis auf S. 945 u. a. folgendes: Mit Recht lehne es das Berufungsgericht ab, die Regeln des Anscheinsbeweises auch insoweit anzuwenden, als es gelte, die auch in subjektiver Hinsicht grobe Fahrlässigkeit von der gewöhnlichen zivilrechtlichen Fahrlässigkeit abzugrenzen. Dies entspreche der Rechtsprechung des BGH ... insbesondere BGH 21. IV. 1970 VersR 1970 S. 568 ... Soweit die Möglichkeit von Ausnahmen von diesem Grundsatz dort offengelassen worden sei, weise der vorliegende Fall jedenfalls keine Besonderheiten auf, die eine solche rechtfertigen könnten.

Vgl. auch BGH 20. XII. 1972 VA 1973 S. 72 Nr. 636 = VersR 1973 S. 174, wo die Auffassung des Berufungsrichters als rechtsfehlerhaft bezeichnet wurde, daß allein aus einem Abkommen von der Straße mangels besonderer Umstände auf grobe Fahrlässigkeit geschlossen werden dürfe, da es grundsätzlich keinen Beweis des ersten Anscheins für grobe Fahrlässigkeit gebe. Ähnlich auch BGH 14. III. 1973 VersR 1973 S. 412. Verwiesen sei in diesem Zusammenhang aber auch auf BAG 13. III. 1968 VersR 1968 S. 739–740, das grundsätzlich den prima-facie-Beweis nur für leichte Schuld zuläßt, aber mit folgenden Bemerkungen Ausnahmen für möglich hält (a. a. O. S. 740): Zwar könne ... beim Abkommen von der Fahrbahn zu Lasten des Fahrers der Beweis des ersten Anscheins unter besonderen Umständen, die aber ausreichend festgestellt sein müßten, auch für das Vorliegen einer groben Fahrlässigkeit durchgreifen. Das könne z. B. der Fall sein, wenn feststehe, daß der Fahrer, der mit seinem Fahrzeug von der Fahrbahn abgekommen sei, zur Unfallzeit unter Alkoholeinfluß gestanden habe und darüber gestritten werde, ob der Unfall auf diese Trunkenheit zurückzuführen sei. Ein Schluß des Inhalts, daß beim Abkommen von der Straße stets der Beweis des ersten Anscheins für das Vorliegen grober Fahrlässigkeit des Fahrers spreche, sei aber nicht gerechtfertigt. – Kritisch betrachtet, bedeutet das aber nur, den prima-facie-Beweis bei festgestellter grober Fahrlässigkeit für die Kausalität zuzulassen (vgl. die Ausführungen am Schluß dieser Anm.).

Die Rechtsprechung der Instanzgerichte hat eine entsprechende Entwicklung durchgemacht. Zunächst wurde überwiegend die Anwendung des prima-facie-Beweises bejaht. Vgl. dazu: OLG Karlsruhe 28. VI. 1956 VersR 1957 S. 47, OLG

V. 5. c) Grobfahrlässige Herbeiführung des Vsfalls

Düsseldorf 5. II. 1963 VersR 1963 S. 573, LG Dortmund 14. I. 1964 VersR 1964 S. 585, LG Tübingen 23. V. 1965 VersR 1966 S. 727, OLG München 17. IX. 1965 VersR 1965 S. 1089–1090 (das sich für diese Auffassung zu Unrecht auf BGH 21. XI. 1961 VersR 1962 S. 253 beruft, vgl. dazu Sanden VersR 1966 S. 204–205), OLG Bremen 2. XI. 1965 VersR 1966 S. 278–279, OLG Köln 22. XI. 1965 VersR 1966 S. 530, OLG Stuttgart 25. II. 1966 VersR 1966 S. 532, OLG Köln 6. VI. 1966 VersR 1966 S. 770, OLG Köln 9. XI. 1966 VersR 1967 S. 273–274, OLG Köln 13. XI. 1968 VersR 1969 S. 1014–1015, LG Karlsruhe 17. XI. 1972 VersR 1973 S. 413, OLG Koblenz 5. IV. 1973 VersR 1973 S. 1160, OLG München 21. V. 1973 VersR 1974 S. 73, OLG Saarbrücken 21. IX. 1973 VersR 1974 S. 183–184, OLG Karlsruhe 23. IX. 1976 VersR 1976 S. 454, OLG Frankfurt a. M. 28. IX. 1976 VersR 1977 S. 926–927. Zum Teil sind dabei diese Urteile daraus zu erklären, daß den Gerichten die erwähnte Rechtsprechung des BGH nicht bekannt war. Gegen eine Anwendung des prima-facie-Beweises haben sich ausgesprochen: OLG Hamburg 12. III. 1968 VersR 1970 S. 149–150, OLG Stuttgart 2. VI. 1971 VersR 1972 S. 290–291, LG Wiesbaden 18. I. 1973 VersR 1975 S. 630–631, OLG Frankfurt a. M. 20. I. 1975 VersR 1976 S. 554 LG München 27. V. 1975 VersR 1976 S. 430 (Ausnahmen aber zulassend), OLG Hamm 19. IX. 1975 VersR 1976 S. 454, OLG Frankfurt a. M. 2. XII. 1976 VersR 1978 S. 222.

Die aufgeführten Beispiele aus der BGH-Rechtsprechung geben dem Betrachter einen Anhaltspunkt dafür, wie vielgestaltig der tatsächliche Geschensablauf im Einzelfall sein kann. Bemerkenswert ist dabei, daß vom BGH zunächst die Anwendung des prima-facie-Beweises für möglich gehalten worden ist (vgl. BGH 5. XII. 1966 VersR 1967 S. 127–128), daß im konkreten Einzelfall aber dessen Anwendung stets abgelehnt worden ist. Weiter ist eine Formulierungstendenz in Richtung auf einen generellen Ausschluß des prima-facie-Beweises erkennbar. Es ist aber verständlich und entspricht guter Rechtstradition, daß der BGH stets nur für den Einzelfall die Anwendung der Grundsätze über den prima-facie-Beweis für die Feststellung der groben Fahrlässigkeit verneint, es dabei jedoch bis zuletzt offen gelassen hat, ob es dennoch Ausnahmesituationen mit typischer Fallgestaltung geben könnte, bei denen die Grundsätze für den Beweis des ersten Anscheins zur Anwendung gebracht werden dürften. Bezeichnend ist aber, daß in einem Zeitraum von rund zwanzig Jahren solche Ausnahmen in der höchstrichterlichen Rechtsprechung nicht aufgetreten sind. Soweit in BGH 23. XI. 1971 VersR 1972 S. 271 in nicht entscheidungserheblichen Bemerkungen die Anwendung des prima-facie-Beweises für möglich gehalten wird für ein Abkommen eines Fahrzeuges von der Straße, ohne daß ein entsprechender Entschluß des Fahrers oder eine andere Ursache unmittelbar festzustellen ist, kann dem mit Rücksicht auf die dennoch immer mögliche individuelle Versehensursache bei einem menschlichen Verhalten nicht gefolgt werden. Auffallend ist ferner, daß in denjenigen Fällen, in denen sich die Instanzgerichte – meist ohne Verwertung der subtilen Überlegungen des BGH aus der dargestellten Entscheidungskette – zur Anwendung des prima-facie-Beweises für die Feststellung der groben Fahrlässigkeit entschlossen haben, letztlich keine überzeugenden Fallgestaltungen dargetan werden konnten (vgl. in diesem Zusammenhang nur OLG Saarbrücken 21. IX. 1973 VersR 1974 S. 183–184 mit abl. Anm. von Dellmanns VersR 1974 S. 459 und zust. Anm. von Becker VersR 1974 S. 989 und OLG München 17. IX. 1965 VersR 1965 S. 1089–1090 mit den klarstellenden Bemerkungen von Sanden VersR 1966 S. 204–205).

Ausgehend von der Überlegung, daß bei der höchst individuellen Feststellung des äußersten Grades schuldhaften Verhaltens nicht vorsätzlicher Art alle subjektiven Momente aus der Person des Vmers zu berücksichtigen sind, ist angesichts der Vielfalt der subjektiven und objektiven Umstände des jeweiligen Einzelfalles der Schluß geboten, daß ebenso wie bei der Vorsatzfeststellung generell die Anwendung der Grundsätze über den Beweis des ersten Anscheins für die Feststellung grober Fahrlässigkeit zu verneinen ist. Schon Hauke VersWissArch 1957 S. 364 bemerkt in diesem Zusammenhang treffend, daß die Frage, ob ein Verhalten grobfahrlässig sei, d. h. die im Verkehr erforderliche Sorgfalt in besonders großem Maße außer acht gelassen worden sei, keine Beweis- sondern eine Bewertungsfrage des menschlichen Verhaltens darstelle. Nicht außer Betracht bleiben darf aber, daß der Beweis des ersten Anscheins für die Feststellung einfacher Fahrlässigkeit generell zulässig ist. Mit BGH 9. IV. 1968 VersR 1968 S. 668–669 ist daher eine stufenweise Beweisführung in der Weise zuzulassen, daß der Tatrichter für die Zwischenstufe seiner Überlegungen, nämlich die Feststellung einfacher Fahrlässigkeit, die Grundsätze des Beweises des ersten Anscheins anwenden darf, daß aber bei der tragenden Verstärkung des Schuldvorwurfs zum leichtfertigen Verhalten im Sinne der groben Fahrlässigkeit die Beweiserleichterungsgrundsätze unanwendbar sind (ebenso OLG Stuttgart 2. VI. 1971 VersR 1972 S. 290, OLG Hamm 19. IX. 1975 VersR 1976 S. 454 m. Anm. von Johannsen VersR 1976 S. 748). Es ist demnach eine stufenweise Beweis- und Gedankenführung in der Kombination zwischen dem Beweis des ersten Anscheins und dem Indizienbeweis zulässig. Daß dieser Indizienbeweis für die Feststellung innerer Tatsachen zulässig ist und demgemäß aus äußerlich feststehenden Tatsachen auf personalgebundene Verhaltensweisen und die diesen zugrunde liegenden Beweggründe des Vmers geschlossen werden darf, sei nur der Vollständigkeit halber erwähnt (vgl. insoweit nur BGH 23. XI. 1971 VersR 1972 S. 278, 20. VI. 1972 VersR 1972 S. 145).

Weiter dürfen die Grundsätze des Beweises des ersten Anscheins im Rahmen des § 61 auch auf die Frage der Kausalität des Verhaltens des Vmers erstreckt werden (vgl. insoweit schon Hauke VersWissArch 1957 S. 367, ferner BAG 13. III. 1968 VersR 1968 S. 740, LG Frankenthal 10. IV. 1958 VersR 1958 S. 540, LG Kempten 17. XI. 1958 VersR 1959 S. 462, OLG Zweibrücken 30. IV. 1976 VersR 1977 S. 246; vgl. aber auch OLG Schleswig 27. I. 1976 VersR 1976 S. 1054, das bei einem festgestellten Blutalkoholgehalt von 2‰ Bedenken hatte, den Vsschutz zu versagen, weil keine typischen Anzeichen einer Trunkenheitsfahrt gegeben waren und der Unfallverlauf völlig ungeklärt war). Die Unanwendbarkeit der prima-facie-Grundsätze gilt nur für die höchst subjektiv zu klärende, aus der Gesamtpersönlichkeit des Vmers individuell zu beantwortende Frage, ob sein Gesamtverhalten grobfahrlässig zu bewerten ist oder nicht.

[J 90] ee) **Einzelfälle**

aaa) **Einführung**

Wie bereits in Anm. J 84 hervorgehoben, gibt es eine Fülle von Grenzsituationen. Demgemäß sind auch eine Vielzahl von Entscheidungen zum Problemkreis der groben Fahrlässigkeit ergangen. Eine erschöpfende Wiedergabe aller dieser Entscheidungen erscheint als nicht erforderlich. Es gilt lediglich, die typischen Situationen herauszustellen. Dabei ist insbesondere zu beachten, daß häufig eine Kombination verschiedener Fehlverhalten vorliegt, die einem unbefangenen Betrachter die Versagung des Vsschutzes erleichtern, wenn es sich nämlich nicht nur um einen Fahrfehler handelt, der jedem auch noch so sorgsamen Vmer unterlaufen kann, sondern um ein gesteigertes leichtfertiges Verhalten, das in einer Vielzahl von Fehlern seinen sinnfälligen Ausdruck findet.

Die nachstehende Aufführung von Einzelfällen mit typischen Geschehenssituationen erhebt nach dem Gesagten keinen Anspruch auf Vollständigkeit. Weggelassen sind dabei aus der Vergangenheit durchweg solche Entscheidungen, die vor RG 13. III.

V. 5. c) Grobfahrlässige Herbeiführung des Vsfalls **Anm. J 91**

1931 RGZ Bd 132 S. 208–211 von der irrigen Auffassung ausgegangen sind, daß nicht § 61, sondern § 130 anzuwenden sei; in diesen Entscheidungen wurden im übrigen häufig ziemlich eindeutige Fahrfehler des Vmers als nicht fahrlässig in dem verständlichen Bestreben bewertet, dem Vmer den Vsschutz zu erhalten (vgl. z. B. LG Berlin 11. X. 1928 JRPV 1929 S. 307–308; KG 23. XI. 1929 JRPV 1929 S. 12–13).

[J 91] bbb) Abkommen von der Fahrbahn

Eine Kollision mit einem entgegenkommenden Fahrzeug auf der Gegenfahrbahn ohne jede individuelle Erklärung aus den tatsächlichen Umständen des Einzelfalles kann unter Umständen als grobfahrlässig gewertet werden (BGH 9. IV. 1968 VersR 1968 S. 668–669 [zu § 640 RVO]). Vgl. aber auch BGH 21. IV. 1970 VersR 1970 S. 568–570 = LM Nr. 4 zu § 640 RVO, wo bei ähnlicher Situation unter Hervorhebung dessen, daß der Fahrer wenig geübt gewesen sei, eine grobe Fahrlässigkeit verneint wurde. Ähnlich schwierig ist die Abgrenzung im Einzelfall, wenn der Vmer von der Fahrbahn in der Weise abkommt, daß er gegen einen Baum oder ein Haus fährt oder sonstwie mit der Seitenbegrenzung kollidiert.

BGH 20. XII. 1972 VA 1973 S. 73 Nr. 636 = VersR 1973 S. 174 bezeichnet die Auffassung des Berufungsgerichts als rechtsfehlerfrei, daß allein aus einem Abkommen von der Straße mangels besonderer Umstände nicht auf grobe Fahrlässigkeit geschlossen werden dürfe (im gleichen Sinn auch schon BGH 17. X. 1966 VersR 1966 S. 1150–1151; ebenso als Vorinstanz OLG Karlsruhe 28. IV. 1964 VersR 1964 S. 1096–1097; ferner ÖOGH 29. VIII. 1974 VersR 1975 S. 748; zu hart aus heutiger Sicht OLG Hamm 27. IV. 1931 VA 1931 S. 219 Nr. 2296). Einen interessanten Sonderfall behandelt ÖOGH 22. X. 1969 VersR 1970 S. 727–728 m. abl. Anm. von Gaisbauer VersR 1970 S. 848: Der Vmer hatte das Fahrzeug zu einem Abtransport von Diebesgut benutzt. Der Ver hatte nicht beweisen können, daß der Vmer verfolgt wurde oder sich verfolgt gefühlt hatte und deshalb erregt gewesen sei. Allein daraus, daß der Vmer bei 80 km/h auf einer Schotterstraße eine Kurvenführung verfehlt habe, sei noch nicht auf grobe Fahrlässigkeit zu schließen, auch nicht unter Berücksichtigung dessen, daß der Vmer erst seit 14 Tagen Führerscheininhaber war (vgl. zum Problem des Fahranfängers Anm. J 94). Vgl. aber auch den vom OLG Saarbrücken 21. IX. 1973 VersR 1974 S. 183–184 entschiedenen Fall, bei dem der Vmer zur Erklärung für das Überschlagen des Wagens auf freier Strecke auf der Autobahn nur anführte, daß er seinem ihm aus dem Mund gefallenen Kaugummi nachgeschaut habe. Zu Unrecht hat das OLG Saarbrücken a. a. O. allerdings bei seiner im Ergebnis durchaus vertretbaren Bejahung grober Fahrlässigkeit die Grundsätze über den Beweis des ersten Anscheins angewendet (vgl. zu diesem Fall auch die Bemerkungen von Dellmanns VersR 1974 S. 459 und Becker VersR 1974 S. 989 und Anm. J 89; allerdings ist zu bemerken, daß auch BGH 23. XI. 1971 VersR 1972 S. 271 die Frage in dem dort nicht zur Entscheidung stehenden Fall zur Diskussion stellt, ob nicht dann die Grundsätze des prima-facie-Beweises angewendet werden könnten, wenn ein Fahrzeug von der Bahn abkommt, ohne daß ein entsprechender Entschluß des Fahrers oder eine andere Ursache unmittelbar festzustellen ist; eine genauere Beschäftigung mit diesen „unerklärlichen Ereignissen" zeigt aber, daß es ganz auf die individuellen Umstände des Falles ankommt und daher eine Typisierung im Sinne des Beweises des ersten Anscheins nicht möglich ist). Grobe Fahrlässigkeit bejahte BAG 22. II. 1972 VersR 1972 S. 773–774 (Regreßprozeß) in einem Fall, in dem bei Dunkelheit und Nebel (Sichtweite 20 bis 30 m) überholt wurde, obwohl der Fahrer die Straßenführung nicht kannte. Vgl. ferner OLG Frankfurt a. M. 26. I. 1973 VersR 1973 S. 610–611, das grobe Fahrlässigkeit in einem Fall bejahte, in dem der Vmer sich während der Fahrt umdrehte, um einen mitgeführten Gegenstand vom Boden des Wagens auf den Rücksitz zu befördern. Auch diese Entscheidung wird man billigend nachvollziehen können. Entsprechend hat auch ÖOGH 13. V. 1970 VersR 1971 S. 1075 für einen Fall entschieden, bei dem der Vmer sich während des Fahrens nach einer auf den Wagenboden gefallenen brennenden Zigarette bückte (ebenso LG Würzburg 16. IX. 1975 VersR 1977 S. 275). Vgl. auch OLG Stuttgart 25. II. 1966 VersR 1966 S. 531–532: Der Vmer hatte auf der Landstraße bei einer Geschwindigkeit zwischen 130–150 km/h beim Ausdrücken einer Zigarette eine ihm bekannte und gut sichtbare Linkskurve übersehen. Der Schluß auf grobe Fahrlässigkeit erscheint auch im Rahmen des tatrichterlichen Ermessens als sehr hart; zu Unrecht werden ferner die Grundsätze des prima-facie-Beweises angewendet (vgl. Anm. J 89). **Zigarettengenuß bei hoher Geschwindigkeit** wird von den Gerichten nach dem Gesagten gelegentlich als Anzeichen für leichtfertiges Verhalten angesehen. Dem kann nicht gefolgt werden (vgl. Anm. J 118). Dabei ist zu bedenken, daß das Anzünden oder Löschen einer Zigarette den Fahrer in der Tat von einer sorgsamen und aufmerksamen Fahrweise ablenken kann, daß aber ein solches Rauchen im Wagen nach der Verkehrsauffassung keineswegs ein Indiz für grobfahrlässiges Verhalten ist.

Stets ist auf die Umstände des Einzelfalles abzustellen. Vgl. auch OLG Hamm 19. IX. 1975 VersR 1976 S. 453–454: Der Vmer war bei eisbedeckter Straße bei einer Geschwindigkeit von 40–50 km/h von der Fahrbahn abgekommen; daß dieses Abkommen mit dem vom Ver behaupteten Anzünden einer Zigarette durch den Vmer in Verbindung stand, hatte der Ver nicht beweisen können, da der Vmer ein solches Anzünden bestritt. Das Gericht nahm an, daß prima-facie von einem Verschulden wegen des Abkommens von der Straße auszugehen sei, daß jedoch ein grobes Verschulden nicht festgestellt werden könne, den Beweis des ersten Anscheins wandte das Gericht zutreffend insoweit nicht an.

Ob in dem vom LG Bielefeld 11. XI. 1970 VersR 1971 S. 512 (zu § 640 RVO) entschiedenen Fall, in dem der Fahrer von dem Beifahrer dadurch abgelenkt wurde, daß dieser ihm einen Prospekt zum Lesen hinhielt, grobe Fahrlässigkeit hätte bejaht werden sollen, erscheint als zweifelhaft, die gegenteilige Annahme liegt näher. Das gleiche gilt für die vom LG Bielefeld 23. VI. 1972 VersR 1973 S. 612–613 vertretene Auffassung, daß derjenige, der ohne zwingenden Grund auf einer geraden, gut ausgebauten Fahrbahn abbremse und dadurch verunglücke, stets grobfahrlässig handle. Forscht man nach den Gründen für diese strengen Maßstäbe, so drängt sich die Einsicht auf, daß es sich letztlich um eine nur nicht ausdrücklich als solche gekennzeichnete Hilfsbegründung gegenüber einem Vmer gehandelt hat, der durch aktives Tun eine Blutentnahme verhindert hatte (vgl. dazu Anm. J 18).

Kommt ein Vmer mit einer **Blutalkoholkonzentration** von 1,1‰ oder gar mehr (vgl. dazu Anm. J 93 m.w.N. für Alkoholfälle) auf freier Strecke nachts um 4 Uhr von der Straße ab, so wäre es, wenn nicht besondere Umstände dieses Versagen verständlich machen, verfehlt, keine grobe Fahrlässigkeit anzunehmen. So treffend z. B. LG Köln 17. II. 1960 VersR 1961 S. 783–784, KG 19. III. 1965 VersR 1965 S. 558–560 und OLG München 17. IX. 1965 VersR 1965 S. 1089–1090, ferner z. B. LG Essen 24. I. 1966 VersR 1967 S. 50, LG Münster 9. VI. 1967 VersR 1969 S. 316–317. Vgl. dazu auch LG Braunschweig 15. II. 1961 VersR 1961 S. 1131, das bei einem ähnlich gelagerten Fall – Blutalkoholgehalt von 0,86‰ – den Vsschutz gemäß § 61 verneinte, ohne dabei auf die Grundsätze des prima-facie-Beweises zurückzugreifen (ebenso OLG Stuttgart 14. V. 1965 VersR 1965 S. 874–875; ferner z. B. LG Dortmund 14. I. 1964 VersR 1964 S. 585, das durchaus treffend den Vsschutz bei einem Alkoholgehalt von 1,31‰ verneint, auf die formelhafte Wendung über die Anwendung des prima-facie-Beweises gut aber hätte verzichten können). Auch

V. 5. c) Grobfahrlässige Herbeiführung des Vsfalls Anm. J 91

OLG Nürnberg 30. XI. 1972 VersR 1973 S. 171–172 nimmt bei einem während eines beabsichtigten Abbiegens erfolgten Heraustragen aus der Fahrbahn bei 110 km/h (erlaubte Geschwindigkeit 50 km/h) und Alkoholgehalt von 0,8‰ zu Recht grobe Fahrlässigkeit an. Zu milde aus heutiger Sicht BGH 23. X. 1967 VersR 1967 S. 1142–1143, der bei einem Abkommen von der Fahrbahn bei einem Blutalkoholgehalt von 0,9‰ grobe Fahrlässigkeit verneinte (vgl. auch Anm. J 93); vgl. dagegen OLG Düsseldorf 5. II. 1963 VersR 1963 S. 573 (das allerdings von der Anwendbarkeit des prima-facie-Beweises ausgeht, vgl. dazu Anm. J 89). Vgl. ferner LG Mönchengladbach 25. II. 1965 VersR 1966 S. 34: Der Vmer (Alkoholgehalt 1,64‰) kam in einer leichten Linkskurve von der Fahrbahn ab und fuhr gegen einen Lichtleitungsmast. Den Einwand des Vmers, daß er bei Beginn des Trinkens nicht habe fahren wollen, wies das Gericht zu Recht als im Prinzip unerheblich zurück. Nur in extremen Ausnahmefällen könnte ein solches Vorbringen als erheblich angesehen werden, wenn nämlich dem Vmer zur Rettung höherwertiger Güter keine andere zumutbare Möglichkeit bleiben würde als die, den Wagen trotz der Alkoholisierung zu benutzen; dabei würde ein alkoholbedingtes Verkennen der Situation dem Vmer regelmäßig gerade wieder als grobfahrlässig angerechnet werden. Vgl. auch für einen weiteren ähnlich gelagerten Fall OLG München 21. V. 1973 VersR 1974 S. 73–74 (vgl. auch die in Anm. J 93 erörterte Möglichkeit von Sonderfällen). Besteht lediglich ein Verdacht auf Alkoholgenuß, so darf eine derart unbewiesene Fahruntüchtigkeit gewiß nicht als Indiz gegen den Vmer verwendet werden; vgl. OLG Stuttgart 2. VI. 1971 VersR 1972 S. 290–291, das zu Recht hervorhebt, daß bei Blendung durch den Gegenverkehr ein Fahrer sogar ohne jedes Verschulden auf einer regennassen und rechts leicht abfallenden Straße mit leichter Linkskurve von der Fahrbahn abkommen könne (ob ÖOGH 20. XI. 1975 VersR 1977 S. 171 beigepflichtet werden könnte, läßt sich angesichts des Fehlens näherer Angaben über den Alkoholgenuß nicht sagen).

Wenn keine Feststellungen hinsichtlich eines Alkoholgehalts getroffen worden sind, so ist stets zu bedenken, daß auch dem sorgsamsten Fahrer ein Fahrfehler leichter Art unterlaufen kann mit der Folge, daß er mit seinem Fahrzeug von der vorgesehenen Bahn abkommt. Vgl. OLG Köln 9. XI. 1966 VersR 1967 S. 273–274, das in einem solchen Falle die Anwendung des § 61 durch das LG nicht billigt; die Entscheidung ist insofern bemerkenswert, als das Gericht zu diesem Ergebnis kommt, obwohl es nach der hier vertretenen Auffassung zu Unrecht von der Anwendung der Grundsätze über den Beweis des ersten Anscheins ausgeht, vgl. Anm. J 89.

LG Stuttgart 15. VIII. 1961 VersR 1964 S. 1156–1157 bejaht grobe Fahrlässigkeit in einem Fall, in dem ein Lkwfahrer mit einem vollbeladenen Lastzug seines Arbeitgebers auf einem Autobahnzubringer über die rechte Fahrbahnböschung gekommen war. Daß ein solcher Fahrfehler gerade am Ende einer Autobahnfahrt sehr leicht unterlaufen kann und auf einer Geschwindigkeitsverschätzung bei leichter Fahrlässigkeit beruhen kann, erwähnt das Gericht nicht. Ähnlich undifferenziert OLG München 1. IV. 1958 VersR 1959 S. 74–75, das einer Anfängerin, die ihre erste Fahrt nach bestandener Fahrprüfung ablegte, das unerklärliche Abkommen von der Fahrbahn als grobfahrlässig anrechnete, da diese entgegen den Ermahnungen ihres Fahrlehrers bei der Unfallfahrt „leichtfertig" eine ihrem Fahrkönnen nicht entsprechende Geschwindigkeit von 80 km/h eingehalten habe. Daß Anfänger leichter Fehler machen als andere Verkehrsteilnehmer, sollte gerade nicht erschwerend bei der Ermittlung des Verschuldensgrades berücksichtigt werden. Sehr sorgsam die Umstände des Einzelfalles abwägend dagegen KG 23. VI. 1964 VersR 1964 S. 1135–1136, das Verständnis dafür aufbringt, daß eine jugendliche Autofahrerin infolge eines Verschätzens der Situation auf den Mittelstreifen einer Allee kam und beim Versuch, dieses Mißgeschick wieder zu bereinigen, auf sandigem Boden kurz die Gewalt über das

Anm. J 93   J. Fahrzeugversicherung

Fahrzeug verlor und gegen einen Baum fuhr (zur Bewertung des Anfängerverschuldens vgl. ergänzend Anm. J 94).

Auf alle Umstände des Einzelfalls bei einem regelwidrigen Abkommen von der Fahrbahn stellen in sorgsam abwägender Art ab: OLG Hamm 15. II. 1954 VersR 1954 S. 302–303, OLG Stuttgart 28. IX. 1961 VersR 1962 S. 710–711 (gegen dessen Annahme, daß der Ehepartner des Vmers im konkreten Falle Repräsentant gewesen sei, bestehen allerdings Bedenken, vgl. Anm. J 87), OLG Karlsruhe 28. IV. 1964 VersR 1964 S. 1096 (bestätigt durch BGH 17. X. 1966 VersR 1966 S. 1150–1151), OLG Köln 26. IV. 1966 VersR 1966 S. 918, OLG Köln 6. VI. 1966 VersR 1966 S. 769–771; vgl. auch OLG Bremen 2. XI. 1965 VersR 1966 S. 278–279, das (trotz des verfehlten Ausgangspunktes einer Anwendung der Grundsätze des prima-facie-Beweises) mit Rücksicht auf die starke Wölbung der Fahrbahn, den Wechsel des Straßenbelags und den ungewöhnlichen Höhenunterschied zwischen der befestigten Fahrbahn und dem rechts angrenzenden Grasstreifen grobe Fahrlässigkeit verneint.

Ist ein solches Abkommen von der Fahrbahn auf der Autobahn aber morgens um 5 Uhr darauf zurückzuführen, daß der Vmer in jener Nacht nur zwei Stunden geschlafen hat, so kann ein solcher Fahrfehler im Einzelfall durchaus dem Bereich der groben Fahrlässigkeit zugerechnet werden (so OLG Köln 22. XI. 1965 VersR 1966 S. 530–531, wenn auch ausgehend vom prima-facie-Beweis), jedoch ist Zurückhaltung am Platze (vgl. auch Anm. J 111). Verfehlt LG Tübingen 25. V. 1966 VersR 1966 S. 726–727, das unter Anwendung des prima-facie-Beweises (vgl. dagegen Anm. J 89) jedes unerklärliche Abkommen von der Fahrbahn als grobfahrlässig qualifiziert (ebenso aber auch z. B. LG Dortmund 14. I. 1964 VersR 1964 S. 585 [im Ergebnis aber mit Rücksicht auf den Blutalkoholgehalt von 1,31‰ richtig] und LG Stuttgart 19. XI. 1965 VersR 1967 S. 59–60 [zu § 640 RVO]). Vgl. ergänzend zum Problem des übermüdeten Fahrers Anm. J 111.

Einen insofern eigenartig gelagerten Fall, als Vsschutz nur für Fahrten auf einer Baustelle bestand, behandelt OLG München 24. III. 1965 VersR 1966 S. 1151: Grobe Fahrlässigkeit wurde für das Abkommen von einer gefährlichen Baustraße am Inn verneint; hätte ein am Bau unbeteiligter Dritter eine solche Straße benutzt, wäre unter Umständen anders zu entscheiden gewesen (vgl. Anm. J 106). Wird ein Fahrzeug, das durch eine Handlungsweise des Vmers, die nicht grobfahrlässig war, in einen Straßengraben geraten ist, bei einem Versuch beschädigt, es wieder herauszufahren, so wird das Verhalten des Vmers zumeist nicht als grobfahrlässig zu werten sein (vgl. OLG Hamm 20. III. 1955 VersR 1955 S. 539–540 und ergänzend zum Begriff der „Plötzlichkeit" in einem solchen Fall Anm. J 67; zu hart in einem ähnlich gelagerten Fall KG 3. VI. 1931 JRPV 1931 S. 304–305).

[J 92] ccc) Abschüssige Straße

Wer auf abschüssiger Straße parkt, wird gut daran tun, einen Gang einzulegen, die Räder einzuschlagen und unter Umständen noch zusätzliche Sicherungsunterlagen anzubringen. So lange er aber auf das Funktionieren einer bis dahin einwandfreien Handbremse vertraut, ist das Unterlassen derartiger zusätzlicher Maßnahmen nicht als grobfahrlässig anzusehen. In diesem Sinn schon OLG Köln 16. VI. 1926 JRPV 1926 S. 222–223, anders aber KG 9. XI. 1927 JRPV 1928 S. 28–29 (überholt hinsichtlich der Anwendung des § 130, vgl. Anm. J 83); dafür, daß ein Unterlassen im Rahmen des § 61 dem aktiven Tun gleichzustellen ist, vgl. Anm. J 83 a.E.

[J 93] ddd) Alkohol

Nach § 316 StGB wird wegen Trunkenheit im Verkehr bestraft, wer infolge des Genusses alkoholischer Getränke (oder anderer berauschender Mittel) nicht in der

V. 5. c) Grobfahrlässige Herbeiführung des Vsfalls   Anm. J 93

Lage ist, ein Fahrzeug sicher zu führen. Die Rechtsprechung des BGH in Strafsachen geht dahin, daß bei einem Blutalkoholgehalt von 1,3‰ zur Tatzeit immer eine sogenannte absolute Fahrunfähigkeit vorliege (vgl. nur BGH 9. XII. 1966 BGHSt Bd 21 S. 157–167; weitere Nachweise bei Dreher StGB, 37. Aufl., München 1977, Anm. 6 zu § 316 StGB). Die früher als maßgebend angesehene Grenze von 1,5‰ (vgl. BGH 5. XI. 1953 BGHSt Bd 5 S. 168–173, 11. IV. 1957 BGHSt Bd 10 S. 265–269, 26. II. 1964 BGHSt Bd 19 S. 243–245) ist nach dem heutigen naturwissenschaftlichen Erkenntnisstand zu hoch gewesen. Im Sinne der Einheitlichkeit der Rechtsprechung ist von dem neuen Grenzwert auch für die vsrechtliche Beurteilung eines Falles auszugehen. Die Grenze von 1,3‰ gilt auch für das **Führen von Krafträdern**, nicht etwa darf für diese eine absolute Fahrunfähigkeit schon bei 1,1‰ angenommen werden (vgl. BGH 14. III. 1969 BGHSt Bd 22 S. 352–360 m. Anm. von Händel NJW 1969 S. 1578–1579; weitere Nachweise bei Cramer in Schönke-Schröder StGB, 19. Aufl., München 1978, Anm. 8 zu § 315 c StGB, und Dreher StGB, 37. Aufl., München 1977, Anm. 6 zu § 316 StGB).

Die derart nach naturwissenschaftlichen Erkenntnissen für die Tatzeit zu ermittelnde absolute Fahrunfähigkeit bedeutet aber nicht, daß jeder Schaden, der an einem Wagen entsteht, der von einem absolut fahrunfähigen Vmer geführt wird, wegen grober Fahrlässigkeit gemäß § 61 vom Vsschutz ausgeschlossen ist. Vielmehr muß eine **zurechenbare adäquate Kausalität zwischen der alkoholbedingten Fahrunfähigkeit und dem Eintritt des Vsfalles** gegeben sein. Daran fehlt es immer, wenn feststeht, daß der Vmer keinen Fahrfehler begangen hat. Beispiel: Der alkoholisierte Vmer hält ordnungsgemäß vor einer „rot" leuchtenden Verkehrsampel, ein nachfolgendes Fahrzeug fährt infolge von Unachtsamkeit des Wagenlenkers auf. Weiteres Beispiel: Dem alkoholisierten Vmer stand die Vorfahrt zu. Zu hart in einem solchen Fall OLG Koblenz 29. V. 1968 VersR 1968 S. 1053–1054: Der Vmer war auf die Gegenfahrbahn geraten als Folge einer Vorfahrtsverletzung eines Dritten; eine Fehlreaktion auf eine solche grobe Verkehrswidrigkeit eines Dritten wird einem nüchternen Kraftwagenfahrer zumeist nicht als schuldhaft angelastet, darf daher auch nicht dazu führen, bei einem betrunkenen Fahrer den Tatbestand des § 61 als kausal erfüllt zu sehen.

Bezüglich des Zusammenhangs zwischen einer solchen alkoholbedingten Fahrunfähigkeit im Sinne einer groben Fahrlässigkeit und einem eingetretenen Schadenereignis ist die Anwendung der Grundsätze des prima-facie-Beweises zulässig (OLG Zweibrücken 30. IV. 1976 VersR 1977 S. 246; vgl. auch Anm. J 89 a.E.). Ein solcher Ursachenzusammenhang zwischen grober Fahrlässigkeit (Blutalkoholgehalt von 1,41‰) und einem Fahrfehler (Schleudern wegen plötzlicher Verengung der Fahrbahn durch unfallbedingt haltende Fahrzeuge) wurde im konkreten Fall mit der Begründung verneint, daß das Nichterkennen eines unzulänglich gesicherten Fahrzeugs zur Nachtzeit und bei Regen auch einem nüchternen Vmer als ein Fahrfehler hätte unterlaufen können (Grenzfall).

Als alkoholbedingter Fahrfehler darf es dagegen keineswegs angesehen werden, wenn ein Vmer, der Alkohol bis zu dem genannten Grenzwert oder darüber hinaus genossen hatte, besonders sorgsam fährt, etwa bei gelbem Ampellicht sogleich bremst und die in den Großstädten oft zu beobachtende Unsitte nicht mitmacht, noch bis zum letzten Gelbschatten zügig auf die Kreuzung zu fahren.

Zu Ungunsten des Vmers sind nach den Grundsätzen des **Indizienbeweises** in der Regel diejenigen Fälle zu entscheiden, in denen die absolute Fahruntüchtigkeit feststeht und das von der Norm abweichende Fahrverhalten kaum anders als durch die alkoholisierte Fahrweise erklärt werden kann. Daß der alkoholisierte Vmer ohne Vsschutz bleibt, dem es nicht gelingt, gewichtige Indizien vorzutragen, die dafür sprechen, daß der festgestellte Fahrfehler nicht auf die alkoholbedingte Fahrunfähigkeit zurückzuführen ist, kann nicht als unbillig angesehen werden. Stets sind dabei aber alle Umstände des Einzelfalles mit zu berücksichtigen.

Beispiel: LG Mainz 30. I. 1958 VersR 1958 S. 559–560; der Vmer hatte einen Blutalkoholgehalt von 1,68‰; dem Urteil ist jedoch nicht zu entnehmen, welcher Fahrfehler begangen worden ist; es läßt sich daher nicht abschließend sagen, ob das Urteil nach heutigen Maßstäben zutreffend ist oder nicht (ebenso ist der vom LG Zweibrücken 16. XII. 1954 VersR 1955 S. 104–105 entschiedene Fall einzuordnen).

Zu Recht ist der Vsschutz z. B. in folgenden Fällen verneint worden:

KG 15. X. 1951 VersR 1951 S. 292–293: Vorfahrtsverletzung mit Blutalkoholgehalt von 1,9‰. OLG Braunschweig 9. IX. 1952 VersR 1952 S. 369–370, der Vmer war mit einem Blutalkoholgehalt von rund 2‰ von der Fahrbahn abgekommen; ebenso im Fall LG Wiesbaden 29. V. 1953 VersR 1953 S. 307. LG Dortmund 13. I. 1956 VersR 1956 S. 367: Der Vmer hatte mit einem Blutalkoholgehalt von 1,41‰ ein ordnungsgemäß abgestelltes Fahrzeug gerammt. LG Mönchengladbach 28. VII. 1955 VersR 1955 S. 737: Der Vmer war mit einem Blutalkoholgehalt von 1,96‰ von der Straße abgekommen und gegen eine Mauer gefahren. LG Oldenburg 1. IV. 1955 VersR 1955 S. 387: Ungebremstes Weiterfahren an einer Fahrbahnverengung mit einem Blutalkoholgehalt zwischen 1,3–1,5‰. LG Düsseldorf 7. III. 1957 VersR 1957 S. 284: Vorfahrtsverletzung bei einem Blutalkoholgehalt von 1,8‰ (bezüglich der Annahme, daß der Bereicherungsanspruch des Vers nicht in 30, sondern gemäß § 12 I schon in 2 Jahren verjähre, aufgehoben durch BGH 14. I. 1960 BGHZ Bd 32 S. 13–17; vgl. insoweit ergänzend Möller in Bruck-Möller Anm. 9 zu § 12). OLG Düsseldorf 15. X. 1957 VersR 1957 S. 816–817: Kurvenunfall mit Überschlagen des Fahrzeugs, Blutalkoholgehalt des Vmers 1,45‰.

LG Hamburg 12. II. 1960 VersR 1960 S. 412: Der Vmer war mit einem Blutalkoholgehalt von 2,2‰ gegen einen Brückenpfeiler gefahren. LG Köln 17. II. 1960 VersR 1961 S. 783–784: Fahren gegen einen Baum infolge Einschlafens des Fahrers, der einen Blutalkoholgehalt von 1,5‰ hatte. LG Dortmund 14. I. 1964 VersR 1964 S. 585 (Abkommen von der Fahrbahn bei 1,31‰ Blutalkoholgehalt). LG Mönchengladbach 25. II. 1965 VersR 1966 S. 34 (Abkommen von der Fahrbahn in einer Kurve bei 1,64‰ Blutalkoholgehalt). OLG Köln 13. XI. 1968 VersR 1969 S. 1014–1015: Der Vmer hatte einen Blutalkoholgehalt von 1,9–2,2‰ und war gegen einen auf dem Randstreifen einer Autobahn abgestellten Abschleppwagen gefahren. LG Amberg 5. III. 1971 VersR 1972 S. 291: Vorfahrtsverletzung bei 1,6‰ Blutalkoholgehalt. OLG München 21. V. 1973 VersR 1974 S. 73–74: Abkommen von der Fahrbahn in einer Kurve bei einem Blutalkoholgehalt von 1,43‰.

Unterhalb der Grenze von 1,3‰ stellt das Fahren nach Alkoholgenuß, wenn der Blutalkoholgehalt zur Tatzeit mindestens 0,8‰ beträgt, gemäß § 24a StVG regelmäßig lediglich eine Ordnungswidrigkeit dar. Tritt aber zu einem derartigen Blutalkoholgehalt auch hier ein Fahrfehler, so ist häufig die Annahme des Vorliegens grober Fahrlässigkeit gerechtfertigt. Beispiele aus der Rechtsprechung: LG Braunschweig 15. II. 1961 VersR 1961 S. 1131 (unerklärliches Abkommen von der Fahrbahn bei einem Blutalkoholgehalt von 0,86‰). KG 19. III. 1965 VersR 1965 S. 558–560: Der Vmer – übermüdet und mit Alkoholgehalt von 1,1‰ – geriet nachts auf vereister Straße bei einem Überholvorgang ins Schleudern und fuhr gegen eine Laterne; der Vsschutz wurde verneint. OLG Stutgart 14. V. 1965 VersR 1965 S. 873–875: Der Vmer war bei einem Blutalkoholgehalt von 1,2‰ in einer langgestreckten Kurve bei gut ausgebauter Straße und guter Sicht ohne ersichtlichen Grund von der Straße abgekommen. OLG München 17. IX. 1965 VersR 1965 S. 1089–1090: Abkommen von der Fahrbahn und Kollision mit einem Baum bei

V. 5. c) Grobfahrlässige Herbeiführung des Vsfalls   **Anm. J 93**

Verkehrsstille morgens um 4.00 Uhr, Alkoholgehalt 1,1‰; die Entscheidung ist im Ergebnis durchaus zutreffend, nur durfte der prima-facie-Beweis nicht zugrunde gelegt werden; vgl. Anm. J 89. Ebenso LG Essen 24. I. 1966 VersR 1967 S. 50 (1,2‰ – Blutalkohol, Abkommen von der Fahrbahn ohne einleuchtenden Grund), vgl. ferner LG Münster 9. IV. 1967 VersR 1969 S. 316–317: Abkommen von der Fahrbahn bei einem Blutalkoholgehalt von 1,1‰ und OLG Frankfurt a.M. 20. I. 1975 VersR 1976 S. 554: Auffahren auf ein ordnungsgemäß abgestelltes Fahrzeug bei einem Blutalkoholgehalt des Vmers von 1,1‰. LG Landau 23. X. 1975 VersR 1976 S. 455 behandelt einen Fall, in dem eine Blutalkoholkonzentration von 1,29‰ festgestellt wurde. Der Vmer fuhr vom Fahrbahnrand an und kollidierte mit einem Motorrad. Da dem Motorradfahrer als Teilnehmer des fließenden Verkehrs der Vorrang gebührte, lag die Annahme eines typisch alkoholbedingten Fehlers nahe. Der Vsschutz wurde jedoch bejaht, weil mit Rücksicht auf die Bremsspur des Motorrades von immerhin 36,70 m dem Hinweis des Vmers, daß sein Unfallkontrahent mit überhöhter Geschwindigkeit gefahren sei, erhebliches Gewicht zukam. Wenn an Ort und Stelle nur die normale Geschwindigkeit von 50 km/h gefahren werden durfte, hätte auch ein nicht trunkener Autofahrer den zu schnellen Motorradfahrer übersehen können, zumal dieser gerade einen Omnibus überholte, dessen Fahrweise der Vmer trotz des Einscherens in den Verkehr nicht beeinträchtigt hatte. Zutreffend OLG Köln 4. III. 1959 VersR 1959 S. 384–395: Grobe Fahrlässigkeit wurde bei einem Blutalkoholgehalt von 1,25‰ (nach heutiger Berechnung wohl nur 1,15‰) im Zusammenhang mit einer Vorfahrtsverletzung an übersichtlicher Kreuzung bejaht.

Bleibt nach Würdigung aller Umstände des Einzelfalles umstritten, ob der derart alkoholisierte Vmer einen Fahrfehler begangen hat, so ist nach Beweislastgrundsätzen zu Gunsten des Vmers zu entscheiden; zu bedenken ist dabei insbesondere, daß der menschliche Körper auf den Alkoholgenuß unterschiedlich reagiert. Es würde eine Vergröberung der Lebenswirklichkeit darstellen, wenn der Erfahrungstatsache nicht Rechnung getragen werden würde, daß es eine Vielzahl von Menschen gibt, die trotz Alkoholgenusses bis zur Schwelle der absoluten Fahrunfähigkeit im Einzelfall fehlerfrei fahren können. Das Gesagte gilt in verstärktem Maße für diejenigen Alkoholgenußfälle, bei denen sich der Blutalkoholpegel zur Tatzeit unterhalb der erwähnten 0,8‰-Grenze hielt.

BGH 2. XII. 1957 VersR 1958 S. 16–17 verneint grobe Fahrlässigkeit bei einem Blutalkoholgehalt zwischen 1,17 und 1,245‰ in einem Fall, in dem der Vmer plötzlich am Steuer eingenickt und der Wagen von der Straße abgekommen war. Eine solche Folge des Alkoholgenusses ist dem Vmer aber nach heutigen Erkenntnissen als grobes Verschulden zuzurechnen, da dieser eine für die Fahrfähigkeit gefährliche Menge Alkohol genossen und einen Fahrfehler begangen hat; das Einschlafen vermag ihn nicht zu entlasten.

Aus dieser Sicht der Dinge bestehen auch Bedenken gegen BGH 23. X. 1967 VersR 1967 S. 1142–1143: Der Vmer war mit einem Blutalkoholgehalt von 0,9‰ von der Straße abgekommen; ein Schild, nach dem wegen eingetretener Frostaufbrüche nur 30 km/h gefahren werden durfte, hatte er übersehen und war etwas über 80 km/h gefahren; bei auftretendem Nebel geriet das Fahrzeug dann beim Bremsen ins Schleudern; die Annahme grober Fahrlässigkeit wäre unter diesen Umständen nach den heutigen Erkenntnissen über die Wirkung des Alkohols zu bejahen. Zu milde auch KG 13. V. 1975 VersR 1975 S. 1041, das das Überfahren eines Rotlichts durch einen Vmer, der einen Blutalkoholgehalt von 0,8‰ hatte, nicht als grobfahrlässig ansah, weil nicht festgestellt werden konnte, daß der Vmer bewußt die Ampelregelung mißachtet habe. Zutreffend dagegen KG 10. VI. 1954 VersR 1954 S. 396–397 für eine Kollision eines Vmers, der einen Blutalkoholgehalt von 1–1,1‰ hatte. Zu Recht hat daher auch

OLG Köln 7. X. 1959 VersR 1960 S. 315–316 bei einem Blutalkoholgehalt von 0,8‰ grobe Fahrlässigkeit des Vmers angenommen, der im Dunkeln auf einer Bundesstraße in einer unübersichtlichen Rechtskurve diese mit unverminderter Geschwindigkeit zwischen 80 und 100 km/h geschnitten hatte und einen entgegenkommenden Mopedfahrer tödlich verletzte. Ebenso bei einem Blutalkoholgehalt von 0,8‰ OLG Nürnberg 30. XI. 1972 VersR 1973 S. 171–172: Der Vmer hatte die erlaubte Geschwindigkeit von 50 km/h um 60 km/h überschritten und war beim versuchten Abbiegen aus der Kurve getragen worden. In diesem Sinne auch bei einem derart mißglückten Abbiegeversuch OLG Koblenz 5. IV. 1973 VersR 1973 S. 1159–1160, das allerdings zu Unrecht den prima-facie-Beweis für anwendbar hielt (vgl. Anm. J 89), dem aber im übrigen mit Rücksicht auf den Blutalkoholgehalt von 0,8‰ und die Überschreitung der zulässigen Geschwindigkeit zwischen 30 und 35 km/h zuzustimmen ist. Zu milde für die heutige Zeit OLG Köln 22. VI. 1966 VersR 1966 S. 971–972: Bei einem Blutalkoholgehalt von 0,9‰ und einem Versagen in der Kurve hätte die Annahme grober Fahrlässigkeit näher gelegen. Dem hat in der Zwischenzeit auch der Gesetzgeber Rechnung getragen, indem er in § 24a StVG für das Fahren mit einem Blutalkoholgehalt ab 0,8‰ einen besonderen Ordnungswidrigkeitstatbestand geschaffen hat (Gesetz vom 20. VII. 1973, BGBl. I S. 870). Auch mit Rücksicht darauf, daß das heute allgemein bekannt ist, ist bei derartigen Fahrfehlern im alkoholisierten Zustand ab 0,8‰ häufig die Annahme grober Fahrlässigkeit geboten. LG Köln 11. VI. 1969 VersR 1970 S. 51 (m. Anm. Kirchner VersR 1970 S. 269) bejaht in einem Grenzfall bei einem Blutalkoholgehalt von 1‰ und einem Fahrfehler den Vsschutz. Das Gericht konnte aber auch ein besonders bemühtes Fahren des Vmers feststellen. Der Vmer hatte sich nach links zur Straßenmitte eingeordnet, um auf eine Grundstückseinfahrt zu fahren. Der Vmer hatte ordnungsgemäß geblinkt und ein entgegenkommendes Fahrzeug vorbeigelassen, das nächste jedoch übersehen. Dem Gericht ist freilich darin beizupflichten, daß das ein Fehler ist, der sehr häufig auch nüchternen Kraftfahrern unterläuft, genauso wie das Auffahren im Stadtverkehr infolge kurzer Unaufmerksamkeit. Solche Abbiegevorgänge und Auffahrunfälle sind daher, wenn nicht besondere Umstände hinzutreten, dem Bereich der leichten Fahrlässigkeit zuzurechnen. Im Zusammenhang mit Alkoholgenuß darf aber nicht außer acht gelassen werden, daß die Herabsetzung der Reaktionsfähigkeit und das Verschätzen der konkreten Situation alkoholtypisch sind, so daß die Annahme grober Fahrlässigkeit näher gelegen hätte.

Für das österreichische Recht vgl. ÖOGH 25. IX. 1963 VersR 1965 S. 395–396: Bei einem Blutalkoholgehalt von 1,05‰ wird der Vsschutz verneint unter Hinweis darauf, daß es nicht notwendig sei, daß die festgestellte Alkoholisierung die ausschließliche Ursache des Unfalls gewesen sei; der Unterschied zum deutschen Recht wird aus dem Hinweis deutlich, daß der Ver seiner Beweispflicht genügt habe, da das Verschulden des Vmers strafgerichtlich festgelegt worden sei.

Schließlich sind auch die atypischen Fälle zu bedenken, in denen der Vmer etwa nachweisen kann, daß er unverschuldet in den Zustand alkoholbedingter Fahrunfähigkeit relativer oder absoluter Art geraten ist. Denkbar ist es beispielsweise, daß dem Vmer, zu dessen festen Grundsätzen es gehört, niemals ein Auto zu führen, wenn er mehr als zwei Glas Bier getrunken habe, Spaßvögel in einem unbeobachteten Augenblick Schnaps in Mengen in sein Bierglas gießen. Bemerkt ein Vmer diese Manipulation nicht, so ist ihm diese Unaufmerksamkeit kaum als leichte Fahrlässigkeit zuzurechnen mit der Folge, daß der darauf zurückzuführende Fahrfehler, auch wenn er für sich allein schon den Vorwurf grober Fahrlässigkeit begründen würde, nicht zur Versagung des Vsschutzes berechtigt.

V. 5. c) Grobfahrlässige Herbeiführung des Vsfalls   Anm. J 93

LG Essen 11. XII. 1970 VersR 1971 S. 1007 hält es für bedeutungslos, ob ein Vmer, bevor er zu trinken anfing, voraussehen konnte, daß er im unzurechnungsfähigen Zustand fahren werde; allein dem Ausgangspunkt der Betrachtung, daß ein solches Betrinken bis zur Unzurechnungsfähigkeit in jedem Fall eine grobe Fahrlässigkeit darstelle, kann nicht beigepflichtet werden; es sind durchaus Situationen denkbar, in denen jemand sich betrinkt, ohne daß dieser Vorgang als grobe Fahrlässigkeit zu werten ist. Beispiel: Ländliche Hochzeitsfeier, auf der der Vater der Braut sich vor Freude beim Trinken übernimmt und anschließend sinnloserweise im Zustande absoluter Unzurechnungsfähigkeit von zu Hause wegfährt. Handelt es sich um einen rechtschaffenen Mann, dem derartiges wesensfremd ist, der auch niemals zuvor im betrunkenen Zustand gefahren ist und der sonst dem Alkohol so gut wie gar nicht zuspricht, so ist nicht recht einzusehen, warum dieser Vmer, der überhaupt keinen vernünftigen Grund hatte, Auto nach der Hochzeitsfeier zu fahren, beim Trinken grobfahrlässig gehandelt haben sollte.

Als Sonderfälle sind ferner gewiß diejenigen Lebenssachverhalte anzusehen, in denen der Vmer selbst nicht gefahren hat, sondern der Vorwurf dahin geht, daß er sein Fahrzeug einem alkoholisierten Fahrer anvertraut habe. Hier ist zunächst der Lebenserfahrung Rechnung zu tragen, daß bei sehr vielen Menschen der Alkoholgenuß das äußere Verhalten nicht beeinflußt, so daß das Nichterkennen einer relativen oder absoluten Fahruntüchtigkeit nur in besonderen Fällen dem Vmer als grobfahrlässig anzurechnen ist, z. B. bei gemeinsamen Zechtouren mit erheblichem Alkoholgenuß oder bei starken und für jeden nüchternen Betrachter unschwer erkennbaren Ausfallerscheinungen des zum Fahrer auserkorenen Dritten. In diesem Sinne ist gerade noch zu billigen OLG Karlsruhe 26. VII. 1961 NJW 1961 S, 2352−2353 = VersR 1961 S. 1106−1107: Ein Gastwirt hatte sein Fahrzeug einem jugendlichen Fahrer anvertraut, dessen Fahrpraxis ihm nicht im einzelnen bekannt war und von dem er wußte, daß er zuvor Alkohol genossen hatte. Tatsächlich betrug dessen Alkoholgehalt 1,15‰. Es waren aber weder besondere Müdigkeitserscheinungen noch äußere Anzeichen für eine alkoholbedingte Fahruntüchtigkeit erkennbar, auch handelte es sich nur um eine kurze Fahrstrecke. Daß ein solcher Fall anders beurteilt werden kann, wenn sich ein Halter nach durchfeierter Nacht den Fahrer, dem er den Wagen anvertraut hat, überhaupt nicht angesehen hat, leuchtet ein (vgl. dazu OLG Königsberg 21. XII. 1939 JRPV 1940 S. 54−55). Ist der Vmer infolge eigenen Alkoholgenusses nicht in der Lage, die relative oder absolute Fahruntüchtigkeit seines Führers zu erkennen, obwohl sie für jeden nüchternen Betrachter festzustellen war, so braucht dennoch keine grobe Fahrlässigkeit vorzuliegen, wenn der Vmer nämlich bei dem eigenen Trinkbeginn darauf vertrauen durfte, daß z. B. sein sonst zuverlässiger Sohn, der ihn des Nachts von einer Feier mit dem Auto abholen wollte, vereinbarungsgemäß keinen Alkohol zu sich nehmen würde. Etwas anders gilt aber dann, wenn der Vmer den Fahrer selbst zum Alkoholgenuß in nicht unerheblichem Umfang eingeladen hatte (so im Fall LG Stade 11. X. 1955 VersR 1955 S. 689, zu milde nach heutigen Maßstäben die den Vsschutz in der Berufung bejahende Entscheidung OLG Celle 7. I. 1957 VersR 1957 S. 191).

Ist der Blutalkoholgehalt des Vmers nicht ermittelt worden, so ist die Annahme alkoholbedingter Fahrunfähigkeit nur in Ausnahmefällen gerechtfertigt (BGH 12. XI. 1975 VersR 1976 S. 85 [in NJW 1976 S. 372 nicht mitabgedruckt]; zu hart für die heutigen Verhältnisse OLG Celle 27. XI. 1931 JRPV 1932 S. 269). Zur Frage, ob eine Vereitelung der Blutentnahme als Verletzung der Aufklärungsobliegenheit zur Leistungsfreiheit des Vers führt, vgl. Anm. J 18.

Beschäftigt der Vmer einen einmal wegen Alkohols am Steuer vorbestraften Fahrer nach Neuerteilung der Fahrerlaubnis wieder, so ist ein solches Verhalten regelmäßig nicht als grobfahrlässig anzusehen (vgl. OLG Oldenburg 18. VII. 1951 VersR 1951 S. 272–274), es sei denn, daß der Vmer unübersehbare Fakten außer acht läßt, die zeigen, daß dem Fahrer die vorangegangene Strafe keine Warnung gewesen ist.

Alkoholmengen unter 0,8‰ sollten im Normalfall – ungeachtet dessen, daß es nach streng ethischen Grundsätzen vorbildlich wäre, sich nach Alkoholgenuß überhaupt nicht an das Steuer zu setzen – nicht als indizielles Ursachenereignis für einen Unfall gewertet werden. Dabei ist auch zu beachten, daß sich die Rechtslage für den durchschnittlichen Vmer so darstellt, daß ihm die Rechtsordnung das Fahren im leicht alkoholisierten Zustand nicht verbietet (in diesem Sinne vgl. OLG Celle 22. VI. 1966 VersR 1966 S. 946–947 und ÖOGH 17. VIII. 1966 VersR 1967 S. 147–148 mit abl. Anm. von Gaisbauer VersR 1967 S. 388). Erst recht darf ein geringer Alkoholgehalt dann nicht gegen den Vmer im Sinne grober Fahrlässigkeit verwertet werden, wenn er unwiderlegt und glaubhaft vorträgt, daß sein Abkommen von der Fahrbahn auf einem **Fahrfehler eines Dritten** beruhe (verkehrswidriges Ausscheren eines anderen Verkehrsteilnehmers auf der Autobahn, vgl. dazu OLG Karlsruhe 5. VIII. 1966 VersR 1967 S. 360–371). Auch ÖOGH 21. XI. 1974 VersR 1975 S. 1168 mißt einer geringen Alkoholmenge (0,56‰) selbst bei einem Fahrfehler (überhöhte Geschwindigkeit) keine entscheidende Bedeutung bei.

Leistet der Ver, obwohl der Vmer dem „Bezirksdirektor" des Vers wahrheitsgemäß vor der Zahlung mitgeteilt hat, daß bei ihm ein Blutalkoholgehalt von 1,7‰ festgestellt worden sei, und erklärt der Bezirksdirektor darauf, daß der Ver „großzügig" sei und zahlen werde, so kann die Leistung später nicht kondiziert werden (so OLG Köln 26. VII. 1962 VersR 1963 S. 182–183; vgl. zur Wertung des Titels „Bezirksdirektor" ergänzend die Nachweise bei Möller in Bruck-Möller Anm. 41 zu § 45).

[J 94] eee) Anfänger

OLG Celle 22. X. 1962 VersR 1963 S. 156 hat grobe Fahrlässigkeit darin gesehen, daß der Vmer sein Fahrzeug einem **unerfahrenen Fahrer** überlassen hatte. Dem wird man als Regelaussage nicht zustimmen können. Ähnlich hart aber OLG Celle 5. III. 1960 VersR 1960 S. 507–508, das das Verhalten des Vmers als grobfahrlässig qualifizierte, der als ungeübter Fahrer ein gemietetes, ihm ungewohntes Fahrzeug mit einer Geschwindigkeit von 90 km/h in einer S-Kurve gesteuert hatte. Zu Unrecht geht das Gericht dabei noch davon aus, daß der Begriff der groben Fahrlässigkeit allein nach objektiven Umständen zu bestimmen sei (vgl. dazu Anm. J 84). Auch OLG München 1. IV. 1958 VersR 1959 S. 74–75 legte bei einer Fahranfängerin, die die erste Fahrt nach bestandener Führerscheinprüfung absolvierte, zu harte Maßstäbe an (ähnlich streng schon KG 21. VI. 1930 JRPV 1930 S. 374). Treffend hat dagegen in einer Entscheidung zu § 640 RVO BGH 21. IV. 1970 VersR 1970 S. 568–570 = LM Nr. 4 zu § 640 RVO den Vorwurf **grober Fahrlässigkeit** im konkreten Fall gerade deshalb verneint, weil der Fahrer **Anfänger** gewesen sei (vgl. auch KG 24. XI. 1937 JRPV 1938 S. 74, das in einem Übermüdungsfall die mangelnde Erfahrung des noch nicht volljährigen Vmers zu dessen Gunsten berücksichtigte). Auch ÖOGH 29. VIII. 1974 VersR 1975 S. 748 lehnt es zu Recht ab, aus der Anfängereigenschaft des Vmers bei einer Geschwindigkeitsüberschreitung auf grobe Fahrlässigkeit zu schließen. Vgl. ferner ÖOGH 22. X. 1969 VersR 1970 S. 727–728 m. abl. Anm. von Gaisbauer VersR 1970 S. 848, der selbst bei einem Fahranfänger, der das Fahrzeug zum Transport von Diebesgut benutzte, für eine Geschwindigkeit von 80 km/h auf einer Schotterstraße mit einem Abkommen von der Fahrbahn in der Kurve grobe Fahrlässigkeit verneinte; die vom Ver behauptete Erregung des Vmers sah das Gericht nicht als erwiesen an, da der Tatrichter nicht

V. 5. c) Grobfahrlässige Herbeiführung des Vsfalls   **Anm. J 95–97**

hatte feststellen können, daß der Vmer verfolgt wurde oder eine solche Verfolgung befürchtete. Hier wäre allerdings auch eine gegenteilige Entscheidung vertretbar gewesen. Weitere Nachweise bei Bokelmann a. a. O. S. 107, die auf S. 110 ebenfalls für eine entlastende Wertung bei Anfängerfehlern eintritt.

[J 95] fff) Auffahren

Das Auffahren auf ein voranfahrendes Fahrzeug oder auf einen deutlich abgestellten Wagen spricht nach den Regeln des Beweises des ersten Anscheins für ein Verschulden des Auffahrenden. Zu beachten ist aber, daß es nicht zulässig ist, diese tatsächlich bestehende Vermutung für schuldhaftes Verhalten auf die Feststellung der groben Fahrlässigkeit auszudehnen (vgl. dazu Anm. J 89). Man muß sich vielmehr dessen bewußt sein, daß schon eine ganz geringe Unaufmerksamkeit zu einer solchen Kollision führen kann und daß eine solche Unaufmerksamkeit letzten Endes in der menschlichen Unzulänglichkeit begründet ist. Sehr differenzierend und abgewogen in diesem Sinne OLG Hamburg 12. III. 1968 VersR 1970 S. 148–150 in einem Fall, in dem der Vmer mit einer Geschwindigkeit von 150 km/h auf der Autobahn auf einen langsam fahrenden Lkw aufgefahren war. Ähnlich auch LG Kempten 24. II. 1965 VersR 1965 S. 698–699 (zu § 640 RVO). Das Gesagte gilt in gleichem Maße für Abbiegevorgänge, bei denen erfahrungsgemäß selbst sorgfältigen Autofahrern Fehler unterlaufen.

[J 96] ggg) Aufheben von Gegenständen während der Fahrt

Wer als Lenker eines in Bewegung befindlichen Fahrzeugs sich bückt, um einen heruntergefallenen Gegenstand – sei es eine Tasche oder eine Zigarette – aufzuheben und dadurch einen Unfall herbeiführt, hat in aller Regel grobfahrlässig im Sinn des § 61 gehandelt (so ÖOGH 13. V. 1970 VersR 1971 S. 1075, OLG Frankfurt a. M. 26. I. 1973 VersR 1973 S. 610–611, LG Würzburg 16. IX. 1975 VersR 1977 S. 275). Dagegen ist im Normalfall keine grobe Fahrlässigkeit anzunehmen, wenn der Vmer lediglich durch das Hin- oder Umfallen eines Gegenstandes überrascht wird und – dadurch abgelenkt – dem Verkehr nicht die gebotene Aufmerksamkeit widmet, ohne aber den törichten Versuch zu unternehmen, während der Fahrt die Sache aufzuheben. Zu hart beurteilt OLG Saarbrücken 21. IX. 1973 VersR 1974 S. 182–183 das Verhalten eines solchen Vmers, dem während der Fahrt ein Kaugummi aus dem Mund gefallen war (ablehnend Dellmanns VersR 1974 S. 459, zustimmend dagegen Becker VersR 1974 S. 989). – Dem Aufheben von Gegenständen kann das Umdrehen des Kopfes während der Fahrt nicht ohne weiteres gleichgesetzt werden, es sei denn, daß es provokant zur Mißachtung des Sicherheitsgebots erfolgt, wie das möglicherweise in dem vom LG München 30. XI. 1954 VersR 1955 S. 55 zu Lasten des Vmers entschiedenen Sachverhalt der Fall gewesen ist.

[J 97] hhh) Autobahnverkehr

Für den Verkehr auf der Autobahn sind mit Rücksicht auf den dort herrschenden Schnellverkehr strenge Anforderungen zu stellen. Das Wenden auf der Autobahn stellt einen ganz schweren Verstoß gegen die Sorgfaltspflichten dar (vgl. dazu zutreffend OLG Nürnberg 21. IX. 1962 VersR 1963 S. 276–277); ebenso das gelegentlich vorkommende Befahren der Gegenfahrbahn auf diesem dem Schnellverkehr gewidmeten Verkehrsweg. Wer auf der Autobahn im Rahmen einer durch eine Baustelle bedingten Verengung trotz Überholverbots unter Benutzung auch noch der Gegenfahrbahn überholt, handelt grobfahrlässig (vgl. für diesen Fall LG Darmstadt 9. X. 1974 VersR 1976 S. 335). Dagegen stellt das Befahren einer bereits fertiggestellten Fahrbahnstrecke der Autobahn, die noch nicht amtlich für den Verkehr freigegeben ist, nicht ohne weiteres eine grobe Fahrlässigkeit dar (BGH 20. I. 1964 VersR 1964 S. 234 für eine Kollision mit einer Baumaschine, die — am Rande einer schon allgemein befahrenen Strecke — in der Dunkelheit schwer erkennbar abgestellt gewesen war).

Als grobfahrlässig kann auch häufig ein nach der Verkehrslage nicht zwingend gebotenes Anhalten auf der Autobahn angesehen werden. Aber auch das unvorsichtige Wechseln der Fahrspur auf der Autobahn kann im Einzelfall als grobfahrlässig qualifiziert werden, z. B. wenn der in dieser gefährlichen Weise fahrende Vmer sich dessen bewußt ist, daß eine Kollision nur durch ein sofortiges Reagieren des behinderten Verkehrsteilnehmers vermieden werden kann. Solch aggressives Fahren ist allerdings sorgsam von Fahrfehlern zu unterscheiden, die jedem Autoführer trotz des Bemühens um konzentrierte Aufmerksamkeit unterlaufen können.

Mitunter werden auch zu harte Maßstäbe angelegt. Verliert ein Fahrer auf der Autobahn die Gewalt über sein Fahrzeug, weil ihm nach seiner Einlassung ein Kaugummi aus dem Mund gefallen war und er diesem nachschaute, anstatt auf die Fahrbahn zu achten, so kann man darüber streiten, ob ein solcher Fehler der groben Fahrlässigkeit zuzurechnen ist oder nicht (OLG Saarbrücken 21. IX. 1973 VersR 1974 S. 183—184 hat den Vsschutz versagt, zustimmend Becker VersR 1974 S. 989; ablehnend Dellmans VersR 1974 S. 459).

Verfehlt ist es, jedes Abkommen von der Fahrbahn der Autobahn als grobfahrlässig zu qualifizieren. Vgl. OLG Stuttgart 24. III. 1972 VersR 1972 S. 772: Nicht vsrechtlicher Mietfall, bei dem zu Recht vom Gericht hervorgehoben wurde, daß es jedem Fahrer einmal passieren könne, daß er aus Unachtsamkeit die sich aus dem Zustand der Fahrbahn ergebenden Gefahren falsch einschätze (in diesem Sinne auch OLG Nürnberg 17. II. 1977 VersR 1977 S. 660). Insbesondere kann es auch mit nur leichter Fahrlässigkeit geschehen, daß ein Fahrer bei der Abfahrt von der Autobahn sich in der Geschwindigkeit verschätzt und die Gewalt über den Wagen verliert (zu hart LG Stuttgart 15. VIII. 1961 VersR 1964 S. 1156—1157). Wer allerdings nachts nur zwei Stunden geschlafen hat und dann eine Geschwindigkeitsbeschränkung auf der Autobahn nicht beachtet und dabei — wahrscheinlich infolge von Übermüdung — auf den Mittelstreifen der Autobahn gerät, wird sich dem Vorwurf grober Fahrlässigkeit nicht entziehen können, jedenfalls dann nicht, wenn die Geschwindigkeit erheblich überschritten worden ist (vgl. OLG Köln 22. XI. 1965 VersR 1966 S. 530—531, allerdings noch mit der unrichtigen Prämisse, daß der Anscheinsbeweis zulässig sei, vgl. Anm. J 89).

Immer wieder ist zu betonen, daß nicht jedes fehlerhafte Fahrverhalten auf der Autobahn dem Bereich der Leichtfertigkeit im Sinne grober Fahrlässigkeit zuzurechnen ist. Zu beachten ist vielmehr, daß selbst den um sorgsamste Konzentration bemühten Fahrzeugführern Fahrfehler unterlaufen, die auf Unaufmerksamkeiten zurückzuführen sind, die sich in Sekundenschnelle abspielen und mit Rücksicht auf die menschliche Konstitution subjektiv verständlich sind. Zu Recht hat darauf OLG Hamburg 12. III. 1968 VersR 1970 S. 148—150 in einem Fall hingewiesen, bei dem ein Vmer mit 150 km/h auf einen langsam vor ihm fahrenden Lkw auf der Autobahn aufgefahren war (vgl. auch LG Kempten 24. II. 1965 Vers 1965 S. 698—699 [zu § 640 RVO], das grobe Fahrlässigkeit bei einem Auffahren auf einen Sattelzug verneinte). Etwas anderes gilt, wenn derartige Geschwindigkeiten bei Nacht und Nebel bei einer Sichtweite von nur 30—50 m gefahren werden (vgl. dazu den vom OLG Karlsruhe 21. XII. 1965 VersR 1966 S. 331 entschiedenen Fall).

Sehr hohe Geschwindigkeiten gehören zum typischen Erscheinungsbild des Fahrens auf Autobahnen. Aus der Einhaltung einer solchen hohen Geschwindig-

V. 5. c) Grobfahrlässige Herbeiführung des Vsfalls

keit kann daher in der Regel ein Indiz für grobe Fahrlässigkeit nicht hergeleitet werden. Kommt es daher bei einer Geschwindigkeit von 150 km/h zum Auffahren auf einen langsam fahrenden Lkw, so kann das im Einzelfall durchaus auf einen nur leicht fahrlässig begangenen Fehler des Vmers zurückzuführen sein (vgl. OLG Hamburg 12. III. 1968 VersR 1970 S. 148-150).

[J 98] iii) Blendung

Ein Kraftfahrer, der von einem Entgegenkommer geblendet wird, muß darauf sachgemäß reagieren. Im allgemeinen wird eine starke Reduzierung der eigenen Geschwindigkeit erforderlich sein, um den gröbsten Gefahren begegnen zu können. Indessen ist es ein typischer Kraftfahrerfehler in dieser Ausnahmesituation, diese nach Lage der Dinge erforderliche Reaktion nicht zu zeigen, sondern weiter zu fahren in der Hoffnung, daß man sofort wieder die Fahrbahn erkennen könne. Deshalb ist es nicht richtig, hier stets grobe Fahrlässigkeit anzunehmen. Im Grunde genommen geht die gegenteilige Annahme letzten Endes nur zu Lasten derjenigen Vmer, die sich nicht geschickt genug in dieser Situation bei der Unfallaufnahme oder in der Schadenanzeige ausdrücken können. In diesem Sinne zu hart OLG Stuttgart 16. X. 1963 VersR 1964 S. 757-758 in einem Regreßfall des Kaskovers gegen den Fahrer, der in einem solchen Blendungsfall bei einer Geschwindigkeit von 100-110 km/h das Fahrzeug nach rechts gelenkt hatte, ohne die Geschwindigkeit wesentlich herabzusetzen. Vgl. dagegen die verständnisvollen Ausführungen in OLG Stuttgart 2. VI. 1971 VersR 1972 S. 290-291.

[J 99] jjj) Brandgefahr

Ein Verstoß gegen Brandverhütungsvorschriften wird häufig als grobfahrlässig zu qualifizieren sein. Vgl. BGH 17. I. 1973 VersR 1973 S. 214-216: Dort hatte der kaufmännische Leiter eines mittleren gewerblichen Unternehmens, der zugleich Mitgesellschafter der betreffenden OHG war, es entgegen den bau- und feuerpolizeilichen Vorschriften geduldet, daß vier Wochen lang eine Brandmauer zwischen einer Garage und einer Werkstatt herausgebrochen war. In der Garage brach aus ungeklärter Ursache ein Brand aus. Er dehnte sich über die genannte Öffnung auch auf die Werkstatt aus, in der zwei abgestellte Fahrzeuge Feuerschaden erlitten. Hinsichtlich dieser Fahrzeuge bejahte der BGH in Übereinstimmung mit dem Berufungsgericht das Vorliegen grober Fahrlässigkeit (vgl. auch KG 12. VI. 1929 JRPV 1929 S. 333-334, das eine solche dauernde fehlerhafte Unterbringung unter dem Gesichtspunkt der Gefahrerhöhung behandelte; verfehlt KG 25. V. 1932 JRPV 1932 S. 248, das auch eine Unterbringung eines Fahrzeugs für nur eine Nacht als Gefahrerhöhung ansah; hier fehlte die für den Begriff der Gefahrerhöhung erforderliche Dauerwirkung; vgl. dazu Möller in Bruck-Möller Anm. 9 zu § 23 m. w. N.). Wenn ein Vmer Gummigeruch in seinem Fahrzeug bemerkt, den Wagen alsdann zur Überprüfung zur nächsten, relativ nahe gelegenen Werkstatt fährt, unterwegs aber ein Brand ausbricht (dessen Ursache das Durchschmoren von Kabeln ist), ist in aller Regel grobe Fahrlässigkeit zu verneinen; so BGH 28. V. 1962 VersR 1962 S. 601; anders und wohl zu hart KG 11. V. 1932 JRPV 1932 S. 264-265 für einen Fall, in dem dem Bruder des Vmers zwar der Geruch des verschmorten Gummis aufgefallen war, er jedoch seine Fahrt fortgesetzt hatte, obwohl er die Ursache dieses Geruchs nicht hatte feststellen können (dafür, daß das Gericht den Bruder des Vmers zu Unrecht als Repräsentanten angesehen hat, vgl. Anm. J 87). Dagegen ist OLG Düsseldorf 29. IV. 1929 VA 1929 S. 273 Nr. 2031 auch heute noch beizupflichten, daß bei den dort geschilderten wiederholten schweren Störungen des Vergasers die relativ lange Fahrt nicht hätte fortgesetzt werden dürfen.

Anm. J 100   J. Fahrzeugversicherung

Bei der Beurteilung solcher Fälle muß man sich im übrigen aber immer darüber im klaren sein, daß der durchschnittliche Autofahrer überhaupt nicht damit rechnet, daß sein Wagen ohne Einwirkung eines von außen kommenden Ereignisses Feuer fangen könne. Grobe Fahrlässigkeit ist vom OLG Hamm 28. IV. 1932 JRPV 1932 S. 362–363 in einem Fall verneint worden, in dem der Vmer in der Dunkelheit nach einem Unfall unter sein teilweise über eine Böschung geratenes Fahrzeug ein brennendes Streichholz gehalten hatte, um zu sehen, wo er Steine zur Abstützung des Wagens unterlegen könne (ebenso ist ein ähnlich liegender Fall vom OLG Köln 13. V. 1931 VA 1932 S. 244 Nr. 2315 = JRPV 1931 S. 308–309 zu Gunsten des Vmers entschieden worden), OLG Hamm a. a. O. wies aber daraufhin, daß ein Hantieren mit offener Flamme in einer Garage regelmäßig als grobfahrlässig anzusehen sei. Demgemäß wurde auch in einem Fall, in dem der Vmer den Wagen über Nacht in einer Scheune untergebracht hatte, die der Vmer dann mit offener Flamme betrat, das Vorliegen des § 61 bejaht (KG 25. V. 1932 JRPV 1932 S. 248). Hingegen wird man entgegen KG 4. VII. 1934 JRPV 1934 S. 365–366 die bloße Ingebrauchnahme eines Fahrzeugs, wenn etwas Benzin beim Einfüllen übergelaufen ist, unter den heutigen Verhältnissen nicht mehr als grobe Fahrlässigkeit werten können, da der durchschnittliche Vmer in einem solchen Fall nicht mit dem Ausbruch eines Feuers rechnet.
LG Bremen 20. III. 1951 VersR 1951 S. 196 und OLG Bremen 25. IV. 1951 a. a. O. sehen es als grobfahrlässig an, wenn der Vmer aus Angst vor einer Explosion sich nicht traut, einen Vergaserbrand durch eine Jacke oder einen ähnlichen Gegenstand zu ersticken; die Entscheidungen verkennen jedoch, daß ein technisch nicht bewanderter Fahrer durch einen solchen Brand, mit dem er nicht rechnet, in Angst und Schrecken geraten kann; das sind aber Tatumstände deretwegen sein Verhalten als weniger schuldhaft erscheint (dafür daß beide Entscheidungen die Grundsätze über die Einschränkung der Drittpersonenhaftung durch den Repräsentantenbegriff verkannt haben, vgl. Anm. J 87). Für einen mutmaßlichen Brandstifterfall, den das Gericht nach den besonderen Umständen des Einzelfalls dahin löste, daß jedenfalls in concreto das angebliche Nichtbemerken des Auslaufens des besonders gesicherten „Wehrmachtsbenzinkanisters" im Inneren des Wagens eine grobe Fahrlässigkeit darstelle, vgl. LG Göttingen 14. VII. 1953 VersR 1954 S. 354–355. OLG Hamburg 7. XII. 1955 VersR 1956 S. 42–44 hält die Vermietung an eine nahezu unbekannte Person, die schon einmal einen „eigenartigen" Vsschaden verursacht hatte, für grobfahrlässig (Grenzfall). Manche Entscheidungen sind durch den Zeitablauf gänzlich überholt mit Rücksicht auf die heute ausgeklügelten Fahrzeugkonstruktionen; so betrifft RG 8. IV. 1927 JRPV 1927 S. 143 = Praxis 1927 S. 290 einen Fall, in dem ein Auspuffrohr konstruktiv so verfehlt angebracht worden war, daß das Trittbrett in Brand geriet; grobe Fahrlässigkeit wurde nach den besonderen Umständen des Falles verneint.

[J 100] kkk) Diebstahlverhinderung

Nach § 38 a S. 1 StVZO müssen Personenkraftwagen und Krafträder – ausgenommen Fahrräder mit Hilfsmotor, deren durch die Bauart bestimmte Höchstgeschwindigkeit nicht mehr als 25 km/h beträgt – eine hinreichend wirkende Sicherungseinrichtung gegen unbefugte Benutzung der Fahrzeuge haben. Das Abschließen der Türen und das Abziehen des Schalterschlüssels gelten dabei nach § 38 a S. 2 StVZO nicht als Sicherung im Sinne des Satzes 1. Für das Vsrecht bedeutet diese gesetzgeberische Ausgangslage, daß der Ver vom Vmer im Regelfall erwarten darf, daß dieser bei einem Abstellen seines Fahrzeugs nicht nur die Türen verschließt und den Wagenschlüssel abzieht, sondern auch das Lenkradschloß verriegelt. Unterläßt der Vmer es, den Wagen zu verschließen und das Lenkradschloß zu verriegeln, so liegt

V. 5. c) Grobfahrlässige Herbeiführung des Vsfalls

meist grobe Fahrlässigkeit vor (LG Essen 10. X. 1968 VersR 1969 S. 270–271, OLG Hamburg 18. IX. 1973 VersR 1974 S. 325). Sind die Türen ordnungsgemäß verschlossen, unterläßt der Vmer es aber versehentlich – was wohl jedem Autofahrer schon passiert ist –, das Lenkradschloß zu betätigen, so wird nur einfache Fahrlässigkeit vorliegen, es sei denn, daß nach den Umständen des Falles eine besondere Diebstahlsgefahr gegeben war (OLG Hamm 12. XI. 1969 VersR 1970 S. 313–314, OLG Hamm 4. X. 1972 VersR 1973 S. 122, OLG Hamm 15. XI. 1972 VersR 1973 S. 242). Anders LG Köln 9. VII. 1969 VersR 1969 S. 1035–1036, das anscheinend in jeder Nichtbetätigung des Lenkradschlosses bereits eine grobe Fahrlässigkeit sieht. Ebenso hat OLG Köln 5. VII. 1965 VersR 1965 S. 1066–1068 bei Versperren der Tür und Nichtverschließen des Lenkradschlosses grobe Fahrlässigkeit angenommen. Der Vmer hatte dort aber auch vorgetragen, daß er es nicht für erforderlich gehalten habe, das Lenkradschloß zu betätigen. Eine solche bewußte Fahrlässigkeit ist in der Tat aus der Sicht eines alle Umstände des Einzelfalls wägenden Betrachters anders zu bewerten als ein menschlich verständliches einmaliges Versagen. Zudem handelte es sich um einen Sportwagen, für die nach wohl zutreffender Auffassung des Gerichts erfahrungsgemäß eine erhöhte Diebstahlsgefahr gegeben war (vgl. ergänzend zu diesem Fragenkreis Dressel DAR 1971 S. 9–10). Treffend ist jedenfalls der Hinweis des Gerichts, daß im Regelfall im Rahmen der Prüfung der Kausalität der festgestellten groben Fahrlässigkeit dem Einwand des Vmers nicht nachzugehen sei, daß das Fahrzeug auch bei verriegeltem Getriebeschaltschloß gestohlen worden wäre. Etwas anderes gilt aber dann, wenn Diebe etwa in einer Großaktion einen ganzen Parkplatz leergeräumt haben, und zwar ohne Rücksicht darauf, ob es sich um Fahrzeuge mit betätigtem oder nicht betätigtem Lenkradschloß gehandelt hat. – Auch LG Hamburg 5. III. 1971 VersR 1972 S. 291–292 hat in einem solchen Fall der Nichtbetätigung des Lenkradschlosses bei verriegelter Tür grobe Fahrlässigkeit angenommen; jenes Fahrzeug war aber noch durch die Besonderheit gekennzeichnet, daß es ohne Zündschlüssel gestartet werden konnte; im übrigen war die Beurteilung der groben Fahrlässigkeit in jenem Fall nicht entscheidungserheblich, wie sich aus der Hilfserwägung des Gerichts ergibt, daß nämlich ein Schaden an dem innerhalb der Frist des § 13 VII AKB wiedergefundenen Fahrzeug vom Vmer nicht dargetan worden sei. – Ist streitig, ob das Lenkradschloß betätigt war oder nicht, so ist es Sache des Vers, den Beweis für den Nichtgebrauch des Schlosses zu führen. Aus einer fehlenden Beschädigung des Schlosses kann nicht ohne weiteres eine Nichtbetätigung des Lenkradschlosses gefolgert werden, da es spezialisierte Banden gibt, die jede Art von Schlüsseln nachmachen lassen können (vgl. den zutreffenden Hinweis von OLG Hamm 4. X. 1972 VersR 1973 S. 122).

Grobe Fahrlässigkeit ist regelmäßig zu bejahen, wenn der Vmer den Wagenschlüssel aufstecken läßt (so im Fall LG Köln 24. II. 1965 VersR 1966 S. 331–332; so auch ÖOGH 8. XI. 1972 VersR 1973 S. 878–879).

Dem ähnelt es, wenn der Schlüssel zwar abgezogen wird, das Fahrzeug aber ohne Betätigung eines Sicherungsschlosses in Garageneinstellung, aus der es ohne Schwierigkeiten auch ohne Schlüssel gestartet werden kann, in der Nähe einer Gaststätte auf einer öffentlichen Straße abgestellt wird (so im Fall LG Essen 18. X. 1966 VersR 1967 S. 968, das allerdings sich zu Unrecht auf den prima-facie-Beweis bezogen hat, vgl. Anm. J 89). Auch ein Aufbewahren eines Reserveschlüssels im Handschuhfach eines auf der Straße abgestellten Wagens wird in aller Regel eine grobe Fahrlässigkeit darstellen, weil Diebe damit rechnen, daß in diesem Fach wertvolle oder für das Fahrzeug wichtige Unterlagen und Gebrauchsgegenstände aufbewahrt werden. Das Aufbewahren eines Reserveschlüssels im Handschuhfach bei einem auf der Straße abgestellten Fahrzeug, das ansonsten ordnungsgemäß gesichert war, ist zu Recht in folgenden Urteilen als grobfahrlässig qualifiziert worden: LG Nürnberg-Fürth 19. XII. 1961 VersR 1962 S. 1069–1070, OLG Nürnberg 16. IX. 1964 VersR 1965 S. 32–33, LG Aurich 2. III. 1966 VersR 1966 S. 1178–1179, LG Augsburg 30. X. 1974 VersR 1975 S. 1018–1019. OLG Nürnberg 17. X. 1969 VersR 1971 S. 311–312 nimmt das auch für den Fall an, daß das fabrikneue Fahrzeug mit Reserveschlüsseln im Handschuhfach auf einem verschlossenen Hof abgestellt wurde; die Entscheidung wird verständlich, wenn man erfährt, daß der Vmer durch zwei kurz vorher begangene Diebstahlversuche auf eine erhöhte Diebstahlgefahr hingewiesen worden war. Etwas anderes mag allerdings dann gelten, wenn das Handschuhfach abgeschlossen war (a. M. — wenn auch nur in einer nicht entscheidungserheblichen Bemerkung — OLG Hamm 13. III. 1974 VersR 1974 S. 1195). OLG Hamm 16. IX. 1970 VersR 1971 S. 165–166 hat grobe Fahrlässigkeit auch in einem Fall angenommen, in dem ein Vmer sich nachts im Wohnteil seines in einer Großstadtstraße gegenüber einer Gastwirtschaft abgestellten Campingwagens im angetrunkenen Zustand zum Schlafen gelegt und die Fahrzeugschlüssel über eine Vase am Armaturenbrett gehängt hatte. Die Entscheidung erscheint als vertretbar, wenngleich manches dafür spricht, daß der Vmer entgegen seiner Darstellung nicht im Wagen geschlafen hatte, sondern selbst gefahren war, weshalb schon der vom Vmer zu erbringende Nachweis eines Diebstahls nicht als geführt anzusehen war (vgl. auch Anm. J 43). Als weiteren Beispielfall für eine fehlerhafte Aufbewahrung eines Reserveschlüssels vgl. OLG Karlsruhe 23. XI. 1975 VersR 1976 S. 454–455 (wenn auch von der unzutreffenden Annahme ausgehend, daß der prima-facie-Beweis zur Anwendung komme, vgl. Anm. J 89). LG München 27. V. 1975 VersR 1976 S. 430–431 hatte dagegen einen Fall zu beurteilen, in dem der Zweitschlüssel sich im verschlossenen Kofferraum in einer Reisetasche befunden hatte; grobe Fahrlässigkeit wurde zu Recht verneint. — Das Aufbewahren des Fahrzeugschlüssels auf dem Wohnzimmerschrank aus Anlaß einer Feier mit Personen, die der Vmer erst vor kurzer Zeit kennengelernt hat, ist als fahrlässig, aber nicht als schwerste Form eines nicht vorsätzlichen Verstoßes gegen die gebotenen Vorsichtsmaßnahmen anzusehen (zu hart daher LG Aurich 20. X. 1966 VersR 1967 S. 851–852; kritisch dazu auch Stelzer VersR 1977 S. 308).

Ist das Lenkradschloß betätigt, hat der Vmer aber versehentlich die Tür nicht abgeschlossen, so ist im Regelfall sein Verhalten in bezug auf eine Entwendung des Fahrzeugs im ganzen zwar als fahrlässig, aber nicht als grobfahrlässig zu qualifizieren. Das gleiche gilt, wenn der Vmer seinen unverschlossenen Wagen ohne Betätigung des Lenkradschlosses in der — nur vom Vmer benutzten — Garage einschließt. Ebenso ist zu entscheiden, wenn der Vmer seinen Wagen in einer bewachten Sammelgarage in der Stadt mit aufgestecktem Schlüssel abstellt, damit er — wie alle anderen dort abgestellten Fahrzeuge auch — im Bedarfsfall in diesem stets überfüllten Abstellraum von dem Wächter rangiert werden kann.

Einen Grenzfall hatte OLG Hamburg 21. X. 1969 VersR 1970 S. 362–363 zu beurteilen: Der Vmer hatte auf der Insel Sylt während der Silvesternacht sein Fahrzeug im unbewachten, aber verschlossenen Hof eines Hotels unversperrt abgestellt und einen Reserveschlüssel im Handschuhfach gelassen. Wäre letzteres nicht der Fall gewesen und vor allem nicht hinzugetreten, daß es sich nur um einen Holzbohlenverschluß handelte, der ohne weiteres von innen durch Hotelgäste aufgedrückt werden konnte, wäre nach Meinung des Gerichts noch die Annahme leichter Fahrlässigkeit vertretbar gewesen (so der Tendenz nach auch ÖOGH 15. IX. 1965 VersR 1966 S. 1148 in einem ähnlich gelagerten Fall, der zur näheren Aufklärung zurückverwiesen wurde).

Als grobfahrlässig hat OLG Hamburg 15. VII. 1969 MDR 1970 S. 336–337 es auch angesehen, daß ein ohne Zündschlüssel startbares Fahrzeug zwar verschlossen, aber

V. 5. c) Grobfahrlässige Herbeiführung des Vsfalls   Anm. J 100

ohne Betätigung des Lenkradschlosses abgestellt worden war; nach Auffassung des Gerichts muß derjenige, der einen solchen Fahrzeugtyp fahre, diese Eigenart des Wagens besonders bedenken, der Fall sei vergleichbar dem, daß ein Reserveschlüssel im Handschuhfach untergebracht worden sei. Unter besonderer Berücksichtigung der subjektiven Seite der groben Fahrlässigkeit läßt sich über die Bewertung beider Fälle jedoch streiten.

Verschließt der Vmer zwar den Wagen und das Lenkradschloß, läßt er aber ein Fenster offen, oder − so im Fall LG Köln 30. I. 1969 VersR 1969 S. 654 − das Seitenfenster unverriegelt, so liegt ein schuldhaftes Verhalten des Vmers vor, das aber in der Regel nicht als grobfahrlässig zu bewerten ist. Anders LG Köln 30. I. 1969 a. a. O., ersichtlich aber für ein Fahrzeug, in dem noch kein Lenkradschloß eingebaut war (kritisch zu dieser Entscheidung auch Stelzer VersR 1977 S. 308). Wer seinen Wagen nicht nur mit offenen Türen und ohne Betätigung des Lenkradschlosses abstellt, sondern sogar mit laufenden Motor, um in einem Laden einzukaufen, handelt gewiß grobfahrlässig. Wer aber vom Büro kommend den Wagen in der geschilderten Situation im Regen stehen läßt, in zwei Schritten den Bürgersteig überquert, um die Ehefrau herunterzuklingeln, damit man schnell ins Theater fahren könne, braucht nicht unbedingt damit zu rechnen, daß sich ein vorübergehender Spaziergänger blitzschnell in den Wagen wirft und mit diesem davonfährt. Jedenfalls erscheint die Auffassung als vertretbar, daß der Vmer in einem solchen Fall zwar fahrlässig, aber nicht grobfahrlässig handle, sofern sich nicht die Zeitläufte im Sinne einer besonderen Zunahme der Kriminalität verändern.

Vgl. auch LG Oldenburg 4. XII. 1957 VersR 1959 S. 202−203 m. abl. Anm. von Kleineck VersR 1959 S. 416: Der Vmer hatte auf seinem Bauernhof während des Mittagessens seine Zugmaschine mit laufendem Motor abgestellt; das Gericht nahm mit Rücksicht darauf, daß es sich um ein abgelegenes Dorf handelte, lediglich leichte Fahrlässigkeit an (Grenzfall, der wohl eher zu Lasten des Vmers hätte entschieden werden müssen).

Stets sind alle Umstände des Einzelfalles zu berücksichtigen. Muß der Vmer bei einem Unfall erste Hilfe leisten, so kann es verständlich erscheinen, wenn er es infolge der Aufregung vergißt, den Autoschlüssel abzuziehen. Das gleiche gilt, wenn der Vmer einen Schwerkranken zu einem Rettungsversuch ins Krankenhaus fährt oder wenn der Verstoß gegen die Sicherungsgrundsätze zur Vermeidung von Diebstählen auf einen heftigen Übelkeitsanfall des Vmers zurückzuführen ist.

Sorgt ein Vmer nicht dafür, daß in sein Fahrzeug die gemäß § 38 a StVZO vorgeschriebene Diebstahlsicherung eingebaut wird, so handelt er in der heutigen Zeit grobfahrlässig (Sonderfälle aus der Übergangszeit, deren Grundsätze auf die Gegenwart nicht mehr übertragen werden können, behandeln BGH 31. X. 1973 MDR 1974 S. 127−128 = VersR 1974 S. 26−27, OLG Düsseldorf 8. II. 1966 VersR 1966 S. 820−821, OLG Düsseldorf 14. VIII. 1968 VersR 1969 S. 605−606, vgl. auch BGH 18. XII. 1968 VersR 1969 S. 177−178, der das Vorliegen einer Gefahrerhöhung bei Nichteinbau der bereits bei Abschluß des Vsvertrages zu einem bevorstehenden Termin vorgeschriebenen Diebstahlssicherung bejaht).

Bei den Ausführungen in den vorangegangenen Absätzen ist vorausgesetzt worden, daß der Vmer nicht verpflichtet sei, das Fahrzeug tagsüber oder nachts in einer Garage einzuschließen. Es ist vielmehr heute eine Erscheinung des modernen Lebens, daß allenthalben Kraftfahrzeuge auf Straßen und öffentlichen Plätzen geparkt werden. Das Abstellen oder Parken auf unbewachten Parkplätzen oder auf der Straße ist demgemäß grundsätzlich nicht als leichte, geschweige denn als grobe Fahrlässigkeit des Vmers zu bewerten. Darüber gibt es für den Normalfall keinen Streit. BGH 5. II. 1959 VersR 1959 S. 222−223 = LM Nr. 5 zu § 61 hat schon vor etwa zwanzig Jahren, als der Motorisierungsboom noch längst nicht in dem heute dominierenden Umfang eingetreten war, die Auffassung des Berufungsrichters bestätigt, daß das Abstellen des dort gestohlenen Lkw-Anhängers auf einem unbewachten Parkplatz keine grobe Fahrlässigkeit darstelle (so auch schon KG 21. X. 1933 JRPV 1934 S. 25–26 m. Anm. von Morschel a. a. O. S. 26; ferner LG Hamburg 26. V. 1952 VA 1952 S. 112 Nr. 9 [aber im konkreten Fall doch den Vsschutz verneinend], KG 11. V. 1953 VersR 1953 S. 307, allerdings noch mit gewissen Einschränkungen, indem es darauf abstellte, daß das Fahrzeug nicht die ganze Nacht über auf der Straße stehen sollte). Erst recht gilt das für Zugmaschinen oder andere Fahrzeuge, aber auch für Motorräder; vgl. sehr differenziert BGH 2. XII. 1957 VersR 1958 S. 16, der grobe Fahrlässigkeit auch bei einem Motorrad ohne Lenkschloß nach den Umständen des Falles verneinte, da das Fahrzeug in einer Gruppe von etwa zwölf anderen Motorrädern auf einem erleuchteten Platz geparkt worden war.

Ähnlich OLG Hamburg 10. IV. 1953 VersR 1953 S. 203–204 für einen Fall, bei dem ein vorhandenes Schloß nicht betätigt worden war; grobe Fahrlässigkeit wurde aber nur nach den besonderen Umständen des Falles verneint, weil das Motorrad vor einer überwiegend von Sportlern besuchten Gaststätte abgestellt worden war, von denen das Gericht ein besonderes Zusammengehörigkeitsgefühl erwartete (zustimmend Bokelmann a. a. O. S. 110, die für eine generell milde Beurteilung der „Vergessensfälle" eintritt). Vgl. ferner KG 12. V. 1955 VersR 1955 S. 519, das das Abstellen eines mit einer Kette gesicherten Motorrades auf öffentlicher Straße über Nacht nicht als grobe Fahrlässigkeit angesehen hat; im gleichen Sinn hat LG Berlin 28. IX. 1959 NJW 1960 S. 680 entschieden. Nach den heutigen Verhältnissen ist aber das bewußt ungesicherte Abstellen eines Motorrads über Nacht auf der Straße als grobe Fahrlässigkeit anzusehen (so schon OLG Hamburg 17. VII. 1953 VersR 1953 S. 357, ferner AG Rastatt 7. I. 1955 VersR 1955 S. 105, LG Hannover 11. V. 1955 VersR 1956 S. 237–238; anders LG Wuppertal 21. V. 1954 DAR 1954 S. 186 – allerdings für ein derart auf einem bewachten Parkplatz abgestelltes Motorrad).

Im Einzelfall kann trotz des dargestellten Grundsatzes, daß ein Parken über Nacht auf der Straße nicht zu beanstanden sei, wenn das Fahrzeug verschlossen und das Lenkradschloß betätigt ist, das Verhalten des Vmers als grobe Fahrlässigkeit gewertet werden. Das gilt z. B. dann, wenn ein Fahrzeug für einen relativ langen Zeitraum **außerhalb des Stadtgebiets oder belebter Zonen für Dritte ohne weiteres erkennbar ohne Aufsicht** gelassen worden ist. LG Duisburg 10. VIII. 1972 VersR 1973 S. 1111 hat grobe Fahrlässigkeit in einem Fall angenommen, in dem der auf dem Weg in den Urlaub befindliche Vmer ein wegen Motorschadens ausgefallenes Fahrzeug eine Woche lang unbeaufsichtigt auf dem Seitenstreifen einer Bundesautobahn hatte stehen lassen. Diese Entscheidung erscheint als zu hart. Im übrigen hatte der Vmer, der vorher vergeblich versucht hatte, den Abschleppdienst des ADAC zu erreichen, einen Bekannten angerufen und ihn gebeten, sich um das Fahrzeug zu kümmern und sich mit der zuständigen Polizeistation in Verbindung zu setzen, was der Bekannte zugesagt hatte. Das Gericht bemerkt dazu, es könne nicht ausreichen, daß der Vmer einen Bekannten gebeten habe, sich um den Wagen zu kümmern und sich mit der zuständigen Polizeistation in Verbindung zu setzen. Dieses habe der Bekannte des Vmers offensichtlich nicht, zumindest nicht alsbald getan. Dieses Unterlassen des Bekannten müsse sich aber der Vmer zurechnen lassen, da die Verantwortung gegenüber dem Ver allein bei ihm gelegen habe. Das Gericht verkennt, daß das nach h. M. nur richtig wäre, wenn der Bekannte als Repräsentant des Vmers anzusehen gewesen wäre (vgl. Anm. J 85–88), wofür der Fall keinen Anhaltspunkt in tatsächlicher Beziehung gab.

V. 5. c) Grobfahrlässige Herbeiführung des Vsfalls
Anm. J 100

Zu hart auch OLG Nürnberg 19. IX. 1974 VersR 1975 S. 229; der Vmer hatte dort den beschädigten Lkw mit zerborstener Windscheibe am Unfallort im Wald einen Tag und eine Nacht lang stehen lassen. Das Gericht meinte, daß der nach dem Unfall aus ambulanter Behandlung entlassene Vmer für ein sofortiges Abschleppen hätte sorgen müssen; die Annahme leichter Fahrlässigkeit wäre jedoch der besonderen Situation eines nach dem Unfall zunächst ins Krankenhaus transportierten, wenn auch nur leicht verletzten Vmers besser gerecht geworden. Am Grundsatz ist aber festzuhalten, daß das Abstellen im Freien nur dann nicht als Verletzung der Sorgfaltspflicht anzusehen ist, wenn es in Wohngegenden oder Örtlichkeiten erfolgt, bei denen ein Dieb mit beobachtenden Blicken des Vmers oder von Nachbarn rechnen muß. Gemeint ist dabei ein relativ längeres Abstellen. Als grobfahrlässig ist es angesehen worden, daß ein Pkw über zwei Wochen lang auf einem unbewachten, unbeleuchteten und jedermann zugänglichen Abstellplatz neben einer Autobahnausfahrt abgestellt worden ist (LG Bonn 10. I. 1973 VersR 1973 S. 909–910). Das Gericht übersieht dabei allerdings, daß das Ausschlachten des nach einem Schaden an der Bremsanlage abgestellten Fahrzeugs durch den Dieb (oder die Diebe) bereits nach einer Woche begonnen worden war, so daß unter Umständen zwischen einem gedeckten und einem nicht gedeckten Teil des Schadens zu unterscheiden war, wobei die Anteile notfalls gemäß § 287 ZPO abzuschätzen gewesen wären. AG Saarbrücken 11. XI. 1965 VersR 1968 S. 38–39 hat grobe Fahrlässigkeit in einem Fall angenommen, in dem ein Vmer sein fabrikneues Fahrzeug für die Zeit eines vierzehn Tage währenden Auslandsaufenthalts in der Nähe eines inländischen Flughafens (Rhein-Main-Flughafen) auf einem unbewachten und zur Nachtzeit unbeleuchteten Parkplatz abgestellt hatte. Indessen erscheint das Verhalten jenes Vmers doch nicht als so schwerwiegend leichtfertig, denn er hatte das Fahrzeug doch immerhin so abgestellt, daß Diebe stets mit dem Auftauchen des Eigners oder von Ordnungskräften rechnen mußten.

Höhere Anforderungen als an den Vmer eines Pkw sind an einen Motorradfahrer unter Umständen dann zu stellen, wenn das Fahrzeug im Ausland abgestellt wird und von einer gesteigerten Diebstahlsgefahr auszugehen ist. So hat LG Nürnberg-Fürth 27. IV. 1973 VersR 1973 S. 1160–1161 bei einem vten Motorradfahrer schon grobe Fahrlässigkeit angenommen, als dieser sein nur mit einem Schlauchschloß gesichertes Kraftrad mit wertvollem Gepäck drei Stunden lang in Barcelona auf einem belebten Platz in der Innenstadt abgestellt hatte. Dafür, daß im Inland nicht so strenge Anforderungen zu stellen sind, vgl. die bereits oben erwähnte BGH-Entscheidung 2. XII. 1957 VersR 1958 S. 16. Wer, so im Fall OLG München 3. II. 1970 VersR 1970 S. 828–829, im Winter seinen Wohnanhänger für längere Zeit an einem unbewachten, unbeleuchteten und offenen Platz am Rande einer Ortschaft (an der Ostsee) abstellt, kann auch nach heutiger Auffassung noch grobfahrlässig handeln.

Hat der Vmer den **Diebstahl** seines Wagens **grobfahrlässig verschuldet**, so haftet der Ver **nicht** im Rahmen einer **Vollv** für durch den Dieb herbeigeführte **Unfallschäden**; darauf, daß der Dieb nicht Repräsentant des Vmers ist, kommt es angesichts der adäquaten Verknüpfung zwischen der grobfahrlässigen Ermöglichung des Diebstahls und der anschließenden Beschädigung nicht an (a.M. Jochheim VersR 1972 S. 1108–1109; dafür, daß sich im übrigen schon der Vsschutz der Fahrzeugteilv auf durch den Dieb angerichtete Unfallschäden erstreckt – vorausgesetzt, § 61 greift nicht ein –, vgl. Anm. J 42).

Für **Wohnwagen** gibt es gesetzliche Vorschriften über Diebstahlssicherungen nicht; solche Wagen aber über Nacht unbewacht und ungesichert abzustellen, kann grobfahrlässig sein. Vgl. den vom LG Hagen 15. VIII. 1974 VersR 1975 S. 756–757 entschiedenen Fall, in dem der Vmer, ein Wohnwagenhändler, die vten Wohnwagen auch dann noch unbewacht und ungesichert auf dem Verkaufsgelände über Nacht stehen ließ, als er schon durch einen vierzehn Tage vorher erfolgten Diebstahl von zwei anderen Wohnwagen von seinem Platz hätte gewarnt sein müssen.

Einen eigenartig gelagerten Diebstahlsfall behandelt BGH 27. XI. 1974 VersR 1975 S. 225–226 = DAR 1975 S. 46–47: Dort hatte der Vmer als Kunde eines Kaufhauses einem Unbekannten, der sich als Angestellter jenes Kaufhauses ausgegeben hatte und dem Vmer vorspiegelte, daß er das Fahrzeug kostenlos im Rahmen einer Werbeaktion waschen wolle, die Fahrzeugschlüssel ausgehändigt. Grobe Fahrlässigkeit wurde angesichts des geschickten Vorgehens des Übeltäters verneint. Dafür, daß mit Rücksicht darauf, daß nach den tatsächlichen Umständen des Falles noch ein Gewahrsamsrest des Vmers angenommen wurde und demgemäß dieser Lebensvorgang noch dem Rechtskreis des Diebstahls und nicht dem des Betruges zuzuordnen war, vgl. BGH 27. XI. 1974 a.a.O. und Anm. J 42. — Für einen ähnlich gelagerten Fall eines Trickdiebstahls vgl. OLG Hamm 11. III. 1954 VersR 1954 S. 353–354: Der Übeltäter schwang sich dort in das ungesicherte Mietfahrzeug, während sich der Ehemann der Vmerin (der in concreto als Repräsentant anzusehen war, vgl. auch Anm. J 87) telefonisch bei der aufgegebenen Referenzperson nach dem angeblichen Mietinteressenten erkundigte. Grobe Fahrlässigkeit wurde angesichts der besonderen Unverfrorenheit des Diebes, der zuvor einen als Fälschung nicht ohne weiteres erkennbaren „Führerschein" vorgelegt hatte, verneint; dabei spielte es in der Argumentation auch eine gewisse Rolle, daß der enge Hof der Vermieterin nicht einfach zu befahren war.

[J 101] III) Eisenbahn

Wer eine vor einer Eisenbahnstrecke herabgelassene Schranke überfährt, verletzt die Verkehrsvorschriften in grober Weise. Es müssen besondere Umstände dargetan werden, um Verständnis für ein solches Verhalten, das elementaren Grundsätzen widerspricht, zu gewinnen. Soweit eine Kollision zwischen einer Eisenbahn und einem Kraftwagen aber an einer unbeschrankten Eisenbahnkreuzung stattfindet, sind alle Umstände des Einzelfalles besonders sorgsam zu prüfen. Unbeschrankte Eisenbahnkreuzungen — seien sie auch mit Warnbalken und Warnlichtern versehen — sind im Grunde genommen ein Relikt aus der Zeit vor der allgemeinen Motorisierung des Straßenverkehrs. Die Nichtbeachtung der entsprechenden Warnzeichen kann im Einzelfall ohne grobe Fahrlässigkeit erfolgen. Vgl. z.B. BGH 5. XII. 1966 VersR 1967 S. 128, der dort die Verneinung grober Fahrlässigkeit durch das Berufungsgericht in Abwägung aller Umstände des Falles mit folgenden Bemerkungen billigt: Die besondere Gefährlichkeit der Verkehrslage auf der einen und die Unvorsichtigkeit des Vmers auf der anderen Seite schließen ... nicht die Feststellung aus, aufgrund besonderer Umstände sei das Verhalten des Vmers milder als nach dem ersten Eindruck zu beurteilen und deshalb nicht als grobfahrlässig zu bezeichnen. Solche besonderen Umstände habe das Berufungsgericht ... in der dem Vmer bis zum Unfall nicht nachweislich bekannten Sehschwäche seines linken Auges, den in mehrfacher Hinsicht schlechten Sichtverhältnissen an der Unfallstelle und der starken Beanspruchung des Vmers durch Schwierigkeiten der Verkehrslage erblickt. Dieser Beurteilung habe auch nicht entgegengestanden, daß der Vmer die Strecke schon vor dem Unfall mehrere Wochen lang etwa dreißigmal täglich befahren und sie deshalb nach seinen eigenen Worten „auswendig" gekannt habe. Erfahrungsgemäß könne auch und gerade bei solchen Fahrern, die längere Zeit hindurch immer wieder dieselbe Strecke ohne Zwischenfall zurückgelegt hätten, schließlich der Fall eintreten, daß eines Tages einmal die Aufmerksamkeit nachlasse und der Fahrer infolgedessen im entscheidenden Augenblick versage. Ein solches augenblickliches Versagen werde zwar regelmäßig als schuldhaft, müsse aber nicht unbedingt als grobfahrlässig angesehen werden. Zum besseren Verständnis der Entscheidung sei ergänzend bemerkt, daß die erwähnte

V. 5. c) Grobfahrlässige Herbeiführung des Vsfalls **Anm. J 102–103**

Schwierigkeit der Verkehrslage insbesondere in einer Nebelschwadenbildung zu sehen war. Solche Besonderheiten waren im Fall ÖOGH 18. I. 1970 VersR 1970 S. 1167– 1168 nicht festgestellt worden, so daß der Schluß auf grobe Fahrlässigkeit angesichts der Nichtbeachtung von vier Verkehrszeichen, von denen drei auffällig mit Blinklichtern versehen waren, als sachgerecht erscheint. OLG Königsberg 7. XII. 1928 JRPV 1929 S. 70–72 gibt für die Gegenwart keine brauchbaren Abgrenzungskriterien, da das Gericht noch von der seit RG 13. III. 1931 RGZ Bd 132 S. 208–211 überholten Auffassung ausging, daß § 130 Anwendung finde, so daß schon leichte Fahrlässigkeit schade (vgl. Anm. J 83).

[J 102] mmm) Fahrbahnwechsel

Ein **Fahrbahnwechsel auf der Autobahn** ohne Beachtung des Vorrechts des fließenden Verkehrs stellt – ähnlich wie eine Vorfahrtsverletzung unter Mißachtung der Ampelregelung – häufig eine grobe Fahrlässigkeit dar. Gerade mit Rücksicht auf die hohen Geschwindigkeiten, die auf der Autobahn gefahren werden, muß von einem Vmer erwartet werden, daß er mit äußerster Konzentration fährt. Auch hier ist aber das subjektive Moment sorgsam zu prüfen. Nicht jede Unaufmerksamkeit auf der Autobahn darf schon als grobfahrlässig qualifiziert werden. Das Übersehen eines anderen Wagens kann durchaus als leichte Fahrlässigkeit gewertet werden, insbesondere mit Rücksicht auf den bekannten „toten" Winkel.

Grobfahrlässig handelt aber der Vmer, der bewußt riskant das Vorrecht des fließenden Verkehrs mißachtet und sich dabei im klaren darüber ist, daß eine Kollision nur durch sofortiges Bremsen des bevorrechtigten Fahrers zu vermeiden ist (vgl. ergänzend Anm. J 97).

Beruht ein unangezeigter Fahrbahnwechsel darauf, daß der Vmer durch verkehrswidriges Verhalten eines Dritten zu einer solchen Fahrweise gezwungen wird, so liegt gewiß keine grobe Fahrlässigkeit vor. Denn derjenige, der zur Vermeidung einer aufgrund eines verkehrswidrigen Verhaltens eines Dritten andernfalls sicheren Kollision auf eine andere Fahrbahn ohne Beachtung aller möglichen Sorgfaltsmaßnahmen wechselt und dabei die Möglichkeit einer Kollision in Kauf nimmt, aber hofft, daß es gut gehen werde, handelt so, wie es nach den Umständen des Falles kaum anders erwartet werden kann. Sein Verschulden ist nur leicht zu werten und eigentlich nur darin zu sehen, daß er den Verkehr auf der anderen Fahrbahn nicht ebenfalls mit der äußersten gebotenen Konzentration beachtet hat.

Ein unvorsichtiger Fahrbahnwechsel stellt gewiß auch im innerstädtischen oder im Verkehr auf der Landstraße ein verkehrswidriges Verhalten dar, insbesondere wenn die vorgeschriebenen Blinkzeichen nicht gegeben worden sind, braucht aber mit Rücksicht auf die immer gegebene Möglichkeit einer kurzfristigen Konzentrationsschwäche des Vmers zumeist nicht als grobe Fahrlässigkeit gewertet zu werden. Überhaupt wird nur derjenige ein richtiges Verhältnis zur Abgrenzung des Vsschutzes in bezug auf die individuelle Fahrweise des Vmers gewinnen, der sich selbstkritisch beim Autofahren beobachtet und dabei feststellt, wieviele Fehler doch einem durchschnittlichen Kraftfahrer trotz des Bestrebens nach Beachtung aller Verkehrsvorschriften unterlaufen und wie oft eine Kollision nur durch das geistesgegenwärtige Verhalten anderer Verkehrsteilnehmer vermieden wird.

[J 103] nnn) Geschwindigkeit

Eine **wesentlich überhöhte Geschwindigkeit** kann im Einzelfall eine grobe Fahrlässigkeit darstellen. OLG Karlsruhe 21. XII. 1965 VersR 1966 S. 331 hat das

Verhalten eines Vmers als grobfahrlässig beurteilt, der bei Nacht und Nebelschwaden — Sicht zwischen 30 bis 50 m — auf der Autobahn eine Geschwindigkeit von 120 bis 125 km/h gefahren war. Der Vmer hatte einen langsam vor ihm fahrenden Lkw nicht rechtzeitig bemerkt. Mit Rücksicht auf die geschilderten besonderen Umstände — Dunkelheit und Nebel — erscheint die Entscheidung im Ergebnis als zutreffend. Vgl. aber auch ÖOGH 5. IV. 1972 VersR 1972 S. 1158, der einen Überholvorgang mit doppelter als erlaubter Geschwindigkeit bei fehlendem Gegenverkehr und klarer Sicht nicht unter § 61 subsumierte; der Fall war aber auch durch die Besonderheit gekennzeichnet, daß der Unfall auf ein überraschendes Versagen der Lenkeinrichtung zurückzuführen war. ÖOGH 29. VIII. 1974 VersR 1975 S. 748 verneinte grobe Fahrlässigkeit bei einem Fahrzeuganfänger (vgl. dazu Anm. J 94), der mit überhöhter Geschwindigkeit (89 km/h statt erlaubter 30 km/h) von der Straße abgekommen war; das Übersehen eines Verkehrszeichens für sich allein könne im Regelfall nicht als grobe Fahrlässigkeit gewertet werden. Vgl. auch ÖOGH 6. V. 1975 VersR 1976 S. 1194—1195, der zu Recht hervorhebt, daß eine Überschreitung der erlaubten Geschwindigkeit um 20% regelmäßig gewiß nicht als grobfahrlässig anzusehen sei (120 km/h anstelle erlaubter 100 km/h). — Durch überhöhte Geschwindigkeit kommen Fahrzeuge häufig von der Fahrbahn ab, insbesondere in Kurven; solch ein Verhalten des Vmers stellt für sich allein regelmäßig noch keine grobe Fahrlässigkeit dar (vgl. LG Wiesbaden 18. I. 1973 VersR 1975 S. 630—631 und Anm. J 91 m.w.N.).

Daß bei guter Sicht auf der Autobahn eine Geschwindigkeit von 150 km/h gefahren wird, ist nicht als leichtfertig anzusehen; kommt es dann infolge einer menschlich verständlichen kurzen Spanne unkonzentrierten Fahrens zu einem Zusammenstoß, so liegt leichte, aber nicht grobe Fahrlässigkeit vor (so OLG Hamburg 12. III. 1968 VersR 1970 S. 148—150). Vgl. ferner BGH 25. XI. 1963 VersR 1964 S. 134 (insoweit in BGHZ Bd 40 S. 297—305 nicht abgedruckt), der die Auffassung der Vorinstanz nicht beanstandet, daß eine Fahrgeschwindigkeit von 150 km/h nachts auf einer Autoschnellstraße im konkreten Fall keine grobe Fahrlässigkeit darstelle. OLG Köln 7. X. 1959 VersR 1960 S. 315—316 bejaht grobe Fahrlässigkeit in einem Fall, in dem der Vmer auf einer Bundesstraße mit einer Geschwindigkeit von 80—100 km/h in einer unübersichtlichen Kurve einen auf der Gegenfahrbahn ordnungsgemäß entgegenkommenden Mopedfahrer angefahren hatte. Ein solcher Fahrfehler braucht im Einzelfall nicht grobfahrlässig zu sein, mit Rücksicht auf den Alkoholgenuß des Vmers (0,8‰) ist die Entscheidung aber für die Gegenwart, in der ständig auf die Gefahr hingewiesen wird, die mit dem Fahren nach dem Trinken von Alkohol verbunden ist, gewiß zu bejahen. Vgl. auch OLG Nürnberg 30. XI. 1972 VersR 1973 S. 171—172: In jenem Fall war der Vmer durch den Alkoholgenuß (0,8‰) ersichtlich so enthemmt worden, daß er die in der betreffenden Ortschaft zulässige Höchstgeschwindigkeit von 50 km/h um 60 km/h überschritt mit der Folge, daß sein Fahrzeug beim versuchten Abbiegen aus der Kurve getragen wurde. Für weitere Fälle überhöhter Geschwindigkeit bei vorangegangenem Alkoholgenuß vgl. Anm. J 91 und 93. Wird der Vmer von einem Entgegenkommer geblendet, so muß er die Geschwindigkeit sogleich wesentlich reduzieren und darf nicht „ohne Sicht" weiterfahren in dem Vertrauen, daß es schon gut gehen werde. Indessen ist nicht jede Fehlreaktion in einem solchen Ausnahmefall schon grobfahrlässig. Zu hart OLG Stuttgart 16. X. 1963 VersR 1964 S. 757—758 und OLG Celle 5. III. 1960 VersR 1960 S. 507 (vgl. dazu auch Anm. J 98). — Einen Fall überhöhter Geschwindigkeit (statt erlaubter 50 km/h in geschlossener Ortschaft 97 km/h) behandelt auch LG Baden-Baden 23. XI. 1973 VersR 1974 S. 739—740; dem alkoholisierten Vmer stand an sich die Vorfahrt zu; dennoch wurde grobe Fahrlässigkeit bejaht, da der wartepflichtige Unfallgegner mit einem solchen Tempo nicht hätte rechnen müssen (Grenzfall).

V. 5. c) Grobfahrlässige Herbeiführung des Vsfalls   **Anm. J 104—106**

[J 104] ooo) Glatteis

Ist einem Fahrer bekannt, daß eine Straße v e r e i s t ist, so muß er seine Fahrweise darauf einrichten. Wer dennoch die Straße so befährt, als befände er sich auf normalem Untergrund, handelt häufig — die konkreten Umstände des Einzelfalles sind dabei stets ergänzend zu berücksichtigen — grobfahrlässig. LG Hechingen 29. X. 1963 VersR 1964 S. 671—672 bemerkt zu Recht, daß ein Vmer dann grobfahrlässig handle, wenn er nach dem Erkennen, daß sich auf der Fahrbahn Glatteis befinde, mit unverminderter Geschwindigkeit von 50 km/h weiterfahre. Im konkreten Falle wird grobe Fahrlässigkeit verneint, da der Fahrer nach Entdeckung der Vereisung durchaus sachgerecht reagiert hatte.

Entdeckt ein Fahrer unvermutet eine Vereisung einer Straße, so stellt es einen fahrtechnischen Fehler dar, wenn er versucht, die Geschwindigkeit durch Betätigung der Bremsen herabzusetzen. Merkwürdigerweise wird dieser Fehler aber immer wieder von ungeübten Fahrern gemacht. Ihn stets als grobfahrlässig zu qualifizieren, wäre verfehlt. Vgl. auch RG 4. II. 1930 VA 1931 S. 44 Nr. 2131 = JRPV 1931 S. 91—92, das bei einem Bremsen auf glatter Strecke, das wegen des verkehrswidrigen Verhaltens eines Fußgängers erfolgte, bei einer allerdings auch nur minimalen Geschwindigkeit von 30 km/h sogar leichte Fahrlässigkeit verneinte (verständnisvoll auch KG 13. V. 1931 VerkehrsrR 1931 S. 431 für einen Überholvorgang auf vereister Straße). Trifft überhöhte Geschwindigkeit auf erkannter vereister Fahrbahn aber dann mit einer solchen Fehlreaktion zusammen, so liegt die Annahme grober Fahrlässigkeit nahe.

[J 105] ppp) Rauschgift

Fährt ein Vmer im akuten R a u s c h g i f t z u s t a n d, so stellt das im Regelfall wie beim Fahren im alkoholisierten Zustand ein verantwortungsloses Verhalten dar. In der Vspraxis spielt diese Art der Selbstzerstörung der körperlichen Integrität nicht die dominierende Rolle wie die Versagung des Vsschutzes aus Anlaß des Fahrens im alkoholisierten Zustand, weil die Rauschgiftsucht nicht so verbreitet ist wie der Alkoholmißbrauch und weil die sichere Feststellung der Fahrunfähigkeit infolge des Gebrauchs von Rauschmitteln sehr viel schwerer ist als die Blutalkoholbestimmung.

[J 106] qqq) Schlechte Wegstrecke

Wer mit seinem Fahrzeug die für den öffentlichen Verkehr ausgewiesenen Straßen und Wege verläßt und querfeldein fährt, handelt häufig grobfahrlässig. Etwas anderes gilt aber z. B. dann, wenn der Vmer nur ganz kurz in einen Waldweg einbiegt oder wenn es sich sogar um einen als Geländewagen ausgewiesenen Fahrzeugtyp handelt. Im übrigen darf gewiß nicht j e d e s A b w e i c h e n von der befestigten F a h r b a h n schon als grobe F a h r l ä s s i g k e i t angesehen werden. Vielmehr ist stets auf die besonderen Umstände des Einzelfalls abzustellen. Das Fahren auf einer überfluteten Straße ist jedenfalls dann keine grobe Fahrlässigkeit, wenn der Fahrer sich zuvor davon überzeugt, daß andere Verkehrsteilnehmer diesen Straßenteil ohne Schwierigkeiten passieren konnten (OLG Frankfurt a. M. 14. XII. 1965 VersR 1966 S. 437—438). Grobe Fahrlässigkeit wird auch meist zu verneinen sein, wenn ein Schaden sich dadurch vergrößert, daß der Vmer sich bemüht, sein in einen Straßengraben geratenes Fahrzeug mit Motorkraft herauszubekommen (so im Fall OLG Hamm 20. III. 1955 VersR 1955 S. 539—540, zu hart in einem ähnlich gelagerten Fall KG 3. VI. 1931 JRPV 1931 S. 304—305). — Besteht Vsschutz nur für Fahrten auf einer Baustelle, so darf nur in Ausnahmefällen für dort aufgrund der schlechten Bodenverhältnisse auftretende Unfallschäden grobe Fahrlässigkeit angenommen werden (vgl. dazu OLG

München 24. III. 1965 VersR 1966 S. 1151 und zum Ausschluß der Betriebsschäden Anm. J 71).

[J 107] rrr) Schlüsselverlust

Plaumann VersR 1976 S. 603 vertritt unter Bezugnahme auf LG Lüneburg 27. IV. 1962 VersR 1962 S. 1054—1055 den Standpunkt, daß ein Vmer bei Verlust seines Wagenschlüssels durch einen Diebstahl grobfahrlässig handle, wenn er nicht sofort nach einem solchen Diebstahl das Schloß durch ein anderes ersetze (kritisch dazu Stelzer VersR 1977 S. 307—308). Indessen hat LG Lüneburg 27. IV. 1962 a. a. O., das zu Unrecht annimmt, daß für bei einer Fahrt des Diebes mit dem gestohlenen Wagen angerichtete Schäden im Rahmen der Fahrzeugteilv kein Vsschutz bestehe (vgl. Anm. J 42), vom Auswechseln des Schlosses gar nicht gesprochen, sondern lediglich nach den besonderen Umständen des Einzelfalls eine Bewachung des zurückgelassenen Fahrzeugs während der Meldung des Diebstahls des Schlüssels und der Fahrzeugpapiere bei der nächsten Polizeidienststelle verlangt. Da der Vmer vor Antritt der Fahrt zu der nur 1 km entfernten Polizeiwache mit dem Fahrzeug eines ihn begleitenden Bekannten in seinem Fahrzeug zur Sicherheit die Zündkabel gelöst und vertauscht hatte und sich auch nur für kurze Zeit zur Meldung des Schadens entfernt hatte, hätte es im übrigen näher gelegen, nur leichte und nicht grobe Fahrlässigkeit anzunehmen.

Generell ist zu sagen, daß es im Regelfall keineswegs eine grobe Fahrlässigkeit darstellt, wenn nach dem Verlust eines Wagenschlüssels nicht das Fahrzeugschloß ausgewechselt wird; die Wahrscheinlichkeit, daß ein Dieb diesen Schlüssel findet und das dazu gehörige Fahrzeug entdeckt, ist vielmehr als gering anzusehen. Nur dann, wenn konkrete Umstände darauf hinweisen, daß ein zweistufig ablaufender Diebstahl geplant ist, also zunächst Wegnahme des Schlüssels, um alsdann in zeitlich kurzem Abstand das Fahrzeug zu stehlen, ist ein Auswechseln des Schlosses geboten (so auch LG Bückeburg 25. XI. 1975 VersR 1976 S. 850—851, das in concreto aber zur Nichtanwendung des § 61 kam, da trotz Fehlens von Spuren einer äußeren Gewaltanwendung nicht ausgeschlossen werden konnte, daß eine Entwendung mittels eines Nachschlüssels durch eine spezialisierte Diebesbande erfolgt war). In einem solchen Fall muß der Vmer dann in der Zwischenzeit auch besondere Sicherheitsvorkehrungen treffen (z. B. Unterbringen des Fahrzeugs in einer verschlossenen oder bewachten Garage). Dann ist der Ver allerdings nicht nur zum Ersatz der Kosten für den noch vorhandenen Schlüssel, sondern auch der für ein neues Schloß verpflichtet (ebenso Plaumann VersR 1976 S. 602—603; a. M. Stelzer VersR 1977 S. 308, der diese Aufwendungen als nicht ersatzpflichtige Schadenverhütungskosten qualifiziert). Dabei ist der Ersatzanspruch auf § 63 I zu gründen (ebenso Prölss-Martin[21] Anm. 1 zu § 12 AKB, S. 901); wenn es sich um ein mehrstufiges Diebstahlsgeschehen handelt, so ist der Vsfall im Sinne des § 62 I auch schon mit dem Beginn der ersten Diebstahlshandlung, nämlich mit der Wegnahme des Schlüssels, eingetreten, ohne daß hier die Frage zu entscheiden ist, ob die Rettungslast schon ausgelöst wird, wenn der Vsfall zwar noch nicht eingetreten ist, wohl aber unmittelbar bevorsteht (so die h. M., vgl. Möller Vsvertragsrecht[3] S. 152, Möller in Bruck-Möller Anm. 33 vor §§ 49—80 und die weiteren Nachweise für und gegen diese Auffassung in Anm. J 58; BGH 18. I. 1965 BGHZ Bd 43 S. 91—94 betrifft allein die besondere Eigenart der Haftpflichtv).

[J 108] sss) Sturmschäden

Nach § 12 Ziff. 1 I c AKB sind Schäden durch Sturm und die anderen dort aufgeführten Naturgewalten dann nicht vert, wenn sie auf ein durch die Naturgewalten veranlaßtes Verhalten des Fahrers zurückzuführen sind. Diese Bestimmung hat zur

V. 5. c) Grobfahrlässige Herbeiführung des Vsfalls

Konsequenz, daß im Rahmen dieses Deckungsbereichs der Fahrzeugv wenig Abgrenzungsschwierigkeiten hinsichtlich einer mitwirkenden groben Fahrlässigkeit des Vmers aufgetreten sind. Zu Recht ist ein solches mitwirkendes Verhalten des Fahrers im Sinne des § 12 Ziff. 1 I c S. 4 AKB in denjenigen Fällen verneint worden, in denen diesem vom Sturm die Fahrzeugtür beim Öffnen oder Schließen aus der Hand geschlagen worden ist (vgl. Anm. J 55). In diesen Schadensituationen ist in dem Öffnen oder Schließen der Tür trotz Sturmes zumeist auch keine grobe Fahrlässigkeit des Vmers zu sehen, soweit es darum geht, daß dieser die Gewalt des Sturmes unterschätzt hat (ebenso LG Itzehoe 13. VI. 1968 VersR 1969 S. 606; zustimmend v. Reuter a.a.O. S. 127 m.w.N. in Anm. 148).

[J 109] ttt) Überholen

Wer unter **Überfahren einer ununterbrochenen Fahrstreifenbegrenzung überholt**, kann im Einzelfall grobfahrlässig handeln. Ausnahmesituationen können sich aber ergeben, wenn derjenige, den der Vmer überholen will, vor Beginn einer solchen Fahrstreifenbegrenzung verkehrswidrig beschleunigt, um sich nicht überholen zu lassen.

Aber auch das Überholen bei einer unterbrochenen Linie in der Fahrzeugmitte – oder auch bei Fehlen einer solchen Einteilung der Fahrbahn – kann im Einzelfall eine grobe Fahrlässigkeit darstellen, wenn es z. B. mit überhöhter Geschwindigkeit vorgenommen wird und der Vmer so fährt, daß er den anderen Verkehrsteilnehmern sein **Fahrverhalten aufzwingen will** und deren Beeinträchtigung in Kauf nimmt. Das gilt insbesondere dann, wenn dem Vmer klar ist, daß eine Kollision nur dann zu vermeiden ist, wenn die anderen Verkehrsteilnehmer mit Rücksicht auf sein verkehrswidriges Verhalten Gewaltbremsungen vornehmen müssen. Hingegen wird man auch hier wieder den Fall der **normalen Verschätzens** einer Verkehrssituation als typischen Fehler des Durchschnittsvmers **nicht** als grobfahrlässig anzusehen haben. Vgl. in diesem Zusammenhang BGH 29. X. 1968 VersR 1969 S. 77–78 (zu § 640 RVO); dort wurde grobe Fahrlässigkeit verneint für einen Fall, bei dem ein Lastzug einen anderen beim Überholen auf der Autobahn streifte. Das Besondere des Falles lag allerdings darin, daß das Berufungsgericht nicht feststellen konnte, daß ein zu geringer seitlicher Abstand eingehalten wurde, da von einem Sachverständigen eine Schleuderbewegung aufgrund der ungünstigen Windverhältnisse (Windschatten des Lastzuges) zum Zeitpunkt des Zusammenstoßes angenommen wurde, die der Tatrichter als Möglichkeit jedenfalls nicht ausschließen konnte. Zu hart und ohne erkennbare Berücksichtigung subjektiver Momente BAG 28. V. 1960 VersR 1960 S. 1028–1030. Auch OLG Celle 1. VII. 1971 VersR 1972 S. 1015–1016 verkennt, daß jedem Fahrer beim Überholen ein Schätzfehler unterlaufen kann; daß von dem betreffenden Fahrer dann nicht der Überholversuch abgebrochen wurde, wird subjektiv überbewertet und nicht als verfehlte Reaktion des letzten Augenblicks angesehen. Verfehlt nach heutigen Maßstäben KG 8. III. 1930 JRPV 1930 S. 279–280 = RdK 1931 S. 118, das ein Überholen mit hoher Geschwindigkeit kurz vor dem Ausgang der Avus als grobfahrlässig qualifizierte und nicht einmal dem Einwand des Vmers, daß der Gashebel festgeklemmt war, entlastende Bedeutung beimaß.

Wer aber auf der Autobahn trotz Überholverbots im Baustellenbereich unter Benutzung der Gegenfahrbahn überholt, wird sich in aller Regel den Vorwurf grober Fahrlässigkeit machen lassen müssen (LG Darmstadt 9. X. 1974 VersR 1976 S. 335).

Ebenso darf ein Überholen im Nebel mit Sichtweite von nur 20–30 m bei unbekannter Straßenführung als grobfahrlässig gewertet werden (vgl. BAG 22. II. 1972 VersR 1972 S. 772–773). Wer in geschlossener Ortschaft mit doppelt so hoher als der zulässigen Geschwindigkeit fährt, handelt unter Umständen grobfahrlässig;

doch greift § 61 dann nicht ein, wenn die nachfolgende Kollision auf einem nicht vorhersehbaren Versagen der Lenkeinrichtung beruht (ÖOGH 5. IV. 1972 VersR 1972 S. 1158).

[J 110] uuu) Überladung

Eine Überladung eines Fahrzeugs kann im Einzelfall eine grobe Fahrlässigkeit im Sinne des § 61 darstellen (BGH 27. II. 1964 VersR 1964 S. 476). Bleibt aber die Ursache eines Unfalls ungeklärt, so darf nicht allein aus der Überschreitung des nach § 34 StVZO zugelassenen Gesamtgewichts (und einer deshalb erfolgten Bestrafung) auf eine Kausalität der Überladung geschlossen werden (BGH 27. II. 1964 a.a.O.). Es findet auch keine sog. Beweislastumkehr oder eine Erleichterung nach den Grundsätzen des prima-facie-Beweises statt; vielmehr ist es Sache des Vers, den vollen Beweis zu führen. Dabei ist insbesondere auch zu bedenken, daß § 34 StVZO nicht nur der Sicherheit des Straßenverkehrs dient, sondern auch die Straßen schonen will, weil bei stärkerer Belastung die Kosten für Bau und Unterhaltung steigen (BGH 27. II. 1964 a.a.O.).

[J 111] vvv) Übermüdung

Kommt ein übermüdeter Fahrer von der Fahrbahn ab, so kann im Einzelfall grobe Fahrlässigkeit vorliegen. Doch ist eine zurückhaltende Betrachtung geboten. BGH 1. III. 1977 VersR 1977 S. 619–620 (zu § 640 RVO) bemerkt dazu, daß ein „Einnicken" am Steuer nur dann den Vorwurf grober Fahrlässigkeit begründe, wenn der Fahrer sich nachweislich über von ihm erkannte deutliche Vorzeichen der Ermüdung bewußt hinweggesetzt habe. Danach berechtigen nur ganz besonders krasse Fälle zu einer Vsschutzverweigerung. Dabei ist die Erfahrungstatsache zu beachten, daß es Menschen gibt, die dauernd zu außergewöhnlichen körperlichen Leistungen befähigt sind. OLG Hamm 15. II. 1954 VersR 1954 S. 302–303 betont zu Recht, daß eine Überschätzung der Spannkraft bei einem dreißigjährigen Fahrer, der jährlich mehr als 100000 km fahre, keine grobe Fahrlässigkeit darzustellen brauche (ähnlich OLG Karlsruhe 12. VII. 1957 VersR 1957 S. 477–478). Daneben ist aber auch zu beachten, daß Personen, die in ihrer gewöhnlichen Tätigkeit keine besonderen körperlichen Kräfte einsetzen, für kürzere Zeiträume – also etwa für ein bis zwei Tage – mit nur sehr wenig Schlaf auskommen können und dennoch zu besonderen Anspannungen in der Lage sind. Ein Verschätzen in der eigenen Leistungskraft darf daher nicht schlechthin als grobe Fahrlässigkeit gewertet werden (so schon KG 24. XI. 1937 JRPV 1938 S. 74; ebenso OLG Hamm 15. II. 1954 a.a.O., LG München 18. VI. 1963 VersR 1964 S. 84). Demgemäß ist auch aus einer Überschreitung der für Kraftfahrzeugführer gemäß § 15 a StVZO geltenden Höchstfahrzeiten nicht ohne weiteres auf grobe Fahrlässigkeit zu schließen (vgl. dazu BGH 25. IV. 1957 VersR 1957 S. 353–354, OLG Frankfurt a.M. 9. II. 1965 VersR 1965 S. 180). Im Einzelfall kann eine erhebliche Überschreitung dieser auf Erfahrungswerten basierenden erlaubten Fahrzeiten aber ein Indiz für grobe Fahrlässigkeit sein; so entschieden vom OLG Düsseldorf 7. XI. 1967 VersR 1968 S. 61–62 für einen Fall, in dem der Vmer einen Fahrer des Abends zu einer Lkw-Fahrt von 10 Stunden wieder ausschickte, obwohl der Fahrer erst am Nachmittag desselben Tages eine 13 Stunden während Fahrt beendet hatte; die Einlassung des Vmers, daß er dem 55 Jahre alten Fahrer gesagt habe, er möge unterwegs auf einer Raststelle ausschlafen, ließ dem Gericht das Verschulden des Vmers nicht in einem milderen Licht erscheinen (Grenzfall). Vgl. auch OLG Köln 18. II. 1959 VersR 1959 S. 383–384, das für einen Fall einer 19 Stunden währenden Arbeit mit einem Lkw grobe Fahrlässigkeit bejahte. BGH 27. II.

V. 5. c) Grobfahrlässige Herbeiführung des Vsfalls
Anm. J 111

1964 VersR 1964 S. 476 weist im übrigen zutreffend darauf hin, daß aus einer nicht ordnungsgemäßen Führung eines Schichtenbuches nicht geschlossen werden dürfe – auch nicht auf erste Sicht –, daß ein Kraftfahrer bei Eintritt des Vsfalles tatsächlich übermüdet gewesen sei; hierüber sei ein Urteil erst möglich, nachdem alle dafür in Betracht kommenden Umstände, wie Art und Umfang der Inanspruchnahme und die von Alter, Gesundheit und Erfahrung abhängige Leistungsfähigkeit des Fahrers, gewürdigt worden seien.

Daraus, daß der Vmer das ihm selbst unerklärliche Abkommen von der Fahrbahn bei einer Autobahnverengung (ausgeschilderter Wechsel von 4 auf 2 Fahrspuren) mit einer evtl. infolge Übermüdung entstandenen Unaufmerksamkeit zu erklären versucht hat, darf nicht ohne weiteres auf grobe Fahrlässigkeit geschlossen werden, so OLG Köln 26. IV. 1966 VersR 1966 S. 918. Vgl. aber auch OLG Köln 22. XI. 1965 VersR 1966 S. 530–531: Grobe Fahrlässigkeit wurde mit Rücksicht darauf bejaht, daß der mit dem Fahrzeug auf den Mittelstreifen der Autobahn geratene Fahrzeugführer vor einer siebenstündigen Nachtfahrt nur zwei Stunden geschlafen hatte. Gewiß gibt es aber keinen allgemeinen Erfahrungssatz, daß ein Kraftfahrer, dessen Mitfahrer eingeschlafen sind, davon unwiderstehlich angesteckt werde (vgl. dazu OLG Neustadt 14. III. 1953 VersR 1953 S. 182–183). Das Gericht muß ferner die Überzeugung gewinnen, daß eine derart festgestellte Übermüdung auch kausal für den Unfall war (vgl. OLG Köln 15. VII. 1970 VersR 1970 S. 1123–1124). OLG München 7. III. 1961 VersR 1961 S. 978 ist darin beizupflichten, daß bei einem dreiundzwanzig Jahre alten Mann, der in der Blütezeit seiner körperlichen Kraft steht, ein Fahrtantritt nach einem Wachsein über zweiundzwanzig Stunden (ohne Alkoholgenuß) keine grobe Fahrlässigkeit darzustellen braucht. Ähnlich OLG Karlsruhe 28. IV. 1961 VersR 1961 S. 530–531 und LG München 18. VI. 1963 VersR 1964 S. 83–84. Vgl. auch die sorgsam auf die Umstände des Einzelfalls abstellende Entscheidung des BAG 13. III. 1966 VersR 1968 S. 740 (dort hatte ein zwanzigjähriger gesunder Mann vor Arbeitsantritt nur vier Stunden geschlafen; Regreßstreitigkeit). Dagegen sieht OLG München 27. III. 1963 VersR 1964 S. 1044–1045 ein gleichliegendes Verhalten bei einem vierundzwanzigjährigen Mann als grobe Fahrlässigkeit an (zu hart entschiedener Grenzfall). Vgl. auch ÖOGH 24. X. 1962 VersR 1964 S. 1058, der ein Fahren nach einem Wachsein über 32 Stunden als grobe Fahrlässigkeit wertet, was sich mit Rücksicht darauf, daß dem Vmer 8 Monate vorher unter ähnlichen Bedingungen ein entsprechender Unfall passiert war, rechtfertigen ließ.

Kommt zu der feststehenden Tatsache des akuten Schlafmangels Alkoholgenuß in nennenswertem Umfang (vgl. auch Anm. J 93), so ist bei einem regelwidrigen Fahren zumeist der Schluß auf grobe Fahrlässigkeit geboten; nach den heutigen Maßstäben zu milde BGH 2. XII. 1957 VersR 1958 S. 16–17. Zutreffend dagegen ÖOGH 11. XI. 1964 VersR 1965 S. 676: Bei einem Blutalkoholgehalt zwischen 0,6–0,8‰ fuhr der übermüdete Vmer, nachdem er zunächst folgenlos mit dem Fahrzeug in einen Straßengraben geraten war, weiter und übersah dann einen abgestellten und beleuchteten Lkw-Zug, der auf 300 m gut zu sehen war; der Vsschutz wurde verneint. Läßt sich nur ein Alkoholgenuß von zwei Gläsern Bier feststellen, so darf diese geringe Menge regelmäßig nicht zu Lasten des Vmers gewertet werden, vgl. dazu OLG Celle 22. VI. 1966 VersR 1966 S. 946–947 mit zutreffendem Hinweis darauf, daß entscheidend für einen Fahrfehler die Monotonie einer Strecke sein könne; in diesem Sinn auch schon KG 16. I. 1935 JRPV 1935 S. 175; ferner ÖOGH 17. VIII. 1966 VersR 1967 S. 147–148 mit abl. Anm. von Gaisbauer VersR 1967 S. 388; vgl. aber auch ÖOGH 28. VIII. 1970 VersR 1972 S. 60, wo es zwar an genauen Feststellungen über den Alkoholgenuß fehlte, aber eine Summe von Fehlleistungen als grobe Fahrlässigkeit qualifiziert wurde, nämlich Übermüdung (21 Stunden ohne Schlaf), Geschwindigkeit von 100 km/h auf schmaler, kurvenreicher Strecke, Sitzbeengung (drei Personen auf den beiden Vordersitzen), lebhafte Unterhaltung mit den Mitfahrern und Alkoholgenuß (in nicht feststellbarer Menge); in diesem Sinne auch ÖOGH 13. I. 1977 VersR 1977 S. 972. Auf die **gefährlich einschläfernde Wirkung auch geringer Alkoholmengen** weist BGH 1. III. 1977 VersR 1977 S. 619−620 (zu § 640 RVO) hin, allerdings in einem Fall, in dem der am Steuer eingeschlafene Fahrer gar keinen Alkohol zu sich genommen hatte; vgl. in diesem Zusammenhang auch OLG Koblenz 28. X. 1955 VersR 1955 S. 707−708: Grobe Fahrlässigkeit wurde bejaht bei einer Arbeitszeit eines Postfahrers von 19 Stunden mit nur geringen Unterbrechungen, an deren Schluß der Vmer nach dem Genuß von 4 Gläsern Bier mit dem Fahrzeug nach Haus fuhr und infolge Übermüdung gegen eine am linken Wegesrand stehende Tanksäule geriet.

[J 112] www) Überschwemmungsgefahr

Erkennt ein Vmer, daß die Gefahr besteht, daß sein Fahrzeug ein Opfer eines **bevorstehenden Hochwassers** wird und ist es ihm ohne unzumutbare Schwierigkeiten möglich, es vor dieser Gefahr zu schützen, so ist auch ein solches **Unterlassen** als grobe Fahrlässigkeit im Sinne des § 61 anzusehen (so BGH 14. IV. 1976 VersR 1976 S. 649−651; zur grundsätzlichen Frage, ob ein Unterlassen überhaupt unter § 61 subsumiert werden kann, vgl. ergänzend Anm. J 83). Geht man von dieser Erkenntnis aus, daß dem Vmer das Retten seines Fahrzeugs vor einer Überschwemmungsgefahr zuzumuten ist, so darf man ihn andererseits nicht tadeln, wenn er auf überschwemmter Straße gemäß dem Fahrverhalten der anderen Verkehrsteilnehmer weiterfährt, um auf diese Art und Weise eine Verkehrsbehinderung und eine Beschädigung des Fahrzeugs zu verhindern (zutreffend wird daher vom OLG Stuttgart 18. X. 1973 VersR 1974 S. 234 in einem solchen Fall grobe Fahrlässigkeit verneint; ebenso OLG Frankfurt a. M. 14. XII. 1965 VersR 1966 S. 437−438; zustimmend v. Reuter a. a. O. S. 127).

[J 113] xxx) Unbekannter Fahrer

LG Köln 6. XI. 1974 VersR 1975 S. 850 hat das Verhalten eines Vmers als grobfahrlässig angesehen, der im stark betrunkenen Zustand (3,1‰) angeblich sein **Fahrzeug einem ihm unbekannten jungen Mann anvertraut** hatte, damit dieser ihn, den Vmer, nach Hause fahre. Diese Begründung vermag nicht zu überzeugen; sicher hätte das Gericht auch anders entschieden, wenn der betreffende, dem Vmer dem Namen nach zunächst unbekannte Fahrer nach dem Unfall an Ort und Stelle geblieben wäre. Denn dann wäre nur zu prüfen gewesen, ob der Fahrer einen Führerschein hatte oder nicht. In Wirklichkeit sprach alles dafür, daß nicht der unbekannte Dritte, sondern der Vmer das Fahrzeug geführt hatte. Zu diesem Schluß durfte das Gericht nach den festgestellten Tatsachen ohne weiteres kommen; denn wenn am Unfallort lediglich der Vmer angetroffen wird, so muß er die sich nach den Umständen eines solchen Einzelfalles aufdrängende tatsächliche Vermutung widerlegen, daß nicht er, sondern eine dritte Person gefahren habe. − Vgl. aber auch OLG Hamburg 7. XII. 1955 VersR 1956 S. 42−44, das in einem Brandschadenfall die Vermietung an eine nahezu unbekannte Person, die schon einmal einen „eigenartigen" Vsschaden verursacht hatte, für grobfahrlässig hielt (Grenzfall). Überholt KG 6. VI. 1931 JRPV 1931 S. 303, das es dem Vmer als grobe Fahrlässigkeit zurechnete, daß dieser sein Fahrzeug einem Nichtfachmann zur Reparatur überließ, ohne zu prüfen, ob dieser fahren konnte.

V. 5. c) Grobfahrlässige Herbeiführung des Vsfalls Anm. J 114

[J 114] yyy) Verkehrsunsicheres Fahrzeug

Ein Vmer, der in Kenntnis dessen, daß sein Fahrzeug verkehrsunsicher ist, mit diesem fährt, handelt, wenn nicht besondere Umstände sein Verhalten vom Standpunkt eines objektiv wägenden Dritten erklären, fahrlässig, je nach Lage des Einzelfalles auch grobfahrlässig. Von jedem Kraftfahrer ist dabei die Kenntnis der Bestimmung des § 31 I StVZO zu erwarten, daß nämlich ein Fahrzeug auf dem **kürzesten Wege aus dem Verkehr** zu ziehen ist, falls unterwegs **Mängel** auftreten, die die **Verkehrssichheit wesentlich beeinträchtigen** und nicht unverzüglich beseitigt werden können (BGH 1. X. 1969 VersR 1969 S. 1088). Soweit es sich bei der Benutzung eines verkehrsunsicheren Fahrzeugs um einen Dauerzustand handelt, kann dabei eine Konkurrenz zu den Vorschriften über die Gefahrerhöhung gegeben sein (vgl. nur Möller in Bruck-Möller Anm. 11 zu § 23, BGH 1. X. 1969 VersR 1969 S. 1088 und OLG Stuttgart 20. VII. 1954 MDR 1955 S. 235). Anders als bei der Gefahrerhöhung (vgl. dazu nur BGH 25. IX. 1968 BGHZ Bd 50 S. 385–391, 25. IX. 1968 BGHZ Bd 50 S. 392–397; seitdem ständige Rechtsprechung) kommt es aber im Rahmen des § 61 auf die Kenntnis des Vmers von dem schlechten Zustand des Wagens nicht an. § 61 greift daher auch dann ein, wenn der Vmer aus grober Fahrlässigkeit nichts von dem schlechten Zustand seines Fahrzeugs bemerkt. Durchweg sind es allerdings Fälle bewußter Fahrlässigkeit, bei denen es zu einer Versagung des Vsschutzes wegen eines verkehrswidrigen Zustands des Fahrzeugs gekommen ist.

Beispiele: BGH 16. V. 1957 VersR 1957 S. 386–387: Der Vmer hatte trotz Hinweises des Fahrers auf den verkehrswidrigen Zustand der Bremsen diese nicht in Ordnung bringen lassen und darüber hinaus gegen die Einwendungen des Fahrers eine Überbeladung des Anhängers angeordnet. LG Karlsruhe 17. XI. 1972 VersR 1973 S. 412–413: Der Vmer war mit einem zweimal durch Unfälle beschädigten Fahrzeug, dessen Lenkung nicht in Ordnung war, auf der Bundesautobahn mit 160 km/h gefahren. Das Gericht nahm grobe Fahrlässigkeit an, da dem Vmer die gestörten Fahreigenschaften des Wagens bekannt waren und er auch aus einem von dem Kraftfahrzeugsachverständigen aus Anlaß der Vorschäden erstatteten Gutachten wußte, daß der rechte obere und untere Querlenker verbogen waren. Wer sein Fahrzeug so vernachlässigt, daß es nach menschlichem Ermessen in Bälde zu einem Versagen seiner Einrichtungen kommen muß, handelt grobfahrlässig. Vgl. BGH 7. XII. 1961 VersR 1962 S. 79–80: Der Vmer hatte dort seinen laufend für Transporte schwerer Ladungen eingesetzten Lastzug 2 Jahre lang nicht zu Inspektionen durch eine geeignete Vertragswerkstatt bringen lassen, insbesondere war innerhalb dieser Zeit auch nicht die Bremsanlage überprüft worden. – Auch das Benutzen des Fahrzeugs mit abgefahrenen Reifen kann eine grobe Fahrlässigkeit darstellen, so daß bei durch den Ver nachgewiesener Kausalität § 61 eingreift (vgl. ÖOGH 17. I. 1962 VersR 1963 S. 940, AG Memmingen 17. IV. 1957 VersR 1957 S. 746; OLG Hamburg 20. III. 1934 JRPV 1934 S. 272 gibt mangels näherer Feststellungen der Umstände des Falles für die Gegenwart keine Entscheidungshilfe; bei dem Urteil ist auch unklar, ob der betreffende Reisende Repräsentant war oder nicht; vgl. dazu Anm. J 85–88).

Von solchen bei Beginn einer Fahrt vorhandenen Mängeln eines Fahrzeugs, die dem Vmer bekannt sind oder von denen er infolge grober Fahrlässigkeit nichts weiß, sind solche zu unterscheiden, die im Laufe einer Fahrt auftreten, vom Fahrer aber nicht entdeckt werden. Hier ist ein milderer Maßstab angebracht. Vgl. ÖOGH 25. XI. 1964 VersR 1966 S. 350–351: Der Vmer hatte den im Anschluß an eine Kollision des Ölsiebdeckels mit einem Frostaufbruch entstandenen Ölverlust nicht bemerkt; grobe Fahrlässigkeit wurde verneint. Zu hart LG Göttingen 25. IV. 1967 VersR 1967 S. 1143: Der Vmer hatte nicht bemerkt, daß nicht nur der Kotflügel bei einer Kollision beschädigt worden war, sondern auch der Reifen, der dann bei der

Weiterfahrt platzte mit der Folge, daß sich ein weiterer Unfall ereignete. Ein solches menschlich verständliches Übersehen einer Beschädigung als grobe Fahrlässigkeit zu werten, ist verfehlt. Vgl. auch BGH 28. V. 1962 VersR 1962 S. 601: Der Vmer hatte Gummigeruch in seinem Fahrzeug festgestellt und sich darauf mit diesem Fahrzeug auf den Weg zur nächsten, relativ nahegelegenen Werkstatt begeben, um eine Überprüfung vornehmen zu lassen. Für den unterwegs ausbrechenden Brand wurde der Vsschutz bejaht. Daß ein Vmer, dessen Fahrzeug in einen Straßengraben geraten ist, auch ohne genauere Untersuchung der Fahrbereitschaft, versuchen wird, aus eigener Kraft wieder freizukommen, entspricht dem Normalverhalten fast eines jeden Kraftfahrers, so daß ein darauf beruhender Schaden regelmäßig nicht als grobfahrlässig herbeigeführt anzusehen ist (so OLG Hamm 20. III. 1955 VersR 1955 S. 539–540).

[J 115] zzz) Vorfahrtsverletzung

Vorfahrtsverletzungen, die unter Mißachtung der Lichtzeichen von Ampeln begangen werden, können grobfahrlässige Verstöße gegen die Grundlagen des Straßenverkehrsrechts darstellen. Auch Vorfahrtsverletzungen an Kreuzungen, die mit Vorschriftszeichen nach § 41 und den Richtzeichen gemäß § 42 StVO ausgeschildert sind (vgl. Zeichen 205, 206, 301 u. 306), sind in vielen Fällen als grobfahrlässig zu qualifizieren. Im Einzelfall kann eine andere Wertung dann sachgerecht sein, wenn die Tatumstände ergeben, daß der zu Grunde liegende Schuldvorwurf einer milderen Betrachtung zugänglich ist. Wenn z. B. ein Vmer, der gerade erst einen Führerschein erworben hat, längere Zeit an einer ausgeschilderten Kreuzung gewartet hat, um dem bevorrechtigten Verkehr den Vorrang zu lassen, dann bei freier Bahn auf die bevorrechtigte Straße fährt, jedoch durch das Hupen der nachfolgenden Fahrzeuge, deren Fahrer durch das ungewöhnlich sorgsame Verhalten des Vmers verärgert waren, irritiert wird mit der Folge, daß er mitten auf der Kreuzung in seiner Aufregung den Motor „abwürgt", so läßt sich hier die Annahme nur leichter Fahrlässigkeit rechtfertigen. In Großstädten wird häufig in der Weise gefahren, daß die Kraftfahrzeuglenker bis zum späten „Gelb" in die Kreuzung einfahren. Dabei kann es dann in der letzten Phase auch zu einem Überfahren einer roten Ampel kommen. Ein solches Verhalten wird man nicht unbedingt als grobfahrlässig anzusehen haben. Etwas anderes gilt aber dann, wenn bei laufendem Gegenverkehr in der Mitte einer Rotphase eine Ampel überfahren wird. Grobe Fahrlässigkeit kann zu verneinen sein, wenn der Vmer sich in der Abschätzung der Geschwindigkeit des bevorrechtigten Verkehrs geirrt hat. Vgl. auch BGH 20. VI. 1972 VersR 1972 S. 945 (zu § 640 RVO), wo für eine Vorfahrtsverletzung an beschilderter Kreuzung grobe Fahrlässigkeit vom Berufungsgericht mit Billigung des BGH deshalb verneint wurde, weil es im Bereich praktischer Möglichkeiten gelegen habe, daß der Vmer zur frühen Morgenstunde noch müde gewesen und seine Wahrnehmungsfähigkeit dadurch beeinträchtigt gewesen sei. Leistungsausfälle durch plötzlich auftretende Müdigkeit schlössen zwar ein Verschulden nicht aus, doch rechtfertige es nicht immer den Vorwurf grober Fahrläsigkeit, wenn ein Kraftfahrer seine Fähigkeit, die Müdigkeit zu bekämpfen, überschätze. Dagegen wird im Fall BGH 23. XI. 1971 VersR 1972 S. 270–271 (zu § 640 RVO) bei einer qualifizierten Vorfahrtsverletzung der Schluß des Berufungsgerichts auf grobe Fahrlässigkeit gebilligt, der darauf gegründet war, daß sich der Fahrer zum Linkseinbiegen auf eine bevorrechtigte Straße entschlossen hatte, obwohl ein deutlich sichtbarer Omnibus schon sehr nahe herangekommen war. Die Würdigung dieses Vorgangs dahin, daß dem Fahrer damit auch eine subjektiv in besonderem Maße vorwerfbare Unaufmerksamkeit oder Leichtfertigkeit zur Last falle, sei fehlerfrei; da nach allem ein anderer Grund für den festgestellten äußeren Verlauf nicht in Frage stehe, liege auch

V. 5. c) Grobfahrlässige Herbeiführung des Vsfalls
Anm. J 115

keine versteckte Anwendung des Anscheinsbeweises vor, die in bezug auf die sogenannte personale Seite der groben Fahrlässigkeit nicht statthaft sei (vgl. dazu Anm. J 89). Vgl. auch OLG Düsseldorf 14. XII. 1965 NJW 1966 S. 664–665 = VersR 1966 S. 529–530, das sogar bei einem Kraftfahrer, der infolge Unaufmerksamkeit am Ende einer Rotphase einer Ampel über eine Kreuzung gefahren ist und dabei mit einem aus der bevorrechtigten Querstraße kommenden Fahrzeug zusammengestoßen war, grobe Fahrlässigkeit verneinte; ablehnend v. Reuter a. a. O. S. 126. OLG Köln 6. X. 1966 NJW 1967 S. 785–786 = VersR 1967 S. 551 (nur L. S.) hebt demgegenüber hervor, daß das Überfahren eines Rotlichts nur unter besonderen Umständen als lediglich leicht fahrlässig angesehen werden könne (ebenso OLG Frankfurt a. M. 2. XII. 1976 VersR 1978 S. 222–223, ferner LG Trier 26. VI. 1974 VersR 1975 S. 512, das sich aber zu Unrecht insoweit auf BGH 20. IV. 1966 NJW 1966 S. 1211–1213 = VersR 1966 S. 660–662 [nicht vsrechtliche Entscheidung] bezieht, da eine objektiv grobe Verkehrswidrigkeit nicht auch unter Berücksichtigung des subjektiven Faktors eine grobe Fahrlässigkeit darzustellen braucht, vgl. Anm. J 84). Zu milde KG 13. V. 1975 VersR 1975 S. 1041: Der Vmer hatte mit einem Blutalkoholgehalt von 0,8‰ das Rotlicht einer Ampel überfahren; die Begründung des Gerichts, daß nicht habe festgestellt werden können, daß der Vmer fahruntüchtig gewesen sei und das Ampellicht bewußt mißachtet habe, überzeugt nicht. Auch Vorfahrtsverletzungen an Kreuzungen, an denen der Straßenverkehr nach dem Grundsatz „rechts vor links" geregelt wird, stellen Verstöße gegen elementare Regeln des Ordnungsrechts des Straßenverkehrs dar. Solche Fahrfehler brauchen aber nicht immer als grobfahrlässig qualifiziert zu werden. Vielmehr sind die Umstände des Einzelfalles zu beachten. Beispiel: Ein Vmer entschließt sich nach längerem Zögern und pflichtgemäßem Abwarten zum Einfahren in eine Kreuzung, weil er irrig meint, die Umstände der Verkehrssituation, nämlich seine eigene Startgeschwindigkeit und die Geschwindigkeit des anderen Fahrzeugs, richtig abgeschätzt zu haben. Ein solches Verschätzen ist immer möglich und entspricht dem menschlichen Irrtumsbereich. Demgemäß erscheint es als sachgerecht, solche Schätzfehler in der Regel nicht dem Bereich der groben Fahrlässigkeit zuzuordnen, es sei denn, daß es sich erkennbar nur um eine Schutzeinlassung des Vmers handelt, die eine bewußt rücksichtslose Fahrweise verdecken soll.

Fährt ein Vmer, der auf den bevorrechtigten Verkehr aus beiden Richtungen zu achten hat, auf die Mitte der Kreuzung, um weiterzufahren, wenn auch auf der Gegenfahrbahn kein Verkehr mehr kommt, so wird man sein Vertrauen darauf, daß in der Zwischenzeit auf der von ihm durch sein wartendes Fahrzeug teilweise blockierten Fahrbahn kein Auto kommen werde, zwar als Verstoß gegen die Verkehrsvorschriften anzusehen haben, nicht aber als eine grobe Fahrlässigkeit. Dabei muß auch beachtet werden, daß es in unseren Straßen Kreuzungen gibt, die gar nicht anders überquert werden können als durch ein solches stufenweises Fahren, bei dem der Autofahrer letzten Endes auch auf eine gewisse Rücksichtnahme des bevorrechtigten Verkehrs angewiesen ist. Jedenfalls ist ein solches Verhalten des Vmers dem Verschätzen von Geschwindigkeit und Entfernung als minder schwere Fahrlässigkeit gleichzusetzen. Als grobfahrlässig ist es dagegen in aller Regel anzusehen, wenn ein Vmer die eindeutigen Handzeichen eines Verkehrspolizisten nicht beachtet, der an einer Kreuzung den Verkehr leitet. Die Betonung ist dabei aber auf die tatsächliche Voraussetzung zu legen, daß dieser Verkehr unter eindeutigen Zeichen des Polizisten geregelt sein muß. Zu beachten ist dabei, daß es erfahrungsgemäß bei einer Regelung des Verkehrs durch **Arm- oder Handzeichen** leichter zu **Mißverständnissen und Mißdeutungen** kommen kann. Ein dem Verkehrspolizisten selbst nicht bewußtes Abweichen von der normalen Zeichengebung durch ein Kratzen am Kopf kann zu verwirrenden Fehlschlüssen führen. Dabei darf der Richter eine solche unrichtige oder mißverstandene

Zeichengebung durch den den Verkehr regelnden Polizisten zumeist nicht deshalb als ausgeschlossen ansehen, weil der betreffende Beamte einen solchen Fehler energisch abstreitet. Denn das ist gerade das Typische bei einem solchen Ereignis der unbewußten Gestik, daß derjenige, der eine mißverständliche Armbewegung gemacht hat, subjektiv mit bestem Gewissen ein solches Fehlverhalten in Abrede stellt. Bemerkt der Vmer eine ordnungsgemäße Zeichengebung durch einen Polizisten nicht, so kann sein Verhalten dann als nicht grobfahrlässig qualifiziert werden, wenn gleichzeitig eine Ampelanlage in Betrieb ist, die für die Fahrtrichtung des Vmers grünes Licht zeigt. Zwar gehen die Handzeichen des Verkehrspolizisten vor. Zu bedenken ist aber, daß der Vmer an einer Ampelkreuzung nicht damit rechnet, daß gleichzeitig eine Regelung durch Ampeln in Betrieb ist und Zeichen durch einen Polizisten gegeben werden. – War der Vmer erheblich alkoholisiert (vgl. dazu Anm. J 93), so ist eine Vorfahrtsverletzung im Regelfall als grobfahrlässig zu qualifizieren. Vgl. z. B. LG Amberg 5. III. 1971 VersR 1972 S. 291 (1,6‰ Blutalkohol).

[J 116] $z_1 z_1 z_1$) **Warnsignale**

Die modernen Fahrzeuge sind mit einer Reihe von Meßgeräten und Warnsignalen optischer Art ausgestattet, die den Benutzer über Gefahren unterrichten sollen. Es darf aber nicht außer acht gelassen werden, daß sich solche Gefahren wie Ölverlust oder Wassermangel nur sehr selten verwirklichen, so daß der durchschnittliche Autofahrer zumeist mit dem Eintritt solcher Umstände nicht rechnet und daher die optischen Signale des Fahrzeugs leicht übersehen wird. Ein solches Verhalten ist nach der Verkehrsanschauung durchweg nicht als grobfahrlässig zu qualifizieren (vgl. ÖOGH 25. XI. 1964 VersR 1966 S. 350–351, der eine solche Nichtbeachtung eines angezeigten Ölverlustes nur als leicht fahrlässig wertete).

[J 117] $z_2 z_2 z_2$) **Wenden an unübersichtlicher Stelle**

Von Weingart VersR 1968 S. 430–431 wird das Wenden an unübersichtlicher Stelle als mögliche Erscheinungsform der objektiven Komponente des Begriffs der groben Fahrlässigkeit erwähnt. Hier ist jedoch Zurückhaltung am Platz, soweit es sich um das normale Versehen handelt, das jedermann unterlaufen kann. Etwas anderes gilt aber gewiß für das Wenden auf der Autobahn (vgl. z. B. OLG Nürnberg 21. IX. 1962 VersR 1963 S. 276–277). – Zurückhaltung ist auch bei der Frage geboten, ob ein Rückwärtsfahren (trotz Sichtbehinderung) eine grobe Fahrlässigkeit darstellt; das gilt aber gewiß nicht für ein Rückwärtsfahren auf der Autobahn (einerlei, ob eine Sichtbehinderung gegeben ist oder nicht).

[J 118] $z_3 z_3 z_3$) **Zigarettengenuß**

Das Anzünden einer Zigarette während der Fahrt darf bei normaler Verkehrssituation nicht als Fahrlässigkeit, geschweige denn als grobe Fahrlässigkeit gewertet werden. Zutreffend OLG Köln 15. VII. 1970 VersR 1970 S. 1123–1124 = DAR 1970 S. 216–217; vgl. ferner OLG Hamm 19. XI. 1975 VersR 1976 S. 453–454; zu hart LG Berlin 8. III. 1932 JRPV 1933 S. 323–324. Die entgegengesetzte Auffassung verkennt, daß normalerweise ein Fahrzeugführer ohne weiteres in der Lage ist, während der Fahrt zu rauchen, ohne daß dadurch seine Fahrfähigkeit herabgesetzt wird. Die gleichen Überlegungen gelten für das Ausdrücken einer solchen Zigarette; zu hart für eine solchen Fall OLG Stuttgart 25. II. 1966 VersR 1966 S. 531–532. Nach heutigen Verhältnissen ebenfalls nicht gerechtfertigt AG Bottrop 17. XII. 1958 VersR

V. 5. d) Reifenschäden

1959 S. 258–259, das für den Fall einer Unaufmerksamkeit bei dem Herauswerfen eines Zigarettenstummels grobe Fahrlässigkeit annimmt (zustimmend aber v. Reuter a.a.O. S. 126). Daß dagegen in der Regel grobfahrlässig handelt, wer sich als Führer eines in Bewegung befindlichen Fahrzeugs bückt, um eine heruntergefallene Zigarette – oder einen sonstigen Gegenstand – aufzuheben, leuchtet ein (so ÖOGH 13. V. 1970 VersR 1971 S. 1075, OLG Frankfurt a. M. 26. I. 1973 VersR 1973 S. 610–611, LG Würzburg 16. IX. 1975 VersR 1977 S. 275, vgl. auch Anm. J 96).

[J 119] d) Reifenschäden

Von dem in § 12 Ziff. 1 AKB niedergelegten Grundsatz, daß Schäden an den Fahrzeugteilen aus einer vom primären Deckungsbereich erfaßten Ursache vert sind, gibt es eine bemerkenswerte Ausnahme. Nach § 12 Ziff. 3 AKB wird nämlich sowohl in der Voll- als auch in der Teilv eine Beschädigung oder Zerstörung der Bereifung nur ersetzt, wenn sie durch ein Ereignis erfolgt, das gleichzeitig auch andere vsschutzpflichtige Schäden an dem Fahrzeug verursacht hat. Zu beachten ist, daß sich diese Einschränkung des Vsschutzes, bei der man darüber streiten kann, ob es sich um eine den primären oder sekundären Umfang des Vsschutzes bestimmende Klausel handelt, nicht auf ein Abhandenkommen der Bereifung bezieht. Stiehlt demgemäß ein Dritter sämtliche Reifen oder auch nur einen davon oder auch den Ersatzreifen, so greift § 12 Ziff. 3 AKB nicht ein. Es besteht vielmehr Vsschutz. Die Bestimmung findet auch dann keine Anwendung, wenn das Fahrzeug zunächst gestohlen und dann auf einer Fahrt des Diebes allein ein Reifen beschädigt wird (ebenso Pienitz³ S. 272); denn hier ist vorausgegangen der zunächst erfolgte Verlust des ganzen Fahrzeugs, für den Vsschutz in der Fahrzeugteilv besteht (vgl. dafür, daß Unfallschäden im Anschluß an einen Diebstahl vert sind, die Nachweise in Anm. J 42). Wird daher ein gestohlenes Fahrzeug später nur mit einem Schaden an der Bereifung wiederaufgefunden, so besteht kein einleuchtender Grund für die Anwendung der einschränkenden Bestimmung des § 12 Ziff. 3 AKB.

Bemerkenswert ist im übrigen der Ausdruck vsschutzpflichtige Schäden. Setzt man diesen Begriff dem Ausdruck vspflichtig gleich, so ist die Ausdrucksweise in § 12 Ziff. 3 AKB sicher verfehlt. Stellt man allerdings auf die Pflicht des Vers ab, Vsschutz zu gewähren, so ist die Formulierung sachlich nicht zu beanstanden, wenngleich es sich um eine ungebräuchliche Wortprägung handelt (besser wäre wohl der Ausdruck „vte Schäden").

Der Sinngehalt der Bestimmung des § 12 Ziff. 3 AKB wird überhaupt nur richtig erfaßt, wenn man sich auf den erkennbaren Zweck besinnt, der dieser Ausnahmeregelung zu Grunde liegt. Dabei ist zu bedenken, daß die Reifen von jeher mit die empfindlichsten Teile des Fahrzeugs darstellen. Sie unterliegen in besonderem Maße der Abnutzung. Trotz aller erzielter Verbesserungen gibt es auch heute noch eine ganze Reihe von Fällen, in denen mehr oder weniger plötzlich die Luft aus dem Reifen entweicht mit der Folge, daß dieser Reifen dann unbrauchbar geworden ist und zumeist auch nicht mehr sinnvoll repariert werden kann. Der solchermaßen an einem Reifen entstandene Schaden stellt sich in der Mehrzahl der Fälle als Betriebsschaden dar und wäre demgemäß nach § 12 Ziff. 1 II e AKB ohnedies nicht vom Vsschutz erfaßt (vgl. Anm. J 71). § 12 Ziff. 3 AKB entbindet aber durch die ausdrückliche Sonderregelung für Reifenschäden von einer Prüfung im Einzelfall, ob ein Unfallereignis vorgelegen hat, etwa durch Eindringen eines Nagels oder eines spitzen Steines in einen der Reifen. Darüber hinaus gewinnt § 12 Ziff. 3 AKB Bedeutung für die Fälle mutwilliger Zerstörungen, die nach § 12 Ziff. 1 II f AKB vom Vsschutz in der Fahrzeugvollv umfaßt werden. Für den Fall, daß beispielsweise ein Zeitgenosse alle vier Reifen des Fahrzeugs eines Vmers mutwillig zerstört, will der

Ver nicht einstehen. Vom Standpunkt des Vmers ist diese Lösung bedauerlich, aber aus der Sicht des Vers immerhin verständlich, wenn man bedenkt, daß der Zugriff des Täters dem im Grunde genommen mit am leichtesten zu beschädigenden Teil des Fahrzeugs gilt. Daß für auf die gleiche Art herbeigeführte Schäden an anderen fast gleich empfindlichen Teilen des Fahrzeugs, wie Scheiben und Lackierung, Vsschutz geboten wird, mag einen Anlaß für eine Überlegung geben, ob der Vsschutz durch eine Bedingungsverbesserung erweitert werden könnte, rechtfertigt aber nicht eine einschränkende Auslegung. Dabei dürfen auch nicht die Schwierigkeiten übersehen werden, denen sich der Ver bei der Regulierung solcher Fälle gegenüber sieht, daß er nämlich andernfalls bei jeder Meldung eines Reifenschadens, der auf einer angeblich mutwilligen Zerstörung durch einen Dritten beruhen soll, überprüfen müßte, ob es sich nicht in Wirklichkeit um einen ohnedies ausgeschlossenen Betriebsschaden handelt, der auf die Abnutzung des Fahrzeugs zurückzuführen ist.

Zu prüfen bleibt, welche Bedeutung dem Ausdruck gleichzeitig in § 12 Ziff. 3 AKB zukommt. Sicher ist, daß bei einem Platzen eines Reifens, das eine Kollision des Fahrzeugs mit anderen Sachen oder Personen zur Folge hat, der Schaden am Reifen nicht vom Ver zu ersetzen ist, während der sonstige Zusammenstoßschaden ersatzpflichtig ist (ebenso Pienitz-Flöter[4] Anm. G. IV. zu § 12 AKB, S. 21, Prölss-Martin[21] Anm. 10 zu § 12 AKB, S. 907, Stiefel-Wussow-Hofmann[10] Anm. 43 zu § 12 AKB, S. 550). Das gleiche gilt, wenn die Fahrzeugreifen aus ungeklärter Ursache in Brand geraten sind und dadurch andere Fahrzeugteile mit erfaßt werden; der Schaden am Reifen wird dann nicht ersetzt, wohl sind aber die sonstigen am Fahrzeug entstandenen Schäden vom Ver bedingungsgemäß auszugleichen (so OLG Hamm 5. XI. 1953 VersR 1954 S. 34–35; zustimmend Möller DAR 1954 S. 255).

Kommt es zunächst zu einem Zusammenstoß und im Anschluß daran zu einer Kollision mit einem dem abirrenden Fahrzeug in der Quere stehenden Baum und wird hierbei ausnahmsweise nur der Reifen beschädigt, so könnte theoretisch die Auffassung vertreten werden, daß eine solche anschließende Beschädigung nicht mehr „gleichzeitig" sei. Es ist die Bedingungsbestimmung ihrem Sinngehalt nach aber nicht so zu verstehen, vielmehr ist auf den einheitlichen Vorgang abzustellen, so daß auch für diesen Reifenschaden der Vsschutz zu bejahen ist (a. M. Prölss-Martin[21] Anm. 10 zu § 12 AKB, S. 907). Wenn man bedenkt, daß es der Sinn der Bestimmung ist, isolierte Gummischäden nicht zu ersetzen, daß die Ver aber insofern dem Vmer entgegengekommen sind, als gleichzeitig eintretende Schäden ersetzt werden, so ist klar, daß erst recht Reifenschäden ersetzt werden sollen, die die adäquate Folge eines ersatzpflichtigen Schadens sind.

In diesem Zusammenhang ist aus der Entstehungsgeschichte der AKB zu berichten, daß nach früher geltenden Fahrzeugvsbedingungen Reifenschäden nur ersetzt wurden, „wenn sie infolge anderer bedingungsgemäß zu erstattender Schäden entstanden waren". So die Bedingungsbestimmung in dem vom KG 30. IV. 1930 JRPV 1930 S. 301 entschiedenen Fall, in dem der Vsschutz für einen Reifenschaden aber (was bei erstem Lesen der Entscheidung wegen eines Abdruckfehlers nicht ohne weiteres erkennbar ist) dennoch aufgrund der „Unklarheitenregel" bejaht wurde (vgl. zur „Unklarheitenregel" nunmehr § 5 AGB-Gesetz und dazu Möller Vsvertragsrecht, 3. Aufl., Wiesbaden 1977, S. 27–29; für die Zeit vor Inkrafttreten des AGB-Gesetzes vgl. Möller in Bruck-Möller Einl. Anm. 70–75 m.w.N.). Bei diesem Ereignis hatte das Fahrzeug des Vmers – ein LKW – einen Zusammenstoß mit einer Straßenbahn, bei dem die linke Seitenklappe eingedrückt und die hinteren Räder Gummischäden erlitten hatten, durch die sie völlig unbrauchbar geworden waren. Für einen derartig gleichzeitig eintretenden Schaden besteht erst recht nach der heutigen Bedingungsfassung Vsschutz. Es wäre aber verfehlt anzunehmen, daß durch die gemäß § 12 Ziff. 3

V 5. d) Reifenschäden   Anm. J 119

AKB gewährte Bedingungsverbesserung Schäden vom Vsschutz ausgenommen werden sollen, für die schon nach der früheren, für den Vmer ungünstigeren Regelung Deckung bestand.

Zerkratzt ein Täter den Lack eines Wagens und zersticht er die Reifen, so wird von Stiefel-Wussow-Hofmann[10] Anm. 43 zu § 12 AKB, S. 550 die Auffassung vertreten, daß eine einheitliche Handlung vorliege und deshalb der Schaden im ganzen ersatzpflichtig sei. § 12 Ziff. 3 AKB stellt indessen nicht auf den strafrechtlichen Begriff einer einheitlichen Handlung ab, sondern auf die Gleichzeitigkeit des Geschehens. Wenn daher ein verhaltensgestörter Täter zunächst mit einem Nagel den Lack eines Wagens zerkratzt und dann diesen Nagel in einen der Reifen bohrt, so wird im Sinne des Strafrechts regelmäßig eine einheitliche Handlung vorliegen; die einzelnen Aktionen des Täters sind aber im Sinne des § 12 Ziff. 3 AKB nicht gleichzeitig erfolgt. Es besteht daher kein Vsschutz für den Reifenschaden. Anders als bei dem zuvor behandelten Unfallschaden mit anschließender Reifenbeschädigung läßt sich auch nicht sagen, daß der Reifenschaden die adäquate Folge der Beschädigung der Lackierung sei. Etwas anderes wäre es dann, wenn der Täter Säure auf den Lack gießt, die alsdann auch die Reifen zerfrißt. Hier liegt ein ersatzpflichtiger Schaden vor. An der Gleichzeitigkeit fehlt es auch dann, wenn zunächst von dem Täter die Reifen zerstochen und dann der Lack zerkratzt wird. Denn dann ist die Beschädigung des Reifens eindeutig zeitlich vorangegangen. Verabreden sich allerdings zwei Täter, das Fahrzeug des Vmers zu zerstören, und beginnen sie gleichzeitig damit, nämlich der eine mit dem Zerstechen des Reifens und der andere mit dem Zerkratzen des Lacks, dann darf auch im Sinne des § 12 Ziff. 3 AKB von einer Gleichzeitigkeit gesprochen werden. Ist ein Reifenschaden die Folge eines ersatzpflichtigen Betriebsschadens, beruht z. B. der Brand eines Reifens auf dem vorangegangenen Heißlaufen einer Bremse, so besteht kein Vsschutz (ebenso Pienitz-Flöter[4] Anm. G. IV. zu § 12 AKB, S. 21, Stiefel-Wussow-Hofmann[10] Anm. 43 zu § 12 AKB, S. 550), es sei denn, daß gleichzeitig mit dem Brand des Reifens auch andere Fahrzeugteile Feuer fangen. Stiefel-Wussow-Hofmann[10] Anm. 43 zu § 12 AKB, S. 551 führen aus, daß es bezüglich des mindestens gleichzeitig andere Fahrzeugteile betreffenden, ersatzpflichtigen Schadens nicht darauf ankomme, ob der Ver insoweit aus Gründen einer Obliegenheitsverletzung frei sei. Eine genauere Überlegung zeigt indessen, daß eine solche Obliegenheitsverletzung sich in aller Regel dann auch auf den Reifenschaden erstrecken wird, so daß dieser Bemerkung kaum für einen Vsfall in der Fahrzeugv erhebliche Bedeutung zukommen kann.

Wenn ein Fahrzeug mit einem Anhänger verbunden ist, so sind die für beide bestehenden Fahrzeugven grundsätzlich isoliert zu betrachten (so zutreffend Stiefel-Wussow-Hofmann[10] Anm. 43 zu § 12 AKB, S. 550). Indessen sind auch hier die besonderen Umstände des Einzelfalles zu berücksichtigen und vor allem der Sinn der getroffenen Regelung, daß nämlich isolierte Reifenschäden als mutmaßliche Betriebsschäden nicht ersetzt werden. Erleidet daher der Triebwagen einen Unfallschaden infolge eines Zusammenstoßes mit einem anderen Wagen und wird dabei von dem Anhänger nur der linke Vorderreifen infolge der scharfen Drehung beschädigt, so ist nach dem Sinn der Bedingung entgegen dem scheinbar eindeutigen Wortlaut der Vsschutz zu bejahen. Das gleiche gilt, wenn der Triebwagen in Brand gerät und – wie es der Zufall will – nur einer der Reifen des Anhängers dabei ebenfalls Schaden nimmt. Denn in beiden Fällen liegt bei recht verstandener Abgrenzung weder ein der Regelung des § 12 Ziff. 3 AKB einerseits zugrunde liegender isolierter Betriebsschaden vor, noch wirkt sich die andererseits auch stets zu beachtende höhere Anfälligkeit der Fahrzeugreifen gegenüber unrechtmäßigen Zugriffen Dritter aus. Diese den Wortlaut der Bedingung einengende Betrachtungsweise wird aber nicht so weit führen können, daß ein gleiches gilt, wenn ein Brand neben dem Fahrzeug in einem Haus ausbricht und merkwürdigerweise ebenfalls an dem daneben geparkten Wagen nur der Reifen beschädigt worden ist. Im übrigen sind diese Beispiele auch nur theoretischer Natur; denn bei übergreifenden Feuerereignissen wird regelmäßig auch eine Lack- oder Farbbeschädigung vorliegen, so daß schon aus diesem Grunde der Vsschutz für den Reifenschaden zu bejahen ist.

Beweispflichtig dafür, daß eine Reifenschädigung durch ein Ereignis erfolgte, das gleichzeitig auch andere ersatzpflichtige Schäden an dem Fahrzeug verursacht hat, ist nach dem Wortlaut des § 12 Ziff. 3 AKB der Vmer (OLG Hamm 5. XI. 1953 VersR 1954 S. 35, AG Bonn 2. XI. 1966 VersR 1967 S. 675).

Zwar ist es ansonsten bei Ausschlußtatbeständen Sache des Vers, deren Vorliegen zu beweisen (vgl. BGH 21. II. 1957 BGHZ Bd 23 S. 359–361, Möller HansRGZ 1929 A Sp. 559, JRPV 1929 S. 325 und die weiteren Nachweise in Anm. J 89 sowie in Bd IV Anm. G 149). Das ist aber kein unabdingbarer Grundsatz. Vielmehr ist es durchaus zulässig, daß dem Vmer in den Vsbedingungen die Beweislast für das Nichtvorliegen von Ausschlußtatbeständen auferlegt wird (vgl. z. B. in der allgemeinen Haftpflichtv § 4 II Ziff. 4 AHB und die Nachweise dazu in Bd IV Anm. G 229). Diese Beweislastverteilung ist auch aus der Sicht des AGB-Gesetzes nicht zu beanstanden; denn von § 11 Ziff. 15 AGB-Gesetz wird eine Beweislastumkehr nur dann erfaßt, wenn sie dem Vertragspartner die Beweislast für Tatsachen auferlegt, die im Verantwortungsbereich des Verwenders liegen. Das ist hier nicht der Fall. Die Regelung kann auch nicht als grob unbillig im Sinne des § 9 AGB-Gesetz angesehen werden (abgesehen davon, daß die Sondervorschrift des § 11 Ziff. 15 AGB-Gesetz vorgeht), sie ist vielmehr sachlich gerechtfertigt mit Rücksicht auf das billigenswerte Bestreben der Ver, Betriebsschäden an den Reifen nicht zu vern. Geht man von diesem Grundsatz aus, so erscheint es als sachgerecht, daß ungeklärte Zweifelsfälle hier zu Lasten des Vmers gehen.

6. Schadenarten und Entschädigungsberechnung

Gliederung:
Schrifttum J 120
a) Schadenarten und Abgrenzung zwischen Total- und Teilschäden J 121
b) Mehrheit von Schäden J 122–125
c) Kombinierte Neuwert- und Zeitwertv J 126

d) Totalschäden J 127–137
e) Teilschäden J 138–152
f) Kostenersatz für die Wiederbeschaffung eines entwendeten Fahrzeugs (oder entwendeter Fahrzeugteile) J 153
g) Selbstbeteiligungssystem J 154–155

[J 120] Schrifttum:
Möller in Bruck-Möller Anm. 1–56 zu § 52, Anm. 1–55 zu § 55 (grundlegend und m.w.N. in Anm. 2 und 26 zu § 52 und Anm. 2 zu § 55); speziell zur Fahrzeugv: Bauer VersR 1967 S. 223, Böhme VW 1962 S. 211–212, derselbe VW 1962 S. 360–362, derselbe VW 1966 S. 615–616, Brugger VersR 1962 S. 5, derselbe VersR 1962 S. 584–587, Deyerler VW 1966 S. 822–823, Feyock ZfV 1967 S. 220–221, Hartwig NeumannsZ 1930 S. 360–361, Johannsen, Festschrift für Reimer Schmidt, Karlsruhe 1976, S. 900–905, Klingmüller VersR 1978 S. 97–99, Koeppen VersR 1968 S. 464–465, Meinecke VersR 1976 S. 112–117, Mittelmeier VersR 1968 S. 190–191, derselbe VersR 1970 S. 501–508, derselbe VersR 1974 S. 523–526, derselbe VersR 1975 S. 227, derselbe VersR 1977 S. 982–989, 1076–1082, derselbe VersR 1978 S. 78–79, Naeve ZfV 1956 S. 164, Nickl (und Roeßner) DAR 1977 S. 236–238, Paul ZfV 1956 S. 108–109, Plaumann VersR 1976 S. 602–603, derselbe VersR 1976 S. 711–712, Pucher VW 1973 S. 217–218, Richter NeumannsZ 1930 S. 519–520, Riebesell VW 1953 S. 576–577, Roeßner (und Nickl) DAR 1977 S. 236–238, E. Schmidt VersR 1975 S. 609–610, Seliger VersR 1967 S. 121–122, Stelzer VW 1962 S. 842–844, derselbe VW 1965 S. 756, Weißer VW 1972

V. 6. a) Schadenarten

S. 178–180, Werber VersR 1971 S. 981–993, Wolf NeumannsZ 1931 S. 11, Wussow ZfV 1953 S. 588, derselbe VersR 1962 S. 308–309, derselbe VersR 1962 S. 405, derselbe WI 1972 S. 63–64, weitere Schrifttumsnachweise in Anm. J 122 und J 137.

[J 121] a) Schadenarten und Abgrenzung zwischen Total- und Teilschäden

Durch die Fahrzeugv wird Vsschutz gegen die Beschädigung, die Zerstörung und den Verlust des Fahrzeugs oder seiner Fahrzeugteile gewährt. Unter einer Zerstörung ist ein Totalschaden zu verstehen. Möller in Bruck-Möller Anm. 22 zu § 55 führt dazu aus, daß der Begriff des Totalschadens in der Aktivenv erfüllt sei, wenn entweder das interesseverknüpfte Gut als solches zerstört oder die Beziehung des Vmers zu diesem Gut durchschnitten sei. Das Gut sei zerstört, wenn es als solches nicht mehr vorhanden sei. Übertragen auf die Fahrzeugv bedeutet das eine Zerstörung des Kraftfahrzeugs bis zum Schrott (vgl. Möller a.a.O.).

Die Beschädigung ist die „stoffliche Verschlechterung der Sache" (Ausdruck von Ritter ZVersWiss 1923 S. 269–275). Darüber hinausgehend ist aber als Beschädigung oder Zerstörung auch jede Art von Funktionsverfremdung einer Sache zu verstehen, die ihren Gebrauchswert beeinträchtigt. BGH 24. X. 1960 VA 1961 S. 79–80 Nr. 284 = VersR 1960 S. 1075, 26. I. 1961 VersR 1961 S. 266 formuliert dahin, daß ein Sachschaden im Sinne des § 1 AHB dann vorliege, wenn eine wertmindernde Wirkung auf die Sachsubstanz gegeben sei, durch die die Brauchbarkeit der Sache zur Erfüllung des ihr eigentümlichen Zweckes beeinträchtigt werde. Diese Formulierung darf auch für Grenzfälle auf die Abgrenzung des Entschädigungsumfangs im Sinne des § 12 Ziff. 1 AKB übertragen werden. Das Problem dieser Funktionsbeeinträchtigung oder, wie Möller in Bruck-Möller Anm. 23 zu § 55 es nennt, das Problem der Brauchbarkeit kann sich insbesondere in Fällen radioaktiver Verseuchung ergeben. Auch solche Fälle sind, sofern sie auf Ereignissen beruhen, die in den primären Deckungsbereich der Fahrzeugv fallen, gedeckte Schadenereignisse im Sinne der in § 12 Ziff. 1 AKB aufgeführten Schadenarten.

Die begriffliche Abgrenzung zwischen Total- und Teilschäden kann im Einzelfall Schwierigkeiten bereiten. Es stellt sich unter anderem die Frage, ob stets bei einer Überschreitung des Zeitwerts ein Fahrzeug als reparaturunwürdig anzusehen ist mit der Folge, daß nach Totalschadengrundsätzen abzurechnen ist (vgl. dazu Möller in Bruck-Möller Anm. 30 zu § 55). Diese Frage war insbesondere für die „teilweise" Neuwertv gemäß § 13 II AKB von Bedeutung, wenn die Reparaturkosten zwar über dem Zeitwert lagen, jedoch den Zuschlag von 25% oder den Preis für einen Neuwagen nicht erreichten. BGH 3. VI. 1970 NJW 1970 S. 1604–1605 = VersR 1970 S. 758–759 m.w.N. hat diese Frage dahin entschieden, daß vom Ver in diesen Fällen stets nur die hypothetischen Reparaturkosten zu erstatten seien und nicht der volle Zuschlag oder der Neupreis. Vgl. zu diesem Fragenkreis, der durch die in § 13 IV b AKB per 1. I. 1971 (VA 1971 S. 4) eingeführte abstufende Regelung jetzt einer insgesamt sachgerechten Lösung zugeführt worden ist, weiter die Ausführungen in Anm. J 133. Vor Einführung der über den Zeitwert hinausgehenden teilweisen oder gänzlichen Neuwertentschädigung (vgl. Anm. J 126) hat das Gericht bei der Erörterung der Abgrenzung zwischen Total- und Teilschäden dagegen ausgesprochen, daß ein Totalschaden dann vorliege, wenn das beschädigte Fahrzeug entweder überhaupt nicht mehr oder nur mit einem Kostenaufwand instandgesetzt werden könne, der den Zeitwert übersteige oder ihm zumindest gleichkomme (BGH 24. V. 1956 VersR 1956 S. 365–367). Wie relativ gebunden an die subjektive Auffassung solche Betrachtungen des Schadenbegriffes sind, insbesondere auch hinsichtlich der Frage der Vernunft oder Unvernunft solcher Reparaturen, deren Kosten den Zeitwert überschreiten, zeigen als

Gegenbeispiele aus der „Geschichte" der Fahrzeugv: RG 12. II. 1932 JRPV 1932 S. 86–87, LG Berlin 6. XII. 1928 JRPV 1929 S. 308, KG 2. XI. 1929 JRPV 1929 S. 425–426, OLG Düsseldorf 27. III. 1930 JRPV 1930 S. 283–284; allen diesen Entscheidungen lagen spezielle Fahrzeugven zugrunde, nach denen nur die Risiken „Totalschaden", „Feuer" und „Diebstahl" erfaßt waren; in diesen Urteilen wurde ein Totalschaden im Sinne des Bedingungsrechts angenommen, obwohl die Reparaturkosten zwischen rund 10–30% unter dem Zeitwert des Fahrzeugs lagen. Dagegen geht OLG Düsseldorf 23. X. 1930 RdK 1931 S. 116 in einem solchen Totalschadenvsfall davon aus, daß ein Totalschaden bei einer Überschreitung des Zeitwerts durch die Reparaturkosten vorliege, wobei zutreffend bemerkt wird, daß von den Reparaturkosten für diese Berechnungsfrage kein Abzug „neu für alt" gemacht werden dürfe.

Eine weitere Schwierigkeit in der Abgrenzung zwischen Total- und Teilschaden kann sich ergeben, wenn bei einem ausländischen Modell keine Ersatzteile mehr lieferbar sind. Hier kann deshalb bei einem für ein inländisches Fahrzeug an sich nur gegebenen Reparaturschaden nach den Umständen des Einzelfalles in einer Zeit beschränkter Einfuhr für ein solches ausländisches Fahrzeug die Annahme eines Totalschadens sachgerecht sein (vgl. in diesem Sinne OLG Celle 13. X. 1952 VersR 1952 S. 400, bei dem diese Alternative allerdings nicht zum Tragen gekommen ist).

Haben sich die Parteien des Vsvertrages in einem Schadenfeststellungsvertrag darauf geeinigt, einen Schaden auf Totalschadenbasis abzurechnen, so ist der Ver auch dann an diese Einigung gebunden, wenn tatsächlich nur ein Teilschaden vorlag und der Vmer das Fahrzeug zu einem wesentlich niedrigeren Preis reparieren lassen konnte (BGH 24. V. 1956 VersR 1956 S. 365–367); der Ver kann sich von einem solchen Vertrag weder gemäß § 779 BGB noch unter dem Gesichtspunkt des Wegfalls der Geschäftsgrundlage lösen, es sei denn, daß der Vmer etwa bei Abschluß des Feststellungsvertrages schon positive Kenntnis von der Reparaturmöglichkeit oder -würdigkeit hatte oder gar die Reparatur schon ganz oder teilweise hatte ausführen lassen (BGH 24. V. 1956 a. a. O.).

Mit dem Ausdruck „Verlust" sind diejenigen Fälle gemeint, in denen das Fahrzeug dem Herrschaftsbereich des Vmers entzogen wird. Diese Entziehungsschäden (vgl. generell dazu Möller in Bruck-Möller Anm. 23 zu § 55) beziehen sich auf die tatsächliche Einflußnahme des Vmers in bezug auf sein Fahrzeug. In rechtlicher Beziehung wird in aller Regel auch im Entziehungsfall das Eigentum des Vmers weiter bestehen, es sei denn, daß einer der Ausnahmefälle im Sinne des § 932 I BGB vorliegt. Immerhin ist es denkbar, daß dem Vmer nicht nur die tatsächliche Herrschaftsmöglichkeit über das Fahrzeug entzogen wird, sondern er infolge gutgläubigen Erwerbs eines Dritten auch das Eigentum verliert. Dabei ist zu bedenken, daß durch die Fahrzeugv auch ein Teil der Unterschlagungsfälle erfaßt wird (vgl. Anm. J 46–50). An unterschlagenen Sachen kann aber anders als an gestohlenen gutgläubig Eigentum rechtsgeschäftlich erworben werden (vgl. §§ 932, 935 BGB). Ein Verlust im Sinne eines Entziehungsschadens kann nicht nur durch Unrechtshandlungen eintreten, sondern z. B. auch durch eine unmittelbare Einwirkung einer Naturgewalt im Sinne des § 12 Ziff. 1 I c AKB, wenn beispielsweise durch eine Überschwemmung ein Fahrzeug fortgetrieben wird. Ein Totalverlust ist auch dann gegeben, wenn ein Fahrzeug zwar an sich noch hätte repariert werden können, es aber aus einer Schlucht, in die es abgestürzt war, nicht geborgen werden kann (vgl. OLG Hamm 20. II. 1930 RdK 1931 S. 118–119). Der Verlust kann entweder vorübergehend oder dauernd sein. Sofern ein Fahrzeug oder ein Fahrzeugteil innerhalb der Monatsfrist des § 13 VII AKB wieder aufgefunden wird, liegt im Sinne des Bedingungsrechts ein nur vorübergehender Verlust vor, den der Ver – abgesehen von einer möglicherweise während der Zeit des vorübergehenden Verlusts eingetretenen Beschädigung (vgl. dazu Anm. J

V. 6. b) Mehrheit von Schäden   Anm. J 122–123

42) und den Wiederbeschaffungskosten (vgl. dazu Anm. J 153) – nicht zu entschädigen braucht.

b) Mehrheit von Schäden

Gliederung:

Schrifttum J 122
aa) Vter Teilschaden mit nachfolgendem unvten Totalschaden J 123
bb) Unvter Teilschaden mit nachfolgendem vten Totalschaden J 124
cc) Vter Teilschaden mit nachfolgendem vten Totalschaden J 125

[J 122] Schrifttum:
Böhme VW 1963 S. 732, Kramer VW 1964 S. 52, Möller MDR 1950 S. 393–397, Pfennigstorf VersR 1964 S. 360–363.

Ein Fahrzeug kann durch zeitlich getrennte Ereignisse nacheinander mehrere Schäden erleiden. Vsrechtlich von Bedeutung ist dabei insbesondere die Behandlung eines einem Teilschaden nachfolgenden Totalschadens (vgl. dazu Möller in Bruck-Möller Anm. 22 zu § 55 m.w.N.). In tatsächlicher Beziehung ist dabei zu unterscheiden zwischen vten und nicht vten Schadenereignissen.

[J 123] aa) Versicherter Teilschaden mit nachfolgendem unversicherten Totalschaden

Mit einem Fall eines einem vten Teilschadens nachfolgenden unvten Totalschadens befaßt sich zum Seekaskovsrecht BGH 15. VI. 1951 BGHZ Bd 2 S. 336–339 (vgl. dazu als Vorinstanzen auch LG Hamburg 26. I. 1950 VersR 1950 S. 37–38 und OLG Hamburg 31. X. 1950 VersR 1951 S. 515). Der entschiedene Fall war durch die Besonderheit gekennzeichnet, daß ein vtes Schiff 1944 zwei vte Teilschäden durch Strandung und Grundberührung erlitten hatte, die bis zum nicht vten endgültigen Verlust des Schiffes durch Auslieferung an die Alliierten im Jahre 1946 noch nicht behoben waren. Das Gericht verurteilte die Ver zur Zahlung der Vsentschädigung für die beiden zeitlich dem nicht vten Totalverlust vorangegangenen Teilschäden.

Vom BGH 15. VI. 1951 a.a.O. wurde dabei maßgebend auf § 844 HGB abgestellt, der durch die Regelung in § 126 ADS nicht abbedungen werden sollte, wie aus der Entstehungsgeschichte dieses Bedingungswerks nachgewiesen wurde. § 844 HGB lautet:

„Die Verpflichtung des Vers, einen Schaden zu ersetzen, wird dadurch nicht wieder aufgehoben oder geändert, daß später infolge einer Gefahr, die der Ver nicht zu tragen hat, ein neuer Schaden und selbst ein Totalverlust eintritt."

Diese Regelung des Seevsrechts bezeichnet der BGH a.a.O. in Übereinstimmung mit Möller MDR 1950 S. 394 als einen allgemeinen Grundsatz des Vsrechts. Möller a.a.O. hat das dogmatisch näher wie folgt begründet: Die Leistung des Vers sei nicht Schadenersatzleistung im Sinne des § 249^1 BGB, und zwar auch nicht im Bereich der sogen. Schadenv. Der Ver schulde vielmehr Gefahrtragung. Die Gefahrtragungsleistung werde bereits vor Eintritt des Vsfalles geschuldet und erbracht. Mit dem Vsfall trete die Gefahrtragung nur in ein anderes Stadium, aus der latenten werde die akute Gefahrtragung. Der Zeitpunkt, in dem diese Wandlung eintrete, sei die Realisierung der vten Gefahr, also das Schadenereignis. § 249^1 BGB gehe von einer Betrachtung der Gesamtvermögenslage des Geschädigten aus, der Vermögenssaldo vor und nach, ohne und mit Schädigung werde verglichen, die Differenz sei der Schaden. Dieser globalen Betrachtungsweise der Gesamtvermögenslage stelle die Schadenv die Betrachtung des einzelnen vten Interesses (vor und nach dem Vsfall) gegenüber. Nicht das Gesamtvermögen werde ins Auge gefaßt, sondern in der Kaskov nur die Beziehung des Vmers zu einem einzigen Aktivum, nämlich zu dem Schiff. Das Interesse am Schiff, das Kaskointeresse, werde durch die vten Gefahren beeinträchtigt. Der Schaden sei vsrechtlich nur die Negation des einzelnen vten Interesses. Der ersatzpflichtige Schaden sei die infolge Verwirklichung der vten Gefahr eingetretene Beeinträchtigung des vten Interesses. An die Stelle des Summenschadens im Sinne des § 249¹ BGB trete im Vsrecht der Einzelschaden. Führe man sich diese Besonderheiten des Vsrechts – Gefahrtragung und Einzelschaden – vor Augen, so werde deutlich, daß es vsrechtlich nur auf den Zeitpunkt der Gefahrverwirklichung, also des Schadenereignisses, des Vsfalles ankommen könne und daß dabei nur die Beeinträchtigung des vten Interesses durch den Vsfall ins Auge zu fassen sei, nicht die reale oder hypothetische Entwicklung der Gesamtvermögenslage.

Diese Grundsätze gelten gleichermaßen für die Fahrzeugv. Beispiel: Ein nur teilkaskovtes Fahrzeug erleidet am 1. V. 1977 einen Glasschaden (Bruch der Heckscheibe), vor Durchführung einer Reparatur wird es am 2. V. 1977 von einem Lkw bei einem Zusammenstoß total beschädigt. Der Ver hat ungeachtet des später eingetretenen Totalschadens den Glasschaden zu ersetzen. Das ist eine vsrechtliche Eigenheit, die mit den zum bürgerlichen Recht für die Schadensberechnung entwickelten differenzierenden Grundsätzen über die Berücksichtigung hypothetischer Schadenursachen nicht völlig übereinstimmt (vgl. zur Behandlung dieses Rechtsproblems im bürgerlichen Recht nur BGH 13. V. 1953 BGHZ Bd 10 S. 6–13, 22. I. 1959 BGHZ Bd 29 S. 215–216, ferner Erman-Sirp⁶ Anm. 42–48 zu § 249 BGB m.w.N., Soergel-Siebert-Reimer Schmidt¹⁰ Anm. 66–75 zu §§ 249–253 BGB m.w.N., Staudinger-Werner¹⁰/¹¹ Vorbem. 46–66 vor § 249 BGB m.w.N.).

[J 124] bb) Unversicherter Teilschaden mit nachfolgendem versicherten Totalschaden

War der Teilschaden unvert, so braucht der nachfolgende Totalschaden nur in seiner eingeschränkten Höhe ersetzt zu werden (Möller in Bruck-Möller Anm. 22 zu § 55). Das folgt daraus, daß der Totalschaden nur noch ein entwertetes Aktivum trifft (Möller a.a.O.). Ebenso Stiefel-Wussow-Hofmann¹⁰ Anm. 11 zu § 13 AKB, S. 585 mit dem Hinweis darauf, daß keinesfalls beim Bestehen einer Teilv der nicht gedeckte Unfallschaden, der sich zuerst ereignet habe, über die Regulierung des zeitlich später eingetretenen Totalverlustes, für den Deckung bestehe, nachträglich entschädigt werden dürfe. Für solche Fälle, die auf Zeitwertbasis abzurechnen sind, geht auch Pfennigstorf VersR 1964 S. 360 von einer derart vorzunehmenden Bestimmung der Leistungspflicht des Vers aus. Pfennigstorf a.a.O. S. 362 ist aber der Auffassung, daß sich aus der Wortwahl in § 13 II AKB ergebe, daß bei Eingreifen der vollen Neuwertregelung dieser Bestimmung (damaliger Ausdruck „Listenpreis", heute „Neupreis", vgl. VA 1977 S. 48–50) der Ver den nicht vten Vorschaden nicht abziehen dürfe. Indessen widerlegt Pfennigstorf a.a.O. sich im Grunde genommen selbst, wenn er aus seiner Auffassung die Konsequenz zieht, daß der Vmer selbst dann, wenn er einzelne Teile aus seinem Fahrzeug ausgebaut und veräußert und dadurch den Wert des Fahrzeugs gemindert habe, Anspruch auf den vollen Listenpreis (heute Neupreis, vgl. Anm. J 131) habe, wenn im Laufe des ersten Jahres ein Totalverlust eintrete. Mit einer solchen Auslegung wird das Ziel der Neuwertregelung (vgl. dazu Anm. J 126, J 129) verkannt (vgl. ergänzend Stiefel-Wussow-Hofmann¹⁰ Anm. 11 zu § 13 AKB, S. 585).

[J 125] cc) Versicherter Teilschaden mit nachfolgendem versicherten Totalschaden

Mit den Bemerkungen in Anm. J 124 ist noch nichts Endgültiges über das Verhältnis von nicht behobenen vten Teilschäden zu nachfolgenden vten Totalschäden gesagt. Soweit es sich um eine V handelt, die auf den Zeitwert abstellt, ergibt sich, wie Pfennigstorf VersR 1964 S. 360 klar herausgearbeitet hat, kein besonderes Problem. Für die Totalentschädigung ist auf den Zeitwert des vorgeschädigten Fahrzeugs abzustellen, also darauf, was es vor dem Eintritt des Totalschadens wert war. Es fragt sich, ob etwas anderes gilt, wenn der Ver nach § 13 II AKB im Totalschadenfall den Neuwert („Neupreis") des Fahrzeugs zu entschädigen hat. Pfennigstorf VersR 1964 S. 360–363 vertritt hier gegen Böhme VW 1963 S. 732 und Kramer VW 1964 S. 52 den Standpunkt, daß bei zwei selbständigen Vsfällen, die nur zufällig gleichzeitig reguliert würden, es nicht zulässig sei, die beiden Schadenfälle derart miteinander zu verknüpfen, daß Gesamtschaden und Gesamtentschädigung miteinander verglichen werden. Unerwünschte Überzahlungen ließen sich nur durch eine Änderung der AKB vermeiden. Pfennigstorf hält das Ergebnis auch nicht für einen Verstoß gegen das vsrechtliche Bereicherungsverbot (vgl. dazu die Nachweise in Anm. J 126), § 55 schreibe für die Schadenv nur vor, daß der Ver nicht verpflichtet sei, dem Vmer mehr als den Betrag des Schadens zu ersetzen. Aber § 55 könne sich immer nur auf den einzelnen Vsfall beziehen. Auch hier sei das im ganzen Vsrecht herrschende Einzelschadenprinzip zu beachten. Es sei niemals zu fragen, wie sich die gesamte Vermögenslage des Vmers entwickelt habe, sondern immer nur, ob und inwieweit ein vsmäßig geschütztes Interesse beeinträchtigt worden sei. Deshalb könnten auch nicht mehrere Schadenfälle, die unabhängig voneinander eingetreten seien, einer Gesamtwertung unterzogen werden.

Indessen ist zu beachten, daß es sich hier weniger um grundsätzliche dogmatische Abgrenzungen und auch nicht – anders als nach § 844 HGB für den in Anm. J 123 abgehandelten Fall des unreparierten Teilschadens mit nachfolgendem unvten Totalschaden – um einen überlieferten Grundsatz des Vsrechts handelt. Es gilt vielmehr, den Sinn einer Neuwertvsregelung auszuloten. Die Frage lautet, ob ein Ver sich tatsächlich verpflichten will, in derartigen Fällen mehr als den Neuwert zu leisten und ob ein Vmer das vernünftigerweise erwarten kann. Das ist zu verneinen. Bei der Schadenberechnung in einem einheitlichen Vertrag darf auch bei Vorliegen mehrerer Vsfälle die Gesamtentschädigungsgrenze nicht außer Betracht gelassen werden. Andernfalls tritt eine ungerechtfertigte vsrechtliche Bereicherung ein. Die gegenteilige Auffassung von Pfennigstorf führt zu einem der seltenen Fälle echter, nicht erlaubter Bereicherung des Vmers. Für eine solche Auslegung gibt es aber weder eine dogmatische Rechtfertigung noch ist sie aus der Interessenlage geboten (wie Pfennigstorf aber auch Pienitz-Flöter[4] Anm. A. I. 1. zu § 13 AKB, S. 6).

Daß der Ver unter Umständen bei zügiger Erledigung des ersten Teilschadens zweimal hätte zahlen müssen, nämlich nach der Reparatur des Teilschadens diesen und alsdann den später eintretenden Totalschaden, ändert an dieser Auslegung nichts. Entscheidend aus vsrechtlicher Sicht ist hier, daß keine unzulässige vsrechtliche Bereicherung des Vmers eintreten darf. Maßgebend ist im übrigen auch nicht der Zeitpunkt der Zahlung durch den Ver, sondern der der Behebung des Schadens. Hätte der Vmer demgemäß den Teilschaden schon beseitigen lassen und tritt danach ein Totalschaden ein, der nach § 13 II AKB auf der Basis des Neupreises zu entschädigen ist, so muß der Ver allerdings den Teil- und den Totalschaden ersetzen.

[J 126] c) Kombinierte Neuwert- und Zeitwertversicherung

Ursprünglich war die Fahrzeugv als reine Zeitwertv konzipiert. Dieser Zeitwert wird auch heute noch in § 13 I AKB als maßgebender Grundsatz den Bestimmungen über die Entschädigungsregelung vorangestellt. Danach ersetzt der Ver einen Schaden bis zur Höhe des gemeinen Wertes des Fahrzeugs oder seiner Teile am Tage des Schadens (Zeitwert), soweit in den folgenden Absätzen des § 13 nichts anderes bestimmt ist. Eine erste abweichende Bestimmung findet sich in § 13 II AKB. Nach dieser zum 1. I. 1962 in Kraft getretenen Bedingungsänderung (VA 1962 S. 27) ist bei Personen- und Kombinationswagen – mit Ausnahme von Droschken, Mietwagen, Selbstfahrervermietwagen und Omnibussen – für eine Entschädigung im ersten Jahr nach der Erstzulassung vom Listenpreis und in den folgenden Jahren von einem um 25% höheren Zeitwert auszugehen. Zum 1. I. 1971 wurde diese Regelung mit der heute geltenden Fassung dahin verbessert, daß für die ersten zwei Jahre nach der Erstzulassung der Listenpreis (jetzt Neupreis, vgl. VA 1977 S. 48–50) maßgebend ist und danach ein um 25% erhöhter Zeitwert zu Grunde gelegt wird (VA 1971 S. 4). Für Einzelheiten dieser Regelung vgl. Anm. J 129–135. Ergänzend bestimmt § 13 IV b AKB, daß die Höchstentschädigung auch dann schon gewährt werden kann, wenn das Fahrzeug so beschädigt ist, daß die erforderlichen Kosten der Wiederherstellung im ersten Jahr nach der Erstzulassung 80 von 100, im zweiten Jahr nach der Erstzulassung 70 von 100 des Neupreises erreichen oder übersteigen (vgl. dazu Anm. J 133). – Eine weitere, wenn auch nicht so wesentliche Abweichung vom Prinzip der Zeitwertentschädigung findet sich in § 13 V S. 4 AKB, wenn es dort heißt, daß ein dem Alter und der Abnutzung entsprechender Abzug bei Krafträdern, Personen- und Kombinationswagen sowie Omnibussen bis zum Schluß des vierten, bei allen übrigen Fahrzeugen bis zum Schluß des dritten auf die Erstzulassung des Fahrzeugs folgenden Kalenderjahrs sich auf Bereifung, Batterie und Lackierung beschränke (vgl. dazu Anm. J 142). – Diese differenzierte Regelung erweist sich im Ergebnis als eine kombinierte Abstufung zwischen einer vollständigen und einer teilweisen Neuwertv. An der Zulässigkeit und Rechtsbeständigkeit einer Neuwertv, die dem Vmer die Differenz zwischen dem Zeitwert und dem Neuwert einer Sache zukommen läßt, wird heute von keiner Seite mehr gezweifelt. Es wird im Gegenteil in Frage gestellt, ob es überhaupt ein spezielles vsrechtliches Bereicherungsverbot gibt (so z. B. Gärtner, Das Bereicherungsverbot – Eine Grundfrage des Vsrechts, Berlin 1970, S. 33–84, 135–140, der die Grenze allein dort gezogen wissen will, wo die Vereinbarungen der Parteien des Vsvertrages als „Spiel" im Sinne der §§ 762, 764 BGB zu charakterisieren seien; auch Winter, Konkrete und abstrakte Bedarfsdeckung in der Sachv, Göttingen 1962, S. 114 hat schon unter Hinweis auf eine diesbezügliche Bemerkung des OLG Oldenburg 9. VII. 1951 VersR 1951 S. 228–229 das Bestehen eines vsrechtlichen Bereicherungsverbots im Umfang der h. A. in Abrede gestellt). Diese Kernfragen sind an dieser Stelle nicht erneut vertiefend zu erörtern, da nach allen vertretenen Auffassungen die Vereinbarung einer Neuwertv in dem dargestellten Rahmen rechtsbeständig ist. Es wird demgemäß auf die zusammenfassende Darstellung bei Möller in Bruck-Möller Anm. 45–50 vor §§ 49–80, Anm. 26, 28 zu § 52 verwiesen. Die Rechtfertigung für die Zulässigkeit der Neuwertentschädigung im Bereich der Schadenv ist darin zu sehen, daß für den Vmer bei dem Neuerwerb einer zerstörten Sache notwendige Aufwendungen zusätzlich entstehen, die er ohne den Eintritt des Schadenfalles nicht hätte machen müssen. Vgl. dazu wiederum Möller in Bruck-Möller Anm. 50 vor §§ 49–80, ferner Anm. 26 und 28 zu § 52 sowie die dogmatische Begründung dieses Prinzips in Möller, Summen- und Einzelschaden, Hamburg 1937, S. 80–81, ferner JW 1938 S. 919 und in „300 Jahre Hamburger Feuerkasse", Hamburg 1976, S. 201–206. Zum Meinungsstreit über die Zulässigkeit der Neuwertv und die Geltung des Bereicherungsverbots vgl. ergänzend Matzen, Die moderne Neuwertv im In- und Ausland, Karlsruhe 1970, S. 3–46 m.w.N., ferner Berndt-Luttmer, Der Ersatzwert in der Feuerv, 2. Aufl., Karlsruhe 1971, S. 211–224.

V. 6. d) Totalschäden

Vom BGH 4. IV. 1967 BGHZ Bd 47 S. 311–312 wird obiter dictum bei der Behandlung eines Abgrenzungsproblems zu § 67 bemerkt, daß die dort erörterte Ausstrahlung des Quotenvorrechts im Sinne der zitierten Bestimmung ebensowenig zu einer **unstatthaften Bereicherung** des Vmers führe wie die zugrunde liegende, einer **Neuwertv nahekommende Schadenberechnung** nach § 13 AKB; das **Sachinteresse** des Eigentümers eines fast neuen Fahrzeugs gehe über dessen rasch absinkenden Marktwert hinaus und sei deshalb verbar; in der hohen Vsleistung liege ein angemessener Ausgleich dafür, daß der Vmer trotz gleicher Prämien für den Verlust eines alten Wagens nur mit dessen geringerem Zeitwert entschädigt werde.

Von Bedeutung für die rechtliche Zulässigkeit der Neuwertv im Bereich der Fahrzeugv ist auch die Bestimmung des § 13 X AKB, nach der der Vmer einen Anspruch auf Zahlung des über den Zeitwert hinausgehenden Entschädigungsbetrags erst dann erwirbt, wenn sichergestellt ist, daß diese Entschädigung zur Wiederherstellung oder zur Wiederbeschaffung eines anderen Fahrzeugs innerhalb von zwei Jahren nach Feststellung der Entschädigung verwendet wird (vgl. dazu Anm. J 135). Damit ist die Verknüpfung des Schadenbegriffs mit den von Möller (Bruck-Möller Anm. 50 vor §§ 49–80, ferner Anm. 26, 28 zu § 52, Summen- und Einzelschaden S. 80–81) als Voraussetzung für die Vermeidung einer **unzulässigen Bereicherung** hervorgehobenen **notwendigen (zusätzlichen) Aufwendungen** des Vmers hergestellt. An der Rechtsbeständigkeit der Regelung in § 13 II AKB werden daher zu Recht weder in der Rechtsprechung noch im Schrifttum Zweifel geäußert. Aus der Rechtsprechung vgl. dazu neben BGH 4. IV. 1967 BGHZ Bd 47 S. 311–312 auch BGH 9. X. 1974 VersR 1975 S. 31 (Entscheidung zur Feuerv), 11. XII. 1974 VersR 1975 S. 127 (zur Interpretation des § 13 X AKB als „strenger Wiederherstellungsklausel") und vor allem BGH 18. VI. 1975 NJW 1975 S. 1703–1704 = VersR 1975 S. 754; ausdrücklich erwähnt wird das Bereicherungsverbot weiter vom OLG Hamburg 26. I. 1973 MDR 1973 S. 766, ferner vom OLG München 17. IX. 1974 VersR 1975 S. 33. Aus dem Schrifttum vgl. Prölss-Martin[21] Anm. 2 zu § 13 AKB, S. 910–911, Stiefel-Wussow-Hofmann[10] Anm. 1 zu § 13 AKB, S. 565, die treffend ohne nähere Erläuterung von der rechtlichen Zulässigkeit der in § 13 II AKB getroffenen Regelung ausgehen. Ebenso Werber VersR 1971 S. 981 Anm. 6, der unter Hinweis auf Brugger VersR 1962 S. 5 dazu bemerkt, daß es sich nicht um eine Neuwertv „im klassischen Sinne" handle. Diese sprachliche Besonderheit darf, da es eine Begriffsbestimmung der Neuwertv im „klassischen Sinne" im rechtswissenschaftlichen Schrifttum ohnedies nicht gibt, nur als Hinweis auf die komplizierte Regelung in § 13 II, IV b AKB verstanden werden, nach der zwischen Entschädigungsfällen mit gänzlichem und solchen mit teilweisem Ersatz des Neuwertbedarfs im Sinne notwendiger Aufwendungen unterschieden wird. Vgl. ergänzend Klingmüller VersR 1978 S. 97–98.

d) Totalschäden

Gliederung:

aa) Gemeiner Fahrzeugwert J 127
bb) Berücksichtigung der Mehrwertsteuer J 128
cc) Neuwertvergünstigung nach § 13 II, IV AKB J 129–135
   aaa) Vorbemerkung J 129
   bbb) Beschränkung auf bestimmte Fahrzeugtypen J 130
   ccc) Ermittlung des Neupreises J 131
   ddd) Erwerb vom Händler oder Hersteller J 132
   eee) Gestufter Totalschadenbegriff J 133
   fff) Wiederbeschaffungsklausel J 134–135
      α) Rechtsnatur J 134
      β) Einzelheiten J 135
dd) Restwerte im Totalschadenfall J 136
ee) Eigentumsübergang nach § 13 VII AKB J 137

[J 127] aa) Gemeiner Fahrzeugwert

Nach § 13 I ersetzt der Ver einen Schaden nur bis zur Höhe des **gemeinen Werts** des Fahrzeugs oder seiner Teile am Tage des Schadens. Ungeachtet dessen, daß für eine Vielfalt von Vsfällen die abweichenden Regelungen in § 13 II, IV AKB über eine gänzliche oder teilweise **Neuwertv** gelten, ist eine Bestimmung des Begriffs des gemeinen Werts (Zeitwerts) im Sinne des § 13 I AKB erforderlich. Dabei ist auch zu bedenken, daß es für eine ganze Reihe von Fahrzeugen das Privileg der Neuwertvergünstigung nicht gibt (vgl. Anm. J 130), so daß dort immer noch der Zeitwert die alleinige Abrechnungsgrundlage bildet. Im übrigen geht die in § 13 II AKB für bestimmte Fahrzeuge vorgesehene Entschädigungserhöhung um 25%, die in der Regel zu einer teilweisen Neuwertv führen dürfte, vom Begriff des Zeitwerts aus.

Vom BGH 18. VI. 1975 NJW 1975 S. 1703–1704 = VersR 1975 S. 753–754 wird die Auffassung vertreten, daß der **Zeitwert** dem **Verkaufswert** gleichzusetzen sei. Das Gericht ist dabei der schon von Stiefel Kraftfahrzeugv Anm. 1 zu § 12 AVB, S. 204 vertretenen Auffassung gefolgt (ebenso Bauer Kraftfahrtv S. 182, Eichler[2] S. 452, Mittelmeier VersR 1977 S. 1079, Nickl und Roeßner DAR 1977 S. 236, Pienitz-Flöter[4] Anm. A. I. 1. zu § 13 AKB, S. 4, Prölss-Martin[21] Anm. 1 zu § 13 AKB, S. 909, Pucher VW 1973 S. 217, Richter NeumannsZ 1930 S. 519–520, Stiefel-Wussow-Hofmann[10] Anm. 2 zu § 13 AKB, S. 565–566; ferner OLG Stuttgart 20. VII. 1966 NJW 1967 S. 253 = VersR 1967 S. 363 [nur L.S.], LG Darmstadt 21. III. 1968 VersR 1969 S. 420, LG Düsseldorf 9. VII. 1969 VersR 1971 S. 432, OLG München 30. X. 1972 VersR 1973 S. 458, OLG Köln 24. II. 1975 VersR 1975 S. 729 [nur L.S.], LG Freiburg 2. X. 1975 VersR 1976 S. 285). Begründet wird diese Auffassung unter Hinweis auf § 9 II des Bewertungsgesetzes in der Fassung vom 10. XII. 1965 BGBl. I 1965, S. 1861 (BewG). Diese Bestimmung lautet: „Der gemeine Wert wird durch den Preis bestimmt, der im gewöhnlichen Geschäftsverkehr nach der Beschaffenheit des Wirtschaftsguts bei einer Veräußerung zu erzielen wäre. Dabei sind alle Umstände, die den Preis beeinflussen, zu berücksichtigen. Ungewöhnliche oder persönliche Verhältnisse sind nicht zu berücksichtigen."

Im Haftpflichtrecht ist anerkannt, daß der Schädiger dem Geschädigten denjenigen Betrag zu ersetzen hat, den er benötigt, um den Schaden auszugleichen. Bei einer Totalbeschädigung ist demgemäß im Regelfall der sogenannte **Wiederbeschaffungswert** maßgebend (vgl. nur Reimer Schmidt in Soergel-Siebert, 10. Aufl., Anm. 36 zu §§ 249–253 BGB mit Hinweisen auf die Rechtsprechung des BGH; ferner die weiteren Nachweise bei Werber VersR 1971 S. 987–989, der zu Recht darauf hinweist, daß der Sache nach auch BGH 17. V. 1966 VersR 1966 S. 830–831 von dem Wiederbeschaffungswert als maßgeblicher Vergleichsgröße ausgehe). Es kann aber selbstredend vsrechtlich eine andere Wertberechnung und Bemessung gewählt werden als haftpflichtrechtlich. Das Problem spitzt sich für den durchschnittlichen Vmer, der im Besitz eines Fahrzeugs als Endverbraucher ist, auf die Frage zu, ob bei der Entschädigungsberechnung als Zeitwert von dem Preis auszugehen ist, den er vor Eintritt des Vsfalles bei einer Veräußerung erzielt hätte, oder ob darauf abzustellen ist, was der Vmer für den Kauf eines gleichwertigen Fahrzeugs nach Eintritt des Vsfalls aufwenden muß. Die nach der h.A. für den Vmer ungünstigere Auffassung, daß der Verkaufspreis vor Eintritt des Schadenfalls maßgebend sei, mildert BGH allerdings dadurch ab, daß nach seiner Auffassung auch der Preis zu berücksichtigen ist, der bei einer **Inzahlunggabe** aus Anlaß des **Kaufs eines Neuwagens** zu erzielen gewesen wäre (ebenso Stiefel-Wussow-Hofmann[10] Anm. 2 zu § 13 AKB, S. 566–567; a.M. OLG München 17. IX. 1974 VersR 1975 S. 32–33 [Vorinstanz]). Im Gegensatz zu BGH 18. VI. 1975 a.a.O. vertritt Möller in Bruck-Möller Anm. 10 zu § 52 die Auffassung, daß für den Verbraucher der gemeine Wert sich bei diesem danach bestimme, welcher Betrag für den Einkauf gleicher Sachen aufzuwenden sei, (ebenso Schmidt-Tüngler, Das Recht der Kraftfahrtv, 3. Aufl., Weißenburg 1951 S. 109, Wolf NeumannsZ 1931 S.11; wohl auch Paul ZfV 1956 S. 109, wenn er dort ausführt, daß bei der Ermittlung des Zeitwerts geprüft werden müsse, ob für den errechneten gemeinen Wert ein gleichartiges Objekt auf dem freien Markt ohne größere Umstände zu bekommen sei); vgl. auch Klingmüller VersR 1978 S. 98, der zwar zunächst von der Gegenmeinung ausgeht, dann aber nachweist, daß deren Ergebnis eigentlich nicht recht verständlich sei. Interessant ist in diesem Zusammenhang der Vorschlag von Riebesell VW 1953 S. 577, der unter Darlegung des schon damals kontroversen Streitstandes eine Zeitwertbegriffsdefinition – wohl de lege ferenda – anregte, nach der unter dem Zeitwert der allgemeine Marktwert im Sinne eines Mittelwertes zwischen Verkaufs- und Wiederbeschaffungswert verstanden werde (ähnlich auch schon Hartwig NeumannsZ 1930 S. 360–361; vgl. ferner Naeve ZfV 1956 S. 164, der für Fahrzeuge mit Sonderaufbauten, die für Dritte nutzlos sind, vom Gebrauchswert ausgeht). Der an diesen Vorschlag anschließende Satz, daß dabei derjenige Preis in Frage komme, der bei einem normalen Geschäft unter besonderer Beachtung des durch den Händler vorgenommenen Handelsaufschlages erzielt werden würde, wird von diesem Gedanken allerdings nicht konsequent getragen; vgl. ferner Wussow ZfV 1953 S. 588, der noch ganz unbefangen schreibt, daß in besonderen Fällen ein Zuschlag zu dem auf der Basis „Marktlage" und „Erhaltungszustand" aufgebauten Wert erforderlich sei, um die Wiederbeschaffung eines Objektes zu ermöglichen, welches in seinem Zustand vor dem Unfall einen auf dem freien Markt nicht uneingeschränkt realisierbaren Wert hatte. Auch Pienitz[3] S. 275 führt aus, daß maßgebend für die Bemessung des Zeitwerts der Preis sei, der im gewöhnlichen Geschäftsverkehr bei dem Erwerb eines gleichartigen und gleichwertigen Fahrzeugs aufzubringen sei (anders jetzt aber Pienitz-Flöter[4] Anm. A. I. 1. zu § 13 AKB, S. 4). Vgl. in diesem Zusammenhang auch BGH 21. VI. 1956 VersR 1956 S. 473, dessen Entscheidungsgründe dafür sprechen, daß damals vom BGH als wesentlicher Ausgangspunkt bei einem Endverbraucher an den Wiederbeschaffungswert angeknüpft werden sollte.

Ein modifizierter Begriff des gemeinen Werts findet sich auch in einer „Totalschadenvsentscheidung" des KG 25. IX. 1931 JRPV 1932 S. 25–27, in der allerdings im Ergebnis auf den Verkaufspreis abgestellt wird; das Gericht stellt dabei aber ersichtlich in der Endverbraucherstufe den Verkaufspreis dem Einkaufspreis gleich; auf S. 26 heißt es: „Der gemeine Wert ist aber der Wert, den die Sache für jeden hat. Er findet also seinen Ausdruck in dem Preis, welchen man beim Erwerbe der Sache anlegen muß, und für welchen man sie auch veräußern kann. Das ist aber, sofern die Sache überhaupt ein Gegenstand des Handels ist, der gemeine Handelswert." Von einer solchen grundsätzlichen Identität zwischen Einkaufs- und Verkaufspreis geht auch OLG Köln 28. X. 1931 JRPV 1932 S. 124–125 aus.

Bei Beurteilung der Streitfrage ist zu beachten, daß der Begriff des gemeinen Werts nicht nur in § 9 II BewG verwendet wird, sondern seit sehr viel längerer Zeit den **handelsrechtlichen Vorschriften** des § 430 I, II HGB und des § 85 I EVO zugrunde liegt. Vergleicht man Rechtsprechung und Schrifttum zum Begriff des gemeinen Werts im Sinne der zitierten handelsrechtlichen Vorschriften, so stellt man fest, daß das Problem, ob bei der Wertberechnung auf den Preis abzustellen ist, den der Vmer bei einem Verkauf erzielt hätte, oder ob der von ihm gezahlte Kaufpreis maßgebend ist, schon vor Jahrzehnten abgehandelt worden ist. Dabei wird differenziert in der Weise, daß sich der gemeine Wert einer Sache von Handelsstufe zu Handelsstufe verändert, und zwar durchweg im Sinne einer Preissteigerung. Die Rechtsprechung hat aber schon sehr früh die Problematik der Preisbestimmung in der Hand des Endverbrauchers erkannt. Hier wird von der Rechtsprechung nicht mehr vom Veräußerungswert ausgegangen, den der Endverbraucher erzielen könnte, sondern von dem Preis, den der Händler in der vorangegangenen Handelsstufe bei dem Verkauf an einen Endverbraucher erzielen würde. Bemerkenswert sind in diesem Zusammenhang insbesondere folgende Ausführungen in RG 5. XI. 1919 RGZ Bd 98 S. 152: Als gemeiner Handelswert oder gemeiner Wert komme auch nicht der Preis in Betracht, den der Verkäufer gebrauchter Kleider und Wäsche vom Händler erhalte und der regelmäßig sehr viel niedriger sei als der vom Händler beim Verkauf dieser Gegenstände erzielte Preis. Vielmehr sei hier der letztere als gemeiner Handelswert maßgebend. Ebenso RG 21. V. 1927 RGZ Bd 117 S. 133. – Zur Vermeidung von Mißverständnissen ist dabei klarzustellen, daß die Begriffe „gemeiner Wert" und „gemeiner Handelswert" in den Fällen identisch sind, in denen eine Sache einen gemeinen Handelswert hat. RG 5. X. 1919 RGZ Bd 98 S. 151 führt zutreffend aus, daß der gemeine Handelswert oder Marktpreis – das sei der Preis, der für eine Ware gewisser Gattung und Art in regelrechter Güte an dem betreffenden Handelsplatz im Durchschnitt gewährt werde und der nur dann in Betracht kommen könne, wenn in der betreffenden Ware ein bestimmter Umsatz stattfinde – wegen seiner verhältnismäßig einfachen und zuverlässigen Feststellbarkeit der vollkommenste Ausdruck des gemeinen Werts sei. Die Grundsätze dieser Entscheidungen werden im handelsrechtlichen Schrifttum übereinstimmend als zutreffend zitiert (vgl. nur Ratz im RGRKom zum HGB [Staub], 2. Aufl. 1960, Anm. 4 zu § 430 HGB, Ritter HGB, 2. Aufl. 1932, Anm. 4 zu § 430 HGB; ferner Finger EVO, 4. Aufl. 1970, Anm. 2 f zu § 85 EVO). Es entspricht einer die Einheit der Rechtsprache wahrenden Auslegung, diesen für das Handelsrecht seit Jahrzehnten feststehenden Begriff des „gemeinen Werts" auf die vsrechtliche Entschädigungsregelung nach § 13 I AKB zu übertragen. § 9 II BewG ist als Kodifikation der zitierten Rechtsprechung des Reichsgerichts zu verstehen, in der nur unvollkommen zum Ausdruck kommt, daß im Sinne der Bemessung handelsrechtlicher Entschädigungen in denjenigen Fällen, in denen der Schaden bei einem Endverbraucher eintritt, für den gemeinen Wert abgestellt wird nicht auf den Verkaufswert, den der Endverbraucher erzielen würde, der ohnedies nicht die Absicht hat zu verkaufen, sondern auf den Verkaufswert, den diese Sache in der Hand des Verkäufers der vorangegangenen Handelsstufe hat.

Als Ergebnis ist festzuhalten, daß im Sinne einer differenzierenden Wertbetrachtung bei den einzelnen Händlerstufen allerdings in Übereinstimmung mit der handelsrechtlichen Rechtsprechung und mit § 9 II BewG abzustellen ist auf den Veräußerungswert unter Außerachtlassung ungewöhnlicher oder persönlicher Verhältnisse. Doch gilt das nicht für das Fahrzeug in der Hand des Endverbrauchers. Bei diesem ist vielmehr der Veräußerungswert der vorangegangenen Handelsstufe maßgebend. Folgt man dieser Auslegung, so kommt es auf die subjektive Verkaufsbefähigung des Vmers, die dieser bei der Inzahlunggabe eines gebrauchten Wagens bei Kauf eines Neufahrzeugs entwickeln mag, nicht an. Es bedarf dann auch nicht der Festlegung eines weiteren Werts eines Fahrzeugs in dem Sinne, daß nämlich dessen Inzahlunggabepreis ermittelt wird. Es wird auch die als ungerecht erscheinende Differenzierung vermieden, daß Vmer geringer entschädigt werden, die nicht die Angewohnheit haben, ihre Fahrzeuge bei dem Kauf eines Neuwagens in Zahlung zu geben. Ferner wird vermieden, daß Vmer zur Erlangung einer solchen Entschädigung in Höhe des Inzahlunggabepreises die unrichtige Behauptung aufstellen, daß sie derart vorgegangen wären. Schließlich wird auch vermieden, daß Vmer mit einem großen Wagenbedarf und einer gewissen Marktposition einen höheren Preis im Rahmen der Kaskov bei der Zeitwertbemessung durchsetzen können als der durchschnittliche Einzelvmer; vor allem aber wird mit der hier vertretenen Auffassung die traditionelle Einheit zwischen Handelsrecht und Vsrecht bei gleicher juristischer Terminologie

V. 6. d) Totalschäden

(gemeiner Wert) gewahrt. Dafür, daß die Begriffe „Zeitwert" und „gemeiner Wert" nicht gegensätzlich zu konstruieren sind, vgl. ergänzend Möller in Bruck-Möller Anm. 27 zu § 52 (verfehlt danach LG Berlin 5. III. 1929 JRPV 1929 S. 354–355); ferner Naeve ZfV 1956 S. 164. Geht man mit der hier vertretenen Auffassung von dem Wiederbeschaffungswert eines Fahrzeugs als gemeinem Wert in der Hand des Endverbrauchers aus, so wird auch verständlich, daß für die Bemessung des Zeitwerts eines älteren Modells oder gar einer Sonderanfertigung als wichtiger Ausgangspunkt der Anschaffungspreis genommen wird, von dem bei Ermittlung des Entschädigungsbetrages die durch Veralterung und Abnutzung bedingte Wertminderung abzuziehen ist (vgl. dazu OLG München 15. V. 1959 VersR 1959 S. 1018–1019).

[J 128] bb) Berücksichtigung der Mehrwertsteuer

Es wird die Auffassung vertreten, daß die Mehrwertsteuer nicht Bestandteil des Zeitwerts sei (Bauer Kraftfahrtv S. 159, Pienitz-Flöter[4] Anm. A. I. 1. zu § 13 AKB, S. 4, Prölss-Martin[21] Anm. 1a zu § 13 AKB, S. 909, Pucher VW 1973 S. 217, Stiefel-Wussow-Hofmann[10] Anm. 2 zu § 13 AKB, S. 567 m. w. N.; OLG München 30. X. 1972 VersR 1973 S. 458–459, LG Baden-Baden 5. IV. 1974 VersR 1975 S. 729, OLG Köln 7. III. 1975 VersR 1976 S. 239, OLG Stuttgart 1. XII. 1975 VersR 1977 S. 173; a. M. Johannsen, Festschrift für Reimer Schmidt, Karlsruhe 1976, S. 904–905, Klingmüller VersR 1978 S. 99, Meinecke VersR 1976 S. 112–117, Mittelmeier VersR 1975 S. 227, VersR 1977 S. 1079–1081, Nickl und Roeßner DAR 1977 S. 236–238, E. Schmidt VersR 1975 S. 609–610, LG Freiburg 2. X. 1975 VersR 1976 S. 285–286, AG Trier 18. II. 1976 VersR 1977 S. 514–515). BGH 11. XII. 1974 NJW 1975 S. 307–308 = VersR 1975 S. 127–128 äußert sich zu dieser Frage nicht abschließend. Es handelt sich um den Sonderfall einer Vsentschädigungsberechnung nach § 13 II, X AKB unter Berücksichtigung eines „Werksangehörigenrabatts" des Vmers. Die vom BGH a. a. O. gebrauchte Formulierung, daß die von dem Vmer entrichtete Umsatzsteuer jedenfalls insoweit zu erstatten sei, als der tatsächlich gezahlte Kaufpreis und die Umsatzsteuer zusammen den vom Herstellerwerk als Listenpreis ohne Umsatzsteuer angegebenen Betrag nicht überschreiten, läßt die hier interessierende Frage, ob dem gemeinen Wert die Mehrwertsteuer generell zuzurechnen sei oder nicht, offen.

Zur Lösung dieser Frage kann nicht auf eine ältere verfestigte handelsrechtliche Rechtsprechung zur Bestimmung des gemeinen Werts zurückgegriffen werden, da sich dieses Problem erst seit der Systemänderung des Umsatzsteuerrechts durch die offene Überwälzung der Mehrwertsteuer erkennbar ergeben hat. Geht man aber von der Überlegung aus, daß in dem den gemeinen Wert ausdrückenden Handelspreis auch früher schon verdeckt die Umsatzsteuer enthalten war, so gebieten es die Grundsätze einer sachbezogenen wirtschaftlichen Abwägung der Interessenlage, die Mehrwertsteuer dem Zeitwert zuzurechnen. Das gleiche gilt für den Neupreis im Sinne des § 13 II AKB. Die entgegengesetzte Auslegung würde eine Systemänderung des Steuerrechts ohne sachlich einleuchtendes Motiv zum Anlaß nehmen, die Position des Vmers zu verschlechtern. Dem Ver entsteht durch diese Auslegung kein Nachteil, da er einem zum Vorsteuerabzug berechtigten Vmer die Mehrwertsteuer nicht zu erstatten braucht, da insoweit kein Schaden eingetreten ist (so auch Klingmüller VersR 1978 S. 99). Auf dem Weg zu der hier vertretenen Auffassung befinden sich im übrigen auch Prölss-Martin a. a. O.; denn sie schreiben zwar zunächst, daß die Mehrwertsteuer bei der Bestimmung des gemeinen Werts außer acht bleibe; im nächsten Satz heißt es aber, daß die bei der Neuanschaffung entrichtete Mehrwertsteuer als preisbildender Faktor in Ansatz zu bringen sei (ebenso Bauer Kraftfahrtv S. 159–160, Pienitz-Flöter[4]

Anm. A. I. 1. zu § 13 AKB, S. 4, Stiefel-Wussow-Hofmann[10] Anm. 4 zu § 13 AKB, S. 576). Damit wird für den Neupreis bereits der hier vertretene Standpunkt akzeptiert; für den Zeitwert mag die gegenteilige Auffassung noch beeinflußt sein durch die in Anm. J 127 widerlegte Meinung, daß nicht der Wiederbeschaffungswert maßgebend sei.

[J 129] cc) Neuwertvergünstigung nach § 13 II, IV AKB

aaa) Vorbemerkung

In § 13 I AKB wird der Grundsatz aufgestellt, daß in der Fahrzeugv der dem Vmer entstandene Schaden nur bis zur Höhe des gemeinen Werts ersetzt wird (zur umstrittenen Begriffsbestimmung dieses auch als Zeitwert bezeichneten gemeinen Werts vgl. Anm. J 127). Eine erste Durchbrechung dieses Grundsatzes findet sich für Teilschäden in § 13 V, 4 AKB, der bestimmt, daß Abzüge „neu für alt" nur in bestimmten Fällen und nach Ablauf bestimmter Fristen gemacht werden dürfen (vgl. dazu Anm. J 143). Seit dem 1. I. 1962 hat sich der Gedanke der Neuwertv in der Fahrzeugv aber auch für einen Teil der Totalschäden mit der Regelung in § 13 II AKB durchgesetzt. Seit jener Zeit werden in differenzierter Weise Totalschäden auf gänzlicher oder teilweiser Neuwertbasis ersetzt (vgl. zur dogmatischen Begründung und Abgrenzung sowie zur Entwicklung der Bedingungsbestimmung die Nachweise in Anm. J 126). Die heute geltende Entschädigungsregelung in § 13 AKB ist für Totalschäden dahin zusammenzufassen, daß für Lastfahrzeuge und Zweiräder aller Art, sowie für Droschken, Mietwagen, Selbstfahrervermietwagen und Omnibusse das Zeitwertprinzip gilt, während für die verbleibenden Personen- und Kombinationswagen in den ersten zwei Jahren nach der Zulassung bei Totalschäden eine vollständige Neuwertv gegeben sein kann und in den darauffolgenden Jahren der Wert des Fahrzeuges für die Entschädigungsberechnung um 25% höher als dessen tatsächlicher Zeitwert unmittelbar vor dem Schadenereignis angesetzt wird, so daß sich hier im Totalschadenfall ebenfalls eine gänzliche oder — das ist der Regelfall — eine teilweise Neuwertleistung ergeben kann.

[J 130] bbb) Beschränkung auf bestimmte Fahrzeugtypen

Die für den Vmer günstige Regelung nach § 13 II AKB gilt nur für Personen- und Kombinationswagen, also nicht für Lastwagen, aber auch nicht für Zweiräder aller Art. Darüber hinaus findet § 13 II AKB keine Anwendung auf Droschken, Mietwagen, Selbstfahrervermietwagen und Omnibusse. Ein einleuchtender Grund dafür, warum Lastwagen und Zweiräder von der Vergünstigung nach § 13 II AKB ausgeschlossen sind, ist nicht ohne weiteres einzusehen. Hingegen leuchtet ein, daß die nicht von dem Neuwertbereich des § 13 II AKB erfaßten Droschken, Mietwagen, Selbstfahrervermietwagen und Omnibusse deshalb von der Regelung ausgenommen worden sind, weil diese Fahrzeuge im besonderen Maße beansprucht werden und damit einer erhöhten Abnutzung unterliegen. Während die Eigenschaft eines Fahrzeugs als Omnibus durch die äußere Gestaltung eines solchen Wagens unverkennbar im Sinne der Verkehrsanschauung charakterisiert wird, sind Droschken, Mietwagen und Selbstfahrervermietwagen nur durch die Art der Nutzung hervorgehoben, ohne sich im übrigen im Äußeren wesentlich von anderen Personenwagen zu unterscheiden. Ein Fahrzeug kann theoretisch anderthalb Jahre als Mietwagen (Selbstfahrervermietwagen oder Droschke) benutzt und danach von dem Eigentümer als Privatwagen genutzt werden. Trifft dieses Fahrzeug ein Schaden, so wäre zu überlegen, ob die Vergünstigung nach § 13 II AKB keine Anwendung findet, weil das Fahrzeug in früherer Zeit als Mietwagen (Selbstfahrervermietwagen oder

Droschke) benutzt worden war. Eine solche Regelung wäre aus der Sicht des Vers verständlich. Indessen findet sie in der Bestimmung des § 13 II AKB keinen Ausdruck. Entsprechend einer die zentrale Bedeutung des Vsfalles unterstreichenden Auslegungsmaxime ist daher auf den Zeitpunkt des Schadeneintritts (Vsfalles) abzustellen. Im Sinne des § 13 II AKB kommt es demgemäß darauf an, ob ein Fahrzeug zum Zeitpunkt des Eintritts des Vsfalles im Rechtssinne als Mietwagen, Selbstfahrervermietwagen oder Droschke zu qualifizieren war. Unerheblich ist dabei für diese generelle Qualifikation, daß der Unfall etwa auf einer privaten Fahrt des Eigentümers entstanden ist, die nicht dem typisch erhöhten Abnutzungsrisiko eines Mietwagens, Selbstfahrervermietwagens oder einer Droschke unterworfen war. Entscheidend für die strikt zu interpretierende Vorschrift des § 13 II AKB ist vielmehr, daß generell ein größeres Abnutzungsrisiko bei den erwähnten Fahrzeugen gegeben ist. Es kommt aber nicht darauf an, ob das konkret im Einzelfall tatsächlich so gewesen ist. Demgemäß findet die Erhöhungsvergünstigung nach § 13 II AKB z. B. auch dann keine Anwendung, wenn es sich um ein erst wenige Tage vor dem Unfall zugelassenes Taxifahrzeug handelt, das bereits nach rund 3000 Fahrkilometern einen Totalschaden erlitten hat.

Keine besondere Erwähnung finden in § 13 II AKB die heute so weit verbreiteten Wohnwagen und Wohnwagenanhänger; für letztere zieht LG Ravensburg 24. X. 1973 VersR 1974 S. 353–354 daraus die Konsequenz, daß die Rechtswohltat einer teilweisen (oder gänzlichen) Neutwertv nicht eingreife; das trifft zu, gilt aber nicht auch für Wohnwagen, die vielmehr als Zwitter zwischen Pkw und Kombinationswagen beiden Fahrzeugarten gleichgestellt werden dürfen (a. M. Prölss-Marin[21] Anm. 2 a zu § 13 AKB, S. 910); eine ausdrückliche Regelung in § 13 II AKB wäre allerdings wünschenswert.

[J 131] ccc) Ermittlung des Neupreises

Nach § 13 II AKB wird für die Berechnung der Höchstentschädigung seit dem 1. I. 1977 angeknüpft an den Neupreis (VA 1977 S. 48–50). Bis zu diesem Zeitpunkt war in der Bedingungsbestimmung vom Listenpreis die Rede gewesen. Diese Ausdrucksweise war aber dadurch überholt, daß es infolge der Aufhebung der Preisbindung der zweiten Hand zum 1. I. 1974 (vgl. Art. 4 des 2. Änderungsgesetzes zum Gesetz gegen Wettbewerbsbeschränkungen vom 3. VIII. 1973, BGBl. I S. 929, in Verbindung mit der VO zur Aufhebung der VO über die Anlegung und Führung des Preisbindungsregisters, BGBl. I. S. 793) keine verbindlichen Listenpreise mehr gibt. Prölss-Martin[20] Anm. 1 zu § 13 AKB, S. 906 hielten deshalb im Sinne einer ergänzenden Interpretation des § 13 II AKB für die Übergangszeit den vom Hersteller empfohlenen Preis oder den durchschnittlichen Verkaufspreis am Wohnort des Vmers für maßgebend. Ähnlich auch Stiefel-Wussow-Hofmann[10] Anm. 4 zu § 13 AKB, S. 575–576, allerdings mit dem Bemerken, daß der danach maßgebliche Wiederbeschaffungswert (Händler-Verkaufspreis) wohl unter der jeweiligen unverbindlichen Preisempfehlung des Fahrzeugherstellers liegen dürfte. Für eine solche generelle Annahme gab es indessen keine beweiskräftigen Fakten; dem vom Hersteller empfohlenen Preis kam vielmehr faktisch nach wie vor eine dominierende Rolle zu. Die Bedingungsänderung ersetzte aber nicht lediglich den Ausdruck Listenpreis durch den Begriff des Neupreises, sondern fügte in § 13 II, 2 AKB eine Definition dieses Begriffs ein. Danach ist unter dem Neupreis der vom Vmer zu entrichtende Kaufpreis eines neuen Fahrzeugs in der vten Ausführung zu verstehen. Falls der Fahrzeugtyp nicht mehr hergestellt wird, ist maßgebend der vom Vmer zu entrichtende Kaufpreis eines gleichartigen Typs in gleicher Ausführung. Beide Begriffsbestimmungen werden eingeschränkt durch den verständlichen Hinweis darauf, daß höchstens der vom Hersteller unverbindlich empfohlene Preis maßgebend sei, abgestellt auf den Tag des Schadens.

Das bedeutet, daß das Aufgeld, das bei einem Lieferungsengpaß gezahlt werden muß, in der Fahrzeugv nicht zu ersetzen ist (Klingmüller VersR 1978 S. 98).

Zu der im Rahmen der Neuwertv eine vsrechtlich unzulässige Bereicherung des Vmers verhindernden Bestimmung des § 13 X AKB (vgl. dazu Anm. J 134-135) ist vom BGH 11. XII. 1974 NJW 1975 S. 307-308 = VersR 1975 S. 127-128 entschieden worden, daß dann, wenn gemäß § 13 II AKB eine den Zeitwert des vten Fahrzeugs übersteigende Entschädigung bis zum Listenpreis gefordert werden könne, ein dem Vmer bei dem Erwerb des Ersatzfahrzeugs gewährter „Werksangehörigenrabatt" in Abzug zu bringen sei. Die Neufassung des § 13 II AKB wird zum Teil aus dem Blickwinkel dieser Entscheidung gesehen. So schreiben z. B. Stiefel-Wussow-Hofmann[10] Nachtrag Anm. 1 zu § 13 AKB, S. 20, daß durch die Neufassung klargestellt worden sei, daß nicht nur ortsübliche Rabatte, wie sie von der Mehrzahl der Händler an einem Ort gewährt werden, Berücksichtigung zu finden haben, sondern auch die persönlichen Verhältnisse des Vmers. Dagegen entscheidet OLG Hamm 23 II. 1977 VersR 1977 S. 735 (mit im Ergebnis zust. Anm. von Mittelmeier VersR 1978 S. 78-79), daß ein dem Vmer bei der Wiederbeschaffung eines anderen Fahrzeugs vom Verkäufer aus verwandtschaftlichen Gründen gewährter Preisnachlaß (Verwandtenrabatt) nicht auf die Entschädigungsleistung des Vers anzurechnen sei. Mittelmeier vertritt im übrigen nicht nur a. a. O., sondern auch in VersR 1977 S. 1076 die Auffassung, daß Werkangehörigenrabatte nicht im Rahmen des § 13 II AKB, wohl aber bei § 13 X AKB zu berücksichtigen seien. Bemerkenswert ist auch die Kommentierung von Prölss-Martin[21] Anm. 1b zu § 13 AKB, S. 910, die die Änderung in dem Sinne interpretieren, daß schon die nur möglichen Rabatte die Leistungsgrenze darstellen, während das bei § 13 II AKB a. F. anders gewesen sei.

Die von Stiefel-Wussow-Hofmann a. a. O. und Prölss-Martin a. a. O. vertretene Auffassung wirkt sich für den Ver im Ergebnis dann als günstig aus, wenn der Vmer von einem solchen Werksangehörigenrabatt keinen Gebrauch macht; denn dann könnte gegenüber dem Vmer, der eine solche Einkaufsquelle, die ihm zur Verfügung stand, nicht genutzt hat, eine Leistungsbegrenzung aus § 13 II AKB geltend gemacht werden. Auf der anderen Seite hätte eine solche Auffassung aber auch, worauf von Mittelmeier VersR 1977 S. 1076 nachdrücklich hingewiesen worden ist, die für den Ver nachteilige Konsequenz, daß bei einem solchen Vmer eher als bei einem Durchschnittsvmer ein Totalschaden im Sinne der abstufenden Regelung des § 13 IVb AKB (vgl. dazu Anm. J 133) angenommen werden müßte. Das würde aber bei gleicher Reparaturlage zu unterschiedlichen Entschädigungsberechnungen in Grenzfällen führen, je nachdem, ob es sich um einen Vmer mit günstiger oder normaler Einkaufsmöglichkeit handelt. Der Vmer mit besserer Einkaufsmöglichkeit würde in Konsequenz der von Prölss-Martin a. a. O. und Stiefel-Wussow-Hofmann a. a. O. vertretenen Auffassung hinsichtlich der Ermittlung eines Totalschadenfalls mit vollständiger Neuwertentschädigung besser stehen als der durchschnittliche Vmer; denn die nach § 13 IVb AKB erforderlichen Sätze der Reparaturkosten von 80 oder 70% des Neupreises werden von ihm bei Ansatz eines von Anfang an geminderten Neupreises früher erreicht. Eine solche Besserstellung bei gleicher Reparaturausgangslage war aber gewiß nicht beabsichtigt. Es ist daher der Auffassung von Mittelmeier VersR 1977 S. 1076 zu folgen, daß solche persönlichen Verhältnisse im Rahmen des § 13 II AKB außer Betracht zu bleiben haben, daß vielmehr wie schon vorher bei dem Listenpreis und vor allem für die Zeit nach Wegfall der Preisbindung auf den ortsüblichen Preis abgestellt wird (ebenso Pienitz-Flöter[4] Anm. A. I. 1. zu § 13 AKB, S. 6; vgl. dazu aber auch Klingmüller VersR 1978 S. 99). In richtiger Einordnung dieses Fragenkreises prüft OLG Hamm 23. II. 1977 VersR 1977 S. 735 die Frage der Berücksichtigung eines Preisnachlasses aufgrund

V. 6. d) Totalschäden

persönlicher Beziehungen zum Verkäufer nach Maßgabe der Vorschrift des § 13 X und nicht gemäß § 13 II AKB (vgl. im übrigen dafür, daß jener Entscheidung nach Lage der Besonderheiten des Falles beizupflichten ist, Anm. J 135).

Zu dem solchermaßen nach objektiven Marktgrundsätzen zu ermittelnden Neupreis eines Fahrzeugs ist auch die Mehrwertsteuer zu rechnen, die dem Vmer allerdings dann nicht zu erstatten ist, wenn er vorsteuerabzugsberechtigt ist (vgl. dazu Anm. J 128; bemerkenswert ist, daß anders als beim Zeitwert Prölss-Martin[21] Anm. 1 b zu § 13 AKB, S. 910 und Stiefel-Wussow-Hofmann[10] Anm. 4 zu § 13 AKB, S. 576 hier die Mehrwertsteuer berücksichtigen). Nicht zum Neupreis gehören die Überführungs- und Zulassungskosten; um hier jeden Zweifel auszuschalten, ist das ausdrücklich in § 13 VI AKB zusätzlich verankert worden; es würde das aber hinsichtlich der Zulassungskosten auch ohne eine solche Vertragsbestimmung gelten. Hinsichtlich der Überführungskosten gehört der Ausschluß dieses Preisbestandteils im Grunde genommen mit zur Neupreisdefinition in § 13 II AKB, da der zusätzliche Aufschlag solcher Kosten bei bestimmten Fahrzeugtypen ein echter Preisbestandteil ist. Die Bedingungsbestimmung darf aber nicht in der Weise ausgelegt werden, daß bei denjenigen Automarken, bei denen Überführungskosten nicht gesondert ausgewiesen sind, diese aus dem Pauschalpreis zurückgerechnet werden dürfen.

Abgestellt wird auf den Zeitpunkt des Eintritts des Vsfalles („Tag des Schadens"). Erhöht ein Automobilhersteller seine unverbindlichen, aber bei gesuchten Modellen unter Umständen sehr wirksamen Verkaufspreisempfehlungen mit Wirkung von einem Tag nach dem Eintritt eines Schadens, so bildet der frühere Verkaufswert die Leistungsgrenze für den Ver. Das kann im Einzelfall zu Härten führen, die aber letzten Endes jeder Fristregelung systemimmanent sind, so daß eine Durchbrechung des dargestellten Grundsatzes aus Billigkeitserwägungen nicht in Betracht kommt. Im übrigen wiegt diese für wenige Fälle in Betracht kommende relative Ungerechtigkeit wenig gegenüber der in § 13 II AKB generell zum Durchbruch kommenden Besserstellung des Vmers, die dadurch gegeben ist, daß nicht nur die Differenz zwischen dem Zeitwert und dem ursprünglichen Anschaffungswert überbrückt wird, sondern daß auch die sich aus einer zwischenzeitlich eingetretenen Preissteigerung ergebende Bedarfslücke erfaßt wird. Da es in der Fahrzeugv wegen Fehlens einer Vssumme begrifflich grundsätzlich keine Unterv gibt (vgl. Anm. J 7), wird durch die Gesamtregelung eine beinahe ideale Vsschutzlösung angeboten.

Spezielle Vorsorge trifft die Bedingungsbestimmung für den Fall, daß das Fahrzeug des Vmers nicht mehr als Neuwagen gehandelt wird. Es handelt sich dann um „ausgelaufene" Wagentypen. Hier wird auf den Neupreis (früher Listenpreis) eines gleichartigen Typs in serienmäßiger Ausführung abgestellt. Fehlt es an einem solchen gleichartigen Typ auf dem Neuwagenmarkt — kaum vorstellbar —, so ist abzustellen auf den Preis solcher Fahrzeuge, die dem ausgelaufenen Modell am ähnlichsten sind. Keineswegs darf die Entschädigungspflicht teilweise deshalb verneint werden, weil keine gleichartigen Fahrzeugtypen vorhanden seien.

[J 132] ddd) Erwerb vom Händler oder Hersteller

Die Erhöhung der Entschädigungsgrenze auf den Neupreis findet nur statt, wenn das Fahrzeug sich bei Eintritt des Vsfalles im Eigentum dessen befindet, der es als Neufahrzeug unmittelbar vom Kraftfahrzeughändler oder Kraftfahrzeughersteller erworben hat. Der Sinn dieser Einschränkung, die von Prölss-Martin[21] Anm. 2 a zu § 13 AKB, S. 910 als der Begrenzung des subjektiven Risikos dienend bezeichnet wird, ist auf den ersten Blick nicht ohne weiteres einleuchtend. Denn wenn ein Fahrzeug innerhalb der Zweijahresfrist unbeschädigt von A an B verkauft wird und zuvor auch keiner besonderen Beanspruchung als Droschke,

Mietwagen oder Selbstfahrervermietwagen ausgesetzt war, so liegt das Risiko vstechnisch nicht anders, als wenn es sich noch im Eigentum und Besitz des A befinden würde. Die Erfahrung lehrt allerdings, daß — abgesehen von besonderen Notfällen — im normalen Geschäftsbetrieb und auch bei privater Nutzung eines Fahrzeugs in den ersten zwei Jahren nach der Erstzulassung eine Fahrzeugveräußerung in der Regel nur dann erfolgt, wenn dieses Fahrzeug einen mehr oder weniger schweren Unfallschaden erlitten hat. Ein solcher Vorschaden mindert in aller Regel, auch wenn eine Reparatur fachgemäß erfolgt ist, den Wert des Fahrzeugs. Wenn z. B. ein Vmer ein solches schwer vorgeschädigtes Fahrzeug preisgünstig erworben hat, es selbst repariert und es ihm dann entwendet wird, so erscheint es nach dem Sinn des Vsgedankens als nicht erforderlich, diesem Vmer die Entschädigung zur vollen Höhe des Ankaufspreises für ein neues Fahrzeug zu gewähren. Freilich ließe sich das gleiche Argument auch für einen Beispielsfall gebrauchen, in dem der erwähnte Vorschaden den Ersterwerber nicht zu einer Veräußerung des Fahrzeugs veranlaßt hat. Dem ist aber als entscheidendes Argument entgegenzuhalten, daß jener Vmer ursprünglich den vollen Preis für ein solches Neufahrzeug aufgewendet hat. Das ist eine sinnvolle Überlegung, die bei der Interpretation der einschränkenden Bestimmung als sachgerechtes Motiv der Bedingungsverfasser zu beachten ist.

Übereignet der Vmer sein Fahrzeug sicherheitshalber an eine Bank oder an einen sonstigen Kreditgeber — sei es, daß es sich um eine Anschaffungsfinanzierung für den Wagen, sei es, daß es sich um die Absicherung eines unabhängig von dem Wagenkauf gewährten Darlehens handelt — und bleibt der Vmer, wie es üblich ist, im Besitz des Wagens, so besteht nach der dargelegten Motivation der Bedingungsverfasser keine Veranlasung, die Einschränkung anzuwenden. Veräußert umgekehrt der Vmer als Ersterwerber das Fahrzeug unter Eigentumsvorbehalt, weil der Käufer, dem der Besitz bereits eingeräumt wird, den Kaufpreis nicht auf einmal zahlen kann, so hat sich daran, daß der Ersterwerber Eigentümer ist, noch nichts geändert, dem Dritten steht nur ein Anwartschaftsrecht zu. Dennoch erscheint es als sachgerecht, hier für eine von dem Zweiterwerber abgeschlossene Kaskov nicht die Erhöhung auf den Listenpreis zu gewähren, da — wirtschaftlich betrachtet — gerade der Vorgang vorliegt, der von der Einschränkung erfaßt werden soll. Dem Vmer wird das auch einleuchten; denn in seinen wertenden Überlegungen aus der Laiensphäre, mit denen er sich am Bedingungstext orientiert, wird er weniger auf das formale Eigentumsrecht abstellen, als sich vielmehr an der mit dem Kauf verbundenen Besitzübertragung orientieren und den Kauf unter Eigentumsvorbehalt als einen im Grunde genommen abgeschlossenen Übereignungsvorgang betrachten, an dem sich zu seinen Lasten nur bei Nichteinhaltung der vereinbarten Raten etwas ändert. Behält der Ersterwerber bei einer solchen Veräußerung unter Eigentumsvorbehalt seine Kaskov als zusätzliche Sicherheit für den Restkaufpreisanspruch, so darf nichts anderes gelten als für eine Kaskov des Zweiterwerbers. Das ist auch nicht unbillig. Vielmehr hat der Vmer durch seine Veräußerung zum Zeitwert selbst gezeigt, daß er den Wagen zu diesem Zeitpunkt nicht mehr nach dem Anschaffungswert mißt. Vielmehr wird der zusätzliche Aufwand, der für den Kauf eines neuen Wagens aufzubringen ist, durch die mit der Veräußerung im Zusammenhang stehenden Umstände ausgelöst und nicht durch den späteren Schaden an dem unter Eigentumsvorbehalt übertragenen Wagen.

Es kommt nicht selten vor, daß Händler neuwertige Fahrzeuge über Monate selbst fahren oder als sogenannte Vorführwagen benutzen. Eine solche Zwischennutzung wird in aller Regel in dem Kfz-Brief nicht eingetragen. — Der Eintragung kommt im übrigen auch nur deklaratorische und beweiserleichternde Bedeutung zu. Die Bedingungsbestimmung greift auch dann ein, wenn die verschiedenen Zwischenerwerbe im Kfz-Brief nicht eingetragen sind. — Nach dem Sinn der einschränkenden Schluß-

V. 6. d) Totalschäden
Anm. J 133

bestimmung in § 13 IV b AKB liegt auch bei dem Erwerb eines Fahrzeugs, das kurzfristig vom Händler genutzt worden ist, immer noch der Kauf eines Neufahrzeugs vor. Das gilt aus der Sicht des Erwerbers insbesondere dann, wenn er über diese vom Rahmen des üblichen abweichende Vorbenutzung überhaupt nicht unterrichtet worden ist. Hat es sich aber um eine erhebliche Vorbenutzung gehandelt, die sich unter Umständen über Monate erstreckte, mit einer entsprechend hohen Fahrkilometerzahl, die sich auch in einem Preisnachlaß ausdrückt, so greift die Einschränkung ein. Der Billigkeit würde es allerdings entsprechen, auf den Erwerbspreis eines solchen Vorführwagens abzustellen; nach dem Wortlaut der Bedingungsbestimmung hat der Vmer aber auf eine solche differenzierende Abstufung keinen Anspruch.

Hat der Ersterwerber für den Zweiterwerber in mittelbarer Stellvertretung gehandelt, so kommt dem Vmer die Vergünstigung der Neuwertregelung nach dem Zweck der getroffenen Regelung zugute. Vgl. auch den im Geschäftsbericht des BAA 1972 S. 74–75 geschilderten Beschwerdefall, in dem ein Vmer ein Kraftfahrzeug gekauft hatte, das bereits auf den Namen seines Arbeitgebers bestellt war, jedoch ohne Benutzung durch diesen am Tage der Lieferung auf den Vmer umgeschrieben wurde. Vom BAA ist hier zu Recht eine Regulierung durch den Ver im Rahmen der Neuwertvergünstigung angeregt worden.

[J 133] eee) Gestufter Totalschadenbegriff

Übersteigt der Aufwand, der für die Wiederherstellung des Fahrzeugs des Vmers erforderlich ist, den nach den in Anm. J 127 dargelegten Grundsätzen zu ermittelnden Zeitwert, erreicht er aber nicht den Neupreis (damals Listenpreis, vgl. Anm. J 131), so war bis zur Einfügung der Regelung in § 13 IV b AKB per 1. I. 1971 (VA 1971 S. 4) streitig, ob der Vmer in einem solchen Falle einen Anspruch auf Zahlung nur des Reparaturkostenbetrages hatte oder ob er vom Ver den für den Erwerb eines Neuwagens erforderlichen Betrag als Vsleistung verlangen könne (für die erstgenannte Auffassung: BGH 3. VI. 1970 NJW 1970 S. 1604–1605 = VersR 1970 S. 758–759, LG Heidelberg 19. II. 1965 BB 1965 S. 268 = VersR 1965 S. 329 [L.S.], OLG Zweibrücken 11. V. 1966 VersR 1966 S. 1129–1130, LG Köln 12. I. 1967 VersR 1967 S. 1041–1043, LG Braunschweig 7. XI. 1967 VersR 1968 S. 464, LG Darmstadt 21. III. 1968 VersR 1969 S. 419–420, LG Düsseldorf 9. VII. 1969 VersR 1971 S. 431–432; ferner aus dem Schrifttum: Brugger VersR 1962 S. 5, VersR 1962 S. 585, Böhme VW 1962 S. 211–212, derselbe VW 1962 S. 360–362, VW 1966 S. 615–616, Stelzer VW 1962 S. 843, Feyock ZfV 1967 S. 220, Mittelmeier VersR 1970 S. 501–507; dagegen: Bauer VersR 1967 S. 223, Deyerler VW 1966 S. 822–823, Koeppen VersR 1968 S. 464, Stiefel-Wussow[7] Anm. 2 zu § 13 AKB, S. 466, Anm. 4 zu § 13 AKB, S. 470, Wussow VersR 1962 S. 308–309 und VersR 1962 S. 405). Über die Berechtigung beider Standpunkte ließe sich trefflich streiten. Die Auffassung des BGH 3. VI. 1970 a.a.O. stützte sich vornehmlich auf eine logische Interpretation des „Gesamtgefüges" des § 13 II AKB (vgl. dazu auch Werber VersR 1971 S. 981–991); für diesen Standpunkt sprach in einem gewissen Umfang auch, daß Brugger VersR 1962 S. 585 aus der Entstehungsgeschichte des § 13 II AKB berichten konnte, daß die von der Gegenmeinung verlangte Lösung dieses Streitpunkts gerade nicht gewollt gewesen sei. Das stärkste Argument der zuerst von Wussow a.a.O. vertretenen Auffassung, daß bei einer Überschreitung des Zeitwerts durch die Reparaturkosten stets auf „Totalschadenbasis" abzurechnen sei, war dagegen dieses, daß der durchschnittliche Vmer, der nicht vert ist und dem auch kein Dritter als Schadensverursacher haftet, nur in extremen Ausnahmefällen eine Sache auf eigene Kosten reparieren läßt, wenn diese Reparaturkosten den Wert der Sache, bevor diese überhaupt einen Schaden erlitten hat, übersteigen. Wie unterschiedlich die Ausgangspunkte hinsichtlich einer Bestimmung des Totalschadenbegriffs in der Fahrzeugv sein können, ist schon in Anm. J 121 dargetan worden. An dieser Stelle sei in diesem Zusammenhang nur daran erinnert, daß im Rahmen einer früher am Vsmarkt angebotenen Totalschadenv (unter Einschluß auch des Feuer- und Diebstahlrisikos) von der Rechtsprechung durchweg das Vorliegen eines solchen Totalschadens sogar dann schon bejaht wurde, wenn die Reparaturkosten den Zeitwert noch nicht einmal erreichten (vgl. z. B. RG 12. II. 1932 JRPV 1932 S. 86–87, das bei einer solchen Totalschadenv bei einem Zeitwert von DM 10000,– und Reparaturkosten von DM 8000,– die Eintrittspflicht des Vers bejahte; ebenso LG Berlin 6. XII. 1928 JRPV 1929 S. 308 bei einem Zeitwert von DM 2800,– und Reparaturkosten von DM 2300,– und KG 2. XI. 1929 JRPV 1929 S. 425–426 bei einem Verhältnis dieser Faktoren von DM 2400,– zu DM 2200,–; beachtlich auch die in diesem Zusammenhang vom OLG Düsseldorf 27. III. 1930 JRPV 1930 S. 283–284 zu § 779 Ziff. 2 HGB gezogene Parallele). Diese Argumentation ließe sich – auch aus volkswirtschaftlicher Sicht – vertiefen. Der Streit ist jedoch durch die zum 1. I. 1971 erfolgte Änderung der AKB mit ausdrücklicher Einführung und Abgrenzung eines gestuften Totalschadenbegriffs obsolet geworden. Bemerkenswert ist dabei, daß Anlaß für diese Änderung, zu der nach der für den Standpunkt der Ver günstigen Entscheidung des BGH 3. VI. 1970 a. a. O. an sich keine Veranlassung bestand, das Vorgehen eines Außenseiters war, der anknüpfend an frühere Vsmöglichkeiten wiederum eine Totalschadenv anbot, wie sie den eben erwähnten Entscheidungen zu Grunde lag (vgl. dazu Asmus Kraftfahrtv S. 156–157 und Anm. J 4).

Der zum 1. I. 1971 (vgl. VA 1971 S. 4–13) in die AKB eingefügte § 13 IV b AKB bestimmt, daß die Erhöhung auf den „Listenpreis" – heute Neupreis – immer dann verlangt werden kann, wenn die erforderlichen Kosten der Wiederherstellung im ersten Jahr nach der Erstzulassung 80 v. H., im zweiten Jahr nach der Erstzulassung 70 v. H. des gemäß den in Anm. J 131 dargestellten Grundsätzen zu ermittelnden Neupreises erreichen. Damit ist für die Entschädigungsberechnung innerhalb der ersten zwei Jahre nach dem Tage der Erstzulassung des Fahrzeugs eine klare Regelung getroffen worden, die vor allem den Vorzug hat, auch von einem juristisch nicht vorgebildeten Vmer verstanden zu werden. Diese Lösung bringt es allerdings mit sich, daß vom Ver auch dann der Preis für ein neues Fahrzeug verlangt werden kann, wenn die Reparaturkosten unter dem Zeitwert des Wagens zum Zeitpunkt des Schadeneintritts liegen. Man stelle sich vor, daß ein am 1. III. 1976 gekauftes und übereignetes Fahrzeug am 3. III. 1976 beschädigt werde, der Zeitwert darf nach einer Nutzung des noch in der Einfahrzeit befindlichen Fahrzeugs von nur zwei Tagen noch dem Neuwert gleichgesetzt werden. Die Reparaturkosten mögen sich auf 85 v. H. dieses Neuwerts stellen. Nach der in § 13 IV b AKB getroffenen Regelung erhält der Vmer jetzt unter den Voraussetzungen des § 13 X AKB (vgl. dazu Anm. J 134–135) den Entschädigungsbetrag für den Kauf eines Neuwagens. Umgekehrt ergibt die ausdrücklich auf die generelle Abgrenzung von 80 bzw. 70 v. H. abstellende Regelung in § 13 IV b AKB aber auch mit aller Deutlichkeit, daß bei Überschreitung des Zeitwerts durch die Reparaturkosten, ohne daß dabei die erwähnten Prozentzahlen erreicht werden, kein Anspruch auf den vollen notwendigen Aufwand für einen gleichwertigen Neuwagen besteht. Liegt der Zeitwert daher im zweiten Jahr nach der Neuzulassung bei 60% und stellen sich die Reparaturkosten auf 65%, so hat der Vmer nur Anspruch auf diese 65%, während er bei einem Reparaturkostenbetrag von 70% des Neuwerts den vollen Preis für einen Neuwagen erhält. Derartige Abgrenzungsungerechtigkeiten können sich bei Vereinbarung fester Sätze (oder Fristbestimmungen) auf allen Rechtsgebieten ergeben. Sie geben aber keine Veranlassung dazu, von dem in § 13 IV b AKB vereinbarten Entschädigungsordnungsprinzip abzuweichen. Die Rege-

V. 6. d) Totalschäden

lung gemäß § 13 IV b AKB wirkt sich auch auf die Entschädigungsberechnungen aus, die unter die Erhöhung der Leistungsgrenze um 25 v. H. des Zeitwerts gemäß § 13 II (erster Halbsatz) AKB fallen. Die vor der Bedingungsänderung gedanklich mögliche Argumentation, daß bei Überschreitung des Zeitwerts durch die Reparaturkosten dem Vmer bei Kauf eines Neuwagens stets eine Entschädigung zur Höhe des Zeitwerts zuzüglich 25% (begrenzt durch den Neuwert) zustehe, ist nicht mehr vertretbar.

Die in § 13 IV b AKB vorgenommene stufenweise Abgrenzung zwischen Total- und Teilschaden bleibt – vorbehaltlich dessen, daß ein Neuaufwand im Sinne des § 13 X AKB vorliegt, vgl. dazu Anm. J 134–135 – auch dann maßgebend, wenn der Vmer in einem **Totalschadenfall repariert** läßt oder in einem Reparaturschadenfall sich zum Kauf eines neuen Fahrzeugs entschließt. Im erstgenannten Fall ist die Totalentschädigung die Leistungsgrenze, wovon die Restwerte des Fahrzeugs gemäß § 13 III AKB (vgl. dazu Anm. J 136) abgesetzt werden (und ein etwaiger Selbstbehalt). Liegt dieser Entschädigungsbetrag über den tatsächlich aufgewendeten Reparaturkosten, so wird die Differenz mit Rücksicht auf § 13 X AKB nicht ausgezahlt und es stellt sich die Frage, ob der Vmer Anspruch auf die verbleibende zusätzliche Entschädigung hat, wenn er sich zu einem späteren Zeitpunkt einen neuen Wagen kauft (vgl. dazu Anm. J 135). Läßt umgekehrt der Vmer in einem Reparaturschadenfall nicht reparieren, sondern verkauft er das beschädigte Fahrzeug, das in seinen Augen ein Wrack darstellt, um sich einen neuen Wagen zu kaufen, so gibt dieses Verhalten des Vmers dem Ver nicht das Recht, den Restwert des Fahrzeugs von der auf Reparaturkostenbasis zu ermittelnden Entschädigungsleistung abzusetzen (vgl. BGH 3. VI. 1970 NJW 1970 S. 1604 = VersR 1970 S. 758; Brugger VersR 1962 S. 584, Mittelmeier VersR 1977 S. 987, 1081, Prölss-Martin[21] Anm. 3 b zu § 13 AKB, S. 912; anders LG Heidelberg 19. II. 1965 BB 1965 S. 268, LG Darmstadt 21. III. 1968 VersR 1969 S. 420, Böhme VW 1962 S. 360–361 [wie hier aber in VW 1966 S. 616]).

[J 134] fff) Wiederbeschaffungsklausel
α) Rechtsnatur

In § 13 X AKB ist festgelegt, daß der Vmer bezüglich des ihm durch die **Neuwertberechnung** gemäß § 13 II, IV b AKB zusätzlich zustehenden Entschädigungsbetrages nur insoweit einen Anspruch auf Zahlung der Entschädigung erwirbt, als die Verwendung der Entschädigung zur Wiederherstellung oder zur Wiederbeschaffung eines anderen Fahrzeugs innerhalb von zwei Jahren nach Feststellung des Entschädigungsbetrages sichergestellt ist. Die Klausel dient der dogmatischen Absicherung der Neuwertv und soll erreichen, daß keine vsrechtlich **unzulässige Bereicherung** des Vmers eintritt.

Dogmatisch ist § 13 X AKB als **Obliegenheit** einzuordnen (vgl. dazu Möller in Bruck-Möller Anm. 14 zu § 6 und Anm. 27 zu § 49 m. w. N. und Matzen, Die moderne Neuwertv im Inland und Ausland, Karlsruhe 1970, S. 80–83 m. w. N.; a. M. Prölss-Martin[21] Anm. 2d zu § 13 AKB, S. 911, Stiefel-Wussow-Hofmann[10] Anm. 5 zu § 13 AKB, S. 577). Diese rechtliche Einordnung hat die Konsequenz, daß die in § 13 X AKB vorgesehene Folge des teilweisen Anspruchsverlustes, nämlich in Höhe der Neuwertvergünstigung, der Verschuldens- und Kausalitätskorrektur des § 6 III unterliegt. Versäumt der Vmer daher infolge nur leichter Fahrlässigkeit die Zweijahresfrist, so kann er auch danach noch, sofern er alsdann einen Neuerwerb im Sinne des § 13 X AKB vornimmt, die Differenz zwischen Zeit- und Neuwert als Schaden reklamieren; denn nach § 6 III schadet dem Vmer leichte Fahrlässigkeit nicht. Beispiel: Der Ver gewährt dem Vmer zu Unrecht nicht den den Zeitwert betreffenden Teil der Entschädigung; der Vmer kann sich deshalb bar aller Mittel überhaupt kein anderes Fahrzeug kaufen. Der Ver darf sich nach den Grundsätzen des Obliegenheitsrechts, wenn er nach einer Prozeßdauer von vier Jahren zur Zahlung des die Zeitwertentschädigung betreffenden Teils der Vsleistung gezwungen worden ist, hinsichtlich der Neuwertvergünstigung nicht auf den Ablauf der Zweijahresfrist berufen. Daß der Vmer während der Dauer des Prozesses keinen Bankkredit genommen hat, wird man ihm in diesem Zusammenhang nur als leichte Fahrlässigkeit anrechnen dürfen; selbst wenn man diese Unterlassung aber als grobe Fahrlässigkeit ansieht, so führt das nicht zur Leistungsfreiheit des Vers, da dieses Versäumnis des Vmers weder Einfluß auf die Feststellung des Vsfalls noch auf die Feststellung oder den Umfang der dem Ver obliegenden Leistung in Sinne des § 6 III, 2 gehabt hat.

Die Erkenntnis, daß es sich bei der Bestimmung des § 13 X AKB trotz der entgegenstehenden Wortfassung um eine „verhüllte" Obliegenheit handelt, darf aber nicht zu der Auslegung führen, daß dem Vmer auch ohne tatsächlichen Neuerwerb oder ohne Reparatur über den Zeitwert hinaus die Differenz zwischen Zeit- und Neuwert ganz oder teilweise zu gewähren ist. Vielmehr ist zu beachten, daß § 13 X AKB einen rechtspolitisch wertvollen Sinn verfolgt, nämlich die Verhinderung einer vsrechtlich unzulässigen Bereicherung. Insofern ist es durchaus berechtigt, diese Bestimmung mit dem BGH 11. XII. 1974 NJW 1975 S. 307–308 = VersR 1975 S. 127–128 als strenge Wiederaufbauklausel zu bezeichnen, ohne daß deshalb der *Rechtscharakter dieser Bestimmung als Obliegenheit* in Zweifel zu ziehen ist (da es für den BGH 11. XII. 1974 a. a. O. allein auf die Anrechnung der sog. Werkangehörigenrabatte ankam, stellte sich für ihn die Frage nach dem Rechtscharakter der Bestimmung als Obliegenheit nicht). Die Einordnung als Obliegenheit kann aber ergänzend von Bedeutung sein bei der Beurteilung der Frage, in welchen Grenzfällen ein Neuerwerb noch als ein dem Vmer zuzurechnender angesehen werden darf.

[J 135] β) Einzelheiten

Die Hauptproblematik der Bestimmung des § 13 X AKB liegt in der Regulierungspraxis nicht in dem in Anm. J 134 herausgestellten Obliegenheitscharakter des Wiederanschaffungsgebots, sondern in der Ermittlung des Betrages der tatsächlichen Aufwendungen durch den Vmer. Die Bestimmung kommt dem Vmer im übrigen noch insofern entgegen, als dort nicht der Nachweis der Leistung des Vmers über den Zeitwert hinaus verlangt wird, sondern lediglich die Sicherstellung des diesbezüglichen Teils der Vsentschädigung. Es genügt also unter Umständen die Vorlage des Kaufvertrages oder der Reparaturrechnung. Auf diese Weise kann somit auch erreicht werden, daß der Vmer nicht erst vorfinanzieren muß; auch kann er bei Vorlage solcher Unterlagen den Ver veranlassen, unmittelbar an den Verkäufer oder das Reparaturunternehmen zu zahlen.

Kauft der Vmer mit Rabatt, so kommt dieser dem Ver zugute, da nur zur Höhe des um den Rabatt geminderten Betrages eine Leistung des Vmers vorliegt. Vom BGH 11. XII. 1974 NJW 1975 S. 307–308 = VersR 1975 S. 127–128 (m. Anm. von Mittelmeier VersR 1975 S. 227 und E. Schmidt VersR 1975 S. 609–610) ist das für den sog. Werkangehörigenrabatt entschieden worden (so auch schon OLG Nürnberg 10. II. 1967 VersR 1967 S. 947–948). Das Gericht hat dazu ausgeführt, daß es mit dem Wortlaut und dem Zweck der Wiederherstellungsklausel nicht vereinbar sei, einen bei der Beschaffung eines Ersatzwagens gewährten Rabatt unberücksichtigt zu lassen. In Höhe dieses gewährten Rabatts sei dem Vmer kein Wiederherstellungsaufwand entstanden. Der gegenteiligen Auffassung von Mittelmeier VersR 1968 S. 190–191

V. 6. d) Totalschäden

und VersR 1974 S. 523—526 könne nicht gefolgt werden. Es komme lediglich darauf an, ob der Vmer die erhöhte Entschädigungssumme zum Erwerb eines Ersatzfahrzeuges verwende. — Der Bemerkung des BGH a. a. O., daß auf jeden Fall aber bei einem solchen Werkangehörigenrabatt die von dem Vmer entrichtete Umsatzsteuer insoweit zu erstatten sei, als der tatsächlich gezahlte Kaufpreis und Umsatzsteuer zusammen den vom Herstellerwerk als Listenpreis ohne Umsatzsteuer angegebenen Betrag nicht übersteigen, ist zuzustimmen. Nach der hier vertretenen Auffassung ist die Mehrwertsteuer vom Kaskover nur dann nicht zu erstatten und nicht zu berücksichtigen, wenn der Vmer vorsteuerabzugsberechtigt ist (so zutreffend u. a. Klingmüller VersR 1978 S. 79, Mittelmeier VersR 1975 S. 275, vgl. auch die Nachweise in Anm. J 128). —

Die vsrechtliche Kernfrage dogmatischer Art ist die, ob eine Neuwertv auch ohne eine solche strenge „Wiederherstellungsklausel" zulässig wäre. Im Grunde genommen müßte man zu dem vom BGH 11. XII. 1974 a. a. O. gewonnenen Ergebnis für den „Werkangehörigen-Rabatt" auch ohne Verankerung einer Wiederherstellungsklausel im Bedingungswerk nach dem Leitprinzip der Neuwertv kommen; denn eine Neuwertv darf unter Berücksichtigung des konkreten zusätzlich entstandenen notwendigen Aufwendungbedarfs nicht zu einer vsrechtlich unzulässigen Bereicherung führen. Aus dieser Sicht kommt § 13 X AKB nur eine verdeutlichende Funktion eines der Neuwertv immanenten Prinzips zu, nämlich des Verbots der unzulässigen Bereicherung des Vmers. Vgl. zur dogmatischen Abgrenzung der Neuwertv ergänzend die Nachweise in Anm. J 126.

Die Entscheidung des BGH 11. XII. 1974 a. a. O. betraf einen Fall, der sich an § 13 II AKB a. F. orientierte, in dem vom Listenpreis die Rede ist, während heute nach Aufhebung der Preisbindung zweiter Hand auf den Neupreis abgestellt wird (vgl. Anm. J 131). Durch diese Änderung in der Ausdrucksweise hinsichtlich der Leistungsgrenze des Vers hat sich aber an dem Problem nichts geändert, daß solche Rabatte zu berücksichtigen sind, weil auf den tatsächlichen Wiederanschaffungswert (oder Wiederherstellungswert) abgestellt wird (ebenso Prölss-Martin[21] Anm. 2b zu § 13 AKB, S. 910, Stiefel-Wussow-Hofmann[10] Anm. 5 zu § 13 AKB, S. 578; jetzt auch Mittelmeier VersR 1977 S. 1079, 1082 und VersR 1978 S. 78—79, bei dessen Ausführungen stets bedacht werden muß, daß er zwischen dem Neupreis im Sinne des § 13 II AKB und dem Wiederbeschaffungspreis differenziert, und zwar zu Recht, wie in Anm. J 131 ausgeführt worden ist; ablehnend E. Schmidt VersR 1975 S. 609—610).

OLG Hamm 23. II. 1977 VersR 1977 S. 735 (m. zust. Anm. von Mittelmeier VersR 1978 S. 78—79) steht nicht im Gegensatz zu dieser Rechtsauffassung; denn der von dem Gericht dort nicht berücksichtigte Rabatt war ein solcher, der auf Grund verwandtschaftlicher Beziehungen gewährt wurde. Ein solcher Fall ist der Schenkung eines Wagens durch einen Verwandten gleichzustellen, die ebenfalls dem Ver nicht zugute kommen und dennoch als zusätzlicher Anschaffungserwerb im Sinne des allein vom Bereicherungsverbot getragenen § 13 X AKB angesehen werden darf. Vgl. auch die zustimmende Bemerkung von Klingmüller VersR 1978 S. 99, der mit dem BGH 18. VI. 1975 a. a. O. für die Fälle von Werkangehörigenrabatten entscheidend auf den diesbezüglichen Rechtsanspruch des Vmers abstellt, der in Schenkungsfällen gerade nicht gegeben ist. Problematisch sind die Fälle, in denen dem Vmer ein Werkangehörigenrabatt zusteht, er aber davon keinen Gebrauch macht, sondern lieber bei einem werkfremden Händler kauft. Klingmüller VersR 1978 S. 99 will hier den Vmer über die Schadenminderungslast des § 62 so behandelt wissen, als wenn er zum Werkangehörigenrabatt erworben hätte; das ist eine Konstruktion, die der in Anm. J 134 entwickelten dogmatischen Einordnung des § 13 X entspricht, daß es sich nämlich um eine „verhüllte" Obliegenheit handelt. Diese Problematik stellt sich für diejenigen

Autoren nicht, die – wie Prölss-Martin[21] Anm. 1b zu § 13 AKB, S. 910 und Stiefel-Wussow-Hofmann[10] Nachtrag Anm. 1 zu § 13 AKB, S. 20 – auch den Begriff des Neupreises im Sinne des § 13 II AKB um solche Rabatte gemindert wissen wollen (vgl. dagegen aber Anm. J 131). Der Interessenkonflikt ist in der Weise zu lösen, daß im Einzelfall zu prüfen ist, ob der Vmer sich von Erwägungen hat leiten lassen, die vom Ver nach Treu und Glauben zu respektieren sind. Ist der Vmer z. B. zwar Angehöriger eines bestimmten Automobilwerks, dessen Fahrzeugtypen er bisher auch immer gefahren hat, will er aber jetzt lieber ein anderes Fahrzeug haben, dessen Typ von seinem Arbeitgeber gar nicht produziert wird, so ist eine solche Individualentscheidung achtenswert; denn der Ver kann dem Vmer nicht die Wagenart vorschreiben und im Rahmen des § 13 X AKB kommt es nur darauf an, ob tatsächlich ein Mehrbedarf nachweisbar entstanden ist.

Solange der zusätzliche **Wiederbeschaffungs- oder Reparaturaufwand** innerhalb der Zweijahresfrist des § 13 X AKB tatsächlich realisiert wird, wird auch die Leistungspflicht des Vers ausgelöst und bei „unverschuldeter" Fristversäumung auch noch darüber hinaus (vgl. Anm. J 134, wo unter Hinweis auf § 6 III dargetan worden ist, daß leichte Fahrlässigkeit in der Fristversäumnis dem Vmer nichts schade und grobe nur in Ausnahmefällen). Das gilt auch dann, wenn der Vmer diesen Wiederaufwand stufenweise verwirklicht, etwa zunächst einen billigeren Wagen kauft, später aber dann doch einen gleich teuren oder teureren als den zerstörten (anders zu Unrecht LG Kaiserslautern 2. IX. 1975 RuS 1975 S. 234; zweifelnd Prölss-Martin[21] Anm. 2d zu § 13 AKB, S. 911).

Für einen der wenigen Fälle, in denen die Zweijahresfrist ohne nähere Erläuterung nicht ausgenutzt worden ist, vgl. LG Köln 22. II. 1965 S. 706; das Gericht hätte aber die Brandbekämpfungskosten zusprechen müssen, da insoweit gewiß keine vsrechtlich unzulässige Bereicherung vorlag (vgl. auch Anm. J 31). Vgl. als weiteren Beispielsfall LG Frankfurt a. M. 8. VI. 1970 VersR 1971 S. 617: Der Vmer hatte sich innerhalb der Zweijahresfrist ohne nähere Angabe von Gründen lediglich ein neues Fahrzeug gekauft, dessen Wert unter dem Zeitwert des gestohlenen Fahrzeugs lag. Siehe ferner OLG Köln 7. III. 1975 VersR 1976 S. 239; die in jenem Fall nicht entscheidungserhebliche Frage, ob die Voraussetzungen der Neuwertentschädigung erfüllt sind, wenn der Vmer nicht ein neues Fahrzeug, sondern deren zwei erwirbt, die zwar einzeln von geringerem Wert sind als das zerstörte Fahrzeug im neuen Zustand, zusammen diesen Wert aber erreichen, ist zu Gunsten des Vmers zu bejahen; der verlangte konkrete Bedarf ist durch eine solche variierte Anschaffungsweise dargetan; selbst wenn der Vmer eines der beiden Fahrzeuge weiter verkauft, bleibt der Ver leistungsverpflichtet.

[J 136] dd) Restwerte im Totalschadenfall

Nach § 13 III AKB verbleiben **Rest- und Altteile** in allen Fällen dem Vmer. Sie werden zum **Zeitwert** auf die Ersatzleistung angerechnet. Der Sinn dieser Regelung ist verständlich. Der Ver will sich nicht mit der Verwertung der Fahrzeugwracks befassen. Für den Vmer hat diese Regelung im **Totalschadenfall** die Bedeutung, daß der Wert des Fahrzeugwracks von der Totalentschädigung in Abzug gebracht wird.

Die Bedingungsformulierung, daß die Rest- und Altteile in allen Fällen dem Vmer verbleiben und zum Zeitwert auf die Ersatzleistung angerechnet werden, rührt noch her aus einer Zeit, als es die gestufte Neuwertentschädigung im Sinne des § 13 IVb AKB nicht gab. Nach dem Zweck dieser gestuften Neuwertentschädigungsregelung ist § 13 III AKB restriktiv in denjenigen Fällen auszulegen, in denen rechnerisch insofern ein Totalschaden vorliegt, als die Reparaturkosten zwar den Zeitwert übersteigen, aber nicht die in § 13 IVb AKB vorgesehene Grenze erreichen. Hier hat der Ver nur die

V. 6. d) Totalschäden
Anm. J 136

Reparaturkosten zu bezahlen (vgl. Anm. J 133), so daß man in diesen technischen Totalschadenfällen, sofern der Vmer tatsächlich reparieren läßt, auch gar nicht annehmen könnte, daß von diesen Reparaturkosten der Wert des Wracks abgezogen werden dürfte. Zu bedenken ist aber, daß der Vmer als kaufmännisch denkender Geist häufig eine Reparatur mit Kosten, die über den Zeitwert hinausgehen, als wirtschaftlich nicht besonders sinnvoll ansehen wird und sich deshalb verständlicherweise lieber ein anderes (möglichst neues) Fahrzeug kaufen wird. Hier hat der Vmer aber dennoch Anspruch auf die vollen hypothetischen Reparaturkosten (vorausgesetzt, daß durch den Erwerb eines anderen Fahrzeugs § 13 X AKB beachtet ist, vgl. dazu Anm. J 134–135) und darf daneben den Restwert behalten; nicht etwa ist der Ver zu dessen Abzug mit der Begründung berechtigt, daß mangels Durchführung der Reparatur eben doch ein Totalschaden vorgelegen habe (vgl. BGH 3. VI. 1970 NJW 1970 S. 1604 = VersR 1970 S. 758 und Anm. J 133 a. E. m. w. N. für und gegen diese Auffassung). Zu beachten ist allerdings auch hier das § 13 X AKB zu Grunde liegende vsrechtliche Bereicherungsverbot; wenn nämlich hypothetische Reparaturkosten und Restwert zusammen – kaum vorstellbar – den Neupreis des Fahrzeugs übersteigen, bildet dieser die Grenze der Entschädigungsverpflichtung des Vers.

Der Handel mit beschädigten Gebrauchtwagen spielt sich im Regelfall so ab, daß der durchschnittliche Vmer ein beschädigtes Fahrzeug nicht kauft, sondern verkauft. Insofern fehlt es hier an der für den Gebrauchtwagenmarkt maßgeblichen Bildung eines Handelspreises im Verhältnis zwischen Wagenhändler und dem durchschnittlichen Vmer als Endverbraucher, so daß – anders als bei der Ermittlung des Zeitwerts für das unbeschädigte Fahrzeug in der Hand des Endverbrauchers (vgl. Anm. J 127) – in der Tat nicht auf den Wiederbeschaffungswert sondern auf den Veräußerungserlös abzustellen ist.

Schwierigkeiten können sich ergeben, wenn der Ver aufgrund des Gutachtens eines von ihm eingesetzten Sachverständigen den Restwert ermittelt und die Entschädigung zur Auszahlung gebracht hat, dem Vmer später aber ein Verkauf zu einem günstigeren Preis gelingt. Hier könnte man die Auffassung vertreten, daß eine im Sinne des Vsrechts unzulässige Bereicherung des Vmers vorliege. Indessen darf nicht außer acht gelassen werden, daß der Verkauf zu einem günstigeren Preis auch auf einer **besonderen Geschäftstüchtigkeit** des Vmers beruhen kann (vgl. diesen Gedankengang in ÖOGH 5. IX. 1973 VersR 1974 S. 1041 [Entscheidung zum Haftpflichtrecht, aber mit vsrechtlicher Komponente insofern, als es sich um einen auf den Kaskover gemäß § 67 übergegangenen Schadenersatzanspruch handelte]). Es ist nicht ohne weiteres einzusehen, warum der Vmer den Ver an dieser besonderen Geschäftstüchtigkeit partizipieren lassen muß. Ein solcher höherer Verkauf ist allerdings ein gewisses Indiz dafür, daß der Zeitwert der Restteile nicht richtig ermittelt war. Andererseits besteht auch die Möglichkeit, daß der Vmer weniger bei einem Verkauf erzielt, als der von dem Ver beauftragte Sachverständige abgeschätzt hatte. Hier ist es der Vmer, der ein Interesse daran hat, vom Ver noch eine Nachzahlung zu erhalten. Wird in beiden Fällen keine Einigkeit erzielt, so müßte der in § 14 AKB vorgesehene Sachverständigenausschuß entscheiden, was freilich bei einem solchen geringen Streitpunkt nicht sehr sinnvoll wäre. Demgemäß wird in der Entschädigungspraxis durchweg auf den tatsächlichen Verkaufserlös abgestellt, es werden auch Nachforderungen des Vmers wegen einer zu hohen Abschätzung des Zeitwertes des Fahrzeugwracks akzeptiert, sofern der Vmer nachweist, daß er tatsächlich den vom Sachverständigen genannten Erlös nicht erzielen konnte. Dabei muß man sich darüber im klaren sein, daß ein Sachverständiger für die doch weniger wichtigere Frage des Zeitwerts des Wracks im allgemeinen mangels anderer Marktkriterien in der Weise vorgeht, daß er ein oder zwei mehr oder weniger renommierte Händler (darunter meist denjenigen, bei dem das Fahrzeug nach dem Schaden abgestellt worden ist) befragt, wieviel diese für den Erwerb des Fahrzeugs wohl geben würden. Klare Verhältnisse bestehen, wenn der Vmer nach Erhalt des Abrechnungsschreibens des Vers sich von diesem hat bestätigen lassen, daß der aufgeführte Wert des Fahrzeugwracks in jedem Fall maßgebend sei, auch wenn es ihm gelinge, einen höheren Preis zu erzielen. In einem solchen Falle ist der Vmer an die Abrechnung aber auch dann gebunden, wenn es ihm entgegen seiner Annahme später doch nicht gelingt, einen günstigeren Preis zu erzielen, er vielmehr nicht einmal den vom Sachverständigen genannten Betrag erreicht. Es wäre auch daran zu denken, daß der Ver schon von sich aus auf eine derartige Beruhigung der Rechtsbeziehungen Wert legt, indem er nämlich in der Weise vorgeht, daß er die Auszahlung der von ihm errechneten Entschädigungssumme von der Unterzeichnung einer Abfindungserklärung abhängig macht. Hier ist aber zu beachten, daß der Ver keinen Anspruch auf Abgabe einer solchen umfassenden Abfindungserklärung hat, die den Vmer unter Umständen benachteiligen kann. Gerade weil der durchschnittliche Vmer auf den Eingang der Vsentschädigung zumeist dringend angewiesen ist, muß vom Ver erwartet werden, daß er gemäß seiner eigenen Abrechnung auszahlt, ohne dabei den Verzicht des Vmers auf vermeintliche oder gar tatsächlich bestehende höhere Ansprüche zu verlangen. Eine Bestätigung findet diese Überlegung in § 15 I, 2 AKB, wo dem Ver auferlegt ist, auf Verlangen des Vmers **angemessene Vorschüsse** zu leisten, wenn die Höhe des unter die V fallenden Schadens bis zum Ablauf eines Monats noch nicht festgestellt worden ist. In Erkenntnis der dargestellten Konfliktsituation haben daher das RAA und das BAA stets darauf hingewirkt, daß in der Fahrzeugv nicht ohne besonderen Grund formularmäßig solche Abfindungserklärungen vom Ver benutzt werden (vgl. VA 1937 S. 77, VA 1953 S. 153).

Wenn der Vmer mit dem Sachverständigen des Vers arglistig zum Nachteil des Vers in dem Sinne einer möglichst niedrigen Festsetzung des Zeitwertes zusammenwirkt, so ist der Ver berechtigt, eine dann auf Veranlassung des Vmers getroffene Entschädigungsvereinbarung über den Zeitwert des Fahrzeugwracks nach § 123 BGB wegen arglistiger Täuschung anzufechten und das Zuvielgeleistete aus ungerechtfertigter Bereicherung und auch aus unerlaubter Handlung zurückzufordern. – Eine Ausnahme von dem in § 13 III AKB aufgestellten Grundsatz, daß Rest- und Altteile dem Vmer in allen Fällen verbleiben, gilt für entwendete Sachen, die nicht innerhalb eines Monats nach Eingang der Schadenanzeige wieder zur Stelle gebracht werden; diese gehen nämlich in das Eigentum des Vers über (vgl. Anm. J 137).

[J 137] ee) Eigentumsübergang nach § 13 VII, 2 AKB
Schrifttum: Bach VersR 1951 S. 188–189, E. Prölss NJW 1950 S. 350–351, Sieg VersR 1954 S. 205–208.

In § 13 VII, 2 AKB heißt es, daß **entwendete Gegenstände**, die nicht innerhalb eines Monats nach Eingang der Schadenanzeige wieder zur Stelle gebracht worden sind, **Eigentum des Vers werden**. Dagegen ist der Vmer nach § 13 VII, 1 AKB verpflichtet, innerhalb eines Monats nach Eingang der Schadenanzeige bei dem Ver wieder zur Stelle gebrachte Gegenstände zurückzunehmen. In Konsequenz dessen heißt es denn auch in § 15 I, 1 AKB, daß die Leistung des Vers in Entwendungsfällen erst fällig werde nach Ablauf dieser Einmonatsfrist (über die Verpflichtung des Vers zum Ersatz der durch das Rückverbringen des Fahrzeugs oder der Fahrzeugteile entstehenden Kosten vgl. § 13 VII, 3 AKB und Anm. J 153). Der Grund dafür, daß eine Bestimmung wie § 13 VII, 2 AKB in das Bedingungswerk aufgenommen worden ist, dürfte darin zu suchen sein, daß auf den Herausgabeanspruch nach § 985 BGB die

V. 6. d) Totalschäden   Anm. J 137

Vorschrift des § 67 keine Anwendung findet (RG 4. III. 1924 RGZ Bd 108 S. 110–112; Sieg in Bruck-Möller-Sieg Anm. 28 zu § 67 m. w. N.). Ob es deshalb wirklich einer Regelung der Verpflichtung des Vmers zur Eigentumsübertragung bedurfte, erscheint als zweifelhaft; denn dieser Fragenkreis läßt sich auch durch eine Anwendung der Bestimmung des § 255 BGB lösen. Sicherlich war es aber sinnvoll, in das Bedingungswerk eine klare Fristenregelung einzubauen, der zu entnehmen ist, ab wann die Leistung des Vers in den Entwendungsfällen frühestens fällig wird und bis zu welchem Zeitpunkt der Vmer die entwendeten Sachen zurückzunehmen hat. Dabei ist unter einem Zur-Stelle-bringen gemäß § 13 VII, 1 AKB zu verstehen entweder die körperliche Rückgabe an den Vmer oder aber dessen Benachrichtigung über das Auffinden des Fahrzeugs mit der damit verbundenen realen Möglichkeit, daß der Vmer es innerhalb der Monatsfrist ohne Schwierigkeiten nach dem Maßstab der Handlungsweise eines sorgsamen Autoeigners tatsächlich zurückerlangen kann. LG Stuttgart 7. I. 1972 VersR 1973 S. 517–518 spricht im Prinzip zu Recht im Anschluß an Stiefel-Wussow-Hofmann[10] Anm. 18 zu § 13 AKB, S. 591 davon, daß der Vmer in dasselbe Verhältnis zu der entwendeten Sache gesetzt werden müsse, das vor der Verbringung durch den Dieb (oder den sonstigen Unrechtstäter) bestanden habe.

Es ist bestritten, ob § 13 VII, 2 AKB lediglich eine Verpflichtung des Vmers zur Eigentumsübertragung enthält oder auch schon zugleich den Eigentumsübertragungsakt selbst. Für den erstgenannten Standpunkt vgl. vor allen Dingen die dogmatisch prägnanten Ausführungen von Sieg VersR 1954 S. 205–206, ferner Bach VersR 1951 S. 188–189, Ehrenzweig S. 388; a. M. E. Prölss NJW 1950 S. 350–351, Stiefel-Wussow-Hofmann[10] Anm. 19 zu § 13 AKB, S. 592–593, LG Bielefeld 17. XI. 1970 VersR 1972 S. 87, stillschweigend auch LG Stuttgart 7. I. 1972 VersR 1973 S. 517–518; eine Mittelmeinung nimmt LG Kiel 22. XII. 1949 NJW 1950 S. 350–351 insofern ein, als es die dingliche Wirkung entsprechend dem Grundgedanken des § 67 I, 1 erst mit einer Leistung durch den Ver eintreten läßt (auch Möller in Bruck-Möller Anm. 54 vor §§ 49–80 hält die Regelung in § 13 VII, 2 AKB wegen des halbzwingenden Charakters des § 67 I für bedenklich). Theoretisch wäre es möglich, im Bedingungswerk eine doppelt bedingte und befristete Übereignung in der Form der Abtretung eines künftigen Herausgabeanspruchs gemäß § 931 BGB zu verankern. Die erste Bedingung wäre dabei der Eintritt des Entwendungsfalles im Sinne des § 12 Ziff. 1 Ib AKB, die zweite die Entschädigungsleistung durch den Ver, und die Befristung wäre vorgenommen durch die Monatsfrist des § 13 VII, 1 AKB. Von allen diesen Erfordernissen, von denen die zweitgenannte wegen des zwingenden Charakters der sinnverwandten Vorschrift des § 67 I, 1 gemäß § 68a eine unverzichtbare Voraussetzung ist, findet sich im saloppen Wortlaut des § 13 VII, 2 AKB nichts. Die Bedingungsbestimmung ist daher mit Sieg a. a. O. S. 206 nur dahin zu interpretieren, daß der Vmer nach dem Ablauf der Frist verpflichtet ist, die entwendeten Sachen dem Ver zu übereignen, und zwar Zug um Zug gegen Zahlung der Entschädigung. – Zum österreichischen Recht vgl. ÖOGH 1. XII. 1971 VersR 1972 S. 798, dem zu entnehmen ist, daß es dort eine § 931 BGB entsprechende Konstruktion nicht gibt; vgl. ergänzend auch ÖOGH 15. XII. 1971 VersR 1972 S. 845–846.

Die Regelung des § 13 VII, 2 AKB in der hier vorgenommenen Interpretation dient der Absicherung des Verbots der vsrechtlich unzulässigen Bereicherung des Vmers. Die Bestimmung darf aber nicht als ein Privileg des Vers aufgefaßt werden. Findet sich daher nach Ablauf der Monatsfrist und bereits vorgenommener Abtretung des Eigentumsherausgabeanspruchs das Fahrzeug wieder an und will der Vmer es zurück erhalten, so ist der Ver zur Rückübereignung Zug um Zug gegen Rückzahlung einer geleisteten Entschädigung verpflichtet. Dabei braucht die Entschädigung insoweit nicht zurückgeleistet zu werden, als das Fahrzeug als adäquate Folge der Entwendung eine Beschädigung erlitten hat (vgl. Anm. J 42). Stiefel-Wussow-Hofmann[10] Anm. 19 zu § 13 AKB, S. 592–593 vertreten demgegenüber die Auffassung, daß durch § 13 VII AKB bewußt in Kauf genommen worden sei, daß die Vorschrift zu einer Bereicherung des einen oder anderen Teiles des Vsvertrages führen könne. Indessen tritt in der Bedingungsbestimmung ein solcher ungewöhnlicher Wille nicht zu Tage. Allerdings ist auch Sieg in Bruck-Möller-Sieg Anm. 28 zu § 67 der Auffassung, daß daraus, daß dem Vmer kein ausdrückliches Wahlrecht bezüglich des wiederaufgefundenen Fahrzeugs gewährt werde, auf eine endgültige Regelung zu schließen sei (in diesem Sinne auch schon in VersR 1954 S. 207–208 und ZVersWiss 1962 S. 496 Ziff. 4; ebenso Bach VersR 1951 S. 188). Indessen ergibt sich aus der Interessenlage ein solches Wahlrecht des Vmers auch ohne ausdrückliche Verankerung im Bedingungsrecht; ein irgendwie geartetes schutzwürdiges Interesse des Vers an einer gegenteiligen Regelung ist vor allen Dingen nicht ersichtlich. Vgl. für die hier vertretene Auffassung auch das Zonenamt VA 1948 S. 47 und für einen Sonderfall im Zusammenhang mit der Währungsumstellung LG Kiel 22. XII. 1949 NJW 1950 S. 350–351 mit ablehnender Anm. von E. Prölss a. a. O. Gegen eine solche Rechtspflicht des Vers zur Rückübereignung läßt sich LG Hannover 30. IV. 1951 VersR 1951 S. 207 nicht ins Feld führen; denn in jenem Falle hatte der Vmer lediglich gegenüber dem Herausgabeanspruch des Vers, der dem Grunde nach nicht bestritten worden war, ein Zurückbehaltungsrecht wegen angeblich nicht vollständiger Entschädigung geltend gemacht.

Die Verpflichtung zur Eigentumsübertragung gemäß § 13 VII, 2 ist auch dann gegeben, wenn der Vmer wegen Abzugs einer vereinbarten Selbstbeteiligung nicht vollen Umfangs entschädigt worden ist. Gelingt es aber dem Ver in einem solchen Fall, des Fahrzeugs später habhaft zu werden, so ist er verpflichtet, aus dem Verwertungserlös an den Vmer den zur vollen Entschädigung fehlenden Betrag der Selbstbeteiligung vorab zu erstatten. Auch dieses Ergebnis versteht sich von selbst, wenn man überlegt, daß § 13 VII, 2 AKB kein Privileg des Vers schaffen soll. Das Gesagte gilt auch dann, wenn der Vmer auf Grund der Neuwertregelung in § 13 II, IV b AKB bereits eine über den Zeitwert hinausgehende Entschädigung erhalten hat.

Entschädigt der Ver vor Ablauf der Einmonatsfrist gemäß § 13 VII, 1 AKB – kaum vorstellbar – und findet sich dann noch innerhalb dieser Frist das Fahrzeug wieder an, so ist der Vmer nicht zur Rücknahme des Fahrzeugs verpflichtet (Sieg VersR 1954 S. 208), es sei denn, daß der Ver ausdrücklich bei der Zahlung einen entsprechenden Vorbehalt gemacht hat. Es versteht sich, daß der Vmer dagegen auch hier berechtigt ist, eine Rückabwicklung zu verlangen.

e) Teilschäden

Gliederung:

aa) Erforderliche Kosten der Wiederherstellung J 138
bb) Fracht- und Transportkosten J 139
cc) Abzüge „neu für alt" J 140–143
   aaa) Rechtliche Einordnung J 140
   bbb) Einheitliche Fristenberechnung J 141
   ccc) Ausnahmeregelung für Bereifung, Batterie und Lackierung J 142
   ddd) Abzüge „neu für alt" nach Ablauf der Fristen gemäß § 13 V, 4 AKB J 143
dd) § 13 VI AKB J 144–151
   aaa) Veränderungen J 144
   bbb) Verbesserungen J 145
   ccc) Verschleißreparaturen J 146
   ddd) Minderung an Wert J 147
   eee) Minderung an äußerem Ansehen J 148
   fff) Minderung an Leistungsfähigkeit J 149
   ggg) Nutzungsausfall oder Kosten eines Ersatzwagens J 150
   hhh) Treibstoff J 151
ee) Abzug des Werts der Rest- und Altteile J 152

V. 6. e) Teilschäden   Anm. J 138

[J 138] aa) Erforderliche Kosten der Wiederherstellung

Liegt kein Totalschaden im Sinne der Regelung in § 13 IV a, b AKB vor, so ersetzt der Ver gemäß § 13 V, 1 AKB in allen sonstigen Beschädigungsfällen die erforderlichen Kosten der Wiederherstellung und die hierfür notwendigen einfachen Fracht- und sonstigen Transportkosten (vgl. zu letzterem Anm. J 139). Entsprechendes gilt nach § 13 V, 2 AKB für die Zerstörung, den Verlust oder die Beschädigung von Teilen des Fahrzeugs.

Die Entschädigungspflicht des Vers setzt nicht die Durchführung der Reparatur voraus. Das ist – anhand in diesem Punkt gleichlautender Bedingungen – vom RG 27. IV. 1928 JW 1928 S. 1744 = HRR 1928 Nr. 1730 mit aller Deutlichkeit herausgearbeitet worden, wie der wegen seiner Bedeutung nachstehend wörtlich wiedergegebene Auszug aus den Entscheidungsgründen zeigt:

„Aus der Fassung des § 12 ergibt sich nicht, daß die Bekl. im Falle einer Beschädigung dem Vten nur die bereits aufgewendeten Wiederherstellungskosten zu ersetzen hat. Der Wortlaut spricht dagegen. Denn da dort bestimmt ist, daß die „erforderlichen" Wiederherstellungskosten zu ersetzen sind und man unter „erforderlichen" Kosten nach dem gewöhnlichen Sprachgebrauch gerade solche Kosten zu verstehen hat, die schon zur Vornahme einer Handlung gebraucht werden, so ist anzunehmen, daß hier zum mindesten auch an den Ersatz der erst aufzuwendenden Wiederherstellungskosten gedacht worden ist. Es entspricht auch dem Bedürfnis, in dieser Weise die Entschädigungspflicht der Bekl. zu gestalten. Denn häufig wird der Vte gar nicht in der Lage sein, aus eigenen Mitteln die Wiederherstellungskosten zu bestreiten, und deshalb auf die vorherige Zahlung der Entschädigungssumme notwendig angewiesen sein. Wäre der Standpunkt der Bekl. richtig, so würde der Vte auch gezwungen sein, die Wiederherstellung selbst zu bewirken oder durch die Bekl. bewirken zu lassen. Ein solcher Zwang ist ihm aber durch die Vsbedingungen nicht aufgelegt und wäre auch unwirtschaftlich, denn möglicherweise kann es im Interesse des Vten liegen, den beschädigten Wagen an einen Dritten zu veräußern und diesem auf eigene Kosten die Instandsetzung des Wagens zu überlassen. Warum er dann aber auf Ersatz der notwendigen Wiederherstellungskosten, um deren Betrag er den Wagen hat billiger verkaufen müssen, gegen die Bekl. keinen Anspruch haben soll, ist nicht einzusehen. Den Schaden hat er schon durch die Beschädigung des Wagens erlitten und wenn dessen Ersatz auf den Betrag der Wiederherstellungskosten beziffert ist, so ist dabei kein Gewicht darauf zu legen, daß die Wiederherstellung besorgt wird, sondern nur darauf, was sie kosten würde. Diese Berechnung aber ist unabhängig von der tatsächlichen Vornahme der Wiederherstellung, denn die Kosten lassen sich auch vorher bestimmen. Wenn die Rev. daraus, daß dem „Ersatz" der erforderlichen Wiederherstellungskosten die Rede ist, folgern will, daß die Kosten erst aufgewendet sein müssen, so geht sie fehl. Ersetzen kann man auch einen Betrag, der erst aufgewendet werden soll."

Diese Rechtsprechung ist vom BGH fortgeführt worden (BGH 13. VII. 1961 VersR 1961 S. 724; vgl. auch OLG Koblenz 8. VII. 1976 VersR 1976 S. 1176). Der Ver ist danach auch dann leistungspflichtig, wenn der Vmer das Fahrzeug unrepariert verkauft oder unrepariert weiter benutzt oder nur eine Notreparatur durchführen läßt (OLG Koblenz 8. VII. 1976 a. a. O.). Voraussetzung ist lediglich, daß der Schaden im Sinne des § 15 I AKB festgestellt ist (vgl. Anm. J 156). Die Leistungspflicht des Vers im festgestellten Umfang ist auch dann gegeben, wenn bei einer günstigen Veräußerung des Fahrzeugs durch den Vmer die Reparaturentschädigung und der Erlös die Leistungsgrenze des Vers gemäß § 13 I, II, IV a, b AKB übersteigen (vgl. BGH 3. VI. 1970 NJW 1970 S. 1604 = VersR 1970 S. 758 und Anm. J 133 a. E.).

Anm. J 138 J. Fahrzeugversicherung

Die Grenze der Leistungspflicht des Vers ergibt sich allerdings aus § 13 X AKB mit dem dort zum Ausdruck gekommenen vsrechtlichen Bereicherungsverbot (vgl. Anm. J 134–135). Mehr als insgesamt den Neupreis des in Frage stehenden Fahrzeugtyps darf der Vmer gewiß nicht erhalten, soweit nicht dieser Mehrbetrag auf einen Verkaufserlös des beschädigten Fahrzeugs zurückzuführen ist, der nichts mehr mit dessen wirklichem Restwert (Zeitwert) zu tun hat, sondern auf einer besonderen Geschäftstüchtigkeit des Vmers beruht (vgl. Anm. J 136).

Kostet die Reparatur allerdings tatsächlich weniger als ursprünglich von dem vom Ver beauftragten Gutachter errechnet, weil dieser sich geirrt hat oder die Preise gefallen sind oder der Vmer eine gleichwertige Werkstatt gefunden hat, die zu einem geringeren Preis als dem vom Sachverständigen angenommenen arbeitet, so beschränkt sich die Ersatzpflicht des Vers auf diesen tatsächlich objektiv erforderlichen Aufwand (RG 7. V. 1929 HRR 1929 Nr. 1592 = RdK 1930 S. 312). Das Gesagte gilt aber dann nicht, wenn es zwischen den Parteien des Vsvertrages im Anschluß an die Abschätzung des Schadens durch einen oder mehrere Gutachter zu einem Schadenfeststellungsvertrag mit für beide Teile verbindlicher Festlegung der Schadenhöhe gekommen ist (vgl. BGH 13. VII. 1961 a. a. O. und für die derart erfolgte Feststellung eines Totalschadens BGH 24. V. 1956 VersR 1956 S. 365–366; zu Unrecht nimmt dagegen LG Kaiserslautern 2. IX. 1975 RuS 1975 S. 234–235 an, daß allein in der widerspruchslosen Entgegennahme einer Zahlung des Vers ein Schadenfeststellungsvertrag liege).

Die Entschädigungspflicht des Vers verringert sich im übrigen nicht dadurch, daß der Vmer die Reparatur selbst durchführt oder daß dem Vmer beispielsweise ein Freund schenkungsweise die Arbeiten macht. Läßt der Vmer aber die Arbeit in einer Werkstatt durchführen, die deshalb besonders preisgünstig ihm gegenüber rechnet, weil er deren Arbeitnehmer ist, so kommt – vorausgesetzt, daß kein Schadenfeststellungsvertrag abgeschlossen worden ist – dieser Vorteil dem Ver zugute. Der Vmer kann auch nicht die Kosten einer anderen Werkstatt in Rechnung stellen, die er tatsächlich nicht in Anspruch genommen hat (ebenso Stiefel-Wussow-Hofmann[10] Anm. 8 zu § 13 AKB, S. 581). Dagegen wird man von dem Vmer nicht verlangen können, daß er diese preisgünstige Werkstatt in Anspruch nimmt, wenn eine andere die Reparatur für ihn schneller durchführt. Da der Ver die üblichen Kosten zu ersetzen hat, kann er von dem Vmer hier keine Rücksicht verlangen.

Zu den vom Ver zu erstattenden Kosten gehört auch die Mehrwertsteuer, es sei denn, daß der Vmer vorsteuerabzugsberechtigt ist (vgl. Anm. J 128). Für den Fall, daß ein Geschädigter eine Reparatur selbst durchführt, wodurch keine Mehrwertsteuer anfällt, spricht ihm BGH 19. VI. 1973 BGHZ BD 61 S. 56–59 nach § 249^2 BGB als Bestandteil der Wiederherstellungskosten auch diese fiktive Mehrwertsteuer zu. Für die Fahrzeugv wird das dagegen im Schrifttum verneint (so Stiefel-Wussow-Hofmann[10] Anm. 8 zu § 13 AKB, S. 580, wohl auch Prölss-Martin[21] Anm. 2A zu § 55, S. 301; zum österreichischen Recht vgl. Selb, Festschrift für Klingmüller, Karlsruhe 1974, S. 445, der allerdings entgegen der Auffassung von Stiefel-Wussow-Hofmann a. a. O. diese Frage nicht abschließend behandelt). Indessen ist eine einheitliche Betrachtungsweise geboten, nach der der Ver diese Schadenposition als normalen Bestandteil der Reparaturkosten zu entrichten hat (vorausgesetzt, daß der Vmer nicht bei einer Inanspruchnahme einer Reparaturwerkstatt zum Vorsteuerabzug berechtigt wäre).

Unter den erforderlichen Kosten der Wiederherstellung sind diejenigen zu verstehen, die von einer ordentlichen Werkstatt im Rahmen der üblichen Vergütung einer solchen Arbeit einem Auftraggeber in Rechnung gestellt werden. Es ist dabei ein objektiver Maßstab im Sinne der üblichen Vergütung gemäß § 632 II

V. 6. e) Teilschäden
Anm. J 138

BGB anzulegen. Soweit der Vmer mit der Werkstatt einen höheren Preis als diesen üblichen im Sinne des § 632 II BGB vereinbart, ist der Ver hinsichtlich des die Üblichkeit übersteigenden Differenzbetrages nicht zur Zahlung verpflichtet. Zu beachten ist dabei aber, daß im Rahmen der üblichen Vergütung im Sinne des § 632 II BGB durchaus ein Ermessensspielraum des Werkunternehmers gegeben ist. Innerhalb dieses Spielraums muß der Ver auch die an der oberen Grenze liegenden Vergütungsansprüche des Werkunternehmers als entschädigungspflichtig im Verhältnis zum Vmer akzeptieren, wie auch dieser den Unternehmer in diesem Umfang nach Werkvertragsrecht mangels einer besonderen Vereinbarung entlohnen müßte. Hingegen wird man außerhalb dieser Bandbreite entgegen der Auffassung von Prölss-Martin[21] Anm. 3 zu § 13 AKB, S. 911 und Stiefel-Wussow-Hofmann[10] Anm. 8 zu § 13 AKB, S. 580–581 den Ver nicht mit Kosten belasten dürfen, die durch ein Verschulden der durch den Vmer „sorgfältig ausgewählten" Werkstatt entstehen. Die Abwehr solcher unbegründeten Ansprüche des Werkunternehmers ist vielmehr Sache des Vmers, der nach dem Bedingungsrecht nur einen Anspruch auf die erforderlichen Kosten der Wiederherstellung im Sinne des ortsüblichen Preises hat.

In Streitfällen zwischen dem Vmer und dem Ver über die Üblichkeit einer Vergütung kommt unter Umständen der Obliegenheit nach § 7 III AKB besondere Bedeutung zu. Nach dieser Bestimmung hat der Vmer bei einem unter die Fahrzeugv fallenden Schaden vor Beginn der Wiederinstandsetzung die Weisungen des Vers einzuholen, soweit ihm dies billigerweise zugemutet werden kann. Der praktische Anwendungsbereich dieser Obliegenheit ist allerdings relativ gering, da von den Vern von Weisungen im Rahmen der Regulierung von Inlandschäden fast ganz abgesehen wird (vgl. ergänzend Anm. J 20–21). Hat ein Ver aber ausnahmsweise bestimmte Weisungen gemäß § 7 III AKB unverzüglich nach Erhalt der Schadenanzeige erteilt, so ist der Vmer in dem von der Bestimmung ausdrücklich erwähnten Billigkeitsrahmen auch gehalten, diese Weisungen zu befolgen. Hat der Ver beispielsweise die Reparatur in einer bestimmten Fachwerkstatt vorgeschlagen, die zudem auf den vom Vmer gefahrenen Wagentyp spezialisiert ist, und folgt der Vmer dieser Weisung nicht, so kann er nur den von dieser vom Ver vorgeschlagenen Werkstatt üblicherweise in Rechnung gestellten Werklohn als Entschädigung beanspruchen, also nicht den höheren Preis, den eine andere Werkstatt verlangt hat. Grundsätzlich wird man aber sagen können, daß ein Vmer, der sein Fahrzeug in eine anerkannte Fachwerkstatt gibt, damit rechnen darf, daß der Ver auch die dort anfallenden Werklohnansprüche akzeptiert. Demgemäß braucht ein Vmer, der die Schadenanzeige unverzüglich erstattet hat, nach Ablauf der für eine unverzügliche Weisung des Vers entsprechend kurz zu berechnenden Frist, nicht mehr mit bestimmten Weisungen des Vers zu rechnen. Die danach gegen den Vmer bei einer Fachwerkstatt erwachsenen üblichen Vergütungsansprüche hat der Ver zu erfüllen. Weisungen, die erst nach ordnungsgemäßem Beginn der Reparaturarbeiten vom Ver erteilt werden, braucht der Vmer nur zu befolgen, wenn der Ver sich zugleich bereit erklärt, die dem Vmer durch die verspätete Weisung zusätzlich entstehenden Kosten zu tragen.

Unerfreuliche Auseinandersetzungen kann es bei fehlerhaft ausgeführten Reparaturen geben. Soweit ein Schaden lediglich bei der ersten Reparatur übersehen worden ist und deshalb eine Nachreparatur erforderlich wird, ergeben sich allerdings keine besonderen Probleme. Hier ist vielmehr für die weiteren Arbeiten ohne weiteres die Ersatzpflicht des Vers gegeben. Denn auf den Zeitpunkt der Entdeckung des Schadens kommt es nicht an, sofern nur feststeht, daß dieser Schaden auf ein vtes Ereignis zurückzuführen ist. Gedacht ist vielmehr an Fälle, bei denen die Reparatur so mangelhaft ausgeführt worden ist, daß sie wertlos ist und gänzlich wiederholt werden muß. Hier schuldet der Vmer freilich nach Werkvertragsrecht dem ersten Unternehmer nichts. Hat er dennoch dessen Rechnung bezahlt, so ist es sein Risiko, wie er dieses Geld wiedererstattet erhält; der Ver ist zur Bezahlung der zweiten Reparaturkostenrechnung nicht mehr verpflichtet. Seine Ersatzpflicht beschränkt sich nach § 13 V, 1 AKB auf die erforderlichen Kosten der Wiederherstellung. Die sorgsame Abnahme des Fahrzeugs nach erfolgter Reparatur und die Wahrung der Mängelansprüche fällt in den Risikobereich des Vmers und nicht in den des Vers. – Eine Doppelleistungspflicht des Vers kann sich allerdings aus dem Gesichtspunkt der schuldhaften Verletzung der ergänzenden Verpflichtungen aus dem Vsvertrag dann ergeben, wenn der Ver seinen Geschäftsbetrieb nicht so organisiert, daß er Weisungen des Vmers in bezug auf die Bezahlung der Reparaturkosten beachtet. Beispiel: Der Vmer möge unter dem 1. III. 1977 die Rechnung der Werkstatt A an den Ver übersandt haben mit der Bitte, diese Rechnung durch unmittelbare Zahlung an die genannte Werkstatt auszugleichen. Das Fahrzeug bricht dann aber unter dem 4. III. 1977 zusammen wegen eines grobfahrlässigen Montagefehlers der Werkstatt A. Der Vmer unterrichtet den Ver davon mit Schreiben vom gleichen Tage, das am 5. III. 1977 bei dem Ver eintrifft, und bittet diesen, auf keinen Fall mehr an die Werkstatt A zu zahlen. Hier wird man – eine ordnungsgemäße Benachrichtigung des Vers über die geschilderten Umstände des Falles vorausgesetzt – jede Zahlung des Vers, die nach dem 6. III. 1977 an die genannte Werkstatt erfolgt, als eine schuldhafte Verletzung der vertraglichen Verpflichtungen des Vers gegenüber dem Vmer anzusehen haben, so daß der Ver dann später bei einer Insolvenz der Werkstatt A dem Vmer den daraus entstehenden Schaden endgültig zu ersetzen hat. Kommt es nicht zu einer solchen Insolvenz der Werkstatt A, so ist der geschilderte Beispielfall aber auch nicht ohne Komplikationen abzuwickeln. Ist der Reparaturfehler so gravierend, daß dem Vmer die Inanspruchnahme der Werkstatt A im Sinne der Rechtsprechung zu § 633 III BGB nicht mehr zuzumuten ist, so darf er ohne Nachfristsetzung eine andere Werkstatt beauftragen. Das gleiche gilt, wenn die Werkstatt eine Nachfrist gemäß § 633 II BGB verstreichen läßt oder die Nachbesserung ohne eine solche Fristsetzung endgültig verweigert. Der Ver ist wegen Nichtbeachtung des berechtigten Zahlungswiderrufs durch den Vmer in diesen Fällen verpflichtet, bei einem solchen erforderlichen Werkstattwechsel die Rechnung der weiteren Werkstatt B für den Vmer auszugleichen. Der Ver muß hier aber nur für den Vmer in Vorlage treten. Der Vmer ist dagegen verpflichtet, seine Rechte gegenüber der Werkstatt A im Interesse des Vers nachhaltig zu wahren. Weigert sich die Werkstatt A, die zu Unrecht erhaltene Werklohnforderung zurückzuerstatten, so ist der Vmer verpflichtet, auf Rückzahlung des bereits erbrachten Werklohns zu klagen. Der Erlös gebührt dem Ver, sofern er seiner vertraglichen Verpflichtung durch Zahlung gegenüber der Werkstatt B nachgekommen ist. Da der Mängelhaftungsprozeß in einem solchen Fall im Interesse des Vers geführt wird, so ist er auch verpflichtet, den Vmer von den Kosten dieses Prozesses freizuhalten und die Prozeßkosten auf entsprechendes Verlangen in üblicher Höhe zu bevorschussen. Weigert sich der Vmer, einen solchen Regreßprozeß gegen die Werkstatt A zu führen, so verstößt er damit gegen die ihm gemäß § 7 II Ziff. 2 S. 3 AKB obliegende Schadenminderungslast. –

Über die Frage der Notwendigkeit einer Reparatur kann insbesondere dann gestritten werden, wenn zwei oder gar drei Denkmodelle für die Durchführung solcher Wiederherstellungsarbeiten gedanklich zur Verfügung stehen. Beispiel:

    aaa) Ausbeulen und Lackieren einer beschädigten Fahrzeugtür oder
    bbb) Auswechseln dieser Tür gegen eine neue Tür oder
    ccc) Auswechseln der beschädigten Fahrzeugtür gegen eine unbeschädigte, aber gebrauchte.

V. 6. e) Teilschäden
Anm. J 138

Von diesen drei Alternativen darf die letztgenannte aus der Betrachtung ausscheiden. Nach § 13 V, 3, 4 AKB ist von den Kosten der Ersatzteile für Krafträder, Personen- und Kombinationswagen sowie Omnibussen bis zum Schluß des vierten, bei allen übrigen Fahrzeugen bis zum Schluß des dritten auf die Erstzulassung eines Fahrzeuges folgenden Kalenderjahrs kein Abzug „neu für alt" zu machen (vgl. dazu Anm. J 140–143). Dieser Bedingungsbestimmung ist der Grundsatz zu entnehmen, daß der Vmer vom Ver nicht auf die in den heutigen Zeiten auch gänzlich unübliche Reparatur durch gebrauchte Fahrzeugteile verwiesen kann, selbst wenn einzelne Vmer etwas derartiges tun, sei es aus besonderen Sparsamkeitsgründen oder weil sie durch berufliches Spezialwissen (z. B. Kenntnisse eines Automechanikers) zu einem solchen Vorgehen in der Lage sind. Jedenfalls kann der Ver von dem Vmer ein derart unübliches Verhalten nicht verlangen, und zwar auch dann nicht, wenn der Vmer das in anderen Fällen schon gemacht haben sollte. Entscheidendes Kriterium ist vielmehr ein objektiver Maßstab, der sich an der Verhaltensweise eines durchschnittlichen Vmers orientiert. Danach scheidet eine Reparatur mit gebrauchten Teilen aus (a. M. Krieger ZfV 1954 S. 524, Pienitz-Flöter[4] Anm. A. III. 1. zu § 13 AKB, S. 8, Stiefel-Wussow-Hofmann[10] Anm. 9 zu § 13 AKB, S. 582–583 [wieso sich diese auf eine Entscheidung des dänischen ObG 8. XII. 1927 JRPV 1928 S. 251 berufen, ist nicht ganz klar; zwar hat das Gericht a. a. O. tatsächlich so entschieden, wie der Bericht von Hochgräber a. a. O. zeigt; ein Präjudiz für den deutschen Rechtskreis läßt sich daraus aber kaum herleiten mit Rücksicht auf die unterschiedlichen Rechtsordnungen; vsgeschichtlich von Interesse ist allerdings, daß dieser dänische Ver bedingungsgemäß ein Wahlrecht zwischen einer von ihm zu veranlassenden Naturalrestitution oder einer Geldzahlung hatte; er entschied sich für das erstere, unterlag aber gegenüber dem Zahlungsbegehren des Vmers, weil er nämlich bei der Reparatur gebrauchte Teile hatte verwenden lassen, die älter waren als das beschädigte Fahrzeug]; wie hier aber Stiefel-Wussow[8] Anm. 3 zu § 13 AKB, S. 513–514 und vor allem erfreulich präzise Maye, Die Entwicklung der Bedingungen für die Auto-Kasko-V, Karlsruhe 1972, S. 76–79; auch OLG Karlsruhe 9. XI. 1927 Praxis 1928 S. 42–43 spricht im übrigen nicht für die Gegenmeinung; denn in jedem Fall ging es darum, daß das Schweißen eines Chassislängsträgers als nicht ausreichend angesehen wurde; zur Frage, ob ein gebrauchter Träger hätte hingenommen werden müssen, nimmt das Gericht nicht Stellung). Damit stimmt es im übrigen auch überein, daß der durchschnittliche Vmer dem beschädigten Fahrzeugteil als solchem keinen Wert beimißt, so daß es bei Teilschäden auch in aller Regel nicht zur Anrechnung des Wertes der Restteile kommt (vgl. dazu ergänzend Anm. J 152).

Ist somit die letzte der drei Alternativen als dem Vmer grundsätzlich nicht zumutbar aus der Betrachtung auszuscheiden, so bedeutet das doch noch nicht, daß dem Vmer in allen Fällen das Auswechseln eines beschädigten alten Fahrzeugteils gegen ein neues anstelle des gedanklich auch möglichen Ausbesserns des alten Fahrzeugteils zuzugestehen ist. Entscheidend ist vielmehr das Ausmaß der Beschädigung. Die Abgrenzung ist im Sinne einer **einheitlichen Rechtsbetrachtung** nach Haftpflichtgrundsätzen vorzunehmen. Soweit der Vmer nach den Schadenersatzgrundsätzen des bürgerlichen Rechts gemäß §§ 249, 250 BGB das Auswechseln des beschädigten Fahrzeugteils verlangen kann, darf er das auch als Vmer in der Fahrzeugv mangels einer abweichenden Entschädigungsregelung in der Bedingungsbestimmung. Eine solche Art der Reparatur ist überhaupt als Regelfall anzusehen. Dem Vmer ist es im Prinzip nicht zuzumuten, ein nur ausgebessertes Teil als Ersatzleistung des Vers zu akzeptieren, wenn gewöhnlicherweise ein Autofahrer in einem solchen Fall die Wiederherstellung des alten Zustands durch Einbau eines neuen Fahrzeugteils erwartet. Nur dann, wenn ganz geringfügige Beschädigungen vorliegen, bei denen jeder verständige Autoeigner sich mit einem Ausbeulen beispielsweise der leicht beschädigten Stoßstange oder der nur minimal beschädigten Tür begnügen würde, darf der Vmer vom Ver auch nicht den Ersatz der Kosten für das Auswechseln eines solchen Fahrzeugteils verlangen.

Der Umfang der vom Ver zu ersetzenden Ausbesserungskosten bestimmt sich nach dem Gesagten wesentlich danach, wie ein **vernünftiger, nicht vter Fahrzeugeigner** handeln würde. Wirtschaftliche Gegebenheiten sind zu beachten. Zutreffend hat LG Landshut 26. II. 1975 VersR 1976 S. 335 dahin entschieden, daß der Ver unter Umständen die Kosten einer höheren Reparatur zu ersetzen habe, wenn das beschädigte Einzelteil des Fahrzeugs auf längere Zeit einzeln nicht zu beschaffen sei; in concreto ging es darum, daß anstelle der Erneuerung einer Außenhaut eines Lkw-Führerhauses eine komplette Vorderwand eingebaut wurde (zustimmend Pienitz-Flöter[4] Anm. B. IV. zu § 13 AKB, S. 12; ablehnend Plaumann VersR 1976 S. 711–712, Prölss-Martin[21] Anm. 3a zu § 13 AKB, S. 911–912).

Besondere Schwierigkeiten können bei Schäden im **Ausland** entstehen. Hier fehlen häufig spezielle Fachfirmen ganz. Andererseits ist zu bedenken, daß der Vsschutz sich nach § 2 I AKB auf ganz Europa erstreckt, so daß die Aussage über die Ersatzpflicht des Vers hinsichtlich der Kosten der Wiederherstellung und deren übliche Vergütung sich auf die am Unfallort notwendige Vergütung bezieht, auch wenn dieser Unfallort sich außerhalb des Staatsgebiets der Bundesrepublik Deutschland befindet. Der Ver darf hier nicht etwa so abrechnen, als wenn sich das vte Schadenereignis in der Bundesrepublik Deutschland zugetragen hätte. Vielmehr sind auch die sachbezogenen Mehrkosten, die sich aus der Ortsverschiedenheit ergeben, ersatzpflichtig. Für solche Auslandsschäden kann das Weisungsrecht des Vers von besonderer Bedeutung sein. Gibt der Ver dem Vmer keine speziellen Anweisungen, so muß der Vmer die Abwicklung des Schadenfalles so vornehmen, wie das ein vernünftiger, nicht vter Vmer im Interesse einer verständigen Schadenminderung tun würde. Die Ersatzkosten können hier unter Umständen durch eine **vorläufige Reparatur** gering gehalten werden, wenn es dem Vmer dadurch möglich ist, ohne weitere **Abschleppkosten** in das Gebiet der Bundesrepublik Deutschland zu einer Fachfirma zur Reparatur zu fahren. In solchen Fällen sind auch die Kosten sogenannter vorläufiger Reparaturen ersatzpflichtig. – Solche Kosten vorläufiger Reparaturen können im übrigen auch im Inland ersatzpflichtig sein, wenn dadurch ebenfalls Abschleppkosten in gleicher oder größerer Höhe erspart werden. Ansonsten sind aber im Inland die Kosten sogenannter vorläufiger Reparaturen nicht zu ersetzen, da dem Vmer angesonnen werden kann, sogleich eine endgültige Reparatur vornehmen zu lassen, bei der diese vorläufigen Kosten erspart werden. Daß der Vmer aus privaten oder geschäftlichen Gründen eine vorläufige Reparatur im konkreten Falle bevorzugt und sein Verhalten auch objektiv verständlich ist, ändert daran nichts, solange sich dadurch der Betrag der Ersatzleistung für den Ver erhöht. Dabei ist insbesondere zu berücksichtigen, daß die durch eine solche vorläufige Reparatur häufig ersparten Mietwagenkosten den Ver nicht berühren, da er nach § 13 VI AKB im Rahmen einer Fahrzeugv nicht zum Ersatz solcher Schadenforderungen verpflichtet ist.

Sind die **Fahrzeugschlüssel** als Folge eines vten Ereignisses beschädigt worden oder abhanden gekommen, so hat der Ver – wie auch sonst bei der Beschädigung oder dem Verlust von Fahrzeugteilen – nur den Wert dieses Teiles, hier des Schlüssels, zu ersetzen, nicht generell auch die Kosten für ein aus Vorsichtsgründen angeschafftes neues Schloß. Anders aber Plaumann VersR 1976 S. 602–603, der der Meinung ist, daß der Vmer im Falle eines Schlüsseldiebstahls stets gehalten sei, aus Vorsichtsgründen ein neues Schloß einsetzen zu lassen, für dessen Kosten der Ver einzutreten habe; während nach der in Anm. J 107 vertretenen Auffassung nur im Einzelfall für solche Kosten eine Eintrittspflicht des Vers gegeben sein kann.

Erleidet ein Fahrzeug, für das nur eine **Fahrzeugteilv** besteht, einen **Totalschaden** infolge eines Unfalls oder eines anderen nur in der Fahrzeugvollv vten Ereignisses, so muß der Ver den dabei entstehenden **Glasbruchschaden** ersetzen (vgl. dazu Anm. J 60). Streitig ist, ob der Ver in diesem Fall nur die reinen Glaskosten oder auch die **hypothetischen Kosten des Wiedereinbaues** einschließlich der **Gummi-Dichtung** zu ersetzen hat. Der zuletzt genannten Auffassung ist der Vorzug zu geben (ebenso Weißer VW 1972 S. 178, Wussow WI 1972 S. 63; a. M. Stelzer VW 1965 S. 756, Stiefel-Wussow-Hofmann[10] Anm. 3 zu § 13 AKB, S. 572). Aus dem Gesichtspunkt des — angesichts des Schweigens des Bedingungstextes — allein maßgebenden vsrechtlichen Bereicherungsverbots ist eine Reduzierung der Entschädigungsleistung nur dann angebracht, wenn der Zeitwert des Gesamtfahrzeugs vor dem Unfall niedriger lag als der Wert der beschädigten Scheiben. Das übersehen die die Gegenmeinung vertretenen Autoren, wenn sie lediglich auf den Wert des beschädigten Fahrzeugteils vor dem Unfall abstellen und die Einbaukosten und das Dichtungsmaterial nicht berücksichtigen; man könnte es dem Vmer auch schlechterdings nicht verständlich machen, warum er bei einem reparaturwürdigen Fahrzeug im Beispielfall eine höhere Entschädigung erhält als bei einem total beschädigten Wagen. Da der Ver dem Vmer durch die Bedingungsregelung in § 13 IV b AKB eine Reparatur des Fahrzeugs — oder jedenfalls eine Abrechnung auf dieser Basis — auch dann zumutet, wenn der Zeitwert des Wagens durch die Reparaturkosten überschritten wird, ist nicht einzusehen, warum nicht auf der gleichen Basis abgerechnet werden soll, wenn nur ein Ausschnitt aus den das Fahrzeug bedrohenden Gefahren vert wird mit einer Beschränkung auf bestimmte Fahrzeugteile.

Mit Rücksicht darauf, daß die **Fahrzeugv ohne Bildung einer Vssumme** betrieben wird (vgl. Anm. J 7), ist es auch verfehlt, in dem hier erörterten Sonderfall eines Glasbruchschadens, der mit einem unvten Totalschaden des Fahrzeugs zusammenfällt, die Entschädigung auf der Basis einer **Wertformel** zu errechnen, die den **Wert der Verglasung in bezug zum Gesamtwert des Fahrzeugs** setzt; das verkennt Weißer VW 1972 S. 178–180.

[J 139] bb) Fracht- und Transportkosten

Nach § 13 V, 1 AKB werden auch die für die erforderlichen Kosten der Wiederherstellung des Fahrzeugs notwendigen einfachen Fracht- und sonstigen Transportkosten vom Ver ersetzt. Darunter fallen insbesondere die **Abschleppkosten** eines nicht mehr fahrbereiten Fahrzeugs. Unter einer Fahrbereitschaft ist dabei zu verstehen, daß das Fahrzeug gemäß den Vorschriften der StVZO fahrsicher ist. Häufig kann ein Fahrzeug theoretisch trotz eines Schadens noch fahren. Ein vorsichtiger Fahrer wird dennoch ein Abschleppen vorziehen, um unvorhersehbare Schäden durch seinen beschädigten Wagen zu vermeiden; auch solche Abschleppkosten fallen unter den Deckungsbereich der Fahrzeugv.

Abschleppkosten sind nur insoweit als notwendig und ersatzpflichtig anzusehen, als der Transport vom Unfallort zur nächsten Fachwerkstatt erfolgt. Prölss-Martin[21] Anm. 3a zu § 13 AKB, S. 912 sind der Auffassung, daß die Abschleppkosten nur bis zur nächsten zuverlässigen Werkstatt zu ersetzen seien, es sei denn, daß eine sachliche Instandsetzung nur bei der Lieferfirma oder einer Spezialwerkstatt möglich sei (ebenso KG 24. XI. 1937 JRPV 1938 S. 74).

In der heutigen Zeit kann man aber von einer ordnungsgemäßen Arbeit an einem bestimmten Wagentyp regelmäßig nur bei Inanspruchnahme einer darauf besonders spezialisierten Fachwerkstatt ausgehen. Erleidet beispielsweise ein Vmer, dessen

Wohnsitz sich in Hamburg befindet, auf einer Fahrt zwischen Hamburg und Hannover 20 km hinter Hannover auf der Bundesautobahn einen schweren Unfall, so kann er nicht die Abschleppkosten bis nach Hamburg verlangen, sondern nur die bis zur nächsten Fachwerkstatt in Hannover, sofern sich nicht noch ein günstigerer Standort anbietet. Das Gesagte gilt grundsätzlich auch bei einem Unfall im Stadtgebiet. Doch wäre es hier verfehlt, bei geringen Kilometerunterschieden zwischen 5−10 km einen zu engherzigen Maßstab anlegen zu wollen, da insbesondere auch zu berücksichtigen ist, daß man dem Vmer an seinem Wohnort grundsätzlich die Inanspruchnahme der ihm vertrauten ständigen Werkstatt zubilligen muß, schon allein deshalb, weil er dort häufig aufgrund der ständigen Geschäftsbeziehung besser bedient wird, was sich letzten Endes auch zugunsten des Vers auswirken kann. Auch kann man von einem Vmer nicht die genaue Kenntnis der Lage von Hunderten von Reparaturfirmen in Großstädten wie München und Hamburg verlangen.

Besonders hoch können sich die Abschleppkosten stellen, wenn der Vmer im europäischen Ausland einen vten Fahrzeugschaden erleidet. Eine Ersatzpflicht des Vers für solche im Ausland entstehenden Abschleppkosten wird man bis zur nächsten Fachwerkstatt des Fahrzeugtyps des Vmers zu bejahen haben. Gibt es in dem betreffenden europäischen Land überhaupt keine Fachwerkstatt für den betreffenden Wagentyp, so müssen die Abschleppkosten bis zur nächsten inländischen Grenzwerkstatt vom Ver ersetzt werden. Sofern sich allerdings auf dem Gebiet eines anderen europäischen Staates eine näher gelegene Fachreparaturwerkstatt befindet, kann der Vmer nur die Kosten bis zu dieser Werkstatt als notwendige Abschleppkosten von dem Ver verlangen. Dabei darf aber mit Rücksicht auf die großen Orientierungsschwierigkeiten des Vmers im Ausland wiederum kein engherziger Maßstab angelegt werden. Kann der Ver durch ein Abschleppen über eine Strecke von 500 km die nächste Fachwerkstatt in Deutschland erreichen, könnte er aber auch zu einer solchen durch eine Strecke von 400 km in einem weiteren ausländischen Land oder auch im Lande des Schadeneintritts gelangen, müßte der Vmer sich aber bei einer Inanspruchnahme der letztgenannten Werkstatt auf seiner Fahrt 400 km wieder zurückbewegen, obwohl er sich z. B. auf der Rückreise nach Deutschland nach seinem Jahresurlaub befindet, so wäre es kleinlich, diesem Vmer die Inanspruchnahme der aus dieser Sicht der Dinge nur geringfügig weiter entfernten inländischen Reparaturfirma nicht als notwendig zuzubilligen. In einem solchen Grenzfall sind daher auch die etwas höheren Kosten zur ersten inländischen Fachfirma zu erstatten. − Ob sich im Ausland eine Fachreparaturwerkstatt befindet, kann für den Vmer unter Umständen mangels Orts- und Sprachkenntnis schwer zu ermitteln sein. Erklärt der Ver auf Bitten des Vmers um Weisungen im Sinne des § 7 III, 1 AKB, daß ihm auch eine solche ausländische Fachreparaturwerkstatt nicht bekannt sei, so darf er dann nach Treu und Glauben dem Vmer die Erstattung der Abschleppkosten bis zur nächsten inländischen Fachreparaturwerkstatt nicht unter Hinweis auf eine ihm später doch bekannt gewordene ausländische Fachwerkstatt verweigern. Das Gesagte gilt auch dann, wenn der Ver sich auf Bitten des Vmers um entsprechende Weisungen in Schweigen hüllt, wie das in der Schadenregulierung mit Rücksicht auf den großen Arbeitsanfall schon einmal geschehen kann. Verlangt der Ver, um nicht die drohenden ungewöhnlich hohen Abschleppkosten erstatten zu müssen, daß der Vmer die Reparatur bei einer ausländischen Reparaturwerkstatt vornehmen lasse, obwohl es sich nicht um eine Fachreparaturwerkstatt für den Fahrzeugtyp des Vmers handelt, so ist dieser Vmer zur Befolgung einer solchen Weisung des Vers nur dann verpflichtet, wenn der Ver sich zugleich bereit erklärt, dem Vmer dann auch das Risiko der Durchsetzung eines Mängelhaftungsanspruchs abzunehmen, was ansonsten nach der hier vertretenen Auffassung nicht Aufgabe des Vers ist (vgl. Anm. J 138). Andernfalls wäre eine solche Weisung des Vers als unbillig im

V. 6. e) Teilschäden **Anm. J 140**

Sinne des § 7 III, 1 AKB anzusehen und demgemäß vom Vmer nicht zu beachten (vgl. Anm. J 20–21). Im Inland wird es kaum zu Weisungen des Vers über das Abschleppen zu einer bestimmten Werkstatt kommen; gibt ein Ver aber ausnahmsweise doch eine solche Anweisung und befolgt der Vmer sie, so darf der Ver nach Treu und Glauben nachträglich nicht einwenden, daß eine andere Werkstatt nähergelegen habe.

Da nach § 13 I AKB ein Schaden nur bis zur Höhe des Zeitwerts ersetzt wird (sofern die Voraussetzungen einer Erhöhung der Leistungspflicht des Vers gemäß § 13 II, IV AKB nicht gegeben sind), sind Abschleppkosten, soweit sie zusammen mit den Reparaturkosten über diese Entschädigungsgrenze hinausgehen, vom Ver nicht zu erstatten. Das muß von einem Vmer, der mit einem älteren Fahrzeug einen Unfall im Ausland erleidet, bei der Erteilung eines Auftrages zum Abschleppen sorgsam bedacht werden; das diesbezügliche Entscheidungsrisiko trägt der Vmer bei einer solchen Abwicklung des Schadenfalles allein.

Ansonsten können unter § 13 V, 1 AKB auch die Kosten für den Transport von Ersatzteilen von dem Herstellerwerk zur Reparaturwerkstatt fallen. Indessen werden diese üblicherweise nicht gesondert ausgewiesen, sie sind als Vorreisekosten Bestandteil des üblichen Reparaturpreises am Ort des Unfallgeschehens. Bei seltenen Fahrzeugtypen, z. B. bei hochwertigen ausländischen Modellen, kann es aber sein, daß ein Ersatzteil aus dem im Ausland liegenden Herstellerwerk bezogen werden muß. Hier liegt es nahe, daß der Vmer darauf dringt, daß dieses Ersatzteil per Eil- oder Luftfracht mit besonderen Expreßkosten geschickt wird. Die dadurch zusätzlich entstehenden Kosten hat der Ver nach der klarstellenden Bestimmung des § 13 V, 1 AKB nicht zu ersetzen.

[J 140] cc) Abzüge „neu für alt"
aaa) Rechtliche Einordnung

Nach § 13 V, 3 AKB wird von den Kosten der Ersatzteile und der Lackierung ein dem Alter und der Abnutzung entsprechender Abzug gemacht, in der Klammerdefinition der genannten Bestimmung und der Regulierungspraxis „neu für alt" genannt. Jedoch beschränkt sich nach § 13 V, 4 AKB dieser Abzug bei Krafträdern, Personen- und Kombinationswagen sowie Omnibussen bis zum Schluß des vierten, bei allen übrigen Fahrzeugen bis zum Schluß des dritten auf die Erstzulassung des Fahrzeugs folgenden Kalenderjahres auf Bereifung, Batterie und Lackierung.

Mit dieser Regelung ist zuerst der Gedanke der Neuwertv, wenn auch in kleiner Münze und in versteckter Form in der Fahrzeugv zum Durchbruch gekommen (vgl. Anm. J 126, J 143). Der dem Vmer aus Anlaß eines Schadenfalles für den Neupreis von Ersatzteilen zusätzlich entstehende Aufwendungsbedarf wird verständlicherweise mitvert. Für den Vmer ist diese Regelung vorteilhaft. Es wird ihm der Streit darüber erspart, ob er sich nach einer Reparatur, bei der üblicherweise beschädigte Fahrzeugteile nicht durch gebrauchte, sondern durch Neuteile ausgewechselt werden, besser oder schlechter stehe. Diese dem Vmer günstige Regelung darf nicht dadurch gegenstandslos gemacht werden, daß der Ver dem Vmer ansinnt, anstelle eines neuen Ersatzteiles ein gebrauchtes zu nehmen; das ist bereits in Anm. J 138 dargetan worden. Insbesondere ist dem Vmer auch bei der Beschädigung wertvoller Fahrzeugteile nicht zuzumuten, gebrauchte Ersatzteile zu akzeptieren. Das gilt sowohl für den Motor als auch für das Fahrerhaus eines Lkw. Auch einen Austauschmotor braucht der Vmer nicht zu akzeptieren (a. M. Stiefel-Wussow-Hofmann[10] Anm. 3 zu § 13 AKB, S. 582–583). Die gegenteilige Auffassung verkennt, daß durch die Regelung in § 13 V, 3, 4 AKB gerade ein solcher unfruchtbarer Streit generell zugunsten des Vmers vermieden werden soll. Eine andere Frage ist es dabei, daß der Vmer nicht bei ganz geringfügigen Ausbeulungen das betreffende Fahrzeugteil auswechseln darf (vgl. wiederum Anm. J 138). Nur darf diese gedankliche Alternative nicht umgedeutet werden in die Wahlmöglichkeiten „entweder Ausbeulen oder Auswechseln mit einem Gebrauchtteil". Denn jene Alternativen lauten so, daß bei einer geringfügigen Beschädigung ausgebessert werden kann und darf, daß aber bei einer erheblichen Beschädigung, bei der ein verständiger Vmer an einem beschädigten Fahrzeug Teile auswechselt, stets eine Auswechslung mit Neuteilen vorgenommen wird.

Seliger VersR 1967 S. 121–122 ist der Auffassung, daß bei einem entschädigungspflichtigen Verlust eines Autoradios (oder einer Beschädigung eines solchen) dem Vmer im Regelfall der Erwerb eines gebrauchten Modells zuzumuten sei; das sei mit Rücksicht auf den häufigen Typenwechsel und den anschließenden Preisverfall der ausgelaufenen Serie im Hinblick auf das Bereicherungsverbot gerechtfertigt. Der von Seliger erörterte Konflikt mit dem Bereicherungsverbot besteht indessen nicht; Seliger kommt zu dessen Bejahung, weil er als Alternative für seinen Lösungsvorschlag lediglich die Möglichkeit erwägt, dem Vmer den Geldbetrag in Höhe des ursprünglichen Anschaffungspreises zuzusprechen. Die sachgerechte Lösung ist jedoch die, dem Vmer den Wiederbeschaffungspreis für ein gleichwertiges, nunmehr marktgängiges Modell in neuer Ausfertigung zuzubilligen. Sind die neuen Geräte billiger als es das entwendete war, so hat der Vmer gewiß keinen Anspruch auf den Differenzbetrag.

[J 141] bbb) Einheitliche Fristberechnung

Durch die gestaffelte Befristung auf drei bis vier Jahre (je nach Fahrzeugart) wird dafür gesorgt, daß die Rechtswohltat des § 13 V, 3, 4 AKB sich in wirtschaftlich vernünftigen Grenzen hält. Abgestellt wird dabei auf das Ende des jeweiligen Erstzulassungsjahres (anders als nach § 13 II AKB, wo für den Fristbeginn das konkrete Zulassungsdatum maßgebend ist). Die Frist ist dabei als eine starre anzusehen, die für das Fahrzeug im ganzen gilt. Sofern der Vmer daher innerhalb dieser Zeit oder danach einzelne Fahrzeugteile ausgewechselt hat, kann er für diese nicht einen gesonderten Fristablauf in Anspruch nehmen. Bei solchen Neuteilen wird aber die Möglichkeit eines Abzugs „neu für alt" ohnedies zumeist aufgrund des Erhaltungszustandes nicht gegeben sein (vgl. Anm. J 143).

[J 142] ccc) Ausnahmeregelung für Bereifung, Batterie und Lackierung

Innerhalb der Frist des § 13 V, 4 AKB dürfen Abzüge „neu für alt" nur von der Bereifung, Batterie und Lackierung gemacht werden. Der Grund für diese Ausnahmeregelung liegt bei den Kosten für die Bereifung und die Batterie auf der Hand. Die Reifen und die Batterien werden turnusmäßig bei jedem Fahrzeug ausgewechselt. Darauf stellt sich jeder Vmer bei dem Erwerb eines Fahrzeugs von vornherein ein. Eine Abrechnung des Vers auf der Basis des tatsächlichen Abnutzungszustandes dieser Fahrzeugteile wird demgemäß vom durchschnittlichen Vmer als sachgerecht angesehen und stimmt überein mit der haftungsrechtlichen Beurteilung bei der Beschädigung solcher Fahrzeuge durch einen ersatzpflichtigen Dritten. Daß auch andere Fahrzeugteile, wie z.B. die Auspuffanlage, bei den meisten Fahrzeugtypen turnusmäßig ausgewechselt werden, gibt keine Handhabe für eine entsprechende Anwendung der genannten Ausnahmebestimmung auf solche Fälle. Vielmehr ist von dem in § 13 V, 3, 4 AKB verankerten Grundsatz auszugehen, daß innerhalb der dort festgelegten Fristen kein Abzug erlaubt ist mit Ausnahme bei der Bereifung, der Batterie und den Lackierungskosten.

Zu überlegen ist im Gegenteil, ob nicht die Bedingungsbestimmung dahin verbessert werden könnte, daß der Abzug „neu für alt" innerhalb der aufgeführten Fristen bei den Lackierungskosten entfällt. Im allgemeinen tritt keine Verbesserung des Zustandes eines Fahrzeugs ein, wenn dieses nach einem Unfall im Umfang der

V. 6. e) Teilschäden

beschädigten Teile lackiert wird. Dennoch wird man bei den Abrechnungen der Kaskover immer wieder auf Abzüge von diesen Teillackierungskosten treffen, die meist zurückzuführen sind auf die entsprechenden Berechnungen der Sachverständigen, die in ihren Gutachten § 13 V, 3, 4 AKB nicht selten so auslegen, als wäre diese Bestimmung so zu verstehen, daß ein Abzug für Lackierungskosten stets vorgeschrieben sei. In Wahrheit ist es bei der Qualität der Erstlackierung der Fahrzeuge so, daß durch eine Teillackierung nach einem Schaden in aller Regel keine Verbesserung eintritt. § 13 V, 4 AKB stammt aus einer Zeit, in der die Lackierung der Fahrzeuge noch nicht einen so hohen Beständigkeitsgrad hatte, wie das heute der Fall ist. Nach dem erkennbaren Sinn der genannten Bestimmung sollen von den Lackierungskosten nur dann Abzüge „neu für alt" gemacht werden, wenn der Vmer sich nach der Reparatur in bezug auf die Gesamtlackierung seines Fahrzeugs besser steht als vor dem Schadeneintritt. Hier ist entgegen der geschilderten Regulierungspraxis als Grundsatz festzuhalten, daß regelmäßig eine solche Wertverbesserung bei Teillackierungen nicht eintritt, so daß ein Abzug „neu für alt" nicht in Betracht kommt. Die Richtigkeit dieser Überlegung wird verdeutlicht, wenn man die Regulierung von Haftpflichtschäden in bezug auf Lackierungskosten betrachtet. Hier machen dieselben Sachverständigen mangels einer Wertverbesserung bei Teillackierungen von diesen Kosten keinen Abzug „neu für alt"; nichts anderes aber darf für die Regulierung in der Fahrzeugv gelten.

Das Gesagte schließt nicht aus, daß ausnahmsweise doch einmal ein Abzug „neu für alt" von den Lackierungskosten während der Frist des § 13 V AKB gemacht werden darf, weil tatsächlich durch die Neulackierung eine Wertverbesserung eingetreten ist. Das wird zwar bei Teillackierungen nach dem Gesagten regelmäßig nicht der Fall sein, kann aber insbesondere dann angenommen werden, wenn schadenbedingt eine Ganzlackierung unumgänglich ist. Gedacht sei z. B. daran, daß bei einem Pkw, für den gegen mutwillige Beschädigungen gemäß § 12 Ziff. 1 II f AKB im Rahmen der Fahrzeugvollv Vsschutz besteht, am Ende des vierten auf die Erstzulassung folgenden Jahres die gesamte Fahrzeuglackfläche von einem Übeltäter mit einem Nagel zerkratzt worden ist. Hier ist die Position des Vmers bei einer gänzlichen Neulackierung des Fahrzeugs besser als vor Eintritt des Schadenereignisses, so daß auch ein Abzug „neu für alt" gerechtfertigt ist.

[J 143] ddd) Abzüge „neu für alt" nach Ablauf der Fristen gemäß § 13 V, 4 AKB
Nach Ablauf der Drei- bzw. Vierjahresfrist dürfen nicht nur auf Bereifung, Batterie und Lackierung Abzüge „neu für alt" gemacht werden, sondern auch von den Kosten der Ersatzteile. Zu beachten ist dabei, daß sich dieser Abzug bei den Ersatzteilen auf deren Kosten beschränkt und anders als bei den Kosten der Lackierung nicht auf die diesbezüglichen Arbeitskosten der Reparaturwerkstatt erstreckt.

Der Abzug „neu für alt" darf nicht schematisch vorgenommen werden; vielmehr ist der tatsächliche Erhaltungszustand des beschädigten oder abhanden gekommenen Fahrzeugteils vor dem Eintritt des Schadenfalles zu berücksichtigen. Zwar darf nach den Ausführungen in Anm. J 141 für die generelle Zulässigkeit des Abzugs „neu für alt" nur auf das Zulassungsdatum des Wagens abgestellt werden und nicht auf das konkrete Alter des betreffenden Fahrzeugteils. Das bedeutet aber nicht, daß bei einer solchen generellen Zulässigkeit des Abzugs „neu für alt" nicht genau darauf zu achten ist, in welchem Erhaltungszustand sich das Fahrzeug und die einzelnen Fahrzeugteile vor dem Unfall befunden haben. Ist z. B. eine Woche vor dem Schadenfall in das fünf Jahre alte Fahrzeug ein neuer Motor eingebaut worden und wird dieser sowie die linke Fahrzeugseite beschädigt, so muß der Ver, sofern der Motor nicht mehr repariert werden kann, die Kosten dieses Motors ohne Abzug ersetzen, während von der

Fahrzeugseite Abzüge „neu für alt" gemäß dem Erhaltungszustand des Fahrzeugteils gemacht werden dürfen. Entsprechendes gilt, wenn dem Vmer, der ein älteres Fahrzeug benutzt, gerade kurz vor dem Schadenereignis ein neues Autoradio eingebaut worden ist. Wird dieses über Nacht entwendet, so muß der Ver die Kosten für ein neues Autoradio einschließlich der Einbaukosten ungekürzt ersetzen.

Im Haftpflichtrecht werden von den Gerichten im allgemeinen Abzüge „neu für alt" auch beim Auswechseln alter gebrauchter Teile durch Neuteile mit der Begründung nicht zugelassen, daß ein etwaiger Vorteil, der dem geschädigten Dritten durch den Einbau von Neuteilen entstanden sei, ausgeglichen werde dadurch, daß gemäß den Anschauungen der Käufer von Gebrauchtwagen ein durch einen Unfall vorgeschädigter Wagen einen geringeren Wert habe als ein Wagen ohne einen solchen Unfall (vgl. Palandt-Heinrichs[37] Anm. 4b aa zu § 251 BGB mit Nachweisen aus der Rechtsprechung). Es wäre überlegenswert, diese Grundsätze auch auf das Kaskovsrecht zu übertragen. Das sind aber Bemerkungen in Richtung auf eine mögliche Verbesserung des Vsschutzes. Nach dem jetzigen Rechtszustand kann eine solche Kompensation des dem Vmer durch den Einbau von Neuteilen entstehenden Vorteils mit dem doch in der Verkehrsanschauung verbundenen Wertverlust im Rahmen der Fahrzeugv nicht vorgenommen werden, da nach § 13 VI AKB eine Wertminderung nicht unter die Ersatzpflicht des Vers fällt (vgl. dazu Anm. J 147).

[J 144] dd) § 13 VI AKB

In § 13 VI AKB ist bestimmt, daß der Ver Veränderungen, Verbesserungen, Verschleißreparaturen, Minderung an Wert, äußerem Ansehen oder Leistungsfähigkeit, Nutzungsausfall oder Kosten eines Ersatzwagens und Treibstoff nicht ersetzt. – Seit dem 1. I. 1977 (VA 1977 S. 48) ist auch noch eingefügt worden, daß Überführungs- und Zulassungskosten nicht ersetzt werden; diese Regelung ist im Grunde genommen nur bedeutsam für die Ermittlung der Schadenhöhe in Totalschadenfällen, vgl. die Ausführungen in Anm. J 131. – Im ersten Augenblick hat man den Eindruck, daß mit dieser Bestimmung der Anwendungsbereich der Kaskov wesentlich geschmälert werde; indessen handelt es sich weitgehend um deklaratorische Bestimmungen oder um solche, die auch sonst bei Sachven zur Anwendung kommen. Im einzelnen gilt folgendes:

aaa) Veränderungen

Die Bestimmung hat deklaratorischen Charakter. Daß der Ver nicht die Kosten von **Veränderungsarbeiten** zu ersetzen hat, die darauf gerichtet sind, einen anderen Zustand herzustellen als den, der vor dem Unfall bestanden hat, leuchtet ohne weiteres ein. Läßt der Vmer solche Veränderungen vornehmen, so beschränkt sich die Ersatzpflicht des Vers auf den Betrag, der aufzuwenden gewesen wäre, wenn der Zustand vor dem Eintritt des Schadenereignisses wiederhergestellt worden wäre. Darauf, ob diese Reparaturen durch die Veränderung selbst nicht mehr durchgeführt zu werden brauchen, kommt es nicht an (vgl. dafür, daß die Leistungspflicht des Vers generell nicht von der Durchführung der Reparatur abhängt, Anm. J 138). Bei einer Neufassung der AKB könnte in § 13 VI AKB der Ausdruck „Veränderungen" gestrichen werden, ohne daß sich dadurch der Deckungsumfang der Fahrzeugv in irgendeiner Art und Weise verändern würde.

[J 145] bbb) Verbesserungen

Das in Anm. J 144 für Veränderungen Gesagte gilt in gleichem Maße für die in § 13 VI AKB erwähnten **Verbesserungen**. Auch diese Bestimmung hat lediglich

V. 6. e) Teilschäden **Anm. J 146—148**

deklaratorischen Charakter. Sie versteht sich für jeden redlich denkenden Vmer von selbst; auch insoweit empfiehlt sich bei einer Neufassung der AKB eine Streichung.

[J 146] ccc) Verschleißreparaturen
Daß Verschleißreparaturen nicht zu ersetzen sind, leuchtet ebenfalls ein. Eine gewisse Parallele findet diese Bestimmung in § 12 Ziff. 1 IIe AKB, wo es heißt, daß Brems-, Betriebs- und reine Bruchschäden keine Unfallschäden seien (vgl. dazu Anm. J 69—72). Unter Verschleißreparaturen sind nur solche Arbeiten zu verstehen, die ohne Zusammenhang mit einem der in § 12 Ziff. 1, 2 AKB aufgeführten gedeckten Schadenereignisse am Fahrzeug durchzuführen sind. Dagegen ist § 13 VI AKB nicht in dem Sinne zu verstehen, daß der Ver durch einen Verschleiß vorgeschädigte Fahrzeugteile nicht zu ersetzen habe. Vielmehr ist die Ersatzleistung des Vers für solche mehr oder weniger verschlissenen Fahrzeugteile der Regelfall. Der zeitlich befristete Verzicht des Vers in § 13 V, 4 AKB beruht gerade auf dieser Überlegung. Es ist demgemäß auch eine Streichung des Ausdrucks „Verschleißreparaturen" in § 13 VI AKB zu empfehlen, da ein wie auch immer gearteter selbständiger Anwendungsbereich nicht zu erkennen ist.

[J 147] ddd) Minderung an Wert
Sinn und Zweck der Fahrzeugv sind im Bereich der Teilschäden darauf gerichtet, dem Vmer die erforderlichen Mittel zur Reparatur des Fahrzeugs zur Verfügung zu stellen. Der Anspruch des Vmers auf die erforderlichen Kosten der Wiederherstellung ist in dem Sinne zu verstehen, daß der Ver diese Kosten bis zur Höhe einer technisch einwandfreien Reparatur bezahlen muß. Insbesondere ist der Vmer nicht verpflichtet, eine Reparatur zu akzeptieren, die mit einer technischen Verschlechterung des Fahrzeugs verbunden ist. Eine Reparatur ohne eine solche technische Verschlechterung des Fahrzeugs ist angesichts der heutigen technischen Fertigkeiten der Werkstätten fast ausnahmslos möglich, so daß es auch im Sinne des Haftungsrechts kaum noch zur Feststellung eines technischen Minderwerts kommt, das eigentliche Abgrenzungsproblem vielmehr in der Feststellung des merkantilen Minderwerts zu sehen ist (vgl. dazu neuerdings instruktiv Jordan, 13. Deutscher Verkehrsgerichtstag, Hamburg 1975, S. 202—224). Der in § 13 VI AKB verwendete Ausdruck „Minderung an Wert" ist nach Maßgabe dieser Grundsätze dahin zu verstehen, daß damit ein Anspruch des Vmers auf Ersatz des sogenannten merkantilen Minderwerts vom Vs-schutz ausgeschlossen wird. Bei einer Neufassung der AKB wäre eine Ersetzung des Ausdrucks „Minderung an Wert" durch den geläufigeren Begriff „merkantiler Minderwert" im Interesse der Klarstellung des Gemeinten überlegenswert.

[J 148] eee) Minderung an äußerem Ansehen
Wie in Anm. J 138 bereits dargelegt, hat der Vmer einen Anspruch auf Bezahlung der Kosten für eine technisch einwandfreie Reparatur. Soweit dem Vmer nach den dort dargestellten Grundsätzen zugemutet werden kann, eine Reparatur eines geringfügig beschädigten Fahrzeugteils durch Ausbeulen hinzunehmen, kann sich, insbesondere wenn man die Schadenstelle nicht von außen, sondern vom Wageninneren aus betrachtet, z. B. einen Blick in den Kofferraum wirft oder den Kotflügel vom Erdboden aus betrachtet, unter Umständen eine Reparaturspur zeigen. Das kann auch dann der Fall sein, wenn sich eine Reparatur nur durch Vornahme gewisser Schweißarbeiten vornehmen läßt mit der Folge, daß dadurch eine mehr oder weniger verdeckte Schweißnaht entsteht. Eine derart ausnahmsweise zurückbleibende „technische Wertminderung", die die Fahreigenschaften des Wagens als solche nicht beeinträchtigt, ist als Minderung an äußerem Ansehen zu betrachten und von der Ersatz-

pflicht des Kaskovers ausgeschlossen. Ähnliches kann sich auch trotz allem technischen Fortschritts für die Nachlackierung von bestimmten Fahrzeugteilen ergeben, wenn bei der Wagenfertigung ein spezieller Lack benutzt worden ist (vgl. dazu Jordan a. a. O. S. 207—208). Eine bei einer solchen Teillackierung zurückbleibende **Farbdifferenz** löst ebenfalls keine zusätzliche Entschädigungsverpflichtung des Vers aus. — Keinen Fall des § 13 VI AKB stellt es dar, wenn ein Fahrzeug bei einem Brand ohne sonstigen Sachschaden gänzlich verrußt; vielmehr ist der Ver für diesen Schaden eintrittspflichtig (vgl. auch Anm. J 31 und J 66).

[J 149] fff) Minderung an Leistungsfähigkeit

Nach § 13 VI AKB ersetzt der Ver auch nicht eine **Minderung an Leistungsfähigkeit**. Die rechtliche Einordnung dieses Teils der Bestimmung bereitet Auslegungsschwierigkeiten. Der unbefangene Vmer könnte denken, daß er auf Bezahlung der Kosten einer technisch möglichen Reparatur unter gewissen Umständen keinen Anspruch habe, wenn nämlich eine weniger aufwendigere Werkstattarbeit zwar auch zur Fahrbereitschaft des Wagens führe, aber z. B. mit der Folge, daß nicht mehr die frühere Spitzengeschwindigkeit von 170 km/h erreicht werde, sondern nur noch eine solche von etwa 120 km/h. Gegen eine solche Auslegung spricht aber der umfassende Grundsatz des § 13 V, 1 AKB, nach dem die notwendigen Kosten der Wiederherstellung zu ersetzen sind. Vertragsrechtlich könnte nach dem Wortlaut der Bedingung allerdings ohne weiteres auch eine Auslegung des Inhalts vorgenommen werden, daß § 13 V, 1 und § 13 VI AKB zueinander im Verhältnis von Regel und Ausnahme stehen, so daß der genannte Grundsatz des § 13 V, 1 AKB eben eine Einschränkung durch § 13 VI AKB für den Fall erleide, daß die Reparatur nicht zur früheren Leistungsfähigkeit des Wagens führe. Tatsächlich handelt es sich aber bei dem Ausdruck „Minderung an Leistungsfähigkeit" in § 13 VI AKB um eine durch den Zeitablauf überholte Einschränkung, die aus einer Zeit stammt, in der die Reparaturtechnik der Werkstätten häufig noch nicht zur einwandfreien Wiederherstellung eines Fahrzeugs führte. In der Vspraxis wird demgemäß bei der Regulierung von Schäden aus der Fahrzeugv auf § 13 VI AKB bezüglich des Begriffs der „Minderung an Leistungsfähigkeit" nicht mehr zurückgegriffen. Was immer auch die Bedingungsverfasser bei der ersten Verwendung dieses Begriffs sich gedacht haben, für die heutige Zeit ist die Einschränkung gegenstandslos. Dem entspricht es, daß Stiefel-Wussow-Hofmann[10] Anm. 15 zu § 13 AKB, S. 589—590 ausführen, daß Voraussetzung für das Eingreifen dieses Teils des Ausschlußtatbestandes sei, daß eine weitergehende Reparatur sich als unmöglich erweise. Mit dem Ausdruck „unmöglich" ist dabei erkennbar gemeint, daß eine solche weiterführende Reparaturarbeit technisch nicht durchführbar sei. Das bedeutet aber im Grunde genommen nichts anderes, als daß dieser Teil des § 13 VI AKB eigentlich so gut wie nie zur Anwendung kommen kann mit Rücksicht auf den hohen technischen Leistungsstand der Reparaturwerkstätten und das weitgehend normierte Reparaturverfahren mit dem entsprechenden Auswechseln genormter Ersatzteile. Bei einer Reform der AKB könnte demgemäß eine Streichung dieses Begriffs in § 13 VI AKB vorgenommen werden. Bei der Beurteilung der Leistungsverpflichtung des Vers in der Fahrzeugv ist im übrigen immer zu beachten, daß nach der hier vertretenen Auffassung das Mängelrisiko nicht dem Ver anzulasten ist. Der Vmer hat nur Anspruch auf einmalige Zahlung der Reparaturkosten im technisch notwendigen Umfang zur Wiederherstellung des früheren Zustandes (vgl. dazu Anm. J 138).

[J 150] ggg) Nutzungsausfall oder Kosten eines Ersatzwagens

In § 13 VI AKB ist festgelegt, daß der durch eine Beschädigung oder einen Verlust des vten Fahrzeugs entstehende Nutzungsausfall und/oder die Kosten eines Er-

V. 6. e) Teilschäden	Anm. J 151

satzwagens nicht mit unter die Eintrittspflicht des Kaskovers fallen. Es handelt sich um eine klarstellende Bestimmung, die dem in der Sachv geltenden Grundsatz folgt, daß solche Sachfolgeschäden nur dann vert sind, wenn das in den Vsbedingungen expressiv verbis zum Ausdruck kommt (wie z. B. bei der V des Mietausfalls in der Feuerv durch entsprechende Vereinbarung gemäß dem Nachtrag zu § 1 VI AFB). Für den Vmer bedeutet das, daß er diese Kosten, sofern kein ersatzpflichtiger Dritter gegeben ist, selbst tragen muß. Bitter ist der Umstand, daß die Kosten eines Ersatzwagens nicht ersetzt werden, für den Vmer insbesondere im Entwendungsfall. Hier ist der Ver gemäß § 13 VII, 1 in Verbindung mit § 15 I, 1 AKB erst eintrittspflichtig nach Ablauf eines Monats nach Eingang der Schadenanzeige bei dem Ver (vgl. dazu Anm. J 156). Der Vmer muß daher in diesen Fällen immer eine Frist von mindestens einem Monat aus eigener Tasche überbrücken, wenn er nicht Gefahr laufen will, die Kosten für den Neukauf eines Wagens später selbst tragen zu müssen, wenn sein gestohlenes Fahrzeug — wie in der Mehrzahl der Fälle — innerhalb der Monatsfrist wieder aufgefunden wird. Gegenüber der früheren Bedingungssituation ist die Lage des Vmers aber schon dadurch erheblich verbessert worden, daß seit dem 1. I. 1971 (vgl. VA 1971 S. 4–13) die früher geltende Wartefrist von zwei Monaten auf einen Monat verkürzt worden ist. Eine weitere Verkürzung ist vom Standpunkt des Vers kaum noch möglich, da dieser sonst zu sehr mit dem Verwertungsrisiko der kurzfristig sich wieder anfindenden, vorher zum Gelegenheitsgebrauch entwendeten Fahrzeuge belastet werden würde. Eine andere Frage ist es, ob dem Vmer fakultativ gegen Prämienzuschlag die zusätzliche V des Mietwagenrisikos in der Fahrzeugv angeboten werden sollte. Gegen eine solche individuelle Ausweitung des Vsangebots spricht aber der Massencharakter dieses auf einheitliche Abwicklung genormten Vszweiges. — Bei einer Neufassung der AKB ist das hier erörterte Begriffspaar „Nutzungsausfall" und/oder „Kosten eines Ersatzwagens" tunlichst nicht zu streichen, um dem Vmer, der vom Haftpflichtrecht kommend nicht selten von der gegenteiligen Annahme ausgeht, sogleich zeigen zu können, daß sich die fehlende Ersatzpflicht des Vers nicht nur aus § 13 V, 1 AKB (oder in Totalschadenfällen aus § 13 I–IV AKB) ergibt, sondern daneben auch noch „deklaratorisch" in § 13 VI AKB verankert worden ist.

[J 151] hhh) Treibstoff

Nach § 13 VI AKB ersetzt der Ver im Rahmen der Fahrzeugv Treibstoff nicht. Unter Treibstoff sind dabei in erster Linie Benzin, Benzingemische aller Art und Dieselkraftstoff zu verstehen. Es sind aber auch andere Arten von Treibstoff denkbar. Maßgebend ist, ob es sich um solche Rohstoffe handelt, deren Energiemengen primär durch ihre Umsetzung die Fortbewegung des Fahrzeugs bewirken. Würde es ein atomgetriebenes Kraftfahrzeug geben, so fiele unter den hier erörterten Begriff des Treibstoffes im Sinne des § 13 VI AKB auch der atomare Brennstoff.

LG Hannover 30. IV. 1951 VersR 1951 S. 208 rechnet zum Treibstoff auch das Getriebeöl (zustimmend Pienitz-Flöter[4] Anm. B. V. zu § 13 AKB, S. 12, ferner [nur im Ergebnis] Stiefel-Wussow-Hofmann[10] Anm. 17 zu § 13 AKB, S. 590–591). Indessen ist das Schmieröl nach der Verkehrsauffassung kein Treibstoff, so daß es für eine solche Auslegung keine Verankerung im Bedingungstext gibt. Stiefel-Wussow-Hofmann a. a. O. gehen ebenfalls davon aus, daß Getriebeöl technisch betrachtet kein Treibstoff sei; sie sind aber der Meinung, daß dafür deshalb keine Ersatzleistung zu gewähren sei, weil es sich bei dieser Flüssigkeit nicht um Zubehör des Fahrzeugs handle. Diese Auffassung ist indessen unzutreffend. Ein Fahrzeug ist ohne Motoröl nicht funktionsfähig. Nach der Auffassung des Verkehrs ist das Motoröl als unechter Bestandteil des Fahrzeugs diesem nach dem Einfüllen zugeordnet und daher jedenfalls von diesem Zeitpunkt an als Zubehör im Sinne des § 97 BGB anzusehen. Treffend weisen denn auch Stiefel-Wussow-Hofmann a. a. O. darauf hin, daß RG 4. VII. 1911 RGZ Bd 77 S. 36—40 Kohlenvorräte als Zubehör angesehen habe (zum Zubehörbegriff des bürgerlichen Rechts vgl. ergänzend Erman-H. Westermann[6] Anm. 3—8 zu § 97 BGB m. w. N. und speziell für das Kraftfahrzeug Pagendarm DAR 1960 S. 193). Daß in der in § 12 Ziff. 1 AKB erwähnten Liste das Motoröl nicht mit aufgeführt worden ist, besagt nichts, da dieser Liste im Hinblick auf den primär vom Vsschutz erfaßten Fahrzeugbegriff nur zusätzlich verdeutlichender und für Zweifelsfälle klarstellender Charakter beigemessen werden kann (vgl. auch Anm. J 24). Im Ergebnis ist dem LG Hannover a. a. O. aber für den konkreten Fall zuzustimmen, da es dort nicht um im Motor befindliches Öl ging, sondern um eine Dose mit Öl, das erst zu einem späteren Zeitpunkt eingefügt werden sollte.

Nicht unter den Treibstoffbegriff des § 13 VI AKB fallen auch die im Fahrzeug befindliche Bremsflüssigkeit und das eingefüllte Gefrierschutzmittel. Aus den für das Motoröl dargestellten Gründen ist auch insoweit der Vsschutz zu bejahen (ebenso Görner VW 1951 S. 326; a.M. Anonym [Bi.] VW 1951 S. 207, Mayer VW 1951 S. 516, Pienitz-Flöter[4] Anm. B. V. zu § 13 AKB, S. 12, Stiefel-Wussow-Hofmann[10] Anm. 17 zu § 13 AKB, S. 590).

[J 152] ee) Abzug des Werts der Rest- und Altteile

Nach § 13 III AKB verbleiben Rest- und Altteile dem Vmer in allen Fällen; sie werden zum Zeitwert auf die Ersatzleistung des Vers angerechnet. Bedeutsam ist diese Bestimmung im Prinzip nur bei einem Totalschaden, da für ein solches Fahrzeugwrack erfahrungsgemäß von den Werkstätten oder Händlern doch noch ein gewisser, wenn auch meist geringer Betrag gezahlt wird (vgl. dazu Anm. J 136). Hingegen ist einem ausgewechselten und beschädigten Ersatzteil nur ausnahmsweise im Sinne der Verkehrsanschauung bei Kraftfahrzeugschäden noch ein Wert beizumessen. Insofern ist die Bemerkung bei Stiefel-Wussow-Hofmann[10] Anm. 6 zu § 13 AKB, S. 578 mißverständlich, daß bei Reparaturen in der Regel Altteile anfallen, die noch einen gewissen Wert haben. Denn bei Reparaturen ist das gerade in der Schadenpraxis in der Regel nicht der Fall. Der Vmer ist zumeist froh, wenn die Werkstatt für den Abtransport des aus der Sicht des Vmers wertlosen Schrotts sorgt und ihm, dem Vmer, nicht auch noch die Mühe der Müllbeseitigung auflädt. Möller in Bruck-Möller Anm. 31 zu § 55 verweist auf die Beispielsfälle eines ausgebauten und erneuerten Motors oder einer leicht verbeulten Stoßstange (ob der Vmer allerdings einen Anspruch auf Ersatz der Kosten für eine neue Stoßstange hat, wenn die alte nur leicht verbeult war, ist nach den Ausführungen in Anm. J 138 nicht zweifelsfrei). In der Schadenregulierung der Gegenwart gibt es im übrigen so gut wie keinen Ver, der von einem Verkaufswert der ausgewechselten Teile ausgeht. Das mag sich allerdings in Zeiten der Rohstoffnot oder überhaupt in Krisenzeiten ändern. Dann wird wegen der Schwierigkeit der Beschaffung von Neuteilen der Vmer aber wohl auch in der Regel mehr auf die Reparatur der beschädigten Teile drängen, als deren nach Lage des Falles unter Umständen nicht mögliche Auswechslung zu erreichen versuchen.

Für die Bewertung der Reste vgl. ergänzend Möller in Bruck-Möller Anm. 31 zu § 55. Die bei der Gewinnung oder Verwertung der Reste notwendigen Aufwendungen sind danach vom „Zeitwert" (gemeiner Wert) dieser Restteile abzusetzen, nur den verbleibenden Teil braucht sich der Vmer anrechnen zu lassen; auch der bei einem Verkauf der Fahrzeugteile (oder im Totalschadenfalle des Fahrzeugwracks) im Ausland anfallende Zoll ist abzusetzen (ebenso Stiefel-Wussow-Hofmann[10] Anm. 6 zu § 13 AKB, S. 579). Erzielt der Vmer nach Abrechnung des Vsschadens bei einem Verkauf des Wracks einen höheren Preis, als ihm von der Vsentschädigung aufgrund der vorangegangenen Schätzung des vom Ver beauftragten Sachverständigen abge-

V. 6. f) Kostenersatz für die Wiederbeschaffung eines entw. Fahrzeugs **Anm. J 153**

zogen worden ist, so kann sich der Ver im Sinne einer Rückforderung auf diesen Mehrerlös dann nicht berufen, wenn dieser Mehrbetrag auf ein besonderes Verkaufsgeschick des Vmers zurückzuführen ist (zum österreichischen Recht vgl. ÖOGH 5. IX. 1973 VersR 1974 S. 1041).

Prölss-Martin[21] Anm. 3b zu § 13 AKB, S. 912 bemerken, daß von den Reparaturkosten der Wert der Restteile (= beschädigtes Fahrzeug) nicht abgezogen werden dürfe. Diese Aussage steht bezüglich der Restteile im Widerspruch zu § 13 III AKB. Richtig ist indessen, daß von den Reparaturkosten auch dann der Restwert des Fahrzeugs nicht abzuziehen ist, wenn diese Reparaturkosten über dem Zeitwert des Fahrzeugs liegen, aber noch innerhalb der Grenze des § 13 II oder der des § 13 IV b AKB, so daß eine Abrechnung auf Totalschadenbasis nicht in Betracht kommt (vgl. BGH 3. VI. 1970 NJW 1970 S. 1604 = VersR 1970 S. 758 und die Ausführungen in Anm. J 133 a. E. und J 136).

[J 153] f) Kostenersatz für die Wiederbeschaffung eines entwendeten Fahrzeugs (oder entwendeter Fahrzeugteile)

In § 13 VII, 3 AKB heißt es, daß der Ver dann, wenn das entwendete Fahrzeug in einer Entfernung von – in der Luftlinie gerechnet – mehr als 50 km von seinem Standort (Ortsmittelpunkt) aufgefunden werde, die Kosten einer Eisenbahnfahrkarte 2. Klasse für Hin- und Rückfahrt bis zu einer Höchstentfernung von 1500 km (Eisenbahnkilometer) vom Standort zu dem dem Fundort nächstgelegenen Bahnhof zahle. Diese Regelung ist erst zum 1. I. 1971 (vgl. VA 1971 S. 4–13) in die AKB eingefügt worden. Zuvor war die Frage der durch die Wiedererlangung des Fahrzeugs entstehenden Kosten in den AKB ungeregelt. In der Praxis wurde der Ersatz solcher Kosten vielfach unter Hinweis auf LG München 14. XI. 1958 VersR 1959 S. 63–64 abgelehnt. Das Gericht hatte in jenem Fall sich im Hauptteil der Gründe mit der Eintrittspflicht des Vers für einen Diebstahlschaden zu befassen, den es mit Rücksicht darauf als nicht ersatzpflichtig angesehen hat, daß die damals noch geltende Zweimonatsfrist bis zur Wiedererlangung des Fahrzeugs noch nicht abgelaufen gewesen war (heute gilt gemäß § 13 VII, 1 AKB eine Frist von einem Monat, vgl. Anm. J 156). Am Schluß der Entscheidung wurde dann auch die Ersatzpflicht des Vers für die Reisekosten des Vmers zur Wiedererlangung des Fahrzeugs verneint, aber ohne daß das Gericht die Anwendung der Bestimmung des § 63 I (Rettungskostenersatz) überhaupt nur in Betracht gezogen hätte. Zu Recht weisen daher Prölss-Martin[21] Anm. 5 zu § 13 AKB, S. 913 darauf hin, daß diese Überführungskosten doch nach § 63 I zu ersetzen gewesen wären (ebenso Scheinert VersPrax 1969 S. 211–212; a. M. aber noch Prölss[17] Anm. 5 zu § 13 AKB, S. 773).

Die jetzt in § 13 VII, 3 AKB getroffene Regelung hinsichtlich der Überführungskosten wird im Schrifttum als abschließende Behandlung der Frage des Rettungskostenersatzes für die Überführungsfälle angesehen (so Prölss-Martin[21] Anm. 5 zu § 13 AKB, S. 913, Stiefel-Wussow-Hofmann[10] Anm. 18 zu § 13 AKB, S. 592). Dem ist für diejenigen Fälle, in denen das Fahrzeug in der Monatsfrist des § 13 VII, 1 AKB im Bereich von 1500 Bahnkilometern vom Standort aufgefunden wird, zuzustimmen. Zwar wird das in § 13 VII, 3 AKB nicht ausdrücklich gesagt, es ergibt sich aber aus der schematisierten Abrechnung dieser Kosten in der genannten Bestimmung. Die Regelung ist dabei dahin zu verstehen, daß die Bahnkosten 2. Klasse in dem genannten Umfang auch dann ersetzt werden, wenn sie für den Vmer im Einzelfall tatsächlich nicht entstanden sind. Das wird mit besonderer Deutlichkeit klar für die Rückfahrtkosten, die in aller Regel deshalb nicht anfallen, weil der Vmer mit seinem wieder aufgefundenen Wagen zurückfahren wird. Aus dieser schematischen Abrechnungsregelung ergibt sich aber auch, daß neben diesen Bahnkosten nicht etwa die Werklohnkosten im Sinne des § 631 I BGB eines von dem Vmer ad hoc für die Überführung angeworbenen Dritten ersetzt werden. Das gilt auch dann, wenn der Vmer beispielsweise wegen einer Krankheit oder aus sonstigen zwingenden Gründen die Rückführung nicht selbst vornehmen kann. Daß Überführungskosten für ein innerhalb von 50 km vom Standort aufgefundenes Fahrzeug nicht ersetzt werden, ist verständlich aus dem Gesichtspunkt, daß der Ver möglichst von Bagatellschäden freigehalten werden soll.

Nicht beigepflichtet werden kann jedoch der Auffassung, daß die Regelung in § 13 VII, 3 AKB abschließenden Charakter auch für diejenigen Fälle habe, in denen das Fahrzeug in mehr als 1500 km Eisenbahnentfernung aufgefunden wird. Zwar wird mit dieser Begrenzung auf 1500 Eisenbahnkilometer die Mehrzahl der in Betracht kommenden Fälle erfaßt werden. Es könnten sich aber bei Annahme einer abschließenden Regelung Unbilligkeiten ergeben, die aus der Sicht des Vmers als nicht mehr tragbare Entschädigungsregelung angesehen werden können, wenn etwa ein in Hamburg entwendetes Fahrzeug innerhalb der Monatsfrist im rund 2400 km entfernten Gibraltar sichergestellt oder gar — kaum vorstellbar — in dem ca. 9500 km entfernten Kapstadt. In einer solchen Härtesituation läßt sich gegen die diskutierte Annahme einer abschließenden Regelung zugunsten des Vmers ins Spiel bringen, daß es in § 13 VII, 1 AKB heißt, daß der Vmer dann zur Rücknahme der Sachen verpflichtet sei, wenn sie binnen eines Monats nach Eingang der Schadenanzeige wieder zur Stelle gebracht werden. Dabei kann unter dem Ausdruck „zur Stelle gebracht werden" eigentlich nur das Zurückbringen zu dem Ort verstanden werden, an dem das Fahrzeug gestohlen worden ist. Wer die Sache zurückzubringen hat und auf wessen Kosten, sagt § 13 VII, 1 AKB nicht. Diese Vorschrift findet aber eine sinnvolle Ergänzung in § 13 VII, 3 AKB, wenn man diese Bestimmung dahin interpretiert, daß dem Vmer bis zu einer Entfernung von 1500 km die Reisekosten für eine Bahnfahrt und die entsprechende Aktivität zugemutet werden könne und müsse. Die Auslegung, daß nur bis zu einer solchen Entfernung dem Vmer die eigene Rückführung zuzumuten sei und daß bei Überschreitung dieser Kilometerzahl die effektiven Kosten zu ersetzen seien, erscheint mit Rücksicht darauf, daß die Bestimmung sich nicht ausdrücklich eine für alle Fälle abschließende Regelung beimißt, als vertretbar. Nur eine solche Auslegung stellt in dem extremen Härtefall, daß sich das Fahrzeug beispielsweise in Südafrika wieder anfindet, sicher, daß der Vmer gerecht entschädigt wird. In einem solchen Falle sind demgemäß vom Ver die gesamten Speditions- und Rücktransportkosten (per Schiff) zu ersetzen, soweit nicht die Bestimmungen des § 13 I, II und IV AKB zu einer niedrigeren Leistungspflicht kommen. Unter Umständen kann sich für den Ver hier eine günstigere Abrechnung ergeben, wenn er dem Vmer die Höchstentschädigung nach den genannten Bedingungsbestimmungen zur Verfügung stellt und seinerseits das Fahrzeug im Ausland verkauft.

Für die hier gewählte Auslegung vgl. auch BGH 21. III. 1977 VersR 1977 S. 710 (zur Flußkaskov), der unter Bezugnahme auf Hagen I S. 639 zum Problem des Ausschlusses von Rettungskosten vom Vsschutz folgendes ausführt:

„Darüber hinaus berücksichtigen ihre Ausführungen zu diesem Punkte nicht, daß es die Grundsätze der Vertragsgerechtigkeit in unangemessener, nicht zu billigender Weise verletzen würde, wenn ein Ver in seinen Allgemeinen Geschäftsbedingungen den Anspruch des Vmers auf Ersatz seiner Rettungsaufwendungen ausschließen würde; denn die Verpflichtung des Vers, dem Vmer die Rettungskosten zu erstatten, ist die unentbehrliche Kehrseite der dem Vmer — im Interesse des Vers — auferlegten Pflicht, beim Eintritt des Vsfalls nach Möglichkeit den Schaden abzuwenden oder zu mindern..."

V. 6. g) Selbstbeteiligungssystem

Da es sich um einen Fall aus dem Jahre 1972 handelte, konnte vom BGH zur Begründung noch nicht ergänzend auf § 9 AGB-Gesetz Bezug genommen werden.

Nicht geregelt ist in § 13 VII, 3 AKB der Kostenersatz in den allerdings ebenfalls seltenen Fällen, daß nicht das Fahrzeug sondern Fahrzeugteile wieder aufgefunden werden. Auch hier sind die erforderlichen Rücktransportkosten vom Ver gemäß § 63 I zu ersetzen. Ob dazu auch etwaige Fahrtkosten des Vmers gehören, bestimmt sich nach den Umständen des Falles. Es sind diejenigen Kosten zu ersetzen, die von einem vernünftigen Kraftfahrzeugeigner, der nicht kaskovert ist, in einem solchen Falle aufgewendet werden würden. Für Einzelheiten zum Rettungskostenersatz vgl. die Ausführungen von Möller in Bruck-Möller zu § 63.

g) Selbstbeteiligungssystem

Gliederung:
aa) Regelung nach § 13 VIII AKB J 154
bb) Selbstbeteiligung für Wild- und Glasbruchschäden sowie für Brand- oder Schmorschäden der Verkabelung durch Kurzschluß J 155

[J 154] aa) Regelung nach § 13 VIII AKB

Nach § 13 VIII AKB gilt eine vereinbarte Selbstbeteiligung für jedes Fahrzeug besonders. Sie gilt aber grundsätzlich nur für die Fahrzeugvollv und hierbei auch nur insoweit, als der Vsschutz in der Fahrzeugvollv sich über die Fahrzeugteilv hinaus erstreckt. Das Gesagte bedeutet, daß die Fahrzeugteilv grundsätzlich ohne Selbstbeteiligung angeboten wird. Wenn ein Vmer darüber hinaus eine Fahrzeugvollv mit Selbstbeteiligung wählt, so darf er nicht schlechter gestellt werden, als wenn er nur eine Fahrzeugteilv gewählt hätte. Deshalb findet die Selbstbeteilung in der Fahrzeugvollv keine Anwendung, soweit es sich um die Verwirklichung einer schon von der Fahrzeugteilv erfaßten Gefahr handelt. Durchbrochen wird der Grundsatz, daß es in der Fahrzeugteilv keine Selbstbeteiligung gibt, durch die in § 13 IX AKB getroffene Sonderregelung für Wild- und Glasbruchschäden sowie seit dem 1. I. 1977 (VA 1977 S. 49) für Brand- oder Schmorschäden der Verkabelung durch Kurzschluß (vgl. dazu Anm. J 155). Selbstbeteiligungen werden zumeist vereinbart, um die Prämien niedriger halten zu können. Sie sind ein in der gesamten Schadenv bekanntes Rechtsinstitut. Vgl. im einzelnen dazu Möller in Bruck-Möller Anm. 65–73 zu § 56.

Es fällt in § 13 VIII AKB der etwas eigenartige Sprachgebrauch auf, daß die vereinbarte Selbstbeteiligung für jedes vte Fahrzeug „besonders" gelte. Das kann von Bedeutung sein, wenn zwei oder mehr Fahrzeuge des Vmers in einem Vsvertrag erfaßt werden und nicht, wie es aber der Vspraxis in der Fahrzeugv entspricht, für jedes Fahrzeug ein gesonderter Vertrag abgeschlossen wird. Jedenfalls ist durch die Bedingungsfassung klargestellt, daß pro Schadenfall von jedem Schaden, der an den am Schadenereignis beteiligten Fahrzeugen des Vmers entsteht, die vereinbarte Selbstbeteiligung abzuziehen ist.

Von Bedeutung für die Anwendung des § 13 VIII AKB kann die Abgrenzung mehrerer Schadenereignisse voneinander sein. Ist ein Zusammenstoß mit zwei anderen Fahrzeugen, bei dem das Fahrzeug des Vmers zweimal Schäden erleidet, als ein einheitlicher Schadenvorgang im Sinne des § 13 VIII AKB anzusehen, so kommt der Abzug nur einmal zur Anwendung. Ist der Lebensvorgang in zwei getrennte Schadenvorgänge aufzugliedern, so erfolgt der Abzug der vereinbarten Selbstbeteiligung zweimal. Die Abgrenzung ist im Sinne einer natürlichen Betrachtungsweise vorzunehmen. Verliert ein Vmer z. B. die Gewalt über sein Fahrzeug und stößt er auf kurzer Strecke, bevor es ihm gelingt, sein Fahrzeug zum Stoppen zu bringen, mit drei oder vier anderen Fahrzeugen zusammen, so ist der gesamte Vorgang als ein einheitliches Schadenereignis anzusehen. Der Abzug der Selbstbeteiligung erfolgt demgemäß auch nur einmal. Das gleiche gilt, wenn der Vmer in der Kurve einer Straße auf die Gegenfahrbahn gerät, dort mit einem Fahrzeug kollidiert, dadurch zum Teil seine eigene Fahrbahn versperrt mit der Folge eines Auffahrens durch ein nachfolgendes Fahrzeug im unmittelbaren Anschluß an die erste Kollision. Stellt der Vmer dagegen nach einem Unfall sein Fahrzeug ordnungsgemäß an den Straßenrand und wird es dann von einem unaufmerksamen Verkehrsteilnehmer angefahren, so handelt es sich bei dem folgenden Vorgang im Sinne des § 13 VIII AKB um einen neuen Schaden, von dem dann auch wieder die Selbstbeteiligung abzuziehen ist.

[J 155] bb) Selbstbeteiligung für Wild- und Glasbruchschäden sowie für Brand- oder Schmorschäden der Verkabelung durch Kurzschluß

Nach § 13 IX AKB wird in der Fahrzeugteilv und in der Fahrzeugvollv mit einer vereinbarten Selbstbeteiligung bei einem Wildschaden im Sinne des § 12 Ziff. 1 Id AKB (vgl. dazu Anm. J 59) nur der Teil des Schadens ersetzt, der 250,- DM übersteigt. Diese Selbstbeteiligung ist zugleich mit dem Einschluß des Wildschadenrisikos zum 1. I. 1967 in die Fahrzeugteilv eingefügt worden (VA 1967 S. 4). Die zusätzliche Absicherung des Wildschadenrisikos im Rahmen der Fahrzeugteilv ist demgemäß immer nur mit der genannten Einschränkung durch eine Selbstbeteiligung von DM 250,- angeboten worden. Für die Fahrzeugvollv brachte dieser Einschluß nur für die Fälle eine Verbesserung, in denen sich die vereinbarte Selbstbeteiligung auf einen höheren Betrag als DM 250,- stellt; die Differenz zwischen DM 250,- und der vereinbarten Selbstbeteiligung wurde danach zusätzlich vom Vsschutz erfaßt.

In § 13 IX, 2 AKB heißt es, daß die Selbstbeteiligung in Höhe von DM 250,- nicht für die Fahrzeugvollv ohne Selbstbeteiligung gelte. Insoweit handelt es sich um eine deklaratorische Bestimmung, die etwas besagt, was sich aus dem Wesen der Fahrzeugvollv ohnedies ergibt und schon aus § 13 IX, 1 AKB folgt. Bei einer Reform der AKB könnte § 13 IX, 2 gestrichen werden. Das Gesagte gilt nicht in gleichem Maße für § 13 IX, 3 AKB, wo es heißt, daß dann, wenn die in der Fahrzeugvollv vereinbarte Selbstbeteiligung niedriger ist als der bei Wildschäden abzuziehende Betrag von DM 250,-, der Schaden abzüglich der für die Fahrzeugvollv vereinbarten Selbstbeteiligung ersetzt werde. Für denjenigen, der die Entwicklung der Fahrzeugvsbedingungen kennt und den nachträglichen Einschluß des Wildschadensrisikos nach den Motiven der Bedingungsverfasser beurteilt, nämlich als eine Verbesserung des Vsschutzes in der Fahrzeugteilv, ist allerdings die Regelung in § 13 IX, 3 AKB selbstverständlich. Das gilt aber nicht im gleichen Maße für den unbefangenen Vmer, der das Bedingungswerk zum ersten Mal im Ganzen liest. Demgemäß empfiehlt es sich nicht, auch § 13 IX, 3 AKB bei einer Neufassung der AKB zu streichen.

Das in den Deckungsbereich der Fahrzeugteilv zum 1. I. 1960 (vgl. VA 1960 S. 154–158, VA 1961 S. 79) eingegliederte Glasbruchrisiko (vgl. dazu im einzelnen Anm. J 60) war ursprünglich nicht mit einer Selbstbeteiligung des Vmers versehen. In der Folge mußten die Ver eine Vielzahl von Bagatellschäden an den verglasten Teilen des Fahrzeugs ersetzen, weil nach dem Text des § 12 Ziff. 2 AKB nicht nur die Glasfenster des Fahrzeugs unter den Vsschutz fallen, sondern auch die sonstigen aus Glas gefertigten Teile, wie z. B. Fahrzeuglampen und Blinker. Eine Korrektur dieses unerwünschten Ergebnisses wurde dadurch erreicht, daß zum 1. VIII. 1971 (VA 1971 S. 239) eine Selbstbeteiligung eingeführt wurde. Diese besagt, daß bei Glasbruchschäden nur der Teil des Schadens ersetzt wird, der 20 v. H., mindestens DM 50,- übersteigt. Damit sind die Ver von der Bezahlung der Bagatellschäden teilweise ent-

V. 6. g) Selbstbeteiligungssystem — Anm. J 155

lastet worden. Allerdings gilt auch diese Einschränkung nicht bei der Fahrzeugvollv ohne Selbstbeteiligung. Erweist sich die für eine Fahrzeugvollv vereinbarte Selbstbeteiligung niedriger als der variable Abzug von 20% (eine so niedrige vereinbarte Selbstbeteiligung wie DM 50,– wird z. Zt. in der Fahrzeugvollv ohnedies nicht angeboten), so ist diese für die Entschädigungspflicht des Vers maßgebend. Während für Wildschäden eine Streichung des § 13 IX, 2 AKB für empfehlenswert und eine solche des § 13 IX, 3 AKB für diskutabel gehalten worden ist, ohne daß dadurch der Vsschutz in der beabsichtigten Art und Weise beeinträchtigt werden würde, gilt das für die Selbstbeteiligung bei Glasschäden im Rahmen der Fahrzeugvollv deshalb nicht, weil durch die neue Regelung in § 12 Ziff. 2 AKB das Glasbruchrisiko schlechthin vom Vsschutz mit umfaßt wird, also ohne daß eines der sonst in der Fahrzeugvollv erfaßten Schadenereignisse vorzuliegen braucht (vgl. dazu Anm. J 60).

Die Selbstbeteiligung für Glasbruchschäden ist auch dann nicht abzuziehen, wenn gleichzeitig ein Schaden eintritt, der gemäß § 12 Ziff. 1 II AKB in der Fahrzeugteilv vert ist (ebenso Stiefel-Wussow-Hofmann[10] Anm. 22 zu § 13 AKB, S. 595). Diese Auslegung ergibt sich zwar nicht zweifelsfrei aus der Wortfassung des § 13 IX AKB, die auch die gegenteilige Interpretation zuläßt, folgt aber aus der Entstehungsgeschichte der AKB und dem mit der Einfügung einer speziellen Bestimmung zur Erfassung des Glasbruchrisikos verfolgten Ziel, den Vsschutz in der Fahrzeugv zu verbessern. Bei dieser Einschränkung des Abzugs der Selbstbeteiligung für Glasschäden ist auf die konkrete vsmäßige Abdeckung des Risikos abzustellen. Stößt der Vmer A, für dessen Fahrzeug nur Vsschutz in der Fahrzeugteilv besteht, mit dem Wagen des Vmers B zusammen, für den eine Fahrzeugvollv ohne Selbstbeteiligung besteht, und werden dabei beide Fahrzeuge in der Weise beschädigt, daß neben erheblichen Karosserieschäden auch die Frontfenster zersplittern, so muß der Vmer A einen Abzug von 20% von dem Verglasungsschaden hinnehmen, während der Vmer B seinen Schaden ohne jede Selbstbeteiligung ersetzt erhält. War das Fahrzeug des Vmers A entwendet worden und saß der Dieb oder ein Dritter am Steuer, so erfolgt auch für den Vmer A kein Abzug, da es sich um ein Risiko handelt, das ohnedies vom Vsschutz in der Fahrzeugteilv als Folge des Diebstahlschadens erfaßt wird (vgl. dazu Anm. J 42).

Denkbar ist es, daß durch einen Wildschaden im Sinne des § 12 Ziff. 1 Id AKB ein Glasbruchschaden gemäß § 12 Ziff. 2 AKB herbeigeführt wird. Auf einen solchen Fall ist § 13 IX, 3 AKB entsprechend anzuwenden. Demgemäß findet grundsätzlich keine Addition der Selbstbeteiligungen statt. Vielmehr ist nach der konkreten Situation der jeweils geringere Selbstbeteiligungsbetrag abzuziehen (ebenso Stiefel-Wussow-Hofmann[10] Anm. 22 zu § 13 AKB, S. 595). Springt z. B. ein Reh gegen ein in Bewegung befindliches Fahrzeug und zerstört es ausschließlich die Frontscheibe im Wert von DM 500,–, so beträgt der Abzug nach der für Glasschäden geltenden Bestimmung nur 20 v. H. = DM 100,–. Wird im gebildeten Beispielfall auch der Kühler im Werte von ebenfalls DM 500,– beschädigt, so werden nur einmal DM 250,– von dem Gesamtschaden von DM 1000,– abgezogen. Wird aber in einem derartigen Fall die Fahrzeugtür beschädigt mit einem Wiederherstellungspreis von DM 150,– und eine Scheibe zum Preise von ebenfalls DM 150,–, so werden DM 200,– abgezogen, nämlich der Türschaden insgesamt und von dem Glasschaden DM 50,– als Mindestbetrag gemäß § 13 IX, 2 AKB. – Zerspringt allerdings eine Windschutzscheibe ohne äußere Einwirkung und kollidiert das von der Bahn abkommende Fahrzeug, wenn es diesen Zufall einmal geben mag, am Wegesrand nicht mit einem Baum sondern mit einem Tier im Sinne des § 12 Ziff. 1 Id AKB, so stehen die Selbstbeteiligungssysteme selbstständig nebeneinander.

Zum 1. I. 1977 (vgl. VA 1977 S. 48) ist § 13 IX AKB dahin ergänzt worden, daß bei **Brand- oder Schmorschäden der Verkabelung durch Kurzschluß** ebenfalls nur der Teil des Schadens ersetzt wird, der 20 v. H., mindestens DM 50,−, übersteigt. Diese Bedingungsänderung ist zu sehen im Zusammenhang mit der zum gleichen Zeitpunkt in Kraft getretenen Bedingungsverbesserung gemäß § 12 Ziff. 2 AKB, daß nämlich Schäden der Verkabelung durch Kurzschluß vom Vsschutz erfaßt werden (vgl. dazu Anm. J 33). Zu beachten ist, daß diese Selbstbeteiligung nur dann zum Zuge kommt, wenn die Ursache des Brandes oder des Schmorens in einem Kurzschluß liegt. Gerät das Fahrzeug aus einem anderen Grunde in Brand, so darf von dem dabei ebenfalls entstehenden Kabelschaden kein Abzug gemacht werden. Im übrigen gilt das zur Selbstbeteiligung bei Glasbruchschäden Gesagte für diese Brand- und Schmorschäden an der Verkabelung entsprechend.

7. Fälligkeit, Sachverständigenverfahren

Gliederung:

a) Fälligkeit J 156

b) Sachverständigenverfahren J 157

[J 156] a) Fälligkeit

§ 11 I bestimmt, daß Geldleistungen des Vers mit Beendigung der zur Feststellung des Vsfalles und des Umfanges der Leistung des Vers nötigen Erhebungen fällig sind. Vgl. dazu Möller in Bruck-Möller Anm. 1−30 zu § 11. Mit Rücksicht darauf, daß keine speziellen Probleme der Fahrzeugv auftreten, die sich von anderen Vsarten unterscheiden, wird hier vollen Umfangs auf jene Darstellung verwiesen und eine Wiederholung damit vermieden; das erschien als zweckmäßig, da gerade auf diesem Rechtsgebiet keine grundlegend neue Rechtsentwicklung festgestellt werden kann. Ergänzend ist lediglich festzuhalten, daß die Frage der Fälligkeit nach objektiven Kriterien zu entscheiden ist; keineswegs wird diese Fälligkeit davon berührt, daß es nicht zum Abschluß eines Schadenfeststellungsvertrages gekommen ist. Auf eine solche vertragliche Festlegung des Schadenumfanges hat der Ver keinen Anspruch. Solche Schadenfeststellungsverträge bilden auch in der Vspraxis die Ausnahme. Vgl. auch die Stellungnahmen des RAA (VA 1937 S. 77) und des BAA (VA 1953 S. 153), daß vom Ver in der Fahrzeugv nicht ohne besonderen Grund formularmäßige Abfindungserklärungen benutzt werden sollen. Besteht nur über einen Teil des Schadens Streit, so ist der Ver verpflichtet, den nach seiner Auffassung geschuldeten Betrag zu leisten, ohne Rücksicht darauf, ob die Mehrforderung des Vmers berechtigt ist oder nicht. Mit dem nach dem Gesagten seltenen Abschluß von Schadenfeststellungsverträgen befassen sich BGH 24. V. 1956 VersR 1956 S. 365−366, 13. VII. 1961 VersR 1961 S. 724 (unzutreffend LG Kaiserslautern 2. IX. 1975 RuS 1975 S. 234−235, das allein in der widerspruchslosen Entgegennahme einer Zahlung durch den Vmer den Abschluß eines Schadenfeststellungsvertrages gesehen hat; dafür, daß das Gericht auch § 13 X AKB unrichtig ausgelegt hat, vgl. Anm. J 135).

Nachstehend werden im übrigen nur zwei Änderungen des § 11 I in ihrer Bedeutung dargestellt. § 15 I 1 AKB ändert § 11 I in der Weise ab, daß die Entschädigung erst innerhalb zweier Wochen nach ihrer Feststellung zu zahlen ist, im Falle der Entwendung jedoch nicht vor Ablauf der Frist von einem Monat nach § 13 VII AKB. Die erstgenannte Einschränkung des § 11 I findet sich häufig in Vsbedingungen (vgl. die Nachweise bei Möller in Bruck-Möller Anm. 11 zu § 11). Mit der Zweiwochenfrist will der Ver sicherstellen, daß er nicht durch eine kurzfristige Mahnung des Vmers in Verzug gerät. An und für sich ist nicht einzusehen, warum der Ver nicht wie jeder andere Teilnehmer am Rechtsverkehr zur sofortigen Zahlung verpflichtet sein soll, wenn alle Leistungsvoraussetzungen gegeben sind. Der Hinweis auf einen unter Um-

V. 7. a) Fälligkeit
Anm. J 156

ständen schwerfälligen Verwaltungsapparat verfängt nicht, da auch andere Teilnehmer am Wirtschaftsleben solche Schwierigkeiten überwinden müssen, ohne daß sie für sich eine Zahlungsfrist von zwei Wochen in Anspruch nehmen. Auf der anderen Seite ist zu bedenken, daß der Vmer insofern vor wesentlichen Nachteilen geschützt wird, als er nach § 15 I 2 AKB unter Umständen schon lange vor Feststellung der Schadenhöhe angemessene Vorschußzahlungen verlangen kann. Demgemäß ist die nicht unangemessen lange Frist von zwei Wochen gemäß § 15 I 1 AKB auch im Rahmen kritischer Überprüfung allgemeiner Geschäftsbedingungen als zulässige generelle Abweichung von den in den nicht zwingenden Bestimmungen der §§ 271 I BGB, 11 I getroffenen Regelungen anzusehen (bedenklich wäre dagegen eine § 11 I 1, 2 ADB entsprechende Regelung, nach der die Entschädigung erst einen Monat nach Anerkenntnis oder Entscheidungsrechtskraft zu zahlen ist, vgl. dazu die bei Möller in Bruck-Möller Anm. 11 zu § 11 aufgeführten Rechtsprechungsnachweise zum Teilaspekt der schuldhaften Hinauszögerung des Anerkenntnisses). Dabei ist zu beachten, daß nach § 9 II AGBGesetz nur dann eine unangemessene Benachteiligung des Vertragspartners des Verwenders von AGB anzunehmen ist, wenn von wesentlichen Grundgedanken der gesetzlichen Regelung abgewichen wird; das läßt sich aber bei einer Verschiebung der Leistungspflicht des Vers um nur 2 Wochen gegenüber der gesetzlichen Regelung nicht sagen.

In keiner Hinsicht zu beanstanden ist die zweite Einschränkung, daß nämlich im Falle des Abhandenkommens des Fahrzeugs die Fälligkeit der Leistung des Vers erst nach Ablauf der Einmonatsfrist des § 13 VII AKB gegeben ist; denn für die Beteiligten muß zunächst einmal diese Frist abgewartet werden, innerhalb derer sich erfahrungsgemäß herausstellt, ob ein Fahrzeug sich wieder anfindet oder nicht (vgl. zur Frage des Eigentumsübergangs nach Ablauf dieser Monatsfrist gemäß § 13 VII AKB Anm. J 137). Es erscheint als eine sachgerechte Abgrenzung der Leistungsverpflichtung des Vers, wenn bedingungsgemäß der Zeitpunkt abzuwarten ist, bis zu dem erfahrungsgemäß sich entwendete Fahrzeuge (und gelegentlich auch Fahrzeugteile) wieder anfinden (vgl. dafür, daß bis zum 1. I. 1971 eine Zweimonatsfrist galt, VA 1971 S. 4–15 i. V. m. VA 1965 S. 205–214). Dabei ist von besonderer Bedeutung, daß im Bedingungstext in dem ergänzend heranzuziehenden § 13 VII AKB der Ausdruck gebraucht wird, daß die entwendeten Gegenstände wieder zur Stelle gebracht werden. Dem Sinnzusammenhang der Bedingungsbestimmungen mit dem folgenden Satz, der sich auf die Reisekosten zum Objekt und die Rückfahrtkosten bezieht, ist zu entnehmen, daß der Vmer verpflichtet ist, sich selbst um den Rücktransport dieser wieder aufgefundenen Gegenstände zu bemühen (vgl. Anm. J 153). Zugleich ist aber festzuhalten, daß es im Rahmen normaler Anstrengungen und unter Wahrung der üblichen Sorgfalt überhaupt möglich sein muß, das Fahrzeug in dieser Ein-Monatsfrist tatsächlich wieder in den eigenen Besitz zurückzuerhalten; das Fahrzeug ist erst dann wieder zur Stelle gebracht, wenn es sich in einem derartigen Verhältnis zum Vmer befindet, daß dieser ebenso wie vor dem Schadenereignis darüber verfügen kann (vgl. LG Detmold 2. VI. 1950 ZfV 1952 S. 28, LG Stuttgart 7. I. 1972 VersR 1973 S. 518). Unterläßt der Vmer die erforderlichen Maßnahmen zur Rückerlangung des Fahrzeugs, so tritt durch eine solche Säumnis des Vmers keine Leistungspflicht des Vers ein (vgl. LG München 14. XI. 1958 VersR 1959 S. 63–64). Es versteht sich, daß keine Verfügungsmacht des Vmers in dem hier erörterten Sinne über das entwendete Fahrzeug besteht, wenn er zwar weiß, wo dieses sich befindet, der Besitzer – sei es eine Behörde, sei es ein sonstiger Dritter – aber tatsächlich nicht zur Herausgabe bereit ist (vgl. LG Detmold a.a.O. für den Fall einer Beschlagnahme des Fahrzeugs durch eine Behörde). Gelingt es dem Vmer etwa innerhalb der Monatsfrist nur, im Wege einer einstweiligen Verfügung die Herausgabe des

Fahrzeugs an einen Sequester zu erwirken, so ist dieses damit nicht wieder zur Stelle gebracht im Sinne des § 13 VII AKB; der Ver ist daher leistungspflichtig. Es versteht sich im übrigen, daß der Ver verpflichtet ist, nach § 63 I derartige **Rettungskosten** zu ersetzen. Vgl. dafür, daß der Ver sich nicht auf eine vermeintlich abschließende Regelung des Rettungskostenersatzes in § 13 VII AKB mit Rücksicht auf den traditionellen Ersatz von Rettungskosten berufen darf, Anm. J 153 a. E.

[J 157] b) Sachverständigenverfahren

§ 14 AKB entspricht dem in § 64 vorgesehenen Sachverständigenverfahren. Da § 64 von Möller in Bruck-Möller für alle Vszweige in dogmatischer und rechtstatsächlicher Hinsicht kommentiert wird, erschien es als zweckmäßig, eine Doppeldarstellung zu vermeiden. Demgemäß wird hier lediglich auf die Darstellung von Möller in Bruck-Möller zu § 64 verwiesen.

VI. Beteiligung Dritter am Fahrzeugversicherungsvertrag

Gliederung:
1. V für fremde Rechnung J 158–176
   - a) Vorbemerkung J 158
   - b) Fehlen einer generellen Regelung für die Fahrzeugv J 159
   - c) Sicherungsschein J 160–174
     Schrifttum J 160
     - aa) Wirtschaftlicher Hintergrund J 161
     - bb) Rechtsnatur J 162
     - cc) Zustandekommen des Vsverhältnisses J 163
     - dd) Unabwendbarkeit des § 69 J 164
     - ee) Abhängigkeit des Vsschutzes J 165–166
       - aaa) Grundsatz J 165
       - bbb) Ablehnung einer extensiven Auslegung des § 67 I 3 für die V für fremde Rechnung J 166
     - ff) Verfügungsbefugnis J 167
     - gg) Zusätzliche Pflichten des Vers J 168–171
       - aaa) Haftung aus Bescheinigung J 168
       - bbb) Prämienerstattung J 169
       - ccc) Mitteilungspflicht J 170
       - ddd) Anschlußv J 171
     - hh) Abbedingung des § 61 J 172
     - ii) Bereicherungsansprüche des Vers J 173
     - jj) Rechtsstellung des Vten im Innenverhältnis J 174
   - d) Sonderbedingung für Kraftfahrzeughandel und -handwerk J 175
   - e) Sonstige Fälle J 176
2. Faktische V für fremde Rechnung gemäß § 15 II AKB J 177–180
   - a) Rechtliche Einordnung J 177
   - b) Auswirkungen auf das Rechtsverhältnis zwischen Vmer und Schädiger J 178
   - c) Anwendungsbereich J 179–180
     - aa) Erfaßter Personenkreis J 179
     - bb) Grobe Fahrlässigkeit J 180

[J 158] 1. Versicherung für fremde Rechnung

a) Vorbemerkung:

Das schwierige Rechtsinstitut der **V für fremde Rechnung**, die dogmatisch einen Unterfall des **Vertrages zugunsten Dritter** im Sinne des § 328 BGB darstellt (vgl. Sieg in Bruck-Möller-Sieg Anm. 2 zu § 74 m. w. N.), ist in allen Einzelheiten jüngst von Sieg in Bruck-Möller-Sieg in den Bemerkungen zu §§ 74–79 eingehend und erschöpfend dargestellt worden. Es ist daher sachgerecht, wenn auf diese Erläuterungen in vollem Umfang Bezug genommen wird. Die nachstehenden Bemerkungen stellen demgemäß lediglich eine Ergänzung, namentlich in rechtstatsächlicher Beziehung, aus der Sicht der Fahrzeugv dar.

VI. Beteiligung Dritter an Fahrzeugvsvertrag

[J 159] b) Fehlen einer generellen Regelung für die Fahrzeugversicherung

In den Bestimmungen der AKB gibt es – im Gegensatz zur Regelung in § 10 II AKB für die Haftpflichtv – hinsichtlich der Fahrzeugv keine generelle Mitv dritter Personen neben dem Vmer. Insbesondere gilt die Erstreckung des Vsschutzes auch auf den (berechtigten) Fahrer nach § 10 II AKB nur für die in dieser Bestimmung geregelte Haftpflichtv (BGH 30. IV. 1959 BGHZ Bd 30 S. 42, 30. III. 1965 VersR 1965 S. 509, OLG Nürnberg 1. VII. 1958 VersR 1958 S. 858, OLG Karlsruhe 19. XII. 1975 VersR 1976 S. 284; Möller in Bruck-Möller Anm. 105 zu § 49, Sieg in Bruck-Möller-Sieg Anm. 45 zu § 67 m.w.N.; a.M. – soweit ersichtlich – nur E. von Hippel NJW 1966 S. 1013, NJW 1967 S. 814–815; zum insoweit gleichliegenden österreichischen Recht vgl. ÖOGH 16. V. 1961 VersR 1963 S. 75–76 m. Anm. von Wahle a.a.O. S. 76, 19. XII. 1961 VersR 1963 S. 938–939, 6. V. 1975 VersR 1976 S. 1194–1195).

BGH 30. IV. 1959 a.a.O. S. 43 hebt hervor, daß es entgegen einer in den Kreisen der Kraftfahrer weit verbreiteten Auffassung auch nicht der Sinn einer Fahrzeugv sei, dem Ver den von einem berechtigten Fahrer verursachten Fahrzeugschaden in allen Fällen endgültig aufzubürden, also ohne die Möglichkeit eines Regresses auf den Schädiger. Dieser Rechtszustand führte in der Vergangenheit zu einer Vielzahl von dem Vsgedanken abträglichen Rückgriffsprozessen, bis zum 1. I. 1971 durch die zu diesem Zeitpunkt neueingeführte Bestimmung des § 15 II AKB (VA 1971 S. 4) eine mit der Auffassung der beteiligten Verkehrskreise übereinstimmende Lösung in Form eines angemessenen Regreßverzichts gefunden wurde. Zur rechtlichen Konstruktion dieser von Sieg in Bruck-Möller-Sieg Anm. 13 vor §§ 74–80 als faktische V für fremde Rechnung bezeichneten Regelung als pactum de non petendo vgl. Anm. J 177.

Bauer Kraftfahrtv S. 157 bemerkt, daß aus dem Begriff der Fahrzeugv folge, daß es in ihr eine Mitv des Fahrers wie in der Kraftfahrzeughaftpflichtv nicht geben könne. Zur Begründung dieser Auffassung beruft sich Bauer a.a.O. auf BGH 30. IV. 1959 BGHZ Bd 30 S. 42–43. Vom BGH a.a.O. wird dort zur konstruktiven Möglichkeit einer solchen Vsnahme zunächst lediglich ausgeführt, daß bei einer Mitv des „Sachersatzinteresses" des Fahrers in Wahrheit keine Kasko-, sondern eine Haftpflichtv gegeben sein würde (so auch schon BGH 29. X. 1956 BGHZ Bd 22 S. 114). In dem in der amtlichen Sammlung nicht abgedruckten Teil der Urteilsgründe (vgl. VersR 1959 S. 500) und in BGH 30. III. 1965 VersR 1965 S. 509 wird dieser Gedankengang allerdings noch pointierter ausgedrückt, wenn es dort heißt, daß die Kaskov nach § 12 AKB das Sachinteresse des Eigentümers am Fahrzeug decke; eine Mitv des berechtigten Fahrers, die dem Interesse nach eine Haftpflichtv wäre, scheide begrifflich aus und sei deshalb anders als in § 10 AKB nicht vorgesehen. Ein unbefangener Betrachter dieser Ausführungen könnte allerdings aus der Verwendung des Ausdrucks, daß eine solche Vsnahme begrifflich ausscheide, schließen, daß vom BGH eine derartige Regelung als rechtlich ohne Bestand angesehen werden würde. Indessen darf nicht außer acht gelassen werden, daß es sich insoweit um eine obiter dictum gemachte Bemerkung handelt. Geht man vom Grundsatz der Vertragsfreiheit aus, so zeigt ein Blick auf die Bestimmungen des BGB und des VVG, daß es ein Verbot eines kombinierten Vsvertrages dergestalt, daß neben einer Kaskov für eigene Rechnung hinsichtlich desselben Objekts eine Haftpflichtv für fremde Rechnung gewährt wird, nicht gibt. Auch sonstige konstruktive Bedenken sind nicht ersichtlich, wie auch keine ungeschriebenen Grundsätze begrifflicher Art gibt, die eine solche Vsnahme verbieten würden. Im übrigen ist der Ansatzpunkt in den Überlegungen des BGH zutreffend, daß nämlich die Einbeziehung des Fahrers in den Vsschutz der Fahrzeugv materiell dem Bereich der Haftpflichtv zuzuordnen wäre. Ein gutes Beispiel für einen solchen Fall bildet, wie von Möller in Bruck-Möller Anm. 105 zu § 49 hervorgehoben, die „Sonderbedingung zur Haftpflicht- und Fahrzeugv für Kfz-Handel und -Handwerk" (VA 1965 S. 212–213). Danach kann der Werkstattbetrieb eine „Fahrzeugv" in eingeschränkter Form derart abschließen, daß der Ver nur Vsschutz zu gewähren hat, wenn und soweit der Vmer auf Grund gesetzlicher Haftpflichtbestimmungen privatrechtlichen Inhalts in Anspruch genommen wird. Möller a.a.O. hebt hervor, daß diese „eingeschränkte" Fahrzeugv in Wahrheit eine Haftpflichtv sei, weil sie nur Vsschutz gewähre, falls der Besteller den Unternehmer in Anspruch nehme. – Wenn vom BGH a.a.O. im übrigen bezüglich des Haftpflichtrisikos der Ausdruck „Interesse" gebraucht wird, so ist dazu klarzustellen, daß die Haftpflichtv als Passivenv keine Interessev i.e.S. ist, so daß mit diesem Sprachgebrauch der Interessebegriff seines spezifisch rechtstechnischen Sinnes als Wertbeziehung entkleidet wird (so Möller in Bruck-Möller Anm. 6 vor §§ 49–80).

[J 160] c) Sicherungsschein

Schrifttum: Ernst öffrV 1940 S. 39–41, Geyer ZfV 1965 S. 330–333, Löffler, Kraftfahrzeugv und Autoabsatzfinanzierung, Diss. Hamburg 1937, Möller in Bruck-Möller Anm. 102 zu § 49, Sieg Der Betrieb 1953 S. 482–483, derselbe VersR 1953 S. 219–221, Spriesterbach VersR 1964 S. 910–911, Stiefel-Wussow-Hofmann[10] Anm. 28–29 zu § 3 AKB, S. 202–206, Tron, Der Kraftfahrzeug-Sicherungsschein, Karlsruhe 1967 m. w. N., Wussow VersR 1958 S. 207–208.

[J 161] aa) Wirtschaftlicher Hintergrund

Der Sicherungsschein in der Fahrzeugv dient dem Kreditsicherungsinteresse des Verkäufers oder eines Finanzierungsinstituts. Der Verkäufer hat entweder unter Eigentumsvorbehalt verkauft oder aber dem Darlehensgeber ist das Eigentum an dem Fahrzeug zur Sicherheit übertragen worden. Gegen rechtlich wirksame Verfügungen über das Fahrzeug schützen sich Verkäufer oder Darlehensgeber, in dem sie sich den Fahrzeugbrief übergeben lassen, wodurch in aller Regel ein gutgläubiger Erwerb des Fahrzeugs durch einen Dritten ausgeschlossen ist (vgl. nur BGH 20. II. 1967 BGHZ Bd 47 S. 213 m. w. N., 5. II. 1975 NJW 1975 S. 736 m. w. N.). Besteht für das Fahrzeug eine Sachv, so hat der Sicherungseigentümer darüber hinaus ein legitimes Interesse daran, daß eine Ersatzleistung aus dieser V im Schadenfall für die Wiederherstellung des Fahrzeugs verwendet wird und nicht dem Käufer oder Darlehensnehmer zufließt. Liegt ein Totalschaden vor, so ist der Sicherungsnehmer darauf bedacht, die Vsentschädigung zur Abdeckung seiner Restkaufpreis- oder Darlehensforderung zu erhalten, es sei denn, daß gleichwertige Sicherheiten gestellt werden (vgl. Anm. J 174). Vor diesem wirtschaftlichen Hintergrund wird die Absicherung des Gläubigers durch einen in der Fassung standardisierten Sicherungsschein verständlich (vgl. den Abdruck der Formulare bei Möller in Bruck-Möller Anm. 102 zu § 49, S. 112–113). Häufig kommt es zum Abschluß einer Fahrzeugv für das finanzierte Objekt überhaupt erst dadurch, daß der Darlehensgeber das Vorhandensein einer solchen Sachv als Voraussetzung für die Kreditgewährung verlangt (Geyer ZfV 1965 S. 330). Die dafür erforderlichen Vsprämien werden dann nicht selten mitfinanziert; dem trägt Ziff. 2 des Sicherungsscheins insofern Rechnung, als sich dann die Rechte des Sicherungsnehmers aus dem Sicherungsschein bei vorzeitiger Beendigung des Vsvertrages auf den Anspruch auf Prämienerstattung erstrecken (vgl. Anm. J 169). Das Sicherungsbedürfnis des Vten wird im Text des Sicherungsscheins noch dadurch besonders hervorgehoben, daß ausdrücklich eine Verknüpfung mit dem Grundverhältnis erfolgt. Sowohl die Rechte nach Ziff. 1 als auch nach Ziff. 2 des Sicherungsscheins

VI. 1. c) Sicherungsschein Anm. J 162

sind in der Weise eingeschränkt, daß sie nur gelten höchstens bis zu dem vom Vten (oder der Verkäuferfirma, vgl. zu deren rechtlichen Einordnung Anm. J 162) anzugebenden Betrag, der aus dem Kauf oder der Finanzierung noch geschuldet wird (vgl. ferner Anm. J 167).

[J 162] bb) Rechtsnatur

Möller in Bruck-Möller Anm. 102 zu § 49 hat im Rahmen dieses Kommentars schon darauf aufmerksam gemacht, daß bei der Sicherungsübereignung von Kraftfahrzeugen im Zusammenhang mit der Fahrzeug- und Haftpflichtv besondere Formulare verwendet werden, speziell der auf Grund einer „Erklärung des Vmers" (gegenüber dem Ver) vom Ver dem Sicherungsnehmer übermittelte „Sicherungsschein" (vgl. dazu die Formular-Muster bei Möller a. a. O. S. 112—113). Es handelt sich dabei, wie namentlich der Text der „Erklärung des Vmers" zeigt, nicht um eine Abtretung, sondern um eine V für fremde Rechnung (vgl. nur BGH 25. XI. 1963 BGHZ Bd 40 S. 300—301, 19. I. 1967 VA 1967 S. 242—244 Nr. 464 = VersR 1967 S. 343—344, OLG Köln 18. VI. 1958 VersR 1958 S. 639, KG 15. XII. 1958 VersR 1959 S. 703—704; Möller in Bruck-Möller Anm. 102 zu § 49, Sieg VersR 1953 S. 219 und Der Betrieb 1953 S. 482, Tron a. a. O. S. 42—44). Die Gegenmeinung, daß es sich nämlich um eine Abtretung handle (so z. B. Wussow VersR 1958 S. 207, Schultz ZfV 1956 S. 780—781; weitere Nachweise bei Tron a. a. O. S. 36—42), ist angesichts des Zusammenhangs der typisierten Erklärungen des Vmers und des Vers nicht mehr vertretbar und nur daraus verständlich, daß in den in der Vorkriegszeit verwendeten Formularen tatsächlich dieser Weg eingeschlagen worden war (vgl. dazu im ganzen Löffler, Kraftfahrzeugv und Autoabsatzfinanzierung, Diss. Hamburg 1937; in dieser Arbeit wird nur anhangsweise auf S. 71—73 die Möglichkeit erörtert, dem Sicherungsbedürfnis des Kreditgebers durch eine V für fremde Rechnung zu entsprechen, und zwar in der Form, daß eine solche V dann von dem Kreditgeber für Rechnung des Käufers genommen wird). In dem Antrag des Vmers auf Ausstellung eines Sicherungsscheins heißt es wörtlich: „Die V gilt ... in Höhe des vom Vmer geschuldeten Betrages für Rechnung des genannten Kreditgebers". Möller a. a. O. bemerkt dazu, daß es sich **primär um eine V für fremde Rechnung des Sicherungsnehmers** handle, **hinsichtlich des überschießenden Betrages** jedoch um eine **V für eigene Rechnung des Sicherungsgebers** (Vmers); es werde also das Eigentumsinteresse des Sicherungsnehmers gemeinschaftlich mit dem des Sicherungsgebers in einem Vertrag vert (BGH 25. XI. 1963 BGHZ Bd 40 S. 300—301). Vgl. ergänzend in diesem Sinne Sieg in Bruck-Möller-Sieg Anm. 86—88 zu § 68; OLG Köln 7. VI. 1966 NJW 1966 S. 748.

Bemerkenswert ist, daß es in Ziff. 1 des Sicherungsscheines heißt, daß eine Entschädigung aus der Fahrzeugv für das bezeichnete Fahrzeug, wenn sie DM 100,— übersteige, nicht ohne schriftliche Zustimmung an den Vmer geleistet werde, sondern an den Kreditgeber (Vten) oder an einen in dem Sicherungsschein namentlich einzutragenden Kraftfahrzeughändler. Dabei ist bezüglich einer Zahlung an einen solchen Händler gesagt, daß vorausgesetzt werde, daß dieser die Finanzierungsforderung gegen den Vmer erwerbe und dieses dem Ver vor der Zahlung der Entschädigung angezeigt worden sei. Hier ist demnach von vornherein eine Auswechselung der Person des Vten vorgesehen. An die Stelle des ursprünglich vorgesehenen Finanzierungsinstituts (als Regelfall, der Sicherungsschein kann aber gewiß auch einem privaten Gläubiger des Vmers ausgestellt werden) tritt der namentlich im Sicherungsschein erwähnte Kraftfahrzeughändler. Dabei wird angeknüpft an eine objektiv feststellbare Bedingung, nämlich den Erwerb der Finanzierungsforderung, für die die Übereignung des Fahrzeugs an den ursprünglichen Vten erfolgte. Die juristische

Anm. J 162

Konstruktion dieses Vorgangs könnte so bewertet werden, daß abweichend von § 3 IV AKB dem Vten eine Abtretung seiner Rechte an den Fahrzeughändler gestattet werde. Konstruktiv könnte dabei ergänzend angenommen werden, daß die Abtretung bereits aufschiebend bedingt im Zeitpunkt der Ausstellung des Sicherungsscheins für den Fall des Erwerbs der Finanzierungsforderung durch den Fahrzeughändler erfolge. Gegen eine solche Auslegung spricht indessen, daß es nach dem System der Ausstellung von Sicherungsscheinen an einer vertraglichen Beteiligung des Fahrzeughändlers an diesen Vereinbarungen fehlt.

Dieses Bedenken läßt sich konstruktiv durch die Annahme eines entgegen § 147 II BGB zeitlich unbefristeten Angebots des Vten an den Fahrzeughändler noch lösen. Doch setzt der Erwerb dann immer noch dessen Mitwirkung voraus. Eine reibungslose konstruktive Lösung, die der Interessenlage aller Beteiligten entspricht, ergibt sich dagegen bei der Annahme eines weiteren Vertrages zugunsten eines Dritten in der Form einer V für fremde Rechnung, deren Grundlage die Erklärung des Vmers bei Stellung des Antrages auf Ausstellung des Sicherungsscheines ist (ebenso Tron a. a. O. S. 80–83). Mit dieser Auslegung wird erreicht, daß die Stellung des die Finanzierungsforderung erwerbenden Fahrzeughändlers optimal gesichert wird. Dabei sind die Beziehungen der Parteien in der Weise aufzufassen, daß der Erwerb der Finanzierungsforderung auflösende Bedingung für die Rechtstellung des ersten Vten, nämlich des Finanzierungsinstituts, ist und zugleich aufschiebende Bedingung für die Begründung des Rechtsverhältnisses zum zweiten Vten, nämlich des Fahrzeughändlers.

In der früher üblichen Fassung des Sicherungsscheins wurde der Fahrzeughändler nicht miterwähnt; das führte dazu, daß bei der nicht seltenen Rückverlagerung des Finanzierungsrisikos von der Bank als Vter auf den Händler der Ver gegenüber dem letzteren nicht einzutreten brauchte (vgl. LG Berlin 12. IV. 1954 VersR 1954 S. 254–255, KG 15. XII. 1958 VersR 1959 S. 703–704), obwohl doch ein einheitlicher wirtschaftlicher Vorgang gegeben war, zu dessen Absicherung die Fahrzeugv gedacht war.

In Ziff. 1 des Sicherungsscheins heißt es weiter, daß die Zahlung des Vers entweder an den Vten oder an den von diesem zu benennenden Dritten erfolge. In bezug auf diesen Dritten kann nach dem Gesamtzusammenhang der Erklärungen nicht die selbständige Begründung einer weiteren V für fremde Rechnung angenommen werden, auch nicht ein Vertrag zugunsten Dritter sui generis. Es handelt sich vielmehr lediglich um einen antizipierten Verzicht des Vers auf den Einwand aus § 3 IV AKB. Der Vte darf seine Rechte also auch ohne Zustimmung des Vmers übertragen (ebenso Tron a. a. O. S. 83–85; a. M. aber KG 15. XII. 1958 VersR 1959 S. 704, das indessen schon für die damals übliche Fassung des Sicherungsscheins nicht genügend auf die typische Interessenlage in den Fällen der Absatzfinanzierung abstellte; anderer Auffassung ferner wohl auch Stiefel-Wussow-Hofmann[10] Anm. 28 zu § 3 AKB, S. 203, ohne aber auf die Wortfassung des Sicherungsscheins besonders einzugehen). Jedoch darf die Bestimmung nicht in dem Sinne verstanden werden, daß Voraussetzung für die Verpflichtung des Vers gegenüber dem Vten zur Zahlung an einen solchen Dritten eine Abtretung sei. Es genügt vielmehr das Verlangen des Vten, mit dem er gegenüber dem Ver die Zahlung an einen Dritten begehrt. Leistet der Ver entgegen diesem Begehren an den Vten und nicht an den Dritten, so stellt diese Leistung nicht die Erfüllung der Schuld dar. In der Mehrzahl der Fälle wird das praktisch bedeutungslos sein, da der Vte die empfangene Entschädigung unschwer selbst an den Dritten weiterleiten kann und dies auch tun wird. Entsteht dem Vten aber ausnahmsweise aus der fehlerhaften Erfüllung ein Schaden, weil er nämlich auf diese Weise gegenüber dem Dritten z. B. eine von diesem gesetzte Nachfrist nicht einhält, so kann sich daraus theoretisch ein Schadenersatzanspruch ergeben, sofern im Verhältnis zwischen Ver und

VI. 1. c) Sicherungsschein   **Anm. J 163**

Vtem die Voraussetzungen des Verzuges gegeben sind, insbesondere auch eine Mahnung gemäß § 284 I BGB vorliegt. Der Dritte selbst kann den Ver erst nach einer Abtretung in Anspruch nehmen (Tron a. a. O. S. 87).

[J 163] cc) Zustandekommen des Versicherungsverhältnisses

Der Sicherungsschein wird im Regelfall auf Antrag des Vmers erstellt. Vgl. dazu das standardisierte Antragsformular bei Möller in Bruck-Möller Anm. 102 zu § 49, S. 112. Diesen Antrag nimmt der Ver zumeist nicht durch eine gesonderte Erklärung gegenüber dem Vmer an; die Praxis geht vielmehr dahin, daß der Ver dem Vten, also dem Kreditgeber oder Verkäufer, den Sicherungsschein direkt zusendet. In dieser Übersendung ist die Annahme des Antrags des Vmers im Sinne des Vertragsrechts zu sehen. Der Erklärung gegenüber dem Vmer bedarf es nicht, da eine solche bei Übermittlung des Sicherungsscheins nach der Verkehrssitte nicht zusätzlich erwartet wird; § 151 BGB findet insoweit Anwendung (BGH 25. XI. 1963 BGHZ Bd 40 S. 303). So auch schon Sieg VersR 1953 S. 219–220, der allerdings hinsichtlich des im Vergleich zu anderen Ven für fremde Rechnung atypischen Inhalts des Sicherungsscheins, durch den der Vte besonders geschützt wird (vgl. dazu Anm. J 168–171), eine abweichende Konstruktion wählt, indem er nämlich insoweit den Vmer als Vertreter des Vten auffaßt; für eine solche Aufspaltung des einheitlichen Abschlußvorganges, bei der der Vmer einmal im eigenen Namen und einmal als Vertreter des Vten handelt, gibt es jedoch keinen Anhaltspunkt in tatsächlicher Beziehung und auch aus der Interessenlage ist eine solche Interpretation nicht geboten.

LG Hamburg 15. VII. 1969 VersR 1971 S. 246 (nur L. S.) betont, daß der Sicherungseigentümer aus dem zwischen dem Vmer und dem Ver geschlossenen Fahrzeugvsvertrag erst Rechte herleiten könne, wenn er den Sicherungsschein entgegengenommen habe. Das ist richtig, soweit auf die dargestellte Praxis abgestellt wird, nach der der Ver den Sicherungsschein dem Vten unmittelbar übersendet. Geschieht das aber ausnahmsweise in anderer Weise, nämlich durch Aushändigung des Sicherungsscheins an den Vmer zum Zwecke der Weiterleitung an den Vten, so ist bereits in diesem Zeitpunkt der Vsvertrag für fremde Rechnung zustande gekommen und der Vte anspruchsberechtigt. Zu weit geht OLG Köln 29. III. 1966 NJW 1966 S. 1817–1818 = VersR 1966 S. 459–460, daß das Schweigen des Vers auf den Antrag des Vmers auf Ausstellung des Sicherungsscheins im Wege der Fiktion als rechtsgeschäftlich erheblichen Willen im Sinne einer Annahme des Angebots wertete; auch wenn man bedenkt, daß vom Ver im konkreten Fall schon mehrfach vorher auf Antrag Sicherungsscheine ausgestellt worden waren, ist der Schluß nicht zwingend, daß hier Treu und Glauben es gebieten sollen, dem Schweigen des Vers solchen rechtsgeschäftlichen Erklärungscharakter beizumessen (ablehnend auch Stiefel-Wussow-Hofmann[10] Anm. 28 zu § 3 AKB, S. 202).

Die Möglichkeit einer Ablehnung des Antrags des Vmers auf Ausstellung eines Sicherungsscheins kann im übrigen getrost als nur theoretisches Denkmodell betrachtet werden. In der Fahrzeugv in der modernen Ausgestaltung wird von allen Beteiligten als selbstverständlich vorausgesetzt, daß der Ver zur Ausstellung eines Sicherungsscheins bereit ist. Die rechtlich bedeutsame Frage ist aber unter Umständen die, ob der Ver zu einem solchen Tun, nämlich dem zusätzlichen Abschluß einer V für fremde Rechnung, auch verpflichtet ist. Das ist zu bejahen. Die konstruktive Begründung für diese Annahme folgt aus einer ergänzenden Vertragspflicht des Vers, die auch in der Formularpraxis ihren Niederschlag gefunden hat, und zwar nicht nur in der standardisierten „Erklärung des Vmers", mit der die Ausstellung eines Sicherungsscheins begehrt wird, sondern auch im „Antrag auf Kraftfahrtv" (vgl. das bei Stiefel-Wussow-Hofmann[10] S. 816–818 abgedruckte Formular). In diesem Antrag ist schon die Frage vorgesehen, ob ein solcher Sicherungsschein ausgestellt werden solle. Aus der Benutzung eines solchen Formulars darf der Vmer schließen, daß der Ver zugleich verbindlich erkläre, daß er nach rechtswirksamem Abschluß eines Fahrzeugvsvertrages auch zur Begründung eines Vsverhältnisses für fremde Rechnung in der standardisierten Form des Sicherungsscheins bereit sei. Lehnt der Ver es während der Laufzeit eines Fahrzeugvsvertrages ab, einen solchen Sicherungsschein auszustellen, so kann er sich gegenüber dem Vmer schadenersatzpflichtig machen (gegenüber dem Vten nur dann, wenn ausnahmsweise insoweit eine besondere vertragliche Bindung besteht); das gleiche gilt bei verzögerlicher Behandlung eines solchen Antrags. Der Nachweis eines konkreten Schadens wird dem Vmer allerdings nur in Ausnahmefällen möglich sein.

Theoretisch könnte der Vmer den Ver auch auf Erteilung eines Sicherungsscheins verklagen. Ein solcher Fall ist allerdings im veröffentlichten Schrifttum nicht bekanntgeworden. Erstreitet der Vmer insoweit ein obsiegendes Urteil, so handelt es sich hinsichtlich des Abschlusses der V für fremde Rechnung um die Abgabe einer Willenserklärung durch den Ver, so daß insoweit § 894 ZPO Anwendung findet, während hinsichtlich des nur bekräftigenden Rechtsaktes der Ausfertigung und Übersendung des Sicherungsscheines an den Vten § 888 ZPO eingreift. Anders Sieg VersR 1953 S. 219, der für den von ihm angenommenen Fall, daß sich der Ver gegenüber dem Vmer zur Ausstellung eines Sicherungsscheins verpflichtet habe, nur § 888 ZPO für anwendbar hält; indessen ersetzt die Verpflichtung zu einem bestimmten Tun in der Regel nicht die Rechtshandlung selbst.

Das Gesagte über die Verpflichtung des Vers zum Abschluß einer V für fremde Rechnung nach dem Inhalt des hier zur Erörterung stehenden Sicherungsscheins gilt aber nur für einen Antrag des Vmers im Rahmen eines bereits **bestehenden Fahrzeugvsverhältnisses**. Wird dagegen gleichzeitig der Abschluß einer Fahrzeugv und die Ausstellung eines Sicherungsscheins erbeten, so ist der Ver mangels gesetzlichen Annahmezwangs in der Fahrzeugv (§ 5 II PflVsG gilt nur für die Kraftfahrzeug-Haftpflichtv) zur Ablehnung berechtigt. Der Antrag des Vmers, mit dem der Abschluß eines Fahrzeugvsvertrages und die Begründung einer V für fremde Rechnung in der Form eines Sicherungsscheins begehrt wird, ist als rechtliche Einheit zu sehen, so daß es dem Ver rechtlich nicht möglich ist, den Antrag auf Abschluß einer Fahrzeugv anzunehmen und gleichzeitig den Abschluß einer dazu gehörenden V für fremde Rechnung abzulehnen. Nach § 150 II BGB ist ein derartiges Verhalten des Vers vielmehr als eine mit einem neuen Antrag verbundene Ablehnung zu werten.

[J 164] dd) Unanwendbarkeit des § 69 VVG

Nach § 69 tritt bei einer Veräußerung der vten Sache an Stelle des Veräußerers der Erwerber in die während der Dauer seines Eigentums aus dem Vsverhältnis sich ergebenden Rechte und Pflichte des Vmers ein. Das dahin zu interpretierende System des Sicherungsscheins, daß von Anfang an neben die V für fremde Rechnung eine Eigenv tritt mit der Maßgabe, daß nach endgültiger Tilgung der Finanzierungsschuld die V für fremde Rechnung gänzlich erlischt (vgl. Anm. J 162), beruht in seinen Grundzügen auf der **Unanwendbarkeit des § 69** (vgl. ergänzend Sieg in Bruck-Möller-Sieg Anm. 26 zu § 69). Diese Bestimmung ist daher im Bereich des Sicherungsscheins als **stillschweigend abbedungen** anzusehen, sofern der Fahrzeugvsvertrag schon vor der Sicherungsübereignung abgeschlossen worden ist (so Möller in Bruck-Möller Anm. 102 zu § 49, Tron a. a. O. S. 18–19). Ist der Fahrzeugvsvertrag vor der Sicherungsübereignung und vor der Ausstellung eines Sicherungsscheins abgeschlossen worden, so ist mit der Übereignung das Vsverhältnis auf den Kreditgeber bereits gemäß § 69 übergegangen. Die Gesamtbeziehungen der am Vsvertrag und

VI. 1. c) Sicherungsschein **Anm. J 165**

Sicherungsschein beteiligten drei Personen sind aber dahin auszulegen, daß mit der nachnachfolgenden Ausstellung des Sicherungsscheins eine stillschweigende vertragliche Umgestaltung derart stattfindet, daß die Rechtswirkungen des § 69 aufgehoben werden (Tron a. a. O. S. 19).

[J 165] ee) Abhängigkeit des Versicherungsschutzes
   aaa) Grundsatz

Bei der V für fremde Rechnung handelt es sich um einen Anwendungsfall des Vertrages zugunsten Dritter. Insbesondere gilt der Grundsatz, daß Einwendungen aus dem Vertrage dem Versprechenden auch gegenüber dem Dritten zustehen (Sieg in Bruck-Möller-Sieg Anm. 2 zu § 74 m. w. N. zur dogmatischen Einordnung). Der Versprechende im Sinne des § 334 BGB ist der Ver, der Dritte ist der Vte. Diese gesetzliche Ausgangsregelung wird durch die Bestimmungen des Sicherungsscheins hinsichtlich der Zahlung der Erstprämie geändert. Ist diese nämlich entgegen der Bestätigung im Sicherungsschein nicht bezahlt, so ist der Ver dennoch nach den Grundsätzen über die Haftung aus Bescheinigung nicht berechtigt, das gegenüber dem Vten einzuwenden (vgl. die Nachweise in Anm. J 168). Im übrigen bleibt das Abhängigkeitsprinzip erhalten, insbesondere ist der Vte für den Fall des „kranken" Vsverhältnisses nicht besonders geschützt (Möller in Bruck-Möller Anm. 102 zu § 49), wenn man von der Mitteilungspflicht des Vers nach Ziff. 3 (vgl. dazu Anm. J 170) und dem Kontrahierungszwang nach Ziff. 4 des Sicherungsscheins (vgl. Anm. J 171) sowie der zusätzlichen Möglichkeit einer Abbedingung des § 61 (Anm. J 172) absieht. BGH 19. I. 1967 VA 1967 S. 242–244 Nr. 464 = VersR 1967 S. 344 betont das mit folgenden Bemerkungen: „Der Kfz-Sicherungsschein ändert den Grundsatz des § 334 BGB, dessen Geltung er für das zugrunde liegende Vsverhältnis voraussetzt, aber nicht allgemein und uneingeschränkt ab, sondern beschränkt sich darauf, den Vten bei Prämienverzug des Vmers, Kündigung oder vorzeitiger Beendigung des Vsvertrages zu schützen. Allein insoweit erscheinen den Beteiligten mit Rücksicht auf die wirtschaftlichen Verhältnisse, die zur Ausstellung des Sicherungsscheins geführt haben, die Interessen des Vten schutzbedürftig. Bis auf die dazu vom Ver übernommenen Mitteilungspflichten und die dem Vten eröffnete Möglichkeit, sich durch einen entsprechenden Antrag (hinsichtlich § 61) den Vsschutz zu erhalten, wird das Vsverhältnis durch den Sicherungsschein nicht berührt. Es bleibt den allgemeinen Rechtsregeln unterworfen, die für die Fremdv gelten. Der Ver kann daher alle anderen Einwendungen, die ihm wegen vertragswidrigen Verhaltens des Vmers zustehen, auch dem Vten entgegensetzen."

Im konkreten Fall läßt der BGH a. a. O. dabei das Berufen des Vers auf die Verletzung der Aufklärungslast gemäß § 7 I Ziff. 2 S. 3 AKB durchgreifen. Diese Abhängigkeit des Vsschutzes des Vten vom Verhalten des Vmers betrifft, wie auch vom BGH a. a. O. hervorgehoben, nicht nur die Obliegenheitsverletzungen, den Zahlungsverzug und die grobfahrlässige Herbeiführung des Vsfalls (sofern § 61 nicht im Verhältnis zwischen Ver und Vtem abbedungen ist (vgl. Anm. J 172), sondern auch alle bei dem Vmer verbliebenen Gestaltungsrechte aus dem Vsvertrag, sei es Anfechtung, Kündigung oder Rücktritt, die auch umgekehrt vom Ver gegenüber dem Vmer und nicht gegenüber dem Vten ausgeübt werden müssen (vgl. Sieg VersR 1953 S. 219). Dazu gehört auch die vertragliche Abänderung des Vsschutzes als ein gegenüber den Gestaltungsrechten unter Umständen minderes Tun (Sieg a. a. O. S. 219; vgl. auch OLG Köln 10. XII. 1956 ZfV 1957 S. 182). Soweit der Ver und der Vmer allerdings eine rückwirkende Aufhebung des Vsvertrages vereinbaren, wird dadurch das Recht des Vten aus einem bereits eingetretenen Vsfall nicht berührt, da dem Vmer hinsichtlich der Vsentschädigung gerade keine Verfügungsbefugnis zusteht (vgl. Anm. J 167). Zur **Abhängigkeit** des Vsschutzes des Vten von dem **Verhalten des Vmers** nach Maßgabe des § 334 BGB vgl. ferner u. a. folgende Entscheidungen: BGH 25. XI. 1963 VersR 1964 S. 133–134 (insoweit in BGHZ Bd 40 S. 297–305 nicht mit abgedruckt; Entscheidung zu § 61 und zur Aufklärungsobliegenheit); LG Köln 30. X. 1972 VersR 1973 S. 1112–1113 (zur Führerscheinklausel gemäß § 2 IIc AKB und zur Aufklärungslast). Vgl. weiter die in Anm. J 172 zur Abbedingung des § 61 aufgeführten Nachweise.

[J 166] bbb) Ablehnung einer extensiven Auslegung des § 67 I 3 VVG für die Versicherung für fremde Rechnung

Viel erörtert worden ist die Frage, ob die Abhängigkeit des Vten vom Verhalten des Vmers so weit gehe, daß § 67 I 3 erweiternd dahin ausgelegt werden könne, daß unter einer **Aufgabe** des Schadenersatzanspruchs im Sinne dieser Bestimmung auch der **Einzug dieser Forderung** durch den Vmer zu verstehen sei. Für eine solche Auffassung haben sich ausgesprochen: Geyer ZfV 1965 S. 333, Matusche VersR 1964 S. 1224–1225, Prölss-Martin[21] Anm. 6a zu § 67, S. 370, Sieg in Bruck-Möller-Sieg Anm. 75 zu § 67, Stiefel-Wussow-Hofmann[10] Anm. 29 zu § 3 AKB, S. 204–206, Tron a. a. O. S. 103–114 m. w. N., Wussow VersR 1958 S. 208; dagegen: Prölss-Martin[18] Anm. 7 zu § 67, S. 343 (und Vorauflagen), Spriesterbach VersR 1964 S. 910–911. Sieg a. a. O. hebt treffend hervor, daß das Einziehen des Ersatzanspruchs durch den Vmer im Rahmen einer Eigenv keine Aufgabe des Ersatzanspruchs sei. Das könne jedoch nur dann gelten, wenn derjenige die Ersatzforderung realisiere, dem die Vsentschädigung auch zustehe. Wenn wie bei der V für fremde Rechnung Vmer und Vter auseinanderfielen, so sei § 67 I 3 anwendbar; der Vmer habe dann gegen die Obliegenheit verstoßen, den Ersatzanspruch des Vten nicht aufzugeben. – Gegen diese Auffassung spricht zunächst die sprachliche Ausdrucksweise in § 67 I 3; unter dem Aufgeben eines Anspruchs wird nach dem üblichen Sprachgebrauch nicht die Entgegennahme einer Zahlung auf einen Ersatzanspruch – hier mit unterstellter Tilgungswirkung gegenüber dem Anspruchsberechtigten gemäß § 851 BGB – verstanden. Bedenken gegen eine erweiternde Auslegung ergeben sich weiter daraus, daß für die V für fremde Rechnung eine spezielle Obliegenheit des Vmers angenommen wird, die es in der Eigenv nicht gibt. Weiter ist zu bedenken, daß die Handlung des Vmers bei einem solchen Tun nicht wie sonst in den Fällen des § 67 I 3 primär gegen die Interessen des Vers gerichtet ist, sondern in erster Linie eine Unrechtshandlung gegen den Vten darstellt. In Wahrheit ist das, was dem Vmer in diesen Fällen vorzuwerfen ist, auch nicht das Einziehen der Forderung und das damit verbundene Erlöschen des Ersatzanspruchs gegen den Dritten, sondern die **Nichtweiterleitung** des eingezogenen Betrages. Dieses Nichtweiterleiten kann aber gewiß auch bei extensiver Auslegung des § 67 I 3 nicht als Aufgabe eines Anspruchs qualifiziert werden. Weiter ist zu bedenken, daß der Vmer sich in Einzelfällen sogar in Unkenntnis der Zusammenhänge zur Einziehung der Forderung für berechtigt halten mochte und sich dann durch widrige Umstände – wie einen unvorhergesehenen Vermögensverfall – zur Weiterleitung außerstande sieht. Vor allem fehlt aber das letzten Endes der Regelung des § 67 I 3 zugrunde liegende Motiv, daß nicht der Schadenstifter auf Kosten des Vers entlastet werden solle. Sicher kann im Rahmen einer V für fremde Rechnung vereinbart werden, daß der Ver leistungsfrei werde, wenn der Vmer die Ersatzforderung gegen den Schadenstifter einziehe und an den Vten nicht weiterleite; so lange aber eine solche Obliegenheit vertraglich nicht verankert ist, erscheint es doch als zu weitgehend, einen solchen komplexen Vorgang dem Begriff der Aufgabe eines Ersatzanspruchs zuzuordnen. – Das Problem ergibt sich im übrigen auch dann, wenn nicht

VI. 1. c) Sicherungsschein   Anm. J 167

der Weg über eine V für fremde Rechnung gewählt wird, sondern — wie früher üblich
(vgl. Anm. J 162) — über eine Abtretung des Vsanspruchs (vgl. dazu Ernst öffrV 1940
S. 40, der allerdings auch für diesen Fall eine Eintrittspflicht des Vers verneint, ohne
aber das Ergebnis auf § 67 I 3 zu stützen).

[J 167] ff) Verfügungsbefugnis

Das für den Normalfall der V für fremde Rechnung im Gesetz recht kompliziert
geregelte Problem der Verfügungsbefugnis (vgl. dazu Sieg in Bruck-Möller-Sieg
Anm. 8—37 zu §§ 75, 76) ist in Ziff. 1 des Sicherungsscheins (und in der zum Sicherungsschein gehörenden „Erklärung des Vmers") dahin gelöst, daß abweichend von §§ 75 II,
76 und § 3 II AKB, ohne daß es auf die Ausstellung eines Vsscheins ankommt, allein der
Vte verfügungsberechtigt ist, so daß eine „Verfügung" des Vmers den Vsschutz des Vten
nicht berührt (BGH 20. XII. 1972 VersR 1973 S. 174 [insoweit in VA 1973 S. 72—74 Nr.
636 nicht mit abgedruckt], Sieg in Bruck-Möller-Sieg Anm. 32 zu §§ 75, 76). Zur Verfügungsbefugnis des Vten gehört der Einzug der Forderung, deren Erlaß sowie ein Vergleich über dieses Recht. Die alleinige Verfügungsbefugnis des Vten gilt nur für die Fälle
einer „reinen V" für fremde Rechnung; liegt eine Kombination in dem von Möller in
Bruck-Möller Anm. 102 zu § 49 erwähnten Sinne vor, so bleibt für die hinsichtlich der zur
Höhe des überschießenden Betrages bestehende V für eigene Rechnung des Sicherungsgebers (Vmers) dessen Verfügungsbefugnis unberührt. Bedeutsam kann diese Trennung
der Verfügungsbefugnisse des Vmers und des Vten z. B. in folgendem Fall sein: Restliche
Finanzierungsschuld DM 6.000,—, Vsentschädigung (Totalschaden) DM 9.000,—,
Streitpunkt: Vorliegen einer groben Fahrlässigkeit im Sinne des § 61 oder nicht.
Vergleicht sich der Ver mit dem Vten auf Zahlung von DM 5.000,—, so ist der Vmer
nicht gehindert, den Ver auf Zahlung von DM 3.000,— zu verklagen. Widerstritt der
Vergleich der erkennbaren Rechtslage, so hat sich der Vte in Höhe von DM 1.000,—
aus dem Innenverhältnis gegenüber dem Vmer schadenersatzpflichtig gemacht, so daß
dieser gegenüber der restlichen Darlehens- oder Kaufpreisforderung des Vten mit
diesem Schadenersatzanspruch aufrechnen kann.

Ist zwischen dem Vmer und dem Vten strittig, in welcher Höhe noch eine Schuld
des Vmers besteht, so läuft der Ver unter Umständen Gefahr, doppelt zahlen zu
müssen. Demgemäß ist in ernsthaften Zweifelsfällen der Weg der Hinterlegung gemäß
§ 372 BGB zu wählen (ebenso Geyer ZfV 1965 S. 332, Sieg Der Betrieb 1953 S. 483,
Tron a. a. O. S. 92). Dem Sicherungsschein und dem dazugehörigen Antrag ist
jedenfalls keine vertragliche Ausgestaltung der Beziehungen zwischen Vmer, Vtem und
Ver in der Weise zu entnehmen, daß der Ver schon immer dann frei wird, wenn er nur
auf die Angaben des Vten vertraut. Demgemäß ist es ein Gebot des eigenen Interesses
des Vers, den Vmer vor einer Auszahlung über die Mitteilung des Vten hinsichtlich der
Höhe der Restschuld zu unterrichten. Schweigt der Vmer auf die ihm zugegangene
Mitteilung des Vers, daß dieser an den Vten zahlen wolle, trotz angemessener Frist für
einen Widerspruch, so kann es gegen Treu und Glauben verstoßen, wenn der Vmer
später eine derartige Zahlung nicht gegen sich gelten lassen will (Geyer ZfV 1965 S.
332, Tron a. a. O. S. 92). Hatte der Vmer allerdings schon zu einem früheren
Zeitpunkt der Auszahlung widersprochen, so kann der Ver sich, wenn nicht besondere
Umstände vorliegen, auf eine solche Fristsetzung nicht berufen, da nicht einzusehen ist,
warum der Vmer gehalten sein soll, seinen Standpunkt zu wiederholen. Hat der Vmer
den Anspruch der Reparaturfirma aus seinem eigenen Vermögen bezüglich des eingetretenen Vsschadens befriedigt, so steht dem Vten die Vsentschädigung nach dem Sinn
der getroffenen Regelung nicht zu. Trotz Nachweises der Zahlung durch den Vmer an
die Reparaturwerkstatt ist der Ver bei einem Widerspruch des Vten nicht zur Zahlung
an den Vmer berechtigt oder verpflichtet. Da es nicht um die Frage geht, ob die

Finanzierungsforderung getilgt ist, ist dem Ver auch der Ausweg einer Hinterlegung versperrt. Er ist vielmehr gehalten, an den Vten zu leisten. Zum Innenverhältnis zwischen Vmer und Vtem vgl. Anm. J 174.

Unberührt durch die Bestimmungen des Sicherungsscheins bleibt das Recht des Vers, gemäß § 35b bei der Zahlung an den Vten fällige **Prämienforderungen von der Vsentschädigung abzuziehen**; vgl. dazu Tron a.a.O. S. 94–96 m.w.N. Das gilt allerdings nicht für den Zeitraum, für den der Ver die Zahlung der Prämie im Sicherungsschein bestätigt hat. Insoweit ist der Ver nach den Grundsätzen über die Haftung aus eigener Bescheinigung an seine Erklärungen gebunden (vgl. ergänzend Anm. J 168). Für später fällig werdende Prämien ist bemerkenswert die Überlegung von Tron a.a.O. S. 96, einem saumselig den Prämieneinzug betreibenden Ver einen Prämienabzug nach Treu und Glauben über nicht mehr als zwei Jahre zu gestatten. Dogmatisch läßt sich dieser Konflikt allerdings kaum derart mit einer im Vertrag nicht verankerten festen Frist lösen, sondern durch Annahme einer **ergänzenden Nebenpflicht** des Vers, den Vten bei einem Rückstand, der ein mehrjähriger zu werden droht, rechtzeitig vor Eintritt der Fälligkeit einer weiteren Jahresprämie über diesen Zahlungsverzug zu unterrichten; es muß dann konkret untersucht werden, wie sich die Rechtsposition des Vten bei Beachtung dieser ergänzenden Nebenpflicht gestellt hätte (vgl. auch Anm. J 170). Nicht als Vsentschädigung ist der Anspruch auf Rettungskostenersatz gemäß § 63 zu qualifizieren. Wem ein solcher Anspruch bei der V für fremde Rechnung zusteht, ist im Gesetz und in den vertraglichen Bestimmungen über den Sicherungsschein nicht geregelt. Sieg in Bruck-Möller-Sieg Anm. 2 zu §§ 75, 76 stellt zu Recht darauf ab, wer diese Kosten getragen hat (anders noch in VersR 1953 S. 219; dort hatte Sieg diesen Anspruch stets dem Vmer zugeordnet). Der Vmer ist im übrigen – neben dem Vten – nach den Grundsätzen der **Prozeßstandschaft** zur Geltendmachung des Vsanspruchs mit dem Begehren, die Leistung an den Vten zu erbringen, befugt (BGH 19. I. 1967 VA 1967 S. 242–244 Nr. 464 = VersR 1967 S. 343–344, OLG Nürnberg 17. II. 1977 VersR 1977 S. 659). Diese Befugnis wird in den „Erklärungen des Vmers" ausdrücklich hervorgehoben.

[J 168] gg) Zusätzliche Pflichten des Versicherers

In dem Sicherungsschein, dessen Auslegung durch die Instanzgerichte für das Revisionsgericht frei nachprüfbar ist, da es sich um **typische Erklärungen** handelt, die von den Vern allgemein in dieser Art und Form gegenüber den Kreditgebern der Vmer abgegeben werden (BGH 25. XI. 1963 BGHZ Bd 40 S. 300), sind aber nicht nur die nach der gesetzlichen Regelung typischen Merkmale der V für fremde Rechnung enthalten, sondern noch darüber hinausgehende Verpflichtungen des Vers festgelegt. Es handelt sich um im Wege des Vertrages zugunsten Dritter festgelegte Verpflichtungen des Vers gegenüber dem Vten, die nur hinsichtlich der **Mitteilungspflicht** des Vers (vgl. Anm. J 170) mit dem von Sieg VersR 1953 S. 220 abgehandelten **Auskunftsvertrag** charakterisiert werden können. Hinsichtlich des **Einstehenmüssens für die Richtigkeit der Angaben im Sicherungsschein** kommen die nachstehend erörterten Grundsätze über die **Haftung aus Bescheinigung** zur Anwendung. Die Verpflichtung zur Erstattung der Prämie (Anm. J 169) und zum Abschluß einer Anschlußv (Anm. J 171) sind als ergänzend verselbständigte Nebenrechte des Vten im Rahmen einer atypischen V für fremde Rechnung zu qualifizieren.

aaa) Haftung aus Bescheinigung

In dem Sicherungsschein heißt es zunächst, daß der Ver mit dem Vmer eine Fahrzeugvollv (ohne oder mit Selbstbeteiligung) oder eine Fahrzeugteilv abgeschlossen

VI. 1. c) Sicherungsschein   Anm. J 168

habe. Es wird ferner die Vsdauer angegeben und mitgeteilt, daß Deckung erteilt sei und für welchen Zeitraum die Vsprämie entrichtet wurde. Treffen diese Erklärungen des Vers tatsächlich nicht zu, z. B. weil der Ver versehentlich etwas Unrichtiges bescheinigt hat, so muß er sich aus dem Gesichtspunkt der Haftung aus Bescheinigung dennoch so behandeln lassen, als wenn der von ihm mitgeteilte Sachverhalt zuträfe. BGH 25. XI. 1963 BGHZ Bd 40 S. 303 führt dazu u. a. folgendes aus: „Die Beklagte verpflichtet sich . . ., der Klägerin eine drohende Gefährdung ihrer Rechte rechtzeitig und richtig mitzuteilen, und muß für jede Verletzung dieser Verpflichtung einstehen. In gleicher Weise hat die Beklagte nach Sinn und Zweck des Sicherungsscheins die Richtigkeit der vorausgegangenen Mitteilungen zu verantworten. Denn um die Zahlung der Erstprämie braucht sich die Klägerin nicht mehr zu sorgen, wenn ihr der Ver die empfangene Zahlung ausdrücklich bescheinigt. Ebenso verhält es sich mit dem Bestehen eines Vsvertrages, wenn der Ver den Abschluß mitteilt und zum Anlaß nimmt, sich gegenüber dem daraus Berechtigten zu zusätzlichen Leistungen zu verpflichten. Auf die Richtigkeit dieser Angaben durfte die redliche Klägerin im rechtsgeschäftlichen Verkehr vertrauen. Sicher wollte sich die Beklagte zu keinen Leistungen gegenüber der Klägerin ohne rechtswirksamen Vsvertrag verpflichten. Tritt sie aber durch die Ausstellung und Hingabe eines Sicherungsscheins mit dem darin genannten Adressaten in Rechtsbeziehungen, dann ist sie auch dafür verantwortlich, daß ihre Angaben über den be- und fortbestehenden Vsschutz zutreffen (vgl. die Rechtsprechung zur Haftung aus Bescheinigung: RGZ 114, 298; 126, 374; WarnRspr 1930 Nr. 52; Stoll, ArchZivPr 135, 89 ff)."

Diesen Ausführungen ist für ordnungsgemäß vom Ver ausgestellte Sicherungsscheine vollen Umfangs zuzustimmen. Anders zu entscheiden hieße, die Institution des Sicherungsscheins überhaupt zu entwerten. Geyer ZfV 1965 S. 330 geht ebenfalls von einer solchen Haftung aus Bescheinigung aus, bemerkt dazu jedoch, daß sie nur insoweit gelte, als der Kreditgeber im Vertrauen auf die Richtigkeit der Angaben Vermögensdispositionen getroffen habe, auch beziehe sich diese Haftung nicht rückwirkend auf Verfügungen vor Übergabe des Sicherungsscheins. Dieser Einschränkung ist entgegenzutreten; auch wenn der Vte – wie nicht selten – das Darlehen zum Erwerb des finanzierten Fahrzeugs vor Ausstellung des Sicherungsscheins gewährt hat, haftet der Ver für das Bestehen des Vsschutzes. Der Vte hat insoweit einen Erfüllungs- und keinen Schadenersatzanspruch. Zur dogmatischen Rechtfertigung der Erklärungshaftung vgl. im übrigen Canaris, Die Vertrauenshaftung im deutschen Privatrecht, München 1971, S. 532–539. Zu im Prinzip übereinstimmenden Ergebnissen kommt man im übrigen auch dann, wenn man mit Sieg VersR 1953 S. 220 eine Haftung des Vers aus einem Auskunftsvertrag annimmt. LG Krefeld 19. III. 1974 VersR 1974 S. 1120–1121 wertet den Zusatz „Dokument noch nicht versandt" zu der Rubrik „Prämie bezahlt" als Hinweis darauf, daß die Prämie tatsächlich noch nicht geleistet worden sei (Grenzfall, die gegenteilige Auslegung ist vorzuziehen; jedenfalls ist eine weitaus präzisere Ausdrucksweise für die Mitteilung, daß die Prämie nicht bezahlt sei, möglich und zu empfehlen). Vgl. dazu ergänzend die bei Tron a. a. O. S. 75 aufgeführten Zusätze, die durchweg viel klarer die Tatsache der Nichtzahlung herausstellen. Allerdings hält Tron a. a. O. S. 76 die ähnlich lautende Formel „Police wurde dem Vmer noch nicht vorgelegt" für ausreichend. Doch geht eine solche Auslegung zu sehr vom System des § 38 aus und läßt die Möglichkeit des materiellen Vsbeginns vor Zahlung der Erstprämie außer Betracht. Das Gesagte gilt verstärkt, wenn es in dem Sicherungsschein – wie formularmäßig vorgesehen – auch noch geheißen haben sollte, daß „Deckung" erteilt sei; denn mit dem Ausdruck „Deckung" wird in der Vspraxis im allgemeinen der Beginn des materiellen Vsschutzes bezeichnet (vgl. zum Unterschied zwischen formellem, materiellem und technischem Vsbeginn Möller in Bruck-

Möller Anm. 3 zu § 2). Zutreffend nimmt dagegen OLG Düsseldorf 6. XI. 1969 VersR 1970 S. 736–738 an, daß eine solche Haftung des Vers aus Bescheinigung auch dann gegeben sei, wenn der Sicherungsschein unvollständig ausgefüllt worden sei, insbesondere hinsichtlich des Zeitraumes, für den die Prämie entrichtet wurde, sofern nur die Tatsache des Bestehens einer Fahrzeugv bestätigt werde und der Ver die Verpflichtung übernehme, an den Vten zu zahlen. Ob unter diesen Gesichtspunkten vom LG Hamburg 15. VII. 1969 VersR 1971 S. 246 (nur L. S.) richtig entschieden worden ist, läßt sich nicht beurteilen, da sich aus dem Leitsatz nicht der genaue Text des dort verwendeten Sicherungsscheins ergibt.

Denkbar ist es, daß ein Ver schon **vor Eintritt des Vsfalls** erkennt, daß er eine **objektiv unrichtige Bescheinigung** ausgestellt hat. Es fragt sich, ob sich der Ver von seiner unrichtigen Erklärung lösen kann. Sieg VersR 1953 S. 221 führt dazu folgendes aus: „Wenn man das VU für unrichtigen Inhalt des Sicherungsscheins haften läßt, muß ihm selbstverständlich die Möglichkeit gegeben sein, solche Angaben richtigzustellen, nachdem es den Irrtum erkannt hat. Voraussetzungen und Folgen hängen von der Rechtsnatur der einzelnen Angaben im Sicherungsschein ab. Wir fassen hier ... nur die Mitteilungen über Vsdauer, Zeitpunkt, bis zu dem Beitrag entrichtet ist, und erteilte Deckung ins Auge. Insoweit liegen keine Willens-, sondern Wissenserklärungen vor. ... Das Mittel, sich von solchen Verlautbarungen zu lösen, ist nicht die Anfechtung, sondern die Berichtigung. Für sie gelten nicht die Voraussetzungen der §§ 119, 123 BGB, ebensowenig die zeitliche Begrenzung der Anfechtbarkeit nach § 121 BGB. Die Berichtigung kann zu jeder Zeit erfolgen, nachdem die Unrichtigkeit der Angabe erkannt worden ist. Selbstverständlich liegt es im eigenen Interesse des VU, so früh wie möglich zu berichtigen, um die Gefahr seiner Inanspruchnahme für die Zukunft zu verringern. Für die Vergangenheit gibt es keine Abhilfe, denn die Berichtigung wirkt im Unterschied zur Anfechtung ex nunc."

Zustimmend Tron a. a. O. S. 74–75. Vgl. ergänzend aus allgemein bürgerlichrechtlicher Sicht Canaris a. a. O. S. 498–499. Die Ausführungen von Sieg a. a. O. sind dahin zu ergänzen, daß eine Schadenersatzhaftung des Vers aus vorangegangener unrichtiger Bescheinigung zu bejahen ist, die bis zu dem Zeitpunkt reicht, innerhalb dessen der Vte die notwendigen Maßnahmen aus der veränderten Sachlage treffen konnte, sei es einen Abschluß einer eigenen Fahrzeugv oder sei es eine Sicherstellung des ihm übereigneten Fahrzeugs. Es liegt dabei nahe, diese Nachhaftung des Vers nach Schadenersatzgrundsätzen aufgrund vorangegangener unrichtiger Bescheinigung der Dauer nach in entsprechender Anwendung der Ziff. 4 des Sicherungsscheins auf eine Woche zu beschränken. Bei einer längeren Frist würde der Vte besser gestellt werden, wenn bei einem ordnungsgemäßen Sicherungsschein nachträglich eine Kündigung oder eine Beendigung des Vsvertrages herbeigeführt worden ist. Nur dann könnte der Vte eine längere Schadenersatzhaftung des Vers durchsetzen, wenn er dartut und beweist, daß er trotz aller Bemühungen innerhalb der Wochenfrist keinen Ver habe finden können, der bereit sei, das Risiko mit sofortiger Wirkung im Sinne einer vorläufigen Deckungszusage zu übernehmen.

Der Ver haftet für die Erklärungen in dem Sicherungsschein aber auch dann, wenn er diesen gar nicht selbst ausgestellt hat, sondern ein Fall des sogenannten **Blankettmißbrauchs** vorliegt (BGH 25. XI. 1963 a. a. O. S. 304–305, OLG Düsseldorf 6. XI. 1969 a. a. O., Tron a. a. O. S. 56–57). Vom BGH a. a. O. S. 305 wird dazu ausgeführt, daß es Sache des Vers sei, durch geeignete Maßnahmen einen Mißbrauch von blanko ausgestellten Sicherungsscheinen im Rechtsverkehr zu verhüten, andernfalls hafte der Ver für den von ihm **veranlaßten Rechtsschein**. Der genannten Entscheidung ist zu entnehmen, daß hinsichtlich der Aufbewahrung solcher blanko ausgestellten Siche-

VI. 1. c) Sicherungsschein **Anm. J 169**

rungsscheine an den Ver strenge Anforderungen zu stellen sind. Demgemäß ist regelmäßig eine Aufbewahrung unter Verschluß zu erwarten. Macht der Ver geltend, daß er alles getan habe, um einen Mißbrauch zu verhindern, so muß er seine Maßnahmen im einzelnen dartun und unter Beweis stellen; jeder verbleibende vernünftige Zweifel geht zu Lasten des Vers. Vgl. zum Rechtsproblem der abhanden gekommenen Urkunden ergänzend Canaris a. a. O. S. 54–66, 427 und 548 m. w. N.

Der Ver kann von demjenigen, der einen Sicherungsschein unrichtig ausfüllt, Schadenersatz aus schuldhafter Schlechterfüllung verlangen; fehlt es an einem Vertragsverhältnis, so könnte ein Ersatzanspruch nur dann durchgesetzt werden, wenn eine vorsätzlich begangene unerlaubte Handlung im Sinne des § 826 BGB (oder des § 823 II BGB in Verbindung mit einer entsprechenden Schutzvorschrift) vorliegt (vgl. OLG Düsseldorf 6. XI. 1969 a. a. O., wo ein solcher vertraglicher Ersatzanspruch daran scheiterte, daß der Agenturvertrag zwischen den Parteien gemäß § 134 BGB wegen Verstoßes gegen ein gesetzliches Verbot, nämlich § 2 der VO Pr 52/50 über Provisionen in der Kraftfahrtv – heute § 32 der Verordnung über die Tarife in der Kraftfahrtv vom 20. XI. 1967 [für die letzte Fassung vgl. VA 1976 S. 61–87, VA 1977 S. 19–23] –, nichtig war).

[J 169] bbb) Prämienerstattung

Nach Ziff. 2 des Sicherungsscheines wird an den Vten oder eine von diesem zu benennende Person eine Prämienerstattung bei vorzeitiger Beendigung des Vsvertrages vorgenommen. Zur Voraussetzung wird dabei allerdings gemacht, daß die Vsprämie mit in die Finanzierung einbezogen war. Angesichts dieser Voraussetzung ist diese Sonderregelung, für die es im Bereich der gesetzlichen Bestimmungen über die V für fremde Rechnung wie auch in denen über den Vertrag zugunsten Dritter an einem Vorbild fehlt, aus dem Blickpunkt der wirtschaftlichen Interessenlage verständlich. Die konstruktive Besonderheit ist darin zu sehen, daß dem Vten nicht nur das Recht auf die Hauptleistung aus dem Vsvertrag eingeräumt wird, sondern durch eine spezielle Abrede im Sinne eines Vertrages zugunsten Dritter aufschiebend bedingt auch der aus dem Grundverhältnis ansonsten dem Vmer zustehende Anspruch auf Rückzahlung der Prämie, der je nach den Umständen des Falles als ein vertraglicher oder als ein solcher aus ungerechtfertigter Bereicherung zu qualifizieren ist (Möller in Bruck-Möller Anm. 39 zu § 3). Die Auffassung, daß dieser Anspruch ohne Sonderabrede dem Vmer zustehe, ist allerdings bestritten. Vgl. für diese Meinung aber Sieg in Bruck-Möller-Sieg Anm. 4 zu §§ 75, 76, der gegen Bruck 7. Aufl. Anm. 2 zu § 75 und Prölss-Martin[21] Anm. 2 zu § 75, S. 407 den Standpunkt vertritt, daß im Normalfall der V für fremde Rechnung dem Vten nicht der Anspruch auf Prämienrückvergütung, sei es wegen schadenfreien Verlaufs, sei es als Beteiligung am Unternehmergewinn, zustehe, da es sich um Prämienanteile handle, die nicht der Gefahrtragung oder der konkretisierten Entschädigungsleistung zuzurechnen seien. Um so mehr muß das – ohne abweichende vertragliche Vereinbarung – für einen Prämienrückgewähranspruch (Bereicherungsanspruch) aus Anlaß eines gestörten Vsverhältnisses gelten. OLG Köln 18. VI. 1958 VersR 1958 S. 638–640 erstreckt die Verpflichtung des Vers gemäß Ziff. 2 des Sicherungsscheins auch auf den Fall, daß der Vsvertrag nicht vorzeitig beendet wird, sondern von Anfang an unwirksam war. In der Tat ist die Interessenlage gleichgelagert, so daß angenommen werden darf, daß ein solcher seltener Fall nur deshalb nicht in Ziff. 2 aufgeführt wird, weil dem Vten im Text des Sicherungsscheins doch gerade das anfängliche Bestehen des Vsvertrages ausdrücklich bestätigt wird. Ablehnend aber Schermin ZfV 1959 S. 15 und Tron a. a. O. S. 60–63.

[J 170] ccc) Mitteilungspflicht

Nach Ziff. 3 des Sicherungsscheines hat der Ver gegenüber dem Vten die Vertragspflicht übernommen, diesen sofort zu benachrichtigen, wenn dem Vmer eine Zahlungsfrist nach § 39 gestellt worden ist und der angemahnte Betrag nicht spätestens eine Woche nach Abgang der Mahnung eingegangen ist. Für den Bereich des Sicherungsscheins ist damit expressis verbis die ansonsten bestehende Streitfrage gelöst, ob der Ver auch ohne eine solche Vertragsbestimmung zur Benachrichtigung des Vten verpflichtet ist (dafür Möller in Bruck-Möller Anm. 9 zu § 35a, Sieg in Bruck-Möller-Sieg Anm. 56 zu § 77; dagegen Prölss-Martin[21] Anm. 3 zu § 35a, S. 217). Geyer ZfV 1965 S. 333 vertritt die Auffassung, daß die im Sicherungsschein aufgeführten Anzeigetatbestände Hauptverbindlichkeiten des Vers aus dem durch den Sicherungsschein begründeten Rechtsverhältnis bilden. Dem ist zu widersprechen. Es handelt sich vielmehr um eine **ergänzende Vertragspflicht** im Rahmen eines Vertrages zugunsten Dritter, die zur Verdeutlichung der Rechtslage ausdrücklich festgelegt worden ist. Als Hauptverbindlichkeit ist nur die Verpflichtung zur Vsschutzleistung anzusehen. Weiter ist eine solche unverzügliche Benachrichtigungspflicht vorgesehen für den Fall, daß der Vsvertrag als Ganzes oder teilweise gekündigt oder vorzeitig beendet wird. Diese Benachrichtigungsbestimmung ist gemäß ihrem Wortsinn dahin zu verstehen, daß sie die Leistungsfreiheit des Vers aufgrund der erwähnten Möglichkeiten in Übereinstimmung mit den auch ansonsten für die V für fremde Rechnung geltenden Grundsätzen voraussetzt.

Verletzt der Ver eine der Benachrichtigungspflichten, so macht er sich im Verhältnis zum Vten **schadenersatzpflichtig** (BGH 25. XI. 1963 BGHZ Bd 40 S. 303, OLG Köln 10. XII. 1956 ZfV 1957 S. 182—183; vgl. ferner Geyer ZfV 1965 S. 330, Sieg VersR 1953 S. 220, Tron a. a. O. S. 72—73). Der Ver muß den Vten so stellen, als wäre er ihm gegenüber seiner Verpflichtung zur Benachrichtigung nachgekommen. Ist umstritten, ob der Vte vom Ver benachrichtigt worden ist oder nicht, so muß der Ver die Erfüllung seiner zusätzlichen Vertragspflicht beweisen. Seine Verpflichtung ist nicht schon dann erfüllt, wenn er die Mitteilung zur Absendung bringt, er muß vielmehr auch dafür Sorge tragen, daß die Mitteilung dem Vten im Sinne des § 130 BGB zugeht. Die Verpflichtung des Vers ist erst mit dem Zugang erfüllt. Bleiben angesichts einander widersprechenden Vortrags des Vten und des Vers Zweifel, ob die Benachrichtigung erfolgt ist oder nicht, so gehen sie zu Lasten des beweispflichtigen Vers, der im übrigen auch das Risiko des Verlustes der Mitteilung auf dem Transport trägt.

Der **Umfang der Schadenersatzverpflichtung** bestimmt sich nach den allgemeinen Grundsätzen des bürgerlichen Rechts und des Vsrechts, speziell aber auch nach der weiteren Verpflichtung des Vers gemäß Ziff. 4 des Sicherungsscheins (vgl. Anm. J 171). Eine Schadenersatzverpflichtung nach bürgerlichem Recht ist dabei sehr viel schwerer darzutun und zu beweisen als eine solche, die sich auf die Verpflichtung nach Ziff. 4 des Sicherungsscheines stützt. Nach allgemeinen bürgerlichrechtlichen Grundsätzen könnte aber eine Ersatzpflicht damit begründet werden, daß es dem Vten bei ordnungsgemäßer Erfüllung der Benachrichtigungspflicht möglich gewesen wäre, das ihm zur Sicherheit übereignete Auto sofort sicherzustellen, so daß ein wenig später aufgrund eines nicht mehr vten Unfalles eingetretener Totalschaden nicht mehr hätte geschehen können. Nach den ohne die Sonderregelung gemäß Ziff. 4 des Sicherungsscheins geltenden Grundsätzen des Vsrechts könnte der Vte im Falle des § 39 so argumentieren, daß er bei rechtzeitiger Benachrichtigung die Folgeprämie zur Erhaltung des Vsschutzes gezahlt hätte. Eine solche Leistung hätte der Ver entgegen § 267 II BGB gemäß der Sonderregelung in § 35a I nicht mit rechtlicher Wirkung zurück-

VI. 1. c) Sicherungsschein   **Anm. J 170**

weisen können (vgl. im einzelnen Möller in Bruck-Möller Anm. 1–11 zu § 35a). Über diesen Schutz geht Ziff. 3 des Sicherungsscheines insofern hinaus, als auch für alle Fälle der Beendigung des Vsvertrages eine Benachrichtigungspflicht vorgesehen ist, also auch dann, wenn dem Vten nicht durch sein Zahlungsrecht nach § 35a I geholfen werden könnte. Speziell für diese Fälle läßt sich bei Unterlassung der Benachrichtigung eine Schadenersatzpflicht des Vers nach Maßgabe der besonderen Verpflichtung des Vers aus Ziff. 4 des Sicherungsscheins begründen. Denn dort hat sich der Ver zur V des Risikos für eigene Rechnung des Vten, der damit zum Vmer selbst wird, verpflichtet (vgl. Anm. J 171). Der Vte braucht daher nur darzutun und unter Beweis zu stellen, daß er von dieser Möglichkeit Gebrauch gemacht hätte.

Einen speziell gelagerten Schadenersatzfall betrifft OLG Köln 10. XII. 1956 ZfV 1957 S. 182–183: Der Vmer hatte gebeten, für seinen stillgelegten Lkw die Fahrzeugvollv ruhen zu lassen. Der Ver teilte dieses dem Vten mit, der bemerkte, daß er keine Einwendungen erhebe, sofern eine Fahrzeugteilv abgeschlossen werde. Der Ver änderte den Vertrag in der Weise ab, daß eine Einstellraumv begründet wurde, die durch die Besonderheit gekennzeichnet war, daß zwar Vsschutz für die von der Fahrzeugteilv erfaßten Risiken bestand, daß das aber nur dann galt, wenn das Fahrzeug sich im Einstellraum befand. Der Vte wurde davon nicht benachrichtigt. Das Gericht hielt den Ver für ersatzpflichtig. Zustimmend Tron a. a. O. S. 73. Zu beachten ist, daß es auf das Einverständnis des Vten zu der Umwandlung nicht ankommt, da im Rahmen der Abhängigkeit der V für fremde Rechnung sämtliche Gestaltungsrechte, wie auch das Recht auf einverständliche Aufhebung des Vertrages, in den Händen des Vers und des Vmers verblieben sind (vgl. Anm. J 165). Der Ver haftete nur deshalb, weil der Vte ausnahmsweise sein Schweigen so verstehen durfte, daß tatsächlich die Fahrzeugvollv in eine Fahrzeugteilv umgewandelt worden war. Die die Rechtsfragen bei der V für fremde Rechnung im Anschluß an Sieg VersR 1953 S. 219–221 sehr präzise herausarbeitende Entscheidung, die noch die besondere Schwierigkeit zu überwinden hatte, daß nicht von der Finanzierungsbank als Vter, sondern von dem nach der damaligen Fassung des Sicherungsscheins noch nicht als zweiten Vten vorgesehenen Fahrzeughändler aus mit Zustimmung des Vers abgetretenem Recht geklagt wurde (das Gericht löste diese Fragen durch Anwendung der Grundsätze über die Schadenliquidation im Drittinteresse), ist zur Frage des durch das Schweigen des Vers entstandenen Schadens sehr kurz gehalten. Dazu heißt es nur: „Hätte nämlich die Bank von der zu ihren Ungunsten beabsichtigten Abänderung des Vertrages gewußt, so hätte sie ihr Sicherungseigentum anderweitig geschützt oder die Änderung des Vertrages verhindert." Dieser Satz läßt außer acht, daß der Vte im Rechtssinne eine Änderung des Vertrages gerade nicht verhindern kann. Eine solche kurze Begründung in einem wesentlichen Punkt kann aber auch darauf zurückzuführen sein, daß vom Ver im Prozeß nicht substantiiert bestritten wurde, daß Maßnahmen des Vten einen Schadeneintritt verhindert hätten. Über das Ergebnis der Entscheidung läßt sich streiten; hätte der Vmer das Fahrzeug ohne Neuzulassung zum laufenden Verkehr eingesetzt, so hätte der Ver einwenden können, daß er damit nach Treu und Glauben nicht zu rechnen brauchte; tatsächlich war das Fahrzeug aber abgeschleppt und in der Nähe eines Flughafens, wo es später zum Einsatz kommen sollte, auf einem Hof abgestellt worden.

LG Berlin 12. IV. 1954 VersR 1954 S. 254–255 befaßt sich mit einem Fall, in dem der Ver den Vten erst nach Eintritt des Vsfalles darüber benachrichtigt hatte, daß schon lange vorher eine Zahlungsfrist nach § 39 abgelaufen war. Die Klage des Fahrzeughändlers wurde mit der Begründung abgewiesen, daß nur die Bank, aber nicht der Händler als eine am Vsvertrag beteiligte Person anzusehen sei. Das traf nach der damaligen Fassung des Sicherungsscheins zu. Nach dem heute gebräuchlichen

Formular des Sicherungsscheins ist dagegen der dort aufgeführte Fahrzeughändler als weiterer Vter (aufschiebend bedingt) anzusehen (vgl. Anm. J 162), dem ebenso wie dem ersten Vten auch das Recht zur Zahlung der Prämie im Sinne des § 35a zusteht, auch schon vor Erwerb der Finanzierungsforderung. Demgemäß ist die Benachrichtigungspflicht des Vers gegenüber der Bank als erstem Vten zugleich zum Schutz des zweiten Vten gedacht, wenngleich sie vom Ver vor einer Anzeige des Erwerbs der Finanzierungsforderung nur gegenüber dem ersten Vten zu erfüllen ist. Angesichts dieser vertraglichen Verquickung bedarf es einer besonderen vertraglichen Konstruktion dieses Schadenersatzanspruchs aus dem Gesichtspunkt des Vertrages mit Schutzwirkung zugunsten Dritter nicht.

Nach dem Wortlaut der Ziff. 3 des Sicherungsscheins ist nicht etwa jeder Prämienverzug des Vmers dem Vten zu melden, sondern nur ein solcher, bei dem der Ver dem Vmer eine Zahlungsfrist nach § 39 gesetzt hat. Ziff. 3 will damit in erster Linie den Vten in der Weise schützen, daß er darüber unterrichtet wird, ob in einem Schadenfall Vsschutz besteht oder nicht. Mit Rücksicht auf das dem Ver nach § 35b gegebene **Abzugsrecht** hinsichtlich rückständiger Prämien, das allerdings durch die Haftung des Vers für die Richtigkeit seiner Bestätigung, daß die Erstprämie und etwa weiter aufgeführte Folgeprämien bezahlt worden seien, eingeschränkt wird (vgl. Anm. J 168), ist aber eine ergänzende und **spontan zu erfüllende Nebenpflicht** des Vers anzunehmen, den Vten davon zu unterrichten, wenn eine fällige Prämie – im Rahmen eines geordneten Geschäftsbetriebes eines Vers ohnedies kaum denkbar – derart gestundet wird, daß die Gefahr besteht, daß ein mehrjähriger Prämienrückstand aufläuft. Auch wenn keine solche Stundung ausgesprochen wird, der Ver aber kein ohnedies anzeigepflichtiges Mahnverfahren nach § 39 in Gang bringt, darf erwartet werden, daß der Ver den Vten mit geraumem Abstand vor Fälligkeit der nächsten Jahresrate auf eine solche Situation aufmerksam macht.

[J 171] ddd) Anschlußversicherung

In Ziff. 4 des Sicherungsscheins ist festgelegt, daß der Ver bei Vorliegen einer Leistungsfreiheit aus einem der in Ziff. 3 angegebenen Gründen auf Antrag des Vten Deckung in bisherigem Umfang gewährt. Voraussetzung für diesen **vertraglichen Kontrahierungszwang** des Vers ist es, daß der Antrag durch den Vten binnen einer Woche nach Eingang der Mitteilung nach Ziff. 3 gestellt wird. Zur Annahme eines vertraglichen Kontrahierungszwangs führt die Wertung dieser Bestimmung, insbesondere deshalb, weil es ausdrücklich heißt, daß die Deckung gewährt werde, ohne daß es einer besonderen Annahmeerklärung bedürfe. Konstruktiv gesehen liegt hier in Abweichung von §§ 147 II BGB ein unbefristetes und unwiderrufliches Angebot des Vers vor, das in dem dem Sicherungsschein zugrundeliegenden Vertrag zugunsten Dritter in der Form der V für fremde Rechnung verankert ist. Die Konstruktion eines unbefristeten und unwiderruflichen Angebots folgt insbesondere daraus, daß vom Ver rückwirkend eine unmittelbare Anschlußdeckung, und zwar unter Verzicht auf den Einwand der Leistungsfreiheit nach § 2 II 2, zugesagt wird. Mit diesen beiden Zusagen wäre es unvereinbar, wenn der Ver sein Angebot auf Gewährung von Vsschutz widerrufen oder den Antrag des Vten ablehnen dürfte.

Ziff. 4 verknüpft diesen Annahmezwang des Vers mit einer Prämienzahlungsverpflichtung des Vten. Weiter ist bestimmt, daß der Antrag gegenstandslos sei, wenn der Vmer im Falle einer Leistungsfreiheit nach § 39 die rückständige Vsprämie binnen eines Monats nach Ablauf der Zahlungsfrist nachhole und der Vsfall bis dahin noch nicht eingetreten sei. Aus diesen Einzelheiten ergibt sich, daß ein selbständiges Vsverhältnis begründet wird, in dem der Vte zum Vmer geworden ist (ebenso Tron a.a.O. S. 79). Das hat insofern auch praktische Bedeutung, als dieser neue Vsschutz

VI. 1. c) Sicherungsschein   Anm. J 172

durch Handlungen und Rechtsakte des früheren Vmers, soweit er nicht als Repräsentant des neuen Vmers anzusehen ist, grundsätzlich nicht berührt wird (wenn von der auflösenden Bedingung durch Zahlung der rückständigen Vsprämie aus dem Ursprungsvertrag abgesehen wird).

Sinnvoll wird die Regelung nach Ziff. 4, mit der ein verstärkter Schutz des Vten gegen eine Leistungsfreiheit des Vers aus Anlaß der in Ziff. 3 aufgeführten Gründe gewährt werden soll, nur wenn man sie in dem Sinne versteht, daß abweichend von § 38 zugleich eine **vorläufige Deckung** gewährt wird, so daß der Ver schon vor Zahlung der Prämie durch den Vten im Risiko ist. Dafür spricht der Ausdruck „Deckung" und der erwähnte Verzicht auf den Einwand aus § 2 II 2. Erkennbar ist von den Parteien eine lückenlose Vsschutzgewährung beabsichtigt. Ein Verzicht auf den Einwand nach § 2 II 2 ist zulässig. Vgl. zu dieser Streitfrage aus dem Bereich der **Rückwärtsv Möller** in Bruck-Möller Anm. 43 zu § 2 m. w. N. (a. M. für das österreichische Recht zunächst ÖOGH 1. VII. 1964 VersR 1966 S. 1018 m. w. N., vgl. weiter Wahle VersR 1966 S. 999–1005; beachte aber auch ÖOGH 21. VI. 1967 VersR 1969 S. 170, wo zwar von dem Grundsatz ausgegangen wird, daß § 2 II 2 zwingend sei, dann aber ausgeführt wird, daß dieser Grundsatz einen derart leistungsfrei gewordenen Ver nicht daran hindere, sich dennoch zur Leistung zu verpflichten). Die Bedenken, die von einem Teil des Schrifttums gegen eine Abbedingung des § 2 II 2 erhoben werden, greifen jedenfalls für den hier vorliegenden Sonderfall nicht ein. Die Regelung muß vielmehr gesehen werden aus dem Blickpunkt des schutzwürdigen Sicherungsbedürfnisses des Kreditgebers im Zusammenhang mit einer Nachhaftung des Vers aus einem „kranken" Vsverhältnis. Bedenkt man, daß gemäß gesetzlichem Vorbild nach § 102 I (oder § 158c II) auch eine vertragliche Konstruktion hätte gewählt werden können, nach der der Ver ipso iure gegenüber dem Vmer innerhalb einer bestimmten Frist trotz Leistungsfreiheit gegenüber dem Vten haftet, so leuchtet ein, daß diese Deckungskontinuität auch dann in vertraglich zulässiger Weise vereinbart werden darf, wenn eine solche Nachhaftung des Vers erst auf Antrag gewährt wird. Daß diese Konstruktion dabei so ausfällt, daß der Vte im Rahmen dieser Anschlußdeckung zum Vmer wird, ändert nichts an seinem anzuerkennenden schutzwürdigen Interesse, auch wenn er ausnahmsweise schon Kenntnis vom Eintritt des Vsfalls hat. Vor einem Mißbrauch ist der Ver generell schon hinreichend durch die kurze Frist von einer Woche geschützt, innerhalb der sich der Vte entscheiden muß.

[J 172] hh) Abbedingung des § 61 VVG

Im Sicherungsschein selbst ist der Vte – wenn man von der Haftung aus Bescheinigung, insbesondere hinsichtlich der Bestätigung, daß die Erstprämie bezahlt worden sei (vgl. Anm. J 168), und der Sonderregelung in Ziff. 3 in Verbindung mit Ziff. 4 (vgl. Anm. J 170–171) absieht – für den Fall des „kranken" Vsverhältnisses nicht besonders geschützt (Möller in Bruck-Möller Anm. 102 zu § 49). Davon gibt es aber eine standardisierte Ausnahme, nämlich den **Verzicht des Vers auf den Einwand der schuldhaften Herbeiführung des Vsfalles im Sinne des § 61 durch den Vmer** (vgl. BAA VA 1956 S. 24). Diesen „Verzicht" (dogmatisch handelt es sich um eine vertraglich vereinbarte, besondere Ausgestaltung des Vsvertrages für fremde Rechnung) gewähren die Ver allerdings regelmäßig nur gegen Zahlung eines zusätzlichen Entgelts (vgl. dazu Tron a.a.O. S. 114, 115 und 119). Der Vsschutz des Vten geht hier weiter als der des Vmers. Das bedeutet, daß dem Ver im Bereich dieser Deckungsdifferenz auch der Rückgriff gemäß § 67 I 1 gegen den Vmer möglich ist, der hierbei ausnahmsweise als Dritter im Sinne der genannten Bestimmung gilt, da es für § 67 I 1 darauf ankommt, ob dem Vmer oder Vten in concreto Vsschutz zu gewähren ist (Geyer ZfV 1965 S. 332, Sieg in Bruck-Möller-Sieg Anm. 37 und 130 zu § 67, Tron a. a. O. S. 119 m. w. N.; OLG Stuttgart 14. V. 1965 VersR 1965 S. 873 – 874; vgl. auch OLG Düsseldorf 20. VII. 1961 VersR 1961 S. 889, das bei seiner Entscheidung allerdings nicht von § 67, sondern von einer Abtretung der Finanzierungsforderung ausging). Einer Abtretung des Schadenersatzanspruchs des Vten gegen den Vmer bedarf es also nicht, was gelegentlich verkannt wird (so im Fall LG Hechingen 29. X. 1963 VersR 1964 S. 671 – 672, im Ergebnis aber zutreffend entschieden). Eine Ausdehnung des Anwendungsbereichs dieser Klausel auf den Fall der Gefahrerhöhung ist von der Rechtsprechung abgelehnt worden (BGH 14. III. 1963 NJW 1963 S. 1052 – 1053 = VersR 1963 S. 429 – 430, OLG Köln 17. XI. 1964 VersR 1965 S. 229 – 230). Erst recht ist keine analoge Anwendung dieser Ausnahmeklausel auf andere Fälle der Leistungsfreiheit möglich, z. B. bei Leistungsfreiheit des Vers wegen Verstoßes gegen die Führerscheinklausel gemäß § 2 IIc AKB (so zutreffend OLG Nürnberg 3. III. 1961 VersR 1961 S. 626 – 627 m. abl. Anm. von Rohde VersR 1961 S. 916, LG Köln 30. X. 1972 VersR 1973 S. 1112 – 1113) oder gegen die Aufklärungslast gemäß § 7 I Ziff. 2 S. 3 AKB (vgl. z. B. LG Frankfurt a. M. 20. V. 1966 VersR 1966 S. 1130). BGH 19. I. 1967 VA 1967 S. 242 – 244 Nr. 464 = VersR 1967 S. 343 – 344 betont generell den eingeschränkten Anwendungsbereich einer solchen von dem Grundsatz des § 344 BGB abweichenden Sonderklausel.

Einen Sonderfall behandelt LG Baden-Baden 25. II. 1976 VersR 1977 S. 927 – 928: § 61 war nicht abbedungen; das Gericht bejahte aber dennoch aus dem Gesichtspunkt des Verschuldens bei Vertragsabschluß die Haftung des Vers, weil der Vsvertreter trotz Befragens die Möglichkeit einer zusätzlichen Sicherung für den Kreditgeber verneint hatte.

[J 173] ii) Bereicherungsanspruch des Versicherers

Leistet der Ver, obwohl er dazu nicht verpflichtet ist, so kann er, sofern § 814 BGB keine Anwendung findet und die Leistung auch nicht als Anerkenntnis einer Verbindlichkeit zu werten ist, das Geleistete zurückzuverlangen. Es fragt sich, wer im System des Sicherungsscheins Bereicherungsschuldner ist, der Vmer oder der Vte. Ausgangspunkt der Überlegung ist, daß es im bürgerlichen Recht umstritten ist, wer beim Vertrage zugunsten Dritter Bereicherungsschuldner ist (vgl. dazu Sieg in Bruck-Möller-Sieg Anm. 51 – 53 zu §§ 75 – 76 m. w. N. und umfassend Canaris in Festschrift für Karl Larenz zum 70. Geburtstag, München 1973, S. 799 – 865). Nach BGH 24. II. 1972 BGHZ Bd 58 S. 187 – 190 m. w. N. ist diese Frage nicht generell zu entscheiden, sondern von Fall zu Fall zu differenzieren (zustimmend Sieg a. a. O. Anm. 51 zu §§ 75, 76). Zutreffend wird demgemäß von Sieg die früher von Prölss-Martin[20] Anm. 2 zu § 75, S. 420 vertretene Auffassung abgelehnt, daß sich der Bereicherungsanspruch in allen Fällen gegen den Vten zu richten habe (so aber auch Sieg VersR 1953 S. 219; Prölss-Martin[21] Anm. 5 zu § 75, S. 409 haben im übrigen diese Auffassung jetzt ebenfalls aufgegeben). Allerdings ist vom BGH 24. II. 1972 a. a. O. betont worden, daß in denjenigen Fällen, in denen entgegen der abdingbaren Vorschrift des § 335 BGB ausschließlich dem Dritten das Forderungsrecht gegen den Versprechenden zustehen soll, es als interessengerecht erscheine, das bereicherungsrechtliche Leistungsverhältnis allein zwischen dem Dritten und dem Versprechenden anzunehmen. Gegen eine generelle Auslegung spricht aber, daß es sehr viele denkbare Tatbestandsvarianten gibt. So hat BGH 25. IV. 1960 VersR 1960 S. 529 – 530 im Falle einer vom Vmer an die Reparaturwerkstatt erbetenen Zahlung des Vers, die dieser irrig trotz einer nach § 61 wegen Trunkenheit des Vmers (2,54 ‰) gegebenen Leistungsfreiheit erbracht hatte, den Vmer als Bereicherungsschuldner angesehen (es hat sich, genau berichtet, um eine alternative Urteilsbegründung gehandelt, in der in erster Linie auf Geschäftsführung ohne Auftrag abgestellt wurde). Gegen die Überlegung des BGH 25. IV. 1960 a. a. O. S. 530, daß durch die Zahlung des Vers an die Reparaturwerkstatt der Vmer insoweit bereichert sei, als er jetzt die Werklohnforderung der Werkstatt nicht mehr zu erbringen habe, gibt es im Grunde genommen kein stichhaltiges Argument. Hätte der Vte den Reparaturauftrag erteilt, so wäre mit der gleichen Begründung ein Anspruch aus ungerechtfertigter Bereicherung gegen den Vten zu bejahen. Es fragt sich nur, ob in dem entschiedenen Fall nicht neben dem Anspruch gegen den Vmer auch ein Bereicherungsanspruch gegen den Vten hätte bejaht werden können (was vom BGH a. a. O. nicht zu entscheiden war). Zwar war der Vte vertraglich nicht zur Bezahlung der Reparaturkosten verpflichtet, da er nicht Vertragspartner der Werkstatt war. Daß der Wagen wiederhergestellt wird, verbessert gewiß die Position des Vten, da ihm dieses Fahrzeug sicherheitshalber übereignet war; im Verhältnis zum Ver spielt das aber insofern zunächst keine Rolle, als diese Verbesserung bereits ohne die Leistung des Vers an die Werkstatt eingetreten ist. Zu bedenken ist aber, daß diese Verbesserung der Position des Vten mit dem regelmäßig in gleicher Höhe gegen ihn bestehenden Verwendungsanspruch des Werkunternehmers gemäß § 994 I BGB belastet ist, der erst einen Monat nach der Aushändigung des Fahrzeugs an den Eigentümer (oder einen Besitzmittler) gemäß § 1002 BGB erlischt (vgl. zu diesen bürgerlichrechtlichen Streitfragen nur BGH 21. XII. 1960 BGHZ Bd 34 S. 127–134, 18. XII. 1968 BGHZ Bd 58 S. 250–254 m. w. N.). Leistete der Ver zu einer Zeit an den Händler, als dieser Verwendungsanspruch gegen den Vten als Eigentümer noch bestand, so liegt es nahe, hier dem Ver auch gegen den Vten einen Bereicherungsanspruch zuzubilligen. Solche komplizierten Ausgangspositionen, die sich aus der Zahlung an einen Vierten, nämlich die Reparaturwerkstatt, ergeben, werden regelmäßig nur bei Teilschäden eintreten. Hat der Ver in einem Totalschadenfall an den Vten geleistet, obwohl er nach dem Vsvertrag – auch unter Berücksichtigung eines zusätzlichen Schutzes aus dem Sicherungsschein – nicht zur Leistung verpflichtet gewesen wäre, so richtet sich sein Bereicherungsanspruch allein gegen den Vten. Liegt eine Kombination einer V für fremde Rechnung mit einer Eigenv vor, weil die Vsleistung höher ist als die Restfinanzierungsforderung (vgl. Anm. J 167), so haftet der Vte nicht für den von ihm an den Vmer weitergeleiteten Anteil aus der Vsentschädigung, die sich auf diese Eigenv bezieht (so zutreffend OLG Köln 7. VI. 1966 NJW 1966 S. 2364 = VersR 1966 S. 748–749). Hätte der Vte diesen Anteil nicht weitergeleitet, so wäre er auch insoweit als Bereicherungsschuldner anzusehen. Leist der Ver in einem Totalschadenfall, in dem eine isolierte V für fremde Rechnung oder eine Kombination einer V für fremde Rechnung mit einer Eigenv gegeben ist, an den Vmer und leitet dieser an den Vten nichts weiter, so ist der Bereicherungsanspruch allein gegenüber dem Vmer entstanden. Auch diejenigen Fälle, in denen der Ver gegenüber dem Vten nach Schadenersatzgrundsätzen wegen Verletzung der zusätzlichen Verpflichtungen aus dem Sicherungsschein so haftet, als wenn Vsschutz bestünde (vgl. dazu Anm. J 170), sind in der Weise zu lösen, daß der Vmer dem Ver gegenüber nach Bereicherungsgrundsätzen haftet.

Soweit der Vsschutz des Vten weitergeht als der des Vmers (Beispiel: Abbedingung des § 61, vgl. dazu Anm. J 172), vollzieht sich der Ausgleich nach § 67 I 1; der Vmer ist insoweit als D r i t t e r im Sinne dieser Bestimmung anzusehen (OLG Stuttgart 14. V. 1965 VersR 1965 S. 873–874; vgl. ergänzend Sieg in Bruck-Möller-Sieg Anm. 37 und 130 zu § 67; ferner Tron a. a. O. S. 119 m. w. N.). Nach der Rechtsprechung (vgl. nur BGH 23. V. 1960 BGHZ Bd 32 S. 338, 15. X. 1963 LM Nr. 22 zu § 67, 5. V. 1969 VersR 1969 S. 643) kommt der Regelung in § 67 abschließender Charakter zu mit der Konsequenz, daß daneben kein Anspruch des Vers aus ungerechtfertigter Bereicherung besteht (a. M. aber Sieg a. a. O. Anm. 157−158 zu § 67 m. w. N.). Gegenüber der im Falle LG Hechingen 29. X. 1963 VersR 1964 S. 671−672 gewählten Konstruktion einer Abtretung der Finanzierungsforderung gegen Zahlung der Vsentschädigung bestehen konstruktive Bedenken, wenn damit eine Erweiterung der Regreßmöglichkeit gegenüber § 67 I angestrebt wird (das Gericht hat im übrigen, ohne auf solche konstruktiven Bedenken näher einzugehen, der Sache nach so entschieden, als wenn allein der Weg über diese Bestimmung gewählt worden wäre). Vgl. in diesem Zusammenhang auch OLG Düsseldorf 20. VII. 1961 VersR 1961 S. 889, wo ebenfalls der Weg über eine Abtretung der Finanzierungsforderung gewählt worden war.

Bereicherungsansprüche können sich aber nicht nur ergeben, weil der Ver von der Verpflichtung zur Leistung überhaupt frei ist, sondern weil er zwar zur Leistung verpflichtet ist, aber versehentlich an den Vmer und nicht an den Vten leistet; dann bleibt der Ver gegenüber dem Vten (unterstellt, daß der Vmer das Empfangene an den Vten nicht weitergeleitet hat und dieses auch nicht zur Wiederherstellung des Fahrzeugs in den Zustand, in dem es sich vor Eintritt des Vsfalls befunden hat, verwendet worden ist) zur Leistung verpflichtet und kann gegenüber dem Vmer kondizieren (Tron a. a. O. S. 92). Entsprechendes gilt, wenn der Ver an den Vten leistete, obwohl die V für fremde Rechnung infolge Tilgung der Finanzierungsforderung bereits erloschen war oder in Kombination mit einer V für eigene Rechnung stand. Hier bleibt die Vsforderung des Vmers bestehen, so daß der Ver, sofern der Vte nicht an den Vmer weitergeleitet hat, zur erneuten Leistung an den Vmer verpflichtet ist (Sieg Der Betrieb 1953 S. 483, Tron a. a. O. S. 92; vgl. auch Anm. J 167). Bereicherungsschuldner ist hier der Vte.

[J 174] jj) Rechtsstellung des Versicherten im Innenverhältnis

Der Zweck des Sicherungsscheins geht dahin, dem Vten das Fahrzeug als Sicherungsobjekt zu erhalten. Da der Eintritt von Schäden an dem in der Hand des Vmers genutzten Fahrzeug nicht vermieden werden kann, soll durch die zumeist mitfinanzierte Fahrzeugv für fremde Rechnung sichergestellt werden, daß die Mittel zur Wiederherstellung des Zustands vor Schadeneintritt zur Verfügung stehen (zum wirtschaftlichen Hintergrund vgl. ergänzend Anm. J 161). Handelt es sich daher um einen Teilschaden, so ist der Vte verpflichtet, die Vsentschädigung für die Reparatur zur Verfügung zu stellen. Das ist allgemein anerkannt. Vgl. schon Sieg VersR 1953 S. 221 und die Nachweise bei Tron a. a. O. S. 99−100. Tut der Vte das nicht, so handelt er vertragswidrig und macht sich gegenüber dem Vmer schadenersatzpflichtig. Vorausgesetzt wird bei dieser Aussage allerdings, daß der Vmer seinen Verpflichtungen aus dem zwischen ihm und dem Vten bestehenden Kreditvertrag in vollem Umfang nachgekommen ist. Sind Kreditraten rückständig, so ist der Vte zum Abzug dieses Betrages berechtigt, doch darf er nicht die künftig fällig werdenden Leistungen abziehen (Sieg VersR 1953 S. 221, Tron a. a. O. S. 100−102). Etwas anderes gilt dann, wenn wegen eines Ratenrückstandes bereits vor Eintritt des Schadenfalles eine Gesamtfälligkeit der Forderung aus dem Kreditvertrag ausgelöst worden war. Ist der Ratenrückstand aber wegen des Vsschadens eingetreten, etwa weil das vte Nutzfahrzeug dem Vmer nicht zur Verfügung stand, so kann der Vte nach Treu und Glauben zur Anpassung des Kreditvertrages unter Verzicht auf die formale Position der Gesamtfälligkeit verpflichtet sein. Schuldet der Vmer dem Vten etwas aus einem anderen Rechtsverhältnis als aus dem Kreditvertrag für das beschädigte Fahrzeug und ist dadurch keine Gesamtfälligkeit der Raten auch aus dem Kreditvertrag eingetreten, so kann der spezielle Zweck der V für fremde Rechnung − sofern kein gänzlicher Vermögensverfall des Vmers eintritt − eine Aufrechnung oder die Ausübung eines

Zurückbehaltungsrechts nach Treu und Glauben verbieten. Im Regelfall ist danach der Vte auf Verlangen des Vmers verpflichtet, die Vsentschädigung ungekürzt an die Reparaturwerkstatt weiterzuleiten, die die Schäden beseitigt hat. In den Fällen, in denen der Vmer den Anspruch der Reparaturwerkstatt schon aus eigenen Mitteln befriedigt hat, ist der Vte verpflichtet, die erhaltene Vsentschädigung an den Vmer weiterzuleiten (so sinngemäß OLG Hamburg 3. XI. 1938 JW 1939 S. 3235 für den Fall einer Abtretung der Vsforderung an den Kreditgeber; zustimmend Ernst öffrV 1940 S. 39).

Bei Eintritt eines Totalschadens wird allgemein im Rahmen der gesicherten Forderung ein uneingeschränktes Zugriffsrecht des Vten auf die Vsentschädigung angenommen, sofern im Kreditvertrag bei einem solchen Untergang der vten Sache eine Gesamtfälligkeit der Kreditforderung vorgesehen ist (vgl. Sieg VersR 1953 S. 221, ferner Stiefel-Wussow-Hofmann[10] Anm. 28 zu § 3 AKB, S. 203, Tron a. a. O. S. 102 m. w. N. und OLG Hamburg 3. XI. 1938 a. a. O.). Fehlt ausnahmsweise eine solche Regelung im Kreditvertrag, so darf der Vte die Entschädigung nicht vollen Umfangs auf die Kreditforderung verrechnen, vielmehr ist § 1288 BGB in der Weise entsprechend anzuwenden, daß der Vte die Vsentschädigung für den Kauf eines anderen Fahrzeugs zur Verfügung stellen muß, sofern er dabei − wirtschaftlich betrachtet − die gleichen Sicherheiten erhält wie zuvor (so schon Sieg VersR 1953 S. 221 und ihm folgend Tron a. a. O. S. 102). Es fragt sich aber, ob das nicht auch dann zu gelten hat, wenn es im Kreditvertrag heißt, daß bei einem Untergang des finanzierten Fahrzeugs die gesamte Restforderung auf einmal fällig werde. Diese Vertragsbestimmung ist nämlich nach Treu und Glauben durchaus einer einschränkenden Auslegung dahin zugänglich, daß der Vte die Fahrzeugentschädigung auf Verlangen des Vmers für den Kauf eines anderen Fahrzeugs, das wiederum sicherheitshalber zu übereignen ist, unter Aufrechterhaltung der bisherigen Tilgungsraten zur Verfügung zu stellen hat, sofern nur die Position des Vten wirtschaftlich die gleiche ist wie vor Eintritt des Schadenfalles. Jedenfalls ist kein einleuchtender Grund ersichtlich, warum nicht eine solche einschränkende Vertragsauslegung hinsichtlich der Gesamtfälligkeit vorgenommen werden darf, wenn dem Vten daraus gegenüber der Situation vor Eintritt des Vsfalls kein wirtschaftlicher Nachteil droht.

Erläßt der Vte dem Ver den Anspruch auf die Vsentschädigung, ein isoliert kaum denkbarer Fall, so macht er sich gegenüber dem Vmer schadenersatzpflichtig (Sieg VersR 1953 S. 221); das gleiche gilt, wenn der Vte entgegen der materiellen Rechts- und Beweislage bei einem umstrittenen Vsanspruch einen den Vmer benachteiligenden Vergleich abschließt. Maßgebend ist insoweit der Standpunkt eines vernünftig und objektiv alle Tatumstände abwägenden Vmers, der ausgerichtet ist an den Grundsätzen der zur Zeit des Vergleichsabschlusses herrschenden Rechtsprechung hinsichtlich eines bestimmten Rechtsproblems. Mehren sich allerdings im Schrifttum die Meinungsäußerungen, die einen solchen Standpunkt in Zweifel ziehen, so muß von dem Vten unter Umständen auch erwartet werden, daß er die Frage sorgsam in Betracht zieht, ob wohl mit der Änderung der höchstrichterlichen Rechtsprechung zu einem bestimmten Fragenkreis gerechnet werden muß.

[J 175] d) Sonderbedingung für Kraftfahrzeug-Handel und -Handwerk

Neben dem in Anm. J 160−174 erörterten Sicherungsschein gibt es noch einen weiteren typischen Anwendungsfall einer V für fremde Rechnung im Bereich der Fahrzeugv, nämlich die nach der Sonderbedingung zur Haftpflicht- und Fahrzeugv für Kfz-Handel und -Handwerk (VA 1968 S. 74−76). Im Rechtssinne handelt es sich ungeachtet der Bezeichnung als „Sonderbedingung" um Bestimmungen, die einer Vielzahl von Vsverträgen ohne Rücksicht auf individuelle Verschiedenheiten des einzelnen Wagnisses zugrunde gelegt werden, also um Allgemeine Vsbedingungen, die in ihrer Auslegung vom Revisionsgericht frei nachgeprüft werden dürfen (so BGH 22. I. 1969 VersR 1969 S. 271). Ursprünglich war diese „Sonderbedingung" für die Fahrzeugv so gefaßt (vgl. VA 1965 S. 212—213), daß für fremde Fahrzeuge im Rahmen der §§ 12—15 AKB entweder eine „uneingeschränkte" oder eine „eingeschränkte" Fahrzeugv gewährt wurde. Die Einschränkung bestand darin, daß der Ver nur Vsschutz zu gewähren hatte, wenn und soweit der Vmer auf Grund gesetzlicher Haftpflichtbestimmungen privatrechtlichen Inhalts in Anspruch genommen wurde; diese eingeschränkte Fahrzeugv umfaßte auch die Abwehr unberechtigter Haftpflichtansprüche gegen den Vmer. Sie ließ damit alle Merkmale der Haftpflichtv in ihrer modernen Ausprägung erkennen. Möller in Bruck-Möller Anm. 105 zu § 49 bemerkt treffend, daß diese eingeschränkte „Fahrzeugv" in Wahrheit eine Haftpflichtv sei, weil sie nur Vsschutz gewähre, falls der Besteller den Unternehmer in Anspruch nehme (ebenso BGH 14. III. 1973 VersR 1973 S. 411). Die Möglichkeit einer solchen „eingeschränkten" Fahrzeugv sieht die Sonderbedingung in der seit dem 1. IV. 1968 geltenden Fassung nicht mehr vor. Jetzt wird demgemäß nur noch die „uneingeschränkte" Fahrzeugv standardisiert angeboten. Bei dieser handelt es sich um eine V des Eigentümerinteresses, also um eine V für fremde Rechnung (BGH 22. I. 1969 a. a. O. S. 272, 20. III. 1974 NJW 1974 S. 1139—1140 = VA 1975 S. 340—341 Nr. 667; Möller in Bruck-Möller Anm. 105 zu § 49). Trifft diese mit einer eigenen Fahrzeugv des Eigentümers zusammen, so liegt eine Doppelv vor, bei der die Ver im Verhältnis zueinander zur Ausgleichung nach § 59 II verpflichtet sind (so BGH 20. III. 1974 a. a. O.; vgl. dazu auch Möller in Bruck-Möller Anm. 15 zu § 58 m. w. N., der die Frage, ob hier eine Doppelv vorliegt, allerdings offenläßt; verfehlt OLG Stuttgart 19. II. 1964 VersR 1964 S. 584—585, wenn es in einem derartigen Fall annimmt, daß trotz Eingreifens der Vorschriften über die Doppelv eine Regreßmaßnahme nach § 67 I 1 gegen den Vmer zulässig sei).

Hinsichtlich der Fahrzeugv für fremde Rechnung sind in der Sonderbedingung — anders als in dem in Anm. J 160—174 behandelten Sicherungsschein — keinerlei spezielle Regelungen bezüglich der Verfügungsbefugnis getroffen worden; es fehlt auch an sonstigen besonderen Verpflichtungen des Vers im Verhältnis zum Vten. Es darf daher vollen Umfangs auf die Erläuterungen von Sieg in Bruck-Möller-Sieg zu §§ 74—79 verwiesen werden. Vgl. auch Bach VersPrax 1956 S. 183—185.

[J 176] e) Sonstige Fälle

Als praktische Fälle aus dem Bereich der Fahrzeugv nennt Bauer Kraftfahrtv S. 157 die V von **beamteneigenen Fahrzeugen durch Behörden** und die V von **Arbeitnehmerfahrzeugen durch Arbeitgeber**. Möller in Bruck-Möller Anm. 105 zu § 49 führt als Beispielsfall für eine V für fremde Rechnung den Einbau von Teilen in ein Fahrzeug unter Entstehung von Miteigentum gemäß § 947 BGB auf. Hier wird im Rahmen der in Anm. J 175 erörterten Sonderbedingung zur Haftpflichtv- und Fahrzeugv für Kfz-Handel und -Handwerk, ohne daß das in der Klausel besonders erwähnt wird, sowohl das Eigentümerinteresse des Bestellers als auch jenes des Unternehmers vert. Eine solche kombinierte V ist aber auch im Rahmen jedes formularmäßig abgeschlossenen Fahrzeugvsvertrages anzunehmen, bei dem der Besteller Vmer ist und in dessen Fahrzeug der Unternehmer, der keine Fahrzeugv nach der zitierten Sonderbedingung abgeschlossen haben möge (andernfalls läge eine Doppelv vor, vgl. Möller in Bruck-Möller Anm. 15 zu § 58), Fahrzeugteile unter Eigentumsvorbehalt einbaut (z. B. einen neuen Motor). Zur Auslegungsfrage, welcher Motor im Rahmen einer

VI. 1. c) Sicherungsschein Anm. J 176

Fahrzeugv vom Vsschutz erfaßt wird, wenn der Unternehmer vorübergehend einen Austauschmotor einbaut, nämlich der ursprüngliche Motor oder der vorübergehend eingebaute, vgl. ergänzend Anm. J 22.

Bauer Kraftfahrv S. 157 führt unter Bezugnahme auf BGH 9. III. 1964 VA 1964 S. 230 Nr. 398 = VersR 1964 S. 479 als Beispielsfall für eine V für fremde Rechnung in der Fahrzeugv die Vsnahme durch eine offene Handelsgesellschaft an, bei der die Gesellschafter stets als Mitvte anzusehen seien. Vom BGH a. a. O. war zu beurteilen, ob gegen den mit seinem Vater in häuslicher Gemeinschaft lebenden Sohn eines der Gesellschafter dieser offenen Handelsgesellschaft Regreß genommen werden dürfe oder ob dem die Regelung in § 67 II entgegenstehe. In diesem Zusammenhang führt der BGH a. a. O. unter anderem folgendes aus: Gegenstand der Kfz-Kaskov sei nach § 12 AKB das Eigentümerinteresse an der Erhaltung des vten Fahrzeugs ... Ein derartiges Interesse sei bei einer Gesamthandsgemeinschaft, die für einen zum gemeinschaftlichen Vermögen gehörenden Kraftwagen eine Kaskov abschließe, in der Person jedes Gemeinschaftsangehörigen gegeben. Jedem der Teilhaber stehe an dem gemeinschaftlichen Kfz ein Eigentumsrecht zu. Dieses unterliege zwar der gesamthänderischen Bindung des Gemeinschaftsvermögens. Es lasse jedoch einen Verlust des Fahrzeugs als eine unmittelbare Beeinträchtigung der dinglichen Rechtsstellung des einzelnen Teilhabers erscheinen. Da die einzelnen Gemeinschaftsangehörigen unter diesen Umständen unbeschadet der Unteilbarkeit, Gleichartigkeit und Gemeinschaftlichkeit des vten Interesses ... als dessen (Mit-)Träger angesehen werden müßten, genössen sie als (Mit-)Vte Vsschutz. Der Kaskover sei deshalb grundsätzlich gehindert, nach Entschädigung der Gesamthandsgemeinschaft gegen eines ihrer Mitglieder nach § 67 I 1 Rückgriff zu nehmen; denn als regreßpflichtiger „Dritter" im Sinne der vorgenannten Bestimmung komme im Bereich der Sachv nur eine Person in Betracht, die weder Vmer noch Vter sei ... Wenngleich sich die oHG in ihrer rechtlichen Stellung nach außen weitgehend der juristischen Person nähere (Fischer, Festschrift für Hedemann, 1958 S. 75), unterscheide sich das Eigentümerinteresse ihrer Gesellschafter an der Erhaltung der in ihrem Gesamthandseigentum stehenden Sachen nicht von dem der Beteiligten der anderen Gesamthandsgemeinschaften ...

Der Entscheidung des BGH ist im Ergebnis durchaus zuzustimmen (vgl. dazu Möller in Bruck-Möller Anm. 111 zu § 49, der lediglich die Terminologie hinsichtlich des vom BGH gebrauchten „unteilbaren" Interessebegriffs kritisiert und Sieg in Bruck-Möller-Sieg Anm. 104 zu § 67). Es stellt aber ein Mißverständnis dar, wenn man die Entscheidung in dem Sinne interpretiert, daß der BGH die Vsnahme durch Gesamthandsgemeinschaften schlechthin dem Rechtsbegriff der V für fremde Rechnung zuordnen wolle. Die V einer im Gesamthandseigentum stehenden Sache durch die Gesamthandsgemeinschaft stellt vielmehr eine V für eigene Rechnung dar; es handelt sich um die V e i n e s Interesses, das den Beteiligten zur gesamten Hand zusteht (vgl. Möller in Bruck-Möller Anm. 59 zu § 49 m. w. N.). Die Bemerkung von Bauer a. a. O. wird allerdings verständlich, wenn man den generalisierenden Sprachgebrauch in den Entscheidungsgründen in Betracht zieht, mit dem neben dem konkret anstehenden Fall auch andere Fallgruppen behandelt werden, wobei keine strenge Scheidung der Begriffe Vmer (Mitvmer) und Vter (Mitvter) erfolgt. Vgl. dazu auch Sieg in Bruck-Möller-Sieg Anm. 24 zu § 74. — Der Abzahlungskäufer eines Fahrzeugs, das von seinem Verkäufer zur Finanzierung dieses Kaufs sicherheitshalber an eine Bank übereignet worden ist, hat ein eigenes vermögenswertes Interesse an dem Abschluß einer Fahrzeugv; schließt ein solcher Käufer daher, ohne das System des Sicherungsscheins zu benutzen (und ohne gegenüber der Bank zum Abschluß einer V verpflichtet zu sein), eine Fahrzeugv ab, um im Schadenfall die Reparatur bezahlen zu können und so seinen Verdienstausfall möglichst gering zu halten (so im Fall BGH 4. IV. 1963 VersR

1963 S. 529–530), so liegt eine V eines eigenen Interesses vor und nicht eine solche für fremde Rechnung.

[J 177] 2. Faktische Versicherung für fremde Rechnung
a) Rechtliche Einordnung

In § 15 II AKB ist bestimmt, daß Ersatzansprüche des Vmers, die nach § 67 auf den Ver übergegangen sind, gegen den **berechtigten Fahrer** und andere in der **Haftpflichtv mitve Personen** sowie gegen den **Mieter oder Entleiher** nur geltend gemacht werden können, wenn von ihnen der Vsfall **vorsätzlich oder grobfahrlässig** herbeigeführt worden ist. Diese Regelung gilt generell erst seit dem 1. I. 1971 (vgl. VA 1971 S. 4; für das österreichische Recht fehlt es nach ÖOGH 6. V. 1975 VersR 1976 S. 1195 noch an einer entsprechenden Regelung), von einigen Vern ist allerdings schon zuvor eine entsprechende „besondere" Bedingung verwendet worden (vgl. VA 1967 S. 167). Da es in den AKB für die Fahrzeugv – anders als für die Haftpflichtv – keine institutionelle V für fremde Rechnung für den in § 10 II AKB genannten Personenkreis gibt (vgl. nur BGH 30. IV. 1959 BGHZ Bd 30 S. 42 und die weiteren Nachweise in Anm. J 159), hat es bis zum Inkrafttreten der Neuregelung viele dem Vsgedanken im Grunde genommen abträgliche Regreßprozesse gegeben, bei denen es dann häufig um die Bedeutung von Haftungsausschlußklauseln (vgl. dazu die Nachweise bei Sieg in Bruck-Möller-Sieg Anm. 84–85 zu § 67) oder die Haftung des Arbeitnehmers für bei gefahrgeneigten Arbeiten eintretende Schäden ging (vgl. die Nachweise aus der Rechtsprechung in Anm. J 178). Nunmehr ist eine befriedigende Regelung getroffen worden, die wesentlich zur Verbesserung des Instituts der Fahrzeugv beigetragen hat. Es besteht jetzt Übereinstimmung zwischen dem Rechtsgefühl des durchschnittlichen Vmers, der meinte, daß mit der Entrichtung der Fahrzeugprämie auch sein berechtigter Fahrer Vsschutz genieße (vgl. den zutreffenden Hinweis bei E. von Hippel NJW 1966 S. 1013 und dagegen Mahlberg NJW 1966 S. 2155) und der davon konträren Rechtswirklichkeit. Sieg in Bruck-Möller-Sieg Anm. 13 vor §§ 74–80 bezeichnet § 15 II AKB als **faktische V für fremde Rechnung**. Gesetzgeberisches Vorbild dieser Regelung ist der Idee nach § 67 II. Nach dieser Bestimmung ist der Übergang des Ersatzanspruchs des Vmers auf den Ver gegen einen mit dem Vmer in häuslicher Gemeinschaft lebenden Familienangehörigen ausgeschlossen, es sei denn, daß der Angehörige den Schaden vorsätzlich verursacht hat. Der Unterschied zwischen den beiden genannten Bestimmungen ist – abgesehen davon, daß in § 15 II AKB anders als nach § 67 II die grobfahrlässige Herbeiführung des Vsfalles nicht privilegiert wird – zunächst darin zu sehen, daß § 67 II schon den Übergang der Ersatzforderung ausschließt, während § 15 II gerade den Übergang voraussetzt, dann dem Ver aber die Geltendmachung des Anspruchs untersagt. Der Sache nach handelt es sich bei der Regelung in § 15 II AKB um einen antizipierten, mit dem Übergang der Forderung aufschiebend bedingten Vertrag sui generis zugunsten eines Dritten im Sinne des § 328 BGB, der zutreffend mit dem Ausdruck „**pactum de non petendo**" gekennzeichnet werden kann (vgl. nur Sieg in Bruck-Möller-Sieg Anm. 46 zu § 67, Bischoff VA 1961 S. 32 und Reimer Schmidt VersR 1953 S. 459, ferner Palandt-Heinrichs[37] Anm. 3c zu § 397 BGB und Anm. 3b zu § 328 BGB und Soergel-Reimer Schmidt[10] Anm. 10 zu § 397 m. w. N.). Als Erlaßvertrag zugunsten eines Dritten, was an sich angestrebt werden müßte, läßt sich die gewählte Konstruktion schon deshalb nicht qualifizieren, weil begrifflich die Institution des Vertrages zugunsten Dritter bei einem Erlaßvertrag nicht eingreifen kann, der vielmehr stets die Mitwirkung des Schuldners und des Gläubigers voraussetzt (vgl. nur RG 5. VII. 1935 RGZ Bd 148 S. 262–263 und BGH 30. XI. 1955 JZ 1956 S. 119–120 [nicht vsrechtliche Entscheidungen], Palandt-Heinrichs[37] Anm. 3d zu § 397 BGB, Soergel-Reimer Schmidt[10] Anm. 2 zu § 397 BGB, Weber in RGR Komm[12] Anm. 20 zu § 397 BGB.). Weber a. a. O. weist im übrigen darauf hin, daß ein solcher Vertrag zwischen einem Dritten und dem Gläubiger (hier zwischen Alt- und Neugläubiger) zugleich als Erlaßangebot an den Schuldner gewertet werden könne, das dieser ausdrücklich oder stillschweigend und nach § 151 BGB sogar ohne Erklärung annehmen könne. Dagegen, das auch für den hier erörterten Fall des § 15 II AKB anzunehmen, spricht nicht entscheidend, daß es sich bei dem Vertrag über die Nichtgeltendmachung des Anspruchs um eine künftige Forderung handelt. Solche konstruktiven Bedenken ließen sich vielmehr überwinden. Doch geht der Wortlaut des § 15 II AKB klar dahin, daß lediglich ein pactum de non petendo gewollt war. Es heißt nur, daß die übergegangenen Ansprüche nicht geltend gemacht werden können.

Der Geltungsbereich der zugunsten des Vmers gemäß § 68a zwingenden Bestimmung des § 67 II wird durch § 15 II AKB nicht berührt. Bei durch Familienangehörige angerichteten Schäden ist demgemäß der Anwendungsbereich dieser für den Schädiger noch günstigeren Bestimmung stets mitzuberücksichtigen (vgl. dazu Sieg in Bruck-Möller-Sieg Anm. 104–114 zu § 67).

[J 178] b) Auswirkungen auf das Rechtsverhältnis zwischen Versicherungsnehmer und Schädiger

Nimmt der Vmer seine Kaskov nicht in Anspruch, sondern geht er gegen den Schadenstifter vor, so kann ihm dieser im Grundsatz die für ihn günstige Regelung in § 15 II AKB nur dann entgegenhalten, wenn der Vmer sich gegenüber dem Schadenstifter vertraglich zum Abschluß einer Kaskov verpflichtet hatte. Die Situation ähnelt dabei derjenigen, die entsteht, wenn der Vmer bei der V für fremde Rechnung zu Lasten des Vten einen Erlaßvertrag mit dem Ver abschließt (vgl. dazu Sieg in Bruck-Möller-Sieg Anm. 20, 21 zu §§ 75, 76 m. w. N.).

Speziell für solche Fälle aber, in denen zwischen dem Vmer und der schadenstiftenden Person im Sinne des § 15 II AKB ein arbeitsrechtlicher Vertrag besteht, muß die besondere Fürsorgepflicht des Arbeitgebers bedacht werden. Zwar ist an dem Grundsatz festzuhalten, daß der Arbeitgeber nicht verpflichtet ist, die von dem Arbeitnehmer dienstlich gefahrenen Wagen kasko zu vern (vgl. nur BGH 10. I. 1955 BGHZ Bd 16 S. 119, BAG 22. III. 1968 NJW 1968 S. 1846–1847 = VersR 1968 S. 742). Hat ein Arbeitgeber aber einen solchen Kaskovsvertrag abgeschlossen, so ist in Fortentwicklung der Rechtsprechung zur Haftung für schadengeneigte Arbeiten eine Inanspruchnahme des Arbeitnehmers im Umfang des in § 15 II AKB vorgesehenen pactum de non petendo als rechtsmißbräuchlich anzusehen. Zu weit würde es aber wiederum gehen, von einem Arbeitgeber generell zu verlangen, die Kaskov der von den Arbeitnehmern dienstlich gefahrenen Fahrzeuge beizubehalten, nur weil in der Vergangenheit ohne Rechtsverpflichtung gegenüber dem Arbeitnehmer ein solcher Vertrag geschlossen worden war. Was zu beanstanden ist, ist lediglich im Regelfall die Nichtgeltendmachung des Vsanspruchs in der Absicht, sich an den Arbeitnehmer zu halten. Große praktische Bedeutung kommt dieser Überlegung ohnedies nicht zu, da die ständige Rechtsprechung des BAG dahin geht, daß der Arbeitnehmer für grobfahrlässig herbeigeführte Schäden einzustehen hat, während er für leichte Fahrlässigkeit grundsätzlich nicht haftet und im Bereich zwischen leichter und grober Fahrlässigkeit schließlich eine quotenmäßige Verteilung des Schadens stattfindet (vgl. nur BAG 19. III. 1959 BAGE Bd 7 S. 290–301, 21. XI. 1959 AP Nr. 14 zu § 611 BGB-Haftung des Arbeitnehmers, 10. III. 1961 AP Nr. 23 zu § 611 BGB-Haftung des Arbeitnehmers, 30. X. 1963 BAGE Bd 15 S. 70–73, 29. VI. 1964 AP Nr. 33 zu § 611 BGB-Haftung des Arbeitnehmers; ferner Sieg in Bruck-Möller-Sieg Anm. 45 zu § 67 m.w.N. und die Nachweise bei Soergel-Wlotzke-Volze[10] Anm. 69 zu § 611 BGB).

Dem nach § 15 II AKB zwischen dem Ver und dem Vmer vereinbarten Vertrag über die Nichtgeltendmachung der übergangenen Forderung kommt hinsichtlich des bei dem Vmer verbleibenden Teils des Schadens (sei es Selbstbeteiligung, sei es gemäß § 13 VI AKB nicht vter Sachfolgeschaden oder Wertminderung) keine ausstrahlende Bedeutung in dem Sinne zu, daß der Schadenstifter auch insoweit nur für grobe Fahrlässigkeit oder Vorsatz haftet. Vielmehr kommen hier lediglich die allgemeinen Grundsätze des Schuldrechts und die speziellen der konkret vorliegenden Vertragsform zur Anwendung.

[J 179] c) Anwendungsbereich
aa) Erfaßter Personenkreis

Der durch § 15 II AKB begünstigte Personenkreis umfaßt seit dem Inkrafttreten dieser Regelung am 1. I. 1971 den **berechtigten Fahrer** und andere in der **Haftpflichtv mitvte Personen**, nämlich den **Halter**, den **Eigentümer**, den **Beifahrer** und den **Omnibusschaffner** sowie den **Mieter** oder **Entleiher** des **Fahrzeugs** und seit dem 1. I. 1977 auch den **Arbeitgeber des Vmers**, wenn das vte Fahrzeug mit Zustimmung des Vmers für dienstliche Zwecke gebraucht wird (VA 1977 S. 48). Es fällt auf, daß in § 15 II AKB nicht generell auf den von § 10 II AKB erfaßten Personenkreis verwiesen wird. Das hat seinen Grund zum einen darin, daß gegenüber dem unberechtigten Fahrer kein Regreßverzicht erfolgen sollte. Wer unbefugt ein fremdes Fahrzeug benutzt, kann und wird gewiß nicht erwarten, daß er für schuldhaft herbeigeführte Schäden nicht auf Schadenersatz in Anspruch genommen wird. Schwierigkeiten kann allerdings im Einzelfall die Feststellung bereiten, ob jemand berechtigter oder unberechtigter Fahrer war. Beide Begriffe sind in den AKB nicht näher definiert. Demgemäß muß die Abgrenzung nach den Anschauungen des redlichen Verkehrs unter Berücksichtigung des üblichen Sprachgebrauchs erfolgen. Vom BGH 17. II. 1955 BGHZ Bd 16 S. 292–296 ist zu Recht hervorgehoben worden, daß eine weite Auslegung des Begriffs des berechtigten Fahrers nach dem Sinn des Pflichtvsgesetzes geboten sei. Dieser Gesichtspunkt gilt für die dem sozialen Frieden dienende Bestimmung des § 15 II AKB im gleichen Maße, so daß von einer sich nahtlos ergänzenden Begriffsbildung im Rahmen der als Einheit zu verstehenden Bestimmungen des § 2 IIb AKB hinsichtlich des unberechtigten Fahrers und des § 15 II AKB in bezug auf den berechtigten Fahrer auszugehen ist. BGH 4. V. 1964 NJW 1964 S. 1373 = VersR 1964 S. 647 bemerkt ergänzend, daß die Frage der Fahrberechtigung gemäß dem **sozialen Sinn des Pflichtvsgesetzes nach objektiven Kriterien** zu entscheiden sei.

BGH 17. II. 1955 a.a.O. definiert den berechtigten Fahrer als denjenigen, der die ausdrückliche oder stillschweigende Berechtigung zum Führen des betreffenden Wagens von demjenigen erhalten habe, der berechtigt sei, über die Benutzung dieses Wagens zu bestimmen; das werde regelmäßig der Halter sein, könne aber nach den Umständen des Einzelfalles auch eine sonstige hinsichtlich der Fahrzeugbenutzung verfügungsberechtigte Person sein (ebenso BGH 28. XI. 1957 BGHZ Bd 26 S. 136, 7. XII. 1961 VersR 1962 S. 59, 3. VII. 1962 VersR 1962 S. 727, 10. VI. 1963 VersR 1963 S. 771, 11. VII. 1963 VersR 1963 S. 772). Der Umfang der Fahrberechtigung ist dabei, wie schon hervorgehoben, im Einzelfall nach objektiven Grundsätzen in natürlicher und verkehrsgerechter Betrachtung zu bestimmen (BGH 4. V. 1964 NJW 1964 S. 1372–1373 = VersR 1964 S. 646–647, 22. X. 1969 VA 1970 S. 34 Nr.

VI. 2. Faktische V für fremde Rechnung **Anm. J 179**

552 = VersR 1969 S. 1107). Bei Abweichungen von den Weisungen des Berechtigten ist nach den Grundsätzen dieser Rechtsprechung zu prüfen, ob der Charakter der Fahrt selbst dermaßen verändert wurde, daß sie durch die erteilte Genehmigung als nicht mehr gedeckt erscheine; die verbotswidrige Mitnahme von Beifahrern oder kürzere Umwege verändern danach nur die Art der erlaubten Fahrt, rechtfertigen aber nicht ihre Einordnung als verbotene Schwarzfahrt.

OLG Düsseldorf 3. III. 1959 VersR 1959 S. 726 nimmt an, daß eine ursprünglich unberechtigte Fahrt durch nachträgliches Einverständnis (Genehmigung) des Vmers (und wohl auch des sonst über die Benutzung des Wagens Verfügungsberechtigten) zu einer berechtigten Fahrzeugführung werden könne. Dagegen bestehen jedoch sowohl im Rahmen des § 2 IIb AKB als auch der hier erörterten Bestimmung des § 15 II AKB Bedenken (kritisch auch Stiefel-Wussow-Hofmann[10] Anm. 51 zu § 2 AKB, S. 143). Eine solche nachträgliche Zustimmung kann den nach objektiven Grundsätzen zu bestimmenden Charakter der Begriffe „berechtigter" oder „unberechtigter" Fahrer nicht verändern. Es muß im Einzelfall allerdings geprüft werden, ob eine solche Genehmigung außerhalb des Rahmens des § 15 II AKB einen Haftungsverzicht des Vmers gegenüber dem ursprünglich unberechtigten Fahrer bedeuten kann. Mit Rücksicht darauf, daß ein Vmer damit wegen A u f g a b e eines Ersatzanspruchs nach § 67 I 3 seinen Vsschutz gefährdet, wird eine solche Auslegung regelmäßig nicht im Interesse des Vmers liegen. Auch kann eine nachträgliche Zustimmung als ein Indiz für ein von Anfang an gegebenes stillschweigendes oder mutmaßliches Einverständnis des über die Benutzung des Wagens Verfügungsberechtigten angesehen werden. Im übrigen ist ein stillschweigendes Einverständnis von einem mutmaßlichen Einverständnis des Verfügungsberechtigten abzugrenzen. Letzteres ist regelmäßig allein an objektiven Kriterien zu orientieren. Beispiel: Der Wagen des Vmers wird ohne sein Wissen von einem ihm unbekannten Dritten benutzt, um einen Schwerverletzten zur ersten Hilfeleistung in das nächste Krankenhaus zu fahren. Auch wenn der Vmer jetzt erklärt, daß er mit einem solchen Tun nicht einverstanden sei und es nachträglich mißbillige, darf von einer Fahrt durch einen berechtigten Fahrer im Sinne des § 15 II AKB ausgegangen werden mit der Folge, daß der Regreßanspruch des Vers den dort aufgeführten Einschränkungen unterliegt.

Entscheidungen zum Begriff des berechtigten Fahrers aus der Zeit vor Einführung der Pflichtv lassen sich heute nur noch mit großen Vorbehalten verwenden, da damals die Tendenz in Rechtsprechung und Schrifttum — jedenfalls bei Fehlen einer behördlichen Fahrerlaubnis — dahin ging, den Begriff des berechtigten Fahrers möglichst einzuschränken, um im Interesse des Vmers und des geschädigten Dritten zur Gewährung von Vsschutz zu kommen (vgl. dazu Möller HansRGZ 1937 A Sp. 241 und als Beispiel für eine aus heutiger Sicht der Dinge unbefriedigende Abgrenzung des Begriffs des berechtigten Fahrers RG 23. IV. 1937 RGZ Bd 154 S. 341). Man könnte im ersten Augenblick annehmen, daß es genügt hätte, wenn in § 15 II AKB das pactum de non petendo überhaupt nur auf den berechtigten Fahrer erstreckt worden wäre. Das entspricht auch sicher der Masse der Fälle. Es ist indes nicht zu übersehen, daß typische Hilfspersonen der Beförderung, nämlich der Beifahrer im Sinne des § 10 IId AKB und der im Rahmen eines Arbeitsverhältnisses für den Vmer tätige Omnibusschaffner nach § 10 IIe AKB, auch Fahrzeugschäden verursachen können. Hingegen kommt § 15 II AKB bezüglich des Halters (§ 10 IIa AKB) und des Eigentümers (§ 10 IIb AKB) nur ganz geringe Bedeutung zu. Der Eigentümer ist in der Regel ohnehin nicht der Anspruchsgegner eines Schadenersatzanspruchs bezüglich seines Fahrzeugs, sondern meist gerade selbst Inhaber dieser Forderung. Allerdings ist einzuräumen, daß hier abweichende Sonderkonstellationen möglich sind. Im übrigen werden durchweg ohnedies Halter und Eigentümer berechtigte Fahrer sein, so daß aus aus diesem Gesichtspunkt heraus eine besondere Erwähnung nicht erforderlich wäre. Die aufzählende Regelung hat aber immerhin den Vorzug der Klarstellung, daß das pactum de non petendo auch dann gilt, wenn Halter und Eigentümer ausnahmsweise einmal nicht berechtigte Fahrer gewesen sind.

Nutzt ein Arbeitnehmer seinen privaten Wagen auf Weisung des Arbeitgebers für Firmenzwecke, so kann sich bei ohne Verschulden des Arbeitgebers entstehenden Schäden ein Wertersatzanspruch des Arbeitnehmers gegen den Arbeitgeber im Sinne der Rechtsprechung des BAG ergeben (vgl. nur BAG 10. X. 1961 BAGE Bd 12 S. 19–28, 2. II. 1962 BAGE Bd 12 S. 239–244 und die Nachweise bei Erman-Küchenhoff[4] Anm. 6c B zu § 611 BGB). Die Ver stellen für Arbeitgeber, die sich gegen dieses Risiko absichern wollen, besondere Rahmenverträge in der Kraftfahrtv zur Verfügung (vgl. VA 1973 S. 242–243). Durch die Bedingungsänderung vom 1. 1. 1977 (VA 1977 S. 48) ist jetzt erreicht worden, daß in den seltenen Fällen, in denen schon der Arbeitnehmer selbst den Schutz durch eine Fahrzeugv herbeigeführt hat, der Arbeitgeber vom Ver nicht im Regreßwege in Anspruch genommen werden kann. Innerlich gerechtfertigt ist diese – im übrigen aber zweifellos dem Betriebsfrieden dienende – Regelung nur in denjenigen Fällen, in denen der Arbeitgeber dem Vmer die Kaskovsprämie ganz oder teilweise neben dem Arbeitsentgelt erstattet hatte. Zu beachten ist, daß das pactum de non petendo nicht etwa jeden auf den Arbeitsvertrag bezogenen Schadenersatzanspruch wegen einer Fahrzeugschädigung erfaßt. Insbesondere werden grundsätzlich die durch einen mangelhaften Zustand eines betrieblichen Parkplatzes entstehenden Schäden nicht von der Sonderregelung des § 15 II AKB erfaßt, es sei denn, daß das Abstellen des Fahrzeuges dort zwischen zwei betrieblichen Fahrten erfolgt. Als solche betrieblichen Fahrten sind aber nicht diejenigen anzusehen, bei denen es nur darum geht, daß der Arbeitnehmer sich zur gewohnten Arbeitsstätte begibt und sich dabei seines Fahrzeugs bedient. Der Mieter und der Entleiher sind deshalb zusätzlich aufgeführt worden, weil es naheliegt, daß sie vertraglich und deliktisch auch dann für einen Schaden verantwortlich gemacht werden können, wenn sie das Fahrzeug nicht selbst geführt haben, sondern eine dritte Person gefahren hat, sei es als berechtigter, sei es aber auch als unberechtigter Fahrer. Eine Auslegung des Begriffs des berechtigten Fahrers in dem Sinne, daß das pactum de non petendo auch für denjenigen gilt, der zwar nicht selbst fährt, aber das Bestimmungsrecht für die Benutzung des Fahrzeugs hat, hätte auch so nahe gelegen. Es ist aber nicht zu beanstanden, daß diese Frage jetzt in einer gewissen Perfektion des Bedingungsrechts mitgeregelt worden ist.

Zu beachten ist, daß die Rechtsprechung zu den Haftungsausschlußklauseln (vgl. die Nachweise bei Sieg in Bruck-Möller-Sieg Anm. 44, 45, 84, 85, 127 zu § 67) trotz § 15 II AKB bedeutsam sein kann, wenn nämlich der Vmer mit dem Mieter z. B. vereinbart hat, daß er diesen auch für durch grobe Fahrlässigkeit herbeigeführte Schäden nicht ersatzpflichtig mache. Solche ungewöhnlichen Vereinbarungen gefährden aber auch nach § 67 I 3 den Vsschutz (vgl. Sieg a. a. O. Anm. 85 zu § 67). Einen derartigen Fall behandelt BGH 28. IX. 1961 VA 1962 S. 19–20 Nr. 311 = VersR 1961 S. 992–993: Die Klausel lautete dort allerdings nicht, daß keine Haftung für grobe Fahrlässigkeit bestehe, sondern daß die Inanspruchnahme des Mieters entfalle, soweit die V Schäden decke. Der regreßnehmende Ver stand vor dem in der Revisionsinstanz nicht mehr lösbaren Problem, dem Gericht klarmachen zu müssen, daß er eigentlich den Schaden hätte gar nicht zu bezahlen brauchen, so daß ihm demgemäß ein Rückforderungsrecht zustehe, was vom BGH a. a. O. mit dem Hinweis kommentiert wurde, daß dann ja ohnedies die Voraussetzungen für einen Rechtsübergang entfallen würden. Kritisch zu dieser Entscheidung Sieg a. a. O. Anm. 85 zu § 67.

[J 180] bb) Grobe Fahrlässigkeit

Der Begriff der groben Fahrlässigkeit in § 15 II AKB ist identisch mit dem gleichen Rechtsbegriff in § 61 wie überhaupt mit dem des bürgerlichen Rechts. Es ist daher sachgerecht, auf die Ausführungen in Anm. J. 82–118 zu verweisen.

Sachregister

(ein spezielles Register für die Fahrzeugversicherung befindet sich am Schluß dieses Abschnitts)

A

Abänderungen des Vsvertrages
AKB C 34
Annahmefiktion, nicht anwendbar auf Änderungs- oder Aufhebungsanträge C 32
geschäftsplanmäßige Erklärungen A 19, C 34
individuelle Abänderungen C 32
Mindestvssummen C 35, G 31
Rentenfälle (Berechnungsgrundlagen) C 36
Tarifänderungen C 33
Abandon G 17, 22, 38
Abhandenkommen von Sachen G 58
Ablehnung, schriftliche, Ende der Hemmungswirkung B 33
Abmeldung des Fahrzeugs D 39, 40, F 24
Abschleppen G 48, 53, 78–79
Abschluß des Vsvertrages C 1–36
Abstellraum, umfriedeter F 79
Abtretung
des Direktanspruchs, Auswirkung auf den Haftpflichtanspruch B 22
des Haftpflichtanspruchs, Auswirkung auf den Direktanspruch B 22
des Haftpflichtvsanspruchs B 22, 64, G 4
Abwehr unbegründeter Ansprüche G 2, 5, 16, 25, 45, 48, 49, 50, 57, 73, 87
Abweichungen
AKB A 14, B 148, C 32, D 15, J 15
Mindestvssummen B 13
Tarifprämien E 4–8
Adhäsionsverfahren G 24
Akzessorietät B 20, 73
Allgemeine Bedingungen für die Kraftfahrtv (AKB)
Abweichungen A 14, B 148, C 32, D 15, J 15
AGB-Kontrolle A 16, D 18, 42
Angemessenheitskontrolle G 57, 90, 92
Auslegung A 15
Genehmigungspflicht A 13
geschäftsplanmäßige Erklärungen, Verhältnis zu AKB A 18–19
Rechtsnatur A 13
Text A 4
Überraschungsklauseln D 42, G 90

Unklarheitenregel A 16, 21, F 80, 114, G 38, 39, 90, J 4, 119
Verbindlichkeitserklärung, fehlende A 13
vswirtschaftlicher Zweck, Berücksichtigung bei der Auslegung A 15
Anerkenntnis- und Befriedigungsverbot
Anerkenntnis F 141
Aufrechnung
des Dritten, Einverständnis des Vmers damit F 142, 152
des Vmers, vorbehaltlose F 142
Befriedigung F 142
Belehrungspflicht, fehlende F 145
besonders schwerwiegender Verstoß F 146
Betrugsfälle F 147
Beweislast F 148
Bindungswirkung bei Regulierung durch den Vmer F 147–154
Fahrlässigkeit, grobe F 145
Fehlentscheidungen F 147
Feststellung, verbindliche, der Haftpflichtforderung F 142
Irrtum F 145
Kausalität F 145
leichtfertige Regulierung durch den Vmer F 147, 151, 152
Schuldbekenntnis F 141
Selbstregulierungsbefugnis F 140, 142, 145
summenmäßige Begrenzung der Leistungsfreiheit F 146
Unbilligkeit, offenbare F 144
Vergleich F 141, 147
Vsschutzverweigerung, unberechtigte F 143, 151
Vorsatz F 145
Anfechtung wegen arglistiger Täuschung
Beendigung des Vsvertrages D 21
Grund für Ablehnung eines Vsantrages C 10
Täuschung über beabsichtigten Verwendungszweck F 5
Verzicht auf Anfechtungsrecht D 21
Anfechtung wegen Drohung
Grund für Ablehnung eines Vsantrages C 10
Angehörige, kein Ausschluß von Schadenersatzansprüchen G 61

Angemessenheitskontrolle G 57, 90, 92
Anhängerschäden G 47, 49, 52−57, H 11
Annahmefiktion C 14−19
Annahmezwang
    Ablehnung, unbegründete, unterfällt nicht der Annahmefiktion C 20
    Absendung der Ablehnungserklärung C 14
    Anfechtung, keine der fingierten Annahmeerklärung C 16
    Billigungsklausel und Annahmefiktion C 18, 19
    culpa in contrahendo C 23−25
    Durchsetzung des Anspruchs auf Abschluß des Vsvertrages C 21, 22
    einstweilige Verfügung C 22
    Fiktion der Annahme C 14−19
    Form der Ablehnung C 15
    Frist C 13, 14
    höhere Vssummen, keine Annahmezwang C 11, 13
    inhaltliche Begrenzungen C 11
    materieller Vsschutz, Beginn bei durch Annahmefiktion zustandegekommenem Vertrag C 16
    örtliche Beschränkung der Geschäftstätigkeit des Vers C 11
    sachliche Begrenzungen C 8
    Schadenkündigung aus früherem Vertrag C 10
    Schriftform für Antragsablehnung C 15
    Teilannahme C 13
    Teilfiktionswirkung C 13, 17, 18
    Unzuträglichkeiten aus früheren Verträgen C 10
    Verlust des Ablehnungsschreibens C 14
    weitere Vssparten, keine Erstreckung des Annahmezwangs C 11, 13
    Zahlungsverweigerung bezüglich eines Beitragszuschlags C 9
    zeitliche Begrenzung der Ablehnungsgründe C 10
    zukünftige Regelung A 22, C 6
Anscheinsbeweis
    keiner für betrügerisches Handeln B 25
    keiner für Kenntnis des Vmers von gefahrerhöhenden Umständen F 73
    keiner für vorsätzliche Herbeiführung des Vsfalls G 89
    keiner für Zugang eines abgesandten Schreibens B 33, D 12
Anschlußv D 5−6
Anschriftsänderung D 12, 18
Anspruchserhebung B 33, F 88, G 5, 41, H 12
Anspruchsverlust, keiner, wegen fehlenden Haftpflichtvsschutzes des Schädigers B 148
Antragsbindungsfrist A 5, C 14, 18

Anwaltsbeauftragung
    durch den Vmer ohne Einverständnis des Vers, Zusatzkosten F 132, G 24
Anzeigen
    Gefahrerhöhung F 72
    Schadenfall F 82−101
    Veräußerung des Fahrzeugs F 76
    Verwendungsänderung F 7, 8
    vorvertragliche F 3
Anzeigeobliegenheit (Schadenfall)
    Abgrenzung zur Aufklärungslast F 84
    Anspruchserhebung F 88
    Arrest F 89
    Aufrechnung F 89
    Beweislast F 101
    Beweissicherungsverfahren F 89
    Erklärungsadressat F 95
    Ermittlungsverfahren F 90
    Fahrlässigkeit, grobe F 98
    Form F 93
    Fristen F 94
    gerichtliche Geltendmachung F 89
    Inhalt F 86
    Kenntnis des Vers F 92
    Kenntnis des Vmers F 91
    Leistungsfreiheit bis zu DM 1000.-- F 96
    Prozeßkostenhilfeverfahren F 89
    Relevanzerfordernis F 94
    Sachschäden, geringfügige F 87
    Schadenfolgeereignis F 85
    Tatsachen im Sinne des § 153 I F 85−87
    Unabdingbarkeit F 84
    Verantwortlichkeit F 85
    Verletzungsfolgen F 96−101
    Verschulden Dritter F 99
    Verstoß F 85
    Wissenszurechnung F 91, 99
Arbeitgeber als Vter H 10, 11
Arbeitsmaschineneinsatz G 49
asiatischer Teil der Türkei G 42
Aufbauten, Schäden durch F 61, G 48
Aufklärungslast
    Agentenwissen, Zurechnung F 108
    Auskünfte F 107−109
    Belehrungspflicht F 110−111
    besonders schwerwiegender Verstoß F 115
    Betrugsfälle F 115, 116, 122
    Beweislast F 122
    Blutprobe F 106
    einfacher Verstoß F 115
    ernsthafte Gefährdung berechtigter Interessen F 112, 115
    Fahrerflucht F 105
    Fahrlässigkeit, grobe F 119
    Fehlurteile F 117, 147
    Geltendmachungserfordernis F 113

Kausalität F 121
Nachfragelast F 108
Nachtrunk F 106
Relevanzrechtsprechung F 112
Strafverfahren, unrichtige Angaben F 108
summenmäßige Begrenzung der Leistungsfreiheit F 114—115
unberechtigte Vsschutzverweigerung F 108
Unfallspuren, Veränderung oder Vernichtung F 106
Unfallschock F 118, 122
Auflieger F 53—57
Aufrechnung
des Dritten gegen Forderungen des Vmers F 89, 125, 142
gegen den Haftpflichtanspruch
(keine) mit Forderungen des Vers gegen den Vmer B 17
mit Ansprüchen des Vers gegen den Dritten G 15
mit Ansprüchen des Vmers gegen den Dritten F 142, G 15, 20, 99
Auftrag, Zufallsschadenhaftung G 46
Ausgleichsansprüche eines Mitschädigers B 14, 57, G 46, H 36—47
Ausländer
Gesetz über die Haftpflichtv für ausländische Kraftfahrzeuge und Kraftfahrzeuganhänger A 2, B 80—83
ausländisches Recht
Vsschutz für darauf gestützte Schadenersatzansprüche des Dritten G 43, 46
Auslandsschäden G 42, 43
Ausschlachten eines Fahrzeugs G 48
Ausschlußfrist B 16, 17, 68, F 113, G 6, 12, H 12
Ausschlußtatbestände
Beachtung im Prozeß G 65
beförderte Sachen G 76—79
Beförderungsfristen, Nichteinhaltung G 92
Beweislast G 63, 79
Drittwirkung G 64
„Erste-Hilfe" G 78—79
genehmigte Rennen G 93
Haftpflichtansprüche des Vmers, Halters oder Eigentümers gegen mitvte Personen wegen Sach- oder Vermögensschäden G 67—74
Kernenergieschäden G 94
Liefer- und Beförderungsfristen, Nichteinhaltung G 92
Mehrheit von Vmern G 68
Schäden am Fahrzeug, auf das sich die V bezieht G 75
vertraglich vereinbarte Zusatzhaftung G 66
Vorsatzschäden G 80—91

Aussetzung des Haftpflichtprozesses
zur Vermeidung von voneinander abweichenden Entscheidungen im Haftpflicht- und Direktanspruchsprozeß B 23, G 11
Aussteigen G 46
Ausstellen zum Verkauf G 48

B

Bagatellschäden F 87
Bagger G 49
bedingter Vorsatz G 82
beförderte Sachen, Schäden daran G 51, 76—77
Beförderungsfristen, Nichteinhaltung G 92
Befreiungsanspruch
Abandon G 17, 22
Abtretung G 4
Abwehr unbegründeter Ansprüche G 2, 16
Antragsfassung im Rechtsstreit G 2
Aufrechnung des Dritten gegen unstreitige Forderung des Vmers G 16
Benachrichtigungspflicht G 15, 99
Bindungswirkung B 20, 39, 40, F 149—154, G 10, 11
einheitlicher Anspruch G 2
Entstehung G 5
Erfüllung begründeter Ansprüche G 2, 15
Fälligkeit G 5
Fristsetzung nach § 12 III B 16, 17, 68, F 113, G 6, 12, H 12
Feststellungsklage G 2
Gegenforderungen des Vmers, Berücksichtigung von G 110
Mehrheit von Vmern G 12
negative Feststellungsklage des Vers gegenüber dem Dritten G 16
Pfändung G 3, 4
Rechtsschutzbedürfnis für Vsschutzklage G 7
Rechtsschutzfunktion G 2
Regulierungsermessen B 67, E 17, G 14, 98
Rücksichtnahme auf den Vmer G 96—110
Sicherheitsleistung G 16
Streitwert der Vsschutzklage G 8
Trennungsprinzip G 2, 7
Überweisung G 4
Umdeutung eines Befreiungs- oder Zahlungsantrags G 2
Umwandlung G 3
Verjährung G 9
Vermögen, gesteigerter Schutz des Vmers vor Zugriffen des Dritten G 16, 25
Verpfändung G 4
Vertretungsmacht des Vers G 18—20
Zwangsvollstreckung aus vorläufig vollstreckbaren Urteilen, Abwehr dagegen G 16

Befriedigungsvorrecht bei nicht ausreichender Vssumme B 13, G 40
Beifahrer H 8
Beitragsnachteile durch unsachgemäße Regulierung G 97, 98
Beladen G 49
Belege, Vorlage durch den Dritten B 29
Belehrungspflicht des Vers
  gegenüber dem Erwerber bezüglich nachträglicher Beendigung des Vsverhältnisses D 48
  hinsichtlich vorsätzlicher Verletzungen der Auskunftslast A 17, F 110, 111
  über den Deckungsumfang G 101
  über Zahlungsverzugsfolgen A 17, D 4, 9, 13, E 29
Benachrichtigungspflicht des Vers über Zahlungen an den Dritten E 16, G 15, 99
Bereicherungsansprüche B 14, G 36, 46
Berücksichtigung von Gegenforderungen des Vmers G 110
Betriebsgefahr G 48
betriebsunfähiges Fahrzeug, Abschleppen G 56
Beweislast
  für Ausschlußtatbestände G 63, 79, 89
  für Direktanspruch B 25
  für Obliegenheitsverletzung F 25, 50, 73, 101
  für Vsfall G 63
  für Vertragsabschluß C 19
Beweissicherungsverfahren F 89
bewußte Fahrlässigkeit G 82
bewußt gesetz- oder vorschriftswidriges Handeln G 90–91
Bewußtsein der Rechtswidrigkeit G 82
Billigkeitshaftung nach § 829 BGB und Haftpflichtvsschutz B 147
Billigkeitskontrolle nach § 315 BGB E 3, G 37
Billigungsklausel C 18, 19, F 6
Bindungswirkung für
  Entscheidungen bezüglich des Haftpflichtanspruchs
    bejahende B 20, 39–40, G 10
    verneinende B 37–38
  Entscheidungen bezüglich des Vsschutzanspruchs B 41, G 11
  Regulierungshandlungen des Vmers F 149–154
  strafgerichtliche Erkenntnisse gemäß österreichischem Recht F 69, 70
Blankovsbestätigungskarten D 19
Bundesrepublik Deutschland
  keine Vspflicht als Halter C 3, B 92–96

C

culpa in contrahendo B 15, C 23–26, F 22, G 42, 95

D

Darlegungslast, für Direktanspruch B 25
Dauer des Vsvertrages D 1–52
Daseinsvorsorge, Vspflicht als gesetzlich verankerte C 2
DDR, früher geltende Sonderregelungen B 84–90
deliktische Schadenersatzansprüche G 46
Deliktsstatut für Direktanspruch B 76–79
Dienstherr, öffentlicher, als Vter H 10, 11
Direktanspruch
  Abtretung und Pfändung B 22
  Akzessorietät B 20, 73
  Akzessorietätsproblematik im Prozeß B 23
  Ausgleichsgläubiger als Dritter B 12, 14, 57, G 46, H 36–47
  Ausschlußklauseln und Direktanspruch B 15, G 14
  Beweislast B 25
  culpa in contrahendo B 15, G 42
  Darlegungslast B 25
  Deliktsstatut für Gewährung eines Direktanspruchs B 76–77
  Entwicklung zum B 4
  Einwendungsausschluß im gestörten Vsverhältnis B 11, 43–46
  Fälligkeit B 24
  Geschäftsführung ohne Auftrag, kein Direktanspruch B 14
  Gerichtsstand B 35
  gewohnheitsrechtliche Erfüllungshaftung B 15
  haftungsrechtliche Ausprägungen B 18–35
  Identitätsgrundsatz B 18
  Mehrheit von Direktansprüchen B 21
  Naturalrestitution B 14, 19
  Obliegenheiten des Dritten B 26–29
  örtliche Begrenzungen B 15
  Pfändung B 22
  rechtliche Einordnung B 6–11
  Schuldbeitritt, gesetzlicher B 6, 9
  Unfreiwilligkeit B 25
  ungerechtfertigte Bereicherung, kein Direktanspruch B 14
  Verfügungen über die Haftpflichtvsforderung B 17
  Vergrößerung der Haftpflichtforderung B 20, 73
  Verhältnis zu § 10 I AKB B 14
  Vssummen B 13
  zeitliche Begrenzungen B 15
Diskriminierung ausländischer Staatsangehöriger C 13, 24, E 3
dolus eventualis G 82
Dritter
  Begriff B 12, G 68
  Mitschädiger B 57

E

Eigentümer G 67, 68, 71, H 6
Einbauten, Schäden durch F 61, G 48
Einlösung des Vsscheins D 8, 12
einreisende Fahrzeuge, Vsschutz für B 80–83
Einsteigen G 48
Einstellraum F 79
einstweilige Verfügung
  zur Durchsetzung des Anspruchs auf Abschluß des Vsvertrages C 22
Entladen G 49
Entlastungsbeweis
  Wegfall bei von der Vspflicht befreiter Halter B 21, 93
Entschädigungsfonds
  Akzessorietät B 114
  Anspruchsberechtigte B 104
  Aufgabe eines Ersatzanspruchs B 131
  Bindungswirkung B 126
  Entstehungsgeschichte B 98
  Fahrzeugschäden, Ausschluß von B 121
  Forderungsübergang B 128–130
  Haftungsfälle
    fehlende Haftpflichtv B 107
    nicht ermitteltes Fahrzeug B 106
    vorsätzliche Schadenzufügung B 108
  Haftungsumfang B 114–122
  Haftungssummen B 122
  räumlicher Geltungsbereich B 105
  Regreß B 127–131
  Sachschadenausschluß, teilweiser B 115–116
  Selbstbeteiligung bei Sachschäden B 121
  Schmerzensgeld B 119–120
  Subsidiaritätsgrundsatz A 22, B 109–113
  verfassungsrechtliche Bedenken gegen Einschränkungen nach § 12 II PflichtvsG B 117
  Verjährung B 123
  Zuständigkeit B 125
Entwicklung der Kraftfahrzeughaftpflichtv A 22
Erfüllungsansprüche G 46
Erfüllungshandlungen des Vers B 21
Erfüllungssurrogate G 46
Ermittlungsverfahren F 90
Ersatzmöglichkeit, anderweitige, gemäß § 158 c V B 61–62, H 33
Erste Hilfe G 77–79
Erstprämie
  Abgenzung zur Folgeprämie in den Fällen vorangegangener vorläufiger Deckung D 9
Europadeckung G 42, 43
Europäisches Abkommen über die obligatorische Haftpflichtv für Kraftfahrzeuge vom 20.IV.1959 (Straßburger Abkommen) B 33, G 71, 76, 90, 92, 93, H 6
EG-Richtlinie vom 30.XII.1983 A 22
EG-Richtlinie vom 14.V.1990 A 22
EG-Richtlinie vom 8.XI.1990 A 22
EG-Richtlinie (Dritte) zur Schadenv vom 18.VI.1992 A 22
europäisches Ausland, Deckungserweiterung gemäß § 10 VIII AKB G 43

F

Fälligkeit
  Direktanspruch B 24
  Prämienanspruch E 20
  Vsschutzanspruch G 5
Fahrer H 7
Fahrlehrer F 36
Fahrrad mit Hilfsmotor F 33, 48
Fahrschüler F 36
Fahrunterricht F 36
Fahrverbot F 38
Fahrzeug, vtes G 45
Fahrzeugv
  vgl. dazu das besondere Stichwortverzeichnis am Schluß dieses Abschnitts
Fehlen einer Haftpflichtv B 107
Fehlentscheidungsrisiko B 20, F 117, 134, 150
Folgeereignis F 85, G 41
Folgeprämie,
  Abgrenzung zur Erstprämie in den Fällen vorangegangener vorläufiger Deckung D 9
Folgeschäden G 51, 77
Freihalteanspruch des Arbeitnehmers G 46, H 44, 45
Führerscheine
  Auflagen F 35
  ausländische F 39
  Auslandsfahrten F 42
  befristete Fahrerlaubnis F 34, 39, 45, 48
  DDR-Führerscheine F 38
  Dienstführerschein F 33
  Entziehung der Fahrerlaubnis F 37
  Fahrgastbeförderungserlaubnis F 33, 34
  Fahrrad mit Hilfsmotor F 33, 48
  Fahrunterricht F 36, H 7
  Fahrverbot F 37
  NATO-Truppenstatut F 40, 47
  Sondereinrichtungen F 35, 48
Führerscheinklausel
  Abnahme des Führerscheins durch die Polizei F 37
  Auflagen F 35
  ausländische Führerscheine F 39
  Auslandsfahrten F 42
  befristete Fahrerlaubnis F 34, 39, 45, 48

Beweislast F 50
Dauerzustand F 32
DDR-Führerscheine F 38
Dienstführerschein F 33
Einstehen für Verschulden Dritter F 46
Entziehung der Fahrerlaubnis F 37
Fahrgastbeförderungserlaubnis F 33, 34, 47, 48
Fahrrad mit Hilfsmotor F 33, 48
Fahrunterricht F 36, H 7
Fahrverbot F 37
Gefahrerhöhung F 32
inländische Regelfälle F 33
Kausalität F 47–48
Kündigungserfordernis F 49
Mehrheit von Vmern F 45, 46
Mietwagen F 45
NATO-Truppenstatut F 40, 47
öffentlicher Verkehr F 41
Organisationsverschulden F 46
Rechtswidrigkeitszusammenhang F 47, 48
Regreßverzicht F 27–29, 51
Repräsentantenhaftung F 46
Schwarzfahrt F 43, 50, 80
Sondereinrichtungen F 35, 48
Tankstellengelände F 41
Überlassungsverschulden F 45
Verschulden F 44–46
Wissenserklärungsvertreter F 46

G

Gebrauch des Kraftfahrzeugs G 48–57
Gefährdungshaftung G 46
Gefahrerhöhung
Abnutzung F 55
Alkohol F 57, 65
Alterung F 55
anfängliche Verkehrsunsicherheit F 55
Anhängerverbindung F 60
Anzeige F 56, 67, 72
arglistige Kenntnisentziehung F 56
Augenkrankheit F 56, 65, 73
Beleuchtung F 58
Beweislast F 73
Blinkanlage F 58
Bremsen F 57, 59, 71, 73
Brille F 56, 65
Dauerzustand F 57
Epilepsie F 65
Fahrgestellmängel F 60
fahrlässige Unkenntnis F 56
Fahrzeiten, gesetzliche F 65
Führerschein, fehlender F 32, 43, 65
Gangschaltung F 56
Geschwindigkeitsüberschreitung F 56, 61
Kausalität F 70–71, 73

Kraftfahrzeug-Handel und -Handwerk F 56
Kündigung F 68, 70, 73, 75
Lenkanlage F 62
Mofa (Moped) F 56, 61
Motorhaube F 62
persönliche Mängel F 65
psychotischer Schub F 65
Rauschgift F 65
Rechtswidrigkeitszusammenhang F 70–71
Regreßverzicht F 27–29, 74
Reifen F 57, 63, 71, 73
Reparaturwerkstatt, Fahrt zur F 57
Repräsentanten F 56, 69
Reserveveifen F 57, 63
Schlüsselverlust F 66
Schwarzfahrt F 66, 67, H 16
Spurunsicherheit F 62
Trunkenheit F 57, 64, 65
Überladung F 56, 64, 73
Übermüdung F 65, 73
Überwachungspflicht F 56
Unkenntnis, grobfahrlässige F 56
verkehrswidriger Zustand F 55, 58–65
Verschulden F 69
Vornahme F 55, 56
Vorstrafen F 65
willentliches Handeln F 55, 56
Zuckerkrankheit F 56, 65
Zulassung, fehlende F 66
Zurechenbarkeitszusammenhang F 70
Gefahrminderung durch Abmeldung des Fahrzeugs D 39, 40
Geltendmachungserfordernis F 21, 96, 113
Gemeinden mit mehr als 100.000 Einwohner
Befreiung von der Vspflicht C 3, B 92–96
Gemeindeverbände
Befreiung von der Vspflicht C 3, B 92–96
Gerichtsstand für Drittanspruch B 35
Gesamtschuldnerschaft B 18, 19
Geschäftsführung ohne Auftrag G 46
geschäftsplanmäßige Erklärungen
Abänderungen A 19, C 36
Antragsbindungsfrist A 5, C 14
Beginn des Vsschutzes D 3
Belehrungspflicht über Folgen von
    Obliegenheitsverletzungen A 17, F 110, 111
    über Zahlungsverzugsfolgen A 17, D 4, 9, 13
Geltung für von der Vspflicht befreite Halter B 95
Mindestvssummen, nachträgliche Erhöhung G 31
Rechtsnatur A 17
Regreßverzicht A 17, B 148, F 2, 27–29, H 27, 38

Rentenzahlungen A 17, C 36, G 35
Subsidiaritätsklausel in der Rechtsschutzv B 58
Texte A 5
Veräußerung, eingeschränktes Kündigungsrecht des Vers A 5, D 50, F 76
Verhältnis zu AKB-Regelungen A 18−19
Vsbestätigungen, Aushändigung von C 30
Verzicht auf Kündigungsrecht bei Veräußerung A 17, F 76
Verzicht auf Rechtsfolgen bei unterlassener Anzeige eines Veräußerungsvorgangs A 17, F 76
gesetzliche Haftpflichtbestimmungen privatrechtlichen Inhalts B 14, G 46−47, 66
gestellte Unfälle B 25, G 89
Gewässerschäden G 46, 49, 50, 58, 77, 89
gewohnheitsrechtliche Erfüllungshaftung des Vers B 15, C 26, G 42, 95
Grenzbehörden, Staatshaftung für Versehen B 145
Grenzv A 6, B 83, D 16
Groteskfälle G 48
Großrisiken, Sonderregelung ab 21.XI.1992 A 22

H

Händlerv A 7, D 45, F 19, 24, 56, G 45, 71, 75, J 175
Haftpflichtschadenausgleich fehlende Vspflicht der Gesellschafter C 3, B 92−96
Halterbegriff G 70, H 7
Halterhaftung für vorsätzliches Handeln des berechtigten Fahrers G 89
Handeln des Vers für den Vmer (und Vten) und im eigenen Namen B 20, G 18
Hemmung der Verjährung durch Anspruchsanzeige B 33
Höchstvssummen E 3
HUK-Verband Haftung für ausländischen Ver B 81, 82
Haftung für Ver der Grenzpolicen B 83

I

Indizienbeweis für betrügerisches Handeln B 25, G 89
Insolvenz des Haftpflichtvers, siehe Solidarhilfeverein B 132−144
Internationale Vskarte B 81
internationalprivatrechtliche Aspekte B 74−91

K

Kaskoversicherung vgl. Sonderregister am Schluß dieses Abschnitts

Kausalereignis F 85, G 41
Kennzeichensystem B 81
Kernenergie G 94
Klagausschlußfrist B 16, 17, 68, F 113, G 6, 12, H 12
Klagbefugnis des Vten H 12, 46
Klagrücknahme, Verzicht auf Kostengegenantrag G 20
Körperschaden G 58
Kollusion G 3
Konkurs des Haftpflichtvers, siehe Solidarhilfeverein B 132−144
Kontrahierungszwang, siehe Annahmezwang, C 6−11
Kopplungsfälle E 28, 30
Kosten der Rechtsverfolgung und Direktanspruch B 20
Kostenleistungen des Vers G 21−24, 38
Kraftfahrer, kein Repräsentant F 22, 46, 56, J 87
Kraftfahrzeugausschlußklausel in der Privathaftpflichtv G 48
Kraftfahrzeug-Handel und -Handwerk Abänderung des § 11 Nr. 2 AKB G 71
Ausschluß gemäß § 11 Nr. 3 AKB G 75
Kontrollpflicht F 56
Kündigungserfordernis F 25
rotes Kennzeichen, fehlendes G 45
Text der Sonderbedingung A 7
Veräußerung einzelner Fahrzeuge D 45
Verwendungsmißbrauch F 19, 25, 56, G 45
Kran G 49, 77
Kündigung
außerordentliche D 23−26
fiktiv zustande gekommener Teilvertrag D 23
Gefahrerhöhung D 24
Obliegenheitsverletzung D 26
Prämienerhöhung C 33, D 25
Schadeneintritt D 27−35
Veräußerung D 50−51
vorläufige Deckung D 14
wichtiger sonstiger Grund D 36
Einschreiben, unbeachtliche Kündigungsformalität D 18
ordentliche D 17−19
Rechtsmißbrauch D 17
Teilkündigung D 19

L

Lackieren G 48
Ladungsgut herabstürzendes, als Schadenursache G 50
Länder der Bundesrepublik Deutschland, keine Vspflicht C 3, B 92−96
Lastschriftverfahren D 12, E 28, 30

Leasinggeber, regelmäßig kein Halter G 70
Leasingnehmer als Halter G 70
leichtfertige Schadenregulierung durch den Vmer F 149–154, G 11
Leistungshandlung, maßgebend für Zahlungszeitpunkt D 12
Liefer- und Beförderungsfristen, Nichteinhaltung G 92

M

Mehrheit von Direktansprüchen B 21
Mehrheit von Vmern F 24, 45, 46, 49, G 12, 68, 73, 84
Mindestvssummen B 47, 52, 122, C 35, G 28–31, 55, 85, H 31
Mitschädiger als Dritter B 12, 57
Mofa, Moped F 33, 48, G 45
Muster-Tarifbestimmungen
    Fundstellenverweis A 10
    rechtliche Einordnung A 21

N

NATO-Truppenangehörige, Privatfahrzeuge, Sonderregelung B 91, F 40
Naturalrestitution B 19
Nebenklagekosten G 24
Nebenpflichten des Vers G 95–100
Nichteinlösung des Vsscheins D 9–13
Niederlassung, kein Gerichtsstand für Drittanspruch B 35
Notstand G 82
Notwehr G 82

O

Obliegenheiten des geschädigten Dritten
    Anzeigelast B 27–28
    Auskunftslast B 29
    Rechtskonstruktion B 26
Obliegenheiten des Vmers
    Anerkenntnis- und Befriedigungsverbot F 139–154
    Anzeigelasten
        Anspruchserhebung F 88
        Ermittlungsverfahren F 90
        Gefahrerhöhung F 72
        gerichtliche Inanspruchnahme F 89
        Schadenfall F 85–72
        Veräußerung F 2, 76
        Verwendungsänderung F 7, 8
        vorvertragliche F 3
    Aufklärungs- und Auskunftsobliegenheit F 102–122
    Entwicklung des Obliegenheitsrechts F 2
    Führerscheinklausel F 31–51
    Gefahrerhöhung F 54–75
    Prozeßobliegenheiten F 123–137
    Regreßverzicht, teilweiser A 5, 17, F 2, 3, 27–29, H 27
    Rennen, ungenehmigte F 52–53
    Rettungslast F 123–137
    Schwarzfahrt F 30, H 16–27
    teilweiser Vsschutzverlust bei nach Eintritt des Vsfalls zu erfüllenden Obliegenheiten F 2, 96, 114–117, 132–134, 146–147
    Verwendungsklausel F 4–29
    vorübergehend stillgelegte Fahrzeuge F 77–81
    Widerspruch gegen Regulierung F 138
Obliegenheiten des Vten H 14–22
öffentlicher Dienstherr H 10, 11
öffentlicher Verkehr F 41, G 48
Ölschäden G 46, 49, 50, 58, 77, 89
örtliche Begrenzung der Leistungspflicht des Vers F 42, 43
Omnibusschaffner H 9
Organisationsverschulden F 46

P

Parken G 48
Planierraupe G 77
Prämie
    Anschlußven D 5–6, E 22, 32
    Belehrungspflicht über Zahlungsverzugsfolgen A 17, D 4, 9, 13, E 29
    Dauer E 21–27
    Erhöhung C 33
    exakte Prämienanforderung E 31
    Fälligkeit E 20
    gekoppelte Verträge E 28
    Geschäftsgebühr E 22
    gestörtes Vsverhältnis E 26–27
    Höhe E 10–19
    Interessewegfall E 25
    Kopplungsfälle E 28, 30, 31
    Kündigungsrecht wegen Prämienerhöhung D 25
    Kurztarif E 23, 24, 27
    Lastschriftverfahren E 28, 30
    Selbständigkeit gekoppelter Verträge E 28, 30, 31
    Tarifbindungsprobleme E 3–8
    Teilleistungen E 31
    Veräußerung E 24
    Verwendungsänderung F 7
    vorübergehende Stillegung E 23
    Wegfall der Tarifgenehmigungspflicht A 22
    Zahlungsverzug D 12, E 23, 28–32
    Zugangserfordernis für Erhöhungsverlangen C 33
Prozeßführungsbefugnis des Vers F 125, G 24
Pumpe G 49
Putativnotwehr G 82

Q
Quasiver der öffentlichen Hand B 63

R
Rechtsanwalt
  Beauftragung durch den Ver G 18
  Beauftragung durch den Vmer F 125, G 24
  Repräsentantenstellung, keine F 130
Rechtskrafterstreckung
  s. Bindungswirkung
Rechtsmißbrauch
  grundsätzlich keiner bei Ablehnung von Anträgen, die über die Vspflicht hinausgehen oder Nebensparten betreffen C 6
Rechtspflichten des Vers G 1—100
Rechtspflichten des Vmers E 1—29
Rechtsquellen der Kraftfahrzeughaftpflichtv A 1—10
Reflexwirkungen der Haftpflichtv B 146—148
Regellaufzeit D 15
Regreßverzicht A 17, B 148, F 2, 27—29, 51, H 27, 38
Regulierungsermessen E 17, G 14, 96—97
Regulierungsfehler G 14
Regulierungssperre, unverbindlich E 17, G 14, 96—97
Regulierungsvollmacht G 19—20
reine Vermögensschäden F 85, G 58, 67, 90—92
Reifenwechsel G 48
Relevanzerfordernis F 94, 100, 112
Rennen F 52, 53, G 93, J 81
Rentenfälle B 13, G 35—37
Reparatur des Fahrzeugs G 48
Repräsentantenhaftung F 22, 24, 25, 46, 56, 69, 91, 99, 120, 130, J 87
Rettungslast
  Anwaltsbestellung durch den Vmer F 125, 133, 134, 137
  Beginn F 126
  Betrugsfälle F 133
  Beweislast F 135
  Billigkeit F 125
  Fahrlässigkeit, grobe F 130
  Fehlentscheidungen F 134, 135
  Hilfeleistung am Unfallort F 125
  Kausalität F 131
  Kenntnis des Vmers F 127
  Prozeßobliegenheiten F 125, 132
  Rettungskostenersatz F 126, 136, G 47
  Selbstaufopferung F 126
  summenmäßige Begrenzung der Leistungspflicht F 132
  unberechtigte Vsschutzverweigerung F 108, 125
  Verjährungsverzicht F 132

  Verletzungsfolgen F 125
  Verschulden Dritter F 130
  Vorsatz F 129
Risikowegfall D 38—39, F 24
Rückstellungen E 18
Rücktritt wegen Verletzung der vorvertraglichen Anzeigelast D 22
Rückwärtsv D 2, 5
rückwirkender Verlust des Vsschutzes kraft auflösender Bedingung, Unwirksamkeit gegenüber dem Dritten B 17
rückwirkender Verzicht auf Haftpflichtvsschutz, Unwirksamkeit gegenüber dem Dritten B 17, C 32
Ruhev F 77—81

S
Sachschaden
  geringfügiger F 87, 140, G 14, 24, 97
  Grenzfälle F 125, G 48, 58
Schadenarten G 58
Schadenereignis F 85, G 41
Schadenersatzverpflichtung des Vers gegenüber dem Vmer aus Verschulden bei Vertragsabschluß und wegen fehlerhafter, fehlgeschlagener oder verzögerter Regulierung B 67, G 16, 39, 42, 45, 95—98
Schadenfolgeereignis F 85, G 41
Schadenfolgen, Vorstellungsbild des Vmers G 83
Schadenfreiheit E 7, 16—19, F 3
schadengeneigte Arbeit B 94, G 46, 73, H 45
Schadenkündigung
  Anerkennung der Leistung D 30
  Führung eines Haftpflichtprozesses D 32
  Grund für Ablehnung eines Vsantrages C 10
  Hinweis bei Vertragsabschluß auf spätere Schadenkündigung, kein ordnungswidriges Verhalten des Vers C 25
  Kündigungsfrist D 34
  Rechtskraft D 33
  verfrühte Kündigung D 33
  Verweigerung der Leistung D 31
  Wirkung auf Prämienzahlungsverpflichtung D 35
  Zeitpunkt der Kündigung D 33
Schadenursache F 85, G 41
Schieben eines Fahrzeugs G 48
Schmerzensgeld und Haftpflichtv B 146
Schuldfähigkeit G 82
Schwarzfahrten F 30, 43, 80, G 85, H 16—27
Schweißarbeiten G 48
Selbständigkeit gebündelter Kraftfahrtverträge C 17, D 19, E 32
Selbstaufopferung F 126, G 46

279

Sicherheitsleistung G 16, 25
Solidarhilfeverein B 132–144
  Abtretungslast B 138
  Anmeldefrist B 142
  Anzeigeobliegenheit B 137
  Aufklärungslast B 137
  Bindungswirkung B 144
  Direktanspruch B 135
  Fälligkeit B 141
  Haftungsvoraussetzungen B 136
  rechtliche Einordnung des Solidarhilfevertrages B 135
  Selbstbeteiligung B 140
  summenmäßige Haftungsbegrenzung B 139
  Text des Solidarhilfevertrages B 134
  Zweck B 134
Solidarhilfevertrag A 22, B 132–144
Sonderfahrzeug G 49
Sozialver B 48, 52, 54, 148, G 46, 47
Stillegung, vorübergehende D 40–43, E 23, F 77–81
Strafprozeßkosten G 24, G 47
Streitgenossenschaft, keine notwendige zwischen Ver und Vmer B 23
Streithelfer, Ver in den Fällen eines Betrugverdachts F 154, G 11
Streitverkündung F 89, G 6
Streitwert
  für Direktanspruch B 23
  für Vsschutzklage B 23
Subsidiaritätsklauseln B 58, G 56

T

Tanken G 48, 49
Tankfahrzeug G 47, 49
Tarife
  Abänderungen A 21
  Abweichungen E 4–8
  Behinderte E 14
  bevorzugte Berufsgruppen E 12
  Berechnungsgrundsätze E 9–19
  Billigkeitskontrolle E 3
  Diskriminierung ausländischer Staatsangehöriger E 3
  Erhöhungsklausel C 33
  Fahrzeugarten E 10
  Flottenrabatt E 15
  Genehmigungspflicht A 22, C 33
  Höchstvssummen E 3
  Kündigungsrecht bei Prämienerhöhungen C 33, D 25
  Muster-Tarifbestimmungen, Fundstellennachweis A 10
  rechtliche Einordnung A 21
  Regionalklassen E 11
  Rückstellungen E 18
  Schadenfreiheit E 16–19
  Überprüfbarkeit E 3
  Überschreitungen E 8
  Unterschreitungen E 5–7
  Verdoppelungsregelung E 7
  Vertragsstrafe E 7
  Verwendungsarten E 10
  Wegfall der Tarifgenehmigungspflicht A 22
  Zugangserfordernis bei Prämienerhöhungen C 33
Tarif-VO, Fundstellen A 9
Tatsache im Sinne des § 149 F 85, G 41
Teilfiktionswirkung C 13, 17–18
Teilkündigungsproblematik D 19
Teilungsabkommen G 20, 40, 48, 49
Tod des Vmers D 38
Totalschaden D 39
Totalzerstörung D 39
Transportgut, Schäden am G 51, 76–77
Trennungsprinzip G 2, 7
Trunkenheitsfahrt F 2, 18, 65, 82, 91
Typenveränderung F 3

U

Überfüllungsschaden G 46
Übergang des Haftpflichtvsverhältnisses auf den Erwerber D 44–52
Überraschungsklauseln A 16, 21, C 18, D 42, G 55, 67
Überschreitung der Vssummen G 20, 35–37, 96
Übungsfarten für Rennen F 52, 53, G 93, J 81
unberechtigte Vsschutzverweigerung E 13, 15, F 80, 108, 125, 143, 149, 151, 154, G 10, 24
unberechtigter Fahrer F 30, H 16–27
Unbilligkeit, offenbare F 144
Unfreiwilligkeit
  keine Nachweislast des Dritten B 25
ungerechtfertigte Bereicherung B 14, G 36, 46
Unklarheitenregel A 16, 21, F 80, 114, G 38, 39, J 4, 119
Unterbrechung des Vsschutzes F 77–81
Untergrundschäden G 89
Unterlassen G 82
Ursachenereignis F 85, G 41

V

Veräußerung des Fahrzeugs D 44–52, E 24, F 76
Verbriefung des Kraftfahrzeughaftpflichtvsvertrages C 37
Verdoppelung der Tarifprämie E 7, F 3
Verfügungen über den Haftpflichtvsanspruch,
  Unwirksamkeit gegenüber dem Dritten B 13, 17, H 11

Verfügungsbefugnis des Vten H 12, 47
Vergrößerungen der Haftpflichtforderung B 20, 73
verhaltene Obliegenheit F 84, 103, 108
verjährte Forderungen im Verteilungsverfahren nach § 156 III G 40
Verjährung
  Bereicherungsanspruch gegen den Vmer bei Überzahlungen in Rentenfällen G 36
  Direktanspruch
    einheitliche Verjährung B 31
    Hemmung B 33
    Sonderfälle B 32
    Wechselwirkung zwischen Haftpflicht- und Direktanspruch B 34
  Regreßanspruch gegen den Vmer oder Vten B 69
  Schadenersatzanspruch gegen den Ver wegen Schlechterfüllung oder Verzuges G 9
  Vsanspruch G 9
Verjährungsverzicht in bezug auf den Haftpflichtanspruch
  durch den Ver G 20
  durch den Vmer F 88, 132
verkehrswidriger Zustand des Fahrzeugs F 3, 58−65, G 48
Verlängerungsklausel D 15, 16
Vermögensschäden
  reine F 85, G 58, 67, 90−92
  unechte G 58, 67
Verrichtungsgehilfenhaftung
  Wegfall der Entlastungsmöglichkeit B 21, 93
Versäumnisurteil, Feststellung der Haftpflichtforderung G 10, 11
Verschulden bei Vertragsabschluß B 15, C 23−25, F 22, G 42, 95
vter Personenkreis in der V für fremde Rechnung G 54, 57, 74, H 4−11
Vte, entsprechende Anwendung der für den Vmer geltenden Regelungen B 31, 34, 66, G 85, H 13
  Haftpflichtansprüche der Vten G 73
vtes Fahrzeug G 45
V für fremde Rechnung
  Arbeitgeber H 10
  Akzessorietät, eingeschränkte H 2, 28−42
  Anhängerrisiko H 11
  Anwendung, entsprechende, der für den Vmer geltenden Vorschriften B 31, 34, 66, G 85, H 13
  Arbeitsverhältnis, Gebrauch aufgrund Überlassung durch den Arbeitgeber H 19, 20
  Ausgleichsanspruch nach § 426 I 1 BGB H 2, 37, 42
  Beifahrer H 8
  Dienstherr, öffentlicher H 10, 11
  Eigentümer H 6
  Ersatzmöglichkeit, anderweitige H 33
  Fahrer H 2, 7, 16−27
  Familienangehöriger als Mitvter, Abgrenzung zu § 67 II H 27
  geschäftsplanmäßige Erklärung zu § 158 i betr. Obliegenheitsverletzungen
    durch den Vmer (zu § 158 i a. F.) H 36−41
    durch den Vten H 27
    im Prämienverzugsfall (zu § 158 i a. F.) H 38
  Halter H 5
  Klagausschlußfrist H 12
  Klagbefugnis H 12, 46
  Mietwagen H 22
  Mindestvssummen H 31, 45
  Obliegenheiten des Vten H 14−22
  Obliegenheitsverletzungen durch den Vmer,
    Auswirkung auf die Rechtsposition des Vten nach § 158 i a. F. H 36−41
    nach § 158 i n. F. H 28−34
  öffentlicher Dienstherr H 10, 11
  Omnibusschaffner H 9, 11
  Personenkreis der Vten H 4−10
  Prämienzahlungspflicht, Verletzung der, Auswirkung auf die Rechtsstellung der Vten nach § 158 i a. F. H 36−38
    nach § 158 i n. F. H 28−34
  Prozeßstandschaft, gewillkürte H 46
  rechtliche Einordnung H 3
  Regreß des Vers gegen den Vmer gemäß § 158 i[4] n. F. H 34
  Regreßverbot gemäß § 158 i a. F. H 2, 36−41
  Regreßverzicht gemäß geschäftsplanmäßiger Erklärung H 27
  Reparaturfirma, Abgrenzung der Gebrauchsbefugnis H 21
  schadengeneigte Arbeit H 45
  Schutzmotiv H 2
  Schwarzfahrer H 16−27
  stillschweigend erteiltes Einverständnis H 23
  strafbare Handlung zur Erlangung des Fahrzeugs H 27
  Überschreitung der Vssummen H 45
  unberechtigter Fahrer H 16−27
  Verfügungsbefugnis H 12, 47
  Verpflichtung zur Vsschutznahme H 44, 45
  Vertragsverletzungen durch den Ver H 43
  Zahlungsverzug des Vmers,
    Auswirkung auf die Rechtsstellung des Vten H 28−34, 36−38

Vsbeginn, materieller D 3—6, 23
Vsbestätigung, siehe **vorläufige Deckungszusage** D 27—30, D 9—14, G 45
Vskarte, internationale B 81
Vskennzeichen D 16
Vspflicht C 2—5
  Grundsatz C 2
  personelle Ausnahmen C 3
  sachliche Ausnahmen C 4
  verstärkte Haftung befreiter Halter B 21, 92—96
  Verstoß gegen Vspflicht, strafrechtliche Ahndung C 5
Vssummen, Abänderungen
  der Berechnungsgrundlagen in Rentenfällen C 36, G 37
  der Mindestvssummen C 35, G 31
  Abandon G 38
  Berechnungsgrundlagen in Rentenfällen G 35—37
  Bereicherungsanspruch bei Überzahlungen G 36
  Direktanspruch B 13
  geschäftsplanmäßige Erklärungen G 31, 35, 37
  gestörtes Vsverhältnis B 47—50
  Kostenzahlungen G 38
  Mehrheit von Anspruchstellern G 30
    von Schadenfällen aus derselben Ursache G 32—34
    von Vmern oder Vten B 13, G 29
  Mindestvssummen G 28—31
  nachträgliche Erhöhungen der Mindestvssummen C 35, G 31
  Rentenzahlungen G 35—37
  summenmäßig unbeschränkte Haftung E 3, G 27, 43
  Überschreitung der Vssummen G 20, 35—37, 96
  Unterschreitung der Mindestvssummen B 13, G 28
  Verteilungsverfahren B 13, G 40
  Zinsen G 39
Vsverhältnis, gestörtes
  analoge Anwendung des § 3 Ziff. 4, 5 PflichtvsG B 72
  Anzeige bei der zuständigen Stelle B 54
  Ausgleichsanspruch eines Mitschädigers B 57
  ausländischer Ver B 54
  Beendigung B 45
  Beteiligung mehrerer Personen mit teils intaktem, teils gestörtem Vsverhältnis B 50
  Eintrittspflicht eines anderen Vers B 52—59
  Leistungsfreiheit im Sinne des § 3 Ziff. 4 PflichtvsG B 43

Mehrheit von Haftpflichtvern A 22, B 55
Mindestvssummen B 47—49
nachträglicher Verlust des Vsschutzes aus einer anderen V B 56
Nichtbestehen des Vsverhältnisses B 44
Quasiver der öffentlichen Hand B 63
Regreßansprüche
  Beweisfragen B 68
  fehlerhafte Regulierung B 68
  Inanspruchnahme außerhalb des Vsverhältnisses stehender Dritter B 71
  Inanspruchnahme des Vmers im Falle des § 158 i n. F. H 34
  Kostenersatz B 70
  Leistung vor Ablauf der Ausschlußfrist B 68, G 6
  Mehrheit von Vmern B 65
  Staatshaftung, Abgrenzung zur überobligationsmäßigen Haftung B 60—62, H 33
  Umfang B 67
  Verjährung B 69
  V für fremde Rechnung B 66
Subsidiaritätsklauseln B 58
Summenv B 53
übernommene Gefahr B 51
Vsbestätigung, gestohlene B 44
Zulassung, unerheblich für überobligationsmäßige Haftung B 44
Verstoß F 85, G 41
Verteilungsprinzipien bei Erschöpfung der Vssummen B 13, G 40
vertragliche Schadenersatzansprüche, Vsschutz gegen G 46, 58, 92
Vertragsaufhebung, einverständliche D 37
Vertragsstrafe, unwirksame E 7, 13, F 3
Vertretungsmacht des Vers für den Vmer und Vten G 18—20
Verwendungsklausel F 2, 4—29
  Abschleppwagen F 13, 18
  Antragsfragen F 6, 10
  Anzeige F 7, 8
  Beweislast F 25
  Dauerzustand F 5, 9
  Gefahrerhöhung, Abgrenzung F 5
  Geltendmachungserfordernis F 21
  geschäftliche Nutzung privater Fahrzeuge F 18
  gewerbsmäßige Vermietung an Selbstfahrer F 14
  Güterfern- statt Güternahverkehr F 12
  Güterfern- statt Werkverkehr F 11
  Kausalität F 23
  Kraftdroschke F 15
  Kündigungserfordernis F 24
  landwirtschaftliche Fahrzeuge F 16

Leasingfahrzeug F 14
Mietfahrzeug F 15
Nichtbeantwortung von Antragsfragen F 6, 17
Nutzung nach Anzeigeerstattung F 8
Personenbeförderung F 17
Prämie, höhere F 7
private Nutzung gewerblicher Fahrzeuge F 18
Regreßverzicht, teilweiser F 27−29
Repräsentantenhaftung F 22, 24, 25
„rote" Kennzeichen, Mißbrauch F 19
Tarifänderung F 6
Trunkenheitsfahrt F 16
Überladung F 17
Umbau eines LKW zum Wohnmobil F 8
unabwendbares Ereignis F 23
unerlaubte Verwendung als Kraftdroschke oder Mietfahrzeug F 15
Unkenntnis des Vmers F 22
Verschulden F 22
Verzicht auf Obliegenheitseinwand F 26
vorvertragliche Anzeigelast, Abgrenzung F 5
Zielsetzung F 5

Verzicht
auf Geltendmachung von Obliegenheitsverletzungen F 96
auf Rücktritts- oder Anfechtungsrecht E 7, F 3

Verzug, Auswirkung auf den Direktanspruch B 20

vorläufige Deckungszusagen
Abänderung einer Deckungskarte durch den Vmer G 45
Abweichung vom Antrag D 11
Anfechtung D 7, 21
Annahmefiktion, keine Erstreckung auf vorläufige Deckungszusage C 16, 28
Aufrechnung D 12
Aushändigung einer Vsbestätigung C 27−29, G 45
Beginn D 3
Belehrungspflicht des Vers D 9, 13
Beweislast C 29
Blankovsbestätigung C 28
Einlösung des Vsscheins D 8
Ende D 7−14
geschäftsplanmäßige Erklärung zur Aushändigung von Vsbestätigungen C 30
Händler als Vertreter des Vers C 28
kollusives Einvernehmen zwischen Vertreter und Vmer C 29
kombinierter Antrag D 12
Konstruktion C 28
Kündigung D 14

Lastschriftenverfahren D 12
Leistungshandlung D 12
Mindestvssummen D 11
Namensänderung in Vsbestätigung C 29
Nichteinlösung binnen 14 Tagen D 12
Prämie
Abgrenzung zwischen Erst- und Folgebeitrag D 9, 12
fehlerfreie Berechnung D 12
Risikowegfall D 12
rückwirkendes Außerkrafttreten, Bedenken dagegen D 9
Tarifprämie D 11
Teilannahme D 11, 12
Teilleistung D 12
unrichtige Prämien- oder Tarifeinstufung D 11
unveränderte Annahme D 11
unverschuldete Zahlungsverspätung D 12
Unwirksamkeit der auflösenden Bedingung gegenüber dem Dritten B 17
urlaubsbedingte Abwesenheit D 12
Verfälschung einer Vsbestätigung G 45
Vsbestätigung C 27−30, D 9−14, G 45
Vertretungsbefugnis zur Abgabe vorläufiger Deckungszusagen C 28−30
Zahlungsverzugsfolgen D 9−13
Zugangsnachweis D 12

Vorrang
des Dritten im Verhältnis zum Sozialver bei nicht ausreichenden Vssummen B 13, G 40

Vorsatzschäden
Abänderung des § 152 G 90
Anscheinsbeweis, Verneinung G 89
bedingter Vorsatz G 82
Beweislast G 89
bewußte Fahrlässigkeit G 82
bewußt gesetz- oder vorschriftswidriges Handeln G 90−91
Bewußtsein der Rechtswidrigkeit G 82
dolus eventualis G 82
Einstehen für Handlungen Dritter G 84−88
gestellte Unfälle B 25, G 89
Grundfragen G 82
Halterhaftung für vorsätzliches Handeln des berechtigten Fahrers G 89
Herbeiführung des Vsfalls durch den Vmer, Auswirkung auf die Rechtsstellung des Vten G 86−87
Herbeiführung des Vsfalls durch den Vten G 81, 85
Indizienbeweis G 89
Mehrheit von Vmern G 84
Notstand G 82

Notwehr G 82
Putativnotwehr G 82
reine Vermögensschäden G 90−91
Repräsentantenhaftung G 88
Schadenfolgen, Vorstellungsbild des Täters G 83
Schuldfähigkeit G 82
Schutz des Geschädigten B 108, G 81
Schwarzfahrt, schuldhafte Ermöglichung G 85
Trunkenheitsfahrten G 82, 91
Untergrundschäden G 89
Unterlassen G 82
V für fremde Rechnung G 85−87
Vorstellungsbild des Vmers G 83
vorübergehende Stillegung
abgewandelter Vertragsinhalt D 40
Nichtanzeige der Wiederzulassung D 42
Nichtwiederanmeldung binnen Jahresfrist D 42
Obliegenheitsregelung F 77−81
Sonderregelung gemäß § 5 VII AKB D 43
Verwendungseinschränkung F 77−81
Vorv, verschwiegene E 7, F 3
vorvertragliche Anzeigelast
Fragenkatalog F 3
Rücktritt D 22
Schadenfreiheit E 7, F 3
Typenveränderung F 3
verkehrswidriger Zustand F 3
Verletzung, Ablehnungsgrund für neuen Antrag C 10
Verzicht auf Rücktrittsrecht E 7, F 3
Zulassung, fehlende F 3
Zweitwagen E 7, F 3

W

Waschen des Fahrzeugs G 48
Wasserhaushaltsgesetz, Gefährdungshaftung G 46

Wechselwirkung, verstärkte, zwischen Haftpflicht- und Direktanspruch in bezug auf die Verjährung B 34
Wegfall des vten Risikos D 38−39
Widerspruch gegen Regulierung F 138, G 14, 96−97
Wissenserklärungsvertreter F 46, 91, 99, 120

Z

Zahlungssperre, Unverbindlichkeit G 14, 98
Zahlungsverzug, Belehrungspflicht des Vers über Rechtsfolgen D 4, 13
Zeitablauf
Vertragsbeendigung durch D 16
zeitliche Abgrenzung des Vsschutzes G 41
Zinsen G 39
Zufallschäden anläßlich eines Auftrags G 46
Zugangserfordernis bei Änderungen des Vertragsinhalts C 33, 36, G 37
Zulassung, fehlende B 44, D 3, F 3, 66, 77−81, G 45
Zulassungsstelle, Staatshaftung für Versehen B 145
Zusatzhaftung der von der Vspflicht befreiten Halter
Anwendung des für Pflichthaftpflichtven geltenden Rechts B 95
Beschränkung auf Mindestvssummen B 94
Haftungsersetzung durch Vsschutz B 96
Rechtsnatur B 93
Zusatzhaftung, vertraglich vereinbarte G 66
Zuverlässigkeitswettbewerbe G 93, J 81
Zwangsvollstreckung aus vorläufig vollstreckbaren Urteilen, Abwehrverpflichtung des Vers G 16
Zweckverbände
der Körperschaften öffentlichen Rechts, Befreiung von der Vspflicht C 3, B 92−96
Zypern G 42

Sachregister für die Fahrzeugversicherung

A
Abfindungserklärungen J 136, 156
Abkommen von der Fahrbahn J 91, 97
Abschätzung des Vsschadens bei einem teils auf vte, teils auf nicht vte Ursachen beruhenden Schaden J 71
Abschleppkosten J 139
abschüssige Straße J 92
Absinken eines Fahrzeugs J 66
  oder eines Schiffes J 58
Abzüge „neu für alt" J 140—143
Änderungsvorbehalt C 34
äußere Einwirkung J 64
Alkohol J 91, 93, 111, 115
Altteile J 136, 152
Anfänger J 94
Antennenschäden J 42
Arbeitsmaschinen J 71
Atomexplosionen A 4 (§ 2 III c AKB), G 94, J 35
Auffahren J 95
Aufheben von Gegenständen während der Fahrt J 96, 118
Aufruhr J 77
Auslandsschäden J 74, 138, 139
Ausschlußtatbestände J 75—80
  Atomexplosionen A 4 (§ 2 III c AKB), G 94, J 35
  Aufruhr J 77
  Erdbeben J 80
  grobfahrlässig oder vorsätzlich herbeigeführte Schäden J 82—118
  innere Unruhen J 77
  Kriegsereignisse J 77
  Rennen J 81
  Reifenschäden J 119
  Verfügungen von hoher Hand J 79
Autobahnverkehr J 97, 102, 103, 109, 117
Autofähre, Kollision J 66
  Untergang J 58
Autoreisezug J 66

B
Batterieschäden J 142
Bedienungsfehler J 71
Bereicherungsverbot J 125, 126, 131, 134, 135, 138
Bereifungsschäden J 119, 142

Beteiligung Dritter am Fahrzeugvsvertrag J 158—180
betriebsfremde Personen J 32, 42—44, 73
Betriebsschäden J 71
Beweislast J 31, 42, 43, 53, 54, 68, 71, 79, 89, 119
Blendung J 98
Blitzschlag J 57
böswillige Handlungen betriebsfremder Personen J 32, 42, 43, 73
Brand
  Begriff J 30
  bestimmungsgemäße Einwirkung J 30
  Beweislast für Brandschäden im Anschluß an eine nicht bewiesene Entwendung J 31, 43
  bös- oder mutwillige Handlungen Dritter J 32
  Brandverhütungsvorschriften J 99
  Entstehungsursache J 31
  Glimmfeuer J 30
  Glühbrand J 30
  Kollision
    als Brandfolge J 32
    als Brandursache J 31
  Oxydationsvorgänge J 30
  Rettungskostenersatz J 31
  Schadenfeuer J 31
  Schmorschäden J 30
  Sengschäden J 30
  Sicherungen J 30
  Verrußung J 31
  Vszeit, überlappende Brände J 31
  Zündkerzen J 30
  Zusammenstoß
    als Brandfolge J 32
    als Brandursache J 31
Brandgefahr J 99
Brandverhütungsvorschriften J 99
Bremsschäden J 70
Bruchschäden, reine J 72
Bürgerkrieg J 78

C
chemische Einwirkungen J 66, 73

D
Diebstahl J 42, 43
Diebstahlverhinderung J 100

Dritter als Beteiligter am Fahrzeugvvertrag
faktische V durch Regreßverzicht J 177–180
erfaßter Personenkreis J 179
grobe Fahrlässigkeit J 180
rechtliche Einordnung J 177
Rechtsverhältnis zwischen Vmer und Schädiger J 178
Sicherungsschein J 160–174
Sonderbedingung für Kraftfahrzeughandel und -handwerk J 175

E

Eigentümer als Regreßbegünstigter gemäß § 15 II AKB J 177–180
Eigentumsübergang bezüglich entwendeter Sachen J 137
Eindringen von Wasser, mechanische Gewalt J 66
Einmonatsfrist J 137, 156
Einordnung, rechtliche der Fahrzeugv J 5, 6
Einteilung der Fahrzeugv J 9
Einwirkung von außen J 64
Eisenbahn, Zusammenstoß mit J 101
Entleiher als Regreßbegünstigter gemäß § 15 II AKB J 177–180
Entwendungsschäden
Antennenschäden J 42, 43
Beschädigung des Fahrzeugs bei Diebstahl nicht vter Sachen J 42
Beschlagnahme, hoheitliche J 51
betriebsfremde Personen J 44
Betrug J 42, 51
Beweisprobleme J 42, 43, 46
Brandschaden, im Anschluß an nicht bewiesene Entwendung J 31, 43
Diebstahl J 42, 43
Erpressung J 51
Fehlen äußerer Schäden J 43
Folgeschäden J 42, 51
Gebrauch, unbefugter J 44
Gebrauchsanmaßung J 42
Gewahrsam J 42, 47
Kommissionär J 50
Monatsfrist J 42
mut- oder böswillige Beschädigungen J 42
räuberische Erpressung J 45
Rettungskosten J 42
Schuldunfähigkeit J 51
Strafantrag J 51
Transportkosten J 42
Treibstoff J 42
Trickdiebstahl J 42, 51
Überlassung zum Gebrauch J 49
unbefugter Gebrauch durch betriebsfremde Personen J 42, 44
Unterschlagung J 46–50
Veräußerungsberechtigter J 50
Verkauf unter Eigentumsvorbehalt J 48
versuchter Diebstahl J 42
Entwicklung J 4
Entziehungsschäden J 121
Ersatzrad, Verlust J 22
Erdbeben J 80
Erstbesitzereigenschaft, Voraussetzung für Neuwertvergünstigung J 132
Europadeckung G 42, 43, J 74
Explosion
Atomexplosionen A 4 (§ 2 III c AKB), G 94, J 35
Begriff J 35
Behälterexplosion J 36
Betriebsschäden, fehlender Ausschluß J 36, 38
Beweislast J 38
Flaschenexplosionen J 36
Implosion J 37
Kernenergieschäden, Ausschluß seit dem 1.1.1984 A 4 (§ 2 III c AKB), G 94
Motorexplosion J 38
mut- oder böswillige Handlungen betriebsfremder Personen J 39
Objekt der Explosion J 39
Rettungskosten J 39
Überschallknall J 36

F

Fälligkeit J 156
Fahrbahnwechsel J 102
Fahrer, berechtigter, als Regreßbegünstigter gemäß § 15 II AKB J 177–180
Fahrzeugteile A 4 a. E., J 22, 23, 24, 25, 26, 27
Fahrzeugteilv, siehe Teilv
Fahrzeugvollv, siehe Vollv
faktische V durch Regreßverzicht J 177–180
fehlerhaft ausgeführte Reparaturen J 138
Feuereinwirkung, bestimmungsgemäße J 30
Fortsetzungsschaden J 31
Frachtkosten J 139
Fristberechnung für Abzüge „neu für alt" J 141

G

Gebrauch, unbefugter durch betriebsfremde Personen J 44
Gefahrerhöhung J 114
Geltendmachungserfordernis für den Einwand grober Fahrlässigkeit J 83
gemeiner Wert J 123, 127
Geschäftstüchtigkeit, besondere J 136, 138
Geschicklichkeitswettbewerbe J 81
Geschwindigkeit, überhöhte J 103

Gewalt, mechanische J 66
Glasbruchschäden J 60, 138
Glatteis J 104
Glimmbrände J 30
Glühbrände J 30
grobfahrlässig (oder vorsätzlich) herbeigeführte Schäden
  Abbedingung im Sicherungsschein J 172
  Abkommen von der Fahrbahn J 91, 97
  abschüssige Straße J 92
  Alkohol J 91, 93, 103, 111, 115
  Anfänger J 94
  Auffahren J 95
  Aufheben von Gegenständen während der Fahrt J 96, 118
  Autobahnverkehr J 97, 102, 103, 109, 117
  Begriff J 84
  Beweislast J 89
  Blendung J 98
  Brandgefahr J 99
  Brandverhütungsvorschriften J 99
  Diebstahlverhinderung J 100
  Eisenbahn, Zusammenstoß mit J 101
  Fahrbahnwechsel J 102
  Geltendmachungserfordernis J 83
  Geschwindigkeit J 103
  Glatteis J 104
  Kolonnenführer als Repräsentant J 87
  Kraftfahrer, angestellter, kein Repräsentant J 85, 87
  Lenkradschloß J 100
  prima-facie-Beweis, Unanwendbarkeit J 89, 95, 110, 115
  Rauschgift J 105
  Repräsentantenhaftung J 85–88, 100
  Reserveschlüssel J 100
  schlechte Wegstrecke J 106
  Schlüssel, Aufsteckenlassen J 100
  Schlüsselverlust J 107
  Sturmschäden J 108
  Überholen J 109
  Überladung J 110
  Übermüdung J 111
  Überschwemmung J 112
  unbekannter Fahrer J 113
  unbewachter Parkplatz J 100
  Unterlassen J 84, 112
  verkehrsunsicheres Fahrzeug J 114
  Vorfahrtsverletzung J 115
  Warnsignale J 116
  Wenden an unübersichtlicher Stelle J 117
  Zigarettengenuß während der Fahrt J 91, 118

H

Haarwild, Zusammenstoß J 15, 59
Haftung aus Bescheinigung (Sicherungsschein) J 168

Hagel J 56
Hochwasser J 58, 66

I

innere Unruhen J 77
Interessewegfall J 61, 79

K

Katastrophenrisiko G 94, J 35, J 58, 76–78, 80
Kernenergieschäden, Ausschluß seit dem 1.I. 1984 A 4, J 35
Konkurrenz von aufeinander folgenden Teil- und Totalschäden J 123–125
Kosten eines Ersatzwagens J 150
Kraftfahrer, angestellter, im Regelfall kein Repräsentant J 85, 87
Krawallschäden J 77
Kriegsereignisse J 78
Kurzschluß, Schäden an Verkabelung J 30, 33

L

Lackierungsschäden J 142
Ladungsumsturz J 64, 71
Landfriedensbruch J 77
Lenkradschloß J 100
Liste der Fahrzeugteile A 4 a. E., J 23–27

M

Marathonprüfungen J 81
mechanische Gewalt J 66
Mehrheit von Schäden J 123–125
Mehrwertsteuer J 128, 131, 135, 138
Mieter als Regreßbegünstigter gemäß § 15 II AKB J 177–180
Mietwagenkosten J 150
Minderung
  an äußerem Ansehen J 148
  an Leistungsfähigkeit J 149
  an Wert J 147
mitvte Personen in der Haftpflichtv als Regreßbegünstigte gemäß § 15 II AKB J 177–180
mut- oder böswillige Handlungen betriebsfremder Personen J 32, 42, 43, 73

N

neu für alt, Abzüge J 140–143
Neupreis J 131, 133, 135
Neuwertv J 7, 121, 126–135, 140
Nutzungsausfall J 150

O

Obliegenheiten
  Angaben, falsche J 18
  Anzeigelast gegenüber der Polizei J 14–15, 59

Aufklärungsobliegenheit J 18—19
Auskunftsobliegenheit J 16
Belehrungspflicht J 17
Beweislast für Kenntnis J 19
Blutprobe J 18
Fahrerflucht J 18
fingierte Rechnung J 16
geschäftsplanmäßige Erklärung betreffend Wildschäden J 15
Kaufpreisangaben, falsche J 16
Kenntnis vom Vsfall J 19
Nachtrunk J 18
Nichtangabe von Zeugen J 16
Polizei, falsche Angaben des Vmers J 16
Regreßmöglichkeiten, Fragen dazu J 17
Relevanzrechtsprechung J 15, 17, 21
Spurenveränderung J 18
Unfalldarstellung, falsche J 16
„verhaltene" Obliegenheit J 16
Vsschutz, Fragen zur Klärung der Eintrittspflicht J 16
Weisungen des Vers betreffend Wiederinstandsetzung J 20—21, 138
Wert des Fahrzeugs, falsche Angaben J 16
Wiederbeschaffungsklausel J 126, 134—135
Wissenserklärungsvertreter J 17
Zeugen, Nichtangabe J 16, 17
Zubehörteile A 4 a. E., J 23
Ölflut, Überschwemmung durch J 58
örtlicher Geltungsbereich G 42, 43, J 74
Oxydationsvorgänge J 30

P

Plötzlichkeit J 67
Pogrome J 77
politische Gefahren J 75—79
primärer Gefahrenbereich J 28—73
Fahrzeugteilv J 28—60
Fahrzeugvollv J 61—73
prima-facie-Beweis, Unanwendbarkeit für Feststellung grober Fahrlässigkeit J 89, 95, 115

R

Rabatt J 135
Rauschgift J 105
Reifenschäden J 119, 142
Regreßverzicht gemäß § 15 II AKB J 177—180
Reisekosten zum wiederaufgefundenen Fahrzeug J 153, 156
Rennen J 81
Reparatur
fehlerhafte J 138
im Ausland J 138
mit gebrauchten Teilen J 138
vorläufige J 138

Repräsentantenhaftung J 15, 85—88, 99, 100
Reserveschlüssel J 100
Restwerte J 136, 137, 152
Rettungskostenersatz
Brandschäden J 131
Entwendungsschäden J 153, 156
Explosionsschäden J 39
Unfallschäden J 65
Unwetterschäden J 58
Wildschäden J 59
Rostschäden J 66
Rückführungskosten für wiederaufgefundenes Fahrzeug J 153, 156
Rußschäden J 31, 66

S

Sachschaden J 121
Sachverständigenverfahren J 157
Schadenarten J 121
Schadenfeststellungskosten J 54
Schadenfeststellungsvertrag J 121, 138, 156
schlechte Wegstrecke J 106
Schlüssel, Aufsteckenlassen J 100
Schlüsselverlust J 108
Schmorschäden J 30
Schrauben, lose, als Unfallursache J 64, 71
Schrittmacher bei Radrennen J 81
Selbstbeteiligung J 64, 154, 155
Sengschäden J 30
Sicherungsschein J 160—174
Sicherungsübereignung, Auswirkung auf Neuwertentschädigung J 132
Slalomrennen J 81
Streik J 77
Sturmschäden J 54—55, 108

T

Teilschäden J 121, 123—125, 133, 138—152
Teilv, primärer Gefahrenbereich J 28—60
Brand J 29—32
Entwendungsschäden J 40—51
Explosion J 34—39
Glasbruchschäden J 60
Haarwild, Zusammenstoß mit J 59
Kurzschluß J 33
Unwetterschäden J 52—58
Terroristen J 78
Totalschaden J 121, 123—125, 133
Transportkosten J 139
Treibstoff J 151
Trickdiebstahl J 42, 51, 100

U

Überführungskosten J 131
Überholen J 109
Überladung J 110

Übermüdung J 111
Überschwemmungen J 58, 112
Übungsfahrten für Rennen J 81
Umschlagen von Arbeitsmaschinen J 71
unbefugter Gebrauch durch betriebsfremde Personen J 44
unbekannter Fahrer J 113
unbewachter Parkplatz J 100
Unfallbegriff J 63—68
   Einwirkung von außen J 64
   mechanische Gewalt J 66
   Plötzlichkeit J 67
   Unfreiwilligkeit J 68
   Unmittelbarkeit J 65
Unfallschäden J 63—72
Unfreiwilligkeit J 68
Unklarheitenregelung J 4, 119
Unmittelbarkeit J 54—56, 58, 65
Untergang eines Schiffes J 58
Unterlassen, grobe Fahrlässigkeit durch J 83, 112
Unterv, grundsätzlich keine J 7, 131, 138
Unwetterschäden J 52—58
   Beweislast J 53, 54
   Blitzschlag J 57
   Hagel J 56
   Rettungskostenersatz J 58
   Schadenfeststellungskosten J 55
   Schadenverhütungskosten J 58
   Sturmschäden J 54—55
   Überschwemmungen J 58
   unmittelbare Einwirkung J 54—58

V
Veränderungen, nicht ersatzpflichtige J 144
Veräußerungswert J 127
Verbesserungen, nicht ersatzpflichtige J 144
Verfügungen von hoher Hand J 51, 79
Vergütung, übliche J 138
verhüllte Obliegenheit J 134
Verkabelung J 30, 33
verkehrunsicheres Fahrzeug J 114
Verlustschäden J 121
Verschleißschäden J 69—72, 146
Verschluß von Fahrzeugteilen J 22
V für fremde Rechnung J 158—176
   Abhängigkeit des Vsschutzes J 165—166
   Anschlußv J 171
   Bereicherungsansprüche des Vers J 173
   Blankettmißbrauch J 168
   Haftung aus Bescheinigung J 168
   Innenverhältnis J 174
   Mitteilungspflicht J 170
   Prämienerstattung J 169
   Prozeßstandschaft J 168
   schuldhafte Herbeiführung des Vsfalls, Abbedingung J 172
   Sonderbedingung für Kraftfahrzeughandel und -handwerk J 175
   Unanwendbarkeit des § 69 J 164
   Verfügungsbefugnis J 167
   zusätzliche Pflichten des Vers J 168—171
Vsbestätigung J 10—12
Vssumme, fehlende J 7, 131, 138
Vszeit J 31
Verwindungsschaden J 71
Vollv, primärer Gefahrenbereich J 61—73
   Unfallschäden J 62—72
   mut- oder böswillige Handlungen betriebsfremder Personen J 73
Vorerstreckungstheorie J 58
Vorfahrtsverletzung J 115
Vorführwagen J 132
vorläufige Deckungszusage C 27, J 10—12
Vorschußzahlung J 156
Vorsteuerabzugsberechtigung J 128, 131, 135

W
Warnsignale J 116
Wasser, Eindringen von, mechanische Gewalt J 66, 71
Weisungen des Vers J 20—21, 138
Wenden an unübersichtlicher Stelle J 116
Werkangehörigenrabatt J 128, 131, 135
Wertminderung, keine Ersatzpflicht für J 147, 148
Wiederbeschaffungsklausel J 126, 134, 135
Wiederbeschaffungskosten für wiederaufgefundenes Fahrzeug J 153
Wiederherstellungskosten, erforderliche J 138
Wild, Schäden durch Zusammenstoß mit J 15, 59
Wissenserklärungsvertreter J 17
Wohnwagen J 130

Z
Zahlungsfehler des Vers J 138
zeitlich den Vsbeginn oder -ablauf überlappende Brandschäden J 31
Zeitwert J 121, 126, 127
Zigarettengenuß während der Fahrt J 91, 118
Zündkerzen J 30
Zulassungskosten J 131
Zuverlässigkeitswettbewerbe J 81
Zweijahresfrist, unverschuldete Versäumnis J 134—135